Dörig
Migrations- und Integrationsrecht

Handbuch Migrations- und Integrationsrecht

Herausgegeben von

Prof. Dr. Harald Dörig
Richter am Bundesverwaltungsgericht a. D.;
Honorarprofessor an der Friedrich-Schiller-Universität Jena

2. Aufl. 2020

Zitiervorschlag:
Dörig MigrationsR-HdB/*Bearbeiter*

www.beck.de

ISBN 978 3 406 74752 6

©2020 Verlag C. H. Beck oHG
Wilhelmstraße 9, 80801 München
Druck: Westermann Druck Zwickau GmbH
Crimmitschauer Str. 43, 08058 Zwickau

Satz: Druckerei C. H. Beck Nördlingen
Umschlaggestaltung: Druckerei C. H. Beck Nördlingen

Gedruckt auf säurefreiem, alterungsbeständigem Papier
(hergestellt aus chlorfrei gebleichtem Zellstoff)

Bearbeiterverzeichnis

Dr. Uwe-Dietmar Berlit .. Vorsitzender Richter am Bundesverwaltungsgericht, Leipzig; Honorarprofessor an der Universität Leipzig
Dr. Harald Dörig .... Richter am Bundesverwaltungsgericht a. D., Leipzig; Honorarprofessor an der Friedrich-Schiller-Universität Jena
Ulrich Drews .... Richter am Thüringer Oberlandesgericht, Jena
Klaus Faßbender .... Stab der Bundesbeauftragten für den Datenschutz, Bonn
Dr. Martin Fleuß .... Richter am Bundesverwaltungsgericht, Leipzig; Lehrbeauftragter an der Heinrich-Heine-Universität Düsseldorf
Dr. Rolf Gutmann .... Rechtsanwalt, Fachanwalt für Migrationsrecht und Fachanwalt für Verwaltungsrecht, Stuttgart; Honorarprofessor und Ehrendoktor der Yeditepe-Universität Istanbul
Dr. Stephan Hocks .... Rechtsanwalt, Fachanwalt für Migrationsrecht, Frankfurt am Main; Lehrbeauftragter an der „Refugee Law Clinic" der Justus-Liebig-Universität Gießen
Dr. Michael Hoppe .... Vizepräsident des Verwaltungsgerichts Karlsruhe
Dr. Constantin Hruschka . Max-Planck-Institut für Sozialrecht und Sozialpolitik, München
Katrin Lehmann .... Vorsitzende Richterin am Hessischen Verwaltungsgerichtshof, Kassel
Dr. Michael Maier-Borst . Stab der Beauftragten der Bundesregierung für Migration, Flüchtlinge und Integration, Berlin
Dr. Reinhard Marx .... Rechtsanwalt, Frankfurt am Main
Gabriele Mastmann .... Rechtsanwältin, Frankfurt am Main
Dr. Jessica Niehaus .... Richterin am Verwaltungsgericht Frankfurt a. M.
Killian O'Brien .... Asst. Prof./DAAD Fachlektor, Trinity College Dublin, Irland; ehem. European Asylum Support Office, Malta (bis 2017)
Bettina Offer LL. M. ...... Rechtsanwältin, Frankfurt am Main
Kai-Christian Samel .... Vorsitzender Richter am Verwaltungsgericht Berlin
Dr. Jan Markus Schulte ... Rechtsanwalt, Fachanwalt für Strafrecht, Kiel
Dr. Ariane Wiedmann,
MJur (Oxon) .... Richterin am Bayerischen Verwaltungsgerichtshof, München

Vorwort zur 2. Auflage

Das vorliegende Handbuch befasst sich mit dem Migrationsrecht in seinen unterschiedlichen Ausprägungen. Es umfasst das klassische Ausländerrecht, in dem geregelt ist, wer nach Deutschland einreisen darf und wer das Land wieder verlassen muss. Es stellt aber auch ausführlich die rechtlichen Regelungen zur Integration von Ausländern dar bis hin zum Erwerb der deutschen Staatsangehörigkeit. Weitere Schwerpunkte sind die Erwerbsmigration und das Flüchtlingsrecht. Abgerundet werden die Ausführungen durch ein Kapitel zum Recht der Spätaussiedler, denn das Migrationsrecht bezieht sich auch auf deutschstämmige Migranten.

In Deutschland leben etwa 11 Millionen Ausländer. Das sind 12 % der Gesamtbevölkerung. Die Quote liegt über der des Vereinigten Königreichs (8,6 %), Italiens (8,3 %), Schwedens (7,8 %) und Frankreichs (6,6 %). Betrachtet man die Gesamtzahl der Menschen mit Migrationshintergrund, so leben in Deutschland 20,8 Millionen Menschen mit ausländischen Wurzeln, das ist ein Viertel der Gesamtbevölkerung (Stand: 31.12.2018). Diese Zahlen verdeutlichen, dass das Migrationsrecht für die Lebensverhältnisse eines großen Teils der in Deutschland lebenden Menschen von Bedeutung ist. Seine thematische Erschließung, die sich an Sachzusammenhängen und nicht an Paragraphen orientiert, macht sich dieses Handbuch zur Aufgabe.

Das Werk ist ganz überwiegend von Praktikern verfasst und spricht die Probleme des Migrationsrechts an, die in der Lebenswirklichkeit eine Rolle spielen. Es erfasst insbesondere die Themen, die im Rahmen der Lehrgänge zum Erwerb der Qualifikation als Fachanwalt für Migrationsrecht behandelt werden. Der Kernbestand der Autoren konnte aus dem Kreis der Dozentinnen und Dozenten solcher Fachanwaltslehrgänge gewonnen werden. Es sind erfahrene Rechtsanwälte, Richter aus allen Instanzen der Verwaltungsgerichtsbarkeit und eines Oberlandesgerichts, ein Referatsleiter der Bundesintegrationsbeauftragten, ein Jurist der Bundesdatenschutzbeauftragten, ein ehemaliger Mitarbeiter des EU-Asylunterstützungsbüros und ein Mitarbeiter eines Max-Planck-Instituts. Der Unterzeichner war von 2002 bis 2018 Mitglied des für das Migrationsrecht zuständigen 1. Revisionssenats des Bundesverwaltungsgerichts. Die Autoren erläutern die Rechtslage unabhängig von ihrer beruflichen Position.

Das 2018 begründete Handbuch ist mit seiner 2. Auflage auf dem Stand vom März 2020 und bezieht damit auch das Migrationspaket des Jahres 2019 mit acht Änderungsgesetzen in seine Betrachtungen ein – so etwa das Fachkräfteeinwanderungsgesetz, das Zweite Gesetz zur besseren Durchsetzung der Ausreisepflicht („Geordnete-Rückkehr-Gesetz"), das Gesetz über Duldung bei Ausbildung und Beschäftigung, das Ausländerbeschäftigungsförderungsgesetz und das Zweite Datenaustauschverbesserungsgesetz. Daneben berücksichtigt die Neuauflage weitere wichtige Novellen wie das Gesetz zur Neuregelung des Familiennachzugs zu subsidiär Schutzberechtigten.

Mein Dank gebührt allen Autorinnen und Autoren für die konstruktive Zusammenarbeit, aber auch dem verantwortlichen Lektor des Beck-Verlages Dr. Ulrich Eisenried für seine fachkundige Unterstützung bei der Erstellung des Werkes.

Erfurt, im März 2020 *Harald Dörig*

Inhaltsverzeichnis

Bearbeiterverzeichnis	V
Vorwort	VII
Allgemeines Abkürzungsverzeichnis	XXXV
Verzeichnis der abgekürzt zitierten Literatur	XXXIX

Einleitung	1
A. Entwicklung des deutschen und europäischen Migrationsrechts	1
I. Gegenstand des Migrationsrechts	1
II. Entwicklung der Migration von und nach Deutschland	2
III. Migranten in Deutschland heute	6
IV. Rechtliche Grundlagen	7
B. Grundbegriffe des Migrationsrechts	9
1. Kapitel. Staatsangehörigkeitsrecht	13
§ 1 Grundlagen des Staatsangehörigkeitsrechts	13
A. Grundlagen/Einführung	13
I. Begriff Staatsangehörigkeit	13
II. Allgemeine Funktion der Staatsangehörigkeit	15
III. Nationale Staatsangehörigkeit und Unionsbürgerschaft	17
B. Rechtsquellen des Staatsangehörigkeitsrechts	18
I. Völkerrecht	18
II. Unionsrecht	19
III. Nationales Recht	20
1. Gesetzesrecht	20
2. Rechtsverordnungen	21
3. Verwaltungsvorschriften	21
§ 2 Erwerb und Verlust der deutschen Staatsangehörigkeit	22
A. Erwerb	24
I. Allgemeines	24
II. Staatsangehörigkeitserwerb kraft Abstammung	24
1. Allgemeiner Geburtserwerb (§ 4 Abs. 1 StAG)	24
2. Findelkindregelung (§ 4 Abs. 2 StAG)	26
3. Erklärungsrecht des Kindes (§ 5 StAG [F. 1997])	27
4. Erwerb durch Annahme als Kind (§ 6 StAG)	27
III. Erwerb durch Inlandsgeburt (§ 4 Abs. 3 StAG)	28
1. Allgemeines	28
2. Inlandsgeburt	29
3. Ausländischer Elternteil	29
4. Achtjähriger gewöhnlicher Aufenthalt	29
5. Unbefristetes Aufenthaltsrecht	30
IV. Staatsangehörigkeitserwerb und Vertriebenenrecht	31
1. Staatsangehörigkeitserwerb durch Spätaussiedler (§ 7 BVFG)	31
2. „Überleitung" Statusdeutscher ohne deutsche Staatsangehörigkeit (§ 40a StAG)	32
V. Erwerb durch „Ersitzung" (§ 3 Abs. 2 StAG)	32
VI. Staatsangehörigkeit(srückerwerb) bei Opfern der NS-Unrechtsherrschaft (Art. 116 Abs. 2 GG)	34

Inhaltsverzeichnis

B. Insbesondere: Erwerb durch Einbürgerung 35
  I. Einbürgerung als Erwerbsgrund 35
  II. Anspruchsvoraussetzungen der Anspruchseinbürgerung (§ 10 StAG) 37
    1. Überblick 37
    2. Klärung der Identität und Staatsangehörigkeit 38
    3. Staatsangehörigkeitsrechtliche Handlungsfähigkeit 39
    4. Achtjähriger Inlandsaufenthalt 39
      a) „Gewöhnlicher" Aufenthalt 40
      b) „Rechtmäßiger" Aufenthalt 41
      c) Verkürzungen des erforderlichen Voraufenthalts (§ 10 Abs. 3 StAG) 41
    5. Sicherheitserfordernisse (§ 10 Abs. 1 S. 1 Nr. 1, § 11 StAG) 42
      a) Übersicht 42
      b) Bekenntnis/Loyalitätserklärung 42
      c) Ausschlussgründe (§ 11 StAG) 44
    6. Aufenthaltsstatus bei Einbürgerung (§ 10 Abs. 1 S. 1 Nr. 2 StAG) 47
    7. Eigenständige Sicherung des Lebensunterhalts/Unterhaltsfähigkeit (§ 10 Abs. 1 S. 1 Nr. 3 StAG) 47
      a) Grundsatz: Lebensunterhaltssicherung ohne Leistungsbezug . 47
      b) „Vertretenmüssen" Leistungsbezug 48
    8. Aufgabe/Verlust der bisherigen Staatsangehörigkeit (§ 10 Abs. 1 S. 1 Nr. 4, § 12 StAG) 51
      a) Grundsatz 51
      b) Hinnahme mehrfacher Staatsangehörigkeit 52
    9. Strafrechtliche Unbescholtenheit (§ 10 Abs. 1 S. 1 Nr. 5, § 12b StAG) 58
      a) Grundsatz: keine Verurteilung 58
      b) Nichtberücksichtigung von geringfügigen Bestrafungen (§ 12a Abs. 1 S. 1 bis 3 StAG) 60
      c) Nichtberücksichtigung von Maßregeln der Besserung und Sicherung (§ 12a Abs. 1 S. 4 StAG) 61
      d) Ausländische Verurteilungen (§ 12a Abs. 2 StAG) 61
      e) Aussetzung der Einbürgerungsentscheidung bei anhängigen Ermittlungs-/Strafverfahren (§ 12a Abs. 3, 4 StAG) 62
    10. Sprachanforderungen 63
      a) Grundsatz: ausreichende Kenntnis der deutschen Sprache 63
      b) Absehen vom Sprachkenntniserfordernis 63
    11. Staatsbürgerliche Kenntnisse (§ 10 Abs. 1 S. 1 Nr. 7, Abs. 5 StAG) 64
    12. Einordnung in die deutschen Lebensverhältnisse 65
    13. Miteinbürgerung von Familienangehörigen 66
  III. Ermessenseinbürgerungen (§§ 8, 9 StAG) 67
    1. Allgemeines 67
    2. Allgemeine Ermessenseinbürgerung (§ 8 StAG) 68
    3. Einbürgerung von Ehegatten oder Lebenspartnern Deutscher (§ 9 StAG) 71
    4. Weitere Ermessenseinbürgerungstatbestände 73
      a) Einbürgerung ehemaliger Deutscher (§ 13 StAG) 73
      b) Einbürgerung von Ausländern mit gewöhnlichem Auslandsaufenthalt (§ 14 StAG) 74
      c) Staatenlose, heimatlose Ausländer und Flüchtlinge 74
      d) Heimatlose Personen 75

	C. Verlust der Staatsangehörigkeit	76
	I. Grundsätzliches/Überblick	76
	II. Verlust durch Entlassung (§§ 18 bis 24 StAG)	77
	III. Verlust durch Erwerb einer ausländischen Staatsangehörigkeit	78
	1. Regelfall: Verlust bei antragsabhängigem Erwerb einer fremden Staatsangehörigkeit	78
	2. Ausnahmen	79
	IV. Rücknahme der Einbürgerung	80
	1. Überblick	80
	2. Rücknahmevoraussetzungen	80
	3. Ermessensentscheidung über die Rücknahme	81
	4. Rücknahmefrist (§ 35 Abs. 3 StAG)	82
	V. Verlust durch Erklärung (§ 29 StAG)	83
	VI. Weitere Verlustgründe	83
	1. Verzicht, Aufgabe (§ 26 StAG); Adoption (§ 27 StAG)	83
	2. Eintritt in fremde Streitkräfte; Beteiligung an Kampfhandlungen terroristischer Vereinigungen (§ 28 StAG)	84
§ 3	Feststellung der Staatsangehörigkeit; Verfahren	85
	A. Feststellung der deutschen Staatsangehörigkeit („Statusfeststellungsverfahren"; § 30 StAG)	86
	B. Verwaltungsverfahren	88
	I. Zuständigkeiten	88
	1. Staatsangehörigkeitsbehörden	88
	2. Weitere Behörden	89
	II. Einbürgerungsverfahren	89
	1. Allgemeines	89
	2. Ausgewählte Verfahrensfragen zum Einbürgerungsverfahren	90
	3. Einbürgerungszusicherung	92
	4. Aushändigung der Einbürgerungsurkunde	93
	III. Verwaltungskosten	93
	IV. Staatsangehörigkeitsentscheidungsregister	94
	C. Ausgewählte Rechtsschutzfragen	95
2. Kapitel. Aufenthaltsrecht		99
§ 4	Verfassungsrechtliche und unionsrechtliche Grundlagen	99
	A. Verfassungsrechtliche Grundlagen	99
	I. Kein Recht auf Einreise	99
	II. Grundrechtsbindung bei aufenthaltsrechtlichen Entscheidungen	101
	III. Gewährleistung effektiven Rechtsschutzes	102
	B. Unionsrechtliche Grundlagen	103
	I. Freizügigkeit für Unionsbürger	103
	II. Wegfall der Binnengrenzen, Grenzschutz und Kurzzeitvisa	104
	1. Schengener Grenzkodex	104
	2. Frontex-Verordnung	104
	3. Visakodex	105
	III. Regeln für ein Gemeinsames Europäisches Asylsystem	106
	IV. Gemeinsame Einwanderungsregeln	106
	1. Zuwanderung zur Erwerbstätigkeit	106
	2. Studium	107
	3. Familiennachzug	107
	4. Langfristig Aufenthaltsberechtigte	108
	5. Rückführung in Herkunftsstaat	108

Inhaltsverzeichnis

§ 5 Aufenthaltsgesetz	109
A. Einreise von Ausländern	114
I. Einreise in das Bundesgebiet	114
1. Einreisevoraussetzungen	114
2. Ausnahmen	114
a) Kurzaufenthalte	114
b) Kurzfristige Mobilität	115
c) Nationale Befreiungen	115
d) Türkische Staatsangehörige	116
3. Aufenthaltstitel	116
4. Visum	117
a) Schengen-Visum	117
b) Nationales Visum	119
5. Das Visum als zwingende Erteilungsvoraussetzung gemäß § 5 Abs. 2 AufenthG	120
II. Unerlaubte Einreise	121
1. Zurückweisung an der Grenze	122
2. Verteilung unerlaubt eingereister Ausländer	122
III. Rechtsschutz	122
B. Allgemeine Erteilungsvoraussetzungen für einen Aufenthaltstitel	125
I. Allgemeine Erteilungsvoraussetzungen gemäß § 5 AufenthG	125
1. Regelerteilungsvoraussetzungen des § 5 Abs. 1 AufenthG	125
a) Sicherung des Lebensunterhalts gemäß § 5 Abs. 1 Nr. 1 AufenthG	126
b) Klärung der Identität und der Staatsangehörigkeit gemäß § 5 Abs. 1 Nr. 1a AufenthG	128
c) Nichtbestehen eines Ausweisungsinteresses gemäß § 5 Abs. 1 Nr. 2 AufenthG	129
d) Keine Beeinträchtigung oder Gefährdung von Interessen der Bundesrepublik Deutschland aus einem sonstigen Grund gemäß § 5 Abs. 1 Nr. 3 AufenthG	130
e) Erfüllung der Passpflicht gemäß § 5 Abs. 1 Nr. 4 AufenthG	131
2. Grundsätzlich zwingende Erteilungsvoraussetzungen des § 5 Abs. 2 AufenthG	132
3. Absehen von den Erteilungsvoraussetzungen des § 5 Abs. 1 und 2 AufenthG gemäß § 5 Abs. 3 AufenthG	132
4. Grundsätzlich zwingender Versagungsgrund des § 5 Abs. 4 AufenthG	132
II. Visum gemäß § 6 AufenthG	133
III. Erteilung einer Aufenthaltserlaubnis gemäß § 7 AufenthG	133
1. Einordnung der Aufenthaltserlaubnis nach § 7 Abs. 1 S. 1 AufenthG	133
2. Zweckbindung der Aufenthaltserlaubnis gemäß § 7 Abs. 1 S. 2 und 3 AufenthG	133
3. Befristung der Aufenthaltserlaubnis gemäß § 7 Abs. 2 S. 1 AufenthG	134
4. Nachträglich zeitliche Beschränkung der Aufenthaltserlaubnis gemäß § 7 Abs. 2 S. 2 AufenthG	134
IV. Verlängerung der Aufenthaltserlaubnis gemäß § 8 AufenthG	135
1. Verlängerung der Aufenthaltserlaubnis gemäß § 8 Abs. 1 AufenthG	135
2. Regelmäßiger Ausschluss der Verlängerung der Aufenthaltserlaubnis gemäß § 8 Abs. 2 AufenthG	136

Inhaltsverzeichnis

3. Verlängerung der Aufenthaltserlaubnis bei bestehender Verpflichtung zur ordnungsgemäßen Teilnahme am Integrationskurs gemäß § 8 Abs. 3 und 4 AufenthG	136
a) Feststellung einer Verpflichtung aus § 44a Abs. 1 S. 1 AufenthG vor der Verlängerung der Aufenthaltserlaubnis gemäß § 8 Abs. 3 S. 1 AufenthG	136
b) Berücksichtigung einer Verletzung der Pflicht aus § 44a Abs. 1 S. 1 AufenthG bei der Entscheidung über die Verlängerung der Aufenthaltserlaubnis gemäß § 8 Abs. 3 S. 2 AufenthG	136
c) Regel- oder Ermessensablehnung der Verlängerung der Aufenthaltserlaubnis gemäß § 8 Abs. 3 S. 3 bis 5 AufenthG bei wiederholter und gröblicher Verletzung der Pflicht aus § 44a Abs. 1 S. 1 AufenthG	137
d) Höchstbefristung der Verlängerung der Aufenthaltserlaubnis gemäß § 8 Abs. 3 S. 6 AufenthG bis zur Erfüllung der Pflicht aus § 44a Abs. 1 S. 1 AufenthG	137
e) Ausschluss des § 8 Abs. 3 AufenthG bei der Verlängerung einer nach § 25 Abs. 1, 2 oder 3 AufenthG erteilten Aufenthaltserlaubnis gemäß § 8 Abs. 4 AufenthG	138
V. Erteilung einer Niederlassungserlaubnis gemäß § 9 AufenthG	138
VI. Erteilung einer Erlaubnis zum Daueraufenthalt-EU gemäß den §§ 9a, 9b und 9c AufenthG	138
VII. Aufenthaltstitel bei Asylantrag gemäß § 10 AufenthG	138
1. Grundsätzlicher Ausschluss der Erteilung eines Aufenthaltstitels vor dem bestandskräftigen Abschluss des Asylverfahrens gemäß § 10 Abs. 1 AufenthG	138
2. Verlängerung eines nach der Einreise des Ausländers erteilten oder verlängerten Aufenthaltstitels trotz Asylantragstellung gemäß § 10 Abs. 2 AufenthG	139
3. Grundsätzlicher Ausschluss der Erteilung eines Aufenthaltstitels bei Ablehnung oder Rücknahme eines Asylantrages gemäß § 10 Abs. 3 AufenthG	139
a) Grundsätzliche eingeschränkte Sperrwirkung gemäß § 10 Abs. 3 S. 1 AufenthG	139
b) Grundsätzliche Sperrwirkung gemäß § 10 Abs. 3 S. 2 AufenthG	140
c) Keine Anwendung der Titelerteilungssperre des § 10 Abs. 3 S. 1 und 2 AufenthG gemäß § 10 Abs. 3 S. 3 AufenthG	140
VIII. Einreise- und Aufenthaltsverbote gemäß § 11 AufenthG	141
IX. Geltungsbereich und Nebenbestimmungen gemäß § 12 AufenthG	141
1. Territorialer Geltungsbereich des Aufenthaltstitels gemäß § 12 Abs. 1 AufenthG	141
2. Erteilung und Verlängerung des Visums und der Aufenthaltserlaubnis unter Bedingungen gemäß § 12 Abs. 2 S. 1 AufenthG	142
3. Verbindung der Aufenthaltserlaubnis mit Auflagen gemäß § 12 Abs. 2 S. 2 AufenthG	142
4. Verlassenspflicht gemäß § 12 Abs. 3 AufenthG	143
5. Nachträglich zeitliche und/oder räumliche Beschränkung des genehmigungsfreien Aufenthalts gemäß § 12 Abs. 4 AufenthG .	143
6. Verlassenserlaubnis gemäß § 12 Abs. 5 AufenthG	143
X. Wohnsitzregelung gemäß § 12a AufenthG	144

XIII

Inhaltsverzeichnis

XI. Beantragung eines Aufenthaltstitels gemäß § 81 AufenthG	144
1. Antragserfordernis gemäß § 81 Abs. 1 AufenthG	144
2. Einholung des Aufenthaltstitels vom Inland aus gemäß § 81 Abs. 2 AufenthG	144
3. Antrag bei rechtmäßigem Aufenthalt ohne Aufenthaltstitel gemäß § 81 Abs. 3 AufenthG	145
4. Antrag auf Verlängerung oder Neuerteilung eines Aufenthaltstitels gemäß § 81 Abs. 4 AufenthG	146
5. Ausstellung der Fiktionsbescheinigung gemäß § 81 Abs. 5 AufenthG	149
6. Entscheidung über einen Antrag auf Erteilung einer Aufenthaltserlaubnis zum Familiennachzug zu einem Inhaber einer ICT-Karte oder einer Mobiler-ICT-Karte gemäß § 81 Abs. 6 AufenthG	150
XII. Rechtsschutz	150
1. Rechtsschutz bei Versagung der Erteilung, Neuerteilung oder Verlängerung eines Aufenthaltstitels	150
a) Rechtsschutz in der Hauptsache	150
b) Einstweiliger Rechtsschutz	151
2. Rechtsschutz bei Nebenbestimmungen	151
3. Rechtsschutz bei nachträglicher zeitlicher Beschränkung der Aufenthaltserlaubnis oder des genehmigungsfreien Aufenthalts	152
C. Aufenthaltszwecke	152
I. Erwerbstätigkeit	152
1. Grundlagen	152
a) Verbot mit Erlaubnisvorbehalt vs. Erlaubnis mit Verbotsvorbehalt	153
b) Nachfrageorientiertes Zuwanderungssystem	153
c) Vorrangprüfung (§ 39 Abs. 3 Nr. 3 AufenthG)	154
d) Vergleichbarkeitsprüfung (§ 39 Abs. 2 Nr. 1 bzw Abs. 3 Nr. 1 AufenthG)	154
e) Erwerbsmigration im Rahmen des AufenthG	155
2. Beschäftigung (§ 18 AufenthG)	155
a) Erfordernisse des Wirtschafts- und Wissenschaftsstandortes Deutschland (§ 18 Abs. 1 AufenthG)	155
b) Allgemeine Voraussetzungen für Beschäftigungsaufenthalte (§ 18 Abs. 2 und 3 AufenthG)	155
c) Erteilungsdauer (§ 18 Abs. 4 AufenthG)	156
3. Blaue Karte EU (§ 18b Abs. 2 AufenthG)	156
a) Blaue Karte in Grundzügen	157
b) Erteilungsvoraussetzungen	157
4. ICT Karte für unternehmensintern transferierte Arbeitnehmer (§ 19 ff AufenthG)	158
a) Berechtigter Personenkreis: Führungskräfte, Spezialisten und Trainees	158
b) Entsendedauer	158
c) Mobilitätsschema (§§ 19a und 19b AufenthG)	159
5. Forschung (§ 18d ff AufenthG)	159
a) Berechtigter Personenkreis	159
b) Regelungstechnik	159
c) Mobilitätsschema (§§ 18e und 18f AufenthG)	159
6. Sonstige Beschäftigte und Beamte (§ 19c AufenthG)	160
7. Niederlassungserlaubnis für Fachkräfte (§§ 18c AufenthG)	160

Inhaltsverzeichnis

8. Aufenthaltserlaubnis zur Arbeitssuche für Fachkräfte (§ 20 AufenthG)	160
9. Selbständige Tätigkeit (§ 21 AufenthG)	161
a) Allgemeine Voraussetzungen	161
b) Privilegierung von Freiberuflern	161
c) Privilegierung von Hochschulabsolventen, Forschern und Wissenschaftlern	162
II. Ausbildung	162
1. Allgemeines	162
2. Berufliche Aus- und Weiterbildung	163
3. Studium	164
4. Sprachkurs und Schulbesuch	168
5. Aufenthalt zur Anerkennung ausländischer Berufsqualifikationen	169
6. Rechtsschutz	171
III. Humanitäre Aufenthaltstitel	172
1. Aufnahme aus dem Ausland gemäß § 22 AufenthG	172
2. Aufenthaltsgewährung gemäß § 23 AufenthG	172
3. Aufenthaltsgewährung in Härtefällen gemäß § 23a AufenthG	173
4. Aufenthaltsgewährung zum vorübergehenden Schutz gemäß § 24 AufenthG	175
5. Aufenthalt aus humanitären Gründen gemäß § 25 AufenthG	176
a) Asylberechtigte (§ 25 Abs. 1 AufenthG)	176
b) Flüchtlinge und subsidiär Schutzberechtigte (§ 25 Abs. 2 AufenthG)	176
c) Aufenthaltserlaubnis bei Abschiebungsverboten gemäß § 60 Abs. 5 und 7 AufenthG (§ 25 Abs. 3 AufenthG)	177
d) Vorübergehender Aufenthalt aus dringenden humanitären und politischen Gründen (§ 25 Abs. 4 S. 1 AufenthG)	178
e) Verlängerung der Aufenthaltserlaubnis wegen einer außergewöhnlichen Härte (§ 25 Abs. 4 S. 2 AufenthG)	179
f) Opfer von bestimmten Straftaten gegen die persönliche Freiheit (§ 25 Abs. 4a AufenthG)	180
g) Illegal beschäftigte ausländische Arbeitnehmer (§ 25 Abs. 4b AufenthG)	180
h) Aufenthaltserlaubnis bei rechtlicher und tatsächlicher Unmöglichkeit der Ausreise (§ 25 Abs. 5 AufenthG)	181
6. Aufenthaltsgewährung bei gut integrierten Jugendlichen und Heranwachsenden gemäß § 25a AufenthG	183
7. Aufenthaltsgewährung bei nachhaltiger Integration (§ 25b AufenthG)	184
8. Dauer des Aufenthalts gemäß § 26 AufenthG	186
IV. Familiäre Aufenthaltstitel	188
1. Verfassungsrechtliche, völkerrechtliche und unionsrechtliche Maßstäbe für den Aufenthalt aus familiären Gründen	188
a) Verfassungsrecht	188
b) Völkerrecht	190
c) Unionsrecht	191
2. Grundsatz des Familiennachzugs gemäß § 27 AufenthG	191
3. Familiennachzug zu Ausländern gemäß § 29 ff. AufenthG	193
a) Familiennachzug zu Ausländern gemäß § 29 AufenthG	193
b) Ehegattennachzug gemäß §§ 30, 31 AufenthG	194
c) Kindernachzug gemäß §§ 32, 33, 34, 35 AufenthG	199

d) Nachzug der Eltern und sonstiger Familienangehöriger gemäß
§ 36 AufenthG 205
e) Familiennachzug zu subsidiär Schutzberechtigten gemäß
§ 36a AufenthG 206
4. Familiennachzug zu Deutschen gemäß § 28 AufenthG 209
a) Allgemeines 209
b) Ehegattennachzug 210
c) Kindernachzug 210
d) Elternnachzug 210
e) Regelanspruch auf Erteilung einer Niederlassungserlaubnis .. 211
f) Eigenständiges Aufenthaltsrecht von Ehegatten und Kindern . 211
g) Anspruch der Eltern auf Verlängerung der
Aufenthaltserlaubnis 212
h) Sonstige Familienangehörige 212
5. §§ 104 bis 104b AufenthG 212
a) Übergangsregelungen gemäß § 104 AufenthG 212
b) Altfallregelung gemäß § 104a AufenthG 213
c) Aufenthaltsrecht für integrierte Kinder von geduldeten
Ausländern gemäß § 104b AufenthG 214

3. Kapitel. Aufenthaltsbeendigung 215
§ 6 Beendigung des Aufenthaltsrechts 215
A. Ausreisepflicht (§ 50 AufenthG) 216
I. Entstehen und Bedeutung der Ausreisepflicht 216
1. Nicht oder nicht mehr im Besitz eines Aufenthaltstitels 216
2. Erforderlichkeit eines Aufenthaltstitels 217
3. Bedeutung und Umfang der Ausreisepflicht 217
4. Zeitliche Dimension der Ausreisepflicht 218
II. Pflichten von und Umgang mit ausreisepflichtigen Ausländern 219
B. Erlöschen von Aufenthaltstiteln (§ 51 AufenthG) 220
I. Allgemeines zu den Erlöschensgründen 221
II. Die Erlöschensgründe aus § 51 Abs. 1 AufenthG 221
1. Ablauf der Geltungsdauer (§ 51 Abs. 1 Nr. 1 AufenthG) 221
2. Eintritt einer auflösenden Bedingung (§ 51 Abs. 1 Nr. 2
AufenthG) 221
3. Rücknahme und Widerruf (§ 51 Abs. 1 Nr. 3 und Nr. 4
AufenthG) 222
4. Ausweisung oder Abschiebungsanordnung (§ 51 Abs. 1 Nr. 5
und Nr. 5a AufenthG) 222
5. Ausreise (§ 51 Abs. 1 Nr. 6 und Nr. 7 AufenthG) 222
a) Zweck der Regelungen 222
b) Begriff der Ausreise in § 51 Abs. 1 Nr. 6 und Nr. 7
AufenthG 222
c) Ausreise aus nicht nur vorübergehendem Grund (§ 51 Abs. 1
Nr. 6 AufenthG) 223
d) Ausreise und keine Wiedereinreise in der Sechs-Monats-Frist
(§ 51 Abs. 1 Nr. 7 AufenthG) 224
6. Asylantrag bei humanitärem Aufenthaltstitel (§ 51 Abs. 1 Nr. 8
AufenthG) 225
III. Privilegierungen und Ausnahmen 225
1. Inhaber einer ICT-Karte nach § 19 AufenthG und bestimmter
Aufenthaltstitel zu Studien- und Forschungszwecken (§ 51
Abs. 1a AufenthG) 225

	2. Inhaber einer Niederlassungserlaubnis (§ 51 Abs. 2 und Abs. 4 AufenthG)	225
	3. Abweichung von § 51 Abs. 1 Nr. 6 und 7 AufenthG ohne Niederlassungserlaubnis (§ 51 Abs. 3, Abs. 4 Abs. 7 und Abs. 10 AufenthG)	226
	IV. Erlöschen der Erlaubnis zum Daueraufenthalt-EU	227
C. Widerruf (§ 52 AufenthG)		228
	I. Widerrufstatbestände und auf sie bezogene Fragen der Ermessensausübung	228
	II. Rechtsfolge Ermessen – grundsätzliche Erwägungen	229
	III. Rechtsschutz	230
§ 7 Aufenthaltsbeendigung durch Ausweisung		230
A. Maßstäbe für eine Ausweisung (§ 53 AufenthG)		233
	I. Entwicklung des Ausweisungsrechts	233
	II. Systematik des Ausweisungsrechts	234
	III. Das öffentliche Ausweisungsinteresse	234
	1. Gefahrenabwehr als Ziel der Ausweisung	235
	a) Gefährdung der öffentlichen Sicherheit und Ordnung	235
	b) Gefährdung der freiheitlichen demokratischen Grundordnung	236
	c) Gefährdung sonstiger erheblicher Belange der Bundesrepublik Deutschland	236
	2. Spezialpräventive und generalpräventive Gründe der Ausweisung	237
	IV. Das Bleibeinteresse	240
	V. Abwägung nach Verhältnismäßigkeit	242
	VI. Besonders geschützte Personengruppen	243
	1. Assoziationsberechtigte türkische Staatsangehörige	245
	2. Langfristig aufenthaltsberechtigte Drittstaatsangehörige	246
	3. Flüchtlinge und Asylberechtigte	246
	4. Subsidiär Schutzberechtigte	249
	5. Unionsrechtlich geprägte Verhältnismäßigkeitsprüfung	250
	VII. Asylantragsteller	250
	VIII. Prüfprogramm	251
B. Das öffentliche Ausweisungsinteresse		251
	I. Allgemeines	251
	II. Das besonders schwerwiegende Ausweisungsinteresse (§ 54 Abs. 1 AufenthG)	252
	1. Freiheits- oder Jugendstrafen von mindestens zwei Jahren wegen Vorsatzdelikten oder Sicherungsverwahrung (Abs. 1 Nr. 1)	252
	2. Freiheits- oder Jugendstrafe von mindestens einem Jahr bei bestimmten Vorsatzdelikten (Abs. 1 Nr. 1a und Nr. 1b)	253
	3. Gefährdung der freiheitlich demokratischen Grundordnung oder der Sicherheit der Bundesrepublik Deutschland (Abs. 1 Nr. 2)	255
	4. Leiter eines verbotenen Vereins (Abs. 1 Nr. 3)	258
	5. Gewaltsame Verfolgung politischer Ziele (Abs. 1 Nr. 4)	258
	6. Aufruf zum Hass (Abs. 1 Nr. 5)	259
	III. Das schwerwiegende Ausweisungsinteresse (§ 54 Abs. 2 AufenthG)	260
	1. Freiheitsstrafe von mindestens sechs Monaten (Abs. 2 Nr. 1)	260
	2. Jugendstrafe von mindestens einem Jahr ohne Bewährung (Abs. 2 Nr. 2)	261
	3. Betäubungsmittelkriminalität (Abs. 2 Nr. 3 und 4)	261
	4. Ausschluss vom gesellschaftlichen Leben (Abs. 2 Nr. 5)	261
	5. Zwangsehe (Abs. 2 Nr. 6)	261

Inhaltsverzeichnis

6. Falschangaben bei Sicherheitsbefragungen (Abs. 2 Nr. 7)	262
7. Pflichtverletzungen im Verwaltungsverfahren (Abs. 2 Nr. 8)	263
8. Sonstige Rechtsverstöße (Abs. 2 Nr. 9)	264
C. Das Bleibeinteresse des Ausländers	265
I. Allgemeines	265
II. Das besonders schwerwiegende Bleibeinteresse (§ 55 Abs. 1 AufenthG)	265
1. Niederlassungserlaubnis und rechtmäßiger fünfjähriger Aufenthalt (Abs. 1 Nr. 1)	265
2. „Faktische Inländer" (Abs. 1 Nr. 2)	266
3. Aufenthaltserlaubnis, rechtmäßiger fünfjähriger Aufenthalt und eheliche/lebenspartnerschaftliche Lebensgemeinschaft mit Personen nach Nr. 1 oder Nr. 2 (Abs. 1 Nr. 3)	266
4. Familiäre Beziehungen zu einem deutschen Staatsangehörigen (Abs. 1 Nr. 4)	266
5. Humanitäre Gründe (Abs. 1 Nr. 5)	268
III. Das schwerwiegende Bleibeinteresse (Abs. 2)	268
1. Minderjähriger mit Aufenthaltserlaubnis (Abs. 2 Nr. 1)	268
2. Aufenthaltserlaubnis und fünfjähriger Aufenthalt (Abs. 2 Nr. 2)	269
3. Ausübung der Personensorge oder Umgangsrecht (Abs. 2 Nr. 3)	269
4. Minderjähriger mit sich rechtmäßig aufhältigen Eltern (Abs. 2 Nr. 4)	269
5. Belange oder das Wohl des Kindes zu berücksichtigen (Abs. 2 Nr. 5)	270
D. Die Rechtsfolgen der Ausweisung	270
E. Das Einreise- und Aufenthaltsverbot infolge einer Ausweisung	271
I. Allgemeines	271
II. Ausgestaltung und Wirkungen des Einreise- und Aufenthaltsverbots	272
1. Erlassvoraussetzungen	272
2. Die Befristung des Einreise- und Aufenthaltsverbots	272
3. Fristbeginn und Ausgestaltung der Frist	275
4. Nachträgliche Abänderung der Frist und die Aufhebung des Einreise- und Aufenthaltsverbots	276
III. Zuständigkeitsfragen	277
IV. Einreise trotz entgegenstehendem Verbot	277
F. Rechtsschutz gegen die Ausweisung und das Einreise- und Aufenthaltsverbot	278
I. Hauptsacheverfahren	278
1. Klageart und -gegenstand	278
2. Aufschiebende Wirkung des Rechtsbehelfs gegen die Ausweisung	278
3. Aufschiebende Wirkung des Rechtsbehelfs gegen das Einreise- und Aufenthaltsverbot	278
4. Maßgeblicher Zeitpunkt für die Sach- und Rechtslage	279
5. Ermessensergänzungen beim befristeten Einreise- und Aufenthaltsverbot	279
6. Beteiligung von Familienangehörigen	280
II. Eilrechtsschutz	280
1. Vorläufiger Rechtsschutz gegen sofort vollziehbare Ausweisung	281
a) Gesonderte Begründung des Sofortvollzugs	281
b) Materieller Prüfungsmaßstab	282

2. Vorläufiger Rechtsschutz bei Versagung eines Aufenthaltstitels
und gleichzeitiger Ausweisung 283
3. Vorläufiger Rechtsschutz gegen das befristete Einreise- und
Aufenthaltsverbot 283
G. Überwachung ausreisepflichtiger Ausländer aus Gründen der inneren
Sicherheit (§ 56 f. AufenthG) 283
I. Überwachungsregelungen kraft Gesetzes 284
1. Meldepflicht (§ 56 Abs. 1 S. 1 AufenthG) 284
2. Aufenthaltsbeschränkung (§ 56 Abs. 2 AufenthG) 285
II. Überwachungsregelungen aufgrund behördlicher
Einzelfallentscheidung 286
1. Meldeauflagen gegen vollziehbar Ausreisepflichtige 286
2. Wohnsitzauflagen 287
3. Kontakt- und Kommunikationsverbote 288
4. Elektronische Aufenthaltsüberwachung 290
5. Sanktionsmöglichkeiten 290

4. Kapitel. Vollstreckung der Ausreisepflicht 291
§ 8 Vollstreckung mittels Abschiebung und Zurückschiebung 291
A. Allgemeines 292
B. Zurückschiebung (§ 57 AufenthG) 292
I. Rechtsnatur 292
II. Voraussetzungen nach § 57 Abs. 1 AufenthG 293
III. Voraussetzungen nach § 57 Abs. 2 AufenthG 294
C. Abschiebung (§§ 58 ff. AufenthG) 295
I. Rechtsnatur der Abschiebung 295
II. Abschiebungsvoraussetzungen 296
1. Vollziehbare Ausreisepflicht 297
2. Vorliegen eines Abschiebungsgrundes 298
3. Abschiebungsandrohung nach § 59 Abs. 1 AufenthG 299
III. Keine Abschiebungsverbote und -hindernisse 301
1. Schutzbegehren des Betroffenen 301
2. Wirkungen einer unanfechtbaren Abschiebungsandrohung 302
IV. Der Vollzug der Abschiebung 303
1. Grundsatz der Verhältnismäßigkeit in der Vollstreckung 303
2. Abschiebung unbegleiteter Minderjähriger 303
3. Freiheitsbeschränkungen während der Abschiebung 304
4. Betreten von Wohnungen zur Ermöglichung der Abschiebung .. 305
5. Abschiebung auf dem Luftweg 305
V. Rechtsfolgen der Abschiebung – das Einreise- und
Aufenthaltsverbot 306
1. Die Entwicklung der Regelung 306
2. Dauer des Einreiseverbots 307
3. Einreise- und Aufenthaltsverbot außerhalb des
Anwendungsbereichs der Rückführungs-RL 307
VI. Rechtsschutz 308
1. Rechtsschutz gegen die Abschiebungsandrohung und die
Ausreisefrist 308
a) Klageverfahren 308
b) Vorläufiger Rechtsschutz 310
2. Rechtsschutz gegen die Abschiebung selbst 310
a) Vorläufiger Rechtsschutz 310
b) Klageverfahren 311

	3. Rechtsschutz gegen das Einreiseverbot	311
	4. Rückgängigmachung der Folgen der Abschiebung	311
	a) Klageverfahren	311
	b) Vorläufiger Rechtsschutz	312
D.	Die Abschiebungsanordnung (§ 58a AufenthG)	312
I.	Allgemeines	312
II.	Gefahrenbegriffe und -intensität	313
	1. Besondere Gefahr für die Sicherheit der Bundesrepublik Deutschland	313
	2. Terroristische Gefahr	314
	3. Eintrittswahrscheinlichkeit	315
III.	Abschiebungsverbote	317
IV.	Einreise- und Aufenthaltsverbot	317
V.	Verfahren und Rechtsschutz	317
	1. Anhörung	317
	2. Rechtsschutz	318

§ 9 Vollstreckung mittels Abschiebungshaft 319
   A. Rechtliche Grundlagen 320
   B. Materielle Voraussetzungen 321
      I. Freiheitsentziehung 321
      II. Voraussetzungen der Abschiebungshaft (§ 62 Abs. 3 AufenthG) ... 322
         1. Fluchtgefahr (§ 62 Abs. 3 S. 1 Nr. 1 AufenthG) 322
            a) Täuschungshandlung (§ 62 Abs. 3a Nr. 1 AufenthG) 322
            b) Unentschuldigtes Fernbleiben bei behördlichen oder ärztlichen Terminen (§ 62 Abs. 3a Nr. 2 AufenthG) 322
            c) Unangemeldeter Wechsel des Aufenthaltsortes (§ 62 Abs. 3a Nr. 3 AufenthG) 323
            d) Aufenthalt entgegen § 11 Abs. 1, Abs. 8 AufenthG (§ 62 Abs. 3a Nr. 4 AufenthG) 323
            e) Entziehung bei früherer Abschiebung (§ 62 Abs. 3a Nr. 5 AufenthG) 323
            f) Ausdrückliche Erklärung des Ausländers (§ 62 Abs. 3a Nr. 6 AufenthG) 323
            g) Identitätstäuschung (§ 62 Abs. 3b Nr. 1 AufenthG) 324
            h) Erhebliche finanzielle Aufwendungen (§ 62 Abs. 3b Nr. 2 AufenthG) 324
            i) Gefährdung der inneren Sicherheit (§ 62 Abs. 3b Nr. 3 AufenthG) 324
            j) Strafrechtliche Verurteilung (§ 62 Abs. 3b Nr. 4 AufenthG) . 324
            k) Fehlende Mitwirkungshandlungen bei Identitätsfeststellung (§ 62 Abs. 3b Nr. 5 AufenthG) 325
            l) Verstoß gegen Pflichten im Zusammenhang mit der Aufenthaltsbeendigung (§ 62 Abs. 3b Nr. 6 AufenthG) 325
            m) Fehlender Aufenthaltsort (§ 62 Abs. 3b Nr. 7 AufenthG) 325
         2. Vollziehbare Ausreisepflicht aufgrund unerlaubter Einreise (§ 62 Abs. 3 S. 1 Nr. 2 AufenthG) 325
         3. Haftgrund der Abschiebungsanordnung (§ 62 Abs. 3 S. 1 Nr. 3 AufenthG) 326
      III. Voraussetzungen des Ausreisegewahrsams (§ 62b AufenthG) 326
      IV. Vorbereitungshaft (§ 62 Abs. 2 AufenthG) 327
      V. Mitwirkungshaft (§ 62 Abs. 6 AufenthG) 327
      VI. Rücküberstellungshaft 328

VII.	Voraussetzungen des Festhalterechts der Behörde (§ 58 Abs. 4 S. 1 AufenthG)	328
VIII.	Verhältnismäßigkeit	329
	1. Allgemeine Grundsätze	329
	2. Prognose nach § 62 Abs. 3 S. 3 AufenthG	329
	3. Sonstige im Rahmen der Verhältnismäßigkeit zu beachtende Umstände	331
	4. Art und Weise der Haftunterbringung	332
IX.	Beschleunigungsgebot	333
C. Verfahrensrecht		334
I.	Zulässiger Haftantrag (§ 417 FamFG)	334
	1. Zuständigkeit der Behörde (§ 417 Abs. 1 FamFG)	334
	2. Begründungsinhalt des Haftantrags (§ 417 Abs. 2 S. 1 FamFG)	335
	3. Beiziehung der Ausländerakte	337
	4. Weitere formelle Erfordernisse	338
	5. Pflicht zur Anhörung	338
	6. Umfang der richterlichen Kontrolle und Belehrungspflichten	340
	7. Heilung von Verfahrensfehlern	341
II.	Verlängerung der Abschiebungshaft	342
III.	Rechtsmittel	342
IV.	Verfahrenskostenhilfe	343
D. Folgen einer unbegründeten Haftanordnung		343
E. Prüfungsschema für einen Haftantrag		343
§ 10 Duldung, Beschränkung, Haftung		344
A. Die Aussetzung der Abschiebung (Duldung)		346
I.	Allgemeines	347
II.	Aussetzung der Abschiebung für bestimmte Personengruppen (§ 60a Abs. 1 AufenthG)	347
III.	Rechtliche oder tatsächliche Unmöglichkeit der Abschiebung (§ 60a Abs. 2 S. 1 und 2 AufenthG)	348
	1. Die rechtliche Unmöglichkeit der Abschiebung	348
	a) Unterscheidung zwischen inlandsbezogenen Vollstreckungshindernissen und zielstaatsbezogenen Abschiebungsverboten	348
	b) Inlandsbezogene Abschiebungshindernisse	349
	2. Die tatsächliche Unmöglichkeit der Abschiebung	357
IV.	Duldung aus dringenden humanitären oder persönlichen Gründen und aus erheblichen öffentlichen Interessen (§ 60a Abs. 2 S. 3 und 4 AufenthG)	358
	1. Ermessensduldung (Abs. 2 S. 3)	358
	2. Vaterschaftsanerkennung (Abs. 2 S. 4)	359
V.	Aussetzung der Abschiebung nach gescheiterter Abschiebung (§ 60a Abs. 2a AufenthG)	359
VI.	Eltern gut integrierter Jugendlicher (§ 60a Abs. 2b AufenthG)	359
VII.	Erlöschen der Duldung (§ 60a Abs. 5 AufenthG)	360
VIII.	Ausschluss von der Erwerbstätigkeit (§ 60a Abs. 6 AufenthG)	361
IX.	Duldung für Personen mit ungeklärter Identität und besondere Passbeschaffungspflichten (§ 60b AufenthG)	363
	1. Nebenbestimmung „für Personen mit ungeklärter Identität" (Abs. 1)	363
	2. Besondere Passbeschaffungspflichten" (Abs. 2 und 3)	364
	3. Rechtsfolgen und Nachholung von Handlungen (Abs. 5 und Abs. 4)	365

XXI

Inhaltsverzeichnis

4. Rechtsschutzfragen (insb. Abs. 6)	366
5. Ausschluss der Anwendung von § 60b AufenthG (§ 105 AufenthG)	366
X. Die Ausbildungsduldung (§ 60c AufenthG)	367
1. Begriff der Berufsausbildung	367
2. Berufsausbildung als Asylbewerber aufgenommen (Abs. 1 S. 1 Nr. 1)	368
3. Berufsausbildung wird mit Duldung aufgenommen (Abs. 1 S. 1 Nr. 2)	368
4. Beschäftigungserlaubnis	368
5. Versagungsgründe	369
6. Erlöschen und seine Folgen (Abs. 4 bis 6)	370
7. Ausbildungsduldung nach Ermessen (Abs. 7)	371
XI. Die Beschäftigungsduldung (§ 60d AufenthG)	371
1. Familienrelevante Erteilungsvoraussetzungen	371
2. Persönliche Erteilungsvoraussetzungen	372
3. Rechtsfolge „Regelerteilung" (Abs. 1) und „Ermessen (Abs. 4)	373
4. Widerruf (Abs. 3)	373
B. Räumliche und andere Beschränkungen gegenüber vollziehbar Ausreisepflichtigen (§ 61 AufenthG)	373
I. Allgemeines	373
II. Räumliche Beschränkung des Aufenthalts	374
1. Räumliche Beschränkungen kraft Gesetzes	374
2. Beschränkungen kraft behördlicher Anordnung	376
3. Wohnsitzauflage (Abs. 1d)	377
III. Andere Bedingungen und Auflagen (§ 61 Abs. 1e und 1f AufenthG)	377
IV. Ausreiseeinrichtungen (Abs. 2)	378
C. Ausländerrechtliche Haftung Dritter (§§ 63 bis 68 AufenthG)	378
I. Pflichten der Beförderungsunternehmer (§§ 63, 64 AufenthG)	378
1. Völkerrechtliche und europarechtliche Vorgaben	378
2. Verfassungsrecht	379
3. Beförderungsunternehmer und Beförderungsleistung	380
4. Inhalt des Beförderungsverbots	380
5. Rückbeförderungspflicht	382
II. Pflichten des Flughafenunternehmers (§ 65 AufenthG)	382
III. Kosten der Abschiebung (§§ 66, 67 AufenthG)	383
1. Kostenschuldner	384
2. Umfang der Kostenhaftung (§ 67 AufenthG)	385
3. Kostenhaftung bei selbständig in Rechte des Ausländers eingreifenden Amtshandlungen	385
4. Kostenhaftung bei sonstigen Amtshandlungen	386
5. Durchsetzung der Kostenansprüche	387
IV. Verpflichtungserklärung (§§ 68, 68a AufenthG)	388
1. Abgabe der Verpflichtungserklärung	388
2. Wirksamkeit der Verpflichtungserklärung	389
3. Inhalt und Umfang der Haftung	389
4. Zeitliche Grenzen der Haftung	390
5. Nachträgliche Lösung von der Verpflichtungserklärung	391
6. Geltendmachung des Erstattungsanspruchs	392

Inhaltsverzeichnis

5. Kapitel. Freizügigkeit in der Europäischen Union 395
§ 11 Die Freizügigkeit der Unionsbürgerinnen und Unionsbürger 395
    A. Einleitung 395
    B. Die europarechtlichen Grundlagen der Unionsbürgerschaft und
       Freizügigkeit 400
       I. Die Normenhierarchie der Europäischen Union und ihrer
          Mitgliedstaaten 400
       II. Die Grundlagen von Unionsbürgerschaft und Freizügigkeit 401
       III. Die Umsetzung der primärrechtlichen Freizügigkeitsregelungen in
          der Freizügigkeits-VO (EU) 492/2011 sowie der Freizügigkeits-RL
          2004/38/EG 402
    C. Die Umsetzung von EUV, AEUV und Freizügigkeits-RL durch das
       FreizügG/EU 404
       I. Die Freizügigkeitsberechtigten nach dem FreizügG/EU 404
          1. Die Freizügigkeitsberechtigung der Unionsbürgerinnen und
             -bürger, die sich als Arbeitnehmerinnen/Arbeitnehmer oder zur
             Berufsausbildung aufhalten wollen 404
          2. Die Freizügigkeit der Unionsbürgerinnen und -bürger, die sich
             zur Arbeitssuche aufhalten 408
          3. Die Freizügigkeit der Unionsbürgerinnen und -bürger, die zur
             Ausübung einer selbständigen Erwerbstätigkeit berechtigt sind .. 413
          4. Die Freizügigkeit der Erbringer und Empfänger von
             Dienstleistungen 414
          5. Die Freizügigkeit nicht erwerbstätiger Unionsbürgerinnen und
             -bürger 417
          6. Die Freizügigkeit der Familienangehörigen der
             Unionsbürgerinnen und -bürger 421
          7. Die Freizügigkeit der Daueraufenthaltsberechtigten 431
       II. Aufenthaltstitel, Visum, Aufenthaltskarte 436
       III. Beschränkungen und Verlust des Freizügigkeitsrechts 439
       IV. Zuständigkeitsfragen 449
       V. Sonderfragen zu EWR- und Beitrittsstaaten 452
    D. Rechtsschutz 452
§ 12 Assoziationsabkommen 454
    A. Assoziationsabkommen mit der Türkei (ARB 1/80) 455
       I. Sonderrechte für türkische Staatsangehörige und ihre
          Familienangehörigen 455
          1. Entstehung 455
          2. Mögliche Beendigung der Assoziation 457
          3. Das Verhältnis zwischen Art. 6 und 7 ARB 1/80 458
          4. Europarechtliche Einordnung des Assoziationsrechts 458
       II. Aufenthaltsrecht türkischer Arbeitnehmer 459
          1. Begriff des Arbeitnehmers 459
          2. Ordnungsgemäße Beschäftigung am regulären Arbeitsmarkt 462
             a) Regulärer Arbeitsmarkt 462
             b) Bedeutung des Grunds für den Zuzug 463
             c) Befristete Aufnahme 463
             d) Grenzüberschreitende Sachverhalte 463
             e) Ordnungsgemäße Beschäftigung 465
             f) Öffentlicher Dienst 465
          3. Gestufte Zulassung zum Arbeitsmarkt 466
             a) Drei Stufen der Freizügigkeit 466
             b) Regel und Ausnahme 467

Inhaltsverzeichnis

4. Unterbrechungen der Beschäftigung	467
a) Kurzfristige Unterbrechungen	467
b) Längerfristige Unterbrechungen der Beschäftigung	469
III. Nachgezogene Familienangehörige	471
1. Begünstigter Personenkreis	471
a) Stammberechtigte	471
b) Genehmigter Familiennachzug	472
c) Familienangehörige	473
d) Ordnungsgemäßer Wohnsitz	473
e) Vorrang der Unionsbürger	475
f) Arbeitsuche	475
2. Aufenthaltsrecht aufgrund Ausbildung	475
a) Begünstiger Personenkreis	475
b) Berufsausbildung	476
c) Inhalt und Grenzen der Bewerbungsfreiheit	477
3. Deklaratorischer Charakter der Aufenthaltserlaubnis	477
IV. Diskriminierungsverbot	477
V. Stillhalteklauseln	478
1. Begünstigte	478
2. Standstill und Familiennachzug	480
a) Ehegattennachzug	480
b) Familiennachzug und Diskriminierungsverbot	481
c) Familiennachzug und Visumszwang	482
d) Verschärfung im Ehegattennachzug durch Spracherfordernis	483
e) Verschärfungen gegenüber Abkömmlingen	483
f) Weitere Begünstigungen durch Standstill	485
3. Schranken der Standstill-Wirkung	486
a) Ausweisung nach Altrecht?	486
b) Verfahrensrechtlicher Standstill	488
c) Aufenthaltsverfestigung	489
VI. Rechtsverlust und Ausweisungsschutz	489
1. Rechtsverlust	489
2. Auslandsaufenthalte	490
3. Aufenthaltsbeendigung	491
VII. Völkerrechtliche Verpflichtungen	492
1. Deutsch-Türkisches Niederlassungsabkommen – NAK	492
2. Europäisches Fürsorgeabkommen – EFA	493
3. Deutsch-türkischer Handelsvertrag	493
4. Europäisches Niederlassungsabkommen	494
B. Sonstige Assoziationsabkommen	495
I. Allgemeines	495
II. Unmittelbare Anwendbarkeit und Visumszwang	496
III. Aufenthaltsrechtliche Regelungsgegenstände	497
1. Niederlassungsfreiheit	497
a) Beschränkungen	497
b) Schlüsselpersonal	498
c) Gleichbehandlungsgebote und Meistbegünstigung	499
d) Stillhalteklauseln	499
e) Dienstleistungen	500
f) Bereichsausnahmen	500
2. Einzelne Länder	500
a) Andenstaaten	500

    b) Assoziationsabkommen mit Zentralamerika 501
    c) Postsowjetische Staaten 501
    d) Staaten des Westlichen Balkan 502
    e) AKP-Staaten 504
    f) Fernöstliche Staaten 504
   3. Touristische Reisen 504
   4. Rechte von Arbeitnehmern 504
    a) Arbeitsrechtliche Diskriminierungsverbote 504
    b) Gebührenrecht 509
    c) Arbeitsrechtliche Folgen 509
    d) Diskrimierungsverbot und Aufenthaltsrecht 514
    e) Familienangehörige 515
   5. Sozialrechtliche Diskriminierungsverbote 515

6. Kapitel. Arbeitsmigration 519
§ 13 Einführung 519
 A. Globalisierung und internationales Personalmanagement 519
 B. Entwicklung des deutschen Arbeitsmigrationsrechts 520
 C. Verschiedene Zuwanderungskonzepte 521
  I. Zuwanderungsmodelle im Vergleich: Angebot versus
   Nachfrage 522
  II. Zuwanderungsmodelle im Vergleich: kumulative Punkte versus
   lineare Rechtsfolge 522
  III. Änderungen und Neuerungen durch das
   Fachkräfteeinwanderungsgesetz 523
   1. Grundsätze 523
   2. Weiterer Ausbau der Blauen Karte EU 524
§ 14 Unionsrecht 524
 A. Primäres EU-Recht 524
  I. Unionsbürgerschaft 524
  II. Dienstleistungsfreiheit 525
 B. Sekundäres EU-Recht 526
 C. BREXIT 526
§ 15 Nationales Erwerbsmigrationsrecht 526
 A. Beschäftigung 527
  I. Prüfungsmaßstab der Bundesagentur für Arbeit 527
   1. Vergleichbarkeitsprüfung 528
   2. Vorrangprüfung 529
  II. Kategorienbasiertes Beschäftigungsrecht 529
   1. Lokale Beschäftigungen 530
    a) Fachkräfte mit Berufsausbildung 530
    b) Fachkräfte mit akademischer Ausbildung 531
    c) Forscher und Entwickler 533
    d) Sonstige Beschäftigte nach BeschV 536
   2. Entsendungen 538
    a) ICT 539
    b) Personalaustausch und Auslandsprojekte 542
   3. Sonstige Beschäftigte: Beschäftigung bestimmter
    Staatsangehöriger 544
    a) Einleitung 544
    b) Besondere Erteilungsvoraussetzungen 545
 B. Nichtbeschäftigungsfiktion 545
  I. Einführung 545

	II. Befreiungstatbestände	546
	1. Geschäftsreise im engeren Sinn	546
	2. Innerbetriebliche Weiterbildung im Konzern	547
	3. Werklieferungsverträge-Software- und Maschineninstallation	547
C.	Verfahrensbesonderheit: Das beschleunigte Fachkräfteverfahren	548
	I. Einführung	548
	II. Verfahrensablauf	549
	1. Antragstellung	549
	2. Zuständigkeit	550
	3. Kontrahierungspflicht	551
	4. Verbindliche Vereinbarung	551
	5. Vereinbarungsinhalt	551
	6. Aufgaben der Ausländerbehörde	552
	7. Fristen	553
	8. Gebühr	553

7. Kapitel. Asyl- und Asylverfahrensrecht ... 555

§ 16	Grundlagen und Grundbegriffe des Asylrechts	555
	A. Entwicklung des Asylrechts	555
	B. Formen der Schutzgewährung	558
	C. Grundbegriffe des Asylrechts	559
§ 17	Völkerrecht	564
	A. Genfer Flüchtlingskonvention	564
	B. Europäische Menschenrechtskonvention	567
	I. Art. 3 EMRK	569
	II. Art. 4 des 4. Zusatzprotokolls	571
	III. Art. 13 EMRK	572
§ 18	Unionsrecht	573
	A. EU-Politik im Asylbereich	574
	I. Entstehung und Entwicklung einer (gemeinsamen) europäischen Asylpolitik	574
	II. Die sekundären Rechtsinstrumente der europäischen Asylpolitik	577
	III. Gesetzentwürfe zur Reform des Gemeinsamen Europäischen Asylsystems (GEAS)	581
	B. Dublin-Verordnung	582
	I. Dublin III-Verordnung	583
	1. Historische Entwicklung	583
	2. Aufbau des Dublin-Systems	584
	3. Territorialer Anwendungsbereich	585
	4. Sachlicher Anwendungsbereich	586
	II. Ablauf des Dublin-Verfahrens	587
	1. Beginn des Dublin-Verfahrens	587
	2. Recht auf Information und persönliches Gespräch	588
	a) Recht auf Information	588
	b) Persönliches Gespräch	588
	III. Zuständigkeitsbestimmung	590
	1. Kriterienkatalog und maßgeblicher Zeitpunkt	590
	2. Zuständigkeitskriterien der Dublin-Verordnung	590
	3. Erlöschen der Zuständigkeit gemäß Art. 19 Dublin-Verordnung	591
	IV. Kriterien zu Wahrung der Familieneinheit	592
	1. Verfahrensgarantien für Minderjährige	593
	2. Familienangehörige	595

V. Kriterien aufgrund der Verantwortlichkeit für Einreise und
   Aufenthalt 596
   1. Aufenthaltstitel und Visum 596
   2. „Illegale" Einreise und illegaler Aufenthalt 597
   3. Visafreie Einreise und Antrag im Transitbereich eines
      internationalen Flughafens 599
VI. Ausnahmen von der Anwendung der Kriterien 599
   1. Abhängige Personen 599
   2. Überstellungsverbote nach Art. 4 GRCh 601
   3. Selbsteintrittsrecht 606
   4. Humanitäre Klausel 608
VII. Verfahrensablauf 610
   1. Aufnahme- und Wiederaufnahmeverfahren 610
   2. Antragsfristen und Zuständigkeitsübergang 611
   3. Antwortfristen und mögliche Konsequenzen 612
VIII. Verpflichtungen der Asylsuchenden 614
   1. (Keine) Verpflichtung, einen Antrag in einem bestimmten Staat
      zu stellen 614
   2. Die Verpflichtung der Mitgliedstaaten, Fingerabdrücke
      abzunehmen 614
   3. Mitwirkung bei der Zuständigkeitsbestimmung im Rahmen des
      persönlichen Gesprächs 615
   4. Die Verpflichtung der Überstellungsentscheidung
      nachzukommen 616
IX. Bescheid, Zustellung und Überstellung 616
   1. Bescheid 616
   2. Zustellung 617
   3. Überstellung 618
   4. Überstellungsfrist 620
X. Rechtsschutz nach der Dublin III-Verordnung 623
   1. Formeller Umfang des Beschwerderechts 624
   2. Aufschiebende Wirkung 625
   3. Zugang zu rechtlicher Beratung und sprachlicher Hilfe 626
   4. Materieller Prüfumfang und Vorlage beim EuGH 627
§ 19 Nationales Asyl- und Asylverfahrensrecht 628
A. Verfassungsrechtliche Grundlagen 629
B. Das Asylgesetz und das Aufenthaltsgesetz 632
I. Materielles Asylrecht 632
   1. Die Asylberechtigung 632
      a) Voraussetzungen 633
      b) Einschränkungen 635
      c) Rechtsstellung des Asylberechtigten 637
   2. Die Flüchtlingseigenschaft 637
      a) Voraussetzungen 638
      b) Rechtsstellung des Flüchtlings 682
   3. Der subsidiäre Schutz 682
      a) Voraussetzungen 683
      b) Rechtsstellung des subsidiär Schutzberechtigten 697
   4. Nationale Abschiebungsverbote 697
      a) § 60 Abs. 2 AufenthG 697
      b) § 60 Abs. 5 AufenthG 698
      c) § 60 Abs. 7 AufenthG 699
      d) Rechtsstellung 702

Inhaltsverzeichnis

5. Widerruf und Rücknahme der erworbenen Rechtstellung	702
a) Widerruf von Asyl- und Flüchtlingsanerkennung	703
b) Widerruf der anderen Rechtsstellungen	705
c) Rücknahme der Rechtsstellungen	705
II. Asylverfahrensrecht	706
1. Behördliches Asylverfahren	706
a) Grundlagen des behördlichen Asylverfahrens	706
b) Die Stellung des Asylantrags	710
c) Aufenthaltsrechtliche Folgen der Asylantragstellung	715
d) Das behördliche Erkenntnisverfahren	718
e) Regelungen über die Verfahrensdauer und Verfahrensbeschleunigung	723
f) Pflichten des Antragstellers im Asylverfahren	724
g) Rücknahme des Asylantrags und Verzicht (§ 14a Abs. 3 AsylG)	728
h) Die Rücknahmefiktion bei Nichtbetreiben des Verfahrens (§ 33 AsylG)	729
i) Unzulässige Asylanträge (§ 29 AsylG)	732
j) Die Entscheidung des Bundesamts über zulässige Asylanträge	738
k) Der Bundesamtsbescheid	740
l) Das Verfahren bei Widerruf und Rücknahme	742
m) Das Folgeverfahren (§ 71 AsylG)	745
n) Das Flughafenverfahren (§ 18a AsylG)	747
o) Besondere Verfahrensgarantien für unbegleitete minderjährige Flüchtlinge	748
2. Gerichtliches Verfahren	750
a) Einführung	750
b) Das erstinstanzliche Klageverfahren	751
c) Berufungsverfahren	798
d) Eilrechtsschutz im Asylprozess	810
III. Rechtsstellung der Asylantragsteller	820
1. Einleitung	820
a) Übersicht	820
b) Die jüngsten Gesetzesänderungen	820
c) Bleibeperspektive und soziale Rechte für Asylsuchende	821
2. Gestatteter Aufenthalt in der Bundesrepublik	822
3. Wohnen und Mobilität	823
4. Soziale Leistungen	823
a) Grundlagen	823
b) Leistungen während der Wohnpflicht in der Aufnahmeeinrichtung	824
c) Leistungen bei Antragstellern in Gemeinschafts- oder privater Unterkunft	824
d) „Analogleistungen" nach Ablauf von 18 Monaten	824
e) Leistungskürzungen für Asylantragsteller (§ 1a Abs. 4 und 5 AsylbLG)	825
f) Medizinische Leistungen	825
5. Erwerbstätigkeit, Berufsausbildung, Studium und andere Lebenssituationen	826
8. Kapitel. Spätaussiedler	**829**
§ 20 Recht der Spätaussiedler	829
A. Grundlagen	829
I. Begriffsklärung	829

II. Historische Entwicklung	831
1. 1945 bis 1952	831
2. 1953 bis 1968	831
3. 1969 bis 1986	832
4. 1987 bis 1992	832
5. 1993 bis 2012	832
6. 2013 – heute	833
B. Der Erwerb des Spätaussiedlerstatus	833
I. Deutsche Volkszugehörigkeit	834
1. Abstammung von einem Deutschen	835
2. Bekenntnis zum deutschen Volkstum	836
a) Nationalitätenerklärung	836
b) Bekenntnissurrogat	837
c) Bekenntnis auf andere Weise	837
d) Bekenntnisfiktion	838
3. Bestätigung des Bekenntnisses	838
II. Einreise im Wege des Aufnahmeverfahrens	839
1. Verlassen des Aussiedlungsgebiets	840
2. Im Wege des Aufnahmeverfahrens	840
a) Verfahren vom Aussiedlungsgebiet aus	840
b) Ausnahme in Härtefällen	840
c) Folgeantrag	842
III. Begründung des ständigen Aufenthalts in Deutschland	842
IV. Fehlen von Ausschlussgründen	842
C. Die Aufnahme von Familienangehörigen durch Einbeziehung	842
I. Einbeziehungsantrag des Spätaussiedlers	843
II. Ehegatte des Spätaussiedlers	843
III. Abkömmling des Spätaussiedlers	843
IV. Im Aussiedlungsgebiet leben	844
V. Gemeinsame Aussiedlung	844
VI. Nachträgliche Einbeziehung, wenn im Aussiedlungsgebiet verblieben	844
VII. Nachträgliche Einbeziehung im Härtefall	844
VIII. Grundkenntnisse der deutschen Sprache	845
IX. Fehlen eines Ausschlussgrundes	845
D. Die Bescheinigung der Spätaussiedlereigenschaft	845
E. Rechtsstellung des Spätaussiedlers und seiner Angehörigen	846
F. Rechtsschutz	847
9. Kapitel. Integrationsrecht	849
§ 21 Grundlagen	849
A. Zum Begriff Integration	850
B. Foren der Integrationspolitik	854
C. Integrationsrechtliche Vorgaben auf der Ebene der EU	856
D. Differenzierung nach Status – ein Blick auf ausgewählte Zahlen	858
I. Unbefristete Aufenthaltstitel bzw. Aufenthaltsrechte	859
II. Aufenthaltserlaubnisse, Aufenthaltsgestattungen und Duldungen	860
1. Aufenthaltserlaubnisse	860
2. Aufenthaltsgestattungen	861
3. Duldungen	861
§ 22 Integration durch Erwerb von Kenntnissen der deutschen Sprache und weitere Integrationsangebote	862
A. Integrationsförderung auf Bundesebene vor dem Zuwanderungsgesetz	862

Inhaltsverzeichnis

B. Grundstruktur des Integrationskurssystems des Aufenthaltsgesetzes (§ 43 AufenthG)	863
C. Teilnahmeberechtigung, Zulassung im Rahmen verfügbarer Kursplätze und Anspruchsausschluss (§ 44 AufenthG)	864
D. Teilnahmeverpflichtung (§ 44a AufenthG)	867
I. Anwendungsbereich und zuständige Behörden	867
II. Sanktionen bei Verstoß gegen die Teilnahmeverpflichtung	868
E. Integrationsprogramm (§ 45 AufenthG)	869
F. Berufsbezogene Deutschsprachförderung (§ 45a AufenthG)	869
G. Aktuelle Entwicklungen und einige Herausforderungen im Bereich der Integrationskurse	870
§ 23 Integrationsförderung durch Zuweisung des Wohnortes	**871**
A. Wohnsitzauflage und Wohnsitzregelung (§§ 12 und 12a AufenthG)	871
B. Die Wohnsitzregelung nach § 12a AufenthG	873
I. Grundstruktur (insbesondere Abs. 1 und 1a)	873
II. „Bestimmter Ort" (Abs. 2 und 3)	874
III. „Zuzugssperre" (Abs. 4)	875
IV. Voraussetzungen bzw. Verfahren für die Aufhebung (Abs. 5), Familiennachzug (Abs. 6), Rückwirkung auf Altfälle (Abs. 7) und Verhältnis zur Wohnsitzauflage (Abs. 10)	876
V. Rechtsschutz und Verfahrensregelungen (Abs. 8 und 9)	877
C. Fazit	877
§ 24 Integration durch Gewährung von Daueraufenthaltsrechten und die gesetzlichen Bleiberechtsregelungen	**879**
A. Regelungen zur Erteilung der Niederlassungserlaubnis nach § 9 AufenthG	880
I. Systematische Abgrenzung	880
II. Übergangsvorschriften hinsichtlich des AuslG 1990 nach Kapitel 10 AufenthG	881
III. Niederlassungserlaubnis nach § 9 AufenthG	881
1. Besitz einer Aufenthaltserlaubnis seit fünf Jahren: Anrechenbare Zeiten und Anrechnungsregelungen (Abs. 2 S. 1 Nr. 1 und Abs. 4)	882
a) Anrechenbare Zeiten	882
b) Anrechnungsregelungen	882
2. Sicherung des Lebensunterhalts (Abs. 2 S. 1 Nr. 2 und S. 6)	883
3. Altersvorsorge (Abs. 2 S. 1 Nr. 3 und Abs. 3 S. 1 bis 3)	884
4. Kein Entgegenstehen von Gründen der öffentlichen Sicherheit und Ordnung oder von Gefahren (Abs. 2 S. 1 Nr. 4)	885
5. Beschäftigungserlaubnis (Abs. 2 S. 1 Nr. 5 und Abs. 3 S. 1 und 3)	885
6. Erlaubnisse zur Berufsausübung soweit erforderlich (Abs. 2 S. 1 Nr. 6 und Abs. 3 S. 1 und 3)	886
7. Nachweis ausreichender Kenntnisse der deutsche Sprache und Abweichungsregelungen (Abs. 2 S. 1 Nr. 7 und S. 2 bis 5)	886
8. Grundkenntnisse der Rechts- und Gesellschaftsordnung und der Lebensverhältnisse im Bundesgebiet (Abs. 2 S. 1 Nr. 8 und S. 2 bis 5)	887
9. Ausreichender Wohnraum (Abs. 2 S. 1 Nr. 9)	887
10. Erlöschensregelungen (§ 51 AufenthG)	887
B. Erlaubnis zum Daueraufenthalt-EU nach § 9a AufenthG	887
I. Ausgeschlossene Formen des rechtmäßigen Aufenthalts (Abs. 3)	888
II. Anrechenbare Zeiten und Anrechnungsregelungen (Abs. 2 S. 1 Nr. 1 und § 9b AufenthG)	889
III. Lebensunterhaltssicherung (Abs. 2 S. 1 Nr. 2 und § 9c AufenthG)	890

IV. Weitgehende Parallelitäten zwischen der Erlaubnis zum
Daueraufenthalt-EU nach § 9a Abs. 2 AufenthG und der
Niederlassungserlaubnis nach § 9 Abs. 2 AufenthG 890
V. Erlöschensregelungen (§ 51 Abs. 9 AufenthG) 890
C. Humanitäre Niederlassungserlaubnis nach § 26 Abs. 3 AufenthG 891
I. Völker- und unionsrechtlicher Rahmen – dauerhafte Lösung für
Flüchtlinge 891
II. Verfestigungsregelung im AufenthG 892
1. Fünf-Jahresregelung (S. 1 und 2) 894
2. Drei-Jahresregelung (S. 3 und 4) 894
D. Humanitäre Niederlassungserlaubnis nach § 26 Abs. 4 AufenthG 894
E. Regelungen zum Übergang eines geduldeten Aufenthalts in einen
rechtmäßigen humanitären Aufenthalt 895
F. Fazit 895
§ 25 Sozial- und familienrechtliche Absicherung der Integration 897
A. Ausgewählte integrationsrechtliche Problemfelder im deutschen
Sozialrecht 898
I. SGB III 899
1. Ausbildungsförderung nach § 56 SGB III 899
2. Beratung und Vermittlung 900
3. Zugang zu weiteren Leistungen nach dem SGB III 901
II. Ausbildungsförderung nach dem
Bundesausbildungsförderungsgesetz (BAföG) 902
III. SGB VIII 903
IV. SGB IX 903
V. SGB XII 904
VI. SGB II 904
B. Asylbewerberleistungsgesetz (AsylbLG) 906
I. Grundstruktur, sozialrechtliche und integrationspolitische
Einordnung 906
II. Kreis der Leistungsberechtigten und Anspruchsausschluss durch
Gewährung von Überbrückungsleistungen (§ 1 AsylbLG) 907
III. Grundleistungen, Leistungen bei Krankheit, Schwangerschaft und
Geburt sowie sonstige Leistungen (§§ 3, 3a, 4 und 6 AsylbLG) 909
IV. Sogenannte Analogleistungen (§ 2 AsylbLG) 911
V. Möglichkeiten der Anspruchseinschränkung bei aufenthalts- bzw.
asylrechtlichem Fehlverhalten 913
1. Anspruchseinschränkung nach § 1a AsylbLG 913
2. Ergänzende Bestimmungen nach § 11 AsylbLG 916
VI. Möglichkeiten der Anspruchseinschränkung im Bereich des
Förderns und Forderns 916
C. Familienleistungen 917
D. Fazit 920

10. Kapitel. Migrationsrechtliche Bezüge des Strafrechts 923
§ 26 Einleitung 923
A. Schnittmengen von Migrationsrecht und Strafrecht 923
I. Die Bereinigung der Akten um nicht mehr verwertbare Daten 924
1. Keine Daten sind gute Daten 924
2. Wie Daten in die Ausländerakten kommen 924
3. Anspruch auf Löschung oder Vernichtung von Daten 925
4. Die Aktenbereinigung um Daten aus Strafverfahren 925
II. Löschungsantrag und Erledigung 926

Inhaltsverzeichnis

B. Strafvollstreckung	926
I. Das Absehen von der weiteren Strafvollstreckung	926
1. Die Abschiebung nach Vollstreckung eines Teils der Freiheitsstrafe	926
2. Abschiebung bewirkt keine endgültige Erledigung der Strafe	927
a) Nachholung der Strafvollstreckung	927
b) Belehrung des Betroffenen	927
c) Rückkehr vor Vollstreckungsverjährung	927
II. Strafaussetzung zur Bewährung nach Abschiebung	928
1. Antragstellung aus dem Ausland	928
2. Persönliche Anhörung	929
C. Strafvollzug	929
I. Vollzugsprobleme bei Migranten	929
1. Offener Vollzug und Vollzugslockerungen	929
2. Verlegung in andere JVA	930
II. Die Rolle der Ausländerbehörde in Vollzugsfragen	930
1. Das „Benehmen" der Ausländerbehörde	930
2. Anwaltliche Handlungsoptionen	931
III. Gerichtlicher Rechtsschutz	931
§ 27 Spezialgesetzliche Straftatbestände	931
A. Strafverfahren im Staatsangehörigkeitsrecht	932
I. Einleitung	932
II. Strafbarkeit falscher Angaben im Einbürgerungsverfahren	933
1. Falsche wesentliche Angaben	933
2. Falsche oder unterbliebene Angabe von Bagatelltaten	933
3. Einbürgerungshindernis bis zur Tilgungsreife	934
III. Falsche Angaben zum Ausweis nach § 30 StAG	934
B. Straftaten nach dem AufenthG	934
I. Einleitung	934
1. Blankettnormen	935
2. Verwaltungsakzessorietät	935
3. Sabotage des Verfahrens, untergetauchter Ausländer	935
4. Vollziehbarkeit	936
5. Betroffener Personenkreis	936
6. Die Auswirkungen der Rückführungs-RL	937
7. Keine Einschränkung der Genfer Flüchtlingskonvention (§ 95 Abs. 5 AufenthG)	937
II. Verstoß gegen die Passpflicht (§ 95 Abs. 1 Nr. 1 AufenthG)	937
III. Unerlaubter Aufenthalt ohne erforderlichen Aufenthaltstitel (§ 95 Abs. 1 Nr. 2 AufenthG)	938
IV. Einreise ohne Pass (§ 95 Abs. 1 Nr. 3 AufenthG)	939
V. Verstoß gegen ein Ausreiseverbot oder gegen eine Einschränkung der politischen Betätigung (§ 95 Abs. 1 Nr. 4 AufenthG)	939
VI. Verstoß bei der Überprüfung, Feststellung und Sicherung der Identität (§ 95 Abs. 1 Nr. 5 AufenthG)	940
VII. Verstöße bei Maßnahmen zur Feststellung und Sicherung der Identität (§ 95 Abs. 1 Nr. 6 AufenthG)	940
VIII. Verstöße gegen Maßnahmen zur Überwachung von Ausländern (§ 95 Abs. 1 Nr. 6a AufenthG)	940
IX. Wiederholter Verstoß gegen Aufenthaltsbeschränkung (§ 95 Abs. 1 Nr. 7 AufenthG)	941
X. Mitgliedschaft in einer geheimen Gruppe (§ 95 Abs. 1 Nr. 8 AufenthG)	942

XI. Verstoß gegen Verbot der Erwerbstätigkeit durch Inhaber von Schengen-Visa (§ 95 Abs. 1a AufenthG)	942
XII. Verstöße gegen Einreise- oder Aufenthaltsverbot (§ 95 Abs. 2 Nr. 1 AufenthG)	943
XIII. Falschangaben zum Erschleichen eines Aufenthaltstitels oder einer Duldung (§ 95 Abs. 2 Nr. 2 AufenthG)	943
XIV. Einschleusen von Ausländern (§§ 96, 97 AufenthG)	945
C. Strafbarkeit nach dem AsylG	946
I. Verleiten zur missbräuchlichen Antragsstellung (§§ 84, 84a AsylG)	946
II. Verstöße gegen Beschränkungen (§ 85 AsylG)	947
§ 28 Migrationsrechtlich relevante Vorschriften des StGB	947
A. Straftatbestände	948
B. Rechtfertigungs- und Entschuldigungsgründe	948
C. Rechtsfolgen von Straftaten	949
I. Keine generellen Sonderregeln bei der Strafe	949
II. Einige relevante Strafzumessungskriterien	949
1. Die sogenannte Ausländereigenschaft	949
2. Ausländerrechtliche Folgen einer Verurteilung	949
3. Strafempfindlichkeit	950
III. Die Maßregeln der Unterbringung nach §§ 63, 64, 66 StGB	950
1. Die praxisrelevanten Maßregeln	950
2. Die Unterbringung in einer Entziehungsanstalt	950
a) Zunahme der Unterbringungen nach §§ 63, 64 StGB	950
b) Migranten in der Entziehungsanstalt	951
c) Zur Vollstreckungsreihenfolge nach § 67 StGB	951
d) Partieller Verstoß des § 67 StGB gegen die EMRK	952
e) Ausländerrechtliche Chancen der Unterbringung nach § 64 StGB	953
f) Maßregelvollzug im Ausland	954
11. Kapitel. Datenschutzrecht	**955**
§ 29 Grundlagen	955
A. Europarechtliche Grundlagen	955
I. Primärrecht	955
II. Verordnungen	956
1. Datenschutz-Grundverordnung (VO (EU) 2016/679)	956
a) Überblick	956
b) Rechte der betroffenen Person	957
c) Rechtsbehelfe	958
2. Dublin III-VO	958
3. Eurodac-Verordnung	960
a) Überblick	960
b) Aufbau des Systems und Grundprinzipien	960
c) Erfassung, Übermittlung und Abgleich der Fingerabdruckdaten	960
d) Aufbewahrung und Löschung der Daten	961
e) Datenmarkierung	961
f) Verwendung der Daten für Gefahrenabwehr- und Strafverfolgungszwecke	961
g) Datenverarbeitung, Datenschutz und Haftung	962
III. Richtlinien	963
B. Verfassungsrechtliche Grundlagen	963

Inhaltsverzeichnis

§ 30 Migrations- und integrationsrechtliche Datenschutzbestimmungen 964
   A. Aufenthaltsgesetz und -verordnung 965
      I. Einführung 965
      II. Erhebung personenbezogener Daten 966
      III. Übermittlung personenbezogener Daten 967
      IV. Speicherung und Löschung personenbezogener Daten 967
      V. Ausweisrechtliche Pflichten und Auswertung von Datenträgern ... 968
      VI. Überprüfung, Feststellung und Sicherung der Identität 969
      VII. Elektronische Aufenthaltsüberwachung 970
      VIII. Beteiligung der Sicherheitsbehörden 970
      IX. Rechte des Betroffenen 971
   B. Asylgesetz 971
      I. Einführung 971
      II. Erhebung personenbezogener Daten 971
      III. Übermittlung personenbezogener Daten 972
      IV. Löschung personenbezogener Daten 972
      V. Mitwirkungspflichten des Ausländers 973
      VI. Sicherung, Feststellung und Überprüfung der Identität 973
      VII. Auswertung von Datenträgern 975
      VIII. Rechte des Betroffenen 975
   C. Ausländerzentralregistergesetz und -durchführungsverordnung 975
      I. Entwicklung und Aufbau des Registers 975
      II. Anlässe der Speicherung und Inhalt des Registers 976
      III. Datenübermittlung 977
          1. Übermittlung an das Register 977
          2. Übermittlung durch die Registerbehörde 978
      IV. Rechte des Betroffenen 980
          1. Auskunftsrecht 980
          2. Rechte auf Berichtigung, Einschränkung der Verarbeitung und Löschung 981
          3. Übermittlungssperren 982
          4. Datenschutzaufsicht 982
   D. Datenschutzgesetze 982
      I. Überblick 982
      II. Abgrenzung zwischen öffentlichen Stellen des Bundes und der Länder und nicht-öffentlichen Stellen 983
      III. Verarbeitung personenbezogener Daten durch öffentliche Stellen .. 984
      IV. Datenschutzaufsichtsbehörden 984
          1. Zuständigkeiten der Aufsichtsbehörden 984
          2. Aufgaben der Aufsichtsbehörden 984
      V. Rechtsgrundlagen der Verarbeitung personenbezogener Daten 985
          1. Verarbeitung besonderer Kategorien personenbezogener Daten . 985
          2. Verarbeitung zu anderen Zwecken 986
          3. Datenübermittlungen durch öffentliche Stellen 986
      VI. Rechte der betroffenen Person 987
          1. Informationspflicht bei Erhebung personenbezogener Daten 987
          2. Auskunftsrecht der betroffenen Person 988
          3. Recht auf Löschung 988
          4. Widerspruchsrecht 988
          5. Rechtsbehelfe 989

Sachverzeichnis 991

Allgemeines Abkürzungsverzeichnis

aA	anderer Ansicht/Auffassung
abgedr.	abgedruckt
ABl.	Amtsblatt
abl.	ablehnend
Abs.	Absatz
aE	am Ende
allg.	allgemein
allgA	allgemeine Ansicht
Alt.	Alternative
amtl.	amtlich
Anerkennungs-RL	Richtlinie 2011/95/EU des Europäischen Parlaments und des Rates vom 13. Dezember 2011
Anm.	Anmerkung
ARB 1/80	Beschluss Nr. 1/80 des Assoziationsrats EWG-Türkei
Art.	Artikel
Asylverfahrens-RL	Richtlinie 2013/32/EU des Europäischen Parlaments und des Rates vom 26. Juni 2013
Asylverfahrens-RL 2005	Richtlinie 2005/85/EG des Rates vom 1. Dezember 2005
Aufnahme-RL	Richtlinie 2013/33/EU des Europäischen Parlaments und des Rates vom 26. Juni 2013
ausf.	ausführlich
AVwV-AufenthG	Allgemeine Verwaltungsvorschrift zum Aufenthaltsgesetz
Beschl.	Beschluss
BeschV	Beschäftigungsverordnung
BGBl.	Bundesgesetzblatt
Bsp.	Beispiel
bspw.	beispielsweise
bzw.	beziehungsweise
ca.	circa
Daueraufenthalts-RL	Richtlinie 2011/51/EU des Europäischen Parlaments und des Rates vom 11. Mai 2011
ders.; dies.	derselbe; dieselbe
dh	das heißt
Drs.	Drucksache
DS-GVO	Datenschutz-Grundverordnung (Verordnung (EU) 2016/679 des Europäischen Parlaments und des Rates vom 27. April 2016)
Dublin II-Verordnung	Verordnung (EG) Nr. 343/2003 des Rates vom 18. Februar 2003
Dublin III-Verordnung	Verordnung (EU) Nr. 604/2013 des Europäischen Parlaments und des Rates vom 26. Juni 2013

Allgemeines Abkürzungsverzeichnis

EASO	Europäische Asylunterstützungsorganisation
Einf.	Einführung
Einl.	Einleitung
EMRK	Europäische Menschenrechtskonvention
endg.	endgültig
engl.	englisch
Entsch.	Entscheidung
etc	et cetera
EU-Aufnahme-RL	Richtlinie 2013/33/EU des Europäischen Parlaments und des Rates vom 26. Juni 2013
Eurodac-VO	VO (EU) 603/2013 des Europäischen Parlaments und des Rates vom 26. Juni 2013
f., ff.	folgende Seite(n) bzw. Randnummer(n)
Familienzusammenführungs-RL	Richtlinie 2003/86/EG des Rates vom 22. September 2003
Freizügigkeits-RL	Richtlinie 2004/38/EG des Europäischen Parlaments und des Rates vom 29. April 2004
Freizügigkeits-VO	Verordnung (EU) Nr. 492/2011 des Europäischen Parlaments und des Rates vom 5. April 2011
Fn.	Fußnote
frz.	französisch
geänd.	geändert
gem.	gemäß
GFK	Genfer Flüchtlingskonvention
ggf.	gegebenenfalls
GMBl.	Gemeinsames Ministerialblatt
GRCh	EU-Grundrechte-Charta
grdl.	grundlegend
grds.	grundsätzlich
hL	herrschende Lehre
hM	herrschende Meinung
Hs.	Halbsatz
idR	in der Regel
ieS	im engeren Sinne
insbes.	insbesondere
iSd	im Sinne des
iSv	im Sinne von
iVm	in Verbindung mit
Kap.	Kapitel
KOM	EU Kommission
krit.	kritisch
lit.	litera (Buchstabe)
mAnm	mit Anmerkung
mwN	mit weiteren Nachweisen

Allgemeines Abkürzungsverzeichnis

oÄ	oder Ähnliches
Opferschutz-RL	Richtlinie 2004/81/EG des Rates vom 29. April 2004
Ratsdok.	Ratsdokument
RL	Richtlinie
Rn.	Randnummer
Rspr.	Rechtsprechung
Rückführungs-RL	Richtlinie 2008/115/EG des Europäischen Parlaments und des Rates vom 16. Dezember 2008
S.	Satz
S.	Seite
s.	siehe
sog.	sogenannt
Stellungn.	Stellungnahme
stRspr	ständige Rechtsprechung
uÄ	und Ähnliches
ua	unter anderem
UAbs.	Unterabsatz
UnionsbRL	EU-Unionsbürgerrichtlinie
uU	unter Umständen
Urt.	Urteil
usw	und so weiter
v.	vom, von
va	vor allem
vgl.	vergleiche
Visa-VO	Verordnung (EG) Nr. 539/2001 des Rates vom 15. März 2001
Visa-VO 2018	Verordnung (EU) 2018/1806 des Europäischen Parlament und des Rates vom 14. November 2018
VO	Verordnung
zB	zum Beispiel
zT	zum Teil
zul.	zuletzt
zust.	zustimmend

Verzeichnis der abgekürzt zitierten Literatur

BeckOK AuslR	*Kluth/Heusch,* Beck'scher Onlinekommentar Ausländerrecht.
Bergmann/Dienelt	*Bergmann/Dienelt,* Ausländerrecht, 13. Aufl. 2020.
BK GG	*Kahl/Waldhoff/Walter,* Bonner Kommentar zum Grundgesetz, Loseblatt.
Callies/Ruffert	*Calliess/Ruffert,* EUV/AEUV, 5. Aufl. 2016.
Eyermann	*Eyermann,* Verwaltungsgerichtsordnung, 15. Aufl. 2019.
Filzwieser/Sprung Dublin III-VO	*Filzwieser/Sprung,* Dublin III-Verordnung, 2014.
Fischer	*Fischer,* Strafgesetzbuch: StGB und Nebengesetze, 67. Aufl. 2020.
GEB AsylR	*Göbel-Zimmermann/Eichhorn/Beichel-Benedetti,* Asyl- und Flüchtlingsrecht, 2017.
GHN	*Grabitz/Hilf/Nettesheim,* Das Recht der Europäischen Union: EUV/AEUV, Kommentar, Loseblatt.
GK-AsylG	*Fritz/Vormeier,* Gemeinschaftskommentar zum Asylgesetz, Loseblatt.
GK-AufenthG	*Fritz/Vormeier,* Gemeinschaftskommentar zum Aufenthaltsgesetz, Loseblatt.
GK-StAR	*Fritz/Vormeier,* Gemeinschaftskommentar zum Staatsangehörigkeitsrecht, Loseblatt.
Gola/Heckmann	*Gola/Heckmann,* Bundesdatenschutzgesetz, Kommentar, 13. Aufl. 2019.
GSH	von der Groeben/Schwarze/Hatje, Europäisches Unionsrecht, 7. Aufl. 2015.
Hailbronner AsylR/AuslR	*Hailbronner,* Asyl- und Ausländerrecht, 4. Aufl. 2017.
Hailbronner AuslR	*Hailbronner,* Ausländerrecht, Kommentar, Loseblatt.
Hathaway/Foster Refugee Status Law	*Hathaway/Foster,* The Law of Refugee Status, 2. Aufl. 2014.
Hailbronner/Thym EU Immigration	*Hailbronner/Thym,* EU Immigration and Asylum Law, 2. Aufl. 2016.
HEE AufenthaltsR	*Huber/Eichenhofer/Endres de Oliveira,* Aufenthaltsrecht, 2017.
HK-EMRK	*Meyer-Ladewig/Nettesheim/von Raumer,* EMRK – Europäische Menschenrechtskonvention, 4. Aufl. 2017.
HMHK	*Hailbronner/Maaßen/Hecker/Kau,* Staatsangehörigkeitsrecht, 6. Aufl. 2017.
Huber	*Huber,* Aufenthaltsgesetz – AufenthG, Kommentar, 2. Aufl. 2016.
Karpenstein/Mayer	*Karpenstein/Mayer,* Konvention zum Schutz der Menschenrechte und Grundfreiheiten: EMRK, 2. Aufl. 2015.
KHM ZuwanderungsR-HdB	*Kluth/Hund/Maaßen,* Handbuch Zuwanderungsrecht, 2. Aufl. 2017.
Kopp/Ramsauer	*Kopp/Ramsauer,* Verwaltungsverfahrensgesetz, 20. Aufl. 2019.
Kopp/Schenke	*Kopp/Schenke,* Verwaltungsgerichtsordnung, 25. Aufl. 2019.

Verzeichnis der abgekürzt zitierten Literatur

Kühling/Buchner	*Kühling/Buchner*, Datenschutz-Grundverordnung/BDSG, 2. Aufl. 2018.
Marx AsylG	*Marx*, Kommentar zum Asylgesetz, 10. Aufl. 2019.
Marx AufenthaltsR	*Marx*, Aufenthalts-, Asyl- und Flüchtlingsrecht, Handbuch, 7. Aufl. 2020.
Marx AuslR	Marx, Ausländer- und Asylrecht, 3. Aufl. 2016.
Maunz/Dürig	*Maunz/Dürig*, Grundgesetz, Kommentar, Loseblatt.
MüKoStGB	*Joecks/Miebach*, Münchener Kommentar zum Strafgesetzbuch: StGB, 3. Aufl. 2017–2019.
NK-AuslR	Hofmann, Ausländerrecht, Kommentar, 2. Aufl. 2016.
NK-EuGRCh	*Meyer/Hölscheidt*, Charta der Grundrechte der Europäischen Union, Kommentar, 5. Aufl. 2019.
Oberhäuser MigR	Migrationsrecht in der Beratungspraxis, 2019.
Offer/Mävers	*Offer/Mävers*, Beschäftigungsverordnung, 2016.
Sachs	*Sachs*, Kommentar zum Grundgesetz: GG, 8. Aufl. 2018.
SBS	*Stelkens/Bonk/Sachs*, Verwaltungsverfahrensgesetz: VwVfG, 8. Aufl. 2014.
Schönke/Schröder	*Schönke/Schröder*, Strafgesetzbuch: StGB, Kommentar, 30. Aufl. 2019.
SSB	*Schoch/Schneider/Bier*, Verwaltungsgerichtsordnung: VwGO, Kommentar, Loseblatt.
Stern/Sachs	*Stern/Sachs*, Europäische Grundrechte-Charta: GRCh, 2016.
Welte ZuwanderungsR	*Welte*, Zuwanderungs- und Freizügigkeitsrecht, Loseblatt.
Zimmermann	*Zimmermann*, The 1951 Convention relating to the Status of Refugees, 2011.

Einleitung

Übersicht

	Rn.
A. Entwicklung des deutschen und europäischen Migrationsrechts	1
I. Gegenstand des Migrationsrechts	1
II. Entwicklung der Migration von und nach Deutschland	5
III. Migranten in Deutschland heute	21
IV. Rechtliche Grundlagen	24
B. Grundbegriffe des Migrationsrechts	29

A. Entwicklung des deutschen und europäischen Migrationsrechts

I. Gegenstand des Migrationsrechts

Das **Migrationsrecht** befasst sich mit der rechtlichen Steuerung der Zuwanderung nach **1** Deutschland, den Voraussetzungen für einen von bestimmten Zwecken geleiteten Aufenthalt (zB wegen Erwerbstätigkeit, Asyl oder Familiennachzug), der Verfestigung des Aufenthalts bis hin zur Einbürgerung, aber auch mit der Beendigung des Aufenthalts durch Ausweisung und Abschiebung. Daher umfasst auch dieses Handbuch die klassischerweise getrennt behandelten Gebiete des Ausländer-, Asyl- und Staatsangehörigkeitsrechts, klammert aber auch das Recht der Spätaussiedler und das Integrationsrecht nicht aus. Denn auch Flüchtlinge und Vertriebene, die Deutsche iSv Art. 116 Abs. 1 GG waren, wanderten als Folge des 2. Weltkriegs aus ihren Herkunftsländern im Osten Europas aus und nach Deutschland ein. Die Regeln über die Aufnahme deutschstämmiger Spätaussiedler und die Bescheinigung ihrer Spätaussiedlereigenschaft sind Bestandteil des Migrationsrechts.[1] Der Zuzug von 12 bis 14 Millionen deutschstämmigen Flüchtlingen und Vertriebenen nach dem 2. Weltkrieg war zugleich eine der größten Migrationsbewegungen der Neuzeit auf europäischem Boden (→ Rn. 9). Selbst der Zustrom von ausländischen Flüchtlingen nach Deutschland in den letzten Jahren hat diese Dimension nicht erreicht.

Der Begriff des Migrationsrechts wird nicht nur dem soziologischen Tatbestand der **2** **Wanderungsbewegungen** von **Ausländern** und **Statusdeutschen** nach Deutschland besser gerecht als der des Ausländerrechts, da Statusdeutsche keine Ausländer sind. Er sichert auch die terminologische Anschlussfähigkeit an die europäische und internationale rechtswissenschaftliche Diskussion, die das Rechtsgebiet als **„Migration Law"** bezeichnet[2] und im „Alien" eher ein Science-Fiction-Wesen aus einer anderen Welt sieht. Einheitliche Sprachregeln sind nicht nur für den wissenschaftlichen Diskurs von Vorteil. Vielmehr tragen sie der Tatsache Rechnung, dass die Normen dieses Rechtsgebiets seit der Jahrtausendwende ganz überwiegend durch das Unionsrecht vorgegeben sind.

Nach dem Verständnis vom Migrationsrecht, das diesem Handbuch zugrunde liegt, wird **3** der Zuwandernde – aufbauend auf der grundlegenden Arbeit von *Thym*[3] – nicht reduziert auf seinen gegenwärtigen Rechtsstatus in den Blick genommen, sondern das **Migrationsgeschehen als Prozess** in den Vordergrund gerückt. Migrationsrecht widmet sich insoweit dem Migranten in seinen sich wandelnden Rechtsverhältnissen vom Inhaber eines Visums über den befristeten und unbefristeten Aufenthaltsberechtigten zum Erwerber der deutschen Staatsangehörigkeit. Die Rechtsmaterie umfasst auch das Integrations- und

---

[1] So auch *Bast*, Aufenthaltsrecht und Migrationssteuerung, 2011, 34 ff.
[2] Vgl. etwa das European Journal of Migration and Law.
[3] *Thym*, Migrationsverwaltungsrecht, 2010, 1–14.

Einleitung

Staatsangehörigkeitsrecht, wenngleich die Migration beendet ist, wenn ein Ausländer oder Spätaussiedler nicht mehr wandert, sondern sich in die Aufnahmegesellschaft integriert und bei erfolgreichem Abschluss der Integration die deutsche Staatsangehörigkeit erwirbt.

4   Das Migrationsrecht ist in jüngerer Zeit einer permanenten Änderung unterworfen. Das vorliegende Handbuch erläutert die Rechtslage, wie sie sich im März 2020 darstellt. Zu diesem Zeitpunkt sind die Gesetzesnovellen des Jahres 2019 in Kraft getreten, namentlich das Fachkräfteeinwanderungsgesetz, das Gesetz zur Ausbildungs- und Beschäftigungsduldung sowie das sog. Geordnete-Rückkehr-Gesetz. All diese Gesetze sowie die weiteren gesetzlichen Neuerungen der jüngeren Zeit werden hier dargestellt und erläutert. Eingegangen wird auch auf die Vorhaben der **EU-Kommission** zur Fortentwicklung des Gemeinsamen Europäischen Asylsystems, soweit sie schon in Grundzügen erkennbar sind.

II. Entwicklung der Migration von und nach Deutschland

5   Migrationsbewegungen haben die deutsche Geschichte seit Jahrhunderten begleitet. So drängten im Zuge der **Völkerwanderung** in der Zeit vom 4. bis 6. Jahrhundert germanische Stammesverbände von ihren Ursprungsgebieten nach Süd-, West- und Mitteleuropa vor. Zugleich zogen slawische Stämme in die frei gewordenen Gebiete in Mittel- und Osteuropa. Die Wanderungsbewegungen bewirkten eine tief greifende Bevölkerungsverschiebung in Europa und hatten zur Folge, dass sich verschiedene eigenständige Reiche germanischer Stämme auf römischem Boden bildeten. Bevölkerungswachstum, Bodenknappheit, Hunger und Eroberungswille bildeten die Motive dieser Wanderungsbewegung.[4]

6   Infolge der Konflikte zwischen Katholizismus und Protestantismus flohen im 17. Jahrhundert **Hugenotten** von Frankreich in die Schweiz, die Niederlande, nach England, Irland, Deutschland und Nordamerika. Sie siedelten sich insbesondere in Hessen und in Brandenburg-Preußen an. Die Zuwanderer erhielten Steuerprivilegien, Garantien zur Ausübung ihrer Religion, Praktizierung ihrer Sprache bis hin zu eigenen Gymnasien, erhielten die vollen Bürgerrechte und hatten wesentlichen Anteil am wirtschaftlichen Aufschwung ihrer neuen Heimatregionen.[5]

7   Nach der **Gründung des Deutschen Reiches** 1871 belief sich die Zahl der im Reich registrierten Ausländer auf 206.800, das war weniger als ein Promille der Gesamtbevölkerung von 41 Millionen.[6] Aufgrund der Herausbildung des Nationalstaats wurden Regelungen über die Staatsangehörigkeit geschaffen und zwischen Staatsangehörigen und „Fremden" unterschieden, die ausgewiesen werden konnten.[7] Der Erwerb der Staatsangehörigkeit erfolgte über das Abstammungsprinzip (ius sanguinis). Der industrielle Aufschwung führte zu einem Mangel an Arbeitskräften im aufstrebenden Ruhrgebiet. Daher wurden polnische Arbeitskräfte für Bergbau und Stahlindustrie angeworben und im Ruhrgebiet angesiedelt (**„Ruhrpolen"**).[8] Bis 1914 war etwa ein Viertel aller Bergarbeiter im Ruhrgebiet polnischer Herkunft. Umgekehrt wanderten **Deutsche in ehemals polnische Siedlungsgebiete** ins östliche Preußen („Germanisierung") und in polnische Industrieregionen wie die Gegend um Lodz zum Aufbau der dortigen Textilindustrie aus. Deutsche Auswanderer zog es zu jener Zeit auch in die neue Welt des amerikanischen Kontinents.

---

[4]   *Rosen*, Die Völkerwanderung, 2. Aufl. 2003, 19 ff..
[5]   *Asche* in Bade ua, Migration in Europa, 3. Aufl. 2010, 637 ff.
[6]   *Statistisches Bundesamt*, Ausländische Bevölkerung 2017, Stand: 31.12.2017, 17.
[7]   *Renner*, Ausländerrecht in Deutschland, 1998, 8 f.; Gesetz über den Erwerb und den Verlust der Bundes- und Staatsangehörigkeit des Norddeutschen Bundes vom 1.6.1870. Aufgrund des §§ 9 und 12 des Gesetzes, betreffend die Einführung Norddeutscher Bundesgesetze in Bayern vom 22.4.1871 galt dieses Gesetz als Reichsgesetz fort. Ersetzt wurde es durch das Reichs- und Staatsangehörigkeitsgesetz vom 22.7.1913.
[8]   *Bade/Oltmer* in Bade ua, Migration in Europa, 3. Aufl. 2010, 70 ff.

Einleitung

In der Zeit des **Nationalsozialismus** verlor Deutschland in schmerzlicher Weise einen Großteil seiner **jüdischen Bevölkerung,** und zwar durch Tötung, aber auch durch Flucht oder Auswanderung.

Einen Einwanderungsschub hatte Deutschland nach dem 2. Weltkrieg zu verzeichnen, als 12 bis 14 Millionen deutschstämmige **Flüchtlinge und Vertriebene** in der Bundesrepublik und in der ehemaligen DDR eine neue Heimat fanden. Ende 1947 waren das 18% der Bevölkerung in der amerikanischen Zone und 24% in der sowjetischen Zone.[9] Der britische Historiker *Neil MacGregor* bezeichnet dies als „die wohl **größte Bevölkerungsverschiebung in der Geschichte** – größer noch als alles, was in Stalins Russland geschah und in der Dimension eigentlich nur zu vergleichen mit der fast gleichzeitigen Teilung von Indien und Pakistan".[10] Der deutschen Nachkriegsgesellschaft war mit der Integration dieser großen Zahl von Heimatvertriebenen eine enorme Aufgabe gestellt, die gelungen ist und zum wirtschaftlichen Erfolg der Bundesrepublik entscheidend beigetragen hat.

Der Wirtschaftsaufschwung in der neu gegründeten Bundesrepublik Deutschland nach der Währungsreform führte zu einem in Deutschland selbst nicht zu befriedigenden Bedarf an Arbeitskräften. Daher wurde bereits 1955 ein erstes **Anwerbeabkommen** mit Italien geschlossen.[11] Es folgten Vereinbarungen mit Griechenland, Jugoslawien, Korea, Marokko, Portugal, Spanien, Tunesien und der Türkei. Während bei Beginn der Anwerbeaktionen im Jahr 1956 etwa 400.000 Ausländer im Bundesgebiet lebten, belief sich die Zahl im Jahr 1981 bereits auf 4,7 Millionen, das waren 7% der Gesamtbevölkerung.[12] Noch heute stammt ein Drittel der Menschen mit Migrationshintergrund aus den Gastarbeiter-Anwerbestaaten, auch wenn 1973 ein **Anwerbestop** verfügt wurde.[13] Denn viele der „Gastarbeiter" blieben keine Gäste, sondern ließen sich hier dauerhaft nieder und holten ihre Familien nach.

Aber zu jener Zeit hatte sich noch nicht die Erkenntnis durchgesetzt, dass Deutschland ein Einwanderungsland geworden war. Damals war noch das klassische Verständnis vorherrschend, dass das **„Ausländerrecht"** oder „Fremdenrecht" (wie es bis heute in Österreich genannt wird[14]) dem **besonderen Polizeirecht** zuzuordnen sei und der **Abwehr von Gefahren** dient, die von Ausländern ausgehen.[15] Diese inhaltliche Bestimmung hatten bereits die Paulskirchen-Verfassung von 1848, die Reichsverfassung von 1871 und die Weimarer Reichsverfassung vorgenommen, die die Materie als „Fremdenpolizei" bezeichneten.[16] Präziser beschrieben wurde das im ersten gesamtdeutschen Ausländergesetz, der „Ausländerpolizeiverordnung" (APVO) von 1938.[17] Ihr Inhalt entsprach weitgehend der preußischen APVO von 1932, sie galt auch im Nachkriegsdeutschland bis zum Inkrafttreten des Ausländergesetzes von 1965.

Das im Jahr 1965 verabschiedete **erste Ausländergesetz** diente vorrangig der Einreisekontrolle, der Überwachung des Aufenthalts von Ausländern und der Aufenthaltsbeendigung bei schwerwiegenden Regelverstößen.[18] Seine Erlaubnis- und Ausweisungstatbestände waren generalklauselartig formuliert und ließen den Ausländerbehörden einen großen Ermessensspielraum.

Dem bereitete das **Ausländergesetz von 1990** ein Ende.[19] Dieses stand im Zeichen hoher **Regelungsdichte,** um Rechtssicherheit für den Ausländer zu schaffen, aber auch

---

[9] *Bauerkämper* in Bade ua, Migration in Europa, 3. Aufl. 2010, 478 f.
[10] *MacGregor*, Deutschland – Erinnerungen einer Nation, 2015, 519.
[11] *Renner*, Ausländerrecht in Deutschland, 1998, 25 f.
[12] *Statistisches Bundesamt*, Ausländische Bevölkerung 2016, Stand: 30.6.2017, 28.
[13] *Statistisches Bundesamt*, Bevölkerung mit Migrationshintergrund 2016, Stand: 31.8.2017, 8.
[14] Vgl. zuletzt Fremdenrechtsänderungsgesetz v. 18.10.2017 ÖBGBl. I 1 ff.; *Gachowetz/Schmidt/Simma/Urban*, Asyl- und Fremdenrecht, 2017, 257 ff.
[15] *Hailbronner* Lehrbuch AsylR Rn. 25.
[16] § 54 Nr. 2 Paulskirchen-Verfassung, Art. 4 Nr. 1 Reichsverfassung von 1971 und Art. 7 Nr. 4 WRV.
[17] Ausländerpolizeiverordnung vom 22.8.1938, RGBl. 1938 I 1054.
[18] Ausländergesetz vom 28.4.1965, BGBl. I 353.
[19] Gesetz vom 9.7.1990, BGBl. I 1354.

Einleitung

das Ermessen der Verwaltung, der vom Gesetzgeber zu großes Entgegenkommen gegenüber den Ausländern unterstellt wurde, „soweit möglich und vertretbar" einzuschränken und auszuschließen.[20] Zu jenem Zeitpunkt hatte die Zahl der Ausländer in Deutschland erstmals die 5-Millionen-Grenze überschritten.[21] In dem neuen Gesetz wurde bei den Aufenthaltstiteln nach Grund, Zweck und erlaubter Dauer des Aufenthalts differenziert. Die **Ausweisungstatbestände** wurden detailliert ausformuliert und in eine Ist-, Regel- und Ermessensausweisung gegliedert. Dem Gesetz lag aber auch die Erkenntnis zugrunde, dass ein „erheblicher Teil der vornehmlich in den beiden letzten Jahrzehnten legal zugewanderten Ausländer" dauerhaft in Deutschland bleiben will und für diesen Personenkreis die **Integration** in die wirtschaftlichen, sozialen und kulturellen Lebensverhältnisse der Bundesrepublik Deutschland ein „vorrangiges gesamtpolitisches Ziel" darstellt.[22]

14   Der Integration langfristig in Deutschland lebender Ausländer diente auch das Gesetz zur **Reform des Staatsangehörigkeitsrechts** von 1999[23]. Dieses ergänzte zugunsten der Ausländer der zweiten und dritten Generation das bisher maßgebliche Abstammungsprinzip durch das **Geburtsortprinzip** (ius soli) und schuf zugleich eine begrenzte Wahlmöglichkeit. Außerdem wurden die Möglichkeiten zum Erwerb **zweier Staatsbürgerschaften** erweitert („Doppelstaater").[24]

15   Seit der Öffnung des Eisernen Vorhangs wanderten zusätzlich zu einer steigenden Zahl von Ausländern auch noch etwa 4,5 Millionen **Aussiedler und Spätaussiedler** aus Osteuropa nach Deutschland ein, das waren Deutschstämmige und ihre Abkömmlinge.[25] Hinzu kamen 220.000 **jüdische Zuwanderer** aus den Nachfolgestaaten der ehemaligen Sowjetunion.[26]

16   Mit der Internationalisierung der Wirtschaft und der Arbeitswelt wurde es zugleich erforderlich, dem Bedarf der Wirtschaft und Gesellschaft an ausländischen Arbeitskräften Rechnung zu tragen und das **Migrationsgeschehen** in stärkerem Umfang **zu steuern.** Dies forderte im Jahr 2001 auch die „Zuwanderungskommission" unter Leitung von *Rita Süssmuth*.[27] Die Kommission hatte festgestellt, dass von 1954 bis 2001 rund 31 Millionen Deutsche und Ausländer in die Bundesrepublik gezogen waren. Schon damals waren 8,9 % der Gesamtbevölkerung Ausländer.[28]

17   Mit dem **Zuwanderungsgesetz von 2004**[29] wurde aus dem bisherigen weitgehend reaktiven Ausländerrecht ein aktives migrationsrechtliches **Steuerungsinstrument.** Das wird an der Beschreibung des Gesetzeszwecks deutlich, wonach Zuwanderung unter Berücksichtigung der wirtschaftlichen und arbeitsmarktpolitischen Interessen Deutschlands „ermöglicht und gestaltet" wird (§ 1 Abs. 1 S. 2 AufenthG). Mit dem Fachkräfteeinwanderungsgesetz von 2019[30] wurde auch terminologisch anerkannt, dass Deutschland ein Einwanderungsland geworden ist. Die Einwanderung von beruflich und akademisch qualifizierten Einwanderern wurde weiter erleichtert und – anders als nach der EU Blue Card-Richtlinie – jedenfalls bei Einwanderern im Alter bis zu 45 Lebensjahren nicht mehr von einer bestimmten Einkommensgrenze abhängig gemacht. Darüber hinaus wurden Möglichkeiten der Einreise zur Arbeitsplatzsuche, zur Nachqualifizierung und zur Absolvierung einer Ausbildung neu geschaffen oder erweitert.

---

20   Gesetzesbegründung BT-Drs. 11/6321, 1.
21   *Statistisches Bundesamt*, Ausländische Bevölkerung 2016, Stand: 30.6.2017, 28.
22   Gesetzesbegründung BT-Drs. 11/6321, 40.
23   BGBl. 1999 I 1618.
24   *Hailbronner* in: HMHK Grundlagen Rn. 2 ff.
25   *BAMF*, (Spät-)Aussiedler in Deutschland 2013, 7.
26   BT-Drs. 18/6696, 1.
27   Unabhängige Kommission „Zuwanderung": Zuwanderung gestalten – Integration fördern, Juli 2001.
28   Unabhängige Kommission „Zuwanderung": Zuwanderung gestalten – Integration fördern, Juli 2001, 1.
29   Gesetz zur Steuerung und Begrenzung der Zuwanderung und zur Regelung des Aufenthalts und der Integration von Unionsbürgern und Ausländern vom 30.7.2004, BGBl. I 1950.
30   BGBl. I 1307.

Die Entwicklung seit der Jahrtausendwende ist zudem in erheblichem Maß durch eine **18** **Europäisierung des Migrationsrechts** geprägt. Das zeigt der inhaltliche wie der begriffliche Wandel der Rechtsmaterie. Nach Art. 79 AEUV entwickelt die Union eine **gemeinsame Einwanderungspolitik und -gesetzgebung**, die ua der wirksamen „Steuerung der Migrationsströme" dient. Art. 77 AEUV sieht die Schaffung eines Binnenraumes ohne Grenzkontrollen, ein **integriertes Grenzschutzsystem** an den Außengrenzen und gemeinsame Regeln für Kurzzeitvisa vor. Auf dieser Grundlage wird die Einreise in die EU (mit Ausnahme längerfristiger Aufenthalte) durch den EU Visakodex einheitlich geregelt, sie erfolgt in den von Grenzkontrollen weitgehend freien europäischen Schengen-Raum. EU-Richtlinien regeln in Umsetzung von Art. 79 AEUV die Einreise qualifizierter Fachkräfte (ua Blue Card-Richtlinie), von Forschern, Studenten, sie schaffen Regeln für den Familiennachzug, sehen den Status eines langfristig Aufenthaltsberechtigten vor, formulieren aber auch Bedingungen für die Aufenthaltsbeendigung einschließlich der Festlegung einer Einreisesperre. Gestützt auf Art. 78 AEUV wurde ein **gemeinsames europäisches Asylsystem** durch ein Bündel an Verordnungen und Richtlinien geschaffen (→ § 18 Rn. 1 ff.).

In der jüngeren Entwicklung Deutschlands hat die **Flucht- und Armutsmigration** **19** einen großen Anteil am Migrationsgeschehen. Während in Deutschland im Jahr 2018 knapp 40 % der einreisenden Drittstaatsangehörigen aus humanitären Gründen und zum Zweck des Familiennachzugs zu Schutzberechtigten aufgenommen wurden, wurden nur 12 % der Aufenthaltserlaubnisse zum Zweck der Erwerbstätigkeit erteilt[31]. Die Hauptherkunftsländer (unter Einschluss der EU-Mitgliedstaaten) sind Rumänien, Polen, Bulgarien, Kroatien und Syrien.[32]

Den Höhepunkt der Zuwanderung erreichte Deutschland im Jahr 2015, in dem mehr als **20** 1,8 Millionen Ausländer nach Deutschland einwanderten. Davon blieben unter Berücksichtigung der Fortzüge 1,2 Millionen Ausländer im Lande.[33] Davon waren der größte Teil Asylsuchende, die aufgrund ihrer ungewöhnlich hohen Zahl teilweise erst im Jahr 2016 förmlich als Asylantragsteller registriert werden konnten. Deutschland verzeichnet seit 2015 die **höchste absolute Zahl an Zuwanderern** aller OECD-Staaten. Wie die nachstehende Grafik verdeutlicht, ist das **Wanderungssaldo Deutschlands** (EU-Bürger und Drittstaatsangehörige) seit Jahren positiv, hat sich von 320.000 im Jahr 2011 auf 577.000 im Jahr 2014 gesteigert und seinen Rekord mit gut einer Million Nettozuwanderern im Jahr 2015 erreicht. Insgesamt hat sich die Zahl der Ausländer in Deutschland in den Jahren von 2012 bis 2018 um insgesamt 4,5 Millionen erhöht.[34]

---

[31] *BAMF,* Das Bundesamt in Zahlen 2018, 86 f.
[32] *Bade* ua, Migration in Europa, 3. Aufl. 2010, 44 f.; *BAMF,* Das Bundesamt in Zahlen 2018, 81.
[33] *BAMF,* Das Bundesamt in Zahlen 2018, 80.
[34] *BAMF,* Das Bundesamt in Zahlen 2018, 80.

Einleitung

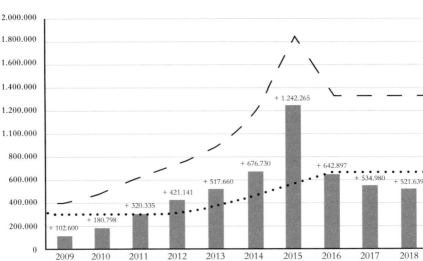

Zuzüge und Fortzüge von ausländischen Staatsangehörigen von 2009 bis 2018

Angaben in Personen
Quelle: Ausländerzentralregister

III. Migranten in Deutschland heute

21   Heute leben in Deutschland etwa 11 Millionen Ausländer.[35] Das sind 12,2 % der Gesamtbevölkerung.[36] Die Quote liegt über der des Vereinigten Königreichs (8,6 %), Italiens (8,3 %), Schwedens (7,8 %), Frankreichs (6,6 %) und der Niederlande (4,9 %).[37] Betrachtet man die Gesamtzahl der Menschen mit Migrationshintergrund, so leben in Deutschland 20,8 Millionen Menschen mit ausländischen Wurzeln, das ist ein Viertel der Gesamtbevölkerung (Stand: 31.12.2018).[38] Eine Person hat einen Migrationshintergrund, wenn sie selbst oder mindestens ein Elternteil die deutsche Staatsangehörigkeit nicht durch Geburt besitzt. Dazu zählen (1) Ausländer, (2) Eingebürgerte, (3) Spätaussiedler und (4) mit deutscher Staatsangehörigkeit geborene Nachkommen der drei zuvor genannten Gruppen.[39]

22   Ein großer Teil der neu nach Deutschland Einwandernden sind EU- oder EWR-Bürger (rund 4,8 Millionen). Ihr Anteil an der ausländischen Bevölkerung von 11 Millionen Anfang des Jahres 2019 beträgt 43,8 %, der Anteil der Drittstaatsangehörigen 56,2 %.[40] Die fünf größten Gruppen bilden die Türken (1,5 Millionen), Polen (862.000), Syrer (757.000), Rumänen (713.000) und Italiener (645.000).[41] Dabei ist freilich zu berücksichtigen, dass ein Teil der vorgenannten Ausländer in Deutschland geboren wurde (bei den Türken 27,5 %). Der größte Teil der Drittstaatsangehörigen wandert als Asylsuchende ein, die zweitgrößte Gruppe kommt im Wege des Familiennachzugs, gefolgt von Studen-

---

[35] *BAMF,* Das Bundesamt in Zahlen 2018, 112, Stand: 31.3.2019..
[36] *Statistisches Bundesamt,* Pressemitteilung Nr. 244 vom 27.6.2019.
[37] *Statistisches Bundesamt,* Deutschland im EU-Vergleich 2017 – Bevölkerung – unter Auswertung von Eurostat-Daten vom Juni/Juli 2017,81
[38] *Statistisches Bundesamt,* Bevölkerung mit Migrationshintergrund 2018, Stand: 21.8.2019, 36 und 38.
[39] *Statistisches Bundesamt,* Bevölkerung mit Migrationshintergrund 2018, 4.
[40] *BAMF,* Das Bundesamt in Zahlen 2018, 118.
[41] *BAMF,* Das Bundesamt in Zahlen 2018, 116.

ten und schließlich denen, die einer Erwerbstätigkeit nachgehen wollen.[42] Auch im europäischen Vergleich werden in Deutschland überproportional viele Aufenthaltstitel aus humanitären und familiären Gründen erteilt, aber nur ein verhältnismäßig kleiner zum Zweck der Erwerbstätigkeit. So wurden im Jahr 2018 nach Eurostat-Daten in Deutschland 12,6 % der Aufenthaltstitel zum Zweck der Erwerbstätigkeit erteilt, im Vereinigten Königreich hingegen 24,0 %, in den Niederlanden 22,7 %, in Spanien 22.5 % und in Polen 51,6 %.[43]

Mehr als ein Viertel der ausländischen Bevölkerung lebt schon seit zwanzig Jahren oder länger in Deutschland.[44] 2,2 Millionen Ausländer haben seit 2005 einen Integrationskurs besucht oder besuchen ihn gegenwärtig.[45] Die Zahl der Einbürgerungen liegt jährlich bei etwa 100.000 bis 120.000 (insgesamt 112 340 im Jahr 2018).[46] Dies entspricht einer Quote von etwa 2,2 % der Ausländer mit einer Aufenthaltsdauer von 10 Jahren und mehr. Die höchste Zahl von Einbürgerungen im Jahr 2018 entfällt mit 16 700 Personen auf türkische Staatsangehörige, gefolgt von Briten mit 6 640 Personen, Polen mit 6 220 und Rumänen mit 4 325 Personen.[47] Die Einbürgerung erfolgte im Durchschnitt nach einer Aufenthaltsdauer von 17 Jahren.[48] Der Anteil der Doppelstaater an den im Jahr 2018 Eingebürgerten beträgt 61,4 %[49], bei den Türken allerdings nur 12,7 %[50].

23

IV. Rechtliche Grundlagen

Das **Aufenthaltsgesetz** regelt die Einreise und den Aufenthalt von Ausländern einschließlich der Aufenthaltsbeendigung. Für den Aufenthalt von freizügigkeitsberechtigten Unionsbürgern und deren nahen Familienangehörigen ist das **Freizügigkeitsgesetz-EU** maßgeblich. Im **Asylgesetz** finden sich die Bestimmungen über die Anerkennung als Asylberechtigter nach Art. 16a GG, als Flüchtling iSd Völker- und Unionsrechts sowie als subsidiär Schutzberechtigter. Das **Asylbewerberleistungsgesetz** legt die Leistungen fest, die Asylantragsteller während des laufenden Asylverfahrens erhalten. Das **Staatsangehörigkeitsgesetz** enthält die Regeln für den Erwerb und Verlust der deutschen Staatsangehörigkeit. Aus dem **Bundesvertriebenengesetz** ergibt sich, unter welchen Voraussetzungen ein deutscher Volkszugehöriger aus dem Gebiet der ehemaligen Sowjetunion in einem privilegierten Aufnahmeverfahren als Spätaussiedler nach Deutschland einwandern darf. Die maßgebliche Rechtsgrundlage für die Verwaltung des behördlichen Datenbestandes über die in Deutschland lebenden Ausländer bildet das **Ausländerzentralregistergesetz.**

24

Zur Durchführung dieser Gesetze wurden Verordnungen erlassen. Dazu zählt die **Aufenthaltsverordnung,** die ua Begriffsklärungen vornimmt und Verfahrensvorschriften enthält für die Erteilung von Aufenthaltstiteln und die hierfür zu entrichtenden Gebühren. Nähere Regeln über den Zugang von Drittstaatsangehörigen zum Arbeitsmarkt ergeben sich aus der **Beschäftigungsverordnung.** Die Zulassung zu Integrationskursen, deren Inhalte, Struktur und den zu leistenden Kostenbeitrag ergeben sich aus der **Integrationskursverordnung.** Zur gleichmäßigen Anwendung des Aufenthaltsgesetzes wurde vom Bundesministerium des Innern die **Allgemeine Verwaltungsvorschrift zum Aufenthaltsgesetz** (AVwV-AufenthG) erlassen.[51] Für die Anwendung des Staatsangehörigkeits-

25

---

[42] 12. Bericht der Beauftragten der Bundesregierung für Migration, Flüchtlinge und Integration, BT-Drs. 19/15740 v. 3.12.2019, S. 377–379.
[43] *Eurostat,* Newsrelease No. 164/2019 v. 25.10.2019 – Residence permits for non-EU citizens.
[44] *BAMF,* Das Bundesamt in Zahlen 2018, 120.
[45] *BAMF,* Integrationskursstatistik für das Jahr 2018, 3 (Stand: 31.3.2019).
[46] *Statistisches Bundesamt,* Einbürgerungen 2018, 13.
[47] *Statistisches Bundesamt,* Einbürgerungen 2018, 19.
[48] *Statistisches Bundesamt,* Einbürgerungen 2018, 64.
[49] *Statistisches Bundesamt,* Einbürgerungen 2018, 127.
[50] *Statistisches Bundesamt,* Einbürgerungen 2018, 115.
[51] AVwV-AufenthG v. 26.10.2009, abrufbar unter www.bmi.bund.de.

Einleitung

gesetzes ist die **Allgemeine Verwaltungsvorschrift zum Staatsangehörigkeitsrecht** maßgeblich (StAR-VwV).[52]

26 Aus jüngerer Zeit sind insbesondere folgende **Neuregelungen** aus dem Jahr 2019 von Bedeutung: Durch das **Fachkräfteeinwanderungsgesetz** vom 15.8.2019 wird die Einwanderung von akademisch und beruflich qualifizierten Fachkräften auf eine neue rechtliche Grundlage gestellt.[53] Nach dem neuen Gesetz können nicht nur Fachkräfte mit einem Hochschulabschluss einwandern – wie bisher nach den Regeln der Blue Card EU, sondern auch Fachkräfte mit qualifizierter Berufsausbildung. Sind diese jünger als 45 Jahre, müssen sie hier auch keine bestimmte Mindestvergütung erhalten. Es entfällt die Prüfung, ob der Arbeitsplatz auch mit einem Deutschen oder einem in Deutschland lebenden Unionsbürger besetzt werden könnte. Zudem werden neue Möglichkeiten der Einreise zur Arbeitsplatzsuche, Berufsausbildung und Weiterqualifizierung eröffnet. Das Gesetz enthält auch Regeln über ein beschleunigtes, vom Arbeitgeber in Deutschland einzuleitendes Bescheidungsverfahren. Ergänzend hierzu wurde das **„Gesetz über Duldung bei Ausbildung und Beschäftigung"** vom 8.7.2019 verabschiedet.[54] Es gewährt Ausländern, deren Identität geklärt ist, unter näher im Gesetz definierten Voraussetzungen einen Anspruch auf Duldung zum Zweck der Durchführung einer qualifizierten Berufsausbildung, Assistenz- oder Helferausbildung. Nach deren erfolgreichem Abschluss kann eine Aufenthaltserlaubnis zur Beschäftigung) erteilt werden. Zeitlich befristet für fünf Jahre wird darüber hinaus eine Beschäftigungsduldung eingeführt, die Ausländern einen 30-monatigen Aufenthalt sichert, wenn sie ua bereits seit 18 Monaten sozialversicherungspflichtig arbeiten.

27 Durch das **Zweite Gesetz zur besseren Durchsetzung der Ausreisepflicht** vom 15.8.2019 (sog. Geordnete-Rückkehr-Gesetz)[55] werden Ausländer, die für die fehlende Klärung ihrer Identität verantwortlich sind, mit bestimmten Sanktionen belegt, unterliegen ua einer Wohnsitzauflage und dürfen keine Erwerbstätigkeit ausüben. Zudem wird das Institut der Mitwirkungshaft eingeführt, um etwa die Vorsprache bei der Botschaft zur Passbeschaffung durchzusetzen oder eine ärztliche Untersuchung zur Feststellung einer Reisefähigkeit. Außerdem werden die Gründe für Abschiebungshaft und Ausreisegewahrsam erweitert. Durch das **Gesetz zur Entfristung des Integrationsgesetzes** vom 4.7.2019 wurde die Regelung zur Wohnsitzauflage insbesondere für Schutzberechtigte in § 12a AufenthG entfristet.[56]

28 Das Ausländerbeschäftigungsförderungsgesetz vom 8.7.2019[57] eröffnet grundsätzlich allen Ausländern, also auch allen Asylsuchenden und geduldeten Personen, unabhängig von ihrem Aufenthaltsstatus unter den gleichen Voraussetzungen wie Deutschen den Zugang zu den im SGB III verankerten Leistungen zur Beschäftigungsförderung (zB ausbildungsbegleitende Hilfen und berufsvorbereitende Bildungsmaßnahmen). Das Dritte Gesetz zur Änderung des Asylbewerberleistungsgesetzes vom 13.8.2019[58] schließt Lücken bei der Gewährung von Leistungen, ua für Asylsuchende während einer Berufsausbildung. Durch das Zweite Datenaustauschverbesserungsgesetz vom 4.8.2019[59] wird weiteren Behörden, ua den Jugendämtern, dem Auswärtigen Amt und den Staatsangehörigkeitsbehörden, der Abruf von Daten aus dem Ausländerzentralregister (AZR) ermöglicht. Das Dritte Gesetz zur Änderung des Staatsangehörigkeitsgesetzes vom 4.8.2019[60] verlangt nun ausdrücklich die Identitätsklärung als Voraussetzungen für die Einbürgerung, schließt einen in Mehrehe lebenden Ausländer von der Anspruchseinbürgerung aus und verlängert die Frist für die Rücknahme einer rechtswidrigen Einbürgerung von fünf auf zehn Jahre.

---

[52] StAR-VwV v. 13.12.2000, BAnz. 2001, 1418.
[53] BGBl. I 1307.
[54] BGBl. I 1021.
[55] BGBl. I 1294.
[56] BGBl. I 914.
[57] BGBl. I 1029.
[58] BGBl. I 1290.
[59] BGBl. I 1131.
[60] BGBl. I 1124.

B. Grundbegriffe des Migrationsrechts

Im Folgenden werden zentrale Begriffe des Migrationsrechts kurz erläutert. Nicht enthalten 29 sind Grundbegriffe des Asylrechts, die in → § 16 Rn. 16 ff. beschrieben werden.

Die **Abschiebung** ist die zwangsweise Durchsetzung der Ausreisepflicht. Sie ist kein 30 Verwaltungsakt, sondern eine Maßnahme der Zwangsvollstreckung. Sie setzt nach § 58 Abs. 1 AufenthG voraus, dass die Ausreisepflicht vollziehbar ist, eine Ausreisefrist nicht gewährt wurde oder diese abgelaufen ist, und die freiwillige Erfüllung der Ausreisepflicht nicht gesichert ist oder aus Gründen der öffentlichen Sicherheit und Ordnung eine Überwachung der Ausreise erforderlich erscheint (→ § 8 Rn. 21 ff.).

Eine **Abschiebungsandrohung** nach § 59 Abs. 1 AufenthG muss der Abschiebung in 31 aller Regel vorausgehen (→ § 8 Rn. 41 ff.). Sie ermöglicht dem Ausländer die freiwillige Ausreise innerhalb einer angemessenen Frist zwischen sieben und 30 Tagen. Die Abschiebungsandrohung ist eine Rückkehrentscheidung iSd EU-Rückführungsrichtlinie. In der Androhung soll der Staat bezeichnet werden, in den der Ausländer abgeschoben werden soll (§ 59 Abs. 2 AufenthG).

Eine **Abschiebungsanordnung** ist eine Verfügung, die die zwangsweise Durchsetzung 32 der Ausreise anordnet (→ § 8 Rn. 104 ff.). In den besonderen Fällen dieser Anordnung bedarf es keiner Ermöglichung der freiwilligen Ausreise und keiner Androhung der Abschiebung. Sie erfolgt zur Abwehr einer schwerwiegender Gefahr iSv § 58a AufenthG und im Rahmen einer zwangsweisen Überstellung nach der Dublin-Verordnung (§ 34a AsylG).

Ein **assoziationsrechtliches Aufenthaltsrecht** besitzen türkische Staatsangehörige, 33 deren rechtmäßiger Aufenthalt als Arbeitnehmer sich nach Art. 6 ARB 1/80 oder als deren Familienangehörige nach Art. 7 ARB 1/80 verfestigt hat (→ § 12 Rn. 292 ff.). Das privilegierte Aufenthaltsrecht wird durch eine Aufenthaltserlaubnis nach § 4 Abs. 5 AufenthG bescheinigt.

Eine **Aufenthaltsgestattung** ist ein Aufenthaltstitel, der einem Asylantragsteller den Auf- 34 enthalt in Deutschland während der Durchführung des Asylverfahrens erlaubt (§ 59 AsylG).

Ein **Aufenthaltstitel** ist der Oberbegriff für alle Formen des staatlich genehmigten 35 Aufenthalts, wie er in den sieben unterschiedlichen Formen dokumentiert wird, die § 4 Abs. 1 AufenthG auflistet (Visum, Aufenthaltserlaubnis, Blaue Karte EU, ICT-Karte, Mobile ICT-Karte, Niederlassungserlaubnis, Erlaubnis zum Daueraufenthalt-EU).

Ein **Aufnahmebescheid** wird Spätaussiedlern mit Wohnsitz in den Republiken der 36 ehemaligen Sowjetunion erteilt, wenn sie als deutsche Volkszugehörige in die Bundesrepublik übersiedeln wollen (§ 27 BVFG). Nahe Familienangehörige können in das Verfahren einbezogen werden. Ein ähnliches Aufnahmeverfahren wurde auch für jüdische Kontingentflüchtlinge aus Osteuropa durchgeführt.

Die **Ausweisung** ist ein Verwaltungsakt, der der Beendigung des rechtmäßigen Auf- 37 enthalts eines Ausländers dient (§§ 53 ff. AufenthG, → § 7 Rn. 1 ff.). Sie wird von der Ausländerbehörde in Gestalt eines Ausreisegebots ausgesprochen und führt zum Erlöschen des Aufenthaltstitels (§ 51 Abs. 1 Nr. 5 AufenthG).

Ausländer ist nach § 2 Abs. 1 AufenthG jeder, der nicht Deutscher iSv Art. 116 Abs. 1 38 GG ist, also auch ein Staatenloser.

Als „**Blue Card**" (Blaue Karte EU) wird eine Aufenthaltserlaubnis zur Ausübung einer 39 hochqualifizierten Beschäftigung bezeichnet (§ 19a AufenthG). Der Aufenthaltstitel beruht auf einheitlichen unionsrechtlichen Vorgaben, die sich aus der EU-RL 2009/50/EG vom 25.5.2009 ergeben (→ § 5 Rn. 155 ff.).

Ein **Drittstaatsangehöriger** ist ein Ausländer, der kein Staatsangehöriger eines EU- 40 Mitgliedstaats ist.

Eine **Duldung** wird erteilt, wenn der Ausländer kein Aufenthaltsrecht besitzt, seine 41 Abschiebung aber aus tatsächlichen oder rechtlichen Gründen nicht möglich ist (§ 60a

Einleitung

AufenthG). Das ist etwa der Fall, wenn derzeit keine Flugverbindung in den Zielstaat der Abschiebung besteht oder der Aufenthalt des Ausländers aus Rechtsgründen nicht beendigt werden kann, weil er die Personensorge für sein derzeit noch minderjähriges Kind wahrnimmt. Die Duldung ist keine Aufenthaltserlaubnis, durch ihre Erteilung wird der Aufenthalt des Ausländers nicht rechtmäßig. Durch sie wird lediglich der Vollzug aufenthaltsbeendender Maßnahmen vorübergehend ausgesetzt.

42 Eine **Einbürgerung** dient dem Erwerb der deutschen Staatsangehörigkeit. Sie kann auf Antrag im Ermessensweg erfolgen (§ 8 StAG), bei Erfüllung bestimmter Voraussetzungen – ua einem achtjährigen rechtmäßigen Aufenthalt in Deutschland – besteht hierauf aber auch ein Anspruch (§ 10 StAG). Eine Rücknahme ist nur unter engen Voraussetzungen innerhalb von zehn Jahren nach erfolgter Einbürgerung möglich (§ 35 StAG).

43 Eine Ausweisung wie auch eine Abschiebung haben ein **Einreise- und Aufenthaltsverbot** zur Folge (→ § 7 Rn. 136 ff.). Dieses ist vor der tatsächlichen Beendigung des Aufenthalts zu verfügen und zu befristen (§ 11 AufenthG), auch für Unionsbürger im Fall der Feststellung des Verlusts ihres Freizügigkeitsrechts (§ 7 Abs. 2 FreizügG/EU).

44 **Integrationsmaßnahmen** sind staatliche Angebote zur Erleichterung der Eingliederung von Ausländern in das deutsche Gemeinwesen. Dazu zählen insbesondere Sprach- und Orientierungskurse nach der Integrationskurs-VO vom 13.12.2004 (→ § 22). Die Rechtsordnung stellt auch **Integrationsanforderungen** auf, so etwa den Nachweis einfacher **Sprachkenntnisse** vor Nachzug des Ehepartners (§ 30 Abs. 1 Nr. 2, § 2 Abs. 9 AufenthG).

45 Eine **Niederlassungserlaubnis** ist das Recht zum dauerhaften Aufenthalt in Deutschland (→ § 21 Rn. 38 ff.). Dieser Aufenthaltstitel wird im Fall einer gelungenen Integration des Ausländers erteilt, ist nicht zweckgebunden und nur in gesetzlich bestimmten Ausnahmefällen mit Nebenbestimmungen versehen (§§ 9, 26 Abs. 4 AufenthG).

46 Die **Optionsregelung** des § 29 StAG verpflichtet Kinder von Ausländern, die die deutsche und eine ausländische Staatsangehörigkeit besitzen, nach Vollendung des 21. Lebensjahres zu erklären, welche der beiden Staatsangehörigkeiten sie behalten wollen (→ § 2 Rn. 219). Die Optionspflicht besteht nicht, wenn die zweite Staatsangehörigkeit die eines EU-Staates oder der Schweiz ist. Und sie besteht seit Ende 2014 nur noch dann, wenn der junge Deutsche nicht zu wesentlichen Teilen im Inland aufgewachsen ist. Der Optionspflichtige ist auf seine Erklärungspflicht hinzuweisen.

47 Ein **Spätaussiedler** ist ein deutscher Volkszugehöriger, der im Wege eines besonderen Aufnahmeverfahrens aus dem Gebiet der ehemaligen Sowjetunion in Deutschland aufgenommen wird (→ § 20 Rn. 15 ff.). Das privilegierte Aufnahmeverfahren und das Verfahren der Bescheinigung der Spätaussiedlereigenschaft sind im Gesetz über die Angelegenheiten der Vertriebenen und Flüchtlinge (BVFG) geregelt. Es dient dem Ausgleich von Kriegsfolgen, um im Gebiet der ehemaligen Sowjetunion zurückgebliebenen deutschen Volkszugehörigen und deren nahen Familienangehörigen eine erleichterte Übersiedlung nach Deutschland zu ermöglichen.

48 Eine **Überstellung** ist die Überführung eines Asylantragstellers in den für die Antragsprüfung zuständigen EU-Mitgliedstaat (→ § 18 Rn. 284 ff.). Die Dublin-Durchführungs-Verordnung sieht eine Überstellung in eigener Verantwortung des Asylbewerbers vor, eine bis zum Besteigen des Beförderungsmittels im Inland staatlich begleitete Überstellung und eine bis zur Übergabe an die Behörden des zuständigen Staates eskortierte Überstellung (Art. 7 Abs. 1 Dublin-DVO).

49 Ein **Unionsbürger** hat das Recht auf Freizügigkeit und ist damit ohne Erteilung einer Aufenthaltserlaubnis aufenthaltsberechtigt in Deutschland, wenn er die Voraussetzungen des § 2 Abs. 2 FreizügG/EU erfüllt (→ § 11 Rn. 45 ff.). Das ist insbesondere dann der Fall, wenn er erwerbstätig ist, eine Erwerbstätigkeit sucht oder seinen Lebensunterhalt auf andere Weise sichern kann. Dieses privilegierte Aufenthaltsrecht genießen auch nahe Familienangehörige des Unionsbürgers unter den Voraussetzungen des § 3 FreizügG/EU.

50 Eine **Verpflichtungserklärung** nach § 68 AufenthG hat zum Inhalt, die Kosten für den Lebensunterhalt eines Ausländers zu tragen, der keinen Anspruch auf Einreise hat, um ihm

auf diesem Wege die Aufnahme zB aus einem Bürgerkriegsgebiet im Rahmen eines besonderen Aufnahmeprogramms zu ermöglichen.

Eine **Zurückweisung** ist eine polizeiliche Maßnahme an der Grenze zur Verhinderung einer unerlaubten Einreise (§ 15 AufenthG). Eine **Zurückschiebung** ist die zwangsweise Rückführung eines illegal eingereisten Ausländers, der an der Grenze aufgegriffen wird (§ 57 AufenthG, → § 8 Rn. 4 ff.). **51**

1. Kapitel. Staatsangehörigkeitsrecht

§ 1 Grundlagen des Staatsangehörigkeitsrechts

Übersicht

	Rn.
A. Grundlagen/Einführung	1
I. Begriff Staatsangehörigkeit	1
II. Allgemeine Funktion der Staatsangehörigkeit	6
III. Nationale Staatsangehörigkeit und Unionsbürgerschaft	12
B. Rechtsquellen des Staatsangehörigkeitsrechts	15
I. Völkerrecht	16
II. Unionsrecht	22
III. Nationales Recht	24
1. Gesetzesrecht	24
2. Rechtsverordnungen	29
3. Verwaltungsvorschriften	30

A. Grundlagen/Einführung

I. Begriff Staatsangehörigkeit

Staatsangehörigkeit organisiert rechtliche Zugehörigkeit.[1] Auch in einer Welt supra- und internationaler Vernetzung und transnationaler Zusammenarbeit sind die einzelnen (National-)Staaten weiterhin die grundlegenden Handlungs- und Wirkeinheiten.[2] Staatsangehörigkeit ist ein zentrales Element auch moderner Staatlichkeit. Es kennzeichnet, wer auch im verfassungsrechtlich-politischen Sinne Träger des jeweiligen Staatswesens ist. Staatsangehörigkeit hat so inkludierende Funktion nach Innen und schließt zugleich die Nicht-Staatsangehörigen innerhalb gewisser Grenzen von der Wahrnehmung bestimmter Rechte aus (Zuordnungs- und Abgrenzungsfunktion); soziale Zugehörigkeit, wirtschaftliche Integration oder langjährige Anwesenheit einer Person auf dem Territorium eines Nationalstaats bewirken nicht ipso jure volle Teilhabe an der politischen Gemeinschaft. Staatsangehörigkeit bedeutet eine verlässliche Grundlage gleichberechtigter Zugehörigkeit.[3] Aus dem Zugehörigkeitsstatus folgen rechtlich auch gewisse (sozialstaatliche) Solidaritätserwartungen und -pflichten, die politisch und sozial nach Grund und Umfang erst herzustellen sind. 1

Die Summe aller Staatsangehörigen bildet das Staatsvolk[4] als auch politische Einheit, den demokratischen Souverän (staatskonstitutive, demokratische Funktion).[5] Dieser Souverän als Ausgangs- und Bezugspunkt demokratischer Legitimation ist nicht als substantiell-identitäre Einheit einer ethnisch, sprachlich, religiös, kulturell, völkisch oder sonst homo- 2

---

[1] S. *Angster* in Angster/Gosewinkel/Gusy, Staatsbürgerschaft im 19. und 20. Jahrhundert, 2019, 79; *Gusy* in Angster/Gosewinkel/Gusy, Staatsbürgerschaft im 19. und 20. Jahrhundert, 2019, 145.
[2] S. *Gosewinkel*, Schutz und Freiheit? Staatsbürgerschaft im 20. und 21. Jahrhundert, 2016.
[3] BVerfG Urt. v. 24.5.2006 – 2 BvR 669/04, BVerfGE 116, 24 Rn. 44 f.; stRspr; s. auch *Kießling* Der Staat 54 (2015), 1; *Thym* VERW 52 (2019), 407 (409 f.).
[4] Zum Begriff des Staatsvolkes s. *Grawert* in Isensee/Kirchhof, Handbuch des Staatsrechts II, 3. Aufl. 2004, § 16 Rn. 1 ff.
[5] *Wallrabenstein*, Das Verfassungsrecht der Staatsangehörigkeit, 1999, 90 ff.; krit. zur Differenz von Einwohnerschaft und Staatsvolk *Sokolov* NVwZ 2016, 649

gen gedachten „Schicksalsgemeinschaft" zu definieren.[6] Auch Volkszugehörigkeit bedeutet nicht notwendig Staatsangehörigkeit[7] und ist auch nicht deren Voraussetzung. Im Rahmen der durch Staatsangehörigkeit geschaffenen und definierten politischen Handlungseinheit kann das so definierte Staatsvolk als (jeweiliger) Souverän innerhalb der durch das Völkerrecht vorgegebenen Grenzen selbst nach eigenen Grundsätzen definieren, wem Zugang[8] zur Staatsangehörigkeit eröffnet werden soll.[9] Staatsangehörigkeit ist insoweit ein flexibles, dynamisches und durch den demokratisch legitimierten Gesetzgeber gestaltbares Element moderner Staatlichkeit und zugleich Grundlage des (demokratischen) Souveräns. Dies schließt nicht aus, dass gewisse demokratische Teilhaberechte auch Nicht-Staatsangehörigen eingeräumt werden; im Kommunalwahlrecht gibt das Unionsrecht dies für Unionsbürger vor. Nach dem Demokratieverständnis des Grundgesetzes[10] ist Ausgangspunkt der demokratischen Legitimation indes allein das durch die Gesamtheit der Staatsangehörigen definierte Staatsvolk; der Weg zu umfassender demokratischer Teilhabe führt über das Staatsangehörigkeitsrecht.[11]

3 Zu den herkömmlichen Strukturmerkmalen der Staatsangehörigkeit gehörten deren Unmittelbarkeit, Persönlichkeit, Ausschließlichkeit, Beständigkeit sowie Effektivität.[12] Staatsangehörigkeit sollte ohne Zwischenschaltung weiterer Instanzen oder Gewalten[13] den „Einzelnen in seiner gesamten Person in all ihren Facetten"[14] beschreiben und legte mit dem Kriterium der Ausschließlichkeit den Akzent auf die Ordnungsfunktion des Staatsangehörigkeitsrechts. Mit den gewandelten Vorstellungen zur mehrfachen Staatsangehörigkeit im Völkerrecht[15] und im nationalen Staatsangehörigkeitsrecht[16] hat jedenfalls die Exklusivität der staatsangehörigkeitsrechtlichen Zuordnung keine definitorische Bedeutung mehr. Transnationale Verflechtungen, komplexe Migrationsströme sowie bi- bzw. multilateral eingeräumte oder supranational gesicherte, auch dauerhafte Aufenthaltsrechte haben auch sonst eine gewisse Relativierung der Unterscheidungskraft der einzelnen, klassischen Merkmale bewirkt. Für die juristische Praxis haben aber an die Wohnbürgerschaft anknüpfende, konzeptionell-analytisch fruchtbare Konzepte der „denizenship" (Wohnbürgerschaft)[17] die Bündelungs- und Ordnungsfunktion der Staatsangehörigkeit bislang nicht abgelöst.[18]

---

[6] Die Verzichtbarkeit substanzhaft gedachter Homogenität markiert die Unterscheidung von Kultur- und Staatsnation; dazu *Wallrabenstein*, Das Verfassungsrecht der Staatsangehörigkeit, 1999, 131 ff.; s. auch *Emmerich-Fritsche* Der Staat 58 (2019), 575.
[7] Dazu → § 16 (Vertriebenenrecht).
[8] Deutliche Grenzen ziehen Völkerrecht (s. nur Art. 13 UN-Menschenrechtserklärung) und Grundgesetz (Art. 16 Abs. 1 GG) der Entziehung der Staatsangehörigkeit.
[9] *Leisner* Der Staat 55 (2016), 213; *Emmerich-Fritsche* Der Staat 58 (2019), 575 (583 ff.).
[10] Krit. *Bryde*, Staatswissenschaften und Staatspraxis 5 (1994), 305; *Rittstieg*, Ausländerwahlrecht – eine Nachlese, in: Vom Ausländer zum Bürger: Problemanzeigen im Ausländer-, Asyl- und Staatsangehörigkeitsrecht, 1994, 365.
[11] BVerfG Urt. v. 31.10.1990 – 2 BvF 2/89, 2 BvF 6/89, BVerfGE 83, 37 = NJW 1991, 162; Urt. v. 31.10.1990 – 2 BvF 3/89, BVerfGE 83, 60 = NJW 1991, 159.
[12] S. auch *Deinhard*, Das Recht der Staatsangehörigkeit unter dem Einfluss globaler Migrationserscheinungen, 2015, 45 f.
[13] So noch bei der über die nationale Staatsangehörigkeit vermittelten (Art. 9 Abs. 2 EUV) Unionsbürgerschaft; s. *Schönberger*, Unionsbürger, 2006, 43.
[14] *Grawert*, Staat und Staatsangehörigkeit, 1973, 218.
[15] Europäisches Übereinkommen über die Staatsangehörigkeit vom 6.11.1997 (Gesetz v. 13.5.2004, BGBl. II 578; dazu *Kanaan*, Abkommen zur Mehrstaatigkeit, 2012); vormals das von der Bundesrepublik Deutschland zum 22.12.2002 gekündigte Europäische Übereinkommen über die Verringerung der Mehrstaatigkeit und über die Wehrpflichten von Mehrstaatern v. 6.5.1963 (BGBl. 1969 II 1954); *Hailbronner* in HMHK Grundlagen E Rn. 1 ff.; *Marx* in GK-StAR Einführung (IV-2) Rn. 389 ff.
[16] Jedenfalls seit dem Gesetz zur Reform des Staatsangehörigkeitsrechts v. 15.7.1999 (BGBl. I 1618); s. auch *Goes*, Mehrstaatigkeit in Deutschland, 1997; *v. Mangoldt* ZAR 1999, 243; *Uslucan*, Zur Weiterentwicklungsfähigkeit des Menschenrechts auf Staatsangehörigkeit, 2012; zur Debatte s. auch *Faist/Gerdes/Rieple*, Doppelte Staatsbürgerschaft: Determinanten der deutschen Politik des Staatsangehörigkeitsrechts, 2004.
[17] *Bast* ZAR 2013, 355; s. auch *Hammar*, Democracy and the Nation State. Aliens, Denizens and Citizens in a World of International Migration, 1990.
[18] S. auch *Deinhard*, Das Recht der Staatsangehörigkeit unter dem Einfluss globaler Migrationserscheinungen, 2015, 193 f.

Für die praktische Rechtsanwendung weitgehend unergiebig[19] ist der „klassische" Streit[20] 4
um die Frage, ob die Staatsangehörigkeit eine rechtlich festgesetzte Eigenschaft einer Person
bildet, an die dann Rechte und Pflichten des Individuums und der Staaten anknüpfen können
(Statuslehre), oder ob sie als Rechtsverhältnis zwischen einem Individuum und dem Staat mit
wechselseitigen Rechts-, Fürsorge- oder Treuepflichten zu verstehen ist, die durch das
nationale (Staatsangehörigkeits-)Recht festgelegt und ausgeformt werden und die (geschichtlich) letztlich in der persönlichen Bindung des Untertanen an den Monarchen wurzeln.[21]
Vermittelnde Ansichten[22] verknüpfen beide Elemente und sehen ein an den rechtlichen
Status einer Person anknüpfendes, durch diesen geprägtes Rechtsverhältnis zwischen dem
Staat und dem Einzelnen. Der Rechtsprechung des BVerfG lässt sich insoweit keine eindeutige Positionierung entnehmen.

Art. 16 Abs. 1, Art. 116 Abs. 1 GG setzen den Begriff der Staatsangehörigkeit als Ver- 5
fassungsbegriff voraus, ohne ihn klar zu definieren. Die Definition des sogenannten „Statusdeutschen" in Art. 116 Abs. 1 GG reagiert auf ein spezielles Problem der Nachkriegszeit
und bedeutet weder eine Positionierung in dem vorbezeichneten Theorienstreit noch
indiziert sie einen von der Verfassung gewollten, dem einfachen Gesetzgeber in seinem
Kern entzogenen „materiellen Staatsangehörigkeitsbegriff"[23] der Verfassung.

II. Allgemeine Funktion der Staatsangehörigkeit

Im Völkerrecht hat die Staatsangehörigkeit vor allem Ordnungsfunktion.[24] Sie weist den 6
einzelnen Menschen einzelnen Staaten zu und knüpft hieran vor allem Rechte und
Pflichten der Staaten, allen voran die Verpflichtung und Befugnis zum Schutz ihrer Staatsangehörigen (auch im zwischenstaatlichen Verkehr), die Verpflichtung von Staaten, ihren
Staatsangehörigen Zutritt zum eigenen Staatsterritorium zu gewähren und diese im internationalen Verkehr aufzunehmen,[25] sowie deren Befugnis, an die Staatsangehörigkeit spezielle „staatsbürgerliche Pflichten" (zB die Wehrpflicht) oder Rechte (zB Wahlrecht)[26] zu
knüpfen, die über die allgemeinen Pflichten der „Gebietsansässigen" (zB zur Beachtung der
Strafgesetze oder zur Zahlung von Steuern) hinausgehen. Der Pflicht der Staaten zur
„(Wieder-)Aufnahme" ihrer Staatsbürger korrespondiert ein entsprechender Anspruch auf
Aufnahme (Art. 13 Abs. 2 AEMR; Art. 12 Abs. 4 PBürgR; Art. 3 Abs. 2 Protokoll Nr. 4
zur EMRK; Art. 11 GG).

Für das Migrationsrecht zentral ist dabei die Befugnis der Staaten, grundsätzlich selbst 7
über die Einreise und den Aufenthalt von Nichtstaatsangehörigen zu bestimmen und diese
im Rahmen des Völker(vertrags)rechts (inklusive des Flüchtlingsschutzrechts) zu regulieren.

Staatsangehörigkeit ist in den durch inter- und supranationales Recht gezogenen 8
Grenzen ein völkerrechtlich zulässiges Differenzierungskriterium für eine unterschiedliche
Behandlung von Menschen mit und ohne die jeweilige Staatsangehörigkeit.[27] Das Grund-

---

[19] S. auch *Grawert,* Staat und Staatsangehörigkeit, 1973, 230; *ders.* in Isensee/Kirchhof, Handbuch des Staatsrechts II, 3. Aufl. 2004, § 16 Rn. 42.
[20] Zum Nachfolgenden s. *Deinhard,* Das Recht der Staatsangehörigkeit unter dem Einfluss globaler Migrationserscheinungen, 2015, 48 ff.; s. auch *Makarov,* Allgemeine Lehren des Staatsangehörigkeitsrechts, 2. Aufl. 1962; *Weber,* Staatsangehörigkeit und Status, 2018.
[21] So etwa *Mertens,* Das neue deutsche Staatsangehörigkeitsrecht – eine verfassungsrechtliche Untersuchung, 2004, 12.
[22] *Becker* in v. Mangoldt/Klein/Starck, Grundgesetz, 6. Aufl., GG Art. 16 Abs. 1 Rn. 3; *De Groot,* Staatsangehörigkeitsrecht im Wandel, 1989, 12; *Makarov,* Allgemeine Lehren des Staatsangehörigkeitsrechts, 2. Aufl. 1962, 27 f.
[23] Zur berechtigten Kritik s. *Marx* in GK-StAR Einführung (IV-2) Rn. 281 ff.
[24] Zu den verschiedenen Näherungen und Funktionen s. *Wiessner,* Die Funktion der Staatsangehörigkeit, 1989.
[25] *Hailbronner* ZaöRV 57 (1997), 1; *ders.* in HMHK Grundlagen D Rn. 99 ff.; *Haack* in Isensee/Kirchhof, Handbuch des Staatsrechts X, 3. Aufl. 2012, § 205 Rn. 10 ff.
[26] Zum Wahlrecht für im Ausland lebende Deutsche s. *Mohamed* DÖV 2017, 890.
[27] Zu den Rechtsfolgen der Staatsangehörigkeit s. *Wallrabenstein,* Das Verfassungsrecht der Staatsangehörigkeit, 1999, 21 ff.

gesetz selbst unterscheidet bei der Zuweisung von Rechten und Pflichten nach der Staatsangehörigkeit. Die allgemeinen demokratischen Teilhaberechte sind auf staatlicher und kommunaler Ebene deutschen Staatsangehörigen vorbehalten, weil das Staatsvolk (Art. 20 Abs. 2 GG) nur aus diesen gebildet wird; die Gleichheit bei den staatsbürgerlichen Rechten und Pflichten (Art. 33 Abs. 1 GG) gilt ebenfalls nur Deutschen. Eine Reihe von Grundrechten, insbesondere die Versammlungs- und Vereinigungsfreiheit, die Freizügigkeit sowie die Berufsfreiheit (Art. 8, 9, 12 Abs. 1 GG) sowie der Zugang zu öffentlichen Ämtern (Art. 33 Abs. 2 GG), stehen nur Deutschen zu, auch wenn diese Rechte teils (zB § 1 VersammlG Bund) einfachgesetzlich auch auf Ausländer erstreckt sind.

9 Die Staatsangehörigkeit ist bei den absoluten Benachteiligungsverboten (Art. 3 Abs. 3 S. 1 GG) nicht ausdrücklich benannt und wird auch nicht indirekt über die weiteren Merkmale, zB das der Abstammung, der Heimat und Herkunft oder der Rasse, erfasst; für die Staatsangehörigkeit besteht kein absolutes Diskriminierungsverbot.[28] Eine hiernach dem einfachen Gesetzgeber ermöglichte Differenzierung nach der Staatsangehörigkeit ist aber stets an Art. 3 Abs. 1 GG zu messen.[29]

10 Die einfachgesetzlich für das Migrationsrecht zentrale Differenzierung nach der Staatsangehörigkeit erfolgt in § 2 Abs. 1 AufenthG, der dem Sonderrechtsregime des Aufenthaltsrechts[30] alle „Ausländer" und damit die Personen unterwirft, die nicht Deutsche iSd Art. 116 Abs. 1 GG sind, also insbesondere nicht die deutsche Staatsangehörigkeit besitzen. Die deutsche Staatsangehörigkeit vermittelt ihren Inhabern neben den verfassungsunmittelbaren, grundrechtlichen Abwehrrechten – einschließlich des aus Art. 11 Abs. 1 GG ableitbaren Einreiserechts – auch einen breiten Kranz einfachgesetzlich konkretisierter Abwehr-, Leistungs- und Teilhaberechte – bis hin zum Recht auf diplomatischen und konsularischen Schutz im Ausland und nach Maßgabe der Einschränkungen des Art. 16 Abs. 2 S. 2 GG grundsätzlich einen umfassenden Auslieferungsschutz. Art. 16 Abs. 1, Abs. 2 S. 1 GG gewährleisten als Grundrechte mit dem Ausbürgerungs- und Auslieferungsverbot die besondere Verbindung der Bürger zu der von ihnen getragenen freiheitlichen Rechtsordnung und schließen es grundsätzlich aus, dass der Bürger hiervon ausgeschlossen werden kann; dies hat auch Bedeutung für die einfachgesetzliche Umsetzung unionsrechtlicher Auslieferungsregelungen.[31] Jenseits der am Volksbegriff ansetzenden demokratischen Teilhaberechte folgt allein aus der Staatsangehörigkeit selbst aber kein bestimmtes Niveau an Leistungs- und Teilhaberechten; das Staatsangehörigkeitsrecht verlangt auch keine systematische Schlechterstellung von Ausländern bei den einfachgesetzlichen Abwehr-, Teilhabe- und Leistungsrechten.

11 Da ein Staat ohne Staatsvolk, eine Demokratie ohne demokratischen Souverän schwerlich denkbar ist, ist die Staatsangehörigkeit im Grundgesetz als Institution vorausgesetzt und insoweit als Einrichtungsgarantie vor ihrer Abschaffung geschützt.[32] Die genaue Reichweite dieser Garantie ist ebenso umstritten wie es die Bindungen sind, die sich hieraus für den einfachen Gesetzgeber im Bereich des Staatsangehörigkeitsrechts ergeben. Eine materiell verfassungsrechtlich „aufgeladene" institutionelle Garantie der Staatsangehörigkeit[33] ist dabei gegen alle wesentlichen Änderungen des Staatsangehörigkeitsrechts der letzten 20 Jahre in Stellung gebracht worden (insbesondere die begrenzte Öffnung für den ius soli-

---

[28] BVerfG Beschl. v. 20.3.1979 – 1 BvR 111/74, BVerfGE 51, 1 Rn. 95 = NJW 1979, 2295; Beschl. v. 7.12.2012 – 1 BvL 14/07, BVerfGE 130, 240 (255).
[29] BVerfG Beschl. v. 20.3.1979 – 1 BvR 111/74, BVerfGE 51, 1 Rn. 70 ff. = NJW 1979, 2295 – weiter Spielraum aber etwa bei der von der Staatsangehörigkeit abhängigen Unterwerfung unter oder Freistellung von der Visumspflicht, vgl. BVerwG Urt. v. 30.3.2010 – 1 C 8.09, NVwZ 2010, 964 Rn. 59.
[30] Aus dem Anwendungsbereich des AufenthG werden neben den Unionsbürgern, die dem Sonderrechtsregime des FreizügG/EU zugewiesen werden, „exterritoriale" Personen ausgenommen.
[31] BVerfG Urt. v. 18.7.2005 – 2 BvR 2236/04, BVerfGE 113, 273 = NJW 2005, 2289.
[32] *Wittreck* in Dreier, Grundgesetz, 3. Aufl. 2013, GG Art. 16 Rn. 59.
[33] Dazu insb. *Ziemske*, Die deutsche Staatsangehörigkeit nach dem Grundgesetz, 1995; *Scholz/Uhle* NJW 1999, 1513; *Murswiek* JöR 66 (2018), 384 (410 ff.).

Erwerb, das Optionsmodell, die vermehrte Hinnahme mehrfacher Staatangehörigkeit und partiell auch die Absenkung der Einbürgerungsvoraussetzungen). All dies greift im Ergebnis nicht durch.[34]

III. Nationale Staatsangehörigkeit und Unionsbürgerschaft

Die Unionsbürgerschaft[35] ist akzessorisch: Sie wird aus der Staatsangehörigkeit eines Mitgliedstaates abgeleitet (Art. 9 S. 2 EUV) und kann in diesem Sinne nicht isoliert erworben oder verloren werden. Sie tritt zur nationalen Staatsbürgerschaft hinzu, ersetzt sie aber nicht (Art. 9 S. 3 EUV). Die Europäische Union hat für das (nationale) Staatsangehörigkeitsrecht keine Regulierungs- oder Harmonisierungskompetenz. Ungeachtet der strengen Akzessorietät kann Unionsrecht indes auf das nationale Staatsangehörigkeitsrecht einwirken.[36] Dies kommt in Fällen der Rücknahme einer durch falsche Informationen zu entscheidungserheblichen Tatsachen erwirkten Einbürgerung in Betracht, durch die zugleich eine Unionsbürgerschaft, die bis zur Einbürgerung anderweitig bestanden hatte, endgültig verloren geht.[37]

12

Die Unionsbürgerschaft verleiht den Unionsbürgern und deren Familienangehörigen im gesamten Gebiet der Union Freizügigkeits- und Teilhaberechte, die jenen der jeweiligen Staatsangehörigen weitestgehend entsprechen. Art. 18 Abs. 1 AEUV verbietet in Bezug auf Unionsbürger jede Diskriminierung im Anwendungsbereich der Verträge, aber nur unbeschadet besonderer Bestimmungen der Verträge. Unterschiede verbleiben, weil die dauerhafte Freizügigkeit teils an die Erwerbsteilhabe bzw. die wirtschaftliche Selbständigkeit gebunden ist (Art. 7 ff. RL 2004/38/EG) und auch die Gleichbehandlung bei der Gewährung steuerfinanzierter Sozialhilfeleistungen eingeschränkt ist (Art. 24 Abs. 2 RL 2004/38/EG).[38] Für die Grundsicherungsleistungen nach dem SGB II/SGB XII hat der Gesetzgeber die aus seiner Sicht hierdurch eröffneten Möglichkeiten genutzt.[39]

13

Die Rechte, die aus der Unionsbürgerschaft oder kraft sonstigen Unionsrechts in einem anderen Mitgliedstaat erwachsen können, erfordern grundsätzlich einen grenzüberschreitenden Sachverhalt und können dann auch über jene Rechte hinausgehen, die den Staatsangehörigen des Aufenthaltsmitgliedstaates zustehen. Die dadurch mögliche „Inländerdiskriminierung" verstößt nicht gegen Art. 18 AEUV und ist auch sonst unionsrechtlich nicht schlechthin ausgeschlossen. Bei Doppelstaatlern, die nach Betätigung ihres Freizügigkeitsrechts die Staatsangehörigkeit des Aufenthaltsmitgliedstaates angenommen haben, darf das Niveau der Rechte aber nicht hinter dem zurückbleiben, das durch die RL 2004/38/EG gewährt wird.[40] Steht das Unionsrecht der Erstreckung unionsrechtlicher Vorgaben auch

14

---

[34] S. auch *Deinhard*, Das Recht der Staatsangehörigkeit unter dem Einfluss globaler Migrationserscheinungen, 2015, 56 ff. – mit gewissen Bedenken gegen das Optionssystem aF, die aber schon bis zur Neuregelung Ende 2014 (Zweites Gesetz zur Änderung des Staatsangehörigkeitsgesetzes v. 13.11.2014, BGBl. I 1714) nicht durchgegriffen haben (s. *Berlit* in GK-StAR StAG § 29 Rn. 20 ff.) und jedenfalls durch die Neuregelung beseitigt sind. Grundlegend gegen ein materiales Verständnis *Marx* in GK-StAR Einführung (IV-2) Rn. 281 ff.
[35] Dazu umfassend *Schönberger*, Unionsbürger. Europas föderales Bürgerrecht in vergleichender Sicht, 2005; *Höfler*, Die Unionsbürgerfreiheit, 2009; s. auch *Weber*, Staatsangehörigkeit und Status, 2018, 216 ff.
[36] Zu den Grenzen aus dem Grundsatz der Unionstreue bei exzessiver, völkerrechtlich „grenzwertiger" Verleihung der eigenen Staatsangehörigkeit s. *Haack* in Isensee/Kirchoff, Handbuch des Staatsrechts X, 3. Aufl., 2012, § 205 Rn. 6; *Schönberger*, Unionsbürger, 2005, 287 ff.
[37] EuGH Urt. v. 2.3.2010 – C-135/08; dazu nur *Berlit* FS Hailbronner, 2013, 283; *Kahl* Jura 2011, 16; *Hailbronner* StAZ 2011, 1; s. auch EuGH Urt. v. 12.3.2019 – C-221/17, NVwZ 2019, 709 (dazu *Weber* JZ 2019, 449).
[38] Dazu EuGH Urt. v. 11.11.2014 – C-333/14, NVwZ 2014, 1648; Urt. v. 15.9.2015 – C-67/14, NVwZ 2015, 1517; s. auch *Ascher*, Sozialleistungen für Unionsbürger, 2017.
[39] Gesetz zur Regelung von Ansprüchen ausländischer Personen in der Grundsicherung für Arbeitsuchende nach dem Zweiten Buch Sozialgesetzbuch und in der Sozialhilfe nach dem Zwölften Buch Sozialgesetzbuch v. 22.12.2016, BGBl. I 3155; dazu etwa *Berlit* NDV 2017, 67; *Devetzki/Janda* ZESAR 2017, 197; *Voigt* Asylmagazin 2017, 25; *Greiner/Kock* NZS 2017, 201.
[40] EuGH Urt. v. 14.11.2017 – C-165/16.

auf inländische Sachverhalte nicht entgegen, kann eine Inländerdiskriminierung Art. 3 Abs. 1 GG beeinträchtigen, was aber nicht durchweg bejaht wird.[41]

B. Rechtsquellen des Staatsangehörigkeitsrechts

15 Staatsangehörigkeitsrecht regelt ein Kernelement von Staatlichkeit, nämlich die Zusammensetzung des Staatsvolkes, und ist damit eine Domäne des nationalen Gesetzgebers.[42] Völkerrechtliche Vorgaben beschränken die nationale Souveränität zur Regulierung dieser „inneren Angelegenheit", belassen dem nationalen Gesetzgeber aber einen weiten Gestaltungsspielraum.

I. Völkerrecht

16 Art. 15 AEMR garantiert jedem Menschen das Recht auf eine Staatsangehörigkeit (Abs. 1) und verbietet einen willkürlichen Entzug der Staatsangehörigkeit sowie die Versagung eines Staatsangehörigkeitswechsels (Abs. 2). Für die Regelung des nationalen Rechts zur Staatsangehörigkeit verbietet das allgemeine Völkerrecht[43] die Regelung einer fremden Staatsangehörigkeit.[44] Es verlangt für die Inanspruchnahme einer Person als eigenem Staatsangehörigen eine hinreichende Anknüpfung („genuine link" bzw. „genuine connection") zur eigenen Rechtsordnung.[45]

17 Die Bedeutung, die das Völkervertragsrecht dem Innehaben einer Staatsangehörigkeit beimisst, spiegelt sich in multilateralen Abkommen. Zu nennen sind insbesondere das Übereinkommen zur Verminderung der Staatenlosigkeit[46] und das Übereinkommen über die Rechtsstellung der Staatenlosen,[47] nach dessen Art. 32 die Vertragsstaaten soweit wie möglich die Eingliederung und Einbürgerung Staatenloser erleichtern sollen (→ § 2 Rn. 186 ff.). Dieses Art. 34 S. 1 GFK entsprechende[48] Wohlwollensgebot[49] ermöglicht aber nur dann ein Absehen von den Mindestvoraussetzungen des § 8 Abs. 1 Nr. 4 StAG, wenn die Eingliederung des Ausländers in die hiesigen Lebensverhältnisse gewährleistet ist.[50]

18 Das Übereinkommen über die Staatsangehörigkeit verheirateter Frauen[51] trägt der Gleichberechtigung der Geschlechter ua dadurch Rechnung, dass eine Eheschließung oder -scheidung nicht mehr automatisch die Staatsangehörigkeit der Ehefrau berührt.

19 Das Übereinkommen über die Verringerung der Mehrstaatigkeit und über die Wehrpflicht von Mehrstaatern[52] hatte vor allem den Verlust der bisherigen Staatsangehörigkeit bei anderweitigem Staatsangehörigkeitserwerb sowie die Vermeidung einer Mehrfachableistung von Wehrdienst durch Mehrstaater im Blick; es ist für Deutschland am 21.12.2002 außer Kraft getreten.[53]

---

[41] BVerwG Urt. v. 31.8.2011 – 8 C 9.10, BVerwGE 140, 276 Rn. 41 ff. = NVwZ-RR 2012, 23 Rn. 41 ff.; Urt. v. 4.9.2012 – 10 C 12.12, NVwZ 2013, 515 Rn. 33 ff.
[42] So auch der IGH Urt. v. 6.4.1955, I.C.J. Reports 1955, 4 (20); s. auch BVerfG Beschl. v. 21.5.1974 – 1 BvL 22/71, BVerfGE 37, 217 (218) = NJW 1974, 1609.
[43] Einen eingehenden Überblick (auch zur Entwicklung des Völkerrechts zur Staatsangehörigkeit) geben *Hailbronner* in HMHK Grundlagen D Rn. 1 ff.; *Marx* in GK-StAR Einführung (IV-2) Rn. 149 ff.
[44] BVerfG Beschl. v. 28.5.1952 – 1 BvR 213/51, BVerfGE 1, 322 (328 f.).
[45] IGH Urt. v. 6.4.1955, I.C.J. Reports 1955, 4.
[46] Übereinkommen v. 30.8.1961, BGBl. 1977 II 598; allgemein dazu *Bleckmann/Helm* ZAR 1989, 148; *Kraus*, Menschenrechtliche Aspekte der Staatenlosigkeit, 2013.
[47] Übereinkommen v. 28.9.1954, BGBl. 1976 II 474.
[48] BVerwG Beschl. v. 23.12.1993 – 1 B 61.93, InfAuslR 1994, 191.
[49] BVerwG Beschl. v. 23.12.1993 – 1 B 61.93, InfAuslR 1994, 191; Beschl. v. 10.7.1997 – 1 B 141.97, NVwZ 1998, 183; Urt. v. 27.9.1988 – 1 C 20.88, InfAuslR 1989, 91.
[50] OVG Münster Beschl. v. 19.9.2017 – 19 E 162/17, BeckRS 2017, 126419.
[51] Übereinkommen v. 20.2.1957, BGBl. 1973 II 1250.
[52] Übereinkommen v. 6.5.1963, BGBl. 1969 II 1954.
[53] Bekanntmachung v. 7.1.2002, BGBl. 2002 II 171.

Das für Deutschland 2006 in Kraft getretene Europäische Übereinkommen über die 20
Staatsangehörigkeit[54] umfasst neben allgemeinen Grundsätzen zur Staatsangehörigkeit
(Art. 3 bis 5 EUStAÜb) ua Vorschriften über Erwerb und Verlust der Staatsangehörigkeit
(Art. 6 ff. EUStAÜb), Vorgaben für das Verfahren in Staatsangehörigkeitssachen (Art. 10 ff.
EUStAÜb), Regelungen zu Mehrstaatigkeit (Art. 14 ff. EUStAÜb) einschließlich der
Wehrpflicht in Fällen von Mehrstaatigkeit (Art. 21 f. EUStAÜb) sowie zur Staatsangehörigkeit bei Staatennachfolge (Art. 18 ff. EUStAÜb).[55] Die Bundesrepublik Deutschland hat ua
durch eine Vorbehaltserklärung sichergestellt, dass die (frühere) Optionsregelung (§ 29
StAG) vor dem Abkommen Bestand hat.

Die zweiseitigen Verträge mit Auswirkungen auf das Staatsangehörigkeitsrecht regeln 21
zumeist Folgen der Auswanderung[56] oder im Zusammenhang mit Friedensverträgen.[57] Sie
können wegen des Geburtserwerbs auch über Generationen hinweg vereinzelt noch heute
Bedeutung haben.[58] Für die bundesdeutsche Rechtsprechung eine „prominente" Rolle hatte
der fortgeltende Zustimmungsvorbehalt der Nr. II des Schlussprotokolls zum deutsch-iranischen Niederlassungsabkommen,[59] das die Einbürgerung iranischer Staatsangehöriger von
der Zustimmung der iranischen Regierung abhängig macht; das Zustimmungserfordernis als
zwingende innerstaatliche[60] Einbürgerungsvoraussetzung hindert auch die Einbürgerung
von Asylberechtigten ohne diese Zustimmung[61] oder die Soll-Einbürgerung iranischer
Ehegatten deutscher Staatsangehöriger,[62] bezieht sich allerdings nicht auf Anspruchseinbürgerungen oder Fälle der Reduktion eines Einbürgerungsermessens auf Null.[63]

II. Unionsrecht

Das primäre Unionsrecht enthält keine Ermächtigung der Union, das Staatsangehörigkeits- 22
recht ihrer Mitgliedstaaten zu regeln. Nach Art. 9 S. 3 EUV/Art. 20 Abs. 1 S. 3 AEUV sind
Erwerb und Verlust der Unionsbürgerschaft abhängig von der nationalen Staatsangehörigkeit; es gibt keine Unionsbürgerschaft ohne die Staatsangehörigkeit eines Mitgliedstaates.

Aus allgemeinen Grundsätzen des Unionsrechts können sich Grenzen für den Erwerb 23
oder den Verlust einer nationalen Staatsangehörigkeit ergeben, soweit dieser zugleich die
Unionsbürgerschaft berührt.[64] In diesen Fällen unterfällt etwa die Entscheidung über die
Rücknahme einer „erschlichenen" Einbürgerung nach ihrem Wesen und Folgen dem
Unionsrecht und muss – unter gehöriger Gewichtung des drohenden Verlustes der Unionsbürgerschaft und damit der unionsrechtlichen Stellung – den unionsrechtlichen Verhält-

---

54 Übereinkommen v. 6.11.1997, BGBl. 2004 II 2004; Bekanntmachung v. 1.9.2005, BGBl. 2006 II 1351.
55 Dazu auch die Konvention des Europarats „Convention on the avoidance of statelessness in relation to
   State succession" v. 19.5.2006, ETS 200, die von Deutschland noch nicht ratifiziert ist.
56 S. Zusammenstellung durch *Lichter*, Die Staatsangehörigkeit nach deutschem und ausländischem Recht,
   2. Aufl. 1955, 474 ff.
57 Zu den Regelungen nach dem Ersten Weltkrieg s. *Lichter*, Die Staatsangehörigkeit nach deutschem und
   ausländischem Recht, 2. Aufl. 1955, 359.
58 OVG Münster Urt. v. 3.7.2017 – 19 A 781/16, BeckRS 2017, 138623 (zum Staatsangehörigkeitswechsel
   im Zusammenhang mit der Abtretung ehemals deutscher Gebietsteile an die nach dem Ersten Weltkrieg
   neu gegründete Zweite Polnische Republik nach Art. 91 Versailler Vertrag, dem Vertrag zwischen den
   Alliierten und assoziierten Hauptmächten und Polen (Minderheitenschutzvertrag) v. 28.6.1919 und dem
   Deutsch-polnischen Abkommen über Staatsangehörigkeits- und Optionsfragen (Wiener Abkommen) v.
   30.8.1924, RGBl. 1925 II 33, die nach Art. 123 Abs. 1, Art. 124 GG als Bundesrecht fortgelten; s. auch
   BVerwG Beschl. v. 7.8.1995 – 9 B 311.95, NJW 1995, 3401).
59 Abkommen v. 17.2.1929, RGBl. 1930 II 1006.
60 BVerwG Beschl. v. 15.12.1988 – 1 B 45.88, BeckRS 1988, 31231736.
61 BVerwG Urt. v. 10.7.1084 – 1 C 30.81, InfAuslR 1984, 312.
62 BVerwG Urt. v. 27.9.1988 – 1 C 52.87, BVerwGE 80, 233 = NJW 1989, 1441; Urt. v. 27.9.1988 – 1 C
   20.88, InfAuslR 1989, 91.
63 BVerwG Urt. v. 27.9.1988 – 1 C 41.87, BVerwGE 80, 249 = NJW 1989, 1446; Urt. v. 5.6.2014 – 10 C
   2.14, BVerwGE 149, 387 = NVwZ 2014, 1383.
64 EuGH Urt. v. 2.3.2010 – C-135/08, NVwZ 2010, 509; dazu etwa *Berlit* FS Hailbronner, 2013, 283; s.
   auch EuGH Urt. v. 12.3.2019 – C-221/17, NVwZ 2019, 709 (dazu *Weber* JZ 2019, 449).

nismäßigkeitsgrundsatz wahren; dies kann auch gebieten, dass dem Betroffenen die Möglichkeit einzuräumen ist, eine durch die zurückzunehmende Einbürgerung erloschene Staatsangehörigkeit eines (anderen) Mitgliedstaates wieder anzunehmen oder aufleben zu lassen.[65]

III. Nationales Recht

1. Gesetzesrecht

24 Das Grundgesetz setzt in Art. 16 Abs. 1 GG die deutsche Staatsangehörigkeit voraus und regelt in Art. 116 GG punktuell Erwerbsgründe. Einfachgesetzlich ist das nationale Staatsangehörigkeitsrecht durch das Staatsangehörigkeitsgesetz (StAG) geregelt.[66] Es entspricht in Grundstruktur und Aufbau dem Reichs- und Staatsangehörigkeitsgesetz (RuStAG).[67] Seine heutige Gestalt hat es im Wesentlichen durch Gesetze aus den Jahren 1999,[68] 2004,[69] 2007[70] und 2014[71] erhalten.[72] Durch diese Gesetze wurden ua ein tatbestandlich gebundenes subjektives Recht auf Einbürgerung geschaffen, das in nicht unerheblichem Maße Mehrstaatigkeit hinnimmt, ein begrenztes ius soli mit zunächst weitreichender, inzwischen abgemilderter Optionspflicht bei Erreichen der Volljährigkeit eingeführt, die Rücknahme rechtswidriger Einbürgerungen geregelt und für die Weitergabe der deutschen Staatsangehörigkeit bei Geburt im Ausland einen moderaten „Generationenschnitt" eingeführt.

25 Wegen der Weitergabe der deutschen Staatsangehörigkeit durch Abstammung, die grundsätzlich nicht von einem bestehenden „Staatsangehörigkeitsbewusstsein" getragen sein muss, sind auch staatangehörigkeitsrechtliche Regelungen der Vergangenheit in den Blick zu nehmen. Für die vormaligen Bürger der DDR geht der Einigungsvertrag von einer Geltung des RuStAG und dem Fortbestand der einheitlichen deutschen Staatsangehörigkeit aus. Der Erwerb der DDR-Staatsbürgerschaft nach den Regelungen des Gesetzes über die Staatsbürgerschaft der Deutschen Demokratischen Republik[73] sowie den dazu ergangenen Durchführungsbestimmungen[74] ist dabei als Akt deutscher Hoheitsgewalt grundsätzlich wirksam[75] und nach der staatlichen Einigung zu beachten.

26 Das nationalsozialistische Regime hat das Staatsangehörigkeitsrecht in doppelter Weise als Instrument einer völkisch aufgeladenen Rassepolitik missbraucht: durch Ausbürgerung von Juden und politischen Gegnern aller Art[76] und durch die Verleihung der deutschen Staatsangehörigkeit an als kulturell deutsche Bevölkerungsteile angesehene Personen in den

---

[65] EuGH Urt. v. 2.3.2010 – C-135/08, NVwZ 2010, 509; nachgehend BVerwG Urt. v. 11.11.2010 – 5 C 12.10, NVwZ 2011, 760.
[66] Zuletzt geändert durch Gesetz v. 20.11.2019, BGBl. I 1626.
[67] Gesetz v. 22.7.1913, RGBl. 583.
[68] Gesetz zur Reform des Staatsangehörigkeitsrechts v. 15.7.1999, BGBl I 1618.
[69] Zuwanderungsgesetz v. 30.7.2004, BGBl. I 1950.
[70] Gesetz zur Umsetzung aufenthalts- und asylrechtlicher Richtlinien der Europäischen Union v. 19.8.2007, 1970.
[71] Zweites Gesetz zur Änderung des Staatsangehörigkeitsgesetzes v. 13.11.2014, BGBl. I 1714.
[72] Eingehend zur neueren Entwicklung des Staatsangehörigkeitsgesetzes *Hohm* in GK-StAR III; *Hailbronner* in HMHK Grundlagen A Rn. 2 ff.
[73] Gesetz v. 20.2.1967, GBl. DDR 1967 I 33.
[74] Durchführungsverordnung zum Gesetz über die Staatsbürgerschaft der Deutschen Demokratischen Republik – DVO-StBG – v. 3.8.1967 (GBl. DDR 1967 II 681) sowie die Verordnung v. 21.6.1982 (GBl. DDR 1967 II 418 [Aberkennung]).
[75] Eingehend BVerfG Beschl. v. 21.10.1987 – 2 BvR 373/83, BVerfGE 77, 137.
[76] Beginnend mit dem Gesetz über den Widerruf von Einbürgerungen und die Aberkennung der deutschen Staatsangehörigkeit v. 14.7.1933, RGBl. I 480; dazu *Tarrab-Maslaton*, Rechtliche Strukturen der Diskriminierung der Juden im Dritten Reich, 1993, 46 ff.; s. auch *Gosewinkel*, Einbürgern und Ausschließen. Die Nationalisierung der Staatsangehörigkeit vom Deutschen Bund bis zur Bundesrepublik Deutschland, 2001, 369 ff.; *Hepp*, Die Ausbürgerung deutscher Staatsangehöriger 1933–1945 nach den im Reichsanzeiger veröffentlichten Listen, 3. Bd., 1985–1988; s. auch *Ernst*, Das Staatsangehörigkeitsrecht im Deutschen Reich unter der Herrschaft des Nationalsozialismus und seine Auswirkungen auf das Recht der Bundesrepublik Deutschland, 1999.

besetzten Gebieten.[77] Während auf die Ausbürgerungen Art. 116 Abs. 2 GG reagiert (→ § 2 Rn. 40 ff.), können für die „Einbürgerungen" auch die Regelungen im (Ersten) Gesetz zur Regelung von Fragen der Staatsangehörigkeit von fortdauernder Wirkung sein.[78] Dieses Gesetz regelte im Kern die Auswirkungen dieser staatlichen Maßnahmen in der Zeit von 1933 bis 1945 und dort ua die Rechtswirksamkeit von Sammeleinbürgerungen und der Rechtsverhältnisse von Deutschen ohne deutsche Staatsangehörigkeit und Personen, welche Dienst in der Wehrmacht, der Waffen-SS und vergleichbaren Organisationen geleistet hatten.

Den in den verschiedenen Verträgen und Verordnungen bewirkten Verleihungen der deutschen Staatsangehörigkeit wird Wirksamkeit zugesprochen, soweit die deutsche Staatsangehörigkeit nicht durch ausdrückliche Erklärung ausgeschlagen (§ 1 1. StAng-RegG) oder ein Verlusttatbestand verwirkt worden ist. Die Ausschlagungsmöglichkeit war befristet (§ 5 Abs. 1 1. StAngRegG), wobei weitere Verfahrenseinzelheiten sowie Nachfristen bei unverschuldeten Ausschlagungshindernissen geregelt waren; alle Fristen sind heute abgelaufen. Nachwirkungen hat auch das Zweite Gesetz zur Regelung von Fragen der Staatsangehörigkeit,[79] das ua auf die Bewältigung der staatsangehörigkeitsrechtlichen Konsequenzen aus dem „Anschluss" Österreichs an das Deutsche Reich zielte. 27

Nach Art. 73 Abs. 1 Nr. 2 GG hat der Bund die ausschließliche Gesetzgebungskompetenz für die Staatsangehörigkeit im Bunde. Rechtstechnisch lässt dies Raum auch für eine Landesstaatsangehörigkeit, wie sie Art. 6 BV kennt.[80] Rechtspraktisch hat eine Länderstaatsangehörigkeit keine relevanten Wirkungen.[81] 28

2. Rechtsverordnungen

Das StAG ergänzen verschiedene Rechtsverordnungen. Die Einbürgerungstestverordnung[82] konkretisiert das Verfahren des Einbürgerungstestes, dessen Inhalt und den vorgelagerten Einbürgerungskurs; Anlage 1 zu dieser Verordnung enthält den Gesamtkatalog der für den Einbürgerungstest zugelassenen Prüfungsfragen. Für die Verkürzung der Voraufenthaltszeit bei der Anspruchseinbürgerung (§ 10 Abs. 3 StAG) nach erfolgreicher Teilnahme an einem Integrationskurs ist relevant auch die Integrationskursverordnung.[83] Die Kosten, die in staatsangehörigkeitsrechtlichen Verfahren anfallen, konkretisiert die Staatsangehörigkeits-Gebührenverordnung (StAGebV).[84] In die Regelungskompetenz der Länder fällt die Regelung der Zuständigkeiten im Staatsangehörigkeitsrecht (→ § 3 Rn. 7 ff.). 29

3. Verwaltungsvorschriften

Für die Rechtspraxis erhebliche Bedeutung haben die zahlreichen (ermessensbindenden) Verwaltungsvorschriften zum Staatsangehörigkeitsrecht in Bund und Ländern. Keine Rechtsquelle mit Außenwirkung im engeren Sinne,[85] steuern sie de facto in erheblichem Maße mit Innenwirkung das Verwaltungshandeln und können über das Gebot gleichheitskonformen Verwaltungsgebrauchs mittelbare Außenwirkung entfalten.[86] 30

---

[77] Knapper Überblick bei *Ehmann/Stark,* Deutsches Staatsangehörigkeitsrecht. Vorschriftensammlung, 9. Aufl. 2018, Einleitung A.6.
[78] Gesetz v. 22.2.1955, BGBl. I 65.
[79] Gesetz v. 17.5.1956, BGBl. I 431.
[80] *Bornemann* BayVBl. 1979, 748.
[81] S. auch VG Gießen, GB v. 5.6.1997 – 10 E 168/97.
[82] Verordnung zu Einbürgerungstest und Einbürgerungskurs (Einbürgerungstestverordnung – EinbTestV) v. 5.8.2008, BGBl. I 1649 (zuletzt geändert durch VO v. 18.3.2013, BGBl. I 585).
[83] Verordnung über die Durchführung von Integrationskursen für Ausländer und Spätaussiedler (Integrationskursverordnung – IntV) v. 13.12.2004, BGBl. I 3370 (zuletzt geänd. durch VO v. 21.6.2017, BGBl. I 1875).
[84] StAGebV idF der Bekanntmachung v. 24.9.1991, BGBl. I 1915 (zuletzt geändert durch Gesetz v. 7.8.2013, BGBl. I 3154).
[85] S. nur VGH München Urt. v. 3.5.2005 – 5 BV 04.3174, BeckRS 2005, 16502; s. auch BVerwG Urt. v. 8.3.1988 – 1 C 55.86, BVerwGE 79, 94 = BVerwGE 79, 94.
[86] S. *Ehlers* in Ehlers/Pünder, Allgemeines Verwaltungsrecht, 15. Aufl. 2016, § 2 Rn. 68 ff.

31 Die Allgemeine Verwaltungsvorschrift zum Staatsangehörigkeitsrecht (StAR-VwV)[87] erfasst das Staatsangehörigkeitsrecht zum Rechtszustand 2000, also vor der Integration der §§ 85 ff. AuslG in das StAG und vor seiner (teils grundlegenden) Umgestaltungen in den Jahren ab 2000. Da bislang keine Anpassung der StAR-VwV im Bund-Länder-Konsens (Art. 84 Abs. 2 GG) an die seit 2000 erfolgten Änderungen erfolgt ist, hat das BMI 2009 „Vorläufige Anwendungshinweise" (VAH-StAR (BMI)) veröffentlicht[88] und in der Nachfolgezeit aktualisiert.[89]

32 Die Länder haben teils eigene Allgemeine Verwaltungsvorschriften erlassen,[90] die oft weitestgehend mit den VAH-StAR (BMI) übereinstimmen, im Detail aber Abweichungen enthalten (können). Daneben gibt es eine Vielzahl öffentlich zugänglicher Erlasse zu staatsangehörigkeitsrechtlichen Einzelfragen.[91]

33 Die Ausgestaltung der Urkunden in Staatsangehörigkeitssachen konkretisiert die Allgemeine Verwaltungsvorschrift über Urkunden in Staatsangehörigkeitssachen (StAUrkVwV).[92]

§ 2 Erwerb und Verlust der deutschen Staatsangehörigkeit

Übersicht

	Rn.
A. Erwerb	1
I. Allgemeines	1
II. Staatsangehörigkeitserwerb kraft Abstammung	4
1. Allgemeiner Geburtserwerb (§ 4 Abs. 1 StAG)	4
2. Findelkindregelung (§ 4 Abs. 2 StAG)	10
3. Erklärungsrecht des Kindes (§ 5 StAG [F. 1997])	11
4. Erwerb durch Annahme als Kind (§ 6 StAG)	12
III. Erwerb durch Inlandsgeburt (§ 4 Abs. 3 StAG)	16
1. Allgemeines	16
2. Inlandsgeburt	19
3. Ausländischer Elternteil	20
4. Achtjähriger gewöhnlicher Aufenthalt	21
5. Unbefristetes Aufenthaltsrecht	24
IV. Staatsangehörigkeitserwerb und Vertriebenenrecht	28
1. Staatsangehörigkeitserwerb durch Spätaussiedler (§ 7 BVFG)	28
2. „Überleitung" Statusdeutscher ohne deutsche Staatsangehörigkeit (§ 40a StAG)	31
V. Erwerb durch „Ersitzung" (§ 3 Abs. 2 StAG)	33
VI. Staatsangehörigkeit(srückerwerb) bei Opfern der NS-Unrechtsherrschaft (Art. 116 Abs. 2 GG)	40
B. Insbesondere: Erwerb durch Einbürgerung	43
I. Einbürgerung als Erwerbsgrund	43
II. Anspruchsvoraussetzungen der Anspruchseinbürgerung (§ 10 StAG)	51
1. Überblick	51
2. Klärung der Identität und Staatsangehörigkeit	53
3. Staatsangehörigkeitsrechtliche Handlungsfähigkeit	57
4. Achtjähriger Inlandsaufenthalt	60
a) „Gewöhnlicher" Aufenthalt	61

---

[87] StAR-VwV v. 13.12.2000, GMBl. 2001, 122.
[88] BMI, Vorläufige Anwendungshinweise des BMI v. 17.4.2009, ua abgedruckt im GK-StAR VII-3.
[89] Anlage zu dem BMI-Rundschreiben v. 2.6.2015 an die für das Staatsangehörigkeits- und Einbürgerungsangelegenheiten zuständigen obersten Landesbehörden, abgedruckt ua in HMHK; GK-StAR VII-3.1.
[90] Abdruck in GK-StAR Abschnitt VII.
[91] Abdruck in GK-StAR Abschnitt VII.
[92] StAUrkVwV v. 18.6.1975 (GMBl. 1975, 462), geändert am 24.9.1991 (GMBl. 1991, 741); zur Farbgebung s. auch das ergänzende Rundschreiben des BMI v. 18.6.1975 (GMBl. 1975, 472).

	Rn.
b) „Rechtmäßiger" Aufenthalt	66
c) Verkürzungen des erforderlichen Voraufenthalts (§ 10 Abs. 3 StAG)	68
5. Sicherheitserfordernisse (§ 10 Abs. 1 S. 1 Nr. 1, § 11 StAG)	70
a) Übersicht	70
b) Bekenntnis/Loyalitätserklärung	71
c) Ausschlussgründe (§ 11 StAG)	74
6. Aufenthaltsstatus bei Einbürgerung (§ 10 Abs. 1 S. 1 Nr. 2 StAG)	83
7. Eigenständige Sicherung des Lebensunterhalts/Unterhaltsfähigkeit (§ 10 Abs. 1 S. 1 Nr. 3 StAG)	86
a) Grundsatz: Lebensunterhaltssicherung ohne Leistungsbezug	86
b) „Vertretenmüssen" Leistungsbezug	90
8. Aufgabe/Verlust der bisherigen Staatsangehörigkeit (§ 10 Abs. 1 S. 1 Nr. 4, § 12 StAG)	98
a) Grundsatz	98
b) Hinnahme mehrfacher Staatsangehörigkeit	104
9. Strafrechtliche Unbescholtenheit (§ 10 Abs. 1 S. 1 Nr. 5, § 12b StAG)	130
a) Grundsatz: keine Verurteilung	130
b) Nichtberücksichtigung von geringfügigen Bestrafungen (§ 12a Abs. 1 S. 1 bis 3 StAG)	135
c) Nichtberücksichtigung von Maßregeln der Besserung und Sicherung (§ 12a Abs. 1 S. 4 StAG)	140
d) Ausländische Verurteilungen (§ 12a Abs. 2 StAG)	141
e) Aussetzung der Einbürgerungsentscheidung bei anhängigen Ermittlungs-/Strafverfahren (§ 12a Abs. 3, 4 StAG)	146
10. Sprachanforderungen	150
a) Grundsatz: ausreichende Kenntnis der deutschen Sprache	150
b) Absehen vom Sprachkenntniserfordernis	153
11. Staatsbürgerliche Kenntnisse (§ 10 Abs. 1 S. 1 Nr. 7, Abs. 5 StAG)	156
12. Einordnung in die deutschen Lebensverhältnisse	158a
13. Miteinbürgerung von Familienangehörigen	159
III. Ermessenseinbürgerungen (§§ 8, 9 StAG)	162
1. Allgemeines	162
2. Allgemeine Ermessenseinbürgerung (§ 8 StAG)	166
3. Einbürgerung von Ehegatten oder Lebenspartnern Deutscher (§ 9 StAG)	175
4. Weitere Ermessenseinbürgerungstatbestände	182
a) Einbürgerung ehemaliger Deutscher (§ 13 StAG)	182
b) Einbürgerung von Ausländern mit gewöhnlichem Auslandsaufenthalt (§ 14 StAG)	185
c) Staatenlose, heimatlose Ausländer und Flüchtlinge	186
d) Heimatlose Personen	190
C. Verlust der Staatsangehörigkeit	192
I. Grundsätzliches/Überblick	192
II. Verlust durch Entlassung (§§ 18 bis 24 StAG)	195
III. Verlust durch Erwerb einer ausländischen Staatsangehörigkeit	197
1. Regelfall: Verlust bei antragsabhängigem Erwerb einer fremden Staatsangehörigkeit	197
2. Ausnahmen	204
IV. Rücknahme der Einbürgerung	207
1. Überblick	207
2. Rücknahmevoraussetzungen	210
3. Ermessensentscheidung über die Rücknahme	214
4. Rücknahmefrist (§ 35 Abs. 3 StAG)	218
V. Verlust durch Erklärung (§ 29 StAG)	219
VI. Weitere Verlustgründe	222
1. Verzicht, Aufgabe (§ 26 StAG); Adoption (§ 27 StAG)	222
2. Eintritt in fremde Streitkräfte; Beteiligung an Kampfhandlungen terroristischer Vereinigungen (§ 28 StAG)	225

A. Erwerb

I. Allgemeines

1 Für den Erwerb der Staatsangehörigkeit gibt es bei Neugeborenen zwei grundlegende Prinzipien, die nebeneinander bestehen und partiell auch kombiniert gemischt werden können: den Erwerb kraft Abstammung (ius sanguinis), also die „Weitergabe" der eigenen Staatsangehörigkeiten durch einen oder beide Elternteile, und die Anknüpfung an den Geburtsort (ius soli), die an eine bestimmte Voraufenthaltsdauer gebunden oder auf bestimmte Personengruppen beschränkt sein kann. Das deutsche Staatsangehörigkeitsrecht gründete ursprünglich auf dem Abstammungsprinzip, kennt aber seit 2000 auch ein begrenztes ius soli. Daneben gibt es die Möglichkeit des nachgeburtlichen Staatsangehörigkeitserwerbs ua durch Einbürgerung oder Adoption.

2 Quantitativ überwiegt eindeutig der Geburtserwerb durch Abstammung.[1] Von den ca. 788.000 Kindern, die 2018 im Bundesgebiet geboren worden sind, hatten insgesamt ca. 598.000 eine Mutter deutscher Staatsangehörigkeit (und damit schon deswegen die deutsche Staatsangehörigkeit kraft Abstammung). 2014 hatte bei 298.000 Kindern lediglich ein Elternteil die deutsche Staatsangehörigkeit; ca. 29.000 Kinder erlangten die deutsche Staatsangehörigkeit nach der sogenannten Optionsregelung (§ 4 Abs. 3 StAG).[2] Dem stehen 2017 ca. 112.000 Einbürgerungen gegenüber. Die Zahl der Kinder deutscher Staatsangehörigkeit, die daneben durch Abstammung eine weitere Staatsangehörigkeit erworben haben, wird nicht erfasst und ist nicht genau bekannt.

3 § 3 Abs. 1 StAG listet die nachfolgend in den §§ 4 ff. StAG ausgeformten Gründe eines Erwerbs der (deutschen) Staatsangehörigkeit auf: Erwerb durch Geburt (§ 4 StAG), durch Erklärung (§ 5 StAG), durch Adoption (§ 6 StAG), durch Ausstellung einer Bescheinigung nach dem BVFG (§ 7 StAG) bzw. Überleitung (§ 40a StAG) sowie durch Einbürgerung (§§ 8 ff., 40b, 40c StAG); der Staatsangehörigkeitserwerb durch „Ersitzung" (§ 3 Abs. 2 StAG) kommt hinzu. Diese Aufzählung ist nach heutigem Recht abschließend. Eine Erweiterung durch analoge Anwendung oder richterliche Rechtsfortbildung kommt nicht in Betracht.

II. Staatsangehörigkeitserwerb kraft Abstammung

1. Allgemeiner Geburtserwerb (§ 4 Abs. 1 StAG)

4 Ein Kind erwirbt die deutsche Staatsangehörigkeit durch Geburt, wenn (jedenfalls) ein Elternteil die deutsche Staatsangehörigkeit besitzt (Abstammungsprinzip).[3] Seit 1975 ist es unerheblich, welcher der beiden Elternteile die deutsche Staatsangehörigkeit besitzt. Unerheblich ist, ob die (leiblichen) Eltern verheiratet sind/waren. Ist lediglich der Vater deutscher Staatsangehöriger, ist bei nicht verheirateten Personen regelmäßig zur Begründung der Abstammung die wirksame Anerkennung oder Feststellung der Vaterschaft erforderlich, wobei die Anerkennungserklärung abgegeben oder das Feststellungsverfahren eingeleitet sein muss, bevor das Kind das 23. Lebensjahr vollendet hat. Eine ausländische Vaterschaftsanerkennung wird grundsätzlich ohne besonderes Verfahren anerkannt (§ 108 Abs. 1 FamFG), soweit nicht der „ordre public"-Vorbehalt des § 109 Abs. 1 Nr. 1 FamFG greift.[4] Die deutsche Staatsangehörigkeit wird nach § 4 Abs. 1 StAG unabhängig davon

---

[1] Statistisches Bundesamt, Lebendgeborene nach der Staatsangehörigkeit der Mutter, 2018;.
[2] 11. Bericht der Beauftragten der Bundesregierung für Migration, Flüchtlinge und Integration über die Lage der Ausländerinnen und Ausländer in Deutschland (Dezember 2016), Tabellenanhang Tab. 7.
[3] S. auch BVerwG Urt. v. 21.10.1986 – 1 C 44.84, BVerwGE 75, 86 = NJW 1987, 856.
[4] OVG Münster Urt. v. 14.7.2016 – 19 A 2/14, FamRZ 2016, 2130 (ordre public-Verstoß verneint für ausländische gerichtliche Vaterschaftsfeststellung, welche im Fall der Leihmutterschaft die rechtliche Vaterstellung dem Wunschvater zuweist, wenn dieser auch der leibliche Vater ist).

erworben, ob zugleich durch Geburt auch eine andere Staatsangehörigkeit erworben wird oder ob am Ort der Geburt andere Staatsangehörigkeitserwerbsregelungen gelten.

Der Abstammungserwerb ist grundsätzlich unabhängig vom Ort der Geburt. Bei einer 5 Geburt im Ausland wird die deutsche Staatsangehörigkeit aber dann nicht durch Geburt erworben, wenn der für die Staatsangehörigkeitsweitergabe maßgebliche deutsche Elternteil nach dem 31.12.1999 im Ausland geboren wurde, dort seinen gewöhnlichen Aufenthalt hat und das Kind nicht staatenlos wird (sogenannter „Generationenschnitt"; § 4 Abs. 4 StAG). Damit soll eine unbegrenzte Weitergabe der deutschen Staatsangehörigkeit ohne Bezug zum Territorium und/oder der „Tradition" verhindert werden.[5]

Auch in diesen Fällen wird die deutsche Staatsangehörigkeit erworben, wenn innerhalb 6 eines Jahres nach der Geburt ein entsprechender Antrag auf deren Beurkundung im Geburtenregister gestellt wird; die Frist wird durch einen Antrag bei der zuständigen Auslandsvertretung gewahrt. Bei wirksamer, insbesondere fristgerechter Antragstellung erlangt das Kind eine „vollwertige" deutsche Staatsangehörigkeit, die nicht durch Options- oder Rückobliegenheiten belastet ist und ihrerseits nach Maßgabe des § 4 Abs. 1, 4 StAG durch Geburt an die Abkömmlinge weitergegeben werden kann. Der im Geburtsregister eingetragene Hinweis zum Erwerb der deutschen Staatsangehörigkeit setzt den anderweitigen Erwerb der deutschen Staatsangehörigkeit voraus, ohne ihn zu begründen; der Eintragung kommt keine konstitutive Wirkung noch sonst in anderer Weise Rechtsverbindlichkeit zu.[6]

Maßgeblicher Zeitpunkt für den Abstammungserwerb ist die Sach- und Rechtslage im 7 Zeitpunkt der Geburt. Die Regelungen zum Geburtserwerb haben sich im Zeitverlauf deutlich geändert. In der Ursprungsfassung (§ 4 Abs. 1 RuStAG [F. 1913]) erwarb das eheliche Kind eines deutschen Staatsangehörigen die Staatsangehörigkeit des Vaters, das uneheliche Kind einer Deutschen die Staatsangehörigkeit der Mutter, während das uneheliche Kind eines deutschen Vaters Ausländer oder staatenlos wurde.[7] Die eheliche Mutter war deswegen unerheblich, weil die ausländische Ehefrau eines Deutschen mit der Eheschließung die deutsche Staatsangehörigkeit erwarb (§ 6 RuStAG [F. 1913]), diese aber bei Eheschließung mit einem Ausländer verlor (§ 17 Nr. 6 RuStAG [F. 1913]).

Diese patriarchalische Grundstruktur des Geburtserwerbs wurde unter der Geltung des 8 Grundgesetzes ungeachtet des Art. 117 GG endgültig[8] erst 1975 dem Gleichberechtigungsgrundsatz (Art. 3 Abs. 2 GG) angepasst; für nach dem 1.4.1953 geborene Kinder deutscher Mütter bestand ein Ende 1977 ausgelaufenes Erklärungsrecht.[9] 1993 wurde[10] dann der Erwerb der deutschen Staatsangehörigkeit durch nichteheliche Kinder deutscher Väter ermöglicht; Art. 6 Abs. 5 GG hat dabei keine rückwirkende Anwendung des § 4 Abs. 1 StAG (F. 1993) auf vor dem 1.7.1990 geborene nichteheliche Kinder deutscher Väter geboten.[11] Die Unterscheidung zwischen ehelichen und nichtehelichen Kindern ist erst

---

[5] Zur Diskussion um einen erweiternden Einsatz eines „Generationsschnitts" im Staatsangehörigkeitsrecht s. etwa *Weinmann* ZRP 2017, 144; *ders.* ZAR 2016, 317; *Lämmermann* ZAR 2017, 352.
[6] OVG Lüneburg Beschl. v. 9.3.2016 – 13 ME 12/16, NVwZ-RR 2016, 555.
[7] Zur Unvereinbarkeit mit Art. 3 Abs. 2 GG s. BVerwG Urt. v. 21.12.1962 – 1 C 115.61, BVerwGE 15, 226 = NJW 1963, 969; Art. 2 des Gesetzes zur Änderung des Reichs- und Staatsangehörigkeitsgesetzes (v. 19.12.1963, BGBl. I 982) verlieh dann allen in der Zeit vom 1.4.1953 bis 31.12.1963 geborenen ehelichen Kindern deutscher Mütter und nichtdeutscher Väter die deutsche Staatsangehörigkeit, aber nur, wenn sie sonst staatenlos geworden wären.
[8] BVerfG Beschl. v. 21.5.1974 – 1 BvL 21, 22/71, BVerfGE 37, 217 = NJW 1974, 1609 (Verwerfung des „Nachbesserungsversuches" durch Art. 1 des Gesetzes zur Änderung des Reichs- und Staatsangehörigkeitsgesetzes vom 19.12.1963, BGBl. I 982 als mit Art. 3 Abs. 2, Art. 6 Abs. 2 GG unvereinbar).
[9] § 39 RuStAG idF des Art. 3 des Gesetzes zur Änderung des Reichs- und Staatsangehörigkeitsgesetzes (RuStÄndG 1974) v. 20.12.1974, BGBl. I 3714; eingehend zu den mit dem Erklärungserwerb verbundenen Problemen *Marx* in GK-StAR StAG § 4 Rn. 71 ff.
[10] Gesetz zur Änderung asylverfahrens-, ausländer- und staatsangehörigkeitsrechtlicher Vorschriften v. 30.6.1993, BGBl. I 1062.
[11] BVerfG Beschl. v. 17.12.2013 – 1 BvL 6/10, BVerfGE 135, 48 = NJW 2014, 1364; BVerwG Beschl. v. 31.1.1997 – 1 B 2.97, StAZ 1997, 180; OVG Münster Beschl. v. 9.6.2017 – 19 E 971/16, BeckRS 2017, 118689; Beschl. v. 23.11.2018 – 10 A 2389/17, NJW 2019, 537.

zum 1.7.1998 vollständig beseitigt worden.[12] Soweit es nach der Rechtslage bis zum 1.7.1998 auf die Ehelichkeit des Kindes bzw. die eheliche Abstammung ankam, ergaben sich bei gemischt-nationalen Partnerschaften komplexe Probleme an der Schnittstelle von Staatsangehörigkeits- und Internationalem Privatrecht.[13]

9 Bei im Zeitpunkt der Geburt gegebener deutscher Staatsangehörigkeit ist grundsätzlich unerheblich, auf welchem Wege der deutsche Staatsangehörige diese Staatsangehörigkeit erworben oder ob er sie nachträglich verloren hatte. Auch ein rückwirkender Staatsangehörigkeitsverlust berührt dann nicht die durch Geburt erworbene deutsche Staatsangehörigkeit Dritter, sofern diese das fünfte Lebensjahr vollendet haben (§ 17 Abs. 2 StAG). Ist der Staatsangehörigkeitserwerb von einer wirksamen Anerkennung oder Feststellung der Vaterschaft abhängig (§ 4 Abs. 1 S. 2 StAG), hängt die Wirksamkeit von Anerkennung/Feststellung grundsätzlich nicht von einer tatsächlich bestehenden biologischen Vaterschaft ab. Eine erfolgreiche Anfechtung der Vaterschaft durch den rechtlichen Vater (§ 1600 Abs. 1 Nr. 1 BGB) bewirkt zivilrechtlich das Nichtbestehen der Vaterschaft (§ 1599 Abs. 1, § 1592 Nr. 2 BGB); jedenfalls nach der Gesetzeslage 2005[14] bewirkte dies mangels einer ausreichenden gesetzlichen Grundlage nicht den rückwirkenden Wegfall oder den Nichterwerb der Staatsangehörigkeit; § 17 StAG (aF) hat dies zwar vorausgesetzt,[15] aber nicht erkennbar geregelt.[16] Die Ergänzungen, die § 17 StAG zwischenzeitlich erfahren hat, insbesondere § 17 Abs. 2 und 3 StAG[17] setzen zwar nunmehr im Gesetzestext des § 17 StAG einen Staatsangehörigkeitsverlust des Kindes voraus, indem sie ihn ab einem bestimmten Alter des Kindes ausschließen, nehmen ihn in Abs. 1 jedoch nicht ausdrücklich in die Liste der Verlustgründe auf und treffen auch keine Vorkehrungen für den Fall drohender Staatenlosigkeit. (Noch) umstritten ist, ob dies dem Gesetzesvorbehalt des Art. 16 Abs. 1 S. 2 GG genügt.[18]

2. Findelkindregelung (§ 4 Abs. 2 StAG)

10 Ein Kind, das im Inland aufgefunden wird (Findelkind), gilt ebenso wie ein vertraulich geborenes Kind (§ 25 Abs. 1 Schwangerschaftskonfliktgesetz) als Kind eines Deutschen. Ungeachtet der Anknüpfung an das Auffinden im Bundesgebiet wird nicht an die Geburt im Inland angeknüpft und handelt es sich auch sonst nicht um eine Ausformung des ius soli. Es wird vielmehr die Abstammung von einem deutschen Staatsangehörigen (bis zum Beweis des Gegenteils) fingiert. Wird der Gegenbeweis geführt, wirkt dieser auf die Staatsangehörigkeit bis zur Geburt zurück.[19] In diesen Fällen ist aber die „Ersitzungsregelung"

---

[12] Art. 2 des Gesetzes zur Reform des Kindschaftsrechts v. 16.12.1997, BGBl. I 2942.
[13] Dazu etwa *Marx* in GK-StAR StAG § 4 Rn. 39 ff.
[14] Das 2017 eingefügte Verbot der missbräuchlichen Vaterschaftsanerkennung (§ 1597a BGB [dazu *Wall* StAZ 2019, 88; *Grziwotz* FamRB 2018, 282; *Bouhatta* NVwZ 2018, 1103; *Schwonberg* StAZ 2018, 5; *Kaesling* NJW 2017, 3686]) soll entsprechenden staatsangehörigkeitsrechtlichen Folgen vorbeugen, nimmt der beurkundeten Vaterschaftsanerkennung aber nicht die staatsangehörigkeitsrechtliche Wirkung und ist auch sonst nachbesserungsbedürftig (dazu BayVGH Urt. v. 11.3.2019 – 19 BV 16.937, BeckRS 2019, 7797), s. auch *Dörig* NVwZ 2020, 106.
[15] So noch BVerwG Urt. v. 19.4.2018 – 1 C 1.17, BVerwGE 162, 17 = NJW 2018, 3044 (wegen nicht hinreichender Beachtung des Gesetzesvorbehalts des Art. 16 Abs. 2 S. 2 GG durch BVerfG (K) Beschl. v. v. 17.7.2019 – 2 BvR 1327/18, InfAuslR 2019, 390 aufgehoben); BVerfG (K) Beschl. v. 24.10.2006 – 2 BvR 696/04, JuS 2007, 476; BVerfGK 9, 381 (383 f.).
[16] BVerfG (K) Beschl. v. v. 17.7.2019 – 2 BvR 1327/18, InfAuslR 2019, 390 (dazu *Leipold* FamRZ 2019, 1624); s. auch Beschl. v. 17.12.2013 – 1 BvL 6/10, BVerfGE 135, 48 = NJW 2014, 1364; OVG Bremen Urt. v. 10.3.2020 – 1 LC 171/16, BeckRS 2020, 4983.
[17] Eingefügt durch das Gesetz zur Änderung des Staatsangehörigkeitsgesetzes v. 5.2.2009, BGBl. I 158.
[18] Bejahend OVG Lüneburg Beschl. v. 12.9.2019 – 8 ME 66/19, InfAuslR 2019, 437 (auch keine ausdrückliche Regelung zur Vermeidung von Staatenlosigkeit erforderlich); aA VG Lüneburg Urt. v. 28.11.2019 – 6 A 112/18, BeckRS 2019, 31636 (kein Wille des Gesetzgebers, mit der Einfügung von § 17 Abs. 2 und 3 StAG eine Rechtsgrundlage für den Verlust der deutschen Staatsangehörigkeit herbeizuführen).
[19] *Marx* in GK-StAR StAG § 4 Rn. 207.

(§ 3 Abs. 2 StAG) zu berücksichtigen, die bei Widerlegung der Fiktionsregelung erst nach Vollendung des zwölften Lebensjahres greift.

3. Erklärungsrecht des Kindes (§ 5 StAG [F. 1997])

Eine Ausformung des Abstammungserwerbs ist der Staatsangehörigkeitserwerb durch das in § 5 StAG (F. 1997)[20] enthaltene Erklärungsrecht, das dem vor dem 1.7.1993 geborenen Kind eines deutschen Vaters und einer ausländischen Mutter eingeräumt worden war. Das Erklärungsrecht, das vor der Vollendung des 23. Lebensjahres auszuüben war, ist jedenfalls Mitte 2016 ausgelaufen und war neben einer nach deutschen Gesetzen wirksamen Anerkennung oder Feststellung der Vaterschaft daran gebunden, dass das Kind seit drei Jahren rechtmäßig seinen gewöhnlichen Aufenthalt im Bundesgebiet hatte.[21] In Fällen eines dauernden Auslandsaufenthaltes konnte das Erklärungsrecht nicht ausgeübt werden.[22]   11

4. Erwerb durch Annahme als Kind (§ 6 StAG)

Systematisch dem Abstammungserwerb zuzuordnen ist der Staatsangehörigkeitserwerb durch eine nach deutschem Recht wirksame[23] Annahme eines Kindes, das dem im Zeitpunkt des Annahmeantrages noch minderjährigen Kind und seinen Abkömmlingen die deutsche Staatsangehörigkeit vermittelt. Die staatsangehörigkeitsrechtliche Unterscheidung zwischen minderjährigen und volljährigen Ausländern, die von einem Deutschen adoptiert wurden, wird sachlich durch den Zweck gerechtfertigt, jeden Anreiz zu vermeiden, durch eine Adoption die für Ausländer bestehenden aufenthaltsrechtlichen, berufsrechtlichen und sonstigen Beschränkungen zu umgehen, und verstößt ungeachtet der familienrechtlichen Eingliederung auch des volljährigen Angenommenen in die Familie des Annehmenden nicht gegen den Schutz von Ehe und Familie (Art. 6 Abs. 1 GG).[24]   12

Für die Frage, ob es sich für die Anwendung des § 6 StAG um eine Minderjährigen- oder eine Volljährigenadoption handelt, ist maßgeblicher Zeitpunkt die Einreichung des Annahmeantrages beim Vormundschaftsgericht auch dann, wenn die Adoption erst (deutlich) nach Vollendung des 18. Lebensjahres ausgesprochen worden ist.[25] Dies ist grundsätzlich unabhängig von der Gestaltung und Dauer des Adoptionsverfahrens und gilt auch dann, wenn das Vormundschaftsgericht auf den mit dem Eintritt der Volljährigkeit erforderlichen neuen Antrag ein zweites (Volljährigen-)Adoptionsverfahren mit neuem Geschäftszeichen eingeleitet und durchgeführt hat.[26] Es bedarf dann aber eines hinreichenden verfahrens- und materiellrechtlichen Zusammenhanges zwischen dem vor Vollendung des 18. Lebensjahres gestellten Annahmeantrag und der nachfolgenden Annahme an Kindes statt; dieser Zusammenhang zu dem Erstantrag wird nur gewahrt, wenn der mit Eintritt der Volljährigkeit erforderlich gewordene Antrag nach § 1768 Abs. 1 BGB bis zur Vollendung des 21. Lebensjahres des Anzunehmenden gestellt worden ist und sodann mit dem gehörigen Nachdruck verfolgt wird.[27] Die Minderjährigkeit des Anzunehmenden ist von der Staatsangehörigkeitsbehörde selbständig zu prüfen und erfordert die Klärung der Identität (→ Rn. 53 ff.).[28]   13

---

[20] In der bis zum 30.6.1998 geltenden Fassung lautete § 5 StAG: „Eine nach den deutschen Gesetzen wirksame Legitimation durch einen Deutschen begründet für das Kind die Staatsangehörigkeit des Vaters".
[21] Zur Verfassungskonformität dieser Regelung s. OVG Münster Beschl. v. 12.1.2015 – 19 E 1221/13, BeckRS 2015, 40612.
[22] VG Minden Beschl. v. 11.11.2013 – 11 K 1106/13, BeckRS 2015, 42048.
[23] Nichtigkeit ist etwa dann gegeben, wenn das Adoptionsdekret eine der Rechtsordnung unbekannte Rechtsfolge ausspricht; VG Köln Urt. v. 16.8.2017 – 10 K 6215/15, BeckRS 2017, 126322.
[24] BVerwG Beschl. v. 10.3.1998 – 1 B 249.97, InfAuslR 1998, 401; s. auch Urt. v. 18.12.1998 – 1 C 2.98, BVerwGE 108, 216 = NJW 1999, 1347.
[25] BVerwG Urt. v. 18.12.1998 – 1 C 2.98, BVerwGE 108, 216.
[26] BVerwG Urt. v. 14.10.2003 – 1 C 20.02, BVerwGE 119, 111 = NJW 2004, 1401.
[27] BVerwG Urt. v. 19.2.2015 – 1 C 17.14, BVerwGE 151, 245 = NVwZ-RR 2015, 552.
[28] OVG Münster Beschl. v. 19.11.2018 – 19 A 2331/17, NJW 2019, 454.

14 Die Annahme als Kind muss „nach den deutschen Gesetzen wirksam" sein. Dies ist hinsichtlich der staatsangehörigkeitsrechtlichen Folgen allein nach § 6 StAG zu beurteilen. Die Bindungswirkung der vormundschaftlichen Entscheidung nach § 4 Abs. 2 S. 1 AdWirkG erstreckt sich nach Wortlaut, Systematik sowie Sinn und Zweck nicht auch auf die staatsangehörigkeitsrechtlichen Rechtsfolgen.[29] In diesem Sinne „wirksam" ist in Fällen einer Auslandsadoption nur eine Annahme an Kindes statt, die bei einer abstrakten Betrachtung einer Adoption nach deutschem Recht wesensgleich ist. Dies erfordert grundsätzlich, dass das Eltern-Kind-Verhältnis des anzunehmenden Kindes zu den leiblichen Eltern mit der Adoption erlischt, weil die Kappung der Bande zu den leiblichen Eltern von zentraler Bedeutung für die Integration des Kindes in die neue Familie ist.[30]

15 Bei einer „schwachen" Auslandsadoption, bei der unklar ist, ob sie einer Annahme an Kindes statt nach deutschem Sachrecht entspricht, kann bis zur Volljährigkeit des Kindes bei dem zuständigen Familiengericht die Umwandlung in eine Volladoption mit dem Ziel beantragt werden, dass das Kind die Rechtsstellung eines nach den deutschen Sachvorschriften angenommenen Kindes erhält (§ 3 AdWirkG).

III. Erwerb durch Inlandsgeburt (§ 4 Abs. 3 StAG)

1. Allgemeines

16 Zum 1.1.2000 wurde in das StAG die Ergänzung des Abstammungsprinzips durch das Geburtsortsprinzip eingefügt in Fällen ausländischer Eltern, in denen zumindest ein ausländischer Elternteil seit längerem im Bundesgebiet gelebt hat und über einen gefestigten Aufenthalt verfügt (§ 4 Abs. 3 StAG). Damit sollte staatsangehörigkeitsrechtlich auf die besonderen Probleme der zweiten und dritten Generation von Einwanderern reagiert werden.[31] Es ist ein „einfaches" ius soli, das nicht erfordert, dass bereits ein Elternteil im Bundesgebiet geboren worden ist (doppeltes ius soli).[32] Der Geburtserwerb kraft Gesetzes war bis Ende 2014 an eine generelle Pflicht gebunden, sich nach der Vollendung des 18. Lebensjahres zwischen der deutschen und ausländischen Staatsangehörigkeiten zu entscheiden (§ 29 StAG aF); seit dem 20.12.2014[33] entsteht bereits die Optionspflicht nur, wenn der junge Deutsche nicht zu wesentlichen Teilen im Inland aufgewachsen ist (§ 29 Abs. 1a StAG).

17 Rechtspolitisch ist der Staatsangehörigkeitserwerb durch Inlandsgeburt oder durch die Beschränkung der Optionspflicht weiterhin im Streit.[34] Verfassungsrechtlich bestehen weder gegen den ius soli-Erwerb selbst noch gegen die Optionsobliegenheit (alter wie neuer Fassung) durchgreifende Bedenken; durch die Beschränkung der Optionspflicht auf Fälle, in denen der junge Deutsche nicht im Inland aufgewachsen ist, hat sich auch das Gewicht der an den Gleichheitssatz (Art. 3 Abs. 1 GG) anknüpfenden Einwendungen gemindert.[35] § 4 Abs. 3 StAG hat keine Rückwirkungen auf Geburten vor seinem Inkrafttreten und bei aufenthaltsrechtlichen Maßnahmen gegenüber einem Elternteil keine Vorwirkungen.[36]

---

[29] BVerwG Beschl. v. 10.7.2007 – 5 B 4.07, FamRZ 2007, 1550; Urt. v. 25.10.2017 – 1 C 30.16, NJW 2018, 881.
[30] BVerwG Urt. v. 25.10.2017 – 1 C 30.16; s. auch BVerwG Beschl. v. 21.12.2011 – 5 B 46.11, StAZ 2012, 149 = BeckRS 2012, 45714.
[31] BT-Drs. 14/533, 11.
[32] Krit. dazu *Hailbronner* NVwZ 1999, 1273 (1274).
[33] § 29 StAG idF des Zweiten Gesetzes zur Änderung des Staatsangehörigkeitsgesetzes v. 13.11.2014, BGBl. I 1714.
[34] Symptomatisch der Gesetzentwurf der Fraktion der AfD „Entwurf eines Dritten Gesetzes zur Änderung des Staatsangehörigkeitsgesetzes" v. 20.11.2017, BT-Drs. 19/86, der auf die Rückkehr zur bis Ende 2014 geltenden Rechtslage zielt; s. auch Wiss. Dienst BT, Ausweitung der Optionspflicht bei doppelter Staatsangehörigkeit, 8.12.2016 (WD 3 – 3000 – 267/16).
[35] *Berlit* in GK-StAR StAG § 29 Rn. 20 ff.; s. auch *Berlit* ZAR 2015, 90; *Kau* in HMHK StAG § 4 Rn. 2.
[36] OVG Bautzen Beschl. v. 22.6.2009 – 3 D 79/08, NJW 2009, 2839.

Die nach § 4 Abs. 3 StAG erworbene Staatsangehörigkeit ist ungeachtet der möglichen 18
Optionsobliegenheit (§ 29 StAG) eine vollwertige Staatsangehörigkeit, die alle Rechte und
Pflichten eines deutschen Staatsangehörigen vermittelt. Diese Staatsangehörigkeit kann
nach allgemeinen Grundsätzen wirksam auch an Abkömmlinge weitergegeben werden, in
der ersten Generation (§ 4 Abs. 4 StAG) auch bei Daueraufenthalt im Ausland. Das Kind
bildet auch einen Anknüpfungspunkt für Familiennachzugsansprüche oder ein erhöhtes
Bleibeinteresse (§ 55 Abs. 1 Nr. 4 AufenthG).

2. Inlandsgeburt

Für den Staatsangehörigkeitserwerb erforderlich ist zunächst eine Geburt im Inland, also im 19
Hoheitsgebiet der Bundesrepublik Deutschland (inklusive unter deutscher Hoheit stehender Schiffe und Luftfahrzeuge). Eine Geburt im Ausland reicht auch dann nicht aus, wenn
die Eltern ihren ständigen Aufenthalt im Inland haben, die Geburt im Inland geplant war
und sie sich nur „zufällig" im Ausland aufgehalten hatten. Bei einer Inlandsgeburt ist der
weitere Verbleib des Kindes im Inland für den Staatsangehörigkeitserwerb nicht erforderlich. Für die Anwendung des § 4 Abs. 3 StAG ist die Gesetzesfassung anzuwenden, die im
Zeitpunkt der Geburt galt.[37]

3. Ausländischer Elternteil

Die Eltern müssen beide Ausländer sein; bei deutscher Staatsangehörigkeit nur eines Elternteils vermittelt dieser nach § 4 Abs. 1 StAG die deutsche Staatsangehörigkeit. Die Eltern 20
brauchen nicht verheiratet zu sein und müssen auch nicht dieselbe ausländische Staatsangehörigkeit haben.[38] Bei Vorliegen der weiteren Voraussetzungen erwirbt das Kind die
deutsche Staatsangehörigkeit unabhängig vom Willen der Eltern, denen auch kein Ausschlagungsrecht zusteht. Unerheblich ist auch, ob bzw. welche weiteren Staatsangehörigkeiten das Kind durch oder infolge der Geburt kraft Gesetzes erwirbt. Die Frage der
Mehrstaatigkeit stellt sich erst im Rahmen der Optionsregelung.

4. Achtjähriger gewöhnlicher Aufenthalt

Jedenfalls ein Elternteil muss im Zeitpunkt der Geburt seit mindestens acht Jahren seinen 21
gewöhnlichen Aufenthalt im Inland gehabt haben (§ 4 Abs. 1 S. 1 Nr. 1 StAG). Nach der
Rechtsprechung[39] hat ein Ausländer seinen gewöhnlichen Aufenthalt in Deutschland,
wenn er nicht nur vorübergehend, sondern auf unabsehbare Zeit hier lebt, sodass eine
Beendigung des Aufenthalts ungewiss ist. Dies ist der Fall, wenn er hier nach den tatsächlichen Verhältnissen seinen Lebensmittelpunkt hat. Auch wenn es mehr als der bloßen
Anwesenheit des Betroffenen während einer bestimmten Zeit bedarf, ist nicht erforderlich,
dass der Aufenthalt mit Willen der Ausländerbehörde auf grundsätzlich unbeschränkte Zeit
angelegt ist und sich zu einer voraussichtlich dauernden Niederlassung verfestigt hat.
 Die erforderliche Rechtmäßigkeit des gewöhnlichen Aufenthalts kann sich unter der 22
Geltung des Aufenthaltsgesetzes und seiner prinzipiellen „Verfestigungsoffenheit" auch
befristeter Aufenthaltstitel auch aus einer für einen seiner Natur nach vorübergehenden
Zweck erteilten Aufenthaltserlaubnis ergeben, wenn dem Elternteil hierdurch bei retrospektiver Betrachtung ein Zugang zu einer dauerhaften Aufenthaltsposition eröffnet worden ist;[40] zu berücksichtigen sind auch Zeiten eines rechtmäßig genehmigungsfreien oder
nach § 81 AufenthG fiktiv erlaubten Aufenthalts. Bei zweckgebundenen, befristeten Auf-

---

[37] OVG Hamburg Beschl. v. 5.10.2009 – 3 Bf 48/08.Z, StAZ 2010, 183.
[38] Zu den Problemen des Staatsangehörigkeitserwerbs bei gemischtnationalen Eltern und einer Geburt im Bundesgebiet, die nicht nach § 4 Abs. 3 StAG zur deutschen Staatsangehörigkeit führt, *Jacob* ZAR 2014, 409.
[39] S. mwN BVerwG Urt. v. 26.4.2016 – 1 C 9.15, BVerwGE 155, 47 = NVwZ 2016, 1811.
[40] BVerwG Urt. v. 26.4.2016 – 1 C 9.15, BVerwGE 155, 47 = NVwZ 2016, 1811.

enthaltstiteln besteht die erforderliche Verfestigungsoffenheit auch bei der erforderlichen retrospektiven Betrachtung[41] grundsätzlich erst mit dem Aufenthaltsgesetz und daher erst für Aufenthaltszeiten ab 2005.[42]

23   Der gewöhnliche Aufenthalt muss während des gesamten der Geburt vorangegangenen Zeitraums von acht Jahren vorgelegen haben;[43] umstritten und nach hier vertretener Ansicht zu bejahen ist, ob kurzzeitige Unterbrechungen des gewöhnlichen Aufenthalts nach § 12b Abs. 1 StAG (→ Rn. 63 ff.) zu beurteilen sind.[44]

5. Unbefristetes Aufenthaltsrecht

24   Im Zeitpunkt der Geburt muss der maßgebliche Elternteil ein unbefristetes Aufenthaltsrecht oder – als Staatsangehöriger der Schweiz – eine im bilateralen Recht benannte Aufenthaltserlaubnis haben (§ 4 Abs. 3 S. 1 Nr. 2 StAG). Drittstaatsangehörige müssen mithin über eine Niederlassungserlaubnis (§ 9 Abs. 1 AufenthG) verfügen, und zwar unabhängig vom Erteilungsgrund, oder ein Daueraufenthaltsrecht-EU (zum Titel s. § 9a Abs. 1 AufenthG). Dem soll gleichstehen, dass ein entsprechender Aufenthaltstitel rechtzeitig beantragt war, der Titel rückwirkend nachträglich erteilt wird oder die Behörde hierzu verpflichtet wird;[45] die Möglichkeit des (nachträglichen) Staatsangehörigkeitserwerbs eines zwischenzeitlich geborenen Kindes begründet ein schutzwürdiges Interesse[46] des Elternteils auf Erteilung einer Niederlassungserlaubnis ex tunc.

25   Materiell freizügigkeitsberechtigte Unionsbürger und diesen gleichgestellte Personen bedürfen bei verfestigtem Aufenthalt keiner deklaratorischen Bescheinigung (Aufenthaltskarte; Aufenthaltserlaubnis-EU – § 5 FreizügG/EU) mehr. Sie haben jedenfalls dann ein unbefristetes Aufenthaltsrecht, wenn sie nach fünfjährigem, materiell berechtigtem Inlandsaufenthalt die Berechtigung zum Daueraufenthalt/EU (§ 4a FreizügG/EU) erworben haben. Entsprechendes gilt für diesen gleichgestellte Staatsangehörige der EWR-Staaten. Bürger der Schweiz bedürfen nach dem Gesetzeswortlaut einer Aufenthaltserlaubnis nach dem Freizügigkeitsabkommen EG/Schweiz; soweit aus dem Freizügigkeitsabkommen indes materiell eine Daueraufenthaltsberechtigung folgt, soll die (dann deklaratorische) Aufenthaltserlaubnis entbehrlich sein.[47]

26   Türkische Staatsangehörige haben ein unbefristetes Aufenthaltsrecht, wenn sie die Voraussetzungen nach Art. 6 Abs. 1 Spiegelstrich 3, Art. 7 S. 1 Spiegelstrich 1 ARB 1/80 erfüllen, also grundsätzlich nach fünfjährigem, nach dem ARB 1/80 materiell berechtigtem Aufenthalt.[48] Der nach § 4 Abs. 5 AufenthG zu erteilende Aufenthaltstitel hat lediglich deklaratorische Funktion und ist nicht erforderlich, um den Staatsangehörigkeitserwerb zu vermitteln. Entsprechendes gilt für eine nach § 4 Abs. 5 AufenthG (analog) auszustellende Bescheinigung[49] bei Bestehen eines unionsrechtlichen Aufenthaltsrechts eigener Art nach Art. 20 AEUV.

27   Umstritten sind die staatsangehörigkeitsrechtlichen Wirkungen einer Rücknahme (ex tunc) des unbefristeten Aufenthaltsrechts nach dem Zeitpunkt der Geburt.[50] Mit der

---

[41] BVerwG Urt. v. 26.4.2016 – 1 C 9.15, BVerwGE 155, 47 = NVwZ 2016, 1811.
[42] BVerwG Urt. v. 29.5.2018 – 1 C 15.17, BVerwGE 162, 153 = ZAR 2018, 313.
[43] BVerwG Urt. v. 23.2.1993 – 1 C 45.90, BVerwGE 92, 116 = NVwZ 1993, 782 (zum „dauernden Aufenthalt" nach Staatenlosen-Übereinkommen).
[44] So für Unterbrechungen des rechtmäßigen Aufenthalts in Anwendung des § 12b Abs. 3 StAG, BVerwG Urt. v. 26.4.2016 – 1 C 9.15, BVerwGE 155, 47 = NVwZ 2016, 1811; offen OVG Berlin-Brandenburg Beschl. v. 18.1.2011 – OVG 2 S 63.10, BeckRS 2011, 48206; aA für § 12b Abs. 1 StAG etwa *Kau* in HMHK StAG § 4 Rn. 80a.; s. auch *Marx* in GK-StAR StAG § 4 Rn. 267 ff.
[45] *Marx* in GK-StAR StAG § 4 Rn. 331 ff.; *Kau* in HMHK StAG § 4 Rn. 83.
[46] Zum Erfordernis eines solches Interesses bei der Erteilung rückwirkender Aufenthaltstitel s. BVerwG Urt. v. 29.9.1998 – 1 C 14.97, NVwZ 1999, 306.
[47] *Marx* in GK-StAR StAG § 4 Rn. 326.
[48] Dazu BVerwG Urt. v. 29.5.2018 – 1 C 17.17.
[49] BVerwG Urt. v. 12.7.2018 – 1 C 16.17, BVerwGE 162, 349 Rn. 34 = NVwZ 2019, 486.
[50] *Marx* in GK-StAR StAG § 4 Rn. 338 ff.

Einfügung des § 17 Abs. 3 S. 1 StAG ist davon auszugehen, dass eine Rücknahme des Aufenthaltsrechts des maßgeblichen Elternteils den Staatsangehörigkeitserwerb des Kindes nur bis zur Vollendung des fünften Lebensjahres berührt.

IV. Staatsangehörigkeitserwerb und Vertriebenenrecht

1. Staatsangehörigkeitserwerb durch Spätaussiedler (§ 7 BVFG)

Der Staatsangehörigkeitserwerb durch Spätaussiedler (§ 7 StAG) bildet für Deutsche iSd Art. 116 Abs. 1 GG systematisch eine Zwischenstellung zwischen dem Erwerb durch Einbürgerung[51] und einem Erwerb kraft Gesetzes nach dem Abstammungsprinzip. Die Ausstellung einer Bescheinigung nach § 15 BVFG (als Spätaussiedler (Abs. 1) oder dessen Abkömmling (Abs. 2)) führt kraft Gesetzes auch zur Verleihung der deutschen Staatsangehörigkeit.[52] Die materielle Spätaussiedlereigenschaft selbst, die bei Vorliegen der tatbestandlichen Voraussetzungen unmittelbar mit der Einreise in das Bundesgebiet entsteht,[53] reicht für sich allein nicht aus. **28**

Nach Art. 116 Abs. 1 GG sind Deutsche ohne Staatsangehörigkeit Personen, die als Flüchtlinge oder Vertriebene deutscher Volkszugehörigkeit oder als deren Ehegatten oder Abkömmlinge in dem Gebiet des Deutschen Reiches nach dem Stand vom 31.12.1937 Aufnahme gefunden haben. Das Bundesvertriebenengesetz (BVFG)[54] formt den Begriff des Vertriebenen (§ 1 BVFG) aus und hat ihn durch den Begriff des Spätaussiedlers (§ 4 BVFG) ergänzt, der deutsche Volkszugehörige umfasst, die seit dem 1.1.1993 die Aussiedlungsgebiete (vor allem) in den Republiken der ehemaligen Sowjetunion verlassen haben, und auch diesen als Deutschen iSd des Art. 116 Abs. 1 GG definiert. Diesen Personen und ihren Abkömmlingen ist zum Nachweis ihrer Spätaussiedler- oder Statusdeutscheneigenschaft nach § 15 Abs. 1 oder 2 BVFG eine Bescheinigung auszustellen, wenn sie die Aussiedlungsgebiete im Wege des in § 27 BVFG geregelten Aufnahmeverfahrens verlassen haben (→ § 20 Rn. 45 ff.). Die Entscheidung über die Ausstellung der Bescheinigung ist für Staatsangehörigkeitsbehörden und alle Behörden und Stellen verbindlich, die für die Gewährung von Rechten oder Vergünstigungen als Spätaussiedler nach diesem oder einem anderen Gesetz zuständig sind (§ 15 Abs. 1 S. 4 BVFG). **29**

Mit der Ausstellung dieser Bescheinigung erwerben die Spätaussiedler bzw. die in den Aufnahmebescheid einbezogenen Personen (Ehegatte; Abkömmlinge) kraft Gesetzes die deutsche Staatsangehörigkeit. Eine staatsangehörigkeitsrechtliche Willenserklärung oder ein gesonderter Einbürgerungsakt ist nicht erforderlich. Der Staatsangehörigkeitserwerb erstreckt sich grundsätzlich nicht auf Abkömmlinge, die nicht selbst Spätaussiedler oder nicht in einen Aufnahmebescheid einbezogen sind.[55] Für während des Aussiedlungsvorganges, aber vor Ausstellung der Bescheinigung nach § 15 Abs. 1 oder 2 BVFG geborene Kinder kann die staatsangehörigkeitsrechtliche Familieneinheit nur durch die nachträgliche Einbeziehung in einen Aufnahmebescheid hergestellt werden.[56] **30**

---

51 So die Lösung bis 31.7.1999, die den sog. Statusdeutschen nach Art. 116 GG in § 6 StAngReG einen Einbürgerungsanspruch eingeräumt hatte, dem nur die Gefährdung der inneren oder äußeren Sicherheit entgegengehalten werden konnte.
52 BT-Drs. 14/533, 19.
53 Dazu BVerwG Urt. v. 25.10.2017 – 1 C 30.16, NJW 2018, 881.
54 Gesetz über die Angelegenheiten der Vertriebenen und Flüchtlinge (Bundesvertriebenengesetz) v. 19.5.1953 (BGBl. I 201), zuletzt geändert durch Gesetz v. 6.5.2019 (BGBl. I 646).
55 § 7 BVFG aF, der die Vertriebeneneigenschaft auch auf nach der Vertreibung geborene oder legitimierte Kinder erstreckt hatte (dazu VGH Kassel Urt. v. 31.3.2003 – 12 UE 2584/02, EZAR 280 Nr. 11 = BeckRS 2005, 23339), ist zum 1.1.1993 aufgehoben worden.
56 *Koch* in NK-AuslR StAG § 2 Rn. 8.

2. „Überleitung" Statusdeutscher ohne deutsche Staatsangehörigkeit (§ 40a StAG)

31 Die Systemumstellung von der Einzeleinbürgerung von Vertriebenen und Spätaussiedlern hin zur Koppelung des Staatsangehörigkeitserwerbs an die Bescheinigung nach § 15 Abs. 1 oder 2 BVFG flankiert als Übergangsregelung die „Sammel"verleihung der deutschen Staatsangehörigkeit an alle Statusdeutschen iSd Art. 116 Abs. 1 GG, die am 1.8.1999 (noch) nicht die deutsche Staatsangehörigkeit erlangt hatten, durch § 40a StAG. Erfasst sind alle Vertriebenen (§ 1 BVFG), die bis zum 31.12.1992 Aufnahme[57] gefunden hatten. Bei Spätaussiedlern (§ 4 BVFG) ist die Staatsangehörigkeitsverleihung gebunden an die Ausstellung einer Bescheinigung nach § 15 Abs. 1 oder 2 BVFG, die bis zum Stichtag erfolgt sein muss.[58] Diese unterstreicht, dass für Spätaussiedler zumindest zweifelhaft sein mag, ob sie ipso jure „Statusdeutsche" iSd Art. 116 Abs. 1 GG oder diesen erst durch das BVFG gleichgestellt sind. Die Statusdeutscheneigenschaft ist auch für den Ehegatten und den Abkömmling eines Spätaussiedlers erforderlich.[59]

32 Der Staatsangehörigkeitserwerb ist unabhängig von einem fortdauernden Wohnsitz oder gewöhnlichen Aufenthalt im Bundesgebiet,[60] soweit der Status am Stichtag 1.8.1999 fortbestand und nicht zB durch freiwillige, dauerhafte Rückkehr in die Vertriebungs- bzw. Aussiedlungsgebiete untergegangen war.[61] Abkömmlinge ohne eigenen Status sind nicht erfasst.

V. Erwerb durch „Ersitzung" (§ 3 Abs. 2 StAG)

33 § 3 Abs. 2 StAG schützt das Vertrauen in eine behördlich angenommene Staatsangehörigkeit durch deren Erwerb, wenn eine Person, ohne dies vertreten zu müssen, seit zwölf Jahren von deutschen Stellen als Staatsangehöriger behandelt worden ist. Eine anderweitige sachliche Rechtfertigung oder ein spezifischer Erwerbsgrund müssen nicht vorliegen oder gar nachgewiesen werden. Dieser Erwerbsgrund dient neben dem Vertrauensschutz im Einzelfall zugleich der Rechtssicherheit namentlich in den Bereichen, in denen die Ausübung bestimmter Rechte (zB des (aktiven oder passiven) Wahlrechts oder der Ausübung öffentlicher Ämter) an die deutsche Staatsangehörigkeit gebunden ist.

34 Der Betroffene muss zunächst über einen längeren Zeitraum von einer deutschen Stelle als deutscher Staatsangehöriger behandelt worden sein. Die Stelle muss nicht eine Staatsangehörigkeitsbehörde gewesen sein. Sie muss aber zumindest mittelbar zur Prüfung der Staatsangehörigkeit eines Betroffenen befugt und nach ihrer Aufgabenstellung berufen sein. Neben den Staatsangehörigkeitsbehörden sind dies insbesondere Personenstands-, Melde-, Wahl- oder Registerbehörden oder Behörden mit Dienstherrenfähigkeit, die vor der Beamtenernennung die Ernennungsvoraussetzung „Staatsangehörigkeit" zu prüfen hatten. Nicht ausreichend ist eine schlichte Hinnahme einer entsprechenden Angabe in einem Antragsformular oder die Gewährung von Sozialleistungen, die einem Ausländer (so) nicht hätten gewährt werden dürfen. Bei im Ausland wohnenden Personen kann diese Behandlung auch durch eine im Ausland tätige Stelle (Botschaft; Konsulat) erfolgen.

35 Die behördliche Behandlung als deutscher Staatsangehöriger muss sich nach außen und für den Betroffenen erkennbar durch entsprechende „Dokumente" manifestiert haben. § 3 Abs. 2 S. 2 StAG nennt exemplarisch die Ausstellung eines Staatsangehörigkeitsausweises, Reisepasses oder Personalausweises. Diese Aufzählung ist zwar nicht abschließend, recht-

---

[57] Zu diesem Begriff s. nur BVerwG Urt. v. 11.11.2003 – 1 C 35.02, BVerwGE 119, 172 = NVwZ 2004, 998.
[58] OVG Hamburg Beschl. v. 19.7.2006 – 3 Bf 295/02, BeckRS 2006, 27596. Dann aber soll sie nicht mehr auf ihre materiell-rechtliche Berechtigung zu prüfen sein; s. VG Bayreuth Urt. v. 13.6.2001 – B 4 K 00.173, InfAuslR 2001, 530.
[59] VGH München Beschl. v. 20.11.2002 – 10 ZB 01.2940, BeckRS 2002, 31606.
[60] VG Stuttgart Urt. v. 23.7.2008 – 11 K 4247/07, BeckRS 2008, 40361.
[61] VGH München Beschl. v. 25.11.2014 – 5 ZB 14.1580, BeckRS 2014, 59403.

fertigt aber den Schluss, dass anderweitige behördliche „Manifestationen" einen vergleichbaren Aussagegehalt haben müssen. Hierfür reichen lediglich verwaltungsinterne Vermerke oder Eintragungen (zB im Melderegister) nicht aus.[62] Erfasst sind nur Amtshandlungen einer deutschen Stelle gegenüber einer Person, die im Zeitpunkt dieser Amtshandlung nicht schon aufgrund anderer Erwerbsgründe objektiv deutsche Staatsangehörige im Sinn der 1. Alternative des Art. 116 Abs. 1 GG geworden ist oder im Sinn der 2. Alternative dieser Verfassungsnorm als Vertriebene deutscher Volkszugehörigkeit oder als deren Abkömmling in Deutschland Aufnahme gefunden und dadurch die Rechtsstellung als Statusdeutscher erlangt hat.[63]

Der Betroffene darf die behördliche Behandlung als deutscher Staatsangehöriger nicht 36 „zu vertreten" haben. Ausgeschlossen sind damit alle Fälle der vorsätzlichen Täuschung von Behörden durch falsche oder unzureichende Angaben; zu vertreten sind auch (grob) fahrlässig gemachte irreführende Angaben oder die Hinnahme erkennbarer (oder fahrlässig nicht erkannter) Irrtümer der handelnden Behörde. Vertretenmüssen liegt auch sonst vor, wenn der Betreffende wissentlich auf die Umstände eingewirkt hat, die deutsche Stellen dazu veranlasst haben, ihn als deutschen Staatsangehörigen zu behandeln.[64]

„Vertretenmüssen" erfordert aber kein Verschulden und liegt auch dann vor, wenn der 37 Betroffene in der Lage und aus Rechtsgründen verpflichtet und ihm auch nach den Umständen zumutbar war, die (objektiv unzutreffende) behördliche Behandlung als deutscher Staatsangehöriger zu verhindern,[65] er sich diese also bei einer Parallelwertung in der Laiensphäre ohne besondere staatsangehörigkeitsrechtliche Kenntnis zurechnen lassen muss.[66] Umstritten ist, ob/unter welchen Voraussetzungen einem minderjährigen Kind das Verhalten und Wissen der Eltern bzw. sonstiger Erziehungsberechtigter zuzurechnen ist. Dies wird teils wegen des höchstpersönlichen Moments des Vertretenmüssens verneint;[67] teils wird eine solche Zurechnung nicht zuletzt wegen der bei § 3 Abs. 2 StAG konstitutiven Bedeutung betätigten Vertrauens bejaht, zumal dadurch keine Staatenlosigkeit drohe.[68]

Der Lauf der Zwölfjahresfrist (§ 3 Abs. 2 S. 1 StAG) behördlicher Behandlung beginnt 38 mit der ersten, hinreichenden Handlung, durch die eine entsprechende Behörde vertrauensschutzbegründend nach außen zu erkennen gibt, dass sie von einer deutschen Staatsangehörigkeit ausgeht. Sie wird unterbrochen, sobald dem Betreffenden von zuständigen deutschen Stellen Umstände zur Kenntnis gebracht werden, die zu einer anderweitigen staatsangehörigkeitsrechtlichen Bewertung führen (können),[69] und ein Staatsangehörigkeitsprüfungsverfahren offenen Ausgangs eingeleitet wird.[70]

Ist die Zwölfjahresfrist abgelaufen, wirkt der (konstitutive) Staatsangehörigkeitserwerb 39 ex tunc zurück auf den Zeitpunkt, zu dem ursprünglich der Erwerb der Staatsangehörigkeit behördlich angenommen worden war.[71] Dieser Zeitpunkt kann auch vor dem Beginn der Zwölfjahresfrist liegen, bei (eventuell irriger) Annahme eines Abstammungserwerbs zurück bis zur Geburt. Der Erwerb kann nur festgestellt werden, wenn die Zwölfjahresfrist nach dem Inkrafttreten der Regelung (28.8.2007) abgelaufen ist und die behördliche Behandlung als deutscher Staatsangehöriger noch bis zu diesem Zeitpunkt angedauert

---

[62] OVG Münster Beschl. v. 12.1.2015 – 19 E 1221/13, BeckRS 2015, 40612; Beschl. v. 12.1.2018 – 19 E 149/17, BeckRS 2018, 157.
[63] OVG Münster Beschl. v. 1.8.2017 – 19 A 1814/16, BeckRS 2017, 127738.
[64] BT-Drs. 16/5065, 227.
[65] VG Köln Urt. v. 4.2.2015 – 10 K 7733/13, BeckRS 2015, 42165.
[66] S. auch *Marx* in GK-StAR StAG § 3 Rn. 48 ff.
[67] *Marx* in GK-StAR StAG § 3 Rn. 54 ff.; zur nur begrenzten Zurechnung des Verhaltens der Eltern an deren Kinder in staatsangehörigkeitsrechtlichen Angelegenheiten s. auch BVerfG Beschl. v. 17.12.2013 – 1 BvL 6/10, BVerfGE 135, 48 = NJW 2014, 1364.
[68] *Kau* in HMHK StAG § 3 Rn. 6b; s. auch VG Köln Urt. v. 19.3.2014 – 10 K 2537/13, BeckRS 2014, 51537 (Verschweigen eines anderweitigen Staatsangehörigkeitserwerbs durch den Vater).
[69] VG Köln Urt. v. 7.8.2017 – 10 K 5358/15, BeckRS 2017, 126657.
[70] VG Berlin Urt. v. 7.12.2016 – 2 K 433.15, BeckRS 2016, 56095; VG Köln Urt. v. 4.2.2015 – 10 K 7733/13, BeckRS 2015, 42165.
[71] *Kau* in HMHK StAG § 3 Rn. 9; *Marx* in GK-StAR StAG § 3 Rn. 58 ff.

hat;⁷² eine frühere behördliche Behandlung als deutscher Staatsangehöriger reicht unabhängig von ihrer Dauer nicht aus, wenn sie vor dem 28.8.2007 beendet oder dem Betroffenen gegenüber substantiell in Zweifel gezogen worden ist. Der dann allein in Betracht kommende Staatsangehörigkeitserwerb nach allgemeinen Vertrauensschutzgrundsätzen in den Fortbestand eines nicht zurückgenommenen, die deutsche Staatsangehörigkeit feststellenden Bescheides⁷³ ist allerdings an hohe Voraussetzungen gebunden. Allein die Aushändigung eines Passes bzw. Personalausweises eines (zu Unrecht ausgestellten) Staatsangehörigkeitsausweises⁷⁴ haben dafür nicht ausgereicht.

VI. Staatsangehörigkeit(srückerwerb) bei Opfern der NS-Unrechtsherrschaft (Art. 116 Abs. 2 GG)

40 Art. 116 Abs. 2 GG räumt deutschen Staatsangehörigen, die zur Zeit des Nationalsozialismus individuell oder kollektiv zwangsweise ausgebürgert worden waren,⁷⁵ ohne den Nachweis politischer, rassischer oder religiöser Verfolgung im Einzelfall Möglichkeiten zum Wiedererwerb der deutschen Staatsangehörigkeit ein, ohne diesem Personenkreis die Staatsangehörigkeit „aufdrängen" zu wollen.⁷⁶ Diese Ausbürgerungen sind in der Rechtsordnung der Bundesrepublik Deutschland als von Anfang an nichtig anzusehen,⁷⁷ von diesen Regelungen erfasste Personen sind so zu stellen, als sei die deutsche Staatsangehörigkeit niemals verloren gegangen.⁷⁸ Sie gelten ex tunc als nicht ausgebürgert, sofern sie nach dem 8.5.1945 ihren Wohnsitz in Deutschland⁷⁹ genommen und nicht einen entgegengesetzten Willen zum Ausdruck gebracht haben. Die Wiedereinbürgerungsmöglichkeit (Art. 116 Abs. 2 S. 1 GG) erfordert einen entsprechenden (nichtförmlichen)⁸⁰ Antrag, nicht aber eine Wohnsitznahme im Bundesgebiet, und wirkt jedenfalls de facto ex nunc;⁸¹ diese Wiedereinbürgerung hängt auch nicht vom Verlust einer zwischenzeitlich erworbenen neuen Staatsangehörigkeit ab.⁸²

41 Art. 116 Abs. 2 GG stellt den selbst Ausgebürgerten deren Abkömmlinge gleich. Erfasst sind sämtliche Nachkommen absteigender Linie,⁸³ wenn/soweit sie zu dem Ausgebürgerten in einem rechtlichen Verhältnis stehen, an welches das Staatsangehörigkeitsrecht im maßgeblichen Zeitpunkt der Geburt den Erwerb der deutschen Staatsangehörigkeit knüpft;⁸⁴ nach früherem Recht nicht erfasst sind etwa nichteheliche Kinder deutscher (ausgebürgerter) Väter. Ausländische Ehegatten Ausgebürgerter haben auch dann keinen Anspruch nach Art. 116 Abs. 2 GG, wenn sie nach dem früheren Staatsangehörigkeitsrecht die deutsche Staatsangehörigkeit durch Eheschließung erworben hätten.⁸⁵

42 Art. 116 Abs. 2 GG erfasst nicht Personen, welche die deutsche Staatsangehörigkeit bereits vor Inkrafttreten der rassisch, politisch oder religiös motivierten Aberkennungs-/

---

[72] VGH München Beschl. v. 25.2.2008 – 5 ZB 07.3117, BeckRS 2010, 51790; VGH Mannheim Beschl. v. 29.5.2008 – 13 S 1137/08, BeckRS 2008, 36220; OVG Berlin-Brandenburg Beschl. v. 30.9.2009 – OVG S 17.09.
[73] BVerwG Urt. v. 14.12.1972 – 1 C 32.71, BVerwGE 41, 277 = NJW 1973, 956.
[74] BVerwG Urt. v. 21.5.1985 – 1 C 52.82, BVerwGE 71, 309 = NJW 1986, 674.
[75] Vor allem aufgrund des Gesetzes über den Widerruf von Einbürgerungen und die Aberkennung der deutschen Staatsangehörigkeit v. 14.7.1933 (RGBl. I 480) und die 11. VO zum Reichsbürgergesetz v. 25.11.1941 (RGBl. I 722).
[76] Zur tatsächlich durch Zeitablauf gesunkenen aktuellen Bedeutung der Regelung s. *Zimmermann/Bäumler* DÖV 2016, 97.
[77] BVerfG Beschl. v. 14.2.1968 – 2 BvR 557/62, BVerfGE 23, 98 (106) = VerwRspr 1969, 261.
[78] BVerfG Beschl. v. 15.4.1980 – 2 BvR 842/77, BVerfGE 54, 53 (68 f.) = NJW 1980, 2797.
[79] Nach wohl vorherrschender Ansicht: in den Reichsgrenzen vom 31.12.1937, also insbes. auch inkl. der (vormaligen) DDR.
[80] BVerfG Beschl. v. 15.4.1980 – 2 BvR 842/77, BVerfGE 54, 53 (71) = NJW 1980, 2797; BVerwG Urt. v. 6.12.1983 – 1 C 122.80, BVerwGE 68, 220.
[81] *Lübbe-Wolff* in Dreier, Grundgesetz, 3. Aufl., GG Art. 116 Rn. 50, 53.
[82] BVerfG Beschl. v. 14.2.1968 – 2 BvR 557/62, BVerfGE 23, 98 (108) = VerwRspr 1969, 261.
[83] BVerwG Urt. v. 11.1.1984 – 1 C 35.93, BVerwGE 95, 36 = NJW 1994, 2164.
[84] BVerwG Urt. v. 6.12.1983 – 1 C 122.80, BVerwGE 68, 220 = BeckRS 1983, 30427635.
[85] BVerwG Urt. v. 6.12.1983 – 1 C 122.80, BVerwGE 68, 220 = BeckRS 1983, 30427635.

§ 2 Erwerb und Verlust der deutschen Staatsangehörigkeit § 2

Ausführungsregelungen verloren hatten, etwa weil sie vorzeitig aus Deutschland geflohen und eine ausländische Staatsangehörigkeit erworben hatten.[86] Für diesen Personenkreis und seine Abkömmlinge hatte § 1 1. StAngRG einen Einbürgerungsanspruch vorgesehen, für den der Antrag allerdings bis zum 31.12.1970 zu stellen war. Nicht anzuwenden ist Art. 116 Abs. 2 GG auch auf Personen, die von Österreich mit Wirkung vom 27.4.1945 in Anspruch genommen wurden (sogenannte Anschlussdeutsche), und ihre Abkömmlinge, die also erst durch den Anschluss die später verloren gegangene/entzogene deutsche Staatsangehörigkeit erworben hatten.[87] Bislang nicht aufgegriffen worden sind rechtspolitische Vorstöße, durch eine Erweiterung der (Wieder-)Einbürgerungsmöglichkeiten alle Konstellationen zu erfassen, in denen nationalsozialistisches Unrecht staatsangehörigkeitsrechtliche Folgerungen gezeitigt hat, und ua auch auf die „zu früh" Geflohenen und alle ihre Abkömmlinge zu erstrecken.[88]

B. Insbesondere: Erwerb durch Einbürgerung

I. Einbürgerung als Erwerbsgrund

Der Staatsangehörigkeitserwerb durch Einbürgerung ist ein völkerrechtlich anerkannter, quantitativ im Vergleich zum Geburtserwerb weniger bedeutsamer Erwerbsgrund. Das deutsche Recht kennt nur noch die Einzeleinbürgerung, mag es auch für die Miteinbürgerung Familienangehöriger Erleichterungen bei der Voraufenthaltszeit geben (§ 10 Abs. 2 StAG). In der Vergangenheit, insbesondere in der Zeit des Nationalsozialismus, hat es auch Sammeleinbürgerungen von Personengruppen[89] oder ganzer Volksgruppen gegeben;[90] für Personen deutscher Volkszugehörigkeit[91] hatte § 1 1. StAngReg die Verleihung der deutschen Staatsangehörigkeit für wirksam erklärt, soweit die deutsche Staatsangehörigkeit nicht durch ausdrückliche Erklärung ausgeschlagen worden ist/wird. **43**

Von der Sammel- oder Volksgruppeneinbürgerung systematisch zu unterscheiden sind „Veränderungen" der Staatsangehörigkeit im Zusammenhang mit Gebiets- oder Herrschaftsveränderungen, etwa im Bereich zerfallender Staaten,[92] oder in der Folge kriegsbedingter Veränderungen des Staatsterritoriums, bei denen der Staatsangehörigkeitserwerb oft auch durch Erklärungsoption eröffnet wird. **44**

Für das deutsche Staatsangehörigkeitsrecht sind diese Erwerbsformen heute nicht (mehr) aktuell. Sie wirken insoweit fort, als eine hiernach wirksam erworbene deutsche Staatsangehörigkeit auch bei einer Auslandsgeburt durch Geburtserwerb weitergegeben worden sein kann. Keine „Sammeleinbürgerung" ist auch der Wandel der ehemaligen Staatsangehörigkeit der DDR in die deutsche Staatsangehörigkeit mit der staatlichen Einigung **45**

---

[86] BVerfG Beschl. v. 14.2.1968 – 2 BvR 557/62, BVerfGE 23, 98 (108) = VerwRspr 1969, 261.
[87] BVerwG Urt. v. 27.3.1990 – 1 C 5.87, BVerwGE 85, 108 = NJW 1990, 2213; OVG Münster Beschl. v. 2.1.2020 – 19 A 1153/18, BeckRS 2020, 19.
[88] BT-Drs. 19/12200 (Gesetzentwurf Bündnis 90/Die Grünen), 19/13505 (Gesetzentwurf Die Linke) und 19/14063 (Gesetzentwurf der FDP); dazu Sachverständigenanhörung des Ausschusses für Inneres und Heimat v. 21.10.2019.
[89] S. etwa die 12. Verordnung zum Reichsbürgergesetz v. 25.4.1943 (RGBl. I 268) („Schutzangehörige"); VO über den Erwerb der Staatsangehörigkeit in den befreiten Gebieten der Untersteiermark, Kärntens und Krain v. 14.10.1941 (RGBl. I 648); VO über die Deutsche Volksliste und die deutsche Staatsangehörigkeit in den eingegliederten Ostgebieten v. 4.3.1941, RGBl. I 118; VO über die Verleihung der deutschen Staatsangehörigkeit an die in die Deutsche Volksliste der Ukraine eingetragenen Personen v. 19.5.1943, RGBl. I 321. S. auch *Lichter*, Die Staatsangehörigkeit nach deutschem und ausländischem Recht, 2. Aufl. 1955, 182 ff., 221 ff. (Staatsangehörigkeitsregelungen aus Anlass der Gebietsveränderungen im Dritten Reich [1938–1943]).
[90] Dazu knapp *Wollensak* StAZ 1998, 170; *Geilke* DÖV 1954, 545; s. auch BVerwG Urt. v. 27.7.2006 – 5 C 3.05, BVerwGE 126, 283 = NVwZ 2007, 224 (VolkslistenVO Ukraine).
[91] BVerwG Urt. v. 26.5.1998 – 1 C 3.98, Buchholz 132.0 1. StAngRG § 1 Nr. 9 = BeckRS 1998, 30014856.
[92] In der jüngeren Geschichte etwa UdSSR (dazu *Hecker* StAZ 1997, 157; *ders.* StAZ 2000. 129; *ders.* AVR 35 (1997), 73) und Jugoslawien; s. *Kreuzer*, Staatsangehörigkeit und Staatensukzession, 1998.

Deutschlands; es war und bleibt die einheitliche deutsche Staatsangehörigkeit, die lediglich in der Bezeichnung einen Wandel erfahren hat.[93]

46 § 3 Abs. 1 Nr. 5 iVm §§ 8 ff., 40b und 40c StAG normieren Einbürgerungstatbestände, die nach den tatbestandlichen Voraussetzungen differenzierend die Ermessens-, die Soll- und die Anspruchseinbürgerung umfassen. Die Ermessenseinbürgerung (§ 8 StAG) und die Solleinbürgerung von Ehegatten oder Lebenspartnern Deutscher (§ 9 StAG) bildeten lange Zeit die einzige Einbürgerungsmöglichkeit. Eine Anspruchseinbürgerung war nach Einbürgerungserleichterungen durch einen Regeleinbürgerungsanspruch (1.1.1991)[94] im Jahre 1993[95] zunächst im seinerzeitigen Ausländergesetz für jüngere, im Bundesgebiet aufgewachsene Ausländer und solche mit langem Aufenthalt geschaffen worden (§§ 85, 86 AuslG 1990). Nach mehrfachen Änderungen[96] wurden durch das Zuwanderungsgesetz[97] 2005 die ausländerrechtlichen Sonderregelungen in das Staatsangehörigkeitsgesetz integriert und erneut angepasst. Ihre heutige Gestalt haben die allgemeinen Einbürgerungsnormen im Kern 2007[98] erhalten. Insgesamt ist das Regelwerk für die Einbürgerung in den letzten Jahrzehnten deutlich einbürgerungsoffener geworden; die tatsächlichen Einbürgerungsquoten schöpfen die Möglichkeiten indes bei Weitem nicht aus.[99]

47 § 8 StAG als einst zentrale Grundnorm des deutschen Einbürgerungsrechts[100] ist quantitativ durch die Anspruchseinbürgerungen nach § 10 StAG verdrängt. Von den ca. 112.000 Einbürgerungen im Jahre 2017 entfielen – einschließlich der Miteinbürgerungen – knapp 85 % auf die Anspruchseinbürgerung nach § 10 StAG, ca. 3 % auf die allgemeine Ermessenseinbürgerung (§ 8 StAG), 5,6 % auf Personen mit Deutschen als Ehe- oder Lebenspartnern (§ 9 StAG), 4,7 % auf Einbürgerungen von Personen im Ausland (§§ 13, 14 StAG) sowie knapp 6,25 % auf sonstige Rechtsgrundlagen (zB 2,2 % auf Alt- und Wiedergutmachungsfälle früherer deutscher Staatsangehöriger,[101] ehemalige Deutsche und deren Nachkommen). Die weiteren Einbürgerungstatbestände bzw. -erleichterungen haben praktisch geringe bis keine Bedeutung.

48 Die Einbürgerungstatbestände unterscheiden sich nach der Striktheit, mit der typisierte Integrationsvoraussetzungen in den jeweiligen Tatbeständen festgeschrieben oder jeweils offen für Ausnahmen sind. Von den Sonderfällen der Einbürgerung nicht im Inland niedergelassener Ausländer (§ 16 StAG) muss ein Einbürgerungsbewerber regelmäßig eine durch längeren Inlandsaufenthalt dokumentierte Bindung zum Bundesgebiet und hinreichende Sprachkenntnisse haben, muss sozial integriert (Lebensunterhaltssicherung) und darf nicht straffällig geworden sein (Unbescholtenheitserfordernis). Zudem hat er grundsätzlich seine bisherige Staatsangehörigkeit aufzugeben (Vermeidung von Mehrstaatigkeit); auch dürfen keine Sicherheitsbedenken (§ 11 StAG) bestehen. Systematisch vorgelagerte Voraussetzung ist, dass die Identität des Einbürgerungsbewerbers feststeht.[102] Diese allgemeinen Einbürgerungsvoraussetzungen sind bei der Anspruchseinbürgerung in §§ 10 ff. StAG detailliert (einschließlich der – teils für alle Einbürgerungen geltenden [§§ 11, 12a, 12b StAG] – Ausnahmen) geregelt; bei der Ermessens- oder Solleinbürgerung (§§ 8, 9 StAG) sind diese Differenzierungen überwiegend in die ermessenslenkenden Verwaltungsvorschriften verlagert.

---

93 *Hecker* AVR 29 (1991), 27.
94 Gesetz zur Neuregelung des Ausländerrechts v. 9.7.1990, BGBl. I 1354.
95 Art. 2 Nr. 12 des Gesetzes zur Änderung asylverfahrens-, ausländer- und staatsangehörigkeitsrechtlicher Vorschriften vom 30.6.1993, BGBl. I 1062.
96 Zu Einzelheiten s. *Berlit* in GK-StAR StAG § 10 Rn. 9 ff.
97 Art. 5 Nr. 8 Zuwanderungsgesetz v. 30.7.2004, BGBl. I 1950.
98 Gesetz zur Umsetzung aufenthalts- und asylrechtlicher Richtlinien der Europäischen Union v. 19.8.2007, BGBl. I 1970; dazu *Berlit* InfAuslR 2007, 457.
99 S. *Thränhardt*, Einbürgerung im Einwanderungsland Deutschland. Analysen und Empfehlungen, Bonn (WISO-Diskurs) 2017, 5 ff., 9 f.
100 *Marx* in GK-StAR StAG § 8 Rn. 1.
101 Statistisches Bundesamt, Fachserie 1 Reihe 2.1 (Einbürgerungen), 2016 (123 f.).
102 BVerwG Urt. v. 1.9.2011 – 5 C 27.10, BVerwGE 140, 311.

Für die Rechtsanwendung nachrangig ist die kontrovers beurteilte Frage, ob eine Ein- **49** bürgerung als „Schlussstein" einer (hinreichend) gelungenen Integration zu werten ist oder als weiterer „Baustein" im Rahmen eines noch nicht abgeschlossenen Integrationsprozesses und Grundlage weiterer Integration.[103] Maßgeblich sind die jeweiligen Tatbestandsvoraussetzungen einer Einbürgerungsnorm. Sie setzen jeweils ein Mindestmaß an Hinwendung zur Bundesrepublik Deutschland unter gewichtigen Integrationsschritten voraus. Sie reagieren auf die politisch und sozial komplexe Natur von Integrationsprozessen in einer de facto-Einwanderungsgesellschaft und spiegeln einen pragmatisch-kompromisshaften Umgang mit der Grundsatzfrage.

Einbürgerung ist der verfassungsrechtlich vorgezeichnete Weg, die dauerhaft in der **50** Bundesrepublik Deutschland lebenden, deutscher Staatsgewalt unterworfenen Menschen und das durch die Summe aller Staatsangehörigen definierte Staatsvolk, von dem die Staatsgewalt in der Bundesrepublik Deutschland ausgeht, anzunähern und so Veränderungen in der Zusammensetzung der Einwohnerschaft im Blick auf die Ausübung politischer Rechte Rechnung zu tragen.[104] Nicht zuletzt dieser Umstand war Grund dafür, dass die Gesetzgebung eine Einbürgerung nicht mehr als Ausnahmefall ansieht, die nur bei Nachweis eines hinreichenden öffentlichen Interesses in Betracht komme[105] und jedenfalls kein Mittel sei, das deutsche Staatsvolk gezielt zahlenmäßig erheblich zu vermehren.[106]

II. Anspruchsvoraussetzungen der Anspruchseinbürgerung (§ 10 StAG)

1. Überblick

§ 10 Abs. 1 StAG gewährt einem handlungsfähigen Ausländer, dessen Identität geklärt ist **51** und dessen Einordnung in die deutschen Lebensverhältnisse gewährleistet, er insbesondere nicht gleichzeitig mit mehreren Ehegatten verheiratet ist,[107] nach regelmäßig achtjährigem rechtmäßigem gewöhnlichem Inlandsaufenthalt unter sieben Voraussetzungen einen antragsabhängigen Einbürgerungsanspruch: (1) ein Bekenntnis zur freiheitlich-demokratischen Grundordnung, das nicht durch frühere Aktivitäten oder sonstige Sicherheitsbedenken dementiert wird, (2) ein unbefristetes oder doch verfestigtes Aufenthaltsrecht (unter Ausnahme von solchen Aufenthaltstiteln, die nur für einen vorübergehenden Zweck gewährt sind), (3) die Nichtinanspruchnahme von Grundsicherungsleistungen nach dem SGB II oder SGB XII, (4) die Aufgabe bzw. der Verlust der bisherigen Staatsangehörigkeit, (5) die strafrechtliche Unbescholtenheit, (6) ausreichende Kenntnisse der deutschen Sprache sowie (7) staatsbürgerliche Grundkenntnisse.

Die (be-)kenntnisbezogenen Voraussetzungen müssen Jugendliche bis zur Vollendung des **52** 16. Lebensjahres oder unter Betreuung stehende Personen nicht erfüllen (§ 10 Abs. 1 S. 2 StAG). Ausdrücklich geregelt sind die Voraussetzungen, unter denen Mehrstaatigkeit hinzunehmen ist (§ 12 StAG), strafgerichtliche Verurteilungen unbeachtlich (§ 12a StAG) und Unterbrechungen des Inlandsaufenthalts oder dessen Rechtmäßigkeit unschädlich sind (§ 12b StAG), das Niveau und der Nachweis abverlangter Kenntnisse (§ 10 Abs. 4 StAG) (Sprachkenntnisse); § 10 Abs. 5, 7 StAG (staatsbürgerliche Grundkenntnisse), soweit von diesen nicht ausnahmsweise abzusehen ist (§ 10 Abs. 5 StAG).

---

[103] *Berlit* in GK-StAR StAG § 10 Rn. 33; *Hailbronner/Hecker* in HMHK StAG § 10 Rn. 5.
[104] BVerfG Urt. v. 31.10.1990 – 2 BvF 2/89, 2 BvF 6/89, BVerfGE 83, 37 = NJW 1991, 162; Urt. v. 31.10.1990 – 2 BvF 3/89, BVerfGE 83, 60 = NJW 1991, 159.
[105] BVerwG Beschl. v. 29.10.1980 – 1 CB 138.80, InfAuslR 1981, 81; Urt. v. 18.9.1981 – 1 B 115/81, InfAuslR 1981, 308; Beschl. v. 26.8.1982 – 1 B 91.82, InfAuslR 1982, 295.
[106] *Hailbronner/Hecker* in HMHK StAG § 10 Rn. 6.
[107] Das Einordnungserfordernis wurde eingefügt durch das Dritte Gesetz zur Änderung des Staatsangehörigkeitsgesetzes v. 4.8.2019, BGBl. I 1124, und zwar auch für die Ermessens- und die Solleinbürgerung (§ 8 Abs. 1, § 9 Abs. 1 StAG).

2. Klärung der Identität und Staatsangehörigkeit

53 Für eine Einbürgerung muss Gewissheit bestehen, welche Person eingebürgert werden soll; nur so können die für eine Anspruchseinbürgerung vorausgesetzten Prüfungen zielgerichtet durchgeführt werden. Die Klärung der Identität ist notwendige Voraussetzung und unverzichtbarer Bestandteil der Prüfung der Einbürgerungsvoraussetzungen und Ausschlussgründe,[108] insbesondere der Wahrung des Unbescholtenheitserfordernisses und von Sicherheitsbedenken.[109] Diese in der Rechtsprechung statuierte Einbürgerungsvoraussetzung[110] ist 2019[111] dahin erweitert vergesetzlicht worden, dass neben der Identität auch die Staatsangehörigkeit geklärt sein muss. Der Einbürgerungsbewerber trägt die materielle Beweislast für den Nachweis seiner Identität auch dann, wenn er objektiv außerstande ist, den erforderlichen Identitätsnachweis zu erbringen, etwa weil ihm die Beschaffung erforderlicher Urkunden aufgrund der Situation im Herkunftsstaat unmöglich oder unzumutbar ist,[112] oder wenn er unter einer vom BAMF anerkannten Identität als Flüchtling anerkannt ist.[113] Grundsätzlich erforderlich sind gültige, nicht gefälschte Identitätspapiere,[114] die auch eine hinreichende Verlässlichkeit haben.[115] Diese können vom Herkunftsstaat ausgestellt sein; besondere Bedeutung kommt einem nationalen Reisepass als öffentliche, internationale Anerkennung genießende staatliche Urkunde zu, die nach internationaler Übung eine Identifikationsfunktion hat.[116] Hinreichend ist auch ein Reiseausweis für Flüchtlinge, der hinsichtlich der enthaltenen Personalien keine Einschränkungen enthält.[117] Ein nicht amtlich ausgestelltes Dokument ist zum Nachweis der Identität des Einbürgerungsbewerbers allein nicht geeignet.[118]

54 Allein wegen des Fehlens von Original-Dokumenten darf ein Einbürgerungsantrag nicht abgelehnt werden, wenn durch andere Nachweise (einschließlich eidesstattlicher Versicherungen von Verwandten) eine Identität hinreichend geklärt werden kann und tatsächlich keine ernsthaften Identitätszweifel mehr bestehen.[119] Eine Aufenthaltserlaubnis entfaltet dabei Tatbestandswirkung nur hinsichtlich der Rechtmäßigkeit des Aufenthalts, nicht jedoch hinsichtlich etwaiger Angaben zur Person des Ausländers.[120] Auch der Umstand, dass der Einbürgerungsbewerber seine Personendaten seit seiner Einreise in das Bundesgebiet niemals geändert hat und stets unter diesem Namen geführt worden ist, genügt nicht für den erforderlichen Identitätsnachweis.[121]

---

[108] BVerwG Urt. v. 1.9.2011 – 5 C 27.10, BVerwGE 140, 311 = NVwZ 2012, 707.
[109] BT-Innenausschuss, A-Drs. 19(4)292, 3 f.; BT-Drs. 19/11083, 11 f.
[110] BVerwG Urt. v. 1.9.2011 – 5 C 27.10, BVerwGE 140, 311 = NVwZ 2012, 707; zur Anwendbarkeit auch bei im Bundesgebiet geborenen Ausländern s. OVG Lüneburg Beschl. v. 28.1.2020 – 13 LA 165/19, BeckRS 2020, 595.
[111] Eingefügt durch das Dritte Gesetz zur Änderung des Staatsangehörigkeitsgesetzes v. 4.8.2019, BGBl. I 1124, und zwar auch in § 8 Abs. 1 (Ermessenseinbürgerung), § 9 Abs. 1 (Solleinbürgerung).und § 13 (Einbürgerung eines ehemaligen Deutschen).
[112] VG Köln Urt. v. 13.2.2019 – 10 K 10130/17, BeckRS 2019, 11468; VG Gelsenkirchen 29.11.2018 – 17 K 9281/16, BeckRS 2018, 32258; OVG Lüneburg Urt. v. 3.5.2018 – 13 LB 107/16, EzAR-NF 73 Nr. 12.
[113] OVG Münster Beschl. v. 13.9.2018 – 19 E 728/17, NVwZ-RR 2019, 663 (Ls.); Urt. v. 15.9.2016 – 19 A 286/13, BeckRS 2016, 53391.
[114] OVG Lüneburg Urt. v. 3.5.2018 – 13 LB 107/16, EzAR-NF 73 Nr. 12.
[115] BayVGH Beschl. v. 4.12.2018 – 5 C 18.2372, BeckRS 2018, 32464 (Nachweiseignung verneint bei somalischen Personenstandsurkunden, die nur auf Grundlage der Angaben der Antragsteller ausgestellt werden).
[116] VG Stuttgart Urt. v. 5.11.2018 – 11 K 2534/18, BeckRS 2018, 36679.
[117] VG Stuttgart Urt. v. 22.3.2012 – 11 K 3604/11, BeckRS 2012, 53145.
[118] VG Stuttgart Urt. v. 15.5.2017 – 11 K 5863/16, BeckRS 2017, 124980.
[119] Für die Identitätsfeststellung im Bereich des Fahrerlaubnisrechts reicht eine Bescheinigung über die Aufenthaltsgestattung zur Durchführung des Asylverfahrens mit Lichtbild und dem Vermerk, dass die Personendaten auf den eigenen Angaben des Inhabers beruhen, aus, soweit keine konkreten Zweifel an der Richtigkeit dieser Angaben bestehen; BVerwG Urt. v. 8.9.2016 – 3 C 16.15, BVerwGE 156, 111 = NJW 2017, 1046.
[120] S. *Fleuß* jurisPR-BVerwG 25/2011 Anm. 2.
[121] VG Stuttgart Urt. v. 15.5.2017 – 11 K 5863/16, BeckRS 2017, 124980.

Die Identität muss im Zeitpunkt der Einbürgerung feststehen. Eine frühere Identitäts- 55
täuschung ist – für sich allein genommen – einbürgerungsunschädlich. Sie kann allerdings
unter den Aspekten der Unbescholtenheit oder der Rechtmäßigkeit des Voraufenthalts
erheblich werden. Dies setzt voraus, dass eine frühere Identitätstäuschung strafrechtlich
geahndet worden ist oder sie zu aufenthaltsrechtlichen Konsequenzen geführt hat, die den
rechtmäßigen gewöhnlichen Aufenthalt unterbrechen. Bei Täuschungen über die Identität
oder sonstige aufenthaltsrechtlich beachtliche Umstände kommt es für den gewöhnlichen
Aufenthalt nach § 10 Abs. 1 StAG und die dabei rückblickend zu treffende Prognose
maßgeblich darauf an, wie sich die Ausländerbehörde verhalten hätte, wenn sie von der
Täuschung Kenntnis gehabt hätte (hypothetische ex ante-Prognose).[122]

Eine Einbürgerung, die unter Verwendung einer anderen Identität „erschlichen" worden 56
ist, ist rechtswidrig,[123] allein deswegen aber nicht nichtig (§ 44 Abs. 1 VwVfG). Eine
Einbürgerung wird auch demjenigen wirksam bekannt gegeben, der den Einbürgerungsantrag unter Angabe falscher Personalien (einschließlich der Staatsangehörigkeit) gestellt
hat, auf die die Einbürgerungsurkunde ausgestellt worden ist.[124]

Aus der Klärung der Identität durch die entsprechenden Identitätspapiere folgt in aller 56a
Regel auch die der Staatsangehörigkeit, derer es vor allem wegen des Gebots der Aufgabe
der bisherigen Staatsangehörigkeit bedarf.

3. Staatsangehörigkeitsrechtliche Handlungsfähigkeit

Ein Ausländer kann nach §§ 8, 10 StAG nur eingebürgert werden, wenn er nach § 37 57
Abs. 1 S. 1 StAG handlungsfähig oder gesetzlich vertreten ist. Staatsangehörigkeitsrechtlich
handlungsfähig ist ein nicht unter Betreuung stehender Ausländer, wenn er das 16. Lebensjahr vollendet hat (§ 37 Abs. 1 StAG). Das StAG hat die Heraufsetzung der aufenthaltsrechtlichen Handlungsfähigkeit bewusst nicht nachvollzogen und die staatsangehörigkeitsrechtliche von der ausländerrechtlichen Handlungsfähigkeit entkoppelt.

§ 37 Abs. 1 StAG lässt durch den Verweis auf § 80 Abs. 3 S. 2 AufenthG die Geschäftsfähig- 58
keit und die sonstige Handlungsfähigkeit eines Ausländers nach dem Recht seines Heimatstaates unberührt, die jungen Ausländern daher auch schon vor der Vollendung des 16. Lebensjahres eine Einbürgerung auch ohne den Willen ihrer gesetzlichen Vertreter ermöglicht.

Die gesetzliche Vertretung und die Vertretung bei Betreuung richten sich nach allgemei- 59
nen Grundsätzen. Ein von dem gesetzlichen Vertreter gestellter Einbürgerungsantrag bleibt
wirksam, wenn der Einzubürgernde während des Einbürgerungsverfahrens das 18. Lebensjahr vollendet. Dann entfallen auch die Ausnahmen für junge Ausländer in Bezug auf die
Loyalitätserklärung (§ 10 Abs. 1 S. 1 Nr. 1 StAG) und die staatsbürgerlichen Kenntnisse
(§ 10 Abs. 1 S. 1 Nr. 7 StAG) (§ 10 Abs. 1 S. 2 StAG).

4. Achtjähriger Inlandsaufenthalt

Der Einbürgerungsanspruch entsteht frühestens dann, wenn der Einbürgerungsbewerber 60
seit acht Jahren rechtmäßig seinen gewöhnlichen Aufenthalt im Inland hat. Erforderlich ist
ein ununterbrochener, qualifizierter Inlandsaufenthalt („seit"). Das Erfordernis eines seit
acht Jahren rechtmäßigen gewöhnlichen Inlandsaufenthalts entspricht inhaltlich der wortgleichen Formulierung in § 4 Abs. 3 StAG[125] und enthält mit der Gewöhnlichkeit des
Inlandsaufenthalts einerseits und der Rechtmäßigkeit dieses gewöhnlichen Aufenthalts
andererseits zwei selbständige Tatbestandsvoraussetzungen.

---

[122] BVerwG Urt. v. 1.6.2017 – 1 C 16.16, NVwZ 2017, 1312; s. auch *Pfersich* ZAR 2018, 128.
[123] Zur Rücknahme einer durch Täuschung erschlichenen Einbürgerung BVerwG Urt. v. 11.10.2010 – 5 C 12.10, NVwZ 2011, 760; Urt. v. 29.5.2018 – 1 C 15.17, BVerwGE 162, 153 = ZAR 2018, 313; EuGH Urt. v. 2.3.2010 – C-135/08, NVwZ 2010, 59; s. auch → Rn. 207 ff.
[124] BVerwG Urt. v. 9.9.2014 – 1 C 10.14, NVwZ 2014, 1679; krit. *Waldhoff* JuS 2015, 668.
[125] BVerwG Urt. v. 26.4.2016 – 1 C 9.15, BVerwGE 155, 47 = NVwZ 2016, 1811; Urt. v. 29.3.2007 – 5 C 8.06, NVwZ 2007, 1088.

61 a) „Gewöhnlicher" Aufenthalt. aa) Begriff „gewöhnlicher Aufenthalt". Seinen gewöhnlichen Aufenthalt hat ein Ausländer in Deutschland, wenn er nicht nur vorübergehend, sondern auf unabsehbare Zeit hier lebt, sodass eine Beendigung des Aufenthalts ungewiss ist. Dies ist der Fall, wenn er hier nach den tatsächlichen Verhältnissen seinen Lebensmittelpunkt hat. An die Legaldefinition des gewöhnlichen Aufenthalts in § 30 Abs. 3 S. 2 SGB I und die dazu ergangene Rechtsprechung ist anzuknüpfen.[126] Befristete Aufenthaltstitel schließen einen auch zukunftsoffenen, dauernden und damit einen gewöhnlichen Aufenthalt nicht aus; es bedarf einer in die Zukunft gerichteten Prognose, ob die Möglichkeit eines Aufenthalts in Deutschland auf unabsehbare Zeit besteht oder eröffnet werden kann.[127] Der frühere Streit[128] um die Frage, ob der gewöhnliche, potentiell dauerhafte und in diesem Sinne gewöhnliche Aufenthalt auch durch die entsprechenden Aufenthaltstitel „abgedeckt" sein muss,[129] ist mit der prinzipiellen „Verfestigungsoffenheit" der befristeten Aufenthaltstitel des Aufenthaltsgesetzes[130] weitgehend entschärft.[131] Von einer Zukunftsoffenheit auch zweckgebundener, befristeter Aufenthaltstitel ist aber regelmäßig erst für die Zeit nach der Systemumstellung durch das AufenthG, also ab dem 1.1.2005, auszugehen.[132] Die bloße Angreifbarkeit eines durch Täuschung erlangten Aufenthaltstitels steht der Annahme eines gewöhnlichen Aufenthalts nicht zwingend entgegen.[133]

62 Keinen gewöhnlichen Aufenthalt vermittelt eine Aufenthaltsgestattung nach § 55 AsylG. Bei erfolglosem Asylverfahren können diese Zeiten auch dann nicht auf die erforderliche Aufenthaltsdauer angerechnet werden, wenn sie letztlich über einen humanitären Aufenthaltstitel zur Erteilung einer Niederlassungserlaubnis geführt hat.[134] Bei Gewährung internationalen Schutzes (§ 1 Nr. 2 AsylG) ist für die Berechnung der erforderlichen Voraufenthaltszeiten die Zeit einer Aufenthaltsgestattung mit zu berücksichtigen (§ 55 Abs. 3 AsylG), zumal Art. 34 GFK zumindest bei Flüchtlingen eine Erleichterung der Einbürgerung fordert.[135]

63 bb) Unterbrechung „gewöhnlicher Aufenthalt". Der gewöhnliche Inlandsaufenthalt wird durch Auslandsaufenthalte nicht notwendig unterbrochen (§ 12b StAG). Stets für den gewöhnlichen Aufenthalt unschädlich sind Auslandsaufenthalte bis zu sechs Monaten; bei Ausreise zu einem seiner Natur nach nicht vorübergehenden Grunde erlischt aber die Aufenthaltserlaubnis (§ 51 Abs. 1 Nr. 6 AufenthG). Dies erfasst auch mehrere kürzere Auslandsaufenthalte im achtjährigen Bezugszeitraum, wenn zwischen den Auslandsaufenthalten mehr als marginale Inlandsaufenthaltszeiten liegen.[136] Zahlreiche kurzzeitige Inlandsaufenthalte sind nicht zusammenzurechnen.[137] Im Wechsel mit zahlreichen kurzfristigen Inlandsaufenthalten können sie indes bewirken, dass ein „unterbrechungsfähiger" gewöhnlicher Aufenthalt insgesamt entfällt;[138] dies gilt namentlich dann, wenn im Bezugszeitraum die Abwesenheit aus Deutschland überwiegt.[139] Ein tatsächlich über sechs Monate währender Auslandsaufenthalt unterbricht den gewöhnlichen Aufenthalt grundsätzlich auch dann,

---

[126] BVerwG Urt. v. 18.11.2004 – 1 C 31.03, BVerwGE 122, 199 = NVwZ 2005, 707; Urt. v. 26.4.2016 – 1 C 9.15, BVerwGE 155, 47 = NVwZ 2016, 1811.
[127] BVerwG Urt. v. 26.4.2016 – 1 C 9.15, BVerwGE 155, 47 = NVwZ 2016, 1811.
[128] Dazu *Berlit* in GK-StAR StAG § 10 Rn. 129 ff.
[129] So BVerwG Urt. v. 23.2.1993 – 1 C 45.90, BVerwGE 92, 116 = NVwZ 1993, 782.
[130] S. *Bast*, Aufenthaltsrecht und Migrationssteuerung, 2011, 256 ff.
[131] S. auch BVerwG Urt. v. 26.4.2016 – 1 C 9.15, BVerwGE 155, 47 = NVwZ 2016, 1811.
[132] BVerwG Urt. v. 29.5.2018 – 1 C 15.17, BVerwGE 162, 153 = ZAR 2018, 313; s. auch Urt. v. 26.4.2016 – 1 C 9.15, BVerwGE 155, 47 = NVwZ 2016, 1811.
[133] VG Stuttgart Urt. v. 5.11.2018 – 11 K 4254/17, BeckRS 2018, 39835.
[134] BVerwG Urt. v. 29.3.2007 – 5 C 8.06, BVerwGE 128, 254 = NVwZ 2007, 1088.
[135] BVerwG Urt. v. 19.10.2011 – 5 C 28.10, BVerwGE 141, 100 = NVwZ 2012, 705.
[136] Zu Einzelheiten s. *Berlit* in GK-StAR StAG § 12b Rn. 19 ff.
[137] VGH Mannheim Urt. v. 6.7.1994 – 13 S 2147/93, InfAuslR 1995, 116.
[138] S. *Berlit* in GK-StAR StAG § 12b Rn. 23.
[139] BVerwG Beschl. v. 29.9.1995 – 1 B 236.94, NVwZ 1996, 717; s. auch *Hailbronner/Hecker* in HMHK StAG § 12b Rn. 3.

wenn er aus einem vorübergehenden Zweck erfolgt, die Überschreitung nicht geplant war oder diese nicht freiwillig erfolgt ist.[140]

Ein sechs Monate übersteigender Auslandsaufenthalt führt nur dann nicht zur Unterbrechung des gewöhnlichen Aufenthalts, wenn der Ausländer innerhalb der von der Ausländerbehörde gesetzten Frist (§ 51 Abs. 1 Nr. 7 AufenthG) wieder einreist (§ 12b Abs. 1 S. 2 StAG) oder die Fristüberschreitung in der Ableistung von Wehr- oder Ersatzdienst gründet (§ 12b Abs. 1 S. 3 StAG). In diesen Fällen wird bei Drittstaatern regelmäßig auch die Rechtmäßigkeit des Aufenthalts berührt (§ 51 Abs. 1 Nr. 7, Abs. 3 AufenthG). Ein aufenthaltsrechtlich nach § 51 Abs. 1 Nr. 7 AufenthG unschädlicher gastwissenschaftlicher Forschungsaufenthalt an einer Universität im Ausland lässt den gewöhnlichen Inlandsaufenthalt nicht entfallen, wenn der Schwerpunkt der Bindungen in familiärer und beruflicher Hinsicht gleichwohl im Bundesgebiet lag.[141] 64

Aufenthaltszeiten, die wegen einer Unterbrechung nicht (mehr) berücksichtigt werden können, können bei einem Auslandsaufenthalt aus einem seiner Natur nach nicht vorübergehenden Grund auf die für die Einbürgerung erforderliche Aufenthaltsdauer im Umfange von höchstens fünf Jahren angerechnet werden (§ 12b Abs. 2 StAG). Das Anrechnungsermessen macht die Einbürgerungsentscheidung nach § 10 StAG nicht insgesamt zu einer Ermessensentscheidung. Angerechnet werden können auch mehrere Teilinlandsaufenthaltszeiten; die Anrechnung kann mit einer Verkürzung der Achtjahresfrist wegen überdurchschnittlicher Integrationsleistung (§ 10 Abs. 3 StAG) kombiniert werden. § 12b StAG ist nicht auf Fälle einer nach Abs. 3 beachtlichen Unterbrechung der Rechtmäßigkeit des Aufenthalts (analog) anwendbar. 65

b) „Rechtmäßiger" Aufenthalt. Der achtjährige Inlandsaufenthalt muss auch durchgängig rechtmäßig gewesen sein, soweit kurzfristige Unterbrechungen nicht nach § 12b Abs. 3 StAG außer Betracht bleiben. Die Rechtmäßigkeit des Aufenthalts bestimmt sich nach den Anforderungen des Aufenthalts- bzw. des Freizügigkeitsgesetzes/EU. Bei Drittstaatsangehörigen wird die Rechtmäßigkeit vor allem durch den Besitz eines Aufenthaltstitels (§ 4 AufenthG), die Fortgeltungsfiktion (§ 81 Abs. 4 AufenthG) oder einen erlaubnisfreien Aufenthalt (§ 81 Abs. 2 AufenthG) vermittelt.[142] Die Rechtmäßigkeit muss aber nicht durchgängig durch einen der in § 10 Abs. 1 Nr. 2 StAG genannten Titel vermittelt worden sein; bei diesem Titelerfordernis handelt es sich um eine eigenständige, auf den Einbürgerungszeitpunkt bezogene Tatbestandsvoraussetzung, derer es neben dem Erfordernis eines achtjährigen rechtmäßigen gewöhnlichen Aufenthalts bedarf. 66

Nach § 12b Abs. 3 StAG bleiben Unterbrechungen der Rechtmäßigkeit außer Betracht, wenn der Aufenthaltstitel oder seine Verlängerung verspätet beantragt worden ist. Dieser Formverstoß lässt regelmäßig die Integrationswirkung eines tatsächlichen Aufenthalts unberührt.[143] Das Gesetz nennt keine Höchstdauer für eine unschädliche Unterbrechung; die Sechsmonatsfrist des § 12b Abs. 1 S. 1 StAG ist nicht (analog) anwendbar.[144] § 12b Abs. 3 StAG ist nicht auf andere Gründe für eine Unterbrechung der Rechtmäßigkeit des Aufenthalts (analog) anwendbar. 67

c) Verkürzungen des erforderlichen Voraufenthalts (§ 10 Abs. 3 StAG). Die achtjährige Voraufenthaltsdauer wird um ein Jahr (auf sieben Jahre) verkürzt, wenn der Einbürgerungsbewerber die erfolgreiche Teilnahme an einem Integrationskurs durch eine entsprechende Bescheinigung des BAMF nachweist (§ 10 Abs. 3 S. 1).[145] Das Alter der 68

---

[140] ZB wegen einer Inhaftierung.
[141] VG Aachen Urt. v. 8.12.2017 – 4 K 1419/15, BeckRS 2017, 138877.
[142] BVerwG Urt. v. 26.4.2016 – 1 C 9.15, BVerwGE 155, 47 = NVwZ 2016, 1811.
[143] BVerwG Urt. v. 18.11.2004 – 1 C 31.03, NVwZ 2005, 707.
[144] VG Oldenburg Urt. v. 21.11.2012 – 11 A 3441/12, BeckRS 2012, 60211; s. auch *Berlit* in GK-StAR StAG § 12b Rn. 81.1.
[145] Dies ist bei ca. 1,6 % der Einbürgerungen im Jahre 2015 erfolgt; Statistisches Bundesamt, Fachserie 1 Reihe 2.1 (Einbürgerungen), 2016 (123 f.).

Bescheinigung ist unerheblich. Bei entsprechendem Nachweis besteht kein Verkürzungsermessen. Ohne die Vorlage einer solchen Bescheinigung ist eine Verkürzung auch dann ausgeschlossen, wenn der Einbürgerungsbewerber – etwa wegen erkennbar geringen Integrationsbedarfs (§ 44 Abs. 3 S. 1 Nr. 2 AufenthG) – keinen Teilnahmeanspruch hatte.[146]

69 Bei Vorliegen besonderer Integrationsleistungen kann – fakultativ – die Voraufenthaltsfrist auf sechs Jahre verkürzt werden (§ 10 Abs. 3 S. 2 StAG).[147] „Besondere Integrationsleistungen" sind alle einer Integration förderlichen Handlungen eines Einbürgerungsbewerbers, die qualitativ oder quantitativ über die in § 10 Abs. 4 StAG normierten Mindestanforderungen hinausgehen und so (positiv) vom Üblichen abweichen.[148] Das Gesetz selbst nennt exemplarisch überdurchschnittliche, über das Sprachniveau B1 hinausreichende Sprachkenntnisse.[149] Sonstige „besondere Integrationsleistungen" können zB liegen in einem längeren ehrenamtlichen, sozialen, politischen, gewerkschaftlichen oder kulturellen Engagement, namentlich in einer Organisation oder einem Verein, die/der sich der Förderung von Integration widmet, überdurchschnittlichen Leistungen oder Erfolgen in der Schule,[150] der Ausbildung oder dem Beruf.[151] Liegen besondere Integrationsleistungen vor, kann das einbürgerungsbehördliche Ermessen nach dem Zweck der Vorschrift, einen positiven einbürgerungsrechtlichen Anreiz für Integrationsbemühungen zu setzen, auf Null reduziert sein.[152]

5. Sicherheitserfordernisse (§ 10 Abs. 1 S. 1 Nr. 1, § 11 StAG)

70 **a) Übersicht.** Ein Einbürgerungsbewerber muss sich positiv zur freiheitlichen demokratischen Grundordnung bekennen, darf in der Vergangenheit keine hiergegen gerichteten Aktivitäten entfaltet haben (soweit er sich nicht abgewandt hat; § 10 Abs. 1 S. 1 Nr. 2 StAG), und es dürfen keine tatsächlichen Anhaltspunkte für sicherheitsgefährdende Bestrebungen vorliegen oder besonders schwerwiegende Ausweisungsinteressen wegen sicherheitsgefährdender Aktivitäten (Terrorismusunterstützung; Gewalt(befürwortung) zur Verfolgung politischer oder religiöser Zwecke) vorliegen (§ 11 StAG). Flankiert werden diese materiellrechtlichen Einbürgerungsvoraussetzungen durch die Befugnis der Einbürgerungsbehörde zur Datenübermittlung an die Verfassungsschutzbehörden, um etwaige Ausschlussgründe nach § 11 StAG zu ermitteln (§ 37 Abs. 2 StAG). Die Bekenntnis- und Erklärungsanforderungen sind – im Detail systematisch nicht überzeugend und die Rechtsanwendung erschwerend – mit aktivitätsbezogenen Sicherheitsbedenken kombiniert, die konzeptionell auf eine Vorverlagerung solcher Bedenken in das Vorfeld konkreter Gefahren setzen.

71 **b) Bekenntnis/Loyalitätserklärung.** Das Bekenntnis zur freiheitlichen demokratischen Grundordnung (Bekenntniserklärung) ist ausdrücklich (und grundsätzlich schriftlich) abzulegen.[153] Verwaltungsvorschriften geben einen entsprechenden Text vor.[154] Durch die für die Einbürgerung nachzuweisenden staatsbürgerlichen Kenntnisse (§ 10 Abs. 1 S. 1 Nr. 7, Abs. 5 StAG) ist sichergestellt, dass das Bekenntnis auf Kenntnis gründet. Strittig ist, ob das abzugebende Bekenntnis auch inhaltlich richtig, also von einer „inneren Überzeugung"

---

[146] Krit. *Geyer* in NK-AuslR StAG § 10 Rn. 30.
[147] Dies ist bei ca. 2,6% der Einbürgerungen im Jahre 2015 erfolgt; Statistisches Bundesamt, Fachserie 1 Reihe 2.1 (Einbürgerungen), 2016 (123 f.).
[148] VG Aachen Urt. v. 12.5.2015 – 4 K 960/14, BeckRS 2015, 47744.
[149] Bei jugendlichen Einbürgerungsbewerbern, die das 16. Lebensjahr vollendet haben, ist dies an dem für Erwachsene geltenden Maßstab (§ 10 Abs. 4 S. 1 StAG) zu messen; OVG Münster Beschl. v. 30.11.2012 – 19 E 1259/11, BeckRS 2013, 45014.
[150] OVG Münster Beschl. v. 30.11.2012 – 19 E 1259/11, BeckRS 2013, 45014.
[151] *Berlit* in GK-StAR StAG § 10 Rn. 401 f.
[152] VG Aachen Urt. v. 12.5.2015 – 4 K 960/14, BeckRS 2015, 47744.
[153] S. auch – zum Bekenntniserfordernis nach § 25b Abs. 1 S. 2 Nr. 2 AufenthG – OVG Magdeburg Urt. v. 7.12.2016 – 2 L 18/15.
[154] Nr. 10.1.1.1 VAH-StAG (BMI).

getragen sein muss[155] oder es sich um eine formelle Einbürgerungsvoraussetzung handelt;[156] das BVerwG geht der Sache nach implizit wohl von einer materiellrechtlichen Voraussetzung aus.[157] Konsens besteht, dass jedenfalls nicht ein beamtenähnliches, jederzeitiges Eintreten für die freiheitliche demokratische Grundordnung verlangt werden kann[158] und Zweifel an der inneren Überzeugung des Einbürgerungsbewerbers, die nicht durch entsprechendes Verhalten objektivierbar sind, nicht ausreichen, um die nach einer Ansicht erforderliche volle Überzeugung[159] davon auszuschließen, dass das vom Einbürgerungsbewerber abgegebene Bekenntnis inhaltlich zutrifft.[160] Bei Qualifizierung als materielle Einbürgerungsvoraussetzung ist ein auch inhaltlich zutreffendes Bekenntnis zur freiheitlichen demokratischen Grundordnung durch ein kollisionsrechtlich wirksames Eingehen einer zweiten Ehe im Ausland nicht ausgeschlossen.[161]

Der Begriff der freiheitlichen demokratischen Grundordnung selbst ist bereichsspezifisch, **71a** aber in Anlehnung ua an die Legaldefinition des § 4 Abs. 2 BVerfSchG auszulegen. Sein Begriffskern nimmt die Gestaltung der staatlichen Ordnung und ihres Handelns in den Blick, nicht das (gesellschaftliche) Verhalten des Einbürgerungsbewerbers. Zentral geht es dem Bekenntniserfordernis des Abs. 1 S. 1 Nr. 1 um die Konstruktionsprinzipien einer freiheitlichen Staatsordnung, die auf demokratischen Grundsätzen beruht und die Menschenwürde und Freiheit ihrer Bürger wahrt und achtet, und letztlich um die Bewältigung dieser möglicherweise drohender Gefahren. Die dem Einbürgerungsbewerber abverlangte „innere Hinwendung" ist bezogen auf die Bundesrepublik Deutschland als Staat (bzw. politisch verfasste Gemeinschaft) und dessen konstitutiven Merkmale, nicht hingegen auf die gesamte Verfassungsordnung. Die Verpflichtung auf die Achtung der im Grundgesetz konkretisierten Menschenrechte hat nach der Kernfunktion der Grundrechte, Abwehrrechte gegen den Staat zu sein, als Bezugspunkt die staatliche Ordnung, nicht das individuelle Handeln des grundrechtsgeschützten Individuums. Die Achtung einer derartig konstituierten freiheitlichen demokratischen Grundordnung erfordert indes, dass der Einzelne – und auch der Einbürgerungsbewerber – die Befugnis des demokratisch legitimierten Gesetzgebers zur Rechtsetzung vorbehaltlos akzeptiert, und zwar auch dann, wenn das staatliche Recht in Widerspruch zu religiösen Geboten steht. Bei dem in diesem Sinne geschuldeten prinzipiellen Legalgehorsam geht es auch um solche Regelungen, die der Staat zum Schutz der Freiheitsbetätigung seiner Bürger und ihres gleichen Ranges und Würde, etwa der Gleichberechtigung der Geschlechter oder des Schutzes individuell freier Willensbetätigung, geschaffen hat.[162]

Ebenfalls schriftlich ist die Erklärung abzugeben, keine Bestrebungen iSd Nr. 1 zu ver- **72** folgen bzw. zu unterstützen oder unterstützt oder verfolgt zu haben (Loyalitätserklärung).[163] Eine (frühere) Unterstützung von Bestrebungen gegen die freiheitlich-demokratische Grundordnung bzw. weitere einbürgerungsschädliche Aktivitäten schließen regelmäßig nach § 11 StAG eine Einbürgerung aus, sodass es insoweit nicht auch auf die inhaltliche Richtigkeit der Erklärung ankommt. Diese Erklärung muss aber unabhängig von ihrer Einordnung als lediglich formelle oder als materielle Einbürgerungsvoraussetzung hinsichtlich der in ihr enthaltenen Tatsachenerklärungen der Sache nach vollständig und wahrheits-

---

[155] So *Hailbronner/Hecker* in HMHK StAG § 10 Rn. 15 f.; VG Stuttgart Urt. v. 20.4.2015 – 11 K 5984/14, InfAuslR 2015, 347; Urt. v. 4.4.2017 – 11 K 8106/16; VG Aachen Urt. v. 19.11.2015 – 5 K 480/14, BeckRS 2015, 55592.
[156] So *Berlit* in GK-StAR StAG § 10 Rn. 134 ff.; VGH München Urt. v. 19.1.2012 – 5 B 11.732, BayVBl. 2012, 565.
[157] BVerwG Urt. v. 29.5.2018 – 1 C 15.17, BVerwGE 162, 153 = ZAR 2018, 313.
[158] VGH Mannheim Beschl. v. 12.12.2005 – 13 S 2948/04, NVwZ 2006, 484.
[159] VG Stuttgart Urt. v. 20.4.2015 – 11 K 5984/14, InfAuslR 2015, 347.
[160] So *Hailbronner/Hecker* in HMHK StAG § 10 Rn. 15b.
[161] BVerwG Urt. v. 29.5.2018 – 1 C 15.17, BVerwGE 162, 153 = ZAR 2018, 313 (insoweit Bestätigung von VGH Mannheim Urt. v. 25.4.2017 – 12 S 2216/14, NVwZ 2017, 1212).
[162] BVerwG Urt. v. 29.5.2018 – 1 C 15.17, BVerwGE 162, 153 = ZAR 2018, 313.
[163] Zum Text s. Nr. 10.1.1.1 VAH-StAG (BMI).

gemäß abgegeben werden.¹⁶⁴ Dies erfordert auch eine zutreffende Antwort auf die gezielte Frage nach (früheren) Mitgliedschaften in bestimmten Vereinigungen. Der Einbürgerungsbewerber ist aber nicht verpflichtet, ungefragt auf (frühere) Mitgliedschaften in solchen Vereinigungen hinzuweisen, die aus seiner Sicht einbürgerungsunschädlich sind, die aber der Einbürgerungsbehörde möglicherweise Anlass zu einer intensiveren Prüfung geben könnten. In Bezug auf die Mitgliedschaft oder Unterstützung sicherheitsgefährdender Vereinigungen/Aktivitäten kann die Einbürgerungsbehörde zur Überprüfung der Tatsachenangaben das persönliche Erscheinen des Einbürgerungsbewerbers anordnen.¹⁶⁵

73   Bei früherer Verfolgung oder Unterstützung verfassungsfeindlicher oder extremistischer Bestrebungen muss der Einbürgerungsbewerber glaubhaft machen, dass er sich von solchen Bestrebungen abgewandt hat (§ 10 Abs. 1 S. 1 Nr. 1 letzter Hs., § 11 Abs. 1 Nr. 1 letzter Hs. StAG). Die bloße Erklärung, solche Bestrebungen nicht (mehr) zu verfolgen, reicht nicht aus. Die Anforderungen an die Glaubhaftmachung der Abwendung richten sich nach Art und Umfang der früheren Aktivitäten und erfordern regelmäßig auch die Angabe eines nachvollziehbaren Grundes für die Abwendung. Nicht erforderlich ist eine Verurteilung früherer Aktivitäten. Ergeben sich während des Einbürgerungsverfahrens Anhaltspunkte für derartige Aktivitäten, die in einer zu Verfahrensbeginn abgegebenen Loyalitätserklärung verschwiegen worden sind, führt dies jedenfalls dann zu einer Erhöhung der Anforderungen an die Glaubhaftmachung einer Abwendung, wenn die verschwiegenen Aktivitäten von Gewicht waren und zeitlich bis in die Gegenwart hinein gereicht hatten.¹⁶⁶

74   **c) Ausschlussgründe (§ 11 StAG).** Der für alle Einbürgerungstatbestände geltende Ausschluss solcher Einbürgerungen, bei denen tatsächliche Anhaltspunkte für eine Verfolgung oder Unterstützung verfassungsfeindlicher oder extremistischer Bestrebungen oder gar besonders schwerwiegende Ausweisungsinteressen mit Bezug zu terroristischen, extremistischen oder sonst gewalttätigen Aktivitäten bestehen (§ 11 StAG), zielt auf die Vermeidung einer Einbürgerung von Angehörigen und Unterstützern ausländischer terroristischer Organisationen oder extremistischer religiöser Gruppierungen auch dann, wenn entsprechende Bestrebungen nicht sicher nachgewiesen werden können.¹⁶⁷ Erforderlich, aber auch hinreichend sind tatsächliche Anhaltspunkte für entsprechende Aktivitäten. Die Ausschlussgründe sind als negative Einbürgerungsvoraussetzung von Amts wegen zu überprüfen; die Überprüfung umschließt auch eine „Regelanfrage" bei den Verfassungsschutzbehörden (§ 37 Abs. 2 StAG) und kann nach allgemeinem Verwaltungsverfahrensrecht auch die persönliche Anhörung des Einbürgerungsbewerbers gebieten.

75   **aa) Verfolgung oder Unterstützung verfassungsfeindlicher oder extremistischer Bestrebungen.** Die Annahme einer Verfolgung oder Unterstützung verfassungsfeindlicher oder extremistischer Bestrebungen muss durch „tatsächliche Anhaltspunkte" gerechtfertigt sein. Das herabgesetzte Beweismaß des § 11 Abs. 1 StAG¹⁶⁸ erfordert hinreichend konkretisierte,¹⁶⁹ personenbezogene tatsachengestützte Verdachtsmomente; völlig beleglose Behauptungen der Verfassungsschutzbehörden reichen nicht aus.¹⁷⁰ Ob die Anknüpfungstatsachen nach Inhalt, Art und Gewicht für die Annahme von Bestrebungen iSd § 11 StAG ausreichen, unterliegt in vollem Umfang der verwaltungsgerichtlichen Kontrolle; es besteht kein Beurteilungsspielraum der Einbürgerungsbehörde.¹⁷¹ In Bezug auf die Indizien für sicherheitsrelevante Aktivitäten (Anknüpfungstatsachen) ist die volle richterliche Überzeu-

---

¹⁶⁴ BVerwG Beschl. v. 4.7.2016 – 1 B 78.16, InfAuslR 2016, 337.
¹⁶⁵ So *Hailbronner/Hecker* in HMHK StAG § 10 Rn. 16; aA VG Aachen Urt. v. 2.4.2008 – 8 K 815/06, BeckRS 2008, 34407.
¹⁶⁶ *Berlit* in GK-StAR StAG § 10 Rn. 151.
¹⁶⁷ BT-Drs. 14/533, 18 f.
¹⁶⁸ OVG Münster Urt. v. 6.9.2017 – 19 A 2246/15, BeckRS 2017, 123586.
¹⁶⁹ VG Darmstadt Urt. v. 17.6.2010 – 5 K 1466/09.DA (3), BeckRS 2010, 54417.
¹⁷⁰ VG Saarland GB v. 29.4.2013 – 3 K 727/12, BeckRS 2013, 52133.
¹⁷¹ S. BVerwG Urt. v. 2.12.2009 – 5 C 24.08, BVerwGE 135, 290 = NVwZ-RR 2010, 565; VG Köln Urt. v. 16.7.2014 – 10 K 3646/13, BeckRS 2014, 55659.

gung ihres Vorliegens erforderlich.[172] Die Einbürgerungsbehörde ist auch dann darlegungs- und notfalls beweispflichtig dafür, dass diese Anknüpfungstatsachen zutreffend sind, wenn die Erkenntnisquellen der Sicherheitsbehörden geheimhaltungsbedürftig sind[173] und zulässigerweise[174] nur vermittelt in das Verfahren eingeführt werden können.[175] Bei nicht offen gelegten Quellen ist das Beweismittel besonders kritisch zu prüfen;[176] regelmäßig bedarf es zusätzlicher Anknüpfungspunkte für eine gewisse Richtigkeitsgewähr.[177]

Der Unterstützungsbegriff ist weit gefasst. Unterstützen ist jede Handlung des Einbürgerungsbewerbers, die für die in § 11 StAG genannten Bestrebungen objektiv vorteilhaft ist,[178] ohne dass es auf eine subjektive Vorwerfbarkeit oder einen beweis- und messbaren Nutzen für die Verwirklichung der missbilligten Ziele ankommt. Einzelne Unterstützungshandlungen müssen nach Art und Gewicht geeignet sein, eine dauernde Identifikation des Ausländers mit diesen Bestrebungen zu indizieren,[179] sodass ein Mindestmaß an Nachhaltigkeit erforderlich ist. Ob eine tatbestandliche Unterstützung iSd § 11 S. 1 Nr. 1 StAG vorliegt, ist aufgrund einer wertenden Betrachtung der gesamten Begleitumstände einschließlich vergangener Handlungen oder Erklärungen zu beurteilen.[180] Die Aktivitäten brauchen nach Art und Umfang nicht schon das Gewicht zu erreichen, bei dem internationaler Schutz ausgeschlossen ist (§ 3 Abs. 2, § 4 Abs. 2 AsylG), oder die Schwelle zur Strafbarkeit überschritten zu haben. Ist eine Handlung des Einbürgerungsbewerbers in objektiver Hinsicht für die Bestrebungen einer verfassungsfeindlichen Organisation förderlich, muss diese Förderlichkeit für den Einbürgerungsbewerber erkennbar gewesen sein und die Handlung auf eine bewusste Identifizierung mit den Zielen der Organisation schließen lassen.[181] Nicht erforderlich sind Feststellungen zur tatsächlichen inneren Einstellung des Einbürgerungsbewerbers;[182] dessen Irrtum über die rechtliche Einordnung seiner Handlung und die Qualifizierung der Ziele einer Organisation geht zu seinen Lasten.[183]

Mitgliedschaft und Aktivitäten in einer Organisation, die verfassungsfeindliche oder extremistische Bestrebungen verfolgt, reichen allzumal bei einer führenden Tätigkeit oder nach einem Organisationsverbot aus,[184] und zwar dann auch unabhängig von der ausdrücklichen Feststellung, dass der Einbürgerungsbewerber auch innerlich selbst aktiv inkriminierte Bestrebungen unterstützt.[185] Unerheblich ist, ob sich die Organisation als religiöse Gemeinschaft versteht, wenn sie sich nicht auf religiöse und soziale Ziele und Aktivitäten beschränkt, sondern – und sei es als Teil ihres religiösen Selbstverständnisses – weitergehende politische, verfassungsfeindliche Ziele verfolgt.[186]

---

[172] BVerwG Urt. v. 22.5.2012 – 1 C 8.11, BVerwGE 143, 138 = NVwZ 2012, 16251; VGH Mannheim Urt. v. 29.9.2010 – 11 S 597/10, VBlBW 2011, 478.
[173] BVerwG Beschl. v. 8.3.2010 – 20 F 11.09, NJW 2010, 2295; Beschl. v. 24.8.2009 – 20 F 2.09, BeckRS 2009, 39089; Beschl. v. 3.3.2009 – 20 F 9.08, BeckRS 2008, 40564.
[174] BVerwG Urt. v. 22.5.2012 – 1 C 8.11, BVerwGE 143, 138 = NVwZ 2012, 16251.
[175] Berlit in GK-StAR StAG § 11 Rn. 76.
[176] VGH Mannheim Urt. v. 29.9.2010 – 11 S 597/10, VBlBW 2011, 478.
[177] OVG Greifswald Urt. v. 13.12.2011 – 11 L 242/08, NordÖR 2012, 296.
[178] BVerwG Urt. v. 20.3.2012 – 5 C 1.11, BVerwGE 142, 132 = NVwZ 2012, 1254; Urt. v. 22.2.2007 – 5 C 20.05, BVerwGE 128, 140 = NVwZ 2007, 956; Urt. v. 15.3.2005 – 1 C 28.03, BVerwGE 123, 114 = ZAR 2005, 251.
[179] BVerwG Urt. v. 2.12.2009 – 5 C 24.08, BVerwGE 135, 302 = NVwZ-RR 2010, 786; s. auch VG Stuttgart Urt. v. 25.4.2017 – 11 K 8883/16, BeckRS 2017, 110604.
[180] BVerwG Urt. v. 20.3.2012 – 5 C 1.1, BVerwGE 142, 132; Beschl. v. 13.5.2016 – 1 B 55.16, InfAuslR 2016, 300; Beschl. v. 20.2.2018 – 1 B 3.18, BeckRS 2018, 3404.
[181] OVG Münster Beschl. v. 29.9.2017 – 19 A 2000/16, BeckRS 2017, 127735.
[182] Berlit in GK-StAR StAG § 11 Rn. 99.
[183] VG Stuttgart Urt. v. 25.4.2017 – 11 K 8883/16, BeckRS 2017, 110604.
[184] S. nur – zur PKK und ihren Nachfolgeorganisationen – BVerwG Urt. v. 28.1.1997 – 1 A 13.93, NVwZ 1998, 174; Beschl. v. 9.5.1995 – 1 B 2.95, NVwZ 1997, 68; 5.5.1990 – 1 C 17.97, NVwZ 1999, 425; Urt. v. 22.5.2012 – 1 C 8.11, BVerwGE 143, 138 = NVwZ 2012, 16251.
[185] BayVGH Beschl. v. 1.4.2019 – 5 ZB 18.1882, BeckRS 2019, 7203.
[186] BVerwG Urt. v. 2.12.2009 – 5 C 24.09, InfAuslR 2010, 253; s. auch OVG Saarland Beschl. v. 17.9.2018 – 2 A 582/17, BeckRS 2018, 22476 (Vorstandstätigkeit für einen Moscheeverein mit salafistischer Grundeinstellung); s. auch OVG Bremen Beschl. v. 11.9.2018 – 1 LA 78/17, NVwZ-RR 2019, 436 (kein

78 Tatsächliche Anhaltspunkte können sich auch dann aus sicherheitsrelevanten Straftaten ergeben, wenn sie nicht nach § 10 Abs. 1 S. 1 Nr. 5, § 12a StAG der Anspruchseinbürgerung entgegenstehen. Nach Tilgung entsprechender Verurteilungen gilt das registerrechtliche Vorhalte- und Verwertungsverbot (§ 51 Abs. 1 BZRG) grundsätzlich auch für frühere Verfolgungs- und Unterstützungshandlungen.[187] Ist es nicht zu einer strafrechtlichen Verurteilung gekommen, ist das registerrechtliche Verwertungsverbot nicht (unmittelbar oder analog) auf entsprechende Handlungen mit Indizwert anzuwenden. Liegen diese lange zurück, können sie bei erfolgter Abwendung von solchen Bestrebungen unberücksichtigt bleiben.

79 Frühere Mitgliedschaften oder Unterstützungshandlungen sind unbeachtlich, wenn sich der Einbürgerungsbewerber von ihnen abgewandt hat. Dies erfordert mehr als ein äußeres – zeitweiliges oder situationsbedingtes – Unterlassen und erfordert eine innere Abkehr unter Einsicht bezüglich des früheren Verhaltens und seiner neuen Bewertung[188] und in diesem Sinne einen (darzulegenden) Lernprozess.[189] Regelmäßig kein Abwenden liegt vor, wenn frühere, nachweisliche Unterstützungshandlungen bestritten oder deren Verfassungswidrigkeit verharmlost oder bagatellisiert werden.[190] Für die Glaubhaftmachung (als Vermittlung überwiegender Wahrscheinlichkeit) einer Abwendung trägt der Einbürgerungsbewerber die Darlegungs- und materielle Beweislast. Die Anforderungen sind auszurichten an Art, Gewicht und Häufigkeit der Handlungen; der zeitliche Abstand zu den Aktivitäten ist zu berücksichtigen, wenngleich der bloße Zeitablauf zur Glaubhaftmachung einer Abwendung nicht ausreicht.[191] An die Glaubhaftmachung des Sich-Abwendens von der schädlichen Bestrebung sind grundsätzlich keine strengeren Anforderungen zu stellen als an den Ausschlussgrund selbst.[192]

80 bb) Vorliegen eines besonders schwerwiegenden Ausweisungsinteresses (§ 11 S. 1 Nr. 2 StAG). Die Einbürgerung ist auch ausgeschlossen, wenn der Ausländer die freiheitliche demokratische Grundordnung oder die Sicherheit der Bundesrepublik Deutschland gefährdet (§ 54 Abs. 1 Nr. 2 AufenthG) oder er sich zur Verfolgung politischer oder religiöser Ziele an Gewalttätigkeiten beteiligt, hierzu aufruft oder damit droht (§ 54 Abs. 1 Nr. 4 AufenthG). Hinreichend ist, dass ein solches Ausweisungsinteresse objektiv vorliegt; unerheblich ist, ob der Ausländer tatsächlich ausgewiesen werden soll oder – etwa wegen schwererwiegender Bleibeinteressen – eine Ausweisung unverhältnismäßig wäre.[193] Das besonders schwerwiegende Ausweisungsinteresse muss objektiv im Zeitpunkt der Entscheidung der Einbürgerungsbehörde noch vorliegen. Bei den sicherheitsgefährdenden Bestrebungen reicht insoweit aber nach dem Tatbestand des Ausweisungsinteresses (§ 54 Abs. 1 Nr. 2 AufenthG) Handeln in der Vergangenheit aus, soweit hiervon nicht erkennbar und glaubhaft Abstand genommen worden ist.

81 Das benannte besonders schwerwiegende Ausweisungsinteresse muss tatsächlich vorliegen; insoweit reichen – anders als nach Nr. 1 – „tatsächliche Anhaltspunkte" für eine entsprechende Annahme nicht aus. Die Vorverlagerung des Sicherheitsschutzes ist bei den sicherheitsgefährdenden Bestrebungen (§ 54 Abs. 1 Nr. 2 AufenthG) bereits in die Ausgestaltung des besonders schwerwiegenden Ausweisungsinteresses eingeflossen, indem für

---

Ausschluss bei bloßem Besuch von Freitagsgebeten einer Moschee, deren führende Vertreter sowie ein Teil der Besucher sich ideologisch am Salafismus orientierten.
[187] BVerwG Urt. v. 20.3.2012 – 5 C 1.11, BVerwGE 142, 132 = NVwZ 2012, 1254.
[188] Eingehend *Berlit* in GK-StAR StAG § 11 Rn. 149 ff.
[189] BayVGH Urt. v. 27.5.2003 – 5 B 01.1805, BeckRS 2003, 30832; OVG Lüneburg, Beschl. v. 20.7.2016 – 13 LA 33/15, BeckRS 2016, 49675; Beschl. v. 2.5.2019 – 13 LA 131/19, BeckRS 2019, 8321.
[190] BVerwG Urt. v. 20.3.2012 – 5 C 1.11, BVerwGE 142, 132 = NVwZ 2012, 1254.
[191] BVerwG Urt. v. 20.3.2012 – 5 C 1.11, BVerwGE 142, 132 = NVwZ 2012, 1254; OVG Münster Beschl. v. 26.10.2018 – 19 A 2859/17, BeckRS 2018, 27775.
[192] VG Saarland Urt. v. 23.6.2017 – 2 K 1999/15, BeckRS 2017, 118800.
[193] BVerwG Urt. v. 31.5.1994 – 1 C 5.93, BVerwGE 96, 86; Urt. v. 18.11.2004 – 1 C 23.03, NVwZ 2005, 601.

die Mitgliedschaft oder Unterstützung einer Vereinigung, die den Terrorismus unterstützt, entsprechende Tatsachen ausreichen, die die Schlussfolgerung derartiger Aktivitäten rechtfertigen. Die zu § 54 Nr. 5 oder 5a AufenthG aF ergangene Rechtsprechung ist nach der Neuordnung des Ausweisungsrechts zum 1.1.2016 auf das besonders schwerwiegende Ausweisungsinteresse des § 54 Abs. 1 Nr. 2 AufenthG zu übertragen.[194]

Zu den Einzelheiten der von § 11 Nr. 2 StAG erfassten Ausweisungsinteressen → § 7 Rn. 86 ff., 98. **82**

6. Aufenthaltsstatus bei Einbürgerung (§ 10 Abs. 1 S. 1 Nr. 2 StAG)

Der Einbürgerungsbewerber muss im Zeitpunkt der Einbürgerung über ein unbefristetes Aufenthaltsrecht oder doch einen gesicherten aufenthaltsrechtlichen Status verfügen. Ein rechtmäßiger gewöhnlicher Aufenthalt allein reicht nicht aus. Bei konstitutiv wirkenden Aufenthaltstiteln ist deren Besitz erforderlich, ohne dass ein Anspruch auf dessen Erteilung oder die Fiktionswirkung nach Antragstellung (§ 81 AufenthG) genügen.[195] **83**

Zu den unbefristeten Aufenthaltsrechten gehören bei Unionsbürgern und ihnen gleichgestellten Personen das Daueraufenthaltsrecht/EU oder ein unbefristetes Aufenthaltsrecht nach Art. 6, 7 ARB 1/80. Bei Drittstaatsangehörigen kann dies auch ein Daueraufenthaltsrecht nach Art. 2 lit. b RL 2003/109/EG (s. auch § 9a AufenthG) sein. Ein unbefristetes Aufenthaltsrecht vermittelt auch die Niederlassungserlaubnis nach nationalem Recht (§ 9 AufenthG). Die Umstellung von Aufenthaltstiteln, die zum Daueraufenthalt berechtigen, zu unbefristeten Aufenthaltsrechten erleichtert die Problemlösung für Sonderfälle nicht freizügigkeitsberechtigter Personen, die vom Aufenthaltsgenehmigungserfordernis nicht erfasst bzw. befreit sind (zB Diplomaten und ihre Angehörigen oder heimatlose Ausländer).[196] **84**

Bei den stets befristeten Aufenthaltserlaubnissen (§ 7 Abs. 1 S. 1 AufenthG) sind Titel ausgenommen, die zu bestimmten, im Gesetz genannten Aufenthaltszwecken erteilt worden sind. Dies betrifft Aufenthaltstitel zu Ausbildungs- oder Forschungszwecken (§§ 16a bis 19e AufenthG) sowie die „schwächeren" humanitären Aufenthaltstitel (§§ 22, 23 Abs. 1, §§ 23a, 24 und 25 Abs. 3 bis 5 AufenthG). Von der Ausnahme erfasst sind nur die ausdrücklich aufgeführten Aufenthaltszwecke. Alle anderen Aufenthaltserlaubnisse reichen aus. Ausreichend sind insbesondere Aufenthaltserlaubnisse zum Zwecke der (dauerhaften) unselbständigen oder selbständigen Beschäftigung/Tätigkeit (§§ 18, 18a bis c, 18e, §§ 19a, c bis d, §§ 20 ff. und 21 AufenthG), nach der Gewährung internationalen Schutzes (§ 25 Abs. 1 und 2 AufenthG), bei gelungener Integration (§§ 25a, b AufenthG), aus familiären Gründen (§§ 27 ff. AufenthG) sowie in Fällen der Wiederkehr (§ 37 AufenthG) und an ehemalige Deutsche (§ 38 AufenthG). **85**

7. Eigenständige Sicherung des Lebensunterhalts/Unterhaltsfähigkeit (§ 10 Abs. 1 S. 1 Nr. 3 StAG)

a) Grundsatz: Lebensunterhaltssicherung ohne Leistungsbezug. Für einen Einbürgerungsanspruch nach § 10 StAG muss der Einbürgerungsbewerber grundsätzlich den Lebensunterhalt für sich und seine unterhaltsberechtigten Familienangehörigen ohne Inanspruchnahme von Grundsicherungsleistungen nach dem SGB II (Grundsicherung für Arbeitsuchende) oder SGB XII (Sozialhilfe einschließlich der Grundsicherung im Alter und bei Erwerbsminderung[197]) bestreiten können oder darf den Leistungsbezug zumindest nicht zu vertreten haben. Dieses Lebensunterhaltssicherungserfordernis bleibt nach der Art der zu berücksichtigenden (steuerfinanzierten) Sozialleistungen und den Ausnahmetatbeständen hinter dem Regelerteilungserfordernis (§ 5 Abs. 1 AufenthG) zurück und ist **86**

---
[194] S. BVerwG Urt. v. 22.2.2017 – 1 C 3.16, NJW 2017, 1883.
[195] *Berlit* in GK-StAR StAG § 10 Rn. 197 ff.
[196] Zu Einzelheiten s. *Berlit* in GK-StAR StAG § 10 Rn. 200 ff.
[197] BVerwG Urt. v. 19.2.2009 – 5 C 22.08, BVerwGE 133, 153 = NVwZ 2009, 843.

abweichend von § 8 Abs. 1 Nr. 4 StAG gefasst. Schon im Ansatz unschädlich sind nach vorzugswürdiger Ansicht[198] Leistungen nach dem SGB II/SGB XII, die nicht zur Sicherung des Lebensunterhaltes dienen (zB Hilfen zur Pflege, §§ 61 ff. SGB XII); sie sind regelmäßig jedenfalls nicht „zu vertreten". Bei zurechenbarem Leistungsbezug ist die Höhe der (eventuell lediglich aufstockenden) Leistungen grundsätzlich unerheblich;[199] anders als im Aufenthaltsrecht[200] reicht die „quotale Bedürftigkeit" nach § 9 Abs. 2 SGB II nicht aus, wenn in der grundsicherungsrechtlichen Bedarfsgemeinschaft auch nicht unterhaltsberechtigte Personen leben.

87 Die eigenständige wirtschaftliche Absicherung des Lebensunterhalts muss auch für einen überschaubaren Zeitraum in der Zukunft gesichert sein.[201] Dies erfordert eine Prognose, inwieweit eine aktuell eigenständige Lebensunterhaltssicherung auch hinreichend nachhaltig ist.[202] Bei dieser Prognose sind alle (legalen) Einkünfte, auch solche aus öffentlichen Mitteln jenseits des SGB II/SGB XII (zB Wohngeld, Kindergeld) zu berücksichtigen. Ein Leistungsbezug in der Vergangenheit ist ungeachtet seiner Dauer und des Vertretenmüssens durch den Einbürgerungsbewerber für sich allein einbürgerungsunschädlich; er ist ebenso wie Phasen des Nichtleistungsbezugs[203] bei der Bewertung einer hinreichend nachhaltigen Sicherung des Lebensunterhaltes zu berücksichtigen. Dem Leistungsbezug soll gleichstehen, wenn ein nach den Bedarfs- und Einkommensanrechnungsregelungen des SGB II/SGB XII bestehender Leistungsanspruch bewusst nicht geltend gemacht wird[204] oder ungeachtet gegebener grundsicherungsrechtlicher Bedürftigkeit wegen Ausschlussgründen (zB wegen Ausbildung) nicht geltend gemacht werden kann.

88 Der Lebensunterhalt muss eigenständig für den Einbürgerungsbewerber selbst und die bereits im Bundesgebiet lebenden oder im Prognosezeitraum voraussichtlich nachziehenden unterhaltsberechtigten Familienangehörigen gesichert sein.[205] Bei der Anspruchseinbürgerung[206] führt die bloße Möglichkeit einer Erweiterung der Zahl unterhaltsberechtigter Personen durch (dann privilegierten) Familiennachzug oder Unterhaltspflichten an im Ausland lebende Familienangehörige nicht zu einer Erweiterung des zu berücksichtigenden Personenkreises.

89 Die Einbürgerungsbehörde hat die Frage der eigenständigen Lebensunterhaltssicherung eigenständig und ohne Bindung an Bescheide oder Bedarfsberechnungen der Grundsicherungsträger zu prüfen und ist auch grundsätzlich befugt, selbständig und eigenverantwortlich zu prüfen, ob ein Einbürgerungsbewerber in der Vergangenheit gegen die Obliegenheit zum Einsatz seiner Arbeitskraft verstoßen hat.[207]

90 b) „Vertretenmüssen" Leistungsbezug. Ein (ergänzender) Bezug von Grundsicherungsleistungen zum Lebensunterhalt schließt den Einbürgerungsanspruch nicht aus, wenn dieser Leistungsbezug von dem Einbürgerungsbewerber nicht „zu vertreten" ist. Zielsetzung des Gesetzes ist, einer Zuwanderung in die Sozialsysteme entgegenzuwirken, dementsprechend für den Anspruch auf Einbürgerung auch eine gewisse wirtschaftliche Integration zu verlangen und hiervon nur dann abzusehen, wenn der Bezug der bezeichneten steuerfinanzierten Sozialleistungen nicht zu vertreten ist.

---

[198] *Berlit* in GK-StAR StAG § 10 Rn. 224 f.
[199] BVerwG Urt. v. 19.2.2009 – 5 C 22.08, BVerwGE 133, 153 = NVwZ 2009, 843.
[200] BVerwG Urt. v. 26.8.2008 – 1 C 32.07, BVerwGE 131, 370 = NVwZ 2009, 248; Urt. v. 16.8.2011 – 1 C 12.10, NVwZ-RR 2012, 330.
[201] BVerwG Urt. v. 19.2.2009 – 5 C 22.08, BVerwGE 133, 153 = NVwZ 2009, 843.
[202] S. auch VG Stuttgart Urt. v. 20.4.2015 – 11 K 5984/14, BeckRS 2015, 47236; VG Hannover Urt. v. 19.1.2015 – 10 A 5465/11, BeckRS 2015, 43174; zur Prognose s. auch *Berlit* in GK-StAR StAG § 10 Rn. 238 ff.
[203] S. OVG Schleswig Urt. v. 5.2.2015 – 4 LB 15/13, BeckRS 2016, 47722.
[204] VGH Mannheim Urt. v. 6.3.2009 – 13 S 2080/07, BeckRS 2009, 33120.
[205] BVerwG Urt. v. 28.5.2015 – 1 C 23.14, BVerwGE 152, 156.
[206] Anders für die Ermesseneinbürgerung nach § 8 StAG: BVerwG Urt. v. 28.5.2015 – 1 C 23.14, BVerwGE 152, 156.
[207] OVG Schleswig Urt. v. 23.3.2017 – 4 LB 6/15, BeckRS 2017, 106201.

Der Begriff des „Vertretenmüssens" bzw. des „zu vertretenden Grundes" ist wertneutral 91
auszulegen und setzt kein pflichtwidriges, schuldhaftes (vorsätzliches oder fahrlässiges) Verhalten voraus. Der Leistungsbezug ist vielmehr dann „zu vertreten", wenn der Ausländer durch ein ihm zurechenbares Handeln oder Unterlassen adäquat-kausal die Ursache für den – fortdauernden – Leistungsbezug gesetzt hat. Erforderlich ist ein objektiver Zurechnungszusammenhang zwischen zu verantwortendem Verhalten und dem Leistungsbezug in dem Sinne, dass das Verhalten des Verantwortlichen für die Verursachung oder Herbeiführung des in Bezug genommenen Umstandes zumindest nicht nachrangig, sondern hierfür wenn schon nicht allein ausschlaggebend, so doch maßgeblich bzw. prägend ist.[208] Steht lediglich eine Erhöhung des Bezuges von Sozial(hilfe)leistungen bzw. einem anderweitig nur teilweise gesicherten Lebensunterhalt aufstockender Leistungsbezug in Rede, ist der dem Einbürgerungsbewerber zurechenbare Verursachungsbeitrag zu gewichten.[209] Dass auch ohne ein dem Einbürgerungsbewerber zurechenbares Verhalten (dem Grunde nach) ohnehin Grundsicherungs- oder Sozialhilfeleistungen zu gewähren gewesen wären, schließt nicht aus, dass die Leistungen (der Höhe nach) teilweise – dann einbürgerungshindernd – auch zu vertreten sind. Das von ihm nicht beeinflussbare Verhalten Dritter (auch unterhaltsberechtigter Angehöriger) ist dem Einbürgerungsbewerber nicht zuzurechnen.[210]

§ 10 Abs. 1 S. 1 Nr. 2 StAG setzt die aktuelle Beeinflussbarkeit des Leistungsbezuges 92
nicht voraus. Zu berücksichtigen sind auch – aktuell nicht durch eigene Anstrengungen – nicht mehr korrigierbare Fernwirkungen vergangener Obliegenheitsverletzungen, etwa ein unzureichender Einsatz der eigenen Arbeitskraft mit der Folge, dass keine (weiteren) Rentenanwartschaften begründet worden sind. Diese Zurechnung ist zeitlich indes nicht unbegrenzt. Für ein ihm zurechenbares und für aktuelle Sozialhilfeleistungen mitsächliches Verhalten hat der Einbürgerungsbewerber nach Ablauf einer Frist von acht Jahren nicht mehr einzustehen.[211] Bei fortgesetzt unzureichenden Eigenbemühungen um eine zumutbare Arbeit kommt es für den Fristlauf nicht auf den Beginn der Arbeitslosigkeit an: entscheidend ist der Zeitpunkt, zu dem der Einbürgerungsbewerber sein objektives Fehlverhalten aufgegeben hat oder er endgültig aus dem Arbeitsmarkt ausgeschieden ist.

Erwerbsfähige Ausländer, die einen legalen Zugang zum Arbeitsmarkt haben (§ 7 Abs. 1, 93
§ 8 SGB II), haben sozialrechtlich eine Obliegenheit, ihre Arbeitskraft auf jede zumutbare Weise zur Bestreitung ihres Lebensunterhaltes einzusetzen (§ 2 SGB II). Kommen sie dieser Obliegenheit nicht (hinreichend) nach und verweigern sie insbesondere eine zumutbare (§ 10 SGB II) Beschäftigung unter den Bedingungen des allgemeinen Arbeitsmarktes oder entfalten sie keine oder nur unzureichende Arbeitsuchebemühungen, ist der Leistungsbezug regelmäßig zurechenbar. Sperrzeiten oder das Erlöschen eines Anspruches auf Arbeitslosengeld (§§ 159, 161 SGB III) oder die Kürzung bzw. der Wegfall von Leistungen nach §§ 31 ff. SGB II indizieren regelmäßig einen zurechenbar unzureichenden Einsatz der eigenen Arbeitskraft.[212]

Dies gilt auch bei der Verweigerung der Annahme einer (zumutbaren) Eingliederungs- 94
maßnahme oder bei deren Abbruch.[213] Sozialrechtlich (bestandskräftig) durch Sperrzeiten, Leistungsabsenkung oder -wegfall „sanktionierte" Obliegenheitsverletzungen indizieren regelmäßig auch für die eigenständige Prüfung der Einbürgerungsbehörde, dass ein Leistungsbezug nach Grund oder Höhe zurechenbar ist. Die Einbürgerungsbehörde ist grundsätzlich befugt und berufen, selbständig und eigenverantwortlich das Erwerbs(teilhabe)verhalten des Einbürgerungsbewerbers zu würdigen, wenn es nicht zu Sanktionen gekommen ist; dabei

---

[208] BVerwG Urt. v. 19.2.2009 – 5 C 22.08, BVerwGE 133, 153 = NVwZ 2009, 843; s. auch OVG Lüneburg Beschl. v. 13.2.2020 – 13 LA 491/18, BeckRS 2020, 1850.
[209] BVerwG Urt. v. 19.2.2009 – 5 C 22.08, BVerwGE 133, 153 = NVwZ 2009, 843.
[210] OVG Lüneburg Urt. v. 13.11.2013 – 13 LB 99/12, BeckRS 2013, 59145.
[211] BVerwG Urt. v. 19.2.2009 – 5 C 22.08, BVerwGE 133, 153 = NVwZ 2009, 843.
[212] S. *Berlit* in GK-StAR StAG § 10 Rn. 257.
[213] VG Köln Urt. v. 16.12.2013 – 10 K 5612/12, BeckRS 2014, 46578; OVG Münster Beschl. v. 24.7.2013 – 19 A 194/11, BeckRS 2013, 53939.

sind Bescheinigungen des Jobcenters zu Erwerbsbemühungen bei hinreichender Aussagekraft zu berücksichtigen, ohne Bindungswirkung zu entfalten.[214] Dem Einbürgerungsbewerber ist es grundsätzlich auch abzuverlangen, das ihm Zumutbare zur Verbesserung seiner Arbeitsfähigkeit zu unternehmen und entsprechendem ärztlichen Rat zu folgen.[215]

95 Die Anforderungen, die an Art und Umfang der von einem arbeitslosen Einbürgerungsbewerber zu verlangenden Eigenbemühungen um eine neue Arbeitsstelle zu stellen sind, richten sich nach den Umständen des Einzelfalles und insbesondere nach den die individuellen Chancen des Ausländers auf dem Arbeitsmarkt bestimmenden Faktoren (ua Ausbildungsstand, Qualifikation, Alter, Behinderung, Gesundheitszustand, Sprachvermögen oder Dauer der Beschäftigungslosigkeit).[216] Einem Beschäftigungslosen kann grundsätzlich nicht abverlangt werden, sich selbständig zu machen, wenn keine erfolgversprechende Geschäftsidee besteht.[217]

96 Zur Frage, ob ein Einbürgerungsbewerber einen Leistungsbezug „zu vertreten" hat, hat sich eine breite, ausdifferenzierte Kasuistik entwickelt.[218] In der Fallgruppe unzureichenden Einsatzes der eigenen Arbeitskraft lehnt sich die verwaltungsgerichtliche Rechtsprechung im Grundsatz an die sozialrechtliche Rechtsprechung zu Sperrzeiten/Sanktionen bzw. an die Gründe an, unter denen eine Arbeit nach § 10 SGB II nicht zumutbar ist. Dies gilt auch für die Fallgruppe des zurechenbar verursachten Verlustes eines Arbeitsplatzes (Eigenkündigung; verhaltensbedingte Kündigung). Der Zurechnungszusammenhang zwischen dem aktuellen Leistungsbezug und vergangenem Fehlverhalten kann dabei durch die zwischenzeitliche Aufnahme einer sozialversicherungspflichtigen Beschäftigung,[219] die berechtigte Übernahme familiärer Betreuungspflichten[220] oder eine nachträglich eintretende Erwerbsunfähigkeit unterbrochen worden sein.[221]

97 Nicht zu vertreten hat ein Ausländer einen Leistungsbezug, wenn er seinen Arbeitsplatz aus anderen als verhaltensbedingten Gründen verloren hat, etwa wegen einer krankheits- oder betriebsbedingten Kündigung, oder er trotz uneingeschränkter Verfügbarkeit für die Arbeitsvermittlung und intensiven Arbeitsuchebemühungen aus konjunkturellen Gründen oder wegen nach der jeweiligen (regionalen) Arbeitsmarktlage „vermittlungshemmender Merkmale" (zB Alter, Krankheit, Behinderung, Qualifikation, Sprachkenntnisse) keine zumutbare Beschäftigung findet.[222] Den Leistungsbezug unterhaltsberechtigter Familienangehöriger hat ein Ausländer, der seinen eigenen Lebensunterhalt bestreiten kann, dann nicht zu vertreten, wenn er seine Arbeitskraft in dem ihm abzuverlangenden Umfange zur Einkommenserzielung eingesetzt hat, das hierdurch erzielte oder erreichbare Einkommen[223] indes nicht ausreicht, um den Lebensunterhalt von allen unterhaltsberechtigten Familienangehörigen zu bestreiten; dann ist auch die quotale Bedürftigkeit nach § 9 Abs. 2 S. 3 SGB II unschädlich. Nicht zurechenbar ist Leistungsbezug auch dann, wenn ein Ausländer nach Alter, Gesundheit oder sozialer Situation sozialrechtlich aktuell nicht (mehr) erwerbsverpflichtet ist.[224] Muss bei einer aus Altersgründen aus dem Erwerbsleben ausgeschiedenen Person die Altersrente durch Grundsicherungsleistungen „aufgestockt" werden, kommt es darauf an, ob dem Ausländer (noch) zurechenbare Versäumnisse bei der Altersvorsorge entgegengehalten werden können.

---

[214] VG Hannover Urt. v. 19.1.2015 – 10 A 5465/11, BeckRS 2015, 43174.
[215] OVG Berlin-Brandenburg Beschl. v. 5.3.2010 – 5 N 41.09, BeckRS 2010, 47323.
[216] *Berlit* in GK-StAR StAG § 10 Rn. 260.1; s. auch *Berlit* in Münder, SGB II, 6. Aufl. 2017, § 31 Rn. 18 ff.
[217] VG Minden Urt. v. 19.1.2011 – 11 K 58/10, BeckRS 2011, 46354.
[218] S. *Berlit* in GK-StAR StAG § 10 Rn. 259 ff.
[219] Zu strikt insoweit OVG Münster Urt. v. 24.7.2013 – 19 A 1974/11, BeckRS 2013, 53939.
[220] VG Ansbach Urt. v. 9.1.2008 – AN 15 K 07.02994, BeckRS 2008, 43516.
[221] VG Sigmaringen Urt. v. 25.1.2006 – 5 K 1868/04, BeckRS 2006, 21612.
[222] VG München Urt. v. 30.10.2013 – M 25 K 11.4842, BeckRS 2014, 52170; VGH Mannheim Urt. v. 12.11.2014 – 1 S 184/14, InfAuslR 2015, 62; *Berlit* in GK-StAR StAG § 10 Rn. 266.
[223] Zum Sonderfall einer schlecht bezahlten Vollzeittätigkeit als Imam bei einer Religionsgemeinschaft s. VG Köln Urt. v. 28.5.2014 – 10 K 6788/12, BeckRS 2014, 51793.
[224] OVG Lüneburg Urt. v. 13.11.2013 – 13 LB 99/12, BeckRS 2013, 59145.

8. Aufgabe/Verlust der bisherigen Staatsangehörigkeit (§ 10 Abs. 1 S. 1 Nr. 4, § 12 StAG)

a) Grundsatz. Der Einbürgerungsbewerber muss grundsätzlich im Zeitpunkt der Einbürgerung seine bisherige(n) Staatsangehörigkeit(en) aufgegeben haben oder verlieren (§ 10 Abs. 1 S. 1 Nr. 4 StAG); Ausnahmen hiervon normiert § 12 StAG. Normativ hält das Gesetz im Regelfall daran fest, Mehrstaatigkeit zu vermeiden. Sie ist weiterhin systematisch begründungsbedürftige Ausnahme und wird ungeachtet der Aufgabe der früheren „Übeldoktrin" als unerwünschter Zustand gesehen, der im Interesse klarer Verhältnisse bei der Zuordnung im nationalen Bereich sowie im internationalen Verkehr und zur Beherrschung bewältigungsbedürftiger, wenngleich bewältigungsfähiger Rechts(anwendungs)konflikte gesehen, zu vermeiden ist. Politisch war und ist diese systematische Richtungsentscheidung umstritten.[225]

98

Empirisch ist Mehrstaatigkeit weit verbreitet. Sie entsteht neben der Einbürgerung unter deren Hinnahme vor allem durch den Geburtserwerb bei Abstammung von einem deutschen und ausländischen Elternteil oder von Doppelstaatern (§ 4 StAG), durch den ius soli-Erwerb (§ 4 Abs. 3 StAG) und bei der Staatsangehörigkeitsverleihung an Spätaussiedler (§ 7 StAG). Die Zahl der Doppel- bzw. Mehrfachstaater, die mit deutscher Staatsangehörigkeit im Bundesgebiet leben, wird statistisch nicht genau erfasst und auf ca. 4 Millionen geschätzt.[226] Auch bei der Einbürgerung überwiegt inzwischen de facto die Hinnahme von Mehrstaatigkeit.[227]

99

Einbürgerungsvoraussetzung ist die Aufgabe/der Verlust aller nichtdeutschen Staatsangehörigkeiten durch den Einbürgerungsbewerber, soweit nicht eine der Ausnahmen nach § 12 StAG greift.[228] Auf die Aufgabe einer aufgabefähigen Staatsangehörigkeit kann nicht verzichtet werden, weil ohnehin wegen einer anderen Staatsangehörigkeit Mehrstaatigkeit fortbesteht. Für die Aufgabe/den Verlust im Zeitpunkt der Einbürgerung ist der Einbürgerungsbewerber darlegungs- und materiell beweispflichtig.[229]

100

„Verlust" ist das nach dem Staatsangehörigkeitsrecht des Herkunftsstaates kraft Gesetzes, mithin ohne gesonderte, gebundene oder ermessensabhängige Verwaltungsentscheidung bewirkte Ausscheiden aus der Staatsangehörigkeit im Falle des Erwerbs der deutschen Staatsangehörigkeit durch Einbürgerung (so wie in § 25 StAG).[230] Abzustellen ist auf Rechtslage und -praxis im Herkunftsstaat.[231] Erlaubt das Recht des Herkunftsstaates, den Staatsangehörigkeitsverlust kraft Gesetzes durch eine Beibehaltungsgenehmigung abzuwenden (s. § 25 Abs. 2 StAG), muss der Einbürgerungsbewerber nachweisen, dass er eine derartige Beibehaltungsgenehmigung nicht erhalten (oder beantragt) hat. Unschädlich ist die rechtliche Möglichkeit eines Wiedererwerbs der bisherigen Staatsangehörigkeit; nach Streichung der sogenannten Inlandsklausel in § 25 StAG aF im Jahre 2000[232] bewirkt indes der tatsächliche Wiedererwerb der alten Staatsangehörigkeit den Verlust der just erworbenen deutschen Staatsangehörigkeit (→ Rn. 197 ff.).[233]

101

---

[225] S. etwa *Deinhard*, Das Recht der Staatsangehörigkeit unter dem Einfluss globaler Migrationserscheinungen, 2015, 65 ff., 327 ff., 380 ff.; *Kanaan*, Abkommen zur Mehrstaatigkeit. Europaratsabkommen und ihr Einfluss auf die Staatsangehörigkeitsgesetzgebung in Deutschland, 2012; *Topal*, Staatsangehörigkeitsverlust und Mehrstaatigkeit, 2010, 121 ff.; *Goes*, Mehrstaatigkeit in Deutschland, 1997; s. auch *Hailbronner* in HMHK Grundlagen E Rn. 27 ff.; *Marx* in GK-StAR Einl. (IV-2) Rn. 376.
[226] *Worbs*, http://www.bpb.de/gesellschaft/migration/laenderprofile/254191/doppelte-staatsangehoerigkeit-zahlen-und-fakten?p=all.
[227] BMI Migrationsbericht 2015, 2016, 176 (54,2 % im Jahre 2015).
[228] OVG Münster Beschl. v. 5.3.2009 – 19 A 1657/06, NVwZ-RR 2009, 661.
[229] OVG Münster Beschl. v. 5.3.2009 – 19 A 1657/06, NVwZ-RR 2009, 661.
[230] *Berlit* in GK-StAR StAG § 10 Rn. 279.
[231] BVerwG Urt. v. 27.9.1988 – 1 C 52. 87, BVerwGE 80, 233 = NJW 1989, 1441.
[232] Zur Verfassungskonformität BVerfG Beschl. v. 8.12.2006 – 2 BvR 1339/06, NVwZ 2007, 441.
[233] Das OVG Münster (Beschl. v. 8.8.2018 – 19 A 1539/17; Beschl. v. 31.7.2018 – 19 A 166/17, NVwZ-RR 2018, 951 [Ls.]) sieht konkrete Anhaltspunkte dafür, dass die türkische Regierung im Jahre 2001 durch Runderlass alle Gouverneursämter angewiesen hat, die in Deutschland verlangten türkischen Personenstandsregisterauszüge zu manipulieren und so den Wiedererwerb der türkischen Staatsangehörig-

102 Die „Aufgabe" der bisherigen Staatsangehörigkeit erfasst alle Fälle des Ausscheidens, die nicht ipso jure bewirkt werden, also die einseitige Willenserklärung des Einbürgerungsbewerbers (Verzichtserklärung) oder einen auf den Staatsangehörigkeitsverlust gerichteten (antragsabhängigen) Hoheitsakt des Herkunftsstaates (zB Entlassung, Genehmigung zum Verzicht auf die Staatsangehörigkeit, Erlaubnis zum Staatsangehörigkeitswechsel).

103 Das Ausscheiden aus der bisherigen Staatsangehörigkeit muss zu dem Zeitpunkt erfolgt sein, zu dem die Einbürgerung in den deutschen Staatsverband wirksam wird. Eine Einbürgerung unter der bloßen Auflage, die fremde Staatsangehörigkeit – binnen bestimmter Frist – aufzugeben oder deren Verlust herbeizuführen, ist für den Regelfall ausgeschlossen.[234] Eine Einbürgerung unter verfahrensbedingter Hinnahme vorübergehender Mehrstaatigkeit kommt aber in Betracht, wenn der Herkunftsstaat für das Ausscheiden eine bloße Einbürgerungszusicherung nicht ausreichen lässt, sondern eine wirksame Einbürgerung verlangt und die Aufgabe der bisherigen Staatsangehörigkeit nach dem Vollzug der Einbürgerung sichergestellt, namentlich nicht von weiteren Erklärungen des Einbürgerungsbewerbers abhängig ist.[235]

104 b) Hinnahme mehrfacher Staatsangehörigkeit. aa) Allgemeines. § 12 StAG modifiziert für die Anwendung des § 10 Abs. 1 S. 1 Nr. 4 StAG den Grundsatz des Ausscheidens aus der bisherigen Staatsangehörigkeit, wenn der Ausländer seine bisherige Staatsangehörigkeit nicht oder nur unter besonders schweren Bedingungen aufgeben kann. § 12 Abs. 1 S. 2 StAG konkretisiert die Fallgruppen, in denen Mehrstaatigkeit hinzunehmen ist. Strittig ist, ob diese Aufzählung abschließend[236] oder § 12 Abs. 1 S. 1 StAG als Auffanggeneralklausel zu werten ist.[237] Staatsangehörige der anderen EU-Mitgliedstaaten und der Schweiz müssen diese Staatsangehörigkeit generell nicht aufgeben (§ 12 Abs. 2 StAG). Mehrfache Staatsangehörigkeit ist ausnahmsweise hinzunehmen, soweit dies nach Maßgabe völkerrechtlicher Verträge vorgesehen ist (§ 12 Abs. 3 StAG). Ob ein Ausnahmetatbestand besteht, ist für jede nichtdeutsche Staatsangehörigkeit gesondert zu prüfen.

105 Liegt ein Ausnahmefall nach § 12 StAG vor, ist obligatorisch vom Gebot des Ausscheidens aus der bisherigen Staatsangehörigkeit abzusehen. Es besteht kein Absehensermessen der Staatsangehörigkeitsbehörden. Die Ausnahmetatbestände unterliegen im vollen Umfange der verwaltungsgerichtlichen Kontrolle; die Staatsangehörigkeitsbehörden haben auch keinen Beurteilungsspielraum.

106 bb) Rechtliche Unmöglichkeit des Ausscheidens aus der bisherigen Staatsangehörigkeit. Völkerrechtlich darf niemandem das Recht versagt werden, seine Staatsangehörigkeit zu wechseln (Art. 15 Nr. 2 AEMR; Art. 8 Europäisches Staatsangehörigkeitsübereinkommen). Gleichwohl sehen eine Reihe von Staaten in ihrem Staatsangehörigkeitsrecht ein Ausscheiden aus der eigenen Staatsangehörigkeit (Entlassung; Verzicht) nicht vor.[238] Wegen der völkerrechtlich den einzelnen Staaten überlassenen Ordnung ihres Staatsangehörigkeitsrechts hat die Bundesrepublik Deutschland diese Entscheidung als gegeben hinzunehmen.[239]

---

keit gegenüber deutschen Behörden zu verschleiern; eine beigefügte Auflage kann jedenfalls nicht isoliert angefochten werden (OVG Münster Beschl. v. 23.1.2020 – 19 A 2908/18, BeckRS 2020, 1473).

[234] VG Freiburg Urt. v. 19.12.2018 – 4 K 3086/18; VG Düsseldorf Urt. v. 7.6.2018 – 8 K 10236/16, BeckRS 2018, 20369; zum Beweiswert nachträglicher Bescheinigungen s. auch VG München Urt. v. 4.3.2020 – M 25 K 17, 4965, BeckRS 2020, 3587.

[235] *Berlit* in GK-StAR StAG § 10 Rn. 284.

[236] So VG Stuttgart Urt. v. 3.12.2018 – 11 K 5577/18, BeckRS 2018, 39811; VGH Mannheim Urt. v. 24.11.2005 – 12 S 1695/05, InfAuslR 2006, 230; HessVGH Urt. v. 22.5.1995 – 12 UE 2145/95, AuAS 1995, 196.

[237] *Berlit* in GK-StAR StAG § 12 Rn. 23 ff.; offenlassend BVerwG Urt. v. 30.6.2010 – 5 C 9.10, BVerwGE 137, 237 = NVwZ 2010, 1499.

[238] Eine Übersicht über die Regelungen zur Aufgabe/den Verlust der Staatsangehörigkeit gibt eine beim RP Darmstadt geführte „Länderliste zur Einbürgerung"; Abdruck (Stand: 14.7.2017) bei *Ehmann/Stark*, Deutsches Staatsangehörigkeitsrecht. Vorschriftensammlung, 9. Aufl. 2018, 677.

[239] BVerwG Beschl. v. 8.5.1996 – 1 B 68.96, Buchholz 130 RuStAG § 8 Nr. 48.

Das Recht eines ausländischen Staates sieht ein Ausscheiden aus dessen Staatsangehörig- **107** keit dann nicht vor, wenn diese Rechtsordnung das Ausscheiden generell nicht vorsieht,[240] außer dem Tod des Betroffenen also keinerlei Verlust- oder Entlassungstatbestand enthält. Dies ist derzeit bei den Ländern Costa Rica, Uruguay und Argentinien der Fall.[241] Ist das Ausscheiden aus der Staatsangehörigkeit an bestimmte Voraussetzungen geknüpft oder wird de facto eine de jure gegebene Möglichkeit eines Ausscheidens nicht genutzt, ist § 12 Abs. 1 S. 2 Nr. 1 StAG seinem Wortlaut nach nicht erfüllt; es sind dann weitere Ausnahmetatbestände zu prüfen.

Insbesondere in Fällen der altersbedingten „Unmöglichkeit" eines Ausscheidens ist die **108** Nichtanwendung der Nr. 1 problematisch[242] und bewirkt für Fälle der Miteinbürgerung oder für jüngere Einbürgerungsbewerber systemwidrige Folgen insbesondere dann, wenn eine Altersgrenze als grundsätzlich zumutbare Bedingung für ein Ausscheiden gewertet wird.[243] Neben einer erweiternden Anwendung von § 12 Abs. 1 S. 2 Nr. 1 StAG liegt hierin ein möglicher Anwendungsfall der Auffanggeneralklausel (§ 12 Abs. 1 S. 1 StAG).

cc) Regelmäßige Verweigerung der Entlassung. Die regelmäßige Verweigerung einer **109** (rechtlich möglichen) Entlassung (§ 12 Abs. 1 S. 2 Nr. 2 StAG) umschreibt die Fallgruppe der „faktischen Unmöglichkeit" des Ausscheidens. Sie erfasst insbesondere arabische und nordafrikanische Staaten. Regelmäßig die Entlassung verweigern etwa Afghanistan, Algerien, Angola, Eritrea, Iran, Kuba, Libanon, Malediven, Marokko, Syrien, Thailand und Tunesien.[244]

„Regelmäßig" verweigert ein Herkunftsstaat die Entlassung, wenn bei den tatsächlich **110** gestellten Entlassungsanträgen über einen nennenswerten Zeitraum im Ergebnis die Zahl abgelehnter Entlassungsanträge diese Entlassungen deutlich übersteigt, die Verweigerung also der überwiegende Regelfall und die Entlassung der Ausnahmefall ist; nicht erforderlich ist eine durchgehend ablehnende Verwaltungspraxis.[245] Vereinzelte Entlassungsfälle hindern die Anwendung der Nr. 2 nicht; wenn über 20 % der Staatsangehörigkeiten eines bestimmten Herkunftslandes ohne Hinnahme von Mehrstaatigkeit eingebürgert werden können, liegt eine regelmäßige Verweigerung der Entlassung aber nicht mehr vor.[246]

Bei der Relationsbetrachtung erfolgreicher Entlassungsanträge zu Entlassungsverweige- **111** rungen ist die rein quantitative Betrachtung durch eine qualitative, normativ geleitete Betrachtung zu ergänzen, die auch das Menschenrecht auf Wechsel der Staatsangehörigkeit gewichtet. Keine Berücksichtigung zu finden haben solche Entlassungsfälle, bei denen die Entlassung/Aufgabe aus sachlich gerechtfertigten, völkerrechtlich anerkannten Gründen verweigert wird (zB fehlende Zustimmung der Personensorgeberechtigten; Ordnung der Personenstandsangelegenheiten;[247] nicht abgeleisteter Wehrdienst;[248] Rückstände auf Steuern und sonstige öffentliche Abgaben[249]).[250] Im Detail können sich hier Abgrenzungsschwierigkeiten zu der Fallgruppe der Unzumutbarkeit der Entlassung (§ 12 Abs. 1 S. 2 Nr. 3 StAG) ergeben, etwa wenn die Entlassung aus diskriminierenden Gründen regelmäßig nur einer bestimmten Personengruppe verweigert wird[251] oder der Art nach völkerrechtlich anzuerkennende Verweigerungsgründe systematisch überspannt/missbraucht werden.

---

[240] BVerwG Urt. v. 21.2.2013 – 5 C 9.12, BVerwGE 146, 89 = NVwZ 2013, 867.
[241] *Geyer* in NK-AuslR StAG § 12 Rn. 9.
[242] Dazu eingehend *Berlit* in GK-StAR StAG § 12 Rn. 37 ff.; *Geyer* in NK-AuslR StAG § 12 Rn. 10.
[243] So BVerwG Urt. v. 21.2.2013 – 5 C 9.12, BVerwGE 146, 89 = NVwZ 2013, 867.
[244] Nr. 12.1.2.2. VAH-StAG (BMI).
[245] *Berlit* in GK-StAR StAG § 12 Rn. 52.
[246] VGH München Beschl. v. 6.6.2014 – 5 ZB 13.1188, BeckRS 2014, 53536.
[247] VGH München Beschl. v. 3.5.2010 – 5 ZB 09.122, BeckRS 2010, 31275.
[248] BVerwG Urt. v. 3.5.2007 – 5 C 3.06, BVerwGE 129, 20 = NVwZ 2007, 1328.
[249] BVerwG Urt. v. 30.6.2010 – 5 C 9.10, BVerwGE 137, 257 = NVwZ 2011, 61.
[250] *Berlit* in GK-StAR StAG § 12 Rn. 60 ff.
[251] BVerwG Urt. v. 3.5.2007 – 5 C 3.07, BVerwGE 129, 30 = NVwZ 2007, 1328; s. auch *Geyer* in NK-AuslR StAG § 12 Rn. 12; *Berlit* in GK-StAR StAG § 12 Rn. 72.1.

112 **dd) Unzumutbarkeit der Entlassung.** § 12 Abs. 2 S. 1 Nr. 3 StAG fasst drei systematisch zu unterscheidende Fallgruppen normativ vom Einbürgerungsbewerber nicht zu vertretender Nichtentlassung aus der bisherigen Staatsangehörigkeit zusammen, und zwar die Versagung aus Gründen, die der Ausländer nicht zu vertreten hat (Alt. 1), die Koppelung der Entlassung an unzumutbare Bedingungen (Alt. 2) oder die Nichtbescheidung eines Entlassungsantrages in angemessener Zeit (Alt. 3). Bei der Versagung aus nicht zu vertretenden Gründen (Alt. 1) oder in Fällen der Nichtbescheidung (Alt. 3) ist ein vollständiger und formgerechter Entlassungsantrag zu stellen.[252] Bei der Fallgruppe der unzumutbaren Entlassungsbedingungen (Alt. 2) ist er entbehrlich, wenn von vornherein klar ist, dass unabhängig vom Vorliegen eines formgerechten Entlassungsantrages die Entlassung – zumindest für Angehörige bestimmter Personenkreise – von unzumutbaren Bedingungen abhängig gemacht wird, ein Entlassungsantrag also erkennbar erfolglos wäre,[253] oder bereits die Stellung eines formgerechten Antrages von unzumutbaren oder willkürlich überhöhten Form- und Verfahrensanforderungen abhängt.

113 Eine nicht zu vertretende Versagung einer Entlassung (Alt. 1) erfordert eine endgültige, ablehnende Entscheidung über einen Entlassungsantrag,[254] die aus Gründen erfolgt ist, die der Ausländer nicht zu vertreten hat, er also nicht durch ein ihm normativ zuzurechnendes Handeln oder Unterlassen[255] adäquat-kausal die Ursache für die Entlassungsversagung gesetzt hat.[256] Erfasst werden (objektiv) willkürliche Entlassungsversagungen, die eine Entlassung von sachwidrig überhöhten Anforderungen abhängig machen, bestimmten Staatsangehörigen die Entlassung aus diskriminierenden, völkerrechtlich nicht anzuerkennenden Gründen versagen[257] oder die im Recht oder der Verwaltungspraxis des Herkunftsstaates keine Stütze finden.[258] Regelmäßig zu vertreten hat der Ausländer eine Versagung der Entlassung bei Nichtbeachtung von Form- oder Verfahrensanforderungen, soweit diese nicht willkürlich überspannt sind.

114 Von „unzumutbaren Bedingungen" (§ 12 Abs. 1 S. 2 Nr. 3 Alt. 2 StAG) in der Sache oder im Verfahren macht ein Herkunftsstaat eine Entlassung dann abhängig, wenn diese bei einer normativ geleiteten Betrachtung, welche die völkerrechtlich garantierte Gestaltungsbefugnis der Staaten bei Erwerb und Verlust ihrer Staatsangehörigkeit achtet, im Einzelfall (konkret-individuelle Unzumutbarkeit)[259] nicht mehr als sachgerecht anzuerkennen sind. Anzulegen ist ein objektivierender normativer Maßstab aus nationaler Sicht;[260] der unbestimmte Rechtsbegriff unterliegt in vollem Umfang der verwaltungsgerichtlichen Kontrolle.[261] Systematisch ist zwischen abstrakten unzumutbaren Entlassungsbedingungen, die schon unabhängig von den Umständen des Einzelfalles die Hinnahme von Mehrstaatigkeit gebieten, und abstrakt prinzipiell sachgerechten und zumutbaren Entlassungsbedingungen zu unterscheiden, die wegen des Hinzutretens zusätzlicher Umstände konkret unzumutbar sind.[262]

115 Angesichts der Vielfalt denkbarer (formeller und materieller) Entlassungsvoraussetzungen gibt es zu Nr. 3 Alt. 2 eine vielfältige Kasuistik.[263] Bei den Verfahrensanforderungen sind zumutbar jedenfalls vollständige und zutreffende Angaben unter Vorlage zum Nachweis

---

[252] VGH Mannheim Urt. v. 22.1.2014 – 1 S 923/13, BeckRS 2014, 47662.
[253] BVerwG Urt. v. 3.5.2007 – 5 C 3.06, BVerwGE 129, 20 = NVwZ 2007, 1328.
[254] BVerwG Beschl. v. 1.10.1996 – 1 B 178.95, NVwZ-RR 1997, 442.
[255] BVerwG Urt. v. 19.2.2009 – 5 C 22.08, BVerwGE 133, 153 = NVwZ 2009, 843 (Nichterfüllung zumutbarer Mitwirkungsobliegenheiten).
[256] Zum Begriff des Vertretenmüssens s. auch → Rn. 91.
[257] BVerwG Urt. v. 3.5.2007 – 5 C 3.06, BVerwGE 129, 20 = NVwZ 2007, 1328 (Anknüpfung an Volkszugehörigkeit).
[258] OVG Koblenz Urt. v. 4.2.1992 – 7 A 10109/89, NVwZ 1992, 704.
[259] VGH Mannheim Urt. v. 22.1.2014 – 1 S 923/13, BeckRS 2014, 47662; offengelassen in BVerwG Urt. v. 21.2.2013 – 5 C 9.12, BVerwGE 146, 89 = NVwZ 2013, 867.
[260] OVG Lüneburg Urt. v. 8.2.2012 – 13 LC 240/10, InfAuslR 2012, 191.
[261] BVerwG Beschl. v. 29.6.2012 – 1 B 1.11, InfAuslR 2011, 339.
[262] OVG Lüneburg Beschl. v. 13.11.2013 – 13 LB 99/12, BeckRS 2013, 59145.
[263] Zu Einzelheiten *Berlit* in GK-StAR StAG § 12 Rn. 111 ff.

§ 2 Erwerb und Verlust der deutschen Staatsangehörigkeit § 2

erforderlicher Urkunden und Dokumente,[264] eine gefahrlos mögliche[265] persönliche Vorsprache bei der zuständigen Auslandsvertretung[266] oder – bei Reisefähigkeit – den Behörden im Heimatstaat,[267] während grenzwertig bis unzumutbar sind die Unterzeichnung eines Schuldanerkenntnisses,[268] die Vorlage von Lichtbildern mit Shador,[269] Aufgabe eines Flüchtlingsstatus[270] oder der Übertritt zu einer anderer Religion.[271] Bei den materiellen Entlassungsvoraussetzungen sind all jene Voraussetzungen zumutbar, die bei der Relationsbetrachtung im Rahmen der Nr. 2 nicht als sachwidriger Verweigerungsgrund zu berücksichtigen sind.

Unzumutbar können je nach Ausgestaltung besondere, personen- oder berufsgruppenbezogene Einbürgerungsvoraussetzungen sein, wenn diese mit einer (gezielten) Diskriminierung verbunden sind,[272] deutlich überhöhte, prohibitive Entlassungsgebühren (die als solche unbedenklich sind),[273] oder die Erfüllung der gesetzlichen Wehrpflicht,[274] die aber ua bei Geburt und Aufwachsen im Bundesgebiet, fehlender Möglichkeit zur Wehrdienstverweigerung oder der Gefahr einer Beteiligung an einem völkerrechtswidrig geführten Konflikt unzumutbar sein kann,[275] wobei dann aber zumutbare Möglichkeiten des Freikaufs vom Wehrdienst[276] genutzt werden müssen.[277] Das Erreichen der Volljährigkeit als Entlassungserfordernis ist abstrakt zumutbar,[278] kann aber bei Hinzutreten weiterer Umstände konkret unzumutbar sein.[279] Die Bezahlung von Bestechungsgeldern (neben den offiziellen Entlassungsgebühren) ist unabhängig von der Landesüblichkeit grundsätzlich unzumutbar; Ausnahmen kommen allenfalls in Betracht, wenn sie nach Art und Höhe als „kleinere Geschenke" erscheinen und als „sozialadäquate" Ergänzung der Entlassungsgebühren in der Summe angemessen sind. **116**

Entscheidet der Herkunftsstaat über einen vollständigen, formgerecht eingereichten Entlassungsantrag nicht in angemessener Zeit, ist ebenfalls Mehrstaatigkeit hinzunehmen (§ 12 Abs. 1 S. 2 Nr. 3 Alt. 3 StAG). Die Nichtentscheidung muss nicht selbst auf sachwidrigen, willkürlichen Gründen beruhen oder sonst nach den Verhältnissen im Heimatstaat objektiv sachwidrig sein. Die Frist für die Beurteilung der „Angemessenheit" der Prüfungs- und Entscheidungsdauer wird erst mit der Vorlage eines vollständigen und formgerechten Entlassungsantrages nach dem Recht der Verwaltungspraxis des Herkunftsstaates in Lauf gesetzt,[280] dessen Zugang bei den Behörden des Herkunftsstaates der Einbürgerungsbewer- **117**

---

[264] VGH Mannheim Urt. v. 7.11.1991 – 13 S 1627/90, InfAuslR 1992, 98.
[265] Zu Ausnahmen s. *Berlit* in GK-StAR StAG § 12 Rn. 121.
[266] BVerwG Beschl. v. 19.2.1991 – 1 B 17.91, NJW 1991, 226; VGH München Beschl. v. 6.6.2014 – 5 ZB 13.1188, BeckRS 2014, 53536.
[267] BVerwG Urt. v. 30.6.2010 – 5 C 9.10, BVerwGE 137, 237 = NVwZ 2010, 1499.
[268] VGH Mannheim Urt. v. 7.11.1991 – 13 S 1627/90, InfAuslR 1992, 98 (nicht unzumutbar); s. auch – zur aufenthaltsrechtlichen Freiwilligkeitserklärung – BSG Urt. v. 30.10.2013 – B 7 AY 7/12 R, NVwZ-RR 2014, 649 (menschenunwürdige Selbstverleugnung).
[269] VG Berlin Urt. v. 10.7.1989 – 2 A 1/98, NVwZ-RR 1990, 108.
[270] VGH Mannheim Beschl. v. 16.10.1991 – 13 S 2510/89.
[271] VGH München Beschl. v. 26.6.2001 – 5 ZB 01.65, NVwZ 2001, 1437.
[272] Vgl. *Berlit* in GK-StAR StAG § 12 Rn. 135 ff.
[273] Nr. 12.1.2.3.1. VAH-StAG (BMI) (mehr als ein Monatsgehalt als Richtwert); nicht erfasst sind hiervon Aufwendungen, die mit der Ordnung der personenstandsrechtlichen Angelegenheiten verbunden sind, zu der ein Einbürgerungsbewerber unabhängig vom Einbürgerungsverfahren verpflichtet ist (VG Minden Urt. v. 16.8.2018 – 11 K 4423/16).
[274] BVerwG Urt. v. 3.5.2007 – 5 C 3.06, BVerwGE 129, 20 = NVwZ 2007, 1328; VGH BW Urt. v. 22.1.2014 – 1 S 923/13, BeckRS 2014, 47662.
[275] Zu den Ausnahmen s. *Berlit* in GK-StAR StAG § 12 Rn. 148 ff.; *Geyer* in NK-AuslR StAG § 12 Rn. 21 f.
[276] *Berlit* in GK-StAR StAG § 12 Rn. 162 ff.
[277] VGH BW Urt. v. 22.1.2014 – 1 S 923/13, BeckRS 2014, 47662.
[278] BVerwG Urt. v. 21.2.2013 – 5 C 9.12, BVerwGE 146, 8 = NVwZ 2013, 876; VG Stuttgart Beschl. v. 3.2.2017 – 11 K 8599/16, BeckRS 2017, 106892.
[279] VG Stuttgart Beschl. v. 5.6.2013 – 11 K 496/13, BeckRS 2013, 52134; s. auch *Berlit* in GK-StAR StAG § 12 Rn. 166 ff.
[280] BVerwG Beschl. v. 1.10.1996 – 1 B 178.95, NVwZ-RR 1997, 442.

ber darzulegen und zu beweisen hat,[281] und bei dem auch zumutbare Mitwirkungshandlungen Dritter erfüllt worden sind.

118 Die Angemessenheit der Entscheidungsfrist ist konkret unter Berücksichtigung aller Umstände des Einzelfalles zu bestimmen.[282] Die im Gesetzgebungsverfahren[283] genannte Regelhöchstfrist von zwei Jahren ist keine Mindest- oder Regelfrist; in Fällen, in denen die Bearbeitung nicht aus sachlichen Gründen zurückgestellt oder der Fristlauf gehemmt worden ist, ist sie allein als (absolute) Höchstfrist anzuerkennen.[284]

119 **ee) Hinnahme von Mehrstaatigkeit bei älteren Einbürgerungsbewerbern (§ 12 Abs. 1 S. 2 Nr. 4 StAG).** Der Verzicht auf die Aufgabe der bisherigen Staatsangehörigkeit bei älteren Menschen, bei denen dies auf unverhältnismäßige Schwierigkeit stößt und die Versagung der Einbürgerung eine besondere Härte darstellen würde (§ 12 Abs. 1 S. 2 Nr. 4 StAG), sollte einen gewissen „Brückenschlag" zu den vormaligen „Gastarbeitern" der ersten Generation bilden,[285] durch den deren besondere Bindungen an den Herkunftsstaat berücksichtigt werden können. Bei den älteren, bereits mehrere Jahrzehnte im Bundesgebiet lebenden Ausländern ist die Einbürgerungsquote weiterhin unterdurchschnittlich.[286] Das Erreichen dieses Zieles wird aber durch die sachlichen Tatbestandsvoraussetzungen nachhaltig eingeschränkt.

120 Der Begriff „ältere Personen" ist gesetzlich nicht klar definiert. Überwiegend wird geschlechtsunabhängig für die Altersgrenze auf die Vollendung des 60. Lebensjahres abgestellt.[287] Die Heraufsetzung der Altersgrenze in der gesetzlichen Rentenversicherung ist sozialpolitisch motiviert und wirkt nicht auf den integrationspolitisch auszulegenden Begriff des „älteren Menschen" zurück.[288]

121 Neben dem Alterserfordernis muss die Entlassung aus der bisherigen Staatsangehörigkeit (objektiv) auf unverhältnismäßige Schwierigkeiten stoßen und (subjektiv) eine besondere Härte für den Einbürgerungsbewerber bedeuten. Allein ein (etwa altersbedingt verstärkter) subjektiver Unwille zur Aufgabe der bisherigen Staatsangehörigkeit begründet keine „besondere Schwierigkeit". Berücksichtigungsfähige besondere Schwierigkeiten können bestehen, wenn der ältere Einbürgerungsbewerber aus Alters- oder Gesundheitsgründen Entlassungsbedingungen nicht oder nur mit erheblichen Schwierigkeiten erfüllen kann (etwa Vorsprache bei Behörden im Herkunftsstaat; Schwierigkeiten bei der Beibringung von Urkunden nach Ablauf von Aufbewahrungsfristen; Probleme bei der Feststellung, welche fremde Staatsangehörigkeit besteht); das Alter muss dabei wesentlicher, nicht aber einziger Grund für die Entlassungsschwierigkeiten sein.[289]

122 Eine „besondere Härte" kann durch die Versagung der Einbürgerung bei erheblicher, die Mindestanforderung nach § 10 Abs. 1 StAG deutlich übersteigender Inlandsaufenthaltsdauer mit beruflicher und sozialer Integration, einer nachhaltigen und endgültigen Ablösung vom Herkunftsstaat, bei Einbürgerung bereits aller anderen nahen Angehörigen oder dann bestehen, wenn sich der Ausländer in besonderem Maße durch gesellschaftliche Aktivitäten im Bundesgebiet integriert hat.[290]

---

[281] VGH Mannheim Urt. v, 7.11.1991 – 13 S 1627/90, InfAuslR 1992, 98.
[282] VGH Mannheim Urt. v. 20.3.1997 – 13 S 2996/94, InfAuslR 1997, 317; Urt. v. 15.11.2002 – 13 S 810/02, InfAuslR 2003, 160.
[283] BR-Drs. 188/99, 25 (zu § 87 Abs. 1 AuslG [a. F.]).
[284] OVG Münster Beschl. v. 23.6.1995 – 25 E 501/95, InfAuslR 1996, 22; VGH Mannheim Urt. v. 15.11.2002 – 13 S 810/02, InfAuslR 2003, 160.
[285] BT-Prot. 14/2289.
[286] 2016 lag das durchschnittliche Einbürgerungsalter bei 33,1 Jahren (Statistisches Bundesamt, Einbürgerungen 2016 (Fachserie 1 Reihe 2.1)), 2017, 60.
[287] VGH Mannheim Urt. v. 22.1.2014 – 1 S 923/13, BeckRS 2014, 47662.
[288] Offenlassend BVerwG Urt. v. 30.6.2010 – 5 C 9.10, BVerwG 136, 237.
[289] OVG Münster Urt. v. 26.11.2009 – 19 A 1448/07, NRWVBl. 2010, 279.
[290] *Berlit* in GK-StAR StAG § 12 Rn. 215 ff.

ff) Erhebliche Nachteile durch Aufgabe der bisherigen Staatsangehörigkeit (§ 12 **123**
Abs. 1 S. 2 Nr. 5 StAG). Mehrstaatigkeit ist auch dann hinzunehmen, wenn die Aufgabe der ausländischen Staatsangehörigkeit erhebliche Nachteile, insbesondere wirtschaftlicher oder vermögensrechtlicher Art, bewirkte, die über den Verlust der staatsbürgerlichen Rechte hinausreichen und auch sonst deutlich über das normale Maß möglicher wirtschaftlicher Nachteile hinausgehen.[291] Der Begriff der „erheblichen Nachteile" unterliegt als unbestimmter Rechtsbegriff in vollem Umfange der verwaltungsgerichtlichen Kontrolle.[292] Für deren Entstehen trägt der Einbürgerungsbewerber die Darlegungs- und materielle Beweislast.[293]

„Nachteile" können sich ergeben ua aus anderweitig nicht abwendbaren Nachteilen im **124** Bereich des Erbrechts[294] oder beim Immobilieneigentum, der konkreten Gefährdung wirtschaftlich relevanter, bereits verwirklichter[295] geschäftlicher Beziehungen[296] oder massive Einbußen bei Rentenanwartschaften oder -ansprüchen. Bloße Erwerbschancen oder -erleichterungen,[297] verbesserte Karrierechancen oder sonstige berufliche Nachteile[298] reichen jedenfalls dann nicht aus, wenn sie nicht die Möglichkeit beeinträchtigen oder gefährden, die Einbürgerungsvoraussetzung einer eigenständigen Sicherung des Lebensunterhaltes zu erfüllen.[299] Psychische Belastungen für den Einbürgerungsbewerber oder psychosoziale Nachteile im soziokulturellen Umfeld sind mangels Objektivierbarkeit[300] ebenso wie ideelle Nachteile grundsätzlich[301] unbeachtlich.[302] Diese Nachteile müssen zudem „erheblich" sein, also objektiv drohen und nach Art und Umfang deutlich über das „normale Maß" hinausreichen.[303] Allein die Entscheidung eines Ausländers, aus Gewissensgründen (Vertiefung und Vollendung ethnischer Säuberungen) seine bisherige Staatsangehörigkeit nicht aufzugeben, begründet keine „besondere Härte" oder sonst einen Anspruch auf Einbürgerung unter Hinnahme der Mehrstaatigkeit.[304]

gg) Hinnahme von Mehrstaatigkeit bei Flüchtlingen (§ 12 Abs. 1 S. 2 Nr. 6 **125**
StAG). Die Hinnahme von Mehrstaatigkeit bei Flüchtlingen ist seit 2005[305] auf Inhaber eines Flüchtlingsausweises nach Art. 28 GFK beschränkt (§ 12 Abs. 1 S. 2 Nr. 6 StAG). Ein solcher Ausweis ist Flüchtlingen auszustellen, die sich rechtmäßig im Bundesgebiet aufhalten, soweit nicht zwingende Gründe der öffentlichen Sicherheit oder Ordnung entgegenstehen. Begünstigt werden Asylberechtigte (§ 16a GG), anerkannte Flüchtlinge (§ 60 Abs. 1 AufenthG iVm § 3 Abs. 1 AsylG), Personen, denen bis zum Beitritt in der DDR Asyl gewährt worden war, sowie Menschen, die außerhalb des Bundesgebietes als ausländische Flüchtlinge iSd GFK anerkannt worden sind.

---

[291] BT-Drs. 14/533, 19.
[292] VG Berlin Urt. v. 11.6.2003 – 2 A 109.99, InfAuslR 2003, 352.
[293] BVerwG Urt. v. 30.6.2010 – 5 C 9.10, BVerwGE 136, 237 = NVwZ 2010, 964.
[294] VG Karlsruhe Urt. v. 1.3.2017 – 4 K 2840/16, BeckRS 2017, 103826 (für die Zeit bis zum Eintritt des Erbfalls verneint).
[295] VG Stuttgart Urt. v. 4.10.2019 – 11 K 352/19, BeckRS 2019, 31884.
[296] BVerwG Urt. v. 30.6.2010 – 5 C 9.10, BVerwGE 136, 237 = NVwZ 2010, 964; s. auch Nr. 12.1.2.5.1 VAH-StAG (BMI).
[297] VGH München Urt. v. 15.7.2014 – 5 B 12.2271, NVwZ-RR 2015, 65.
[298] S. aber VG München, Urt. v. 19.2.2014 – M 25 K 10.1080, BeckRS 2014, 55326 (Einzelfall drohender massiver Rückwirkungen auf eine selbständige Tätigkeit).
[299] Offengelassen durch BVerwG Urt. v. 30.6.2010 – 5 C 9.10, BVerwGE 136, 237 = NVwZ 2010, 964.
[300] BVerwG Urt. v. 30.6.2010 – 5 C 9.10, BVerwGE 136, 237 = NVwZ 2010, 964.
[301] S. aber VG Köln Urt. v. 6.5.2015 – 10 K 6437/13, BeckRS 2015, 46152 (Einzelfall letztlich nicht durchgreifender Nachteile familiärer Art).
[302] AA wohl *Geyer* in NK-AuslR StAG § 12 Rn. 25.
[303] VG München Urt. v. 14.12.2011 – M 25 K 08.5312, BeckRS 2012, 46478; BR-Drs. 188/99; Nr. 12.1.5.2. VAH-StAG (BMI); zu Einzelfällen der „Erheblichkeit" s. auch *Berlit* in GK-StAR StAG § 12 Rn. 228 ff.
[304] VGH Mannheim Urt. v. 19.12.2018 – 12 S 996/18, InfAuslR 2019, 156 (nachgehend BVerwG Beschl. v. 14.5.2019 – 1 B 29.19 [Nichtzulassungsbeschwerde]; Beschl. v. 9.7.2019 – 1 B 51.19, BeckRS 2019, 17696 [Anhörungsrüge]).
[305] Zu den damit verbundenen Einschränkungen s. *Berlit* in GK-StAR StAG § 12 Rn. 241 f.; *Geyer* in NK-AuslR StAG § 12 Rn. 27.

126 Nicht erfasst sind Personen, die lediglich subsidiären Schutz genießen (§ 60 Abs. 2 AufenthG iVm § 4 AsylG), die als Kriegs- oder Bürgerkriegsflüchtlinge aufgenommen worden sind (§ 23 Abs. 1, § 24 AufenthG), Menschen, die unter besonderer Betreuung durch eine UN-Organisation (§ 3 Abs. 2 AsylG)[306] stehen, Personen, für die Abschiebungsschutz nach nationalem Recht (§ 60 Abs. 5, 7 AufenthG) festgestellt worden ist oder jüdische Zuwanderer aus den Nachfolgestaaten der ehemaligen Sowjetunion, die als (unechte) Kontingentflüchtlinge Aufnahme gefunden haben.[307]

127 Maßgeblich ist nicht der flüchtlingsrechtliche Status des Einbürgerungsbewerbers, sondern allein, ob ihm ein im Zeitpunkt der Einbürgerung gültiger Reiseausweis nach Art. 28 GFK ausgestellt ist, dessen Besitz rechtmäßig ist.[308] Nach § 73 Abs. 2c AsylG entfällt für Einbürgerungsverfahren die Verbindlichkeit einer (positiven) Entscheidung über den Asylantrag bis zur Bestandskraft des Widerrufs oder der Rücknahme; die Einleitung lediglich des Überprüfungsverfahrens (§ 73 Abs. 2, 2b AsylG) reicht hierfür nicht aus. Die Wirkung auf § 12 Abs. 1 S. 2 Nr. 6 StAG ist strittig, weil dies nicht unmittelbar die Wirksamkeit hieran anknüpfender Aufenthaltstitel oder den Besitz eines gültigen Reiseausweises berührt.[309] Die Anfrage an das BAMF, ob ein Widerrufsverfahren eingeleitet werden soll, oder dessen Einleitung rechtfertigen nicht eine längerfristige Aussetzung des Einbürgerungsverfahrens;[310] dies gilt erst recht, wenn der Einbürgerungsbewerber der Privilegierung nach Nr. 6 nicht bedarf.[311]

128 **hh) Hinnahme von Mehrstaatigkeit bei Unionsbürgern oder Schweizern (§ 12 Abs. 2 StAG).** Nicht durch Unionsrecht oder bilaterales Völkerrecht vorgegeben ist die generelle Hinnahme von Mehrstaatigkeit bei Staatsangehörigen eines anderen Mitgliedstaates der Europäischen Union oder der Schweiz (Abs. 2). Seit 2007[312] erfordert diese Ausnahme vom Prinzip der Aufgabe der bisherigen Staatsangehörigkeit nicht (mehr) Gegenseitigkeit. Ungeachtet ihrer Gleichstellung mit Unionsbürgern in anderen Regelungen des Staatsangehörigkeitsgesetzes (§ 4 Abs. 3 Nr. 2, § 10 Abs. 1 Nr. 2 StAG; s. auch § 12 FreizügG/EU) nicht erfasst sind die Staatsangehörigen der EWR-Staaten Norwegen, Island und Liechtenstein.

129 **ii) Hinnahme von Mehrstaatigkeit nach Völkervertragsrecht (§ 12 Abs. 3 StAG).** § 12 Abs. 3 StAG, nach dem weitere Ausnahmen vom Gebot der Aufgabe der bisherigen Staatsangehörigkeit durch völkerrechtliche Verträge vorgesehen werden können, enthält der Sache nach eine Öffnungsklausel mit „Platzhalterfunktion". Sie erfasst im Ansatz bi- oder multilaterale völkerrechtliche Verträge. Praktische Bedeutung hat sie derzeit nicht. Art. 16 Europäisches Übereinkommen über die Staatsangehörigkeit[313] gibt keine weitergehenden Ausnahmen zur Hinnahme von Mehrstaatigkeit vor als – bei völkerrechtskonformer Auslegung – in § 12 StAG jedenfalls dann bereits vorgesehen sind, wenn § 12 Abs. 1 S. 1 StAG als Auffanggeneralklausel qualifiziert wird (→ Rn. 104).

9. Strafrechtliche Unbescholtenheit (§ 10 Abs. 1 S. 1 Nr. 5, § 12b StAG)

130 **a) Grundsatz: keine Verurteilung.** Ein Einbürgerungsbewerber muss in dem Sinne „rechtstreu" gewesen sein, dass er nicht wegen einer rechtswidrigen Tat zu einer Strafe

---

[306] BVerwG Urt. v. 4.6.1991 – 1 C 42.88, NVwZ 1992, 180; Urt. v. 25.4.2019 – 1 C 28.18, NVwZ 2019, 1360; Beschl. v. 14.5.2019 – 1 C 5.18, BeckRS 2019, 16488.
[307] BVerwG Urt. v. 22.3.2012 – 1 C 3.11, BVerwGE 142, 179 = NVwZ-RR 2012, 529.
[308] VGH München Urt. v. 17.2.2005 – 5 B 04.392, BayVGHE 58, 55 = ZAR 2005, 209.
[309] VG Gießen Urt. v. 7.3.2005 – 10 E 4094/04, BeckRS 2005, 24366.
[310] VG Darmstadt Beschl. v. 28.12.2009 – 5 K 1115/09.DA, BeckRS 2010, 46450.
[311] VG Freiburg Urt. v. 2.10.2008 – 2 K 1296/08, BeckRS 2008, 39943.
[312] Gesetz zur Umsetzung aufenthalts- und asylrechtlicher Richtlinien der Europäischen Union v. 19.8.2007, BGBl. I 1970; zur „Gegenseitigkeit" nach alter Rechtslage BVerwG Urt. v. 20.4.2004 – 1 C 13.03, BVerwGE 120, 298 = NVwZ 2004, 1369.
[313] Abkommen v. 6.11.1997, Gesetz v. 13.5.2004, BGBl. II 1351.

§ 2 Erwerb und Verlust der deutschen Staatsangehörigkeit § 2

verurteilt oder gegen ihn aufgrund seiner Schuldunfähigkeit eine Maßregel der Besserung und Sicherung angeordnet worden ist (§ 10 Abs. 1 S. 1 Nr. 5 StAG). § 12a StAG konkretisiert diesen Grundsatz dahin, dass bestimmte Verurteilungen außer Betracht bleiben (können), durch die Klarstellung, unter welchen Voraussetzungen auch ausländische Verurteilungen, die im Einbürgerungsantrag anzugeben sind, zu berücksichtigen sind, und die verfahrensrechtliche Regelung, dass bei laufenden Ermittlungs- oder Strafverfahren das Einbürgerungsverfahren auszusetzen ist. Anderweitige Rechtsverstöße (auch Ordnungswidrigkeiten) sind für den Einbürgerungsanspruch unschädlich und relevant nur für vorgelagerte aufenthaltsrechtliche Entscheidungen (§ 54 Abs. 2 Nr. 9 AufenthG).

Eine grundsätzlich beachtliche „Verurteilung" erfordert ein (rechtskräftiges) Urteil eines **131** Strafgerichts. Bis zur Rechtskraft steht der Einbürgerung die nach § 12a Abs. 3 StAG zwingende Aussetzung des Einbürgerungsverfahrens entgegen. Endgültig abgeschlossene Ermittlungs- und Strafverfahren, die nicht zu einer Verurteilung geführt haben (Verfahrenseinstellungen (ua §§ 153, 153a StPO), Absehen von Strafe (§ 60 StGB), Freisprüche wegen fehlender Schuldfähigkeit, die nicht zu einer Maßregelanordnung geführt haben), sind nach Nr. 5 unbeachtlich. Bei sicherheitsrelevanten Straftaten können die zu Grunde liegenden Sachverhalte auch bei Verfahrenseinstellung nach § 11 StAG Anknüpfungspunkt für Sicherheitsbedenken bilden.[314] Zu berücksichtigen sind Verurteilungen nach allgemeinem Strafrecht (einschließlich strafrechtlicher Nebengesetze), nach Jugendstrafrecht oder nach dem Wehrstrafgesetzbuch.

Strafgerichtliche Verurteilungen sind nur so lange zu berücksichtigen, als sie im Bundes- **132** zentralregister (noch) nicht getilgt sind und daher (noch) nicht einem Verwertungsverbot (§ 51 Abs. 1 BZRG) unterliegen. Dies gilt auch für getilgte Maßregeln der Besserung und Sicherung.[315] Die Einbürgerungsbehörde ist dabei grundsätzlich an die Tilgungsentscheidung der Registerbehörde gebunden,[316] und zwar auch in den Fällen des § 11 Abs. 1 StAG.[317] Bei den berücksichtigungsfähigen Jugendstrafen[318] steht die Beseitigung des Strafmakels (§ 100 JGG) der registerrechtlichen Tilgung nicht gleich und begründet bei anderweitiger rechtmäßiger Kenntniserlangung auch kein materiellrechtliches Verwertungsverbot.[319] Bei strafmündigen Personen ist nach § 46 Abs. 1 Nr. 6 BZRG eine unbeschränkte Auskunft aus dem Bundeszentralregister anzufordern.[320]

Auslandsverurteilungen sind nach § 12a Abs. 2 StAG zu berücksichtigen und in das **133** bundesrepublikanische Sanktionssystem einzupassen. Auch sie sind nicht zu berücksichtigen, wenn sie bei einer entsprechenden Anwendung der §§ 45 ff., 51 f. BZRG tilgungsreif wären.[321]

Maßregeln der Besserung und Sicherung sind zu berücksichtigen, wenn sie auf Grund **134** der Schuldunfähigkeit des Einbürgerungsbewerbers angeordnet worden sind. In Fällen der Schuldunfähigkeit reichen die Erfüllung des objektiven Straftatbestandes und der Rechtswidrigkeitszusammenhang aus, ohne dass es auf eine schuldhafte Tatbegehung ankommt. Bei (isolierter) Anordnung einer Maßregel der Sicherung und Besserung von geringerem Gewicht (zB selbständige Entziehung der Fahrerlaubnis, § 69 StGB), die von den strafrahmenbezogenen Unbeachtlichkeitsregelungen des § 12a Abs. 1 StAG nicht erfasst werden, können nur nach Maßgabe des § 12a Abs. 1 S. 4 StAG außer Betracht bleiben; sie werden regelmäßig aber nicht „wegen Schuldunfähigkeit" verhängt worden sein.[322] Die

---

[314] BVerwG Urt. v. 20.3.2012 – 5 C 1.11, BVerwGE 142, 145 = NVwZ 2012, 1250.
[315] VGH Mannheim Urt. v. 10.11.2005 – 13 S 2223/04, InfAuslR 2006, 93; Urt. v. 6.11.2013 – 1 S 244/13, InfAuslR 2014, 60.
[316] BVerwG Urt. v. 20.3.2012 – 5 C 5.11, BVerwGE 142, 145 = NVwZ 2012, 1250.
[317] BVerwG Urt. v. 20.3.2011 – 5 C 1.11, BVerwGE 142, 132 = NVwZ 2012, 1254.
[318] AA noch – zu § 88 AuslG, BVerwG Urt. v. 17.3.2004 – 1 C 5.03, NVwZ 2004, 987; s. nunmehr BVerwG Urt. v. 5.6.2014 – 10 C 4.14, BVerwGE 150, 17 = BeckRS 2014, 54184.
[319] BVerwG Urt. v. 5.6.2014 – 10 C 4.14, BVerwGE 150, 17 = BeckRS 2014, 54184.
[320] Nr. 10.1.1.5 VAG-StAG (BMI).
[321] *Berlit* in GK-StAR StAG § 10 Rn. 304.
[322] S. auch VG Augsburg Urt. v. 10.3.2015 – Au 1 K 14.1697, BeckRS 2015, 46082.

unselbständige, mit einer strafrechtlichen Verurteilung verbundene Maßregel der Besserung und Sicherung bleibt bei der Beurteilung der Einbürgerungsvoraussetzungen nach § 10 Abs. 1 Nr. 5 StAG außer Betracht.[323]

135 **b) Nichtberücksichtigung von geringfügigen Bestrafungen (§ 12a Abs. 1 S. 1 bis 3 StAG).** § 12a Abs. 1 StAG gewährleistet, dass eine Einbürgerung nicht an solchen Verfehlungen geringeren Gewichts scheitert, die einer Integration in die deutschen Lebensverhältnisse nicht (nachhaltig) entgegenstehen, und lässt insoweit das öffentliche Interesse an der Nichteinbürgerung straffällig gewordener Ausländer zurücktreten. Die Regelungen erfassen altersunabhängig strafrechtliche Verfehlungen aller Art und damit auch „typische Jugendverfehlungen" junger Ausländer.

136 Für die nach S. 1 zwingend außer Betracht zu lassenden Verurteilungen wird allein an Sanktionsart und Strafmaß angeknüpft. Die Einbürgerungsbehörde ist dabei an die Tatsache der Entscheidung der Strafgerichte gebunden, und zwar auch in Bezug auf Strafart, Strafmaß, Strafaussetzung zur Bewährung oder deren Widerruf.[324] Erfasst sind auch im Strafbefehlsverfahren ergangene Verurteilungen.[325]

137 Erziehungs- und Zuchtmittel nach dem JGG (§§ 9 ff. JGG) haben nicht die Rechtswirkungen einer Strafe (§ 13 Abs. 3 JGG). Sie bleiben stets außer Betracht (§ 12a Abs. 1 S. 1 Nr. 1 StAG).

138 Für die Unbeachtlichkeit sogenannter „Bagatellverurteilungen" (§ 12a Abs. 1 S. 1 Nr. 2 oder 3 StAG) sind mehrere Verurteilungen zu geringeren Geldstrafen oder kurzzeitigen Freiheitsstrafen zusammenzuzählen, soweit keine (niedrigere) Gesamtstrafe gebildet wird, und zwar auch strafartübergreifend (§ 12 Abs. 1 S. 2 StAG). Sie dürfen nicht mehr als 90 Tagessätze oder drei Monate übersteigen,[326] wobei bei Verurteilung zu zeitiger Freiheitsstrafe diese (insgesamt) zur Bewährung ausgesetzt und nach Ablauf der Bewährungszeit erlassen worden sein muss. Bei Verwarnungen mit Strafvorbehalt (§ 59 Abs. 1 StGB) ist nicht an die Vorbehaltstrafe anzuknüpfen, sondern § 12a Abs. 1 Nr. 1 StAG entsprechend anzuwenden.[327] Nicht „wegen Schuldfähigkeit" verhängte Maßregeln bleiben unabhängig davon außer Betracht, ob sie isoliert[328] oder in Verbindung mit einer dem Strafmaß nach unbeachtlichen Verurteilung verhängt worden sind.

139 Bei einer geringfügigen Überschreitung des Strafmaßrahmens ist über die Nichtberücksichtigung der Verurteilungen eine Ermessensentscheidung zu treffen (§ 12a Abs. 1 S. 3 StAG). Eine Überschreitung der gesetzlichen Unbeachtlichkeitsgrenze um ein Drittel ist dabei nicht mehr „geringfügig".[329] Für die fakultative Nichtberücksichtigung bleibt hiernach nur ein geringer Spielraum. Eine Überschreitungsgrenze von lediglich 10 %[330] ist als zu niedrig abzulehnen. Bei einer Betätigung des Nichtberücksichtigungsermessens sind alle Umstände des Einzelfalles zu würdigen und abzuwägen.[331] Dazu gehören neben dem Grad der (unschädlichen) Überschreitung ausnahmsweise etwaige Zweifel an der Verurteilung oder der Festsetzung des Strafmaßes[332] sowie einer etwaigen Wiederholungsgefahr die Frage, ob es sich um eine einmalige Verfehlung des Ausländers handelt, das Gesamtverhalten des Ausländers vor und nach der Tat, eine etwaige Häufung von Ordnungswidrigkeiten, der seit dem Tatzeitpunkt vergangene

---

[323] BVerwG Urt. v. 22.2.2018 – 1 C 4.17, BVerwGE 161, 193 = NVwZ 2018, 1872 (in Bestätigung von VGH München Urt. v. 23.1.2017 – 5 B 16.1007, BeckRS 2017, 102578).
[324] VGH München Beschl. v. 16.10.2007 – 5 ZB 07.1006, BeckRS 2007, 30611.
[325] VGH Mannheim Urt. v. 21.8.2003 – 13 S 888/03, BeckRS 2003, 24205.
[326] OVG Münster Urt. v. 14.3.1011 – 19 A 644/10, NWVBl. 2011, 401 („Grenzstrafen" von 90 Tagessätzen oder drei Monaten werden mit erfasst).
[327] Berlit in GK-StAR StAG § 12a Rn. 21.1.
[328] VG Augsburg Urt. v. 10.3.2015 – Au 1 K 14.1697, BeckRS 2015, 46082.
[329] BVerwG Urt. v. 20.3.2012 – 5 C 1.11, BVerwGE 142, 145 = NVwZ 2012, 1250.
[330] In dieser Richtung VGH Kassel Urt. v. 8.4.2014 – 5 A 2213/13, InfAuslR 2014, 319 (Überschreitung um 25 Tagessätze jedenfalls nicht mehr geringfügig).
[331] BVerwG Urt. v. 29.3.2007 – 5 C 33.05, NVwZ 2007, 1205.
[332] BVerwG Beschl. v. 16.7.2010 – 5 B 2.10, BeckRS 2010, 51738.

Zeitraum sowie alle sonstigen bei der Strafzumessung zu berücksichtigenden Umstände (§ 46 Abs. 2 StGB).

c) Nichtberücksichtigung von Maßregeln der Besserung und Sicherung (§ 12a 140 **Abs. 1 S. 4 StAG).** Die Möglichkeit einer Nichtberücksichtigung von Maßregeln der Besserung und Sicherung ist auf die Maßregeln der Entziehung der Fahrerlaubnis (§ 61 Nr. 5 StGB) und eines Berufsverbots (§ 61 Nr. 6 StGB) beschränkt. Alle weiteren, an die Schuldunfähigkeit anknüpfenden Anordnungen von Maßregeln der Besserung und Sicherung stehen mithin (bis zur Tilgung) einer Einbürgerung zwingend entgegen.[333] Bei der Ermessensentscheidung über die Nichtberücksichtigung sind dieselben Aspekte zu berücksichtigen wie nach S. 3 (→ Rn. 139); bei der Maßregel der Entziehung der Fahrerlaubnis ist auch die Dauer der verhängten Wiedererteilungssperre zu berücksichtigen.[334]

d) Ausländische Verurteilungen (§ 12a Abs. 2 StAG). § 12a Abs. 2 StAG klärt die bis 141 Ende 2004 umstrittene[335] Berücksichtigungsfähigkeit von Auslandsverurteilungen nach Maßgabe eines „ordre public"-Vorbehalts. Sie sind zu berücksichtigen, wenn sie einer auch im Inland strafbaren Tat wegen in einem rechtsstaatlichen Verfahren ausgesprochen worden sind und das Strafmaß verhältnismäßig ist; dann sind sie auch bei der Zusammenrechnung verschiedener Einzelverurteilungen beachtlich. Es muss sich um eine Verurteilung zu einer Kriminalstrafe handeln.

Die Anforderungen an das „rechtsstaatliche Verfahren" sind höher als nach Art. 16 Abs. 2 142 S. 2 GG, nach dem lediglich rechtsstaatliche Grundsätze gewahrt sein müssen, und auch strikter als im Auslieferungsverfahren. Die Verurteilung muss ua durch unabhängige Richter, die bei begründetem Anlass hätten wegen Befangenheit abgelehnt werden können, unter Gewährung ausreichenden rechtlichen Gehörs[336] und effektiver Verteidigungsmöglichkeiten erfolgt sein, die das durch Art. 6 Abs. 3 EMRK garantierte Niveau nicht unterschreiten. Das Verfahren muss insgesamt eine hinreichende Gewähr für die Richtigkeit der getroffenen Feststellungen gewährleisten.[337]

Substantiierten Angriffen gegen die Richtigkeit der Auslandsverurteilung ist nachzuge- 143 hen.[338] Eine derartige Einzelfallprüfung ist auch bei Verurteilungen durch Gerichte anderer EU-Mitgliedstaaten vorzunehmen;[339] hier werden Einbürgerungsbewerber aber regelmäßig besondere Umstände darzulegen haben, die eine Relativierung des unionsrechtlichen Grundsatzes des gegenseitigen Vertrauens rechtfertigen.

Die Auslandsverurteilung muss auch im Strafmaß verhältnismäßig sein, um dem Grunde 144 nach berücksichtigt werden zu können. Das Strafmaß ist dann unverhältnismäßig, wenn es nach Art und Schwere der zur Verurteilung führenden Handlung das Gebot der schuldangemessenen Bestrafung (§ 46 Abs. 1 StGB)[340] außer Acht lässt oder sonst in einer sachlich nicht zu rechtfertigenden Weise von den innerstaatlichen Grundsätzen der Strafzumessung (§ 46 Abs. 2 StGB) abweicht (s. auch Art. 49 Abs. 3 EGrC). Für die Anwendung des § 12a

---

[333] Durch eine Gesetzesänderung 2007 überholt ist die Rechtsprechung des Bundesverwaltungsgerichts (BVerwG Urt. v. 29.3.2007 – 5 C 33.05, NVwZ 2007, 1205) zum Nichtberücksichtigungsermessen bei Unterbringung in einer psychiatrischen Klinik; zur Neuregelung krit. Berlit InfAuslR 2007, 457 (465).
[334] VG München Urt. v. 27.4.2010 – M 25 K 09.2082, BeckRS 2010, 35779.
[335] S. Berlit in GK-StAR StAG § 10 Rn. 303.
[336] VG München Urt. v. 30.11.2009 – M 25 K 07.5618, BeckRS 2009, 49120 (Abwesenheitsverurteilung in Tunesien).
[337] BVerwG Beschl. v. 16.9.1986 – 1 B 143.86, NVwZ 1987, 144 (zum Auslieferungsverfahren); Urt. v. 19.4.2018 – 2 C 59.16 (Mitgliedstaat der EU); VGH Mannheim Urt. v. 19.6.2019 – 12 S 1730/18, BeckRS 2019, 17843 (für Entscheidung [Karar] eines türkischen Schwurgerichts aus dem Jahre 2012 bejaht).
[338] OVG Hamburg Beschl. v. 19.10.1990 – OVG Bs. II 206/90, InfAuslR 1991, 7.
[339] S. – zu Art. 16 Abs. 2 GG – BVerfG Urt. v. 18.7.2005 – 2 BvR 2236/04, BVerfGE 113, 273 = NJW 2005, 2289; Beschl. v. 15.12.2015 – 2 BvR 2735/14, BVerfGE 140, 317 = NJW 2016, 1149.
[340] Zum Schuldgrundsatz als Teil der Verfassungsidentität BVerfG Beschl. v. 15.12.2015 – 2 BvR 2735/14, BVerfGE 140, 317 = NJW 2016, 1149.

Abs. 1 StAG ist ein unverhältnismäßiges Strafmaß nicht hypothetisch in eine verhältnismäßige Strafzumessung „umzurechnen"; die Auslandsverurteilung bleibt dann insgesamt unberücksichtigt.

145 Eine nach bundesrepublikanischem Registerrecht zu tilgende Auslandsverurteilung darf nicht (mehr) berücksichtigt werden, auch wenn das ausländische Recht keine vergleichbaren Tilgungsregelungen kennt. Die Verwendung des Wortes „kann" räumt der Einbürgerungsbehörde kein Nichtberücksichtigungsermessen ein. § 12a Abs. 1 StAG (insbesondere obligatorische/fakultative Nichtberücksichtigung von „Bagatellstrafen") gilt entsprechend (§ 12a Abs. 2 S. 3 StAG).

146 **e) Aussetzung der Einbürgerungsentscheidung bei anhängigen Ermittlungs-/Strafverfahren (§ 12a Abs. 3, 4 StAG).** Die (unbedingte) Pflicht zur Aussetzung der Entscheidung über einen Einbürgerungsantrag modifiziert mit Blick auf die Bedingungsfeindlichkeit der Einbürgerungsentscheidung die strafprozessuale Unschuldsvermutung und entlastet die Einbürgerungsbehörde von der selbständigen Prognose des (möglichen) Ausgangs des Ermittlungs-/Strafverfahrens. Auszusetzen ist lediglich die (abschließende) Entscheidung, nicht das gesamte Verfahren, das gleichwohl durch weitere Ermittlungen gefördert werden kann. Die Aussetzung muss nicht gesondert angeordnet werden und ergeht als gesetzlich zwingende Verfahrenshandlung nicht durch (isoliert) angreifbaren Verwaltungsakt. Eine Ablehnung des Einbürgerungsantrags aus anderen, nicht mit dem Ermittlungs-/Strafverfahren zusammenhängenden Gründen bleibt möglich.

147 Ein Ermittlungsverfahren ist eingeleitet, wenn gegen den Einbürgerungsbewerber wegen des Verdachts einer Straftat als Tatverdächtigen/Beschuldigten ein polizeiliches/staatsanwaltschaftliches Verfahren mit dem Ziel der Aufklärung eines (strafrechtlichen) Tatverdachts geführt wird; eine Beschuldigtenvernehmung muss noch nicht stattgefunden haben.[341] Beachtlich und nach Abs. 4 mitzuteilen sind auch im Ausland geführte Straf- und Ermittlungsverfahren.[342] Entscheidend ist die Tatsache eines Ermittlungs-/Strafverfahrens, nicht dessen Gegenstand oder voraussichtlicher Ausgang.

148 Die Entscheidung ist bis zum (rechtskräftigen) Abschluss des Verfahrens, also bis zur endgültigen Klärung des Verdachts durch Beendigung des Ermittlungsverfahrens oder eine rechtskräftige Verurteilung,[343] auszusetzen. Beachtlich sind alle strafprozessualen Entscheidungen, die das Ermittlungs-/Strafverfahren ohne Verurteilung endgültig beenden; eine vorläufige Einstellung (zB nach § 205 StPO) reicht nicht aus. Bei strafgerichtlichen Verurteilungen ist grundsätzlich[344] die Rechtskraft abzuwarten.

149 Die Pflicht zur Verfahrensaussetzung bei Ermittlungs-/Strafverfahren und die Berücksichtigung von Straftaten wird in Bezug auf Auslandsverurteilungen/-verfahren durch die Obliegenheit zu deren Offenbarung begleitet (Abs. 4). Bei nationalen Verurteilungen/-verfahren geht der Gesetzgeber ersichtlich davon aus, dass diese durch entsprechende Registerabfragen auch ohne gesetzliche Offenbarungsobliegenheit bekannt werden. Der Wortlaut der Regelung ist verfehlt, weil er die Offenbarungspflicht allein auf den Einbürgerungsantrag (also den Zeitpunkt seiner Einreichung) und nicht auf dem Einbürgerungsbewerber nachträglich bekannt werdende Auslandsverurteilungen/-verfahren erstreckt. Bei vorsätzlicher Verletzung der Offenbarungsobliegenheit muss der Ausländer aber mit einer Rücknahme einer Einbürgerung wegen unvollständiger Angaben (§ 35 Abs. 1 StAG) rechnen.[345]

---

[341] VG Sigmaringen Urt. v. 20.7.2011 – 1 K 1752/10, BeckRS 2011, 53871.
[342] BVerwG Urt. v. 3.6.2003 – 1 C 19.02, BVerwGE 118, 216 = NVwZ 2004, 489.
[343] Zu Einzelheiten s. *Berlit* in GK-StAR StAG § 12a Rn. 89 ff.
[344] Zum Sonderfall einer nach § 12a Abs. 1 S. 1 StAG unbeachtlichen Verurteilung, die allein der Angeklagte mit dem Ziel einer weiteren Milderung des Strafausspruches/eines Freispruchs angegriffen hat, OVG Hamburg Beschl. v. 13.11.1998 – 5 So 70/98, BeckRS 1999, 20305.
[345] BVerwG Urt. v. 3.6.2003 – 1 C 19.02, BVerwGE 118, 216 = NVwZ 2004, 489; s. auch VG Sigmaringen Urt. v. 20.7.2011 – 1 K 1752/10, BeckRS 2011, 53871.

10. Sprachanforderungen

a) Grundsatz: ausreichende Kenntnis der deutschen Sprache. Die Bundesrepublik 150
Deutschland ist bei aller gesellschaftlichen Multikulturalität normativ grundsätzlich ein
monolingualer Staat. Politische und soziale Integration setzt die Möglichkeit sprachlich
vermittelter Kommunikation voraus; erst sie ermöglicht eine Verständigung mit anderen
Personen in der jeweiligen Lebens-, Berufs- und Wohnumgebung, in Sport und Freizeit,
und ist Grundlage verantwortlich wahrgenommener politischer Teilhaberechte. Diese zentrale Bedeutung der Sprache spiegelt, dass ein Einbürgerungsbewerber über „ausreichende
Kenntnisse" der deutschen Sprache verfügen muss (§ 10 Abs. 1 S. 1 Nr. 5 StAG).

„Ausreichende Sprachkenntnisse" liegen vor, wenn der Ausländer das Sprachniveau B 1 151
des gemeinsamen europäischen Referenzrahmens[346] für Sprachen in mündlicher und
schriftlicher Form erfüllt (§ 10 Abs. 4 S. 1 StAG; § 2 Abs. 11 AufenthG). Dieses Sprachniveau entspricht dem für die Niederlassungserlaubnis (§ 9 Abs. 2 Nr. 7 AufenthG). Der
Ausländer muss hierfür klare Standardsprache verstehen, wenn es um vertraute Dinge aus
Arbeit, Schule, Freizeit etc geht, die meisten einfachen Alltagssituationen sprachlich bewältigen, sich einfach und zusammenhängend über vertraute Themen und persönliche Interessengebiete äußern, Träume, Hoffnungen und Ziele beschreiben sowie zu Plänen und
Ansichten kurze Begründungen oder Erklärungen geben können. Erforderlich sind neben
mündlicher Sprachbeherrschung auch ausreichende (aktive und passive) Kenntnisse der
Schriftsprache.

Die Einbürgerungsbehörde hat die Sprachkenntnisse des Einbürgerungsbewerbers im 152
Zeitpunkt der Einbürgerung eigenständig zu prüfen. Zum Nachweis dieser Sprachkenntnisse ist kein besonderes Nachweisverfahren geregelt; auch sind die Prüfungen, Zertifikate
oder Zeugnisse nicht ausdrücklich benannt, die geeignet sind, ein hinreichendes Sprachniveau zu belegen. Das Bestehen eines Sprach- oder Einbürgerungstests oder die Vorlage
eines entsprechenden Zertifikats sind weder notwendig[347] noch stets ausreichend.[348] Die
erforderlichen Kenntnisse können auf alle hierfür geeignete Weise, etwa auch durch entsprechende deutsche Schulbildung/-abschlüsse, nachgewiesen werden.[349] Bei minderjährigen Kindern, die im Einbürgerungszeitpunkt das 16. Lebensjahr noch nicht vollendet
haben, ist eine „altersgemäße Sprachentwicklung" erforderlich (§ 10 Abs. 4 S. 2 StAG), die
innerhalb der Bandbreite von Sprachentwicklung liegt und keine gravierenden Entwicklungsrückstände aufweist.

b) Absehen vom Sprachkenntniserfordernis. Der regelmäßig erforderlichen Sprach- 153
kenntnisse bedarf es nicht, wenn der Ausländer sie wegen einer körperlichen, geistigen oder
seelischen Krankheit oder Behinderung oder altersbedingt nicht erfüllen kann (§ 10 Abs. 6
StAG). Berücksichtigt werden damit atypische Sonderfälle, die ältere oder behinderte
Ausländer nicht von dem durch die Chance auf Einbürgerung verbundenen Integrationsangebot ausschließen; dies entspricht zugleich dem besonderen verfassungsrechtlichen
Schutz von behinderten Menschen (Art. 3 Abs. 3 S. 2 GG). Alter, Krankheit oder Behinderung müssen kausal für das subjektive Unvermögen sein, dem Spracherfordernis zu
genügen;[350] allein wegen des Alters oder einer Behinderung entfällt das Spracherfordernis
nicht. Maßgeblich ist der Zeitpunkt der letzten mündlichen Verhandlung des Tatsachengerichts.[351]

---

[346] Europarat – Rat für kulturelle Zusammenarbeit –, gemeinsamer europäischer Referenzrahmen für Sprachen: lernen lehren beurteilen, Strassbourg 2011.
[347] VG Stuttgart Urt. v. 15.8.2013 – 11 K 3272/12, InfAuslR 2013, 443.
[348] OVG Münster Beschl. v. 8.10.2013 – 19 E 919/13, BeckRS 2013, 57561 (Anzeichen für entscheidungserheblichen Sprachverlust nach Zertifikatsausstellung).
[349] VG Stuttgart Urt. v. 15.8.2013 – 11 K 3272/12, InfAuslR 2013, 443.
[350] BVerwG Urt. v. 5.6.2014 – 10 C 2.14, 10 C 2.14; VG Stuttgart Beschl. v. 2.7.2013 – 11 K 1279/13, BeckRS 2013, 53260.
[351] OVG Lüneburg Beschl. v. 22.10.2019 – 13 LA 490/18.

154 Für eine Ausnahme aus Altersgründen kommt es nicht auf eine bestimmte Altersgrenze,[352] sondern allein darauf an, ob nach den Umständen des Einzelfalles (Bildungsstand, Ergebnisse von/Erfahrungen mit bisherigen Lernprozessen, Erwerbsteilhabe, Lebensstil, mentale Alterungsprozesse, individuelles Lebensumfeld) der Erwerb der erforderlichen Kenntnisse (noch) abverlangt werden kann.[353] Unerheblich ist, ob der Einbürgerungsbewerber die geforderten Kenntnisse zu einem früheren Zeitpunkt hätte erwerben können oder ihm ihr Nichtvorhandensein anderweitig wegen Versäumnissen in der Vergangenheit zuzurechnen ist.[354] Ab einem gewissen Alter anerkennt die Rechtsprechung gewisse Beweiserleichterungen.[355]

155 Körperliche, geistige oder seelische Krankheiten, die kausal (dauerhaft) den Spracherwerb hindern, sind – anders als entsprechende Behinderungen – nur in Ausnahmefällen denkbar. Sie sind durch ein aussagekräftiges ärztliches Attest, das die Diagnose und den Grad der krankheitsbedingten Kompetenzerwerbshindernisse nachvollziehbar darstellt, nachzuweisen.[356] Analphabetismus bezeichnet kulturell, bildungs- oder psychisch bedingte individuelle Defizite im Lesen und/oder Schreiben, ist aber als solcher keine Krankheit oder Behinderung und wird dies auch nicht durch die sozialen Folgen, die er für die Teilhabe am Leben in der Gemeinschaft haben kann.[357]

11. Staatsbürgerliche Kenntnisse (§ 10 Abs. 1 S. 1 Nr. 7, Abs. 5 StAG)

156 Die seit 2007 ausdrücklich als positive Einbürgerungsvoraussetzung verlangten Kenntnisse der Rechts- und Gesellschaftsordnung und der Lebensverhältnisse in Deutschland (staatsbürgerliche Kenntnisse) (§ 10 Abs. 1 S. 1 Nr. 7 StAG) flankieren als Kenntnisgrundlage das Bekenntnis zur freiheitlichen demokratischen Grundordnung (§ 10 Abs. 1 S. 1 Nr. 1 StAG) und spiegeln die für einen erfolgreichen Integrationsprozess erforderlichen Kenntnisse. Sie gehen über die für eine Niederlassungserlaubnis erforderlichen „Grundkenntnisse" (§ 9 Abs. 2 S. 1 Nr. 8 AufenthG) hinaus, um die „integrationspolitische Stufigkeit"[358] zu wahren. Die erforderlichen Kenntnisse beziehen sich auf verschiedene Lernziele und Schüsselthemen zu den Grundprinzipien der Staatsordnung der Bundesrepublik Deutschland, den Grundlagen lebendiger Demokratie, der (Grund-)Rechtsordnung und den Mechanismen zur Konfliktbewältigung und -lösung, zur föderalen Ordnung des Grundgesetzes sowie – im Bereich der „Kenntnisse der Lebensverhältnisse – zu „Geschichte und Verantwortung" und „Mensch und Gesellschaft", die durch das in der Anlage 2 zur Verordnung zu Einbürgerungstest und Einbürgerungskurs[359] niedergelegte Rahmencurriculum und die in der Anlage 1 zu dieser Verordnung aufgeführten Testfragen konkretisiert werden. Die bundesrechtliche Konkretisierung mildert die in der Debatte um „Einbürgerungstests" geäußerten Befürchtungen; wegen der unbegrenzten Wiederholungsmöglichkeiten bildet der Einbürgerungstest in der Praxis offenbar kein relevantes Einbürgerungshindernis.[360]

---

[352] BVerwG Urt. v. 5.6.2014 – 10 C 2.14, BVerwGE 149, 387 = NVwZ 2014, 1383 (keine Übertragung der Altersgrenze nach § 12 Abs. 1 S. 2 Nr. 4 StAG); s. auch VGH Mannheim Beschl. v. 17.4.2019 – 12 S 1501/18, ESVGH 68, 219 (ohne Attest auch keine Sachverhaltsaufklärung von Amts wegen).
[353] VG Aachen Urt. v. 8.5.2013 – 4 K 1072/11, BeckRS 2014, 45077.
[354] BVerwG Urt. v. 5.6.2014 – 10 C 2.14, BVerwGE 149, 387 = NVwZ 2014, 1383.
[355] VGH Mannheim Beschl. v. 17.4.2019 – 12 S 1501/18, ESVGH 68, 219 (Vollendung 65. Lebensjahr im Zeitpunkt der Einbürgerung; nicht mehr als zehn Jahre im Bundesgebiet); Beschl. v. 3.7.2014 – 1 S 1167/14, NVwZ-RR 2014, 937.
[356] VGH München Beschl. v. 22.8.2014 – 5 C 14.1664, BeckRS 2014, 55976; VGH Mannheim Beschl. v. 3.7.2014 – 1 S 1167/14, NVwZ-RR 2014, 937; OVG Münster Beschl. v. 19.9.2017 – 19 E 162/17, BeckRS 2017, 126419; VGH Mannheim Beschl. v. 16.5.2018 – 12 S 1666/17, BeckRS 2018, 10450.
[357] BVerwG Urt. v. 27.5.2010 – 5 C 8.09, NVwZ 2010, 1502.
[358] BT-Drs. 16/5605, 228.
[359] Einbürgerungstestverordnung v. 5.8.2008 – BGBl. 2008 I 1649 (geändert durch Art. 1 VO v. 18.3.2013, BGBl. I 585); dazu etwa *Hanschmann* BRJ 2009, 113; *ders.* ZAR 2008, 388; *Huber* NVwZ 2008, 1212.
[360] *Göbel-Zimmermann/Eichhorn* ZAR 2010, 293 (299 f.).

Der Nachweis der erforderlichen staatsbürgerlichen Kenntnisse wird regelmäßig durch einen erfolgreichen Einbürgerungstest geführt (§ 10 Abs. 5 S. 1 StAG), dessen Inhalte die EinbürgerungstestVO regelt. Eine Teilnahme an einem Einbürgerungskurs, der auf diesen Test vorbereitet, ist möglich, aber nicht verpflichtend (§ 10 Abs. 5 S. 2 StAG). Der anderweitige Nachweis kann vor allem durch entsprechende Bildungsabschlüsse allgemeinbildender deutscher Schulen (Hauptschulabschluss oder höherwertiger Abschluss), die Versetzung in die Klasse 10 einer weiterführenden deutschen Schule oder den erfolgreichen Abschluss einer berufsschulpflichtigen beruflichen Ausbildung geführt werden.[361] **157**

Staatsbürgerliche Kenntnisse sind nicht nachzuweisen, wenn der Ausländer diese Voraussetzung wegen einer körperlichen, geistigen oder seelischen Krankheit oder Behinderung oder altersbedingt nicht erfüllen kann (→ Rn. 153 ff.). Eine Prüfungsphobie reicht jedenfalls dann nicht aus, wenn die Sprachprüfung (erfolgreich) abgelegt werden konnte.[362] **158**

12. Einordnung in die deutschen Lebensverhältnisse

Die 2019[363] eingefügte Einbürgerungsvoraussetzung, dass der Einbürgerungsbewerber seine Einordnung in die deutschen Lebensverhältnisse gewährleistet, reagiert auf eine Entscheidung des Bundesverwaltungsgerichts,[364] nach der eine vom Einbürgerungsbewerber rechtswirksam im Ausland geschlossene weitere Ehe einem wirksamen Bekenntnis zur freiheitlichen demokratischen Grundordnung im Sinne des § 10 Abs. 1 S. 1 StAG nicht entgegensteht, sie zwar eine Einordnung in die deutschen Lebensverhältnisse i. S. d. § 9 Abs. 1 StAG ausschließt, nicht aber die Anspruchseinbürgerung nach § 10 StAG hindert. Diese erst im Zuge der Gesetzesberatungen zum Entwurf eines Dritten Gesetzes zur Änderung des Staatsangehörigkeitsgesetzes[365] aufgrund eines Änderungsantrages der Koalitionsfraktionen[366] eingefügte weitere Einbürgerungsvoraussetzung war in-[367] und außerhalb der parlamentarischen Beratungen[368] kontrovers. Während die einen hierin den Abschied von einer offenen, modernen und pluralistischen Gesellschaft hin zu einer diffusen Leitkultur sahen, werteten andere dies als moderate Erweiterung unter Rückgriff auf den auch sonst, etwa[369] in § 9 Abs. 1 Nr. 2 StAG genutzten Rechtsbegriff der „Einordnung in die deutschen Lebensverhältnisse", die das BVerwG ausdrücklich als möglich anerkannt habe.[370] **158a**

Der unbestimmte Rechtsbegriff[371] der „Einordnung in die deutschen Lebensverhältnisse" in § 10 Abs. 1 StAG ist vor dem Hintergrund der Enstehungsgeschichte auszulegen und lässt Raum für eine Auslegung, die auch jenseits der stets vorauszusetzenden Bereitschaft zur Beachtung von Gesetz und Recht auch eine tätige Einordnung in die elementaren Grundsätze des gesellschaftlich-kulturellen Gemeinschaftslebens, die als unverzichtbare außerrechtliche Voraussetzungen eines gedeihlichen Zusammenlebens zu werten sind, verlangt. Die Verselbständigung als Einbürgerungsvoraussetzung in § 10 StAG geht indes über **158b**

---

[361] *Berlit* in GK-StAR StAG § 10 Rn. 330; s. auch Nr. 10.1.1.7, 10.5 VAH-StAG (BMI).
[362] OVG Berlin-Brandenburg Beschl. v. 3.3.2017 – OVG 5 N 26.15, BeckRS 2017, 103526.
[363] Drittes Gesetz zur Änderung des Staatsangehörigkeitsgesetzes v. 4.8.2019, BGBl. I 1124.
[364] BVerwG Urt. v. 29.5.2018 – 1 C 15.17, BVerwGE 162, 153 = ZAR 2018, 313; dazu *Kluth* ZAR 2018, 319.
[365] BT-Drs. 19/9736, 19/10518.
[366] Deutscher Bundestag – Innenausschuss, A.-Drs. 19(4)292.
[367] S. nur den Aufruf „Leitkultur-Paragraph verhindern (https://neuedeutsche.org/de/artikel/groko-will-staatsnoegeritskeitsrecht-im-eiltempo-aushoehlen-aufruf-gegen-leitkultur-paragraphen/ [Abruf 25.12.2019]).
[368] S. nur die Sachverständigenanhörung im Ausschuss für Inneres und Heimat des Deutschen Bundestages am 24.6.2019 und dort insbesondere die Stellungnahmen des Sachverständigen Tabbara (A-Drs. 19[4]315 C) einerseits und des Sachverständigen Thym (A-Drs. 19[4]315 D, 17 ff.] andererseits.
[369] Zu vergleichbaren, teils statt an das „Einfügen" an die „Integration" anknüpfenden Formulierungen im Aufenthaltsrecht s. nur § 25a Abs. 1 S. 1 Nr. 4, § 25b Abs. 1, § 32 Abs. 2, § 37 Abs. 2a, § 104a Abs. 2, § 104b Nr. 4 AufenthG.
[370] BVerwG Urt. v. 29.5.2018 – 1 C 15.17, BVerwGE 162, 153 Rn. 67 = ZAR 2018, 313.
[371] S. – zu § 9 StAG – BVerwG Urt. v. 8.3.1988 – 1 C 55.86, BVerwGE 79, 94 (96); Urt. v. 29.5.2018 – 1 C 15.17, BVerwGE 162, 153 Rn. 18 = ZAR 2018, 313.

die Verwendung des Begriffs in § 9 Abs. 1 Nr. 2 StAG hinaus, weil in § 10 Abs. 1 StAG bereits die wesentlichen Voraussetzungen, welche diese Einordnung kennzeichnen und gewährleisten, zu bislang als hinreichend angesehenen eigenständigen Einbürgerungsvoraussetzungen verselbständigt waren; überdies ist für die Wahrung von Verhältnismäßigkeit und Einzelfallgerechtigkeit in § 9 StAG der Einbürgerungsbehörde eine Ermessensentscheidung eröffnet.[372]

158c Die exemplarische Hervorhebung der Doppel- oder gar Mehrfachehe als Zeichen nicht gewährleisteter Einordnung schließt aber einen Rückgriff auf eine – wie auch immer bestimmte – allgemeine „Leitkultur" aus – zumal das Grundgesetz gerade religiöse und kulturelle Vielfalt garantiert und organisiert. Allein die Leugnung oder nicht hinreichende Beachtung eines bestehenden verbreiteten Grundsatzes oder einer bestimmten sozialen Regel, etwa das Händeschütteln bei einer Begrüßung unabhängig vom Geschlecht,[373] reichen nicht aus, um der „Einordnung" entgegenzustehen, mag dies von einer Mehrheit auch als elementar gesehen werden. Hinzutreten muss stets, dass eine gesellschaftlich-kulturelle Perspektive zudem im Recht eine klare, hochrangige Verankerung gefunden hat. Erst das Zusammenspiel von tiefgreifender gesellschaftlich-kultureller Prägung und dessen hochrangiger verfassungs- und strafrechtlicher Verankerung macht einen Grundsatz zu einem Teil der deutschen Lebensverhältnisse im Sinne auch des § 10 StAG, in die sich ein Einbürgerungsbewerber einzuordnen hat.[374] Die auch normative Verankerung des Ge- oder Verbots muss jener der exemplarisch hervorgehobenen Doppel- oder Mehrfachehe entsprechen; in den Gesetzesberatungen sind Beispiele konsentierter anderer Anwendungsfälle nicht genannt worden.[375] Dies schließt es aus,[376] die Gesetzesergänzung dahin zu verstehen, als sei Einbürgerungsvoraussetzung eine betätigte Einordnung in eine – wie auch immer definierte – deutsche Leitkultur jenseits der Nr. 1 bis 7 des § 10 Abs. 1 StAG.[377]

13. Miteinbürgerung von Familienangehörigen

159 Der frühere Grundsatz der staatsangehörigkeitsrechtlichen Familieneinheit[378] hat an Bedeutung verloren. Die (fakultative) Miteinbürgerung des Ehegatten und der minderjährigen Kinder (§ 10 Abs. 2 StAG) knüpft an diesen Grundsatz, der auch in § 9 StAG zum Ausdruck kommt, an und lässt eine akzessorische Miteinbürgerung unter Verkürzung der achtjährigen Voraufenthaltszeit zu. Das Gesetz selbst erfordert keine Mindestvoraufenthaltszeit; die Verwaltungsvorschrift[379] verlangt für Ehegatten einen vierjährigen Inlandsaufenthalt bei zweijähriger Dauer der ehelichen Lebensgemeinschaft. Jenseits einer Verkürzung der achtjährigen Mindestaufenthaltsdauer müssen die Miteinbürgerungsbewerber alle weiteren Voraussetzungen des § 10 Abs. 1 StAG erfüllen.

160 Von der Miteinbürgerungsmöglichkeit begünstigt werden zunächst die Ehegatten. Es muss sich um eine gültig geschlossene Ehe handeln, die im Zeitpunkt der Entscheidung über den Einbürgerungsantrag noch fortbesteht. Für den Tatbestand unerheblich ist, ob die Ehegatten noch in familiärer Lebensgemeinschaft oder getrennt leben, die formal weiter bestehende Ehe gescheitert oder bereits das Ehescheidungsverfahren eingeleitet worden ist. Dies kann ebenso bei Miteinbürgerungsermessen berücksichtigt werden wie das Vorliegen einer ausländerrechtlichen Zweck- bzw. Scheinehe (§ 27 Abs. 1a AufenthG).

---

[372] Dies vernachlässigt Thym VERW 52 (2019), 407 (426).
[373] Zur Verweigerung eines Soldaten, Frauen die Hand zu geben, als Entlassungsgrund s. auch OVG Koblenz Beschl. v. 8.10.2019 – 10 A 11109/19, GSZ 2019, 251 (mAnm. Buchberger).
[374] BVerwG Urt. v. 29.5.2018 – 1 C 15.17, BVerwGE 162, 153 Rn. 24 = ZAR 2018, 313; BT – Innenausschuss, A-Drs. 19(4)292, 3; BT-Drs. 19/11083, 10 f.
[375] Der Bundesrat (BR-Drs. 154/19 [Beschluss, 1 f.]) hatte dafür plädiert, die weitere Einbürgerungsvoraussetzung auf die Beachtung des Verbots der Mehrehe zu beschränken.
[376] Im Ergebnis wie hier Thym VERW 52 (2019), 406 (426).
[377] Zur migrationsrechtlichen Leitkulturdebatte s. nur Krings ZAR 2019, 315; Emmerich-Fritsche Der Staat (2019), 619; Rottenwallner KJ 2017, 364.
[378] BVerfG Beschl. v. 21.5.1974 – 1 BvL 22/71, BVerfGE 37, 217 = NJW 1974, 1609.
[379] Nr. 12.2.1.2.1 VAG-StAG (BMI).

Miteingebürgert werden können auch die minderjährigen Kinder des Einbürgerungs- **161**
bewerbers. Maßgeblich ist der Zeitpunkt von deren Einbürgerung, nicht jener der Antragstellung. Die Minderjährigkeit bestimmt sich nach deutschem Sachrecht. Kinder sind die (ehelichen oder nichtehelichen) Kinder des Einbürgerungsbewerbers (einschließlich minderjährige Adoptivkinder (§§ 1741 ff. BGB), soweit die Annahme an Kindes statt nach deutschem Recht wirksam ist). Weitere Abkömmlinge (zB Enkelkinder), Verwandte, Stiefkinder oder Pflegekinder erfasst der personale Anwendungsbereich nicht. Für den Tatbestand nicht erforderlich ist die Personensorgeberechtigung oder das Bestehen einer familiären Gemeinschaft als Lebens- und Erziehungsgemeinschaft; dies kann bei der Ermessensentscheidung berücksichtigt werden.

III. Ermessenseinbürgerungen (§§ 8, 9 StAG)

1. Allgemeines

Die Anspruchseinbürgerung nach § 10 StAG als quantitativer Hauptfall der Einbürgerung **162**
wird ergänzt durch die Ermessenseinbürgerung von Ausländern (§ 8 StAG) sowie die Solleinbürgerung von Ehegatten oder Lebenspartnern Deutscher (§ 9 StAG). Diese Regelungen variieren teils bereits auf der Tatbestandsebene die Einbürgerungsvoraussetzung des § 10 Abs. 1 StAG; für ihre Anwendung enthalten die ermessensleitenden Verwaltungsvorschriften differenzierte Vorgaben,[380] die eine weitere Annäherung bewirken. Für diese Einbürgerungstatbestände ist die frühere Rechtsauffassung, dass die Einbürgerung allein im staatlichen Interesse erfolgt,[381] inzwischen überwunden zu Gunsten einer Berücksichtigung auch der Abwägungserheblichkeit der Einbürgerungsinteressen des Einzelnen bei der Ermessensbetätigung.

Ermessenseinbürgerung und Anspruchseinbürgerung bilden unterschiedliche Rechts- **163**
grundlagen für die einheitliche Rechtsfolge „Einbürgerung". Ein Einbürgerungsbegehren ist regelmäßig nicht auf die Einbürgerung nach einer bestimmten Rechtsgrundlage, sondern auf die Rechtsfolge „Erwerb der deutschen Staatsangehörigkeit" gerichtet. Die Einbürgerungsbehörden/die Gerichte haben bei Nichtvorliegen von Anspruchsvoraussetzungen nach § 10 StAG regelmäßig auch die Tatbestandsvoraussetzungen der §§ 8, 9 StAG zu prüfen.[382] Eine Ausnahme gilt für die Fälle, in der ein Einbürgerungsbewerber seinen Antrag eindeutig auf eine bestimmte Anspruchsgrundlage begrenzt[383] oder in denen das Landesrecht unterschiedliche behördliche Zuständigkeiten für die Anspruchseinbürgerung einerseits, die Ermessenseinbürgerungstatbestände andererseits normiert und daher die „Passivlegitimation" für eine bestimmte Einbürgerungsanspruchsgrundlage nicht gegeben ist.

Bei Ermessenseinbürgerungen kommt in Betracht, insbesondere die Erfüllung der Ein- **164**
bürgerungsvoraussetzung „Aufgabe/Verlust der bisherigen Staatsangehörigkeit" nach § 36 VwVfG durch eine entsprechende Auflage abzusichern;[384] dies bietet sich an bei Staaten, die für eine Entlassung aus ihrer Staatsangehörigkeit den Vollzug der anderweitigen Einbürgerung verlangen und eine Einbürgerungszusicherung nicht ausreichen lassen. Eine solche Auflage ist ungeachtet der Bedingungsfeindlichkeit der Einbürgerung nicht schlechthin ausgeschlossen,[385] wird aber wegen des zwingenden Charakters des Verlusterfordernisses als rechtswidrig eingestuft.[386] (→ Rn. 103). Die Auflage, sich nach Erreichen der Volljäh-

---
[380] Nr. 8.1.2 ff., Nr. 9.1.2 ff. VAH-StAG (BMI).
[381] BVerwG Urt. v. 1.7.1975 – 1 C 44.70, BVerwGE 49, 44; Beschl. v. 29.7.1985 – 1 B 78.85, NJW 1985, 2908; s. auch – mwN – *Huber* in ders., Handbuch des Ausländer- und Asylrechts, SystDarst V Rn. 66.
[382] BVerwG Urt. v. 17.3.2004 – 1 C 5.03, NVwZ 2004, 997; Urt. v. 20.4.2004 – 1 C 16.03, BVerwGE 120, 305 = NVwZ 2004, 1368; Urt. v. 20.10.2005 – 5 C 8.05, BVerwGE 124, 268 = NJW 2006, 1079.
[383] BVerwG Urt. v. 20.3.2012 – 5 C 1.11, BVerwGE 142, 132 = NVwZ 2012, 1254.
[384] S. VGH München Beschl. v. 11.11.2004 – 5 ZB 04.916, BeckRS 2004, 33491.
[385] Nr. 10.1.1.4 VAH-StAG (BMI); *Sauerland* DÖV 2016, 465.
[386] VG Freiburg Urt. v. 19.12.2018 – 4 K 3086/18; VG Düsseldorf Urt. v. 7.6.2018 – 8 K 10236/16, BeckRS 2018, 20369.

rigkeit um eine Entlassung aus der ausländischen Staatsbürgerschaft zu bemühen, ist unzumutbar, wenn die Entlassungsbemühungen für den Ausländer oder seine Eltern mit Gefahren für Leib oder Leben verbunden sind.[387]

165 Namentlich für die Ermessenseinbürgerung wurde das Institut der „vorsorglichen" Einbürgerung für Fälle entwickelt, in denen die gesetzlichen Voraussetzungen für eine Ermessenseinbürgerung (unstreitig) vorliegen, aber erhebliche, innerhalb angemessener Zeit nicht auszuräumende Schwierigkeiten bestehen, den Besitz der deutschen Staatsangehörigkeit oder der Deutscheneigenschaft zu belegen oder Zweifel an der Rechtswirksamkeit eines vorausgegangenen Staatsangehörigkeitserwerbs bestehen, letztlich aber noch unklar ist, ob diese Person bereits die deutsche Staatsangehörigkeit besitzt.[388] Durch den Ersitzungserwerb (→ Rn. 33 ff.) und das Feststellungsverfahren (→ § 3 Rn. 1 ff.) hat dies an praktischer Bedeutung verloren.

2. Allgemeine Ermessenseinbürgerung (§ 8 StAG)

166 § 8 StAG beschränkt sich neben den Geboten der Klärung von Identität und Staatsangehörigkeit (→ 53 ff.) und der Einordnung in deutsche Lebensverhältnisse (→ Rn. 158a ff.)[389] auf vier Tatbestandsvoraussetzungen. Die Handlungsfähigkeit (§ 8 Abs. 1 Nr. 1 StAG) und das Unbescholtenheitserfordernis (§ 8 Abs. 1 Nr. 2 StAG) sind identisch mit den Voraussetzungen des § 10 Abs. 1 StAG; § 12a StAG gilt für alle Einbürgerungen und wird nicht durch die Härteregelung des § 8 Abs. 2 StAG verdrängt. Der Einbürgerungsausschluss bei tatsachengestützten Anhaltspunkten für eine Sicherheitsgefährdung (§ 11 StAG; → Rn. 74 ff.) gilt auch für die Ermessenseinbürgerungstatbestände. Die auf die Lebensunterhaltssicherung bezogenen Voraussetzungen (§ 8 Abs. 1 Nr. 3, 4 StAG) sind anders und strenger formuliert als in § 10 Abs. 1 S. 2 Nr. 3 StAG; von ihnen kann aber im öffentlichen Interesse oder zur Vermeidung einer besonderen Härte abgesehen werden (§ 8 Abs. 2 StAG). In die Ermessensbetätigung verlagert sind Fragen der Voraufenthaltszeiten und Titelerfordernisse, eines Bekenntnisses zu der freiheitlichen demokratischen Grundordnung, das aber bei Übergabe der Einbürgerungsurkunde abzugeben ist (§ 16 S. 2 StAG), der Einordnung in deutsche Lebensverhältnisse (Sprachkenntnisse; staatsbürgerliche Kenntnisse) sowie der Aufgabe der bisherigen Staatsangehörigkeit.

167 § 8 StAG erfordert lediglich einen rechtmäßigen gewöhnlichen Inlandsaufenthalt (→ Rn. 60 ff.) im Einbürgerungszeitpunkt, nicht aber einen bestimmten, ständigen Mindestaufenthalt. Damit kann etwa Fällen Rechnung getragen werden, in denen ein langjähriger Inlandsaufenthalt immer wieder durch nach § 12b StAG beachtliche Auslandsaufenthalte unterbrochen worden ist. Die regelmäßige Dauer des Inlandsaufenthalts soll bei einem Einbürgerungsbewerber, der bei der Einbürgerung das 16. Lebensjahr vollendet hat, wenigstens acht Jahre betragen; diese Frist kann bei erfolgreicher Teilnahme an einem Integrationskurs auf sieben Jahre, bei besonderen Integrationsleistungen und Inhabern eines Reiseausweises für Flüchtlinge und Staatenlose auf sechs Jahre, in Fällen mit staatsangehörigkeitsrechtlichem Wiedergutmachungsgehalt und bei deutschsprachigen Einbürgerungsbewerbern auf vier Jahre sowie bei besonderem öffentlichen Interesse auf drei Jahre verkürzt werden.[390]

168 Bei den Bekenntniserfordernissen (inklusive der staatsbürgerlichen Kenntnisse und den Sprachanforderungen) nähern die Verwaltungsvorschriften die Einbürgerungsanforderungen jenen der Anspruchseinbürgerung (→ Rn. 150 ff.) für den Regelfall weitgehend an. Über die nach § 10 Abs. 6 StAG geregelten Ausnahmen hinaus sind im Ermessenswege Ausnahmen vorgesehen, etwa bei Analphabeten oder Personen, die sich seit mindestens zwölf Jahren im Bundesgebiet aufhalten und älter als 60 Jahre sind.

---

[387] VGH München Beschl. v. 11.11.2004 – 5 ZB 04.916, BeckRS 2004, 33491.
[388] Nr. 8.1.3.8 StAR-VwV.
[389] Eingefügt durch das Dritte Gesetz zur Änderung des Staatsangehörigkeitsgesetzes v. 4.8.2019, BGBl. I 1124.
[390] Nr. 8.1.2.2 VAH-StAG (BMI).

§ 11 StAG schließt bei Sicherheitsbedenken (→ Rn. 74 ff.) auch eine Ermessenseinbürgerung nach §§ 8, 9 StAG aus. Auf das Unbescholtenheitserfordernis (§ 8 Abs. 1 Nr. 2 StAG) ist die Unbeachtlichkeitsregelung des § 12a StAG anzuwenden. Daneben erlaubt § 8 Abs. 2 StAG, von hiernach beachtlichen Verurteilungen aus Gründen des öffentlichen Interesses oder zur Vermeidung einer besonderen Härte abzusehen. Wegen der „Bagatellregelung" des § 12a StAG soll auch bei bestehendem Härtegrund nur bei besonders beschwerenden Umständen von einer strafrechtlichen Verurteilung abgesehen werden können.[391] Eine solche Härte soll selbst dann nicht vorliegen, wenn eine viele Jahre zurückliegende Strafverurteilung oberhalb der heutigen Bagatellgrenze nur deshalb noch im Bundeszentralregister erfasst ist, weil der Einbürgerungsbewerber kurz vor Ablauf der Tilgungsfrist erneut – nunmehr wegen einer an sich unbeachtlichen – Bagatellstrafe verurteilt worden ist.[392]

169

Das Unterhaltssicherungserfordernis ist auf Tatbestandsebene strikter als in § 10 Abs. 1 S. 1 Nr. 3 StAG gefasst. Eine Einbürgerung ist auch bei Bezug von Grundsicherungsleistungen (SGB II; SGB XII) ausgeschlossen, der vom Einbürgerungsbewerber nicht zu vertreten ist.[393] Dies gilt sowohl für den Lebensunterhalt des Einbürgerungsbewerbers selbst als auch für den der „Angehörigen". Bei der Ermessenseinbürgerung muss der Einbürgerungsbewerber den Lebensunterhalt auch solcher Angehöriger sichern können, die im Ausland leben.[394] Grundsätzlich einbürgerungsschädlich ist hier auch der Bezug anderer Sozialleistungen, zB Arbeitslosengeld, Erziehungsgeld, Unterhaltsgeld, Krankengeld, Wohngeld oder Ausbildungsförderung; hier bedarf es einer Prognoseentscheidung, ob der Leistungsbezug nur temporär ist und eine Lebensunterhaltssicherung aus eigenen Kräften (Vermögen; Erwerbseinkommen; gesicherte Unterhaltsansprüche) zu erwarten steht.[395] Der Bezug einer (bedarfsdeckenden) Erwerbsunfähigkeits- oder Altersrente oder von Kindergeld ist unschädlich.

170

§ 8 Abs. 2 StAG erlaubt fakultativ in Fällen besonderer Härte oder aus Gründen des öffentlichen Interesses auch ein Absehen vom Erfordernis der Lebensunterhaltssicherung. Die Voraussetzungen hierfür sind hoch. Die Gesetzesbegründung nennt exemplarisch Härten, die dadurch entstehen, dass etwa die ausländische Ehefrau aufgrund einer zur Durchführung eines Entlassungsverfahrens erteilten Einbürgerungszusicherung aus ihrer bisherigen Staatsangehörigkeit ausgeschieden ist, nun aber ihrer Einbürgerung nach unverschuldet eingetretener Arbeitslosigkeit ihres Ehegatten dessen mangelnde Unterhaltsfähigkeit entgegensteht.[396] Ein besonderer Härtefall muss durch atypische Umstände des Einzelfalls bedingt sein und gerade durch die Verweigerung der Einbürgerung hervorgerufen werden und deshalb durch eine Einbürgerung vermieden oder zumindest entscheidend abgemildert werden können.[397] Ein öffentliches Interesse ist nur dann gegeben, wenn ausnahmsweise nach dem konkreten Sachverhalt ein vom Durchschnittsfall eines Einbürgerungsbewerbers abhebendes staatliches Interesse besteht;[398] es muss einen Verzicht auf das Erfordernis der selbständigen Unterhaltsfähigkeit rechtfertigen. Ein solches Interesse folgt weder aus der Minderjährigkeit eines Einbürgerungsbewerbers noch aus allgemeinen demographischen oder migrationspolitischen Erwägungen;[399] auch das Interesse an der

171

---
[391] Nr. 8.2 VAH-StAG (BMI).
[392] OVG Münster Beschl. v. 4.12.2014 – 19 E 1189/14, BeckRS 2014, 59273.
[393] BVerwG Beschl. v. 6.2.2013 – 5 PKH 13/12, BeckRS 2013, 47187; das Vertretenmüssen soll auch für eine Härtefallentscheidung nach Abs. 2 ohne Belang sein (OVG Berlin-Brandenburg Beschl. v. 8.2.2010 – OVG 5 M 48.09, BeckRS 2010, 47322).
[394] BVerwG Urt. v. 28.5.2015 – 1 C 23.14, BVerwGE 152, 156 = NVwZ 2015, 1675.
[395] Nr. 8.2.1.4 VAH-StAG (BMI).
[396] BT-Drs. 15/420, 116; s. auch Nr. 8.2. VAH-StAG (BMI).
[397] BVerwG Urt. v. 20.3.2012 – 5 C 5.11, BVerwGE 142, 145 = NVwZ 2012, 1250; Beschl. v. 6.2.2013 – 5 PKH 13/12, BeckRS 2013, 47187.
[398] VGH Mannheim Beschl. v. 3.7.2014 – 1 S 1167/14, NVwZ-RR 2014, 937; Urt. v. 6.11.2013 – 1 S 244/13, InfAuslR 2014, 60; OVG Saarlouis Urt. v. 28.6.2012 – 1 A 35/12, BeckRS 2012, 53837.
[399] VGH München Beschl. v. 26.6.2017 – 5 C 17.1118, BeckRS 2017, 117032.

Herstellung einer familieneinheitlichen Staatsangehörigkeit begründet für sich keine besondere Härte.[400]

172 Auf der Tatbestandsebene besteht Flexibilität zu der Frage, in welchem Umfange bei der Ermessenseinbürgerung Mehrstaatigkeit hingenommen werden soll. Diese Flexibilität ist in Anlehnung an die Ausnahmegründe für die Anspruchseinbürgerung (§ 12 StAG) für die Ermessenseinbürgerung weitgehend wieder eingeschränkt, aber nicht vollständig aufgehoben worden.[401] Der Grundsatz der Vermeidung von Mehrstaatigkeit ist bei der Ermessensausübung zu beachten; dabei sind mögliche Ausnahmen aber nach pflichtgemäßem Ermessen zu prüfen. Bei zu vertretender Verweigerung der Entlassung aus der bisherigen Staatsangehörigkeit kommt etwa eine Ausnahme in Betracht, wenn sich der über 40jährige Einbürgerungsbewerber schon länger als 20 Jahre nicht mehr im Herkunftsstaat aufgehalten hat (davon mindestens zehn Jahre im Inland).[402] Bei älteren Einbürgerungsbewerbern kann bei der Ermessenseinbürgerung eine besondere Härte bilden, wenn alle im Inland wohnenden Familienangehörigen bereits deutsche Staatsangehörige sind oder der Einbürgerungsbewerber seit mindestens fünfzehn Jahren seinen gewöhnlichen Aufenthalt im Inland hat.[403] Als weitere, von § 12 StAG nicht erfasste Ausnahmen werden ua genannt ein herausragendes öffentliches Interesse an der Einbürgerung auch unter Hinnahme von Mehrstaatigkeit oder der Verlust einer vormaligen deutschen Staatsangehörigkeit durch Eheschließung mit einem Ausländer.[404]

173 Bei der Ermessenseinbürgerung in den Verwaltungsvorschriften[405] ausgeformt ist die Einbürgerung unter vorübergehender Hinnahme von Mehrstaatigkeit, die mit oder ohne eine entsprechende Auflage erfolgen kann. Sie kann eingesetzt werden, wenn der ausländische Staat ein Ausscheiden aus seiner eigenen Staatsangehörigkeit erst nach Vollzug der Einbürgerung zulässt und kein Grund für eine dauernde Hinnahme von Mehrstaatigkeit vorliegt, etwa wenn der ausländische Staat für das Ausscheiden aus der Staatsangehörigkeit die Volljährigkeit voraussetzt oder der Einbürgerungsbewerber nicht innerhalb von zwei Jahren volljährig wird und er Vollwaise ist, er mit den Eltern/dem allein sorgeberechtigten Elternteil eingebürgert werden soll, er mit dem nicht allein personensorgeberechtigten Elternteil eingebürgert werden soll und der andere Elternteil deutscher Staatsangehörigkeit ist oder die Eltern des Einbürgerungsbewerbers oder der allein sorgeberechtigte Elternteil deutsche Staatsangehörige sind. Die Einbürgerung ist mit der Auflage zu versehen, (zu gegebener Zeit) die zum Ausscheiden aus der ausländischen Staatsangehörigkeit erforderlichen Handlungen unverzüglich vorzunehmen; die Auflage kann mit Mitteln des Verwaltungszwanges (Zwangsgeld) durchgesetzt werden. Entsteht nach der Einbürgerung ein Grund für die dauernde Hinnahme von Mehrstaatigkeit, ist vom (weiteren) Vollzug der Auflage abzusehen.

174 Die Einbürgerungsbehörde hat bei Vorliegen der gesetzlichen Tatbestandsvoraussetzungen ein weites,[406] durch die ermessenslenkenden Verwaltungsvorschriften gebundenes Ermessen. Bei der Ermessensbetätigung muss atypischen, von den durch die Verwaltungsvorschriften erfassten Regelfällen abweichenden Ausnahmefällen Rechnung getragen werden.[407] Nach der früheren Rechtsprechung war bei der Ausübung des grundsätzlich weiten Ermessens allein darauf abzustellen, ob ein staatliches Interesse an der beantragten Einbürgerung besteht; die Behörde hatte insbesondere zu prüfen, ob die Einbürgerung des Bewerbers nach all-

---

[400] VG Karlsruhe Urt. v. 26.4.2017 – 7 K 2002/16, BeckRS 2017, 118738; aA VG Stuttgart Urt. v. 18.5.2016 – 11 K 4243/04, BeckRS 2006, 24351 (für den Fall, dass die zu ernährenden Angehörigen bereits eingebürgert sind).
[401] Nr. 8.1.2.6.3 VAH-StAG (BMI).
[402] Nr. 8.1.2.6.3.4 VAH-StAG (BMI).
[403] Nr. 8.1.2.6.3.3 VAH-StAG (BMI).
[404] Nr. 8.1.2.6.3.6 und 7 VAH-StAG (BMI).
[405] Nr. 8.1.2.6.2 StAR-VwV; 8.1.2.6.2 VAH-StAG (BMI).
[406] BVerwG Beschl. v. 5.8.1990, Beschl. v. 5.8.1980 – 1 B 793.80, BeckRS 1980, 01485.
[407] BVerwG Beschl. v. 10.8.1990 – 1 B 114.89, NJW 1991, 650; Beschl. v. 15.4.1991 – 1 B 175.90, NJW 1991, 2227.

gemeinen politischen, wirtschaftlichen und kulturellen Gesichtspunkten erwünscht ist, ohne dass es sich dabei um eine Abwägung der persönlichen Interessen des Bewerbers mit den Interessen des Staates handelte.[408] Der Einbürgerungsbewerber hat jedenfalls einen Anspruch auf eine rechtsfehlerfreie Ermessensbetätigung,[409] bei der alle Umstände des Einzelfalles einschließlich der Grundrechte der Einbürgerungsbewerber sowie völkerrechtlicher oder einfachgesetzlicher Wohlwollensgebote ermessensfehlerfrei berücksichtigt werden.

174a Die Einordnung in die deutschen Lebensverhältnisse, die „gewährleistet" sein muss, hat bei der Ermessenseinbürgerung insoweit einen weiteren Gehalt, als damit auch die in § 10 Abs. 1 S. 1 Nr. 1, 6 und 7 gesondert geregelten Anforderungen jedenfalls im Bereich der Ermessensbetätigung berücksichtigt werden können. Die „Einordnung" braucht im Zeitpunkt der Einbürgerung noch nicht vollzogen zu sein; es genügt, dass sie nach den Umständen in absehbarer Zeit mit an Sicherheit grenzender Wahrscheinlichkeit zu erwarten ist.[410] Diese Einordnung setzt jedenfalls grundsätzlich deutsche Sprachkenntnisse voraus, mit denen sich der Bewerber ohne nennenswerte Probleme im Alltagsleben in deutscher Sprache verständigen kann.[411] Mit der Bezugnahme auf die Sprachanforderungen bei der Anspruchseinbürgerung (§ 10 Abs. 1 S. 1 Nr. 6, Abs. 4 StAG: → Rn. 150 ff.) hat der Gesetzgeber 2007[412] der Sache nach das Spracherfordernis verschärft und auch auf die Schriftsprache erstreckt. Eine weitere Dimension der „Legaleinordnung" ist durch das Unbescholtenheitserfordernis (§ 8 Abs. 1 Nr. 2; § 12a StAG) erfasst. Umstritten ist, ob das kollisionsrechtlich wirksame Eingehen einer zweiten Ehe im Ausland einer hinreichenden Einordnung entgegensteht.[413] „Einordnung" erfordert aber mehr als Legalgehorsam. An einer Einordnung fehlt es wegen des hohen Ranges, den Art. 6 Abs. 1 GG der Institution der Einehe beimisst, auch dann, wenn eine im Ausland wirksam eingegangene Mehrehe kollisionsrechtlich wirksam ist und nicht gegen § 172 StGB verstößt.[414]

3. Einbürgerung von Ehegatten oder Lebenspartnern Deutscher (§ 9 StAG)

175 Die Solleinbürgerung von Ehegatten oder Lebenspartnern deutscher Staatsangehörigkeit[415] markiert eine Zwischenstufe zwischen der Ermessenseinbürgerung (§ 8 StAG) und der Anspruchseinbürgerung (§ 10 StAG). Die gesetzliche Privilegierung zielt auf die Herstellung einer einheitlichen (deutschen) Staatsangehörigkeit in der Familie[416] und berücksichtigt den grundrechtlichen Schutz von Ehe und Familie (Art. 6 Abs. 1 GG); er schützt zwar auch Ehen von Ausländern, gibt aber nicht verfassungsgesetzlich vor, den Erwerb der deutschen Staatsangehörigkeit für Partner rein ausländischer Ehen allgemein zu begünstigen.[417] Unter den Voraussetzungen des § 8 StAG sollen Ehegatten oder Lebenspartner deutscher Staatsangehöriger eingebürgert werden, wenn das Gebot der Vermeidung von Mehrstaatigkeit beachtet wird, eine Einordnung in die deutschen Lebensverhältnisse gewährleistet ist und grundsätzlich ausreichende Kenntnisse der deutschen Sprache vorhanden sind, soweit kein Ausnahmegrund nach § 10 Abs. 6 StAG vorliegt. § 9 StAG tritt als spezielle Regelung neben § 8 StAG, verdrängt diesen aber nicht;[418] sind die in § 9 StAG

---

[408] BVerwG Urt. v. 1.7.1975 – 1 C 44.70, BVerwGE 49, 44 = NJW 1975, 2156; Urt. v. 9.12.1975 – 1 C 40.71, Buchholz 130 § 8 RuStAG Nr 6; zur Kritik *Marx* in GK-StAR StAG § 8 Rn. 167.
[409] Gefestigte Rspr. seit BVerwG Urt. v. 27.2.1957 – I C 165.55, BVerwGE 4, 298 = BeckRS 9998, 181607.
[410] BVerwG Urt. v. 8.3.1988 – 1 C 55.86, BVerwGE 79, 94 = NJW 1988, 2196.
[411] BVerwG Urt. v. 8.3.1988 – 1 C 55.86, BVerwGE 79, 94 = NJW 1988, 2196.
[412] Art. 5 Nr. 6 lit. a des Richtlinienumsetzungsgesetzes v. 19.8.2007, BGBl. I 1970.
[413] VGH Mannheim Urt. v. 25.4.2017 – 12 S 2216/14, NVwZ 2017, 1212; VGH München Beschl. v. 10.3.2011 – 5 ZB 10.1170, BeckRS 2011, 30400; OVG Lüneburg Urt. v. 13.7.2007 – 13 LC 468/03, BeckRS 2007, 25189.
[414] BVerwG Urt. v. 29.5.2018 – 1 C 15.17, BVerwGE 162, 153 = ZAR 2018, 313.
[415] Die „Status"deutscheneigenschaft nach Art. 116 Abs. 1 GG reicht nicht aus; Nr. 9.1 StAR-VwV.
[416] Nr. 9.0 StAR-VwV; s. auch BVerwG Beschl. v. 29.7.1985 – 1 B 78.85, InfAuslR 1985, 296.
[417] BVerwG Beschl. v. 29.7.1985 – 1 B 78.85, NJW 2908.
[418] BVerwG Urt. v. 18.8.1981 – 1 C 185.79, BVerwGE 64, 7 = NJW 1982, 538; s. auch Nr. 9.1.1. StAR-VwV.

normierten Voraussetzungen nicht erfüllt, ist nicht schon wegen der Ehe des Ausländers mit einem Deutschen die Einbürgerung nach § 8 StAG vorzunehmen.[419]

176 Hinsichtlich der gesetzlichen Tatbestandsvoraussetzungen liegt die Solleinbürgerung zwischen der Ermessens- und der Anspruchseinbürgerung. Die Tatbestandsvoraussetzungen des § 8 StAG (Klärung von Identität und Staatsangehörigkeit, Einordnung in die deutschen Lebensverhältnisse, Handlungsfähigkeit; Unbescholtenheit; Lebensunterhaltssicherungserfordernis; → Rn. 166 ff.) müssen vorliegen; die Ausnahmeregelung des § 8 Abs. 2 StAG findet auch im Rahmen des § 9 StAG Anwendung. Der Anpruchseinbürgerung entlehnt sind die Ausnahmen vom Gebot der Aufgabe der bisherigen Staatsangehörigkeit (→ Rn. 104 ff.) sowie – im Ergebnis – die Sprachanforderungen, wenn in § 9 Abs. 1 letzter Hs. StAG eine nicht durch Ausnahmen gerechtfertigte unzureichende Sprachbeherrschung als Rückausnahme von der Einordnung in die deutschen Lebensverhältnisse normiert wird (→ Rn. 150 ff.). Die Einordnung in die deutschen Lebensverhältnisse nähert sich, ohne dies vollständig zu übernehmen, dem Erfordernis der Kenntnisse der Rechts- und Gesellschaftsordnung sowie der Lebensverhältnisse in Deutschland (§ 10 Abs. 1 S. 1 Nr. 7, Abs. 5 StAG; → Rn. 156) und liegt bei Verfolgung verfassungsfeindlicher Bestrebungen (§ 10 Abs. 1 S. 1 Nr. 1 StAG; dazu → Rn. 72 f.) nicht vor. Das Merkmal der Einordnung ist indes weiter als der Rechtsbegriff der „freiheitlichen demokratischen Ordnung" und umfasst die Beachtung grundlegender Prinzipien des gesellschaftlichen Zusammenlebens durch den Einbürgerungsbewerber jedenfalls dann, wenn diese Grundsätze auch im geltenden Recht ihre Ausformung gefunden haben.[420] Der Einbürgerungsausschluss bei Sicherheitsgefährdung (§ 11 StAG) gilt für alle Einbürgerungen. Nicht kraft Gesetzes verlangt wird eine bestimmte Mindestvoraufenthaltszeit; regelmäßig wird eine Mindestaufenthaltsdauer von drei Jahren gefordert,[421] von der ua bei dreijähriger ehelicher Lebensgemeinschaft mit dem deutschen Ehegatten abgesehen werden kann.[422]

177 Zum begünstigten Personenkreis gehören nur die Ehegatten oder die Lebenspartner deutscher Staatsangehöriger. Die Ehe muss nach deutschem Sach- oder Kollisionsrecht (§ 13 EGBGB) rechtswirksam geschlossen sein und fortbestehen; eine ausländerrechtliche Zweckehe („Scheinehe") oder die gescheiterte Ehe erfüllen zwar den Tatbestand,[423] rechtfertigen als atypischer Fall nicht die privilegierte Solleinbürgerung.[424] Für die Solleinbürgerung erforderlich ist nach Sinn und Zweck eine „gelebte" eheliche/partnerschaftliche Gemeinschaft, also ein Zusammenleben mit gemeinsamer Lebens- und Haushaltsführung, soweit nicht besondere, zB berufliche Umstände eine getrennte Haushaltsführung nachvollziehbar machen. Bei ernsthaften Zweifeln am (Fort-)Bestand der ehelichen Lebensgemeinschaft ist die Staatsangehörigkeitsbehörde zu Nachforschungen und gegebenenfalls einer Antragsablehnung berechtigt und verpflichtet. Entsprechendes gilt für eine eingetragene Lebenspartnerschaft (§§ 1 ff. LPartG) oder eine in eine Ehe umgewandelte Lebenspartnerschaft (§ 20a LPartG).[425]

178 Abs. 2 belässt die Privilegierung auch nach dem Tode des deutschen Partners oder bei rechtskräftiger Auflösung der Ehe, wenn der Einbürgerungsbewerber personensorgeberechtigt ist für ein aus der Ehe stammendes Kind deutscher Staatsangehörigkeit ist.[426] Eine geteilte elterliche Sorge nach Trennung der Eltern reicht nicht aus.[427] Dies ist bei einer

---

[419] BVerwG Urt. v. 18.8.1981 – 1 C 185.79, BVerwG 64, 7 = NJW 1982, 538; VGH Mannheim Urt. v. 6.11.2013 – 1 S 244/13, InfAuslR 2014, 60.
[420] So – für das Verbot der Mehrfachehe – BVerwG Urt. v. 29.5.2018 – 1 C 15.17, BVerwGE 162, 153 = ZAR 2018, 313.
[421] Nr. 9.1.2.1 StAR-VwV; *Marx* in GK-StAR StAG § 9 Rn. 103 ff.
[422] Nr. 9.1.2.2 StAR.-VwV; *Marx* in GK-StAR StAG § 9 Rn. 109 ff.
[423] BVerwG Urt. v. 9.9.2003 – 1 C 6.03, BVerwGE 119, 17; aA wohl *Hailbronner/Hecker* in HMHK StAG § 9 Rn. 5.
[424] VG Stuttgart Urt. v. 14.11.2017 – 11 K 7574/17; *Marx* in GK-StAR StAG § 9 Rn. 24.
[425] AA *Hailbronner/Hecker* in HMHK StAG § 9 Rn. 7.
[426] Das VG Oldenburg (Urt. v. 12.12.2001 – 11 A 1739/00, BeckRS 2001, 31356837) hält neben dem Sorgerecht bereits auf Tatbestandsebene eine häusliche Gemeinschaft mit dem Kind für erforderlich.
[427] VG Gießen Beschl. v. 5.3.2003 – 10 E 4120/02, BeckRS 2003, 31132851; im Ergebnis auch VGH Kassel Urt. v. 15.3.2004 – 12 UE 1491/03, InfAuslR 2004, 354.

vergleichbaren Lage in Lebenspartnerschaften, etwa bei einer Stiefkindadoption durch eine/n Lebenspartner/in,[428] entsprechend anzuwenden.

Kern der Privilegierung ist eine Verkürzung der Voraufenthaltszeiten, die vor dem auf **179** den Einbürgerungszeitpunkt bezogenen Erfordernis eines rechtmäßigen gewöhnlichen Aufenthalts erfüllt sein müssen. Für den Regelfall wird ein Mindestinlandsaufenthalt von drei Jahren sowie eine Bestandsdauer der Ehe/der Lebenspartnerschaft von zwei Jahren gefordert,[429] während derer der Ehe-/Lebenspartner die deutsche Staatsangehörigkeit besessen haben muss.[430] Hierauf können frühere Inlandsaufenthalte bis zu zwei Dritteln anerkannt werden.[431] Eine Verkürzung bei längerem Bestand von Ehe/Lebenspartnerschaft, die dann teilweise auch im Ausland geführt worden sein kann, ist im Ermessenswege möglich.[432]

Das Solleinbürgerungsgebot belässt der Staatsangehörigkeitsbehörde in atypischen Fällen **180** ein Entscheidungsermessen. Erfasst werden solche Fälle, auf welche die Privilegierung ungeachtet der Erfüllung der Tatbestandsvoraussetzungen nach Sinn und Zweck nicht zielt.

Dies betrifft bei formal bestehender Ehe/Partnerschaft vor allem aufenthaltsrechtliche **181** Zweckehen („Scheinehen")[433] und solche, die gescheitert sind (→ Rn. 177).[434] Liegen einer Einbürgerung entgegenstehende öffentliche Belange bei den im Tatbestand „typisierten" öffentlichen Belangen nicht vor, haben sie auf der Rechtsfolgenseite als hiernach nicht erhebliches öffentliches Interesse indes unberücksichtigt zu bleiben.[435]

4. Weitere Ermessenseinbürgerungstatbestände

a) Einbürgerung ehemaliger Deutscher (§ 13 StAG). § 13 StAG sieht eine antrags- **182** abhängige Einbürgerung ehemaliger Deutscher und ihrer minderjährigen Kindern vor, die ihren gewöhnlichen Aufenthalt (→ Rn. 21 f.) im Ausland haben,[436] wenn sie staatsangehörigkeitsrechtlich handlungsfähig (§ 8 Abs. 1 Nr. 1 StAG) und strafrechtlich nicht verurteilt sind (§ 8 Abs. 1 Nr. 2 StAG); auf Lebensunterhaltssicherungserfordernisse wird verzichtet. Ermöglicht werden soll eine Einbürgerung ehemaliger Deutscher und ihrer Abkömmlinge, die im Ausland leben und daher von § 8 StAG nicht erfasst werden, wenn und weil hieran ein staatliches Interesse besteht.[437] Die Einbürgerung steht im Ermessen der Staatsangehörigkeitsbehörde. Erfasst werden nur ehemalige deutsche Staatsangehörige,[438] nicht (ehemalige) Statusdeutsche, und – seit einer Gesetzesänderung 2007 – nur noch solche (ehelichen oder nichtehelichen)[439] Kinder, die ohne den Staatsangehörigkeitsverlust des ehemaligen Deutschen die deutsche Staatsangehörigkeit durch diesen erworben hätten,[440] also nicht mehr (generationenübergreifend) alle Abkömmlinge.[441] Von vornherein nicht privilegiert waren Ehegatten ehemaliger Deutscher.

---

[428] OLG Bamberg Beschl. v. 26.4.2017 – 2 UF 70/17, NJW-RR 2017, 840; OLG Düsseldorf Beschl. v. 17.3.2017 – 1 UF 10/16, NJW 2017, 2774.
[429] Nr. 9.1.2.1 StAR-VwV.
[430] Nr. 9.1.2.1 StAR-VwV lässt für die Zeit der Ehebestandsdauer die Statusdeutscheneigenschaft ausreichen; s. auch *Marx* in GK-StAR StAG § 9 Rn. 106.
[431] Nr. 9.1.2.1 StAR-VwV.
[432] Nr. 9.1.2.2.
[433] BVerwG Urt. v. 16.5.1983 – 1 C 28.81, NJW 1984, 70; *Marx* in GK-StAR StAG § 9 Rn. 166.
[434] S. auch *Hailbronner/Hecker* in HMHK StAG § 9 Rn. 29.
[435] BVerwG Urt. v. 31.3.1987 – 1 C 29.84, BVerwGE 77, 164 = NJW 1987, 2174.
[436] BVerwG Urt. v. 22.6.1999 – 1 C 16.98, BVerwGE 109, 142 = NVwZ 1999, 1345 (keine entsprechende Anwendung auf Einbürgerungsbewerber, die ihren dauernden Aufenthalt in Deutschland haben).
[437] BVerwG Urt. v. 22.6.1999 – 1 C 16.98, BVerwGE 109, 142 = NVwZ 1999, 1345.
[438] VGH Kassel Beschl. v. 21.8.1997 – 12 ZU 2259/97, NJW 1998, 472 (nicht Abkömmlinge vor der Gründung des Deutschen Reiches 1870 ausgewanderter Angehöriger des Königreichs Bayern).
[439] Zu Adoptivkindern s. *Marx* in GK-StAR StAG § 13 Rn. 22 ff.
[440] So *Hailbronner/Hecker* in HMHK StAG § 13 Rn. 3; aA – für eine möglichst weitreichende Möglichkeit der Einbürgerung deutschstämmiger Einbürgerungsbewerber auch unabhängig vom Grad der Abstammung – *Marx* in GK-StAR StAG § 13 Rn. 3 ff.
[441] So noch BVerwG Urt. v. 2.5.2001 – 1 C 18.99, BVerwGE 114, 195 = BeckRS 2001, 30178163.

183 Auf der Tatbestandsebene unerheblich ist, auf welchem Erwerbsgrund der Besitz der deutschen Staatsangehörigkeit beruht hatte und aus welchen Gründen der ehemalige Deutsche seine Staatsangehörigkeit verloren hat; eine Ausnahme bilden wegen der ex tunc-Wirkung einer Rücknahme (§ 35 Abs. 4 StAG) Personen, deren Einbürgerung zurückgenommen worden ist. Erfasst werden zB ehemalige Deutsche, die nach einer Einbürgerung in den deutschen Staatsverband die deutsche Staatsangehörigkeit durch einen Wiedererwerb der türkischen Staatsangehörigkeit verloren hatten. Vor dem „Generationenschnitt" durch die Begrenzung auf (noch) minderjährige Abkömmlinge erfasst waren auch Abkömmlinge verfolgter deutscher Staatsangehöriger, die in ihrer Person die Einbürgerungsvoraussetzungen des Art. 116 Abs. 2 S. 1 GG nicht erfüllten.[442]

184 Bei der Ausübung ihres (weiten) Einbürgerungsermessens[443] hat die Einbürgerungsbehörde darauf abzustellen, ob unter Berücksichtigung[444] der persönlichen Verhältnisse des Einbürgerungsbewerbers und nach allgemeinen politischen, wirtschaftlichen und kulturellen Gesichtspunkten ein staatliches Interesse an der beantragten Einbürgerung besteht;[445] dabei sind die Bindungen des Einbürgerungsbewerbers an Deutschland, seine ehemalige berufliche Tätigkeit, seine (persönlichen) Motive für die seinerzeitige Aufgabe der deutschen und den Erwerb der Staatsangehörigkeit des ausländischen Staates sowie seine nunmehrigen (persönlichen) Gründe für den Wunsch nach Wiedererlangung der deutschen Staatsangehörigkeit zu berücksichtigen.[446] Bei der Ermessensentscheidung können auch die nicht in den Tatbestand aufgenommene Unterhaltsfähigkeit (§ 8 Abs. 1 Nr. 4 StAG), der Fortbestand einer nichtdeutschen Staatsangehörigkeit sowie dem Grunde nach die weiteren in § 10 Abs. 1 S. 1 StAG benannten Gesichtspunkte berücksichtigt werden. Zu Gunsten der Abkömmlinge der von der Sammeleinbürgerung der Danziger Staatsangehörigen ausgeschlossenen Juden ist wegen der Nichtigkeit der Ausschlussklausel bei der Ermessensausübung auch der Rechtsgedanke des Art. 116 Abs. 2 GG zu berücksichtigen, und zwar nicht nur bei der Erlebnisgeneration.[447]

185 **b) Einbürgerung von Ausländern mit gewöhnlichem Auslandsaufenthalt (§ 14 StAG).** § 14 StAG ermöglicht bei Vorliegen der sonstigen Voraussetzungen der §§ 8, 9 StAG im Ermessenswege auch die Einbürgerung eines Ausländers, der seinen gewöhnlichen Aufenthalt im Ausland hat. Der Verzicht auf das Erfordernis eines (gefestigten) Inlandsaufenthalts wird kompensiert dadurch, dass besondere Bindungen an Deutschland bestehen müssen, die eine Einbürgerung rechtfertigen. Der Sache nach können sich solche Bindungen neben Fällen mit Wiedergutmachungsgehalt, die nicht unter Art. 116 Abs. 2 GG, § 13 StAG fallen, ergeben aus einer deutschen Volkszugehörigkeit, aus einer bestehenden oder früheren Ehe oder einer familiären Lebensgemeinschaft mit einem deutschen Staatsangehörigen, aus Eigentum in Deutschland, aus dem Besuch deutscher Schulen oder Ausbildungsstätten oder sonstigen besonderen Diensten für die Bundesrepublik Deutschland.[448] Die Bindungen müssen indes nach Art, Umfang und Gewicht eine Einbürgerung „rechtfertigen".

186 **c) Staatenlose, heimatlose Ausländer und Flüchtlinge.** Im Sinne des Staatsangehörigkeitsrechts sind auch staatenlose Personen Ausländer. Für seit ihrer Geburt staatenlose Personen sieht Art. 2 AusfGAbkStaatenlos (Gesetz zur Verminderung der Staatenlosig-

---

[442] BVerwG Urt. v. 27.3.1990 – 1 C 5.87, BVerwGE 85, 108 = NJW 1990, 2213; zur Berücksichtigung des Wiedergutmachungsgedankens s. auch BVerwG Urt. v. 2.5.2001 – 1 C 18.99, BVerwGE 114, 195 = BeckRS 2001, 30178163; *Marx* in GK-StAR StAG § 13 Rn. 71 ff.
[443] BVerwG Urt. v. 21.10.1986 – 1 C 44.84, BVerwGE 75, 86 = NJW 1987, 856.
[444] Damit soll keine Abwägung mit den persönlichen Interessen des Einbürgerungsbewerbers als solchen stattfinden; so OVG Münster Beschl. v. 15.2.2011 – 12 A 1460/10, BeckRS 2012, 45085 (unter Hinweis auf die frühere Rechtsprechung des BVerwG zu § 8 StAG).
[445] OVG Münster Beschl. v. 6.9.2010 – 12 A 2179/09, BeckRS 2012, 45351.
[446] VG Köln Urt. v. 5.7.2013 – 10 K 33/12, BeckRS 2013, 57576.
[447] BVerwG Urt. v. 2.5.2001 – 1 C 18.99, BVerwGE 114, 195 = BeckRS 2001, 30178163.
[448] *Hailbronner/Hecker* in HMHK StAG § 14 Rn. 4.

keit),⁴⁴⁹ das zur Ausführung des Übereinkommens vom 30.8.1961 zur Verminderung der Staatenlosigkeit und des Übereinkommens vom 13.9.1973 zur Verringerung der Fälle von Staatenlosigkeit ergangen ist, einen antragsabhängigen Einbürgerungsanspruch vor, wenn sie im Bundesgebiet⁴⁵⁰ geboren sind, hier seit fünf Jahren ihren dauernden Aufenthalt⁴⁵¹ haben, den Antrag vor Vollendung des 21. Lebensjahres stellen und nicht zu einer Freiheits- oder Jugendstrafe von fünf Jahren oder mehr verurteilt worden sind. Die beiden Abkommen selbst sind nicht Rechtsgrundlage der Einbürgerung, können aber zur Auslegung des Gesetzes herangezogen werden.⁴⁵²

Der Begriff der „Staatenlosigkeit" in Art. 2 des Gesetzes erstreckt sich unabhängig von dem personalen Anwendungsbereich des StaatenlMindÜbk auf alle Personen, die kein Staat aufgrund seines Rechts als Staatsangehörigen ansieht,⁴⁵³ und umfasst auch Personen, die durch freiwilligen Verzicht auf eine bisherige Staatsangehörigkeit staatenlos geworden sind.⁴⁵⁴ Für Unterbrechungen der Voraufenthaltszeit gilt § 12b StAG nicht unmittelbar; jedenfalls eine kurzfristige Unterbrechung der Rechtmäßigkeit des Aufenthalts ist unschädlich.⁴⁵⁵ **187**

Für das Einbürgerungsverfahren gelten die Vorschriften des Staatsangehörigkeitsrechts. Auch die Einbürgerung nach Art. 2 AusfGAbkStaatenlos ist daher kostenpflichtig.⁴⁵⁶ **188**

Art. 34 GFK hingegen enthält keine eigenständige Rechtsgrundlage für die Einbürgerung. Die Norm enthält ein an die Vertragsstaaten gerichtetes, für das Einbürgerungsermessen nach § 8 StAG innerstaatlich unmittelbar anwendbares⁴⁵⁷ Wohlwollensgebot, neben der Eingliederung auch die Einbürgerung zu erleichtern, Einbürgerungsverfahren zu beschleunigen und die Kosten dieses Verfahrens soweit wie möglich⁴⁵⁸ herabzusetzen. Das Wohlwollensgebot ermächtigt aber nicht die Einbürgerungsbehörden, sich generell oder im Einzelfall zugunsten von Flüchtlingen und Staatenlosen über die zwingenden Einbürgerungsvoraussetzungen des innerstaatlichen Rechts hinwegzusetzen.⁴⁵⁹ **189**

d) Heimatlose Personen. § 21 HAG⁴⁶⁰ gewährt heimatlosen Ausländern, also Personen mit ausländischer oder ohne Staatsangehörigkeit, die unter dem Schutz der entsprechenden UN-Organisation standen und entweder selbst am 30.6.1950 oder als deren Abkömmlinge am 1.1.1991 rechtmäßig ihren gewöhnlichen Aufenthalt im Bundesgebiet hatten (§ 1 HAG), einen eigenständigen, antragsabhängigen Einbürgerungsanspruch.⁴⁶¹ Er hängt von einem (mindestens) siebenjährigen rechtmäßigen gewöhnlichen Aufenthalt im Bundesgebiet und der strafrechtlichen Unbescholtenheit ab, wobei über § 12a StAG hinaus Verurteilungen zu Geldstrafe oder zu Jugend-/Freiheitsstrafe bis zu einem Jahr, deren Vollstreckung zur Bewährung ausgesetzt wurde, außer Betracht bleiben. Für Ehegatten und minderjährige Kinder wird von einer Mindestaufenthaltsdauer abgesehen. **190**

Jenseits der Modifikationen der allgemeinen Einbürgerungsvoraussetzungen gelten für heimatlose Ausländer die allgemeinen Vorschriften über die Einbürgerung (§ 21 Abs. 2 **191**

---

⁴⁴⁹ Gesetz v. 29.6.1977, BGBl. I 1101 (geändert durch Gesetz v. 15.7.1999, BGBl. I 1618).
⁴⁵⁰ Einschließlich Schiffe und Luftfahrzeuge unter deutscher Flagge.
⁴⁵¹ Dieser entspricht im Wesentlichen dem gewöhnlichen Aufenthalt (→ Rn. 21 f.); so BVerwG Beschl. v. 25.11.2004 – 1 B 24.04, NVwZ 2005, 231 (zu § 4 Abs. 3 StAG).
⁴⁵² OVG Münster Beschl. v. 30.1.2004 – 19 E 82/01, BeckRS 2015, 51052.
⁴⁵³ BVerwG Urt. v. 23.2.1993 – 1 C 45.90, BVerwGE 92, 116 = NVwZ 1993, 782.
⁴⁵⁴ BVerwG Urt. v. 16.7.1996 – 1 C 30.93, BVerwGE 101, 295 = NVwZ 1998, 180.
⁴⁵⁵ BVerwG Urt. v. 28.9.1993 – 1 C 1.93, InfAuslR 1994, 35.
⁴⁵⁶ OVG Berlin-Brandenburg Beschl. v. 28.12.2009 – OVG 5 N 12.08, BeckRS 2010, 45138.
⁴⁵⁷ BVerwG Beschl. v. 23.12.1993 – 1 B 61.93, InfAuslR 1994, 191.
⁴⁵⁸ Dazu BVerwG Urt. v. 16.11.2006 – 5 C 27.05, NVwZ-RR 2007, 205.
⁴⁵⁹ BVerwG Beschl. v. 10.7.1997 – 1 B 141.97, NVwZ 1998, 183.
⁴⁶⁰ Gesetz über die Rechtsstellung heimatloser Ausländer im Bundesgebiet v. 25.4.1951, BGBl. I 269 (zuletzt geändert durch Gesetz v. 30.7.2004, BGBl. I 1950).
⁴⁶¹ Die Ursprungsfassung des Gesetzes hatte sich auf ein Wohlwollensgebot im Rahmen der Anwendung der allgemeinen Vorschriften über die Einbürgerung beschränkt; s. dazu BVerwG Urt. v. 27.2.1958 – I C 99.56, BVerwGE 6, 207 = BeckRS 1958, 241; Beschl. v. 26.8.1982 – 1 B 91.82, InfAuslR 1982, 295.

StAG). Anzuwenden ist daher auch der allgemeine Grundsatz des Einbürgerungsrechts,[462] dass beachtliche Straftaten so lange der Einbürgerung entgegenstehen, als eine Tilgung des Bundeszentralregisters noch nicht erfolgt ist.[463]

C. Verlust der Staatsangehörigkeit

I. Grundsätzliches/Überblick

192 Art. 16 Abs. 1 S. 1 GG verbietet ausnahmslos einen Entzug der deutschen Staatsangehörigkeit und reagiert damit auf die massive Ausbürgerung rassisch, politisch oder religiös vom nationalsozialistischen Regime verfolgter Menschen. Art. 16 Abs. 1 S. 1 GG lässt dagegen deren Verlust zu, aber nur aufgrund eines Gesetzes und gegen den Willen des Betroffenen nur dann, wenn der Betroffene dadurch nicht staatenlos wird. Entziehung ist ein Unterfall des Verlustes, der die Funktion der Staatsangehörigkeit als verlässlicher Grundlage gleichberechtigter Zugehörigkeit beeinträchtigt.[464] In der Rechtsprechung des BVerfG wird sie inzwischen umschrieben als Verlustzufügung, die der Betroffene nicht oder nicht auf zumutbare Weise beeinflussen kann (Vermeidbarkeitstheorie).[465] Für die Beurteilung der Zumutbarkeit der Vermeidung bleibt als normatives Korrektiv das Moment der willkürlichen Ausgrenzung unter Aufhebung der Funktion als verlässlicher Grundlage der Zugehörigkeit erhalten.[466] Damit sind andere Abgrenzungsansätze[467] für die praktische Rechtsanwendung überholt. „Verlust" ist dann jede Aufhebung bestehender Staatsangehörigkeit, die nicht Entzug ist.

193 Völker(vertrags)rechtlich wird diese Unterscheidung von Entzug und Verlust nicht vorgenommen. Ein Verlust ist auch dann nicht schlechthin ausgeschlossen, wenn der Betreffende dadurch staatenlos würde. Art. 7 Abs. 1 EUStAÜb (Europäisches Übereinkommen über Staatsangehörigkeit) listet die Fallgruppen auf, in denen ein Vertragsstaat den Verlust kraft Gesetzes oder auf seine Veranlassung hin vorsehen kann, und garantiert in Art. 8 EUStAÜb die Aufgabe der Staatsangehörigkeit durch den Betroffenen, soweit dieser dadurch nicht staatenlos wird. § 17 StAG greift diese Fallgruppen überwiegend, aber nicht vollständig[468] auf.

193a Der im Völkerrecht ebenso wie im nationalen Recht vorausgesetzte bzw. anerkannte Verlust „kraft Gesetzes" bei Vorliegen der Tatbestandsvoraussetzungen, der allenfalls noch deklaratorisch festzustellen (§ 30 Abs. 1 S. 3 StAG), ist bei EU-„Monostaatlern", in denen mit der deutschen Staatsangehörigkeit zugleich die Unionsbürgerschaft verloren geht, durch das Tjebbes-Urteil des EuGH[469] unter Druck geraten. Der EuGH macht im Anschluss an seine Rottmann-Entscheidung[470] auch bei einem nach nationalem Recht ex lege eintretenden Staatsangehörigkeitsverlust eine behördliche oder gerichtliche Einzelfallprüfung zur unionsrechtlichen Wirksamkeitsvoraussetzung, weil nur so dem unionsrecht-

---

[462] S. BVerwG Urt. v. 5.6.2014 – 10 C 4.14, BVerwGE 150, 17 = BeckRS 2014, 54184.
[463] VG München Urt. v. 6.7.2016 – M 25 K 15.4688, BeckRS 2016, 126972.
[464] BVerfG Urt. v. 24.5.2006 – 2 BvR 669/04, BVerfGE 116, 24 (44) = JuS 2006, 927; Beschl. v. 24.10.2006 – 2 BvR 696/04, NJW 2007, 79; Beschl. v. 17.12.2013 – 1 BvL 6/10, BVerfGE 135, 48 = NJW 2014, 1364.
[465] BVerfG 10.8.2001 – 2 BvR 2101/00, NVwZ 2001, 1393; Beschl. v. 24.5.2006 – 2 BvR 669/04, BVerfGE 116, 24 (44) = JuS 2006, 927; s. auch *Masing*, Wandel im Staatsangehörigkeitsrecht vor der Herausforderung moderner Migration, 2001, 45.
[466] *Hailbronner* in HMHK GG Art. 116 Rn. 42; *Marx* in GK-StAR StAG § 17 Rn. 7, 12.
[467] Knapp dazu etwa *Becker* NVwZ 2006, 304; *Engst* ZAR 2005, 227 /228 f.); *Becker* in von Mangoldt/Klein/Starck GG Art. 16 Abs. 1 Rn. 31 ff.; *Hailbronner* in HMHK GG Art. 16 Rn. 32 ff.; *Marx* in GK-StAR StAG § 17 Rn. 7 ff.
[468] Art. 7 Abs. 1 lit. d EuStAngÜbk lässt einen Verlust etwa auch bei einem Verhalten zu, das den wesentlichen Interessen des Vertragsstaates in schwerwiegender Weise abträglich ist. S. auch *Krohne*, Die Ausbürgerung illoyaler Staatsangehöriger, 2013; *Weber* ZAR 2015, 138; *Nussberger* EuGRZ 2017, 633 (638 f.).
[469] EuGH Urt. v. 12.3.2019 – C-221/17, NVwZ 2019, 709 – Tjebbes u. a.; dazu *Weber* JZ 2019, 449.
[470] EuGH Urt. v. 2.3.2010 – C-135/08, NVwZ 2010, 509 – Rottmann (zur Verhältnismäßigkeitsprüfung bei einer behördlichen Einzelfallentscheidung).

lichen Verhältnismäßigkeitsgrundsatz entsprochen werden könne.[471] Die allgemein gehaltenen, recht weitreichenden Formulierungen des EuGH lassen eine einschränkende, auf die der Entscheidung konkret zugrunde liegende Fallkonstellation beschränkte Auslegung kaum zu.[472] Dieses „unionsrechtliche Risiko" erfasst die Verlusttatbestände nach § 17 Abs. 1 Nr. 2, 4 und 5 sowie den Nichterwerb in den Fällen des § 17 Abs. 3 StAG.

§ 17 StAG enthält eine abschließende Aufzählung der im Staatsangehörigkeitsgesetz selbst geregelten Verlusttatbestände, regelt selbst aber nicht die materiellen Voraussetzungen des Verlustes. Sie sind in den §§ 18 ff., 35 StAG normiert. Bereits das Gebot einer gesetzlichen Regelung (Art. 16 Abs. 1 S. GG) lässt nicht vom Staatsangehörigkeitsgesetz erfasste Verlustgründe nicht zu.[473] Ausgeschlossen ist – jedenfalls nach der ausdrücklichen Regelung der Rücknahme (§ 35 StAG) – ein Widerruf nach allgemeinem Verwaltungsverfahrensrecht (§ 49 VwVfG)[474] oder der früher anerkannte Verzicht aufgrund völkerrechtlicher Verträge. § 17 Abs. 3 StAG anerkennt indes den rückwirkenden Verlust der deutschen Staatsangehörigkeit aufgrund von Entscheidungen nach anderen Gesetzen, die unmittelbar auf die Erwerbsvoraussetzungen einwirken, als möglich und wirksam; dies betrifft insbesondere Fälle, in denen ein verfassungsrechtlich als Verlust einzuordnender Vorgang mit hinreichend bestimmter gesetzlicher Grundlage einfachgesetzlich als rückwirkender Wegfall des Erwerbsgrundes und damit „Nichterwerb" ausgeformt ist, mithin die (zeitweilig) irrig angenommene deutsche Staatsangehörigkeit nie bestanden hat. Dies betrifft zB Fälle der rückwirkenden Rücknahme eines für den ius soli-Erwerb nach § 4 Abs. 3 StAG[475] erforderlichen Aufenthaltstitels oder der erfolgreichen Anfechtung einer Vaterschaftsanerkennung durch einen „Scheinvater".[476] Die in § 17 Abs. 1 StAG genannten Verlustgründe gelten gleichermaßen für alle Erwerbstatbestände.

194

II. Verlust durch Entlassung (§§ 18 bis 24 StAG)

Bei durch einen anderen Staat zugesagter Verleihung einer fremden Staatsangehörigkeit besteht grundsätzlich ein antragsabhängiger Anspruch auf Entlassung aus der deutschen Staatsangehörigkeit, und zwar auch dann, wenn dies zu einer vorübergehenden Staatenlosigkeit führt. Ein von einer solchen Zusicherung unabhängiger Anspruch auf „Entlassung in die Staatenlosigkeit" besteht aber nicht.[477] Die Entlassung gilt daher als nicht erfolgt, wenn der Entlassene die zugesicherte ausländische Staatsangehörigkeit nicht innerhalb eines Jahres nach der Aushändigung der Entlassungsurkunde tatsächlich erworben hat (§ 24 StAG); es handelt sich dabei um eine gesetzesunmittelbare Fiktion des Nichtverlustes, nicht eines Wiedererwerbs.

195

Bei Personen, die unter elterlicher Sorge oder Vormundschaft stehen, bedarf der Entlassungsantrag des gesetzlichen Vertreters der am Kindeswohl zu orientierenden[478] familiengerichtlichen Genehmigung, soweit die Entlassung nicht zugleich mit einem entsprechenden Entlassungsantrag des personensorgeberechtigten Elternteils beantragt wird (§ 19 StAG). Eine ohne die erforderliche Genehmigung erfolgte Entlassung ist nichtig.[479] Bei Beamten, Rich-

196

---

471 EuGH Urt. v. 12.3.2019 – C-221/17, NVwZ 2019, 709 Rn. 41 – Tjebbes u. a.
472 Deutscher Bundestag – Fachbereich Europa, Aktueller Begriff Europa Nr. 04/19 v. 29.5.2019, 2; aA wohl *Thym* VERW 52 (2019), 407 (424 f.).
473 *Hailbronner* in HMHK StAG § 17 Rn. 11.
474 Zum Widerruf bei auflagenbeschwerten Einbürgerungen (→ Rn. 164); s. *Sauerland* DÖV 2016, 465.
475 S. OVG Münster Beschl. v. 31.10.2011 – 19 A 2288/10, StAZ 2012, 150; s. auch VG Neustadt Beschl. v. 1.4.2014 – 5 L 177/14.NM.
476 BVerwG Urt. v. 19.4.2018 – 1 C 29.17; die vom BVerfG (Beschl. v. 17.12.2013 – 1 BvL 6/10, BVerfGE 135, 48 = NJW 2014, 1364) erfolgte Nichterklärung des § 1600 Abs. 1 Nr. 5 BGB (sog. Behördenanfechtung einer Vaterschaftsanerkennung) erfolgte ua deswegen, weil es an einer dem Grundsatz des Gesetzesvorbehalts genügenden Regelung des Staatsangehörigkeitsverlusts sowie an einer angemessenen Fristen- und Altersregelung fehlte.
477 OVG Münster Beschl. v. 13.9.1982 – 18 A 1647/82, NJW 1983, 2599.
478 OLG Stuttgart Beschl. v. 17.3.2003 – 17 UF 259/02, NJW 2003, 3643.
479 *Oberhäuser* in NK-AuslR StAG § 17 Rn. 7.

tern, Soldaten der Bundeswehr und sonstigen Personen, die in einem öffentlich-rechtlichen Dienst- oder Amtsverhältnis stehen, darf während der Dauer des Dienst- oder Amtsverhältnisses die Entlassung nicht erteilt werden, bei wehrpflichtigen Personen nur im Falle einer „Unbedenklichkeitserklärung" durch das Bundesministerium der Verteidigung (§ 22 StAG).

III. Verlust durch Erwerb einer ausländischen Staatsangehörigkeit

1. Regelfall: Verlust bei antragsabhängigem Erwerb einer fremden Staatsangehörigkeit

197 Kraft Gesetzes (§ 25 Abs. 1 S. 1 StAG) verliert ein Deutscher seine Staatsangehörigkeit mit dem Erwerb einer ausländischen Staatsangehörigkeit,[480] wenn dieser Erwerb auf seinen Antrag oder (mit etwa erforderlicher (→ Rn. 196) familiengerichtlicher Genehmigung) auf Antrag des gesetzlichen Vertreters erfolgt. Die Regelung zielt auf die Vermeidung mehrfacher Staatsangehörigkeit und betont zugleich das traditionelle staatsangehörigkeitsrechtliche „Exklusivitätsprinzip".

198 § 25 Abs. 1 StAG bewirkt keine Entziehung der deutschen Staatsangehörigkeit, sondern nur deren Verlust, und ist verfassungsgemäß.[481] Dies gilt auch dann, wenn dem Betroffenen bei dem antragsabhängigen Erwerb der fremden Staatsangehörigkeit diese Rechtsfolge nicht bewusst gewesen ist oder zwischen dem Zeitpunkt des Antrags auf Erwerb der ausländischen Staatsangehörigkeit und deren Verleihung sich die Rechtsfolgen geändert haben.[482]

199 Von vornherein nicht erfasst werden alle nicht von staatsangehörigkeitsrechtlichen Willenserklärungen des deutschen Staatsangehörigen abhängigen Erwerbsgründe nach ausländischem Staatsangehörigkeitsrecht, zB bei Geburtserwerb oder einem ipso jure-Erwerb durch Eheschließung. Bis zu der Streichung der sogenannten Inlandsklausel zum 1.1.2000[483] trat die Verlustfolge bei Beibehaltung des gewöhnlichen Aufenthalts im Bundesgebiet nicht ein.[484]

200 Der Antrag, der zum Erwerb der fremden Staatsangehörigkeit führt, muss Ausdruck einer freien Willensentscheidung unter Hinwendung zu einem neuen Heimatstaat und unmittelbar auf den Erwerb der anderen Staatsangehörigkeit gerichtet gewesen sein.[485] Durch den Aufenthaltsstaat „abgenötigte" Erklärungen, bei denen sich der Antragsteller objektiv in einer die freie Willensbildung ausschließenden Zwangslage befunden hat, führen nicht zum Verlust. Hat ein im Ausland lebender Deutscher die Wahl, sich im Aufenthaltsstaat weiter als Ausländer aufzuhalten oder sich in die ausländische Staatsangehörigkeit einbürgern zu lassen, ist sein Antrag auf Erwerb dieser Staatsangehörigkeit freiwillig.[486]

201 Nicht erforderlich ist der Wille, eine deutsche Staatsangehörigkeit aufzugeben.[487] Der Verlust tritt aber nur ein, wenn dem Deutschen bis zur Verleihung der ausländischen Staatsangehörigkeit der Besitz der deutschen Staatsangehörigkeit bekannt war oder hätte bekannt sein müssen.[488] „Kennenmüssen" liegt nur vor, wenn der Besitz der deutschen Staatsangehörigkeit bei einer (be-)wertenden Gesamtbetrachtung des konkreten Lebenssachverhalts im Zeitpunkt des Antragserwerbs aufgrund tatsächlicher und rechtlicher Anhaltspunkte von hinreichendem Gewicht und hinreichender Dichte offensichtlich

---

[480] Die frühere palästinensische Mandatszugehörigkeit ist keine ausländische Staatsangehörigkeit iSd § 25 Abs. 1 StAG; s. BVerwG Urt. v. 28.9.1993 – 1 C 25.2, BVerwGE 94, 185 = NVwZ 1994, 387.
[481] BVerfG Urt. v. 24.5.2006 – 2 BvR 669/04, BVerfGE 116, 24 = JuS 2006, 927; Zweifel an der Unionsrechtskonformität eines Verlustes ohne die Möglichkeit einer einzelfallbezogenen Ermessensentscheidung folgen aus dem Tjebbes-Urteil des EuGH (EuGH Urt. v. 12.3.2019 – C-221/17, NVwZ 2019, 709).
[482] Krit. *Geyer* in NK-AuslR StAG § 25 Rn. 2, 4.
[483] S. dazu *Hailbronner* in HMHK StAG § 25 Rn. 31 ff.
[484] BVerwG Urt. v. 29.9.1998 – 1 C 20.96, BVerwGE 107, 223 = NJW 1999, 963.
[485] BVerwG Urt. v. 21.5.1985 – 1 C 12.84, Buchholz 130 RuStAG Nr. 5.
[486] OVG Münster Beschl. v. 26.1.2017 – 19 A 2099/15, BeckRS 2017, 101876.
[487] BVerwG Beschl. v. 13.10.2000 – 1 B 53.00, Buchholz 130 StAG § 25 Nr. 11.
[488] BVerwG Urt. v. 10.4.2008 – 5 C 28.07, BVerwGE 131, 121 = NJW 2008, 2729.

sowie ihre Anerkennung ohne Weiteres zu erwarten war.[489] Die ausländische Staatsangehörigkeit muss zudem tatsächlich, also wirksam erworben sein;[490] dies richtet sich nach dem Staatsangehörigkeitsrecht und der Rechts- und Staatspraxis dieses ausländischen Staates.[491]

Nur hingewiesen werden kann auf die Abgrenzungsprobleme, die sich bei dem Erwerb 202 einer fremden Staatsangehörigkeit durch minderjährige Kinder im Zusammenhang mit der Einbürgerung ihrer Eltern ergeben.[492] Erklärungen ihrer gesetzlichen Vertreter sind ihnen nur nach Maßgabe des § 19 StAG zuzurechnen. Eine solche Erklärung des Kindes liegt aber etwa dann nicht vor, wenn die Eltern die fremde Staatsangehörigkeit im Wissen darum auf Antrag erwerben, dass sich deren Staatsangehörigkeitserwerb kraft Gesetzes auf das minderjährige Kind erstreckt.[493]

Wird nachträglich die Nichtigkeit der Einbürgerung in einen fremden Staatsverband 203 festgestellt, führt dies nicht dazu, dass die deutsche Staatsangehörigkeit wieder auflebt.[494]

2. Ausnahmen

Der Staatsangehörigkeitsverlust tritt nicht ein bei Erwerb der Staatsangehörigkeit eines 204 anderen EU-Mitgliedstaates, der Schweiz oder der eines Staates, mit dem ein entsprechender völkerrechtlicher Vertrag (§ 12 Abs. 3 StAG) abgeschlossen ist. Dies ist spiegelbildlich zu der Hinnahme von Mehrstaatigkeit bei der Einbürgerung (§ 12a Abs. 2 und 3 StAG, → Rn. 104 ff.).

Die deutsche Staatsangehörigkeit geht weiterhin dann nicht verloren, wenn der Betroffe- 205 ne im Zeitpunkt der Einbürgerung von der zuständigen Staatsangehörigkeitsbehörde eine Beibehaltungsgenehmigung erhalten hatte und diese weiterhin gültig war; eine erst nach dem Wirksamwerden der Verleihung einer fremden Staatsangehörigkeit ausgehändigte Beibehaltungsgenehmigung lässt die verloren gegangene deutsche Staatsbürgerschaft nicht wieder aufleben.[495]

Die antragsabhängige Beibehaltungsgenehmigung ist ein staatsangehörigkeitsrechtlicher 206 Verwaltungsakt, dessen Erlass im Ermessen der Staatsangehörigkeitsbehörde steht.[496] Bei der Ermessensentscheidung sind alle öffentlichen und privaten Belange abzuwägen; sie ist regelmäßig zu erteilen, wenn öffentliche oder private Belange für den Erwerb der ausländischen Staatsangehörigkeit und auch für den Fortbestand der deutschen Staatsangehörigkeit sprechen und ihrer Erteilung keine überwiegenden Belange entgegenstehen.[497] Bei gewöhnlichem Aufenthalt im Ausland ist insbesondere zu berücksichtigen, ob der Antragsteller fortbestehende Bindungen an Deutschland glaubhaft machen kann (§ 25 Abs. 2 S. 4 StAG).[498]

---

[489] BVerwG Urt. v. 29.4.2010 – 5 C 5.09, BVerwGE 137, 47 = NVwZ-RR 2010, 658.
[490] BVerwG Urt. v. 21.5.1985 – 1 C 12.84, Buchholz 130 RuStAG § 25 Nr. 5.
[491] OVG Münster Beschl. 22.8.2018 – 19 B 745/18; s. auch BVerwG Urt. v. 19.7.2012 – 10 C 2.12, BVerwGE 143, 369 Rn. 14, 16 = NJW 2012, 3461.
[492] Dazu eingehend *Hailbronner* in HMHK StAG § 25 Rn. 19 ff.
[493] BVerwG Urt. v. 9.5.1986 – 1 C 40.84, NJW 1987, 1157.
[494] BVerwG Urt. v. 1.6.1965 – I C 112.61, BVerwGE 21, 200 = VerwRspr 1966, 533; VG Köln Urt. v. 12.8.2015 – 10 K 7714/13, BeckRS 2015, 117862.
[495] OVG Münster Urt. v. 27.6.2000 – 8 A 1570/96, BeckRS 2000, 22792; s. auch BVerfG Beschl. v. 10.8.2001 – 2 BvR 2101/00, NVwZ 2001, 1393.
[496] VG Köln Urt. v. 21.8.2017 – 10 K 8836/16, BeckRS 2017, 131303; OVG Münster Urt. v. 18.8.2010 – 19 A 2607/07, NVwZ-RR 2011, 80.
[497] Nr. 25.2.3.1. VAH-StAG (BMI).
[498] Die Gesetzesbegründung (BT-Drs. 14/533, 15) nennt nahe Verwandte im Inland oder den „Besitz" von Immobilien.

IV. Rücknahme der Einbürgerung

1. Überblick

207 Seit 2009[499] enthält § 35 StAG eine spezialgesetzliche,[500] in ihrem Anwendungsbereich § 48 VwVfG verdrängende Ermächtigung zur Rücknahme einer rechtswidrigen Einbürgerung. Eine Rücknahme war von der wohl überwiegenden Rechtsprechung bereits zuvor nach allgemeinem Verwaltungsverfahrensrecht unter bestimmten Voraussetzungen als zulässig gesehen worden.[501] Das BVerfG[502] hatte diese Rechtsprechung (im Ergebnis) mit Einschränkungen bestätigt, die der Gesetzgeber in § 35 StAG aufgegriffen hat. Die Rechtsprechung sieht § 35 StAG als verfassungsgemäß.[503]

208 Nach der gesetzlichen Regelung ist die Rücknahme möglich nur bei im weiteren Sinne „erschlichenen" Einbürgerungen und dann auch nur in den ersten zehn Jahren nach der Einbürgerung (§ 35 Abs. 1, 3 StAG). Sie ist dann in der Regel auch bei eintretender Staatenlosigkeit möglich[504] (§ 35 Abs. 2 StAG)[505] und mit Wirkung für die Vergangenheit zu verfügen (§ 35 Abs. 4 StAG). Bei Auswirkungen auf staatsangehörigkeitsrechtliche Verwaltungsakte gegenüber Dritten (zB miteingebürgerten Kindern) ist für jede betroffene Person eine eigenständige Ermessensentscheidung zu treffen (§ 35 Abs. 5 StAG). Neben der Rücknahme bleibt allenfalls die Möglichkeit, dass die Einbürgerung von Anbeginn nichtig (§ 44 VwVfG) gewesen ist.[506]

209 § 35 StAG gilt nur für die Rücknahme von Einbürgerungen und Beibehaltungsgenehmigungen, nicht anderer staatsangehörigkeitsrechtlicher Verwaltungsakte wie der Feststellung nach § 30 StAG[507] oder einer Einbürgerungszusicherung.[508] Die Rücknahme lässt einen durch die Einbürgerung erloschenen früheren Aufenthaltstitel nicht wieder aufleben.[509]

2. Rücknahmevoraussetzungen

210 Eine Einbürgerung ist rechtswidrig, wenn sie in Kenntnis der vollständigen und zutreffenden Angaben, also ohne die Täuschung oder die unrichtigen oder unvollständigen Angaben nicht hätte erfolgen dürfen oder – bei Täuschung über wesentliche ermessenserhebliche Umstände – doch (so) nicht erfolgt wäre, etwa weil sie nicht unter Hinnahme von Mehrstaatigkeit ausgesprochen worden wäre.

211 Als Rücknahmegründe nennt § 35 Abs. 1 StAG die arglistige Täuschung, Drohung oder Bestechung (s. auch § 48 Abs. 2 S. 3 Nr. 1 VwVfG) und vorsätzlich unrichtige oder unvollständige Angaben, die wesentlich für seinen Erlass gewesen sind (§ 48 Abs. 2 S. 2 Nr. 2 VwVfG sprachlich modifizierend). Das Vertrauen in den Fortbestand der Einbürgerung (bzw. der Beibehaltungsgenehmigung) soll nur bei qualifiziertem Fehlverhalten des Einbürgerungsbewerbers im Einbürgerungsverfahren entfallen, nicht bei bloß fehlerhafter Rechtsanwendung der Einbürgerungsbehörde. Es gelten die zum allgemeinen Verwaltungs-

---

[499] Eingefügt durch das Gesetz zur Änderung des Staatsangehörigkeitsgesetzes v. 5.2.2009, BGBl. I 158.
[500] BT-Drs. 16/10528, 7.
[501] S. die Nachweise bei *Marx* in GK-StAR StAG § 35 Rn. 2; zur Kontroverse s. auch *Berlit* in GK-StAR StAG § 10 Rn. 153.
[502] BVerfG Urt. v. 24.6.2006 – 2 BvR 669/04, BVerfGE 116, 24 (51) = JuS 2006, 927.
[503] AA *Oberhäuser* in NK-AuslR StAG § 25 Rn. 8; *Wittreck* in Dreier GG Art. 16 Rn. 52.
[504] BVerwG Urt. v. 11.11.2010 – 5 C 12.10, NVwZ 2011, 760.
[505] Art. 7 Abs. 2 EuStAngÜbk gestattet dies ausdrücklich in Fällen eines Staatsangehörigkeitserwerbs durch arglistiges Verhalten, falsche Angaben oder die Verschleierung einer erheblichen Tatsache, die dem Antragsteller zuzurechnen sind.
[506] BVerwG Urt. v. 9.9.2014 – 1 C 10.14, NVwZ 2014, 1679 (verneint für eine unter Verwendung einer anderen Identität erschlichenen Einbürgerung).
[507] VG Neustadt Urt. v. 9.4.2013 – 5 K 895/12, NW, BeckRS 2013, 53872; VG Gelsenkirchen Urt. v. 7.6.2018 – 17 K 9729/17, BeckRS 2018, 13766.
[508] VG Stuttgart Urt. v. 28.6.2016 – 11 K 2156/16, InfAuslR 2016, 344.
[509] BVerwG Urt. v. 19.4.2011 – 1 C 16.10, BVerwGE 139, 346; Urt. v. 19.4.2011 – 1 C 2.10, BVerwGE 139, 337 = NVwZ 2012, 56.

verfahrensrecht entwickelten Grundsätze und Anforderungen an das Fehlverhalten des Einbürgerungsbewerbers – mit der Maßgabe, dass unrichtige oder unvollständige Angaben die Rücknahme nur rechtfertigen, wenn sie vorsätzlich[510] erfolgt sind, mithin grob fahrlässig fehlerhafte Angaben nicht ausreichen, und der Wesentlichkeitsakzent nicht auf die Angabe selbst bezogen ist, sondern die getroffene Einbürgerungsentscheidung oder jene über die Beibehaltungsgenehmigung.

Fallgruppen relevanter Fehlangaben sind etwa das Verschweigen von Mitgliedschaften in oder Aktivitäten für iSd § 10 Abs. 1 S. 1 Nr. 1, § 11 StAG verfassungsfeindliche Organisationen,[511] das Verschweigen einer Inhaftierung, strafgerichtlichen Verurteilung oder eines dem Betroffenen bekannten strafrechtlichen Ermittlungsverfahrens,[512] eine Täuschung über die Absicht, die bisherige Staatsangehörigkeit aufzugeben,[513] die Vorlage eines manipulierten Sprachzertifikats,[514] die Verwendung ge- oder verfälschter Identitätsunterlagen,[515] zum Bestehen einer ehelichen Lebensgemeinschaft[516] bzw. einer Zweitehe,[517] zu unterhaltsberechtigten Familienangehörigen im Ausland[518] oder zur bestandskräftigen rückwirkenden Rücknahme von Aufenthaltstiteln.[519] **212**

Die „Täuschung" muss sich allerdings beziehen auf eine entscheidungserhebliche Tatsache und für eine etwaige Rechtswidrigkeit kausal gewesen sein. Dies ist nicht der Fall, wenn/soweit das kollisionsrechtlich wirksame Eingehen einer zweiten Ehe im Ausland ein Bekenntnis zur freiheitlichen demokratischen Grundordnung nicht ausschließt[520] oder eine Unterstützung extremistischer Aktivitäten iSd § 11 StAG erst nach vollzogener Einbürgerung aufgenommen wird, soweit dies nicht Rückschlüsse auf die Zeit vor der Einbürgerung zulässt.[521] **213**

3. Ermessensentscheidung über die Rücknahme

Liegt ein Rücknahmegrund vor, hat die Staatsangehörigkeitsbehörde eine Ermessensentscheidung über die Rücknahme zu treffen. Das Ermessen für die Rücknahme einer erschlichenen Einbürgerung ist nicht intendiert.[522] Vielmehr hat die Staatsangehörigkeitsbehörde umfassend alle Umstände des Einzelfalles, die sich beim Betroffenen nicht in einem etwaigen Vertrauen auf die Rechtsbeständigkeit der Einbürgerung erschöpfen, in die Abwägung mit den für die Wiederherstellung rechtmäßiger Zustände sprechenden Gründen einzustellen. Dabei darf sie der Herstellung rechtmäßiger Verhältnisse im Staatsangehörigkeitsrecht ein **214**

---

[510] Bedingter Vorsatz reicht aus: OVG Berlin-Brandenburg Beschl. v. 12.2.2014 – OVG 5 N 6.11, BeckRS 2014, 48072.
[511] VGH Kassel Urt. v. 18.1.2007 – 11 UE 111/06, InfAuslR 2007, 207; OVG Münster Urt. v. 17.3.2016 – 19 A 2330/11, BeckRS 2016, 47476; BVerwG Beschl. v. 4.7.2016 – 1 B 78.16, InfAuslR 2016, 337.
[512] VGH Mannheim Urt. v. 10.10.2007 – 13 S 2215/07, NVwZ-RR 2008, 139; BVerwG Urt. v. 11.11.2010 – 5 C 12.10, NVwZ 2011, 760; VGH München Beschl. v. 10.11.2017 – 5 ZB 16.653, BeckRS 2017, 133301; OVG Saarlouis Beschl. v. 4.2.2016 – 2 A 138/15, BeckRS 2016, 43344; OVG Berlin-Brandenburg Beschl. v. 12.2.2014 – OVG 5 N 6.11, BeckRS 2014, 48072.
[513] VG Augsburg Urt. v. 11.4.2017 – Au 1 K 16.1553, BeckRS 2017, 109592.
[514] OVG Münster Beschl. v. 30.9.2016 – 19 A 439/15, BeckRS 2016, 53392; aA – wegen der bloßen Nachweisfunktion des Zertifikats – VG Wiesbaden Urt. v. 22.6.2015 – 6 K 168/15.WI, NVwZ-RR 2015, 915.
[515] OVG Münster Beschl. v. 28.2.202019 – 19 E 154/18 (Totalfälschung einer vorgelegten irakischen Geburtsurkunde).
[516] VGH München Beschl. v. 24.6.2013 – 5 C 13.755, BeckRS 2013, 52769.
[517] BVerwG Urt. v. 29.5.2018 – 1 C 15.17, BVerwGE 162, 153 = ZAR 2018, 313; OVG Schleswig Beschl. v. 9.4.2019 – 4 LA 59/17, BeckRS 2018, 5159.
[518] OVG Münster Beschl. v. 11.4.2019 – 19 A 446/18, NVwZ-RR 2019, 787.
[519] VGH München Urt. v. 30.1.2013 – 5 BV 12.2314, BeckRS 2013, 48112.
[520] So BVerwG Urt. v. 29.5.2018 – 1 C 15.17, BVerwGE 162, 153 = ZAR 2018, 313 (insoweit VGH Mannheim Urt. v. 24.5.2017 – 12 S 2216/14, NVwZ 2017, 1212 bestätigend); zur Doppelehe aA VGH München Beschl. v. 10.3.2011 – 5 ZB 10.1170, BeckRS 2011, 30400.
[521] VG Hamburg Beschl. v. 22.2.2016 – 19 E 6426/15, BeckRS 2016, 45924.
[522] VG Saarland Beschl. v. 29.9.2016 – 2 L 1039/16, BeckRS 2016, 53102; VG Augsburg Urt. v. 11.4.2017 – Au 1 K 16.1553, BeckRS 2017, 109592; OVG Saarlouis Urt. v. 24.2.2011 – 1 A 327/10, NVwZ-RR 2011, 654; VG Wiesbaden Urt. v. 22.6.2015 – 6 K 168/15.WI, NVwZ-RR 2015, 915.

hohes Gewicht beimessen.⁵²³ Bei der Ermessensentscheidung ist zu berücksichtigen, ob im Rücknahmezeitpunkt (objektiv) ein Einbürgerungsanspruch bestanden hätte, wird die im Einbürgerungszeitpunkt objektiv rechtswidrige Einbürgerung hinweggedacht.⁵²⁴

215 Der Einwand der Staatenlosigkeit steht der Rücknahme – auch für die zu treffende Ermessensentscheidung – „in der Regel" nicht entgegen (§ 35 Abs. 2 StAG). Auch das BVerfG⁵²⁵ hatte im Einklang mit Art. 7 Abs. 2 EuStAngÜbK⁵²⁶ das Verbot der Inkaufnahme von Staatenlosigkeit nicht auf die Rücknahme einer erschlichenen Einbürgerung erstreckt. Nach dem Willen des Gesetzgebers soll dieser – mit Gewicht zu berücksichtigende – Aspekt die Ermessensentscheidung durchgreifend nur in atypischen Ausnahmefällen prägen, in denen die Wiederherstellung rechtmäßiger Zustände durch Rücknahme zurückzutreten hat.⁵²⁷

216 Der Staatsangehörigkeitsbehörde steht in Bezug auf die Frage, ob die Einbürgerung ex tunc oder ex nunc zurückgenommen werden soll, kein Ermessen zu. Eine Rücknahme hat (stets) mit Wirkung für die Vergangenheit zu erfolgen (§ 35 Abs. 4 StAG).

217 Hat die Rücknahme Auswirkungen auch auf staatsangehörigkeitsrechtliche Verwaltungsakte, die gegenüber Dritten ergangen sind (zB bei Miteinbürgerungen von Ehegatten oder Kindern),⁵²⁸ bedarf es für jeden Betroffenen einer gesonderten Ermessensentscheidung.⁵²⁹ Der bloße Verweis auf die gegenüber einem Elternteil ergangene Rücknahmeentscheidung oder das Prinzip der Gesetzmäßigkeit der Verwaltung ist als Ermessensunterschreitung fehlerhaft.⁵³⁰ Erforderlich ist vielmehr eine umfassende Prüfung, in die neben der Beteiligung des Dritten an der Verwirklichung des Rücknahmegrundes dessen schutzwürdige Belange, insbesondere auch unter Beachtung des Kindeswohls, einzustellen sind (§ 35 Abs. 5 S. 2 StAG). Dabei sind auch der Grad der Integration in Deutschland oder auch ein zwischenzeitlich erworbener eigener Einbürgerungsanspruch zu berücksichtigen, mit Gewicht bei Kindern auch der Rechtsgedanke des § 17 Abs. 2 StAG.

4. Rücknahmefrist (§ 35 Abs. 3 StAG)

218 § 35 Abs. 3 StAG statuiert für die Rücknahme eine absolute Ausschlussfrist von nunmehr zehn Jahren (§ 35 Abs. 3 StAG); die Verdopplung der Frist von fünf auf zehn Jahre 2019⁵³¹ setzt eine Forderung der IMK um, nach deren Feststellungen sich Anhaltspunkte für Identitätstäuschung oder andere unrichtige Angaben oft erst nach Ablauf der fünfjährigen Frist ergeben hätten, und soll vermeiden, dass die Rechtsordnung durch eine zu kurze Frist Prämien auf die Missachtung ihrer selbst gibt.⁵³² Ihr Lauf beginnt stets nach Bekanntgabe der Einbürgerung oder Beibehaltungsgenehmigung und hängt nicht davon ab, ob/wann die Einbürgerungsbehörde vor ihrem Ablauf Kenntnis von den Rücknahmegründen erlangt hat.⁵³³ Sie übernimmt das vom BVerfG⁵³⁴ aufgestellte Gebot der „zeitnahen" Rücknahme und ist – abweichend von § 48 Abs. 4 S. 1 VwVfG – nicht als Entschließungsfrist ausgestaltet. Innerhalb dieser Frist muss die Rücknahmeentscheidung bekanntgegeben worden sein; Bestandskraft ist auch dann nicht erforderlich, wenn der Sofortvollzug der Rücknahme nicht angeordnet worden ist.

---

⁵²³ VG Saarland Beschl. v. 29.9.2016 – 2 L 1039/16, BeckRS 2016, 53102.
⁵²⁴ BVerwG Urt. v. 29.5.2018 – 1 C 15.17, BVerwGE 162, 153 = ZAR 2018, 313.
⁵²⁵ BVerfG Urt. v. 24.5.2006 – 2 BvR 669/04, BVerfGE 116, 24.
⁵²⁶ S. auch Art. 8 Abs. 2 lit. b Übereinkommen zur Verminderung der Staatenlosigkeit.
⁵²⁷ *Hailbronner/Hecker* in HMHK StAG § 35 Rn. 47 ff.
⁵²⁸ S. zu § 8 StAG BVerwG Urt. v. 9.9.2003 – 1 C 6.03, BVerwGE 119, 17.
⁵²⁹ So auch – mit Blick auf die mitbetroffenen minderjährigen Kinder – BVerfG Urt. v. 24.5.2006 – 2 BvR 669/04, BVerfGE 116, 24 = JuS 2006, 927.
⁵³⁰ *Hailbronner/Hecker* in HMHK StAG § 35 Rn. 55 ff.
⁵³¹ Drittes Gesetz zur Änderung des Staatsangehörigkeitsgesetzes v. 4.8.2019, BGBl. I 1124.
⁵³² BT-Innenausschuss, A-Drs. 19(4)292, 5.
⁵³³ § 48 Abs. 4 VwVfG greift allerdings für die Rücknahme einer Einbürgerungszusicherung; VG Stuttgart Urt. v. 26.9.2017 – 11 K 3803/16, BeckRS 2017, 134668.
⁵³⁴ BVerfG Urt. v. 24.5.2006 – 2 BvR 669/04, BVerfGE 116, 24 = JuS 2006, 927; s. auch BVerwG Urt. v. 14.2.2008 – 5 C 4.07, BVerwGE 130, 209 = NVwZ 2008, 685.

V. Verlust durch Erklärung (§ 29 StAG)

219 Durch die rechtspolitisch wieder in die Diskussion geratene Umgestaltung[535] der sogenannten „Optionsregelung" Ende 2014[536] ist der durch eine entsprechende Vorbehaltserklärung zum EuStAngÜbK völkerrechtlich abgesicherte Verlust der Staatsangehörigkeit nach einem Geburtserwerb weitgehend entschärft.[537] Er tritt bei bestehender Optionspflicht ein, wenn für die fremde Staatsangehörigkeit optiert wird („Erklärungsverlust"; § 29 Abs. 2 StAG) oder die fremde Staatsangehörigkeit ungeachtet entsprechender Aufforderung nicht rechtzeitig aufgegeben worden ist (§ 29 Abs. 3, 5 StAG). Nach der neuen Rechtslage entsteht die Optionspflicht ua erst dann, wenn der junge Deutsche nicht iSd § 29 Abs. 1 S. 1 Nr. 1, Abs. 1a StAG im Inland aufgewachsen ist; dies ist aber nach Schätzungen bei über 90 % der Personen der Fall, welche die deutsche Staatsangehörigkeit nach § 4 Abs. 3 StAG erworben haben. Wegen der Erklärungs- und Handlungsmöglichkeiten des jungen deutschen Staatsangehörigen bewirkt ein Staatsangehörigkeitsverlust nach § 29 StAG weiterhin keinen verfassungsrechtlich unzulässigen Entzug der deutschen Staatsangehörigkeit.[538]

220 Einem Staatsangehörigkeitsverzicht (§ 26 StAG) angenähert ist die Erklärung eines jungen Deutschen, der nach § 29 Abs. 1a StAG der Optionspflicht unterliegt[539] und insbesondere einen Hinweis über seine Erklärungspflicht (§ 29 Abs. 1 S. 1 Nr. 4 StAG) erhalten hat, für die ausländische Staatsangehörigkeit. Die deutsche Staatsangehörigkeit geht dann bei Zugang der entsprechenden Erklärung bei der zuständigen Staatsangehörigkeitsbehörde verloren (§ 29 Abs. 2 StAG).

221 Die deutsche Staatsangehörigkeit geht auch dann verloren, wenn der junge Deutsche, der nach § 29 Abs. 1a StAG der Optionspflicht unterliegt, innerhalb von zwei Jahren nach der Zustellung des Hinweises auf seine Erklärungspflicht nicht die Aufgabe/den Verlust der ausländischen Staatsangehörigkeit nachweist und auch keine Beibehaltungsgenehmigung erhalten hat, die jedenfalls in den Fällen des § 12a StAG zu erteilen ist (§ 29 Abs. 3, 4 StAG).[540]

VI. Weitere Verlustgründe

1. Verzicht, Aufgabe (§ 26 StAG); Adoption (§ 27 StAG)

222 Ein Deutscher, der mehrere Staatsangehörigkeiten besitzt, kann schriftlich auf seine deutsche Staatsangehörigkeit verzichten (§ 26 Abs. 1 StAG). Der Verzicht bedarf allerdings der Genehmigung der zuständigen Staatsangehörigkeitsbehörde, die in den Fällen des § 22 StAG (insbesondere aktive Angehörige des öffentlichen Dienstes) zu versagen ist, soweit der Verzichtende nicht seit mindestens zehn Jahren seinen dauernden Aufenthalt im Ausland hat oder als Wehrpflichtiger in dem Staat seiner weiteren Staatsangehörigkeit Wehrdienst geleistet hat (§ 26 Abs. 2 StAG). Für die Wirksamkeit des Verzichts bedarf es der Aushändigung einer Verzichtsurkunde (§ 26 Abs. 3 StAG).

223 Die Erklärung von sogenannten Reichsbürgern[541] oder sonstigen Personen(gruppen), welche die Bundesrepublik Deutschland als Staat auf deutschem Boden mit kruden,

---

[535] Gesetzentwurf der AfD-Fraktion für ein Drittes Staatsangehörigkeitsänderungsgesetz, BT-Drs. 19/86 v. 20.11.2017.
[536] Zweites Gesetz zur Änderung des Staatsangehörigkeitsgesetzes v. 13.11.2014, BGBl. I 1717; dazu *Berlit* in Barwig ua, Gerechtigkeit in der Migrationsgesellschaft, 2016, 173; *ders.* ZAR 2015, 90; *Mosbacher* NVwZ 2015, 268; *Hettich* StAZ 2015, 321; zu unionsrechtlichen Bedenken *Grzesick* ZRP 2015, 42.
[537] Die fehlende Übergangsregelung für Altfälle soll keinen verfassungsrechtlichen Bedenken begegnen: VG Schleswig Urt. v. 5.4.2017 – 8 A 118/14, BeckRS 2017, 112873; s. auch *Berlit* in GK-StAR StAG § 29 Rn. 19.
[538] Zur verfassungsrechtlichen Bewertung der Optionsregelung s. *Berlit* in GK-StAR StAG § 29 Rn. 20 ff.
[539] S. dazu *Berlit* in GK-StAR StAG § 29 Rn. 61 ff.
[540] Zu Einzelheiten s. *Berlit* in GK-StAR StAG § 29 Rn. 140 ff., 153 ff.; bei tatsächlichem Staatsangehörigkeitsverlust innerhalb der Frist soll der verspätete Nachweis unschädlich sein (so VG Darmstadt Urt. v. 14.1.2020 – 5 A 902/197, BeckRS 2020, 3248).
[541] Eingehend dazu *Wilking*, „Reichsbürger". Ein Handbuch, 2015; *Schäfer* Kriminalistik 2016, 203.

pseudorechtlichen Erwägungen für sich nicht anerkennen und dessen Legalität und Legitimität bestreiten, nicht die Staatsangehörigkeit der Bundesrepublik Deutschland zu besitzen, ist schon deswegen keine Verzichtserklärung, weil es an einer weiteren, real existierenden Staatsangehörigkeit fehlt; normativ kann auch sonst nicht von einem Willen ausgegangen werden, eine gegebene deutsche Staatsangehörigkeit aufgeben zu wollen.

224 Ein minderjähriger Deutscher verliert bei einer nach deutschen Gesetzen wirksamen Adoption durch einen Ausländer seine Staatsangehörigkeit, wenn er durch die Adoption die Staatsangehörigkeit des Annehmenden erwirbt (§ 27 S. 1 StAG). Insoweit handelt es sich um das Gegenstück zu § 6 StAG. Der Verlust, der sich grundsätzlich auch auf Abkömmlinge erstreckt, tritt aber nur ein, wenn es sich um eine „starke Adoption"[542] handelt, welche nach ausländischem Sachrecht die Verwandtschaftsbeziehung zum deutschen Elternteil aufhebt (§ 27 S. 3 StAG). Von vornherein nicht erfasst sind Erwachsenenadoptionen.

2. Eintritt in fremde Streitkräfte; Beteiligung an Kampfhandlungen terroristischer Vereinigungen (§ 28 StAG)

225 Zum Staatsangehörigkeitsverlust führt auch die freiwillige Verpflichtung eines Volljährigen zur Dienstleistung in den Streitkräften oder einem vergleichbaren bewaffneten Verband eines ausländischen Staates, dessen Staatsangehörigkeit er besitzt, ohne die Zustimmung des Bundesministeriums der Verteidigung oder eine entsprechende Rechtfertigung aufgrund zwischenstaatlicher Verträge (§ 28 Abs. 1 Nr. 1, Abs. 2 StAG), soweit dadurch keine Staatenlosigkeit eintritt (s. auch Art. 7 Abs. 1 lit. c EuStAngÜbk). Die Erfüllung der gesetzlichen Wehrpflicht des Staates einer weiteren Staatsangehörigkeit reicht nicht aus. Hiervon nicht erfasst war die Teilnahme an bewaffneten Aktionen von Terrororganisationen, bewaffneten Milizen in Bürgerkriegssituationen oder in Gruppierungen, die für sich selbst Staatsqualität in Anspruch nehmen („Islamischer Staat").

226 Dieser lange Zeit kaum praxisrelevante Verlusttatbestand ist 2019[543] erweitert worden auf Fälle einer konkreten Beteiligung Volljähriger an Kampfhandlungen einer terroristischen Vereinigung im Ausland. Intertemporal erfasst die nach Grund und Ausgestaltung umstrittene[544] Neuregelung nur eine konkrete Beteiligung nach ihrem Inkrafttreten; sie beendet eine (rechts-)politische Debatte[545] um die staatsangehörigkeitsrechtliche Reaktion auf die Beteiligung von deutschen Staatsangehörigen mit und ohne Migrationshintergrund an den „asymmetrischen" Kriegen bzw. kriegsähnlichen Auseinandersetzungen des 21. Jahrhunderts.[546] Im Vordergrund stand dabei die Ausreise (potentieller) Islamisten aus Deutschland, um sich dort an Kampfhandlungen für eine Terrormiliz zu beteiligen und dadurch zum Ausdruck zu bringen, dass sie sich von den grundlegenden Werten des Grundgesetzes abgewendet haben.[547]

227 Die Erweiterung der Verlustregelung steht wegen der Anknüpfung an zurechenbares Eigenverhalten grundsätzlich im Einklang mit Art. 16 Abs. 1 S. 2 GG; mit dem an eine „konkrete" Beteiligung an „Kampfhandlungen" einer „terroristischen Vereinigung" sind auch die an den Begriff der „Terrormiliz" anküpfenden Bedenken gegen die Bestimmtheit der Regelung gemildert worden; wegen der Rückausnahme, dass der Verlust der deutschen Staatsangehörigkeit nicht eintritt, wenn der Deutsche sonst staatenlos wird (§ 28 Abs. 1 letzter Hs. StAG), ist auch Art. 16 Abs. 1 S. 2 letzter Hs. GG Rechnung getragen.

---

[542] BVerwG Urt. v. 26.10.2017 – 1 C 30.16, NJW 2018, 881.
[543] Drittes Gesetz zur Änderung des Staatsangehörigkeitsgesetzes v. 6.8.2019, BGB. I 1124.
[544] S. *Zimmermann/Eiken* NVwZ 2019, 1313; *Thym* VERW 52 (2019), 407 (416 ff.); zum Entwurf s. auch – krit. – *Gärditz/Wallrabenstein* Verfassungsblog 16.6.2019.
[545] S. etwa *Weber* ZAR 2019, 209; *ders.* ZAR 2015, 138; *Maaßen* ZAR 2011, 336; allgemein zur Ausbürgerung „illoyaler Staatsangehöriger" s. *Krohne*, Die Ausbürgerung illoyaler Staatsangehöriger, 2013, dort auch zum Vergleich der Rechtslage in anderen Staaten.
[546] *Münkler*, Die neuen Kriege, 2004; *ders.*, Der Wandel des Krieges. Von der Symmetrie zur Asymmetrie, 2006.
[547] Gesetzentwurf der Bundesregierung BT-Drs. 19/9736, 1, 7 ff.

Völkerrechtlich ist § 28 Abs. 1 Nr. 2 StAG durch Art. 7 Abs. 1 lit. d EuStAngÜbk[548] gedeckt.

Zum Verlust reichen Sympathiebekundungen, der Beitritt zu oder eine allgemeine, logistische, ideologische oder finanzielle Unterstützung einer (ausländischen) terroristischen Vereinigung nicht aus. Dieser unbestimmte Rechtsbegriff knüpft an das Strafrecht (§ 129a StGB) an und erfordert einen auf längere Dauer angelegten, von einer Festlegung von Rollen der Mitglieder, der Kontinuität der Mitgliedschaft und der Ausprägung der Struktur unabhängiger organisierter Zusammenschluss von mehr als zwei Personen zur Verfolgung eines übergeordneten gemeinsamen Interesses. Der Personenzusammenschluss muss nicht regional staatsähnliche Machtstrukturen bereits ausgebildet haben oder beabsichtigen, neue staatliche oder staatsähnliche Strukturen zu errichten. Aufschluss für die Einordnung als terroristische Vereinigung können die entsprechenden Einordnungen durch die EU haben.[549]

„Kampfhandlungen" dieser Vereinigung sind bewaffnete Auseinandersetzungen mit staatlichen oder anderen nichtstaatlichen Gruppierungen um materielle Güter, Macht, Einfluss oder Territorialgewalt, aber auch einseitige Gewalthandlungen zur Schwächung eines Gegners, terroristische Anschläge gegen Staaten, andere Territorialgewalten oder die Zivilbevölkerung, kann aber auch die mit Waffengewalt durchgesetzte Macht gegenüber Gefangenen (zB Hinrichtungen) zur physischen oder psychischen Schwächung des Kampfgegners bedeuten.[550] Die konkrete Beteiligung erfordert eine aktive, direkte Mitwirkung an einzelnen Kampfhandlungen: insoweit kann auf das Regelwerk des Internationalen Roten Kreuzes[551] und dort den Begriff der „direct participation in hostilities" zurückgegriffen werden.[552]

Der im dogmatischen Ansatz kraft Gesetzes eintretende Verlust nach § 28 Abs. 1 Nr. 2 StAG ist schon wegen der Feststellungs- und Beweisprobleme vom Amts wegen (deklaratorisch) festzustellen (§ 28 Abs. 3 S. 1 StAG). Die zuständige Staatsangehörigkeitsbehörde trägt die materielle Darlegungs- und Beweislast für die verlustbegründende „konkrete Beteiligung". Ein Rechtsbehelf gegen die Verlustfeststellung bei fortbestehendem Auslandsaufenthalt hat keine aufschiebende Wirkung; dies zielt darauf, eine (vorübergehende) Rückreise/-holung[553] in das Bundesgebiet zu verhindern.

§ 3 Feststellung der Staatsangehörigkeit; Verfahren

Übersicht

	Rn.
A. Feststellung der deutschen Staatsangehörigkeit („Statusfeststellungsverfahren"; § 30 StAG)	1
B. Verwaltungsverfahren	7
I. Zuständigkeiten	7
1. Staatsangehörigkeitsbehörden	7
2. Weitere Behörden	11

---

[548] Verlustregelung möglich bei einem Verhalten, das „den wesentlichen Interessen des Vertragsstaates in schwerwiegender Weise abträglich ist"; unionsrechtlich ergeben sich mangels Ermessensentscheidung Zweifel mit Blick auf das Tjebbes-Urteil des EuGH (EuGH Urt. v. 12.3.2019 – C-221/17).
[549] Dazu die durch Ratsbeschlüsse (s. Beschuss [GASP] 2019/25 des Rates v. 8.1.2019, ABl. 2019 L 6/6) ständig aktualisierte Liste der Personen, Vereinigungen und Körperschaften, auf die die Artikel 2, 3 und 4 des Gemeinsamen Standpunkts 2001/931/GASP über die Anwendung besonderer Maßnahmen zur Bekämpfung des Terrorismus Anwendung finden.
[550] In Bezug auf „einfache" Terrorakte enger *Thym* VERW 52 (2019), 407 (419).
[551] ICRC, Interpretive Guidance on the Notion of Direct Participation in Hostilities, May 2009 (https://casebook.icrc.org/case-study/icrc-interpretive-guidance-notion-direct-participation-hostilities).
[552] *Schnöckel* in HTK-StAR, Stand: 14.10.2019, StAG § 28 Rn. 18.
[553] Zur Pflicht zur Rückholung Deutscher aus dem vormaligen IS-Gebiet s. VG Berlin Beschl. v. 10.7.2019 – 34 L 245.19, NVwZ 2019, 1302 (dazu *Schwander* NVwZ 2019, 1260).

	Rn.
II. Einbürgerungsverfahren	13
1. Allgemeines	13
2. Ausgewählte Verfahrensfragen zum Einbürgerungsverfahren	17
3. Einbürgerungszusicherung	24
4. Aushändigung der Einbürgerungsurkunde	27
III. Verwaltungskosten	31
IV. Staatsangehörigkeitsentscheidungsregister	35
C. Ausgewählte Rechtsschutzfragen	39

A. Feststellung der deutschen Staatsangehörigkeit („Statusfeststellungsverfahren"; § 30 StAG)

1 Das Bestehen oder ein (früherer) Verlust der deutschen Staatsangehörigkeit können streitig sein. § 3 Abs. 2 StAG unterstreicht, dass allein die Behandlung als deutscher Staatsangehöriger oder gar die Ausstellung von Identitätspapieren den Bestand einer deutschen Staatsangehörigkeit nicht fallübergreifend mit Bindungswirkung für alle (nationalen) Behörden dokumentiert. 2007[1] hat der Gesetzgeber zur allgemeinverbindlichen Klärung ein besonderes Statusfeststellungsverfahren (§ 30 Abs. 1 StAG) geschaffen. In Fällen, in denen die Staatsangehörigkeitsbehörde gegenüber dem Betroffenen die Rechtsstellung als Deutscher bestreitet, wird nunmehr auf Antrag oder von Amts wegen durch feststellenden Verwaltungsakt rechtsverbindlich über das Bestehen einer deutschen Staatsangehörigkeit entschieden.[2] Damit ist die frühere Rechtsprechung[3] zur nur begrenzten Reichweite eines die deutsche Staatsangehörigkeit bescheinigenden Staatsangehörigkeitsausweises als widerleglicher Vermutung deutscher Staatsangehörigkeit und zur Zulässigkeit der verwaltungsgerichtlichen Klage auf Feststellung des Bestehens der deutschen Staatsangehörigkeit überholt.[4]

2 Das Statusfeststellungsverfahren ist auf den Erlass eines feststellenden Verwaltungsaktes gerichtet, der das Bestehen oder Nichtbestehen einer deutschen Staatsangehörigkeit „allgemeinverbindlich" feststellt. Für den Erlass dieses Verwaltungsakts muss ein Sachbescheidungsinteresse bzw. im nachgelagerten gerichtlichen Verfahren ein Rechtsschutzbedürfnis bestehen. Hieran fehlt es, wenn das Bestehen der deutschen Staatsangehörigkeit durch die dafür zuständigen Behörden nicht ansatzweise in Zweifel gezogen und ein Antrag auf Feststellung des (Nicht-)Bestandes mit der Begründung gestellt wird, dass es diese heutige „deutsche Staatsangehörigkeit" mangels Staatsqualität der Bundesrepublik Deutschland so nicht gäbe oder man jedenfalls individuell nicht Angehöriger eines solchen Staates sei;[5] es besteht auch sonst kein Anspruch auf Erteilung eines Staatsangehörigkeitsausweises ohne konkreten Zweck.[6] Erst recht besteht keine Klagebefugnis eines sogenannten Reichsbürgers auf Ausstellung einer Bescheinigung über eine frei erfundene, in Deutschland nicht existierende Staatsangehörigkeit.[7]

3 Das Statusfeststellungsverfahren kann durch einen Antrag des Betroffenen (§ 30 Abs. 1 S. 1 StAG) oder von Amts wegen eingeleitet werden, wenn ein öffentliches Interesse an einer entsprechenden Feststellung vorliegt (§ 30 Abs. 1 S. 3 StAG). Wegen der Bedeutung

---

[1] Eingefügt durch das Gesetz zur Umsetzung aufenthalts- und asylrechtlicher Richtlinien der Europäischen Union v. 19.8.2007, BGBl. I 1970.
[2] Zur Bindungswirkung s. *Sauerland* DÖV 2018, 67.
[3] BVerwG Urt. v. 21.5.1985 – 1 C 12.84, Buchholz 130 RuStAG § 25 Nr. 5.
[4] BVerwG Urt. v. 19.2.2015 – 1 C 17.14, BVerwGE 151, 245.
[5] VG Berlin Urt. v. 28.4.2017 – 2 K 381.16, BeckRS 2017, 108994; VG Potsdam Urt. v. 31.3.2017 – 9 K 4791/16, BeckRS 2017, 108239; VG Schleswig Urt. v. 11.1.2017 – 4 A 227/16, BeckRS 2017, 101199.
[6] VG Lüneburg Urt. v. 5.4.2017 – 6 A 525/16, BeckRS 2017, 106263; VG Hamburg Urt. v. 10.1.2017 – 2 K 6629/15, BeckRS 2017, 103213; OVG Schwerin Beschl. v. 5.9.2018 – 1 O 715/18 OVG, DVBl. 2019, 513 = BeckRS 2018, 29522; BayVGH Beschl. v. 8.8.2018 – 5 ZB 18.844, BeckRS 2018, 18315 = DÖV 2019, 119 (Ls.).
[7] OVG Münster Beschl. v. 22.11.2016 – 19 A 1457/16, NJW 2017, 424.

der Staatsangehörigkeit für die demokratischen Teilhaberechte (passives/aktives Wahlrecht) besteht bei behördlichen Zweifeln an deren Bestand regelmäßig ein öffentliches Klärungsinteresse;[8] eine behördliche Feststellung kommt auch in Fällen in Betracht, in denen Verlusttatbestände (§ 25 Abs. 2 StAG) verwirklicht sind.[9] Bei dem Betroffenen reichen berechtigte Zweifel am (Fort-)Bestand der Staatsangehörigkeit aus, die sich etwa auch aus der (bestands- oder rechtskräftigen) Aufhebung einer Vaterschaftsanerkennung auf Anfechtung ergeben können.[10]

Besitz oder Nichtbesitz der deutschen Staatsangehörigkeit sind im Feststellungsverfahren **4** von Amts wegen aufzuklären. Dabei hat sich die Staatsangehörigkeitsbehörde (unter Berücksichtigung der Mitwirkungsobliegenheit der Betroffenen) an andere Behörden und Stellen[11] zu wenden, die im Besitz von Unterlagen sein könnten, welche den Besitz oder Nichtbesitz der deutschen Staatsangehörigkeit belegen oder glaubhaft machen. Andere Behörden haben insoweit auf Ersuchen personenbezogene Daten zu übermitteln (§ 32 StAG). Besondere Mitwirkungsobliegenheiten formt das StAG selbst nicht aus und verweist auf weitreichende Mitwirkungsobliegenheiten des Aufenthaltsgesetzes (§ 37 Abs. 1 S. 2 StAG iVm § 82 AufenthG), die dann auch für deutsche Staatsangehörige gelten.

Für das Maß der staatsangehörigkeitsbehördlichen Überzeugungsgewissheit lässt es § 30 **5** Abs. 2 StAG ausreichen, dass mit hinreichender Wahrscheinlichkeit nachgewiesen wird, dass der Betroffene die deutsche Staatsangehörigkeit erworben und nicht wieder verloren hat. Dieser Nachweis kann durch Urkunden, Auszüge aus dem Melderegister oder andere schriftliche Beweismittel geführt werden; vorgelegte Urkunden sind nicht beweisgeeignet, wenn konkrete Anhaltspunkte gegen die Echtheit oder inhaltliche Richtigkeit sprechen.[12] Es muss die deutsche Staatsangehörigkeit daher nicht zur vollen Überzeugung der Staatsangehörigkeitsbehörde nachgewiesen werden;[13] diese muss aber vom Bestehen oder Nichtbestehen der deutschen Staatsangehörigkeit (hinreichend) überzeugt sein.[14] Dieses abgesenkte Maß der Überzeugungsgewissheit soll ua den praktischen Nachweisschwierigkeiten Rechnung tragen, die nicht überspannt werden sollen.[15] Die bloße Vermutung für den Erwerb oder den Verlust der deutschen Staatsangehörigkeit[16] oder einzelne Indizien (zB für eine „Volkslisteneinbürgerung")[17] reichen indes nicht aus.

Gelangt die Staatsangehörigkeitsbehörde zu dem Ergebnis, dass die deutsche Staatsange- **6** hörigkeit besteht, so stellt sie einen (unbefristeten) Staatsangehörigkeitsausweis aus (§ 30 Abs. 3 S. 1 StAG). Dieser Ausweis dokumentiert, dass die betreffende Person im Zeitpunkt der Ausstellung deutscher Staatsangehöriger ist. Dieser Staatsangehörigkeitsausweis stellt bei Bestandskraft[18] mit verbindlicher Wirkung für und gegen alle den Stand der deutschen Staatsangehörigkeit fest (§ 30 Abs. 1 S. 2 StAG);[19] insoweit ist er ein aliud gegenüber dem früheren Staatsangehörigkeitsausweis (§ 39 StAG aF iVm der StAUrkVwV).[20]

---

8   *Oberhäuser* in NK-AuslR StAG § 30 Rn. 3.
9   BT-Drs. 16/5065, 231.
10 BVerwG Urt. v. 19.4.2018 – 1 C 1.17, BVerwGE 162, 17 = NJW 2018, 3044.
11 Solche Stellen können etwa sein die deutsche Dienststelle für die Benachrichtigung der nächsten Angehörigen von Gefallenen der ehemaligen deutschen Wehrmacht, Heimatortskarteien und -auskunftsstellen, das Bundesverwaltungsamt, das Bundesarchiv (inkl. des Militärarchivs und der vormaligen Unterlagen des Document Center) oder andere Archive.
12 VG Köln Urt. v. 10.7.2019 – 10 K 8913/17, BeckRS 2019, 20950; s. auch OVG Münster Urt. v. 27.2.2019 – 19 A 1999/16, BeckRS 2019, 5659 (Beweiswert ausländischer öffentlicher Urkunden, die nach 1990 in den Gebieten der ehemaligen Sowjetunion ausgestellt worden sind).
13 Nr. 30.2 VAH-StAG (BMI); *Hailbronner* in HMHK StAG § 30 Rn. 5a.
14 *Oberhäuser* in NK-AuslR StAG § 30 Rn. 8.
15 BT-Drs. 16/5065, 230 f.
16 BVerwG Urt. v. 25.6.1991 – 9 C 22.90, NJW 1992, 128 (zu § 6 BVFG).
17 OVG Münster Urt. v. 31.5.2016 – 19 A 116/11, BeckRS 2016, 48373; Beschl. v. 28.4.2016 – 19 A 2148/13, BeckRS 2016, 45782.
18 OVG Schleswig-Holstein Beschl. v. 20.6.2018 – 4 MB 61/18, BeckRS 2018, 13821.
19 OVG Münster Beschl. v. 13.2.2014 – 19 E 51/14, BeckRS 2014, 47799.
20 VG Stuttgart Urt. v. 23.7.2008, 11 K 4247/07, BeckRS 2008, 40361; s. auch BVerwG Urt. v. 19.2.2015 – 1 C 17.14, BVerwGE 151, 245 = NVwZ-RR 2015, 552.

B. Verwaltungsverfahren

I. Zuständigkeiten

1. Staatsangehörigkeitsbehörden

7 Das StAG setzt Staatsangehörigkeitsbehörden voraus. Es belässt deren Bestimmung aber ungeachtet dessen den Ländern, dass das StAG eine landesgesetzliche Abweichung von den Verfahrensregelungen zu den behördlichen Mitwirkungspflichten (§ 32 StAG), dem Staatsangehörigkeitsregister (§ 33 StAG) und die obligatorische Beteiligung der Verfassungsschutzbehörden im Einbürgerungsverfahren zur Abklärung von Ausschlussgründen nach § 11 StAG (§ 37 Abs. 2 StAG) ausschließt (§ 41 StAG).

8 Die sachliche Zuständigkeit ist in den Ländern meist auf Ebene etwa noch vorhandener Mittelbehörden oder der Ebene der Kreise/kreisfreien Städte angesiedelt.[21] In einigen Ländern[22] sind Regelungen getroffen, die für die Zuständigkeit nach Entscheidungskomplexen (zB Einbürgerung; Widerruf der Einbürgerung; Feststellung der Staatsangehörigkeit) oder einzelnen Anspruchsgrundlagen für die Einbürgerung (Anspruchseinbürgerung nach § 10 StAG; Ermessenseinbürgerungen) unterscheiden.

---

[21] Baden-Württemberg: VO über Zuständigkeiten im Staatsangehörigkeitsrecht v. 3.2.1976 (GVBl. 1976, 245, geänd. durch VO v. 23.2.2017, GBl. 2017, 99 (109)) (Landratsämter/Stadtkreise); Bayern: VO über die Zuständigkeiten der Staatsangehörigkeitsbehörden v. 2.1.2000 (BayGVBl. 2000, 6, geändert durch VO v. 22.7.2014, BayGVBl. 2014, 286) (in der Regel Kreisverwaltungsbehörden; Regierungen ua für Einbürgerungen nach §§ 8, 9, 13, 14 StAG, Beibehaltungsgenehmigung nach § 25 Abs. 2 StAG sowie Zustimmung zu bestimmten Entscheidungen der Kreisverwaltungsbehörden); Berlin: Gesetz über die Zuständigkeiten in der allgemeinen Berliner Verwaltung v. 2.10.1958 (BlnGVBl. 2958, 1020, zuletzt geändert durch Gesetz v. 7.7.2016, BlnGVBl. 2016, 423), Nr. 3 Anlag. zu § 4 Abs. 1 Satz 1 (Hauptverwaltung/Senat); Brandenburg: Gesetz über Zuständigkeiten in Staatsangehörigkeitsangelegenheiten v. 10.9.2013, BbgGVBl. 2013, I Nr. 25, 1 (Landkreise/kreisfreie Städte); Bremen: Bekanntmachung über die Zuständigkeiten in Staatsangehörigkeits- und bestimmten Aufenthaltsangelegenheiten v. 29.11.2016 (BremGBl. 2016, 858) (Stadtgemeinde Bremen bzw. Bremerhaven); Hamburg: Anordnung über die Zuständigkeiten in Staatsangehörigkeitsangelegenheiten v. 18.12.1962 (Amt.Anz. 1962, 1223, geändert durch Anordnung v. 26.10.2010, Amtl. Anz. 2010, 2129) (Behörde für Inneres und Sport); Hessen: Gesetz zur Bestimmung der zuständigen Behörde in Staatsangehörigkeitsangelegenheiten v. 21.3.2005 (HessGVBl. 2005 I 229, geänd. durch Gesetz v. 13.12.2012, HessGVBl. 2012, 622) (Regierung soweit nicht Gemeinden und Landkreise für die Antragsentgegennahme und Sonderfälle zuständig sind; Zustimmungsvorbehalt Ministerium bei Abweichung von AllVwV); Mecklenburg-Vorpommern: Staatsangehörigkeitszuständigkeitslandesverordnung v. 4.4.2001 (GVOBl. M-V 2001, 139) (Landkreise/Kreisfreie Städte); Niedersachsen: § 2 Allgemeine Zuständigkeitsverordnung v. 14.12.2004 (Nds. GVBl. 2004, 589, zuletzt geändert durch VO v. 29.10.2014, Nds. GVBl. 2014, 307) (Landkreise/kreisfreie Städte/große selbstständige Städte); Nordrhein-Westfalen: Verordnung über die Zuständigkeit in Staatsangehörigkeitsangelegenheiten v. 3.6.2008 (GV. NRW 2008, 468) (in der Regel Kreisordnungsbehörden/kreisfreie Städte und Große kreisfreie Städte, Bezirksregierungen ua für Beibehaltungsgenehmigungen, Entlassungen und Genehmigung des Verzichts); Rheinland-Pfalz: Landesverordnung über die Zuständigkeiten in Staatsangehörigkeitsangelegenheiten v. 10.12.1999 (RhPfGVBl. 1999, 447, geänd. durch Gesetz v. 28.9.2010, RhPfGVBl. 2010, 280) (in der Regel Kreisverwaltung/kreisfreie Städte, Zustimmungsvorbehalt für Aufsichts- und Dienstleistungsdirektion für Beibehaltungsgenehmigung); Saarland: Gesetz über Zuständigkeiten nach dem Staatsangehörigkeitsrecht v. 18.11.2011 (Amtsbl. 2011, 214, geänd. durch Gesetz v. 13.10.2015, Amtsbl. 2015, 790) (idR Ministerium für Inneres und Europaangelegenheiten, soweit nicht Landkreise/Regionalverband Saarbrücken/Landeshauptstadt Saarbrücken für die Beratung und Antragsentgegennahme und die Feststellung der deutschen Staatsangehörigkeit (ohne § 29 StAG) zuständig sind); Sachsen: Verordnung über Zuständigkeiten im Staatsangehörigkeitsrecht v. 21.5.1997 (SächsGVBl. 1997, 435, geänd. durch VO v. 11.12.2012, SächsGVBl. 2012, 753) (Landkreise/kreisfreie Städte); Sachsen-Anhalt: Allgemeine Zuständigkeitsverordnung v. 7.5.1994 (LSAGVBl. 1994, 568, geänd. durch VO v. 16.2.2017, LSAGVBl. 2017, 28 (Landkreise/kreisfreie Städte, bei Einbürgerung nur, soweit ein Rechtsanspruch besteht); Schleswig-Holstein: Staatsangehörigkeitszuständigkeitsverordnung v. 15.12.1999 (GVOBl. 1999, 515, zuletzt geänd. durch VO v. 4.4.2013, GVOBl. 2013, 143) (Landkreise/kreisfreie Städte); Thüringen: VO zur Bestimmung von Zuständigkeiten im Geschäftsbereich des Innenministeriums v. 15.4.2008 (ThürGVBl. 2008, 102, geänd. durch VO v. 8.10.2013, ThürGVBl. 2013, 311) (in der Regel Landkreise/kreisfreie Städte, Landesverwaltungsamt ua für Einbürgerungen nach §§ 8, 13 und 14 StAG und Beibehaltungsgenehmigungen).

[22] Etwa Bayern oder Hessen.

§ 3 Feststellung der Staatsangehörigkeit; Verfahren

Das Bundesverwaltungsamt ist für alle staatsangehörigkeits- und einbürgerungsrechtlichen Verfahren zuständig, in denen der Erklärende oder der Antragsteller seinen dauernden Aufenthalt im Ausland hat (§ 27 iVm § 17 Abs. 2 StAngRegG). Es führt weiterhin das zentrale Register der Entscheidungen in Staatsangehörigkeitsangelegenheiten (§ 33 StAG). Das frühere, aus § 3 S. 1 ReichsVO über die deutsche Staatsangehörigkeit[23] hergeleitete Zustimmungserfordernis des BMI zu Einbürgerungen[24] ist zum 1.1.2000 entfallen.[25] **9**

Die örtliche Zuständigkeit für staatsangehörigkeitsrechtliche Entscheidungen richtet sich nach allgemeinen Grundsätzen des Verwaltungsverfahrensrechts, mithin nach dem (inländischen) dauernden Aufenthalt des Betroffenen (§ 3 VwVfG). Bei Wechsel in den Zuständigkeitsbereich einer anderen Behörde geht die Passivlegitimation unter, soweit die bisherige Behörde das Verfahren nach § 3 Abs. 3 VwVfG fortführt; erfolgt dies nicht, bleibt einem Einbürgerungsbewerber nur der Übergang zur Fortsetzungsfeststellungsklage.[26] **10**

2. Weitere Behörden

Bei dem Geburtserwerb (§ 4 Abs. 3 StAG) wird die deutsche Staatsangehörigkeit durch die zuständige Standesamtsperson nach Maßgabe des Personenstandsrechts als Hinweis eingetragen (§ 21 Abs. 3 Nr. 4 PStG). Diese hat die hierfür erforderlichen eigenständigen Ermittlungen anzustellen und Feststellungen zu treffen (§ 34 PStV) und den Hinweise dann der Meldebehörde mitzuteilen (§ 57 PStV). Dieser Hinweis hat keine konstitutive Wirkung und nimmt insbesondere nicht an der Beweiskraft der Personenstandsanträge teil;[27] er kann aber Relevanz für den Staatsangehörigkeitserwerb durch „Ersitzung" haben (§ 3 Abs. 2 StAG; → § 2 Rn. 33 ff.). **11**

Bei Einbürgerungen in das staatsangehörigkeitsrechtliche Verfahren eingebunden sind die nach § 32 StAG zur Datenübermittlung verpflichteten Behörden. Sie werden in § 32 StAG nicht abschließend aufgezählt. Es sind dies neben den Ausländerbehörden und den Verfassungsschutzbehörden (§ 37 Abs. 2 StAG) wegen des Unbescholtenheitserfordernisses insbesondere die Strafverfolgungsbehörden (inklusive Bundeszentralregister) und – wegen des Lebensunterhaltssicherungserfordernisses – in der Regel auch die Grundsicherungsbehörden. **12**

II. Einbürgerungsverfahren

1. Allgemeines

Das StAG gestaltet das Einbürgerungsverfahren im Detail nicht aus und enthält nur punktuell (§§ 16, 32, 37 Abs. 2 StAG) hierauf bezogene Detailregelungen. Der Sache nach handelt es sich um ein normales Verwaltungsverfahren, das auf den Erlass des begünstigenden, rechtsgestaltenden Verwaltungsaktes „Einbürgerung" gerichtet ist. **13**

Das Einbürgerungsverfahren wird durch den Einbürgerungsantrag eingeleitet (§ 22 Abs. 2 VwVfG). Der Antrag ist grundsätzlich nicht formgebunden[28] und kann auch mündlich zu Protokoll erklärt werden.[29] Den Einbürgerungsbewerber trifft indes die Darlegungs- und materielle Beweislast dafür, dass alle Einbürgerungsvoraussetzungen auch tatsächlich vorliegen. Schon aus diesem Grund empfiehlt es sich, die rechtlich nicht zwingenden Antragsformblätter auch zu nutzen. Nicht schon Teil des Antrages, sondern erst eine Frage der Begründetheit ist die Angabe nachprüfbarer Umstände und die Vorlage **14**

---

[23] VO v. 5.2.1934, RGBl. I 85.
[24] *Marx* in GK-StAR StAG § 8 Rn. 481.
[25] *Horn* ZAR 2001, 88.
[26] BVerwG Urt. v. 31.3.1987 – 1 C 32.84, NJW 1987, 2179; Beschl. v. 27.9.1993 – 1 B 73.93, Buchholz 310 VwGO § 113 Nr. 261; VGH München Beschl. v. 22.2.2006 – 5 ZB 05.1938, BeckRS 2009, 33649.
[27] *Meireis* StAZ 2000, 65 (68); *Bornhofen* StAZ 1999, 257 (258).
[28] VGH München Beschl. v. 22.2.2006 – 5 ZB 05.1938, BeckRS 2009, 33649; VG Aachen Urt. v. 12.2.2010 – 5 K 2175/08, BeckRS 2010, 50620.
[29] *Marx* in GK-StAR StAG § 8 Rn. 71 ff., 462 ff.

der erforderlichen Nachweise.[30] Bei nicht ausdrücklich und eindeutig auf eine bestimmte Rechtsgrundlage gestütztem Einbürgerungsantrag hat die Staatsangehörigkeitsbehörde den Antrag im Rahmen ihrer Zuständigkeit[31] unter jedem denkbaren Rechtsgrund zu prüfen.[32]

15 Die Einbürgerungsbehörde hat das Vorliegen der Einbürgerungsvoraussetzungen von Amts wegen aufzuklären und dabei auch die Angaben des Einbürgerungsbewerbers zu überprüfen. Dieser hat hieran im Rahmen des Zumutbaren mitzuwirken (§ 37 Abs. 1 S. 1 StAG iVm § 82 AufenthG) und insbesondere unverzüglich für seine Angaben etwa erforderliche Nachweise beizubringen. Die Staatsangehörigkeitsbehörde darf zudem in erheblichem Umfange andere öffentliche Stellen um die Übermittlung personenbezogener Daten zum Einbürgerungsbewerber angehen (§ 31 StAG), die dann auch zur Übermittlung verpflichtet sind (§ 32 StAG). Hervorgehoben ist insoweit die Unterrichtung der Verfassungsschutzbehörden über den Einbürgerungsantrag (§ 37 Abs. 2 S. 1 StAG) und deren Pflicht, nach Maßgabe besonderer gesetzlicher Verwendungsregelungen die Staatsangehörigkeitsbehörde über Erkenntnisse zum Einbürgerungsbewerber zu unterrichten.

16 Der Einbürgerungsbewerber kann sich im Verfahren durch Bevollmächtigte und Beistände vertreten lassen (§ 14 VwVfG). Dies gilt nicht für Kenntnisse und Fähigkeiten, die der Einbürgerungsbewerber in eigener Person nachzuweisen hat (Sprachkenntnisse; Kenntnisse der Rechts- und Gesellschaftsordnung und der Lebensverhältnisse in Deutschland) sowie die abzugebenden Bekenntnis- und Loyalitätserklärungen (§ 10 Abs. 1 S. 1 Nr. 1 StAG). Die Höchstpersönlichkeit der Einbürgerung selbst umschließt regelmäßig auch ein persönliches Gespräch, das als Beratungsgespräch auch schon vor der Antragstellung erfolgen kann (§ 25 VwVfG) und zu dem der Einbürgerungsbewerber bei entsprechender, sachlich begründeter Anordnung[33] auch zu erscheinen hat (§ 37 Abs. 1 S. 2 StAG iVm § 82 Abs. 4 AufenthG).[34]

2. Ausgewählte Verfahrensfragen zum Einbürgerungsverfahren

17 § 37 Abs. 1 S. 1 Abs. 1 S. 2 StAG regelt selbständig (und zunächst in Übernahme der Regelungen zur ausländerrechtlichen Handlungsfähigkeit von minderjährigen Ausländern) die Fähigkeit zur Vornahme von Verfahrenshandlungen nach dem StAG. Dies ist zugleich materielle Einbürgerungsvoraussetzung (→ § 2 Rn. 57).

18 Nach § 37 Abs. 1 S. 2 StAG gelten die aufenthaltsrechtlichen Mitwirkungspflichten des Aufenthaltsgesetzes (§ 82 AufenthG) im Staatsangehörigkeitsrecht entsprechend. Der Einbürgerungsbewerber ist mithin verpflichtet, seine Belange und für ihn günstige Umstände, soweit sie nicht offenkundig oder bekannt sind, unter Angabe nachprüfbarer Umstände unverzüglich geltend zu machen und die erforderlichen Nachweise über seine persönlichen Verhältnisse, sonstige erforderliche Bescheinigungen und Erlaubnisse sowie etwaige sonstige Unterlagen unverzüglich beizubringen. Diese gesteigerte Mitwirkungsobliegenheit begrenzt den Amtsermittlungsgrundsatz der Staatsangehörigkeitsbehörden, ohne ihn vollständig zu verdrängen. Die Einbürgerungsbehörde kann für die Beibringung von Unterlagen/Dokumenten, zum Beispiel über die Identität des Ausländers und – vor allem – zum Nachweis der Entlassung aus der bisherigen Staatsangehörigkeit oder zumindest entsprechende, intensive Bemühungen eine Frist setzen und solange die Bearbeitung eines Antrages wegen fehlender oder unvollständiger Angaben aussetzen (§ 82 Abs. 1 AufenthG). Für die Zwecke der Klärung staatsangehörigkeitsrechtlicher Fragen kann auch angeordnet

---

30 OVG Münster Urt. v. 29.6.2009 – 12 A 1638/07, BeckRS 2009, 36026.
31 BVerwG Urt. v. 20.3.2012 – 5 C 1.11, BVerwGE 142, 132.
32 BVerwG Urt. v. 27.3.1990 – 1 C 5.87, BVerwGE 85, 108; 17.3.2004 – 1 C 5.03, NVwZ 2004, 997; 20.4.2004 – 1 C 16.03, BVerwGE 120, 305; 20.3.2012 – 5 C 5.11, BVerwGE 142, 145; stRspr.
33 VG Aachen Urt. v. 2.4.2008 – 8 K 815/06, BeckRS 2008, 34407 (das allerdings in § 82 Abs. 4 AufenthG keine Gesetzesvorschrift sieht, die in Einbürgerungsverfahren generell ein persönliches Erscheinen des Antragstellers anordnet).
34 AA wohl *Hofmann* in NK-AuslR StAG § 37 Rn. 6 ff., der in § 37 Abs. 1 S. 2 StAG lediglich eine Rechtsfolgenverweisung sieht.

werden, dass der Einbürgerungsbewerber bei der Vertretung oder ermächtigten Bediensteten seines (mutmaßlichen) Herkunftsstaates persönlich erscheint (§ 82 Abs. 4 AufenthG) oder sonst das Erforderliche unternimmt, um das Bestehen/Nichtbestehen einer bestimmten Staatsangehörigkeit aufzuklären.[35] Den Einbürgerungsbewerber trifft eine Wahrheitsobliegenheit; unrichtige oder unvollständige Angaben zu wesentlichen Voraussetzungen der Einbürgerung können zur Rücknahme führen und sind sogar strafbar (§ 42 StAG).[36] Diese Mitwirkungspflicht umfasst auch die Initiativpflicht, alles Zumutbare zur Klärung offener Fragen zu unternehmen, nicht untätig zu bleiben und passiv abzuwarten, welche Handlungen von der Einbürgerungsbehörde verlangt werden.[37] Sie gilt auch im Feststellungsverfahren nach § 30 Abs. 1 S. 3 StAG und verpflichtet einen Deutschen, bei erheblichen Anhaltspunkten für den Wiedererwerb der türkischen Staatsangehörigkeit an der Aufklärung mitzuwirken.[38]

§ 37 Abs. 2 StAG verpflichtet Staatsangehörigkeits- und Verfassungsschutzbehörden zum Datenaustausch und ordnet kraft Bundesrechts bei Einbürgerungsanträgen zum Abgleich von Sicherheitsbedenken die „Regelanfrage" bei den Verfassungsschutzbehörden an. Der gesetzliche Zweck der Anfrage, Ausschlussgründe nach § 11 StAG zu ermitteln, erfordert aber dann keine Anfrage, wenn sich aus den Angaben des Einbürgerungsbewerbers oder sonstigen Unterlagen oder Erkenntnissen keinerlei Anlass für eine mögliche Erfüllung der Ausweisungs- oder Ausschlussgründe ergibt;[39] dies steht einer anlasslosen Routineanfrage entgegen.[40] Auch sonst wird der Umfang der von der Einbürgerungsbehörde an die Verfassungsschutzbehörden zu übermittelnden Daten durch den Verhältnismäßigkeitsgrundsatz und den Zweck der Anfrage begrenzt. 19

Namentlich im Einbürgerungsverfahren fallen in großem Umfange (teils sensible) personenbezogene Daten an. § 31 StAG ermächtigt die Staatsangehörigkeitsbehörden und die Auslandsvertretungen umfassend zur Datenerhebung und -speicherung, soweit dies zur Erfüllung der Aufgaben nach dem StAG und nach Staatsangehörigkeitsbestimmungen in anderen Gesetzen oder für Entscheidungen nach Art. 116 Abs. 2 GG erforderlich ist. Es handelt sich um eine bereichsspezifische Ermächtigungsgrundlage mit geringer Direktionsdichte, weil Art und Umfang der zu verarbeitenden Daten nicht näher konkretisiert werden, sondern allein auf die zweckkonforme Datenverarbeitung abgestellt wird. 20

§ 32 StAG ergänzt die Ermächtigung zur Datenerhebung und -verarbeitung um eine Datenübermittlungsregelung. Erfasst wird die Übermittlung durch andere öffentliche Stellen an die Staatsangehörigkeitsbehörden/Auslandsvertretungen, soweit dies zur Erfüllung staatsangehörigkeitsrechtlicher Aufgaben erforderlich ist. Erfasst sind insbesondere die Ausländerbehörden, die Meldebehörden, Pass- und Ausweisbehörden, Polizeibehörden, Strafverfolgungs-, Strafvollstreckungs- oder Strafvollzugsbehörden, das Bundesamt für Migration und Flüchtlinge, Standesämter, Finanzbehörden, aber auch Sozialbehörden (Bundesagentur für Arbeit; Jobcenter; Sozialämter). 21

Die Übermittlung nach § 32 StAG kann auf (einzelfallbezogene) Ersuchen der Staatsangehörigkeitsbehörden (§ 32 Abs. 1 S. 1 StAG) erfolgen oder auch ohne Ersuchen (§ 32 Abs. 1 S. 2 bis 4 StAG), wenn die Übermittlung aus Sicht der öffentlichen Stelle für staatsangehörigkeitsrechtliche Entscheidungen erforderlich ist, etwa weil strafrechtliche Verurteilungen oder Ermittlungsverfahren bekannt geworden sind. Bei der Übermittlung auf Ersuchen trägt grundsätzlich die Staatsangehörigkeitsbehörde/Auslandsvertretung die Ver- 22

---

[35] VG Würzburg Beschl. v. 28.7.2015 – W 7 14.1148, BeckRS 2016, 42859 (Abklärung der Frage, ob der Einbürgerungsbewerber die kosovarische Staatsangehörigkeit besitzt).
[36] BGH Beschl. v. 20.12.2016 – 1 StR 177/16, BGHSt 62, 1 (nicht bei unrichtigen/unvollständigen Angaben über inländische Bagatellverurteilungen); OLG Frankfurt/M. Beschl. v. 4.11.2016 – 1 Ss 163/15, BeckRS 2016, 127958 (irregulär erworbenes Sprachzertifikat).
[37] BayVGH Beschl. v. 21.11.2018 – 5 ZB 17.1837, BeckRS 2018, 32466 (Einschaltung eines Vertrauensanwalts zur Durchführung eines erforderlichen Gerichtsverfahrens).
[38] BayVGH Beschl. v. 21.8.2019 – 5 ZB 18.1226, BeckRS 2019, 21180.
[39] *Hailbronner/Maaßen* in HMHK StAG § 37 Rn. 10.
[40] Unklar insoweit Nr. 37.2 VAH-StAG (BMI).

antwortung für die Zulässigkeit der Datenübermittlung, bei der proaktiven Übermittlung ohne Ersuchen grundsätzlich die übermittelnde Stelle. Ihre Grenze findet die Übermittlung in besonderen gesetzlichen Verwendungsregelungen (§ 32 Abs. 3 StAG); nach allgemeinen Grundsätzen nicht übermittelt werden dürfen zudem unzulässig erhobene oder gespeicherte Daten.

23 Die Staatsangehörigkeitsbehörden haben im Rahmen ihres Amtsermittlungsgrundsatzes das Vorliegen der jeweiligen Einbürgerungsvoraussetzungen von Amts wegen zu überprüfen und hierfür die entsprechenden Behörden zu beteiligen. §§ 31, 32 StAG bilden die Grundlage für den hierbei entstehenden Datenverkehr. Hiervon betroffen sind regelmäßig die Ausländerbehörden (zur Abklärung des aufenthaltsrechtlichen Status), die Grundsicherungsbehörden (Jobcenter; Sozialämter), das Bundeszentralregister, staatsanwaltschaftliche Ermittlungsregister und (zumindest) die örtlichen Polizeidienststellen (strafrechtliche Unbescholtenheit).

3. Einbürgerungszusicherung

24 Eine Einbürgerungszusicherung (§ 38 VwVfG) kann einem Einbürgerungsbewerber erteilt werden, wenn nicht alle Voraussetzungen einer Einbürgerung vorliegen, der Einbürgerungsbewerber indes ein (berechtigtes) Interesse an einer Klärung seiner Einbürgerungsaussichten für den Fall erfolgreicher Bemühungen an der Beseitigung eines Einbürgerungshindernisses hat. Hauptanwendungsfall ist die Zusicherung einer Einbürgerung für den Fall, dass die Aufgabe einer weiteren/der bisherigen Staatsangehörigkeit nachgewiesen wird; hier soll sie Intervalle mehrfacher Staatsangehörigkeit und temporäre Staatenlosigkeit vermeiden.[41] In der Praxis kommt sie auch für den Fall in Betracht, dass nach dem Recht des Herkunftsstaates die Einbürgerung von der Volljährigkeit abhängt und diese in absehbarer Zeit bevorsteht.

25 Die Einbürgerungszusicherung steht im (durch Verwaltungsvorschrift gebundenen)[42] Ermessen der Einbürgerungsbehörde.[43] Sie ist schriftlich zu erteilen und unterliegt als regulärer Verwaltungsakt, der auf den künftigen Erlass eines Verwaltungsakts gerichtet ist, in Bezug auf Verfahren, Wirksamkeit, Rechtswidrigkeit und Widerruflichkeit den allgemeinen Regelungen des VwVfG. Die Einbürgerung wird regelmäßig für die Dauer von zwei Jahren zugesichert; eine Verlängerung ist möglich. Sie steht unter dem Vorbehalt, dass sich die für die Einbürgerung maßgebliche Sach- oder Rechtslage bis zum Ablauf der Frist nicht ändert (§ 37 Abs. 3 VwVfG). Für diesen Fall entfällt unmittelbar kraft Gesetzes die Bindungswirkung; dieser „Vorbehalt" ist nach den Verwaltungsvorschriften in die Einbürgerungszusicherung aufzunehmen.[44] Bei unveränderter Sachlage, aber Erfüllung der bislang nicht erfüllten Einbürgerungsvoraussetzung ist die Einbürgerungszusicherung eine eigenständige Rechtsgrundlage für den Einbürgerungsanspruch.[45]

26 Ist eine Einbürgerungszusicherung erteilt, hat sich aber nach ihrer Abgabe die Sach- und Rechtslage wesentlich zulasten des Einbürgerungsbewerbers verändert, entfällt kraft Gesetzes die Bindungswirkung auch dann, wenn der Einbürgerungsbewerber zwischenzeitlich die bislang nicht erfüllten Einbürgerungsvoraussetzungen geschaffen (zB die Entlassung aus der bisherigen Staatsangehörigkeit erwirkt) hat und ihm nunmehr Staatenlosigkeit droht.[46] Dies ist dann allerdings bei einem möglichen Verzicht auf nicht zwingende Einbürgerungshindernisse zu berücksichtigen.

---

[41] VGH Mannheim Urt. v. 6.7.1994 – 13 S 2147/93, InfAuslR 1995, 116.
[42] S. nur Nr. 8.1.2.6.1. StAR-VwV.
[43] BVerwG Urt. v. 31.3.1987 – 1 C 26.86, NJW 1987, 2180; für weitergehende Bindungen VGH Mannheim Urt. v. 6.7.1994 – 13 S 2147/93, InfAuslR 1995, 116; s. auch *Marx* in GK-StAR StAG § 8 Rn. 499 ff.
[44] Nr. 8.1.2.6.1 StAR-VwV
[45] VGH Mannheim Urt. v. 6.7.1994 – 13 S 2147/93, InfAuslR 1995, 116; OVG Münster Beschl. v. 22.6.2010 – 19 E 777/09, EZAR NF 76 Nr. 6.
[46] *Hailbronner/Hecker* in HMHK StAG § 8 Rn. 123.

4. Aushändigung der Einbürgerungsurkunde

Liegen die Voraussetzungen eines Einbürgerungsanspruchs vor oder ergeht eine positive Ermessensentscheidung, erfolgt die Einbürgerung. Sie wird erst mit der Aushändigung der von der zuständigen Verwaltungsbehörde[47] ausgefertigten Einbürgerungsurkunde wirksam (§ 16 S. 1 StAG); § 41 VwVfG wird insoweit verdrängt. Für die Einbürgerungsurkunde ist die elektronische Form ausgeschlossen (§ 38a StAG); ihre Gestaltung ist durch Verwaltungsvorschrift geregelt.[48]

Die Aushändigung der Einbürgerungsurkunde ist ein förmlicher rechtsbegründender Übergabeakt unter Mitwirkung der Behörde.[49] Wegen des Gelöbniserfordernisses (S. 2, → Rn. 29) hat regelmäßig eine persönliche Übergabe der Einbürgerungsurkunde zu erfolgen. Kann ausnahmsweise die Urkunde nicht persönlich ausgehändigt werden, muss dies in einer Weise geschehen, bei der der Zeitpunkt der Aushändigung zweifelsfrei festgestellt werden kann.[50] Die Übergabe einer Einbürgerungsurkunde an den Einbürgerungsbewerber in einem verschlossenen Umschlag zur Mitnahme an die zuständige Stelle seines Wohnortes als Bote in eigener Sache stellt keine Aushändigung dar. Die Wirksamkeit einer Einbürgerung hängt ausschließlich davon ab, dass die Einbürgerungsbehörde die Einbürgerungsurkunden derjenigen Person aushändigt, die ihr als Beteiligter des Verwaltungsverfahrens (§ 13 Abs. 1 Nr. 1 VwVfG) gegenübergetreten ist und im eigenen Namen die beantragte Einbürgerung begehrt hat;[51] die namensrechtlich zutreffende Namensschreibweise ist unerheblich.

Vor der Aushändigung hat der über 16jährige Einbürgerungsbewerber – ergänzend zu den Erklärungen im Verfahren (§ 10 Abs. 1 S. 1 Nr. 1 StAG) – ein feierliches Gelöbnis abzugeben, dessen Text das Gesetz festlegt (§ 16 S. 2 StAG).[52] Es soll die im Verfahren abzugebende Loyalitätserklärung bekräftigend nach außen sichtbar machen und der Aushändigung der Einbürgerungsurkunde einen würdigen, „feierlichen" Rahmen geben.[53] Kann die Einbürgerungsurkunde nicht persönlich ausgehändigt werden, kann das Bekenntnis auch schriftlich abgegeben und durch eigenhändige Unterschrift bekräftigt werden.[54]

Nach dem Gesetz ist das Bekenntnis lediglich „vor der Aushändigung" abzugeben, ist aber nicht deren Wirksamkeits- oder sonst Einbürgerungsvoraussetzung; eine entsprechende Formulierung aus der Gesetzesbegründung[55] hat im Gesetzeswortlaut keinen Niederschlag gefunden. Wird die Einbürgerungsurkunde ohne das vorherige Bekenntnis ausgehändigt oder ist es fehlerhaft, etwa in Abweichung vom Gesetzestext, abgegeben, ist bei gleichwohl erfolgter Aushändigung der Einbürgerungsurkunde die allein hierdurch bewirkte Einbürgerung wirksam und kann nicht wegen dieses Bekenntnis „mangels" zurückgenommen werden.[56]

III. Verwaltungskosten

Staatsangehörigkeitsrechtliche Verfahren sind nicht kostenfrei. Es können für Amtshandlungen vorbehaltlich anderweitiger gesetzlicher Bestimmungen Kosten (Gebühren und

---

[47] Das Handeln einer örtlich nicht zuständigen Staatsangehörigkeitsbehörde führt nicht zur Nichtigkeit der erfolgten Einbürgerung (§ 44 Abs. 3 Nr. 1 VwVfG); anders für einen Mangel der sachlichen Behördenzuständigkeit *Marx* in GK-StAR StAG § 16 Rn. 31; *Hailbronner/Hecker* in HMHK StAG § 16 Rn. 13.
[48] Allgemeine Verwaltungsvorschrift über Urkunden in Staatsangehörigkeitssachen (StAUrkVwV) v. 18.6.1975 (GMBl. 1975, 462, geändert durch VwV v. 24.9.1991, GMBl. 1991, 741).
[49] VGH Kassel Beschl. v. 12.4.2006 – 12 ZU 1058/05, NVwZ-RR 2007, 208.
[50] Nr. 16.1. Abs. 2 Satz 3 VAH-StAG (BMI); Nr. 16.1.1.1 StAR–VwV.
[51] OVG Münster Urt. v. 14.7.2017 – 19 E 781/16, BeckRS 2017, 127892; s. auch BVerwG Urt. v. 9.9.2014 – 1 C 10.14, NVwZ 2014, 1679.
[52] VGH Kassel Beschl. v. 12.4.2006 – 12 ZU 1058/05, NVwZ-RR 2007, 208.
[53] Nr. 16.2 VAG-StAG (BMI).
[54] Nr. 16.2 VAG-StAG (BMI).
[55] BT-Drs. 16/5065, 447.
[56] *Marx* in GK-StAR StAG § 16 Rn. 46 ff.; *Berlit* InfAuslR 2007, 457 (467).

Auslagen) erhoben werden (§ 38 Abs. 1 StAG). § 38 StAG gilt für das gesamte Staatsangehörigkeitsrecht und erfasst auch Einbürgerungen nach Art. 2 AusfGAbkStaatenlos.[57] Die „Regelgebühr" für die Einbürgerung ist unmittelbar im Gesetz festgelegt (§ 38 Abs. 2 S. 1 und 2 StAG), das hierfür eine gewisse Staffelung vorsieht. Das Feststellungsverfahren (§ 29 Abs. 6, § 30 Abs. 1 S. 3 StAG) sowie die Erteilung der Beibehaltungsgenehmigung nach § 29 Abs. 4 StAG sind kraft Gesetzes gebührenfrei.

32 Die aufgrund der Ermächtigung in § 38 Abs. 3 StAG erlassene Staatsangehörigkeits-Gebührenverordnung (StAGebV)[58] regelt die (weiteren) gebührenpflichtigen Tatbestände und stellt ua die Einbürgerung nach Art. 116 Abs. 2 GG sowie den Verzicht auf die Staatsangehörigkeit in bestimmten Fällen gebührenfrei. Gebühren werden auch für den Widerruf, die Rücknahme, die Ablehnung oder den Widerspruch in staatsangehörigkeitsrechtlichen Verfahren[59] erhoben.

33 Von der Einbürgerungsgebühr kann aus Gründen der Billigkeit oder des öffentlichen Interesses Gebührenermäßigung oder -befreiung gewährt werden (§ 38 Abs. 2 S. 5 StAG; § 1 Abs. 1 StAGebV). Gebührenermäßigung/-befreiung aus Billigkeitsgründen erfordert eine einzelfallbezogene Härte und darf allgemeine Regelungen des Gesetzes nicht im Wege einer Billigkeitsmaßnahme (zB für bestimmte Gruppen von Einbürgerungsbewerbern) korrigieren.[60] Der nicht zuzurechnende Bezug existenzsichernder Leistungen zum Lebensunterhalt (Alg II; Sozialhilfe) kann Anlass für eine Prüfung einer Gebührenminderung namentlich dann geben, wenn absehbar ist, dass sich an dem Leistungsbezug in einem überschaubaren Zeitraum nichts ändern wird.[61] Allerdings ist dem Bezieher von Sozialleistungen grundsätzlich zuzumuten, einen einmaligen Bedarf auch aus den gewährten Sozialleistungen anzusparen.[62] Völkerrechtliche Wohlwollensgebote (zB Art. 34 S. 2 GFK) gebieten nicht, von der Erhebung einer Einbürgerungsgebühr vollständig abzusehen; die Flüchtlingseigenschaft eines Einbürgerungsbewerbers ist für den Fall, dass nach Grund und Höhe wegen der wirtschaftlichen Situation des Einbürgerungsbewerbers eine Entscheidung über eine Gebührenermäßigung oder einen Gebührenerlass zu treffen ist, zu dessen Gunsten aber bei der Ermessensentscheidung zu berücksichtigen.[63]

34 Die Gebührenschuld aus § 38 Abs. 2 S. 1 StAG entsteht mit Eingang des Antrags auf Einbürgerung bei der zuständigen Behörde.[64] Gebührenpflichtig sind auch Fälle der Ablehnung eines staatsangehörigkeitsrechtlichen Antrages (§ 1 Abs. 1 S. 2 StAGebV). Die Gebühr entspricht dem Betrag der für die Vornahme der Amtshandlung vorgesehenen Gebühr, der sich um ein Viertel ermäßigt, wenn ein Antrag aus anderen Gründen als wegen Unzuständigkeit abgelehnt wird (§ 3a Nr. StAGebV iVm § 15 VwKostG [F. 14.8.2013]).[65]

IV. Staatsangehörigkeitsentscheidungsregister

35 Durch das 1. RichtlinienUmsetzG[66] ist ein zentrales Staatsangehörigkeitsentscheidungsregister geschaffen worden (§ 33 StAG), in das alle staatsangehörigkeitsrechtlichen Einzelentscheidungen zum Erwerb, Bestand und Verlust der deutschen Staatsangehörigkeit in der Zeit ab 1961 bis 2007, Entscheidungen zu Staatsangehörigkeitsurkunden sowie Entschei-

---

[57] OVG Berlin-Brandenburg Beschl. v. 28.12.2009 – OVG 5 N 12.08, BeckRS 2010, 45138.
[58] IdF der Bekanntmachung v. 24.9.1991 (BGBl. I 1915), zuletzt geändert durch Gesetz v. 7.8.2013, BGBl. I 3154.
[59] Durch § 3a StAGebV ist BVerwG Urt. v. 1.12.1989 – 8 C 14.88, BVerwGE 84, 178 = NVwZ-RR 1990, 440, überholt.
[60] VGH Mannheim Urt. v. 13.8.2003 – 13 S 1167/02, BeckRS 2003, 23854; aA noch – für die Einbürgerung von Kindern nach § 40b StAG – VG Stuttgart Urt. v. 30.8.2001 – 7 K 1073/01, NVwZ 2001, Beilage 12, 126.
[61] BVerwG Urt. v. 16.11.2006 – 5 C 27.05, NVwZ-RR 2007, 205.
[62] OVG Bautzen Beschl. v. 20.12.2010 – 3 A 711/08, InfAuslR 2011, 120.
[63] BVerwG Urt. v. 16.11.2006 – 5 C 27.05, NVwZ-RR 2007, 205.
[64] VGH Mannheim Urt. v. 13.8.2003 – 13 S 1167/02, BeckRS 2003, 23854.
[65] S. auch VG Köln Beschl. v. 13.12.2013 – 10 L 1729/13, BeckRS 2014, 46024.
[66] Gesetz v. 19.8.2007, BGBl. I 1970.

dungen zu Erwerb, Bestand und gesetzlichem Verlust der deutschen Staatsangehörigkeit eingetragen werden. Das Register wird durch das Bundesverwaltungsamt geführt und ist der Sache nach eine große Datenbank zum Nachweis staatsangehörigkeitsbehördlicher Einzelentscheidungen.

Die Nachweisfunktion des zentralen Staatsangehörigkeitsentscheidungsregisters beschränkt den Kreis der zu den Betroffenen zu speichernden personenbezogenen Daten auf bestimmte Grunddaten (§ 33 Abs. 2 Nr. 1 StAG) sowie auf Angaben zu Art, Rechtsgrund und Zeitpunkt der staatsangehörigkeitsrechtlichen Entscheidung (§ 33 Abs. 2 Nr. 2 StAG) und die jeweils entscheidende Behörde (§ 33 Abs. 2 Nr. 2 StAG). Durch die grundsätzliche Anknüpfung an Entscheidungen zu Staatsangehörigkeitsurkunden und zu Entscheidungen zum Bestand und einem gesetzlichen Verlust der deutschen Staatsangehörigkeit werden alle Entscheidungen zur Einbürgerung, zum Erklärungserwerb, zur Entlassung aus der Staatsangehörigkeit, zur Beibehaltung der deutschen Staatsangehörigkeit und dem jeweiligen Verlust erfasst. Bei einem Staatsangehörigkeitserwerb durch Geburt (§ 4 Abs. 1, 3 StAG) bedarf es keiner Staatsangehörigkeitsurkunde, sodass diese nicht im staatsangehörigkeitsrechtlichen Entscheidungsregister erfasst wird; in den Fällen des § 4 Abs. 3 StAG wird nicht der Staatsangehörigkeitserwerb, sondern allein der nach der sogenannten Optionsregelung (§ 29 StAG) mögliche Verlust der deutschen Staatsangehörigkeit kraft Gesetzes (→ § 2 Rn. 219 ff.) erfasst. 36

Die Datenübermittlung regeln § 33 Abs. 3 bis 5 StAG. Staatsangehörigkeitsbehörden haben von Amts wegen ihre Entscheidung, dass eine Person eingebürgert worden ist oder die deutsche Staatsangehörigkeit weiterhin besitzt, verloren, aufgegeben oder nicht erworben hat, dem Bundesverwaltungsamt (unverzüglich) mitzuteilen (§ 33 Abs. 3, 5 StAG). Das Bundesverwaltungsamt hat Staatsangehörigkeitsbehörden/Auslandsvertretungen auf Ersuchen die zur Erfüllung staatsangehörigkeitsrechtlicher Aufgaben erforderlichen Angaben aus dem Register mitzuteilen; für sonstige Übermittlungen an öffentliche Stellen oder für Forschungszwecke verweist das Gesetz auf das BDSG (§ 33 Abs. 4 StAG). Nach allgemeinem Datenschutzrecht hat der Einzelne Anspruch auf Auskunft zu den zu seiner Person etwa in dem Staatsangehörigkeitsentscheidungsregister gespeicherten Daten. 37

Die Eintragung im Staatsangehörigkeitsentscheidungsregister hat keine konstitutive Wirkung. Beruht diese Eintragung auf einem Irrtum, weist dies nicht ohne Weiteres den Erwerb der deutschen Staatsangehörigkeit nach und ist erst recht kein selbständiger Erwerbsgrund.[67] Eine solche Eintragung kann aber im Rahmen des „Ersitzungserwerbs" (§ 3 Abs. 2 StAG) Bedeutung erlangen, soweit nicht der Eintragungsirrtum für den Ausländer erkennbar war oder sonst die Begründung eines schutzwürdigen Vertrauens ausgeschlossen ist. 38

C. Ausgewählte Rechtsschutzfragen

Staatsangehörigkeitsrechtliche Verfahren sind grundsätzlich normale Verwaltungsverfahren, die regelmäßig auf den Erlass eines Verwaltungsakts (oder dessen Versagung) zielen. Mit dem Feststellungsverfahren (→ Rn. 1 ff.) ist auch die Klärung staatsangehörigkeitsrechtlicher Zweifelsfragen einem besonderen Verwaltungsverfahren zugewiesen, das in einem (feststellenden) Verwaltungsakt mündet. Gerichtlicher Rechtsschutz wird hier über die (fristgebundene) Anfechtungs- oder Verpflichtungsklage (§ 42 VwGO) gewährt. Gegen Versagung oder Erlass staatsangehörigkeitsbehördlicher Verwaltungsakte ist – gegebenenfalls nach Durchführung eines Widerspruchsverfahrens – der Rechtsschutz zu den Verwaltungsgerichten eröffnet. Ob ein Widerspruchsverfahren durchzuführen ist, richtet sich nach den heterogenen landesgesetzlichen Regelungen über den Ausschluss oder die Begrenzung des Widerspruchsverfahrens, die in Ausnutzung der bundesgesetzlichen Ermächtigung (§ 68 Abs. 1 S. 1 Hs. 1 VwGO) ergangen sind.[68] 39

---

[67] VG Münster Urt. v. 17.9.2014 – 1 K 2393/12, BeckRS 2014, 56630.
[68] Übersicht bei *Kopp/Schenke* VwGO § 68 Rn. 17a.

40 Die Verteilung der Darlegungs- und materiellen Beweislast im Verwaltungs- und Gerichtsverfahren richtet sich (im Rahmen des Untersuchungsgrundsatzes) nach allgemeinen Grundsätzen, sodass der (ehemalige) Ausländer oder derjenige, der sich der deutschen Staatsangehörigkeit berühmt, in vollem Umfange den Nachweis für das Vorliegen eines Erwerbstatbestandes zu führen hat, während grundsätzlich[69] der Behörde der Nachweis für das Vorliegen von Verlust- oder Rücknahmegründen obliegt.

41 Keine konstitutiv wirkende Verwaltungsentscheidung ergeht beim Erwerb der deutschen Staatsangehörigkeit kraft Gesetzes (§ 4 Abs. 1, 3 StAG; → § 2 Rn. 4 ff., 16 ff.). Die Entscheidung des Standesbeamten über einen entsprechenden Eintrag im Geburtenregister hat keine statusbegründende Wirkung und kann staatsangehörigkeitsrechtlich allenfalls im Rahmen des „Ersitzungserwerbs" (§ 3 Abs. 2 StAG) relevant werden. Erfolgt standesbehördlich kein Hinweis auf den Erwerb der deutschen Staatsangehörigkeit oder wird er nachträglich durch Berichtigung gestrichen, ist strittig, ob der gesetzliche Vertreter insoweit um personenstandsrechtlichen Rechtsschutz nachsuchen kann.[70] Wegen der bloß deklaratorischen Wirkung des Hinweises ist regelmäßig das Feststellungsverfahren nach § 30 StAG (→ Rn. 1 ff.) durchzuführen.

42 Nicht als Verwaltungsakt ergeht der Hinweis im Optionsverfahren (§ 29 Abs. 1 S. 1 Nr. 4, Abs. 5 S. 5 StAG), auch wenn erst durch sie die Optionspflicht ausgelöst wird und er für den jungen Deutschen de facto Handlungspflichten begründet.[71] Das Gesetz knüpft an die Tatsache, nicht an die Rechtmäßigkeit des Hinweises die Rechtsfolge an, dass ein weiteres Verfahrensstadium eingeleitet wird, belässt es aber bei dieser verfahrensimmanenten Funktion. Diese Wirkung kann auch nicht durch vorläufigen Rechtsschutz beseitigt oder aufgeschoben werden. In Betracht kommt hier nur eine Feststellungsklage mit dem Inhalt, dass keine Optionspflicht besteht; der junge Deutsche kann hier nicht auf eine Anfechtung der Feststellung nach § 29 Abs. 6 StAG verwiesen werden, dass die deutsche Staatsangehörigkeit untergegangen sei.[72]

43 Der Erlass einer einstweiligen Anordnung (§ 123 VwGO) mit dem Ziel, die Staatsangehörigkeitsbehörden zu verpflichten, eine Person in den deutschen Staatsverband einzubürgern, scheidet regelmäßig aus. Denn eine „vorläufige" Einbürgerung kennt das Staatsangehörigkeitsrecht nicht; sie erfolgt endgültig und irreversibel.[73] Auch sind schwere und unzumutbare Nachteile durch die Ablehnung einer (vorläufigen) Einbürgerung schwerlich denkbar.[74]

44 Belastende bzw. feststellende staatsangehörigkeitsrechtliche Verwaltungsakte sind nicht kraft Gesetzes sofort vollziehbar; Widerspruch und Anfechtungsklage haben mithin aufschiebende Wirkung. Bei der Rücknahme einer Einbürgerung (§ 35 StAG) kommt eine Sofortvollzugsanordnung (§ 80 Abs. 2 Nr. 4 VwGO) in Betracht. Bei einer arglistigen Täuschung über Einbürgerungsvoraussetzungen soll wegen der weitreichenden Folgen, die mit dem Besitz der Staatsangehörigkeit verbunden sind, grundsätzlich ein besonders gewichtiges öffentliches Interesse an der Herstellung gesetzmäßiger Zustände bestehen.[75] Wegen der Konsequenzen auch für den Betroffenen soll dies nur in eindeutigen Erschleichungsfällen zulässig sein, in denen gegen die behördlichen Feststellungen keine ernsthaften

---

[69] S. auch VG Münster Beschl. v. 19.4.2004 – 1 L 296/04, BeckRS 2005, 26696 (auch dann, wenn für die Behördenentscheidung notwendige Tatsachen in der Sphäre des betroffenen Bürgers liegen (Rücknahme der Einbürgerung)).

[70] S. *Marx* in GK-StAR StAG § 4 Rn. 370 f.; *Hailbronner* in HMHK StAG § 4 Rn. 98 f.; *Oberhäuser* in NK-AuslR StAG § 4 Rn. 33.

[71] *Hocks* in NK-AuslR StAG § 29 Rn. 24; *Berlit* in GK-StAR StAG § 29 Rn. 270.

[72] *Berlit* in GK-StAR StAG § 29 Rn. 271.

[73] VG Stuttgart Beschl. v. 3.2.2017 – 11 K 8599/16, BeckRS 2017, 106892; VG Berlin Beschl. v. 18.10.2018 – 2 L 181.18, BeckRS 2018, 35731.

[74] VG Köln Beschl. v. 29.1.2018 – 10 L 138/18, BeckRS 2018, 2000.

[75] OVG Hamburg Beschl. v. 28.8.2001 – 3 Bs 103/01, InfAuslR 2002, 81 (86); VG Saarland Beschl. v. 29.9.2016 – 2 L 1039/16, BeckRS 2016, 53102; s. auch OVG Münster Beschl. v. 22.11.2019 – 19 E 911/19, BeckRS 2019, 31554 (öffentliches Interesse an Negativfeststellung bei Täuschung Personenstand und allein aufenthaltsrechtlich motivierter Vaterschaftsanerkennung).

Zweifel bestehen.[76] Der Betroffene kann gegen die Sofortvollzugsanordnung nach § 80 Abs. 5 VwGO mit dem an das zuständige Verwaltungsgericht gerichteten Antrag vorgehen, die aufschiebende Wirkung von Widerspruch/Klage wiederherzustellen.

---

[76] *Marx* in GK-StAR StAG § 35 Rn. 201; s. auch VG Mainz Beschl. v. 9.2.2018 – 4 L 1411/17.MZ.

2. Kapitel. Aufenthaltsrecht

§ 4 Verfassungsrechtliche und unionsrechtliche Grundlagen

Übersicht

	Rn.
A. Verfassungsrechtliche Grundlagen	1
I. Kein Recht auf Einreise	1
II. Grundrechtsbindung bei aufenthaltsrechtlichen Entscheidungen	6
III. Gewährleistung effektiven Rechtsschutzes	10
B. Unionsrechtliche Grundlagen	14
I. Freizügigkeit für Unionsbürger	16
II. Wegfall der Binnengrenzen, Grenzschutz und Kurzzeitvisa	19
1. Schengener Grenzkodex	20
2. Frontex-Verordnung	22
3. Visakodex	24
III. Regeln für ein Gemeinsames Europäisches Asylsystem	27
IV. Gemeinsame Einwanderungsregeln	28
1. Zuwanderung zur Erwerbstätigkeit	29
2. Studium	33
3. Familiennachzug	34
4. Langfristig Aufenthaltsberechtigte	37
5. Rückführung in Herkunftsstaat	39

A. Verfassungsrechtliche Grundlagen

I. Kein Recht auf Einreise

Aus dem Grundgesetz ergibt sich für Ausländer kein Recht auf Einreise, auch nicht für Asylsuchende. Das Recht auf **Freizügigkeit nach Art. 11 GG** gewährleistet zwar nicht nur die Freizügigkeit innerhalb Deutschlands, sondern auch das Recht auf Einreise in das Bundesgebiet.[1] Die Garantie des Art. 11 GG ist jedoch auf Deutsche beschränkt. Ausländer können aufgrund ihrer einen unterschiedlichen Sachverhalt begründenden Staatsangehörigkeit auch nicht unter Berufung auf Art. 3 GG ein Recht auf Einreise nach Deutschland beanspruchen. Aus dem **Asylgrundrecht des Art. 16a Abs. 1 GG** ergibt sich ebenfalls kein Einreiserecht. Asyl gewährt Schutz auf dem Territorium Deutschlands einschließlich der Antragstellung an der Grenze, aber kein Recht auf Zutritt vom Heimat- oder Nachbarstaat aus (→ § 19 Rn. 5)[2]. Etwas anderes ergibt sich nur für freizügigkeitsberechtigte Unionsbürger aus Art. 21 AEUV und für bestimmte nahe Familienangehörige aus der EU-Familiennachzugsrichtlinie.

Das Grundgesetz überantwortet die Entscheidung, in welcher Zahl und unter welchen Voraussetzungen Ausländern der Zuzug nach Deutschland ermöglicht werden soll, weitgehend der gesetzgebenden und der vollziehenden Gewalt.[3] Dem Ziel der **Begrenzung**

1

2

---

[1] BVerfG Beschl. v. 7.5.1953 – 1 BvL 104/52, BVerfGE 2, 266 (273) = NJW 1953, 1057; *Ogorek* in BeckOK GG Art. 11 Rn. 9.
[2] BVerwG Urt. v. 26.6.1984 – 9 C 196.83, NJW 1984, 2782; BVerwG Urt. v. 15.12.1987 – 9 C 285/86, NVwZ 1988, 737 (739); *Gärditz* in Maunz/Dürig GG Art. 16a Rn. 306 f.; *Maaßen* in BeckOK GG Art. 16a Rn. 49.
[3] BVerfG Beschl. v. 12.5.1987 – 2 BvR 1226/83, 2 BvR 101/84, 2 BvR 313/84, BVerfGE 76, 1 (47 f., 51 f.) = NJW 1988, 626; Beschl. v. 18.4.1989 – 2 BvR 1169/84, BVerfGE 80, 81 (92) = NJW 1989, 2195.

des **Zuzugs** von Ausländern darf nach der Rechtsprechung des BVerfG von Verfassungs wegen erhebliches Gewicht beigemessen werden.[4]

3 Auch aus **Art. 6 Abs. 1 GG** ergibt sich kein subjektives Recht des Familienangehörigen auf Einreise zu seinem in Deutschland lebenden Ehemann, seiner Ehefrau oder sonstigen nahen Familienangehörigen.[5] Allerdings verpflichtet die in Art. 6 Abs. 1 iVm Art. 6 Abs. 2 GG enthaltene **wertentscheidende Grundsatznorm,** nach welcher der Staat die Familie zu schützen und zu fördern hat, die Ausländerbehörde, bei der Entscheidung über aufenthaltsbeendende Maßnahmen die **familiären Bindungen** des den Aufenthalt begehrenden Ausländers an Personen, die sich berechtigterweise im Bundesgebiet aufhalten, pflichtgemäß, dh entsprechend dem Gewicht dieser Bindungen, in ihren Erwägungen zur Geltung zu bringen. Dieser verfassungsrechtlichen Pflicht des Staates zum Schutz der Familie entspricht ein Anspruch des nachzugswilligen Ausländers aus Art. 6 GG darauf, dass seine bestehenden ehelichen und familiären Bindungen an in Deutschland lebende Personen in einer Weise berücksichtigt werden, die der großen Bedeutung entspricht, welche das Grundgesetz dem Schutz von Ehe und Familie erkennbar beimisst.[6]

4 Vor diesem Hintergrund hat das BVerfG eine **Ehebestandszeit von drei Jahren** für den **Nachzug des Ehepartners** zu einem seit mehr als acht Jahren rechtmäßig in Deutschland lebenden Ausländers als unverhältnismäßig und damit als Verletzung der in Art. 6 Abs. 1 GG enthaltenen wertentscheidenden Grundsatznorm angesehen, die mit dem Zweck der Bekämpfung von Scheinehen begründet war.[7] In weiteren Entscheidungen haben das BVerfG und das BVerwG Wartezeiten von ein bis zwei Jahren für den Ehegattennachzug als verhältnismäßig angesehen, wobei jeweils auf die Abwägung der wechselseitigen Interessen im Einzelfall abgestellt wurde (zB Notwendigkeit des Spracherwerbs im Herkunftsstaat).[8] Der Supreme Court von Dänemark hält eine generelle Wartezeit von drei Jahren für vereinbar mit dem Schutz der Ehe nach Art. 8 EMRK.[9]

5 Die zum 1.8.2018 in § 36a AufenthG eingeführte Begrenzung des Nachzugsrechts von Familienangehörigen zu subsidiär Schutzberechtigten auf monatliche **Kontingente von 1.000 Nachzugswilligen** bedarf der verfassungskonformen Auslegung. Die Regelung wird der verfassungsrechtlichen Bedeutung von Ehe und Familie nur dann gerecht, wenn ein Familiennachzug im konkreten Einzelfall – etwa nach zwei- oder dreijähriger Wartezeit – auch dann ermöglicht wird, wenn damit das Monatskontingent von 1.000 Nachzugsfällen überschritten wird. Das BVerfG hat hierzu schon 1987 ausgeführt: „Eine ‚Kontingentierung' des Ehegattennachzugs müsste Bedenken im Hinblick auf Art. 6 Abs. 1 und Abs. 2 Satz 1 GG begegnen".[10] Die bisherige Anwendungspraxis deutet darauf hin, dass die verfassungsrechtlichen Grenzen nicht überschritten werden und in Härtefällen auch auf die

---

[4] BVerfG Beschl. v. 12.5.1987 – 2 BvR 1226/83, 2 BvR 101/84, 2 BvR 313/84, BVerfGE 76, 1 (68) = NJW 1988, 626; Kammerbeschl. v. 11.5.2007 – 2 BvR 2483/06, NVwZ 2007, 1302.
[5] BVerfG NJW 1980, 514; BVerfG NJW 1988, 626; BVerfG NJW 1989, 2195.
[6] BVerfG Beschl. v. 12.5.1987 – 2 BvR 1226/83, 2 BvR 101/84, 2 BvR 313/84, BVerfGE 76, 1 (68) = NJW 1988, 626; Kammerbeschl. v. 11.5.2007 – 2 BvR 2483/06, NVwZ 2007, 1302.
[7] BVerfG Beschl. v. 12.5.1987 – 2 BvR 1226/83, 2 BvR 101/84, 2 BvR 313/84, BVerfGE 76, 1 (49 ff.) = NJW 1988, 626.
[8] BVerwG Urt. v. 4.9.2012 – 10 C 12.12, NVwZ 2013, 515 Rn. 28 (ein Jahr zuzumuten beim Nachzug zu Deutschen); Urt. v. 30.3.2010 – 1 C 8.09, NVwZ 2010, 964 Rn. 50 (etwas mehr als ein Jahr beim Nachzug zum Ausländer angemessen – nicht beanstandet vom BVerfG Kammerbeschl. v. 25.3.2011 – 2 BvR 1413/10, NVwZ 2011, 870); das BVerfG hat die Aussetzung des Familiennachzugs für zwei Jahre mit Wirkung ab März 2016 in § 104 Abs. 13 AufenthG im Rahmen des einstweiligen Rechtsschutzes nicht beanstandet: BVerfG Kammerbeschl. v. 11.10.2017 – 2 BvR 1758/17, NVwZ 2017, 1699 Rn. 12; Kammerbeschl. v. 20.3.2018 – 2 BvR 1266/17, Rn. 17 ff.
[9] Supreme Court von Dänemark Urt. v. 6.11.2017 – 107/2017.
[10] BVerfG Beschl. v. 12.5.1987 – 2 BvR 1226/83, 2 BvR 101/84, 2 BvR 313/84, BVerfGE 76, 1 (65) = NJW 1988, 626. *Hailbronner* ist allerdings der Auffassung, dieses obiter dictum sei entgegen dem ersten Anschein auf Kontingentlösungen nicht übertragbar, weil die Bemerkung auf den Familiennachzug der Anwerbegeneration und ihrer Kinder gemünzt war, für die die Bundesrepublik nach Auffassung des Gerichts eine besondere Verantwortung traf, jedenfalls wenn gewisse Integrationsbedingungen erfüllt waren; vgl. Hailbronner AuslR § 36a Rn. 11 f.

§ 4 Verfassungsrechtliche und unionsrechtliche Grundlagen § 4

ergänzend anwendbaren Einreisemöglichkeiten nach §§ 22, 23 AufenthG zurückgegriffen wird.[11]

II. Grundrechtsbindung bei aufenthaltsrechtlichen Entscheidungen

Ausländer genießen während ihres Aufenthalts in Deutschland grundrechtlichen Schutz. 6
Für sie gelten allerdings nicht die ausschließlich Deutschen vorbehaltenen Grundrechte wie Art. 8, 9, 11, 12 Abs. 1 und Art. 16 GG. An ihre Stelle tritt das (allerdings weniger weitreichende) Auffanggrundrecht des Art. 2 Abs. 1 GG. Der Grundrechtsbindung des Verwaltungshandelns kommt insbesondere bei der Entscheidung über **aufenthaltsbeendende Maßnahmen** erhebliche Bedeutung zu. Bei der Beendigung des Aufenthalts eines Ausländers sind dessen persönliche und familiäre Bindungen an Deutschland zu berücksichtigen. Die Notwendigkeit der Berücksichtigung **familiärer Bindungen** folgt aus **Art. 6 Abs. 1 und 2 GG**. Das aus **Art. 2 Abs. 1 GG** abzuleitende **allgemeine Persönlichkeitsrecht** erfordert aber auch die Berücksichtigung sonstiger persönlicher Bindungen an die Bundesrepublik, insbesondere nach einem langjährigen Aufenthalt. Ferner ist zu beachten, dass durch die Aufenthaltsbeendigung das Leben des Ausländers nicht iSv **Art. 2 Abs. 2 S. 1 GG** gefährdet und seine körperliche Unversehrtheit nicht verletzt wird.

Die Ausweisung ist ein Eingriff in das Recht auf die **freie Entfaltung der Persönlich-** 7
keit des sich im Bundesgebiet aufhaltenden Ausländers nach Art. 2 Abs. 1 GG. Sie muss dem Grundsatz der **Verhältnismäßigkeit** entsprechen.[12] Geboten ist eine einzelfallbezogene Würdigung der für die Ausweisung sprechenden öffentlichen Belange und der gegenläufigen Interessen des Ausländers. Dabei sind auch die Vorgaben der EMRK zu berücksichtigen (→ § 7 Rn. 31 ff.). Danach besteht zwar für **faktische Inländer** kein generelles Ausweisungsverbot. Bei der Ausweisung hier geborener beziehungsweise als Kleinkinder nach Deutschland gekommener Ausländer ist aber im Rahmen der Verhältnismäßigkeitsprüfung der besonderen Härte, die eine Ausweisung für diese Personengruppe darstellt, in angemessenem Umfang Rechnung zu tragen.

Art. 6 Abs 1 iVm Abs. 2 GG verpflichtet die Ausländerbehörde, bei der Entscheidung 8
über die Aufenthaltsbeendigung die bestehenden **familiären Bindungen** des Ausländers an Personen, die sich berechtigterweise im Bundesgebiet aufhalten, zu berücksichtigen und angemessen zur Geltung zu bringen.[13] Eine Aufenthaltsbeendigung kann beispielsweise dann unverhältnismäßig sein, wenn der Ausländer lediglich gegen ordnungsrechtliche Vorschriften verstoßen hat, seine schwerbehinderte Ehefrau aber **auf dessen Pflege angewiesen** ist. Soll der Ausländer hingegen wegen einer **schweren Straftat** ausgewiesen werden (Drogendelikt), kann es verhältnismäßig sein, wenn dem Schutz der öffentlichen Sicherheit und Ordnung ein stärkeres Gewicht beigemessen wird als dem Schutz von Ehe, Familie und Elternrecht.[14]

Aufenthaltsbeendende Maßnahmen können das **Leben und die körperliche Unver-** 9
sehrtheit des Ausländers gefährden, etwa weil ihm im Zielland der Abschiebung die Todesstrafe, Folter oder Misshandlungen drohen. Derartige Art. 2 Abs. 2 S. 1 GG widersprechende Gefahren sind so weit wie möglich auszuschließen. Anstelle eines Abschiebungsverbots können unter bestimmten Voraussetzungen auch qualifizierte Zusicherungen von Regierungsvertretern des Abschiebungszielstaates die Gefahr beseitigen.[15]

---

[11] BT-Drs. 19/14640 v. 30.10.2019.
[12] BVerfG Kammerbeschl. v. 19.10.2016 – 2 BvR 1943/16, NVwZ 2017, 229 Rn. 18 f.
[13] BVerfG Kammerbeschl. v. 17.5.2011 – 2 BvR 1367/10, NVwZ-RR 2011, 585.
[14] BVerfG Kammerbeschl. v. 22.8.2000 – 2 BvR 1363/00, BeckRS 2000, 22409.
[15] BVerfG Kammerbeschl.v.13.11.2017 – 2 BvR 1381/17, NJW 2018, 37 Rn. 28 f., 35 (zur Auslieferung).

III. Gewährleistung effektiven Rechtsschutzes

10   Art. 19 Abs. 4 GG vermittelt dem Einzelnen – auch dem Ausländer – einen Anspruch auf effektiven Rechtsschutz, dh auf eine wirksame **gerichtliche Kontrolle**.[16] Er verlangt nicht nur, dass jeder potenziell rechtsverletzende Akt der Exekutive in tatsächlicher und rechtlicher Hinsicht der richterlichen Prüfung unterstellt werden kann; vielmehr müssen die Gerichte den betroffenen Rechten auch tatsächliche Wirksamkeit verschaffen.[17] Vom Gericht zu verantwortende **Aufklärungsmängel** führen zur Verletzung des Rechtsschutzanspruchs.[18] Beim **vorläufigen Rechtsschutz** verdient das Rechtsschutzbegehren des Bürgers umso größere Beachtung, je schwerwiegender die ihm auferlegte Belastung ist und je mehr die Maßnahmen der Verwaltung Unabänderliches bewirken.[19]

11   Das BVerfG kontrolliert mit großer Sorgfalt die Beachtung des Art. 19 Abs. 4 GG bei **aufenthaltsbeendenden Maßnahmen,** und zwar im allgemeinen Ausländer- und Auslieferungsrecht wie im Asylrecht. So müssen **Zusicherungen,** die Gefahren iSv Art. 2 Abs. 2 S. 1 GG oder Art. 3 EMRK ausräumen sollen, hinreichend konkret und von einer zu ihrer Durchsetzung mit hinreichender Autorität ausgestatteten Regierungsstelle gegeben werden. Bevor auf der Grundlage einer solchen Zusicherung die Abschiebung erfolgt (etwa im Verfahren nach § 58a AufenthG), ist dem Betroffenen Gelegenheit zu geben, hierzu Stellung zu nehmen und gegebenenfalls um **Rechtsschutz** nachzusuchen.[20]

12   Die gerichtliche Überprüfung von Abschiebungsentscheidungen dürfen auch im Verfahren des vorläufigen Rechtsschutzes nur **auf der Grundlage aktueller Erkenntnisse** über die dem Ausländer im Zielstaat möglicherweise drohenden Gefahren getroffen werden. Andernfalls verletzt das Gericht seine **Sachaufklärungspflicht** nach § 86 Abs. 1 VwGO, der zugleich verfassungsrechtliches Gewicht zukommt.[21] Soweit entsprechende Erkenntnisse im einstweiligen Rechtsschutzverfahren nicht vorliegen und nicht eingeholt werden können, ist es zur Sicherung effektiven Rechtsschutzes geboten, die **aufschiebende Wirkung** der Klage anzuordnen.[22]

13   Grundsätzlich ist es von Verfassungs wegen unerheblich, auf welchem Wege **Eilrechtsschutz** gewährt wird. Die konkrete Rechtsanwendung ist aber verfassungsrechtlich dann nicht mehr hinnehmbar, wenn sie dazu führt, dass der Betroffene ganz unabhängig von seinem Verhalten schon aus prozessualen Gründen grundsätzlich keine **gerichtliche Sachprüfung vor Vollzug** der Abschiebung mehr erreichen kann.[23] Das gilt etwa in Fällen, in denen gemäß § 59 Abs. 1 S. 8 AufenthG der **Termin der Abschiebung** dem Ausländer **nicht mehr angekündigt** werden darf, weil die ihm ursprünglich gesetzte Ausreisefrist abgelaufen ist. In diesen Fällen hat der Ausländer grundsätzlich jederzeit ein rechtliches Interesse an einer gerichtlichen Entscheidung, mit der die Abschiebung vorläufig untersagt wird.

---

[16] BVerfG Beschl. v. 12.11.1958 – 2 BvL 4, 26, 40/56, 1, 7/57, BVerfGE 8, 274 (326) = NJW 1959, 475; BVerfG Beschl. v. 19.6.1973 – 1 BvL 39/69 u. 14/72, BVerfGE 35, 263 (274) = NJW 1973, 1491; BVerfG Beschl. v. 13.6.2007 – 1 BvR 1550/03, 2357/04, 603/05, BVerfGE 118, 168 (207) = NJW 2007, 2464.
[17] BVerfG Kammerbeschl. v. 8.5.2017 – 2 BvR 157/17, NVwZ 2017, 1196 Rn. 14.
[18] BVerfG Urt. v. 20.2.2001 – 2 BvR 1444/00, BVerfGE 103, 142 (161 f.) = NJW 2001, 1121.
[19] BVerfG Beschl. v. 18.7.1973 – 1 BvR 23, 155/73, BVerfGE 35, 382 (402) = NJW 1974, 227; Beschl. v. 24.4.1974 – 2 BvR 236, 245, 308/74, BVerfGE 37, 150 (153) = NJW 1974, 1079.
[20] BVerfG Kammerbeschl. v. 24.7.2017 – 2 BvR 1487/17, NVwZ 2017, 1526 Rn. 47–50.
[21] BVerfG Kammerbeschl. v. 8.5.2017 – 2 BvR 157/17, NVwZ 2017, 1196 Rn. 16; Kammerbeschl. v. 10.10.2019 – 2 BvR 1380/19, BeckRS 2019, 25217.
[22] BVerfG Kammerbeschl. v. 8.5.2017 – 2 BvR 157/17, NVwZ 2017, 1196 Rn. 17; Kammerbeschl. v. 10.10.2019 – 2 BvR 1380/19, BeckRS 2019, 25217.
[23] BVerfG Kammerbeschl. v. 8.11.2017 – 2 BvR 809/17, NVwZ 2018, 254 Rn. 13 ff.

B. Unionsrechtliche Grundlagen

Das Migrationsrecht ist stark unionsrechtlich geprägt. Schon der EWG-Vertrag von 1957 **14** gewährte den Bürgern der Mitgliedstaaten das Recht auf **Freizügigkeit** innerhalb der Gemeinschaft, um beruflich als **Arbeitnehmer** oder **Selbständiger** in einem anderen Mitgliedstaat tätig zu werden. Heute genießen nicht nur die wirtschaftlich tätigen, sondern grundsätzlich alle Unionsbürger das Recht auf Freizügigkeit innerhalb der Union (Art. 21 AEUV). Die Binnengrenzen sind (weitgehend) entfallen, die Außengrenzen werden gemeinsam geschützt (Art. 77 AEUV). Art. 78 AEUV begründet die Kompetenz der Union zur Entwicklung einer **gemeinsamen Politik und Gesetzgebung** im Bereich von Asyl, subsidiärem Schutz und vorübergehendem humanitären Schutz. Art. 79 AEUV beschreibt die Zuständigkeit der Union für eine gemeinsame Politik und Gesetzgebung zur Steuerung der Einwanderung, die sich auf die Erteilung von Visa und Aufenthaltstiteln für einen langfristigen Aufenthalt, die Rechtsstellung der Drittstaatsangehörigen und die Bekämpfung der illegalen Einwanderung erstreckt. Zudem kann die Union nach Art. 217 AEUV **Assoziierungsabkommen** mit Drittstaaten abschließen, die sich auch auf Fragen der Einwanderung und der Rechtsstellung ihrer Staatsbürger in der Union erstrecken können.

Die Union hat ihre durch Primärrecht begründete Kompetenz durch Erlass mehrerer **15** **Verordnungen** (Visakodex, Schengener Grenzkodex, Dublin-Verordnung) und **Richtlinien** (Unionsbürgerrichtlinie, Familienzusammenführungsrichtlinie, Asylanerkennungsrichtlinie usw) ausgeübt. Außerdem hat sie **Assoziierungsabkommen** mit Drittstaaten geschlossen, zB das Assoziationsabkommen EWG-Türkei (→ § 12 Rn. 1 ff.) und die Europa-Mittelmeer-Abkommen mit Ländern Nordafrikas (→ § 12 Rn. 331 ff.). Über die wichtigsten Regelungsmaterien soll im Folgenden ein Überblick gegeben werden.

I. Freizügigkeit für Unionsbürger

Unionsbürger genießen nach Art. 21 AEUV das Recht auf **Freizügigkeit innerhalb der** **16** **Union.** Ihre Rechtsstellung wird im Einzelnen in der Unionsbürgerrichtlinie 2004/38/EG vom 29.4.2004[24] bestimmt, die in Deutschland durch das FreizügG/EU umgesetzt worden ist (→ § 11 Rn. 36 ff.). In Deutschland lebten im Jahr 2019 etwa 4,8 Millionen Unionsbürger, in 2018 sind 635.537 eingewandert, aber nur 395.392 ausgewandert.[25]

Unionsbürger bedürfen zur Einreise in einen anderen Mitgliedstaat keines Visums **17** (Art. 2 RL 2004/38/EG). Auch für einen längerfristigen Aufenthalt benötigen sie keine Aufenthaltserlaubnis, müssen nur im Besitz eines gültigen Personalausweises oder Reisepasses sein. Der Aufnahmemitgliedstaat kann lediglich verlangen, dass der Aufenthalt binnen einer angemessenen Frist angezeigt wird (Art. 5 RL 2004/38/EG). Das gilt auch für nahe **Familienangehörige,** die den Unionsbürger begleiten oder ihm nachziehen. Ein Recht auf einen Aufenthalt von mehr als drei Monaten besteht, wenn der Unionsbürger als Arbeitnehmer oder Selbständiger tätig wird oder seine Existenz in anderer Weise gesichert ist (Art. 7 RL 2004/38/EG).

Nach fünfjährigem rechtmäßigem Aufenthalt erwerben der Unionsbürger und seine **18** Familienangehörigen das Recht zum **Daueraufenthalt** (Art. 16 RL 2004/38/EG). Sie genießen erhöhten Ausweisungsschutz (Art. 28 RL 2004/38/EG). Die **Aufenthaltsbeendigung** wird gegenüber Unionsbürgern und ihren unionsrechtlich privilegierten Familienangehörigen gemäß Art. 6 FreizügG/EU in Gestalt einer sogenannten „Verlustfeststellung" ausgesprochen.

---

[24] ABl. L 158, 77.
[25] *Bundesamt für Migration und Flüchtlinge,* Das Bundesamt in Zahlen 2018, 84 und 118.

II. Wegfall der Binnengrenzen, Grenzschutz und Kurzzeitvisa

19 Von Bedeutung für das Migrationsrecht ist auch die auf Art. 77 AEUV beruhende Gesetzgebung der Union zum Wegfall der Grenzkontrollen an den Binnengrenzen, zur Entwicklung eines integrierten Grenzschutzsystems an den Außengrenzen und zur Erteilung von Kurzzeitvisa.

1. Schengener Grenzkodex

20 Der Schengener Grenzkodex von 2016[26] ist die aktuelle Fassung eines Regelwerks, das seit 1990 einen freien **Personenverkehr über die Binnengrenzen** der beteiligten Staaten gewährleistet und die Kontrolle an die Außengrenzen der Union verlagert. Er definiert die Einreisevoraussetzungen für Drittstaatsangehörige, wozu der Besitz von Reisedokumenten und eines gültigen Visums ebenso gehört wie das Fehlen einer vom Ausländer ausgehenden Gefährdung der öffentlichen Ordnung (Art. 6 Schengener Grenzkodex). Eine Versagung der Einreise erfolgt, wenn der Ausländer im **Schengener Informationssystems** (SIS) zur Einreiseverweigerung ausgeschrieben ist.[27] Der Kodex regelt des Weiteren die Modalitäten einer Einreiseverweigerung (Art. 14 Schengener Grenzkodex). Gegen Entscheidungen, mit denen die Einreise in das Hoheitsgebiet eines Mitgliedstaats verweigert wird, können Rechtsbehelfe eingelegt werden (Art. 14 Abs. 3 Schengener Grenzkodex).

21 Unionsrechtliche Zweifelsfragen sind im Zusammenhang mit der Rechtmäßigkeit polizeilicher Kontrollen aufgetreten, die nicht an den Binnengrenzen, wohl aber in ihrer Nähe durchgeführt werden (Art. 23 Schengener Grenzkodex).[28] Der EuGH hat entschieden, dass Unionsrecht den bis 2018 geltenden deutschen Regelungen entgegensteht, Busunternehmen zur Kontrolle der Ausweispapiere ihrer Passagiere beim Verkehr über Binnengrenzen zu verpflichten und **Zwangsgelder** für den Fall der Nichtbefolgung festzusetzen.[29]

2. Frontex-Verordnung

22 Im Jahr 2004 wurde die europäische **Grenzschutzagentur** Frontex errichtet. Ihre Tätigkeit richtet sich nunmehr nach der Frontex-Verordnung von 2019, die die Kompetenzen der Agentur deutlich erweitert hat.[30] Die Agentur bildet gemeinsam mit den EU-Mitgliedstaaten eine „integrierte europäische Grenzverwaltung" zum **Schutz der Außengrenzen** der EU („Europäische Grenz- und Küstenwache" – Art. 3 und 4 VO (EU) 2019/1896). Die integrierte europäische Grenzverwaltung wird von der Europäischen Grenz- und Küstenwache in gemeinsamer Verantwortung von Frontex und den für die Grenzverwaltung zuständigen nationalen Behörden einschließlich der Küstenwachen, wahrgenommen. Allerdings kommt den Mitgliedstaaten nach wie vor die vorrangige Zuständigkeit für die Verwaltung ihrer Abschnitte der Außengrenzen zu (Art. 7). Staaten, die einem erhöhten Migrationsdruck ausgesetzt sind – wie etwa Griechenland und Italien – können Frontex aber ersuchen, gemeinsame Aktionen und Soforteinsätze zu Grenzsicherungszwecken durchzuführen (Art. 37 ff. VO (EU) 2019/1896). Frontex unterstützt die Mitgliedstaaten auch bei der Organisation von **Rückführungsaktionen,** dh Abschiebungen von Personen aus Drittstaaten. Bei entsprechenden Ersuchen von Mitgliedstaaten kann die Agentur Rückkehraktionen auch selbst durchführen (Art. 48 ff. VO (EU) 2019/1896). Dabei achtet sie die GRCh und die Flüchtlingskonvention (Art. 48 Abs. 1 VO (EU) 2019/1896). 2019

---

[26] Verordnung (EU) 2016/399 v. 9.3.2016, ABl. L 77, 1.
[27] Verordnung (EG) 1987/2006 v. 20.12.2006, ABl. L 381, 4.
[28] EuGH Urt. v. 21.6.2017 – C-9/16, DÖV 2018, 74 Rn. 67 ff.; Urt. v. 19.7.2012 – C-278/12 PPU, BeckRS 2012, 81589 Rn. 53 ff.; Urt. v. 22.2.2010 – C-188/10 und C-189/10, EuR 2012, 199 Rn. 68 ff. – Melki.
[29] EuGH Urt. v. 13.12.2018 – C 412/17 und C 474/17, NVwZ 2019, 950.
[30] Verordnung (EU) 2019/1896 v. 13.11.2019, ABl. L 295, 1.

wurden 16.000 Ausländer durch Frontex oder mit Frontex-Unterstützung in ihre mehr als 80 Heimatländer ausgeflogen.[31] Ab 2020 soll Frontex mit einem eigenen Grenzschutzkorps ausgestattet werden, das bis zum Jahr 2027 auf 10.000 Beamte (Frontex-Beschäftigte und entsandte Grenzschützer der Mitgliedstaaten) anwachsen soll.

Die Befugnisse von Frontex bei **Grenzüberwachungseinsätzen auf See** regelt die EU-Seeaußengrenzenverordnung von 2014.[32] Danach ergreifen die beteiligten Einsatzkräfte bei begründetem Verdacht, dass ein Schiff für die **Schleusung von Migranten** auf dem Seeweg benutzt wird, die in der Verordnung vorgesehenen Maßnahmen, ua die Beschlagnahme des Schiffs und Ingewahrsamnahme der an Bord befindlichen Personen sowie deren Verbringung an einen sicheren Ort an Land (Art. 7). Ferner werden Regeln für die Such- und **Seenotrettung** aufgestellt (Art. 9 VO (EU) 656/2014). Bei allen Maßnahmen, insbesondere der Verbringung der an Bord befindlichen Personen in einen nahegelegenen Küstenstaat, ist der **Grundsatz der Nichtzurückweisung** zu beachten, wonach den Menschen im Zielstaat keine Verfolgung und kein ernsthafter Schaden drohen dürfen (Art. 4 VO (EU) 656/2014). 23

3. Visakodex

Der EU-Visakodex idF von 2013[33] regelt im Verordnungswege die Voraussetzungen und Verfahren für die Erteilung von **Visa für Kurzaufenthalte** (höchstens 90 Tage in einem bestimmten Zeitraum) in EU-Mitgliedstaaten und den assoziierten Staaten, die das Schengener Abkommen vollständig anwenden. Der Kodex stützt sich dabei auf die Ermächtigung nach Art. 77 Abs. 2 lit. a AEUV. Denn es handelt sich nicht um Einwanderung iSv Art. 79 AEUV. Die Kurzzeitvisa können ua erteilt werden für Touristen, Geschäftsleute sowie für Besuche von Familienangehörigen. Regeln für die Erteilung von Visa für längerfristige Aufenthalte (zB Aufnahme einer Erwerbstätigkeit, Studium, Familienzusammenführung) hat die Union bisher nicht aufgestellt, sie bestimmen sich daher nach nationalem Recht (→ § 5 Rn. 24 ff.). 24

Der EU-Visakodex enthält inbesondere Regelungen über die sachliche und örtliche Zuständigkeit der das Visum ausstellenden Behörde sowie über die materiellen Voraussetzungen für eine Visumerteilung. Art. 4 bis 6 EU-Visakodex sehen vor, dass ein einheitliches Visum grundsätzlich im Herkunftsland von dem Konsulat desjenigen Mitgliedstaates erteilt wird, in dessen Hoheitsgebiet das Hauptreiseziel liegt. In den weiteren Kapiteln des Visakodexes finden sich Regelungen zum Antrag (Art. 9 ff. EU-Visakodex), zur Erteilung (Art. 21 EU-Visakodex) und Verweigerung von Visa (Art. 32 EU-Visakodex). Zu den Erteilungsvoraussetzungen für Kurzzeitvisa nach den EU-Visakodex zählt, dass der Antragsteller über **ausreichende Mittel** zum Bestreiten seines Lebensunterhalts während des Aufenthalts in der EU hat und dass keine Zweifel an seiner **Rückkehrbereitschaft** bestehen (Art. 21 und 32 EU-Visakodex). Bei der Prüfung der Verweigerungsgründe und die Würdigung der hierfür maßgeblichen Tatsachen haben die Auslandsvertretungen einen weiten Beurteilungsspielraum.[34] 25

Asylsuchende können aus dem Visakodex nach einem EuGH-Urteil von 2017 keinen Anspruch auf ein **humanitäres Visum** zwecks Einreise in die Union ableiten, weil ein solches Visum auf einen längerfristigen Aufenthalt gerichtet ist.[35] Aus der **EU-Visa-Verordnung** von 2018[36], die laufend fortgeschrieben wird, ergibt sich, welche Staatsangehörigen visumpflichtig und welche von der Visumpflicht befreit sind. 26

---

[31] Angaben des stv. Frontex-Exekutivdirektors Berndt Körner v. 9.1.2020; dazu auch *Groß* ZAR 2020, 51.
[32] Verordnung (EU) 656/2014 v. 15.5.2014, ABl. L 189, 93.
[33] Verordnung (EG) 810/2009 v. 13.7.2009, ABl. L 243,1 idF Verordnung (EU) 610/2013 v. 26.6.2013, ABl. L 182, zuletzt geändert durch Verordnung (EU) 2019/1155 v. 12.7.2019, ABl. L 188, 25.
[34] EuGH Urt. v. 19.12.2013 – C-84/12, NVwZ 2014, 289 Rn. 63; BVerwG Urt. v. 17.9.2015 – 1 C 37.14, NVwZ 2016, 161 Rn. 18 ff.
[35] EuGH Urt v 7.3.2017 – C-638/16 PPU, NJW 2017, 1293.
[36] Verordnung (EU) 2018/1806 v. 14.11.2018, ABl. L 303, 39.

III. Regeln für ein Gemeinsames Europäisches Asylsystem

27 Art. 78 AEUV ermächtigt die Union zur Entwicklung eines „**Gemeinsamen Europäischen Asylsystems**". Zu dessen Verwirklichung wurden aufeinander folgend zwei Verordnungen zur Bestimmung des zuständigen Mitgliedstaats für die Prüfung eines Asylantrags erlassen, seit 2013 gilt die Dublin III-Verordnung.[37] Die Bedingungen für die Aufnahme von Asylbewerbern nach deren Ankunft in der EU sind in der Aufnahmerichtlinie von 2013 geregelt.[38] Zur Vereinheitlichung der Anerkennungsvoraussetzungen und der Rechtsstellung von Flüchtlingen und subsidiär Schutzberechtigten wurde die aktuell gültige Anerkennungsrichtlinie von 2011 verabschiedet.[39] Das Asylverfahren wird durch die Asylverfahrensrichtlinie von 2013 vereinheitlicht.[40] Die Speicherung von Fingerabdrücken der Asylantragsteller in einer unionsweit zugänglichen Datenbank ist in der Eurodac-Verordnung von 2013 geregelt.[41] Zur Bedeutung dieser und weiterer unionsrechtlicher Regelungen wird auf das 7. Kapitel dieses Handbuchs verwiesen (→ § 18 Rn. 1 ff.).

IV. Gemeinsame Einwanderungsregeln

28 Nach Art. 79 Abs. 2 AEUV erlässt die Union gemeinsame Einwanderungsregeln zu den Einreise- und Aufenthaltsvoraussetzungen, zur Rechtsstellung der Drittstaatsangehörigen und zur Aufenthaltsbeendigung. Von Bedeutung sind insbesondere die nachfolgend dargestellten Regelungen.

1. Zuwanderung zur Erwerbstätigkeit

29 Die Union hat Richtlinien zur Einwanderung zum Zweck der Erwerbstätigkeit erlassen (→ § 14 Rn. 7). Die wichtigste Richtlinie zur Ausübung einer Erwerbstätigkeit ist die **Blue Card-Richtlinie** von 2009.[42] Sie regelt die Einwanderung hochqualifizierter Fachkräfte und ihrer Familien. Voraussetzung ist ein Arbeitsplatzangebot für eine hochqualifizierte Beschäftigung für mindestens ein Jahr mit einem bestimmten **Mindestgehalt** (Art. 5 RL 2009/50/EG), das in Deutschland im Jahr 2020 bei 55.200 EUR jährlich lag. Für bestimmte jährlich neu gelistete **Mangelberufe** darf das Mindestgehalt niedriger liegen (Art. 5 Abs. 5 RL 2009/50/EG); das betrug 2020 in Deutschland 43.056 EUR.

30 Die Inhaber der Blue Card werden den eigenen Staatsangehörigen weitgehend gleichgestellt (Art. 14 RL 2009/50/EG). Nach achtzehn Monaten des rechtmäßigen Aufenthalts im ersten Mitgliedstaat können sich die betroffene Person und ihre Familienangehörigen zur Ausübung einer hochqualifizierten Beschäftigung auch in einem **anderen EU-Mitgliedstaat** niederlassen (Art. 18 RL 2009/50/EG). Die Kommission hat 2016 einen Vorschlag zur weiteren Steigerung der Attraktivität der Blue Card vorgelegt.[43]

31 2011 wurde eine Richtlinie zugunsten von Arbeitnehmern aus Drittstaaten erlassen, die sich zu Arbeitszwecken in einem Mitgliedstaat aufhalten.[44] Sie erhalten eine **kombinierte Arbeits- und Aufenthaltserlaubnis** (Art. 6 RL 2009/50/EG). Zudem wird ihnen ein Bündel von Rechten gewährt, das einen Anspruch auf Inländergleichbehandlung hinsichtlich der Arbeitsbedingungen, der Koalitionsfreiheit, der beruflichen Bildung sowie im Bereich der Renten- und Sozialansprüche umfasst (Art. 11 f. RL 2009/50/EG).

---

[37] Verordnung (EU) 604/2013 v. 26.6.2013, ABl. L 180, 31.
[38] Richtlinie 2013/33/EU v. 26.6.2013, ABl. L 180, 96.
[39] Richtlinie 2011/95/EU v. 13.12.2011, ABl. L 337, 9.
[40] Richtlinie 2013/32/EU v. 26.6.2013, ABl. L 180, 60.
[41] Verordnung (EU) 603/2013 v. 26.6.2013, ABl. L 180, 1.
[42] Richtlinie 2009/50/EG v. 25.5.2009, ABl. L 155, 17.
[43] Dazu *Dörig* NVwZ 2016, 1033.
[44] Richtlinie 2011/98/EU v. 13.12.2011, ABl. L 343, 1.

Im Jahr 2014 wurden eine Richtlinie für Saisonarbeitnehmer[45] und eine weitere für die 32
Einreise und den Aufenthalt von Beschäftigten im Rahmen eines unternehmensinternen
Transfers erlassen (ICT-Richtlinie – Intra-Corporate-Transferee)[46]. Beide wurden 2017 in
Deutschland umgesetzt.[47]

2. Studium

Die REST-Richtlinie von 2016 (REST = Researchers and Students) regelt die Bedingun- 33
gen für Einreise und Aufenthalt von Forschern, Studenten, Praktikanten, Teilnehmern an
einem europäischen Freiwilligendienst und als Au-pair Tätigen.[48] Die Richtlinie schafft
einen einheitlichen Rechtsrahmen für die Zulassung von Forschern, Studenten und weiteren Personengruppen, für die bisher gesonderte Richtlinien galten. Sie wurde 2017 in
deutsches Recht umgesetzt (→ § 5 Rn. 177 ff.).[49] Die Einreise von **Forschern** soll durch
ein Zulassungsverfahren erleichtert werden, das von deren Rechtsverhältnis zur aufnehmenden Forschungseinrichtung unabhängig ist; außerdem soll zusätzlich zum Aufenthaltstitel keine Arbeitserlaubnis mehr verlangt werden. Doktoranden können schon als Forscher
behandelt werden. Um den Ruf Europas als internationalen Exzellenzstandort für **Studium und berufliche Bildung** zu festigen, werden die Bedingungen für die Einreise und
den Aufenthalt zu diesen Zwecken verbessert und vereinfacht. Außerdem wird die Mobilität von Forschern und Studenten innerhalb der Union erleichtert.

3. Familiennachzug

Die Union hat schon im Jahr 2003 die Richtlinie zur Familienzusammenführung erlassen.[50] 34
Diese begründet unter näher bestimmten Voraussetzungen einen **Anspruch auf Familiennachzug** und geht damit über die sich aus Art. 6 GG und Art. 7 GRCh ergebenden
grundrechtlichen Anforderungen hinaus (→ § 5 Rn. 313 ff.). Die Richtlinie sieht einen
weiten Familienbegriff vor, der auch nichteheliche Lebenspartner einschließt, sofern das
innerstaatliche Recht eine Gleichstellung mit der Ehe vornimmt (Art. 4 RL 2003/86/EG).
Der **Kindernachzug** ist grundsätzlich auf minderjährige Kinder beschränkt und kann unter
bestimmten Voraussetzungen darüber hinaus für Kinder eingeschränkt werden, die älter als
15 Jahre sind (Art. 4 Abs. 6 RL 2003/86/EG), ohne dass der EuGH hierin eine Verletzung
des Art. 7 GRCh sieht.[51] Mit höherrangigem Recht vereinbar ist auch die Nachzugsvoraus-
setzung, dass der Zusammenführende über **feste und regelmäßige Einkünfte** verfügen
muss, die ohne Inanspruchnahme der Sozialhilfeleistungen für seinen eigenen Lebensunterhalt und den seiner Familienangehörigen ausreichen (Art. 7 Abs. 1 lit. c RL 2003/86/EG).[52]

Unionsrechtlich umstritten sind nationale Regelungen vornehmlich in Deutschland und 35
den Niederlanden, die den Ehegattennachzug von der Erfüllung bestimmter Integrationsanforderungen abhängig machen, insbesondere vom Nachweis grundlegender **Sprachkenntnisse** (§ 30 Abs. 1 Nr. 2 AufenthG). Der EuGH erkennt an, dass Sprachkenntnisse
eine wichtige Integrationsvoraussetzung iSv Art. 7 Abs. 2 Richtlinie darstellen können,
verlangt aber die Beachtung des Grundsatzes der Verhältnismäßigkeit.[53] Dem Erfordernis
der Verhältnismäßigkeit trägt die im Jahr 2016 eingefügte Härtefallklausel des § 30 Abs. 1
S. 3 Nr. 6 AufenthG nach Ansicht des BVerwG hinreichend Rechnung.[54]

---

[45] Richtlinie 2014/36/EU v. 26.2.2014, ABl. L 94, 375.
[46] Richtlinie 2014/66/EU v. 15.5.2014, ABl. L 157, 1.
[47] Gesetz v. 12.5.2017, BGBl. I 1106.
[48] Richtlinie (EU) 2016/801 v. 11.5.2016, ABl. L 132, 21.
[49] Gesetz v. 12.5.2017, BGBl. I 1106.
[50] Richtlinie 2003/86/EG v. 22.9.2003, ABl. L 251, 12.
[51] EuGH Urt. v. 27.6.2006 – C-540/03, NVwZ 2006, 1003.
[52] EuGH Urt. v. 4.3.2010 – C-578/08, NVwZ 2010, 697 – Chakroun; Urt. v. 21.4.2016 – C-558/14, NVwZ 2016, 836 – Khachab.
[53] EuGH Urt. v. 10.7.2014 – C-138/13, NVwZ 2014, 1081 – Dogan.
[54] BVerwG Beschl. v. 26.1.2017 – 1 C 1.16, BVerwGE 157, 221 Rn. 15 ff.

36 Die Aussetzung des Familiennachzugs zu **subsidiär Schutzberechtigten** für die Dauer von zwei Jahren im Jahr 2016 (§ 104 Abs. 13 AufenthG) war mit der Richtlinie vereinbar, da diese zwar für anerkannte Flüchtlinge (Art. 3 Abs. 2 lit. c RL 2003/86/EG), nicht aber für Personen gilt, die lediglich subsidiären Schutz genießen.[55]

4. Langfristig Aufenthaltsberechtigte

37 Durch die Richtlinie für langfristig Aufenthaltsberechtigte von 2003 wird Drittstaatsangehörigen eine weitgehend gesicherte und **Inländern angenäherte Rechtsstellung** verliehen (→ § 21 Rn. 38 ff.).[56] Sie setzt einen fünfjährigen ununterbrochenen rechtmäßigen **Aufenthalt** in einem EU-Mitgliedstaat voraus sowie feste und regelmäßige Einkünfte des Begünstigten, die ohne Inanspruchnahme der Sozialhilfeleistungen des betreffenden Mitgliedstaats für seinen Lebensunterhalt und den seiner Familienangehörigen ausreichen (Art. 3 bis 5 RL 2003/109/EG). Außerdem können die Mitgliedstaaten verlangen, dass der Begünstigte die Integrationsanforderungen nach nationalem Recht erfüllt (§ 9a Abs. 2 Nr. 3 und 4 AufenthG). Die Richtlinie wurde im Jahr 2007 in deutsches Recht durch Einfügung der §§ 9a bis c, 38a AufenthG umgesetzt.

38 Bei Erfüllung der Voraussetzungen erhält der Ausländer eine Erlaubnis zum Daueraufenthalt-EU nach § 9a AufenthG. Sie ist unbefristet und grundsätzlich nicht beschränkbar. Sie berechtigt zur Erwerbstätigkeit und zum Familiennachzug. Die Daueraufenthaltserlaubnis sichert dem Berechtigten **erhöhten Ausweisungsschutz** (Art. 12 RL 2003/109/EG, § 53 Abs. 3 AufenthG) und **Mobilität innerhalb der Union** (§ 2 Abs. 7, § 38a AufenthG). Die Daueraufenthaltserlaubnis-EU kann zusätzlich zu einer Niederlassungserlaubnis nach § 9 AufenthG begehrt werden. Zwar ist die Erlaubnis zum Daueraufenthalt-EU der **Niederlassungserlaubnis** gleichgestellt, soweit das Aufenthaltsgesetz nichts anderes regelt (§ 9a Abs. 1 Satz 3 AufenthG). Über diese „Gleichstellung" hinaus, gewährt die Daueraufenthaltserlaubnis-EU aber weitergehende Rechte, die dem Inhaber einer Niederlassungserlaubnis nicht zustehen, etwa das Recht zum Aufenthalt in anderen Mitgliedstaaten (Art. 14 ff. RL 2003/109/EG). Umgekehrt gewährt die Niederlassungserlaubnis dem Ausländer bei den Erlöschensgründen eine geringfügig bessere Rechtsstellung.[57]

5. Rückführung in Herkunftsstaat

39 Der Unionsgesetzgeber hat 2008 die Richtlinie zur Rückführung illegal aufhältiger Drittstaatsangehöriger erlassen.[58] Sie hat die Vereinheitlichung der Rückkehrpolitik der Mitgliedstaaten zum Ziel. Die einheitlichen Verfahrensregeln sollen ein effektives und zugleich faires **Verfahren der Rückführung** solcher Drittstaatsangehöriger sicherstellen, die sich illegal, dh ohne ein Aufenthaltsrecht in einem EU-Mitgliedstaat aufhalten, sei es aufgrund illegaler Einreise oder aufgrund einer aufenthaltsbeendenden Maßnahme (Art. 1 und 2 RL 2008/115/EG). Die Mitgliedstaaten können beschließen, die Richtlinie nicht auf Drittstaatsangehörige anzuwenden, die nach nationalem Recht aufgrund einer strafrechtlichen Sanktion rückkehrpflichtig sind (Art. 2 Abs. 2 RL 2008/115/EG). Von dieser **Opt-out-Klausel** hat Deutschland – anders als Frankreich – keinen Gebrauch gemacht.

40 Deutschland hat die Richtlinie im Jahr 2011 umgesetzt.[59] Eine zwangsweise Rückführung eines Drittstaatsangehörigen (Abschiebung) setzt eine **Rückführungsentscheidung** voraus, dh eine behördliche oder richterliche Entscheidung, mit der der illegale Aufenthalt eines Drittstaatsangehörigen festgestellt und ihm eine Rückkehrverpflichtung auferlegt wird (Art. 3 Abs. 2 RL 2008/115/EG). Das sind in Deutschland die **Abschiebungsandrohung** (§ 59 AufenthG) und Abschiebungsanordnung (§ 58a AufenthG, § 34a

---

[55] *Dörig/Langenfeld* NJW 2016, 1 (3).
[56] Richtlinie 2003/109/EG v. 15.11.2003, ABl. 2014 L 16, 44.
[57] BVerwG Urt. v. 19.3.2013 – 1 C 12.12, BVerwGE 146, 117 Rn. 14.
[58] Richtlinie 2008/115/EG v. 16.12.2008, ABl. L 348, 98.
[59] 2. EU-Richtlinienumsetzungsgesetz v. 22.11.2011, BGBl. I 2258.

AsylG), nicht aber schon die Ausweisungsverfügung iSv § 53 AufenthG (→ § 7 Rn. 3; → § 8 Rn. 41). Mit der Rückkehrentscheidung geht in der Regel ein **Einreiseverbot** einher, dessen Dauer fünf Jahre nicht überschreiten darf, es sei denn der Ausländer stellt eine schwerwiegende Gefahr für die öffentliche Ordnung oder Sicherheit dar (Art. 7 RL 2008/115/EG).

Die Richtlinie definiert zudem die Voraussetzungen für die Verhängung von **Abschie-** 41 **bungshaft,** nämlich Fluchtgefahr oder Behinderung des Rückkehrverfahrens (Art. 15 RL 2008/115/EG). Durch eine Inhaftnahme darf jedoch die Rückführung nicht vereitelt oder verzögert werden. Eine Vereitelung sieht der **EuGH** darin, dass gegen einen Ausländer mit illegalem Aufenthalt allein deshalb eine Haftstrafe verhängt wird, weil er einer Anordnung, den Mitgliedstaat innerhalb einer bestimmten Frist zu verlassen, ohne rechtfertigenden Grund nicht Folge leistet. Vielmehr genießt insoweit die Vollstreckung der **Rückkehrentscheidung Vorrang.**[60] Eine **strafrechtliche Sanktion** darf erst dann verhängt werden, wenn ausländerrechtliche Zwangsmaßnahmen es nicht ermöglicht haben, einen illegal aufhältigen Drittstaatsangehörigen abzuschieben.[61]

Die Regelungen zu den **Haftbedingungen** verbieten eine gemeinsame Unterbringung 42 von Abschiebehäftlingen mit Straftätern (Art. 16 RL 2008/115/EG). Daher war die deutsche Praxis rechtswidrig, beide Personengruppen in der gleichen Haftanstalt – wenn auch räumlich getrennt – unterzubringen, wenn in einem anderen Bundesland die Möglichkeit der Unterbringung in einer **gesonderten Haftanstalt** bestand.[62] Etwas anderes gilt nur dann, wenn aufgrund einer ungewöhnlich hohen Zahl von Rückkehrpflichtigen eine vorübergehende Überlastung der Haftkapazitäten eingetreten ist (Notlage iSv Art. 18 RL 2008/115/EG).

Die einzelnen Bestimmungen der Richtlinie werden in einem Rückkehr-Handbuch der 43 EU-Kommission von 2017 näher erläutert.[63]

§ 5 Aufenthaltsgesetz

Übersicht

	Rn.
A. Einreise von Ausländern	2
I. Einreise in das Bundesgebiet	2
1. Einreisevoraussetzungen	3
2. Ausnahmen	6
a) Kurzaufenthalte	6
b) Kurzfristige Mobilität	9
c) Nationale Befreiungen	10
d) Türkische Staatsangehörige	11
3. Aufenthaltstitel	12
4. Visum	15
a) Schengen-Visum	16
b) Nationales Visum	24
5. Das Visum als zwingende Erteilungsvoraussetzung gemäß § 5 Abs. 2 AufenthG	28
II. Unerlaubte Einreise	35
1. Zurückweisung an der Grenze	36
2. Verteilung unerlaubt eingereister Ausländer	39
III. Rechtsschutz	40

---

[60] EuGH Urt. v. 28.4.2011 – C-61/11 PPU, InfAuslR 2011, 320 Rn. 60 – El Dridi.
[61] EuGH Urt. v. 6.12.2011 – C-329/11, InfAuslR 2012, 77 Rn. 46 – Achughbabian.
[62] EuGH Urt. v. 17.7.2014 – C-473/13, NVwZ 2014, 1217 Rn. 32 – Bero u Bouzalmate.
[63] Rückkehr-Handbuch v. 16.11.2017 – Annex I zu C(2017) 6505.

	Rn.
B. Allgemeine Erteilungsvoraussetzungen für einen Aufenthaltstitel	51
I. Allgemeine Erteilungsvoraussetzungen gemäß § 5 AufenthG	52
1. Regelerteilungsvoraussetzungen des § 5 Abs. 1 AufenthG	53
a) Sicherung des Lebensunterhalts gemäß § 5 Abs. 1 Nr. 1 AufenthG ..	56
b) Klärung der Identität und der Staatsangehörigkeit gemäß § 5 Abs. 1 Nr. 1a AufenthG	64
c) Nichtbestehen eines Ausweisungsinteresses gemäß § 5 Abs. 1 Nr. 2 AufenthG	67
d) Keine Beeinträchtigung oder Gefährdung von Interessen der Bundesrepublik Deutschland aus einem sonstigen Grund gemäß § 5 Abs. 1 Nr. 3 AufenthG	69
e) Erfüllung der Passpflicht gemäß § 5 Abs. 1 Nr. 4 AufenthG	74
2. Grundsätzlich zwingende Erteilungsvoraussetzungen des § 5 Abs. 2 AufenthG	76
3. Absehen von den Erteilungsvoraussetzungen des § 5 Abs. 1 und 2 AufenthG gemäß § 5 Abs. 3 AufenthG	77
4. Grundsätzlich zwingender Versagungsgrund des § 5 Abs. 4 AufenthG ..	78
II. Visum gemäß § 6 AufenthG	79
III. Erteilung einer Aufenthaltserlaubnis gemäß § 7 AufenthG	80
1. Einordnung der Aufenthaltserlaubnis nach § 7 Abs. 1 S. 1 AufenthG ...	81
2. Zweckbindung der Aufenthaltserlaubnis gemäß § 7 Abs. 1 S. 2 und 3 AufenthG	82
3. Befristung der Aufenthaltserlaubnis gemäß § 7 Abs. 2 S. 1 AufenthG ...	84
4. Nachträglich zeitliche Beschränkung der Aufenthaltserlaubnis gemäß § 7 Abs. 2 S. 2 AufenthG	85
IV. Verlängerung der Aufenthaltserlaubnis gemäß § 8	89
1. Verlängerung der Aufenthaltserlaubnis gemäß § 8 Abs. 1 AufenthG	89
2. Regelmäßiger Ausschluss der Verlängerung der Aufenthaltserlaubnis gemäß § 8 Abs. 2 AufenthG	90
3. Verlängerung der Aufenthaltserlaubnis bei bestehender Verpflichtung zur ordnungsgemäßen Teilnahme am Integrationskurs gemäß § 8 Abs. 3 und 4 AufenthG	94
a) Feststellung einer Verpflichtung aus § 44a Abs. 1 S. 1 AufenthG vor der Verlängerung der Aufenthaltserlaubnis gemäß § 8 Abs. 3 S. 1 AufenthG	95
b) Berücksichtigung einer Verletzung der Pflicht aus § 44a Abs. 1 S. 1 AufenthG bei der Entscheidung über die Verlängerung der Aufenthaltserlaubnis gemäß § 8 Abs. 3 S. 2 AufenthG	96
c) Regel- oder Ermessensablehnung der Verlängerung der Aufenthaltserlaubnis gemäß § 8 Abs. 3 bis 5 AufenthG bei wiederholter und gröblicher Verletzung der Pflicht aus § 44a Abs. 1 S. 1 AufenthG	97
d) Höchstbefristung der Verlängerung der Aufenthaltserlaubnis gemäß § 8 Abs. 3 S. 6 AufenthG bis zur Erfüllung der Pflicht aus § 44a Abs. 1 S. 1 AufenthG	100
e) Ausschluss des § 8 Abs. 3 AufenthG bei der Verlängerung einer nach § 25 Abs. 1, 2 oder 3 AufenthG erteilten Aufenthaltserlaubnis gemäß § 8 Abs. 4 AufenthG	101
V. Erteilung einer Niederlassungserlaubnis gemäß § 9 AufenthG	102
VI. Erteilung einer Erlaubnis zum Daueraufenthalt-EU gemäß den §§ 9a, 9b und 9c AufenthG	103
VII. Aufenthaltstitel bei Asylantrag gemäß § 10 AufenthG	104
1. Grundsätzlicher Ausschluss der Erteilung eines Aufenthaltstitels vor dem bestandskräftigen Abschluss des Asylverfahrens gemäß § 10 Abs. 1 AufenthG	105

	Rn.
2. Verlängerung eines nach der Einreise des Ausländers erteilten oder verlängerten Aufenthaltstitels trotz Asylantragstellung gemäß § 10 Abs. 2 AufenthG	109
3. Grundsätzlicher Ausschluss der Erteilung eines Aufenthaltstitels bei Ablehnung oder Rücknahme eines Asylantrages gemäß § 10 Abs. 3 AufenthG	111
a) Grundsätzliche eingeschränkte Sperrwirkung gemäß § 10 Abs. 3 S. 1 AufenthG	112
b) Grundsätzliche Sperrwirkung gemäß § 10 Abs. 3 S. 2 AufenthG	116
c) Keine Anwendung der Titelerteilungssperre des § 10 Abs. 3 S. 1 und 2 AufenthG gemäß § 10 Abs. 3 S. 3 AufenthG	117
VIII. Einreise- und Aufenthaltsverbote gemäß § 11 AufenthG	120
IX. Geltungsbereich und Nebenbestimmungen gemäß § 12 AufenthG	121
1. Territorialer Geltungsbereich des Aufenthaltstitels gemäß § 12 Abs. 1 AufenthG	122
2. Erteilung und Verlängerung des Visums und der Aufenthaltserlaubnis unter Bedingungen gemäß § 12 Abs. 2 S. 1 AufenthG	124
3. Verbindung der Aufenthaltserlaubnis mit Auflagen gemäß § 12 Abs. 2 S. 2 AufenthG	126
4. Verlassenspflicht gemäß § 12 Abs. 3 AufenthG	127
5. Nachträglich zeitliche und/oder räumliche Beschränkung des genehmigungsfreien Aufenthalts gemäß § 12 Abs. 4 AufenthG	128
6. Verlassenserlaubnis gemäß § 12 Abs. 5 AufenthG	129
X. Wohnsitzregelung gemäß § 12a AufenthG	132
XI. Beantragung eines Aufenthaltstitels gemäß § 81 AufenthG	132a
1. Antragserfordernis gemäß § 81 Abs. 1 AufenthG	132b
2. Einholung des Aufenthaltstitels vom Inland aus gemäß § 81 Abs. 2 AufenthG	132e
3. Antrag bei rechtmäßigem Aufenthalt ohne Aufenthaltstitel gemäß § 81 Abs. 3 AufenthG	132h
4. Antrag auf Verlängerung oder Neuerteilung eines Aufenthaltstitels gemäß § 81 Abs. 4 AufenthG	132j
5. Ausstellung der Fiktionsbescheinigung gemäß § 81 Abs. 5 AufenthG	132n
6. Entscheidung über einen Antrag auf Erteilung einer Aufenthaltserlaubnis zum Familiennachzug zu einem Inhaber einer ICT-Karte oder einer Mobiler-ICT-Karte gemäß § 81 Abs. 6 AufenthG	132o
XII. Rechtsschutz	133
1. Rechtsschutz bei Versagung der Erteilung, Neuerteilung oder Verlängerung eines Aufenthaltstitels	134
a) Rechtsschutz in der Hauptsache	135
b) Einstweiliger Rechtsschutz	136
2. Rechtsschutz bei Nebenbestimmungen	139
3. Rechtsschutz bei nachträglicher zeitlicher Beschränkung der Aufenthaltserlaubnis oder des genehmigungsfreien Aufenthalts	141
C. Aufenthaltszwecke	142
I. Erwerbstätigkeit	142
1. Grundlagen	142
a) Verbot mit Erlaubnisvorbehalt vs. Erlaubnis mit Verbotsvorbehalt	143
b) Nachfrageorientiertes Zuwanderungssystem	144
c) Vorrangprüfung (§ 39 Abs. 3 Nr. 3 AufenthG)	146
d) Vergleichbarkeitsprüfung (§ 39 Abs. 2 Nr. 1 bzw Abs. 3 Nr. 1 AufenthG)	148
e) Erwerbsmigration im Rahmen des AufenthG	149
2. Beschäftigung (§ 18 AufenthG)	151
a) Erfordernisse des Wirtschafts- und Wissenschaftsstandortes Deutschland (§ 18 Abs. 1 AufenthG)	151

	Rn.
b) Allgemeine Voraussetzungen für Beschäftigungsaufenthalte (§ 18 Abs. 2 und 3 AufenthG)	152
c) Erteilungsdauer (§ 18 Abs. 4 AufenthG)	153
3. Blaue Karte EU (§ 18b Abs. 2 AufenthG)	155
a) Blaue Karte in Grundzügen	156
b) Erteilungsvoraussetzungen	157
4. ICT Karte für unternehmensintern transferierte Arbeitnehmer (§ 19 ff AufenthG)	162
a) Berechtigter Personenkreis: Führungskräfte, Spezialisten und Trainees	163
b) Entsendedauer	164
c) Mobilitätsschema (§§ 19a und 19b AufenthG)	165
5. Forschung (§ 18d ff AufenthG)	166
a) Berechtigter Personenkreis	167
b) Regelungstechnik	168
c) Mobilitätsschema (§§ 18e und 18f AufenthG)	169
6. Sonstige Beschäftigte und Beamte (§ 19c AufenthG)	170
7. Niederlassungserlaubnis für Fachkräfte (§§ 18c)	171
8. Aufenthaltserlaubnis zur Arbeitssuche für Fachkräfte (§ 20 AufenthG)	172
9. Selbständige Tätigkeit (§ 21 AufenthG)	173
a) Allgemeine Voraussetzungen	173
b) Privilegierung von Freiberuflern	175
c) Privilegierung von Hochschulabsolventen, Forschern und Wissenschaftlern	176
II. Ausbildung	177
1. Allgemeines	177
2. Berufliche Aus- und Weiterbildung	180
3. Studium	185
4. Sprachkurs und Schulbesuch	202
5. Aufenthalt zur Anerkennung ausländischer Berufsqualifikationen	206
6. Rechtsschutz	214
III. Humanitäre Aufenthaltstitel	215
1. Aufnahme aus dem Ausland gemäß § 22 AufenthG	215
2. Aufenthaltsgewährung gemäß § 23 AufenthG	218
3. Aufenthaltsgewährung in Härtefällen gemäß § 23a AufenthG	223
4. Aufenthaltsgewährung zum vorübergehenden Schutz gemäß § 24 AufenthG	232
5. Aufenthalt aus humanitären Gründen gemäß § 25 AufenthG	236
a) Asylberechtigte (§ 25 Abs. 1 AufenthG)	236
b) Flüchtlinge und subsidiär Schutzberechtigte (§ 25 Abs. 2 AufenthG)	240
c) Aufenthaltserlaubnis bei Abschiebungsverboten gemäß § 60 Abs. 5 und 7 AufenthG (§ 25 Abs. 3 AufenthG)	244
d) Vorübergehender Aufenthalt aus dringenden humanitären und politischen Gründen (§ 25 Abs. 4 S. 1 AufenthG)	251
e) Verlängerung der Aufenthaltserlaubnis wegen einer außergewöhnlichen Härte (§ 25 Abs. 4 S. 2 AufenthG)	256
f) Opfer von bestimmten Straftaten gegen die persönliche Freiheit (§ 25 Abs. 4a AufenthG)	259
g) Illegal beschäftigte ausländische Arbeitnehmer (§ 25 Abs. 4b AufenthG)	266
h) Aufenthaltserlaubnis bei rechtlicher und tatsächlicher Unmöglichkeit der Ausreise (§ 25 Abs. 5 AufenthG)	270
6. Aufenthaltsgewährung bei gut integrierten Jugendlichen und Heranwachsenden gemäß § 25a AufenthG	280
7. Aufenthaltsgewährung bei nachhaltiger Integration (§ 25b AufenthG)	291
8. Dauer des Aufenthalts gemäß § 26 AufenthG	300

	Rn.
IV. Familiäre Aufenthaltstitel	313
1. Verfassungsrechtliche, völkerrechtliche und unionsrechtliche Maßstäbe für den Aufenthalt aus familiären Gründen	313
a) Verfassungsrecht	313
b) Völkerrecht	319
c) Unionsrecht	323
2. Grundsatz des Familiennachzugs gemäß § 27 AufenthG	326
3. Familiennachzug zu Ausländern gemäß § 29 ff. AufenthG	335
a) Familiennachzug zu Ausländern gemäß § 29 AufenthG	335
b) Ehegattennachzug gemäß §§ 30, 31 AufenthG	345
c) Kindernachzug gemäß §§ 32, 33, 34, 35 AufenthG	366
d) Nachzug der Eltern und sonstiger Familienangehöriger gemäß § 36 AufenthG	403
e) Familiennachzug zu subsidiär Schutzberechtigten gemäß § 36a AufenthG	410
4. Familiennachzug zu Deutschen gemäß § 28 AufenthG	419
a) Allgemeines	419
b) Ehegattennachzug	422
c) Kindernachzug	427
d) Elternnachzug	429
e) Regelanspruch auf Erteilung einer Niederlassungserlaubnis	432
f) Eigenständiges Aufenthaltsrecht von Ehegatten und Kindern	436
g) Anspruch der Eltern auf Verlängerung der Aufenthaltserlaubnis	437
h) Sonstige Familienangehöre	438
5. §§ 104 bis 104b AufenthG	439
a) Übergangsregelungen gemäß § 104 AufenthG	439
b) Altfallregelung gemäß § 104a AufenthG	441
c) Aufenthaltsrecht für integrierte Kinder von geduldeten Ausländern gemäß § 104b AufenthG	449

Das **Aufenthaltsgesetz (AufenthG)** und die zu seiner Ausführung ergangene Aufenthalts- 1 verordnung (AufenthV)[1] regeln die Bedingungen für die Einreise und den Aufenthalt von Ausländern in die Bundesrepublik Deutschland, soweit nicht Unionsbürger betroffen sind. Regelungszweck des Aufenthaltsgesetzes ist die Steuerung und Begrenzung des Zuzugs von Ausländern (§ 1 Abs. 1 S. 1 AufenthG), formell hält es damit an der seit dem Anwerbestopp[2] geltenden Abkehr der aktiven Zuwanderungsförderung fest. Gleichwohl soll es unter Berücksichtigung der wirtschaftlichen und arbeitsmarktpolitischen Interessen der Bundesrepublik Deutschland auch Zuwanderung ermöglich (§ 1 Abs. 1 S. 2, § 18 Abs. 1 AufenthG). Die Gesetzesbegründung des Fachkräfteeinwanderungsgesetzes[3] formuliert nunmehr ausdrücklich das Ziel, den Bedarf des Wirtschaftsstandorts Deutschland an der Fachkräftesicherung durch gezielte und gesteuerte Zuwanderung von Fachkräften zu unterstützen. Dazu dienen insbesondere die neu gefassten Vorschriften der Abschnitte 3 (Aufenthalt zum Zweck der Ausbildung, → Rn. 177 ff.) und 4 (Aufenthalt zum Zwecke der Erwerbstätigkeit, → Rn. 142 ff.). Zugleich dient es der Erfüllung der humanitären Verpflichtungen (Abschnitt 5, Aufenthalt aus humanitären Zwecken, → Rn. 215 ff.). Neben den Vorschriften über Einreise- und Aufenthalt regelt das Aufenthaltsgesetz die Voraussetzungen für die Ausübung der Erwerbstätigkeit (→ Rn. 142 ff.) von Ausländern und deren Integration (→ § 14). Während die Gewährung von Asyl und internationalem Schutz durch das AsylG (→ § 13) geregelt werden, sind die inlandsbezogenen Abschiebungshindernisse und die zielstaatsbezogenen Abschiebungsverbote im Aufenthaltsgesetz (§ 60 AufenthG) normiert.

---

[1] V. 25.11.2004, BGBl. I 2945, zuletzt geändert durch VO v. 13.12.2019, BGBl. I 2585.
[2] Vgl. auch *Aumann* ZESAR 2014, 421.
[3] BT-Drs. 19/8285.

A. Einreise von Ausländern

I. Einreise in das Bundesgebiet

2 Die Einreise von Ausländern in das Bundesgebiet und der sich daran unmittelbar anschließende Aufenthalt stehen unter **Erlaubnisvorbehalt.** Grundsätzlich steht es jedem Staat frei, vorbehaltlich seiner vertraglichen Verpflichtungen und gewohnheitsrechtlicher Pflichten selbst und frei zu entscheiden, welchen ausländischen Staatsangehörigen er die Einreise und den Aufenthalt in seinem Staatsgebiet gewährt. Auch aus dem Grundgesetz ergibt sich kein allgemeines Recht auf Einreise. Art. 11 GG gewährt nur deutschen Staatsangehörigen freien Zugang. Im Übrigen überantwortet das Grundgesetz die Entscheidung über die Bedingungen der Einreise von Ausländern der gesetzgebenden und vollziehenden Gewalt[4] (→ § 4 Rn. 1).

1. Einreisevoraussetzungen

3 Die **Einreise in das Bundesgebiet** ist zunächst ein tatsächlicher Vorgang, gemeint ist damit das Betreten des Hoheitsgebietes der Bundesrepublik Deutschland (Grenzübertritt). Sie ist gemäß § 13 Abs. 1 AufenthG grundsätzlich nur an den zugelassenen Grenzübergangsstellen und innerhalb der festgesetzten Verkehrsstunden zulässig. Ausländer sind verpflichtet, sich der polizeilichen Kontrolle des grenzüberschreitenden Verkehrs zu unterziehen. An einer zugelassenen Grenzübergangsstelle ist ein Ausländer erst eingereist, wenn er die Grenze überschritten und die Grenzkontrolle passiert hat (§ 13 Abs. 2 S. 1 AufenthG). Allerdings dürfen gemäß Art. 22 des Schengener Grenzkodex (SGK)[5] Binnengrenzen unabhängig von der Staatsangehörigkeit an jeder Stelle ohne Personenkontrollen überschritten werden. Gibt es keine Grenzkontrollen, liegt bereits eine Einreise vor, wenn der Betroffene die Grenze überschritten hat (§ 13 Abs. 2 S. 3 AufenthG),[6] die Personenkontrolle entfällt. Insofern findet die in § 13 Abs. 1 AufenthG vorgesehene Kontrolle von Ausländern außer im Falle der vorübergehenden Wiedereinführung von Kontrollen an den Binnengrenzen gemäß Art. 25 SGK nur bei einer Einreise über den See- oder Luftweg mit Übertritt einer **Schengenaußengrenze** statt.

4 Gemäß § 4 AufenthG bedürfen Ausländer für die Einreise (und den weiteren Aufenthalt) eines der in § 4 Abs. 1 S. 2 AufenthG genannten **Aufenthaltstitels,** sofern nicht aufgrund Unionsrecht oder durch Rechtsverordnung etwas anderes bestimmt ist oder ihnen ein Aufenthaltsrecht nach dem Assoziationsabkommen EWG/Türkei zukommt.

5 Gemäß § 3 Abs. 1 AufenthG setzen Einreise und Aufenthalt regelmäßig weiter den Besitz eines gültigen **Passes** oder Passersatzes voraus. Die Erfüllung der Passpflicht ist gleichzeitig gemäß § 5 Abs. 1 Nr. 4 AufenthG Regelerteilungsvoraussetzung für die Erteilung eines Aufenthaltstitels (→ Rn. 74). Fehlt es bei der Einreise an dem erforderlichen Aufenthaltstitel und ist der Ausländer nicht privilegiert oder besitzt der Ausländer keinen gültigen Pass, so ist die Einreise unerlaubt (§ 14 Abs. 1 AufenthG, → Rn. 35) und unter den Voraussetzungen von § 95 Abs. 1 Nr. 3 AufenthG strafbar.

2. Ausnahmen

6 **a) Kurzaufenthalte.** Abgesehen von den freizügigkeitsberechtigten Unionsbürgern, ihren Familienangehörigen und Bürgern der EWR-Staaten (§ 12 FreizügG/EU), deren Rechtsstellung gemäß § 1 Abs. 2 AufenthG nicht durch das AufenthG geregelt wird, sind

---

[4] BVerfG Beschl. v. 12.5.1987 – 2 BvR 1226/83, 2 BvR 101/84, 2 BvR 313/84, BVerfGE 76, 1 (47 f., 51 f.) = NJW 1988, 626; Beschl. v. 18.4.1989 – 2 BvR 1169/84, BVerfGE 80, 81 (92) = NJW 1989, 2195.
[5] VO (EU) 2016/399 v. 9.3.2016, ABl. L 77, 1.
[6] Vgl. OVG Koblenz Urt. v. 21.4.2016 – 7 A 11108/14, NJW 2016, 2820.

Schweizer Staatsangehörige aufgrund des Freizügigkeitsabkommens der EG/Schweiz[7] von dem Erfordernis eines Aufenthaltstitels befreit (vgl. § 28 AufenthV). Weiter privilegiert das Unionsrecht Staatsangehörige bestimmter Staaten durch eine Befreiung von der Visumpflicht für **Kurzaufenthalte,** die nicht der Erwerbstätigkeit dienen.

Während die Staatsangehörigen der in Anhang I zu Art. 1 Abs. 1 EU-VisaVO[8] genannten Drittländer beim Überschreiten der Außengrenzen der Mitgliedstaaten im Besitz eines Visums sein müssen, benötigen die Staatsangehörigen der in Anhang II zu Art. 1 Abs. 2 VisaVO 2018 genannten Staaten **(Positivstaater)** nach Art. 6 SGK iVm Art. 20, 21 Schengener Durchführungsübereinkommen (SDÜ)[9] beim Überschreiten der Außengrenzen des Schengenraumes keinen Aufenthaltstitel, wenn sie sich lediglich für die Dauer von 90 Tagen in einem Zeitraum von 180 Tagen aufhalten und keiner Erwerbstätigkeit nachgehen wollen. Die Privilegierung greift also nicht, wenn von vornherein ein längerer Aufenthalt oder die Aufnahme einer Erwerbstätigkeit beabsichtigt ist. Art und Umfang einer gleichwohl zulässigen Beschäftigung ergeben sich aus dem nationalen Recht (§ 17 AufenthV, § 30 BeschV). 7

Ebenso wie Positivstaater dürfen gemäß Art. 21 SDÜ Inhaber eines von einem anderen Schengen-Mitgliedstaat ausgestellten Aufenthaltstitels, die die Voraussetzungen von Art. 6 Abs. 1 lit. a, c und e SGK erfüllen, für einen **Kurzaufenthalt** ohne Visum einreisen. Gleiches gilt für in einem Mitgliedstaat lebende Flüchtlinge und Staatenlose, die im Besitz eines von diesem ausgestellten Reisedokuments sind. 8

b) Kurzfristige Mobilität. Zu Zwecken der **kurzfristigen Mobilität** kann bei Beachtung eines Mitteilungsverfahrens auf die Einholung eines Aufenthaltstitels verzichtet werden. Drittstaatsangehörige, die in Besitz eines von einem anderen Mitgliedstaat ausgestellten Aufenthaltstitels zum Zwecke des Studiums oder der Forschung nach der REST-RL[10] bzw. des unternehmensinternen Transfers nach der ICT-RL[11] sind, benötigen abweichend von § 4 Abs. 1 AufenthG gemäß § 16c AufenthG (→ Rn. 198) für einen Studienaufenthalt von bis zu 360 Tagen, gemäß § 18e AufenthG (→ Rn. 169) für einen Forschungsaufenthalt von 180 Tagen innerhalb eines Zeitraums von 360 Tagen und gemäß § 19a AufenthG (→ Rn. 165) für einen Aufenthalt zum Zweck eines unternehmerischen Transfers für die Dauer von bis zu 90 Tagen innerhalb eines Zeitraums von 180 Tagen, keinen Aufenthaltstitel, wenn das Mitteilungsverfahren beachtet wird. Staatsangehörige der in Anhang II zu Art. I Abs. 2 EU-VisaVO genannten Staaten benötigen als Saisonarbeiternehmer iSd Saisonarbeitnehmer-RL[12] gemäß § 4a Abs. 4 AufenthG keinen Aufenthaltstitel, wenn sie über eine Arbeitserlaubnis (§ 15a Abs. 1 S. 1 Nr. 1 BeschV) verfügen. 9

c) Nationale Befreiungen. Weitere Befreiungen vom Erfordernis des Aufenthaltstitels gemäß § 4 Abs. 1 AufenthG für kurz- oder langfristige Aufhalte sieht die AufenthV vor. Neben den **Befreiungen** für Staatsangehörige sogenannter befreundeter Staaten (§ 41 Abs. 1 AufenthV) und aufgrund älterer Sichtvermerksabkommen (§ 16 AufenthV; Anlage A) sind dies die Befreiungen für Inhaber bestimmter Ausweise (§§ 18 bis 20 AufenthV) und für Personen, die im grenzüberschreitenden Beförderungswesen tätig sind (§ 23 bis 26 AufenthV) sowie für die nicht unter § 1 Abs. 1 Nr. 2 und 3 AufenthG fallenden Personen, die bei Vertretungen ausländischer Staaten tätig sind. Helfer bei Unglücks- oder Katastrophenfällen sind gemäß § 29 AufenthG vom Erfordernis eines Aufenthaltstitels befreit. 10

---

[7] Abkommen v. 21.6.1999, ABl. L 114 v. 30.4.2002, 6.
[8] VO (EU) 2018/1806 v. 14.11.2018, ABl. L 30, 39; zuletzt geändert durch VO (EU) 2019/592 v. 10.4.2019, ABl. L 103, 1
[9] IdF der VO (EU) 610/2013 v. 26.3.2013, ABl. L 182/1, zuletzt geändert durch Art. 64 VO (EU) 208/1861 v. 28.11.2018 ABL. L 312, 14.
[10] RL (EU) 2016/801 v. 11.5.2016, ABl. L 132, 21.
[11] RL 2014/66/EU v. 15.5.2014 ABl. L 157, 1.
[12] RL 2014/36/EU v. 26.2.2014, ABl. L 94, 375.

11 d) Türkische Staatsangehörige. Türkische Staatsangehörige benötigen grundsätzlich einen Aufenthaltstitel für die Einreise in das Bundesgebiet. Die Vorschriften über die Einreise türkischer Staatsangehöriger werden aber von den **Stillhalte-Klauseln** gemäß Art. 41 Zusatzprotokoll zum Assoziationsabkommen[13] und Art. 13 ARB 1/80 bzw. Art 7 ARB 2/76 erfasst.[14] Als eine unzulässige nachträgliche Beschränkung der Dienstleistungsfreiheit hat der EuGH die Visumpflicht für die Einreise von in der Türkei beschäftigten Berufskraftfahrern angesehen.[15] Keinen Aufenthaltstitel benötigen daher türkische Staatsangehörige für einen bis zu zwei Monate dauernden Aufenthalt, der der Erbringung einer vorübergehenden Dienstleistung im Bundesgebiet als Arbeitnehmer eines Arbeitgebers mit Sitz in der Türkei dient.[16] Zur Erleichterung der Einreise stellt die Auslandsvertretung visumbefreiten türkischen Staatsangehörigen eine entsprechende Bescheinigung aus. Eine vergleichbare Befreiung besteht nicht für selbstständige Dienstleistungserbringer[17] oder für die Empfänger von Dienstleistungen.[18] Die Aufhebung der Befreiung von der Aufenthaltserlaubnispflicht für unter 16jährige türkische Staatsangehörige hat das BVerwG zwar als nachträgliche Beschränkung gewertet, jedoch durch einen zwingenden Grund des Allgemeininteresses als gerechtfertigt angesehen.[19] Der EuGH hat bestätigt, dass das Ziel einer wirksamen Steuerung der Migrationsströme eine nachträgliche Beschränkung rechtfertigen kann, allerdings hat er eine solche Maßnahme als unverhältnismäßig und unwirksam angesehen, soweit es sich um im Inland geborene Kinder handelt, von denen ein Elternteil ein sich rechtmäßig aufhaltender türkischer Arbeitnehmer ist.[20] Die nachträgliche Einführung der Visumpflicht für den Ehegattennachzug zu türkischen Arbeitnehmern hat das BVerwG nach Einholung einer Vorabentscheidung durch den EuGH[21] durch das Ziel einer effektiven Einwanderungskontrolle und -steuerung als gerechtfertigt angesehen.[22] Im Übrigen ist türkischen Staatsangehörigen, denen ein Aufenthaltsrecht gemäß Art. 6 oder 7 ARB 1/80 zukommt, gemäß § 4 Abs. 2 AufenthG auf Antrag eine deklaratorische Aufenthaltserlaubnis auszustellen.

3. Aufenthaltstitel

12 Kann der Ausländer keine der genannten Privilegierungen in Anspruch nehmen, bedarf er eines Aufenthaltstitels. § 4 Abs. 1 S. 2 AufenthG benennt **sieben Aufenthaltstitel,** die nach dem AufenthG erteilt werden. Neben der befristeten Aufenthaltserlaubnis (§ 7 AufenthG) und der unbefristeten Niederlassungserlaubnis (§ 9 AufenthG) sind das die auf Unionsrecht beruhenden speziellen Aufenthaltstitel für Hochqualifizierte[23] (Blaue Karte EU gemäß § 18b Abs. 2 AufenthG), für unternehmensintern transferierte Arbeitnehmer[24] (ICT-Karte gemäß § 19 und Mobiler-ICT-Karte gemäß § 19b AufenthG) sowie die Erlaubnis zum Daueraufenthalt-EU[25] (§ 9a AufenthG), ferner das im Ausland einzuholende Visum (§ 6 Abs. 1 Nr. 1 und Abs. 2 AufenthG).

13 Gemäß § 7 Abs. 1 S. 2 AufenthG wird die Aufenthaltserlaubnis zu einem der in den Abschnitten 3 bis 7 des Kapitels 2 bestimmten Aufenthaltszwecke, für zeitlich begrenzte oder langfristige Aufenthalte erteilt. Das Aufenthaltsgesetz erkennt damit insbesondere Aus-

---

[13] VO (EWG) 2760/72 des Rates v. 19.12.1972 ABl. L 293, 1.
[14] BVerwG Urt. v. 10.7.2014 – 1 C 4.14, BVerwGE 150, 276 = NVwZ 2015, 373; EuGH Urt. v.7.8.2018 – Rs. C-123/17, ZAR 2018, 409; BVerwG Urt. v. 25.6.2019 – 1 C 40/18, BeckRS 2019, 20727.
[15] EuGH Urt. v. 19.2.2009 – C 228/06, NVwZ 2009, 513.
[16] Vgl. § 1 Abs. 2 DVAuslG 1965 idF v. 12.3.1969.
[17] BVerwG Urt. v. 19.2.2015 – 1 C 19.14, NVwZ 2015, 827.
[18] Vgl. EuGH Urt. v. 24.9.2013 – C-221/11, NVwZ 2013, 1465;
[19] BVerwG Urt. v. 6.11.2014 – 1 C 4.14, BVerwGE 150, 276 = NVwZ 2015, 373.
[20] EuGH Urt. v. 29.3.2017 – C-652/15, NVwZ 2017, 1517 Rn. 51.
[21] EuGH Urt. v.7.8.2018 – Rs. C-123/17, ZAR 2018, 409.
[22] BVerwG Urt. v. 25.6.2019 – 1 C 40/18, BeckRS 2019, 20727.
[23] Vgl. RL 2009/50/EG, ABl. L 155, 17 (Hochqualifizierten-RL).
[24] RL 2014/66/EU ABl. L 157, 1, ber. ABl. L 80, 46 v. 25.3.2017 (ICT-RL).
[25] RL 2003/997EG, ABl. L 16, 44 (Daueraufenthalts-RL).

bildung, Erwerbstätigkeit, familiäre und humanitäre Gründe als Aufenthaltszwecke an. Nach dem in §§ 7 und 8 AufenthG verankerten **Trennungsprinzip**[26] wird der Aufenthaltstitel grundsätzlich jedoch nur für einen **bestimmten Aufenthaltszweck** erteilt. An diesen knüpft das Gesetz unterschiedliche Rechtsfolgen, etwa hinsichtlich der Verlängerung oder der Verfestigung des Aufenthalts. Das hat zur Folge, dass ein Ausländer seine aufenthaltsrechtlichen Ansprüche nur aus den für den jeweiligen Aufenthaltszweck vorgesehenen Rechtsgrundlagen ableiten kann. Damit handelt es sich bei den unterschiedlichen Arten von Aufenthaltserlaubnissen um jeweils eigenständige Regelungsgegenstände, die zueinander im Verhältnis der Anspruchskonkurrenz stehen.[27] Gleiches gilt für die Blaue Karte EU, die ICT-Karte und die Mobiler-ICT-Karte. Während die Erteilung von Niederlassungserlaubnissen nach §§ 18c, 19c Abs. 4 S. 3, 26 Abs. 4, 28 Abs. 3, 31 Abs. 3 und § 35 Abs. 2 AufenthG an bestimmte Aufenthaltszwecke anknüpft, unterliegen die Niederlassungserlaubnis nach § 9 AufenthG und die Erlaubnis zum Daueraufenthalt-EU gemäß § 9a AufenthG keiner Zweckbindung. Im Übrigen folgt aus dem Trennungsprinzip, dass ein Ausländer mehrere Aufenthaltstitel besitzen kann, sofern sein Aufenthalt verschiedenen Zwecken dient und gesetzlich nicht etwas anderes bestimmt ist.[28]

Keine Aufenthaltstitel sind Bescheinigungen über die Fortgeltungsfiktionen des erlaubnisfreien rechtmäßigen Aufenthalts gemäß § 81 Abs. 3 AufenthG oder die Fortgeltung eines Aufenthaltstitels nach § 81 Abs. 4 AufenthG. Die Erlaubnisfiktion berechtigt nicht zur Wiedereinreise[29] nach zwischenzeitlicher Ausreise. Gleiches gilt für die Bescheinigung nach § 84 Abs. 2 S. 2 AufenthG; diese Regelung dient lediglich der Sicherung des Fortbestands einer Erwerbstätigkeit, nicht der Legalisierung des Aufenthalts. Ebenso wenig sind die Aufenthaltsgestattung des Asylbewerbers (§§ 55, 63 AsylG) oder die Duldung (§ 60a AufenthG) Aufenthaltstitel. Die Duldung erlischt mit der Ausreise (§ 60a Abs. 5 S. 1 AufenthG). 14

4. Visum

Das Visum (Sichtvermerk) wird anders als die anderen Aufenthaltstitel vor der Einreise von der (deutschen) Auslandsvertretung erteilt. § 6 AufenthG unterscheidet dabei zwischen Visa, die nach Maßgabe des Visakodexes[30] (Abs. 1 und Abs. 2) erteilt werden und nationalen Visa für längerfristige Aufenthalte im Bundesgebiet (Abs. 3 S. 1). Das Verfahren und die Voraussetzungen für die Erteilung von Visa für die Durchreise durch das Hoheitsgebiet der Mitgliedstaaten, den Flughafentransit oder für geplante Aufenthalte in diesem Gebiet von höchstens 90 Tagen innerhalb eines Zeitraums von 180 Tagen **(Schengen-Visum)** werden umfassend durch den Visakodex (Art. 1 Abs. 1) geregelt.[31] Visa für einen Aufenthalt von mehr als 90 Tagen Dauer sind nationale Visa (Art. 18 SDÜ). Für das nationale Visum, richtet sich die Erteilung nach den für den angestrebten Aufenthaltszweck erforderlichen Aufenthaltstitel geltenden Vorschriften (§ 6 Abs. 3 S. 2 AufenthG). 15

a) Schengen-Visum. Für das **Schengen-Visum oder einheitliche Visum** gilt Art. 2 Abs. 2 lit. a Alt. 2 Visakodex; es erlaubt einen Aufenthalt von höchstens 90 Tagen je Zeitraum von 180 Tagen im gesamten Schengengebiet. Zuständig für die Erteilung ist die im Konsularbereich des rechtmäßigen Wohnsitzes des Antragstellers liegende Auslandsvertretung des Mitgliedstaates, in dessen Hoheitsgebiet das (Haupt-)Reiseziel liegt (Art. 4 Abs. 1, Art. 5 Abs. 1 Visakodex). Das Transitvisum gemäß Art. 2 Abs. 2 lit. a Alt. 1 Visakodex dient lediglich der Durchreise durch das Hoheitsgebiet in einen anderen Dritt- 16

---

[26] BVerwG Urt. v. 4.9.2007 – BVerwG 1 C 43.06, BVerwGE 129, 226 Ls. 3 und Rn. 26; Urt. v. 9.6.2009 – 1 C 11.08, BVerwGE 134, 124 Rn. 13; Urt. v. 26.1.2017 – 1 C 10.16, NVwZ 2017, 1200 Rn. 28 ff.
[27] BVerwG Urt. v. 19.3.2013 – 1 C 12.12, BVerwGE 146, 117, Rn. 21.
[28] BVerwG Beschl. v. 1.4.2014 – 1 B 1.14, BeckRS 2014, 50423.
[29] OVG Berlin-Brandenburg Beschl. v. 28.7.2017 – 11 S 48.17, Rn. 9.
[30] VO (EG) 810/2009, ABl. L 243, 1, ber. ABl. 2013 L 154, 10 und ABl. 2018 L 284, 38.
[31] BVerwG Urt. v. 17.9.2015 – 1 C 37.14, NVwZ 2016, 161 Rn. 11.

staat und wird damit regelmäßig für einen kürzeren Gültigkeitszeitraum befristet. Dagegen berechtigt das Visum für den Flughafentransit nicht zur Einreise, sondern nur zur Durchreise durch die internationalen Transitzonen der Flughäfen (Art. 2 Abs. 4 Visakodex).

17 Der **Visumantrag** muss grundsätzlich persönlich unter Verwendung des gemäß Art. 11 Visakodex vorgesehenen Formulars gestellt werden. Vorzulegen sind ein Reisedokument, das die Voraussetzung des Art. 12 Visakodex erfüllt, ein Lichtbild, Belege über den beabsichtigten Aufenthaltszweck (Art. 14) sowie ein Nachweis über eine ausreichende Reisekrankenversicherung (Art. 15). Sofern erforderlich können gemäß Art. 13 Visakodex von den Antragstellern biometrische Identifikatoren (Lichtbilder und Fingerabdrücke) erhoben werden. Erleichterungen können gemäß Art. 10 Abs. 2, Art. 14 Abs. 6 Visakodex Antragstellern, die zB aufgrund von Voraufenthalten im Schengenraum für ihre Integrität und Zuverlässigkeit bekannt sind (sogenannte Bona-Fide-Antragsteller), gewährt werden.

18 Materiell setzt die Erteilung gemäß Art. 21 Abs. 1 Visakodex ua voraus, dass die **Einreisevoraussetzungen** gemäß Art. 6 Abs. 1 lit. a, c, d und e SGK erfüllt sind. Danach muss ein Drittstaatsangehöriger ua den Zweck und die Umstände des beabsichtigten Aufenthalts belegen, er muss über ausreichende Mittel zur Bestreitung seines Lebensunterhalts für die Dauer seines Aufenthalts und für seine Ausreise verfügen (lit. c), er darf nicht im SIS[32] zur Einreiseverweigerung (**Einreise- und Aufenthaltsverbot**) ausgeschrieben sein (lit. d) und darf keine Gefahr für die öffentliche Ordnung, innere Sicherheit, öffentliche Gesundheit oder die internationalen Beziehungen eines Mitgliedstaates darstellen (lit. e). Jeder Antrag wird anhand des Visa-Informationssystems (VIS) geprüft (Art. 8 Abs. 2, Art. 15 VIS-VO).[33] Bei Staatsangehörigen konsultationspflichtiger Staaten[34], sind die zentralen Behörden der anderen Mitgliedstaaten zu konsultieren (Art. 22 Abs. 2 Visakodex).[35]

19 Bei der Erteilung eines einheitlichen Visums verbleibt der Auslandsvertretung entgegen dem Wortlaut von § 6 Abs. 1 AufenthG **kein Ermessen,** wenn die Erteilungsvoraussetzungen vorliegen und keine Verweigerungsgründe bestehen. Diese hat aber bei der Prüfung insbesondere zu beurteilen, ob beim Antragsteller das Risiko der rechtswidrigen Einwanderung besteht, ob er eine Gefahr für die Mitgliedstaaten darstellt und ob er beabsichtigt, vor Ablauf der Gültigkeit des beantragten Visums das Hoheitsgebiet zu verlassen (Art. 21 Abs. 1 Hs. 2 Visakodex). Nach Art. 23 Abs. 4 lit. c iVm Art. 21 und 32 Abs. 1 lit. b Visakodex wird das Visum ua verweigert, wenn begründete Zweifel an der vom Antragsteller bekundeten Absicht bestehen, das Hoheitsgebiet der Mitgliedstaaten vor Ablauf der Gültigkeit des beantragten Visums zu verlassen.[36]

20 Bei der Prüfung, ob begründete Zweifel an der Rückkehrabsicht des Antragstellers bestehen, hat der EuGH[37] den Auslandsvertretungen der Mitgliedstaaten einen weiten **Beurteilungsspielraum** zugestanden. Dieser bezieht sich sowohl auf die Anwendungsvoraussetzungen von Art. 32 Abs. 1 und Art. 35 Abs. 6 Visakodex als auch auf die Würdigung der einer Visumerteilung entgegenstehender Tatsachen.[38] Der EuGH leitet den weiten Beurteilungsspielraum der Auslandsvertretung aus dem Umstand ab, dass diese einen besonderen Zugang zu den für die Prognoseentscheidung maßgeblichen Bewertungsgrundlagen und vertiefte Kenntnisse über den Wohnsitzstaat habe sowie über die besseren Möglichkeiten zur Überprüfung verschiedener Dokumente und der Aussagen der Antragsteller verfüge.

21 Ist eine **Gefahr für die öffentliche Ordnung** anzunehmen oder kann nicht festgestellt werden, dass der Antragsteller nach der Ausnutzung des beantragten Visums das Hoheitsgebiet verlassen wird, ist das Visum gemäß Art. 32 Abs. 1 Visakodex zu versagen. Unter

---

[32] VO (EG) 1987/2006, ABl. L 381, 4; VO (EU) 2018/1861 v. 28.11.2018, ABl. L 312, 14.
[33] VO (EG) 767/2008, ABl. L 218, 60.
[34] Eine Veröffentlichung der Liste ist gem. Art. 53 Abs. 2 Visakodex vorgesehen.
[35] Vgl. auch *Winkelmann*/Kolber in Bergmann/Dienelt AufenthG § 73 Rn 10 ff.
[36] BVerwG Urt. v. 17.9.2015 – 1 C 37.14, NVwZ 2016, 161 Rn. 15, 18.
[37] EuGH Urt. v. 19.12.2013 – C-84.12, NVwZ 2014, 289.
[38] BVerwG Urt. v. 17.9.2015 – 1 C 37.14, NVwZ 2016, 161 Rn. 18.

den Voraussetzungen des Art. 34 Abs. 1 Visakodex wird ein bereits erteiltes Visum annulliert, wenn sich herausstellt, dass die Voraussetzungen für seine Erteilung zum Ausstellungszeitpunkt nicht erfüllt waren, insbesondere, wenn es ersthafte Gründe für die Annahme gibt, dass das Visum durch arglistige Täuschung erlangt wurde. Sind die Voraussetzungen für die Erteilung eines Visums nachträglich entfallen, wird das Visum gemäß Art. 34 Abs. 2 Visakodex aufgehoben. Denkbar, und zur Ermöglichung der Ausreise und Vermeidung eines unerlaubten Aufenthalts einer Aufhebung vorzuziehen, ist auch die zeitliche Befristung des Visums.[39] Die Entscheidungen sind unter Verwendung eines Formblatts gemäß Anhang VI zu begründen und mit einer Rechtsbehelfsbelehrung zu versehen.

Unter den Voraussetzungen von Art. 33 Visakodex kann das einheitliche Visum bis zu einer maximalen Aufenthaltsdauer von 90 Tagen innerhalb eines Zeitraums von 180 Tagen (vgl. Art. 1 Abs. 1 Visakodex) verlängert werden. Eine weitere Verlängerung kommt nur als **Visum mit räumlich beschränkter Gültigkeit** gemäß Art. 25 Abs. 1 Visakodex in Betracht. **22**

Ein **Visum mit räumlich beschränkter Gültigkeit** kann gemäß Art. 25 Abs. 1 lit. a, i Visakodex erteilt werden, wenn der betreffende Mitgliedstaat es aus humanitären Gründen für erforderlich hält, von den in Art. 6 Abs. 1 lit. a, c, d und e SGK festgelegten Einreisevoraussetzungen abzuweichen. Die Erteilung eines Visums auf der Grundlage von Art. 25 Visakodex kommt nicht in Betracht, wenn der Drittstaatsangehörige beabsichtigt, nach seiner Ankunft im Mitgliedstaat einen Antrag auf internationalen Schutz zu stellen und sich infolge dessen länger als 90 Tage innerhalb eines Zeitraums von 180 Tagen aufzuhalten.[40] Bei dem im Ermessen des Mitgliedstaates stehenden humanitären Visum handelt es sich der Sache nach um ein nationales Visum. Dabei können auch familiäre Bindungen des Antragstellers an berechtigterweise im Bundesgebiet lebende Familienangehörige berücksichtigt werden, wenn die Erteilung eines Schengenvisums nicht in Betracht kommt.[41] **23**

b) Nationales Visum. Für einen Aufenthalt, der nicht Kurzaufenthalt iSd Visakodexes ist oder der der Ausübung einer Erwerbstätigkeit (§ 17 AufenthV) dient, ist grundsätzlich vor der Einreise ein **nationales Visum** (Art. 18 SDÜ) bei einer deutschen Auslandsvertretung (§ 71 Abs. 2 AufenthG) in der Regel im Heimatland des Ausländers einzuholen. Der Antrag bedarf keiner besonderen Form (§ 81 Abs. 1 AufenthG), in der Praxis der Auslandsvertretung werden die Angaben des Antragstellers und erforderliche Belehrungen unter Verwendung eines „Laufzettels" aktenkundig gemacht;[42] der Antragsteller muss die der Auslandsvertretung regelmäßig unbekannten und für sein Visumbegehren günstigen Umstände darlegen und die erforderlichen Nachweise erbringen (§ 82 Abs. 1 AufenthG). **24**

Die Erteilung des Visums richtet sich nach dem für den **angestrebten Aufenthaltszweck** (→ Rn. 142 ff.) erforderlichen Aufenthaltstitel. Neben den besonderen Erteilungsvoraussetzungen sind die Regelerteilungsvoraussetzungen gemäß § 5 Abs. 1 AufenthG (→ Rn. 53 ff.) zu erfüllen. Insbesondere muss ein visierfähiger Reisepass (§ 3 Abs. 1 AufenthG) vorgelegt werden. Eine persönliche Vorsprache ist regelmäßig zur Klärung der Identität des Antragstellers erforderlich, weil nur auf diese Weise die für die Visumerteilung erforderlichen Erkenntnisse (§ 5 Abs. 1 Nr. 1a, § 49 Abs. 5 Nr. 5 AufenthG) gewonnen werden können.[43] Zur Sicherung von im Inland zu erfüllenden Erteilungsvoraussetzungen bedarf die Visumerteilung nach Maßgabe der §§ 31 ff. AufenthV der Zustimmung der örtlichen Ausländerbehörde und im Falle der beabsichtigten Beschäftigung gemäß §§ 39 f. AufenthG der Zustimmung der Bundesagentur für Arbeit. Neben dem Abgleich mit der Visa-Warndatei (§ 72 AufenthG) erfolgen Abfragen des SIS und des AZR – etwa wegen **25**

---

[39] Vgl. *Winkelmann*/Kolber in Bergmann/Dienelt AufenthG § 6 Rn. 74.
[40] EuGH Urt. v. 7.3.2017 – Rs C-638/16, NVwZ 2017, 611.
[41] OVG Berlin-Brandenburg Urt. v. 9.10.2015 – OVG 3 B 5.14, BeckRS 2016, 40396.
[42] Visumhandbuch, Stand Juni 2019, 437, www.auswaertiges-amt.de/DE/EinreiseUndAufenthalt/Visabestimmungen.
[43] Berlin-Brandenburg Beschl. v. 4.9.2017 – OVG 3 M 32.17, Rn. 2.

bestehender Einreise- und Aufenthaltsverbote gemäß § 11 AufenthG. Gemäß § 73 AufenthG findet für die Staatsangehörigen bestimmter konsultationspflichtiger Staaten bzw. Angehörige bestimmter Personengruppen (§ 73 Abs. 4 AufenthG) eine Sicherheitsabfrage bei den zentralen Behörden statt.[44]

26   Das Visum wird grundsätzlich für 90 Tage ausgestellt, es kann aber je nach Aufenthaltszweck insbesondere bei zeitlich eng befristeten Aufenthaltszwecken (zB Sprachkurs gemäß § 16f AufenthG, zur Ausbildungsplatzsuche oder Studienbewerbung gemäß § 17 AufenthG, Arbeitsplatzsuche gemäß § 20 AufenthG) auch für den gesamten angestrebten Aufenthalt mit einer Gültigkeitsdauer von bis zu einem Jahr erteilt werden. Innerhalb der Gültigkeit des Visums muss der Ausländer den **(endgültigen) Aufenthaltstitel** bei der zuständigen Ausländerbehörde am Aufenthaltsort **beantragen**. Wird der Antrag rechtzeitig gestellt, gilt das Visum einschließlich etwaiger Beschränkungen der Erwerbstätigkeit gemäß § 81 Abs. 4 S. 1 AufenthG über die ursprüngliche Gültigkeit hinaus bis zu einer Entscheidung der Ausländerbehörde fort.

27   Das Visum berechtigt den Inhaber gleichzeitig, sich **höchstens 90 Tage innerhalb eines Zeitraums von 180 Tagen** im Hoheitsgebiet der Schengener Vertragsstaaten frei zu bewegen, sofern die in Art. 6 Abs. 1, lit. a, c und e SGK aufgeführten Einreisevoraussetzungen erfüllt sind (vgl. Art. 21 Abs. 2a iVm Abs. 1 SDÜ).

5. Das Visum als zwingende Erteilungsvoraussetzung gemäß § 5 Abs. 2 AufenthG

28   Das nationale Visum dient der Überprüfung der Voraussetzungen eines Anspruchs auf Aufenthalt vor der Einreise. Es ist ein wichtiges **Steuerungselement der Zuwanderung**.[45] Bei einer Einreise ohne Visum entfällt diese Kontroll- und Steuerungsmöglichkeit. Die Kontrolle bleibt außerdem unvollkommen, wenn nicht alle für die Erteilung des Visums erheblichen Tatsachen mitgeteilt und zur Prüfung gestellt werden. Zur Sicherung des Visumzwecks setzt die Erteilung einer Aufenthaltserlaubnis, einer ICT-Karte, einer Niederlassungserlaubnis oder einer Erlaubnis zum Daueraufenthalt-EU daher gemäß § 5 Abs. 2 S. 1 AufenthG voraus, dass der Ausländer mit dem erforderlichen Visum eingereist ist und er die für die Erteilung maßgeblichen Angaben bereits im Visumverfahren gemacht hat. Maßgeblich sind die Angaben, die für den tatsächlich beabsichtigten Aufenthaltszweck relevant sind.

29   Welches Visum als das gemäß § 5 Abs. 2 S. 1 **erforderliche Visum** anzusehen ist, bestimmt sich anders als bei § 14 Abs. 1 Nr. 2 AufenthG nicht nach einer rein formalen Betrachtungsweise, sondern nach dem Aufenthaltszweck, der mit dem im Inland beantragten Aufenthaltstitel verfolgt wird.[46] Deshalb genügt nicht irgendein Visum für die Einreise, sondern nur das für den konkret beabsichtigten Aufenthaltszweck notwendige. Da das Schengen-Visum nur für kurzfristige Zwecke bestimmt ist, bedarf es für längerfristige Aufenthaltszwecke regelmäßig eines nationalen Visums. Positivstaater, die eine Beschäftigung aufnehmen wollen oder einen längerfristigen Aufenthalt anstreben, benötigen ebenfalls ein nationales Visum. Ist der Ausländer ohne oder ohne das für den beabsichtigten Aufenthalt benötigte Visum eingereist, muss er grundsätzlich ausreisen und das Visumverfahren nachholen.

30   Relativiert wird diese strenge Regelung durch die **Befreiungstatbestände des § 39 AufenthV** für die Verlängerung eines Aufenthalts zu längerfristigen Zwecken. Die Befreiungstatbestände sollen allerdings nicht den Versuch honorieren, einen von Anfang an beabsichtigten Daueraufenthalt in Deutschland unter Umgehung der nationalen Visumvorschriften durchzusetzen.[47] Sie knüpfen vielmehr an einen bestimmten rechtmäßigen

---

[44] Vgl. *Winkelmann*/Kolber in Bergmann/Dienelt AufenthG § 73 Rn 10 ff.
[45] BT-Drs. 15/420, 70, stRspr BVerwG Urt. v. 16.11.2010 – 1 C 17.09, BVerwGE 138, 122 = NVwZ 2011, 495 Rn. 19; Urt. v. 10.12.2014 – 1 C 15.14, NVwZ-RR 2015, 313 Rn. 20.
[46] BVerwG Urt. v. 16.11.2010 – 1 C 17.09, BVerwGE 138, 122 = NVwZ 2011, 495; Urt. v. 10.12.2014 – 1 C 15.14, NVwZ-RR 2015, 313 Rn. 13.
[47] BVerwG Urt. v. 11.1.2011 – 1 C 23.09, BVerwGE 138, 353 = NVwZ 2011, 871 Rn. 25 zu § 39 Nr. 3 AufenthV.

oder im Falle der Aufenthaltsgestattung (§ 39 Nr. 4 AufenthV) und der Duldung (§ 39 Nr. 5 AufenthV) rechtlich gebilligten Aufenthalt an, erlauben dessen Verlängerung oder tragen einer nach der letzten Einreise in das Bundesgebiet eingetretenen Veränderung des Aufenthaltszwecks Rechnung.[48]

Positivstaater können ihren visumfreien **Kurzaufenthalt** unter den Voraussetzungen des § 40 AufenthV für weitere 90 Tage verlängern lassen. Die Staatsangehörigen der sogenannten befreundeten Staaten sind gemäß § 41 Abs. 1 S. 1 AufenthV umfassend von der Visumpflicht befreit. Sie können den für einen längerfristigen Aufenthalt erforderlichen Aufenthaltstitel im Inland einholen, müssen dies aber innerhalb von 90 Tagen nach der Einreise beantragen. 31

Gemäß § 5 Abs. 2 S. 2 AufenthG kann zudem im Ermessenswege von dem Erfordernis der ordnungsgemäßen **Durchführung des Visumverfahrens** abgesehen werden, wenn ein Anspruch auf Erteilung des Aufenthaltstitels besteht oder besondere Umstände des Einzelfalls die Unzumutbarkeit einer Ausreise und Nachholung des Visumverfahrens begründen. Das gilt gemäß § 5 Abs. 2 S. 3 AufenthG nicht für die Erteilung einer ICT-Karte, die nicht im Inland beantragt werden kann.[49] 32

Die Voraussetzungen eines Anspruchs auf Erteilung des Aufenthaltstitels (§ 5 Abs. 2 S. 2 Alt. 1 AufenthG) sind ebenso wie im Falle von § 10 Abs. 3 S. 3 AufenthG oder § 39 Nr. 3 AufenthV nur dann gegeben, wenn ein **gesetzlicher Anspruch** gegeben ist. Das heißt, es muss sich um einen strikten Rechtsanspruch handeln, der sich unmittelbar aus dem Gesetz ergibt. Alle zwingenden und regelhaften Tatbestandsvoraussetzungen müssen erfüllt sein, der Ausländerbehörde darf kein Ermessen verbleiben.[50] Zu einem „gesetzlichen Anspruch" führen nicht Regelansprüche oder Ansprüche aufgrund von Sollvorschriften.[51] Aufgrund der besonderen Umstände des Einzelfalls kann auch wegen Unzumutbarkeit (§ 5 Abs. 2 S. 2 Alt. 2 AufenthG) von der Nachholung des Visumverfahrens abgesehen werden. Das kann bei einem unverhältnismäßigen Eingriff in die Rechte aus Art. 6 Abs. 1 und 2 GG und Art. 8 Abs. 1 EMRK der Fall sein.[52] Allein der mit der Nachholung des Visumverfahrens typischerweise verbundene finanzielle und zeitliche Aufwand begründet dagegen keine Unzumutbarkeit, sondern ist als Folge der nicht ordnungsgemäßen Einreise hinzunehmen.[53] 33

Ist einer der beiden Tatbestände des § 5 Abs. 2 S. 2 AufenthG erfüllt, muss die Ausländerbehörde nach **Ermessen** entscheiden, ob von der Möglichkeit, auf die Durchführung des Visumverfahrens zu verzichten, Gebrauch gemacht werden soll. 34

II. Unerlaubte Einreise

Die Einreise ist gemäß § 14 Abs. 1 Nr. 1 und 2 AufenthG **unerlaubt,** wenn der Ausländer nicht in Besitz des gemäß § 4 Abs. 1 AufenthG erforderlichen Aufenthaltstitels ist oder keinen gültigen Reisepass besitzt. „Erforderlich" in diesem Sinne meint indes nur, dass der Ausländer irgendeinen Aufenthaltstitel besitzen muss („formale Betrachtungsweise" Nr. 14.1.2.1.2 AVwV), dabei muss es sich nicht notwendig um das gemäß § 5 Abs. 2 S. 1 AufenthG erforderliche Visum handeln. Die Einreise ist gemäß § 14 Abs. 1 Nr. 3 bzw. Nr. 4 AufenthG ebenfalls unerlaubt, wenn das zur Einreise bestimmte Visum widerrechtlich erlangt und deswegen aufgehoben werden kann oder ein **Einreise- und Aufenthaltsverbot** nach § 11 Abs. 1, 6 oder 7 AufenthG (→ § 7 Rn. 146) besteht. Die 35

---

[48] BVerwG Urt. v. 11.1.2011 – 1 C 23.09, BVerwGE 138, 353 = NVwZ 2011, 871 Rn. 25.
[49] Vgl. Gesetzentwurf der Bundesregierung v. 12.1.2017, BR-Drs. 9/17.
[50] BVerwG Urt. v. 10.12.2014 – 1 C 15.14, NVwZ-RR 2015, 313 Rn. 15; vgl. Urt. v. 12.7.2016 – 1 C 23.15, NVwZ 2016, 1498 Rn. 21 zu § 10 Abs. 1 AufenthG.
[51] Vgl. BVerwG Urt. v. 17.12.2015 – 1 C 31.14, BVerwGE 153, 353 = NVwZ 2016, 458 Rn. 20 zu § 10 Abs. 1 AufenthG.
[52] VGH München Beschl. v. 27.7.2009 – 11 ME 171.09, NVwZ-RR 2010, 206.
[53] OVG Saarlouis Beschl. v. 13.6.2017 – 2 B 344.17, BeckRS 2017, 114315 Rn. 14; vgl. auch BVerfG Beschl. v. 10.5.2008 – 2 BvR 588/08, BVerfGK 13, 562 Rn. 13= InfAuslR 2008, 347.

unerlaubte Einreise ist unter den Voraussetzungen von § 95 Abs. 1 Nr. 3 und Abs. 2 AufenthG strafbar.

1. Zurückweisung an der Grenze

36 Der Ausländer, der unerlaubt einreisen will, wird gemäß § 15 Abs. 1 AufenthG an der Grenze zurückgewiesen. Auch derjenige, der formal erlaubt einreisen will, kann aus den Gründen des § 15 Abs. 2 AufenthG an der Grenze, also vor der Einreise gemäß § 13 Abs. 2 S. 1 AufenthG **zurückgewiesen** werden. Das ist ua der Fall, wenn der begründete Verdacht besteht, dass sein Aufenthalt anderen als den im Visumverfahren oder bei der Einreise angegebenen Zwecken dient (Nr. 2), insbesondere wenn er beabsichtigt, seinen visumfreien kurzfristigen Aufenthalt oder sein Schengenvisum zur Ausübung einer Erwerbstätigkeit zu nutzen (Nr. 2a). Die Zurückweisung kann gemäß § 15 Abs. 2 Nr. 3 AufenthG bzw. muss gemäß Art. 14 SGK erfolgen, wenn zum Zeitpunkt der Einreise die Einreisevoraussetzungen für Drittstaatsangehörige nach Art. 6 SGK nicht (mehr) erfüllt sind,

37 Die Zurückweisung darf nicht erfolgen, wenn **Abschiebungsverbote** gemäß § 60 Abs. 1 bis 3, 5 und 7 AufenthG vorliegen oder der Ausländer einen Antrag auf internationalen Schutz gestellt hat (**Asylantrag** gemäß § 13 AsylG) und sein Aufenthalt gemäß § 55 AsylG gestattet ist (§ 15 Abs. 4 AufenthG).

38 Die Prüfung, ob die Voraussetzung einer Zurückweisung oder Zurückweisungshindernisse vorliegen, setzt eine **polizeiliche Kontrolle** des grenzüberschreitenden Verkehrs voraus. Dieser müssen sich Ausländer bei der Einreise gemäß § 13 Abs. 1 S. 2 AufenthG unterziehen. Der Ausländer, der bei der Grenzbehörde einen Asylantrag stellt, ist gemäß § 18 Abs. 1 AsylG an die zuständige bzw. nächstgelegene Aufnahmeeinrichtung weiterzuleiten, wenn ihm nicht gemäß § 18 Abs. 2 AsylG die Einreise zu verweigern ist (→ § 19 Rn. 337). Zur Sicherung der Zurückweisung soll der Ausländer gemäß § 15 Abs. 5 AufenthG auf richterliche Anordnung in Zurückweisungshaft genommen werden.

2. Verteilung unerlaubt eingereister Ausländer

39 Unerlaubt eingereiste Ausländer, die keinen Asylantrag stellen und nicht sofort abgeschoben werden können, werden gemäß § 15a Abs. 1 AufenthG analog der **Verteilung** von Asylbewerbern auf die Länder verteilt, wenn hiervon nicht wegen eines der in § 15a Abs. 1 S. 6 AufenthG genannten zwingenden Gründe abzusehen ist; ein Ermessen ist nicht eröffnet.[54]

III. Rechtsschutz

40 Gegen die Entscheidung der deutschen Grenzbehörden, Ausländerbehörden und Auslandsvertretungen ist der **Verwaltungsrechtsweg** gemäß § 40 Abs. 1 VwGO eröffnet. Für Schengen-Visa folgt dies aus Art. 35 Abs. 7, Art. 32 Abs. 3 Visakodex. Die auf Einreise in das Bundesgebiet gerichteten Rechtsbehelfe sind vom Ausland aus zu betreiben. Nur ausnahmsweise ist eine vorläufige Einreiseerlaubnis möglich, etwa wenn die in der Einreise liegende Vorwegnahme der Hauptsache zur Abwendung wesentlicher Nachteile oder aus anderen Gründen nötig erscheint; das kann etwa der Fall sein, wenn der Aufenthaltszweck im Verlauf des Hauptsacheverfahrens durch Zeitablauf vereitelt würde[55] (→ Rn. 51).

41 Gegen die Versagung oder Nichterteilung eines beantragten Aufenthaltstitels ist die statthafte Klageart die **Verpflichtungsklage** gemäß § 42 Abs. 1 Alt. 2 VwGO. Ist für die Erteilung oder Verlängerung einer Aufenthaltserlaubnis die inländische Ausländerbehörde zuständig, weil der Ausländer den Aufenthaltstitel gemäß § 39 AufenthV im Inland einholen kann oder dessen Verlängerung begehrt, gelten keine Besonderheiten (→ Rn. 134). Gleiches gilt bei Ablehnung eines Schengen- oder eines nationalen Visums an der Außen-

---

[54] BVerwG Beschl. v. 22.8.2016 – 1 B 44.16;, BeckRS 2016, 51144, Rn. 7.
[55] Vgl. BVerwG Urt. v. 18.4.2013 – 10 C 9/12, BVerwGE 146, 189 = NVwZ 2013, 1344 Rn. 22.

grenze. Die Beschränkung der Anfechtbarkeit gemäß § 83 Abs. 1 AufenthG mag zweckmäßig sein, weil sie den einreisewilligen Ausländer auf das Visumverfahren bei der deutschen Auslandsvertretung verweist, widerspricht aber der Rechtsschutzgarantie aus Art. 19 Abs. 4 GG.[56] Vor Erhebung der Verpflichtungsklage ist gemäß § 68 Abs. 2 VwGO grundsätzlich Widerspruch zu erheben.

Gegen die Ablehnung eines Schengen- oder nationalen Visums durch eine deutsche Auslandsvertretung ist die Verpflichtungsklage gegen die Bundesrepublik Deutschland, vertreten durch das Auswärtige Amt beim Verwaltungsgericht Berlin (§ 52 Nr. 2 S. 4 VwGO)[57] zu erheben. Ein Widerspruchsverfahren findet nicht statt (§ 68 Abs. 1 S. 2 Nr. 1, Abs. 2 VwGO). Das Auswärtige Amt bildet gemäß § 2 GAD mit seinen Auslandsvertretungen eine einheitliche oberste Bundesbehörde. Stattdessen[58] sehen die Verwaltungsvorschriften des Auswärtigen Amtes (Visumhandbuch)[59] die Möglichkeit der **Remonstration** (Gegenvorstellung) bei der Auslandsvertretung vor. Auf Antrag wird das ursprüngliche Visumbegehren unter Würdigung neuer Argumente, Tatsachen und Beweismittel überprüft und neu beschieden. Es soll ein anderer als der Erstentscheider über die Remonstration befinden („Vier-Augen-Prinzip"). Das VwVfG findet für die Tätigkeit der Auslandsvertretungen gemäß § 2 Abs. 3 Nr. 3 VwVfG keine Anwendung. Rechtsanwaltskosten sind nicht gemäß § 80 VwVfG, §§ 72, 73 Abs. 3 S. 3 VwGO erstattungsfähig.[60] Das Remonstrationsverfahren ist gebührenfrei. **42**

Die Remonstration ist keine **Sachurteilsvoraussetzung** der Verpflichtungsklage. Sie ist nur innerhalb der Klagefrist möglich. Diese beträgt bei Versagungsbescheiden, die mit einer ordnungsgemäßen Rechtsbehelfsbelehrung versehen sind, gemäß § 74 Abs. 1 S. 1 VwGO einen Monat. Die Versagung eines Aufenthaltstitels ist gemäß § 77 Abs. 1 S. 2 und 3 AufenthG mit einer Rechtsbehelfsbelehrung zu versehen. Für die Versagung eines Schengen-Visums folgt dies aus Art. 32 Abs. 3 Visakodex. Fehlt es an einer solchen Belehrung, beträgt die Klagefrist gemäß § 74 Abs. 1 S. 2, § 58 Abs. 2 S. 1 VwGO ein Jahr. **43**

Mit der Entscheidung über die Remonstration wird der ursprüngliche Versagungsbescheid aufgehoben. Wird der Visumantrag erneut abgelehnt, so ersetzt der **Remonstrationsbescheid** den ursprünglichen Versagungsbescheid (Zweitbescheid). Der Remonstrationsbescheid ergeht in deutscher Sprache und wird formlos durch Aushändigung oder Übersendung bekanntgegeben. Er eröffnet die Klagemöglichkeit auch dann neu, wenn zwischenzeitlich die ursprüngliche Klagefrist verstrichen ist. **44**

Steht die Entscheidung über den Visumantrag noch aus, kann gemäß § 75 VwGO **Untätigkeitsklage** erhoben werden, wenn die Auslandsvertretung über den Visumantrag ohne zureichenden Grund nicht entschieden hat, obwohl der Antragsteller das seinerseits Erforderliche getan, also insbesondere alle erforderlichen Unterlagen vorgelegt[61] und vorgesprochen[62] hat. Die besondere Belastung einer Auslandsvertretung durch eine unvorhersehbare Vielzahl von Anträgen kann einen zureichenden Grund iSv § 75 S. 3 VwGO darstellen, solange die Überlastung nicht von Dauer ist und somit ein Organisationsdefizit vorliegt, dem die Behörde nicht durch Abhilfemaßnahmen entgegen wirkt.[63] **45**

Neben dem Antragsteller ist der in Deutschland lebende Ehegatte im Hinblick auf Art. 6 GG **klagebefugt.**[64] Beim Kindesnachzug vertreten Eltern in der Regel den Visumkläger, sind aber auch selbst gemäß Art. 6 Abs. 1 und 2 GG klagebefugt. **46**

---

[56] *Sennekamp/Pietsch* in KHM ZuwanderungsR-HdB § 9 Rn. 8 mwN.
[57] Vgl. Bekanntmachung über die Sitzentscheidung der Bundesregierung v. 22.7.1999.
[58] Kritisch *Poschenrieder* NVwZ 2015, 1349.
[59] Vgl. www.auswaertiges-amt.de/DE/EinreiseUndAufenthalt/Visabestimmungen.
[60] Vgl. OVG Berlin Urt. v. 31.1.2003 – 3 B 4.02, InfAuslR 2003, 275; VG Berlin Urt. v. 21.9.2010 – 19 K 265.09, BeckRS 2014, 59059.
[61] OVG Berlin-Brandenburg Beschl. v. 20.1.2014 – OVG 11 B 1.14, BeckRS 2014, 46296.
[62] Berlin-Brandenburg Beschl. v. 4.9.2017 – OVG 3 M 32.17, Rn. 2.
[63] OVG Berlin-Brandenburg Beschl. v. 5.3.2019 – OVG 3 L 76.17, BeckRS 2019, 3180 Rn. 4 mwN; Beschl. v. 2.1.2017 – OVG 3 M 122.16, InfAuslR 2017, 250.
[64] BVerwG Urt. v. 27.8.1996 – 1 C 8.94, BVerwGE 102, 12; *Oestmann* InfAuslR 2008, 17.

47 Bedarf das Visum gemäß § 31 Abs. 1 AufenthV der Zustimmung der örtlichen Ausländerbehörde, ist die sie tragende Körperschaft gemäß § 65 Abs. 2 VwGO **notwendig beizuladen**.[65] Sofern für die Erteilung des Visums die Zustimmung der Bundesagentur für Arbeit erforderlich (§ 39 Abs. 1 und 2 AufenthG) ist, wird diese notwendig beigeladen. Eine einfache Beiladung des Ehegatten kommt gemäß § 65 Abs. 1 VwGO in Betracht, wenn dieser nicht bereits als Kläger auftritt.

48 Das Gericht **ermittelt den Sachverhalt von Amts wegen** (§ 86 Abs. 1, § 96 Abs. 1 VwGO). Dazu werden gemäß § 99 Abs. 1 S. 1 VwGO die bei der Auslandsvertretung und bei den beigeladenen Behörden entstandenen Verwaltungsvorgänge beigezogen. Daneben bleibt der Ausländer gemäß § 82 Abs. 1 S. 1 AufenthG verpflichtet, die für ihn günstigen Umstände darzulegen und gegebenenfalls nachzuweisen. Das Gericht entscheidet auf Grundlage der im Bundesgebiet bekannten und zugänglichen Umstände (§ 79 Abs. 1 S. 1 AufenthG). Bei seiner Entscheidung über die Verpflichtungsklage auf Erteilung eines nationalen Visums überprüft es die Entscheidung der Auslandsvertretung vollumfänglich hinsichtlich des Vorliegens der Anspruchsvoraussetzungen und – sofern die Entscheidung im Ermessen der Auslandsvertretung steht – gemäß § 114 S. 1 VwGO auch auf eine fehlerfreie Ermessensausübung.

49 Da den Auslandsvertretungen bei der Prüfung der Verweigerungsgründe (Art. 32 Visakodex) und der Würdigung der hierfür maßgeblichen Tatsachen ein weiter **Beurteilungsspielraum** zukommt, ist der Umfang der gerichtlichen Prüfung einschränkt.[66] Das bedeutet, dass die gerichtliche Kontrolle auf die Prüfung beschränkt ist, ob die Auslandsvertretung von einem unrichtigen Sachverhalt ausgegangen ist, den anzuwendenden Begriff oder den gesetzlichen Rahmen, in dem sie sich frei bewegen kann, verkannt, allgemeingültige Wertmaßstäbe nicht beachtet, sachfremde Erwägungen angestellt oder gegen Verfahrensvorschriften verstoßen hat.[67] Danach kommt eine gerichtliche Verpflichtung zur Erteilung eines Schengen-Visums regelmäßig nicht in Betracht. Rechts- bzw. beurteilungsfehlerhafte Entscheidungen können lediglich aufgehoben werden, mit der Folge, dass das Auswärtige Amt erneut über den Visumantrag entscheiden muss.[68]

50 Vorläufiger Rechtsschutz im Visumverfahren ist nach Maßgabe von § 123 Abs. 1 S. 2 VwGO zu gewähren. Danach kann das Gericht das Auswärtige Amt im Wege einer **einstweiligen Anordnung** verpflichten, dem Ausländer vorläufig die Einreise in das Bundesgebiet zu gewähren, wenn dies zur Abwendung wesentlicher Nachteile oder aus anderen Gründen dringend notwendig erscheint. Dazu muss der Antragsteller die Voraussetzungen seines Anspruchs auf das begehrte Visum (Anordnungsanspruch) und die besondere Dringlichkeit seiner Einreise (Anordnungsgrund) glaubhaft machen. Die mit einer solchen Verpflichtung zur Erteilung des Visums verbundene Vorwegnahme der Hauptsache[69] kommt allerdings nur in Ausnahmefällen und zwar nur dann in Betracht, wenn ein Obsiegen im Klageverfahren mit hoher Wahrscheinlichkeit zu erwarten ist und im Falle des Abwartens schwere und unzumutbare, anders nicht abwendbare Nachteile entstünden, zu deren nachträglicher Beseitigung die Entscheidung in der Hauptsache nicht mehr in der Lage wäre.[70] Das ist etwa der Fall, wenn ein Anspruch nach § 36 Abs. 1 bzw. § 36a Abs. 1 AufenthG auf Elternnachzug zum unbegleiteten minderjährigen Schutzberechtigten durch das Erreichen der Volljährigkeit des Kindes im Verlauf des Hauptsacheverfahrens vereitelt würde[71]

---

[65] BVerwG Urt. v. 18.9.1984 – 1 A 4.83, BVerwGE 70, 127.
[66] EuGH Urt. v. 19.12.2013 – C-84/12, NVwZ 2014, 289.
[67] BVerwG Urt. v. 17.9.2015 – 1 C 37.14, NVwZ 2016, 161 Rn. 18 ff; zuvor OVG Berlin-Brandenburg Urt. v. 19.11.2014 – OVG 6 B 20.14, BeckRS 2014, 58689.
[68] OVG Berlin-Brandenburg Urt. v. 19.11.2014 – OVG 6 B 20.14, BeckRS 2014, 58689.
[69] Vgl. OVG Berlin-Brandenburg Beschl. v. 13.10.2015 – OVG 2 S 51.15, BeckRS 2015, 53668.
[70] OVG Berlin-Brandenburg Beschl. v. 19.9.2017 – 3 S 52.17, Rn. 3 mwN, BeckRS 2017, 127669; Beschl. v. 28. April 2017 – OVG 3 S 23.17, BeckRS 2017, 109031 Rn. 1 mwN.
[71] VG Berlin Urt. v. 26.8.2019 – VG 38 K 18.19 V, BeckRS 2019, 22456 Rn. 19; BVerwG Urt. v. 18.4.2013 – 10 C 9.12, BVerwGE 146, 189.

und der Aufenthaltszweck noch erreicht werden kann.[72] Dagegen ist allein die voraussichtliche Dauer des Klageverfahrens kein hinreichender Grund, um eine Vorwegnahme der Hauptsache im Wege der einstweiligen Anordnung zu rechtfertigen.[73]

B. Allgemeine Erteilungsvoraussetzungen für einen Aufenthaltstitel

Während die §§ 5, 10 und 11 AufenthG unter anderem allgemeine Erteilungsvoraussetzungen und Versagungsgründe regeln, sind in den §§ 6 bis 9c AufenthG Einzelheiten zu Erteilung und Verlängerung eines Teiles der in § 4 Abs. 1 S. 2 AufenthG aufgeführten Aufenthaltstitel normiert. § 12 und § 12a AufenthG beschließen den Abschnitt 1 des mit „Einreise und Aufenthalt im Bundesgebiet" überschriebenen Kapitels 2 des Aufenthaltsgesetzes mit Regelungen unter anderem zum Geltungsbereich der Aufenthaltstitel, zu Nebenbestimmungen und zur Wohnsitzregelung. 51

I. Allgemeine Erteilungsvoraussetzungen gemäß § 5 AufenthG

§ 5 AufenthG ist mit „Allgemeine Erteilungsvoraussetzungen" überschrieben. Die Überschrift erfasst den Inhalt der Norm nur noch unvollständig. § 5 Abs. 1 AufenthG normiert Regelerteilungsvoraussetzungen, die grundsätzlich bei der Erteilung wie auch – gemäß § 8 Abs. 1 AufenthG – bei der Verlängerung eines jeden konstitutiven nationalen Aufenthaltstitels zu prüfen sind. § 5 Abs. 2 AufenthG regelt grundsätzlich zwingende Erteilungsvoraussetzungen, die im Gegensatz zu § 5 Abs. 1 AufenthG indes nur bei der erstmaligen Erteilung eines Aufenthaltstitels erfüllt sein müssen. § 5 Abs. 3 AufenthG bestimmt, in welchen Fallgestaltungen von den allgemeinen Erteilungsvoraussetzungen des § 5 Abs. 1 und/oder Abs. 2 AufenthG abzusehen ist oder abgesehen werden kann. § 5 Abs. 4 AufenthG statuiert keine Erteilungsvoraussetzung, sondern einen zwingenden Versagungsgrund. 52

1. Regelerteilungsvoraussetzungen des § 5 Abs. 1 AufenthG

In § 5 Abs. 1 AufenthG sind diejenigen allgemeinen Erteilungsvoraussetzungen gleichsam „vor die Klammer gezogen", deren Erfüllung der Gesetzgeber titelübergreifend besondere Bedeutung beimisst. Die Regelerteilungsvoraussetzungen müssen grundsätzlich im Falle der Erteilung, der Neuerteilung wie auch der Verlängerung eines konstitutiven nationalen Aufenthaltstitels erfüllt sein,[74] sofern nicht das Aufenthaltsgesetz, sei es in § 5 Abs. 3 AufenthG, sei es in den Abschnitten 3 bis 7 des Kapitels 2 (vgl. § 25b Abs. 1 S. 1, § 27 Abs. 3 S. 2, § 28 Abs. 1 S. 2 bis 4, § 29 Abs. 2 S. 1, Abs. 4 S. 1, § 30 Abs. 3, § 33 S. 1, § 34 Abs. 1, § 36 Abs. 1, § 38 Abs. 3, § 104b AufenthG), ein Abweichen von einzelnen in § 5 Abs. 1 AufenthG bezeichneten Regelerteilungsvoraussetzungen ausdrücklich vorsieht. Die Darlegungs- und Feststellungslast hinsichtlich des Vorliegens dieser Voraussetzungen trägt der Ausländer. 53

Bei den in § 5 Abs. 1 AufenthG normierten Anforderungen handelt es sich nicht um zwingende, sondern um Regelerteilungsvoraussetzungen. Die Wörter **„in der Regel"** nehmen Regelfälle in Bezug, die sich nicht durch besondere Umstände von einer Vielzahl gleichliegender Fälle unterscheiden. Demgegenüber ist die **Ausnahme** von der Regel 54

---

[72] Vgl. OVG Berlin-Brandenburg Beschl. v. 8.2.2017 – OVG 3 S 8.17, hier wegen der nur noch wenige Tage währenden Minderjährigkeit des unbegleiteten Minderjährigen verneint; vgl. aber für den Fall des unbegleiteten minderjährigen Flüchtlings EuGH Urt. v. 12.4.2018 – C-550/16, BeckRS 2018, 5023; OVG Berlin-Brandenburg Beschl. v. 19.12.2018 – OVG 3 S 98.18, NVwZ-RR 2019, 437.
[73] OVG Berlin-Brandenburg Beschl. v. 15.12.2016 – OVG 3 S 100.16, BeckRS 2016 110602; stRspr VG Berlin: vgl. Beschl. v. 21.6.2011 – 1 L 150.11 V; Beschl. v. 21.10.2013 – 29 L 228.13 V; Beschl. v. 9.7.2014 – 3 L 410.14 V.
[74] Vgl. BVerwG Urt. v. 16.8.2011 – 1 C 12.10, NVwZ-RR 2012, 330 Rn. 13.

durch einen atypischen Geschehensablauf geprägt, der so bedeutsam ist, dass er das sonst ausschlaggebende Gewicht des gesetzlichen Regelversagungsgrundes beseitigt.[75] Die Regelerteilungsvoraussetzungen müssen daher regelmäßig erfüllt sein, es sei denn, verfassungs-, unions- oder völkerrechtliche Gewährleistungen oder atypische Umstände des Einzelfalles beseitigen das sonst ausschlaggebende Gewicht der gesetzlichen Regel. Die Abgrenzung ist anhand einer wertenden Betrachtung aller Umstände des Einzelfalls bezogen auf den maßgeblichen Beurteilungszeitpunkt vorzunehmen. Im Falle eines verwaltungsgerichtlichen Verfahrens ist insoweit auf den Zeitpunkt der letzten mündlichen Verhandlung in der Tatsacheninstanz oder – in Ermangelung einer solchen – denjenigen der letzten Entscheidung des Tatsachengerichts abzuheben. Die Abgrenzung unterliegt keinem Einschätzungsspielraum der Ausländerbehörde, sondern ist gerichtlich uneingeschränkt überprüfbar.[76] Je höher das Gewicht ist, das der Gesetzgeber der Erteilungsvoraussetzung beimisst, desto bedeutsamer müssen diejenigen Umstände sein, derer es bedarf, um das Gewicht der gesetzgeberischen Entscheidung zurücktreten zu lassen.

55 Liegt ein Regelfall vor und ist die Regelerteilungsvoraussetzung nicht erfüllt, so ist der Antrag auf Erteilung eines Aufenthaltstitels vorbehaltlich einer gesetzlichen Sonderregelung abzulehnen. Liegt hingegen eine beachtliche Ausnahme von der Regel vor, so darf dem Ausländer jedenfalls bei einem gesetzlichen Anspruch auf Erteilung eines Aufenthaltstitels die fehlende Erfüllung der Regelerteilungsvoraussetzung nicht entgegengehalten werden.[77]

56 **a) Sicherung des Lebensunterhalts gemäß § 5 Abs. 1 Nr. 1 AufenthG.** Die Erteilung eines Aufenthaltstitels setzt gemäß § 5 Abs. 1 Nr. 1 AufenthG in der Regel voraus, dass der Lebensunterhalt gesichert ist. Das Erfordernis der Lebensunterhaltssicherung ist eine Erteilungsvoraussetzung von grundlegendem staatlichem Interesse,[78] da es der Verhinderung der Inanspruchnahme öffentlicher Mittel zu dienen bestimmt ist.[79]

57 Der Lebensunterhalt eines Ausländers ist gemäß § 2 Abs. 3 S. 1 AufenthG gesichert, wenn er ihn einschließlich ausreichenden Krankenversicherungsschutzes ohne Inanspruchnahme öffentlicher Mittel bestreiten kann. Dies bedingt die positive **Prognose,** dass der Ausländer den maßgeblichen Lebensunterhalt ohne Inanspruchnahme anderer öffentlicher Mittel zu sichern vermag. Dies ist der Fall, wenn die ihm nachhaltig zur Verfügung stehenden finanziellen Mittel den voraussichtlichen Unterhaltsbedarf während der Geltungsdauer des beantragten Aufenthaltstitels decken. Unerheblich ist, woher die dem Ausländer zur Deckung des Lebensunterhalts einzusetzenden Mittel für den Lebensunterhalt stammen, sofern sie rechtmäßig erworben wurden und ihm für die Dauer des angestrebten Aufenthalts verlässlich zur Verfügung stehen. Im Falle der Deckung des Lebensunterhalts durch Erwerbseinkommen ist die Prognose, ob ohne unvorhergesehene Ereignisse in Zukunft gewährleistet erscheint, dass der Ausländer den Lebensunterhalt dauerhaft ohne Inanspruchnahme öffentlicher Mittel aufbringen kann, nicht allein auf der Grundlage einer punktuellen Betrachtung des jeweils aktuellen Beschäftigungsverhältnisses, sondern darüber hinaus unter Einbeziehung der bisherigen Erwerbsbiographie zu stellen.[80]

58 Bei erwerbsfähigen Ausländern bestimmen sich die zur Verfügung stehenden finanziellen Mittel und der Unterhaltsbedarf grundsätzlich nach den entsprechenden Bestimmungen des

---

[75] BVerwG Urt. v. 29.7.1993 – 1 C 25.93, BVerwGE 94, 35, 43 f.
[76] BVerwG Urt. v. 30.4.2009 – 1 C 3.08, NVwZ 2009, 1239 Rn. 14; Urt. v. 13.6.2013 – 10 C 16.12, NVwZ 2013, 1493 Rn. 16 mwN.
[77] BVerwG Urt. v. 30.4.2009 – 1 C 3.08, NVwZ 1239 Rn. 15.
[78] BVerwG Urt. v. 30.4.2009 – 1 C 3.08, NVwZ 2009, 1239 Rn. 11; Urt. v. 13.6.2013 – 10 C 16.12, NVwZ 2013, 1493 Rn. 30.
[79] BT-Drs. 15/420, 70.
[80] OVG Münster Beschl. v. 4.12.2007 – 17 E 47/07, BeckRS 2008, 30011; OVG Magdeburg Beschl. v. 27.11.2014 – 2 M 98/14, BeckRS 2015, 40802; OVG Berlin-Brandenburg Beschl. v. 16.1.2017 – OVG 11 N 146.16, BeckRS 2017, 100507 Rn. 4; VGH München Beschl. v. 8.2.2017 – 10 ZB 16.850, BeckRS 2017, 102468 Rn. 13.

Zweiten Buchs des Sozialgesetzbuchs.[81] Dies gilt unabhängig davon, ob Leistungen tatsächlich in Anspruch genommen werden, da es nach dem gesetzlichen Regelungsmodell allein auf das Bestehen eines entsprechenden Hilfeanspruchs ankommt.[82] Abzustellen ist danach grundsätzlich nicht allein auf den Ausländer selbst, sondern zugleich auf die Personen, die mit ihm in einer **Bedarfsgemeinschaft** nach § 9 Abs. 1 und 2 iVm § 7 Abs. 3 SGB II[83] leben. Zu diesen zählen insbesondere der mit ihm in familiärer Gemeinschaft lebende Ehepartner und die unverheirateten Kinder bis zum 25. Lebensjahr. Zu decken ist der gesamte Bedarf der Bedarfsgemeinschaft.[84] Insoweit verbietet sich eine isolierte Betrachtung des Hilfebedarfs für jedes Einzelmitglied der Bedarfsgemeinschaft. Somit genügt es regelmäßig nicht, dass der Ausländer mit seinen Einkünften bei isolierter Betrachtung zwar seinen eigenen Bedarf sicherzustellen vermag, die mit ihm in einer Bedarfsgemeinschaft lebenden Personen aber auf öffentliche Sozialhilfeleistungen angewiesen sind. In einem solchen Fall gilt gemäß § 9 Abs. 2 S. 3 SGB II jede Person im Verhältnis des eigenen Bedarfs zum Gesamtbedarf als hilfebedürftig.[85] Einer besonderen Betrachtung bedürfen Konstellationen einer gemischten Bedarfsgemeinschaft, in der ein Mitglied derselben keine Leistungen nach dem Zweiten Buch des Sozialgesetzbuchs erhalten kann.[86] Als Einkommen zu berücksichtigen sind gemäß § 11 Abs. 1 S. 1 SGB II Einnahmen in Geld abzüglich der nach § 11b SGB II abzusetzenden Beträge mit Ausnahme der in § 11a SGB II genannten Einnahmen. Im Anwendungsbereich der Richtlinien 2003/86/EG und 2003/109/EG bedarf der Begriff der Lebensunterhaltssicherung sowohl auf der Einkommens- als auch auf der Bedarfsseite der Anpassung an das vorrangige Unionsrecht.[87] Bei nichterwerbsfähigen Ausländern beurteilt sich die Sicherung des Lebensunterhalts nach den – gegebenenfalls nach Maßgabe des Unionsrechts modifizierten – Maßstäben des Zwölften Buches des Sozialgesetzbuches.[88]

Nicht als Inanspruchnahme öffentlicher Mittel gilt nach § 2 Abs. 3 S. 2 AufenthG 59 der Bezug von 1. Kindergeld, 2. Kinderzuschlag,[89] 3. Erziehungsgeld, 4. Elterngeld, 5. Leistungen der Ausbildungsförderung nach dem Dritten Buch Sozialgesetzbuch, dem Bundesausbildungsförderungsgesetz und dem Aufstiegsfortbildungsförderungsgesetz, 6. öffentlichen Mitteln, die auf Beitragsleistungen beruhen oder die gewährt werden, um den Aufenthalt im Bundesgebiet zu ermöglichen und 7. Leistungen nach dem Unterhaltsvorschussgesetz. Diese Leistungen sind im Falle ihres Bezuges Teil des Einkommens des Ausländers.[90]

---

[81] BVerwG Urt. v. 26.8.2008 – 1 C 32.07, BVerwGE 131, 370 Rn. 19; Urt. v. 7.4.2009 – 1 C 17.08, BVerwGE 133, 329 Rn. 29; Urt. v. 16.11.2010 – 1 C 21.09, BVerwGE 138, 148 Rn. 15; Urt. v. 16.8.2011 – 1 C 4.10, NVwZ-RR 2012, 333 Rn. 14.
[82] BVerwG Urt. v. 26.8.2008 – 1 C 32.07, BVerwGE 131, 370 Rn. 19 ff.; Urt. v. 29.11.2012 – 10 C 4.12, BVerwGE 145, 153 Rn. 25.
[83] Vgl. zur Bedarfsgemeinschaft auch BVerfG Beschl. v. 27.7.2016 – 1 BvR 371/11, NJW 2016, 374.
[84] BVerwG Urt. v. 16.11.2010 – 1 C 20.09, BVerwGE 138, 135 Rn. 20.
[85] BVerwG Urt. v. 16.11.2010 – 1 C 21.09, BVerwGE 138, 148 Rn. 16 ff.; Urt. v. 16.11.2010 – 1 C 20.09, BVerwGE 138, 135 Rn. 21 ff.
[86] Vgl. im Zusammenhang mit § 2 Abs. 3 S. 5 AufenthG OVG Lüneburg Beschl. v. 25.4.2018 – 8 ME 13/18, BeckRS 2018, 7919 Rn. 23 unter Verweis auf BSG Urt. v. 15.4.2008 – B 14/7b AS 58/06 R, BeckRS 2008, 56387 Rn. 47.
[87] Vgl. insoweit zur Abzugsfähigkeit des Freibetrages bei Erwerbstätigkeit gem. § 11b Abs. 1 S. 1 Nr. 6 iVm Abs. 3 SGB II und der Werbungskostenpauschale nach § 11b Abs. 2 S. 1 SGB II im Allgemeinen BVerwG Urt. v. 26.8.2008 – 1 C 32.07, BVerwGE 131, 370 Rn. 19 ff.; Urt. v. 16.11.2010 – 1 C 21.09, BVerwGE 138, 148 Rn. 20, sowie im Anwendungsbereich des Art. 7 Abs. 1 lit. c RL 2003/86/EG BVerwG Urt. v. 16.11.2010 – 1 C 20.09, BVerwGE 138, 135 Rn. 33 f.; Urt. v. 29.11.2012 – 10 C 4.12, BVerwGE 145, 153 Rn. 31 ff., und des Art. 15 Abs. 2 lit. a RL 2003/109/EG VG Hannover Beschl. v. 27.3.2017 – 12 B 472/17, BeckRS 2017, 107086 Rn. 31 ff.
[88] BVerwG Urt. v. 18.4.2013 – 10 C 10.12, BVerwGE 146, 198 Rn. 13.
[89] Vgl. zum Kinderzuschlag nach § 6a BKGG BVerwG Urt. v. 16.11.2010 – 1 C 20.09, BVerwGE 138, 135 Rn. 35; Urt. v. 16.11.2010 – 1 C 21.09, BVerwGE 138, 148 Rn. 22.
[90] VGH Kassel Beschl. v. 24.11.2016 – 3 B 2556/16 U, 3 D 2558/16, BeckRS 2016, 110638 Rn. 21. Vgl. zur Unschädlichkeit des Bezuges von Wohngeld BVerwG Urt. v. 29.11.2012 – 10 C 4.12, BVerwGE 145, 153 Rn. 29.

60 Ist der Ausländer in einer gesetzlichen Krankenversicherung krankenversichert, hat er gemäß § 2 Abs. 3 S. 3 AufenthG ausreichenden **Krankenversicherungsschutz**.[91]

61 Bei der Erteilung oder Verlängerung einer Aufenthaltserlaubnis zum Familiennachzug werden Beiträge der Familienangehörigen zum **Haushaltseinkommen** nach § 2 Abs. 3 S. 4 AufenthG berücksichtigt. Die Norm dient der Begünstigung auch derjenigen Ausländer, deren Lebensunterhalt nicht durch eigene Erwerbstätigkeit gesichert ist.[92]

62 Der Lebensunterhalt gilt gemäß § 2 Abs. 3 S. 5 AufenthG für die Erteilung einer Aufenthaltserlaubnis nach den §§ 16a bis 16c, 16e sowie 16f AufenthG mit Ausnahme der Teilnehmer an Sprachkursen, die nicht der Studienvorbereitung dienen, als gesichert, wenn der Ausländer über monatliche Mittel in Höhe des nach den §§ 13 und 13a Abs. 1 BAföG zu bestimmenden monatlichen Bedarfs verfügt. § 2 Abs. 3 S. 5 AufenthG ermöglicht mit dem Ziel der Verwaltungsvereinfachung die Bestimmung des Bedarfs der Adressaten der bezeichneten Anspruchsgrundlagen durch die pauschalierende Anknüpfung an ausbildungsförderungsrechtliche Richtwerte. Nach § 2 Abs. 3 S. 6 AufenthG gilt der Lebensunterhalt für die Erteilung einer Aufenthaltserlaubnis nach den §§ 16d, 16f Abs. 1 AufenthG für Teilnehmer an Sprachkursen, die nicht der Studienvorbereitung dienen, sowie nach § 17 AufenthG als gesichert, wenn Mittel entsprechend § 2 Abs. 3 S. 5 AufenthG zuzüglich eines Aufschlages um 10 Prozent zur Verfügung stehen. Die individuelle Prüfung der Sicherung des Lebensunterhalts eines von § 2 Abs. 3 S. 5 und 6 AufenthG erfassten Ausländers bleibt unberührt, so dass der Lebensunterhalt auch bei einer Unterschreitung der jeweils maßgeblichen Einkommensschwelle aufgrund eines im Einzelfall geringeren sozialhilferechtlichen Bedarfs als gesichert anzusehen sein kann.[93]

63 Ist der Lebensunterhalt nicht gesichert und liegt kein Ausnahmefall vor, widerstreitet § 5 Abs. 1 Nr. 1 AufenthG der Erteilung eines Aufenthaltstitels mit der Folge, dass der Aufenthaltstitel vorbehaltlich einer gesetzlichen Sonderregelung zwingend abzulehnen ist. Ist der Lebensunterhalt zwar nicht gesichert, liegt jedoch ein Ausnahmefall vor, kann dem Ausländer jedenfalls bei einem gesetzlichen Anspruch auf Erteilung des begehrten Aufenthaltstitels die fehlende Unterhaltssicherung nicht entgegengehalten werden.[94] Die Prüfung des Vorliegens einer **Ausnahme** von dem Regelerfordernis der Sicherstellung des Lebensunterhalts gebietet eine umfassende Abwägung des öffentlichen Interesses an der Verhinderung einer Belastung der öffentlichen Kassen mit den gegenläufigen privaten Belangen des Ausländers und der mit ihm in einer Bedarfsgemeinschaft lebenden Personen. Bei der Gewichtung der betroffenen Belange sind die in Art. 6 Abs. 1 GG, Art. 8 EMRK und Art. 7 GRCh enthaltenen Wertentscheidungen zugunsten der Familie zu berücksichtigen.[95] Von besonderer Bedeutung ist in diesem Zusammenhang, ob eine familiäre Lebensgemeinschaft nur im Bundesgebiet verwirklicht werden kann. Ist einem Mitglied der aus Eltern und ihren minderjährigen Kindern gebildeten Kernfamilie ein Aufenthalt im Ausland zur Fortführung der Lebensgemeinschaft nicht möglich oder zumutbar, so ist dem Interesse der Familie, die Lebensgemeinschaft im Bundesgebiet zu führen, besonderes Gewicht beizumessen.[96]

64 **b) Klärung der Identität und der Staatsangehörigkeit gemäß § 5 Abs. 1 Nr. 1a AufenthG.** Gemäß § 5 Abs. 1 Nr. 1a AufenthG setzt die Erteilung eines Aufenthaltstitels in der Regel voraus, dass die Identität und, falls er nicht zur Rückkehr in einen anderen Staat berechtigt ist, die Staatsangehörigkeit des Ausländers geklärt ist. Mit § 5 Abs. 1 Nr. 1a

---

[91] BVerwG Urt. v. 18.4.2013 – 10 C 10.12, BVerwGE 146, 198 Rn. 14 ff., dem zufolge auch das Innehaben einer Mitgliedschaft in der gesetzlichen Krankenversicherung vergleichbaren privaten Versicherungsschutzes einen ausreichenden Krankenversicherungsschutz vermittelt.
[92] VG Darmstadt Urt. v. 8.11.2007 – 5 E 1378/06 (3), juris Rn. 22.
[93] BT-Drs. 19/8285, 85.
[94] BVerwG Urt. v. 30.4.2009 – 1 C 3.08, NVwZ 2009, 1239 Rn. 15.
[95] BVerwG Urt. v. 16.11.2010 – 1 C 20.09, BVerwGE 138, 135 Rn. 31.
[96] BVerwG Urt. v. 26.8.2008 – 1 C 32.07, BVerwGE 131, 370 Rn. 27; Urt. v. 13.6.2013 – 10 C 16/12, NVwZ 2013, 1493 Rn. 21 und 30.

AufenthG im Zusammenhang steht § 49 AufenthG, der die dem Vollzug des Aufenthaltsgesetzes betrauten Behörden zu Maßnahmen zur Überprüfung, Feststellung und Sicherung der Identität ermächtigt und dem Ausländer Mitwirkungs- und Duldungspflichten auferlegt. § 5 Abs. 1 Nr. 1a AufenthG zeugt von dem Gewicht, welches der Gesetzgeber dem insbesondere sicherheitspolitisch motivierten öffentlichen Interesse an der Klärung der Identität und Staatsangehörigkeit vor der Legalisierung des Aufenthalts eines Ausländers beimisst.[97] Insoweit geht die Norm über die bloße Sicherstellung der Rückkehrberechtigung hinaus[98] und kommt ihr neben der Regelerteilungsvoraussetzung der Erfüllung der Passpflicht nach § 5 Abs. 1 Nr. 4 AufenthG eine eigenständige Bedeutung zu.

Die Klärung der **Identität** des Ausländers setzt voraus, dass personenbezogene Daten **65** einer natürlichen Person zugeordnet werden können[99] und die überprüfende Behörde die Überzeugung gewinnt, dass der Ausländer diejenige Person ist, für die er sich ausgibt.[100] Identität und Staatsangehörigkeit sind in der Regel durch den Besitz eines gültigen Passes nachgewiesen. Die Erfüllung des Merkmals ist indes nicht allein auf diese Art und Weise möglich. Identität und Staatsangehörigkeit können auch durch andere amtliche Urkunden nachgewiesen werden, sofern Gegenstand der Überprüfung in dem Urkundenausstellungsverfahren auch die Richtigkeit der Verbindung von Person und Name ist.[101] Eine nachträgliche Klärung der Identität entfaltet in Bezug auf die Regelerteilungsvoraussetzung des § 5 Abs. 1 Nr. 1a AufenthG keine Rückwirkung.[102] Neben der Klärung der Identität gebietet die Norm regelmäßig auch die Klärung der Staatsangehörigkeit des Ausländers. Ist der Ausländer im Besitz eines gültigen Nationalpasses, so ist in der Regel von der Klärung der **Staatsangehörigkeit** auszugehen. Auf Staatenlose findet § 5 Abs. 1 Nr. 1a AufenthG, soweit es die Klärung der Staatsangehörigkeit betrifft, keine Anwendung.[103] Die Darlegungs- und Feststellungslast trifft den Ausländer.

Die Annahme einer **Ausnahme** von dem Gebot der Klärung der Identität und Staats- **66** angehörigkeit kommt in Betracht, wenn sich Identität und Staatsangehörigkeit des Ausländers trotz uneingeschränkter Erfüllung der Mitwirkungspflicht nach § 82 Abs. 1 S. 1 AufenthG ob der Verhältnisse im Heimatstaat nicht klären lassen.

c) Nichtbestehen eines Ausweisungsinteresses gemäß § 5 Abs. 1 Nr. 2 AufenthG. 67 Gemäß § 5 Abs. 1 Nr. 2 AufenthG setzt die Erteilung eines Aufenthaltstitels in der Regel voraus, dass kein **Ausweisungsinteresse** besteht. Die Regelung findet Anwendung, soweit nicht Sonderregelungen wie etwa § 9 Abs. 2 S. 1 Nr. 4,[104] § 9a Abs. 2 S. 1 Nr. 5 oder § 28 Abs. 2 S. 1[105] AufenthG verdrängende Wirkungen beizumessen sind. Für das Vorliegen eines Ausweisungsinteresses ist es nicht erheblich, ob der Ausländer tatsächlich ausgewiesen werden könnte.[106] Ein Ausweisungsinteresse besteht, wenn gleichsam abstrakt einer der in § 54 Abs. 1 und 2 AufenthG aufgeführten Tatbestände oder ein sonstiges von § 53 Abs. 1 AufenthG erfasstes erhebliches öffentliches Interesse an der Ausreise des Ausländers objektiv erfüllt ist. Eine allgemeine Abwägung, ob dieses Ausweisungsinteresse das private Interesse des Ausländers an einem weiteren Verbleib im Bundesgebiet überwiegt, findet im Rahmen der Prüfung des Vorliegens eines Regelfalls iSd § 5 Abs. 1 Nr. 2

---

[97] BT-Drs. 15/955, 7; vgl. auch BVerwG Beschl. v. 7.5.2013 – 1 B 2.13, BeckRS 2013, 51300 Rn. 4; Urt. v. 14.5.2013 – 1 C 17.12, BVerwGE 146, 281 Rn. 24.
[98] VG Berlin Urt. v. 16.8.2013 – VG 4 K 26.12 V, BeckRS 2013, 57057.
[99] OVG Lüneburg Urt. v. 19.3.2012 – 8 LB 5/11, juris Rn. 82; VGH Mannheim Urt. v. 30.7.2014 – 11 S 2450/13, EZAR NF 28 Nr. 55, 4.
[100] BVerwG Urt. v. 1.9.2011 – 5 C 27.10, BVerwGE 140, 311 Rn. 12 = NVwZ 2012, 707 Rn. 12; VG Berlin Urt. v. 20.5.2005 – VG 28 V 14.04, BeckRS 2013, 57057; VG Stuttgart Urt. v. 2.6.2005 – 12 K 1791/04, BeckRS 2005, 27334.
[101] VG Berlin Urt. v. 20.5.2005 – 28 V 14.04, juris Rn. 17.
[102] BVerwG Beschl. v. 6.3.2014 – 1 B 17.13, BeckRS 2014, 49307 Rn. 8.
[103] OVG Berlin-Brandenburg Urt. v. 1.11.2012 – OVG 2 B 13.11, BeckRS 2012, 60069.
[104] BVerwG Urt. v. 16.11.2010 – 1 C 21.09, BVerwGE 138, 148 Rn. 13.
[105] BVerwG Urt. v. 16.8.2011 – 1 C 12.10, NVwZ-RR 2012, 330 Rn. 13.
[106] OVG Lüneburg Beschl. v. 4.9.2019 – 13 LA 146/19, BeckRS 2019, 21283 Rn. 13.

AufenthG nicht statt.[107] Das Ausweisungsinteresse muss im maßgeblichen Beurteilungszeitpunkt fortbestehen. Eine Gefährdung der öffentlichen Sicherheit oder Ordnung durch den Aufenthalt des Ausländers im Bundesgebiet muss daher auch noch im Zeitpunkt der letzten mündlichen Verhandlung in der Tatsacheninstanz oder – in Ermangelung einer solchen – der letzten Entscheidung des Tatsachengerichts anzunehmen sein.[108] Das Ausweisungsinteresse kann sowohl **spezialpräventiv** als auch **generalpräventiv** begründet sein. Für die im Rahmen tatrichterlicher Prognose festzustellende Wiederholungsgefahr ist auch im Kontext des § 5 Abs. 1 Nr. 2 AufenthG von einem differenzierenden, mit zunehmendem Ausmaß des möglichen Schadens abgesenkten Grad der Wahrscheinlichkeit des Schadenseintritts auszugehen. Je gewichtiger das Ausweisungsinteresse ist, desto geringer sind die Anforderungen an die Annahme einer Gefährdung der öffentlichen Sicherheit oder Ordnung.[109] Wie sich insbesondere aus der Gesetzessystematik und der Entstehungsgeschichte der §§ 53 ff. AufenthG[110] ergibt, können auch allein generalpräventive Gründe ein Ausweisungsinteresse begründen,[111] sofern ein solches noch als aktuell angesehen werden kann. Für generalpräventive Ausweisungsinteressen, die an ein strafbares Verhalten anknüpfen, bieten die strafrechtlichen Verjährungsfristen der §§ 78 ff. StGB einen geeigneten Rahmen zur Konkretisierung. Danach bildet die einfache Verjährungsfrist des § 78 Abs. 3 StGB, deren Dauer sich nach der verwirklichten Tat richtet und die mit Beendigung der Tat zu laufen beginnt, eine untere Grenze. Die obere Grenze orientiert sich regelmäßig an der absoluten Verjährungsfrist des § 78c Abs. 3 S. 2 StGB, die regelmäßig das Doppelte der einfachen Verjährungsfrist beträgt. Innerhalb dieses Zeitrahmens ist der Fortbestand des Ausweisungsinteresses anhand generalpräventiver Erwägungen zu ermitteln. Bei abgeurteilten Straftaten bilden die Tilgungsfristen des § 46 BZRG zudem eine absolute Obergrenze.[112] Ist danach die Eintragung über eine Verurteilung im Bundeszentralregister getilgt worden oder ist sie zu tilgen, so dürfen die Tat und die Verurteilung dem Betroffenen nach § 51 Abs. 1 BZRG – vorbehaltlich der in § 52 BZRG aufgeführten Ausnahmetatbestände – nicht mehr vorgehalten und nicht zu seinem Nachteil verwertet werden. Dessen ungeachtet darf das Ausweisungsinteresse noch nicht verbraucht sein. Ein Verbrauch kann unter dem Gesichtspunkt des Vertrauensschutzes anzunehmen sein, wenn die Ausländerbehörde dem Ausländer in Kenntnis des Ausweisungsinteresses, ohne ihn zu verwarnen, einen Aufenthaltstitel erteilt.

68 Erst im Rahmen der Prüfung des Vorliegens eines **Ausnahme**falles ist in den Blick zu nehmen, ob ein besonders schwerwiegendes oder ein schwerwiegendes Bleibeinteresse des Ausländers iSd § 55 AufenthG, atypische Umstände des Einzelfalles iSd § 53 Abs. 2 AufenthG oder unions-, verfassungs- oder konventionsrechtliche Wertentscheidungen[113] der Annahme eines Ausweisungsinteresses entgegenstehen.[114]

69 d) Keine Beeinträchtigung oder Gefährdung von Interessen der Bundesrepublik Deutschland aus einem sonstigen Grund gemäß § 5 Abs. 1 Nr. 3 AufenthG. Die Erteilung eines Aufenthaltstitels setzt gemäß § 5 Abs. 1 Nr. 3 AufenthG in der Regel voraus, dass, soweit kein Anspruch auf Erteilung eines Aufenthaltstitels besteht, der Aufenthalt des Ausländers nicht aus einem sonstigen Grund Interessen der Bundesrepublik Deutschland beeinträchtigt oder gefährdet. § 5 Abs. 1 Nr. 3 AufenthG knüpft an § 7 Abs. 2 Nr. 3 AuslG 1990 und § 2 Abs. 1 S. 2 AuslR 1965 an und fungiert als Auffangtatbestand.

---

[107] BVerwG Urt. v. 29.7.1993 – 1 C 25.93, BVerwGE 94, 35, 45.
[108] So bereits BVerwG Urt. v. 28.1.1997 – 1 C 23.94, NVwZ-RR 1997, 567 (568).
[109] VGH München Beschl. v. 2.11.2010 – 19 B 10.1941, EZAR NF 28 Nr. 36, 5 f.; OVG Münster Beschl. v. 10.12.2010 – 18 B 1598/10, BeckRS 2010, 56964; vgl. zum Ausweisungsrecht BVerwG Urt. v. 15.1.2013 – 1 C 10.12, NVwZ-RR 2013, 435 Rn. 15.
[110] BT-Drs. 18/4097 S. 49.
[111] BVerwG Urt. v. 12.7.2018 – 1 C 16.17, BVerwGE 162, 349 Rn. 16 ff. = NVwZ 2019, 486 Rn. 16 ff.
[112] BVerwG Urt. v. 12.7.2018 – 1 C 16.17, BVerwGE 162, 349 Rn. 23 = NVwZ 2019, 486 Rn. 23.
[113] Vgl. BVerwG Beschl. v. 26.3.1999 – 1 B 18.99, NVwZ-RR 1999, 610, mwN.
[114] BVerwG Urt. v. 12.7.2018 – 1 C 16.17, BVerwGE 162, 349 Rn. 15 = NVwZ 2019, 486 Rn. 15.

Der Begriff der **Interessen der Bundesrepublik Deutschland** ist weit zu verstehen. Er 70
ist der Wahrung der öffentlichen Sicherheit und Ordnung zu dienen bestimmt[115] und erfasst
sämtliche finanziellen, wirtschaftlichen, sozialen, kulturellen und sonstigen politischen
Interessen des Bundes und der Länder[116] einschließlich des Interesses an der Einhaltung der
aufenthaltsrechtlichen Bestimmungen und insbesondere der Einreisevorschriften.[117] Dem
Begriff der Interessen der Bundesrepublik Deutschland unterfallen auch gewichtige Zweifel
an der Rückkehrbereitschaft eines einen vorübergehenden Aufenthalt im Bundesgebiet
begehrenden Ausländers, die die Erwartung rechtfertigen, dass die Wahrscheinlichkeit eines
dauerhaften Verbleibs im Bundesgebiet wesentlich höher einzuschätzen ist als diejenige
seiner Rückkehr.[118] Erforderlich ist, dass das Interesse einen Bezug zu dem Aufenthalt von
Ausländern im Bundesgebiet aufweist. Es muss so gewichtig sein, dass im Falle seiner
Beeinträchtigung oder Gefährdung die Nichterteilung des Aufenthaltstitels in der Regel
geboten ist.

Von einer Gefährdung öffentlicher Interessen ist auszugehen, wenn eine Prognoseent- 71
scheidung unter Berücksichtigung des bisherigen Werdegangs des Ausländers ergibt, dass
dessen Aufenthalt im Bundesgebiet öffentliche Interessen mit hinreichender Wahrscheinlichkeit beeinträchtigen wird.[119]

§ 5 Abs. 1 Nr. 3 AufenthG ist nur anwendbar, sofern kein Anspruch auf Erteilung eines 72
Aufenthaltstitels besteht. Unter einem Anspruch ist nur ein gesetzlicher Anspruch zu
verstehen, der sich unmittelbar aus dem Gesetz ergibt und eine gebundene Entscheidung
der Ausländerbehörde zur Folge hat. Nicht erfasst sind Regelansprüche oder Ansprüche
aufgrund von Sollvorschriften. Ein gesetzlicher Anspruch setzt voraus, dass alle zwingenden
und regelhaften Tatbestandsvoraussetzungen erfüllt sind.[120]

Eine **Ausnahme** von der gesetzlichen Regel ist anzunehmen, wenn die Versagung des 73
Aufenthaltstitels mit verfassungsrechtlichen Wertentscheidungen nicht vereinbar ist.[121]

e) Erfüllung der Passpflicht gemäß § 5 Abs. 1 Nr. 4 AufenthG. Gemäß § 5 Abs. 1 74
Nr. 4 AufenthG iVm § 3 Abs. 1 S. 1 AufenthG dürfen Ausländer, sofern sie von der
Passpflicht nicht durch Rechtsverordnung befreit sind, nur in das Bundesgebiet einreisen
oder sich darin aufhalten, wenn sie einen anerkannten und gültigen Pass oder Passersatz
besitzen. Für den Aufenthalt im Bundesgebiet erfüllen sie gemäß § 3 Abs. 2 AufenthG die
Passpflicht auch durch den Besitz eines Ausweisersatzes iSd § 48 Abs. 2 AufenthG. Die in
§ 5 Abs. 1 Nr. 4 AufenthG statuierte Pflicht zum Besitz eines gültigen Nationalpasses ist
eine weitere, selbständig neben dem Erfordernis der Klärung der Identität und der Staatsangehörigkeit des Ausländers stehende Regelerteilungsvoraussetzung.[122] Sie trägt der Funktion des Passes als amtliches Ausweisdokument, durch den die **Rückreiselegitimation**
seines Inhabers und die damit einhergehende **Rücknahmegarantie** des ausstellenden
Staates dokumentiert wird,[123] Rechnung. Die Erfüllung der Passpflicht setzt voraus, dass
der Pass Gültigkeit für die gesamte Geltungsdauer des beantragten Aufenthaltstitels beansprucht.[124]

---

[115] Vgl. BVerwG Urt. v. 27.9.1978 – 1 C 79.76, BVerwGE 56, 246 (248 f.), mwN; Urt. v. 30.1.1979 – 1 C 56.77, BVerwGE 57, 252 (254), mwN; OVG Koblenz Beschl. v. 7.8.2006 – 7 B 10791/06, BeckRS 2006, 25045.
[116] OVG Berlin-Brandenburg Beschl. v. 11.12.2009 – OVG 11 NR 48.08, BeckRS 2010, 45086.
[117] OVG Koblenz Beschl. v. 7.8.2006 – 7 B 10791/06, BeckRS 2006, 25045, mwN.; vgl. aber auch OVG Berlin-Brandenburg Beschl. v. 11.12.2009 – OVG 11 N 48.08, BeckRS 2010, 45086.
[118] OVG Lüneburg Urt. v. 28.6.2012 – 11 LB 301/11, EZAR NF 28 Nr. 48 S. 5 f.; OVG Berlin-Brandenburg Beschl. v. 15.3.2018, BeckRS 2018, 4956 Rn. 19; vgl. zu § 7 Abs. 2 Nr. 3 AuslG bereits BVerwG Beschl. v. 21.10.1996 – 1 B 113.96, NVwZ-RR 1997, 319 (320).
[119] OVG Berlin-Brandenburg Beschl. v. 11.12.2009 – OVG 11 NR 48.08, BeckRS 2010, 45086.
[120] Vgl. OVG Koblenz Beschl. v. 7.8.2006 – 7 B 10791/06, BeckRS 2006, 25045, mwN.
[121] Vgl. BVerwG Beschl. v. 26.3.1999 – 1 B 18.99, NVwZ-RR 1999, 610.
[122] BVerwG Beschl. v. 17.6.2013 – 10 B 1.13, BeckRS 2013, 52672 Rn. 4.
[123] *Maor* ZAR 2005, 222, 223.
[124] OVG Berlin-Brandenburg Urt. v. 15.3.2018 – OVG 2 B 6.17, BeckRS 2018, 4956 Rn. 23.

75 Rechtliche oder tatsächliche Gründe können in besonders gelagerten Einzelfällen ein **Absehen** von der Passpflicht gebieten. Begünstigend kann sich insoweit auswirken, wenn die Identität des Ausländers geklärt ist.[125]

2. Grundsätzlich zwingende Erteilungsvoraussetzungen des § 5 Abs. 2 AufenthG

76 Des Weiteren setzt die Erteilung einer Aufenthaltserlaubnis, einer Niederlassungserlaubnis oder einer Erlaubnis zum Daueraufenthalt-EU gemäß § 5 Abs. 2 S. 1 AufenthG voraus, dass der Ausländer 1. mit dem erforderlichen Visum eingereist ist und 2. die für die Erteilung maßgeblichen Angaben bereits im Visumantrag gemacht hat. Hiervon kann nach § 5 Abs. 2 S. 2 AufenthG abgesehen werden, wenn die Voraussetzungen eines Anspruchs auf Erteilung erfüllt sind oder es auf Grund besonderer Umstände des Einzelfalls nicht zumutbar ist, das Visumverfahren nachzuholen. § 5 Abs. 2 S. 2 AufenthG gilt gemäß § 5 Abs. 2 S. 3 AufenthG nicht für die Erteilung einer ICT-Karte.

3. Absehen von den Erteilungsvoraussetzungen des § 5 Abs. 1 und 2 AufenthG gemäß § 5 Abs. 3 AufenthG

77 § 5 Abs. 3 AufenthG ermöglicht im Zusammenhang mit der Erteilung von Aufenthaltstiteln nach Kapitel 2 Abschnitt 5 Ausnahmen von den Regelerteilungsvoraussetzungen des § 5 Abs. 1 und 2 AufenthG. Gemäß § 5 Abs. 3 S. 1 AufenthG ist in den Fällen der Erteilung eines Aufenthaltstitels nach § 24 oder § 25 Abs. 1 bis 3 AufenthG von der Anwendung des § 5 Abs. 1 und 2 AufenthG, in den Fällen des § 25 Abs. 4a und 4b AufenthG von der Anwendung des § 5 Abs. 1 Nr. 1 bis 2 und 4 sowie Abs. 2 AufenthG abzusehen. Der Wortlaut des § 5 Abs. 3 S. 1 AufenthG lässt keinen Raum für die Ausübung behördlichen Ermessens.[126] § 5 Abs. 3 S. 1 AufenthG ist einer Erstreckung auf § 25a AufenthG nicht zugänglich.[127] Nach § 5 Abs. 3 S. 2 AufenthG kann in den übrigen Fällen der Erteilung eines Aufenthaltstitels nach Kapitel 2 Abschnitt 5 von der Anwendung des § 5 Abs. 1 und 2 AufenthG abgesehen werden. § 5 Abs. 3 S. 2 AufenthG stellt das Absehen in den von der Norm erfassten Fällen in das nicht weiter gebundene Ermessen der Ausländerbehörde. Diese hat die in § 5 Abs. 1 und 2 AufenthG zum Ausdruck gelangenden öffentlichen Interessen und die widerstreitenden Interessen des Ausländers einer umfassenden Abwägung zuzuführen.[128] Wird von der Anwendung des § 5 Abs. 1 Nr. 2 AufenthG abgesehen, kann die Ausländerbehörde gemäß § 5 Abs. 3 S. 3 AufenthG darauf hinweisen, dass eine Ausweisung wegen einzeln zu bezeichnender Ausweisungsinteressen, die Gegenstand eines noch nicht abgeschlossenen Straf- oder anderen Verfahrens sind, möglich ist. Ein entsprechender Hinweis verhindert, dass durch die Erteilung des Aufenthaltstitels ein Verbrauch der betreffenden Ausweisungsinteressen eintritt. In den Fällen der Erteilung eines Aufenthaltstitels nach § 26 Abs. 3 AufenthG ist nach § 5 Abs. 3 S. 4 AufenthG von der Anwendung des § 5 Abs. 2 AufenthG, nicht hingegen auch von einer solchen etwa des § 5 Abs. 1 Nr. 1a AufenthG abzusehen.

4. Grundsätzlich zwingender Versagungsgrund des § 5 Abs. 4 AufenthG

78 Der grundsätzlich zwingende Versagungsgrund des § 5 Abs. 4 S. 1 AufenthG dient dem Schutz der Sicherheit der Bundesrepublik Deutschland. Gemäß § 5 Abs. 4 S. 1 AufenthG ist die Erteilung eines Aufenthaltstitels zu versagen, wenn ein **Ausweisungsinteresse** iSv § 54 Abs. 1 Nr. 2 oder 4 AufenthG besteht oder eine **Abschiebungsanordnung** nach

---

[125] Weitergehend OVG Lüneburg Beschl. v. 6.9.2016 – 8 LA 47/16, juris Rn. 3.
[126] OVG Berlin-Brandenburg Beschl. v. 28.3.2014 – OVG 6 N 27.14, BeckRS 2014, 50006.
[127] VG Schleswig Beschl. v. 12.4.2018 – 11 B 40/18, BeckRS 2018, 5828 Rn. 29.
[128] VGH München Beschl. v. 4.4.2014 – 10 C 12.497, BeckRS 2014, 50151 Rn. 29; OVG Lüneburg Urt. v. 11.7.2014 – 13 LB 153/13, EZAR NF 28 Nr. 54 S. 6; OVG Saarlouis Beschl. v. 10.7.2019 – 2 B 36/19 u. 2 D37/19, BeckRS 2019, 14560 Rn. 15.

§ 58a AufenthG erlassen wurde. Die Ausweisungsgründe des § 54 Abs. 1 Nr. 2 und 4 AufenthG knüpfen ebenso wie die Abschiebungsanordnung nach § 58a AufenthG an eine Gefährdung der freiheitlichen demokratischen Grundordnung oder der Sicherheit der Bundesrepublik Deutschland, an eine Beteiligung an Gewalttätigkeiten, den öffentlichen Aufruf zur Gewaltanwendung oder die Drohung mit Gewaltanwendung bzw. an eine besondere Gefahr für die Sicherheit der Bundesrepublik Deutschland oder eine terroristische Gefahr an. § 5 Abs. 4 S. 1 AufenthG findet auch bei Erteilung einer humanitären Aufenthaltserlaubnis gemäß § 25 Abs. 2 AufenthG Anwendung. Im Einklang mit Unionsrecht gilt dies indes nur, sofern der anerkannte Flüchtling aus schwerwiegenden Gründen als Gefahr für die Sicherheit der Bundesrepublik Deutschland anzusehen ist.[129] Von § 5 Abs. 4 S. 1 AufenthG können nach § 5 Abs. 4 S. 2 AufenthG in begründeten Einzelfällen Ausnahmen zugelassen werden, wenn sich der Ausländer gegenüber den zuständigen Behörden offenbart und glaubhaft von seinem sicherheitsgefährdenden Handeln Abstand nimmt. Das Bundesministerium des Innern oder die von ihm bestimmte Stelle kann gemäß § 5 Abs. 4 S. 3 AufenthG in begründeten Einzelfällen vor der Einreise des Ausländers für den Grenzübertritt und einen anschließenden Aufenthalt von bis zu sechs Monaten Ausnahmen von § 5 Abs. 4 S. 1 AufenthG zulassen.

II. Visum gemäß § 6 AufenthG

§ 6 AufenthG regelt die Erteilung von Visa. **79**

III. Erteilung einer Aufenthaltserlaubnis gemäß § 7 AufenthG

Als eine weitere Grundnorm des Aufenthaltsgesetzes regelt § 7 AufenthG Inhalt, Zweckbindung, Befristung und nachträgliche zeitliche Beschränkung der Aufenthaltserlaubnis iSd § 4 Abs. 1 S. 2 Nr. 2 AufenthG. **80**

1. Einordnung der Aufenthaltserlaubnis nach § 7 Abs. 1 S. 1 AufenthG

In Abgrenzung zu der Niederlassungserlaubnis gemäß § 9 AufenthG und der Erlaubnis zum Daueraufenthalt-EU nach § 9a AufenthG ergeht die Aufenthaltserlaubnis gemäß § 7 Abs. 1 S. 1 AufenthG stets **befristet**. **81**

2. Zweckbindung der Aufenthaltserlaubnis gemäß § 7 Abs. 1 S. 2 und 3 AufenthG

Die Aufenthaltserlaubnis unterliegt im Unterschied zu den vorgenannten qualifizierten Aufenthaltstiteln dem grundsätzlichen Erfordernis der **Zweckbezogenheit** des Aufenthalts. Gemäß § 7 Abs. 1 S. 2 AufenthG wird die Aufenthaltserlaubnis zu den in den nachfolgenden Abschnitten genannten Aufenthaltszwecken erteilt. Die Vorschrift ist Ausdruck des in dem Aufenthaltsgesetz verankerten **Trennungsprinzips**, das den Ausländer darauf verweist, seine aufenthaltsrechtlichen Ansprüche aus den Anspruchsgrundlagen herzuleiten, die das Aufenthaltsgesetz für den von ihm verfolgten Aufenthaltszweck vorhält.[130] Die Ausgestaltung der Voraussetzungen, der Versagungsgründe und der Rechtsfolge orientiert sich an dem Interesse der Bundesrepublik Deutschland an einem Zuzug von Ausländern zu dem jeweiligen Aufenthaltszweck. **82**

In begründeten Fällen kann eine Aufenthaltserlaubnis nach § 7 Abs. 1 S. 3 AufenthG auch für einen von diesem Gesetz **nicht vorgesehenen Aufenthaltszweck** erteilt werden. Die Norm fungiert als Auffangvorschrift für in den §§ 16 ff. AufenthG nicht geregelte **83**

---
[129] Vgl. BVerwG Urt. v. 22.5.2012 – 1 C 8.11, BVerwGE 143, 138 Rn. 19 ff.
[130] BVerwG Urt. v. 4.9.2007 – 1 C 43.06, BVerwGE 129, 226 Rn. 26 = NVwZ 2008, 333 Rn. 26; Urt. v. 9.6.2009 – 1 C 11.08, BVerwGE 134, 124 Rn. 13 = NVwZ 2009, 1432 Rn. 13.

Aufenthaltszwecke.[131] Jedenfalls bei einem Aufenthaltszweck, der öffentlich-rechtlichen Vorgaben außerhalb des Aufenthaltsrechts unterfällt, liegt ein begründeter Fall nur und erst dann vor, wenn diesen Vorgaben entsprochen wird.[132]

3. Befristung der Aufenthaltserlaubnis gemäß § 7 Abs. 2 S. 1 AufenthG

84 Gemäß § 7 Abs. 2 S. 1 AufenthG ist die Aufenthaltserlaubnis unter Berücksichtigung des beabsichtigten Aufenthaltszwecks zu befristen. Die Befristung der Aufenthaltserlaubnis trägt dem Interesse der Bundesrepublik Deutschland an einer Begrenzung, Steuerung und Überwachung des Zuzugs von Ausländern Rechnung.[133] Unter Berücksichtigung dieser öffentlichen Belange hat die Ausländerbehörde eine dem Einzelfall angemessene Frist zu bestimmen. Diese muss sich nicht auf die gesamte Dauer des beabsichtigten Aufenthalts erstrecken.[134]

4. Nachträglich zeitliche Beschränkung der Aufenthaltserlaubnis gemäß § 7 Abs. 2 S. 2 AufenthG

85 Ist eine für die Erteilung, die Verlängerung oder die Bestimmung der Geltungsdauer wesentliche Voraussetzung entfallen, so kann die Frist gemäß § 7 Abs. 2 S. 2 AufenthG auch nachträglich verkürzt werden. Die nachträgliche zeitliche Beschränkung der Aufenthaltserlaubnis bildet gemeinsam mit dem Widerruf nach § 52 AufenthG ein geschlossenes System zur Korrektur einer ursprünglich rechtmäßigen, nachträglich rechtswidrig gewordenen Aufenthaltserlaubnis. Im Unterschied zu § 52 AufenthG ermöglicht § 7 Abs. 2 S. 2 AufenthG seinem systematischen Zusammenhang zu § 7 Abs. 2 S. 1 AufenthG entsprechend nur die Verkürzung der Geltungsdauer einer Aufenthaltserlaubnis, nicht hingegen auch anderer Aufenthaltstitel. § 5 Abs. 4 S. 1 FreizügG/EU trifft eine parallele Regelung für Unionsbürger und ihre Familienangehörigen. Maßgeblicher **Beurteilungszeitpunkt** ist der Zeitpunkt der Zustellung des Befristungsbescheids nach § 7 Abs. 2 S. 2 AufenthG, sofern dieser Zeitpunkt vor der letzten mündlichen Verhandlung des Tatsachengerichts liegt.[135]

86 Voraussetzung für die nachträgliche zeitliche Verkürzung der noch fortdauernden Geltungsdauer einer Aufenthaltserlaubnis ist das Entfallen einer für die Erteilung, Verlängerung oder die Bestimmung der Geltungsdauer wesentlichen Voraussetzung. Wesentlich ist jede Erteilungsvoraussetzung oder jedes Fehlen von Versagungsgründen, mithin jede Tatsache, die für die Erteilung oder Verlängerung der Aufenthaltserlaubnis mitursächlich war. Das Bestehen eines Anspruchs auf Erteilung eines anderweitigen Aufenthaltstitels hindert die nachträgliche zeitliche Beschränkung der Aufenthaltserlaubnis nicht. Ein entsprechendes Begehren ist nicht inzident im Rahmen der Entscheidung nach § 7 Abs. 2 S. 2 AufenthG zu prüfen. Die Zweckbezogenheit der Aufenthaltserlaubnis und das hierin gründende **Trennungsprinzip**[136] gebieten es vielmehr, das betreffende Begehren, dessen hilfsweise Geltendmachung für den Fall anzunehmen ist, dass sich die Verkürzung der Geltungsdauer der bisherigen Aufenthaltserlaubnis als rechtmäßig erweist, zum Gegenstand einer zeitgleich mit der nachträglichen zeitlichen Befristung zu treffenden Entscheidung zu machen.[137]

87 Die nachträgliche zeitliche Beschränkung steht im pflichtgemäßen **Ermessen** der Ausländerbehörde. Gegeneinander abzuwägen sind allein das Interesse des Ausländers, bis zum Ablauf der ursprünglichen Geltungsdauer der Aufenthaltserlaubnis im Bundesgebiet zu

---

[131] Vgl. etwa OVG Berlin-Brandenburg Urt. v. 5.12.2018 – OVG 3 B 8.18, BeckRS 2018, 39348 Rn. 36.
[132] BVerwG Urt. v. 26.10.2010 – 1 C 16.09, BVerwGE 138, 77 Rn. 11; ferner VG Freiburg Urt. v. 18.7.2018 1 K 1083/17, BeckRS 2018, 17396 Rn. 26 mwN.
[133] BVerwG Urt. v. 22.6.2011 – 1 C 5.10, BVerwGE 140, 64 Rn. 19 = NVwZ 2011, 1340 Rn. 19.
[134] BT-Drs. 15/420, 71.
[135] BVerwG Beschl. v. 22.5.2013 – 1 B 25.12, EZAR NF 48 Nr. 23, 2f.
[136] Vgl. BVerwG Urt. v. 4.9.2007 – 1 C 43.06, BVerwGE 129, 226 Rn. 26 = NVwZ 2008, 333 Rn. 26; Urt. v. 19.3.2013 – 1 C 12.12, BVerwGE 146, 117 Rn. 21.
[137] BVerwG Urt. v. 9.6.2009 – 1 C 11.08, BVerwGE 134, 124 Rn. 13 ff. = NVwZ 2009, 1432 Rn. 13 ff.

verbleiben, und das öffentliche Interesse an der Beendigung des materiell rechtswidrig gewordenen Aufenthalts.[138] Überwiegt das letztgenannte Interesse, so darf der Ablauf der als Rechtsfolge der Entscheidung nach § 7 Abs. 2 S. 2 AufenthG neu festzusetzenden Geltungsdauer der Aufenthaltserlaubnis frühestens auf den Zeitpunkt der Bekanntgabe der Ordnungsverfügung bestimmt werden. Eine rückwirkende Beschränkung scheidet aus.

IV. Verlängerung der Aufenthaltserlaubnis gemäß § 8 AufenthG

§ 8 AufenthG setzt den rechtlichen Rahmen für die befristete Verlängerung einer Aufenthaltserlaubnis. Die **Verlängerung** bezeichnet jede weitere Aufenthaltsgewährung im Anschluss an einen genehmigten Aufenthalt unter Beibehaltung des konkret erlaubten, an einem bestimmten Lebenssachverhalt orientierten Aufenthaltszwecks.[139] Demgegenüber beschreibt die **Neuerteilung** einer Aufenthaltserlaubnis zum einen die Fortgewährung eines Aufenthaltstitels zu einem anderen als dem zuvor genehmigten Aufenthaltszweck, zum anderen die neuerliche, allerdings nicht lückenlose Erteilung eines Aufenthaltstitels zu demselben Aufenthaltszweck. Beantragt ein Ausländer vor Ablauf seines Aufenthaltstitels dessen Verlängerung, gilt der bisherige Aufenthaltstitel gemäß **§ 81 Abs. 4 S. 1 AufenthG** vom Zeitpunkt des Ablaufs seiner Geltungsdauer bis zur Entscheidung der Ausländerbehörde als fortbestehend. Einer Verlängerung zugänglich ist eine Aufenthaltserlaubnis auch dann, wenn der Verlängerungsantrag zwar verspätet gestellt wird, die Ausländerbehörde jedoch gemäß **§ 81 Abs. 4 S. 3 AufenthG** zur Vermeidung einer unbilligen Härte die Fortgeltungswirkung anordnet. Die Anordnung wirkt ex tunc auf den Zeitpunkt des Ablaufs der Geltungsdauer der Aufenthaltserlaubnis zurück.[140] Um die lückenlose Rechtmäßigkeit des Aufenthalts des Ausländers im Bundesgebiet zu dokumentieren, ist der Beginn des Geltungszeitraums der verlängerten Aufenthaltserlaubnis grundsätzlich auf den Tag nach dem Ablauf ihrer bisherigen Geltungsdauer festzusetzen. Dies gilt auch dann, wenn die Ausländerbehörde erst zu einem späteren Zeitpunkt über die Verlängerung der Aufenthaltserlaubnis entscheidet. Eine Verlängerung mit Rückwirkung vor den Zeitpunkt der Stellung des Verlängerungsantrags kommt hingegen nicht in Betracht.[141]

88

1. Verlängerung der Aufenthaltserlaubnis gemäß § 8 Abs. 1 AufenthG

Nach der Grundregel des § 8 Abs. 1 AufenthG finden auf die Verlängerung der Aufenthaltserlaubnis dieselben Vorschriften Anwendung wie auf die Erteilung. Die befristete Verlängerung einer Aufenthaltserlaubnis bedingt daher grundsätzlich die **erneute Prüfung der Erteilungsvoraussetzungen und Versagungsgründe**. § 8 Abs. 1 AufenthG tritt zurück, soweit insbesondere die §§ 16 bis 38a AufenthG Abweichendes bestimmen oder höherrangiges Recht oder der Sinn und Zweck der Vorschriften entgegenstehen. In diesem Sinne ist der Ausländerbehörde etwa die Berufung auf den Versagungsgrund des § 5 Abs. 2 S. 1 AufenthG infolge der vorausgegangenen Erteilung einer Aufenthaltserlaubnis regelmäßig unter Vertrauensschutzgesichtspunkten versagt.[142] Steht die Verlängerung der Aufenthaltserlaubnis im Ermessen der Ausländerbehörde, so hat diese ihr Ermessen unter Berücksichtigung der bislang erreichten Integration, des damit einhergehenden Vertrauens auf den Fortbestand des Aufenthalts und der im Inland eingegangenen persönlichen Bindungen auszuüben.[143] Dabei werden die persönlichen Belange und Bindungen des

89

---

[138] Vgl. etwa OVG Magdeburg Beschl. v. 18.10.2018 – 2 M 76/18, BeckRS 2018, 42222 Rn. 12.
[139] BVerwG Urt. v. 22.6.2011 – 1 C 5.10, BVerwGE 140, 64 Rn. 14 = NVwZ 2011, 1340 Rn. 14; OVG Münster Beschl. v. 20.6.2008 – 18 B 1384/07, BeckRS 2008, 36463.
[140] BT-Drs. 17/8682, 23.
[141] BVerwG Urt. v. 1.3.1983 – 1 C 14.81, BVerwGE 67, 47 (51) = NVwZ 1983, 476; Urt. v. 22.6.2011 – 1 C 5.10, BVerwGE 140, 64 Rn. 14 = NVwZ 2011, 1340 Rn. 14.
[142] OVG Bautzen Beschl. v. 8.1.2004 – 3 Bs 113/02, InfAuslR 2004, 197, 199.
[143] BVerfG Beschl. v. 26.9.1978 – 1 BvR 525/77, BVerfGE 49, 168, 184; BVerwG Beschl. v. 10.11.1978 – 1 B 246.77, Buchholz 402.24 AuslG § 2 Nr. 12, 41, 44.

Ausländers bei der Verlängerung einer Aufenthaltserlaubnis regelmäßig stärker ins Gewicht fallen als bei ihrer erstmaligen Erteilung.[144]

2. Regelmäßiger Ausschluss der Verlängerung der Aufenthaltserlaubnis gemäß § 8 Abs. 2 AufenthG

90   Die Aufenthaltserlaubnis kann gemäß § 8 Abs. 2 AufenthG in der Regel nicht verlängert werden, wenn die zuständige Behörde dies bei einem seiner Zweckbestimmung nach nur vorübergehenden Aufenthalt bei der Erteilung oder der zuletzt erfolgten Verlängerung der Aufenthaltserlaubnis ausgeschlossen hat. Der **Regelversagungsgrund,** dessen Anordnung im pflichtgemäßen Ermessen der Ausländerbehörde steht, zielt darauf, ein schutzwürdiges Vertrauen des Ausländers auf einen Anschlussaufenthalt auszuschließen.

91   § 8 Abs. 2 AufenthG bedingt, dass der Aufenthalt des Ausländers von vornherein auf einen **begrenzten Zeitraum** angelegt ist. Der Anwendungsbereich der Norm erfasst etwa kurzfristige Arbeitsaufenthalte, bei denen einer Verfestigung des Aufenthalts vorgebeugt werden soll, oder Aufenthalte aufgrund spezifischer Postgraduiertenprogramme der Entwicklungszusammenarbeit, bei denen sich die Geförderten verpflichtet haben, nach Abschluss der Hochschulfortbildung zurückzukehren.

92   Die Regelrechtsfolge der Nichtverlängerbarkeit tritt **kraft Gesetzes** ein. Eine Ausnahme von der Regel der Nichtverlängerbarkeit der Aufenthaltserlaubnis ist zu erwägen, wenn nach Erlass der Nebenbestimmung Umstände eintreten, die, wären sie der Ausländerbehörde im Zeitpunkt der Verlängerungsentscheidung bekannt gewesen, jener Veranlassung gegeben hätten, die Nebenbestimmung nicht zu erlassen.

93   Bedeutete das Verlassen des Bundesgebietes für den Ausländer auf Grund besonderer Umstände des Einzelfalles eine **außergewöhnliche Härte,** so ermöglicht § 25 Abs. 4 S. 2 AufenthG abweichend von § 8 Abs. 1 und 2 AufenthG die „Verlängerung" der Aufenthaltserlaubnis.

3. Verlängerung der Aufenthaltserlaubnis bei bestehender Verpflichtung zur ordnungsgemäßen Teilnahme am Integrationskurs gemäß § 8 Abs. 3 und 4 AufenthG

94   § 8 Abs. 3 AufenthG stellt einen Konnex zwischen den Integrationspflichten eines Ausländers und seinem aufenthaltsrechtlichen Status her.

95   **a) Feststellung einer Verpflichtung aus § 44a Abs. 1 S. 1 AufenthG vor der Verlängerung der Aufenthaltserlaubnis gemäß § 8 Abs. 3 S. 1 AufenthG.** Vor der Verlängerung der Aufenthaltserlaubnis ist gemäß § 8 Abs. 3 S. 1 AufenthG festzustellen, ob der Ausländer einer etwaigen Pflicht zur ordnungsgemäßen **Teilnahme am Integrationskurs** nachgekommen ist. Die Teilnahme ist gemäß § 14 Abs. 6 S. 2 IntV ordnungsgemäß, wenn ein Teilnehmer so regelmäßig an dem Kurs teilnimmt, dass ein Kurserfolg möglich ist und der Lernerfolg insbesondere nicht durch Kursabbruch oder häufige Nichtteilnahme gefährdet ist, und er zudem am Abschlusstest nach § 17 Abs. 1 IntV teilnimmt. § 8 Abs. 3 S. 1 AufenthG begründet die Pflicht der Ausländerbehörde, sich vor einer Entscheidung über die Verlängerung der Aufenthaltserlaubnis eines Ausländers zu vergewissern, dass dieser nach § 44a Abs. 1 S. 1 AufenthG zur Teilnahme an dem Integrationskurs verpflichtet ist und seine diesbezügliche Pflicht ordnungsgemäß erfüllt hat.

96   **b) Berücksichtigung einer Verletzung der Pflicht aus § 44a Abs. 1 S. 1 AufenthG bei der Entscheidung über die Verlängerung der Aufenthaltserlaubnis gemäß § 8 Abs. 3 S. 2 AufenthG.** Verletzt ein Ausländer seine Verpflichtung nach § 44a Abs. 1 S. 1 AufenthG zur ordnungsgemäßen Teilnahme an einem Integrationskurs, ist dies gemäß § 8 Abs. 3 S. 2 AufenthG bei der Entscheidung über die Verlängerung der Aufenthaltserlaubnis

---

[144] OVG Bautzen Beschl. v. 5.12.2012 – 3 B 258/12, EZAR NF 28 Nr. 49, 3 mwN.

zu berücksichtigen. § 8 Abs. 3 S. 2 AufenthG bringt den Willen des Gesetzgebers zum Ausdruck, die Verletzung der Teilnahmepflichten grundsätzlich zu sanktionieren. Eine **Berücksichtigung** ist der Ausländerbehörde indes nur möglich, sofern die Verlängerung der Aufenthaltserlaubnis in ihr Ermessen gestellt ist.

c) Regel- oder Ermessensablehnung der Verlängerung der Aufenthaltserlaubnis gemäß § 8 Abs. 3 S. 3 bis 5 AufenthG bei wiederholter und gröblicher Verletzung der Pflicht aus § 44a Abs. 1 S. 1 AufenthG. Besteht kein Anspruch auf Erteilung der Aufenthaltserlaubnis, soll gemäß § 8 Abs. 3 S. 3 AufenthG bei wiederholter und gröblicher Verletzung der Pflichten nach § 8 Abs. 3 S. 1 AufenthG die Verlängerung der Aufenthaltserlaubnis abgelehnt werden. § 8 Abs. 3 S. 3 AufenthG statuiert einen Regelversagungsgrund für die Verlängerung solcher Aufenthaltserlaubnisse, deren Erteilung in das Ermessen der Ausländerbehörde gestellt ist. Die Verletzung der Pflicht zur ordnungsgemäßen Teilnahme an dem Integrationskurs muss sowohl quantitativ als auch qualitativ schwerwiegen. Sie muss die Erwartung rechtfertigen, dass der Ausländer nicht gewillt ist, zu dem mit dem Kursangebot verfolgten Ziel seiner Integration beizutragen. In einem solchen Fall ist die Verlängerung der Aufenthaltserlaubnis regelmäßig zu versagen. Nur in atypischen Fällen ist der Ausländerbehörde Ermessen eingeräumt, von der regelmäßig vorgesehenen **Versagung** abzusehen. 97

Besteht ein **Anspruch** auf Verlängerung der Aufenthaltserlaubnis nur nach diesem Gesetz, kann die Verlängerung nach § 8 Abs. 3 S. 4 AufenthG abgelehnt werden, es sei denn, der Ausländer erbringt den Nachweis, dass seine Integration in das gesellschaftliche und soziale Leben anderweitig erfolgt ist. § 8 Abs. 3 S. 4 AufenthG stellt die Versagung der Verlängerung der Aufenthaltserlaubnis in den Fällen eines allein aufenthaltsgesetzlich begründeten Rechtsanspruchs grundsätzlich in das Ermessen der Ausländerbehörde. Eine entsprechende Befugnis, die Verlängerung nach Ermessen zu versagen, besteht nur dann nicht, wenn der Ausländer nachweist, das mit dem Besuch des Integrationskurses verfolgte Ziel der Vermittlung ausreichender Kenntnisse der deutschen Sprache und von Grundkenntnissen der Rechtsordnung, der Kultur und der Geschichte anderweitig erreicht zu haben. 98

Bei der Entscheidung sind gemäß § 8 Abs. 3 S. 5 AufenthG die Dauer des rechtmäßigen Aufenthalts, schutzwürdige Bindungen des Ausländers an das Bundesgebiet und die Folgen einer Aufenthaltsbeendigung für seine rechtmäßig im Bundesgebiet lebenden Familienangehörigen zu berücksichtigen. § 8 Abs. 3 S. 5 AufenthG normiert **Kriterien,** die die Ausländerbehörde in ihre Entscheidung, ob die Verlängerung der Aufenthaltserlaubnis versagt wird, zwingend einzustellen hat. 99

d) Höchstbefristung der Verlängerung der Aufenthaltserlaubnis gemäß § 8 Abs. 3 S. 6 AufenthG bis zur Erfüllung der Pflicht aus § 44a Abs. 1 S. 1 AufenthG. War oder ist ein Ausländer zur Teilnahme an einem Integrationskurs nach § 44a Abs. 1 S. 1 AufenthG verpflichtet, soll die Verlängerung der Aufenthaltserlaubnis jeweils auf höchstens ein Jahr befristet werden, solange er den Integrationskurs noch nicht erfolgreich abgeschlossen oder noch nicht den Nachweis erbracht hat, dass seine Integration in das gesellschaftliche und soziale Leben anderweitig erfolgt ist. § 8 Abs. 3 S. 6 AufenthG statuiert eine **Regelhöchstgeltungsdauer** der verlängerten Aufenthaltserlaubnis von einem Jahr für den Fall, dass der Ausländer einen Integrationskurs nicht oder noch nicht erfolgreich iSd § 43 Abs. 2 S. 2 AufenthG iVm § 17 Abs. 2 IntV abgeschlossen und auch nicht anderweitig nachgewiesen hat, dass er mit den Lebensverhältnissen im Bundesgebiet so weit vertraut ist, dass er ohne die Hilfe oder Vermittlung Dritter in allen Angelegenheiten des täglichen Lebens selbständig handeln kann.[145] Atypische Umstände eröffnen der Ausländerbehörde Ermessen, zugunsten des Ausländers von der für den Regelfall vorgesehenen Höchstbefristung von einem Jahr abzuweichen. 100

---

[145] VGH München Beschl. v. 10.6.2015 – 10 C 15.244, BeckRS 2015, 48006 Rn. 6.

101 **e) Ausschluss des § 8 Abs. 3 AufenthG bei der Verlängerung einer nach § 25 Abs. 1, 2 oder 3 AufenthG erteilten Aufenthaltserlaubnis gemäß § 8 Abs. 4 AufenthG.** § 8 Abs. 3 AufenthG ist gemäß § 8 Abs. 4 AufenthG nicht anzuwenden auf die Verlängerung einer nach § 25 Abs. 1, 2 oder 3 AufenthG erteilten Aufenthaltserlaubnis. § 8 Abs. 4 AufenthG trägt unionsrechtlichen Vorgaben Rechnung und nimmt die Verlängerung von Aufenthaltserlaubnissen von Asylberechtigten, anerkannten Flüchtlingen, subsidiär Schutzberechtigten und Ausländern, hinsichtlich derer ein Abschiebungsverbot nach § 60 Abs. 5 oder 7 AufenthG festgestellt wurde, von der Geltung des § 8 Abs. 3 AufenthG aus.

V. Erteilung einer Niederlassungserlaubnis gemäß § 9 AufenthG

102 § 9 AufenthG vermittelt dem Ausländer und seinem Ehegatten einen Anspruch auf Erteilung einer Niederlassungserlaubnis.

VI. Erteilung einer Erlaubnis zum Daueraufenthalt-EU gemäß den §§ 9a, 9b und 9c AufenthG

103 § 9a bis § 9c AufenthG regeln die Voraussetzungen für die Erteilung einer Erlaubnis zum Daueraufenthalt-EU.

VII. Aufenthaltstitel bei Asylantrag gemäß § 10 AufenthG

104 § 10 Abs. 1 und 3 AufenthG statuiert den **Grundsatz der Nichterteilung einer Aufenthaltserlaubnis während eines laufenden Asylverfahrens beziehungsweise nach erfolglosem Abschluss eines Asylverfahrens.** Die Norm bezweckt, dass das Asylverfahren nicht zur Realisierung eines asylverfahrensunabhängigen Aufenthaltsrechts missbraucht wird, und dient damit dem Ziel der Steuerung und Begrenzung des Zuzugs von Ausländern in das Bundesgebiet.[146] Der Grundsatz erfährt in § 10 Abs. 1 und 3 AufenthG verschiedene Durchbrechungen. Gemäß § 10 Abs. 2 AufenthG kann ein nach der Einreise des Ausländers erteilter oder verlängerter Aufenthaltstitel auch dann verlängert werden, wenn der Ausländer zwischenzeitlich einen Asylantrag gestellt hat.

1. Grundsätzlicher Ausschluss der Erteilung eines Aufenthaltstitels vor dem bestandskräftigen Abschluss des Asylverfahrens gemäß § 10 Abs. 1 AufenthG

105 Einem Ausländer, der einen **Asylantrag** gestellt hat, kann gemäß § 10 Abs. 1 AufenthG vor dem bestandskräftigen Abschluss des Asylverfahrens ein Aufenthaltstitel außer in den Fällen eines gesetzlichen Anspruchs nur mit Zustimmung der obersten Landesbehörde und nur dann erteilt werden, wenn wichtige Interessen der Bundesrepublik Deutschland es erfordern. § 10 Abs. 1 AufenthG statuiert unter den in der Norm genannten Voraussetzungen eine **Titelerteilungssperre.**

106 Diese bedingt, dass ein durch einen förmlichen Antrag eingeleitetes Asylverfahren noch nicht insgesamt bestandskräftig abgeschlossen ist. Die Vorschrift findet Anwendung auf **Asylerstanträge** ebenso wie auf **Asylfolge- und -zweitanträge.**[147] Ein lediglich teilweise bestandskräftiger Abschluss des Verwaltungsverfahrens genügt nicht. Ist etwa zwar die Feststellung, dass die Abschiebungsverbote nach § 60 Abs. 5 oder 7 AufenthG vorliegen, bestandskräftig geworden, begehrt der Antragsteller indes im asylgerichtlichen Verfahren darüber hinaus die Gewährung internationalen Schutzes, so wirkt die Sperre für die Erteilung eines Aufenthaltstitels für die Dauer des gerichtlichen Verfahrens fort.[148]

---
[146] OVG Bautzen Beschl. v. 19.7.2019 – 3 B 138/19, BeckRS 2019, 18267 Rn. 9.
[147] BVerwG Urt. v. 12.7.2016 – 1 C 23.15, NVwZ 2016, 1498 Rn. 13.
[148] BVerwG Urt. v. 17.12.2015 – 1 C 31.14, BVerwGE 153, 353 Rn. 10 ff.; Urt. v. 12.7.2016 – 1 C 23.15, NVwZ 2016, 1498 Rn. 9.

Trotz laufenden Asylverfahrens ist einem Ausländer ein Aufenthaltstitel zu erteilen, auf 107
den er einen gesetzlichen Anspruch hat. Ein **gesetzlicher Anspruch** ist durch einen
strikten Rechtsanspruch gekennzeichnet, der sich unmittelbar und abschließend aus dem
Gesetz ergibt. Erforderlich ist, dass alle zwingenden und regelhaften Tatbestandsvoraussetzungen erfüllt sind, weil nur dann der Gesetzgeber selbst eine Entscheidung über das zu
erteilende Aufenthaltsrecht getroffen hat.[149] Gemessen daran unterfällt ein Regelanspruch
oder ein Anspruch aufgrund einer „Soll"-Regelung dem Begriff des gesetzlichen Anspruchs iSd § 10 Abs. 1 AufenthG auch dann nicht, wenn kein atypischer Fall vorliegt.[150]
Gleiches gilt im Falle einer Ermessensreduzierung auf Null.[151]

Fehlt es an einem gesetzlichen Anspruch, kommt die Erteilung eines Aufenthaltstitels nur 108
mit Zustimmung der obersten Landesbehörde und nur dann in Betracht, wenn wichtige
Interessen der Bundesrepublik Deutschland es erfordern. Die **Interessen der Bundesrepublik Deutschland** müssen regelmäßig in der Person des Ausländers liegen und von
besonderem Gewicht sein. Die darüber hinaus erforderliche Zustimmung der obersten
Landesbehörde ist als verwaltungsinterner Mitwirkungsakt einer gesonderten verwaltungsgerichtlichen Überprüfung entzogen.

2. Verlängerung eines nach der Einreise des Ausländers erteilten oder verlängerten Aufenthaltstitels trotz Asylantragstellung gemäß § 10 Abs. 2 AufenthG

Ein nach der Einreise des Ausländers von der Ausländerbehörde erteilter oder verlängerter 109
Aufenthaltstitel kann gemäß § 10 Abs. 2 AufenthG nach den Vorschriften dieses Gesetzes
ungeachtet des Umstandes verlängert werden, dass der Ausländer einen Asylantrag gestellt
hat. § 10 Abs. 2 AufenthG zielt darauf, in Fallgestaltungen, in denen die Ausländerbehörde
dem Ausländer den vorausgegangenen Aufenthaltstitel nach der Einreise erteilt oder verlängert und der Ausländer hiernach einen Asylantrag gestellt hat, die **Verlängerung** des
Aufenthaltstitels zu ermöglichen. Im Einklang mit § 8 AufenthG bezeichnet die Verlängerung jede weitere Aufenthaltsgewährung im Anschluss an einen genehmigten Aufenthalt
unter Beibehaltung des konkret erlaubten, an einem bestimmten Lebenssachverhalt orientierten Aufenthaltszwecks.[152]

§ 10 Abs. 2 AufenthG findet ebenfalls Anwendung, wenn der Ausländer im Anschluss an 110
die Aufenthaltserlaubnis eine **Niederlassungserlaubnis** oder **Erlaubnis zum Daueraufenthalt-EU** beantragt. § 10 Abs. 3 S. 1 AufenthG widerstreitet der Verlängerung einer
Aufenthaltserlaubnis nicht, da diese Vorschrift allein den Ausschluss der Erteilung, nicht
indes auch der Verlängerung einer bereits erteilten Aufenthaltserlaubnis regelt.[153]

3. Grundsätzlicher Ausschluss der Erteilung eines Aufenthaltstitels bei Ablehnung oder Rücknahme eines Asylantrages gemäß § 10 Abs. 3 AufenthG

§ 10 Abs. 3 AufenthG begründet eine **beschränkte Titelerteilungssperre** für Ausländer, 111
deren Asylantrag ohne Erfolg geblieben ist.

a) Grundsätzliche eingeschränkte Sperrwirkung gemäß § 10 Abs. 3 S. 1 Auf- 112
enthG. Nach § 10 Abs. 3 S. 1 AufenthG darf einem Ausländer, dessen Asylantrag **unanfechtbar abgelehnt** worden ist oder der seinen Asylantrag zurückgenommen hat, vor
der Ausreise ein Aufenthaltstitel nur nach Maßgabe des Abschnitts 5 des Aufenthaltsgesetzes
erteilt werden.[154]

---
[149] BVerwG Urt. v. 12.7.2016 – 1 C 23.15, NVwZ 2016, 1498 Rn. 21, mwN.
[150] BVerwG Urt. v. 17.12.2015 – 1 C 31.14, BVerwGE 153, 353 Rn. 20 ff.
[151] Vgl. BVerwG Urt. v. 16.12.2008 – 1 C 37.07, BVerwGE 132, 382 Rn. 21.
[152] OVG Münster Beschl. v. 20.6.2008 – 18 B 1384/07, BeckRS 2008, 36463; OVG Magdeburg Beschl. v. 16.9.2009 – 2 L 118/08, BeckRS 2009, 41320.
[153] OVG Magdeburg Beschl. v. 8.3.2019 – 2 M 148/18, BeckRS 2019, 5033 Rn. 18; aA OVG Lüneburg Beschl. v. 26.7.2007 – 12 ME 252/07, BeckRS 2007, 25187.
[154] Zur Vereinbarkeit von § 10 Abs. 3 S. 1 und 3 Hs. 1 AufenthG mit der RL 2003/86/EG OVG Lüneburg Beschl. v. 3.5.2019 – 13 PA 97/19, BeckRS 2019, 8481 Rn. 23 ff..

113 Die Sperrwirkung des § 10 Abs. 3 S. 1 AufenthG erfasst den Fall, dass **der Antrag sowohl auf Anerkennung als Asylberechtigter als auch auf Zuerkennung des Flüchtlingsstatus abgelehnt** wurde, nicht hingegen auch die Konstellation, dass zwar sein Antrag auf Anerkennung als Asylberechtigter abgelehnt, ihm hingegen Flüchtlingsstatus zuerkannt wird.[155] Daneben erstreckt sich die Rechtsfolge des § 10 Abs. 3 S. 1 AufenthG ausweislich seines eindeutigen Wortlauts über die **Rücknahme** des Asylantrages hinaus weder auf den Verzicht nach § 14a Abs. 3 AsylG noch auf den Widerruf der Asylberechtigung und der Flüchtlingseigenschaft nach § 73 AsylG.

114 Die Titelerteilungssperre gemäß § 10 Abs. 3 S. 3 Hs. 1 AufenthG findet im Falle eines **Anspruchs** auf Erteilung eines Aufenthaltstitels keine Anwendung. Besondere Ausschlusstatbestände normieren **§ 19d Abs. 3 und § 104b Abs. 1 AufenthG.**

115 Sind die tatbestandlichen Voraussetzungen des § 10 Abs. 3 S. 1 AufenthG erfüllt und ist dessen Anwendbarkeit nicht ausgeschlossen, so darf dem Ausländer vor der Ausreise ein Aufenthaltstitel allein nach Maßgabe der **§§ 22 bis 26 AufenthG** erteilt werden. § 10 Abs. 3 S. 1 AufenthG beschränkt die Reichweite der Titelerteilungssperre auf den Zeitraum bis zu einer Ausreise des Ausländers. Letztere ist nur im Falle der Erfüllung der Ausreisepflicht anzunehmen.[156] Hiervon ist auszugehen, wenn der Ausländer seinen dauernden Aufenthalt in das Ausland verlegt.[157]

116 b) Grundsätzliche Sperrwirkung gemäß § 10 Abs. 3 S. 2 AufenthG. Sofern der Asylantrag nach § 30 Abs. 3 Nr. 1 bis 6 AsylG abgelehnt wurde, darf gemäß § 10 Abs. 3 S. 2 AufenthG vor der Ausreise kein Aufenthaltstitel erteilt werden. § 10 Abs. 3 S. 2 AufenthG begründet eine allein **von § 10 Abs. 3 S. 3 AufenthG, § 25a Abs. 4 und § 25b Abs. 5 S. 2 AufenthG durchbrochene Titelerteilungssperre** in den Fällen einer zumindest auch auf § 30 Abs. 3 Nr. 1 bis 6 AsylG gestützten Ablehnung eines Asylantrags als **offensichtlich unbegründet**. Aus dem Bescheid des Bundesamts für Migration und Flüchtlinge muss sich für den Betroffenen eindeutig ergeben, dass der Offensichtlichkeitsausspruch gerade auf einen dieser Ablehnungsgründe gestützt wird. Aus Gründen der Rechtsklarheit und Rechtssicherheit muss § 30 Abs. 3 Nr. 1 bis 6 AsylG daher im Regelfall entweder im Tenor oder in der Begründung des Bescheides ausdrücklich Erwähnung finden.[158] § 10 Abs. 3 S. 2 AufenthG findet keine Anwendung, wenn allein der Antrag auf Anerkennung als Asylberechtigter, nicht hingegen auch der Antrag auf Zuerkennung der Flüchtlingseigenschaft als offensichtlich unbegründet abgelehnt wurde.[159] Die Sperrwirkung des § 10 Abs. 3 S. 2 AufenthG kann allein im asylgerichtlichen Verfahren im Wege der Aufhebung des Offensichtlichkeitsausspruchs in dem Bescheid des Bundesamts erstritten werden.[160] Sie entfällt nicht im Falle der nachträglichen Rücknahme des Asylantrages.[161] Die Titelerteilungssperre entfällt mit der Ausreise des Ausländers aus dem Bundesgebiet. Der Begriff der **Ausreise** setzt auch im Kontext des § 10 Abs. 3 S. 2 AufenthG die vollständige Erfüllung der Ausreisepflicht voraus.[162]

117 c) Keine Anwendung der Titelerteilungssperre des § 10 Abs. 3 S. 1 und 2 AufenthG gemäß § 10 Abs. 3 S. 3 AufenthG. In den in § 10 Abs. 3 S. 3 AufenthG geregelten Fallgestaltungen findet die Titelerteilungssperre des § 10 Abs. 3 S. 1 und 2 AufenthG keine Anwendung.

---

[155] Vgl. OVG Berlin-Brandenburg Urt. v. 9.6.2011 – OVG 2 B 2.10, BeckRS 2011, 53131; offengelassen von BVerwG Urt. v. 16.12.2008 – 1 C 37.07, BVerwGE 132, 382 Rn. 17.
[156] VGH Mannheim Beschl. v. 10.3.2009 – 11 S 2990/08, EZAR NF 22 Nr. 3, 11; OVG Berlin-Brandenburg Beschl. v. 21.4.2017 – OVG 11 N 18.15, BeckRS 2017, 108719 Rn. 5.
[157] BVerwG Beschl. v. 20.6.1990 – 1 B 80.89, NVwZ 1991, 273.
[158] BVerwG Urt. v. 25.8.2009 – 1 C 30.08, BVerwGE 134, 335 Rn. 19.
[159] OVG Berlin-Brandenburg Urt. v. 9.6.2011 – OVG 2 B 2.10, BeckRS 2011, 53131; OVG Greifswald Beschl. v. 31.1.2007 – 2 O 109/06, EZAR NF 28 Nr. 18, 1.
[160] BVerwG Urt. v. 21.11.2006 – 1 C 10.06, BVerwGE 127, 161 Rn. 22.
[161] BVerwG Urt. v. 16.12.2008 – 1 C 37.07, BVerwGE 132, 382 Rn. 18.
[162] OVG Magdeburg Beschl. v. 27.9.2012 – 2 O 208/11, BeckRS 2012, 59625.

aa) Anspruch auf Erteilung eines Aufenthaltstitels iSd § 10 Abs. 3 S. 2 Hs. 1 Auf- 118
enthG. Gemäß § 10 Abs. 3 S. 3 Hs. 1 AufenthG findet § 10 Abs. 3 S. 1 und 2 AufenthG im Falle eines Anspruchs auf Erteilung eines Aufenthaltstitels keine Anwendung. Der Begriff des Anspruchs bezeichnet wie in § 10 Abs. 1 AufenthG allein den **gesetzlichen Anspruch,** mithin einen strikten Rechtsanspruch, der sich unmittelbar aus dem Gesetz ergibt und der voraussetzt, dass alle zwingenden und regelhaften Tatbestandsvoraussetzungen erfüllt sind.[163] Für dieses Normverständnis streitet insbesondere § 10 Abs. 3 S. 3 Hs. 2 AufenthG, dessen es nicht bedurft hätte, wenn auch Regelansprüche oder Ansprüche auf Grund von Soll-Vorschriften dem Begriff des Anspruchs iSd § 10 Abs. 3 S. 3 Hs. 1 AufenthG unterfielen.[164] Ebenso wenig liegt ein Anspruch im vorstehenden Sinne im Falle einer Ermessensreduzierung auf Null vor.[165]

bb) Erfüllung der Voraussetzungen des § 25 Abs. 3 AufenthG (§ 10 Abs. 3 S. 2 119
Hs. 2 AufenthG). § 10 Abs. 3 S. 2 AufenthG ist gemäß § 10 Abs. 3 S. 3 Hs. 2 AufenthG ferner nicht anzuwenden, wenn der Ausländer die Voraussetzungen für die Erteilung einer Aufenthaltserlaubnis nach **§ 25 Abs. 3 AufenthG** erfüllt. § 10 Abs. 3 S. 3 Hs. 2 AufenthG setzt die Vorgabe des Art. 24 Abs. 2 Anerkennungs-RL um, dem zufolge subsidiär Schutzberechtigten grundsätzlich ein verlängerbarer Aufenthaltstitel auszustellen ist und der nur für den Fall, dass zwingende Gründe der nationalen Sicherheit oder der öffentlichen Ordnung der Erteilung entgegenstehen, die Möglichkeit vorsieht, die Erteilung des Aufenthaltstitels zu versagen.[166]

VIII. Einreise- und Aufenthaltsverbote gemäß § 11 AufenthG

§ 11 AufenthG normiert gesetzliche und behördliche Einreise- und Aufenthaltsverbote. 120

IX. Geltungsbereich und Nebenbestimmungen gemäß § 12 AufenthG

§ 12 Abs. 1 AufenthG regelt den territorialen Geltungsbereich eines auf der Grundlage des 121
Aufenthaltsgesetzes erlassenen Aufenthaltstitels. § 12 Abs. 2 AufenthG bestimmt, mit welchen Nebenbestimmungen eine Aufenthaltserlaubnis bei Erlass oder zu einem späteren Zeitpunkt versehen werden darf. § 12 Abs. 3 AufenthG normiert die Verlassenspflicht. § 12 Abs. 4 AufenthG ermöglicht die Beschränkung eines genehmigungsfreien Aufenthalts. Gegenstand des § 12 Abs. 5 AufenthG ist die Verlassenserlaubnis.

1. Territorialer Geltungsbereich des Aufenthaltstitels gemäß § 12 Abs. 1 AufenthG

Nach § 12 Abs. 1 S. 1 AufenthG wird der Aufenthaltstitel für das Bundesgebiet erteilt. Die 122
Norm stellt klar, dass der Aufenthaltstitel ungeachtet der Tatsache, dass er durch eine Landesbehörde erlassen wird, **Geltung für das gesamte Bundesgebiet** und damit auch im Hoheitsgebiet eines anderen Landes beansprucht.

Die Gültigkeit des Aufenthaltstitels nach den Vorschriften des **Schengener Durch-** 123
führungsübereinkommens für den Aufenthalt im Hoheitsgebiet der Vertragsparteien bleibt gemäß § 12 Abs. 1 S. 2 AufenthG unberührt. Die Vorschrift trägt insbesondere Art. 19 und Art. 21 SDÜ Rechnung. Gemäß Art. 19 Abs. 1 SDÜ können sich Drittausländer, die Inhaber eines einheitlichen Sichtvermerks sind und rechtmäßig in das Hoheitsgebiet einer der Vertragsparteien eingereist sind, während der Gültigkeitsdauer des Sichtvermerks und soweit sie die in Art. 5 Abs. 1 lit. a, c, d und e SDÜ aufgeführten

---
[163] Vgl. BVerwG Urt. v. 12.7.2016 – 1 C 23.15, NVwZ 2016, 1498 Rn. 21, mwN; OVG Lüneburg Beschl. v. 5.9.2017 – 13 LA 129/17, BeckRS 2017, 124304 Rn. 14 ff..
[164] Vgl. BVerwG Urt. v. 12.7.2016 – 1 C 23.15, NVwZ 2016, 1498 Rn. 21.
[165] BVerwG Urt. v. 16.12.2008 – 1 C 37.07, BVerwGE 132, 382 Rn. 21.
[166] BT-Drs. 16/5065, 164.

Einreisevoraussetzungen erfüllen, frei in dem Hoheitsgebiet aller Vertragsparteien bewegen. Nach Art. 21 Abs. 1 SDÜ können sich Drittausländer, die Inhaber eines gültigen, von einer der Vertragsparteien ausgestellten Aufenthaltstitels sind, aufgrund dieses Dokuments und eines gültigen Reisedokuments höchstens bis zu drei Monaten frei im Hoheitsgebiet der anderen Vertragsparteien bewegen, soweit sie die in Art. 5 Abs. 1 lit. a, c und e SDÜ aufgeführten Einreisevoraussetzungen erfüllen und nicht auf der nationalen Ausschreibungsliste der betroffenen Vertragspartei stehen.

2. Erteilung und Verlängerung des Visums und der Aufenthaltserlaubnis unter Bedingungen gemäß § 12 Abs. 2 S. 1 AufenthG

124 Gemäß § 12 Abs. 2 S. 1 AufenthG können das Visum und die Aufenthaltserlaubnis mit Bedingungen erteilt und verlängert werden. Im Umkehrschluss zu § 12 Abs. 2 S. 2 AufenthG ist die Beifügung einer Bedingung nur **zeitgleich** mit der Erteilungs- oder Verlängerungsentscheidung statthaft. Sie steht im pflichtgemäßen **Ermessen** der Ausländerbehörde. Diese hat bei der Ausübung des Ermessens insbesondere den Grundsatz der Verhältnismäßigkeit zu beachten.[167]

125 Der Eintritt einer **auflösenden Bedingung** bewirkt gemäß § 51 Abs. 1 Hs. 1 Nr. 2 AufenthG eo ipso das Erlöschen des Aufenthaltstitels. Diese Rechtsfolge unterscheidet die auflösende Bedingung von anderen Formen der Beendigung der Rechtmäßigkeit des Aufenthalts wie der nachträglichen zeitlichen Beschränkung des Aufenthaltstitels nach § 7 Abs. 2 S. 2 AufenthG oder dem Widerruf gemäß § 52 AufenthG. Zwar hat die Ausländerbehörde, will sie das Visum oder die Aufenthaltserlaubnis mit einer auflösenden Bedingung versehen, ebenfalls Ermessen auszuüben; allerdings vermag sie die Umstände, die den Einzelfall im Zeitpunkt des Eintritts der auflösenden Bedingung prägen, in der Regel nicht zu antizipieren.[168] Daher begegnet es durchgreifenden Bedenken, die Aufenthaltserlaubnis unter der auflösenden Bedingung des Fortbestands einzelner Erteilungsvoraussetzungen oder des Nichteintritts bestimmter Versagungsgründe zu erteilen.[169]

3. Verbindung der Aufenthaltserlaubnis mit Auflagen gemäß § 12 Abs. 2 S. 2 AufenthG

126 Gemäß § 12 Abs. 2 S. 2 AufenthG können das Visum und die Aufenthaltserlaubnis, auch nachträglich, mit Auflagen, insbesondere einer räumlichen Beschränkung, verbunden werden. Neben Bedingungen darf die Ausländerbehörde das Visum und die Aufenthaltserlaubnis unter **Auflagen** erteilen oder verlängern. Zu den selbständig anfechtbaren Auflagen zählen insbesondere die im Gesetz ausdrücklich bezeichnete **räumliche Beschränkung,** mit der der Aufenthalt des Ausländers in Abweichung von dem Grundsatz des § 12 Abs. 1 S. 1 AufenthG auf bestimmte Teile des Bundesgebiets beschränkt werden darf, und die **Wohnsitzauflage,** die den Ausländer verpflichtet, seinen Wohnsitz an einem bestimmten Ort zu nehmen.[170] Im Unterschied zu der Bedingung darf die Auflage auch nachträglich ergehen. Ihr Erlass steht im Ermessen der Ausländerbehörde.[171]

---

[167] VGH Mannheim Beschl. v. 11.12.2013 – 11 S 2077/13, EZAR NF 27 Nr. 8, 5 f..
[168] Vgl. im Gegensatz dazu zu dem insoweit maßgeblichen Beurteilungszeitpunkt im Rahmen des § 7 Abs. 2 S. 2 AufenthG und des § 52 AufenthG BVerwG Beschl. v. 22.5.2013 – 1 B 25.12, EZAR NF 48 Nr. 23, 2 f. beziehungsweise BVerwG Urt. v. 13.4.2010 – 1 C 10.09, NVwZ 2010, 1369 Rn. 11.
[169] Vgl. auch VGH Mannheim Beschl. v. 11.12.2013 – 11 S 2077/13, BeckRS 2014, 46012, ausweislich dessen es für den Erlass einer auflösenden Bedingung einer besonderen Rechtfertigung bedarf; aA OVG Berlin-Brandenburg Urt. v. 27.8.2009 – OVG 11 B 1.09, BeckRS 2011, 46823; Beschl. v. 6.7.2006 – OVG 11 S 33.06, juris Rn. 14.
[170] OVG Lüneburg Beschl. v. 12.12.2017 – 13 PA 222/17, BeckRS 2017, 136031 Rn. 5 ff.. Vgl. zu Wohnsitzauflagen gegenüber subsidiär Schutzberechtigten § 12a AufenthG und EuGH Urt. v. 1.3.3016 – C-443/14, C-444/14, NJW 2016, 1077, sowie zur Unzulässigkeit einer „abdrängenden Wohnsitzbeschränkung" OVG Hamburg Urt. v. 26.5.2010 – 5 Bf 85/10, EZAR NF 27 Nr. 4, 5 f.
[171] BVerwG Urt. v. 14.1.2008 – 1 C 17.07, BVerwGE 130, 148 Rn. 14; OVG Bautzen Beschl. v. 15.4.2015 – 3 E 21/15, juris Rn. 5.

4. Verlassenspflicht gemäß § 12 Abs. 3 AufenthG

Gemäß § 12 Abs. 3 AufenthG hat ein Ausländer den Teil des Bundesgebiets, in dem er sich 127
ohne Erlaubnis der Ausländerbehörde einer räumlichen Beschränkung zuwider aufhält,
unverzüglich zu verlassen. Der Adressatenkreis der in § 12 Abs. 3 AufenthG geregelten
Verlassenspflicht ist nicht auf den von § 12 Abs. 2 und 4 AufenthG erfassten Personenkreis beschränkt. Erforderlich ist allein, dass der Ausländer gegen eine räumliche Beschränkung verstößt, unabhängig davon, ob diese unmittelbar kraft Gesetzes besteht, durch Verwaltungsakt angeordnet ist oder fortgilt. Die Verlassenspflicht ist im Wege des **unmittelbaren Zwanges** nach Maßgabe des § 59 Abs. 1 AsylG beziehungsweise der maßgeblichen landesrechtlichen Vorschriften durchzusetzen.

5. Nachträglich zeitliche und/oder räumliche Beschränkung des genehmigungsfreien Aufenthalts gemäß § 12 Abs. 4 AufenthG

Gemäß § 12 Abs. 4 AufenthG kann der Aufenthalt eines Ausländers, der keines Aufent- 128
haltstitels bedarf, zeitlich und räumlich beschränkt sowie von Bedingungen und Auflagen
abhängig gemacht werden. Adressaten der **nachträglichen zeitlichen oder räumlichen
Beschränkung** nach § 12 Abs. 4 AufenthG sind Ausländer, die sich genehmigungsfrei,
insbesondere nach Maßgabe der §§ 15 ff. AufenthV, im Bundesgebiet aufhalten. Die Entscheidung steht im pflichtgemäßen Ermessen der Ausländerbehörde. Maßgeblicher **Beurteilungszeitpunkt** für die Rechtmäßigkeit der Ermessensausübung ist der Zeitpunkt der
letzten mündlichen Verhandlung oder Entscheidung des Tatsachengerichts.

6. Verlassenserlaubnis gemäß § 12 Abs. 5 AufenthG

Gemäß § 12 Abs. 5 S. 1 AufenthG kann die Ausländerbehörde dem Ausländer das Ver- 129
lassen des auf der Grundlage dieses Gesetzes beschränkten Aufenthaltsbereichs erlauben.
Die Norm ist einschränkend dahingehend auszulegen, dass sie nur zu einer Gestattung des
vorübergehenden Verlassens des beschränkten Aufenthaltsbereichs ermächtigt.[172] Die Erteilung der Erlaubnis steht grundsätzlich im pflichtgemäßen Ermessen der Ausländerbehörde.[173]

Die Erlaubnis ist nach § 12 Abs. 5 S. 2 AufenthG zu erteilen, wenn hieran ein **dringen-** 130
des öffentliches Interesse besteht, **zwingende Gründe** es erfordern oder die Versagung
der Erlaubnis eine **unbillige Härte** bedeuten würde. Zwingende Gründe iSd Vorschrift
sind solche von erheblichem Gewicht. Sie können etwa familiärer, religiöser,[174] gesundheitlicher oder politischer Natur sein. Unbillig ist eine durch die Versagung der Erteilung der
Verlassenserlaubnis ausgelöste Härte, wenn sie für den Ausländer ob der außergewöhnlich
gelagerten Umstände des Einzelfalles gleichsam unerträglich wäre. Sind die zwingenden
Gründe familiärer Natur, so ist die in Art. 6 Abs. 1 iVm Abs. 2 GG enthaltene wertentscheidende Grundsatznorm, nach welcher der Staat die Familie zu schützen und zu fördern
hat, sowohl bei der Auslegung des unbestimmten Rechtsbegriffs der unbilligen Härte in
§ 12 Abs. 5 S. 2 AufenthG als auch bei der Entscheidung über die Häufigkeit und die
sonstigen Einzelheiten der Verlassenserlaubnisse maßgeblich zu berücksichtigen.[175]

Der Ausländer kann gemäß § 12 Abs. 5 S. 3 AufenthG Termine bei Behörden und 131
Gerichten, bei denen sein persönliches Erscheinen erforderlich ist, **ohne Erlaubnis** wahrnehmen. Mit der Regelung soll es Ausländern unbürokratisch ermöglicht werden, Behörden- oder Gerichtstermine wahrzunehmen.[176] Das persönliche Erscheinen des Ausländers
muss hierbei nicht förmlich angeordnet worden sein.

---

[172] OVG Magdeburg Beschl. v. 5.4.2006 – 2 M 133/06, BeckRS 2008, 32701.
[173] VG Regensburg Gerichtsbescheid v. 30.9.2015 – RN 9 K 15.1340, BeckRS 2015, 54473.
[174] Vgl. insoweit VGH München Beschl. v. 25.8.2015 – 19 C 14.1211, NVwZ-RR 2016, 77.
[175] OVG Hamburg Beschl. v. 10.5.2010 – 2 Bs 84/10, BeckRS 2012, 58543.
[176] VGH München Beschl. v. 9.12.2014 – 19 C 14.442 und 19 C 14.445, BeckRS 2014, 59695 Rn. 5.

X. Wohnsitzregelung gemäß § 12a AufenthG

132 § 12a AufenthG beinhaltet eine Regelung zur Steuerung der Wohnsitznahme von Ausländern.

XI. Beantragung eines Aufenthaltstitels gemäß § 81 AufenthG

132a § 81 AufenthG regelt das Erfordernis, die Erteilung oder Verlängerung von Aufenthaltstiteln zu beantragen, und die Konsequenzen, die sich aus der Antragstellung für das Verwaltungsverfahren ergeben.

1. Antragserfordernis gemäß § 81 Abs. 1 AufenthG

132b Gemäß § 81 Abs. 1 AufenthG wird einem Ausländer ein Aufenthaltstitel nur auf seinen Antrag erteilt, soweit nichts anderes bestimmt ist. Eine solche abweichende Bestimmung beinhaltet § 33 S. 1 und 2 AufenthG.

132c Antragsberechtigt ist allein der den (weiteren) Aufenthalt begehrende Ausländer. Dieser hat in seinem Antrag den Zweck seines Aufenthalts zu bezeichnen. Gemäß dem in den §§ 7 und 8 AufenthG verankerten Prinzip der Trennung der Aufenthaltszwecke **(Trennungsprinzip)** ist der Ausländer regelmäßig gehalten, seine aufenthaltsrechtlichen Ansprüche aus den Rechtsgrundlagen abzuleiten, die der Gesetzgeber in den Abschnitten 3 bis 7 des Kapitels 2 des Aufenthaltsgesetzes für die spezifischen vom Ausländer verfolgten Aufenthaltszwecke normiert hat.[177] Das jeweilige Begehren ist nach Maßgabe des § 133 BGB auszulegen. Im Rahmen der Auslegung ist der wirkliche Wille zu erforschen und nicht an dem buchstäblichen Sinne des Ausdrucks zu haften.[178] Gemäß § 82 Abs. 1 S. 1 AufenthG ist der Ausländer verpflichtet, seine Belange und für ihn günstige Umstände, soweit sie nicht offenkundig oder bekannt sind, unter Angabe nachprüfbarer Umstände unverzüglich geltend zu machen und die erforderlichen Nachweise über seine persönlichen Verhältnisse, sonstige erforderliche Bescheinigungen und Erlaubnisse sowie sonstige erforderliche Nachweise, die er erbringen kann, unverzüglich beizubringen.

132d Soweit nichts anderes bestimmt ist, kann der Antrag formlos, das heißt auch etwa mündlich oder, sofern die Ausländerbehörde hierfür gemäß § 3a Abs. 1 VwVfG einen Zugang eröffnet, im Wege der elektronischen Übermittlung etwa per E-Mail, gestellt werden. Die bloße Buchung eines Termins bei der Ausländerbehörde im Wege einer **Online-Terminvereinbarung** genügt den Anforderungen an die Antragstellung iSd § 81 Abs. 1 AufenthG nicht.[179]

2. Einholung des Aufenthaltstitels vom Inland aus gemäß § 81 Abs. 2 AufenthG

132e Gemäß § 81 Abs. 2 S. 1 AufenthG ist ein Aufenthaltstitel, der nach Maßgabe der Rechtsverordnung nach § 99 Abs. 1 Nr. 2 AufenthG nach der Einreise eingeholt werden kann, unverzüglich nach der Einreise oder innerhalb der in der Rechtsverordnung bestimmten Frist zu beantragen. Nach § 81 Abs. 2 S. 2 AufenthG ist der Antrag für ein im Bundesgebiet geborenes Kind, dem nicht von Amts wegen ein Aufenthaltstitel zu erteilen ist, innerhalb von sechs Monaten nach der Geburt zu stellen.

132f § 81 Abs. 2 S. 1 AufenthG statuiert eine Ausnahme von dem in § 4 Abs. 1 S. 1 und § 5 Abs. 2 AufenthG niedergelegten Grundsatz, dass der Aufenthaltstitel regelmäßig vor der Einreise einzuholen ist. § 99 Abs. 1 Nr. 2 Alt. 2 AufenthG ermächtigt das Bundesministerium des Innern, durch Rechtsverordnung mit Zustimmung des Bundesrates zu bestimmen, dass der Aufenthaltstitel nach der Einreise eingeholt werden kann. Derartige Bestim-

---

[177] BVerwG Urt. v. 4.9.2007 – 1 C 43.06, BVerwGE 129, 226 Rn. 26 = NVwZ 2008, 333 Rn. 26; vgl. zum Begriff des Aufenthaltszwecks auch BVerwG Urt. v. 26.1.2017 – 1 C 10.16, BVerwGE 157, 208 Rn. 29.
[178] BVerwG Urt. v. 11.1.2011 – 1 C 1.10, BVerwGE 138, 371 Rn. 16.
[179] BVerwG Urt. v. 15.8.2019 – 1 C 23.18, BeckRS 2019, 22298 Rn. 28.

mungen enthält Abschnitt 4 der Aufenthaltsverordnung. § 39 Satz 1 AufenthV sieht die Möglichkeit der **Einholung** oder Verlängerung eines Aufenthaltstitels für längerfristige Aufenthaltszwecke für in einem Katalog abschließend bezeichnete Tatbestände vor. § 40 AufenthV eröffnet Positivstaatern die Option einer Verlängerung ihres visumfreien Kurzaufenthalts. § 41 Abs. 1 und 2 AufenthV begünstigt die Angehörigen bestimmter Staaten durch das Recht zur visumfreien Einreise und zum Aufenthalt auch für Zwecke, die über Kurzaufenthalte hinausreichen. Die betreffenden Anträge sind grundsätzlich unverzüglich iSd § 121 BGB nach der Einreise zu stellen. § 41 Abs. 3 S. 1 AufenthV begünstigt die Angehörigen der betreffenden Staaten zusätzlich durch Einräumung einer Antragsfrist von 90 Tagen nach der Einreise.

Gemäß § 81 Abs. 2 S. 2 AufenthG ist der Antrag für ein im Bundesgebiet geborenes **132g** Kind ausländischer Eltern, das nicht unter den Voraussetzungen des § 4 Abs. 3 StAG die deutsche Staatsangehörigkeit erwirbt und dem nicht von Amts wegen nach § 33 S. 1 oder 2 AufenthG ein Aufenthaltstitel zu erteilen ist oder erteilt werden kann, innerhalb von sechs Monaten nach der Geburt zu stellen. Bis zum Ablauf dieser sechsmonatigen Antragsfrist ist der Aufenthalt im Bundesgebiet als rechtmäßig anzusehen. Allerdings wird § 81 Abs. 2 S. 2 AufenthG durch § 33 S. 3 AufenthG verdrängt, dem zufolge der Aufenthalt eines im Bundesgebiet geborenen Kindes, dessen Mutter oder Vater zum Zeitpunkt der Geburt im Besitz eines Visums ist oder sich visumfrei aufhalten darf, nur bis zum Ablauf des Visums oder des rechtmäßigen visumfreien Aufenthalts als erlaubt gilt. Wird der Antrag demgegenüber nach Ablauf der **Antragsfrist** des § 81 Abs. 2 S. 2 AufenthG gestellt, so gilt dessen Aufenthalt ab dem Zeitpunkt der Antragstellung bis zur Bescheidung des Antrages erneut als erlaubt.[180]

3. Antrag bei rechtmäßigem Aufenthalt ohne Aufenthaltstitel gemäß § 81 Abs. 3 AufenthG

Beantragt ein Ausländer, der sich rechtmäßig im Bundesgebiet aufhält, ohne einen Auf- **132h** enthaltstitel zu besitzen, die Erteilung eines Aufenthaltstitels, gilt sein Aufenthalt gemäß § 81 Abs. 3 S. 1 AufenthG bis zur Entscheidung der Ausländerbehörde als erlaubt. Die Erlaubnisfiktion begünstigt Ausländer, die sich rechtmäßig ohne einen ihnen von einer deutschen Ausländerbehörde erteilten Aufenthaltstitel im Bundesgebiet aufhalten. Ein nach § 55 Abs. 1 AsylG gestatteter Aufenthalt ist – wie aus § 55 Abs. 2 S. 1 AsylG und § 43 Abs. 2 S. 2 AsylG folgt – nicht als rechtmäßig im vorstehenden Sinne anzusehen.[181] Gleiches gilt für den Aufenthalt eines Ausländers, der mit einem Schengen-Visum[182] oder auf der Grundlage des Art. 21 Abs. 1 SDÜ[183] rechtmäßig in das Bundesgebiet einreist und dort die Erteilung eines Aufenthaltstitels gemäß den §§ 16 ff. AufenthG beantragt. Der Eintritt der **Erlaubnisfiktion** setzt zudem die erstmalige Beantragung eines Aufenthaltstitels voraus, dessen Einholung vom Bundesgebiet aus rechtlich nicht von vornherein ausgeschlossen ist. Der Antrag muss, wie aus einem Umkehrschluss aus § 81 Abs. 3 S. 2 AufenthG folgt, vor der Beendigung der Rechtmäßigkeit des Aufenthalts gestellt werden. Die Fiktionswirkung tritt auch im Falle der Antragstellung bei einer örtlich oder sachlich unzuständigen Behörde ein. § 81 Abs. 3 S. 1 AufenthG hindert die Entstehung der Ausreisepflicht. Er wahrt die Legalität des Aufenthalts bis zur Entscheidung über den Antrag auf Erteilung eines Aufenthaltstitels. Auf Grund ihrer allein statuswahrenden Funktion endet die Erlaubnisfiktion mit der Bekanntgabe der Entscheidung der Ausländerbehörde oder der

---

[180] BVerwG Urt. v. 1.2.2000 – 1 C 14.99, InfAuslR 2000, 274 (275 f.).
[181] OVG Lüneburg Beschl. v. 11.9.2018 – 13 ME 392/18, EZAR NF 98 Nr. 95 S. 2; VGH München Beschl. v. 22.4.2016 – 19 ZB 15.318, NVwZ-RR 2016, 715 Rn. 8.
[182] BVerwG Urt. v. 19.11.2019 – 1 C 22.18, BeckRS 2019, 36255; OVG Koblenz Beschl. v. 9.5.2019 – 7 B 10493/19, BeckRS 2019, 11102 Rn. 5; vgl. auch OVG Münster Beschl. v. 11.12.2017 – 18 E 906/17, BeckRS 2017, 157378 Rn, 3 f.; aA VGH Mannheim Urt. v. 6.4.2018 – 11 S 2583/17, BeckRS 2018, 6543 Rn. 22 ff..
[183] OVG Hamburg Beschl. v. 1.6.2018 – 1 Bs 126/17, BeckRS 2018, 13375 Rn. 13.

Rücknahme des Antrags auf Erteilung eines Aufenthaltstitels. Da § 81 Abs. 3 S. 1 AufenthG im Unterschied zu § 81 Abs. 4 S. 1 AufenthG nicht den Besitz eines Aufenthaltstitels fingiert, berechtigt die Erlaubnisfiktion nicht zu einer Wiedereinreise in das Bundesgebiet im Anschluss an eine Ausreise aus einem nur vorübergehenden Grund.[184] Eine Anrechnung der Zeiten des fingierten Aufenthalts für den im Rahmen des Erwerbs eines qualifizierten Aufenthaltsrechts erfolgt nur, wenn die Ausländerbehörde den Antrag auf Erteilung eines Aufenthaltstitels positiv beschieden hat.

132i Wird der Antrag verspätet gestellt, gilt gemäß § 81 Abs. 3 S. 2 AufenthG ab dem Zeitpunkt der Antragstellung bis zur Entscheidung der Ausländerbehörde die Abschiebung als ausgesetzt. Die Duldungsfiktion begünstigt Ausländer, die sich rechtmäßig im Bundesgebiet aufhalten, ohne einen Aufenthaltstitel zu besitzen, und die Erteilung eines Aufenthaltstitels verspätet beantragen. Eine verspätete Antragstellung liegt vor, wenn die Erteilung eines Aufenthaltstitels nach der Beendigung der Rechtmäßigkeit des titelfreien Aufenthalts beantragt wird.[185] Eine analoge Anwendung des § 81 Abs. 3 S. 2 AufenthG auf Fälle der verspäteten Antragstellung nach Ablauf oder Erlöschen eines Aufenthaltstitels scheidet in Ermangelung einer planwidrigen Regelungslücke aus.[186] Die Antragstellung muss den sachlich-zeitlichen Zusammenhang mit dem rechtmäßigen Aufenthalt wahren. Ist dieser sachlich-zeitliche Zusammenhang nicht gewahrt, ist der Antrag nicht verspätet gestellt, sondern vom Voraufenthalt losgelöst. Der Annahme eines solchen Bezuges zu dem Voraufenthalt kann ein längerer Zeitablauf widerstreiten. Die Bestimmung der Geringfügigkeitsgrenze wird sich regelmäßig an einem Zeitraum von mehreren Tagen oder Wochen orientieren. In diese Beurteilung ist auch die konkrete Dauer des Aufenthalts einzubeziehen, an den der Antrag auf Erteilung einer Aufenthaltserlaubnis anknüpfen soll.[187] Die **Duldungsfiktion** bewirkt, dass der Ausländer zu behandeln ist, als wäre sein Aufenthalt geduldet. Sie lässt – wie auch die Duldung selbst – die Vollziehbarkeit der Ausreisepflicht unberührt, hemmt aber deren Vollziehung. Ob ihrer allein bestandswahrenden Funktion endet die Fiktion der Aussetzung der Abschiebung mit der Bekanntgabe der Entscheidung der Ausländerbehörde.[188] Entprechend § 60a Abs. 5 S. 1 AufenthG erlischt sie zudem mit der Ausreise des Ausländers. Gemäß § 61 Abs. 1 S. 1 AufenthG ist der Aufenthalt des Ausländers räumlich auf das Gebiet des Landes beschränkt. Nach § 61 Abs. 1b AufenthG erlischt diese räumliche Beschränkung, wenn sich der Ausländer seit drei Monaten ununterbrochen geduldet im Bundesgebiet aufhält.

4. Antrag auf Verlängerung oder Neuerteilung eines Aufenthaltstitels gemäß § 81 Abs. 4 AufenthG

132j Beantragt ein Ausländer vor Ablauf seines Aufenthaltstitels dessen Verlängerung oder die Erteilung eines anderen Aufenthaltstitels, gilt der bisherige Aufenthaltstitel gemäß § 81 Abs. 4 S. 1 AufenthG vom Zeitpunkt seines Ablaufs bis zur Entscheidung der Ausländerbehörde als fortbestehend. Die **Fortgeltungsfiktion** zielt darauf, dem Ausländer und seinem Arbeitgeber für die Dauer des behördlichen Antragsverfahrens arbeitsgenehmigungsrechtlich die Fortsetzung des Beschäftigungsverhältnisses zu ermöglichen.[189] Sinn und Zweck der Fiktionswirkung in § 81 Abs. 4 AufenthG, die in einem Alternativverhältnis zu § 81 Abs. 3 S. 1 AufenthG steht[190], war es, der Neuordnung des Arbeitsgenehmigungsrechts

---

[184] Str., wie hier VG Hannover Beschl. v. 7.1.2013 – 7 B 6332/12, BeckRS 2013, 46264, mwN auch zur Gegenposition.
[185] VGH München Beschl. v. 14.6.2013 – 10 C 13.848, BeckRS 2013, 52725 Rn. 20.
[186] VG Freiburg Beschl. v. 28.3.2012 – 4 K 333/12, BeckRS 2012, 50157.
[187] OVG Münster Beschl. v. 25.4.2012 – 18 B 1181/11, BeckRS 2013, 46706; VG Düsseldorf Beschl. v. 24.1.2011 – 27 L 1633/10, BeckRS 2011, 46750; Beschl. v. 26.11.2015 – 7 L 3422/15, BeckRS 2015, 56284.
[188] VGH München Beschl. v. 13.4.2006 – 24 C 06.569, BeckRS 2006, 16045 Rn. 28.
[189] BVerwG Urt. v. 30.3.2010 – 1 C 6.09, BVerwGE 136, 211 Rn. 21.
[190] BVerwG Urt. v. 19.11.2019 – 1 C 22.18, BeckRS 2019, 36255.

durch das Zuwanderungsgesetz gerecht zu werden. § 81 Abs. 4 S. 1 AufenthG erfasst sowohl die Verlängerung des bisherigen Aufenthaltstitels, mithin die weitere Aufenthaltsgewährung im Anschluss an einen genehmigten Aufenthalt unter Beibehaltung des konkret erlaubten, an einem bestimmten Lebenssachverhalt orientierten Aufenthaltszwecks, als auch die Neuerteilung eines Aufenthaltstitels zu einem anderen als dem bisherigen Aufenthaltszweck. Er setzt zum einen den Besitz eines Aufenthaltstitels und zum anderen, wie sich aus einem Umkehrschluss aus § 81 Abs. 4 S. 3 AufenthG ergibt, die rechtzeitige, mithin vor Ablauf der Geltungsdauer erfolgende Beantragung der Verlängerung oder Neuerteilung eines Aufenthaltstitels voraus.[191] Im Falle einer verspäteten Antragstellung ist der Ausländer auf § 81 Abs. 4 S. 3 AufenthG verwiesen. § 81 Abs. 4 S. 1 AufenthG fingiert die Fortgeltung des vormaligen Aufenthaltstitels unter Einschluss seiner Nebenbestimmungen. Die Fortgeltungsfiktion geht insoweit über die Erlaubnisfiktion des § 81 Abs. 3 S. 1 AufenthG hinaus. Sie bewirkt, dass der Ausländer so zu behandeln ist, als wäre er weiterhin im Besitz dieses Aufenthaltstitels. Ebenso wie der Erlaubnisfiktion kommt auch der Fortgeltungsfiktion allein eine rechtswahrende, nicht hingegen auch eine rechtsbegründende Funktion zu. Ist der Aufenthaltstitel des Ausländers daher nicht zu verlängern, so kann allein die Zeit der Fiktionswirkung des Verlängerungsantrags nach § 81 Abs. 4 S. 1 AufenthG keine Anrechnung auf die für eine Niederlassungserlaubnis oder eine Erlaubnis zum Daueraufenthalt-EU erforderlichen Titelbesitzzeiten Anrechnung finden.[192] Mit der Rücknahme des Verlängerungsantrages oder dem Eintritt der Wirksamkeit eines die Verlängerung oder Neuerteilung eines Aufenthaltstitels ablehnenden Verwaltungsakts[193] steht rückwirkend fest, dass der Ausländer mit dem Ablauf der Geltungsdauer des vormaligen Aufenthaltstitels nicht mehr im Besitz des erforderlichen Aufenthaltstitels ist. Dies gilt nur dann nicht, wenn der auf mehrere Aufenthaltszwecke gerichtete Antrag nur teilweise beschieden wird.[194] Die Fiktionswirkung erlischt. Sie lebt auch im Falle eines die aufschiebende Wirkung des Widerspruchs oder der Klage anordnenden Beschlusses nach § 80 Abs. 5 S. 1 Alt. 1 VwGO nicht wieder auf. Allein die Aufhebung des Verwaltungsakts im Klageverfahren bewirkt den Wiedereintritt der Fortgeltungsfiktion.[195] Ein auf denselben Aufenthaltszweck zielender weiterer Antrag löst die Fortgeltungsfiktion nicht erneut aus.[196] Hat der Verlängerungsantrag hingegen Erfolg, so wird dem Ausländer regelmäßig ein an den Ablauf der Geltungsdauer des vormaligen Aufenthaltstitels nahtlos anknüpfender Anschlussaufenthaltstitel zu erteilen sein.

132k Gemäß § 81 Abs. 4 S. 2 AufenthG gilt die Fortgeltungsfiktion nicht für ein Visum nach § 6 Abs. 1 AufenthG. Gemäß § 6 Abs. 1 AufenthG können einem Ausländer nach Maßgabe der Verordnung (EG) Nr. 810/2009 1. ein Visum für die Durchreise durch das Hoheitsgebiet der Schengen-Staaten oder für geplante Aufenthalte in diesem Gebiet von bis zu 90 Tagen je Zeitraum von 180 Tagen (**Schengen-Visum**) und 2. ein Flughafentransitvisum für die Durchreise durch die internationalen Transitzonen der Flughäfen erteilt werden. Mit dem in § 81 Abs. 4 S. 2 AufenthG verwendeten Wort „dies" hat der Gesetzgeber zum Ausdruck gebracht, dass die Fortgeltungsfiktion des § 81 Abs. 4 S. 1 AufenthG nicht entsteht, wenn der Ausländer mit einem der in § 6 Abs. 1 AufenthG bezeichneten Visa in das Bundesgebiet einreist und hiernach einen Antrag auf Erteilung einer Aufenthaltserlaubnis für einen weitergehenden Aufenthaltszweck stellt. Damit hat er auf verwaltungsgerichtliche Rechtsprechung reagiert, der zufolge im Einklang mit § 4 Abs. 1 S. 2 AufenthG auch ein Neuerteilungsantrag auf der Grundlage eines Schengen-Visums nach

---

[191] BVerwG Urt. v. 22.6.2011 – 1 C 5.10, BVerwGE 140, 64 Rn. 15 f. = NVwZ 2011, 1340 Rn. 15 f.
[192] BVerwG Urt. v. 30.3.2010 – 1 C 6.09, BVerwGE 136, 211 Rn. 21; Beschl. v. 6.3.2014 – 1 B 17.13, BeckRS 2014, 49307 Rn. 6.
[193] OVG Hamburg Beschl. v. 16.11.2017 – 1 Bs 230/17, BeckRS 2017, 133119 Rn. 18; OVG Lüneburg Beschl. v. 10.11.2017 – 13 ME 190/17, BeckRS 2017, 132585 Rn. 6.
[194] OVG Schleswig Beschl. v. 9.2.2016 – 4 MB 6/16, BeckRS 2016, 44032 Rn. 9.
[195] Vgl. BVerwG Urt. v. 1.2.2000 – 1 C 14.99, InfAuslR 2000, 274 (275).
[196] VGH Mannheim Beschl. v. 27.5.2013 – 11 S 785/13, BeckRS 2013, 51693.

§ 6 Abs. 1 AufenthG den Eintritt der Fortgeltungsfiktion des § 81 Abs. 4 AufenthG bewirken konnte.[197] Ziel der Änderung war es, den sachlichen Anwendungsbereich der Fortgeltungsfiktion auf nationale Visa nach § 6 Abs. 3 AufenthG zu beschränken.[198] Die Regelung trägt dem Umstand Rechnung, dass § 81 Abs. 4 S. 1 AufenthG auf die Wahrung des Aufenthaltsstatus bis zu einer behördlichen Entscheidung über den Antrag auf Verlängerung oder Neuerteilung eines Aufenthaltstitels zielt, die in § 6 Abs. 1 AufenthG bezeichneten Visa einer Verlängerung für einen nicht nur vorübergehenden Anschlussaufenthalt indes nicht zugänglich sind. Der Fiktionswirkung kommt allein besitzstandswahrende Funktion zu. Sie vermag ein neues Aufenthaltsrecht nicht zu begründen. Ein Ausländer, der mit einem Schengen-Visum in das Bundesgebiet einreist, hat mit dessen Beantragung zu erkennen gegeben, dass er sich allein für einen kurzen, vorübergehenden Aufenthalt im Bundesgebiet aufhalten möchte und gerade keinen längerfristigen Aufenthaltszweck verfolgt. Er soll daher grundsätzlich nach dem Ablauf der Geltungsdauer des Schengen-Visums seiner Ausreisepflicht nachkommen. Die Zuzugssteuerung gebietet es, ihm aufzuerlegen, sofern es ihm nicht ausnahmsweise nach § 39 AufenthV gestattet ist, den Aufenthaltstitel vom Inland aus einzuholen, das für den beabsichtigten Aufenthaltszweck erforderliche Visum vom Ausland zu beantragen. Eine Privilegierung durch die Fiktion eines erlaubten oder gar fortgeltenden Aufenthalts sollen Inhaber eines Schengen-Visums nach dem Ablauf von dessen Geltungsdauer nicht erfahren.§ 81 Abs. 4 S. 2 AufenthG findet auch auf solche Schengen-Visa Anwendung, die von anderen Staaten ausgestellt wurden.[199] Die gegenseitige Anerkennung und die Ausdehnung des räumlichen Geltungsbereichs der Schengen-Visa in Art. 10 Abs. 1 SDÜ ist Ausdruck der gemeinsamen Politik hinsichtlich des Personenverkehrs.

132l Wurde der Antrag auf Erteilung oder Verlängerung eines Aufenthaltstitels verspätet gestellt, kann die Ausländerbehörde gemäß § 81 Abs. 4 S. 3 AufenthG zur Vermeidung einer unbilligen Härte die Fortgeltungswirkung anordnen. Das Entstehen der Fortgeltungsfiktion setzt gemäß § 81 Abs. 4 S. 1 AufenthG die Beantragung der Verlängerung oder Neuerteilung eines im Zeitpunkt der Antragstellung noch gültigen Aufenthaltstitels voraus. Die Fiktionswirkung schützt den Ausländer davor, dass sich die bloße Dauer des Verwaltungsverfahrens materiell zu seinen Lasten auswirkt. Eine Bescheidung seines Antrags soll ihn nicht schlechter, aber auch nicht besser stellen, als er im Falle einer Entscheidung der Behörde vor Ablauf der Geltungsdauer des Titels gestanden hätte. Die allein besitzstandswahrende, nicht aber rechtsbegründende Wirkung des § 81 Abs. 4 S. 1 AufenthG steht dem Entstehen einer Fortgeltungsfiktion auch für den Fall einer verspäteten Antragstellung grundsätzlich entgegen. Ein mit Ablauf seiner Geltungsdauer gemäß § 51 Abs. 1 Hs. 1 Nr. 1 AufenthG bereits erloschener Aufenthaltstitel wirkt ob der einmal entstandenen Lücke nicht mehr fort.[200]

132m Die in das pflichtgemäße Ermessen der Ausländerbehörde gestellte[201] **Anordnung der Fortgeltungswirkung** qua Verwaltungsakt nach § 81 Abs. 4 S. 3 AufenthG ist eine einfach-gesetzliche Ausgestaltung des Grundsatzes der Verhältnismäßigkeit.[202] Sie ist der Vermeidung übermäßiger, vom Gesetzgeber nicht intendierter Härten insbesondere in Fällen zu dienen bestimmt, in denen die verspätete Antragstellung aus bloßer Nachlässigkeit und nur mit einer kurzen Zeitüberschreitung erfolgt[203]. Eine unbillige Härte im Sinne der

---

[197] In diesem Sinne etwa OVG Münster Beschl. v. 1.9.2008 – 18 B 943/08, BeckRS 2008, 39063; Beschl. v. 19.4.2010 – 18 B 195/10, BeckRS 2010, 55530; OVG Lüneburg Beschl. v. 31.10.2011 – 11 ME 315/11, InfAuslR 2012, 70 (71).
[198] BT-Drs. 17/13022, 30 und 17/13536, 15.
[199] BVerwG Urt. v. 19.11.2019 – 1 C 22.18, BeckRS 2019, 36255; VGH Kassel Beschl. v. 4.6.2014 – 3 B 785/14, BeckRS 2014, 55611 Rn. 5; VG Stuttgart Urt. v. 19.10.2017 – 9 K 6090/15, BeckRS 2017, 146261 Rn. 21 ff..
[200] BVerwG Urt. v. 22.6.2011 – 1 C 5.10, BVerwGE 140, 64 Rn. 14 ff. = NVwZ 2011, 1340 Rn. 14 ff.
[201] OVG Berlin-Brandenburg Beschl. v. 8.4.2016 – OVG 11 S 10.16, BeckRS 2016, 44657 Rn. 5.
[202] OVG Schleswig Beschl. v. 22.12.2017 – 4 MB 63/17, BeckRS 2017, 137141 Rn. 10.
[203] BR-Drs. 17/8682, 22.

Vorschrift kommt insbesondere in Betracht, wenn der Ausländer in solchen Fällen die Frist zur Antragstellung nur geringfügig überschritten hat, die Fristüberschreitung lediglich auf Fahrlässigkeit zurückzuführen ist und bei summarischer Prüfung davon ausgegangen werden kann, dass – eine rechtzeitige Antragstellung vorausgesetzt – bei ordnungsgemäßer Prüfung der Aufenthaltstitel verlängert oder ein anderer Aufenthaltstitel erteilt werden kann. Gemäß § 82 Abs. 1 S. 1 AufenthG obliegt es dem Ausländer darzulegen, warum ihm eine rechtzeitige Antragstellung nicht möglich war oder die Fristüberschreitung lediglich auf Fahrlässigkeit beruhte.[204] Eine bloße Unterbrechung der Rechtmäßigkeit des Aufenthalts begründet in Hinblick auf § 85 AufenthG regelmäßig keine außergewöhnliche Härte. Die nach § 81 Abs. 4 S. 3 AufenthG angeordnete Fortgeltungsfiktion endet mit der vollständigen Bescheidung des Antrags durch die Ausländerbehörde. § 81 Abs. 4 S. 1 und 3 AufenthG findet im Falle eines sich anschließenden neuerlichen Verlängerungs- oder Neuerteilungsantrags keine Anwendung. Die Anordnung einer Fortgeltungsanordnung nach § 81 Abs. 4 S. 3 AufenthG bedingt eine eindeutige Willensäußerung der Ausländerbehörde des Inhalts, dass der bisherige Aufenthaltstitel vorläufig, mithin bis zur Entscheidung der Ausländerbehörde fortbestehen soll.[205] Ob der Ausstellung einer Fiktionsbescheinigung nach § 81 Abs. 5 AufenthG eine Anordnung nach § 81 Abs. 4 S. 3 AufenthG oder eine – möglicherweise fehlerhafte – Bescheinigung des Eintritts einer Fortgeltungswirkung kraft Gesetzes nach § 81 Abs. 4 S. 1 AufenthG zugrunde liegt, ist aus der Perspektive des objektiven Empfängerhorizonts im Wege der Auslegung nach Maßgabe der im öffentlichen Recht entsprechend anwendbaren Auslegungsgrundsätze der §§ 133, 157 BGB unter Berücksichtigung sämtlicher Umstände des konkreten Einzelfalls zu beurteilen.[206] Vereinbart der Ausländer über eine Online-Terminvereinbarung rechtzeitig vor Ablauf der Geltungsdauer seiner bisherigen Aufenthaltserlaubnis einen Vorsprachetermin und sichert die Ausländerbehörde in diesem Verfahren sinngemäß zu, im Falle der Stellung eines Verlängerungsantrags im gebuchten Termin die Fortgeltungswirkung des Antrags anzuordnen, so kann in der Ausstellung einer Fiktionsbescheinigung nach § 81 Abs. 5 AufenthG bei Stellung des Verlängerungsantrags eine konkludente Anordnung gemäß § 81 Abs. 4 S. 3 AufenthG gesehen werden. Diese wirkt auf den Zeitpunkt des Ablaufs der Gültigkeitsdauer des bisherigen Aufenthaltstitels zurück.[207]

5. Ausstellung der Fiktionsbescheinigung gemäß § 81 Abs. 5 AufenthG

Gemäß § 81 Abs. 5 AufenthG ist dem Ausländer eine Bescheinigung über die Wirkung seiner Antragstellung (**Fiktionsbescheinigung**) auszustellen. Die Norm vermittelt dem Ausländer einen gesetzlichen Anspruch auf Ausstellung der Bescheinigung für den Zeitraum des Bestehens der Fiktionsauswirkung aus § 81 Abs. 3 oder 4 AufenthG. Der Anspruch nach § 81 Abs. 5 AufenthG erlischt, wie sich aus § 84 Abs. 2 S. 1 AufenthG ergibt, mit der behördlichen Entscheidung über den Antrag auf Erteilung oder Verlängerung des Aufenthaltstitels. Dies gilt auch dann, wenn der Ausländer hiergegen um einstweiligen Rechtsschutz nach Maßgabe des § 80 Abs. 5 VwGO nachsucht.[208] Für Zwecke der Aufnahme oder Ausübung einer Erwerbstätigkeit gilt indes ein dem Ausländer zuvor erteilter Aufenthaltstitel gemäß § 84 Abs. 2 S. 2 AufenthG als fortbestehend, solange die Frist zur Erhebung des Widerspruchs oder der Klage noch nicht abgelaufen ist, während eines gerichtlichen Verfahrens über einen zulässigen Antrag auf Anordnung oder Wiederherstellung der aufschiebenden Wirkung oder solange der eingelegte Rechtsbehelf aufschiebende Wirkung hat. Die Fiktionsbescheinigung ist grundsätzlich kein Verwaltungsakt, da es ihr an

132n

---
[204] OVG Magdeburg Beschl. v. 10.7.2019 – 2 M 21/19, BeckRS 2019, 17870 Rn. 18.
[205] VG Stuttgart Beschl. v. 10.42017 – 4 K 671/17, BeckRS 2017, 107430 Rn. 6.
[206] OVG Bremen Urt. v. 25.7.2019 – 2 B 69/69, BeckRS 2019, 19147 Rn. 18; VG Cottbus Beschl. v. 7.8.2018 – 3 L 403/18, BeckRS 2018, 21735 Rn. 8.
[207] BVerwG Urt. v. 15.8.2019 – 1 C 23.18, BeckRS 2019, 22298 Rn. 28; OVG Magdeburg Beschl. v. 10.7.2019 – 2 M 21/19, BeckRS 2019, 17870 Rn. 17.
[208] OVG Hamburg Beschl. v. 17.1.2017 – 3 Bs 242/16, AuAS 2017, 52 (54).

der erforderlichen Regelungswirkung mangelt.[209] Aus ihr selbst können keine Rückschlüsse auf das Bestehen der jeweiligen Fiktion abgeleitet werden. Maßgeblich ist jeweils die sich aus § 81 Abs. 3 und 4 AufenthG ergebende Rechtslage. Als öffentlicher Urkunde kommt ihr Beweisfunktion zu.[210] Die Fiktionsbescheinigung berechtigt in Verbindung mit einem anerkannten und gültigen Pass oder Passersatz zur Einreise in das Bundesgebiet, wenn ein Aufenthaltstitel gemäß § 81 Abs. 4 S. 1 AufenthG als fortbestehend gilt und dies in der Fiktionsbescheinigung eingetragen wurde.[211] Entsprechendes gilt nicht für die Bescheinigung der Erlaubnis- oder Duldungsfiktion.[212] Zuständig für die Erteilung einer Fiktionsbescheinigung nach § 81 Abs. 5 AufenthG ist die Behörde, die das Erteilungs- oder Verlängerungsverfahren betreibt.[213]

6. Entscheidung über einen Antrag auf Erteilung einer Aufenthaltserlaubnis zum Familiennachzug zu einem Inhaber einer ICT-Karte oder einer Mobiler-ICT-Karte gemäß § 81 Abs. 6 AufenthG

132o Wenn der Antrag auf Erteilung einer Aufenthaltserlaubnis zum Familiennachzug zu einem Inhaber einer ICT-Karte oder einer Mobiler-ICT-Karte gleichzeitig mit dem Antrag auf Erteilung einer ICT-Karte oder einer Mobiler-ICT-Karte gestellt wird, so wird gemäß § 81 Abs. 6 AufenthG über den Antrag auf Erteilung einer Aufenthaltserlaubnis zum Zweck des Familiennachzugs gleichzeitig mit dem Antrag auf Erteilung einer ICT-Karte oder einer Mobiler-ICT-Karte entschieden. Die Regelung ist der Umsetzung von Art. 19 Abs. 4 S. 2 RL 2014/66/EU zu dienen bestimmt, dem zufolge die zuständigen Behörden des Mitgliedstaats den Antrag auf Erteilung eines Aufenthaltstitels für die Familienangehörigen des unternehmensintern transferierten Arbeitnehmers gleichzeitig mit dem Antrag auf Erteilung eines Aufenthaltstitels für den unternehmensintern transferierten Arbeitnehmer oder eines Aufenthaltstitels für langfristige Mobilität bearbeiten, wenn der Antrag auf Erteilung eines Aufenthaltstitels für die Familienangehörigen des unternehmensintern transferierten Arbeitnehmers gleichzeitig gestellt wurde.

XII. Rechtsschutz

133 Ausländern steht in Streitigkeiten betreffend die Gewährung eines Aufenthaltstitels (1.) oder eine diesem beigegebene Nebenbestimmung (2.) wie auch bei Maßnahmen nach § 7 Abs. 2 S. 2 und § 12 Abs. 4 AufenthG gemäß § 40 Abs. 1 VwGO der Verwaltungsrechtsweg offen.

1. Rechtsschutz bei Versagung der Erteilung, Neuerteilung oder Verlängerung eines Aufenthaltstitels

134 Begehrt ein Ausländer Rechtsschutz in den Fällen der Versagung der Erteilung, Neuerteilung oder Verlängerung eines Aufenthaltstitels, so ist zwischen dem Rechtsschutzbegehren in der Hauptsache und einem Ersuchen auf Gewährung einstweiligen Rechtsschutzes zu differenzieren.

135 **a) Rechtsschutz in der Hauptsache.** Gegen die Ablehnung eines Antrags auf Erteilung, Neuerteilung oder Verlängerung eines Aufenthaltstitels ist gemäß § 42 Abs. 1 VwGO die **Verpflichtungsklage** statthaft. Sofern nicht Landesrecht im Einklang mit § 68 Abs. 1 S. 2 VwGO bestimmt, dass es der Durchführung eines Vorverfahrens in ausländerrechtlichen

---

[209] BVerwG Beschl. v. 21.1.2010 – 1 B 17.09, NVwZ-RR 2010, 330 (331); OVG Lüneburg Beschl. v. 28.9.2017 – 13 ME 244/17, BeckRS 2017, 128690 Rn. 6.
[210] VGH Mannheim Beschl. v. 6.5.2008 – 13 S 499/08, BeckRS 2008, 35601 Rn. 6.
[211] VG München Beschl. v. 28.12.2010 – M 10 E 10.6154, BeckRS 2010, 32975; vgl. *Klaus* InfAuslR 2019, 261 (263).
[212] OVG Münster Beschl. v. 11.5.2009 – 18 B 8/09, ZAR 2009, 278 (279).
[213] OVG Münster Beschl. v. 28.6.2016 – 18 B 478/16, AuAS 2016, 170.

Streitigkeiten nicht bedarf, muss der Ausländer vor Erhebung der Klage erfolglos das **Widerspruch**sverfahren gemäß den §§ 68 ff. VwGO durchgeführt haben. Maßgeblich für die Beurteilung der Sach- und Rechtslage ist bei auf die Erteilung oder Verlängerung eines Aufenthaltstitels gerichteten Verpflichtungsklagen grundsätzlich der Zeitpunkt der letzten mündlichen Verhandlung oder Entscheidung in der Tatsacheninstanz. Wird hingegen die Erteilung eines Aufenthaltstitels für einen zurückliegenden Zeitraum begehrt, ist auf die Rechtslage in diesem Zeitraum abzuheben.[214]

b) Einstweiliger Rechtsschutz. Widerspruch und Klage insbesondere gegen die Ablehnung eines Antrags auf Erteilung, Neuerteilung oder Verlängerung eines Aufenthaltstitels haben gemäß § 80 Abs. 2 S. 1 Nr. 3 VwGO iVm § 84 Abs. 1 Nr. 1 AufenthG keine aufschiebende Wirkung. Hinsichtlich der Statthaftigkeit eines Antrages auf Gewährung einstweiligen Rechtsschutzes ist danach zu differenzieren, ob der Antrag eine Fiktionswirkung gemäß § 81 Abs. 3 oder 4 AufenthG ausgelöst hat. 136

Im Hinblick darauf, dass eine mit der Antragstellung ausgelöste **Erlaubnis-, Duldungs- oder Fortgeltungsfiktion iSd § 81 Abs. 3 oder 4 AufenthG** mit der ausländerbehördlichen Versagungsentscheidung erlischt, stellt sich diese für den Ausländer nicht allein als Versagung einer Begünstigung, sondern im Hinblick auf das Erlöschen der Fiktionswirkung zugleich als belastende Maßnahme dar. Daher ist einstweiliger Rechtsschutz mit dem Ziel der Anordnung der aufschiebenden Wirkung des Widerspruchs oder der Klage nach Maßgabe des **§ 80 Abs. 5 S. 1 Alt. 1 VwGO** zu begehren. Zwar lebt die einmal erloschene Fiktionswirkung im Hinblick auf § 84 Abs. 2 S. 1 AufenthG auch im Falle einer gerichtlichen Anordnung der aufschiebenden Wirkung des Rechtsbehelfs nicht wieder auf[215] mit der Folge, dass der Aufenthalt des Ausländers im Bundesgebiet vorbehaltlich des § 84 Abs. 2 S. 2 AufenthG unrechtmäßig bleibt und die Ausreisepflicht nach § 50 Abs. 1 AufenthG fortbesteht. Die Anordnung der aufschiebenden Wirkung des Rechtsbehelfs bewirkt indes den Ausschluss der Vollziehbarkeit der Ausreisepflicht (§ 58 Abs. 2 AufenthG). Der Ausländer ist daher für die Dauer seines Aufenthalts im Bundesgebiet einstweilen so zu behandeln, als sei er noch im Besitz der Fiktionswirkung nach § 81 Abs. 3 oder 4 AufenthG.[216] Rechtsschutzziel eines Antrags auf Gewährung einstweiligen Rechtsschutzes ist mithin die Hemmung der Vollziehung der durch die Antragsablehnung vollziehbar gewordenen Ausreisepflicht. 137

Hat ein Antrag auf Erteilung oder Verlängerung eines Aufenthaltstitels hingegen bis zu seiner Ablehnung eine **Fiktionswirkung nach § 81 Abs. 3 oder 4 AufenthG nicht** ausgelöst, so scheidet eine Aussetzung der Abschiebung für die Dauer des Aufenthaltstitelverfahrens grundsätzlich aus. Der Systematik des Aufenthaltsgesetzes (§ 50 Abs. 1, § 58 Abs. 1 und 2 sowie § 81 Abs. 3 und 4 AufenthG) ist die Wertung des Gesetzgebers zu entnehmen, dass der Ausländer in diesen Fällen den **Rechtsschutz in der Hauptsache grundsätzlich vom Ausland aus** betreiben soll. Art. 19 Abs. 4 S. 1 GG gebietet es, von diesem Grundsatz eine Ausnahme für diejenigen Fallgestaltungen vorzusehen, in denen nur mit Hilfe einer einstweiligen Anordnung gemäß **§ 123 Abs. 1 VwGO** sichergestellt werden kann, dass eine ausländerrechtliche Regelung ihrem Sinn und Zweck nach dem begünstigten Personenkreis zugutekommt.[217] 138

2. Rechtsschutz bei Nebenbestimmungen

Erteilt oder verlängert die Ausländerbehörde den Aufenthaltstitel nur unter einer **Bedingung** oder einer **modifizierenden Auflage** und begehrt der Ausländer die Genehmigung 139

---
[214] BVerwG Urt. v. 17.12.2015 – 1 C 31.14, BVerwGE 153, 353 Rn. 9.
[215] OVG Berlin-Brandenburg Beschl. v. 23.9.2016 – OVG 11 S 27.16, AuAS 2016, 266.
[216] In diesem Sinne etwa VGH Mannheim Beschl. v. 20.11.2007 – 11 S 2364/07, EZAR NF 98 Nr. 26, 2 f.; OVG Lüneburg Beschl. v. 25.4.2019 – 13 ME 86/19, BeckRS 2019, 8013 Rn. 4.
[217] Vgl. etwa OVG Münster Beschl. v. 20.4.1999 – 18 B 1338/97, NVwZ-Beil. 1999, 99; ebenso BVerwG Urt. v. 18.12.2019 – 1 C 34.18, BeckRS 2019, 37863 Rn. 30.

seines Aufenthalts ohne diese Nebenbestimmungen, so vermag er Rechtsschutz in der Hauptsache – gegebenenfalls nach erfolgloser Durchführung eines Vorverfahrens – nur im Wege der **Verpflichtungsklage** nach § 42 Abs. 1 VwGO zu erlangen. Mit Blick auf die Rechtswirkungen des § 80 Abs. 2 S. 1 Nr. 3 VwGO iVm § 84 Abs. 1 Nr. 1 AufenthG kann es geboten sein, zugleich um Gewährung einstweiligen Rechtsschutzes nachzusuchen.

140 Gegen **Auflagen,** die die Wirksamkeit des Aufenthaltstitels nicht berühren, steht dem Ausländer – gegebenenfalls nach erfolgloser Erhebung eines Anfechtungswiderspruchs – die **Anfechtungsklage** gemäß § 42 Abs. 1 VwGO offen. Einstweiliger Rechtsschutz ist nach Maßgabe des § 80 Abs. 5 S. 1 VwGO statthaft.

3. Rechtsschutz bei nachträglicher zeitlicher Beschränkung der Aufenthaltserlaubnis oder des genehmigungsfreien Aufenthalts

141 Gegen Ordnungsverfügungen, mit denen gemäß **§ 7 Abs. 2 S. 2 AufenthG** die Geltungsdauer der dem Ausländer erteilten Aufenthaltserlaubnis nachträglich zeitlich verkürzt wird oder nach **§ 12 Abs. 4 AufenthG** der genehmigungsfreie Aufenthalt eines Ausländers zeitlich beschränkt wird, steht diesem – gegebenenfalls nach erfolgloser Durchführung eines Widerspruchsverfahrens – die **Anfechtungsklage** gemäß § 42 Abs. 1 VwGO offen. Widerspruch und Anfechtungsklage haben gemäß § 80 Abs. 1 VwGO grundsätzlich aufschiebende Wirkung. Diese entfällt gemäß § 80 Abs. 2 S. 1 Nr. 4 VwGO nur, wenn die Ausländerbehörde die sofortige Vollziehung anordnet. In diesem Fall ist ein Antrag auf Wiederherstellung der aufschiebenden Wirkung des Widerspruchs oder der Klage gemäß **§ 80 Abs. 5 S. 1 Alt. 2 VwGO** statthaft. Die behördliche Anordnung der sofortigen Vollziehung gemäß **§ 80 Abs. 2 S. 1 Nr. 4 VwGO** setzt ein überwiegendes öffentliches Interesse an einer Beendigung des Aufenthalts des Betreffenden vor Eintritt der Unanfechtbarkeit der Ordnungsverfügung voraus. Dieses muss sich aus den besonderen Umständen des Einzelfalles ergeben und über das allgemeine Regelungsinteresse, das für den Erlass der betreffenden Maßnahme erforderlich ist, im Sinne eines unabweisbaren und vor allem auch unverzüglichen Handlungsbedarfs hinausgehen. Ein besonderes öffentliches Vollzugsinteresse iSd § 80 Abs. 3 S. 1 VwGO kann sich etwa aus einer Gefährdung der öffentlichen Sicherheit oder Ordnung[218] oder aus der Gefahr einer nicht nur vorübergehenden Inanspruchnahme von Sozialleistungen zur Sicherung des Lebensunterhalts[219] ergeben.

C. Aufenthaltszwecke

I. Erwerbstätigkeit[220]

1. Grundlagen

142 Das deutsche Aufenthaltsrecht gewährt Ausländern das Recht, sich langfristig im Inland aufzuhalten, regelmäßig nur im Zusammenhang mit einem bestimmten Zweck: Ausbildung, Familiennachzug, Gewährung von humanitärem Schutz oder eben auch die Erwerbstätigkeit. Als Erwerbstätigkeit definiert das Gesetz in § 2 Abs. 2 AufenthG dabei sowohl die abhängige Beschäftigung iSd § 7 SGB IV als auch die selbständige Tätigkeit. Darüber hinaus sieht das Recht zum Schutz des inländischen Arbeitsmarktes aber auch Einschränkungen der Erwerbstätigkeit von Ausländern vor. Damit nimmt die Erwerbstätigkeit im Ausländerrecht eine Doppelrolle ein: Zum einen stellt sich unabhängig von jedem Aufenthaltszweck die Frage, ob und in welchem Umfang ein Ausländer in Deutschland

---

[218] Vgl. nur VG Karlsruhe Beschl. v. 27.3.2018 – 12 K 5/18, BeckRS 2018, 5151 Rn. 22, mwN.
[219] OVG Lüneburg Beschl. v. 21.3.2014 – 8 ME 24/14, BeckRS 2014, 49116; Beschl. v. 13.1.2015 – 4 ME 294/14, BeckRS 2015, 40883, mwN.
[220] Ein Überblick über die Entwicklung des Arbeitsmigrationsrechts findet sich im 3. Kapitel.

erwerbstätig sein darf. Zum anderen bietet eine beabsichtigte Erwerbstätigkeit in bestimmten Situationen den aufenthaltsrechtlich erforderlichen Grund für einen legalen Aufenthalt.

a) Verbot mit Erlaubnisvorbehalt vs. Erlaubnis mit Verbotsvorbehalt. Bis zur Umsetzung des Fachkräfteeinwanderungsgesetzes im März 2020 galt das Prinzip, dass Ausländer eine Erwerbstätigkeit nur ausüben durften, wenn und soweit ihr Aufenthaltstitel sie dazu berechtigte. Rechtstechnisch lag damit ein Verbot mit Erlaubnisvorbehalt vor, das durch entsprechende Sanktionsnormen im 9. Kapitel des AufenthG (→ § 22 Rn. 58) sowie durch weitere strafrechtliche Nebengesetze[221] flankiert wurde. Aus symbolpolitischen Gründen ist der Gesetzgeber im Zuge der Einführung des Fachkräfteeinwanderungsgesetzes von dieser bewährten Konstruktion weg zu der Einführung einer Erlaubnis mit Verbotsvorbehalt übergegangen. Entsprechend erlaubt der neue § 4a AufenthG nun allen Ausländern, die einen Aufenthaltstitel besitzen, eine Erwerbstätigkeit auszuüben – es sei denn, dass ein Gesetz ein Verbot bestimmt. Damit dieser Paradigmenwechsel nicht etwa zu inhaltlichen Lockerungen führt, beschränkt § 4a in Abs. 3 Satz 4 AufenthG die Erwerbstätigkeit all derer, die einen Aufenthaltstitel zur Ausübung einer bestimmten Erwerbstätigkeit erhalten haben, auf die genehmigte. Die Ausübung einer anderen Erwerbstätigkeit ist nur dann gestattet, wenn sie nicht explizit durch die Behörde erlaubt wurde. Durch diese Konstruktion ist auch dann eine Erwerbstätigkeit nicht gestattet, wenn die Behörde es versäumt haben sollte, in dem Aufenthaltstitel das Verbot der weitergehenden Erwerbstätigkeit auszudrücken. Somit bleibt materiell erst einmal alles beim Alten.

143

§ 4a Abs. 3 S. 1 AufenthG verlangt, dass grundsätzlich jeder deutsche Aufenthaltstitel unabhängig vom Erteilungszweck erkennen lassen muss, ob und in welchem Maße die Ausübung einer Erwerbstätigkeit dem Inhaber erlaubt ist. Aufenthaltszwecke, wie beispielsweise der Familiennachzug, § 27 ff. AufenthG, bei denen die Erwerbstätigkeit nicht qua Gesetz verboten ist, berechtigen zur Erwerbstätigkeit.

143a

Die von der Bundesagentur für Arbeit im Rahmen des Verfahrens vorgenommenen Beschränkungen bei der Erteilung der Zustimmung (→ § 9 Rn. 6) sind gemäß § 4a Abs. 3 S. 2 AufenthG in den Aufenthaltstitel zu übernehmen. Die Bundesagentur für Arbeit kann die Zustimmung hinsichtlich der Geltungsdauer, des Betriebes, der beruflichen Tätigkeit, des Arbeitgebers, der Region, in der die Beschäftigung ausgeübt werden kann, und der Lage und Verteilung der Arbeitszeit beschränken, § 34 Abs. 1 BeschV. Da die Zustimmung der Bundesagentur für Arbeit nach § 39 AufenthG keinen eigenständigen Verwaltungsakt darstellt[222] und keine Regelungswirkung im Außenverhältnis entfaltet[223], ist bei der Beurteilung des Umfangs der vorhandenen Erlaubnis zur Erwerbstätigkeit jedoch einzig und allein auf den erteilten Aufenthaltstitel, dh die enthaltenen Nebenbestimmungen, und nicht auf die vorher ergangene Zustimmung abzustellen.

143b

b) Nachfrageorientiertes Zuwanderungssystem. Grundsätzlich ist das deutsche Zuwanderungsrecht als nachfrageorientiertes Zuwanderungssystem ausgestaltet (→ § 7 Rn. 11). Entsprechend fordert § 18 Abs. 2 Nr. 1 AufenthG für die Zuwanderung zum Zwecke der Erwerbstätigkeit nach Abschnitt 4 das Vorliegen eines konkreten Arbeitsplatzangebotes. Einzig mit § 20 AufenthG hat sich der Gesetzgeber für den Versuch der Potentialzuwanderung von Fachkräften entschieden (→ § 7 Rn. 11).

144

Mit Einführung des Fachkräfteeinwanderungsgesetzes im März 2020 hat der Gesetzgeber erstmals in § 18 den Begriff der **Fachkraft** definiert und ihn gewissermaßen in die Mitte des deutschen Erwerbsmigrationsrechts gesetzt. Hierzu wurden die bislang bestehenden nationalen Vorschriften zur Zuwanderung von Menschen mit akademischen Abschlüssen um nationale Vorschriften für beruflich gebildete Fachkräfte ergänzt und diese mit den EU-

145

---

[221] § 404 SGB III; §§ 10 f. SchwarzArbG; §§ 15 f. AÜG.
[222] Allg. Verwaltungsvorschrift § 18 Nr. 18.2.9.3.; BVerwG Urteil vom 19.11.2019 – 1 C 41.18, BeckRS 2019, 37708 Rn. 16.
[223] BVerwG Urteil vom 19.11.2019 – 1 C 41.18, BeckRS 2019, 37708 Rn. 16, aA *Offer* in Offer/Mävers BeschV § 36 Rn. 9 ff..

Vorschriften zur Erteilung von Blauen Karten EU verzahnt. Damit steht die Zuwanderungskategorie der Fachkraft nun gleichberechtigt neben den von der EU durch entsprechende Richtlinien zur Zuwanderung zugelassenen Forschern (§ 18d ff) und unternehmensintern transferierten Arbeitnehmern (§ 19 ff). Rechtstechnisch bietet darüber hinaus das Zusammenspiel zwischen § 19c AufenthG und der jeweiligen Kategorie aus der ergänzend erlassenen BeschV weitere Möglichkeiten für verschiedene Zuwanderungsoptionen. In der BeschV hat der Gesetzgeber eine Anzahl verschiedener Kategorien, durch die die Antragsteller je nach Staatsangehörigkeit, Art der Erwerbstätigkeit, fachlicher Qualifikation, Gehaltshöhe und Dauer des beabsichtigten Aufenthaltes differenziert werden, geschaffen. Durch das Angebot der unterschiedlichen Kategorien an dieser Stelle entsteht neben dem weitaus starreren Grundgerüst des AufenthG ein flexibles Mapping, das eine zusätzliche Erwerbsmigration zur Erzielung von positiven Effekten auf die Entwicklung des Wirtschaftsstandorts Deutschland durch das BMAS ermöglicht[224].

145a Einige dieser Kategorien erfordern eine Zustimmung der Bundesagentur für Arbeit, die stets die Vergleichbarkeit der Arbeitsbedingungen mit denen vergleichbar beschäftigter deutscher Arbeitnehmer zu überprüfen hat, § 39 Abs. 2 Nr. 1 bzw. Abs. 3 Nr. 1 AufenthG (→ § 9 Rn. 7 f.). Allerdings definiert die BeschV auch sogenannte zustimmungsfreie Kategorien, in denen pauschal festgelegt wird, dass negative Auswirkungen auf den Arbeitsmarkt nicht zu erwarten sind und daher eine Einzelfallprüfung und Zustimmung der Bundesagentur für Arbeit unterbleiben kann. In diesen Fällen findet eine Prüfung der Vergleichbarkeit der Arbeitsbedingungen nicht statt.

146 **c) Vorrangprüfung (§ 39 Abs. 3 Nr. 3 AufenthG).** Bis zum Inkrafttreten des Fachkräfteeinwanderungsgesetzes galt die Vorrangprüfung (→ § 9 Rn. 9) noch als vom Gesetz definierte Voraussetzung für die Zustimmung der Bundesagentur für Arbeit zur Beschäftigung – der allerdings für die Mehrzahl der Berufsgruppen und Zuwanderungskategorien bereits aus arbeitsmarkt- und integrationspolitischen Gründen ausgesetzt worden war. Als Reflektion auf den zunehmenden Fachkräftemangel und die dadurch erforderliche Liberalisierung des Zuwanderungsrechts wurde die Vorrangprüfung zwar als Instrument beibehalten, in § 39 Abs. 2 S. 2 AufenthG aber bestimmt, dass sie grundsätzlich für die Zustimmung entbehrlich ist, es sei denn, sie ist in der BeschV explizit angeordnet. Damit stellt der Gesetzgeber klar, dass das Instrument der Vorrangprüfung restriktiv zu verwenden und praktisch nur noch in wenigen Kategorien anwendbar sein soll.

147 Bei der Vorrangprüfung wird darauf abgestellt, ob für den entsprechenden Arbeitsplatz ein qualitativ vergleichbarer deutscher Arbeitnehmer oder ein bevorzugter ausländischer Arbeitnehmer, dh ein EU-Bürger (Gemeinschaftspräferenz) oder ein bereits in Deutschland befindlicher und als arbeitssuchend gemeldeter Ausländer, zur Verfügung steht. Nur wenn diese Prüfung negativ ausfällt, wird der Beschäftigung des Zuwandernden zugestimmt. Andernfalls wird der Arbeitgeber darauf verwiesen, eine Arbeitskraft von dem lokal vorhandenen Arbeitsmarkt einzustellen.

148 **d) Vergleichbarkeitsprüfung (§ 39 Abs. 2 Nr. 1 bzw Abs. 3 Nr. 1 AufenthG).** Anders als die Vorrangprüfung hat die Vergleichbarkeitsprüfung immer zu erfolgen, wenn die Bundesagentur für Arbeit beteiligt ist.[225] Hierbei ist durch die Bundesagentur für Arbeit zu prüfen, ob die Beschäftigungsbedingungen, insbesondere Arbeitszeit und Entlohnung, denen vergleichbarer deutscher Arbeitnehmer in der Region entsprechen. Vorrangiger Schutzzweck der Norm ist es, nachteilige Auswirkungen auf den Arbeitsmarkt bzw. die Lohnentwicklung zu vermeiden.[226] Aus diesem Grund erfolgt der Vergleich der Beschäftigungsbedingungen grundsätzlich im Hinblick auf die Lohnkosten des Arbeitgebers, also auf Basis des Bruttogehaltes. Dieser Prüfungsmaßstab ist allerdings dann problematisch, wenn

---

[224] Verordnungsermächtigung in § 288 SGB III.
[225] OVG Bremen Beschl. v. 22.3.2007 – 1 S 88/07, BeckRS 2008, 39156.
[226] *Huber/Göbel-Zimmermann,* Ausländer- und Asylrecht, § 39 Rn, 15, ähnlich *Sußmann* in Bergmann/Dienelt AufenthG § 39 Rn. 22; *Mastmann* in Offer/Mävers BeschV § 10 Rn. 4.

bei zeitlich befristeten Entsendungen keine Steuerpflicht in Deutschland entsteht. Entsprechend ist zu überlegen, ob in Fällen des Personalaustausches nach § 19c AufenthG iVm § 10 BeschV, der ja aufgrund des eins-zu-eins Austausches grundsätzlich arbeitsmarktneutral ist, auf Nettolöhne abgestellt werden sollte, um dem nachrangigem Schutzzweck der ausreichenden Entlohnung des Zuwandernden zu genügen.

e) Erwerbsmigration im Rahmen des AufenthG. Neben den in §§ 18, 18a und b AufenthG gefassten Grundnormen für einen Aufenthalt zum Zwecke der Beschäftigung von Fachkräften stehen in §§ 18d bis f AufenthG die Regelungen zur Zuwanderung von Forschern (Forschung; → § 9 Rn. 34 ff.), in §§ 19, 19a und b die Regelungen für unternehmensintern transferierte Arbeitnehmer (ICT) sowie in § 19c AufenthG die Überleitung zu den Kategorien der BeschV. 149

Mit § 20 AufenthG (→ § 7 Rn. 11) beinhaltet das deutsche Zuwanderungsrecht ein Element der sogenannten Potentialzuwanderung. Er ermöglicht es ausländischen Fachkräften, die einen entsprechend hochwertigen ausländischen akademischen oder beruflichen Abschluss vorweisen können, zur Arbeitsplatzsuche nach Deutschland einzureisen. Fachkräfte mit beruflicher Qualifikation müssen neben dem Nachweis der Vergleichbarkeit bzw. erfolgten Anerkennung der Qualifikation zudem noch über die für die Beschäftigung erforderlichen Deutschkenntnisse verfügen. Die Vorschrift berechtigt zwar nicht zur Ausübung einer Erwerbstätigkeit, erlaubt aber eine Titelumschreibung im Inland, sobald ein entsprechender Arbeitsplatz gefunden wurde und bis zu diesem Zeitpunkt die Ausübung von Probebeschäftigungen bis zu 10 Stunden je Woche. Schließlich kann nach § 21 AufenthG (→ § 5 Rn. 173) ausreichend finanzstarken Ausländern, die in Deutschland als Selbständige tätig werden wollen, die Zuwanderung erlaubt werden, wenn für die von ihnen geplante Tätigkeit ein wirtschaftliches Interesse oder regionales Bedürfnis besteht und sich positive Auswirkungen auf die Wirtschaft erwarten lassen. 150

2. Beschäftigung (§ 18 AufenthG)

a) Erfordernisse des Wirtschafts- und Wissenschaftsstandortes Deutschland (§ 18 Abs. 1 AufenthG). § 18 AufenthG ist die erste Norm im Abschnitt 4 „Aufenthalt zum Zweck der Erwerbstätigkeit", und entsprechend gibt sie das Regelungssystem der Arbeitsmigration vor. So ist in § 18 Abs. 1 AufenthG programmatisch festgehalten, dass die Zulassung ausländischer Beschäftigter sich ausschließlich an den Erfordernissen des Wirtschafts- und Wissenschaftsstandortes Deutschland unter Berücksichtigung der Verhältnisse auf dem Arbeitsmarkt orientiert. Dabei sollen die besonderen (Beschäftigungs-) Möglichkeiten für ausländische Fachkräfte der Sicherung der Fachkräftebasis und der Stärkung der sozialen Sicherungssysteme dienen. Mit dieser Formulierung hat der Gesetzgeber einen Programmsatz vorgegeben, der den zuständigen Behörden ermessenslenkende Aspekte anheimstellt [227]. Neu ab dem 1.3.2020 ist die Blickrichtung auf die sozialen Sicherungssysteme, die ihren Wiederhall in § 18 Abs. 2 Nr. 5 AufenthG findet, der für die Zuwanderung von Fachkräften mit einem Lebensalter von mehr als 45 Jahren eine Mindestgehaltsschwelle alternativ zum Nachweis ausreichender Altersversorgung vorgibt. Die Zulassung zur Erwerbstätigkeit ist grundsätzlich vor dem Hintergrund aktiver Beschäftigungspolitik zu verstehen, deren Aufgabe es sein soll, den Anforderungen des Wirtschaftsstandortes gerecht zu werden. Die Norm ist damit anders als die vom europäischen Recht überformten Vorschriften zur Blauen Karte EU oder der ICT-Karte nicht an den Bedürfnissen der Zuwandernden ausgerichtet. 151

b) Allgemeine Voraussetzungen für Beschäftigungsaufenthalte (§ 18 Abs. 2 und 3 AufenthG). In § 18 Abs. 2 AufenthG finden sich allgemeine Grundsätze, die im Eingang des Abschnittes 4 vorangestellt werden. So erfordert grundsätzlich die Erteilung eines 152

---

[227] Anwendungshinweise des BMI, Ziff. 18.1.0, Stand 30.1.2020.

Aufenthaltstitels zur Ausübung einer Beschäftigung das Vorliegen eines konkretes Arbeitsplatzangebotes (§ 18 Abs. 2 Nr. 1 AufenthG), der Zustimmung der Bundesagentur für Arbeit bzw. eine Zustimmungsbefreiung in Gesetz oder Verordnung (§ 18 Abs. 1 Nr. 2 AufenthG), soweit erforderlich eine Berufsausübungserlaubnis (§ 18 Abs. 1 Nr. 3 AufenthG), die Feststellung der Gleichwertigkeit der Qualifikation oder deren Anerkennung durch die im Inland dazu zuständigen Stellen (§ 18 Abs. 2 Nr. 4 AufenthG) sowie die oben (→ § 5 Rn 151) beschriebene Einschränkung für Fachkräfte, die nach Vollendung des 45 Lebensjahres zuwandern wollen (§ 18 Abs. 2 Nr. 5 AufenthG). In § 18 Abs. 3 AufenthG schließlich findet sich die Definition des Begriffes Fachkraft. Dies erscheint zwar in gewisser Hinsicht systemfremd, da das AufenthG in § 2 Begriffsbestimmungen an zentraler Stelle vornimmt, betont aber gerade dadurch die besondere Bedeutung, die das Fachkräfteeinwanderungsrecht der Fachkraft als zentraler Zuwanderungskategorie für die Erwerbsmigration beimisst. Dabei werden erstmals mit dem Fachkräfteeinwanderungsgesetz Fachkräfte mit Berufsausbildung und Fachkräfte mit akademischer Ausbildung aufenthaltsrechtlich gleichgestellt[228]. Als Fachkraft gilt, wer entweder eine akademische oder eine qualifizierte berufliche (vgl. § 2 Abs. 12a AufenthG) Ausbildung mitbringt, die in Deutschland erworben wurde oder mit einer deutschen vergleichbar ist oder durch eine zuständige Stelle in ihrer Qualität anerkannt worden ist.

153 **c) Erteilungsdauer (§ 18 Abs. 4 AufenthG).** Aufenthaltstitel für Fachkräfte nach §§ 18a und b AufenthG sollen für die Dauer von vier Jahren erteilt werden, es sei denn, dass die Zustimmung der Bundesagentur für Arbeit nur einen kürzeren Zeitraum abdeckt. Diese Vorschrift kann iVm § 4a Abs. 5 S. 3 Nr. 3 AufenthG verstanden werden, der dem jeweiligen Arbeitgeber die Pflicht auferlegt, eine vorzeitige Beendigung des Arbeitsverhältnisses, für das der Aufenthaltstitel erteilt wurde, der zuständigen Ausländerbehörde anzuzeigen. Mit dieser Konstruktion hat der Gesetzgeber eine Entlastung der Ausländerbehörden erreicht, da nicht mehr regelmäßig nach nur einem Jahr im Wege eines Verlängerungsverfahrens das – weitere – Vorliegen der Erteilungsvoraussetzungen geprüft wird. Vielmehr erfolgt eine Neubefassung der Behörden nur dann, wenn in der Situation des Ausländers tatsächlich eine Veränderung eintritt, bzw. eingetreten ist. Der hierin begründete Rückzug des Staates aus seiner Kontrollfunktion ist nicht unerheblich, und es bleibt abzuwarten, in welchem Umfang dies zu Missbrauch durch Arbeitgeber führen wird, denen eine Beschäftigung zu anderen als den ursprünglich angegebenen Bedingungen erleichtert werden wird.

154 Diese Struktur geht jedenfalls zu Lasten aller Arbeitgeber, denen eine zusätzliche Meldepflicht auferlegt wurde, die bei Versäumnis zu einer Ordnungsstrafe von bis zu 30.000 EUR im Einzelfall führen kann, § 98 Abs. 2 Nr. 2 iVm Abs. 5 AufenthG. Arbeitgeber müssen nunmehr Sorge tragen, dass sie sowohl das Ende des Arbeitsverhältnisses mit einem ausländischen Arbeitnehmer im Inland auch den Ausländerbehörden mitteilen, als auch – was logistisch weitaus schwieriger ist – das vorzeitige Ende einer Entsendung nach Deutschland den Behörden mitgeteilt wird. Gerade bei Entsendungen in deutsche Konzerngesellschaften hinein, die oftmals überwiegend aus dem Ausland heraus gesteuert werden, erfordert diese zusätzliche Meldepflicht eine Neuausrichtung interner Prozesse für die Unternehmen.

3. Blaue Karte EU (§ 18b Abs. 2 AufenthG)

155 § 18b AufenthG und § 4 Abs. 1 S. 2 Nr. 2a AufenthG gehen zurück auf die RL 2009/50/EG des Rates vom 22.5.2009 (Blue-Card-RL). Mit dieser verband die EU die Absicht, hochqualifizierte Arbeitnehmer aus Drittstaaten anzuwerben, um die EU zum wettbewerbsfähigsten und dynamischsten wissensbasierten Wirtschaftsraum der Welt zu machen.[229]

---

[228] Anwendungshinweise des BMI, Ziff. 18.3.0, Stand 30.1.2020.
[229] RL 2009/50/EG, Erwägungsgrund 3.

a) Blaue Karte in Grundzügen. Im Unterschied zu den rein nationalen Vorschriften zur 156 Erwerbsmigration, die dem deutschen Verwaltungsrecht entsprechend den Behörden ein Ermessen bei der Entscheidung über die Erteilung eines Aufenthaltstitels einräumen, gewährt die Richtlinie und dementsprechend auch § 18b Abs. 2 AufenthG einen Rechtsanspruch auf die Erteilung einer Blauen Karte EU zum Zweck der Erwerbstätigkeit. Die Blaue Karte EU kann für maximal vier Jahre erteilt werden, § 18 Abs. 4 AufenthG. Wenn die Dauer des Arbeitsvertrages weniger als vier Jahre beträgt, wird die Blaue Karte EU gemäß § 18 Abs. 4 S. 2 AufenthG für die Dauer des Arbeitsvertrags zuzüglich dreier Monate ausgestellt oder verlängert, um die Suche nach einem Anschlussarbeitsplatz zu ermöglichen. Ein Arbeitsplatzwechsel muss nur in den ersten zwei Jahren der Beschäftigung der Ausländerbehörde gegenüber angezeigt und von dieser erlaubt werden, § 18b Abs. 2 S. 4 AufenthG. Nachdem die Blaue Karte EU anfangs nur schleppend angenommen wurde (2012 wurden 244 Blaue Karten EU ausgegeben),[230] hat der Gesetzgeber 2013 die Vorschriften über die Zuwanderung Hochqualifizierter in der BeschV um die Blaue Karte EU herum geordnet und sie zum zentralen Element der Zuwanderung von Hochschulabsolventen gemacht – im Jahr 2016 wurden 14.854 Blaue Karten EU ausgestellt.[231] Durch die Umsetzung des Fachkräfteeinwanderungsgesetzes wurde die Blaue Karte als zentraler Bestandteil der Migrationsoptionen für akademisch gebildete Fachkräfte noch nahtloser in das deutsche Fachkräfteeinwanderungsrecht integriert.

b) Erteilungsvoraussetzungen. Im Einzelnen bestimmt § 18b AufenthG, dass aka- 157 demisch gebildete Fachkräfte, also Ausländer mit einem deutschen, einem anerkannten ausländischen oder einem mit einem deutschen vergleichbaren Hochschulabschluss eine Blaue Karte EU zum Zwecke der Erwerbstätigkeit erhalten, wenn sie ein Arbeitsplatzangebot in einem der Qualifikation angemessenen Beruf zu einem Gehalt oberhalb der festgesetzten Gehaltsschwelle nachweisen können. Keinen Gebrauch hat der Gesetzgeber von der in der Richtlinie eröffneten Möglichkeit gemacht, eine mindestens fünfjährige Berufserfahrung einer Hochschulausbildung gleichzusetzen.

Bei der Umsetzung der Richtlinie haben sich darüber hinaus einige Abweichungen 158 ergeben: Beispielsweise fordert die Richtlinie einen Arbeitsvertrag bzw. ein Stellenangebot für eine Beschäftigung von mindestens einem Jahr, während das deutsche Recht großzügiger ist und diese Einschränkung nicht vorsieht. Auch bei der Mindestaufenthaltszeit, die für die Erteilung einer Niederlassungserlaubnis im Anschluss an die Blaue Karte angesetzt ist, geht das deutsche Recht über die EU-Vorgabe hinaus. Hier genügen 33 bzw. bei entsprechenden Sprachkenntnissen sogar 21 Monate, während die Richtlinie fünf Jahre ansetzt.

aa) Qualifikationsangemessene Beschäftigung. Hinsichtlich der Definition der hoch- 159 qualifizierten Beschäftigung ist das deutsche Recht allerdings hinter der Richtlinie zurückgeblieben: Während diese eine hochqualifizierte Beschäftigung in Art. 2 lit. b definiert als die „Beschäftigung einer Person, die (…) die erforderliche, angemessene und spezifische Fachkompetenz besitzt, die durch einen höheren beruflichen Bildungsabschluss nachgewiesen ist", setzt das deutsche Recht eine qualifikationsangemessene Beschäftigung voraus. Aufgrund der unterschiedlichen Formulierung ist hier also eine richtlinienkonforme Auslegung geboten. Entsprechend ist eine Beschäftigung zumindest dann qualifikationsangemessen, wenn sie üblicherweise einen akademischen Abschluss voraussetzt und die mit der Hochschulausbildung erworbenen Kenntnisse zumindest teilweise oder mittelbar Verwendung finden.[232]

bb) Vergleichbarer Hochschulabschluss. Die Vergleichbarkeit der ausländischen Hoch- 160 schulausbildung kann der Antragsteller über ein individuelles Anerkennungsverfahren bei

---

[230] *Sußmann* in Bergmann/Dienelt AufenthG § 19a Rn. 5.
[231] *BAMF*, Pressemeldung 005/2017 v. 3.2.2017.
[232] Hinweise des Bundesministeriums des Innern zu wesentlichen Änderungen durch das Gesetz zur Umsetzung der Hochqualifizierten-Richtlinie v. 1.6.2012, BGBl. I 1224.

der Zentralstelle für Ausländisches Bildungswesen (ZAB) nachweisen. Alternativ hierzu bietet die Kultusministerkonferenz (KMK) eine Datenbank[233] an, mit deren Hilfe der Studienabschluss qualitativ zugeordnet werden kann.

161 **cc) Gehaltsschwellen.** Das Gesetz sieht in Abstufungen die Blaue Karte EU entweder zustimmungsfrei bei Erreichen der regulären Gehaltsschwelle von mindestens zwei Dritteln der jährlichen Bemessungsgrenze in der allgemeinen Rentenversicherung bzw. der Kombination aus Mangelberuf[234] und Zustimmung der Bundesagentur für Arbeit bei reduzierter Gehaltsschwelle (52 % der jährlichen Bemessungsgrenze in der allgemeinen Rentenversicherung) vor. Die genauen Beträge der Gehaltsschwellen werden jeweils zu Jahresbeginn ermittelt und vom BAMF veröffentlicht.

4. ICT Karte für unternehmensintern transferierte Arbeitnehmer (§ 19 ff. AufenthG)

162 Die RL 2014/66/EU zum Zweck des unternehmensinternen Transfers wurde in Deutschland mit Wirkung zum 1.8.2017 durch das Gesetz zur Umsetzung aufenthaltsrechtlicher Richtlinien der Europäischen Union umgesetzt. Aufgrund der Regelungsdichte des von der EU entworfenen Migrationsschemas für konzerngebundene Drittstaatenangehörige ist die vom Gesetzgeber nachträglich in das AufenthG eingeführte Norm durchaus komplex. Zielsetzung der Richtlinie im Rahmen der Entwicklung einer gemeinsamen Einwanderungspolitik[235] ist einerseits die Umsetzung der EU-Verpflichtungen aus Mode 4 des Allgemeinen Abkommens über den Handel mit Dienstleistungen (GATS)[236] und andererseits die Erhöhung der Binnenmobilität[237] von ausländischen Beschäftigten. Im Rahmen des § 19 AufenthG können daher im Ausland beschäftigte Drittstaatsangehörige, die vorübergehend zu einer Konzerntochter oder einer Unternehmensniederlassung im Inland entsandt werden, einen Aufenthaltstitel erhalten. Da die Richtlinie den Mitgliedstaaten hinsichtlich der Details für die Umsetzung einen großen Spielraum gelassen hat, unterscheiden sich die getroffenen Regelungen für die ICT-Karte in den Mitgliedstaaten teilweise stark.

163 **a) Berechtigter Personenkreis: Führungskräfte, Spezialisten und Trainees.** Vom Anwendungsbereich des § 19 AufenthG umfasst sind drittstaatsangehörige Führungskräfte (→ § 9 Rn. 88), Spezialisten (→ § 9 Rn. 90) und Trainees (→ § 9 Rn. 91), die bei einem Arbeitgeber außerhalb der EU seit mindestens sechs Monaten beschäftigt sind und zu einer Konzerngesellschaft oder Niederlassung (→ § 9 Rn. 92) des Arbeitgebers im Inland entsandt werden sollen.

164 **b) Entsendedauer.** Die Entsendedauer ist für Führungskräfte und Spezialisten auf maximal drei Jahre, für Trainees auf maximal ein Jahr begrenzt. Kürzere Entsendungen können nach der Einreise im Inland bis zum Erreichen der genannten Fristen verlängert werden. Vor einer erneuten Entsendung im Rahmen der ICT-Regelungen nach Deutschland muss eine Karenzzeit von sechs Monaten abgewartet werden, § 19 Abs. 6 Nr. 2 AufenthG. Die Karenzzeiten der ICT-Karte sind personengebunden, sodass sie auch bei einem Arbeitgeberwechsel in eine andere Konzernstruktur hinein Anwendung finden.

---

[233] www.anabin.kmk.org.
[234] Als Mangelberuf sind die Berufe der Gruppen 21, 221 oder 25 nach der Empfehlung der Kommission v. 29.10.2009 über die Verwendung der Internationalen Standardklassifikation definiert.
[235] RL 2014/66/EU, Erwägungsgrund 2.
[236] RL 2014/66/EU, Erwägungsgrund 13; Übersicht über die Verpflichtungen der EU bei: https://www.wto.org/english/tratop_e/serv_e/serv_commitments_e.htm; Allerdings ist der Anwendungsbereich der von der Richtlinie erfassten unternehmensinternen Transfers breiter als der Anwendungsbereich der Handelsverpflichtungen, da alle Transfers und nicht nur die im Dienstleistungssektor und auch Transfers aus Staaten, die nicht Unterzeichnerstaat eines Handelsabkommens sind, erfasst werden.
[237] RL 2014/66/EU, Erwägungsgrund 25.

c) Mobilitätsschema (§§ 19a und 19b AufenthG). Die ICT Karte berechtigt den 165
Inhaber sowohl zur Ausübung der kurzfristigen als auch der langfristigen (→ § 9 Rn. 96)
Mobilität zwischen den teilnehmenden[238] Mitgliedstaaten. Bei der Mobilität bis zu 90 in
180 Tagen dient der ICT-Aufenthaltstitel aus dem EU Mitgliedstaat (gegebenenfalls mit
der entsprechenden Bescheinigung über die erfolgte Mitteilung an das BAMF) als Aufenthaltstitel für Deutschland und erlaubt eine Erwerbstätigkeit im Rahmen der Entsendung
zu einer Konzerngesellschaft oder Niederlassung im Inland. Die Mobilität von mehr als 90
in 180 Tagen wird über die Ausstellung der Mobiler-ICT-Karte gewährleistet.

5. Forschung (§ 18d ff. AufenthG)

Mit § 18 (ehemals § 20) AufenthG wurde 2007 die RL 2005/71/EG für ein besonderes 166
Zulassungsverfahren für Drittstaatsangehörige zum Zwecke der wissenschaftlichen Forschung (Forscher-RL) eingeführt. Dieses sah vor, dass eine anerkannte Forschungseinrichtung, die ein Anerkennungsverfahren bei einer staatlichen Stelle (BAMF) durchlaufen hatte,
durch Abschluss einer Aufnahmevereinbarung einer ausländischen Person einen Anspruch
auf Erteilung einer Aufenthaltserlaubnis vermitteln konnte. Eine Dekade später erfolgte
eine Novellierung mit der RL 2016/801/EU (REST-RL), die auch Forschern eine größere
Mobilität in Europa ermöglichen soll, um auf die Globalisierung der Wirtschaft zu reagieren.[239] Das neue Mobilitätsschema ist in § 18e und 18f AufenthG umgesetzt. Auch wurde
die Anwendbarkeit auf Forschungseinrichtungen ausgedehnt, die (noch) nicht als solche
registriert sind. Bei diesen muss erst mit Antragstellung nachgewiesen werden, dass sie
Forschung betreiben. § 38a AufenthV bestimmt in Umsetzung der Richtlinie, dass als
Forschung die „systematisch betriebene, schöpferische und rechtlich zulässige Tätigkeit, die
den Zweck verfolgt, den Wissensstand zu erweitern, einschließlich der Erkenntnisse über
den Menschen, die Kultur und die Gesellschaft, oder solches Wissen einzusetzen, um neue
Anwendungsmöglichkeiten zu finden", gilt.

a) Berechtigter Personenkreis. § 18d AufenthG gewährt Ausländern einen Rechts- 167
anspruch auf Erteilung eines Aufenthaltstitels, wenn diese an eine anerkannte Forschungseinrichtung nach Deutschland kommen, um dort zu forschen. Dabei definiert das Gesetz
anders als die Richtlinie den Begriff des Forschers nicht. Dies ist insofern konsequent, als
dass es allein der anerkannten Forschungseinrichtung obliegt, geeignete Personen für die
Teilnahme an einem Forschungsprojekt auszusuchen. Es soll eben gerade keine weitere
Überprüfung der fachlichen Geeignetheit der ausländischen Person durch die Zuwanderungsbehörden erfolgen.

b) Regelungstechnik. Die Besonderheit bei der Zulassung von Forschern nach § 18d 168
AufenthG besteht in einem vereinfachten Zulassungsverfahren,[240] bei dem allein die Forschungseinrichtung die Qualifikationen des ausländischen Forschers prüft. Die erteilenden
Behörden dagegen sollen ihre Prüfung darauf begrenzen, dass es sich bei der Einrichtung
um eine Forschungseinrichtung handelt, diese eine Aufnahmevereinbarung mit der ausländischen Person geschlossen und sich zur Übernahme etwaiger Kosten verpflichtet hat, die
öffentlichen Stellen bis zu sechs Monate nach der Beendigung der Aufnahmevereinbarung
durch eine Abschiebung bzw. den Lebensunterhalt des Ausländers in der EU entstehen.

c) Mobilitätsschema (§§ 18e und 18f AufenthG). Für einen Aufenthalt von bis zu 180 169
in 365 Tagen zum Zweck der Forschung benötigt ein Inhaber eines Aufenthaltstitels zum
Zweck der Forschung aus einem anderen EU-Mitgliedstaat keinen Aufenthaltstitel, wenn
die aufnehmende Forschungseinrichtung im Inland den beabsichtigten Aufenthalt unter
Vorlage der erforderlichen Dokumente[241] rechtzeitig, in jedem Fall aber vor der Einreise

---
[238] Die Richtlinie ist nicht anwendbar für Dänemark und Irland.
[239] *Kluth* in KHM ZuwanderungsR-HdB Rn. 451.
[240] *Kluth* in BeckOK AuslR AufenthG § 20 Rn. 2.
[241] § 20a Abs. 1 Nr. 1 bis 4 AufenthG.

nach Deutschland anzeigt. Forscher, die für mehr als 180 Tage aber maximal 12 Monate auf Basis ihres Forschungstitels aus dem EU-Ausland nach Deutschland kommen wollen, erhalten nach § 18f AufenthG eine Aufenthaltserlaubnis für mobile Forscher. Wenn der Antrag auf diese mindestens 30 Tage vor der geplanten Einreise gestellt wurde, gilt bis zur Entscheidung der Ausländerbehörde der Aufenthalt für bis zu 180 Tage in Deutschland als erlaubt.

6. Sonstige Beschäftigte und Beamte (§ 19c AufenthG)

170 Wie oben (→ § 5 Rn. 145) bereits beschrieben, bietet das Erwerbsmigrationsrecht neben den Zuwanderungsmöglichkeiten für Fachkräfte in §§ 18a und b AufenthG über die Bezugnahme auf die Kategorien der BeschV noch weitere Optionen, ausländische Arbeitskräfte zu beschäftigen. Hierzu bietet § 19c Abs. 1 AufenthG die erforderliche Rechtsgrundlage. Ebenfalls ermöglicht es dieser in Abs. 4, einem Ausländer, der in einem Beamtenverhältnis zu einem deutschen Dienstherrn steht, einen Aufenthaltstitel zustimmungsfrei zu erteilen, bzw. diesen nach 3 Jahren in eine Niederlassungserlaubnis umzuwandeln.

7. Niederlassungserlaubnis für Fachkräfte (§ 18c AufenthG)

171 § 18c AufenthG regelt die verschiedenen Optionen des Erwerbs einer Niederlassungserlaubnis für Fachkräfte. Diese richten sich grundsätzlich nach der Aufenthaltsdauer und dem Stand der Integration in die deutschen Lebensverhältnisse. Während eine Niederlassungserlaubnis im Regelfall den Besitz eines Aufenthaltstitels als Fachkraft von mindestens 4 Jahren voraussetzt, verkürzt sich diese Frist auf zwei Jahre, wenn die Fachkraft ein Studium oder eine Ausbildung in Deutschland abgeschlossen hat. Inhaber einer Blauen Karte EU können eine Niederlassungserlaubnis bereits nach 33 Monaten erhalten, § 18c Abs. 2 AufenthG. Darüber hinaus kann hoch qualifizierten Fachkräften, insbesondere Wissenschaftlern, Lehrpersonen oder wissenschaftlichen Mitarbeitern in herausgehobener Funktion auch ohne Vorbesitzzeiten einer Aufenthaltserlaubnis zu Erwerbszwecken eine Niederlassungserlaubnis erteilt werden, § 18c Abs. 3 AufenthG. Diese Niederlassungserlaubnis für Hochqualifizierte ist mit dem ZuwanderungsG 2005 erstmals eingeführt und seitdem mehrfach modifiziert worden. Die ehemals von der Niederlassungserlaubnis für Hochqualifizierte ebenfalls als Regelbeispiel umfassten Spezialisten und leitenden Angestellten mit besonderer Berufserfahrung und überdurchschnittlichem Gehalt (in Höhe von zuletzt mindestens der Beitragsbemessungsgrenze der gesetzlichen Rentenversicherung) wurden mit Wirkung vom 1.8.2012 aus der Vorschrift gestrichen bzw. in die Regelungen zur Blauen Karte EU überführt. Aufgrund dessen ist in der Praxis nur noch wenig Platz für die Anwendung dieser Vorschrift auf Hochqualifizierte außerhalb des Wissenschaftsbetriebes. Die Erteilung einer Niederlassungserlaubnis nach § 18c AufenthG erfordert keine Zustimmung der Bundesagentur für Arbeit.

8. Aufenthaltserlaubnis zur Arbeitssuche für Fachkräfte (§ 20 AufenthG)

172 In § 20 AufenthG findet sich im deutschen Ausländerrecht ein Element der Potentialzuwanderung (→ § 7 Rn. 21). Die Norm gilt daher als Symbol für einen Paradigmenwechsel im deutschen Erwerbsmigrationsrecht[242] und erlaubt es ausländischen Fachkräften bei Nachweis entsprechender Vermögenswerte zur Deckung des Lebensunterhaltes für maximal sechs Monate nach Deutschland zu kommen und sich in dieser Zeit eine qualifikationsangemessene Beschäftigung zu suchen. Für Fachkräfte mit Berufsausbildung besteht das zusätzliche Tatbestandsmerkmal des Nachweises der für die Aufnahme der angestrebten Tätigkeit entsprechenden deutschen Sprachkenntnisse. Während des Aufenthalts ist eine Erwerbstätigkeit nicht gestattet. Allerdings kann die ausländische Person aus der Kategorie

---

[242] *Steller* ZAR 2013, 7; *Strunden/Schubert* ZAR 2012, 272; *Griesbeck* ZAR 2014, 182.

heraus vom Inland aus einen Antrag auf Erteilung eines Aufenthaltstitels für die Zuwanderung als Fachkraft stellen. In der Praxis war die Kategorie in der Vergangenheit allerdings wenig erfolgreich, da ein einfaches Schengenvisum zu Besuchs- und Geschäftsreisen von vielen Antragstellern für die Bewerbungsphase aufgrund des geringeren Aufwandes bei der Bearbeitung bevorzugt wurde. Insofern erscheint die Norm zwar rechtsdogmatisch bedeutsam,[243] aber von wenig praktischer Relevanz.

9. Selbständige Tätigkeit (§ 21 AufenthG)

a) Allgemeine Voraussetzungen. Einem Ausländer kann eine Aufenthaltserlaubnis zum Zweck der selbständigen Tätigkeit im Rahmen des § 21 AufenthG erteilt werden, wenn es für die beabsichtigte Selbständigkeit ein wirtschaftliches Interesse oder regionales Bedürfnis gibt und sich positive Auswirkungen durch die angestrebte Tätigkeit auf die Wirtschaft erwarten lassen. Die hier genannten Kriterien sind gerichtlich voll überprüfbare unbestimmte Rechtsbegriffe.[244] Bis zur Überarbeitung der Norm zum 1.8.2012, bei der der Regelfall aus dem Gesetz gestrichen wurde, konnte von einem wirtschaftlichen Interesse als Regelvermutung immer dann ausgegangen werden, wenn mindestens 250.000 EUR investiert und fünf neue Arbeitsplätze geschaffen wurden. Durch die Streichung der Regelvermutung hat der Gesetzgeber die Anforderungen deutlich abgesenkt,[245] damit sich mehr Ausländer als Selbständige in Deutschland ansiedeln.[246] Entsprechend kann der Rechtsprechung[247] nicht mehr gefolgt werden, die in Anlehnung an die Regelvermutung für die Feststellung, ob ein wirtschaftliches Interesse gegeben sei, einen allgemein strengen Maßstab bei der Beurteilung angelegt hat. Abzustellen ist aber noch immer auf die inländischen Interessen und Bedürfnisse an einer solchen Selbständigkeit in der jeweiligen Region[248] und nicht auf das Interesse der ausländischen Person auf Sicherung des eigenen Lebensunterhalts in Deutschland.[249] Die Ausländerbehörde hat bei der Prüfung dieses Tatbestandes die fachkundigen Körperschaften, zuständigen Gewerbebehörden, öffentlich-rechtlichen Berufsvertretungen und die für die Berufszulassung zuständigen Behörden zu beteiligen, § 21 Abs. 1 S. 3 AufenthG. Wenn sowohl ein wirtschaftliches Interesse bzw. regionales Bedürfnis festgestellt werden können und auch positive Auswirkungen auf die Wirtschaft zu erwarten sind, muss schließlich ein für die Finanzierung der geplanten Tätigkeit ausreichendes Eigenkapital nachgewiesen werden. Für die Prüfung ist dabei abzustellen auf die Tragfähigkeit der zugrunde liegenden Geschäftsidee, die unternehmerischen Erfahrungen des Ausländers, die Höhe des Kapitaleinsatzes, den Beitrag zur Beschäftigungs- und Ausbildungssituation in der Region und den Beitrag zu Innovation und Forschung.[250]

Die Aufenthaltserlaubnis nach § 21 AufenthG kann längstens auf drei Jahre befristet ausgestellt werden. Für die Abgrenzung zur Tätigkeit als Geschäftsführer → § 9 Rn. 24 ff.

b) Privilegierung von Freiberuflern. § 21 Abs. 5 AufenthG erlaubt die Erteilung einer Aufenthaltserlaubnis an Freiberufler, auch wenn die Voraussetzungen nach Abs. 1 nicht vorliegen. Als freiberuflich gelten insbesondere die in § 18 Abs. 1 Nr. 1 S. 2 EStG genannten Tätigkeiten: Wissenschaftliche, künstlerische, schriftstellerische, unterrichtende oder erzieherische Tätigkeiten, die selbständige Berufstätigkeit der Ärzte, Zahnärzte, Tierärzte, Rechtsanwälte, Notare, Patentanwälte, Vermessungsingenieure, Ingenieure, Architekten, Handelschemiker, Wirtschaftsprüfer, Steuerberater, beratenden Volks- und Betriebswirte, vereidig-

---
[243] *Kolb* ZAR 2017, 147.
[244] OVG Hamburg Beschl. v. 29.1.2008 – 3 Bs 196/07, BeckRS 2008, 33588; VGH Mannheim Beschl. v. 17.3.2009 – 11 S 448/09, BeckRS 2009, 33091; *Moll-Melms,* Münchener Anwaltshandbuch Arbeitsrecht, § 11 Rn. 33.
[245] *Sußmann* in Bergmann/Dienelt AufenthG § 21 Rn. 12.
[246] BT-Drs 17/9436 S. 28.
[247] VGH Mannheim Beschl. v.17.3.2009 – 11 S 448/09, BeckRS 2009, 33091 Rn. 8.
[248] VGH Mannheim Beschl. v.17.3.2009 – 11 S 448/09, BeckRS 2009, 33091 Rn. 9.
[249] OVG Hamburg Beschl. v. 29.1.2008 – 3 Bs 196/07, BeckRS 2008, 33588.
[250] *Stiegeler* in Marx, Ausländer und Asylrecht, 3. Aufl. 2016, § 4 Rn. 21.

ten Buchprüfer, Steuerbevollmächtigten, Heilpraktiker, Dentisten, Krankengymnasten, Journalisten, Bildberichterstatter, Dolmetscher, Übersetzer, Lotsen und ähnlicher Berufe.

176 **c) Privilegierung von Hochschulabsolventen, Forschern und Wissenschaftlern.** Mit dem Gesetz zur Umsetzung der Hochqualifizierten-RL wurde 2012 auch § 21 Abs. 2a AufenthG eingeführt, der die Erteilung eines Aufenthaltstitels an Absolventen deutscher Hochschulen, Forscher und Wissenschaftler ohne Erfüllung der Voraussetzungen von Abs. 1 zum Zweck der Selbständigkeit erlaubt, wenn die selbständige Tätigkeit in einem Zusammenhang mit den erworbenen Kenntnissen bzw. der Forschung steht.

II. Ausbildung

1. Allgemeines

177 Studium und berufliche Ausbildung sind vom AufenthG erwünschte Aufenthaltszwecke. Der Zuzug von Drittstaatsangehörigen zur Aufnahme eines **Studiums** oder einer **qualifizierten Ausbildung** liegt im öffentlichen Interesse der Mitgliedstaaten der Europäischen Union. Die Zuwanderung zu Ausbildungszwecken soll dazu beitragen, im weltweiten Wettbewerb den Bedarf an hoch qualifizierten Personen zu decken. Die Umsetzung der REST-RL[251], die die Studenten-RL[252] ersetzt, soll die Bedingungen dafür verbessern, vereinfachen und harmonisieren. Das Fachkräfteeinwanderungsgesetz[253] hat mit Wirkung vom 1.3.2020 den „Abschnitt 3. Aufenthalt zum Zwecke der Ausbildung" neu geordnet. § 16 AufenthG beschreibt die Grundsätze für die Zuwanderung von Ausländern zu Ausbildungszwecken. Sie soll dem (Aus-) Bildungsinteresse des Einzelnen, der internationalen Verständigung und ausdrücklich auch dem Interesse an der Sicherung des Bedarfs des deutschen Arbeitsmarkts an Fachkräften dienen. Neben der Stärkung der wissenschaftlichen Beziehungen soll die Ausbildung von Ausländern in Deutschland auch zur internationalen Entwicklung beitragen. Damit greift die Vorschrift das in Erwägungsgrund 13 der REST-RL formulierte und im Spannungsverhältnis zur erwünschten Fachkräfteeinwanderung stehende Bekenntnis auf, eine Abwanderung der fähigsten Köpfe aus Schwellen- und Entwicklungsländern zu vermeiden.

178 Die §§ 16 ff. AufenthG richten sich damit in erster Linie nicht an bereits in Deutschland lebende Ausländer, die aufgrund ihres Aufenthaltstitels ohne Weiteres ein Studium oder eine Ausbildung im Inland aufnehmen können, sondern an **einreisewillige Drittstaatsangehörige.** Zuständig für die erstmalige Prüfung der Erteilungsvoraussetzungen eines Aufenthaltstitels zu Studien- oder Ausbildungszwecken als Visum (§ 6 Abs. 3 AufenthG) sind daher regelmäßig die deutschen Auslandsvertretungen (§ 71 Abs. 2 AufenthG). Die Erteilung des Visums bedarf, sofern nicht die Ausnahmen nach § 34 AufenthV greifen, der Zustimmung der örtlich zuständigen Ausländerbehörde gemäß § 31 AufenthV. Diese ist für die Erteilung zuständig, wenn der Aufenthaltstitel etwa in den Fällen des § 39 AufenthV im Inland beantragt werden kann oder verlängert werden soll.

179 Die Voraussetzungen und Bedingungen für einen Aufenthalt im Bundesgebiet zur Erlangung einer betrieblichen oder schulischen Berufsausbildung sind nunmehr zusammengefasst in § 16a AufenthG normiert. Der Aufenthalt zu Studienzwecken einschließlich der Studienvorbereitung ist im Wesentlichen in § 16b AufenthG geregelt. Kurzfristige Studienaufenthalte im Rahmen von Austauschprogrammen werden gemäß § 16c AufenthG, studi-

---

[251] RL (EU) 2016/801 des Europäischen Parlaments und des Rates v. 11.5.2016 über die Bedingungen für die Einreise und den Aufenthalt von Drittstaatsangehörigen zu Forschungs- oder Studienzwecken, zur Absolvierung eines Praktikums, zur Teilnahme an einem Freiwilligendienst, Schüleraustauschprogramm oder Bildungsvorhaben und zur Ausübung einer Au-pair-Tätigkeit, ABl. L 132, 21, Erwägungsgründe 3, 4.

[252] RL 2004/114/EG des Rates v. 13.12.2004 über die Bedingungen für die Zulassung von Drittstaatsangehörigen zur Absolvierung eines Studiums oder zur Teilnahme an einem Schüleraustausch, einer unbezahlten Ausbildungsmaßnahme oder einem Freiwilligendienst, ABl. L 375, 12.

[253] V. 15.8.2019, BGBl. I 1307.

enbezogene Praktika für drittstaatsangehörige Studierende oder Hochschulabsolventen gemäß § 16e AufenthG ermöglicht. § 16f AufenthG regelt den Aufenthalt zur Teilnahme an Sprachkursen, die nicht im unmittelbaren Zusammenhang zu Berufsausbildungs- oder Studienaufenthalten stehen. § 17 regelt kurzzeitige Aufenthalte zur Suche eines Ausbildungsplatzes oder zur Studienbewerbung. Der Erleichterung der Zuwanderung von Fachkräften dient auch § 16d AufenthG.[254] Danach kann eine Aufenthaltserlaubnis erteilt werden, um Drittstaatsangehörigen den Aufenthalt zur Weiterqualifikation als Voraussetzung der Anerkennung ihrer im Ausland erworbenen Berufsqualifikation mit dem Ziel einer anschließenden Beschäftigung im Bundesgebiet zu ermöglichen.

2. Berufliche Aus- und Weiterbildung

Vom AufenthG erwünscht ist der Aufenthalt zum Erwerb einer qualifizierten Berufsausbildung und die anschließende, der Ausbildung entsprechende Erwerbstätigkeit im Bundesgebiet. Eine **qualifizierte Berufsausbildung** setzt gemäß § 2 Abs. 12c AufenthG regelmäßig eine Ausbildungsdauer von zwei Jahren voraus. Sie kann als betriebliche (§ 16a Abs. 1 AufenthG) oder schulische Ausbildung (§ 16a Abs. 2 AufenthG) absolviert werden. Die Erteilung der Aufenthaltserlaubnis hierfür steht im Ermessen. Voraussetzung sind ausreichende deutsche Sprachkenntnisse, also Sprachkenntnisse iSv § 2 Abs. 11 AufenthG (B 1). Sie sind nur dann nachzuweisen, wenn sie nicht bereits von der Bildungseinrichtung geprüft worden sind. Sie können aber auch im Rahmen eines Deutschsprachkurses zur Vorbereitung der Berufsausbildung (zB berufsbezogener Deutschsprachkurs nach der DeuFöV) erworben werden.[255] 180

Die Regelerteilungsvoraussetzungen gemäß § 5 Abs. 1 AufenthG müssen vorliegen. Sofern die Sicherung des Lebensunterhalts (§ 5 Abs. 1 Nr. 1 AufenthG) nicht durch die Ausbildungsvergütung gesichert ist, müssen andere Mittel nachgewiesen oder eine Verpflichtungserklärung gemäß § 68 AufenthG vorgelegt werden. Neben der Sicherung des Lebensunterhalts in Höhe des BAföG-Bedarfs (§ 2 Abs. 3 S. 5 AufenthG) müssen auch die Mittel für ein gegebenenfalls erforderliches Schulgeld nachgewiesen werden.[256] Um Ausländern die Finanzierung ihrer Berufsausbildung zu erleichtern, können sie gemäß § 16a Abs. 3 AufenthG zusätzlich einer Beschäftigung, die in keinem Zusammenhang mit der Berufsausbildung stehen muss, von bis zu zehn Stunden wöchentlich nachgehen. 180a

Für die Erteilung einer Aufenthaltserlaubnis zur Aufnahme einer betrieblichen Aus- oder Weiterbildung iSv § 16a Abs. 1 AufenthG kommt jede Art der **Berufsausbildung** nach dem BBiG oder der HandwO in Betracht. Leitbild ist die Ausbildung im dualen System. Da es sich um einen Aufenthalt zur Beschäftigung handelt, ist in der Regel die Zustimmung der Bundesagentur für Arbeit gemäß § 8 Abs. 1 BeschV erforderlich.[257] Die Zustimmung erfolgt nach Maßgabe von § 34 Abs. 3 BeschV auf die Dauer der Aus- oder Weiterbildung zeitlich beschränkt. 181

Unter den Begriff der **Weiterbildung** fallen etwa die Absolvierung eines Praktikums oder Anerkennungsjahrs, Volontärsaufenthalte, Referendariate, die bezahlte Tätigkeit als Doktorand oder als Arzt in Weiterbildung. Steht die Weiterbildung nicht im Zentrum der Beschäftigung, so kann die Aufenthaltserlaubnis gemäß § 18a AufenthG erteilt werden. 181a

Die Erteilung einer Aufenthaltserlaubnis zur Aufnahme einer **schulischen Berufsausbildung** regelt § 16a Abs. 2 AufenthG. Danach wird die Aufenthaltserlaubnis nicht mehr nur im Ausnahmefall erteilt. Die schulische Berufsausbildung findet in Abgrenzung zur betrieblichen (dualen) Berufsausbildung vorwiegend in Form eines fachtheoretischen Unterrichts statt. Voraussetzung ist eine qualifizierte schulische Berufsausbildung in einem staatlich anerkannten oder vergleichbar geregelten Ausbildungsberuf. 182

---

[254] BT-Drs. 18/4097, 39.
[255] BT-Drs. 19/8285, 86.
[256] Für den Nachweis der Mittel vgl. → Rn. 189.
[257] Vgl. auch Nr. 17.1.2 AVwV-AufenthG.

182a Anders als nach der bisherigen Regelung des § 20c Abs. 2 AufenthG aF erstrecken sich die Ablehnungsgründe des § 19f Abs. 4 AufenthG nicht mehr auf die Aufenthaltserlaubnis zur schulischen Berufsausbildung. Gleichwohl ist die Aufenthaltserlaubnis nach § 16a Abs. 2 AufenthG zu versagen, wenn nicht erwartet werden kann, dass sie dem Erwerb einer qualifizierten schulischen Berufsausbildung dient. Ist die Fachschule absehbar nicht in der Lage, die angestrebte Berufsausbildung durchzuführen, kann die Aufenthaltserlaubnis ebenfalls abgelehnt werden. Bestehen Anhaltspunkte dafür, dass der Ausbildungszweck nur vorgeschoben ist, wird nur eine Versagung der Aufenthaltserlaubnis in Betracht kommen.

183 Die Aufenthaltserlaubnis wird zunächst für zwei Jahre[258] erteilt, im Übrigen wird sie entsprechend der voraussichtlichen Dauer der Aus- oder Weiterbildungsmaßnahme befristet. Bei der Verlängerung der Aufenthaltserlaubnis sind das individuelle und das öffentliche Interesse am Erreichen des angestrebten Abschlusses in Rechnung zu stellen. Kann das Ausbildungsziel nicht mehr erreicht werden, ist die Verlängerung abzulehnen. Wird die betriebliche oder schulische Ausbildung ohne Verschulden des Ausländers vorzeitig beendet, so wird ihm gemäß § 16a Abs. 4 AufenthG für die Dauer von bis zu sechs Monaten die Möglichkeit eingeräumt, sich zur Fortsetzung der Ausbildung einen anderen Ausbildungsplatz zu suchen. Nicht ausgeschlossen sind die Erteilung einer Aufenthaltserlaubnis als Fachkraft (§§ 18a, 18b AufenthG) oder eine Beschäftigung mit ausgeprägten berufspraktischen Kenntnissen (§ 19c Abs. 1 AufenthG), sofern die dafür erforderliche Qualifikation vorliegt. Im Übrigen kommt während oder nach Abbruch der Ausbildung gemäß AufenthG ein Wechsel des Aufenthaltszwecks in der Regel nur in Anspruchsfällen (zB zur Familienzusammenführung) in Betracht.

184 Nach dem erfolgreichen Abschluss der Berufsausbildung wird dem Ausländer gemäß § 20 Abs. 1 Nr. 3 AufenthG eine Aufenthaltserlaubnis zur **Suche eines Arbeitsplatzes,** zu dessen Ausübung seine im Rahmen der Ausbildung erworbene Qualifikation ihn befähigt, für bis zu einem Jahr erteilt. Der Begriff des Arbeitsplatzes umfasst sowohl eine Beschäftigung (§ 18a AufenthG) als auch eine selbstständige Tätigkeit (§ 21 AufenthG). Voraussetzung für die Anschlussbeschäftigung ist weiter, dass diese von Ausländern ausgeübt werden darf. Das ist gemäß § 6 Abs. 1 BeschV für Inhaber von in Deutschland erworbenen Berufsabschlüssen der Fall, eine Vorrangprüfung entfällt.

184a § 17 Abs. 1 AufenthG bietet die Möglichkeit eines bis zu sechs Monate dauernden Aufenthalts zur **Suche eines Ausbildungsplatzes.** Der Adressatenkreis der auf fünf Jahre befristeten Vorschrift ist jedoch auf Absolventen einer deutschen Auslandsschule oder Inhaber einer Hochschulzugangsberechtigung, die über gute deutsche Sprachkenntnisse (B2) verfügen, begrenzt. Da eine Erwerbstätigkeit während des Aufenthalts zur Ausbildungsplatzsuche ausgeschlossen ist, müssen die Mittel zur Sicherung des Lebensunterhalts einschließlich ausreichenden Krankenversicherungsschutzes anderweitig nachgewiesen werden. Ein Wechsel des Aufenthaltszwecks ist außer bei Anspruchsfällen nur bei Aufnahme einer Berufsausbildung oder einer qualifizierten Beschäftigung nach § 18a oder § 18b AufenthG möglich. Werden die Anforderungen des § 17 Abs. 1 AufenthG nicht erfüllt, kommt die Erteilung eines Schengen-Visums für einen Aufenthalt von bis zu 90 Tagen innerhalb eines Zeitraums von 180 Tagen zur Ausbildungsplatzsuche in Betracht. Vor der Erteilung einer Aufenthaltserlaubnis zur Aufnahme einer Ausbildung nach § 16a AufenthG ist dann aber regelmäßig die Ausreise zur Durchführung eines Visumsverfahrens (vgl. § 5 Abs. 2 S. 1 Nr. 1 AufenthG) erforderlich.

3. Studium

185 § 16b Abs. 1 AufenthG vermittelt im Anwendungsbereich der REST-RL einen Anspruch auf die Erteilung einer Aufenthaltserlaubnis zur Aufnahme eines **Vollzeitstudiums,** wenn der Ausländer eine Zulassung der Ausbildungseinrichtung erhalten hat. Die Zulassung zum

---

[258] Nr. 17.1.1.2 AVwV-AufenthG.

Studium muss grundsätzlich unbedingt sein, dh sie darf nur an den Besuch eines studienvorbereitenden Sprachkurses gebunden sein. Das Studium muss den Hauptzweck des Aufenthalts darstellen. Weiter müssen die Regelerteilungsvoraussetzungen gemäß § 5 Abs. 1 AufenthG vorliegen.[259] Da die Aufenthaltserlaubnis nach § 16b Abs. 1 AufenthG in Umsetzung der REST-RL erteilt wird (§ 16b Abs. 8 AufenthG), sind auch die weiteren nicht ausdrücklich umgesetzten Bestimmungen gemäß Art. 7 und 11 REST-RL zu beachten. Ausgeschlossen von der Erteilung von Visa zu Studienzwecken nach § 16b Abs. 1 und Abs. 5 AufenthG sind gemäß § 19f Abs. 1 AufenthG die dort genannten Personen,[260] unter anderem Drittstaatsangehörige, die um internationalen Schutz nachsuchen, Personen, die in anderen Mitgliedstaaten als international schutzberechtigt anerkannt worden sind, und Geduldete.

Als Ausbildungseinrichtungen für die Aufnahme eines Studiums iSv § 16b AufenthG **186** kommen nur **höhere Bildungseinrichtungen** (Art. 3 Ziff. 3, 13 REST-RL) in Betracht. Das sind staatliche oder staatlich anerkannte Hochschulen oder ähnliche qualifizierte Ausbildungseinrichtungen des tertiären Bildungsbereichs. Das Studium muss auf die Erlangung eines anerkannten höheren Abschlusses (ie Bachelor, Master, Staatsexamen) dieser Bildungseinrichtung gerichtet sein. Der Aufenthaltszweck „Studium" umfasst auch die Teilnahme an einem studienvorbereitenden Sprachkurs, den Besuch eines Studienkollegs (studienvorbereitende Maßnahmen) und das Absolvieren eines Pflichtpraktikums (§ 16b Abs. 1 S. 2 AufenthG).

Der Anspruch besteht nur bei Vorliegen einer **Zulassung der Hochschule**. Ein Nach- **187** weis von Sprachkenntnissen ist nur erforderlich, wenn diese nicht im Rahmen der Zulassung geprüft wurden oder durch studienvorbereitende Maßnahmen erworben werden sollen (§ 16b Abs. 1 S. 4 AufenthG). Eine weitergehende Prüfung der Studierfähigkeit des Ausländers durch die Ausländerbehörde findet nicht statt. Ein behördliches Ermessen[261] ist grundsätzlich nicht eröffnet.

Liegen die Voraussetzungen für die Erteilung einer Aufenthaltserlaubnis nach § 16b **188** Abs. 1 AufenthG nicht vor, kommt gemäß § 16b Abs. 5 AufenthG – unabhängig von den Vorgaben der REST-RL – die Erteilung einer Aufenthaltserlaubnis zur Aufnahme eines **Voll- oder Teilzeitstudiums,** zur Teilnahme an einem **studienvorbereitenden Sprachkurs** oder zum Absolvieren eines **studienvorbereitenden Praktikums** in Betracht. Die Erteilung steht im Ermessen. Unter den Voraussetzungen von § 16b Abs. 7 AufenthG kann dem in einem anderen Mitgliedstaat international schutzberechtigten Drittstaatsangehörigen eine Aufenthaltserlaubnis zur Durchführung eines Teils seines in diesem Mitgliedstaat begonnenen Studiums erteilt werden.

Voraussetzung für die Erteilung einer Aufenthaltserlaubnis nach § 16b AufenthG ist, dass **189** der Ausländer die erforderlichen Mittel zur Sicherung seines **Lebensunterhalts** (§ 5 Abs. 1 Nr. 1 AufenthG) nachweist. Dazu genügen gemäß § 2 Abs. 3 S. 2 Nr. 5 AufenthG Mittel in Höhe des monatlichen BAföG-Bedarfs[262] sowie eine bestehende studentische **Krankenversicherung**. Auch ausländische Studierende sind gemäß § 5 Abs. 1 Nr. 9 SGB V in der Regel pflichtversichert. Sind für das Studium Studiengebühren zu entrichten, müssen auch die dafür erforderlichen Mittel nachgewiesen werden (Art. 11 Abs. 1 lit. d REST-RL). Zum Nachweis des Lebensunterhalts geeignet sind ua deutsche oder europäische Stipendien, eine Verpflichtungserklärung gemäß § 68 AufenthG oder ein auf einem Sperrkonto[263] eingezahltes ausreichendes Guthaben. Das aus einer Erwerbstätigkeit gemäß § 16b Abs. 3 AufenthG erzielte Einkommen ist insbesondere bei der Verlängerung der Aufenthaltserlaubnis zu berücksichtigen.

---

[259] → Rn. 51 ff.
[260] Von den übrigen vom Anwendungsbereich der REST-RL ausgeschlossenen Personengruppen benötigen zB Familienangehörige von freizügigkeitsberechtigten Unionsbürgern keine Aufenthaltserlaubnis, um ein Studium im Inland aufzunehmen.
[261] Vgl. zur Studenten-RL EuGH Urt. v. 10.9.14 – C-491/13, NVwZ 2014, 1446.
[262] OVG Berlin-Brandenburg Beschl. v. 4.3.2015 – OVG 2 S 8.15, BeckRS 2015, 44032 Rn. 7; → Rn. 62.
[263] Nr. 16.0.8.1 f. AVwV-AufenthG.

190 Liegen die Erteilungsvoraussetzungen nicht vor, ist die Aufenthaltserlaubnis zu versagen. Die Aufenthaltserlaubnis gemäß § 16b Abs. 1 und 5 AufenthG kann gemäß § 19f Abs. 4 Nr. 6 AufenthG auch dann abgelehnt werden, wenn trotz der Zulassung durch die Hochschule Beweise oder konkrete Anhaltspunkte dafür bestehen, dass der Ausländer den Aufenthalt zu anderen als die angegebenen Studienzwecke nutzen will, also überwiegende Zweifel an dem Aufenthaltszweck „Studium" bestehen.[264] Sie ist gemäß Art. 7 Abs. 6 REST-RL zu verweigern, wenn die Zulassung des Drittstaatsangehörigen in das Hoheitsgebiet des Mitgliedstaats als eine Bedrohung für die **öffentliche Ordnung und Sicherheit oder Gesundheit** anzusehen ist. In diesen Fällen wird regelmäßig auch ein Ausweisungsinteresse iSv § 5 Abs. 1 Nr. 2 iVm §§ 53 Abs. 1, 54 AufenthG zu bejahen sein.[265] Die Aufenthaltserlaubnis kann auch versagt werden, wenn der Mitgliedstaat aufgrund der ihm vorliegenden Informationen Anlass zu der Befürchtung hat, der Ausländer werde die Kenntnisse, die er im Rahmen seines Studiums und Forschung erwirbt, später zu Zwecken verwenden können, die der öffentlichen Sicherheit zuwiderlaufen.[266] Bei der Beurteilung der tatsächlichen Voraussetzungen einer solchen Gefahr gesteht der EuGH den nationalen Behörden einen nur eingeschränkt gerichtlich überprüfbaren Beurteilungsspielraum zu.[267]

191 Die Aufenthaltserlaubnis gemäß § 16b Abs. 1 AufenthG kann auch aus Gründen, die nicht in der Person des Ausländers liegen, zu versagen sein. Die Aufenthaltserlaubnis ist gemäß § 19f Abs. 4 Nr. 1 AufenthG zu versagen, wenn die Ausbildungseinrichtung nur zu dem Zweck gegründet wurde, die Einreise und den Aufenthalt von Drittstaatsangehörigen zu erleichtern, oder aus den in § 19f Abs. 4 Nr. 2 bis 5 AufenthG genannten Gründen absehbar nicht in der Lage ist, die angestrebte Ausbildung zu gewährleisten. Wird die betriebliche oder schulische Ausbildung ohne Verschulden des Ausländers vorzeitig beendet, so wird ihm gemäß § 16b Abs. 6 AufenthG für die Dauer von bis zu neun Monaten die Möglichkeit eingeräumt, sich zur Fortsetzung seines Studiums einen anderen Studienplatz zu suchen.

192 Die Aufenthaltserlaubnis zu Studienzwecken wird gemäß § 16b Abs. 2 AufenthG für mindestens ein, längstens zwei Jahre befristet erteilt und verlängert. Damit hat der Gesetzgeber die Möglichkeit gemäß Art. 18 Abs. 2 REST-RL, die Aufenthaltserlaubnis für die gesamte Studiendauer zu erteilen, nicht umgesetzt. Bei der Verlängerung prüft die Ausländerbehörde, ob der Aufenthaltszweck fortbesteht, also das Studium weiterbetrieben wird. Es obliegt dem Ausländer gemäß § 82 Abs. 1 AufenthG, seinen Studienfortschritt (Zwischenprüfungen, Leistungsnachweise) zu dokumentieren. Die **Verlängerung** erfolgt, solange das Studienziel noch nicht erreicht ist und in einem angemessenen Zeitraum noch erreicht werden kann. Sie ist ausgeschlossen, wenn ein erfolgreicher Abschluss nicht mehr erreicht werden kann. Für die Beurteilung dieser Frage kann die Ausbildungseinrichtung gemäß § 16b Abs. 2 S. 5 AufenthG beteiligt werden.

193 Bei der Bemessung der angemessenen **Gesamtdauer** des Aufenthalts sind die Dauer des Studiums, einschließlich studienvorbereitender Maßnahmen und anschließender Praktika, einzubeziehen. Auszugehen ist von dem normalerweise erforderlichen Zeitraum für die Erreichung des angestrebten Studienabschlusses.[268] Bei Bachelor-Studiengängen, an die sich ein konsekutiver oder weiterbildender Master-Studiengang anschließt, umfasst der erforderliche Zeitraum das gesamte Studium bis zu dem angestrebten zweiten berufsqualifizierenden Abschluss.[269] Gegebenenfalls kann auch eine anschließende Promotion zum Studium gehören.[270] Unschädlich sind in der Regel Überschreitungen der Regelstudienzeit von drei

---

[264] Vgl. zur missbräuchlichen Verschaffung eines Aufenthaltsrechts: OVG Berlin-Brandenburg Urt. v. 5.4.2017 – OVG 3 B 20.16, BeckRS 2017, 111235 Rn. 22 f.
[265] → Rn. 578 ff.
[266] EuGH Urt. v. 4.4.2017 – C-544/15, EuZW 2017, 473.
[267] Vgl. dazu *Samel* in Bergmann/Dienelt AufenthG § 6 Rn. 105 f., § 16b Rn. 12, 41.
[268] Vgl. OVG Berlin-Brandenburg Beschl. v. 17.11.2016 – OVG 11 S 56.16, BeckRS 2016, 55335 Rn. 2.
[269] Nr. 16.0.5 S. 2 AVwV-AufenthG.
[270] Art. 3 Nr. 3 REST-RL.

Semestern.²⁷¹ Nachgewiesene Verzögerungen durch Krankheit oder Mutterschutz sind ebenfalls zu berücksichtigen. Auch ein Studiengangwechsel kann zugelassen werden, wenn das neue Studium innerhalb einer angemessenen Zeit abgeschlossen werden kann.²⁷² Das ist in der Regel nur dann der Fall, wenn der Wechsel in einer frühen Phase des Studienaufenthalts erfolgt.

Ein **angemessener Zeitraum** soll im Allgemeinen regelmäßig dann überschritten sein, wenn das Studium unter Berücksichtigung der bisherigen Studienleistungen und des dafür aufgewendeten Zeitbedarfs innerhalb einer Gesamtaufenthaltsdauer von zehn Jahren nicht abgeschlossen werden kann.²⁷³ Mangels gesetzlicher Grundlage handelt es sich bei diesem Zeitraum lediglich um einen Richtwert. Erforderlich ist jeweils eine Einzelfallbetrachtung. Gegebenenfalls gebietet es der Grundsatz der Verhältnismäßigkeit, trotz Überschreitung der Studiendauer eine Verlängerung des Aufenthalts zu gewähren, um dem Ausländer einen in absehbarer Zeit zu erwartenden Studienabschluss zu ermöglichen.²⁷⁴ 194

Ausländische Studierende dürfen gemäß § 16b Abs. 3 AufenthG in begrenztem Umfang ohne Zustimmung der Bundesagentur für Arbeit einer Beschäftigung nachgehen und studentische Nebentätigkeiten ausüben. Im gleichen Umfang ist auch die Zulassung einer selbständigen Tätigkeit gemäß § 21 Abs. 6 AufenthG denkbar. Die **Erwerbstätigkeit** darf allerdings nicht den Hauptzweck des Studiums beeinträchtigen oder den Studienerfolg herauszögern. Die im Rahmen des Studiums erforderlichen Praktika sind als Bestandteil des Studiums zustimmungsfrei (§ 15 Nr. 2 BeschV) und nicht auf die Zeiten der zulässigen Beschäftigung anzurechnen. 195

Im Anschluss an den erfolgreichen Abschluss des Studiums kann die Aufenthaltserlaubnis zu anderen Aufenthaltszwecken erteilt werden. Der Anschlussaufenthalt zur Aufnahme einer Erwerbstätigkeit ist ausdrücklich erwünscht. Gemäß § 20 Abs. 3 Nr. 1 AufenthG wird dem Absolventen eines Studiums eine Aufenthaltserlaubnis für bis zu 18 Monate zur **Arbeitsplatzsuche** erteilt, dh zur Suche einer der durch das Studium gewonnen Qualifikation entsprechenden Erwerbstätigkeit. Denkbar ist auch, dass unmittelbar ein Aufenthaltstitel nach § 18b AufenthG als Fachkraft mit akademischer Ausbildung oder zur Aufnahme einer qualifizierten selbstständigen Tätigkeit gemäß § 21 Abs. 2a AufenthG erteilt wird. Für eine an das Studium anschließende praktische Berufserfahrung oder Anerkennungszeit kann eine Aufenthaltserlaubnis nach § 16a Abs. 1 oder § 18a AufenthG erteilt werden.²⁷⁵ 196

Wird das Studium ohne Abschluss beendet, kommt neben der Erteilung einer Aufenthaltserlaubnis in Anspruchsfällen gemäß § 16b Abs. 4 S. 1 AufenthG ein **Wechsel des Aufenthaltszwecks** und die Erteilung einer Aufenthaltserlaubnis zur Aufnahme einer qualifizierten Berufsausbildung (§ 16a AufenthG), der Beschäftigung als Fachkraft (§§ 18a, 18b AufenthG) oder der Ausübung einer Beschäftigung mit ausgeprägten berufspraktischen Kenntnissen (§ 19c Abs. 2 AufenthG) in Betracht. Die bisherige Beschränkung auf eine Ausbildung in Engpassberufen entfällt. 197

Zur Erleichterung **studentischer Mobilität** innerhalb der EU kann unter den Voraussetzungen von § 16c Abs. 1 AufenthG auf die Erteilung eines nationalen Aufenthaltstitels verzichtet werden. Besitzt der Drittstaatsangehörige einen von einem anderen Mitgliedstaat der EU erteilten Aufenthaltstitel nach der REST-RL benötigt er für einen Studienaufenthalt von bis zu 360 Tagen im Rahmen eines Unions- oder multilateralen Programms mit Mobilitätsmaßnahmen oder einer Vereinbarung zwischen Hochschulen keinen deutschen Aufenthaltstitel. Die Voraussetzungen des Aufenthalts werden in einem Mitteilungsverfahren geprüft. Die aufnehmende Ausbildungseinrichtung teilt dem BAMF als nationaler Kontaktstelle (§ 75 Nr. 5 AufenthG) die Absicht des Ausländers mit, einen Teil seines 198

---

²⁷¹ Nr. 16.1.1.6.2 AVwV-AufenthG.
²⁷² Nr. 16.2.5 S. 2 und 3 AVwV AufenthG
²⁷³ Vgl. zB VGH München Beschl. v. 24.7.2017 – 19 CS 16.2006, BeckRS 2017, 119295 Rn. 7, 10.
²⁷⁴ OVG Magdeburg Beschl. v. 5.11.2014 – 2 M 109.14, BeckRS 2015, 40794 Rn. 6.
²⁷⁵ Vgl. → Rn. 205.

199 Die Überprüfung der Voraussetzungen gemäß § 16c Abs. 1 AufenthG obliegt nunmehr dem BAMF (§ 75 Nr. 5a AufenthG). Liegen diese vor und sind Versagungsgründe gemäß § 19f Abs. 5 AufenthG nicht gegeben, erteilt das BAMF dem Ausländer binnen 30 Tagen eine deklaratorische Bescheinigung über sein **Aufenthaltsrecht zu Studienzwecken** (§ 16c Abs. 4 AufenthG). Andernfalls lehnt das BAMF die Einreise oder den Aufenthalt ab. Mit dieser Entscheidung entfällt gemäß § 16c Abs. 3 AufenthG die Befreiung von dem Erfordernis eines Aufenthaltstitels für Einreise und Aufenthalt. Der Ausländer muss sein Studium im Inland unverzüglich einstellen. Der erst danach gestellte Antrag auf Erteilung einer Aufenthaltserlaubnis löst nicht die Erlaubnisfiktion gemäß § 81 Abs. 3 AufenthG aus.[276]

200 Während des Aufenthalts darf der Ausländer in den Grenzen von § 16c Abs. 2 AufenthG einer **Erwerbstätigkeit,** insbesondere einer studentischen Nebenbeschäftigung, nachgehen. Erwirbt er während seines Aufenthalts einen Hochschulabschluss, kann er wie andere inländische Hochschulabsolventen eine Aufenthaltserlaubnis zur Arbeitssuche gemäß § 20 Abs. 3 Nr. 1 AufenthG oder einen Aufenthaltstitel nach § 18b AufenthG als Fachkraft mit akademischer Ausbildung bzw. zur Aufnahme einer qualifizierten selbstständigen Tätigkeit gemäß § 21 Abs. 2a AufenthG im Inland beantragen. Im Übrigen ist die Erteilung einer Aufenthaltserlaubnis zu einem anderen Aufenthaltszweck nur in Anspruchsfällen denkbar. Will der Ausländer seinen Studienaufenthalt im Inland verlängern, benötigt er ebenso wie andere drittstaatsangehörige Studierende, die außerhalb eines Programms nach § 16c Abs. 1 S. 1 Nr. 2 AufenthG einen Teil ihres Studiums in Deutschland absolvieren wollen, eine Aufenthaltserlaubnis gemäß § 16b Abs. 1 AufenthG.

201 Gemäß § 17 Abs. 2 AufenthG kann eine Aufenthaltserlaubnis auch zum Zweck der **Studienbewerbung** erteilt werden. Die Erteilung erfolgt üblicherweise als nationales Visum für drei Monate und kann als Aufenthaltserlaubnis für maximal weitere sechs Monate verlängert werden.[277] Da eine Erwerbstätigkeit während des Aufenthalts zur Studienbewerbung ausgeschlossen ist, müssen die Mittel zur Sicherung des Lebensunterhalts einschließlich ausreichenden Krankenversicherungsschutzes anderweitig nachgewiesen werden. Ein Wechsel des Aufenthaltszwecks ist außer bei Anspruchsfällen und bei Aufnahme eines Studiums oder studienvorbereitender Maßnahmen nur in Fällen der Aufnahme einer qualifizierten Berufsausbildung (§ 16a AufenthG) oder qualifizierten Beschäftigung (§§ 18a, 18b AufenthG) möglich.

201a Drittstaatsangehörige Studierende oder Hochschulabsolventen, deren Abschluss weniger als zwei Jahre zurückliegt, haben gemäß § 16e AufenthG die Möglichkeit, ein **studienbezogenes Praktikum** von bis zu sechs Monaten im Bundesgebiet zu absolvieren. Unabhängig davon kann für ein Praktikum eine Aufenthaltserlaubnis auch gemäß § 16a Abs. 2 AufenthG zu Weiterbildungszwecken erteilt werden.

4. Sprachkurs und Schulbesuch

202 Nicht jeder Spracherwerb dient der Vorbereitung einer Ausbildung oder eines Studiums. Die Teilnahme an einem **Sprachkurs** im Bundesgebiet kann aus beruflichen Gründen, zum Erwerb einfacher deutscher Sprachkenntnisse iSv § 30 Abs. 1 S. 1 Nr. 2 AufenthG[278] oder aus sonstigen privaten Gründen erstrebenswert sein. § 16f Abs. 1 S. 1 AufenthG ermöglicht den Aufenthalt zur Teilnahme an solchen nicht der Ausbildungs- oder Studienvorbereitung dienenden sonstigen Sprachkursen; diese müssen nach dem Wortlaut nicht notwendig dem Erlernen der deutschen Sprache dienen, die Aufenthaltserlaubnis wird aber regelmäßig nur zu diesem Zweck erteilt.[279]

---

[276] Vgl. *Fehrenbacher* in HTK-AuslR AufenthG § 16a zu Abs. 5.
[277] Nr. 16.1a.4 AVwV-AufenthG.
[278] Vgl. BVerwG Urt. v. 30.3.2010 – 1 C 8/09, BVerfGE 136, 231 Rn. 46.
[279] Nr. 16.5.1.1 AVwV-AufenthG.

Die Regelerteilungsvoraussetzungen gemäß § 5 Abs. 1 AufenthG müssen auch hier vorliegen. Der Lebensunterhalt einschließlich ausreichenden Krankenversicherungsschutzes sowie die Mittel für den Sprachkurs müssen gesichert sein.[280] Die Erteilung der Aufenthaltserlaubnis steht im Ermessen, das durch die zu § 16 Abs. 5 AufenthG aF ergangenen AVwV geleitet wird. Danach wird die Aufenthaltserlaubnis in der Regel nur für die Teilnahme an **Intensivkursen** erteilt.[281] Der Sprachkurs muss also den Hauptzweck des Aufenthalts darstellen, andernfalls ist die Erteilung eines einheitlichen Visums gemäß Art. 2 Nr. 3, Art. 24 Visakodex (Besuchsvisum) möglich und ausreichend. Der Behörde steht eine Bewertung der Motive für die Teilnahme am Sprachkurs nicht zu, sie kann aber die Ernsthaftigkeit des Aufenthaltszwecks würdigen.[282] Eine gleichzeitige Erwerbstätigkeit ist nicht vorgesehen, kann aber ausnahmsweise mit Zustimmung der Bundesagentur für Arbeit zugelassen werden. Die Geltungsdauer der Aufenthaltserlaubnis hängt von der Dauer des Kurses ab und kann verlängert werden. Sie soll längstens zwölf Monate betragen.[283]

§ 16f Abs. 1 AufenthG regelt auch die Erteilung einer Aufenthaltserlaubnis zur Teilnahme an einem **Schüleraustausch.**

Die Erteilung einer Aufenthaltserlaubnis für einen regelmäßigen **Schulbesuch** an einer allgemein bildenden Schule wird gemäß § 16f Abs. 2 AufenthG weiterhin nur für wenige Fallgruppen erlaubt. Die Vorschrift soll nicht dazu dienen, einen sonst ausgeschlossen Aufenthalt zu erlangen.[284] So begründet allein die bisherige Teilnahme am Schulunterricht – etwa als gestatteter oder geduldeter Ausländer – keinen Anspruch auf Fortsetzung des Aufenthalts zum Schulbesuch.[285] Die Neuregelung des § 16f Abs. 2 AufenthG übernimmt die bisher in den AVwV genannten restriktiven Voraussetzungen. Die Aufenthaltserlaubnis kann danach zum Besuch von Schulen mit internationaler Ausrichtung bzw. Schulen, die Schüler auf internationale Abschlüsse vorbereiten, insbesondere Internatsschulen mit Schülern verschiedener Staatsangehörigkeit, erteilt werden.

5. Aufenthalt zur Anerkennung ausländischer Berufsqualifikationen

In Ergänzung zu den vorgenannten Aufenthaltstiteln zum Zwecke der beruflichen oder akademischen Ausbildung im Bundesgebiet ermöglicht § 16d Abs. 1 AufenthG die Erteilung einer Aufenthaltserlaubnis zur **Teilnahme an Qualifizierungsmaßnahmen.** Diese müssen darauf zielen, fachliche, sprachliche oder sonstige Defizite auszugleichen, die der Anerkennung eines im Ausland erworbenen Bildungs- oder Berufsabschlusses und damit der Aufnahme einer der Berufsqualifikation entsprechenden Erwerbstätigkeit im Inland entgegenstehen.[286] Vom Aufenthaltszweck ist auch die Erteilung einer Berufsausübungserlaubnis bei reglementierten Berufen erfasst.[287] Die Vorschrift richtet sich an diejenigen bereits qualifizierten Ausländer, die für eine Erwerbstätigkeit im Inland nicht auf eine vollständige inländische betriebliche oder schulische Ausbildung (§ 16a AufenthG) verwiesen werden müssen.

Voraussetzung für die im Ermessen stehende Erteilung der Aufenthaltserlaubnis ist zunächst ein Feststellungsbescheid der für die **Feststellung der Gleichwertigkeit** oder für den Berufszugang nach Bundes- oder Landesrecht zuständigen Stelle über die vorhandene Qualifikation sowie fachliche, berufspraktische oder sprachliche Defizite und im Falle eines reglementierten Berufs über die Erforderlichkeit von Anpassungsmaßnahmen oder eines Sprachkurses für die jeweilige Berufsqualifikation.[288] Für die Gleichwertigkeitsprüfung bei

---

[280] → Rn. 56.
[281] Nr. 16.5.1.2 AVwV-AufenthG.
[282] Vgl. OVG Berlin-Brandenburg Urt. v. 15.3.2018 – OVG 2 B 6.171 C 8/09.
[283] Nr. 16.5.1.3 AVwV-AufenthG.
[284] *Huber* in Huber AufenthG § 16 Rn. 20.
[285] Vgl. OVG Lüneburg Beschl. v. 28.5.2010 – 8 ME 95.10, BeckRS 2010, 49797 Rn. 8.
[286] BT-Drs. 18/4097, 39.
[287] BT-Drs. 19/8285, 88.
[288] Näheres und Praxishinweise vgl. *v. Harbou* ZAR 2015, 343.

Ausbildungsberufen sind in der Regel die Kammern (§ 8 BQFG) zuständig. Bei reglementierten Berufen richtet sich die Zuständigkeit nach dem jeweiligen Fachrecht (§ 13 Abs. 5 BQFG) und den landesgesetzlichen Bestimmungen.[289]

208 Der Ausländer muss über die für die beabsichtigte **Qualifikationsmaßnahme** erforderlichen hinreichenden Sprachkenntnisse (A 2) verfügen. Die Maßnahme muss geeignet sein, die fehlende Qualifikation zu vermitteln, um die Anerkennung der Berufsqualifikation oder den Berufszugang zu ermöglichen. Dabei kann es sich um schulische oder betriebliche, praktische und theoretische Weiterbildungen, Vorbereitungskurse auf Kenntnis- oder Eignungsprüfungen oder Sprachkurse handeln.[290] Von der Eignung einer nicht betrieblichen Bildungsmaßnahme ist in der Regel auszugehen, wenn es sich um einen staatlichen, staatlich anerkannten oder nach der AZAV[291] zertifizierten Bildungsträger handelt oder die Bildungsmaßnahme im Rahmen von Förderprogrammen des Bundes oder der Länder gefördert wird.[292] Bei überwiegend betrieblichen Maßnahmen ist die Bundesanstalt für Arbeit zu beteiligen (§ 8 Abs. 2 BeschV). Die Aufenthaltserlaubnis ist entsprechend dem Aufenthaltszweck auf die Dauer der Maßnahme gegebenenfalls zuzüglich Prüfungszeit zu befristen und wird für 18 Monate erteilt. Bei Verzögerungen kann sie um weitere sechs Monate verlängert werden. Für längerdauernde Aus- und Weiterbildungen kommt eine Aufenthaltserlaubnis nach § 16a Abs. 1 AufenthG in Betracht.

209 Zur Erleichterung der Sicherung des Lebensunterhalts (§ 5 Abs. 1 Nr. 1 AufenthG) ist gemäß § 16d Abs. 2 AufenthG eine von der Bildungsmaßnahme unabhängige (Neben-)Beschäftigung im Umfang von bis zu zehn Stunden wöchentlich erlaubt. Darüber hinaus ist eine zeitlich unbeschränkte Beschäftigung zulässig, wenn diese in einem berufsbezogenen Zusammenhang mit dem angestrebten Beruf steht und für diesen ein **konkretes Arbeitsplatzangebot** im Anschluss an die Qualifizierungsmaßnahme nachgewiesen wird. Der Gesetzgeber verspricht sich dadurch den Erwerb zusätzlicher Fähigkeiten, die für die angestrebte Beschäftigung in dem anzuerkennenden Beruf von Vorteil sind, etwa den der Förderung der Fachsprache.[293] Diese Beschäftigung darf nur ergänzend zu der erforderlichen Qualifizierungsmaßnahme ausgeübt werden, sie darf also nicht an deren Stelle treten oder diese überlagern. Die erforderliche Zustimmung der Bundesagentur für Arbeit richtet sich nach § 8 Abs. 2 BeschV.

210 Unter den Voraussetzungen des mit dem Fachkräfteeinwanderungsgesetz eingefügten § 16d Abs. 3 AufenthG kann bei nicht reglementierten Berufen und teilweiser Gleichwertigkeit der ausländischen Berufsqualifikation sowie hinreichender beruflicher Kompetenz der Aufenthalt zur Ausübung einer qualifizierten Beschäftigung erlaubt werden. Erforderlich sind für die Ausübung der beruflichen Tätigkeit entsprechende, in der Regel hinreichende Sprachkenntnisse (A 2). Der Arbeitgeber muss sich arbeitsvertraglich dazu verpflichten, dass die Beschäftigung dem Ausgleich der von der zuständigen Stelle festgestellten Unterschiede, also dem Erwerb der noch fehlenden beruflichen Fertigkeiten, Kenntnisse und Fähigkeiten dient. Die Aufenthaltserlaubnis wird für zwei Jahre erteilt. Die erforderliche Zustimmung der Bundesagentur für Arbeit richtet sich nach § 8 Abs. 2 BeschV.

211 Im Anschluss an die erfolgreiche Durchführung einer Bildungsmaßnahme zur Anerkennung der Berufsqualifikation und Feststellung der Gleichwertigkeit der Berufsqualifikation oder Erteilung der Berufsausübungserlaubnis kann die Aufenthaltserlaubnis gemäß § 20 Abs. 2 Nr. 4 AufenthG zur Suche eines **qualifizierten Arbeitsplatzes** für bis zu einem Jahr erteilt werden. Zur Sicherung des Lebensunterhalts ist während der Suchphase gemäß

---

[289] Vgl. auch die Berufsqualifikationsfeststellungsgesetze der Länder, Übersicht unter www.anerkennung-in-deutschland.de/html/de/laendergesetze.php.
[290] BT-Drs. 19/8285, 88.
[291] Akkreditierungs- und Zulassungsverordnung Arbeitsförderung v. 2.4.2012, BGBl. I 504, zuletzt geändert durch VO v. 27.1.2017, BGBl. I 133.
[292] BT-Drs. 18/4097, 39.
[293] BT-Drs. 18/4097, 40.

§ 17a Abs. 4 S. 2 AufenthG die Erwerbstätigkeit uneingeschränkt erlaubt. Im Übrigen kommt gemäß § 16d Abs. 6 AufenthG eine Aufenthaltserlaubnis zur qualifizierten Beschäftigung nach § 18a und § 18b AufenthG in Betracht; möglich ist aber auch die Erteilung einer Aufenthaltserlaubnis zu Ausbildungs- oder Studienzwecken nach § 16a oder § 16b AufenthG.

Ein Aufenthalt zur Beschäftigung und Anerkennung von ausländischer Berufsqualifikationen kommt gemäß § 16d Abs. 4 AufenthG aufgrund von **Vermittlungsabsprachen der Bundesagentur für Arbeit** mit der Arbeitsverwaltung des Herkunftsstaats in Betracht. Dies betrifft nach Satz 1 Nr. 1 der Vorschrift in erster Linie die reglementierten Berufe im Gesundheits- und Pflegebereich. Für sonstige ausgewählte Berufe sieht Nr. 2 eine auf fünf Jahre befristete Regelung vor. Die Voraussetzungen der Zustimmung der Bundesagentur für Arbeit sind in § 2 BeschV geregelt. Das Anerkennungsverfahren läuft parallel zu der Beschäftigung, die Kenntnisse und Fähigkeiten im beruflichen Umfeld einsetzen und vertiefen sowie den Lebensunterhalt sichern soll.[294] 212

Wer im Bundesgebiet eine Prüfung zur Anerkennung seiner ausländischen Berufsqualifikation ablegen will, kann gemäß § 16d Abs. 5 AufenthG eine Aufenthaltserlaubnis erhalten. Das Erfordernis einer **konkreten Arbeitsplatzzusage** für eine Beschäftigung in diesem Beruf mit Zustimmung der Bundesagentur für Arbeit ist mit dem Fachkräfteeinwanderungsgesetz entfallen. Die Aufenthaltserlaubnis selbst berechtigt weder zur Erwerbstätigkeit noch zur Arbeitsplatzsuche. Im Anschluss an die erfolgreiche Ablegung der Prüfung kann jedoch die Aufenthaltserlaubnis unter den Voraussetzungen der §§ 18 ff. AufenthG im Inland erteilt werden. Fehlt es an einer konkreten Arbeitsplatzzusage und ist die Rückkehrbereitschaft nicht offensichtlich ausgeschlossen, kommt zu diesem Zweck auch die Erteilung eines Schengen-Visums in Betracht. 213

6. Rechtsschutz

Für Rechtsschutz gegen die Versagung oder Nichterteilung eines beantragten Aufenthaltstitels ist der Verwaltungsrechtsweg gemäß § 40 Abs. 1 VwGO eröffnet; statthafte Klageart ist die **Verpflichtungsklage** gemäß § 42 Abs. 1 Alt. 2 VwGO. Ist für die Erteilung oder Verlängerung einer Aufenthaltserlaubnis zu Ausbildungszwecken die inländische Ausländerbehörde zuständig, weil der Ausländer den Aufenthaltstitel gemäß § 39 AufenthV im Inland einholen kann oder dessen Verlängerung begehrt, gelten keine Besonderheiten.[295] Vor Klageerhebung ist Widerspruch zu erheben, sofern das Landesrecht dies nicht gemäß § 68 Abs. 1 S. 2 VwGO ausschließt. Gegen die Ablehnung eines Visums zur Aufnahme eines Studiums oder einer Ausbildung durch eine deutsche Auslandsvertretung ist die Verpflichtungsklage gegen die Bundesrepublik Deutschland, vertreten durch das Auswärtige Amt, zu erheben.[296] Ein Widerspruchsverfahren findet nicht statt (§ 68 Abs. 1 S. 2 Nr. 1 VwGO).[297] Gegen die Ablehnung von Einreise und Aufenthalt gemäß § 19f Abs. 5 AufenthG sind Widerspruch und **Anfechtungsklage** gemäß § 42 Abs. 1 Alt. 1 VwGO statthaft. Diese lassen gemäß § 84 Abs. 2 AufenthG unbeschadet ihrer aufschiebenden Wirkung die Wirksamkeit des Verwaltungsaktes, der die Rechtmäßigkeit des Aufenthalts beendet, unberührt. Das heißt, der Ausländer darf sein Studium auch vorläufig nicht fortsetzen und ist, sofern sich nicht ein Aufenthaltsrecht aus Art. 21 Abs. 1 SDÜ ergibt, ausreisepflichtig. 214

---

[294] BT-Drs. 19/8285, 89.
[295] Vgl. → Rn. 134.
[296] → Rn. 42.
[297] → Rn. 42.

III. Humanitäre Aufenthaltstitel

1. Aufnahme aus dem Ausland gemäß § 22 AufenthG

215 § 22 AufenthG regelt – im Gegensatz zu § 23 AufenthG („Ausländergruppen") – die Erteilung einer Aufenthaltserlaubnis an eine **einzelne ausländische Person.** Nach dem Willen des Gesetzgebers ist die Entscheidung über die Aufnahme Ausdruck autonomer Ausübung staatlicher Souveränität.[298] §§ 5, 8, 10 und 11 AufenthG finden Anwendung.

216 § 22 S. 1 AufenthG stellt die Erteilung einer Aufenthaltserlaubnis aus **völkerrechtlichen** oder **dringenden humanitären Gründen** in das pflichtgemäße Ermessen der zuständigen Auslandsvertretung im Rahmen des Visumsverfahrens. Völkerrechtliche Gründe können sich aus Interessen anderer Staaten oder internationalen Organisationen ergeben, denen die Bundesrepublik Deutschland mit Rücksicht auf verbindliche Regeln oder andere Bestimmungen des Völkerrechts entgegenzukommen bereit ist. Mit dringenden humanitären Gründen ist eine besondere Notsituation gemeint, die im konkreten Einzelfall – im Gegensatz zu anderen ähnlich gelagerten Fällen – eine Aufnahme zwingend als ein unabweisbares Gebot der Menschlichkeit fordert.[299]

217 § 22 S. 2 AufenthG räumt dem Bundesministerium des Innern **(BMI)** oder einer von ihm bestimmten Stelle die **Befugnis** ein, die **Aufnahme zur Wahrung politischer Interessen** der Bundesrepublik Deutschland zu erklären. Derartige politische Interessen können mit sämtlichen Belangen des Bundes oder auch der Länder begründet werden. Das BMI verfügt auf der Tatbestandsseite über einen weiten Beurteilungsspielraum und auf der Rechtsfolgenseite über ein weites Entschließungs- und Auswahlermessen. Das BMI oder die von ihm bestimmte Stelle gibt eine sogenannte Aufnahmeerklärung ab.[300] Damit erwirbt die drittstaatsangehörige Person einen Anspruch auf Erteilung eines Visums gemäß § 6 Abs. 3 AufenthG (ohne Zustimmung der Ausländerbehörde gemäß § 31 AufenthV) sowie nach erfolgter Einreise auf Erteilung einer Aufenthaltserlaubnis. Inhaber einer Aufenthaltserlaubnis nach § 22 AufenthG sind zur Ausübung einer Erwerbstätigkeit berechtigt (§ 4a Abs. 1 S. 1 AufenthG[301]).

2. Aufenthaltsgewährung gemäß § 23 AufenthG

218 § 23 AufenthG regelt – im Gegensatz zu § 22 S. 1 („Einem Ausländer") – die Erteilung eines Aufenthaltstitels an Mitglieder v. abstrakt-generell definierten Ausländergruppen. §§ 5, 8, 10 und 11 AufenthG finden Anwendung.

219 § 23 Abs. 1 S. 1 AufenthG verleiht der **obersten Landesbehörde** die **Befugnis,** aus völkerrechtlichen oder humanitären Gründen (→ Rn. 216) oder zur Wahrung politischer Interessen der Bundesrepublik (→ Rn. 217) **anzuordnen,** dass ausländischen Personen aus bestimmten Staaten oder in sonstiger Weise bestimmten Ausländergruppen eine Aufenthaltserlaubnis erteilt wird. Eine solche Anordnung kann auch Ausländergruppen betreffen, die sich bereits im Bundesgebiet aufhalten.[302] Sie bedarf zur Wahrung der Bundeseinheitlichkeit des Einvernehmens des BMI (§ 23 Abs. 1 S. 3 AufenthG) und wird durch die insoweit gebundenen (vgl. § 32 AufenthV) Ausländerbehörden mit der Erteilung einer Aufenthaltserlaubnis umgesetzt.

220 § 23 Abs. 2 S. 1 AufenthG verleiht dem **BMI** die **Befugnis,** zur Wahrung besonders gelagerter politischer Interessen der Bundesrepublik Deutschland **anzuordnen,** dass das BAMF ausländischen Personen aus bestimmten Staaten oder in sonstiger Weise bestimmten

---

[298] BT-Drs. 15/420, 77.
[299] Vgl. *Bergmann/Röcker* in Bergmann/Dienelt AufenthG § 22 Rn. 8.
[300] Vgl. *BMI,* Pressemitteilung v. 30.10.2013 hinsichtlich der Aufnahme von afghanischen Ortskräften des Auswärtigen Amtes, www.bmi.bund.de.
[301] Vgl. Fachkräfteeinwanderungsgesetz v. 15.8.2018, BGBl. I 1307.
[302] BT-Drs. 15/420, 77.

Ausländergruppen eine Aufnahmezusage erteilt.[303] Eine solche Anordnung erfolgt im Benehmen mit den obersten Landesbehörden (§ 23 Abs. 2 S. 1 AufenthG) und wird durch das BAMF im Wege einer konkret-individuellen Aufnahmezusage für eine Aufenthaltserlaubnis oder eine Niederlassungserlaubnis (§ 23 Abs. 2 S. 3 AufenthG) umgesetzt, gegebenenfalls versehen mit einer wohnsitzbeschränkenden Auflage (§ 23 Abs. 2 S. 4 AufenthG), die einen Anspruch auf die Erteilung des entsprechenden Aufenthaltstitels durch die Ausländerbehörde verleiht. Gemäß § 23 Abs. 2 S. 2 AufenthG entfällt das Vorverfahren nach § 68 VwGO. Die Aufenthaltserlaubnis berechtigtnicht mehr von Gesetzes wegen zur Ausübung einer Erwerbstätigkeit[304], die Anordnung kann allerdings vorsehen, dass die zu erteilende Aufenthaltserlaubnis die Erwerbstätigkeit erlaubt oder diese nach § 4a Abs. 1 AufenthG erlaubt werden kann(§ 23 Abs. 1 S. 4 AufenthG). Für die Niederlassungserlaubnis folgt dies aus § 9 Abs. 1 S. 2 AufenthG.

Da die obersten Landesbehörden bzw. das BMI über einen weiten Beurteilungsspielraum 221 verfügen, der es ihnen im Ergebnis freistellt,[305] Anordnungen zu erlassen oder davon abzusehen, steht ihnen a fortiori ein entsprechend weites Auswahl- und Ausgestaltungsermessen zu. Die **Anordnung** definiert den persönlichen Anwendungsbereich und kann andere formelle (vgl. § 23 Abs. 1 S. 2 AufenthG), zeitliche, räumliche (gegebenenfalls abweichend von § 9 Abs. 1 S. 2 AufenthG) oder zahlenmäßige (zB Aufnahmekontingente) Maßgaben aufstellen und für den anschließenden Aufenthalt weitere Folgeregelungen treffen, zB indem § 24 AufenthG für anwendbar erklärt wird (§ 23 Abs. 3 AufenthG). Die oberste Landesbehörde bzw. das BMI kann das Ermessen gemäß § 5 Abs. 3 S. 2 AufenthG selbst in der Anordnung ausüben oder an die Ausländerbehörden bzw. das BAMF delegieren. Es besteht kein Anspruch auf Erlass einer Anordnung,[306] weder in Bezug auf eine frühere Praxis oder in Bezug auf die Praxis anderer Länder. Anordnungen gemäß § 23 AufenthG sind Verwaltungsvorschriften, die nur gegenüber den adressierten Behörden Rechtswirkungen entfalten.[307]

Gemäß § 23 Abs. 4 S. 1 AufenthG kann das BMI im Rahmen der Neuansiedlung von 222 Schutzsuchenden **(Resettlement)** im Benehmen mit den obersten Landesbehörden anordnen, dass das BAMF bestimmten (nach Durchlaufen eines Registrierungs- und Anerkennungsverfahrens des UNHCR),[308] für eine Neuansiedlung ausgewählten Schutzsuchenden eine Aufnahmezusage erteilt. § 23 Abs. 2 S. 2 bis 4 AufenthG und § 24 Abs. 3 bis 5 AufenthG gelten entsprechend (§ 23 Abs. 4 S. 2 AufenthG). Das nationale Kontingent besteht derzeit aus jährlich 500 Plätzen.[309] Daneben besteht das EU-Resettlement-Programm.[310] Die Bundesrepublik Deutschland hat sich innerhalb dessen unter Anrechnung des vorgenannten nationalen Kontingents zur Aufnahme von 1.600 Personen verpflichtet.[311]

3. Aufenthaltsgewährung in Härtefällen gemäß § 23a AufenthG

§ 23a Abs. 1 S. 1 AufenthG verleiht den obersten Landesbehörden die Befugnis anzuord- 223 nen, dass einem vollziehbar ausreisepflichtigen Ausländer abweichend von §§ 5, 8, 10 und 11 AufenthG eine Aufenthaltserlaubnis erteilt wird, wenn eine von der Landesregierung durch Rechtsverordnung eingerichtete Härtefallkommission darum ersucht.

---

[303] Vgl. *BMI*, Aufnahmeanordnung für Schutzbedürftige aus Syrien und Anrainerstaaten Syriens sowie Ägypten und Libyen v. 18.7.2014, www.bmi.bund.de; Bergmann/Röcker in Bergmann/Dienelt AufenthG § 23 Rn. 1 mw Beisp.).
[304] Vgl. Fachkräfteeinwanderungsgesetz v. 15.8.2018, BGBl. I 1307.
[305] Vgl. BVerwG Urt. v. 15.11.2011 – 1 C 21/10, NVwZ-RR 2012, 292 (293): „grundsätzlich keiner gerichtlichen Überprüfung unterliegt".
[306] BVerwG Urt. v. 15.11.2011 – 1 C 21/10, NVwZ-RR 2012, 292 (293).
[307] BVerwG Urt. v. 15.11.2011 – 1 C 21/10, NVwZ-RR 2012, 292 (293).
[308] Vgl. Wissenschaftliche Dienste des BT, Ausarbeitung WD 3 – 3000 – 150/15, 6.
[309] Vgl. *BMI*, Humanitäre Aufnahmeprogramme des Bundes, in Anspruch genommen zB im Jahr 2015 für Schutzsuchende aus den Erstaufnahmestaaten Ägypten und Sudan, www.bmi.bund.de.
[310] Vgl. Rat (Justiz und Inneres), Beschl. v. 20.7.2015, Ratsdok. 11097/15.
[311] Vgl. *BMI*, Humanitäre Aufnahmeprogramme des Bundes, www.bmi.bund.de.

224 § 23a AufenthG schafft die Grundlage für die Möglichkeit der Erteilung einer Aufenthaltserlaubnis im Wege eines nichtjustitiablen **Gnadenaktes**. Die Anordnungsbefugnis der obersten Landesbehörden besteht ausschließlich im öffentlichen Interesse und begründet keine eigenen Rechte der ausländischen Person (§ 23a Abs. 1 S. 4 AufenthG). Diese hat keinen Anspruch auf ein Härtefallersuchen oder die Erteilung einer Aufenthaltserlaubnis (vgl. § 23a Abs. 2 S. 3 AufenthG). § 23a AufenthG dient der Lösung besonders gelagerter humanitärer Einzelfälle, die anderweitig nicht sachgerecht behandelt werden können.[312]

225 Alle Landesregierungen haben von der Verordnungsermächtigung gemäß § 23a Abs. 1 S. 1 AufenthG Gebrauch gemacht und eine **Härtefallkommission eingerichtet**. Eine Landesregierung kann in einer Rechtsverordnung gemäß § 23a Abs. 2 S. 1 AufenthG regeln ua das Verfahren, (weitergehende) Ausschlussgründe, die Übertragung der Anordnungsbefugnis auf eine andere Stelle als die oberste Landesbehörde sowie im Einzelfall qualifizierte Anforderungen gemäß § 23a Abs. 1 S. 2 AufenthG, wonach – in Rückausnahme zu § 23a Abs. 1 S. 1 AufenthG – die Anordnung unter der Berücksichtigung erfolgen kann, dass der Lebensunterhalt gesichert oder eine Verpflichtungserklärung nach § 68 AufenthG abgegeben wird. Als möglicher weitergehender Ausschlussgrund kommt beispielsweise in Betracht der Erlass einer Abschiebungsanordnung gemäß § 58a AufenthG.[313]

226 Voraussetzung ist, dass der Ausländer sich im Bundesgebiet befindet und iSv § 50 Abs. 1, § 58 Abs. 2 AufenthG vollziehbar ausreisepflichtig ist.

227 Die Entscheidung für ein Härtefallersuchen setzt des Weiteren voraus, dass nach den Feststellungen der Härtefallkommission **dringende humanitäre** (→ Rn. 216) oder **persönliche Gründe** die weitere Anwesenheit des Ausländers im Bundesgebiet rechtfertigen (§ 23a Abs. 2 S. 4 AufenthG). Der nicht näher konkretisierte Begriff der persönlichen Gründe unterstreicht die Aufgabe, sämtliche relevanten personenbezogenen Umstände des konkreten Einzelfalls zu ermitteln, die Besonderheiten herauszuarbeiten und all dies im Wege einer Gesamtbetrachtung zu würdigen. Dringend sind die Gründe, wenn die Person im Falle einer Aufenthaltsbeendigung besonders schwerwiegende Nachteile zu gewärtigen hätte. Ausgehend von dem Ausnahmecharakter der Norm ist hierbei ein strenger Maßstab anzulegen. Die Annahme eines Härtefalls scheidet aus, wenn die Person anderweitig einen Aufenthaltstitel oder eine Duldung erlangen kann.

228 § 23a Abs. 1 S. 3 Alt. 1 AufenthG enthält einen **Regelausschluss** für Personen, die **Straftaten** von erheblichem Gewicht begangen haben. Entgegen dem Wortlaut („Straftaten") setzt dies wegen der Unschuldsvermutung und aus Gründen der Rechtssicherheit für den Rechtsanwender eine rechtskräftige Verurteilung voraus.[314] Als Orientierung für die Erheblichkeit dienen die in § 54 AufenthG aufgeführten Straftatbestände.

229 Der **Regelausschluss** erstreckt sich gemäß § 23a Abs. 1 S. 3 Alt. 2 AufenthG auch auf die Situation, in der bereits ein **Rückführungstermin** konkret feststeht. Nach dem Willen des Gesetzgebers soll damit eine missbräuchliche Befassung der Härtefallkommission vermieden werden.[315] Da es nach Ablauf einer gesetzten Ausreisefrist einer erneuten Fristsetzung gemäß § 59 Abs. 1 S. 7 AufenthG nicht bedarf und ein Rückführungstermin gemäß § 59 Abs. 1 S. 8 AufenthG nicht mehr angekündigt wird, kommt es insoweit auf die behördliche Aktenlage an.

230 Härtefallkommissionen initiieren ein **Verfahren** im Wege der Selbstfassung (§ 23a Abs. 2 S. 2 AufenthG). Dritte, insbesondere betroffene Ausländer, können nicht verlangen, dass sich eine Härtefallkommission mit einem bestimmten Einzelfall befasst oder eine bestimmte Entscheidung trifft (§ 23a Abs. 2 S. 3 AufenthG). Bejaht die Härtefallkommission das Vorliegen eines Härtefalls, richtet sie ein Härtefallersuchen an die nach der Rechtsver-

---

[312] Nr. 23a.0.1 AVwV-AufenthG.
[313] Nr. 23a.1.1.3 AVwV-AufenthG.
[314] *Bergmann/Röcker* in Bergmann/Dienelt AufenthG § 23a Rn. 13; *Keßler* in NK-AuslR AufenthG § 23a Rn. 12; aA *Maaßen/Kluth* in BeckOK AuslR AufenthG § 23a Rn. 8.
[315] BT-Drs. 18/6185, 48.

ordnung des Landes zuständige Anordnungsbehörde. Das Härtefallersuchen ist eine verwaltungsinterne Empfehlung.[316] Die zuständige Anordnungsbehörde prüft, ob das Härtefallersuchen auf zutreffenden Tatsachen beruht, die strengen Voraussetzungen für die Annahme eines Härtefalls erfüllt sind und Ausschlussgründe gemäß § 23a Abs. 1 S. 3 AufenthG oder nach Landesrecht vorliegen.[317] Dann entscheidet sie nach eigenem Ermessen über die Anordnung. Im Falle des Vorliegens eines Ausschlussgrundes gemäß § 23a Abs. 1 S. 3 AufenthG oder nach Maßgabe der Rechtsverordnung nach Landesrecht kann der Umstand, dass die Härtefallkommission sich gleichwohl mit dem Fall befasst oder ein Härtefallersuchen an die nach Landesrecht zuständige Anordnungsbehörde richtet, kein Abschiebungshindernis gemäß § 60a AufenthG begründen.[318] In den übrigen Fällen kann dies möglich sein, sei es aufgrund einer Regelung in der Rechtsverordnung gemäß § 23a Abs. 2 S. 1 AufenthG, sei es im Wege der (ständigen) Verwaltungspraxis (vgl. § 60a Abs. 2 S. 3 AufenthG).

§ 23a Abs. 3 AufenthG ordnet an, dass im Fall des Umzugs eines sozialhilfebedürftigen Inhabers einer Aufenthaltserlaubnis gemäß § 23a AufenthG der bisher örtlich zuständige Sozialhilfeträger längstens für drei Jahre ab Erteilung der Aufenthaltserlaubnis zur Kostentragung verpflichtet bleibt. 231

4. Aufenthaltsgewährung zum vorübergehenden Schutz gemäß § 24 AufenthG

§ 24 Abs. 1 AufenthG verleiht einer drittstaatsangehörigen Person, der aufgrund eines Beschlusses des Rates der Europäischen Union (Rat) nach der RL 2001/55/EG[319] vorübergehender Schutz gewährt wurde, unter den dort genannten Voraussetzungen einen Anspruch auf Erteilung einer Aufenthaltserlaubnis. §§ 5, 8, 10 und 11 AufenthG sind grundsätzlich anwendbar. § 5 Abs. 3 S. 1 AufenthG dispensiert von § 5 Abs. 1 und 2 AufenthG. 232

Erteilungsvoraussetzung ist nach § 24 Abs. 1 AufenthG ein Ratsbeschluss gemäß Art. 5 Abs. 1 RL 2001/55/EG, in welchem der Rat das Bestehen eines Massenzustroms von Vertriebenen iSv Art. 2 lit. d RL 2001/55/EG feststellt. Der Ratsbeschluss ergeht gemäß Art. 5 Abs. 1 S. 2 RL 2001/55/EG mit qualifizierter Mehrheit auf Vorschlag der Kommission, die außerdem jeden Antrag eines Mitgliedstaats prüft, wonach sie dem Rat einen Vorschlag unterbreiten soll. Mangels Vorschlags der Kommssion ist ein solcher Ratsbeschluss bislang nicht zustande gekommen.[320] Im Fall eines solchen Verfahrens muss das sogenannte Gebot der doppelten Freiwilligkeit erfüllt sein: Zum einen muss die Bundesrepublik Deutschland gemäß Art. 25 Abs. 1 S. 2 RL 2001/55/EG ihre nationale Aufnahmekapazität mitgeteilt haben (gegebenenfalls konkretisiert zB um Altersgrenzen, Familienstatus, Beziehungen zum Bundesgebiet etc), die wiederum gemäß Art. 25 Abs. 1 S. 3 und Art. 5 Abs. 3 S. 2 lit. c RL 2001/55/EG Eingang in den Ratsbeschluss gefunden hat. Zum anderen hat die betroffene Person die Bereitschaft zu erklären, im Bundesgebiet aufgenommen zu werden. Schließlich muss die Person zu der spezifischen Personengruppe iSv Art. 5 Abs. 3 S. 2 lit. a RL 2001/55/EG gehören. 233

Die Dauer des vorübergehenden Schutzes beträgt ein Jahr (Art. 4 Abs. 1 S. 1 RL 2001/55/EG). Sie verlängert sich automatisch um jeweils sechs Monate, höchstens jedoch um ein Jahr (Art. 4 Abs. 1 S. 2 RL 2001/55/EG), wenn der Rat den vorübergehenden Schutz nicht durch Beschluss beendet (Art. 6 Abs. 1 lit. b RL 2001/55/EG). Der Rat kann gemäß Art. 4 Abs. 2 RL 2001/55/EG den vorübergehenden Schutz bei Fortbestehen von Gründen um ein weiteres Jahr verlängern. 234

---

[316] Nr. 23a.1.1.2 AVwV-AufenthG.
[317] Nr. 23a.1.1.3 AVwV-AufenthG.
[318] *Bergmann/Röcker* in Bergmann/Dienelt AufenthG § 23a Rn. 19.
[319] RL 2001/55/EG des Rates v. 20.7.2001 über Mindestnormen für die Gewährung des vorübergehenden Schutzes im Falle eines Massenzustroms von Vertriebenen und Maßnahmen zur Förderung einer ausgewogenen Verteilung der Belastungen, die mit der Aufnahme dieser Personen und den Folgen dieser Aufnahme verbunden sind, auf die Mitgliedstaaten, ABl. L 212, 12.
[320] Vgl. BT-Drs. 18/61, 4.

235 Gemäß § 24 Abs. 2 AufenthG ist die Gewährung vorübergehenden Schutzes im Falle des § 3 Abs. 2 AsylG und des § 60 Abs. 8 S. 1 AufenthG ausgeschlossen. Die Verteilung im Bundesgebiet auf die Länder erfolgt durch das BAMF und mangels eines Beschlusses iSv § 24 Abs. 3 S. 4 AufenthG nach den Aufnahmequoten des § 45 S. 2 AsylG („Königsteiner Schlüssel"). § 24 Abs. 4 AufenthG regelt die Verteilung über die Zuweisungsentscheidung innerhalb eines Landes. § 24 Abs. 5 AufenthG ordnet eine räumliche Beschränkung hinsichtlich der Wohnung und des gewöhnlichen Aufenthalts entsprechend der Zuweisungsentscheidung an. Gemäß § 24 Abs. 6 S. 1 AufenthG darf eine selbstständige Erwerbstätigkeit nicht ausgeschlossen werden. Die Aufenthaltserlaubnis berechtigt nach § 24 Abs. 6 S. 2 AufenthG ausdrücklich nicht zur Ausübung einer Beschäftigung, mithin einer unselbständigen Erwerbstätigkeit, diese kann aber nach § 4a Abs. 2 AufenthG erlaubt werden. § 24 Abs. 7 AufenthG statuiert die Pflicht, den Ausländer über die mit dem vorübergehenden Schutz verbundenen Rechte und Pflichten schriftlich und in einer ihm verständlichen Sprache zu unterrichten.

5. Aufenthalt aus humanitären Gründen gemäß § 25 AufenthG

236 a) **Asylberechtigte (§ 25 Abs. 1 AufenthG).** § 25 Abs. 1 S. 1 AufenthG verleiht anerkannten Asylberechtigten einen Anspruch auf Erteilung einer Aufenthaltserlaubnis. § 5 Abs. 3 S. 1 AufenthG dispensiert von § 5 Abs. 1 und 2 AufenthG. Die Aufenthaltserlaubnis berechtigt zur Ausübung einer Erwerbstätigkeit (§ 25 Abs. 1 S. 4 AufenthG).

237 Als **Rechtsposition** ist erforderlich, dass das BAMF den Ausländer gemäß Art. 16a GG und § 1 Abs. 1 Nr. 1 AsylG als Asylberechtigten bzw. als Familienangehörigen eines Asylberechtigten gemäß § 26 AsylG anerkannt hat. Die **Asylanerkennung** ist für die Ausländerbehörde verbindlich (§ 6 S. 1 AsylG). Im Fall einer Aufhebung der Asylanerkennung durch Widerruf oder Rücknahme gilt die Asylanerkennung wegen der aufschiebenden Wirkung der gegen diesen aufhebenden Verwaltungsakt gerichteten Klage gemäß § 75 Abs. 1 iVm § 73 AsylG (mit Ausnahme der Fälle des § 75 Abs. 2 S. 1 AsylG) bis zu dessen Unanfechtbarkeit mit Bindungswirkung für die Ausländerbehörde in aufenthaltsrechtlichen Angelegenheiten fort.

238 Die Aufenthaltserlaubnis ist zu **versagen,** wenn der Ausländer aufgrund eines besonders schwerwiegenden Ausweisungsinteresses nach § 54 Abs. 1 AufenthG ausgewiesen worden ist (§ 25 Abs. 1 S. 2 AufenthG). Da für die Ausweisung eines Asylberechtigten die hohen Hürden der §§ 53 Abs. 1 und 3, 54 AufenthG erfüllt sein müssen, indiziert die Ausweisung den Versagungsgrund. Maßgeblich ist der Erlass der Ausweisungsverfügung, auf deren Bestandskraft oder Vollziehbarkeit kommt es nicht an.[321]

239 Bis zu der Erteilung der Aufenthaltserlaubnis gilt der Aufenthalt als erlaubt (§ 25 Abs. 1 S. 3 AufenthG). Diese **Erlaubnisfiktion** geht § 81 Abs. 3 AufenthG vor.[322]

240 b) **Flüchtlinge und subsidiär Schutzberechtigte (§ 25 Abs. 2 AufenthG).** § 25 Abs. 2 S. 1 AufenthG verleiht einem Flüchtling bzw. einem subsidiär Schutzberechtigten einen Anspruch auf Erteilung einer Aufenthaltserlaubnis. § 5 Abs. 3 S. 1 AufenthG dispensiert von § 5 Abs. 1 und 2 AufenthG.

241 Als **Rechtsposition** ist erforderlich, dass das BAMF der Person **internationalen Schutz,** also entweder die Flüchtlingseigenschaft iSd § 3 Abs. 1 AsylG oder subsidiären Schutz iSd § 4 Abs. 1 AsylG, **zuerkannt** hat bzw. die Eigenschaft als Familiengehöriger eines Flüchtlings oder eines subsidiär Schutzberechtigten gemäß § 26 Abs. 5 AsylG. Die Zuerkennung internationalen Schutzes ist für die Ausländerbehörde verbindlich (§ 6 S. 1 AsylG). Im Fall einer Aufhebung der Zuerkennung durch Widerruf oder Rücknahme gilt die Zuerkennung internationalen Schutzes wegen der aufschiebenden Wirkung der gegen diesen aufhebenden Verwaltungsakt gerichteten Klage gemäß § 75 Abs. 1 iVm §§ 73, 73b

---

[321] Vgl. *Bergmann/Röcker* in Bergmann/Dienelt AufenthG § 25 Rn. 19.
[322] Vgl. *Bergmann/Röcker* in Bergmann/Dienelt AufenthG § 25 Rn. 17.

AsylG (mit Ausnahme der Fälle des § 75 Abs. 2 AsylG) bis zu dessen Unanfechtbarkeit mit Bindungswirkung für die Ausländerbehörde in aufenthaltsrechtlichen Angelegenheiten fort.

§ 25 Abs. 2 S. 2 AufenthG erklärt § 25 Abs. 1 S. 2 bis 4 AufenthG für entsprechend anwendbar. **242**

Die Übergangsregelung des § 104 Abs. 9 S. 1 AufenthG bestimmt, dass unter den dort genannten Voraussetzungen Aufenthaltserlaubnisse gemäß § 25 Abs. 3 AufenthG, die darauf beruhen, dass lediglich das Vorliegen von Abschiebungsverboten gemäß § 60 Abs. 2, 3, 7 S. 2 AufenthG in der vor dem 1.12.2013 gültigen Fassung festgestellt wurde, in Aufenthaltserlaubnisse gemäß § 25 Abs. 2 S. 1 Alt. 2 AufenthG für subsidiär Schutzberechtigte übergeleitet werden (→ Rn. 440). **243**

c) Aufenthaltserlaubnis bei Abschiebungsverboten gemäß § 60 Abs. 5 und 7 AufenthG (§ 25 Abs. 3 AufenthG). § 25 Abs. 3 S. 1 AufenthG verleiht einem Ausländer einen Regelanspruch auf Erteilung einer Aufenthaltserlaubnis, wenn ein zielstaatsbezogenes Abschiebungsverbot gemäß § 60 Abs. 5 oder 7 AufenthG vorliegt. §§ 5, 8, 10 und 11 AufenthG sind grundsätzlich anwendbar. § 5 Abs. 3 S. 1 AufenthG dispensiert von § 5 Abs. 1 und 2 AufenthG. Im Fall eines als offensichtlich unbegründet abgelehnten Asylantrags greift gemäß § 10 Abs. 3 S. 3 Hs. 2 AufenthG keine Titelerteilungssperre. **244**

Als **Rechtsposition** ist erforderlich, dass hinsichtlich der Person ein zielstaatsbezogenes Abschiebungsverbot gemäß § 60 Abs. 5 oder 7 AufenthG vorliegt. Die Ausländerbehörde ist an eine Entscheidung des BAMF oder des Verwaltungsgerichts über das Vorliegen der Voraussetzungen eines **Abschiebungsverbots** gebunden (§ 42 S. 1 AsylG). Im Fall der Aufhebung der Feststellung des Vorliegens eines Abschiebungsverbotes durch Widerruf oder Rücknahme gilt die Feststellung wegen der aufschiebenden Wirkung der gegen diesen aufhebenden Verwaltungsakt gerichteten Klage gemäß § 75 Abs. 1 iVm § 73c AsylG bis zu dessen Unanfechtbarkeit mit Bindungswirkung für die Ausländerbehörde in aufenthaltsrechtlichen Angelegenheiten fort. Bindungswirkung iSd § 42 S. 1 Alt. 2 AsylG entfaltet wegen des Verbots der Vorwegnahme der Hauptsache allein die verwaltungsgerichtliche Hauptsacheentscheidung im Klageverfahren.[323] **245**

Fehlt es mangels eines Asylverfahrens an einer Entscheidung des BAMF, darf die Ausländerbehörde gemäß § 72 Abs. 2 AufenthG über das Vorliegen der Voraussetzungen eines Abschiebungsverbots und über das Vorliegen eines Ausschlusstatbestandes nach § 25 Abs. 3 S. 3 Nr. 1 bis 4 AufenthG nur nach vorheriger Beteiligung des BAMF entscheiden. Die verwaltungsinterne Stellungnahme des BAMF bindet die Ausländerbehörde jedoch nicht.[324] § 72 Abs. 2 AufenthG soll sicherstellen, dass die Sachkunde des BAMF einfließen kann, und keine drittschützende Wirkung entfalten.[325] **246**

Liegt kein Regelfall, sondern ein **atypischer Fall** vor, entscheidet die Ausländerbehörde über den Antrag auf Erteilung einer Aufenthaltserlaubnis ausnahmsweise nach pflichtgemäßem Ermessen. Ein atypischer Fall zB liegt vor, wenn das BAMF ein Verfahren auf Aufhebung der Feststellung eingeleitet hat.[326] **247**

Die Erteilung der Aufenthaltserlaubnis ist **ausgeschlossen,** wenn die **Ausreise** in einen anderen Staat **möglich und zumutbar** ist (§ 25 Abs. 3 S. 2 Alt. 1 AufenthG). Der Begriff der Ausreise umfasst die Abschiebung und die freiwillige Ausreise. Möglich ist die Ausreise, wenn die betroffene Person in einen anderen Staat einreisen und sich dort nicht nur kurzfristig legal aufhalten darf.[327] Für die Möglichkeit müssen sich aus den Akten oder aus dem Sachvortrag des Ausländers konkrete Anhaltspunkte ergeben, für die die Ausländerbehörde **248**

---
[323] *Pietzsch* in BeckOK AuslR AufenthG § 42 Rn. 5.
[324] VGH München Beschl. v. 11.4.2017 – 10 CE 17.349, BeckRS 2017, 108388.
[325] BT-Drs. 15/420, 94.
[326] BVerwG Urt. v. 22.11.2005 – 1 C 18/04, NVwZ 2006, 711.
[327] OVG Saarlouis Beschl. v. 11.11.2014 – 2 B 362/14, BeckRS 2014, 58448.

die (materielle) Darlegungs- und Beweislast trägt.[328] Unzumutbar ist die Ausreise, wenn die mit dem Aufenthalt in dem anderen Staat verbundenen Folgen die betroffene Person stärker betreffen als die Bevölkerung bzw. die Bevölkerungsgruppe, der sie angehört,[329] oder die dortigen Verhältnisse es nicht erlauben, eine Lebensgrundlage zu finden. Hierbei ist die Gefahr von Kettenabschiebungen in weitere Drittstaaten zu berücksichtigen.[330]

249 Die Erteilung der Aufenthaltserlaubnis ist auch **ausgeschlossen,** wenn der Ausländer wiederholt oder gröblich gegen entsprechende **Mitwirkungspflichten verstößt** (§ 25 Abs. 3 S. 2 Alt. 2 AufenthG). Die Mitwirkungspflichten müssen sich auf die Ausreise iSd § 25 Abs. 3 S. 2 Alt. 1 AufenthG beziehen und ergeben sich beispielsweise aus §§ 48, 48a, 49, 82 AufenthG und §§ 10, 15, 16 AsylG. Ein wiederholter Verstoß setzt voraus, dass der Ausländer in unterschiedlichen Situationen und nicht im Rahmen eines einheitlichen Lebenssachverhalts gegen Mitwirkungspflichten verstößt. Ein gröblicher Verstoß liegt vor, wenn der Ausländer durch aktives Tun gegen Mitwirkungspflichten verstößt.[331]

250 § 25 Abs. 3 S. 3 Nrn. 1 bis 4 AufenthG regelt – angelehnt an die Ausschlussgründe des Art. 17 Anerkennungs-RL und § 4 Abs. 2 AsylG – **weitere Ausschlussgründe,** für deren Annahme jeweils schwerwiegende Gründe sprechen müssen. Das BAMF hat die Ausländerbehörde hierüber unverzüglich zu informieren (§ 24 Abs. 3 Nr. 2 lit. b AsylG). Für die Auslegung des Ausschlussgrundes des § 25 Abs. 3 S. 3 Nr. 1 AufenthG (Verbrechen gegen den Frieden, ein Kriegsverbrechen oder ein Verbrechen gegen die Menschlichkeit) sind Art. 1 F GFK, Art. 2, 7 und 8 des IStGH-Statuts[332] sowie §§ 7 ff. VStGB heranzuziehen. Der Ausschlussgrund des § 25 Abs. 3 S. 3 Nr. 2 AufenthG (Straftat von erheblicher Bedeutung) erfordert ein Kapitalverbrechen oder eine sonstige Straftat, die in den meisten Rechtsordnungen als besonders schwerwiegend qualifiziert ist und entsprechend strafrechtlich verfolgt wird.[333] Der Ausschlussgrund des § 25 Abs. 3 S. 3 Nr. 3 AufenthG (Handlungen, die den Zielen und Grundsätzen der Vereinten Nationen zuwiderlaufen) betrifft Personen, die aufgrund ihrer Machtposition, zB als Mitglieder der Regierung oder Anführer des Militärs, den Frieden gefährden.[334] Der Ausschlussgrund des § 25 Abs. 3 S. 3 Nr. 4 AufenthG (Gefahr für die Allgemeinheit oder eine Gefahr für die Sicherheit der Bundesrepublik Deutschland) betrifft eine Gefahr für die innere und äußere Sicherheit der Bundesrepublik Deutschland, mithin für den Bestand und die Funktionsfähigkeit des Staates, zB durch Terrorismus oder Spionage.[335]

251 **d) Vorübergehender Aufenthalt aus dringenden humanitären und politischen Gründen (§ 25 Abs. 4 S. 1 AufenthG).** § 25 Abs. 4 S. 1 AufenthG stellt die Erteilung einer Aufenthaltserlaubnis zum Zweck eines vorübergehenden Aufenthalts für einen nicht vollziehbar ausreisepflichtigen Ausländer in das pflichtgemäße Ermessen der Ausländerbehörde, solange dringende humanitäre oder persönliche Gründe oder erhebliche öffentliche Interessen seine vorübergehende weitere Anwesenheit im Bundesgebiet erfordern. Die Bedeutung der Norm ist eingeschränkt. Da die Erteilung einer Aufenthaltserlaubnis gemäß § 25 Abs. 4 S. 1 AufenthG eine bereits erlassene Abschiebungsandrohung gegenstandslos macht, greifen die Ausländerbehörden in diesen Fällen zuvörderst auf das Mittel der – auf Tatbestandsseite im Wesentlichen identischen – Duldung gemäß § 60a Abs. 2 S. 2 bis 4 AufenthG zurück. §§ 5, 10 und 11 AufenthG finden grundsätzlich Anwendung.

252 Erteilungsvoraussetzung ist, dass der Ausländer sich im Bundesgebiet befindet und nicht gemäß § 50 Abs. 1, § 58 Abs. 2 AufenthG vollziehbar ausreisepflichtig ist. **Ziel** muss ein

---

[328] BT-Drs. 15/420, 79; Nr. 25.3.5.5 AVwV-AufenthG.
[329] BT-Drs. 15/420, 79.
[330] Nr. 25.3.5.6 AVwV-AufenthG.
[331] Nr. 25.3.6.2 AVwV-AufenthG.
[332] Römisches Statut des Internationalen Strafgerichtshofs v. 17.7.1998, für die Bundesrepublik in Kraft getreten am 8.12.2000, BGBl. 2000 II 1393.
[333] BVerwG Urt. v. 25.3.2015 – 1 C 16/14, NVwZ-RR 2015, 634.
[334] *Göbel-Zimmermann* in Huber AufenthG § 25 Rn. 27.
[335] *Göbel-Zimmermann* in Huber AufenthG § 25 Rn. 28.

nur vorübergehender, also **zeitlich** begrenzter **Aufenthalt,** und nicht einen Daueraufenthalt sein.[336] Ein vorübergehender Aufenthalt scheidet aus, wenn der angestrebte Zweck in zumutbarer Weise auch anderweitig erreicht werden kann.[337] Die Grenze für die vorübergehende Dauer wird bei sechs Monaten veranschlagt.[338]

Dringende humanitäre oder **persönliche Gründe** (→ Rn. 216, 227) sind (inlandsbezogene) Umstände, die einen vorübergehenden Aufenthalt als Gebot der Menschlichkeit erscheinen lassen, und werden in diesem Zusammenhang angenommen bei indizierten ärztlichen Behandlungen (die im Herkunftsland nicht gewährleistet sind), der Betreuung vorübergehend erkrankter Familienangehöriger, dem kurz bevorstehenden Abschluss einer Schul- oder Berufsausbildung[339] oder zur Regelung gewichtiger persönlicher Angelegenheiten, zB bei Todesfällen oder Gerichtsprozessen.[340] 253

Erhebliche öffentliche Interessen sind zB zu bejahen, wenn die betroffene Person als Zeuge in einem Gerichts- oder Verwaltungsverfahren benötigt wird oder mit deutschen Behörden bei der Ermittlung von Straftaten vorübergehend zusammenarbeitet[341] oder wenn sicherheits-, außen- oder sportpolitische Interessen den Aufenthalt vorübergehend erfordern.[342] 254

Im Rahmen des Ermessens sind nur die Umstände zu berücksichtigen, die ihrer Natur nach einen vorübergehenden Aufenthalt notwendig machen.[343] 255

e) Verlängerung der Aufenthaltserlaubnis wegen einer außergewöhnlichen Härte 256
(§ 25 Abs. 4 S. 2 AufenthG). § 25 Abs. 4 S. 2 AufenthG stellt die Verlängerung der Aufenthaltserlaubnis abweichend von § 8 Abs. 1 und 2 AufenthG in das pflichtgemäße Ermessen der Ausländerbehörde, wenn auf Grund besonderer Umstände des Einzelfalls das Verlassen des Bundesgebiets für den Ausländer eine außergewöhnliche Härte bedeuten würde. Die Norm stellt einen Ausnahmetatbestand für Notsituationen dar.[344] §§ 5, 10 und 11 AufenthG finden grundsätzlich Anwendung.

Als Rechtsposition ist erforderlich, dass der Ausländer im Besitz einer gültigen Aufenthaltserlaubnis (nicht zwingend gemäß § 25 Abs. 4 S. 1 AufenthG) ist. Ziel kann auch ein Daueraufenthalt sein. 257

Für die Annahme einer **außergewöhnlichen Härte** aufgrund besonderer Umstände des Einzelfalls gelten hohe Anforderungen. Die Beendigung des Aufenthalts muss für den Ausländer mit Nachteilen verbunden sein, die ihn deutlich härter treffen als andere Ausländer in vergleichbarer Situation, und ihm bei dieser Vergleichsbetrachtung unzumutbar sein. Die Beendigung des Aufenthalts muss im Ergebnis schlechthin unvertretbar sein. Unter Berücksichtigung von Art. 2 Abs. 1 GG, Art. 6 GG (→ Rn. 313 ff.) und Art. 8 EMRK (→ Rn. 319 ff.) sind der Grad der Verwurzelung (→ Rn. 275) im Bundesgebiet bzw. der Grad der Entwurzelung (→ Rn. 276) im Staat der Staatsangehörigkeit und die damit verbundenen Folgen zu ermitteln, zu gewichten und mit den Gründen, die für eine Aufenthaltsbeendigung sprechen, nach dem Grundsatz der Verhältnismäßigkeit abzuwägen.[345] Anerkannt ist insbesondere die Betreuung eines dauerhaft pflegebedürftigen Familienangehörigen,[346] wenn dieser auf die spezifische Pflege durch den Ausländer angewiesen ist und diese nicht anderweitig kompensiert werden kann.[347] 258

---

[336] OVG Berlin-Brandenburg Urt. v. 21.2.2017 – OVG 3 B 14.16, BeckRS 2017, 105097.
[337] Nr. 25.4.1.7 AVwV-AufenthG.
[338] *Bergmann/Röcker* in Bergmann/Dienelt AufenthG § 25 Rn. 62.
[339] BT-Drs. 15/420, 80.
[340] Nr. 25.4.1.6.1 AVwV-AufenthG.
[341] BT-Drs. 15/420, 80.
[342] Nr. 25.4.1.6.3 AVwV-AufenthG.
[343] Nr. 25.4.1.6 AVwV-AufenthG.
[344] BT-Drs. 15/420, 80.
[345] BVerwG Urt. v. 27.1.2009 – 1 C 40.07, NVwZ 2009, 979.
[346] Nr. 25.4.2.4.1 AVwV-AufenthG.
[347] VGH Kassel Beschl. v. 25.2.2011 – 7 B 139/11, BeckRS 2011, 49417.

259 **f) Opfer von bestimmten Straftaten gegen die persönliche Freiheit (§ 25 Abs. 4a AufenthG).** § 25 Abs. 4a S. 1 AufenthG verleiht einem Ausländer, der Opfer einer Straftat gemäß § 232 StGB (Menschenhandel), § 232a StGB (Zwangsprostitution), § 232b StGB (Zwangsarbeit), § 233 StGB (Ausbeutung der Arbeitskraft) und 233a StGB (Ausbeutung unter Ausnutzung einer Freiheitsberaubung) wurde, auch wenn er vollziehbar ausreisepflichtig ist, einen Regelanspruch auf Erteilung einer Aufenthaltserlaubnis. §§ 5, 10 und 11 AufenthG sind grundsätzlich anwendbar. § 5 Abs. 3 S. 1 AufenthG dispensiert von § 5 Abs. 1 Nrn. 1, 2 und 4, Abs. 2 AufenthG.

260 Für die **Opfereigenschaft** reicht aus, dass die Strafverfolgungsbehörden wegen der vorgenannten Straftatbestände ermitteln.[348]

261 § 25 Abs. 4a S. 2 AufenthG regelt drei Erteilungsvoraussetzungen, die kumulativ vorliegen müssen, Nr. 1. (Staatsanwaltschaft oder Strafgericht erachten die Anwesenheit im Bundesgebiet für ein Strafverfahren wegen einer der vorgenannten Straftaten für notwendig), Nr. 2 (Abbruch der Verbindung zu den beschuldigten Personen) und Nr. 3 (Abgabe einer Erklärung über die Aussagebereitschaft als Zeuge im Strafverfahren).

262 Liegen der Ausländerbehörde konkrete Anhaltspunkte dafür vor, dass der Ausländer Opfer einer in § 25 Abs. 4a S. 1 AufenthG genannten Straftat wurde, setzt sie im Fall einer Abschiebungsandrohung gemäß § 59 Abs. 7 S. 1 AufenthG eine Ausreisefrist, die so zu bemessen ist, dass der Ausländer eine Entscheidung über seine Aussagebereitschaft nach § 25 Abs. 4a S. 2 Nr. 3 AufenthG treffen kann. Die Ausreisefrist beträgt mindestens drei Monate (§ 59 Abs. 7 S. 2 AufenthG). Die Ausländerbehörde kann gemäß § 59 Abs. 7 S. 3 AufenthG unter den dort genannten Voraussetzungen auch von der Festsetzung einer Ausreisefrist absehen, diese aufheben oder verkürzen.

263 § 25 Abs. 4a S. 3 AufenthG verleiht einen **Regelanspruch** auf die Verlängerung der Aufenthaltserlaubnis nach Beendigung des Strafverfahrens, wenn humanitäre oder persönliche Gründe (→ Rn. 216, 227) oder öffentliche Interessen die weitere Anwesenheit des Ausländers im Bundesgebiet erfordern.

264 Ist bei § 25 Abs. 4a S. 1 und 3 AufenthG wegen eines **atypischen Falles** eine Ermessensentscheidung zu treffen, ist das Interesse der Strafverfolgungsbehörden an dem vorübergehenden Aufenthalt gegen die öffentlichen Interessen der Bundesrepublik Deutschland abzuwägen, wegen des Zwecks der Norm nicht jedoch persönliche Interessen des betroffenen Ausländers.[349]

265 Gemäß § 72 Abs. 6 S. 1 AufenthG **beteiligt** die Ausländerbehörde vor einer Entscheidung über die Erteilung, die Verlängerung oder den Widerruf einer Aufenthaltserlaubnis nach § 25 Abs. 4a AufenthG und vor einer Entscheidung nach § 59 Abs. 7 AufenthG grundsätzlich die zuständige Staatsanwaltschaft bzw. das zuständige Strafgericht. Umgekehrt haben diese gemäß § 87 Abs. 5 AufenthG die dort geschilderten Informationspflichten gegenüber der Ausländerbehörde. Die Ausländerbehörde oder eine durch sie beauftragte Stelle unterrichtet zudem den Ausländer über die geltenden Regelungen, Programme und Maßnahmen für Opfer von in § 25 Abs. 4a S. 1 AufenthG genannten Straftaten (§ 59 Abs. 7 S. 4 AufenthG).

266 **g) Illegal beschäftigte ausländische Arbeitnehmer (§ 25 Abs. 4b AufenthG).** § 25 Abs. 4b S. 1 AufenthG stellt die Erteilung einer Aufenthaltserlaubnis für einen Ausländer, der Opfer einer Straftat nach § 10 Abs. 1 oder § 11 Abs. 1 Nr. 3 Schwarzarbeitsbekämpfungsgesetz oder nach § 15a Arbeitnehmerüberlassungsgesetz wurde, auch wenn er vollziehbar ausreisepflichtig ist, für einen vorübergehenden Aufenthalt in das pflichtgemäße Ermessen der Ausländerbehörde. §§ 5, 10 und 11 AufenthG sind grundsätzlich anwendbar. § 5 Abs. 3 S. 1 AufenthG dispensiert von § 5 Abs. 1 Nrn. 1, 2 und 4, Abs. 2 AufenthG.

267 § 25 Abs. 4b S. 2 AufenthG regelt zwei Erteilungsvoraussetzungen, die kumulativ vorliegen müssen, namentlich die Erklärung der Staatsanwaltschaft oder des Strafgerichts hinsichtlich der Notwendigkeit der Anwesenheit im Bundesgebiet für ein Strafverfahren wegen

---

[348] Nr. 25.4.a.1.1 AVwV-AufenthG.
[349] Nrn. 25.4.a.4.1 und 25.4.a.4.2 AVwV-AufenthG.

einer der vorgenannten Straftaten (Nr. 1) und die Abgabe einer Erklärung über die Aussagebereitschaft als Zeuge im Strafverfahren (Nr. 2). Ein Abbruch der Verbindung zu beschuldigten Personen wie in § 25 Abs. 4a S. 2 Nr. 2 AufenthG wird nicht verlangt, da zur Geltendmachung bestehender Ansprüche des Ausländers im Rahmen eines Zivilprozesses oder eines außergerichtlichen Vergleichsverfahrens Kontakte vielfach erforderlich sind.[350]

§ 25 Abs. 4b S. 3 AufenthG stellt die Verlängerung der Aufenthaltserlaubnis in das **268** pflichtgemäße Ermessen der Ausländerbehörde, wenn dem Ausländer von Seiten des Arbeitgebers die zustehende Vergütung noch nicht vollständig geleistet wurde und es für den Ausländer eine besondere Härte darstellen würde, seinen Vergütungsanspruch aus dem Ausland zu verfolgen. Im Hinblick auf die besondere Härte sind insbesondere die Höhe und die Realisierbarkeit des Vergütungsanspruchs bei einer Rechtsverfolgung im Bundesgebiet und aus dem Ausland zu berücksichtigen.[351]

§ 59 Abs. 7, § 72 Abs. 6, § 87 Abs. 5 AufenthG finden in den Fällen des § 25 Abs. 4b **269** AufenthG ebenfalls Anwendung.

h) Aufenthaltserlaubnis bei rechtlicher und tatsächlicher Unmöglichkeit der Aus- 270 reise (§ 25 Abs. 5 AufenthG). § 25 Abs. 5 S. 1 AufenthG stellt die Erteilung einer Aufenthaltserlaubnis für einen Ausländer, der vollziehbar ausreisepflichtig ist, in das pflichtgemäße Ermessen der Ausländerbehörde, wenn seine Ausreise aus rechtlichen oder tatsächlichen Gründen unmöglich ist und mit dem Wegfall der Ausreisehindernisse in absehbarer Zeit nicht zu rechnen ist. §§ 5, 10 und 11 AufenthG finden grundsätzlich Anwendung.

Der Ausländer muss sich im Bundesgebiet befinden und iSv § 50 Abs. 1, § 58 Abs. 2 **271** AufenthG vollziehbar ausreisepflichtig sein. Der Begriff der Ausreise umfasst die Abschiebung und die freiwillige Ausreise.[352]

Mit dem Wegfall des Hindernisses in **absehbarer Zeit** ist nicht zu rechnen, wenn die **272** Ausreise länger als sechs Monate unmöglich ist.[353]

Unter die tatsächliche **Unmöglichkeit** der Ausreise fallen insbesondere die Reiseun- **273** fähigkeit, die Passlosigkeit und fehlende Verkehrsverbindungen.[354] Unter die rechtliche Unmöglichkeit der Ausreise fallen inlandsbezogene, also sich auf die erzwungene oder freiwillige Ausreise beziehende Hindernisse, etwa die drohende Verletzung von Art. 2 Abs. 2 GG und Art. 1 GG wegen Reiseunfähigkeit infolge Krankheit oder Schwangerschaft,[355] die drohende Verletzung von Art. 6 GG (→ Rn. 313 ff.) bzw. von Art. 8 EMRK (→ Rn. 319 ff.) wegen nicht verhältnismäßiger Berücksichtigung familiärer Bindungen oder die drohende Verletzung von Art. 2 Abs. 1 GG bzw. von Art. 8 EMRK wegen nicht verhältnismäßiger Berücksichtigung sonstiger sozialer Bindungen bzw. wegen des unverhältnismäßigen Eingriffs in das Recht auf Privatleben (→ Rn. 315, 320).

Um Art. 8 EMRK in der Auslegung des EGMR Rechnung zu tragen, hat die deutsche **274** Rechtsprechung die Figur des **faktischen Inländers** entwickelt, bei dem im Falle von aufenthaltsbeenden Maßnahmen erhöhte Verhältnismäßigkeitsanforderungen gelten.[356] Damit ist eine Person gemeint, die aufgrund der gesamten Entwicklung im Bundesgebiet faktisch zu einem Inländer geworden ist und zu dem Staat der Staatsangehörigkeit keine oder allenfalls geringe Bindungen hat.[357] Dazu gehören insbesondere im Bundesgebiet geborene und aufgewachsene Ausländer.[358]

---

[350] BR-Drs. 210/11, 56.
[351] *Maaßen/Kluth* in BeckOK AuslR AufenthG § 25 Rn. 120.
[352] Nr. 25.1.1. AVwV-AufenthG.
[353] OVG Magdeburg Beschl. v. 29.6.2011 – 2 O 52/11, BeckRS 2011, 52498.
[354] BT-Drs. 15/420, 80; Nr. 25.5.1.2 AVwV-AufenthG.
[355] BT-Drs. 15/420, 80.
[356] Vgl. BVerfG Beschl. v. 19.10.2016 – 2 BvR 1943/16, NVwZ 2017, 229 (230).
[357] Vgl. BVerwG Urt. v. 29.9.1998 – 1 C 8.96, NVwZ 1999, 303 (305); Beschl. v. 13.7.2017 – 1 VR 3/17, NVwZ 2017, 1531 Rn. 76.
[358] Vgl. BVerwG Urt. v. 16.7.2002 – 1 C 8/02, NVwZ 2003, 217 (219); Urt. v. 21.3.2017 – 1 VR 2/17, BeckRS 2017, 104986 Rn. 38.

275 Die Gesichtspunkte, welche der EGMR bei der Prüfung des Interessenausgleichs zur Rechtfertigung des Eingriffs gemäß Art. 8 Abs. 2 EMRK berücksichtigt (→ Rn. 322), werden zum einen unter dem Begriff des Grades der **Verwurzelung** geprüft, welche ua die Dauer und die Legalität des Aufenthalts, die persönliche (zB Familie), soziale (zB Sprache, gegebenenfalls Strafbarkeiten) und wirtschaftliche (zB Schule, Berufsausbildung, Fähigkeit zur Sicherung des Lebensunterhalts für sich und gegebenenfalls Familienangehörige, Inanspruchnahme von Sozialleistungen) Integration im Bundesgebiet umfasst, und zum anderen spiegelbildlich unter dem Begriff des Grades der **Entwurzelung,** welche dadurch gekennzeichnet ist, dass die Möglichkeit der (Re-)Integration im Staat der Staatsangehörigkeit fehlt.[359] Da minderjährige Kinder das aufenthaltsrechtliche Schicksal der Eltern teilen,[360] kommt es insoweit bei der Prüfung grundsätzlich auf die Eltern an.

276 **Umstände,** welche **zielstaatsbezogene** Abschiebungsverbote begründen, wie etwa die drohende Gesundheitsverschlechterung wegen mangelnder medizinischer Versorgung im Zielstaat, sind über § 25 Abs. 3 iVm § 60 Abs. 2, 3, 5 und 7 AufenthG abgedeckt und im Rahmen von § 25 Abs. 5 AufenthG nicht zu berücksichtigen.[361] Eine Ausnahme hiervon gilt, wenn die Erteilung einer Aufenthaltserlaubnis gemäß § 25 Abs. 3 AufenthG wegen eines Einreise- und Aufenthaltsverbots gemäß § 11 AufenthG ausscheidet,[362] nicht jedoch, wenn die speziellen Versagungsgründe gemäß § 25 Abs. 3 S. 2 und 3 AufenthG vorliegen.[363]

277 Die Anordnung eines **Abschiebestopps** gemäß § 60a Abs. 1 AufenthG indiziert kein Ausreisehindernis. Zum einen schließt sie nicht die freiwillige Ausreise aus. Zum anderen kann sie auch zur Wahrung politischer Interessen, darunter auch aus organisatorischen Gründen, erlassen werden.[364]

278 § 25 Abs. 5 S. 2 AufenthG verleiht einen **Regelanspruch** auf Erteilung der Aufenthaltserlaubnis, wenn die Voraussetzungen des § 25 Abs. 5 S. 1 AufenthG vorliegen und die **Abschiebung seit 18 Monaten ausgesetzt** ist.[365]

279 Erteilungsvoraussetzung für die Aufenthaltserlaubnis gemäß § 25 Abs. 5 S. 1 und 2 AufenthG ist, dass der Ausländer **unverschuldet** an der **Ausreise gehindert** ist (§ 25 Abs. 5 S. 3 AufenthG). Da die Umstände in seiner Sphäre liegen, ist der Ausländer hierfür (materiell) darlegungs- und beweispflichtig.[366] Das Ausreisehindernis ist durch ein in der Vergangenheit liegenden Fehlverhalten verschuldet, solange das Ausreisehindernis aktuell darauf beruht. Das Fehlverhalten entfaltet ua dann keine Wirkung mehr, wenn es durch andere vom Betroffenen nicht zu vertretende Ursachen für das Ausreisehindernis im Wege überholender Kausalität überlagert wird.[367] Es reicht, dass das Fehlverhalten mitursächlich ist.[368] Ein Verschulden liegt insbesondere vor, wenn der Ausländer falsche Angaben macht oder über seine Identität oder Staatsangehörigkeit täuscht oder zumutbare Anforderungen zur Beseitigung der Ausreisehindernisse nicht erfüllt (§ 25 Abs. 5 S. 4 AufenthG). Darunter fallen ua auch das Untertauchen, der körperliche Widerstand gegen Vollzugsmaßnahmen zur Aufenthaltsbeendigung, das Zusammenwirken mit Behörden des Herkunftsstaates zur Verhinderung der Ausreise, das Verstreichenlassen einer Rückkehrberechtigung[369] und die Weigerung, Mitwirkungspflichten zu erfüllen, soweit die Ausländerbehörde diese gemäß

---

[359] Vgl. BVerfG Beschl. v. 21.2.2011 – 2 BvR 1392/10, NVwZ-RR 2011, 420 (421); BVerwG Beschl. v. 14.12.2010 – 1 B 30/10, BeckRS 2011, 45688.
[360] BVerwG Urt. v. 26.10.2010 – 1 C 18/09, NVwZ-RR 2011, 210 Rn. 15.
[361] Vgl. BT-Drs. 15/420, 80.
[362] BVerwG Urt. v. 27.6.2006 – 1 C 14/05 NVwZ 2006, 1418.
[363] *Maaßen/Kluth* in BeckOK AuslR AufenthG § 25 Rn. 138.
[364] BVerfG Beschl. v. 9.12.2009 – 2 BvR 1957/08, NVwZ 2010, 44110; VGH München Beschl. v. 3.1.2011 – 10 ZB 10.2464, BeckRS 2011, 30492.
[365] BVerwG Urt. v. 27.6.2006 – 1 C 14/05, NVwZ 2006, 1418.
[366] OVG Münster Beschl. v. 21.8.2014 – 18 A 1668, BeckRS 2014, 119408.
[367] BVerwG Urt. v. 19.4.2011 – 1 C 3/10, NVwZ 2011, 1277 (1278).
[368] Nr. 25.5.5 AVwV-AufenthG.
[369] Nr. 25.5.4.1 AVwV-AufenthG.

§ 82 Abs. 3 S. 1 AufenthG aktualisiert hat.[370] Unzumutbarkeit ist gegeben, wenn die Mitwirkungshandlung von vornherein offensichtlich aussichtslos wäre,[371] eine akute Lebensgefahr für den Ausländer oder Dritte hervorrufen würde oder mit nicht leistbaren Kosten verbunden wäre.[372] Zumutbar ist insbesondere die Abgabe einer Freiwilligkeitserklärung gegenüber der Botschaft des Herkunftsstaates.[373]

6. Aufenthaltsgewährung bei gut integrierten Jugendlichen und Heranwachsenden gemäß § 25a AufenthG

§ 25a Abs. 1 S. 1 AufenthG verleiht einem jugendlichen oder heranwachsenden (§ 1 Abs. 2 JGG) geduldeten Ausländer einen Regelanspruch auf die Erteilung einer Aufenthaltserlaubnis. §§ 5, 10 und 11 AufenthG finden grundsätzlich Anwendung. Gemäß § 25a Abs. 4 AufenthG kann die Aufenthaltserlaubnis abweichend von § 10 Abs. 3 S. 2 AufenthG erteilt werden und berechtigt nach § 4a Abs. 1 S. 1 AufenthG zur Ausübung einer Erwerbstätigkeit. 280

Als Rechtsposition ist entweder der Besitz einer Duldung oder das Vorliegen der materiellen Voraussetzungen für den Anspruch auf Erteilung einer Duldung erforderlich.[374] 281

§ 25a Abs. 1 S. 1 AufenthG regelt fünf Erteilungsvoraussetzungen, die kumulativ vorliegen müssen, namentlich ein vierjähriger ununterbrochen erlaubter, geduldeter oder gestatteter Aufenthalt im Bundesgebiet (Nr. 1), ein vierjähriger erfolgreicher Schulbesuch im Bundesgebiet oder ein anerkannter Schul- oder Berufsabschluss (Nr. 2), eine Antragstellung vor Vollendung des 21. Lebensjahres (Nr. 3), eine positive Integrationsprognose aufgrund der bisherigen Ausbildung und Lebensverhältnisse (Nr. 4) und das Fehlen konkreter Anhaltspunkte für ein mangelndes Bekenntnis zur freiheitlichen demokratischen Grundordnung (Nr. 5). ISd Nr. 2 gilt als erfolgreicher Schulbesuch insbesondere die Versetzung in die nächste Klassenstufe[375] und als zu fordernder Abschluss mindestens ein Hauptschulabschluss.[376] Im Hinblick auf Nr. 4 kann einer straffällig gewordenen Person keine positive Integrationsprognose ausgestellt werden.[377] Maßgeblich ist, ob die Erteilungsvoraussetzungen im Zeitpunkt der Vollendung des 21. Lebensjahres vorgelegen haben.[378] 282

Als **Besitzzeit** iSv § 25a Abs. 1 S. 1 Nr. 1 AufenthG gelten auch Zeiträume, in denen ein Anspruch auf Erteilung eines Aufenthaltstitels oder einer Duldung bestand, und Fiktionen gemäß § 81 Abs. 3 und 4 AufenthG, wenn ein Aufenthaltstitel erteilt wurde.[379] Eine verfahrensbezogene Duldung zur Durchführung eines verwaltungsgerichtlichen Verfahrens hinsichtlich der Rücknahme eines Aufenthaltstitels ist nicht anrechenbar.[380] Da eine Duldung grundsätzlich gemäß § 60a Abs. 5 S. 1 AufenthG im Zuge der Ausreise erlischt, hat dies zur Folge, dass mit der Wiedereinreise die Frist für die Besitzzeit erneut zu laufen beginnt, es sei denn die Ausländerbehörde hat den kurzfristigen Auslandsaufenthalt erlaubt. § 85 AufenthG ist nicht anwendbar.[381] 283

Gemäß § 25a Abs. 1 S. 2 AufenthG schließt die **Inanspruchnahme öffentlicher Leistungen** zur Sicherstellung des eigenen Lebensunterhalts die Erteilung der Aufenthalts- 284

---

[370] Vgl. BVerwG Urt. v. 26.10.2010 – 1 C 18/09, NVwZ-RR 2011, 210 Rn. 17; OVG Berlin-Brandenburg Urt. v. 21.2.2017 – OVG 3 B 14.16, BeckRS 2017, 105097.
[371] BVerwG Beschl. v. 3.2.2016 – 1 B 79.15, BeckRS 2016, 42760.
[372] VGH München Urt. v. 23.3.2006 – 24 B 05.2889, BeckRS 2009, 40754 Rn. 52.
[373] BVerwG Urt. v. 10.11.2009 – 1 C 19/08, NVwZ 2010, 918; OVG Berlin-Brandenburg Urt. v. 15.2.2017 – OVG 3 B 9.16, BeckRS 2017, 104237.
[374] *Wunderle/Röcker* in Bergmann/Dienelt AufenthG § 25a Rn. 10.
[375] BT-Drs. 17/5093, 15; BT-Drs. 18/4097, 42.
[376] OVG Magdeburg Beschl. v. 17.10.2016 – 2 M 73/16, BeckRS 2016, 53878.
[377] BT-Drs. 17/5093, 15.
[378] *Wunderle/Röcker* in Bergmann/Dienelt AufenthG § 25a Rn. 9.
[379] *Wunderle/Röcker* in Bergmann/Dienelt AufenthG § 25a Rn. 11.
[380] OVG Münster Beschl. v. 17.8.2016 – 18 B 696/16, BeckRS 2016, 50358.
[381] OVG Lüneburg Beschl. v. 29.3.2012 – 8 LA 26/12, BeckRS 2012, 49142.

erlaubnis nicht aus, solange sich die Person in einer schulischen oder beruflichen Ausbildung oder einem Hochschulstudium befindet. § 25a Abs. 1 S. 2 AufenthG verdrängt insofern § 5 Abs. 1 Nr. 1 AufenthG.

285 Die Erteilung einer Aufenthaltserlaubnis ist zu **versagen,** wenn die Abschiebung aufgrund eigener falscher Angaben des Ausländers oder aufgrund seiner Täuschung über seine Identität oder Staatsangehörigkeit ausgesetzt ist (§ 25a Abs. 1 S. 3 AufenthG).

286 § 25a Abs. 2 S. 1 AufenthG stellt die Erteilung einer Aufenthaltserlaubnis für die sich im Bundesgebiet aufhaltenden Eltern oder einen sich im Bundesgebiet aufhaltenden gemäß § 1626 Abs. 1 BGB personensorgeberechtigten Elternteil eines minderjährigen Inhabers einer Aufenthaltserlaubnis gemäß § 25a Abs. 1 AufenthG in das pflichtgemäße Ermessen der Ausländerbehörde, wenn kumulativ zwei Voraussetzungen vorliegen, namentlich dass die Abschiebung nicht aufgrund falscher Angaben oder aufgrund von Täuschungen über die Identität oder Staatsangehörigkeit oder mangels Erfüllung zumutbarer Anforderungen an die Beseitigung von Ausreisehindernissen aktuell verhindert oder verzögert wird (Nr. 1) und dass der Lebensunterhalt eigenständig durch Erwerbstätigkeit gesichert ist (Nr. 2). Bezugspunkt für die Lebensunterhaltssicherung ist die gesamte Bedarfsgemeinschaft.[382]

287 § 25a Abs. 2 S. 2 AufenthG stellt die Erteilung einer Aufenthaltserlaubnis für minderjährige Kinder eines Inhabers einer Aufenthaltserlaubnis gemäß § 25a Abs. 2 S. 1 AufenthG in das pflichtgemäße Ermessen der Ausländerbehörde, wenn die Kinder mit ihm in familiärer Lebensgemeinschaft leben.

288 § 25a Abs. 2 S. 3 AufenthG verleiht dem Ehegatten oder Lebenspartner, der mit einem Stammberechtigten gemäß § 25a Abs. 1 AufenthG in familiärer Lebensgemeinschaft lebt, unter den Voraussetzungen des § 25a Abs. 2 S. 1 AufenthG einen Regelanspruch auf Erteilung einer Aufenthaltserlaubnis. § 25a Abs. 2 S. 4 AufenthG erklärt für Ehegatten und Lebenspartner hinsichtlich der weiteren Verfestigung des Aufenthalts § 31 AufenthG für entsprechend anwendbar. § 25a Abs. 2 S. 5 AufenthG verleiht dem minderjährigen ledigen Kind, das mit dem Inhaber einer Aufenthaltserlaubnis gemäß § 25a Abs. 1 AufenthG in familiärer Lebensgemeinschaft lebt, einen Regelanspruch auf Erteilung einer Aufenthaltserlaubnis.

289 Scheitert die Erteilung einer Aufenthaltserlaubnis gemäß § 25a Abs. 2 AufenthG für einen Familienangehörigen, kommt nur eine Duldung gemäß § 60a Abs. 2b AufenthG in Betracht.[383]

290 § 25a Abs. 3 AufenthG schließt die Erteilung einer Aufenthaltserlaubnis nach § 25a Abs. 2 AufenthG aus, wenn der Ausländer wegen einer im Bundesgebiet begangenen vorsätzlichen **Straftat** verurteilt wurde, wobei Geldstrafen von insgesamt bis zu 50 Tagessätzen oder bis zu 90 Tagessätzen wegen Straftaten, die nach dem AufenthG oder dem AsylG nur von Ausländern begangen werden können, grundsätzlich außer Betracht bleiben. Es gilt die Tilgungsfrist des § 51 Abs. 1 BZRG.[384] Straffälligkeit unterhalb der Grenze des § 25a Abs. 3 AufenthG kann bei § 5 Abs. 1 Nr. 2 AufenthG keine Berücksichtigung finden.[385]

7. Aufenthaltsgewährung bei nachhaltiger Integration (§ 25b AufenthG)

291 § 25b Abs. 1 S. 1 AufenthG verleiht einem geduldeten Ausländer abweichend von § 5 Abs. 1 Nr. 1 und Abs. 2 AufenthG einen Regelanspruch auf die Erteilung einer Aufenthaltserlaubnis, wenn er sich nachhaltig in die Lebensverhältnisse der Bundesrepublik Deutschland integriert hat. §§ 5, 10 und 11 Abs. 4 S. 2 AufenthG finden im Übrigen grundsätzlich Anwendung. Die Aufenthaltserlaubnis kann abweichend von § 10 Abs. 3 S. 2

---

[382] BT-Drs. 17/5093, 16.
[383] VGH Mannheim Beschl. v. 5.9.2016 – 11 S 1512/16, BeckRS 2016, 105866 Rn. 13; OVG Magdeburg Urt. v. 7.12.2016 – OVG 2 L 18/15, BeckRS 2016, 115329.
[384] OVG Magdeburg Urt. v. 7.12.2016 – OVG 2 L 18/15, BeckRS 2016, 115329.
[385] *Wunderle/Röcker* in Bergmann/Dienelt AufenthG § 25a Rn. 22.

AufenthG erteilt werden und berechtigt nach § 4a Abs. 1 S. 1 AufenthG zur Ausübung einer Erwerbstätigkeit. Die Aufenthaltserlaubnis wird abweichend von § 26 Abs. 1 S. 1 AufenthG längstens für zwei Jahre erteilt und verlängert (§ 25b Abs. 5 S. 1 AufenthG). § 25b Abs. 5 S. 3 AufenthG stellt klar, dass parallel auch § 25a AufenthG Anwendung finden kann.[386]

Als Rechtsposition ist entweder der Besitz einer Duldung oder das Vorliegen der materiellen Voraussetzungen für den Anspruch auf Erteilung einer Duldung erforderlich.[387]

§ 25b Abs. 1 S. 2 AufenthG stellt eine regelhafte gesetzliche Vermutung für die positive Integrationsprognose auf für den Fall, dass kumulativ fünf Voraussetzungen vorliegen, namentlich ein im Bundesgebiet ununterbrochen geduldeter, gestatteter oder erlaubter achtjähriger Aufenthalt oder ein ebensolcher sechsjähriger Aufenthalt mit einem in häuslicher Gemeinschaft lebenden minderjährigen ledigen Kind (Nr. 1), das Bekenntnis zur freiheitlichen demokratischen Grundordnung und Grundkenntnisse der Rechts- und Gesellschaftsordnung und der Lebensverhältnisse (Nr. 2), eine überwiegende Lebensunterhaltssicherung durch Erwerbstätigkeit oder eine positive Prognose der Lebensunterhaltssicherung bei der Betrachtung der bisherigen Schul-, Ausbildungs-, Einkommens- sowie der familiären Lebenssituation, wobei der Bezug von Wohngeld unschädlich ist (Nr. 3), hinreichende mündliche Deutschkenntnisse iSv § 2 Abs. 10 AufenthG (Nr. 4) und der Nachweis des tatsächlichen Schulbesuchs bei Kindern im schulpflichtigen Alter (Nr. 5). Besondere Integrationsleistungen von vergleichbarem Gewicht können zur Erteilung einer Aufenthaltserlaubnis gemäß § 25b Abs. 1 AufenthG führen, auch wenn die Voraussetzungen der Regelvermutung im Einzelfall nicht vollständig erfüllt sind (zB durch ein herausgehobenes soziales Engagement).[388]

Als **Besitzzeit** iSv § 25b Abs. 1 S. 2 Nr. 1 AufenthG gelten auch Zeiträume, in denen ein Anspruch auf Erteilung eines Aufenthaltstitels oder einer Duldung bestand, Fiktionen gemäß § 81 Abs. 3 und 4 AufenthG, wenn ein Aufenthaltstitel erteilt wurde[389] oder auch eine faktische Duldung („Stillhalten").[390] Kurzfristige Unterbrechungen der Mindestaufenthaltsdauer von bis zu drei Monaten sollen unschädlich sein.[391] Allerdings erlischt eine Duldung grundsätzlich gemäß § 60a Abs. 5 S. 1 AufenthG im Zuge der Ausreise,[392] mit der Folge, dass mit der Wiedereinreise die Frist für die Besitzzeit erneut zu laufen beginnt, es sei denn die Ausländerbehörde hat den Auslandsaufenthalt in dem vorgenannten Umfang erlaubt.

Hinsichtlich § 25b Abs. 1 S. 2 Nr. 2 AufenthG kommt als Nachweis das Bestehen des Tests „Leben in Deutschland"[393] oder die Abgabe eines schriftlichen Bekenntnisses[394] in Betracht. Mit § 25b Abs. 1 S. 2 Nr. 3 AufenthG wird anerkannt, dass es für Geduldete aufgrund des ungesicherten aufenthaltsrechtlichen Status häufig schwieriger ist, einen Arbeitsplatz zu finden. Bezugspunkt für die Lebensunterhaltssicherung ist die Bedarfsgemeinschaft.[395] § 25b Abs. 1 S. 2 Nr. 4 AufenthG ist eine Privilegierung, da lediglich mündliche Ausdrucksfähigkeit gefordert ist. Es genügt, dass die Person einfache Gespräche bei der Ausländerbehörde ohne Zuhilfenahme eines Dolmetschers auf Deutsch führen kann. Bei Personen bis zum vollendeten 16. Lebensjahr reicht die Vorlage des letzten Schulzeugnisses oder der Nachweis des Kindertagesstättenbesuchs.[396] Bei § 25b Abs. 1 S. 2 Nr. 5 AufenthG ist ein erfolgreicher Schulbesuch nicht erforderlich.

---

[386] *Samel/Röcker* in Bergmann/Dienelt AufenthG § 25b Rn. 8.
[387] *Samel/Röcker* in Bergmann/Dienelt AufenthG § 25b Rn. 9.
[388] BT-Drs. 18/4097, 42.
[389] *Samel/Röcker* in Bergmann/Dienelt AufenthG § 25b Rn. 13.
[390] OVG Hamburg Urt. v. 25.8.2016 – 3 Bf 153/13, BeckRS 2016, 134877 Rn. 54.
[391] BT-Drs. 18/4097, 43.
[392] OVG Bautzen Beschl. v. 20.7.2017 – 3 B 118/17, BeckRS 2017, 119980.
[393] www.bamf.de.; vgl. *Göbel-Zimmermann* in Huber AufenthG § 25b Rn. 4.
[394] *Samel/Röcker* in Bergmann/Dienelt AufenthG § 25b Rn. 14.
[395] BT-Drs. 18/4097, 43.
[396] BT-Drs. 18/4097, 44.

296 Gemäß § 25b Abs. 1 S. 3 AufenthG ist ein vorübergehender Bezug von Sozialleistungen für die Lebensunterhaltssicherung iSd § 25b Abs. 1 S. 2 Nr. 3 AufenthG in der Regel unschädlich bei Studierenden und Auszubildenden (Nr. 1), Familien mit minderjährigen Kindern, die vorübergehend auf ergänzende Sozialleistungen angewiesen sind (Nr. 2), Alleinerziehenden mit minderjährigen Kindern wegen Unzumutbarkeit der Arbeitsaufnahme nach § 10 Abs. 1 Nr. 3 SGB II (Nr. 3) oder der Pflege von pflegebedürftigen nahen (vgl. § 7 Abs. 3 PflegeZG) Angehörigen (Nr. 4).

297 § 25b Abs. 3 AufenthG dispensiert von § 25b Abs. 1 S. 2 Nr. 3 und 4 AufenthG, wenn der Ausländer die Voraussetzung wegen einer körperlichen, geistigen oder seelischen **Krankheit** oder **Behinderung** oder aus **Altersgründen** nicht erfüllen kann.

298 Gemäß § 25b Abs. 2 AufenthG ist die Erteilung einer Aufenthaltserlaubnis nach § 25b Abs. 1 AufenthG zu **versagen,** wenn der Ausländer die Aufenthaltsbeendigung durch vorsätzlich falsche Angaben, durch Täuschung über die Identität oder Staatsangehörigkeit oder Nichterfüllung zumutbarer Anforderungen an die Mitwirkung bei der Beseitigung von Ausreisehindernissen verhindert oder verzögert (Nr. 1) oder ein Ausweisungsinteresse iSv § 54 Abs. 1 oder Abs. 2 Nr. 1 und 2 AufenthG besteht (Nr. 2).

299 § 25b Abs. 4 S. 1 AufenthG verleiht dem Ehegatten, dem Lebenspartner und minderjährigen ledigen Kindern, die mit einem Stammberechtigten gemäß § 25b Abs. 1 AufenthG in familiärer Lebensgemeinschaft leben, einen Regelanspruch auf Erteilung der Aufenthaltserlaubnis unter den Voraussetzungen des § 25b Abs. 1 S. 2 Nrn. 2 bis 5 AufenthG. Im Hinblick auf § 25b Abs. 1 S. 2 Nr. 3 AufenthG genügt es, wenn ein Mitglied der Bedarfsgemeinschaft den Lebensunterhalt der Familienangehörigen überwiegend sichert.[397] § 25b Abs. 2, 3 und 5 AufenthG finden ebenfalls Anwendung (§ 25b Abs. 4 S. 2 AufenthG). § 25b Abs. 4 S. 3 AufenthG erklärt für Ehegatten und Lebenspartner hinsichtlich der weiteren Verfestigung des Aufenthalts § 31 AufenthG für entsprechend anwendbar.

8. Dauer des Aufenthalts gemäß § 26 AufenthG

300 § 26 Abs. 1 S. 1 AufenthG legt fest, dass die Höchstdauer für die Erteilung und Verlängerung einer Aufenthaltserlaubnis nach dem 5. Abschnitt drei Jahre beträgt, in den Fällen des § 25 Abs. 4 S. 1 und Abs. 5 AufenthG – wegen des vorübergehenden Charakters dieser Regelungen – nur sechs Monate, solange sich der Ausländer noch nicht mindestens 18 Monate rechtmäßig im Bundesgebiet aufgehalten hat. In den Fällen des § 25b AufenthG beträgt die Höchstdauer für die Erteilung und Verlängerung der Aufenthaltserlaubnis zwei Jahre (§ 25b Abs. 5 S. 1 AufenthG). Bei der Bemessung der Dauer hat die Ausländerbehörde grundsätzlich auch den voraussichtlichen Bezug von Sozialleistungen (vgl. § 5 Abs. 3 S. 2 AufenthG), in Fällen des § 25 Abs. 5 AufenthG den voraussichtlichen Wegfall des Ausreisehindernisses zu berücksichtigen.[398]

301 Asylberechtigten und Flüchtlingen wird die Aufenthaltserlaubnis für drei Jahre erteilt (§ 26 Abs. 1 S. 2 AufenthG). Subsidiär Schutzberechtigten wird die Aufenthaltserlaubnis für ein Jahr erteilt, bei Verlängerung für zwei weitere Jahre (§ 26 Abs. 1 S. 3 AufenthG). In Fällen des § 25 Abs. 3 AufenthG wird die Aufenthaltserlaubnis für mindestens ein Jahr erteilt (§ 26 Abs. 1 S. 4 AufenthG). Aufenthaltserlaubnisse nach § 25 Abs. 4a S. 1 und Abs. 4b AufenthG werden jeweils für ein Jahr, Aufenthaltserlaubnisse nach § 25 Abs. 4a S. 3 AufenthG jeweils für zwei Jahre erteilt und verlängert; in begründeten Einzelfällen (zB bei einer längeren Heranziehung als Zeuge)[399] ist eine längere Geltungsdauer zulässig (§ 26 Abs. 1 S. 5 AufenthG). In den Fällen einer Aufenthaltserlaubnis gemäß § 23 AufenthG enthält bereits die Anordnung regelmäßig Vorgaben zu der Dauer und der Verlängerung. In den Fällen einer Aufenthaltserlaubnis gemäß § 24 AufenthG richten sich die Dauer und die Verlängerung unmittelbar nach Art. 4 RL 2001/55/EG.

---

[397] BT-Drs. 18/4097, 45.
[398] *Dienelt/Röcker* in Bergmann/Dienelt AufenthG § 26 Rn. 7 f.
[399] Nr. 26.1.3 AVwV-AufenthG.

Gemäß § 26 Abs. 2 AufenthG darf die Aufenthaltserlaubnis nicht verlängert werden, **302** wenn das Ausreisehindernis oder die sonstigen einer Aufenthaltsbeendigung entgegenstehenden Gründe entfallen sind. Davon unberührt bleiben die Befugnisse der Ausländerbehörde gemäß § 7 Abs. 2 S. 2, § 8 Abs. 3 und 4 und § 52 AufenthG.

§ 26 Abs. 3 S. 3 AufenthG verleiht dem Inhaber einer Aufenthaltserlaubnis gemäß § 25 **303** Abs. 1 AufenthG (Asylberechtigter) oder § 25 Abs. 2 S. 1 Alt. 1 AufenthG (Flüchtling) einen Anspruch auf Erteilung einer **Niederlassungserlaubnis,** wenn folgende fünf Erteilungsvoraussetzungen kumulativ vorliegen, namentlich ein **dreijähriger Besitz** der Aufenthaltserlaubnis unter Anrechnung der Aufenthaltszeit des Asylverfahrens (Nr. 1), keine (Positiv-)Mitteilung des BAMF gemäß § 73 Abs. 2a AsylG bzw. eine (Negativ-)Mitteilung des BAMF im Fall von in den Jahren 2015, 2016 oder 2017 unanfechtbar gewordenen Entscheidungen (Nr. 2), das **Beherrschen der deutschen Sprache** gemäß § 2 Abs. 12 AufenthG (Nr. 3), die **weit überwiegende Sicherung des Lebensunterhalts** (Nr. 4) und die Erfüllung der Voraussetzungen des § 9 Abs. 2 S. 1 Nrn. 4 bis 6, 8 und 9 AufenthG (Nr. 5). § 26 Abs. 3 S. 4 AufenthG ordnet an, dass die Privilegierung für Ehegatten des § 9 Abs. 3 S. 1 AufenthG und die anrechenbaren Besitzzeiten des § 9 Abs. 4 AufenthG entsprechende Anwendung finden. Für die Verfestigung des Aufenthalts von Kindern, die vor Vollendung des 18. Lebensjahres in das Bundesgebiet eingereist sind, kann § 35 AufenthG entsprechend angewandt werden (§ 26 Abs. 3 S. 5 AufenthG). § 26 Abs. 3 S. 6 AufenthG ordnet an, dass § 26 Abs. 3 S. 1 bis 5 AufenthG auch für Inhaber einer Aufenthaltserlaubnis gemäß § 23 Abs. 4 AufenthG gilt, es sei denn, es liegen die Voraussetzungen für eine Rücknahme vor.

§ 26 Abs. 3 S. 1 AufenthG verleiht dem Inhaber einer Aufenthaltserlaubnis gemäß § 25 **304** Abs. 1 AufenthG (Asylberechtigter) oder § 25 Abs. 2 S. 1 Alt. 1 AufenthG (Flüchtling) einen Anspruch auf Erteilung einer **Niederlassungserlaubnis,** wenn folgende fünf Erteilungsvoraussetzungen kumulativ vorliegen, namentlich ein **fünfjähriger Besitz** der Aufenthaltserlaubnis unter Anrechnung der Aufenthaltszeit des vorangegangenen Asylverfahrens (Nr. 1), keine (Positiv-)Mitteilung des BAMF nach § 73 Abs. 2a AsylG (Nr. 2), die **überwiegende Sicherung des Lebensunterhalts** (Nr. 3), **hinreichende Kenntnisse der deutschen Sprache** gemäß § 2 Abs. 10 AufenthG (Nr. 4) und die Erfüllung der Voraussetzungen des § 9 Abs. 2 S. 1 Nrn. 4 bis 6, 8 und 9 AufenthG (Nr. 5). § 26 Abs. 3 S. 2 Hs. 1 AufenthG ordnet an, dass die Konkretisierung und die Ausnahmen des § 9 Abs. 2 S. 2 bis 6 AufenthG, die Privilegierung für Ehegatten des § 9 Abs. 3 S. 1 AufenthG und die anrechenbaren Besitzzeiten des § 9 Abs. 4 AufenthG entsprechend Anwendung finden; von dem Erfordernis der überwiegenden Sicherung des Lebensunterhalts in § 26 Abs. 3 S. 1 Nr. 3 AufenthG wird abgesehen, wenn der Ausländer die Regelaltersgrenze nach § 35 S. 2 SGB VI oder § 235 Abs. 2 SGB VI erreicht hat (§ 26 Abs. 3 S. 2 Hs. 2 AufenthG).

In die **Besitzzeit** nach § 26 Abs. 3 AufenthG fließt auch der Zeitraum ein, der durch **305** § 25 Abs. 1 S. 3 AufenthG sowie durch § 81 Abs. 3 AufenthG abgedeckt ist, wenn die entsprechende Aufenthaltserlaubnis erteilt wurde.[400] Auf Unterbrechungen findet § 85 AufenthG Anwendung,[401] allerdings nur für Bagatellunterbrechungen von wenigen Tagen.[402]

§ 5 Abs. 3 S. 4 AufenthG dispensiert in den Fällen der Erteilung eines Aufenthaltstitels **306** nach § 26 Abs. 3 AufenthG von § 5 Abs. 2 AufenthG.

§ 26 Abs. 4 S. 1 AufenthG stellt **im Übrigen** die Erteilung einer **Niederlassungs- 307 erlaubnis** für einen Ausländer, der eine Aufenthaltserlaubnis nach dem 5. Abschnitt besitzt, in das pflichtgemäße Ermessen der Ausländerbehörde, wenn die in § 9 Abs. 2 S. 1 Nrn. 1 bis 9 AufenthG bezeichneten Voraussetzungen vorliegen. § 26 Abs. 4 S. 2 AufenthG

---

[400] *Dienelt/Röcker* in Bergmann/Dienelt AufenthG § 26 Rn. 18.
[401] Vgl. BVerwG Urt. v. 10.11.2009 – 1 C 24/08, NVwZ 2010, 914.
[402] Nr. 26.3.3. AVwV-AufenthG; *Dienelt/Röcker* in Bergmann/Dienelt AufenthG § 26 Rn. 23.

ordnet an, dass die Konkretisierung und die Ausnahmen des § 9 Abs. 2 S. 2 bis 6 AufenthG entsprechend gelten. Soweit dort keine Sonderregelungen getroffen sind, ist § 5 AufenthG zu beachten.[403] Im Übrigen gelten grundsätzlich auch §§ 10 und 11 AufenthG.

308 Als **Rechtsposition** reicht der Besitz einer Aufenthaltserlaubnis nach dem 5. Abschnitt. Der Wegfall der materiellen Voraussetzungen für die Erteilung oder Verlängerung der ursprünglichen Aufenthaltserlaubnis schadet insofern nicht.[404]

309 § 26 Abs. 4 S. 3 AufenthG bestimmt, dass die Aufenthaltszeit eines vorangegangenen Asylverfahrens auf die Besitzzeit des § 9 Abs. 2 S. 1 Nr. 1 AufenthG angerechnet wird. Im Hinblick auf das Erfordernis der Sicherung des Lebensunterhalts gemäß § 9 Abs 1 S. 1 Nr. 2 AufenthG gilt, dass eine auf dem vorgerückten Lebensalter beruhende Minderung der Leistungsfähigkeit – auch durch alterstypische Erkrankungen – keinen Grund darstellt, hierv. abzusehen. Ein Rückgriff auf § 5 Abs. 3 S. 2 AufenthG ist nicht möglich.[405]

310 In die **Besitzzeit** nach § 26 Abs. 4 AufenthG fließt der Zeitraum ein, der durch § 81 Abs. 4 AufenthG abgedeckt ist, wenn die Aufenthaltserlaubnis erteilt wurde.[406] Auf Unterbrechungen findet § 85 AufenthG Anwendung,[407] allerdings nur für Bagatellunterbrechungen von wenigen Tagen.[408]

311 Im Rahmen des Ermessens sind insbesondere die Dauer des Aufenthalts, das Maß der Integration und unter Umständen der Wegfall der materiellen Voraussetzungen für die Erteilung oder Verlängerung der ursprünglichen Aufenthaltserlaubnis zu berücksichtigen.[409]

312 Für die Verfestigung des Aufenthalts von Kindern, die vor Vollendung des 18. Lebensjahrs in das Bundesgebiet eingereist sind, kann § 35 entsprechend angewandt werden (§ 26 Abs. 4 S. 4 AufenthG). Die Aufenthaltszeit eines vorangegangenen Asylverfahrens wird auf die dort geregelte Besitzzeit nicht angerechnet.[410] Für im Bundesgebiet geborene Kinder ist § 26 Abs. 4 S. 4a fortiori analog anzuwenden.[411]

IV. Familiäre Aufenthaltstitel

1. Verfassungsrechtliche, völkerrechtliche und unionsrechtliche Maßstäbe für den Aufenthalt aus familiären Gründen

313 a) **Verfassungsrecht.** Verfassungsrechtlicher Maßstab für die Erteilung von Aufenthaltstiteln aus familiären Gründen ist zuvörderst **Art. 6 GG**, der Ehe und Familie unter den besonderen Schutz der staatlichen Ordnung stellt. Art. 6 GG schützt nicht nur deutsche Staatsbürger, sondern jedermann und stellt damit ein auch für ausländische Personen geltendes Menschenrecht dar. Art. 6 GG enthält neben dem Grundrecht als Abwehrrecht im klassischen Sinne eine Institutsgarantie sowie eine wertentscheidende Grundsatznorm.

314 Der Ehe- und Familienbegriff des Art. 6 GG knüpft grundsätzlich an die entsprechenden bürgerlich-rechtlichen Institute an. Das Leitbild der **Ehe** war zunächst von dem Bund zwischen Mann und Frau geprägt, befand sich dann geraume Zeit aufgrund des gesellschaftlichen Wandels im Fluss[412] und schließt nunmehr einfachgesetzlich auch die gleichgeschlechtliche Ehe mit ein.[413] Für den Bereich des Aufenthaltsrechts ist der Kreis der

---

[403] *Dienelt/Röcker* in Bergmann/Dienelt AufenthG § 26 Rn. 46.
[404] VGH Mannheim Beschl. v. 29.5.2007 – 11 S 2093/06, EZAR NF 24 Nr. 5; Nr. 26.4.5 AVwV-AufenthG.
[405] BVerwG Beschl. v. 22.11.2016 – 1 B 117.16, BeckRS 2016, 55868.
[406] BVerwG Beschl. v. 6.3.2014 – 1 B 17.13, BeckRS 2014, 49307.
[407] Vgl. BVerwG Urt. v. 10.11.2009 – 1 C 24/08, NVwZ 2010, 914.
[408] *Dienelt/Röcker* in Bergmann/Dienelt AufenthG § 26 Rn. 38.
[409] Nr. 26.4.7 AVwV-AufenthG; vgl. BVerwG Urt. v. 13.4.2010 – 1 C 10/09, NVwZ 2010, 1369.
[410] OVG Magdeburg Beschl. v. 26.5.2015 – 2 L 18/14, BeckRS 2015, 51054.
[411] Nr. 26.4.10 AVwV-AufenthG.
[412] Vgl. BVerfG Urt. v. 17.7.2002 – 1 BvF 1/01 ua, NJW 2002, 2543; Beschl. v. 7.7.2009 – 1 BvR 1164/07, NJW 2010, 1439.
[413] Gesetz zur Einführung des Rechts auf Eheschließung für Personen gleichen Geschlechts v. 20.7.2017, BGBl. I 2787.

Schutzberechtigten durch § 27 Abs. 2 AufenthG um eingetragene Lebenspartnerschaften erweitert.

Das Leitbild der **Familie** ist nach der Rechtsprechung des für das Aufenthaltsrecht **315** zuständigen Zweiten Senats des BVerfG bislang durch die Kernfamilie, die Verbindung zwischen Eltern und (leiblichen und adoptierten) Kindern, bestimmt.[414] Es bleibt abzuwarten, ob er einer jüngeren Entscheidung des Ersten Senats des BVerfG folgt, wonach der Begriff der Familie auch die Mitglieder der Großfamilie einschließt, soweit unter den nahen Verwandten eine tatsächliche Verbundenheit besteht. Die Entscheidung betraf die von dem Aufenthaltsrecht wesensverschiedene Materie des Vormundschaftsrechts und eine besondere Form der Schutzgewährung des Art. 6 GG. Der Erste Senat des BVerfG betonte hierbei, dass bei der Bestimmung von Inhalt und Intensität des Schutzes aus Art. 6 GG der abnehmenden verwandtschaftlichen Nähe der Familienmitglieder zueinander Rechnung zu tragen ist.[415] Unabhängig davon besteht in jedem Fall (auch wegen sonstiger Bindungen) Auffangschutz über Art. 2 Abs. 1 GG und den Grundsatz der Verhältnismäßigkeit.[416]

Der Schutz des Art. 6 GG umfasst das Recht auf eheliches und familiäres Zusammenleben. **316** Nach ständiger Rechtsprechung des BVerfG verleiht Art. 6 GG indes ausländischen Personen **keinen** unmittelbaren grundrechtlichen **Anspruch auf Einreise und Aufenthalt**.[417] Das Grundgesetz überantwortet es weitgehend der gesetzgebenden und der vollziehenden Gewalt festzulegen, in welcher Zahl und unter welchen Voraussetzungen Ausländern der Zugang zum Bundesgebiet ermöglicht wird (→ § 5 Rn. 2).[418]

Art. 6 GG entfaltet für den Bereich des Aufenthaltsrechts Wirkung als wertentscheidende **317** Grundsatznorm, wonach der Staat die Familie zu schützen und zu fördern hat (Fördergebot). Bei konkret-individuellen Entscheidungen über ein Aufenthaltsbegehren verpflichtet Art. 6 GG dazu, die bestehenden familiären Bindungen des Ausländers an Personen, die sich berechtigterweise im Bundesgebiet aufhalten, zu berücksichtigen und entsprechend dem Gewicht dieser Bindungen in den Erwägungen zur Geltung zu bringen. Diese konkret-individuellen Entscheidungen sind nur dann und insoweit zulässig, als sie unter Beachtung des Grundsatzes der Verhältnismäßigkeit zum Schutz öffentlicher Interessen unerlässlich sind.[419]

Entscheidend für den Schutz des Art. 6 GG ist nicht die formal-rechtliche Bindung, **318** sondern unter Berücksichtigung der Umstände des Einzelfalls die **familiäre** bzw. **eheliche Lebensgemeinschaft,** die **tatsächliche Verbundenheit** zwischen den Ehegatten bzw. den Familienmitgliedern.[420] Ob eine Hausgemeinschaft vorliegt oder ob die tatsächlich erbrachte Lebenshilfe auch von einer anderen Person erbracht werden kann, ist nicht ausschlaggebend.[421] Die Eltern-Kind-Beziehung muss von tatsächlicher Anteilnahme am Leben des Kindes getragen sein. Diese ist nicht ohne Weiteres quantifizierbar, hiervon ist im Falle regelmäßigen Umgangs indes in der Regel auszugehen.[422] Auch Unterhaltszahlungen sind ein Zeichen für tatsächliche Verbundenheit.[423] Ein hohes, gegen die Aufent-

---

[414] BVerfG Beschl. v. 18.4.1989 – 2 BvR 1169/84, NJW 1989, 2195; die Eröffnung des Schutzbereichs für die Bindungen unter Geschwistern für das Einkommensteuerrecht offenlassend: BVerfG Beschl. v. 24.5.2005 – 2 BvR 1683/02, NJOZ 2005, 3577 (3582).
[415] BVerfG Beschl. v. 24.6.2014 – 1 BvR 2926/13, NJW 2014, 2853 (2855).
[416] Vgl. BVerfG Urt. v. 12.5.1987 – 2 BvR 1226/83 ua, NJW 1988, 626 (633).
[417] BVerfG Urt. v. 12.5.1987 – 2 BvR 1226/83 ua, NJW 1988, 626 (628); Beschl. v. 17.10.1997 – 2 BvQ 34/97, BeckRS 1997, 14587; Beschl. v. 5.5.2003 – 2 BvR 2042/02, NVwZ-Beil. 2003, 73; Beschl. v. 22.12.2003 – 2 BvR 2108/00, FPR 2004, 259.
[418] Vgl. BVerfG Urt. v. 12.5.1987 – 2 BvR 1226/83 ua, NJW 1988, 626 (628); Beschl. v. 18.4.1989 – 2 BvR 1169/84, NJW 1989, 2195 (2196).
[419] Vgl. BVerfG Beschl. v. 5.5.2003 – 2 BvR 2042/02, NVwZ-Beil. 2003, 73.
[420] BVerfG Urt. 12.5.1987 – 2 BvR 1226/83 ua, NJW 1988, 626 (627); Beschl. v. 22.12.2003 – 2 BvR 2108/00, NVwZ 2004, 606; Beschl. v. 23.1.2006 – 2 BvR 1935/05, NVwZ 2006, 682 (683); Beschl. v. 9.1.2009 – 2 BvR 1064/08, NVwZ 2009, 387 (388).
[421] BVerfG Beschl. v. 1.8.1996 – 2 BvR 1119/96, NVwZ 1997, 479.
[422] BVerfG Beschl. v. 9.1.2009 – 2 BvR 1064/08, NVwZ 2009, 387 (388).
[423] BVerfG Beschl. v. 1.12.2008 – 2 BvR 1830/08, BeckRS 2011, 87023.

haltsbeendigung sprechendes Gewicht haben die Folgen einer vorübergehenden Trennung insbesondere, wenn ein noch sehr kleines Kind betroffen ist.[424] Ist ein Familienmitglied bzw. ein Ehegatte auf die Lebenshilfe eines anderen Familienmitglieds bzw. den anderen Ehegatten angewiesen und lässt sich diese Hilfe nur im Bundesgebiet erbringen, weil ihm das Verlassen des Bundesgebiets nicht zumutbar ist, etwa wegen der deutschen Staatsangehörigkeit, drängt der Schutz der Familie bzw. der Ehe regelmäßig migrationspolitische Belange zurück (Zurückdrängungsrechtsprechung).[425] Ehen und Familien mit deutschen Staatsangehörigen sind wegen des verstärkten Schutzes des Art. 6 GG iVm Art. 11 GG privilegiert. Alle Deutschen genießen im ganzen Bundesgebiet Freizügigkeit (Art. 11 Abs. 1 GG). Eingriffen in die Freizügigkeit sind durch den qualifizierten Gesetzesvorbehalt des Art. 11 Abs. 2 GG enge Grenzen gezogen.

319 **b) Völkerrecht.** Der wichtigste völkerrechtliche Maßstab für die Erteilung von Aufenthaltstiteln aus familiären Gründen ist **Art. 8 Abs. 1 EMRK,** wonach das Privat- und Familienleben zu achten ist. Die EMRK ist durch Zustimmungsgesetz in die nationale Rechtsordnung transponiert worden und hat in Deutschland den Rang eines einfachen Bundesgesetzes.

320 Die kasuistisch geprägte Rechtsprechung des EGMR hat zwar mehrheitlich Ausweisungsfälle zum Gegenstand, es gibt indes auch einige Fälle, die eine Versagung von Aufenthaltstiteln zum Gegenstand haben. Von dem **Schutzbereich** des Familienlebens iSd Art. 8 Abs. 1 EMRK ist neben den Ehegatten grundsätzlich die Kernfamilie, die Eltern und ihre minderjährigen Kinder, umfasst. Ausschlaggebend ist die persönliche Eltern-Kind-Beziehung, das sogenannte effektive Familienleben. Es reicht ein Kontakt von einer gewissen Häufigkeit.[426] Während nach früherer Rechtsprechung familiäre Bindungen zwischen Erwachsenen, sofern keine weiteren Merkmale der Schutzbedürftigkeit vorlagen, bei denen es nicht nur um normale emotionale Bindungen ging, nicht zwangsläufig dem Schutz des Art. 8 EMRK unterfielen,[427] kann nach aktueller Rechtsprechung auch die Bindung von jungen Erwachsenen, die noch keine eigene Familie gegründet haben, an ihre Eltern oder nahe Verwandte Familienleben sein. Art. 8 Abs. 1 EMRK schützt neben dem Familienleben jedenfalls über das Privatleben die Gesamtheit der (übrigen) sozialen und familiären Bindungen in dem Konventionsstaat.[428] Das Fehlen eines Aufenthaltstitels schließt die Eröffnung des Schutzbereichs nicht aus, da die Legalität bzw. Illegalität des Aufenthalts ein Faktor bei der Prüfung des Interessenausgleichs zur Rechtfertigung eines Eingriffs gemäß Art. 8 Abs. 2 EMRK ist.[429]

321 Auch nach der Rechtsprechung des EGMR ergibt sich aus Art. 8 EMRK **keine** allgemeine Verpflichtung für die Konventionsstaaten, die Wahl des Aufenthaltsstaates durch Zuwanderer anzuerkennen und Familienzusammenführung zu ermöglichen.[430] insbesondere garantiert Art. 8 EMRK keinen **Anspruch auf** einen bestimmten **Aufenthaltstitel.**[431] Zwar kann sich die Gewährleistung des Art. 8 Abs. 1 EMRK im Einzelfall zur Verhinderung besonderer Härten zu einer positiven Schutzpflicht des Konventionsstaates („positive obligations") verdichten.[432] Dem Konventionsstaat steht hierbei jedoch ein weiter Einschätzungs- und Gestaltungsspielraum zu („margin of appreciation"). Der EGMR hat sich bislang zurückhaltend gezeigt, die Verletzung dieser „positive obligations" im besonderen

---

[424] BVerfG Beschl. v. 1.12.2008 – 2 BvR 1830/08, BeckRS 2011, 87024.
[425] Vgl. für Familienmitglieder: BVerfG Beschl. v. 1.8.1996 – 2 BvR 1119/96, NVwZ 1997, 479; Beschl. v. 31.8.1999 – 2 BvR 1523/99, NVwZ 2000, 59; Beschl. v. 8.12.2005 – 2 BvR 1001/04, EZAR NF 34 Nr. 5; für Ehegatten: Beschl. v. 17.5.2011 – 2 BvR 2625/10, BeckRS 2011, 52471.
[426] EGMR Urt. v. 1.7.2000 – 29192/95, NVwZ 2001, 547 (548).
[427] Vgl. zu einer Ausweisungsverfügung: EGMR Urt. v. 5.7.2005 – 46410/99, juris Rn. 44.
[428] EGMR Urt. v. 14.6.2011 – 38058/09, NVwZ 2012, 947 (948).
[429] EGMR Urt. v. 14.6.2011 – 38058/09, NVwZ 2012, 947 (948 f.); Urt. v. 4.12.2012 – 47017/09, Rn. 78.
[430] EGMR Urt. v. 14.6.2011 – 38058/09, NVwZ 2012, 947 Ls. 2.
[431] EGMR Urt. v. 15.1.2007 – 60654/00, NVwZ 2008, 979 (981).
[432] EGMR Urt. v. 28.5.1985 – 9214/80 ua NJW 1986, 3007 (3009); Urt. v. 1.12.2005 – 60665/00, Rn. 42; Urt. v. 30.7.2013 – 948/12, BeckRS 2014, 80974.

Einzelfall festzustellen, so geschehen etwa bei der Subsumtion unter das Tatbestandsmerkmal der familiären Lebensgemeinschaft einer den Zugang grundsätzlich eröffnenden Norm bzw. bei einem die Kindheit und Jugend umspannenden größtenteils legalen Aufenthalt im Konventionsstaat.[433]

Der Konventionsstaat hat bei der **Rechtfertigung eines Eingriffs** gemäß Art. 8 Abs. 2 EMRK einen angemessenen **Ausgleich** („fair balance") zwischen den Interessen der betroffenen ausländischen Person und den staatlichen Interessen herbeizuführen.[434] Im Ergebnis ist Maßstab des EGMR im Falle der Versagung von Aufenthaltstiteln eine ausgeprägte Einzelfallprüfung. Diese Prüfung orientiert sich an Faktoren wie der Dauer und der Legalität bzw. Illegalität des Aufenthalts, dem Alter, dem Ausmaß der Abhängigkeit von im Konventionsstaat lebenden Familienangehörigen, den sprachlichen, sozialen, kulturellen und familiären Bindungen zu dem Konventionsstaat, den sprachlichen, sozialen, kulturellen und familiären Bindungen zu dem Herkunftsstaat sowie den Bindungen der im Konventionsstaat lebenden Familienangehörigen vor Ort und zu dem Herkunftsstaat.[435]

c) Unionsrecht. Primärrechtlicher Maßstab für die Erteilung von Aufenthaltstiteln aus familiären Gründen kann des Weiteren **Art. 7 GRCh** sein, wonach jede Person das Recht hat auf Achtung ihres Privat- und Familienlebens. Soweit die GRCh Rechte enthält, die den durch die EMRK garantierten Rechten entsprechen, haben sie gemäß Art. 52 Abs. 3 GRCh die gleiche Bedeutung und Tragweite, wie sie ihnen in der EMRK verliehen wird. Art. 7 GRCh ist daher im Einklang mit Art. 8 EMRK zu interpretieren. Außerdem sind die Grundrechte der GRCh gemäß Art. 52 Abs. 3 GRCh im Einklang mit den gemeinsamen Verfassungsüberlieferungen der Mitgliedstaaten auszulegen, darunter beispielsweise auch Art. 6 GG. Dementsprechend hat der EuGH ein Recht auf Einreise und Aufenthalt unmittelbar abgeleitet aus Art. 7 GRCh verneint.[436] Die GRCh gilt gemäß Art. 51 Abs. 1 S. 1 GRCh für die Organe, Einrichtungen und sonstigen Stellen der Union unter Wahrung des Subsidiaritätsprinzips und für die Mitgliedstaaten ausschließlich bei der Durchführung des Rechts der Union.

Primärrechtlicher Maßstab kann auch **Art. 20 AEUV** sein, wenn eine staatliche Maßnahme gegenüber einem Familienangehörigen eines Unionsbürgers, der nicht von seinen Grundfreiheiten Gebrauch gemacht hat, dazu führt, dass der Unionsbürger den Mitgliedstaat verlassen muss und er damit tatsächlich den Kernbestand der Rechte verliert, die ihm der Unionsrechtsbürgerstatus verleiht.[437]

Sekundärrechtlicher Maßstab für die Erteilung von Aufenthaltstiteln aus familiären Gründen ist insbesondere die **Familienzusammenführungs-RL**. Bedeutsam sind zudem das ebenfalls im Range des Sekundärrechts stehende das **Abkommen zur Gründung einer Assoziation zwischen der EWG und der Türkei** vom 12.9.1963 und die daraus abgeleiteten Rechtsakte.[438]

2. Grundsatz des Familiennachzugs gemäß § 27 AufenthG

§ 27 AufenthG regelt **vor die Klammer gezogene positive und negative Voraussetzungen** für die Erteilung eines Aufenthaltstitels aus familiären Gründen. § 27 AufenthG

---
[433] EGMR Urt. v. 1.12.2005 – 60665/00, Rn. 22, 24, 50, 52; Urt. v. 14.6.2011 – 38058/09, NVwZ 2012, 947 Ls. 3.
[434] EGMR Urt. v. 14.6.2011 – 38058/09, NVwZ 2012, 947 Ls. 1.
[435] Vgl. EGMR Urt. v. 19.2.1996 – 23218/94, Rn. 29 ff.; Urt. v. 28.11.1996 – 21702/93, Rn. 67 ff.; Urt. v. 1.7.2000 – 29192/95, NVwZ 2001, 547 (548); Urt. v. 21.12.2001 – 31465/96, Rn. 38 ff.,; Urt. v. 16.6.2005 – 60654/00, Rn. 107; Urt. v. 1.12.2005 – 60665/00, Rn. 42 ff., 47 und 49; Urt. v. 14.6.2011 – 38058/09, NVwZ 2012, 947 (948 f.); Urt. v. 4.12.2012 – 47017/09, Rn. 76 ff., 87 f.; Urt. v. 30.7.2013 – 948/12, BeckRS 2014, 80974; Urt. v. 10.7.2014 – 52701/09, Rn. 45 ff.
[436] EuGH Urt. v. 27.6.2006 – C-540/03, NVwZ 2006, 1033 (1034).
[437] EuGH Urt. v. 8.3.2011 – C-34/09, NVwZ 2011, 545.
[438] Beschl. 1/80 des Assoziationsrates EWG-Türkei über die Entwicklung der Assoziation v. 19.9.1980 (ARB 1/80) sowie das Zusatzprotokoll v. 23.11.1970 zum Assoziationsabkommen, ABl. L 293, 3 ff.

umfasst trotz der Überschrift „Familiennachzug" auch die Erteilung eines Aufenthaltstitels für bereits im Bundesgebiet anwesende Ehegatten, Lebenspartner, Kinder und sonstige Familienangehörige.

327 § 27 Abs. 1 AufenthG statuiert grundsätzlich einen Anspruch auf die Erteilung und Verlängerung einer Aufenthaltserlaubnis aus familiären Gründen. Der Anspruch ist an den Zweck der „Herstellung und Wahrung der **familiären Lebensgemeinschaft**" im Bundesgebiet gebunden (→ Rn. 318). Diese Absicht muss nach außen hin in Erscheinung treten. Sie wird in der Regel durch eine gemeinsame Lebensführung, mithin einen gemeinsamen Lebensmittelpunkt, indiziert. Bestehen Gründe für das Fehlen eines gemeinsamen Lebensmittelpunktes, kann sich die gemeinsame Lebensführung auch in alternativen Kontakten, welche eine tatsächliche Verbundenheit indizieren, zu erkennen geben.[439] Für die Absicht der Fortführung der familiären Lebensgemeinschaft trägt der antragstellende Ausländer im Falle der Nichterweislichkeit die (materielle) Darlegungs- und Beweislast.[440] Punktuelle Nachprüfungen sind bei begründetem Verdacht unter Achtung der Menschenwürde und der Intimsphäre der Betroffenen zulässig (vgl. Art. 16 Abs. 4 Familienzusammenführungs-RL).

328 Spiegelbildlich dazu schließt § 27 Abs. 1a Nr. 1 AufenthG **Zweckehen und -adoptionen** vom Familiennachzug aus. Die (materielle) Darlegungs- und Beweislast („feststeht") trägt die Ausländerbehörde. Nach Nr. 27.1a.1.1.0 AVwV-AufenthG ist ein Motivbündel für die Begründung einer Ehe oder eines Verwandtschaftsverhältnisses unschädlich („ausschließlich"). Die Bedeutung der Norm ist wegen der oftmals bescheidenen Informationslage[441] und der Beweislastverteilung begrenzt. § 27 Abs. 1a Nr. 2 AufenthG schließt (auf psychischen oder physischen Druck hin geschlossene) Zwangsehen aus.

329 § 27 Abs. 2 AufenthG stellt für den Familiennachzug **eingetragene Lebenspartner** Ehegatten gleich, indem es die dort genannten Vorschriften für anwendbar erklärt.

330 Die Erteilung der Aufenthaltserlaubnis zum Zweck des Familiennachzugs kann versagt werden, wenn die stammberechtigte Person für den Unterhalt von anderen ausländischen Familienangehörigen oder anderen Haushaltsangehörigen auf Sozialhilfe angewiesen ist (§ 27 Abs. 3 S. 1 AufenthG). Gemäß § 27 Abs. 3 S. 2 AufenthG kann von § 5 Abs. 1 Nr. 2 AufenthG abgesehen werden.

331 § 27 Abs. 3a S. 1 AufenthG konstituiert einen zwingenden Versagungsgrund, der den **Nachzug** von Familienangehörigen **zu terroristischen Gefährdern** (Nr. 1), **Leitern verbotener Vereine** (Nr. 2), **Teilnehmern und Agitatoren politischer oder religiöser Gewalt** (Nr. 3) **sowie Hasspredigern** (Nr. 4) betrifft. Der Kreis derjenigen Personen, die keinen Familiennachzug vermitteln können sollen, orientiert sich an den Tatbeständen des besonders schwerwiegenden Ausweisungsinteresses gemäß § 54 Abs. 1 Nrn. 2 bis 5 AufenthG. Der Versagungsgrund soll Familienangehörige von stammberechtigten Deutschen und von stammberechtigten Ausländern gleichermaßen betreffen.[442]

332 Die in dem Gesetzentwurf[443] avisierte Ausnahme von der Versagung des Familiennachzugs für den Fall, dass sich der Stammberechtigte **gegenüber den zuständigen Behörden offenbart** und **glaubhaft von seinem sicherheitsgefährdenden Handeln Abstand nimmt** (§ 27 Abs. 3a S. 2 AufenthG-E), ist im weiteren Gesetzgebungsverfahren entfallen.[444] Danach hätte der Stammberechtigte zusätzlich zu der glaubhaften Abstandnahme (vgl. § 54 Abs. 1 aE AufenthG) proaktiv vor Antragstellung auf die zuständigen Behörden zugehen müssen. Dieser Wegfall ist für stammberechtigte Deutsche unter dem Gesichtspunkt des Art. 11 GG problematisch (→ Rn. 318).

333 § 27 Abs. 4 S. 1 bis 2 AufenthG **synchronisiert die Gültigkeitsdauer** der Aufenthaltserlaubnis zum Zweck des Familiennachzugs für die nachziehende Person mit dem Auf-

---

[439] BVerwG Beschl. v. 22.5.2013 – 1 B 25.12, BeckRS 2013, 52673.
[440] BVerwG Urt. v. 30.3.2010 – 1 C 7/09, NVwZ 2010, 1367 (1368).
[441] Vgl. zu den Indizien: Nr. 27.1a.1.1.7 AVwV-AufenthG.
[442] Vgl. BR-Drs. 175/1/18, 1 (3).
[443] BR Drs. 175/18, 1.
[444] Krit. BR-Drs. 175/1/18, 1 (4).

enthaltstitel des Stammberechtigten. § 27 Abs. 4 S. 3 AufenthG legt für die erstmalige Erteilung eine Mindestgültigkeit von einem Jahr fest.

Der Zugang zur **Erwerbstätigkeit** richtet sich für Inhaber eines Aufenthaltstitels aus 334 familiären Gründen nach § 4a Abs. 1 S. 1 AufenthG[445].

3. Familiennachzug zu Ausländern gemäß § 29 ff. AufenthG

a) Familiennachzug zu Ausländern gemäß § 29 AufenthG. § 29 AufenthG regelt 335 **vor die Klammer gezogen die Voraussetzungen** für den Familiennachzug zu einer **drittstaatsangehörigen** stammberechtigten Person. Daneben finden grundsätzlich, §§ 5, 10, 11 und 27 AufenthG Anwendung.

Erteilungsvoraussetzung ist nach § 29 Abs. 1 Nr. 1 AufenthG, dass der Stammberechtigte 336 über eine **nachzugsfähige Rechtsposition,** einen der dort genannten gültigen Aufenthaltstitel, verfügt. Beendet ein Verwaltungsakt die Gültigkeit des Aufenthaltstitels (zB durch Widerruf, Rücknahme, Ausweisung oder nachträgliche Befristung), kommt es auf den Zeitpunkt des Erlasses, nicht auf den der Unanfechtbarkeit an (§ 84 Abs. 2 S. 1 AufenthG und Nr. 29.1.2.1 AVwV-AufenthG). Der Aufenthaltstitel gemäß § 29 Abs. 1 Nr. 1 AufenthG für den Stammberechtigten und der Aufenthaltstitel aus familiären Gründen für den nachziehenden Familienangehörigen können gleichzeitig erteilt werden. Wenn der Stammberechtigte im Besitz eines nationalen Visums gemäß § 6 Abs. 3 AufenthG ist und in Aussicht steht, dass einer der in § 29 Abs. 1 Nr. 1 AufenthG aufgezählten Aufenthaltstitel erteilt werden wird, kann auch dem nachziehenden Familienangehörigen ein Visum erteilt werden.[446]

Auf den Familiennachzug zu Ausländern, denen bis zum 17.3.2016 eine Aufenthalts- 337 erlaubnis nach § 25 Abs. 2 S. 1 Alt. 2 AufenthG erteilt worden ist, finden nach § 104 Abs. 13 S. 1 AufenthG die Vorschriften von Kapitel 2 Abschnitt 6 in der bis zum 31.7.2018 geltenden Fassung weiter Anwendung, wenn der Antrag auf erstmalige Erteilung eines Aufenthaltstitels zum Zwecke des Familiennachzugs zu dem Ausländer bis zum 31.7.2018 gestellt worden ist. Im Übrigen gilt § 36a AufenthG (→ Rn. 410 ff.).

Erforderlich ist des Weiteren, dass die stammberechtigte Person über ausreichend **Wohn-** 338 **raum** iSd § 2 Abs. 4 AufenthG verfügt (§ 29 Abs. 1 Nr. 2 AufenthG).

Bei dem Ehegatten und dem minderjährigen ledigen Kind eines Stammberechtigten, der 339 einen der dort genannten Aufenthaltstitel besitzt, ist unter den kumulativen Voraussetzungen des § 29 Abs. 2 S. 2 Nr. 1 AufenthG (Antragstellung innerhalb von drei Monaten nach Asylanerkennung bzw. Zuerkennung internationalen Schutzes oder nach Erteilung einer Aufenthaltserlaubnis gemäß § 23 Abs. 4 AufenthG) und Nr. 2 (Unmöglichkeit der Herstellung der familiären Lebensverhältnisse in einem Drittstaat, zu dem ein besonderer Bezug besteht) auf das Lebensunterhaltserfordernis gemäß § 5 Abs. 1 Nr. 1 AufenthG und das Wohnraumerfordernis gemäß § 29 Abs. 1 Nr. 2 AufenthG zu verzichten. Allerdings formuliert Art. 12 Abs. 1 Familienzusammenführungs-RL diese zwei Voraussetzungen als selbständige Verzichtsgründe. Hier muss eine großzügige Verwaltungspraxis Nachteile für die Betroffenen verhindern und das Umsetzungsdefizit abfedern. Die in § 29 Abs. 2 S. 2 Nr. 1 AufenthG genannte Frist wird auch durch die rechtzeitige Antragstellung des Ausländers gewahrt (§ 29 Abs. 2 S. 3 AufenthG).

Im Übrigen kann die Ausländerbehörde von § 5 Abs. 1 Nr. 1 und § 29 Abs. 1 Nr. 2 340 AufenthG absehen (§ 29 Abs. 2 S. 1 AufenthG). Bei der Ermessensentscheidung ist zu Gunsten des Familiennachzugs besonders zu berücksichtigen, wenn dem Stammberechtigten eine Familienzusammenführung im Herkunftsstaat nicht zumutbar ist.[447] In Rechnung zu stellen ist auch, wenn sich der Stammberechtigte um die Aufnahme einer Erwerbstätigkeit sowie um die Bereitstellung von Wohnraum außerhalb einer öffentlichen Einrichtung

---
[445] Fachkräfteeinwanderungsgesetz v. 15.8.2018, BGBl. I 1307.
[446] Nr. 29.1.2.2 AVwV-AufenthG.
[447] Nr. 29.2.1 AVwV-AufenthG.

bemüht. Leben nachzugswillige Familienangehörige mit einem Daueraufenthaltsrecht oder als Inhaber internationalen Schutzes in einem Drittstaat, ist zu prüfen, ob dem Stammberechtigten die Herstellung der familiären Lebensgemeinschaft dort zumutbar ist.[448]

341 § 29 Abs. 3 S. 1 AufenthG knüpft den Nachzug zu stammberechtigten Inhabern eines der genannten humanitären (§§ 22, 23 Abs. 1 oder 2, § 25 Abs. 3 oder 4a S. 1, § 25a Abs. 1 oder § 25b Abs. 1 AufenthG) Aufenthaltstitels an die Voraussetzung, dass für die Erteilung eines Aufenthaltstitels an die Familienangehörigen **völkerrechtliche oder humanitäre Gründe** (→ Rn. 216) bzw. **politische Interessen der Bundesrepublik Deutschland** (→ Rn. 217) sprechen müssen. Ein humanitärer Grund soll allerdings bereits dann vorliegen, wenn die familiäre Lebensgemeinschaft auf absehbare Zeit nur im Bundesgebiet hergestellt werden kann.[449]

342 § 29 Abs. 3 S. 2 AufenthG erklärt § 26 Abs. 4 AufenthG und die dort festgelegten Voraussetzungen zur Erlangung einer Niederlassungserlaubnis für anwendbar.

343 § 29 Abs. 3 S. 3 AufenthG **schließt** den **Familiennachzug** zu **stammberechtigten** Inhabern eines humanitären Aufenthaltstitels nach **§ 25 Abs. 4, 4b und 5, § 25a Abs. 2, § 25b Abs. 4, § 104a Abs. 1 S. 1 und § 104b AufenthG** generell **aus**. Der Ausschluss beruht auf dem vorübergehenden Charakter dieser Aufenthaltstitel.[450] Ein Familiennachzug würde den Aufenthalt der stammberechtigten Person zementieren und damit den vorübergehenden Charakter des Aufenthalts konterkarieren.[451]

344 § 29 Abs. 4 S. 1 AufenthG gewährt Familienangehörigen unter den dort genannten Voraussetzungen einen privilegierten Anspruch auf Nachzug zu einem Stammberechtigten, dem vorübergehender Schutz gemäß § 24 AufenthG gewährt wurde, indem von § 5 Abs. 1 AufenthG und § 27 Abs. 3 AufenthG abgesehen wird. In den Genuss gelangen die Ehegatten und die minderjährigen ledigen Kinder des Stammberechtigten sowie die minderjährigen ledigen Kinder des Ehegatten. Auf diese Familienangehörigen findet gemäß § 29 Abs. 4 S. 3 AufenthG § 24 AufenthG Anwendung. Gemäß § 29 Abs. 4 S. 2 AufenthG findet für sonstige Familienangehörige § 36 AufenthG Anwendung.

345 **b) Ehegattennachzug gemäß §§ 30, 31 AufenthG. aa) Unselbständige Aufenthaltserlaubnis des Ehegatten gemäß § 30 AufenthG.** § 30 AufenthG regelt den Nachzug eines Ehegatten bzw. eines eingetragenen Lebenspartners (§ 27 Abs. 2 AufenthG) zu einem drittstaatsangehörigen Stammberechtigten im Bundesgebiet. § 30 Abs. 1 AufenthG verleiht unter den dort geregelten Voraussetzungen, ergänzt durch §§ 5, 10, 11, 27 und 29 AufenthG, einen Anspruch auf Erteilung einer unselbständigen Aufenthaltserlaubnis.

346 Erteilungsvoraussetzung ist, dass der Stammberechtigte über eine **nachzugsfähige Rechtsposition,** einen der in § 30 Abs. 1 Nr. 3 lit. a bis g AufenthG genannten Aufenthaltstitel für längerfristige Aufenthalte, verfügt, wobei die Aufenthaltstitel unter lit. d, e und f mit Zusatzvoraussetzungen versehen sind. Besitzt der Stammberechtigte eine Aufenthaltserlaubnis oder ein nationales Visum, kann von den anderen Voraussetzungen des § 30 Abs. 1 Nr. 3 lit. e AufenthG abgesehen werden (§ 30 Abs. 2 S. 2 AufenthG). Für den **Familiennachzug zu subsidiär Schutzberechtigten** gilt § 36a AufenthG (→ Rn. 410 ff.).

347 Erforderlich ist weiterhin eine **wirksame Eheschließung.** Die Voraussetzungen hierfür unterliegen in Fällen mit Auslandsberührung – unabhängig vom Ort der Eheschließung – für jeden Verlobten dem Recht des Staates, dem er angehört (Art. 13 Abs. 1 EGBGB). Nach dem Formstatut des Art. 11 EGBGB gelten entweder kumulativ die Formerfordernisse des für beide Verlobte inhaltlich maßgebenden Geschäftsrechts oder aber die Formerfordernisse des Rechts am Ort der Eheschließung. Rituelle und religiöse Eheschließung beurteilen sich allein nach dem Recht des Ortes der Eheschließung.[452] Gleiches gilt für die

---
[448] Nr. 29.2.2.1 AVwV-AufenthG.
[449] BT-Drs. 15/420, 1 (81).
[450] BT-Drs. 15/420, 1 (81).
[451] BVerwG Beschl. v. 1.4.2014 – 1 B 1.14, BeckRS 2014, 50423 Rn. 7.
[452] Vgl. BVerwG Beschl. v. 2.6.2008 – 6 B 17.08, BeckRS 2008, 36361; Nr. 28.1.1.2 AVwV-AufenthG.

spezielle Form der Botenehe.[453] Zu beachten sind hierbei die durch das Gesetz zur Bekämpfung von Kinderehen erlassenen mit Wirkung zum 22.7.2017 in Kraft getretenen Neuerungen:[454] Unterliegt die Ehemündigkeit einer (verlobten) Person ausländischem Recht, ist die Ehe gemäß § 13 Abs. 3 EGBGB nach deutschem Recht (Nr. 1) unwirksam, wenn die (verlobte) Person im Zeitpunkt der Eheschließung das 16. Lebensjahr nicht vollendet hatte, und (Nr. 2) aufhebbar, wenn die (verlobte Person) im Zeitpunkt der Eheschließung das 16., aber nicht das 18. Lebensjahr vollendet hatte.

§ 30 Abs. 1 AufenthG gewährt unmittelbar **keinen Anspruch auf Einreise zum Zweck der Eheschließung** im Bundesgebiet. Für eine derartige Einreise kann allerdings in der Verwaltungspraxis unter den Voraussetzungen der Nr. 30.0.2 iVm Nr. 30.0.6 AVwV-AufenthG ein nationales Visum gemäß § 6 Abs. 3 AufenthG erteilt werden. **348**

Beide Ehegatten müssen – im Zeitpunkt der Erteilung der Aufenthaltserlaubnis – das 18. Lebensjahr vollendet haben (§ 30 Abs. 1 S. 1 Nr. 1 AufenthG). Der Gesetzgeber hat hierbei von der Option des Art. 4 Abs. 5 Familienzusammenführungs-RL Gebrauch gemacht, welcher „zur Förderung der Integration und zur Vermeidung von Zwangsehen" die Festlegung eines **Mindestalters** von bis zu 21 Jahren erlaubt.[455] § 30 Abs. 1 S. 2 AufenthG dispensiert von dem Erfordernis des Mindestalters, wenn der Stammberechtigte Inhaber einer Aufenthaltserlaubnis gemäß § 38a AufenthG ist und die eheliche Lebensgemeinschaft bereits in dem anderen Mitgliedstaat bestand. Außerdem kann die Ausländerbehörde zur Vermeidung einer besonderen Härte von dem Erfordernis des Mindestalters absehen (§ 30 Abs. 2 S. 1 AufenthG). **349**

Weiterhin ist erforderlich, dass der nachzugswillige Ehegatte **einfache Kenntnisse der deutschen Sprache** gemäß § 2 Abs. 9 AufenthG nachweist (§ 30 Abs. 1 S. 1 Nr. 2 AufenthG). Der Gesetzgeber hat hierbei von der Option des Art. 7 Abs. 2 Familienzusammenführungs-RL Gebrauch gemacht, welcher es erlaubt, den Nachzugswilligen Integrationsmaßnahmen aufzuerlegen. Der Gesetzgeber bezweckte mit diesem Erfordernis, Zwangsehen zu vermeiden und Integration zu fördern.[456] Die Kosten für den Erwerb der Sprachkenntnisse obliegen grundsätzlich der antragstellenden Person, sie dürfen jedoch nicht so hoch sein, dass sie den Familiennachzug unmöglich machen bzw. ihn übermäßig erschweren.[457] **350**

§ 30 Abs. 1 S. 3 AufenthG sieht **Ausnahmen** von dem **Spracherfordernis** vor: Die Nrn. 2, 3 und 6 stellen hierbei auf die Person des nachziehenden Ehegatten ab. Mit der Nr. 2 (körperliche, geistige oder seelische Krankheit oder Behinderung) sind Zustände gemeint, welche das sprachliche und schriftliche Ausdrucksvermögen beeinträchtigen oder welche anderweitig verhindern, dass die Person sich die Sprachkenntnisse in zumutbarer Weise angesichts des verfügbaren Sprachlernangebotes aneignet.[458] Dabei sind neben den herkömmlichen Angeboten auch Instrumente der modernen Sprachvermittlung (zB Online-Kurse) zu nutzen. Mit der Nr. 6 (Unmöglichkeit oder Unzumutbarkeit auf Grund besonderer Umstände des Einzelfalls, Bemühungen zum Spracherwerb zu entfalten) trägt der Gesetzgeber der Rechtsprechung des EuGH Rechnung.[459] Der Dispens soll nach dem Willen des Gesetzgebers gelten, wenn der nachzugswillige Ehegatte trotz ernsthafter Bemühungen innerhalb eines Jahres die Sprachkenntnisse nicht erlangen kann.[460] Mit der Nr. 3 (erkennbar geringer Integrationsbedarf oder kein Anspruch auf Integrationskurs gemäß § 44 AufenthG) sind Fälle gemeint, in denen der nachzugswillige Ehegatte über Englischkenntnisse oder einen qualifizierenden Abschluss (Fachhochschul- oder Hochschul- **351**

---
[453] Vgl. Nr. 28.1.1.2 AVwV-AufenthG.
[454] BGBl. I 2429; BT-Drs. 18/12086.
[455] Vgl. zum Mindestalter: EuGH Urt. v. 17.7.2014 – C-338/13, NVwZ 2014, 1303.
[456] BT-Drs. 16/5065, 1 (173).
[457] EuGH Urt. v. 9.7.2015 – C-153/14, NVwZ 2015, 1359 (1360 f.).
[458] Nr. 30.1.4.2.2 AVwV-AufenthG.
[459] EuGH Urt. 10.7.2014 – C-138/13, NVwZ 2014, 1081 sowie Urt. v. 9.7.2015 – C-153/14, NVwZ 2015, 1359.
[460] BT-Drs. 18/5420, 26.

abschluss) verfügt oder eine Erwerbstätigkeit ausübt, welche derartige Qualifikationen voraussetzt.[461] Die Nrn. 1, 4, 5, 7, und 8 stellen auf den Stammberechtigten ab, und zwar in der Eigenschaft als Inhaber bestimmter humanitärer Aufenthaltstitel (§ 23 Abs. 4, § 25 Abs. 1 oder 2, § 26 Abs. 3 oder § 25 Abs. 2 S. 1 Alt. 2 iVm § 26 Abs. 4 AufenthG) (Nr. 1), als Staatsangehöriger bestimmter privilegierter Staaten, deren Angehörige gemäß § 41 AufenhV visumsfrei einreisen und sich im Bundesgebiet aufhalten können (Nr. 4), als Inhaber einer Blauen Karte EU, einer ICT-Karte oder einer Mobiler-ICT-Karte oder einer Aufenthaltserlaubnis nach § 18d oder § 18f AufenthG (Nr. 5), als Inhaber eines Aufenthaltstitels gemäß § 18c Abs. 3 und § 21 AufenthG, sofern die Ehe bereits bei Verlegung des Lebensmittelpunktes in das Bundesgebiet bestand (Nr. 7) und als Person, die unmittelbar vor der Erteilung einer Niederlassungserlaubnis oder einer Erlaubnis zum Daueraufenthalt EU Inhaber einer Aufenthaltserlaubnis gemäß § 18d AufenthG war (Nr. 8). Daneben dispensiert § 30 Abs. 1 S. 2 AufenthG ebenfalls von dem Spracherfordernis, wenn der Stammberechtigte Inhaber einer Aufenthaltserlaubnis gemäß § 38a AufenthG ist und die eheliche Lebensgemeinschaft bereits in dem anderen Mitgliedstaat bestand.

352 Das **Spracherfordernis** ist **nicht** wegen des **Verstoßes** gegen die Einführung neuer Beschränkungen *(stand-still-clause)* des Art. 13 ARB 1/80 und Art. 41 Abs. 1 des Zusatzprotokolls zum Assoziationsabkommen auf Ehegatten türkischer Assoziationsberechtigter **unanwendbar.**[462] Zwar stellt das Spracherfordernis eine neue Beschränkung iSd Assoziationsrechts EWG-Türkei dar. Es ist jedoch durch einen zwingenden Grund des Allgemeininteresses iSd Rechtsprechung des EuGH, der Integration der Nachzugswilligen, gerechtfertigt. Dem unionsrechtlichen Gebot der Verhältnismäßigkeit wird durch die Ausnahmeregelungen des § 30 Abs. 1 S. 3 AufenthG Rechnung getragen.[463]

353 § 30 Abs. 3 AufenthG eröffnet der Ausländerbehörde ein pflichtgemäßes Ermessen, bei der Verlängerung der Aufenthaltserlaubnis von dem Erfordernis der Sicherung des Lebensunterhalts gemäß § 5 Abs. 1 Nr. 1 AufenthG und dem Erfordernis hinreichenden Wohnraums gemäß § 29 Abs. 1 Nr. 2 AufenthG abzusehen, solange die eheliche Lebensgemeinschaft fortgeführt wird.

354 § 30 Abs. 4 AufenthG **schließt** für den Fall einer **polygamen Ehe** und des Bestehens einer ehelichen Lebensgemeinschaft mit einem Ehegatten im Bundesgebiet den **Nachzug weiterer Ehegatten aus.** Der Nachzug eines weiteren Ehegatten kommt allenfalls als sonstiger Familienangehöriger gemäß § 36 Abs. 2 AufenthG zur Vermeidung einer außergewöhnlichen Härte in Betracht.

355 § 30 Abs. 5 AufenthG gleicht die Anforderungen für die Einreise und den Aufenthalt von Ehegatten **kurzfristig mobiler Forscher** gemäß § 18e AufenthG, die keines Aufenthaltstitels bedürfen, den für die Stammberechtigten geltenden Anforderungen entsprechend an.[464]

356 **bb) Eigenständiges Aufenthaltsrecht des Ehegatten gemäß § 31 AufenthG.** § 31 Abs. 1 AufenthG verleiht dem drittstaatsangehörigen Ehegatten bzw. eingetragenen Lebenspartner (vgl. § 27 Abs. 2 AufenthG) einen Anspruch auf Verlängerung der Aufenthaltserlaubnis als ein eigenständiges von Zweck des Familiennachzugs unabhängiges Aufenthaltsrecht.

357 Erteilungsvoraussetzung ist – in Umsetzung von Art. 15 Abs. 1 Familienzusammenführungs-RL (der eine maximal fünfjährige **Bestandszeit** vorsieht) –, dass die eheliche Lebensgemeinschaft mindestens drei Jahre lang rechtmäßig im Bundesgebiet bestanden hat (§ 31 Abs. 1 Nr. 1 AufenthG). Die eheliche Lebensgemeinschaft kann enden durch Scheidung oder dauerhafte Trennung. Letzteres ist regelmäßig der Fall, wenn die Vorausset-

---

[461] Nr. 30.1.4.2.3.1 AVwV-AufenthG.
[462] Weiterhin zweifelnd: *Dienelt* in Bergmann/Dienelt ARB 1/80 Art. 13 Rn. 38 ff. mwN.
[463] Vgl. BVerwG Beschl. v. 26.1.2017 – 1 C 1.16, ZAR 2017, 326 (327); EuGH Urt. v. 10.7.2014 – C-138/13, NVwZ 2014, 1081.
[464] BT-Drs. 18/11136, 55.

zungen des § 1566 Abs. 1 BGB vorliegen.[465] Eine dauerhafte Trennung kann auch unter Beibehaltung der ehelichen Wohnung anzunehmen sein, sofern der Trennungswille nach außen hin erkennbar ist. Das Rechtmäßigkeitserfordernis bezieht sich auf den Aufenthalt der Ehegatten im Bundesgebiet.[466] Der Ehegatte muss über einen verlängerungsfähigen Aufenthaltstitel zum Familiennachzug gemäß §§ 29, 30 AufenthG verfügen. In die Berechnung der Bestandszeit fließen auch Zeiträume ein, die durch ein entsprechendes zeitlich vorangegangenes Visum gemäß § 6 Abs. 3 AufenthG,[467] eine Erlaubnisfiktion oder auch ein Schengenvisum[468] abgedeckt sind, wenn im Anschluss daran eine Aufenthaltserlaubnis aus familiären Gründen erteilt wurde. Wenn sich die Ehegatten dauerhaft trennen und die eheliche Lebensgemeinschaft dann wieder aufnehmen, beginnt die Bestandsfrist erneut zu laufen.[469]

358 Teilweise wird vertreten, dass die – nach zunächst vier Jahren, dann zwei Jahren[470] – nunmehr[471] dreijährige **Bestandszeit** der ehelichen Lebensgemeinschaft wegen des Verstoßes gegen die Einführung **neuer Beschränkungen (stand-still-clause)** des Art. 13 ARB 1/80 und Art. 41 Abs. 1 des Zusatzprotokolls zum Assoziationsabkommen auf Ehegatten türkischer Assoziationsberechtigter nicht anwendbar ist.[472] Die nunmehr erforderliche dreijährige Bestandszeit stellt eine neue Beschränkung iSd Assoziationsrechts EWG-Türkei dar.[473] Sie dürfte jedoch durch einen zwingenden Grund des Allgemeininteresses iSd Rechtsprechung des EuGHs, der Vermeidung und der besseren Aufdeckung von Zweckehen, **gerechtfertigt** sein. Für die Einhaltung des unionsrechtlichen Gebotes der Verhältnismäßigkeit spricht, dass Art. 15 Abs. 1 Familienzusammenführungs-RL eine maximal fünfjährige Bestandszeit erlaubt und dass der Gesetzgeber mit der Härtefallregelung des § 31 Abs. 2 S. 1 AufenthG Vorsorge getroffen hat.[474]

359 Eine eigenständige Aufenthaltserlaubnis ist gemäß § 31 Abs. 1 Nr. 2 AufenthG auch zu erteilen, wenn der Stammberechtigte **gestorben** ist, während die eheliche Lebensgemeinschaft im Bundesgebiet bestand. In diesem Fall gilt die dreijährige Bestandszeit nicht.

360 In beiden Fällen muss der Stammberechtigte zudem grundsätzlich einen der in § 31 Abs. 1 S. 1 AufenthG genannten Aufenthaltstitel besitzen bzw. besessen haben. Eine Ausnahme besteht für den Fall, dass der Stammberechtigte die Verlängerung des Aufenthaltstitels aus von ihm nicht zu vertretenden Gründen nicht rechtzeitig beantragt. Ein derartiges unverschuldetes Versäumnis soll dem Ehegatten nicht angelastet werden. § 31 Abs. 1 S. 2 AufenthG schließt umgekehrt die Erteilung einer selbständigen Aufenthaltserlaubnis für den Ehegatten aus, wenn der Aufenthaltstitel des Stammberechtigten nicht verlängert werden darf bzw. nicht erteilt werden dürfte, weil dies durch eine Rechtsnorm wegen des Zwecks des Aufenthalts oder durch eine Nebenbestimmung zur Aufenthaltserlaubnis gemäß § 8 Abs. 2 AufenthG ausgeschlossen ist.

361 § 31 Abs. 2 S. 1 AufenthG **dispensiert** von dem **Erfordernis der dreijährigen Bestandszeit**, soweit ein weiterer Aufenthalt des Ehegatten zur Vermeidung einer **besonderen Härte** erforderlich ist. Davon ist auszugehen, wenn der Ehegatte durch die Rückkehr in das Herkunftsland ungleich härter getroffen wird als andere ausländische Personen, die nach kurzen Aufenthaltszeiten das Bundesgebiet verlassen müssen.[475] Hierbei sind die

---
[465] BVerwG Beschl. v. 30.9.1998 – 1 B 92/98, BeckRS 1998, 30442978 Rn. 4.
[466] OVG Saarlouis Beschl. v. 23.4.2008 – 2 B 173/08, BecksRS 2008, 34696.
[467] BVerwG Urt. v. 8.12.2009 – 1 C 16/08, NVwZ 2010, 1101.
[468] OVG Münster Beschl. v. 6.2.2013 – 18 B 1174/12, BeckRS 2013, 47453.
[469] VGH Kassel Beschl. v. 24.1.2013 – 6 B 27/13, BeckRS 2013, 53606.
[470] Gesetz zur Änderung des Ausländergesetzes v. 25.5.2000, BGBl. I 742.
[471] Gesetz zur Bekämpfung der Zwangsheirat und zum besseren Schutz der Opfer v. Zwangsheirat sowie zur Änderung weiterer aufenthalts- und asylrechtlicher Vorschriften v. 3.6.2011, BGBl. I 1266.
[472] Dienelt in Bergmann/Dienelt AufenthG § 31 Rn. 29 mwN; Tewocht in BeckOK AuslR AufenthG § 31 Rn. 8 mwN.
[473] Vgl. EuGH Urt. v. 9.12.2010 – C-300/09 ua, NVwZ 2011, 349.
[474] Vgl. zur Rechtfertigung: EuGH Urt. v. 7.11.2013 – C-225/12 ua, NVwZ-RR 2014, 115; Urt. v. 10.7.2014 – C-138/13, NVwZ 2014, 1081; Urt. v. 29.3.2017 – C-652/15, NJW 2017, 2398 (2399).
[475] BT-Drs. 15/420, 82.

eventuell bestehenden sprachlichen, kulturell bedingten oder psychischen Probleme des betroffenen Ehegatten zu berücksichtigen.[476] Eine Rückausnahme gilt für den Fall, dass für den stammberechtigten Ehegatten eine Verlängerung der Aufenthaltserlaubnis ausgeschlossen ist (§ 31 Abs. 2 S. 1 AufenthG). Die Rückausnahme greift allerdings dann nicht, wenn die Verlängerung der Aufenthaltserlaubnis des stammberechtigten Ehegatten gemäß § 8 Abs. 1, § 5 Abs. 1 Nr. 2 AufenthG gerade deshalb ausscheidet, weil sich in dem von dem Stammberechtigten verwirklichten Ausweisungsinteresse eine besondere Härte gemäß § 31 Abs. 2 AufenthG gegenüber dem Ehegatten (zB durch Straftaten gegen den Ehegatten) widerspiegelt.[477]

362 § 31 Abs. 2 S. 2 AufenthG enthält Legaldefinitionen für drei beispielhafte („insbesondere") Fälle einer besonderen Härte, namentlich die Unwirksamkeit bzw. Aufhebung der Ehe wegen Minderjährigkeit im Zeitpunkt der Eheschließung (Alt. 1, → Rn. 349), die Gefahr der erheblichen Beeinträchtigung schutzwürdiger Belange wegen der aus der Auflösung der ehelichen Lebensgemeinschaft erwachsenden Rückkehrverpflichtung (Alt. 2) und die Unzumutbarkeit am weiteren Festhalten der ehelichen Lebensgemeinschaft (Alt. 3). Das BVerwG hat hinsichtlich der zweiten Alternative bestätigt, dass nur solche drohenden Beeinträchtigungen berücksichtigt werden können, die mit der ehelichen Lebensgemeinschaft und ihrer Auflösung im Zusammenhang stehen, nicht jedoch zielstaatsbezogene Gefahren.[478] Der Gesetzgeber hatte als schutzwürdigen Belange vor Augen, dass dem Ehegatten aufgrund gesellschaftlicher Diskriminierung im Herkunftsland die eigenständige Lebensführung unmöglich wird, dass die Betreuung eines behinderten Kindes im Herkunftsland nicht sichergestellt ist oder dass der Umgang mit einem im Bundesgebiet verbleibenden Kind unmöglich wird.[479] Die dritte Alternative liegt insbesondere dann vor, wenn der Ehegatte Opfer häuslicher Gewalt ist (§ 31 Abs. 2 S. 2 Hs. 2 AufenthG). Ob eine besondere Härte anzunehmen ist, ergibt sich aufgrund einer Gesamtabwägung aller Umstände des Einzelfalls. Es ist nicht erforderlich, dass der Ehegatte selbst die Lebensgemeinschaft beendet. Dieser Umstand ist jedoch im Rahmen der Gesamtabwägung als ein Indiz dafür zu werten.[480]

363 Gemäß § 31 Abs. 2 S. 4 AufenthG kann die Verlängerung der Aufenthaltserlaubnis versagt werden, wenn der Ehegatte aus einem von ihm zu vertretenden Grund auf **Leistungen nach dem SGB II oder SGB XII** angewiesen ist. Davon ist auszugehen, wenn sich der Ehegatte nicht in zumutbarer Weise auf Arbeitsuche begeben hat, auf eine Arbeitsvermittlung nicht reagiert hat oder eine ihm zumutbare Arbeit nicht leistet. Bei der Frage der Möglichkeit und Zumutbarkeit sind die Umstände zu berücksichtigen, die zu der Annahme eines Härtefalls geführt haben, ob und inwieweit der Ehegatte andere Personen betreut sowie die bestehenden sprachlichen, kulturell bedingten oder psychischen Probleme des betroffenen Ehegatten.[481]

364 § 31 Abs. 3 AufenthG verleiht dem nachgezogenen Ehegatten einen Anspruch auf Erteilung einer **Niederlassungserlaubnis,** ohne dass die Voraussetzungen des § 9 Abs. 2 S. 1 Nrn. 3, 5 und 6 AufenthG erfüllt sein müssen. Erforderlich ist, dass der stammberechtigte Ehegatte nach Aufhebung der ehelichen Lebensgemeinschaft den Lebensunterhalt des nachgezogenen Ehegatten – tatsächlich, ein Anspruch allein genügt nicht – durch Unterhaltsleistungen deckt. Da § 31 AufenthG die Akzessorietät durchbricht, sind auch eigene Beiträge des Ehegatten zur Sicherung des Lebensunterhalts, insbesondere ein tatsächliches oder voraussichtlich auf Dauer erzieltes Einkommen, berücksichtigungsfähig.[482]

---

[476] Nr. 31.2.4 AVwV-AufenthG.
[477] Nr. 31.2.1.2 AVwV-AufenthG.
[478] BVerwG Urt. v. 9.6.2009 – 1 C 11/08, NVwZ 2009, 1432 (1434 f.).
[479] BT-Drs. 14/2368, 4.
[480] Vgl. VGH München Beschl. v. 17.1.2014 – 10 ZB 13.1783, BeckRS 2014, 47141.
[481] Nrn. 31.2.3 und 31.2.4 AVwV-AufenthG.
[482] Nr. 31.3.3 AVwV-AufenthG.

§ 31 Abs. 4 S. 1 AufenthG regelt, wie sich im Umkehrschluss aus S. 2 („Danach") 365
ergibt, dass der erstmaligen Verlängerung der Aufenthaltserlaubnis die Inanspruchnahme
von Leistungen nach SGB II und XII nicht entgegensteht. Eine Ausnahme gilt lediglich
für die von dem Ehegatten zu vertretende Inanspruchnahme gemäß § 31 Abs. 2 S. 4
AufenthG. Die anschließende Verlängerung steht im pflichtgemäßen Ermessen der Ausländerbehörde (§ 31 Abs. 4 S. 2 AufenthG), auf welche die allgemeinen Erteilungsvoraussetzungen anwendbar sind,[483] darunter § 5 AufenthG, nicht jedoch § 27 Abs. 3 S. 2 AufenthG, der auf die Herstellung und Wahrung der familiären Lebensgemeinschaft gerichtet ist.[484]

c) Kindernachzug gemäß §§ 32, 33, 34, 35 AufenthG. aa) Kindernachzug gemäß § 32 AufenthG.

§ 32 AufenthG regelt den Nachzug eines minderjährigen ledigen Kindes 366
zu den drittstaatsangehörigen Eltern bzw. einem drittstaatsangehörigen Elternteil im Bundesgebiet.

§ 32 Abs. 1 AufenthG verleiht unter den dort geregelten Voraussetzungen, ergänzt durch 367
§§ 5, 27 und 29 AufenthG, einen Anspruch auf Erteilung einer Aufenthaltserlaubnis. Dabei
ist § 5 Abs. 1 Nr. 1 AufenthG im Lichte von Art. 6 GG (→ Rn. 313 ff.), Art. 8 EMRK
(→ Rn. 319 ff.) und der Familienzusammenführungs-RL ausnahmsweise nicht anzuwenden, wenn die Kernfamilie des nachziehenden Kindes ihren rechtmäßigen Aufenthalt im
Bundesgebiet hat und diese auch deutsche Staatsangehörige umfasst.[485]

Die **stammberechtigten** Eltern bzw. der stammberechtigte Elternteil müssen über eine 368
nachzugsfähige Rechtsposition, einen der in § 32 Abs. 1 AufenthG genannten Aufenthaltstitel, verfügen. Dabei genügt ein nationales Visum gemäß § 6 Abs. 3 AufenthG,
wenn in Aussicht steht, dass den Eltern bzw. dem Elternteil auch der entsprechende
Aufenthaltstitel erteilt wird. Unter diesen Umständen kann einem nachziehenden Kind
auch gleichzeitig ein Visum erteilt werden.[486]

Hält sich ein minderjähriges **Anker(geschwister)kind** im Bundesgebiet auf und ver- 369
fügen die Eltern im Herkunftsland über ein befristetes nationales Visum gemäß § 6 Abs. 3
S. 2 iVm § 36 Abs. 1 AufenthG, kann dies für die Geschwister im Herkunftsland eine
nachzugsfähige Rechtsposition begründen. Dies und gegebenenfalls die Annahme einer
Ausnahme von § 5 Abs. 1 Nr. 1 AufenthG hängen von der Dauer des Bleiberechts der
Eltern ab, das mit der Volljährigkeit des Anker(geschwister)kindes endet.[487] Ist das Wohnraumerfordernis gemäß § 29 Abs. 1 Nr. 2 AufenthG nicht erfüllt, kann ein Nachzug
gemäß § 36 Abs. 2 AufenthG in Betracht kommen.

Lebt nur ein Elternteil im Bundesgebiet, so ist erforderlich, dass dieser Elternteil **per-** 370
sonensorgeberechtigt gemäß § 1626 Abs. 1 BGB ist. Die Anerkennung einer ausländischen Sorgerechtsentscheidung beurteilt sich neben dem unionsrechtlichen Regime der
VO (EG) 2201/2003[488] insbesondere anhand des Kinderschutzübereinkommens (KSÜ),[489]
welches für die Vertragsstaaten das Haager Minderjährigenschutzabkommen (MSA)[490]

---

[483] BT-Drs. 15/420, 83.
[484] OVG Berlin-Brandenburg Beschl. v. 4.2.2010 – 3 S 120/09, BeckRS 2010, 46134.
[485] BVerwG Urt. v. 13.6.2013 – 10 C 16/12, NVwZ 2013, 1493.
[486] Nr. 32.3.3. iVm Nr. 29.1.2.2 AVwV-AufenthG.
[487] OVG Berlin-Brandenburg Beschl. v. 27.2.2017 – OVG 3 S 9.17, BeckRS 2017, 104412 Rn. 2; Beschl. v. 22.12.2016 – OVG 3 S 98.16, BeckRS 2016, 111065.
[488] VO (EG) 2201/2003 des Rates über die Zuständigkeit und die Anerkennung und Vollstreckung von Entscheidungen in Ehesachen und in Verfahren betreffend die elterliche Verantwortung und zur Aufhebung der VO (EG) Nr. 1347/2000, ABl. L 338, 1 Brüssel-IIa-VO.
[489] Haager Übereinkommen über die Zuständigkeit, das anzuwendende Recht, die Anerkennung und Vollstreckung und Zusammenarbeit auf dem Gebiet der elterlichen Verantwortung und der Maßnahmen zum Schutz von Kindern v. 19.10.1996, für die Bundesrepublik Deutschland in Kraft getreten am 1.1.2011, BGBl. 2010 II 1527.
[490] Übereinkommen über die Zuständigkeit der Behörden und das anzuwendende Recht auf dem Gebiet des Schutzes v. Minderjährigen v. 5.10.1961, für die Bundesrepublik Deutschland in Kraft getreten am 7.5.1971, BGBl. 1971 II, 217.

abgelöst hat. Gemäß Art. 22 KSÜ dürfen Rechtsvorschriften des Kap. III nur dann unangewendet bleiben, wenn sie dem ordre public offensichtlich widersprechen, wobei das Wohl des Kindes zu berücksichtigen ist.[491] Ein Elternteil verfügt über das alleinige Sorgerecht, wenn dem anderen Elternteil keine substantiellen Mitentscheidungsrechte und -pflichten zustehen.[492]

371 § 32 Abs. 3 AufenthG verleiht einen Regelanspruch auf Kindernachzug zu einem **Elternteil,** der **nicht** über das **alleinige Sorgerecht** verfügt, sondern sich das Sorgerecht mit dem im Ausland verbliebenen Elternteil teilt, wenn letzterer sein Einverständnis mit dem Aufenthalt des Kindes erklärt hat oder eine entsprechende rechtsverbindliche Entscheidung einer zuständigen Stelle vorliegt.

372 **Kind** iSd Norm ist ein leibliches oder adoptiertes Kind.

373 Weiterhin ist erforderlich, dass das Kind **ledig** ist. Ledig ist, wer noch nicht verheiratet (oder in einer eingetragenen Lebenspartnerschaft lebt). Ein Kind gilt gemäß Art. 13 Abs. 3 Nr. 1 EGBGB als nicht verheiratet, wenn es im Zeitpunkt der nach ausländischem Recht wirksamen Eheschließung das 16. Lebensjahr nicht vollendet hatte (Nichtehe). Die nach ausländischem Recht wirksame Ehe eines Kindes ist gemäß Art. 13 Abs. 3 Nr. 2 EGBGB in dem Verfahren gemäß §§ 1313 ff. BGB aufhebbar, wenn es im Zeitpunkt der Eheschließung das 16., aber nicht das 18. Lebensjahr vollendet hatte. Nach Sinn und Zweck dieser Vorschriften muss das Kind im Zusammenhang mit Einreise und Aufenthalt als ledig gelten. Denn ohne einen Nachzug könnte „das Scharnier" der Anwendung der Aufhebungsvorschriften nach deutschem Recht nicht greifen. Auch der Wille des Gesetzgebers spricht für diese Lesart:[493] „Das Aufhebungsverfahren ist unabhängig davon einzuleiten und durchzuführen, ob die Minderjährigen an der Seite ihrer Eltern in die Bundesrepublik einreisen."

374 Zudem muss das Kind **minderjährig** iSd § 80 Abs. 3 AufenthG iVm § 2 BGB sein. Maßgeblicher Zeitpunkt für das Tatbestandsmerkmal der Minderjährigkeit ist der Zeitpunkt der Antragsstellung. Wird die Altersgrenze im Laufe des Verfahrens überschritten, müssen sämtliche übrigen Voraussetzungen (spätestens) im Zeitpunkt des Erreichens der Altersgrenze vorgelegen haben.[494]

375 Im Hinblick auf das **Alter** ist in der Zusammenschau von § 32 Abs. 1 und 2 S. 1 AufenthG zu **differenzieren,** ob das Kind das 16. Lebensjahr vollendet hat oder nicht. Ein Kind, welches das 16. Lebensjahr noch nicht vollendet hat, hat – wegen der gesteigerten Integrationsfähigkeit im frühen Lebensalter[495] – ohne Weiteres den vorgenannten Anspruch auf Nachzug. Dagegen muss ein Kind, welches das 16. Lebensjahr vollendet hat, zusammen mit den Eltern bzw. dem personensorgeberechtigten Elternteil den Lebensmittelpunkt in das Bundesgebiet verlegen. Mit Lebensmittelpunkt sind die Lebens- und Arbeitsbeziehungen gemeint, im Zweifel ist hiervon auszugehen, wenn sich eine Person mehr als 180 Tage im Jahr im Bundesgebiet aufhält.[496] Dabei reicht es hin, dass das Kind seinen Lebensmittelpunkt im zeitlichen Zusammenhang mit den Eltern bzw. dem Elternteil verlegt.[497] Es kommt auf das Gesamtbild des Umzuges der Familie an.[498] Andernfalls muss das Kind, welches des 16. Lebensjahr vollendet hat, die deutsche Sprache beherrschen (§ 2 Abs. 12 AufenthG), oder es muss aufgrund der bisherigen Lebensverhältnisse, insbesondere der Schul- und Ausbildungsbiographie, eine positive Integrationsprognose bestehen. Dies wird angenommen bei Kindern, die in einem Mitglied-, EWR- oder sonstigen in § 41 Abs. 1

---

[491] Vgl. zum *ordre public:* BVerwG Urt. v. 29.11.2012 – 10 C 14.12, BeckRS 2013, 46740; OVG Berlin-Brandenburg Urt. 12.7.2017 – 11 B 5.16, BeckRS 2017, 145433 Rn. 19.
[492] BVerwG Urt. v. 29.11.2012 – 10 C 11.12, BeckRS 2013, 46292.
[493] Vgl. BT-Drs. 18/12086, 1 (15).
[494] BVerwG Urt. v. 7.4.2009 – 1 C 17.08, ZAR 2010, 67 (68).
[495] BT-Drs. 15/420, 83.
[496] Nr. 32.1.3.3 AVwV-AufenthG.
[497] OVG Münster Beschl. v. 3.12.2008 – 19 B 444/08, BeckRS 2009, 33369; vgl. BT-Drs. 15/420, 83.
[498] Nr. 32.1.3.7 AVwV-AufenthG.

S. 1 AufenthV genannten Staat aufgewachsen sind,[499] die aus einem deutschsprachigen Elternhaus stammen oder die eine deutschsprachige Schule besucht haben.[500]

Gemäß § 32 Abs. 2 S. 2 AufenthG müssen diese zusätzlichen Voraussetzungen nicht erfüllt werden, wenn ein Elternteil über einen der genannten humanitären Aufenthaltstitel verfügt (Nr. 1), oder wenn ein Elternteil, darunter auch ein nicht sorgeberechtigter Ehegatte, einen der genannten (Niederlassungserlaubnis nach § 19 AufenthG, eine Blaue Karte EU, eine ICT-Karte oder eine Mobiler-ICT-Karte oder eine Aufenthaltserlaubnis nach § 20 oder § 20b AufenthG) Aufenthaltstitel besitzt (Nr. 2). **376**

§ 32 Abs. 4 S. 1 AufenthG stellt die Erteilung einer Aufenthaltserlaubnis unter Berücksichtigung der Umstände des Einzelfalls zur Vermeidung einer **besonderen Härte** in das pflichtgemäße Ermessen der Ausländerbehörde. Eine besondere Härte liegt insbesondere dann vor, wenn sich die Lebensumstände des minderjährigen und ledigen Kindes nach der Ausreise der Eltern bzw. des Elternteils unvorhersehbar wesentlich zu dessen Nachteil ändern, nur die im Bundesgebiet befindlichen Eltern bzw. der Elternteil es betreuen können bzw. kann und deren bzw. dessen Rückkehr unzumutbar ist. Insgesamt muss die Versagung der Aufenthaltserlaubnis die betroffene Person ungleich schwerer treffen als andere Personen in vergleichbarer Lage.[501] Für den **Familiennachzug zu subsidiär Schutzberechtigten** gilt § 36a AufenthG (→ Rn. 410 ff.). **377**

§ 32 Abs. 5 AufenthG gleicht die Anforderungen für die Einreise und den Aufenthalt von Kindern **kurzfristig mobiler Forscher** gemäß § 18e AufenthG, die keines Aufenthaltstitels bedürfen, den für die stammberechtigten Forscher geltenden Anforderungen entsprechend an. **378**

bb) Geburt des Kindes im Bundesgebiet gemäß § 33 AufenthG. § 33 S. 1 und 2 AufenthG regelt die erstmalige Erteilung einer **Aufenthaltserlaubnis von Amts wegen** für ein im Bundesgebiet geborenes Kind drittstaatsagehöriger Eltern. Auf den stets vorrangig zu prüfenden § 4 Abs. 3 StAG (Erwerb der Staatsangehörigkeit durch Geburt) wird verwiesen. **379**

Das Kind muss im **Bundesgebiet,** also auf dem Staatsgebiet der Bundesrepublik Deutschland, geboren sein, mithin an einem Ort, auf den sich die deutsche Staatsgewalt erstreckt. **380**

§ 33 S. 2 AufenthG verleiht einen Anspruch auf Erteilung der Aufenthaltserlaubnis, wenn **beide Elternteile** oder der gemäß § 1626 Abs. 1 S. 1 BGB **allein personensorgeberechtigte** (→ Rn. 370) **Elternteil** eine nachzugsfähige Rechtsposition, namentlich eine Aufenthaltserlaubnis, eine Niederlassungserlaubnis oder eine Erlaubnis zum Daueraufenthalt EU, besitzen. §§ 5, 27 und 29 AufenthG sind nicht anwendbar,[502] es gilt allerdings die Passpflicht gemäß § 3 AufenthG. Die Erteilung einer Aufenthaltserlaubnis ist nicht antragsgebunden, sondern erfolgt von Amts wegen. **381**

§ 33 S. 1 AufenthG stellt abweichend von § 5 und § 29 Abs. 1 Nr. 2 AufenthG die Erteilung einer Aufenthaltserlaubnis in das pflichtgemäße Ermessen der Ausländerbehörde, wenn lediglich **ein nicht allein sorgeberechtigter Elternteil** einen der dort aufgeführten Aufenthaltstitel besitzt. Anwendung findet § 27 Abs. 1 AufenthG, wonach zwischen dem Kind und dem stammberechtigten Elternteil gemäß § 27 Abs. 1 AufenthG eine familiäre Lebensgemeinschaft bestehen muss.[503] Gleichermaßen findet § 29 Abs. 3 S. 1 AufenthG Anwendung, mit der Folge, dass Kindern von stammberechtigten Inhabern der dort genannten Aufenthaltstitel ein Aufenthaltstitel nur aus völkerrechtlichen oder humanitären Gründen (→ Rn. 216) oder zur Wahrung politischer Interessen der Bundesrepublik Deutschland (→ Rn. 217) erteilt wird. Im Rahmen des Ermessens ist speziell die unmittel- **382**

---
[499] Nr. 32.2.4 AVwV-AufenthG.
[500] Nr. 32.2.5 AVwV-AufenthG.
[501] OVG Berlin-Brandenburg Beschl. v. 8.3.2010 – 3 M 39/09, BeckRS 2010, 47064.
[502] *Dienelt* in Bergmann/Dienelt AufenthG § 33 Rn. 20.
[503] OVG Münster Urt. v. 7.4.2016 – 17 A 2389/15, BeckRS 2016, 47472.

bar nach der Geburt besonders geschützte Beziehung zwischen den Eltern und dem Kleinkind zu berücksichtigen.[504] Daneben kann berücksichtigt werden, ob dem stammberechtigten Vater ein (gemeinsames) Sorgerecht zusteht,[505] wie sicher und dauerhaft das Aufenthaltsrecht des Elternteils ist und ob und inwieweit die Regelerteilungsvoraussetzungen des § 5 AufenthG erfüllt sind.[506]

383 **Maßgeblicher Zeitpunkt** für das Vorliegen sämtlicher Tatbestandsvoraussetzungen ist für § 33 S. 1 und 2 AufenthG – trotz der insoweit abweichenden Formulierungen der beiden Regelungen – die Geburt des Kindes.[507] Für den elterlichen Aufenthaltstitel genügt eine Fortgeltungsfiktion gemäß § 81 Abs. 4 AufenthG, wenn der Aufenthaltstitel später erteilt wird.[508]

384 Liegen die Voraussetzungen für die Erteilung einer Aufenthaltserlaubnis gemäß § 33 S. 1 und 2 AufenthG nicht vor, muss für das Kind ein Aufenthaltstitel aufgrund anderer Rechtsgrundlagen und unter Einhaltung der Frist des § 81 Abs. 2 S. 2 AufenthG beantragt werden.

385 § 33 S. 3 AufenthG bestimmt, dass der Aufenthalt eines im Bundesgebiet geborenen Kindes, wenn ein Elternteil zum Zeitpunkt der Geburt ein Visum besitzt oder sich – wegen einer Befreiung vom Erfordernis eines Aufenthaltstitels gemäß § 41 AufenthV oder aufgrund einer Fiktion gemäß § 81 Abs. 3 S. 1 und Abs. 4 S. 1 AufenthG – ohne Visum im Bundesgebiet aufhalten darf, bis zum Ablauf des Visums oder des rechtmäßigen visumsfreien Aufenthalts als erlaubt gilt.

386 **cc) Aufenthaltsrecht der Kinder gemäß § 34 AufenthG.** § 34 Abs. 1 AufenthG verleiht dem Kind abweichend von § 5 Abs. 1 Nr. 1 und § 29 Abs. 1 Nr. 2 AufenthG grundsätzlich (beachte § 34 Abs. 1 Alt. 2 iVm § 37 AufenthG) einen Anspruch auf Verlängerung der ihm erteilten Aufenthaltserlaubnis. Im Übrigen sind §§ 5, 29 AufenthG anwendbar,[509] insbesondere § 29 Abs. 3 S. 3 AufenthG.[510]

387 Das **Kind** verfügt über eine **verlängerungsfähige Rechtsposition,** wenn die Aufenthaltserlaubnis dem Kind zuvor zum Zwecke der Familienzusammenführung erteilt worden ist.[511]

388 Erteilungsvoraussetzung ist gemäß § 34 Abs. 1 Alt. 1 AufenthG, dass ein gemäß § 1626 Abs. 1 S. 1 BGB (mit-)sorgeberechtigter (→ Rn. 370) **Elternteil** eine **nachzugsfähige Rechtsposition,** also eine Aufenthaltserlaubnis, eine Niederlassungserlaubnis oder eine Erlaubnis zum Daueraufenthalt EU, besitzt. Des Weiteren ist erforderlich, dass das Kind mit diesem (mit-)sorgeberechtigten Elternteil in familiärer Lebensgemeinschaft lebt. Die antragstellende Person muss in diesem Fall nicht ledig, wohl aber minderjährig sein.

389 Alternativ ist gemäß § 34 Abs. 1 Alt. 2 AufenthG erforderlich, dass das (auch volljährige) Kind im Falle seiner Ausreise ein **(hypothetisches) Wiederkehrrecht** gemäß § 37 AufenthG hätte. Der Verweis auf § 37 bezieht sich auf die gesamte Norm, soweit die Hypothese nach den gegenwärtigen Erkenntnissen absehbar und soweit nicht § 34 Abs. 1 Alt. 1 AufenthG spezieller ist, beispielsweise wegen des Ausschlusses von § 5 Abs. 1 Nr. 1 AufenthG gegenüber § 37 Abs. 4 AufenthG. Hierbei ist zu beachten, dass § 37 Abs. 2 und 2a („kann abgewichen werden") sowie Abs. 3 („kann versagt werden") AufenthG Ermessens-

---

[504] BT-Drs. 16/5065, 176.
[505] BT-Drs. 16/5065, 176.
[506] VG Freiburg Beschl. v. 14.9.2009 – 4 K 1283/09, BeckRS 2009, 39197; *Dienelt* in Bergmann/Dienelt AufenthG § 33 Rn. 11 f.
[507] OVG Magdeburg Beschl. v. 20.10.2011 – 2 O 161/11, BeckRS 2012, 47676; OVG Lüneburg Beschl. v. 18.1.2011 – 8 PA 317/10, BeckRS 2011, 45975.
[508] *Dienelt* in Bergmann/Dienelt AufenthG § 33 Rn. 9.
[509] *Dienelt* in Bergmann/Dienelt AufenthG § 34 Rn. 14.
[510] OVG Münster Beschl. v. 28.8.2013 – 17 A 1150/13, BeckRS 2013, 56522; Urt. v. 15.10.2014 – 17 A 1150/13, BeckRS 2015, 41365.
[511] VGH München Beschl. v. 15.1.2008 – 10 CS 07.3190, BeckRS 2008, 27404 unter Verweis auf BVerwG Urt. v. 4.9.2007 – 1 C 43/06, NVwZ 2008, 333 (334); *Dienelt* in Bergmann/Dienelt AufenthG § 34 Rn. 5; aA *Oberhäuser* in NK-AuslR AufenthG § 34 Rn. 4.

tatbestände sind. Kommen sie zur Anwendung, wandelt sich der Anspruch auf Verlängerung in einen Anspruch auf Ausübung pflichtgemäßen Ermessens.

§ 34 Abs. 2 AufenthG regelt, dass die dem Kind erteilte (abgeleitete) Aufenthaltserlaubnis zu einem eigenständigen, vom Familiennachzug **unabhängigen Aufenthaltsrecht erstarkt,** ein Anspruch auf Verlängerung der Aufenthaltserlaubnis ergibt sich daraus nicht.[512] Erstarkungsvoraussetzung ist, dass das Kind volljährig wird (§ 34 Abs. 2 S. 1 AufenthG). Da weder erteilt noch verlängert wird und die Akzessorietät wegfällt, sind die (vor die Klammer gezogenen) Voraussetzungen der §§ 27, 29, 32 AufenthG für den Familiennachzug bei diesem antragslosen gleichsam automatischen Vorgang nicht anwendbar.[513] Alternative Erstarkungsvoraussetzung ist, dass dem Kind eine Niederlassungserlaubnis oder eine Erlaubnis zum Daueraufenthalt-EG erteilt wird oder die Aufenthaltserlaubnis in entsprechender Anwendung des § 37 verlängert wird (§ 34 Abs. 2 S. 2 AufenthG). Die Erteilung bzw. die Verlängerung eines der dort genannten Aufenthaltstitel ist ebenfalls nicht von dem Fortbestehen einer familiären Lebensgemeinschaft abhängig.[514] 390

§ 34 Abs. 3 AufenthG stellt die zu beantragende **Verlängerung** der gültigen zuvor gemäß § 34 Abs. 2 AufenthG erstarkten selbständigen Aufenthaltserlaubnis[515] in das pflichtgemäße Ermessen der Ausländerbehörde, bis die Voraussetzungen für die Erteilung der Niederlassungserlaubnis oder der Erlaubnis zum Daueraufenthalt-EG vorliegen. Die Verlängerung ist ausgeschlossen, wenn die betroffene Person die Verlängerung erst nach Ablauf der Gültigkeitsdauer der Aufenthaltserlaubnis beantragt und die Voraussetzungen für eine Anordnung der Fortgeltungsfiktion gemäß § 81 Abs. 4 S. 3 AufenthG nicht vorliegen. §§ 5, 8 AufenthG sind anwendbar, §§ 27 ff. AufenthG mangels Akzessorietät der nunmehr eigenständigen Aufenthaltserlaubnis jedoch nicht,[516] auch nicht die dort enthaltenen Privilegierungen.[517] 391

dd) Eigenständiges, unbefristetes Aufenthaltsrecht der Kinder gemäß § 35 AufenthG. § 35 Abs. 1 S. 1 AufenthG verleiht minderjährigen Ausländern, die im Rahmen des Familiennachzugs in das Bundesgebiet eingereist sind oder hier geboren wurden, abweichend von § 9 Abs. 2 AufenthG einen eigenständigen Anspruch auf eine Niederlassungserlaubnis. 392

Die betroffenen Jugendlichen sind frühestens vier Wochen und spätestens zwei Wochen vor ihrem 16. Geburtstag bzw. vor dem Ablauf der Gültigkeit der maßgebenden Aufenthaltserlaubnis schriftlich über die Antragsmöglichkeit zu **informieren**.[518] 393

Erteilungsvoraussetzung ist, dass die Person im Zeitpunkt der Vollendung des 16. Lebensjahres im Besitz einer gültigen **Aufenthaltserlaubnis nach dem 6. Abschnitt,** mithin gemäß §§ 27 ff., 32 bis 36a oder § 34 iVm § 37 AufenthG ist.[519] Gemäß § 26 Abs. 4 AufenthG kann im Übrigen auf Kinder mit einem humanitären Aufenthaltstitel, die vor Vollendung des 18. Lebensjahres eingereist sind, § 35 AufenthG entsprechende Anwendung finden. 394

Die **Besitzzeit** der Aufenthaltserlaubnis beträgt fünf Jahre und muss wie stets[520] grundsätzlich ununterbrochen („seit") gewesen sein, dh die Aufenthaltserlaubnis darf nicht 395

---

[512] OVG Münster Beschl. v. 21.6.2006 – 18 B 1580/05, BeckRS 2006, 24276 mwN.
[513] Nr. 34.2.1 AVwV-AufenthG.
[514] Nr. 34.2.2 AVwV-AufenthG.
[515] BT-Drs. 15/420, 83: „Verlängerung dieser eigenständigen Aufenthaltserlaubnis"; vgl. OVG Münster Beschl. v. 21.6.2006 – 18 B 1580/05, BeckRS 2006, 24276.
[516] OVG Berlin-Brandenburg Beschl. v. 16.2.2010 – 11 S 65/09, BeckRS 2010, 46463; *Dienelt* in Bergmann/Dienelt AufenthG § 34 Rn. 22 f.; *Tewocht* in BeckOK AuslR AufenthG § 34 Rn. 13; Nr. 34.3.2 AVwV-AufenthG.
[517] AA *Oberhäuser* in NK-AuslR AufenthG § 34 Rn. 15.
[518] Nr. 35.0.3 AVwV-AufenthG.
[519] VGH München Beschl. v. 17.7.2013 – 10 C 12.1128, BeckRS 2013, 54574; *Dienelt* in Bergmann/Dienelt AufenthG § 35 Rn. 4; *Tewocht* in BeckOK AuslR AufenthG § 35 Rn. 6; aA *Oberhäuser* in NK-AuslR AufenthG § 35 Rn. 4.
[520] BVerwG Urt. v. 10.11.2009 – 1 C 24/08, NVwZ 2010, 914 (915) mwN.

zwischenzeitlich ungültig geworden sein.[521] § 85 AufenthG, wonach Unterbrechungen der Rechtmäßigkeit des Aufenthalts bis zu einem Jahr außer Betracht bleiben können, ist insoweit anwendbar.[522]

396 **Maßgeblicher Zeitpunkt** für das Vorliegen der Erteilungsvoraussetzungen ist der 16. Geburtstag der betroffenen Person, die den Antrag allerdings später stellen kann.

397 In die **anrechenbaren Besitzzeiten** fließen Zeiträume ein, in denen die betroffene Person einen Anspruch auf die Erteilung einer Aufenthaltserlaubnis hatte,[523] Zeiträume, die durch den Besitz eines gültigen Visums zum Familiennachzug (vgl. § 6 Abs. 3 S. 3 AufenthG) oder eine Fortgeltungsfiktion gemäß § 81 Abs. 4 AufenthG abgedeckt sind, sofern im Anschluss daran die Aufenthaltserlaubnis erteilt wurde, im Fall des § 35 Abs. 2 AufenthG Zeiträume eines vorherigen Besitzes einer Aufenthaltserlaubnis, Zeiträume von der Versagung bis zu der Erteilung oder Verlängerung aufgrund eines erfolgreichen Rechtsbehelfs (§ 84 Abs. 2 S. 3 AufenthG), für als Minderjährige eingereiste Personen Zeiträume des der Erteilung der Aufenthaltserlaubnis nach Kap. 2 Abschnitt 5 vorangegangenen Asylverfahrens (§ 26 Abs. 4 S. 3 und S. 4 AufenthG) sowie die nach § 102 Abs. 2 AufenthG anrechenbaren Zeiträume.[524] Ob Zeiten der Strafhaft oder der Untersuchungshaft anzurechnen sind, ist umstritten,[525] dies dürfte allerdings wegen § 35 Abs. 3 S. 1 Nr. 1 AufenthG (ein auf dem persönlichen Verhalten beruhendes Ausweisungsinteresse) kaum praktische Relevanz haben.

398 Auslandsaufenthalte **unterbrechen den Besitz** der Aufenthaltserlaubnis, wenn sie deren Erlöschen gemäß § 51 Abs. 1 Nrn. 6 und 7, Abs. 4 und 5 AufenthG bewirken. Auslandsaufenthalte bis zu drei Monaten jährlich werden in der Verwaltungspraxis generell als unschädlich angesehen.[526] Gemäß § 35 Abs. 2 AufenthG sind Zeiten des Schulbesuchs im Ausland in der Regel nicht als Besitzzeiten der Aufenthaltserlaubnis anrechnungsfähig. Eine Ausnahme gilt für den Besuch einer deutschen Auslandsschule.[527] Als Besitzzeit werden aber höchstens sechs Monate für jeden Aufenthalt außerhalb des Bundesgebiets angerechnet, der nicht zum Erlöschen führte (§ 9 Abs. 4 Nr. 2 AufenthG).

399 Gemäß § 35 Abs. 1 S. 2 AufenthG gelangen **Volljährige,** die im Rahmen des Kindesnachzugs in das Bundesgebiet eingereist sind oder hier geboren wurden, ebenfalls in den Genuss eines eigenständigen Anspruchs auf eine Niederlassungserlaubnis abweichend von § 9 Abs. 2 AufenthG, wenn besondere Erteilungsvoraussetzungen vorliegen. Dazu muss (Nr. 1) die ausländische Person volljährig und seit fünf Jahren im Besitz der Aufenthaltserlaubnis sein. Erforderlich ist, dass sie spätestens im Zeitpunkt der Antragstellung seit fünf Jahren im Besitz der Aufenthaltserlaubnis ist. Dazu muss sie (Nr. 2) über ausreichende Kenntnisse der deutschen Sprache (§ 2 Abs. 11 AufenthG) verfügen. Davon ist auszugehen, wenn die Person mehr als vier Jahre eine deutschsprachige Schule im Bundesgebiet besucht und im Fach Deutsch mindestens ein „Ausreichend" erzielt hat.[528] Schließlich muss (Nr. 3) der Lebensunterhalt gesichert sein oder die ausländische Person sich in einer Ausbildung befinden, die zu einem anerkannten schulischen oder beruflichen Bildungsabschluss oder einem Hochschulabschluss führt. Zu einem anerkannten schulischen Bildungsabschluss führt der Besuch einer allgemeinbildenden Schule. Zu einem anerkannten beruflichen Bildungsabschluss führt der Besuch einer Berufsfachschule

---

[521] VGH Mannheim Beschl. v. 29.5.2007 – 11 S 2093/06, BeckRS 2007, 24470; OVG Magdeburg Beschl. v. 26.5.2015 – 2 L 18/14, BeckRS 2015, 51054 zu § 35 iVm § 26 Abs. 4 S. 4 AufenthG.
[522] BVerwG Urt. v. 10.11.2009 – 1 C 24/08, NVwZ 2010, 914 2. Leits.; aA *Dienelt* in Bergmann/Dienelt AufenthG § 35 Rn. 6.
[523] BVerwG Urt. v. 10.11.2009 – 1 C 24/08, NVwZ 2010, 914 (915).
[524] Nr. 35.1.1.3 AVwV-AufenthG.
[525] Vgl. *Dienelt* in Bergmann/Dienelt AufenthG § 35 Rn. 8; Nr. 35.1.1.6 AVwV-AufenthG; *Oberhäuser* in NK-AuslR AufenthG § 35 Rn. 7; *Tewocht* in BeckOK AuslR AufenthG § 35 Rn. 12.
[526] Nr. 35.1.1.5.0 AVwV-AufenthG.
[527] Nr. 35.2.2 AVwV-AufenthG.
[528] Nr. 35.1.2.3 AVwV-AufenthG.

(zB Handelsschule) sowie sonstiger öffentlicher oder staatlich anerkannter berufsbildender Schulen.[529]

§ 35 Abs. 3 S. 1 AufenthG regelt **Ausschlussgründe.** Der Anspruch auf Erteilung der Niederlassungserlaubnis ist ausgeschlossen, wenn ein auf dem persönlichen Verhalten der ausländischen Person beruhendes Ausweisungsinteresse gemäß § 54 AufenthG besteht (Nr. 1), oder wenn die ausländische Person in den letzten drei Jahren wegen einer vorsätzlichen Straftat zu einer Jugendstrafe von mindestens sechs oder einer Freiheitsstrafe von mindestens drei Monaten oder einer Geldstrafe von mindestens 90 Tagessätzen verurteilt worden oder wenn die Verhängung einer Jugendstrafe ausgesetzt ist (Nr. 2) oder wenn der Lebensunterhalt nicht ohne Inanspruchnahme von Leistungen nach dem SGB II oder SGB XII oder Jugendhilfe nach dem SGB VIII gesichert ist (Nr. 3), es sei denn, der Ausländer befindet sich in einer Ausbildung, die zu einem anerkannten schulischen oder beruflichen Bildungsabschluss führt (→ Rn. 399). 400

§ 35 Abs. 3 S. 2 AufenthG stellt bei Vorliegen eines Ausschlussgrundes die Erteilung der Niederlassungserlaubnis oder die Verlängerung der Aufenthaltserlaubnis in das pflichtgemäße Ermessen der Ausländerbehörde. Ist im Falle des § 35 Abs. 3 S. 1 Nr. 2 AufenthG die Jugend- oder Freiheitsstrafe zur Bewährung oder die Verhängung einer Jugendstrafe ausgesetzt, wird die Aufenthaltserlaubnis in der Regel bis zum Ablauf der Bewährungszeit verlängert (§ 35 Abs. 3 S. 3 AufenthG). 401

§ 35 Abs. 4 AufenthG **dispensiert** von § 35 Abs. 1 S. 2 Nr. 2 (Sprachkenntnisse) und Nr. 3 (Lebensunterhalt oder Ausbildung) AufenthG sowie von dem Ausschlussgrund des § 35 Abs. 3 S. 1 Nr. 3 (Inanspruchnahme von Sozialleistungen) AufenthG, wenn die ausländische Person die Voraussetzungen wegen einer körperlichen, geistigen oder seelischen Krankheit oder Behinderung nicht erfüllen kann. 402

d) Nachzug der Eltern und sonstiger Familienangehöriger gemäß § 36 AufenthG. 403
§ 36 Abs. 1 AufenthG verleiht den Eltern einer minderjährigen drittstaatsangehörigen Person, die über eine nachzugsfähige Rechtsposition, einen der dort genannten humanitären Aufenthaltstitel, verfügt, einen Anspruch auf Erteilung einer Aufenthaltserlaubnis. § 36 Abs. 1 AufenthG dispensiert von dem Lebensunterhaltserfordernis des § 5 Abs. 1 Nr. 1 AufenthG und dem Wohnraumerfordernis des § 29 Abs. 1 Nr. 2 AufenthG. Im Übrigen sind §§ 5, 10, 11 und 29 AufenthG anwendbar. Für den **Familiennachzug zu subsidiär Schutzberechtigten** gilt § 36a AufenthG (→ Rn. 410 ff.).

Begünstigte des Anspruchs sind **beide Elternteile,** nicht nur ein Elternteil.[530] Der Voraussetzung, dass sich kein sorgeberechtigter Elternteil im Bundesgebiet aufhält, kommt keine Bedeutung zu. Sie ist widersprüchlich („Den Eltern"). Nach dem Willen des Gesetzgebers soll zudem genügen, wenn ein Elternteil zeitgleich oder in unmittelbarem zeitlichen Zusammenhang mit dem anderen Elternteil den Lebensmittelpunkt ins Bundesgebiet verlagert.[531] Allein diese Auslegung wird Art. 10 Abs. 3 lit. a Familienzusammenführungs-RL („seiner Verwandten in gerader aufsteigender Linie ersten Grades") gerecht, deren Umsetzung § 36 Abs. 1 AufenthG dient. 404

Der Anspruch **erlischt** mit dem **Stichtag** der **Volljährigkeit** des Kindes. Die Antragstellung vor Erreichen der Volljährigkeit des Kindes erhält den Anspruch nicht aufrecht.[532] Die Eltern können den Visumsanspruch gemäß § 6 Abs. 3 S. 2 AufenthG iVm § 36 Abs. 1 AufenthG mit Hilfe einer einstweiligen Anordnung gemäß § 123 VwGO vor Erreichen der Volljährigkeit des Kindes verfolgen, ohne dass dem der Einwand der Vorwegnahme der Hauptsache entgegensteht.[533] 405

---
[529] Nr. 35.1.2.4 AVwV-AufenthG; OVG Berlin-Brandenburg Beschl. v. 21.6.2016 – OVG 6 S 13.16, BeckRS 2016, 48671.
[530] BVerwG Urt. v. 18.4.2013 – 10 C 9/12, NVwZ 2013, 1344 (1345).
[531] BT-Drs. 16/5065, 176.
[532] BVerwG Urt. v. 18.4.2013 – 10 C 9/12, NVwZ 2013, 1344 (1345), Urt. v. 13.6.2013 – 10 C 24.12, BeckRS 2013, 52988.
[533] BVerwG Urt. v. 18.4.2013 – 10 C 9/12, NVwZ 2013, 1344.

406 § 36 Abs. 2 S. 1 AufenthG stellt die Erteilung einer Aufenthaltserlaubnis für sonstige Familienangehörige in das pflichtgemäße Ermessen der Ausländerbehörde. §§ 5, 10, 11, 27 und 29 AufenthG sind anwendbar.

407 **Begünstigte** sind alle **Mitglieder der Großfamilie,** sei es durch Abstammung oder durch Rechtsakt vermittelt, die nicht Ehegatten oder Kinder des Stammberechtigten iSd §§ 27 bis 30, 32, 33 und 36 Abs. 1 AufenthG sind.

408 Erteilungsvoraussetzung ist, dass die Erteilung der Aufenthaltserlaubnis zur Vermeidung einer **außergewöhnlichen Härte** unter Berücksichtigung aller Umstände des konkreten Einzelfalls erforderlich ist. Der unbestimmte Rechtsbegriff stellt eine hohe Hürde dar, in der die einwanderungspolitischen Belange der Bundesrepublik Deutschland zum Ausdruck kommen.[534] Eine außergewöhnliche Härte setzt grundsätzlich voraus, dass der schutzbedürftige Familienangehörige ein eigenständiges Leben nicht führen kann, sondern auf die Gewährung familiärer Lebenshilfe dringend angewiesen ist, und dass diese Hilfe in zumutbarer Weise nur im Bundesgebiet erbracht werden kann.[535] Die spezifische Angewiesenheit auf familiäre Hilfe in Deutschland stellt eine höhere Hürde dar als die in den §§ 28 bis 30, 32, 33 und 36 Abs. 1 AufenthG geregelten Voraussetzungen, da sie verlangt, dass die Herstellung der Familieneinheit außerhalb der Bundesrepublik Deutschland unzumutbar wäre.[536] An das Vorliegen einer außergewöhnlichen Härte sind höhere Anforderungen zu stellen als an das Vorliegen einer besonderen Härte iSv §§ 30 Abs. 2, 31 Abs. 2 und 32 Abs. 4 AufenthG.[537] Eine außergewöhnliche Härte ist nicht bei jedem Betreuungsbedarf gegeben, sondern kann nur dann in Betracht kommen, wenn geleistete Nachbarschaftshilfe oder im Herkunftsland angebotener professioneller pflegerischer Beistand den Bedürfnissen des Nachzugswilligen qualitativ nicht gerecht werden können.[538] Die Lage im Herkunftsland selbst ist nicht berücksichtigungsfähig.[539] Hält sich ein minderjähriges Anker(geschwister)kind im Bundesgebiet auf und verfügen die Eltern im Herkunftsland über ein befristetes nationales Visum gemäß § 6 Abs. 3 S. 2 iVm § 36 Abs. 1 AufenthG, ohne dass das Wohnraumerfordernis gemäß § 29 Abs. 1 Nr. 2 AufenthG erfüllt ist, kann für den Nachzug der Geschwister aus dem Herkunftsland zu dem Anker(geschwister)kind im Bundesgebiet eine außergewöhnliche Härte in Betracht kommen. Ergeben sich im Prozesskostenhilfeverfahren ernst zu nehmende Anhaltspunkte für das Vorliegen einer außergewöhnlichen Härte, muss die Prüfung dem Hauptsacheverfahren vorbehalten bleiben.[540]

409 Für die weitere **Verfestigung des Aufenthalts** sind auf volljährige Familienangehörige § 30 Abs. 3 und § 31 AufenthG, auf minderjährige Familienangehörige § 34 AufenthG entsprechend anzuwenden (§ 36 Abs. 2 S. 2 AufenthG).

410 e) Familiennachzug zu subsidiär Schutzberechtigten gemäß § 36a AufenthG. § 36a Abs. 1 S. 1 und 2 AufenthG stellt die Erteilung einer Aufenthaltserlaubnis für Familienangehörige von subsidiär Schutzberechtigten gemäß § 25 Abs. 2 S. 1 Alt. 2 AufenthG aus humanitären Gründen in das pflichtgemäße Ermessen der zuständigen Stelle. § 36a Abs. 1 S. 3 AufenthG betont hierbei ausdrücklich, dass die Norm keinen Rechtsanspruch auf Familiennachzug verleiht. Monatlich können gemäß § 36a Abs. 2 S. 2 AufenthG **1.000 nationale Visa** erteilt werden **(Kontingent).** Die Kontingentierung bemisst sich an den Aufnahme- und Integrationskapazitäten und orientiert sich der Höhe nach an (freiwilligen) Relocation-Programmen, an denen sich die Bundesrepublik Deutschland in der Vergangenheit beteiligt hat.[541] Daneben ist allerdings weiterhin die Anwendung der

---

[534] Vgl. BT-Drs. 15/420, 84; BVerwG Urt. v. 18.4.2013 – 10 C 10/12, NVwZ 2013, 1339 (1344).
[535] BVerwG Urt. v. 30.7.2013 – 1 C 15.12, EZAR NF 34 Nr. 47; Urt. v. 10.3.2011 – 1 C 7.10, NVwZ 2011, 1199 Ls. 1.
[536] Vgl. BVerwG Urt. v. 18.4.2013 – BVerwG 10 C 10.12, EZAR NF 28 Nr. 51.
[537] BVerwG Urt. v. 30.7.2013 – 1 C 15.12, EZAR NF 34 Nr. 47 Ls. 1.
[538] BVerwG Urt. v. 18.4.2013 – 10 C 10/12, NVwZ 2013, 1339.
[539] OVG Berlin-Brandenburg Beschl. 27.2.2017 – OVG 3 S 9.17, BeckRS 2017, 104412.
[540] BVerfG Beschl. v. 20.6.2016 – 2 BvR 748/13, BeckRS 2016, 48110.
[541] Vgl. BT-Drs. 19/2438, 1 (3).

§§ 22, 23 AufenthG möglich (§ 36a Abs. 1 S. 4 AufenthG). § 36a AufenthG ist lex specialis und regelt den **Familiennachzug zu subsidiär Schutzberechtigten,** der gemäß § 104 Abs. 13 S. 1 AufenthG aF (idF vom 8.3.2018)[542] interimsweise bis zum 31.7.2018 ausgesetzt gewesen war, abschließend. § 36a Abs. 1 S. 2 Hs. 2 AufenthG dispensiert von § 5 Abs. 1 Nr. 1 (Lebensunterhaltserfordernis) und § 29 Abs. 1 Nr. 2 (Wohnraumerfordernis) AufenthG.

Begünstigte sind gemäß § 36a Abs. 1 S. 1 und 2 AufenthG die Mitglieder der Kernfamilie, die **Ehegatten** und die **minderjährigen ledigen Kinder** (→ Rn. 374) eines subsidiär Schutzberechtigten sowie die **Eltern** eines **minderjährigen subsidiär Schutzberechtigten,** wenn sich kein personensorgeberechtigter Elternteil im Bundesgebiet aufhält (vgl. zum Anker<geschwister>kind → Rn. 369, 408). Mit dem Eintritt der Volljährigkeit des im Bundesgebiet lebenden Kindes können Eltern ihr Nachzugsbegehren unabhängig von dem Zeitpunkt der Antragstellung nicht mehr auf § 36a Abs. 1 S. 2 AufenthG stützen[543]. Zwar hat der EuGH in dem Verfahren A und S aufgrund der Systematik sowie Sinn und Zweck der RL 2003/86/EG entschieden, dass eine Person, die zum Zeitpunkt ihrer Einreise in das Hoheitsgebiet eines Mitgliedstaats und der Stellung eines Asylantrags in diesem Mitgliedstaat unter 18 Jahre alt war, aber während des Asylverfahrens volljährig wird und dem später die Flüchtlingseigenschaft zuerkannt wird, als „Minderjähriger" anzusehen ist[544]. Allerdings findet die RL 2003/86/EG gemäß deren Art. 3 Abs. 2 lit. b auf subsidiär Schutzberechtigte als Stammberechtigte ausdrücklich keine Anwendung. 411

Erteilungsvoraussetzung ist das Vorliegen **humanitärer Gründe,** die in § 36a Abs. 2 S. 1 AufenthG beispielhaft („insbesondere") definiert sind. Der humanitäre Grund der **bereits seit langer Zeit unmöglichen Herstellung der familiären Lebensgemeinschaft** (§ 36a Abs. 2 S. 1 Nr. 1 AufenthG) bedarf der Konkretisierung. Hinsichtlich der Dauer könnte sich zur Orientierung ein Rückgriff anbieten auf Art. 8 Abs. 2 Familienzusammenführungs-RL („Wartefrist von höchstens drei Jahren"), wobei darauf hinzuweisen ist, dass diese Norm nach Art. 3 Familienzusammenführungs-RL ausdrücklich nicht für subsidiär Schutzberechtigte gilt, oder auch die bundesverwaltungsgerichtliche Rechtsprechung, wonach hinsichtlich des Familiennachzugs zu Ausländern eine (faktische) Wartezeit bis zum Erwerb von Sprachkenntnissen von etwa zwei bis drei Jahren in aller Regel im Rahmen des Zumutbaren liegt.[545] Hierbei soll es für den Beginn auf den Zeitpunkt der Asylantragstellung ankommen.[546] Dies dürfte darauf beruhen, dass für den Zeitraum davor Beweisschwierigkeiten drohen. Die (anderweitige) Herstellung der familiären Lebensgemeinschaft ist insbesondere dann unmöglich, wenn diese in einem Drittstaat unmöglich oder unzumutbar ist. 412

Ein humanitärer Grund ist – insofern Art. 3 Abs. 1 iVm Art. 10 der UN-Kinderrechtskonvention[547] Rechnung tragend – gegeben, wenn ein **minderjähriges lediges Kind** betroffen ist (§ 36a Abs. 2 S. 1 Nr. 2 AufenthG). Dies gilt sowohl für den Fall, dass es den Nachzug zu seinen Eltern bzw. zu dem allein sorgeberechtigten Elternteil anstrebt, als auch für den Fall, dass es sich ohne personensorgeberechtigten Elternteil im Bundesgebiet aufhält und den Nachzug seiner Eltern begehrt. 413

Ein weiterer humanitärer Grund ist anzunehmen, wenn **Leib, Leben oder Freiheit** des **Ehegatten,** des **minderjährigen ledigen Kindes** oder der **Eltern** eines minderjährigen subsidiär Schutzberechtigten im Aufenthaltsstaat ernsthaft gefährdet sind (§ 36a Abs. 2 S. 1 Nr. 3 AufenthG). Dies ist zu bejahen bei der Gefahr von Gewalt, der Rekrutierung als 414

---

[542] Vgl. Gesetz zur Verlängerung der Aussetzung des Familiennachzugs zu subsidiär Schutzberechtigten v. 8.3.2018, BGBl. I 342.
[543] VG Berlin Urt. v. 26.8.2019 – 38k 57.19 V, BeckRS 2019, 22478 Rn. 16.
[544] EuGH Urt. v. 12.4.2018 – C-550/16, NVwZ 2018, 1463 (1465 f.).
[545] Vgl. BVerwG Urt. v. 30.3.2010 – 1 C 8.09, NVwZ 2010, 964 Rn. 50; bestätigt durch: BVerfG Beschl. v. 25.3.2011 – 2 BvR 1413/10, NVwZ 2011, 870.
[546] Vgl. BT-Drs. 19/2438, 1 (22).
[547] Vgl. Übereinkommen über die Rechte des Kindes, für die Bundesrepublik Deutschland in Kraft getreten am 5.4.1992, BGBl. 1992 II 990.

Kindersoldat, von Menschen- oder Kinderhandel oder einer Zwangsheirat.[548] Hier ist keine inzident vorweggenommene Asylantragsprüfung zu fordern, da eine solche mangels hinreichender Tatsachengrundlage nicht geleistet werden kann.

415 Ein humanitärer Grund ist schließlich die **schwerwiegende Erkrankung, Pflegebedürftigkeit oder Behinderung** des im Aufenthaltsstaat verbliebenen Familienangehörigen (§ 36a Abs. 2 S. 1 Nr. 4 AufenthG). Ein solcher Zustand muss permanenter Natur sein, darf nicht im Aufenthaltsstaat behandelbar sein[549] und ist grundsätzlich durch eine qualifizierte ärztliche Bescheinigung (§ 36a Abs. 2 S. 1 Nr. 4 S. 2 AufenthG; vgl. § 60a Abs. 2c S. 2 AufenthG) glaubhaft zu machen, es sei denn es gibt für den Zustand anderweitige (belastbare) Anhaltspunkte.

416 Im Rahmen des **Auswahlermessens** in Bezug auf die Personen, denen – bei Vorliegen humanitärer Gründe – ein nationales Visum erteilt werden kann, sind besonders das **Kindeswohl** und **Integrationsaspekte** berücksichtigt werden (§ 36a Abs. 2 S. 2 Hs. 2 und 3 AufenthG). Darunter sollen im Hinblick auf die Familienangehörigen Kenntnisse der deutschen Sprache oder anderweitige Aspekte ermessensleitend sein, die für eine positive Integrationsprognose sprechen. Zu den Integrationsaspekten im Hinblick auf den Stammberechtigen sollen insbesondere die eigenständige Sicherung von Lebensunterhalt und Wohnraum (auch für den nachziehenden Familienangehörigen), besondere Fortschritte beim Erlernen der deutschen Sprache, gesellschaftliches Engagement, ehrenamtliche Tätigkeiten, das nachhaltige Bemühen um die Aufnahme einer Erwerbstätigkeit oder die Absolvierung einer Berufsausbildung zählen. Umgekehrt sollen Straftaten des Stammberechtigten unterhalb der Schwelle des Regelausschlusses (vgl. § 36a Abs. 3 AufenthG) negativ zu berücksichtigen sein.[550] Das **Bundesverwaltungsamt** als zentraler Dienstleister des Bundes trifft im Visumverfahren die die Auswahl verwaltungsintern verbindlich feststellende Entscheidung, nachdem die Auslandsvertretungen die auslandsbezogenen und die Ausländerbehörde die inlandsbezogenen Aspekte geprüft hat.[551]

417 § 36a Abs. 3 AufenthG legt **Regelausschlussgründe** fest. So berechtigen **Ehen,** die **nicht bereits vor der Flucht** geschlossen wurden, nicht zum Ehegattennachzug (§ 36a Abs. 3 Nr. 1 AufenthG). Anderes gilt für nach dem Verlassen des Aufenthaltsstaates geborene Kinder.[552] Der Familiennachzug ist zudem ausgeschlossen, wenn der **Stammberechtigte** wegen einer im Hinblick auf die verhängte Freiheits- und Jugendstrafe, das verletzte Rechtsgut oder den Deliktstyp qualifizierten **Straftat** verurteilt worden ist (§ 36a Abs. 3 Nr. 2 lit. a) d) AufenthG). Den Nachzug zu Gefährdern schließt umfassend § 27 Abs. 3a AufenthG aus. Der Familiennachzug ist des Weiteren ausgeschlossen, wenn hinsichtlich des **Stammberechtigten** die **Verlängerung der Aufenthaltserlaubnis** und die **Erteilung eines anderen Aufenthaltstitels nicht zu erwarten** ist (§ 36a Abs. 3 Nr. 3 AufenthG) oder der Stammberechtigte eine **Grenzübertrittsbescheinigung** beantragt hat (§ 36a Abs. 3 Nr. 4 AufenthG). § 36a Abs. 4 AufenthG ordnet an, dass § 30 Abs. 1 S. 1 Nr. 1 (Mindestalter bei Ehegattennachzug), § 30 Abs. 2 S. 1 (besondere Härtefallregelung bei nicht eingehaltenem Mindestalter) und § 32 Abs. 4 (Regelanspruch bei Kindernachzug zu einem Elternteil, der nicht über das alleinige Sorgerecht verfügt) AufenthG Anwendung finden. Dagegen finden die Privilegierungen der § 27 Abs. 3 S. 2 und § 29 Abs. 2 S. 1 Nr. 1 AufenthG keine Anwendung (§ 36a Abs. 5 AufenthG).

418 Die Norm, welche einen Anspruch auf pflichtgemäße Ermessensausübung verleiht, gleichzeitig aber durch ein zahlenmäßiges Kontingent begrenzt ist und in der Praxis zu faktischen Wartezeiten führen wird, wirft neben Zweifeln an der Vollzugstauglichkeit auch Fragen nach der Vereinbarkeit mit höherrangigem Recht auf. So wird vertreten, dass sich nach zwei- bis dreijähriger Wartezeit im konkreten Einzelfall aus Völker- und Verfassungs-

---

[548] BR-Drs. 175/18, 1 (17).
[549] BR-Drs. 175/18, 1 (17); BT-Drs. 19/2438, 1 (23).
[550] BR-Drs. 175/18, 1 (18); BT-Drs. 19/2438, 1 (24)
[551] Vgl. BT-Drs. 19/2438, 1 (5).
[552] BR-Drs. 175/18, 1 (18).

recht ein Anspruch auf Herstellung der Familieneinheit im Bundesgebiet ergebe, der an der Ausschöpfung des monatlichen Kontingents nicht scheitere (→ § 4 Rn. 5[553]). Hierzu gilt Folgendes: Bei dem Familiennachzug geht es um eine Erweiterung des Rechtskreises. Verfassungs-, Völker- und Unionsrecht verleihen grundsätzlich unmittelbar aus den Grundrechten keinen Anspruch auf Einreise und Aufenthalt (→ Rn. 316, 321, 323). Dem objektiven Gebot, Ehe und Familie zu fördern, stehen die Belange der „Aufnahmefähigkeit"[554] und der „Kontrolle der Zuwanderung"[555] gegenüber. Diese Belange müssen durch die aktuell verfügbaren, objektiven und messbaren Erkenntnisse plausibilisiert werden.[556] Diese Belange haben aber auch eine gewichtige politische Dimension, die sich zB nicht zuletzt darin zeigt, dass der Topos der Zuwanderung bis zu – trotz geschäftsführender Ämterkontinuität – kritischen Schwierigkeiten bei der Regierungsbildung führen kann. Legislative und Exekutive müssen einen weitgehenden Gestaltungsspielraum haben, um hinsichtlich aktueller und künftiger Entwicklungen flexibel und handlungsfähig zu sein.[557] Die in diesem Zusammenhang bemühte bundesverfassungsgerichtliche Rechtsprechung zu vorangehenden Aufenthalts- und Ehebestandszeiten beim Familiennachzug ist zum einen vorrangig mit Blick auf den Familiennachzug zu Kindern und Kindeskindern der angeworbenen Gastarbeitergeneration entwickelt worden,[558] zum anderen beschränkt sie sich auf eine Vertretbarkeitskontrolle.[559] Die kasuistische, der Verhinderung besonderer Härten im Einzelfall dienende Rechtsprechung des EGMR eignet sich zur Orientierung nicht. Im Unionsrecht schließt Art. 3 Familienzusammenführungs-RL, die nach ihrem zweiten Erwägungsgrund insbesondere mit Art. 8 EMRK und Art. 7 GRCh im Einklang steht, den Familiennachzug zu subsidiär Schutzberechtigten von dem Anwendungsbereich ausdrücklich aus. Zu berücksichtigen ist weiterhin, dass in Härtefällen §§ 22, 23 AufenthG als Auffangnormen für den Familiennachzug insbesondere aus (dringenden) humanitären Gründen zur Verfügung stehen. Angesichts des Fehlens aktueller Migrationsberichte der Bundesregierung ist als kritisch anzusehen, dass nicht eine Evaluation mit der Pflicht eines wiederkehrenden Evaluationsberichts in die Norm aufgenommen worden ist.

4. Familiennachzug zu Deutschen gemäß § 28 AufenthG

a) Allgemeines. § 28 AufenthG regelt den Nachzug von Familienangehörigen zu deutschen Staatsangehörigen im Bundesgebiet. § 28 AufenthG dient der Privilegierung dieses Personenkreises, der den verstärkten Schutz des Art. 6 GG iVm Art. 11 GG genießt (→ Rn. 318). **419**

Voraussetzung für den Familiennachzug ist die **Deutscheneigenschaft** des Stammberechtigten. Deutsche iSv Art. 116 Abs. 1 GG sind alle Personen, die die deutsche Staatsangehörigkeit besitzen, sowie die Personen, die als Flüchtlinge oder Vertriebene deutscher Volkszugehörigkeit oder als deren Ehegatten oder Abkömmlinge in dem Gebiet des Deutschen Reiches nach dem Stand vom 31.12.1937 Aufnahme gefunden haben (Statusdeutsche). **420**

Erforderlich ist des Weiteren der **gewöhnliche Aufenthalt** im Bundesgebiet. Den gewöhnlichen Aufenthalt hat eine Person dort, wo sie sich unter Umständen aufhält, die erkennen lassen, dass sie an diesem Ort oder in dem Gebiet nicht nur vorübergehend verweilt (§ 30 Abs. 3 S. 2 SGB I). **421**

---

[553] Ebenso wie hier: *Kluth* in BeckOK AuslR AufenthG § 36a Rn. 3.
[554] Vgl. EuGH Urt. 27.6.2016 – C-540/03, NVwZ, 1033 (1036).
[555] Vgl. BVerfG Beschl. v. 20.2.2017 – 2 BvR 63,15, NVwZ 2017, 615.
[556] Vgl. BVerfG Urt. v. 12.5.1987 – 2 BvR 1226 ua, NJW 1988, 626 (631: „zuverlässige Erkenntnisse"); vgl. BR-Drs. 175/18, 1 (1) u. BT-Drs. 19/2438, 1 (1) mwN zu den Statistiken.
[557] Vgl. BVerfG Urt. v. 12.5.1987 – 2 BvR 1226 ua, NJW 1988, 626 (629).
[558] BVerfG Urt. v. 12.5.1987 – 2 BvR 1226/83 ua, NJW 1988, 626 (628: „Kindern angeworbener Ausländer" u. 633: „Ausländern der zweiten und dritten Generation"); *Thym* NVwZ 2016, 409 (414).
[559] BVerfG Urt. v. 12.5.1987 – 2 BvR 1226/83 ua, NJW 1988, 626 (629).

422 b) Ehegattennachzug. § 28 Abs. 1 S. 1 Nr. 1, S. 3 und 5 AufenthG verleiht dem drittstaatsangehörigen Ehegatten eines Deutschen einen Anspruch auf Erteilung einer Aufenthaltserlaubnis.

423 Der Ehegattennachzug setzt eine **wirksame Eheschließung** voraus (→ Rn. 347). Es genügt nicht das formal-rechtliche Band der Ehe, erforderlich ist ein Nachzug gemäß § 27 Abs. 1 AufenthG zur (Fort)Führung der **ehelichen Lebensgemeinschaft** (→ Rn. 327).

424 § 28 Abs. 1 S. 3 AufenthG **dispensiert** hierbei **regelhaft** von dem **Lebensunterhaltserfordernis** des § 5 Abs. 1 Nr. 1 AufenthG. Nach der gesetzlichen Konstruktion ist damit in atypischen Fällen, also bei Vorliegen besonderer Umstände, eine Versagung möglich. Dies soll den Zuzug in die Sozialsysteme unterbinden und als Anreiz zur Integration dienen.[560] Der Gesetzgeber zog derartige besondere Umstände bei Doppelstaatlern oder bei Ehegatten in Betracht, die geraume Zeit im Herkunftsland des Ehegatten gelebt und gearbeitet haben und die Landessprache beherrschen.[561] Das BVerwG hat dem in einem obiter dictum eine Absage erteilt.[562] Der besondere um Art. 11 GG angereicherte Schutz des Art. 6 GG gebietet es, § 28 Abs. 1 S. 3 AufenthG in Bezug auf das Lebensunterhaltserfordernis und die Annahme eines atypischen Falles restriktiv auszulegen.[563] Angesichts dessen wird in der Verwaltungspraxis das Lebensunterhaltserfordernis „nicht durchgängig" geprüft.[564] Im Übrigen finden §§ 5, 10, 11, 27 Abs. 3 S. 2 AufenthG Anwendung.[565]

425 § 28 Abs. 1 S. 5 iVm § 30 Abs. 1 S. 1 Nr. 1 AufenthG setzt voraus, dass beide Ehegatten das erforderliche **Mindestalter** aufweisen, namentlich das 18. Lebensjahr vollendet haben.

426 § 28 Abs. 1 S. 5 iVm § 30 Abs. 1 S. 1 Nr. 2 und S. 3 AufenthG fordert dem Ehegatten **einfache Sprachkenntnisse** gemäß § 2 Abs. 9 AufenthG ab, für das Spracherfordernis gelten allerdings die Ausnahmen des § 30 Abs. 1 S. 3 AufenthG.

427 c) Kindernachzug. § 28 Abs. 1 S. 1 Nr. 2, S. 2 AufenthG verleiht einem minderjährigen und ledigen drittstaatsangehörigen Kind eines Deutschen einen Anspruch auf Erteilung einer Aufenthaltserlaubnis. Die Bedeutung der Norm ist angesichts des vorrangig zu prüfenden Erwerbs der deutschen Staatsbürgerschaft gemäß § 4 ff. StAG begrenzt. § 28 Abs. 1 S. 2 AufenthG dispensiert von dem Lebensunterhaltserfordernis des § 5 Abs. 1 Nr. 1 AufenthG. Im Übrigen sind §§ 5, 27 AufenthG anwendbar.[566]

428 Maßgeblicher Zeitpunkt für das Tatbestandsmerkmal der Minderjährigkeit ist die Antragstellung, das Erreichen der Volljährigkeit im Laufe des Verfahrens ist unschädlich.[567] Ein (Mit)-Sorgerecht des deutschen Elternteils ist nicht erforderlich, sie indiziert jedoch die Absicht und die Möglichkeit, eine familiäre Lebensgemeinschaft im Bundesgebiet zu führen.[568]

429 d) Elternnachzug. § 28 Abs. 1 S. 1 Nr. 3, S. 2, 4 und 5 AufenthG verleiht einem drittstaatsangehörigen Elternteil eines minderjährigen, ledigen Deutschen einen Anspruch auf Erteilung einer Aufenthaltserlaubnis zur Ausübung der Personensorge. § 28 Abs. 1 S. 2 AufenthG dispensiert von § 5 Abs. 1 Nr. 1 AufenthG, im Übrigen sind §§ 5, 10, 11, 27 AufenthG anwendbar.[569]

---

[560] BT-Drs. 16/5065, 171.
[561] BT-Drs. 16/5065, 171.
[562] BVerwG Urt. v. 4.9.2012 – 10 C 12/12, NVwZ 2013, 515 (518); zust.: VG Berlin Urt. v. 10.2.2015 – VG 29 K 222.13 V, BeckRS 2015, 42106.
[563] IE ebenso: *Göbel-Zimmermann/Eichhorn* in Huber AufenthG § 28 Rn. 3; *Oberhäuser* in NK-AuslR AufenthG § 28 Rn. 10 f.; *Tewocht* in BeckOK AuslR AufenthG § 28 Rn. 14.
[564] Nr. 28.1.1.0 AVwV-AufenthG.
[565] Vgl. OVG Magdeburg Beschl. v. 6.2.2017 –2 L 119/15, BeckRS 2017, 105595.
[566] OVG Berlin-Brandenburg Beschl. v. 9.9.2014 – OVG 7 N 109.14, BeckRS 2014, 57928.
[567] BVerwG Urt. v. 30.4.1998 – 1 C 12/96, NVwZ-RR, 1998, 517 (519).
[568] Nr. 28.1.2.5 AVwV-AufenthG.
[569] Vgl. VGH München Beschl. v. 23.9.2016 – 10 C 16.818, BeckRS 2016, 52295.

Erteilungsvoraussetzung ist, dass der drittstaatsangehörige Elternteil die **Personensorge** 430
(→ Rn. 370) gemäß § 1626 Abs. 1 BGB innehat und diese fortzuführen beabsichtigt. Es
reicht insoweit ein Mitsorgerecht.

§ 28 Abs. 1 S. 4 AufenthG stellt die Erteilung einer Aufenthaltserlaubnis für einen **nicht** 431
personensorgeberechtigten drittstaatsangehörigen **Elternteil** eines minderjährigen ledigen Deutschen abweichend von § 5 Abs. 1 Nr. 1 AufenthG in das pflichtgemäße Ermessen
der Ausländerbehörde. Erteilungsvoraussetzung ist, dass die familiäre Lebensgemeinschaft
im Bundesgebiet gelebt wird (→ Rn. 327). Liegt keine Hausgemeinschaft vor, ist auf
alternative intensive Kontakte (persönlich, telefonisch, brieflich oder über moderne Kommunikationsmittel) abzustellen, darunter Umgang, gemeinsam verbrachte Urlaube, die Versorgung des Kindes im Krankheitsfall oder auch durch sonstige Beistandsleistungen wie
etwa Unterhaltsleistungen.[570] Bei begleitetem Umgang kommt es auf die Art, die Dauer
und die Häufigkeit sowie die Gründe hierfür an.[571] Die Abwägung im Rahmen der
Ermessensausübung orientiert sich am Kindeswohl.[572]

e) Regelanspruch auf Erteilung einer Niederlassungserlaubnis. § 28 Abs. 2 S. 1 432
AufenthG verleiht einem drittstaatsangehörigen Familienangehörigen eines Deutschen iSd
§ 28 Abs. 1 S. 1 AufenthG einen Regelanspruch auf Erteilung einer Niederlassungserlaubnis. § 5 Nr. 1 AufenthG ist anwendbar.[573]

Erteilungsvoraussetzung ist – in Abweichung zu § 9 Abs. 2 S. 1 AufenthG –, dass der 433
Familienangehörige drei Jahre im Besitz einer Aufenthaltserlaubnis ist. Die dreijährige
Besitzzeit beginnt mit der erstmaligen Erteilung einer Aufenthaltserlaubnis zur (Fort-)
Führung der familiären Lebensgemeinschaft, wobei Zeiträume, die durch ein nationales
Visum gemäß § 6 Abs. 3 AufenthG zum Familiennachzug abgedeckt werden, ab der
Einreise in das Bundesgebiet angerechnet werden. Ob Zeiten des Besitzes eines Aufenthaltstitels zu anderen (humanitären) Zwecken ausreichen, bedarf der Klärung.[574]

Erforderlich ist des Weiteren das Fortbestehen der familiären Lebensgemeinschaft mit 434
dem deutschen Stammberechtigten. Zudem darf kein Ausweisungsinteresse gemäß § 54
AufenthG vorliegen. Darauf, ob die Person im Ergebnis rechtmäßig ausgewiesen werden
kann, kommt es nicht an.[575] Schließlich muss der Familiengehörige über ausreichende
Kenntnisse der deutschen Sprache gemäß § 2 Abs. 11 AufenthG verfügen. § 28 Abs. 2 S. 2
AufenthG ordnet an, dass § 9 Abs. 2 S. 2 bis 5 AufenthG entsprechend gilt.

§ 28 Abs. 2 S. 3 AufenthG verleiht dem Familienangehörigen für den Fall, dass die 435
Voraussetzungen für die Erteilung einer Niederlassungserlaubnis nicht vorliegen, einen
Anspruch auf **Verlängerung der Aufenthaltserlaubnis** gemäß § 28 Abs. 1 AufenthG
und knüpft dies an den Fortbestand der familiären Lebensgemeinschaft.

f) Eigenständiges Aufenthaltsrecht von Ehegatten und Kindern. § 28 Abs. 3 S. 1 436
AufenthG erklärt für die weitere Verfestigung des Aufenthalts §§ 31, 34 AufenthG für
anwendbar und stellt im Hinblick auf die Erlangung eines **eigenständigen Aufenthaltsrechts** Ehegatten und Kinder von deutschen Stammberechtigten den Ehegatten und
Kindern von drittstaatsangehörigen Stammberechtigten gleich.

---

[570] Vgl. Nr. 28.1.5 AVwV-AufenthG.
[571] Bejaht für neun Mal in neun Monaten: VGH Mannheim Beschl. v. 14.3.2017 – 11 S 383/17, BeckRS 2017, 105067; offen gelassen für zwei Mal im Monat für jeweils zwei Stunden: VGH München Urt. v. 11.3.2014 – 10 B 11.978, BeckRS 2014, 50148.
[572] Vgl. Nr. 28.1.5 AVwV-AufenthG mit Beispielen.
[573] BVerwG Urt. v. 16.8.2011 – 1 C 12/10, NVwZ-RR 2012, 330 (331); *Dienelt* in Bergmann/Dienelt AufenthG § 28 Rn. 47 ff. mwN.
[574] Abl.: *Dienelt* in Bergmann/Dienelt AufenthG § 28 Rn. 40; *Göbel-Zimmermann/Eichhorn* in Huber AufenthG § 28 Rn. 12; nur Aufenthaltserlaubnis gem. § 28 Abs. 1 AufenthG: VGH München Urt. v. 5.8.2015 – 10 B 15.429, BeckRS 2015, 50372 mwN; aA *Oberhäuser* in NK-AuslR AufenthG § 28 Rn. 49; offengelassen: BVerwG Beschl. v. 19.12.2016 – 1 C 15.16, BeckRS 2016, 111718.
[575] AA *Göbel-Zimmermann/Eichhorn* in Huber AufenthG § 28 Rn. 10.

437 g) Anspruch der Eltern auf Verlängerung der Aufenthaltserlaubnis. § 28 Abs. 3 S. 2 AufenthG verleiht dem drittstaatsangehörigen Elternteil von volljährig gewordenen deutschen Kindern einen Anspruch auf Verlängerung der Aufenthaltserlaubnis iSv § 28 Abs. 1 S. 1 Nr. 3 AufenthG, solange das Kind mit diesem in familiärer Lebensgemeinschaft lebt und sich in einer Ausbildung befindet, die zu einem anerkannten schulischen oder beruflichen Bildungsabschluss oder einem Hochschulabschluss (→ Rn. 399) führt.

438 h) Sonstige Familienangehörige. § 28 Abs. 4 AufenthG erklärt hinsichtlich des Nachzugs sonstiger Familiengehöriger zu Deutschen § 36 AufenthG entsprechend für anwendbar.

5. §§ 104 bis 104b AufenthG

439 a) Übergangsregelungen gemäß § 104 AufenthG. Die **älteren Übergangsregelungen** der Norm sind wegen der Stichtage „vor dem 1.1.2005" (§ 104 Abs. 1 bis 3 und Abs. 7 AufenthG), „bis zum 24.5.2007" (§ 104 Abs. 6 AufenthG) und „bis zum Ablauf des 31.7.2015 (§ 104 Abs. 5 AufenthG) nur noch insoweit bedeutsam, als sie es unter den dort genannten Voraussetzungen nachträglich ermöglichen, übersehene Statusverbesserungen zu erreichen.[576]

440 Für die **jüngeren Übergangsvorschriften** gilt Folgendes: § 104 Abs. 8 AufenthG konserviert für Personen, die am 5.9.2013 Inhaber einer Aufenthaltserlaubnis zum Familiennachzug zu einem deutschen Stammberechtigten waren, die damaligen niedrigeren Sprachanforderungen für die Erteilung einer Niederlassungserlaubnis. § 104 Abs. 9 AufenthG leitet Aufenthaltserlaubnisse gemäß § 25 Abs. 3 AufenthG, die darauf beruhen, dass (lediglich) das Vorliegen von Abschiebungsverboten gemäß § 60 Abs. 2, 3, 7 S. 2 AufenthG in der vor dem 1.12.2013 gültigen Fassung festgestellt wurde, in Aufenthaltserlaubnisse gemäß § 25 Abs. 2 S. 1 Alt. 2 AufenthG für subsidiär Schutzberechtigte über, es sei denn, das BAMF hat die Ausländerbehörde über das Vorliegen von Ausschlustatbeständen iSd § 25 Abs. 3 S. 2 lit. a bis d AufenthG in der vor dem 1.12.2013 gültigen Fassung unterrichtet. Die Zeiten des Besitzes der Aufenthaltserlaubnis nach § 25 Abs. 3 S. 1 AufenthG in der vor dem 1.12.2013 gültigen Fassung stehen Zeiten des Besitzes einer Aufenthaltserlaubnis nach § 25 Abs. 2 S. 1 Alt. 2 AufenthG gleich (§ 104 Abs. 9 S. 2 AufenthG). § 73b AsylG, welcher den Widerruf und die Rücknahme des subsidiären Schutzes regelt, gilt entsprechend (§ 104 Abs. 9 S. 3 AufenthG). Ausländer, bei denen Abschiebungsverbote gemäß § 60 Abs. 2, 3 oder 7 S. 2 AufenthG in der vor dem 1.12.2013 gültigen Fassung festgestellt wurden, aber zum Stichtag 1.12.2013 keine Aufenthaltserlaubnis gemäß § 25 Abs. 3 AufenthG besaßen, können nachträglich die Zuerkennung gemäß § 4 AsylG beantragen, wobei – solange das unionsrechtliche Abschiebungsverbot bestands- bzw. rechtskräftig feststeht – allein das Vorliegen von Ausschlussgründen zu prüfen ist.[577] § 104 Abs. 11 AufenthG bestimmt, dass Personen, denen zwischen dem 1.1.2011 und dem 31.7.2015 bestandskräftig subsidiärer Schutz zuerkannt wurde, die dreimonatige Frist gemäß § 29 Abs. 2 S. 2 AufenthG für die Geltendmachung der Anspruchsprivilegierung erst am 1.8.2015 in Lauf gesetzt wird, sodass ein Visumsantrag spätestens am 2.11.2015 gestellt werden musste. § 104 Abs. 12 AufenthG regelt für den Fall, dass das BAMF eine Abschiebungsandrohung bzw -anordnung vor dem 1.8.2015 und damit noch ohne Einreise- und Aufenthaltsverbot gemäß § 11 AufenthG ausgesprochen hat, dass die Ausländerbehörden für eine nachträgliche Anordnung zuständig sind. Nach § 104 Abs. 13 S. 1 AufenthG finden die Vorschriften von Kapitel 2 Abschnitt 6 in der bis zum 31.7.2018 geltenden Fassung weiter Anwendung auf den Familiennachzug zu Ausländern, denen *bis zum* 17.3.2016 eine Aufenthaltserlaubnis nach § 25 Abs. 2 S. 1 Alt. 2 AufenthG erteilt worden ist, wenn der Antrag auf erstmalige Erteilung eines Aufent-

---

[576] Vgl. *Fränkel* in NK-AuslR AufenthG § 104 Rn. 4 ff. mwN.
[577] VGH Mannheim Urt. v. 11.12.2013 – 11 S 1770/13, EZAR NF 33 Nr. 42.

haltstitels zum Zwecke des Familiennachzugs zu dem Ausländer bis zum 31.7.2018 gestellt worden ist. § 104 Abs. 13 S. 2 AufenthG ordnet allerdings an, dass der Ausschluss des Familiennachzugs zu Gefährdern nach § 27 Abs. 3a AufenthG Anwendung findet. Wurde eine Duldung nach § 60a Abs. 2 S. 4 AufenthG in der bis zum 31.12.2019 geltenden Fassung erteilt, so ordnet § 104 Abs. 15 AufenthG nunmehr an, dass die Ausschlussgründe (Täuschen, Verzögern oder Behindern aufenthaltsbeendender Maßnahmen) hinsichtlich der Erteilung einer Aufenthaltserlaubnis für qualifizierte Geduldete zum Zweck der Beschäftigung gemäß § 19d Abs. 1 Nrn. 4 und 5 AufentG nicht gelten, wenn zum Zeitpunkt der Antragstellung auf eine Aufenthaltserlaubnis nach § 19d Abs. 1a AufenthG der Ausländer die erforderlichen und ihm zumutbaren Maßnahmen für die Identitätsklärung ergriffen hat. Nach § 104 Abs. 16 AufenthG gilt für Beschäftigungen, die Inhabern einer Duldung bis zum 31.12.2019 erlaubt wurden, § 60a Abs. 6 AufenthG in der bis zu diesem Tag geltenden Fassung fort. Schließlich ordnet § 104 Abs. 17 AufenthG, dass für Duldungen nach § 60a Abs. 2 S. 3 in Verbindung mit § 60c AufenthG § 60c Abs. 1 S. 1 Nr. 2 AufenthG in Bezug auf den Besitz einer Duldung und § 60c Abs. 2 Nr. 2 AufenthG nicht, wenn die Einreise in das Bundesgebiet bis zum 31.12.2016 erfolgt ist und die Berufsausbildung vor dem 2.10.2020 begonnen wird.

b) Altfallregelung gemäß § 104a AufenthG. Die Altfallregelung des § 104a AufenthG 441 beruht auf dem Bleiberechtsbeschluss der Innenministerkonferenz von 17.11.2006.[578]

§ 104a Abs. 1 S. 1 AufenthG verleiht geduldeten drittstaatsangehörigen Personen abwei- 442 chend von dem Lebensunterhaltserfordernis des § 5 Abs. 1 Nr. 1 und Abs. 2 AufenthG einen Regelanspruch auf die Erteilung einer Aufenthaltserlaubnis, wenn diese sich am 1.7.2007 seit mindestens acht Jahren oder, falls sie zusammen mit einem oder mehreren minderjährigen ledigen Kindern in häuslicher Gemeinschaft lebt, seit mindestens sechs Jahren unterbrochen geduldet, gestattet oder mit einer Aufenthaltserlaubnis aus humanitären Gründen im Bundesgebiet aufgehalten hat und die übrigen dort genannten positiven und negativen Tatbestandsvoraussetzungen erfüllt sind. §§ 9 und 26 Abs. 4 AufenthG finden bei dieser **Aufenthaltserlaubnis auf Probe** gemäß § 104a Abs. 1 S. 3 AufenthG keine Anwendung.

Demgegenüber privilegiert § 104a Abs. 1 S. 2 AufenthG Personen, die ihren Lebens- 443 unterhalt selbständig sichern, indem diese eine **Aufenthaltserlaubnis gemäß § 23 Abs. 1 AufenthG** erlangen können.

§ 104a Abs. 2 S. 1 AufenthG stellt die Erteilung einer Aufenthaltserlaubnis gemäß § 23 444 Abs. 1 S. 1 AufenthG in das pflichtgemäße Ermessen der Ausländerbehörde für **geduldete, volljährige, ledige Kinder eines geduldeten** drittstaatsangehörigen **Stammberechtigten,** der sich am 1.7.2007 seit mindestens acht Jahren oder, falls er zusammen mit einem oder mehreren minderjährigen ledigen Kindern in häuslicher Gemeinschaft lebt, seit mindestens sechs Jahren unterbrochen geduldet, gestattet oder mit einer Aufenthaltserlaubnis aus humanitären Gründen im Bundesgebiet aufgehalten hat, wenn die Kinder bei Einreise minderjährig waren und die Integrationsprognose positiv ist.

Gleiches gilt gemäß § 104a Abs. 2 S. 2 AufenthG für eine drittstaatsangehörige Person, 445 die sich als **unbegleiteter Minderjähriger** seit mindestens sechs Jahren unterbrochen geduldet, gestattet oder mit einer Aufenthaltserlaubnis aus humanitären Gründen im Bundesgebiet aufgehalten hat und bei der die Integrationsprognose positiv ist.

Gemäß § 104a Abs. 3 AufenthG wird die Erteilung einer Aufenthaltserlaubnis versagt, 446 wenn ein in häuslicher Gemeinschaft lebendes Familienmitglied Straftaten iSd § 104 Abs. 1 S. 1 Nr. 6 AufenthG begangen hat, wobei § 104a Abs. 3 S. 2 und 3 AufenthG jeweils eine Härtefall- bzw Sonderregelung treffen. Die Verfassungsmäßigkeit dieser **Zurechnung der Straffälligkeit** beruht nach Auffassung des BVerwG darauf, dass andernfalls aufgrund eines Aufenthaltsrechts des nicht straffällig gewordenen Familienmitglieds ein aus der Berück-

---

[578] www.innenministerkonferenz.de/IMK/DE/archiv/to-archiv/to-archiv-node.html.

sichtigungspflicht des Art. 6 GG und des Art. 8 EMRK abgeleitetes Abschiebungshindernis des straffällig gewordenen Familienmitglieds entstehen könnte.[579]

447 Gemäß § 104a Abs. 4 AufenthG kann die Erteilung einer Aufenthaltserlaubnis an die Bedingung geknüpft werden, dass die betroffene Person an einem **Integrationsgespräch** teilnimmt oder eine **Integrationsvereinbarung** abschließt. § 104a Abs. 5 AufenthG regelt die Voraussetzungen für die Verlängerung der Aufenthaltserlaubnis, für die wiederum § 104a Abs. 6 AufenthG eine Härtefallregelung trifft.

448 § 104a Abs. 7 AufenthG eröffnet schließlich den Ländern die Option, aus Gründen der Sicherheit der Bundesrepublik Deutschland, die Aufenthaltserlaubnis nach § 104a Abs. 1 und 2 AufenthG Staatsangehörigen bestimmter Staaten zu versagen.

449 **c) Aufenthaltsrecht für integrierte Kinder von geduldeten Ausländern gemäß § 104b AufenthG.** § 104b AufenthG regelt ein eigenständiges Aufenthaltsrecht für Kinder. Da diese jedoch zum Stichtag am 1.7.2007 das 14. Lebensjahr vollendet haben und bei Antragstellung minderjährig gewesen sein mussten, kann seit dem 1.7.2011 kein Erfolg versprechender Antrag mehr gestellt werden. Zu prüfen sind nunmehr die Rechtsgrundlagen der §§ 25a, 25b oder 18a AufenthG und gegebenenfalls § 104a Abs. 2 AufenthG.

---

[579] BVerwG Urt. v. 11.1.2011 – 1 C 22.09, NVwZ 2011, 939 (943); aA *Oberhäuser* in NK-AuslR AufenthG § 104a Rn. 24 mwN.

3. Kapitel. Aufenthaltsbeendigung

§ 6 Beendigung des Aufenthaltsrechts

Übersicht

	Rn.
A. Ausreisepflicht (§ 50 AufenthG)	3
I. Entstehen und Bedeutung der Ausreisepflicht	4
1. Nicht oder nicht mehr im Besitz eines Aufenthaltstitels	5
2. Erforderlichkeit eines Aufenthaltstitels	6
3. Bedeutung und Umfang der Ausreisepflicht	10
4. Zeitliche Dimension der Ausreisepflicht	13
II. Pflichten von und Umgang mit ausreisepflichtigen Ausländern	14
B. Erlöschen von Aufenthaltstiteln (§ 51 AufenthG)	19
I. Allgemeines zu den Erlöschensgründen	21
II. Die Erlöschensgründe aus § 51 Abs. 1 AufenthG	22
1. Ablauf der Geltungsdauer (§ 51 Abs. 1 Nr. 1 AufenthG)	22
2. Eintritt einer auflösenden Bedingung (§ 51 Abs. 1 Nr. 2 AufenthG)	23
3. Rücknahme und Widerruf (§ 51 Abs. 1 Nr. 3 und Nr. 4 AufenthG)	25
4. Ausweisung oder Abschiebungsanordnung (§ 51 Abs. 1 Nr. 5 und Nr. 5a AufenthG)	27
5. Ausreise (§ 51 Abs. 1 Nr. 6 und Nr. 7 AufenthG)	28
a) Zweck der Regelungen	29
b) Begriff der Ausreise in § 51 Abs. 1 Nr. 6 und Nr. 7 AufenthG	30
c) Ausreise aus nicht nur vorübergehendem Grund (§ 51 Abs. 1 Nr. 6 AufenthG)	31
d) Ausreise und keine Wiedereinreise in der Sechs-Monats-Frist (§ 51 Abs. 1 Nr. 7 AufenthG)	34
6. Asylantrag bei humanitärem Aufenthaltstitel (§ 51 Abs. 1 Nr. 8 AufenthG)	38
III. Privilegierungen und Ausnahmen	39
1. Inhaber einer ICT-Karte nach § 19 AufenthG und bestimmter Aufenthaltstitel zu Studien- und Forschungszwecken (§ 51 Abs. 1a AufenthG)	40
2. Inhaber einer Niederlassungserlaubnis (§ 51 Abs. 2 und Abs. 4 AufenthG)	41
3. Abweichung von § 51 Abs. 1 Nr. 6 und 7 AufenthG ohne Niederlassungserlaubnis (§ 51 Abs. 3, Abs. 4 Abs. 7 und Abs. 10 AufenthG)	47
IV. Erlöschen der Erlaubnis zum Daueraufenthalt-EU	52
C. Widerruf (§ 52 AufenthG)	53
I. Widerrufstatbestände und auf sie bezogene Fragen der Ermessensausübung	54
II. Rechtsfolge Ermessen – grundsätzliche Erwägungen	60
III. Rechtsschutz	61

Dieser Abschnitt widmet sich den verschiedenen Regelungen zur Begründung der Ausreisepflicht. Wegen ihrer herausgehobenen Bedeutung wird die Ausweisung (§§ 53 ff. AufenthG) in einem eigenen Abschnitt gesondert behandelt (→ § 7) und hier lediglich erwähnt; das gleiche gilt, wegen ihrer komplexen Struktur, für die Abschiebungsanordnung nach § 58a AufenthG (→ § 8 Rn. 104 ff.). Ebenfalls nicht behandelt wird in diesem Abschnitt die zwangsweise Beendigung des Aufenthalts, also die Vollstreckung der Ausreisepflicht (→ § 8 Rn. 1 ff.). 1

Der Abschnitt befasst sich daher mit den **allgemeinen Regelungen der Ausreisepflicht** in § 50 AufenthG (→ Rn. 3 ff.), den Vorschriften in § 51 über das **Erlöschen von** 2

Aufenthaltstiteln (→ Rn. 19) sowie den Spezialregelungen zum **Widerruf von Aufenthaltstiteln** aus § 52 (→ Rn. 53). Die Bestimmungen des Abschnitts 1 des Kapitels 5 des AufenthG über die Begründung der Ausreisepflicht sind ein wesentlicher Baustein zur Steuerung und Begrenzung des Zuzugs von Ausländern und dienen damit dem Gesetzeszweck des § 1 Abs. 1 S. 1 AufenthG. Dabei ist die Beendigung sowohl eines zunächst rechtmäßigen als auch eines von Anfang an rechtswidrigen Aufenthalt in den Blick zu nehmen. Dies kann entweder unter dem Blickwinkel der Gefahrenabwehr erforderlich sein oder aber auch allein, um aus einem fehlenden fortbestehenden Recht zum Aufenthalt ordnungsrechtliche Konsequenzen zu ziehen. Als zentrale Regelung definiert § 50 AufenthG zunächst die Ausreisepflicht und bestimmt die ersten wesentlichen Konsequenzen. § 51 AufenthG beschäftigt sich allgemein mit dem Fortfall der Rechtmäßigkeit des Aufenthalts und § 52 AufenthG trifft verschiedene Sonderregelungen im Verhältnis zum allgemeinen Verwaltungsverfahrensrecht.

A. Ausreisepflicht (§ 50 AufenthG)

3 Die Regelungen in § 50 AufenthG über die Ausreisepflicht definieren in Abs. 1, wann ein Ausländer zur Ausreise verpflichtet ist. Abs. 2 erläutert, was die unmittelbare Rechtsfolge der Ausreisepflicht ist. Abs. 3 bestimmt, unter welchen Umständen der Ausreisepflicht durch die Einreise in einen anderen Mitgliedstaat der EU oder einen Schengen-Staat genügt wird. In den Abs. 4 und 5 finden sich Bestimmungen zu Meldepflichten und den Umgang mit Pässen ausreisepflichtiger Ausländer. Abs. 6 schließlich regelt die Ausschreibung Ausreisepflichtiger in den Fahndungshilfsmitteln der Polizei. Die Vorschrift ist seit dem 24.10.2015 unverändert geblieben.[1]

I. Entstehen und Bedeutung der Ausreisepflicht

4 Die dem Anwendungsbereich des AufenthG unterfallenden Ausländer, also nicht Unionsbürger, Bürger der EWR-Staaten und ihre drittstaatsangehörigen Familienangehörigen (→ § 6 Rn. 1 ff.), sind zur Ausreise verpflichtet, wenn sie einen erforderlichen Aufenthaltstitel nicht oder nicht mehr besitzen und ein Aufenthaltsrecht nach dem Assoziationsabkommen EWG/Türkei nicht oder nicht mehr besteht, § 50 Abs. 1 AufenthG. Das bedeutet, dass in einem **ersten Schritt** zu prüfen ist, ob der Ausländer **im Besitz** eines **wirksamen** – nicht notwendigerweise rechtmäßigen – **Aufenthaltstitels** ist. Fehlt es an einem Aufenthaltstitel, ist zu untersuchen, **ob der Ausländer eines Aufenthaltstitels** bedarf oder ob er sich aus anderen Gründen rechtmäßig im Bundesgebiet aufhält einschließlich einer **Berechtigung nach dem Assoziationsabkommen EWG/Türkei**. Ein anderer Grund für den rechtmäßigen Aufenthalt ohne Aufenthaltstitels kann in Anwendung der so genannten Zambrano-Rechtsprechung des EuGH[2] ein Recht zum Aufenthalt nach Art. 20 AEUV sein, wenn ein vom Drittstaatsangehörigen abhängiger Unionsbürger ohne den gesicherten Aufenthalt des Drittstaatsangehörigen faktisch gezwungen wäre, das Unionsgebiet zu verlassen und dem Unionsbürger dadurch der tatsächliche Genuss des Kernbestands seiner Rechte als Unionsbürger verwehrt würde.[3]

1. Nicht oder nicht mehr im Besitz eines Aufenthaltstitels

5 In § 51 AufenthG finden sich die Regelungen zum Erlöschen eines Aufenthaltstitels (→ Rn. 19). Dort ist also geregelt, wann ein Aufenthaltstitel nicht mehr besteht. Dabei ist zu berücksichtigen, dass in **Fällen des Erlöschens** durch behördliche Entscheidung, also

---

1 Zuletzt wurde Abs. 6 mit Gesetz vom 20.10.2015 (BGBl. I 1722) geändert.
2 EuGH Urt. v. 8.3.2011 – C-34/09, NVwZ 2011, 545.
3 BVerwG Urt. v. 12.7.2018 – 1 C 16.17, BVerwGE 162, 349 Rn. 34 ff.

durch **Verwaltungsakt,** dessen **Wirksamkeit** ausreicht, es auf die Vollziehbarkeit oder Bestandskraft dieser Entscheidung für das Entstehen der Ausreisepflicht also nicht ankommt. Der fehlende Besitz eines Aufenthaltstitels ergibt sich aus dem Umstand, dass ein solcher Titel nicht erteilt worden ist. Weiter ist zu beachten, dass ein Antrag auf erstmalige Erteilung oder Verlängerung eines Aufenthaltstitels unter den Voraussetzungen des § 81 Abs. 3 und 4 AufenthG dazu führt, dass ein Aufenthalt als erlaubt oder ein Aufenthaltstitel als fortbestehend gilt (→ § 5 Rn. 138 ff.). Gilt ein Titel fiktiv als fortbestehend, ist der Ausländer iSd § 50 Abs. 1 AufenthG im Besitz dieses Titels.[4]

2. Erforderlichkeit eines Aufenthaltstitels

In einer Reihe von Fallgestaltungen bedarf ein dem AufenthG unterfallender Ausländer 6 entgegen der Regelkonzeption des § 4 Abs. 1 AufenthG keines Aufenthaltstitels zur Begründung eines rechtmäßigen Aufenthalts. So können sich Drittstaatsangehörige, die Inhaber eines von einem anderen **Schengen-Staat ausgestellten Aufenthaltstitels** sind, nach Art. 21 Abs. 1 SDÜ grundsätzlich bis zu 90 Tage je Zeitraum von 180 Tagen frei im gesamten Schengen-Raum bewegen. Das gleiche gilt für Inhaber eines Kurzzeitvisums (Art. 19 SDÜ) oder nationalen Visums (Art. 21 Abs. 2a SDÜ), das ein anderer Schengen-Staat ausgestellt hat.

In der **AufenthV** finden sich eine Vielzahl weiterer **Bestimmungen über die Befrei-** 7 **ung vom Erfordernis eines Aufenthaltstitels,** wobei diese Regelungen teilweise an die Art des Reisedokuments – und damit auch mittelbar an die Staatsangehörigkeit – anknüpfen wie in §§ 15 bis 22 AufenthV, teilweise an die Art der Beschäftigung (zB Flugpersonal uÄ) in §§ 23 bis 26 AufenthV. Darüber hinaus finden sich noch Sonderregelungen für die Durchreise (§ 30 AufenthV), für Personen bei Vertretung ausländischer Staaten (§ 27 AufenthV) und für Rettungsfälle (§ 29 AufenthV). Ebenfalls in diesem Zusammenhang ist in § 28 AufenthV die Befreiung für Staatsangehörige der Schweiz geregelt für den Fall der Freizügigkeitsberechtigung nach dem Abkommen vom 21.6.1999 zwischen der Europäischen Gemeinschaft und ihren Mitgliedstaaten einerseits und der Schweizerischen Eidgenossenschaft andererseits,[5] wobei zu beachten ist, dass die Regelung das Freizügigkeitsrecht der drittstaatsangehörigen Familienangehörigen ignoriert.[6]

Weiter kann eine Reihe von Personengruppen einen erforderlichen **Aufenthaltstitel** 8 **nach der Einreise** einholen oder verlängern lassen, sodass sie zunächst keines Aufenthaltstitels zur Legalisierung ihres Aufenthalts bedürfen. Die detaillierten Regelungen hierzu finden sich in den §§ 39 bis 41 AufenthV. Ebenso bedarf der Inhaber einer Aufenthaltsgestattung nach § 55 AsylG keines Aufenthaltstitels iSd § 4 AufenthG.

Zahlenmäßig besonders bedeutsam ist die Gruppe der Ausländer, die aus dem **Assoziati-** 9 **onsabkommen EWG/Türkei** ein Aufenthaltsrechts ableiten und die sich auch ohne Erteilung eines **deklaratorischen Aufenthaltstitels nach § 4 Abs. 5 AufenthG** rechtmäßig im Bundesgebiet aufhalten (→ § 2 Rn. 26 ff.).

3. Bedeutung und Umfang der Ausreisepflicht

Liegen die **Voraussetzungen des § 50 Abs. 1 AufenthG** vor, entsteht die Ausreisepflicht 10 unmittelbar. Es bedarf **keines weiteren konstitutiven oder deklaratorischen Verwaltungsakts,** um sie herbeizuführen. Davon zu unterscheiden ist, dass eine zwangsweise Beendigung des Aufenthalts eines Drittstaatsangehörigen im Anwendungsbereich der Rückführungs-RL 2008/115/EG einer Rückkehrentscheidung nach Art. 6 Rückführungs-RL bedarf, es sei denn, Zielstaat der Abschiebung ist ein Mitgliedstaat der EU. Diese ist nach nationalem Recht in der Regel die Abschiebungsandrohung nach den §§ 58 f. AufenthG.[7]

---

[4] *Samel* in Bergmann/Dienelt AufenthG § 81 Rn. 21.
[5] ABl. 2002 L 114, 6.
[6] S. *Funke-Kaiser* in GK-AufenthG § 50 Rn. 35.
[7] Vgl. BVerwG Urt. v. 21.8.2018 – 1 C 21.17, BVerwGE 162, 382 Rn. 18.

Diese Fragen spielen allein bei der Frage, ob eine vollziehbare Ausreisepflicht iSd § 58 Abs. 2 AufenthG rechtmäßig herbeigeführt worden ist, eine Rolle.

11 Die **Ausreisepflicht endet** entweder durch die **freiwillige Ausreise** unter Berücksichtigung der Vorgaben des § 50 Abs. 3 AufenthG (→ Rn. 12), mit der **erfolgreichen Abschiebung,** die zur Einreise in den Zielstaat der Abschiebung geführt hat, **oder mit der Legalisierung des Aufenthalts** und damit dem Wegfall der tatbestandlichen Voraussetzungen des § 50 Abs. 1 AufenthG.[8] Keine freiwillige Ausreise liegt vor, wenn ein Ausländer nur zum Schein ausreist und nach der Ausreise unverzüglich, seinem Plan entsprechend, wieder in das Bundesgebiet zurückkehrt. Erforderlich ist vielmehr, dass der Ausländer seinen dauernden Aufenthalt in das Ausland verlegt, wobei ihn nach allgemeinen Regeln hierfür die materielle Beweislast trifft.[9] Regelmäßig wird der Nachweis über eine Grenzübertrittsbescheinigung geführt werden können.

12 Mit **§ 50 Abs. 3** trägt das AufenthG ua auch Art. 6 Abs. 2 Rückführungs-RL Rechnung. Zunächst wird mit § 50 Abs. 3 S. 1 AufenthG klargestellt, dass eine **Einreise in einen anderen Mitgliedstaat der EU oder einen Schengen-Staat** nur dann die Ausreisepflicht erfüllt, wenn dem Ausländer Einreise und Aufenthalt dort erlaubt sind. Eine Ausreise in einen anderen Mitgliedstaat ohne entsprechende Berechtigung führt daher nicht zum Erlöschen der Ausreisepflicht. Angesichts der fehlenden Grenzkontrollen im Schengen-Raum ist die Vorschrift zwingend erforderlich, um die Effektivität des deutschen und unionsrechtlichen Migrationsrechts sicherzustellen.[10] Die materielle Beweislast für die Erlaubnis zu Einreise und Aufenthalt trifft den Ausländer.[11] Wenn dem ausreisepflichtigen Ausländer in einem anderen Mitgliedstaat (EU oder Schengen) ein Recht zur Einreise und auf Aufenthalt zukommt, ist er nach § 50 Abs. 3 S. 2 AufenthG aufzufordern, sich unverzüglich dorthin zu begeben. Bei dieser Aufforderung handelt es sich um einen Verwaltungsakt,[12] der als Maßnahme der Verwaltungsvollstreckung dann kraft Gesetzes sofort vollziehbar ist, wenn das entsprechende Landesvollstreckungsrecht dies bestimmt.[13] Diese den Vorgaben des Art. 6 Abs. 2 Rückführungs-RL gerecht werdende Regelung schließt zunächst die Abschiebung in den Herkunftsstaat aber auch den Erlass einer diesbezüglichen Abschiebungsandrohung aus, da die Rückführungs-RL ein gestuftes Vorgehen vorschreibt.[14] Sie sieht für den Fall der fehlenden freiwilligen Befolgung dieser Handlungspflicht den Übergang zur Rückkehrentscheidung und damit zur möglichen zwangsweisen Durchsetzung der Ausreisepflicht in den Drittstaat vor. Eine zwangsweise Durchsetzung der Ausreisepflicht in einen anderen Mitgliedstaat kommt daher nicht in Betracht.[15] Keine Anwendung findet Art. 6 Abs. 2 Rückführungs-RL und also auch § 50 Abs. 3 S. 2 AufenthG, wenn der Ausländer bei seiner Einreise noch über kein Aufenthaltsrecht in einem anderen Mitgliedstaat verfügt hat.[16]

4. Zeitliche Dimension der Ausreisepflicht

13 Nach § 50 Abs. 2 AufenthG hat der Ausländer das Bundesgebiet unverzüglich oder nach Ablauf einer ihm gesetzten Ausreisefrist zu verlassen. Die Ermächtigungsgrundlage für die Fristsetzung in Verbindung mit einer Abschiebungsandrohung findet sich in § 59 Abs. 1 AufenthG, wobei weite Teile der Regelung durch die Rückführungs-RL determiniert sind

---

[8] *Dollinger* in Bergmann/Dienelt AufenthG § 50 Rn. 10.
[9] BVerwG Beschl. v. 20.6.1990 – 1 B 80.89, NVwZ 1991, 273; *Funke-Kaiser* in GK-AufenthG § 50 Rn. 50 f.
[10] Vgl. auch *Funke-Kaiser* in GK-AufenthG § 50 Rn. 55.
[11] VGH München Beschl. v. 16.2.2017 – 10 CE 17.287.
[12] *Tanneberger/Fleuß* in BeckOK AuslR AufenthG § 50 Rn. 7b.
[13] Siehe etwa § 12 LVwVG für Baden-Württemberg.
[14] VG Freiburg Beschl. v. 1.2.2016 – 7 K 2404/15, BeckRS 2016, 41620; *Funke-Kaiser* in GK-AufenthG § 50 Rn. 57; *Möller* in NK-AuslR AufenthG § 50 Rn. 17; aA OVG Münster Beschl. v. 25.8.2015 – 18 B 635/14, BeckRS 2016, 41087; *Tanneberger/Fleuß* in BeckOK AuslR AufenthG § 50 Rn. 7a.
[15] S. aber BT-Drs. 17/5470, 22; die Begründung des Gesetzesentwurfs geht davon aus, dass eine Abschiebung in einen anderen Mitgliedstaat angedroht werden kann.
[16] VG Karlsruhe Beschl. v. 7.5.2019 – 5 K 2914/19, BeckRS 2019, 9959.

§ 6 Beendigung des Aufenthaltsrechts

(→ Rn. 752). Zulässig wäre auch eine Fristsetzung zur Ausreise ohne Androhung der Abschiebung auf der Grundlage von § 50 Abs. 2 AufenthG, dies hat jedoch keine praktische Relevanz.[17]

II. Pflichten von und Umgang mit ausreisepflichtigen Ausländern

Sobald ein ausreisepflichtiger Ausländer seine **Wohnung wechseln** oder den **Bezirk** der (unteren) Ausländerbehörde für mehr als drei Tage **verlassen will**, gebietet § 50 Abs. 4 AufenthG, dass er dies der zuständigen Ausländerbehörde anzeigt. Diese Pflicht besteht unabhängig davon, ob die Freizügigkeit des Betroffenen auch aus anderen Gründen beschränkt ist und der Ortswechsel möglicherweise nach anderen Vorschriften nicht nur der Anzeige, sondern auch der Genehmigung bedarf.[18] Die Pflicht entsteht, wie bereits systematisch aus der Regelung im Rahmen des § 50 AufenthG zu erschließen, mit Eintritt der Ausreisepflicht und nicht erst mit deren Vollziehbarkeit.[19] Der Ausländer ist grundsätzlich nach § 82 Abs. 3 AufenthG auf die Anzeigepflicht hinzuweisen. Unterbleibt der Hinweis, der in einer Sprache zu erfolgen hat, der der Betroffene mächtig ist, löst der Verstoß gegen die Anzeigepflicht im Falle einer gescheiterten Abschiebung wegen Nichtantreffens des Ausländers nicht die widerlegliche Vermutung der Fluchtgefahr nach § 62 Abs. 3a Nr. 3 AufenthG aus.[20] 14

Nach § 50 Abs. 5 AufenthG soll der **Pass oder Passersatz** eines (nicht notwendigerweise vollziehbar)[21] ausreisepflichtigen Ausländers bis zur Ausreise – durch die Ausländerbehörde – **in Verwahrung genommen** werden. Diese völkerrechtlich unbedenkliche[22] Bestimmung soll die Ausländerbehörde in die Lage versetzen, die Erfüllung der Ausreisepflicht angemessen kontrollieren zu können,[23] wobei die Verhinderung der Vernichtung des Dokuments mit der möglichen Folge der zeitweiligen Unmöglichkeit der Aufenthaltsbeendigung eindeutig im Vordergrund steht.[24] 15

Händigt der Betroffene den Pass freiwillig aus, so handelt es sich bei der Inverwahrungnahme um einen Realakt, der ein öffentlich-rechtliches Verwahrungsverhältnis begründet.[25] § 50 Abs. 5 AufenthG stellt aber auch eine **taugliche Ermächtigungsgrundlage zur Anordnung der Herausgabe** des Passes dar.[26] Aufgrund der „Soll-Regelung" ist die Ausländerbehörde regelmäßig verpflichtet, den Pass in Verwahrung zu nehmen und darf **nur in atypischen Fällen von dieser Entscheidung absehen**.[27] Ein solcher Ausnahmefall kann nur dann gegeben sein, wenn ein hohes, grundrechtlich besonders geschütztes Interesse des Ausländers, über den Pass verfügen zu können, besteht und gleichzeitig eine tatsächliche Gefährdung der Möglichkeit der Ausreise bzw. Abschiebung nicht angenommen werden kann.[28] Es ist insbesondere nicht Voraussetzung für die Inverwahrungnahme, dass konkrete Anhaltspunkte dafür vorliegen, dass der Betroffene seine Dokumente vernichten oder beseitigen möchte.[29] Ein atypischer Fall kann es sein, wenn eine Eheschlie- 16

---

[17] *Funke-Kaiser* in GK-AufenthG § 50 Rn. 45 f.
[18] *Funke-Kaiser* in GK-AufenthG § 50 Rn. 60.
[19] *Dollinger* in Bergmann/Dienelt AufenthG § 50 Rn. 17.
[20] BGH Beschl. v. 14.1.2016 – V ZB 178/14, InfAuslR 2016, 234; noch zur Regelung des § 62 Abs. 3 S. 1 Nr. 3 AufenthG aF.
[21] *Funke-Kaiser* in GK-AufenthG § 50 Rn. 66.
[22] VGH Mannheim Beschl. v. 11.6.2001 – 13 S 542/01, InfAuslR 2001, 432.
[23] *Dollinger* in Bergmann/Dienelt AufenthG § 50 Rn. 19.
[24] S. nur BT-Drs. 11/6321, 71 zur Vorgängervorschrift.
[25] *Hailbronner* AuslR AufenthG § 50 Rn. 33 mwN auch zur Gegenansicht.
[26] OVG Lüneburg Beschl. v. 1.2.2018 – 13 ME 289/17, InfAuslR 2018, 131; *Funke-Kaiser* in GK-AufenthG § 50 Rn. 68.
[27] OVG Greifswald Beschl. v. 16.6.2010 – 2 M 101/10, NordÖR 2010, 466 („intendiertes Ermessen").
[28] Ähnlich VGH Mannheim Beschl. v. 11.6.2001 – 13 S 542/01, InfAuslR 2001, 432 und *Funke-Kaiser* in GK-AufenthG § 50 Rn. 69.
[29] So auch: *Funke-Kaiser* in GK-AufenthG § 50 Rn. 69; aA *Möller* in Hofmann NK-AuslR AufenthG § 50 Rn. 20.

ßung beabsichtigt ist und dafür das Originaldokument benötigt wird[30] oder das Dokument zur weiterhin aufgrund der Fiktionswirkung nach § 84 Abs. 2 S. 2 AufenthG zulässigen Ausübung einer grenzüberschreitenden Erwerbstätigkeit erforderlich ist und gerade deshalb keine Anhaltspunkte dafür vorliegen, dass Betroffene durch Vernichtung eines Passes einer späteren Vollziehung seiner eventuellen Ausreisepflicht entgegenzuwirken versuchen wird.[31]

17 § 50 Abs. 6 S. 1 AufenthG beinhaltet die **Ermächtigungsgrundlage für die Anordnung der Ausschreibung zur Aufenthaltsermittlung und Festnahme von Ausländern,** deren Aufenthalt unbekannt ist, sowie zu der hierzu notwendigen Speicherung und Weitergabe personenbezogener Daten. Es handelt sich nicht um eine Ermächtigungsgrundlage zur Festnahme oder Einreiseverweigerung,[32] sodass diese Ausschreibung, der keine Bindungswirkung hinsichtlich einer von der Ausländerbehörde beabsichtigen Freiheitsentziehung zukommt, auch mit Blick auf Vorwirkungen des Art. 104 Abs. 1 GG von Verfassungs wegen keiner richterlichen Anordnung bedarf.[33] Als **ungeschriebenes Tatbestandsmerkmal** setzt die Ausschreibung zur Festnahme voraus, dass im Zeitpunkt der Ausschreibung Haftgründe nach § 62 AufenthG oder § 2 Abs. 14 AufenthG vorliegen.[34] Es handelt sich bei der Ausschreibung um keinen Verwaltungsakt.[35] Bereits aufgrund der systematischen Stellung der Regelung kann sich diese nur auf ausreisepflichtige Ausländer beziehen.[36] Hinsichtlich der Ausschreibung zur Festnahme muss es sich sogar regelmäßig um eine vollziehbare Ausreisepflicht handeln,[37] da ansonsten keiner der Haftgründe aus § 62 Abs. 3 AufenthG vorliegen kann. § 50 Abs. 6 S. 2 AufenthG ermöglicht bei Bestehen eines Einreise- und Aufenthaltsverbots nach § 11 AufenthG die Ausschreibung zur Zurückweisung oder zur Festnahme für den Fall des Antreffens im Bundesgebiet.

18 Löschungsansprüche hinsichtlich Ausschreibungen nach § 50 Abs. 6 AufenthG sind mit der allgemeinen Leistungsklage – zur Durchsetzung eines öffentlich-rechtlichen Unterlassungsanspruchs[38] – und im Eilverfahren mit einem Antrag nach § 123 VwGO zu verfolgen. Anspruchsgegner ist der Rechtsträger der Stelle, die die Ausschreibung veranlasst hat.

B. Erlöschen von Aufenthaltstiteln (§ 51 AufenthG)

19 In § 51 AufenthG wird bestimmt, wann ein Aufenthaltstitel erlischt, wann die Befreiung vom Erfordernis eines Aufenthaltstitels entfällt, wann Nebenbestimmungen trotz Erlöschen des Titels weiter wirken und in welcher Weise die Ausländerbehörden im Falle des Erlöschens eines Aufenthaltstitels nach § 38a AufenthG mit dem Mitgliedstaat, in dem der Betroffene ein Daueraufenthaltsrecht-EU erlangt hatte, in Kontakt zu treten haben. Der folgende Abschnitt befasst sich allein mit den **Erlöschensgründen und ihren Ausnahmen.**

20 Auf türkische Staatsangehörige, denen ein Aufenthaltsrecht nach dem ARB 1/80 zusteht, kann § 51 AufenthG nicht vorbehaltlos angewendet werden. Denn das Erlöschen der sich hier ergebenen Rechtspositionen richtet sich allein nach unionsrechtlichen Vorgaben[39] und zwar unabhängig davon, ob daneben erteilte, sich nach nationalem Recht richtende Auf-

---

[30] Vgl. VGH München Urt. v. 17.6.1997 – 10 B 97.1277, AuAS 1997, 110.
[31] VGH Mannheim Beschl. v. 16.11.2010 – 11 S 2328/10, NVwZ-RR 2011, 172.
[32] *Funke-Kaiser* in GK-AufenthG § 50 Rn. 71 ff.
[33] BVerfG Beschl. v. 7.5.2009 – 2 BvR 475/09, NVwZ 2009, 1034; s. zu möglichen faktischen Problemen dieser zutreffenden Rechtsprechung *Beichel-Benedetti* in Huber AufenthG § 50 Rn. 5.
[34] BVerfG Beschl. v. 7.5.2009 – 2 BvR 475/09, NVwZ 2009, 1034.
[35] OVG Lüneburg Beschl. v. 26.1.2015 – 8 ME 163/14, InfAuslR 2015, 252.
[36] So auch *Möller* in NK-AuslR AufenthG § 50 Rn. 23; aA *Funke-Kaiser* in GK-AufenthG § 50 Rn. 76.
[37] *Hailbronner* AuslR AufenthG § 50 Rn. 35.
[38] OVG Lüneburg Beschl. v. 26.1.2015 – 8 ME 163/14, InfAuslR 2015, 252.
[39] S. *Funke-Kaiser* in GK-AufenthG § 51 Rn. 14–17.

enthaltstitel, etwa eine Niederlassungserlaubnis nach § 9 AufenthG, in Anwendung von § 51 AufenthG erloschen sein sollten.

I. Allgemeines zu den Erlöschensgründen

In § 51 Abs. 1 AufenthG werden die Erlöschensgründe abschließend aufgezählt. Die Rechtswirkungen treten bei Erfüllung einer der gesetzlichen Tatbestände kraft Gesetzes ein. Es bedarf keiner Umsetzung durch einen Verwaltungsakt.[40] Allerdings ist die Ausländerbehörde ermächtigt, mittels Verwaltungsakts festzustellen, ob ein Aufenthaltstitel nach § 51 AufenthG erloschen ist.[41] Mit dem Erlöschen eines Aufenthaltstitels wird die Ausreisepflicht nach § 50 Abs. 1 AufenthG begründet (→ § 6 Rn. 3 ff.). Dies gilt mit dem Eintritt des Tatbestandes unbeschadet der Vollziehbarkeit der Entscheidung, die zum Erlöschen des Aufenthaltstitels führt. Das folgt aus § 84 Abs. 2 AufenthG. 21

II. Die Erlöschensgründe aus § 51 Abs. 1 AufenthG

1. Ablauf der Geltungsdauer (§ 51 Abs. 1 Nr. 1 AufenthG)

Die **Aufenthaltserlaubnis** (§ 7 AufenthG) und das **Visum** (§ 6 Abs. 1 Nr. 1 und Abs. 3 AufenthG) als zeitlich befristete Aufenthaltstitel erlöschen nach der Anordnung von § 51 Abs. 1 Nr. 1 AufenthG mit dem Ablauf ihrer Geltungsdauer. Zu beachten ist, dass der rechtzeitige Erteilungs- oder Verlängerungsantrag dazu führt, dass der bisherige Titel vom Zeitpunkt seines Ablaufs bis zur Bekanntgabe der Entscheidung der Ausländerbehörde als fortbestehend (Fiktionswirkung des § 81 Abs. 4 AufenthG) gilt, beim Visum gilt dies allerdings nur für das nationale Visum nach § 6 Abs. 3 AufenthG.[42] 22

2. Eintritt einer auflösenden Bedingung (§ 51 Abs. 1 Nr. 2 AufenthG)

Aufenthaltserlaubnisse und Visa dürfen in Anwendung von § 12 Abs. 2 S. 1 AufenthG mit auflösenden Bedingungen versehen werden, die anderen Aufenthaltstitel des AufenthG hingegen nicht. Im Einzelnen ist es streitig, wie **bestimmt / bestimmbar eine auflösende Bedingung formuliert** sein muss und ob mit ihrer Hilfe Regelungen zur nachträglichen zeitlichen Befristung wegen des Wegfalls von Erteilungsvoraussetzungen „umgangen" werden dürfen, etwa mit Formulierungen wie: „Erlischt bei Bezug von Leistungen nach dem SGB II oder dem SGB XII."[43] Allerdings kann es nicht legitimer Zweck des Einsatzes auflösender Bedingungen sein, über die Automatik einer auflösenden Bedingung das vom AufenthG vorgegebene Prüfprogramm zu umgehen und etwa über die Bedingung die zwingende Rechtsfolge „Erlöschen" herbeizuführen, obwohl das AufenthG zunächst eine Ermessensentscheidung der Ausländerbehörde vorsieht.[44] Die Bedingung darf auch nicht so ausgestaltet sein, dass der Ausländer gleichsam sofort in einen illegalen Aufenthalt gerät.[45] 23

Allerdings ist zu berücksichtigen, dass die wenigsten Rechtsfehler einer Bedingung zu deren Nichtigkeit (§ 44 VwVfGe der Länder) führen werden. Ist eine Bedingung – wie häufig – nicht angegriffen worden, kann sie bestandskräftig sein und unabhängig von der materiellen Rechtmäßigkeit endgültige Wirkungen entfalten. Es kommt dann auf die Rechtmäßigkeit der Bedingung nicht an.[46] 24

---

[40] BVerwG Urt. v. 20.11.1990 – 1 C 8.89, DVBl. 1991, 276.
[41] VGH Mannheim Urt. v. 9.11.2015 – 11 S 714/15, InfAuslR 2016, 100.
[42] Schengen-Visa sind also nicht „fiktionsfähig"; was sich aus § 81 Abs. 4 Satz 2 AufenthG ergibt; s. auch BVerwG Urt. v. 19.11.2019 – 1 C 22.18, BeckRS 2019, 36255.
[43] Vgl. BVerwG Urt. v. 16.11.2010 – 1 C 20.09, BVerwGE 138, 135 Rn. 15; *Hoppe* InfAuslR 2008, 292, zweifelnd offenbar auch BSG Urt. v. 14.6.2018 – B 4 AS 23/17 R, BeckRS 2018, 27657 Rn. 21.
[44] *Funke-Kaiser* in GK-AufenthG § 51 Rn. 32; *Dienelt* in Bergmann/Dienelt AufenthG § 12 Rn. 24.
[45] VGH Mannheim Beschl. v. 11.12.2013 – 11 S 2077/13, InfAuslR 2014, 42.
[46] AA *Dollinger* in Bergmann/Dienelt AufenthG § 51 Rn. 6.

3. Rücknahme und Widerruf (§ 51 Abs. 1 Nr. 3 und Nr. 4 AufenthG)

25 Das Aufenthaltsgesetz enthält für die **Rücknahme** von Aufenthaltstiteln keine spezielle Rechtsgrundlage, sodass auf die allgemeine Bestimmung aus § 48 VwVfG (des jeweiligen Landes) zurückzugreifen ist. Mit der Rücknahme eines Aufenthaltstitels kann ein von Anfang an rechtswidrig erteilter Aufenthaltstitel mit Wirkung für die Zukunft oder auch rückwirkend für die Vergangenheit aufgehoben werden. Maßgeblicher Zeitpunkt für die gerichtliche Überprüfung ist der Zeitpunkt der letzten mündlichen Verhandlung in der Tatsacheninstanz.[47] Die Ausländerbehörde trägt die materielle Beweislast für die Voraussetzungen der Rücknahme.[48] Die Entscheidung über die Rücknahme ist nach § 48 Abs. 1 VwVfG eine Ermessensentscheidung. Die Feststellung der rechtswidrigen Erteilung führt nicht zwingend zur Rücknahme des Titels. Vielmehr sind hier alle die Gesichtspunkte, die auch bei einer Ausweisung in den Blick zu nehmen sind (vgl. §§ 53 Abs. 2 und 55 AufenthG), von der Behörde zu bewerten. Die **Rücknahme von Schengen-Visa** richtet sich allein nach Art. 34 Abs. 1 **Visakodex**. In der Terminologie der Regelung handelt es sich um die Annullierung des Visums.

26 Ein weiterer Erlöschensgrund für einen Aufenthaltstitel ist sein **Widerruf**. Dieser ist in § 52 AufenthG für das Aufenthaltsgesetz spezialgesetzlich geregelt (→ Rn. 501 ff.). Einzig von § 52 AufenthG nicht erfasst sind **Schengen-Visa**, deren Widerruf richtet sich nach Art. 34 Abs. 2 **Visakodex**. Dort handelt es sich um die Aufhebung für den Fall, dass die Voraussetzungen für die Erteilung nicht mehr erfüllt sind.

4. Ausweisung oder Abschiebungsanordnung (§ 51 Abs. 1 Nr. 5 und Nr. 5a AufenthG)

27 Der Aufenthaltstitel erlischt mit Eintritt der Wirksamkeit der Ausweisung nach § 53 AufenthG (→ § 7 Rn. 171 ff.), ohne dass es auf deren Vollziehbarkeit ankäme oder mit Bekanntgabe einer Abschiebungsanordnung nach § 58a AufenthG (→ § 8 Rn. 301 ff.).

5. Ausreise (§ 51 Abs. 1 Nr. 6 und Nr. 7 AufenthG)

28 In § 51 Abs. 1 Nr. 6 und 7 AufenthG ist geregelt, wann Aufenthaltstitel aufgrund einer **Ausreise** und gegebenenfalls einer **nicht rechtzeitigen Wiedereinreise** kraft Gesetzes erlöschen. Diese Regelungen sind aufgrund ihrer Strenge und fehlender Härtefallklauseln für Ausländer gefährliche Fallstricke, wenn sie das Bundesgebiet nicht nur kurzzeitig und vorübergehend verlassen. In den Abs. 2 bis 4 finden sich sodann eine Reihe von Sonderregelungen und Rückausnahmen.

29 **a) Zweck der Regelungen.** Sinn und Zweck der Erlöschensregelungen ist es, Rechtsklarheit zu schaffen, ob ein Ausländer, der für längere Zeit ausreist, seinen Aufenthaltstitel weiter besitzt oder nicht.[49] Im Interesse einer effektiven Steuerung der Migration (§ 1 Abs. 1 S. 1) soll einer zeitlich unbegrenzten Möglichkeit der Abwesenheit und Wiedereinreise entgegengewirkt werden. Der Regelungszweck der beiden Erlöschenstatbestände ist es daher, die Aufenthaltstitel in den Fällen zum Erlöschen zu bringen, in denen das Verhalten des Ausländers **typischerweise den Schluss rechtfertigt,** dass er **von seinem Aufenthaltsrecht keinen Gebrauch** mehr machen will.[50]

30 **b) Begriff der Ausreise in § 51 Abs. 1 Nr. 6 und Nr. 7 AufenthG.** Ausgehend von der Zweckbestimmung kann ein **Verlassen des Bundesgebiets aufgrund staatlicher Zwangsmaßnahmen keine Ausreise** iSd § 51 Abs. 1 Nr. 6 oder 7 AufenthG sein. So

---

[47] BVerwG Urt. v. 8.12.2009 – 1 C 16.08, BVerwGE 135, 334 Rn. 11.
[48] BVerwG Urt. v. 8.12.2009 – 1 C 16.08, BVerwGE 135, 334 Rn. 36.
[49] Vgl. die Begründung zu § 44 Abs. 1 Nr. 2 und 3 AuslG 1990 in BT-Drs. 11/6321, 71.
[50] BVerwG Urt. v. 17.1.2012 – 1 C 1.11, BVerwGE 141, 325 Rn. 9.

rechtfertigt die Auslieferung eines Betroffenen aufgrund eines Europäischen Haftbefehls die unwiderlegbare Vermutung eines Wegfalls des Interesses am Fortbestand des Aufenthaltstitels nicht.[51] Eine **privat erzwungene Ausreise,** sei es eine Entführung, sei es eine aufgrund einer Nötigung, stellt sich hingegen als **Ausreise im technischen Sinne** dar und kann zum Erlöschen der Aufenthaltstitel führen, wobei in solchen Fällen Rückkehrmöglichkeiten nach § 7 Abs. 1 S. 3 AufenthG oder § 37 AufenthG ernsthaft in Betracht zu ziehen sind, um dem Ausländer eine legale Wiedereinreise zu ermöglichen. Dies zeigt sich auch an Abs. 4 S. 2 AufenthG (→ Rn. 219), wenn dort die Folgen einer Zwangsehe im Ausland gesondert geregelt werden.[52]

c) Ausreise aus nicht nur vorübergehendem Grund (§ 51 Abs. 1 Nr. 6 AufenthG). 31 Unschädlich für den Fortbestand eines Aufenthaltstitels sind nach § 51 Abs. 1 Nr. 6 AufenthG lediglich solche Ausreisen mit sich anschließendem Auslandsaufenthalt, die nach ihrem Zweck **typischerweise zeitlich begrenzt** sind und die keine wesentliche Änderung der gewöhnlichen Lebensumstände in Deutschland mit sich bringen. Fehlt es an einem dieser Erfordernisse, liegt ein **seiner Natur nach nicht vorübergehender Grund** vor. Neben der Dauer und dem Zweck des Auslandsaufenthalts sind alle objektiven Umstände des Einzelfalles zu berücksichtigen, während es auf den inneren Willen des Ausländers – insbesondere auf seine Planung der späteren Rückkehr nach Deutschland – nicht allein ankommen kann,[53] ohne dass die Motive, so sie erweislich sind, gänzlich unerheblich wären.[54]

Der Tatbestand ist auch dann erfüllt, wenn sich nach der zunächst nur vorübergehenden 32 Ausreise der Grund für den Auslandsaufenthalt ändert und einen nicht nur vorübergehenden Charakter erhält.[55] Umgekehrt entfällt der Erlöschensgrund nicht dann, wenn ein Ausländer, der aus nicht nur vorübergehendem Grund ausreist und etwa seinen Hausstand auflöst, seine Absichten kurze Zeit später ändert und zurückreisen will. Auch dies zeigt, dass die vorzunehmende Bewertung nach im **Wesentlichen objektiven Maßstäben eine hohe Gefahr für die Betroffenen** birgt, weil selbst dann, wenn der Ausländer nicht dauerhaft ausreisen will und sich deshalb der Gefahr des Verlusts seines Aufenthaltstitels gar nicht bewusst ist, eine dauerhafte Ausreise vorliegen kann.

Als ihrer Natur nach vorübergehende Gründe für Auslandsaufenthalte können danach 33 etwa Urlaubsreisen oder beruflich veranlasste Aufenthalte von ähnlicher Dauer anzusehen sein, ebenso Aufenthalte zur vorübergehenden Pflege von Angehörigen, zur Ableistung der Wehrpflicht oder Aufenthalte während der Schul- oder Berufsausbildung, die nur zeitlich begrenzte Ausbildungsabschnitte, nicht aber die Ausbildung oder wesentliche Teile[56] insgesamt ins Ausland verlagern.[57] Eine feste Zeitspanne, bei deren Überschreitung stets oder auch nur regelmäßig ein nicht vorübergehender Grund anzunehmen ist, lässt sich nicht benennen.[58] Dennoch gilt, dass je länger die Abwesenheit dauert bzw. geplant ist, desto mehr für einen nicht vor vorübergehenden Grund spricht.[59] Daher sind die Flucht vor Strafverfolgung in der Bundesrepublik,[60] die Aufgabe von Wohnung und Arbeitsplatz sowie die Mitnahme von Hausrat[61] deutliche Indizien für einen nicht nur vorübergehenden Grund.

---

[51] BVerwG Urt. v. 17.1.2012 – 1 C 1.11, BVerwGE 141, 325 Rn. 12.
[52] *Dollinger* in Bergmann/Dienelt AufenthG § 51 Rn. 11.
[53] BVerwG Urt. v. 11.12.2012 – 1 C 15.11, NVwZ-RR 2013, 338 Rn. 16.
[54] *Funke-Kaiser* in GK-AufenthG § 51 Rn. 46.
[55] *Tanneberger/Fleuß* in BeckOK AuslR AufenthG § 51 Rn. 7, *Dollinger* in Bergmann/Dienelt AufenthG § 51 Rn. 13.
[56] OVG Berlin-Brandenburg Urt. v. 28.9.2010 – 11 B 14.10, OVGE 31, 156.
[57] BVerwG Urt. v. 11.12.2012 – 1 C 15.11, NVwZ-RR 2013, 338 Rn. 16.
[58] *Funke-Kaiser* in GK-AufenthG § 51 Rn. 46.
[59] *Dollinger* in Bergmann/Dienelt AufenthG § 51 Rn. 13.
[60] VGH Mannheim Beschl. v. 22.1.2004 – 11 S 192/04, VBlBW 2004, 388.
[61] *Funke-Kaiser* in GK-AufenthG § 51 Rn. 48.

34 **d) Ausreise und keine Wiedereinreise in der Sechs-Monats-Frist (§ 51 Abs. 1 Nr. 7 AufenthG).** § 51 Abs. 1 Nr. 7 AufenthG enthält in seinem Tatbestand **kein subjektives Element**. Es kommt auf die Gründe der Ausreise und der – zu späten – Wiedereinreise für die Anwendung der Vorschrift nicht an. So ist es irrelevant, ob die nicht rechtzeitige Rückkehr auf einer freiwilligen, selbstbestimmten Entscheidung des Ausländers bzw. auf seinem Verschulden beruht oder auf Gründen, die von seinem Willen unabhängig sind, wie etwa eine die Rückreise verhindernde Erkrankung.[62]

35 Umstritten ist, ob eine **kurzzeitige Rückreise den Sechs-Monats-Zeitraum** unterbricht oder ob ein Besuchsaufenthalt in Deutschland insoweit unbeachtlich ist. Dies hängt im Wesentlichen davon ab, ob die Wiedereinreise iSd Nr. 7 mit der Einreise nach § 13 Abs. 2 AufenthG gleichzusetzen ist oder ob hier weitergehende Anforderungen zu stellen sind.[63] Die von Befürwortern der Unbeachtlichkeit einer solchen Rückkehr[64] herangezogene Entscheidung des BVerwG[65] ist insoweit unergiebig, weil sie zu § 9 AuslG 1965, der nicht auf eine Wiedereinreise abstellte, erging. Auch die Behauptung, an eine Wiedereinreise seien weitergehende Anforderungen zu stellen als an die Einreise,[66] lässt sich mit dem Gesetzeswortlaut nicht begründen. Vielmehr spricht der Wortlaut eher dafür, jede erneute Einreise – und damit die von Nr. 7 in Bezug genommene Wiedereinreise – zur Unterbrechung der Frist genügen zu lassen.[67] Richtigerweise wird die Abgrenzung danach zu erfolgen haben, **ob die Wiedereinreise eine fortbestehende Verbundenheit zur Bundesrepublik zu dokumentieren geeignet ist** oder ob sie nur zur Herstellung eines kurzfristigen Gebietskontakts dient.[68]

36 Bei der Sechs-Monats-Frist handelt es sich um eine **gesetzliche Ausschlussfrist**, was zur Folge hat, dass eine Wiedereinsetzung in den vorigen Stand hier nicht möglich ist.[69] Die Frist ist jedoch **durch die Ausländerbehörde verlängerbar**. Ein entsprechender Antrag muss rechtzeitig vor Ablauf der Frist, nicht notwendigerweise aber vor der Ausreise, gestellt werden. Auch die Fristverlängerung selbst muss vor Ablauf der Sechs-Monats-Frist erfolgen, denn eine spätere Entscheidung vermag den bereits erloschenen Aufenthaltstitel nicht wieder aufleben zu lassen.[70]

37 Die Entscheidung über die Fristverlängerung steht **im Ermessen der Ausländerbehörde**, wobei der Gesetzeswortlaut keine Anhaltspunkte über das Prüfprogramm liefert.[71] Richtigerweise kommt eine dem Grunde nach positive Entscheidung nur in Betracht, wenn die Dauer des Auslandsaufenthalts im Zeitpunkt der Entscheidung bei einem weiten Verständnis noch absehbar ist,[72] da der Aufenthalt ansonsten in einen nicht mehr vorübergehenden Aufenthalt umschlägt und der Erlöschenstatbestand aus Nr. 6 eingreift (→ Rn. 31 ff.). In Betracht kommt ein absehbares Rückreisehindernis wie eine im Ausland aufgetretene Erkrankung oder ein vorübergehender Betreuungsbedarf für Angehörige oder enge Freunde im Ausland ebenso wie ein längerfristiger Auslandsaufenthalt für einen deutschen Arbeitgeber. Die Frist darf aber nicht über die Geltungsdauer des Aufenthaltstitels selbst hinausreichen.[73]

---

[62] OVG Berlin-Brandenburg Beschl. v. 12.4.2017 – 11 S 6.17, AuAS 2017, 122.
[63] *Tanneberger/Fleuß* in BeckOK AuslR AufenthG § 51 Rn. 11.
[64] Etwa Hailbronner AuslR AufenthG § 51 Rn. 26; OVG Berlin-Brandenburg Urt. v. 28.9.2010 – 11 B 14.10, OVGE 31, 156.
[65] BVerwG Beschl. v. 30.12.1988 – 1 B 135.88, InfAuslR 1989, 114.
[66] *Tanneberger/Fleuß* in BeckOK AuslR AufenthG § 51 Rn. 11.
[67] VGH Mannheim Urt. v. 9.11.2015 – 11 S 714/15, InfAuslR 2016, 100; *Dollinger* in Bergmann/Dienelt AufenthG § 51 Rn. 17; *Funke-Kaiser* in GK-AufenthG § 51 Rn. 58.
[68] Ähnlich auch *Möller* in NK-AuslR AufenthG § 51 Rn. 18; unklar Hailbronner AuslR AufenthG § 51 Rn. 27.
[69] OVG Berlin-Brandenburg Urt. v. 17.8.2007 – 11 S 33.07, InfAuslR 2007, 449 mwN; *Funke-Kaiser* in GK-AufenthG § 51 Rn. 59.
[70] Vgl. VGH Kassel Beschl. v. 16.3.1999 – 10 TZ 325/99, InfAuslR 1999, 454; OVG Münster Beschl. v. 8.5.2008 – 18 A 2542/06, juris.
[71] *Möller* in NK-AuslR AufenthG § 51 Rn. 21.
[72] *Funke-Kaiser* in GK-AufenthG § 51 Rn. 66.
[73] *Funke-Kaiser* in GK-AufenthG § 51 Rn. 67.

6. Asylantrag bei humanitärem Aufenthaltstitel (§ 51 Abs. 1 Nr. 8 AufenthG)

Stellt ein Ausländer, der im Besitz eines **humanitären Aufenthaltstitels** nach §§ 22, 23 oder § 25 Abs. 3 bis 5 AufenthG ist, einen **Asylantrag iSd § 13 AsylG,** so erlischt sein Titel. Aus dieser Erlöschensregelung ergibt sich aber der klare Wille des Gesetzgebers, während eines noch nicht insgesamt abgeschlossenen Asylverfahrens den rechtmäßigen Aufenthalt des Ausländers allein durch die Aufenthaltsgestattung nach dem AsylG zu sichern und daneben grundsätzlich keinen humanitären Aufenthaltstitel zuzulassen.[74] Zweifelhaft ist aber deswegen, ob der Folgeantrag eines Ausländers, der in einem ersten Asylverfahren ein nationales Abschiebungsverbot (§ 60 Abs. 5 oder Abs. 7 AufenthG) erstritten und deshalb im Besitz eines Aufenthaltstitels nach § 25 Abs. 3 AufenthG ist, zum Erlöschen dieses Titels führen kann. Denn der auf die Gewährung internationalen Schutzes (§§ 3 und 4 AsylG) bezogene Folgeantrag führt zunächst nicht zum Entstehen der Aufenthaltsgestattung. Es ist zu überlegen, ob diese Schlechterstellung von schutzbedürftigen Personen wegen des erneuten Nachsuchens um internationalen Schutz, um einen höherwertigen Schutz, nicht abschreckende Wirkung hat und damit die praktische Wirksamkeit der Anerkennungs-RL 2011/95/EU unionsrechtswidrig beeinträchtigt.[75]

38

III. Privilegierungen und Ausnahmen

In den Abs. 1a, 2, 4 und 10 finden sich Regelungen, die **Inhaber bestimmter Aufenthaltstitel privilegieren.** Abs. 3 betrifft eine Ausnahme von § 51 Abs. 1 Nr. 7 AufenthG, Abs. 4 S. 2 regelt eine Ausnahme von § 51 Abs. 1 Nr. 6 und Nr. 7 AufenthG, Abs. 4 S. 1 führt für Inhaber einer Niederlassungserlaubnis dazu, dass anstelle einer Ermessensentscheidung eine regelmäßig gebundene Entscheidung über die Verlängerung der Frist nach § 51 Abs. 1 Nr. 7 AufenthG zu ergehen hat.

39

1. Inhaber einer ICT-Karte nach § 19 AufenthG und bestimmter Aufenthaltstitel zu Studien- und Forschungszwecken (§ 51 Abs. 1a AufenthG)

Die Erlöschensgründe des § 51 Abs. 1 Nr. 6 und 7 AufenthG gelten aufgrund der Anordnung des § 51 Abs. 1a AufenthG[76] nicht, wenn die Inhaber der ICT-Karte nach § 19 AufenthG (→ § 5 Rn. 162 ff.) von den in der RL 2014/66/EU[77] eröffneten Möglichkeiten oder der Inhaber einer Aufenthaltserlaubnis zu Studien- oder Forschungszwecken (§§ 16b und 18d AufenthG (→ § 5 Rn. 177 ff.), von den in RL 2016/801/EU[78] vorgesehenen Möglichkeiten zur Mobilität innerhalb der EU Gebrauch machen.

40

2. Inhaber einer Niederlassungserlaubnis (§ 51 Abs. 2 und Abs. 4 AufenthG)

Die strengen Erlöschensregeln des § 51 Abs. 1 Nr. 6 und Nr. 7 AufenthG gelten grundsätzlich auch für Personen mit einem sehr verfestigten Aufenthalt. Denn sie sind auf die unbefristete **Niederlassungserlaubnis** anwendbar. In § 51 Abs. 2 AufenthG macht das Gesetz aber dann eine Ausnahme, wenn der Inhaber einer Niederlassungserlaubnis sich **seit mindestens 15 Jahren** rechtmäßig im Bundesgebiet aufgehalten hat, **der Lebensunterhalt gesichert** ist und **kein Ausweisungsinteresse** nach § 54 Abs. 1 Nr. 2 bis 5 oder Abs. 2 Nr. 5 bis 7 AufenthG (→ § 7 Rn. 83 ff.) besteht, also vom Ausländer keine terroristischen oder extremistischen Gefahren ausgehen und auch keine besonders schwerwiegenden Verstöße gegen grundlegende Integrationsverpflichtungen festzustellen sind.[79]

41

---

[74] BVerwG Urt. v. 17.12.2015 – 1 C 31.14, BVerwGE 153, 353 Rn. 13.
[75] Keine Bedenken hat *Dollinger* in Bergmann/Dienelt, AufenthG § 51 Rn. 24.
[76] Eingefügt mWv 1.8.2017 durch Gesetz v. 12.5.2017 (BGBl. I 1106).
[77] V. 15.5.2014 (ABl. L 157, 1).
[78] V. 21.4.2015 (ABl. L 132, 21).
[79] *Dollinger* in Bergmann/Dienelt AufenthG § 51 Rn. 27.

42 Die **Sicherung des Lebensunterhalts** richtet sich nach der Bestimmung in § 2 Abs. 3 AufenthG (→ § 5 Rn. 56 ff.). Maßgeblicher **Prognosezeitpunkt** ist der Zeitpunkt der Ausreise und nicht der Zeitpunkt der beabsichtigten Wiedereinreise. Von diesem Zeitpunkt ausgehend ist die Prognose zu stellen, ob der Lebensunterhalt des Ausländers in Zukunft auf Dauer oder zumindest auf absehbare Zeit im Falle eines erneuten Aufenthalts in Deutschland gesichert ist.[80] Nur ausgehend von diesem Prognosezeitpunkt können die Betroffenen hinreichend verlässlich die rechtliche Relevanz einer Ausreise einschätzen. Auch wird so das gesetzgeberische Ziel erreicht, es bei dem privilegierten Personenkreis erst gar nicht zu einem Erlöschen der Niederlassungserlaubnis kommen zu lassen, sondern ihm die jederzeitige Ein- und Ausreise zu ermöglichen.[81]

43 **Als Prognosegrundlage** ist dabei die gesamte Erwerbsbiografie des Betroffenen bis zum maßgeblichen Zeitpunkt in den Blick zu nehmen. Relevante Eckdaten sind dabei Ausbildung, Qualifikation, Zeiten der Arbeitslosigkeit sowie Dauer und Wechsel der Beschäftigungen. Mit anderen Worten ist eine Prognose zur dauerhaften Sicherung des Lebensunterhalts nur dann aussagekräftig, wenn die berufliche Qualifikation des Antragstellers berücksichtigt wird, da sie maßgeblich dafür ist, ob er dauerhaft eine Beschäftigung mit ausreichendem Einkommen findet.[82]

44 Wenn **der Ehegatte des Betroffenen** auch Inhaber einer Niederlassungserlaubnis ist, gilt die Privilegierung auch für ihn. Nur einer der beiden Ehegatten braucht eine Aufenthaltszeit von 15 Jahren aufzuweisen. Ist der Ehegatte Deutscher, kommt es für den Inhaber einer Niederlassungserlaubnis weder auf eine Mindestaufenthaltszeit noch auf die Lebensunterhaltssicherung an, § 51 Abs. 2 S. 2 AufenthG. Hier reicht das Fehlen der oben aufgezählten Ausweisungsinteressen, um die Privilegierung zu eröffnen.

45 Der Inhaber einer Niederlassungserlaubnis hat nicht nur einen Anspruch auf ermessensfehlerfreie Bescheidung eines Antrags auf Bestimmung einer längeren als der in § 51 Abs. 1 Nr. 7 AufenthG vorgesehenen Frist. Ihm kommt dann ein „**Regel-Anspruch**" zu, wenn er aus einem seiner Natur nach vorübergehenden Grunde (→ Rn. 31 ff.) ausreisen will, § 51 Abs. 4 S. 1 Alt. 1 AufenthG.

46 Nach **Abs. 10 S. 2** ist die **Frist** aus Abs. 1 Nr. 7 für diejenigen Inhaber einer Niederlassungserlaubnis, die die Voraussetzungen nach Abs. 2 nicht erfüllen und also § 51 Abs. 1 Nr. 7 AufenthG Anwendung findet, nicht sechs, sondern **zwölf Monate lang,** wenn sie sich 15 Jahre rechtmäßig im Bundesgebiet aufgehalten und das 60. Lebensjahr vollendet haben. Ehegatten mit einer Niederlassungserlaubnis müssen auch hier den Mindestaufenthalt von 15 Jahren nicht aufweisen. Die Regelung ermöglicht Personen, die wegen ihres Alters nicht mehr berufstätig sind, längere Zeiten im Ausland, meistens im Herkunftsstaat, zu verbringen.

3. Abweichung von § 51 Abs. 1 Nr. 6 und 7 AufenthG ohne Niederlassungserlaubnis (§ 51 Abs. 3, Abs. 4 Abs. 7 und Abs. 10 AufenthG)

47 Nach § 51 Abs. 3 AufenthG gelangt die Sechs-Monats-Frist aus § 51 Abs. 1 Nr. 7 AufenthG nicht zur Anwendung, wenn Grund der nicht rechtzeitigen Einreise die **Erfüllung der gesetzlichen Wehrpflicht** ist und die Wiedereinreise innerhalb von drei Monaten nach der Entlassung erfolgt. Weder ist ein freiwilliger Wehrdienst[83] noch ein Ersatzdienst[84] von dieser Vorschrift erfasst. Allerdings sind beide Dienste hinreichender Anlass für eine Fristverlängerung nach § 51 Abs. 1 Nr. 7 AufenthG durch die Ausländerbehörde (→ Rn. 36).

48 Nach § 51 Abs. 4 S. 1 Alt. 2 AufenthG besteht ein Regel-Anspruch auf Gewährung einer längeren Frist nach § 51 Abs. 1 Nr. 7 AufenthG, wenn der beabsichtigte Auslands-

---

[80] BVerwG Urt. v. 23.3.2017 – 1 C 14.16, NVwZ-RR 2017, 670 Rn. 15 ff.
[81] BVerwG Urt. v. 23.3.2017 – 1 C 14.16, NVwZ-RR 2017, 670 Rn. 19.
[82] OVG Koblenz Beschl. v. 11.10.2019 – 7 B 11279/19, BeckRS 2019, 25182.
[83] *Dollinger* in Bergmann/Dienelt AufenthG § 51 Rn. 31.
[84] *Funke-Kaiser* in GK-AufenthG § 51 Rn. 85.

aufenthalt eines Ausländers, der im Besitz eines Aufenthaltstitels ist, **Interessen der Bundesrepublik Deutschland** dient. Dies kann ua dann der Fall sein, wenn der Ausländer ausländischer Ehegatte eines deutschen Diplomaten ist und diesen ins Ausland begleitet oder wenn der Auslandsaufenthalt entwicklungsrelevanten Geschäftsbeziehungen dient.[85]

Die Bestimmung in § 51 Abs. 4 S. 2 AufenthG ist durch das Gesetz zur **Bekämpfung der Zwangsheirat** und zum besseren Schutz der **Opfer von Zwangsheirat**[86] in das Gesetz eingefügt worden. Die Vorschrift ergänzt § 37 Abs. 2a AufenthG und sichert, dass Opfer einer Zwangsheirat durch eine erzwungene Ausreise ihr Aufenthaltsrecht zehn Jahre lang nicht verlieren können.[87] Um das Gesetz nicht leerlaufen zu lassen, ist es regelmäßig notwendig, einen substantiierten, schlüssigen und kohärenten Vortrag der Betroffenen zum Nachweis der Tatbestandsvoraussetzungen ausreichen zu lassen.[88] 49

Nach § 51 Abs. 7 S. 1 AufenthG erlöschen **Aufenthaltstitel von Asylberechtigten** (Art. 16a GG) und **Flüchtlingen** (§ 3 AsylG) dann nicht nach § 51 Abs. 1 Nr. 6 oder Nr. 7 AufenthG, wenn sie im Besitz eines gültigen, von einer deutschen Behörde ausgestellten Reiseausweises für Flüchtlinge sind, solange die Zuständigkeit für die Ausstellung eines solchen Passes nicht auf einen anderen Staat übergegangen ist.[89] Diese Regelung ist völkerrechtlich geboten, da Art. 28 GFK dazu verpflichtet, dass Inhaber dieses Reiseausweises während dessen Gültigkeitsdauer in den Ausstellerstaat einreisen können. 50

Inhaber der **Blauen Karte EU** (§ 18b Abs. 2 AufenthG, → § 5 Rn. 155 ff.) sowie von Familienangehörigen eines Inhabers der Blauen Karte EU, die im Besitz einer Aufenthaltserlaubnis nach den §§ 30, 32, 33 oder 36 AufenthG sind, haben in Abweichung von § 51 Abs. 1 Nr. 7 AufenthG nach der gesetzlichen Anordnung des § 51 Abs. 10 S. 1 AufenthG keine Sechs-Monats-Frist, sondern eine Zwölf-Monats-Frist zu beachten. Allerdings kennt die RL 2009/50/EG, auf die die Einführung der Blauen Karte EU zurückgeht, den Erlöschensgrund der Ausreise ohne Rückkehr binnen einer Frist nicht. Der sich allein mit dem Rechtsverlust beschäftigende Art. 9 RL 2009/50/EG regelt die Verlust- und Entzugsgründe abschließend. Daher ist § 51 Abs. 1 Nr. 7 AufenthG aufgrund des **Anwendungsvorrangs des Unionsrechts** bereits nicht auf Titel nach § 18b Abs. 2 AufenthG anzuwenden.[90] 51

IV. Erlöschen der Erlaubnis zum Daueraufenthalt-EU

In § 51 Abs. 9 AufenthG finden sich abschließende und eigenständige Regelungen über das **Erlöschen der Erlaubnis zum Daueraufenthalt-EU**. Die Bestimmung dient der Umsetzung von Art. 9 RL 2003/109/EG. Der Titel erlischt im Falle der Zurücknahme wegen Täuschung, Drohung oder Bestechung (Nr. 1), durch Ausweisung oder Bekanntgabe einer Abschiebungsanordnung (Nr. 2), bei einem Aufenthalt für einen Zeitraum von zwölf aufeinander folgenden Monaten außerhalb des Gebiets, in dem die Rechtsstellung erworben werden kann – das Gebiet umfasst nicht das Vereinigte Königreich, Irland und Dänemark – (Nr. 3)[91], bei einem Auslandsaufenthalt von sechs Jahren (Nr. 4) oder durch Erwerb der Rechtsstellung eines langfristig Aufenthaltsberechtigten in einem anderen Mitgliedstaat der EU (Nr. 5). 52

---

[85] *Funke-Kaiser* in GK-AufenthG § 51 Rn. 91.
[86] Gesetz v. 23.6.2011, BGBl. I 1266.
[87] *Eichenhofer* NVwZ 2011, 792.
[88] *Funke-Kaiser* in GK-AufenthG § 51 Rn. 94.
[89] Siehe dazu etwa Art. 2 und 4 des Europäischen Übereinkommens vom 16.10.1980 über den Übergang der Verantwortung für Flüchtlinge, BGBl. 1994 II 2646.
[90] *Funke-Kaiser* in GK-AufenthG § 51 Rn. 134.
[91] Abweichend *Dollinger* in Bergmann/Dienelt AufenthG § 51 Rn. 42, der unter Verweis auf den Wortlaut von Art. 9 Abs. 1 lit. c RL 2003/109/EG („...nicht im Gebiet der Gemeinschaft aufgehalten...") schlussfolgert, dass ein Aufenthalt im Unionsgebiet für den Fortbestand des Titels nicht schädlich sein kann.

C. Widerruf (§ 52 AufenthG)

53 Der Widerruf aller Arten von Aufenthaltstiteln wird in § 52 AufenthG abschließend geregelt. Für eine Anwendung von § 49 VwVfG bleibt kein Raum. Die allgemeinen Widerrufsgründe (§ 52 Abs. 1 S. 1 AufenthG) sind Passlosigkeit (Nr. 1), Verlust oder Wechsel der Staatsangehörigkeit (Nr. 2), noch unterbliebene Einreise (Nr. 3), Erlöschen oder Unwirksamwerden der Anerkennung als Asylberechtigter oder der Rechtsstellung als Flüchtling oder subsidiär Schutzberechtigter (Nr. 4) oder Wegfall der besonderen Erteilungsvoraussetzungen des § 25 Abs. 3 AufenthG (Nr. 5). Der Widerruf nach diesen Voraussetzungen liegt im behördlichen Ermessen. In den Abs. 2 bis 6 finden sich Sonderregelungen für einzelne Aufenthaltstitel, die – vereinfacht zusammengefasst – weitgehend den Wegfall besonders wesentlicher Erteilungsvoraussetzungen in den Blick nehmen.

I. Widerrufstatbestände und auf sie bezogene Fragen der Ermessensausübung

54 Die **Passlosigkeit** als Widerrufstatbestand ist nur dann relevant, wenn der Ausländer der Passpflicht unterliegt und er nicht von ihr über § 3 Abs. 1 S. 1 AufenthG befreit ist. Die Gründe für die Passlosigkeit sind für die Erfüllung des Tatbestands irrelevant, sind aber selbstverständlich bei der Ermessensentscheidung von zentralem Gewicht, wobei auch das Bemühen um eine Wiederbeschaffung relevant ist.[92] Gleiches gilt für den **Wechsel oder Verlust der Staatsangehörigkeit** als Widerrufsgrund. Hier ist bei der Ermessensentscheidung insbesondere auch in den Blick zu nehmen, ob die konkrete Staatsangehörigkeit für die Erteilung des Aufenthaltstitels bedeutsam war.[93] Der **Widerruf vor der Einreise** stellt sich in gewisser Weise als Sonderfall dar. Regelmäßig geht es hier um ein nationales Visum (§ 6 Abs. 3 AufenthG, → § 5 Rn. 24 ff.). Allein der Umstand, dass von dem Visum noch kein Gebrauch gemacht worden ist, erfüllt – entgegen dem Gesetzeswortlaut – noch nicht den Tatbestand, der bereits das behördliche Widerrufsermessen eröffnete.[94] Hinzutreten muss, dass sich seit der Erteilung des Visums neue Gesichtspunkte ergeben haben, die nunmehr eine Ablehnung des Visums rechtfertigen können.[95]

55 Der Widerrufsgrund des **Erlöschens der Anerkennung als Asylberechtigter oder der Rechtsstellung als Flüchtling oder als subsidiär Schutzberechtigter** findet sich in § 52 Abs. 1 S. 1 Nr. 4 AufenthG. Es ist zu beachten, dass ein international Schutzberechtigter, der bereits im Besitz einer Niederlassungserlaubnis ist, diese verlieren kann, wenn sein Schutzstatus entfällt. Bei einer Rücknahme oder einem Widerruf der Schutzberechtigung durch das Bundesamt für Migration und Flüchtlinge ist der Tatbestand des § 52 Abs. 1 Nr. 4 AufenthG erst erfüllt, wenn die asylverfahrensrechtliche Entscheidung vollziehbar ist, dh in der Regel mit Eintritt der Bestandskraft dieser Entscheidung.[96] Bei den Erlöschensgründen für den internationalen Schutz, die kraft Gesetzes ohne behördliche Entscheidung eintreten – diese sind in § 72 AsylG geregelt (→ § 16 Rn. 327 f.) –, ist die Ausländerbehörde für die Prüfung der asylrechtlichen Vorfrage zuständig.[97]

56 Das durch § 52 Abs. 1 S. 1 Nr. 4 AufenthG eröffnete **Widerrufsermessen** ist zunächst **kaum durch zwingende Vorgaben eingeschränkt.**[98] Regelmäßig besteht ein gewichtiges öffentliches Interesse daran, einem Ausländer einen Aufenthaltstitel zu entziehen, der diesen nur aufgrund einer – jetzt nicht mehr vorhandenen – Statusentscheidung erhalten hat.[99] Je

---

[92] *Dollinger* in Bergmann/Dienelt AufenthG § 52 Rn. 7.
[93] *Tanneberger/Fleuß* in BeckOK AuslR AufenthG § 52 Rn. 11.
[94] Wohl aA VG Berlin, Beschl. v. 21.7.2016 – 33 K 261.15.
[95] *Funke-Kaiser* in GK-AufenthG § 52 Rn. 38.
[96] VGH Mannheim Beschl. v. 7.11.2018 – 11 S 2018/18, InfAuslR 2019, 60.
[97] *Dollinger* in Bergmann/Dienelt AufenthG § 52 Rn. 10.
[98] Vgl. nur BVerwG Urt. v. 20.2.2003 – 1 C 13.02, BVerwGE 117, 380.
[99] *Funke-Kaiser* in GK-AufenthG § 52 Rn. 45.

verfestigter der Aufenthalt, desto höher sind allerdings die privaten Belange des Betroffenen am Erhalt seines Aufenthaltstitels zu gewichten, ohne dass aber der Widerruf einer Niederlassungserlaubnis nach § 26 Abs. 3 AufenthG rechtlich in jedem Fall unzulässig wäre. Dem Bundesamt für Migration und Flüchtlinge kommt nach § 73 Abs. 2a S. 5 AsylG dann ein Ermessen hinsichtlich des Widerrufs von Asylanerkennung und Zuerkennung der Flüchtlingseigenschaft – nicht aber beim subsidiären Schutz – zu, wenn eine erste Widerrufsprüfung zugunsten des Schutzberechtigten ausgegangen ist. Umstände, die die nicht die Aufrechterhaltung des asylrechtlichen Status, sondern allein die aufenthaltsrechtliche Rechtsstellung des Ausländers betreffen, außer Betracht zu bleiben,[100] sodass die beiden möglichen Ermessensentscheidungen vollständig andere, relevante Inhalte haben.[101]

Eine aufgrund eines nationalen Abschiebungsverbots (§ 60 Abs. 5 oder Abs. 7 AufenthG) **57** erteilte Aufenthaltserlaubnis kann widerrufen werden, wenn die Voraussetzungen nicht mehr vorliegen oder der Betroffene Ausschlussgründe erfüllt. § 52 Abs. 1 S. 1 Nr. 5 lit. a und b AufenthG betreffen die Fälle, in denen der Betroffene keinen Asylantrag gestellt hatte und daher die Ausländerbehörde unmittelbar für die Prüfung des Abschiebungsverbots zuständig gewesen ist, die Regelung in lit. c betrifft Entscheidungen, die das Bundesamt in eigener Zuständigkeit getroffen hat.

In **Abs. 2 und Abs. 2a** sind spezielle Widerrufsgründe für Aufenthaltstitel, die zum **58** Zwecke der **Erwerbstätigkeit** erteilt worden sind, geregelt. Sie greifen ein, wenn die Beschäftigung nicht mehr zulässig ist oder die Erteilungsvoraussetzungen nicht mehr erfüllt sind.[102] Der Widerruf der Zustimmung durch die Bundesagentur für Arbeit führt dabei zwingend zum Widerruf. Hier ist kein Ermessen eröffnet. **Abs. 3** betrifft den Widerruf von Aufenthaltserlaubnissen zum Zweck des **Studiums.** Hier wird neben den fehlenden Studienerfolgsaussichten auch ein Verstoß gegen Beschränkungen der erlaubten Erwerbstätigkeit als Widerrufsgrund aufgeführt. **Abs. 4** betrifft **zum Zwecke der Forschung** erteilte Titel. Hier wird neben dem Entfall der Erteilungsvoraussetzungen einschließlich des Ausschlusses des Forschers von der Forschungseinrichtung auch der Verlust der Anerkennung der Forschungseinrichtung als gesonderter Tatbestand aufgeführt.

§ 52 Abs. 5 AufenthG behandelt die **humanitären Aufenthaltstitel** nach § 25 Abs. 4a **59** und 4b AufenthG und damit Aufenthaltstitel für Opfer von **Menschenhandel** oder **illegaler Beschäftigung** (→ Rn. 256 ff.). Die Regelung dient der Umsetzung der RL 2004/81/EG,[103] der sogenannten Opferschutz-RL, und der RL 2009/52/EG.[104] Die Bestimmungen betreffen in einem weiten Sinne eine Zweckverfehlung der Aufenthaltsgewährung, wenn und weil die Betroffenen nicht bereit sind, mit den Strafverfolgungsbehörden angemessen zu kooperieren. **Abs. 6** schließlich behandelt den Widerruf des Aufenthaltstitels nach § 38a AufenthG (→ § 5 Rn. 38), wenn der Ausländer seine Stellung als **langfristig Aufenthaltsberechtigter** in einem anderen Mitgliedstaat verliert und damit die Grundlage für die Erteilung des Titels nach § 38a AufenthG wegfällt. Hier ist die Rechtsfolge der regelmäßige Widerruf, von dem nur in atypischen Fällen abgesehen werden darf.

II. Rechtsfolge Ermessen – grundsätzliche Erwägungen

Bei der Ausübung des Ermessens hat die Ausländerbehörde auf der einen Seite den Grund **60** für den Widerruf und das daraus folgende öffentliche Interesse an der Beseitigung des Aufenthaltstitels und auf der anderen Seite die privaten Interessen am Fortbestand des Aufenthaltstitels und damit meist auch des Aufenthalts im Bundesgebiet zu würdigen. Da eine Reihe von Widerrufsgründen allein auf objektive Umstände abstellen, ist beim Ermessen regelmäßig auch die **subjektive Verantwortlichkeit** des Betroffenen für den Eintritt des

---

[100] *Fleuß* in BeckOK AuslR § 73 AsylG Rn. 56.
[101] *Dollinger* in Bergmann/Dienelt AufenthG § 52 Rn. 13.
[102] *Dollinger* in Bergmann/Dienelt AufenthG § 52 Rn. 17.
[103] V. 29.4.2004, ABl. L 261, 19
[104] V. 18.6.2009, ABl. L 168, 24.

Widerrufsgrundes mit in den Blick zu nehmen. Bei den **privaten Belangen** sind insbesondere diejenigen aus § 55 AufenthG in den Blick zu nehmen (→ § 7 Rn. 115 ff.), die Abwägung kann in Anlehnung an § 53 Abs. 2 AufenthG vollzogen werden. Aufgrund des dem AufenthG zugrundeliegenden Trennungsprinzips ist der Gesichtspunkt, dass dem Betroffenen ein Aufenthaltstitel mit anderer Zweckbestimmung zusteht, hingegen kein abwägungsrelevanter Gesichtspunkt.[105]

III. Rechtsschutz

61 Der Widerruf ist mit **Anfechtungswiderspruch und -klage** anzugreifen. Der Rechtsbehelf entfaltet in den meisten Fällen **aufschiebende Wirkung** (§ 80 Abs. 1 VwGO). Kraft Gesetzes sofort vollziehbar ist allein der Widerruf eines Aufenthaltstitels in Anwendung von § 52 Abs. 1 S. 1 Nr. 4 AufenthG, wenn der Widerruf der Flüchtlingseigenschaft aufgrund des Vorliegens von Ausschlussgründen erfolgte (§ 84 Abs. 1 S. 1 Nr. 4 AufenthG). Das gleiche gilt auch bei einem Widerruf des zuvor gewährten subsidiären Schutzes, da § 84 Abs. 1 S. 1 Nr. 4 AufenthG auf § 75 Abs. 2 S. 1 AsylG verweist und dieser über § 75 Abs. 2 S. 2 AsylG auch auf subsidiär Schutzberechtigte Anwendung findet.[106] Zu beachten ist, dass ein nicht sofort vollziehbarer Widerruf dennoch wirksam ist und von ihm Rechtsfolgen ausgehen, § 84 Abs. 2 AufenthG.

62 Maßgeblich für die gerichtliche Überprüfung der Rechtmäßigkeit des Widerrufs eines Aufenthaltstitels ist die **Sach- und Rechtslage im Zeitpunkt der letzten mündlichen Verhandlung** oder Entscheidung des Tatsachengerichts. Die Argumente zu dem gleichen maßgeblichen Zeitpunkt bei der Überprüfung von Ausweisungsentscheidungen (→ § 7 Rn. 169) gelten wegen der einschneidenden Folgen des Verlusts eines Aufenthaltstitels durch Widerruf entsprechend.[107]

§ 7 Aufenthaltsbeendigung durch Ausweisung

Übersicht

	Rn.
A. Maßstäbe für eine Ausweisung (§ 53 AufenthG)	4
I. Entwicklung des Ausweisungsrechts	4
II. Systematik des Ausweisungsrechts	8
III. Das öffentliche Ausweisungsinteresse	9
1. Gefahrenabwehr als Ziel der Ausweisung	10
a) Gefährdung der öffentlichen Sicherheit und Ordnung	11
b) Gefährdung der freiheitlichen demokratischen Grundordnung	14
c) Gefährdung sonstiger erheblicher Belange der Bundesrepublik Deutschland	16
2. Spezialpräventive und generalpräventive Gründe der Ausweisung	18
IV. Das Bleibeinteresse	31
V. Abwägung nach Verhältnismäßigkeit	40
VI. Besonders geschützte Personengruppen	47
1. Assoziationsberechtigte türkische Staatsangehörige	50
2. Langfristig aufenthaltsberechtigte Drittstaatsangehörige	54
3. Flüchtlinge und Asylberechtigte	55
4. Subsidiär Schutzberechtigte	65
5. Unionsrechtlich geprägte Verhältnismäßigkeitsprüfung	67
VII. Asylantragsteller	68
VIII. Prüfprogramm	69

---

[105] *Funke-Kaiser* in GK-AufenthG § 52 Rn. 18.
[106] AA *Funke-Kaiser* in GK-AufenthG § 52 Rn. 115.
[107] BVerwG Urt. v. 13.4.2010 – 1 C 10.09, NVwZ 2010, 1369 Rn. 11.

	Rn.
B. Das öffentliche Ausweisungsinteresse	71
I. Allgemeines	71
II. Das besonders schwerwiegende Ausweisungsinteresse (§ 54 Abs. 1 AufenthG)	75
1. Freiheits- oder Jugendstrafen von mindestens zwei Jahren wegen Vorsatzdelikten oder Sicherungsverwahrung (Abs. 1 Nr. 1)	76
2. Freiheits- oder Jugendstrafe von mindestens einem Jahr bei bestimmten Vorsatzdelikten (Abs. 1 Nr. 1a und Nr. 1b)	78
3. Gefährdung der freiheitlich demokratischen Grundordnung oder der Sicherheit der Bundesrepublik Deutschland (Abs. 1 Nr. 2)	86
4. Leiter eines verbotenen Vereins (Abs. 1 Nr. 3)	96
5. Gewaltsame Verfolgung politischer Ziele (Abs. 1 Nr. 4)	98
6. Aufruf zum Hass (Abs. 1 Nr. 5)	99
III. Das schwerwiegende Ausweisungsinteresse (§ 54 Abs. 2 AufenthG)	102
1. Freiheitsstrafe von mindestens sechs Monaten (Abs. 2 Nr. 1)	104
2. Jugendstrafe von mindestens einem Jahr ohne Bewährung (Abs. 2 Nr. 2)	105
3. Betäubungsmittelkriminalität (Abs. 2 Nr. 3 und 4)	106
4. Ausschluss vom gesellschaftlichen Leben (Abs. 2 Nr. 5)	107
5. Zwangsehe (Abs. 2 Nr. 6)	108
6. Falschangaben bei Sicherheitsbefragungen (Abs. 2 Nr. 7)	109
7. Pflichtverletzungen im Verwaltungsverfahren (Abs. 2 Nr. 8)	112
8. Sonstige Rechtsverstöße (Abs. 2 Nr. 9)	115
C. Das Bleibeinteresse des Ausländers	118
I. Allgemeines	118
II. Das besonders schwerwiegende Bleibeinteresse (§ 55 Abs. 1 AufenthG)	120
1. Niederlassungserlaubnis und rechtmäßiger fünfjähriger Aufenthalt (Abs. 1 Nr. 1)	121
2. „Faktische Inländer" (Abs. 1 Nr. 2)	122
3. Aufenthaltserlaubnis, rechtmäßiger fünfjähriger Aufenthalt und eheliche/lebenspartnerschaftliche Lebensgemeinschaft mit Personen nach Nr. 1 oder Nr. 2 (Abs. 1 Nr. 3)	123
4. Familiäre Beziehungen zu einem deutschen Staatsangehörigen (Abs. 1 Nr. 4)	124
5. Humanitäre Gründe (Abs. 1 Nr. 5)	128
III. Das schwerwiegende Bleibeinteresse (Abs. 2)	129
1. Minderjähriger mit Aufenthaltserlaubnis (Abs. 2 Nr. 1)	130
2. Aufenthaltserlaubnis und fünfjähriger Aufenthalt (Abs. 2 Nr. 2)	132
3. Ausübung der Personensorge oder Umgangsrecht (Abs. 2 Nr. 3)	133
4. Minderjähriger mit sich rechtmäßig aufhältigen Eltern (Abs. 2 Nr. 4)	134
5. Belange oder das Wohl des Kindes zu berücksichtigten (Abs. 2 Nr. 5)	135
D. Die Rechtsfolgen der Ausweisung	136
E. Das Einreise- und Aufenthaltsverbot infolge einer Ausweisung	140
I. Allgemeines	141
II. Ausgestaltung und Wirkungen des Einreise- und Aufenthaltsverbots	147
1. Erlassvoraussetzungen	147
2. Die Befristung des Einreise- und Aufenthaltsverbots	148
3. Fristbeginn und Ausgestaltung der Frist	157
4. Nachträgliche Abänderung der Frist und die Aufhebung des Einreise- und Aufenthaltsverbots	160
III. Zuständigkeitsfragen	164
IV. Einreise trotz entgegenstehendem Verbot	165
F. Rechtsschutz gegen die Ausweisung und das Einreise- und Aufenthaltsverbot	167
I. Hauptsacheverfahren	167
1. Klageart und -gegenstand	167
2. Aufschiebende Wirkung des Rechtsbehelfs gegen die Ausweisung	170
3. Aufschiebende Wirkung des Rechtsbehelfs gegen das Einreise- und Aufenthaltsverbot	172

	Rn.
4. Maßgeblicher Zeitpunkt für die Sach- und Rechtslage	173
5. Ermessensergänzungen beim befristeten Einreise- und Aufenthaltsverbot	174
6. Beteiligung von Familienangehörigen	176
II. Eilrechtsschutz	177
1. Vorläufiger Rechtsschutz gegen sofort vollziehbare Ausweisung	178
a) Gesonderte Begründung des Sofortvollzugs	180
b) Materieller Prüfungsmaßstab	181
2. Vorläufiger Rechtsschutz bei Versagung eines Aufenthaltstitels und gleichzeitiger Ausweisung	185
3. Vorläufiger Rechtsschutz gegen das befristete Einreise- und Aufenthaltsverbot	186
G. Überwachung ausreisepflichtiger Ausländer aus Gründen der inneren Sicherheit (§ 56 f. AufenthG)	187
I. Überwachungsregelungen kraft Gesetzes	189
1. Meldepflicht (§ 56 Abs. 1 S. 1 AufenthG)	190
2. Aufenthaltsbeschränkung (§ 56 Abs. 2 AufenthG)	193
II. Überwachungsregelungen aufgrund behördlicher Einzelfallentscheidung	196
1. Meldeauflagen gegen vollziehbar Ausreisepflichtige	197
2. Wohnsitzauflagen	203
3. Kontakt- und Kommunikationsverbote	209
4. Elektronische Aufenthaltsüberwachung	218
5. Sanktionsmöglichkeiten	219

1 Die Ausweisung zerschneidet das rechtliche Band des Ausländers zu seinem Aufenthaltsstaat Deutschland. Sie führt zum **Erlöschen eines Aufenthaltstitels** (§ 51 Abs. 1 Nr. 5 AufenthG), sodass der Ausländer **zur Ausreise verpflichtet** ist (§ 50 Abs. 1 AufenthG). Durch das gemeinsam mit der Ausweisung zu erlassende **Einreise- und Aufenthaltsverbot** wird der Ausländer zugleich für einen bestimmten Zeitraum an der Wiedereinreise nach Deutschland gehindert (§ 11 Abs. 1 AufenthG). Sie dient der Abwehr von Gefahren, die vom Ausländer für die **öffentliche Sicherheit und Ordnung** und weitere in § 53 Abs. 1 AufenthG normierte Rechtsgüter ausgehen. Die Ausweisung ist ein **Verwaltungsakt,** durch den die Ausreisepflicht des Ausländers begründet wird (§§ 50 Abs. 1, 51 Abs. 1 Nr. 5 AufenthG). Sie bildet mit dem Eintritt der Vollziehbarkeit (§ 58 Abs. 2 S. 2 AufenthG) die Grundlage für Vollstreckungsmaßnahmen, insbesondere für die Abschiebung des Ausländers, wenn er der Pflicht zum Verlassen Deutschlands nicht freiwillig Folge leistet (§ 58 Abs. 1 AufenthG).

2 Die Ausweisung dient **ausschließlich der Abwehr von Gefahren,** die für die Zukunft zu befürchten sind,[1] nicht aber als Neben- oder Zusatzstrafe für vergangenes Fehlverhalten – wie etwa im französischen und spanischen Recht, mag dies auch noch so schwerwiegend sein.[2]

3 Das Instrument der Ausweisung ist **unionsrechtlich** unbedenklich. Gegenüber **Unionsbürgern** und ihren drittstaatsangehörigen **Familienangehörigen** darf allerdings **keine Ausweisung** ergehen, hier ist vielmehr der Verlust des Rechts auf Einreise und Aufenthalt nach § 6 FreizügG/EU festzustellen. Mit der Bestimmung eines abweichenden Gefahrenmaßstabs und einer besonderen Verhältnismäßigkeitsprüfung in § 53 Abs. 3, 3a und 3b AufenthG werden besondere Voraussetzungen für schutzbedürftige Personen normiert, wie sie im unionsrechtlichen Sekundärrecht für Drittstaatsangehörige in verschiedenen Zusammenhängen vorgegeben werden. Das betrifft Asylberechtigte, anerkannte Flüchtlinge, subsidiär Schutzberechtigte, türkische Staatsangehörige mit assoziationsrechtlichem Aufenthaltsrecht und Ausländer mit einer Erlaubnis zum Daueraufenthalt-EU. Die Ausweisung stellt – anders als die Abschiebungsandrohung nach § 59 AufenthG – noch **keine Rückkehrentscheidung** iSv Art. 6 EU-Rückführungsrichtlinie 2008/115/EG dar.[3]

---

[1] BVerwG Urt. v. 22.2.2017 – 1 C 3.16, NVwZ 2017, 1883 Rn. 22 ff.
[2] Für Frankreich vgl. Interdiction judiciaire du territoire français (ITF) nach Art. 131-30 ff. des code pénal.
[3] VGH Mannheim Urt. v. 10.2.2012 – 11 S 1631/11, NVwZ-RR 2012, 492 Rn. 82.

A. Maßstäbe für eine Ausweisung (§ 53 AufenthG)

I. Entwicklung des Ausweisungsrechts

Die Ausweisung von Ausländern hat eine lange Geschichte, sie berührt das Verständnis des **4** Fremden seit jeher und es lässt sich daran die Entwicklung dieses Verständnisses aufzeigen. Dabei ist aus historischer Sicht die Ausweisung, im römischen Recht wurzelnd, keineswegs auf Fremde beschränkt gewesen, dafür aber noch bis ins 18. Jahrhundert hinein als (bürgerliche) „Strafe" verstanden worden.[4] Argumentative Figuren, wie etwa des „Missbrauchs des Gastrechts" oder die Verwirkung des Aufenthaltsrechts, knüpfen an dieses Verständnis an. Es findet sich auch noch in den Anfängen des Ausweisungsrechts in der Bundesrepublik, das zunächst noch – bis 1965 – von der Ausländerpolizeiverordnung 1938 geprägt war, die als Bundesrecht fortgalt.

Das **Ausländergesetz von 1965** (AuslG 1965) sah eine **Ausweisung nach Ermessen** **5** vor, die erlassen werden konnte, wenn einer von zehn gesetzlich geregelten Ausweisungstatbeständen vorlag oder die Anwesenheit des Ausländers aus anderen Gründen erhebliche Belange der Bundesrepublik Deutschland beeinträchtigte (§ 10 AuslG 1965). Durch das **Ausländergesetz von 1990** (AuslG 1990) wurde der Spielraum der Ausländerbehörde erheblich eingeschränkt und es wurde ein **gestuftes System einer zwingen Ausweisung, der Regel- und der Ermessensausweisung** eingeführt. Dieses geriet allerdings in Konflikt mit dem Unionsrecht und mit der EMRK, weil beide Rechtskreise für den von ihnen erfassten Personenkreis eine einzelfallbezogene und aktuelle Abwägung der öffentlichen Ausweisungsinteressen und der privaten Bleibeinteressen verlangen.

Der **EuGH** leitet aus dem Freizügigkeitsrecht nach Art. 45 AEUV das Postulat ab, dass **6** die Ausweisung eines freizügigkeitsberechtigten Unionsbürgers nur auf ein **persönliches Verhalten** gestützt werden darf, das eine gegenwärtige Gefährdung der öffentlichen Ordnung darstellt. Das gebietet der **Grundsatz der Verhältnismäßigkeit,** nach dem Ausnahmen vom Grundsatz der Freizügigkeit eng auszulegen sind.[5] Diese Auslegung des unionsrechtlichen Begriffs der Gefährdung der öffentlichen Ordnung hat er auf den Ausweisungsschutz von Personen, die nach dem Assoziationsrecht EWG/Türkei privilegiert sind, übertragen[6] und auch für Regelungsbereich der Sekundärrechtsakte, die den Aufenthalt von Drittstaatsangehörigen betreffen, übernommen.[7] Der **EGMR** fordert jedenfalls für im Aufenthaltsstaat stark verwurzelte Ausländer, dass sie im Hinblick auf Art. 8 EMRK nur unter **einzelfallbezogener Abwägung** aller zu ihren Gunsten sprechender Gesichtspunkte sowie der gegen ihren Verbleib sprechenden öffentlichen Interessen ausgewiesen werden dürfen und nimmt dabei auf die von ihm entwickelten Boultif/Üner-Kriterien Bezug.[8] Das **BVerwG** hat aus der Rechtsprechung des EuGH und EGMR die Folgerung gezogen, dass die zwingende Ausweisung und die Regelausweisung für Unionsbürger, Berechtigte aus dem Assoziationsrecht EWG-Türkei und für Ausländer, die in Deutschland geboren und aufgewachsen sind, **keine rechtmäßige Form der Aufenthaltsbeendigung mehr** darstellen. Das hatte zur Folge, dass eine Vielzahl von Fallgestaltungen unabhängig davon, welcher Ausweisungstatbestand erfüllt gewesen ist, durch eine extensive Auslegung zu Ermessensausweisungen herabgestuft wurden.[9]

Wegen der Unvereinbarkeit zentraler Regelungen mit Unions- und Völkerrecht haben **7** **Vertreter der Rechtsprechung** seit 2010 eine **Änderung des dreistufigen Auswei-**

---

[4] *Schnabel-Schüle* in Gestrich/Hirschfeld/Sonnabend, Ausweisung und Deportation, 1995, 73; *Renner* i: Barwig ua, Ausweisung im demokratischen Rechtsstaat, 1996, 23 ff.
[5] EuGH Urt. v. 29.4.2004 – C-482/01 und C-493/01, NVwZ 2004, 1099.
[6] EuGH Urt. v. 22.12.2010 – C-303/08, NVwZ 2011, 483 Rn. 58 ff.
[7] EuGH Urt v. 11.6.2015 – C-554/13, NVwZ 2015, 1200.
[8] EGMR Urt. v. 18.10.2006 (GK) – 46410/99, NVwZ 2007, 1279 Rn. 57.
[9] BVerwG Urt. v. 23.10.2007 – 1 C 10.07, BVerwGE 129, 367 = NVwZ 2008, 326 Rn. 24 f. im Anschluss an Urt. v. 3.8.2004 – 1 C 30.02, BVerwGE 121, 297 (302 ff.) = NVwZ 2005, 220.

sungsrechts gefordert. So hat sich der Herausgeber dieses Handbuchs im Jahr 2010 auf dem 16. Deutschen Verwaltungsgerichtstag in Freiburg für eine gesetzliche Neuregelung ausgesprochen, in der die **Ausweisung generell von einer individuellen Güterabwägung abhängig** gemacht werden sollte. Weiter wurde angeregt, die damals als Gründe für eine Ist- und Regelausweisung ausgestalteten Tatbestände der §§ 53, 54 und 55 Abs. 1 und 2 AufenthG aF als öffentliche Interessen an einer Aufenthaltsbeendigung in die Abwägung einzustellen und sie abzuwägen gegen die in § 55 Abs. 3 und § 56 AufenthG aF normierten, zugunsten des Ausländers zu berücksichtigenden Gesichtspunkte. Dabei könne der Gesetzgeber durchaus an das bisherige gestufte System der Ausweisungstatbestände anknüpfen und bestimmte Ausweisungsgründe als schwerwiegender als andere werten. Entscheidend wäre die Ausgestaltung der behördlichen Entscheidung als eine individuelle, nicht determinierte.[10] Dem hat sich *Bergmann* auf dem 17. Deutschen Verwaltungsgerichtstag in Münster im Jahr 2013 angeschlossen.[11] Beide Richter haben im Februar 2014 einen **gemeinsamen Gesetzentwurf zur Änderung des Ausweisungsrechts** vorgelegt,[12] den der Gesetzgeber aufgegriffen und seinem eigenen Entwurf jedenfalls für die Systematik des Ausweisungsrechts und die Ausrichtung am Grundsatz der Verhältnismäßigkeit zugrunde gelegt hat.[13] Das neue Ausweisungsrecht ist zum 1.1.2016 in Kraft getreten.[14]

II. Systematik des Ausweisungsrechts

8   Das neue Ausweisungsrecht gibt das mit dem Ausländergesetz 1990 eingeführte dreistufige Konzept der Ist-, Regel- und Ermessensausweisung auf. Stattdessen hat sich der Gesetzgeber für **ein einheitliches System der rechtlich gebundenen Ausweisung** entschieden („wird ausgewiesen"), das vom Grundsatz der Verhältnismäßigkeit geleitet wird. **Ein Ermessen der Verwaltung besteht dabei nicht mehr.**[15] § 53 Abs. 1 AufenthG bildet den **Grundtatbestand** der Ausweisung. Eine Ausweisung eines Ausländers kommt in Betracht, wenn sein Aufenthalt die öffentliche Sicherheit und Ordnung, die freiheitliche demokratische Grundordnung oder sonstige erhebliche Interessen der Bundesrepublik gefährdet.[16] In § 53 Abs. 2 AufenthG werden Gesichtspunkte genannt, die bei der Abwägung nach dem Grundsatz der Verhältnismäßigkeit zu berücksichtigen sind, insbesondere die Dauer des Aufenthalts, Bindungen in Deutschland und im Herkunftsstaat, Folgen der Ausweisung für Angehörige und Partner sowie die Tatsache, ob sich der Ausländer rechtstreu verhalten hat. § 54 AufenthG benennt konkret die Gründe, wann das **Ausweisungsinteresse** „besonders schwer" oder „schwer" wiegt und knüpft damit inhaltlich an Tatbestände der früheren Ist- und Regelausweisung an. In § 55 AufenthG werden – spiegelbildlich hierzu – Tatbestände normiert, bei denen das **Bleibeinteresse** „besonders schwer" oder „schwer" wiegt, wobei auch die Aufzählung der „schwer" wiegenden Bleibeinteressen nicht abschließend ist.

III. Das öffentliche Ausweisungsinteresse

9   Das öffentliche Ausweisungsinteresse wird in § 53 Abs. 1 AufenthG, dem Grundtatbestand der Ausweisung, definiert. Danach wird ein Ausländer, dessen Aufenthalt die **öffentliche Sicherheit und Ordnung, die freiheitliche demokratische Grundordnung oder sonstige erhebliche Interessen der Bundesrepublik Deutschland** gefährdet, ausge-

---

[10] *Dörig* NVwZ 2010, 921 (922).
[11] *Bergmann* ZAR 2013, 318 (322).
[12] abgedruckt in Bergmann/Dienelt Vor §§ 53–56 AufenthG Rn. 16.
[13] Gesetzentwurf der Bundesregierung vom 25.2.2015, BT-Drs. 18/4097.
[14] Art. 9 des Gesetzes zur Neubestimmung des Bleiberechts und der Aufenthaltsbeendigung vom 27.7.2015, BGBl. I 1386.
[15] Zur Frage, ob ein Entschließungsermessen der Behörde zur Einleitung des Verwaltungsverfahrens besteht: *Bauer* in Bergmann/Dienelt AufenthG § 53 Rn. 13.
[16] *Bauer/Beichel-Benedetti* NVwZ 2016, 416.

wiesen, wenn die unter Berücksichtigung aller Umstände des Einzelfalles vorzunehmende Abwägung der Interessen an der Ausreise mit den Interessen an einem weiteren Verbleib des Ausländers im Bundesgebiet ergibt, dass das öffentliche Interesse an der Ausreise überwiegt.

1. Gefahrenabwehr als Ziel der Ausweisung

Die Tatbestandsmerkmale der „öffentlichen Sicherheit und Ordnung" in § 53 Abs. 1 AufenthG ist nach der Begründung des Gesetzgebers iSd Polizei- und Ordnungsrechts zu verstehen.[17] Auch die **Gefährdung** dieser und der beiden anderen in § 53 Abs. 1 AufenthG erfassten Schutzgüter (freiheitliche demokratische Grundordnung und sonstige erhebliche Interessen) bemisst sich nach den im allgemeinen **Polizei- und Ordnungsrecht** entwickelten Grundsätzen. Erforderlich ist die Prognose, dass mit **hinreichender Wahrscheinlichkeit** durch die weitere Anwesenheit des Ausländers im Bundesgebiet ein Schaden an einem der aufgeführten Schutzgüter eintreten wird. Dabei sind an die Wahrscheinlichkeit des Schadenseintritts umso geringere Anforderungen zu stellen, je größer und folgenschwerer der möglicherweise eintretende Schaden ist.[18] Mit Blick auf die verwendeten Begriffe sollte **keine Ausweitung des Gefahrenbegriffs** gegenüber dem bislang geltenden Recht erfolgen, vielmehr sollten lediglich die bislang verwandten unterschiedlichen Formulierungen aneinander angeglichen werden.[19]

a) Gefährdung der öffentlichen Sicherheit und Ordnung. Der nach den Grundsätzen des Polizei- und Ordnungsrechts zu definierende Begriff der **„öffentlichen Sicherheit"** umfasst den Schutz zentraler Rechtsgüter wie Leben, Gesundheit, Freiheit, Ehre, Eigentum und Vermögen des Einzelnen sowie die Unversehrtheit der Rechtsordnung und der staatlichen Einrichtungen, wobei in der Regel eine Gefährdung der öffentlichen Sicherheit angenommen wird, wenn eine strafbare Verletzung dieser Schutzgüter droht. Unter **„öffentlicher Ordnung"** wird die Gesamtheit der ungeschriebenen Regeln verstanden, deren Befolgung nach den jeweils herrschenden und mit dem Wertgehalt des Grundgesetzes zu vereinbarenden sozialen und ethischen Anschauungen als unerlässliche Voraussetzung eines geordneten menschlichen Zusammenlebens innerhalb eines bestimmten Gebiets angesehen wird.[20] Eine isolierte Verletzung der öffentlichen Ordnung kommt als Ausweisungsgrund nicht in Betracht.

Im Übrigen ist wichtig zu beachten, dass sich die nationalen Begriffe nicht mit den **unionsrechtlichen Begriffen** der öffentlichen Ordnung und Sicherheit (zB in Art. 45 Abs. 3, Art. 72 AEUV, Art. 28 RL 2004/38/EG – Unionsbürger-RL) decken.[21] Bei Prüfung der Frage, ob eine Gefahr für die öffentliche Sicherheit besteht, ist **in einem ersten Schritt zu prüfen, ob ein in § 54 AufenthG gesetzlich definiertes Ausweisungsinteresse vorliegt.** Liegt bei einem Ausländer ein in § 54 Abs. 1 und 2 AufenthG normiertes Ausweisungsinteresse vor, ist in einem zweiten Schritt zu prüfen, ob aus der zurückliegenden Störung der öffentlichen Sicherheit, die zur Erfüllung eines Tatbestandes des § 54 AufenthG geführt hat, auf eine für die Zukunft weiter drohende Gefährdung der öffentlichen Sicherheit geschlossen werden kann. Die vom Ausländer ausgehende Gefahr muss also im maßgeblichen Entscheidungszeitpunkt noch fortbestehen.[22]

---

[17] Vgl. BT-Drs. 18/4097, 49.
[18] BVerwG Urt. v. 10.7.2012 – 1 C 19.11, NVwZ 2013, 365 Rn. 16; *Tanneberger* in BeckOK AuslR AufenthG § 53 Rn. 25.
[19] BVerwG Urt. v. 22.2.2017 – 1 C 3.16, NVwZ 2017, 1883 Rn. 23 unter Bezugnahme auf die Gesetzesbegründung.
[20] BVerfG Beschl. v. 14.5.1985 – 1 BvR 233, 341/81, BVerfGE 69, 315 (352), NJW 1985, 2395; Beschl. v. 23.6.2004 – 1 BvQ 19/04, BVerfGE 111, 147 (155 f.) = NJW 2004, 2814; *Gusy*, Polizei- und Ordnungsrecht, 10. Aufl. 2017, Rn. 96.
[21] EuGH Urt. v. 23.11.2010 – C-145/09, Slg. 2010, I-11979 = NVwZ 2011, 221 Rn. 39–44.
[22] BVerwG Urt. v. 22.2.2017 – 1 C 3.16, NVwZ 2017, 1883 Rn. 26.

13 Allein für das Ausweisungsinteresse iSv § 54 Abs. 1 Nr. 2 AufenthG (Gefährdung der freiheitlichen demokratischen Grundordnung oder der Sicherheit der Bundesrepublik Deutschland) hat der Gesetzgeber für den Fall der Terrorismusunterstützung unmittelbar und unwiderleglich vermutet, dass bei Erfüllung des Tatbestandes die Gefahr gegeben ist.[23] Bei den anderen Ausweisungsinteressen iSd § 54 AufenthG ist in einem nächsten Schritt die (fort-)bestehende Gefährdung der öffentlichen Sicherheit festzustellen. Allerdings wird gerade dann, wenn das Ausweisungsinteresse auf eine Straftat zurückzuführen ist, diese meist ein erheblicher Anknüpfungspunkt für die Bejahung der Widerholungsgefahr sein. Schließlich ist zu beachten, dass der **Katalog des § 54 AufenthG nicht abschließend** ist. Sofern keiner der dort aufgeführten Tatbestände vorliegt, ist in einem weiteren Schritt zu prüfen, ob vom Ausländer aus anderen Gründen eine Gefahr für die öffentliche Sicherheit ausgeht.[24]

14 **b) Gefährdung der freiheitlichen demokratischen Grundordnung.** Nach der Rechtsprechung des BVerfG umfasst der Begriff der „freiheitlichen demokratischen Grundordnung" die für den freiheitlichen demokratischen Verfassungsstaat schlechthin unverzichtbaren Grundsätze. Dabei steht das Prinzip der **Menschenwürde** (Art. 1 Abs. 1 GG) im Vordergrund, das durch die Grundsätze der **Demokratie** und der **Rechtsstaatlichkeit** näher ausgestaltet wird.[25] Dabei bezieht sich die Garantie der Menschenwürde insbesondere auf die Wahrung personaler Individualität, Identität und Integrität sowie die elementare Rechtsgleichheit. Menschenwürde ist egalitär; sie gründet ausschließlich in der Zugehörigkeit zur menschlichen Gattung, unabhängig von Merkmalen wie Herkunft, Rasse, Lebensalter oder Geschlecht. Mit der Menschenwürde sind daher ein **rechtlich abgewerteter Status oder demütigende Ungleichbehandlungen nicht vereinbar.** Auch antisemitisches oder auf rassistische Diskriminierung zielendes Handeln verstößt gegen die freiheitliche demokratische Grundordnung.[26]

15 Eine Gefährdung der freiheitlichen demokratischen Grundordnung ist ohne weitere Prüfung anzunehmen, wenn etwa einer der **Tatbestände des § 54 Abs. 1 Nr. 2 AufenthG** vorliegt, also ein Ausländer sich zB selbst terroristisch betätigt oder den Terrorismus unterstützt. Auch kann die Erfüllung einzelner Tatbestände des § 54 Abs. 1 Nr. 3 bis 5 AufenthG, etwa wenn zum Hass gegen Angehörige bestimmter ethnischer Gruppen oder Religionen aufgerufen wird, die Gefährdung der freiheitlichen demokratischen Grundordnung iSd § 53 Abs. 1 AufenthG begründen. Auch hier ist der in § 54 AufenthG aufgeführte **Katalog nicht abschließend.** Allerdings richtet sich die Auslegung des Tatbestands der Gefährdung der freiheitlichen demokratischen Grundordnung in § 54 Abs. 1 Nr. 2 AufenthG (auch) nach dessen Tatbestandsalternativen und nicht (allein) nach der generellen Definition in § 53 Abs. 1 AufenthG.[27]

16 **c) Gefährdung sonstiger erheblicher Belange der Bundesrepublik Deutschland.** Der **Begriff der „erheblichen Interessen"** in § 53 Abs. 1 AufenthG deckt sich mit dem in § 55 Abs. 1 AufenthG aF und § 45 AuslG 1990 verwandten.[28] Als „erhebliche Interessen" sind insbesondere die Sicherung wichtiger gesamtwirtschaftlicher Interessen, entwicklungspolitische Belange, die äußere Sicherheit, die Vermeidung zwischenstaatlicher Konflikte und die Beziehungen zum Ausland anzusehen. Die Formulierung der Nr. 55.1.1.2 AH-BMI zu § 55 Abs. 1 AufenthG aF, wonach die vom Ausländer ausgehende Gefahr „ein Grundinteresse der Gesellschaft" berühren muss, ist nicht als eine Übernahme der für die Ausweisung von Unionsbürgern geltenden strengeren Voraussetzungen zu verstehen, sondern lediglich als Hinweis darauf, dass nicht schon jede Beeinträchtigung eines durch die

---

[23] VGH Mannheim Urt. v. 2.3.2016 – 11 S 1389/15, BeckRS 2016, 44406 juris Rn. 60.
[24] BT-Drs. 18/4097, 49; BVerwG Urt. v. 22.2.2017 – 1 C 3.16, NVwZ 2017, 1883 Rn. 24.
[25] BVerfG Urt. v. 17.1.2017 – 2 BvB 1/13, NJW 2017, 611 Rn. 529.
[26] BVerfG Urt. v. 17.1.2017 – 2 BvB 1/13, NJW 2017, 611 Rn. 541.
[27] BVerwG Urt. v. 22.2.2017 – 1 C 3.16, NVwZ 2017, 1883 Rn. 34.
[28] vgl. BT-Drs. 11/6321, 72.

Rechtsordnung geschützten Rechtsgutes als ausreichend anzusehen ist, um den Tatbestand des § 53 Abs. 1 AufenthG zu verwirklichen.[29]

Die fehlende Übernahme von Tatbeständen für eine Ermessensausweisung in § 55 AufenthG aF in den Katalog öffentlicher Ausweisungsinteressen nach § 54 AufenthG nF kann als Hinweis darauf angesehen werden, dass der Gesetzgeber in diesen Fällen grundsätzlich **keine Gefährdung erheblicher öffentlicher Belange** mehr gesehen hat. Daher reicht etwa die Inanspruchnahme von Leistungen der sozialen Sicherung nicht mehr aus, um eine ausweisungsrechtlich relevante Gefahr zu begründen.[30] Ungewöhnlich ist die gesetzliche Neuregelung freilich insofern, als sie nur noch schwerwiegende und besonders schwerwiegende Ausweisungsinteressen, aber keine einfachen Ausweisungsinteressen mehr kennt. Das ist terminologisch unglücklich, lässt sich aber dahin verstehen, dass die schwerwiegenden Ausweisungsinteressen die **Untergrenze für die Rechtfertigung einer Ausweisung** markieren. Besonders deutlich wird dies an dem Auffangtatbestand des § 54 Abs. 2 Nr. 9 AufenthG (nicht nur vereinzelter oder geringfügiger Rechtsverstoß), auf den eine Ausweisung noch gestützt werden kann, während ein einzelner geringfügiger Rechtsverstoß (etwa eine Verkehrsordnungswidrigkeit) hierfür nicht mehr ausreicht.[31]

2. Spezialpräventive und generalpräventive Gründe der Ausweisung

Das Instrument der Ausweisung dient der Gefahrenabwehr. Daher reicht die Verwirklichung eines ausweisungsbegründenden Tatbestands in der Vergangenheit nicht aus, um die Voraussetzungen von § 53 Abs. 1 zu erfüllen. Es müssen vielmehr **spezialpräventive** Gründe (Wiederholungsgefahr) oder **generalpräventive** Gründe (Einwirkung auf andere Ausländer zur Abwehr ähnlicher Gefahren in der Zukunft) vorliegen, um eine Ausweisung zu rechtfertigen.

Bei einer **spezialpräventiv begründeten Ausweisung** reicht die Begehung einer Straftat in der Vergangenheit nicht aus, um eine Wiederholungsgefahr zu bejahen. Vielmehr sind **alle relevanten Umstände in den Blick zu nehmen,** so etwa die Umstände der begangenen Straftat, die Persönlichkeitsstruktur des Ausländers, seine Einsicht in die Unrechtmäßigkeit seines Handelns, die Aufarbeitung und Auseinandersetzung mit dem Geschehen, sein Verhalten nach der Tat, die erfolgreiche Durchführung oder der Abbruch einer Drogentherapie, ein stabilisierendes oder aber ein die Kriminalität förderndes Lebensumfeld, die stabilen oder prekären wirtschaftlichen Verhältnisse.[32] Der Ablauf eines auch längeren **Zeitraums** zwischen dem ausweisungsbegründenden Verhalten und der Entscheidung des Gerichts reicht für sich allein nicht, um eine Wiederholungsgefahr zu verneinen.

Bei der Prognoseentscheidung, ob von dem Ausländer weiterhin eine Gefahr ausgeht, bedarf es nur ausnahmsweise der **Hinzuziehung eines Sachverständigen,** wenn die Prognose aufgrund besonderer Umstände – etwa bei der Beurteilung psychischer Erkrankungen – nicht ohne spezielle, dem Gericht nicht zur Verfügung stehende fachliche Kenntnisse erstellt werden kann.[33]

Ausländerbehörden und Verwaltungsgerichte sind bei ihrer aufenthaltsrechtlichen Gefahrenprognose **nicht an die Entscheidungen der Strafgerichte** über eine Aussetzung der Vollstreckung des Strafrests zur Bewährung **gebunden.**[34] Allerdings müssen sie diese Entscheidungen berücksichtigen, sich mit ihnen auseinandersetzen. Sie müssen der sachkundigen strafrichterlichen Prognose bei der Beurteilung der Wiederholungsgefahr **wesentliche Bedeutung beimessen** und dürfen von ihr grundsätzlich nur bei Vorliegen überzeugender

---

[29] vgl. *Hailbronner* AuslR AufenthG § 53 Rn. 31.
[30] So auch *Bauer* in Bergmann/Dienelt AufenthG § 53 Rn. 31; aA *Tanneberger* in BeckOK AuslR AufenthG § 53 Rn. 24.
[31] *Tanneberger* in BeckOK AuslR AufenthG § 53 Rn. 59; *Kluth* in KHM ZuwanderungsR-HdB S. 460 Rn. 125.
[32] Vgl. BVerwG Urt. v. 10.7.2012 – 1 C 19.11, NVwZ 2013, 365 Rn. 17.
[33] BVerwG Urt. v. 4.10.2012 – 1 C 13.11, NVwZ 2013, 361 Rn. 12.
[34] BVerwG Urt. v. 13.12.2012 – 1 C 20.11, NVwZ 2013, 733 Rn. 23.

Gründe abweichen.³⁵ Denn die Entscheidungen der Strafgerichte nach § 57 StGB sind von tatsächlichem Gewicht und stellen für die eigenständige ausländerrechtliche Prognose ein wesentliches Indiz dar.³⁶ Voneinander abweichende Prognoseentscheidungen können bei einer Aussetzung des Strafrestes zur Bewährung nach § 57 Abs. 1 StGB allerdings ua wegen des unterschiedlichen zeitlichen Prognosehorizonts in Betracht kommen.³⁷ Auch ist bei der Bedeutung einer Entscheidung nach § 57 Abs. 1 StGB für die aufenthaltsrechtliche Gefahrenprognose zu berücksichtigen, dass die tatbestandliche Voraussetzung, wonach die Strafaussetzung „unter Berücksichtigung des Sicherheitsinteresses der Allgemeinheit verantwortet werden kann", ein geringeres Maß an Wahrscheinlichkeit verlangt als dies für die anfängliche Strafaussetzung nach § 56 StGB erforderlich ist³⁸ und damit eine nachträgliche Strafaussetzung durchaus auch dann schon denkbar ist, wenn eine polizeirechtliche Wiederholungsgefahr noch zu bejahen ist.

22 Wiegt das **Bleibeinteresse des Ausländers besonders schwer,** so wird sich nach einer Strafaussetzungsentscheidung der Strafvollstreckungskammer eine relevante Wiederholungsgefahr nach der Rechtsprechung des **BVerfG** nur dann bejahen lassen, wenn die ausländerrechtliche Entscheidung **auf einer breiteren Tatsachengrundlage** als derjenigen der Strafvollstreckungskammer getroffen wird, etwa wenn Ausländerbehörde oder Gericht ein Sachverständigengutachten in Auftrag gegeben haben, welches eine Abweichung zulässt, oder wenn die vom Ausländer in der Vergangenheit begangenen Straftaten fortbestehende konkrete **Gefahren für höchste Rechtsgüter** erkennen lassen.³⁹

23 Die Ausländerbehörde ist nicht verpflichtet, ihre Ausweisungsentscheidung zu einem **bestimmten Zeitpunkt** zu treffen, etwa zunächst den Beginn oder Abschluss einer Therapie in der Haft abzuwarten.⁴⁰

24 Umstritten ist, ob und gegebenenfalls unter welchen Voraussetzungen eine Ausweisung auch auf **generalpräventive Gründe** gestützt werden kann. Das Ziel der generalpräventiv begründeten Ausweisung ist es, **andere Ausländer von Handlungen abzuhalten, die Schutzgüter des § 53 Abs. 1 AufenthG gefährden,** insbesondere von der Begehung von Straftaten. Es geht bei einer solchen Ausweisung also nicht darum, Gefahren abzuwehren, die von dem auszuweisenden Ausländer selbst drohen. So kann im Einzelfall die Rückfallgefahr bei einem Drogenhändler aufgrund einer erfolgreichen Drogentherapie entfallen sein, ebenso wie bei einem bandenmäßig agierenden Serieneinbrecher, der aufgrund einer bei dem letzten Einbruch erlittenen Querschnittslähmung zur Begehung entsprechender Taten nicht mehr in der Lage ist. In derartigen Fällen ist es nach der überwiegenden Meinung in Rechtsprechung und Literatur ein legitimer Ausweisungszweck, durch die Ausweisung des selbst nicht mehr gefährlichen Ausländers und die konsequente, gleichmäßige Anwendung der Ausweisungsvorschriften andere Ausländer zu einem regelkonformen Verhalten zu veranlassen.⁴¹

25 Dem steht eine in der Literatur vertretene Auffassung gegenüber, dass die **Generalprävention** einen aus dem Strafrecht stammenden **Fremdkörper im Gefahrenabwehrrecht** darstelle, der jedenfalls mit dem auf das individuelle Verhalten des Ausländers abstellenden **neuen Ausweisungsrecht nicht vereinbar** sei.⁴² Nach § 53 Abs. 1 AufenthG müsse vom

---

[35] BVerfG Kammer-Beschl. v. 27.8.2010 – 2 BvR 130/10, InfAuslR 2011, 287 Rn. 36.
[36] BVerwG Urt. v. 13.12.2012 – 1 C 20.11, NVwZ 2013, 733 Rn. 23.
[37] BVerwG Urt. v. 15.1.2013 – 1 C 10.12, NVwZ-RR 2013, 435 Rn. 19; Urt. v. 2.9.2009 – 1 C 2.09, NVwZ 2010, 389 Rn. 18.
[38] *Kinzig* in Schönke/Schröder, 30. Aufl. 2019, StGB § 57 Rn. 10.
[39] BVerfG Beschl. v. 19.10.2016 – 2 BvR 1943/16, NVwZ 2017, 229 Rn. 24.
[40] BVerwG Beschl. v. 11.9.2015 – 1 B 39.15, InfAuslR 2016, 1 Rn. 21.
[41] BVerwG Urt. v. 11.6.1996 – 1 C 24.94, BVerwGE 101, 247 (254 f.) = NVwZ 1997, 297; BVerfG Beschl. v. 17.1.1979 – 1 BvR 241/77, BVerfGE 50, 166 (175 f.) = NJW 1979, 1100; *Hailbronner* AuslR AufenthG § 53 Rn. 107 ff.; *Discher* in GK-AufenthG Vor §§ 53 ff. Rn. 425.
[42] *Cziersky-Reis* in NK-AuslR AufenthG § 53 Rn. 25; *Beichel-Benedetti* in Huber AufenthG Vor §§ 53–56 Rn. 9; HHE AufenthaltsR Rn. 1083; bisher auch VGH Mannheim Urt. v. 19.4.2017 – 11 S 1967/16, InfAuslR 2017, 279 Rn. 73 ff.

Ausländer selbst eine Gefahr ausgehen, das neue Recht erlaube keine Ausweisung mehr allein aufgrund zwingender Ausweisungsgründe und ohne eine individuelle Gefahrenprognose. Die Bekämpfung einer allein von Dritten ausgehenden Gefahr unter Inanspruchnahme eines Nichtstörers finde im Gesetzeswortlaut keinen Niederschlag und stelle eine unzulässige Ausweitung des Anwendungsbereichs der Norm dar.

Mittlerweile hat das BVerwG den Streit dahin entschieden, dass auch nach dem neuen Ausweisungsrecht eine allein **generalpräventiv begründete Ausweisung** unter bestimmten Voraussetzungen **rechtmäßig** ist.[43] Dies leitet es zutreffend aus der Gesetzessystematik und der Entstehungsgeschichte der §§ 53 ff. AufenthG ab (→ Rn. 4 ff.). § 53 Abs. 1 AufenthG verlangt nämlich nicht, dass von dem ordnungsrechtlich auffälligen Ausländer selbst eine Gefahr ausgehen muss. Vielmehr muss dessen **weiterer „Aufenthalt"** eine Gefährdung bewirken. Vom Aufenthalt eines Ausländers, der etwa fortgesetzt Eigentumsdelikte im Rahmen der Bandenkriminalität begangen hat, kann aber auch dann eine Gefahr für die öffentliche Sicherheit und Ordnung ausgehen, wenn er selbst nicht mehr gefährlich ist, im Fall des Unterbleibens einer ausländerrechtlichen Reaktion auf sein Fehlverhalten andere Ausländer aber nicht wirksam davon abgehalten werden, vergleichbare Delikte zu begehen.[44] Der Wortlaut des § 53 Abs. 1 AufenthG unterscheidet sich insoweit ausdrücklich von dem des § 53 Abs. 3 AufenthG, der für bestimmte ausländerrechtlich privilegierte Personengruppen verlangt, dass das „persönliche Verhalten des Betroffenen" eine schwerwiegende Gefahr darstellt. Entsprechendes gilt für die privilegierten Ausländer iSv § 53 Abs. 3a und 3b AufenthG, die ebenfalls selbst eine Gefahr für die Allgemeinheit oder die Sicherheit bilden müssen – anders als nach § 53 Abs. 1. Insofern findet der in der Gesetzesbegründung ausdrücklich formulierte gesetzgeberische Wille, eine Ausweisungsentscheidung grundsätzlich auch auf generalpräventive Erwägungen stützen zu können, im Gesetzeswortlaut des § 53 Abs. 1 AufenthG seinen Niederschlag.[45]

Allerdings ist eine generalpräventiv begründete Ausweisung auf Straftaten beschränkt, bei denen sie geeignet erscheint, eine generalpräventive Wirkung zu entfalten. Das ist bei Beziehungstaten nicht der Fall. In Betracht kommen können hingegen Eigentums-, Drogen- und Gewaltdelikte.[46]

Nach dem reformierten Ausweisungsrecht muss das Ausweisungsinteresse zudem aktuell sein. Das ist nicht mehr der Fall, wenn zwar Straftaten begangen wurden, die vom Katalog des § 54 AufenthG erfasst sind, die aber mangels Verwertbarkeit (§ 46 BZRG) oder aufgrund eingetretener Verjährung (§ 78 StGB) kein aktuelles generalpräventives Ausweisungsinteresse mehr begründen können. Ergibt sich das generalpräventive Ausweisungsinteresse aus einem strafbares Verhalten des Ausländers, bieten die strafrechtlichen Verjährungsfristen der §§ 78 ff. StGB einen geeigneten Rahmen zur Konkretisierung. Bei abgeurteilten Straftaten stellen die Fristen für ein Verwertungsverbot nach § 51 BZRG in jedem Fall die Obergrenze dar. Danach bildet die einfache Verjährungsfrist des § 78 Abs. 3 StGB, deren Dauer sich nach der verwirklichten Tat richtet und die mit Beendigung der Tat zu laufen beginnt, eine untere Grenze. Die obere Grenze orientiert sich regelmäßig an der absoluten Verjährungsfrist des § 78c Abs. 3 S. 2 StGB, die regelmäßig das Doppelte der einfachen Verjährungsfrist beträgt. Innerhalb dieses Zeitrahmens ist der Fortbestand des Ausweisungsinteresses anhand generalpräventiver Erwägungen zu ermitteln. Bei abgeurteilten Straftaten bilden die Tilgungsfristen des § 46 BZRG zudem eine absolute Obergrenze.[47]

---

[43] BVerwG Urt. v. 9.5.2019 – 1 C 21.18, BeckRS 2019, 16744 Rn. 17 ff; Urt. v. 12.7.2018 – 1 C 16.17, NVwZ 2019, 486 Rn. 16 ff.; zuvor schon OVG Koblenz Urt. v. 23.5.2017 – 7 A 11445/16 OVG; ebenso *Bauer* in Bergmann/Dienelt AufenthG § 53 Rn. 61 ff.; *Tanneberger* in BeckOK AuslR AufenthG § 53 Rn. 27 ff.
[44] Vgl. zum alten Ausweisungsrecht BVerwG Urt. v. 14.2.2012 – 1 C 7.11, NVwZ 2012, 1558 Rn. 17 ff.
[45] BT-Drs. 18/4097 S. 49
[46] Vgl. auch die Zusammenstellung geeigneter Delikte bei *Bauer* in Bergmann/Dienelt AufenthG § 53 Rn. 65.
[47] BVerwG Urt. v. 9.5.2019 – 1 C 21.18, Rn. 19.

29 Ein nur generalpräventiv begründetes öffentliches Interesse an einer Ausweisung hat im Allgemeinen ein geringeres Gewicht als die spezialpräventive Reaktion auf eine konkrete Wiederholungsgefahr.[48] In jedem Fall müssen die konkreten Umstände der begangenen Straftat und der Lebensumstände des Ausländers bei der Abwägung nach dem Grundsatz der Verhältnismäßigkeit individuell gewürdigt werden. Bei der Bemessung der Frist für die Aktualität des Ausweisungsinteresses wird daher bei Straftaten, die nach §§ 153, 153a StGB eingestellt worden sind, in der Regel die einfache Verjährungsfrist nach § 78 Abs. 3 StGB zugrunde zu legen sein. Entsprechendes gilt im Fall eines durch § 54 Abs. 2 Nr. 8 AufenthG begründeten Ausweisungsinteresses, wenn – anders als in dem vom BVerwG im Jahr 2018 entschiedenen Fall[49] – kein strafbares oder in sonstiger Weise qualifiziertes Verhalten vorliegt. Hingegen rechtfertigen terroristische Straftaten – zumal wenn sie über einen längeren Zeitraum öffentlichkeitswirksam begangen wurden (wie in dem vom BVerwG 2019 entschiedenen Fall[50]) – die Ausschöpfung des vom BVerwG herangezogenen Fristenrahmens.

30 Unzulässig ist eine generalpräventive Ausweisung nach der hier vertretenen Auffassung bei **faktischen Inländern** mit schwerwiegenden Bleibeinteressen[51] und für die in **§ 53 Abs. 3 sowie Abs. 3a und 3b AufenthG** genannten Personengruppen. Bei diesen Personengruppen ist eine Ausweisung nur aus spezialpräventiven Gründen zulässig.

IV. Das Bleibeinteresse

31 Dem öffentlichen Ausweisungsinteresse steht das **private oder öffentliche Interesse am Verbleib des Ausländers** in Deutschland entgegen. Bei Prüfung der Frage, welche Bleibeinteressen im Einzelfall bestehen, ist **in einem ersten Schritt** zu prüfen, ob ein in **§ 55 AufenthG gesetzlich definiertes** schwerwiegendes oder besonders schwerwiegendes **Bleibeinteresse** vorliegt. Wenn sich danach ein Ausländer zB schon seit mindestens fünf Jahren auf der Grundlage eines Aufenthaltstitels in Deutschland aufgehalten hat (§ 55 Abs. 1 Nr. 1 bis 3 AufenthG), mit einem Deutschen in familiärer Lebensgemeinschaft oder in Lebenspartnerschaft lebt (§ 55 Abs. 1 Nr. 4 AufenthG) oder sein Personensorge- oder Umgangsrecht mit einem minderjährigen deutschen Kind ausübt (§ 55 Abs. 1 Nr. 4 AufenthG), dann ist ohne weitere Prüfung davon auszugehen, dass sein Bleibeinteresse besonders schwer wiegt.

32 Allerdings sind die Kataloge des § 55 Abs. 1 und 2 AufenthG nicht abschließend. Vielmehr sind daneben noch weitere, nicht ausdrücklich normierte Bleibeinteressen denkbar.[52] Sofern keiner der in § 55 Abs. 1 und 2 AufenthG aufgeführten Tatbestände vorliegt, ist daher **in einem zweiten Schritt** zu prüfen, ob der Ausländer aus anderen Gründen ein Bleibeinteresse hat und welches Gewicht diesem zukommt.

33 Ein solches Bleibeinteresse kann sich zunächst aus **grundrechtlich geschützten Rechtspositionen** ergeben, etwa zur Aufrechterhaltung des Ehe- und Familienlebens (Art. 6 Abs. 1 GG, Art. 8 EMRK) oder des Privatlebens im vertrauten Lebensbereich (Art. 2 Abs. 1 GG, Art. 8 EMRK). Für ein **gesteigertes Bleibeinteresse** können weitere Umstände sprechen, die in **§ 53 Abs. 2** AufenthG genannt sind, so etwa eine (lange) Dauer des Aufenthalts sowie (gute) persönliche, wirtschaftliche und sonstige Bindungen in Deutschland.

34 Das Grundrecht auf **Schutz von Ehe und Familie** gewährt zwar keinen unmittelbaren Anspruch auf Aufenthalt.[53] Art. 6 Abs. 1 GG verpflichtet die Ausländerbehörde aber, bei der Entscheidung über aufenthaltsbeendende Maßnahmen die **familiären Bindungen des Ausländers** an Personen, die sich berechtigterweise im Bundesgebiet aufhalten, pflicht-

---

[48] So auch *Tanneberger* in BeckOK AuslR AufenthG § 53 Rn. 29.
[49] BVerwG Urt. v. 12.7.2018 – 1 C 16.17, NVwZ 2019, 486 Rn. 24.
[50] BVerwG Urt. v. 9.5.2019 – 1 C 21.18, BeckRS 2019, 16744 Rn. 22 f.
[51] Vgl. hierzu BVerfG Beschl. v. 19.10.2016 – 2 BvR 1943/16, NVwZ 2017, 229 Rn. 19; aA BVerwG Urt. v. 14.2.2012 – 1 C 7.11, NVwZ 2012, 1558 Rn. 20 ff.
[52] BT-Drs. 18/4097, 49; BVerwG Urt. v. 22.2.2017 – 1 C 3.16, NVwZ 2017, 1883 Rn. 24.
[53] BVerfG Beschl. v. 18.4.1989 – 2 BvR 1169/84, BVerfGE 80, 81 (92 f.) = NJW 1989, 2195.

gemäß, dh entsprechend dem Gewicht dieser Bindungen, in ihren Erwägungen **zur Geltung zu bringen.** Dieser verfassungsrechtlichen Pflicht des Staates zum Schutz der Familie entspricht ein Anspruch des Trägers des Grundrechts aus Art. 6 GG darauf, dass die zuständigen Behörden und Gerichte bei der Entscheidung über das Aufenthaltsbegehren seine familiären Bindungen an im Bundesgebiet lebende Personen angemessen berücksichtigen (→ § 4 Rn. 6 ff.).[54]

Jedes Mitglied der durch Art. 6 Abs. 1 GG geschützten familiären Gemeinschaft wird 35 durch die verfassungsrechtlichen Vorgaben geschützt und hat Anspruch auf Beachtung seiner Rechte bei aufenthaltsrechtlichen Entscheidungen.[55] Es gibt daher nicht nur **Bleibeinteressen** des Ausländers, sondern auch solche seiner **Familienangehörigen.** Zudem hat ein minderjähriges Kind eines Ausländers ein eigenes Recht auf regelmäßigen persönlichen Kontakt zu seinem Vater, das durch die Ausweisung beeinträchtigt werden kann. Es folgt im Anwendungsbereich des Unionsrechts aus Art. 7, 24 Abs. 3 GRCh.[56]

Kann die bereits gelebte Lebensgemeinschaft zwischen einem Ausländer und seiner Ehe- 36 frau oder seinem Kind nur in der Bundesrepublik Deutschland fortgesetzt werden, weil der Ehefrau oder dem Kind das Verlassen Deutschlands nicht zumutbar ist (zB wegen internationalen Schutz begründender Verfolgungsgefahr), so drängt die Pflicht des Staates, die Familie zu schützen, einwanderungspolitische Belange regelmäßig zurück.[57] Das schließt eine **Ausweisung bei Gefährdung hochrangiger Rechtsgüter,** zB aufgrund terroristischer Aktivitäten oder der Unterstützung des Terrorismus, allerdings nicht aus.[58] Das gilt auch unter Berücksichtigung der UN-Kinderrechtskonvention.[59]

Ein gesteigertes Bleibeinteresse kann sich auch aus dem gebotenen **Schutz des Pri-** 37 **vatlebens** ergeben (Art. 2 Abs. 1 GG, Art. 8 EMRK). Dieses insbesondere in der **Rechtsprechung des EGMR** näher ausdifferenzierte Bleibeinteresse dient der Aufrechterhaltung **gewachsener persönlicher, beruflicher und wirtschaftlicher Bindungen** an den Aufenthaltsstaat.[60] Ein gesteigertes Bleibeinteresse kann sich danach insbesondere **aus folgenden Umständen** ergeben: der Dauer des Aufenthalts des Ausländers in dem Land, aus dem er ausgewiesen werden soll; der familiären Situation des Ausländers, wie der Dauer der Ehe und dem Erziehungsbedarf von minderjährigen Kindern; besonderen Schwierigkeiten, die den Familienangehörigen in dem Land, in das der Ausländer ausgewiesen werden soll, voraussichtlich begegnen werden, sowie die größere Festigkeit der sozialen, kulturellen und familiären Bindungen des Ausländers zum Aufnahmestaat als zum Zielstaat der Ausweisung.

Das **BVerfG** sieht **faktische Inländer,** die entweder in Deutschland geboren wurden 38 oder als Kleinkinder hierher kamen, in besonderer Weise durch **Art. 2 Abs. 1 GG** geschützt. Für diesen Personenkreis besteht zwar kein generelles Ausweisungsverbot. Im Rahmen der Verhältnismäßigkeitsprüfung ist aber der besonderen Härte, die eine Ausweisung für diese Personengruppe darstellt, in angemessenem Umfang Rechnung zu tragen.[61]

In besonders gelagerten Fällen kann auch ein **öffentliches Interesse am Verbleib** des 39 Ausländers in Deutschland bestehen, etwa als Zeuge in einem Strafverfahren. Ein solches öffentliches Bleibeinteresse regelt § 55 Abs. 1 Nr. 6 AufenthG für Fälle, in denen eine Aufenthaltserlaubnis nach § 25 Abs. 4a AufenthG erteilt worden ist, weil ein Opfer von Menschenhandel in einem Strafverfahren an der Aufklärung der Tat mitwirkt. Ein öffent-

---

[54] BVerfG Beschl. v. 27.8.2010 – 2 BvR 130/10, InfAuslR 2011, 287 Rn. 40; Beschl. v. 12.5.1987 – 2 BvR 1226/83 ua, BVerfGE 76, 1 (49 ff.) = NJW 1988, 626.
[55] BVerwG Urt. v. 12.7.2013 – 10 C 5.13, NVwZ 2013, 1497 Rn. 5.
[56] BVerwG Beschl. v. 21.7.2015 – 1 B 26.15, BeckRS 2015, 49497 Rn. 5.
[57] BVerfG Beschl. v. 10.5.2008 – 2 BvR 588/08, BVerfG (K) 13, 562 Rn. 14 = BeckRS 2008, 35242.
[58] BVerwG Urt. v. 30.7.2013 – 1 C 9.12, NVwZ 2014, 294 Rn. 25; Beschl. v. 7.12.2011 – 1 B 6.11, BeckRS 2012, 45694 Rn. 8; BVerfG Beschl. v. 23.1.2006 – 2 BvR 1935/05, NVwZ 2006, 682 Rn. 23.
[59] BVerwG Beschl. v. 10.2.2011 – 1 B 22.10, BeckRS 2011, 48267 Rn. 4.
[60] Vgl. EGMR Urt. v. 28.6.2007 – 31753/02, InfAuslR 2007, 325 Rn. 54 f. – Kaya/Deutschland; *Fricke* ZAR 2010, 253.
[61] BVerfG Beschl. v. 19.10.2016 – 2 BvR 1943/16, NVwZ 2017, 229 Rn. 19; Beschl. v. 29.1.2020 – 2 BvR 690/19, BeckRS 2020, 837 Rn. 18 ff.

liches Bleibeinteresse ist allerdings in der Regel **nicht drittschützend**. Der Ausländer kann die Ausweisung daher nicht wegen mangelnder Berücksichtigung dieses Interesses angreifen.[62]

V. Abwägung nach Verhältnismäßigkeit

40 Liegt ein öffentliches Ausweisungsinteresse und ein (in der Regel) privates Bleibeinteresse des Ausländers vor, sind diese gegeneinander abzuwägen. Die Abwägung erfolgt unter **Gewichtung der wechselseitigen Interessen** nach dem Grundsatz der Verhältnismäßigkeit. Raum für ein **Ermessen** der Ausländerbehörde **besteht nicht**.[63] Die Entscheidung ist gerichtlich voll nachprüfbar. Eine Ausweisung kann nur erfolgen, wenn die öffentlichen Ausweisungsinteressen überwiegen (§ 53 Abs. 1 AufenthG).

41 Bei der Abwägung nach § 53 Abs. 1 AufenthG sind einzelfallbezogen insbesondere **die in § 53 Abs. 2 AufenthG genannten Umstände** zu berücksichtigen, also die Dauer des Aufenthalts des Ausländers in Deutschland, seine persönlichen, wirtschaftlichen und sonstigen Bindungen in Deutschland wie im Herkunftsstaat oder in einem anderen zur Aufnahme bereiten Staat, die Folgen der Ausweisung für Familienangehörige und Lebenspartner sowie die Tatsache, ob sich der Ausländer rechtstreu verhalten hat. Der Katalog der abwägungsrelevanten Umstände ist nicht abschließend, zur inhaltlichen Konkretisierung der einzelnen Faktoren ist insbesondere auf die Rechtsprechung zu den einzelnen Ausweisungs- und Bleibeinteressen zurückzugreifen (→ Rn. 41 ff.). Bei der **Gewichtung der Interessen** ist die gesetzgeberische Wertung in §§ 54 und 55 AufenthG zu beachten.

42 Der Katalog der besonders schwerwiegenden Ausweisungs- und Bleibeinteressen in § 54 Abs. 1 AufenthG und § 55 Abs. 1 AufenthG sowie der (einfach) schwer wiegenden Ausweisungsinteressen in § 54 Abs. 2 AufenthG ist abschließend formuliert, derjenige der (einfach) schwer wiegenden Bleibeinteressen in § 55 Abs. 2 AufenthG hingegen nicht („insbesondere"). Das stellt jedoch lediglich **eine generelle Bewertung** dar, von der im Einzelfall abgewichen werden darf. Das heißt es dürfen im konkreten Fall ausnahmsweise auch nicht im Katalog aufgeführte Interessen als besonders schwerwiegend bewertet werden. Und es darf bei der **individuellen Abwägungsentscheidung** in besonderen Fallkonstellationen auch einem generell lediglich als „schwerwiegend" eingestuften Bleibeoder Ausweisungsinteresse ein höheres Gewicht beigemessen werden als einem gegenläufigen, das abstrakt als „besonders schwerwiegend" eingestuft ist. Hiervon ist auch der Gesetzgeber ausgegangen.[64] Denn nur so lässt sich im konkreten Einzelfall eine verhältnismäßige Entscheidung erzielen. Beispielsweise ist es denkbar, dass die Verurteilung zu einer Freiheitsstrafe von mehr als zwei Jahren wegen vorsätzlicher Straftat in atypischen Fällen insgesamt weniger schwer erscheint. Umgekehrt kann auch das Vorliegen mehrerer schwer wiegender Bleibeinteressen aus dem Katalog des § 55 Abs. 2 AufenthG im Einzelfall nicht geeignet sein, die Ausweisung eines hoch rückfallgefährdeten Straftäters aus dem Bereich der Gewalt- oder Drogenkriminalität zu hindern.

43 Für eine einzelfallbezogene, förmliche **„Typenkorrektur"** in der Weise, dass das einen Tatbestand des § 54 Abs. 1 AufenthG erfüllende Verhalten bei atypischen Umständen, insbesondere Verhaltensweisen im unteren Gefährlichkeitsbereich der gesetzlich vertypten Verhaltensweisen, in ein „nur" schwerwiegendes Ausweisungsinteresse herabgestuft wird, ist angesichts der gesetzlichen Systematik kein Raum.[65] Hierfür besteht wegen der umfassenden, auch stufenübergreifend gebotenen Verhältnismäßigkeitsabwägung auch kein Bedarf. Die gesetzliche Unterscheidung in besonders schwerwiegende und schwerwiegende Ausweisungs- und Bleibeinteressen ist danach für die Güterabwägung zwar regelmäßig prägend. Bei Vorliegen besonderer Umstände können die Ausweisungsinteressen aber auch

---

[62] so auch *Tanneberger* in BeckOK AuslR AufenthG § 53 Rn. 49 f.
[63] BVerwG Urt. v. 22.2.2017 – 1 C 3.16, NVwZ 2017, 1883 Rn. 23.
[64] BT-Drs. 18/4097, 50 zu § 54 AufenthG; ähnlich *Bauer* in Bergmann/Dienelt AufenthG § 53 Rn. 80 f.
[65] BVerwG Urt. v. 27.7.2017 – 1 C 28.16, ZAR 2018, 166 Rn. 39.

weniger schwer zu gewichten sein. Im Rahmen der Abwägung ist mithin nicht nur von Belang, wie der Gesetzgeber das **Ausweisungsinteresse abstrakt** einstuft. Vielmehr ist das dem Ausländer vorgeworfene Verhalten, das den Ausweisungsgrund bildet, **im Einzelnen zu würdigen und weiter zu gewichten.** Gerade bei prinzipiell gleichgewichtigem Ausweisungs- und Bleibeinteresse kann daher das gefahrbegründende Verhalten des Ausländers näherer Aufklärung und Feststellung bedürfen, als dies für die Erfüllung des gesetzlich vertypten Ausweisungsinteresses erforderlich ist.

Eine allein auf **generalpräventive Gründe** gestützte Ausweisung ist dann nicht verhältnismäßig, wenn dem Ausländer gewichtige Bleibeinteressen zur Seite stehen, zB weil er faktischer Inländer ist.[66] Generalpräventive Gründe können aber das Gewicht von spezialpräventiv begründeten Ausweisungsinteressen verstärken. **44**

Bei der Prüfung, ob die Ausweisung einen verhältnismäßigen Eingriff in die Rechte des Ausländers darstellt, ist auch zu berücksichtigen, auf welchen Zeitraum sie nach § 11 Abs. 1 AufenthG befristet ist (→ Rn. 148 ff.). Allerdings macht eine zu lange behördliche Befristung die Ausweisung nicht rechtswidrig, weil die **Befristung** gesondert gerichtlich angefochten werden kann.[67] **45**

Eine Ausweisung erfolgt in der Regel, um den Ausländer zum Verlassen der Bundesrepublik zu veranlassen. Zulässig ist aber auch eine „**inlandsbezogene Ausweisung**", bei der eine rechtmäßig verfügte Ausweisung zwar zum Erlöschen des Aufenthaltsrechts führt, der Ausreise aber Rechtsgründe entgegenstehen und der Ausländer daher in Deutschland bleibt. Solche Rechtsgründe können sich aus dem Schutz von Ehe und Familie ergeben, wenn diese nicht im Ausland geführt werden kann, oder aus einer Anerkennung des Ausländers als Flüchtling, die eine Zurückweisung in sein Herkunftsland verbietet.[68] Die Ausweisung erfüllt dann immerhin noch den Zweck, dass der Ausländer **aufenthaltsrechtlich auf eine Duldung herabgestuft** wird, sich sein Aufenthalt nicht verfestigen kann, Aufenthaltsbeschränkungen und Meldeauflagen verhängt werden können (§ 56 AufenthG) und er nur Anspruch auf Leistungen nach dem Asylbewerberleistungsgesetz hat. Bei einer solchen inlandsbezogenen Ausweisung sind keine Bleibeinteressen im engeren Wortsinn in die Abwägung einzustellen, sondern das **Interesse an Vermeidung der** sonstigen vorstehend beschriebenen **Folgewirkungen.**[69] Anderes gilt dann, wenn die Duldungsgründe nachträglich wegfallen. Den dann erheblichen Bleibeinteressen kann durch Aufhebung des Einreise- und Aufenthaltsverbots oder Verkürzung seiner Frist nach § 11 Abs. 4 S. 1 AufenthG Rechnung getragen werden.[70] **46**

VI. Besonders geschützte Personengruppen

Nach § 53 Abs. 3 sowie Abs. 3a und 3b AufenthG gelten **erhöhte Ausweisungsvoraussetzungen** für bestimmte privilegierte Personengruppen. Dies sind die Begünstigten aus dem Assoziationsabkommen EWG/Türkei, die Inhaber einer Erlaubnis zum Daueraufenthalt-EU, Asylberechtigte, anerkannte Flüchtlinge und subsidiär Schutzberechtigte. Auf all diese Personengruppen war nach Inkrafttreten des Ausweisungsrechts 2016 zunächst ein **einheitlicher Ausweisungsmaßstab** anzuwenden. Erforderlich war, dass „das persönliche Verhalten des Betroffenen gegenwärtig eine schwerwiegende Gefahr für die öffentliche Sicherheit und Ordnung darstellt, die ein Grundinteresse der Gesellschaft berührt und die Ausweisung für die Wahrung dieses Interesses unerlässlich ist." Dieser Maßstab entsprach den **Vorgaben des EuGH für die Ausweisung von Begünstigten aus dem Assoziati- 47**

---

[66] Vgl. BVerfG Beschl. v. 19.10.2016 – 2 BvR 1943/16, NVwZ 2017, 229 Rn. 18 ff.
[67] BVerwG Urt. v. 10.7.2012 – 1 C 19.11, NVwZ 2013, 365 Rn. 32.
[68] Vgl. etwa BVerwG Urt. v. 30.7.2013 – 1 C 9.12, NVwZ 2014, 294; Urt. v. 6.3.2014 – 1 C 2.13, NVwZ 2014, 1107; Urt. v. 22.2.2017 – 1 C 3.16, NVwZ 2017, 1883.
[69] BVerwG Urt. v. 20.7.2013 – 1 C 9.12, NVwZ 2014, 294 Rn. 24; Urt. v. 22.2.2017 – 1 C 3.16, NVwZ 2017, 1883 Rn. 58.
[70] Vgl. BVerwG Urt. v. 6.3.2014 – 1 C 2.13, NVwZ 2014, 1107 Rn. 13 – noch zu § 11 AufenthG aF.

onsabkommen EWG/Türkei. Die Vorschrift war im Gesetzentwurf der Richter *Bergmann* und *Dörig* vom Februar 2014 nur für diesen Personenkreis konzipiert,[71] die Ausweisungsvoraussetzungen waren daher dem hierfür einschlägigen EuGH-Urteil vom 8.12.2011 in der Sache „Ziebell"[72] entnommen. Der Gesetzentwurf der Bundesregierung übernahm die Formulierung von *Bergmann/Dörig*, erweiterte aber den begünstigten Personenkreis um weitere ausweisungsrechtlich privilegierte Gruppen, ohne weitere Spezifika der einzelnen Gruppen zu berücksichtigen.[73]

48 Durch die **Gesetzesnovelle vom August 2019** wurde der erhöhte Ausweisungsschutz nun für die unterschiedlichen Personengruppen **„bereichsspezifisch"** geregelt. Für zwei der fünf privilegierten Gruppen verbleibt es bei der für sie maßgeblichen Regelung in § 53 Abs. 1 (Assoziationsberechtigte und Inhaber einer Erlaubnis zum Daueraufenthalt-EU). Für die drei weiteren Gruppen (Asylberechtigte, Flüchtlinge und subsidiär Schutzberechtigte) werden auf sie zugeschnittene Regelungen in den neuen **Absätzen 3a und 3b** getroffen.[74] Nach Abs. 3a dürfen Asylberechtigte und anerkannte Flüchtlinge nur ausgewiesen werden, wenn sie „aus schwerwiegenden Gründen" als eine „Gefahr für die Sicherheit der Bundesrepublik Deutschland" oder als eine „terroristische Gefahr" anzusehen sind oder eine „Gefahr für die Allgemeinheit" darstellen, weil sie wegen einer schweren Straftat rechtskräftig verurteilt wurden. Der Gesetzgeber wollte damit die Schwellen des Ausweisungsschutzes auf „**den Kern der europa- und völkerrechtlichen Vorgaben**" zurückführen.[75] Die Gesetzesbegründung bezieht sich insoweit auf Art. 14 Abs. 4 Anerkennungs-RL und auf Art. 33 Abs. 2 GFK. Nach Abs. 3b dürfen subsidiär Schutzberechtigte iSv § 4 Abs. 1 AsylG nur ausgewiesen werden, wenn sie eine „schwere Straftat" begangen haben oder sie eine „Gefahr für die Allgemeinheit" oder die „Sicherheit der Bundesrepublik Deutschland" darstellen. Hiermit wollte der Gesetzgeber den Ausweisungsschutz auf die europarechtlichen Vorgaben des Art. 17 Abs. 1 lit. b und d Anerkennungs-RL beschränken.[76]

49 Die Normierung spezifischer Ausweisungsmaßstäbe für die fünf privilegierten Personengruppen durch die Gesetzesnovelle von 2019 hat zur Folge, dass die Ausweisungsvoraussetzungen für diese Personengruppen nun an den für sie in § 53 Abs. 3, 3a und 3b AufenthG bestimmten spezifischen Voraussetzungen zu prüfen sind. Allerdings sind die gesetzlich in § 54 AufenthG vertypten Ausweisungsinteressen zur Ausfüllung von Merkmalen wie „Gefahr für die Allgemeinheit", „terroristische Gefahr" oder „Gefahr für die Sicherheit der Bundesrepublik Deutschland" heranzuziehen.[77] Denn nach der Rechtsprechung des EuGH steht es den Mitgliedstaaten frei, nach **ihren nationalen Bedürfnissen** zu bestimmen, was die **öffentliche Ordnung und Sicherheit** erfordern.[78] Dies hat der Gesetzgeber in § 54 AufenthG für das Ausweisungsrecht getan. Dieser Vorgabe für die Prüfung der Ausweisungsvoraussetzungen nach § 53 Abs. 3, 3a und 3b AufenthG steht die zur Rechtslage vor der Gesetzesnovelle von 2019 ergangene Rechtsprechung des BVerwG nicht entgegen, wonach zunächst die für nicht privilegierte Ausländer geltenden Ausweisungsvorschriften zu prüfen waren und das Ergebnis der Prüfung in einem zweiten Schritt an den unionsrechtlichen Vorgaben zu messen war.[79] Denn diese Rechtsprechung war ausdrücklich auf die damalige Rechtslage bezogen, die keine spezifischen Standards für die einzelnen privilegierten Personengruppen normierte.[80]

---

[71] Gesetzentwurf *Bergmann/Dörig* vom Februar 2014, in *Bergmann/Dienelt* AufenthG Vor §§ 53–56 Rn. 16.
[72] EuGH Urt. v. 8.12.2011 – C-371/08, NVwZ 2012, 422 Rn. 87 zweiter Spiegelstrich – Ziebell.
[73] BT-Drs. 18/4097, 50.
[74] BGBl I 1294.
[75] Gesetzesbegründung der Bundesregierung, BT-Drs. 19/10047, 34.
[76] BT-Drs. 19/10047, 35.
[77] So auch *Bauer* in Bergmann/Dienelt AufenthG § 53 Rn. 82.
[78] EuGH Urt. v. 24.6.2015 – C-373/13, BeckRS 2015, 80822 Rn. 77 – H. T.
[79] BVerwG Urt. v. 22.2.2017 – 1 C 3.16, NVwZ 2017, 1883 Rn. 46.
[80] In dem hier vertretenen Sinne schon vor der Gesetzesnovelle von 2019 VGH Mannheim Urt. v. 13.1.2016 – 11 S 889/15, ZAR 2016, 119; OVG Münster Urt. v. 12.7.2017 – 18 A 2735/15, BeckRS 2017, 119545.

§ 7 Aufenthaltsbeendigung durch Ausweisung § 7

1. Assoziationsberechtigte türkische Staatsangehörige

Für türkische Staatsangehörige, die als Arbeitnehmer oder deren Familienangehörige ein 50
besonders geschütztes Aufenthaltsrecht nach Art. 6 oder Art. 7 ARB 1/80 erworben haben
(→ § 12 Rn. 1 ff.), normiert § 53 Abs. 3 AufenthG Ausweisungsvoraussetzungen, wie sie
dem **unionsrechtlichen Ausweisungsschutz nach Art. 14 ARB 1/80** entsprechen.
Keinen erhöhten Ausweisungsschutz genießen Selbständige, die ihr Freizügigkeitsrecht
nach dem Assoziationsrecht EWG-Türkei wahrnehmen, zB als Dienstleister. Sie sind allein
vor einer Verschlechterung der nationalen Rechtslage nach Art. 41 ZP (Zusatzprotokoll
zum Assoziationsabkommen EWG-Türkei) geschützt (→ § 12 Rn. 1 ff.).[81] Der Standstill,
der nationales Recht konserviert, ist ausweisungsrechtlich einer materiellen Privilegierung
durch Assoziationsrecht, wie sie durch Art. 6, 7 und 14 ARB 1/80 erfolgt, nicht gleichzustellen.

Nach der **Rechtsprechung des EuGH** ist eine Ausweisung für den begünstigten 51
Personenkreis nur zulässig, wenn deren persönliches Verhalten gegenwärtig eine tatsächliche und hinreichend schwere Gefahr für ein Grundinteresse der Gesellschaft darstellt und
die Ausweisung für die Wahrung dieses Interesses unerlässlich ist.[82] Genau diese Voraussetzungen finden sich in § 53 Abs. 3 AufenthG. Für die ARB-Berechtigten gelten damit
Maßstäbe, die denen **für langfristig aufenthaltsberechtigte Drittstaatsangehörige**
(Art. 12 RL 2003/109/EG) näherkommen als den für Unionsbürger geltenden nach der
Unionsbürger-RL 2004/38/EG. Unter Berücksichtigung dieser Anforderungen kann eine
Ausweisung jedenfalls auf die besonders schwerwiegenden Ausweisungsinteressen des § 54
Abs. 1 Nr. 1 bis 5 AufenthG gestützt werden. Allerdings ist eine umfassende Einzelfallabwägung erforderlich.[83] Eine Ausweisung ist zudem nur aus spezialpräventiven Gründen
zulässig.

Der durch das Ausweisungsrecht 2016 bewirkte Wechsel von einer Ermessensentschei- 52
dung zu einer gebundenen Entscheidung verstößt nicht gegen das **Verschlechterungsverbot des Art. 13 ARB 1/80**.[84] Denn das neue Recht hat die Rechtsstellung der
Ausländer in der hier gebotenen und auch unionsrechtlich statthaften Gesamtschau nicht
verschlechtert, sondern jedenfalls teilweise verbessert. Bisher sah das Gesetz Tatbestände
einer zwingenden Ausweisung (Ist-Ausweisung), regelmäßig erfolgenden Ausweisung
(Soll-Ausweisung) und Ausweisung nach Ermessen (Kann-Ausweisung) vor. Die zwingende Ausweisung und die regelmäßig erfolgende Ausweisung widersprachen für den Personenkreis der unionsrechtlich privilegierten Ausländer der Rechtsprechung des EuGH,
wonach eine Ausweisung ausschließlich auf ein persönliches Verhalten des Ausländers
gestützt werden darf, das eine gegenwärtige Gefährdung der öffentlichen Ordnung darstellt.
Der Gesetzgeber hat daraus durch das 2016 in Kraft getretene Ausweisungsrecht die
Konsequenzen gezogen. Eine Ausweisung nach neuem Recht hat eine **einzelfallbezogene umfassende Güter- und Interessenabwägung** vorzunehmen und orientiert sich
dabei strikt am Grundsatz der Verhältnismäßigkeit (§ 53 Abs. 1 und 2 AufenthG).

Zwar entfällt nach dem neuen Recht die Möglichkeit, aus Gründen der Zweckmäßigkeit 53
von einer Aufenthaltsbeendigung abzusehen. Auf ein solches **Absehen von einer rechts- und ermessensfehlerfrei möglichen Ausweisung** hatte der Ausländer aber zu keinem
Zeitpunkt einen Anspruch, auch die gerichtliche Kontrolle war insoweit durch § 114
VwGO eingeschränkt. Durch die gesetzliche Neuregelung wird also keine individuelle
Rechtsposition beeinträchtigt. Im Übrigen ist für die Beachtung des Verschlechterungsverbots auf die tatsächliche Praxis und nicht allein auf die abstrakte Rechtslage abzustellen.
Nach den Verwaltungsvorschriften vom 26.10.2009 lag die Ausweisungsentscheidung im
pflichtgemäßen Ermessen der Ausländerbehörde, bei der Ermessensausübung waren das

---

[81] EuGH Urt. v. 11.5.2000 – C-37/98, NVwZ 2000, Beilage Nr. 12, 139 – Savas.
[82] EuGH Urt. v. 8.12.2011 – C-371/08, NVwZ 2012, 422 Rn. 82 – Ziebell.
[83] Vgl. BVerwG Urt. v. 10.7.2012 – 1 C 19.11, NVwZ 2013, 365 Rn. 20.
[84] BVerwG Urt. v. 22.2.2017 – 1 C 3.16, NVwZ 2017, 1883 Rn. 61 ff.

schutzwürdige Interesse des Ausländers am weiteren Verbleib in Deutschland und das öffentliche Interesse an der Ausweisung gegeneinander abzuwägen (Ziffer 55.1.3). Das weist auf eine **Rechtspraxis** hin, die der heute normierten gebundenen Ausweisung entspricht, die von einer einzelfallbezogenen Verhältnismäßigkeitsprüfung geleitet wird. Insofern hat sich die Rechtsstellung des Ausländers nicht verschlechtert.

2. Langfristig aufenthaltsberechtigte Drittstaatsangehörige

54 Die Ausweisungsvoraussetzungen für Ausländer, denen eine Erlaubnis zum Daueraufenthalt-EU zusteht, sind nach § 53 Abs. 3 AufenthG die gleichen, die für türkische Assoziationsberechtigte gelten. Zur inhaltlichen Ausfüllung der Merkmale kann daher auf die vorstehenden Ausführungen verwiesen werden. Diese Regelung ist unionsrechtlich unbedenklich. Denn der Schutzstandard für langfristig aufenthaltsberechtigte Drittstaatsangehörige, den Art. 12 RL 2003/109/EG definiert,[85] geht nicht über den Maßstab des § 53 Abs. 3 AufenthG hinaus. § 53 Abs. 3 AufenthG sieht vielmehr eine **höhere Ausweisungshürde als das Unionsrecht** vor, indem er – über Art. 12 RL 2003/109/EG hinaus – verlangt, dass die Gefahr „ein Grundinteresse der Gesellschaft berührt" und die Ausweisung „für die Wahrung dieses Interesses unerlässlich ist".

3. Flüchtlinge und Asylberechtigte

55 § 53 Abs. 3a AufenthG regelt die besonderen Ausweisungsvoraussetzungen für Flüchtlinge iSd **EU-Anerkennungsrichtlinie 2011/95/EU**[86] und ihnen nach nationalem Recht gleichgestellte Asylberechtigte (§ 2 AsylG). Diese dürfen nur ausgewiesen werden, wenn sie „aus schwerwiegenden Gründen" als „eine Gefahr für die Sicherheit der Bundesrepublik Deutschland" oder „eine terroristische Gefahr" anzusehen sind oder sie eine „Gefahr für die Allgemeinheit darstellen, weil sie wegen einer schweren Straftat rechtskräftig verurteilt" wurden. Der Gesetzgeber wollte damit die Schwellen des Ausweisungsschutzes auf **„den Kern der europa- und völkerrechtlichen Vorgaben"** zurückführen.[87] Die Gesetzesbegründung bezieht sich insoweit auf Art. 14 Abs. 4 lit. b Anerkennungs-RL und auf Art. 33 Abs. 2 GFK. Sie verweist damit auf eine Norm der Anerkennungsrichtlinie, bei der streitig ist, ob sie als eine Regelung zur Aberkennung und Beendigung der Flüchtlingseigenschaft zu verstehen ist oder als eine solche, die dem Flüchtling lediglich seine Rechtsstellung ganz oder teilweise entzieht.[88] Der **EuGH** hat die Frage in einem bei ihm anhängig gemachten Vorlageverfahren **offengelassen**.[89] Für die Frage der Vereinbarkeit der in § 53 Abs. 3a AufenthG normierten Ausweisungsgründe mit Unionsrecht kommt es jedoch darauf an, ob die Vorgaben des **Art. 24 Abs. 1 iVm Art. 21 Abs. 2 und 3 Anerkennungs-RL** beachtet wurden. Das entspricht der gefestigten Rechtsprechung des EuGH[90] und des BVerwG[91]. Thym hat auf die problematische Verweisung in der Gesetzesbegründung bei seiner Anhörung im Innenausschuss des Bundestages hingewiesen.[92] Es macht einen erheblichen Unterschied, welche unionsrechtlichen Vorgaben für die Ausweisung nach § 53 Abs. 3a AufenthG gelten sollen. Denn für den **Entzug des Schutzstatus** gelten höhere Hürden als für die **Beendigung des rechtmäßigen Aufenthalts**.[93] Dem Gesetzgeber ging es nach der Gesetzesbegründung aber darum, die Schwellen des Ausweisungs-

---

[85] ABl. L 16, 44; dazu EuGH Urt. v. 7.12.2017 – C-636/16, NVwZ-RR 2018, 123.
[86] ABl. L 337, 9.
[87] Gesetzesbegründung der Bundesregierung, BT-Drs. 19/10047, 34.
[88] *Kraft* in Hailbronner/Thym EU Immigration Law Art. 14 Rn. 14 ff.
[89] EuGH Urt. v. 14.4.2019 – C-391/16, NVwZ 2019, 1189 Rn. 93 ff.
[90] EuGH Urt. v. 24.6.2015 – C-373/13, BeckRS 2015, 80822 Rn. 55 – H. T.
[91] BVerwG Urt. v. 22.2.2017 – 1 C 3.16, NVwZ 2017, 1883 Rn. 49 ff.
[92] *Thym*, Stellungnahme für die Öffentliche Anhörung des Innenausschusses des Deutschen Bundestags am 3.6.2019, S. 10 f.; kritisch auch Dollinger ZRP 2019, 130 (131).
[93] Dazu auch *Thym*, ZAR 2019, 353 (356).

schutzes auf „den Kern der europa- und völkerrechtlichen Vorgaben" zurückführen.⁹⁴ Er wollte erkennbar auch nicht den Entzug des Schutzstatus regeln, sondern die Voraussetzungen für eine Ausweisung.

Zwar steht es dem Gesetzgeber frei, höhere Hürden für die Beendigung des rechtmäßigen Aufenthalts zu normieren, als das Unionsrecht dies vorgibt. Denn Art. 21 und 24 Anerkennungs-RL machen keine zwingenden Vorgaben für das nationale Recht („kann"). Allerdings spricht das in der Begründung zu § 53 Abs. 3a AufenthG klar formulierte gesetzgeberische Ziel, die Schwellen des Ausweisungsschutzes auf „den Kern der europa- und völkerrechtlichen Vorgaben" zurückführen, gegen eine Anhebung der Ausweisungshürden über die völker- und unionsrechtlichen Vorgaben hinaus. Zudem hat sich die Verweisung auf Art. 14 Abs. 4 lit. b der Richtlinie **im Gesetzestext nicht hinreichend klar niedergeschlagen**. So genügt nach § 53 Abs. 3a AufenthG die Verurteilung wegen einer „schweren Straftat", während Art. 14 Abs. 4 lit. b RL eine „besonders schwere Straftat" verlangt. Diese abgesenkte Hürde für die Ausweisung wegen einer begangenen Straftat entspricht jedoch der Auslegung des EuGH zu Art. 24 Abs. 1 iVm Art. 21 Abs. 2 und 3 RL.⁹⁵ Im Ergebnis muss daher die Verweisung auf Art. 14 Abs. 4 lit. b der Richtlinie in der Gesetzesbegründung unbeachtet bleiben. Die Tatbestandsmerkmale des § 53 Abs. 3a AufenthG sind vielmehr **im Licht von Art. 24 Abs. 1 iVm Art. 21 Abs. 2 und 3 Anerkennungs-RL auszulegen**. Gegenüber dem ebenfalls in der Gesetzesbegründung zitierten Art. 33 Abs. 2 GFK gehen hier die unionsrechtlichen Regelungen vor. 56

Art. 21 Abs. 2 Anerkennungs-RL stellt Voraussetzungen für eine Zurückweisung des Flüchtlings in seinen Herkunftsstaat auf, die zugleich den Entzug seines Aufenthaltstitels rechtfertigen (Art. 21 Abs. 3). Diese entsprechen weitgehend den Tatbestandsvoraussetzungen von § 53 Abs. 3a AufenthG. So kann nach der Richtlinie der Aufenthalt beendet werden, wenn es „stichhaltige Gründe" für die Annahme gibt, dass der Ausländer eine **„Gefahr für die Sicherheit des Mitgliedstaats"** darstellt, in dem er sich aufhält. Das entspricht der in § 53 Abs. 3a AufenthG geforderten „Gefahr für die Sicherheit der Bundesrepublik Deutschland". Zwar verlangt die nationale Vorschrift hierfür „schwerwiegende Gründe", ein sachlicher Unterschied zu den „stichhaltigen Gründen" iSd Richtlinie besteht jedoch nicht. Vielmehr beruht die deutsche Sprachfassung der Richtlinie insoweit auf einem Übersetzungsfehler.⁹⁶ Weiter lässt Art. 21 Abs. 2 Anerkennungs-RL es für die Aufenthaltsbeendigung genügen, dass der Ausländer „eine Gefahr für die Allgemeinheit dieses Mitgliedstaats darstellt, weil er wegen einer **besonders schweren Straftat** rechtskräftig verurteilt wurde". § 53 Abs. 3a AufenthG übernimmt diese Voraussetzung wörtlich mit der Einschränkung, dass nur eine „schwere Straftat" gefordert wird, keine „besonders schwere". 57

Nach der Rechtsprechung des EuGH sind für den Entzug des Aufenthaltstitels gegenüber einem anerkannten Flüchtling aber über Art. 21 Abs. 2 und 3 Anerkennungs-RL hinaus die Vorgaben des **Art. 24 Abs. 1 der Richtlinie** von Bedeutung.⁹⁷ Die Vorschrift verpflichtet die Mitgliedstaaten, einem Flüchtling so bald wie möglich nach der Anerkennung einen Aufenthaltstitel auszustellen, es sei denn, dass „zwingende Gründe der nationalen Sicherheit oder öffentlichen Ordnung" dem entgegenstehen. Nach der Rechtsprechung des BVerwG gilt die Vorschrift auch für den Entzug eines Aufenthaltstitels; sie erfasst damit die zentrale Rechtsfolge einer **„inlandsbezogenen Ausweisung"**.⁹⁸ Der deutsche Gesetzgeber hat allerdings auf den Ausweisungstatbestand der „öffentlichen Ordnung" verzichtet, der im Unionsrecht – anders als im deutschen Polizeirecht – großzügiger ist als die öffentliche Sicherheit.⁹⁹ 58

---

⁹⁴ Gesetzesbegründung der Bundesregierung, BT-Drs. 19/10047, 34.
⁹⁵ EuGH Urt. v. 24.6.2015 – C-373/13, BeckRS 2015, 80822 Rn. 73 – H. T.
⁹⁶ Näher ausgeführt in EuGH Urt. v. 24.6.2015 – C-373/13, BeckRS 2015, 80822 Rn. 59 – H. T.
⁹⁷ EuGH Urt. v. 24.6.2015 – C-373/13, BeckRS 2015, 80822 Rn. 55.
⁹⁸ BVerwG Urt. v. 22.2.2017 – 1 C 3.16, NVwZ 2017, 1883 Rn. 49 ff.
⁹⁹ Dazu Thym, ZAR 2019, 353 (356) unter Bezugnahme auf EuGH Urt. v. 24.6.2015 – C-373/13, BeckRS 2015, 80822 Rn. 79.

59 Das bedeutet zunächst, dass eine solche Ausweisung nur aus **„zwingenden Gründen der nationalen Sicherheit oder öffentlichen Ordnung"** ergehen darf. Nach dem EuGH hat der Begriff der „zwingenden Gründe" in Art. 24 Abs. 1 eine weitere Bedeutung als der Begriff der „stichhaltigen Gründe" in Art. 21 Abs. 2 der Richtlinie. Das bedeutet, dass bestimmte Umstände, die **nicht den Schweregrad aufweisen,** um eine Zurückweisung iSv Art. 21 Abs. 2 der Richtlinie verfügen zu können, den Mitgliedstaat gleichwohl dazu berechtigen können, auf der Grundlage von Art. 24 Abs. 1 der Richtlinie dem betroffenen Flüchtling seinen Aufenthaltstitel zu entziehen.[100]

60 Bei der Bestimmung des Bedeutungsgehalts der „zwingenden Gründe der öffentlichen Sicherheit oder Ordnung" hat der EuGH zunächst Bezug auf seine Rechtsprechung zu den Begriffen der „öffentlichen Sicherheit" und der „öffentlichen Ordnung" in Art. 27 und 28 der **Unionsbürgerrichtlinie 2004/38/EG** genommen (Rn. 77 ff.). Danach umfasst der Begriff **„öffentliche Sicherheit"** iSv Art. 28 Abs. 3 RL 2004/38/EG sowohl die innere als auch die äußere Sicherheit eines Mitgliedstaats. Die öffentliche Sicherheit kann danach berührt sein, wenn das Funktionieren staatlicher Einrichtungen und seiner wichtigen öffentlichen Dienste beeinträchtigt wird oder eine Gefahr für das Überleben der Bevölkerung oder einer erheblichen Störung der auswärtigen Beziehungen oder des friedlichen Zusammenlebens der Völker besteht oder militärische Interessen beeinträchtigt werden. Dabei deutet der Begriff der **„zwingenden Gründe"** auf einen besonders hohen Schweregrad der Beeinträchtigung hin (Rn. 78). Den Begriff der **„öffentlichen Ordnung"** hat der EuGH für die Unionsbürgerrichtlinie dahin ausgelegt, dass außer der sozialen Störung, die jeder Gesetzesverstoß darstellt, eine tatsächliche, gegenwärtige und hinreichend erhebliche Gefahr vorliegen muss, die ein Grundinteresse der Gesellschaft berührt (Rn. 79).

61 Zugleich betont der EuGH, dass es den Mitgliedstaaten freisteht, nach ihren nationalen Bedürfnissen, die je nach Mitgliedstaat und Zeitpunkt unterschiedlich sein können, zu bestimmen, was die öffentliche Ordnung und Sicherheit erfordern (Rn. 77). Dabei erfasst der Begriff der „öffentlichen Sicherheit und Ordnung" auch Fälle, in denen ein Ausländer einer Vereinigung angehört, die den internationalen **Terrorismus** unterstützt, oder er eine derartige Vereinigung unterstützt (Rn. 90). Daher steht es mit Unionsrecht in Einklang, wenn § 53 Abs. 3a AufenthG als Ausweisungsgrund auch eine **„terroristische Gefahr"** regelt. Im Einklang damit hat das BVerwG schon vor der Gesetzesnovelle von 2019 die inlandsbezogene Ausweisung eines anerkannten Flüchtlings als verhältnismäßig gewertet, der als Aktivist einer PKK-Vorfeldorganisation den Terrorismus in der Türkei unterstützte.[101]

62 Es ist festzuhalten, dass die vom deutschen Gesetzgeber in § 53 Abs. 3a AufenthG formulierten Anforderungen an den dargestellten unionsrechtlichen Maßstäben für die Ausweisung von anerkannten Flüchtlingen zu messen sind. Soweit Abweichungen bestehen, bedarf es einer unionsrechtskonformen Auslegung nach den Vorgaben der Anerkennungs-RL.[102] Konkret bedeutet das: Der Begriff der **„Gefahr für die Sicherheit der Bundesrepublik Deutschland"** ist iSv Art. 21 Abs. 2 lit. a Anerkennungs-RL auszulegen, wobei der Maßstab uU dadurch unter Heranziehung von Art. 24 Abs. 1 Richtlinie dadurch herabgesetzt ist, dass nur eine „inlandsbezogene Ausweisung" verfügt wird, aber keine Zurückweisung in den Herkunftsstaat. Erfasst wird hiervon die innere als auch die äußere Sicherheit Deutschlands, dazu gehört die Beeinträchtigung des Funktionierens staatlicher Einrichtungen und wichtiger öffentlicher Dienste sowie das Überleben der Bevölkerung; ebenso die Gefahr einer erheblichen Störung der auswärtigen Beziehungen oder des friedlichen Zusammenlebens der Völker oder eine Beeinträchtigung der militärischen Interessen Deutschlands.[103] Hierunter fallen grundsätzlich auch die **Gefahren, die in § 54 Abs. 1 AufenthG** als besonders schwerwiegende Ausweisungsgründe normiert sind.[104]

---

[100] EuGH Urt. v. 24.6.2015 – C-373/13, BeckRS 2015, 80822 Rn. 75.
[101] BVerwG Urt. v. 22.2.2017 – 1 C 3.16, NVwZ 2017, 1883 Rn. 54 ff.
[102] BVerwG Urt. v. 22.2.2017 – 1 C 3.16, NVwZ 2017, 1883 Rn. 47.
[103] EuGH Urt. v. 24.6.2015 – C-373/13, BeckRS 2015, 80822 Rn. 78.
[104] so auch *Bauer* in: Bergmann/Dienelt AufenthG § 53 Rn. 82; aA *Kabis* in Oberhäuser MigR § 10 Rn. 11.

§ 7 Aufenthaltsbeendigung durch Ausweisung

Allerdings bedarf es einer Würdigung der Umstände des Einzelfalls, ob iSd EuGH-Rechtsprechung eine tatsächliche, gegenwärtige und hinreichend erhebliche Gefahr vorliegt, die ein Grundinteresse der Gesellschaft berührt. Auch nach § 25 Abs. 1 S. 2 und Abs. 2 S. 2 AufenthG besteht keine Verpflichtung zur Erteilung einer Aufenthaltserlaubnis an einen Asylbewerber und anerkannten Flüchtling, wenn er aufgrund eines besonders schwerwiegenden Ausweisungsinteresses nach § 54 Abs. 1 AufenthG ausgewiesen worden ist.

Soweit § 53 Abs. 3a AufenthG die Verurteilung wegen einer **„schweren Straftat"** ausreichen lässt, Art. 21 Abs. 2 lit. b Richtlinie aber eine „besonders schwere Straftat" fordert, ist dies unionsrechtlich unbedenklich. Denn die für Ausweisungen (ohne Zurückweisung in den Herkunftsstaat) maßgebliche Vorschrift des Art. 24 Abs. 1 Richtlinie setzt nach EuGH nicht das Vorliegen einer besonders schweren Straftat voraus.[105] Das leitet der EuGH aus dem Verhältnis der beiden Vorschriften der Richtlinie ab. Danach können Gefahren, die nicht den Schweregrad aufweisen, der eine Zurückweisung nach Art. 21 Abs. 2 Richtlinie rechtfertigt, den Mitgliedstaat gleichwohl dazu berechtigen, auf der Grundlage von Art. 24 Abs. 1 Richtlinie dem betroffenen Flüchtling seinen Aufenthaltstitel zu entziehen. Zu den „schweren Straftaten" iSv § 53 Abs. 3a AufenthG können die **in § 54 Abs. 1 Nr. 1, 1a und 1b AufenthG** aufgeführten zählen, wenn sich im konkreten Fall eine tatsächliche, gegenwärtige und hinreichend erhebliche Wiederholungsgefahr ergibt, die ein Grundinteresse der Gesellschaft berührt. Davon sind Straftaten iSv § 54 Abs. 1 Nr. 1b AufenthG nicht von vornherein ausgenommen, auch Vermögensdelikte können unter besonderen Voraussetzungen den hierfür erforderlichen Schweregrad aufweisen.[106] Maßgeblich ist die Beurteilung des konkreten Einzelfalls. Hinweise auf die erfassten Straftaten gibt auch der Katalog der Taten, die nach **§ 60 Abs. 8 S. 1 bis 3 AufenthG** im konkreten Einzelfall den Ausschluss vom flüchtlingsrechtlichen Abschiebungsschutz rechtfertigen können. Allerdings ist zu beachten, dass der Begriff der „schweren Straftat" unionsrechtlichen Maßstäben entsprechen muss, was bedeutet, dass die Straftat in den meisten Rechtsordnungen der Mitgliedstaaten als schwerwiegend eingestuft wird.[107] 63

Ein Flüchtling hat aber auch nach dem ausweisungsbedingten Verlust seines Aufenthaltstitels weiterhin **Anspruch auf die Vergünstigungen, die die Anerkennungs-RL** jedem Flüchtling gewährleistet, so insbesondere auf Schutz vor Zurückweisung, auf Wahrung des Familienverbands, auf Zugang zur Beschäftigung, zu Bildung, zu Sozialhilfeleistungen, zu medizinischer Versorgung und zu Wohnraum sowie auf Zugang zu Integrationsmaßnahmen. Die Ansprüche auf Freizügigkeit innerhalb des fraglichen Mitgliedstaats und auf Ausstellung von Reisedokumenten hat der ausgewiesene Flüchtling jedoch nur, sofern nicht eine in der Richtlinie vorgesehene Ausnahme eingreift.[108] 64

4. Subsidiär Schutzberechtigte

§ 53 Abs. 3b AufenthG regelt die besonderen Ausweisungsvoraussetzungen für subsidiär Schutzberechtigte iSd § 4 AsylG. Danach darf ein derart Schutzberechtigter nur ausgewiesen werden, wenn er eine „schwere Straftat" begangen hat oder er „eine Gefahr für die Allgemeinheit oder die Sicherheit der Bundesrepublik Deutschland" darstellt. Der Gesetzgeber wollte insoweit die Schwelle des Ausweisungsschutzes auf das Niveau der Anerken- 65

---

[105] EuGH Urt. v. 24.6.2015 – C-373/13, BeckRS 2015, 80822 Rn. 73.
[106] Der Niederländische Staatsrat als oberstes Verwaltungsgericht des Landes hat in einem Fall der schwerwiegenden Unterschlagung verbunden mit der Annahme von hohen Bestechungsgeldern sogar den Ausschluss von der Flüchtlingseigenschaft wegen einer schweren nichtpolitischen Straftat für gerechtfertigt gehalten; Urt. v. 30.12.2009 – 200902983/1/V1, NL:RVS:2009:BK8653, Rn. 2.3.5.
[107] BVerwG Urt. v. 25.3.2015 – 1 C 16.14, Rn. 27 – ergangen zu § 25 Abs. 3 AufenthG; zu schwerwiegenden Straftaten in anderen EU-Mitgliedstaaten vgl. EASO, Richterliche Analyse, Beendigung des internationalen Schutzes: Artikel 11, 14 und 19 der Anerkennungsrichtlinie, 2018, S. 54 f.; vgl. auch EuGH Urt. v. 12.12.2019 – C-381/18 und 382/18, BeckRS 2019, 31223 Rn. 70 zur Aufenthaltsbeendigung mit Blick auf die RL 2003/86/EG.
[108] Dazu näher BVerwG Urt. v. 22.2.2017 – 1 C 3.16, NVwZ 2017, 1883 Rn. 54 und 59.

nungs-RL zurückführen.[109] Die bisherige Vorschrift des § 55 Abs. 1 Nr. 5 AufenthG wird gestrichen, die ein besonders schwerwiegendes Bleibeinteresse für subsidiär Schutzberechtigte vorsah. Die Möglichkeit, ein **Überwiegen des öffentlichen Ausreiseinteresses** zu begründen, soll erleichtert werden. Die Gesetzesbegründung bezieht sich insoweit auf Art. 19 Abs. 3 lit. b und Art. 17 Abs. 1 lit. b und d Anerkennungs-RL. Die Gesetzesbegründung verweist damit auf die Voraussetzungen für die **Aberkennung und Beendigung des subsidiären Schutzstatus**. Maßgeblich für die Beendigung des Aufenthalts eines subsidiär Schutzberechtigten sind hingegen die Vorgaben des Art. 24 Abs. 2 der Richtlinie.

66 Nach **Art. 24 Abs. 2 der Richtlinie** kann einem subsidiär Schutzberechtigten die Erteilung eines Aufenthaltstitels versagt werden, wenn „zwingende Gründe der nationalen Sicherheit oder der öffentlichen Ordnung" dem entgegenstehen. Kann ein Aufenthaltstitel versagt werden, kann unter den normierten Voraussetzungen auch ein legaler Aufenthalt – etwa durch Ausweisung – beendet werden. Hierfür sind zwar nicht die Gründe maßgeblich, die einen Entzug des Schutzstatus rechtfertigen. Der Gesetzgeber durfte sie aber heranziehen, da sie einen höheren Schutzstandard darstellen. Sie haben sich – anders als in § 53 Abs. 3a AufenthG betreffend die Ausweisung von Flüchtlingen – auch **im Gesetzeswortlaut niedergeschlagen** und bedeuten eher eine Konkretisierung als eine Erhöhung der Ausweisungsvoraussetzungen gegenüber Art. 24 Abs. 2 der Richtlinie. Nach Art. 19 Abs. 3 lit. a und Art. 17 Abs. 1 lit. b und d der Richtlinie kann der subsidiäre Schutzstatus beendigt werden, wenn „schwerwiegende Gründe die Annahme rechtfertigen", dass der Betroffene „b) eine **schwere Straftat begangen** hat" oder „d) eine **Gefahr für die Allgemeinheit oder für die Sicherheit des Mitgliedstaats** darstellt, in dem er sich aufhält." Diese nun in § 53 Abs. 3b AufenthG normierten Voraussetzungen sind grundsätzlich dann erfüllt, wenn ein **Tatbestand des besonders schweren Ausweisungsinteresses** vorliegt, wie er in § 54 Abs. 1 AufenthG ausgestaltet ist. Denn in dieser Vorschrift sind bestimmte Straftaten als aus nationaler Sicht besonders gewichtig eingestuft und andere Verhaltensweisen als Gefährdung der Allgemeinheit oder der Sicherheit. Auch § 25 Abs. 2 S. 2 AufenthG verweist für subsidiär Schutzberechtigte auf die in § 54 Abs. 1 AufenthG normierten Tatbestände. Erforderlich ist aber auch hier, dass im konkreten Einzelfall eine tatsächliche, gegenwärtige und hinreichend erhebliche Gefahr vorliegt, die ein Grundinteresse der Gesellschaft berührt. Eine ausschließliche Orientierung am gesetzlichen Strafmaß einer begangenen Straftat reicht nicht, erforderlich ist vielmehr eine Würdigung der Schwere der fraglichen Straftat, wobei eine vollständige Prüfung **sämtlicher besonderer Umstände des jeweiligen Einzelfalls** vorzunehmen ist.[110] Eine Ausweisung ist zudem nur aus spezialpräventiven Gründen zulässig.

5. Unionsrechtlich geprägte Verhältnismäßigkeitsprüfung

67 § 53 Abs. 3 AufenthG enthält mit dem Erfordernis, dass die Ausweisung für die Wahrung des von der Gefahr berührten Grundinteresses unerlässlich sein muss, eine eigenständige Anforderung an die Prüfung der Verhältnismäßigkeit der Maßnahme. Für diese unionsrechtlich geprägte Verhältnismäßigkeitsprüfung sind die in § 53 Abs. 2 und § 55 AufenthG normierten Gesichtspunkte heranzuziehen. Eine solche Verhältnismäßigkeitsprüfung ist auch im Rahmen von Ausweisungen nach § 53 Abs. 3a und 3b AufenthG anzustellen.

VII. Asylantragsteller

68 Erfüllt ein Ausländer, der einen **Asylantrag** gestellt hat (§ 14 AsylG), den Tatbestand des § 53 Abs. 1 AufenthG, so ist er regelmäßig allein **unter der aufschiebenden Bedingung**

---
[109] Gesetzesbegründung der Bundesregierung, BT-Drs. 19/10047, 34.
[110] EuGH Urt. v. 13.9.2018 – C-369/17, NVwZ-RR 2019, 119 Rn. 58 – Shajin Ahmed (zu Art. 17 Abs. 1 lit. b RL 2011/95/EU).

auszuweisen, dass das Asylverfahren rechtskräftig ohne Anerkennung als Asylberechtigter und ohne die Zuerkennung internationalen Schutzes abgeschlossen wird (§ 53 Abs. 4 S. 1 AufenthG). Seine Ausweisung steht trotz des Wortlauts „kann nur unter der Bedingung" nicht im Ermessen der Behörde.[111] Der Bedingung bedarf es nach § 53 Abs. 4 S. 2 AufenthG dann nicht, wenn entweder der Ausländer, wäre er tatsächlich bereits international Schutzberechtigter, dennoch ausgewiesen werden dürfte, weil der dann einschlägige Tatbestand des § 53 Abs. 4 AufenthG erfüllt ist (Nr. 1) oder gegen den Ausländer vor Abschluss seines Asylverfahrens bereits eine vollziehbare Abschiebungsandrohung verfügt worden ist (Nr. 2). Die Vorschrift steht im Einklang mit Unionsrecht und der GFK, denn mit ihr wird weder das vorläufige Bleiberecht während des Asylverfahrens beeinträchtigt noch ist die Rechtsstellung nach Abschluss des Asylverfahrens in einer Weise betroffen, wie sie nicht von dem höherrangigen Recht vorgesehen wäre. Weder folgt aus ihr eine Gefahr des verbotswidrigem Refoulement noch ist, wie oben dargestellt, eine „inlandsbezogene" Ausweisung von international Schutzberechtigten generell unzulässig (→ Rn. 58).

VIII. Prüfprogramm

Die Rechtmäßigkeit einer Ausweisung **nach § 53 Abs. 1 AufenthG** lässt sich nach folgendem Prüfprogramm bestimmen: **69**
1. Bestimmung der Ausweisungsinteressen und der Gefahr, §§ 53 Abs. 1, 54 AufenthG,
2. Bestimmung der Bleibeinteressen, §§ 53 Abs. 1, 55 AufenthG,
3. Abwägung, § 53 Abs. 1 und 2 AufenthG

Die Rechtmäßigkeit einer Ausweisung **nach § 53 Abs. 3, 3a und 3b AufenthG** lässt sich nach folgendem Prüfprogramm bestimmen: **70**
1. Bestimmung der Ausweisungsinteressen und der Gefahr nach den Maßstäben von § 53 Abs. 3, 3a oder 3b AufenthG unter Heranziehung von 54 AufenthG,
2. Bestimmung der Bleibeinteressen unter Heranziehung von § 55 AufenthG,
3. unionsrechtlich geprägte Verhältnismäßigkeitsprüfung unter Heranziehung von § 53 Abs. 2 AufenthG.

B. Das öffentliche Ausweisungsinteresse

I. Allgemeines

In § 54 AufenthG werden verschiedene Ausweisungsinteressen als Tatbestände ausformuliert und in die Kategorien der besonders schwerwiegenden (Abs. 1) und der schwerwiegenden (Abs. 2) Ausweisungsinteressen unterteilt. Die Tatbestandsvoraussetzungen orientieren sich an den Tatbeständen der bis zum 31.12.2015 geltenden Ausweisungsgründe (§§ 53 bis 55 AufenthG aF), sodass bei deren Auslegung durchaus auf die Rechtsprechung zum alten Recht zurückgegriffen werden kann. Mit der Normierung der Ausweisungsinteressen werden die mit unbestimmten Rechtsbegriffen definierten **Schutzgüter des Ausweisungsrechts konkretisiert** und gewichtet. Es wird zur Gewährleistung der verfassungsrechtlich erforderlichen Bestimmtheit verdeutlicht, an welches „Fehlverhalten" eine Ausweisung geknüpft werden kann.[112] **71**

Mit der abstrakten Zuweisung von verschiedenen Tatbeständen zu Abs. 1 oder Abs. 2 hat der Gesetzgeber den verschiedenen Verhaltensweisen erkennbar zwei unterschiedliche Gewichte zugeordnet. Schon auf der abstrakten Ebene wird deutlich, dass den formal gleichgewichteten Interessen durchaus materiell unterschiedliches Gewicht zukommt. So **72**

---
[111] Vgl bereits VGH Kassel Beschl. v. 24.7.2012 – 6 A 423/12.Z, InfAuslR 2012, 416 zu § 56 Abs. 4 AufenthG aF.
[112] Bauer/Beichel-Benedetti NVwZ 2016, 416.

steht in „Terrorismusfällen" des § 54 Abs. 1 Nr. 2 AufenthG (→ Rn. 83 ff.) unter bestimmten Umständen die Gefährdung der Sicherheit der Bundesrepublik Deutschland bindend fest, ohne dass eine weitere Prüfung der Rechtsgutgefährdung durchzuführen ist. Aber auch jeder Sozialleistungsbetrug, der zu einer zur Bewährung ausgesetzten Freiheitsstrafe von einem Jahr geführt hat, § 54 Abs. 1 Nr. 1b AufenthG (→ Rn. 75 ff.), stellt ein gleichgewichtiges besonders schwerwiegendes Ausweisungsinteresse dar. Dies verdeutlicht, dass hier nur ein identisches Mindestgewicht für die Bejahung eines schwerwiegenden oder besonders schwerwiegenden Ausweisungsinteresses erforderlich ist und die Einzelfallabwägung nach § 53 Abs. 2 im Zentrum zu stehen hat,[113] wobei dort eine weitere, differenziertere Gewichtung der Interessen zwingend erforderlich ist.

73 Nach der Rechtsprechung des BVerwG ist für eine sogenannte **„Typenkorrektur"** in Fällen, in denen atypische Umstände die inkriminierte Verhaltensweise des Ausländers abweichend von der gesetzlichen Wertung als nicht so schwerwiegend oder als schwerwiegender erscheinen lassen, kein Raum[114] (→ Rn. 43). Der Umstand, dass Ausweisungsinteressen im Einzelfall trotz ihrer gesetzlichen Einordnung ein abweichendes Gewicht zukommen kann,[115] ist bei der **umfassenden Prüfung der Verhältnismäßigkeit** der Maßnahme einzustellen (→ Rn. 40 ff.).

74 Der Gesetzgeber hält sich bei der Bewertung der Ausweisungsinteressen innerhalb des ihm eröffneten Wertungsrahmens, wenn er Freiheits- und Jugendstrafen trotz unterschiedlicher Strafzwecke und -ziele im Erwachsenen- und Jugendstrafrecht (vgl. § 18 Abs. 2 JGG) und auch trotz abweichender Strafrahmen (§ 18 Abs. 1 JGG) gleichbehandelt.

II. Das besonders schwerwiegende Ausweisungsinteresse (§ 54 Abs. 1 AufenthG)

75 Die als besonders schwerwiegend eingestuften Ausweisungsinteressen knüpfen an verhängte strafrechtliche Sanktionen (Nr. 1 – Nr. 1b) oder Sicherungsmaßregeln (Nr. 1), an eine aufgrund von Tatsachen vermutete Unterstützung des Terrorismus (Nr. 2), an die Leitung verbotener Vereine (Nr. 3), an die Verwendung von Gewalt oder der entsprechenden Drohung bei der Verfolgung politischer oder religiöser Ziele (Nr. 4) sowie an ein zum Hass gegen Bevölkerungsteile aufrufendes Verhalten (Nr. 5) an. Gerade nach der Einfügung von Nr. 1a[116] im März 2016 bieten die besonders schwerwiegenden Ausweisungsgründe ein heterogenes Bild verschiedener, auf den ersten Blick erheblich ungleicher Ausweisungsanlässe, die auf das gleiche abstrakte Ausweisungsinteresse im Rahmen der Verhältnismäßigkeitsprüfung des § 53 Abs. 2 AufenthG führen. Daran hat die im Ansatz zu begrüßende Umgestaltung von § 54 Abs. 1 Nr. 1a AufenthG durch das Gesetz vom 15.8.2019[117] nichts geändert.

1. Freiheits- oder Jugendstrafen von mindestens zwei Jahren wegen Vorsatzdelikten oder Sicherungsverwahrung (Abs. 1 Nr. 1)

76 Die Regelung knüpft in ihrer Systematik an §§ 53 Nr. 1, 54 Nr. 1 AufenthG aF an. Es wird von der strafrechtlichen Sanktion auf das besonders schwerwiegende Ausweisungsinteresse geschlossen. Die Verurteilung muss wegen einer oder mehrerer vorsätzlicher Straftaten erfolgt sein. Ist die **Verurteilung zu einer Gesamtstrafe oder Einheitsjugendstrafe** erfolgt und liegen ihr Vorsatz- und Fahrlässigkeitstaten zugrunde, so muss sich aus den Urteilsgründen offensichtlich ergeben, dass die Vorsatztaten alleine zu einem Freiheitsentzug von mindestens zwei Jahren geführt haben, um ein besonders schwerwie-

---
[113] Vgl. *Tanneberger/Fleuß* in BeckOK AuslR AufenthG § 54 Rn. 6.
[114] BVerwG Urt. v. 27.7.2017 – 1 C 28.16, NVwZ 2018, 409 Rn. 39.
[115] S. nur BT-Drs. 18/4097, 50.
[116] Gesetz vom 11.3.2016 (BGBl. I 394).
[117] BGBl. I 1294.

gendes Ausweisungsinteresse nach Abs. 1 Nr. 1 anzunehmen,[118] was im Jugendstrafrecht wegen der einheitlich zu bildenden Strafe häufig nicht möglich sein wird. Das Erreichen der Zweijahresgrenze bei der Verurteilung kann auch durch eine nachträgliche Gesamtstrafe oder Einheitsstrafenbildung[119] erfolgen. Die nachträgliche Anordnung von Sicherungsverwahrung (§ 66b StGB) vermag das Ausweisungsinteresse des Abs. 1 Nr. 1 nicht zu erfüllen, weil diese nicht „bei der letzten Verurteilung" erfolgt sein kann.

Auch **von Anfang an zur Bewährung ausgesetzte Strafen** können zu einem besonders schweren Ausweisungsinteresse führen, da an einen verhängten Freiheitsentzug von „mindestens zwei Jahren"[120] angeknüpft wird. Wird allerdings eine Freiheitsstrafe von zwei Jahren zur Bewährung ausgesetzt, hat das Strafgericht „nach der Gesamtwürdigung von Tat und Persönlichkeit des Verurteilten" besondere Umstände angenommen (§ 56 Abs. 2 S. 1 StGB). Dies kann, abhängig von den angenommenen besonderen Umständen, erheblichen Einfluss auf das Ausweisungsrecht haben. Denn unter den von der Strafrechtsprechung anerkannten Umständen sind einige bei der erforderlichen Prognose, ob vom Betroffenen zukünftig eine Gefahr ausgeht (→ Rn. 10 ff.), von hoher Relevanz wie etwa die allgemeine Stabilisierung der Lebensverhältnisse nach der Tat[121] oder die Tatprovokation durch einen Lockspitzel.[122] Andere hingegen, wie etwa der Umstand, dass bei einer Gesamtstrafenbildung alle Einzelstrafen für sich wegen einer günstigen Prognose hätten nach § 56 Abs. 1 StGB zur Bewährung ausgesetzt werden können,[123] oder aber eine überlange Dauer des Strafverfahrens[124] werden sich regelmäßig nicht günstig auf die zu prüfende Wiederholungsgefahr auswirken. 77

2. Freiheits- oder Jugendstrafe von mindestens einem Jahr bei bestimmten Vorsatzdelikten (Abs. 1 Nr. 1a und Nr. 1b)

Der mit Wirkung vom 17.3.2016 eingefügte und bereits mit Wirkung von 10.11.2016[125] ergänzte Tatbestand war die Reaktion des Gesetzgebers auf die zum damaligen Zeitpunkt weder tatsächlich noch rechtlich aufgearbeiteten Vorfälle in der Kölner Silvesternacht 2015/16.[126] Nachdem der Gesetzgeber erkennbar den Versuch unternommen hatte, die in der Presse geschilderten Vorkommnisse in Köln tatbestandlich abzubilden[127] und daher verschiedene Tatmodalitäten wie etwa „mit List" begangene Eigentumsdelikte in den Katalog der Ausweisungsinteressen aufgenommen hatte,[128] hat der Gesetzgeber nunmehr diese Beschränkung bis auf die Fallgruppe der Eigentumsdelikte aufgegeben. Hintergrund der grundsätzlichen Revision der 2016 ergänzten besonders schwerwiegenden Ausweisungsinteressen war es, einen „im Normcharakter angelegten, die Annahme eines besonders schwerwiegenden Ausweisungsinteresses rechtfertigenden Rechtsgüterschutz [abzubilden]"[129] und also die Ausländerbehörden und Verwaltungsgerichte davon zu entlasten, Feststellungen zu Umständen zu treffen, die sie entweder versteckt oder – mangels dortiger Entscheidungsrelevanz – gar nicht im Strafurteil wiederfinden. 78

Die Bezeichnung der **Deliktsgruppen** in § 54 Abs. 1 Nr. 1a lit. a bis e AufenthG ist **strafrechtlich-technisch zu verstehen,** sodass das Ausweisungsinteresse bei einer rechtskräftigen Verurteilung zu einer Freiheits- und Jugendstrafe von mindestens einem Jahr 79

---
[118] *Bauer* in Bergmann/Dienelt AufenthG § 54 Rn. 14.
[119] VGH Kassel Beschl. v. 15.7.2013 – 3 B 1429/13, InfAuslR 2014, 3.
[120] Bis zum 16.3.2016 verlangte der Tatbestand eine Freiheitsstrafe von mehr als zwei Jahren. Bei dieser Strafhöhe lässt das StGB eine Aussetzung zur Bewährung nicht zu.
[121] BGH Beschl. v. 3.12.1991 – 5 StR 577/91, StV 1992, 56,
[122] BGH Urt. v. 4.11.1987 – 2 StR 480/87, NStZ 1988, 133.
[123] BGH Beschl. v. 18.8.2009 – 5 StR 257/09, NStZ 2010, 147.
[124] BGH Beschl. v. 13.10.2015 – 1 StR 416/15, NStZ-RR 2016, 9 Rn. 7.
[125] Gesetz v. 4.11.2016 (BGBl. I 2460).
[126] BT-Drs. 18/7537, 5.
[127] *Beichel-Benedetti* in Huber AufenthG § 54 Rn. 5.
[128] Siehe hierzu Vorauflage → § 5 Rn. 545.
[129] BT-Drs. 19/10047, 35.

erfüllt sein kann, wenn die Verurteilung wegen Delikten nach §§ 113 f. StGB, wegen solcher nach dem 16., 17. 19. und 20. Abschnitt (soweit Eigentumsdelikte betroffen sind) oder wegen der in §§ 174, 176 bis 178, 181a, 184b, 184d und 184e „jeweils in Verbindung mit § 184b StGB" bestimmten Straftatbestände erfolgt ist. Für den Fall, dass bei einer Gesamtstrafenbildung oder Jugendeinheitsstrafe nur ein Teil der abgeurteilten Taten von Abs. 1 Nr. 1a erfasst wird, muss sich aus dem Urteil offenkundig ergeben, dass die Verurteilung allein wegen des hier erfassten Delikts bereits zu einem einjährigen Freiheitsentzug geführt hätte, um den Tatbestand zu bejahen.

80 § 54 Abs. 1 Nr. 1a lit. a AufenthG betrifft mit den Taten gegen das Leben alle Vorsatztaten nach dem 16. Abschnitt des StGB (§§ 211 bis 213, §§ 216 bis 218, §§ 218b und 218c, §§ 219a bis 221 StGB). Auch hier zeigt sich bei der Gleichsetzung von Delikten wie Mord und dem Inverkehrbringen von Mitteln zum Abbruch der Schwangerschaft wie heterogen die gesetzlich gleichgewichteten Ausweisungsinteressen sind. **§ 54 Abs. 1 Nr. 1a lit. b AufenthG** erfasst mit den Vorsatztaten gegen die körperliche Unversehrtheit die §§ 223 bis 228 und § 231 StGB. Über **§ 54 Abs. 1 Nr. 1a lit. e AufenthG** werden ausdrücklich Verurteilungen zu Freiheitsstrafen von mindestens einem Jahr nach den §§ 113, 114 StGB dem besonders schwerwiegenden Ausweisungsinteresse zugeordnet. Der Tatbestand des § 114 StGB, der tätliche Angriff auf Vollstreckungsbeamte, wurde mit Gesetz vom 23.5.2017 mit Wirkung zum 30.5.2017 in das StGB eingefügt[130], so dass die Aufnahme in den Kreis der besonders schwerwiegenden Ausweisungsinteressen zusätzlich zu Verurteilungen nach § 113 StGB, die seit dem 17.3.2016 auf ein besonders schwerwiegendes Ausweisungsinteresse führen können, mit Gesetz vom 15.8.2019 nur konsequent ist.

81 Nach **§ 54 Abs. 1 Nr. 1a lit. d AufenthG** können **Straftaten gegen das Eigentum** – also Verstöße gegen §§ 242 bis 244a (Diebstahlsdelikte), § 246 StGB (Unterschlagung), § 248b StGB (Unbefugter Gebrauch eines Fahrzeugs) schützt das Eigentum[131] – und §§ 249 bis 251 StGB (Raubdelikte) zu einem besonders schwerwiegenden Ausweisungsinteresse führen wenn eine Freiheits- oder Jugendstrafe von mindestens einem Jahr verhängt worden ist. Keine Straftat gegen das Eigentum sind indes die Betrugs- und Erpressungsdelikte, weil diese das Vermögen und die Freiheit, nicht jedoch das Eigentum schützen.[132] Es muss sich jedoch um eine qualifizierte Straftat gegen das Eigentum handeln, soll die Verurteilung von § 54 Abs. 1 Nr. 1a lit. d AufenthG erfasst sein. Entweder muss das Gesetz für die Straftat **eine im Mindestmaß erhöhte Freiheitsstrafe** vorsehen oder aber die Straftat muss **serienmäßig begangen** worden sein.

82 Das StGB kennt eine **„serienmäßige" Begehung von Eigentumsdelikten** nicht, dort finden sich Anknüpfungen an eine gewerbsmäßige (§ 243 Abs. 1 S. 2 Nr. 3 StGB) oder fortgesetzte (§ 244 Abs. 1 Nr. 2 StGB) Begehung. Die serienmäßige Tatbegehung ist aber ein Aspekt der Strafzumessung, der nicht nur bei Eigentumsdelikten gilt. Sie ist dadurch gekennzeichnet, dass eine Vielzahl von Taten räumlich, zeitlich oder sonst besonders eng verschränkt sind[133]. Es spricht viel dafür, den Begriff der serienmäßigen Begehung im AufenthG eng an den strafrechtlichen Begriff anzulehnen. Um „serienmäßig" begangene Eigentumsdelikte bejahen zu können, sind in quantitativer Hinsicht drei prozessuale Taten (im strafrechtlichen Sinne) erforderlich[134], ohne dass sich der Vorsatz des Betroffenen zu irgendeinem Zeitpunkt auf die Wiederholung von Taten erstrecken muss. Qualitativ verlangt eine Serie, dass die Taten in einem **erkennbaren zeitlichen Zusammenhang** begangen worden sind und **gewisse Gemeinsamkeiten bei der Begehungsweise** haben. Diese doppelte „enge Verschränkung" der Taten rechtfertigt die Zuordnung zu den besonders schweren Ausweisungsinteressen bei der Verhängung einer Freiheits- oder Jugendstrafe

---

[130] BGBl. I 1226.
[131] § 248b StGB schützt nämlich das Eigentum, siehe dazu *Hohmann* in MüKo StGB § 248b Rn. 1.
[132] *Bauer* in Bergmann/Dienelt AufenthG § 54 Rn. 16.
[133] BGH Beschl. v. 25.9.2012 – 1 StR 407/12, NZWiSt 2013, 73 Rn. 51.
[134] VGH Mannheim Urt. v. 15.11.2017 – 11 S 1555/16, EzAR NF 40 Nr. 25: zwei Taten reichen für serienmäßige Begehung nicht aus.

von einem Jahr und damit der Gleichordnung mit entsprechend bestraften Körperverletzungsdelikten.

Verurteilungen zu einer Freiheits- oder Jugendstrafe von einem Jahr wegen eines Eigentumsdelikts, für das **eine im Mindestmaß erhöhte Freiheitsstrafe** vorgesehen ist, führen ebenfalls auf ein besonders schwerwiegendes Ausweisungsinteresse. In Betracht kommen hier Straftaten nach § 244 StGB (Diebstahl mit Waffen, Bandendiebstahl und Wohnungseinbruchsdiebstahl) sowie nach § 244a StGB (Schwerer Bandendiebstahl), nicht jedoch Verurteilungen nach §§ 242, 243 StGB.[135] Denn bei den tatbestandsähnlich ausgestalteten Regelbeispielen des § 243 StGB[136] handelt es sich um Strafzumessungsregeln, nicht um die tatbestandliche Umschreibung des Unrechts, also der mit Strafe bedrohten Handlung im Sinne des § 52 Abs. 1 StGB.[137]   83

Mit § 54 Abs. 1 Nr. 1b AufenthG werden seit dem 21.8.2019 nunmehr auch **Betrugsstraftaten zu Lasten eines Leistungsträgers oder Sozialversicherungsträgers nach dem SGB** und Straftaten nach dem BtMG den besonders schwerwiegenden Ausweisungsinteressen zugeordnet, wenn eine rechtskräftige Verurteilung zu einer Freiheits- oder Jugendstrafe von mindestens einem Jahr erfolgt ist. Der Gesetzgeber hat sich davon leiten lassen, dass den hier genannten Straftaten ein deutlich erhöhter sozialer Unrechtsgehalt innewohnt.[138] Zu beachten ist, dass mit der Beschränkung auf Träger nach dem SGB andere mögliche Betrugsstraftaten im Bereich von Sozialleistungen, die nicht im SGB geregelt sind, nicht unter das besonders schwere Ausweisungsinteresse nach § 54 Abs. 1 Nr. 1b AufenthG fallen, wie etwa im Bereich des Kindergelds oder der Ausbildungsförderungen.   84

Es zeigen sich hier verschiedene, **erhebliche Wertungswidersprüche.** Unklar bleibt, weshalb Freiheitsstrafen von einem Jahr oder mehr bei bestimmten Eigentumsdelikten zu einem besonders schwerwiegenden Ausweisungsinteresse führen, nicht aber bei Vermögensdelikten. Dieser Widerspruch ist deswegen eklatant, weil die Abgrenzung zwischen (Trick-)Diebstahl und Betrug schon nicht immer einfach ist und es kaum erklärbar ist, weswegen ein minder schwerer Fall des Raubes als Eigentumsdelikt tatbestandlich erfasst wird, ein minder schwerer Fall der räuberischen Erpressung als Vermögensdelikt aber nicht. Das gleiche gilt für die schwerlich nachvollziehbare Unterscheidung des Sozialleistungsbetrugs danach, ob es sich um Leistungsträger / Versicherungsträger nach dem SGB handelt oder nicht. Schließlich hat der Gesetzgeber auch zur Bewährung ausgesetzte Freiheits- und Jugendstrafen als Anknüpfungspunkt für die Feststellung eines besonders schwerwiegenden Ausweisungsinteresses genommen, was die Frage aufwirft, ob das bisherige Verständnis zur Bedeutung von Strafaussetzungen zur Bewährung im Ausweisungsrecht (→ Rn. 21 ff.) zu überdenken sein könnte. Da aber die Ausweisungsinteressen nur der Ausgangspunkt für die in die Zukunft gerichtete Gefahrenprognose sind (→ Rn. 10 ff.), ist ein solcher Schluss unzulässig.[139]   85

3. Gefährdung der freiheitlich demokratischen Grundordnung oder der Sicherheit der Bundesrepublik Deutschland (Abs. 1 Nr. 2)

Die Regelung baut auf § 54 Nr. 5 bis 5b AufenthG aF auf. Ausgehend von dem abstrakten Grundtatbestand der Gefährdung der freiheitlich demokratischen Grundordnung und der Sicherheit der Bundesrepublik Deutschland als besonders schwerwiegendes Ausweisungsinteresse definiert der Gesetzgeber zwingend („hiervon ist auszugehen"), aber nicht abschließend, dass diese Gefährdung vorliegt, wenn Tatsachen die Schlussfolgerung rechtfertigen, dass der Ausländer   86

- einer Vereinigung angehört oder angehört hat, die den Terrorismus unterstützt,

---
[135] AA *Zeitler* in HTK-AuslR AufenthG § 54 zu Abs. 1 Nr. 1a.
[136] *Bosch* in Schönke/Schröder, 30. Aufl. 2019, StGB § 243 Rn. 1.
[137] BGH Urt. v. 7.8.2001 – 1 StR 470/00, NJW 2002, 150.
[138] BT-Drs. 19/10047, 35.
[139] Vgl. *Beichel-Benedetti* in Huber AufenthG § 54 Rn. 8.

- eine solche Vereinigung unterstützt oder unterstützt hat,
- eine in § 89a Abs. 1 StGB bezeichnete schwere staatsgefährdende Gewalttat nach § 89a Abs. 2 StGB vorbereitet oder vorbereitet hat.

Als Rückausnahme ist dieser zwingende Schluss dann nicht mehr möglich, wenn der Ausländer erkennbar und glaubhaft von seinem sicherheitsgefährdenden Handeln Abstand genommen hat.

87 Der **Begriff des Terrorismus** ist im AufenthG nicht definiert. Trotz seiner gewissen definitorischen Unschärfe ist allgemein anerkannt, dass als terroristisch jedenfalls der Einsatz gemeingefährlicher Waffen und Angriffe auf das Leben Unbeteiligter zur Durchsetzung politischer Ziele anzusehen sind.[140] Entsprechendes gilt bei der Verfolgung ideologischer Ziele. Eine – hier nicht unmittelbar verbindliche – unionsrechtliche Definition als Mindestvorgabe ua. für die mitgliedstaatliche Definition von Straftatbeständen und die Festlegung von Sanktionen auf dem Gebiet von terroristischen Straftaten und Straftaten im Zusammenhang mit einer terroristischen Vereinigung findet sich in Art. 3 RL 2017/541/EU.[141] Nach dieser Norm werden verschiedene schwerwiegende Straftaten (Art. 3 Abs. 1 RL 2017/541/EU), die zur Einschüchterung der Bevölkerung, zur Nötigung öffentlicher Stellen oder einer internationalen Organisation oder zur ernsthaften Destabilisierung oder Zerstörung der politischen, verfassungsrechtlichen, wirtschaftlichen oder sozialen Grundstrukturen eines Landes oder einer internationalen Organisation eingesetzt werden (Art. 3 Abs. 2 RL 2017/541/EU), als terroristische Straftaten definiert. Es liegt nahe, diese Definition der terroristischen Straftat auch im Anwendungsbereich des AufenthG zu übernehmen.

88 Eine terroristische Gefahr kann dabei nicht nur von Organisationen, sondern auch von Einzelpersonen ausgehen, die nicht als Mitglieder oder Unterstützer in eine terroristische Organisation eingebunden sind oder in einer entsprechenden Beziehung zu einer solchen stehen. Erfasst sind grundsätzlich auch Zwischenstufen lose verkoppelter Netzwerke, (virtueller oder realer) Kommunikationszusammenhänge, die auf die Realitätswahrnehmung einwirken und die Bereitschaft im Einzelfall zu wecken oder zu fördern geeignet sind.[142] Unterstützen Vereinigungen solche Einzelpersonen oder Netzwerke, unterstützen sie iSd § 54 Abs. 1 Nr. 2 AufenthG den Terrorismus.

89 Der Begriff der **Vereinigung, die den Terrorismus unterstützt,** ist deutlich weiter als derjenige der terroristischen Vereinigung aus § 129a StGB, da die Vereinigung iSd § 54 Abs. 1 Nr. 2 AufenthG nicht auf die Begehung terroristischer Handlungen durch ihre Mitglieder zielen muss.[143] Der Begriff der Vereinigung im AufenthG ist der gleiche, wie ihn das StGB verwendet. Nach § 129 Abs. 2 StGB ist eine Vereinigung ein auf längere Dauer angelegter, von einer Festlegung von Rollen der Mitglieder, der Kontinuität der Mitgliedschaft und der Ausprägung der Struktur unabhängiger organisierter Zusammenschluss von mehr als zwei Personen zur Verfolgung eines übergeordneten gemeinsamen Interesses. Es genügt, wenn die Mitglieder terroristische Handlungen Dritter unterstützen. Dies kann dadurch geschehen, dass die Organisation ihre Ziele zumindest auch mit terroristischen Mitteln verfolgt.[144] Aber auch jedes andere Veranlassen, Fördern oder Befürworten terroristischer Aktivitäten ist ein Unterstützen iSd AufenthG.[145]

90 Einer Vereinigung gehört man iSd Norm an, wenn eine **organisatorische Eingliederung und Einordnung in die Strukturen der Vereinigung** festzustellen ist. Eine

---

[140] BVerwG Urt. v. 15.3.2005 – 1 C 26.03, BVerwGE 123, 114 (129 f.); Urt. v. 22.2.2017 – 1 C 3.16, NVwZ 2017, 1883 Rn. 30.
[141] RL (EU) 2017/541 des Europäischen Parlaments und des Rates vom 15.3.2017 zur Terrorismusbekämpfung und zur Ersetzung des Rahmenbeschlusses 2002/475/JI des Rates und zur Änderung des Beschlusses 2005/671/JI des Rates, ABl. L 88, 6.
[142] BVerwG Beschl. v. 19.9.2017 – 1 VR 8.17, BeckRS 2017, 128308 Rn. 14.
[143] *Tanneberger/Fleuß* in BeckOK AuslR AufenthG § 54 Rn. 24.
[144] BVerwG Beschl. v. 23.9.2011 – 1 B 19.11, BeckRS 2011, 54901 Rn. 7
[145] BVerwG Urt. v. 22.2.2017 – 1 C 3.16, NVwZ 2017, 1883 Rn. 31.

passive, aber zahlende, Mitgliedschaft ist ebenfalls ausreichend, weil dies die Struktur der gefährlichen Vereinigung ebenfalls zu festigen geeignet ist.[146] Das Unterstützen der Vereinigung ist wie bei der Terrorismusunterstützung dann zu bejahen, wenn die Tätigkeit sich positiv auf die Aktionsmöglichkeiten der Vereinigung auswirkt. Auch die **bloße Teilnahme an Demonstrationen oder anderen Veranstaltungen** kann eine Unterstützung in diesem Sinne darstellen, wenn sie geeignet ist, eine positive Außenwirkung im Hinblick auf die missbilligten Ziele zu entfalten. Auf einen nachweisbaren oder messbaren Nutzen für diese Ziele kommt es nicht an, ebenso wenig auf die subjektive Vorwerfbarkeit der Unterstützungshandlungen.[147] Es reicht aus, dass die Umstände für den Ausländer erkennbar sind, er muss nicht vorsätzlich handeln.[148] Der Begriff des Unterstützens ist schließlich nicht deckungsgleich mit dem strafrechtlichen Begriff des Unterstützens einer terroristischen Vereinigung in § 129a Abs. 5 StGB. Er umfasst auch das Werben für die Ideologie und die Ziele des Terrorismus.[149]

§ 54 Abs. 1 Nr. 2 AufenthG schließt ebenso von der Vorbereitung einer in § 89a Abs. 1 StGB bezeichneten schweren staatsgefährdenden Straftat nach § 89a Abs. 2 StGB zwingend auf die Gefährdung der Sicherheit der Bundesrepublik Deutschland. Die erweiterte Begehungsweisen nach § 89a Abs. 2a und Abs. 3 StGB sind nach dem eindeutigen Wortlaut des § 54 Abs. 1 Nr. 2 AufenthG nicht erfasst,[150] allerdings kann ein nach dieser Vorschrift strafbares Verhalten dennoch den Grundtatbestand der Gefährdung der Sicherheit der Bundesrepublik Deutschland erfüllen. 91

Der Tatbestand des § 54 Abs. 1 Nr. 2 AufenthG senkt teilweise den allgemeinen Beweismaßstab ab, wenn dort verlangt wird, dass Tatsachen die Schlussfolgerung rechtfertigen, dass der Ausländer weitere Tatbestandsmerkmale verwirklicht hat. Diese Absenkung gilt nicht für die Feststellung, ob eine Vereinigung den Terrorismus unterstützt und auch nicht für die Anknüpfungstatsachen, von denen aus die gerechtfertigte Schlussfolgerung gezogen werden soll.[151] Lediglich hinsichtlich der Beziehung des Ausländers zu der Vereinigung gilt der abgesenkte Beweismaßstab. 92

Das Ausweisungsinteresse ist in § 54 Abs. 1 Nr. 2 AufenthG weit gefasst und bezieht auch abgeschlossene, in der Vergangenheit liegende Unterstützungsleistungen mit ein. Von den sicherheitsgefährdenden Handlungen ist eine Distanzierung allein durch Unterlassen ähnlicher Handlungen in der Zukunft nicht möglich. Vielmehr bedarf es eines ausdrücklichen und unmissverständlichen Tätigwerdens des Betroffenen, aus dem hervorgeht, dass er sich von seinem Handeln in der Vergangenheit aus innerer Überzeugung distanziert,[152] um den (Rückausnahme-)Tatbestand des erkennbaren und glaubhaften Abstandnehmens zu erfüllen. Ein Abstandnehmen im Sinn des **§ 54 Abs. 1 Nr. 2 AufenthG** ist nämlich zunächst ein innerer Vorgang. Es bedarf sodann äußerlich feststellbarer Umstände, die eine Veränderung der bisher gezeigten (Lebens-)Einstellung als wahrscheinlich erscheinen lassen.[153] Der Rahmen der Lebensführung des Ausländers muss nunmehr in einer Weise gesteckt sein, dass mit einem Rückfall auch dann nicht zu rechnen ist, wenn vergleichbare Umstände eintreten, die den Ausländer in vergangener Zeit zu seinem sicherheitsgefährdenden Handeln gebracht haben, um ein Abstandnehmen feststellen zu können.[154] 93

---

[146] *Beichel-Benedetti* in Huber AufenthG § 54 Rn. 10.
[147] BVerwG Urt. v. 30.7.2013 – 1 C 9.12, BVerwGE 147, 261 Rn. 15.
[148] BVerwG Urt. v. 22.2.2017 – 1 C 3.16, NVwZ 2017, 1883 Rn. 33.
[149] BVerwG Urt. v. 25.10.2011 – 1 C 13.10, BVerwGE 141, 100 Rn. 20 und Beschl. v. 25.4.2018 – 1 B 11.18, BeckRS 2018, 8954 Rn. 4.
[150] AA *Beichel-Benedetti* in Huber AufenthG § 54 Rn. 10; *Bauer* in Bergmann/Dienelt AufenthG § 54 Rn. 50 ff.
[151] BVerwG Urt. v. 22.5.2012 – 1 C 8.11, BVerwGE 143, 138 Rn. 27.
[152] VGH Mannheim Urt. v. 2.3.2016 – 11 S 1389/15; ähnlich auch: BVerwG Urt. v. 30.7.2013 – 1 C 9.12 BVerwGE 147, 261 Rn. 17.
[153] VGH München Beschl. v. 13.8.2019 – 10 ZB 18.1437, BeckRS 2019, 19738 Rn. 12.
[154] VGH Mannheim Beschl. v. 17.6.2019 – 11 S 2118/18, BeckRS 2019, 13246 Rn. 21; ähnlich auch *Bauer* in Bergmann/Dienelt AufenthG § 54 Rn. 46.

94 Der **Grundtatbestand der Gefährdung der freiheitlichen demokratischen Grundordnung** oder der Sicherheit der Bundesrepublik Deutschland kann ohne terroristische Aktivitäten iSd § 54 Abs. 1 Nr. 2 AufenthG erfüllt werden. Zum Begriff der freiheitlich demokratischen Grundordnung nach der neueren, engeren Rechtsprechung des BVerfG[155] → Rn. 14 f. Angesichts der Engführung des Begriffs durch das BVerfG ist auch unter Berücksichtigung des Umstands, dass dieser Begriff bereichsspezifisch auszulegen ist,[156] die Annahme einer Gefährdung hier ohne gleichzeitige Erfüllung einer der „Terrorismustatbestände" kaum noch denkbar.

95 Eine **Gefährdung der Sicherheit der Bundesrepublik Deutschland** bezieht sich auf die innere und äußere Sicherheit des Staates. Während die innere Sicherheit einen Zustand des friedlichen und gewaltfreien Zusammenlebens der Bevölkerung einschließlich des Schutzes ihres Lebens, ihrer Gesundheit und ihres Eigentums, der Bestand und die Funktionsfähigkeit der staatlichen Einrichtungen sowie lebenswichtiger Infrastruktur- und Versorgungseinrichtungen beschreibt, ist mit der äußeren Sicherheit die Fähigkeit des Staates gemeint, sich gegen völkerrechtswidrige Angriffe, gewaltsame Einwirkungen, Zwangsmaßnahmen, Pressionen durch fremde Mächte usw. verteidigen zu können.[157]

4. Leiter eines verbotenen Vereins (Abs. 1 Nr. 3)

96 Die § 54 Nr. 7 AufenthG aF nachgebildete Vorschrift beruht auf der **Gefährlichkeit von Personen, die in leitender Funktion** für einen Verein tätig waren, dessen Zwecke oder Tätigkeit den Strafgesetzen zuwiderliefen oder der sich gegen die verfassungsmäßige Ordnung oder den Gedanken der Völkerverständigung richtete. Der Wortlaut der Vorschrift spricht von „Leitern", sodass nicht zwingend nur eine Person als Leiter in Betracht kommt. Vielmehr kann jede herausgehobene Stellung mit Einfluss und Entscheidungsgewalt ausreichen. Eine Stellung als Leiter in der Vergangenheit, vor Erlass der Verbotsverfügung, ist nur dann tatbestandsmäßig, wenn zu der damaligen Zeit die Verbotsvoraussetzungen bereits vorlagen.[158]

97 Das Vereinsverbot, dessen Wirksamkeit mit dem ausdrücklich formulierten Ausweisungsinteresse verstärkt wird,[159] muss unanfechtbar sein. Ob im Verwaltungsverfahren und in einem sich anschließenden Verwaltungsprozess trotz Unanfechtbarkeit der Verbotsverfügung diese inzident erneut der Überprüfung zugänglich sein muss,[160] dürfte zweifelhaft sein, weil bei Unanfechtbarkeit im Verhältnis zum Verein die Gefährlichkeit bereits bindend belegt ist. Eine Einschränkung ist aber dann gerechtfertigt, wenn es dem Betroffenen als Leiter des Vereins nachweislich aufgrund der konkreten Vereinsstrukturen subjektiv unmöglich oder unzumutbar gewesen ist, das Vereinsverbot mit dem eröffneten Rechtsbehelf anzugreifen.

5. Gewaltsame Verfolgung politischer Ziele (Abs. 1 Nr. 4)

98 Das in dieser Vorschrift definierte Ausweisungsinteresse greift Tatbestände aus § 54 Nr. 5a AufenthG aF auf und umfasst auch weitgehend die in § 54 Nr. 4 AufenthG aF beschriebenen Handlungsweisen.[161] Der Begriff der Beteiligung an Gewalttätigkeiten zur Verfolgung politischer oder religiöser Ziele richtet sich mangels anderer Anknüpfungsmöglichkeiten

---

[155] BVerfG Urt. v. 17.1.2017 – 2 BvB 1/13, BVerfGE 144, 20 Rn. 535 ff.; zur Übertragbarkeit der zu Art. 21 GG getroffenen Aussagen des BVerfG auf das einfache Recht: VGH Mannheim Urt. v. 25.4.2017 – 12 S 2216/14, NVwZ 2017, 1212.
[156] BVerwG Urt. v. 29.5.2018 – 1 C 15.17, BVerwGE 162, 153 Rn. 47 und 52.
[157] *Bauer* in Bergmann/Dienelt AufenthG § 54 Rn. 27.
[158] *Tanneberger/Fleuß* in BeckOK AuslR AufenthG § 54 Rn. 43.
[159] VGH Mannheim Beschl. v. 1.7.2016 – 11 S 46/16, InfAuslR 2016, 412.
[160] VGH Mannheim Beschl. v. 1.7.2016 – 11 S 46/16, InfAuslR 2016, 412: „auf die vom Betroffenen selbst vorgebrachten Umstände beschränkt".
[161] *Bauerr* in Bergmann/Dienelt AufenthG § 54 Rn. 58.

nach dem Täter- und Teilnahmebegriff der §§ 25 ff. StGB.¹⁶² **Politische Ziele** und als deren Unterbegriff¹⁶³ auch religiöse Ziele sind dadurch gekennzeichnet, dass diese auf die Erringung oder Bewahrung von Macht im Staat durch öffentliche Auseinandersetzung oder andere Mittel gerichtet sind. Sie unterscheiden sich von privaten Zielen dadurch, dass sie die Gestaltung und Eigenart der allgemeinen Ordnung des Zusammenlebens von Menschen und Menschengruppen betreffen.¹⁶⁴ Das hier formulierte Ausweisungsinteresse erfasst mit der Gewaltanwendung, mit dem Aufruf zur und der Drohung mit Gewaltanwendung verschiedene Handlungsvarianten. Allen drei Varianten ist gemein, dass das Verhalten des Ausländers objektiv geeignet sein muss, tatsächlich einen physischen Krafteinsatz gegen die Integrität von Menschen oder Sachen herbeizuführen oder zu unterstützen. Das Verhalten muss zur Verfolgung und nicht bloß bei der Verfolgung politischer Ziele eingesetzt werden. So fällt die Ausübung körperlicher Gewalt bei der Auflösung einer Demonstration dann nicht unter dieses Ausweisungsinteresse, wenn Ziel allein die Entziehung vor polizeilichem Zugriff sein sollte.

6. Aufruf zum Hass (Abs. 1 Nr. 5)

Das in Abs. 1 Nr. 5 beschriebene Ausweisungsinteresse lehnt sich an verschiedene Ausweisungstatbestände aus § 55 Abs. 2 Nr. 8 und 9 AufenthG aF an und versucht in möglichst umfassender und gleichzeitig hinreichend bestimmter Form, das Phänomen des „Hasspredigers" ausweisungsrechtlich zu verorten. Das besonders schwerwiegende Ausweisungsinteresse besteht bei einem Aufruf zum Hass gegen **Teile der Bevölkerung.** Mit dem Tatbestandsmerkmal „Teile der Bevölkerung" ist der Schutz entsprechend § 130 StGB auf die inländische Bevölkerung beschränkt.¹⁶⁵ Ob dem Grundtatbestand mit Blick auf die umfassenden Definitionen (hierzu gleich) noch ein eigener Anwendungsspielraum mit einer Auffangfunktion zukommen kann, ist zweifelhaft. 99

Ein Aufruf zu Hass gegen Bevölkerungsteile ist kraft gesetzlicher Definition dann anzunehmen („davon ist auszugehen"),¹⁶⁶ wenn ein gezieltes und andauerndes Einwirken auf andere mit dem Ziel des Erzeugens oder Verstärkens von Hass auf Angehörige bestimmter ethnischer Gruppen oder Religionen vorliegt. Die erforderliche Einflussnahme auf einen oder mehrere andere muss planvoll mit dem Ziel einer Veränderung der Persönlichkeit des oder der anderen erfolgen; der Tatbestand kann auch innerhalb einer familiären Beziehung erfüllt werden.¹⁶⁷ Weiter ist kraft gesetzlicher Definition von einem relevanten Aufruf zum Hass auszugehen, wenn öffentlich, in einer Versammlung oder durch Verbreiten von Schriften in einer Weise, die geeignet ist, die öffentliche Sicherheit und Ordnung zu stören gegen Teile der Bevölkerung zu Willkürmaßnahmen aufgestachelt wird, Teile der Bevölkerung böswillig verächtlich gemacht und dadurch die Menschenwürde anderer angriffen wird oder Verbrechen gegen den Frieden, gegen die Menschlichkeit, ein Kriegsverbrechen oder terroristische Taten von vergleichbarem Gewicht gebilligt werden oder dafür geworben wird. Diese umfassenden Tatbestandsmerkmale finden ihren Ursprung im Straftatbestand der Volksverhetzung, sodass auch die dazu ergangene Rechtsprechung zur Auslegung heranzuziehen ist.¹⁶⁸ Jedenfalls die Variante c (Billigung oder Werbung) dürfte häufig auch eine Gefährdung der Sicherheit der Bundesrepublik Deutschland iSv Abs. 1 Nr. 2 (→ Rn. 92) sein. 100

Da bei der Anwendung von Abs. 1 Nr. 5 häufig an Meinungsäußerungen der Betroffenen angeknüpft wird, ist ein besonderes Augenmerk auf die grundrechtlich durch Art. 5 101

---

¹⁶² *Beichel-Benedetti* in Huber AufenthG § 54 Rn. 14.
¹⁶³ BT-Drs. 18/4097, 51.
¹⁶⁴ *Neidhardt* in HTK-AuslR AufenthG § 54 zu Abs. 1 Nr. 4.
¹⁶⁵ *Bauer* in Bergmann/Dienelt AufenthG § 54 Rn. 62; aA *Beichel-Benedetti* in Huber AufenthG § 54 Rn. 16.
¹⁶⁶ Es handelt sich um die gleiche Regelungstechnik wie in § 54 Abs. 1 Nr. 2 AufenthG.
¹⁶⁷ *Tanneberger/Fleuß* in BeckOK AuslR AufenthG § 54 Rn. 65 ff.
¹⁶⁸ *Beichel-Benedetti* in Huber AufenthG § 54 Rn. 16.

Abs. 1 GG geschützte Meinungsfreiheit zu legen.[169] Diese ist nicht vorbehaltlos gewährleistet, sondern findet ihre Schranken in den Vorschriften der allgemeinen Gesetze, zu denen die §§ 53 ff. AufenthG gehören. Bei der Auslegung der Vorschriften des Ausweisungsrechts ist aber dem Grundrecht der Meinungsfreiheit Rechnung zu tragen, damit dessen wertsetzende Bedeutung gewahrt bleibt.[170] Daher ist es zwingend erforderlich, dass der Sinn von Meinungsäußerungen hinreichend und mit der notwendigen Unvoreingenommenheit erfasst und bei mehreren Deutungsmöglichkeiten ein nicht tatbestandserfüllendes Verständnis mit hinreichender Sicherheit ausgeschlossen wird. Gerade die Vielgestaltigkeit und relative Offenheit des Tatbestands des Abs. 1 Nr. 5 gebietet es, den tatsächlichen Sachverhalt genau zu erfassen und sodann die Fakten zu den einzelnen Merkmalen der Befugnisnorm trennscharf zuzuordnen.[171] Die Meinungsfreiheit muss stets zurücktreten, wenn die Äußerung einer Meinung die Menschenwürde eines anderen antastet. Es bedarf aber stets einer sorgfältigen Begründung, wenn angenommen werden soll, dass der Gebrauch eines Grundrechts auf die unantastbare Menschenwürde durchschlägt.[172]

III. Das schwerwiegende Ausweisungsinteresse (§ 54 Abs. 2 AufenthG)

102 § 54 Abs. 2 AufenthG ist zuletzt mit Wirkung zum 21.8.2019 geändert worden. In Nr. 1 wurde das Mindestmaß der Freiheitsstrafe von einem Jahr auf sechs Monate gesenkt, das Bedürfnis für die seit dem 17.3.2016 geltende Regelung des § 54 Abs. 2 Nr. 1a AufenthG, die die „kleine Schwester" von § 54 Abs. 1 Nr. 1a AufenthG war, besteht damit nicht mehr, weil die neue Regelung diese nun mitumfasst.

103 Die in Abs. 2 aufgeführten **schwerwiegenden Ausweisungsinteressen** erweisen sich auch nach der letzten Gesetzesreform als **ausgesprochen heterogen,** was sich schon daher erklären lässt, dass die Regelungen ihre Vorbilder sowohl in ehemaligen Regel- als auch Ermessensausweisungsgründen finden und ihnen damit bis zum 31.12.2015 erheblich unterschiedliches Gewicht beigemessen wurde. Auch weiterhin lässt sich nicht annehmen, dass mit der Kategorisierung als schwerwiegend eine Vereinheitlichung ihres Gewichts erfolgten sollte. Dem unterschiedlichen Gewicht ist bei der Verhältnismäßigkeitsprüfung im Rahmen des § 53 Abs. 2 AufenthG Rechnung zu tragen (→ Rn. 40 ff.), eine Annäherung des Gewichts durch Auslegung der verschiedenen Tatbestände (Nr. 1 „Freiheitsstrafe von mindestens sechs Monaten"; Nr. 9 „jeder nicht geringfügige Rechtsverstoß") ist nicht möglich.[173] Unter systematischen Gesichtspunkten hätte allerdings nahegelegen, die Bandbreite des Gewichts der verschiedenen Tatbestände des Abs. 2 als Ausgangspunkt einer von einfachen über schwerwiegende bis hin zu besonders schwerwiegenden Ausweisungsinteressen aufsteigend gestaffelten Regelung auszugestalten.[174]

1. Freiheitsstrafe von mindestens sechs Monaten (Abs. 2 Nr. 1)

104 Erfasst von dieser Vorschrift sind nur rechtskräftige Freiheits-, nicht aber Jugendstrafen wegen vorsätzlicher Straftaten, diese sind bei Nr. 2 Anknüpfungspunkt (→ Rn. 102). Auf eine Aussetzung der Strafe zur Bewährung kommt es bei dem Tatbestand nicht an, wohl aber bei der Gefahrenprognose und der abschließenden Abwägung. Sollte die Freiheitsstrafe ein Jahr erreicht haben, kann sie unter Umständen auch ein besonders schwerwiegendes Ausweisungsinteresse nach Abs. 1 Nr. 1a begründen (→ Rn. 78 ff.). Bei Zusammentreffen von Vorsatz- und Fahrlässigkeitstaten in einer Gesamtstrafe gelten die Ausführungen zu Abs. 1 Nr. 1 entsprechend (→ Rn. 76 f.).

---

[169] Zur Bedeutung der Hassrede im Lichte von Art. 10 EMRK s. *Mensching* in Karpenstein/Mayer EMRK Art. 10 Rn. 78 ff.
[170] Vgl. BVerfG Beschl. v. 13.2.1996 – 1 BvR 262/91, BVerfGE 94, 1 (8).
[171] Vgl. BVerfG Beschl. v. 13.6.2005 – 2 BvR 485/05, BVerfGK 5, 328 (335 f.).
[172] BVerfG Beschl. v. 4.2.2010 – 1 BvR 369/04 ua, NJW 2010, 2193 Rn. 27.
[173] Vgl. OVG Lüneburg Beschl. v. 20.6.2017 – 13 LA 134/17, InfAuslR 2017, 342.
[174] *Tanneberger/Fleuß* in BeckOK AuslR AufenthG § 54 Rn. 110.

2. Jugendstrafe von mindestens einem Jahr ohne Bewährung (Abs. 2 Nr. 2)

Die Verhängung einer Jugendstrafe von mindestens einem Jahr ohne Aussetzung der Strafvollstreckung zur Bewährung führt auf das Ausweisungsinteresse des Abs. 2 Nr. 2. Auch hier ist zu beachten, dass eine entsprechende Strafe unter Umständen bereits ein besonders schwerwiegendes Ausweisungsinteresse nach Abs. 1 Nr. 1a begründen kann (→ Rn. 75 ff.). Ist die Entscheidung über die **Bewährungsaussetzung** einem nachträglichen Beschluss vorbehalten (§ 61 JGG), ist das Ausweisungsinteresse aus Abs. 2 Nr. 2 bis zum Beginn des Strafvollzugs (vgl. § 57 Abs. 1 S. 1 JGG) nicht gegeben.[175] Zu berücksichtige ist auch hier, dass Jugendstrafen von mindestens einem Jahr – unabhängig von einer Aussetzung zur Bewährung – nach Abs. 1 Nr. 1a oder Nr. 1b unter bestimmten Umständen zu einem besonders schwerwiegenden Ausweisungsinteresse führen. 105

3. Betäubungsmittelkriminalität (Abs. 2 Nr. 3 und 4)

§ 54 Abs. 2 Nr. 3 AufenthG bestimmt, dass jede Tatbestandsverwirklichung des § 29 Abs. 1 Nr. 1 BtMG (unerlaubter Anbau, unerlaubte Herstellung, unerlaubtes Handeltreiben, unerlaubte Einfuhr, Ausfuhr Veräußerung oder Abgabe, unerlaubtes sonstiges Inverkehrbringen, unerlaubter Erwerb oder unerlaubtes sich Verschaffen), gleich ob als Täter oder Teilnehmer, gleich ob vollendet oder versucht, gleich ob schuldhaft oder nicht, ein Ausweisungsinteresse begründet. Eine **strafgerichtliche Verurteilung** ist hier zwar **nicht erforderlich,** allerdings dürfte eine hinreichende Sachverhaltsaufklärung ohne Strafverfahren die Kapazitäten der Ausländerbehörden regelmäßig überfordern. § 54 Abs. 2 Nr. 4 AufenthG betrifft den gegenwärtigen, eigenen Konsum von Heroin, Kokain und vergleichbar gefährlichen Betäubungsmitteln, wobei als Ausgangspunkt auf die Anlagen I bis III zum BtMG abzustellen ist. Cannabisprodukte sind nicht vergleichbar gefährlich iSd Regelung.[176] Das Ausweisungsinteresse ist nur dann gegeben, wenn der Betroffene nicht zu einer seiner Rehabilitation dienenden Behandlung bereit ist oder sich ihr entzieht. Denn nur dann kann gefahrenabwehrrechtlich ein Handeln des Staates erforderlich sein. 106

4. Ausschluss vom gesellschaftlichen Leben (Abs. 2 Nr. 5)

Mit der Vorschrift wird gegenüber demjenigen, der einen anderen nötigt, sich nicht am wirtschaftlichen, kulturellen oder gesellschaftlichen Leben zu beteiligen, ein Ausweisungsinteresse formuliert. Es geht um das Unterbinden jeglicher Integrationsbemühungen des anderen, meist eines Familienangehörigen. Die Vorschrift dürfte aufgrund von Ermittlungs- und Beweisschwierigkeiten ohne praktische Bedeutung bleiben. 107

5. Zwangsehe (Abs. 2 Nr. 6)

Mit der mWv 22.7.2017 neu gefassten Vorschrift[177] wird in der ersten Variante die **versuchte oder vollendete Nötigung eines anderen zur Eingehung einer Ehe** (§ 237 Abs. 1 StGB) erfasst,[178] ohne dass hier eine strafrechtliche Verurteilung Voraussetzung des Entstehens des Ausweisungsinteresses wäre. Die zweite Variante betrifft die wiederholte Zuwiderhandlung gegen § 11 Abs. 2 PStG, die einen schwerwiegenden Verstoß gegen diese Vorschrift darstellt. In § 11 Abs. 2 PStG ist das **partielle Verbot der religiösen Voraustrauung,** nämlich betreffend mindestens einen minderjährigen Partner verankert.[179] Schwerwiegend kraft Legaldefinition ist der Verstoß, wenn die Voraustrauung eine unter 108

---
[175] *Bauer* in Bergmann/Dienelt AufenthG § 54 Rn. 68.
[176] Vgl. VGH Mannheim Beschl. v. 17.10.1996 – 13 S 1279/96, InfAuslR 1997, 111.
[177] Gesetz v. 17.7.2017 (BGBl. I 2429).
[178] Zur schwierigen Abgrenzung, ab wann ein angedrohtes Übel empfindlich iSd § 237 StGB ist: *Valerius* in BeckOK StGB § 237 Rn. 5.
[179] Verfassungsrechtliche Zweifel an § 11 Abs. 2 PStG äußert *Schwab* FamRZ 2017, 1369 (1374).

16 Jahre alte Person betrifft. Erfüllen können diesen Ausweisungsgrund mitwirkende Geistliche, Sorgeberechtigte des betroffenen Minderjährigen, Volljährige, die einem auf eine Bindung angelegten Vertrag zustimmen und Zeugen, sofern die Mitwirkung erforderlich ist (vgl. § 11 Abs. 2 S. 3 PStG).

6. Falschangaben bei Sicherheitsbefragungen (Abs. 2 Nr. 7)

109 Die Vorschrift ist § 54 Nr. 6 AufenthG aF nachgebildet. Zu einem Ausweisungsinteresse führt es nach Abs. 2 Nr. 7, wenn bei einer Befragung durch eine deutsche Auslandsvertretung oder die Ausländerbehörde zur Klärung von Bedenken gegen die Einreise oder den weiteren Aufenthalt bestimmte Angaben (Voraufenthalte in Deutschland oder anderen Staaten; Kontakte zu Personen, die der Unterstützung des Terrorismus verdächtig sind) gar nicht, falsch oder unvollständig gemacht werden. Der Vorschrift liegt die Wertung des Gesetzgebers zugrunde, dass derjenige, der bei einem solchen Gespräch vorsätzlich Falschangaben macht, hierfür unlautere, sicherheitsrelevante Motive haben muss und der weitere Aufenthalt des Ausländers deshalb in der Regel eine Sicherheitsgefährdung mit sich bringen wird.[180]

110 Der Schluss vom Verheimlichen früherer Aufenthalte auf ein Sicherheitsrisiko ist alles andere als zwingend. Deswegen wird bei dieser Tatbestandsvariante regelmäßig eine **besondere Prüfung der Gefährlichkeit** im Rahmen des § 53 Abs. 1 AufenthG erforderlich sein. Bei einer späteren Richtigstellung früher Falschangaben entfällt der Tatbestand nicht, jedoch wird dann erst recht im Rahmen von § 53 Abs. 1 AufenthG und der Gesamtabwägung nach § 53 Abs. 2 AufenthG eine genaue Prüfung der Bedeutung des Ausweisungsinteresses erfolgen müssen. Weniger problematisch ist die Tatbestandsvariante der Falschangaben zu Verbindungen zu Personen und Organisationen, die der Unterstützung des Terrorismus verdächtig sind. Der Begriff der Verbindung setzt weder eine Mitgliedschaft noch eine Unterstützung voraus, sondern ist weit zu verstehen und erfasst sämtliche als Verbindung zu verstehenden Kontakte zB verwandtschaftlicher, freundschaftlicher, nachbarschaftlicher, beruflicher, gesellschaftlicher, politischer und geschäftlicher Art. Lediglich bloße Zufallskontakte stellen keine Verbindung im vorgenannten Sinne dar.[181]

111 Wenn das Gesetz formuliert, dass eine Ausweisung auf dieser Grundlage nur zulässig ist, wenn der Ausländer vor der Befragung ausdrücklich auf den sicherheitsrechtlichen Zweck und die Rechtsfolgen verweigerter, falscher oder unvollständiger Angaben hingewiesen worden ist, muss dies dahingehend erweiternd ausgelegt werden, dass ohne Hinweis bereits kein Ausweisungsinteresse besteht. Dies ist mit Blick auf die Bedeutung fehlender Ausweisungsinteressen als allgemeine Erteilungsvoraussetzung nach § 5 Abs. 1 Nr. 2 AufenthG erforderlich. Da es **keine gesetzliche Grundlage für die Verpflichtung zur Teilnahme** an einer Befragung iSd Abs. 2 Nr. 7 gibt,[182] kann aus einer vollständig unterbliebenen Mitwirkung nicht auf das Ausweisungsinteresse nach Abs. 2 Nr. 7 geschlossen werden. Die ausdrückliche gesetzliche Regelung einer Teilnahmeverpflichtung ist mit Blick auf § 26 Abs. 2 S. 3 VwVfG[183] nämlich zwingend erforderlich. Im Übrigen ist zu berücksichtigen, dass dem Betroffenen auch im Verwaltungsverfahren ein **Recht aus Auskunftsverweigerung** zukommen kann.[184] Macht der Ausländer von diesem Recht Gebrauch, kann darin nicht zeitgleich die Erfüllung eines Ausweisungsinteresses liegen.[185]

---

[180] VGH Mannheim Beschl. v. 16.11.2007 – 11 S 695/07, InfAuslR 2008, 159.
[181] OVG Münster Urt. v. 10.5.2016 – 18 A 610/14, BeckRS 2016, 47473.
[182] *Bauer* in Bergmann/Dienelt AufenthG § 54 Rn. 84; aA OVG Münster Beschl. v. 27.7.2015 – 18 B 312/14, BeckRS 2015, 49234 (stellt auf § 82 Abs. 4 ab).
[183] Und gleichlautender Regelungen in den VwVfGen der Länder.
[184] S. etwa § 26 Abs. 2 S. 4 BWLVwVfG; in den meisten Landesregelungen sowie im VwVfG fehlt eine ausdrückliche Regelung allerdings.
[185] Detailliert hierzu: *Bauer* in Bergmann/Dienelt AufenthG § 54 Rn. 85.

7. Pflichtverletzungen im Verwaltungsverfahren (Abs. 2 Nr. 8)

Ein Ausweisungsinteresse wird auch durch falsche oder unvollständige Angaben zur Erlangung eines Aufenthaltstitels, eines Schengen-Visums, eines Flughafentransitvisums, eines Passersatzes, der Zulassung der Ausnahme von der Passpflicht oder der Aussetzung der Abschiebung (Duldung, § 60a AufenthG) **(Abs. 2 Nr. 8a)** begründet. Der Vorschrift kommt typischerweise eine generalpräventive Wirkrichtung zu.[186] Dabei wird nicht nur das deutsche, sondern jedes von einem sogenannten Schengen-Staat (§ 2 Abs. 5) durchgeführte Verwaltungsverfahren in Bezug genommen. Somit fällt ebenfalls unter Abs. 2 Nr. 8a die Angaben derjenigen falscher Personalien bei der Beantragung des Aufenthaltstitels, die auch bei einer erfolgreichen Asylantragstellung verwendet worden sind. 112

Weiter führt die fehlende Mitwirkung trotz bestehender Rechtspflicht an Maßnahmen zuständiger Behörden zur Durchführung des AufenthG oder des Schengen-Acquis auf ein Ausweisungsinteresse **(Abs. 2 Nr. 8b)**, wobei dieses ebenfalls an „schengenweite" Pflichtverletzungen geknüpft ist und nicht nur Verstöße im Inland sanktioniert. Die Mitwirkungspflicht muss sich aus dem AufenthG oder dem SDÜ ergeben. Der Wortlaut der Norm ist hier zwar offen in dem Sinne, dass es um Maßnahmen „der für die Durchführung dieses Gesetzes oder des SDÜ zuständigen Behörden" geht und es durchaus auch Maßnahmen nach anderen Gesetzen gibt, die von den zuständigen Behörden durchgeführt werden.[187] Jedoch lässt sich eine hinreichende Bestimmtheit und Vorhersehbarkeit bei der Normanwendung nur durch eine enge Auslegung sicherstellen.[188] Beispiele für relevante Pflichtverletzungen sind die **Verletzung von Mitwirkungspflichten in Passbeschaffungsverfahren oder bei der Durchführung erkennungsdienstlicher Maßnahmen** nach § 49 AufenthG. Auch die wahrheitswidrige Angabe, keinen Reisepass zu besitzen, erfüllt den Tatbestand.[189] Unvollständige Angaben macht auch derjenige, der bei der Beantragung eines Schengen-Visums eine beabsichtigte Eheschließung im Bundesgebiet verbunden mit dem Ziel, nicht wieder aus dem Schengen-Raum auszureisen, verschweigt.[190] 113

Damit die Pflichtverletzung einschließlich der falschen Angaben zu einem schwerwiegenden Ausweisungsinteresse führt, muss der Ausländer zuvor – also vor der Pflichtverletzung – auf die Rechtsfolgen hingewiesen worden sein. Es handelt sich um ein offensichtliches Redaktionsversehen, dass die **Hinweispflicht** allein für Abs. 2 Nr. 8b geregelt ist.[191] Eine bestimmte Form ist (insbesondere mangels Regelung in § 77 AufenthG) für den Hinweis nicht vorgesehen. Jedoch lässt sich der Nachweis einer ordnungsgemäßen Belehrung regelmäßig nur bei einem schriftlich erteilten Hinweis, dessen Kenntnisnahme durch den Ausländer schriftlich bestätigt worden ist, führen. Inhaltlich muss darauf hingewiesen werden, dass eine Falschangabe/Pflichtverletzung zu einem schwerwiegenden Ausweisungsinteresse führt, deshalb auch zu einer Ausweisung führen kann und dass ein solcher Verstoß im Regelfall der Erteilung eines Aufenthaltstitels (§ 5 Abs. 1 Nr. 2 AufenthG) entgegensteht. Hingegen ist es nicht erforderlich, dass auf die möglicherweise entstehende Ausreisepflicht und die dann mögliche Abschiebung hingewiesen wird, weil diese Folgen erst mittelbar eintreten können und nicht regelmäßig und vorhersehbar eintreten werden.[192] Das einheitliche Antragsformular für Schengen-Visa[193] belehrt dahingehend, dass falsche Erklärungen zur Ablehnung des Antrags oder zur Annullierung eines Visums führen und Strafverfolgungsmaßnahmen auslösen können. Ein Hinweis auf ein entstehendes Ausweisungsinteresse, das der Erteilung anderer Aufenthaltstitel in der Zukunft entgegenstehen kann (§ 5 Abs. 1 Nr. 2 AufenthG), ist dort nicht enthalten. 114

---

[186] BVerwG, Urt. v. 12.7.2018 – 1 C 16.17, BVerwGE 162, 349 Rn. 20.
[187] Etwa nach § 15 AsylG.
[188] AA *Neidhardt* in HTK-AuslR AufenthG § 54 zu Abs. 2 Nr. 8.
[189] OVG Berlin-Brandenburg Beschl. v. 5.4.2016 – 11 S 14.16, BeckRS 2016, 44658.
[190] Vgl. VGH Mannheim Beschl. v. 16.4.2009 – 13 S 656/09, NVwZ-RR 2009, 700.
[191] OVG Magdeburg Beschl. v. 10.10.2016 – 2 O 26/16, BeckRS 2016, 53879.
[192] AA *Bauer* in Bergmann/Dienelt AufenthG § 54 Rn. 90.
[193] Anhang I zum Visakodex (VO (EG) 810/2009).

8. Sonstige Rechtsverstöße (Abs. 2 Nr. 9)

115 § 54 Abs. 2 Nr. 9 AufenthG, der § 55 Abs. 2 Nr. 2 AufenthG aF nachempfunden ist, bildet unter den Ausweisungsinteressen einen **Auffangtatbestand.** Nicht nur vereinzelte und nicht nur geringfügige Verstöße gegen Rechtsvorschriften oder gerichtliche sowie behördliche Entscheidungen oder Verfügungen begründen bereits ein schwerwiegendes Ausweisungsinteresse. Das bedeutet, dass ein Rechtsverstoß nur dann den Tatbestand nicht erfüllt, wenn er vereinzelt und geringfügig ist. Er ist hingegen immer **tatbestandsrelevant, wenn er vereinzelt, aber nicht geringfügig ist oder aber zwar geringfügig, aber nicht vereinzelt** aufgetreten ist.[194] Mit anderen Worten: Jeder Ausländer, der sich nicht rechtstreu verhält, kann ein staatliches Ausweisungsinteresse begründen. Darüber hinaus erfasst die Norm schwerwiegende Auslandsstraftaten.

116 Hauptanwendungsbereich für § 54 Abs. 2 Nr. 9 AufenthG sind Straftaten. Der Tatbestand unterscheidet nicht zwischen Vorsatz- und Fahrlässigkeitstaten. **Vorsätzliche Straftaten** sind grundsätzlich nicht geringfügig iSd Abs. 2 Nr. 9.[195] Allerdings erfordert der Begriff der Geringfügigkeit, der nicht absolut ist,[196] eine wertende und abwägende Beurteilung, insbesondere der Begehungsweise, des Verschuldens und der Tatfolgen.[197] Bei einer Einstellung des Strafverfahrens nach §§ 153 oder 153a StPO liegt aber regelmäßig ein nur geringfügiger Rechtsverstoß vor.[198] Bei einer Verurteilung zu bis zu 30 Tagessätzen kann die Annahme einer Geringfügigkeit noch in Betracht kommen,[199] wobei in diesen Fällen die Umstände des Einzelfalls zu betrachten sind.[200] Andere, **strafrechtlich nicht relevante Rechtsverstöße** müssen ein hinreichend schweres Gewicht aufweisen, um die Vorschrift tatbestandlich nicht uferlos werden zu lassen. Das viermalige Überqueren einer Straße trotz Rotlicht als Fußgänger ist gewiss eine nicht nur vereinzelte Ordnungswidrigkeit, dennoch liegt auf der Hand, dass dieses Verhalten nicht auf ein Ausweisungsinteresse führen kann, das erst im Rahmen der Gesamtabwägung dem Bleibeinteresse eines in Deutschland geborenen Ausländers unterliegen soll. Daher muss diesen anderen Verstößen ein Gewicht zukommen, das dem einer Straftat ähnlich ist.[201] Dies ist gerade auch mit Blick auf die Regelerteilungsvoraussetzung aus § 5 Abs. 1 Nr. 2 AufenthG zur Verhinderung eines Verstoßes gegen das Übermaßverbot angezeigt.

117 Ebenfalls von Abs. 2 Nr. 9 erfasst werden **Handlungen im Ausland,** die in Deutschland als vorsätzliche schwere Straftat anzusehen sind. Auf die Strafbarkeit im Ausland kommt es nicht an. Der unbestimmte Rechtsbegriff der schweren Straftat ist unter Rückgriff auf strafrechtliche Wertungen näher zu bestimmen. Während teilweise vorgeschlagen wird, allein auf die Katalogtaten des § 100a Abs. 2 StPO abzustellen,[202] und teilweise eine Gesamtwürdigung der Umstände als erforderlich angesehen wird,[203] erscheint eine Orientierung an dem angedrohten Strafmindestmaß vorzugswürdig, weil dies eine Rückkopplung an die abstrakte, gesetzgeberische Wertung zur Strafwürdigkeit und damit auch zur Gefährlichkeit eines Delikts zulässt. Von einer schweren Straftat spricht das StGB nach § 46b Abs. 1 S. 1 iVm der amtlichen Überschrift der Norm dann, wenn die Straftat mit einer im Mindestmaß erhöhten Freiheitsstrafe oder mit lebenslanger Freiheitsstrafe bedroht ist.

---

[194] BVerwG Urt. v. 18.11.2004 – 1 C 23.03, BVerwGE 122, 193; aA Hailbronner AuslR AufenthG § 54 Rn. 143 (vereinzelter, nicht geringfügiger Verstoß erfüllt den Tatbestand nicht).
[195] BVerwG Urt. v. 24.9.1996 – 1 C 9.94, BVerwGE 102, 63 (66); OVG Lüneburg Beschl. v. 14.11.2018 – 13 LB 160/17, InfAuslR 2019, 56.
[196] *Bauer* in Bergmann/Dienelt AufenthG § 54 Rn. 95.
[197] OVG Bautzen Beschl. v. 7.1.2019 – 3 B 177/18, DVBl. 2019, 865.
[198] Vgl. *Beichel-Benedetti* in Huber AufenthG § 54 Rn. 35.
[199] *Bauer* in Bergmann/Dienelt AufenthG § 54 Rn. 95.
[200] Siehe etwa BVerwG, Urt. v. 18.11.2004 – 1 C 23.03, BVerwGE 122, 193.
[201] *Bauer* in Bergmann/Dienelt AufenthG § 54 Rn. 97; Hailbronner AuslR AufenthG § 54 Rn. 150.
[202] *Beichel-Benedetti* in Huber AufenthG § 54 Rn. 35.
[203] *Bauer* in Bergmann/Dienelt AufenthG § 54 Rn. 101.

C. Das Bleibeinteresse des Ausländers

I. Allgemeines

Die Bleibeinteressen sind in § 55 AufenthG – ebenso wie die Ausweisungsinteressen in § 54 AufenthG – in besonders schwerwiegende und schwerwiegende Interessen unterteilt. Die Systematisierung unterscheidet sich dadurch von der in § 54 AufenthG, dass die **schwerwiegenden Bleibeinteressen** in Abs. 2 **ausdrücklich nicht abschließend formuliert sind** („insbesondere") und damit die **Vorstrukturierung der Gesamtabwägung offener** ausgestaltet ist als bei den gegenläufigen Ausweisungsinteressen. Das ist angemessen, da bei den Bleibeinteressen eine sinnvolle Ausgestaltung eines Auffangtatbestands aufgrund der Vielgestaltigkeit der Lebensverhältnisse kaum möglich erscheint. § 55 AufenthG ist zuletzt mit Gesetz vom 15.8.2019[204] geändert worden. Die ursprüngliche Regelung unter § 55 Abs. 1 Nr. 5 AufenthG zum besonderen Bleibeinteresse subsidiär Schutzberechtigter nach § 4 AsylG ist als Folgeänderung zur Einführung von § 53 Abs. 3b AufenthG (→ Rn. 65 ff.) gestrichen worden. Die ursprüngliche Nr. 6 findet sich nun unter Nr. 5 geregelt.

118

Soweit der Begriff der familiären oder lebenspartnerschaftlichen Lebensgemeinschaft zur tatbestandlichen Anknüpfung verwendet wird, sind bei der Auslegung Art. 6 GG, Art. 7 GRCh (bei aus Unionsrechtsakten privilegierten Drittstaatsangehörigen) sowie Art. 8 EMRK in den Blick zu nehmen (→ § 5 Rn. 319 ff.). Bei den Zeiten rechtmäßigen Aufenthalts sind Zeiten, in denen der Aufenthalt fiktiv erlaubt gewesen ist (§ 81 Abs. 3 S. 1 und Abs. 4 S. 1 AufenthG) nur dann zu berücksichtigen, wenn der Antrag auf Erteilung oder Verlängerung des Aufenthaltstitels letztlich erfolgreich gewesen ist (Abs. 3). Unterbrechungen des rechtmäßigen Aufenthalts von bis zu einem Jahr können hier nach § 85 AufenthG außer Betracht bleiben.[205]

119

II. Das besonders schwerwiegende Bleibeinteresse (§ 55 Abs. 1 AufenthG)

Die besonders schwerwiegenden Bleibeinteressen sind im Katalog des Abs. 1 abschließend bestimmt, was aber nicht bedeutet, dass andere, nicht ausdrücklich benannte Interessen nicht bei der nach § 53 Abs. 2 AufenthG zu treffenden Abwägungsentscheidung (auch entscheidend) als besonders schwerwiegend zu berücksichtigen sein könnten (→ Rn. 40 ff.).[206]

120

1. Niederlassungserlaubnis und rechtmäßiger fünfjähriger Aufenthalt (Abs. 1 Nr. 1)

Der Tatbestand fordert einmal den Besitz einer Niederlassungserlaubnis. Ein Anspruch auf deren Erteilung reicht hier nicht aus. Der fünfjährige, rechtmäßige Aufenthalt meint nicht allein denjenigen mit einer Niederlassungserlaubnis, sondern jeden rechtmäßigen Aufenthalt unabhängig von seinem Zweck.[207] Die Aufenthaltszeit muss allerdings unmittelbar bis zum relevanten Entscheidungszeitpunkt (Entscheidung über eine Ausweisung oder eine Titelerteilung oder -verlängerung) reichen. Ein fünfjähriger, rechtmäßiger Aufenthalt irgendwann in der Vergangenheit ist hier nicht relevant.[208] Eine analoge Anwendung auf Inhaber einer Daueraufenthaltserlaubnis-EU oder nach Art. 7 ARB 1/80 Berechtigte[209] ist nicht erforderlich, da das hohe Bleibeinteresse über § 53 Abs. 3 AufenthG abgebildet ist

121

---

[204] BGBl. I 1294.
[205] Zur Anwendbarkeit des § 85 auf Zeiten des Titelbesitzes: BVerwG Urt. v. 10.11.2009 – 1 C 24.08, BVerwGE 135, 225 Rn. 18 ff.
[206] BVerwG Urt. v. 22.2.2017 – 1 C 3.16, NVwZ 2017, 1883 Rn. 24.
[207] *Bauer* in Bergmann/Dienelt AufenthG § 55 Rn. 6.
[208] Hailbronner AuslR AufenthG § 55 Rn. 17.
[209] Dies bejahend VG Sigmaringen Urt. v. 12.12.2017 – 4 K 877/17, BeckRS 2017, 145796 Rn. 52.

und in der Gesamtabwägung nach § 53 Abs. 2 AufenthG seinen Niederschlag finden kann.[210]

2. „Faktische Inländer" (Abs. 1 Nr. 2)

122 § 55 Abs. 1 Nr. 2 AufenthG hat die Gruppe der **sogenannten „faktischen Inländer"** im Blick.[211] Erste Tatbestandsvoraussetzung ist der Besitz einer Aufenthaltserlaubnis. Allein ein Anspruch auf Erteilung eines Titels ist nicht ausreichend.[212] Weiter muss der Ausländer entweder im Bundesgebiet geboren sein oder als Minderjähriger in das Bundesgebiet eingereist sein und sich seit mindestens fünf Jahren rechtmäßig im Bundesgebiet aufhalten. Auch hier muss die Aufenthaltszeit unmittelbar bis zum relevanten Entscheidungszeitpunkt reichen. Aus Sinn und Zweck der Norm folgt, dass der Lebensmittelpunkt nach der Einreise als Minderjähriger oder der Geburt im Wesentlichen im Bundesgebiet gewesen sein muss, da nur dann die Vermutung, dass der Ausländer ein faktischer Inländer ist, tragfähig sein kann.[213] Ob weitergehend eine Kontinuität des Aufenthalts gefordert werden darf,[214] mag einerseits zwar zweifelhaft sein. Dies ist aber vor dem Hintergrund der nicht abschließenden Regelung des § 55 AufenthG mit Blick auf die Gesamtabwägung nach § 53 Abs. 2 AufenthG letztlich nicht mehr von hoher Relevanz.

3. Aufenthaltserlaubnis, rechtmäßiger fünfjähriger Aufenthalt und eheliche/lebenspartnerschaftliche Lebensgemeinschaft mit Personen nach Nr. 1 oder Nr. 2 (Abs. 1 Nr. 3)

123 Hinsichtlich der Aufenthaltserlaubnis und der Aufenthaltszeit gelten die gleichen Anforderungen wie bei Nr. 2 (→ Rn. 119). Hinsichtlich der Lebensgemeinschaft ist nicht auf ein formales Band, sondern auf das gemeinsame Leben in tatsächlicher Verbundenheit abzustellen. Da hier eine Betrachtung des Einzelfalls zwingend geboten ist, sind schematisierende Wertungen nach Kategorien wie „Beistands- oder Begegnungsgemeinschaft" nicht zielführend und haben zu unterbleiben.[215] Das Bestehen einer häuslichen Gemeinschaft ist daher weder eine notwendige noch eine hinreichende Voraussetzung für die Feststellung einer ehelichen Lebensgemeinschaft.[216] Im Zentrum steht die Frage nach dem nachweisbar betätigten Willen, mit der Partnerin bzw. dem Partner als wesentlicher Bezugsperson ein gemeinsames Leben zu führen.[217] Eine eheliche Lebensgemeinschaft iSd Abs. 1 Nr. 3 kann daher selbstverständlich auch in Zeiten der Inhaftierung eines Ehegatten fortbestehen, ohne dass es auf ein Abstellen auf den Zeitpunkt vor Beginn der Haft ankommen muss.[218]

4. Familiäre Beziehungen zu einem deutschen Staatsangehörigen (Abs. 1 Nr. 4)

124 § 54 Abs. 1 Nr. 4 AufenthG vermittelt in verschiedenen Varianten der familiären Beziehung zu einem deutschen Staatsangehörigen ein besonders schwerwiegendes Bleibeinteresse, ohne dass hier Anforderungen an die Aufenthaltsverfestigung des Ausländers gestellt werden. Der Gesetzgeber weist damit Beziehungen zu deutschen Staatsangehörigen typisierend ein höheres Gewicht zu als Beziehungen zu Drittstaatsangehörigen. Dies ist im Ausweisungsrecht auch konsequent, weil hier der Anknüpfungspunkt, der „deutsche Familienangehörige", ein unabänderliches Aufenthaltsrecht hat und der Gesetzgeber die Wer-

---

[210] So auch *Bauer* in Bergmann/Dienelt AufenthG § 55 Rn. 7.
[211] BT-Drs. 18/4097, 53.
[212] OVG Koblenz Urt. v. 23.5.2017 – 7 A 11445/16, BeckRS 2017, 121502.
[213] Vgl. VGH Mannheim Beschl. v. 23.6.2004 – 11 S 1370/04, BeckRS 2004, 23854.
[214] So zu § 48 Abs. 1 Nr. 2 AuslG 1990: VGH Mannheim Urt. v. 12.5.2000 – 13 S 1242/99, NVwZ-RR 2001, 62; zu dieser Frage: *Tanneberger/Fleuß* in BeckOK AufenthG § 55 Rn. 9.
[215] Vgl. BVerfG Beschl. v. 9.1.2009 – 2 BvR 1064/08, NVwZ 2009, 387 (388).
[216] VGH Mannheim Beschl. v. 20.9.2018 – 11 S 1973/18, InfAuslR 2019, 12.
[217] BVerwG Beschl. v. 22.5.2013 – 1 B 25.12, BayVBl 2014, 56 Rn. 4.
[218] So aber: *Tanneberger/Fleuß* in BeckOK AufenthG § 55 Rn. 18.

tung treffen darf und gegebenenfalls auch muss, dass diesem ein Verlassen der Bundesrepublik zur Aufrechterhaltung einer ehelichen Lebensgemeinschaft nur unter besonderen Umständen zugemutet werden darf. Ebenfalls unter diese Vorschrift zu fassen sind die Fälle, in denen der Ausländer aufgrund seiner Beziehung zu seinem deutschen Kind über ein unionsrechtliches Aufenthaltsrecht eigener Art nach Art. 20 AEUV[219] verfügt.[220]

Das **Zusammenleben mit einem deutschen Familienangehörigen** oder Lebenspartner in familiärer oder lebenspartnerschaftlicher Lebensgemeinschaft vermittelt ein besonders schwerwiegendes Bleibeinteresse. Der Tatbestand ist weit gefasst und bezieht sich auf den Familienbegriff des Art. 6 GG. Damit ist nicht zwingend eine Beschränkung auf die Kleinfamilie verbunden. Zu den Familienangehörigen sind nach den Umständen des Einzelfalls auch weitere Verwandte wie Großeltern und Enkel, mangels Verwandtschaft nicht aber Schwiegerkinder[221] zu zählen, sofern eine von familiärer Verbundenheit geprägte enge Beziehung besteht.[222] Nach dem Wortlaut der Norm lässt auch eine familiäre Lebensgemeinschaft zwischen Geschwistern ein besonders schwerwiegendes Bleibeinteresse entstehen. Sofern die erforderliche Verbundenheit – und nicht allein ein Leben in der gleichen Wohnung – festzustellen ist, spricht auch nichts gegen eine solche Annahme.[223] 125

Die **Ausübung des Personensorgerechts** für einen minderjährigen Deutschen ist die zweite von Abs. 1 Nr. 4 geregelte Variante der zu einem besonders schwerwiegenden Bleibeinteresse führenden familiären Beziehung. Die Ausübung der Personensorge umfasst nach § 1631 Abs. 1 BGB die Pflicht und das Recht, das Kind zu pflegen, zu erziehen, zu beaufsichtigen und seinen Aufenthalt zu bestimmen. Wesentlich für das Ausweisungsrecht ist es, dass das bloße Innehaben der Personensorge noch nicht zu einem besonders schwerwiegenden Bleibeinteresse führen kann. Vielmehr ist auch hier – ausgehend von der formalen Anknüpfung an die Personensorge – eine **tatsächliche gelebte Eltern-Kind-Beziehung** erforderlich. Dass das Kind zu seinem Wohl auf die Aufrechterhaltung der bestehenden Beziehung angewiesen ist, steht kraft gesetzlicher Wertung fest.[224] Ist das **Kindeswohl** durch die Ausübung der Personensorge gefährdet, so hat das Familiengericht hierauf zu reagieren. Eine **inzidente Prüfung** im ausländerrechtlichen Verfahren **hat** insoweit **zu unterbleiben.** 126

Schließlich führt die **Ausübung eines Umgangsrechts** mit einem minderjährigen Deutschen zu einem besonders schwerwiegenden Bleibeinteresse. Bei Umgangskontakten unterscheidet sich die Eltern-Kind-Beziehung typischerweise deutlich von dem Verhältnis des Kindes zur täglichen Betreuungsperson. Dass der Umgangsberechtigte nur ausschnittsweise am Leben des Kindes Anteil nehmen kann und keine alltäglichen Erziehungsentscheidungen trifft, ist bei der Frage, ob eine hinreichende Verbundenheit besteht, aufgrund der eindeutigen Wertung des § 55 Abs. 1 Nr. 4 AufenthG nicht relevant. Es ist zunächst im Einzelfall zu würdigen, ob die Ausgestaltung des Umgangs noch als Ausübung von Elternverantwortung angesehen werden kann.[225] Bei der Bewertung ist auch in den Blick zu nehmen, ob das Verhältnis der Eltern der Kinder einem intensiveren Umgang – noch – im Wege steht und ob – bei objektiv allgemeiner Betrachtung geringem Kontaktumfang zwischen Elternteil und Kind – eine für das Kind günstige Entwicklung der Ausgestaltung des Umgangs eingesetzt hat. Gerade in Fällen, in denen es bislang lediglich zu einem begleiteten Umgang kommt, sind die Hintergründe der Entscheidung der Eltern – oder des Familiengerichts – für diese Umgangsform in den Blick zu nehmen. Auch ein regelmäßiger begleiteter Umgang ist damit grundsätzlich ein solcher nach § 55 Abs. 1 Nr. 4 AufenthG.[226] 127

---

[219] Grundlegend EuGH Urt. v. 8.3.2011 – C-34/09, NJW 2011, 2033 – Ruiz Zambrano.
[220] *Bauer* in Bergmann/Dienelt AufenthG § 55 Rn. 10.
[221] AA *Bauer* in Bergmann/Dienelt AufenthG § 55 Rn. 11.
[222] Vgl. BVerfG Beschl. v. 24.6.2014 – 1 BvR 2926/13, BVerfGE 136, 382 Rn. 23.
[223] Zweifelnd Hailbronner AuslR AufenthG § 55 Rn. 36.
[224] *Bauer* in Bergmann/Dienelt AufenthG § 55 Rn. 14.
[225] Vgl. BVerfG Beschl. v. 1.12.2008 – 2 BvR 1830/08, BVerfGK 14, 458 (464 f.).
[226] Vgl. VGH Mannheim Beschl. v. 14.3.2017 – 11 S 383/17, AuAS 2017, 98.

Bei den Umgangsberechtigten muss es sich nicht nur um die Eltern handeln, vielmehr kommen auch Großeltern, Geschwister und enge Bezugspersonen, die die tatsächliche Verantwortung für das Kind tragen oder getragen haben, in Betracht (§ 1685 Abs. 1 und 2 BGB).

5. Humanitäre Gründe (Abs. 1 Nr. 5)

128 § 55 Abs. 1 Nr. 5 AufenthG misst Inhabern verschiedener humanitärer Aufenthaltserlaubnisse ein besonders schwerwiegendes Bleibeinteresse bei. Inhaber einer Aufenthaltserlaubnis nach § 23 Abs. 4 AufenthG sind die sogenannten „Resettlement-Flüchtlinge". Weiter wird folgenden Personen ein besonders schwerwiegendes Bleibeinteresse zugewiesen: den nach der Massenzustrom-RL 2001/55/EG[227] aufgenommenen Personen (§ 24 AufenthG, → § 5 Rn. 323 ff.), Personen, die Opfer von Menschenhandel, Zwangsprostitution, Zwangsarbeit, oder Ausbeutung (§§ 232 bis 233a StGB) geworden sind und nach Abschluss des Strafverfahrens gegen die Täter weiterhin aufgrund ihrer Stellung als Opfer eine Aufenthaltserlaubnis erhalten (§ 25 Abs. 4a S. 3 AufenthG, → § 5 Rn. 529 ff.) sowie Familienangehörigen von Personen mit internationalen Schutzstatus und Resettlement-Flüchtlingen, die über einen auf dem jeweiligen Status beruhenden Aufenthaltstitel verfügen (§ 29 Abs. 2 AufenthG) sowie Familienangehörigen von nach der Massenzustrom-RL aufgenommenen Personen (§ 29 Abs. 4 AufenthG, → § 5 Rn. 344). Zu beachten ist, dass sich die Ausweisungsvoraussetzungen für nach der Massenzustrom-RL aufgenommene Personen nach Art. 28 RL 2001/55/EG richten, was eine **unionsrechtskonform erweiternde Auslegung von § 53 Abs. 3** AufenthG auf diesen Personenkreis nahelegt.[228] Bei den „Resettlement-Flüchtlingen" liegt es nahe, zunächst zu bestimmen, welchen Status der Betroffene unabhängig von der Resettlement-Maßnahme erhalten hätte. Der hieraus folgende Maßstab ist dann an die Ausweisung anzulegen.[229]

III. Das schwerwiegende Bleibeinteresse (Abs. 2)

129 Für das schwerwiegende Bleibeinteresse folgt bereits aus dem Gesetzeswortlaut („insbesondere"), dass die aufgezählten Interessen **nicht abschließend gefasst** sind. Der Katalog des Abs. 2 knüpft die Schutzwürdigkeit der Bleibeinteressen insbesondere an das Alter oder an die Aufenthaltszeit rechtmäßig im Bundesgebiet lebender Personen sowie an schutzwürdige Beziehungen zu Minderjährigen. Im Unterschied zum früheren Ausweisungsrecht (dort § 56 Abs. 2 S. 1 AufenthG aF) werden **Heranwachsende,** also Menschen, die zwar das 18. aber nicht das 21. Lebensjahr vollendet haben, **nicht mehr ausdrücklich als schützenswerte Gruppe** behandelt. Diese gesetzgeberische Entscheidung bedeutet nicht, dass bei der Gesamtabwägung nach § 53 Abs. 2 AufenthG der Umstand, dass der Ausländer Heranwachsender ist, nicht berücksichtigt werden darf. Aus ihr ist allein zu folgern, dass der Umstand nicht ohne Prüfung der Umstände des Einzelfalls von herausgehobener Relevanz ist.

1. Minderjähriger mit Aufenthaltserlaubnis (Abs. 2 Nr. 1)

130 Schwerwiegend ist das Bleibeinteresse von minderjährigen Ausländern, sofern sie im Zeitpunkt des Erlasses der Ausweisungsverfügung[230] im **Besitz einer Aufenthaltserlaubnis** – unabhängig von deren Zweck und ihrer Dauer – sind. Der Anspruch auf die Aufenthaltserlaubnis genügt hier nach dem Wortlaut eindeutig nicht. Zu beachten ist, dass Aufenthaltserlaubnisse bei Inhabern von Rechten aus dem ARB 1/80 deklaratorisch sind. (→ § 12 Rn. 15 ff.). Diese benötigen keine Aufenthaltserlaubnis, um von der Vorschrift erfasst zu

---

[227] Abl. L 212, 12.
[228] So auch: *Beichel-Benedetti* in Huber AufenthG § 55 Rn. 13.
[229] *Tanneberger/Fleuß* in BeckOK AufenthG § 55 Rn. 34a.
[230] *Bauer* in Bergmann/Dienelt, AufenthG § 55 Rn. 21.

sein, auch wenn sie seit dem 1.3.2020 verpflichtet sind, ihr Recht durch eine Aufenthaltserlaubnis nachzuweisen, § 4 Abs. 2 AufenthG.

Die Minderjährigkeit muss im entscheidungserheblichen Zeitpunkt, also gegebenenfalls zum Schluss der mündlichen Verhandlung in der Tatsacheninstanz (→ Rn. 162) gegeben sein. Es kommt nicht darauf an, ob der Ausländer bei Schaffung des Ausweisungsanlasses (Begehung einer Straftat) oder bei der Verurteilung wegen einer solchen Straftat minderjährig gewesen ist. Dieser Umstand ist aber sowohl bei der Gefahrenprognose als auch bei der Gesamtabwägung im Lichte von Art. 8 EMRK von erheblicher Relevanz.[231] **131**

2. Aufenthaltserlaubnis und fünfjähriger Aufenthalt (Abs. 2 Nr. 2)

Auch ein Aufenthalt von fünf Jahren führt, wenn der Ausländer zum Zeitpunkt der zu treffenden Entscheidung eine Aufenthaltserlaubnis besitzt – unabhängig von deren Zweck und ihrer Dauer –, zu einem schwerwiegenden Bleibeinteresse. Bei dieser Vorschrift wird nicht an die Rechtmäßigkeit des Voraufenthalts angeknüpft. Hier reicht jeder tatsächliche Aufenthalt, der allerdings unmittelbar bis zum relevanten Entscheidungszeitpunkt reichen muss. Hier gilt das gleiche wie bei § 55 Abs. 1 Nr. 2 AufenthG (→ Rn. 119). Der Tatbestand bezeichnet damit eine zeitliche Untergrenze, ab der nach der **Wertung des Gesetzes** alleine aus dem Aufenthalt im Bundesgebiet und der mit ihm typischerweise verbundenen **Integration** ein schwerwiegendes Bleibeinteresse resultieren kann, wenn der Aufenthalt derzeit legalisiert ist.[232] Bei der Gesamtabwägung nach § 53 Abs. 2 AufenthG kann sich hier sowohl ergeben, dass die Integration bei weitem nicht so gut gelungen ist wie dies typisierend vom Gesetzgeber vermutet worden ist (zB keine Kenntnisse der deutschen Sprache vorhanden), was zur Abwertung dieses Interesses führen mag, als auch das Gegenteil (zB Kenntnisse der deutschen Sprache auf dem Niveau B2 oder höher), was eine Höherwertung im Einzelfall rechtfertigen kann. **132**

3. Ausübung der Personensorge oder Umgangsrecht (Abs. 2 Nr. 3)

Die Ausübung der Personensorge oder eines Umgangsrechts mit einem sich rechtmäßig im Bundesgebiet aufhaltenden Minderjährigen führt nach § 55 Abs. 2 Nr. 3 AufenthG zu einem schwerwiegenden Bleibeinteresse. Der Minderjährige muss Ausländer sein, ansonsten führt die Personensorge oder ein gelebtes Umgangsrecht bereits zu einem besonders schwerwiegenden Bleibeinteresse nach Abs. 1 Nr. 4. Auf das Aufenthaltsrecht des Inhabers der Personensorge bzw. des Umgangsrechts kommt es nicht an, denn geschützt wird das familiäre Band zum Minderjährigen, dessen Interessen hier im Vordergrund stehen. Im Übrigen gelten die Erwägungen zur Personensorge und zum Umfang des Umgangsrechts entsprechend (→ Rn. 121 ff.). **133**

4. Minderjähriger mit sich rechtmäßig aufhältigen Eltern (Abs. 2 Nr. 4)

Minderjährigen Ausländern ohne Aufenthaltserlaubnis (diejenigen mit Aufenthaltserlaubnis fallen unter Abs. 2 Nr. 1, → Rn. 127) kommt nach § 55 Abs. 2 Nr. 4 AufenthG dann ein schwerwiegendes Bleibeinteresse zu, wenn sich die Eltern oder ein personensorgeberechtigtes Elternteil rechtmäßig im Bundesgebiet aufhalten bzw aufhält. Entscheidend ist auch hier, dass tatsächlich eine familiäre Beziehung gelebt wird, auch wenn der Wortlaut suggerieren mag, dass allein der rechtmäßige Aufenthalt der Eltern im Bundesgebiet ausreicht, um den Tatbestand zu erfüllen. Sie müssen personensorgeberechtigt sein und ihrer Pflicht aus § 1631 BGB auch nachkommen, damit ein schwerwiegendes Bleibeinteresse zu bejahen ist.[233] Fehlt die Ausübung des Rechts, ist aber Abs. 2 Nr. 5 zu prüfen. **134**

---

[231] EGMR Urt. v. 20.12.2011 – 8000/08, Rn. 60.
[232] *Tanneberger/Fleuß* in BeckOK AuslR AufenthG § 55 Rn. 58.
[233] *Bauer* in Bergmann/Dienelt AufenthG § 55 Rn. 24; aA Marx AufenthaltsR § 7 Rn. 160.

5. Belange oder das Wohl des Kindes zu berücksichtigten (Abs. 2 Nr. 5)

135 Die Regelung in § 55 Abs. 2 Nr. 5 AufenthG soll als eine Art Auffangnorm[234] die Fälle erfassen, in denen Kinder von einer Ausweisungsentscheidung betroffen sind, sei es als Adressaten, sei es als Familienangehörige im engeren oder weiteren Sinne. Dies ist insbesondere bei einem fehlenden legalisierten Aufenthalt der Eltern des möglicherweise auszuweisenden Minderjährigen oder bei fehlendem legalen Aufenthalt des Minderjährigen bei einem Elternteil, bei dem Ausweisungsinteressen bestehen, erforderlich. Kind iSd § 55 AufenthG sind alle Menschen, die das **18. Lebensjahr** noch nicht vollendet haben. Diese Definition folgt **Art. 1 UN-Kinderrechtskonvention** und umfasst also auch Jugendliche. Die Auffangnorm ist tatbestandlich sehr weit gefasst, denn Belange oder das Wohl eines Kindes sind immer dann zu berücksichtigen, wenn die Person, bei der Ausweisungsinteressen bestehen, in irgendeiner Form einen rechtlich abgesicherten Kontakt zu dem Kind hat oder das Kind aus anderen Gründen in irgendeiner Weise erheblich vom Aufenthalt des Betroffenen profitiert.[235]

D. Die Rechtsfolgen der Ausweisung

136 Die Ausweisung ist ein Verwaltungsakt iSd § 35 S. 1 VwVfG und zielt auf die Beendigung eines Aufenthaltsrechts, die Herbeiführung der Ausreisepflicht, und auf die Schaffung der Voraussetzungen für ein Einreise- und Aufenthaltsverbot nach § 11 AufenthG. Folge eines erlassenen **Einreise- und Aufenthaltsverbots** ist neben den beiden Verboten selbst, dass einem Ausländer auch dann, wenn er ansonsten einen Anspruch auf einen Aufenthaltstitel hätte, kein solcher Titel erteilt werden darf (→ Rn. 137 ff.).

137 Mit der **Wirksamkeit der Ausweisung** eines Ausländers **erlischt** unabhängig von der Vollziehbarkeit der Verfügung nach der Regelung in § 51 Abs. 1 Nr. 5 AufenthG ein im Besitz des Ausländers befindlicher **Aufenthaltstitel** (→ § 6 Rn. 27). War der Aufenthalt des Ausländers bei Ergehen der Ausweisungsverfügung noch rechtmäßig, so führt die Ausweisung daher auch zum Entstehen der gesetzlichen Ausreisepflicht nach § 50 Abs. 1 AufenthG. Die Ausreisepflicht wird in diesen Fällen allerdings erst vollziehbar, wenn die Ausweisung als der Verwaltungsakt, der die Ausreisepflicht begründet, selbst vollziehbar wird, § 58 Abs. 2 S. 2 AufenthG. Das bedeutet, dass entweder die behördliche Anordnung des Sofortvollzugs (§ 80 Abs. 2 S. 1 Nr. 4 VwGO) erforderlich ist oder die Ausweisungsverfügung unanfechtbar geworden sein muss.

138 Darüber hinaus führt eine Ausweisung zu einer **Ausschreibung im Schengener Informationssystem**,[236] sodass die Einreise in das gesamte Schengengebiet gesperrt ist. Die Ausschreibung kann auch national im bundesweiten System INPOL des BKA zum Zweck der Einreiseverweigerung und zur Festnahme für den Fall des Antreffens im Bundesgebiet erfolgen, § 50 Abs. 6 S. 2.

139 Die Ausweisung, mit der regelmäßig erstrebt wird, dass der Ausländer das Bundesgebiet verlässt, darf auch rein **inlandsbezogen** erfolgen. Das heißt, dass eine Ausweisung auch dann ergehen darf, wenn die herbeigeführte Ausreisepflicht langfristig oder auf unabsehbare Zeit nicht vollstreckt werden darf,[237] etwa weil dem Betroffenen internationaler Schutz zusteht oder aus tatsächlichen Gründen, etwa der Weigerung des Heimatstaats, eine Rückführung nicht möglich ist.

---

[234] *Neidhardt* in HTK-AuslR AufenthG § 55 zu Abs. 2 Nr. 5.
[235] Siehe dazu etwa auch Art. 15 Abs. 2 der nicht bindenden „Draft articles on the expulsion of aliens" der International Law Commission von 2014: „In particular, in all actions concerning children who are subject to expulsion, the best interests of the child shall be a primary consideration."
[236] Vgl. Art. 24 VO (EG) 1987/2006 (ABl. L 381, 4; SIS-II-VO); die Voraussetzungen für die Ausschreibungen zur Einreise- und Aufenthaltsverweigerung ergeben sich aus der VO (EU) 2018/1860 vom 28.11.2018 vom 28.11.2018 (ABl L 312 vom 7.12.2018).
[237] *Bauer* in Bergmann//Dienelt AufenthG Vor §§ 53–56 Rn. 24.

E. Das Einreise- und Aufenthaltsverbot infolge einer Ausweisung

Dieser Abschnitt beschäftigt sich allein mit dem **aufgrund einer Ausweisung verhängten Einreise- und Aufenthaltsverbots** iSd § 11 Abs. 1 AufenthG. Die Auswirkungen einer Abschiebung oder Zurückweisung auf das Recht zur Einreise und zum Aufenthalt, die ebenfalls in § 11 AufenthG geregelt sind, werden an anderer Stelle erläutert (→ § 8 Rn. 70 ff.). 140

I. Allgemeines

§ 11 AufenthG ist mit Wirkung zum 21.8.2019 erheblich geändert worden. Infolge der Rechtsprechung des BVerwG zur Unionsrechtswidrigkeit des § 11 Abs. 1 und 2 AufenthG aF., soweit an eine Abschiebung und deren Androhung ein gesetzliches Einreise- und Aufenthaltsverbot geknüpft wurde,[238] konzipierte der Gesetzgeber das Einreise- und Aufenthaltsverbot einheitlich und nicht nur für den Geltungsbereich der Rückführungs-RL neu (zur Entwicklung der Regelung → § 8 Rn. 72 f.). Den Gesetzesmaterialien[239] lässt sich nicht entnehmen, ob dem Gesetzgeber bewusst gewesen ist, dass bezogen auf die Ausweisung kein unmittelbarer unionsrechtlicher Handlungsbedarf bestanden hatte. 141

Das kraft Gesetzes aufgrund einer Ausweisungsverfügung entstehende Einreise- und Aufenthaltsverbot gilt zunächst ohne hinzutretende Befristungsentscheidung dauerhaft. Bei der Entscheidung über die **aus verfassungsrechtlichen und einfachrechtlichen Gründen erforderliche Befristung** muss bedacht werden, dass diese allein unter spezialpräventiven Gesichtspunkten zu ergehen hat. 142

Zu berücksichtigen ist, dass die Regelungen zu den Wirkungen und Folgen einer Ausweisung und Abschiebung seit dem Ausländergesetz 1965 kontinuierlich zugunsten der betroffenen Ausländer verbessert worden sind. Die Verbesserungen, die insbesondere darin zu sehen waren, dass zunächst ein Regelanspruch auf Befristung bei entsprechendem Antrag eingeführt wurde,[240] belegten die gewachsene Sensibilität des Gesetzgebers für die Verhältnismäßigkeit der gesetzlichen Wirkungen der Ausweisung in zeitlicher Dimension angesichts der einschneidenden Folgen für die persönliche Lebensführung des Ausländers und die ihn gegebenenfalls treffenden sozialen, familiären und wirtschaftlichen Nachteile.[241] Ab dem 1.8.2015 war im Gesetz der Anspruch auf eine Befristung von Amts wegen verankert. Die **Bemessung der Frist** steht seit dem 1.8.2015 nach dem eindeutigen Wortlaut von § 11 Abs. 3 S. 1 AufenthG – wieder – **im Ermessen** der Behörde,[242] nachdem das BVerwG die im Wortlaut offene Vorgängervorschrift des § 11 Abs. 1 S. 3 AufenthG aF aufgrund einer Gesamtbetrachtung der Rechtsentwicklung abweichend ausgelegt und eine gebundene Entscheidung angenommen hatte.[243] Mit dem nunmehr im Falle der Ausweisung ausdrücklich zu erlassenden Einreise- und Aufenthaltsverbot ist jetzt sichergestellt, dass der Betroffene ausdrücklich und im Zusammenhang mit der Ausweisung von der verhängten Folge erfährt. 143

Da der Gesetzgeber erkennbar für das an eine Ausweisung anknüpfendes Einreise- und Aufenthaltsverbot die gleichen Regelungen wie für dasjenige, das an eine Abschiebung anknüpft, schaffen wollte, handelt es sich bei der Anordnung des Einreise- und Aufenthaltsverbots nach § 11 Abs. 1 AufenthG und dessen Befristung nach § 11 Abs. 2 S. 3 AufenthG aus unionsrechtlichen Gründen um einen einzigen (belastenden) Verwaltungsakt, und nicht 144

---

[238] BVerwG Urt. v. 21.8.2018 – 1 C 21.17, NVwZ 2019, 483 Rn. 20 f.; Beschl. v. 13.7.2017 – 1 VR 3.17, NVwZ 2017, 1531 Rn. 71 f.
[239] BT-Drs. 19/10047, 31.
[240] § 8 Abs. 2 S. 3 AuslG 1990.
[241] BVerwG Urt. v. 10.7.2012 – 1 C 19.11, BVerwGE 143, 277 Rn. 31.
[242] BVerwG Urt. v. 22.2.2017 – 1 C 27.16, BVerwGE 157, 325 Rn. 19.
[243] BVerwG Urt. v. 14.2.2012 – 1 C 7.11, BVerwGE 142, 29 Rn. 31.

etwa, wie die Konzeption des § 11 AufenthG nahe legen könne, um einen belastenden (Einreise- und Aufenthaltsverbot) und einen begünstigenden (Befristung) Verwaltungsakt.[244] Dieser Verwaltungsakt ist ein einheitliches Einreise- und Aufenthaltsverbot von einer bestimmten Länge.[245] Diese Auslegung wird auch dadurch gestützt, dass der Gesetzgeber die unionsrechtskonforme Ausgestaltung, wie das BVerwG sie durch Auslegung zur alten Fassung des § 11 AufenthG gefunden hat, erkennbar übernehmen wollte und das BVerwG hier dabei davon ausging, dass der Erlass eines befristeten Einreiseverbots konsequenterweise mit der Anfechtungsklage anzugreifen sei.[246]

145 Der Befristung der Wirkung der Ausweisung kommt für deren Verhältnismäßigkeit in der **Rechtsprechung des EGMR** zu Art. 8 EMRK eine hervorgehobene Bedeutung zu. Der EGMR zieht die Frage der Befristung bei der Prüfung der Verhältnismäßigkeit von Ausweisungsentscheidungen am Maßstab des Art. 8 Abs. 2 EMRK als ein wesentliches Kriterium heran.[247]

146 Die Einreise eines Ausländers unter Verstoß gegen das Einreise- und Aufenthaltsverbot ist nach § 14 Abs. 1 Nr. 3 unerlaubt; Einreise und Aufenthalt entgegen einem vollziehbaren Einreise- und Aufenthaltsverbot sind nach § 95 Abs. 2 Nr. 1 AufenthG – auch hinsichtlich der Einreise auch im Versuchsfall – strafbar.

II. Ausgestaltung und Wirkungen des Einreise- und Aufenthaltsverbots

1. Erlassvoraussetzungen

147 Voraussetzung für den Erlass eines Einreise- und Aufenthaltsverbots nach § 11 Abs. 1 S. 1 Alt. 1 AufenthG ist das Ergehen einer Ausweisungsverfügung. In diesem Fall ist das Einreise- und Aufenthaltsverbot nach § 11 Abs. 2 S. 1 AufenthG gemeinsam mit der Ausweisung zu erlassen. Die beiden Verwaltungsakte sollen also gleichzeitig wirksam werden. Nach der eindeutigen gesetzlichen Konzeption muss die Ausweisung nicht sofort vollziehbar sein, um ein Einreise- und Aufenthaltsverbot zu erlassen. Sollte die Behörde den Erlass eines Einreise- und Aufenthaltsverbots zunächst unterlassen haben, steht die Norm der nachträglichen Anordnung indes trotz ihres Wortlauts nicht entgegen, da es nicht Sinn der Vorschrift ist, ein einmal zu Unrecht nicht verhängtes Verbot nicht nachträglich nachschieben zu können.

2. Die Befristung des Einreise- und Aufenthaltsverbots

148 Das mit der Ausweisung zu verfügende Einreise- und Aufenthaltsverbot ist nach der gesetzlichen Konzeption **von Amts wegen zu befristen**, § 11 Abs. 2 S. 3 AufenthG. Wie dargelegt (→ Rn. 140) handelt es sich aber tatsächlich – aus unionsrechtlichen Gründen, die unmittelbar allein die Fragen der Rückkehrentscheidung und damit die Anwendung von § 11 AufenthG in Fällen der Abschiebung betreffen – um eine einheitliche Entscheidung, um ein befristet geltendes Einreise- und Aufenthaltsverbot.

149 Ein **unbefristetes**, an eine Ausweisung anknüpfendes **Einreise- und Aufenthaltsverbot** ist in § 11 Abs. 5b S. 2 AufenthG vorgesehen. Danach kann die Behörde im Ermessenswege entscheiden, ein unbefristetes Einreise- und Aufenthaltsverbot zu erlassen, wenn die Ausweisung entweder aufgrund des besonders schwerwiegenden Ausweisungsinteresses des **§ 54 Abs. 1 Nr. 1 AufenthG** (→ Rn. 73 f.) oder in den Fällen des § 11 Abs 5a

---

[244] Jeweils zum an die Abschiebung anknüpfenden Einreise- und Aufenthaltsverbot: VGH Mannheim Beschl. v. 13.11.2019 – 11 S 2996/19, BeckRS 2019, 29732 Rn 51; VG Karlsruhe Urt. v. 22.8.2019 – A 19 K 1718/17, BeckRS 2019, 22914 Rn. 36 ff.
[245] Bauer in Bergmann/Dienelt AufenthG Vor § 53 Rn. 151.
[246] BVerwG Urt. v. 27.7.2017 – 1 C 28.16, BVerwGE 159, 270 Rn. 42.
[247] EGMR Urt. v. 17.4.2003 – Nr. 52853/99, NJW 2004, 2147; v. 27.10.2005 – Nr. 32231/02, InfAuslR 2006, 3 (4); v. 22.3.2007 – Nr. 1638/03, InfAuslR 2007, 221 (223) und v. 25.3.2010 – Nr. 40601/05, InfAuslR 2010, 325 (327); *Hofmann* in BeckOK AufenthG Art. 8 EMRK Rn. 5.

AufenthG, also wenn „der Ausländer **wegen eines Verbrechens gegen den Frieden, eines Kriegsverbrechens oder eines Verbrechens gegen die Menschlichkeit oder zur Abwehr einer Gefahr für die Sicherheit der Bundesrepublik Deutschland oder zur Abwehr einer terroristischen Gefahr** ausgewiesen wurde". Gemeint ist damit, dass das Ausweisungsinteresse wegen einer der genannten Gründe besteht, ein solcher also Anlass der Ausweisungsentscheidung war. Von der Möglichkeit, im Falle einer Ausweisung auf der Grundlage eines besonders schwerwiegenden Ausweisungsinteresses nach § 54 Abs. 1 Nr. 1 AufenthG ein unbefristetes Einreise- und Aufenthaltsverbot zu verhängen, kann nur dann ermessensfehlerfrei Gebrauch gemacht werden, wenn diese Fälle im Einzelfall denjenigen nach Abs. 5a in ihrer Schwere gleichstehen.[248] Das BVerwG hat es – bezogen auf eine Abschiebungsanordnung nach § 58a AufenthG als Rückkehrentscheidung – ausdrücklich offen gelassen, ob ein unbefristetes Einreise- und Aufenthaltsverbot unionsrechtskonform ist.[249] Ob Einreise- und Aufenthaltsverbote, die an Ausweisungen anknüpfen, die nicht aus Anlass oder im Zusammenhang mit illegalen Einreisen oder Aufenthalten verfügt werden, in den Anwendungsbereich der Rückführungs-RL fallen, ist Gegenstand einer aktuellen Vorlage des BVerwG an den EuGH.[250]

Es gilt zu berücksichtigen, dass ein ad infinitum fortbestehendes Verbot mit dem Grundsatz der Verhältnismäßigkeit in Konflikt geraten kann, insbesondere in seiner Ausprägung des Übermaßverbots, da nach der etwaigen Erreichung seines Ziels, der Gefahrenabwehr, sein Aufrechterhalten mit den Grundrechten des Betroffenen nicht mehr zu vereinbaren wäre. Deswegen ist es folgerichtig, dass der obersten Landesbehörde die Möglichkeit zusteht, von dem unbefristeten Verbot im Einzelfall eine Rückausnahme zuzulassen und ein befristetes Verbot zu verfügen (§§ 11 Abs. 5b S. 3 iVm § 11 Abs. 5a S. 4 AufenthG). Bei einer solchen Entscheidung sind die privaten Interessen des Ausgewiesenen, insbesondere familiäre Bindungen an das Bundesgebiet, und die Frage der fortbestehenden Gefährlichkeit in den Blick zu nehmen. Darüber hinaus sind hier ausnahmsweise auch generalpräventive Erwägungen wie auch innen- und außenpolitische Interessen der Bundesrepublik relevant. So kann gegen eine Befristung sprechen, dass mit ihr der Eindruck entstehen könnte, die Bundesrepublik stehe als „sicherer Hafen" für Schwerverbrecher zur Verfügung.[251]

150

Die Ausländerbehörde muss bei der allein unter spezialpräventiven Gesichtspunkten festzusetzenden Frist[252] das Gewicht des Ausweisungsinteresses und den mit der Ausweisung verfolgten Zweck berücksichtigen. Der **erste Schritt** ist die zutreffende **Bestimmung des Rahmens für die Befristungsentscheidung.** Zunächst ist festzuhalten, dass eine Befristung auf Null mit der Verfügung der Ausweisung nicht in Betracht kommt, denn dann würde entgegen der Vorgabe des § 11 Abs. 1 AufenthG gerade kein Einreise- und Aufenthaltsverbot erlassen.[253]

151

Für die Bestimmung des zulässigen Höchstmaßes der Frist sind verschiedene gesetzliche Vorgaben relevant. Zunächst bestimmt § 11 Abs. 3 S. 2 AufenthG, dass eine **Frist von fünf Jahren** außer in den Fällen der Absätze 5 bis 5b nicht überschritten werden darf. Die zweite gesetzliche Vorgabe ist eine „Soll-Höchstfrist" **von zehn Jahren** in § 11 Abs. 5 S. 1 AufenthG, die dann zum Tragen kommt, wenn der Ausländer auf Grund einer **strafrechtlichen Verurteilung** ausgewiesen worden ist oder wenn von ihm eine schwerwiegende Gefahr für die öffentliche Sicherheit und Ordnung ausgeht. Das bedeutet, dass bei dem auf eine Ausweisung zurückgehenden Einreise- und Aufenthaltsverbot, bei der

152

---

[248] Vgl. BT-Drs. 19/10047, 32.
[249] BVerwG Beschl. v. 13.7.2017 – 1 VR 3.17, NVwZ 2017, 1531 Rn. 72.
[250] BVerwG Beschl. v. 9.5.2019 – 1 C 14.19, BeckRS 2019, 17271; das Verfahren ist beim EuGH anhängig unter C-546/19 – BZ v. Westerwaldkreis.
[251] *Maor* in BeckOK AuslR AufenthG § 11 Rn. 43.
[252] BVerwG Urt. v. 14.5.2013 – 1 C 13.12, NVwZ-RR 2013, 778 Rn. 31 und Ls. 1; *Berlit* ZAR 2014, 261 (277); aA *Fleuß* ZAR 2017, 49 (53).
[253] *Zeitler* in HtK-AuslR AufenthG § 11 zu Abs. 3 Rn. 47.

die Ausweisungsinteressen aus § 54 Abs. 1 oder Abs. 2 Nr. 1 und 2 AufenthG herrühren, die Frist von fünf Jahren überschritten werden darf. Bei denjenigen besonders schwerwiegenden Ausweisungsinteressen, die nicht durch eine strafrechtliche Verurteilung begründet werden, gilt dies nur dann, wenn sie – jedenfalls auch – spezialpräventiv bestehen. Sind allein andere als die genannten Ausweisungsinteressen erfüllt, bedarf es bei der Frage, ob die Fünfjahresfrist überschritten werden darf, einer eigenständigen Prüfung der schwerwiegenden Gefahr für die öffentliche Sicherheit. Regelmäßig wird diese Frage zu verneinen sein.

153 Die „Soll-Höchstfrist" geht auf eine zu § 11 Abs. 1 AufenthG aF ergangene Entscheidung des BVerwG zurück, wonach in der Regel ein Zeitraum von maximal zehn Jahren den Zeithorizont darstellt, für den eine Prognose sinnvollerweise noch gestellt werden kann. Weiter in die Zukunft lässt sich die Persönlichkeitsentwicklung – insbesondere jüngerer Menschen – nämlich kaum abschätzen, ohne spekulativ zu werden. Mit zunehmender Zeit nimmt ganz generell die Fähigkeit zur Vorhersage zukünftiger persönlicher Entwicklungen einer Person ab.[254] Ein Überschreiten der Zehnjahresfrist ist daher allein in Ausnahmefällen zulässig, wobei zu berücksichtigen ist, dass die sich aufdrängende Fallkonstellation, bei der der Ausweisungsanlass, der sich als auf eine aktuell weiter vorhandene, gefestigte politische Überzeugung zurückgehende Unterstützung des Terrorismus („PKK-Kader") darstellt, ist, nunmehr von Abs. 5a abweichend geregelt ist. Denkbar sind daher vor allem Straftaten gegen das Leben als Ausweisungsanlass, die aufgrund schwerwiegender Persönlichkeitsstörungen begangen worden sind, wenn mit großer Wahrscheinlichkeit eine Therapierbarkeit ausgeschlossen sein dürfte.

154 Mit § 11 Abs. 5a AufenthG ist eine feste **Regelfrist von 20 Jahren** für die Fälle eingeführt worden, in denen der Ausländer wegen eines Verbrechens gegen den Frieden, eines Kriegsverbrechens oder eines Verbrechens gegen die Menschlichkeit oder zur Abwehr einer Gefahr für die Sicherheit der Bundesrepublik Deutschland oder zur Abwehr einer terroristischen Gefahr ausgewiesen wurde. Der völkerrechtliche Begriff des Verbrechens gegen den Frieden entstammt dem Londoner Abkommen vom 8.8.1945[255] und umfasst heute insbesondere das Verbrechen der Aggression, wie es in Art. 8bis des Rom-Statuts[256] geregelt ist sowie auf den – nicht deckungsgleichen – § 13 VStGB.[257] Die Verbrechen gegen die Menschlichkeit und Kriegsverbrechen sind deckungsgleich mit den in Art. 7 und 8 des Rom-Statuts festgelegten Straftatbeständen. Unklar ist, weshalb Art. 6 des Rom-Statuts, der Völkermord, hier nicht ebenfalls aufgeführt wird.

155 Nach der Festlegung des absoluten (§ 11 Abs. 3 S. 2 AufenthG) oder regelmäßigen (§ 11 Abs. 5 S. 1 AufenthG) Höchstmaßes (fünf oder zehn Jahre) schließt sich ein zweistufiges Prüfprogramm an.[258] Im **ersten Schritt** ist von der Behörde die **prognostische Einschätzung** im Einzelfall zu treffen, wie lange das Verhalten des Betroffenen, das seiner Ausweisung zugrunde liegt, das öffentliche Interesse an der Gefahrenabwehr zu tragen vermag, wie lange also prognostisch mit einer **relevanten Gefährdung der öffentlichen Sicherheit** durch den Betroffenen zu rechnen ist. Hierbei darf nicht schematisch ausgehend vom abstrakten Gewicht des bei der Ausweisung erfüllten Ausweisungsinteresses eine bestimmte Frist ermittelt werden. Es muss die **Persönlichkeit des Ausländers** insgesamt mit dem Ziel einer Gefahrenprognose betrachtet werden, wobei beispielsweise insbesondere bei für Jugendliche und Heranwachsende aus kriminologischer Sicht typischer Delinquenz die rapide Abnahme der Wiederholungsgefahr mit zunehmenden Alter einzustellen ist, was zu einer kürzeren Frist als bei der gleichen Tat eines Erwachsenen nahe legen mag. Als

---

[254] BVerwG Urt. v. 13.12.2012 – 1 C 20.11, NVwZ 2013, 733 Rn. 40.
[255] https://www.legal-tools.org/doc/844f64/pdf.
[256] Römisches Statut des Internationalen Strafgerichtshofs vom 17.7.1998 (BGBl. 2000 II 1393), zul. geändert durch Resolution RC/Res.6 vom 11.6.2010 (BGBl. 2013 II 139 iVm Bek. v. 12.6.2013, BGBl. II 1042).
[257] Zu Einzelheiten und sich ergebenden Problemen: *Effionwicz* JuS 2017, 24.
[258] OVG Hamburg Beschl. v. 24.5.2018 – 1 Bf 72/17.Z, InfAuslR 2019, 51.

weiteres Beispiel wirkt bei der klassischen Beschaffungskriminalität im Drogenmilieu eine nicht therapierte Sucht erheblich gefahrerhöhend und sollte damit fristverlängernd berücksichtigt werden.

Die auf diese Weise an der Erreichung des Ausweisungszwecks ermittelte individuelle **156** Höchstfrist muss von der Behörde in einem **zweiten Schritt** an höherrangigem Recht, dh **verfassungsrechtlichen Wertentscheidungen** vor allem aus Art. 6 GG, **sowie unions- und konventionsrechtlich** an den Vorgaben aus Art. 7 GRCh und Art. 8 EMRK **gemessen und gegebenenfalls relativiert** werden. Über dieses normative Korrektiv lassen sich im Rahmen der Ermessensentscheidung die einschneidenden Folgen des Einreise- und Aufenthaltsverbots für die persönliche Lebensführung des Betroffenen begrenzen. Dabei sind von der Ausländerbehörde nicht nur die nach § 55 Abs. 1 und 2 AufenthG schutzwürdigen Bleibeinteressen des Ausländers in den Blick zu nehmen, sondern es bedarf darüber hinaus nach Maßgabe des Grundsatzes der Verhältnismäßigkeit auf der Grundlage der Umstände des Einzelfalls einer umfassenden Abwägung der betroffenen Belange.[259] So ist, wenn die Ausweisung wegen der Schwere des Ausweisungsinteresses zu einer Trennung einer Familie führen kann, in den Blick zu nehmen, ob und gegebenenfalls ab wann diese (noch) verhältnismäßige Entscheidung zu einer zu langen und damit nicht mehr verhältnismäßigen, staatlich veranlassten Trennung umschlägt. Es wird in diesen Konstellationen vielfach darum gehen, festzulegen, ab welchem Zeitpunkt eine noch bestehende Wiederholungsgefahr aufgrund der familiären Beziehungen hingenommen werden muss.

3. Fristbeginn und Ausgestaltung der Frist

Die Frist beginnt mit der Ausreise zu laufen, § 11 Abs. 2 S. 4 AufenthG, wobei § 50 Abs. 3 **157** AufenthG zu beachten ist, es zur Ausreise also eines Verlassens des Gebiets der Europäischen Union und der weiteren Schengen-Staaten bedarf, es sei denn, der Ausländer hat dort ein Einreise- und Aufenthaltsrecht. Dies ergibt sich innerhalb des Anwendungsbereichs der Rückführungs-RL aus deren Art. 11 Abs. 2.[260] Zwar fällt die Ausweisung und damit auch das von ihr ausgelöste Einreise- und Aufenthaltsverbot nicht in den Anwendungsbereich der Rückführungs-RL (→ Rn. 3).[261] Da aber § 11 Abs. 3 AufenthG insgesamt der Richtlinienumsetzung dienen soll, ist die **Vorschrift insgesamt im Lichte der Rückführungs-RL 2008/115/EG auszulegen**. Ist die Ausreise aus tatsächlichen oder rechtlichen Gründen unmöglich und kann folglich die Frist damit nicht zu laufen beginnen, ist bei einem Wegfall der Gefahr die Aufhebung des Einreise- und Aufenthaltsverbots nach § 11 Abs. 4 S. 1AufenthG zu verfügen (→ Rn. 156 ff.).

Die in § 11 Abs. 2 S. 5 und 6 AufenthG vorgesehene Möglichkeit, die Befristung des **158** Einreise- und Aufenthaltsverbots mit einer **Bedingung** zu versehen, dient in erster Linie der sachgerechten Behandlung von Fällen, bei denen eine positive Entwicklung der Persönlichkeit des Betroffenen angelegt ist, die diesbezüglichen Tatsachen aber noch nicht hinreichend belastbar sind. Zu beachten ist bei der dogmatischen Konstruktion, dass es ein einheitliches, zeitlich befristetes Einreise- und Aufenthaltsverbot gibt und keine Befristung eines Einreise- und Aufenthaltsverbots (→ Rn. 140). Daher ist die Regelung in § 11 Abs. 2 S. 6 AufenthG zur „von Amts wegen zusammen mit der Befristung nach S. 5 angeordneten längeren Befristung" dahin zu verstehen, dass ein zweites Einreise- und Aufenthaltsverbot anzuordnen ist. Tritt die Bedingung – also in der Regel die Vorlage eines geeigneten Nachweises bis zu einem bestimmten Zeitpunkt – nicht ein, so ist ein zweites Einreise- und Aufenthaltsverbot, das länger Geltung beansprucht und das ebenfalls unmittelbar mit der

---

[259] BVerwG Urt. v. 22.2.2017 – 1C 27.16, BVerwGE 157, 356 Rn. 23.
[260] EuGH Urt. v. 26.7.2017 – C-225/16, InfAuslR 2017, 375.
[261] Siehe aber auch hier den Vorlagebeschluss des BVerwG an den EuGH vom 9.5.2019 – 1 C 14.19, BeckRS 2019, 17271; das Verfahren ist beim EuGH anhängig unter C-546/19, BZ v Westerwaldkreis.

Ausweisung verfügt werden muss, zu beachten, § 11 Abs. 2 S. 6 AufenthG. Dieses tritt dann automatisch an die Stelle des ersten, dessen Bedingung nicht eingetreten ist. Bei der Entscheidung hat die Ausländerbehörde hypothetisch bereits zugrunde zu legen, dass das auflösende Ereignis eintritt, also in der Regel, dass ein Nachweis durch den Ausländer nicht geführt worden ist.

159 Ein klassisches Beispiel für den Grund einer Bedingung ist hier ua an eine noch laufende oder erst kürzlich abgeschlossene Suchttherapie, bei deren langfristigen Erfolg eine weitaus kürzere Frist zu verfügen wäre als bei einer fortbestehenden akuten Suchterkrankung. Das Gesetz sieht als Beispielsfälle für eine auflösende Bedingung daher auch die „nachweisliche Straf- oder Drogenfreiheit" in § 11 Abs. 2 S. 5 AufenthG vor. Bei der Formulierung der Bedingung ist auf deren **hinreichende Bestimmtheit** zu achten. So ist selbst bei dem gesetzlich vorgegebenen Beispiel der Drogenfreiheit klarzustellen, auf welche Rauschmittel sich der Nachweis zu beziehen hat. Ebenso muss sich die Behörde vergewissern, dass sie nichts objektiv oder subjektiv Unmögliches vom Betroffenen verlangt, insbesondere dass geforderte Nachweise in der geforderten Form im Heimatland des Betroffenen überhaupt zu erlangen sind. Die notwendige Verhältnismäßigkeit der Befristung ist auch dann fraglich, wenn sie nicht geeignet ist, der vom Betroffenen ausgehenden Gefahr für die öffentliche Sicherheit und Ordnung zu begegnen. Dies kann auch dann zweifelhaft sein, wenn die Anforderungen den Betroffenen subjektiv – etwa wegen kognitiver Leistungseinschränkungen – offenkundig überfordern.[262]

160 4. Nachträgliche Abänderung der Frist und die Aufhebung des Einreise- und Aufenthaltsverbots. Die Regelung in § 11 Abs. 4 AufenthG über die Aufhebung, Verkürzung und Verlängerung der Frist aus § 11 Abs. 2 AufenthG betrifft die Reaktionsmöglichkeiten der Behörde auf nach Bestandkraft des ursprünglichen, mit der Ausweisung verfügten Einreise- und Aufenthaltsverbots eintretende tatsächliche Umstände. Damit verdrängt sie als speziellere Regelung die §§ 48, 49 und 51 (L)VwVfG insoweit vollständig.[263]

161 § 11 Abs. 4 S. 1 und 2 AufenthG behandelt die **Änderung der Geltungsfrist des Einreise- und Aufenthaltsverbots** und die vollständige Aufhebung des Verbots **zugunsten des Ausländers.** Entfällt – mangels fortbestehender Wiederholungsgefahr – der Zweck des Einreise- und Aufenthaltsverbots oder ist aufgrund schutzwürdiger Belange des Betroffenen eine Rest-Wiederholungsgefahr zwingend hinzunehmen, so hat die Behörde das Verbot aufzuheben. Soweit das Gesetz hier ein Ermessen der Behörde („kann") anordnet, ist dieses zwingend auf Null reduziert, da nach der Erreichung des Zwecks die Aufrechterhaltung des Verbots unverhältnismäßig wäre, es verfolgte bereits kein legitimes Ziel mehr. Wenn die Voraussetzungen für die Erteilung eines humanitären Aufenthaltstitels vorliegen, soll die Behörde das Einreiseverbot aufheben, § 11 Abs. 4 S. 2 AufenthG. Dies ist so zu verstehen, dass dann, wenn ohne das Einreise- und Aufenthaltsverbot eine Erteilung eines Titels erfolgen würde – also auch ein mögliches Ermessen zugunsten des Ausländers ausgeübt würde – eine Aufhebungsentscheidung regelmäßig zu ergehen hat. Hingegen kommt der Behörde das im Wortlaut angelegte Ermessen dann vollständig zu, wenn die Wahrung schutzwürdiger Belange bei bestehender Wiederholungsgefahr eine Verkürzung der bisher verfügten Frist nahelegt. Hierbei ist das nach § 11 Abs. 3 AufenthG erforderliche Verfahren entsprechend anzuwenden, § 11 Abs. 4 S. 5 AufenthG. § 11 Abs. 4 S. 3 AufenthG gibt als Teile des zwingend im Ermessen abzuarbeitenden Abwägungsprogramms vor, dass zu würdigen ist, ob die Ausreise innerhalb der Ausreisefrist erfolgte, es sei denn, die Überschreitung sei unverschuldet oder unerheblich gewesen. Hintergrund ist, dass ein gesetzestreues Verhalten nach der Ausweisung honoriert, weitere Gesetzesverstöße hingegen negativ sanktioniert werden sollen.

---

[262] VG Göttingen Beschl. v. 23.1.2019 – 1 B 346/18, BeckRS 2019, 1309 Rn. 65.
[263] OVG Lüneburg Beschl. v. 14.6.2018 – 13 ME 208/18, AuAS 2018, 170.

Da § 11 Abs. 4 AufenthG sowohl die Aufhebung des Einreise- und Aufenthaltsverbots **162** als auch die Verkürzung der Geltungsfrist als behördliches Entscheidungsprogramm kennt, ermöglicht das **Gesetz keine Befristung auf den Tag der Ausreise**.[264] Ebenso folgt aus der Möglichkeit der Aufhebung des Einreise- und Aufenthaltsverbots, dass nach Eintritt der Bestandskraft einer Ausweisung tatsächliche Änderungen, die eine günstigere Gefahrenprognose rechtfertigen, nicht zu einer Wiederaufnahme des Ausweisungsverfahrens führen, sondern bei der Entscheidung nach § 11 Abs. 4 AufenthG zu berücksichtigen sind.[265]

§ 11 Abs. 4 S. 4 AufenthG betrifft Fälle, bei denen Gesichtspunkte der Gefahrenabwehr **163** eine nachträgliche Verlängerung der Frist verlangen, sich also die Prognose über die zukünftige Entwicklung des Ausländers nicht bewahrheitet hat. Die Höchstfristen aus § 11 Abs. 3 AufenthG gelten auch hier, beziehen sich aber auf den Zeitpunkt der Ausreise. Soll ein Einreise- und Aufenthaltsverbot länger als zehn Jahre nach der Ausreise fortbestehen, ist auch bei der nachträglichen Verlängerung ein atypischer Ausnahmefall erforderlich. Das bedeutet nicht, dass bei dennoch bestehender Gefährlichkeit eines Ausländers diesem ein Aufenthaltstitel zu erteilen wäre, da in diesen Fällen regelmäßig die Erteilungsvoraussetzung des § 5 Abs. 1 Nr. 2 oder Nr. 3 AufenthG fehlen wird.

III. Zuständigkeitsfragen

Hinsichtlich der Zuständigkeit für die Befristung des Einreise- und Aufenthaltsverbots **164** aufgrund einer Ausweisung trifft das AufenthG keine über § 71 Abs. 1 AufenthG hinausgehende Aussage, zuständig sind daher die nach Landesrecht zuständigen Ausländerbehörden. Zu beachten ist, dass für den Fall, dass die Abänderung oder die gänzliche Aufhebung des Einreise- und Aufenthaltsverbots in den Zuständigkeitsbereich einer anderen als derjenigen Ausländerbehörde fällt, die die Frist festgesetzt hatte, die Entscheidung nur im Einvernehmen der beiden Behörden ergehen darf, § 72 Abs. 3 S. 1 AufenthG.

IV. Einreise trotz entgegenstehendem Verbot

Widersetzt sich ein Ausländer dem Einreise- und Aufenthaltsverbot durch eine Einreise, **165** wird der **Fristenlauf** für die Dauer des Aufenthalts **gehemmt,** § 11 Abs. 9 AufenthG. Das bedeutet, dass die Frist nicht weiterläuft. Sie beginnt mit der erneuten Ausreise allerdings nicht von vorne zu laufen. Das Gesetz ermöglicht es der Behörde allerdings, die strafbewehrte Einreise entgegen § 11 Abs. 1 AufenthG zum Anlass zu nehmen, die Frist zu verlängern, und zwar längstens um die Dauer der ursprünglichen Befristung. Dabei ist aber Sinn und Zweck der Befristung im Blick zu behalten. Es geht bei der Verlängerung um die Abwehr der Gefahren, die vom Betroffenen ausgehen und die die Ausweisung rechtfertigten. Eine „Bestrafung" für die Wiedereinreise ist hingegen nicht Sinn der Fristverlängerung.[266]

Dem Ausländer kann trotz Einreise- und Aufenthaltsverbot das Betreten des Bundes- **166** gebiets erlaubt werden, § 11 Abs. 8 S. 1 AufenthG, wenn zwingende Gründe seine Anwesenheit erfordern oder die Versagung der Erlaubnis eine unbillige Härte darstellen würde. Die **Betretenserlaubnis** suspendiert das Einreise- und Aufenthaltsverbot, stellt aber keinen Aufenthaltstitel dar. Zwingende Gründe können Termine bei Gericht oder Behörden darstellen. Eine unbillige Härte wäre die Versagung, wenn die Einreise wegen schwerer Erkrankungen oder Todesfällen von Angehörigen erfolgen soll.[267]

---

[264] VGH Mannheim Urt. v. 21.11.2016 – 11 S 1656/16, InfAuslR 2017, 54.
[265] OVG Berlin-Brandenburg Urt. v. 12.7.2017 – 11 B 9.16.
[266] AA offenbar VG Düsseldorf, Urt. v. 8.11.2019 – 7 K 2606/18, juris Rn. 54: „Sanktion".
[267] *Maor* in BeckOK AuslR AufenthG § 11 Rn. 83 ff.

F. Rechtsschutz gegen die Ausweisung und das Einreise- und Aufenthaltsverbot

I. Hauptsacheverfahren

1. Klageart und -gegenstand

167 Gegen eine **Ausweisungsverfügung** ist Rechtsschutz in der Hauptsache mit dem Anfechtungswiderspruch (§ 70 VwGO) und sodann mit der Anfechtungsklage (§ 42 Abs. 1 VwGO) zu suchen. Für beide Rechtsbehelfe gilt eine Monatsfrist. Die teilweise **Abschaffung des Widerspruchsverfahrens** in den Bundesländern, die dazu führt, dass dort die Ausweisung unmittelbar mit der Klage anzugreifen ist, ist auch im Anwendungsbereich des Art. 13 ARB 1/80 und Art. 41 Abs. 1 ZP zulässig und stellt **kein unionsrechtliches Problem** dar.[268]

168 Eine mögliche Rechtswidrigkeit des befristeten Einreise- und Aufenthaltsverbots wegen einer fehlerhaft zu lang bemessenen Frist schlägt ebenso wenig wie das rechtswidrige Fehlen des Verbots auf die Rechtmäßigkeit der Ausweisungsverfügung durch.[269]

169 Gegen das mit der Ausweisung verfügte befristete **Einreise- und Aufenthaltsverbot** ist als einheitlicher belastender Verwaltungsakt (→ Rn. 140) ebenfalls der Anfechtungswiderspruch (§ 70 VwGO) – sofern nicht landesgesetzlich ausgeschlossen – und sodann die Anfechtungsklage (§ 42 Abs. 1 VwGO) der statthafte Rechtsbehelf. Es handelt sich nämlich bei dem befristeten Verbot es sich um einen einheitlichen belastenden Verwaltungsakt.[270] Wegen dieser Einheitlichkeit führt ein Ermessensfehler bei der Fristbemessung zur Rechtswidrigkeit der gesamten – nicht teilbaren – Verbotsentscheidung.

2. Aufschiebende Wirkung des Rechtsbehelfs gegen die Ausweisung

170 Mangels abweichender gesetzlicher Regelung, insbesondere in § 84 Abs. 1 AufenthG, hat die Klage gegen eine Ausweisungsverfügung **aufschiebende Wirkung, § 80 Abs. 1 VwGO.** Das bedeutet insbesondere, dass eine aufgrund einer Ausweisung eintretende Ausreisepflicht **erst mit Eintritt der Bestandskraft vollziehbar** wird (§ 58 Abs. 2 S. 2 AufenthG). Eine **Abschiebung** als Maßnahme der Zwangsvollstreckung ist erst **ab Eintritt der vollziehbaren Ausreisepflicht** rechtlich zulässig. Die sofortige Vollziehbarkeit einer Ausweisung kann von der Behörde allerdings im Einzelfall verfügt werden, § 80 Abs. 2 S. 1 Nr. 4 VwGO (→ Rn. 172).

171 Allerdings bleibt die **Wirksamkeit der Ausweisung** auch bei Einlegung eines Rechtsbehelfs zunächst bestehen, § 84 Abs. 2 S. 1 AufenthG. Das bedeutet, dass die Ausweisung die gesetzlich mit ihr verbundenen Rechtswirkungen und -folgen auslöst, insbesondere das Erlöschen eines Aufenthaltstitels (§ 51 Abs. 1 Nr. 5 AufenthG) Diese entfallen erst mit unanfechtbarer Aufhebung durch die Behörde oder das Gericht.[271] Die wirksame Ausweisung bildet – auch ohne dass sie vollziehbar wäre – die rechtliche Grundlage für das Einreise- und Aufenthaltsverbot nach § 11 Abs. 1 AufenthG.

3. Aufschiebende Wirkung des Rechtsbehelfs gegen das Einreise- und Aufenthaltsverbot

172 Rechtsbehelfen gegen das befristete Einreise- und Aufenthaltsverbot kommt hingegen **keine aufschiebende Wirkung** zu. Dies folgt aus einer entsprechenden Auslegung von

---

[268] BVerwG Urt. v. 13.12.2011 – 1 C 20.11, NVwZ 2013, 733 Rn. 32 ff.
[269] BVerwG Urt. v. 13.12.2011 – 1 C 20.11, NVwZ 2013, 733 Rn. 38; BVerwG Urt. v. 22.2.2017 – 1 C 3.16, NVwZ 2017, 1883 (hier diskutiert das BVerwG eine Auswirkung der rechtswidrigen Entscheidung zum Einreise- und Aufenthaltsverbot auf die Ausweisung, die es bestätigt, gar nicht); vgl. auch BVerwG Urt v. 21.8.2018 – 1 C 21.17, BVerwGE 162, 382 Rn. 22 (keine Auswirkung des fehlenden Einreise- und Aufenthaltsverbots auf die Rechtmäßigkeit einer Abschiebung)
[270] VGH Mannheim Beschl. v. 13.11.2019 – 11 S 2996/19, BeckRS 2019, 29732 Rn. 39.
[271] *Samel* in Bergmann/Dienelt AufenthG § 84 Rn. 23.

§ 84 Abs. 1 Nr. 7 und Nr. 8 AufenthG.[272] Auch wenn der Wortlaut der genannten Vorschriften trotz einer Diskussion im Gesetzgebungsverfahren[273] nicht an die Änderung des § 11 AufenthG angepasst wurde, ist dabei zu berücksichtigen, dass mit der Änderung der Rechtsprechung des BVerwG zu § 11 AufenthG [274] in der Rechtsanwendungspraxis § 84 Abs. 1 Nr. 7 und Nr. 8 auf das konkludent zugleich mit der behördlichen Befristungsentscheidung erlassene Einreise- und Aufenthaltsverbot bezogen.[275] Das Festhalten an der bisherigen Regelung durch den Gesetzgeber kann daher nur so verstanden werden, dass er diese Rechtsanwendungspraxis weiterhin als geltendes Recht sehen wollte.[276] Der gesetzliche Sofortvollzug führt insbesondere dazu, dass im Fall einer Ausreise des Betroffenen während des Rechtsbehelfsverfahrens eine Wiedereinreise verboten ist. Solange die Ausweisung nicht vollziehbar ist (also entweder der Sofortvollzug angeordnet worden oder Bestandskraft eingetreten ist), hat das vollziehbare Aufenthaltsverbot keine weiterreichenden Folgen.

4. Maßgeblicher Zeitpunkt für die Sach- und Rechtslage

Maßgeblicher Zeitpunkt für die gerichtliche Beurteilung der Sach- und Rechtslage ist bei Anfechtungsklagen gegen Ausweisungsverfügungen und gegen die Verhängung des Einreise- und Aufenthaltsverbot ist der **Zeitpunkt der letzten mündlichen Verhandlung oder der Entscheidung des Tatsachengerichts**.[277] Welcher Zeitpunkt bei der Anfechtung eines Verwaltungsaktes für die Beurteilung seiner Rechtmäßigkeit erheblich ist, bestimmt sich nach den Vorgaben des materiellen Rechts. Ausgehend von der Spruchpraxis des EGMR zum maßgeblichen Zeitpunkt[278] und des BVerfG zur Bedeutung der Einzelfallwürdigung im Rahmen der Verhältnismäßigkeitsprüfung[279] und in der Erwägung, dass für Sachverhalte mit Unionsrechtsbezug bereits aus diesem die Vorgabe folgt, auf den Zeitpunkt der letzten mündlichen Verhandlung abzustellen,[280] entschied das BVerwG, dass dieses Konzept auf das gesamte Ausweisungsrecht zu übertragen ist. Diese Rechtsprechungsänderung aus dem Jahre 2007 gilt selbstverständlich auch unter dem grundlegend reformierten Ausweisungsrecht seit dem 1.1.2016 unverändert fort,[281] diente die Reform doch gerade auch der Schärfung der Anforderungen an die Prüfung der Verhältnismäßigkeit der Maßnahme im Einzelfall. Allerdings ist zu berücksichtigen, dass eine begründete Zuständigkeit für den Erlass der Ausweisungsverfügung von einem Umzug des Betroffenen in den Bezirk einer anderen Ausländerbehörde während des gerichtlichen Verfahrens unberührt bleibt.[282] Dass sich durch solche verändernden Umstände die Zuständigkeit des angerufenen Verwaltungsgerichts nicht ändert, folgt aus § 17 Abs. 1 GVG.

5. Ermessensergänzungen beim befristeten Einreise- und Aufenthaltsverbot

Da es sich bei der Bestimmung der Länge des Einreise- und Aufenthaltsverbots um eine Ermessensentscheidung handelt, ist zu berücksichtigen, dass die Ausländerbehörde ihre Entscheidung auch insoweit unter Kontrolle halten muss, als sie für ihre Entscheidungen wesentliche Sachverhaltsänderungen zu berücksichtigen hat und ggf. sowohl das Ergebnis

---

[272] *Bauer* in Bergmann/Dienelt AufenthG Vor § 53 Rn. 153.
[273] BT-Drs. 19/10506 S. 8 und 11.
[274] BVerwG Beschl. v. 13.7.2017 – 1 VR 3.17, NVwZ 2017. 1531.
[275] *Funke-Kaiser*, GK-AufenthG § 84 Rn. 56 ff.
[276] VGH Mannheim Beschl. v. 13.11.2019 – 11 S 2996/19, BeckRS 2019, 29732 Rn. 50.
[277] BVerwG Urt. v. 15.11.2007 – 1 C 45.06, BVerwGE 130, 20: Urt. v. 12.7.2012 – 1 C 19.11, BVerwGE 143, 277 Rn. 12.
[278] EGMR Urt. v. 28.6.2007 – 31753/02, InfAuslR 2007, 325.
[279] BVerfG Beschl. v. 10.8.2007 – 2 BvR 535/06, NVwZ 2007, 1300.
[280] EuGH Urt. v. 29.4.2004 – C-481/01 und C-493/01, DVBl. 2004, 876.
[281] BVerwG Urt. v. 27.6.2017 – 1 C 28.16, BVerwGE 159, 270 Rn. 15.
[282] VGH München Beschl. v. 1.2.2019 – 10 ZB 18.2455, juris Rn. 6; *Tanneberger/Fleuß* in BeckOK AuslR AufenthG § 53 Rn. 127; aA offenbar OVG Koblenz Urt. v. 4.12.2009 – 7 A 10881/09, InfAuslR 2010, 144 (Anwendung von § 3 Abs. 3 LVwVfG).

als auch ihre **Ermessenserwägungen anpassen** muss (§ 114 S. 2 VwGO). Zu denken ist hier insbesondere an Veränderungen im familiären und persönlichen Bereich (Heirat, Scheidung, abgeschlossene Suchttherapie, Erlangung eines gesicherten Arbeitsplatzes usw).

175 Bei der Nachholung einer behördlichen Ermessensentscheidung, aber auch allgemein bei der Ergänzung von behördlichen Ermessenserwägungen im verwaltungsgerichtlichen Verfahren, gelten **strenge Anforderungen an Form und Handhabung** durch die Ausländerbehörde. Die Behörde muss klar und eindeutig zu erkennen geben, mit welcher „neuen" Begründung die behördliche Entscheidung letztlich aufrechterhalten bleibt, da nur dann die Betroffenen wirksam ihre Rechte verfolgen und die Gerichte die Rechtmäßigkeit der Verfügung überprüfen können. Dafür genügt es nicht, dass die Behörde bei einer nachträglichen Änderung der Sachlage im gerichtlichen Verfahren neue Ermessenserwägungen geltend macht. Sie muss zugleich deutlich machen, welche ihrer ursprünglichen bzw. bereits früher nachgeschobenen Erwägungen weiterhin aufrechterhalten bleiben und welche durch die neuen Erwägungen gegenstandslos werden. Auch muss sie im gerichtlichen Verfahren erkennbar trennen zwischen neuen Begründungselementen, die den Inhalt ihrer Entscheidung betreffen, und Ausführungen, mit denen sie lediglich als Prozesspartei ihre Entscheidung verteidigt. Aus Gründen der Rechtsklarheit und -sicherheit muss die Nachholung von Ermessenserwägungen **grundsätzlich schriftlich** erfolgen. Ergänzungen in der mündlichen Verhandlung sollten vom Gericht als solche protokolliert werden.[283]

6. Beteiligung von Familienangehörigen

176 Aus Art. 6 GG resultiert unter bestimmten Voraussetzungen das Recht für **Familienangehörige** eines Ausländers, gegen ausländerrechtliche Entscheidungen vorzugehen. So besteht weitgehend Einigkeit darüber, dass Familienangehörigen, die sich rechtmäßig im Bundesgebiet aufhalten, die erforderliche **Klagebefugnis** für eine Anfechtungsklage (bzw. Widerspruchsbefugnis für einen Widerspruch) gegen ausländerrechtliche Maßnahmen bzw. Entscheidungen zusteht, die zur Beendigung der familiären Lebensgemeinschaft oder des Umgangs führen oder aber eine Fortsetzung nur im Ausland ermöglichen würden.[284] In der Rechtsprechung wird die Klagebefugnis des Familienangehörigen also ohne weitere Prüfung der Frage, ob die konkrete Maßnahme überhaupt tatsächlich zu einer Beendigung des Aufenthalts führt, generell bei Ausweisungen und auch bei der Ablehnung der Erteilung eines Aufenthaltstitels bejaht.[285] Eine Beiladung von Familienangehörigen zum Rechtsstreit ist nicht notwendig iSv § 65 Abs. 2 VwGO, denn über die möglichen Rechte der Familienangehörigen wird im Prozess des unmittelbar Betroffenen gegen eine Ausweisungsverfügung nicht mitentschieden.[286] Eine **Beiladung nach § 65 Abs. 1 VwGO** wegen einer Beeinträchtigung der Interessen des Familienangehörigen ist aber denkbar und unter Umständen auch geboten, wenn geltend gemacht wird, dass die Interessen mittels einer eigenen verfahrensrechtlichen Stellung besser zur Geltung gebracht werden können.[287]

II. Eilrechtsschutz

177 Ist die sofortige Vollziehbarkeit einer Ausweisungsverfügung im Einzelfall durch die Behörde angeordnet worden, kann mit einem Verfahren nach § 80 Abs. 5 VwGO die Wiederherstellung der aufschiebenden Wirkung eines eingelegten Rechtsbehelfs erreicht werden. Darüber hinaus kann eine Ausweisungsverfügung in Verfahren des vorläufigen Rechtsschutzes auch dann eine Rolle spielen, wenn zeitgleich mit ihr auch die Erteilung oder

---

[283] BVerwG Urt. v. 13.12.2011 – 1 C 14.10, BVerwGE 141, 253 Rn. 18.
[284] VGH Mannheim Urt. v. 17.7.2015 – 11 S 164/15, InfAuslR 2015, 433.
[285] S. etwa BVerwG Urt. v.27.8.1996 – 1 C 8.94, BVerwGE 102, 12; zusammenfassend: *Kraft* DVBl. 2013, 1219 (1223).
[286] BVerwG Urt. v. 27.8.1996 – 1 C 8.94, BVerwGE 102, 12(15).
[287] VGH Kassel Beschl. v. 17.4.2002 – 12 TG 1038/02, InfAuslR 2002, 360; OVG Lüneburg Beschl. v. 19.2.2018 – 13 OB 22/18, BeckRS 2018, 3215.

Verlängerung eines Aufenthaltstitels abgelehnt worden ist und die letztgenannte Entscheidung zum Entstehen der vollziehbaren Ausreisepflicht geführt hat. Hinsichtlich des Einreise- und Aufenthaltsverbots kann die Anordnung der aufschiebenden Wirkung des Rechtsbehelfs erstrebt werden.

1. Vorläufiger Rechtsschutz gegen sofort vollziehbare Ausweisung

Wenn die sofortige Vollziehung einer Ausweisung in Anwendung von § 80 Abs. 2 S. 1 Nr. 4 VwGO angeordnet worden ist, steht dem Betroffenen hiergegen ein Verfahren nach § 80 Abs. 5 VwGO offen mit dem Ziel, die Wiederherstellung der aufschiebenden Wirkung des statthaften und spätestens zum Zeitpunkt der gerichtlichen Entscheidung eingelegten[288] Rechtsbehelfs (Widerspruch oder Klage) zu erreichen. Wird die aufschiebende Wirkung durch das Gericht wiederhergestellt, so entfällt die Vollziehbarkeit der Ausreisepflicht (§ 58 Abs. 2 S. 2 AufenthG), eine Abschiebung ist dann zunächst nicht mehr zulässig.

178

Die Stellung eines Antrags nach § 80 Abs. 5 VwGO alleine führt zunächst **nicht auf ein einfachgesetzliches Vollzugsverbot.** Es gibt keine einfachgesetzliche Bestimmung, die es der Behörde verbieten würde, eine Abschiebung dennoch durchzuführen. In anderen Bereichen des Migrationsrechts gibt es solche einfachgesetzlichen Anordnungen, wie etwa in § 34a Abs. 2 S. 2 AsylG oder § 7 Abs. 1 S. 4 FreizügG/EU. Von Verfassungs wegen liegt es unter Berücksichtigung der Effektivität verwaltungsgerichtlichen Eilrechtsschutzes jedenfalls nahe, für die Dauer des vorläufigen Rechtsschutzverfahrens – zumindest soweit ein Antrag nach § 80 Abs. 5 VwGO nicht offensichtlich aussichtslos oder rechtsmissbräuchlich ist – von Maßnahmen der Vollstreckung abzusehen, wenn anderenfalls schwere und unabwendbare Nachteile drohen,[289] was bei aufenthaltsbeendenden Maßnahmen häufig der Fall sein wird. Will die Behörde trotz noch eines in erster Instanz anhängigen Eilrechtsschutzverfahrens die Abschiebung durchführen und eine gerichtliche Entscheidung nicht abwarten, wird in aller Regel eine Zwischenentscheidung, ein sogenannter Hängebeschluss, ohne weitere inhaltliche Prüfung zu ergehen haben, damit das Gericht der aus **Art. 19 Abs. 4 GG** folgenden Anforderung, die Schaffung vollendeter Tatsachen vor Abschluss des Eilverfahrens zu verhindern, gerecht werden kann.[290]

179

a) Gesonderte Begründung des Sofortvollzugs. Nach § 80 Abs. 3 S. 1 VwGO ist das besondere Interesse an der von der Behörde angeordneten sofortigen Vollziehung des Verwaltungsakts schriftlich zu begründen. Das Begründungserfordernis dient einerseits dazu, den Betroffenen in die Lage zu versetzen, aufgrund der Kenntnis der Gründe, die die Behörde zum Handeln veranlasst haben, seine Rechte wirksam wahrzunehmen und andererseits dazu, die Behörde zu warnen, da sie den gesetzlichen Ausnahmefall wählt und damit trotz des hohen Stellenwertes des Regelfalls nach § 80 Abs. 1 VwGO die Vollziehung vor Eintritt der Bestandskraft und also auch vor Abschluss einer gerichtlichen Prüfung einleiten will.[291] Es handelt sich allerdings um ein **formelles** und kein materielles **Erfordernis** für die Anordnung der sofortigen Vollziehung. Das bedeutet, dass das Gericht nicht die inhaltliche Richtigkeit der gesonderten Begründung überprüft, sondern lediglich, ob sie mehr als einen bloß formelhaften, den Einzelfall vollständig ignorierenden Inhalt aufweist oder ob sie sich damit begnügt, die Rechtmäßigkeit der Ausweisung selbst zu behaupten.[292] Fehlt eine hinreichende Begründung, so führt dies im gerichtlichen Verfahren nach zutreffender, aber bestrittener Auffassung zur **Aufhebung der Anordnung**

180

---
[288] *Funke-Kaiser* in Bader/Funke-Kaiser/Stuhlfauth VwGO § 80 Rn. 81 mwN.
[289] *Hoppe*, in Eyermann, VwGO § 80 Rn. 121.
[290] *Funke-Kaiser* in Bader/Funke-Kaiser/Stuhlfauth VwGO § 80 Rn. 127, aA BVerwG Beschl. v. 20.8.2012 – 7 VR 7.12, BeckRS 2012, 56332 Rn. 2 (Interessenabwägung erforderlich).
[291] *Kopp/Schenke* VwGO § 80 Rn. 84.
[292] Vgl. OVG Weimar Beschl. v. 28.7.2011 – 1 EO 1108/10, ThürVBl 2012, 101 (103).

des **Sofortvollzugs**[293] und nicht zur Anordnung der aufschiebenden Wirkung des Rechtsbehelfs.[294] Die Ausländerbehörde ist in einem solchen Fall nicht gehindert, den Sofortvollzug erneut, mit einer anderen Begründung anzuordnen.

181 **b) Materieller Prüfungsmaßstab.** Im Zentrum der materiellen Prüfung des **Sofortvollzugs einer Ausweisungsverfügung** durch das Gericht steht die Abwägung des öffentlichen Vollzugsinteresses mit dem privaten Interesse, vom Vollzug der Ausreisepflicht bis zum rechtskräftigen Abschluss des Rechtsbehelfsverfahrens verschont zu bleiben. Diese **Interessenabwägung** ist zunächst **materiell-akzessorisch** und sodann **abschließend interessenbewertend** durchzuführen.[295] Das bedeutet, dass in einem ersten Schritt nach den offensichtlichen Erfolgsaussichten des Rechtsbehelfs in der Hauptsache zu fragen ist. Sodann ist gegebenenfalls das Vorliegen eines besonderen Vollzugsinteresses zu prüfen.

182 Zunächst ist also zu prüfen, ob sich die Ausweisungsverfügung als **offensichtlich rechtswidrig oder offensichtlich rechtmäßig** erweist. Dabei ist zu berücksichtigen, dass die sich oft findende Formel der lediglich summarischen Prüfung jedenfalls irreführend ist. Richtigerweise hat die rechtliche Würdigung des nach summarischer Prüfung festgestellten Sachverhalts abschließend zu erfolgen.[296] Auch bei der allein summarischen Ermittlung des Sachverhalts ist Vorsicht geboten. Denn dann, wenn weite Teile des entscheidungsrelevanten Sachverhalts aufgrund der allein summarischen Würdigung unklar bleiben, wird sich regelmäßig keine verlässliche Aussage über die Erfolgsaussichten des Rechtsbehelfs treffen lassen.[297]

183 Ergibt sich, dass die Ausweisung zum entscheidungserheblichen Zeitpunkt der gerichtlichen Entscheidung **offensichtlich rechtswidrig** ist, dann besteht unter keinen Umständen ein öffentliches Interesse am Vollzug, der **Eilrechtsschutzantrag hat Erfolg**, ohne dass es einer weiteren Prüfung bedarf. Erweist sich die Ausweisung jedoch als **offensichtlich rechtmäßig**, bedarf es der weiteren Untersuchung, ob ein **besonderes Vollzugsinteresse** gegeben ist. Diese auch von Art. 19 Abs. 4 GG geforderte Prüfung verlangt, ein besonderes öffentliches Interesse festzustellen, das über jenes Interesse hinausgeht, das den Verwaltungsakt selbst rechtfertigt. Der Rechtsschutzanspruch des Ausländers ist dabei umso stärker und darf umso weniger zurückstehen, je schwerwiegender die ihm auferlegte Belastung ist und je mehr die Maßnahme der Verwaltung Unabänderliches bewirkt.[298] Bei Eilrechtsschutzverfahren gegen sofort vollziehbare Ausweisungsverfügungen bedeutet dies, dass abzuschätzen ist, ob eine hinreichende Wahrscheinlichkeit dafür besteht, dass sich die mit der Ausweisung bekämpfte Gefahr im Zeitraum bis zum rechtskräftigen Abschluss des gerichtlichen Hauptsacheverfahrens realisieren wird.[299] Zweifelhaft ist, ob auch **generalpräventive Gründe** ein besonderes Vollzugsinteresse – und damit ein Zurücktreten der Garantie des effektiven Rechtsschutzes – rechtfertigen können.[300]

184 Lassen sich die **Erfolgsaussichten** im Eilrechtsschutzverfahren **nicht** mit der erforderlichen Eindeutigkeit **abschätzen**, ist eine **umfassende Interessenabwägung** vorzunehmen, die im Aufenthaltsrecht von der verfassungsrechtlichen Leitlinie aus zu denken ist, wonach Maßnahmen zur Aufenthaltsbeendigung auf der Grundlage noch nicht bestandskräftiger Entscheidungen einer besonderen Rechtfertigung bedürfen, die eine Gesamtwürdigung der Umstände des Einzelfalls unter Bezug auf den Zeitraum zwischen beabsichtigtem Vollzug und Rechtskraft der Entscheidung im Hauptsacheverfahren erfordert.[301]

---

[293] BVerwG Beschl. v. 18.9.2001 – 1 DB 26.01.
[294] So aber: Kopp/Schenke VwGO § 80 Rn. 87.
[295] *Funke-Kaiser* in Bader/Funke-Kaiser/Stuhlfauth VwGO § 80 Rn. 91.
[296] BVerwG Beschl. v. 23.2.2018 – 1 VR 11.18, BeckRS 2018, 2862 Rn. 15; *Hoppe* in Eyermann VwGO § 80 Rn. 99.
[297] *Hoppe* in Eyermann VwGO § 80 Rn. 100.
[298] BVerfG Beschl. v. 10.5.2007 – 2 BvR 304/07, NVwZ 2007, 946.
[299] *Bauer* in Bergmann/Dienelt AufenthG Vor §§ 53–56 Rn. 156.
[300] Dies befürwortet *Bauer* in Bergmann/Dienelt AufenthG Vor §§ 53–56 Rn. 157.
[301] BVerfG Beschl. v. 24.8.2011 – 1 BvR 1611/11, NVwZ 2012, 104 (105).

§ 7 Aufenthaltsbeendigung durch Ausweisung § 7

Ausgehend von diesem Maßstab sind bei der Frage des Sofortvollzugs von Ausweisungen nur Ausnahmefälle denkbar, bei denen bei offenen Erfolgsaussichten der Ausländer die Vollziehbarkeit seiner Ausreisepflicht hinzunehmen hat. Dies kann allerdings unter Umständen bei vom Ausländer unstreitig ausgehenden schwerwiegenden Gefahren (etwa terroristischer Natur) und einer wegen unzureichender behördlicher Aufklärung unklaren Bedeutung familiärer Bindungen der Fall sein.

2. Vorläufiger Rechtsschutz bei Versagung eines Aufenthaltstitels und gleichzeitiger Ausweisung

Weist die Ausländerbehörde einen Ausländer aus und versagt ihm gleichzeitig die beantragte Erteilung oder Verlängerung eines Aufenthaltstitels, bedarf es hinsichtlich der Ausweisungsverfügung keiner Anordnung des Sofortvollzugs, denn ein Rechtsbehelf gegen die Versagung des Aufenthaltstitels hat keine aufschiebende Wirkung (§ 84 Abs. 1 Nr. 1 AufenthG), sodass bereits aus diesem Grunde die Ausreisepflicht vollziehbar wird (§ 58 Abs. 2 S. 2 AufenthG). Dennoch kommt in diesen Verfahren der Ausweisung eine möglicherweise erhebliche Bedeutung zu. Denn das zusammen mit der Ausweisung zu verfügende befristete Einreise- und Aufenthaltsverbot (§ 11 Abs. 1 AufenthG, → Rn. 137 ff.) steht einer Erteilung des begehrten Aufenthaltstitels zwingend entgegen. In diesen Fällen gehört eine **Inzidentkontrolle** der Ausweisung als Vorfrage zum notwendigen Prüfprogramm des Verwaltungsgerichts,[302] es sei denn die Erteilung des Aufenthaltstitels kommt unbeschadet der Ausweisungsverfügung und ihres Ausweisungsanlasses nicht in Betracht.

185

3. Vorläufiger Rechtsschutz gegen das befristete Einreise- und Aufenthaltsverbot

Gegen das kraft Gesetzes sofort vollziehbare befristete Einreise- und Aufenthaltsverbot (→ Rn. 167 ff.) ist Eilrechtsschutz mit einem Antrag auf Anordnung der aufschiebenden Wirkung zu suchen. Für den Prüfungsmaßstab gilt das zur Ausweisung Dargelegte entsprechend (→ Rn. 173 ff.).

186

G. Überwachung ausreisepflichtiger Ausländer aus Gründen der inneren Sicherheit (§ 56 f. AufenthG)

In § 56 AufenthG, der zuletzt mit Wirkung vom 21.8.2019 in seinen Abs. 3 und 4 geändert worden ist,[303] werden **spezielle Gefahrenabwehrmaßnahmen** geregelt, die sich gegen ausreisepflichtige Ausländer richten, deren Aufenthalt nicht unmittelbar beendet werden kann und von deren Aufenthalt eine besondere, regelmäßig **terrorismus- oder extremismusbezogene Gefahr** ausgeht. In der Vorschrift, die auf § 54a AufenthG aF zurückgeht, sind kraft Gesetzes eintretende Meldepflichten und Aufenthaltsbeschränkungen sowie Ermächtigungsgrundlagen für die Verhängung von Meldepflichten, Aufenthaltsbeschränkungen, Wohnsitzauflagen, sowie für Kontaktverbote und die Beschränkung des Zugangs zu Kommunikationsmitteln geregelt. Hinsichtlich der Durchsetzung und Überwachung der Einhaltung von Aufenthaltsbeschränkungen oder Kontaktverboten findet sich in § 56a AufenthG eine umfangreiche Regelung zur elektronischen Überwachung des Aufenthaltsortes des Betroffenen („elektronische Fußfessel").

187

Die Vorschrift unterscheidet hinsichtlich kraft Gesetzes eintretender Vorgaben, die im Falle wirksamer Ausweisungsverfügungen[304] auf der Grundlage bestimmter Ausweisungsinteressen oder aufgrund einer Abschiebungsanordnung nach § 58a AufenthG (→ § 8 Rn. 301 ff.) eintreten, und der Ermächtigung zur Anordnung ähnlicher und auch wei-

188

---
[302] BVerfG Beschl. v. 29.3.2007 – 2 BvR 1977/06, NVwZ 2007, 948; VGH München Beschl. v. 24.7.2017 – 19 CS 16.2376.
[303] BGBl. I 1294.
[304] Bis zum 31.12.2015 knüpfte die Regelung an vollziehbare Ausweisungsverfügungen an.

terreichender Anordnung gegen jeden, dann aber vollziehbar ausreisepflichtigen Ausländer. Die Regelungen in Abs. 1 und Abs. 2 knüpfen wiederholt an das Vorliegen von Ausweisungsinteressen im Sinne von § 54 AufenthG an. Da die Vorschrift der Abwehr der Gefahren dient, die von der Person, deren Aufenthalt nicht beendet werden kann, ausgehen, ist hier immer zu prüfen, ob das vorliegende Ausweisungsinteresse mindestens auch spezialpräventiv begründet ist. Nur generalpräventiv begründete Ausweisungsinteressen (→ Rn. 24 ff.) vermögen im Rahmen des § 56 keine Folgen zu zeitigen.[305]

I. Überwachungsregelungen kraft Gesetzes

189 Ist gegen einen Ausländer seine Ausweisung auf der Grundlage eines Ausweisungsinteresses nach § 54 Abs. 1 Nr. 2 bis 5 AufenthG (→ Rn. 83 -98) verfügt worden, beruht die Ausweisungsverfügung also – jedenfalls auch[306] – auf mindestens einem der besonders schwerwiegenden Ausweisungsinteressen aus dem Bereich Terrorismus oder Extremismus, greift mit der Wirksamkeit dieser Verfügung unabhängig von ihrer Vollziehbarkeit die aus § 56 Abs. 1 S. 1 AufenthG folgende gesetzliche Pflicht für den Ausländer zur wöchentlichen Meldung bei der für seinen Aufenthaltsort zuständigen polizeilichen Dienststelle. Das gleiche gilt, wenn eine wirksame Abschiebungsanordnung nach § 58a AufenthG verfügt worden ist. In § 56 Abs. 2 AufenthG wird für diese Fälle eine räumliche Beschränkung des Aufenthalts gesetzlich vorgegeben.

1. Meldepflicht (§ 56 Abs. 1 S. 1 AufenthG)

190 Die Wirksamkeit einer **auf den Ausweisungsinteressen nach § 54 Abs. 1 Nr. 2 bis 5 AufenthG** beruhenden **Ausweisung** oder einer **Abschiebungsanordnung nach § 58a AufenthG** führt unmittelbar zu der Pflicht, sich mindestens einmal wöchentlich bei der für den Aufenthaltsort zuständigen polizeilichen Dienststelle zu melden. Die Ausweisung beruht auf den genannten Ausweisungsinteressen, wenn sie die Ausländerbehörde mit diesen begründet hat. Es ist rechtlich für das Entstehen der Meldepflicht nicht relevant, ob diese Interessen auch tatsächlich vorliegen.[307] Keine Meldepflicht entsteht dann, wenn sie tatsächlich vorliegen sollten, die Behörde die Ausweisung nicht auf sie stützt. Es kommt insoweit allein auf die schriftliche Begründung an. Die Zuständigkeit der „polizeilichen Dienststelle" bestimmt sich nach dem jeweiligen Landesrecht. Zuständig ist die jeweilige für die allgemeine Gefahrenabwehr zuständige Stelle. Ausgehend von einer **wöchentlichen Meldepflicht** kann diese auch durch eine Meldung am Sonntagabend und am darauffolgenden Montagmorgen für zwei Wochen erfüllt werden, da das Gesetz keine weiteren Vorgaben trifft. Mit dieser gesetzlichen Meldepflicht wird erreicht, dass ein Untertauchen eines als besonders gefährlich angesehenen Ausländers binnen Wochenfrist offen zu Tage tritt.

191 Der Ausländerbehörde ist gesetzlich die Möglichkeit eröffnet, **abweichende Bestimmungen** zu treffen. Sie kann den Ausländer von der Meldepflicht vollständig befreien, die Häufigkeit der erforderlichen Meldung erhöhen oder reduzieren und auch eine andere Stelle, bei der sich der Ausländer zu melden hat, bestimmen.[308] Weiter ist die Ausländerbehörde ermächtigt, in Ausübung behördlichen Ermessens und im Rahmen des Grundsatzes der Verhältnismäßigkeit die gesetzlichen Verhaltenspflichten mittels Verwaltungsakts etwa durch Festlegung eines bestimmten Wochentages oder die konkrete Benennung der zuständigen Behörde zu konkretisieren, ohne vom gesetzlichen Normalfall abzuweichen.[309] Die Einzelfallentscheidungen, die von der gesetzlichen Grundkonzeption abweichen, sind

---

[305] *Bauer* in Bergmann/Dienelt AufenthG § 56 Rn. 13.
[306] *Bauer* in Bergmann/Dienelt AufenthG § 56 Rn. 9.
[307] OVG Münster Beschl. v. 23.10.2018 – 18 B 895/16, EzAR-NF 45 Nr 25.
[308] *Tanneberger/Fleuß* in BeckOK AuslR AufenthG § 56 Rn. 1a.
[309] VGH Mannheim Urt. v. 14.5.2014 – 11 S 2224/13 EZAR NF 43 NR. 8 und Beschl. v. 19.7.2019 – 11 S 1631/19, BeckRS 2019, 17841 Rn. 43.

nicht kraft Gesetzes sofort vollziehbar. Widerspruch und Klage kommt hier also aufschiebende Wirkung zu.

Verschärft die Ausländerbehörde die Verhaltenspflichten gegenüber dem gesetzlichen **192** Normalfall, hat sie den Zweck der Maßnahme, nämlich die Abwehr von Gefahren, die vom Aufenthalt des Betroffenen ausgehen, im Blick zu behalten. Die **Maßnahmen nach § 56 AufenthG dienen nicht der Sicherung des Vollzugs der Aufenthaltsbeendigung**, eine solche Folge ist allenfalls eine Nebenfolge.[310] Sie dürfen daher nicht als Alternative zur Abschiebungshaft eingesetzt werden. Bei der Modifikation der Pflichten – diese steht im Ermessen der Ausländerbehörde – hat die Behörde das Gewicht der konkreten Gefahr in den Blick zu nehmen. Sie muss den Grundrechtseingriff unter Wahrung des Gebots der Verhältnismäßigkeit beschränken und – insbesondere bei länger andauernder Unmöglichkeit der Aufenthaltsbeendigung – unter Kontrolle halten.[311] Sieht die Behörde eine engmaschigere Überwachung als erforderlich an, hat sie die Gründe dafür im Rahmen der Ermessensausübung zu benennen. Daraus muss sich ergeben, warum die zeitlich engmaschigere Feststellung des Aufenthaltsortes als geboten angesehen wird.[312] Es ist dabei die gesetzliche Wertung zu berücksichtigen, dass der Gesetzgeber für den Regelfall einer Ausweisung oder Abschiebungsanordnung die einwöchige Frist als ausreichend angesehen hat.

2. Aufenthaltsbeschränkung (§ 56 Abs. 2 AufenthG)

Nach § 56 Abs. 2 AufenthG ist der Aufenthalt eines Ausländers, gegen den eine wirksame **193** Ausweisungsverfügung auf der Grundlage von Ausweisungsinteressen nach § 54 Abs. 1 Nr. 2 bis 5 AufenthG oder eine Abschiebungsanordnung nach § 58a AufenthG ergangen ist, auf den Bezirk der Ausländerbehörde beschränkt, soweit keine abweichende Festlegung getroffen wird. Auch insoweit ist die Ausländerbehörde ermächtigt, die Aufenthaltsbeschränkung konkretisierend wiederholend durch Verwaltungsakt zu bestätigen.[313]

Die **gesetzliche Aufenthaltsbeschränkung** bezieht sich auf den **Bezirk der Auslän-** **194** **derbehörde,** die die Ausweisung oder die Abschiebungsanordnung verfügt. Jeder andere Anknüpfungspunkt ist jedenfalls für den Betroffenen bereits nicht mehr hinreichend erkennbar. Mit diesem Bestimmtheitsaspekt setzt sich die Gegenauffassung, die immer den Bezirk der unteren Ausländerbehörde als relevant erachtet,[314] nicht auseinander. Auch hier hat die Behörde, wenn sie in Ausübung des ihr eingeräumten Ermessens Modifikationen verfügt, etwa den Aufenthalt auf einen engeren, hinreichend bestimmten, Bereich beschränkt, das Gewicht der konkreten Gefahr und das Gebot der Verhältnismäßigkeit in besonderem Maße zu beachten. Trotz der gesetzlichen – und gegebenenfalls einzelfallbezogen modifizierten – Aufenthaltsbeschränkung ist dem Betroffenen die Wahrnehmung von Gerichts- und Behördenterminen ohne besondere Genehmigung der zuständigen Ausländerbehörde aufgrund von § 12 Abs. 5 S. 3 AufenthG rechtlich erlaubt.[315]

Wird gegen einen Ausländer eine Überwachungsregelung nach Abs. 1 S. 2 im Einzelfall **195** verfügt (→ Rn. 192 ff.), greift die zwingende Bestimmung über die Aufenthaltsbeschränkung nach Abs. 2 ebenfalls.[316] Der Wortlaut ("Ein Ausländer ...") der Norm ist zwar nicht eindeutig. Jedoch erschließt sich daraus, dass die Vorschrift gar nicht zwischen kraft Gesetzes entstehenden und behördlich verfügten Beschränkungen unterscheidet, dass sich Abs. 2 auf alle Varianten des Abs. 1 bezieht.

---

[310] OVG Lüneburg Beschl. v. 16.8.2017 – 13 ME 173/17, InfAuslR 2017, 441; *Bauer* in Bergmann/Dienelt AuslR AufenthG § 56 Rn. 6.
[311] BVerwG Urt. v. 30.7.2013 – 1 C 9.12, BVerwGE 147, 261 Rn. 29.
[312] OVG Lüneburg Beschl. v. 12.6.2018 – 8 ME 36/18, DVBl 2018, 1073.
[313] *Tanneberger/Fleußin* BeckOK AufenthG § 56 Rn. 9.
[314] Bauer in Bergmann/Dienelt AuslR AufenthG § 56 Rn. 15.
[315] VGH München Beschl. v. 9.12.2014 – 19 C 14.442, InfAuslR 2015, 294.
[316] So auch: Hailbronner AuslR AufenthG § 56 Rn. 19; Bauer in Bergmann/Dienelt AufenthG § 56 Rn. 15; aA *Tanneberger/Fleuß* in BeckOK AuslR AufenthG § 56 Rn. 12.

II. Überwachungsregelungen aufgrund behördlicher Einzelfallentscheidung

196 **Einzelfallbezogen** kann die Ausländerbehörde gegen bestimmte vollziehbar ausreisepflichtige Ausländer **Meldeauflagen** sowie gegen alle Ausländer innerhalb des Anwendungsbereichs des § 56 AufenthG **Wohnsitzauflagen** verfügen. Darüber hinaus kommen in Fällen, in denen vom Ausländer eine erhebliche Gefahr der Begehung schwerwiegender Straftaten ausgeht, **Kontaktverbote** und das Verbot der Nutzung bestimmter Kommunikationsmittel in Betracht.

1. Meldeauflagen gegen vollziehbar Ausreisepflichtige

197 § 56 Abs. 1 S. 2 AufenthG eröffnet der Ausländerbehörde Ermessen dahingehend, Meldepflichten entsprechend denen aus § 56 Abs. 1 S. 1 AufenthG gegen vollziehbar ausreisepflichtige Ausländer iSd § 58 Abs. 2 AufenthG anzuordnen, wenn gegen diese ein Ausweisungsinteresse nach § 54 Abs. 1 Nr. 2 bis 5 AufenthG besteht (Nr. 1) oder sie aufgrund anderer Ausweisungsinteressen vollziehbar ausreisepflichtig sind und die Anordnung zur Abwehr einer Gefahr für die öffentliche Sicherheit und Ordnung erforderlich ist (Nr. 2). Der zweiten Tatbestandsvariante mangelt es an hinreichender Präzision im Wortlaut. Sie ist erheblich auslegungsbedürftig.

198 Eindeutig ist hingegen die Eröffnung des behördlichen Ermessens, wenn der Ausländer **vollziehbar ausreisepflichtig** ist und ein **Ausweisungsinteresse aus dem Bereich Terrorismus** oder Extremismus (§ 54 Abs. 1 Nr. 2 bis 5 AufenthG) vorliegt, **§ 56 Abs. 1 S. 2 Nr. 1 AufenthG**. Die vollziehbare Ausreisepflicht muss nicht auf dem Ausweisungsinteresse beruhen, sondern kann auf vollständig anderen Gründen, etwa dem Fehlen eines Antrags auf Verlängerung eines Aufenthaltstitels, begründet sein. Sinn dieser erst mit Wirkung von 29.7.2017 eingeführten Bestimmung[317] ist es, erforderliche Überwachungsmaßnahmen gegen vollziehbar ausreisepflichtige Ausländer auch ohne vorherige Abwägung mit Bleibeinteressen im Rahmen einer Entscheidung über die Ausweisung anordnen zu können.[318]

199 Wenn in **§ 56 Abs. 1 S. 2 Nr. 2 AufenthG** bestimmt wird, dass der Betroffene aufgrund anderer als der Ausweisungsinteressen nach § 54 Abs. 1 Nr. 2 bis 5 AufenthG vollziehbar ausreisepflichtig ist, erweist sich die Norm deswegen als sperrig, weil das AufenthG eine vollziehbare Ausreisepflicht aufgrund von Ausweisungsinteressen nicht kennt. Die vollziehbare Ausreisepflicht nach § 58 Abs. 2 AufenthG entsteht aufgrund unerlaubter Einreise, aufgrund fehlenden Antrags auf Erteilung und Verlängerung eines Aufenthaltstitels, aufgrund einer Rückführungsentscheidung eines anderen Mitgliedstaates der EU, aufgrund der vollziehbaren Versagung des Aufenthaltstitels oder aufgrund eines anderen Verwaltungsaktes, der die Ausreisepflicht begründet. Teilweise wird die Vorschrift so gelesen, als beziehe sie sich allein auf Ausweisungen,[319] teilweise wird sie so verstanden, dass jede Entscheidung erfasst sei, bei der ein Ausweisungsinteresse einen entscheidungstragenden Ausschlag gegeben habe, also meist aufgrund des Fehlens der allgemeinen Erteilungsvoraussetzung nach § 5 Abs. 1 Nr. 2 AufenthG.[320] Als ausschlaggebend dafür, dass der engen, **allein auf Ausweisungsentscheidungen** abstellenden Ansicht zu folgen ist, erweist sich, dass der Gesetzgeber eindeutig nur auf solche Entscheidungen abstellen wollte.[321] Bedenkt man sodann die tatbestandliche Unschärfe, die § 56 Abs. 1 S. 2 Nr. 2 AufenthG erhielte, stellte man auf jede Entscheidung ab, die auf der Grundlage von Ausweisungsinteressen ergeht, vermag die **enge Auslegung des Tatbestands** auch inhaltlich zu überzeugen.

---

[317] Durch Gesetz v. 20.7.2017 (BGBl. I 2780).
[318] BT-Drs. 18/11546, 18.
[319] *Bauer* in Bergmann/Dienelt AufenthG § 56 Rn. 14; *Cziersky-Reis* in NK-AuslR AufenthG § 56 Rn. 7.
[320] Hailbronner AuslR AufenthG § 56 Rn. 17; *Tanneberger/Fleuß* in BeckOK AuslR AufenthG § 56 Rn. 6a; wohl auch *Hörich/Tewocht* NVwZ 2017, 1153 (1157).
[321] BT-Drs. 18/4097, 54.

Diese Auslegung hat zur Folge, dass nur bestandskräftige Ausweisungen oder solche, die für sofort vollziehbar erklärt worden sind, den Tatbestand erfüllen können, weil nur diese zur vollziehbaren Ausreisepflicht des Betroffenen führen können.

Weitere tatbestandliche Voraussetzung ist die Erforderlichkeit der Maßnahme zur Abwehr einer Gefahr für die öffentliche Sicherheit und Ordnung. Die Gefahrenbekämpfung muss also gerade durch die Meldepflicht erfolgen, auch hier geht es nicht um die Sicherstellung der Durchführung der zukünftigen Abschiebung. Die Maßnahme ist umfassend zum Schutz der öffentlichen Sicherheit und Ordnung zulässig,[322] allerdings sind außerhalb des Bereichs der Ausweisungsinteressen wegen Terrorismus und Extremismus nur wenige Konstellationen denkbar, bei denen Meldepflichten tatsächlich geeignet zur Gefahrenabwehr sein können. Bei einer engmaschigen Meldepflicht – nur eine solche kann letztlich effektiv sein – muss eine sehr hohe Gefahr für wichtige Rechtsgüter vorliegen, damit die Maßnahme sich als verhältnismäßig erweisen kann. 200

Bei der **Ermessensentscheidung über die Verhängung von Meldeauflagen** hat die Ausländerbehörde die privaten Belange des Ausländers hinreichend in den Blick zu nehmen und gegen das öffentliche Interesse an der Gefahrenabwehr abzuwägen. Insbesondere kann die Erwerbstätigkeit des Betroffenen durch Meldeauflagen erheblich erschwert werden. Solange die Erwerbstätigkeit nicht im Zusammenhang mit der bekämpften Gefahr steht, sind die Auflagen so zu verfügen, dass dem Betroffenen die Ausübung seiner Arbeit möglich bleibt. § 56 Abs. 1 S. 2 AufenthG ist kein Instrument dafür, die Erwerbstätigkeit „durch die Hintertür" zu untersagen. 201

Widerspruch und Anfechtungsklage gegen eine behördliche Einzelfallanordnung einer Meldeauflage kommt aufschiebende Wirkung nach § 80 Abs. 1 VwGO zu. Regelmäßig wird die Behörde hier den Sofortvollzug anzuordnen haben, da ohne diesen eine effektive Gefahrenabwehr nicht möglich sein wird. 202

2. Wohnsitzauflagen

Nach **§ 56 Abs. 3 AufenthG** kann die Ausländerbehörde den Ausländer verpflichten, in einem anderen Wohnort oder in bestimmten Unterkünften auch außerhalb des Bezirks der Ausländerbehörde zu wohnen, wenn dies geboten erscheint, um die Fortführung von Bestrebungen, die zur Ausweisung geführt haben, zu erschweren oder zu unterbinden und die Einhaltung vereinsrechtlicher oder sonstiger gesetzlicher Auflagen und Verpflichtungen besser überwachen zu können. Nach der Ergänzung der Vorschrift zum 21.8.2019 ist das Instrument der Wohnsitzauflage auch dann einsetzbar, wenn die wiederholte Begehung erheblicher Straftaten, die zu einer Ausweisung nach § 54 Abs. 1 Nr. 1 AufenthG (→ Rn. 73 ff.) geführt haben, zu unterbinden ist. 203

§ 56 **Abs. 3 Nr. 1** AufenthG ist aufgrund seiner eindeutigen Anbindung an eine vorhergehende Ausweisung („Bestrebungen, die zur Ausweisung geführt haben") **nur auf die Fälle aus Abs. 1 anwendbar, in denen eine Ausweisung verfügt worden ist.** Weder ist eine Abschiebungsanordnung nach § 58a AufenthG ein zulässiger Anknüpfungspunkt für eine Maßnahme nach Abs. 3 noch eine Entscheidung in Anwendung von § 56 Abs. 1 S. 2 Nr. 1 AufenthG. Der Wortlaut ist hier eindeutig, für eine in der Sache sicherlich sinnvolle erweiternde Auslegung mit einer Einbeziehung aller Fälle des Abs. 1[323] ist daher kein Raum. Der Vergleich mit Abs. 4 zeigt auch, dass der Anwendungsbereich hier enger gefasst ist. 204

Der Tatbestand von **Abs. 3 Nr. 2** setzt neben einer Ausweisung, die auf das Ausweisungsinteresse des § 54 Abs. 1 Nr. 1 AufenthG gestützt wird, die Gefahr der wiederholten Begehung derjenigen erheblichen Straftaten, die zu der Verurteilung geführt haben, die den Tatbestand des § 54 Abs. 1 Nr. 1 AufenthG erfüllt, also zu einer mindestens zweijährigen Freiheitsstrafe oder Jugendstrafe wegen einer oder mehrerer Vorsatztaten. Eine solche 205

---
[322] *Tanneberger/Fleuß* in BeckOK AuslR AufenthG § 56 Rn. 7.
[323] Dafür: *Tanneberger/Fleuß* in BeckOK AuslR AufenthG § 56 Rn. 16.

konkrete Gefahr besteht dann regelmäßig nicht, wenn die Strafe zur **Bewährung** ausgesetzt worden ist. Denn in den Fällen des § 56 Abs. 2 StGB hat das Strafgericht bereits entschieden, dass zu erwarten ist, dass der Verurteilte künftig auch ohne Einwirkung des Strafvollzugs keine Straftaten mehr begehen wird. Bei einer Aussetzung des Strafrests zur Bewährung (§ 57 Abs. 1 StGB) ist entschieden, dass dies unter Berücksichtigung des Sicherheitsinteresses der Allgemeinheit verantwortet werden kann. Beide Varianten lassen es fern liegend erscheinen, dass auf der Grundlage der gleichen Tatsachen eine Behörde abweichend vom Strafgericht eine konkrete Gefahr der wiederholten Begehung von gleichartigen Straftaten rechtmäßigerweise feststellen kann.

206 Um eine für den Tatbestand des Abs. 3 Nr. 2 hinreichende Gefahr feststellen zu können, wird man ist eine weitere Einbindung des Betroffenen in das Milieu, aus dem heraus er die Straftaten begangen hat[324] oder eine bereits nach verbüßter Strafhaft erneut begangene erhebliche Straftat festgestellt werden müssen.

207 Bei der Ausübung des Ermessens hat die Ausländerbehörde die Bindungen des Betroffenen an seinen bisherigen Wohnort mit zu berücksichtigen. Meist wird eine Wohnsitzauflage dann – in Kombination mit Maßnahmen nach Abs. 4 – in Betracht zu ziehen sein, wenn der Ausländer aus einem bisherigen Kreis von Straftätern oder dem Umfeld von Extremisten im Vorfeld von Straftaten herausgenommen werden soll und ihm die weitere Zusammenarbeit mit diesen Personen möglichst erschwert werden soll. Bei solchen hinreichend schweren Gefahren werden persönliche Belange einschließlich des Kontakts zu Kindern regelmäßig zurückzutreten haben. Die entscheidende Frage wird hier immer sein, ob die Gefahr hinreichend verlässlich festgestellt ist und sie sich auch als hinreichend schwer darstellt. Bei der Auswahl des Wohnorts ist zu berücksichtigen, dass die Auflage auch **geeignet zur Gefahrenbekämpfung** sein muss. Das bedeutet hier insbesondere, dass die **Verübung der drohenden Straftaten** vom neuen Wohnort aus **wenigstens erschwert** werden muss.

208 Widerspruch und Anfechtungsklage gegen eine Wohnsitzverpflichtung haben kraft Gesetzes keine aufschiebende Wirkung, § 56 Abs. 5 S. 2 AufenthG.

3. Kontakt- und Kommunikationsverbote

209 Die Möglichkeit der Ausländerbehörde, den Ausländer zu verpflichten, zu bestimmten Personen oder Personen einer bestimmten Gruppe keinen Kontakt aufzunehmen, mit ihnen nicht zu verkehren, sie nicht zu beschäftigen, auszubilden oder zu beherbergen und bestimmte Kommunikationsmittel oder Dienste nicht zu nutzen, soweit ihm Kommunikationsmittel verbleiben und die Beschränkungen notwendig sind, um eine erhebliche Gefahr für die innere Sicherheit oder für Leib und Leben Dritter abzuwehren, besteht aufgrund der ausdrücklichen Anordnung in **§ 56 Abs. 4 S. 1 AufenthG** in drei Konstellationen des § 56 Abs. 1 AufenthG, nämlich bei einer Ausweisungsverfügung aufgrund eines Ausweisungsinteresses nach § 54 Abs. 1 Nr. 2 bis 5 AufenthG, einer Abschiebungsanordnung nach § 58a AufenthG und einer Anordnung einer Meldepflicht nach § 56 Abs. 1 S. 2 Nr. 1 AufenthG. Nach dem zum 21.8.2019 neu in das Gesetz eingefügten **Abs. 4 S. 2** können diese Beschränkungen unter den gleichen Voraussetzungen angeordnet werden, um die wiederholte Begehung von Straftaten, die zu einer Ausweisung nach § 54 Abs. 1 Nr. 2 AufenthG geführt haben, zu unterbinden.

210 Einzig nicht erfasst sind die Meldeauflagen nach § 56 Abs. 1 S. 2 Nr. 2 AufenthG (→ Rn. 195). Dies ist aufgrund der erheblichen Grundrechtseingriffe, die von Verfügungen nach § 56 Abs. 4 AufenthG ausgehen, konsequent. Ein Anknüpfen allein an jede Ausweisung, bei der mit der Anordnung der Meldepflicht eine Gefahr für die öffentliche Sicherheit und Ordnung bekämpft wird, müsste fast zwangsläufig und regelmäßig zu unverhältnismäßigen Entscheidungen führen. § 56 Abs. 4 AufenthG bleibt der Abwehr von

---

[324] BT-Drs 19/10047, 36.

Gefahren aus dem Bereich des Terrorismus, Extremismus und wiederholter schwerwiegender Straftaten vorbehalten und muss auch hier zurückhaltend angewendet werden.

Vorbild für das ausländerrechtliche Kontaktverbot ist das strafrechtliche Kontaktverbot nach § 68b Abs. 1 Nr. 3 StGB im Rahmen der gerichtlichen Führungsaufsicht von verurteilten Straftätern. Damit sollte die Lücke geschlossen, die darin lag, dass trotz eines ausländerrechtlichen Kommunikationsverbots eine Kontaktaufnahme zu Netzwerkangehörigen erfolgte; es geht darum, bestehende Netzwerkstrukturen effektiver aufzubrechen.[325] **211**

Neben dem Vorliegen eines der vier genannten Anknüpfungspunkte (→ Rn. 205) ist zunächst Voraussetzung für die Anordnung einer Maßnahme nach Abs. 4, dass der Ausländer die **Bestrebungen,** die zum Erlass dieser Maßnahme geführt hat, fortführt oder **mit sehr hoher Wahrscheinlichkeit fortführen will** oder die wiederholte Begehung von erheblichen Straftaten, die das Ausweisungsinteresse nach § 54 Abs. 1 Nr. 1 AufenthG erfüllen, konkret droht. Das Verhalten des Ausländers muss also weiterhin, auch nach Erlass der Ausweisungsverfügung, die Ausweisungsinteressen nach § 54 Abs. 1 Nr. 2 bis 5 AufenthG erfüllen oder sein Verhalten muss weiterhin unmittelbar Anlass geben, eine Abschiebungsanordnung nach § 58a AufenthG zu erlassen. Es reicht aus, wenn **prognostisch mit sehr hoher Wahrscheinlichkeit** damit zu rechnen ist, dass der **Ausländer sein Verhalten aufgrund der Ausweisung oder Abschiebungsanordnung nicht ändern wird.** Hinsichtlich der Gefahr der wiederholten Begehung von Straftaten gelten die Ausführungen zu § 56 Abs. 3 AufenthG entsprechend (→ Rn. 202). **212**

Dritte Tatbestandsvoraussetzung ist die Notwendigkeit der Maßnahme zur Abwehr einer erheblichen Gefahr für die innere Sicherheit oder für Leib und Leben Dritter. Das Schutzgut der **inneren Sicherheit** meint die Funktionsfähigkeit der staatlichen Organe, den Bestand staatlicher Einrichtungen und wesentlicher Infrastruktureinrichtungen einschließlich der Sicherstellung mobiler und elektronischer Kommunikation sowie das friedliche Zusammenleben der Wohnbevölkerung in der Bundesrepublik Deutschland.[326] Weiter sind auch Gefahren für die körperliche Unversehrtheit Dritter erfasst. Die Maßnahme muss schließlich der Abwehr einer **erheblichen Gefahr** dienen. Der Begriff der erheblichen Gefahr ersetzt denjenigen der schweren Gefahr aus § 54a Abs. 4 AufenthG aF, ohne dass ersichtlich wäre, dass der Gesetzgeber eine inhaltliche Veränderung der Norm beabsichtigt hätte.[327] Die Gefahr iSd Vorschrift ist erheblich, wenn entweder die Rechtsgutsverletzung unmittelbar bevorsteht oder aber das drohende Schadensausmaß von besonderem Gewicht ist. **213**

Die Möglichkeit der Verfügung eines **Kontaktverbots** zu bestimmten Personen oder Personen, die bestimmten Gruppen angehören, soll dazu dienen, bestehende Netzwerkstrukturen im Umfeld extremistischer Bestrebungen effektiv aufzubrechen. Das Instrument des Kontaktverbots ist der strafrechtlichen Führungsaufsicht, dort § 68b Abs. 1 Nr. 3 StGB, fast wörtlich und mit allen dort vorgesehenen Ausprägungen entliehen.[328] Um dem Bestimmtheitsgebot zu genügen, sind die Personen oder Gruppen konkret zu benennen, ein Verbot etwa, Kontakt zu Angehörigen der salafistischen Szene aufzunehmen, wäre unzulässig.[329] **214**

Das **Verbot der Nutzung bestimmter Kommunikationsmittel oder -dienste** betrifft jede technische Möglichkeit zum Informationsaustausch, also alle Arten von Telekommunikations- und Postdienstleistungen einschließlich des Zugangs zum Internet, der Nutzung von Social Media[330] sowie von Mobiltelefonen.[331] Hingegen rechtfertigt § 56 **215**

---

[325] BT-Drs. 18/4097, 54.
[326] Ähnlich *Hailbronner* AuslR AufenthG § 56 Rn. 31.
[327] S. BT-Drs. 18/4097, 54.
[328] BT-Drs. 18/4097, 54.
[329] Vgl. auch *Kinzig* in Schönke/Schröder StGB § 68b Rn. 7.
[330] *Bauer* in Bergmann/Dienelt AufenthG § 56 Rn. 17.
[331] *Tanneberger/Fleuß* in BeckOK AuslR AufenthG § 56 Rn. 23, aA *Bauer* in Bergmann/Dienelt AufenthG § 56 Rn. 17.

Abs. 4 AufenthG kein Nutzungsverbot für reine Empfangsgeräte (TV, Radio) oder die Nutzung von Zeitungen und Büchern, da es sich insoweit nicht um Kommunikationsmittel oder -dienste handelt.[332] Weitere Voraussetzung für ein Verbot von Kommunikationsmitteln ist es, dass andere Kommunikationsmittel verbleiben. Aus der Verwendung des Plural folgt, dass jedenfalls zwei weitere Kommunikationsmittel offenstehen müssen.

216 Bei der Ausübung des Auswahlermessens hinsichtlich der konkreten Maßnahme hat die Ausländerbehörde die hohe grundrechtliche Bedeutung von Art. 5 Abs. 1 GG in den Blick zu nehmen. Die Maßnahme muss besonders sorgfältig auf ihre Verhältnismäßigkeit geprüft werden.

217 Widerspruch und Anfechtungsklage gegen eine Maßnahme nach Abs. 4 haben kraft Gesetzes keine aufschiebende Wirkung, § 56 Abs. 5 S. 2 AufenthG.

4. Elektronische Aufenthaltsüberwachung

218 Der Gesetzgeber hat mit § 56a AufenthG eine Vorschrift über die elektronische Aufenthaltsüberwachung (**„elektronische Fußfessel"**) in das AufenthG eingefügt.[333] Die Vorschrift ist in ihrer Struktur § 56 BKAG[334] nachgebildet und dient der Durchsetzung räumlicher Beschränkungen nach den Abs. 2 und 3 sowie des Kontaktverbots nach Abs. 4. Da die Regelungen des § 56 AufenthG nicht als Ersatz für eine Abschiebungshaft dienen können (→ Rn. 188 ff.), irrt der Gesetzgeber, wenn es in der Begründung zum Gesetzesentwurf heißt, es werde hier ein weiteres milderes Mittel zur Haft eingeführt.[335] Die Verpflichtung darf nur auf richterliche Anordnung (§ 56a Abs. 1 AufenthG) und zwar durch das örtlich zuständige Amtsgericht im Verfahren nach dem FamFG (§ 56a Abs. 9 AufenthG) ergehen. Die umfangreiche Regelung in § 56a AufenthG sieht insbesondere eine zeitliche Beschränkung der Anordnung für längstens drei Monate, allerdings mit Verlängerungsmöglichkeit, vor. Die Vorschrift dürfte weiterhin in der Praxis keine Bedeutung haben. Es findet sich etwa bei beck-online keine einzige gerichtliche Entscheidung zu der Vorschrift.[336]

5. Sanktionsmöglichkeiten

219 Verstöße gegen § 56 AufenthG sind in § 95 Abs. 1 Nr. 6a AufenthG straf- und in § 98 Abs. 2 Nr. 5 und 5a AufenthG bußgeldbewehrt.

---

[332] *Tanneberger/Fleuß* in BeckOK AuslR AufenthG § 56 Rn. 23; aA Hailbronner AuslR AufenthG § 56 Rn. 29.
[333] Durch Gesetz v. 20.7.2017 (BGBl. I 2780).
[334] Eingefügt durch Gesetz v. 1.6.2017 (BGBl. I 1354).
[335] BT-Drs. 18/11546, 19.
[336] Abfrage am 15.1.2020.

4. Kapitel. Vollstreckung der Ausreisepflicht

§ 8 Vollstreckung mittels Abschiebung und Zurückschiebung

Übersicht

	Rn.
A. Allgemeines	1
B. Zurückschiebung (§ 57 AufenthG)	4
I. Rechtsnatur	4
II. Voraussetzungen nach § 57 Abs. 1 AufenthG	10
III. Voraussetzungen nach § 57 Abs. 2 AufenthG	16
C. Abschiebung (§§ 58 ff. AufenthG)	21
I. Rechtsnatur der Abschiebung	21
II. Abschiebungsvoraussetzungen	23
1. Vollziehbare Ausreisepflicht	27
2. Vorliegen eines Abschiebungsgrundes	33
3. Abschiebungsandrohung nach § 59 Abs. 1 AufenthG	41
III. Keine Abschiebungsverbote und -hindernisse	51
1. Schutzbegehren des Betroffenen	53
2. Wirkungen einer unanfechtbaren Abschiebungsandrohung	56
IV. Der Vollzug der Abschiebung	58
1. Grundsatz der Verhältnismäßigkeit in der Vollstreckung	58
2. Abschiebung unbegleiteter Minderjähriger	60
3. Freiheitsbeschränkungen während der Abschiebung	63
4. Betreten von Wohnungen zur Ermöglichung der Abschiebung	67
5. Abschiebung auf dem Luftweg	69
V. Rechtsfolgen der Abschiebung – das Einreise- und Aufenthaltsverbot	70
1. Die Entwicklung der Regelung	72
2. Dauer des Einreiseverbots	74
3. Einreise- und Aufenthaltsverbot außerhalb des Anwendungsbereichs der Rückführungs-RL	75
VI. Rechtsschutz	79
1. Rechtsschutz gegen die Abschiebungsandrohung und die Ausreisefrist	80
a) Klageverfahren	81
b) Vorläufiger Rechtsschutz	86
2. Rechtsschutz gegen die Abschiebung selbst	88
a) Vorläufiger Rechtsschutz	89
b) Klageverfahren	92
3. Rechtsschutz gegen das Einreiseverbot	93
4. Rückgängigmachung der Folgen der Abschiebung	94
a) Klageverfahren	96
b) Vorläufiger Rechtsschutz	97
D. Die Abschiebungsanordnung (§ 58a AufenthG)	99
I. Allgemeines	99
II. Gefahrenbegriffe und -intensität	102
1. Besondere Gefahr für die Sicherheit der Bundesrepublik Deutschland	102
2. Terroristische Gefahr	104
3. Eintrittswahrscheinlichkeit	105
III. Abschiebungsverbote	111
IV. Einreise- und Aufenthaltsverbot	113
V. Verfahren und Rechtsschutz	114
1. Anhörung	114
2. Rechtsschutz	117

A. Allgemeines

1 Die für einen Ausländer ohne Aufenthaltsberechtigung durch § 50 AufenthG begründete Pflicht zur Ausreise ist im Fall ihrer Nichterfüllung durch eine Abschiebung (§ 58 AufenthG) zu vollstrecken. Bei unerlaubter Einreise über die Grenze soll dies durch Zurückschiebung erfolgen (§ 57 AufenthG). Beides sind **Maßnahmen der Verwaltungsvollstreckung**. Während die Abschiebung eine Vollzugsmaßnahme zur Durchsetzung einer Rückkehrentscheidung nach den Regeln der **Rückführungs-RL 2008/115/EG**[1] darstellt, ist die Zurückschiebung eine Maßnahme nationalen Rechts, auf die die Richtlinie keine Anwendung findet. Für die Beibehaltung des Rechtsinstituts der Zurückschiebung hat der deutsche Gesetzgeber von der **Öffnungsklausel** in Art. 2 Abs. 2a Rückführungs-RL Gebrauch gemacht (Aufgreifen „in Verbindung mit dem illegalen Überschreiten der Außengrenze eines Mitgliedstaats").

2 Bei beiden Maßnahmen der Verwaltungsvollstreckung besteht ein erhebliches **Vollzugsdefizit**. Im Jahr 2018 belief sich die Zahl der Zurückschiebungen auf 2.497 und die der Abschiebungen auf 23.617, obwohl 235.957 Personen ausreisepflichtig waren, davon 180.124 Personen mit einer Duldung und 55.833 Personen ohne Duldung.[2] Nur in 15.962 Fällen erfolgte eine (mit öffentlichen Mitteln geförderte) freiwillige Ausreise. Die Zahl der (öffentlich geförderten) **freiwilligen Rückkehrer reduzierte sich** von 54.069 Personen in 2016 und 29.587 Personen in 2017 auf 15.962 in 2018. Die **geringe Zahl der Abschiebungen** ist zum einen darauf zurückzuführen, dass bei einer erheblichen Zahl von Personen Reisedokumente fehlen oder Abschiebungshindernisse vorliegen (zB Reiseunfähigkeit). Mitursächlich sind aber auch die Komplexität des Abschiebungsrechts und der mangelnde Vollzugswille einiger politisch Verantwortlicher in bestimmten Bundesländern.

3 Mit der Abschiebung und Zurückschiebung wird kein Verwaltungsakt vollstreckt, sondern eine gesetzliche Handlungspflicht durchgesetzt.[3] Zuständig für Zurückschiebungen sind vorrangig die Grenzbehörden (§ 71 Abs. 3 AufenthG), unter bestimmten Voraussetzungen auch die Länderpolizeien (§ 71 Abs. 5 AufenthG). Für Abschiebungen liegt die Zuständigkeit primär bei den Ausländerbehörden (§ 71 Abs. 1 AufenthG), die tatsächliche Vollstreckung erfolgt jedoch unter Inanspruchnahme der Landes- und Bundespolizei (§ 71 Abs. 3 und 5 AufenthG).

B. Zurückschiebung (§ 57 AufenthG)

I. Rechtsnatur

4 Die in § 57 AufenthG geregelte Zurückschiebung ermöglicht die unverzügliche und **erleichterte Entfernung eines Ausländers** aus Deutschland nach einer illegalen Einreise über eine **Schengen-Außengrenze** und für bestimmte in Abs. 2 geregelte Fälle auch nach unerlaubter Einreise über eine Schengen-Binnengrenze. Sie ergänzt das grenzpolizeiliche Instrument der **Zurückweisung** iSv § 15 AufenthG. Während die Zurückweisung eine Verweigerung der Einreise bedeutet, sind mit vollendeter Einreise nur noch die Zurückschiebung und die Abschiebung zulässig. Die Zurückschiebung dient dazu, einen bereits eingetretenen illegalen Aufenthalt zu beenden, und zwar im **grenznahen Raum** im **unmittelbaren zeitlichen Zusammenhang mit der unerlaubten Einreise**. Der Einreisevorgang muss aber bereits abgeschlossen sein (vgl. § 13 Abs. 2 AufenthG).

---

[1] ABl. L 348, 98.
[2] BT-Drs. 19/8021 v. 26.2.2019.
[3] BVerwG Urt. v. 10.12.2014 – 1 C 11/14, NVwZ 2015, 830 Rn. 13 für Zurückschiebung; VGH Mannheim Beschl. v. 20.6.2016 – 11 S 914/16, InfAuslR 2016, 333 Rn. 5 für Abschiebung.

Die Zurückschiebung wird nach den Regeln für die Zurückweisung und nicht nach 5
denen der Abschiebung vollzogen. Sie bedarf also **nicht der vorherigen Androhung
und Fristsetzung**.[4] Im Vergleich zur Abschiebung stellt sie die speziellere und einfacher
zu vollziehende Maßnahme dar.

Die Zurückschiebung ist ein Realakt, der eine Aufenthaltsbeendigung durch **unmittel-** 6
bare Vollstreckung der tatbestandlich vorausgesetzten und kraft Gesetzes vollziehbaren
Ausreisepflicht erlaubt, ohne dass ein Grundverwaltungsakt erlassen werden muss.[5] Allerdings ist es der Verwaltung nicht verwehrt, die Zurückschiebung im Vorfeld ihrer tatsächlichen Durchführung gegenüber dem Betroffenen in Form eines Verwaltungsakts zu verfügen und ihm auf diese Weise eine gerichtliche Klärung der für die Zurückschiebung
relevanten und zwischen den Beteiligten streitigen Rechts- oder Tatsachenfragen zu ermöglichen. Dadurch enthebt sie die Maßnahme einem späteren Streit über ihre Rechtmäßigkeit, etwa im Rahmen der Geltendmachung der durch sie entstehenden Kosten.

Die Vorschriften der Rückführungs-RL, nach der die Mitgliedstaaten zum Erlass einer 7
Rückkehrentscheidung mit Fristsetzung verpflichtet sind, sind auf die Zurückschiebung
nach § 57 Abs. 1 AufenthG nicht anwendbar. Mit der Öffnungsklausel in Art. 2 Abs. 2a
Rückführungs-RL will der EU-Richtliniengeber nach der Auslegung der Norm durch
den EuGH den Mitgliedstaaten ermöglichen, an ihren Außengrenzen weiterhin **vereinfachte nationale Rückführungsverfahren** durchzuführen, ohne alle von der Richtlinie
vorgesehenen Verfahrensschritte befolgen zu müssen. Dadurch sollen die beim Überschreiten dieser Grenzen aufgegriffenen Drittstaatsangehörigen schneller außer Landes gebracht
werden können.[6]

Bei einer **Abschiebung im Binnengrenzraum** nach § 57 Abs. 2 AufenthG sind hin- 8
gegen Art. 6 Abs. 2 und 3 Rückführungs-RL zu beachten.

Nach § 57 Abs. 3 AufenthG finden auf die Zurückschiebung bestimmte **Schutzvor-** 9
schriften Anwendung. Dazu gehören die Beschränkungen bei Zurückschiebung eines
Inhabers eines Rechts zum Daueraufenthalt/EU gemäß § 58 Abs. 1b AufenthG, die Belehrungspflicht bei unerlaubter Beschäftigung gemäß § 59 Abs. 8 AufenthG, die Vorschriften über Abschiebungsverbote nach § 60 Abs. 1 bis 5 und 7 bis 9 AufenthG und die
Haftregeln der §§ 62, 62a AufenthG.

II. Voraussetzungen nach § 57 Abs. 1 AufenthG

Zunächst muss der Ausländer in Verbindung mit einer unerlaubten Einreise über eine 10
Schengen-Außengrenze aufgegriffen worden sein. Eine Schengen-Außengrenze ist im
förmlichen Sinne zu verstehen, die temporäre Wiedereinführung von Grenzkontrollen an
Schengen-Binnengrenzen genügt hierfür nicht.[7] Da Deutschland keine Landgrenzen zu
Nicht-Schengen-Staaten hat, kommt eine Zurückschiebung nach § 57 Abs. 1 nur bei
Einreise an See- oder Flughäfen in Betracht.

Es muss eine **materiell unerlaubte Einreise** iSv § 14 Abs. 1 AufenthG vorliegen. Eine 11
lediglich formell unerlaubte Einreise iSv § 13 Abs. 1 AufenthG genügt nicht. Nach der
Legaldefinition des § 14 Abs. 1 AufenthG ist die Einreise eines Ausländers unerlaubt, wenn
er einen erforderlichen Aufenthaltstitel oder einen erforderlichen Pass oder Passersatz nicht
besitzt oder aufgrund einer früheren Ausweisung, Zurückschiebung oder Abschiebung
einem Einreiseverbot nach § 11 Abs. 1, Abs. 6 oder 7 AufenthG unterliegt. Als ungeschriebenes Tatbestandsmerkmal ist weiter erforderlich, dass der Ausländer vollziehbar ausreisepflichtig ist, was bei einer unerlaubten Einreise jedoch stets der Fall ist.[8]

---

[4] BT-Drs. 11/6321, 77 zu § 61 AuslG 1990; OVG Münster Beschl. v. 26.2.2013 – 18 B 572/12, BeckRS 2013, 51232 Rn. 39.
[5] BVerwG Urt. v. 10.12.2014 – 1 C 11.14, NVwZ 2015, 830 Rn. 13.
[6] EuGH Urt. v. 7.6.2016 – C-47/15, BeckRS 2016, 81139 Rn. 72.
[7] *Lutz* in Hailbronner/Thym EU Immigration Law 673 Rn. 9.
[8] *Winkelmann/Kolber* in Bergmann/Dienelt AufenthG § 57 Rn. 11.

12 Der Ausländer muss „**in Verbindung mit**" der unerlaubten Einreise aufgegriffen worden sein. Das ist die gleiche Formulierung wie in der Öffnungsklausel des Art. 2 Abs. 2a Rückführungs-RL. Unter Berücksichtigung deren Entstehungsgeschichte ist unter der geforderten „Verbindung" ein **unmittelbarer räumlicher und zeitlicher Zusammenhang** mit dem Grenzübertritt zu verstehen. Nur eine solche restriktive Interpretation entspricht dem Charakter der Öffnungsklausel im EU-Recht als Ausnahmeregelung.[9] In dieser Weise verstehen der EuGH in seinem Urteil „Affum" von 2016[10] und die Kommission in ihrem Rückkehr-Handbuch von 2017[11] die Öffnungsklausel. Danach muss der Ausländer von den zuständigen Behörden zum Zeitpunkt des illegalen Überschreitens der Außengrenze selbst oder nach dem Übertritt in der Nähe dieser Grenze aufgegriffen oder abgefangen worden sein.

13 Der **räumliche Zusammenhang** bezieht sich auf das Grenzgebiet einschließlich des grenznahen Raums. Dieser grenznahe Raum kann in Deutschland in Orientierung an der Regelung in § 2 Abs. 2 Nr. 3 BPolG dahin verstanden werden, dass er bis zu einer Tiefe von 30 Kilometern an den Landgrenzen und bis zu 50 km an Seegrenzen reicht.[12] In diesem Gebiet muss der Ausländer in unmittelbarem **zeitlichem Zusammenhang** mit seiner unerlaubten Einreise angetroffen worden sein, also **am Tag** des Grenzübertritts oder **innerhalb weniger Tage** nach dem Grenzübertritt.[13] Um die Regelung in Einklang mit der Rückführungs-RL zu bringen, wurde durch das Richtlinienumsetzungsgesetz von 2011[14] die bis dahin geltende Regelung in § 57 Abs. 1 AufenthG aF gestrichen, die eine Zurückschiebung innerhalb eines Sechs-Monats-Zeitraums nach Grenzübertritt erlaubte.[15]

14 Bei Erfüllung der tatbestandlichen Voraussetzungen des § 57 Abs. 1 AufenthG „**soll**" der Ausländer zurückgeschoben werden. Von der Maßnahme kann jedoch ausnahmsweise abgesehen werden, etwa aus humanitären Gründen, bei Vorliegen eines besonderen öffentlichen Interesses oder wenn sich der Vollzug als unverhältnismäßig darstellt (Nr. 57.1.7 AVV-AufenthG).

15 Grundsätzlich wird ein Ausländer **in den Staat zurückgeschoben,** von dem aus er nach Deutschland einzureisen versucht hat. Eine Rückführung kann aber auch in den Staat erfolgen, dessen Staatsangehörigkeit der Ausländer besitzt oder in dem er seinen gewöhnlichen Aufenthalt hatte. Die Zurückschiebung setzt allerdings voraus, dass für den Zielstaat keine Abschiebungsverbote bestehen.

III. Voraussetzungen nach § 57 Abs. 2 AufenthG

16 § 57 Abs. 2 AufenthG regelt zwei Sonderfälle, in denen eine Zurückschiebung erfolgen soll. Die **erste Regelung** betrifft die Zurückschiebung eines vollziehbar ausreisepflichtigen Ausländers in einen EU-Mitgliedstaat, nach Norwegen oder in die Schweiz, wenn mit dem betreffenden Staat ein Übernahmeabkommen besteht. Die **zweite Regelung** betrifft die Überstellung von Asylantragstellern in den zuständigen Dublin-Mitgliedstaat, die in unmittelbarem zeitlichem Zusammenhang mit einer unerlaubten Einreise nach Deutschland angetroffen worden sind. In diesen Fällen ist eine Zurückschiebung auch an **Schengen-Binnengrenzen** zulässig.

17 Die sich auf **Übernahmeabkommen beziehende Regelung** macht von der den Mitgliedstaaten in Art. 6 Abs. Rückführungs-RL eröffneten Regelungskompetenz Gebrauch. Danach können die Mitgliedstaaten davon **absehen, eine Rückkehrentscheidung** gegen

---

[9] *Hailbronner* AuslR AufenthG § 57 Rn. 20 mwN.
[10] EuGH Urt. v. 7.6.2016 – C-47/15, BeckRS 2016, 81139 Rn. 72.
[11] Rückkehr-Handbuch v. 16.11.2017, C(2017) 6505 final Annex 1, 17.
[12] BGH Beschl. v. 28.4.2011 – V ZB 239/10, Rn. 7; *Hailbronner* AuslR AufenthG § 57 Rn. 20; *Funke-Kaiser* in GK-AufenthG § 57 Rn. 48.
[13] Für eine eher enge Auslegung des Zeitmoments: *Funke-Kaiser* in GK-AufenthG § 57 Rn. 47.
[14] Gesetz v. 22.11.2011, BGBl. I 2258.
[15] *Winkelmann/Kolber* in Bergmann/Dienelt AufenthG § 57 Rn. 7.

illegal in ihrem Gebiet aufhältige Drittstaatsangehörige **zu erlassen,** wenn diese Personen von einem anderen Mitgliedstaat aufgrund von zum Zeitpunkt des Inkrafttretens der Richtlinie geltenden bilateralen Abkommen oder Vereinbarungen wieder aufgenommen werden. In einem solchen Fall erlässt der Mitgliedstaat, der die betreffenden Drittstaatsangehörigen aufgenommen hat, die Rückkehrentscheidung und gewährt dagegen den in Art. 13 Rückführungs-RL vorgesehenen Rechtsschutz.

Die **Sonderregelung für Ausländer,** die in einem anderen Mitgliedstaat **einen Asylantrag** gestellt haben, dient ihrer Zurückschiebung in diesen für sie nach den Regeln der Dublin III-Verordnung zuständigen Mitgliedstaat. Sie setzt voraus, dass der Ausländer von der Grenzbehörde im unmittelbaren zeitlichen Zusammenhang mit einer unerlaubten Einreise aufgegriffen wird. Sie erfasst nur die Fälle, in denen der Ausländer nicht in Deutschland um Asyl nachsucht, sondern zu touristischen oder sonstigen Zwecken illegal ins Bundesgebiet einreist.[16] Stellt der Ausländer in Deutschland einen weiteren Asylantrag, wird die Zurückschiebungsregelung des § 57 Abs. 2 Alt. 2 AufenthG **durch die Vorschriften der Dublin III-Verordnung überlagert,** die einer Zurückschiebung ohne vorherige Durchführung eines Aufnahme- oder Wiederaufnahmeverfahrens durch das Bundesamt für Migration und Flüchtlinge entgegenstehen. 18

Vom Unionsrecht überlagert und insoweit nicht anwendbar sind derzeit auch die Vorschriften des § 18 Abs. 3 AsylG und § 19 Abs. 3 AsylG, die – ähnlich wie § 57 Abs. 2 Alt. 2 AufenthG – eine Zurückschiebung an der Grenze bei Zuständigkeit eines anderen EU-Mitgliedstaats oder bei **Einreise aus einem sicheren Drittstaat** iSd nationalen Rechts vorsehen. 19

Allerdings kann auch nach erfolgter, aber **unzulässiger Asylantragstellung in Deutschland** die sich anschließende **Überstellung** iSv Art. 26 Dublin III-Verordnung nach Ausschöpfung der in Art. 27 Dublin III-Verordnung vorgesehenen Rechtsmittel **in Gestalt einer Zurückschiebung** erfolgen. Nach einer in der Literatur vertretenen Auffassung kann eine Zurückschiebung schon vor Durchführung des Verfahrens nach der Dublin III-Verordnung verfügt werden, darf bis zu deren rechtskräftigem Abschluss aber nicht vollzogen werden.[17] 20

C. Abschiebung (§§ 58 ff. AufenthG)

I. Rechtsnatur der Abschiebung

Die in § 58 AufenthG geregelte Abschiebung ist eine Maßnahme der Zwangsvollstreckung in der Form der Ausübung unmittelbaren Zwangs. Sie dient der Durchsetzung der Ausreisepflicht eines Ausländers durch dessen Entfernung aus Deutschland. Die Abschiebung ist ein Realakt, ihr geht aber in aller Regel eine Verwaltungsakt, nämlich ihre Androhung (§ 59 AufenthG) oder Anordnung (§ 58a AufenthG, § 34a AsylG) voraus. 21

Die Abschiebung dient der Durchsetzung einer Rückkehrentscheidung nach den Regeln der **Rückführungs-RL 2008/115/EG.**[18] Die für sie maßgeblichen nationalen Vorschriften sind daher im Licht der Richtlinie auszulegen. Diese geht bei illegalem Aufenthalt von einer Verpflichtung zur Rückkehr aus (Art. 6 Abs. 1 Rückführungs-RL), die im Fall der nicht freiwilligen Erfüllung mittels Abschiebung zwangsweise durchzusetzen ist (Art. 8 Abs. 1 Rückführungs-RL). Der **EuGH** betont in ständiger Rechtsprechung, dass die Mitgliedstaaten grundsätzlich **verpflichtet sind,** gegen alle illegal in ihrem Hoheitsgebiet aufhältigen Drittstaatsangehörigen eine **Rückkehrentscheidung zu erlassen.**[19] Sie dürfen gleichzeitig eine Entscheidung über die Beendigung des legalen Aufenthalts sowie eine 22

---

[16] *Fränkel* in NK-AuslR AufenthG § 57 Rn. 16.
[17] *Funke-Kaiser* in GK-AufenthG § 57 Rn. 44.
[18] ABl. L 348, 98.
[19] EuGH Urt. v. 23.4.2015 – C-38/14, BeckRS 2015, 80557 Rn. 31.

Rückkehrentscheidung erlassen (Art. 6 Abs. 6 Rückführungs-RL).[20] Zudem darf das Ziel der Rückführung nicht durch andere Maßnahmen, etwa die Verhängung von Strafen für den illegalen Aufenthalt, beeinträchtigt werden.[21] Wenn es an der Bereitschaft zur freiwilligen Rückkehr fehlt, ist die den Mitgliedstaaten durch Art. 8 Rückführungs-RL auferlegte Pflicht, die Abschiebung vorzunehmen, „innerhalb kürzester Frist" zu erfüllen.[22] Allerdings steht dem betroffenen Ausländer das Recht auf einen wirksamen Rechtsbehelf gegen den Vollzug der Maßnahme zu, die seine Abschiebung ermöglicht. Dieser muss kraft Gesetzes aufschiebende Wirkung bis zu einer ersten gerichtlichen Entscheidung haben, wie der EuGH erneut in seinem Urteil in der Sache Gnandi betont.[23]

II. Abschiebungsvoraussetzungen

23   Die Abschiebung setzt nach §§ 58, 59 AufenthG voraus, dass
  (a) der Ausländer vollziehbar ausreisepflichtig ist,
  (b) ein Abschiebungsgrund vorliegt: entweder weil die freiwillige Erfüllung der Ausreisepflicht nicht gesichert ist (§ 58 Abs. 1 AufenthG) oder die Ausreise aus Gründen der öffentlichen Sicherheit und Ordnung überwachungsbedürftig ist (§ 58 Abs. 3 AufenthG),
  (c) eine vollziehbare Abschiebungsandrohung nach § 59 Abs. 1 AufenthG erfolgt ist oder auf eine solche ausnahmsweise verzichtet werden kann,
  (d) eine nach § 50 Abs. 2 AufenthG oder § 59 Abs. 1 AufenthG verfügte Ausreisefrist abgelaufen ist und eine Ausreise des Ausländers innerhalb der gesetzten Frist nicht erfolgt ist oder ausnahmsweise eine Ausreisefrist nicht gewährt zu werden brauchte,
  (e) keine Abschiebungsverbote nach § 60 AufenthG oder Abschiebungshindernisse nach § 60a, b, c und d AufenthG vorliegen.

24   Die Abschiebung bedarf als Vollstreckungsmaßnahme **keiner Anordnung durch Verwaltungsakt,** die Behörde ist aber nicht gehindert, eine solche zur Klärung der Rechtslage zu erlassen.[24] Für ihre Einleitung und Überwachung ist in der Regel die **Ausländerbehörde zuständig** (§ 71 Abs. 1 AufenthG), auch wenn sie zur Durchführung der Abschiebung typischerweise die Polizei eines Landes oder die Bundespolizei heranzieht. Denn sie behält bis zum Abschluss des Abschiebungsvorgangs die **rechtliche Sachherrschaft** darüber, ob die Abschiebung durch- oder weitergeführt wird, während die herangezogenen Behörden nur über das „Wie" der Abschiebung entscheiden.[25] Ist die Zwangsmaßnahme ohne zeitliche Verzögerung durchführbar, bedarf es keiner freiheitsbeschränkenden Maßnahme; andernfalls kann Abschiebungshaft (§ 62 AufenthG) erforderlich werden.

25   Die Möglichkeit zur Abschiebung entfällt nicht dadurch, dass sich der Ausländer nach Ablauf der Ausreisepflicht bereiterklärt, freiwillig auszureisen. Allerdings muss der Einsatz des Zwangsmittels weiterhin verhältnismäßig sein. Soweit § 58 Abs. 3 AufenthG die Überwachungsbedürftigkeit der Ausreise anordnet steht der Ausländerbehörde nicht die Möglichkeit offen, (erneut) die freiwillige Ausreise zuzulassen.[26] Die Überwachung der Ausreise dient der Sicherstellung der Verlassenspflicht und der Gefahrenabwehr.

26   Die Abschiebung ist abzugrenzen von der **überwachten „freiwilligen Ausreise".** Diese ist im Gesetz nicht vorgesehen, hat jedoch in der Praxis erhebliche Bedeutung. Sie wird insbesondere dann angewendet, wenn Zwangsmitteln zur Durchsetzung der Ausreise aus Rechtsgründen nicht eingesetzt werden dürfen, zB weil Ausreisehindernisse bestehen

---

[20] EuGH Urt. v. 19.6.2018 – C-181/16, NVwZ 2018, 1625 Rn. 49 – Gnandi.
[21] EuGH Urt. v. 6.12.2011 – C-329/11, BeckRS 2011, 81777 Rn. 45.
[22] EuGH Urt. v. 6.12.2011 – C-329/11, BeckRS 2011, 81777 Rn. 45; Urt. v. 23.4.2015 – C-38/14, BeckRS 2015, 80557 Rn. 33 f.
[23] EuGH Urt. v. 19.6.2018 – C-181/16, NVwZ 2018, 1625 Rn. 54 ff. – Gnandi.
[24] BVerwG Urt. v. 10.12.2014 – 1 C 11.14, NVwZ 2015, 830 Rn. 13 (zur Zurückschiebung).
[25] BVerwG Urt. v. 14.6.2005 – 1 C 11.04, NVwZ 2006, 94 Rn. 8.
[26] *Dollinger* in Bergmann/Dienelt AufenthG § 58 Rn. 12.

oder eingelegte Rechtsmittel aufschiebende Wirkung haben. Besteht in solchen Fällen aus Gründen der Gefahrenabwehr ein Bedürfnis zur Überwachung der Ausreise, kommt das in der Praxis entwickelte Instrument zur Anwendung.[27] Es löst kein Einreise- und Aufenthaltsverbot nach § 11 Abs. 1 AufenthG aus.

1. Vollziehbare Ausreisepflicht

§ 50 Abs. 1 AufenthG regelt, wann ein Ausländer **ausreisepflichtig** ist (→ § 6 Rn. 3 ff.). 27 Danach sind die dem Anwendungsbereich des AufenthG unterfallenden Ausländer, also nicht Unionsbürger, Bürger der EWR-Staaten und ihre drittstaatsangehörigen Familienangehörigen (→ § 11 Rn. 45 ff.), zur Ausreise verpflichtet, wenn sie einen erforderlichen Aufenthaltstitel nicht oder nicht mehr besitzen und ein Aufenthaltsrecht nach dem Assoziationsabkommen EWG/Türkei nicht oder nicht mehr besteht. Das bedeutet, dass in einem **ersten Schritt** zu prüfen ist, ob der Ausländer **im Besitz** eines **wirksamen** – nicht notwendigerweise rechtmäßigen – **Aufenthaltstitels** ist. Fehlt es an einem Aufenthaltstitel, ist zu untersuchen, **ob** der Ausländer **eines Aufenthaltstitels** bedarf oder ob er sich aus anderen Gründen rechtmäßig im Bundesgebiet aufhält einschließlich einer **Berechtigung nach dem Assoziationsabkommen EWG/Türkei.** Ist das nicht der Fall, ist er ausreisepflichtig.

Ein Ausländer, dessen Aufenthalt nach § 81 Abs. 3 AufenthG vorläufig als erlaubt oder 28 dessen Aufenthaltstitel nach § 81 Abs. 4 AufenthG als fortbestehend gilt, ist nicht ausreisepflichtig. Die Aufenthaltsfiktion endet jedoch, wenn ein Erlöschensgrund nach § 51 Abs. 1 AufenthG vorliegt (zB Ablauf der Gültigkeitsdauer des Passes; Auslandsaufenthalt). Ein Ausländer, der um Asyl nachsucht, ist nicht ausreisepflichtig, solange ihm gemäß § 55 Abs. 1 S. 1 AsylG der Aufenthalt gestattet ist.

§ 58 Abs. 2 AufenthG regelt, wann die Ausreisepflicht **vollziehbar** ist. Vollziehbarkeit 29 bedeutet Vollstreckbarkeit mit den Mitteln des Verwaltungszwangs. In § 58 Abs. 2 S. 1 AufenthG sind die Fälle aufgeführt, in denen die **Ausreisepflicht bereits mit ihrer Entstehung vollziehbar** ist. Das erfasst die unerlaubte Einreise (Nr. 1), die unterlassene Beantragung eines Aufenthaltstitels bei fehlender Erlaubnisfiktion nach § 81 Abs. 3 und 4 AufenthG (Nr. 2) sowie die Ausreisepflicht aufgrund einer Rückführungsentscheidung eines anderen EU-Mitgliedstaates[28] (Nr. 3).

In allen anderen Fällen tritt gemäß § 58 Abs. 2 S. 2 AufenthG die **Vollziehbarkeit** der 30 Ausreisepflicht erst ein, **wenn der Verwaltungsakt,** durch den der Ausländer ausreisepflichtig wird (zB Widerruf oder Ausweisung), **unanfechtbar oder sofort vollziehbar** ist. In bestimmten Fällen ist ein Verwaltungsakt allerdings vollziehbar, obwohl gegen ihn Rechtsbehelfe eingelegt sind. Das trifft etwa für die Versagung eines Aufenthaltstitels oder die Ablehnung seiner Verlängerung zu (§ 84 Abs. 1 Nr. 1 AufenthG), ebenso für den Widerruf eines Aufenthaltstitels als Asylberechtigter, Flüchtling oder subsidiär Schutzberechtigter wegen Vorliegens von Ausschlussgründen (§ 84 Abs. 1 Nr. 4 AufenthG).

Hingegen entfalten im Regelfall Rechtsbehelfe gegen Verwaltungsakte, die eine Aus- 31 reisepflicht begründen (zB Widerspruch gegen eine Ausweisungsverfügung) **aufschiebende Wirkung** nach § 80 Abs. 1 VwGO. Dann bleibt zwar die Ausreisepflicht bestehen (§ 84 Abs. 2 AufenthG), aber ihre Vollziehbarkeit wird gehemmt. In diesen Fällen ist eine Abschiebung nur möglich, wenn der Verwaltungsakt (zB die Ausweisung) gemäß § 80 Abs. 2 S. 1 Nr. 4 VwGO für sofort vollziehbar erklärt worden ist.

Die Ausreisepflicht kann gleichzeitig auf **mehreren Rechtsgrundlagen** beruhen, zB im 32 Fall der Ausweisung eines unerlaubt eingereisten Ausländers. Die auf der unerlaubten

---

[27] Vgl. BVerfG Beschl. v. 24.3.1995 – 2 BvR 2070/94, Rn. 31; *Dollinger* in Bergmann/Dienelt AufenthG § 58 Rn. 13 f.
[28] Die Rückführungsentscheidung des anderen Mitgliedstaats ist gem. Art. 3 RL 2001/40/EG des Rates v. 28.5.2001 über die gegenseitige Anerkennung von Entscheidungen über die Rückführung von Drittstaatsangehörigen vom zur Vollstreckung berufenen Mitgliedstaat anzuerkennen, ABl. L 149, 34.

Einreise beruhende Ausreisepflicht ist dann gemäß § 58 Abs. 2 S. 1 Nr. 1 AufenthG vollziehbar, aber die auf der Ausweisung beruhende Ausreisepflicht nur nach § 58 Abs. 2 S. 2 AufenthG, wenn die Ausweisung vollziehbar ist. Sofern die Vollziehbarkeit der Ausweisung infolge Widerspruchs oder Klage entfällt, **bleibt die Vollziehbarkeit** der Ausreisepflicht nach § 58 Abs. 2 S. 1 Nr. 1 AufenthG **bestehen**.

2. Vorliegen eines Abschiebungsgrundes

33 Ein Abschiebungsgrund liegt vor, wenn entweder die freiwillige Erfüllung der Ausreisepflicht nicht gesichert (§ 58 Abs. 1 AufenthG) oder Gründe der öffentlichen Sicherheit und Ordnung trotz Bereitschaft zur Ausreise deren Überwachung notwendig machen (§ 58 Abs. 3 AufenthG).

34 Die Ausländerbehörde muss prüfen, ob Zweifel an der Möglichkeit oder der **Bereitschaft zur freiwilligen Ausreise** bestehen. Die rechtlich gebotene Ausreise erfolgt freiwillig, wenn sie von dem Ausländer selbst organisiert und durchgeführt wird. Die Ausländerbehörde muss eine auf konkrete Tatsachen gestützte Prognose über die Erfüllung der Ausreisepflicht erstellen. Zu diesem Zweck kann sie den Ausländer nach seiner Reiseplanung befragen und sich zB Reisedokumente, Fahrausweise, Kündigung von Wohnung und Arbeitsverhältnis vorlegen lassen. Der Ausländer ist aufgrund seiner Mitwirkungspflicht nach § 82 Abs. 1 AufenthG verpflichtet, seine Vorbereitungen zur Ausreise darzulegen und zu dokumentieren.[29] Die freiwillige Ausreise ist vor allem dann nicht gesichert, wenn der Ausländer zu erkennen gibt, dass er die Ausreiseverpflichtung nicht erfüllen und sich einer Festnahme oder sonstigen Sicherungsmaßnahme zum Zwecke der Abschiebung entziehen wird. Dafür spricht etwa, dass ein Ausländer, um einer Beendigung seines Aufenthalts zu entgehen, sich von seinem zugewiesenen Aufenthaltsort unerlaubt entfernt und sich unter Angabe von Alias-Personalien in einer anderen Kommune aufhält.[30]

35 Ein Abschiebungsgrund liegt auch dann vor, wenn trotz Bereitschaft zur Ausreise deren **Überwachung** aus Gründen der öffentlichen Sicherheit und Ordnung **erforderlich** erscheint. Derartige Gründe finden sich in § 58 Abs. 3 AufenthG, die Aufzählung ist jedoch nicht abschließend („insbesondere"). Eine Überwachungsbedürftigkeit ist insbesondere dann anzunehmen, wenn der Ausländer sich auf richterliche Anordnung in **Haft** oder in sonstigem öffentlichen Gewahrsam befindet (Nr. 1), er innerhalb der ihm gesetzten Ausreisefrist **nicht ausgereist** ist (Nr. 2), nach §§ 54, 53 Abs. 1 AufenthG aufgrund eines besonders **schwerwiegenden Ausweisungsinteresses** ausgewiesen worden ist (Nr. 3), **mittellos** ist (Nr. 4), **keinen Pass** oder Passersatz besitzt (Nr. 5), gegenüber der Ausländerbehörde zum Zweck der Täuschung **unrichtige Angaben** gemacht oder die Angaben verweigert hat (Nr. 6) oder zu erkennen gegeben hat, dass er seiner **Ausreisepflicht nicht nachkommen** wird (Nr. 7).

36 **Weitere Gründe der öffentlichen Sicherheit und Ordnung,** die nicht ausdrücklich in § 58 Abs. 3 AufenthG aufgeführt sind, liegen etwa vor, wenn Anhaltspunkte dafür bestehen, dass der Ausländer während der Reise eine Straftat begehen wird oder Mitreisende in anderer Weise gefährdet. Die Überwachung der Ausreise kann auch zum Schutz des Ausländers notwendig werden. Erforderlich ist die Überwachung außerdem dann, wenn Grund zu der Annahme besteht, dass der Ausländer sich der Abschiebung entziehen wird, indem er untertaucht. Letzteres ist bei illegal eingereisten Ausländern anzunehmen, wenn weitere Anhaltspunkte, wie zB eine frühere Abschiebung, vorliegen. Die Befürchtung, dass sich der Ausländer entziehen könnte, ist im Fall einer illegalen Einreise jedenfalls dann begründet, wenn weitere Indizien hinzutreten, etwa die Missachtung aufenthaltsrechtlicher Bestimmungen.[31] Bejaht die Behörde aufgrund konkreter Anhaltspunkte eine Gefährdung öffentlicher Interessen, etwa weil der Ausländer straffällig werden könnte oder

---

[29] *Kluth* in BeckOK AuslR AufenthG § 58 Rn. 29.
[30] VG Bayreuth Beschl. v. 23.8.2016 – B 4 E 16.467, BeckRS 2016, 54172 Rn. 31.
[31] VGH Mannheim Urt. v. 14.11.1985 – 1 S 2/84, VBlBW 1986, 429 (430).

untertauchen will, so sind an die Wahrscheinlichkeit der Gefährdung umso geringere Anforderungen zu stellen, je schwerer die zu erwartenden Schäden sind.[32]

Bei der **Abschiebung aus der richterlich angeordneten Haft** wird von Gesetzes wegen eine Überwachung der Ausreise ohne nähere Prüfung des Einzelfalls für erforderlich gehalten. Es ist umstritten, ob die Regelung in dieser Pauschalität vereinbar ist mit **Art. 7 Abs. 4 Rückführungs-RL.** Die Richtlinie ist zu beachten, weil die Abschiebung die Vollstreckung einer Rückkehrentscheidung iSv Art. 6 Rückführungs-RL darstellt. Damit muss gemäß Art. 7 Abs. 1 Rückführungs-RL grundsätzlich die Möglichkeit zur freiwilligen Ausreise innerhalb einer bestimmten Frist eingeräumt werden. Eine Ausnahme macht die Richtlinie allerdings in Art. 7 Abs. 4 ua für den Fall, dass **Fluchtgefahr** besteht oder der Ausländer eine **Gefahr für die öffentliche Ordnung,** die öffentliche Sicherheit oder die nationale Sicherheit darstellt. 37

Der VGH Mannheim ist der Auffassung, dass die Annahme einer Gefahr für die öffentliche Ordnung iSv Art. 7 Abs. 4 Rückführungs-RL zwingend eine **individuelle Prüfung des Einzelfalls** erfordere und nicht – wie dies das nationale Recht in § 59 Abs. 5 S. 1 iVm § 58 Abs. 3 Nr. 1 AufenthG vorsieht – allein aus der Tatsache geschlossen werden könne, dass sich der Betreffende in (Straf-)haft befinde.[33] Dafür spricht die Rechtsprechung des EuGH, der insoweit verlangt, bei Art. 7 Abs. 4 Rückführungs-RL eine Beurteilung des Einzelfalls vorzunehmen, um zu prüfen, ob das persönliche Verhalten des betreffenden Drittstaatsangehörigen eine tatsächliche und gegenwärtige Gefahr für die öffentliche Ordnung darstellt.[34] Auch das Rückkehr-Handbuch der EU-Kommission von 2017 vertritt diese Rechtsauffassung.[35] 38

Allerdings muss unionsrechtlich lediglich sichergestellt werden, dass die **Gefahr für die öffentliche Ordnung,** wie sie in Art. 7 Abs. 4 Rückführungs-RL vorausgesetzt wird, von der Ausländerbehörde bereits an anderer Stelle unter Berücksichtigung aller Umstände des Einzelfalls geprüft worden ist. Dies wird in der Regel jedenfalls im Rahmen der Ausweisung geschehen. Ist dies erfolgt, bedarf es keiner erneuten Prüfung vor Abschiebung aus der Haft.[36] 39

Der VGH München sieht in der pauschalen Regelung des § 58 Abs. 3 Nr. 1 AufenthG **keinen Verstoß** gegen Art. 7 Abs. 4 Rückführungs-RL.[37] 40

3. Abschiebungsandrohung nach § 59 Abs. 1 AufenthG

Die Abschiebung ist nach § 59 Abs. 1 AufenthG schriftlich unter Bestimmung einer Frist für die freiwillige Ausreise zwischen sieben und 30 Tagen anzudrohen. Die Abschiebungsandrohung ist eine Regelvoraussetzung für die Durchführung der in § 58 AufenthG geregelten Abschiebung.[38] Der Zweck der Abschiebungsandrohung besteht darin, dem Ausländer Gelegenheit zu geben, seine **persönlichen Angelegenheiten zu ordnen** und freiwillig seiner Pflicht zum Verlassen des Bundesgebietes nachzukommen. Außerdem ermöglicht sie ihm, **Gründe gegen die Abschiebung vorzubringen** und **Rechtsbehelfe** einzulegen, bevor die Abschiebung mit Zwangsmaßnahmen durchgeführt wird.[39] 41

Die Abschiebungsandrohung ist eine **Rückkehrentscheidung** iSv Art. 6 Rückführungs-RL.[40] Sie dient damit der effektiven Durchsetzung der unionsrechtlichen Pflicht, 42

---

[32] BVerwG Beschl. v. 22.8.1986 – 1 C 34.83, NVwZ 1987, 57.
[33] VGH Mannheim Beschl. v. 30.8.2016 – 11 S 1660/16, InfAuslR 2016, 421 Rn. 7.
[34] EuGH Urt. v. 11.6.2015 – C-554/13, NVwZ 2015, 1200 Rn. 57.
[35] Rückkehr-Handbuch v. 16.11.2017, C(2017) 6505 finalAnhang, 41 f.
[36] VGH Mannheim Urt. v. 29.3.2017 – 11 S 2029/16, VBlBW 2018, 15 Rn. 80 ff.
[37] VGH München Beschl. v. 12.12.2016 – 10 C 16.2176, BeckRS 2016, 110053 Rn. 7; *Hocks* in NK-AuslR AufenthG § 59 Rn. 17; *Kluth* in BeckOK AufenthG § 59 Rn. 20 ff.; *Hailbronner* AuslR AufenthG § 59 Rn. 79, wenn die Haft als Folge der Begehung einer strafbaren Handlung verhängt worden ist.
[38] BVerwG Urt. v. 22.3.2012 – 1 C 3.11, NVwZ-RR 2012, 529 Rn. 13.
[39] BVerwG Urt. v. 17.8.2010 – 10 C 18.09, InfAuslR 2010, 464 Rn. 18.
[40] BT-Drs. 17/5470, 24 zu § 59 AufenthG; VGH Mannheim Beschl. v. 19.11.2013 – A 10 S 2362/13, BeckRS 2013, 59830 Rn. 8.

43 Die Abschiebung ist grundsätzlich mit einer **Fristsetzung** zur Ermöglichung der freiwilligen Ausreise anzudrohen (§ 59 Abs. 1 S. 1 AufenthG). Für die Festsetzung der Frist ist ein Rahmen von sieben bis 30 Tagen vorgegeben. Bei ihrer Bemessung hat die Behörde abzuwägen zwischen dem öffentlichen Interesse an einer schnellen Ausreise und den persönlichen Belangen des ausreisepflichtigen Ausländers. Die Ausreisefrist soll es dem Betroffenen ermöglichen, seine beruflichen und persönlichen Verpflichtungen in Deutschland abzuwickeln und eine Abschiebung durch eine freiwillige Ausreise zu vermeiden.[41] Darüber hinaus gewährleistet die Ausreisefrist im Hinblick auf die Rechtsschutzgarantie des Art. 19 Abs. 4 GG, dass der Ausländer wirksamen Rechtsschutz erlangen kann. Neben der Art des bisherigen Aufenthalts ist regelmäßig dessen Dauer von Bedeutung, weil nach längerem Aufenthalt in Deutschland die vor der Ausreise erforderliche Regelung der Angelegenheiten des Ausländers im Allgemeinen mehr Zeit beansprucht als nach einer kurzen Verweildauer.

44 Eine über 30 Tage **hinausgehende Frist** kann geboten sein, wenn schulpflichtige Kinder vorhanden sind oder besondere familiäre oder soziale Bindungen bestehen, die im Einzelfall eine längere Ausreisefrist unter Beachtung der in Art. 7 Abs. 2 Rückführungs-RL genannten Gesichtspunkte erfordern.[42] Eine Frist von weniger als sieben Tagen oder der **Verzicht auf eine Fristsetzung** kommen in Betracht, wenn Fluchtgefahr besteht oder vom Ausländer eine erhebliche Gefahr für die öffentliche Sicherheit oder Ordnung ausgeht (§ 59 Abs. 1 S. 2 AufenthG). Bei Vorliegen der genannten Ausnahmetatbestände kann unter den weiteren Voraussetzungen des § 59 Abs. 1 S. 3 AufenthG auch ganz auf eine Androhung verzichtet werden.

45 Nach Ablauf der Frist zur freiwilligen Ausreise darf der **Termin der Abschiebung** dem Ausländer **nicht angekündigt** werden (§ 59 Abs. 1 S. 8 AufenthG). Diese 2015 eingeführte Vorschrift soll verhindern, dass der Ausländer nach erfolgter Information über die geplante Abschiebung untertaucht und damit das nach der Rückführungs-RL geforderte Ziel einer wirksamen Durchsetzung von Rückkehrentscheidungen unterläuft.[43]

46 Für die **Abschiebung aus der Haft** oder dem öffentlichen Gewahrsam bedarf es in den Fällen des § 58 Abs. 3 Nr. 1 AufenthG (richterliche Haftanordnung zur Überwachung der Ausreise) keiner Fristsetzung. In diesem Fall soll die Abschiebung aber mindestens **eine Woche vorher angekündigt** werden (§ 59 Abs. 5 AufenthG).[44]

47 Die Abschiebungsandrohung bedarf der **Schriftform**, ist zu begründen (§ 77 Abs. 1 Nr. 4 AufenthG, Art. 12 Abs. 1 Rückführungs-RL) und hat über mögliche **Rechtsbehelfe zu belehren** (§ 77 Abs. 3 AufenthG, Art. 12 Abs. 1 Rückführungs-RL). Dem Ausländer ist auf Antrag eine schriftliche oder mündliche **Übersetzung** der wichtigsten Elemente der Abschiebungsandrohung einschließlich Informationen über mögliche Rechtsbehelfe in einer Sprache zur Verfügung zu stellen, die er versteht oder verstehen kann (§ 77 Abs. 3 S. 1 bis 3 AufenthG, Art. 12 Abs. 3 Rückführungs-RL). Etwas anderes gilt dann, wenn der Ausländer noch nicht eingereist oder schon wieder ausgereist ist (§ 77 Abs. 3 S. 6 AufenthG). Einer Übersetzung bedarf es des Weiteren dann nicht, wenn der Ausländer unerlaubt nach Deutschland eingereist ist oder aufgrund einer strafrechtlichen Verurteilung ausgewiesen worden ist (§ 77 Abs. 3 S. 4 AufenthG, Art. 12 Abs. 3 S. 1 Rückführungs-RL). In diesen Fällen genügt es, dem Ausländer ein Standardformular mit Erläuterung der Rechtsvorschriften auszuhändigen, die in mindestens fünf der am häufigsten verwendeten und verstandenen Sprachen bereitgehalten werden (§ 77 Abs. 3 S. 5 AufenthG, Art. 12 Abs. 3 S. 2 bis 3 Rückführungs-RL).

---

[41] BVerwG Urt. v. 22.12.1997 – 1 C 14.96, NVwZ-RR 1998, 454.
[42] BT-Drs. 17/5470, 24.
[43] BT-Drs. 18/6185, 50; *Kluth* ZAR 2015, 337 (342).
[44] vgl. dazu VGH Mannheim Urt. v. 29.3.2017 – 11 S 2029/16, VBlBW 2018, 15 Rn. 80 ff.

Die Abschiebungsandrohung wird typischerweise von der für die Aufenthaltsbeendigung **48** zuständigen **Ausländerbehörde** erlassen, bei Ablehnung asylrechtlichen Schutzes durch das **Bundesamt für Migration und Flüchtlinge** (§ 34 AsylG). Sie wird in der Regel mit dem die Ausreisepflicht begründenden Grund-Verwaltungsakt verbunden, muss dies aber nicht. Die Abschiebungsandrohung kann auch nachgeholt werden. Das kommt insbesondere dann in Betracht, wenn bei Erlass des Grund-Verwaltungsaktes bestimmte Voraussetzungen für die Vollstreckung noch nicht geklärt waren oder die ursprüngliche Androhung aufgrund gerichtlicher Entscheidung aufgehoben worden ist.

In der Androhung soll der **Staat bezeichnet** werden, in den der Ausländer abgeschoben **49** werden soll (§ 59 Abs. 2 AufenthG). Der Zielstaatsbezeichnung kommt eine Ordnungsfunktion zu. Sie dient dem Zweck, das vorrangige Abschiebezielland für die vollziehende Behörde zu kennzeichnen und möglichst frühzeitig die Prüfung von Abschiebungsverboten in Bezug auf diesen Zielstaat zu ermöglichen.[45] Bei einer Abschiebungsandrohung durch das **Bundesamt für Migration und Flüchtlinge** darf auch ein Zielstaat bezeichnet werden, für den aus tatsächlichen Gründen wenig oder keine Aussicht besteht, den Ausländer in absehbarer Zeit abschieben zu können, wenn für ihn keine zielstaatsbezogenen Abschiebungsverbote bestehen.[46]

Wird lediglich die Abschiebung in den „Herkunftsstaat" angedroht, fehlt es in der Regel **50** an der notwendigen **Bestimmtheit**.[47] Dies macht die Androhung jedoch nicht unwirksam. § 59 Abs. 2 AufenthG sieht die Zielstaatsbestimmung nur als Soll-Regelung vor. Ein konkreter Zielstaat braucht etwa bei fehlender Klärung der Staatsangehörigkeit des Ausländers nicht benannt zu werden.[48] Wird der Herkunftsstaat später geklärt, muss dieser dem Ausländer jedenfalls so **rechtzeitig vor der Abschiebung mitgeteilt** werden, dass er gerichtlichen Rechtsschutz in Anspruch nehmen kann.[49]

III. Keine Abschiebungsverbote und -hindernisse

Die Beendigung des Aufenthalts einer vollziehbar ausreisepflichtigen Person unter Anwen- **51** dung unmittelbaren Zwangs ist nur zulässig, wenn der Abschiebung **keine gesetzlichen Verbote und keine rechtlich relevanten Hindernisse** entgegenstehen. Allerdings stehen Abschiebungsverbote und Duldungsgründe dem Erlass einer Abschiebungsandrohung nicht entgegen (§ 59 Abs. 3 AufenthG).

Liegen gesetzliche Verbote oder rechtlich relevante Hindernisse vor, kann dies entweder **52** zu einer formalisierten Aussetzung der Abschiebung mit der Erteilung einer Duldung (§ 60a Abs. 2 AufenthG, → § 10 Rn. 8 ff.) oder mittelfristig auch zur Erteilung eines Aufenthaltstitels – und damit zur Beendigung der Ausreisepflicht – führen. Die wesentlichen Duldungsgründe sind in dem Abschnitt über die Aussetzung der Abschiebung dargestellt (→ § 10 Rn. 1 ff.), die materiellen Ausführungen zum internationalen Schutz, der auf die Abschiebungsverbote nach § 60 AufenthG führt, finden sich im Kapitel über das Asyl- und Flüchtlingsrecht (→ § 19 Rn. 11 ff.).

1. Schutzbegehren des Betroffenen

Zu einem zunächst **verfahrensrechtlichen Abschiebungshindernis** kann die Äußerung **53** eines Schutzbegehrens des Ausländers – auch noch während des Abschiebungsvorgangs selbst – führen. Begehrt der Ausländer erstmals Asyl iSd Art. 16a Abs. 1 GG oder internationalen Schutz iSd §§ 3 bis 4 AsylG, entsteht mit dem Asylgesuch (§ 13 AsylG) ein Verbot, den Aufenthalt zu beenden und mit der Ausstellung des Ankunftsnachweises (§ 63a AsylG)

---

[45] BVerwG Urt. v. 25.7.2000 – 9 C 42.99, NJW 2000, 3798.
[46] BVerwG Beschl. v. 10.10.2012 – 10 B 39.12, InfAuslR 2013, 42 Rn. 4.
[47] BVerwG Urt. v. 25.7.2000 – 9 C 42.99, NJW 2000, 3798.
[48] BVerwG Urt. v. 13.2.2014 – 10 C 6.13, NVwZ-RR 2014, 487 Rn. 25.
[49] BVerwG Urt. v. 25.7.2000 – 9 C 42.99, NJW 2000, 3798.

die Aufenthaltsgestattung (§ 55 AsylG), mit der die vollziehbare Ausreisepflicht endet. Es kommt dabei nicht darauf an, ob der Ausländer einen Asylantrag stellen will, sondern ob er inhaltlich ein entsprechendes Schutzbegehren äußert. Er hat hinsichtlich des Verfahrens kein Wahlrecht.[50] Das Verfahren ist nach den Vorschriften des AsylG vom Bundesamt durchzuführen. Die Ausländerbehörden der Länder haben keine Entscheidungskompetenz. Dies ist für die Prüfung des non-refoulement-Grundsatzes iSd GFK in § 60 Abs. 1 S. 3 AufenthG ausdrücklich geregelt und ergibt sich für § 60 Abs. 2 AufenthG, § 4 AsylG aus der gesetzlichen Verbindung von Flüchtlingsschutz und subsidiärem Schutz in einem Asylverfahren in § 13 Abs. 2 S. 1 AsylG.

54 Beruft sich der Ausländer allein auf das Vorliegen eines nationalen Abschiebungsverbots (§ 60 Abs. 5 oder Abs. 7 AufenthG, → § 19 Rn. 283 ff.), muss zunächst geklärt werden, ob der Sache nach nicht doch Flüchtlings- oder subsidiärer Schutz begehrt wird. Gerade weil der sachliche Regelungsbereich von § 4 Abs. 1 S. 2 Nr. 2 AsylG in den Fällen, in denen die Gefahr von einem Akteur ausgeht, mit dem von § 60 Abs. 5 AufenthG iVm Art. 3 EMRK identisch ist,[51] ist eine genaue Prüfung angezeigt.[52]

55 Hat das Bundesamt in einem Asylverfahren das Vorliegen **von nationalen Abschiebungsverboten** verneint, sind **Ausländerbehörde und nachfolgend die Verwaltungsgerichte** an diese negative Entscheidung **gebunden**, § 42 AsylG. Für die Abschiebungsverbote aus § 60 Abs. 1 und Abs. 2 AufenthG ergibt sich dies – ohne weitere gesetzliche Anordnung – bereits aus dem Entscheidungsmonopol des Bundesamtes für Migration und Flüchtlinge. Beruft sich der Ausländer dennoch im Rahmen seiner Abschiebung auf Abschiebungsverbote nach § 60 Abs. 1, 2, 5 oder 7 AufenthG, so muss er einen Folgeantrag (§ 71 AsylG) oder, wenn allein das nationale Abschiebungsverbot in Rede steht, einen Antrag auf Wiederaufgreifen (Folgeschutzgesuch) stellen. Bis zu einer Abänderung der Entscheidung durch das Bundesamt steht für die Ausländerbehörde fest, dass keine zielstaatsbezogenen Abschiebungsverbote bestehen.

2. Wirkungen einer unanfechtbaren Abschiebungsandrohung

56 In § 59 Abs. 4 S. 1 AufenthG ist ein Verbot der Berücksichtigung von zielstaatsbezogenen Umständen mit Eintritt der Unanfechtbarkeit der Abschiebungsandrohung normiert, die vor diesem Zeitpunkt entstanden sind. Nach der Unanfechtbarkeit entstandene zielstaatsbezogene Umstände sowie jegliche sonstige Einwendungen persönlicher Art ohne Rücksicht auf ihren Entstehungszeitpunkt kann die Ausländerbehörde nach der Unanfechtbarkeit der Abschiebungsandrohung im Ermessenswege unberücksichtigt lassen.[53] Diese **Präklusion** ist **rein formeller Art** und gilt nur für das behördliche Verwaltungsverfahren, nicht aber für gerichtliche Eil- oder Hauptsacheverfahren, § 59 Abs. 4 S. 2 AufenthG.

57 Zu Recht wird beklagt, dass diese der Verfahrensbeschleunigung dienende Norm behördliche Erstprüfungsaufgaben auf die Verwaltungsgerichte verlagert.[54] Ihre Verfassungsmäßigkeit wird teilweise in Zweifel gezogen.[55] Der Frage kommt ebenso wie der Regelung selbst keine große praktische Bedeutung zu, weil in kritischen Fällen entweder gerichtlicher Rechtsschutz begehrt wird oder die Ausländerbehörden die Norm im Lichte der Grundrechte (insbesondere Art. 2 Abs. 2 GG) der Betroffenen auslegen.[56]

---

50 BVerwG Beschl. v. 3.3.2006 – 1 B 126/05, NVwZ 2006, 830.
51 BVerwG Urt. v. 31.1.2013 – 10 C 15.12, BVerwGE 146, 12 Rn. 36 = NVwZ 2013, 1167.
52 BVerwG Urt. v. 19.4.2018 – 1 C 29.17, NVwZ 2018, 1408 Rn. 42 ff.
53 *Bauer/Dollinger* in Bergmann/Dienelt AufenthG § 59 Rn. 44.
54 *Bauer/Dollinger* in Bergmann/Dienelt AufenthG § 59 Rn. 47.
55 *Funke-Kaiser* in GK-AufenthG § 59 Rn. 196.
56 Vgl. *Kluth* in BeckOK AuslR AufenthG § 59 Rn. 34.

IV. Der Vollzug der Abschiebung

1. Grundsatz der Verhältnismäßigkeit in der Vollstreckung

Die Durchsetzung der Ausreisepflicht durch unmittelbaren Zwang muss in jeder ihrer Phasen dem **Grundsatz der Verhältnismäßigkeit** gerecht werden, was sich national aus Art. 2 Abs. 1 und 2 GG sowie unionsrechtlich auch aus dem 13. Erwägungsgrund Rückführungs-RL ausdrücklich ergibt. Aus dem Verhältnismäßigkeitsgrundsatz resultiert eine Verpflichtung, die Erreichbarkeit einer unmittelbar nach Ankunft im Zielstaat notwendigen medizinischen Behandlung durch eine hinreichend belastbare Zusicherung der zuständigen Behörden im Zielstaat sicherzustellen.[57]

Bestehen seitens der ausreisepflichtigen Person berechtigte Interessen an einer Verschiebung der Abschiebung, etwa wegen eines stationären Krankenhausaufenthalts, ist diesen auch dann Rechnung zu tragen, wenn die Umstände noch nicht auf ein rechtliches oder tatsächliches Abschiebungshindernis führen sollten. Dies kommt jedoch nur dann in Betracht, wenn von der Person keine über ihren illegalen Aufenthalt hinausgehende Gefährdung der öffentlichen Sicherheit ausgeht und die zu berücksichtigenden Umstände nicht gerade deshalb geschaffen wurden, um die Abschiebung hinauszuzögern.[58]

2. Abschiebung unbegleiteter Minderjähriger

§ 58 Abs. 1a AufenthG bestimmt, dass sich die Behörde vor der Abschiebung eines unbegleiteten minderjährigen Ausländers zu vergewissern hat, dass dieser im Rückkehrstaat einem Mitglied seiner Familie, einer zur Personensorge berechtigten Person oder einer geeigneten Aufnahmeeinrichtung übergeben wird. Diese Regelung dient der **Umsetzung von Art. 10 Abs. 2 Rückführungs-RL**.[59] Zur Sicherung des Kindeswohls sind der Vorschrift **sehr strenge Maßstäbe** zu entnehmen. Die Ausländerbehörden – und gegebenenfalls die Verwaltungsgerichte – müssen sich in jedem Einzelfall die Überzeugungsgewissheit davon verschaffen, dass die Übergabe des unbegleiteten Minderjährigen an eine in der Vorschrift genannte Person oder Einrichtung nicht nur möglich ist, sondern tatsächlich auch erfolgen wird.[60]

Die abstrakte Möglichkeit einer Übergabe des unbegleiteten minderjährigen Ausländers an Verwandte, die sich im Herkunftsland aufhalten und deren Aufenthaltsort nach der Ankunft erst noch ermittelt werden muss, reicht hingegen nicht aus. Die Ausländerbehörde ist vielmehr verpflichtet, sich vor Durchführung jeder Abschiebung zB durch Einschaltung des Bundesamts oder der Botschaften und Konsulate vor Ort positiv davon zu vergewissern, dass eine Übergabe an konkret benannte Personen bzw. Stellen tatsächlich vollzogen wird.[61]

Abs. 1a wirkt damit zugunsten der betroffenen Minderjährigen systematisch als **rechtliches Vollstreckungshindernis** iSd § 60a Abs. 2 S. 1 AufenthG **mit aufschiebender Wirkung**. Bis zu einer positiven Klärung der konkreten Übergabemöglichkeit durch die zuständige Ausländerbehörde besteht kraft Gesetzes Schutz vor Abschiebung.[62] Gelangt die Ausländerbehörde nach einer entsprechenden Vergewisserung zum Ergebnis, dass nunmehr die Voraussetzungen des § 58 Abs. 1a AufenthG gegeben sind, so hat sie ihrer Mitteilungspflicht nachzukommen. Sie muss dem minderjährigen Ausländer und seinem gesetzlichen Vertreter – im Falle des unbegleiteten Minderjährigen dem bestellten Vormund – das Ergebnis ihrer Ermittlungen in jedem Fall detailliert bekannt machen. Dadurch wird dem Minderjährigen und seinem gesetzlichen Vertreter eine Nachprüfung sowie das Nachsuchen um gerichtlichen Rechtsschutz ermöglicht.[63]

---

[57] Vgl. VGH Mannheim Beschl. v. 22.2.2017 – 11 S 447/17, NVwZ 2017, 1229.
[58] *Funke-Kaiser* in GK-AufenthG § 58 Rn. 91.
[59] BT-Drs. 17/5470, 24.
[60] BVerwG Urt. v. 13.6.2013 – 10 C 13.12, BVerwGE 147, 8 Rn. 18 = NVwZ 2013, 1489.
[61] BVerwG Urt. v. 13.6.2013 – 10 C 13.12, BVerwGE 147, 8 Rn. 20 = NVwZ 2013, 1489.
[62] BVerwG Urt. v. 13.6.2013 – 10 C 13.12, BVerwGE 147, 8 Rn. 20 = NVwZ 2013, 1489.
[63] VGH Mannheim Beschl. v. 22.5.2017 – 11 S 332/17, InfAuslR 2017, 377.

3. Freiheitsbeschränkungen während der Abschiebung

63 Nach der **Rechtsprechung des BVerwG** sind **Maßnahmen des unmittelbaren Zwanges im Rahmen der Abschiebung** trotz des mit ihnen verbundenen Eingriffs in die körperliche Bewegungsfreiheit **regelmäßig keine Freiheitsentziehungen,** sodass es keiner vorherigen richterlichen Anordnung der Maßnahme bedarf. Bei einer wertenden Beurteilung stehe nicht ein solcher Eingriff in die Bewegungsfreiheit im Vordergrund der Maßnahme. Diese sei nicht auf ein Festhalten des Ausländers gerichtet, sondern darauf, dass er zwangsweise außer Landes gebracht werde. Die Auswirkung auf die Bewegungsfreiheit des Ausländers erscheine lediglich als eine sekundäre, kurzfristige Folge der Erfüllung der Ausreisepflicht.[64]

64 Allerdings ist zu berücksichtigen, dass nach der Rechtsprechung des **BVerfG** die Abgrenzung zwischen Freiheitsbeschränkung und Freiheitsentziehung nach dem Kriterium der Intensität erfolgt und eine Freiheitsentziehung vorliegt, wenn die körperliche Bewegungsfreiheit nach jeder Richtung hin aufgehoben wird.[65] Danach ist die Unterbringung des Betroffenen in einem Haftraum gegen dessen Willen immer eine Freiheitsentziehung, die einer richterlichen Anordnung bedarf.[66] So macht es unter dem Gesichtspunkt der Intensität des Eingriffs auch keinen Unterschied, ob der Betroffene in einem Haftraum – etwa im Flughafenbereich – festgehalten wird oder ob er im öffentlichen Bereich des Flughafens an Händen und Füßen gefesselt neben einem Vollzugsbeamten sitzen muss.[67]

65 Entscheidend für die Abgrenzung zur Freiheitsbeschränkung ist des Weiteren die zeitliche Dauer des Ausschlusses der Bewegungsfreiheit.[68] Eine Abschiebung, die einen **mehrstündigen Transport des Betroffenen zum Flughafen oder dort einen längerfristigen Aufenthalt unter Ausschluss der Bewegungsfreiheit** erforderlich macht, wird von Stimmen in der Literatur bereits als **Freiheitsentziehung** gewertet.[69] In Abgrenzung hierzu ist jedenfalls eine nur kurze Transportzeit ebenso wie eine typische Wartezeit am Flughafen nach Passieren der Sicherheitskontrolle vor dem Boardingvorgang nicht als hinreichend intensiv für die Annahme einer Freiheitsentziehung anzusehen. Das BVerfG hat eine Freiheitsentziehung in einem Fall bejaht, in dem der Ausländer bereits elf Stunden vor der Abschiebung in Gewahrsam genommen und in einen Haftraum verbracht worden ist.[70] Ist vor Beginn der Vollstreckungsmaßnahme absehbar, dass es im Rahmen des Abschiebungsvorgangs zu einer Freiheitsentziehung kommen wird, bedarf es für sie einer **vorherigen richterlichen Anordnung.**[71]

66 Der 2019 neu ins Gesetz eingefügte § 58 Abs. 4 AufenthG greift nunmehr diese Grundsätze der Rechtsprechung auf. Danach ist die die Abschiebung durchführende Behörde befugt, den Ausländer zum Zweck der Abschiebung zum Flughafen oder Grenzübergang zu bringen und ihn zu diesem Zweck „kurzzeitig festzuhalten". Das Festhalten ist dabei auf das „zur Durchführung der Abschiebung unvermeidliche Maß" zu beschränken. Damit will der Gesetzgeber klarstellen, dass die Beamten den Ausländer **zwangsweise zum Flughafen oder Grenzübergang befördern** und ihn zu diesem Zweck kurzzeitig seine Bewegungsfreiheit beschränken dürfen. Ein kurzzeitiges Festhalten kann beispielsweise dann nötig werden, wenn bis zum Abflug Wartezeiten zu überbrücken ist oder Wartezeiten entstehen, weil Beförderungen gebündelt erfolgen sollen.[72] Soweit die Maßnahme nur kurzzeitig und auf das zur Durchführung der Abschiebung unvermeidliche Maß

---

[64] BVerwG Urt. v. 14.12.2016 – 1 C 11.15, NVwZ 2017, 1064 Rn. 26.
[65] BVerfG Beschl. v. 15.5.2002 – 2 BvR 2292/00, BVerfGE 105, 239 = NJW 2002, 3161.
[66] BVerfG Beschl. v. 8.3.2011 – 1 BvR 47/05, NVwZ 2011, 743.
[67] *Funke-Kaiser* in GK-AufenthG § 58 Rn. 117.
[68] *Drews* in Prütting/Helms FamFG § 415 Rn. 22.
[69] *Drews* in Prütting/Helms FamFG § 415 Rn. 23; einschränkender *Hailbronner* AuslR AufenthG § 58 Rn. 57 ff.
[70] BVerfG Beschl. v. 15.5.2002 – 2 BvR 2292/00, BVerfGE 105, 239 (250) = NJW 2002, 3161.
[71] *Funke-Kaiser* in GK-AufenthG § 58 Rn. 119; *Drews* in Prütting/Helms FamFG § 415 Rn. 23.
[72] BT-Drs. 19/10047, 35 v. 10.5.2019.

beschränkt ist, stellt sie nach der Gesetzesbegründung keine Freiheitsentziehung dar, die eine richterliche Anordnung erfordern würde.

4. Betreten von Wohnungen zur Ermöglichung der Abschiebung

Kommt ein Ausländer seiner Verpflichtung zur Ausreise nicht freiwillig nach, muss er in aller Regel mit Zwangsmitteln aus seiner Wohnung geholt und dann auf dem Land-, Luft- oder Seeweg außer Landes gebracht werden. Während das **Betreten der Wohnung** als Teil der Abschiebung angesehen wird und an der Rechtmäßigkeit der Zwangsmaßnahme teilhat, bedarf es für eine **Wohnungsdurchsuchung** einer gesonderten Rechtsgrundlage. Dies leitet die Rechtsprechung aus Art. 13 Abs. 2 GG ab. Eine solche **Rechtsgrundlage** existierte bis zum Inkrafttreten des Geordnete-Rückkehr-Gesetzes im August 2019 nicht, wie mehrere Gerichte entschieden.[73] Eine Wohnungsdurchsuchung liegt vor, wenn die Vollzugsbeamten und/oder die Ausländerbehörde vermuten, dass sich eine vollziehbar ausreisepflichtige Person in einer Wohnung aufhält und sie die Wohnung dann betreten, um den Abzuschiebenden aufzufinden und zu ergreifen. Denn es geht dann um das ziel- und zweckgerichtete Suchen staatlicher Organe nach Personen oder Sachen oder zur Ermittlung eines Sachverhaltes, um etwas aufzuspüren, was der Inhaber der Wohnung nicht von sich aus offenlegen oder herausgeben will.[74] Hierfür ist – außer bei Gefahr im Verzug – eine **richterliche Anordnung** erforderlich.

Nunmehr schafft das **Geordnete-Rückkehr-Gesetz** in den neuen Absätzen 5 bis 8 des § 58 AufenthG eine Rechtsgrundlage für das Betreten und die Durchsuchung von Wohnungen zur Ermöglichung der Abschiebung. Diese Regelung ist erst im Zuge der Ausschussberatungen in das Gesetz eingefügt worden.[75] Sie geht maßgeblich auf Vorschläge des Leiters der Berliner Ausländerbehörde zurück, die er den Abgeordneten aufgrund der vorstehend geschilderten Rechtsprechung unterbreitete.[76] Das **Betreten der Wohnung** des **abzuschiebenden Ausländers** ist zum Zweck seiner Ergreifung nach Abs. 5 zulässig, wenn der Zweck der durchzuführenden Abschiebung es erfordert und Tatsachen vorliegen, aus denen zu schließen ist, dass sich der Ausländer in der Wohnung befindet. Hierfür ist keine richterliche Anordnung erforderlich. Die **Durchsuchung** der Wohnung des abzuschiebenden Ausländers ist nach Abs. 6 unter den gleichen Voraussetzungen möglich, erfordert allerdings – außer bei Gefahr im Verzug – eine richterliche Genehmigung. Soll die **Wohnung anderer Personen** durchsucht werden, um den abzuschiebenden Ausländer dort zu ergreifen, ist das nur zulässig, wenn Tatsachen vorliegen, aus denen zu schließen ist, dass der Ausländer sich in den zu durchsuchenden Räumen befindet. Einschränkungen gelten für das Betreten und Durchsuchen von Wohnungen **zur Nachtzeit** (Abs. 7). Durchsuchungen nach Abs. 6 dürfen nur **durch den Richter,** bei Gefahr im Verzug auch durch die die Abschiebung durchführende Behörde angeordnet werden (Abs. 8). Die Annahme von Gefahr im Verzug kann nach Betreten der Wohnung nach Abs. 5 nicht darauf gestützt werden, dass der Ausländer nicht angetroffen wurde.

5. Abschiebung auf dem Luftweg

Für die Abschiebung auf dem Luftweg gibt es Verwaltungsvorschriften der Bundespolizei. Die „Bestimmungen über die Rückführung ausländischer Staatsangehöriger auf dem Luftweg (Best Rück Luft)"[77] sind bei allen Abschiebungen, Zurückweisungen und Zurück-

---

[73] VG Berlin Urt. v. 16.2.2018 – 19 M 62.18, BeckRS 2018, 1555; KG Berlin Beschl. v. 20.3.2018 – 1 W 51/18, BeckRS 2018, 4899; VG Hamburg Urt. v. 15.2.2019 – 9 K 1669/18, BeckRS 2019, 4385 verneint eine Rechtsgrundlage für das Betreten und Durchsuchen.
[74] Das sind die Kriterien des BVerfG Beschl. v. 16.6.1987 – 1 BvR 1202/84, BVerfGE 76, 83 (89) = NJW 1987, 2499.
[75] BT-Drs. 19/10706, 6 f. und 14.
[76] Stellungnahme von *Engelhard Mazanke* v. 31.5.2019, S. 4 f.
[77] Bestimmungen über die Rückführung ausländischer Staatsangehöriger auf dem Luftweg (Best Rück Luft) vom 17.10.2016, https://fragdenstaat.de/blog/2019/12/02/best-ruck-luft-abschiebungen-bundespolizei/

schiebungen auf dem Luftweg anzuwenden. Darin ist geregelt, welche Zwangsmaßnahmen angewendet werden dürfen, zB Hand- und Fußfesseln, nicht aber die freie Atmung einschränkende Helme oder Knebel.

V. Rechtsfolgen der Abschiebung – das Einreise- und Aufenthaltsverbot

70 Nach § 11 Abs. 1 AufenthG in der seit 21.8.2019 geltenden Fassung ist gegen einen Ausländer, der ausgewiesen, zurückgeschoben oder abgeschoben werden soll, ein **Einreise- und Aufenthaltsverbot** in Gestalt eines Verwaltungsakts zu erlassen. Dieses schließt ein Titelerteilungsverbot ein. Das Verbot ist nach § 11 Abs. 2 S. 3 und 4 AufenthG bei seinem Erlass von Amts wegen zu befristen. Die Frist beginnt mit der Ausreise. Das Einreise- und Aufenthaltsverbot soll spätestens mit der Ab- oder Zurückschiebung erlassen werden. Im Fall der Abschiebungsandrohung oder Abschiebungsanordnung nach § 58a AufenthG soll es unter der aufschiebenden Bedingung der Ab- oder Zurückschiebung ergehen. Die Abschiebungsandrohung und -anordnung lösen noch kein Einreise- und Aufenthaltsverbot aus. Im Fall der Abschiebungsandrohung kann der Ausländer das Verbot noch durch freiwillige Ausreise vermeiden. Mit der (rechtmäßigen) Abschiebung entsteht das Verbot dann aber unmittelbar.

71 Das Einreise- und Aufenthaltsverbot soll die **Wirksamkeit einer verfügten Ausweisung, Abschiebung oder Zurückschiebung sichern.** Diese wäre in Frage gestellt, wenn der Ausländer nach erzwungenem Verlassen des Landes sogleich wieder nach Deutschland zurückkehren könnte. Die Wirkung der Ausweisung oder Abschiebung soll so lange bestehen, wie ihr Zweck es erfordert. Die Ausländerbehörde kann daher diese Wirkung zweckentsprechend befristen und die Frist auch später den jeweiligen Gegebenheiten anpassen.[78]

1. Die Entwicklung der Regelung

72 Bereits das Ausländergesetz von 1965 regelte ein Einreise- und Aufenthaltsverbot (§ 15 AuslG).[79] Dieses war als **gesetzliche Folge der Ausweisung und Abschiebung** ausgestaltet, bedurfte also keiner Anordnung durch Verwaltungsakt. Zugleich sah das Gesetz die Möglichkeit (nicht die Pflicht) zur Befristung vor. Die Regelung bestand sich dann weitgehend unverändert in § 8 Abs. 2 AuslG 1990 und in § 11 AufenthG vom 20.7.2004 fort.[80] Es dauerte bis zur **Gesetzesnovelle vom August 2019,** dass sie an die Vorgaben der **Rückführungs-RL 2008/115/EG** vom 16.12.2008 angepasst wurde, die bis zum 24.12.2010 umzusetzen war. Die Richtlinie fordert in ihrem Art. 11 Abs. 2, dass das Einreise- und Aufenthaltsverbot – wie auch dessen Dauer – im jeweiligen Einzelfall durch **Verwaltungsakt** anzuordnen ist. Zuvor hatte bereits das BVerwG entschieden, dass die Konzeption eines an die Abschiebung anknüpfenden gesetzlichen Einreiseverbots nicht mit Art. 11 Abs. 2 RL 2008/115/EG vereinbar ist, was zur Folge hatte, dass die nationale Regelung des § 11 Abs. 1 AufenthG unanwendbar bleiben musste, soweit sie an eine erfolgte Abschiebung anknüpfte.[81]

73 Nach Inkrafttreten der **Rückführungs-RL** und ihrer Umsetzung in deutsches Recht durch das Richtlinien-Umsetzungsgesetz vom 22.11.2011[82] entschied das BVerwG, dass die schützenswerten Interessen des Ausländers nunmehr in einer Weise aufgewertet worden sind, dass angesichts des damals offenen Wortlauts des § 11 Abs. 1 Satz 3 AufenthG aF die Dauer der Befristung nicht mehr im Ermessen der Ausländerbehörde stand, sondern voller gerichtlicher Kontrolle unterlag.[83] Dies hat der Gesetzgeber mit der Gesetzesnovelle vom

---

[78] vgl. Gesetzesbegründung zum AuslG 1965, BT-Drs. IV/868, 15 v. 28.12.1962, zu § 14.
[79] BGBl. I 353.
[80] BGBl. I 1950.
[81] BVerwG Urt. v. 21.8.2018 – 1 C 21.17, NVwZ 2019, 483 Rn. 20 f.; Beschl. v. 13.7.2017 – 1 VR 3.17, NVwZ 2017, 1531 Rn. 71 f.
[82] BGBl. I 2258.
[83] BVerwG Urt. v. 14.2.2011 – 1 C 7.11, NVwZ 2012, 1558 Rn. 33.

27.7.2015[84] dahin geändert, dass § 11 Abs. 3 AufenthG nunmehr ausdrücklich regelt, dass über die Länge der Frist nach Ermessen entschieden wird. Das BVerwG hat entschieden, dass die Neuregelung mit der Rückführungs-RL zu vereinbaren und daher zu beachten ist.[85] Hieran hat sich seither nichts geändert. Die Befristung muss grundsätzlich so rechtzeitig vor der Abschiebung erlassen werden, dass der Ausländer noch von Deutschland aus effektiven Rechtsschutz von den ihm durch Art. 13 Rückführungs-RL eingeräumten Rechtsbehelfen Gebrauch machen kann.[86] Demgegenüber ist von Gesetzes wegen nur eine Befristungsentscheidung „spätestens mit der Ab- oder Zurückschiebung" gefordert (§ 11 Abs. 2 S. 2 AufenthG). Ob die Befristung zwingend im Vorfeld der Abschiebung erfolgen muss, hat das BVerwG bisher offen gelassen.[87]

2. Dauer des Einreiseverbots

Die Maßstäbe für die Befristung des Aufenthalts- und Einreiseverbots ergeben sich – wie 74 bei einer Ausweisung – aus § 11 Abs. 3 bis 9 AufenthG. Insoweit wird auf die Ausführungen in → § 7 Rn. 140 ff. verwiesen. Auch bei der Ermessensentscheidung über die Dauer von Verboten, die an eine Abschiebung oder Zurückschiebung anknüpfen, sind die jeweiligen **Umstände des Einzelfalls** zu berücksichtigen. Jedenfalls dann, wenn mit der Beendigung des Aufenthalts eines Ausländers eine über den rechtswidrigen Aufenthalt hinausgehende Gefahr für die öffentliche Sicherheit abgewehrt werden soll und diese Gefährdung auch zu einer Ausweisung geführt hat, spricht viel dafür, dass die **Befristung des gesetzlichen Einreise- und Aufenthaltsverbots aufgrund der Ausweisung** und das **einzelfallbezogene Einreiseverbot aufgrund der Rückkehrentscheidung** zum gleichen Ergebnis führen müssen, das Einreise- und Aufenthaltsverbot also **in seiner Länge einheitlich** zur Wirkung kommen muss.

3. Einreise- und Aufenthaltsverbot außerhalb des Anwendungsbereichs der Rückführungs-RL

Abschiebungen, die nicht zur Durchsetzung einer Rückkehrentscheidung iSd Rückfüh- 75 rungs-RL dienen, weil die Richtlinie nicht auf den Fall anwendbar sind, führen weiterhin zu einem gesetzlichen Einreise- und Aufenthaltsverbot, das von Amts wegen zu befristen ist. § 11 Abs. 1 AufenthG bleibt anwendbar, § 11 Abs. 2 AufenthG ist seinem Wortlaut gemäß anzuwenden. Da die Rückkehr iSd Rückführungs-RL eine Rückreise eines Drittstaatsangehörigen in das Herkunftsland, ein Transitland gemäß gemeinschaftlichen oder bilateralen Rückübernahmeabkommen oder ein anderes Drittland, in das der betreffende Drittstaatsangehörige zurückkehren will, ist (Art. 3 Nr. 3 Rückführungs-RL), fallen insbesondere **Abschiebungen in andere Mitgliedstaaten der Europäischen Union** nicht unter die Rückführungs-RL.

Eine Abschiebung, die Abschiebungshindernisse missachtet und daher rechtswidrig ist, 76 vermag das Einreise- und Aufenthaltsverbot aus § 11 Abs. 1 AufenthG nicht auszulösen.[88] Daher ist außerhalb des Anwendungsbereichs der Rückführungs-RL regelmäßig die Rechtmäßigkeit der Abschiebung zu prüfen, wenn die Frage nach dem Entstehen des Einreise- und Aufenthaltsverbots relevant ist.

Umstritten ist in der Literatur, ob **Abschiebungen zur Durchführung einer Über-** 77 **stellung innerhalb des Systems der Dublin III-Verordnung** die Rechtsfolgen des § 11

---

[84] BGBl. I 1386.
[85] BVerwG Urt. v. 22.2.2017 – 1 C 27.16, NVwZ 2018, 88 Rn. 20 ff.
[86] *Hailbronner* AuslR AufenthG § 11 Rn. 33; *Bauer* in Bergmann/Dienelt AufenthG § 11 Rn. 34; OVG Berlin-Brandenburg Urt. v. 29.11.2016 – 12 S 84.1, BeckRS 2016, 55268 – Befristung mindestens einen Tag vor geplanter Abschiebung.
[87] BVerwG Urt. v. 21.8.2018 – 1 C 21.17, NVwZ 2019, 483 Rn. 23.
[88] BVerwG Urt. v. 7.12.2004 – 1 C 14.04, BVerwGE 122, 271 = NVwZ 2005, 704.

Abs. 1 AufenthG auszulösen vermögen.⁸⁹ Die Rechtsprechung bejaht die Frage bislang meist ohne Erörterung des Problems.⁹⁰ Das BVerwG hat – insoweit mit Geltung für alle Fälle der Aufenthaltsbeendigung – darauf hingewiesen, dass in Fällen, bei denen letztlich kein Verwaltungszwang ausgeübt wird, auch kein Verbot nach § 11 Abs. 1 AufenthG entstehe. Eine abschließende Entscheidung, ob eine Dublin-Überstellung unter Zwang zum Eingreifen von § 11 AufenthG führt, hat es aber nicht getroffen.⁹¹

78 Der deutsche Gesetzgeber selbst geht davon aus, dass eine Abschiebung aufgrund einer Abschiebungsanordnung nach § 34a AsylG zu einem Einreiseverbot nach § 11 Abs. 1 AufenthG führt, was sich aus § 75 Nr. 12 AufenthG ergibt. Jedenfalls Zweifel an der Gleichsetzung der zwangsweisen Dublin-Überstellung mit einer Abschiebung iSd § 11 AufenthG sind aber aus unionsrechtlicher Sicht angebracht. Denn Ziel einer Abschiebung ist die Beendigung eines rechtswidrigen Aufenthalts, während die Überstellung im Dublin-System den Asylantragsteller dem zuständigen Mitgliedstaat für die Durchführung des Asylverfahrens zuführen will. Sie ist hier Teil der Sicherstellung der verfahrensrechtlich ordnungsgemäßen Durchführung eines Asylverfahrens im Gemeinsamen Europäischen Asylsystem.⁹²

VI. Rechtsschutz

79 Bei Fragen des Rechtsschutzes ist danach zu unterschieden, ob Verfahrensgegenstand die Abschiebungsandrohung, das Begehren, nicht abgeschoben zu werden, die Ausreisefrist, die Verhängung des Einreiseverbots oder die Folgen der Abschiebung sind.

1. Rechtsschutz gegen die Abschiebungsandrohung und die Ausreisefrist

80 Da die Abschiebungsandrohung als Rückkehrentscheidung ausgestaltet ist, sind im gerichtlichen Verfahren die primärrechtlichen, aus Art. 47 GRCh abzuleitenden Rechtsschutzgarantien ebenso einschlägig wie die sekundärrechtlichen Vorgaben aus Art. 13 Rückführungs-RL. Da diese nicht weitergehen als die Vorgaben, die aus Art. 19 Abs. 4 S. 1 GG abzuleiten sind, ergeben sich daraus aber – nach dem derzeitigen Stand der Rechtsentwicklung und Rechtsprechung des EuGH – allerdings keine besonderen Anforderungen;⁹³ denn dort, wo den Mitgliedstaaten Spielräume verbleiben, das Unionsrecht dieser Gestaltung aber einen hinreichend gehaltvollen Rahmen setzt, der erkennbar auch unter Beachtung der Unionsgrundrechte konkretisiert werden muss. treten die Unionsgrundrechte zu den Grundrechtsgewährleistungen des Grundgesetzes hinzu.⁹⁴

81 **a) Klageverfahren.** Gegen eine Abschiebungsandrohung, die einen belastenden Verwaltungsakt darstellt, ist die **Anfechtungsklage** nach § 42 Abs. 1 VwGO statthaft. **Maßgeblicher Zeitpunkt** für die Beurteilung der Sach- und Rechtslage ist grundsätzlich derjenige der **mündlichen Verhandlung in der letzten Tatsacheninstanz**.⁹⁵ Ist die Abschiebung bereits vollzogen, und der mit dieser Maßnahme verfolgte Zweck eingetreten, widerspräche die Berücksichtigung nach der Abschiebung eintretender neuer Umstände – zu Gunsten wie zu Lasten des Betroffenen – ihrem Charakter als Vollstreckungsmaßnahme. Daher ist in diesen Fällen der Tag des Vollzugs der für die gerichtliche Prüfung maßgebliche Zeitpunkt.⁹⁶

82 Eine **Erledigung der Abschiebungsandrohung** – mit der Folge der Unzulässigkeit ihrer weiteren Anfechtung – tritt durch die Erlangung eines Aufenthaltsrechts – nicht aber

---

⁸⁹ Dafür *Maor* in BeckOK AuslR AufenthG § 11 Rn. 5.
⁹⁰ Vgl. OVG Saarlouis Beschl. v. 26.9.2017 – 2 B 467/17, BeckRS 2017, 126845; VG Ansbach Beschl. v. 28.6.2016 – AN 14 S 16.50154, BeckRS 2016, 48176.
⁹¹ BVerwG Urt. v. 17.9.2015 – 1 C 26.14, BVerwGE 153, 24 Rn. 27 = NVwZ 2016, 67.
⁹² Vgl. OVG Schleswig Beschl. v. 6.3.2014 – 1 LA 21/14, NVwZ-RR 2014, 861.
⁹³ So auch: *Funke-Kaiser* in GK-AufenthG § 59 Rn. 341.
⁹⁴ BVerfG Beschl. v. 6.11.2019 – 1 BvR 16/13, NVwZ 2020, 53 Rn. 44.
⁹⁵ BVerwG Urt. v. 22.3.2012 – 1 C 3.11, BVerwGE 142, 179 Rn. 13.
⁹⁶ BVerwG Urt. v. 22.8.2017 – 1 A 3.17, BVerwGE 159, 296 Rn. 14; Funke-Kaiser in GK-AufenthG § 59 Rn. 252.

mit Erlangung einer Aufenthaltsgestattung[97] – ein.[98] Eine erfolgte Abschiebung hat zur Folge, dass die Androhung für weitere Abschiebungen verbraucht ist. Im Falle der Rückkehr des Ausländers bedarf es für eine zukünftige Abschiebung daher einer erneuten Abschiebungsandrohung, es sei denn, die Sonderregel des § 71 Abs. 5 AsylG greift ein.[99] Sie führt aber nicht zur Erledigung, da die auf ihr beruhende Vollstreckungsmaßnahme zum Bestehen eines Kostenerstattungsanspruchs nach § 66 AufenthG führt und die Abschiebungsandrohung als Rückkehrentscheidung weiterhin den rechtfertigenden Grund für die zwangsweise Aufenthaltsbeendigung darstellt.[100] Im Falle der freiwilligen Ausreise, die allein deshalb erfolgt, um eine Abschiebung abzuwenden und mit der die Rechtsauffassung, weiterhin einen Anspruch auf Aufenthalt im Bundesgebiet zu haben, nicht aufgegeben wird, tritt ebenfalls keine Erledigung der Androhung ein.[101] Hingegen ist die endgültige Aufgabe dieser Rechtsbehauptung in Kombination mit einer freiwilligen Ausreise Grund für die Erledigung der Abschiebungsandrohung.[102]

Zwischen der **Ausreisefristsetzung und der Abschiebungsandrohung** besteht regelmäßig **kein unauflöslicher Zusammenhang**. Zwar darf nach der Grundregel des § 59 Abs. 1 S. 1 AufenthG die Abschiebung nicht ohne Ausreisefristsetzung vollzogen werden. Aber schon § 59 Abs. 1 S. 6 AufenthG zeigt, dass die beiden Verwaltungsakte voneinander getrennt betrachtet werden können. Da die Vollziehbarkeit der Ausreisepflicht und damit auch die Zulässigkeit ihrer Vollstreckung nicht Voraussetzung einer rechtmäßigen Abschiebungsandrohung sind, besteht auch kein untrennbarer Rechtmäßigkeitszusammenhang. Ist ein Teil der Entscheidung rechtswidrig, so ist dieser aufzuheben, ohne dass der andere betroffen wäre.[103] Daran ändert sich grundsätzlich auch nichts durch die Anwendung der Rückführungs-RL, die zwar die Frist zur freiwilligen Ausreise als Teil der Rückkehrentscheidung ansieht (Art. 7 Abs. 1 Rückführungs-RL), aber auch keinen Rechtmäßigkeitszusammenhang herstellt. Unionsrechtlich wie national-rechtlich führt allerdings die Aufhebung der Entscheidung über die Ausreisefrist dazu, dass eine Abschiebung bis zur Setzung einer neuen Frist und deren Ablauf eine Abschiebung nicht zulässig ist.

83

Es gibt indes im Asylverfahrensrecht eine Fallkonstellation, in der die Rechtmäßigkeit der Ausreisefrist aus unionsrechtlichen Gründen Voraussetzung der Rechtmäßigkeit der Rückkehrentscheidung und damit also der Abschiebungsandrohung ist. Eine Rückkehrentscheidung darf nur dann verbunden mit der Ablehnung eines Asylantrags ergehen, wenn die Rechtswirkungen der Rückkehrentscheidung bis zur Entscheidung über den Rechtsbehelf gegen die Ablehnung ausgesetzt werden.[104] Soweit und sofern bei der Ablehnung eines Asylantrags als offensichtlich unbegründet[105] die nach § 36 Abs. 1 AsylG zu setzende Wochenfrist ab Bekanntgabe des Bescheids daher rechtswidrig sein sollte,[106] wäre hier auch die Abschiebungsandrohung als Rückkehrentscheidung aufzuheben.

84

---

[97] OVG Bremen Urt. v. 5.7.2019 – 2 B 98/18, InfAuslR 2019, 442.
[98] Vgl. etwa BVerwG Urt. v. 21.9.1999 – 9 C 12.99, InfAuslR 2000, 93.
[99] *Funke-Kaiser* in GK-AufenthG § 59 Rn. 231 und 237.
[100] Vgl. BVerwG Beschl. v. 13.9.2005 – 1 VR 5.05, InfAuslR 2005, 462; aA *Dollinger* in Bergmann/Dienelt AufenthG § 59 Rn. 74 (Erledigung mit Abschiebung bei Unanfechtbarkeit der Abschiebungsandrohung)
[101] *Funke-Kaiser* in GK-AufenthG § 59 Rn. 243.
[102] Vgl. BVerwG Urt. v. 18.12.1984 – 1 C 19.81, NVwZ 1985, 428.
[103] VGH Mannheim Beschl. v. 29.4.2003 – 11 S 1188/02, InfAuslR 2003, 341; OVG Münster Beschl. v. 20.2.2009 – 18 A 2620/08, InfAuslR 2009, 232.
[104] EuGH Urt. v. 19.6.2018 – C-181/16, NVwZ 2018, 1625 Rn. 67 – Gnandi.
[105] Zur entsprechenden Anwendung der Kriterien der Gnandi-Entscheidung auf Ablehnungen als offensichtlich unbegründet: EuGH Beschl. v. 5.7.2018 – C-269/18PPU, BeckRS 2018, 15413 – C, J und S.
[106] Siehe dazu OVG Münster Urt. v. 13.5.2019 – 11 A 610/19.A, DVBl 2019, 1568 (verneinend) und VG Karlsruhe Urt. v. 20.8.2019 – A 19 K 5742/17, BeckRS 2019, 22909 Rn. 31 (bejahend für den Fall, dass kein Eilrechtsschutzantrag gestellt wurde); das BVerwG hat nach Abschluss des Manuskripts entschieden, dass die Unionsrechtskonformität regelmäßig dadurch gewährleistet werden könne, indem bei einem gleichzeitigen Erlass die Vollstreckung einer Abschiebungsandrohung einschließlich der vom Gesetzgeber vorgegebenen Ausreisefristen von Amts wegen ausgesetzt werden, PM 11/20 zum Urt. v. 20.2.2020 – 1 C 1.19.

85 Da die Abschiebungsandrohung rechtmäßig sein kann, selbst wenn ein Abschiebungsverbot hinsichtlich des bezeichneten Zielstaats besteht (§ 59 Abs. 3 S. 3 AufenthG), ist die **Zielstaatsbezeichnung prozessual von der übrigen Androhung abtrennbar**, erstere ist also im Falle ihrer Rechtswidrigkeit aufzuheben, während die Abschiebungsandrohung im Übrigen bestehen bleibt.

86 **b) Vorläufiger Rechtsschutz.** Vorläufiger Rechtsschutz gegen eine Abschiebungsandrohung und/oder die Ausreisefrist ist im Verfahren nach § 80 Abs. 5 VwGO zu suchen. Zu beachten ist, dass bundesrechtlich die sofortige Vollziehbarkeit in § 84 AufenthG nicht angeordnet ist, sodass sie sich nach § 80 Abs. 2 S. 2 VwGO und den landesrechtlichen Bestimmungen des Vollstreckungsrechts richtet.[107]

87 Zu beachten ist, dass Abschiebungsverbote und Gründe für die vorübergehende Aussetzung der Abschiebung der Androhung rechtlich nicht entgegenstehen (§ 59 Abs. 3 S. 1 AufenthG), sodass solche Gründe zwar gegen die Abschiebung, nicht jedoch gegen die Rechtmäßigkeit der Abschiebungsandrohung geltend gemacht werden können.

2. Rechtsschutz gegen die Abschiebung selbst

88 Da die Abschiebung im Anwendungsbereich der Rückführungs-RL ebenfalls unionsrechtlich geprägt ist, gilt auch hier – wie bei der Abschiebungsandrohung –, dass die unionsrechtlichen Rechtsschutzgarantien zu beachten sind. Die meisten Rechtsschutzverfahren, mit denen das Unterlassen einer begehrten oder bereits eingeleiteten Abschiebung beansprucht wird, sind naturgemäß im vorläufigen Rechtsschutz angesiedelt.

89 **a) Vorläufiger Rechtsschutz.** Da es sich bei der Abschiebung selbst um keinen Verwaltungs-, sondern um einen Realakt handelt, ist einstweiliger Rechtsschutz im **Verfahren nach § 123 VwGO** zu suchen. Rechtsschutzziel ist die vorläufige Aussetzung der Abschiebung, das unbeschadet des Umstands, dass im Erfolgsfall eine Duldung nach § 60a Abs. 2 AufenthG zu erteilen ist, mit einer **Sicherungsanordnung** zu verfolgen ist,[108] weil die Sicherung des tatsächlichen Aufenthalts im Bundesgebiet und nicht die Erweiterung einer Rechtsposition (Ausstellung der Duldung) im Vordergrund des Rechtsschutzgesuchs steht.[109]

90 Soll das Eilrechtsschutzgesuch die weitere Anwesenheit des Ausländers für die Durchführung eines Hauptsacheverfahrens sichern, in dem er einen Aufenthaltstitel zu erstreiten sucht, und ist die für die Erteilung zuständige Ausländerbehörde für die Durchführung der Abschiebung nicht zuständig sowie eine andere Körperschaft Träger der Behörde, so ist zu erwägen, ob Rechtsschutz nicht dergestalt zu suchen ist, dass der für die Titelerteilung zuständige Behörde aufzugeben ist, der für die Abschiebung zuständigen Behörde mitzuteilen, dass eine Abschiebung bis zum rechtskräftigen Abschluss des Erteilungsverfahrens zu unterbleiben hat.[110]

91 Da § 59 Abs. 1 S. 8 AufenthG es verbietet, den Termin der Abschiebung anzukündigen, darf das **Rechtsschutzbedürfnis** – oder der Anordnungsgrund – mit Blick auf Art. 19 Abs. 4 S. 1 GG regelmäßig nicht (mehr) verneint werden, weil der Betroffene grundsätzlich jederzeit ein rechtliches Interesse an einer gerichtlichen Entscheidung hat, mit der die Abschiebung vorläufig untersagt wird. Etwas anderes wird typischerweise auch dann nicht gelten, wenn die Abschiebung nach Kenntnis des Betroffenen nicht unmittelbar bevorsteht, zum Beispiel weil noch nicht alle tatsächlichen Voraussetzungen für die Durchführung der Abschiebung erfüllt sind und etwa Passersatzpapiere noch nicht vorliegen. Denn letztlich können diese Hindernisse beseitigt worden sein, ohne dass ihm davon Kenntnis gegeben worden ist.[111] Ebenso wenig darf das Rechtsschutzbedürfnis mit dem Argument verneint

---

[107] S. zum Überblick über die verschiedenen Regelungen in den Bundesländern: *Funke-Kaiser* in GK-AufenthG § 59 Rn. 263.
[108] VGH Mannheim Beschl. v. 10.8.2017 – 11 S 1724/17, AuAS 2017, 246; OVG Koblenz Beschl. v. 11.7.2017 – 7 B 11079/17; *Schoch* in SSB VwGO § 123 Rn. 54.
[109] *Funke-Kaiser* in GK-AufenthG § 59 Rn. 274.
[110] So für Baden-Württemberg: VGH Mannheim Beschl. v. 14.9.2011 – 11 S 2438/11, InfAuslR 2011, 443.
[111] BVerfG Beschl. v. 8.11.2017 – 2 BvR 809/17, DVBl. 2018, 49 Rn. 15.

werden, eine besondere Eilbedürftigkeit sei erst durch eine späte Antragstellung selbst herbeigeführt worden.[112] Das Rechtsschutzbedürfnis fehlt allerdings, wenn der Ausländer untertaucht und sich somit nicht nur dem Zugriff der Ausländerbehörde, sondern dem gesamten Verfahren entzieht.[113]

b) Klageverfahren. In der Hauptsache ist eine **allgemeine Leistungsklage** in Form der Unterlassungsklage die statthafte Klageart. Regelmäßig wird es aber zu einem solchen Verfahren nicht kommen, weil entweder im Anschluss an ein Obsiegen im Verfahren des vorläufigen Rechtsschutzes in anderen Verfahren um Duldungsgründe oder die Titelerteilung gestritten wird oder aber weil das Rechtsschutzbegehren mit der durchgeführten Abschiebung hinfällig geworden ist. In solchen Fällen wird dann regelmäßig um die Folgen der Abschiebung und deren Rückgängigmachung gestritten (→ Rn. 103 ff.). 92

3. Rechtsschutz gegen das Einreiseverbot

Gegen das befristete Einreise- und Aufenthaltsverbot nach § 11 Abs. 1 AufenthG, das mit der Abschiebungsandrohung verfügt werden soll, ist in gleicher Weise Rechtsschutz zu suchen wie gegen das mit einer Ausweisung verbundene, entsprechende Verbot (→ § 7 Rn. 162 ff.). 93

4. Rückgängigmachung der Folgen der Abschiebung

Sollte eine Abschiebung rechtswidrig erfolgt sein, kann ein Anspruch auf Rückgängigmachung der Folgen der Abschiebung bestehen. Dieser Anspruch kann insbesondere auf die Rückholung oder der schlichten Ermöglichung der Wiedereinreise gerichtet sein. Ein solcher Folgenbeseitigungsanspruch besteht aber nur dann, wenn die Abschiebung selbst den Betroffenen in eigenen Rechten verletzt hat und dadurch ein weiterhin bestehender rechtswidriger Zustand geschaffen worden ist,[114] wobei auch zu prüfen ist, ob die (Wieder-)Einreise aufgrund anderer, nicht durch die Abschiebung hervorgerufener rechtlicher Hindernisse – etwa ein Einreise- und Aufenthaltsverbot nach einer Ausweisung[115] – unmöglich ist. Auch tatsächliche Hindernisse, die allein der Sphäre des Betroffenen zuzuordnen sein können, wie das Fehlen jeglicher seine Identität bestätigende Dokumente, können dem Folgenbeseitigungsanspruch entgegenstehen.[116] 94

Dabei gilt es zu beachten, dass das Ergebnis einer rechtswidrigen, den Betroffenen in eigenen Rechten verletzenden Abschiebung durchaus ein rechtmäßiger Zustand sein kann, der den Folgenbeseitigungsanspruch ausschließt. So kann etwa einem Abschiebungsvorgang der Gesundheitszustand des Betroffenen entgegenstehen und einen Duldungsanspruch hervorrufen. Übersteht der vollziehbar ausreisepflichtige den Abschiebungsvorgang aber, ohne gesundheitlichen Schaden zu nehmen, ist der Zustand „beendeter Aufenthalt im Bundesgebiet, neubegründeter Aufenthalt im Herkunftsstaat" nicht rechtswidrig.[117] Das gleiche gilt, wenn der Ausländer nach der Wiederherstellung seines Aufenthalts im Bundesgebiet kein Aufenthalts- oder auch nur Bleiberecht haben und vollziehbar ausreisepflichtig sein sollte.[118] Ist gegen den Betroffenen ein einzelfallbezogenes Einreise- und Aufenthaltsverbot verhängt, so darf diese Maßnahme nicht in Bestandskraft erwachsen sein, will er einen Rückkehranspruch durchsetzen. 95

a) Klageverfahren. Der Folgenbeseitigungsanspruch ist in der Hauptsache mit einer **allgemeinen Leistungsklage** geltend zu machen. Er ist gegen den Träger der Behörde zu 96

---

[112] BVerfG Beschl. v. 14.9.2017 – 2 BvQ 56/17, NVwZ 2017, 1698 Rn. 14.
[113] OVG Münster Beschl. v. 17.1.2005 – 18 B 2527/04, InfAuslR 2005, 146.
[114] OVG Bremen Beschl. v. 19.5.2017 – 1 B 47/17, AuAS 2017, 148; *Dollinger* in Bergmann/Dienelt AufenthG § 58 Rn. 52 f.
[115] Vgl. OVG Hamburg Beschl. v. 2.8.2019 – 4 Bs 219/18, AuAS 2019, 209.
[116] OVG Münster Beschl. v. 12.6.2019 – 17 B 47/19, BeckRS 2019, 13568.
[117] Vgl. OVG Münster Beschl. v. 22.10.2014 – 18 B 104/14, NWVBl. 2015, 342.
[118] *Funke-Kaiser* in GK-AufenthG § 58 Rn. 134.

richten, die die Abschiebung in eigener Verantwortung vollzogen hat. Nicht Gegenstand des Folgenbeseitigungsanspruchs sind mittelbare Folgen wie etwa Vermögensschäden aufgrund des Verlusts des Arbeitsplatzes aufgrund der Abschiebung.[119]

97 **b) Vorläufiger Rechtsschutz.** Im vorläufigen Rechtsschutz kann ein Folgenbeseitigungsanspruch mit einem Antrag auf Erlass einer Regelungsanordnung[120] nach § 123 VwGO verfolgt werden. Da mit dem Antrag bereits eine – wenn auch nur vorläufige – Wiederherstellung des Zustandes erreicht werden soll, die auch mit der Klage in der Hauptsache verfolgt wird, und also wegen der Vorläufigkeit keine echte und endgültige Vorwegnahme der Hauptsache begehrt wird,[121] sind wegen der erheblichen Bedeutung auch einer nur vorübergehenden Rückgängigmachung der Abschiebungsfolgen **hohe Anforderungen an die Glaubhaftmachung des Anordnungsanspruchs** zu stellen.[122] Die Rechtswidrigkeit sowohl der Abschiebung als auch des geschaffenen Zustands muss mit weit überwiegender Wahrscheinlichkeit bereits feststehen.[123]

98 Ist die Abschiebung nach einer Rechtsschutz versagenden Eilentscheidung des Verwaltungsgerichts vor Ablauf der Beschwerdefrist erfolgt, kann mit der Beschwerde nicht in zulässiger Weise nunmehr ein Folgenbeseitigungsanspruch verfolgt werden. Denn abweichend vom Verfahren nach § 80 Abs. 5 VwGO, in dem die Einbeziehung einer Aufhebung der Vollziehung gemäß § 80 Abs. 5 S. 3 VwGO gesetzlich vorgesehen ist, fehlt es im Verfahren nach § 123 VwGO an einer entsprechenden verfahrensrechtlichen Verknüpfung des Anspruchs auf Unterlassung der Abschiebung mit einem Vollzugsfolgenbeseitigungsanspruchs für den Fall der Abschiebung.[124] Der deshalb eigentlich erforderlichen **Antragsänderung** steht im Beschwerdeverfahren § 146 Abs. 4 VwGO entgegen.

D. Die Abschiebungsanordnung (§ 58a AufenthG)

I. Allgemeines

99 Die Abschiebungsanordnung nach § 58a AufenthG ist ein seit dem 1.1.2005 im Aufenthaltsgesetz geregeltes **Instrument zur Abwehr von Gefahren des Terrorismus** sowie anderer besonderer Gefahren für die Sicherheit der Bundesrepublik.[125] Die auf terroristische Top-Gefährder zugeschnittene Vorschrift ermöglicht eine Beschleunigung des Verfahrens der Aufenthaltsbeendigung und führt zu einer Konzentration der Zuständigkeit auf hochrangige behördliche und gerichtliche Entscheidungsträger.[126] Sie hat weder einen Vorläufer im Ausländergesetz noch ein Vorbild im sonstigen allgemeinen oder besonderen Verwaltungsrecht.[127] Das besondere an der Abschiebungsanordnung ist, dass die Vollstreckung unmittelbar mit Erlass der Verfügung beginnt, diese aber zugleich in der Regel erst die Voraussetzung der Vollstreckung schafft, da nämlich dann, wenn der Ausländer im Besitz eines Aufenthaltstitels ist, dieser erst mit der Bekanntgabe der Abschiebungsanordnung erlischt, § 51 Abs. 1 Nr. 5a AufenthG. Sie ist damit in gewisser Weise der vollstreckungsrechtlichen **Figur des**

---

[119] Vgl. *Bumke* JuS 2005, 22.
[120] OVG Lüneburg Beschl. v. 29.3.2019 – 13 ME 519/18, InfAuslR 2019, 252; OVG Bremen Beschl. v. 19.5.2017 – 1 B 47/17, AuAS 2017, 148.
[121] *Funke-Kaiser* in GK-AufenthG § 58 Rn. 149; aA ohne nähere Begründung: OVG Koblenz Beschl. v. 11.7.2017 – 7 B 11079/17, BeckRS 2017, 117445.
[122] S. etwa VGH Mannheim Beschl. v. 11.3.2008 – 13 S 418/08, VBlBW 2009, 149 (allerdings in der Annahme, es gehe um eine Hauptsachevorwegnahme).
[123] OVG Münster Beschl. v. 9.3.2007 – 18 B 2533/06, InfAuslR 2007, 233.
[124] OVG Koblenz Beschl. v. 21.7.2017 – 7 B 11139/17, BeckRS 2017, 123676; *Stuhlfauth* in Bader/Funke-Kaiser/Stuhlfauth/ von Albedyll, Verwaltungsgerichtsordnung, 7. Aufl. 2018, VwGO § 146 Rn. 18; aA OVG Hamburg Beschl. v. 2.8.2019 – 4 Bs 219/18, ZAR 2019, 441; AuAS 2019, 209; *Happ* in Eyermann VwGO § 146 Rn. 25.
[125] BVerwG Urt. v. 22.8.2017 – 1 A 3.17, BVerwGE 159, 296 Rn. 20.
[126] *Dörig* jM 2019, 238 (239).
[127] *Masuch/Gordzielik* in Huber AufenthG § 58a Rn. 1.

Sofortvollzugs[128] (§ 6 Abs. 2 VwVG) verwandt.[129] Die Abschiebungsanordnung bildet mithin zum einen eine notwendige Voraussetzung und Grundlage für die Verwaltungsvollstreckung, zum anderen leitet sie diese Vollstreckung bereits ein.[130] Das BVerwG hat bislang offengelassen, ob die Abschiebungsanordnung eine Rückkehrentscheidung iSd Rückführungs-RL ist,[131] was insbesondere mit der Frage, ob die Richtlinie auf Rückkehrverfahren, die nicht zu migrationsbedingten Zwecken, sondern zum Schutz der öffentlichen Sicherheit bei einer terroristischen Gefahr durchgeführt werden, überhaupt Anwendung findet.[132] Überwiegendes spricht jedenfalls dafür,[133] weil die Rückführungs-RL ein sog. Opt-out für Mitgliedstaaten in Fällen, in denen die Rückkehrpflicht auf einer strafrechtlichen Sanktion beruht, eröffnet (Art. 2 Abs. 2 lit. b Rückführungs-RL) und Deutschland hiervon keinen Gebrauch gemacht hat.[134] Denn ein solcher fakultativer Ausschluss würde, regelte die Rückführungs-RL allein migrationsbedingte Zwecke, kaum eine Bedeutung haben.

Die **formelle Verfassungsmäßigkeit der Norm**, die bis zum Jahr 2017 fast keinen 100 praktischen Anwendungsfall hatte und seitdem allerdings wiederholt als Grundlage von Gefahrenabwehrmaßnahmen herangezogen worden ist,[135] ist durch das BVerfG umfassend bestätigt worden.[136] Hinsichtlich der materiellen Verfassungsmäßigkeit gilt dies nur teilweise, insbesondere liegt noch keine Äußerung zu den Zuständigkeitszuweisungen durch den Bundesgesetzgeber vor.[137] Das BVerwG hat aber die Verfassungsmäßigkeit auch im Lichte der Art. 83 ff. GG mit überzeugenden Argumenten bejaht.[138] Einzig zur Frage, ob die in Abs. 2 geschaffene Möglichkeit der Zuständigkeitsübernahme des BMI, die im Ermessen des Ministeriums steht, mit den Art. 83 ff. GG zu vereinbaren ist,[139] fehlt es bislang – in Ermangelung eines Anwendungsfalls – an einer Entscheidung.

Der Erlass einer Abschiebungsanordnung sperrt den Vollzug einer ebenfalls erlassenen 101 Abschiebungsandrohung nicht. Insbesondere sperrt § 58 Abs. 4 S. 3 mit dem Verbot des Vollzugs der Abschiebungsanordnung während des laufenden gerichtlichen Eilverfahrens beim BVerwG nicht den Vollzug einer auf anderer Grundlage entstandenen Ausreisepflicht.[140] Allerdings dürfte es hier geboten sein, den Betroffenen auf das Verhältnis der beiden behördlichen Maßnahmen hinzuweisen.

II. Gefahrenbegriffe und -intensität

1. Besondere Gefahr für die Sicherheit der Bundesrepublik Deutschland

Als Eingriffsvoraussetzung verlangt § 58a Abs. 1 AufenthG eine besondere Gefahr für die 102 Sicherheit der Bundesrepublik Deutschland oder eine terroristische Gefahr. Der Begriff der **Sicherheit der Bundesrepublik Deutschland** ist genauso wie die wortgleichen Formulierungen in § 54 Abs. 1 Nr. 2 AufenthG (→ § 7 Rn. 86 ff.) und § 60 Abs. 8 S. 1 AufenthG enger zu verstehen als der Begriff der öffentlichen Sicherheit iSd allgemeinen Polizeirechts.[141] Die Sicherheit der Bundesrepublik Deutschland umfasst die innere und

---

[128] Dazu *Stelkens* in SBS VwVfG § 35 Rn. 93 ff.
[129] Ähnlich *Kluth* in BeckOK AuslR AufenthG § 58a Rn. 10.
[130] BVerwG Beschl. v. 13.7.2017 – 1 VR 3.17, NVwZ 2017, 1531 Rn. 16
[131] BVerwG Urt. v. 22.8.2017 – 1 A 3.17, BVerwGE 159, 296 Rn. 34 ff.; Urt. v. 6.2.2019 – 1 A 3.18, NVwZ-RR 2019, 738 Rn. 24 f.
[132] Siehe dazu die EuGH-Vorlage des BVerwG Beschl. 14.5.2019 – 1 C 14.19, EzAR-NF 45 Nr. 26.
[133] *Dollinger* in Bergmann/Dienelt AufenthG § 58a Rn. 5,
[134] BVerwG Beschl. 14.5.2019 – 1 C 14.19, EzAR-NF 45 Nr. 26 Rn. 37.
[135] Auslöser dürfte das Attentat auf einen Berliner Weihnachtsmarkt 2016 gewesen sein; so auch *Kießling* NVwZ 2017, 1019.
[136] BVerfG Beschl. V. 24.7.2017 – 2 BvR 1487/17, NVwZ 2017, 1528 Rn. 20 ff.
[137] Zu den Bedenken hier siehe: *Erbslöh* NVwZ 2007, 155,
[138] BVerwG Beschl. v. 21.3.2017 – 1 VR 1.17, NVwZ 2017, 1057 Rn. 9 ff.
[139] Überzeugend gegen eine Vereinbarkeit mit Art. 83 ff. GG *Erbslöh* NVwZ 2007, 155 (158).
[140] BVerwG Beschl. v. 26.11.2019 – 1 VR 4.19, BeckRS 2019, 30936 Rn. 2.
[141] BVerwG Urt. v. 21.8.2018 – 1 A 16.17, BeckRS 2018, 23003 Rn. 26.

äußere Sicherheit und schützt nach innen den Bestand und die Funktionstüchtigkeit des Staates und seiner Einrichtungen. Das schließt den Schutz vor Einwirkungen durch Gewalt und Drohungen mit Gewalt auf die Wahrnehmung staatlicher Funktionen ein. In diesem Sinne richten sich auch Gewaltanschläge gegen Unbeteiligte zum Zwecke der Verbreitung allgemeiner Unsicherheit gegen die innere Sicherheit des Staates.[142]

103 Der Begriff der **besonderen Gefahr** bezieht sich auf das Gewicht und die Bedeutung der gefährdeten Rechtsgüter sowie das Gewicht der befürchteten Tathandlungen des Betroffenen, nicht auf die zeitliche Eintrittswahrscheinlichkeit. In diesem Sinne muss die besondere Gefahr für die innere Sicherheit auf Grund der gleichen Eingriffsvoraussetzungen eine mit der terroristischen Gefahr vergleichbare Gefahrendimension erreichen,[143] was bedeutet, dass die beiden Tatbestandsalternativen nicht im Verhältnis der Exklusivität zueinander stehen, sondern sich ergänzen und weitgehend überdecken. Die Gefahr muss durch eine (vorrangig) ideologisch radikalisierte, insbesondere politisch oder religiös geprägte Gewaltanwendung oder -drohung gekennzeichnet sein. Fehlt es an einer ideologisch radikalen Prägung, ist einer Gefährdung der öffentlichen Sicherheit und Ordnung durch einen Ausländer auch bei drohenden Straftaten von erheblicher Bedeutung mit den Mitteln des Ausweisungsrechts (§§ 53 ff. AufenthG) oder nach dem allgemeinen Polizei- und Ordnungsrecht zu begegnen; hinzu tritt der Rechtsgüterschutz durch eine konsequente Verfolgung begangener Straftaten.[144] Da es um die Verhinderung von staatsbedrohenden Straftaten geht, ist nicht erforderlich, dass mit deren Vorbereitung oder Ausführung in einer Weise begonnen wurde, die einen Straftatbestand erfüllt und etwa bereits zur Einleitung strafrechtlicher Ermittlungen geführt hat.[145]

2. Terroristische Gefahr

104 Trotz einer gewissen definitorischen Unschärfe des Terrorismusbegriffs lässt sich feststellen, dass **Terrorismus** iSd AufenthG eine völkerrechtlich geächtete Verfolgung politischer Ziele unter Einsatz gemeingefährlicher Waffen oder durch Angriffe auf das Leben Unbeteiligter ist.[146] Eine – hier nicht unmittelbar verbindliche – unionsrechtliche Definition als Mindestvorgabe unter anderem für die mitgliedstaatliche Definition von Straftatbeständen und die Festlegung von Sanktionen auf dem Gebiet von terroristischen Straftaten und Straftaten im Zusammenhang mit einer terroristischen Vereinigung findet sich in Art. 3 RL 2017/541/EU[147] (→ § 7 Rn. 84).[148] Eine terroristische Gefahr kann nicht nur von Organisationen, sondern auch von Einzelpersonen ausgehen, die nicht als Mitglieder oder Unterstützer in eine terroristische Organisation eingebunden sind oder in einer entsprechenden Beziehung zu einer solchen stehen. Erfasst sind grundsätzlich auch Zwischenstufen lose verkoppelter Netzwerke, Kommunikationszusammenhänge oder Szeneeinbindungen, die auf die Realitätswahrnehmung einwirken und die Bereitschaft im Einzelfall zu wecken oder zu fördern geeignet sind.[149] Der Auffassung des BVerwG, dass die Annahme einer terroristischen Gefahr eine unmittelbare räumliche Beziehung zwischen den terroristischen Aktivitäten und der Bundesrepublik Deutschland nicht voraussetzt,[150] kann nur eingeschränkt

---

[142] BVerwG Urt. v. 22.8.2017 – 1 A 3.17, BVerwGE 159, 296 Rn. 21.
[143] BVerwG Urt. v. 22.8.2017 – 1 A 3.17, BVerwGE 159, 296 Rn. 23.
[144] BVerwG Beschl. v. 25.6.2019 – 1 VR 1.19, NVwZ-RR 2019, 971 Rn. 17; bestätigt im Hauptsacheverfahren BVerwG Urt. v. 14.1.2020 – 1 A 3.19, juris
[145] Beschl. v. 21.3.2017 – 1 VR 1.17, NVwZ 2017, 1057 Rn. 17.
[146] BVerwG Urt. v. 25.10.2011 – 1 C 13.10, BVerwGE 141, 100 Rn. 19.
[147] RL (EU) 2017/541 des Europäischen Parlaments und des Rates vom 15.3.2017 zur Terrorismusbekämpfung und zur Ersetzung des Rahmenbeschlusses 2002/475/JI des Rates und zur Änderung des Beschlusses 2005/671/JI des Rates, ABl. L 88, 6.
[148] *Dörig* jM 2019, 238 (240).
[149] BVerwG Urt. v. 22.8.2017 – 1 A 3.17, BVerwGE 159, 296 Rn. 22; Beschl. v. 21.3.2017 – 1 VR 1.17, NVwZ 2017, 1057 Rn. 16.
[150] BVerwG Urt. V. 6.2.2019 – 1 A 3.18, NVwZ-RR 2019, 738 Rn. 31; so auch *Dollinger* in Bergmann/Dienelt AufenthG § 58a Rn. 23.

zugestimmt werden. Die Grundaussage ist zwar zutreffend, denn terroristische Bedrohungen sind im Aktionsradius nicht territorial begrenzt und können auch die Sicherheitsinteressen anderer Staaten gefährden.[151] Indes verleitet sie dazu, den Zweck der Abschiebungsanordnung, nämlich die Abwehr der Gefahr, aus dem Blick zu verlieren. Immer dann, wenn die Gefährdung sich nicht auf das deutsche Staatsgebiet bezieht, ist daher besonders die Geeignetheit der Maßnahme zu prüfen, ob sie also der Erreichung des Ziels jedenfalls dienlich sein kann.

3. Eintrittswahrscheinlichkeit

Bezogen auf die erforderliche Eintrittswahrscheinlichkeit der Gefahr, hinsichtlich der den Behörden **kein Einschätzungsspielraum** zukommt und deren Vorliegen daher voll gerichtlich überprüfbar ist,[152] hat das BVerwG entschieden, dass die vom Ausländer ausgehende Bedrohung noch **nicht die Schwelle einer konkreten Gefahr** iSd polizeilichen Gefahrenabwehrrechts überschritten haben muss. Es muss daher nicht festgestellt werden, dass bei ungehindertem Ablauf des objektiv zu erwartenden Geschehens mit hinreichender Wahrscheinlichkeit eine Verletzung des geschützten Rechtsguts zu erwarten ist. Dies folgert das BVerwG einmal aus dem Wortlaut der Vorschrift, die zur Abwehr einer besonderen Gefahr lediglich eine auf Tatsachen gestützte Prognose verlangt. Auch Sinn und Zweck der Regelung sprächen angesichts des hohen Schutzguts und der vom Terrorismus ausgehenden neuartigen Bedrohungen für einen abgesenkten Gefahrenmaßstab, weil damit zu rechnen sei, dass ein Terroranschlag mit hohem Personenschaden ohne großen Vorbereitungsaufwand und mit Hilfe allgemein verfügbarer Mittel jederzeit und überall verwirklicht werden könne. Eine Abschiebungsanordnung ist daher nach der Rechtsprechung des BVerwG schon dann möglich, wenn auf Grund konkreter tatsächlicher Anhaltspunkte ein **beachtliches Risiko** dafür besteht, dass sich eine terroristische Gefahr und/oder eine dem gleichzustellende Gefahr für die innere Sicherheit der Bundesrepublik in der Person des Ausländers jederzeit aktualisieren kann, sofern nicht eingeschritten wird.[153] Damit liegt die erforderliche Gefahrkonkretisierung zwischen einem bloßen Gefahrverdacht und einer konkreten Gefahr im Sinne des Polizeirechts.[154]

Dieser Ansatz sieht sich in der Literatur Kritik ausgesetzt. Es wird darauf hingewiesen, dass Gefahrenabwehrrecht immer mit auf Tatsachen gestützten Prognosen zu arbeiten hat und mit der Formulierung des Tatbestandes insoweit überflüssig Allgemeingültiges kodifiziert worden und deshalb aus diesem Umstand für die Auslegung der Norm nichts zu gewinnen sei. Mit der gefundenen Auslegung verlagere das BVerwG die Maßnahme in das Gefahrenvorfeld, was mit Blick auf die schwerwiegenden Folgen für die Betroffenen unverhältnismäßige Folgen zeitigen könne. Es leuchte nicht ein, wieso für die einschneidendere Maßnahme der Abschiebungsanordnung schon ein Risiko ausreichen solle, während die Ausweisung eine Gefahr verlange.[155] Diese Kritik vermag jedoch nicht zu überzeugen. Denn sie blendet aus, dass die Auslegung des § 58a AufenthG der Besonderheit terroristischer Gefahren insoweit geschuldet ist, als der Beginn der Nachweisbarkeit und Erkennbarkeit einer konkreten Gefahr iSd klassischen Gefahrenabwehrrechts zu einem Zeitpunkt liegen wird, zu dem die Gefahr kaum noch effektiv bekämpft werden kann. Letztlich handelt es sich hier um eine **Anpassung des Gefahrenmaßstabs an die Besonderheiten der zu bekämpfenden Gefahr.**[156]

Daher hat das BVerwG zutreffend weiter entschieden, dass der Gesetzgeber von Verfassungs wegen nicht von vornherein für jede Art der Aufgabenwahrnehmung auf die

---
[151] *Berlit* ZAR 2018, 89 (91).
[152] BVerwG Urt. v. 22.8.2017 – 1 A 3.17, BVerwGE 159, 296 Rn. 29.
[153] BVerwG Urt. v. 22.8.2017 – 1 A 3.17, BVerwGE 159, 296 Rn. 25.
[154] *Dörig* jM 2019, 238(240).
[155] *Kießling* NVwZ 2017, 1019 (1020 f.).
[156] GEB AsylR Rn. 1016.

Schaffung von Eingriffstatbeständen beschränkt ist, die dem tradierten sicherheitsrechtlichen Modell der Abwehr konkreter, unmittelbar bevorstehender oder gegenwärtiger Gefahren entsprechen. Vielmehr kann er die Grenzen für bestimmte Bereiche der Gefahrenabwehr mit dem Ziel schon der Straftatenverhinderung auch weiter ziehen, indem er die Anforderungen an die Vorhersehbarkeit des Kausalverlaufs reduziert. Dann bedarf es aber zumindest einer **hinreichend konkretisierten Gefahr** in dem Sinne, dass tatsächliche Anhaltspunkte für die Entstehung einer konkreten Gefahr im klassischen polizeirechtlichen Sinne bestehen.[157]

108 Eine hinreichend konkretisierte Gefahr in diesem Sinne kann schon bestehen, wenn sich der zum Schaden führende Kausalverlauf noch nicht mit hinreichender Wahrscheinlichkeit vorhersehen lässt, aber bereits bestimmte Tatsachen auf eine im Einzelfall drohende Gefahr für ein überragend wichtiges Rechtsgut hinweisen. Angesichts der Schwere aufenthaltsbeendender Maßnahmen ist eine Verlagerung der Eingriffsschwelle in das **Vorfeldstadium** dagegen verfassungsrechtlich nicht hinnehmbar, wenn nur der **Verdacht** in Gestalt relativ diffuser Anhaltspunkte für mögliche Gefahren besteht, etwa allein die Erkenntnis, dass sich eine Person zu einem fundamentalistischen Religionsverständnis hingezogen fühlt.[158]

109 Bei dieser **Verlagerung ins Vorfeld einer konkreten Gefahr** bedarf es zur Feststellung des erforderlichen konkretisierten Gefahrenrisikos einer umfassenden Würdigung der Persönlichkeit des Ausländers, seines bisherigen Verhaltens, seiner nach außen erkennbaren oder geäußerten inneren Einstellung, seiner Verbindungen zu anderen Personen und Gruppierungen, von denen eine terroristische Gefahr und/oder eine Gefahr für die innere Sicherheit der Bundesrepublik ausgeht sowie sonstiger Umstände, die geeignet sind, den Ausländer in seinem gefahrträchtigen Denken oder Handeln zu belassen oder zu bekräftigen.[159] Es mag zutreffen, dass sich, wie das BVerwG meint, in der Gesamtschau ein beachtliches Risiko auch schon daraus ergeben kann, dass sich ein im Grundsatz gewaltbereiter und auf Identitätssuche befindlicher Ausländer in besonderem Maße mit dem radikal-extremistischen Islamismus identifiziert, über enge Kontakte zu gleichgesinnten, möglicherweise bereits anschlagsbereiten Personen verfügt und sich mit diesen in „religiösen" Fragen regelmäßig austauscht.[160] Hier sind jedoch **sehr hohe Anforderungen an die Sachverhaltsermittlung und -feststellung** zu stellen, um im Rahmen der Gesamtschau dem Einzelfall gerecht werden zu können.

110 Im Anschluss an die Überlegungen von *Dörig*[161] bietet es sich an, folgende – nicht abschließend zu verstehenden – **Kriterien für die Gesamtbetrachtung** zu formulieren und anzuwenden, um der erforderlichen, persönlichkeitsbezogenen Gefahrenprognose eine hinreichend vorhersehbare Struktur zu verschaffen: Art[162] und Umfang der **Einbindung in eine extremistische Szene,** auffällige Veränderungen des bisherigen Lebens, wie etwa eine Distanzierung vom bisherigen oder gar ein **Ausstieg** aus dem „**bürgerlichen Leben"** (Studium, Beruf, Sportverein, Familie), ggf. verbunden mit einem Eintauchen in eine radikale Szene in den sozialen Medien, das Bestehen von **stabilisierenden familiären** oder freundschaftlichen **Bindungen,** der Besitz von oder das Interesse an Waffen, der Besitz von extremistischem Propagandamaterial, die **Aussprache von konkreten Drohungen** einschließlich der Ankündigung von Gewaltakten, eine **labile Persönlichkeitsstruktur** und der damit einhergehenden leichten Beeinflussbarkeit, festgestellte Selbstmordgedanken und schließlich, sofern extremistische Straftaten bereits verübt worden sind, die Einstellungen zu diesen Taten.

---

[157] BVerwG Urt. v. 6.2.2019 – 1 A 3.18, NVwZ-RR 2019, 738 Rn. 34.
[158] BVerwG Urt. v. 22.8.2017 – 1 A 3.17, BVerwGE 159, 296 Rn. 26.
[159] BVerwG Urt. v. 22.8.2017 – 1 A 3.17, BVerwGE 159, 296 Rn. 28.
[160] BVerwG Urt. v. 6.2.2019 – 1 A 3.18, NVwZ-RR 2019, 738 Rn. 37.
[161] *Dörig* jM 2019, 238 (241).
[162] Etwa persönliche Kontakte oder Kontakte allein über Social Media.

III. Abschiebungsverbote

Das Bestehen von Abschiebungsverboten nach § 60 Abs. 1 bis 8 AufenthG steht nur dem **111** Vollzug der Abschiebungsanordnung, nicht aber deren Erlass entgegen. Die erlassende Behörde hat in eigener Verantwortung zu prüfen, ob der Abschiebung in den beabsichtigten Zielstaat ein Abschiebungsverbot nach § 60 Abs. 1 bis 8 AufenthG entgegensteht. Wird im gerichtlichen Verfahren ein zielstaatsbezogenes Abschiebungsverbot festgestellt, bleibt die Rechtmäßigkeit der Abschiebungsanordnung im Übrigen hiervon unberührt, allerdings darf der betreffende Staat nicht als Zielstaat der angeordneten Abschiebung bezeichnet sein.[163]

Auch wenn Abschiebungsverbote durch das Bundesamt in einem Asylverfahren zugunsten **112** des Betroffenen festgestellt sind, bindet diese Entscheidung nach der klaren Anordnung in § 58a Abs. 3 AufenthG nicht. Ob dies mit den Vorgaben des Unionsrechts im Einklang steht, namentlich ob hier nicht das vorgeschriebene Verfahren zur Aufhebung der Gewährung internationalen Schutzes unzulässig umgangen wird, ist eine offene Frage. Zu berücksichtigen ist aber, dass die im Asylverfahren getroffenen Feststellungen vor Erlass einer Abschiebungsanordnung zu berücksichtigen sind. Fehlende Bindungswirkung bedeutet nicht die freie Zulassung beliebig einander widersprechender staatlicher Entscheidungen. Entscheidungen über identische Fragen dürfen nicht ohne sachliche Berechtigung oder Notwendigkeit voneinander abweichen.[164]

IV. Einreise- und Aufenthaltsverbot

Nach § 11 Abs. 5b S. 1 AufenthG soll dann, wenn ein Ausländer aufgrund einer Abschie- **113** bungsanordnung abgeschoben wird, gegen ihn ein unbefristetes Einreise- und Aufenthaltsverbot erlassen werden. Diese seit dem 21.8.2019 in das Gesetz eingefügte Regelung sieht sich unionsrechtlichen Zweifeln ausgesetzt,[165] denn wenn die Abschiebungsanordnung eine Rückkehrentscheidung iSd Rückführungs-RL darstellt, wie es hier vertreten wird (→ Rn. 104 f.), ist auf unbefristete Dauer verfügtes Einreiseverbot wohl nicht mit Art. 11 Rückführungs-RL in Einklang zu bringen.

V. Verfahren und Rechtsschutz

1. Anhörung

Regelmäßig wird der Betroffene vor Erlass einer Abschiebungsanordnung nicht anzuhören **114** sein. Zwar ist der Anwendungsbereich des § 28 Abs. 2 Nr. 5 VwVfG (des jeweiligen Landes) nicht eröffnet, da die Abschiebungsanordnung nicht allein eine Maßnahme der Verwaltungsvollstreckung im Sinne dieser Regelung ist.[166] Jedoch wird eine sofortige Entscheidung häufig iSd § 28 Abs. 2 Nr. 1 VwVfG im öffentlichen Interesse notwendig sein, da bei einer mit der Anhörung verbundenen Vorwarnung regelmäßig die Gefahr bestünde, dass sich der Betroffene durch Untertauchen der Abschiebung entzieht oder sich die (Anschlags-)gefahr aufgrund der Entdeckung unmittelbar realisiert.[167]

Allerdings erwägt das BVerwG, ob angesichts des Gewichts des mit dieser Maßnahme **115** einhergehenden Grundrechtseingriffs und zur Wahrung der Verteidigungsrechte eine **Anhörung** zumindest **im zeitlichen Zusammenhang ihrer Bekanntgabe** durchgeführt werden müsse, das Ermessen aus § 28 Abs. 2 Nr. 1 VwVfG also wegen des schwerwiegen-

---

[163] BVerwG Urt. v. 22.8.2017 – 1 A 3.17, BVerwGE 159, 296 Rn. 37.
[164] *Dollinger* in Bergmann/Dienelt AufenthG § 58a Rn. 46 f.
[165] Vgl. zur Gesetzeslage 2017: BVerwG Beschl. v. 13.7.2017 – 1 VR 3.17, NVwZ 2017, 1531 Rn. 72.
[166] BVerwG Beschl. v. 13.7.2017 – 1 VR 3.17, NVwZ 2017, 1531 Rn. 16; wohl aA *Dollinger* in Bergmann/ Dienelt AufenthG § 58a Rn. 51 (Anhörung nicht vorgesehen wegen des Charakters eines Vollstreckungsakts).
[167] BVerwG Beschl. v. 13.7.2017 – 1 VR 3.17, NVwZ 2017, 1531 Rn. 17.

den Grundrechtseingriffs zugunsten der Anhörung reduziert sein könnte.[168] Jedenfalls obliegt es der Ausländerbehörde, das Verfahren so auszugestalten, dass eine Anhörung (unmittelbar) vor der Bekanntgabe und die Verwertung der gewonnenen Erkenntnisse in der Entscheidung möglich ist. Nur wenn dies aus Gründen der Gefahrenabwehr nicht vertretbar ist, darf von § 28 Abs. 2 Nr. 1 VwVfG Gebrauch gemacht werden.

116 Sollte die Abschiebungsanordnung, wie hier vertreten, eine Rückkehrentscheidung iSd Rückführungs-RL sein (→ Rn. 104 f.), ist sie auch an den unionsrechtlichen Verfahrensgarantien zu messen. Zu den **unionsrechtlich garantierten Rechten** gehört die Wahrung der Verteidigungsrechte. Nach diesem Grundsatz müssen die Adressaten von Entscheidungen, die ihre Interessen spürbar beeinträchtigen, in die Lage versetzt werden, ihren Standpunkt zu den Gesichtspunkten, auf die die Verwaltung sich zu stützen beabsichtigt, sachdienlich vorzutragen.[169] Integraler Bestandteil der Verteidigungsrechte ist **das Recht auf Anhörung**, der es der betroffenen Person insbesondere ermöglichen soll, einen Fehler zu berichtigen oder ihre persönliche Situation betreffende maßgebliche Umstände vorzutragen, die für oder gegen den Erlass oder für oder gegen einen bestimmten Inhalt der Entscheidung sprechen.[170] Der Grundsatz der Wahrung der Verteidigungsrechte ist nicht schrankenlos gewährleistet, sondern kann Beschränkungen unterworfen werden, sofern diese tatsächlich dem Gemeinwohl dienenden Zielen entsprechen, die mit der fraglichen Maßnahme verfolgt werden, und keinen im Hinblick auf den verfolgten Zweck unverhältnismäßigen und nicht tragbaren Eingriff darstellen, der die so gewährleisteten Rechte in ihrem Wesensgehalt antastet, wobei Teil der Prüfung die Natur des betreffenden Rechtsakts, der Kontext, in dem er erlassen wurde, sowie die Rechtsvorschriften auf dem betreffenden Gebiet sind.[171] Davon ausgehend lässt sich feststellen, dass immer dann, wenn bei einer Abschiebungsanordnung national von einer Anhörung abgesehen werden durfte, diese Vorgehensweise auch unionsrechtlich zulässig ist, weil die Voraussetzungen insoweit deckungsgleich sind.[172]

2. Rechtsschutz

117 Zuständig für den gerichtlichen Rechtsschutz ist nach § 50 Abs. 1 Nr. 3 VwGO erstinstanzlich das BVerwG. Die Zuständigkeit erstreckt sich seit dem 21.8.2019 nunmehr auch auf den Erlass eines Einreise- und Aufenthaltsverbots auf der Grundlage des § 58a AufenthG, während bislang insoweit die erstinstanzliche Zuständigkeit des Verwaltungsgerichts begründet war[173] und für vor dem 21.8.2019 anhängige Verfahren auch begründet bleibt.

118 § 58a Abs. 4 AufenthG bestimmt, dass dem Betroffenen nach Bekanntgabe der Abschiebungsanordnung unverzüglich Gelegenheit zu geben ist, mit einem Rechtsbeistand seiner Wahl Verbindung aufzunehmen und dass der Betroffene darauf hinzuweisen ist. Ob dieser Umstand es vor Art. 19 Abs. 4 GG als hinnehmbar erscheinen lässt, dass für einen Antrag auf Aussetzung der Abschiebung **im Eilverfahren eine Antragsfrist von nur sieben Tagen** ab Bekanntgabe gesetzt ist, mag dennoch zweifelhaft sein, ist doch mit Erlass der Abschiebungsanordnung die Anordnung von Abschiebungshaft zulässig (§ 62 Abs. 3 Nr. 1a AufenthG) und also eine besondere Beschleunigung des Eilrechtsschutzverfahrens nicht erforderlich. Der Vergleich mit dem Flughafenverfahren im Asylrecht[174] vermag nicht recht zu überzeugen, trifft doch im Asylverfahren die Entscheidung den Betroffenen nicht völlig unvorbereitet, was hier – vor allem bei unterlassener Anhörung – der Fall sein kann.

---

[168] BVerwG Urt. v. 22.8.2017 – 1 A 3.17, BVerwGE 159, 296 Rn. 19.
[169] EuGH Urt. v. 16.10.2019 – C-189/18, BeckRS 2019, 24373 Rn. 39 – Glencore Agriculture Hungary.
[170] EuGH Urt. v. 5.11.2014 – C-166/13, NVwZ-RR 2014, 978 Rn. 46 – Mukarubega.
[171] EuGH Urt. v. 16.10.2019 – C-189/18, BeckRS 2019, 24373 Rn. 43 f. – Glencore Agriculture Hungary.
[172] Vgl. BVerwG Urt. v. 27.3.2018 – 1 A 5.17, Buchholz 402.242 AufenthG § 58a Nr. 12 Rn. 25 u. 27.
[173] BVerwG Beschl. v. 22.8.2017 – 1 A 10.17, NVwZ 2018. 345.
[174] *Kluth* in BeckOK AuslR AufenthG § 58a Rn. 17; *Dollinger* in Bergmann/Dienelt AufenthG § 58a Rn. 55.

Die nach Abs. 4 erforderlichen Hinweispflichten modifizieren die Regelung des § 58 **119** VwGO nicht.[175] Art. 19 Abs. 4 GG gebietet es überdies, auf die ausnahmsweise bestehende gesetzliche Frist für die Beantragung vorläufigen Rechtsschutzes hinzuweisen, damit die Frist zu laufen beginnt, auch wenn § 58 VwGO grundsätzlich keine Rechtsfolgen an unterlassene Belehrungen über den Eilrechtsschutz knüpft.[176]

Gerade weil mit dem Vollzug der Abschiebungsanordnung oftmals unumkehrbare Folgen **120** verbunden sein können und wenn der Betroffene von der Behörde vor Erlass des Bescheids nicht angehört worden ist, könnte es entgegen der bisherigen Praxis des BVerwG zur hinreichenden Aufklärung des Sachverhalts jedenfalls auf Antrag des Betroffenen angezeigt sein, eine **mündliche Verhandlung bereits im Eilverfahren** durchzuführen, um dem Betroffenen hinreichend Gehör zu verschaffen.

§ 9 Vollstreckung mittels Abschiebungshaft

Übersicht

	Rn.
A. Rechtliche Grundlagen	1
B. Materielle Voraussetzungen	4
I. Freiheitsentziehung	4
II. Voraussetzungen der Abschiebungshaft (§ 62 Abs. 3 AufenthG)	5
1. Fluchtgefahr (§ 62 Abs. 3 S. 1 Nr. 1 AufenthG)	6
a) Täuschungshandlung (§ 62 Abs. 3a Nr. 1 AufenthG)	7
b) Unentschuldigtes Fernbleiben bei behördlichen oder ärztlichen Terminen (§ 62 Abs. 3a Nr. 2 AufenthG)	8
c) Unangemeldeter Wechsel des Aufenthaltsortes (§ 62 Abs. 3a Nr. 3 AufenthG)	9
d) Aufenthalt entgegen § 11 Abs. 1, Abs. 8 AufenthG (§ 62 Abs. 3a Nr. 4 AufenthG)	10
e) Entziehung bei früherer Abschiebung (§ 62 Abs. 3a Nr. 5 AufenthG)	11
f) Ausdrückliche Erklärung des Ausländers (§ 62 Abs. 3a Nr. 6 AufenthG)	12
g) Identitätstäuschung (§ 62 Abs. 3b Nr. 1 AufenthG)	13
h) Erhebliche finanzielle Aufwendungen (§ 62 Abs. 3b Nr. 2 AufenthG)	14
i) Gefährdung der inneren Sicherheit (§ 62 Abs. 3b Nr. 3 AufenthG)	15
j) Strafrechtliche Verurteilung (§ 62 Abs. 3b Nr. 4 AufenthG)	16
k) Fehlende Mitwirkungshandlungen bei Identitätsfeststellung (§ 62 Abs. 3b Nr. 5 AufenthG)	17
l) Verstoß gegen Pflichten im Zusammenhang mit der Aufenthaltsbeendigung (§ 62 Abs. 3b Nr. 6 AufenthG)	18
m) Fehlender Aufenthaltsort (§ 62 Abs. 3b Nr. 7 AufenthG)	19
2. Vollziehbare Ausreisepflicht aufgrund unerlaubter Einreise (§ 62 Abs. 3 S. 1 Nr. 2 AufenthG)	20
3. Haftgrund der Abschiebungsanordnung (§ 62 Abs. 3 S. 1 Nr. 3 AufenthG)	22
III. Voraussetzungen des Ausreisegewahrsams (§ 62b AufenthG)	23
IV. Vorbereitungshaft (§ 62 Abs. 2 AufenthG)	25
V. Mitwirkungshaft (§ 62 Abs. 6 AufenthG)	26
VI. Rücküberstellungshaft	27
VII. Voraussetzungen des Festhalterechts der Behörde (§ 58 Abs. 4 S. 1 AufenthG)	28
VIII. Verhältnismäßigkeit	29
1. Allgemeine Grundsätze	29

---

[175] *Bauer/Dollinger* in Bergmann/Dienelt AufenthG § 58a Rn. 50.
[176] Vgl. *Kluckert* in Sodan/Ziekow VwGO § 58 Rn. 29.

	Rn.
2. Prognose nach § 62 Abs. 3 S. 3 AufenthG	31
3. Sonstige im Rahmen der Verhältnismäßigkeit zu beachtende Umstände	36
4. Art und Weise der Haftunterbringung	41
IX. Beschleunigungsgebot	44
C. Verfahrensrecht	49
I. Zulässiger Haftantrag (§ 417 FamFG)	50
1. Zuständigkeit der Behörde (§ 417 Abs. 1 FamFG)	51
2. Begründungsinhalt des Haftantrags (§ 417 Abs. 2 S. 1 FamFG)	55
3. Beiziehung der Ausländerakte	62
4. Weitere formelle Erfordernisse	63
5. Pflicht zur Anhörung	66
6. Umfang der richterlichen Kontrolle und Belehrungspflichten	72
7. Heilung von Verfahrensfehlern	78
II. Verlängerung der Abschiebungshaft	82
III. Rechtsmittel	83
IV. Verfahrenskostenhilfe	85
D. Folgen einer unbegründeten Haftanordnung	86
E. Prüfungsschema für einen Haftantrag	87

A. Rechtliche Grundlagen

1 Liegen die Voraussetzungen für eine **Ausweisung** nach § 53 AufenthG, für eine **Zurückschiebung** nach § 57 AufenthG oder für eine **Abschiebung** nach § 58 AufenthG vor und kommt der Ausländer der Pflicht zum Verlassen des Bundesgebietes nicht freiwillig nach, kann die **Ausreisepflicht per Zwang** durchgesetzt werden. Das AufenthG sieht für diese Fälle die Möglichkeit der Sicherungshaft in § 62 AufenthG vor, die je nach Grund der Verlassenspflicht als **Haft** zur Sicherung der Abschiebung, der Zurückschiebung oder der Ausweisung zu benennen ist, im nachfolgenden aber unter dem Begriff der **Abschiebungshaft** zusammenfassend unter Beachtung etwaiger Unterschiede behandelt wird. Neben der Abschiebungshaft kommen die Anordnung des Ausreisegewahrsams nach § 62b AufenthG, die Anordnung der **Vorbereitungshaft** nach § 62 Abs. 2 AufenthG und die **Rücküberstellungshaft** im Anwendungsbereich der Dublin III-VO in Betracht. Mit Wirkung zum 21.8.2019 hat der Gesetzgeber durch das Zweite Gesetz zur besseren Durchsetzung der Ausreisepflicht vom 15.8.2019 (sogenanntes **Geordnete Rückkehr Gesetz**)[1] umfangreiche Änderungen und Erweiterungen im Zusammenhang mit der Vollstreckung der Verlassenspflicht vorgenommen. Neu eingeführt wurden etwa die **Mitwirkungshaft** in § 62 Abs. 6 AufenthG, die zwar nicht unmittelbar der Durchsetzung der Aureisepflicht dient, sondern der Erzwingung von Mitwirkungshandlungen des Betroffenen,[2] und ein **Festhalterecht** der Behörde mit der Regelung des § 58 Abs. 4 AufenthG.

2 Die materiellrechtlichen **Voraussetzungen** der Abschiebungshaft und des Ausreisegewahrsams sowie der weiteren Freiheitsentziehungen im Zusammenhang mit der Durchsetzung der Ausreisepflicht und deren Vorbereitung folgen nicht nur aus den genannten Regelungen des AufenthG, sondern es sind darüber hinaus **europäische Vorgaben** zu beachten, insbesondere folgende Richtlinien und Verordnungen des europäischen Parlaments und des Rates:

– die Richtlinie 2008/115/EG vom 16.12.2008 über gemeinsame Normen und Verfahren in den Mitgliedstaaten zur Rückführung illegal aufhältiger Drittstaatsangehöriger – sogenannte **Rückführungsrichtlinie** (Rückführungs-RL).[3] Hinzuweisen ist in diesem Zusammenhang auf zwei **Projekte,** die durch das Europäische Hochschulinstitut (EUI)

---
[1] BGBl. 2019 I 1284.
[2] Begr. RegE, BT-Drs. 19/10047, 43.
[3] ABl. L 348, 98 v. 24.12.2008.

durchgeführt wurden, nämlich die Projekte **Contention** und **Redial,** die zu verschiedenen Regelungen der Rückführungsrichtlinie zu zwei umfassenden englischsprachigen **Datenbanken** zu jederzeit abrufbaren Entscheidungen der teilnehmenden Mitgliedsstaaten nebst zusammenfassenden Berichten unter Mitwirkung von Richtern und Hochschullehrern geführt haben.[4]
- die Verordnung 604/2013 vom 26.6.2013 zur Festlegung der Kriterien und Verfahren zur Bestimmung des Mitgliedstaats, der für die Prüfung eines von einem Drittstaatsangehörigen oder Staatenlosen in einem Mitgliedstaat gestellten Antrags auf internationalen Schutz zuständig ist – sogenannte **Dublin III-VO.**[5]
- Die Richtlinie 2013/32/EU vom 26.6.2013 zum gemeinsamen Verfahren für die Zuerkennung und Aberkennung des internationalen Schutzes – sogenannte **Asylverfahrensrichtlinie** (Asylverfahrens-RL).[6]
- Die Richtlinie 2013/33/EU vom 26.6.2013 zur Festlegung von Normen für die Aufnahme von Personen, die internationalen Schutz beantragen – sogenannte **Aufnahmerichtlinie** (Aufnahme-RL).[7]

Schließlich gibt das formelle Recht, insbesondere das Verfahrensrecht, einzuhaltende 3 Voraussetzungen vor. Für die Anordnung der Abschiebungshaft gelten nach § 106 Abs. 2 S. 1 AufenthG die Regelungen über das Verfahren in Freiheitsentziehungssachen im siebten Buch des Gesetzes über das Verfahren in Familiensachen und in den Angelegenheiten der freiwilligen Gerichtsbarkeit (FamFG). Im **FamFG** sind dies neben den allgemeinen Vorschriften insbesondere die Regelungen über das Verfahren in **Freiheitsentziehungssachen** nach den §§ 415 ff. FamFG.

B. Materielle Voraussetzungen

I. Freiheitsentziehung

Nach der Legaldefinition des § 415 Abs. 2 FamFG liegt eine **Freiheitsentziehung** vor, 4 wenn einer Person gegen ihren Willen oder im Zustand der Willenlosigkeit insbesondere in einer abgeschlossenen Einrichtung, wie einem Gewahrsamsraum oder einem abgeschlossenen Teil eines Krankenhauses, die Freiheit entzogen wird. Dies ist bei der Vollstreckung der Abschiebungshaft ohne weiteres der Fall, sodass die Vorgaben des Art. 104 GG zu beachten sind.[8] Etwas anderes kommt nur bei einer kurzfristigen Zeitdauer in Betracht.[9] Zudem soll nach der Rechtsprechung des BVerwG[10] und des BGH[11] die Durchführung der Abschiebung allein durch Anwendung einfachen unmittelbaren Zwanges keine Freiheitsentziehung darstellen (sogenannte **Direktabschiebung**). Dieses Zeitmoment ist auch entscheidend bei dem mit Wirkung zum 21.8.2019 in § 58 Abs. 4 AufenthG eingeführten **Festhalterecht** der Behörde, mithin deren Befugnis, einen Betroffenen auch ohne richterliche Entscheidung zum Zwecke der Abschiebung zum Flughafen oder zum Grenzübergang zu verbringen (s. auch nachfolgend → Rn. 28). Die Festhaltung eines Ausländers im sogenannten Flughafengewahrsam nach § 15 Abs. 6 AufenthG soll für die Dauer von bis zu 30 Tagen keine Freiheitsentziehung sein und demnach auch keiner richterlichen Entscheidung bedürfen.[12] Gegen diese Auffassung sind gewichtige Argumente vorgebracht wor-

---

[4] Abrufbar unter www.contention.eu und www.euredial.eu.
[5] ABl. L 180, 31 v. 26.6.2013.
[6] ABl. L 180, 60 v. 29.6.2013.
[7] ABl. L 180, 96 v. 29.6.2013.
[8] Vgl. nur BVerfG Beschl. v. 4.10.2010 – 2 BvR 1825/08, BeckRS 2010, 56405.
[9] BVerfG Beschl. v. 8.3.2011 – 1 BvR 47/05, NVwZ 2011, 743.
[10] BVerwG Urt. v. 23.6.1981 – 1 C 78/77, NJW 1982, 537; Urt. v. 17.8.1982 – 1 C 85/80, BeckRS 1982, 31242949.
[11] BGH Beschl. v. 25.6.1998 – V ZB 8/98, BeckRS 1998, 31360828.
[12] BVerfG Beschl. v. 14.5.1996 – 2 BvR 1516/93, NVwZ 1996, 678; BGH Beschl. v. 16.3.2017 – V ZB 170/16, BeckRS 2017, 108852 mwN.

den.¹³ Danach soll jedenfalls das zeitlich nicht begrenzte Festhalten eines Ausländers gegen seinen Willen im Transitbereich des Flughafens oder der Verbleib im **Flughafengewahrsam** nach Abschluss des Flughafenasylverfahrens vor Ablauf von 30 Tagen eine Freiheitsentziehung darstellen. Dies entspricht nunmehr auch der Rechtsprechung des BGH.¹⁴

II. Voraussetzungen der Abschiebungshaft (§ 62 Abs. 3 AufenthG)

5 Nach der mit Wirkung zum 21.8.2019 vorgenommenen Neufassung des § 62 Abs. 3 AufenthG ist ein Ausländer zur Sicherung der Abschiebung auf richterliche Anordnung in Haft zu nehmen, wenn
– **Fluchtgefahr** besteht,
– der Ausländer auf Grund einer unerlaubten Einreise **vollziehbar ausreisepflichtig** ist,
– eine **Abschiebungsanordnung** nach § 58a AufenthG ergangen ist, diese aber nicht unmittelbar vollzogen werden kann.
Ebenfalls mit Wirkung zum 21.8.2019 wurden § 62 Abs. 3a und Abs. 3b AufenthG neu gefasst und die Voraussetzungen für die widerlegliche Vermutung der Fluchtgefahr (Abs. 3a) sowie konkrete Anhaltspunkte für die Fluchtgefahr (Abs. 3b) kodifiziert. Dabei handelt es sich zum Teil um redaktionelle Änderungen, zum Teil um die Übernahme des bisher in § 2 Abs. 14 AufenthG enthaltenen Inhalts und schließlich um die Einführung neuer Tatbestandsmerkmale.¹⁵ § 2 Abs. 14 AufenthG verweist in der Neufassung für das Regime der Dublin III-VO bezüglich der für die Fluchtgefahr notwendigen Konkretisierung als Voraussetzung für die **Rücküberstellungshaft** auf § 62 Abs. 3a und 3b AufenthG.

1. Fluchtgefahr (§ 62 Abs. 3 S. 1 Nr. 1 AufenthG)

6 Die **Fluchtgefahr** kann sich aus § 62 Abs. 3a oder Abs. 3b AufenthG ergeben. In Abs. 3a werden Umstände benannt, bei deren Vorliegen Fluchtgefahr widerleglich vermutet wird. Der Ausländer hat in diesen Fällen die Möglichkeit, trotz Vorliegens der genannten Umstände darzulegen, dass Fluchtgefahr nicht besteht. In Abs. 3b werden Umstände aufgezählt, die konkrete Anhaltspunkte für eine Fluchtgefahr sein können. Dabei ist eine einzelfallbezogene Prüfung unter Einbeziehung sämtlicher Umstände vorzunehmen.

7 a) **Täuschungshandlung (§ 62 Abs. 3a Nr. 1 AufenthG).** Die Fluchtgefahr kann begründet sein, wenn der Ausländer gegenüber den mit der Ausführung des AufenthG betrauten Behörden über seine **Identität** täuscht oder in einer für ein Abschiebungshindernis erheblichen Weise und in zeitlichem Zusammenhang mit der Abschiebung getäuscht und die Angabe nicht selbst berichtet hat, insbesondere durch Unterdrückung oder Vernichtung von Identitäts- oder Reisedokumenten oder das Vorgeben einer falschen Identität. Abgeschlossene **Täuschungshandlungen,** die im Abschiebungsverfahren irrelevant für die Durchführbarkeit der Abschiebung waren, begründen indes keine widerlegliche Vermutung für die Fluchtgefahr. Zudem sind aufgedeckte vergangene Täuschungen über die Identität ausgenommen, die zeitlich so weit zurückliegen, dass ein Rückschluss auf eine Fluchtgefahr unverhältnismäßig wäre. Bei Prüfung des zeitlichen Zusammenhangs und der Erheblichkeit ist auch zu berücksichtigen, wie gewichtig die Täuschungshandlung war und ob es sich um eine einmalige oder fortgesetzte Täuschung handelt.

8 b) **Unentschuldigtes Fernbleiben bei behördlichen oder ärztlichen Terminen (§ 62 Abs. 3a Nr. 2 AufenthG).** Der Umstand, dass der Ausländer **unentschuldigt** zum Zweck der Durchführung einer Anhörung oder ärztlichen Untersuchung nach § 82 Abs. 4

---

¹³ OLG München Beschl. v. 2.12.2005 – 34 Wx 157/05, NVwZ-RR 2006, 728; OLG Frankfurt Beschl. v. 3.3.2016 – 20 W 9/15, BeckRS 2016, 06412.
¹⁴ BGH Beschl. v. 12.7.2018, BeckRS 2018, 18303.
¹⁵ Begr. RegE, BT-Drs. 19/10047, 41 ff.

S. 1 AufenthG nicht an dem von der Ausländerbehörde bestimmten Ort angetroffen wird, begründet die widerlegliche Vermutung der Fluchtgefahr. Als **Termin** im Sinne des § 62 Abs. 3a Nr. 2 AufenthG gelten ausschließlich solche im Rahmen einer Anordnung nach § 82 Abs. 4 S. 1 AufenthG, beispielsweise zu einer Anhörung in einer konsularischen Vertretung des Herkunftslandes oder zu einer ärztlichen Untersuchung zur Feststellung der Reisefähigkeit persönlich zu erscheinen. Das **Fernbleiben** kann bei einer ausreichenden Entschuldigung nicht berücksichtigt werden, zum Beispiel bei einer kurzfristigen schweren Erkrankung, einem Unfall oder im Falle der Unzumutbarkeit des Erscheinens, etwa bei Bettlägerigkeit oder plötzlich auftretender familiärer Ereignisse. Eine **Entschuldigung** kann grundsätzlich nachgereicht werden. Zudem kann ein Fernbleiben nur berücksichtigt werden, wenn der Ausländer bei der Ankündigung des Termins auch auf die Folgen seines Ausbleibens hinreichend deutlich hingewiesen wurde, und zwar in einer ihm verständlichen Sprache. Bei Verletzung anderer als der in Abs. 3a Nr. 2 genannten Mitwirkungspflichten kommt nur ein konkreter Anhaltspunkt für Fluchtgefahr nach § 62 Abs. 3b Nr. 5 AufenthG in Betracht.

c) Unangemeldeter Wechsel des Aufenthaltsortes (§ 62 Abs. 3a Nr. 3 AufenthG). 9
Der nicht angezeigte **Aufenthaltswechsel** – auch im Falle der Verlagerung des Aufenthalts in einen anderen Mitgliedstaat der Europäischen Union[16] – begründet die Vermutung, dass die Abschiebung ohne die Inhaftnahme erschwert oder vereitelt wird.[17] Wegen dieser einschneidenden Folge muss die Ausländerbehörde den Ausländer regelmäßig auf die **Anzeigepflicht** nach § 50 Abs. 4 AufenthG bei einem Verlassen des Bezirks von mehr als drei Tagen und die mit einem Unterlassen der Anzeige verbundenen Folgen in einer verständlichen Sprache[18] hinreichend deutlich **hinweisen**.[19] Ist dem Ausländer eine **Ausreisefrist** gesetzt, kann der Haftgrund erst erfüllt sein, wenn die Ausreisefrist abgelaufen ist und der Betroffene nun seine geänderte Anschrift nicht mitteilt; denn zuvor muss er sich auf Abschiebungsmaßnahmen nicht einstellen und seine Erreichbarkeit für eine Abschiebung nicht gewährleisten.[20] Die Behörde hat ihre Bemühungen zur **Aufenthaltsermittlung** darzulegen.[21] Ein einmaliges Nichtantreffen reicht für die Annahme eines Aufenthaltswechsels nicht aus.[22]

d) Aufenthalt entgegen § 11 Abs. 1, Abs. 8 AufenthG (§ 62 Abs. 3a Nr. 4 Auf- 10
enthG). Die Regelung sieht die widerlegliche Vermutung der Fluchtgefahr bei Personen vor, die sich entgegen einem **Einreise- und Aufenthaltsverbot** im Bundesgebiet aufhalten und keine **Betretenserlaubnis** nach § 11 Abs. 8 AufenthG besitzen.

e) Entziehung bei früherer Abschiebung (§ 62 Abs. 3a Nr. 5 AufenthG). Dieser 11
Haftgrund setzt ein Verhalten des Betroffenen in der Vergangenheit voraus, mit dem er eine konkrete, auf seine Abschiebung gerichtete Maßnahme der Behörde **vereitelt** hat.[23] Das Verhalten des Betroffenen muss einen Bezug zu einer konkreten **Abschiebungsmaßnahme** deutscher Behörden aufweisen, der sich der Ausländer entzogen hat.[24]

f) Ausdrückliche Erklärung des Ausländers (§ 62 Abs. 3a Nr. 6 AufenthG). Dieser 12
Haftgrund setzt eine **ausdrückliche Erklärung** des Ausländers voraus, dass er sich der

---

[16] BGH Beschl. v. 20.10.2016 – V ZB 33/15, BeckRS 2016, 21002; Beschl. v. 9.3.2017 – V ZB 149/16, BeckRS 2017, 107479.
[17] BGH Beschl. v. 12.5.2011 – V ZB 299/10, BeckRS 2011, 16293; Beschl. v. 9.6.2011 – V ZB 16/11, BeckRS 2011, 18961.
[18] BGH Beschl. v. 14.1.2016 – V ZB 178/14, BeckRS 2016, 05437.
[19] BGH Beschl. v. 14.1.2016 – V ZB 178/14, BeckRS 2016, 05437; Beschl. v. 9.3.2017 – V ZB 149/16, BeckRS 2017, 107479.
[20] BGH Beschl. v. 19.5.2011 – V ZB 15/11, BeckRS 2011, 18262.
[21] BGH Beschl. v. 12.5.2011 – V ZB 299/10, BeckRS 2011, 16293.
[22] BGH Beschl. v. 12.5.2011 – V ZB 299/10, BeckRS 2011, 16293.
[23] BGH Beschl. v. 22.6.2017 – V ZB 21/17, NVwZ 2017, 1640.
[24] BGH Beschl. v. 22.6.2017 – V ZB 21/17, NVwZ 2017, 1640.

Abschiebung entziehen will. Dieser Haftgrund kann auch vorliegen, wenn zwar keine wörtliche Erklärung vorliegt, der Betroffene aber etwa durch **Gewaltanwendung** unmissverständlich zu verstehen gibt, dass er für eine Abschiebung nicht zur Verfügung stehen will.[25]

13 **g) Identitätstäuschung (§ 62 Abs. 3b Nr. 1 AufenthG).** Die Regelung deckt Fälle der **Identitätstäuschung** ab, die sich im längeren zeitlichen Abstand zur Abschiebung ereignet haben und daher nicht die Voraussetzungen des § 62 Abs. 3a Nr. 1 AufenthG erfüllen. Identitätstäuschungen können ein im Rahmen der Gesamtbetrachtung zu beachtendes Indiz für Fluchtgefahr sein, wenn der Ausländer nicht selbst seine unrichtigen Angaben berichtigt hat. Der Betroffene täuscht über seine Identität insbesondere durch Unterdrückung oder Vernichtung von Identitäts- oder Reisedokumenten sowie durch Vorgeben einer falschen Identität.[26]

14 **h) Erhebliche finanzielle Aufwendungen (§ 62 Abs. 3b Nr. 2 AufenthG).** Anhaltspunkte für eine Fluchtgefahr können nicht nur Aufwendungen des Ausländers an einen Dritten für dessen Handlungen nach § 96 AufenthG, mithin Zahlungen an **Schleuser,** sein, sondern auch andere Zahlungen zur Durchführung der Reise, die nach den Umständen des Einzelfalls gemessen an den Lebensverhältnissen des Ausländers im Herkunftsstaat so gravierend sind, dass die Annahme gerechtfertigt ist, der Ausländer wird die **Aufwendungen** nicht als vergeblich „abschreiben" können und sich deshalb der Abschiebung entziehen. Hierzu können etwa auch Zahlungen an Dokumentenfälscher zählen oder aber im Falle eines überdeutlichen **Missverhältnisses** auch die Zahlung legaler Transportmittel.

15 **i) Gefährdung der inneren Sicherheit (§ 62 Abs. 3b Nr. 3 AufenthG).** Nach dem Willen des Gesetzgebers soll die **Gefährlichkeit** eines vollziehbar ausreisepflichtigen **Ausländers** konkreter Anhaltspunkt für eine Fluchtgefahr sein.[27] Dies entspreche dem Erfahrungswert, dass dieser Personenkreis regelmäßig eine hohe Mobilität aufweise und sich behördlichen Maßnahmen oftmals zu entziehen versuche. Eine Gefahr für Leib und Leben gehe dabei auch von Personen aus, die mit harten Drogen handelten. Der Regelung wird zum Teil ihre Unvereinbarkeit mit der Rückführungs-RL und der Dublin III-VO entgegengehalten, da der Haftgrund entgegen Art. 2 lit. n Dublin III-VO nicht hinreichend konkret formuliert sei.[28] Ferner wird kritisiert, dass bei diesem Haftgrund nicht nur die Durchsetzung der Ausreisepflicht Ziel sei, sondern die allgemeine Gefahrenabwehr im Vordergrund stehe.[29] Letzteren Bedenken kann aber dadurch Rechnung getragen werden, dass im Rahmen der Verhältnismäßigkeit als mildere Mittel zur Haft aufenthaltsrechtlich insbesondere Maßnahmen nach § 56 AufenthG und § 56a AufenthG in Betracht gezogen werden.

16 **j) Strafrechtliche Verurteilung (§ 62 Abs. 3b Nr. 4 AufenthG).** Die Regelung erfasst Personen, die wiederholt rechtskräftig wegen **vorsätzlicher Straftaten** zu mindestens einer Freiheitsstrafe verurteilt wurden. Zu beachten ist, dass nach dem Willen des Gesetzgebers mindestens **zwei** strafrechtliche **Verurteilungen** vorliegen müssen, wobei zumindest einmal wegen einer Straftat auf eine **Freiheitsstrafe** erkannt worden sein muss. Die Regelung zielt auf Personen, die durch ihr Verhalten gezeigt haben, dass sie der deutschen Rechtsordnung ablehnend oder gleichgültig gegenüberstehen und deshalb bei ihnen nicht zu erwarten ist, dass sie auch anderen gesetzlichen Pflichten wie der Ausreisepflicht freiwillig nachkommen werden.

---

[25] BGH Beschl. v. 20.7.2017 – V ZB 5/17, BeckRS 2017, 127259.
[26] Beispiel: BGH Beschl. v. 22.7.2010 – V ZB 29/10, BeckRS 2010, 20420.
[27] Entwurf eines Gesetzes zur besseren Durchsetzung der Ausreisepflicht v. 16.3.2017, BT-Drs. 18/11546, 17.
[28] *Hörich/Tewocht* NVwZ 2017, 1153.
[29] *Hörich/Tewocht* NVwZ 2017, 1153.

k) Fehlende Mitwirkungshandlungen bei Identitätsfeststellung (§ 62 Abs. 3b Nr. 5 17
AufenthG). In Abstufung zur widerleglichen Vermutung der Fluchtgefahr in § 62 Abs. 3a Nr. 2 AufenthG, für die ein Nichterscheinen im Falle einer spezifischen Anordnung nach § 82 Abs. 4 S. 1 AufenthG erforderlich ist, kann für die Annahme eines konkreten Anhaltspunktes für eine Fluchtgefahr genügen, dass der Ausländer weitere gesetzliche **Mitwirkungshandlungen zur Identitätsfeststellung,** insbesondere die ihm nach § 48 Abs. 3 S. 1 AufenthG obliegenden Mitwirkungshandlungen, **verweigert** oder unterlassen hat. In jedem Fall muss der Ausländer vor Verletzung seiner Mitwirkungspflichten auf die mögliche Haftfolge im Falle der Verweigerung oder Unterlassung in einer ihm verständlichen Sprache hinreichend deutlich **hingewiesen** werden. Auch die Nichterfüllung einer Pflicht nach § 60b Abs. 3 Nrn. 1, 2 oder 6 AufenthG kann ein Anhaltspunkt für die Fluchtgefahr sein.

l) Verstoß gegen Pflichten im Zusammenhang mit der Aufenthaltsbeendigung 18
(§ 62 Abs. 3b Nr. 6 AufenthG). Nach der ersten Variante ist ein Verstoß gegen eine Pflicht nach § 61 Abs. 1 S. 1, Abs. 1a, Abs. 1c, S. 1 Nr. 3 oder S. 2 AufenthG erfasst. Die zweite Variante korrespondiert mit der in § 61 Abs. 1e AufenthG eingeführten Möglichkeit, bei konkret bevorstehenden Maßnahmen der Aufenthaltsbeendigung **Auflagen** zur Sicherung und Durchsetzung der **Ausreisepflicht,** insbesondere Meldeauflagen anzuordnen. In jedem Fall muss ein wiederholter **Verstoß** gegen eine der konkret genannten Pflichten erfolgt sein. Zudem ist auch hier eine klare und verständliche **Belehrung** des Ausländers über die Pflicht zur Einhaltung und die Folgen einer Pflichtverletzung erforderlich.

m) Fehlender Aufenthaltsort (§ 62 Abs. 3b Nr. 7 AufenthG). In Abgrenzung zu 19
Fällen des § 62 Abs. 3a Nr. 3 und Abs. 3 Nr. 2 AufenthG geht es bei § 62 Abs. 3b Nr. 7 AufenthG um Personen, die **legal** eingereist sind, jedoch inzwischen vollziehbar ausreisepflichtig sind und die dem behördlichen **Zugriff** entzogen sind, weil sie keinen Aufenthaltsort haben, an dem sie sich überwiegend aufhalten.

2. Vollziehbare Ausreispflicht aufgrund unerlaubter Einreise (§ 62 Abs. 3 S. 1 Nr. 2 AufenthG)

Die **Einreise** eines Ausländers ist nach § 14 Abs. 1 AufenthG **unerlaubt,** wenn er ohne 20
gültigen Pass oder Passersatz und ohne den erforderlichen Aufenthaltstitel (regelmäßig ein Visum) in das Bundesgebiet eingereist ist.[30] Ob eine Einreise vorliegt, ist allein nach objektiven Kriterien zu bestimmen. Der Einreise steht daher ein nicht willensgesteuertes oder nur versehentliches Verlagern des Aufenthaltes in das Bundesgebiet nicht entgegen.[31] Die vollziehbare Ausreisepflicht muss auf der unerlaubten Einreise beruhen.[32] Dieses **Kausalitätserfordernis** setzt einen zeitlichen Zusammenhang zwischen unerlaubter Einreise und Ausreisepflicht voraus. Hieran fehlt es etwa dann, wenn der Betroffene einen **Asylantrag** gestellt hat, weil mit der Stellung des Asylantrages bei dem zuständigen Bundesamt für Migration und Flüchtlinge (BAMF) dem Betroffenen auch für die Phase der Zuständigkeitsprüfung durch das Bundesamt der Aufenthalt nach § 55 Abs. 1 S. 1, S. 3 AsylG gestattet ist,[33] selbst wenn nach den Regelungen der Dublin III-VO nicht Deutschland, sondern ein anderer Mitgliedstaat für die Durchführung des Asylverfahrens zuständig ist.[34] Erst die endgültige Entscheidung – auch über einen unzulässigen Asylantrag – führt unter den weiteren Voraussetzungen des § 67 Abs. 1 Nr. 5 AsylG (Bekanntgabe der Abschiebungsanordnung) oder Nr. 6 (Unanfechtbarkeit der Entscheidung des BAMF) zum Erlöschen der Aufenthaltsgestattung.[35]

---

[30] BGH Beschl. v. 18.8.2010 – V ZB 119/10, BeckRS 2010, 21898.
[31] BGH Beschl. v. 21.10.2010 – V ZB 56/10, BeckRS 2010, 28433.
[32] BGH Beschl. v. 28.10.2010 – V ZB 210/10, BeckRS 2010, 27960.
[33] BGH Beschl. v. 1.3.2012 – V ZB 183/11, NVwZ-RR 2012, 574.
[34] BGH Beschl. v. 1.3.2012 – V ZB 183/11, NVwZ-RR 2012, 574.
[35] BGH Beschl. v. 3.5.2012 – V ZB 244/11, BeckRS 2012, 14183; Beschl. v. 1.3.2012 – V ZB 183/11, NVwZ-RR 2012, 574.

21 Der notwendige Zusammenhang zwischen der unerlaubten Einreise und der Ausreisepflicht fehlt auch dann, wenn ein aus der (Straf-)Haft heraus gestellter Asylantrag nicht innerhalb der Vier-Wochenfrist nach § 14 Abs. 3 S. 3 AsylG abgelehnt worden ist.[36] Anders ist dies jedoch in dem Fall einer **Duldung** nach § 60a AufenthG. Sie ist lediglich ein befristeter Verzicht der Behörde auf die Durchsetzung der Ausreisepflicht[37] und lässt die erforderliche Ursächlichkeit der unerlaubten Einreise für die vollziehbare Ausreisepflicht deshalb nicht entfallen.[38] Ausländer aber, die über eine **vorläufige Aufenthaltserlaubnis in einem Mitgliedstaat der Europäischen Union** und ein von diesem ausgestelltes Reisedokument verfügen, dürfen sich nach Art. 21 Abs. 2 SDÜ[39] unter den weiteren Voraussetzungen des Art. 5 Abs. 1 lit. a, c und e SDÜ bis zu drei Monaten auch im Bundesgebiet aufhalten.[40]

3. Haftgrund der Abschiebungsanordnung (§ 62 Abs. 3 S. 1 Nr. 3 AufenthG)

22 Die Anordnung der Sicherungshaft kommt in Betracht, wenn eine **Abschiebungsanordnung** nach § 58a AufenthG ergangen ist, diese aber nicht unmittelbar vollzogen werden kann. § 62 Abs. 3 S. 1 Nr. 1a AufenthG verfolgt nicht nur das Ziel, die Abschiebung zu sichern, sondern dient auch der Abwehr der in § 58a Abs. 1 S. 1 AufenthG benannten Gefahren.[41] Die Haft soll verhindern, dass der **Betroffene** durch Abtauchen **weiterhin gefährlich** bleibt. Diese Berücksichtigung des Zwecks der Aufenthaltsbeendigung ist mit Art. 15 Abs. 1 der Rückführungs-RL vereinbar.[42] Liegt eine Abschiebungsanordnung vor, sind die Haftgerichte an diese Entscheidung gebunden.[43] Der Haftrichter ist aber verpflichtet, ein etwaiges gerichtliches Vorgehen des Ausländers gegen die Abschiebungsanordnung gemäß § 58a Abs. 4 AufenthG und den Stand des Verfahrens in Erfahrung zu bringen und bei der Entscheidung zu berücksichtigen.

III. Voraussetzungen des Ausreisegewahrsams (§ 62b AufenthG)

23 Nach der zum 21.8.2019 in Kraft getretenen Neufassung des **Ausreisegewahrsams** kann dieser angeordnet werden, wenn die Ausreisefrist abgelaufen ist, es sei denn, der Ausländer ist unverschuldet an der Ausreise gehindert oder die Überschreitung der Ausreisefrist ist nicht erheblich. Die Anordnung des Ausreisegewahrsams setzt keine Fluchtgefahr voraus; es ist ausreichend, dass der Betroffene ein Verhalten gezeigt hat, das auf eine **Erschwerung** der **Abschiebung** hinweist. Dies wird gemäß § 62b Abs. 1 S. 1 Nr. 3 AufenthG vermutet, wenn der Ausländer seine gesetzlichen Mitwirkungspflichten verletzt hat, über seine Identität oder Staatsangehörigkeit getäuscht hat, wegen einer im Bundesgebiet begangenen vorsätzlichen Straftat verurteilt wurde, wobei Geldstrafen von insgesamt bis zu 50 Tagessätzen außer Betracht bleiben, oder die Frist zur Ausreise um mehr als 30 Tage überschritten hat. Der Ausreisegewahrsam dient der Sicherung des effektiven Verfahrens der Abschiebung, etwa bei Sammelabschiebungen oder bei einer Abschiebung in einen Zielstaat, zu dem nur selten Flugverbindungen angeboten werden. Daher muss feststehen, dass die Abschiebung innerhalb der Frist von zehn Tagen durchführbar ist; dabei genügt es, dass

---

[36] BGH Beschl. v. 12.5.2011 – V ZB 309/10, BeckRS 2011, 17256.
[37] BGH Beschl. v. 10.11.2011 – V ZB 317/10, BeckRS 2011, 29923.
[38] BGH Beschl. v. 12.5.2011 – V ZB 309/10, BeckRS 2011, 17256.
[39] Schengener Durchführungsübereinkommen (SDÜ): Übereinkommen zur Durchführung des Übereinkommens von Schengen v. 14.6.1985 zwischen den Regierungen der Staaten der Benelux-Wirtschaftsunion, der Bundesrepublik Deutschland und der Französischen Republik betreffend den schrittweisen Abbau der Kontrollen an den gemeinsamen Grenzen, ABl. 2000 L 239, 19, idF d. VO (EU) 610/2013 v. 26.3.2013 (Abl. L 182/1), zul. geändert durch Art. 64 VO (EU) 208/1861 v. 28.11.2018 (Abl. L 312/14).
[40] BGH Beschl. v. 17.6.2010 – V ZB 3/10, NVwZ 2011, 317.
[41] LG Bremen Beschl. v. 6.11.2017 – 10 T 569/17, BeckRS 2017, 138121.
[42] LG Bremen Beschl. v. 6.11.2017 – 10 T 569/17, BeckRS 2017, 138121.
[43] BGH Beschl. v. 21.12.2017 – V ZB 249/17, BeckRS 2017, 136176.

die Durchführbarkeit innerhalb dieser Frist eintritt. Deshalb hat eine **Prognose** zu erfolgen, so dass eine Parallele zu der Regelung des § 62 Abs. 3 S. 3 AufenthG besteht (s. auch nachfolgend → Rn. 31). Da der Ausreisegewahrsam nach § 62b Abs. 2 AufenthG im Transitbereich eines Flughafens oder in einer Unterkunft, von der aus die Ausreise des Ausländers ohne Zurücklegen einer größeren Entfernung zu einer Grenzübergangsstelle möglich ist, vollzogen wird, wird klargestellt, dass die **Unterbringung** auch in einer Unterkunft im weiteren Umfeld eines Flughafens oder einer Grenzübergangstelle möglich ist. Dabei kann eine übliche Fahrzeit von etwa einer Stunde als Orientierung gelten. **Minderjährige** und **Familien** mit Minderjährigen dürfen wegen der entsprechenden Geltung des § 62 Abs. 1 S. 3 AufenthG nur in besonderen Ausnahmefällen und nur so lange in Ausreisegewahrsam genommen werden, wie es unter gebotener besonderer Berücksichtigung des Kindeswohls angemessen ist. Dementsprechend dürfte in vielen Fällen eine Inhaftierung Minderjähriger unverhältnismäßig sein.

Der Ausreisegewahrsam bedarf der Anordnung durch einen Richter. Die erforderlichen **24** Verhaltensweisen des Betroffenen können auch in der Vergangenheit liegen, soweit sie erwarten lassen, dass der Ausländer die bevorstehende Abschiebung erschweren oder vereiteln wird. Ein Ausländer darf aber dann nicht in Ausreisegewahrsam genommen werden, wenn er glaubhaft macht oder wenn offensichtlich ist, dass er sich der Abschiebung nicht entziehen will (§ 62b Abs. 1 S. 2 AufenthG).

IV. Vorbereitungshaft (§ 62 Abs. 2 AufenthG)

Nach der Legaldefinition des § 62 Abs. 2 AufenthG ist ein Ausländer zur Vorbereitung der **25 Ausweisung** oder der **Abschiebungsanordnung** nach § 58a AufenthG auf richterliche Anordnung in Haft zu nehmen, wenn über die Ausweisung oder die Abschiebungsanordnung nach § 58a AufenthG nicht sofort entschieden werden kann und die Abschiebung ohne die Inhaftnahme wesentlich erschwert oder vereitelt würde. Die **Dauer** der Vorbereitungshaft soll **sechs Wochen** nicht überschreiten. Im Falle der Ausweisung bedarf es für die Fortdauer der Haft bis zum Ablauf der angeordneten Haftdauer keiner erneuten richterlichen Anordnung. Das Instrument der Vorbereitungshaft erfasst in der seit dem 21.8.2019 geltenden Fassung auch die Vorbereitung der Abschiebungsanordnung nach § 58a AufenthG gegen **Gefährder**. Die Vorbereitungshaft ist nur zulässig, wenn konkrete Umstände den Erlass einer Abschiebungsanordnung nach § 58a AufenthG innerhalb der Anordnungsfrist hinreichend sicher erwarten lassen. Deshalb hat eine **Prognose** zu erfolgen, so dass eine Parallele zu der Regelung des § 62 Abs. 3 S. 3 AufenthG besteht (s. auch nachfolgend → Rn. 31).

V. Mitwirkungshaft (§ 62 Abs. 6 AufenthG)

Ein Ausländer kann auf richterliche Anordnung zum Zwecke der Abschiebung für die **26 Dauer** von längstens **14 Tagen** in Haft genommen werden, und zwar zur Durchführung einer **Anordnung** nach § 82 Abs. 4 S. 1 AufenthG, bei den Vertretungen oder ermächtigten Bediensteten des Staates, dessen Staatsangehörigkeit er vermutlich besitzt, persönlich zu erscheinen, oder eine ärztliche Untersuchung zur Feststellung seiner Reisefähigkeit durchführen zu lassen. Voraussetzung ist zunächst, dass der Betroffene einer solchen erstmaligen Anordnung oder einer Anordnung nach § 82 Abs. 4 S. 1 AufenthG, zu einem Termin bei der zuständigen Behörde persönlich zu erscheinen, unentschuldigt ferngeblieben ist. § 62 Abs. 6 AufenthG greift die Möglichkeit des Art. 15 Abs. 1 lit b der Rückführungs-RL auf, Drittstaatsangehörige in Haft zu nehmen, welche die Vorbereitung der Rückkehr oder das Abschiebungsverfahren umgehen oder behindern. Die Vorschrift betrifft den Zeitabschnitt vor einer möglichen Sicherungshaft nach § 62 Abs. 3 AufenthG. Die Mitwirkungshaft ist nur zulässig, um **Mitwirkungspflichten** sicherzustellen, deren Erfüllung aufgrund des bisherigen Verhaltens des Ausländers nicht sichergestellt ist. Eine Inhaftnahme aus anderen

Gründen, beispielsweise als Sanktion, ist nicht zulässig. Auch muss eine hinreichende Aussicht auf Abschiebung bestehen und der Zweck der Haft, nämlich die Durchführung der auferlegten Pflichten, erreichbar sein. Deshalb hat eine **Prognose** zu erfolgen, so dass eine Parallele zu der Regelung des § 62 Abs. 3 S. 3 AufenthG besteht (s. auch nachfolgend → Rn. 31). Andernfalls ist eine Inhaftnahme unverhältnismäßig und unzulässig. Die Mitwirkungshaft ist auf das zur Durchführung der Anordnung erforderliche Maß zu beschränken und über den Zeitraum von 14 Tagen hinaus nicht verlängerbar. Der Ausländer ist im Sinne einer Warn- und Besinnungsfunktion in einem Verfahrensstadium vor der durchzusetzenden Anhörung, das heißt im Rahmen einer erstmaligen Anordnung nach § 82 Abs. 4 S. 1 AufenthG oder bei einem vorbereitenden Termin bei der Ausländerbehörde auf die Möglichkeit einer Inhaftnahme hinreichend deutlich und verständlich **hinzuweisen.** Dieser Hinweis ist erforderliche Voraussetzung für die Anordnung der Mitwirkungshaft.

VI. Rücküberstellungshaft

27 Bei der **Rücküberstellungshaft** handelt sich um die Anordnung von Haft zur Sicherung der Rücküberstellung im Anwendungsbereich der **Dublin III-VO.** Grundlage für eine solche Haftanordnung ist nicht § 62 Abs. 3 AufenthG; vielmehr ergeben sich die Voraussetzungen unmittelbar aus Art. 28 Abs. 2, Art. 2 lit. n Dublin III-Verordnung iVm der seit dem 21.8.2019 geltenden Regelung des § 2 Abs. 14 AufenthG.[44] Danach gelten wegen der Neustrukturierung der Haftgründe § 62 Abs. 3a AufenthG für die widerlegliche Vermutung einer **Fluchtgefahr** im Sinne von Art. 2 lit n der Rückführungs-RL und § 62 Abs. 3b Nr. 1 bis 5 AufenthG als objektive Anhaltspunkte für die Annahme einer Fluchtgefahr im Sinne von Art. 2 lit. n der Dublin III-VO entsprechend, § 2 Abs. 14 S. 1 AufenthG. Auf die obigen Ausführungen zu den einzelnen Gründen zur Begründung der Fluchtgefahr kann daher verwiesen werden. Im Anwendungsbereich der Dublin III-VO bleibt deren Art. 28 Abs. 2 im Übrigen maßgeblich. § 2 Abs. 14 Abs. 1 AufenthG enthält darüber hinaus weitere Anhaltspunkte für das Vorliegen einer Fluchtgefahr, nämlich zum einen, dass der Ausländer einen Mitgliedstaat vor Abschluss eines dort laufenden Verfahrens zur Zuständigkeitsbestimmung oder zur Prüfung eines Antrags auf internationalen Schutz verlassen hat und die Umstände der Feststellung im Bundesgebiet konkret darauf hindeuten, dass er den zuständigen Mitgliedstaat in absehbarer Zeit nicht aufsuchen will, und zum anderen, dass der Ausländer zuvor mehrfach einen Asylantrag in anderen Mitgliedstaaten im Geltungsbereich der Dublin III-VO gestellt und den Mitgliedstaat der Asylantragstellung wieder verlassen hat, ohne den Ausgang des dort laufenden Verfahrens abzuwarten. Schließlich ermächtigt § 2 Abs. 14 S. 2 AufenthG die für den Antrag auf Inhaftnahme zum Zwecke der Überstellung zuständige **Behörde,** einen Ausländer ohne vorherige richterliche Anordnung festzuhalten und vorläufig in **Gewahrsam** nehmen, wenn der dringende Verdacht für das Vorliegen der Voraussetzungen nach S. 1 oder S. 2 besteht, die richterliche Entscheidung über die Anordnung der Rücküberstellungshaft nicht vorher eingeholt werden kann und der begründete Verdacht vorliegt, dass sich der Ausländer der Anordnung der Rücküberstellungshaft entziehen will. Nach § 2 Abs. 14 S. 3 AufenthG ist der Ausländer in diesem Fall des behördlichen Festhalterechts unverzüglich dem **Richter** zur Entscheidung über die Anordnung der Rücküberstellungshaft vorzuführen.

VII. Voraussetzungen des Festhalterechts der Behörde (§ 58 Abs. 4 S. 1 AufenthG)

28 Nach der mit Wirkung zum 21.8.2019 eingeführten Regelung des § 58 Abs. 4 S. 1 AufenthG ist die die Abschiebung durchführende **Behörde** befugt, zum Zweck der Abschiebung den Ausländer zum Flughafen oder Grenzübergang zu verbringen und ihn zu diesem

---

[44] Vgl. zum bisherigen Recht: BGH Beschl. v. 25.2.2016 – V ZB 157/15, NVwZ 2016, 1111; Beschl. vom 7.7.2016 – V ZB 21/16, BeckRS 2016, 17882.

Zweck kurzzeitig festzuhalten. Die Vorschrift dient der Klarstellung, dass die durchführende Behörde zur Beförderung des Ausländers zum Flughafen oder Grenzübergang als Teil der Abschiebung befugt ist und zu diesem Zweck den Ausländer kurzzeitig festhalten darf. Ein **kurzzeitiges Festhalten** kann beispielsweise dann nötig werden, wenn bis zum Abflug Wartezeit zu überbrücken ist oder Wartezeiten entstehen, weil Beförderungen gebündelt erfolgen sollen. Es wird klargestellt, dass, soweit die Maßnahme nur kurzzeitig und auf das zur Durchführung der Abschiebung unvermeidliche Maß beschränkt ist, lediglich eine – keine richterliche Anordnung erfordernde – **Freiheitsbeschränkung** vorliegen kann, wobei immer die Umstände des Einzelfalls zu berücksichtigen sind.

VIII. Verhältnismäßigkeit

1. Allgemeine Grundsätze

Nach § 62 Abs. 1 S. 1 AufenthG ist die Abschiebungshaft unzulässig, wenn der Zweck der Haft durch ein milderes, ebenfalls **ausreichendes anderes Mittel** erreicht werden kann. Es ist daher stets zu prüfen, ob weniger einschneidende Mittel zur Verfügung stehen, welche die Abschiebung des Ausländers sicherstellen. Dieses Ziel kann unter Umständen erreicht werden durch strenge Meldeauflagen, räumliche Aufenthaltsbeschränkungen, Garantien durch Vertrauenspersonen wie etwa einem Bürgen, der gewährleistet, dass sich der Ausländer für die Ausreise bereit hält, die Stellung einer Sicherheitsleistung oder eine Überwachung mit einer sogenannten elektronischen Fußfessel. Letzteres ist in Anwendung des § 56a AufenthG möglich. 29

Zudem ist nach § 62 Abs. 1 S. 2 AufenthG die Inhaftnahme auf die **kürzest mögliche Dauer** zu beschränken. sodass die Frist von drei Monaten in § 62 Abs. 3 S. 3 AufenthG vorbehaltlich des § 62 Abs. 4 AufenthG die obere Grenze der möglichen Haft und nicht deren Normaldauer bestimmt.[45] Die Haftdauer beginnt mit der Anordnung der Wirksamkeit, nicht erst mit der Ergreifung des Betroffenen, selbst im Fall der ausdrücklichen Anordnung, dass die Abschiebungshaft erst mit der Festnahme beginnen soll.[46] 30

2. Prognose nach § 62 Abs. 3 S. 3 AufenthG

Im Rahmen der Verhältnismäßigkeit kommt der Prognose nach § 62 Abs. 3 S. 3 AufenthG eine besondere Bedeutung zu. Danach ist die Anordnung der Abschiebungshaft unzulässig, wenn feststeht, dass aus Gründen, die der Ausländer nicht zu vertreten hat, die Abschiebung nicht **innerhalb der nächsten drei Monate** durchgeführt werden kann. Etwas anderes gilt nur in dem Fall des § 62 Abs. 3 S. 4 AufenthG. Danach ist die Anordnung der Abschiebungshaft bei einem Ausländer, von dem eine erhebliche Gefahr für Leib und Leben Dritter oder bedeutende Rechtsgüter der inneren Sicherheit ausgeht, auch dann zulässig, wenn die Abschiebung nicht innerhalb der nächsten drei Monate (also insgesamt innerhalb von sechs Monaten) durchgeführt werden kann.[47] 31

Die **Prognoseentscheidung** setzt eine hinreichend vollständige Tatsachengrundlage voraus, die alle im konkreten Fall ernsthaft in Betracht kommenden Gründe erfassen muss, die der Abschiebung entgegenstehen oder sie verzögern können.[48] Dies erfordert **konkrete Angaben** zum Ablauf des Verfahrens und zu dem Zeitraum, in welchem die einzelnen Schritte unter normalen Bedingungen durchlaufen werden können,[49] und der Feststellung, 32

---

[45] BGH Beschl. v. 10.5.2012 – V ZB 246/11, FGPrax 2012, 225; Beschl. v. 13.10.2016 – V ZB 22/16, BeckRS 2016, 20480.
[46] BGH Beschl. v. 9.6.2011 – V ZB 26/11, BeckRS 2011, 18682.
[47] BGH Beschl. v. 21.12.2017 – V ZB 249/17, BeckRS 2017, 136176, auch zur Frage der Höchstdauer der Haft.
[48] BVerfG Beschl. v. 27.2.2009 – 2 BvR 538/07, NJW 2009, 2659.
[49] BGH Beschl. v. 25.3.2010 – V ZA 9/10, NVwZ 2010, 1175; Beschl. v. 18.8.2010 – V ZB 119/10, BeckRS 2010, 21898.

dass diese Voraussetzungen im konkreten Fall vorliegen.[50] Die bloße Angabe, die Abschiebung werde voraussichtlich innerhalb von drei Monaten stattfinden können, reicht deshalb nicht aus. Die Prognose kann auf eine **bundesweite Fallsammlung** der Zentralen Ausländerbehörden über die Ausstellung von Passersatzpapieren oder auf Erfahrungen aus zeitnah vollzogenen Abschiebungen in den entsprechenden Staat gestützt werden.[51] Zudem kann die Behörde auch auf die sogenannte **PEPDAT**[52] zurückgreifen.

33 In Fällen der **Dublin III-VO** sind die Sonderregelungen in Art. 28 der Verordnung zu beachten. Wird ein Asylantragsteller zwecks Überstellung in den zuständigen Mitgliedstaat inhaftiert, muss der Aufnahme- oder Wiederaufnahmeantrag an den als zuständig angesehenen Staat innerhalb eines Monats nach Stellung des Haftantrags erfolgen. Der ersuchte Staat hat zwei Wochen für die Beantwortung. Dann muss innerhalb von sechs Wochen nach Ablauf der Zwei-Wochen-Frist die Überstellung aus der Haft durchgeführt werden (Art. 28 Abs. 3 UAbs. 3 Dublin III-VO). Bei Beantragung der Haft muss daher dargelegt werden, dass eine Rückführung in den zuständigen Mitgliedsstaat innerhalb der für Haftsachen nach Art. 28 Abs. 3 Dublin III-VO maßgeblichen Gesamtfrist von drei Monaten (1 Monat + 2 Wochen + 6 Wochen) erfolgen wird.[53] Hält der ersuchende Mitgliedstaat die Fristen für die Stellung eines Aufnahme- oder Wiederaufnahmegesuchs nicht ein oder findet die Überstellung nicht innerhalb des Zeitraums von sechs Wochen iSv Art. 28 Abs. 3 UAbs. 3 Dublin III-VO statt, darf der Ausländer nicht länger in Haft bleiben. Steht allerdings bei Haftbeginn fest, dass die Überstellung spätestens innerhalb von sechs Wochen erfolgen kann, scheitert ihre praktische Durchführbarkeit aber aus Gründen, die die zu überstellende Person zu vertreten hat, wird eine erneute Sechswochenfrist in Lauf gesetzt. Andernfalls hätte der Betroffene es in der Hand, die Rückführung zu vereiteln, obwohl die für die Inhaftierung erforderliche Fluchtgefahr weiter besteht und die Haft gerade verhindern soll, dass sich der Betroffene dem Überstellungsverfahren entzieht.[54]

34 Bestehen **internationale oder bilaterale Abkommen** und ergeben sich aus ihnen die einzelnen erforderlichen Verfahrensschritte, wie etwa aus dem Abkommen zwischen der Regierung der Bundesrepublik Deutschland und der Regierung der Sozialistischen Republik Vietnam über die Rückübernahme von vietnamesischen Staatsangehörigen, sind diese Voraussetzungen einzelfallbezogen darzulegen.[55] Maßgeblicher **Zeitpunkt** für die Prognose, ob die Abschiebung innerhalb der nächsten drei Monate möglich erscheint, ist der Erlass der **Haftanordnung.**[56] Dieser Zeitpunkt gilt auch im Fall der Anordnung der Abschiebungshaft parallel zu einer **Untersuchungs- oder Strafhaft.**[57] Eine Prognose muss auch dann erfolgen, wenn eine kürzere Haftdauer als drei Monate beantragt worden ist,[58] und ist deshalb auch im Fall des Ausreisegewahrsams nach § 62b AufenthG erforderlich. Sie ist zudem notwendig, wenn die Abschiebung aus von dem Betroffenen zu vertretenden Gründen innerhalb von drei Monaten unterblieben und die **Verlängerung der Sicherungshaft** beantragt ist, und zwar dahin, dass die Abschiebung innerhalb von drei Monaten ohne Berücksichtigung der von dem Betroffenen zurechenbar veranlassten Verzögerung hätte durchgeführt werden können.[59]

---

50 BGH Beschl. v. 26.10.2017 – V ZB 143/17, BeckRS 2017, 136682.
51 BGH Beschl. v. 19.5.2011 – V ZB 122/11, BeckRS 2011, 14043; Beschl. v. 28.10.2010 – V ZB 210/10, FGPrax 2011, 41.
52 Datei mit Informationen zur Einschätzung der Wahrscheinlichkeit der erfolgreichen Beschaffung von Passersatzpapieren, vgl. *Bergmann/Dienelt* AufenthG § 62 Rn. 182.
53 BGH Beschl. v. 29.9.2010 – V ZB 233/10, NVwZ 2011, 320.
54 BGH Beschl. v. 6.4.2017 – V ZB 126/16, FGPrax 2017, 186.
55 Rückübernahmeabkommen nebst Durchführungsprotokoll v. 21.7.1995, BGBl. 1995 II 744.
56 BGH Beschl. v. 25.3.2010 – V ZA 9/10, NVwZ 2010, 1175; Beschl. v. 8.7.2010 – V ZB 203/09, BeckRS 2010, 17865; Beschl. v. 14.10.2010 – V ZB 261/10, FGPrax 2011, 1535.
57 BGH Beschl. v. 4.12.2014 – V ZB 77/14, BGHZ 203, 323 = NVwZ 2015, 1079 unter Aufgabe seiner bisherigen Rspr zu Überhaft, etwa: BGH Beschl. v. 12.5.2011 – V ZB 309/10, BeckRS 2011, 17256.
58 BGH Beschl. v. 7.4.2011 – V ZB 265/10, FGPrax 2011, 201.
59 BGH Beschl. v. 30.6.2011 – V ZB 139/11, BeckRS 2011, 18681; Beschl. v. 9.6.2011 – V ZB 230/10, NJW 2011, 3450; Beschl. v. 14.4.2011 – V ZB 76/11, BeckRS 2011, 08508.

Eine vorübergehende Aussetzung der Abschiebung **(Duldung)** nach § 60a AufenthG **35** kann ein Hindernis iSv § 62 Abs. 3 S. 3 AufenthG darstellen,[60] ebenso der im Zusammenhang mit einem **Asylfolgeantrag** entstehende Abschiebungsschutz nach § 71 Abs. 5 AsylG.[61] In die Prognose einzustellen sind etwaige von dem Ausländer gegen die Ausreisepflicht gerichtete **Rechtsmittel** vor den **Verwaltungsgerichten**.[62] Solange Anträgen auf verwaltungsgerichtlichen Eilrechtsschutz in der Regel entsprochen wird, darf der Haftrichter die Haft zur Sicherung der Abschiebung nicht anordnen, sobald die Sache bei dem Verwaltungsgericht anhängig gemacht worden ist.[63] Allerdings kann die Haft auch unter Beachtung des § 62 Abs. 3 S. 3 AufenthG trotz einer Eilentscheidung des Verwaltungsgerichts angeordnet werden, soweit die Umstände eine frühzeitige Abänderung der verwaltungsgerichtlichen Entscheidung zB wegen eines Rechtsmittels nahelegen.[64] Eine bei der erstmaligen Anordnung der Haft für drei Monate mit den Erwägungen bei der Prognose verbleibende **Ungewissheit** geht zu Lasten des Betroffenen.[65]

3. Sonstige im Rahmen der Verhältnismäßigkeit zu beachtende Umstände

Die Anordnung der Abschiebungshaft kann **unverhältnismäßig** sein, wenn der Betroffene **36** glaubhaft macht, dass er sich der Abschiebung nicht entziehen will (vgl. § 62 Abs. 3 S. 2 AufenthG).[66] Die Abschiebungshaft kann auch dann nicht angeordnet werden, wenn die Abschiebung mangels **Aufnahmebereitschaft** des Zielstaates nicht durchgeführt werden kann.[67] Ist eine dem Betroffenen gewährte Duldungsfrist noch nicht abgelaufen, kann die Anordnung von Abschiebungshaft verfrüht sein.[68] Dagegen stehen **systemische Mängel** im Zielstaat einer Haftanordnung nicht entgegen, solange diese nicht in eine mangelnde Aufnahmebereitschaft des Zielstaates umschlagen.[69]

Die Anordnung der Abschiebungshaft verstößt nicht gegen die **Genfer Flüchtlings- 37 konvention** (GFK).[70] Zwar fordert Art. 31 Abs. 1 GFK, dass die Vertragsstaaten wegen unrechtmäßiger Einreise oder Aufenthalts keine Strafen gegen Flüchtlinge verhängen. Die Vorschrift ist im Fall der Anordnung von Abschiebungshaft aber schon deshalb nicht anwendbar, weil die Abschiebungshaft mangels Sanktionscharakter für begangenes Unrecht keine Strafe iSd Art. 31 Abs. 1 GFK ist, sondern eine reine Präventivmaßnahme zur Durchsetzung der Ausreisepflicht.[71]

Die **Verlängerung der Haft** über den Drei-Monats-Zeitraum hinaus ist unzulässig, **38** wenn die Abschiebung aus Gründen unterbleibt, die von dem Betroffenen nicht zu vertreten sind.[72] Nur unter engen Voraussetzungen kann die Abschiebungshaft für **sechs oder zwölf Monate** angeordnet werden.[73] Die Verweigerung einer geschuldeten Mitwirkung

---

[60] BGH Beschl. v. 22.7.2010 – V ZB 29/10, BeckRS 2010, 20420.
[61] BGH Beschl. v. 21.7.2011 – V ZB 222/10, BeckRS 2011, 21921; zum Asylfolgeantrag auch: Beschl. v. 25.3.2010 – V ZA 9/10, NVwZ 2010, 1175.
[62] BGH Beschl. v. 12.5.2011 – V ZB 309/10, BeckRS 2011, 17256.
[63] BGH Beschl. v. 25.2.2010 – V ZB 172/09, NVwZ 2010, 726; Beschl. v. 6.5.2010 – V ZB 213/09, NVwZ 2010, 1510; Beschl. v. 15.7.2010 – V ZB 10/10, NVwZ 2011, 127.
[64] In dem Verfahren vor dem BGH – V ZB 121/10, hatte das Verwaltungsgericht auf die Möglichkeit einer Abänderung nach § 80 Abs. 7 VwGO hingewiesen und die von der Ausländerbehörde zu ergreifenden Maßnahmen dargestellt.
[65] BGH Beschl. v. 19.5.2011 – V ZB 122/11, BeckRS 2011, 14043; vgl. auch BVerfG Beschl. v. 27.2.2009 – 2 BvR 538/07, NJW 2009, 2659.
[66] BGH Beschl. v. 16.12.2009 – V ZB 148/09, FGPrax 2010, 50; Beschl. v. 4.3.2010 – V ZB 184/09, FGPrax 2010, 152; Beschl. v. 17.6.2010 – V ZB 13/10, BeckRS 2010, 16735.
[67] BGH Beschl. v. 17.6.2010 – V ZB 13/10, BeckRS 2010, 16735.
[68] Im konkreten Fall hat der BGH die Verhältnismäßigkeit allerdings bejaht: BGH Beschl. v. 22.7.2010 – V ZB 29/10, BeckRS 2010, 20420.
[69] Vgl. EuGH Urt. v. 19.3.2019 – C-163/17, BeckRS 2019, 3600.
[70] Abkommen über die Rechtsstellung der Flüchtlinge vom 28.7.1951, BGBl. 1953 II 559.
[71] BGH Beschl. v. 3.5.2012 – V ZB 244/11, FGPrax 2012, 223.
[72] BGH Beschl. v. 6.5.2010 – V ZB 193/09, BeckRS 2010, 13122.
[73] Vgl. BGH Beschl. v. 25.3.2010 – V ZA 9/10, NVwZ 2010, 1175; Beschl. v. 25.2.2010 – V ZA 2/10, NJOZ 2011, 125.

bei der Beschaffung der Ausweispapiere rechtfertigt eine Verlängerung der Abschiebungshaft über sechs Monate hinaus nur, wenn diese Verweigerung für die Nichtabschiebung ursächlich bleibt.[74] Dies erfordert die Feststellung, dass ohne das Verhalten des Betroffenen eine Abschiebung unter normalen Umständen innerhalb der Drei-Monats-Frist möglich gewesen wäre. **Frühere Haftzeiten** sind grundsätzlich dann in die Gesamtdauer der Abschiebungshaft mit einzubeziehen, wenn diese zur Durchsetzung derselben – auf einem einheitlichen Sachverhalt beruhenden – Ausreisepflicht zurückgehen.[75] Etwas anderes gilt jedoch etwa dann, wenn zwischen den Haftabschnitten eine Zäsur eingetreten ist, mithin zwischen den Haftzeiträumen eine Lücke von mehreren Jahren entstanden ist oder der Aufenthalt eines Betroffenen über einen mehrjährigen Zeitraum geduldet war.[76]

39 Die Haftanordnung selbst kann den Anwendungsbereich des **Art. 6 GG/Art. 8 EMRK** berühren. Die Trennung von Eltern und Kindern bzw. Partnern ist in der Regel ein Verstoß gegen Art. 6 GG und/oder Art. 8 EMRK.[77] Beziehungen zwischen Erwachsenen genießen den Schutz des Art. 8 EMRK, wenn Elemente einer Abhängigkeit dargelegt werden, die über die üblichen gefühlsmäßigen Bindungen hinausgehen.[78] Die Abschiebung von Ehegatten soll regelmäßig gemeinsam erfolgen.[79]

40 Bei **minderjährigen Betroffenen** kommt dem Verhältnismäßigkeitsgrundsatz wegen der Schwere des Eingriffs besondere Bedeutung zu; anstelle von Haft kommt beispielsweise in Betracht, den Betroffenen in einer Einrichtung für Jugendliche unterzubringen, ihm Meldepflichten aufzuerlegen oder anderweitig in seiner Bewegungsfreiheit räumlich zu beschränken.[80]

4. Art und Weise der Haftunterbringung

41 Nach der bis zum 21.8.2019 geltenden Vorschrift des § 62a Abs. 1 S. 1 AufenthG war die Abschiebungshaft in **speziellen Hafteinrichtungen** zu vollziehen. Nur wenn solche speziellen Hafteinrichtungen im Bundesgebiet nicht vorhanden waren oder von dem Ausländer eine erhebliche Gefahr für Leib und Leben Dritter oder bedeutende Rechtsgüter der inneren Sicherheit ausging, konnte die Abschiebungshaft in sonstigen Haftanstalten vollzogen werden; die Abschiebungshaftgefangenen waren dann getrennt von den Strafgefangenen unterzubringen (§ 62a Abs. 1 S. 2 AufenthG aF). Diese gesetzliche Regelung ging auf die Rechtsprechung des EuGH zurück[81] (s. auch Voraufl.). Nach der seit dem 21.8.2019 geltenden Regelung des § 62a Abs. 1 S. 1 AufenthG sind Abschiebungsgefangene getrennt von Strafgefangenen unterzubringen. Damit ist die Verpflichtung zum **Vollzug der Abschiebungshaft** in speziellen Hafteinrichtungen aufgegeben. Nach Art. 6 des zum 21.8.2019 in Kraft getretenen Zweiten Gesetzes zur besseren Durchsetzung der Ausreisepflicht[82] soll diese Neuregelung bis zum 1.7.2022 in Kraft bleiben; zu diesem Datum tritt § 62a Abs. 1 AufenthG wieder in der bis zum 21.8.2019 geltenden Fassung in Kraft.[83] Begründet hat der Gesetzgeber die Neuregelung mit der in Art. 18 Abs. 1 der Rückführungs-RL eröffneten Möglichkeit, bei einer außergewöhnlich großen Zahl von Drittstaatsangehörigen, deren Rückkehr sicherzustellen ist, und einer damit einhergehenden Überlastung der Kapazitäten der Hafteinrichtungen oder des Verwaltungs- oder Justizpersonals, von den Vorgaben der Rückführungs-RL abzuweichen.[84] Dass das in der Gesetzes-

---

[74] BGH Beschl. v. 13.10.2011 – V ZB 126/11, BeckRS 2011, 26794.
[75] BGH Beschl. v. 13.2.2012 – V ZB 46/11, BeckRS 2012, 06069.
[76] BGH Beschl. v. 13.2.2012 – V ZB 46/11, BeckRS 2012, 06069.
[77] BGH Beschl. v. 19.5.2011 – V ZB 167/10, NVwZ 2011, 1216.
[78] BGH Beschl. v. 17.6.2010 – V ZB 127/10, NVwZ 2010, 1318.
[79] BGH Beschl. v. 7.4.2011 – V ZB 265/10, FGPrax 2011, 201.
[80] BGH Beschl. v. 29.9.2010 – V ZB 233/10, NVwZ 2011, 320.
[81] EuGH Urt. v. 17.7.2014 – C-473/13 und C 514/13, C-473/13, C-514/13, NVwZ 2014, 1217; Urt. v. 17.7.2014 – C-474/13, NVwZ 2014, 1218.
[82] BGBl. 2019 I 1294.
[83] Begr. RegE, BT-Drs. 19/10047, 53.
[84] Begr. RegE, BT-Drs. 19/10047, 44.

begründung aufgeführte Zahlenwerk tatsächlich eine ausreichende Rechtfertigung für die Aussetzung des strengen **Trennungsgebotes** bis zum Jahre 2022 ist, kann indes bezweifelt werden. Denn die Gesetzesbegründung nennt zwar die Anzahl der aktuellen Haftplätze in den vorhandenen speziellen Hafteinrichtungen und die durchschnittliche tatsächliche Haftdauer; es fehlt aber schon eine Erläuterung der tatsächlich benötigten Haftplätze und ein sich daraus ergebender Engpass der Haftplätze in den vorhandenen speziellen Hafteinrichtungen.

Zudem sind nach der Regelung des § 62a Abs. 3 AufenthG bei **minderjährigen Abschiebungshaftgefangenen** unter Beachtung der Maßgaben in Art. 17 Rückführungs-RL **alterstypische Belange** zu berücksichtigen. In Haft genommene Minderjährige müssen die Gelegenheit zu Freizeitbeschäftigungen einschließlich altersgerechter Spiel- und Erholungsmöglichkeiten und, je nach Dauer ihres Aufenthalts, Zugang zur Bildung erhalten. Unbegleitete Minderjährige müssen in Einrichtungen untergebracht werden, die personell und materiell zur Berücksichtigung ihrer altersgemäßen Bedürfnisse in der Lage sind. Insgesamt ist dem Wohl des Kindes im Zusammenhang mit der Abschiebungshaft bei Minderjährigen Vorrang einzuräumen. Die Verletzung dieser Anforderungen in § 62a AufenthG kann die Abschiebungshaft unverhältnismäßig machen.[85] 42

Zu beachten ist, dass bei **Zweifeln** über die **Minderjährigkeit** des Betroffenen hohe Anforderungen an die Ausfüllung des Amtsermittlungsgrundsatzes (§ 26 FamFG) zu stellen sind, und im Zweifel zugunsten des Betroffenen zu entscheiden ist.[86] Dies gilt indes nicht durchweg. Zweifel an der Vollendung des 14. Lebensjahrs gehen zu Lasten des Ausländers (§ 49 Abs. 6 S. 2 AufenthG). Bei der Feststellung der Minderjährigkeit reicht die auf ein großes Erfahrungswissen gestützte Einschätzung des Richters in der Regel nicht aus, um ein sicheres Bild zu gewinnen; vielmehr sind die nach § 49 Abs. 3 iVm Abs. 6 AufenthG vorgesehenen Maßnahmen unter Beachtung der Einschränkungen in Abs. 8 und Abs. 9 zu ergreifen.[87] 43

IX. Beschleunigungsgebot

Aus dem bei Freiheitsentziehungen aus Art. 2 Abs. 2 S. 2 GG abzuleitenden **Beschleunigungsgebot**[88] folgt, dass die Behörde alle notwendigen Anstrengungen unternehmen muss, um die erforderlichen Voraussetzungen für die Abschiebung zu schaffen, damit der Vollzug der **Haft** auf eine **möglichst kurze Zeit** beschränkt werden kann.[89] 44

Die Ausländerbehörde ist daher verpflichtet, die Abschiebung während einer Strafhaft des Betroffenen so vorzubereiten, dass die Abschiebung unmittelbar im Anschluss an die Strafhaft durchgeführt werden kann.[90] Nutzt die Behörde die ersten Wochen der Inhaftierung des Betroffenen nicht, um dessen Abschiebung vorzubereiten, sondern um auf ihn zur Mithilfe „einzuwirken", liegt darin ein grober Verstoß gegen das Beschleunigungsgebot und den Zweck der Abschiebungshaft.[91] 45

Die **Bearbeitung** von Haftsachen muss auch zwischen den **Weihnachtsfeiertagen** und dem **Jahreswechsel** zügig erfolgen.[92] Der Ausländerbehörde ist es nicht erlaubt, den Betroffenen wegen einer Überlastung der zuständigen Stelle länger als für eine Abschiebung unbedingt erforderlich in Haft zu halten.[93] Eine nicht nur ganz kurzfristige **Überlastung** kann einen weiteren Vollzug der Haft selbst dann nicht rechtfertigen, wenn sie auf einem 46

---

[85] BGH Beschl. v. 7.3.2012 – V ZB 41/12, NVwZ 2012, 775.
[86] BGH Beschl. v. 29.9.2010 – V ZB 233/10, BeckRS 2010, 24657.
[87] BGH Beschl. v. 29.9.2010 – V ZB 233/10, BeckRS 2010, 24657.
[88] BVerfG Beschl. v. 3.5.1966 – 1 BvR 58/66, NJW 1966, 1259; Beschl. v. 19.10.1977 – 2 BvR 1309/76, BeckRS 1977, 00816.
[89] BGH Beschl. v. 25.3.2010 – V ZA 9/10, NVwZ 2010, 1175; Beschl. v. 6.5.2010 – V ZB 193/09, BeckRS 2010, 13122.
[90] BGH Beschl. v. 28.10.2010 – V ZB 210/10, FGPrax 2011, 41.
[91] BGH Beschl. v. 10.6.2010 – V ZB 205/09, BeckRS 2010, 16800.
[92] BGH Beschl. v. 19.5.2011 – V ZB 247/10, BeckRS 2011, 17255.
[93] BGH Beschl. v. 16.2.2012 – V ZB 320/10, BeckRS 2012, 06623.

außerordentlichen Geschäftsanfall beruht.⁹⁴ Vor diesem Hintergrund ist es unzulässig, wenn der Betroffene wegen einer besonderen Belastung der **Polizei** durch einen **Großeinsatz** mehr als einen Monat nach dem für die Abschiebung ursprünglich vorgesehenen Termin in Haft verbringen muss.⁹⁵

47 **Verzögerungen** bei der Abschiebung aber, die dadurch entstehen, dass der Betroffene **falsche Angaben** zu seinen Personalien gemacht hat und weiterhin macht, sodass es zur Feststellung der Nationalität aufwändiger Recherchen bedarf und die Beschaffung eines Passersatzpapiers durch Behörden seines Heimatstaates länger dauert, sind dem Betroffenen zuzurechnen.⁹⁶

48 Das Beschleunigungsgebot ist auch im Rahmen der Verfahren nach der **Dublin III-VO** zu beachten. Die Ersuchen um Auf- und Wiederaufnahme des Asylbewerbers müssen korrekt unter Einhaltung der **Vorschriften der Durchführungsverordnung**⁹⁷ an den anderen Mitgliedstaat gestellt werden.⁹⁸ So sind die die Zuständigkeit des ersuchten Mitgliedstaats begründenden Umstände richtig und vollständig anzugeben und die Beweismittel – soweit in der Verordnung vorgesehen – beizufügen sowie Anfragen der Behörden zur Vorlage von Beweismitteln des um Auf- oder Wiederaufnahme des Betroffenen ersuchten Mitgliedstaats unverzüglich zu beantworten.⁹⁹ Nur wenn diese Voraussetzungen eingehalten werden, kann eine Prüfung und Entscheidung durch die zuständigen Behörden des anderen Mitgliedstaats innerhalb kurzer Frist erwartet werden. Versäumnisse sind der zuständigen Ausländerbehörde zuzurechnen.¹⁰⁰ Erfüllt jedoch der um Aufnahme ersuchte Mitgliedsstaat die Fristen nach der Durchführungsverordnung nicht, ist dies kein Verstoß der deutschen Behörde gegen das Beschleunigungsgebot.¹⁰¹

C. Verfahrensrecht

49 Die Anordnung der Abschiebungshaft erfordert wegen Art. 104 Abs. 1 S. 1 GG die Beachtung der **Verfahrensvorschriften** in den §§ 415 ff. FamFG.

I. Zulässiger Haftantrag (§ 417 FamFG)

50 Für die Haftanordnung bedarf es eines **zulässigen Haftantrags** (§ 417 FamFG). Ein zulässiger Haftantrag ist Verfahrensvoraussetzung und damit in jeder Lage des Verfahrens **von Amts wegen zu prüfen**.¹⁰² Zulässig ist ein Haftantrag nur, wenn er von der **zuständigen Behörde** gestellt (§ 417 Abs. 1 FamFG) und begründet worden ist (§ 417 Abs. 2 FamFG).

1. Zuständigkeit der Behörde (§ 417 Abs. 1 FamFG)

51 Die den Haftantrag stellende Behörde muss **sachlich und örtlich** für die Beantragung der Abschiebungshaft **zuständig** sein.¹⁰³ Diese Zuständigkeit der den Haftantrag stellenden Verwaltungsbehörde nach § 417 Abs. 1 FamFG ist in jeder Lage des Verfahrens **von Amts**

---
⁹⁴ Vgl. BVerfG Beschl. v. 6.5.2003 – 2 BvR 530/03, NJW 2003, 2895 zur Untersuchungshaft.
⁹⁵ BGH Beschl. v. 16.2.2012 – V ZB 320/10, BeckRS 2012, 06623.
⁹⁶ BGH Beschl. v. 29.4.2010 – V ZB 202/09, BeckRS 2010, 15618.
⁹⁷ VO (EG) 1560/2003 der Kommission vom 2.9.2003 mit Durchführungsbestimmungen zur Verordnung (EG) Nr. 343/2003 des Rates zur Festlegung der Kriterien und Verfahren zur Bestimmung des Mitgliedstaats, der für die Prüfung eines von einem Drittstaatsangehörigen in einem Mitgliedstaat gestellten Asylantrags zuständig ist, ABl. L 222, 3.
⁹⁸ BGH Beschl. v. 7.4.2011 – V ZB 111/10, NVwZ 2011, 1214.
⁹⁹ BGH Beschl. v. 7.4.2011 – V ZB 111/10, NVwZ 2011, 1214.
¹⁰⁰ BGH Beschl. v. 7.4.2011 – V ZB 111/10, NVwZ 2011, 1214.
¹⁰¹ BGH Beschl. v. 7.4.2011 – V ZB 111/10, NVwZ 2011, 1214.
¹⁰² BGH Beschl. v. 8.4.2010 – V ZB 51/10, BeckRS 2010, 08685; Beschl. v. 18.3.2010 – V ZB 194/09, FGPrax 2010, 156.
¹⁰³ BGH Beschl. v. 30.3.2010 – V ZB 79/10, NVwZ 2010, 919.

wegen zu prüfen.[104] Nach § 71 Abs. 1 AufenthG sind für aufenthalts- und passrechtliche Maßnahmen und Entscheidungen nach dem AufenthG die Ausländerbehörden sachlich zuständig. Die örtliche Zuständigkeit kann nicht auf die **Allgemeine Verwaltungsvorschrift** zum Aufenthaltsgesetz (AufenthG-VwV) gestützt werden.[105] Die örtliche Zuständigkeit ergibt sich vielmehr aus den jeweiligen Landesregelungen. Fehlen länderspezifischen Sondervorschriften über die örtliche Zuständigkeit, sind die jeweiligen **Verwaltungsverfahrensvorschriften** anzuwenden.[106] Zu beachten ist, dass § 71 Abs. 1 S. 2 AufenthG in der seit dem 21.8.2019 geltenden Fassung die Möglichkeit eröffnet, in einem Bundesland eine oder mehrere bestimmte Ausländerbehörden zu bestimmen, die für einzelne Aufgaben zuständig ist/sind. Zudem wird durch § 71 Abs. 1 S. 3 AufenthG klargestellt, dass die **Zuständigkeitsbestimmung** nach § 71 Abs. 1 S. 2 AufenthG auch länderübergreifend erfolgen kann.

In der Regel ist örtlich zuständig die Ausländerbehörde, in deren Bezirk der Ausländer 52 seinen gewöhnlichen Aufenthalt hat. Der **gewöhnliche Aufenthalt** befindet sich nach der Legaldefinition in § 30 Abs. 3 S. 2 SGB I dort, wo der Betroffene sich unter Umständen aufhält, die erkennen lassen, dass er an diesem Ort oder in diesem Gebiet nicht nur vorübergehend verweilt. Der innere Wille des Betroffenen ist dabei ohne Bedeutung. Entscheidend sind die **tatsächlichen Lebensverhältnisse.** Ist einem Asylbewerber zum Aufenthalt ein bestimmter Bezirk zugewiesen worden, so bleibt die dortige Ausländerbehörde auch dann für die Beantragung der Abschiebungshaft zuständig, wenn sich der Betroffene unerlaubt aus dem zugewiesenen Bezirk entfernt, um sich einer angedrohten Abschiebung zu entziehen.[107]

Die **Bundespolizei** ist die für die Kontrolle des grenzüberschreitenden Verkehrs zuständige Behörde. Hierzu gehören auch die internationalen Flughäfen.[108] Die sachliche Zuständigkeit für die Beantragung der Abschiebungshaft folgt aus § 71 Abs. 3 Nr. 1e AufenthG. Die Zuständigkeit der Bundespolizei ist aber nur begründet, wenn es sich um eine **Grenzschutzmaßnahme** im grenznahen Raum bis zu einer Tiefe von 30 km (vgl. § 2 Abs. 2 Nr. 3 BPolG) handelt. Zudem ist die Bundespolizei als Grenzbehörde nach der ausdrücklichen Regelung in § 71 Abs. 3 Nr. 1b AufenthG auch zuständig, sofern der Betroffene bereits unerlaubt eingereist ist, sich danach weiter fortbewegt hat und in einem anderen Grenzraum oder Grenzübergangsstelle aufgegriffen wird. Das Handeln einer Bundespolizeiinspektion wird der jeweiligen übergeordneten Bundespolizeidirektion zugerechnet.[109]

Zulässig ist das Handeln einer örtlich unzuständigen Behörde in **Amtshilfe** für die 54 örtlich zuständige Behörde. Die Amtshilfe umfasst aber nur eine auf Ersuchen einer anderen Behörde geleistete **ergänzende Hilfe** und darf nicht mit der vollständigen Übernahme von Verwaltungsaufgaben einhergehen.[110] Zudem muss eine Antragstellung im Wege der Amtshilfe dem Betroffenen gegenüber **offengelegt** werden.[111]

2. Begründungsinhalt des Haftantrags (§ 417 Abs. 2 S. 1 FamFG)

Der Haftantrag ist zu begründen (§ 417 Abs. 2 S. 1 FamFG). Die Begründung des Haft- 55 antrags ist nach § 417 Abs. 2 S. 1 FamFG zwingend; ein Verstoß gegen den **Begründungszwang** führt zur Unzulässigkeit des Antrags.[112] Der Haftantrag muss nach § 417

---

[104] BGH Beschl. v. 18.3.2010 – V ZB 194/09, FGPrax 2010, 156.
[105] BGH Beschl. v. 28.4.2011 – V ZB 239/10, FGPrax 2011, 200; BVerfG Beschl. v. 13.7.2011 – 2 BvR 742/10, NVwZ 2011, 1254.
[106] BGH Beschl. v. 8.4.2010 – V ZB 51/10, BeckRS 2010, 08685.
[107] BGH Beschl. v. 13.10.2011 – V ZB 13/11, BeckRS 2011, 26796.
[108] BGH Beschl. v. 25.2.2010 – V ZB 172/09, NVwZ 2010, 726.
[109] BGH Beschl. v. 30.3.2010 – V ZB 79/10, NVwZ 2010, 919.
[110] BGH Beschl. v. 7.11.2011 – V ZB 94/11, BeckRS 2011, 28297; vgl. auch BVerfG Beschl. v. 13.7.2011 – 2 BvR 742/10, NVwZ 2011, 1254.
[111] BGH Beschl. v. 28.4.2011 – V ZB 140/10, BeckRS 2011, 14196.
[112] BGH Beschl. v. 29.4.2010 – V ZB 218/09, NVwZ 2010, 1508.

Abs. 2 S. 2 FamFG Angaben zu der vollziehbaren Ausreisepflicht, zu den Voraussetzungen und Durchführbarkeit der Abschiebung, zu der Erforderlichkeit der Freiheitsentziehung und ihrer erforderlichen Dauer enthalten. Es müssen – wenn auch in knapper Form – **alle wesentlichen Punkte** des Falles angesprochen werden.[113] Die gesetzlich vorgeschriebenen Angaben sollen dem Gericht eine hinreichende Tatsachengrundlage für seine Entscheidung und gegebenenfalls für weitere Ermittlungen zugänglich machen und dem Betroffenen eine Grundlage für seine Verteidigung geben.[114]

56 Im Einzelnen muss die Behörde deshalb aufzeigen, dass dem Betroffenen ein Aufenthaltsrecht im Bundesgebiet nicht zusteht. Hierfür ist der Grund der **Ausreisepflicht** zu bezeichnen, zu dessen Sicherung die Haft angeordnet werden soll. Nach Art. 6 Abs. 1 der Rückführungs-RL erlassen die Mitgliedstaaten gegen alle illegal in ihrem Hoheitsgebiet aufhältigen Drittstaatsangehörigen eine Rückkehrentscheidung. Diese **Rückkehrentscheidung** ist nach der Begriffsbestimmung in Art. 3 Nr. 4 Rückführungs-RL die behördliche oder richterliche Entscheidung oder Maßnahme, mit der der illegale Aufenthalt von Drittstaatsangehörigen festgestellt und eine Rückkehrverpflichtung auferlegt oder festgestellt wird. Die Behörde muss in dem Haftantrag auf die Rückkehrentscheidung Bezug nehmen,[115] wie etwa auf die Abschiebungsandrohung im Bescheid des Bundesamts für Migration und Flüchtlinge (BAMF) über die Ablehnung eines Asylantrags.[116] Liegen eine **Ausweisungsverfügung** und **Abschiebungsandrohung** vor, sind diese als Vollstreckungsvoraussetzungen darzulegen, bzw. sind Ausführungen zu deren Entbehrlichkeit erforderlich.[117]

57 Die darüber hinaus notwendigen Angaben zur **Durchführbarkeit der Abschiebung** müssen sich auf das Land beziehen, in das der Betroffene abgeschoben werden soll, und erkennen lassen, ob und innerhalb welchen Zeitraums Abschiebungen in dieses Land üblicherweise möglich sind; denn nur dann ist es dem Haftrichter möglich, die erforderliche Prognoseentscheidung nach § 62 Abs. 3 S. 3 AufenthG zu treffen.[118] Universell einsetzbare **Leerformeln** sind dafür nicht ausreichend.[119] In diesem Zusammenhang ist darauf hinzuweisen, dass das Gericht keine über den Antrag hinausgehende Haftdauer anordnen darf.[120]

58 Zudem ist zu beachten, dass ein Betroffener, gegen den **öffentliche Klage** erhoben oder ein **strafrechtliches Ermittlungsverfahren** eingeleitet ist, gemäß § 72 Abs. 4 S. 1 AufenthG nur im **Einvernehmen** mit der zuständigen **Staatsanwaltschaft** abgeschoben werden darf. Das Einvernehmen der Staatsanwaltschaft ist bei der Ausweisung, Abschiebung und bei der Zurückschiebung, nicht aber bei der Zurückweisung nach § 15 Abs. 1 AufenthG erforderlich.[121] Ferner ist es nicht erforderlich, wenn nur ein geringfügiges Strafverfolgungsinteresse besteht, wie es bei den enumerativ in § 72 Abs. 4 S. 5 AufenthG aufgeführten Straftaten der Fall ist. Auf einen inneren **Zusammenhang** der genannten Straftaten mit einer **aufenthaltsrechtlichen** Straftat kommt es nach der seit dem 21.8.2019 geltenden Fassung nicht mehr an (§ 72 Abs. 4 S. 5 AufenthG).[122]

59 Nach der bisherigen Rechtsprechung des BGH war ein Strafantrag ohne weiteres unzulässig, wenn in ihm Ausführungen zu einem erforderlichen Einvernehmen der Staatsanwaltschaft fehlen, obwohl sich aus dem Haftantrag selbst oder aus den ihm beigefügten Unterlagen ohne weiteres ergibt, dass gegen ihn die öffentliche Klage oder ein strafrechtliches Ermittlungsverfahren anhängig ist.[123] Dies ist der Fall, wenn in dem Haftantrag aus

---

[113] BGH Beschl. v. 15.9.2011 – V ZB 123/11, FGPrax 2011, 317.
[114] BGH Beschl. v. 29.4.2010 – V ZB 218/09, NVwZ 2010, 1508.
[115] BGH Beschl. v. 22.7.2010 – V ZB 28/10, NVwZ 2010, 1511.
[116] BGH Beschl. v. 3.5.2012 – V ZB 244/11, FGPrax 2012, 223.
[117] BGH Beschl. v. 28.4.2011 – V ZB 252/10, BeckRS 2011, 14369; Beschl. v. 14.7.2016 – V ZB 32/15, BeckRS 2016, 16410.
[118] BGH Beschl. v. 27.10.2011 – V ZB 311/10, FGPrax 2012, 82.
[119] BGH Beschl. v. 27.10.2011 – V ZB 311/10, FGPrax 2012, 82.
[120] BGH Beschl. v. 6.5.2010 – V ZB 223/09, FGPrax 2010, 212.
[121] BGH Beschl. v. 11.10.2017 – V ZB 41/17, BeckRS 2017, 134819.
[122] Die Rspr. des BGH Beschl. v. 19.7.2018 – V ZB 179/15, BeckRS 2018, 23795, ist nicht mehr anwendbar.
[123] BGH Beschl. v. 10.2.2011 – V ZB 49/10, BeckRS 2011, 06095.

der Vernehmung des Betroffenen als „Beschuldigter" zitiert wird[124] oder die Festnahme des Betroffenen erwähnt und eine Beschuldigtenvernehmung beigefügt werden.[125] Ferner, wenn in dem Haftantrag ausgeführt ist, dass gegen den Betroffenen eine Anzeige erstattet wurde[126] oder wenn sich eine Beschuldigtenvernehmung aus der Ausländerakte ergibt.[127] Hiervon ist der BGH abgerückt.[128] Allein das Fehlen des Einvernehmens führt nicht mehr zur Rechtswidrigkeit der Haft.

Dagegen spricht die Ausschreibung zur Aufenthaltsermittlung nicht zwingend dafür, dass 60 gegen den Betroffenen ein Strafverfahren geführt wird.[129] Notwendig ist das **Einvernehmen aller Staatsanwaltschaften,** bei denen ein Strafverfahren gegen den Betroffenen geführt wird.[130] Ausreichend ist ein vorab erteiltes generelles Einvernehmen,[131] nicht aber eine nur gerichtsbekannte Praxis der Staatsanwaltschaft, das Einvernehmen zu erklären.[132] Das Einvernehmen ist von der Einleitung des Ermittlungsverfahrens an und nicht erst nach der Vorlage der Akten durch die Polizei an die Staatsanwaltschaft erforderlich.[133]

Für das Zustimmungserfordernis nach § 72 Abs. 4 S. 1 AufenthG kommt es nicht mehr 61 auf die objektive Rechtslage an.[134] Dagegen bedarf es nach dem **rechtskräftigen Abschluss** des Strafverfahrens für die Abschiebung nicht mehr des Einvernehmens der Staatsanwaltschaft.[135]

3. Beiziehung der Ausländerakte

Nach § 417 Abs. 2 S. 3 FamFG soll die Behörde in Verfahren der Abschiebungshaft mit 62 der Antragstellung die Akte des Betroffenen vorlegen. Unabhängig davon haben die Haftgerichte **regelmäßig** bei einer Entscheidung über eine Haftanordnung die Ausländerakte beizuziehen, um den hohen verfassungsrechtlichen Anforderungen an die eigenständige richterliche Aufklärung und Feststellung der relevanten Tatsachen gerecht zu werden und den Anforderungen aus Art. 2 Abs. 2 S. 2 GG iVm Art. 104 Abs. 2 GG zu genügen.[136] Die fehlende **Beiziehung der Ausländerakte** führt aber nicht ohne Weiteres zur Rechtswidrigkeit der Haft. Dagegen spricht bereits der Umstand, dass die Verpflichtung der Behörde zur Vorlage der Ausländerakte nur als Sollvorschrift bestimmt worden ist.[137] Der Übersendung der Ausländerakte bedarf es insbesondere dann nicht, wenn sich der Sachverhalt aus den vorgelegten Teilen vollständig ergibt und die nicht vorgelegten Teile keine weiteren Erkenntnisse versprechen,[138] oder dann, wenn die Verfahrensakte nur aus der dem Haftantrag zugrunde liegenden Verfügung besteht und dieser den Inhalt der Akten wiedergibt.[139]

---

[124] BGH Beschl. v. 31.3.2011 – V ZB 323/10, BeckRS 2011, 08351.
[125] BGH Beschl. v. 12.5.2011 – V ZB 166/10, BeckRS 2011, 15316; Beschl. v. 7.4.2011 – V ZB 185/10, BeckRS 2011, 10298; Beschl. v. 7.4.2011 – V ZB 77/10, BeckRS 2011, 11771; Beschl. v. 31.3.2011 – V ZB 83/10, BeckRS 2011, 10300.
[126] BGH Beschl. v. 9.5.2011 – V ZB 295/10, BeckRS 2011, 15738; Beschl. v. 28.4.2011 – V ZB 88/10, BeckRS 2011, 13991.
[127] BGH Beschl. v. 12.5.2011 – V ZB 189/10, FGPrax 2011, 202; Beschl. v. 28.4.2011 – V ZB 184/10, BeckRS 2011, 13988.
[128] BGH Beschl. v. 12.2.2020 – XIII ZB 15/19, BeckRS 2020, 5698.
[129] BGH Beschl. v. 6.12.2017 – V ZB 30/17, BeckRS 2017, 137225.
[130] BGH Beschl. v. 18.10.2011 – V ZB 188/11, BeckRS 2011, 26371; Beschl. v. 29.9.2011 – V ZB 173/11, NVwZ 2012, 62.
[131] BGH Beschl. v. 3.2.2011 – V ZB 224/10, NVwZ 2011, 767.
[132] BGH Beschl. v. 28.4.2011 – V ZB 184/10, BeckRS 2011, 13988.
[133] BGH Beschl. v. 16.2.2012 – V ZB 320/10, BeckRS 2012, 06623.
[134] BGH Beschl. v. 29.9.2011 – V ZB 173/11, NVwZ 2012, 62; Beschl. v. 12.5.2011 – V ZB 189/10, FGPrax 2011, 202; Beschl. v. 12.2.2020 – XIII 7 B 15/19, BeckRS 2020, 5698, in Abkehr von der bisherigen Rspr.
[135] BGH Beschl. v. 12.3.2015 – V ZB 197/14, FGPrax 2015, 181.
[136] BGH Beschl. v. 19.7.2018 – V ZB 223/17, NVwZ-RR 2019, 122.
[137] BGH Beschl. v. 10.6.2010 – V ZB 204/09, NVwZ 2010, 1172.
[138] BGH Beschl. v. 4.3.2010 – V ZB 222/09, BGHZ 184, 323 = FGPrax 2010, 154.
[139] BGH Beschl. v. 17.6.2010 – V ZB 3/10, FGPrax 2010, 261.

4. Weitere formelle Erfordernisse

63 Der **Haftantrag** muss aus den **Verfahrensakten ersichtlich** sein; anderenfalls ist davon auszugehen, dass er fehlte.[140] Dabei ist es ausreichend, wenn sich die Antragsbegründung aus dem Protokoll über die Anhörung des Betroffenen ergibt.[141] Ist die Begründung nicht aus dem Akteninhalt ersichtlich, ist der Haftantrag unzulässig.[142] Eine **Unterschrift** unter dem Haftantrag ist im Regelfall erforderlich, ihr Fehlen aber nicht in jedem Fall schädlich; etwa dann, wenn aus dem Schriftstück der Inhalt der Erklärung, die abgegeben werden soll, und die Person, von der sie ausgeht, hinreichend zuverlässig entnommen werden können und außerdem feststeht, dass es sich bei dem Schriftstück nicht nur um einen Entwurf handelt, sondern dass es mit Wissen und Willen des Berechtigten dem Gericht zugeleitet worden ist.[143]

64 Der Zeitpunkt, zu dem das Gericht dem Betroffenen den Haftantrag der beteiligten Behörde zuzuleiten hat, bestimmt sich einerseits danach, was zu der dem Richter im Freiheitsentziehungsverfahren obliegenden Sachaufklärung erforderlich ist, andererseits danach, was den Betroffenen in die Lage versetzt, das rechtliche Gehör effektiv wahrzunehmen. Ist der Betroffene ohne vorherige Kenntnis des Antragsinhalts nicht in der Lage, zur Sachaufklärung beizutragen und seine Rechte wahrzunehmen, muss ihm der **Antrag vor der Anhörung** übermittelt werden. Dagegen genügt die Eröffnung des Haftantrags zu **Beginn der Anhörung,** wenn dieser einen einfachen, überschaubaren Sachverhalt betrifft, zu dem der Betroffene auch unter Berücksichtigung einer etwaigen Überraschung ohne weiteres auskunftsfähig ist.[144]

65 Das bedeutet aber nicht, dass sich der Haftrichter in einem solchen Fall darauf beschränken dürfte, den Inhalt des Haftantrags mündlich vorzutragen.[145] Der Betroffene ist schon auf Grund der Situation zumeist nicht in der Lage, einen ihm nur mündlich übermittelten Haftantrag zu erfassen. Er muss deshalb im weiteren Verlauf der Anhörung in ein Exemplar des Haftantrags einsehen und dieses gegebenenfalls später einem Rechtsanwalt vorlegen können.[146] Deshalb sind die **Übersetzung und die Aushändigung** des Haftantrags grundsätzlich erforderlich,[147] jedoch nicht stets eine **schriftliche Übersetzung**.[148] Die Erfüllung dieser Pflichten muss sich zweifelsfrei aus dem Protokoll über die Anhörung ergeben.[149] Fehlt es daran, kann nicht ausgeschlossen werden, dass der Betroffene nicht in der Lage war, sich zu den Angaben der beteiligten Behörde zu äußern.[150] Nicht ausreichend sind daher die Protokollfeststellung, dass der „Sachverhalt vorgetragen"[151] oder „ein Antrag auf Anordnung von Abschiebehaft"[152] gestellt wurde.

5. Pflicht zur Anhörung

66 Nach § 420 Abs. 1 FamFG besteht die Pflicht des Richters, den **Betroffenen persönlich anzuhören.** Die Vorschrift gibt dem Haftrichter jedoch nicht vor, wie er die Anhörung

---
[140] BGH Beschl. v. 7.4.2011 – V ZB 141/10, BeckRS 2011, 12916; Beschl. v. 29.4.2010 – V ZB 218/09, NVwZ 2010, 1508.
[141] BGH Beschl. v. 28.4.2011 – V ZB 118/10, BeckRS 2011, 15315; Beschl. v. 7.4.2011 – V ZB 141/10, BeckRS 2011, 12916; Beschl. v. 21.10.2010 – V ZB 96/10, BeckRS 2010, 28434.
[142] BGH Beschl. v. 7.4.2011 – V ZB 141/10, BeckRS 2011, 12916.
[143] BGH Beschl. v. 28.10.2010 – V ZB 210/10, FGPrax 2011, 41.
[144] BGH Beschl. v. 4.3.2010 – V ZB 222/09, FGPrax 2010, 154.
[145] BGH Beschl. v. 14.6.2012 – V ZB 284/11, FGPrax 2012, 227.
[146] BGH Beschl. v. 14.6.2012 – V ZB 284/11, FGPrax 2012, 227.
[147] BGH Beschl. v. 1.7.2011 – V ZB 141/11, FGPrax 2011, 257.
[148] BGH Beschl. v. 4.3.2010 – V ZB 222/09, BGHZ 184, 323 = FGPrax 2010, 154.
[149] BGH Beschl. v. 13.2.2012 – V ZB 264/11, BeckRS 2012, 07436; Beschl. v. 8.2.2012 – V ZB 260/11, BeckRS 2012, 05390.
[150] BGH Beschl. v. 13.2.2012 – V ZB 264/11, BeckRS 2012, 07436; Beschl. v. 8.2.2012 – V ZB 260/11, BeckRS 2012, 05390.
[151] BGH Beschl. v. 8.3.2012 – V ZB 276/11, BeckRS 2012, 07670.
[152] BGH Beschl. v. 6.3.2012 – V ZB 277/11, BeckRS 2012, 07791.

§ 9 Vollstreckung mittels Abschiebungshaft   § 9

inhaltlich zu gestalten hat. Der Betroffene ist aber regelmäßig zu allen **entscheidungserheblichen Punkten** zu befragen.[153] Hat der Haftrichter Anhaltspunkte dafür, dass der Betroffene bereits einen Asylantrag bei dem Bundesamt gestellt haben könnte, ist er verpflichtet, dem nachzugehen.[154]

Die persönliche Anhörung muss **vor der Haftanordnung** erfolgen.[155] Sie ist auch durch 67 den beauftragten Richter grundsätzlich zulässig, wenn es zweckmäßig ist und es auf den persönlichen Eindruck nicht ankommt.[156] Daher kann bei größerer räumlicher Entfernung auch eine **audiovisuelle Übertragung** in Betracht kommen, wenn es nicht zwingend auf die Glaubwürdigkeit des Betroffenen ankommt.[157] Die **Hinzuziehung** eines **Dolmetschers** ist nicht erst bei gänzlich unzureichenden Deutschkenntnissen geboten, sondern schon dann, wenn der Betroffene nicht in einem seine Rechte gewährleistenden Umfang der deutschen Sprache mächtig ist.[158]

Ein Verfahrensbevollmächtigter ist zu laden. Vereitelt das Gericht durch seine Verfahrens- 68 gestaltung eine Teilnahme des Bevollmächtigten an der Anhörung, führt dies ohne weiteres zu der Rechtswidrigkeit der Haft.[159] Anders ist dies, wenn der **Verfahrensbevollmächtigte** zu dem Anhörungstermin geladen ist, an diesem aber nicht teilnimmt und auch keinen Verlegungsantrag stellt.[160]

Eine persönliche **Anhörung** ist auch im **Beschwerdeverfahren** grundsätzlich erforder- 69 lich. Davon kann nach § 68 Abs. 3 S. 2 FamFG nur abgesehen werden, wenn eine persönliche Anhörung des Betroffenen in erster Instanz erfolgt ist und zusätzliche Erkenntnisse durch eine erneute Anhörung nicht zu erwarten sind,[161] etwa weil der Betroffene zwei Wochen zuvor durch das Amtsgericht angehört wurde und sich durch seinen Verfahrensbevollmächtigten zur Sache geäußert hatte[162] oder der Sachverhalt einfach gelagert ist und das Beschwerdegericht mangels Vortrags neuer Tatsachen nach Aktenklage entscheiden kann.[163] Allein der Umstand, dass der Betroffene erstmals im Beschwerdeverfahren anwaltlich vertreten ist, erfordert keine erneute persönliche Anhörung.[164] Das Beschwerdegericht darf von einer erneuten Anhörung des Betroffenen indessen nicht absehen, wenn es auf die Glaubhaftigkeit des Vorbringens des Ausländers, sich einer Abschiebung nicht entziehen zu wollen, und seine Glaubwürdigkeit ankommt.[165]

Eine **erneute Anhörung** durch das Beschwerdegericht ist auch dann **zwingend** erforder- 70 lich, wenn sich der Erstrichter mit zentralem Vorbringen des Betroffenen nicht auseinandergesetzt hat und daher die Entscheidung der ersten Instanz auf einer Verletzung des Verfahrensgrundrechts des Betroffenen auf Gewährung rechtlichen Gehörs beruht,[166] zB wenn mit der Beschwerde eine unzureichende Übersetzung durch den Dolmetscher geltend gemacht wird,[167] oder wenn sich nach der Haftanordnung neue Gesichtspunkte ergeben haben.[168] Die

---

153 BGH Beschl. v. 17.6.2010 – V ZB 3/10, FGPrax 2010, 261.
154 BGH Beschl. 14.10.2010 – V ZB 78/10, NVwZ 2011, 574.
155 BGH Beschl. v. 17.6.2010 – V ZB 9/10, BeckRS 2010, 17121; Beschl. v. 17.6.2010 – V ZB 127/10, NVwZ 2010, 1318.
156 BGH Beschl. v. 17.6.2010 – V ZB 9/10, BeckRS 2010, 17121; Beschl. v. 17.6.2010 – V ZB 127/10, NVwZ 2010, 1318.
157 Vgl. *Drews* in Prütting/Helms FamFG § 420 Rn. 4a.
158 BGH Beschl. v. 12.5.2011 – V ZB 309/10, BeckRS 2011, 17256.
159 BGH Beschl. v. 6.4.2017 – V ZB 59/16, BeckRS 2017, 111044.
160 BGH Beschl. v. 28.4.2011 – V ZB 118/10, BeckRS 2011, 15315; Beschl. v. 25.2.2010 – V ZA 2/10, NJOZ 2011, 125.
161 BGH Beschl. v. 4.3.2010 – V ZB 222/09, BGHZ 184, 323 = FGPrax 2010, 154.
162 BGH Beschl. v. 4.3.2010 – V ZB 222/09, BGHZ 184, 323 = FGPRax 2010, 154.
163 BGH Beschl. v. 28.1.2010 – V ZB 2/10, FGPrax 2010, 163.
164 BGH Beschl. v. 15.7.2010 – V ZB 10/10, NVwZ 2011, 127.
165 BGH Beschl. v. 4.3.2010 – V ZB 184/09, FGPrax 2010, 152; Beschl. v. 16.9.2010 – V ZB 120/10, FGPrax 2010, 290.
166 BGH Beschl. v. 16.9.2010 – V ZB 120/10, FGPrax 2010, 290.
167 BGH Beschl. v. 4.3.2010 – V ZB 184/09, FGPrax 2010, 152.
168 BGH Beschl. v. 17.6.2010 – V ZB 3/10, FGPrax 2010, 261; Beschl. v. 21.10.2010 – V ZB 176/10, BeckRS 2010, 30057.

erneute persönliche Anhörung ist ferner zwingend erforderlich, wenn erstmals in der Beschwerdeinstanz ein vollständiger bzw. zureichender Haftantrag vorliegt,[169] eine weitere Sachaufklärung durch das Beschwerdegericht notwendig wird, weil das Amtsgericht gegen die Sachaufklärungspflicht verstoßen hat[170] oder eine Anhörung in erster Instanz nicht vor der Haftanordnung erfolgt ist.[171]

71 Die Beteiligung des **Lebenspartners** und der **Kinder** des Betroffenen an dem Freiheitsentziehungsverfahren steht nach § 418 Abs. 3 Nr. 1 FamFG im **Ermessen des Gerichts**.[172]

6. Umfang der richterlichen Kontrolle und Belehrungspflichten

72 Das Gericht muss im Rahmen seiner Sachaufklärungspflicht nicht allen denkbaren Möglichkeiten nachgehen. Seine **Pflicht zur Ermittlung der entscheidungserheblichen Tatsachen** von Amts wegen nach § 26 FamFG geht nur so weit, wie das Vorbringen der Beteiligten zu weiteren Erkundigungen Anlass gibt.[173]

73 Die Frage der **Haftfähigkeit** ist vom Haftrichter zu prüfen.[174] Anders verhält es sich hingegen, wenn lediglich Bedenken gegen die **Reisefähigkeit** des Betroffenen erhoben und begleitende Maßnahmen gefordert werden.[175] Ob die fehlende oder eingeschränkte Reisefähigkeit eine Aussetzung der Abschiebung (vgl. etwa § 60a Abs. 2 AufenthG) oder begleitende Maßnahmen erforderlich macht, haben zudem die beteiligte Behörde und die Verwaltungsgerichte zu prüfen.[176]

74 Nicht zu prüfen hat der Haftrichter, ob die zuständige Behörde die Abschiebung zu Recht betreibt; denn die Tätigkeit der Verwaltungsbehörden unterliegt allein der **Kontrolle** durch die **Verwaltungsgerichtsbarkeit**.[177] Ergibt sich die Ausreisepflicht aus einer bestandskräftigen Abschiebungsverfügung, erstreckt sich die Prüfung des Richters daher nur darauf, ob die von der Behörde betriebene Abschiebung durchgeführt werden kann.[178]

75 Der Betroffene ist ferner über sein Recht nach Art. 36 Abs. 1 lit. b **WÜK**[179] oder entsprechender bilateraler Abkommen zu belehren.[180] Die **Belehrung** ist unerlässlicher Bestandteil eines rechtsstaatlichen fairen Verfahrens.[181] Unterbleibt die Belehrung, leidet die Anordnung der Freiheitsentziehung an einem grundlegenden Verfahrensmangel, der nach der früheren Rechtsprechung des BGH ohne Weiteres zur Rechtswidrigkeit der Abschiebungshaft führte.[182] Nunmehr soll eine **Verletzung** nur dann die Rechtswidrigkeit der Haft begründen, wenn das Verfahren ohne diesen Fehler **zu einem anderen Ergebnis** hätte führen können.[183] Diese Änderung der Rechtsprechung des BGH beruht auf dem Urteil des EuGH vom 10.9.2013.[184] Danach darf das nationale Gericht die Anordnung von

---

[169] BGH Beschl. v. 29.4.2010 – V ZB 218/09, FGPrax 2010, 210; Beschl. v. 17.6.2010 – V ZB 3/10, FGPrax 2010, 261; Beschl. v. 18.8.2010 – V ZB 119/10, BeckRS 2010, 21898.
[170] BGH Beschl. v. 3.2.2011 – V ZB 12/10, BeckRS 2011, 05523.
[171] BGH Beschl. v. 12.5.2011 – V ZB 296/10, BeckRS 2011, 15739.
[172] BGH Beschl. v. 17.6.2010 – V ZB 9/10, BeckRS 2010, 17121; Beschl. v. 17.6.2010 – V ZB 127/10, NVwZ 2010, 1318.
[173] BGH Beschl. v. 10.6.2010 – V ZB 204/09, NVwZ 2010, 1172.
[174] BGH Beschl. v. 1.6.2017 – V ZB 163/15, BeckRS 2017, 118545.
[175] BGH Beschl. v. 1.6.2017 – V ZB 163/15, BeckRS 2017, 118545.
[176] BGH Beschl. v. 1.6.2017 – V ZB 163/15, BeckRS 2017, 118545.
[177] BGH Beschl. v. 6.5.2010 – V ZB 193/09, BeckRS 2010, 13122.
[178] BGH Beschl. v. 6.5.2010 – V ZB 193/09, BeckRS 2010, 13122.
[179] Nach der genannten Vorschrift sind die konsularischen Vertretungen des Heimatstaates eines Betroffenen auf Verlangen unverzüglich von dessen Inhaftierung unverzüglich zu unterrichten (S. 1); auf dieses Recht ist der Betroffene unverzüglich hinzuweisen (S. 2).
[180] Vgl. BGH Beschl. v. 6.5.2010 – V ZB 223/09, FGPrax 2010, 212: Art. 17 Abs. 3 des Konsularvertrags zwischen der Bundesrepublik Deutschland und dem Vereinigten Königreich von Großbritannien v. 30.7.1956 (Sierra Leone).
[181] BVerfG Beschl. v. 19.9.2006 – 2 BvR 2115/01, NJW 2007, 499.
[182] BGH Beschl. v. 6.5.2010 – V ZB 223/09, FGPrax 2010, 212.
[183] BGH Beschl. v. 22.10.2015 – V ZB 79/15, NVwZ 2016, 711.
[184] EuGH Urt. v. 10.9.2013 – C-383/13, BeckRS 2014, 81992.

Haft zur Sicherung einer Abschiebung nach Art. 15 der Rückführungs-RL wegen eines Verstoßes gegen den Anspruch auf rechtliches Gehör nur dann aufheben, wenn es der Ansicht ist, dass das Verwaltungsverfahren zu einem anderen Ergebnis hätte führen können. Nichts anderes soll nun nach Auffassung des BGH bei Verstößen gegen die Belehrung nach Art. 36 Abs. 1 lit. b WÜK und vergleichbaren Regelungen gelten, die dem Betroffenen die Möglichkeit bieten sollen, seinen Heimatstaat um Hilfe zu bitten.

Es bleibt abzuwarten, ob diese Rechtsprechung den Anforderungen des **BVerfG** in dieser Frage standhalten wird. Denn das BVerfG hat in einer Entscheidung ausgeführt, dass die frühere Rechtsprechung des BGH zu der Behandlung von Verstößen gegen das WÜK zutreffend ist.[185] Zudem wird es dem Betroffenen kaum möglich sein, zu einem hypothetischen Ablauf bei Beachtung der Belehrungspflicht vorzutragen. **76**

Ergibt sich die vom Betroffenen gewünschte unverzügliche **Benachrichtigung** der **konsularischen Vertretung** nicht aus den Akten, liegt ebenfalls ein Verstoß vor.[186] **77**

7. Heilung von Verfahrensfehlern

Verfahrensmängel sind grundsätzlich im weiteren Verfahren **heilbar,**[187] wie etwa eine fehlerhafte Prognose nach § 62 Abs. 3 S. 3 AufenthG[188] oder eine Haftanordnung unter Nennung eines unzutreffenden Haftgrundes.[189] Das Beschwerdegericht kann die Abschiebungshaft auch grundsätzlich mit einem anderen Haftgrund des § 62 Abs. 3 S. 1 AufenthG begründen, weil das Beschwerdegericht als Tatsacheninstanz an die Stelle des erstinstanzlichen Gerichts tritt.[190] **78**

Das **Unterlassen** der nach § 420 Abs. 1 FamFG vorgeschriebenen **persönlichen Anhörung** und gleichwohl angeordneten Haft zur Sicherung der Abschiebung drückt dieser aber den **Makel der rechtswidrigen Freiheitsentziehung** auf, der auch durch die Nachholung der Maßnahme nicht mehr rückwirkend zu tilgen ist.[191] Dagegen kann ein fehlerhaftes Unterlassen der Anhörung des Ehepartners durch das Beschwerdegericht geheilt werden.[192] **79**

Wird der Betroffene erstmals durch das Beschwerdegericht angehört, reicht dies für die Aufrechterhaltung der **Haft für die Zukunft** aus.[193] Auch eine erstmals in der Beschwerdeinstanz vorliegende zulässige Tatsachengrundlage kann eine Haftanordnung ex nunc begründen.[194] Die Ergänzungsmöglichkeit wird nunmehr durch den mit Wirkung zum 21.8.2019 eingeführten § 417 Abs. 3 FamFG klargestellt, nach dem Tatsachen nach § 417 Abs. 2 S. 2 FamFG bis zum Ende der letzten Tatsacheninstanz ergänzt werden können. Ein ergänzter Antrag ist somit eine Fortschreibung des ursprünglichen Haftantrags, über den das **80**

---

[185] BVerfG Beschl. v. 4.10.2010 – 2 BvR 1825/08, BeckRS 2010, 56405.
[186] BGH Beschl. v. 26.5.2011 – V ZB 214/10, BeckRS 2011, 18481; Beschl. v. 18.11.2010 – V ZB 165/10, FGPrax 2011, 99.
[187] BGH Beschl. v. 25.3.2010 – V ZA 9/10, NVwZ 2010, 1175; Beschl. v. 10.6.2010 – V ZB 204/09, NVwZ 2010, 1172.
[188] BGH Beschl. v. 10.6.2010 – V ZB 205/09, BeckRS 2010, 16800; Beschl. v. 17.6.2010 – V ZB 13/10, BeckRS 2010, 16735.
[189] BGH Beschl. v. 18.8.2010 – V ZB 119/10, BeckRS 2010, 21898; Beschl. v. 22.7.2010 – V ZB 29/10, BeckRS 2010, 20420.
[190] BGH Beschl. v. 22.7.2010 – V ZB 29/10, BeckRS 2010, 20420.
[191] BGH Beschl. v. 4.3.2010 – V ZB 184/09, FGPrax 2010, 152; Beschl. v. 10.6.2010 – V ZB 204/09, NVwZ 2010, 1172; Beschl. v. 17.6.2010 – V ZB 9/10, BeckRS 2010, 17121; Beschl. v. 17.6.2010 – V ZB 127/10, NVwZ 2010, 1318.
[192] BGH Beschl. v. 21.10.2010 – V ZB 56/10, BeckRS 2010, 28433; vgl. BVerfG Beschl. v. 4.10.2010 – 2 BvR 1825/08, BeckRS 2010, 56405, zu § 5 Abs. 3 S. 4 FEVG: Verstößt das Gericht gegen die gesetzliche Pflicht, die Ehefrau des Betroffenen vor Erlass der Haftanordnung anzuhören, drückt dieses Unterlassen der gleichwohl angeordneten Sicherungshaft den Makel einer rechtswidrigen Freiheitsentziehung auf, der durch Nachholung der Maßnahme nicht mehr rückwirkend zu tilgen ist.
[193] BGH Beschl. v. 18.10.2011 – V ZB 188/11, BeckRS 2011, 26371.
[194] BGH Beschl. v. 15.9.2011 – V ZB 136/11, FGPrax 2011, 318; Beschl. v. 19.5.2011 – V ZB 122/11, BeckRS 2011, 14043; Beschl. v. 3.5.2011 – V ZA 10/11, BeckRS 2011, 12164; Beschl. v. 27.4.2011 – V ZB 71/11, BeckRS 2011, 12168.

Beschwerdegericht entscheiden muss, und kein neuer Haftantrag, der bei dem Amtsgericht in einem neuen gerichtlichen Verfahren zu stellen wäre.[195] Der ergänzte Haftantrag muss jedoch den Anforderungen des § 417 Abs. 2 S. 2 FamFG entsprechen,[196] und eine Anhörung des Betroffenen durch das Beschwerdegericht ist dann unerlässlich.[197] Die Rechtmäßigkeit der Haft tritt jedoch erst ab der Entscheidung des Beschwerdegerichts über die Fortdauer der Haft ein.[198]

81 Ist das **Einvernehmen der Staatsanwaltschaft nachträglich** innerhalb der Haftdauer eingeholt worden, dürfte diesem Umstand rückwirkende Heilung zukommen.[199]

II. Verlängerung der Abschiebungshaft

82 Die Vorschriften über die erstmalige Haftanordnung gelten nach § 425 Abs. 3 FamFG auch für die **Verlängerung der Abschiebungshaft**. In dem Verlängerungsantrag sind Ausführungen zu den zwischenzeitlich eingetretenen Änderungen und insbesondere zu Verhältnismäßigkeit der weiteren Haftdauer erforderlich.[200] Dagegen bleibt gemäß § 62 Abs. 4a AufenthG[201] die Anordnung der Abschiebungshaft in allen Fällen des Scheiterns der Abschiebung bis zum Ablauf der Anordnungsfrist § 62 Abs. 4a AufenthG wirksam, sofern die Voraussetzungen für die Haftanordnung unverändert vorliegen. Dabei kommt es nicht darauf an, ob der Betroffene das Scheitern der Abschiebungsmaßnahme zu vertreten hat.

III. Rechtsmittel

83 Gegen die Anordnung von Abschiebungshaft ist die **Beschwerde** (§ 58 ff. FamFG) und gegen die Beschwerde ist die **Rechtsbeschwerde** (§§ 70 ff. FamFG) statthaftes Rechtsmittel. Dabei bleiben die Rechtsmittel nach § 62 Abs. 2 Nr. 1 FamFG auch dann als **Fortsetzungsfeststellungsantrag** wegen des **Rehabilitierungsinteresses** des Betroffenen zulässig, wenn sich die Hauptsache etwa durch Entlassung des Betroffenen aus der Haft, seiner Abschiebung oder wegen Ablaufs der Haftdauer erledigt hat.[202] Eine Rechtsbeschwerde scheidet nach § 70 Abs. 4 FamFG jedoch aus in Verfahren, in denen über die Anordnung, Abänderung oder Aufhebung einer **einstweiligen Anordnung** nach § 427 Abs. 1 FamFG entschieden wurde. Dabei ist der objektive Inhalt der Entscheidung für die Frage entscheidend, ob eine einstweilige Anordnung vorliegt oder im Hauptsacheverfahren entschieden wurde.[203] Anhaltspunkte für das Vorliegen einer Haftanordnung im Hauptsacheverfahren sind das Fehlen von Feststellungen zur Notwendigkeit einer einstweiligen Anordnung, eine abschließende, nicht nur vorläufige Feststellung der Haftgründe, die Überschreitung der für einstweilige Haftanordnungen geltenden Höchstdauer von sechs Wochen (§ 427 Abs. 1 S. 2 FamFG) und die Rechtsmittelbelehrung.[204]

---

[195] BGH Beschl. v. 15.9.2011 – V ZB 136/11, FGPrax 2011, 318.
[196] BGH Beschl. v. 15.9.2011 – V ZB 136/11, FGPrax 2011, 318.
[197] BGH Beschl. v. 3.5.2011 – V ZA 10/11, BeckRS 2011, 12164; Beschl. v. 27.4.2011 – V ZB 71/11, BeckRS 2011, 12168.
[198] BGH Beschl. v. 25.1.2018 – V ZB 71/17, BeckRS 2018, 4071.
[199] BGH Beschl. v. 12.5.2011 – V ZB 189/10, FGPrax 2011, 202; Beschl. v. 3.5.2011 – V ZA 10/11, BeckRS 2011, 12164; Beschl. v. 7.4.2011 – V ZB 133/10, BeckRS 2011, 12165.
[200] BGH Beschl. v. 28.4.2011 – V ZB 252/10 BeckRS 2011, 14369; Beschl. v. 14.4.2011 – V ZB 76/11, BeckRS 2011, 08508; Beschl. v. 30.6.2011 – V ZB 139/11, BeckRS 2011, 18681.
[201] Entwurf eines Gesetzes zur Neubestimmung des Bleiberechts und der Aufenthaltsbeendigung v. 25.2.2015, BT-Drs. 18/4097, 55.
[202] BGH Beschl. v. 25.2.2010 – V ZB 172/09, NVwZ 2010, 726; Beschl. v. 17.6.2010 – V ZB 13710, BeckRS 2010, 16735.
[203] BGH Beschl. v. 21.11.2013 – V ZB 96/13, FGPrax 2014, 87; Beschl. v. 12.1.2017 – V ZB 123/16, BeckRS 2017, 102069.
[204] BGH Beschl. v. 11.10.2017 – V ZB 127/17, BeckRS 2017, 134824.

§ 9 Vollstreckung mittels Abschiebungshaft § 9

Zudem ist die Rechtsbeschwerde der antragstellenden Behörde ohne Zulassung des 84
Beschwerdegerichts nicht statthaft.[205] Hat der Betroffene gegen eine Haftanordnung nicht
nur das Rechtsmittel der Beschwerde erhoben, sondern gleichzeitig auch ein **Haftaufhebungsverfahren** nach § 426 FamFG betrieben, so können im Fall der Erledigung der
angeordneten Haft nicht beide Verfahren mit einem Feststellungsantrag iSd § 62 FamFG
fortgesetzt werden, wenn derselbe Haftzeitraum betroffen ist; entscheidend ist der zuerst
gestellte Antrag.[206] An dem besonderen **Feststellungsinteresse** fehlt es zudem, wenn neben
der Abschiebungshaft **zugleich Untersuchungs- oder Strafhaft** vollstreckt wurde.[207]

IV. Verfahrenskostenhilfe

Bei der Bewilligung von **Verfahrenskostenhilfe** nach § 76 FamFG iVm §§ 114 ff. ZPO 85
ist zu beachten, dass sich der Betroffene nach § 117 Abs. 4 ZPO zu der erforderlichen
Darlegung der wirtschaftlichen Verhältnisse des in § 1 in Verbindung mit Anlage 1 PKHVV
festgelegten **Formulars** bedienen muss.[208] Zwar kann in der Rechtsmittelinstanz auf eine
vorhergehende zeitnahe Erklärung Bezug genommen werden; eine Bezugnahme scheidet
aber aus bei einer zwischenzeitlich erfolgten **Abschiebung** des Betroffenen.[209]

D. Folgen einer unbegründeten Haftanordnung

Steht fest, dass gegen einen Betroffenen zu Unrecht Abschiebungshaft angeordnet wurde, 86
kann der Betroffene einen **Schadensersatzanspruch** aus Art. 5 Abs. 5 EMRK wegen
des immateriellen Schadens geltend machen.[210] Dabei dürfte sich die Höhe des Entschädigungsanspruchs wegen der unterschiedlichen Zielrichtungen der Ansprüche nicht
auf die Regelungen des Gesetzes über die Entschädigung für Strafverfolgungsmaßnahmen
(StrEG) beschränken lassen.[211] Zudem haften der Ausländer und ein ihn unerlaubt
beschäftigender Arbeitgeber für die Kosten einer Abschiebung nach § 66 Abs. 4 AufenthG
nur, wenn die **Kosten** auslösenden Amtshandlungen den Ausländer nicht in seinen Rechten verletzen.[212]

E. Prüfungsschema für einen Haftantrag[213]

Erforderlich sind neben den personenbezogenen Daten des Betroffenen folgende Anga- 87
ben:
1. Die Darlegung der zweifelsfreien Ausreisepflicht, unter Beifügung entsprechender
   behördlicher Bescheide.
2. Die Benennung des konkreten Haftgrundes unter Bezugnahme auf die entsprechenden
   Rechtsgrundlagen unter Darstellung der entscheidenden fallbezogenen Tatsachen.

---
[205] BGH Beschl. v. 10.2.2010 – V ZB 35/10, FGPrax 2010, 98; Beschl. v. 29.6.2017 – V ZB 84/17, FGPrax 2017, 231; vgl. dazu auch *Drews* FGPrax 2015, 97.
[206] BGH Beschl. v. 26.5.2011 – V ZB 318/10, BeckRS 2011, 16683.
[207] BGH Beschl. 7.4.2011 – V ZB 211/10, BeckRS 2011, 10604; Beschl. v. 9.3.2011 – V ZB 162/10, BeckRS 2011, 06484.
[208] BGH Beschl. v. 14.10.2010 – V ZB 214/10, NVwZ-RR 2011, 87.
[209] BGH Beschl. v. 14.10.2010 – V ZB 214/10, NVwZ-RR 2011, 87.
[210] s. auch BGH Urt. v. 18.4.2019 – III ZR 67/18, NJW 2019, 2400: kein Schadensersatzanspruch wegen Verstoß gegen das Trennungsgebot im Vollzug.
[211] vgl. *Drews* in Prütting/Helms FamFG § 415 Rn. 12a.
[212] BVerwG Urt. v. 16.12.2012 – 10 C 6.12, BVerwGE 144, 326 = NVwZ 2013, 277; Urt. v. 10.12.2014 – 1 C 11.14, BVerwGE 151, 102 = NVwZ 2015, 830.
[213] In Anlehnung der Richtlinien für die Abschiebungshaft im Land Nordrhein-Westfalen (Abschiebungshaftrichtlinien – AHaftRL), Runderlass des Ministeriums für Inneres und Kommunales – 121-39.21.01-2-AHaftRL – v. 8.6.2016, Stand 1.2.2018.

3. Ausführungen zu den Maßnahmen, die bisher zur Vorbereitung der Abschiebung getroffen wurden.
4. Erläuterungen dazu, ob und gegebenenfalls welche Haftalternativen geprüft wurden und warum mildere Mittel zur Vermeidung von Abschiebungshaft (Haftvermeidung) nicht in Frage kommen.
5. Erklärungen zu den Gründen, aus denen folgt, dass die Abschiebung ohne Inhaftnahme nicht gewährleistet ist.
6. Die Benennung des Zielstaates, in den die betroffene Person abgeschoben werden soll.
7. Eine eingehende Darlegung der voraussichtlichen Dauer des Abschiebungsverfahrens und der Abschiebungshaft unter konkreter Angabe der erforderlichen Maßnahmen und deren Dauer (zB Dauer des Verfahrens zur Beschaffung eines Passersatzdokuments).
8. Die Erklärung, dass die Durchführung der Abschiebung unter Berücksichtigung der unter 7. genannten Maßnahmen innerhalb von drei Monaten möglich ist.
9. Die Angabe eines nach dem Kalendertag bestimmten Haftendes (zur Vermeidung der Gefahr unzulässiger Überschreitungen der in § 62 AufenthG vorgegebenen Zeitgrenzen für die Dauer der Abschiebungshaft).
10. Der Hinweis, ob ein oder mehrere Ermittlungs-/Strafverfahren anhängig ist/sind, ob das Einverständnis für jedes einzelne der Ermittlungs-/Strafverfahren von der Staatsanwaltschaft vorliegt oder wann mit dem Abschluss des staatsanwaltschaftlichen Verfahrens zu rechnen ist, oder ob ein Einvernehmen entbehrlich ist.
11. Angaben über etwaige Rechtsschutzanträge des Betroffenen nach den §§ 80, 123 VwGO gegen die Abschiebung.
12. Bei einer mehr als einem Jahr ausgesetzten Abschiebung der Nachweis, dass die durch Widerruf vorgesehene Abschiebung nach § 60a Abs. 5 S. 4 AufenthG mindestens einen Monat vorher angekündigt wurde.
13. Der Hinweis, ob ein Asylfolgeantrag gestellt worden ist und die Mitteilung des BAMF nach § 71 Abs. 5 S. 2 AsylG vorliegt bzw. wann mit dessen Bescheidung zu rechnen ist.
14. Hinweise über Krankheiten oder Schwangerschaften sowie Mitteilungen über das Ergebnis etwaiger ärztlicher Untersuchungen.
15. Sonstige einzelfallbezogene Informationen, die für die Haftprüfung erforderlich sind.

§ 10 Duldung, Beschränkung, Haftung

Übersicht

	Rn.
A. Die Aussetzung der Abschiebung (Duldung)	1
I. Allgemeines	4
II. Aussetzung der Abschiebung für bestimmte Personengruppen (§ 60a Abs. 1 AufenthG)	7
III. Rechtliche oder tatsächliche Unmöglichkeit der Abschiebung (§ 60a Abs. 2 S. 1 und 2 AufenthG)	8
1. Die rechtliche Unmöglichkeit der Abschiebung	9
a) Unterscheidung zwischen inlandsbezogenen Vollstreckungshindernissen und zielstaatsbezogenen Abschiebungsverboten	9
b) Inlandsbezogene Abschiebungshindernisse	12
2. Die tatsächliche Unmöglichkeit der Abschiebung	42
IV. Duldung aus dringenden humanitären oder persönlichen Gründen und aus erheblichen öffentlichen Interessen (§ 60a Abs. 2 S. 3 und 4 AufenthG)	45
1. Ermessensduldung (Abs. 2 S. 3)	46
2. Vaterschaftsanerkennung (Abs. 2 S. 4)	49

	Rn.
V. Aussetzung der Abschiebung nach gescheiterter Abschiebung (§ 60a Abs. 2a AufenthG)	50
VI. Eltern gut integrierter Jugendlicher (§ 60a Abs. 2b AufenthG)	51
VII. Erlöschen der Duldung (§ 60a Abs. 5 AufenthG)	53
VIII. Ausschluss von der Erwerbstätigkeit (§ 60a Abs. 6 AufenthG)	57
IX. Duldung für Personen mit ungeklärter Identität und besondere Passbeschaffungspflichten (§ 60b AufenthG)	65
1. Nebenbestimmung „für Personen mit ungeklärter Identität" (Abs. 1)	66
2. Besondere Passbeschaffungspflichten" (Abs. 2 und 3)	68
3. Rechtsfolgen und Nachholung von Handlungen (Abs. 5 und Abs. 4)	73
4. Rechtsschutzfragen (insb. Abs. 6)	75
5. Ausschluss der Anwendung von § 60b AufenthG (§ 105 AufenthG)	77
X. Die Ausbildungsduldung (§ 60c AufenthG)	78
1. Begriff der Berufsausbildung	80
2. Berufsausbildung als Asylbewerber aufgenommen (Abs. 1 S. 1 Nr. 1)	83
3. Berufsausbildung wird mit Duldung aufgenommen (Abs. 1 S. 1 Nr. 2)	84
4. Beschäftigungserlaubnis	85
5. Versagungsgründe	86
6. Erlöschen und seine Folgen (Abs. 4 bis 6)	91
7. Ausbildungsduldung nach Ermessen (Abs. 7)	93
XI. Die Beschäftigungsduldung (§ 60d AufenthG)	94
1. Familienrelevante Erteilungsvoraussetzungen	96
2. Persönliche Erteilungsvoraussetzungen	99
3. Rechtsfolge „Regelerteilung" (Abs. 1) und „Ermessen (Abs. 4)	101
4. Widerruf (Abs. 3)	103
B. Räumliche und andere Beschränkungen gegenüber vollziehbar Ausreisepflichtigen (§ 61 AufenthG)	104
I. Allgemeines	104
II. Räumliche Beschränkung des Aufenthalts	108
1. Räumliche Beschränkungen kraft Gesetzes	109
2. Beschränkungen kraft behördlicher Anordnung	115
3. Wohnsitzauflage (Abs. 1d)	122
III. Andere Bedingungen und Auflagen (§ 61 Abs. 1e und 1f AufenthG)	123
IV. Ausreiseeinrichtungen (Abs. 2)	126
C. Ausländerrechtliche Haftung Dritter (§§ 63 bis 68 AufenthG)	127
I. Pflichten der Beförderungsunternehmer (§§ 63, 64 AufenthG)	128
1. Völkerrechtliche und europarechtliche Vorgaben	129
2. Verfassungsrecht	131
3. Beförderungsunternehmer und Beförderungsleistung	134
4. Inhalt des Beförderungsverbots	135
5. Rückbeförderungspflicht	141
II. Pflichten des Flughafenunternehmers (§ 65 AufenthG)	144
III. Kosten der Abschiebung (§§ 66, 67 AufenthG)	147
1. Kostenschuldner	148
2. Umfang der Kostenhaftung (§ 67 AufenthG)	151
3. Kostenhaftung bei selbständig in Rechte des Ausländers eingreifenden Amtshandlungen	152
4. Kostenhaftung bei sonstigen Amtshandlungen	154
5. Durchsetzung der Kostenansprüche	156
IV. Verpflichtungserklärung (§§ 68, 68a AufenthG)	160
1. Abgabe der Verpflichtungserklärung	161
2. Wirksamkeit der Verpflichtungserklärung	165
3. Inhalt und Umfang der Haftung	166
4. Zeitliche Grenzen der Haftung	168
5. Nachträgliche Lösung von der Verpflichtungserklärung	172
6. Geltendmachung des Erstattungsanspruchs	174

A. Die Aussetzung der Abschiebung (Duldung)

1 In den § 60a ff. AufenthG wird die **Aussetzung der Abschiebung (Duldung)** geregelt. Die Bestimmungen sind mit dem Gesetz über Duldung bei Ausbildung und Beschäftigung[1] und dem Zweiten Gesetz zur besseren Durchsetzung der Ausreisepflicht[2] mit Wirkung zum 1.1.2020 in wesentlichen Teilen neu gefasst worden. Die Ausbildungsduldung wurde aus § 60a AufenthG – dort war sie in Abs. 2 S. 4 bis 12 – ausgegliedert und neu in § 60c AufenthG geregelt. Diese Vorschrift wurde durch das Fachkräfteeinwanderungsgesetz[3] mit Wirkung vom 1.3.2020 an weitere Änderungen des AufenthG angepasst, ohne dass sich inhaltlich Neues für die Duldungsregelung ergibt. Ferner wurde die Beschäftigungsduldung in § 60d AufenthG geschaffen und ist eine Regelung zur Duldung für Personen mit ungeklärter Identität in § 60b AufenthG eingeführt worden.

2 Es handelt sich bei der Duldung um ein vollstreckungsrechtliches Institut. Die Regeln betreffen die zeitweilige **Aussetzung der Zwangsvollstreckung,** nämlich der Abschiebung, mit der die gesetzliche, vollziehbare Ausreisepflicht vollstreckt wird (→ § 8 Rn. 1). Die Duldung – mittels deklaratorischer Bescheinigung über die Aussetzung der Abschiebung (§ 60a Abs. 4 AufenthG) nachzuweisen – ist daher **kein Aufenthaltstitel** iSd AufenthG. Ihre Erteilung ändert nichts an der Ausreisepflicht des Betroffenen, was in Abs. 3 ausdrücklich geregelt wird. Diese Ausreisepflicht ist gleichzeitig Voraussetzung für die Erteilung einer Duldung. Sie führt insbesondere nicht zur Legalisierung des Aufenthalts.

3 Der Duldung sollte bereits mit ihrer Regelung im AuslG 1990 nicht mehr die Funktion eines minderwertigen Aufenthaltstitels zukommen.[4] Dass mit ihr allerdings faktisch der Aufenthaltsstatus einer großen Gruppe von Ausländern – teilweise über Jahre hinweg – geregelt wird, erschließt sich bereits aus dem Umstand, dass am 15.4.2019 180.675 ausreisepflichtige Personen im Besitz einer Duldung gewesen sind.[5] Dem Ansatz, dass die Duldung im unionsrechtlichen Kontext als sonstige Aufenthaltsberechtigung iSd Art. 6 Abs. 4 Rückführungs-RL verstanden werden kann,[6] ist teilweise zuzustimmen. Die **Rückführungs-RL** sieht konzeptionell entweder die zeitnahe Beendigung des Aufenthalts oder dessen Legalisierung, nicht aber einen langjährigen Schwebezustand vor,[7] was auch aus Art. 8 Abs. 1 Rückführungs-RL folgt, denn die Mitgliedstaaten „ergreifen alle erforderlichen Maßnahmen zur Vollstreckung der Rückkehrentscheidung", wenn der Betroffene seiner Rückkehrverpflichtung nicht nachgekommen ist. In ihrer Grundkonzeption ist die Duldung allerdings in unionsrechtlichen Kategorien die schriftliche Bestätigung iSd Satz 3 des 12. Erwägungsgrundes der Rückführungs-RL darüber, dass der Inhaber trotz seines unrechtmäßigen Aufenthalts nicht abgeschoben werden kann.[8] Die betreffenden Personen sollten eine schriftliche Bestätigung erhalten, damit sie im Falle administrativer Kontrollen oder Überprüfungen ihre besondere Situation nachweisen können. Allerdings dürfte dies in die oben genannte Aufenthaltsberechtigung iSd Art. 6 Abs. 4 Rückführungs-RL umschlagen, wenn eine zeitnahe Aufenthaltsbeendigung nicht mehr angestrebt wird. Damit erweist sich die unionsrechtliche Bewertung der Duldung als uneindeutig.

---

[1] Gesetz v. 8.7.2019, BGBl. I 1029
[2] Gesetz v. 15.8.2019, BGBl. I 1294.
[3] Gesetz v. 15.8.2019, BGBl. I 1307.
[4] S. *Funke-Kaiser* in GK-AufenthG § 60a Rn. 2.
[5] Statistisches Bundesamt, https://www.destatis.de/DE/Themen/Gesellschaft-Umwelt/Bevoelkerung/Migration-Integration/Tabellen/auslaendische-bevoelkerung-aufenthaltsrechtlicherstatus.html (abgerufen am 21.1.2020)
[6] So HEE AufenthaltsR Rn. 1194; *Funke-Kaiser* in GK-AufenthG § 59 Rn. 272.
[7] *Hörich*, Abschiebungen nach europäischen Vorgaben, 2015, 125.
[8] *Dollinger* in Bergmann/Dienelt, AufenthG § 60a Rn. 6.

I. Allgemeines

Die Aussetzung der Abschiebung nach § 60a AufenthG kann bestimmte Personengruppen 4 allgemein betreffen (Abs. 1) oder im Einzelfall wegen einer Unmöglichkeit der Abschiebung (Abs. 2 S. 1), wegen eines überwiegenden öffentlichen Interesses am vorübergehenden Verbleib des Ausländers im Bundesgebiet (Abs. 2 S. 2), aufgrund anderer dringender persönlicher oder öffentlicher Gründe und Interessen (Abs. 2 S. 3), zur Vorbereitung einer weiteren Abschiebung nach einem gescheiterten Versuch (Abs. 2a) oder zur Sicherung des Aufenthalts von Eltern minderjähriger, gut integrierter Jugendlicher (Abs. 2b) ausgesprochen werden. Gesundheitliche Gründe für die Unmöglichkeit der Abschiebung haben in den Abs. 2c und 2d[9] eigenständige Regelungen über den Nachweis und die materielle Beweislast erfahren. Von hoher Relevanz sind die Gründe für das Verbot der Ausübung einer Erwerbstätigkeit geduldeter Ausländer in Abs. 6. § 60b AufenthG, der die Überschrift „Duldung für Personen mit ungeklärter Identität" trägt, regelt keine eigenen Duldungstatbestände, sondern ist die Rechtsgrundlage für eine unselbstständige Nebenbestimmung[10] zur Duldung nach § 60a Abs. 2 S. 1 AufenthG in Fällen, in denen der Ausländer aufgrund einer Täuschung über seine Identität oder Staatsangehörigkeit oder durch eigene falsche Angaben nicht abgeschoben werden kann oder er zumutbaren Handlungen zur Erfüllung einer in § 60b Abs. 2 und 3 AufenthG geregelten besonderen Passbeschaffungspflicht nicht nachkommt.

Die Duldung zum Zwecke der Berufsausbildung, findet sich in § 60c AufenthG. Rechts- 5 technisch wird hier ein Rechtsanspruch auf die Erteilung einer Duldung wegen dringender persönlicher Gründe aus § 60a Abs. 2 S. 3 AufenthG statuiert – während die Grundnorm allein ein behördliches Ermessen eröffnet. In § 60d AufenthG wird nun mit Wirkung zum 1.1.2020 erstmals eine Beschäftigungsduldung für vor dem 1.8.2018 eingereiste Ausländer eingeführt, auf die bei Vorliegen der Tatbestandsvoraussetzungen ein Regelanspruch besteht. Auch dieser Regelanspruch modifiziert die Grundrechtsfolge aus § 60a Abs. 2 S. 3 AufenthG (Ermessen).

Die Duldung dient auch dazu, die Strafbarkeit des nicht rechtmäßigen Aufenthalts, der 6 nicht beendet werden kann, auszuschließen.[11] Die Bescheinigung nach Abs. 4 kann – muss aber nicht – als Ausweisersatz ausgestaltet sein (§ 48 Abs. 2 AufenthG). Sie ist Grundlage für die Erteilung einer Beschäftigungserlaubnis (§ 32 BeschV), ihr Besitz führt dem Grunde nach zur Leistungsberechtigung nach dem AsylbLG (§ 1 Abs. 1 Nr. 4 AsylbLG) und ist auch in verschiedenen anderen Zusammenhängen ein wesentliches Element zur Begründung von Ansprüchen (beispielsweise in § 8 Abs. 2a AFBG, § 8 Abs. 2a BAföG, § 59 Abs. 2 SGB III, §§ 19d und 25b Abs. 6 AufenthG).

II. Aussetzung der Abschiebung für bestimmte Personengruppen (§ 60a Abs. 1 AufenthG)

§ 60a Abs. 1 AufenthG ermächtigt die oberste Landesbehörde, aus völkerrechtlichen oder 7 humanitären Gründen oder zur Wahrung politischer Interessen der Bundesrepublik die Abschiebung von Ausländern aus bestimmten Staaten oder von in sonstiger Weise bestimmten Ausländergruppen für längstens drei Monate auszusetzen. Bei einer solchen Anordnung handelt es sich um eine **Verwaltungsvorschrift**.[12] Sie ist insbesondere im Anwendungsbereich des § 60 Abs. 7 S. 6 AufenthG von hoher Bedeutung. Ihre Verlängerung über eine

---

[9] Eingeführt durch das Gesetz zur Einführung beschleunigter Asylverfahren v. 11.3.2016 (BGBl. I 390) mWv 17.3.2016.
[10] *Wittmann/Röder* ZAR 2019, 362; aA *Dollinger* in Bergmann/Dienelt AufenthG § 60b Rn. 6 („Unterfall der Duldung nach § 60a").
[11] S. § 95 Abs. 1 Nr. 2 lit. c AufenthG.
[12] VerfGH Weimar Urt. v. 13.4.2016 – VerfGH 11/15, NVwZ 2016, 1320; *Funke-Kaiser* in GK-AufenthG § 60a Rn. 15 ff. unter Verweis auf BVerwG Urt. v.19.9.2000 – 1 C 19.99, BVerwGE 112, 63; aA *Dollinger* in Bergmann/Dienelt AufenthG § 60a Rn. 8 („weder Verwaltungsvorschrift noch Rechtsverordnung").

Gesamtdauer von über sechs Monaten bedarf des Einvernehmens des BMI, was sich aus § 60a Abs. 1 S. 2 AufenthG ergibt.

7a Der Erlass eines **allgemeinen Abschiebestopps** steht wegen seiner weitreichenden – vor allem politischen – Folgewirkungen als Grundsatzentscheidung allein im Ermessen der Innenministerien des Bundes und der Länder; subjektive, einklagbare Rechte einzelner Ausländer auf den Erlass einer solchen Regelung sind ausgeschlossen.[13] Allerdings kann sich ein Ausländer darauf berufen, von einem Erlass begünstigt zu sein mit der Folge, dass er nicht abgeschoben werden darf.

III. Rechtliche oder tatsächliche Unmöglichkeit der Abschiebung (§ 60a Abs. 2 S. 1 und 2 AufenthG)

8 Nach § 60a Abs. 2 S. 1 AufenthG ist die Abschiebung eines Ausländers auszusetzen, solange die **Abschiebung aus tatsächlichen oder rechtlichen Gründen unmöglich** ist und keine Aufenthaltserlaubnis erteilt wird. Rechtlich unmöglich ist eine Abschiebung, wenn aus einfachem Gesetzesrecht, Verfassungsrecht, Unionsrecht oder Völker(gewohnheits)recht ein zwingendes Abschiebungsverbot folgt.[14] Die tatsächliche Unmöglichkeit hingegen betrifft Fälle, bei denen der ausgewählte Zielstaat die Aufnahme/Rücknahme des Ausländers verweigert, bei einer Transportunfähigkeit des Betroffenen (meist aufgrund Krankheit), wenn der Zielstaat mangels unterbrochener Verkehrswege nicht zu erreichen ist oder wenn die Identität/Staatsangehörigkeit des Betroffenen ungeklärt ist mit der Folge, dass ein Zielstaat für die Abschiebung noch gar nicht benannt werden kann.[15] Unerheblich ist, ob der Ausländer freiwillig ausreisen könnte.[16]

1. Die rechtliche Unmöglichkeit der Abschiebung

9 a) **Unterscheidung zwischen inlandsbezogenen Vollstreckungshindernissen und zielstaatsbezogenen Abschiebungsverboten.** Die verschiedenen Gründe der rechtlichen Unmöglichkeit der Abschiebung lassen sich in **zielstaatsbezogene Abschiebungsverbote** (§ 60 Abs. 1 bis 3, 5 und 7 AufenthG) und **inlandsbezogene Abschiebungshindernisse**, also Vollstreckungshindernisse, unterteilen.[17] Die Unterscheidung ist deshalb bedeutsam, weil nur das Bundesamt für Migration und Flüchtlinge über die zielstaatsbezogenen Abschiebungsverbote nach § 60 Abs. 1 und 2 AufenthG (Gefahren im Zielstaat) sowie nach § 60 Abs. 5 und Abs. 7 AufenthG entscheiden darf, wenn ein Asylantrag gestellt worden ist (§ 14 AsylG). Über inlandsbezogene Abschiebungshindernisse (zB Reiseunfähigkeit) entscheidet hingegen die Ausländerbehörde.

10 Regelmäßig sind die aus § 60 AufenthG folgenden **Abschiebungsverbote** im Rahmen der Duldung ohne Relevanz, da die Zuerkennung der Flüchtlingseigenschaft (§ 3 Abs. 1 AsylG, § 60 Abs. 1 AufenthG) oder des subsidiären Schutzes (§ 4 AsylG, § 60 Abs. 2 AufenthG) zu einem Anspruch auf Erteilung einer Aufenthaltserlaubnis nach § 25 Abs. 2 AufenthG und die Feststellung des Vorliegens der Voraussetzungen eines nationalen Abschiebungsverbots zu einem „Soll-Anspruch" nach § 25 Abs. 3 AufenthG führt. Nur dann, wenn Ausschlussgründe vorliegen (§ 3 Abs. 2 AsylG, §§ 25 Abs. 3 S. 2, 60 Abs. 8 AufenthG), führen die Abschiebungsverbote nicht zu einem Anspruch auf eine Aufenthaltserlaubnis. In diesen Fällen ist regelmäßig eine Duldung zu erteilen, weil der Abschiebung meist Art. 3 EMRK entgegenstehen wird.

11 Die Abgrenzung zwischen inlandsbezogenen Vollstreckungshindernissen und zielstaatsbezogenen Abschiebungsverboten ist immer (nur) dann relevant, wenn ein Asylverfahren

---

[13] BVerwG Beschl. v.14.12.2010 – 1 B 30.10, Buchholz 402.242 AufenthG § 60a Nr. 6 Rn. 5.
[14] *Funke-Kaiser* in GK-AufenthG § 60a Rn. 126.
[15] Vgl. *Marx* AufenthaltsR § 7 Rn. 302.
[16] BVerwG Urt. v. 25.9.1997 – 1 C 3.97, BVerwGE 105, 232.
[17] BVerwG Urt. v. 11.11.1997 – 9 C 13.96, BVerwGE 105, 322.

erfolglos durchlaufen worden ist.[18] Denn dann steht für das ausländerrechtliche Verfahren bindend fest, dass keine zielstaatsbezogenen Abschiebungsverbote vorliegen (§ 42 AsylG). Sofern sich der Betroffene dennoch auf ein solches Abschiebungsverbot berufen will, darf er dies nur im Wege eines Folgeantrags (§ 71 AsylG) oder eines Folgeschutzgesuchs,[19] also eines Antrags auf Wiederaufgreifen eines Verfahrens allein bezogen auf nationale Abschiebungsverbote nach § 60 Abs. 5 oder 7 AufenthG. Die **Abgrenzung** ist vor allem **bei krankheitsbezogenen Abschiebungshindernissen problematisch,** bei denen die Krankheit sich einerseits auf die Möglichkeit der Durchführung der Abschiebung auswirkt und andererseits die Frage der Erreichbarkeit der notwendigen Behandlung im Zielstaat offen bleibt.

b) Inlandsbezogene Abschiebungshindernisse. aa) Erkrankungen. Begründet der Vorgang der Abschiebung selbst die konkrete Gefahr, dass sich der Gesundheitszustand des Ausländers durch die Abschiebung wesentlich oder gar lebensbedrohlich verschlechtert, und kann diese Gefahr nicht durch bestimmte Vorkehrungen ausgeschlossen oder gemindert werden, so verbietet Art. 2 Abs. 2 S. 1 GG die Durchführung der Abschiebung.[20] Ebenso verbietet Art. 2 Abs. 2 S. 1 GG die Abschiebung, wenn der Gesundheitszustand des Ausländers bereits der Benutzung des Transportmittels entgegensteht. Letzteres meint eine Reisefähigkeit im engeren, Ersteres eine Reisefähigkeit im weiteren Sinne. Sowohl die Frage, ob eine Erkrankung zu einem Abschiebungshindernis führt (→ Rn. 13 ff.) als auch der hinreichende Nachweis der Erkrankung und ihrer Auswirkungen, der vor Gericht oft kurzfristig in einem Verfahren nach § 123 VwGO geführt werden muss, erweisen sich als komplex.

(1) Materielle Probleme. Führt bereits der **Abschiebungsvorgang** selbst mit beachtlicher Wahrscheinlichkeit zu einer **wesentlichen Verschlechterung des Gesundheitszustands,** kommt es auf die Frage, ob dieser – verschlechterte – Zustand im Zielstaat der Abschiebung effektiv behandelt werden kann, nicht an. Es geht dann nämlich nicht um eine zielstaatsbezogene Frage. Denn auch eine zureichende Behandlungsmöglichkeit im Zielstaat hätte nicht zur Folge, dass eine Abschiebung rechtlich unbedenklich wäre. Die Betroffenen haben es schon nicht hinzunehmen, dass sie eine wesentliche Verschlechterung des Gesundheitszustands erleiden müssen mit allen damit verbundenen Risiken einer möglichen späteren vollständigen oder jedenfalls weitgehenden Genesung. Dieses gilt daher auch dann, wenn die Ausländerbehörde eine Überführung der Betroffenen in eine effektive ärztliche Behandlung und Betreuung unmittelbar nach der Ankunft im Zielstaat zuverlässig sichergestellt haben sollte.[21] Vielmehr muss in den Fällen, bei denen die Gesundheitsbeeinträchtigung durch den Abschiebungsvorgang selbst ausgelöst wird, durch eine entsprechende (fach-) ärztliche Betreuung und Versorgung während des gesamten Abschiebungsvorgangs bzw. eine ärztliche Anschlussbehandlung hinreichend verlässlich sichergestellt sein, dass eine erhebliche Verschlechterung des Gesundheitszustands schon gar nicht eintreten wird.[22]

Ebenfalls noch zum Bereich der rechtlichen Unmöglichkeit der Abschiebung aufgrund eines inlandsbezogenen Vollstreckungshindernisses gehört es, wenn eine abschiebungsbedingte Verschlechterung des Gesundheitszustands erst **nach der Ankunft im Zielstaat** in einem unmittelbaren zeitlichen und inhaltlichen Zusammenhang mit dem Abschiebungsvorgang eintritt. Dieser Zeitraum gehört noch zum Abschiebungsvorgang selbst. Denn es ist ohne weiteres denkbar, dass sich ein durch den eigentlichen Abschiebungsvorgang ausgelöstes und verursachtes Risiko erst nach der Ankunft realisiert, aber ohne

---

[18] *Funke-Kaiser* in GK-AufenthG § 60a Rn. 131.
[19] Zum – nicht gesetzlich definierten – Begriff s. BVerwG Urt. v. 13.6.2013 – 10 C 13.12, BVerwGE 147, 8 Rn. 21.
[20] BVerfG Beschl. v. 17.9.2014 – 2 BvR 1795/14, Asylmagazin 2014, 341 Rn. 11.
[21] VGH Mannheim Beschl. v. 1.6.2017 – 11 S 658/17, Asylmagazin 2017, 305.
[22] OVG Magdeburg Beschl. v. 20.6.2011 – 2 M 38/11, InfAuslR 2011, 390; OVG Bautzen Beschl. v. 9.5.2018 – 3 B 319/17, BeckRS 2018, 8185.

weiteres bei einer gesamtheitlichen Betrachtung durchaus auf die physischen und/oder psychischen Belastungen zurückzuführen ist, die mit der Abschiebung verbunden sind.[23] Hier steht Art. 2 Abs. 2 S. 1 GG der Vollstreckung der Ausreisepflicht entgegen.

15 Bei ernstlichen Zweifeln daran, ob eine hinreichende medizinische Versorgung im Zielstaat konkret erreicht werden kann, ist die Ausländerbehörde gehalten, eine **individuelle und hinreichende Zusicherung des Zielstaats** einzuholen, um das ihrige getan zu haben, sicherzustellen, dass die von der Abschiebung betroffene Person sich nicht in Umständen wiederfindet, die mit den Vorgaben von Art. 3 EMRK nicht zu vereinbaren sind.[24] Dies gilt auch dann, wenn eine negative Entscheidung des Bundesamtes für Migration und Flüchtlinge zu den nationalen Abschiebungsverboten vorliegt, die über § 42 AsylG bindet.[25] Denn die asylrechtliche Entscheidung sagt allein etwas über abstrakt-generelle Erreichbarkeit sowie die grundsätzliche konkret individuelle Erreichbarkeit einer Behandlungsmöglichkeit im Zielstaat – einschließlich ihrer Finanzierbarkeit – aus.

16 In **eigener Verantwortung** hat die **Ausländerbehörde** aber zu prüfen, ob die Art und Weise der Zwangsvollstreckung, also **die konkret-individuelle Ausgestaltung der Abschiebung,** den Zugang zu dieser Behandlungsmöglichkeit eröffnet. Das verlangt bei schwerwiegenden, mit beachtlicher Wahrscheinlichkeit unmittelbar nach Ankunft behandlungsbedürftigen Leiden – häufig psychischer Art –, eine hinreichend verlässliche, dh konkrete Ankündigung der erforderlichen Maßnahmen bei den Behörden des Zielstaats und eine ebenso hinreichend verlässliche Zusicherung der Bereitstellung der Maßnahmen. Diese erforderliche getrennte Betrachtung von asylrechtlicher Entscheidung und Prüfung der Art und Weise der Zwangsvollstreckung übersieht die Gegenmeinung. Es handelt sich gerade nicht um eine systemwidrige Doppelprüfung gleicher Fragen durch unterschiedliche Behörden.[26]

17 Die **Verschlechterung des Gesundheitszustands** durch die Abschiebung führt aber nur dann zu ihrer rechtlichen Unmöglichkeit, wenn sie **wesentlich oder gar lebensbedrohlich** ist.[27] Denn nur in diesen Fällen kommt dem Betroffenen ein Abwehranspruch gegen die zwangsweise Durchsetzung der bestehenden Ausreisepflicht, der er nicht freiwillig nachkommt, zu. Bei nur unwesentlichen Verschlechterungen wiegt das öffentliche Interesse an der Durchsetzung des Rechts schwerer. Die genaue Grenzziehung muss hier einzelfallbezogen erfolgen und hat sich an einer Gesamtbetrachtung der wahrscheinlichen Folgen der zu erwartenden Verschlechterung des Gesundheitszustands und der vermutlichen Dauer dieser Verschlechterung zu orientieren.

18 Besondere Schwierigkeiten entstehen bei **konkreten Suiziddrohungen** des Betroffenen für den Fall seiner Abschiebung. Es geht dabei regelmäßig um die Abgrenzung der Fälle, bei denen jemand aus nüchternem Kalkül handelnd mit der Drohung die Abschiebung verhindern will, von den Fällen, bei denen die Drohung Ausdruck einer Erkrankung oder jedenfalls existenzieller Verzweiflung ist.[28] Es ist offenkundig richtig, dass die Drohung mit Selbsttötung allein auf kein Abschiebungsverbot führt[29] und dass auch hinreichende Begleitmaßnahmen (ärztliche Begleitung und Überwachung, Übergabe an hinreichend informiertes medizinisches Personal im Zielstaat) trotz einer ernstzunehmenden Drohung eine Abschiebung ermöglichen können.[30]

19 Bei ärztlichen Begleitmaßnahmen ist zu berücksichtigen, dass **medizinische Zwangsbehandlungen** zur Herstellung einer Reisefähigkeit nur auf der Grundlage klarer und

---

[23] VGH Mannheim. Beschl. v. 10.8.2017 – 11 S 1724/17, AuAS 2017, 246,
[24] VGH Mannheim Beschl. v. 22.2.2017 – 11 S 447/17, NVwZ 2017, 1229 unter Bezugnahme auf EGMR Urt. v. 13.12.2016 – 41378/10.
[25] VG Berlin Beschl. v. 13.11.2017 – 10 L 839.17, BeckRS 2017, 132607.
[26] So aber OVG Lüneburg Beschl. v. 7.9.2017 – 13 ME 157/17, AuAS 2017, 244.
[27] Vgl. BVerwG Urt. v. 17.10.2006 – 1 C 18.05, BVerwGE 127, 33 (zu § 60 Abs. 7); *Dollinger* in Bergmann/Dienelt AufenthG § 60a Rn. 32.
[28] *Funke-Kaiser* in GK-AufenthG § 60a Rn. 144.
[29] *Kluth* in BeckOK AuslR AufenthG § 60a Rn. 14.
[30] EGMR Urt. v. 7.10.2004 – 33743/03, NVwZ 2005, 1043.

bestimmter gesetzlicher Regelungen erfolgen dürfen.[31] Ein allgemeines Tätigwerden allein zur Durchsetzung der Ausreisepflicht ist derzeit gesetzlich nicht vorgesehen und damit nur mit Einwilligung des Betroffenen zulässig. Dort, wo der Suizidankündigung mit hinreichender Sicherheit **Krankheitswert** zukommt und eine Selbstverletzung oder -tötung wahrscheinlich ist, findet daher jedenfalls ohne weitere gesetzliche Regelung der staatliche Anspruch auf Durchsetzung der Ausreisepflicht dann seine Grenze, wenn nur die zwangsweise Sedierung die Transport- und Reisefähigkeit sicherstellen kann.[32]

(2) Verfahren, Darlegungs- und Ermittlungslasten. Die 2016 in § 60a AufenthG eingefügten **Abs. 2c und 2d**[33] – Abs. 2c S. 3 ist zuletzt mit Wirkung zum 21.8.2019 geändert worden[34] – sind nach der Begründung des Gesetzesentwurfs eine Reaktion auf erhebliche praktische Probleme bei der Bewertung der Validität von ärztlichen Bescheinigungen im Vorfeld einer Abschiebung.[35] Sie enthalten in weiten Teilen nur die Kodifizierung von schon bislang Geltung beanspruchenden allgemeinen Grundsätzen,[36] wie sie etwa vom BVerwG hinsichtlich der Anforderungen an einen substantiierten Vortrag zu einer ernsthaften, psychischen Erkrankung bereits 2007 formuliert worden sind.[37] Teilweise enthalten die Vorschriften aber auch neue Akzentuierungen und Verschärfungen an die Mitwirkungslast der Betroffenen, die im Lichte von Art. 2 Abs. 2 GG kritisch zu betrachten sind und die nur bei einer verfassungskonformen Auslegung der Bestimmung mit dem Grundrecht auf körperliche Unversehrtheit im Einklang stehen.[38] 20

In § 60a Abs. 2c S. 1 AufenthG stellt das Gesetz die **widerlegliche Vermutung** auf, dass der Abschiebung gesundheitliche Gründe nicht entgegenstehen. Neues wird auf diesem Wege im Vergleich zur bis dahin geltenden Rechtslage nicht geregelt, denn auch ohne die Vermutung musste ein Betroffener gesundheitliche Gründe, die einer Abschiebung entgegenstehen, als ihm günstige Umstände substantiiert geltend machen, § 82 Abs. 1 AufenthG. 21

Abs. 2c S. 2 schreibt nun vor, dass die Widerlegung der Vermutung durch die Glaubhaftmachung einer Erkrankung mittels **ärztlicher Bescheinigung**, deren Inhalt in **Abs. 2c S. 3** vorgegeben wird, zu erfolgen hat. Die Beschränkung des Wortlauts auf ärztliche Bescheinigung, die Bescheinigungen von Psychotherapeuten auszunehmen scheint, dürfte sich zunächst aus der Begründung des Gesetzesentwurfs erklären, wenn dort – wenn auch bezogen auf § 60 Abs. 7 AufenthG – pauschal und ohne jeden Nachweis auf einen hinreichenden medizinischen Sachverstand behauptet wird, in Fällen Posttraumatischer Belastungsstörungen könne regelmäßig keine schwerwiegende Erkrankung angenommen werden, die Abschiebung sei hier regelmäßig möglich.[39] Betrachtet man schwerwiegende psychische Erkrankungen im Rahmen der Duldungsgründe als regelmäßig irrelevant, ist es auch nicht verwunderlich, dass allein ärztliche Bescheinigungen zur Glaubhaftmachung von Erkrankungen tauglich sein sollen. 22

Diese Diskreditierung psychischer Erkrankungen[40] als nicht schwerwiegend hat im Gesetzestext allerdings keinen Niederschlag gefunden – alles andere wäre auch mit den Schutzpflichten des Staates aus Art. 2 Abs. 2 GG nicht vereinbar.[41] Daher ist der Begriff der ärztlichen Bescheinigung teleologisch ausgelegt so zu verstehen, dass Bescheinigungen 23

---
[31] BVerfG Beschl. v. 23.3.2011 – 2 BvR 882/09, BVerfGE 128, 282 Rn. 72 f.
[32] *Funke-Kaiser* in GK-AufenthG § 60a Rn. 144.
[33] Durch das Gesetz zur Einführung beschleunigter Asylverfahren v. 11.3.2016 (BGBl. I 390) mWv 17.3.2016.
[34] Durch Gesetz v. 15.8.2019, BGBl. I 1294.
[35] BT-Drs. 18/7538, 19.
[36] *Funke-Kaiser* in GK-AufenthG § 60a Rn. 117.1
[37] BVerwG Urt. v. 11.9.2007 – 10 C 8.07, BVerwGE 129, 251.
[38] Vgl. OVG Koblenz Beschl. v. 14.8.2017 – 7 B 11145/17, BeckRS 2017, 123329.
[39] BT-Drs. 18/7538, 18.
[40] *Kluth/Breidenbach* in BeckOK AuslR AufenthG § 60a Rn. 41.
[41] Zur Beachtung psychischer Erkrankungen bei der Rückführung in Drittstaaten: EuGH Urt. v. 24.4.2018 – C-353/16, NVwZ 2018, 1784 Rn. 38 ff.

von **psychologischen Psychotherapeuten und Kinder- und Jugendpsychotherapeuten,** sofern sie sich auf ihr Fachgebiet beziehen, ebenfalls ärztliche Bescheinigungen iSd Abs. 2c sind. Zwar widerspricht diese Auslegung dem erklärten Willen des Gesetzesentwurfs,[42] der in seiner Begründung einen approbierten Arzt als Aussteller der Bescheinigung vorsieht,[43] jedoch ist allein eine auf die jeweils hinreichende fachliche Qualifikation abstellende Auslegung der Norm in der Lage, das Ziel der hinreichend fundierten Bescheinigung über den Gesundheitszustand sicherzustellen und gleichzeitig eine sachlich nicht gerechtfertigte Diskriminierung psychologischer Psychotherapeuten[44] zu verhindern. Die hinreichende fachliche Expertise mit Blick auf das zu beurteilende Krankheitsbild ist also das entscheidende Element.[45] Dies wird indes in erheblichen Teilen der obergerichtlichen Rechtsprechung anders gesehen,[46] ohne dass eine inhaltliche Auseinandersetzung mit den Gegenargumenten erfolgte. Es wird allein auf den Wortlaut abgestellt.[47]

24   Die erforderliche Bescheinigung nach Abs. 2c soll nach dessen S. 3 folgendes enthalten:
- die tatsächlichen Umstände, auf deren Grundlage eine fachliche Beurteilung erfolgt ist,
- die Methode der Tatsachenerhebung,
- die fachlich-medizinische Beurteilung des Krankheitsbildes (Diagnose),
- den Schweregrad der Erkrankung,
- den lateinischen Namen oder die Klassifizierung der Erkrankung nach ICD 10,
- die Folgen, die sich nach ärztlicher Beurteilung aus der krankheitsbedingten Situation voraussichtlich ergeben.

Darüber hinaus ist nach S. 4 dann, wenn zur Behandlung der Erkrankung Medikamente erforderlich sind, die Wirkstoffe mit der international gebräuchlichen Bezeichnung aufzuführen.

25   Bei diesen Vorgaben, die im Wesentlichen der bereits erwähnten Rechtsprechung des BVerwG entnommen sind,[48] muss in den Blick genommen werden, dass die sehr umfassenden Anforderungen oftmals kurzfristig erfüllt werden müssen. Die Finanzierung einer den Anforderungen des § 60a Abs. 2c gerecht werdenden Stellungnahme ist nicht über § 4 AsylbLG, sondern als sonstige Leistung nach § 6 AsylbLG sicherzustellen und wird insbesondere nur mit erheblichem zeitlichen Vorlauf zu erlangen sein. Da es auch „nur" um die Glaubhaftmachung eines Abschiebungshindernisses und nicht um seinen Vollbeweis geht, wird dann, wenn die Zeit für die Vorlage einer umfassenden Bescheinigung – die gerade noch kein Sachverständigengutachten eines unabhängigen Sachverständigen ist[49] – nicht ausreicht und dies geltend gemacht wird, eine Ausnahme von der „Soll-Bestimmung" zu machen sein.[50]

26   Umstritten ist, ob die die Verletzung der in Abs. 2d normierten Obliegenheit zur unverzüglichen Vorlage von Bescheinigungen nach Abs. 2c allein zu einer verfahrensrechtlichen, **formellen Präklusion gegenüber der Ausländerbehörde** führen kann,[51] oder ob die Vorschrift auch im gerichtlichen Verfahren fortwirkt und weiterhin anwendbar bleibt.[52] Für die Annahme einer rein verfahrensrechtlichen, auf das Verwaltungsverfahren

---

[42] BT-Drs. 18/7538, 18.
[43] Dies betont insbesondere *Dollinger* in Bergmann/Dienelt AufenthG § 60a Rn. 56.
[44] *Funke-Kaiser* in GK-AufenthG § 60a Rn. 117.5.
[45] VGH Mannheim Beschl. v. 10.8.2017 – 11 S 1724/17, AuAS 2017, 246.
[46] ZB. OVG Bautzen Beschl. v. 9.5.2018 – 3 B 319/17, BeckRS 2018, 8185; OVG Lüneburg Beschl. v. 7.9.2018 – 10 LA 343/18, InfAuslR 2019, 82, OVG Bremen Beschl. v.13.6.2018 – 2 LA 50/17, BeckRS 2018, 16973.
[47] Dies gilt auch für *Dollinger* in Bergmann/Dienelt AufenthG § 60a Rn. 56.
[48] BVerwG Urt. v. 11.9.2007 – 10 C 8.07, BVerwGE 129, 251.
[49] OVG Berlin-Brandenburg Beschl. v. 11.10.2019 – 11 S 69.19, BeckRS 2019, 24643.
[50] *Funke-Kaiser* in GK-AufenthG § 60a Rn. 117.4.
[51] So *Funke-Kaiser* in GK-AufenthG § 60a Rn. 117.6; *Dollinger* in Bergmann/Dienelt AufenthG § 60a Rn. 57; *Thym* NVwZ 2016, 409 (413).
[52] So wohl *Kluth/Breidenbach* in BeckOK AuslR AufenthG § 60a Rn. 44 und auch OVG Magdeburg Beschl. v. 6.9.2017 – 2 M 83/17,BeckRS 2017, 131949; unklar OVG Koblenz Beschl. v. 30.10.2019 – 6 A 11330/18, BeckRS 2019, 26693 Rn. 19.

beschränkten Präklusion spricht entscheidend der Wortlaut der Norm („… darf die zuständige Behörde das Vorbringen … nicht berücksichtigen"). Wollte der Gesetzgeber eine weitergehende Beschneidung von Rechten der Betroffenen, hätte er dies im Wortlaut zum Ausdruck bringen müssen. Überdies ist klar, dass im Ergebnis eine Abschiebung bei festzustellender tatsächlicher Gefahr für Leib oder Leben nicht durchgeführt werden darf.[53] Die Rechte aus Art. 2 Abs. 2 GG sind einer Präklusion nicht zugänglich, weshalb auch die Literaturstimmen, die von einer auf das gerichtliche Verfahren bezogenen Präklusion ausgehen, die erhebliche Bedeutung der Amtsermittlungspflichten, die nicht suspendiert sind, betonen.[54] Zu Recht ist daher von jedem Standpunkt aus gegen diese Vorschrift vorzubringen, dass sie mit ihrer begrenzten Reichweite die Einlegung von Rechtsbehelfen geradezu provozieren muss, wenn die Behörde von ihrer Präklusionsmöglichkeit Gebrauch macht.[55]

Die Entscheidung über die Nichtberücksichtigung verspäteten Vorbringens – unverzüglich bedeutet auch hier „ohne schuldhaftes Zögern"[56] – durch die Ausländerbehörde steht nicht in ihrem Ermessen („darf nicht"). Dennoch hat sie – vergleichbar bei der Anwendung von § 87b Abs. 3 VwGO durch das Verwaltungsgericht – den **Grundsatz der Verhältnismäßigkeit,** der auch bei gesetzlich gebundenen Entscheidungen Geltung beansprucht,[57] bei ihrer Entscheidung zu beachten und muss die möglichen Auswirkungen der Präklusion auf die Rechte des Betroffenen in Rechnung stellen.[58] Eine Präklusion scheidet aus, wenn mit beachtlicher Wahrscheinlichkeit die Nichtberücksichtigung von Vortrag zu erheblichen Gefahren für Leib oder Leben führen wird. 27

Bereits tatbestandlich ist die Präklusion nach den Vorgaben des Abs. 2d S. 2 ausgeschlossen, wenn der Ausländer unverschuldet an der Einholung einer Bescheinigung nach Abs. 2c gehindert gewesen ist. Hier kommen vor allem Fälle in Betracht, bei denen die Erkrankung bereits der Einholung einer Stellungnahme entgegenstand oder der rechtzeitig beauftragte Arzt die Bescheinigung nur verzögert erstellte. Ebenso tritt die verfahrensrechtliche Präklusion nicht ein, wenn anderweitig tatsächliche Anhaltspunkte für das Vorliegen einer lebensbedrohlichen oder schwerwiegenden Erkrankung, die sich durch die Abschiebung wesentlich verschlechtern würde, bestehen. Solche Anhaltspunkte können auch Arztberichte sein, die den Anforderungen nach § 60a Abs. 2c AufenthG nicht genügen.[59] Wenn man – entgegen der hier vertretenen Auffassung – Berichte von Psychotherapeuten generell von § 60a Abs. 2c AufenthG ausschließt, können diese dennoch Anhaltspunkte in diesem Sinne sein.[60] 28

Die Präklusionsvorschriften nach Abs. 2d dürfen nur dann angewendet werden, wenn der Ausländer auf seine Verpflichtungen und die Präklusionsfolgen hingewiesen worden ist, **§ 60a Abs. 2d S. 4 AufenthG.** Der Hinweis muss inhaltlich zutreffend und für den Betroffenen verständlich sein. Die Behörde muss die hinreichende Belehrung auch nachweisen können, was es faktisch zwingend erforderlich macht, die **Belehrung in Textform** vorzunehmen.[61] 29

bb) Familien- und Privatleben. Eine **unzumutbare Beeinträchtigung des Familien- oder Privatlebens,** das grund- und menschenrechtlich durch Art. 6 Abs. 1 und Abs. 2 GG, Art. 8 EMRK, Art. 7 und Art. 24 GRCh geschützt ist, kann auf ein Abschiebungshindernis führen. Hier wird es regelmäßig um die **Aussetzung der Abschiebung** 30

---

[53] *Dollinger* in Bergmann/Dienelt AufenthG § 60a Rn. 58.
[54] *Kluth/Breidenbach* in: BeckOK AuslR AufenthG § 60a Rn. 44.
[55] *Kluth/Breidenbach* in BeckOK AuslR AufenthG § 60a Rn. 42.
[56] *Funke-Kaiser* in GK-AufenthG § 60a Rn. 117.8.
[57] Vgl. BVerfG Beschl. v. 10.8.2007 – 2 BvR 535/06, NVwZ 2007, 1300.
[58] Vgl. VGH Mannheim Beschl. v. 24.2.2017 – A 11 S 368/17, InfAuslR 2017, 210 (zu § 87b VwGO).
[59] VGH Mannheim Beschl. v. 1.6.2017 – 11 S 658/17, Asylmagazin 2017, 305; aA OVG Magdeburg Beschl. v. 6.9.2017 – 2 M 83/17, BeckRS 2017, 131949.
[60] Vgl. OVG Schleswig Beschl. v. 26.3.2018 – 4 MB 24/18, BeckRS 2018, 4372.
[61] *Marx* AufenthaltsR § 7 Rn. 346.

bis zur abschließenden Prüfung der Erteilung eines Aufenthaltstitels gehen. Eine weitere Fallkonstellation betrifft die **Sicherung einer unmittelbar bevorstehenden Eheschließung,** die nicht durch eine Aufenthaltsbeendigung auf längere Sicht verhindert werden darf. Hingegen wird nur in seltenen Fällen ein dauerhaftes Abschiebungshindernis aufgrund des Familien- oder Privatlebens des Betroffenen eingreifen. Denn wenn sich etwa Art. 6 GG in seiner Ausprägung als wertentscheidende Grundsatznorm bei der Frage der Erteilung eines Aufenthaltstitels nicht durchzusetzen vermag, wird auch kein dauerndes Abschiebungshindernis aus der Norm folgen. Auch im Rahmen der Abschiebungshindernisse gilt, dass aus den eingangs zitierten Grund- und Menschenrechten kein unmittelbarer Anspruch auf Aufenthalt folgt.[62]

31 **(1) Bevorstehende Eheschließung.** Eine beabsichtigte Eheschließung führt grundsätzlich zu keinem rechtlichen Abschiebungshindernis, denn das Verlöbnis entfaltet noch nicht den Schutz aus Art. 6 Abs. 1 GG.[63] Jedoch garantiert Art. 6 Abs. 1 GG jedermann, auch Ausländern, die Freiheit der Eheschließung,[64] sodass eine aufenthaltsbeendende Maßnahme bei einer unmittelbar bevorstehenden Eheschließung in unverhältnismäßiger Weise in diese Freiheit eingreifen kann.[65] Unmittelbar steht die Eheschließung bevor, **wenn der Termin feststeht oder jedenfalls verbindlich bestimmbar ist.**[66]

32 Teilweise wird vertreten, dass eine Bestimmbarkeit anzunehmen sei, wenn die Vorbereitungen in dem Verfahren der Eheschließung bereits so weit vorangeschritten sind, dass die Anmeldung der Eheschließung vorgenommen wurde, die Verlobten die vom Standesbeamten geforderten Urkunden beschafft haben und bei der Prüfung der Ehefähigkeit von ausländischen Verlobten ein Antrag auf Befreiung von der Beibringung des Ehefähigkeitszeugnisses gestellt wird und jedenfalls dem Standesbeamten im Hinblick auf den gestellten Befreiungsantrag alle aus seiner Sicht erforderlichen Unterlagen vorliegen.[67] Immer dann, wenn die Verlobten alles in ihrer Verantwortungssphäre Liegende getan hätten und die Hindernisse damit nur noch von der für die Befreiung vom Ehefähigkeitszeugnis zuständigen Stelle zu verantworten hätten, führe die Eheschließungsfreiheit zu einem rechtlichen Abschiebungshindernis bis zur erfolgten Eheschließung,[68] etwa bei personeller Unterbesetzung bei dieser zuständigen Stelle.[69]

33 Diese nach Verantwortungssphären unterscheidende Ansicht vermag ebenso wenig zu überzeugen wie die Anwendung der Grundsätze allein auf Ehen mit deutschen Staatsangehörigen,[70] denn zum einem ist die Eheschließungsfreiheit jedermann garantiert und zum anderen ergibt sich das Abschiebungshindernis gerade aus einem unverhältnismäßigen Eingriff in die Eheschließungsfreiheit trotz fehlendem Aufenthaltsrecht für einen der Ehegatten. Letzteres bedeutet, dass im Grundsatz nur eine kurzfristige Aussetzung der Abschiebung in Betracht kommt und es daher nicht allein ausreicht, dass dem Präsidenten des zuständigen Oberlandesgerichts alle für die Befreiung von der Beibringung des Ehefähigkeitszeugnisses erforderlichen Unterlagen vorliegen.[71] Vielmehr muss diese Prüfung abgeschlossen sein. Allerdings ist richtigerweise dann, wenn die Ehegatten alles in alles in ihrer Verantwortungssphäre Liegende getan haben, zu prüfen, **ob die Abschiebung die Eheschließung vereiteln oder langfristig verhindern könnte,** etwa weil die Einreise

---

62 S. zu Art. 6 GG BVerfG Beschl. v. 12.5.1987 – 2 BvR 1226/83, BVerfGE 76, 1 (49 ff.).
63 BVerwG Urt. v. 16.10.1979 – 1 C 20.75, BVerwGE 58, 352.
64 BVerfG Beschl. v. 7.10.1970 – 1 BvR 409/67, BVerfGE 29, 166 (175), Beschl. v. 22.3.2004 – 1 BvR 2248/01, NJW 2004, 2008.
65 VGH Mannheim Beschl. v. 13.11.2001 – 11 S 1848/01, InfAuslR 2002, 228; VGH München Beschl. v. 28.11.2016 – 10 CE 16.2266, AuAS 2017, 14.
66 So auch OVG Magdeburg Beschl. v. 21.1.2019 – 2 M 138/18, BeckRS 2019, 2349; *Dollinger* in Bergmann/Dienelt AufenthG § 60a Rn. 25.
67 VGH München Beschl. v. 28.11.2016 – 10 CE 16.2266, AuAS 2017, 14.
68 *Funke-Kaiser* in GK-AufenthG § 60a Rn. 163.
69 OVG Hamburg Beschl. v. 4.4.2007 – 3 Bs 28/07, NVwZ-RR 2007, 559.
70 Vgl. *Funke-Kaiser* in GK-AufenthG § 60a Rn. 168.
71 OVG Berlin-Brandenburg Beschl. v. 26.1.2017 – 3 S 109.16, AuAS 2017, 101.

für den in Deutschland verbleibenden Ehegatten in den Zielstaat der Abschiebung unmöglich oder mit hohen bürokratischen Hürden versehen sein könnte. Dann wäre die Abschiebung nämlich ein unverhältnismäßiger Eingriff in die Eheschließungsfreiheit und hätte zu unterbleiben.

(2) Trennung von Familienangehörigen. Führt die beabsichtigte Abschiebung dazu, dass der Ausländer von seinem Ehegatten und/oder seinen Kindern getrennt wird, ist bei einer bestehenden tatsächlichen Verbundenheit[72] der Familienmitglieder die Verhältnismäßigkeit der Maßnahme im Lichte von Art. 6 GG und Art. 8 EMRK besonders zu würdigen. Allerdings ist dann, wenn ein Aufenthaltstitel auf der Grundlage der geltend gemachten familiären Beziehung bereits bestandskräftig abgelehnt worden ist, regelmäßig kein Raum für eine Duldung auf der Grundlage der gleichen Erwägungen.[73] Denn liegen die Grundtatbestandsvoraussetzungen für die Erteilung eines familienbezogenen Aufenthaltstitels vor, sind die grund- und menschenrechtlichen Wertungen bei etwaigem Nichtvorliegen einer oder mehrerer der allgemeinen Erteilungsvoraussetzungen aus § 5 AufenthG im Rahmen der Prüfung des Absehens von ihnen wegen Atypik zu würdigen. Setzen sie sich hier nicht durch, ist in den meisten Fällen mitentschieden, dass die grund- und menschenrechtlichen Wertungen auch einer Beendigung des Aufenthalts nicht entgegenstehen. Es folgt auch aus der Rückführungs-RL, dass regelmäßig entweder ein Titel zu erteilen ist oder die Vollstreckung der Rückkehrentscheidung zu erfolgen hat (→ Rn. 3). Die Duldung ist in daher vor allem das Instrument, um noch **laufende Verfahren auf Erteilung eines Aufenthaltstitels abzusichern** und zu garantieren, dass die – behauptet unzumutbare – Trennung bis zum rechtskräftigen Abschluss des Erteilungsverfahrens nicht erfolgt.[74] 34

Eine rechtliche Unmöglichkeit der Abschiebung aus Art. 6 GG und Art. 8 EMRK kann bereits dann gegeben sein, wenn die Abschiebung das **Führen eines familiengerichtlichen Verfahrens**[75] – etwa um ein Umgangsrecht mit einem Kind – **unzumutbar erschwert** und die Erteilung eines Aufenthaltstitels derzeit mangels gelebten Umgangs noch nicht in Betracht kommt.[76] Das gleiche gilt, wenn sich die grundsätzlich zu fordernden regelmäßigen persönlichen Kontakte im Rahmen des Üblichen,[77] die die Übernahme der elterlichen Erziehungs- und Betreuungsverantwortung zum Ausdruck bringen, noch nicht in diesem Umfang entwickelt haben und daher noch nicht auf ein Aufenthaltsrecht führen. Auch hier greifen die grundrechtlichen Schutzwirkungen schon dann, wenn der Umgang des ausländischen Elternteils mit seinem Kind zur Verwirklichung des Umgangsrechts in der Aufbauphase erst angebahnt wird.[78] In diesen Fällen dient die Duldung ebenfalls der vorübergehenden Sicherung der tatsächlichen Kontakte und der ernstgemeinten Bemühungen des Ausländers um diese Kontakte, bis feststeht, ob diese zu einer Legalisierung des Aufenthalts führen oder nicht. 35

(3) Recht auf Achtung des Privatlebens. Auch für das in Art. 8 Abs. 1 EMRK garantierte Recht auf Achtung des Privatlebens – also die Summe der persönlichen, gesellschaftlichen und wirtschaftlichen Beziehungen, die für das Privatleben eines jeden Menschen konstitutiv sind[79] – gilt, dass regelmäßig entweder eine Legalisierung des Aufenthalts oder die Vollstreckung der Ausreisepflicht zu erfolgen hat und daher – wie bei einer Duldung aus familiären Gründen – eine Aussetzung der Abschiebung allein bis zur Entscheidung über die Erteilung eines Aufenthaltstitels in Betracht kommen wird. 36

---

[72] S. BVerfG Beschl. v. 1.12.2008 – 2 BvR 1830/08, BVerfGK 14, 458.
[73] Ähnlich *Hailbronner* AuslR AufenthG § 60a Rn. 34.
[74] Ähnlich auch *Marx* AufenthaltsR § 7 Rn. 298.
[75] Siehe etwa OVG Magdeburg Beschl. v. 7.12.2018 – 2 M 127/18, BeckRS 2018, 42147.
[76] VGH Kassel Beschl. v. 17.9.2014 – 9 B 1450/14, BeckRS 2016, 49965.
[77] S. VGH Mannheim Beschl. v. 14.3.2017 – 11 S 383/17, AuAS 2017, 98.
[78] OVG Berlin-Brandenburg Beschl. v. 20.10.2016 – 12 S 25.16, BeckRS 2016, 53672.
[79] BVerfG Beschl. v. 21.2.2011 – 2 BvR 1392/10, NVwZ-RR 2011, 420.

37 Die Frage, ob ein Eingriff in den **Schutzbereich des Rechts auf Achtung des Privatlebens** vorliegen kann, wenn der betroffene Ausländer bislang noch über keinen legalen Aufenthaltsstatus verfügt, ist umstritten.[80] Das BVerwG hat die Frage nicht abschließend entschieden, nimmt aber an, dass ein schützenswertes Privatleben grundsätzlich nur auf der Grundlage eines rechtmäßigen Aufenthalts und eines schutzwürdigen Vertrauens auf den Fortbestand des Aufenthalts in Betracht komme.[81] Dem wird aber zu Recht entgegengehalten, dass das Entstehen persönlicher Beziehungen nicht von einem rechtlichen Aufenthaltsstatus abhängig ist.[82] Um aber zu verhindern, dass Art. 8 EMRK zu einem „Auffangrecht" entsprechend der allgemeinen Handlungsfreiheit „entwertet" wird, müssen für die Schutzbereichseröffnung zwei Voraussetzungen gefordert werden. Einmal muss ein in zeitlicher Hinsicht längerer Aufenthalt vorliegen, der nicht allein auf einem rechtswidrigen Verhalten des Ausländers beruht, sondern zu dem ihm der Aufnahmestaat in irgendeiner Weise und sei es durch ein Unterlassen der Abschiebung „die Hand gereicht hat".[83] Darüber hinaus müssen engere Beziehungen zu den Lebensverhältnissen in der Bundesrepublik geknüpft worden sein, also wirtschaftliche und soziale Kontakte entstanden sein.[84] Die genauen Gründe des bisherigen Aufenthalts und insbesondere die Rechtmäßigkeit des Voraufenthalts sind ein Kriterium im Rahmen der Schrankenprüfung des Art. 8 Abs. 2 EMRK.[85]

38 **cc) Sicherung von Verfahren.** Ein Abschiebungshindernis kann auch daraus folgen, dass die Anwesenheit des Betroffenen während der Dauer eines Verfahrens erforderlich ist. Das ist ausdrücklich in **§ 60a Abs. 2 S. 2 AufenthG** für Strafverfahren wegen Verbrechen geregelt, wenn die vorübergehende Anwesenheit des Ausländers im Bundesgebiet für ein Strafverfahren wegen eines Verbrechens von der Staatsanwaltschaft oder dem Strafgericht für sachgerecht erachtet wird, weil ohne seine Angaben die Erforschung des Sachverhalts erschwert wäre. Die Ausländerbehörde ist hier an die Entscheidung von Staatsanwaltschaft oder Strafgericht gebunden,[86] ebenso sind dies die Verwaltungsgerichte.[87] Einen Anspruch auf eine positive Entscheidung der Strafverfolgungsbehörden hat der Ausländer nicht, die Regelung dient allein dem öffentlichen Strafverfolgungsinteresses. Die Anwendung ist nicht auf Zeugen beschränkt, sondern kann auch auf Be- und Angeschuldigte sowie Angeklagte angewendet werden.[88]

39 Aus **Art. 19 Abs. 4 S. 1 GG** folgt unmittelbar ein rechtliches Abschiebungshindernis, wenn eine Abschiebung die Inanspruchnahme des grundsätzlich eröffneten Rechtsschutzes in unzumutbarer Weise erschweren oder verhindern würde.[89] Eine **„Verfahrensduldung"**[90] ist zu erteilen, wenn das angerufene erstinstanzliche Gericht im Eilverfahren ohne ein vorübergehendes Absehen von der Abschiebung nicht mehr hinreichend Zeit für eine ausreichend fundierte und damit zu verantwortende Entscheidung hätte und dieser Umstand nicht durch eine verschuldet verspätetet erfolgte Antragstellung des Betroffenen verursacht worden ist.[91] Für ein sich anschließendes Beschwerdeverfahren gilt dies allerdings nicht.

40 Ebenso kommt ein Duldungsanspruch in Betracht, wenn die Aussetzung der Abschiebung notwendig ist, um die für die Erteilung einer Aufenthaltserlaubnis erforderlichen und

---

[80] Eine umfassende Problemdarstellung findet sich bei *Funke-Kaiser* in GK-AufenthG § 60a Rn. 209 ff.
[81] BVerwG Urt. v. 30.4.2009 – 1 C 3.08, NVwZ 2009, 1239 Rn. 20.
[82] *Pätzold* in Karpenstein/Mayer EMRK Art. 8 Rn. 22.
[83] *Hoppe* ZAR 2006, 125.
[84] *Funke-Kaiser* in GK-AufenthG § 60a Rn. 215.
[85] *Eckertz-Höfer* ZAR 2008, 41 (44).
[86] *Kluth/Breidenbach* in BeckOK AuslR AufenthG § 60a Rn. 22.
[87] OVG Koblenz Beschl. v. 19.12.2018 – 7 B 11346/18, BeckRS 2018, 35101; *Dollinger* in Bergmann/Dienelt AufenthG § 60a Rn. 39.
[88] *Funke-Kaiser* in GK-AufenthG § 60a Rn. 275; aA VGH München Beschl. v. 21.7.2015 – 10 CS 15.859, BeckRS 2015, 49676; *Hailbronner* AuslR AufenthG § 60a Rn. 69.
[89] *Funke-Kaiser* in GK-AufenthG § 60a Rn. 252.
[90] *Bruns* in NK-AuslR AufenthG § 60a Rn. 24.
[91] *Funke-Kaiser* in GK-AufenthG § 60a Rn. 252; *Bruns* in NK-AuslR AufenthG § 60a Rn. 24.

tatsächlich gegebenen **tatbestandlichen Voraussetzungen für die Dauer des Erteilungsverfahrens aufrecht zu erhalten** und so sicherzustellen, dass eine aufenthaltsrechtliche Regelung einem möglicherweise Begünstigten zu Gute kommen kann.[92] Verfolgt ein Ausländer seinen Anspruch auf Umgang mit seinem in Deutschland lebenden Kind gerichtlich und liegen die Gründe dafür, dass noch keine schützenswerte Eltern-Kind-Beziehung aufgebaut worden ist, im Wesentlichen nicht in der Sphäre dieses Ausländers, so liegt aufgrund der prozessualen Vorwirkungen aus Art. 6 Abs. 1 und Abs. 2 S. 1 GG regelmäßig die Aussetzung der Abschiebung für die Dauer des Verfahrens nahe,[93] es sei denn, andere, überwiegende Gründe der Gefahrenabwehr sprechen dagegen. Schließlich besteht ein Duldungsanspruch auch dann, wenn in jedem anderen gerichtlichen Verfahren eine effektive Wahrnehmung der eigenen Belange des Ausländers nach einer Abschiebung nicht oder in unzumutbar erschwerter Weise möglich wäre.[94] Einschränkungen der Teilnahme an persönliche Belange betreffende Gerichtsverfahren, die nicht als „unzumutbar" zu kategorisieren sind, müssen im Rahmen des § 60a Abs. 2 S. 3 AufenthG bei der Ermessensentscheidung Berücksichtigung finden.[95]

41 Keine „Verfahrensduldung" kommt hingegen zur Absicherung von Verfahren vor der **Härtefallkommission** nach § 23a AufenthG[96] oder von Petitionsverfahren in Betracht.[97] Jedoch dürfen Abschiebungsmaßnahmen den Zugang zum Petitionsverfahren nicht verhindern. Es kann ein kurzfristiges rechtliches Abschiebungshindernis vorliegen, bis eine bereits beabsichtigte Petition formuliert und eingelegt ist.[98] Diese insoweit enge Auslegung des Begriffs der rechtlichen Unmöglichkeit beruht darauf, dass weder das Petitionsverfahren noch das Verfahren vor der Härtefallkommission mit einem Recht auf eine bestimmte Entscheidung, sondern allein auf die Mitteilung der Art und Weise der Erledigung des Begehrens einhergehen.

2. Die tatsächliche Unmöglichkeit der Abschiebung

42 Tatsächlich unmöglich ist eine Abschiebung, wenn sie aus Gründen, die entweder in der Person des Ausländers oder in äußeren Gegebenheiten wurzeln, scheitert, die nicht oder nur mit einem unverhältnismäßig hohem Aufwand behoben werden können. Dabei führen nur kurze und daher unerhebliche zeitliche Verzögerungen noch nicht auf eine tatsächliche Unmöglichkeit.[99]

43 Typische Gründe für eine tatsächliche Unmöglichkeit der Abschiebung sind
- eine **fehlende Transportfähigkeit** aufgrund einer Krankheit, die zwar an sich bei hinreichender medizinischer Versorgung während des Fluges einer Abschiebung nicht entgegenstünde, bei der diese notwendige medizinische Versorgung unverhältnismäßig teuer ist,
- das **Fehlen eines** Dokuments, das zur Einreise in den Zielstaat berechtigt, also entweder eines **Passes, Personalausweises oder eines Passersatzpapiers,** und zwar unabhängig davon, ob der Ausländer diese Situation zu vertreten hat oder nicht,
- die mehr als nur ganz kurzfriste **Unterbrechung der Verkehrswege** für die Abschiebung einschließlich der fehlenden Bereitschaft von Unternehmen, den Betroffenen zu befördern.

---

[92] OVG Lüneburg Beschl. v. 22.8.2017 – 13 ME 213/17, BeckRS 2017, 122362; VGH Mannheim Beschl. v. 16.4.2008 – 11 S 100/08, AuAS 2008, 255.
[93] VGH Kassel Beschl. v. 17.9.2014 – 9 B 1450/14, BeckRS 2016, 49965; OVG Bremen Beschl. v. 30.6.2010 – 1 B 123/10, InfAuslR 2011, 13.
[94] Vgl. OVG Greifswald Beschl. v. 17.8.1999 – 2 M 66/99, NVwZ-RR 2000, 641.
[95] OVG Lüneburg Beschl. v. 23.11.2017 – 8 ME 113/17, BeckRS 2017, 134205.
[96] OVG Saarlouis Beschl. v. 1.2.2007 – 2 W 37/06; aA *Bruns* in NK-AuslR AufenthG § 60a Rn. 25.
[97] OVG Münster Beschl. v. 24.2.2005 – 18 B 332/05; *Kluth/Breidenbach* in BeckOK AuslR AufenthG § 60a Rn. 21.
[98] *Funke-Kaiser* in GK-AufenthG § 60a Rn. 241.
[99] *Funke-Kaiser* in GK-AufenthG § 60a Rn. 258.

44 Es besteht Einigkeit darüber, dass es im Ausgangspunkt nicht darauf ankommt, ob der Betroffene die tatsächliche Unmöglichkeit zu vertreten hat oder nicht.[100] Teilweise wird vertreten, dass dann, wenn es der Betroffene allein in der Hand habe, die Abschiebung zu ermöglichen, die Inanspruchnahme einer Duldung eine unzulässige Rechtsausübung darstelle und also in diesen Fällen die Erteilung einer Duldung ausscheide.[101] Allerdings übergeht dieser Ansatz die Funktion der Duldung, die als förmliche Reaktion auf ein Vollstreckungshindernis ausgestaltet ist.[102] Dem Vollstreckungsrecht sind die wertenden Elemente eines Verschuldens oder Vertretenmüssens bezüglich der Feststellung des Vollstreckungshindernisses fremd.[103] Die Systematik des Aufenthaltsgesetzes lässt keinen Raum für einen vollständig ungeregelten Aufenthalt eines nicht aufenthaltsberechtigten Ausländers, der sich bei den Behörden meldet.[104]

IV. Duldung aus dringenden humanitären oder persönlichen Gründen und aus erheblichen öffentlichen Interessen (§ 60a Abs. 2 S. 3 und 4 AufenthG)

45 Die Abschiebung eines ausreisepflichtigen Ausländers kann im Ermessenswege ausgesetzt werden, wenn dringende humanitäre oder persönliche Gründe oder erhebliche öffentliche Interessen seine vorübergehende weitere Anwesenheit im Bundesgebiet erfordern (S. 3). Ist die Beurkundung der Anerkennung einer Vaterschaft oder der Zustimmung der Mutter für die Durchführung eines Verfahrens nach § 85a AufenthG ausgesetzt, so wird die Abschiebung des ausländischen Anerkennenden, der ausländischen Mutter oder des ausländischen Kindes ausgesetzt, solange das Verfahren nach § 85a nicht durch vollziehbare Entscheidung abgeschlossen ist (S. 4). Die Duldungsgründe nach S. 3 betreffen alle eine nur vorübergehende Anwesenheit des Ausländers im Bundesgebiet.

1. Ermessensduldung (Abs. 2 S. 3)

46 Die Vorschrift über die **Ermessensduldung** ist in das AufenthG mit dem Ziel eingefügt worden,[105] vollziehbar ausreisepflichtigen Personen im Ermessenswege einen vorübergehenden Aufenthalt zu ermöglichen, wenn der vorübergehende Aufenthalt zwar aus dringenden humanitären oder persönlichen Gründen oder erheblichen öffentlichen Interessen erforderlich ist, sich der Aufenthaltszweck jedoch nicht zu einem rechtlichen Abschiebungshindernis nach S. 1 (→ Rn. 8 ff.) verdichtet hat und tatsächliche Abschiebungshindernisse nicht vorliegen.[106]

47 Dringende persönliche oder humanitäre Gründe sind solche, die nicht rechtlich gewichtig genug sind, um zur rechtlichen Unmöglichkeit der Abschiebung nach S. 1 zu führen und denen dennoch so großes Gewicht zukommt, dass sie grundsätzlich geeignet sind, das öffentliche Interesse an der möglichen und gebotenen Aufenthaltsbeendigung zu überwiegen.[107] In Betracht kommen als solche Gründe etwa die Beendigung einer schon im fortgeschrittenen Stadium befindlichen Suchttherapie,[108] die Ermöglichung des Abschlusses der Behandlung von Krankheiten, die nicht auf ein inlands- oder zielstaatsbezogenes Abschiebungshindernis oder -verbot führen,[109] der **Abschluss eines Schuljahres oder**

---

[100] BVerwG Urt. v. 21.3.2000 – 1 C 23.99, BVerwGE 111, 62; *Funke-Kaiser* in GK-AufenthG § 60a Rn. 261.
[101] *Funke-Kaiser* in GK-AufenthG § 60a Rn. 267; *Hailbronner* AuslR AufenthG § 60a Rn. 76 ff.
[102] BVerwG Urt. v. 25.9.1997 – 1 C 3.97, BVerwGE 105, 232; VGH München Beschl. v. 9.6.2010 – 10 ZB 09.2843, BeckRS 2010, 31415.
[103] BVerwG Urt. v. 25.9.1997 – 1 C 3.97, BVerwGE 105, 232.
[104] Vgl. BVerfG Beschl. v. 6.3.2003 – 2 BvR 397/02, NVwZ 2003, 1250.
[105] Durch Gesetz v. 19.8.2007 mit Wirkung v. 28.8.2007.
[106] BT-Drs. 16/5065, 187.
[107] *Funke-Kaiser* in GK-AufenthG § 60a Rn. 288.
[108] *Dollinger* in Bergmann/Dienelt AufenthG § 60a Rn. 42.
[109] *Funke-Kaiser* in GK-AufenthG § 60a Rn. 288.

einer **Schulausbildung**[110] sowie die vorübergehende Anwesenheit bis zur Geburt des gemeinsamen Kindes eines nicht verheirateten Paars.[111]

Bei dem eröffneten Ermessen hat die Behörde die potenziellen Auswirkungen einer trotz der bestehenden dringenden Gründe, die der Abschiebung nicht zwingend entgegenstehen, auf den Ausländer, die Gründe, weshalb sich der Betroffene trotz vollziehbarer Ausreisepflicht weiterhin im Bundesgebiet aufhält, die Gründe, die zur Ausreisepflicht geführt haben sowie die potenziellen Auswirkungen einer einstweilen unterbleibenden Abschiebung auf die öffentlichen Interessen einschließlich einer etwaigen Inanspruchnahme der Sozialsysteme in den Blick zu nehmen und gegeneinander abzuwägen. 48

2. Vaterschaftsanerkennung (Abs. 2 S. 4)

Mit der Bestimmung in § 60a Abs. 2 S. 4 AufenthG wird sichergestellt, dass die Abschiebung während der Aussetzung der Beurkundung der Vaterschaftsanerkennung solange ausgesetzt wird, bis die Behörde das Vorliegen einer missbräuchlichen Vaterschaftsanerkennung oder einer missbräuchlichen Zustimmung festgestellt hat[112] und diese Entscheidung vollziehbar ist.[113] Dies bietet den notwendigen Schutz der Betroffenen für den Zeitraum, in dem es offen ist, ob aus einem Verwandtschaftsverhältnis Aufenthaltsrechte abzuleiten sind. 49

V. Aussetzung der Abschiebung nach gescheiterter Abschiebung (§ 60a Abs. 2a AufenthG)

In **§ 60a Abs. 2a AufenthG** wird der Fall geregelt, dass eine Ab- oder Zurückschiebung gescheitert ist und der Betroffene daher in das Bundesgebiet zurückkehrt. In diesen Fällen besteht eine völkerrechtliche Pflicht der Bundesrepublik, den Betroffenen einreisen zu lassen, was über Abs. 2a S. 3 national sichergestellt wird. Der Duldungsgrund „gescheiterte Abschiebung" führt zu einer Geltungsdauer von genau einer Woche. In dieser Zeit ist zu prüfen, ob andere Duldungsgründe vorliegen. 50

VI. Eltern gut integrierter Jugendlicher (§ 60a Abs. 2b AufenthG)

Die ausreisepflichtigen Eltern minderjähriger Ausländer, die wegen ihrer guten Integration iSd AufenthG einen Aufenthaltstitel nach § 25a Abs. 1 AufenthG besitzen (→ § 5 Rn. 280 ff.), sowie die weiteren, ausreisepflichtigen Kinder dieser Eltern, die mit ihnen in familiärer Lebensgemeinschaft leben, haben nach **§ 60a Abs. 2b AufenthG einen Regelanspruch („soll") auf Aussetzung ihrer Abschiebung.** Als ungeschriebenes Tatbestandsmerkmal ist bei den Eltern zu prüfen, ob sie das Personensorge- oder jedenfalls ein Umgangsrecht ausüben.[114] Vorrangig ist für diesen Personenkreis aber die Erteilung einer Aufenthaltserlaubnis nach § 25a Abs. 2 AufenthG zu prüfen. Nur wenn eine Titelerteilung nicht erfolgen kann, greift § 60a Abs. 2b AufenthG ein. In diesem Fall kommt es nicht in Betracht, einen Aufenthaltstitel nach § 25 Abs. 5 AufenthG wegen rechtlicher Unmöglichkeit der Abschiebung aus familiären Gründen zu erteilen. Hier ist § 60a Abs. 2b AufenthG die speziellere Regelung.[115] 51

Eine Atypik mit der Folge, dass keine Duldung nach Abs. 2b zu erteilen ist, kann anzunehmen sein, wenn von dem betreffenden Elternteil eine schwerwiegende Gefahr für die öffentliche Sicherheit und Ordnung ausgeht. Für eine solche Annahme ist es nicht ausreichend, allein auf die Erfüllung des Tatbestands eines besonders schwerwiegenden Aus- 52

---

[110] VG Augsburg Beschl. v. 15.5.2008 – Au 1 S 08.427.
[111] VGH Mannheim Beschl. v. 13.9.2007 – 11 S 1964/07, NVwZ 2008, 223.
[112] Zur fehlenden Effizienz der Missbrauchskontrolle *Dörig* NVwZ 2020, 106.
[113] BT-Drs. 18/12415, 14.
[114] Vgl. *Funke-Kaiser* in GK-AufenthG § 60a Rn. 278.
[115] VGH Mannheim Beschl. v. 5.9.2016 – 11 S 1512/16, InfAuslR 2016, 394; OVG Magdeburg Beschl. v. 7.12.2016 – 2 L 18/15, BeckRS 2016, 115329.

weisungsinteresses abzustellen.[116] Vielmehr ist hier eine Gesamtwürdigung der Persönlichkeit des Betroffenen vorzunehmen. Wenn eine solche Gefahr aber bejaht wird ist und die Personensorge für den gut integrierten Jugendlichen sichergestellt ist, kann die Duldung nach Abs. 2b versagt werden.[117]

VII. Erlöschen der Duldung (§ 60a Abs. 5 AufenthG)

53 Mit der **Ausreise** aus dem Bundesgebiet erlischt die Aussetzung der Abschiebung (§ 60a Abs. 5 S. 1 AufenthG). Damit ist das **tatsächliche Verlassen des Bundesgebiets** gemeint. Ob gleichzeitig der Ausreisepflicht nach § 50 Abs. 3 AufenthG genügt wird, ist hier unerheblich.[118] Die Duldung erlischt selbst im Fall einer rechtswidrigen Abschiebung, weil sie nach Vollzug nicht mehr ausgesetzt werden kann.[119] Davon zu unterscheiden ist die Frage, ob dem Betroffenen ein Folgenbeseitigungsanspruch, also ein Recht zur Wiedereinreise und sodann ein erneuter Duldungsanspruch, zusteht.[120]

54 Weitere Erlöschensgründe sind der Ablauf der Geltungsdauer der Duldung sowie der Eintritt einer ihr beigefügten auflösenden Bedingung. Auch wenn das AufenthG keine ausdrückliche Bestimmung über die **Befristung** enthält, folgt die Zulässigkeit und Notwendigkeit unmittelbar aus dem Zweck der Duldung, mit der auf vorübergehende Vollstreckungshindernisse reagiert wird.[121] Die Bestimmung der Geltungsdauer steht im Ermessen der Ausländerbehörde. Sie hat sich dabei an der wahrscheinlichen Dauer des Abschiebungshindernisses zu orientieren, darf aber in ihre Erwägungen einstellen, dass auch unvorhergesehene Ereignisse zum Wegfall eines Abschiebungshindernisses führen können. Mit einer solchen Erwägung kann die Behörde die voraussichtliche Dauer des Abschiebungshindernisses auch deutlich unterschreiten,[122] um den Vollstreckungsvorgang unter Kontrolle zu behalten und zeitnah nach Wegfall des Hindernisses vollstrecken zu können.[123] Hingegen ist eine Sanktionierung der Verletzung von Mitwirkungspflichten bei der Beseitigung des Abschiebungshindernisses nicht im Wege einer kurz bemessen Befristung zulässig, da dies bezogen auf die Aussetzung der Abschiebung eine sachfremde Erwägung ist.[124]

55 Für die Beifügung einer **auflösenden Bedingung ist § 61 Abs. 1f AufenthG die einschlägige Ermächtigungsgrundlage.** Hier geht es um mögliche, in der Zukunft liegende Ereignisse, deren Eintritt ungewiss ist, die aber zum Wegfall des Abschiebungshindernisses führen können.[125] Die **hinreichende Bestimmtheit** der formulierten Bedingungen ist in rechtstatsächlicher Hinsicht das Hauptproblem. Es muss für den Betroffenen erkennbar sein, ob die Bedingungen eingetreten sind und also seine Duldung erloschen ist. Es muss daher an für den Betroffenen erkennbare Umstände angeknüpft werden wie etwa die Bekanntgabe eines Abschiebungstermins, die Mitteilung über die Beendigung eines Gerichtsverfahrens, Entlassung aus einer Klinik usw. Teilweise wird vertreten, dass die Ereignisse, deren Eintritt allein von der Ausländerbehörde gesteuert werden kann, eine Umgehung der Widerrufsvorschriften darstellen mit der Folge, dass die Regelung des § 60a Abs. 5 S. 4 AufenthG analog anzuwenden und die Abschiebung einen Monat vorher anzukündigen wäre.[126] Es spricht aber jedenfalls hinaus einiges dafür, dass Bedingungen, deren Eintritt dem Betroffe-

---

[116] So aber wohl *Dollinger* in Bergmann/Dienelt AufenthG § 60a Rn. 50.
[117] Ähnlich *Funke-Kaiser* in GK-AufenthG § 60a Rn. 281.
[118] *Funke-Kaiser* in GK-AufenthG § 60a Rn. 290.
[119] AA *Funke-Kaiser* in GK-AufenthG § 60a Rn. 290.
[120] S. *Hailbronner* AuslR AufenthG § 60a Rn. 119.
[121] *Funke-Kaiser* in GK-AufenthG § 60a Rn. 61.
[122] *Hailbronner* AuslR AufenthG § 60a Rn. 110.
[123] VGH München Beschl. v. 19.1.2015 – 10 C 14.1182, BeckRS 2015, 42410.
[124] *Bruns* in NK-AuslR AufenthG § 60a Rn. 38.
[125] VGH Mannheim Urt. v. 20.9.2000 – 13 S 2269/99, NVwZ-RR 2001, 272.
[126] So etwa OVG Magdeburg Beschl. v. 17.8.2010 – 2 M 124/10, BeckRS 2010, 53071; VG Oldenburg Urt. v. 15.5.2013 – 1 A 3664/12; aA. OVG Lüneburg Beschl. v. 11.1.2019 – 13 ME 220/18, InfAuslR 2019, 145.

nen bis zur Einleitung der Vollzugsmaßnahmen unbekannt sein müssen („erlischt mit Einbuchung zum Abschiebeflug; erlischt mit Erlangung der Passersatzpapiere durch die Behörde"), unverhältnismäßig und damit rechtswidrig sind.[127]

Als weiterer Erlöschensgrund ist in Abs. 5 S. 2 der **Widerruf** formuliert, der hier als gebundene Entscheidung nicht im Ermessen der Behörde steht. Widerrufsgrund ist der Wegfall des Abschiebungshindernisses. Der Vorschrift kommt aufgrund der extensiven Verwendung von auflösenden Bedingungen in der Praxis kaum Bedeutung zu, was ein Indiz gegen die Rechtmäßigkeit vieler auflösender Bedingungen sein könnte. Im Falle des Widerrufs ist dann, wenn die Aussetzung der Abschiebung schon mehr als ein Jahr andauert, die Abschiebung einen Monat vorher anzukündigen, es sei denn, der Ausländer hat das Abschiebungshindernis durch vorsätzlich falsche Angaben oder durch eigene Täuschung über seine Identität oder Staatsangehörigkeit selbst herbeigeführt oder zumutbare Anforderungen an die Mitwirkung bei der Beseitigung von Ausreisehindernissen nicht erfüllt, § 60a Abs. 5 S. 4 und 5 AufenthG. Fehlt diese Ankündigung, ist eine sich anschließende Abschiebung rechtswidrig.[128] 56

VIII. Ausschluss von der Erwerbstätigkeit (§ 60a Abs. 6 AufenthG)

Nach § 32 BeschV steht es im Ermessen der Ausländerbehörde geduldeten Ausländern die Aufnahme einer Erwerbstätigkeit zu ermöglichen. In § 60a Abs. 6 AufenthG, der zuletzt mit Wirkung zum 1.1.2020[129] geändert wurde, sind Fälle eines zwingenden Verbots der Aufnahme der Erwerbstätigkeit Geduldeter geregelt. Danach dürfen geduldete Ausländer keiner Beschäftigung nachgehen, wenn 57

- sie sich in das Inland begeben haben, **um Leistungen nach dem Asylbewerberleistungsgesetz zu erlangen** (S. 1 Nr. 1),
- **aufenthaltsbeendende Maßnahmen bei ihnen aus Gründen, die sie selbst zu vertreten haben, nicht vollzogen werden können** (S. 1 Nr. 2), oder
- sie **Staatsangehörige eines sicheren Herkunftsstaates nach § 29a AsylG sind** und ein nach dem 31.8.2015 gestellter Asylantrag abgelehnt oder zurückgenommen wurde, es sei denn, die Rücknahme erfolgte auf Grund einer Beratung nach § 24 Absatz 1 des Asylgesetzes beim Bundesamt für Migration und Flüchtlinge, oder ein Asylantrag nicht gestellt wurde.

Der Ausschlusstatbestand nach Nr. 1 betrifft Ausländer, die nur der **Absicht in das Bundesgebiet eingereist sind, Leistungen nach dem AsylbLG in Anspruch zu nehmen.** Es muss sich nicht um das einzige Motiv, aber um ein prägendes Motiv für den Entschluss zur Einreise gehandelt haben.[130] Deswegen reicht es nicht aus, wenn der Ausländer es bei der Einreise für möglich hält, auf Sozialhilfeleistungen angewiesen zu sein, er dies aber nur billigend in Kauf nimmt.[131] Andere Sozialleistungen als solche nach dem AsylbLG sind in diesem Zusammenhang irrelevant.[132] Mit diesen hohen Anforderungen dürfte dieser Ausschlusstatbestand nicht häufig erfüllt und noch seltener nachweisbar sein. 58

Zu vertreten iSd S. 1 Nr. 2 hat ein Ausländer die fehlende Vollziehbarkeit aufenthaltsbeendender Maßnahmen nach S. 2 insbesondere, wenn er das Abschiebungshindernis durch eigene Täuschung über seine Identität oder Staatsangehörigkeit oder durch eigene falsche Angaben selbst herbeiführt. Die Verwendung der Gegenwartsform in S. 2 könnte es nahelegen, dass nur solche Gründe der Erteilung einer Beschäftigungserlaubnis entgegengehalten werden dürften, die derzeit den Vollzug aufenthaltsbeendender Maßnahmen hindern. Grün- 59

---

[127] *Funke-Kaiser* in GK-AufenthG § 60a Rn. 97.
[128] *Funke-Kaiser* in GK-AufenthG § 60a Rn. 299.
[129] Durch Gesetz v. 8.7.2019, BGBl. I 1021.
[130] OVG Magdeburg Beschl. v. 1.4.2019 – 2 M 110/18, BeckRS 2019, 8100; *Kluth/Breidenbach* in BeckOK AuslR AufenthG § 60a Rn. 52.
[131] Vgl. BVerwG Urt. v. 4.6.1992 – 5 C 22.87, BVerwGE 90, 212.
[132] *Dollinger* in Bergmann/Dienelt AufenthG § 60a Rn. 71.

de, die den Vollzug ausschließlich in der Vergangenheit verzögert oder behindert haben, könnten daher unbeachtlich sein.¹³³

60 Doch können auch Täuschungshandlungen in der Vergangenheit durchaus auf die Gegenwart fortwirken, etwa wenn die Beantragung eines Rückreisepapiers nach Offenbarung der wahren Staatsangehörigkeit aufgrund des Handelns des Heimatstaates ein Jahr in Anspruch nimmt und ohne Täuschungshandlung dieses Papier zwischenzeitlich beschafft wäre. Daher ist die Vorschrift so zu verstehen, dass **die vom Ausländer zu vertretenden Gründe die Abschiebung aktuell verhindern, auch wenn die Handlungen in der Vergangenheit liegen sollten und nicht mehr fortgeführt werden.**¹³⁴ Dies verstößt nicht gegen den Wortlaut von § 60a Abs. 6 AufenthG, der die gegenwärtige Täuschung nur als ein Beispiel („insbesondere") anführt. Zu beachten ist, dass das schuldhafte Mitwirkungsversäumnis kausal für das Abschiebungshindernis sein muss. Ist eine Abschiebung schon aus anderen, nicht im Verantwortungsbereich des Ausländers liegenden Gründen nicht möglich, etwa mangels entsprechender Flugverbindungen, ist diese Vorschrift nicht anwendbar.¹³⁵ Die gegenteilige Auffassung, die bei Vorliegen mehrerer Abschiebungshindernisse, von denen der Ausländer eines zu vertreten hat, zur Bejahung des Tatbestands gelangt,¹³⁶ übersieht, dass das scharfe, einer Einzelfallbewertung unzugängliche Schwert der gebundenen Entscheidung, dass eine Erwerbstätigkeit nicht erlaubt werden darf, in solchen Fällen erkennbar das falsche Instrument ist. Richtigerweise sind diese Fälle bei der Ermessensentscheidung über die Erlaubnis, eine Erwerbstätigkeit aufzunehmen, zu behandeln.

61 Schließlich wird in S. 1 Nr. 3 die Gruppe der **Staatsangehörigen aus sicheren Herkunftsstaaten** nach § 29a AsylG aufgeführt, die nach dem 31.8.2015 einen Asylantrag gestellt hatten, der abgelehnt worden ist. **Asylantrag iSd § 60a Abs. 6 AufenthG ist der förmliche Asylantrag** nach § 14 AsylG, nicht das Asylgesuch nach § 13 AsylG. Dies folgt daraus, dass der Gesetzgeber den in Abs. 6 S. 1 Nr. 3 angesprochenen Kreis von Ausländern von einer Einreise abhalten wollte, nicht aber diejenigen, die bereits ein Asylgesuch gestellt hatten und also schon eingereist waren, zwingend von der Erwerbstätigkeit ausschließen wollte. Dies gilt jedenfalls dann, wenn der förmliche Asylantrag ohne Verschulden des Asylbewerbers infolge der Rückstauproblematik bei der Bearbeitung der Asylgesuche durch das Bundesamt erst nach dem 31.8.2015 beim Bundesamt als „Asylantrag eingegangen" ist.¹³⁷ Asylantrag ist zwar auch ein **Folgeantrag** nach § 71 AsylG oder ein Zweitantrag iSd § 71a AsylG¹³⁸, was sich sowohl aus dem Wortlaut der Regelungen des AsylG wie auch aus Art. 40 Anerkennungs-RL ergibt. Mit Blick darauf, dass Zweck der Regelung ist, Personen von der Einreise abzuhalten, ist aber dann, wenn der Erstantrag vor dem 1.9.2015 gestellt war und die betroffene Person seitdem im Inland verblieben ist, ein späterer Folgeantrag nicht geeignet, den Tatbestand des Abs. 6 S. 1 Nr. 3 zu erfüllen.¹³⁹

62 Der Asylantrag muss abgelehnt sein, was bedeutet, dass eine Entscheidung des Bundesamtes ergangen ist. Hat das Bundesamt den Asylantrag allerdings nicht als offensichtlich unbegründet abgelehnt und besteht daher die Aufenthaltsgestattung mangels Eingreifens von § 67 Abs. 1 S. 1 Nr. 4 AsylG fort, so fällt der Betroffene erst Eintritt der Bestandskraft in den Anwendungsbereich des § 60a AufenthG, bei der regelmäßig zu verfügenden Ablehnung als offensichtlich unbegründet (§ 29a Abs. 1 AsylG) tritt die Wirkung mit Wirksamkeit der Entscheidung ein.

---

¹³³ So *Kluth/Breidenbach* in BeckOK AuslR AufenthG § 60a Rn. 54.
¹³⁴ Vgl. *Hailbronner* AuslR AufenthG § 60a Rn. 137.
¹³⁵ VGH München Beschl. v. 9.7.2019 – 10 C 18.1082, BeckRS 2019, 15914; *Dollinger* in Bergmann/Dienelt AufenthG § 60a Rn. 75.
¹³⁶ OVG Koblenz Beschl. v. 20.11.2019 – 7 A 11161/19, BeckRS 2019, 31484.
¹³⁷ VGH Mannheim Beschl. v. 9.10.2017 – 11 S 2090/17, BeckRS 2017, 131436; VG Düsseldorf Beschl. v. 20.12.2017 – 22 L 4570/17, BeckRS 2017, 136470.
¹³⁸ VGH Mannheim Beschl. v. 26.3.2019 – 12 S 502/19, DÖV 2019, 671.
¹³⁹ OVG Lüneburg Beschl. v. 30.8.2018 – 13 ME 298/18, InfAuslR 2019, 66; *Dollinger* in Bergmann/Dienelt AufenthG § 60a Rn. 76; aA VGH Mannheim Beschl. v. 26.3.2019 – 12 S 502/19, DÖV 2019, 671.

Seit dem 1.1.2020[140] ist die **Rücknahme des Asylantrags,** die nicht aufgrund einer 63
Beratung durch das Bundesamt erfolgt,[141] der Antragsablehnung gleichgestellt, damit nicht
mit der Rücknahme – gar noch während des gerichtlichen Verfahrens – die Ablehnung
gegenstandslos werden und so die Rechtsfolge des Abs. 6 umgangen werden kann.[142] Mit
der Ergänzung des Ausschlussgrundes zum 1.1.2020 um die Formulierung „**oder ein
Asylantrag nicht gestellt wurde**" sollen die Staatsangehörigen sicherer Herkunftsstaaten
unter das Erwerbstätigkeitsverbot fallen, die die Sanktion des Abs. 6 S. 1 Nr. 3 dadurch
umgehen wollten, dass sie keinen Asylantrag stellen.[143] Allein bei unbegleiteten Minderjährigen gibt es in § 60a Abs. 6 S. 3 AufenthG eine Rückausnahme in den Fällen, in denen
die Rücknahme des Antrags oder der Verzicht der Antragstellung im Interesse des Kindeswohls erfolgt. Diese Regelung ist in ihrer Bedeutung reichlich dunkel und ist sehr weit
auszulegen, um der Anforderung aus Art. 3 Abs. 1 UN-KRK, dass das Wohl des Kindes
ein vorrangig zu berücksichtigender Gesichtspunkt ist, gerecht zu werden.

Das bedeutet, dass im Grundsatz nur noch diejenigen vollziehbar ausreisepflichtigen Staats- 64
angehörigen eines **sicheren Herkunftsstaats** nicht unter das Erwerbstätigkeitsverbot des
Abs. 6 fallen, die vor dem 31.8.2015 einen Asylantrag gestellt haben oder die ihren Asylantrag nach Beratung durch das Bundesamt zurückgenommen haben oder schließlich
diejenigen, die als unbegleitete Minderjährige – vertreten durch ihren Vormund – Anträge
nicht gestellt oder zurückgenommen haben. Ergänzend muss die Ausnahme weiterhin auch
die Personen erfassen, die zuvor ein von einem Asylverfahren unabhängiges Aufenthaltsrecht in Deutschland hatten und nunmehr geduldet werden. Denn hier kann der Zweck,
Personen von der Einreise abzuhalten, unter keinem Gesichtspunkt greifen. Die Änderungen zum 1.1.2020 sind grundsätzlich auch auf in der Vergangenheit liegende Tatbestände
(etwa Einreise ohne Asylantragstellung im Jahr 2019) anzuwenden, weil mit der Regelung
das taktische Umgehen des Verbotstatbestands verhindert werden soll. Indes sind die
Änderungen des § 60a Abs. 6 AufenthG zum 1.1.2020, also das Beschäftigungsverbot bei
Asylantragsrücknahme oder fehlender Asylantragstellung, nach **§ 104 Abs. 16 AufenthG**
dann nicht anwendbar, wenn und soweit eine Beschäftigung am 31.12.2019 bereits erlaubt
gewesen ist. Diese Beschäftigungserlaubnis kann also nicht widerrufen oder zurückgenommen werden.

IX. Duldung für Personen mit ungeklärter Identität und besondere Passbeschaffungspflichten (§ 60b AufenthG)

In § 60b AufenthG bietet Abs. 1 die Rechtsgrundlage für eine unselbstständige Neben- 65
bestimmung[144] zur Duldung nach § 60a Abs. 2 S. 1 AufenthG, die zu einem Erwerbstätigkeitsverbot, einer Wohnsitzauflage und einem Verbot der Anrechnung von Aufenthaltszeiten führt (Abs. 5). Darüber hinaus finden sich in Abs. 2 und 3 besondere Mitwirkungspflichten.

1. Nebenbestimmung „für Personen mit ungeklärter Identität" (Abs. 1)

Die Duldung „im Sinne des § 60a" ist nach § 60b Abs. 1 „für Personen mit ungeklärter 66
Identität" – schlagwortartig als „**Duldung light**" bezeichnet[145] – zu erteilen, wenn die
Abschiebung aus vom Betroffenen zu vertretenden Umständen nicht vollzogen werden
kann, weil das Abschiebungshindernis durch eine eigene Täuschung über Identität oder

---

[140] Gesetz v. 8.7.2019, BGBl. I 1021.
[141] Die Bezugnahme auf § 24 Abs. 1 AsylG im Gesetz ist reichlich unklar, ggf. meinte der Gesetzgeber § 12a AsylG; siehe dazu auch *Wittmann/Röder* ZAR 2019, 412 (419).
[142] BT-Drs. 19/8286, 14.
[143] BT-Drs. 19/8286, 14.
[144] *Wittmann/Röder* ZAR 2019, 362; aA *Dollinger* in Bergmann/Dienelt AufenthG § 60b Rn. 6 („Unterfall der Duldung nach § 60a").
[145] Siehe etwa *Dollinger* ZRP 2019, 130 (131).

Staatsangehörigkeit oder durch eigene falsche Angaben herbeigeführt worden ist oder weil zumutbare Handlungen zur Erfüllung besonderer Passbeschaffungspflichten nicht vorgenommen werden. Der Titel ist irreführend, geht es doch um Personen, die ihre Mitwirkungspflicht verletzen und nicht auch um Personen, deren Identitätsklärung aus Gründen scheiterte, die sie nicht zu vertreten haben.[146]

67 Angesichts des eindeutigen Wortlauts muss die Abschiebung allein aus den in Abs. 1 genannten Gründen nicht vollzogen werden können, diese müssen **allein kausal** sein. Liegen neben den vom Ausländer zu vertretenden Gründen noch weitere Gründe vor, die selbstständig der Abschiebung entgegenstehen – Krankheit, fehlende Aufnahmewilligkeit des Heimatlandes oder anderes – ist der Tatbestand des § 60b Abs. 1 AufenthG nicht erfüllt.[147] Die **Täuschungshandlung** muss ebenso wie die Falschangabe eine „eigene" sein, was es ausschließt, das Verhalten anderer Personen einschließlich der gesetzlichen Vertreter von Minderjährigen zuzurechnen. Die Täuschung muss bei der Behörde einen Irrtum hervorgerufen haben, weil sie nur dann kausal dazu führen kann, dass die Abschiebung nicht vollzogen werden kann.

2. Besondere Passbeschaffungspflichten" (Abs. 2 und 3)

68 § 60b Abs. 2 S. 1 AufenthG bestimmt abstrakt, dass ein vollziehbar ausreisepflichtiger Ausländer dann, wenn er keinen gültigen Pass oder Passersatz besitzt, verpflichtet ist, alle zumutbaren Handlungen zu deren Beschaffung vorzunehmen. Die Regelung knüpft nicht an § 60b Abs. 1 AufenthG an und erfasst damit auch vollziehbar Ausreisepflichtige, die keine der dort genannten Tatbestandsvarianten der Täuschung oder Falschangaben erfüllen.[148] In § 60b Abs. 3 AufenthG wird bestimmt, was regelmäßig zumutbar ist.

69 Ausgenommen von der Verpflichtung nach Abs. 2 S. 1 sind gemäß Abs. 2 S. 2 zunächst Ausländer ab der Stellung eines Asylantrags oder Asylgesuchs bis zur „rechtskräftigen" Ablehnung des Asylantrags. Da im Falle eines ersten **Asylantrags** eine vollziehbare Ausreisepflicht vor Bestandskraft regelmäßig nicht eintreten kann, weil die Aufenthaltsgestattung so lange wirksam bleibt (§ 67 Abs. 1 Nr. 4 AsylG), kann die Regelung nur Folge- und Zweitanträge sowie Fälle der Ablehnung des Antrags als offensichtlich unbegründet erfassen,[149] was der Gesetzgeber vermutlich übersehen hat.[150] In diesen Fällen bestehen zwar regelmäßig bereits zuvor Passbeschaffungspflichten nach § 15 Abs. 2 AsylG, diese unterfallen aber nicht § 60b AufenthG, so dass deren Nichterfüllung nicht nach § 60b Abs. 1 sanktioniert werden kann. Ferner sind Fälle, bei denen ein so genanntes Abschiebungsverbot nach § 60 Abs. 5 oder 7 AufenthG vorliegt, von den Verpflichtungen des Abs. 2 S. 1 ausgenommen. Soweit ein Asylverfahren durchlaufen wurde, ergibt sich das Vorliegen aus der verbindlichen (§ 42 AsylG) Entscheidung des Bundesamts. Gab es kein Asylverfahren, ist eine Prüfung durch die Ausländerbehörde erforderlich. Den besonderen Passbeschaffungspflichten unterliegt – als Rückausnahme – derjenige, dessen „Abschiebungsverbot nach § 60 Abs. 7 allein auf gesundheitlichen Gründen [beruht]". Dies umfasst auch die fehlende Erreichbarkeit von Behandlungsmöglichkeiten. Die Regelung ist dahingehend auszulegen, dass sie auch Abschiebungsverbote nach § 60 Abs. 5 AufenthG iVm Art. 3 EMRK erfasst, die allein auf gesundheitliche Gründe bezogen sind (→ § 17 Rn. 27 ff.). Würde man dies anders sehen, müsste bei einer Feststellung eines solchen Abschiebungsverbots die Ausländerbehörde selbstständig prüfen, ob auch der Tatbestand des § 60 Abs. 7 AufenthG erfüllt ist oder nicht.

70 In Abs. 3 wird aufgelistet, welche Handlungen zur Beschaffung eines Passes oder Passersatzes regelmäßig zumutbar sind. Maßgeblich sind – auch für die Beantwortung, ob ein

---

[146] *Thym*, BT-Ausschuss für Inneres und Heimat, Drs. 19(4)286B, S. 13 f.
[147] *Wittmann/Röder* ZAR 2019, 362 (363); unklar *Dollinger* in Bergmann/Dienelt AufenthG § 60b Rn. 10.
[148] So wohl auch *Dollinger* in Bergmann/Dienelt AufenthG § 60b Rn. 13.
[149] *Wittmann/Röder* ZAR 2019, 362 (366).
[150] Vgl. BT-Drs. 19/10047, S. 38.

Regel- oder Ausnahmefall vorliegt – jeweils die Umstände des Einzelfalls, wie es in § 60b Abs. 2 S. 1 AufenthG bestimmt ist. Die **Aufzählung in Abs. 3 S. 1 ist nicht abschließend.** Diese sind:
- Mitwirkung an der Ausstellung und Verlängerung des Passes einschließlich Duldung der Bearbeitung entsprechend den rechtlichen Vorgaben des Herkunftsstaates (S. 1 Nr. 1),
- persönliche Vorsprache, Teilnahme an Anhörungen, Lichtbilder anfertigen, erforderliche Angaben und Erklärungen abgeben und erforderliche Handlungen vornehmen, soweit dies nicht unzumutbar ist (S. 1 Nr. 2),
- Abgabe einer Erklärung, freiwillig auszureisen, wenn die Ausstellung eines Reisedokuments davon abhängig gemacht wird (S. 1 Nr. 3),
- Erklärung, die Wehrpflicht zu erfüllen, sofern die Wehrpflichterfüllung nicht aus zwingenden Gründen unzumutbar ist (S. 1 Nr. 4),
- Zahlung von Gebühren, sofern diese für den Betroffenen nicht unzumutbar sind (S. 1 Nr. 5),
- erneute Beantragung unter Beachtung von Nr. 1 bis Nr. 5, sofern aufgrund einer Änderung der Sach- und Rechtslage nunmehr mit hinreichender Wahrscheinlichkeit mit einer Ausstellung gerechnet werden kann (S. 1 Nr. 6).

Die einzelnen Regelungen sind, da jeweils die Prüfung der Unzumutbarkeit im Einzelfall **71** vorgesehen ist, **rechtlich unbedenklich.** Insbesondere ist die Angabe, freiwillig ausreisen zu wollen (S. 1 Nr. 3), auch dann zumutbar, wenn sie inhaltlich unzutreffend ist.[151] Hinsichtlich der Zahlung von Gebühren ist zu prüfen, ob dem Betroffenen die Zahlung zumutbar und möglich war, insbesondere, ob im Fall von Bedürftigkeit die Leistungen nach § 6 AsylbLG bewilligt worden waren.[152] In S. 1 Nr. 6 ist Sach- *und* Rechtslage als Sach- *oder* Rechtslage zu lesen, denn eine zwingende Kombination beider Umstände ist nicht erforderlich, um einen erneuten Antrag als zumutbar und einen erneuten Verstoß als sanktionswürdig anzusehen.

Es bedarf nach § 60b Abs. 3 S. 2 AufenthG eines **Hinweises** an den Ausländer auf die **72** Pflichten, um aufgrund eines Unterlassens zu Sanktionsmaßnahmen zu greifen. Aus Beweisgründen sollte der Hinweis schriftlich ergehen. Da eine Vielzahl von Mitwirkungshandlungen vom Betroffenen unmittelbar gegenüber seiner Botschaft zu erfolgen haben, stellt sich regelmäßig ein Nachweisproblem. Der Gesetzgeber hat sich entschieden zu fingieren, dass die Pflichten erfüllt sind, wenn die Handlungsvornahme glaubhaft gemacht ist (siehe § 294 ZPO). Reicht eine **Glaubhaftmachung** nicht aus, so kann die Ausländerbehörde eine strafbewehrte Erklärung an Eides Statt verlangen (Abs. 3 S. 3 bis 5). Ob dies die Regelungen leer laufen lassen wird,[153] bleibt abzuwarten.

3. Rechtsfolgen und Nachholung von Handlungen (Abs. 5 und Abs. 4)

In § 60b Abs. 5 AufenthG werden drei Rechtsfolgen der Nebenbestimmung „Duldung **73** für Personen mit ungeklärter Identität" verfügt. In **S. 1** wird bestimmt, dass Zeiten der Duldung mit dieser Nebenbestimmung **nicht als Vorduldungszeiten angerechnet** werden. Daher kann der Betroffene nicht ohne Weiteres einen Anspruch auf Ausbildungs- oder Beschäftigungsduldung erlangen, da diese Vorduldungszeiten von drei bzw. zwölf Monaten voraussetzen. Weiter sind Vorduldungszeiten teilweise Voraussetzung für die Erteilung von Aufenthaltstiteln nach §§ 25a f. AufenthG. Weiter ordnet S. 2 an, dass die Ausübung einer Erwerbstätigkeit nicht erlaubt werden darf. Dies ist eine Doppelung zu § 60a Abs. 6 S. 1 Nr. 2 AufenthG (→ Rn. 58 ff.), einen eigenständigen Anwendungsbereich hat diese Bestimmung nicht. Kraft Gesetzes unterliegen Betroffene einer Wohnsitzauflage nach § 61 Abs. 1d AufenthG (→ Rn. 122).

---
[151] BVerwG Urt. v. 10.11.2009 – 1 C 19.08, BVerwGE 135, 219 Rn. 17.
[152] *Dollinger* in Bergmann/Dienelt AufenthG § 60b Rn. 16.
[153] Dies erwartet *Dollinger* in Bergmann/Dienelt AufenthG § 60b Rn. 21.

74 § 60b Abs. 4 AufenthG bestimmt, dass unterlassene Handlungen jederzeit nachgeholt werden können (S. 1) und die **Verletzung der Mitwirkungspflicht** sodann **geheilt** ist mit der Folge, dass die Nebenbestimmung aufzuheben ist (S. 2), wobei das Gesetz hier von der Ausstellung einer Bescheinigung nach § 60a Abs. 4 AufenthG ohne den Zusatz „für Personen mit ungeklärter Identität" spricht. Die Rechtsfolgen entfallen sodann für die Zukunft. Da die Heilung mit Erfüllung der Mitwirkungspflicht eintritt, ist die Duldung ohne Nebenbestimmung gegebenenfalls rückwirkend zu erteilen.[154] Eine „Heilungsmöglichkeit" für zurückliegende Täuschungen und Falschangaben ist indes nicht vorgesehen und auch nicht erforderlich.[155] Denn hier ist allein zu prüfen, ob diese Handlungen trotz ihrer Korrektur weiterhin kausal für das Unterbleiben der Abschiebung sind.

4. Rechtsschutzfragen (insb. Abs. 6)

75 Die Verweisung in **§ 60b Abs. 6** AufenthG auf die Vorschriften des § 84 Abs. 1 S. 1 Nr. 3, Abs 2 S. 1 und 3 bleibt weitgehend dunkel. Die im Gesetzgebungsverfahren gegebene Begründung[156] ist kein Ruhmesblatt. Zunächst muss Abs. 6 erweiternd dahingehen verstanden werden, dass die entsprechende Anwendung der genannten Regelungen in § 84 AufenthG angeordnet ist. Sodann meint der Verweis auf § 84 Abs. 1 S. 1 Nr. 3 AufenthG, dass die Rechtsfolge „Erwerbstätigkeitsverbot" der Nebenbestimmung nach § 60b Abs. 1 AufenthG sofort vollziehbar ist, das Gleiche gilt nach dem Willen des Gesetzgebers auch für die Rücknahme oder den Widerruf einer Beschäftigungserlaubnis in unmittelbarem Zusammenhang mit der Verfügung der Nebenbestimmung.[157] Der Verweis auf § 84 Abs. 2 S. 1 und 3 AufenthG dürfte dahingehend zu verstehen sein, dass selbst dann, wenn die aufschiebende Wirkung einer Klage gegen die Nebenbestimmung nach § 60b Abs. 1 AufenthG angeordnet worden ist, eine Anrechnung von Vorduldungszeiten erst – und dann rückwirkend – in Betracht kommt, wenn die Aufhebung der Nebenbestimmung rechtskräftig geworden ist.

76 Die Erteilung einer Duldung für Personen mit ungeklärter Identität ist als Nebenbestimmung zur Duldung mit der **Anfechtungsklage** und im einstweiligen Rechtsschutz mit einem **Antrag nach § 80 Abs. 5 VwGO** anzugreifen. Die isolierte Anfechtbarkeit der Nebenbestimmung ist vom Gesetzgeber mit dem Verweis auf § 84 Abs. 1 S. 1 Nr. 3 AufenthG vorgegeben worden. Mit dem Erfolg der Klage und einer Aufhebung der Nebenbestimmung erlangt der Kläger eine Duldung nach § 60a Abs. 2 S. 1 AufenthG. Soll nach Eintritt der Bestandskraft der Nebenbestimmung geltend gemacht werden, dass aufgrund der Heilung über § 60b Abs. 4 AufenthG nunmehr ein Anspruch auf eine Duldung ohne Nebenbestimmung besteht, ist dies – während der Gültigkeitsdauer der Duldung – mit einer Verpflichtungsklage auf Aufhebung der Nebenbestimmung zu verfolgen und entsprechend im einstweiligen Rechtsschutz mittels Regelungsanordnung nach § 123 VwGO.

5. Ausschluss der Anwendung von § 60b AufenthG (§ 105 AufenthG)

77 Nach **§ 105** Abs. 1 AufenthG wird über die Nebenbestimmung nach § 60b Abs. 1 AufenthG „frühestens aus Anlass einer Verlängerung der Duldung oder der Erteilung der Duldung aus einem anderen Grund" entschieden. Dies meint, dass der Erlass der Nebenbestimmung ohne einen solchen Anlass nicht zulässig ist. Darüber hinaus ist § 60b AufenthG schon inhaltlich bis zum 1.7.2020 nicht anwendbar, wenn sich ein geduldeter Ausländer in einem Beschäftigungs- oder Ausbildungsverhältnis befindet (§ 105 Abs. 2 AufenthG), ohne dass eine bestimmte (qualifizierte) Art oder ein gewisser Umfang des Ausbildungs- oder Beschäftigungsverhältnisses vorausgesetzt wäre.[158] Ohne zeitliche Einschrän-

---

[154] *Wittmann/Röder* ZAR 2019, 362 (365).
[155] AA. *Wittmann/Röder* ZAR 2019, 362 (367).
[156] BT-Drs. 19/10706, 14.
[157] *Wittmann/Röder* ZAR 2019, 362 (367).
[158] So auch *Wittmann/Röder* ZAR 2019, 362 (368).

kung bleibt § 60b AufenthG außer Anwendung, wenn ein Ausländer Inhaber einer Ausbildungs- oder Beschäftigungsduldung ist oder er eine solche beantragt hat und die Erteilungsvoraussetzungen erfüllt, § 105 Abs. 3 AufenthG. Indes spricht wenig dafür, dass dann, wenn nur ein Anspruch auf Erteilung im Ermessenswege besteht, § 105 Abs. 3 AufenthG Anwendung finden soll.[159]

X. Die Ausbildungsduldung (§ 60c AufenthG)

Die rechtliche Konstruktion der **Ausbildungsduldung,** wie sie erstmals mit Wirkung zum 1.8.2015 in § 60a Abs. 2 AufenthG geregelt worden ist,[160] war und ist das Ergebnis massiv widerstreitender politischer Interessen, die einerseits das Vollzugsdefizit im deutschen Ausländerrecht abbauen und also den Aufenthalt vollziehbar ausreisepflichtige Ausländer zu beenden suchen und andererseits aber das Problem des Fachkräftemangels auch durch die Einbeziehung sich noch nicht legal in Deutschland aufhaltender Ausländer angehen wollen.[161] Mit Wirkung zum 1.1.2020 ist die Ausbildungsduldung nunmehr in § 60c AufenthG überführt worden.[162] Der Umfang der Regelung spiegelt die politischen Interessenkonflikte und Kompromisslösung überdeutlich wider. Es ist zu beachten, dass die Ausbildungsduldung nunmehr zwei unterschiedliche Pfade kennt, nämlich für Personen, die als „Asylbewerber"[163] bereits eine Ausbildung begonnen haben und diese nach der (bestandskräftigen) Ablehnung des Asylantrags fortsetzen möchten und für andere, im Besitz einer Duldung befindliche Personen. Gerade die vollständige Durchstrukturierung mit Erteilungsansprüchen und Ausschlussgründen, gerichtet auf einen bis zu dreieinhalb Jahren andauernden Aufenthalt rechtfertigen es, vom einem „verkappten Aufenthaltstitel"[164] zu sprechen.

78

Konstruktiv wird in § 60c Abs. 1 S. 1 AufenthG ein Rechtsanspruch auf die Erteilung einer Duldung wegen dringender persönlicher Gründe nach § 60a Abs. 2 S. 3 AufenthG – die Rechtsfolge dieser Norm ist in unmittelbarer Anwendung lediglich Ermessen (→ Rn. 44 ff.) – begründet. In Abs. 2 werden verschiedene Ausschlussgründe geregelt. Abs. 3 regelt die Erteilung vor Beginn der Ausbildung, Abs. 4 bis 6 betreffen das Erlöschen der Ausbildungsduldung.

79

1. Begriff der Berufsausbildung

Der Begriff der **qualifizierten Berufsausbildung** aus § 60c Abs. 1 S. 1 Nr. 1 lit. a AufenthG ist in § 2 Abs. 12a AufenthG seit dem 1.3.2020 legaldefiniert. Danach liegt eine qualifizierte Berufsausbildung vor, wenn es sich um eine Berufsausbildung in einem staatlich anerkannten oder vergleichbar geregelten Ausbildungsberuf handelt, für den nach bundes- oder landesrechtlichen Vorschriften eine Ausbildungsdauer von mindestens zwei Jahren festgelegt ist.

80

Nach § 60c Abs. 1 S. 1 Nr. 1 lit. b AufenthG kann seit dem 1.1.2020 nunmehr auch eine **Assistenz- oder Helferausbildung** zu einer Ausbildungsduldung führen. Sie muss in einem staatlich anerkannten oder vergleichbar geregelten Ausbildungsberuf aufgenommen sein, an die eine qualifizierte Berufsausbildung in einem staatlich anerkannten oder vergleichbar geregelten Ausbildungsberuf, für den die Bundesagentur für Arbeit einen Engpass festgestellt hat, anschlussfähig ist. Weiter muss eine Ausbildungsplatzzusage für die sich anschließende Ausbildung vorliegen.

81

---

[159] So aber *Wittmann/Röder* ZAR 2019, 362 (368).
[160] Gesetz v. 27.7.2015, BGBl. I 1386.
[161] Vgl. *Röder/Wittmann* ZAR 2017, 345.
[162] Gesetz v. 8.7.2019, BGBl. I 1021.
[163] Der Begriff ist dem AsylG fremd und wird in den §§ 44 f. AufenthG verwendet. Asylantragsteller wäre der eindeutig vorzugswürdige Begriff gewesen.
[164] *Dollinger* in Bergmann/Dienelt AufenthG § 60c Rn. 4.

82 Auch dann, wenn ein Ausländer bereits eine qualifizierte Berufsausbildung iSd § 60c Abs. 1 S. 1 Nr. 1 AufenthG oder eine Ausbildung, die ihm auf dem deutschen Arbeitsmarkt – etwa durch eine Anerkennung seiner Qualifikation – die gleichen Chancen wie die angestrebte Berufsausbildung vermittelt, ist er von der Regelung nicht ausgeschlossen, wenn die **Zweitausbildung** eine selbstständige Ausbildung darstellt und eine weitergehende Qualifikation vermittelt.[165] Indes ist bei Zweitausbildungen regelmäßig genau zu prüfen, ob ein Missbrauch mach § 60c Abs. 1 S. 2 AufenthG vorliegt.

2. Berufsausbildung als Asylbewerber aufgenommen (Abs. 1 S. 1 Nr. 1)

83 Mit der neuen Regelung in Abs. 1 S. 1 Nr. 1 wird der Fall ausdrücklich geregelt, in dem die **Ausbildung während des Asylverfahrens begonnen** wurde und – auch wenn dies nicht ausdrücklich bestimmt ist – sich der Ausländer in dieser Zeit gestattet im Bundesgebiet aufgehalten hat. Möchte der Ausländer die Berufsausbildung nach Ablehnung des Asylantrags fortsetzen – und hat diese zum Entstehen der vollziehbaren Ausreisepflicht geführt, was entweder bei Eintritt der Bestandskraft oder der Ablehnung als unzulässig oder offensichtlich unbegründet der Fall ist –, greift die Bestimmung der Nr. 1 ein. Eine Erteilung einer Duldung schon bei Ablehnung des Asylantrags vor Entstehen der vollziehbaren Ausreisepflicht ist aus systematischen Gründen ausgeschlossen.[166] Die Aufnahme der Ausbildung muss legal gewesen sein. Der Zugang zum Arbeitsmarkt für Asylantragsteller richtet sich nach § 61 AsylG.[167] **Asylbewerber iSd Abs. 1 S. 1 Nr. 1** ist allein derjenige Asylantragsteller, der im Besitz einer Aufenthaltsgestattung ist. Das bedeutet, dass der seit Ablehnung seines Erstantrags nicht ausgereiste Folgeantragsteller (§ 71 AsylG), dessen Antrag als unzulässig abgelehnt wird (§ 29 Abs. 1 Nr. 5 AsylG), als geduldeter Ausländer unter die Regelung des § 60c Abs. 1 S. 1 Nr. 2 AufenthG fällt.[168] Die Unterscheidung folgt systematisch daraus, dass der Gesetzgeber erkennbar zwischen Asylbewerbern und Ausländern, die im Besitz einer Duldung sind, unterscheidet. Damit können nur Ausländer mit Aufenthaltsgestattung den Begriff des Asylbewerbers iSd § 60c AufenthG unterfallen.

3. Berufsausbildung wird mit Duldung aufgenommen (Abs. 1 S. 1 Nr. 2)

84 Ist ein Ausländer im Besitz einer Duldung und nimmt eine der in Abs. 1 Nr. 1 bezeichneten Ausbildungen auf (→ Rn. 80 f.), kommt ihm ebenfalls ein Anspruch auf Ausbildungsduldung zu. Nach § 60c Abs. 3 S. 2 kann in diesem Fall die Ausbildungsduldung frühestens sechs Monate vor Beginn der Ausbildung erteilt werden und ist zu erteilen, wenn die Eintragung in das Berufsausbildungsverzeichnis beantragt ist, bereits erfolgt ist oder eine erforderliche Zustimmung zu dem Ausbildungsvertrag vorliegt. Diese Regelung ist wesentlich, da Berufsausbildungsverträge häufig mit einem Vorlauf von bis zu einem Jahr geschlossen werden.

4. Beschäftigungserlaubnis

85 In § 60c Abs. 1 S. 3 AufenthG ist nunmehr bestimmt, dass dann, wenn ein Anspruch auf eine Ausbildungsduldung besteht, auch eine Beschäftigungserlaubnis zu erteilen ist, die im Übrigen mit dem Antrag auf Ausbildungsduldung auch regelmäßig mit beantragt ist.[169] Bis zum 1.1.2020 entsprach es der herrschenden Meinung, dass es ein intendiertes Ermessen hinsichtlich der Erteilung der Beschäftigungserlaubnis gab.[170]

---

[165] OVG Magdeburg Beschl. v. 18.9.2019 – 2 M 79/19, BeckRS 2019, 22655; siehe auch Anwendungshinweise des BMI vom 20.12.2019, 60c 1.2.
[166] Wohl aA *Wittmann/Röder* ZAR 2019, 412 (413).
[167] Umfassend hierzu *Wittmann/Röder* ZAR 2019, 412 (415 ff.).
[168] AA *Wittmann/Röder* ZAR 2019, 412 (413).
[169] VGH Mannheim Beschl. v. 13.10.2016 – 11 S 1991/16, InfAuslR 2017, 15.
[170] Siehe etwa VGH Kassel Beschl. v. 15.2.2018 – 3 B 2137/17, InfAuslR 2018, 207; Vorauf. § 5 Rn. 973 f.

5. Versagungsgründe

Die Versagungsgründe sind nunmehr in § 60c Abs. 1 S. 2 AufenthG als Ermessensversagungsgrund (offensichtlicher Missbrauch) und in Abs. 2 als zwingende Versagungsgründe ausgestaltet. Mit den erstmalig seit 1.1.2020 geltenden Ausschlussgründen eines nicht hinreichend langen Duldungsbesitzes und der fehlenden Identitätsklärung (§ 60c Abs. 2 Nr. 2 und Nr. 3) wird der Ausbildungsduldung ein neues strukturelles Gepräge gegeben;[171] ein gutes Stück Großzügigkeit im öffentlichen Interesse der Ausbildung und Integration wurde aufgegeben. 86

Die Tatbestände des **Erwerbstätigkeitsverbots nach § 60a Abs. 6 AufenthG** (→ Rn. 59 ff.) sind nach § 60c **Abs. 2 Nr. 1** AufenthG auch zwingende Versagungsgründe für die Erteilung einer Ausbildungsduldung. Bei Beschäftigungen, die vor dem 31.12.2019 erlaubt worden ist, muss § 104 Abs. 16 AufenthG beachtet werden (→ Rn. 64). Soll die Berufsausbildung aus dem Duldungsstadium heraus aufgenommen werden, muss der Ausländer „bei Antragstellung" **drei Monate im Besitz der Duldung** sein, also nicht nur einen Duldungsanspruch haben, damit die Ausbildungsduldung erteilt werden darf, § 60 Abs. 2 Nr. 2 AufenthG. Dies soll sicherstellen, dass bei einer Einreise „zum Zwecke" der Ausbildung die Ausländerbehörde hinreichend Zeit hat, aufenthaltsbeendende Maßnahmen einzuleiten[172] und also einen Missbrauch zu verhindern. Soweit vertreten wird, dass die Vorduldungszeiten erst im Zeitpunkt der behördlichen (oder gerichtlichen) Entscheidung erfüllt sein müssten,[173] lässt sich dies mit dem Wortlaut der Regelung nicht in Einklang bringen. Da der Zeitpunkt der Antragstellung auch in anderem Zusammenhang in Abs. 2 Nr. 5 relevant ist, muss das Gesetz hier beim Wort genommen werden. Zu beachten ist, dass Zeiten der Duldung mit Nebenbestimmung nach § 60b AufenthG (→ Rn. 65 ff.) nicht anrechnungsfähig sind (§ 60b Abs. 5 AufenthG) und dass der Versagungsgrund nach Abs. 2 Nr. 2 in den Fällen nicht greift, in denen die Einreise des Ausländers vor dem 31.12.2016 erfolgte und die Ausbildung vor dem 2.10.2020 begonnen worden ist, § 104 Abs. 17 AufenthG. 87

In § 60c **Abs. 2 Nr. 3** AufenthG finden sich zeitlich abgestufte Regelungen zum Versagungsgrund der **nicht geklärten Identität**. Wer bis 31.12.2016 einreiste, muss bei der Beantragung der Ausbildungsduldung, wer ab dem 1.1.2017 und vor dem 1.1.2020 muss ebenfalls bis zur Beantragung der Ausbildungsduldung, aber in jedem Fall bis zum 30.6.2020, wer ab dem 1.1.2020 eingereist ist schließlich innerhalb von sechs Monaten seine Identität klären, was in der Regel durch Vorlage eines Passes oder sonstigen amtlichen Ausweises geschieht, aber auch auf jede andere Weise zulässig ist.[174] Wenn der Ausländer alle erforderlichen und zumutbaren Maßnahmen innerhalb der Frist ergreift und die Klärung erst nach der Frist erfolgt, ohne dass der Ausländer dies zu vertreten hat, gilt die Frist auch als gewahrt. § 60c **Abs. 2 Nr. 4** AufenthG verweist zunächst auf Ausschlussgründe des § 19d Abs. 1 Nr. 6 und 7 AufenthG, also Bezüge zu oder Unterstützung von extremistischen oder terroristischen Organisationen einerseits und Verurteilungen wegen im Bundesgebiet begangener vorsätzlicher Straftaten, wobei Geldstrafen bis zu 50 Tagessätzen (90 Tagessätze) bei Straftaten nach AufenthG oder AsylG, die nur von Ausländern begangen werden können, grundsätzlich außer Betracht bleiben. Bei diesem weitreichenden Versagungsgrund bleibt dem weiteren Ausschlusstatbestand einer wirksamen Ausweisung oder Abschiebungsanordnung nach § 58a AufenthG eine Auffangfunktion. 88

Der umfangreich geregelte Ausschusstatbestand in § 60c **Abs. 2 Nr. 5** AufenthG schließlich konkretisiert den schon vor dem 1.1.2020 relevanten Ausschlusstatbestand des Bevorstehens konkreter Maßnahmen zur Aufenthaltsbeendigung, der – was nun ausdrücklich geregelt ist – im Zeitpunkt der Antragstellung vorliegen muss. Relevant ist dieser 89

---

[171] *Wittmann/Röder* ZAR 2019, 412 (418).
[172] *Dollinger* in Bergmann/Dienelt, AufenthG § 60c Rn. 30.
[173] *Wittmann/Röder* ZAR 2019, 412 (420).
[174] Siehe BT-Drs. 19/8286, 15.

Ausschlusstatbestand nur für solche Ausbildungsduldungen, die aus dem Duldungsstatus nach § 60c Abs. 1 S. 1 Nr. 2 AufenthG beantragt werden. Hier war bis zur gesetzlichen Neuregelung in der obergerichtlichen Rechtsprechung vieles umstritten, ohne dass es zu einem entscheidungsreifen Revisionsverfahren vor dem BVerwG gekommen wäre.[175] Diese konkreten Maßnahmen müssen nunmehr kraft ausdrücklicher gesetzlicher Regelung in einem hinreichenden sachlichen und zeitlichen Zusammenhang zur Aufenthaltsbeendigung stehen. Damit sind die Anforderungen, die der VGH Mannheim in Auslegung des § 60a Abs. 2 S. 4 AufenthG aF ermittelte,[176] nunmehr ausdrücklich Gesetz geworden. Die in Nr. 5 lit. a bis e bezeichneten **Fallgruppen sind** zwar **abschließend**;[177] weitere, unbenannte bevorstehende konkrete Maßnahmen sind gesetzlich damit ausgeschlossen. Indes ermöglicht es die Generalklausel in § 60c Abs. 2 Nr. 5 AufenthG, Einzelfällen gerecht zu werden. Die Veranlassung ärztlicher Untersuchungen zur Feststellung der Reisefähigkeit, die Stellung eines Antrags zur Förderung einer freiwilligen Ausreise mit staatlichen Mitteln sowie die Einleitung der Buchung von Transportmitteln für die Abschiebungen sind in Nr. 5 lit. a bis c geregelt. In Nr. 5 lit. d sind vergleichbare konkrete Vorbereitungshandlungen angesprochen, es sei denn, es sei absehbar, dass sie nicht zum Erfolg führen. Unter diesen Auffangtatbestand, der in der Tendenz restriktiv ausgelegt werden muss, fallen zwar keine allgemeinen, routinemäßigen Passbeschaffungsverfügungen, indes aber ein vereinbarter Termin zur Vorstellung bei der Botschaft des Herkunftsstaates des Ausländers zur Vorbereitung der Rückführung.[178] Schließlich ist nach Nr. 5 lit. e die Einleitung eines Dublin-Verfahrens ein zwingender Versagungsgrund. Da der Ausschlussgrund nur auf Fälle des § 60c Abs. 1 S. 1 Nr. 2 AufenthG Anwendung findet, kann diese Regelung nur bedeuten, dass sie allein dann greift, wenn ein Asylantrag bereits als unzulässig abgelehnt worden ist und eine Abschiebungsanordnung nach § 34a AsylG ergangen ist.[179]

90 In § 60c Abs. 1 S. 2 AufenthG ist als **Ermessensversagungsgrund** der Fall des offensichtlichen Missbrauchs geregelt. Es fällt abstrakt schwer, sich einen Fall des offensichtlichen Missbrauchs vorzustellen, bei dem dennoch die Ausbildungsduldung nicht versagt werden soll. Das Tatbestandsmerkmal des Missbrauchs beinhaltet eine subjektive Komponente, nämlich ein gezieltes Ausnutzen oder der Umgehung von Vorschriften im Einzelfall.[180] Hierzu gehören Fälle wie die gezielte Einreise zum Zwecke der Ausbildung, das Eingehen eines Scheinausbildungsverhältnisses[181] und der Beginn der Ausbildung mit so geringen Sprachkenntnissen, dass sich verlässlich prognostizieren lässt, dass jedenfalls die Berufsschule nicht mit Erfolg wird absolviert werden können.

6. Erlöschen und seine Folgen (Abs. 4 bis 6)

91 Nach § 60c Abs. 4 AufenthG erlischt die Ausbildungsduldung einmal bei vorzeitiger **Beendigung oder Abbruch der Ausbildung.** Die vorzeitige Beendigung meint Fälle, in denen der Ausländer durch sein betriebliches und schulisches Verhalten unmissverständlich zu erkennen gibt, dass er an der Fortsetzung des eingegangenen Ausbildungsverhältnisses kein Interesse mehr hat, ohne dass dieses förmlich beendet wird.[182] Ein Abbruch der Ausbildung meint indes die förmliche Auflösung des Ausbildungsverhältnisses.[183] Ebenso erlischt die Duldung, wenn ein Ausschlussgrund nach Abs. 2 Nr. 4 (→ Rn. 88) eintritt. Der Eintritt anderer Ausschlussgründe führt also nicht zum Erlöschen der Duldung, kann aber Widerrufsgrund sein.

---

[175] Zur alten Rechtslage: Vorauflage → § 5 Rn. 971 f.
[176] VGH Mannheim Beschl. v. 13.10.2016 – 11 S 1991/16, InfAuslR 2017, 15.
[177] BT-Drs. 19/8286, 15.
[178] BT-Drs. 19/8286, 16 und Anwendungshinweise des BMI vom 20.12.2019, 60c 2.5.4.
[179] Ausführlich zu der Problematik dieser missglückten Regelung: *Wittmann/Röder* ZAR 2019, 412 (423 f.).
[180] *Wittmann/Röder* ZAR 2019, 412 (424).
[181] *Dollinger* in Bergmann/Dienelt AufenthG § 60c Rn. 24.
[182] *Dollinger* in Bergmann/Dienelt AufenthG § 60c Rn. 50.
[183] *Funke-Kaiser* in GK-AufenthG § 60a Rn. 288.11 (Stand 10/2017).

In § 60c Abs. 5 AufenthG sind Pflichten der Bildungseinrichtung zur Meldung von Beendigung oder Abbruch der Ausbildung geregelt. Nach § 60c Abs. 6 S. 1 AufenthG besteht einmalig ein Anspruch auf Duldung zum Zwecke der Suche nach einem weiteren Ausbildungsplatzes. Entsprechendes gilt nach S. 2 der Vorschrift nach erfolgreichem Abschluss der Ausbildung zur Suche eines Arbeitsplatzes.

7. Ausbildungsduldung nach Ermessen (Abs. 7)

Wenn die Identität nicht den Anforderungen des Abs. 2 Nr. 3 geklärt ist, räumt § 60c Abs. 7 AufenthG einen Anspruch auf Ermessensentscheidung ein, wenn die erforderlichen und zumutbaren Maßnahmen zur Klärung der Identität ergriffen worden sind. Wesentlichster Anwendungsbereich dieser Regelung dürften die Fälle werden, in denen eine Abschiebung auch langfristig nicht möglich und somit die Ausbildung ein wesentlicher Schritt zur Integration sein dürfte.[184]

XI. Die Beschäftigungsduldung (§ 60d AufenthG)

Die Beschäftigungsduldung ist eine Duldung für 30 Monate, für Ausländer, die bis zum 1.8.2018 in das Bundesgebiet eingereist sind – es handelt sich also um eine Altfallregelung,[185] die mit Wirkung vom 1.1.2024 aufgehoben wird –, bereits in einem sozialversicherungspflichtigen Beschäftigungsverhältnis stehen und eine Reihe weiterer Voraussetzungen erfüllen. Konstruktiv wird in § 60d Abs. 1 S. 1 AufenthG ein Regelanspruch auf die Erteilung einer Duldung wegen dringender persönlicher Gründe nach § 60a Abs. 2 S. 3 AufenthG – die Rechtsfolge dieser Norm ist in unmittelbarer Anwendung lediglich Ermessen (→ Rn. 45 ff.) – begründet.

Bemerkenswert an der Regelung ist, dass bei verheirateten oder verpartnerten Ausländern teilweise die Erfüllung von Voraussetzungen nicht allein vom Antragsteller, sondern auch von den Familienangehörigen gefordert wird. Das zeigt, dass eine lang befristete Beschäftigungsduldung nur bei einer hinreichenden Integration aller Familienmitglieder erteilt werden darf. Es wird darüber hinaus ein unteilbarer Anspruch für den „ausreisepflichtigen Ausländer" und seinen „Ehegatten oder Lebenspartner" geschaffen.[186] Die in familiärer Lebensgemeinschaft lebenden Kinder des „ausreisepflichtigen Ausländers" werden über § 60d Abs. 2 AufenthG in die Beschäftigungsduldung mit einbezogen. Ihre Duldung ist für den gleichen Zeitraum zu erteilen. Wenn § 60d AufenthG hier durchgehend von dem „ausreisepflichtigen" Ausländer spricht, ist hier immer die vollziehbare Ausreisepflicht gemeint. Sofern den Ehegatten/Lebenspartner auch eine Duldung nach § 60d AufenthG zustehen soll, ist dies auch nur dann möglich, wenn er/sie auch vollziehbar ausreisepflichtig ist.

1. Familienrelevante Erteilungsvoraussetzungen

Zunächst müssen die **Identitäten** des Ausländers und des Ehegatten **geklärt** sein, § 60d Abs. 1 Nr. 1 AufenthG. Hierbei werden – abhängig vom Zeitpunkt der Einreise, verschiedene Stichtage gesetzt. Wer bis 31.12.2016 einreise, muss bei einem Beschäftigungsverhältnis am 1.1.2020 bis zur Duldungsbeantragung, wenn in diesem Fall das Beschäftigungsverhältnis am 1.1.2020 nicht vorlag, muss bis zum 30.6.2020 seine Identität nachweisen. Wer zwischen dem 1.1.2017 und 1.8.2018 einreiste, muss ebenfalls spätestens bis zum 30.6.2020 seine Identität klären. Dies geschieht in der Regel durch Vorlage eines Passes oder sonstigen amtlichen Ausweises, ist aber auch auf jede andere Weise zulässig.[187] Wenn der Ausländer und sein Ehepartner/Lebenspartner alle erforderlichen und zumutbaren

---

[184] Vgl. Wittmann/Röder ZAR 2019, 412 (425).
[185] Thym ZAR 2019, 353 (360).
[186] Dollinger in Bergmann/Dienelt AufenthG § 60d Rn. 12.
[187] Vgl. BT-Drs. 19/8286, 15.

Maßnahmen innerhalb der Frist ergreift und die Klärung erst nach der Frist erfolgt, ohne dass die Betroffenen dies zu vertreten haben, gilt die Frist auch als gewahrt.

97 Weder der Ausländer noch sein Ehegatte/Lebenspartner dürfen wegen einer im Bundesgebiet begangenen **vorsätzlichen Straftat** verurteilt worden sein, § **60d Abs. 1 Nr. 7** AufenthG. Außer Betracht bleiben grundsätzlich Straftaten, die zu Verurteilungen zu Geldstrafe von nicht mehr als neunzig Tagessätzen oder Freiheitsstrafe oder Strafarrest von nicht mehr als drei Monaten geführt haben, wenn sie nach dem AufenthG oder dem AsylG nur von Ausländern begangen werden können. Nach § 60d **Abs. 1 Nr. 8** AufenthG dürfen keine Bezüge zu oder Unterstützung von extremistischen oder terroristischen Organisationen durch einen der beiden Ehe-/Lebenspartner vorliegen. Dieser ist § 19d Abs. 1 Nr. 6 AufenthG nachgebildet.

98 § 60d **Abs. 1 Nr. 10** AufenthG nimmt Bezug auf minderjährige, ledige Kinder im schulpflichtigen Alter. Hier muss der tatsächliche Schulbesuch nachgewiesen werden. Überdies darf bei den Kindern kein Ausweisungsinteresse nach § 54 Abs. 2 Nr. 1 und Nr. 2 AufenthG vorliegen und keine Verurteilung nach § 29 Abs. 1 S. 1. Nr. 1 BtMG vorliegen. Nach § 60d **Abs. 1 Nr. 11** AufenthG schließlich müssen der Ausländer und sein Ehegatte/Lebenspartner dann, wenn sie zur Teilnahme an einem Integrationskurs verpflichtet waren, diesen auch erfolgreich abgeschlossen oder den Abbruch nicht zu vertreten haben.

2. Persönliche Erteilungsvoraussetzungen

99 Nach § 60d **Abs. 1 Nr. 2** AufenthG muss der Ausländer seit mindestens **12 Monaten im Besitz einer Duldung** sein, wobei Zeiten der Duldung mit Nebenbestimmung nach § 60b AufenthG (→ Rn. 65 ff.) nicht anrechnungsfähig sind. Eine weitere, sehr wesentliche, Voraussetzung ist die bereits **erfolgte Integration in den Arbeitsmarkt**. Nach § 60d **Abs. 1 Nr. 3** AufenthG muss der Ausländer seit mindestens 18 Monaten eine sozialversicherungspflichtige Tätigkeit mit einer Arbeitszeit von mindestens 35 Stunden, bei Alleinerziehenden von mindestens 20 Stunden, aufweisen. Kurzfristige Unterbrechungen, die der Ausländer nicht zu vertreten hat, bleiben unberücksichtigt, § 60d Abs. 3 S. 2 AufenthG, wobei kurzfristig wenige Wochen und wohl höchstens sechs Wochen meinen dürfte.[188] Großzügiger sind hier die Anwendungshinweise des BMI, die von drei Monaten ausgehen.[189] Wenig verständlich ist die schlichte Orientierung an der Wochenarbeitszeit, ohne dass niedriger Arbeitszeiten mit höheren Verdiensten gleichrangig berücksichtigt werden dürfen.[190] Dies könnte im Einzelfall zu verfassungsrechtlich nicht zu rechtfertigenden Ungleichbehandlungen führen.

100 Wenn § 60d **Abs. 1 Nr. 4 und Nr. 5** hinsichtlich der Lebensunterhaltssicherung in der Vergangenheit und in der Zukunft jeweils auf den Lebensunterhalt des ausreisepflichtigen Ausländers abstellen – und damit im Gesamtkontext des § 60d die anderen Familienangehörigen erkennbar außer Betracht bleiben, bedeutet dies, dass die Lebensunterhaltssicherung im Sinne von § 2 Abs. 3 AufenthG (→ § 5 Rn. 56 ff.) hier ausnahmsweise nicht die gesamte sozialrechtliche Bedarfsgemeinschaft in den Blick nimmt, sondern eine fiktive, isolierte Berechnung für den Ausländer erfordert.[191] Dies ist eine vom Gesetzgeber bewusst geregelte Abweichung vom Normalfall.[192] Rückblickend muss der Lebensunterhalt für zwölf Monate allein durch die Beschäftigung – und nicht auch aus anderen Quellen – gesichert gewesen sein (Nr. 4), zukünftig prognostisch muss dies auch so bleiben (Nr. 5). Nach § 60d **Abs. 1 Nr. 6** muss der ausreisepflichtige Ausländer hinreichende mündliche Kenntnisse der deutschen Sprache, also dem Niveau GER A2 entsprechende Kenntnisse

---
[188] Vgl. *Dollinger* in Bergmann/Dienelt AufenthG § 60d Rn. 19.
[189] Anwendungshinweise des BMI vom 20.12.2019, 60d 3.1.
[190] *Rosenstein/Koehler* ZAR 2019, 222 (224).
[191] So auch *Dollinger* in Bergmann/Dienelt AufenthG § 60d Rn. 20 f..
[192] Siehe BT-Drs. 19/8286, 17.

(§ 2 Abs 10 AufenthG) aufweisen. Hier ist zu beachten, dass dann, wenn der erfolgreiche Besuch eines Integrationskurses Erteilungsvoraussetzung ist (§ 60d Abs. 1 Nr. 11 AufenthG, → Rn. 97), mit dem Erfolg ausreichende Sprachkenntnisse nachgewiesen sind, also auf dem Niveau GER B1 (§§ 2 Abs. 11, 43 Abs. 3 AufenthG). Schließlich darf gegen den antragstellenden Ausländer keine wirksame Ausweisungsverfügung oder Abschiebungsanordnung nach § 58a AufenthG bestehen, § 60d **Abs. 1 Nr. 9** AufenthG.

3. Rechtsfolge „Regelerteilung" (Abs. 1) und „Ermessen (Abs. 4)

Im Unterschied zur Ausbildungsduldung nach § 60c AufenthG wird hier kein Anspruch **101** auf die Beschäftigungsduldung geschaffen, sondern in Abs. 1 angeordnet, dass diese in der Regel zu erteilen ist, was bedeutet, dass in atypischen Fällen von der Erteilung abzusehen ist. Die **Atypik** wird darauf zu beziehen sein, ob trotz Erfüllung aller Voraussetzungen aus Abs. 1 ausnahmsweise dennoch eine **nicht hinreichende Integration** in den Arbeitsmarkt und die Gesellschaft anzunehmen ist. Dabei muss im Blick behalten werden, dass es allein um eine Duldung geht und diese lediglich die Ausgangsvoraussetzung für eine nachhaltige Integration darstellt, die sodann aufenthaltsrechtlich über § 25b Abs. 6 AufenthG gesichert werden soll (→ § 5 Rn. 291 ff.). Daher erscheint die Auffassung, dass eine Identitätstäuschung in der Vergangenheit auf einen atypischen Fall führen soll,[193] nur dann überzeugend, wenn die Täuschung Grundlage der gesamten, im Rahmen des § 60d AufenthG zu würdigenden Integration ist, diese also letztlich erschlichen ist. Versteht man den atypischen Fall wie hier auf die Integration bezogen, führt dieser nicht auf ein Ermessen der Behörde, sondern unmittelbar zur Versagung der Beschäftigungsduldung.[194] Denn wenn trotz des Erfüllens aller Tatbestandsvoraussetzungen keine hinreichende Integration für eine Beschäftigungsduldung vorliegt, kann sie schlechterdings nicht erteilt werden.

Konnte die Identität des Ausländers – oder seines Ehegatten – nicht innerhalb der Fristen **102** des § 60d Abs. 1 Nr. 1 AufenthG (→ Rn. 96) geklärt werden, hat der Betreffende aber die erforderlichen und zumutbaren Maßnahmen ergriffen, erwirbt dieser dann, wenn die übrigen Erteilungsvoraussetzungen vorliegen, einen Anspruch auf ermessensfehlerfreie Entscheidung nach **§ 60d Abs. 4** AufenthG.

4. Widerruf (Abs. 3)

Ist eine Voraussetzung aus Abs. 1 Nr. 1 bis 10 nicht mehr erfüllt, ist die Beschäftigungs- **103** duldung gemäß § 60d Abs. 3 zwingend zu widerrufen. Der Verlust des Arbeitsplatzes führt also zum Verlust der Beschäftigungsduldung, wenn die Arbeitslosigkeit mit Blick auf Abs. 1 Nr. 3 nicht allein kurzfristig war, was nach § 60d Abs. 3 S. 2 AufenthG unberücksichtigt bleibt. Eine Teilzeitbeschäftigung führt also selbst dann zum Widerruf, wenn mit ihr der Lebensunterhalt gesichert wird.

B. Räumliche und andere Beschränkungen gegenüber vollziehbar Ausreisepflichtigen (§ 61 AufenthG)

I. Allgemeines

In § 61 AufenthG, der zuletzt mit Wirkung zum 21.8.2019 in Abs. 1e und 1f geändert **104** wurde,[195] finden sich Regelungen über die räumliche Beschränkung des Aufenthalts **vollziehbar ausreisepflichtiger Ausländer** (Abs. 1 bis 1d). § 61 Abs. 1e AufenthG schafft die Ermächtigungsgrundlage für die Sicherung und Durchsetzung der vollziehbaren Ausreisepflicht bei einer konkret bevorstehenden Aufenthaltsbeendigung., in § 61 Abs. 1f Auf-

---
[193] So VGH Mannheim Beschl. v. 14.1.2020 – 11 S 2956/19, BeckRS 2020, 344.
[194] AA. VGH Mannheim Beschl. v. 14.1.2020 – 11 S 2956/19, BeckRS 2020, 344..
[195] Mit Gesetz v. 15.8.2019, BGBl. I 1294.

enthG, der inhaltlich mit § 61 Abs. 1e AufenthG in der bis zum 20.8.2019 geltenden Fassung identisch ist, ist die Ermächtigungsgrundlage zur Anordnung weiterer Regelungen zu sehen. § 61 Abs. 2 AufenthG beinhaltet sodann die Ermächtigung zur Schaffung von Ausreiseeinrichtungen.

105 Die kraft Gesetzes eintretende räumliche Beschränkung nach Abs. 1 betrifft allein vollziehbar ausreisepflichtige Ausländer. Wenn die Ausreisepflicht vollständig erlischt oder ihre Vollziehbarkeit entfällt, endet die gesetzlich angeordnete Beschränkung automatisch und nicht erst nach Maßgabe von Abs. 1b. Anders ist dies, wenn die räumliche Beschränkung durch Verwaltungsakt verfügt worden ist, wie dies nach Abs. 1c in bestimmten Konstellationen möglich ist. Zu beachten ist bei der Anwendung von § 61 AufenthG, dass **§ 12 AufenthG insoweit ergänzende Regelungen enthält** zur Verlassenspflicht des Bereichs, in dem sich der Ausländer nicht aufhalten darf (§ 12 Abs. 3 AufenthG), zur Möglichkeit der Ausländerbehörde, im Einzelfall das Verlassen des zulässigen Aufenthaltsbereichs zu erlauben (§ 12 Abs. 5 S. 1 und 2 AufenthG) und zum Recht des Ausländers, Termine bei Behörden und Gerichten ohne Einzelfallerlaubnis außerhalb des Bereichs der räumlichen Beschränkung wahrzunehmen (§ 12 Abs. 5 S. 3 AufenthG).

106 Eine weitere, wesentliche Ergänzung zu den Bestimmungen aus § 61 AufenthG findet sich in § 51 Abs. 6 AufenthG. Dort ist geregelt, dass der Wegfall der Aussetzung der Abschiebung nicht dazu führt, dass die räumlichen oder sonstigen Beschränkungen und Auflagen, die nach § 61 AufenthG verfügt werden können, ebenfalls erlöschen. Vielmehr wandeln sie ihren Rechtscharakter und werden zu selbstständigen Regelungen,[196] die bis zur Aufhebung durch die Ausländerbehörde oder bis zur Erfüllung der Ausreisepflicht (§ 50 Abs. 3 AufenthG) fortgelten. Sinn der Regelung ist es hier, zu verhindern, dass ein Ausländer aus der Nichtbeantragung der Verlängerung seiner Duldung einen tatsächlichen oder rechtlichen Vorteil ziehen kann.

107 Eine weitere Ermächtigungsgrundlage zur Verfügung von Maßnahmen gegen vollziehbar ausreisepflichtige Ausländer, die auch räumliche Beschränkungen zum Inhalt haben können, findet sich in § 46 Abs. 1 AufenthG. Die Norm ermächtigt die Ausländerbehörde, Maßnahmen zur Ausreise zu treffen einschließlich der Verpflichtung zur Wohnsitznahme an einem bestimmten Ort. Im Grundsatz ist die Vorschrift neben § 61 AufenthG anwendbar, sofern dort Regelungen nicht unmittelbar durch das Gesetz getroffen werden, sondern die Ausländerbehörde zum Handeln ermächtigt wird.[197]

II. Räumliche Beschränkung des Aufenthalts

108 § 61 AufenthG ordnet in **Abs. 1 und Abs. 1a** eine **räumliche Beschränkung des Aufenthalts vollziehbar ausreisepflichtiger Ausländer kraft Gesetzes** an und eröffnet der Ausländerbehörde die Möglichkeit, diese gesetzliche Folge im Einzelfall zu modifizieren. **Abs. 1b** trifft eine ihrem vollständigen Inhalt nach nur schwer zu erfassende Bestimmung über das Erlöschen der gesetzlichen Verpflichtungen. In **Abs. 1c** wird der Ausländerbehörde Ermessen zur Verhängung einer **räumlichen Beschränkung im Einzelfall** eröffnet, in einigen Fällen ist sogar eine „Soll-Regelung" zur Verfügung einer solchen Beschränkung vorgesehen. **Abs. 1d** schließlich sieht nicht nur eine räumliche Beschränkung, sondern eine präzise Wohnsitzauflage für den Fall der fehlenden Lebensunterhaltssicherung eines vollziehbar ausreisepflichtigen Ausländers vor.

1. Räumliche Beschränkungen kraft Gesetzes

109 Der Aufenthalt eines vollziehbar ausreisepflichtigen Ausländers ist zunächst kraft Gesetzes räumlich auf das Gebiet des Landes beschränkt (§ 61 Abs. 1 AufenthG), wobei damit das

---

[196] BVerwG Urt. v. 19.3.1996 – 1 C 34.93, BVerwGE 100, 335.
[197] *Funke-Kaiser* in GK-AufenthG § 61 Rn. 15; *Hörich/Hruschka* in BeckOK AuslR AufenthG § 46 Rn. 2–2.1.

Bundesland gemeint ist, in dem der Ausländer bei Eintritt der vollziehbaren Ausreisepflicht seinen Wohnsitz oder gewöhnlichen Aufenthalt (vgl. jeweils § 30 Abs. 3 S. 1 SGB I) hatte oder aufgrund anderweitiger Regelungen zu nehmen hatte.[198] Wird eine illegal eingereiste Person das erste Mal im Bundesgebiet angetroffen und damit „behördenkundig", so ist das Land, auf das sie nach § 15a AufenthG verteilt worden ist, dasjenige, auf dessen Gebiet der Aufenthalt beschränkt ist. Erteilt eine Ausländerbehörde eine Duldung nach § 60a Abs. 2 AufenthG, gilt die Aufenthaltsbeschränkung für das Land, in dem die Ausländerbehörde tätig wird.

Die gesetzliche Aufenthaltsbeschränkung kann nur **unter den Voraussetzungen von** **§ 61 Abs. 1 S. 2 und 3 AufenthG abgeändert** werden. Liegen diese Voraussetzungen nicht vor, bleibt es zwingend bei der gesetzlichen Rechtsfolge. Dies ist unter Aspekten der Verhältnismäßigkeit mit Blick auf die vollziehbare Ausreisepflicht als Tatbestandsvoraussetzung und der zeitlichen Befristung auf drei Monate nach § 61 Abs. 1c AufenthG (→ Rn. 115) verfassungsrechtlich unproblematisch.[199] 110

Im Ermessensweg kann die zuständige Ausländerbehörde von der räumlichen Beschränkung abweichen, wenn der Betroffene bereits zur Ausübung einer Beschäftigung ohne Vergleichbarkeitsprüfung berechtigt ist (§ 39 Abs. 2 S. 1 Nr. 1 AufenthG). Dann ist der Aufenthalt auf die Länder zu beschränken, in denen sich der Betroffene zur Ausübung seiner Erwerbstätigkeit aufhalten muss.[200] Entsprechendes dies für den Schulbesuch – gleich welchen allgemeinbildenden Typs – und für die betriebliche Aus- und Weiterbildung sowie das Studium an einer staatlichen oder staatlich anerkannten Hochschule oder vergleichbaren Ausbildungseinrichtung erforderlich ist. 111

Nach § 61 Abs. 1 S. 3 AufenthG ist als weiterer ermessenseröffnender Gesichtspunkt die **Aufrechterhaltung der Familieneinheit** bezeichnet. Das Ermessen der Ausländerbehörde ist unionsrechtlich erheblich eingeschränkt, da Art. 14 Rückführungs-RL vorgibt, dass die Aufrechterhaltung der Familieneinheit mit den in demselben Hoheitsgebiet (der Mitgliedstaaten) aufhältigen Familienangehörigen soweit wie möglich zu beachten ist. Auch erst neu entstehende familiäre Bindungen sind hier trotz des engen Wortlauts „Aufrechterhaltung" mit Blick auf Art. 7 GRCh, Art. 6 GG zu beachten,[201] wobei beim Ermessen die voraussichtliche Dauer des Getrenntlebens und dessen Zumutbarkeit entscheidungstragend in das Zentrum der Überlegung gerückt werden darf. 112

In Abs. 1a ist eine eigenständige Regelung der Konsequenzen der gescheiterten Abschiebung (§ 60a Abs. 2a AufenthG) getroffen worden. Scheitert die Abschiebung und kommt es zu der lediglich einwöchigen Duldung nach § 60a Abs. 2a AufenthG, greift – nur in dieser Woche – eine räumliche Beschränkung auf den Bezirk der Ausländerbehörde, wobei damit die örtlich zuletzt zuständige untere Ausländerbehörde gemeint ist.[202] 113

Die gesetzlichen **Aufenthaltsbeschränkungen** nach Abs. 1 und Abs. 1a **erlöschen** nach **Abs. 1b,** wenn sich der Ausländer seit drei Monaten ununterbrochen erlaubt, geduldet oder gestattet im Bundesgebiet aufhält. Soweit diese Bestimmung teilweise dahingehend kritisiert wird, dass sie ins Leere gehe, weil der Erlöschenstatbestand systemwidrig auch Fälle des erlaubten oder gestatteten Aufenthalts in den Blick nehme, die bereits für sich zur Unanwendbarkeit des § 61 führten,[203] wird übersehen, dass dem Gesetzgeber vorschwebte, alle vollziehbar ausreisepflichtigen Personen, die eine Duldung innehaben und insgesamt noch nicht in Addition ihrer Aufenthaltszeiten[204] drei Monate erlaubt, geduldet oder gestattet im Bundesgebiet sind, von der gesetzlichen Aufenthaltsbeschränkung auszunehmen.[205] Das 114

---

[198] *Funke-Kaiser* in GK-AufenthG § 61 Rn. 20.
[199] *Kluth* in BeckOK AufenthG § 61 Rn. 10.
[200] *Funke-Kaiser* in GK-AufenthG § 61 Rn. 68.
[201] *Dollinger* in Bergmann/Dienelt AufenthG § 61 Rn. 10.
[202] *Funke-Kaiser* in GK-AufenthG § 61 Rn. 75.
[203] *Funke-Kaiser* in GK-AufenthG § 61 Rn. 7; *Dollinger* in Bergmann/Dienelt AufenthG § 61 Rn. 3.
[204] *Keßler* in NK-AuslR AufenthG § 61 Rn. 18.
[205] S. BT-Drs. 18/3144, 10.

bedeutet, dass nicht bei jedem Eintritt einer vollziehbaren Ausreisepflicht eine Aufenthaltsbeschränkung eintritt, die nach drei Monaten erlischt, sondern nur bei solchen Personen, die am Tag des Eintritts der vollziehbaren Ausreisepflicht über keine durchgängige, dreimonatige Phase des geduldeten, gestatteten und/oder erlaubten Aufenthalts verfügen. Die Bestimmung geht daher nicht weitgehend ins Leere, sondern sichert, dass **§ 61 Abs. 1 AufenthG**, der gesetzgeberischen Absicht entsprechend, einen **sehr eingeschränkten Anwendungsbereich** hat, was die Verhältnismäßigkeit der Vorschrift sichert.

2. Beschränkungen kraft behördlicher Anordnung

115 In **Abs. 1c S. 1** werden drei Fälle genannt, in denen die Ausländerbehörde unabhängig von der Frage, ob eine gesetzliche Aufenthaltsbeschränkung bestand und schon wieder erloschen ist, **räumliche Beschränkungen in Ausübung pflichtgemäßen Ermessens** verfügen kann. Dies sind die rechtskräftige Verurteilung wegen einer Straftat, es sei denn, der Tatbestand kann nur von Ausländern verwirklicht werden (Nr. 1), Tatsachen die die Schlussfolgerung rechtfertigen, dass der Ausländer gegen das BtMG verstoßen hat (Nr. 2) und der Fall, bei dem konkrete Maßnahmen zur Aufenthaltsbeendigung bevorstehen (Nr. 3).

116 Der Tatbestand von **Nr. 1** ist von einer erheblichen Weite, weil auch **jede** Verurteilung wegen einer fahrlässig begangenen **Straftat** erfasst wird und keine Abstufung nach der Strafhöhe erfolgt. Deshalb ist hier bei der Ermessensausübung besonders sorgfältig vorzugehen. Ziel der Maßnahme kann nur die Abwehr einer Gefährdung für die öffentliche Sicherheit oder Ordnung sein, diese muss konkret festgestellt werden.[206] Die Aufenthaltsbeschränkung darf **nicht als Zweitsanktion** eingesetzt werden.[207] Es bedarf einer hinreichend gewichtigen Wiederholungsgefahr, der durch eine räumliche Beschränkung erfolgreich begegnet werden kann.[208]

117 Der **Verdacht des Verstoßes gegen das BtMG** iSd Nr. 3 („wenn Tatsachen die Schlussfolgerung rechtfertigen") berechtigt die Ausländerbehörde ebenfalls zum Tätigwerden. Auch hier darf mit der räumlichen Beschränkung allein die Abwehr zukünftiger Betäubungsmittelkriminalität verfolgt werden.[209] Für das Vorliegen des Tatbestands sind eine Vielzahl von Faktoren zu bewerten. Weder ist es notwendig, dass die Tatsachen keinen anderen Schluss zulassen, noch begründen bloße Mutmaßungen die erforderliche Rechtfertigung.[210] Da es hier – anders als bei § 54 Abs. 1 Nr. 2 AufenthG (→ § 7 Rn. 86 ff.) – um die Begehung von Straftaten geht, liegt es nahe, den Tatbestand erst dann als erfüllt anzusehen, wenn ein hinreichender Tatverdacht iSd § 170 Abs. 1 StPO vorliegt.

118 Für die **konkreten Maßnahmen zur Aufenthaltsbeendigung iSd Nr. 3** muss der beabsichtigte Vollzug der Abschiebung bereits ins Werk gesetzt sein. Es ist hier auf den Katalog aus § 60c Abs. 2 Nr. 5 AufenthG (→ Rn. 89) zur Umschreibung der wortgleichen Regelung im Bereich der Ausbildungsduldung abzustellen.[211]

119 Die Ausländerbehörde darf den Umfang der räumlichen Beschränkung nach Abs. 1c S. 1 nach ihrem Ermessen bestimmen. Hierbei hat sie die Auswirkungen auf das tägliche Leben des Ausländers und seiner Familienangehörigen, das Ziel ihrer Maßnahme und die voraussichtliche Dauer des fortbestehenden Aufenthalts in den Blick zu nehmen. Die Beschränkung kann im Grundsatz bis auf das Gebiet einer Gemeinde hin erfolgen,[212] hingegen berechtigt § 61 Abs. 1c AufenthG wohl nicht zur Vorgabe der Wohnsitznahme in einer bestimmten Unterkunft.[213]

---

[206] Deshalb greift die Prüfung zu kurz bei OVG Bautzen Beschl. v. 14.9.2015 – 3 B 232/15, BeckRS 2016, 42217.
[207] *Keßler* in NK-AuslR AufenthG § 61 Rn. 21.
[208] *Dollinger* in Bergmann/Dienelt AufenthG § 61 Rn. 16.
[209] *Keßler* in NK-AuslR AufenthG § 61 Rn. 23.
[210] *Funke-Kaiser* in GK-AufenthG § 61 Rn. 37.
[211] *Dollinger* in Bergmann/Dienelt AufenthG § 61 Rn. 18.
[212] *Dollinger* in Bergmann/Dienelt AufenthG § 61 Rn. 14.
[213] AA *Dollinger* in Bergmann/Dienelt AufenthG § 61 Rn. 14.

Abs. 1c S. 2 sieht eine im Regelfall gebundene Entscheidung der Ausländerbehörde 120 („soll") zur Aufenthaltsbeschränkung auf ihren Bezirk in Fällen vor, wenn der Ausländer die der Abschiebung entgegenstehenden Gründe durch vorsätzlich falsche Angaben oder durch eigene Täuschung über seine Identität oder Staatsangehörigkeit selbst herbeiführt oder zumutbare Anforderungen an die Mitwirkung bei der Beseitigung von Ausreisehindernissen nicht erfüllt. Es fällt auf, dass hier im Präsens formuliert wird, sodass **die Täuschung oder fehlende Mitwirkung aktuell noch fortbestehen** muss. Ein nur in der Vergangenheit liegendes Verhalten, wirkt es auch immer noch fort, ist nicht ausreichend. Dies entspricht auch dem Zweck der Regelung, die sicherstellen soll, dass die nicht mitwirkenden oder täuschenden Ausländer enger an den Bezirk der Ausländerbehörde gebunden werden, damit sie für Mitwirkungshandlungen leichter erreichbar sind.[214]

Die Ausländerbehörde muss eine im Grundsatz unbefristet zulässige Anordnung nach 121 Abs. 1c durchgängig unter Kontrolle halten und sie gegebenenfalls von Amts wegen oder auf Antrag modifizieren oder aufheben, wenn sie unverhältnismäßig geworden ist, ihr Ziel erreicht ist, das Ziel nicht mehr erreichbar erscheint oder der Tatbestand nicht mehr erfüllt ist, etwa bei der nachgewiesenen Aufgabe einer Täuschung über die Identität, wenn und weil nunmehr die Identität erwiesen ist.

3. Wohnsitzauflage (Abs. 1d)

Ist der Lebensunterhalt iSd § 2 Abs. 3 AufenthG einer vollziehbar ausreisepflichtigen 122 Person nicht gesichert, so ist diese kraft Gesetzes verpflichtet, an einem bestimmten Ort ihren gewöhnlichen Aufenthalt zu nehmen, § 61 Abs. 1d AufenthG. Aus der **Wohnsitzauflage folgt keine räumliche Beschränkung für den Aufenthalt**. Sinn der Regelung ist es, eine **gerechte Verteilung der Sozialkosten** zwischen den Ländern und auch den Kommunen zu erreichen.[215] Ergeht keine Einzelfallentscheidung, so ist der Wohnort durch den Ort bestimmt, an dem der Ausländer zum Zeitpunkt der ersten Duldungserteilung gewohnt hat. Auf Antrag oder auch von Amts wegen kann diese Wohnsitzauflage geändert werden. Hierbei sind insbesondere die Grundrechte des Ausländers aus Art. 6 GG, Art. 8 EMRK zu berücksichtigen.

III. Andere Bedingungen und Auflagen (§ 61 Abs. 1e und 1f AufenthG)

Auch wenn hier von Bedingungen und Auflagen die Rede ist, geht es, anders als bei 123 Bedingungen oder Auflagen nach § 36 VwVfG, nicht oder jedenfalls nicht in erster Linie um Nebenbestimmungen iSd Verwaltungsverfahrensrechts.[216] Nicht erlaubt sind auf der Grundlage dieser Vorschriften weitere räumliche Aufenthaltsbeschränkungen, sonst wäre der ausdifferenzierte, dennoch recht weit reichende Tatbestand des Abs. 1c überflüssig.[217]

Der mit Wirkung zum 21.8.2019 neu eingefügte **Abs. 1e** ermöglicht Auflagen zur 124 Sicherung und Durchsetzung der Ausreisepflicht bei **unmittelbar bevorstehenden konkreten Maßnahmen der Aufenthaltsbeendigung**. Insbesondere sind hier, was sich aus S. 2 der Regelung ergibt, Meldeauflagen gemeint, mit denen ein Untertauchen schneller festgestellt werden kann. Die Ermächtigung tritt grundsätzlich neben die Möglichkeit, nach § 46 Abs. 1 AufenthG vorzugehen, allein schließt sie aus, dass über § 46 Abs. 1 AufenthG engere Meldeintervalle verfügt werden.[218]

Nach § 61 Abs. **1f** AufenthG können weitere Bedingungen und Auflagen angeordnet wer- 125 den. In Betracht kommt zB die Verpflichtung, für die Rückreisekosten Geld anzusparen.[219]

---

[214] BT Drs. 18/11456, 22.
[215] BT-Drs. 18/3144, 10.
[216] *Kluth* in BeckOK AuslR AufenthG § 61 Rn. 30.
[217] *Funke-Kaiser* in GK-AufenthG § 61 Rn. 78.
[218] OVG Lüneburg Beschl. v. 23.12.2019 – 13 ME 353/19, BeckRS 2019, 33219.
[219] *Dollinger* in Bergmann/Dienelt AufenthG § 61 Rn. 28.

Ebenso ermöglicht Abs. 1f, Ausländer zu verpflichten, in Ausreiseeinrichtungen nach Abs. 2 zu wohnen.[220] Bei allen Verpflichtungen ist das **Ziel der Maßnahme,** das nicht die Sanktionierung bisherigen Verhaltens sein darf, genau zu definieren und im Rahmen der **Prüfung der Erforderlichkeit** kritisch in den Blick zu nehmen. Sie darf nicht schikanös sein.[221]

IV. Ausreiseeinrichtungen (Abs. 2)

126 Mit **Ausreiseeinrichtungen,** zu deren Einrichtung die Länder nach Abs. 2 ermächtigt werden, soll durch Betreuung und Beratung die Bereitschaft zur freiwilligen Ausreise gefördert, die Erreichbarkeit für Behörden und Gerichte gewährleistet sowie die Durchführung der Ausreise gesichert werden. Es geht dabei um offene Einrichtungen, nicht um Gewahrsamseinrichtungen. Abs. 2 setzt voraus, dass die Wohnsitznahme dort über Abs. 1f geregelt werden kann, sonst beträfe die Ausreiseeinrichtung nur Fälle des Abs. 1d, was nicht gemeint sein kann.

C. Ausländerrechtliche Haftung Dritter (§§ 63 bis 68 AufenthG)

127 Die Vorschriften über die ausländerrechtliche Haftung Dritter sind Teil eines Maßnahmenpakets zur Steuerung der Zuwanderung, durch das die illegale Einreise von Ausländern in die Bundesrepublik verhindert werden soll.[222] Um dieses Ziel zu erreichen bedient sich der Gesetzgeber privater Dritter, denen er bestimmte Aufgaben und Pflichten überträgt und die er im Fall der Zuwiderhandlung zur Kostenhaftung heranzieht, ohne sie jedoch mit hoheitlichen Befugnissen auszustatten.[223] Die ausländerrechtlichen Vorschriften der §§ 63 bis 65 AufenthG richten sich an Beförderungsunternehmer (→ Rn. 128 ff.) und an die Unternehmer eines Flughafengeländes (→ Rn. 144 ff.). Nach Maßgabe der §§ 66 ff AufenthG können weitere Personen zur Kostenhaftung herangezogen werden, wenn sie Kosten veranlasst (→ Rn. 147 ff.) oder sich zur Kostenübernahme verpflichtet haben (→ Rn. 160 ff.).

I. Pflichten der Beförderungsunternehmer (§§ 63, 64 AufenthG)

128 Beförderungsunternehmer werden verpflichtet, Ausländer nicht ohne die erforderlichen Einreisedokumente in das Bundesgebiet zu befördern (**Beförderungsverbot,** § 63 AufenthG) bzw. zurückgewiesene Ausländer unverzüglich aus dem Bundesgebiet zu bringen (**Rückbeförderungspflicht,** § 64 AufenthG).

1. Völkerrechtliche und europarechtliche Vorgaben

129 Die §§ 63, 64 AufenthG setzen die europäischen Vorgaben aus Art. 26 des Schengener Durchführungsübereinkommens (SDÜ)[224] und aus Art. 4 RL 2001/51/EG [225] bzw. aus Art. 5 Abs. 3 des Schengener Grenzkodex (SGK)[226] um, die die Mitgliedstaaten verpflichten, Beförderungsunternehmern zu sanktionieren, die Drittausländer ohne die er-

---

[220] VG Schleswig Beschl. v. 20.8.2019 – 1 B 78/19, BeckRS 2019, 19098.
[221] OVG Schleswig Beschl. v. 21.12.2017 – 4 MB 93/17, BeckRS 2017, 137143.
[222] *Dörig* NVwZ 2006, 1337 (1337).
[223] Zur Indienstnahme privater Dritter für öffentliche Zwecke: BVerfG Beschl. v. 16.3.1971 – 1 BvR 52/66, NJW 1971, 1255.
[224] Übereinkommen v. 19.6.1990, BGBl. 1993 II 1013.
[225] RL 2001/51/EG v. 28.6.2001, ABl. L 187 v. 10.7.2001, 45.
[226] VO (EU) 2016/399 des Europäischen Parlaments und des Rates v. 9.3.2016 über einen Gemeinschaftskodex für das Überschreiten der Grenzen durch Personen (Abl. L 77, 1).

forderlichen Reisedokumente über eine Außengrenze in den Schengen-Raum verbringen.[227]

Die Schengener Abkommen, die in den Rechtsrahmen der Europäischen Union einbezogen sind, garantieren den Bürgern der Schengen-Staaten das Recht auf unbeschränkte Reise- und Bewegungsfreiheit, indem sie die Personenkontrollen an den Binnengrenzen abschaffen und die Kontrollen an den Außengrenzen stärken.[228] Soweit § 63 AufenthG die zwangsgeldbewehrte Pflicht des Beförderungsunternehmers aufstellt, die Reisedokumente seiner Passagiere im Linienverkehr über eine **Schengen-Binnengrenze** zu kontrollieren, liegt ein Verstoß gegen Art. 67 Abs. 2 AEUV und Art. 21 SGK vor.[229] Wie der EuGH auf ein Vorabentscheidungsersuchen des BVerwG klargestellt hat,[230] handelt es sich bei der von dem Beförderungsunternehmer vorzunehmenden Kontrolle zwar nicht um eine Grenzübertrittskontrolle iSd Art. 20 SGK, da sie bei Reiseantritt innerhalb des Hoheitsgebiets des Mitgliedstaates und nicht an der Binnengrenze vorgenommen wird. Es liegt aber eine Maßnahme gleicher Wirkung iSd Art. 21 SGK vor. Denn weder die räumliche Vorverlagerung der Kontrolle noch die Delegation auf private Dritte können darüber hinwegtäuschen, dass die nach § 63 AufenthG durchzuführende Kontrolle durch die Überschreitung der Binnengrenze ausgelöst wird und dass sie Personen systematisch an der Einreise in den anderen Mitgliedstaat hindern soll, wenn sie nicht über die erforderlichen Reisedokumente verfügen. Eine andere Bewertung würde nach Ansicht des EuGH zu einer Umgehung des in Art. 20 SGK normierten Verbots von Grenzübertrittskontrollen führen und die Vorschrift ihrer praktischen Wirksamkeit berauben.

2. Verfassungsrecht

Das **Beförderungsverbot** gemäß § 63 AufenthG ist nach der Rechtsprechung des BVerwG auf Asylsuchende anwendbar und verstößt nicht gegen den objektiven Wertgehalt des Grundrechts auf Asyl aus **Art. 16a Abs. 1 GG**.[231] In seinem Kerngehalt schützt das Recht auf Asyl den politisch Verfolgten vor der Zurückweisung bzw. Abschiebung in den Verfolgerstaat.[232] Art. 16a GG ist ein „**territorialgebundenes Recht**",[233] das Asylsuchenden erst dann Schutz vor politischer Verfolgung bietet, wenn sie sich im bzw. an der Grenze zum Bundesgebiet befinden. Es besteht kein im Herkunftsland einsetzender Anspruch auf ungehinderten Zugang zu dem Bestimmungsland des Asylsuchenden.[234] Auch das Unionsrecht verpflichtet EU-Mitgliedstaaten nicht, Personen, die sich in ihr Hoheitsgebiet über eine Schengen-Außengrenze begeben möchten, um dort Asyl zu beantragen, ein humanitäres Visum (§ 61 Nr. 1 AufenthG) zu erteilen.[235] Den Gewährleistungen aus Art. 16a Abs. 1 GG sind damit naturgemäß Schranken gesetzt. Die aus dem Beförderungsverbot folgende Pflicht der Privaten zur Kontrolle der Einreisedokumente ist Ausdruck dieser Schranken und stellt kein unüberwindbares Hindernis dar, das zu einer Aushöhlung des Asylrechts führen könnte.[236]

---

[227] Ähnliche Pflichten sind im Anhang 9 des Chicagoer Abkommens über die Internationale Zivilluftfahrt (ICAO) v. 7.12.1944 (BGBl. 1956 II 411/934) enthalten, vgl. *Dörig* NVwZ 2006, 1337 (1338).
[228] Zum Schengen-Acquis: *Winkelmann* ZAR 2010, 213–218; *Dörig* ZAR 2010, 270–278.
[229] EuGH Urt. v. 13.12.2018 – C-412/17, NVwZ 2019, 950 – Touring Tours und Travel GmbH/Sociedad de Transportes SA.
[230] BVerwG Vorlagebeschl. v. 1.6.2017 – 1 C 23/16, BeckRS 2017, 116739.
[231] BVerwG Urt. v. 16.12.2004 – 1 C 30/03, NVwZ 2005, 819 (819). Die in der dem Vorlagebeschl. v. 14.4.1992 – 1 C 48/89, NVwZ 1992, 682 (684 f.) zum Ausdruck gebrachten verfassungsrechtlichen Bedenken – im Anschluss an BVerfG Beschl. v. 2.12.1997 – 2 BvL 55/92, NVwZ 1998, 606 f. – aufgegeben.
[232] BVerwG Urt. v. 7.10.1975 – I C 46.69, NJW 1976, 490 (491).
[233] BVerwG Urt. v. 26.6.1984 – 9 C 196/83, NJW 1984, 2782 (2782).
[234] *Hailbronner* AuslR AufenthG § 63 Rn. 7.
[235] EuGH Urt. v. 7.3.2017 – C-638/16, ZAR 2017, 134–137. Zu dieser Entscheidung: *Kluth* ZAR 2017, 105–109; *Welte* ZAR 2017, 220.
[236] So auch *Ott* in GK-AufenthG § 63 Rn. 29. AA: *Geyer* in NK-AuslR AufenthG § 63 Rn. 7; *Selk* NVwZ 1993, 144.

132 Auch die **Rückbeförderungspflicht** gemäß § 64 AufenthG steht im Einklang mit Art. 16a GG, denn sie richtet sich an den ausreisepflichtigen Ausländer und greift erst dann, wenn dieser Gelegenheit hatte, einen Asylantrag zu stellen, und ein Asylverfahren durchzuführen.[237]

133 Das Beförderungsverbot verletzt nicht die **Grundrechte des Beförderungsunternehmers** aus **Art. 12 Abs. 1 GG und Art. 2 Abs. 1 GG,** da der Eingriff in die Berufsausübung bzw. in die Vertragsfreiheit durch die verfolgten Allgemeinwohlbelange regelmäßig gerechtfertigt sein wird.[238] Auch eine Verletzung der Eigentumsgarantie gemäß **Art. 14 Abs. 1 GG** durch die Rückbeförderungspflicht scheidet aus, weil § 64 AufenthG Inhalt und Schranken des Eigentums in verhältnismäßiger Weise bestimmt.[239] Bei ausländischen Beförderungsunternehmen, die als juristische Person organisiert sind, wird in Hinblick auf Art. 19 Abs. 3 GG zudem zu prüfen sein, ob und inwieweit sie sich überhaupt auf den nationalen Grundrechtsschutz berufen können.[240]

3. Beförderungsunternehmer und Beförderungsleistung

134 Adressat des Beförderungsverbotes bzw. der Rückbeförderungspflicht ist der **Beförderungsunternehmer,** der im AufenthG allerdings nicht definiert wird. Nach Art. 2 Nr. 14 SGK bzw. Art. 1 SDÜ handelt es sich um eine natürliche oder juristische Person, die die Beförderung von Personen auf dem Luft-, See- oder Landweg gewerblich durchführt. Die **gewerbsmäßige Beförderung** meint eine auf Dauer angelegte und mit Gewinnerzielungsabsicht betriebene Betätigung.[241] Bloße Entgeltlichkeit genügt nicht.[242] Gewerbetreibende, die ausschließlich Gütertransporte durchführen, werden nach dieser Definition nicht erfasst.[243] Der Unternehmer muss die **Beförderungsleistung** selbst durchführen und nicht nur vermitteln.[244] Unerheblich ist die Art der Beförderung, denn das Verbot erfasst Beförderungen sowohl auf dem Luft- und Seeweg als auch auf dem Landweg. Nach wohl überwiegender Ansicht wird eine **willentliche Beförderung** verlangt mit der Folge, dass die Norm nicht auf Blinde Passagiere anwendbar ist.[245] Etwas anderes kann gelten, wenn der Beförderungsunternehmer keine zumutbaren Maßnahmen zur Verhinderung der Einreise Blinder Passagiere getroffen hat.[246]

4. Inhalt des Beförderungsverbots

135 Der Beförderungsunternehmer darf Ausländer nur in das Bundesgebiet befördern, wenn sie im Besitz eines erforderlichen Passes und Aufenthaltstitels iSd §§ 3, 4 AufenthG sind. Es handelt sich um ein unmittelbar wirkendes gesetzliches Verbot, das den Beförderungsunternehmer verpflichtet, **Verstöße gegen die Einreisebestimmungen soweit wie möglich zu vermeiden.**[247] Die Reichweite und der Umfang der ihm hieraus erwachsenden positiven Verhaltenspflichten werden im Gesetz nicht näher bestimmt.[248] Dem Beförderungsunternehmer kann das Verbot jedenfalls dann entgegengehalten werden, wenn er bei der im Verkehr erforderlichen Sorgfalt hätte erkennen können, dass der Passagier nicht über die er-

---

[237] *Hailbronner* AuslR AufenthG § 64 Rn. 12.
[238] *Hailbronner* AuslR AufenthG § 63 Rn. 12; *Kluth* in BeckOK AuslR AufenthG § 63 Rn. 8.
[239] BVerwG Urt. v. 23.11.1999 – 1 C 12/98, NVwZ-Beil. 2000, 65 (67).
[240] Zu dieser Problematik vgl. *Wernsmann* NZG 2011, 1241 ff.
[241] BVerwG Urt. v. 24.2.1956 – I C 245.54, NJW 1956, 1004.
[242] *Ott* in GK-AufenthG § 64 Rn. 61.
[243] *Geyer* in NK-AuslR AufenthG § 64 Rn. 5. Für die Einbeziehung des Gütertransportunternehmers aber: *Ott* in GK-AufenthG § 64 Rn. 62; *Kluth* in BeckOK AuslR AufenthG § 63 Rn. 10.
[244] *Kluth* in BeckOK AuslR AufenthG § 64 Rn. 4 und 5.
[245] *Kluth* in BeckOK AuslR AufenthG § 63 Rn. 12 und § 64 Rn. 5; *Ott* in GK-AufenthG § 64 Rn. 66; *Hailbronner* AuslR AufenthG § 64 Rn. 19. AA *Westphal* ZAR 2000, 218 (221).
[246] *Hailbronner* AuslR AufenthG § 64 Rn. 19.
[247] BVerwG Urt. v. 21.1.2003 – 1 C 5/02 NVwZ 2003, 1271 (1272).
[248] Zur hinreichenden Bestimmtheit nicht spezifizierter Unterlassungsmaßnahmen: BVerfG NJW 1996, 2567 (2567).

forderlichen Einreisedokumente verfügt. Er hat zumutbare Kontrollmaßnahmen durchzuführen und bei den Kontrollen geschultes Personal einzusetzen.[249] Es dürfen aber keine rechtlich oder tatsächlich unerfüllbaren Anforderungen gestellt werden.[250] Das Beförderungsverbot kann dem Unternehmer daher nicht entgegengehalten werden, wenn die Einreisedokumente gefälscht wurden und dies auch für geschultes Personal nicht erkennbar war.[251]

Gemäß § 63 Abs. 2 AufenthG kann gegen den Beförderungsunternehmer eine Verfügung ergehen, die ihm untersagt, Ausländer entgegen § 63 Abs. 1 AufenthG, dh ohne erforderlichen Pass oder ohne erforderlichen Aufenthaltstitel, in das Bundesgebiet zu befördern (**Untersagungsverfügung** – 1. Stufe). Hierdurch wird das unmittelbar durch Gesetz begründete Beförderungsverbot individualisiert und gleichzeitig die rechtliche Grundlage geschaffen, einen Verstoß gegen das Verbot durch die Androhung eines Zwangsgeldes (**Zwangsgeldandrohung** – 2. Stufe) und die Festsetzung eines Zwangsgeldes im Fall der Zuwiderhandlung (**Zwangsgeldfestsetzung** – 3. Stufe) zu ahnden.[252] Bei diesem mehrstufigen Verfahren ist zu beachten, dass eine bestandskräftige Entscheidung auf der nächsthöheren Stufe nicht mehr auf ihre Rechtmäßigkeit hin überprüft werden kann, da nur die Wirksamkeit und nicht auch die Rechtmäßigkeit der vorausgegangenen Akte für die Rechtmäßigkeit der nachfolgenden Vollstreckungsakte maßgeblich ist. Die Entscheidung entfaltet insoweit eine „**abschichtende Wirkung**".[253]

136

Zuständig für die Untersagungsverfügung und die Zwangsgeldandrohung sowie für die Festsetzung und Beitreibung des Zwangsgeldes ist das Bundesministerium des Inneren oder die von ihm bestimmte Stelle (§ 63 Abs. 2 S. 1 und § 63 Abs. 3 S. 2 AufenthG). Gemäß § 58 BPolG iVm § 1 Abs. 3 Nr. 1b BPolZV wurde die Zuständigkeit für zentral wahrzunehmende Aufgaben nach § 63 Abs. 2 bis Abs. 4 AufenthG der Bundespolizei übertragen.

137

In **verfahrensrechtlicher Hinsicht** erfordert die Untersagungsverfügung eine vorherige Anhörung des Beförderungsunternehmers, § 28 VwVfG.[254] In **materieller Hinsicht** setzt die Untersagungsverfügung als ungeschriebenes Tatbestandsmerkmal einen objektiven Verstoß gegen das Beförderungsverbot oder den begründeten Verdacht eines künftig drohenden objektiv verbotswidrigen Handelns voraus.[255] Die Untersagungsverfügung kann mit der Zwangsgeldandrohung verbunden werden. Ein Verschulden des Beförderungsunternehmers ist für die Androhung und Festsetzung des Zwangsgeldes nicht erforderlich. Denn wie das BVerwG in Anlehnung an seine Rechtsprechung zum polizeilichen Zwangsgeld herausgearbeitet hat, stellt das Zwangsgeld gemäß § 63 AufenthG keine strafähnliche (repressive) Sanktion für begangenes Unrecht dar, sondern hat ausschließlich eine **präventive (Beuge-) Wirkung** zur Vermeidung künftiger objektiver Rechtsverletzungen.[256]

138

Liegen die Voraussetzungen für eine Untersagungsverfügung bzw. Zwangsgeldandrohung vor, entscheidet die Behörde **nach pflichtgemäßem Ermessen** über die Androhung eines Zwangsgeldes und dessen Höhe, die sich innerhalb der Rahmenvorgaben des § 63 Abs. 3 AufenthG von mindestens 1.000 EUR und höchstens 5.000 EUR bewegen muss. Im Rahmen dieser Ermessensausübung ist die Schwere der begangenen Verstöße zu berücksichtigen und zu prüfen, ob die Beförderung durch zumutbare Kontrollmaßnahmen hätte vermieden werden können.[257] Eine besondere Bedeutung im Rahmen der Ermessensentscheidung können Vereinbarungen mit dem Beförderungsunternehmer nach Maß-

139

---

[249] *Hailbronner* AuslR AufenthG § 63 Rn. 18.
[250] BVerwG Urt. v. 21.1.2003 – 1 C 5/02, NVwZ 2003, 1271 (1273); *Dollinger* in Bergmann/Dienelt AufenthG § 63 Rn. 6.
[251] *Geyer* in NK-AuslR AufenthG § 63 Rn. 9; *Hailbronner* AuslR AufenthG § 63 Rn. 18.
[252] BVerwG Urt. v. 16.12.2004 – 1 C 30/03, NVwZ 2005, 819.
[253] BVerwG Urt. v. 16.12.2004 – 1 C 30/03, NVwZ 2005, 819; *Dörig* NVwZ 2006, 1337 (1339 f.).
[254] BT-Drs. 15/420, 92. Eine Abmahnung wird nach § 63 AufenthG – anders als im Fall der Vorgängervorschrift (§ 74 Abs. 3 AuslG 1990) – nicht mehr verlangt. Kritisch zu dieser Änderung: *Geyer* in NK-AuslR AufenthG § 63 Rn. 10.
[255] BVerwG Urt. v. 16.12.2004 – 1 C 30/03, NVwZ 2005, 819 (820).
[256] BVerwG Urt. v. 21.1.2003 – 1 C 5/02, NVwZ 2003, 1271 (1272).
[257] BT-Drs. 15/420, 92.

gabe des § 63 Abs. 4 AufenthG entfalten. Diese sogenannten „**Memoranda of Understanding**" entsprechen einem praktischen Bedürfnis nach individuellen Absprachen und können zB eine Toleranzquote für unerlaubte Einreisen vorsehen, bei deren Einhaltung keine Zwangsgelder festgesetzt werden.[258]

140 Gemäß § 63 Abs. 2 S. 2 AufenthG haben **Widerspruch und Klage** gegen die Untersagungsverfügung und die Zwangsgeldandrohung bzw. -festsetzung **keine aufschiebende Wirkung.**

5. Rückbeförderungspflicht

141 Die **verschuldensunabhängige Rückbeförderungspflicht gemäß § 64 Abs. 1 AufenthG** ist eine **Risikohaftung,** die auf dem **Verursacherprinzip** beruht.[259] Sie setzt nicht voraus, dass der Beförderungsunternehmer gegen § 63 Abs. 1 AufenthG verstoßen hat. Maßgeblich ist allein, dass der Ausländer an der Grenze zurückgewiesen wurde (§ 15 AufenthG) und dass die Einreise noch nicht beendet ist, dh dass der Ausländer die Grenze noch nicht überschritten und die Grenzübergangsstelle passiert hat (§ 13 Abs. 2 S. 1 AufenthG). Auf die Gründe und die Rechtmäßigkeit der Zurückweisung kommt es grundsätzlich nicht an.[260] Sie darf aber nicht offensichtlich rechtswidrig oder willkürlich erfolgt sein.[261] Teilweise wird aus dem Verhältnismäßigkeitsgrundsatz abgeleitet, dass eine Rückbeförderungspflicht auch dann entfällt, wenn die Zurückweisung des Ausländers an der Grenze für den Beförderungsunternehmer nicht vorhersehbar war.[262]

142 Liegen die Voraussetzungen des § 64 Abs. 1 AufenthG vor, hat der Beförderungsunternehmer den Ausländer unverzüglich, dh ohne schuldhaftes Zögern (§ 121 Abs. 1 S. 1 BGB) außer Landes zu bringen.[263] Auf Verlangen der Grenzbehörde hat er den Ausländer in den Staat zu bringen, der das Reisedokument ausgestellt hat oder aus dem er befördert wurde, oder in einen sonstigen Staat, in dem seine Einreise gewährleistet ist (§ 64 Abs. 3 AufenthG).

143 **§ 64 Abs. 2 AufenthG** erstreckt die Rückbeförderungspflicht auf Ausländer, die ohne die erforderlichen Einreisedokumente in das Bundesgebiet befördert werden, aber die bei der Einreise nicht zurückgewiesen werden, weil sie sich auf ihr Recht auf Asyl bzw. auf internationalen Schutz (§§ 3, 4 AsylG) oder auf das Vorliegen eines Abschiebungshindernisses berufen. Aus dem Wortlaut „nicht zurückgewiesen" wird gefolgert, dass die zuständige Grenzbehörde die Einreise ausdrücklich gestattet haben muss. Eine Rückbeförderungspflicht besteht demnach nicht, wenn der Ausländer die Grenzkontrolle umgangen hat.[264] Die Rückbeförderungspflicht gemäß § 64 Abs. 2 AufenthG beginnt mit dem Tag der Einreise und dauert drei Jahre lang. Der Ausländer erhält hierdurch Gelegenheit, ein Asylverfahren durchzuführen. Die Pflicht zur Rückbeförderung erlischt früher, wenn dem Ausländer ein Aufenthaltstitel nach dem AufenthG erteilt wird.

II. Pflichten des Flughafenunternehmers (§ 65 AufenthG)

144 Gemäß § 65 AufenthG hat der Unternehmer eines Flughafengeländes bis zum Vollzug der grenzpolizeilichen Entscheidung **geeignete Unterkünfte für die Unterbringung** von Ausländern bereitzustellen, die über den Flughafen einreisen wollen und nicht im Besitz der erforderlichen Dokumente sind. Hierdurch wird gewährleistet, dass die Ausländer bis

---

[258] BT-Drs. 15/420, 93.
[259] *Kluth* in BeckOK AuslR AufenthG § 64 Rn. 1; *Dollinger* in Bergmann/Dienelt AufenthG § 64 Rn. 2.
[260] BVerwG Urt. v. 23.11.1999 – 1 C 12/98, NVwZ-Beil. 2000, 65 (65).
[261] *Geyer* in NK-AuslR AufenthG § 64 Rn. 8.
[262] *Geyer* in NK-AuslR AufenthG § 64 Rn. 10 mit Beispielen; *Ott* in GK-AufenthG § 64 Rn. 88 ff.
[263] BVerwG Urt. v. 23.11.1999 – 1 C 12/98, NVwZ-Beil. 2000, 65 (66).
[264] Für eine analoge Anwendung des § 64 AufenthG im Fall des kollusiven Zusammenwirkens des Beförderungsunternehmers und des Ausländers zwecks Umgehung der Grenzkontrolle allerdings: *Hailbronner* AuslR AufenthG § 64 Rn. 35.

zum Abschluss des grenzpolizeilichen Verfahrens auf dem Flughafengelände verbleiben und im Fall der ablehnenden Entscheidung unmittelbar in den Staat des Abflughafens zurückgeführt werden können.[265] Die Einbindung des Unternehmers des Flughafengeländes ist erforderlich, da die für die Beförderung verantwortlichen Luftverkehrsgesellschaften zur Erfüllung dieser Aufgabe faktisch nicht in der Lage sind.[266]

Flughafenunternehmer im Sinne dieser Vorschrift ist jede natürliche oder juristische Person, die mit Genehmigung der Luftfahrtbehörde einen Flughafen im eigenen Namen betreibt.[267] Die Unterkünfte müssen sich **vor der grenzpolizeilichen Kontrollstelle** befinden.[268] Auf diese Weise wird verhindert, dass der Ausländer, der mit Verlassen des Flugzeuges das deutsche Hoheitsgebiet betritt und einen Asylantrag stellen kann, auch im Rechtssinne durch das Passieren der Grenzübergangsstellen in die Bundesrepublik einreist (§ 13 Abs. 2 AufenthG). Die Pflicht des Flughafenunternehmers bezieht sich nur auf die **Bereitstellung,** nicht auf den Betrieb entsprechender Unterkünfte. Diese gesetzliche Grundpflicht muss durch eine entsprechende Anordnung gegenüber dem Unternehmer konkretisiert werden.[269] **145**

§ 65 AufenthG regelt nicht, wer die **Kosten für die Bereitstellung** der Unterkünfte zu tragen hat. Wie der BGH klarstellt hat, dürfen die Kosten nicht endgültig bei den Unternehmern des Flughafengeländes verbleiben, weil sie nur **Vorleistungen gegenüber der öffentlichen Hand** getätigt haben.[270] Nach dem Willen des Gesetzgebers sollen die Kosten letztlich die Luftverkehrsgesellschaften tragen, die den Ausländer auf das Flughafengelände befördert haben.[271] Da diese Kosten aber nur durch Leistungsbescheid der zuständigen Behörde geltend gemacht werden können, scheidet ein unmittelbarer Kostenausgleich zwischen dem Flughafenbetreiber und den Luftverkehrsgesellschaften aus.[272] Es besteht vielmehr ein **Erstattungsanspruch** des Flughafenunternehmers gegenüber der öffentlichen Hand, wobei umstritten ist, ob richtiger Anspruchsgegner nach der allgemeinen Kompetenzregelung der Art. 30, 83 GG das jeweilige Bundesland ist oder ob die Kosten aufgrund des engen Zusammenhangs mit der Einreisekontrolle vom Bund zu tragen sind.[273] **146**

III. Kosten der Abschiebung (§§ 66, 67 AufenthG)

Die §§ 66, 67 AufenthG regeln die Voraussetzungen und den Umfang der Haftung Dritter für Kosten, die aufgrund der Durchsetzung einer räumlichen Beschränkung, Zurückschiebung oder Abschiebung eines Ausländers entstanden sind. Die Bestimmungen sind Ausdruck des **allgemeinen Veranlasserprinzips,** das in § 13 Abs. 1 Nr. 1 Verwaltungskostengesetz (VwKostG) idF vom 14.8.2013 zum Ausdruck kommt.[274] § 66 AufenthG erweitert die Haftung in Bezug auf einzelne Kostenschuldner während § 67 AufenthG die Rangfolge der Haftung präzisiert.[275] Nach Maßgabe des § 69 AufenthG umfasst die Kostenpflicht auch die für die ausländerrechtlichen Amtshandlungen entstandenen Gebühren und Auslagen.[276] **147**

---

[265] BGH Urt. v. 25.2.1999 – III ZR 155-97, NVwZ 1999, 801 (802).
[266] BT-Drs. 12/4450, 34.
[267] *Ott* in GK-AufenthG § 65 Rn. 6.
[268] BT-Drs. 12/4450, 34.
[269] *Geyer* in NK-AuslR AufenthG § 65 Rn. 1; *Ott* in GK-AufenthG § 65 Rn. 35.
[270] BGH Urt. v. 25.2.1999 – III ZR 155-97, NVwZ 1999, 801 (802).
[271] BT-Drs. 12/4450, 34.
[272] BGH Urt. v. 25.2.1999 – III ZR 155-97, NVwZ 1999, 801 (802).
[273] Für die Kostenpflicht des jeweiligen Bundeslandes: BGH Urt. v. 25.2.1999 – III ZR 155-97, NVwZ 1999, 801 (802 ff.); Kluth in BeckOK AuslR AufenthG § 65 Rn. 6. Für die Kostenpflicht des Bundes: Differenzierend: *Hailbronner* AuslR AufenthG § 65 Rn. 11; *Ott* in GK-AufenthG § 65 Rn. 15 ff.; *Dollinger* in Bergmann/Dienelt AufenthG § 65 Rn. 6.
[274] BT-Drs. 11/6321, 83.
[275] BVerwG Urt. v. 14.6.2005 – 1 C 15/04, NVwZ 2005, 1433 (1433).
[276] Zur Frage, ob eine Bearbeitungsgebühr vor Beendigung der Amtshandlung gefordert werden kann: OVG Münster, Beschl. 18.7.2019 – 9 E 531/19, BeckRS 2019, 16098.

1. Kostenschuldner

148 Gemäß § 66 Abs. 1 AufenthG trägt grundsätzlich der **Ausländer** die Kosten, die durch die Durchsetzung der aufenthaltsbeendenden Maßnahme entstanden sind. Nicht erforderlich ist, dass die Abschiebung erfolgreich war. Denn auch diese fruchtlosen Maßnahmen wurden von dem Kostenschuldner veranlasst und sind nach dem Sinn und Zweck der Bestimmung von ihm zu ersetzen.[277] **Daneben haften der Verpflichtungsschuldner,** der gegenüber der Behörde die Kostenübernahme erklärt hat (§ 66 Abs. 2 AufenthG), **und der Beförderungsunternehmer (§ 66 Abs. 3 AufenthG).** Die Haftung des Beförderungsunternehmers greift **verschuldensunabhängig** für die Kosten der Rückbeförderung und die Kosten, die mit der Ankunft des Ausländers bis zum Vollzug der Entscheidung über die Einreise entstehen.[278] Hat er schuldhaft gegen eine Verfügung nach § 63 Abs. 2 AufenthG verstoßen, muss er auch für die sonstigen Kosten der Zurückweisung oder Abschiebung einstehen.

149 Im Verhältnis zu den in § 66 Abs. 4 AufenthG genannten Schuldner haftet der **Ausländer** hingegen nur **nachrangig** (§ 66 Abs. 4 Nr. 5 AufenthG). Voraussetzung für die **Haftung des Arbeitgebers** gemäß § 66 Abs. 4 Nr. 1 AufenthG ist, dass ihn ein **Verschulden** trifft. Dies ist der Fall, wenn der Arbeitgeber den Ausländer beschäftigt hat, obwohl er nicht über den erforderlichen Aufenthaltstitel verfügt oder einem Verbot oder einer Beschränkung der Erwerbstätigkeit unterliegt. Der Arbeitgeber hat das Vorliegen dieser Voraussetzungen vor der Einstellung des Ausländers zu überprüfen.[279] Unerheblich für die Frage der Kostenhaftung ist die arbeitsrechtliche Wirksamkeit des Beschäftigungsverhältnisses. Maßgeblich ist allein, dass der Ausländer irgendeine abhängige, fremdbestimmte Arbeitsleistung gegen Entgelt erbracht hat.[280] Die Haftung des Arbeitgebers entfällt nach der **Exkulpationsvorschrift des § 66 Abs. 4a AufenthG,** wenn er seiner Pflicht zur Überprüfung der Anforderungen für die Beschäftigung des Ausländers gemäß § 3 Abs. 3 S. 4 und 5 AufenthG und den in dieser Norm konkretisierten Meldepflichten nachgekommen ist und keine Kenntnis davon hatte, dass der Aufenthaltstitel bzw. die Bescheinigung über die Aufenthaltsgestattung oder der Aussetzung der Abschiebung gefälscht waren. Eine Arbeitgeberhaftung scheidet auch dann aus, wenn kein sachlicher Zusammenhang zwischen der illegalen Beschäftigung und der späteren Aufenthaltsbeendigung besteht, zB wenn und soweit der Aufenthalt legalisiert wurde.[281] Nach Maßgabe der § 66 Abs. 4 AufenthG haften auch **Subunternehmer (Nr. 2),** wenn sie die unerlaubte Beschäftigung kannten oder kennen mussten, und der **Generalunternehmer (Nr. 3)** oder sonstige zwischengeschaltete Unternehmer, wenn sie positive Kenntnis von der illegalen Beschäftigung hatten. Gemäß § 66 Abs. 4 Nr. 4 AufenthG haftet schließlich die **Person, die den Ausländer in das Bundesgebiet eingeschleust und sich nach § 98 strafbar gemacht** hat; eine Verurteilung durch ein Strafgericht wird nicht vorausgesetzt.[282]

150 Die **Aufzählung der Kostenschuldner ist** nach der Rechtsprechung des BVerwG **nicht abschließend.**[283] Für die Heranziehung eines weiteren Kostenschuldners genügt aber nicht irgendein Kausalbeitrag bei der Begründung des illegalen Aufenthalts des Ausländers. Erforderlich ist vielmehr, dass der Dritte einen **Verursachungsbeitrag bei der Beendigung des illegalen Aufenthalts** geleistet hat. So hat das BVerwG eine (Mit-)Haf-

---

[277] VGH Kassel Beschl. v. 12.6.2012 – 5 A 388/12, BeckRS 2012, 53723; *Hailbronner* AuslR AufenthG § 66 Rn. 5. AA *Geyer* in NK-AuslR AufenthG § 66 Rn. 4.
[278] Zur Frage einer Haftungsbeschränkung durch den Grundsatz der Verhältnismäßigkeit: VGH Kassel Beschl. v. 22.1.2019 – 5 A 1223/18.Z, BeckRS 2019, 4407.
[279] *Funke-Kaiser* in GK-AufenthG § 66 Rn. 40.
[280] *Funke-Kaiser* in GK-AufenthG § 66 Rn. 27, 28.
[281] BVerwG Urt. v. 23.10.1979 – 1 C 48/75 NJW 1980, 1243 (1244).
[282] *Geyer* in NK-AuslR AufenthG § 66 Rn. 10.
[283] BVerwG Urt. v. 14.6.2005 – 1 C 15/04, NVwZ 2005, 1433 (1433). AA *Funke-Kaiser* in GK-AufenthG § 66 Rn. 4.

tung der Eltern für die Abschiebung ihres minderjährigen Kindes bejaht, da angesichts ihres Aufenthaltsbestimmungsrechts vermutet wird, dass sie es zu einer freiwilligen Ausreise hätten veranlassen können. Machen sie von ihrem Bestimmungsrecht keinen Gebrauch, so haben sie die notwendig gewordenen Abschiebemaßnahmen gegen ihr Kind mit veranlasst. Etwas anderes gilt, wenn die Eltern darlegen können, dass sie aufgrund besonderer Umstände nicht in der Lage waren, ihr Aufenthaltsbestimmungsrecht gegenüber dem ausreisepflichtigen Kind durchzusetzen.[284]

2. Umfang der Kostenhaftung (§ 67 AufenthG)

§ 67 AufenthG ist eine **spezialgesetzliche Regelung** zum Umfang der Kostenhaftung, die einen Rückgriff auf die allgemeinen Kostenvorschriften ausschließt. Erstattungspflichtig sind Kosten, die in sachlichem Zusammenhang mit der Abschiebung, Zurückweisung bzw. Zurückschiebung des Ausländers oder der Durchsetzung einer räumlichen Beschränkung stehen, nicht aber Kosten, die nur der Vorbereitung und dem Erlass der Grundverfügung dienen.[285] Im Einzelnen umfassen die **gemäß § 67 Abs. 1 AufenthG erstattungsfähigen Kosten** die Beförderungs- und sonstigen Reisekosten für den Ausländer innerhalb des Bundesgebiets und bis zum Zielort außerhalb des Bundesgebiets (Nr. 1), die bei der Vorbereitung und Durchführung der Maßnahme entstehenden Verwaltungskosten einschließlich der Kosten für die Abschiebungshaft und der Übersetzungs- und Dolmetscherkosten und die Ausgaben für die Unterbringung, Verpflegung und sonstige Versorgung des Ausländers (Nr. 2) sowie sämtliche durch eine erforderliche Begleitung des Ausländers entstehenden Kosten einschließlich der Personalkosten (Nr. 3). Für den gemäß § 66 AufenthG haftenden **Beförderungsunternehmer** besteht gemäß **§ 67 Abs. 2 AufenthG** eine **Privilegierung,** denn er haftet nicht für die Kosten einer Abschiebungshaft, da diese nicht unmittelbar auf den Verstoß gegen die Kontrollpflichten bei Reiseantritt zurückgeführt werden können.[286] Ferner kann er die Kosten verringern, wenn er die erforderliche Begleitung des Ausländers selbst übernimmt.

151

3. Kostenhaftung bei selbständig in Rechte des Ausländers eingreifenden Amtshandlungen

Nach der BVerwG-Rechtsprechung setzt die Kostenhaftung voraus, dass die zur Durchsetzung der Abschiebung ergriffenen Amtshandlungen, die selbstständig in Rechte des Ausländers eingreifen, rechtmäßig ergangen sind. Denn die Rechtsordnung kann keine Kostenerstattung für verselbständigte rechtswidrige Eingriffshandlungen von Dritten fordern, wenn sie aufgrund dieser gegenüber dem Ausländer zu einer Entschädigung oder zu Schadensersatz verpflichtet ist.[287] Steht die **Rechtmäßigkeit eines Erstattungsbescheids für die Kosten einer Abschiebehaft** in Streit, hat das Verwaltungsgericht die **Rechtmäßigkeit der Haftanordnung inzident zu prüfen.** Während für die rechtliche Beurteilung des Kostenbescheids die Sach- und Rechtslage bei Erlass der letzten behördlichen Entscheidung maßgeblich ist, kommt es für die Beurteilung der Rechtmäßigkeit der Haftanordnung auf die im Zeitpunkt der Maßnahme geltende Rechtslage an.[288] Einer solchen Inzidentkontrolle steht nicht entgegen, dass für die Anordnung der Haft auf Antrag der Verwaltungsbehörde das Amtsgericht zuständig ist (§ 106 Abs. 2 AufenthG iVm Buch 7 des Gesetzes über das Verfahren in Familiensachen und in den Angelegenheiten der freiwilligen Gerichtsbarkeit), denn das Verwaltungsgericht hat auch rechtswegfremde Vorfragen zu prüfen (§ 17 Abs. 2 S. 1 GVG). Ebenso wenig hindert die Rechtskraft der Entscheidung

152

---

[284] BVerwG Urt. v. 14.6.2005 – 1 C 15/04, NVwZ 2005, 1433 (1434).
[285] Zum Ganzen: VGH München Urt. v. 15.12.2003 – 24 B 03.1049, BeckRS 2004, 01668.
[286] *Funke-Kaiser* in GK-AufenthG § 67 Rn. 36 mit Verweis auf Empfehlung 3.57 Annex 9 des ICAO-Abkommens.
[287] BVerwG Urt. v. 16.10.2012 – 10 C 6/12, NVwZ 2013, 277 (279).
[288] BVerwG Urt. v. 10.12.2014 – 1 C 11/14, NVwZ 2015, 830 Rn. 8 ff.

eine inzidenten Überprüfung der Haftanordnung, denn die der ordentlichen Gerichtsbarkeit zugewiesenen Entscheidungen in Freiheitsentziehungssachen erwachsen nur in formelle und nicht in materielle Rechtskraft (§ 45 FamFG).[289]

153 Mangels Rechtswidrigkeitszusammenhang zwischen der Rückkehrentscheidung und dem Einreiseverbot hat das **Fehlen einer Entscheidung über ein Einreiseverbot oder dessen Befristung (§ 11 AufenthG)** keinen Einfluss auf die Rechtmäßigkeit der Abschiebung. Dies hat das BVerwG in seinem Urteil vom 21.8.2018 entschieden.[290] Zudem kann nach der Rechtsprechung des BVerwG ein Einreiseverbot, das allein auf einer gesetzlichen Anordnung basiert, nicht wirksam entstehen, weil das einschlägige Unionsrecht eine Entscheidung im Einzelfall erfordert. Der Gesetzgeber hat hieraus mit dem sog. Geordnete-Rückkehr-Gesetz im August 2019[291] die Konsequenz gezogen und in § 11 Abs. 1 AufenthG nF nun geregelt, dass das Einreiseverbot individuell durch Verwaltungsakt zu erlassen ist.

4. Kostenhaftung bei sonstigen Amtshandlungen

154 Für **Amtshandlungen** zur Durchführung einer Abschiebung, **die selbst nicht in die Rechte des Ausländers eingreifen** – etwa für unselbstständige Durchführungsakte wie die Buchung eines Flugs zur Durchführung der Abschiebung oder die Begleitung des Ausländers bei der Rückführung –, haftet der Kostenschuldner auch dann, wenn sie objektiv rechtswidrig waren – es sei denn die Amtshandlung war offenkundig rechtswidrig und die Kosten wären bei richtiger Behandlung der Sache nicht entstanden.[292]

155 Eine **Abschiebung oder Ausweisung des Ausländers ohne das gemäß § 72 Abs. 4 S. 1 AufenthG erforderliche Einvernehmen der Staatsanwaltschaft** verletzt den Ausländer nicht in seinen Rechten und steht einer Heranziehung Dritter zur Erstattung der anlässlich seiner Abschiebung entstandenen Beförderungskosten nicht entgegen.[293] Gemäß § 72 Abs. 4 S. 1 AufenthG darf der Aufenthalt eines Ausländers, gegen den öffentliche Klage erhoben oder ein strafrechtliches Ermittlungsverfahren eingeleitet wurde, nur im Einvernehmen mit der zuständigen Staatsanwaltschaft beendet werden. Hierdurch wird sichergestellt, dass die Strafverfolgung nicht vereitelt wird. Ein Schutz des Ausländers vor ausländerbehördlichen Maßnahmen ist nicht beabsichtigt. Die BGH-Entscheidung, wonach sich der Ausländer beim Fehlen des erforderlichen Einvernehmens der Staatsanwaltschaft erfolgreich gegen die Anordnung von Abschiebungshaft wenden kann,[294] führt zu keinem anderen Ergebnis. Denn wie das BVerwG in seiner Entscheidung vom 14.12.2016 bekräftigt hat, knüpft die BGH-Rechtsprechung an die Rechtmäßigkeit der Inhaftierung und an den mit ihr verbundenen Eingriff in das Freiheitsgrundrecht des Ausländers (Art. 2 Abs. 2, 104 Abs. 1 GG), an den hohe Anforderungen zu stellen sind. Sie ist nicht auf die ausländerbehördliche Abschiebung übertragbar, denn die Abschiebung stellt keine Freiheitsentziehung iSd Art. 104 Abs. 1 S. 1 GG dar, sondern greift nur in die allgemeine Handlungsfreiheit (Art. 2 Abs. 1 GG) ein. Der Betroffene kann sich gegen die Abschiebung daher nur wenden, wenn sie ihn in einem subjektiven Recht verletzt. Das gesetzliche Beteiligungserfordernis dient aber allein der Wahrung des staatlichen Strafverfolgungsinteresses und damit rein objektiven Interessen.[295]

---

[289] BVerwG Urt. v. 10.12.2014 – 1 C 11/14, NVwZ 2015, 830 Rn. 15 ff.
[290] BVerwG Urt. v. 21.8.2018 – 1 C 21.17, ZAR 2019, 116 (117).
[291] BGBl. I 1294.
[292] BVerwG Urt. v. 16.10.2012 – 10 C 6/12, NVwZ 2013, 277 (279).
[293] So bereits BVerwG Urt. v. 5.5.1998 – 1 C 17/97, NVwZ 1999, 425 (426) zu § 64 Abs. 3 AuslG 1990. Vgl. ferner VGH Mannheim Beschl. v. 8.12.2011 – 11 S 3155/11, BeckRS 2012, 45011; OVG Bremen Beschl. v. 15.11.2010 – 1 B 156/10, BeckRS 2010, 56042; OVG Lüneburg Beschl. v. 28.9.2011 – 11 PA 298/11 BeckRS 2011, 54636.
[294] BGH Beschl. v. 20.1.2011 – V ZB 226/10, FGPrax 2011, 144 und Beschl. v. 24.2.2011 – V ZB 202/10, FGPrax 2011, 146.
[295] BVerwG Urt. v. 14.12.2016 – 1 C 11.15, NVwZ 2017, 1064 Rn. 18 ff; BVerwG Urt. v. 5.5.1998 – 1 C 17–97, NVwZ 1999, 425.

5. Durchsetzung der Kostenansprüche

156 Die in den § 67 Abs. 1 und Abs. 2 AufenthG genannten Kosten werden von der nach § 71 AufenthG zuständigen Behörde **durch Leistungsbescheid** in Höhe der tatsächlich entstandenen Kosten geltend gemacht. Der Rechtmäßigkeit des Leistungsbescheids steht nach Rechtsprechung des BVerwG eine Fehlerhaftigkeit der Abschiebung nicht entgegen, wenn die zugrunde liegende **Abschiebungsanordnung bestandskräftig** geworden ist. Das gilt auch dann, wenn die Bestandskraft erst nach Vollzug der Abschiebung eingetreten ist. Denn die Anordnung hat sich mit dem Vollzug der Abschiebung nicht erledigt, sondern entfaltet weiter rechtliche Wirkungen.[296]

157 Der Anwendung der §§ 66, 67 AufenthG steht nicht entgegen, dass der Ausländer, für den eine **Ausweisung nach den für Drittstaatsangehörige geltenden Vorschriften ausgesprochen und bestandskräftig** wurde, infolge des Beitritts seines Landes zur EU den **Unionsbürgerstatus** erlangt.[297] Unionsbürger können zwar nach Inkrafttreten des Freizügigkeitsgesetzes/EU am 1.1.2005 nicht mehr ausgewiesen werden; an die Stelle der Ausweisung ist bei ihnen aber die Verlustfeststellung getreten (§ 6 FreizügG/EU), die ebenfalls ein gesetzliches Einreise- und Aufenthaltsverbot zur Folge hat (§ 7 Abs. 2 FreizügG/EU). Die vor Erlangung des Unionsbürgerstatus ausgesprochene Ausweisung steht im Anwendungsbereich des § 11 Abs. 2 FreizügG/EU einer Verlustfeststellung gleich. Voraussetzung für die Abschiebung des Unionsbürgers auf der Grundlage einer solchen Ausweisung ist aber, dass die Ausländerbehörde zuvor in einer rechtsmittelfähigen Entscheidung festgestellt hat, dass die regelmäßig strengeren Anforderungen für eine Beschränkung des Freizügigkeitsrechts vorliegen. Diese Entscheidung kann nicht nur in Form der Verlustfeststellung ergehen, sondern auch im Rahmen einer die unionsrechtlichen Anforderungen an die Aufrechterhaltung des Einreise- und Aufenthaltsverbots beachtenden Befristungsentscheidung nach § 7 FreizügG/EU.[298]

158 Ungeachtet der Frage, ob **Überstellungen nach dem Dublin-System** überhaupt in den Anwendungsbereich der §§ 66, 67 AufenthG fallen,[299] wird die Heranziehung des Asylbewerbers zum Ersatz der Überstellungskosten jedenfalls nach dem Wortlaut des Art. 30 Abs. 1 Dublin III-VO, der diese Kosten dem zu überstellenden Mitgliedstaat auferlegt, ausgeschlossen. Nach der Rechtsauffassung des VGH Mannheim greift diese Kostenfreistellung nicht nur für die unmittelbaren Kosten der Durchführung der Abschiebung (zB Flugkosten), sondern auch für die im Zusammenhang mit der Überstellung entstandenen Kosten (zB Transport zum Flughafen, Begleitung), denn die Dublin III-VO enthält keine Anhaltspunkte für eine einschränkende Auslegung des Begriffs der Überstellungskosten.[300]

159 Zur Sicherung der Kostentragung kann die zuständige Behörde von jedem Kostenschuldner eine **Sicherheitsleistung** fordern. Die Höhe der Sicherheitsleistung richtet sich nach dem voraussichtlichen Umfang der Kostenhaftung gemäß § 67 Abs. 1 und Abs. 2 AufenthG. Nach **§ 70 Abs. 1 AufenthG** verjähren die Ansprüche auf Erstattung der in den § 67 Abs. 1 und Abs. 2 AufenthG genannten Kosten sechs Jahre nach Eintritt der Fälligkeit, dh nach Bekanntgabe der Kostenentscheidung an den Kostenschuldner (§ 70 Abs. 1 S. 1 AufenthG iVm § 17 VwKostG). Wie das BVerwG entschieden hat, regelt § 70 Abs. 1 AufenthG die Verjährung der hiervon erfassten Kostenerstattungsansprüche abschließend als einen Anwendungsfall der Fälligkeitsverjährung (Zahlungsverjährung), so dass die allgemeine Festsetzungsverjährung (§ 20 VwKostG) nicht greift.[301] Für die Ansprüche nach § 66 AufenthG und für die nach § 69 AufenthG angefallenen Gebühren greifen die all-

---

[296] BVerwG Urt. v. 14.12.2016 – 1 C 11.15, NVwZ 2017, 1064 Rn. 27 u. 29.
[297] BVerwG Urt. v. 14.12.2016 – 1 C 13/16, NVwZ 2017, 879–882 in Bezug auf Bulgarien.
[298] BVerwG Urt. v. 14.12.2016 – 1 C 13/16, NVwZ 2017, 879 Rn. 19, 24 f.
[299] Bejahend: VGH Mannheim Urt. v. 26.8.2019 – 12 S 430/19; aA: OVG Schleswig Beschl. v. 6.3.2014 – 1 LA 21/14.
[300] VGH Mannheim Urt. v. 26.8.2019 – 12 S 430/19, BeckRS 2019, 21631.
[301] BVerwG Urt. v. 8.5.2014 – 1 C 3/13, NVwZ-RR 2014, 781 Rn. 12.

gemeinen Regeln (§ 20 VwKostG); § 70 Abs. 2 AufenthG enthält aber zusätzliche Gründe für eine Unterbrechung der Verjährung.

IV. Verpflichtungserklärung (§§ 68, 68a AufenthG)

160 Gemäß § 5 Abs. 1 Nr. 1 AufenthG setzt die Erteilung eines Aufenthaltstitels in der Regel voraus, dass der Lebensunterhalt des Ausländers gesichert ist, denn die Bundesrepublik Deutschland hat ein berechtigtes Interesse daran, eine Belastung der öffentlichen Kassen zu vermeiden.[302] Hat der Ausländer nicht genug eigene Mittel, kann er den **Nachweis der Unterhaltssicherung** durch die Erklärung eines Dritten führen, wenn dieser bereit ist, für seine Lebensunterhaltskosten einzustehen. Die Anforderungen an eine solche Verpflichtungserklärung regelt § 68 AufenthG, der durch das Integrationsgesetz vom 31.7.2016 (BGBl. I 1939) teilweise neu gefasst wurde. Bei der Verpflichtungserklärung handelt es sich nach der Rechtsprechung des BVerwG nicht um einen öffentlich-rechtlichen Vertrag mit der Behörde[303], sondern um eine **einseitige öffentlich-rechtliche empfangsbedürftige Verpflichtungserklärung sui generis.**[304]

1. Abgabe der Verpflichtungserklärung

161 Die Verpflichtungserklärung muss hinreichend bestimmt sein[305] und bedarf aufgrund ihrer weitreichenden wirtschaftlichen Folgen der **Schriftform,** § 68 Abs. 2 S. 1 AufenthG. Wegen ihres Rechtscharakters als einseitige öffentlich-rechtliche Erklärung genügt es, wenn sie allein von dem sich Verpflichtenden unterzeichnet worden ist.[306]

162 § 68 AufenthG regelt nicht die Voraussetzungen, unter denen die Erklärung abgegeben wird. In der Praxis existieren ein **bundeseinheitliches Formular** sowie ein **bundeseinheitliches Merkblatt,** das Hinweise zur Abgabe der Verpflichtungserklärung enthält.[307] Der sich Verpflichtende ist hiernach über Umfang und Dauer der Haftung, über die Freiwilligkeit seiner Angaben und über die Strafbarkeit unrichtiger oder unvollständiger Angaben (vgl. § 95 Abs. 2 Nr. 2 AufenthG) zu belehren. Die Entgegennahme der Erklärung liegt **im Ermessen der Ausländerbehörde.** Sie hat daher sämtliche für die Ermessensentscheidung maßgeblichen Umstände, insbesondere die Bonität des sich Verpflichtenden, zu überprüfen. Denn die Verpflichtungserklärung kann ihren Zweck nur erfüllen, wenn eine gewisse Gewähr dafür besteht, dass der Dritte die Kosten auch tatsächlich tragen kann.[308]

163 Bei dem sich **Verpflichtenden** kann es sich um eine natürliche oder juristische Person handeln. Da die Erklärung nach Maßgabe des Verwaltungsvollstreckungsgesetzes vollstreckbar sein muss (§ 68 Abs. 2 S. 2 AufenthG), kann die Entgegennahme der Erklärung verweigert werden, wenn der sich Verpflichtende nicht über einen Wohnsitz im Inland verfügt.[309]

164 Durch die Abgabe der Erklärung wird ein **Schuldverhältnis zwischen dem sich Verpflichtenden und der zuständigen Ausländerbehörde** begründet. Die lediglich zur Entgegennahme der Erklärung berechtigte Auslandsvertretung (§ 68 Abs. 1 S. 1, Abs. 3 AufenthG) und der Ausländer sind an diesem Rechtsverhältnis nicht beteiligt.[310]

---

[302] *Tiede/Schierner* DÖV 2014, 480 (480).
[303] In diesem Sinne noch *Kube* VBlBW 1999, 364 (365); *Schlette* NVwZ 1998, 125 (126).
[304] BVerwG Urt. v. 24.11.1998 – 1 C 33/97, NVwZ 1999, 779 (779). Der Abschluss eines öffentlich-rechtlichen Vertrags im Einzelfall soll aber nicht ausgeschlossen sein, vgl. *Kluth* in BeckOK AuslR AufenthG § 68 Rn. 7.
[305] BVerwG Urt. v. 24.11.1998 – 1 C 33/97, NVwZ 1999, 779 (780).
[306] VGH Kassel Urt. v. 29.8.1997 – 10 UE 2030/95, NVwZ-RR 1998, 393 (395).
[307] „Bundeseinheitliches Merkblatt zur Verwendung des bundeseinheitlichen Formulars der Verpflichtungserklärung zu § 68 iVm § 66 Abs. 2 und § 67 AufenthG" (Stand: 2.5.2018), herausgegeben vom Bundesministerium des Innern, Az.: M3-21002/20 #7.
[308] BVerwG Beschl. v. 16.7.1997 – 1 B 138/97, NVwZ 1998, 411 (411).
[309] *Funke-Kaiser* in GK-AufenthG § 68 Rn. 9.
[310] *Kluth* in BeckOK AuslR AufenthG § 68 Rn. 10 und 12.

2. Wirksamkeit der Verpflichtungserklärung

In der Rechtsprechung und Literatur wird teilweise vertreten, dass Verpflichtungserklärun- 165
gen aufgrund konkreter Umstände im Einzelfall **sittenwidrig gemäß § 138 BGB (analog)** und damit nichtig sein können.[311] In Anlehnung an die Rechtsprechung der Zivilgerichte zur Inhaltskontrolle von Bürgschaften[312] soll hiernach ein Verstoß gegen die guten Sitten vorliegen, wenn der Haftungsumfang des Verpflichteten unter Berücksichtigung seiner wirtschaftlichen Leistungsfähigkeit völlig unangemessen ist, dh wenn aufgrund seiner tatsächlichen Einkommens- und Vermögensverhältnissen nicht annähernd mit einer Einstandsfähigkeit gerechnet werden kann, und er sich bei der Abgabe der Erklärung in einer psychischen Zwangslage befand. Das **BVerwG** hat diesem Ansatz allerdings eine Absage erteilt, da der Grundsatz der Verhältnismäßigkeit ausreichend Raum für die Berücksichtigung unzumutbarer Härten bei der Inanspruchnahme aus der Verpflichtungserklärung biete.[313] Für diesen vom BVerwG plädierten **Vorrang des Prüfungsmaßstabes der Verhältnismäßigkeit** spricht, dass die Sittenwidrigkeit gemäß § 138 BGB (analog) nur die äußerste Grenze bildet, um ein extremes Ungleichgewicht zwischen Garantiegeber und Garantienehmer zu beseitigen, während der Grundsatz der Verhältnismäßigkeit aufgrund seiner Flexibilität den Besonderheiten des Einzelfalls besser Rechnung tragen kann.[314]

3. Inhalt und Umfang der Haftung

Der **Umfang der Haftung** erstreckt sich gemäß § 68 Abs. 1 S. 1 AufenthG auf sämtliche 166
öffentliche Mittel, die für den Lebensunterhalt des Ausländers aufgewendet werden. Hierzu zählen die Versorgung mit Wohnraum, die Krankenbehandlung und die im Fall einer Pflegebedürftigkeit anfallenden Aufwendungen. Für Inhaber einer Aufenthaltserlaubnis nach § 23 AufenthG werden Leistungen bei Krankheit nach § 4 AsylbLG erfasst und – für den Fall, dass der Ausländer Leistungen der Grundsicherung für Arbeitslose nach dem SGB II bezieht – die Beitragszahlungen zur Kranken- und Pflegeversicherung.[315] Von der Haftung ausgeschlossen werden hingegen Aufwendungen, die auf einer eigenen Beitragsleistung beruhen, wie zB eine Rente aus der gesetzlichen Rentenversicherung (§ 68 Abs. 1 S. 2 AufenthG).

Im Übrigen sind **Inhalt und Reichweite der Haftung analog §§ 133, 157 BGB im** 167
Wege der Auslegung der jeweiligen Verpflichtungserklärung konkret zu bestimmen.[316] Maßgeblich für die Auslegung ist der erklärte Wille, wie ihn der Empfänger der Erklärung bei objektiver Betrachtung einschließlich aller erkennbar gewordenen Begleit- und Nebenumstände verstehen durfte (**objektiver Empfängerhorizont der Ausländerbehörde**).[317] Handelt es sich bei der Erklärung um einen von der Ausländerbehörde **vorformulierten Text,** der für eine Vielzahl von Fällen verwendet werden soll, ändert sich in Anlehnung an die zivilrechtlichen Regelungen zu den Allgemeinen Geschäftsbedingungen der Auslegungshorizont, und es ist maßgeblich darauf abzustellen, wie der Erklärende den Text nach den Umständen des Falls verstehen durfte.[318] Verbleibende

---

[311] VGH Baden-Württemberg Urt. v. 26.3.1997 – 1 S 1143/96, NVwZ-Beil. 1997, 82 mwN; VG München Urt. v. 14.2.1996 – M 6 K 954573, BeckRS 1996, 31167115; *Kube* VBlBW 1999, 364 (368) mwN.
[312] BGH Urt. v. 24.2.1994 – IX ZR 93/93, NJW 1994, 1278–1281.
[313] BVerwG Urt. v. 24.11.1998 – 1 C 33/97, NVwZ 1999, 779 (781) und BVerwG Urt. v. 18.4.2013 – 10 C 10/12, NVwZ 2013, 1339 (1342) Rn. 31, 32 – in bewusster Abweichung von BVerwG Beschl. v. 16.7.1997 – 1 B 138/97, NVwZ 1998, 411 (411).
[314] An der Möglichkeit einer Sittenwidrigkeit und damit an der Nichtigkeit der Erklärung im Einzelfall festhaltend allerdings: *Stiegler* in NK-AuslR AufenthG § 68 Rn. 6; VG Ansbach Urt. v. 4.10.2007 – AN 5 K 07.00984 BeckRS 2007, 34372; VG Oldenburg Urt. v. 7.9.2011 – 11 A 2205/10, BeckRS 2011, 54045.
[315] Klarstellend BVerwG Beschl. v. 14.3.2018 – 1 B 9/18, BeckRS 2018, 5380..
[316] BVerwG Urt. v. 24.11.1998 – 1 C 33/97, NVwZ 1999, 779 (780).
[317] VGH Mannheim Urt. v. 12.7.2017 – 11 S 2338/16, BeckRS 2017, 119893; VGH Kassel Urt. v. 29.8.1997 – 10 UE 2030/95, NVwZ-RR 1998, 393 (395).
[318] VGH Mannheim Urt. v. 12.7.2017 – 11 S 2338/16, BeckRS 2017, 119893; OVG MV Beschl. v. 4.3.2002 – 2 L 170/01, NVwZ-RR 2003, 5.

Unklarheiten gehen zu Lasten der Behörde als Formularverwender (§ 305c Abs. 2 BGB analog). Soweit die Verpflichtungserklärung einen partiellen **Haftungsausschluss** enthält und die Ausländerbehörde auf Grundlage dieser Erklärung und in Kenntnis des Haftungsausschlusses eine Aufenthaltserlaubnis erteilt, wird die Erklärung nach der Rechtsprechung des BVerwG mit dem vereinbarten Inhalt selbst dann wirksam, wenn sich der Haftungsausschluss zulasten eines anderen Rechtsträgers (zB der Bundesagentur der Arbeit) auswirkt.[319]

4. Zeitliche Grenzen der Haftung

168 Die Neuregelung des § 68 Abs. 1 AufenthG im Jahr 2016 hat wichtige Klarstellungen zum zeitlichen Umfang der Haftung gebracht. Die gesetzliche Haftung beginnt gemäß § 68 Abs. 1 S. 3 AufenthG mit der durch die Erklärung ermöglichten Einreise des Ausländers und beträgt maximal **fünf Jahre**, § 68 Abs. 1 S. 1 AufenthG. Nach der **Übergangsvorschrift** des § 68a AufenthG sind die § 68 Abs. 1 S. 1 bis 3 AufenthG auch auf vor dem 6.8.2016 abgegebene Verpflichtungserklärungen anwendbar, allerdings mit der Maßgabe, dass an die Stelle des Fünfjahreszeitraums ein Zeitraum von **drei Jahren** tritt.

169 **Die Haftung endet** vor Ablauf der gesetzlichen Höchstfrist, wenn der Aufenthalt vorzeitig beendet oder ein Aufenthaltstitel für einen anderen Aufenthaltszweck erteilt wird. In Hinblick auf die große Zahl von Verpflichtungserklärungen, die Privatpersonen im Rahmen der Landesaufnahmeprogramme zugunsten syrischer Bürgerkriegsflüchtlinge abgegeben haben, hat der Gesetzgeber durch den im August 2016 neu eingefügten **§ 68 Abs. 1 S. 4 AufenthG** klargestellt, dass die Anerkennung des Begünstigten als Bürgerkriegsflüchtling oder subsidiär Schutzberechtigten und die damit verbundene Erteilung eines (anderen) humanitären Aufenthaltstitels nach Abschnitt 5 des Kapitels 2 AufenthG die Haftung des Dritten auf Grundlage der Verpflichtungserklärung nicht berührt.[320]

170 Die Klarstellung erstreckt sich nicht auf **Altfälle**, da § 68a AufenthG nur § 68 Abs. 1 S. 1 bis 3 AufenthG und nicht auch S. 4 AufenthG für entsprechend anwendbar erklärt. Nach dem Urteil des BVerwG vom 26.1.2017 wird die Haftung aber auch im Falle einer vor August 2016 abgegebenen Verpflichtungserklärung nicht durch die Anerkennung des Begünstigten als Bürgerkriegsflüchtling und die Erteilung einer Aufenthaltserlaubnis gemäß § 25 Abs. 2 AufenthG beendet.[321] Wie das BVerwG hervorhebt, ist der Aufenthaltstitel nach der Systematik des AufenthG abstrakt iSd in den Abschnitten 3 bis 7 AufenthG näher beschriebenen Zweckkategorien zu verstehen. Eine auf Grundlage der Verpflichtungserklärung erteilte Aufenthaltserlaubnis gemäß § 23 Abs. 1 AufenthG und die Aufenthaltserlaubnis gemäß § 25 Abs. 2 AufenthG nach Zuerkennung der Flüchtlingseigenschaft verfolgen danach den gleichen Aufenthaltszweck, denn sie beruhen beide auf völkerrechtlichen, humanitären bzw. politischen Gründen iSd Kapitels 2 Abschnitt 5 AufenthG. Folglich fehlt es an dem für die Beendigung der Haftung erforderlichen Zweckwechsel.[322] Auch der Umstand, dass der Ausländer unabhängig von der Sicherung seines Lebensunterhalts einen Anspruch auf die Aufenthaltserlaubnis gemäß § 25 Abs. 2 AufenthG hat, steht nach Ansicht des BVerwG einer Weiterhaftung nicht entgegen. Denn die Zuerkennung der Flüchtlingseigenschaft und die Aufenthaltserlaubnis gemäß § 25 Abs. 2 AufenthG können nur vom Inland aus beansprucht werden, während die auf Grundlage der Verpflichtungserklärung ermöglichte legale Einreise des Begünstigten bei ihrer Erteilung weiter fortwirkt.[323]

---

[319] BVerwG Beschl. v. 14.3.2018 – 1 B 9/18, BeckRS 2018, 5380.
[320] BT-Drs. 18/8829, 3.
[321] BVerwG Urt. v. 26.1.2017 – 1 C 10.16, NVwZ 2017, 1200. Zur Reaktion der Behörden und Gerichte auf diese BVerwG-Entscheidung: *Berlit*, NVwZ-Extra 5/2019, S. 1 (23).
[322] BVerwG Urt. v. 26.1.2017 – 1 C 10.16, NVwZ 2017, 1200 Rn. 23 ff. AA: *Funke-Kaiser* in GK-AufenthG § 68 Rn. 22.
[323] BVerwG Urt. v. 26.1.2017 – 1 C 10.16, NVwZ 2017, 1200 Rn. 30 und Urt. v. 13.2.2014 – 1 C 4/13, NVwZ-RR 2014, 533 Rn. 12. AA *Funke-Kaiser* in GK-AufenthG § 68 Rn. 5.

Nach Auffassung des BVerwG verstößt die Weiterhaftung des Verpflichtungsgebers nach **171**
Zuerkennung der Flüchtlingseigenschaft nicht gegen **Art. 29 Anerkennungs-RL**.[324]
Nach dieser Vorschrift, die ihrerseits auf Art. 23 GFK zurückgeht, tragen die Mitgliedstaaten dafür Sorge, dass Personen, denen internationaler Schutz zugesprochen wurde, die notwendige Sozialhilfe wie Staatsangehörige des Mitgliedstaates erhalten (**Grundsatz der Inländergleichbehandlung**). Die in der Literatur geäußerten Bedenken, der anerkannte Flüchtling könne auf die Inanspruchnahme sozialer Leistungen verzichten, um eine Regressanspruch gegen den Verpflichtungsgeber und dessen finanzielle Überforderung zu verhindern, greifen nach Ansicht des BVerwG nicht durch.[325] Denn allein die abstrakte Möglichkeit, dass sich der Ausländer aufgrund des Regressanspruchs gegen den Verpflichtungsgeber von der Inanspruchnahme der ihm zustehenden Sozialleistungen abhalten lassen könnte, verletzt kein internationales Recht. In dem der BVerwG-Entscheidung zugrunde liegenden Fall hatte sich das Risiko auch nicht realisiert, da dem Flüchtling tatsächlich Sozialleistungen zugeflossen waren.

5. Nachträgliche Lösung von der Verpflichtungserklärung

Der Verpflichtete ist an seine Erklärung grundsätzlich gebunden. Bei Vorliegen von Wil- **172**
lensmängeln ist aber die Möglichkeit der **Anfechtung einer Verpflichtungserklärung analog §§ 119 ff. BGB** anerkannt.[326] Die Anfechtung analog § 119 Abs. 1 BGB setzt voraus, dass sich der Verpflichtende bei Abgabe der Erklärung über ihren Inhalt im Irrtum war (Inhaltsirrtum, § 119 Abs. 1 Fall 1 BGB) oder eine Erklärung diesen Inhalts überhaupt nicht abgeben wollte (Erklärungsirrtum, § 119 Abs. 1 Fall 2 BGB) und er sie bei Kenntnis der Sachlage und verständiger Würdigung des Falles nicht abgegeben haben würde.[327] Ein Irrtum über die Rechtsfolgen einer Erklärung begründet nur dann einen beachtlichen Inhaltsirrtum, wenn das Rechtsgeschäft nicht die erstrebten, sondern davon wesentlich abweichende Rechtsfolgen erzeugt. Dies ist nicht der Fall, wenn der sich Verpflichtende durch die Abgabe seiner Erklärung die Einreise des Ausländers ermöglichen wollte und es ihm bewusst war, dass er hierdurch Verpflichtungen übernimmt und für den Lebensunterhalt des Ausländers einstehen muss. Irrt er sich lediglich über die Tragweite der übernommenen Verpflichtungen stellt dies in der Regel nur einen unbeachtlichen Motivirrtum dar, der kein Anfechtungsrecht begründet.[328]

Haben sich die für die Abgabe der Verpflichtungserklärung maßgebenden Umstände **173**
nach dem Abgabezeitpunkt wesentlich geändert und ist dem Erklärenden das Festhalten an der ursprünglichen Erklärung nicht zuzumuten, kann der Verpflichtete unter entsprechender Anwendung der **Grundsätzen über den Wegfall der Geschäftsgrundlage** (§ 60 VwVfG) eine Anpassung der Erklärung an die geänderten Verhältnisse verlangen und – wenn dies nicht möglich oder nicht zumutbar ist – das durch sie begründete Schuldverhältnis kündigen.[329] Die Berufung auf den Wegfall der Geschäftsgrundlage scheidet aus, wenn sich ein bei Abgabe der Erklärung bewusst übernommenes Risiko realisiert hat. Nachträglich auftretende wirtschaftliche Schwierigkeiten des Verpflichteten führen nicht per se zu einem Recht auf Anpassung bzw. Kündigung des Schuldverhältnisses.[330] Etwas anderes kann gelten, wenn diese Schwierigkeiten auf besonderen, nicht vorhersehbaren

---

[324] BVerwG Urt. v. 26.1.2017 – 1 C 10.16, NVwZ 2017, 1200 Rn. 33, 34.
[325] Zu diesen Bedenken: *Hörich/Riebau* ZAR 2015, 253 (254 f); *Funke-Kaiser* in GK-AufenthG § 68 Rn. 22.
[326] *Kluth* in KHM ZuwanderungsR-HdB § 3 Rn. 105; *Kube* VBlBW 1999, 364 (369); *Bauer/Dollinger* in Bergmann/Dienelt AufenthG § 68 Rn. 8; VG Regensburg Urt. v. 13.2.2013 – RN 9 K 12.14, BeckRS 2013, 47344; VG München Urt. v. 16.1.2002 – M 23 K 01.4677.
[327] VG Frankfurt Urt. v. 27.5.1997 – 6 E 3557/95 (3), NVwZ-Beil. 1997, 88 (88).
[328] Zum Ganzen: VG München Urt. v. 16.1.2002 – M 23 K 01.4677, BeckRS 2002, 28334.
[329] *Dollinger* in Bergmann/Dienelt AufenthG § 68 Rn. 12; *Hölscheidt* DVBl. 2000 385 (389); *Kube* VBlBW 1999, 364 (369 f); *Stiegler* in NK-AuslR AufenthG § 68 Rn. 6.
[330] *Kube* VBlBW 1999, 364 (369).

Umständen – wie etwa auf einer schweren Notlage eines Angehörigen des Haftenden – beruhen.[331]

6. Geltendmachung des Erstattungsanspruchs

174 Der Erstattungsanspruch steht gemäß § 68 Abs. 2 S. 3 AufenthG der Behörde zu, die die öffentlichen Mittel aufgewendet hat. Er ist **durch Leistungsbescheid** geltend zu machen, da die Verpflichtungserklärung selbst keinen vollstreckungsfähigen Inhalt hat.[332] Die Rechtmäßigkeit des Leistungsbescheids bestimmt sich nach der Sach- und Rechtslage im Zeitpunkt der letzten Behördenentscheidung.[333] Voraussetzung ist, dass die an den Ausländer erbrachten **Leistungen rechtmäßig** waren, denn die Behörde hat kein berechtigtes Interesse an der Erstattung unrechtmäßig erbrachter Leistungen durch den Verpflichtungsgeber. Die Rechtmäßigkeit der erbrachten Leistungen ist auch dann zu prüfen, wenn die den Aufwendungen zugrunde liegenden Bescheide bereits bestandskräftig geworden sind. Denn der Verpflichtungsgeber ist nicht in das Rechtsverhältnis zwischen der Behörde und dem Leistungsempfänger einbezogen und hat selbst keine Möglichkeit der Anfechtung der Leistungsbescheide.[334]

175 Liegen diese Voraussetzungen vor, ist der Verpflichtete im Regelfall zur Kostenerstattung heranzuziehen, ohne dass es einer dahingehenden Ermessensausübung bedarf.[335] Denn das Prinzip der Gesetzmäßigkeit der Verwaltung und das Gebot der Wirtschaftlichkeit und Sparsamkeit bei der Aufstellung und Ausführung des Haushaltsplans gebieten, dass die Behörde die ihr zustehenden Erstattungsansprüche durchsetzt.[336] Ein **Regelfall der Kostenerstattung** liegt vor, wenn die Voraussetzungen der Aufenthaltsgenehmigung und die finanzielle Leistungsfähigkeit des Verpflichteten im Verwaltungsverfahren geprüft wurden und keine Anhaltspunkte dafür ersichtlich sind, dass die Heranziehung zu einer unzumutbaren Belastung führen könnte.[337]

176 Bei **Vorliegen atypischer Gegebenheiten** kann die Behörde von diesem Grundsatz abweichen und im Wege des **Ermessens** entscheiden, ob und in welchem Umfang sie ihren Anspruch geltend macht. Ein solcher Ausnahmefall liegt vor, wenn nach einer wertenden Betrachtung der Umstände des Einzelfalls die Anwendung des Gesetzes zu Konsequenzen führen würde, die vom Gesetzgeber nicht intendiert wurden und die mit den Grundsätzen der Gerechtigkeit und der Verhältnismäßigkeit nicht in Einklang zu bringen sind.[338] Ein Verstoß gegen den **Grundsatz der Verhältnismäßigkeit** kommt insbesondere in Betracht, wenn der Verpflichtungsgeber von vornherein erkennbar außerstande war, die typischen Kosten für den Lebensunterhalt des Ausländers zu tragen,[339] wobei sich für die Beurteilung der Zumutbarkeit eine Orientierung an der Pfändungsfreigrenze anbietet.[340] Neben der **individuellen Leistungsfähigkeit** spielen bei der Entscheidung über das Vorliegen eines Ausnahmefalls die **Umstände, unter denen die Verpflichtungserklärung abgegeben wurde,** eine wesentliche Rolle.[341] Nach der Rechtsprechung des BVerwG ist die Belastung des Verpflichtungsgebers, der die Einreise eines Bürgerkriegsflüchtlings ermöglicht, nicht allein deshalb unverhältnismäßig, weil sie im Rahmen der **Landesaufnahmeprogramme** erfolgt und auch öffentlichen Interessen

---

[331] *Kluth* in KHM ZuwanderungsR-HdB § 3 Rn. 106.
[332] So *Hölscheidt* DVBl. 2000, 385 (389); *Tiede/Schirmer* DöV 2014, 480 (482).
[333] BVerwG Urt. v. 26.1.2017 – 1 C 10.16, NVwZ 2017, 1200 Rn. 17.
[334] Zum Erfordernis der Rechtmäßigkeit der erbrachten Leistungen: BVerwG Urt. v. 24.11.1998 – 1 C 33/97, NVwZ 1999, 779 (782).
[335] BVerwG Urt. v. 26.1.2017 – 1 C 10.16, NVwZ 2017, 1200 Rn. 35; Urt. v. 13.2.2014 – 1 C 4.13, NVwZ-RR 2014, 533 Rn. 16.
[336] BVerwG Urt. v. 24.11.1998 – 1 C 33/97, NVwZ 1999, 779 (782 f.).
[337] BVerwG Urt. v. 13.2.2014 – 1 C 4.13, NVwZ-RR 2014, 533 Rn. 16.
[338] BVerwG Beschl. v. 20.3.2018 – 1 B 5/18, Becks 2018, 5381.
[339] BVerwG Urt. v. 24.11.1998 – 1 C 33/97, NVwZ 1999, 779 (782).
[340] BVerwG Urt. v. 26.1.2017 – 1 C 10.16, NVwZ 2017, 1200 Rn. 35.
[341] BVerwG Beschl. v. 20.3.2018 – 1 B 5/18, Becks 2018, 5381.

dient. Denn der staatlichen Mitverantwortung wird durch eine Haftungsbegrenzung in den Verpflichtungserklärungen Rechnung getragen. So hat der Staat in den Landesaufnahmeanordnungen bereits wesentliche Kosten – insbesondere Kosten für Leistungen im Krankheitsfall, bei Schwangerschaft, Geburt und Pflegebedürftigkeit und Behinderung – von den abzugebenden Verpflichtungserklärungen herausgenommen und damit die finanzielle Belastung auf ein zumutbares Maß begrenzt.[342] Ein atypischer Fall ist hingegen dann anzunehmen, wenn die Ausländerbehörde eine Verpflichtungserklärung formuliert, die von den landesrechtlichen Vorgaben abweicht und die Erstattungspflicht auf Leistungen erstreckt, die in der Aufnahmeanordnung des zuständigen Ministeriums ausdrücklich ausgenommen worden sind.[343]

---

[342] BVerwG Urt. v. 26.1.2017 – 1 C 10.16, NVwZ 2017, 1200 Rn. 38.
[343] BVerwG Beschl. v. 20.3.2018 – 1 B 5/18, Becks 2018, 5381 (in Bezug auf die Aufnahmeanordnung des Ministeriums für Inneres und Kommunales Nordrhein-Westfalen).

5. Kapitel. Freizügigkeit in der Europäischen Union

§ 11 Die Freizügigkeit der Unionsbürgerinnen und Unionsbürger

Übersicht

	Rn.
A. Einleitung	1
B. Die europarechtlichen Grundlagen der Unionsbürgerschaft und Freizügigkeit	21
I. Die Normenhierarchie der Europäischen Union und ihrer Mitgliedstaaten	21
II. Die Grundlagen von Unionsbürgerschaft und Freizügigkeit	26
III. Die Umsetzung der primärrechtlichen Freizügigkeitsregelungen in der Freizügigkeits-VO (EU) 492/2011 sowie der Freizügigkeits-RL 2004/38/EG	36
C. Die Umsetzung von EUV, AEUV und Freizügigkeits-RL durch das FreizügG/EU	44
I. Die Freizügigkeitsberechtigten nach dem FreizügG/EU	45
1. Die Freizügigkeitsberechtigung der Unionsbürgerinnen und -bürger, die sich als Arbeitnehmerinnen/Arbeitnehmer oder zur Berufsausbildung aufhalten wollen	47
2. Die Freizügigkeit der Unionsbürgerinnen und -bürger, die sich zur Arbeitsuche aufhalten	70
3. Die Freizügigkeit der Unionsbürgerinnen und -bürger, die zur Ausübung einer selbständigen Erwerbstätigkeit berechtigt sind	91
4. Die Freizügigkeit der Erbringer und Empfänger von Dienstleistungen	97
5. Die Freizügigkeit nicht erwerbstätiger Unionsbürgerinnen und -bürger	108
6. Die Freizügigkeit der Familienangehörigen der Unionsbürgerinnen und -bürger	129
7. Die Freizügigkeit der Daueraufenthaltsberechtigten	169
II. Aufenthaltstitel, Visum, Aufenthaltskarte	190
III. Beschränkungen und Verlust des Freizügigkeitsrechts	206
IV. Zuständigkeitsfragen	251
V. Sonderfragen zu EWR- und Beitrittsstaaten	263
D. Rechtsschutz	264

A. Einleitung

Nahezu zeitgleich mit den Feierlichkeiten zum 60-jährigen Bestehen der Römischen Verträge am 25.3.2017 hat die britische Premierministerin Theresa May am 29.3.2017 offiziell in Brüssel mitteilen lassen, dass Großbritannien die Europäische Union verlassen will. Am 23.7.2016 hatten 51,89 % der Wähler des Vereinigten Königreichs für den Austritt Großbritanniens aus der Europäischen Union (**Brexit**) gestimmt. Zudem hat die EU im Juli 2017 und im April 2019 Vertragsverletzungsverfahren gegen Polen wegen dessen Umgang mit der Unabhängigkeit der Justiz eingeleitet. Der französische Präsident *Macron* wirbt derweil für eine Neugründung der europäischen Idee, dem die anderen Mitgliedstaaten, Deutschland vorneweg, bisher nichts Substantielles beizusteuern haben.[1] Die Themen der Migration, der Rechtsstaatlichkeit, der Freizügigkeit und der Klimaneutralität sind und bleiben die lautesten Dissonanzen der doch eigentlich Gemeinsamkeit ausdrückenden „Ode an die Freude", der Hymne Europas. Diese schallt zwar zu Zeiten der Corona-Epidemie trotzig oder hoffnungsvoll von vielen europäischen Balkonen, die mit der Epidemie selbstverständlich gewordenen Grenzschließungen, die Verweigerung elementarer Menschenrechte an den EU-Außengrenzen für Flüchtlinge und die mit der Corona-Epidemie

1

---

[1] Vgl. *Kermani*, Europa müssen Flügel wachsen, Die Zeit, 7.6.2018.

einhergehenden wirtschaftlichen Verwerfungen stellen das zerstrittene Europa aber vor weitere, bisher nicht gekannte Herausforderungen.

2   Für das **Austrittsverfahren** und die damit einhergehenden Verhandlungen sieht Art. 50 EUV[2] eine Frist von zwei Jahren vor. Innerhalb dieses Zeitraumes hätten alle Scheidungskautelen ausgehandelt sein müssen, was in Anbetracht der komplexen und komplizierten Verflechtungen nicht zu realisieren gewesen ist.

3   Der **Vertrag von Lissabon** (2009) enthält erstmals eine **Austrittsklausel.** Gemäß Art. 50 EUV kann jeder Mitgliedstaat im Einklang mit seinen verfassungsrechtlichen Vorschriften beschließen, aus der Union auszutreten (Art. 50 Abs. 1 EUV). Ein Mitgliedstaat, der auszutreten beschließt, teilt dem Europäischen Rat seine Absicht mit. Die Verträge finden auf den betroffenen Staat ab dem Tag des Inkrafttretens des Austrittsabkommens oder andernfalls zwei Jahre nach der in Abs. 2 genannten Mitteilung keine Anwendung mehr, es sei denn, der Europäische Rat beschließt im Einvernehmen mit dem betroffenen Mitgliedstaat einstimmig, diese Frist zu verlängern (Art. 50 Abs. 3 EUV). Wie in jeder Partnerschaft muss deren geordnete Beendigung möglich sein. Es wird allen populistischen Hardlinern zum Trotz eine **Stärke Europas** sein, den Austrittsprozess für alle Beteiligten gut zu managen und dies insbesondere auch im Sinne derjenigen Menschen, die im Vertrauen auf den Bestand der Freizügigkeit sich in anderen europäischen Staaten niedergelassen haben oder dort einer Arbeit nachgehen. Allerdings setzt dies auch den Willen Großbritanniens voraus, ausgehandelte Vertragswerke anzunehmen und sich der gegenseitigen Verantwortung auch im Scheidungsprozess bewusst zu sein und diese anzunehmen.

4   Die Ideen und Verhandlungskautelen der vormaligen Premierministerin Theresa May gehören Ende 2019 ebenso der Vergangenheit an wie die Hoffnungen auf ein zweites Referendum. Boris Johnson wurde am 13.12.2019 mit deutlicher Mehrheit im Amt bestätigt, so dass es keinen Zweifel mehr am Vollzugswillen des **Brexit** gibt. Das Europaparlament hat den Scheidungsvertrag mit Großbritannien zwei Tage vor dem britischen EU-Austritt am 29.1.2020 gebilligt. Mit großer Mehrheit stimmten die Abgeordneten in Brüssel für das Austrittsabkommen. Vor dem britischen EU-Austritt am 31.1.2020 um Mitternacht (MEZ) müssen auch die 27 bleibenden EU-Staaten dem Vertrag noch einmal zustimmen, was als Formsache gilt.

4a Ein zentraler Punkt in dem **Austrittsabkommen** ist die geplante **Übergangsfrist** bis zum 31.12.2020 (auf beiderseitige Vereinbarung verlängerbar bis Ende 2022), in der das Vereinigte Königreich zwar nicht mehr in den Institutionen der EU vertreten sein wird, sich ansonsten aber im Alltag fast nichts ändert. Das EU-Recht gilt in dieser Übergangphase im Vereinigten Königreich grundsätzlich weiter, das Vereinigte Königreich bleibt im EU-Binnenmarkt und in der EU-Zollunion. Am 1.2.2020 ist das Gesetz für den Übergangzeitraum nach dem Brexit (**Brexit-Übergangsgesetz – BrexitÜG**, BGBl. 2019 I 402) in Kraft getreten, das für das Bundesgebiet Rechtsklarheit für die Übergangsphase herstellt. Nach dem erfolgten Austritt des Vereinigten Königreichs aus der Europäischen Union zum 31.1.2020 soll für den genannten Übergangszeitraum das Vereinigte Königreich und Nordirland weiterhin als Mitgliedstaat der EU und der Europäischen Atomgemeinschaft gelten: Wenn im Bundesrecht von den Mitgliedstaaten der EU die Rede ist, so ist damit auch das Vereinigte Königreich gemeint, sofern keine der genannten Ausnahmen greift. Bis Ende 2020 (längstens Ende 2022) stehen damit Verhandlungen über ein **Freihandelsabkommen von Großbritannien mit der EU** an, die realistischer Weise zumindest nicht bis Ende 2020 abgeschlossen sein dürften. Es drohen also weitere Verlängerungsszenarien zulasten anderer drängender politischer Entscheidungen der Europäischen Union.

4b Für die freizügigkeitsberechtigten Unionsbürgerinnen und -bürger ist von Interesse, dass das **Austrittsabkommen** in Art. 10 Abs. 1 lit. f festlegt, dass Unionsbürger, die ihr Recht auf Aufenthalt im Vereinigten Königreich vor Ende des Übergangszeitraums im Einklang

---

[2]   Vertrag über die Europäische Union vom 7.2.1992 (ABl. C 191, 1), zuletzt geändert durch Art. 1 Vertrag Lissabon v. 13.12.2007.

mit dem Unionsrecht ausgeübt haben und danach weiter dort wohnen, erfasst werden. Gleiches gilt umgekehrt für britische Staatsangehörige. Die Aufenthaltsrechte werden durch Übernahme der Regelungen des geltenden EU-Recht fortgeführt. Dabei bestimmt Art. 39 des Austrittsabkommens einen lebenslangen Schutz der bisher freizügigkeitsberechtigten Unionsbürger und ihrer Familienangehörigen, solange sie die Voraussetzungen der Freizügigkeit weiter erfüllen. Entfällt die Freizügigkeit, so verliert der Unionsbürger bzw. der Staatsangehörige des Vereinigten Königreichs sein Aufenthaltsrecht auf Grundlage des Austrittsvertrages. Die Frage, ob er ausreisen muss, ist dann von dem jeweiligen nationalen Recht abhängig.

Ob das Verlassen der Europäischen Union für das Vereinigte Königreich tatsächlich, wie von seinen Befürwortern proklamiert, vorteilhaft sein wird, darf dabei bezweifelt werden. Nicht nur, dass auf Großbritannien auf Grund des Austritts immense Zahlungsverpflichtungen zukommen (Experten rechnen mit ca. 60 Milliarden Euro) und es mehr als unsicher ist, ob die wirtschaftlichen Vorteile des Brexit tatsächlich eintreten werden. Der **nationale Alleingang,** eingebettet in diverse Nationalismen europäischer und transatlantischer Art, ist keine adäquate Antwort auf die Probleme einer globalisierten Welt, in der Zusammenhalt wichtiger denn je ist. Zudem ist sowohl unklar als auch ungelöst, welche Auswirkungen der **Brexit** auf die Abspaltungswünsche Schottlands sowie den Nordirland Konflikt haben wird.

Die **Freizügigkeit der Unionsbürgerinnen und -bürger** ist für die – wenn auch knappe – Mehrheit der Briten mit ausschlaggebend für den Brexit gewesen. Die kritische Haltung Großbritanniens zur Freizügigkeit der Unionsbürger zeigen die zahlreichen Vorlagen aus dem UK an den EuGH, die zu einem großen Anteil Fragen möglicher Beschränkungen von Freizügigkeitsregelungen zum Gegenstand hatten. Nicht die Chancen und Möglichkeiten eines freizügigkeitsgeprägten Europas standen und stehen im Vordergrund der Wahrnehmung, sondern **Überfremdungsängste und Ressentiment** gegenüber zugewanderten Europäerinnen und Europäern sowie die Vorstellung, allein in der globalisierten Welt besser abschneiden und bestehen zu können.

Neben dem Austritt des wichtigen Mitglieds UK hat sich die EU mit der Frage zu befassen, wie mit Mitgliedstaaten umzugehen ist, die nachhaltig gegen die vereinbarten grundlegenden Werte der EU (Art. 2 EUV) verstoßen. Art. 7 EUV sieht die **Suspendierung bestimmter Mitgliedschaftsrechte** vor, wenn der Rat auf begründeten Vorschlag eines Drittels der Mitgliedstaaten, des Europäischen Parlaments oder der Europäischen Kommission in einem Mitgliedstaat die schwerwiegende und anhaltende Verletzung der in Art. 2 EUV festgelegten Grundsätze feststellt. Diesen Weg beschreitet die EU im Juli 2017 und April 2019 gegen Polen wegen der dort verabschiedeten Justizreform. Das in Polen verabschiedete Gesetz erlaubt es dem Justizminister, alle leitenden Richter zu ernennen oder zu entlassen, die an gewöhnlichen Gerichten einschließlich der Berufungsgerichte tätig sind und sie wegen des Inhalts ihrer richterlichen Entscheidungen disziplinarrechtlich zur Verantwortung zu ziehen. Ein schwerwiegender Eingriff in die Unabhängigkeit der Justiz und der in ihr tätigen Richterinnen und Richter.

Innereuropäische Migration ist stets – und dies auch schon vor der Gründung der Europäischen Union – vielschichtig gewesen und folgte den unterschiedlichsten Interessenlagen. Nach dem zweiten Weltkrieg verstand sich **Europa** zunächst als **Wirtschaftsraum bzw. -gemeinschaft.** Im Jahr 1951 stand am Anfang des europäischen Integrationsprozesses der Vertrag über die Gründung der Europäischen Gemeinschaft für Kohle und Stahl, gefolgt von den Römischen Verträgen im Jahr 1957 mit dem Ziel der Gründung der Europäischen Wirtschaftsgemeinschaft (EWG) sowie der Europäischen Atomgemeinschaft. Ziel der Römischen Verträge war der Aufbau einer Zollunion mit einem gemeinsamen Außenzoll, der Abbau interner Handelshemmnisse und die Errichtung eines gemeinsamen Marktes, die Bewegungsfreiheit für Waren, Personen, Dienstleistungen und Kapital sowie die engere Zusammenarbeit in der friedlichen Nutzung der Atomenergie. Bereits die Verträge aus dem Jahr 1951 dienten einem zentralen und nach den Erfahrungen der Geschichte elementaren Ziel: Kriegsgefahren für die Zukunft auszuschließen.

9   Erst im Laufe der Zeit rückten die Freizügigkeitsrechte der in der Wirtschaftsunion lebenden Menschen als eigene Rechtssubjekte in den Fokus der Aufmerksamkeit. Zunächst erwuchsen sie als **Marktbürger,** die dem Arbeitsmarkt und Warenverkehr folgten, später sollten sie als **Unionsbürgerinnen und -bürger** mit weitreichenden Rechten auch jenseits ihrer wirtschaftlichen Betätigung erstarken.[3]

10 Und auch das erhofften schon Könige und Fürsten: Frieden erhalten und schaffen kann man durch Handel und Austausch, noch besser aber durch persönliche Bindungen und Verflechtungen. Nur werden heute eben nicht mehr Königskinder als Garanten eines friedlichen Miteinanders miteinander verheiratet, vielmehr sollen die vielfältigen, durch die Freizügigkeit der Unionsbürgerinnen und -bürger gewährleisteten Begegnungsmöglichkeiten im kulturellen, wirtschaftlichen, universitären, schulischen Bereich ein **Zusammenwachsen der europäischen Völker** ermöglichen und bewirken, das von Katastrophen wie die der vergangenen **Kriege in Europa** verhindert werden. Allerdings, so Grimm in seinem Aufsatz „Europa: Ja – aber welches?" scheinen die **friedensstiftenden Leistungen Europas** heute kaum mehr vermittelbar. Sie hätten heute keine größere Attraktivität als ein Schwarzweißfernseher. Das Demokratie- und Legitimationsdefizit Europas müsse dringend angegangen werden, um ein weiteres Auseinandertriften Europas zu verhindern. Europäisierung betreffe dabei nicht nur ein prinzipiell begrüßenswertes Friedens- und Wirtschaftsprojekt, so Dreier in seinem Aufsatz „Vom Schwinden der Demokratie", sondern führe auch zu empfindlichen Einbußen bei der demokratischen Organisation und Legitimation der Ausübung öffentlicher Gewalt.[4]

11 Nach dem Europa der Waren folgte das **Europa der Menschen,** zumal dem freien Warenverkehr ohne den freizügigen Menschen stets Grenzen gesetzt sind. Der freizügige Mensch wiederum bleibt in aller Regel nicht allein. Er ist verbunden mit seinen Freunden und Lebenspartnern, seiner Familie. Diese stammen eventuell aus einem EU-Land, gegebenenfalls aber auch aus einem Drittland. Die **Globalisierung der Wirtschaftsmärkte** produziert den globalisierten Menschen, dessen Heimat vielschichtig, mehrstaatlich, eben global sein kann und – nach den Anforderungen der globalisierten Welt – wohl auch sein soll.

12 Die Präambel der **Charta der Grundrechte der Europäischen Union** aus dem Jahr 2007 formuliert den Anspruch der EU wie folgt: „Die Union stellt den Menschen in den Mittelpunkt ihres Handelns, indem sie die Unionsbürgerschaft und einen Raum der Freiheit, der Sicherheit und des Rechts begründet."

13 Die Unionsbürgerschaft kann als Beispiel **progressiver Inklusion** verstanden werden. Sie will ein kommunales Wahlrecht, doppelte Staatsangehörigkeit, die Anerkennung von Berufsabschlüssen und eine erleichterte Mobilität inklusive grenzüberschreitender sozialer Teilhabeansprüche ermöglichen. Forschungen zu transnationalen Migrationen und den damit verbundenen Verschiebungen von Herkunfts-, Aufenthalts- und Lebensort belegen, wie vielschichtig sich Globalisierung auch auf nationale Aufenthalts- und Staatsangehörigkeitsfragen auswirken und Veränderungen hinsichtlich rein nationaler Denkgewohnheiten bewirken.[5]

14 Das Recht, sich innerhalb der Europäischen Union frei zu bewegen und aufzuhalten, ist eine der vier im EU-Recht verankerten **Grundfreiheiten** und ein Eckpfeiler der europäischen Integration. Die Förderung und Stärkung dieses Rechts ist ein Kernziel der Europäischen Union.

15 Die Europäische Union und ihre Mitgliedstaaten erkennen an, dass die Gewährleistung des **Schutzes des Familienlebens** mit dem Ziel der Beseitigung von Hindernissen für die Ausübung des Grundrechts auf Freizügigkeit von ausschlaggebender Bedeutung ist. Hätten EU-Bürger nicht die Möglichkeit, ein normales Familienleben im Aufnahmemitgliedstaat

---

[3] Vgl. EuGH Urt. v. 19.9.2013 – C-140/12, NZS 2014, 20 Rn. 70 mwN -Brey; Urt. v. 11.11.2014 – C-333/13, DÖV 2015, 74 – Dano.
[4] Vgl. *Grimm,* Europa: Ja – aber welches?, in Merkur 68, 2014, 1045 ff.; Interview mit *Robert Gerwarth,* Echo des Krieges, SZ v. 8./9.7.2017; Dreier, Vom Schwinden der Demokratie in Graf/Meier, Die Zukunft der Demokratie, 2018 unter Verweis auf Schliesky, Parlamentsfunktionen.
[5] Vgl. *Farahat* Der Staat (52) 2013, 187; *dies.* ZAR 2014, 60.

zu führen, würde ihre Grundfreiheit elementar beeinträchtigt.[6] Dabei umfasst der Begriff „**Ehegatte**" im Sinne der unionsrechtlichen Bestimmungen auch Ehegatten **gleichen Geschlechts**.[7]

Der in **Maastricht** neu geschaffene Status des „Unionsbürgers" eröffnete und eröffnet eine neue Dimension des europäischen Zusammenwachsens, ist aber zugleich Stein des Anstoßes für so manchen Skeptiker. Der Begriff des „Unionsbürgers" stieß zunächst auf Skepsis, teilweise sogar auf Spott. Viele ahnten nicht, welche Dynamik der EuGH den Bestimmungen der Art. 20, 21 AEUV, Art. 9 S. 2 bis 3 EUV in der Folgezeit verleihen würde. Der EuGH entwickelte in den Jahren europäischer Verbundenheit und Solidarität eine weitreichende Integrationsteleologie „jenseits des Binnenmarktes." Er spricht seit längerem davon, dass die Unionsbürgerschaft den grundlegenden Status der Bürger in der Europäischen Union darstelle.[8] 16

Die Entwicklung zum freizügigkeitsberechtigten Unionsbürger erfährt derzeit herbe Rückschläge. **Brexit**, aber auch die in einigen Mitgliedstaaten entstandenen **nationalistischen Bestrebungen** lassen die Europäische Union in einem fahlen Licht erscheinen. 17

Die Entscheidungen des EuGH aus den Jahren 2014 ff., die im Spannungsverhältnis von Freizügigkeitsrechten nach der FreizügigG-RL 2004/38/EG[9] und sozialen Teilhaberechten nach der VO (EG) 883/2004[10] stehen, zeigen, dass die **Ungleichheit der Lebensbedingungen** in den einzelnen Mitgliedstaaten sowie die Migrationsbewegungen hin zu den prosperierenden Mitgliedstaaten auch die Rechtsprechung des EuGH im Sinne einer restriktiveren Auslegung sowohl der die Freizügigkeit gewährleistenden Normen als auch der sozialen Sicherheit gewährleistenden Vorschriften beeinflussen. Die Entscheidungen sind Ausdruck eines veränderten und in seinen Grundfesten und Zielen verunsicherten und zerrissenen **Europas,** eines Europas, dass sich derzeit mehr mit den Grenzen und Begrenzungsmöglichkeiten der Freizügigkeit, als deren Inhalt oder gar ihrem Ausbau befasst. 18

Der **Zuwanderungsdruck auf Europa,** die sozialen und wirtschaftlichen Dissonanzen sowie Verwerfungen innerhalb Europas mit entsprechenden Binnenwanderungsbewegungen und durch Kriege und zerfallende Staaten verursachte Flüchtlingsbewegungen auf Europa zu stellen die **Solidarität der europäischen Staaten** untereinander auf eine Zerreisprobe. Heißt doch Solidarität nicht nur dann zusammen zu stehen, wenn aus der Gemeinschaft individuelle Vorteile erwachsen, sondern gerade dann, wenn es gilt eine gemeinsame Herausforderung zu bewältigen. „Europa ist in keinem guten Zustand: Es fehlt an Europa in Europa und es fehlt an Union in der Europäischen Union", so der vormalige Kommissionspräsident *Jean-Claude Juncker* zum Jahreswechsel 2015/16. Und die neu gewählte Kommissionspräsidentin Ursula von der Leyen hat in ihrer Antrittsrede im November 2019 deutlich gemacht, dass die Menschen von Europa erwarten, dass es für die gemeinsame Herausforderung der Migration gemeinsame Lösungen findet. Diese Frage habe Europa gespalten, aber nun sollte ein Schritt nach vorn getan werden. Wir brauchen Lösungen, die für alle funktionieren, so von der Leyen. Es bleibt zu hoffen, dass Europa diese Lösungen unter Achtung und Anerkennung der für uns alle verbindlichen Menschenrechte sowie den Regelungen der Genfer Flüchtlingskonvention finden wird. 19

---

[6] Vgl. Mitteilung der Kommission an das Europäische Parlament und den Rat SWD(2014) 284 final; EuGH Urt. v. 25.7.2002 – C-459/99, BeckRS 2004, 77359 Rn. 53 – Mrax; Urt. v. 11.7.2002 – C-60/00, EuR 2002, 852 Rn. 38 – Carpenter; Urt. v. 25.7.2008 – C-127/08, ZAR 2008, 354 – Metock; EuGH Urt. v. 14.11.2017 – C-165/16 ZAR 2018, 74 – Lounes/Ormazabal.
[7] Vgl. EuGH, Urt. v. 5.6.2018 – C-673/16, NVwZ 2018, 1545 – Coman u. a.
[8] Vgl. *Oppermann/Classen/Nettesheim,* Europarecht, 8. Aufl. 2018, § 16 Rn. 4 unter Hinweis auf *Nettesheim* JZ 2011, 1030; stRspr EuGH Urt. v. 20.9.2001 – C-184/99, EuZW 2002, 52 – Grzelczyk; EuGH Urt. v. 14.11.2017 – C-165/16, ZAR 2018, 74 – Lounes.
[9] Richtlinie 2004/38/EG des Europäischen Parlaments und des Rates v. 29.4.2004 über das Recht der Unionsbürger und ihrer Familienangehörigen, sich im Hoheitsgebiet der Mitgliedstaaten frei zu bewegen und aufzuhalten – UnionsbürgerRL (ABl. L 158, 77).
[10] Verordnung (EG) 883/2004 des Europäischen Parlaments und des Rates v. 29.4.2004 zur Koordinierung der Systeme der sozialen Sicherheit (ABl. L 166, 1).

20　Anlässlich der Feierlichkeiten zum 60-jährigen Bestehen der **Römischen Verträge** unterzeichneten die Regierungschefs der 27 Mitgliedstaaten die „**Erklärung von Rom**", in der sie ihren Willen bekräftigen, angesichts „nie da gewesener Herausforderungen" enger zusammen zu arbeiten. Sie wollen das Bündnis „durch noch mehr Einheit und Solidarität untereinander und die Achtung gemeinsamer Regeln stärker und widerstandsfähiger machen. Als wesentliche Ziele werden der Schutz der Bürger, Wohlstand, soziale Sicherheit und Handlungsfähigkeit in der Welt genannt. Die von Paris und Berlin in den Raum gestellte Formel eines „**Europas der unterschiedlichen Geschwindigkeiten**" stieß schon vor Rom auf Widerstand und Skepsis in mehreren östlichen und südlichen Mitgliedstaaten. „Europa wird als politisches Gebilde entweder vereinigt sein oder gar nicht mehr sein", so *Donald Tusk*, vormaliger Präsident des Europäischen Rates.[11] Es kommt jetzt darauf an, Europa für und mit seinen Bürgerinnen und Bürger positiv neu zu gestalten. Der konstruktive Neubildungsprozess von Europa, die deutsch-französische Initiative für eine Renaissance Europas gilt es aufzugreifen und gemeinsam mit den an einem Gelingen der Europäischen Idee orientierten Mitgliedstaaten in Angriff zu nehmen, so *Claus Leggewie* in „Europa zuerst".[12] Allerdings sind die von *Emmanuel Macron* entworfenen Reformideen eines neuen, eines von seinen Bewohnern positiv aufgenommenen und gestalteten Europas von dem im Besonderen angesprochenen Deutschland nur zögerlich aufgegriffen worden, was teils heftig kritisiert wird.[13] **Europa** wird sich neu erfinden, ausrichten und zusammenraufen müssen, will es nicht untergehen. Und vielleicht wird ihm die Dringlichkeit dieser Tatsache angesichts des von Seiten Amerikas betriebenen offenen Protektionismus bewusster werden, als dies Debatten in der Kommission, dem Rat oder dem Parlament tun könnten.

B. Die europarechtlichen Grundlagen der Unionsbürgerschaft und Freizügigkeit

I. Die Normenhierarchie der Europäischen Union und ihrer Mitgliedstaaten

21　Innerhalb der Europäischen Union wird zwischen **Primär- und Sekundärrecht** unterschieden, hinzu kommt die Hierarchie zwischen Unionsrecht und dem Recht der einzelnen Mitgliedstaaten.

22　Unter **Primärrecht** wird im Wesentlichen das Recht der Europäischen Verträge, dh der Grundlagen der EU, die die Mitgliedstaaten geschaffen haben, verstanden (EUV, AEUV, GRCh, Protokolle zu den Verträgen, Allgemeine Rechtsgrundsätze der EU). Das Primärrecht geht dem Sekundärrecht, dh dem von den EU-Organen erlassenem Recht, vor.

23　Die Rechtsakte der EU bilden das **Sekundärrecht,** das nach Art. 288 AEUV seit dem Lissabon-Vertrag regelmäßig im ordentlichen Gesetzgebungsverfahren des Art. 289 AEUV auf Vorschlag der Kommission gemeinsam von Europäischen Parlament und Rat geschaffen wird.

24　Art. 288 AEUV definiert das **sekundäre Recht** sowie sein Verhältnis zum Recht der Mitgliedstaaten wie folgt:
- Für die Ausübung der **Zuständigkeiten der Union** nehmen die Organe Verordnungen, Richtlinien, Beschlüsse, Empfehlungen und Stellungnahmen an.
- Die **Verordnung** hat allgemeine Geltung. Sie ist in allen ihren Teilen verbindlich und gilt unmittelbar in jedem Mitgliedstaat.
- Die **Richtlinie** ist für jeden Mitgliedstaat, an den sie gerichtet wird, hinsichtlich des zu erreichenden Ziels verbindlich, überlässt jedoch den innerstaatlichen Stellen die Wahl der Form und der Mittel.

---

[11] Vgl. FAS v. 26.3.2017: Europäer wollen zusammen bleiben.
[12] Vgl. *Claus Leggewie* anlässlich der Vorstellung seines Buches „Europa zuerst" in der Bundespressekonferenz in Berlin am 5.9.2017.
[13] FAS v. 3.6.2018, Interview mit *Angela Merkel*, Existenzfragen für Europa; vgl. *Kermani*, Europa müssen Flügel wachsen, Die Zeit, 7.6.2018.

– **Beschlüsse** sind in allen ihren Teilen verbindlich. Sind sie an bestimmte Adressaten gerichtet, so sind sie nur für diese verbindlich.
– **Empfehlungen und Stellungnahmen** sind nicht verbindlich.

Der EuGH hat sich bereits in der **Costa/ENEL-Entscheidung**[14] sehr früh zu dem Verhältnis von Unionsrecht zum Recht der einzelnen Mitgliedstaaten geäußert und ausgeführt, dass Unionsrecht, welches den Befugnissen der Verträge entsprechend gesetzt wurde, jedem entgegenstehenden nationalen Recht vorgeht. Der EWG-Vertrag habe nicht nur eine eigene Rechtsordnung geschaffen, die bei seinem Inkrafttreten in die Rechtsordnungen der Mitgliedstaaten aufgenommen worden und von ihren Gerichten anzuwenden sei. Durch die Begründung einer **Gemeinschaft für unbegrenzte Zeit,** die mit eigenen Organen, mit Rechts- und Geschäftsfähigkeit, mit internationaler Handlungsfähigkeit und insbesondere mit echten, aus der Beschränkung der Zuständigkeit der Mitgliedstaaten oder der Übertragung von Hoheitsrechten der Mitgliedstaaten auf die Gemeinschaft herrührenden Hoheitsrechten ausgestattet sei, hätten die Mitgliedstaaten, wenn auch auf einem begrenzten Gebiet, ihre **Souveränitätsrechte** beschränkt und so einen Rechtskörper geschaffen, der für ihre Angehörigen und sie selbst verbindlich sei. Die Verpflichtungen, die die Mitgliedstaaten im Vertrag zur Gründung der Union eingegangen seien, „wären keine unbedingten mehr, sondern nur noch eventuelle, wenn sie durch spätere Gesetzgebungsakte der Signatarstaaten in Frage gestellt werden könnten."[15] 25

II. Die Grundlagen von Unionsbürgerschaft und Freizügigkeit

Die Freizügigkeit von Unionsbürgerinnen und -bürgern ergibt sich unmittelbar aus dem **primären Unionsrecht,** ihre Grundlagen finden sich in EUV und AEUV. 26

Gemäß Art. 9 EUV, Art. 20 Abs. 1 AEUV (vormals Art. 17 EGV) achtet die Union in ihrem gesamten Handeln den **Grundsatz der Gleichheit ihrer Bürgerinnen und Bürger,** denen ein gleiches Maß an Aufmerksamkeit seitens der Organe, Einrichtungen und sonstigen Stellen der Union zuteil wird. Unionsbürger ist, wer die **Staatsangehörigkeit eines Mitgliedstaats** besitzt. Die Unionsbürgerschaft tritt zur nationalen Staatsbürgerschaft hinzu, ersetzt sie aber nicht. Bei dauerhaftem Wegfall einer echten Bindung zwischen einer Person und einem Mitgliedstaat steht das Unionsrecht dem Verlust der Staatsangehörigkeit dieses Mitgliedstaates und hieraus folgend dem der Unionsbürgerschaft grundsätzlich nicht entgegen. Der Verhältnismäßigkeitsgrundsatz verlangt jedoch eine Einzelfallprüfung der Folgen dieses Verlustes für den Betroffenen aus unionsrechtlicher Sicht.[16] 27

Nach Art. 20 Abs. 2 AEUV haben die Unionsbürgerinnen und Unionsbürger die in den Verträgen vorgesehenen **Rechte und Pflichten.** Sie haben unter anderem 28

a) das Recht, sich im Hoheitsgebiet der Mitgliedstaaten **frei zu bewegen und aufzuhalten;**
b) in dem Mitgliedstaat, in dem sie ihren Wohnsitz haben, das **aktive und passive Wahlrecht** bei den Wahlen zum Europäischen Parlament und bei den Kommunalwahlen, wobei für sie dieselben Bedingungen gelten wie für die Angehörigen des betreffenden Mitgliedstaats;
c) im Hoheitsgebiet eines Drittlands, in dem der Mitgliedstaat, dessen Staatsangehörigkeit sie besitzen, nicht vertreten ist, Recht auf **Schutz durch die diplomatischen und konsularischen Behörden** eines jeden Mitgliedstaats unter denselben Bedingungen wie Staatsangehörige dieses Staates;
d) das Recht, **Petitionen an das Europäische Parlament** zu richten und sich an den Europäischen Bürgerbeauftragten zu wenden, sowie das Recht, sich in einer der Sprachen der Verträge an die Organe und die beratenden Einrichtungen der Union zu wenden und eine Antwort in derselben Sprache zu erhalten.

---
[14] Vgl. EuGH Urt. v. 15.7.1964 – 6/64, Slg. 1964, 1251– Costa/ENEL
[15] Vgl. EuGH Urt. v. 15.7.1964 – 6/64, Slg. 1964, 1251 – Costa/ENEL; *Bergmann* in Bergmann, Handlexikon der Europäischen Union, 5. Aufl. 2015, Stichwort Costa/ENEL-Urteil.
[16] EuGH Urt. v. 12.3.2019 – C-221/17, NJW 2019, 1587 – Tjebbes

§ 11　　　　　　　　　　　5. Kapitel. Freizügigkeit in der Europäischen Union

Diese Rechte werden unter den Bedingungen und innerhalb der Grenzen ausgeübt, die in den Verträgen und durch die in Anwendung der Verträge erlassenen Maßnahmen festgelegt sind.

29　Gemäß Art. 21 Abs. 1 AEUV hat jeder Unionsbürger das Recht, sich im Hoheitsgebiet der Mitgliedstaaten vorbehaltlich der in den Verträgen und in den Durchführungsvorschriften vorgesehenen Beschränkungen und Bedingungen **frei zu bewegen und aufzuhalten.**

30　Art. 21 Abs. 2 AEUV bestimmt, dass, soweit zur Erreichung dieses Ziels ein **Tätigwerden der Union** erforderlich erscheint und die Verträge hierfür keine Befugnisse vorsehen, das Europäische Parlament und der Rat gemäß dem ordentlichen Gesetzgebungsverfahren Vorschriften erlassen können, mit denen die Ausübung der Rechte nach Abs. 1 erleichtert wird.

31　Schließlich kann nach Art. 21 Abs. 3 AEUV der Rat zu den gleichen wie den in Abs. 1 genannten Zwecken, sofern die Verträge hierfür keine Befugnisse vorsehen, nach einem besonderen Gesetzgebungsverfahren Maßnahmen erlassen, die die **soziale Sicherheit oder den sozialen Schutz** betreffen. Der Rat beschließt einstimmig nach Anhörung des Europäischen Parlaments.

32　Spezielle Freizügigkeitsregelungen enthält der Titel IV des AEUV, in dem die Freizügigkeit der Arbeitnehmer (Art. 45 AEUV), das Niederlassungsrecht (Art. 49 AEUV), die Dienstleistungsfreiheit (Art. 56 AEUV), sowie Regelungen über den freien Kapital- und Zahlungsverehr (Art. 63 AEUV) enthalten sind.

33　Besondere Bedeutung kommt im Rahmen der Freizügigkeit der **Arbeitnehmerfreizügigkeit** zu. Gemäß Art. 45 Abs. 1 AEUV ist die **Freizügigkeit der Arbeitnehmer** innerhalb der Union gewährleistet. Sie umfasst nach Art. 45 Abs. 2 AEUV die **Abschaffung jeder auf der Staatsangehörigkeit beruhenden unterschiedlichen Behandlung der Arbeitnehmer** der Mitgliedstaaten in Bezug auf Beschäftigung, Entlohnung und sonstige Arbeitsbedingungen.

34　Gemäß Art. 45 Abs. 3 AEUV gibt die Freizügigkeit – vorbehaltlich der aus Gründen der öffentlichen Ordnung, Sicherheit und Gesundheit gerechtfertigten Beschränkungen – den Arbeitnehmern das Recht,

a) sich um tatsächlich angebotene Stellen zu **bewerben;**
b) sich zu diesem Zweck im Hoheitsgebiet der Mitgliedstaaten **frei zu bewegen;**
c) sich in einem Mitgliedstaat aufzuhalten, um dort nach den für die Arbeitnehmer dieses Staates geltenden Rechts- und Verwaltungsvorschriften eine **Beschäftigung auszuüben;**
d) nach Beendigung einer Beschäftigung im Hoheitsgebiet eines Mitgliedstats unter Bedingungen **zu verbleiben,** welche die Kommission durch Verordnungen festlegt.

35　Die Regelungen zur Arbeitnehmerfreizügigkeit finden nach Art. 45 Abs. 4 AEUV keine Anwendung auf die Beschäftigung in der öffentlichen Verwaltung.

III. Die Umsetzung der primärrechtlichen Freizügigkeitsregelungen in der Freizügigkeits-VO (EU) 492/2011 sowie der Freizügigkeits-RL 2004/38/EG

36　Das Recht auf **Freizügigkeit der Arbeitnehmer** innerhalb der europäischen Union wird seiner herausragenden Bedeutung gemäß in der Freizügigkeits-VO des Europäischen Parlaments und des Rates vom 5.4.2011 über die Freizügigkeit der Arbeitnehmer kodifiziert.

37　Danach ist jeder Staatsangehörige eines Mitgliedstaats ungeachtet seines Wohnorts berechtigt, eine Tätigkeit im Lohn- oder Gehaltsverhältnis im Hoheitsgebiet eines anderen Mitgliedstaats nach den für die Arbeitnehmer dieses Staates geltenden Rechts- und Verwaltungsvorschriften aufzunehmen und auszuüben. Er hat insbesondere im Hoheitsgebiet eines anderen Mitgliedstaats mit dem gleichen Vorrang Anspruch auf Zugang zu den verfügbaren Stellen wie die Staatsangehörigen dieses Staates (Art. 1 Freizügigkeits-VO). Neben den Rechten der Arbeitnehmerinnen und Arbeitnehmer auf Gleichbehandlung regelt die Verordung auch die **Freizügigkeit der Kinder** (und damit auch der diese betreuenden

Eltern) in Art. 10 Freizügigkeits-VO. Danach können die Kinder eines Staatsangehörigen eines Mitgliedstaats, der im Hoheitsgebiet eines anderen Mitgliedstaats **beschäftigt ist oder beschäftigt gewesen ist,** wenn sie im Hoheitsgebiet dieses Mitgliedstaats wohnen, unter den gleichen Bedingungen wie die Staatsangehörigen dieses Mitgliedstaats am allgemeinen Unterricht sowie an der Lehrlings- und Berufsausbildung teilnehmen. Letztgenannte Vorschrift kann in den Fällen von Bedeutung sein, in denen das materielle Freizügigkeitsrecht der Eltern entfallen ist, die Kinder aber ein hiervon unabhängiges Freizügigkeitsrecht über Art. 10 Freizügigkeits-VO erworben haben.[17]

Die in EUV und AEUV niedergelegten Regelungen zur Freizügigkeit der Unionsbürgerinnen und -bürger werden im Übrigen sekundärrechtlich durch die Freizügigkeits-RL zusammengefasst. Mit der Freizügigkeits-RL soll die Ausübung der Freizügigkeit und des Rechts der Unionsbürger auf Einreise, Aufenthalt und Verbleib in einem anderen Mitgliedstaat der Union zusammenfassend erleichtert werden. Beschränkungen der Rechte durch Verwaltungsaufwand sollen auf das absolut notwendige Maß reduziert werden, der **Unionsbürger sowie seine Familienangehörigen** soll im **Zweifelsfall Freizügigkeit** genießen. Die Freizügigkeits-RL fasst in einem einzigen Rechtsakt die umfangreichen Rechtsvorschriften zur Freizügigkeit zusammen, die bisher die Einreise und den Aufenthalt der Unionsbürger geregelt haben. Sie kommt durch Vereinfachung der zu beachtenden Vorschriften sowohl den Unionsbürgern und ihren Familienangehörigen als auch den Rechtsanwendern zugute.[18] 38

Nach den der Freizügigkeits-RL vorangestellten **Erwägungsgründen** verleiht die Unionsbürgerschaft jedem Bürger der Union das elementare und persönliche Recht, sich im Hoheitsgebiet der Mitgliedstaaten vorbehaltlich der im Vertrag und in den Durchführungsvorschriften vorgesehenen Beschränkungen und Bedingungen frei zu bewegen und aufzuhalten. Die **Freizügigkeit von Personen** stellt eine der **Grundfreiheiten des Binnenmarkts** dar, der einen Raum ohne Binnengrenzen umfasst, in dem diese Freiheit gemäß den Bestimmungen des Vertrags gewährleistet ist. 39

Das Recht aller Unionsbürger, sich im Hoheitsgebiet der Mitgliedstaaten frei zu bewegen und aufzuhalten, sollte, wenn es unter objektiven Bedingungen in Freiheit und Würde ausgeübt werden soll, auch den **Familienangehörigen** ungeachtet ihrer Staatsangehörigkeit gewährt werden. Der Begriff „Ehegatte" im Sinne der unionsrechtlichen Bestimmungen über die Aufenthaltsfreiheit von Unionsbürgern und ihren Familienangehörigen umfasst auch Ehegatten gleichen Geschlechts.[19] 40

Die Unionsbürger sollten das Aufenthaltsrecht im Aufnahmemitgliedstaat für einen **Zeitraum von bis zu drei Monaten** haben, ohne jegliche **Bedingungen oder Formalitäten** außer der Pflicht, im Besitz eines gültigen Personalausweises oder Reisepasses zu sein, unbeschadet einer günstigeren Behandlung für Arbeitsuchende gemäß der Rechtsprechung des Gerichtshofs. 41

Allerdings sollten Personen, die ihr Aufenthaltsrecht ausüben, während ihres ersten Aufenthalts die **Sozialhilfeleistungen des Aufnahmemitgliedstaats nicht unangemessen in Anspruch nehmen.** Daher sollte das Aufenthaltsrecht von Unionsbürgern und ihren Familienangehörigen für eine Dauer von über drei Monaten bestimmten Bedingungen unterliegen.[20] 42

Die Freizügigkeits-RL enthält neben Begriffsbestimmungen und der Bestimmung des berechtigten Personenkreises Regelungen zu Ein- und Ausreise, zum Recht auf Aufenthalt bis und über drei Monate, Verwaltungsformalitäten für den Unionsbürger sowie dessen Familienangehörige, die nicht Unionsbürger sind, Regelungen zur Aufenthaltskarte, zur Aufrechterhaltung des Aufenthaltsrechtes der Familienangehörigen bei Tod oder Wegzug des Unionsbürgers sowie bei Scheidung oder Aufhebung der Ehe oder Beendigung der 43

---

[17] Vgl. BVerwG Urt. v. 11.9.2019 – 1 C 48/18, NVwZ-RR 2020, 368.
[18] Vgl. Dienelt in Bergmann/Dienelt FreizügG/EU Vor Rn. 26 f.
[19] EuGH Urt. v. 5.6.2018 – C-673/16; NVwZ 2018, 1545 – Coman u. a.
[20] Vgl. Erwgr. 1, 2, 3, 5, 9 und 10 RL 2004/38/EG.

eingetragenen Partnerschaft, allgemeine Vorschriften zur Aufrechterhaltung des Aufenthaltsrechts sowie Verfahrensgarantien, Regelungen zum Recht auf Daueraufenthalt sowie zur Beschränkung des Einreise- und Aufenthaltsrechts aus Gründen der öffentlichen Ordnung, Sicherheit oder Gesundheit. Nach Art. 40 Freizügigkeits-RL war die Richtlinie von den Mitgliedstaaten bis zum 30.4.2004 umzusetzen, die Umsetzung in nationales Recht erfolgte in Deutschland durch das FreizügG/EU.[21]

C. Die Umsetzung von EUV, AEUV und Freizügigkeits-RL durch das FreizügG/EU

44 Der Umsetzung von EUV, AEUV und Freizügigkeits-RL dient das FreizügG/EU, das für sich in Anspruch nimmt, die Vorgaben der Freizügigkeits-RL vereinfachend zusammenzufassen. Dieses vereinfachende Normkonzept birgt allerdings die Gefahr, dass die Vorgaben der Freizügigkeits-RL gegebenenfalls nur unzureichend umgesetzt werden. Ein Vergleich des Gesetzes mit den Vorgaben von EUV, AEUV, Freizügigkeits-RL, den dieser vorangestellten Erwägungsgründen sowie Berücksichtigung der hierzu ergangenen Rechtsprechung des EuGH ist Voraussetzung dafür, sich abschließend ein Bild von der Rechtslage machen zu können.[22]

I. Die Freizügigkeitsberechtigten nach dem FreizügG/EU

45 Gemäß § 2 Abs. 1 FreizügG/EU haben freizügigkeitsberechtigte Unionsbürger und ihre Familienangehörigen das **Recht auf Einreise und Aufenthalt** nach Maßgabe dieses Gesetzes.

46 Unionsrechtlich **freizügigkeitsberechtigt** sind nach der am 2.12.2014 geänderten Fassung des § 2 Abs. 2 FreizügG/EU:
1. Unionsbürger, die sich als **Arbeitnehmer** oder zur **Berufsausbildung** aufhalten wollen,
1a. Unionsbürger, die sich zur **Arbeitssuche** aufhalten, für bis zu sechs Monate und darüber hinaus nur, solange sie nachweisen können, dass sie weiterhin Arbeit suchen und begründete Aussicht haben, eingestellt zu werden,
2. Unionsbürger, wenn sie zur Ausübung einer selbständigen Erwerbstätigkeit berechtigt sind **(niedergelassene selbständige Erwerbstätige),**
3. Unionsbürger, die ohne sich niederzulassen, als selbständige Erwerbstätige Dienstleistungen iSd Art. 57 AEUV erbringen wollen **(Erbringer von Dienstleitungen),** wenn sie zur Erbringung der Dienstleistungen berechtigt sind,
4. Unionsbürger als **Empfänger von Dienstleistungen,**
5. **nicht erwerbstätige Unionsbürger** unter den Voraussetzungen des § 4 FreizügG/EU,
6. **Familienangehörige** unter den Voraussetzungen der §§ 3 und 4 FreizügG/EU,
7. Unionsbürger und ihre Familienangehörigen, die ein **Daueraufenthaltsrecht** erworben haben.

1. Die Freizügigkeitsberechtigung der Unionsbürgerinnen und -bürger, die sich als Arbeitnehmerinnen/Arbeitnehmer oder zur Berufsausbildung aufhalten wollen

47 Die **Freizügigkeit der Arbeitnehmer** ist das zentrale Freizügigkeitsrecht der Union. Es wird in Art. 45 AEUV und der EU-Freizügigkeitsverordnung hervorgehoben, und in § 2 Abs. 2 Nr. 1 FreizügG/EU aufgenommen. Gleichwohl gibt es keine Legaldefinition des Begriffs des Arbeitnehmers.

---

[21] Gesetz über die allgemeine Freizügigkeit von Unionsbürgern (Freizügigkeitsgesetz/EU – FreizügG/EU) v. 30.7.2004 (BGBl. I 1950).
[22] Vgl. auch *Dienelt* in Bergmann/Dienelt FreizügG/EU Vor Rn. 33.

Nach der Rechtsprechung des EuGH kann der Begriff des Arbeitnehmers, da die 48
Freizügigkeit der Arbeitnehmer eines der Grundprinzipien der Gemeinschaft ist, nicht je
nach dem nationalen Recht der Mitgliedstaaten unterschiedlich ausgelegt werden, vielmehr
hat er eine verbindliche gemeinschaftsrechtliche Bedeutung. Der **gemeinschaftsrechtliche Begriff des Arbeitnehmers** ist, da er den Anwendungsbereich dieser Grundfreiheit
festlegt, weit auszulegen.[23]

Arbeitnehmer ist danach jeder, der eine **tatsächliche und echte Tätigkeit** ausübt, 49
wobei Tätigkeiten außer Betracht bleiben, die einen so **geringen Umfang** haben, dass sie
sich als völlig untergeordnet und unwesentlich darstellen. Das wesentliche Merkmal des
Arbeitsverhältnisses besteht nach dieser Rechtsprechung darin, dass jemand während einer
bestimmten Zeit für einen anderen **nach dessen Weisung** Leistungen erbringt, für die
er als Gegenleistung eine **Vergütung** erhält.[24]

Der EuGH definiert den **Arbeitnehmerbegriff** unter Zugrundelegung dreier Voraus- 50
setzungen, die kumulativ erfüllt sein müssen:
– Dauerhaftigkeit der Tätigkeit,
– ein Über-/Unterordnungsverhältnis und
– ein Entgelt.

Ohne Bedeutung ist es für die Arbeitnehmereigenschaft iSd Gemeinschaftsrechts, dass das 51
Beschäftigungsverhältnis nach nationalem Recht ein **Rechtsverhältnis sui generis** ist, wie
hoch die Produktivität des Betreffenden ist, woher die Mittel für die Vergütung stammen
oder dass sich die Höhe der Vergütung in Grenzen hält.[25]

Auch **zeitlich befristete Beschäftigungen** können die Arbeitnehmereigenschaft be- 52
gründen, sofern die ausgeübte Tätigkeit nicht völlig untergeordnet und unwesentlich ist.
Unerheblich ist grundsätzlich, ob das vom Arbeitnehmer erzielte Einkommen geeignet ist,
das Existenzminimum vollständig abzusichern, oder ob der Lebensunterhalt nur dadurch
gesichert ist, dass zusätzlich eigenes Vermögen verwertet wird, Dritte zur Sicherung des
Lebensunterhalts mit beitragen oder schließlich öffentliche Mittel ergänzend bezogen werden müssen, wobei die Einkünfte nicht über einem in einer bestimmten Branche garantierten Mindesteinkommen liegen müssen. Damit sind grundsätzlich auch **geringfügige
Beschäftigungsverhältnisse** vom Anwendungsbereich des Art. 45 AEUV erfasst.[26]

Was die Voraussetzung der Ausübung einer tatsächlichen und echten Tätigkeit angeht, 53
mithin die Abgrenzung der Arbeitnehmereigenschaft zu **Missbrauchsfällen,** ist bei deren
Prüfung auf objektive Kriterien abzustellen und in einer Gesamtbetrachtung sind alle
Umstände zu würdigen, die die Art der in Rede stehenden Tätigkeiten und des fraglichen
Arbeitsverhältnisses betreffen.[27] Nach der Rechtsprechung des EuGH ist Missbrauch durch
die Bestimmungen der Freizügigkeit nicht gedeckt. Es handelt sich zB um Missbrauch,
wenn sich der Arbeitnehmer nur mit der Absicht in einen anderen Mitgliedstaat begibt, um
dort nach einer sehr kurzen Berufstätigkeit Sozialleistungen in Anspruch zu nehmen.[28]

Aus dem Grundsatz der Freizügigkeit der Arbeitnehmer sowie aus der Stellung der 54
diesbezüglichen Bestimmungen innerhalb des Systems des Vertrages folgt nämlich, dass
diese Bestimmungen nur die Freizügigkeit von Personen gewährleisten, die im **Wirtschaftsleben** (tatsächlich) tätig sind oder tätig sein wollen.[29]

---

[23] EuGH Urt. v. 23.3.1982 – 53/81, NJW 1983, 1249 – Levin; Urt. v. 3.7.1986 – C-66/85 – Lawrie-Blum.
[24] EuGH Urt. v. 7.9.2004 – C-456/02, NZA 2005, 757 Rn. 15 – Trojani; Urt. v. 3.7.1986 – C-66/85 – Lawrie-Blum; Urt. v. 23.3.2004 – C-138/02, Slg. 2004, I-2703, juris Rn 26 – Collins.
[25] EuGH Urt. v. 7.9.2004 – C-456/02, NZA 2005, 757 Rn. 16 – Trojani; Urt. v. 23.3.1982 – 53/81, BeckRS 2004, 73283 Rn. 16 – Levin; Urt. v. 31.5.1989 – C-344/87, BeckRS 2004, 70897 Rn. 15 und 16 – Bettray; Urt. v.19.11.2002 – C-188/00, BeckRS 2004, 74793 Rn. 32 – Kurz.
[26] EuGH Urt. v. 23.3.1982 – 53/81, BeckRS 2004, 73283 Rn. 16 ff. – Levin.
[27] EuGH Urt. v. 7.9.2004 – C-456/02, NZA 2005, 757 Rn. 17 – Trojani; Urt. v. 6.11.2003 – C-413/01, NZA 2004, 87 Rn. 27 – Ninni-Orasche.
[28] EuGH Urt. v. 21.6.1988 – 39/86, Slg. 1988, 3161 -Lair.
[29] EuGH Urt. v. 23.3.1982 – 53/81, BeckRS 2004, 73283 Rn. 17 – Levin.

55 Der Umstand, dass die Produktivität eines **Praktikanten** schwach ist, dass er nur eine geringe Anzahl von Wochenstunden Arbeit leistet und dass er infolgedessen nur eine beschränkte Vergütung erhält, steht der Zuerkennung der Arbeitnehmereigenschaft an den Staatsangehörigen eines Mitgliedstaats, der im Rahmen einer Berufsausbildung in einem anderen Mitgliedstaat ein Praktikum ableistet, nicht entgegen, wenn das Praktikum unter den Bedingungen einer tatsächlichen und echten Tätigkeit durchgeführt wird.[30]

56 Ein **Studienreferendar,** der nach Weisung und unter Aufsicht der Schulbehörden seinen Vorbereitungsdienst für ein Lehramt ableistet und dabei Unterricht erteilt, der ihm vergütet wird, ist unabhängig von der Rechtsnatur des Beschäftigungsverhältnisses Arbeitnehmer iSd Arbeitnehmerfreizügigkeitsbestimmungen.[31]

57 Soweit Art. 45 Abs. 4 AEUV bestimmt, dass dieser Artikel keine Anwendung auf die **Beschäftigung in der öffentlichen Verwaltung** findet, hat der EuGH hierzu ausgeführt, dass der Zugang zu Stellen nicht allein deshalb eingeschränkt werden kann, weil in einem bestimmten Mitgliedstaat die Personen, die diese Stellen annehmen können, in das Beamtenverhältnis berufen werden. Würde man nämlich die Anwendung von Art. 45 AEUV (vormals Art. 48 EWG-Vertrag) von der Rechtsnatur des Verhältnisses zwischen dem Arbeitnehmer und der Verwaltung abhängig machen, gäbe man damit dem Mitgliedstaat die Möglichkeit, nach Belieben die Stellen zu bestimmen, die unter die Ausnahmebestimmung des Art. 45 Abs. 4 AEUV fallen.[32]

58 Eine Beschäftigung in der öffentlichen Verwaltung iSd Art. 45 Abs. 4 AEUV liegt nach dem EuGH nur dann vor, wenn die Tätigkeiten eine **unmittelbare oder mittelbare Teilnahme an der Ausübung hoheitlicher Befugnisse** und an der Wahrnehmung solcher Aufgaben mit sich bringen, die auf die Wahrung der allgemeinen Belange des Staates oder anderer öffentlicher Körperschaften gerichtet sind und die deshalb ein Verhältnis besonderer Verbundenheit des jeweiligen Stelleninhabers zum Staat sowie die Gegenseitigkeit von Rechten und Pflichten voraussetzen, die dem Staatsangehörigkeitsband zugrunde liegen. Diese sehr engen Voraussetzungen sind im Fall eines Studienreferendars nicht erfüllt.[33]

59 Auch **Rentner** können Arbeitnehmer iSd Freizügigkeitsrechts sein. Rentnern ist es nicht verboten, weiter zu arbeiten, im Gegenteil sehen sie sich nicht selten gezwungen, weiter erwerbstätig zu sein, um ihren Lebensunterhalt zu sichern.[34]

60 Die Frage, ob, wenn ein Unternehmen im Rahmen der Erbringung von Dienstleistungen in einem anderen Mitgliedstaat dauerhaft bei ihm beschäftigte Arbeitnehmer dort einsetzt, diese sich selbst und unmittelbar auf die Arbeitnehmerfreizügigkeit berufen können, hat der EuGH in den Sachen *Abatay* und *Sahin* dahingehend entschieden, dass zum Zweck der Erbringung einer Dienstleistung in einen anderen Mitgliedstaat **entsandte Arbeitnehmer** sich unmittelbar (nur) auf die Dienstleistungsfreiheit berufen können. Diese Arbeitnehmer reisen voraussetzungsgemäß immer nur vorübergehend in den anderen Mitgliedstaat und kehrten regelmäßig nach erbrachter Dienstleistung wieder in den Staat ihres gewöhnlichen Aufenthalts zurück.[35]

61 § 2 Abs. 2 Nr. 1 FreizügG/EU benennt als freizügigkeitsberechtigt neben „Arbeitnehmern" auch Unionsbürger, die sich zur **Berufsausbildung** aufhalten wollen. Insoweit stellen sich Abgrenzungsfragen zu § 2 Abs. 2 Nr. 5 FreizügG/EU, der nicht erwerbstätige Unionsbürger unter den Voraussetzungen des § 4 FreizügG/EU für freizügigkeitsberechtigt erklärt und zu § 2 Abs. 2 Nr. 4 FreizügG/EU, der Empfänger von Dienstleistungen ebenfalls für

---

[30] EuGH Urt. v. 26.2.1992 – C 3/90, Slg. 1992, I-1071 – Bernini.
[31] EuGH Urt. v. 3.7.1986 – C-66/85 – Lawrie-Blum.
[32] EuGH Urt. v. 3.6.1986 – 307/84, Slg. 1986, 1725 – Kempf; Urt. v. 3.7.1986 – C-66/85 – Lawrie-Blum.
[33] EuGH Urt. v. 3.7.1986 – C-66/85 – Lawrie-Blum
[34] Vgl. *Dienelt* in Bergmann/Dienelt FreizügG/EU § 2 Rn. 49 unter Hinweis auf OVG Hamburg Urt. v. 5.1.2012 – 3 Bs 179/11, Rn. 12; s. aber auch EuGH Urt. v. 9.11.2006 – C-520/04, Slg. 2006, I-10685 – Turpeinen.
[35] EuGH Urt. v. 21.10.2003 – C-317/01 und C-369/01, BeckRS 2004, 76304 – Abatay und Sahin, sowie vgl. *Epe* in GK-AufenthG FreizügG/EU § 2 Rn. 63 mwN.

freizügigkeitsberechtigt erklärt. Unter „Berufsausbildung" iSv § 2 Abs. 2 Nr. 1 FreizügG/EU sind nach systematischer Auslegung nur die **„entgeltlichen" Ausbildungstätigkeiten** zu verstehen. Nur diese sollen den Arbeitnehmerstatus begründen können. Studenten werden von der spezielleren Vorschrift des § 2 Abs. 2 Nr. 5 iVm § 4 FreizügG/EU erfasst.[36]

Die Tätigkeit des Arbeitnehmers muss zudem, um in den Anwendungsbereich der Freizügigkeitsbestimmungen zu gelangen, einen **grenzüberschreitenden Bezug** haben. Dieser ist dann gegeben, wenn das jeweilige Arbeitsverhältnis einen Bezug zu bzw. eine Berührung mit einem anderen Mitgliedstaat hat. Von seinem Recht auf Arbeitnehmerfreizügigkeit macht Gebrauch, wer in einem anderen Mitgliedstaat als dem, dessen Staatsangehörigkeit er besitzt, einen Beruf ausübt. Ein solcher Unionsbürger fällt unabhängig von seinem Wohnort und seiner Staatsangehörigkeit in den Anwendungsbereich von Art. 45 AEUV.[37] Die gemeinschaftsrechtlichen Vorschriften betreffend die Freizügigkeit der Arbeitnehmer gelten nicht für Sachverhalte, die sich ausschließlich innerhalb eines Mitgliedstaats abspielen, wie der eines Staatsangehörigen eines Drittstaats, der sich allein aufgrund seiner Eigenschaft als Ehegatte eines Staatsangehörigen eines Mitgliedstaats auf ein Aufenthalts- oder ein Bleiberecht im Hoheitsgebiet dieses Mitgliedstaats beruft.[38] 62

Zur Problematik der **Inländerdiskriminierung** hat das BVerwG in seiner Entscheidung vom 22.6.2011 ausgeführt, die Anwendung des Aufenthaltsgesetzes auf Familienangehörige inländischer Unionsbürger, denen kein unionsrechtliches Aufenthaltsrecht zustehe, verstoße nach nationalem Recht nicht gegen Art. 3 Abs. 1 GG. Es könne dahinstehen, ob angesichts der Verpflichtung zur Umsetzung unionsrechtlicher Vorgaben und der dadurch bedingten Betroffenheit unterschiedlicher Rechtskreise überhaupt gleiche oder vergleichbare Sachverhalte iSd Art. 3 Abs. 1 GG vorlägen. Denn die aus dem Nebeneinander von Unionsrecht und nationalem Recht entstehende Ungleichbehandlung sei jedenfalls sachlich gerechtfertigt. Die Übertragung des unionsrechtlichen Aufenthaltsrechts auf Familienangehörige von inländischen Unionsbürgern, die von ihrem Freizügigkeitsrecht keinen Gebrauch gemacht hätten, sei unionsrechtlich nicht geboten. Es lägen vielmehr hinreichend gewichtige Gründe vor, dass in diesen Fällen die für alle nicht freizügigkeitsberechtigten Ausländer geltenden Bestimmungen des nationalen Aufenthaltsrechts zur Anwendung kämen.[39] 63

Die **Beendigung des Arbeitnehmerstatus** setzt grundsätzlich voraus, dass die Beziehung zum Arbeitsmarkt endgültig aufgegeben wird. Dies ist zB der Fall, wenn der Unionsbürger den deutschen Arbeitsmarkt endgültig verlassen hat, etwa weil er das Rentenalter erreicht hat oder auf Dauer in seinen Herkunftsstaat zurückgekehrt ist oder weil er vollständig und dauernd erwerbsunfähig geworden ist. Allerdings ist hier stets zu prüfen, ob die Voraussetzungen eines Daueraufenthaltsrechtes gemäß § 4a FreizügG/EG vorliegen.[40] 64

Nach der ständigen Rechtsprechung des EuGH ist das **Freizügigkeitsrecht stets weit auszulegen,** während die Abweichungen eng auszulegen sind.[41] Bestimmungen zum Schutz der Gemeinschaftsangehörigen, die ihre Grundfreiheit ausüben, sind zu deren Gunsten auszulegen. Der EuGH verlangt vor allem eine auf den Einzelfall bezogene **Verhältnismäßigkeitskontrolle,** wenn nach einem längeren rechtmäßigen Aufenthalt keine ausreichenden Existenzmittel vorhanden sind und das Aufenthaltsrechts beendet werden soll.[42] 65

---

[36] Vgl. *Hailbronner* AuslR FreizügG/EU § 2 Rn. 37, 38.
[37] *Epe* in GK-AufenthG FreizügG/EU § 2 Rn. 46 mwN.
[38] EuGH Urt. v. 18.10.1990 – C-197/89, Slg. 1990 I-3763 – Dzodzi.
[39] BVerwG Urt. v. 16.11.2010 – 1 C 20/09, NVwZ 2011, 825 Rn. 16 unter Hinweis auf BVerfG Beschl. v. 8.11.1989 – 1 BvR 986/89, NJW 1990, 1033 und Beschl. v. 13.6.2006 – 1 BvR 1160/03, BVerfGE 116, 135 (159).
[40] Vgl. Allgemeine Verwaltungsvorschrift zum FreizügG/EU v. 3.2.2016 – AAV FreizügG/EU (GMBl. 2016, 86 ff.).
[41] Vgl. EuGH Urt. v. 26.2.1991 – C-292/89, Slg. 1991, I-745 Rn. 11 -Antonissen; Urt. v. 20.2.1997 – C-344/95, Slg. 1997, I-1035 Rn. 14 –Kommission/Belgien; Urt. v. 9.11.2000 – C-357/98, Slg. 2000, I-9265 Rn. 24 -Yiadom; vgl. *Kluth* in Callies/Ruffert AEUV Art. 21 Rn. 4.
[42] Vgl. EuGH Urt. v. 20.9.2001 – C-184/99, Slg. 2001, I-6193 Rn. 43 ff. -Grzelczyk; *Kluth* in Callies/Ruffert AEUV Art. 21 Rn. 4.

66 Art. 7 Abs. 3 Freizügigkeits-RL/§ 2 Abs. 3 FreizügG/EU regelt die Fälle, in denen die Erwerbstätigeneigenschaft auch bei **vorübergehenden Unterbrechungen** bestehen bleibt. Genannt sind dort die Fälle von Krankheit, Unfall, unfreiwilliger Arbeitslosigkeit und Beginn einer Berufsausbildung. Der EuGH hat in der Rechtssache Tarola entschieden, dass im Fall **unfreiwilliger Arbeitslosigkeit** die Erwerbstätigeneigenschaft erhalten bleibt, sofern sich der Unionsbürger dem Arbeitsamt zur Verfügung stellt. Art. 7 Abs. 1 und Abs. 3 lit. c Freizügigkeits-RL sei dahin auszulegen, dass einem Unionsbürger, der aufgrund der Erwerbstätigkeit, die er zwei Wochen lang ausgeübt hat, bevor er unfreiwillig arbeitslos geworden ist, die Erwerbstätigeneigenschaft im Sinne von Art. 7 Abs. 1 lit. a Freizügigkeits-RL erworben hat, die Erwerbstätigeneigenschaft für einen Zeitraum von mindestens sechs Monaten erhalten bleibt, sofern er sich dem zuständigen Arbeitsamt zur Verfügung gestellt.[43]

67 In dem Fall *Saint Prix* hatte der EuGH die Frage zu entscheiden, ob eine Frau, die ihre Erwerbstätigkeit oder Arbeitsuche wegen der körperlichen Belastungen im Spätstadium ihrer **Schwangerschaft** und nach der Geburt des Kindes aufgibt, die Arbeitnehmereigenschaft im Sinne dieser Vorschrift behält, sofern sie innerhalb eines angemessenen Zeitraums nach der Geburt ihres Kindes ihre Beschäftigung wieder aufnimmt oder eine andere Stelle findet. Der EuGH hat die Frage unter Hinweis darauf bejaht, dass eine Unionsbürgerin von der Ausübung ihres Rechts auf Freizügigkeit abgehalten würde, wenn sie für den Fall ihrer Schwangerschaft im Aufnahmemitgliedstaat und der dadurch bedingten, sei es auch noch so kurzzeitigen Aufgabe ihrer Erwerbstätigkeit Gefahr liefe, die Arbeitnehmereigenschaft in diesem Staat zu verlieren. Eine Schwangerschaft sei keine Krankheit und unterfalle daher zwar nicht dem direkten Wortlaut von Art. 7 Abs. 3 Freizügigkeits-RL. Dieser Artikel enthalte aber **keine abschließende Aufzählung** der Umstände, unter denen einem Wanderarbeitnehmer, der sich nicht mehr in einem Arbeitsverhältnis befindet, weiterhin die Arbeitnehmereigenschaft zuerkannt werden kann.[44]

68 **Rechtswidrige Tätigkeiten** können – sofern die Wertung als rechtswidrig ihrerseits unionsrechtlich nicht zu beanstanden ist – keine Freizügigkeit begründen. Gleiches hat für **sittenwidrige Tätigkeiten** zu gelten, soweit das Unionsrecht seinerseits die Bewertung als sittenwidrig nachvollzieht.

69 Im Bereich der **Prostitution** dürfte Sittenwidrigkeit zumindest für Deutschland nicht mehr angenommen werden können, nachdem der Gesetzgeber bereits im Jahr 2002 mit dem Gesetz zur Verbesserung der rechtlichen und sozialen Stellung der Prostituierten die Sittenwidrigkeit genommen hat und durch das Gesetzes zum Schutz von in der Prostitution tätigen Personen (**Prostituiertenschutzgesetz** vom 21.10.2016 – ProstSchG (BGBl. I 2372)) die Tätigkeit von Prostituierten sowie von Prostitutionsstätten differenzierten Regelungen unterworfen hat.[45]

2. Die Freizügigkeit der Unionsbürgerinnen und -bürger, die sich zur Arbeitsuche aufhalten

70 Art. 45 AEUV bestimmt, dass zur Freizügigkeit der Arbeitnehmer auch das Recht gehört, sich in einen anderen Mitgliedsstaat **frei zu begeben** und sich dort **aufzuhalten, um eine Stelle zu suchen.**

71 Dem korrespondierend regelt Art. 6 Freizügigkeits-RL das nahezu voraussetzungslose Freizügigkeitsrecht für einen **Aufenthalt bis zu drei Monaten** und Art. 7 Freizügigkeits-RL das Recht auf Aufenthalt für jeden Unionsbürger für einen Zeitraum von **über drei Monaten,** wenn er Arbeitnehmer oder Selbstständiger im Aufnahmemitgliedstaat ist. Für

---

[43] EuGH Urt. v. 11.4.2019 – C 483/17, ZAR 2019, 429 – Tarola; EuGH Urt. v. 13.9.2018 – C-618/16, BeckRS 2018, 21407 – Prefeta
[44] EuGH Urt. v. 19.6.2014 – C-507/12, NZA 2014, 765 – Saint Prix.
[45] Vgl. auch Epe in GK-AufenthG FreizügG/EU § 2 Rn. 45 mit Rechtsprechungsnachweisen; EuGH Urt. v. 20.11.2001 – C-268/99, NVwZ 2002, 326 –Jany u. a..

diese Zwecke bleibt die Erwerbstätigeneigenschaft dem Unionsbürger, der seine Erwerbstätigkeit als Arbeitnehmer oder Selbstständiger nicht mehr ausübt, erhalten, wenn er wegen einer Krankheit oder eines Unfalls vorübergehend arbeitsunfähig wird, wenn er sich bei ordnungsgemäß bestätigter unfreiwilliger Arbeitslosigkeit nach mehr als einjähriger Beschäftigung dem zuständigen Arbeitsamt zur Verfügung stellt, wenn er sich bei ordnungsgemäß bestätigter unfreiwilliger Arbeitslosigkeit nach Ablauf seines auf weniger als ein Jahr befristeten Arbeitsvertrags oder bei im Laufe der ersten zwölf Monate eintretender unfreiwilliger Arbeitslosigkeit dem zuständigen Arbeitsamt zur Verfügung stellt. In diesem Fall bleibt die Erwerbstätigeneigenschaft während mindestens sechs Monaten aufrechterhalten (Art. 7 Abs. 1 lit. a und Abs. 3 Freizügigkeits-RL).

Gemäß Art. 14 Abs. 4 lit. b Freizügigkeits-RL darf abweichend von den Absätzen 1 und 2 und unbeschadet der Bestimmungen des Kapitels VI gegen Unionsbürger oder ihre Familienangehörigen auf keinen Fall eine **Ausweisung** verfügt werden, wenn die Unionsbürger in das Hoheitsgebiet des Mitgliedstaates eingereist sind, um **Arbeit zu suchen.** In diesem Fall dürfen die Unionsbürger und ihre Familienangehörigen nicht ausgewiesen werden, solange sie nachweisen können, dass sie weiterhin Arbeit suchen und dass sie eine **begründete Aussicht** haben, eingestellt zu werden. **72**

Das FreizügG/EU legte bis zum Änderungsgesetz vom 2.12.2014[46] für den **Zeitraum der zulässigen Arbeitssuche** keine Frist fest. **73**

§ 2 Abs. 2 Nr. 1a FreizügG/EU bestimmt nunmehr, dass Unionsbürger, die sich zur Arbeitssuche im Bundesgebiet aufhalten, für **bis zu sechs Monate** und darüber hinaus nur dann freizügigkeitsberechtigt sind, solange sie nachweisen können, dass sie weiterhin **Arbeit suchen** und **begründete Aussicht** haben, eingestellt zu werden. **74**

Auch bei dieser Regelung handelt es sich nicht um eine strikte **Fristenregelung,** vielmehr nimmt sie die Rechtsprechung des EuGH zur Freizügigkeitsberechtigung von Arbeitssuchenden auf. Der EuGH hat in den Sachen *Tsiotras*[47] und *Antonissen*[48] ausgeführt, dass das Gemeinschaftsrecht nicht vorschreibe, wie lange sich Gemeinschaftsangehörige zur Stellensuche in einem Mitgliedstaat aufhalten dürften. Soweit das nationale Recht hierfür einen Zeitraum von **sechs Monaten** vorsehe, erscheine dies **grundsätzlich als ausreichend,** um den Betroffenen zu erlauben, im Aufnahmemitgliedstaat von Stellenangeboten Kenntnis zu nehmen, die ihren beruflichen Qualifikationen entsprächen, und sich gegebenenfalls um solche Stellen zu bewerben. Eine solche zeitliche Begrenzung gefährde nicht die praktische Wirksamkeit des Grundsatzes der Freizügigkeit. Erbringe der Betroffene allerdings nach Ablauf dieses Zeitraums den Nachweis, dass er weiterhin und mit begründeter Aussicht auf Erfolg Arbeit suche, so dürfe er vom Aufnahmemitgliedstaat nicht ausgewiesen werden.[49] **75**

Ein **Wegfall des „Erwerbstätigenstatus"** kommt nur dann in Betracht, wenn aufgrund objektiver Umstände davon auszugehen ist, dass der Unionsbürger in Wirklichkeit **keine ernsthaften Absichten** verfolgt, eine Beschäftigung aufzunehmen.[50] Im Fall unfreiwilliger Arbeitslosigkeit bleibt die Erwerbstätigeneigenschaft für einen Zeitraum von mindestens sechs Monaten erhalten, sofern er sich dem zuständigen Arbeitsamt zur Verfügung gestellt.[51] **76**

Dabei ist es Sache der zuständigen nationalen Behörden und gegebenenfalls der innerstaatlichen Gerichte, nicht nur das Vorliegen einer **tatsächlichen Verbindung zum Arbeitsmarkt** festzustellen, sondern auch die grundlegenden Merkmale einer Leistung zu **77**

---

[46] BGBl. I 1922, in Kraft getreten am 9.12.2014.
[47] EuGH Urt. v. 26.5.1993 – C-171/91, Slg. 1993, I-2925 – Tsiotras.
[48] EuGH Urt. v. 26.2.1991 – C-292/89, Slg. 1991, I-745 – Antonissen.
[49] EuGH Urt. v. 26.2.1991 – C-292/89, Slg. 1991, I-745 – Antonissen; Urt. v. 26.5.1993 – C-171/91, Slg. 1993, I-2925 – Tsiotras.
[50] Vgl. *Dienelt* in Bergmann/Dienelt FreizügG/EU § 2 Rn. 64 unter Hinweis auf BayVGH Beschl. v. 16.1.2009 – 19 C 08.3271, InfAuslR 2009, 144.
[51] EuGH Urt. v. 11.4.2019 – C-483/17, ZAR 2019, 429 – Tarola

prüfen, die den Zugang zum Arbeitsmarkt erleichtern soll. Es ist Sache der innerstaatlichen Behörden und Gerichte, den Zweck und die Voraussetzungen dieser Leistung zu prüfen. Finanzielle Leistungen, die nach nationalem Recht den Zugang zum Arbeitsmarkt erleichtern sollen, können nicht als „Sozialleistungen" iSv Art. 24 Abs. 2 Freizügigkeits-RL angesehen werden.[52]

78   Der **Nachweis eines Missbrauchs** setzt dabei zum einen voraus, dass eine Gesamtwürdigung der objektiven Umstände ergibt, dass trotz formaler Einhaltung der unionsrechtlichen Bedingungen das Ziel der Regelung nicht erreicht wurde, und zum anderen ein subjektives Element, nämlich die Absicht, sich einen unionsrechtlich vorgesehenen Vorteil dadurch zu verschaffen, dass die entsprechenden Voraussetzungen willkürlich geschaffen werden.[53] Eine nur formale Erfüllung der Mindestvoraussetzungen der Freizügigkeit, die dem Sinn und Zweck der Freizügigkeits-RL nicht entspricht, sondern lediglich das Ziel verfolgt, sich dadurch soziale Vorteile des Unionsrechts zu verschaffen, ist als rechtsmissbräuchlich zu qualifizieren.[54]

79   Der **Bezug von Sozialhilfeleistungen** schließt die Freizügigkeit eines Arbeitsuchenden nicht von vorn herein aus, wie Art. 14 Abs. 1 Freizügigkeits-RL zeigt. Gemäß Art. 14 Abs. 3 Freizügigkeits-RL darf die Inanspruchnahme von Sozialleistungen durch einen Unionsbürger oder einen seiner Familienangehörigen im Aufnahmemitgliedstaat nicht automatisch zu einer Ausweisung führen. Zudem darf abweichend von den Absätzen 1 und 2 und unbeschadet der Bestimmungen des Kapitels VI gegen Unionsbürger oder ihre Familienangehörigen auf keinen Fall eine Ausweisung verfügt werden, wenn

a) (...)

b) die Unionsbürger in das Hoheitsgebiet des Aufnahmemitgliedstaats eingereist sind, um Arbeit zu suchen. In diesem Fall dürfen die Unionsbürger und ihre Familienangehörigen nicht ausgewiesen werden, solange die Unionsbürger nachweisen können, dass sie weiterhin Arbeit suchen und dass sie eine begründete Aussicht haben, eingestellt zu werden.

80   Gemäß Art. 24 Abs. 1 Freizügigkeits-RL (**Gleichbehandlung**) genießt jeder Unionsbürger, der sich aufgrund dieser Richtlinie im Hoheitsgebiet des Aufnahmemitgliedstaats aufhält, im Anwendungsbereich des Vertrags die gleiche Behandlung wie die Staatsangehörigen dieses Mitgliedstaats und dies gilt auch für seine Familienangehörigen.

81   Allerdings bestimmt Art. 24 Abs. 2 Freizügigkeits-RL auch, dass der Aufnahmemitgliedstaat nicht verpflichtet ist, anderen Personen als Arbeitnehmern oder Selbstständigen, Personen, denen dieser Status erhalten bleibt, und ihren Familienangehörigen während der ersten drei Monate des Aufenthalts oder gegebenenfalls während des längeren Zeitraums nach Art. 14 Abs. 4 lit. b einen **Anspruch auf Sozialhilfe** zu gewähren.

82   Die Entscheidungen des EuGH aus den Jahren 2014 bis 2016, die sich auf den **Schnittstellen der Freizügigkeitsrechte** entsprechend der Freizügigkeits-RL einerseits und der **Gewährleistung von Sozialleistungen** nach der VO (EG) 883/2004[55] andererseits bewegten und sich mit der Frage zu befassen hatten, ob und wenn ja wie lange Arbeitsuchende oder nicht erwerbstätige Unionsbürgerinnen und -bürger Anspruch auf SGB II – Leistungen haben und ob der Leistungsausschluss nach § 7 Abs. 1 Nr. 2 SGB II europarechtskonform ist, haben einigen Diskussionsbedarf ausgelöst.

83   Von dem Bezug von Leistungen nach dem SGB II sind nach § 7 Abs. 1 Nr. 2 SGB II idF vom 22.12.2016, in Kraft getreten am 29.12.2016, ausgeschlossen Ausländerinnen und Ausländer,

a) die kein Aufenthaltsrecht haben,

b) deren Aufenthaltsrecht sich allein aus dem Zweck der Arbeitsuche ergibt oder

---

[52] EuGH Urt. v. 4.6.2004 – C-22/08 und C-23/08, Slg. 2009 I 4585 – Vatsouras.
[53] VGH Kassel Beschl. v. 26.6.2014 – 9 B 37/14, BeckRS 2015, 49207.
[54] VGH Kassel Beschl. v. 26.6.2014 – 9 B 37/14, BeckRS 2015, 49207.
[55] Verordnung (EG) 883/2004 des Europäischen Parlaments und des Rates zur Koordinierung der Systeme der sozialen Sicherheit v. 29.4.2004 (ABl. L 166, 1)

c) die ihr Aufenthaltsrecht allein oder neben einem Aufenthaltsrecht nach Buchstabe b aus Art. 10 der Verordnung (EU) Nr. 492/2011 des Europäischen Parlaments und des Rates vom 5. April 2011 über die Freizügigkeit der Arbeitnehmer innerhalb der Union (ABl. L 141 vom 27.5.2011, S. 1), die durch die Verordnung (EU) 2016/589 (ABl. L 107 vom 22.4.2016, S. 1) geändert worden ist, ableiten, und ihre Familienangehörigen.

Die als unmittelbare **Reaktion auf die Leistungsansprüche anerkennende Rechtsprechung** des BSG[56] zu verstehende Gesetzesänderungen verfolgen im Wesentlichen drei Ziele: 84

1. Ein aus Art. 10 VO 492/2011/EU abgeleitetes Aufenthaltsrecht soll nicht zum Bezug existenzsichernder Leistungen berechtigen.
2. Unionsbürger und ihre Familienangehörigen sollen in den ersten fünf Jahren ihres rechtmäßigen Aufenthalts von existenzsichernden Leistungen nach SGB II und SGB XII ausgeschlossen werden dürfen, wenn sie kein Aufenthaltsrecht, ein Aufenthaltsrecht nur zur Arbeitssuche oder eines nach Art. 10 VO 492/2011/EU haben.
3. Dem Leistungsausschluss nach SGB II und SGB XII unterfallende Ausländer sollen keine Ermessensleistungen nach § 23 Abs. 1 SGB XII, sondern lediglich eine einmalige Überbrückungsleistung sowie eine Reisebeihilfe als Darlehn erhalten, wenn sie die Mittel für eine Rückkehr nicht selbst aufbringen können. Nur zur Überwindung einer besonderen Härte können vorübergehend weitere Leistungen gewährt werden.[57]

Nach den Entscheidungen des EuGH in den Sachen *Brey*[58], *Dano*[59] (→ Rn. 126, 127), *Alimanovic*[60] und *Garcia-Nieto*[61] sind SGB II-Leistungen als **Sozialhilfeleistungen iSv Art. 24 Abs. 2 Freizügigkeits-RL** anzusehen. Davon ist das BSG in seinem Vorlagebeschluss in der Sache *Alimanovic*[62] ebenfalls ausgegangen, hatte aber Zweifel, ob ein ausnahmsloser Ausschluss von Grundsicherungsleistungen in Fällen, in denen ein Aufenthaltsrecht ausschließlich aus dem Zweck der Arbeitssuche besteht, durch Art. 24 Abs. 2 Freizügigkeits-RL gedeckt ist, ohne dass es die Möglichkeit der **Einzelfallprüfung** gibt. Darüber hinaus hatte das BSG in seiner Vorlageentscheidung eine restriktive Auslegung oder gegebenenfalls Unanwendbarkeit von § 7 Abs. 1 S. 2 Nr. 1 SGB II unter dem Aspekt der Arbeitnehmerfreizügigkeit (Art. 45 Abs. 2 AEUV) und des Diskriminierungsverbotes (Art. 18 AEUV) erwogen, weil die Leistungen nach dem SGB II auch den Zugang zum deutschen Arbeitsmarkt erleichtern (sogenannte **Hybridleistungen**). Die Argumentation und Fragestellung des BSG war konsequent, hatte der EuGH doch noch in der Sache *Vatsouras/Koupatanze* angenommen, dass jede Leistung, die zumindest **auch dem Zweck der Arbeitsmigration** diene, keine Sozialhilfe sei.[63] 85

Nach der Entscheidung des EuGH in der Sache *Alimanovic*[64] muss nunmehr als durch den EuGH geklärt angesehen werden, dass der in § 7 Abs. 1 S. 2 SGB II normierte, **ausnahmslose Ausschluss von SGB II-Leistungen** auch bereits im Bundesgebiet beschäftigt gewesene Unionsbürgerinnen und Unionsbürger erfasst, die weniger als ein Jahr gearbeitet haben. Haben diese nach Ablauf der Aufrechterhaltung ihrer Erwerbstätigeneigenschaft für den Zeitraum von sechs Monaten erneut ein Aufenthaltsrecht nur (noch) zur Arbeitssuche, steht der nachfolgende ausnahmslose Ausschluss von SGB II-Leistungen nach Auffassung des EuGH unabhängig von der Dauer des rein tatsächlichen gewöhnli- 86

---

56 BSG Urt. v. 3.12.2015 – B 4 AS 43/15 R, NZS 2016, 472.
57 Vgl. die Zusammenfassung und kritische Würdigung der Gesetzesänderungen durch *Oberhäuser/Steffen* ZAR 2017, 149 ff.
58 EuGH Urt. v. 19.9.2013 – C-140/12, NZS 2014, 20 – Brey.
59 EuGH Urt. v. 11.11.2014 – C-333/13, NVwZ 2014, 1648 ff. – Dano
60 EuGH Urt. v. 15.9.2015 – C-67/14, NVwZ 2015, 1517 – Alimanovic.
61 EuGH Urt. v. 25.2.2016 – C-299/14, NVwZ 2016, 450 – Garcia-Nieto.
62 BSG Beschl. v. 12.12.2013 – B 4 AS 9/13, EZAR NF 16 Nr. 37.
63 Vgl. EuGH Urt. v. 4.6.2009 – C-22 und 23/08, Slg. 2009, I-4585 –Vatsouras/Koupatanze; *Frings/Steffen*, „Alimanovic" als Herausforderung für die deutsche Sozialgerichtsbarkeit, in: Barwig/Beichel-Benedetti/Brinkmann, Gerechtigkeit in der Migrationsgesellschaft.
64 EuGH Urt. v. 15.9.2015 – C-67/14, NVwZ 2015, 1517 – Alimanovic.

chen Aufenthalts der (wieder) Arbeitsuchenden im Bundesgebiet sowie deren familiärer Umstände im Einklang mit Art. 4 VO (EG) 883/2004 und Art. 24 Abs. 2 Freizügigkeits-RL.[65]

87 Einer **Einzelfallprüfung,** wie von dem EuGH noch in der Entscheidung *Brey* reklamiert, bedürfe es insoweit wegen des abgestuften Systems für die Aufrechterhaltung der Erwerbstätigeneigenschaft in der Freizügigkeits-RL, das das Aufenthaltsrecht und den Zugang zu Sozialleistungen sichern solle, nicht.[66]

88 Die Entscheidung des EuGH ist kritisch zu hinterfragen, insbesondere hinsichtlich der **fehlenden Einzelfallprüfung,** aber auch hinsichtlich der von Seiten des EuGH erfolgten Setzung, bei den Leistungen nach dem SGB II handele es sich nicht um **Hybridleistungen.** Letztere Beurteilung der Ausrichtung einer nationalen Vorschrift obliegt dem nationalen Gericht, nicht aber dem EuGH. Der ohne Einzelfallprüfung erfolgende Ausschluss der Leistungen nach dem SGB II kann zu **Wertungswidersprüchen zu den Regelungen des Freizügigkeitsrechts und insbesondere den Regelungen zur Verlustfeststellung** führen (→ Rn. 212 ff.), die als konstitutive Ermessensentscheidung der zuständigen Ausländerbehörde stets die Berücksichtigung der Besonderheiten des Einzelfalles voraussetzt. Abgesehen von der Frage, ob die betreffenden Personen vom Bezug von Sozialleistungen ausgeschlossen sind, ist ihr Aufenthalt, solange nicht der Verlust des Freizügigkeitsrechts festgestellt worden ist, auf Grund der Freizügigkeitsvermutung rechtmäßig. Die Aussicht, dass sich mangels Verlustfeststellung freizügigkeitsberechtigte Unionsbürgerinnen und -bürger im Bundesgebiet aufhalten, ohne dass ihnen Leistungen zur Sicherung des Existenzminimums zugesprochen werden, ist mit dem Wertegefüge des GG sowie sonstiger Leistungsnormen schwerlich zu vereinbaren. So sind etwa nach § 1 Abs. 1 Nr. 5 AsylbLG leistungsberechtigt auch vollziehbar ausreisepflichtige Ausländer (Drittstaater), die sich tatsächlich im Bundesgebiet aufhalten. Warum diese Personengruppe gegenüber den nicht vollziehbar ausreisepflichtigen Unionsbürgern besser gestellt wird, ist schwer nachzuvollziehen. Dies dürfte der eher pragmatischen denn rechtlichen Überlegung geschuldet sein, dass bei Wegfall der Sozialleistungen gegenüber Unionsbürgern mittels „kalter" Verlustfeststellung bzw. Ausweisung die Chancen steigen, dass die betroffenen Unionsbürger auch ohne behördliches Handeln das Bundesgebiet „freiwillig" verlassen werden.[67] Ob diese Rechnung aufgehen wird, erscheint zweifelhaft. Gleichermaßen ist denkbar, dass die Regelungen zu Schattengesellschaften führen, in denen Unionsbürger leben, die sich zwar weiterhin auf Grund der für sie sprechenden Freizügigkeitsvermutung rechtmäßig im Bundesgebiet aufhalten, die allerdings auf keine existenzsichernde Leistungen zugreifen können. Sie werden willfährige Opfer von prekären Arbeitsverhältnissen jenseits von Mindestlohn und sozialer Absicherung sein. Dabei stellt das Fehlen einer Verlustfeststellung nicht zwingend ein bloßes Vollzugsdefizit auf Seiten der Ausländerbehörden dar, sondern kann – wie der Fall der **Familie Alimanovic** anschaulich zeigt – der Tatsache geschuldet sein, dass sich jene als nicht ermessengerecht darstellen könnte.

89 Indem der EuGH den **Hybridcharakter** der SGB II-Leistungen als einerseits dem Arbeitsmarktzugang dienende Leistungen (und damit in den Anwendungsbereich von Art. 45 AEUV fallend) und andererseits als Leistungen zur Gewährleistung des Existenzminimums verneint und sie in einem „Entweder-oder-Schema" den Sozialleistungen zuschlägt, reduziert er das Prinzip der Verhältnismäßigkeit auf eine Leerformel. Weder die tatsächliche Verbundenheit mit dem Aufnahmemitgliedstaat und seinem Arbeitsmarkt noch die familiären Bindungen noch der in der Entscheidung *Brey* noch angemahnte Aspekt des Maßes der Belastung der Sozialsysteme sollen eine Rolle spielen.[68]

---

[65] BSG Urt. v. 3.12.2015 – B 4 AS 43/15R, BSGE 120, 139 unter Verweis auf EuGH Urt. v. 15.9.2015 – C-67/14, NVwZ 2015, 1517–1520 – Alimanovic.
[66] EuGH Urt. v. 15.9.2015 – C-67/14, NVwZ 2015, 1517 – Alimanovic.
[67] Vgl. insgesamt kritisch *Oberhäuser/Steffen* ZAR 2017, 149.
[68] Vgl. *Frings/Steffen*, „Alimanovic" als Herausforderung für die deutsche Sozialgerichtsbarkeit, in: Barwig/Beichel-Benedetti/Brinkmann, Gerechtigkeit in der Migrationsgesellschaft.

Ob der damit europarechtlich abgesegnete Ausschluss des Bezugs von Sozialleistungen für 90 freizügigkeitsberechtigte Arbeitsuchende (zurück zum reinen Marktbürger) auch dem deutschen Verfassungsrecht standhalten kann, wird das BVerfG zu entscheiden haben. Das BVerfG hat in seiner Entscheidung zu den Leistungen nach dem AsylbLG klargestellt, dass Art. 1 Abs. 1 GG in Verbindung mit dem Sozialstaatsprinzip des Art. 20 Abs. 1 GG ein **Grundrecht auf Gewährleistung eines menschenwürdigen Existenzminimums** garantiert. Art. 1 Abs. 1 GG begründe diesen Anspruch als Menschenrecht. Der Bedarf an existenznotwendigen Leistungen für Menschen mit befristetem Aufenthaltsrecht könne nur dann abweichend vom Regelbedarf gesetzlich bestimmt werden, wenn nachvollziehbar festgestellt werden könne, dass infolge eines nur kurzfristigen Aufenthalts konkrete Minderbedarfe gegenüber Hilfsempfängern mit Daueraufenthaltsrecht bestünden. Migrationspolitische Erwägungen könnten eine geringere Bemessung der Leistungen an Asylbewerber und Flüchtlinge nicht rechtfertigen. Die Menschenwürde sei migrationspolitisch nicht zu relativieren.[69] Dass für Unionsbürger, die sich aufgrund der Freizügigkeitsvermutung rechtmäßig im Bundesgebiet zur Arbeitsuche aufhalten, etwas anderes gelten sollte, bedarf der Klärung.

3. Die Freizügigkeit der Unionsbürgerinnen und -bürger, die zur Ausübung einer selbständigen Erwerbstätigkeit berechtigt sind

Gemäß § 2 Abs. 2 Nr. 2 FreizügG/EU sind unionsrechtlich freizügigkeitsberechtigt Unionsbürgerinnen und Unionsbürger, wenn sie zur Ausübung einer selbständigen Erwerbstätigkeit berechtigt sind (niedergelassene selbständige Erwerbstätige). Die Vorschrift geht zurück auf die in den Art. 49 bis 55 AEUV getroffenen Regelungen, die den **selbständig erwerbstätigen Unionsbürgerinnen und Unionsbürgern** und den in den Mitgliedstaaten gegründeten **Gesellschaften** das Recht auf freie Mobilität gewährleisten. Gemäß Art. 49 AEUV sind Beschränkungen der freien Niederlassung von Staatsangehörigen eines Mitgliedstaats im Hoheitsgebiet eines anderen Mitgliedstaats nach Maßgabe der dort genannten Bestimmungen verboten. Das Gleiche gilt für Beschränkungen der Gründung von Agenturen, Zweigniederlassungen oder Tochtergesellschaften durch Angehörige eines Mitgliedstaats, die im Hoheitsgebiet eines Mitgliedstaats ansässig sind. Vorbehaltlich des Kapitels über den Kapitalverkehr umfasst die Niederlassungsfreiheit die **Aufnahme und Ausübung selbstständiger Erwerbstätigkeiten** sowie die **Gründung und Leitung von Unternehmen,** insbesondere von Gesellschaften iSd Art. 54 Abs. 2 AEUV, nach den Bestimmungen des Aufnahmestaats für seine eigenen Angehörigen. 91

Die **Niederlassungsfreiheit** zielt wie die Freizügigkeit der Arbeitnehmer nicht nur auf 92 eine Gleichstellung der Unionsbürger aus anderen Mitgliedstaaten mit Inländern, sondern auch auf eine Marktöffnung.[70] Hinsichtlich des Erhaltes der Niederlassungsfreiheit bei unfreiwilliger Arbeitslosigkeit hat der EuGH in der Rechtssache Tarola entschieden, dass im Fall unfreiwilliger Arbeitslosigkeit die Erwerbstätigeneigenschaft erhalten bleibt, sofern sich der Unionsbürger dem Arbeitsamt zur Verfügung stellt. Art. 7 Abs. 1 und Abs. 3 lit. c Freizügigkeits-RL sei dahin auszulegen, dass einem Unionsbürger, der aufgrund der Erwerbstätigkeit, die er zwei Wochen lang ausgeübt hat, bevor er unfreiwillig arbeitslos geworden ist, die Erwerbstätigeneigenschaft im Sinne von Art. 7 Abs. 1 lit. a Freizügigkeits-RL erworben hat, die Erwerbstätigeneigenschaft für einen Zeitraum von mindestens sechs Monaten erhalten bleibt, sofern er sich dem zuständigen Arbeitsamt zur Verfügung gestellt.[71]

Weder das FreizügG/EU noch das Unionsrecht selbst definieren die Begriffe des selb- 93 ständig Erwerbstätigen und der Niederlassung. Eine **selbständige Tätigkeit** liegt vor,

---
[69] BVerfG Urt. v. 18.7.2012 – 1 BvL 10/10, BVerfGE 132, 134 unter Verweis auf BVerfGE 125, 175; insgesamt *Oberhäuser/Steffen* ZAR 2017, 149 ff.
[70] Vgl. *Oppermann/Classen/Nettesheim,* Europarecht, 8. Aufl. 2018, § 28 Rn. 5 ff.
[71] EuGH Urt. v. 11.4.2019 – C-483/17, ZAR 2019, 429 – Tarola; Urt. v. 13.9.2018 – C-618/16, BeckRS 2018, 21407 – Prefeta.

wenn die Arbeit nicht weisungsgebunden ausgeübt wird und keine Einbindung in die Organisationsstruktur eines Unternehmens vorliegt. Für den selbständig Tätigen muss ein unternehmerisches Risiko bestehen. Unter Rückgriff auf § 2 Abs. 2 AufenthG ist Erwerbstätigkeit die selbständige Tätigkeit und die Beschäftigung iSv § 7 des SGB IV. Die Abgrenzung zur Arbeitnehmerfreizügigkeit erfolgt nach den Kriterien der **Fremdbestimmtheit** und des **unternehmerischen Risikos**. Die im Einzelfall auftretenden Abgrenzungsfragen von Arbeitnehmerfreizügigkeit einerseits und Niederlassungsfreizügigkeit der selbständig Erwerbstätigen andererseits können allerdings im Regelfall unbeantwortet bleiben, da beide Personengruppen freizügigkeitsberechtigt sind.[72] Die Selbständigeneigenschaft für die Zwecke des Art. 7 Abs. 1 lit. a, Abs. 3 lit. b Freizügigkeits-RL bleibt dem Staatsangehörigen eines Mitgliedstaates erhalten, der, nachdem er sich rechtmäßig in einem anderen Mitgliedstaat aufgehalten und dort etwa vier Jahre als Selbständiger gearbeitet hatte, diese Tätigkeit wegen eines von ihm unabhängigen Mangels an Arbeit aufgegeben und sich dem zuständigen Arbeitsamt zur Verfügung gestellt hat.[73]

94 Unter **Niederlassung** ist nach der Rechtsprechung des EuGH die tatsächliche Ausübung einer wirtschaftlichen Tätigkeit mittels einer festen Einrichtung in einem anderen Mitgliedstaat auf unbestimmte Zeit zu verstehen.[74] Die Definition beruht auf drei **Abgrenzungskriterien:**
– einem zeitlichen Moment („auf unbestimmte Dauer"),
– einem räumlichen Moment („mittels einer **festen Einrichtung in einem anderen Mitgliedstaat**") und
– einem qualitativen Moment in Bezug auf die ausgeübte Tätigkeit **(„wirtschaftliche Tätigkeit").**[75]

95 Berechtigte iSd Niederlassungsfreiheit sind nach Art. 49 ff. AEUV sowohl **natürliche Personen** als auch **Kapitalgesellschaften.**

96 Die **Niederlassungsfreiheit von Gesellschaften** nach Art. 49, 54 AEU beinhaltet als Voraussetzung ihrer praktischen Wirksamkeit für Mitarbeiter des Managements (sogenanntes Schlüsselpersonal) ein die Einreise und den Aufenthalt in einem anderen Mitgliedstaat legitimierendes Freizügigkeitsrecht, das auch diejenigen Mitarbeiter des Management begünstigt, die aus Drittstaaten stammen. Soweit die **sekundäre Niederlassungsfreiheit** iSd Art. 49 Abs. 1 S. 2 AEUV in Rede steht, also die Gründung von Agenturen, Zweigniederlassungen oder Tochtergesellschaften, setzen sowohl die Niederlassungsfreiheit des Unionsbürgers als auch die der unionsverknüpften Gesellschaft die Ansässigkeit in der Union voraus, dh die **tatsächliche und dauerhafte Integration in die Wirtschaft des Mitgliedstaats,** in dem sich die Hauptniederlassung befindet.[76] Hintergrund der Entscheidung des VGH Kassel war der Fall eines serbischen Ehepaares, das in Rumänien nach dortigem Recht eine GmbH mit dem Gesellschaftszweck Bautätigkeiten (Wohnhäuser und andere Bauten) gegründet hatte. Das Stammkapital belief sich auf 45 EUR. Nach Gründung einer Zweigniederlassung in Deutschland begehrten die Antragsteller zunächst ein Visum, dann eine Aufenthaltserlaubnis und beriefen sich schließlich unmittelbar auf ihr Freizügigkeitsrecht aus der Niederlassungsfreiheit. Ihre Anträge sind erfolglos geblieben.

4. Die Freizügigkeit der Erbringer und Empfänger von Dienstleistungen

97 Gemäß § 2 Abs. 2 Nr. 3 FreizügG/EU sind unionsrechtlich freizügigkeitsberechtigt Unionsbürger, die, ohne sich niederzulassen, als selbständige Erwerbstätige Dienstleistungen iSd Art. 57 AEUV erbringen wollen **(Erbringer von Dienstleistungen),** wenn sie zur

---

[72] Vgl. *Dienelt* in Bergmann/Dienelt FreizügG/EU § 2 Rn. 82; Hailbronner AuslR FreizügG/EU § 2 Rn. 50 ff.
[73] EuGH Urt. v. 20.12.2017 – C 442/16, NJW 2018, 1153 – Gusa.
[74] EuGH Urt. v. 25.7.1991 – C-221/89, Slg. 1991, I-3905 juris Rn. 20 – Factortame Ltd.
[75] Vgl. *Dienelt* in Bergmann/Dienelt FreizügG/EU § 2 Rn. 83.
[76] VGH Kassel Beschl. v. 4.2.2014 – 7 B 39/14, NVwZ-RR 2014, 698 f.

Erbringung der Dienstleistung berechtigt sind. Ebenso sind nach § 2 Abs. 2 Nr. 4 FreizügG/EU unionsrechtlich freizügigkeitsberechtigt Unionsbürger als **Empfänger von Dienstleistungen.**

Die Regelungen korrespondieren mit Art. 56 AEUV, nach dem Beschränkungen des freien Dienstleistungsverkehrs innerhalb der Union für Angehörige der Mitgliedstaaten, die in einem anderen Mitgliedstaat als demjenigen des Leistungsempfängers ansässig sind, nach Maßgabe besonderer Bestimmungen verboten sind. Dienstleistungen iSd Verträge sind gemäß Art. 57 AEUV Leistungen, die in der Regel **gegen Entgelt** erbracht werden, soweit sie **nicht den Vorschriften über den freien Waren- und Kapitalverkehr** und über die **Freizügigkeit der Personen** unterliegen. 98

Als **Dienstleistungen** gelten insbesondere: 99

a) gewerbliche Tätigkeiten,
b) kaufmännische Tätigkeiten,
c) handwerkliche Tätigkeiten,
d) freiberufliche Tätigkeiten.

Unbeschadet des Kapitels über die Niederlassungsfreiheit kann der (Dienst-)Leistende zwecks Erbringung seiner Leistungen seine Tätigkeit vorübergehend in dem Mitgliedstaat ausüben, in dem die Leistung erbracht wird und zwar unter den Voraussetzungen, welche dieser Mitgliedstaat für seine eigenen Angehörigen vorschreibt. 100

Der Begriff der Dienstleistung wird durch zwei Merkmale definiert: Es muss um eine **selbständig erbrachte Leistung** gehen, die in der Regel **gegen Entgelt** erbracht wird. Der Leistungsbegriff wird umfassend verstanden, die Aufzählung in Art. 57 AEUV ist nicht abschließend.[77] 101

Weitere Regelungen zum Umfang der **Dienstleistungsfreiheit** enthält die **Richtlinie 2006/123/EG** des Europäischen Parlaments und des Rates vom 12.12.2006 über Dienstleistungen im Binnenmarkt 2006/123/EG[78] – RL 2006/123/EG. Nach den der RL 2006/123/EG vorangestellten Erwägungsgründen ist ein wettbewerbsfähiger Dienstleistungsmarkt für die Förderung des Wirtschaftswachstums und die Schaffung von Arbeitsplätzen in der Europäischen Union wesentlich. Gegenwärtig hindere eine große Anzahl von Beschränkungen im Binnenmarkt Dienstleistungserbringer, insbesondere kleine und mittlere Unternehmen daran, über ihre nationalen Grenzen hinauszuwachsen und uneingeschränkt Nutzen aus dem Binnenmarkt zu ziehen. Dies schwäche die globale Wettbewerbsfähigkeit der Dienstleistungserbringer aus der Europäischen Union. Ein freier Markt, der die Mitgliedstaaten zwinge, Beschränkungen im grenzüberschreitenden Dienstleistungsverkehr abzubauen bei gleichzeitiger größerer Transparenz und besserer Information der Verbraucher, werde für die Verbraucher größere Auswahl und bessere Dienstleistungen zu niedrigeren Preisen bedeuten.[79] Mit der RL 2006/123/EG soll ein allgemeiner Rechtsrahmen geschaffen werden, der einem breiten Spektrum von Dienstleistungen zugutekommt und gleichzeitig die Besonderheiten einzelner Tätigkeiten und Berufe und ihre Reglementierung berücksichtigt.[80] 102

Bei der **Abgrenzung des jeweiligen Geltungsbereichs der Grundsätze des freien Dienstleistungsverkehrs und der Niederlassungsfreiheit** ist nach dem EuGH entscheidend darauf abzustellen, ob der Wirtschaftsteilnehmer in dem Mitgliedstaat, in dem er die Dienstleistung anbietet, niedergelassen ist oder nicht. Ist er in dem Mitgliedstaat, in dem er die Dienstleistung anbietet (dem Empfänger- oder Aufnahmemitgliedstaat), (mit Haupt- oder Nebensitz) niedergelassen, so fällt er in den Geltungsbereich der Niederlassungsfreiheit, wie er in Art. 43 EG (Art. 49 AEUV) definiert ist. Ist der Wirtschaftsteilnehmer dagegen nicht in diesem Empfängermitgliedstaat niedergelassen, so ist er ein **grenzüber-** 103

---

[77] Vgl. *Oppermann/Classen/Nettesheim,* Europarecht, 8. Aufl. 2018, § 25 Rn. 5.
[78] RL 2006/123/EG v. 12.12.2006, gültig ab: 28.12.2006.
[79] Erwgr. 2 zu RL 2006/123/EG.
[80] Erwgr. 7 zu RL 2006/123/EG.

schreitender Dienstleister, der unter den Grundsatz des freien Dienstleistungsverkehrs nach Art. 49 EG (Art. 56 AEUV) fällt. Der Begriff der Niederlassung beinhaltet, dass der Wirtschaftsteilnehmer seine Dienstleistungen in stabiler und kontinuierlicher Weise von einem Berufsdomizil im Empfängermitgliedstaat aus anbietet. Dienstleistungen iSv Art. 49 EG (Art. 56 AEUV) sind dagegen alle Leistungen, die nicht in **stabiler und kontinuierlicher Weise** von einem Berufsdomizil im Empfängermitgliedstaat aus angeboten werden.[81]

103a Die Prüfung, ob eine wirtschaftliche Tätigkeit nach den vom EuGH aufgestellten Kriterien den für eine Dienstleistung erforderlichen **vorübergehenden Charakter** aufweist, obliegt den nationalen Gerichten.[82]

104 Dienstleistungen, die ein in einem Mitgliedstaat niedergelassener Wirtschaftsteilnehmer **mehr oder weniger häufig oder regelmäßig** auch über einen längeren Zeitraum hinweg für Personen erbringt, die in einem oder mehreren anderen Mitgliedstaaten niedergelassen sind, können mithin unabhängig von dem Zeitraum ihrer Erbringung Dienstleistungen iSv Art. 49 EG (Art. 56 AEUV) sein.[83]

104a Die Erteilung eines Visums an einen drittstaatsangehörigen Arbeitnehmer nach § 6 Abs. 3, § 18 AufenthG iVm § 21 BeschV und den Grundsätzen der **Vander Elst**-Rechtsprechung des EuGH (sog. „Vander Elst-Visum") kommt nur zur Erbringung einer Dienstleistung durch ein Unternehmen mit Sitz in einem anderen Mitgliedstaat der EU in Betracht.[84]

105 In der Rechtsprechung des EUGH ist anerkannt, dass durch Art. 56 AEUV sowohl die **aktive** als auch die **passive Dienstleistungsfreiheit** geschützt wird.[85] Der Dienstleistungsempfänger kann sich also vorübergehend in einen anderen Mitgliedstaat begeben, um dort eine Dienstleistung wie touristische Angebote oder eine medizinische Behandlung in Anspruch zu nehmen.

106 Gemäß Art. 62 AEUV iVm Art. 51 AEUV finden auf Tätigkeiten, die in einem Mitgliedstaat dauernd oder zeitweise mit der **Ausübung öffentlicher Gewalt** verbunden sind, die Vorschriften über die Dienstleistungsfreiheit keine Anwendung.

107 Die Vorschriften der Dienstleistungsfreiheit greifen nur, wenn von ihr mit einer gewissen Nachhaltigkeit Gebrauch gemacht wird. Die Rechtsprechung hatte sich mit der Frage zu befassen, ob es unter die (passive) Dienstleistungsfreiheit fallen kann, wenn der ohne ein Visum zur Familienzusammenführung ins Bundesgebiet eingereiste Drittstaatsangehörige seinen deutschen Lebenspartner zwecks **Eheschließung** nach Dänemark begleitet, dort mit diesem die Ehe schließt und anschließend mit ihm ins Bundesgebiet zurückkehrt. Eine Heirat im europäischen Ausland allein stellt keine Inanspruchnahme einer Dienstleistung, sondern die Inanspruchnahme eines Hoheitsaktes dar.[86] Darüber hinaus war im Fall der sogenannten **Dänemarkehen** darauf zu verweisen, dass, soweit von der passiven Dienstleistungsfreiheit nicht mit einer gewissen **Nachhaltigkeit** Gebrauch gemacht wird, sondern die Inanspruchnahme der Dienstleistungen lediglich eine untergeordnete Begleiterscheinung des eigentlichen Aufenthaltszwecks darstellt (hier: Heirat in Dänemark), hieraus Freizügigkeitsansprüche nicht abgeleitet werden können.[87] Dem drittstaatsangehörigen Ehegatten eines deutschen Staatsangehörigen steht demnach ein unionsrechtliches Aufenthaltsrecht in Anwendung der Rechtsprechung des Gerichtshof der Europäischen Union in den sogenannten Rückkehrerfällen nur dann zu, wenn der deutsche Staatsangehörige von seinem unionsrechtlichen Freizügigkeitsrecht **nachhaltig Gebrauch gemacht hat.** Dafür reicht ein Kurzaufenthalt zum Zweck der Eheschließung in einem anderen Mitgliedstaat nicht aus.[88]

---

[81] EuGH Urt. v. 29.4.2004 – C-171/02, Slg. 2004, I-5645 – Kommission.
[82] EuGH Urt. v. 11.12.2003 – C-215/01, EuR 2004, 603 – Schnitzer; EuGH Urt. v. 19.7.2012 – C-470/11, NVwZ 2012, 1162 – SIA Garkalns; BVerwG Beschl. v. 2.6.2019 – 1 B 1/19.
[83] EuGH Urt. v. 29.4.2004 – C-171/02, Slg. 2004, I-5645 – Kommission.
[84] BVerwG Beschl. v. 20.6.2019 – 1 B 10/19, NVwZ-RR 2020, 226.
[85] EuGH Urt. v. 31.1.1984 – Rs. 286/82 und 26/83, NJW 1984, 1288 – Luisi u. Carbone.
[86] VGH Kassel Beschl. v 22.1.2010 – 3 B 2948/09, BeckRS 2010, 49084 Rn. 24.
[87] VGH Kassel Beschl. v 22.1.2010 – 3 B 2948/09, BeckRS 2010, 49084 Rn. 17.
[88] BVerwG Urt. v. 16.11.2010 – 1 C 17/09, NVwZ 2011, 495.

5. Die Freizügigkeit nicht erwerbstätiger Unionsbürgerinnen und -bürger

Gemäß Art. 21 AEUV, Art. 7 Abs. 1b Freizügigkeits-RL, § 2 Abs. 2 Nr. 5, § 4 FreizügG/ 108
EU sind nicht erwerbstätige Unionsbürger und ihre Familienangehörigen, die den Unionsbürger begleiten oder ihm nachziehen, freizügigkeitsberechtigt, wenn sie über **ausreichenden Krankenversicherungsschutz** und **ausreichende Existenzmittel** verfügen.

Gemäß Art. 8 Abs. 4 Freizügigkeits-RL dürfen die Mitgliedstaaten **keinen festen Be-** 109
trag für die Existenzmittel festlegen, die sie als ausreichend betrachten, sondern müssen die persönliche Situation des Betroffenen berücksichtigen. Dieser Betrag darf in keinem Fall über dem Schwellenbetrag liegen, unter dem der Aufnahmemitgliedstaat seinen Staatsangehörigen Sozialhilfe gewährt, oder, wenn dieses Kriterium nicht anwendbar ist, über der Mindestrente der Sozialversicherung des Aufnahmemitgliedstats.

Gemäß Art. 14 Abs. 1 Freizügigkeits-RL steht Unionsbürgern und ihren Familienange- 110
hörigen das Aufenthaltsrecht nach Art. 6 RL Freizügigkeits-RL (Recht auf Aufenthalt bis zu drei Monaten) zu, solange sie die Sozialhilfeleistungen des Aufnahmemitgliedstats **nicht unangemessen in Anspruch nehmen.**

Gemäß Art. 14 Abs. 3 Freizügigkeits-RL darf die Inanspruchnahme von Sozialhilfeleis- 111
tungen durch einen Unionsbürger oder einen seiner Familienangehörigen im Aufnahmemitgliedstaat **nicht automatisch zu einer Ausweisung führen.**

Zudem bestimmt Art. 24 Freizügigkeits-RL in seinem Abs. 1 das **Recht auf Gleichbe-** 112
handlung der Unionsbürger mit den Staatsangehörigen desjenigen Mitgliedstaats, in dem sie sich aufhalten. In Abs. 2 der Vorschrift wird hinsichtlich des Bezugs von Sozialleistungen eine Ausnahme festgelegt. Danach ist der Aufnahmemitgliedstaat nicht verpflichtet, anderen Personen als Arbeitnehmern oder Selbstständigen, Personen, denen dieser Status erhalten bleibt, und ihren Familienangehörigen während der ersten drei Monate des Aufenthalts oder gegebenenfalls während des längeren Zeitraums nach Art. 14 Abs. 4 lit. b (Arbeitsuchende) einen Anspruch auf Sozialhilfe oder vor Erwerb des Rechts auf Daueraufenthalt Studienbeihilfen, einschließlich Beihilfen zur Berufsausbildung, in Form eines Stipendiums oder Studiendarlehens, zu gewähren.

Die Vorschriften über die Freizügigkeit der nicht erwerbstätigen Unionsbürgerinnen und 113
-bürger sollen zum einen diesem Personenkreis den Status der Freizügigkeit sichern, zum anderen den Mitgliedstaaten die Möglichkeit einräumen, eine **unangemessene Einwanderung in ihre Sozialsysteme** zu verhindern. Die nicht erwerbstätigen Unionsbürgerinnen und -bürger, die sich nach Beendigung ihres Erwerbslebens an den sonnigen Stränden Spaniens niederlassen (in einem nicht zu vernachlässigende Umfang handelt es sich um britische Staatsbürger, die nunmehr angesichts des Brexit um ihre aus der Freizügigkeit folgenden Vorteile bangen) zeigt, dass auch nicht erwerbstätige Unionsbürger dem Aufnahmemitgliedstaat beträchtliche wirtschaftliche Vorteile durch Inanspruchnahme von Dienstleistungen, Schaffung von Arbeitsplätzen, Belebung der Infrastruktur etc bringen können. Allerdings ist bei den öffentlichen Debatten weniger diese Gruppe der nicht erwerbstätigen Unionsbürger im Fokus, als vielmehr die aus ärmeren Mitgliedstaaten zuwandernden Unionsbürger.

Die dabei in den Blick fallenden Probleme sind Ausdruck der Tatsache, dass die wirt- 114
schaftliche Leistungsfähigkeit sowie die Ausstattung der Sozialsysteme der einzelnen Mitgliedstaaten **keinen einheitlichen Standard** aufweisen und das wirtschaftliche Gefälle der Mitgliedstaaten untereinander zu Verwerfungen auch im Bereich der Sozialleistungssysteme führen kann. Dabei mangelt es allerdings des Öfteren an einer alle Aspekte des wirtschaftlichen Zusammenschlusses auf europäischer Ebene berücksichtigenden Fallanalyse. Ist doch die innereuropäische Zuwanderung von nicht gut gelittenen, sozial schwachen Arbeits- oder Wirtschaftsmigranten nur die eine Seite der wirtschaftlichen Gemeinschaft europäischer Staaten, die Unternehmens- und Handelsfreiheit die andere, wohl eher glänzende Seite der Medaille.

Eine im Auftrag der **Bertelsmann-Stiftung** erstellte Studie des Zentrums für Europäi- 115
sche Wirtschaftsforschung (ZEW) ist für das Jahr 2012 zu dem Ergebnis gekommen, dass

zum damaligen Zeitpunkt – also vor der hohen Zuwanderung durch Flüchtlinge – Zuwanderer dem deutschen Sozialstaat mehr Geld gebracht haben als sie kosteten. 6,6 Millionen Menschen ohne deutschen Pass lebten zum Ermittlungszeitpunkt in Deutschland, durch sie konnten die Sozialkassen laut Studie allein im Jahr 2012 einen Überschuss von insgesamt 22 Milliarden Euro verbuchen. Jeder Ausländer zahlte pro Jahr und im Schnitt 3.300 EUR mehr Steuern und Sozialabgaben, als er an staatlichen Transferleistungen zurückerhalten hatte.[89]

116 Wohl und Wehe innereuropäischer Migration lässt sich nur durch eine alle Aspekte berücksichtigende Analyse valide beurteilen. Die mit der Zuwanderung ungelernter Arbeits- und Wirtschaftsmigranten aus Bulgarien und Rumänien einhergehenden Probleme lassen sich weder ohne Kenntnis über die soziale Schieflage innerhalb der EU noch ohne Kenntnis der Auswirkungen der bereits vor der Arbeitnehmerfreizügigkeit greifenden Unternehmensfreiheit mit einhergehendem **Zusammenbruch vormals vorhandener kleinbäuerlicher Strukturen** verstehen.[90]

117 **Nicht erwerbstätig** iSd § 4 FreizügG/EU ist derjenige, der nicht unter § 2 Abs. 2 Nr. 1 bis 4 und 7 FreizügG/EU fällt,[91] der also nicht Arbeitnehmer, Arbeitssuchender, niedergelassener Selbständiger, Erbringer oder Empfänger von Dienstleistungen, Daueraufenthaltsberechtigter oder Familienangehöriger dieser Personen ist. Hinsichtlich der Arbeitssuchenden enthält § 2 Abs. 2 Nr. 1a FreizügG/EU eigene Abgrenzungskriterien.

118 § 4 FreizügG/EU setzt voraus, dass der nicht erwerbstätige Unionsbürger über **ausreichenden Krankenversicherungsschutz** verfügt. Art. 7 Abs. 1 lit. b Freizügigkeits-RL fordert (wohl weitergehend) „umfassenden" Krankenversicherungsschutz. Als ausreichend wird der Krankenversicherungsschutz angesehen, wenn für alle in § 4 FreizügG/EU genannten Personen Krankenversicherungsschutz mit folgendem **Leistungsumfang** besteht:
1. ärztliche und zahnärztliche Behandlung,
2. Versorgung mit Arznei-, Verbands-, Heil- und Hilfsmitteln,
3. Krankenhausbehandlung,
4. medizinische Leistungen zur Rehabilitation und
5. Leistungen bei Schwangerschaft und Geburt.

Studenten können die erforderlichen Existenzmittel durch eine Erklärung oder andere gleichwertige selbst gewählte Mittel glaubhaft machen (vgl. Art. 8 Abs. 3 RL 2004/38/EG).

119 Die **Familienangehörigen** aller freizügigkeitsberechtigten Unionsbürger, mithin auch die Familienangehörigen der nicht erwerbstätigen Unionsbürger, haben das **unbeschränkte Recht auf Ausübung abhängiger Beschäftigung oder selbständiger Erwerbstätigkeit**.[92]

120 Die **ausreichenden Existenzmittel** müssen ab dem Zeitpunkt der Einreise verfügbar sein. Bei gesteigertem Bedarf (zB wegen Krankheit, Behinderung oder Pflegebedürftigkeit) sind zusätzliche Existenzmittel nachzuweisen, um sicherzustellen, dass die Inanspruchnahme von Sozialhilfe ausgeschlossen wird. Die Inanspruchnahme ergänzender Sozialhilfe durch Verbleibeberechtigte führt nicht zum Ausschluss des Freizügigkeitsrechts.[93]

121 **Existenzmittel** sind alle gesetzlich zulässigen Einkommen und Vermögen in Geld oder Geldeswert oder sonstige eigene Mittel, insbesondere Unterhaltsleistungen von Familienangehörigen oder Dritten, Stipendien, Ausbildungs- oder Umschulungsbeihilfen, Arbeits-

---

[89] *Bonin,* Der Beitrag von Ausländern und künftiger Zuwanderung zum deutschen Staatshaushalt, Zentrum für Europäische Wirtschaftsforschung im Auftrag der Bertelsmann Stiftung.
[90] Vgl. zum Spannungsverhältnis zwischen Freizügigkeit und dem Bezug von Sozialleistungen ua *Frings,* Sozialleistungen für Unionsbürger/innen nach der VO 883/2004 – Fragestellungen aus der Beratungspraxis, in: Barwig/Beichel-Benedetti/Brinkmann, Schriften zum Migrationsrecht 9 – Solidarität, Hohenheimer Tage zum Ausländerrecht 2012.
[91] Vgl. *Oberhäuser* in NK-AuslR FreizügG/EU § 4 Rn. 2.
[92] Vgl. Amtliche Begründung zum Gesetzentwurf der Bundesregierung zum Zuwanderungsgesetz 2003, BT-Drs. 15/420, 104; AVV FreizügG/EU 4.1.1.
[93] Amtliche Begründung zum Gesetzentwurf der Bundesregierung zum Zuwanderungsgesetz 2003, BT-Drs. 15/420, 104.

losengeld, Invaliditäts-, Hinterbliebenen-, Vorruhestands- oder Altersrenten, Renten wegen Arbeitsunfall, Berufs- oder Erwerbsunfähigkeit oder sonstiger auf einer Beitragsleistung beruhender öffentlicher Mittel.[94] Hinsichtlich der geforderten **Höhe der Existenzmittel** ist auf Art. 8 Abs. 4 Freizügigkeits-RL zu verweisen, wonach die Mitgliedstaaten **keinen festen Betrag** für die Existenzmittel festlegen dürfen, die sie als ausreichend betrachten. Vielmehr müssen sie die **persönliche Situation des Betroffenen** berücksichtigen. Der Betrag darf in keinem Fall über dem Schwellenbetrag liegen, unter dem der Aufnahmemitgliedstaat seinen Staatsangehörigen Sozialhilfe gewährt, oder, wenn dieses Kriterium nicht anwendbar ist, über der Mindestrente der Sozialversicherung des Aufnahmemitgliedstats.

Ausschlaggebend bei der **individuellen Prüfung** hat zum einen zu sein, in welchem **Umfang** die betreffende Person auf Sozialleistungen tatsächlich angewiesen ist, ob dies nur **vorübergehender Natur** ist und ob es sich dabei um eine **unangemessene Inanspruchnahme von Sozialleistungen** des Aufnahmemitgliedstaates handelt. Um keine unangemessene Inanspruchnahme von Sozialleistungen handelt es sich, wenn ein minderjähriger Unionsbürger seine Existenzmittel aus Einkünften eines drittstaatsangehörigen Elternteils bestreitet, die dieser ohne Aufenthalts- und Arbeitserlaubnis aus einer danach illegalen Beschäftigung erhält.[95]

122

Der EuGH hat sich in einer Reihe von Entscheidungen mit den genannten Fragekomplexen befasst, Fallgestaltungen, die sich jeweils auf der **Schnittstelle von Sozialrecht, sozialrechtlicher Gleichbehandlung und Freizügigkeitsrecht** bewegen:

123

In seiner Entscheidung vom 11.11.2008 *(Förster)*[96] führt der EuGH aus, dass sich ein Studierender, der Angehöriger eines Mitgliedstaats ist und sich in einen anderen Mitgliedstaat begeben hat, um dort zu studieren, auf Art. 12 Abs. 1 EG (Diskriminierungsverbot) berufen kann, um ein Unterhaltsstipendium zu erhalten, sofern er sich für eine gewisse Dauer im Aufnahmemitgliedstaat aufgehalten hat. Art. 12 Abs. 1 EG verbiete nicht, von Angehörigen anderer Mitgliedstaaten einen vorherigen Aufenthalt von **fünf Jahren** zu verlangen.[97] Die Mitgliedstaaten seien zwar aufgerufen, bei der Organisation und Anwendung ihres Sozialhilfesystems eine **gewisse finanzielle Solidarität** mit den Angehörigen anderer Mitgliedstaaten zu zeigen, es stehe aber jedem Mitgliedstaat frei, darauf zu achten, dass die Gewährung von Beihilfen zur Deckung des Unterhalts von Studierenden aus anderen Mitgliedstaaten nicht zu einer **übermäßigen Belastung** wird, die Auswirkungen auf das gesamte Niveau der Beihilfe haben könnte, die dieser Staat gewähren kann.[98]

124

Im Fall eines während seiner Examenszeit mittellos gewordenen Studenten weist der EuGH in seiner Entscheidung vom 20.9.2001 *(Grzelczyk)*[99] darauf hin, Art. 4 der RL 93/96/EWG bestimme zwar, dass das Aufenthaltsrecht bestehe, solange die Berechtigten die Bedingungen des Art. 1 der Richtlinie (Existenzsicherung) erfüllten. Aus der sechsten Begründungserwägung der Richtlinie ergebe sich aber, dass die Aufenthaltsberechtigten die öffentlichen Finanzen des Aufnahmemitgliedstats nicht „über Gebühr" belasten dürfen. Die RL 93/96/EWG erkenne somit eine bestimmte finanzielle Solidarität der Angehörigen dieses Staates mit denen der anderen Mitgliedstaaten an, insbesondere wenn die Schwierigkeiten, auf die der Aufenthaltsberechtigte stoße, nur **vorübergehender Natur** sind.[100]

125

Die auf den Besuch der jeweiligen Ausbildungsstätte bezogene Mindestaufenthaltsdauer des § 5 Abs. 2 Satz 3 Hs. 1 BAföG ist mit dem unionsrechtlichen Freizügigkeitsrecht nicht vereinbar und findet auf den **Besuch von Ausbildungsstätten** in Mitgliedstaaten der Europäischen Union keine Anwendung.[101]

125a

---

[94] Amtliche Begründung zum Gesetzentwurf der Bundesregierung zum Zuwanderungsgesetz 2003, BT-Drs. 15/420, 104.
[95] EuGH Urt. v. 2.10.2019 – C-93/18 – Bajratari
[96] EuGH Urt. v. 18.11.2008 – C-158/07, Slg. 2008, I-8507 – Förster.
[97] EuGH Urt. v. 18.11.2008 – C-158/07, Slg. 2008, I-8507 Rn. 60 – Förster.
[98] EuGH Urt. v. 18.11.2008 – C-158/07, Slg. 2008, I-8507 Rn. 48 – Förster.
[99] EuGH Urt. v. 20.9.2001 – C-184/99, Slg. 2001, I-6193 – Grzelczyk.
[100] EuGH Urt. v. 20.9.2001 – C-184/99, Slg. 2001, I-6193 Rn. 44 – Grzelczyk.
[101] BVerwG Urt. v. 17.7.2019 – 5 C 8/18, NJW 2020, 82.

§ 11   5. Kapitel. Freizügigkeit in der Europäischen Union

126 Die Rechtssache *Brey* (Urteil vom 19.9.2014[102]) betraf einen deutschen Ruheständler nebst Gattin, der sich in Österreich niederlassen wollte, obgleich er seinen sowie den Lebensunterhalt seiner Gattin nicht vollständig aus eigenen Mitteln bestreiten konnte. Laut EuGH können die Mitgliedstaaten wegen Art. 7 Abs. 1 lit. b Freizügigkeits-RL grundsätzlich verlangen, dass die Staatsangehörigen eines anderen Mitgliedstaats, die das Aufenthaltsrecht für einen Zeitraum von über drei Monaten wahrnehmen wollen, ohne eine wirtschaftliche Tätigkeit auszuüben, für sich und ihre Familienangehörigen über umfassenden Krankenversicherungsschutz im Aufnahmemitgliedstaat und über ausreichende Existenzmittel verfügen, sodass sie während ihres Aufenthalts keine Sozialhilfeleistungen in Anspruch nehmen müssen.[103] Unter dem **Begriff der Sozialleistungen** seien dabei sämtliche von öffentlichen Stellen eingerichtete Hilfsysteme zu verstehen, die auf nationaler, regionaler oder örtlicher Ebene bestünden und die ein Einzelner in Anspruch nehme.[104] Allerdings stehe das Unionsrecht, wie es sich insbesondere aus den Art. 7 Abs. 1 lit. b, Art. 8 Abs. 4 und Art. 24 Abs. 1 und 2 Freizügigkeits-RL ergebe, der Regelung eines Mitgliedstaats entgegen, nach der eine Sozialleistung an einen wirtschaftlich nicht aktiven Staatsangehörigen eines anderen Mitgliedstaats **unter allen Umständen und automatisch** aufgrund der Tatsache ausgeschlossen sei, weil er nicht über ausreichende Existenzmittel verfüge. Zwar könne der Umstand, dass ein wirtschaftlich nicht aktiver Angehöriger eines anderen Mitgliedstaats zum Bezug einer solchen Leistung berechtigt sei, einen Anhaltspunkt dafür darstellen, dass er nicht über ausreichende Existenzmittel verfüge. Die zuständigen nationalen Behörden könnten eine solche Schlussfolgerung jedoch nicht ziehen ohne eine **umfassende Beurteilung der Frage vorzunehmen, welche Belastung dem nationalen Sozialhilfesystem in seiner Gesamtheit aus der Gewährung dieser Leistung** nach Maßgabe der individuellen Umstände, die für die Lage des Betroffenen kennzeichnend seien, **konkret entstünde**.[105]

127 In der Sache *Dano*[106] rückt der EuGH von dieser, die individuellen Besonderheiten berücksichtigende Einzelfallprüfung zumindest hinsichtlich des Bezugs von Sozialleistungen, nicht aber hinsichtlich der Freizügigkeitsberechtigung, ab. Dies mag dem dieser Entscheidung zugrunde liegenden Sachverhalt geschuldet sein. Zur Entscheidung stand der Fall einer jungen rumänischen Staatsangehörigen mit Kleinkind, die nach dem festgestellten Sachverhalt **ausschließlich zum Zweck der Inanspruchnahme von Sozialleistungen** von ihrem Freizügigkeitsrecht Gebrauch gemacht hat.[107] Ein Mitgliedstaat muss nach Art. 7 Freizügigkeits-RL die Möglichkeit haben, so der EuGH in der Sache *Dano,* nicht erwerbstätigen Unionsbürgern, die von ihrer Freizügigkeit allein mit dem Ziel Gebrauch machen, in den Genuss der Sozialhilfe eines anderen Mitgliedstaats zu kommen, obwohl sie nicht über ausreichende Existenzmittel für die Beanspruchung eines Aufenthaltsrechts verfügen, Sozialleistungen zu versagen. Einer nationalen Regelung, die Unionsbürgerinnen und -bürger von dem Bezug von beitragsunabhängigen Sozialleistungen ausschließe, weil ihnen mangels eigener Existenzmittel das Freizügigkeitsrecht nach Freizügigkeits-RL nicht zustehe, stehe das Diskriminierungsverbot des Art. 24 Abs. 1 der Freizügigkeits-RL iVm Art. 7 Abs. 1 lit. b Freizügigkeits-RL nicht entgegen.[108]

128 Die Entscheidung ist kritisiert worden. Probleme bereitet die Entscheidung im deutschen Rechtsraum insbesondere wegen der bei einer **Verlustfeststellung geforderten Einzelfallprüfung** einerseits dem Fehlen einer solchen beim Bezug von Sozialleistungen andererer-

---

[102] EuGH Urt. v. 19.9.2013 – C-140/12, NZS 2014, 20 – Brey.
[103] EuGH Urt. v. 19.9.2013 – C-140/12, NZS 2014, 20 Rn. 44 – Brey unter Hinweis auf Urt. v. 23.2.2010 – C-480/08, Slg. 2010, I-1107 Rn. 42 – Teixeira.
[104] EuGH Urt. v. 19.9.2013 – C-140/12, NZS 2014, 20 Rn. 61 – Brey unter Hinweis auf die Urteile *Bidar* (Rn. 56), *Eind* (Rn. 29) und *Förster* (Rn. 48); sowie entsprechend Urt. v. 4.3.2010 – C-578/08, Slg. 2010, I-1839 Rn. 46 – Chakroun.
[105] EuGH Urt. v. 19.9.2013 – C-140/12, NZS 2014, 20 Rn. 75 ff., 80 –Brey.
[106] EuGH Urt. v. 14.6.2016 – C-308/14, NJW 2016, 2867 – Dano.
[107] EuGH Urt. v. 14.6.2016 – C-308/14, NJW 2016, 2867 und juris Rn. 78 –Dano.
[108] EuGH Urt. v. 14.6.2016 – C-308/14, NJW 2016, 2867 und juris Rn. 78, 82 –Dano.

seits. Dies kann dazu führen, dass ein Unionsbürger vom Bezug von Sozialleistungen ausgeschlossen ist, sich aber mangels Verlustfeststellung und Vollstreckung der daraus folgenden Ausreiseverpflichtung gleichwohl, allerdings ohne Gewährleistung des **Existenzminimum**s, rechtmäßig im Bundesgebiet aufhält (→ Rn. 88, 212 ff.). Insbesondere bei sich bereits seit längeren im Bundesgebiet aufhaltenden Personen, die über ihren eigenen Aufenthalt oder den ihrer Kinder im Bundesgebiet verwurzelt sind, erscheint das Vorgehen unter Einstellung der europarechtlichen Vorgaben, aber auch unter Berücksichtigung der im AsylbLG erfassten Leistungsberechtigten verfassungsrechtlich zweifelhaft.[109]

In der Sache Bogatu hat der EuGH entschieden, dass die VO (EG) 883/2004, insbesondere ihr Art. 67 in Verbindung mit ihrem Art. 11 Abs. 2, dahin auszulegen ist, dass für den Anspruch einer Person auf **Familienleistungen** im zuständigen Mitgliedstaat weder Voraussetzung ist, dass diese Person in diesem Mitgliedstaat eine Beschäftigung ausübt, noch, dass sie von ihm aufgrund oder infolge einer Beschäftigung eine Geldleistung bezieht.[110] Herr Bogatu übte vom 26.5.2003 bis zum 13.2.2009, dem Tag, an dem er seinen Arbeitsplatz verlor, eine Beschäftigung in Irland aus. Seither bezog er nacheinander eine beitragsabhängige Leistung bei Arbeitslosigkeit, dann eine beitragsunabhängige Leistung bei Arbeitslosigkeit und schließlich eine Leistung bei Krankheit. Im Januar 2009 beantragte er darüber hinaus Familienleistungen. **128a**

6. Die Freizügigkeit der Familienangehörigen der Unionsbürgerinnen und -bürger

Das Recht der freizügigkeitsberechtigten Unionsbürgerinnen und -bürger, ihre **Familienangehörigen** mit in einen anderen Mitgliedstaat zu nehmen, ihnen dorthin nachzureisen, sich mit ihnen dort aufzuhalten und die Möglichkeit auch der Familienangehörigen dort zu verweilen, einer Arbeit nachzugehen, eine Ausbildung zu absolvieren und ihre Kinder zur Schule zu schicken, ist elementarer Bestandteil der Freizügigkeit, auch wenn diese Rechte primärrechtlich in Art. 21 AEUV nicht explizit genannt werden. **129**

Ohne **Familiennachzug** funktioniert weder Freizügigkeit noch Integration. Der familiäre Lebenszusammenhang und die Gemeinschaft der Lebenspartner stellen den Grundstein dafür dar, dass sich Menschen zuhause und heimisch fühlen, ihren Lebensmittelpunkt bilden und am sozialen und gesellschaftlichen Leben teilhaben wollen. Die Europäische Union und ihre Mitgliedstaaten erkennen an, dass die **Gewährleistung des Schutzes des Familienlebens** mit dem Ziel der Beseitigung von Hindernissen für die Ausübung des Grundrechts auf Freizügigkeit von ausschlaggebender Bedeutung ist. Hätten EU-Bürger nicht die Möglichkeit, ein normales Familienleben im Aufnahmemitgliedstaat zu führen, würde ihre Grundfreiheit elementar beeinträchtigt.[111] **130**

Die Freizügigkeits-RL verhält sich eindeutig zum **Freizügigkeitsrecht der Familienangehörigen** und betont bereits in den ihr vorangestellten **Erwägungsgründen** die Bedeutung der Familie für eine gelingende Freizügigkeit und Integration. Das Recht aller Unionsbürger, sich im Hoheitsgebiet der Mitgliedstaaten frei zu bewegen und aufzuhalten, sollte, wenn es unter objektiven Bedingungen in Freiheit und Würde ausgeübt werden soll, auch den Familienangehörigen ungeachtet ihrer Staatsangehörigkeit gewährt werden. **131**

Für die Zwecke dieser Richtlinie sollte der Begriff des Familienangehörigen auch den **eingetragenen Lebenspartner** umfassen, wenn nach den Rechtsvorschriften des Auf- **132**

---

[109] Vgl. insgesamt für viele: *Oberhäuser/Steffen* ZAR 2017, 149 ff.; *Frings*, Die Leistungsausschlüsse für Unionsbürger*innen auf dem europäischen Prüfstand, in: Barwig/Beichel-Benedetti/Brinkmann, Steht das Europäische Migrationsrecht unter Druck?; *Frings/Steffen*, „Alimanovic" als Herausforderung für die deutsche Sozialgerichtsbarkeit, in: Barwig/Beichel-Benedetti/Brinkmann, Gerechtigkeit in der Migrationsgesellschaft.
[110] EuGH Urt. v. 7.2.2019 – C-322/17, ZAR 2019, 348 – Bogatu
[111] Vgl. Mitteilung der Kommission an das Europäische Parlament und den Rat SWD(2014) 284 final; EuGH Urt. v. 25.7.2002 – C-459/99, BeckRS 2004, 77359 Rn. 53 – Mrax; Urt. v. 11.7.2002 – C-60/00, EuR 2002, 852 Rn. 38 – Carpenter; Urt. v. 25.7.2008 – C-127/08, ZAR 2008, 354 – Metock.

nahmemitgliedstaats die eingetragene Partnerschaft der Ehe gleichgestellt wird.[112] Der EuGH hat mittlerweile entschieden, dass der Begriff „Ehegatte" im Sinne der unionsrechtlichen Bestimmungen über die Aufenthaltsfreiheit von Unionsbürgern und ihren Familienangehörigen auch die Ehegatten gleichen Geschlechts umfasst.[113]

133 Familienangehörige, die nicht die Staatsangehörigkeit eines Mitgliedstaates besitzen und im Besitz einer **Aufenthaltskarte** sind, sollten von der **Visumpflicht befreit** sein (Erwgr. 8).

134 Im Fall des **Todes des Unionsbürgers,** der **Scheidung oder Aufhebung der Ehe** bzw. **Partnerschaft** wird der Bedarf des rechtlichen Schutzes für die Familienangehörigen gesehen (Erwgr. 15).

135 Zugleich sollten die Mitgliedstaaten aber zum **Schutz gegen Rechtsmissbrauch oder Betrug,** insbesondere bei **Scheinehen** oder anderer Arten von Bindungen, die lediglich zum Zweck der Inanspruchnahme des Freizügigkeits- und Aufenthaltsrechts geschlossen wurden, die Möglichkeit zum Erlass der erforderlichen Maßnahmen haben (Erwgr. 28).

136 Berechtigter iSd Art. 3 Abs. 1 Freizügigkeits-RL ist mithin nicht nur der Unionsbürger, der sich in einen anderen als den Mitgliedstaat, dessen Staatsangehörigkeit er besitzt, begibt oder sich dort aufhält, sondern auch sein **Familienangehöriger iSv Art. 2 Nr. 2, der ihn begleitet oder ihm nachzieht.** Die Familienangehörigen des Unionsbürgers, die nicht die Staatsangehörigkeit eines Mitgliedstaates haben und die im Besitz eines gültigen Reisepasses sind haben nach Art. 4 Abs. 1 Freizügigkeits-RL das Recht, das **Hoheitsgebiet eines Mitgliedstaates zu verlassen und sich in einen anderen Mitgliedstaat zu begeben.** Von ihnen darf im Fall der Einreise allenfalls ein **Einreisevisum** verlangt werden, wobei der Besitz einer **Aufenthaltskarte** von der Visumpflicht entbindet (Art. 4 Freizügigkeits-RL). Familienangehörige, die nicht die Staatsangehörigkeit eines Mitgliedstaates haben und die den Unionsbürger begleiten oder ihm nachziehen, haben wie dieser das **Recht auf Aufenthalt von drei Monaten** (Art. 6 Freizügigkeits-RL G).

137 Gemäß Art. 7 Abs. 1 lit. d Freizügigkeits-RL hat jeder Unionsbürger das Recht auf Aufenthalt im Hoheitsgebiet eines anderen Mitgliedstaats für einen Zeitraum von über drei Monaten, wenn er ein Familienangehöriger ist, der den Unionsbürger, der die Voraussetzungen der lit. a, b oder c erfüllt, begleitet oder ihm nachzieht. Gemäß Art. 7 Abs. 2 Freizügigkeits-RL gilt das Aufenthaltsrecht nach Abs. 1 auch für Familienangehörige, die nicht die Staatsangehörigkeit eines Mitgliedstaats besitzen und die den Unionsbürger in den Aufnahmemitgliedstaat begleiten oder ihm nachziehen, sofern der Unionsbürger die Voraussetzungen des Abs. 1 lit. a, b oder c erfüllt. Einschränkungen hierzu ergeben sich aus Art. 7 Abs. 4 Freizügigkeits-RL für Familienangehörige von Unionsbürgern iSv Art. 7 Abs. 1 lit. c Freizügigkeits-RL **(Studenten/Auszubildende).**

138 Hinsichtlich der erforderlichen **Formalitäten und Papiere von Familienangehörigen,** die selbst Unionsbürger sind und solchen, die nicht die Staatsangehörigkeit eines Mitgliedstaates haben → Rn. 190 ff.

139 Art. 12 Freizügigkeits-RL enthält Regelungen hinsichtlich der Aufrechterhaltung des Aufenthaltsrechts der Familienangehörigen bei **Tod oder Wegzug des Unionsbürgers** und Art. 13 Freizügigkeits-RL solche hinsichtlich der Aufrechterhaltung des Aufenthaltsrechts der Familienangehörigen bei **Scheidung oder Aufhebung der Ehe** oder bei **Beendigung der eingetragenen Partnerschaft.**

140 Gemäß Art. 23 Freizügigkeits-RL sind Familienangehörige eines Unionsbürgers, die das Recht auf Aufenthalt oder das Recht auf Daueraufenthalt in einem Mitgliedstaat genießen, ungeachtet ihrer Staatsangehörigkeit berechtigt, dort eine **Erwerbstätigkeit als Arbeitnehmer oder Selbstständiger** aufzunehmen.

141 Art. 35 Freizügigkeits-RL enthält eine **Missbrauchsregelung,** nach der die Mitgliedstaaten die Maßnahmen erlassen können, die notwendig sind, um die durch diese Richtlinie verliehenen Rechte im Falle von Rechtsmissbrauch oder Betrug – wie zB durch Eingehung

---

[112] Erwgr. 5 RL 2004/38/EG.
[113] EuGH Urt. v. 5.6.2018 – C-673/16, NVwZ 2018, 1545 – Coman u. a.

§ 11 Die Freizügigkeit der Unionsbürgerinnen und Unionsbürger § 11

von **Scheinehen** – zu verweigern, aufzuheben oder zu widerrufen. Solche Maßnahmen müssen verhältnismäßig sein und unterliegen den Verfahrensgarantien nach den Art. 30 und 31 Freizügigkeits-RL. Die Kommission hat im Jahr 2014 ein **Handbuch zum Vorgehen gegen mutmaßliche Scheinehen zwischen EU-Bürgern und nicht EU-Bürgern** erarbeitet, in dem typisiert Fallkonstellationen aufgearbeitet und bei der Ermittlung von Scheinehen die Einhaltung der Verfahrensgarantien aus den Art. 30 und 31 Freizügigkeits-RL angemahnt wurden.[114]

Das **FreizügG/EU** setzt diese Vorgaben in seinen §§ 2 ff. um. Gemäß § 2 Abs. 2 Nr. 6 **142** FreizügG/EU sind Familienangehörige unter den Voraussetzungen der §§ 3 und 4 FreizügG/EU freizügigkeitsberechtigt, wenn sie den Unionsbürger begleiten oder ihm nachziehen, Familienangehörige von nicht erwerbstätigen Unionsbürgern genießen diese Rechte unter der Voraussetzung ausreichenden Krankenversicherungsschutzes und ausreichender Existenzmittel. Ihnen steht unter den Voraussetzungen des § 3 Abs. 2 FreizügG/EU ein abgeleitetes und unter den Voraussetzungen des § 3 Abs. 3 bis 5 FreizügG/EU ein eigenständiges Aufenthaltsrecht zu, das unter den Voraussetzungen des § 4a FreizügG/EU zu einem Daueraufenthaltsrecht erstarken kann. § 3 Abs. 2 FreizügG/EU enthält eine **Legaldefinition des Familienangehörigen.**[115]

Der EuGH hat entschieden, dass Art. 7 Abs. 1 lit. b Freizügigkeits-RL dahin auszulegen **142a** ist, dass ein minderjähriger Unionsbürger über ausreichende Existenzmittel verfügt, so dass er während seines Aufenthalts die Sozialhilfeleistungen des Aufnahmemitgliedstaats **nicht unangemessen in Anspruch nehmen muss,** auch wenn diese Mittel aus den Einkünften stammen, die aus einer Beschäftigung bezogen werden, der sein Vater, der einem Drittstaat angehört und über **keine Aufenthalts- und Arbeitserlaubnis** in diesem Mitgliedstaat verfügt, illegal nachgeht.[116]

Das **Aufenthaltsrecht der Familienangehörigen** von Unionsbürgern richtet sich **143** allein nach dem FreizügigG/EU. Besondere Anforderungen des AufenthG zum Familiennachzug (§§ 27 ff. AufenthG), wie zum Beispiel das Erfordernis von **Sprachkenntnissen,** finden keine Anwendung. Lediglich einzelne Bestimmungen des AufenthG werden in § 11 Abs. 1 S. 1 bis 10 FreizügG/EU für anwendbar erklärt.

Darüber hinaus findet das AufenthG dann Anwendung, wenn dieses für Freizügigkeits- **144** berechtigten **günstigere Regelungen** enthält (§ 11 Abs. 1 S. 11 FreizügG/EU). So konnte die Erteilung einer Aufenthaltserlaubnis nach § 28 AufenthG für einen mit einer/einem Deutschen verheirateten Unionsbürger aus einem neuen EU-Mitgliedstaat, für den noch Übergangsbeschränkungen im Bereich der Arbeitnehmerfreizügigkeit galten, wegen des hiermit verbundenen uneingeschränkten Zugangs zum Arbeitsmarkt (§ 27 Abs. 5 AufenthG) günstiger sein als ein auf das Freizügigkeitsrecht gestützter Aufenthalt. Die Rechtsstellung des Betroffenen als freizügigkeitsberechtigt bleibt durch die Anwendung günstigeren Rechts im Einzelfall unberührt. In Fällen, in denen die Ausländerbehörde das Nichtbestehen bzw. den Verlust des Freizügigkeitsrechts festgestellt hat, weil die Voraussetzungen für einen Familiennachzug nicht gegeben sind (§ 2 Abs. 7, § 5 Abs. 4, § 6 Abs. 1 FreizügG/EU), kommt für Familienangehörige gegebenenfalls die Erteilung einer Aufenthaltserlaubnis aus humanitären Gründen nach dem Aufenthaltsgesetz in Betracht.[117]

Familienangehörigen von Unionsbürgern steht das **abgeleitete Aufenthaltsrecht 145** grundsätzlich nur zu, wenn sie den Unionsbürger **begleiten** oder ihm **nachziehen,** dient doch die Freizügigkeit der Familienangehörigen primär dem Zweck, die Ausübung der Freizügigkeit durch die Unionsbürger zu erleichtern.

---

[114] Vgl. Mitteilung der Kommission an das Europäische Parlament und den Rat SWD(2014) 284 final; sowie *Stöcker-Zafari/Lehmann,* EU-Kommission: Handbuch zum Vorgehen gegen mutmaßliche Scheinehen zwischen EU-Bürgern und nicht EU-Bürgern vom September 2014, in: Barwig/Beichel-Benedetti/Brinkmann, Gerechtigkeit in der Migrationsgesellschaft.
[115] Vgl. BVerwG Urt. v. 25.10.2017 – 1 C 34/16 zum Begriff des Familienangehörigen im FreizügG/EU.
[116] EuGH Urt. v. 2.10.2019 – C-93/18, NVwZ 2020, 140 – Bajratari
[117] Vgl. AVV FreizügigG/EU 3.0.1.

146 Der **Begriff des „begleiten oder ihm nachziehen"** ist nach der Rechtsprechung des EuGH dahingehend auszulegen, dass er sowohl die Familienangehörigen eines Unionsbürgers umfasst, die mit diesem in den Aufnahmemitgliedstaat eingereist sind, als auch diejenigen, die sich mit ihm dort aufhalten, ohne dass im letztgenannten Fall danach zu unterscheiden ist, ob die Drittstaatsangehörigen **vor oder nach dem Unionsbürger oder vor oder nachdem sie dessen Familienangehörige wurden,** in den Mitgliedstaat eingereist sind.[118]

147 Auch kann von dem nachziehenden Familienangehörigen nicht verlangt werden, dass er sich als mit einem Unionsbürger verheirateter Drittstaatsangehöriger **vor seiner Einreise in den Aufnahmemitgliedstaat rechtmäßig in einem anderen Mitgliedstaat aufgehalten hat** oder dass er Dokumente vorzulegen hat, die einen etwaigen rechtmäßigen Voraufenthalt in einem anderen Mitgliedstaat belegen.[119]

147a In seiner Entscheidung vom 14.11.2017[120] hatte der EuGH über die Vorlagefrage zu entscheiden, ob die Freizügigkeits-RL und Art. 21 Abs. 1 AEUV dahin auszulegen sind, dass in einem Fall, in dem ein Unionsbürger sein Recht auf Freizügigkeit ausgeübt hat, indem er sich gemäß Art. 7 Abs. 1 oder Art. 16 Abs. 1 Freizügigkeits-RL in einen anderen als den Mitgliedstaat, dessen Staatsangehörigkeit er besitzt, begeben und sich dort aufgehalten hat, und sodann unter **Beibehaltung seiner ursprünglichen Staatsangehörigkeit** die **Staatsangehörigkeit dieses Mitgliedstaats erworben** und mehrere Jahre später einen Drittstaatsangehörigen geheiratet hat, mit dem er sich nach wie vor im Hoheitsgebiet dieses Mitgliedstaats aufhält, dieser Drittstaatsangehörige auf der Grundlage der Freizügigkeits-RL oder nach Art. 21 Abs. 1 AEUV ein Recht auf Aufenthalt in diesem Mitgliedstaat genießt. Der EuGH hat die vorgelegten Fragen in zwei Richtungen beantwortet. Zum einen hat er darauf verwiesen, dass die Freizügigkeits-RL allein die Voraussetzungen regelt, unter denen ein Unionsbürger in andere Mitgliedstaaten als in den seiner eigenen Staatsangehörigkeit einreisen und sich dort aufhalten darf, und dass auf sie kein abgeleitetes Recht der Drittstaatsangehörigen, die Familienangehörige eines Unionsbürgers sind, auf Aufenthalt in dem Mitgliedstaat, dessen Staatsangehörigkeit der Unionsbürger besitzt, gestützt werden kann.[121] **Die Freizügigkeits-RL sei nicht dazu bestimmt, das Recht eines Unionsbürgers auf Aufenthalt in dem Mitgliedstaat, dessen Staatsangehörigkeit er besitzt, zu regeln,** noch drittstaatsangehörigen Familienangehörigen eines Unionsbürgers ein Recht auf Aufenthalt in diesem Mitgliedstaat zu verleihen.[122] Zum anderen hat er deutlich gemacht, dass im Lichte von Art. 21 AEUV der Unionsbürger, der sich in einen anderen Mitgliedstaat begibt, sich dort aufhält und zusätzlich zu seiner eigenen die Staatsangehörigkeit des anderen Mitgliedsstaates angenommen hat, hinsichtlich der Ausübung seiner Unionsbürgerrechte **nicht schlechter gestellt werden darf als derjenige, der die Staatsangehörigkeit des anderen Mitgliedsstaates nicht angenommen hat.** Es liefe nämlich dem durch Art. 21 Abs. 1 AEUV geförderten Gedanken der schrittweisen Integration zuwider, wenn ein Unionsbürger, der durch Ausübung seines Rechts auf Freizügigkeit Rechte aus dieser Bestimmung erlangt hat, auf diese Rechte – insbesondere das Recht, im Aufnahmemitgliedstaat ein Familienleben zu führen – deshalb verzichten müsste, weil er im Wege der Einbürgerung in diesen Mitgliedstaat eine vertiefte Integration in dessen Gesellschaft angestrebt hat. Das hätte außerdem zur Folge, dass ein Unionsbürger, der sein Recht auf Freizügigkeit ausgeübt und die Staatsangehörigkeit des Aufnahmemitgliedstaats zusätzlich zu seiner ursprünglichen Staatsangehörigkeit erworben hat, **hinsichtlich seines Familienlebens ungünstiger behandelt würde als ein Unionsbürger, der**

---

[118] Vgl. EuGH Urt. v. 25.7.2008 – C-127/08, NVwZ-RR 2008, 1097 – Metock; AVV FreizügG/EU 3.1.1.
[119] Vgl. EuGH Urt. v. 25.7.2008 – C-127/08, NVwZ-RR 2008, 1097 – Metock.
[120] Vgl. EuGH Urt. v. 14.11.2017 – C-165/16, ZAR 2018, 74 –Lounes.
[121] Vgl. EuGH Urt. v. 14.11.2017 – C-165/16, ZAR 2018, 74 Rn. 33 – Lounes unter Verweis auf Urt. v. 12.3.2014 – C–456/12, EU:C:2014:135 Rn. 37 – O u. B, sowie v. 10.5.2017 – C–133/15, EU:C:2017:354 Rn. 53 – Chavez-Vilchez u. a.
[122] Vgl. EuGH Urt. v. 14.11.2017 – C-165/16, ZAR 2018, 74 Rn. 37 – Lounes unter Hinweis auf Urt. v. 5.5.2011 – C–434/09, EU:C:2011:277 Rn. 29, 34 und 42 – McCarthy, sowie vom 12.3.2014 – C–456/12, EU:C:2014:135 Rn. 42 und 43 – O u. B.

dieses Recht ebenfalls ausgeübt hat, aber nur seine ursprüngliche Staatsangehörigkeit besitzt. Der Drittstaatsangehörige könne daher in den genannten Fällen nach **Art. 21 Abs. 1 AEUV** ein abgeleitetes Aufenthaltsrecht genießen, wobei die Voraussetzungen hierfür nicht strenger sein dürfen als diejenigen, die die Freizügigkeits-RL für einen Drittstaatsangehörigen vorsieht, der Familienangehöriger eines Unionsbürgers ist, der sein Recht auf Freizügigkeit ausgeübt hat, indem er sich in einem anderen Mitgliedstaat niedergelassen hat als dem, dessen Staatsangehörigkeit er besitzt.[123]

Als Familienangehörige iSd Freizügigkeitsgesetzes gelten grundsätzlich die in § 3 Abs. 2 Nr. 2 FreizügG/EU genannten Personen, denen **Unterhalt durch den Unionsbürger** gewährt wird. **148**

Verwandte des Unionsbürgers in absteigender Linie, die das 21. Lebensjahr vollendet haben und denen kein Unterhalt mehr gewährt wird, können sich nicht auf das im Gemeinschaftsrecht gewährleistete **Recht auf Gleichbehandlung** berufen, um Anspruch auf Sozialleistungen zu erheben, die allgemein das Existenzminimum garantieren. Die Eigenschaft des Familienangehörigen, dem Unterhalt gewährt wird, ergibt sich aus einer tatsächlichen Situation – der Unterstützung durch den Arbeitnehmer –, ohne dass es erforderlich wäre, die Gründe für die Inanspruchnahme dieser Unterstützung zu ermitteln. Nicht erforderlich ist, dass ein **Anspruch auf Unterhalt** besteht, allerdings wird der Nachweis eines tatsächlichen Abhängigkeitsverhältnisses gefordert.[124] **149**

In der Sache SM/UK hat der EuGH mit Urteil vom 26.3.2019 (C-129/18) entschieden, dass der Begriff „**Verwandter in gerader absteigender Linie**" dahin auszulegen ist, dass er nicht ein Kind umfasst, das unter die dauerhafte gesetzliche Vormundschaft eines Unionsbürgers nach der algerischen Kafala gestellt wurde, da diese Betreuung kein Abstammungsverhältnis zwischen ihnen begründet. Die zuständigen nationalen Behörden haben jedoch die Einreise und den Aufenthalt eines solchen Kindes als eines **sonstigen Familienangehörigen** zu erleichtern, indem sie eine ausgewogene und sachgerechte Würdigung aller aktuellen und relevanten Umstände des **Einzelfalls** unter Berücksichtigung sämtlicher Interessen, insbesondere des **Wohls des betreffenden Kindes,** vornehmen. Für den Fall, dass nach Abschluss dieser Würdigung feststeht, dass das Kind und sein Vormund, der Unionsbürger ist, ein tatsächliches Familienleben führen, und dass das Kind von seinem Vormund abhängig ist, gebietet das Grundrecht der **Achtung des Familienlebens** in Verbindung mit der Verpflichtung zur Berücksichtigung des Kindeswohls grundsätzlich die Gewährung eines Rechts auf Einreise und Aufenthalt dieses Kindes, um es ihm zu ermöglichen, mit seinem Vormund in dessen Aufnahmemitgliedstaat zu leben.[125] **149a**

Aus § 3 Abs. 2 Nr. 2 FreizügG/EU kann in bestimmten Fällen auch dann ein Freizügigkeitsrecht abgeleitet werden, wenn **nicht der Unionsbürger seinem Verwandten Unterhalt gewährt, sondern es sich umgekehrt verhält:** Dies ist der Fall, wenn es sich bei dem Unionsbürger um einen **freizügigkeitsberechtigten Minderjährigen** handelt, der von einem drittstaatsangehörigen Elternteil tatsächlich betreut wird, diese Betreuung erforderlich ist und keine öffentlichen Leistungen in Anspruch genommen werden.[126] Würde nämlich dem Elternteil mit Staatsangehörigkeit eines Mitgliedstaats oder eines Drittstaats, der für sein Kind tatsächlich sorgt, nicht erlaubt, sich mit diesem Kind im Aufnahmemitgliedstaat aufzuhalten, so würde dem **Aufenthaltsrecht des Kindes jede praktische Wirksamkeit genommen.** Offenkundig setzt der Genuss des Aufenthaltsrechts durch ein **Kind im Kleinkindalter** voraus, dass sich die für das Kind tatsächlich sorgende Person bei diesem aufhalten darf und dass es demgemäß dieser Person ermöglicht wird, während dieses Aufenthalts mit dem Kind zusammen im Aufnahmemitgliedstaat zu wohnen.[127] **150**

---

[123] Vgl. EuGH Urt. v. 14.11.2017 – C-165/16, ZAR 2018, 74 Rn. 62 – Lounes.
[124] Vgl. EuGH Urt. v. 18.6.1987 – Rs. 316/85, Slg. 1987, 2832 – Lebon.
[125] EuGH Urt. v. 26.3.2019 – C-129/18, ZAR 2019, 337 – SM
[126] Vgl. EuGH Urt. v. 19.10.2004 – C-200/02, Slg. 2004, I 9925 und juris Rn. 42 ff – Zhu/Chen.; AVV FreizügG/EU 3.2.2.2.
[127] Vgl. EuGH Urt. v. 19.10.2004 – C-200/02, Slg. 2004, I 9925 und juris Rn. 45 – Zhu/Chen.

151 Verschiedene Obergerichte hatten sich (unter Berücksichtigung der Rechtsprechung des EuGH in der Sache *Zhu/Chen*) mit der Frage zu befassen, wie zu entscheiden ist, wenn der drittstaatsangehörige sorgeberechtigte in familiärer Lebensgemeinschaft lebende Elternteil eines freizügigkeitsberechtigten Kindes zum finanziellen Unterhalt des Kindes nichts beizusteuern vermag, sondern selbst auf den **Bezug von Sozialleistungen** angewiesen ist. Nach dem VGH Mannheim ist in entsprechender bzw. erweiternder Auslegung des § 3 Abs. 2 Nr. 2 FreizügG/EU Familienangehöriger auch ein **drittstaatsangehöriger sorgeberechtigter Elternteil** eines minderjährigen Unionsbürger, der Freizügigkeit genießt, wenn die wirtschaftliche Existenz dieses Elternteils nicht gesichert ist.[128] Unübersehbar habe der Gesetzgeber bei der Formulierung der später verabschiedeten Fassung des § 3 Abs. 2 FreizügG/EU in erster Linie die Fälle im Blick gehabt, in denen der freizügigkeitsberechtigte Unionsbürger volljährig und erwerbstätig ist und habe deshalb den Nachzug seiner Verwandten in aufsteigender Linie restriktiv gefasst, um eine Belastung der öffentlichen Kassen zu vermeiden bzw. zu begrenzen. Andererseits habe er in der gleichen Bestimmung die besondere Situation des nicht aus eigenem Recht freizügigkeitsberechtigten Elternteils, der das Sorgerecht hinsichtlich eines minderjährigen Kindes ausübt, gesehen und gewürdigt. In § 3 Abs. 4 FreizügG/EU (vgl. auch Art. 12 Abs. 3 Freizügigkeits-RL) werde für den Fall des **Todes oder Wegzugs** des freizügigkeitsberechtigten anderen Elternteils den Kindern und dem personensorgeberechtigten Elternteil bis zum Abschluss der Ausbildung der Kinder ein Aufenthaltsrecht eingeräumt, und zwar losgelöst von Unterhaltszahlungen. Vor diesem Hintergrund sei es nicht nachzuvollziehen und nicht zu rechtfertigen, dass bis zum Zeitpunkt des Todes oder des Wegzugs bei bis dahin erfolgender gemeinsamer Ausübung der Personensorge der drittstaatsangehörige sorgeberechtigte Elternteil zur Wahrung der Familieneinheit nicht an der Freizügigkeit teilnähme und lediglich den allgemeinen Status eines Drittstaatsangehörigen habe. Unter Berücksichtigung der von dem EuGH in der Sache *Zhu/Chen* entwickelten Grundsätze sei es im Hinblick auf den durch Art. 8 EMRK und Art. 7 GRCh auch unionsrechtlich zu gewährleistenden **effektiven Schutzes der familiären Gemeinschaft** mit einem freizügigkeitsberechtigten Unionsbürger nicht zu rechtfertigen, eine hiervon abweichende Behandlung der vorliegenden Fallkonstellation zu befürworten. Der sorgeberechtigte Vater sei mithin auch ohne Unterhaltsgewährung durch das Kind gemäß § 3 Abs. 2 Nr. 2 FreizügG/EU „Familienangehöriger" seines leiblichen Kindes.[129] Dem ist das BVerwG in seinem Urteil vom 25.10.2017 nicht gefolgt. „Familienangehöriger" iSd § 1 FreizügG/EU sind nur die in § 3 Abs. 2 FreizügG/EU genannten Personen. Bei den in § 3 Abs. 2 Nr. 2 FreizügG/EU benannten Personen fielen Anwendungsbereich (§ 1 FreizügG/EU) und das Recht auf Einreise und Aufenthalt (§ 2 Abs. 1 iVm § 3 FreizügG/EU) zusammen. Für Drittstaatsangehörige, die von Art. 3 Abs. 2 Freizügigkeits-RL erfasst wurden, aber unionsrechtlich keine Familienangehörige iSd Art. 2 Abs. 2 Freizügigkeits-RL seien, regele das FreizügG/EU den Nachzug nicht.[130]

152 Eine Besonderheit bei den entschieden Fällen des Familiennachzuges stellte die Entscheidung des EuGH in der Sache *Zambrano*[131] dar. Die Eheleute **Zabrano**, beide kolumbianische Staatsangehörige, führten erfolglos Asylverfahren in Belgien durch. In den Jahren 2003 und 2005 kamen die gemeinsamen Kinder Diego und Jessica zur Welt, die auf Grund der Tatsache, dass die Eheleute Zambrano für diese keinen Antrag auf Erhalt der kolumbianischen Staatsangehörigkeit gestellt hatten, belgische Staatsbürger wurden. Der EuGH hatte

---
[128] Vgl. VGH Mannheim Urt. v. 22.3.2010 – 11 S 1626/08; ebenso VGH Kassel Beschl. v. 17.5.2017 – 3 B 434/17.
[129] Vgl. VGH Mannheim Urt. v. 22.3.2010 – 11 S 1626/08, BeckRS 2010, 48071 Rn. 36 und 38 unter Hinweis auf die Bedeutung von Art. 8 EMRK; in diesem Zusammenhang EuGH Urteil v. 17.9.2002 – C-413/99, EuR 2002, 831 Rn. 72 – Ninni-Orasche.
[130] Vgl. BVerwG Urt. v. 25.10.2017 – 1 C 34/16, ZAR 2018, 162; ob sich im Lichte von Art. 21 AEUV und der hierzu ergangenen Rspr. des EuGH (Urt. v. 14.11.2017 – C-165/16, ZAR 2018, 74 – Lounes) noch weitere Fragen aufwerfen, wird die Rspr. entscheiden müssen.
[131] Vgl. EuGH Urt. v. 8.3.2011 – C-34/09, NVwZ 2011, 545 – Zambrano.

zu entscheiden, ob sich ein Unionsbürger (hier die Kinder) auf sein Freizügigkeitsrecht berufen kann, wenn er von diesem **zuvor keinen Gebrauch gemacht hat** und ob die Bestimmungen des AEUV über die Unionsbürgerschaft dahin auszulegen sind, dass sie dem Verwandten in aufsteigender gerader Linie, der Staatsangehöriger eines Drittstaats ist und der seinen minderjährigen Kindern, die Unionsbürger sind, Unterhalt gewährt, ein Aufenthaltsrecht in dem Mitgliedstaat gewähren, dessen Staatsangehörigkeit die Kinder haben und in dem sie wohnen, und ihn von der Verpflichtung zum Besitz einer Arbeitserlaubnis in diesem Mitgliedstaat befreien. Nach der Entscheidung des EuGH ist Art. 20 AEUV dahingehend auszulegen, dass es einem Mitgliedstaat verwehrt ist, einem Drittstaatsangehörigen in der genannten Konstellation den Aufenthalt im Wohnsitzmitgliedstaat der **Kinder** zu verweigern. Auch sei es dem Mitgliedstaat in der Konstellation der Familie Zambrano verwehrt, den Eltern die Arbeitserlaubnis zu verweigern, da derartige Entscheidungen den Kindern den tatsächlichen **Genuss des Kernbestands der Rechte, die ihnen der Unionsbürgerstatus verleiht,** verwehren würden.[132]

Der EuGH hat mit Urteil vom 10.5.2017 (C-133/15) in der Rechtssache *H. C. Chavez-Vilchez* diese Rechtsprechung konkretisiert und weiterentwickelt. Er hat entschieden, dass der Staatsangehörige eines Nicht-EU-Landes als **Elternteil eines minderjährigen Kindes,** das die Unionsbürgerschaft besitzt, ein **abgeleitetes Aufenthaltsrecht** geltend machen kann. Der EuGH hatte sich in der genannten Entscheidung auch mit Fragen der Beweislast hinsichtlich der Tatsachen zu befassen, anhand derer zu beurteilen ist, ob dem Kind tatsächlich die Möglichkeit genommen würde, den **Kernbestand seiner mit dem Unionsbürgerstatus** verbundenen Rechte in Anspruch zu nehmen. Hierzu hat der EuGH ausgeführt, die Tatsache, dass der andere Elternteil, der Unionsbürger ist, die tägliche und tatsächliche Sorge für das Kind allein wahrnehmen könne, sei als Gesichtspunkt von Bedeutung, genüge aber allein nicht, um eine Aufenthaltserlaubnis abzulehnen. Vielmehr müsse ermittelt werden, dass zwischen dem Kind und dem Elternteil aus dem Nicht-EU-Land **kein Abhängigkeitsverhältnis** in der Weise bestehe, dass das Kind, wenn diesem Elternteil das Aufenthaltsrecht verweigert wird, das Unionsgebiet verlassen müsse. Hinsichtlich der **Beweislast** habe der Elternteil aus dem Nicht-EU-Land diejenigen Informationen beizubringen, anhand derer sich beurteilen lasse, ob die Verweigerung eines Aufenthaltsrechts seinem Kind die Möglichkeit nähme, den Kernbestand seiner mit dem Unionsbürgerstatus verbundenen Rechte tatsächlich in Anspruch zu nehmen. Dies sei anzunehmen, wenn bei Verweigerung des Aufenthaltsrechtes das Kind letztendlich gezwungen wäre, das Unionsgebiet zu verlassen. Bei der Beweislastverteilung hätten die **nationalen Behörden darüber zu wachen, dass die Anwendung einer nationalen Beweislastregelung nicht dazu führe, dass die praktische Wirksamkeit von Art. 20 AEUV beeinträchtigt werde.** Die nationalen Behörden müssten daher die erforderlichen Ermittlungen anstellen, um festzustellen, wo sich der Elternteil, der Staatsangehöriger des Mitgliedstaats ist, aufhält und ob er willens und in der Lage ist, die elterliche Sorge zu übernehmen und ob die Versagung des Aufenthaltsrechts an den Nicht-EU-Bürger nicht gleichwohl in den Kernbestand der mit seinem Unionsbürgerstatus verbundenen Rechte eingreift.[133]

§ 3 Abs. 3 FreizügG/EU regelt das **Aufenthaltsrecht von Familienangehörigen eines Unionsbürgers nach dessen Tod.** Voraussetzung für das weiterhin bestehende Aufenthaltsrecht ist zunächst, dass die Familienangehörigen die Voraussetzungen des § 2 Abs. 2 Nr. 1 bis 3 oder Nr. 5 FreizügG/EU erfüllen. Durch die Verweisung soll sichergestellt werden, dass die Familienangehörigen denselben Anforderungen wie die Unionsbürger selbst unterworfen sind, mithin nicht besser gestellt werden als der Stammberechtigte selbst.

Weiter müssen sich die Familienangehörigen vor dem Tod des Unionsbürgers mindestens **ein Jahr als Familienangehörige** im Bundesgebiet aufgehalten haben. Ob sie die Stellung

---

[132] Vgl. EuGH Urt. v. 8.3.2011 – C-34/09, NVwZ 2011, 545 – Zambrano.
[133] Vgl. EuGH Urt. v. 10.5.2017 – C-133/15, NVwZ 2017, 1445 – Chavez-Vilchez.

eines Familienangehörigen vor dem Tod des Unionsbürgers innehatten, ist nach **objektiven Gegebenheiten** zu beurteilen und bedarf keiner anderweitigen Bestätigung. Die Frist des § 3 Abs. 3 FreizügG/EU entspricht Art. 12 Abs. 2 Freizügigkeits-RL. Die Frage, ob die Frist von einem Jahr **ununterbrochen unmittelbar vor dem Tod des Unionsbürgers** erfüllt sein muss, wird nicht einheitlich beantwortet. Während die Kommentarliteratur überwiegend davon ausgeht, der Aufenthalt müsse grundsätzlich ununterbrochen und unmittelbar vor dem Tod des Unionsbürgers im Bundesgebiet erfolgt sein,[134] verweist die AVV zum FreizügG/EU zur Kontinuität des Aufenthalts auf die Regelung des § 4a Abs. 6 FreizügG/EU,[135] der bestimmte **Unterbrechenszeiten** als unschädlich ansieht.

156 Unschädlich sind **beruflich oder privat veranlasste kurzfristige Auslandsaufenthalte,** die aus berechtigten Gründen und ohne die Absicht erfolgen, den Aufenthalt als Familienangehörigen im Bundesgebiet in Frage zu stellen.[136] Dies wird bei **Urlauben oder Familienbesuchen im Heimatland oder bei einem unfreiwilligen Aufenthalt in diesem Land von weniger als sechs Monaten regelmäßig der Fall sein.**[137]

157 § 3 Abs. 3 S. 2 FreizügG/EU bezieht sich auf Art. 12 Abs. 2 Abs. 3 Freizügigkeits-RL und stellt klar, dass die Familienangehörigen des verstorbenen Unionsbürgers ihr Aufenthaltsrecht ausschließlich auf **persönlicher Grundlage** behalten. Sie genießen nicht vollständig den Schutz der Freizügigkeitsregeln, sondern sind in bestimmten Bereichen (Familiennachzug, Schutz vor Verlust des Aufenthaltsrechts) den Vorschriften des AufenhG unterworfen.

158 § 3 Abs. 4 FreizügG/EU enthält eine Sonderregelung von in **Ausbildung befindlichen Kindern und ihrem tatsächlich die elterliche Sorge ausübendem Elternteil** bei Tod oder Wegzug des Unionsbürgers. Die Vorschrift nimmt Art. 12 Freizügigkeits-RL sowie Art. 10 Freizügigkeits-VO auf und bestimmt, dass der Wegzug des Unionsbürgers aus dem Aufnahmemitgliedstaat oder sein Tod weder für seine Kinder noch für den Elternteil, der die elterliche Sorge für die Kinder tatsächlich wahrnimmt (ungeachtet ihrer Staatsangehörigkeit), bis zum Abschluss der Ausbildung der Kinder zum Verlust des Aufenthaltsrechts führt, wenn sich die Kinder im Aufnahmemitgliedstaat aufhalten und in einer **Bildungseinrichtung zu Ausbildungszwecken eingeschrieben sind.** Der EuGH hat in diesem Zusammenhang in der Rechtssache *Baumbast* für Recht erkannt, dass die Kinder eines Unionsbürgers, die in einem Mitgliedstaat seit einem Zeitpunkt wohnen, zu dem dieser dort ein Aufenthaltsrecht als Wanderarbeitnehmer hatte, dort zum Aufenthalt wegen der Teilnahme am allgemeinen (Schul-)Unterricht berechtigt sind (Art. 12 VO (EWG) 1612/68). Dass die Eltern dieser Kinder inzwischen geschieden sind, dass nur einer von ihnen Unionsbürger und nicht mehr Wanderarbeitnehmer im Aufnahmemitgliedstaat ist und dass die Kinder selbst nicht Unionsbürger sind, ist dabei ohne Belang.[138]

159 **Ausbildungseinrichtungen** iSd des § 3 Abs. 4 FreizügG/EU sind **staatliche und anerkannte private Ausbildungseinrichtungen,** die zum Abschluss einer Ausbildung im Sinne einer beruflichen Qualifikation führen. Dazu gehören auch allgemeinbildende Schulen. Das Kind „besucht" diese Einrichtung, wenn es der **Ausbildung ernsthaft nachgeht,** indem es etwa im Rahmen der allgemeinen Schulpflicht die Schule (tatsächlich) besucht. Allein die Einschreibung in einen Studiengang reicht nicht aus.[139]

160 Das Aufenthaltsrecht des in Ausbildung befindlichen Kindes begründet mithin zugleich das **Aufenthaltsrecht des die elterliche Sorge tatsächlich wahrnehmenden Elternteils.** Dieses endet mit der Volljährigkeit des Kindes, sofern das Kind nicht weiterhin der

---

[134] Vgl. *Epe* in GK-AufenthG FreizügG/EU § 3 Rn. 54; *Dienelt* in Bergmann/Dienelt FreizügG/EU § 3 Rn. 93; *Hailbronner* AuslR FreizüG/EU § 3 Rn. 44.
[135] Vgl. AVV FreizügG/EU 3.3.1.
[136] Vgl. *Epe* in GK-AufenthG FreizügG/EU § 3 Rn. 54 unter Hinweis auf EuGH Urt. v. 17.4.1997 – C-351/95, Slg. 1997, I-02133 Rn. 48 – Kadiman.
[137] Vgl. EuGH Urt. v. 17.4.1997 – C-351/95, Slg. 1997, I-02133 Rn. 48 – Kadiman.
[138] Vgl. EuGH Urt. v. 17.9.2002 – C-413/99, Slg. 2002, I-7091 – Baumbast.
[139] Vgl. *Dienelt* in Bergmann/Dienelt FreizügG/EU § 3 Rn. 123.

Anwesenheit und der Fürsorge dieses Elternteils bedarf, um seine Ausbildung fortsetzen und abschließen zu können.[140]

Das Recht zum Aufenthalt im Aufnahmemitgliedstaat, das der Elternteil genießt, dem **161** die elterliche Sorge für ein Kind tatsächlich zukommt, **hängt nach der Rechtsprechung des EuGH nicht von der Voraussetzung ab, dass dieser Elternteil über ausreichende Existenzmittel oder ausreichenden Krankenversicherungsschutz verfügt**.[141] Die Ende 2015 beschlossenen **Leistungsausschlussregelungen** in § 7 Abs. 1 S. 2 lit. c SGB II und § 23 Abs. 3 S. 1 Nr. 3 SGB XII sind mit den speziell geregelten Freizügigkeitsrechten des Art. 12 Abs. 3 Freizügigkeits-RL/§ 3 Abs. 4 FreizügG/EU und, soweit sie Aufenthaltsrechte auf Grundlage des Art. 10 Freizügigkeits-VO betreffen, mit dem Gleichheitsgebot des Art. 4 VO (EG) 883/2004 nicht vereinbar.[142] Der Ausschluss von Leistungen des SGB II für diesen Personenkreis verstößt gegen das **Diskriminierungsverbot** aus Art. 4 VO (EG) 883/2004. Das Diskriminierungsverbot darf nur eingeschränkt werden, wenn es hierfür eine ausdrückliche Ermächtigungsgrundlage im Unionsrecht gibt. Eine derartige Rechtsgrundlage findet sich zwar in Art. 24 Abs. 2 Freizügigkeits-RL, nicht aber in der VO (EU) 492/2011.[143] Die mit Gesetz vom 22.12.2016 erfolgten Leistungsbeschränkungen der § 7 Abs. 1 S. 2 Nr. 2 lit. c SGB II/§ 23 Abs. 3 S. 1 Nr. 3 SGB XII stellen dabei eine **Reaktion des Gesetzgebers auf die Rechtsprechung des BSG ua in der Sache Almanovic** dar[144], mit der das BSG ua darauf verwiesen hat, dass die einmal erworbenen Ausbildungs- und Aufenthaltsrechte der Kinder bzw. der (sorgeberechtigten bzw. die tatsächliche Sorge ausübenden) Elternteile fortbestehen und autonom gegenüber den unionsrechtlichen Bestimmungen anzuwenden sind, die die Voraussetzungen für die Ausübung des Rechts auf Aufenthalt in einem anderen Mitgliedstaat regeln.[145] Es ist mehr als fraglich, ob dem betroffenen Personenkreis, dem ein unionsrechtliches Aufenthaltsrecht zweifellos zusteht, Sozialleistungen verweigert werden dürfen (→ Rn. 82 ff.).

Mittlerweile hat das BVerwG mit Urteil vom 11.9.2019 entschieden, dass **Art. 10** **161a** **Freizügigkeits-VO** Kindern, die in Deutschland die Schule besuchen, und ihren Eltern ein Freizügigkeitsrecht iSd § 2 Abs. 1 FreizügG/EU vermittelt, einer **Verlustfeststellung** nach § 5 Abs. 4 FreizügG/EU entgegen steht.[146] Dies ist auch von den Sozialleistungen gewährenden Stellen zu berücksichtigen.

§ 3 Abs. 5 FreizügG/EU nimmt Art. 13 Freizügigkeits-RL auf und regelt die Fälle, in **162** denen das Aufenthaltsrecht des Familienangehörigen (der nicht Unionsbürger ist) bei **Scheidung oder Aufhebung der Ehe oder bei Beendigung der eingetragenen Partnerschaft** aufrechterhalten bleibt. Die Norm zählt enumerativ die Fälle auf, in denen das Aufenthaltsrecht aufrechterhalten bleibt. Danach behalten Ehegatten oder Lebenspartner, die nicht Unionsbürger sind, bei Scheidung oder Aufhebung der Ehe oder Aufhebung der Lebenspartnerschaft ein Aufenthaltsrecht, **wenn sie die für Unionsbürger geltenden Voraussetzungen des § 2 Abs. 2 Nr. 1 bis 3 oder Nr. 5 FreizügG/EU erfüllen** und wenn

1. die Ehe oder die Lebenspartnerschaft bis zur Einleitung des gerichtlichen Scheidungs- oder Aufhebungsverfahrens **mindestens drei Jahre bestanden hat, davon mindestens ein Jahr im Bundesgebiet,**

---

[140] Vgl. EuGH Urt. v. 23.2.2010 – C-480/08, Slg. 2010, I-1107, Ls. 5 – Teixeira.
[141] Vgl. EuGH Urt. v. 23.2.2010 – C-480/08, Slg. 2010, I-1107, Ls. 3 – Teixeira.
[142] Vgl. *Oberhäuser/Steffen* ZAR 2017, 149 ff.
[143] Vgl. *Dienelt*, Kommentar v. 5.12.2016, abrufbar unter www.migrationsrecht.net.
[144] Vgl. BSG Urt. v. 3.12.2015 – B 4 AS 43/15R, BSGE 120, 139.
[145] Vgl. BSG Urt. v. 3.12.2015 – B 4 AS 43/15R, BSGE 120, 139 unter Hinweis auf EuGH Urt. v. 23.2.2010 – Rs C-310/08, Slg. 2010, I-1065, juris Rn. 42 ff., 50 – Ibrahim; EuGH Urt. v. 23.2.2010 – Rs C-480/08, Slg. 2010, I-1107, juris Rn. 53 ff. – Teixeira; *Brinkmann* in Huber FreizügG/EU § 3 Rn. 20 mwN; *Kloesel/Christ/Häußer*, Aufenthalts- und Ausländerrecht, Stand Juli 2011, FreizügG/EU § 3 Rn. 104; *Epe* in GK-AufenthG § 3 Rn. 67; *Brechmann* in Calliess/Ruffert, 4. Aufl. 2011, AEUV Art. 45 Rn. 91 f.
[146] BVerwG Urt. v. 11.9.2019 – 1 C 48/18, DÖV 2020, 203.

2. ihnen durch Vereinbarung der Ehegatten oder der Lebenspartner oder durch gerichtliche Entscheidung die **elterliche Sorge für die Kinder des Unionsbürgers übertragen wurde,**
3. es zur **Vermeidung einer besonderen Härte** erforderlich ist, insbesondere weil dem Ehegatten oder dem Lebenspartner wegen der Beeinträchtigung seiner schutzwürdigen Belange ein Festhalten an der Ehe oder der Lebenspartnerschaft nicht zugemutet werden konnte, oder
4. ihnen durch Vereinbarung der Ehegatten oder der Lebenspartner oder durch gerichtliche Entscheidung das **Recht zum persönlichen Umgang mit dem minderjährigen Kind nur im Bundesgebiet** eingeräumt wurde.

163 Die Aufzählung des § 3 Abs. 5 S. 2 FreizügG/EU stellt klar, dass § 3 Abs. 1 und 2 FreizügG/EU sowie die §§ 6 und 7 FreizügG/EU für Personen nach S. 1 nicht anzuwenden sind und insoweit das AufenthG zur Anwendung kommt. Die von § 3 Abs. 5 FreizügG/EU erfassten Familienangehörigen behalten gemäß Art. 13 Abs. 2 letzter Satz Freizügigkeits-RL ihr Aufenthaltsrecht **ausschließlich auf persönlicher Grundlage und können dies nicht selbst als Stammberechtigte weitergeben.**

164 Die Regelung hinsichtlich der **Ehebestandszeit** in § 3 Abs. 5 Nr. 1 FreizügG/EU ist im Vergleich zu derjenigen des § 31 Abs. 1 Nr. 1 AufenthG großzügiger. Die familiäre Lebensgemeinschaft muss zwar ebenfalls drei Jahre (im Bundesgebiet jedoch lediglich ein Jahr) bestanden haben, bei der Aufhebung der familiären Lebensgemeinschaft wird jedoch auf die **Einleitung des gerichtlichen Scheidungs- oder Aufhebungsverfahrens** abgestellt. Dies bedeutet, dass auch tatsächliche **Trennungszeiten der Ehegatten bzw. Lebenspartner** bis zu dem genannten Zeitpunkt mit zu berücksichtigen sind.

164a Das BVerwG hat dementsprechend mit Urteil vom 28.3.2019 entschieden, dass das abgeleitete Aufenthaltsrecht des drittstaatsangehörigen Ehegatten eines freizügigkeitsberechtigten Unionsbürgers nach § 2 Abs. 1 FreizügG/EU iVm Art. 3 Abs. 1 Freizügigkeits-RL nicht vom Fortbestehen einer ehelichen Lebensgemeinschaft abhängt. Für ein Begleiten im Sinne des § 3 Abs. 1 FreizügG/EU iVm Art. 3 Abs. 1 Freizügigkeits-RL genügt nach Aufhebung der ehelichen Lebensgemeinschaft ein gleichzeitiger Aufenthalt der Eheleute im Aufnahmemitgliedstaat.[147] Verlässt ein Unionsbürger allerdings nach Aufhebung der ehelichen Lebensgemeinschaft das Bundesgebiet, erlischt damit das abgeleitete unionsrechtliche Aufenthaltsrecht seines drittstaatsangehörigen Ehegatten.[148] Kehrt der Unionsbürger später in das Bundesgebiet zurück, kann sich der hier verbliebene drittstaatsangehörige Ehegatte – auch wenn die Eheleute weiterhin getrennt leben – wieder auf ein abgeleitetes unionsrechtliches Aufenthaltsrecht berufen.[149]

165 Aus dem in § 3 Abs. 5 Nr. 2 FreizügG/EU verwandten Begriff der **elterlichen Sorge** lässt sich ebenso wenig wie aus Art. 13 Abs. 2 lit. b Freizügigkeits-RL entnehmen, dass hiermit ausschließlich das alleinige Sorgerecht gemeint ist. Vielmehr dient die Vorschrift sowohl dem **Kindeswohl** als auch dem **Interesse des geschiedenen Unionsbürgers,** der möglicherweise mitsorgeberechtigt ist oder dem jedenfalls so das Umgangsrecht erleichtert wird.[150] Die Vorschrift stellt auf die Übertragung des Sorgerechts, nicht auf dessen tatsächliche Ausübung ab. Missbrauchsfälle können durch § 2 Abs. 7 FreizügG/EU erfasst werden, etwa wenn die **Sorgerechtsübertragung** aus sachfremden Gründen erfolgt ist, da sie unter keinem erkennbaren Gesichtspunkt der Ausübung des Sorgerechts, sondern ausschließlich der Aufrechterhaltung eines Aufenthaltsrechtes dient, das anderenfalls nicht bestehen würde.

---

[147] BVerwG Urt. v. 28.3.2019 – 1 C 9/18, NJW 2019, 2042 unter Hinweis auf EuGH, Urt. v. 16.7.2015 – C-218/14, NVwZ 2015, 1431 – Singh.
[148] EuGH Urt. v. 16.7.2015 – C-218/14, NVwZ 2015, 1431 – Singh.
[149] BVerwG Urt. v. 28.3.2019 – 1 C 9/18, NJW 2019, 2042.
[150] Vgl. *Epe* in GK GK-AufenthG FreizügG/EU § 3 Rn. 72; *Dienelt* in Bergmann/Dienelt FreizügG/EU § 3 Rn. 148, 149, der auf die unionsrechtliche Bedeutung des Sorgerechtsbegriffs in § 3 Abs. 5 Nr. 2 FreizügG/EU verweist.

Der Begriff der **besonderen Härte** in § 3 Abs. 5 Nr. 3 FreizügG/EU greift die Formulierung in § 31 Abs. 2 AufenthG auf, ist aber im Lichte von § 13 Abs. 2 lit. c Freizügigkeits-RL und der dort genannten „**besonders schwierigen Umstände**" auszulegen. Anders als § 31 Abs. 2 AufenthG verknüpft § 3 Abs. 5 Nr. 3 FreizügG/EU die besondere Härte nicht mit einer bestehenden Rückkehrverpflichtung. Erfasst werden sollen **Opfer von Gewalt,** denen ein Festhalten an der Ehe oder Lebenspartnerschaft auf Grund der Übergriffe nicht zugemutet werden kann. 166

Zur **Sicherung des Kindeswohls** gewährt § 3 Abs. 5 Nr. 4 FreizügG/EU (Art. 13 Abs. 2 lit. d Freizügigkeits-RL) dem Drittstaater ein Aufenthaltsrecht, wenn durch Vereinbarung der Ehegatten oder Lebenspartner oder durch gerichtliche Entscheidung das **Recht zum persönlichen Umgang mit dem minderjährigen Kind nur im Bundesgebiet** eingeräumt wurde. Die Aufzählung ist alternativ, sodass nicht in jedem Fall eine gerichtliche Entscheidung zu verlangen ist. 167

Bis zum Erhalt eines **Daueraufenthaltsrechtes** müssen die Familienangehörigen, die sich nach § 3 Abs. 5 FreizügG/EU auf ein abgeleitetes Aufenthaltsrecht berufen, **selbst die Voraussetzungen des § 2 Abs. 2 Nr. 1 bis 3 oder Nr. 5 FreizügG/EU erfüllen,** dh sie müssen Arbeitnehmer oder Selbständige sein, für sich und ihre Familienangehörigen über ausreichende Existenzmittel und Krankenversicherungsschutz verfügen. Dabei sind die allgemeinen Anforderungen der Art. 8 Abs. 4 und Art. 14 Freizügigkeits-RL zu beachten, auf die Art. 13 Freizügigkeits-RL verweist. Nach Art. 8 Abs. 4 Freizügigkeits-RL dürfen die Mitgliedstaaten **keinen festen Betrag für die Existenzmittel** festlegen, die sie als ausreichend betrachten, sondern müssen die **persönliche Situation des Betroffenen berücksichtigen.** Der Betrag darf in keinem Fall über dem Schwellenbetrag liegen, unter dem der Aufnahmemitgliedstaat seinen Staatsangehörigen Sozialhilfe gewährt, oder, wenn dieses Kriterium nicht anwendbar ist, über der Mindestrente der Sozialversicherung des Aufnahmemitgliedstaates. 168

7. Die Freizügigkeit der Daueraufenthaltsberechtigten

Die **Daueraufenthaltsberechtigung** ist ein in § 2 Abs. 2 Nr. 7 FreizügG/EU geregeltes verfestigtes Freizügigkeitsrecht, das unabhängig vom weiteren Vorliegen der Voraussetzungen des § 2 Abs. 2 FreizügG/EU kraft Gesetzes bei Vorliegen der Voraussetzungen des § 4a FreizügG/EU entsteht und nur durch Verlustfeststellung wegen langfristiger Abwesenheitszeiten (§ 4a Abs. 7, § 5 Abs. 6 FreizügG/EU) oder durch Verlustfeststellung nach § 6 Abs. 1 und 4 FreizügG/EU genommen werden kann (→ Rn. 206 ff.). Fehlt es nach Erwerb des Daueraufenthaltsrechts an ausreichenden Existenzmitteln, hinreichendem Krankenversicherungsschutz oder wird die familiäre Lebensgemeinschaft aufgehoben, ist dies für den Bestand des Daueraufenthaltsrechts unschädlich. 169

Mit § 2 Abs. 2 Nr. 7, § 4a FreizügG/EU werden die Art. 16 bis 18 Freizügigkeits-RL zusammenfassend umgesetzt. Die der Freizügigkeits-RL vorangestellten Erwägungsgründe bestimmen, dass die Unionsbürgerschaft und der soziale Zusammenhalt in der Union gestärkt werden, wenn Unionsbürger, die sich dauerhaft niederlassen wollen, das Recht auf Daueraufenthalt erhalten. Ein Daueraufenthaltsrecht sei daher für alle Unionsbürger und ihre Familienangehörigen vorzusehen, die sich gemäß den in dieser Richtlinie festgelegten Bedingungen **fünf Jahre lang ununterbrochen in dem Aufnahmemitgliedstaat aufgehalten haben** und gegen die keine Ausweisungsmaßnahme angeordnet wurde. Um ein wirksames Instrument für die Integration in die Gesellschaft des Aufnahmemitgliedstaats darzustellen, sollte das einmal erlangte Recht auf Daueraufenthalt keinen Bedingungen unterworfen werden.[151] 170

§ 4a Abs. 1 FreizügG/EU ist die Grundnorm, die bestimmt, dass Unionsbürger, die sich seit fünf Jahren ständig rechtmäßig im Bundesgebiet aufgehalten haben, unabhängig vom 171

---

[151] RL 2004/38/EG Erwägr. 17 und 18.

weiteren Vorliegen der Voraussetzungen des § 2 Abs. 2 FreizügG/EU das Recht auf Einreise und Aufenthalt haben (Daueraufenthaltsrecht). Das Entstehen des Daueraufenthaltsrechts setzt unionsrechtlich voraus, dass der Betroffene während einer **Aufenthaltszeit von mindestens fünf Jahren ununterbrochen die Freizügigkeitsvoraussetzungen des Art. 7 Abs. 1 Freizügigkeits-RL erfüllt hat.**[152]

172 Aufgrund der Neufassung des § 5 Abs. 4 S. 1 FreizügG/EU und der Einfügung des Wortes **„rechtmäßigen"** nach dem Wort „ständigen" durch Art. 1 Nr. 3 des Gesetzes vom 2.12.2014 kommt im Wortlaut der Vorschrift hinreichend deutlich zum Ausdruck, dass eine Verlustfeststellung nicht bereits dann ausgeschlossen ist, wenn ein Unionsbürger sich fünf Jahre ständig im Bundesgebiet aufgehalten hat. Systematisch spricht nach der Rechtsprechung des BVerwG entscheidend für einen auf die **materiellen Freizügigkeitsvoraussetzungen** abstellenden Begriff des rechtmäßigen Aufenthalts in § 4a FreizügG/EU, dass der Gesetzgeber in der Anrechnungsregel des § 11 Abs. 3 FreizügG/EU „Zeiten des rechtmäßigen Aufenthalts nach diesem Gesetz" den Zeiten eines (titelabhängigen) rechtmäßigen Aufenthalts nach dem Aufenthaltsgesetz gegenübergestellt hat.[153] Die materiellen Freizügigkeitsvoraussetzungen des Art. 7 Abs. 1 Freizügigkeits-RL müssen während eines **zusammenhängenden Zeitraumes** von fünf Jahren erfüllt sein. Indes muss die Zeitspanne, während der zur Begründung eines Daueraufenthaltsrechts fünf Jahre lang ununterbrochen die Voraussetzungen des Art. 7 Abs. 1 Freizügigkeits-RL vorgelegen haben müssen, nicht der Zeitraum vor der letzten mündlichen Verhandlung oder Tatsacheninstanz sein.[154]

173 Ein Unionsbürger, der im Hoheitsgebiet des Aufnahmemitgliedstaats eine Aufenthaltszeit von über fünf Jahren nur aufgrund des **nationalen Rechts** dieses Staates zurückgelegt hat, erwirbt mithin ein Recht auf Daueraufenthalt, wenn er zugleich die materiellen Voraussetzungen eines Freizügigkeitsrechts in diesem Zeitraum erfüllt hat.[155]

174 Für die Zwecke des Erwerbs des Rechts auf Daueraufenthalt sind auch Aufenthaltszeiten eines Drittstaatsangehörigen in einem Mitgliedstaat **vor dem Beitritt dieses Drittstaats zur Europäischen Union** in Ermangelung spezifischer Bestimmungen in der Beitrittsakte zu berücksichtigen, soweit sie im Einklang mit den Voraussetzungen des Art. 7 Abs. 1 Freizügigkeits-RL zurückgelegt wurden. Kann der Betroffene nachweisen, dass diese Zeiten im **Einklang mit den materiellen Freizügigkeitsvoraussetzungen** zurückgelegt wurden, hat die Berücksichtigung dieser Zeiten ab dem Zeitpunkt des Beitritts des betreffenden Mitgliedstaats zur Union zwar nicht zur Folge, dass das Daueraufenthaltsrecht rückwirkend verliehen wird, die vor dem Beitritt entstandenen Sachverhalte sind aber bei der aktuellen Entscheidung über das Vorliegen eines Daueraufenthaltsrechtes zu berücksichtigen.[156]

175 Gemäß § 4a Abs. 1 S. 2 FreizügG/EU erwerben auch die **Familienangehörigen,** die nicht Unionsbürger sind, das Daueraufenthaltsrecht, wenn sie sich seit fünf Jahren **mit dem Unionsbürger ständig rechtmäßig im Bundesgebiet aufgehalten haben.**

176 Wer Familienangehöriger ist, ergibt sich aus § 3 Abs. 2 FreizügG/EU. In diesem Zusammenhang ist fraglich, welche Anforderungen unionsrechtlich aus den Tatbestandsmerkmalen „seit fünf Jahren mit dem Unionsbürger ständig rechtmäßig im Bundesgebiet aufgehalten haben" folgen. Der EuGH hat zu der gleichlautenden Vorschrift des Art. 16 Abs. 2 Freizügigkeits-RL ausgeführt, dass ein Drittstaatsangehöriger, der sich vor dem Zeitpunkt der Umsetzung dieser Richtlinie fünf Jahre lang ununterbrochen in einem Mitgliedstaat als **Ehegatte** eines in diesem Staat arbeitenden Unionsbürgers aufgehalten hat, als eine Person anzusehen ist, die das Daueraufenthaltsrecht erlangt hat, selbst wenn sich die

---

[152] Vgl. BVerwG Urt. v. 16.7.2015 – 1 C 22/14, NVwZ-RR 2015, 910 Rn. 17 unter Hinweis auf BVerwG Urt. v. 31.5.2012 – 10 C 8.12, Buchholz 402.261 FreizügG/EU § 4a Nr. 3, Ls. 1 und Rn. 16.
[153] Vgl. BVerwG Urt. v. 16.7.2015 – 1 C 22/14, NVwZ-RR 2015, 910 Rn. 17 unter Hinweis auf BT-Drs. 15/420, 106.
[154] Vgl. BVerwG Urt. v. 16.7.2015 – 1 C 22/14, NVwZ-RR 2015, 910 Rn. 17 unter Hinweis auf BVerwG Urt. v. 31.5.2012 – 10 C 8.12, Buchholz 402.261 FreizügG/EU § 4a Nr. 3 Rn. 21; vgl. auch EuGH Urt. v. 7.10.2010 – C-162/09, ECLI:EU:C:2010:592 Rn. 33–39 – Lassal.
[155] EuGH Urt. v. 21.12.2011 – C-424/10 und 425/10, Slg. 2011, I-14035 – Ziolkowski u. a..
[156] Vgl. EuGH Urt. v. 21.12.2011 – C-424/10 und 425/10, Slg. 2011, I-14035 Rn. 62 f. – Ziolkowski u. a.

Ehegatten in dem genannten Zeitraum **getrennt und jeweils mit einem anderen Partner zusammengelebt haben.** Aus den Urteilen *Diatta* (C-267/83) und *Iida* (C-40/11) ergebe sich, dass **das eheliche Band nicht als aufgelöst angesehen werden könne, solange dies nicht durch die zuständige Stelle ausgesprochen worden sei,** was bei Ehegatten, die lediglich voneinander getrennt leben, nicht der Fall sei, selbst wenn sie die Absicht hätten, sich später scheiden zu lassen. Der Ehegatte müsse nicht notwendigerweise ständig bei dem Unionsbürger wohnen, um Inhaber eines abgeleiteten Aufenthaltsrechts zu sein. Die Tatsache, dass die Ehegatten nicht nur ihr Zusammenleben beendet, sondern auch zusammen mit anderen Partnern gelebt haben, sei für den Erwerb eines Daueraufenthaltsrechts nach Art. 16 Abs. 2 Freizügigkeits-RL unerheblich.[157]

Bei **Kindern,** die für sich ein abgeleitetes Daueraufenthaltsrecht geltend machen, ist fraglich, wie bei ihnen die Voraussetzungen des „ständigen rechtmäßigen Aufenthalts im Bundesgebiet mit dem Unionsbürger" zu konturieren sind. Unter Rückgriff auf den Begriff des **„begleiten oder ihm nachziehen"** iSd § 3 Abs. 1 FreizügG/EG werden Familienangehörige eines Unionsbürgers erfasst, die mit diesem in den Aufnahmemitgliedstaat eingereist sind, und/oder sich mit ihm dort aufhalten, ohne dass im letztgenannten Fall danach zu unterscheiden wäre, ob die Drittstaatsangehörigen vor oder nach dem Unionsbürger oder bevor oder nachdem sie dessen Familienangehörige wurden, in den Aufnahmemitgliedstaat eingereist sind.[158] Eine **gemeinsame Wohnung** ist keine zwingende Voraussetzung. Es ist vom Sinn und Zweck der Gewährung des „abgeleiteten" Aufenthaltsrechts des Familienangehörigen auszugehen, nämlich der **Herstellung oder Wahrung der bestehenden familiären Lebensgemeinschaft** des Unionsbürgers. Der Begriff „begleiten oder nachziehen" impliziert eine **im Sinne des Ehe- und Familienrechts schutzwürdige tatsächliche Beziehung.**[159] Entscheidend ist das Vorliegen einer sozial schützenswerten familiären Lebensgemeinschaft, die bei entsprechender Verbundenheit auch bei von ihren Kindern getrennt lebenden Eltern(teilen) angenommen werden kann. **177**

§ 4a Abs. 1 S. 3 FreizügG/EU stellt klar, dass § 3 Abs. 1 und 2 FreizügG/EU für Personen nach S. 2 nicht anzuwenden ist; insoweit sind die Vorschriften des Aufenthaltsgesetzes zum Familiennachzug zu Inhabern einer Erlaubnis zum Daueraufenthalt-EU entsprechend anzuwenden. In diesen Fällen handelt es sich um den **Familiennachzug zu Drittstaatsangehörigen,** der in der Freizügigkeits-RL nicht geregelt ist. Dieser wird durch die RL 2003/86/EG erfasst, umgesetzt im AufenthG, die den Nachzug zu Drittstaatsangehörigen regelt. Es finden die Vorschriften des Aufenthaltsgesetzes zum Familiennachzug zu Inhabern einer Erlaubnis zum Daueraufenthalt-EU Anwendung.[160] **178**

Nicht eindeutig bzw. ausdrücklich geregelt ist der **Familiennachzug zu Daueraufenthaltsberechtigten.** Es fehlt eine Regelung über den Erwerb eines Aufenthaltsrechts, wenn der Unionsbürger, zu dem der Nachzug erfolgen soll, bereits ein Daueraufenthaltsrecht erlangt hat, der Familienangehörige die Voraussetzungen für den Daueraufenthalt selbst aber noch nicht erfüllt. Da Familienangehörige von freizügigkeitsberechtigten, aber noch nicht daueraufenthaltsberechtigten Unionsbürgern ein Aufenthaltsrecht haben, muss dies **erst recht** für Familienangehörige von daueraufenthaltsberechtigten Unionsbürgern gelten.[161] Letztere haben eine stärkere aufenthaltsrechtliche Position als „gewöhnlich" freizügigkeitsberechtigte Unionsbürger. Als Anknüpfungspunkt für die Beurteilung entsprechender Fälle bleibt das Freizügigkeitsrecht, das der Daueraufenthaltsberechtigte derzeit innehat. Ist der daueraufenthaltsberechtigte Unionsbürger Erwerbstätiger, richtet sich der Familiennachzug nach den entsprechenden Bestimmungen des FreizügG/EU für Familienangehörige von Erwerbstätigen, ansonsten nach den Bestimmungen dieses Gesetzes für Familienangehörige von Nichterwerbstätigen. Damit sind die daueraufenthaltsberechtigten **179**

---

[157] Vgl. EuGH Urt. v. 10.7.2014 – C-244/13, EzAR-NF 14 Nr. 36, Rn. 32, 34, 36 und 47 – Ogieriakki.
[158] Vgl. EuGH Urt. v. 25.7.2008 – C-127/08, NVwZ-RR 2008, 1097 – Metock.
[159] Vgl. AVV FreizügG/EU 3.1.1.
[160] Vgl. AVV FreizügG/EU 4a.1.3.
[161] Vgl. *Dienelt* in Bergmann/Dienelt FreizügG/EU § 4a Rn. 46; AVV FreizügG/EU 4a.0.2.

den „gewöhnlich" freizügigkeitsberechtigten Unionsbürgern hinsichtlich des Familiennachzugs gleichgestellt.[162] Fraglich kann im Einzelfall sein, ob das nachziehende Familienmitglied hinsichtlich **Existenzsicherung und ausreichendem Krankenversicherungsschutz** auf die allgemeinen Vorschriften des Familiennachzugs verwiesen werden darf, wenn diese für den Stammberechtigten keine Anwendung (mehr) finden und bei Versagung des Nachzugsrechtes des Familienangehörigen das dem Stammberechtigten zustehende Daueraufenthaltsrecht seinen Kernbestand verlöre.

180 Spezielle Regelungen zum Daueraufenthaltsrecht finden sich in § 4a Abs. 2 bis 7 FreizügG/EU. Sie setzen die in Art. 17 Freizügigkeits-RL geregelten Ausnahmen für Personen, die im Aufnahmemitgliedstaat **aus dem Erwerbsleben ausgeschieden** sind, und ihrer Familienangehörigen um.

181 § 4a Abs. 2 FreizügG/EU enthält eine Sonderregelung für den **Erhalt des Daueraufenthaltsrechts bereits nach drei Jahren.** Dies gilt für Personen, die sich mindesten drei Jahre ständig im Bundesgebiet aufgehalten haben und während der letzten zwölf Monate im Bundesgebiet einer Erwerbstätigkeit nachgegangen sind und im Zeitpunkt des Ausscheidens das **65. Lebensjahr** erreicht haben oder auf Grund einer **Vorruhestandsregelung** ihre Beschäftigung beenden (Nr. 1). **Voll Erwerbsunfähige** erhalten das Daueraufenthaltsrecht vor Ablauf von fünf Jahren, wenn die Erwerbsunfähigkeit durch einen **Arbeitsunfall** oder eine **Berufskrankheit** eingetreten ist, die einen **Rentenanspruch** gegenüber einem Leistungsträger im Bundesgebiet begründet und der Unionsbürger sich zuvor mindestens zwei Jahre im Bundesgebiet aufgehalten hat (Nr. 2).

182 **Grenzgänger** können das Daueraufenthaltsrecht nach **drei Jahren** erhalten, wenn sie drei Jahre ständig im Bundesgebiet erwerbstätig waren und anschließend in einem anderen Mitgliedstaat erwerbstätig sind, ihren Wohnsitz im Bundesgebiet beibehalten und mindestens einmal in der Woche dorthin zurückkehren (Nr. 3).

183 Die in § 4a Abs. 2 Nr. 3 Hs. 2 FreizügG/EU geregelte **Anrechenbarkeit von Zeiten der Erwerbstätigkeit in einem anderen EU-Mitgliedstaat** bedeutet, dass ungeachtet des Erfordernisses der dreijährigen ständigen Erwerbstätigkeit im Bundesgebiet nach Nr. 3 das Daueraufenthaltsrecht bereits erworben wird, wenn ein Unionsbürger als Grenzgänger in einem anderen EU-Mitgliedstaat mindestens zwölf Monate eine Erwerbstätigkeit ausgeübt hat und sich mindestens drei Jahre ständig im Bundesgebiet aufgehalten hat.[163]

184 § 4a Abs. 3 FreizügG/EU regelt den **Erwerb des Daueraufenthaltsrechtes für Familienangehörige, wenn der Stammberechtigte vor Erhalt des eigenen Daueraufenthaltsrechtes verstirbt.** Art. 17 Abs. 4 Freizügigkeits-RL, auf den sich die Norm bezieht, bestimmt, dass, wenn der Arbeitnehmer oder Selbstständige im Laufe seines Erwerbslebens verstorben ist, bevor er das Recht auf Daueraufenthalt im Aufnahmemitgliedstaat erworben hat, seine Familienangehörigen, die sich mit ihm in dem Aufnahmemitgliedstaat aufgehalten haben, das Recht, sich dort dauerhaft aufzuhalten, erwerben, sofern

a) der Arbeitnehmer oder Selbstständige sich **zum Zeitpunkt seines Todes seit zwei Jahren** im Hoheitsgebiet dieses Mitgliedstaats ununterbrochen aufgehalten hat oder
b) der Tod infolge eines Arbeitsunfalls oder einer Berufskrankheit eingetreten ist oder
c) sein überlebender Ehegatte die Staatsangehörigkeit dieses Mitgliedstaats durch Eheschließung mit dem Arbeitnehmer oder dem Selbstständigen verloren hat.

Der ständige Aufenthalt muss dem Tod des Unionsbürgers vorausgegangen sein und im Zeitpunkt des Todes noch fortbestehen.[164] Dies bedeutet, dass sich der Unionsbürger (nicht der Familienangehörige!)[165] unmittelbar vor seinem Tod **zwei Jahre** im Bundesgebiet aufgehalten haben muss. Der Familienangehörige muss zudem nach dem Wortlaut des

---

[162] Vgl. AVV FreizügG/EU 4a.0.2.
[163] Vgl. *Hailbronner* AuslR FreizügG/EU § 4a Rn. 46; *Epe* in GK-AufenthG FreizügG/EU § 4a Rn. 37.
[164] Vgl. EuGH Urt. v. 9.1.2003 – C-257/00, Slg. 2003, I-345 – Givane.
[165] Vgl. zutreffend *Oberhäuser* in NK-AuslR FreizügG/EU § 4a Rn. 21 in Auseinandersetzung mit *Dienelt* in Bergmann/Dienelt FreizügG/EU § 4a Rn. 68; EuGH Urt. v. 9.1.2003 – C 257/00, Slg. 2003, I-354 – Givane.

FreizügG/EU seinen **ständigen Aufenthalt** bei dem Unionsbürger gehabt haben, nach dem Wortlaut von Art. 17 Abs. 4 Freizügigkeits-RL muss er sich mit dem Unionsbürger **im Aufnahmemitgliedstaat aufgehalten** haben.

In der Kommentarliteratur ist umstritten, welche **Anforderungen an das Vorliegen einer familiären Lebensgemeinschaft** zu stellen sind. Sollen nur diejenigen Familienangehörigen privilegiert sein, die bis zu Tod des Unionsbürgers mit diesem (tatsächlich) in familiärer Lebensgemeinschaft verbunden gewesen sind,[166] oder ist ausreichend hierfür auch ein gemeinsamer Aufenthalt iSv § 4a Abs. 1 S. 2 FreizügG/EU? In diesem Fall würde bei getrennt lebenden Ehegatten erst der Zeitpunkt der Scheidung ausschlaggebend sein.[167] Für die von *Oberhäuser* vertretende Ansicht spricht der gleichlautende Wortlaut von Art. 16 Abs. 2 Freizügigkeits-RL einerseits und Art. 17 Abs. 4 Freizügigkeits-RL andererseits. Beide Normen fordern, dass sich der Familienangehörige mit dem Unionsbürger im Aufnahmemitgliedstaat aufgehalten haben muss. Aus der Rechtsprechung zu Art. 16 Abs. 2 Freizügigkeits-RL folgt, dass es für den Erwerb eines Daueraufenthaltsrechts nach Art. 16 Abs. 2 Freizügigkeits-RL unerheblich ist, dass die Ehegatten nicht nur ihr Zusammenleben beendet, sondern auch zusammen mit anderen Partnern gelebt haben, solange das eheliche Band noch nicht durch Scheidung aufgehoben ist.[168]

§ 4a Abs. 4 FreizügG/EU regelt das **eigenständige Daueraufenthaltsrecht der Familienangehörigen,** wenn der Erwerbstätige, von dem sie ihr Aufenthaltsrecht ableiten, ein Daueraufenthaltsrecht gemäß § 4a Abs. 2 FreizügG/EU erworben hat. Die Norm setzt Art. 17 Abs. 3 Freizügigkeits-RL um. Auch hier gilt das soeben Gesagte, da § 4a Abs. 4 FreizügG/EU fordert, dass der Familienangehörige seinen ständigen Aufenthalt bei dem Unionsbürger hat, während Art. 17 Abs. 3 Freizügigkeits-RL davon ausgeht, dass sich der Familienangehörige mit dem Unionsbürger im Aufnahmemitgliedstaat aufhalten muss.

§ 4a Abs. 5 FreizügG/EU regelt den Erwerb des Daueraufenthaltsrechtes von drittstaatsangehörigen Familienangehörigen, die gemäß § 3 Abs. 3 bis 5 FreizügG/EU nach **Tod, Wegzug, Scheidung, Aufhebung der Ehe oder der Lebenspartnerschaft** ihr Aufenthaltsrecht unter bestimmten Bedingungen behalten. Sie erwerben nach Ablauf **von fünf Jahren** ständigen rechtmäßigen Aufenthalts das Daueraufenthaltsrecht.

§ 4a Abs. 6 FreizügG/EU setzt Art. 16 Abs. 3 Freizügigkeits-RL um. Danach wird die Kontinuität des Aufenthalts weder durch **vorübergehende Abwesenheiten** von bis zu insgesamt sechs Monaten im Jahr, noch durch **längere Abwesenheiten wegen der Erfüllung militärischer Pflichten**, noch durch eine **einzige Abwesenheit von höchstens zwölf aufeinander folgenden Monaten aus wichtigen Gründen** wie Schwangerschaft und Niederkunft, schwere Krankheit, Studium oder Berufsausbildung oder berufliche Entsendung in einen anderen Mitgliedstaat oder einen Drittstaat berührt. Bei der Berechnung der Sechsmonatsfrist ist zu beachten, dass sie sich auf das **jeweilige Kalenderjahr** bezieht. Hält sich der Familienangehörige über die Jahreswende außerhalb des Bundesgebietes auf, so werden die Zeitabschnitte für das jeweilige Kalenderjahr getrennt berechnet.[169]

§ 4a Abs. 7 FreizügG/EU regelt den Verlust des Daueraufenthaltsrechts bei einer **Abwesenheit von mehr als zwei aufeinander folgenden Jahren** und setzt Art. 16 Abs. 4 Freizügigkeits-RL um. Nach nationalem Recht ist zusätzlich zu der Abwesenheitszeit von zwei Jahren zu prüfen, ob die Abwesenheit **auf einem nicht nur vorübergehenden Grund** beruht. Zwar wird dies im Regelfall bei einer Abwesenheit von zwei Jahren der Fall sein, gleichwohl sind Sachverhalte denkbar, bei denen die Prüfung dieses Tatbestandsmerkmals zu einem anderen Ergebnis führen kann (zB Pflege eines kranken Angehörigen im Heimatland). Zwar tritt der Verlust des Daueraufenthaltsrechtes kraft Gesetzes ein, er führt jedoch erst nach **Feststellung des Verlustes** durch die zuständige Ausländerbehörde

---

[166] Vgl. *Epe* in GK AufenthG FreizügG/EU § 4a Rn. 42; *Hailbronner* AuslR FreizügG/EU § 4a Rn. 51.
[167] Vgl. *Oberhäuser* in NK-AuslR FreizügG/EU § 4a Rn. 7, 21.
[168] Vgl. EuGH Urt. v. 10.7.2014 – C-244/13, Rn. 32, 34, 36, 47 – Ogieriakki.
[169] Vgl. *Dienelt* in Bergmann/Dienelt FreizügG/EU § 4a Rn. 90; *Epe* in GK-AufenthG FreizügG/EU § 4a Rn. 54; insoweit kritisch: *Hailbronner* AuslR FreizügG/EU § 4a Rn. 58.

zur Rechtswidrigkeit des Aufenthaltes. Dies folgt aus der **Freizügigkeitsvermutung,** die durch **konstitutiven feststellenden Verwaltungsakt** (→ Rn. 206 ff., 212) genommen werden muss.[170] Es bedarf mithin der Durchführung eines gemäß § 5 Abs. 6, Hs. 4 S. 1 FreizügG/EU durchzuführenden Verlustfeststellungsverfahrens.

II. Aufenthaltstitel, Visum, Aufenthaltskarte

190 Der **Unionsbürger** selbst benötigt für seinen Aufenthalt in Deutschland **keine Bescheinigung** mehr. Er benötigt für die Einreise **kein Visum** und für den Aufenthalt **keinen Titel** (§ 2 Abs. 4 S. 1 FreizügG/EU).

191 Dies folgt aus der Tatsache, dass das **Freizügigkeitsrecht und die mit ihm einhergehende Freizügigkeitsvermutung unmittelbar aus dem Unionsrecht erwachsen** und ihr Gebrauch nicht durch formale Hürden der einzelnen Mitgliedstaaten hinsichtlich Ein- und Ausreise sowie Aufenthalt geschmälert werden dürfen. Um dies zu gewährleisten, enthält die Freizügigkeits-RL ausführliche Bestimmungen ua zur **visafreien Ein- und Ausreise** der Unionsbürger (Art. 4 und 5 Freizügigkeits-RL), zur Frage der **erleichterten Einreisemodalitäten für deren drittstaatsangehörige Familienmitglieder** (Art. 4 und 5 Freizügigkeits-RL), des **Rechts auf voraussetzungslosen Aufenthalts bis zu drei Monaten** (Art. 6 Freizügigkeits-RL) sowie **Verwaltungsformalitäten für Unionsbürger** (Art. 8 Freizügigkeits-RL) und deren Familienangehörige, die nicht die Staatsangehörigkeit eines Mitgliedstaates besitzen (Art. 9 Freizügigkeits-RL).

192 Für einen **Aufenthalt** von **bis zu drei Monaten** ist für den Unionsbürger der Besitz eines **gültigen Personalausweises oder Reisepasses** ausreichend. Familienangehörige, die nicht Unionsbürger sind, haben das gleiche Recht, wenn sie im Besitz eines anerkannten oder sonst zugelassenen Passes oder Passersatzes sind und sie den Unionsbürger begleiten oder ihm nachziehen (§ 2 Abs. 5 FreizügG/EU). Dies folgt aus Art. 5 Abs. 1 Freizügigkeits-RL, nach dem unbeschadet der für die Kontrollen von Reisedokumenten an den nationalen Grenzen geltenden Vorschriften die Mitgliedstaaten Unionsbürgern, die einen gültigen Personalausweis oder Reisepass mit sich führen, und ihren Familienangehörigen, die nicht die Staatsangehörigkeit eines Mitgliedstaats besitzen und die einen gültigen Reisepass mit sich führen, die **Einreise** gestatten.

193 Gemäß Art. 5 Abs. 2 Freizügigkeits-RL G ist von **Familienangehörigen,** die nicht die Staatsangehörigkeit eines Mitgliedstaats besitzen, gemäß der VO (EG) 539/2001 oder gegebenenfalls den einzelstaatlichen Rechtsvorschriften **lediglich ein Einreisevisum** zu fordern. Für die Zwecke dieser Richtlinie **entbindet der Besitz einer gültigen Aufenthaltskarte gemäß Art. 10 die Familienangehörigen von der Visumspflicht.** Die Mitgliedstaaten treffen alle erforderlichen Maßnahmen, um diesen Personen die Beschaffung der erforderlichen Visa zu erleichtern. Die Visa werden so bald wie möglich nach einem beschleunigten Verfahren **unentgeltlich** erteilt.

194 Gemäß Art. 5 Abs. 5 Freizügigkeits-RL kann der Mitgliedstaat von dem Betroffenen Unionsbürger verlangen, dass er seine Anwesenheit im Hoheitsgebiet dieses Mitgliedstaats **innerhalb eines angemessenen und nicht diskriminierenden Zeitraums meldet.** Die Nichterfüllung dieser Meldepflicht kann mit verhältnismäßigen und nicht diskriminierenden **Sanktionen** geahndet werden. Eine Verpflichtung zur Anmeldung ergibt sich dabei nicht unmittelbar aus den Vorschriften des FreizügG/EU, sondern aus den je nach Bundesland unterschiedlichen **melderechtlichen Vorschriften der Länder.** Die Ausstellung einer Meldebescheinigung darf durch die Meldebehörde nicht verweigert werden, etwa weil ein Nachweis der Freizügigkeit nicht geführt wird. Denn für die Eintragung im Melderegister kommt es ausschließlich auf das Vorliegen der im Melderecht genannten Voraussetzungen an, nicht aber darauf, ob sonstige, der Prüfung der Ausländerbehörde obliegende

---

[170] Vgl. *Dienelt* in Bergmann/Dienelt FreizügG/EU § 4a Rn. 100, 101; ebenso *Oberhäuser* in NK-AuslR FreizügG/EU § 4a Rn. 32.

Tatbestandsmerkmale, erfüllt sind.[171] Gemäß § 5 Abs. 2 FreizügG/EU kann die zuständige Ausländerbehörde verlangen, dass die Voraussetzungen des Rechts nach § 2 Abs. 1 FreizügG/EU **drei Monate nach der Einreise** glaubhaft gemacht werden. Für die Glaubhaftmachung erforderliche Angaben und Nachweise können **von der zuständigen Meldebehörde bei der meldebehördlichen Anmeldung entgegengenommen werden.** Diese leitet die Angaben und Nachweise an die zuständige Ausländerbehörde weiter. Eine darüber hinausgehende Verarbeitung oder Nutzung durch die Meldebehörde erfolgt nicht.

Im Rahmen der **Glaubhaftmachung der Voraussetzungen des Freizügigkeitsrechts** (§ 5 Abs. 2 FreizügG/EU) darf die zuständige Behörde gemäß § 5a Abs. 1 FreizügG/EU von einem Unionsbürger den **gültigen Personalausweis oder Reisepass** und im Fall des 195

1. § 2 Abs. 2 Nr. 1 FreizügG/EU eine Einstellungsbestätigung oder eine Beschäftigungsbescheinigung des Arbeitgebers,
2. § 2 Abs. 2 Nr. 2 FreizügG/EU einen Nachweis über seine selbständige Tätigkeit,
3. § 2 Abs. 2 Nr. 5 FreizügG/EU einen Nachweis über ausreichenden Krankenversicherungsschutz und ausreichende Existenzmittel verlangen.

Ein nicht erwerbstätiger Unionsbürger iSd § 2 Abs. 2 Nr. 5 FreizügG/EU, der eine Bescheinigung vorlegt, dass er im Bundesgebiet eine Hochschule oder andere Ausbildungseinrichtung besucht, muss die Voraussetzungen nach S. 1 Nr. 3 nur glaubhaft machen.

Grundsätzlich ist es **Sache des Unionsbürgers nachzuweisen, dass auf seine Person bzw. die ihn begleitenden Familienangehörigen das Freizügigkeitsrecht Anwendung findet,** mithin er tatsächlich Staatsangehöriger eines Mitgliedstaates und sein Aufenthalt auch im Übrigen materiell den Freizügigkeitsregelungen entspricht, mithin ordnungsgemäß ist.[172] 196

Für **drittstaatsangehörige Familienangehörige** verweist § 2 Abs. 4 S. 2 FreizügG/EU hinsichtlich der **Einreise** auf die allgemeinen, für Drittstaatsangehörige geltenden Regeln zur **Visumpflicht.** Die Verweisung des § 2 Abs. 4 S. 2 FreizügG/EU auf das Aufenthaltsgesetz bezieht sich ausschließlich auf die Regelung der Visumpflicht. Bei dem Visum handelt es sich um einen nach den materiellen Voraussetzungen des FreizügG/EU erteilten Aufenthaltstitel, dh das Visum **ist zu erteilen,** wenn die in § 2 Abs. 2 Nr. 6 iVm §§ 3 und 4 FreizügG/EU geregelten Voraussetzungen für die Begleitung oder den Nachzug eines Familienangehörigen eines freizügigkeitsberechtigten Unionsbürgers vorliegen. Dies wird durch die Anmerkung „Familienangehöriger eines Unionsbürgers/EWR-Bürgers" im Auflagenfeld des Visumetiketts kenntlich gemacht. Nach § 11 Abs. 1 FreizügG/EU iVm § 14 Abs. 2 AufenthG ist auch die Erteilung eines **Ausnahmevisums** an der Grenze möglich.[173] Im Fall der Visumspflicht **sollen die Auslandsvertretungen alle erforderlichen Vorkehrungen treffen, um den Betroffenen die Beschaffung des Visums zu erleichtern.**[174] 197

Aus § 2 Abs. 6 FreizügG/EU folgt die **Gebührenfreiheit** des Visums. 198

Sofern ein visumpflichtiger Familienangehöriger eine in Deutschland oder einem anderen Mitgliedstaat ausgestellte gültige **Aufenthaltskarte für Familienangehörige eines Unionsbürgers** gemäß Art. 10 Freizügigkeits-RL besitzt, entfällt das Visumerfordernis in den Fällen, in denen der Familienangehörige den Unionsbürger begleitet oder ihm nachzieht (§ 2 Abs. 4 S. 3, § 3 Abs 1 FreizügG/EU; Art. 5 Abs. 2 S. 2 Freizügigkeits-RL). 199

Familienangehörige von Unionsbürgern, die aus Drittstaaten stammen, müssen eine **„Aufenthaltskarte für Familienangehörige eines Unionsbürgers"** beantragen. Diese 200

---

[171] Vgl. *Dienelt* in Bergann/Dienelt FreizügG/EU § 5 Rn. 13; *Oberhäuser* in NK-AuslR FreizügG/EU § 5 Rn. 2.
[172] Vgl. *Dienelt* in Bergmann/Dienelt FreizügG/EU § 5a Rn. 7 ff. unter Hinweis auf EuGH Urt. v. 21.9.1999 – C-378/97, BeckRS 2004, 76876 Rn. 42 – Wijsenbeek und EuGH Urt. v. 17.2.2005 – C-215/03, NJW 2005, 1033 Rn. 40, 54 ff. – Oulane
[173] Vgl. AVV FreizügG/EU 2.4.2.1.
[174] Vgl. AVV FreizügG/EU 2.4.2.2.

ist **deklaratorischer Natur** und hat eine Geltungsdauer von mindestens **fünf Jahren.**[175] Sie ist den betroffenen Personen **von Amts wegen** innerhalb von sechs Monaten, nachdem sie die erforderlichen Angaben gemacht haben, zu erteilen. Der Familienangehörige erhält unverzüglich eine Bescheinigung darüber, dass die erforderlichen Angaben gemacht worden sind (§ 5 Abs. 1 FreizügG/EU).

200a Im Bereich des Aufenthalts- und Freizügigkeitsrechts als Pflichtaufgaben nach Weisung bindet die **Rechtskraft eines Feststellungsurteils,** mit dem die Freizügigkeit des Betroffenen als Familienangehöriger eines freizügigkeitsberechtigten Kindes rechtskräftig festgestellt worden ist, das gegenüber dem Land als beteiligtem Rechtsträger der zunächst zuständigen Behörde ergangen ist, im sachlichen Umfang ihrer Wirkungen nach auch den ggf. hiervon abweichenden Rechtsträger einer später zuständigen Ausländerbehörde desselben Landes.[176]

201 Im Falle der Ausstellung einer Aufenthaltskarte darf die zuständige Ausländerbehörde von dem Familienangehörigen gemäß § 5a Abs. 2 FreizügG/EU einen **anerkannten oder sonst zugelassenen gültigen Pass oder Passersatz** sowie zusätzlich Folgendes verlangen:

1. einen **Nachweis über das Bestehen der familiären Beziehung,** bei Verwandten in absteigender und aufsteigender Linie einen **urkundlichen Nachweis über die Voraussetzungen des § 3 Abs. 2 FreizügG/EU,**
2. eine **Meldebestätigung des Unionsbürgers,** den die Familienangehörigen begleiten oder dem sie nachziehen.

202 Zutreffend weist Oberhäuser darauf hin, dass § 5a FreizügG/EU der Systematik der Art. 8, 9 und 10 Freizügigkeits-RL nicht folgt, da er hinsichtlich von Familienangehörigen, die selbst Unionsbürger sind und Drittstaatern nicht differenziert, obgleich beide Personengruppen nach der Freizügigkeits-RL nicht denselben Regelungen unterworfen sind.[177] Relevant wird die vom Unionsrecht nicht vorgesehene Gleichbehandlung beider Personengruppen bei der Vorlage einer **Anmeldebescheinigung** des Unionsbürgers, die von dem diesen begleitenden Unionsbürger nur „gegebenenfalls" verlangt werden kann (Art. 8 Abs. 5 Freizügigkeits-RL), während sie von dem einen Unionsbürger begleitenden Drittstaater vorzulegen ist.[178]

203 Der EuGH hatte sich mehrfach mit der Aufstellung von Zuzugshürden hinsichtlich drittstaatsangehöriger Familienangehöriger durch einzelne Mitgliedstaaten zu befassen. In der Rechtssache *McCarthy/Vereinigtes Königreich* hat er entschieden, dass das Recht eines Drittstaatsangehörigen auf Einreise nicht von der vorherigen Beschaffung eines Visums abhängig gemacht werden darf, wenn dieser im Besitz einer „Aufenthaltskarte für Familienangehörige eines Unionsbürgers" ist. Die Freizügigkeits-RL lasse keine Maßnahmen zu, die Familienangehörige in **Verfolgung eines generalpräventiven Zwecks** daran hindern sollten, ohne Visum in das Hoheitsgebiet eines Mitgliedstaats einzureisen.[179]

204 Die **Zurückweisung eines drittstaatsangehörigen Familienangehörigen wegen fehlenden Visums ist unverhältnismäßig,** wenn dieser seine Identität und die Ehe nachweisen kann und wenn es keine Anhaltspunkte dafür gibt, dass er eine Gefahr für die öffentliche Ordnung, Sicherheit oder Gesundheit darstellt, so der EuGH in der Rechtssache *Mrax.*[180] Drittstaatsangehörige Familienangehörige eines Unionsbürgers können sich zudem auch dann auf die Freizügigkeit des Art. 3 Abs. 1 Freizügigkeits-RL und damit auf die privilegierten Einreisebedingungen berufen, wenn sie sich zuvor nicht in einem anderen

---

[175] Zum Meinungsstand hinsichtlich der Rechtsnatur der Aufenthaltskarte s. *Oberhäuser* in NK-AuslR FreizügG/EU § 5 Rn. 3; *Dienelt* in Bergmann/Dienelt FreizügG/EU § 5 Rn. 28 ff.; AVV FreizügG/EU 5.1.1.
[176] VGH Baden-Württemberg, Beschl. v. 23.1.2019 – 11 S 1109/18, ZAR 2019, 436.
[177] Vgl. *Oberhäuser* in NK-AuslR FreizügG/EU § 5a Rn. 7.
[178] Vgl. *Oberhäuser* in NK-AuslR FreizügG/EU § 5a Rn. 7.
[179] Vgl. EuGH Urt. v. 18.12.2014, C-202/13, NVwZ 2015, 284 -McCarthy; Urt. v. 25.7.2002 – C-459/99, Slg. 2002, I-6591-Mrax; Urt. v. 25.7.2008 – C-127/08, NVwZ 2008, 1097 – Metock; Urt. v. 19.12.2008 – C-551/07, NVwZ 2009, 577 – Sahin; *Epe* in GK-AufenthG FreizügG/EU § 2 Rn. 135 ff., 136, 137 mwN.
[180] Vgl. EuGH Urt. v. 25.7.2002 – C-459/99, Slg. 2002, I-6591 und juris Rn. 61 – Mrax.

Mitgliedstaat aufgehalten haben. Von ihnen darf allenfalls ein **Einreisevisum** gefordert werden, mithin eines, das „**unverzüglich**" und „**nach Möglichkeit bei der Einreise**" zu erteilen ist.[181] Bestehen keine Anhaltspunkte dafür, dass der drittstaatsangehörige Familienangehörige eine Gefahr für die öffentliche Ordnung, Sicherheit oder Gesundheit iSd § 6 FreizügG/EU darstellt, kann ihm auch nicht allein aufgrund einer unerlaubten Einreise oder eines abgelaufenen Visums im Inland die Ausstellung einer Aufenthaltskarte verweigert werden. Gibt es Anhaltspunkte dafür, dass eine Zurückweisung an der Grenze unverhältnismäßig sein könnte, so ist die Erteilung eines **Ausnahmevisums** zu prüfen.[182]

§ 2 Abs. 5 FreizügG/EU setzt Art. 6 Freizügigkeits-RL um, indem er ein **von materiellen Voraussetzungen unabhängiges Aufenthaltsrecht für Unionsbürger und ihre Familienangehörigen** mit gültigem Ausweisdokument für die Dauer von drei Monaten regelt. Ob Familienangehörige aus Drittstaaten, die den Unionsbürger begleiten oder ihm nachziehen, im Besitz eines anerkannten oder sonst zugelassenen Ausweisdokuments sind, ergibt sich aus den Bestimmungen des AufenthG und der AufenthV. 205

III. Beschränkungen und Verlust des Freizügigkeitsrechts

Das **Unionsrecht** gibt (die allein maßgeblichen) Vorgaben, unter welchen Voraussetzungen das Freizügigkeitsrecht der Unionsbürger **beschränkt oder genommen werden kann**. Gemäß Art. 45 Abs. 3 AEUV gibt den Arbeitnehmern das Recht auf Freizügigkeit, vorbehaltlich der aus Gründen der öffentlichen Ordnung, Sicherheit und Gesundheit gerechtfertigten Beschränkungen. Art. 52 AEUV bestimmt in seinem Absatz 1, dass das Freizügigkeitsrecht nicht die Anwendbarkeit der Rechts- und Verwaltungsvorschriften beeinträchtigt, die eine Sonderregelung für Ausländer vorsehen und aus Gründen der **öffentlichen Ordnung, Sicherheit oder Gesundheit** gerechtfertigt sind. Gemäß Art. 52 AEUV erlassen das Europäische Parlament und der Rat Richtlinien für die Koordinierung der genannten Vorschriften. 206

Die aus Gründen der öffentlichen Ordnung, Sicherheit und Gesundheit noch sehr offen formulierten Voraussetzungen der Art. 45 Abs. 3, Art. 52 AEUV werden durch die Art. 27 ff. Freizügigkeits-RL konkretisiert und zusammengefasst. Danach dürfen die Mitgliedstaaten, vorbehaltlich der Bestimmungen dieses Kapitels die Freizügigkeit und das Aufenthaltsrecht eines Unionsbürgers oder seiner Familienangehörigen, ungeachtet ihrer Staatsangehörigkeit, aus Gründen der öffentlichen Ordnung, Sicherheit oder Gesundheit beschränken. Diese Gründe dürfen **nicht zu wirtschaftlichen Zwecken** geltend gemacht werden (Art. 27 Abs. 1 Freizügigkeits-RL). Bei Maßnahmen aus Gründen der öffentlichen Ordnung oder Sicherheit ist der **Grundsatz der Verhältnismäßigkeit** zu wahren und es darf **ausschließlich das persönliche Verhalten** des Betroffenen ausschlaggebend für die die Freizügigkeit beschränkenden Maßnahmen sein. **Strafrechtliche Verurteilungen** allein können ohne weiteres diese Maßnahmen nicht begründen. Das persönliche Verhalten muss eine **tatsächliche, gegenwärtige und erhebliche Gefahr** darstellen, die ein Grundinteresse der Gesellschaft berührt. Vom Einzelfall losgelöste oder auf **Generalprävention** verweisende Begründungen sind nicht zulässig (Art. 27 Abs. 2 Freizügigkeits-RL). Unter den in Art. 27 Abs. 3 Freizügigkeits-RL näher geregelten Voraussetzungen darf der Aufnahmemitgliedstaat den Herkunftsmitgliedstaat und erforderlichenfalls andere Mitgliedstaaten um Auskünfte über das Vorleben des Betroffenen in strafrechtlicher Hinsicht ersuchen, wenn er dies für unerlässlich hält. Diese Anfragen dürfen nicht systematisch erfolgen. Der ersuchte Mitgliedstaat muss seine Antwort binnen zwei Monaten erteilen. Schließlich lässt nach Art. 27 Abs. 4 Freizügigkeits-RL der Mitgliedstaat, den den Reisepass oder Personal- 207

---

[181] Vgl. EuGH Urt. v. 25.7.2002 – C-459/99, Slg. 2002, I-6591 und juris Rn. 61 – Mrax; Urt. v. 25.7.2008 – C-127/08, NVwZ 2008, 1097 – Metock; Urt. v. 19.12.2008 – C-551/07, NVwZ 2009, 577 – Sahin; *Epe* in GK-AufenthG FreizügG/EU § 2 Rn. 135 ff. mwN; *Dienelt* in Bergmann/Dienelt FreizügG/EU § 2 Rn. 21 ff., 28.
[182] Vgl. AVV FreizügG/EU 2.4.2.2.

ausweis ausgestellt hat, den Inhaber des Dokuments, der aus Gründen der öffentlichen Ordnung, Sicherheit oder Gesundheit aus einem anderen Mitgliedstaat ausgewiesen wurde, **ohne jegliche Formalitäten wieder einreisen,** selbst wenn der Personalausweis oder Reisepass ungültig geworden ist oder die Staatsangehörigkeit des Inhabers bestritten wird.

208   In einem Ausweisungsverfahren sind in jedem Fall die Dauer des Aufenthalts des Betroffenen im Hoheitsgebiet, sein Alter, sein Gesundheitszustand, seine familiäre und wirtschaftliche Lage, seine soziale und kulturelle Integration im Aufnahmemitgliedstaat und das Ausmaß seiner Bindungen zum Herkunftsstaat zu berücksichtigen (Art. 28 Abs. 1 Freizügigkeits-RL). Gegenüber daueraufenthaltsberechtigten Unionsbürgern und ihren Familienangehörigen (→ Rn. 169 ff.) darf eine Ausweisung nur aus schwerwiegenden Gründen der öffentlichen Ordnung oder Sicherheit verfügt werden (Art. 28 Abs. 2 Freizügigkeits-RL).

209   Schließlich darf eine Ausweisung gegenüber Unionsbürgern nicht verfügt werden, es sei denn, die Entscheidung beruht auf **zwingenden Gründen der öffentlichen Sicherheit,** die von den Mitgliedstaaten festgelegt wurden, wenn sie
a) ihren Aufenthalt in den letzten zehn Jahren im Aufnahmemitgliedstaat gehabt haben oder
b) minderjährig sind, es sei denn, die Ausweisung ist zum Wohl des Kindes notwendig, wie es im Übereinkommen der Vereinten Nationen vom 20.11.1989 über die Rechte des Kindes vorgesehen ist (Art. 28 Abs. 3 Freizügigkeits-RL).

210   Art. 29 Freizügigkeits-RL enthält Regelungen zum Begriff der **öffentlichen Gesundheit,** die Art. 30, 31, 29 Freizügigkeits-RL bestimmen **Verfahrensgarantien** des Betroffenen, Art. 32 Freizügigkeits-RL regelt die zeitliche **Wirkung eines Aufenthaltsverbots** und Art. 33 Freizügigkeits-RL enthält Vorschriften zur **Ausweisung als Strafe oder Nebenstrafe.**

211   Das Unionsrecht verwendet hinsichtlich der Beseitigung des Freizügigkeitsrecht den Terminus der „**Ausweisung**" bzw. der „Maßnahmen, die notwendig sind, um die durch diese Richtlinie verliehenen Rechte im Falle von Rechtsmissbrauch oder Betrug – wie zB durch die Eingehung von Scheinehen – zu verweigern, aufzuheben oder zu verwerfen" (Art. 14 Abs. 3, 4, Art. 15 Abs. 2 und 3, Art. 27 Abs. 1, Art. 28, Art. 31 ff., Art. 35 Freizügigkeits-RL). Während die Art. 27 ff. Freizügigkeits-RL auf das persönliche Verhalten des Unionsbürgers bzw. dessen gesundheitlichen Zustand zielen, befassen sich die Art. 14, 15 Abs. 3 Freizügigkeits-RL mit dem **Verlust des Freizügigkeitsrechts** wegen **Wegfalls der Voraussetzungen** für ein unionsrechtliches Freizügigkeitsrecht.

212   Das **FreizügG/EU** nimmt den **Terminus der Ausweisung** nicht auf, sondern spricht in Abgrenzung zu den aufenthaltsrechtlichen Ausweisungsvorschriften der §§ 53 ff. AufenthG von **Verlustfeststellung.** Die Regelungen im FreizügG/EU sind Ausdruck der hohen Bedeutung des Freizügigkeitsrechts der Unionsbürger, die ua in der für sie geltenden **Freizügigkeitsvermutung** zum Ausdruck kommt und dem Unionsbürger eine gegenüber Drittstaatern verstärkte Rechtsstellung einräumt. Unabhängig vom Vorliegen der materiellen Freizügigkeitsvoraussetzungen oder vom Vorliegen von Ausweisungsgründen iSv Art. 27 Freizügigkeits-RL greift die Freizügigkeitsvermutung und die mit ihr einhergehende Rechtmäßigkeit des Aufenthalts des Unionsbürgers solange, bis der Verlust des Freizügigkeitsrechts – **konstitutiv** – durch die zuständige Behörde (in Deutschland die Ausländerbehörde) festgestellt worden ist. Die Freizügigkeitsvermutung entfällt nicht automatisch durch Wegfall der für die Rechtsbegründung erforderlichen materiellen Voraussetzungen.[183]

---

[183] Vgl. BVerwG Urt. v. 28.6.2011 – 1 C 18/10, NVwZ 2011, 1466, zur ausländerrechtlichen Zuständigkeitskonzentration; *Hailbronner* AuslR FreizügG/EU § 5 Rn. 30, § 11 Rn. 43; Epe in GK-AufenthG FreizügG/EU § 5 Rn. 62 ff. mwN; *Dienelt* in Bergmann/Dienelt FreizügG/EU § 5 Rn. 64 mwN; *Geyer* in NK-AuslR FreizügG/EU § 5 Rn. 13; *Jakober/Welte,* Ausländerrecht, Bd. 2, FreizügG/EU Anm. 2.2., S. 7 und Anm. 7, S. 43 f.; *Oberhäuser* ASR 5/2014, 191 ff.; *Farahat,* Auf Kollisionskurs: Die Unionsbürgerfreizügigkeit und der Kampf gegen den vermeintlichen „Sozialtourismus" in der Rs. Dano, www.verfassungsblog.de; *Schreiber* ZAR 2015, 46; aA *Thym* ZAR 2014, 220; vgl. jetzt aber BVerwG Urt. v. 25.10.2017 – 1 C 34/16, ZAR 2018, 162, in dem das Gericht Freizügigkeitsvermutung und materielle Freizügigkeitsberechtigung gleich setzt.

Bei der Verlustfeststellung handelt es sich um eine **umfassende Abwägungs- und** 213
Ermessensentscheidung, die unter Einstellung aller für und gegen eine Verlustfeststellung sprechenden Gesichtspunkte[184] von der zuständigen Ausländerbehörde – und damit nicht inzident durch eine nicht zuständige Behörde wie die Jobcenter – unter Einhaltung der gemäß Art. 15 RL2004/38/EG zu beachtenden Verfahrensgrundsätze der Art. 30 und 31 RL2004/38/EG sowie der Grundsätze der Verhältnismäßigkeit und des Vertrauensschutzes zu treffen ist.

Sie ist **konstitutiv** hinsichtlich der Frage, ob die Freizügigkeitsvermutung und damit ein 214
Aufenthaltsrecht weiterhin bestehen und damit gemäß § 11 Abs. 2 FreizügG/EU konstitutiv auch hinsichtlich der Frage, ob die Regelungen des Aufenthaltsgesetzes oder diejenigen des FreizügG/EU Anwendung finden. Und dies nicht nur bezüglich der Frage, ob das Freizügigkeitsrecht entfallen ist, sondern auch, ob es entstanden ist. Der konstitutive Charakter einer Verlustfeststellung ergibt sich ua daraus, dass das FreizügG/EU in seinen § 2 Abs. 7, § 5 Abs. 4, § 6 FreizügG/EU der zuständigen Behörde Ermessen einräumt. Die Entscheidung über die Verlustfeststellung setzt eine umfassende Abwägung und Ermittlung des Sachverhaltes voraus, deren Ergebnis nur ein auf die Freizügigkeitsvermutung bezogener konstitutiver Rechtsakt sein kann. Die Freizügigkeit der Unionsbürger stellt eine der elementaren Grundfreiheiten der Union dar, die nur unter Beachtung sowohl der materiellen Vorgaben von AEUV und Freizügigkeits-RL als auch der dort niedergelegten Verfahrensgarantien (Art. 30, 31 Freizügigkeits-RL) beschränkt werden dürfen. Ob die Voraussetzungen der Freizügigkeit tatsächlich entfallen sind, kann im Einzelfall streitig sein und bedarf eines sich an rechtsstaatlichen Anforderungen messen lassenden Verfahrens, dessen Ergebnis von dem Betroffenen zudem zur gerichtlichen Überprüfung gestellt werden können muss.[185]

Das FreizügG/EU unterscheidet dabei die nachfolgenden **Arten einer Verlustfeststel-** 215
lung, die unterschiedliche Rechtsfolgen nach sich ziehen:
– die Verlustfeststellung nach **§ 2 Abs. 7 FreizügG/EU** wegen der Verwendung von gefälschten oder verfälschten Dokumenten oder der Vorspiegelung falscher Tatsachen,
– die Verlustfeststellung bei Wegfall der materiellen Voraussetzungen für ein unionsrechtliches Freizügigkeitsrecht, die sogenannte administrative Verlustfeststellung[186] nach **§ 5 Abs. 4 FreizügG/EU** und
– die Verlustfeststellung aus Gründen der öffentlichen Ordnung, Sicherheit oder Gesundheit nach **§ 6 Abs. 1 FreizügG/EU,** die nur aus spezialpräventiven Gründen und bei einer tatsächlichen und hinreichend schweren Gefährdung eines Grundinteresses der Gesellschaft erfolgen darf.

Die **Verlustfeststellung nach § 2 Abs. 7 FreizügG/EU** betrifft Fälle des **Rechts-** 216
missbrauchs und Betrugs und bezieht sich insoweit auf **Art. 35 Freizügigkeits-RL.** Gemäß § 2 Abs. 7 FreizügG/EU kann das Nichtbestehen des Rechts nach Abs. 1 festgestellt werden, wenn feststeht, dass die betreffende Person das Vorliegen einer Voraussetzung für dieses Recht durch die **Verwendung von gefälschten oder verfälschten Dokumenten** oder durch **Vorspiegelung falscher Tatsachen** vorgetäuscht hat. Das Nichtbestehen des Rechts nach Abs. 1 kann bei einem Familienangehörigen, der nicht Unionsbürger ist, außerdem festgestellt werden, wenn feststeht, dass er dem Unionsbürger tatsäch-

---

[184] Vgl. EuGH Urt. v. 20.2.1997 – C-344/95, Slg. 1997, I-1035 Rn. 18 – Kommission; Urt. v. 23.3.2014 – C-138/02, Slg. 2004, I-2703 Rn. 37 – Collins.
[185] Vgl. BVerwG Urt. v. 28.6.2011 – 1 C 18/10, NVwZ 2011, 1466, zur ausländerrechtlichen Zuständigkeitskonzentration; Hailbronner AuslR FreizügG/EU § 5 Rn. 30, § 11 Rn. 43; Epe in GK-AufenthG FreizügG/EU § 5 Rn. 62 ff. mwN; Dienelt in Bergmann/Dienelt FreizügG/EU § 5 Rn. 62 ff. mwN; Geyer in NK-AuslR FreizügG/EU § 5 Rn. 13; Jakober/Welte, Ausländerrecht, Bd. 2, FreizügG/EU, Anm. 2.2., S. 7 und Anm. 7, S. 43 f.; Oberhäuser ASR 5/2014, 191 ff.; Farahat, Auf Kollisionskurs: Die Unionsbürgerfreizügigkeit und der Kampf gegen den vermeintlichen „Sozialtourismus" in der Rs. Dano, www.verfassungsblog.de; Schreiber ZAR 7/2014; vgl. aber BVerwG Urt. v. 25.10.2017 – 1 C 34/16, ZAR 2018, 162.
[186] Vgl. AAV FreizügG/EU 6.0.2.

lich **nicht zur Herstellung oder Wahrung der familiären Lebensgemeinschaft nachzieht oder ihn nicht zu diesem Zweck begleitet.** Einem Familienangehörigen, der nicht Unionsbürger ist, kann in diesen Fällen die Erteilung der Aufenthaltskarte oder des Visums versagt werden oder seine Aufenthaltskarte kann eingezogen werden. Entscheidungen nach den Sätzen 1 bis 3 bedürfen der Schriftform.

217 Im Fall der **Scheinehen** knüpft die Vorschrift nicht an den formalen Bestand der Ehe, der Lebenspartnerschaft oder des sonstigen Verwandtschaftsverhältnisses an; vielmehr ist der Zweck des Begleitens oder Nachziehens zu dem für die Entstehung des Freizügigkeitsrechts maßgebenden Zeitpunkt entscheidend: Sofern feststeht, dass nicht das Führen einer ehelichen oder familiären Lebensgemeinschaft im Bundesgebiet Ziel des Begleitens des Unionsbürgers oder des Nachzugs zu dem Unionsbürger ist, sondern die missbräuchliche Erlangung eines Rechts auf Einreise und Aufenthalt aus dem Freizügigkeitsrecht, kann das Nichtbestehen des Freizügigkeitsrechts festgestellt werden. Allerdings kann es nach der Rechtsprechung des EuGH nicht zur Voraussetzung gemacht werden, dass der drittstaatsangehörige Ehepartner ständig in einer gemeinsamen Wohnung mit dem Unionsbürger lebt.[187] Zudem sind die Regelungen des § 3 FreizügG/EU zu beachten, die teils auch ohne Bestehen einer familiären Lebensgemeinschaft, etwa im Fall der Trennung der Eheleute vor tatsächlicher Scheidung, das Aufenthaltsecht des Familienangehörigen aufrechterhalten. Im Zusammenhang mit der Ermittlung von Scheinehen hat die Europäische Kommission am 26.9.2014 ein **Handbuch zur Ermittlung von Scheinehen** zwischen EU-Bürgern und Nicht-EU-Bürgern erstellt, getragen von dem Willen, europaweit möglichst einheitliche Standards bei der Ermittlung von Scheinehen zu schaffen, die die notwendigen Ermittlungsschritte auf der einen Seite, die Achtung des Verhältnismäßigkeitsgrundsatzes und der zu achtenden Grund- und Verfahrensrechte der betroffenen Personen auf der anderen Seite in den Blick nehmen und den zuständigen Behörden Hilfestellungen an die Hand geben.[188]

218 Nach dem eindeutigen Wortlaut von § 2 Abs. 7 FreizügG/EU muss **feststehen,** dass Rechtsmissbrauch iSd Vorschrift vorliegt, **bloße Zweifel reichen nicht.** Die Mitwirkungsregelung des § 82 Abs. 1 AufenthG findet mangels Bezugnahme in § 11 Abs. 1 FreizügG/EU keine Anwendung.[189] Gleichwohl dürfte der Betroffene nach den allgemeinen Beweislast- und Darlegungsregeln verpflichtet sein, bei validen Zweifeln am Bestand einer schützenswerten ehelichen oder familiären Lebensgemeinschaft die ausschließlich in seiner Sphäre liegenden Tatsachen, die den Bestand einer schützenswerten familiären Lebensgemeinschaft belegen können, darzulegen.

219 Soweit der Tatbestand des § 2 Abs. 7 FreizügG/EU erfüllt ist, ist das **Ermessen** der zuständigen Behörde, mithin der Ausländerbehörde, eröffnet, ob ein Verlustfeststellungsverfahren eingeleitet werden soll. Soweit die Ausländerbehörde ihr Ermessen dahingehend betätigt, ein Verlustfeststellungsverfahren durchzuführen und kommt sie im Ergebnis zu der – konstitutiven – Feststellung des Verlustes des Freizügigkeitsrechts, dem Entzug der Aufenthaltskarte oder der Versagung eines Visums, kann sie **(weiteres Ermessen)** gemäß § 7 Abs. 2 S. 2 und 3 FreizügG/EU dem Unionsbürgern und seinen Familienangehörigen untersagen, erneut ins Bundesgebiet einzureisen. Die erneute Einreise soll untersagt werden, wenn ein besonders schwerer Fall, insbesondere ein wiederholtes Vortäuschen der Voraussetzungen des Rechts auf Einreise und Aufenthalt, vorliegt. Das **Wiedereinreiseverbot** ist von Amts wegen zu befristen und darf maximal fünf Jahre betragen (§ 7 Abs. 2 S. 4 bis 8 FreizügG/EU).

220 Weitere Konsequenz einer Verlustfeststellung ist gemäß § 11 Abs. 2 FreizügG/EU, dass das **AufenthG Anwendung** findet, sofern das FreizügG/EU keine besonderen Regelungen trifft. Besondere Regelungen enthält etwa § 9 FreizügG/EU für die unerlaubte Einreise oder den Aufenthalt eines nicht freizügigkeitsberechtigten Unionsbürgers oder eines

---

[187] Vgl. EuGH Urt. v. 10.7.2014 – C-244/13, ABl. 2014 C 315, 15 – Ogieriakhi; Urt. v. 16.7.2015 – C-218/14, NVwZ 2015, 1431 – Singh; AVV FreizügG/EU 2.7.2.1.
[188] Vgl. Mitteilung der Kommission an das Europäische Parlament und den Rat SWD(2014) 284 final.
[189] Vgl. *Oberhäuser* in NK-AuslR FreizügG/EU § 2 Rn. 49, 52.

§ 11 Die Freizügigkeit der Unionsbürgerinnen und Unionsbürger § 11

Familienangehörigen, bei dem der Verlust des Freizügigkeitsrechts festgestellt worden ist und dem nach § 7 Abs. 2 FreizügG/EU aufgrund der Verlustfeststellung Einreise und Aufenthalt im Bundesgebiet für die Dauer der Wiedereinreisesperre untersagt worden sind.[190]

Das Verlustfeststellungsverfahren nach § 2 Abs. 7 FreizügG/EU ist **lex specialis** gegenüber der Verlustfeststellung nach § 5 Abs. 4 FreizügG/EU. 221

Die Verlustfeststellung nach § 5 Abs. 4 FreizügG/EU wird als sogenannte **administrative** 222 **Verlustfeststellung**[191] bezeichnet und greift bei schlichtem Wegfall der materiellen Freizügigkeitsvoraussetzungen bzw. wenn diese zu keinem Zeitpunkt vorgelegen haben. Durch die Neufassung des § 5 Abs. 4 FreizügG/EU wird klargestellt, dass eine Verlustfeststellung nicht nur getroffen werden kann, wenn das Freizügigkeitsrecht ursprünglich bestanden hat und später entfallen ist, sondern auch dann, wenn die Voraussetzungen des Rechts nach § 2 Abs. 1 FreizügG/EU zu keinem Zeitpunkt bestanden haben.[192] Soweit Täuschungshandlungen im Raume stehen, greift die Spezialvorschrift des § 2 Abs. 7 FreizügG/EU.

Die Notwendigkeit einer förmlichen Feststellung nach § 5 Abs. 4 Hs. 1 FreizügG/EU 222a über das Nichtvorliegen eines unionsrechtlich begründeten Aufenthaltsrechts besteht jedenfalls dann, wenn dem Familienangehörigen eines Unionsbürgers in der Vergangenheit eine Aufenthaltskarte/EU nach § 5 Abs. 1 Hs. 1 FreizügG/EU erteilt worden ist.[193]

Nach dem Wortlaut von § 5 Abs. 4 FreizügG/EU kann, wenn die Voraussetzungen des 223 Freizügigkeitsrechts innerhalb von fünf Jahren nach Begründung des ständigen rechtmäßigen Aufenthalts im Bundesgebiet entfallen, der Verlust des Rechts nach § 2 Abs. 1 FreizügG/EU festgestellt und bei Familienangehörigen, die nicht Unionsbürger sind, die Aufenthaltskarte eingezogen werden.

Der Verlust des Freizügigkeitsrechts aufgrund des **Wegfalls der Voraussetzungen** (§ 5 224 Abs. 4 S. 1 Alt. 1 FreizügG/EU) kann nur **innerhalb der ersten fünf Jahre** nach Begründung des ständigen rechtmäßigen Aufenthalts festgestellt werden. Maßgeblich hierfür ist allein die Begründung eines im Sinn des Freizügigkeitsrechts rechtmäßigen Aufenthalts. Nach Ablauf von fünf Jahren ständigen rechtmäßigen Aufenthalts ist der Wegfall der Freizügigkeitsvoraussetzungen nicht mehr relevant, da das vom Fortbestehen der Voraussetzungen des § 2 Abs. 2 FreiügG/EU unabhängige **Daueraufenthaltsrecht** (→ Rn. 169 ff.) erworben wurde. Die Möglichkeit zur Feststellung des Verlusts des Freizügigkeitsrechts nach § 5 Abs. 4 FreizügG/EU erlischt mit dem Entstehen eines Daueraufenthaltsrechts. Der Formulierung in § 4a Abs. 1 S. 1 FreizügG/EU „unabhängig vom weiteren Vorliegen der Voraussetzungen des § 2 Abs. 2" ist zu entnehmen, dass nicht jeder nach nationalem Recht rechtmäßige Aufenthalt hierfür ausreicht, sondern das Entstehen des Daueraufenthaltsrechts an das Vorliegen der Voraussetzungen des § 2 Abs. 2 FreizügG/EU anknüpft und nur ein einmal entstandenes Daueraufenthaltsrecht durch einen späteren Wegfall der Voraussetzungen nicht mehr berührt wird.[194] Nach der Rechtsprechung des EuGH[195] ist rechtmäßig iSd Unionsrechts nur ein Aufenthalt, der im Einklang mit den in der Freizügigkeits-RL und insbesondere mit den in Art. 7 Abs. 1 Freizügigkeits-RL aufgeführten Voraussetzungen steht. Dass das Daueraufenthaltsrecht nach § 4a Abs. 1 FreizügG/EU einen fünfjährigen, auf Unionsrecht beruhenden rechtmäßigen Aufenthalt voraussetzt, folgt auch aus dem 17. Erwgr. der Freizügigkeits-RL, wonach der Daueraufenthalt den Unionsbürgern und ihren Familienangehörigen zugutekommen soll, die sich gemäß den in dieser Richtlinie fest-

---

[190] Vgl. *Hailbronner* AuslR FreizügG/EU § 11 Rn. 41.
[191] Vgl. AVV FreizügG/EU 6.0.2.
[192] Vgl. BVerwG Urt. v. 16.7.2015 – 1 C 22.14, NVwZ-RR 2015, 910; Amtliche Begründung BT-Drs. 18/2581, 16; vgl. aber BVerwG Urt. v. 25.10.2017 – 1 C 34/16, ZAR 2018, 162.
[193] Hess. VGH Beschl. v. 31.7.2019 – 7 B 1368/19, DÖV 2019, 927.
[194] Vgl. BVerwG Urt. v. 16.7.2015 – 1 C 22.14, NVwZ-RR 2015, 910: BVerwG Vorlagebeschl. v. 13.7.2010 – 1 C 14.09, Buchholz 451.902 Europ. Ausl.- und Asylrecht Nr. 41 Rn. 14.
[195] EuGH Urt. v. 21.12.2011 – C-424/10 und C 425/10, ECLI:EU:C:2011:866 Rn. 46 – Ziolkowski u. a.; Urt. v. 6.9.2012 – C-147/11, ECLI:EU:C:2012:538 Rn. 35, 38 – Czop u. a.; Urt. v. 8.5.2013 – C-529/11, ECLI:EU:C:2013:290 Rn. 35 – Alarape und Tijani; Urt. v. 11.11.2014 – C-333/13, ECLI:EU:C:2014:2358 Rn. 71 – Dano.

gelegten Bedingungen fünf Jahre lang ununterbrochen in dem Aufnahmemitgliedstaat aufgehalten haben.[196] Das Entstehen des Daueraufenthaltsrechts setzt unionsrechtlich voraus, dass der Betroffene während einer Aufenthaltszeit von mindestens fünf Jahren ununterbrochen die Freizügigkeitsvoraussetzungen des Art. 7 Abs. 1 Freizügigkeits-RL erfüllt hat,[197] sodass eine Feststellung nach § 5 Abs. 4 FreizügG/EU erst ab diesem Zeitpunkt ausgeschlossen ist. § 5 Abs. 4 S. 2 FreizügG/EU verweist auf § 4a Abs. 6 FreizügG/EU. Die dort aufgeführten **Abwesenheitszeiten** berühren den ständigen Aufenthalt nicht.

225   Lagen und liegen die Voraussetzungen für die Ausübung des Freizügigkeitsrechts nicht vor (§ 5 Abs. 4 S. 1, Alt. 2 FreizügG/EU), kommt nach einer Prüfung im jeweiligen Einzelfall eine **Verlustfeststellung gegebenenfalls auch nach mehr als fünf Jahren nach der Einreise** und Begründung des Aufenthalts im Bundesgebiet in Betracht. Dies kann zB dann der Fall sein, wenn die Aufenthaltszeiten allein auf der Grundlage eines **nationalen Aufenthaltstitels** zurückgelegt wurden, jedoch nicht die Voraussetzungen des Freizügigkeitsrechts erfüllten. In diesen Fällen wird das vom Fortbestehen der Voraussetzungen des § 2 Abs. 2 FreizügG/EU unabhängige Daueraufenthaltsrecht nicht erworben, da hierfür allein der im Sinn des Freizügigkeitsrechts rechtmäßige Aufenthalt maßgeblich ist.[198]

226   Die Verlustfeststellung nach § 5 Abs 4 FreizügG/EU ist eine **Ermessensentscheidung,** in der die Ausländerbehörde eine umfassende Abwägung unter Einstellung aller für und gegen die Verlustfeststellung sprechenden Gesichtspunkte sowie unter Einhaltung der gemäß Art. 15 Freizügigkeits-RL zu beachtenden Verfahrensgrundsätze vorzunehmen hat. Sie hat die Verfahrensgarantien der Art. 30 und Freizügigkeits-RL zu beachten. Der materielle Wegfall der Freizügigkeitsvoraussetzungen hat nicht zwingend oder automatisch zur Folge, dass eine Verlustfeststellung zu treffen ist.[199] Im Rahmen der Ermessensentscheidung sind insbesondere die **Dauer des Aufenthalts, familiäre Bindungen im Bundesgebiet,** der **Grund für den Verlust des Freizügigkeitsrechts,** der **Zeitraum bis um Erhalt eines Daueraufenthaltsrechtes,** gegebenenfalls die **Höhe der Belastung der Sozialkassen** und der **erwartbare Wiedererhalt der Freizügigkeit** in den Blick zu nehmen.

226a   Im Rahmen der Prüfung, ob die Voraussetzungen für eine Verlustfeststellung vorliegen, ist auch die Situation der Kinder des/der Unionsbürger in den Blick zu nehmen. Nehmen die Kinder des Unionsbürgers am **allgemeinen Unterricht** und/oder an einer Lehrlings- und Berufsausbildung teil, vermittelt Art. 10 Freizügigkeits-VO den **Kindern und ihren Eltern ein Freizügigkeitsrecht** iSd § 2 Abs. 1 FreizügG/EU, das einer Verlustfeststellung nach § 5 Abs. 4 FreizügG/EU entgegensteht.[200]

227   Im Fall von (vormals) unselbständig Erwerbstätigen umfasst dies eine Prüfung, ob der Betroffene tatsächlich nicht mehr als **Arbeitnehmer** im Sinne des Unionsrechts in seiner Auslegung durch den EuGH anzusehen ist und auch nicht der fortwirkenden Arbeitnehmereigenschaft gemäß § 2 Abs. 3 FreizügG/EU unterliegt (→ Rn. 47 ff.). Im Fall von **Arbeitsuchenden** ist mit einzustellen, ob sich der Betroffene sechs Monate oder weniger im Bundesgebiet aufgehalten hat; im Fall eines über sechs Monate hinausgehenden Aufenthalts gelten erhöhte Anforderungen an den Nachweis der Arbeitsuche (→ Rn. 70 ff.). **Nichterwerbstätige** müssen für sich und ihre Familienangehörigen über ausreichenden Krankenversicherungsschutz sowie ausreichende Existenzmittel verfügen (→ Rn. 108 ff.).[201]

228   Erforderlich ist dabei stets eine **Prüfung des Einzelfalles.** Eine automatische Verlustfeststellung wegen des Bezugs oder der Beantragung von Sozialleistungen kommt dabei nicht

---

[196] Vgl. BVerwG Urt. v. 16.7.2015 – 1 C 22.14, NVwZ-RR 2015, 910; EuGH Urt. v. 21.12.2011 – C-424/10 und C-425/10, ZAR 2012, 154 Rn. 42 – Ziolkowski u. a.
[197] Vgl. BVerwG Urt. v. 16.7.2015 – 1 C 22.14, NVwZ-RR 2015, 910; Urt. v. 31.5.2012 – 10 C 8.12, Buchholz 402.261 FreizügG/EU § 4a Nr. 3 Ls. 1 und Rn. 16.
[198] Vgl. BVerwG Urt. v. 16.7.2015 – 1 C 22.14, NVwZ-RR 2015, 910; AAV FreizügG/EU 4a.1.1 und 5.4.1.4.
[199] Vgl. *Geyer* in NK-AuslR FreizügG/EU § 5 Rn. 13 mwN; *Dienelt* in Bergmann/Dienelt FreizügG/EU § 5 Rn. 60.
[200] BVerwG Urt. v. 11.9.2019 – 1 C 48/18, DÖV 2020, 203.
[201] Vgl. AAV FreizügG/EU 5.4.1.5.; vgl. EuGH Urt. v. 20.12.2017 – C 442/16, NJW 2018, 1153 – Gusa.

in Betracht (→ Rn. 79 ff., 85 ff., 126, 127). Zu beachten ist auch, dass ein erloschenes Freizügigkeitsrecht wieder aufleben kann, zB wenn ein Arbeitsuchender eine Beschäftigung findet oder ein Nichterwerbstätiger – wieder – über ausreichende eigene Existenzmittel verfügt.[202]

Der **Verlust der materiellen Freizügigkeitsberechtigung** hat nicht zwingend oder auch nur regelmäßig zur Folge, dass der Verlust der Freizügigkeit festzustellen ist (→ Rn. 121 ff., 128). **229**

Eine Berufung auf das Recht der Arbeitnehmerfreizügigkeit kann nach Auffassung des Hess.VGH – trotz formaler Stellung als Arbeitnehmer im Sinne des § 2 Abs. 2 Nr. 1 FreizügG/EU – infolge **Rechtsmissbrauchs** ausgeschlossen sein. Dies kann anzunehmen sein, wenn die Person, die sich auf das Freizügigkeitsrecht beruft, das Freizügigkeitsrecht nach der gebotenen Gesamtwürdigung des Einzelfalls trotz einer geringfügigen beruflichen Tätigkeit lediglich zum Bezug von Sozialleistungen im Bundesgebiet missbraucht.[203]

Vom Grundsatz und den Vorgaben der freizügigkeitsrechtlichen Vorschriften her ist bei Unionsbürgern vom Bestehen des Freizügigkeitsrechts auszugehen (= **Freizügigkeitsvermutung**). Eine Überprüfung, ob die Voraussetzungen für eine mit aufenthaltsrechtlichen Konsequenzen verbundene Feststellung des Verlusts des Freizügigkeitsrechts auf der Grundlage von § 5 Abs. 4 FreizügG/EU gegeben sind, ist gemäß § 5 Abs. 3 FreizügG/EU nur aus **besonderem Anlass** zulässig. **230**

Die Verlustfeststellung des § 5 Abs. 4 S. 2 FreizügG/EU kann im Gegensatz zu der des § 2 Abs. 7 FreizügG/EU nicht zum Anlass genommen werden, eine **Wiedereinreisesperre** zu verhängen. **231**

Die **Verlustfeststellung nach § 6 Abs. 1, 4 und 5 FreizügG/EU** sieht ein abgestuftes System je nach dem Grad der Aufenthaltsverfestigung des Unionsbürgers und seiner Familienangehörigen vor. Die der Freizügigkeits-RL vorangestellten Erwägungsgründe stellen fest, dass eine Ausweisung aus Gründen der **öffentlichen Ordnung oder Sicherheit** eine Maßnahme ist, die Personen, die ihre Rechte und Freiheiten aus dem Vertrag in Anspruch genommen haben und die vollständig in den Aufnahmemitgliedstaat integriert sind, sehr schaden kann. Derartige Maßnahmen sollten daher aus Gründen des Verhältnismäßigkeitsprinzips begrenzt werden und der **Grad der Integration**, die **Dauer des Aufenthalts** im Aufnahmemitgliedstaat, das **Alter**, der **Gesundheitszustand**, die **familiäre und wirtschaftliche Situation** und die **Bindungen zum Herkunftsstaat** sollten stets berücksichtigt werden. Der Schutz vor Ausweisung soll in dem Maße zunehmen, wie die Unionsbürger und ihre Familienangehörigen in den Aufnahmemitgliedstaat integriert sind. Gegen Unionsbürger, die sich viele Jahre im Hoheitsgebiet des Aufnahmemitgliedstaats aufgehalten haben, insbesondere in Fällen, in denen sie dort geboren wurden und dort ihr ganzes Leben lang ihren Aufenthalt gehabt haben, soll nur unter **außergewöhnlichen Umständen aus zwingenden Gründen der öffentlichen Sicherheit** eine Ausweisung verfügt werden können. Gemäß dem Übereinkommen der Vereinten Nationen vom 20.11.1989 über die **Rechte des Kindes** sollen solche außergewöhnlichen Umstände zudem für Ausweisungsmaßnahmen gegen Minderjährige gelten, damit die familiären Bande unter Schutz stehen.[204] **232**

Dem folgend sieht § 6 Abs. 1 FreizügG/EU vor, dass der Verlust des Rechts nach § 2 Abs. 1 FreizügG/EU unbeschadet des § 2 Abs. 7 und des § 5 Abs. 4 FreizügG/EU nur aus **Gründen der öffentlichen Ordnung, Sicherheit oder Gesundheit** (Art. 45 Abs. 3, Art. 52 Abs. 1 AEUV) festgestellt und die **Bescheinigung über das Daueraufenthaltsrecht oder die Aufenthaltskarte oder Daueraufenthaltskarte eingezogen** werden kann. Aus den S. 1 genannten Gründen kann auch die **Einreise** verweigert werden. Die Verlustfeststellung aus Gründen der **öffentlichen Gesundheit** kann nur erfolgen, wenn es **233**

---

[202] Vgl. AAV FreizügG/EU 5.4.1.5.
[203] Hess.VGH Beschl. v. 5.3.2019 – 9 B 56/19, BeckRS 2019, 5916.
[204] Vgl. Erwgr. 23 und 24 RL 2004/38/EG.

sich um Krankheiten mit epidemischem Potenzial iSd einschlägigen Rechtsinstrumente der Weltgesundheitsorganisation und sonstige übertragbare, durch Infektionserreger oder Parasiten verursachte Krankheiten handelt, sofern gegen diese Krankheiten Maßnahmen im Bundesgebiet getroffen werden, und wenn die Krankheit innerhalb der ersten drei Monate nach Einreise auftritt.

234 § 6 Abs. 4 FreizügG/EU bestimmt, dass eine Feststellung nach Abs. 1 nach Erwerb des **Daueraufenthaltsrechts nur aus schwerwiegenden Gründen** getroffen werden darf und § **6 Abs. 5 FreizügG/EU,** dass eine Feststellung nach Abs. 1 bei Unionsbürgern und ihren Familienangehörigen, die ihren Aufenthalt in den **letzten zehn Jahren** im Bundesgebiet hatten, und bei **Minderjährigen** nur aus **zwingenden Gründen der öffentlichen Sicherheit** getroffen werden darf. Für Minderjährige gilt dies nicht, wenn der Verlust des Aufenthaltsrechts zum Wohl des Kindes notwendig ist.

234a Nach der Rechtsprechung des EuGH ist Art. 28 Abs. 3 lit. a Freizügigkeits-RL dahin auszulegen, dass der darin vorgesehene Schutz vor Ausweisung an die Voraussetzung geknüpft ist, dass der Betroffene über ein Recht auf Daueraufenthalt im Sinne von Art. 16 und von Art. 28 Abs. 2 der Richtlinie verfügt.[205] Weiter ist Art. 28 Abs. 3 lit. a Freizügigkeits-RL dahin auszulegen, dass im Fall eines Unionsbürgers, der eine Freiheitsstrafe verbüßt und gegen den eine Ausweisungsverfügung ergeht, die Voraussetzung des „Aufenthalt in den letzten zehn Jahren im Aufnahmemitgliedstaat" gehabt zu haben, erfüllt sein kann, sofern eine umfassende Beurteilung der Situation des Betroffenen unter Berücksichtigung aller relevanten Gesichtspunkte zu dem Schluss führt, dass die **Integrationsbande,** die ihn mit dem Aufnahmemitgliedstaat verbinden, trotz der Haft nicht abgerissen sind. Zu diesen Gesichtspunkten gehören insbesondere die Stärke der vor der Inhaftierung des Betroffenen zum Aufnahmemitgliedstaat geknüpften Integrationsbande, die Art der die verhängte Haft begründenden Straftat und die Umstände ihrer Begehung sowie das Verhalten des Betroffenen während des Vollzugs. Die Frage ist für den Zeitpunkt der ursprünglichen Ausweisungsverfügung zu prüfen.[206]

235 Auch bei der Verlustfeststellung nach § 6 FreizügG/EU handelt es sich um eine Entscheidung nach Ermessen mit **konstitutivem Charakter,** insoweit kann auf die oben gemachten Ausführungen verwiesen werden. § 6 Abs. 3 FreizügG/EU betont, dass – wie bereits in den Erwägungsgründen der Freizügigkeits-RL aufgezeigt – bei einer Entscheidung nach Abs. 1 insbesondere die Dauer des Aufenthalts des Betroffenen in Deutschland, sein Alter, sein Gesundheitszustand, seine familiäre und wirtschaftliche Lage, seine soziale und kulturelle Integration in Deutschland und das Ausmaß seiner Bindungen zum Herkunftsstaat zu berücksichtigen sind.

236 Eine Legaldefinition der Begriffe der **öffentlichen Ordnung und Sicherheit** ist weder in der Freizügigkeits-RL noch im FreizügG/EU zu finden. Es handelt sich um unionsrechtliche Begriffe, denen nicht einseitig durch die Nationalstaaten wahlweise eine enge oder weite Bedeutung zugesprochen werden kann. Nach der Rechtsprechung des EuGH steht es den Mitgliedstaaten zwar im Wesentlichen frei, nach ihren nationalen Bedürfnissen, die je nach Mitgliedstaat und Zeitpunkt unterschiedlich sein können, zu bestimmen, was die öffentliche Ordnung und Sicherheit erfordern, doch sind diese Anforderungen, insbesondere wenn sie eine Ausnahme von dem grundlegenden Prinzip der Freizügigkeit rechtfertigen sollen, **eng zu verstehen,** sodass ihre Tragweite nicht von jedem Mitgliedstaat einseitig ohne Kontrolle durch die Organe der Europäischen Union bestimmt werden kann.[207]

237 Aus diesem Grund ist der Begriff der **öffentlichen Ordnung** iSd Unionsrechts nicht mit dem Begriff der öffentlichen Ordnung des allgemeinen Polizeirechts identisch. Das

---

[205] EuGH Urt. v. 17.4.2018 – C-316/16 und C-424/16, ZAR 2018, 353 – Vomero und B.
[206] EuGH Urt. v. 17.4.2018 – C-316/16 und C-424/16, ZAR 2018, 353 – Vomero und B.
[207] Vgl. EuGH Urt. v. 22.5.2012 – C-348/09, NVwZ 2012, 1095 – Herr I; Urt. v. 10.7.2008 – C-33/07, Slg. 2008, I-5157 Rn. 23 – Jipa; Urt. v. 17.11.2011 – C-430/10, Slg. 2011, I-11637 Rn. 32 – Gaydarov; Urt. v. 17.11.2012 – C-434/10, Slg. 2011, I-11659 Rn. 34. – McCarthy.

Tatbestandsmerkmal der öffentlichen Ordnung wird iSd Unionsrechts eng ausgelegt. Gemäß Art. 27 Abs. 2 Freizügigkeits-RL darf ausschließlich das persönliche Verhalten des Betroffenen ausschlaggebend für freizügigkeitsbeschränkende Maßnahmen sein. Zudem können nur solche persönlichen Verhaltensweisen den Verlust des Freizügigkeitsrechts rechtfertigen, die eine tatsächliche, gegenwärtige und erhebliche Gefahr darstellen, die ein Grundinteresse der Gesellschaft berührt. Mit anderen Worten muss eine hinreichend **schwerwiegende Gefährdung eines Grundinteresses der Gesellschaft** im Raume stehen. Eine Verletzung der ungeschriebenen Regeln des menschlichen Zusammenlebens reicht hierfür grundsätzlich nicht aus. Selbst eine strafbare Handlung, die zu einer Verurteilung führt, reicht für sich genommen nicht aus, um das Vorliegen einer Gefährdung der öffentlichen Ordnung iSd Unionsrechts zu begründen, vielmehr muss eine besonders schwerwiegende Beeinträchtigung gewichtiger Rechtsgüter vorliegen.[208] Die Berufung auf den Begriff der öffentlichen Ordnung setzt voraus, dass außer der Störung der öffentlichen Ordnung, die jede Gesetzesverletzung darstellt, eine **tatsächliche und hinreichend schwere Gefährdung** vorliegt, die ein Grundinteresse der Gesellschaft berührt.[209]

Der unionsrechtliche Begriff der **öffentlichen Sicherheit** ist ebenfalls mit dem des deutschen Polizeirechts nicht identisch. Unionsrechtlich wird keine scharfe Trennung zwischen öffentlicher Sicherheit und Ordnung vorgenommen. Vielmehr versteht der EuGH den „ordre public-Vorbehalt" als eine umfassende Freizügigkeitsbeschränkungsklausel, für deren Auslegung die in der Freizügigkeitsrichtlinie geltenden Grundsätze maßgeblich sind.[210] Art. 27, 28 Freizügigkeits-RL definieren Maßstäbe, die für die Auslegung dieses Tatbestandsmerkmals herangezogen werden können. 238

Der in § 6 Abs. 1 FreizügG/EU verwandte Begriff der **öffentlichen Gesundheit** wird dort näher erläutert und kann unter Rückgriff auf Art. 29 Freizügigkeits-RL hinreichend bestimmt werden. Danach gelten als Krankheiten, die eine die Freizügigkeit beschränkende Maßnahme rechtfertigen, ausschließlich die Krankheiten mit epidemischem Potenzial iSd einschlägigen Rechtsinstrumente der Weltgesundheitsorganisation sowie sonstige übertragbare, durch Infektionserreger oder Parasiten verursachte Krankheiten, sofern gegen diese Krankheiten Maßnahmen zum Schutz der Staatsangehörigen des Aufnahmemitgliedstaats getroffen werden. Krankheiten, die nach Ablauf einer Frist von drei Monaten ab dem Zeitpunkt der Einreise auftreten, stellen keinen Ausweisungsgrund dar. 239

Unter Geltung des Freizügigkeitsrechts ist ausschließlich eine **spezialpräventiv begründete Verlustfeststellung** gerechtfertigt, generalpräventive Gesichtspunkte sind nicht zulässig. Entscheidend ist das einer Straftat zugrunde liegende Verhalten, das den Schluss rechtfertigt, es liege eine konkrete gegenwärtige Gefährdung der öffentlich Ordnung oder Sicherheit vor. Es muss mithin eine **konkrete Gefahr der Wiederholung relevanten strafrechtlichen Verhaltens** bestehen.[211] 240

In Anbetracht der Tatsache, dass nur eine **gegenwärtige Gefährdung** der öffentlichen Ordnung eine Verlustfeststellung nach § 6 FreizügG/EU zu rechtfertigen vermag, ist hinsichtlich der anzustellenden Gefahrenprognose auf den **Zeitpunkt der letzten mündlichen Verhandlung** abzustellen.[212] 241

Nach der Rechtsprechung des EuGH kann ein Verhalten, das der die Verlustfeststellung aussprechende Mitgliedstaat **seinen eigenen Staatsangehörigen gegenüber nicht sanktioniert,** nicht als hinreichend schwerwiegend für eine Verlustfeststellung angesehen wer- 242

---

[208] Vgl. AVV FreizügG/EU 6.1.1.1; Art. 27 RL 2004/38/EG.
[209] Vgl. EuGH Urt. v. 29.4.2004 – C-482/01 und C-493/01, NVwZ 2004, 1099 – Orfanoupolos und Oliveri.
[210] Vgl. AVV FreizügG/EU 6.1.1.2.
[211] Vgl. *Dienelt* in Bergmann/Dienelt FreizügG/EU § 6 Rn. 17; *Cziersky-Reis* in NK-AuslR FreizügG/EU § 6 Rn. 22; EuGH Urt. v. 29.4.2004 – C-482/01 und C-493/01, NVwZ 2004, 1099 – Orfanoupolos und Oliveri.
[212] EuGH Urt. v. 29.4.2004 – C-482/01 und C-493/01, NVwZ 2004, 1099 – Orfanoupolos und Oliveri; *Hailbronner* AuslR FreizügG/EU § 6 Rn. 40.

den.²¹³ Auch die Tatsache einer strafrechtlichen Verurteilung rechtfertigt allein ohne Hinzutreten einer tatsächlichen und hinreichenden gegenwärtigen schweren Gefährdung eines Grundinteresses der Gesellschaft eine Verlustfeststellung nicht (§ 6 Abs. 2 FreizügG/EU).

243 Sofern die betreffende Person daueraufenthaltsberechtigt gemäß § 4a FreizügG/EU ist (→ Rn. 169 ff.), darf eine Verlustfeststellung nur aus **schwerwiegenden Gründen** getroffen werden (§ 6 Abs. 4 FreizügG/EU). Ob das Tatbestandsmerkmal der schwerwiegenden Gründe anzunehmen ist, ist im jeweiligen Einzelfall zu entscheiden. Denkbar ist dies, wenn die drohende Beeinträchtigung zu schweren Gefahren für die öffentliche Ordnung und Sicherheit führt, mithin in besonderem Maße das Grundinteresse der Gesellschaft berührt.²¹⁴ Die schwerwiegenden Gründe müssen sich aus der erheblichen konkreten Gefährdung bedeutsamer Schutzgüter ergeben, die mit einer entsprechenden aktuellen Gefährdungslage bedroht werden.

244 Den höchsten unionsrechtlichen **Ausweisungsschutz** genießen diejenigen Unionsbürger und ihre Familienangehörigen, die ihren Aufenthalt in **den letzten zehn Jahren im Bundesgebiet** hatten, sowie **Minderjährige**. Bei diesem Personenkreis darf nur aus **zwingenden Gründen der öffentlichen Sicherheit** eine Verlustfeststellung nach § 6 Abs. 1 FreizügG/EU erfolgen.

245 Gemäß § 6 Abs. 5 S. 3 FreizügG/EU können **zwingende Gründe der öffentlichen Sicherheit** nur dann vorliegen, wenn der Betroffene wegen einer oder mehrerer vorsätzlicher Straftaten rechtskräftig zu einer Freiheits- oder Jugendstrafe von mindestens fünf Jahren verurteilt oder bei der letzten rechtskräftigen Verurteilung Sicherungsverwahrung angeordnet wurde, wenn die Sicherheit der Bundesrepublik Deutschland betroffen ist oder wenn vom Betroffenen eine terroristische Gefahr ausgeht.

246 Bei Auslegung der Begriffe „**Sicherheit der Bundesrepublik Deutschland** betroffen" und „vom Betroffenen ausgehende **terroristische Gefahr**" ist die Schrankensystematik des Unionsrechts zu beachten, wonach zwingende Gründe nur unter außergewöhnlichen Umständen vorliegen. Eine Aufenthaltsbeendigung ist deshalb nur bei schwersten Straftaten in Verbindung mit einer Wiederholungsgefahr möglich.²¹⁵

247 Nach der Rechtsprechung des EuGH können auch besonders schwerwiegende Straftaten gegen Individualrechtsgüter wie die in Art. 83 Abs. 1 UAbs. 2 AEUV genannten Straftaten unter den Begriff der zwingenden Gründe der öffentlichen Sicherheit fallen und somit einen Verlust des Freizügigkeitsrechts auch nach einem Aufenthalt von mehr als zehn Jahren rechtfertigen. Der EuGH sah dies etwa bei **bandenmäßigem Handel mit Betäubungsmitteln** sowie bei fortgesetztem **sexuellem Missbrauch eines Kindes** als gegeben an. Selbst bei Vorliegen einer entsprechenden Straftat, also bei Vorliegen des Tatbestandsmerkmals des „zwingenden Grundes der öffentlichen Sicherheit", ist eine Prüfung des Einzelfalles unter Berücksichtigung der in § 6 Abs. 3 FreizügG/EU genannten Umstände geboten. Das persönliche Verhalten des Betroffenen muss eine tatsächliche und gegenwärtige Gefahr darstellen, die ein Grundinteresse der Gesellschaft berührt, wobei dies im Allgemeinen bedeutet, dass Wiederholungsgefahr bestehen muss.²¹⁶ Auch wenn zwingenden Gründe der öffentlichen Sicherheit vorliegen, ist eine **Ermessensentscheidung** hinsichtlich der Verlustfeststellung zu treffen.

248 Für **Minderjährige** gelten die erhöhten Anforderungen der zwingenden Gründe der öffentlichen Sicherheit nicht, wenn der Verlust des Aufenthaltsrechts zum **Wohl des Kindes** notwendig ist (§ 6 Abs. 5 S. 2 FreizügG/EU).

249 Konsequenz einer Verlustfeststellung nach § 6 Abs. 5 FreizügG/EU ist gemäß § 7 Abs. 1 FreizügG/EU, dass der Unionsbürger und seine Familienangehörigen **ausreisepflichtig**

---

²¹³ Vgl. EuGH Urt. v. 16.7.1998 – C-171/96, Slg. 1998, I-4607 – Pereira Roque; *Dienelt* in Bergmann/Dienelt FreizügG/EU § 6 Rn. 27.
²¹⁴ Vgl. *Hailbronner* AuslR FreizügG/EU § 6 Rn. 68 *Dienelt* in Bergmann/Dienelt FreizügG/EU § 6 Rn. 51.
²¹⁵ Vgl. AAV FreizügG/EU 6.5.3.4.
²¹⁶ Vgl. AAV FreizügG/EU 6.5.3.5; EuGH Urt. v. 23.11.2010 – C-145/09 -Tsakouridis; Urt. v. 22.5.2012 – C-348/09, NVwZ 2012, 1095 – Infusino.

werden. Sie dürfen gemäß § 7 Abs. 2 S. 1 FreizügG/EU nicht erneut in das Bundesgebiet **einreisen** und sich darin **aufhalten**. Die **Einreisesperre wird von Amts wegen befristet**. Die Frist, die mit der Ausreise beginnt, ist unter Berücksichtigung der Umstände des Einzelfalles festzusetzen und darf fünf Jahre nur in den Fällen des § 6 Abs. 1 FreizügG/EU überschreiten. Mit **Freiheitsstrafe bis zu einem Jahr** wird bestraft, wer entgegen § 7 Abs. 2 S. 1 FreizügG/EU in das Bundesgebiet einreist oder sich darin aufhält (§ 9 Abs. 2 FreizügG/EU).

Gemäß § 11 Abs. 2 FreizügG/EU findet, wenn die Ausländerbehörde das Nichtbestehen **250** oder den Verlust des Rechts nach § 2 Abs. 1 FreizügG/EU rechts-, bestandskräftig oder für sofort vollziehbar festgestellt hat, **das Aufenthaltsgesetz Anwendung**, soweit das FreizügG/EU keine besonderen Regelungen trifft. Die Feststellung des Verlustes des Freizügigkeitsrechts ist bei drittstaatsangehörigen Familienangehörigen mit dem **Einzug der Aufenthaltskarte** zu verbinden. Sie ist Grundlage der in § 7 FreizügG/EU geregelten Ausreisepflicht. Danach sind Unionsbürger oder ihre Familienangehörigen ausreisepflichtig, wenn die Ausländerbehörde festgestellt hat, dass das Recht auf Einreise und Aufenthalt nicht besteht. In dem Bescheid soll die Abschiebung angedroht und eine Ausreisefrist gesetzt werden. Außer in dringenden Fällen muss die Frist mindestens einen Monat betragen. Wird ein Antrag nach § 80 Abs. 5 VwGO gestellt, darf die Abschiebung nicht erfolgen, bevor über den Antrag entschieden wurde. Zur Anwendbarkeit der aufenthaltsrechtlichen Vorschriften nach Verlustfeststellung → Rn. 257 ff.

IV. Zuständigkeitsfragen

Das FreizügG/EU stellt grundsätzlich eine **abschließende aufenthaltsrechtliche Regelung für Unionsbürger und ihre Familienangehörigen** dar, die nach Deutschland **251** einreisen und ihren Aufenthalt nehmen. Die Anwendbarkeit der allgemeinen Regelungen des Aufenthaltsgesetzes setzt daher eine entsprechende Verweisung bzw. Vorrangregelung voraus.

§ 11 Abs. 1 S. 1 FreizügG/EU bestimmt, dass auf Unionsbürger und ihre Familien- **252** angehörigen, die nach § 2 Abs. 1 das Recht auf Einreise und Aufenthalt haben, folgende Paragraphen entsprechende Anwendung finden:
– § 3 Abs. 2 AufenthG – Ausnahmen von der Passpflicht,
– § 11 Abs. 8 AufenthG – Betretenserlaubnis bei zwingenden Gründen oder unbilliger Härte,
– § 13 AufenthG – Grenzübertritt,
– § 14 Abs. 2 AufenthG – Ausstellung von Ausnahmevisa und Passersatzpapieren,
– § 36 AufenthG – Nachzug der Eltern und sonstiger Familienangehöriger,
– § 44 Abs. 4 AufenthG – Teilnahme am Integrationskurs nach Maßgabe freier Kapazitäten,
– § 45a – Berufsbezogene Deutschsprachförderung; Verordnungsermächtigung,
– § 46 Abs. 2 AufenthG – Ausreiseverbot,
– § 50 Abs. 3 bis 6 AufenthG – Einzelheiten zur Ausreisepflicht,
– § 59 Abs. 1 S. 6 und 7 AufenthG – Unterbrechung der Ausreisepflicht bei Unterbrechung der Vollziehbarkeit,
– § 69 AufenthG – Gebühren für bestimmte Amtshandlungen,
– § 73 AufenthG – sonstige Beteiligungserfordernisse im Visumverfahren, im Registrier- und Asylverfahren und bei der Erteilung von Aufenthaltstiteln,
– § 74 Abs. 2 AufenthG – Einzelweisungsbefugnis der Bundesregierung,
– § 77 Abs. 1 AufenthG – Formvorschriften,
– § 80 AufenthG – Handlungsfähigkeit Minderjähriger,
– § 82 Abs. 5 AufenthG – Mitwirkung des Ausländers bei der Ausstellung von Dokumenten,
– § 85 AufenthG – Berechnung von Aufenthaltszeiten,
– §§ 86 bis 88, 90, 91 AufenthG – Datenübermittlung und Datenschutz,

- § 95 Abs. 1 Nr. 4 und 8, Abs. 2 Nr. 2, Abs. 4 AufenthG –ausgewählte Strafvorschriften,
- §§ 96, 97 AufenthG – Einschleusen von Ausländern,
- § 98 Abs. 2 Nr. 2, Abs. 2a, Abs. 3 Nr. 3, Abs. 4, Abs. 5 AufenthG – ausgewählte Bußgeldvorschriften,
- § 99 AufenthG – Verordnungsermächtigung.

253 § 11 Abs. 1 S. 2 bis 10 FreizügG/EU enthält weitere **Verweisungen in das AufenthG** und Sonderregelungen für Aufenthaltskarten und Daueraufenthaltskarten, Mitteilungs- und Mitwirkungspflichten sowie die Verarbeitung und Übermittlung von Daten.

254 Gemäß § 11 Abs. 1 S. 11 FreizügG/EU findet das AufenthG auch dann Anwendung, wenn es eine günstigere Rechtstellung vermittelt als das FreizügG/EU. Die Norm bringt das sogenannte **Meistbegünstigungsprinzip für Unionsbürger und ihre Familienangehörigen** zum Ausdruck, wonach dann, wenn das allgemeine Ausländerrecht günstiger als das Unionsrecht ist, dieses auch für Unionsbürger gilt.[217] Das Meistbegünstigungsprinzip ist Ausdruck des **primärrechtlich verankerten Diskriminierungsverbots** in Art. 18 AEUV.[218]

255 Bei dem anzustellenden **Vergleich zwischen den Regelungen des FreizügG/EU und denjenigen des AufenthG** ist keine abstrakt wertende Betrachtung in Bezug auf die gesamte Rechtstellung anzustellen, sondern der Vergleich knüpft an die einzelnen Merkmale der Rechtstellung im konkreten Einzelfall an und prüft, ob diese im Einzelfall günstiger sind.[219]

256 Als mögliche Beispiele **günstigerer Vorschriften** kommen in Betracht:[220]
- § 9 Abs. 2 S. 3, 6 AufenthG: vorzeitiger Erhalt des Daueraufenthaltsrechts/der Niederlassungserlaubnis bei Vorliegen der Voraussetzungen des § 9 Abs. 2 S. 3 AufenthG,
- §§ 19, 18b, 19a Abs. 6, § 21 Abs. 4 AufenthG: Daueraufenthaltsrecht für Hochqualifizierte ohne oder nach kurzer Wartefrist, ebenso für Hochschulabsolventen und erfolgreiche Selbständige,
- § 25 Abs. 4a AufenthG: Zugang von Leistungen nach SGB II für Opfer von Menschenhandel,
- § 25 Abs. 4b AufenthG: Zugang von Leistungen nach SGB II bzw. Anspruch auf Titelerteilung für Opfer von Straftaten nach dem Schwarzarbeitsbekämpfungsgesetz oder dem Arbeitnehmerüberlassungsgesetz,
- § 28 Abs. 2 AufenthG: Daueraufenthaltsrecht für Ehegatten nach 3 Jahren,
- § 38 AufenthG: (Dauer-)Aufenthaltsrecht für ehemalige Unionsbürger, die – in Deutschland lebend – ihren Unionsbürgerstatus verlieren,
- § 28 Abs. 1 S. 1 Nr. 3 AufenthG: Nachzugs- und Aufenthaltsrecht des personensorgeberechtigten Elternteils unabhängig von der Lebensunterhaltssicherung,
- § 44 Abs. 4 AufenthG: Anspruch auf kostenfreie Teilnahme an einem Integrationskurs, da Spätaussiedler einen solchen gemäß § 9 Abs. 1 BVFG haben.

257 § 11 Abs. 2 FreizügG/EU bestimmt, dass das **AufenthG Anwendung** findet, wenn die Ausländerbehörde das Nichtbestehen oder den Verlust des Rechts nach § 2 Abs. 1 FreizügG/EU festgestellt hat, sofern dieses Gesetz keine besonderen Regelungen enthält.

258 Voraussetzung für die **Anwendung des AufenthG** ist mithin die konstitutive und rechtsförmlich ergangene Feststellung der Ausländerbehörde, dass das Freizügigkeitsrecht

---

[217] Vgl. *Epe* in GK-AufenthG FreizügG/EU § 11 Rn. 36; BT-Drs. 15/420, 106.
[218] Vgl. *Dienelt* in Bergmann/Dienelt FreizügG/EU § 11 Rn. 30; *Oberhäuser* in NK-AuslR FreizügG/EU § 11 Rn. 57.
[219] Vgl. *Dienelt* in Bergmann/Dienelt FreizügG/EU § 11 Rn. 33; so wohl auch *Epe* in GK-AufenthG FreizügG/EU § 11 Rn. 36 ff. und *Oberhäuser* in NK-AuslR FreizügG/EU § 11 Rn. 57; aA Hailbronner AuslR FreizügG/EU § 11 Rn. 36, der meint die Normen müssten in ihrem „Gesamtkomplex" gegenübergestellt werden.
[220] Vgl. hinsichtlich der nachfolgenden Aufzählung die Aufzählungen bei Oberhäuser in NK-AuslR FreizügG/EU § 11 Rn. 58; *Dienelt* in Bergmann/Dienelt FreizügG/EU § 11 Rn. 10; AAV FreizügG/EU 11.1.5.2.

nicht entstanden oder aber verloren gegangen ist (→ Rn. 206 ff.).[221] Dem korrespondierend bestimmt § 1 Abs. 2 Nr. 1 AufenthG, dass dieses Gesetz keine Anwendung findet auf Ausländer, deren Rechtsstellung von dem FreizügG/EU geregelt ist, soweit nicht durch Gesetz etwas anderes bestimmt ist. Eine derartige Regelung stellt § 71 Abs. 1 AufenthG dar. Die Vorschrift enthält nach der Rechtsprechung des BVerwG ausdrücklich eine über das Aufenthaltsgesetz hinausgehende, **generalklauselartige Kompetenzzuweisung,** die auch aufenthaltsrechtliche Maßnahmen und Entscheidungen nach dem Freizügigkeitsgesetz erfasst.[222]

Ob die Feststellung, um die Wirkungen des § 11 Abs. 2 FreizügG/EU auslösen zu können und damit das AufenthG zur Anwendung kommen zu lassen, **bestandskräftig, sofort vollziehbar bzw. rechtskräftig geworden sein muss, ist strittig.**[223] Die Befürworter der Meinung, die Verlustfeststellung müsse, um das AufenthG zur Anwendung zu bringen, bestandskräftig, sofort vollziehbar bzw. rechtskräftig sein, verweisen im Wesentlichen darauf, das europäische „Grundrecht" der Freizügigkeit dürfe nicht nach Maßgabe (noch nicht) gerichtlich überprüfter Verwaltungsentscheidungen zur Disposition gestellt werden.[224] Die Gegenmeinung verweist darauf, der Suspensiveffekt des § 80 Abs. 5 VwGO lasse die Wirksamkeit der Verlustfeststellung unberührt und führe nur zu einem umfangreichen Verwirklichungs- und Ausnutzungsverbot, da dem Suspensiveffekt nur Vollzugs- und keine Wirksamkeitshemmung zukomme.[225] **259**

Die Vorschrift des § 11 Abs. 2 FreizügG/EU ist im Zusammenwirken mit § 7 FreizügG/EU auszulegen. Danach sind Unionsbürger oder ihre Familienangehörigen ausreisepflichtig, wenn die Ausländerbehörde festgestellt hat, dass das Recht auf Einreise und Aufenthalt nicht besteht. In dem Bescheid soll die Abschiebung angedroht und eine **Ausreisefrist** gesetzt werden. Außer in dringenden Fällen muss die Frist **mindestens einen Monat** betragen. Wird ein Antrag nach **§ 80 Abs. 5 VwGO gestellt, darf die Abschiebung nicht erfolgen, bevor über den Antrag entschieden wurde**. Entgegen der Fassung des FreizügG/EU aus dem Jahr 2004, nach der Unionsbürger ausreisepflichtig sind, wenn die Ausländerbehörde **unanfechtbar** festgestellt hat, dass das Recht auf Einreise und Aufenthalt nicht besteht, ist ab der Fassung des FreizügG/EU vom Januar 2013 das Tatbestandsmerkmal der „Unanfechtbarkeit" entfallen. Daraus ist der gesetzgeberische Wille zu erkennen, die Verlustfeststellung solle (wie andere hoheitliche belastende Maßnahmen) den Regelungen des § 80 Abs. 1 und 5 VwGO unterworfen sein, mit anderen Worten die Wirksamkeit der Verlustfeststellung werde durch die Einlegung von Rechtsmitteln nicht tangiert. Der besonderen Bedeutung des Freizügigkeitsrechtes der Unionsbürger und der in §§ 7, 11 Abs. 2 FreizügG/EU zum Ausdruck kommenden **Freizügigkeitsvermutung** wird dadurch hinreichend Rechnung getragen, dass gemäß § 7 FreizügG/EU der betroffenen Person im Regelfall eine **Ausreisefrist von einem Monat** einzuräumen ist und die Abschiebung **im Falle eines Eilantrages nach § 80 Abs. 5 VwGO nicht vor Ergehen der gerichtlichen Entscheidung erfolgen darf.** **260**

Gemäß **§ 11 Abs. 3 FreizügG/EU** entsprechen Zeiten des rechtmäßigen Aufenthalts nach diesem Gesetz unter fünf Jahren den Zeiten des Besitzes einer **Aufenthaltserlaubnis,** Zeiten über fünf Jahren dem Besitz einer **Niederlassungserlaubnis.** Die Vorschrift stellt sicher, dass bei **Wegfall der Freizügigkeitsberechtigung** die Aufenthaltszeiten nach dem FreizügG/EU nicht verloren gehen. Die in der Norm zum Ausdruck kommende **Besitzstandswahrung** ist erforderlich, weil das AufenthG bei der Frage der aufenthaltsrecht- **261**

---

[221] Vgl. OVG Hamburg Beschl. v. 6.3.2008 – 3 Bs 281/07, NVwZ-RR 2008, 728.
[222] Vgl. BVerwG Urt. v. 28.6.2011 – 1 C 18/10, NVwZ 2011, 1466.
[223] Bejahend: *Oberhäuser* in NK-AuslR FreizügG/EU § 11 Rn. 60 mwN; *Welte* InfAuslR 2005, 8 (12); unklar: *Brinkmann* in Huber FreizügG/EU § 11 Rn. 38; verneinend: HessVGH Beschl. v. 18.8.2011 – 6 B 821/11, AuAS 2011, 245; *Dienelt* in Bergmann/Dienelt FreizügG/EU § 11 Rn. 7; *Hailbronner* AuslR FreizügG/EU § 11 Rn. 41 ff., 49, § 7 Rn. 14; *Epe* in GK-AufenthG FreizügG/EU § 11 Rn. 48.
[224] Vgl. *Oberhäuser* in NK-AuslR FreizügG/EU § 11 Rn. 60.
[225] Vgl. *Dienelt* in Bergmann/Dienelt FreizügG/EU § 11 Rn. 7 unter Verweis auf VGH Kassel Beschl. v. 18.8.2011 – 6 B 821/11, BeckRS 2011, 54795 Rn. 20.

lichen Verfestigung vielfach an den Besitz von Aufenthaltstiteln anknüpft, die das FreizügG/EU nicht kennt.[226]

262 Der Aufenthalt des Unionsbürgers oder seines Familienangehörigen muss rechtmäßig gewesen sein. Aufgrund der Freizügigkeitsvermutung des FreizügG/EU ist der Aufenthalt des Unionsbürgers und der ihn begleitenden Familienangehörigen bis zum Erlass einer Verlustfeststellung der zuständigen Ausländerbehörde rechtmäßig, sodass die davor liegenden Zeiten entsprechend anzurechnen sind.[227] Hinsichtlich von **Unterbrechungszeiten** ist § 4a FreizüG/EU anzuwenden, da die Rechtmäßigkeit des Aufenthalts nach dem FreizügG/EU zu ermitteln ist.[228]

V. Sonderfragen zu EWR- und Beitrittsstaaten

263 § 12 FreizügG/EU bestimmt, dass das FreizügG/EU auch für Staatsangehörige der EWR-Staaten und ihre Familienangehörigen im Sinne dieses Gesetzes gilt. Die Staatsangehörigen **Norwegens, Islands** und **Liechtensteins** und ihre Familienangehörigen werden durch diese Regelung in den Anwendungsbereich des FreizügigG/EU einbezogen. Sie sind damit Unionsbürgern und ihren Familienangehörigen in jeder Beziehung gleichgestellt, ohne jedoch den Status eines Unionsbürgers bzw. eines Familienangehörigen eines Unionsbürgers zu erlangen.[229] Die **Schweiz** gehört demgegenüber weder zur Europäischen Union noch zu den EWR-Staaten. Der Aufenthalt von Schweizer Staatsangehörigen richtet sich nach dem Abkommen zwischen der Europäischen Gemeinschaft und ihren Mitgliedstaaten einerseits und der Schweizerischen Eidgenossenschaft andererseits über die Freizügigkeit (BGBl. 2001 II 810), das seit 1.6.2002 in Kraft ist. Danach sind Schweizer Staatsangehörige den Unionsbürgern weitgehend gleichgestellt. Sie haben das Recht, ihren Arbeitsplatz bzw. Aufenthaltsort innerhalb der Europäischen Union frei zu wählen. Voraussetzung ist, dass sie über einen gültigen Arbeitsvertrag verfügen, selbstständig sind oder – bei Nichterwerbstätigen – ausreichende finanzielle Mittel nachweisen können und krankenversichert sind.[230]

D. Rechtsschutz

264 Bei allen behördlichen Maßnahmen, die die Freizügigkeit der Unionsbürgerinnen und Unionsbürger und ihrer Familienangehörigen beschränken, sind gemäß Art. 14 Abs. 1 Freizügigkeits-RL die **Verfahrensgarantien der Art. 30, 31 Freizügigkeits-RL** (entsprechend) zu beachten. Die Entscheidungen sind grundsätzlich mit einer Begründung und einer Rechtsmittelbelehrung zu versehen und müssen der gerichtlichen Kontrolle unterzogen werden können. Im Falle eines einstweiligen Rechtsschutzverfahrens ist grundsätzlich die Vollstreckung der Entscheidung auszusetzen, bis das Gericht über das Eilrechtsschutzbegehren entschieden hat (§ 7 Abs. 1 S. 4 FreizügG/EU mit einer insoweit engeren Formulierung als Art. 31 Abs. 2 Freizügigkeits-RL).

265 Dem Unionsbürger kann sein Aufenthaltsrecht auf Grund der für ihn sprechenden Freizügigkeitsvermutung nur im Wege eines **Verlustfeststellungsverfahrens** streitig gemacht werden. Gegen die Verlustfeststellung steht dem Betroffenen die **Anfechtungsklage,** bei Anordnung der sofortigen Vollziehung **Eilrechtsschutz nach § 80 Abs. 5 VwGO** zur Seite.[231]

---

[226] Vgl. Epe in GK-AufenthG FreizügG/EU § 11 Rn. 55.
[227] Vgl. Dienelt in Bergmann/Dienelt FreizügG/EU § 11 Rn. 43; Oberhäuser in NK-AuslR FreizügG/EU § 11 Rn. 65; Epe in GK-AufenthG FreizügG/EU Rn. 55.
[228] Vgl. Dienelt in Bergmann/Dienelt FreizügG/EU § 11 Rn. 45; Brinkmann in Huber FreizügG/EU § 11 Rn. 39.
[229] Vgl. AVV FreizügG/EU 12.1.
[230] Vgl. AVV FreizügG/EU 12.2.
[231] HessVGH Beschl. v. 31.7.2019 – 7 B 1368/19, DÖV 2019, 927.

Unionsbürger oder ihre Familienangehörigen sind **ausreisepflichtig,** wenn die Ausländerbehörde festgestellt hat, dass das Recht auf Einreise und Aufenthalt nicht besteht. In dem Bescheid soll die Abschiebung angedroht und eine Ausreisefrist gesetzt werden. Außer in dringenden Fällen muss die Frist **mindestens einen Monat** betragen. Wird ein Antrag nach § 80 Abs. 5 VwGO gestellt, **darf die Abschiebung nicht erfolgen, bevor über den Antrag entschieden wurde.** 266

Im Fall der administrativen Verlustfeststellung kann das **Freizügigkeitsrecht jederzeit wieder aufleben,** wenn der Unionsbürger beispielsweise eine Erwerbstätigkeit (wieder) aufnimmt oder (wieder) über ausreichende Existenzmittel verfügt. Im laufenden Verfahren gegen die Verlustfeststellung wird diese durch das Wiederaufleben der materiellen Freizügigkeitsberechtigung rechtswidrig und ist aufzuheben. Maßgeblicher Zeitpunkt der Entscheidung ist derjenige der letzten mündlichen Verhandlung, da insoweit nichts anderes zu gelten hat als in den von EuGH und BVerwG entschiedenen Fällen zum maßgeblichen Zeitpunkt in Ausweisungsfällen.[232] 267

Lebt das Freizügigkeitsrecht erst **nach Bestands- oder Rechtskraft** der administrativen Verlustfeststellung wieder auf, stellt sich die Frage, ob der Betroffene einen Anspruch auf Wiederaufgreifen des Verfahrens und Aufhebung der Verlustfeststellung geltend machen kann. Zwar entsteht das Freizügigkeitsrecht erneut kraft Gesetzes durch das Wiederaufleben der materiellen Freizügigkeitsvoraussetzungen, ohne dass es insoweit eines (positiven) Feststellungsverfahrens bedarf. Es ist aber anerkannt, dass bei einem unwirksam gewordenen Verwaltungsakt eine (klarstellende) behördliche Rücknahme des Verwaltungsakts möglich und aus Gründen der Beseitigung des Rechtsscheins gegebenenfalls auch erforderlich sein kann.[233] 268

Drittstaatsangehörigen Familienangehörigen, die den Erhalt einer (rein deklaratorischen) **Aufenthaltskarte** beantragen, muss im Fall der Versagung der Aufenthaltskarte effektiver Rechtsschutz zur Seite stehen. Auf Grund des rein deklaratorischen Charakters der Aufenthaltskarte[234] scheint Unklarheit zu herrschen, ob diese im Wege der **Verpflichtungsklage** auf Erlass eines **feststellenden Verwaltungsaktes**[235] oder durch **allgemeine Leistungsklage**[236] erstritten werden kann. Der deklaratorische Charakter der Aufenthaltskarte spricht noch nicht zwingend dagegen, dass mit ihr auch verbindlich festgestellt werden könnte, dass die Voraussetzungen des § 2 Abs. 1 FreizügG/EU in der Person des Familienangehörigen vorliegen.[237] Da nicht hinreichend geklärt zu sein scheint, welche Klageart als richtige anzuerkennen ist, empfiehlt sich im Klagefall, Leistungs- und Feststellungsklage als Haupt- und Hilfsantrag geltend zu machen. 269

Wird die Erteilung einer Aufenthaltskarte versagt, kann **vorläufiger Rechtsschutz** gemäß § 123 VwGO in Betracht kommen. Allerdings ist zu beachten, dass es sich bei der Erteilung der Karte im Wege der einstweiligen Anordnung wohl um eine **unzulässige Vorwegnahme der Hauptsache** handeln dürfte. Es kann allenfalls eine vorläufige Maßnahme, wie die befristete Erteilung der Aufenthaltskarte bzw. die befristete Bescheinigung nach § 5 Abs. 1 S. 2 FreizügG/EU, dass die erforderlichen Angaben gemacht worden sind, erstritten werden.[238] 270

Wird dem **drittstaatsangehörigen Familienmitglied,** das nicht im Besitz einer Aufenthaltskarte ist, sowohl die Einreise als auch die Erteilung eines **Einreisevisums** versagt, 271

---

[232] Vgl. EuGH Urt. v. 29.4.2004 – C-482/01 und 493/01, NVwZ 2004, 1099 – Orfanoupolos und Oliveri; BVerwG Urt. v. 3.8.2004 – 1 C 30/02, NVwZ 2005, 220.
[233] Vgl. VGH Mannheim Urt. v. 24.1.2007 – 13 S 451/06, InfAuslR 2007, 182.
[234] Vgl. EuGH Urt. v.12.3.2014 – C-456/12 und C-457/12, mit Verweis auf EuGH Urt. v. 21.7.2011 – C-325/09 –Dias; *Geyer* in NK-AuslR FreizügG/EU § 5 Rn. 3; *Dienelt* in Bergmann/Dienelt FreizügG/EU § 5 Rn. 42.
[235] Vgl. *Dienelt* in Bergmann/Dienelt FreizügG/EU § 5 Rn. 29.
[236] Vgl. *Geyer* in NK-AuslR FreizügG/EU § 5 Rn. 3 und 16.
[237] So *Dienelt* in Bergmann/Dienelt FreizügG/EU § 5 Rn. 29.
[238] Vgl. VGH München Beschl. v. 9.8.2012 – 19 CE 11.1893, InfAuslR 2012, 404 f.; Beschl. v. 19.2.2010 – 10 ZB 09.2584, BayVBl. 2010, 693 f.; VG Schleswig Beschl. v. 21.3.2017 – 8 B 8/17, AuAS 2017, 110.

kommt eine Verpflichtungsklage auf Erteilung eines Einreisevisums oder ein Eilantrag gemäß § 123 VwGO auf vorläufige Berechtigung zur Einreise in Betracht. Um Unannehmlichkeiten zu umgehen, ist zu empfehlen, dass drittstaatsangehörige Familienangehörige gemeinsam mit dem Unionsbürger einreisen und neben ihren Reisepässen Nachweise über die Freizügigkeit des Unionsbürgers sowie ein Dokument zum Nachweis der Eigenschaft als Familienangehöriger mit sich führen.[239]

272 Ein einklagbarer Anspruch auf Ausstellung eines Dokuments, in dem einem **drittstaatsangehörigen Familienangehörigen eines Unionsbürgers bescheinigt wird, zur Erwerbstätigkeit berechtigt zu sein,** ist im FreizügG/EU nicht vorgesehen und wird von der Rechtsprechung – soweit ersichtlich – nicht anerkannt.[240]

§ 12 Assoziationsabkommen

Übersicht

	Rn.
A. Assoziationsabkommen mit der Türkei (ARB 1/80)	1
I. Sonderrechte für türkische Staatsangehörige und ihre Familienangehörigen	1
1. Entstehung	1
2. Mögliche Beendigung der Assoziation	10
3. Das Verhältnis zwischen Art. 6 und 7 ARB 1/80	14
4. Europarechtliche Einordnung des Assoziationsrechts	15
II. Aufenthaltsrecht türkischer Arbeitnehmer	20
1. Begriff des Arbeitnehmers	20
2. Ordnungsgemäße Beschäftigung am regulären Arbeitsmarkt	36
a) Regulärer Arbeitsmarkt	36
b) Bedeutung des Grunds für den Zuzug	42
c) Befristete Aufnahme	44
d) Grenzüberschreitende Sachverhalte	46
e) Ordnungsgemäße Beschäftigung	52
f) Öffentlicher Dienst	57
3. Gestufte Zulassung zum Arbeitsmarkt	59
a) Drei Stufen der Freizügigkeit	59
b) Regel und Ausnahme	64
4. Unterbrechungen der Beschäftigung	67
a) Kurzfristige Unterbrechungen	67
b) Längerfristige Unterbrechungen der Beschäftigung	75
III. Nachgezogene Familienangehörige	91
1. Begünstigter Personenkreis	91
a) Stammberechtigte	91
b) Genehmigter Familiennachzug	101
c) Familienangehörige	105
d) Ordnungsgemäßer Wohnsitz	112
e) Vorrang der Unionsbürger	124
f) Arbeitsuche	126
2. Aufenthaltsrecht aufgrund Ausbildung	130
a) Begünstiger Personenkreis	130
b) Berufsausbildung	137
c) Inhalt und Grenzen der Bewerbungsfreiheit	140
3. Deklaratorischer Charakter der Aufenthaltserlaubnis	143
IV. Diskriminierungsverbot	144
V. Stillhalteklauseln	148
1. Begünstigte	148

---

[239] Vgl. *Oberhäuser* in NK-AuslR FreizügG/EU § 2 Rn. 44, Praxishinweis.
[240] Vgl. HessVGH Beschl. v. 7.8.2014 – 7 B 1216/14, InfAuslR 2014, 414.

	Rn.
2. Standstill und Familiennachzug	162
a) Ehegattennachzug	162
b) Familiennachzug und Diskriminierungsverbot	170
c) Familiennachzug und Visumszwang	174
d) Verschärfung im Ehegattennachzug durch Spracherfordernis	182
e) Verschärfungen gegenüber Abkömmlingen	184
f) Weitere Begünstigungen durch Standstill	192
3. Schranken der Standstill-Wirkung	204
a) Ausweisung nach Altrecht?	204
b) Verfahrensrechtlicher Standstill	211
c) Aufenthaltsverfestigung	216
VI. Rechtsverlust und Ausweisungsschutz	220
1. Rechtsverlust	220
2. Auslandsaufenthalte	224
3. Aufenthaltsbeendigung	232
VII. Völkerrechtliche Verpflichtungen	240
1. Deutsch-Türkisches Niederlassungsabkommen – NAK	240
2. Europäisches Fürsorgeabkommen – EFA	244
3. Deutsch-türkischer Handelsvertrag	246
4. Europäisches Niederlassungsabkommen	251
B. Sonstige Assoziationsabkommen	254
I. Allgemeines	254
II. Unmittelbare Anwendbarkeit und Visumszwang	264
III. Aufenthaltsrechtliche Regelungsgegenstände	270
1. Niederlassungsfreiheit	270
a) Beschränkungen	270
b) Schlüsselpersonal	273
c) Gleichbehandlungsgebote und Meistbegünstigung	281
d) Stillhalteklauseln	284
e) Dienstleistungen	286
f) Bereichsausnahmen	287
2. Einzelne Länder	288
a) Andenstaaten	288
b) Assoziationsabkommen mit Zentralamerika	294
c) Postsowjetische Staaten	298
d) Staaten des Westlichen Balkan	313
e) AKP-Staaten	320
f) Fernöstliche Staaten	322
3. Touristische Reisen	324
4. Rechte von Arbeitnehmern	325
a) Arbeitsrechtliche Diskriminierungsverbote	325
b) Gebührenrecht	352
c) Arbeitsrechtliche Folgen	353
d) Diskriminierungsverbot und Aufenthaltsrecht	381
e) Familienangehörige	388
5. Sozialrechtliche Diskriminierungsverbote	393

A. Assoziationsabkommen mit der Türkei (ARB 1/80)

I. Sonderrechte für türkische Staatsangehörige und ihre Familienangehörigen

1. Entstehung

Die Vereinbarungen der EU mit der Türkei sind in **türkisch-griechischer Konkurrenz** 1 entstanden. 1960 unterzeichnete Griechenland ein Anwerbeabkommen mit Deutschland, 1961 unterzeichnete die Türkei ebenfalls ein solches Abkommen. 1961 vereinbarte Griechenland mit der EWG ein Assoziationsabkommen.¹ Am 12.9.1963 vereinbarte die Türkei ebenfalls ein Assoziationsabkommen mit der EWG.² Doch während Griechenland erfolgreich die Aufnahme betrieb, blieb die Assoziation mit der Türkei als Dauerzustand erhalten. Zwischenzeitliche innertürkische Veränderungen führten dazu, dass heute eine Aufnahme der Türkei in die EU fernliegend erscheint. Am 23.11.1970 wurde ein Zusatzprotokoll zum Assoziationsabkommen (ZP) unterzeichnet. In dessen Art. 36 ZP war noch vereinbart worden, dass die Freizügigkeit der Arbeitnehmer „zwischen dem Ende des zwölften und dem Ende des zweiundzwanzigsten Jahres nach dem Inkrafttreten des genannten Abkommens schrittweise hergestellt werden soll".

2 **Ziele der Assoziation EWG-Türkei** sind die beständige und ausgewogene Verstärkung der Handels- und Wirtschaftsbeziehungen, die schrittweise Herstellung einer Zollunion (Art. 2 AssAbk) und als Fernziel der Beitritt der Türkei zur Gemeinschaft (Art. 28 AssAbk). Dabei wollten sich die Vertragsparteien, „von den Artikeln 48, 49 und 50 des Vertrages zur Gründung der Gemeinschaft leiten ... lassen, um untereinander die Freizügigkeit der Arbeitnehmer herzustellen" (Art. 12 AssAbk).

3 Durch Art. 6 AssAbk wurde ein **Rat der Assoziation** geschaffen. Dieser setzt sich aus Mitgliedern der Regierungen der Mitgliedstaaten und der türkischen Regierung, des Rates und der Kommission der Europäischen Gemeinschaft zusammen. Entscheidungen sind nur einstimmig möglich (Art. 23 AssAbk). Die Vertragsparteien sind mit Beginn der Übergangsphase verpflichtet, die zur Durchführung der Beschlüsse erforderlichen Maßnahmen zu treffen (Art. 22 Abs. 3 AssAbk). Das Assoziierungsabkommen EWG-Türkei ist im Vergleich zu der Assoziierungsvereinbarung der EWG mit Griechenland wesentlich kürzer und weniger detailliert in seinen Regelungen. Es enthält stattdessen globale, der Ausfüllung bedürftige Verpflichtungserklärungen.

4 Während die Europäische Gemeinschaft im Zusatzprotokoll insbesondere die Herstellung der von der Türkei sehr erwünschten Freizügigkeit der Arbeitnehmer in Aussicht stellte, verpflichtete sich umgekehrt die Türkei zur Angleichung ihres Zolltarifs an den Gemeinsamen Zolltarif (Art. 17 f. ZP). Weitere Ziele waren die Anpassung der türkischen Landwirtschaft und der Wirtschaftspolitik und die Herstellung des freien Dienstleistungsverkehrs und der Niederlassungsfreiheit. Das Abkommen war **auf unbestimmte Zeit und ohne Kündigungsklausel** abgeschlossen. Der Beitritt der Türkei zur EWG als Vollmitglied wurde ohne Sondervereinbarungen angestrebt.

5 Die Unterzeichnung des Zusatzprotokolls führte zu einer heftigen Auseinandersetzung in der Türkei, bei der von etatistischen bis hin zu islamischen und marxistischen Kräften der Vorwurf erhoben wurde, diese Vereinbarung gewähre der türkischen Seite nur geringe Vorteile und setze die türkische Industrie schutzlos der Konkurrenz der hoch industrialisierten EG-Mitgliedstaaten aus.³ Inzwischen hat sich dieses Bild deutlich gewandelt. Einerseits reagieren die Mitgliedstaaten der Europäischen Union immer skeptischer auf die Beitrittsabsicht der Türkei; einige verlangen den Abbruch der Verhandlungen. Andererseits geht die **Türkei**, obwohl sie zwischenzeitlich den Abschluss der Zollunion durch den ARB 1/96⁴ erreicht hatte, immer deutlicher einen **Sonderweg**, der mit den Zielen und Werten der EU unvereinbar ist.

6 Nach Abschluss des Zusatzprotokolls entwickelte sich die Assoziation nur langsam weiter. Deutlich sichtbare Veränderungen gab es wenige. Der 1976 vereinbarte **ARB 2/76** hatte immerhin einen beachtlichen Inhalt: In Art. 2 ARB 2/76 erhielten türkische Arbeitnehmer nach dreijähriger Beschäftigung das Recht, sich für jedes Stellenangebot des seitherigen Berufes, Tätigkeitsbereiches und Gebietes, vorbehaltlich des Vorrangs der Arbeitnehmer aus den Mitgliedstaaten, zu bewerben und nach fünf Jahren ordnungsgemäßer Beschäftigung im jeweiligen Mitgliedstaat der Europäischen Gemeinschaft freien Zugang zu jeder von ihnen

---

1 Abkommen v. 9.7.1961, BGBl. 1962 II 1141.
2 BGBl. 1964 II 509, 1959.
3 *Gümrükcü*, Rechts(un)sicherheit in Europa?, 2. Aufl. 1995, 33.
4 ABl. 1996 L 35.

gewählten Beschäftigung im Lohn- oder Gehaltsverhältnis. In Deutschland war dies jedoch bedeutungslos, weil schon die deutschen Normen unter den im ARB 2/76 genannten Bedingungen den türkischen Arbeitnehmern Zugang zum Arbeitsmarkt bis hin zum Recht eröffneten, eine unbefristete Arbeits- und danach unbefristete Aufenthaltserlaubnis zu erwerben.

Die Assoziation wurde zum Zwecke des Beitritts zur EU geschlossen. Die Rechtsprechung des EuGH ist bei ihrer Einordnung widersprüchlich. Einerseits schließt der EuGH aus der Bezugnahme auf die Freizügigkeitsbestimmungen im AssAbk, dass die Assoziation lediglich einen wirtschaftlichen Charakter habe.[5] Doch ist diese Behauptung wegen Art. 28 AssAbk, der das Ziel der Aufnahme der Türkei in die EWG festschreibt und der Assoziation damit den **Charakter einer auf Beitritt gerichteten Assoziation** verleiht, nicht überzeugend. 7

Darüber hinaus hat die **Türkei** mit der Unterzeichnung zuletzt der Vereinbarung mit Kroatien anlässlich dessen Aufnahme in die EU anerkannt, dass sich ihr **Beitrittswunsch** nicht mehr auf den rein wirtschaftlichen Verbund der früheren EWG bezieht, sondern auf eine EU mit Rechtsinstituten wie der Unionsbürgerschaft. Weiter hat der EuGH anerkannt, dass die **Regelung des Familiennachzugs eindeutig über rein wirtschaftliche Erwägungen hinausgeht** und dem sozialen Zusammenhalt der Gesellschaft dient.[6] 8

Zugleich führte der EuGH aus, dass die Assoziation EWG-Türkei einen **ausschließlich wirtschaftlichen Zweck** verfolge und im Wesentlichen die wirtschaftliche Entwicklung der Türkei fördern solle.[7] Die darin liegende Wertung weist in die entgegengesetzte Richtung. 9

2. Mögliche Beendigung der Assoziation

Art. 50 EUV ermöglicht den Austritt einzelner Mitgliedstaaten aus der EU. Die damit geschaffene **Möglichkeit der Beendigung** der Mitgliedschaft ist auf die Assoziation mit der Türkei analog zu übertragen. Entgegen dem ansonsten das Völkerrecht beherrschenden Grundsatz der Vertragstreue kann sich deshalb die Türkei durch einseitige Erklärung aus den einen Beitritt zur EU vorbereitenden Vereinbarungen mit der EU lösen. Denn wenn ein Austritt nach einem Beitritt möglich ist, muss erst recht die einseitige Beendigung des Beitrittsprozesses durch den bislang beitrittswilligen Staat möglich sein. Folge einer Aufkündigung der Assoziation durch die Türkei wäre, dass die EU nicht mehr an die Vereinbarungen im Assoziationsrat gebunden wäre und sowohl die Zollunion beenden könnte als auch die aufenthaltsrechtlichen Begünstigungen aus den Art. 6 ff. ARB 1/80 und dem ARB 2/76. 10

Denkbar ist aber auch, dass die EU zum Ergebnis käme, dass die Türkei insbesondere wegen anhaltender und schwerwiegender **Verletzung von Menschenrechten** sich nachhaltig außer Stande setzt, Mitglied der europäischen Wertegemeinschaft zu werden. Auch in diesem Fall könnten die im Assoziationsrat gefällten Beschlüsse einseitig aufgehoben werden. 11

Für die erforderlichen rechtlichen Schritte ist zu unterscheiden. Ein **Einfrieren der Verhandlungen** ist jederzeit möglich. Da sämtliche Vereinbarungen in der Assoziation einstimmig getroffen werden, kann jeder einzelne Mitgliedstaat neue Vereinbarungen mit der Türkei blockieren. Demgegenüber ist entsprechend dem Einstimmigkeitserfordernis in Art. 218 Abs. 8 S. 2 AEUV für die Lösung von den Vereinbarungen in der als gemischtes Abkommen vereinbarten Assoziation Einstimmigkeit aller Mitgliedstaaten und die Zustimmung des Europäischen Parlaments erforderlich. 12

Die innerstaatlichen Gerichte haben insoweit keine Kompetenz, auf der Grundlage der clausula rebus sic stantibus eine weitere unmittelbare Anwendbarkeit des Assoziationsrechts zu verneinen. Unabhängig davon, dass eine solche Aussage im Wege des Vorabentschei- 13

---

[5] EuGH Urt. v. 8.12.2011 – C-317/08, Slg. 2011, I-12735 = NVwZ 2012, 422; Urt. v. 24.9.2013 – C-221/11, NVwZ 2013, 1465.
[6] EuGH Urt. v. 19.7.2012 – C-451/11, NVwZ 2012, 1235 mAnm *Huber*.
[7] EuGH Urt. v. 24.9.2013 – C-221/11, NVwZ 2013, 1465.

dung zu überprüfen wäre, liegt die Entscheidung über die **Beendigung der Assoziation** in der Gestaltungsbefugnis der Legislativen. Sie ist den Gremien der EU und den Mitgliedstaaten zur gesamten Hand zugewiesen.

3. Das Verhältnis zwischen Art. 6 und 7 ARB 1/80

14 Für das Verhältnis des Anspruchs der nachgezogenen Familienangehörigen aus Art. 7 ARB 1/80 zum Aufenthaltsanspruch gemäß Art. 6 Abs. 1 ARB 1/80 legt letzterer fest, dass diese Rechte „vorbehaltlich der Bestimmungen in Art. 7" bestehen. Art. 7 ARB 1/80 sollte die aufenthaltsrechtlichen Begünstigungen nach Art. 6 ARB 1/80 erweitern.[8] Das zeigt auch der Vergleich mit dem ARB 2/76. Dort waren die Rechte der Familienangehörigen nicht gesondert geregelt. Art. 7 ARB 1/80 begünstigt die Familienangehörige türkischer Arbeitnehmer, indem er ihnen über Art. 6 ARB 1/80 hinaus weitere Rechte zu verschafft. Deshalb sind beide Vorschriften parallel anwendbar und ist nach Art. 7 ARB 1/80 in gleicher Weise wie nach Art. 6 ARB 1/80 **Bewerbungsfreiheit und Recht zum Aufenthalt** zwangsläufig miteinander verknüpft.[9]

4. Europarechtliche Einordnung des Assoziationsrechts

15 Das Assoziationsabkommen ist ein **integrierender Teil der Unionsrechtsordnung**.[10] Es ist zusammen mit dem Zusatzprotokoll primäres Assoziationsrecht. Die Assoziationsratsbeschlüsse sind sekundäres, auf primärrechtlicher Ermächtigung beruhendes Assoziationsrecht. Sie entsprechen dem sekundären Gemeinschaftsrecht. Die Assoziationsräte sind keine eigenen Rechtspersönlichkeiten. Entscheidungen im Assoziationsrat sind solche völkerrechtlicher Vertragsorgane. Auf Grund der Formfreiheit völkerrechtlicher Verträge stellen die Beschlüsse des Assoziationsrats als in vereinfachtem Verfahren geschlossene völkerrechtliche Verträge dar.

16 Assoziationsratsbeschlüsse sind zugleich auf der Seite der EU (als zum Vertragsschluss führende Willenserklärung einer Vertragsseite) als Entscheidungen anzusehen, die den Anforderungen des Art. 218 AEUV entsprechen. Sie sind Bestandteil des Unionsrechts, und zwar in gemischten Abkommen insoweit, als eine Zuständigkeit der EU berührt ist. Davon zu unterscheiden ist die Kompetenz, die der EuGH im Interesse einer einheitlichen Auslegung innerhalb der EU beanspruchen kann. Diese beruht auf der **Kooperationspflicht** zwischen der Union und den Mitgliedstaaten.[11]

17 Gemäß Art. 16 Abs. 1 ARB 1/80 sind die aufenthaltsrechtlichen Bestimmungen des Assoziationsratsbeschlusses 1/80 seit 1.12.1980 anzuwenden. Zwar werden nach Art. 6 Abs. 3 ARB 1/80 die Einzelheiten der Durchführung vom Assoziationsrat festgelegt. Doch bedarf es einer Durchführung nur dort, wo die Regelungen nicht klar und eindeutig und ohne Bedingungen den Einzelpersonen Rechte verleihen und **self-executing** sind.[12] Die Assoziationsratsbeschlüsse sind nur staatengerichtet und entsprechen so den staatengerichteten Richtlinien im Europarecht.[13] Wie diese können sie Rechte zu Gunsten von Einzelpersonen, jedoch nicht zu Lasten von Privatpersonen begründen. Eine Ausnahme von dieser Regel gilt für Richtlinien dort, wo Sekundärrecht primärrechtliche Diskriminierungsverbote konkretisiert.[14]

18 Bis zum Vertrag von Maastricht konnten Assoziationsratsbeschlüsse allein auf Grund der in den Abkommen enthaltenen Ermächtigungen ohne **parlamentarische Beteiligung**

---

[8] BVerwG Urt. v. 24.1.1995 – 1 C 2/94, BVerwGE 97, 301 = NVwZ 1995, 1110.
[9] EuGH Urt. v. 3.10.1994 – C-355/93, Slg. 1994, I-5113 = NVwZ 1995, 53.
[10] EuGH Urt. v. 20.9.1990 – C-192/89, Slg. 1990, I-3461 = NVwZ 1991, 255; *Oppermann/Classen/Nettesheim*, Europarecht, 7. Aufl. 2016, 667.
[11] EuGH Urt. v. 14.12.2000 – C-300/98 und C-392/98, Slg. 1997, I-6013 = EuZW 2001, 117.
[12] EuGH Urt. v. 20.9.1990 – C-192/89, Slg. 1990, I-3461 = NVwZ 1991, 255.
[13] EuGH Urt. v. 7.6.2007 – C-80/06, Slg. 2007, I-4473 = EuZW 2007, 546.
[14] EuGH Urt. v. 22.11.2005 – C-144/04, Slg. 2005, I-9981 = NJW 2005, 3695.

verabschiedet werden. Aus diesem Grund bedurften die ausländerrechtlich bedeutsamen ARB 2/76, 1/80 und 3/80 für ihre Wirksamkeit keiner Veröffentlichung. Inzwischen unterliegen neu gefasste Beschlüsse dem Verfahren nach Art. 218 Abs. 6 AEUV und bedürfen der Zustimmung des Europäischen Parlaments.

Assoziationsratsbeschlüsse sind nicht unmittelbar anwendbar, soweit sie zur Umsetzung 19 ergänzende Maßnahmen und Entscheidungen voraussetzen. Anders im umgekehrten Fall: „Nach ständiger Rechtsprechung des Gerichtshofes ist eine Bestimmung eines von der Gemeinschaft mit Drittländern geschlossenen Abkommens als **unmittelbar anwendbar** anzusehen, wenn sie unter Berücksichtigung ihres Wortlauts und im Hinblick auf den Gegenstand und die Natur des Abkommens eine klare und eindeutige Verpflichtung enthält, deren Erfüllung oder deren Wirkungen nicht vom Erlass eines weiteren Akts abhängen."[15] Für die Art. 6, 7, 10, 13 und 14 ARB 1/80 hat der EuGH diese Voraussetzungen bejaht.

II. Aufenthaltsrecht türkischer Arbeitnehmer

1. Begriff des Arbeitnehmers

Art. 6 Abs. 1 ARB 1/80 enthält die Grundlage für einen Anspruch auf Verlängerung der 20 **„Arbeitserlaubnis"**, Abs. 2 regelt die Schranken dieses Anspruchs und Abs. 3 überlässt dem nationalen Gesetzgeber die Regelung der Einzelheiten des Verwaltungsverfahrens. Die Vorschrift verwendet nur den Begriff der Arbeits- und nicht der Aufenthaltserlaubnis. Art. 6 Abs. 1 ARB 1/80 regelt die beschäftigungsrechtliche Stellung der türkischen Arbeitnehmer. Diese ist eng mit der aufenthaltsrechtlichen Stellung verknüpft. Die Vorschrift setzt deshalb zwangsläufig voraus, dass den türkischen Arbeitnehmern mit Erlangung eines Rechts auf eine Beschäftigung eine entsprechende Arbeitserlaubnis zusteht.[16]

Der Wortlaut Art. 6 Abs. 1 ARB 1/80 weist **erhebliche Ähnlichkeit** mit Art. 6 VO 21 15/61/EWG auf. Dort war nach einjähriger ordnungsgemäßer Beschäftigung von EWG-Wanderarbeitnehmern das Recht zur Verlängerung der Arbeitsgenehmigung zugestanden worden. Nach dem vorangehenden Art. 5 VO 15/61/EWG hatte dieser Personenkreis ein Einreiserecht zur Arbeitsuche. Im Kontext musste deshalb das Recht auf Verlängerung der Arbeitsgenehmigung ein Aufenthaltsrecht mitumfassen.

Indem Art. 6 Abs. 1 ARB 1/80 die türkischen Arbeitnehmern gewährten Rechte an die 22 Dauer einer ordnungsgemäßen Beschäftigung anknüpft, **muss die Ausübung der Beschäftigung ursprünglich aufenthaltsrechtlich erlaubt gewesen sein.** Eine während des Verfahrens auf Verlängerung eines Aufenthaltstitels ausgeübte Beschäftigung erfüllt diese Voraussetzung an sich nicht. Wird die Tätigkeit jedoch nachfolgend erlaubt, kann die Beschäftigungsdauer angerechnet werden. Ergibt sich, dass die Ablehnung der Verlängerung eines Aufenthaltstitels rechtswidrig war, weil im Zeitpunkt der Ablehnung bereits ein Aufenthaltsrecht nach Art. 6 ARB 1/80 entstanden war, ist eine während eines Rechtsstreit zurückgelegte weitere Beschäftigungszeit anspruchserhöhend hinzuzurechnen. Das kann zB dazu führen, dass der Zugang zum gesamten Arbeitsmarkt erlangt ist.[17]

(Frühere) türkische Arbeitnehmer, die dauerhaft **aus dem Arbeitsmarkt ausgeschie-** 23 **den** sind, erlangen durch Art. 6 Abs. 1 ARB 1/80 kein dauerhaftes Aufenthaltsrecht. Im Gegenteil endet ein assoziationsrechtlicher Anspruch mit Ausscheiden aus dem Arbeitsmarkt.[18] In einem solchen Fall kann allerdings nationales Recht – hier insbesondere § 9 AufenthG – ein Bleiberecht vermitteln. Aus Art. 6 ARB 1/80 ergibt sich auch kein Recht auf Rückkehr in einen Mitgliedstaat, wenn ein türkischer Arbeitnehmer den Arbeitsmarkt auf Dauer verlassen hat und ausgereist ist.

---

[15] EuGH Urt. v. 4.5.1999 – C-262/96, Slg. 1999, I-2685 = BeckEuRS 1999, 234577.
[16] EuGH Urt. v. 20.9.1990 – C-192/89, Slg. 1990, I-3461 = NVwZ 1991, 255.
[17] EuGH Urt. v. 16.12.1992 – C-237/91, Slg. 1992, I-6781 = NVwZ 1993, 258.
[18] EuGH Urt. v. 6.6.1995 – C-434/93, Slg. 1995, I-1475 = NVwZ 1995, 1094.

24 Der Begriff des Arbeitnehmers iSd Art. 6 ARB 1/80 stimmt mit dem im Freizügigkeitsrecht in Art. 45 AEUV verwendeten Begriff überein. Ein Arbeitsverhältnis ist dadurch gekennzeichnet, dass es „die Ausübung einer tatsächlichen und echten wirtschaftlichen Tätigkeit zum Gegenstand hat".[19] Auch ein Scheinselbständiger, dessen Selbständigkeit fiktiv ist und damit ein tatsächliches Arbeitsverhältnis verschleiert, ist als Arbeitnehmer einzuordnen.[20] Das **Merkmal eines Arbeitsverhältnisses** besteht darin, dass jemand während einer bestimmten Zeit für einen anderen nach dessen Weisung Leistungen erbringt, für die er als Gegenleistung eine Vergütung erhält.[21] Die Begriffe des deutschen Arbeitsrechts sind nicht maßgeblich. Der Geschäftsführer einer Einmann-GmbH, deren einziger Gesellschafter er ist, ist nicht weisungsabhängig und deshalb kein Arbeitnehmer.[22] Die Tätigkeit eines Mitglieds der Unternehmensleitung einer Kapitalgesellschaft, das seine Tätigkeit regelmäßig und gegen Entgelt ausübt und dabei vollständiger Kontrolle unterliegt und ohne weiteres abberufen werden kann, kann als Arbeitnehmertätigkeit eingeordnet werden.[23]

25 **Auszubildende** haben zwar nach (deutschen) Berufsausbildungsgesetz nicht einen Arbeits-, sondern einen Ausbildungsvertrag abgeschlossen. Doch europarechtlich wird ihre Tätigkeit als die eines Arbeitnehmers eingeordnet. Es kommt nicht auf ihre Produktivität an. Sie erhalten als Gegenleistung für ihre Arbeitsleistung eine Vergütung und sind weisungsgebunden ins Unternehmen eingebunden. Deshalb unterfallen sie auch bei geringer Produktivität ebenfalls Art. 6 ARB 1/80. So erlangte der türkische Adoptivsohn eines deutschen Metzgers durch die vierjährige Ausbildung in der Metzgerei den freien Zugang zum deutschen Arbeitsmarkt und damit ein gesichertes Aufenthaltsrecht.[24]

26 Auch **Praktikanten** sind Arbeitnehmer. So erlangte ein türkischer Mitarbeiter der Firma Siemens, dem für über ein Jahr die praktische Fortbildung im Unternehmen gestattet worden war, das Recht auf Verlängerung seines Aufenthalts im Bundesgebiet.[25] Es ist weiter verfehlt, wissenschaftliche Mitarbeiter an Hochschulen von der Anwendung des Art. 6 ARB 1/80 mit der Begründung auszunehmen, sie würden nicht dem regulären Arbeitsmarkt angehören und ihre Tätigkeit diene lediglich der Anfertigung einer Dissertation.[26] Das Merkmal des Wissenserwerbs kennzeichnet auch eine berufliche Ausbildung.

27 Türkischen Staatsangehörigen, denen die Einreise zur Durchführung eines Studiums erlaubt wurde, wird die Beschäftigung gemäß § 16 Abs. 3 AufenthG für bis zu 120 Tage oder 240 halbe Tage im Jahr, sowie zur Ausübung studentischer Nebentätigkeiten erlaubt. **Studium** stellt eine Teilhabe am Bildungssystem und nicht die Entgegennahme einer Dienstleistung dar.[27] Neben einem Studium entfaltete unselbständige Erwerbstätigkeit verwirklicht die Arbeitnehmereigenschaft. Auf den Zweck, für welchen die Einreise gestattet wurde, kommt es nicht an.[28] Es ist unerheblich, ob das Studium erfolgreich abgeschlossen wird. Es kann deshalb eine Beschäftigung von monatlich 16 Stunden an insgesamt nur 50 Tagen im Jahr ausreichen, um die Voraussetzungen des Art. 6 ARB 1/80 zu erfüllen.[29] Das gilt entsprechend für Tätigkeit während eines Promotionsstudiums.[30]

28 **Berufssportler**, ob Voll- oder Halbprofis, sind als Arbeitnehmer einzuordnen, wenn sie im Mannschaftssport eingesetzt werden. Sie werden gegen Entgelt tätig und handeln dann auf Weisung eines anderen, in dessen Betrieb sie eingegliedert sind. Auch **Amateure,**

---

[19] EuGH Urt. v. 30.9.1997 – C-98/96, Slg. 1997, I-5179 = NVwZ 1999, 286.
[20] EuGH Urt. v. 4.12.2014 – C-413/13, NZA 2015, 151.
[21] EuGH Urt. v. 10.9.2014 – C-270/13, NVwZ 2014, 1508.
[22] EuGH Urt. v. 27.6.1996 – C-107/94, Slg. 1996, I-3089 = NJW 1996, 2921; Urt. v. 10.7.2014 – C-138/13, NVwZ 2014, 1081.
[23] EuGH Urt. v. 11.11.2010 – C-232/09, Slg. 2010, I-11405 = NJW 2011, 2343.
[24] EuGH Urt. v. 19.11.2002 – C-188/00, Slg. 2002, I-10691 = BeckRS 2004, 74793; ebenso BVerwG Urt. v. 19.9.2000 – 1 C 13/00, NVwZ 2001, 333.
[25] EuGH Urt. v. 30.9.1997 – C-36/96, Slg. 1997, I-5143 = NVwZ 1999, 283.
[26] So aber OVG Bremen Beschl. v. 22.5.1997 – 1 B 43/97, NVwZ-RR 1998, 202.
[27] EuGH Urt. v. 7.12.1993 – C-109/92, Slg. 1993, I-6447 = NVwZ 1994, 366.
[28] EuGH Urt. v. 24.1.2008 – C-294/06, Slg. 2008, I-203 = NVwZ 2008, 404.
[29] OVG Lüneburg Beschl. v. 20.10.2011 – 11 ME 280/11, NVwZ-RR 2012, 84.
[30] VGH Mannheim Urt. v. 11.12.1996 – 11 S 1639/96, AuAS 1997, 86 = BeckRS 1997, 20317.

ein Handgeld erhalten, können darunter fallen, abhängig von der wirtschaftlichen Bedeutung des Entgelts. Das gilt insbesondere für Fußballspieler[31] und Handballspieler.[32] Eine Ausnahme gilt allerdings bei nach Nationalitäten durchgeführten Wettbewerben und insbesondere beim Einsatz in Nationalmannschaften.[33]

Schwieriger ist die Einordnung von Berufstätigkeit im Rahmen religiöser Vereinigungen zu beurteilen. Das BVerwG[34] hat es in seinen bisherigen Entscheidungen offen gelassen, ob die Tätigkeit von Imamen selbständige oder unselbständige Erwerbstätigkeit ist. Nach Ansicht des VG Stade[35] ist ein **Imam** als Angestellter seiner Moschee anzusehen, also Arbeitnehmer. 29

Doch sind nur solche Tätigkeiten europarechtlich begünstigt, die einen Teil des Wirtschaftslebens im Binnenmarkt darstellen. Die Teilnahme an einer auf Religion oder einer anderen Form der Weltanschauung beruhenden Vereinigung fällt nicht in den Anwendungsbereich des Unionsrechts, soweit sie nicht Teil des Wirtschaftslebens anzusehen ist. Nur wenn sie Teil des Wirtschaftslebens ist, wird sie in der EU aufenthaltsrechtsrechtlich begünstigt[36] und nur insoweit kann sie assoziationsrechtliche Aufenthaltsansprüche verschaffen. Die **Verkündigung einer religiösen Botschaft** ist kein kommerzieller Akt und deshalb kein Bestandteil des Wirtschaftslebens. Entsprechend können sich türkische Imame nicht auf Art. 6 ARB 1/80 berufen. 30

Es gibt vielfältige **Aktivitäten religiöser Vereinigungen,** bei denen eine Beteiligung ihrer Mitglieder und Mitarbeiter zur Erfüllung der Merkmale der Arbeitnehmereigenschaft führt. In der vom EuGH entschiedenen Sache *Steymann* führte ein Mitglied der Baghwan-Sekte für diese an deren Gebäude Klempner- und Hausarbeiten durch und beteiligte sich im übrigen an Aktivitäten der Sekte im gewerblichen Bereich. Hierzu gehörte der Betrieb einer Diskothek, eines Getränkehandels und eines Waschsalons. Das war keine religiöse Betätigung, anders als zB Predigt, keine Vermittlung einer weltanschaulichen Botschaft, sondern schlichtes Bemühen um die Finanzierung der Sekte durch Beteiligung am Wirtschaftsleben, also eine Tätigkeit mit der Absicht der Erzielung eines Überschusses, Kommerz.[37] Ebenso war die Tätigkeit einer Sekretärin für Scientology als Arbeitnehmer-Tätigkeit einzuordnen.[38] 31

Schwierig ist die Einordnung **helfender Familienangehöriger.** Die Beschäftigung des Ehegatten in einem Familienunternehmen kann je nach den Umständen als Arbeitnehmertätigkeit einzuordnen sein. Die personen- und vermögensrechtlichen Beziehungen zwischen Ehegatten schließen im Rahmen der Unternehmensorganisation das Bestehen eines Unterordnungsverhältnisses, wie es für ein Arbeitsverhältnis typisch ist, nicht aus. Ein Ehegatte, der im Familienbetrieb die Buchhaltung führt oder im Verkauf hilft, kann deshalb als Arbeitnehmer eingeordnet werden.[39] Auf die sozial- und steuerrechtliche Einordnung nach deutschem Recht kommt es nicht an. 32

Eine Großmutter, die ihre Enkelkinder betreute, wurde als Arbeitnehmerin eingestuft.[40] Das ist fraglich. Zwar ist **Kinderbetreuung** kommerzialisierbar. Sie kann Dritten übertragen werden, die dann Arbeitnehmer sind. Doch das Verhältnis zwischen Großmutter und Eltern und Enkelkindern ist vor allem familienrechtlicher Natur. Im Umgang mit Enkelkindern fragen die Großmütter sozialtypisch weder nach Beginn und Ende der Arbeitszeit 33

---

[31] EuGH Urt. v. 25.7.2008 – C-152/08, Slg. 2008, I-6291 = SpuRt 2009, 61.
[32] EuGH Urt. v. 8.5.2003 – C-438/00, Slg. 2003, I-4135 = NZA 2003, 845.
[33] EuGH Urt. v. 12.12.1974 – 36/74, Slg. 1974, 1405 = NJW 1975, 1093.
[34] BVerwG Beschl. v. 6.5.1983 – 1 B 58.83, NJW 1983, 2587; Beschl. v. 8.11.1983 – 1 A 77.83, BeckRS 1983, 31304351.
[35] VG Stade Beschl. v. 1.11.1982 – 5 VG D 23/82, InfAuslR 1983, 117; ebenso öVwGH, Erkenntnis vom 10.12.2013 – 2011/22/0289; *Huber* ARB 1/80 Art. 6 Rn. 12.
[36] EuGH Urt. v. 5.10.1988 – 196/87, Slg. 1988, 6159 = NVwZ 1990, 53.
[37] EuGH Urt. v. 5.10.1988 – 196/87, Slg. 1988, 6159 = NVwZ 1990, 53.
[38] EuGH Urt. v. 4.12.1974 – 41/74, Slg. 1974, 1337 = NJW 1975, 2165.
[39] EuGH Urt. v. 8.6.1999 – C-337/97, Slg. 1999, I-3289 = BeckRS 2004, 76538.
[40] OVG Schleswig Urt. v. 9.3.1993 – 4 L 175/92, NVwZ 1993, 261.

noch wehren sie sich gegen Nachtarbeit oder beanspruchen für diese einen Nacht- oder Überstundenzuschlag. Andererseits können Großmütter durchaus auf Unterhalt angewiesen sein und diesen ohne Mithilfe in der Familie beanspruchen. Es ist also zu fragen, wie sich familienrechtliches und arbeitsrechtliches Band zueinander verhalten, und es sind die besonderen Umstände des Einzelfalls zu prüfen.

34 Der **zeitliche Umfang der Beschäftigung** muss nicht erheblich sein. Selbst eine Tätigkeit von nur fünfeinhalb Stunden wöchentlich verwirklicht Arbeitnehmertätigkeit. Ebenso reicht ein niedriges Einkommen, das die Obergrenze der geringfügigen Beschäftigung nach deutschem Recht deutlich unterschreitet, aus. Der EuGH ließ dafür einen Monatslohn von 175 EUR genügen.[41]

35 Weder selbständige noch unselbständige Tätigkeit liegt im Verkauf einer Obdachlosenzeitung, die eine **dem Betteln gleichgestellte Tätigkeit** darstellt. Die Eigenschaft von Arbeitnehmern scheitert daran, dass die Obdachlosen die Zeitung zum Zweck des Straßenverkaufs ohne weitere Weisungen zu deren Betrieb übernehmen und den Differenzbetrag zum Verkaufspreis zur eigenen Verfügung behalten können. Ein wirtschaftlicher Güteraustausch ist mit dieser Tätigkeit nicht verbunden und deshalb das Merkmal der selbständigen Erwerbstätigkeit ebenfalls nicht verwirklicht.[42]

2. Ordnungsgemäße Beschäftigung am regulären Arbeitsmarkt

36 **a) Regulärer Arbeitsmarkt.** Art. 6 ARB 1/80 enthält die Begriffe des „regulären Arbeitsmarkts" und der „ordnungsgemäßeren Beschäftigung". Es drängt sich auf, ersteren als das bloße Gegenteil zu einem **„irregulären Arbeitsmarkt"** zu verstehen. In diesem Fall wäre er allerdings funktionslos, da er nur den Begriff der „ordnungsgemäßen Beschäftigung" wiederholen würde. Eine Beschäftigung auf einem irregulären Arbeitsmarkt ist gemäß Definition nicht ordnungsgemäß.

37 Tatsächlich war nach der ursprünglichen Auffassung des EuGH[43] die Beschäftigung in einer **Rehabilitationsmaßnahme** nicht als tatsächliche und echte wirtschaftliche Tätigkeit anzusehen. Er hat diese Auffassung im Falle des türkischen Rehabilitanten *Birden* bei einer Tätigkeit korrigiert, die den Betroffenen in den Arbeitsmarkt hineinführen soll.[44]

38 Andererseits kann die Tätigkeit etwa im diplomatischen Dienst oder rein religiöse Betätigung nicht dem regulären Arbeitsmarkt zugerechnet werden. Ersteres ist **hoheitliche Tätigkeit**, letzteres Verkündung einer Botschaft und gehört damit nicht zum Austausch von Waren und Dienstleistungen.

39 Ein Vergleich der Fassungen des Art. 6 ARB 1/80 **in den verschiedenen Vertragssprachen** führt weiter: Die deutsche Fassung spricht von einem türkischen Arbeitnehmer, der „dem regulären Arbeitsmarkt eines Mitgliedstaats angehört" und ordnungsgemäß beschäftigt sein müsse. Demgegenüber verwenden verschiedene anderssprachige Fassungen denselben Begriff doppelt. Die französische Fassung verwendet „appartenant au marché régulier de l'emploi d'un Etat membre" und zugleich „emploi régulier", die italienische Fassung „inserito nel regolare mercato del lavoro di uno Stato membro" und „regolare impiego", die englische Fassung „duly registered as belonging to the labour force of a Member State" und „legal employment", die holländische Fassung „die tot de legale arbeidsmarkt van een Lid-Staat behoort" und „legale arbeid". Auch in der dänischen und türkischen Fassung werden die Begriffe so wiederholt.

40 Der in allen diesen Fassungen wiederkehrende Gedanke besteht darin, dass türkische Arbeitnehmer bereits in den legalen Arbeitsmarkt integriert sein müssen, um einen rechtlich gesicherten weiteren Zugang zur Beschäftigung zu erhalten. Damit wird das Merkmal des Erfordernisses der ordnungsgemäßen Beschäftigung wiederholt. Die **Begriffe** des

---

[41] EuGH Urt. v. 4.2.2010 – C-14/09, Slg. 2010, I-931 = NVwZ 2010, 367.
[42] BSG Urt. v. 3.12.2015 – B 4 AS 44/15 R, BSGE 120, 149 = NJW 2016, 1464.
[43] EuGH Urt. v. 31.5.1989 – 344/87, Slg. 1989, 1621 = BeckEuRS 1989, 153363.
[44] EuGH Urt. v. 26.11.1998 – C-1/97, Slg. 1998, I-7747 = NVwZ 1999, 1099.

"regulären Arbeitsmarkts" und der "ordnungsgemäßeren Beschäftigung" sind **synonym**.[45]

Voraussetzung für die Zugehörigkeit einer Beschäftigung zum regulären Arbeitsmarkt ist ein **räumliches Moment**. Das Arbeitsverhältnis muss im Hoheitsgebiet des Mitgliedstaats ausgeübt werden oder wenigstens eine hinreichend enge Anknüpfung an dieses Gebiet aufweisen. Zu prüfen sind die Merkmale des Orts der Einstellung, des Gebietes, von dem aus die Tätigkeit ausgeübt wird und der im Bereich des Arbeitsrechts und der nationalen Sicherheit anwendbaren nationalen Rechtsvorschriften.[46] 41

b) Bedeutung des Grunds für den Zuzug. Für die Zugehörigkeit türkischer Staatsangehöriger zum regulären Arbeitsmarkt ist der Grund für die Genehmigung ihre Einreise und ihres erstmaligen Aufenthalts nicht ausschlaggebend.[47] Der Arbeitnehmer mag ursprünglich als Asylbewerber oder im Familiennachzug oder aus anderem Grund eingereist sein. Es kommt nur darauf an, dass das Arbeitsverhältnis eine **hinreichend enge Anknüpfung an das deutsche Hoheitsgebiet** aufweist. Deshalb erfüllen auch Beschäftigungszeiten von anerkannten türkischen Flüchtlingen die Voraussetzungen der Art. 6 ff. ARB 1/80.[48] 42

Wurde die Aufenthaltserlaubnis zum Familiennachzug erteilt und trennen sich die Eheleute vor Erlangung eines eheunabhängigen Aufenthaltsanspruchs nach nationalem Recht, besteht **keine Hinweispflicht** des Nachgezogenen und darf seine Aufenthaltserlaubnis nicht nachträglich rückwirkend befristet werden. Ein erst durch Fortsetzung der Beschäftigung nach Trennung entstandener Aufenthaltsanspruch nach Art. 6 ARB 1/80 kann auf diesem Weg nicht mehr entzogen werden.[49] 43

c) Befristete Aufnahme. Eine nur **befristete Aufnahme ins Bundesgebiet** steht der Zugehörigkeit zum regulären Arbeitsmarkt nicht entgegen. Gemäß § 11 Abs. 2 BeschV darf Spezialitätenköchen die Tätigkeit für höchstens vier Jahre erlaubt werden. Da die Mitgliedstaaten nicht berechtigt sind, Angehörige von Berufsgruppen mit Spezialkenntnissen vom Anwendungsbereich des Art. 6 ARB 1/80 auszunehmen, gilt diese zeitliche Schranke nicht für türkische Spezialitätenköche.[50] Für Au-pair-Beschäftigungen von Personen, die unter 27 Jahren alt sind (§ 12 BeschV), gilt dasselbe.[51] 44

Für Lehrkräfte aus dem Ausland für die Erteilung von **muttersprachlichem Unterricht** lässt § 11 BeschV die Zulassung zum Arbeitsmarkt für die Höchstdauer von fünf Jahren zu. Die aus der Türkei für muttersprachlichen Unterricht eingesetzten Lehrkräfte werden vom türkischen Staat bezahlt. Die Entlohnung wird in der Türkei sozialversichert und besteuert. Nach der hM soll dieser Personenkreis als sogenannte entsandte Arbeitnehmer nicht dem inländischen Arbeitsmarkt angehören (dazu → § 12 Rn. 49 f.). 45

d) Grenzüberschreitende Sachverhalte. Bei grenzüberschreitenden beruflichen Tätigkeiten ist für die Zuordnung zum Arbeitsmarkt eines Mitgliedstaaten zu prüfen, ob das Arbeitsverhältnis eine **hinreichend enge Anknüpfung an das Hoheitsgebiet** des Mitgliedstaats aufweist. Es kommt insbesondere auf den Ort der Einstellung, das Gebiet, von dem aus die Tätigkeit ausgeübt wird, und darauf an, welche nationalen Rechtsvorschriften im Bereich des Arbeitsrechts und der sozialen Sicherheit anzuwenden sind. Die Zuerkennung der Rechte nach dem ARB 1/80 ist nicht von der förmlichen Erteilung einer Ar- 46

---

[45] EuGH Urt. v. 26.11.1998 – C-1/97, Slg. 1998, I-7747 = NVwZ 1999, 1099; BVerwG Urt. v. 19.9.2000 – 1 C 13.00, NVwZ 2001, 333.
[46] EuGH Urt. v. 6.6.1995 – C-434/93, Slg. 1995, I-1475 = NVwZ 1995, 1094 im Fall eines Fernfahrers; Urt. v. 26.11.1998 – C-1/97, Slg. 1998, I-7747 = NVwZ 1999, 1099 wegen beruflicher Rehabilitation; Urt. v. 19.11.2002 – C-188/00, Slg. 2002, I-10691 = BeckRS 2004, 74793 ein Auszubildender; BVerwG Urt. v. 19.9.2000 – 1 C 13.00, NVwZ 2001, 333.
[47] EuGH Urt. v. 16.12.1992 – C-237/91, Slg. 1992, I-6781 = NVwZ 1993, 258; Urt. v. 6.6.1995 – C-434/93, Slg. 1995, I-1475 = NVwZ 1995, 1094.
[48] EuGH Urt. v. 18.12.2008 – C-337/07, Slg. 2008, I-10323 = NVwZ 2008, 1337.
[49] VGH München Beschl. v. 5.2.2002 – 10 B 01.2498, InfAuslR 2003, 54 = BeckRS 2002, 21725.
[50] EuGH Urt. v. 30.9.1997 – C-98/96, Slg. 1997, I-5179 = NVwZ 1999, 286.
[51] EuGH Urt. v. 24.1.2008 – C-294/06, Slg. 2008, I-203 = NVwZ 2008, 404.

beits- oder Aufenthaltserlaubnis abhängig. Die Rechte stehen den türkischen Staatsangehörigen, die ordnungsgemäß in den Arbeitsmarkt eines Mitgliedstaats integriert seien, unabhängig davon zu, ob die zuständigen Verwaltungsbehörden hierüber Verwaltungsdokumente ausstellen. Der EuGH[52] traf diese Entscheidung im Falle eines Kraftfahrers, der im Gütertransport zwischen den Niederlanden und der Türkei tätig war und für diese Tätigkeit keine Aufenthaltserlaubnis benötigte.

47 In gleicher Weise kommt es für das assoziationsrechtliche Aufenthaltsrecht von **Seeleuten** darauf an, ob diese im Dienst eines inländischen Arbeitgebers stehen, im Inland steuer- und sozialversicherungspflichtig sind und das Schiff regelmäßig in einem deutschen Hafen anlegt. Aus diesen äußeren Umständen ergibt sich, ob ein Arbeitsverhältnis einen derart engen Bezug zur Bundesrepublik Deutschland hat, dass die Zugehörigkeit des jeweiligen Arbeitnehmers zum inländischen Arbeitsmarkt zu bejahen ist.[53]

48 Demgegenüber gehören **entsandte Arbeitnehmer** nicht dem regulären Arbeitsmarkt an. Es handelt sich um Personen, deren Arbeitsverhältnis nicht den Regeln des Landes unterliegt, in dem sie konkret beschäftigt werden, sondern die im Entsendeland, das ihr Heimatland sein mag (aber nicht sein muss), sozialversichert sind und deren Beschäftigungsverhältnis dort besteht. Für diese Personengruppe entnimmt der EuGH Art. 56 AEUV das Recht von Dienstleistern, überall in der EU mit ihrem gesamten Personal Dienstleistungen anzubieten. Andernfalls würden diese Dienstleistungserbringer gegenüber Inländern unzulässig benachteiligt. Die entsandten Arbeitnehmer erlangen keinen Zutritt zum Arbeitsmarkt des Aufnahmemitgliedstaates, da sie nach Erfüllung ihrer Aufgabe in ihr Herkunfts- oder Wohnsitzland zurückkehren.[54]

49 Problematisch erscheinen Sachverhalte, bei denen die Entsendung länger als 12 bzw. 24 Monate dauert. Bei Inkrafttreten des ARB 1/80 sah Art. 14 VO (EWG) 1408/71, die Verordnung zur sozialen Koordinierung, eine **zeitliche Obergrenze für Entsendungen** von 12 Monaten vor. Art. 12 VO (EG) 883/2004 hat diese Obergrenze auf 24 Monate verlängert. Art. 9 ARB 3/80 erstreckt diese Regelungen auf die aus der Türkei in die EU entsandten türkischen Arbeitnehmer. Danach werden insbesondere aus der Türkei stammende, vom türkischen Staat besoldete islamische Religionslehrer und Lehrkräfte für türkischen Sprachunterricht nach Ablauf dieser Zeit sozialversicherungsrechtlich unzulässig weiter als entsandte Arbeitnehmer behandelt, obwohl für sie im Inland Sozialversicherungsbeiträge entrichtet werden müssten.[55]

50 Dennoch verneint die Rechtsprechung bislang, dass auf Grund einer solchen in der Regel mehrjährigen Tätigkeit ein Aufenthaltsrecht nach Art. 6 ARB 1/80 entstehen würde. Es bedürfe im Regelfall keines aufenthaltsrechtlichen Anspruchs, um sozialversicherungsrechtliche Ansprüche effektiv wahrnehmen zu können.[56] Diese Argumentation übergeht den Kern des Problems, wonach ein **Fehlverhalten des Arbeitgebers** zu Lasten des Arbeitnehmers wirken würde. Die rechtswidrige Zuordnung eines Arbeitsverhältnisses zum türkischen Arbeitsmarkt würde die Entstehung eines Rechtsanspruchs verhindern. Damit wird diesen Arbeitnehmern auch entgegen Art. 10 ARB 1/80 der ihnen arbeitsrechtlich zukommende Schutz verweigert und darüber hinaus letztlich Sozialdumping ermöglicht.

51 Im Arbeitserlaubnisrecht hatte das BSG sich geweigert, Säumnisse des Arbeitgebers dem Arbeitnehmer zuzurechnen. Denn letzterer sei angesichts der **besonderen persönlichen und wirtschaftlichen Abhängigkeit** ausländischer Arbeitnehmer überfordert, wenn von ihnen verlangt würde, den Arbeitgeber zu überwachen und rechtzeitig auf die Einhaltung

---

[52] EuGH Urt. v. 6.6.1995 – C-434/93, Slg. 1995, I-1475 = NVwZ 1995, 1094.
[53] EuGH Urt. v. 23.1.1997 – C-171/95, Slg. 1997, I-329 = NVwZ 1997, 677; Urt. v. 10.1.2006 – C-230/03, Slg. 2006, I-157 = NVwZ 2006, 315.
[54] EuGH Urt. v. 11.9.2014 – C-91/13, EZAR-NF 19 Nr. 73 zum Einsatz türkischer Arbeitnehmer durch ein in Deutschland ansässiges Unternehmen auf einer niederländischen Baustelle.
[55] Verwunderlich an der Praxis des von den Konsulaten organisierten Unterrichts ist, dass er ohne staatliche Schulaufsicht gegenüber Schülern durchgeführt wird, die auf Grund von § 4 Abs. 3 StAG seit 1.1.2000 überwiegend die deutsche Staatsangehörigkeit besitzen.
[56] VGH Mannheim Beschl. v. 7.6.2001 – 11 S 1463/00, NVwZ-RR 2001, 791.

der einschlägigen Vorschriften zu dringen.[57] Darüber hinaus gebietet Art. 5 RL 96/71/EG, zur Erbringung von Dienstleistungen entsandte Arbeitnehmer bei der Durchsetzung ihrer Ansprüche zu unterstützen. Die bisherige Praxis widerspricht dieser Anforderung.

e) Ordnungsgemäße Beschäftigung. Das Aufenthaltsrecht nach Art. 6 ARB 1/80 setzt 52 eine ordnungsgemäße Beschäftigung voraus. Ordnungsgemäß ist nur eine **rechtmäßige Beschäftigung.** Dazu muss der Arbeitnehmer die ausländerrechtlichen Anforderungen und des sonstigen Berufsrechts für die Ausübung der Beschäftigung erfüllen, darf zB nicht die gesetzlichen Höchstarbeitszeiten überschreiten. Für die Rechtmäßigkeit der Beschäftigung ist nicht entscheidend, ob der Arbeitgeber seine Verpflichtungen erfüllt, etwa für den Arbeitnehmer Sozialversicherungsbeiträge und Lohnsteuer abführt oder die Unfallverhütungsvorschriften einhält. Die entgegengesetzte Auffassung[58] verkürzt ungerechtfertigt Arbeitnehmerrechte und widerspricht damit dem Ziel von Art. 151 AEUV, die Arbeitsbedingungen zu verbessern.

Keine ordnungsgemäße Beschäftigung liegt bei **Asylbewerbern** vor. Ein Aufenthalt zur 53 Durchführung eines Asylverfahrens ist vorübergehender Natur und dient der Aufklärung, ob der begehrte Schutz vor Verfolgung oder Abschiebung zu gewähren ist. Eine Aufenthaltsgestattung bescheinigt lediglich ein vorläufiges Aufenthaltsrecht. Während dieses Verfahrensaufenthalts kann nicht durch Beschäftigung ein Anspruch auf Aufenthaltsverfestigung gemäß Art. 6 ARB 1/80 entstehen.[59] Dasselbe gilt für Duldungen, die nur eine Aussetzung der Abschiebung und gerade nicht die Gewährung eines Aufenthaltsrecht beinhalten.

Ein **verspäteter Antrag auf Verlängerung der Aufenthaltserlaubnis** ist unschädlich. 54 Ist ein türkischer Arbeitnehmer nur einige Tage ohne Aufenthaltserlaubnis und wird sie im nachhinein rückwirkend verlängert, ohne die Ordnungsmäßigkeit des Aufenthalts im Inland in Frage zu stellen, liegt ein ununterbrochener ordnungsgemäßer Aufenthalt vor. Das gilt für Sachverhalte, bei denen der Ausländer ein Aufenthaltsrecht nach dem ARB 1/80 erworben hat, da die Aufenthaltserlaubnis dann nur deklaratorischen Charakter hat. Es gilt ebenso in der Anwartschaftsphase für kurzzeitige, also geringfügige Unterbrechungen aus dem Grund der Verhältnismäßigkeit.[60]

Auch im Assoziationsrecht wird der Versuch missbilligt, durch falsche Angaben über eine 55 eheliche Lebensgemeinschaft, eine sogenannte **„Scheinehe"** Vorteile zu erlangen. Deshalb können Beschäftigungszeiten nach Erlangung einer Aufenthaltserlaubnis, die auf einer Täuschungshandlung beruht, nicht als ordnungsgemäß gemäß Art. 6 Abs. 1 ARB 1/80 angesehen werden. Die Voraussetzungen für die Erteilung einer Aufenthaltserlaubnis lagen von Anbeginn nicht vor.[61] Eine strafrechtliche Verurteilung wegen falscher Angaben gegenüber der Ausländerbehörde ist nicht Voraussetzung für die Verneinung eines Aufenthaltsrechts.[62]

Dasselbe gilt für eine Anerkennung als Flüchtling, die auf **falschen Angaben des** 56 **Flüchtlings** beruht. Die Ausübung einer auf Grund falscher Angaben gegenüber einer Behörde erlaubten Beschäftigung kann kein berechtigtes Vertrauen eines sich auf Art. 6 Abs. 1 ARB 1/80 berufenden türkischen Arbeitnehmers schaffen.[63]

f) Öffentlicher Dienst. Tätigkeiten im öffentlichen Dienst sind – wie bei Art. 45 57 Abs. 4 AEUV – von den Begünstigungen der Art. 6 ff. ARB 1/80 ausgenommen. Denn die Rechte türkischer Arbeitnehmer gehen gemäß Art. 59 ZP nicht weiter als diejenigen von Unionsbürgern. Der europarechtliche Begriff des öffentlichen Dienstes ist enger als im

---

57 BSG Urt. v. 27.1.1977 – 12 RAr 83/76, BSGE 43, 153 = NJW 1978, 1125.
58 VGH Kassel Beschl. v. 22.4.2004 – 12 UE 234/04, DöV 2004, 1051.
59 BVerwG Beschl. v. 10.5.1995 – 1 B 72.95, InfAuslR 1995, 312 = BeckRS 1995, 31220620.
60 EuGH Urt. v. 30.9.1997 – C-98/96, Slg. 1997, I-5179 = NVwZ 1999, 286.
61 EuGH Urt. v. 5.6.1997 – C-285/95, Slg. 1997, I-3069 = NVwZ 1998, 50; BVerwG Urt. v. 12.4.2005 – 1 C 9.04, NVwZ 2005, 1329. Die Rechtswidrigkeit erfasst indes nicht Kinder, deren Eltern zur Erlangung des Aufenthaltsrechts getäuscht haben: EuGH Urt. v. 11.11.2004 – C-467/02, Slg. 2004, I-10895 = NVwZ 2005, 1098.
62 BVerwG Urt. v. 29.5.2018 – 1 C 17.17, InfAuslR 2018, 329.
63 EuGH Urt. v. 18.12.2008 – C-337/07, Slg. 2008, I-10323 = NVwZ 2008, 1337.

deutschen Recht. Er umfasst Tätigkeiten in der hoheitlichen Verwaltung wie Polizei, Justiz oder diplomatischer Dienst. Die Ausnahme ist nicht formal, sondern funktional zu verstehen. Maßgeblich ist nicht, ob der Betroffene Beamter ist. Vielmehr ist auf die Funktion abzustellen. Es können deshalb auch Angestellte der Bereichsausnahme unterfallen.

58 Schreibkräfte fallen regelmäßig nicht unter den **Vorbehalt des öffentlichen Dienstes**.[64] Ebenso wenig fallen Lehrer darunter. Die Tätigkeit eines Lehrers an einer öffentlichen Schule unterscheidet sich nicht von derjenigen an einer Privatschule.[65] Entsprechend sind Studienreferendare im Schuldienst Arbeitnehmer. Auch Rechtsreferendare, deren Ausbildung nicht nur auf die Tätigkeit in hoheitlicher Verwaltung vorbereitet, erfüllen die Voraussetzungen des europarechtlichen Arbeitnehmerbegriffs[66] und können deshalb die Voraussetzungen gemäß Art. 6 ARB 1/80 erfüllen. Andererseits ist die Tätigkeit eines Architekten in der kommunalen Verwaltung oder eines Nachtwächters auch dann als hoheitlich einzustufen, wenn beide als Arbeitnehmer und nicht als Beamte eingestellt sind.[67]

3. Gestufte Zulassung zum Arbeitsmarkt

59 **a) Drei Stufen der Freizügigkeit.** Der Anspruch auf Verlängerung der Aufenthaltserlaubnis setzt während der ersten vier Beschäftigungsjahre grundsätzlich die Fortsetzung der Beschäftigung beim gleichen Arbeitgeber voraus. Nach dem Wortlaut des ersten Spiegelstrichs des Art. 6 Abs. 1 ARB 1/80 kann der Arbeitnehmer betriebsintern spätestens **nach Ablauf des ersten Beschäftigungsjahres** für beliebige andere Tätigkeiten eingesetzt werden. Er muss im ersten Beschäftigungsjahr nicht strikt nur auf einem Arbeitsplatz eingesetzt gewesen sein, sondern kann auch mit unterschiedlichen Aufgaben betraut worden sein.[68] Eine Bindung an einen bestimmten Arbeitsplatz erweitert sich zur Bindung nur an den Arbeitgeber. Entsprechend sah der EuGH einen Wechsel innerhalb der ersten vier Beschäftigungsjahre bei demselben Arbeitgeber von der Tätigkeit als angelernter Haushandwerker auf eine Hausmeisterstelle als unschädlich für das assoziationsrechtliche Aufenthaltsrecht an.[69] Die Ausländerbehörde darf während der ersten vier Beschäftigungsjahre durch Auflage einen Wechsel des Arbeitgebers untersagen und damit auch bei einem Stellenwechsel nach drei Jahren prüfen, ob die Voraussetzungen des Art. 6 Abs. 1 zweiter Spiegelstrich ARB 1/80 vorliegen. Sie darf jedoch nach Vollendung des ersten Beschäftigungsjahres dem Arbeitnehmer nicht mehr die Art der unternehmensinternen Beschäftigung im Wege der Auflage vorschreiben.

60 Verfehlt ist die Behauptung von *Oberhäuser*,[70] ein Recht auf Verlängerung der Aufenthaltserlaubnis für die Beschäftigung bei einem anderen Arbeitgeber ergebe sich aus Art. 8 des **Europaabkommens über die Rechtsstellung der Wanderarbeitnehmer** vom 24.11.1977, wonach Wanderarbeitnehmer in der Regel durch die erstmalige Erteilung einer Arbeitserlaubnis nicht länger als ein Jahr an den gleichen Arbeitgeber und Ort gebunden werden sollen. Aus diesem Abkommen können keine Rechte hergeleitet werden. Es wurde bislang weder von Deutschland noch der Mehrzahl der EU-Mitgliedstaaten ratifiziert (und übrigens von der Türkei am 19.5.1981, also nach dem ARB 1/80). Für die Signatarstaaten trat es erst am 1.5.1983 in Kraft. Weiter verschafft dieses völkerrechtliche Abkommen keinen zwingenden, sondern nur einen regelhaften Anspruch auf Verlängerung einer Arbeitserlaubnis.

61 **Nach dreijähriger ununterbrochener Beschäftigung beim selben Arbeitgeber** darf der Arbeitnehmer gemäß dem zweiten Spiegelstrich des Art. 6 Abs. 1 ARB 1/80 in demselben Beruf auf einen anderen Arbeitsplatz zu wechseln. Dieses Recht ist aber zu-

---

[64] *Oberhäuser* in NK-AuslR ARB 1/80 § 6 Rn. 10.
[65] EuGH Urt. v. 27.10.1991 – C-4/91, Slg. 1991, I-5627 = NVwZ 1992, 1181.
[66] EuGH Urt. v. 17.3.2005 – C-109/04, Slg. 2005, I-2421 = NJW 2005, 1481.
[67] EuGH Urt. v. 3.6.1986 – 307/84, Slg. 1986, 1725.
[68] OVG Magdeburg Beschl. v. 16.2.2004 – 2 M 416/03, NVwZ-RR 2004, 789.
[69] EuGH Urt. v. 26.11.1998 – C-1/97, Slg. 1998, I-7747 = NVwZ 1999, 1099.
[70] *Oberhäuser* in NK-AuslR ARB 1/80 Art. 6 Rn. 31.

sätzlich an die Voraussetzung geknüpft, dass keine Unionsbürger für denselben Arbeitsplatz konkurrieren, denn diese sind bevorrechtigt. Die nach dreijähriger Beschäftigung erreichte Stufe hängt also von der Lage am Arbeitsmarkt ab. Weiter müssen die Arbeitsbedingungen „normal", also marktüblich sein. Eine Überprüfung der Voraussetzungen eines Wechsels des Arbeitsplatzes durch die Ausländerbehörde (bzw. die intern mitwirkende Arbeitsagentur) ist zulässig.

Bevorrechtigt sind nur Unionsbürger einschließlich Inländer, nicht aber Drittstaatsangehörige. Der Arbeitsplatz muss vom Arbeitgeber der Bundesagentur für Arbeit gemeldet worden sein; nur diese kann beurteilen, ob auf dem Arbeitsmarkt bevorrechtigte Arbeitskräfte zur Verfügung stehen. Eine Meldung bei einem privaten Arbeitsvermittler reicht nicht aus. 62

Nach vierjähriger ununterbrochener Beschäftigung beim selben Arbeitgeber darf der Arbeitnehmer frei den Arbeitsplatz wechseln. Entgegengesetzte ausländerrechtliche Auflagen sind rechtswidrig. Ein türkischer Arbeitnehmer, der den freien Zugang zum Arbeitsmarkt erlangt hat, behält das Aufenthaltsrecht für einen angemessenen Zeitraum zur Suche nach einer neuen Beschäftigung auch, wenn er selbst seinen früheren Arbeitsvertrag gekündigt hat, ohne unmittelbar anschließend ein neues Arbeitsverhältnis einzugehen.[71] 63

b) Regel und Ausnahme. Aus der **Systematik** und der praktischen Wirksamkeit dieses mit Art. 6 Abs. 1 ARB 1/80 geschaffenen Systems einer abgestuften Eingliederung der türkischen Arbeitnehmer in den Arbeitsmarkt des Aufnahmemitgliedstaats folgt, dass die in den drei Gedankenstrichen dieser Bestimmung jeweils aufgestellten Bedingungen von den Betroffenen nacheinander erfüllt werden müssen.[72] 64

Auf Grund vorheriger ordnungsgemäßer Beschäftigung erworbene Ansprüche nach Art. 6 Abs. 1 S. 1 erster Spiegelstrich und zweiter Spiegelstrich ARB 1/80 gehen durch einen Verlust der Beschäftigung auch dann unter, wenn der Betroffene **von seinem früheren Arbeitgeber** nach einem zwischenzeitlichen Wechsel des Arbeitgebers wieder eingestellt wird. Insoweit bestimmt die Regelung einen Vorrang von Unionsbürgern vor einer Wiedereinstellung. Eine Kündigung und nachfolgende Rückkehr zum selben Arbeitgeber führt deshalb dazu, dass die Fristen des ersten Spiegelstrichs des Art. 6 Abs. 1 ARB 1/80 neu zu laufen beginnen.[73] 65

Von dem dadurch vorgegebenen starren Stufensystem lässt der EuGH eine **enge Ausnahme** zu, entschieden am Beispiel der Tätigkeit von **Seeleuten**. Diese ist durch die Besonderheit gekennzeichnet, dass es sich regelmäßig um befristete Heuerverhältnisse bei wechselnden Arbeitgebern handelt und dass sich Warte- oder Unterbrechungszeiten durch die verspätete Ankunft eines Schiffes ergeben können, für das dem Arbeitnehmer ein neues Beschäftigungsverhältnis in Aussicht gestellt wurde. Dadurch treten zwangsläufig regelmäßig kurze Zeiten der Nichtbeschäftigung zwischen zwei Arbeitsverhältnissen auf und können vom Arbeitnehmer nicht vermieden werden. Deshalb haben solche Zeiten ordnungsgemäßer Beschäftigung auch in der Anwartschaftsphase nicht den Verlust der Rechte zur Folge, die der betroffene türkische Staatsangehörige aufgrund früherer Zeiten ordnungsgemäßer Beschäftigung erworben hat.[74] 66

4. Unterbrechungen der Beschäftigung

a) Kurzfristige Unterbrechungen. Unterbrechungen der Beschäftigung sind unschädlich, wenn der Arbeitnehmer einen der Tatbestände des Art. 6 Abs. 2 ARB 1/80 verwirk- 67

---

[71] EuGH Urt. v. 23.1.1997 – C-171/95, Slg. 1997, I-329 = NVwZ 1997, 677; BVerwG Beschl. v. 2.9.1997 – 1 B 135.97, 1 PKH 10.97, Buchholz 402.240 AuslG 1990 § 6 Nr. 13.
[72] EuGH Urt. v. 10.1.2006 – C-230/03, Slg. 2006, I-157 = NVwZ 2006, 315.
[73] EuGH Urt. v. 5.10.1994 – C-355/93, Slg. 1994, I-5113 = NVwZ 1995, 53; Urt. v. 29.5.1997 – C-386/95, Slg. 1997, I-2697 = NVwZ 1997, 1104.
[74] EuGH Urt. v. 5.10.1994 – C-355/93, Slg. 1994, I-5113 = NVwZ 1995, 53; Urt. v. 29.5.1997 – C-386/95, Slg. 1997, I-2697 = NVwZ 1997, 1104.

licht. Art. 6 Abs. 2 S. 1 ARB 1/80 betrifft die Zeiten der Nichtbeschäftigung des Arbeitnehmers, die regelmäßig nur zu einer kurzen Unterbrechung der Beschäftigung führen, wie Abwesenheit wegen **Jahresurlaub, Mutterschaftsurlaub, Arbeitsunfall oder kurzer Krankheit**. Solche Unterbrechungen sind generell als Bestandteil jedes Arbeitsverhältnisses anzusehen und berühren dessen Bestand nicht. Sie werden deshalb zur Beschäftigungszeit hinzugezählt.

68   Art. 6 Abs. 2 S. 1 ARB 1/80 betrifft nur die Anwartschaftsphase der ersten vier Beschäftigungsjahre. Der **Jahresurlaub** umfasst mindestens den tarifvertraglich bzw. gesetzlich festgelegten Mindesturlaub. Arbeitsvertraglich können längere Urlaube vereinbart werden, sodass sich der Begriff des Jahresurlaubs auf den dem einzelnen Arbeitnehmer konkret zustehenden Urlaub bezieht. Auch Sonderurlaube und andere einvernehmliche Freistellungen von der Pflicht zur Erbringung der Arbeitsleistung sind auf die Beschäftigungsdauer anzurechnen. Anders wäre bei erkennbarem Missbrauch zu verfahren.[75]

69   Bei Vereinbarung des ARB 1/80 überließ die RL 207/76/EWG den Mitgliedstaaten noch die Entscheidung, in welchem Umfang Frauen in der Schwangerschaft und nach der Entbindung geschützt werden sollten.[76] Entsprechend wird die **Schutzfrist wegen Mutterschaft** von den einzelnen Mitgliedstaaten bestimmt und ist für Deutschland dem MSchG zu entnehmen.

70   Muss eine Frau ihre Erwerbstätigkeit wegen der körperlichen Belastungen im Spätstadium ihrer Schwangerschaft und nach der Geburt des Kindes vorübergehend aufgeben, liegt eine Abwesenheit wegen Schwangerschaft vor. Die Eigenschaft als Arbeitnehmerin geht dabei nicht unter, wenn sie innerhalb eines angemessenen Zeitraums **nach der Geburt des Kindes** die Beschäftigung fortsetzt.[77]

71   Für **Elternzeit** wird in der Literatur eine Anerkennung als Zeit einer ordnungsgemäßen Beschäftigung und damit eine Anrechung in der Anwartschaftsphase verneint. Weder handele es sich um eine kurzfristige Unterbrechung der Beschäftigung noch hätten entsprechende Regelungen bei Verabschiedung des ARB 1/80 bestanden.[78] Allerdings besteht während der Elternzeit das Arbeitsverhältnis fort.[79]

72   In der Anwartschaftsphase sind **kurze Zeiten** der Abwesenheit **wegen einer Erkrankung** unschädlich. Der Begriff der „kurzen Krankheit" ist nicht näher definiert. Es ist zweifelhaft, ob der von Bundesanstalt für Arbeit, ANBA 1981, 2 genannte Zeitraum von drei Monaten diesen Zeitraum zutreffend ausfüllt.

73   Es kommt nicht darauf an, in welchem Land der Arbeitnehmer erkrankt. Für den Nachweis der Erkrankung bestehen keine Sonderregelungen. Der im Ausland in einem Staat, der nicht Mitglied der Europäischen Union ist, ausgestellten ärztlichen Arbeitsunfähigkeitsbescheinigung kommt derselbe Beweiswert zu wie einer Bescheinigung der in Deutschland tätigen Ärzte. Die Bescheinigung muss jedoch erkennen lassen, dass der ausländische Arzt zwischen der bloßen Erkrankung und einer mit Arbeitsunfähigkeit verbundenen Krankheit unterschieden hat und damit eine den Begriffen des deutschen Arbeits- und Sozialversicherungsrecht entsprechende Beurteilung vorgenommen hat. Für **Erkrankungen in der Türkei** genügt eine Arbeitsunfähigkeitsbescheinigung, die entspricht dem Deutsch-Türkischen Sozialversicherungsabkommen ausgestellt ist.[80]

74   Ebenfalls unschädlich ist eine **Unterbrechung der Rechtmäßigkeit des Aufenthalts von wenigen Tagen,** wenn die Ausländerbehörde die Rechtmäßigkeit nicht in Frage stellt und die Aufenthaltserlaubnis verlängert. Das folgt einerseits aus dem deklaratorischen Charakter der Aufenthaltserlaubnis und andererseits aus der Geringfügigkeit der Unter-

---

[75] OVG Lüneburg Beschl. v. 24.4.2001 – 11 M 4041/00, NVwZ 2001, Beil. Nr. I 10, 117.
[76] EuGH Urt. v. 12.7.1984 – 184/83, Slg. 1984, 3047 = NJW 1984, 2754.
[77] Zum Aufenthaltsrecht von Unionsbürgerinnen während eines Mutterschaftsurlaubs: EuGH Urt. v. 19.6.2014 – C-507/12NZA 2014, 765.
[78] *Huber* ARB 1/80 Art. 6 Rn. 53.
[79] *Akyürek,* Das Assoziationsabkommen EWG-Türkei, 2005, 78.
[80] BAG Urt. v. 1.10.1997 – 5 AZR 499/96, NZA 1998, 372.

brechung. Es ist dann von einem ununterbrochenen rechtmäßigen Aufenthalt auszugehen.[81]

b) Längerfristige Unterbrechungen der Beschäftigung. aa) Krankheit. Die Dauer einer durch einen **Arbeitsunfall** verursachten Abwesenheit vom Arbeitsplatz ist unerheblich. Diese Zeit wird gemäß Art. 6 Abs. 2 S. 1 ARB 1/80 stets in vollem Umfang auf die Anwartschaftsphase angerechnet.

Gemäß Art. 6 Abs. 2 S. 2 ARB 1/80 können Zeiten der Nichtbeschäftigung **wegen langer Krankheit,** die zu einer längeren Abwesenheit oder zu einer solchen von nicht vorhersehbarer Dauer führen, zwar nicht den Zeiten ordnungsgemäß Beschäftigung gleichgestellt werden, dürfen jedoch auch nicht dazu führen, dass der türkische Arbeitnehmer die aufgrund früherer ordnungsgemäß zurückgelegter Beschäftigungszeiten erworbenen Rechte verliert.

bb) Höchste Stufe der Assoziation und Arbeitsplatzverlust. Freiwillige Arbeitslosigkeit kann auch nach Erlangung des freien Zugangs zum gesamten Arbeitsmarkt zum Verlust des Aufenthaltsrechts führen. Die deutsche Fassung des Art. 6 Abs. 2 ARB 1/80 spricht zwar von „unverschuldeter" Arbeitslosigkeit als Voraussetzung für den Erhalt der Rechte. Doch weicht die deutsche Fassung von den anderssprachigen Fassungen ab, die übereinstimmend von unfreiwilliger Arbeitslosigkeit als Verlustgrund ausgehen.[82]

Auf der höchsten Stufe der Assoziationsfreizügigkeit führt eine **Kündigung**, sei es durch den Arbeitnehmer oder den Arbeitgeber, nur dann zum Verlust des assoziationsrechtlichen Status, wenn sich bei der nachfolgenden Suche nach einem Arbeitsplatz der Arbeitsmarkt als verschlossen erweist. Es ist deshalb nach Erreichen dieser Stufe unwesentlich, ob der türkische Arbeitnehmer eine Kündigung durch den Arbeitgeber provoziert hat.

Aus demselben Grund führt **Strafhaft** nicht zum automatischen Verlust des Aufenthaltsrechts gemäß Art. 6 Abs. 1 ARB 1/80. Vielmehr ist zu unterscheiden: In der Anwartschaftsphase der ersten vier Jahre Erwerbstätigkeit ist Strafhaft als nicht privilegierter Unterbrechungstatbestand schädlich und führt zum Verlust der Rechte aus der bis dahin zurückgelegten Beschäftigungszeit.[83]

Ob **Untersuchungshaft** zum Verlust des Aufenthaltsrechts führt, hängt von der bisherigen Aufenthaltsdauer und vom Ausgang des Strafverfahrens ab. In der Phase der Anwartschaft, dh während der ersten vier Beschäftigungsjahre, vernichtet Untersuchungshaft im Falle der Verurteilung die Anwartschaft. Im Falle eines Freispruchs bleibt das Anwartschafts- bzw. Aufenthaltsrecht bei Fortsetzung der Beschäftigung erhalten.

Nach Erlangung des freien Zugangs zum Arbeitsmarkt bleibt das damit erlangte Aufenthaltsrecht bei einer strafrechtlichen Verurteilung erhalten und kann der Aufenthalt nur unter den Voraussetzungen des Art. 14 Abs. 1 ARB 1/80 beendet werden. Ausschlaggebend dafür ist, ob der türkische Arbeitnehmer in angemessener Zeit nach der **Haftentlassung** wieder eine Beschäftigung findet,[84] da dauerhafte Arbeitslosigkeit zum Verlust der Rechte aus Art. 6 ARB 1/80 führt. Damit wird die Rechtsprechung zu den Auswirkungen von Haft auf den Status von Unionsbürgern[85] auf türkische Staatsangehörige übertragen.

Die Verurteilung zu einer **lebenslänglichen** Freiheitsstrafe bewirkt immer den Verlust des assoziationsrechtlichen Status, da sie den Zugang zum Arbeitsmarkt vollständig und dauerhaft entzieht.

---

[81] EuGH Urt. v. 30.9.1997 – C-98/96, Slg. 1997, I-5179 = NVwZ 1999, 286; Urt. v. 16.3.2000 – C-329/97, Slg. 2000, I-1487 = NVwZ 2000, 1277; aA noch BVerwG Urt. v. 29.4.1997 – 1 C 3.95, NVwZ 1998, 81.
[82] Im Einzelnen: *Gutmann* InfAuslR 1995, 136.
[83] BVerwG Beschl. v. 8.5.1996 – 1 B 136/95, NVwZ 1996, 1109.
[84] EuGH Urt. v. 20.2.2000 – C-340/97, Slg. 2000, I-957 = NVwZ 2000, 1029; BayVGH Urt. v. 26.3.2002 – 24 B 00.2453, NVwZ-RR 2002, 696.
[85] EuGH Urt. v. 29.4.2004 – C-482/01 und C-493/01, Slg. 2004, I-5257 = NVwZ 2004, 1099.

83 Wer eine Beschäftigung verliert, verlässt dadurch nicht automatisch den Arbeitsmarkt.[86] Mit Erlangung des freien Zugangs zum gesamten Arbeitsmarkt, nach vierjähriger Beschäftigung beim selben Arbeitgeber, ist Art. 6 Abs. 2 ARB 1/80 nicht mehr anzuwenden.[87]

84 Wird der Arbeitsmarkt dauerhaft verlassen, insbesondere bei dauerhafter Arbeitslosigkeit, geht auch das Aufenthaltsrecht aus Art. 6 ARB 1/80 unter.[88]

85 Die Ableistung des **Wehrdienstes** in der Türkei führt nicht zum Verlust des assoziationsrechtlichen Aufenthaltsrechts. Der Kündigungsschutz bei Ableistung des Wehrdienstes gemäß § 1 Abs. 1 ArbPlSchG gehört zu den Arbeitsbedingungen.[89] Türkische Arbeitnehmer haben gemäß Art. 37 ZP und Art. 10 ARB 1/80 einen Anspruch auf gleiche Arbeitsbedingungen. Das Kündigungsverbot bei Ableistung des Wehrdienstes steht deshalb auch türkischen Staatsangehörigen zu.[90] Da Art. 10 Abs. 1 ARB 1/80 eine Konkretisierung des allgemeinen Diskriminierungsverbots des Art. 9 AssAbk darstellt, ist diese Regelung drittwirkend und auch von privaten Arbeitgebern zu beachten.[91] Insoweit gelten dieselben Grundsätze wie bei der Drittgerichtetheit des Verbots der Altersdiskriminierung, das von Arbeitgebern zu beachten ist, weil es einen allgemeinen Rechtsgrundsatz zum Ausdruck bringt.[92] Die Problematik ist heute durch § 16 Abs. 6 ArbPlSchG reduziert, wonach der Schutz der Vorschriften gemäß § 1 Abs. 1, 3 und 4 und §§ 2 bis 8 ArbPlSchG auf die Staatsangehörigen der Staaten erstreckt wird, welche die Europäischen Sozialcharta vom 18.10.1961 ratifiziert haben; zu diesen Staaten gehört die Türkei. Eine Kündigung des Arbeitsverhältnisses durch einen Arbeitgeber wegen Ableistung des Wehrdienstes ist deshalb rechtswidrig.[93]

86 Selbst wenn ein Arbeitnehmer durch schuldhaften Verstoß gegen arbeitsrechtliche Pflichten eine Kündigung des Arbeitsverhältnisses veranlasst, stellt dies keine freiwillige Arbeitslosigkeit dar. Ebenso führt der **Abschluss eines Aufhebungsvertrags,** bei dem der Arbeitgeber sich zu einer Zahlung für den Verlust des Arbeitsplatzes verpflichtet, nicht zum Verlust des Aufenthaltsrechts. Wenn eine arbeitsrechtliche Abfindung als Entschädigung für einen Arbeitsplatzverlust gezahlt wird, ist dieser Verlust unfreiwillig.

87 Die moderne Arbeitswelt ist durch diskontinuierliche, befristete Arbeitsverhältnisse charakterisiert. Unterbrechungen der Erwerbstätigkeit durch Eingehen von **Kettenarbeitsverträgen,** häufig bei verschiedenen Arbeitgebern, sind vom Willen der Arbeitnehmer unabhängig. Das assoziationsrechtliche Aufenthaltsrecht bleibt auch während solcher Unterbrechungen erhalten.

88 Ebenso sind Unterbrechungen unschädlich, die auf einem **behördlichen Arbeitsverbot** beruhen.[94] Dasselbe gilt für vorübergehende Auslandsaufenthalte nach Ablehnung eines Antrags auf Erteilung einer Aufenthaltserlaubnis, wenn der Betroffene nach Obsiegen zurückkehrt.[95]

89 Wer die Berufstätigkeit unterbricht, **um sich fortzubilden,** verlässt den Arbeitsmarkt nicht. Vielmehr erhöht er seine Vermittlungschancen und die Aussicht auf Erlangung eines sicheren Arbeitsplatzes. Diese für Unionsbürger gefundene Erkenntnis[96] ist entsprechend auf türkische Arbeitnehmer zu erstrecken.

90 Wurden die Entscheidungen bestands- oder rechtskräftig, ist allerdings nach **allgemeinem Verfahrensrecht** vorzugehen, das in der Autonomie der Mitgliedstaaten verblieben ist. Das gilt selbst dann, wenn die assoziationsrechtliche Begünstigung bei Erstellung der

---

[86] EuGH Urt. v. 23.1.1997 – C-171/95, Slg. 1997, I-329 = NVwZ 1997, 677.
[87] EuGH Urt. v. 7.7.2005 – C-383/03, Slg. 2005, I-6237 = EZAR NF 19 Nr. 14.
[88] EuGH Urt. v. 6.6.1995 – C-434/93, Slg. 1995, I-1475 = NVwZ 1995, 1094.
[89] EuGH Urt. v. 15.10.1969 – 15/69, Slg. 1969, 36 = AP EWG-Vertrag Nr. 2.
[90] BAG Urt. v. 22.3.2000 – 7 AZR 226/98, BAGE 94, 111 = NZA 200, 831.
[91] EuGH Urt. v. 25.7.2008 – C-152/08, Slg. 2008, I-6291 = SpuRt 2009, 61.
[92] EuGH Urt. v. 22.11.2005 – C-144/04, Slg. 2005, I-9981 = NJW 2005, 3695.
[93] → § 12 Rn. 144 ff.
[94] BVerwG Urt. v. 17.6.1998 – 1 C 27.96, BVerwGE 107, 58 = NVwZ 1999, 775.
[95] EuGH Urt. v. 16.3.2000 – C-329/97, Slg. 2000, I-1487 = NVwZ 2000, 1277.
[96] EuGH Urt. v. 21.6.1988 – 39/86, Slg. 1988, 3161 = NJW 1988, 2165.

ausländerrechtlichen Verfügung nicht gesehen wurde. Auch dann ist diese Entscheidung rechtswirksam und kann nur nach allgemeinen verfahrensrechtlichen Regelungen zurückgenommen werden.[97]

III. Nachgezogene Familienangehörige

1. Begünstigter Personenkreis

a) Stammberechtigte. Art. 7 ARB 1/80 schafft für unterschiedliche Personengruppen Rechte. S. 1 schafft günstige Bedingungen für den **Familiennachzug zu türkischen Arbeitnehmern.** Nachgezogenen Familienangehörigen wird die Aufnahme einer Beschäftigung erlaubt und damit ihre Integration gefördert. Die Vorschrift fördert das Familienleben.[98] 91

Indem die Vorschrift den Zugang zum Arbeitsmarkt regelt, **impliziert sie ein Recht zum Aufenthalt.** Denn mit der Verweigerung eines solchen Rechts würde die Möglichkeit, einen Wohnsitz innezuhaben, gerade verneint und damit der gewährte Nachzug. Die Regelung ist deshalb unmittelbar anwendbar. Die Vorschrift lässt die Befugnis der Mitgliedstaaten unberührt, den Familiennachzug zu regeln.[99] 92

Ausgeschlossen sind zwar die nachgezogenen Familienangehörigen von **Selbständigen.**[100] Art. 7 S. 1 ARB 1/80 ist jedoch nicht zu entnehmen, dass die Voraussetzungen der Vorschrift alle zur selben Zeit erfüllt sein müssten. Die Begünstigung hängt deshalb nicht davon ab, dass der stammberechtigte türkische Arbeitnehmer bereits im Zeitpunkt des Familiennachzugs als Arbeitnehmer erwerbstätig ist. Voraussetzung ist nicht, dass der Stammberechtigte die besondere Rechtsstellung auch nur nach der ersten Stufe des Art. 6 Abs. 1 ARB 1/80 erworben hätte. 93

Das Aufenthaltsrecht des Familienangehörigen entsteht auch dann, wenn der Stammberechtigte den Arbeitsmarkt erst nach dem Zuzug betritt und im Zeitpunkt der Einreise des Familienangehörigen unbeschäftigt oder selbständig erwerbstätig war. Ist der Familiennachzug als solcher genehmigt, können die weiteren Voraussetzungen des Art. 7 S. 1 ARB 1/80 auch **zu einem späteren Zeitpunkt** erfüllt werden.[101] 94

Die gemäß Art. 7 S. 1 ARB 1/80 erlangten Rechte entstehen zwar abgeleitet vom Stammberechtigten. Doch bleiben sie **unabhängig vom Status des Stammberechtigten** bestehen. Sie bestehen auch dann fort, wenn der Stammberechtigte eine selbständige Erwerbstätigkeit aufnimmt oder aus dem Arbeitsmarkt dauerhaft ausscheidet, sei es durch dauerhafte Arbeitslosigkeit, dauerhafte Ausreise oder Tod.[102] 95

Begünstigt sind auch **die Familienangehörigen Deutscher,** wenn diese zugleich türkische Staatsangehörige sind. Der mit dem ARB 1/80 verfolgte Zweck würde vereitelt, würde ein türkisch-deutscher Doppelstaater gezwungen, auf die Förderung seines Familienlebens durch günstige Bedingungen für die Familienzusammenführung zu verzichten.[103] 96

Entsprechend bleibt das Aufenthaltsrecht erhalten, wenn der Stammberechtigte unter Beibehaltung der türkischen Staatsangehörigkeit **eingebürgert** wird.[104] Insoweit überträgt der EuGH seine Rechtsprechung zu den Rechten von Unionsbürgern mit der zusätzlichen Staatsangehörigkeit von Drittstaaten[105] auf die Rechte nach dem ARB 1/80. 97

---

[97] BVerwG Urt. v. 22.10.2009 – 1 C 26.08, BVerwGE 135, 137 = NVwZ 2010, 652.
[98] EuGH Urt. v. 30.9.2004 – C-275/02, Slg. 2004, I-8765 = NVwZ 2005, 73.
[99] EuGH Urt. v. 17.4.1997 – C-351/95, Slg. 1997, I-2133 = NVwZ 1997, 1104.
[100] BVerwG Urt. v. 24.1.1995 – 1 C 2.94, BVerwGE 97, 301 = NVwZ 1995, 1110.
[101] EuGH Urt. v. 12.12.2016 – C-508/15, NVwZ 2017, 537 mAnm *Gutmann.*
[102] EuGH Urt. v. 11.11.2004 – C-467/02, Slg. 2004, I-10895 = NVwZ 2005, 1098; Urt. v. 26.9.2008 – C-453/07, Slg. 2008, I-7299 = NVwZ 2008, 1337; Urt. v. 19.11.1998 – C-210/97, Slg. 1998, I-7519 = NVwZ 1999, 281.
[103] EuGH Urt. v. 29.3.2012 – C-7/10 und C-9/10, NVwZ 2012, 1022.
[104] EuGH Urt. v. 29.3.2012 – C-7/10 und C-9/10, NVwZ 2012, 1022.
[105] Vgl. EuGH Urt. v. 7.7.1992 – C-369/90, Slg. 1992, I-4239 = BeckRS 2004, 76798.

98 Es dürfte aber auch in dem Fall gelten, dass wegen der Einbürgerung die **türkische Staatsangehörigkeit aufgegeben** werden muss. Jedenfalls sind auf Unionsbürger, die bei Einbürgerung ihre bisherige Staatsangehörigkeit eines anderen Mitgliedstaats verlieren bzw. diese aufgeben müssen, die unionsrechtlichen Regelungen weiter anwendbar.[106] Da die Rechte von Unionsbürgern so weit wie möglich auf die Rechte nach dem Recht der Assoziation mit der Türkei zu erstrecken sind, ist dieser Grundsatz auf die Rechte der Familienangehörigen von früher türkischen Arbeitnehmern zu erstrecken. Entsprechend lebt nach einem Verlust der deutschen Staatsangehörigkeit ein Aufenthaltsrecht gemäß Art. 7 ARB 1/80 wieder auf.[107]

99 Dem könnte entgegengehalten werden, dass im Falle einer Einbürgerung **soziale Rechte** untergehen.[108] Doch betrifft dies nur soziale Rechte. Den Stammberechtigten ist ein Leistungsexport nicht mehr möglich, wo Unionsbürgern generell kein Recht zum Export sozialer Leistungen zusteht. Nur insoweit stellt der EuGH diesem Nachteil die Vorteile durch die Einbürgerung gegenüber und befindet, dass die Vorteile überwiegen. Das aufenthaltsrechtliche Gewicht familiärer Bande werde demgegenüber durch eine Einbürgerung nicht verringert, sondern erhöht.

100 Darüber hinaus kann der **Zeitpunkt der Einbürgerung** des Stammberechtigten schwerlich für die Entstehung von Rechten aus Art. 7 ARB 1/80 maßgeblich sein. Die entgegengesetzte Auffassung ist geeignet, Betroffene von der Einbürgerung als höchster Form der Integration in den Mitgliedstaat abzuhalten und widerspricht damit dem Ziel des Art. 7 S. 1 ARB 1/80.[109]

101 **b) Genehmigter Familiennachzug.** Das Aufenthaltsrecht nach Art. 7 S. 1 ARB 1/80 setzt eine **Genehmigung des Familiennachzugs** voraus. Das folgt aus Sinn und Zweck der Vorschrift, wonach die Beschäftigung und der Aufenthalt der Stammberechtigten dadurch gefördert werden soll, dass ihm in diesem Staat die Aufrechterhaltung seiner familiären Bande garantiert werden.[110]

102 Der Zuzug muss zu einem Arbeitnehmer erfolgt sein. Der **Begriff des Arbeitnehmers** stimmt mit demjenigen des Freizügigkeitsrechts überein. Er umfasst deshalb auch Zeiträume, in denen der Stammberechtigte vorübergehend arbeitsuchend ist.[111]

103 Die Rechte nach Art. 7 S. 1 ARB 1/80 stehen auch **im Bundesgebiet geborenen Kindern** zu, obwohl diese im Wortsinn nicht „nachgezogen", sondern „eingeboren" sind. Der Aufenthalt solcher Kinder ist stärker verfestigt als derjenige von nach der Geburt zugezogenen Kindern. Art. 7 S. 1 ARB 1/80 gibt keinen Anlass für die Annahme, dass die Aufenthaltsrechte vom Geburtsort abhängen sollen.[112]

104 Die Familienangehörigen sind auch dann begünstigt, wenn der Stammberechtigte seine Aufenthaltserlaubnis durch Vortäuschen der Voraussetzungen seines eigenen Aufenthaltsrechts erlangt hat, sei es durch Vortäuschen einer ehelichen Lebensgemeinschaft („Scheinehe"), sei es durch einen Asylantrag **mit falschen Angaben**. Haben die Familienangehörigen ein eigenes Recht auf Zugang zum Arbeitsmarkt und damit ein eigenständiges Aufenthaltsrecht erlangt, werden diese Rechte durch in der Vergangenheit liegendes Fehlverhalten des Stammberechtigten nicht mehr in Frage gestellt.[113]

---

[106] EuGH Urt. v. 23.2.1994 – C-419/92, Slg. 1994, I-505 = NVwZ 1994, 989.
[107] Für VGH Mannheim Beschl. v. 23.8.2016 – 11 S 1225/16, NVwZ-RR 2017, 74 – eine ungeklärte unionsrechtliche Zweifelsfrage; derzeit zur Vorlage des VG Düsseldorf Beschl. v. 24.9.2019 – 7 K 15133/17, BeckRS 2019, 23382, beim EuGH (Az. C-720/19).
[108] EuGH Urt. v. 14.1.2015 – C-171/13, EZAR NF 19 Nr. 7; ähnlich zum Abkommen mit Marokko EuGH Urt. v. 11.11.1999 – C-179/98, Slg. 1999, I-7955 = BeckRS 2004, 74719; dazu Anm. *Rittstieg/Gutmann* InfAuslR 2000, 56. Zum gleichen Ergebnis, aber in der Begründung nicht vollständig überzeugend, kommt BFH Urt. v. 15.7.2010 – III R 608, BFHE 230, 545 = DStRE 2011, 157.
[109] Vgl. EuGH Urt. v. 29.3.2012, NVwZ 2012, 1022.
[110] EuGH Urt. v. 19.11.1998 – C-210/97, Slg. 1998, I-7519 = NVwZ 1999, 281.
[111] EuGH Urt. v. 18.12.2008 – C-337/07, Slg. 2008, I-10323 = NVwZ 2008, 1337.
[112] EuGH Urt. v. 11.11.2004 – C-467/02, Slg. 2004, I-10895 = NVwZ 2005, 1098.
[113] EuGH Urt. v. 18.12.2008 – C-337/07, Slg. 2008, I-10323 = NVwZ 2008, 1337.

c) **Familienangehörige.** Der assoziationsrechtliche Begriff des „Familienangehörigen" 105
stimmt mit dem unionsrechtlichen überein. Der Vorschrift ist kein Anhalt dafür zu entnehmen, dass der in Art. 7 S. 1 ARB 1/80 verwendete Begriff einen anderen Inhalt als sonst im Unionsrecht hat. Vielmehr folgt aus dem Ziel, günstige Voraussetzungen für die Familienzusammenführung zu schaffen, die **Übereinstimmung der Begriffe.** Art. 7 S. 1 ARB 1/80 ist deshalb nicht auf Blutsverwandte beschränkt, sondern erfasst auch die Stiefkinder türkischer Arbeitnehmer.[114]

Die Vorschrift enthält **keine Altersgrenze** und umfasst auch volljährige Familienangehörige. Es ist deshalb unerheblich, wenn ein Familienangehöriger während des Zusammenlebens volljährig wird.[115] 106

Die Eigenschaft als Kinder türkischer Arbeitnehmer und das daraus resultierende Aufenthaltsrecht bleibt diesem Personenkreis auch für den Fall einer **eigenen Familiengründung** erhalten. Andernfalls würden die im Familiennachzug erlangten Rechte ihres Inhalts beraubt.[116] 107

Die Vorschrift erfasst die Familienangehörigen **unabhängig von ihrer Staatsangehörigkeit.** Deshalb kann auch ein Ehegatte eines türkischen Arbeitnehmers aus einem Drittstaat nach der Scheidung auf Grund der vorangegangenen familiären Lebensgemeinschaft ein eigenständiges Aufenthaltsrecht erlangt haben.[117] 108

Da der Begriff der Familienangehörigen mit demjenigen des Unionsrechts übereinstimmt, legt ihn der EuGH auch in Übereinstimmung mit Art. 10 VO 1612/68/EWG aus. Wie dort fallen darunter Verwandte in auf- und absteigender Linie und die Verwandten des Ehegatten in auf- und absteigender Linie.[118] 109

Den weiten Familienbegriff verdeutlicht die Rechtssache *Eyüp*: Ein türkisches Ehepaar 110
hatte gemeinsame Kinder, ließ sich scheiden, lebte weiter zusammen, weitere Kinder wurden geboren, und das Paar heiratete wieder. Der EuGH orientierte sich an Art. 8 EMRK und zählte die **Zeit zwischen Scheidung und erneuter Eheschließung** als Zeit gemeinsamen Familienlebens gemäß Art. 7 S. 1 ARB 1/80.[119]

Ebenso bleibt das ursprünglich abgeleitete Aufenthaltsrecht von nachgezogenen Ehegatten nach einer **Ehescheidung** als selbständiges Recht erhalten. Das gilt auch dann, wenn dieser Ehegatte nachfolgend gegen den Stammberechtigten eine Straftat verübt.[120] Auch ein Tod des Stammberechtigten ist für das nach Art. 7 ARB 1/80 erlangte Aufenthaltsrecht unschädlich. 111

d) **Ordnungsgemäßer Wohnsitz.** Voraussetzung des Aufenthaltsrechts nach Art. 7 S. 1 112
ARB 1/80 ist weiter ein „ordnungsgemäßer **Wohnsitz**". Dieser Begriff wird auch in anderen europarechtlichen Vorschriften verwendet, zB im Zusammenhang mit Fahrerlaubnissen in der RL 126/2006/EG oder mit dem Wahlrecht zum EU-Parlament in der RL 93/109/EG.

Der Wohnsitz ist dort, wo sich der **Lebensmittelpunkt** des Betroffenen befindet. Es ist 113
derjenige Ort, den der Betroffene als ständigen oder gewöhnlichen Mittelpunkt seiner Lebensinteressen in der Absicht gewählt hat, ihm Dauerhaftigkeit zu verleihen.[121]

Der Wohnsitz ist nur ordnungsgemäß, wenn er rechtmäßig ist. Ein eigenständiges Aufenthaltsrecht des Familienangehörigen kann nur entstehen, wenn er wenigstens drei Jahre mit dem Stammberechtigten in häuslicher Gemeinschaft zusammenlebt. **Unterbrechungen des Zusammenlebens** sind schädlich.[122] 114

---

[114] EuGH Urt. v. 11.11.2004 – C-467/02, Slg. 2004, I-10895 = NVwZ 2005, 1098.
[115] EuGH Urt. v. 16.6.2011 – C-484/07, Slg. 2011, I-5203 = NVwZ 2011, 1187.
[116] EuGH Urt. v. 16.6.2011 – C-484/07, Slg. 2011, I-5203 = NVwZ 2011, 1187.
[117] EuGH Urt. v. 19.7.2012 – C-451/11, NVwZ 2012, 1235.
[118] EuGH Urt. v. 30.9.2004 – C-275/02, Slg. 2004, I-8765 = NVwZ 2005, 73.
[119] EuGH Urt. v. 22.6.2000 – C-65/98, Slg. 2000, I-4747 = NVwZ-Beil. Nr. 12, 2000, 142.
[120] EuGH Urt. v. 22.12.2010 – C-303/08, Slg. 2010, I-13445 = NVwZ 2011, 483.
[121] EuGH Urt. v. 15.9.1994 – C-452/93 P, Slg. 1994, I-4295 = BeckRS 2004, 77333.
[122] EuGH Urt. v. 17.4.1997 – C-351/95, Slg. 1997, I-2133 = NVwZ 1997, 1104.

115 Anzurechnen sind auch Zeiten des Zusammenlebens mit dem Stammberechtigten, die vor dem rückwirkenden Inkrafttreten des ARB 1/80 am 1.7.1980 zurückgelegt wurden. Das VG Freiburg verweist auf die analog heranzuziehende Rechtsprechung des EuGH, wonach der dem Art. 7 ARB 1/80 zugrunde liegende **Integrationsgedanke** gebietet, Sachverhalten vor dem Inkrafttreten der Norm eine gegenwärtige Wirkung beizumessen.[123]

116 **Objektive Gründe** wie die Entfernung der Arbeits- oder Ausbildungsstätte der Familienangehörigen vom Wohnort des Stammberechtigten können einen Zweitwohnsitz rechtfertigen.[124]

117 Unschädlich sind **vorübergehende Urlaubsreisen** oder Familienbesuche im Herkunftsland. Auch unfreiwillige Auslandsaufenthalte von weniger als sechs Monaten beinträchtigen den Erwerb des eigenständigen Aufenthaltsrechts nicht.[125]

118 Eine **starre Grenze** als Maßstab für den Rechtserhalt kennt das Assoziationsrecht allerdings nicht. Je länger der Auslandsaufenthalt andauert, desto eher kann von der Aufgabe des Lebensmittelpunkts in Deutschland ausgegangen werden. Das BVerwG verweist auf Art. 9 Abs. 1 lit. c RL 2003/109/EG (Daueraufenthalts-RL) als den maßgeblichen Bezugsrahmen und folgert, dass ab einem Auslandsaufenthalt von ungefähr einem Jahr gewichtige Anhaltspunkte dafür vorliegen müssen, dass der Lebensmittelpunkt des Assoziationsberechtigten noch im Bundesgebiet wäre.[126]

119 Nicht angerechnet werden kann eine vorangegangene **Aufenthaltszeit aus anderen Gründen**. Denn der Wohnsitz ist nur ordnungsgemäß, wenn er ununterbrochen ist. Trennen sich die Familienangehörigen in den ersten drei Aufenthaltsjahren, läuft die Dreijahresfrist nach einer Versöhnung wieder neu.[127]

120 Eine gemäß § 81 Abs. 4 AufenthG erteilte **Fiktionsbescheinigung,** die ein nur vorläufiges Aufenthaltsrecht bescheinigt, begründet im Fall nachfolgender Ablehnung der Erteilung einer Aufenthaltserlaubnis keinen ordnungsgemäßeren Aufenthalt.[128]

121 Auch Zeit eines Zusammenlebens mit **Aufenthaltsgestattung** begründet keinen ordnungsgemäßen Wohnsitz.[129] Der während des Asylverfahrens zurückgelegte Verfahrensaufenthalt ist nur vorläufiger Natur; der Besitz einer Aufenthaltsgestattung ersetzt nicht eine Aufenthaltserlaubnis.

122 Die Zulässigkeit einer **auflösenden Bedingung** zur Aufenthaltserlaubnis, wonach diese bei Trennung der häuslichen Gemeinschaft mit dem Stammberechtigten erlöschen soll, ist allerdings zweifelhaft. Einerseits würde damit die gesetzlich mögliche Entstehung eines eigenständigen Aufenthaltsrechts als Härtefall unterlaufen. Andererseits ist bei Wegfall der Voraussetzungen regelmäßig eine Ermessensentscheidung zu treffen, da auch andere Interessen für einen Fortbestand der Aufenthaltserlaubnis sprechen können.[130] Ohnedies dürfte die Aufenthaltserlaubnis gemäß § 4 Abs. 5 AufenthG bedingungsfeindlich sein.

123 Wird eine Aufenthaltserlaubnis trotz **verspäteter Antragstellung** verlängert, wird damit im Nachhinein die Ordnungsgemäßheit des Aufenthalts nicht in Frage gestellt, und es liegt ein ununterbrochener rechtmäßiger Wohnsitz vor.[131] Da die Aufenthaltserlaubnis nach Art. 7 S. 1 ARB 1/80 deklaratorischen Charakter hat, sind nach der Entstehung des Rechts verspätete Antragstellungen für den Erhalt des Rechts unschädlich.[132]

---

[123] EuGH Urt. v. 15.3.2011 – 3 K 1723/09, InfAuslR 2011, 327 = LSK 2011, 380395 unter Hinweis auf EuGH Urt. v. 7.10.2010 – C-162/09, Slg. 2010, I-9217 = NVwZ 2011, 32.
[124] EuGH Urt. v. 17.4.1997 – C-351/95, Slg. 1997, I-2133 = NVwZ 1997, 1104.
[125] EuGH Urt. v. 17.4.1997 – C-351/95, Slg. 1997, I-2133 = NVwZ 1997, 1104.
[126] BVerwG Urt. v. 25.3.2015 – 1 C 19.14, BVerwGE 151, 377 = NVwZ 2015, 1617.
[127] BVerwG Urt. v. 22.2.1995 – 1 C 11.94, BVerwGE 98, 31 = NVwZ 1995, 1113.
[128] EuGH Urt. v. 20.9.1990 – C-192/89, Slg. 1990, I-3461 = NVwZ 1991, 255; BVerwG Urt. 22.2.1995 – 1 C 11.94, BVerwGE 98, 31 = NVwZ 1995, 1113.
[129] So aber SG Wiesbaden Urt. v. 13.11.1984 – S-5 Ar-142/83, InfAuslR 1985, 43 = FHOeffR 36 Nr. 10693.
[130] Die Zulässigkeit einer auflösenden Bedingung bejaht BVerwG Urt. v. 16.6.2004 – 1 C 20/03, BVerwGE 121, 86 = NVwZ 2004, 427, aber nicht tragend; zweifelnd demgegenüber BVerwG Urt. v. 16.11.2010 – 1 C 20/09, BVerwGE 138, 135 = NVwZ 2011, 825 nach vorangegangener Kritik von *Hoppe* InfAuslR 2008, 292.
[131] EuGH Urt. v. 17.4.1997 – C-351/95, Slg. 1997, I-2133 = NVwZ 1997, 1104.
[132] EuGH Urt. v. 16.3.2000 – C-329/97, Slg. 2000, I-1487 = NVwZ 2000, 1277.

e) Vorrang der Unionsbürger. In der ersten Stufe des Art. 7 S. 1 ARB 1/80 wird der 124 freie Zugang zum Arbeitsmarkt nur vorbehaltlich des Vorrangs von Unionsbürgern eingeräumt. Erst nach einem fünfjährigen familiären Zusammenleben mit dem Stammberechtigten wird in der zweiten Variante des Art. 7 S. 1 ARB 1/80 der freie Zugang zu jeder Beschäftigung eröffnet.

In Deutschland ist diese **Unterscheidung** praktisch **bedeutungslos,** da nachziehende 125 Familienangehörige nach § 27 Abs. 5 AufenthG ab Einreise zur Ausübung einer Erwerbstätigkeit befugt sind. Wegen der Standstill-Klauseln in Art. 13 ARB 1/80 und Art. 41 Abs. 1 ZP ist diese Befugnis bezüglich der Familienangehörigen türkischer Arbeitnehmer nicht rücknehmbar.

f) Arbeitsuche. Das Aufenthaltsrecht gemäß Art. 7 S. 1 ARB 1/80 hängt nicht vom 126 Bemühen um eine Beschäftigung ab. Die Vorschrift will **günstige Bedingungen** für den Familiennachzug schaffen.[133] Das Aufenthaltsrecht beruht nicht auf Beschäftigung. Andernfalls wäre es zB aufenthaltsrechtlich schädlich, würde sich ein nachgezogener Ehegatte der Aufgabe der Kindererziehung widmen anstatt eine Arbeit zu suchen. Deshalb ist es auch unschädlich, wenn der Familienangehörige arbeitsunwillig ist.[134] Erst recht vernichtet die Aufnahme einer selbständigen Erwerbstätigkeit durch den Familienangehörigen sein Aufenthaltsrecht nach Art. 7 S. 1 ARB 1/80 nicht.[135]

Ebenso vernichtet durch **Strafhaft** bedingte Abwesenheit vom Arbeitsmarkt das Auf- 127 enthaltsrecht nicht. Das Aufenthaltsrecht kann nur unter den Voraussetzungen eines Verstoßes gegen den ordre public gemäß Art. 14 Abs. 1 ARB 1/80 entzogen werden.[136]

Das durch Art. 7 S. 1 ARB 1/80 verliehene Recht zur Arbeitsuche setzt zwangsläufig 128 ein Aufenthaltsrecht voraus. Andernfalls würde dem Recht auf Zugang zum Arbeitsmarkt und auf tatsächliche Ausübung einer Beschäftigung im Lohn- oder Gehaltsverhältnis jede Wirksamkeit genommen. Die Mitgliedstaaten sind nicht befugt, dieses Recht durch **Nebenbestimmungen** zur Aufenthaltserlaubnis zu beeinträchtigen.[137] Daher darf nach Erlangung eines Aufenthaltsrechts nach dem ARB 1/80 die Verlängerung der Aufenthaltserlaubnis nicht vom Nachweis der Sicherung des Lebensunterhalts abhängig gemacht werden.[138] Im Ergebnis kann das Aufenthaltsrecht für Familienangehörige türkischer Arbeitnehmer leichter erworben werden als das Recht der Stammberechtigten, und es geht schwerer verloren.[139]

Nach Art. 57 ZP ist eine **Besserstellung der Familienangehörigen** türkischer Arbeit- 129 nehmer gegenüber Unionsbürgern und ihren Familienangehörigen unzulässig. Letztere erlangen ein Recht zum Daueraufenthalt gemäß Art. 16 RL 2004/38/EG nicht nach einem drei-, sondern erst nach einem fünfjährigen Inlandsaufenthalt. Entsprechenden Erwägungen begegnet der EuGH mit der Überlegung, dass die Familienangehörigen türkischer Arbeitnehmer kein freies Recht auf Zuzug haben und deshalb beider Situation nicht vergleichbar sei.[140]

2. Aufenthaltsrecht aufgrund Ausbildung

a) Begünstiger Personenkreis. Art. 7 S. 2 ARB 1/80 verschafft den Kindern türkischer 130 Arbeitnehmer, die im Bundesgebiet eine Ausbildung abgeschlossen haben, ein **eigenständiges Recht** zur Ausübung einer Beschäftigung. Dieses Beschäftigungsrecht setzt zwangs-

---

[133] EuGH Urt. v. 30.9.2004 – C-275/02, Slg. 2004, I-8765 = NVwZ 2005, 73.
[134] EuGH Urt. v. 25.9.2008 – C-453/07, Slg. 2008, I-7299 = NVwZ 2008, 423.
[135] BVerwG Urt. v. 9.8.2007 – 1 C 47.06, BVerwGE 129, 162 = NVwZ 2007, 1435.
[136] EuGH Urt. v. 8.12.2011 – C-371/08, Slg. 2011, I-12735 = NVwZ 2012, 422; BVerwG Urt. v. 9.8.2007 – 1 C 47.06, BVerwGE 129, 162 = NVwZ 2007, 1435.
[137] EuGH Urt. v. 25.9.2008 – C-453/07, Slg. 2008, I-7299 = NVwZ 2008, 423.
[138] OVG Berlin Urt. v. 11.5.2010 – OVG 12 B 26.09, InfAuslR 372, 376 = BeckRS 2010, 54124.
[139] *Dörig* DVBl. 2005, 1221.
[140] EuGH Urt. v. 18.7.2007 – C-325/05, Slg. 2007, I-6495 = NVwZ 2007, 1393; BVerwG Urt. v. 9.8.2007 – 1 C 47/06, BVerwGE 129, 162 = NVwZ 2007, 1435.

läufig ein Aufenthaltsrecht voraus. Andernfalls würde es ins Leere laufen, wäre wirkungslos.[141]

131 Sinn und Zweck von Art. 7 S. 2 ARB 1/80 besteht nicht darin, günstige Bedingungen für den Familiennachzug zu schaffen. Die Regelung enthält **Mindestvoraussetzungen,** unter denen den Kindern türkischer Arbeitnehmer der **Zutritt zum Arbeitsmarkt** eröffnet wird.[142]

132 Durch Art. 7 S. 2 ARB 1/80 werden alle Abkömmlinge begünstigt, **unabhängig von ihrem Alter.** Vorausgesetzt wird ein rechtmäßiger Aufenthalt und der während des rechtmäßigen Aufenthalts erlangte Abschluss einer Ausbildung.[143]

133 Vorausgesetzt wird **eine wenigstens dreijährige ordnungsgemäße Beschäftigung** eines Elternteils im Bundesgebiet. Das Elternteil kann die Beschäftigungszeiten mit Unterbrechungen zurückgelegt haben.[144]

134 Die begünstigten Kinder müssen **niemals** mit dem stammberechtigten türkischen Arbeitnehmer im Bundesgebiet **zusammengelebt** haben. Der Stammberechtigte muss sich bei Abschluss der Ausbildung nicht mehr im Bundesgebiet aufhalten; er mag inzwischen berentet worden oder verstorben sein. Ebenso ist eine Einbürgerung des Stammberechtigten unschädlich.[145] Es kommt nicht darauf an, ob die Kinder nachgezogen sind oder unabhängig von der Familie ein Aufenthaltsrecht erlangt haben.[146]

135 Die Kinder müssen ihrerseits nicht die **türkische Staatsangehörigkeit** besitzen. Zwar erlangen seit 12.2.1981 die Kinder türkischer Staatsangehöriger durch Geburt die türkische Staatsangehörigkeit. Bis zu diesem Tag galt es nur für die Kinder türkischer Väter.[147]

136 In der Praxis stoßen die nichtehelichen Kinder türkischer Väter jedoch häufig auf Schwierigkeiten, da die türkischen Standesbeamten die **Zustimmung der Väter zur standesamtlichen Registrierung** auch dann verlangen, wenn die Kinder in Deutschland geboren und hier standesamtlich registriert sind. Dass die Türkei das Übereinkommen über die Erweiterung der Zuständigkeit der Behörden, vor denen nichteheliche Kinder anerkannt werden können,[148] ratifiziert hat,[149] ist in der Türkei weithin unbekannt.

137 **b) Berufsausbildung.** Der **Begriff der Berufsausbildung** entspricht dem in Art. 12 VO 1612/68/EWG verwendeten und in Art. 10 VO 492/2011/EU wiederholten Begriff. Er umfasst sowohl Hochschul- bzw. Universitätsstudien[150] als auch Lehrlingsausbildungen.[151] Darunter ist „jede Form der Ausbildung, die auf eine Qualifikation für einen bestimmten Beruf oder eine bestimmte Beschäftigung vorbereitet oder die die besondere Befähigung zur Ausübung eines solchen Berufs oder einer solchen Beschäftigung verleiht, und zwar unabhängig vom Alter vom Alter und vom Ausbildungsniveau der Schüler oder Studenten und selbst dann, wenn der Lehrplan auch allgemeinbildenden Unterricht enthält", zu verstehen. Unter diesen Begriff fällt zB das Studium in der Fachrichtung Comic Strips an einer Kunsthochschule.[152]

138 Auch ein **Aufbaustudium,** mit dem eine im Ausland erworbene Qualifikation erweitert wird, erfüllt das Merkmal einer Berufsausbildung.[153] Dasselbe gilt, wenn ein Student zwar nicht den von ihm angestrebten Studienabschluss erreicht, aber die von ihm erbrachten

---

[141] EuGH Urt. v. 5.10.1994 – C-355/93, Slg. 1994, I-5113 = NVwZ 1995, 53.
[142] OVG Lüneburg Beschl. v. 21.7.2003 – 11 ME 125/03, InfAuslR 2003, 411.
[143] BVerwG Urt. v. 12.12.1995 – 1 C 35.94, BVerwGE 100, 130 = NVwZ 1996, 1116.
[144] VG Neustadt Urt. v. 12.7.2002 – 8 K 160/02.NW, InfAuslR 2003, 133.
[145] SG Hamburg Beschl. v. 18.5.1999 – S 7 AL 359/99 ER, InfAuslR 2000, 88.
[146] EuGH Urt. v. 21.1.2010 – C-462/08, Slg. 2010, I-563 = NVwZ 2010, 433.
[147] Vgl. BT-Drs. 13/8274.
[148] Übereinkommen v. 14.9.1961, BGBl. 1965 II 17, 19.
[149] Gesetz Nr. 461 v. 30.4.1964, r. g. Nr. 11700 v. 11.5.1964.
[150] EuGH Urt. v. 2.6.2016 – C-233/14, NVwZ 2016, 1076.
[151] EuGH Urt. v. 19.11.1998 – C-210/97, Slg. 1998, I-7519 = NVwZ 1999, 281.
[152] EuGH Urt. v. 13.2.1985 – 293/83, Slg. 1985, 593 = NJW 1985, 2085.
[153] OVG Koblenz Urt. v. 11.6.1999 – 10 A 12674/98, InfAuslR 1999, 385 = FHArbSozR 45 Nr. 5338.

Studienleistungen von einer Stelle außerhalb der Hochschule als berufsqualifizierend im Sinne eines Abschlusses in einem staatlich anerkannten oder vergleichbar geregelten Ausbildungsberuf anerkannt werden.

Doch können Studiengänge, die sich aufgrund ihrer Eigenart an Personen richten, die 139 eher ihre **Allgemeinkenntnisse vertiefen** wollen, als dass sie einen Zugang zum Berufsleben anstreben, nicht als Berufsausbildung anerkannt werden.[154]

c) Inhalt und Grenzen der Bewerbungsfreiheit. Mit Abschluss einer Ausbildung er- 140 werben die Kinder türkischer Arbeitnehmer den umfassenden Zugang zum deutschen Arbeitsmarkt und dürfen sich **auf jedes Stellenangebot bewerben.** Das umfasst auch unqualifizierte oder geringfügige Beschäftigungen. Darin unterscheidet sich ihr Status von demjenigen nach § 16 Abs. 4 AufenthG. Weder muss die Tätigkeit der abgeschlossenen Ausbildung entsprechen noch die Vergütung angemessen sein.

Art. 7 S. 2 ARB 1/80 erweitert die Rechte nach S. 1 der Vorschrift und darf deshalb 141 nicht enger ausgelegt werden. Das Aufenthaltsrecht geht deshalb nur unter zwei Alternativen unter: Entweder stellt die Anwesenheit des türkischen Wanderarbeitnehmers im Hoheitsgebiet des Aufnahmemitgliedstaats wegen seines persönlichen Verhaltens eine tatsächliche und schwerwiegende Gefahr für die öffentliche Ordnung, Sicherheit oder Gesundheit iSv Art. 14 Abs. 1 ARB 1/80 dar, oder der Betroffene hat das Hoheitsgebiet dieses Staates für einen **nicht unerheblichen Zeitraum** ohne berechtigte Gründe verlassen.[155]

Von einem **nicht unerheblichen Zeitraum** ist in der Regel nach einem Auslandsauf- 142 enthalt auszugehen, der länger als ein Jahr ist.[156]

3. Deklaratorischer Charakter der Aufenthaltserlaubnis

Die Aufenthaltserlaubnis sowohl nach Art. 6 ARB 1/80 wie nach beiden Varianten des 143 Art. 7 ARB 1/80 hat deklaratorischen Charakter. Sie bescheinigt ein ohnedies bestehendes Recht und hat **Beweisfunktion.** Bei der Erteilung besteht kein Ermessen.[157] Ein Verstoß gegen die Verpflichtung zum fristgerechten Antrag auf Verlängerung des Aufenthaltstitels darf nicht zur Entfernung aus dem Bundesgebiet führen und auch nicht zur Verhängung einer Freiheitsstrafe.[158] Die § 4 Abs. 5, § 98 Abs. 2 Nr. 1 AufenthG tragen diesen Anforderungen Rechnung.

IV. Diskriminierungsverbot

Art. 9 AssAbk räumt türkischen Staatsangehörigen ein allgemeines Diskriminierungsverbot 144 ein. Art. 37 ZP und Art. 10 ARB 1/80 räumen türkischen Arbeitnehmern einen Anspruch auf **gleiche Arbeitsbedingungen** ein. Diese Bestimmungen tragen zur schrittweisen Integration der türkischen Staatsangehörigen bei, die einen Ortswechsel vornehmen, um sich in einem Mitgliedstaat niederzulassen oder dort Dienstleistungen azubieten. Sie sind einfach und klar und deshalb unmittelbar anwendbar.[159]

Art. 10 Abs. 1 ARB 1/80 schützt türkische Arbeitnehmer vor **ungleichen Arbeitsbe-** 145 **dingungen.** Letztere Regelung stellt eine Konkretisierung des primärrechtlichen Diskriminierungsverbots des Art. 9 AssAbk dar und ist deshalb im arbeitsrechtlichen Bezug ausschließlich anzuwenden.[160]

---

[154] EuGH Urt. v. 2.2.1988 – 24/86, Slg. 1988, 379 = NJW 1989, 3088; BVerwG Urt. v. 12.12.1995 – 1 C 35.94, BVerwGE 100, 130 = NVwZ 1996, 1116.
[155] EuGH Urt. v. 21.1.2010 – C-462/08, Slg. 2010, I-563 = NVwZ 2010, 433.
[156] Dazu → § 12 Rn. 224 ff.
[157] EuGH Urt. v. 16.3.2000 – C-329/97, Slg. 2000, I-1487 = NVwZ 2000, 1277.
[158] Urt. v. 16.3.2000 – C-329/97, Slg. 2000, I-1487 = NVwZ 2000, 1277.
[159] EuGH Urt. v. 29.4.2010 – C-92/07, Slg. 2010, I-3683 = BeckRS 2010, 90522.
[160] EuGH Urt. v. 8.5.2003 – C-171/01, Slg. 2003, I-4301 = BeckRS 2004, 74654.

146 Der Anspruch auf gleiche Arbeitsbedingungen in Art. 10 ARB 1/80 ist umfassend zu verstehen. Dazu gehören gleiche steuerliche Abzüge und Begünstigungen oder der **Kündigungsschutz.**

147 Arbeitsrechtliche Diskriminierungsverbote finden sich auch in anderen Assoziationsabkommen. Der EuGH hat, nicht unzweifelhaft, aus diesen Diskriminierungsverboten hergeleitet, dass eine nachträgliche Befristung einer Arbeitserlaubnis und deshalb auch einer getrennt erteilten Aufenthaltserlaubnis unzulässig sei. Das gelte auch im Falle einer Änderung des nationalen Rechts mit der Folge, dass vor Inkrafttreten des Zuwanderungsgesetzes erteilte unbefristete Arbeitsberechtigungen fortgelten.[161] Insoweit ist auf die Darstellung unter → § 12 Rn. 381 ff. zu verweisen.

V. Stillhalteklauseln

1. Begünstigte

148 Große Bedeutung haben die Standstill-Klauseln im Vertragswerk mit der Türkei gewonnen. **Sinn und Zweck** solcher Standstill-Regelungen in Beitritts- und Assoziationsabkommen ist die Vermeidung urplötzlicher Wanderungsbewegungen und dadurch hervorgerufener Störungen des Arbeitsmarkts.[162]

149 Es handelt sich um **verfahrensrechtliche Vorschriften,** die in zeitlicher Hinsicht festlegen, nach welchen Bestimmungen eines Mitgliedstaats die Situation eines türkischen Staatsangehörigen und seiner Familienangehörigen zu beurteilen ist. Die Zuständigkeit der Mitgliedstaaten für die Regelung der Einwanderung wird dadurch nicht berührt.[163]

150 Die Standstill-Klauseln verbieten die Rückkehr von gewährten Erleichterungen zur vorherigen Rechtslage.[164] Insoweit gleichen sie **Einbahnstraßen** auf dem Weg zur Herstellung der vollen Freizügigkeit für türkische Staatsangehörige.

151 Gemäß Art. 41 Abs. 1 ZP sind neue Beschränkungen der Niederlassungsfreiheit und im Dienstleistungsverkehr mit der Türkei unzulässig. Die Vorschrift trat am 1.1.1973 in Kraft. Die **Freiheit zur Niederlassung** betrifft den Zuzug zum Zweck der Aufnahme einer selbständigen Erwerbstätigkeit. Da insoweit seit kein 1973 keine Erschwernisse eingetreten sind, hat diese Regelung für Deutschland geringe Bedeutung.

152 Besondere Bedeutung hat der Standstill-Grundsatz im **Dienstleistungsverkehr** mit der Türkei. Dienstleistungen sind grenzüberschreitend erbrachte unternehmerische Leistungen. Leistungen ohne Auslandsbezug sind keine europarechtlich begünstigten Dienstleistungen.[165]

153 1973 konnten einige Dienstleistungen von türkischen Unternehmen **aufenthalts- und arbeitserlaubnisfrei** ins Bundesgebiet erbracht werden. Gemäß § 1 Abs. 2 DVAuslG durften Arbeitnehmer im Ausland ansässiger Unternehmen für die Dauer von bis zu zwei Monaten zur Natur nach vorübergehenden Erbringung von Dienstleistungen ins Bundesgebiet einreisen. Dasselbe galt für Vorträge und Darbietungen künstlerischen, wissenschaftlichen oder sportlichen Charakters. § 9 AEVO ordnete für diesen Personenkreis Arbeitserlaubnisfreiheit an.

154 Dienstleistungen werden häufig durch Mitarbeiter erbracht und nicht durch den Unternehmer selbst. Art. 41 Abs. 1 ZP erstreckt die Standstill-Wirkung deshalb auch auf das **Recht, Personal zur Ausführung von Dienstleistungen einzusetzen.** Deshalb erstreckte sie sich auch auf den Einsatz von Berufskraftfahrern, die nach der damaligen Fassung von § 9 Nr. 2 AEVO im grenzüberschreitenden Verkehr arbeitserlaubnisfrei eingesetzt werden durften. Begünstigt sind in der Türkei ansässige Unternehmen, nicht aber die

---

[161] EuGH Urt. v. 8.11.2012 – C-268/11, NVwZ 2012, 161.
[162] EuGH Urt. v. 23.3.1983 – 77/82, Slg. 1983, I-1085 = NJW 1983, 2750.
[163] EuGH Urt. v. 20.9.2007 – C-16/05, Slg. 2007, I-7415 = NVwZ 2008, 59.
[164] EuGH Urt. v. 9.12.2010 – C-300/09 und C-301/09, Slg. 2010, I-12845 = NVwZ 2011, 349; aA war noch BVerwG Urt. v. 8.12.2009 – 1 C 16.08, BVerwGE 135, 334 = NVwZ 2010, 1101.
[165] EuGH Urt. v. 17.6.1997 – C-70/95, Slg. 1997, I-3395 = EuZW 1998, 124.

eingesetzten Arbeitnehmer.[166] Die Standstill-Wirkung nach Art. 41 Abs. 1 ZP ist nicht von Bedingungen abhängig, einfach und klar und deshalb unmittelbar anwendbar.[167]

Art. 7 ARB 2/76 untersagt gegenüber Arbeitnehmern die Einführung **neuer Beschränkungen für den Zugang zum Arbeitsmarkt.** Die Regelung trat am 1.12.1976 in Kraft. Voraussetzung der Begünstigung ist eine ordnungsgemäße Beschäftigung. Die Ordnungsgemäßheit der Beschäftigung meint ebenso wie bei Art. 6 ARB 1/80[168] eine in Übereinstimmung mit den Rechtsvorschriften für einen im Inland ansässigen Unternehmer ausgeübte Tätigkeit.[169] 155

Begünstigt sind auch Personen, die den Arbeitsmarkt noch nicht betreten und noch keine selbständige Erwerbstätigkeit aufgenommen haben. Für die Rechte von Arbeitnehmern ergibt sich das aus der Gleichartigkeit und der übereinstimmenden Zielsetzung mit der Stillhalteklausel in Art. 41 Abs. 1 ZP. Notwendige Voraussetzung beider Standstill-Klauseln ist lediglich die Absicht, eine Erwerbstätigkeit aufzunehmen.[170] 156

Art. 13 ARB 1/80 erweitert mit Wirkung ab 1.9.1980 der **arbeitsmarktbezogenen Begünstigung** auf die Familienangehörigen türkischer Arbeitnehmer, deren Aufenthalt ordnungsgemäß, also rechtmäßig, also in Übereinstimmung mit den Rechtsvorschriften ist. 157

Art. 7 ARB 2/76 bleibt neben Art. 13 ARB 1/80 weiterhin anwendbar und damit der Zeitraum beginnend mit dem 1.12.1976. Die entgegengesetzte Auffassung[171] übersieht, dass der **Assoziationsrat** gemäß Art. 22 AssAbk nur die **Befugnis** hat, Beschlüsse zur Herstellung der Freizügigkeit für türkische Staatsangehörige zu fassen, aber gewährte Rechte nicht zurücknehmen darf. Eine Nachverlagerung des maßgeblichen Zeitpunkts um vier Jahre würde demgegenüber die Rechte türkischer Arbeitnehmer nachträglich beschränken. Diese Frage liegt im Zusammenhang mit der noch 1976 geltenden Visumsfreiheit für den Familiennachzug zu türkischen Arbeitnehmern dem EuGH zur Vorabentscheidung vor.[172] 158

Die Begünstigungen gelten auch zu Gunsten türkischer Staatsangehöriger, die sich zum Zeitpunkt der günstigeren Rechtslage für Drittstaatsangehörige **noch nicht im Bundesgebiet aufgehalten** haben. Die entgegengesetzte Auffassung, die die Standstill-Klauseln nur auf den Rechtszustand bei Einreise der Individuen gelten lassen möchte,[173] würde die Standstill-Klauseln für die Abwehr der Herstellung von Freizügigkeitsrechten umdefinieren. Eine solche Auslegung wäre wenig praktikabel und ist mit Sinn und Zweck der Standstill-Klauseln nicht vereinbar. Dieser besteht darin, einen zwischen den Mitgliedstaaten und der Türkei bereits erreichten Rechtsstandard zu fixieren und für die Zukunft gegenüber neuen Beschränkungen veränderungsfest zu machen.[174] 159

Art. 7 ARB 2/76 und Art. 13 ARB 1/80 begünstigen nicht **Personen mit nur vorübergehendem Gebietskontakt,** die als Arbeitnehmer zur Erbringung einer Dienstleistung für ein ausländisches Unternehmen eingesetzt werden. Ihnen fehlt insoweit die Zugehörigkeit zum inländischen Arbeitsmarkt, die Bestandteil des Merkmals der ordnungsgemäßen Beschäftigung eines Arbeitnehmers ist.[175] 160

Die Rechte nach Art. 7 ARB 2/76 und Art. 13 ARB 1/80 sind wie diejenigen nach Art. 41 Abs. 1 ZP nicht von Bedingungen abhängig. Sie sind einfach und klar und deshalb **unmittelbar anwendbar.**[176] 161

---

[166] EuGH Urt. v. 21.10.2003 – C-317/01 und C-369/01, Slg. 2003, I-2301 = BeckRS 2004, 76304.
[167] EuGH Urt. v. 11.5.2000 – C-37/98, Slg. 2000, I-2927 = NVwZ-Beil. I 2000, 139.
[168] S. → § 12 Rn. 52 ff.
[169] EuGH Urt. v. 21.10.2003 – C-317/01 und C-369/01, Slg. 2003, I-2301 = BeckRS 2004, 76304.
[170] EuGH Urt. v. 29.4.2010 – C-92/07, Slg. 2010, I-3683 = BeckRS 2010, 90522.
[171] So EuGH Urt. v. 6.6.1995 – C-434/93, Slg. 1995, I-1475 = NVwZ 1995, 1093; entgegengesetzt jedoch EuGH Urt. v. 20.9.1990 – C-192/89, Slg. 1990, I-3461 = NVwZ 1991, 255.
[172] BVerwG Beschl. v. 26.1.2017 – 1 C 1/16, NVwZ 2017, 1546.
[173] *Hailbronner* ZAR 2004, 47.
[174] *Huber* ARB 1/80 Art. 14 Rn. 11.
[175] EuGH Urt. v. 16.2.2017 – C-317/01 und C-369/01, Slg. 2003, I-2301 = BeckRS 2004, 76304.
[176] EuGH Urt. v. 20.9.1990 – C-192/89, Slg. 1990, I-3461 = NVwZ 1991, 255.

2. Standstill und Familiennachzug

162 **a) Ehegattennachzug.** In seiner Rechtsprechung zur Assoziation mit der Türkei musste sich der EuGH zuerst mit den Auswirkungen der Standstill-Klausel des Art. 13 ARB 1/80 auf das Zuzugsrecht befassen. Die mit einem türkischen Arbeitnehmer verheiratete *Meryem Demirel* durfte wegen einer Verschärfung der Regelungen zum Familiennachzug nicht zu ihrem in Schwäbisch Gmünd lebenden Ehemann, einem türkischen Arbeitnehmer zuziehen. Der Gerichtshof befand, dass dem Vertragswerk kein Recht auf Zuzug entnommen werden könne.[177] Vielmehr seien die Mitgliedstaaten in ihrer Entscheidung über die Aufnahme türkischer Staatsangehöriger und ihrer Familienangehörigen frei geblieben.

163 Gerechtfertigt wurde dies seinerzeit mit dem Argument, **Familienangehörige als Arbeitsbedingungen** anzusehen, sei eine erniedrigende Vorstellung. Es „überstrapaziere den Wortlaut doch zu sehr, darunter den Familiennachzug zu subsumieren, um – trotz der guten Intention – für die betroffenen Familienmitglieder geradezu erniedrigende Vorstellung".[178]

164 Entgegen seiner ursprünglichen Rechtsprechung leitet der EuGH heute aus den Standstill-Klauseln in Art. 41 Abs. 1 ZP und Art. 13 ARB 1/80 einen möglichen Anspruch auf Gestattung der Einreise der Ehegatten und Kinder von türkischen Arbeitnehmern[179] und von Selbständigen her.[180] Der **Nachzug von Familienangehörigen** sei günstige Bedingung für die Berufsausübung und unterfalle deshalb den Standstill-Klauseln. Auf die Entscheidung eines türkischen Staatsangehörigen, sich in einem Mitgliedstaat niederzulassen, um dort dauerhaft einer Erwerbstätigkeit nachzugehen, könne es sich negativ auswirken, wenn die Rechtsvorschriften dieses Mitgliedstaats die Familienzusammenführung erschweren oder unmöglich machen und sich der türkische Staatsangehörige deshalb unter Umständen zu einer Entscheidung zwischen seiner Tätigkeit in dem betreffenden Mitgliedstaat und seinem Familienleben in der Türkei gezwungen sehen könne. Eine Auseinandersetzung mit der früheren Rechtsprechung fehlt. Stattdessen wurde Kontinuität vorgegeben.

165 In ihrem Ausgangspunkt bejaht diese neue Rechtsprechung zutreffend die Anwendung früheren, außer Kraft getretenen Rechts auf Grund der unmittelbaren Anwendbarkeit der Standstill-Klauseln.[181] Doch die Erstreckung der Standstill-Klauseln auf den Familiennachzug ist weder nach der grammatischen noch der systematischen, historischen oder teleologischen **Auslegung**[182] überzeugend.

166 Rein **sprachlich** fällt auf, dass Art. 13 ARB 1/80 nach seinem Wortlaut nur diejenigen Familienangehörigen türkischer Arbeitnehmer schützt, die sich rechtmäßig im Mitgliedstaat aufhalten und deren Nachzug genehmigt wurde. Die Auslegung des EuGH stimmt mit dem Wortlaut nicht überein. Sie entwürdigt darüber hinaus Familienangehörige von Arbeitnehmern (und hinsichtlich Art. 41 Abs. 1 ZP von Selbständigen) als Mittel für die Berufsausübung.[183]

167 Ein Vergleich von Art. 6 Abs. 1 ARB 1/80 und Art. 6 Abs. 1 bis 3 VO 15/61/EWG, als der ersten Freizügigkeits-VO der EWG legt nahe, dass bei Fassung des ARB 1/80 diese frühere Regelung modifiziert und übernommen wurde. Während jedoch schon in der ersten Phase der europäischen Freizügigkeit ein Recht auf Familiennachzug ausdrücklich geregelt

---

[177] EuGH Urt. v. 30.9.1987 – 12/86, Slg. 1987, 3719 = NJW 1988, 1442.
[178] *Wölker* in Will, EG – Türkei, Kolloquium über Freizügigkeit und Familiennachzug, 1988, 11 f. *Wölker* war Mitarbeiter des EuGH.
[179] EuGH Urt. v. 12.4.2016 – C-561/14, NVwZ 2016, 833; Urt. v. 29.3.2017 – C-652/15, NVwZ 2016, 833; Urt. v. 10.7.2019 – C-89/18, ECLI:EU:C:2019:580, BeckRS 2019, 13636 – A gg. Udlændingeog Integrationsministeriet.
[180] EuGH Urt. v. 10.7.2014 – C-138/13, NVwZ 2014, 1081.
[181] Dazu → § 12 Rn. 148 f.
[182] Für die Heranziehung dieser traditionellen Auslegungsmethoden: GA *Jääskinen*, Schlussantrag vom 14.11.2014 – C-198/12, BeckEuRS 2013, 397014, Rn. 33 ff.; GA *Trstenjak*, Schlussantrag vom 29.10.2009 – C-484/08, BeckEuRS 2009, 503021, Rn. 73, GA *Bot*, Schlussantrag vom 16.11.2011 – C-72/11, BeckEuRS 2011, 625755 Rn. 46; GA *Trstenjak*, Schlussantrag vom 29.10.2009 – C-484/08, BeckEuRS 2009, 503021.
[183] *Wölker* in Will, EG – Türkei, Kolloquium über Freizügigkeit und Familiennachzug, 1988, 11 f.

wurde, enthielt der ARB 2/76, Vorläufer des ARB 1/80 keine Rechte für Familienangehörige, aber auch eine Standstill-Klausel. Nach der Auslegung des EuGH hätte diese Standstill-Klausel damit entgegen dem Willen der Vertragsparteien ungeschrieben den Familiennachzug partiell geregelt. So spricht die **historische Auslegung** gegen die Auffassung des EuGH.

Die **Trennung zwischen Aufenthaltsrecht der Erwerbstätigen, Diskriminierungsverboten und Familiennachzug** wird in den völkerrechtlichen Vereinbarungen der Union stark herausgearbeitet. So wurden in den MOE-Abkommen Freizügigkeitsrechte zunächst nur für Selbständige zur Niederlassung eingeräumt, wobei eine Kontrolle vor Einreise zulässig war, jedoch keine Aufenthaltsbeschränkungen.[184] Demgegenüber galt das Verbot diskriminierender Beschäftigungsbedingungen unbedingt.[185] Entsprechende Unterscheidungen finden sich auch im Abkommen mit Kroatien: sofortige Freizügigkeit für Selbständige, Übergangsregelungen für den Zutritt zum Arbeitsmarkt und zugleich uneingeschränkte Diskriminierungsverbote. Weiter gibt es Assoziationsabkommen, zB mit den Maghreb-Staaten, die keine Einreiserechte verschaffen und lediglich arbeits- und sozialrechtliche Diskriminierung verbieten.[186] Diese Unterscheidungen sprechen dafür, dieselbe Trennung im Assoziationsrecht mit der Türkei vorzunehmen.

168

Systematisch spricht weiter der Wortlaut von Art. 2 ARB 2/76 gegen ein solches Ergebnis. Denn im ARB 2/76 erscheinen Familienangehörige nicht als Begünstigte. Die Auslegung des EuGH schafft ohne Anhaltspunkte im Wortlaut ein über diese Vorschrift hinausreichendes Aufenthaltsrecht ab Einreise.

169

b) Familiennachzug und Diskriminierungsverbot. Diese Rechtsprechung des EuGH ist in sich nicht folgerichtig. Wenn der Familiennachzug günstige Bedingung für die Ausübung einer Erwerbstätigkeit darstellen würde, so wäre er eine **Bedingung für die Berufsausübung**. Solche Bedingungen unterfallen bei Selbständigen dem Diskriminierungsverbot des Art. 9 AssAbk. Dieses Diskriminierungsverbot ist unmittelbar anwendbar.[187] Für Arbeitnehmer unterfallen sie dem ebenfalls unmittelbar anwendbaren Anspruch auf gleiche Beschäftigungsbedingungen gemäß Art. 37 ZP, Art. 10 ARB 1/80.[188]

170

Würde der Familiennachzug dem **Diskriminierungsverbot** unterfallen, so läge für den Umfang dieses Anspruchs die Erstreckung der Regelungen über den Familiennachzug zu Unionsbürgern nach dem früheren Art. 10 VO 1612/68/EWG nahe. Danach durften – ungeachtet ihrer Staatsangehörigkeit – zu EG-Arbeitnehmern die Ehegatten und die unter 21-jährigen Abkömmlinge, ältere Abkömmlinge und die Verwandten in aufsteigender Linie nachziehen, wenn ihnen der Stammberechtigte Unterhalt gewährte. Weiter durften unter denselben Voraussetzungen die Abkömmlinge und Verwandten in aufsteigender Linie des Ehegatten nachziehen.

171

Auch nach dieser überraschenden Auffassung des EuGH verschafft Art. 6 ARB 1/80 türkischen Arbeitsuchenden kein Recht auf freie Einreise ins Bundesgebiet, sondern räumt nur Rechte zur **Fortsetzung eines rechtmäßig erlangten Aufenthaltsrechts** ein. Die Zuständigkeit für die Regelung der Einreise türkischer Staatsangehöriger und die erstmalige Zulassung zu einer Beschäftigung ist bei den Mitgliedstaaten verblieben.[189]

172

Weiter verneinte der EuGH ein Fortbestehen der 1980 noch eingeräumten Visafreiheit für türkische **Touristen**. Die Standstill-Klausel des Art. 41 Abs. 1 ZP erfasse nur die aktive, nicht aber die passive Dienstleistungsfreiheit. Für diese Auslegung stützt er sich unter Hinweis auf die türkische Visapraxis gegenüber den Staatsangehörigen Belgiens und der Niederlande auf den angeblich übereinstimmenden Willen der Vertragsparteien.[190]

173

---
[184] EuGH Urt. v. 27.9.2001 – C-63/99, Slg. 2001, I-6369 = BeckRS 2004, 77650.
[185] EuGH Urt. v. 8.5.2003 – C-438/00, Slg. 2003, I-4135 = NZA 2003, 845.
[186] EuGH Urt. v. 14.12.2006 – C-97/05, Slg. 2006, I-11917 = NVwZ 2007, 430.
[187] EuGH Urt. v. 29.4.2010 – C-92/07, Slg. 2010, I-3683 = BeckRS 2010, 90522.
[188] EuGH Urt. v. 25.7.2008 – C-152/08, Slg. 2008, I-6291 = SpuRt 2009, 61.
[189] EuGH Urt. v. 5.10.1994 – C-355/93, Slg. 1994, I-5113 = NVwZ 1995, 53.
[190] EuGH Urt. v. 24.9.2013 – C-221/11, NVwZ 2013, 1465.

174 **c) Familiennachzug und Visumszwang.** Auf der Grundlage der neuen Auffassung des EuGH wären die Standstill-Klauseln der Art. 41 Abs. 1 ZP, Art. 7 ARB 2/6 und Art. 13 ARB 1/80 auf die **Verschärfung im Familiennachzug durch Einführung des Visumszwangs** anzuwenden. Erst die am 5.10.1980 in Kraft getretene Änderung der DVAuslG[191] verpflichtete türkische Staatsangehörige zur Einholung eines Visums vor der Einreise. Bis zu diesem Zeitpunkt war der Familiennachzug auch ohne vorherige Einholung eines Visums zulässig. Die Einführung der Visumspflicht war damit eine nach Art. 41 Abs. 1 und Art. 7 ARB 2/76 zu beurteilende nachträgliche Beschränkung.[192]

175 Das Visumserfordernis ist auf Grund des Prüfungsumfangs, der damit verbundenen Kosten und der Erschwernis **eine nicht unerhebliche Erschwernis;** seine nachträgliche Einführung ist deshalb an den Standstill-Klauseln zu messen.[193]

176 Die Änderung der Rechtsprechung zum Familiennachzug verband der EuGH mit der Einführung der Schranke des **zwingenden Grundes des Allgemeininteresses.** Eine nachträgliche Verschärfung von Anforderungen entgegen den Standstill-Klauseln sei zulässig, wenn sie durch einen zwingenden Grund des Allgemeininteresses gerechtfertigt sei, zur Erreichung des Ziels geeignet und nicht über das zum Erreichen des Ziels Erforderliche hinausgehe.[194]

177 Das ist schon aus dem Grund nicht überzeugend, dass Art. 14 Abs. 1 ARB 1/80 den **Vorbehalt des ordre public** aufstellt. Die Vorschrift gilt auch für die Beschränkung von aufgrund der Standstill-Klausel des Art. 13 ARB 1/80 erhaltenen Rechten. Darüber hinausgehende Erfordernisse für eine Beschränkung von Rechten sind nicht ersichtlich. In der ordre public-Klausel liegt der Unterschied zu der im europäischen Freizügigkeitsregime geltenden Schranke der zwingenden Gründe des Allgemeininteresses. Dort werden sonst unbeschränkt geltende Rechte beschränkt.

178 Gegen die Auffassung des EuGH spricht der völkerrechtliche Charakter der Vereinbarungen in der Assoziation. Sie sind deshalb nach der völkerrechtlichen Lehre der **clausula rebus sic stantibus** auszulegen.[195] Die schwerwiegenden Gründe des Allgemeininteresses können allenfalls dann herangezogen werden, wenn sie als europarechtliche Entsprechung der clausula rebus sic stantibus verstanden werden und diesen hohen Anforderungen entsprechen.

179 Der VGH Mannheim[196] sieht für den Visumszwang im Familiennachzug **zwingende Gründe des Allgemeininteresses** in andernfalls leicht eintretenden schwerwiegenden Belastungen der Bundesrepublik Deutschland, insbesondere der Aufwendung erheblicher öffentlicher Mittel, um Ausländer, denen der Aufenthalt nicht erlaubt wird, wieder aus dem Bundesgebiet zu entfernen. Vor Einführung des Visumserfordernisses seien häufig türkische Staatsangehörige als „Touristen" in der verdeckten Absicht der Arbeitsaufnahme eingereist oder hätten aussichtslose Asylverfahren betrieben, um während der Dauer des Verfahrens hier leben und arbeiten zu können.

180 In sich folgerichtig wäre es auf der Grundlage der Auffassung des VGH Mannheim indes, eine Aufhebung der früheren Visumsfreiheit auf Grund der clausula rebus sic stantibus nur vorübergehend, bezogen auf die Fluchtwelle nach dem Militärputsch 1980 zu bejahen. Nachdem die Fluchtwelle abgebrochen ist, gebietet die clausula rebus sic stantibus die Rückkehr zum **früheren Rechtszustand der Visumsfreiheit.** Entsprechend hat der Europäische Gerichtshof die Fortgeltung der bis zum Militärputsch bestehenden Visumsfreiheit türkischer Fernfahrer bejaht.[197]

---

[191] BGBl. 1980 I 782.
[192] VGH BW Beschl. v. 21.7.2014 – 11 S 1009/14, InfAusR 2014, 361 = BeckRS 2014, 5488.
[193] EuGH Urt. v. 19.2.2009 – C-228/06, Slg. 2009, I-1031 = NVwZ 2009, 513.
[194] EuGH Urt. v. 7.11.2014 – C-225/12, NVwZ 2014, 115; Urt. v. 10.7.2014 – C-138/13, NVwZ 2014, 1081.
[195] EuGH Urt. v. 9.12.2011 – C-371/08, Slg. 2011, I-12735 =NVwZ 2012, 422; Urt. v. 24.9.2013 – C 221/11, NVwZ 2013, 1465.
[196] Beschl. v. 21.7.2014 – 11 S 1009/14, InfAusR 2014, 361 = BeckRS 2014, 5488.
[197] EuGH Urt. v. 19.2.2009 – C-228/06, Slg. 2009, I-1031 = NVwZ 2009, 513.

Daraus folgt kein Anspruch dieser Familienangehörigen auf visumsfreie Einreise, denn **181** die insoweit nur anwendbare Standstill-Klausel des Art. 2 ARB 2/76 regelt keine Rechte von Familienangehörigen. Doch setzt sich der EuGH über den Wortlaut der Vorschrift hinweg und behauptet auch insoweit, dass der Familiennachzug günstige Bedingung für die Berufsausübung sei und deshalb unter die Standstill-Klausel in Bezug auf die Rechte der Arbeitnehmer falle. Das Visumserfordernis sei durch den zwingenden Grund des Allgemeininteresses der Kontrolle der Wanderungsströme gerechtfertigt.[198] Nachdem die EU mit der Türkei über die Herstellung der vollen Reisefreiheit für türkische Staatsangehörige verhandelte, ist die Annahme eines zwingenden Grundes des Allgemeininteresses für den Familiennachzug wenig überzeugend. **Generalanwältin** Sharpston hatte entsprechend der von hier aus vertretenen Auffassung **vorgeschlagen, die Erstreckung der Standstill-Klauseln auf den Familiennachzug aufzugeben** und zur Auffassung im Urteil Meryem Demirel zurückzukehren.[199]

d) Verschärfung im Ehegattennachzug durch Spracherfordernis. Das **Spracher-** **182** **fordernis im Ehegattennachzug** nach § 30 Abs. 1 S. 1 Nr. 2 AufenthG hat der EuGH[200] an den Standstill-Klauseln gemessen. Dabei bejahte er, dass die Verhinderung von Scheinehen einen zwingenden Grund des Allgemeininteresses darstelle, der das Spracherfordernis im Familiennachzug des § 30 Abs. 1 S. 1 Nr. 2 AufenthG rechtfertigen könne. Das Erfordernis greift allerdings in die Rechte nach Art. 6 GG, Art. 7 GRCh und Art. 8 EMRK ein. Daher ist der Nachweis der Wirksamkeit der verlangten Beschränkung zu fordern. Tatsächlich beruht das Spracherfordernis auf generalpräventiven Erwägungen, die vermutet, nicht nachgewiesen und äußerst umstritten sind. Europarechtlich wird für Einschränkungen aus zwingendem Grund ein Nachweis der Notwendigkeit und der Eignung der ergriffenen Maßnahme verlangt.[201] Die Maßnahme darf zur Wahrung der Verhältnismäßigkeit nicht über das zur Erreichung des Zwecks Erforderliche hinausgehen.[202]

Ein zwingender Grund des Allgemeininteresses **müsste auch gegenüber Unionsbür-** **183** **gern** geltend gemacht werden dürfen. Doch diesen gegenüber sind Beschränkungen der Freizügigkeit mit der Begründung, der Betroffene verfüge nicht über ausreichende Sprachkenntnisse, nach ständiger Rechtsprechung unzulässig.[203] Auch nach diesem Kriterium ist diese Auffassung des EuGH nicht überzeugend.

e) Verschärfungen gegenüber Abkömmlingen. Zugleich führt die Erstreckung der **184** Standstill-Klausel auf den Ehegattennachzug durch den EuGH[204] zur Erstreckung der Standstill-Wirkung auf den **Kindernachzug**. Auch dieser sei angeblich für die Berufsausübung günstige Bedingung.[205] Kinder türkischer Arbeitnehmer benötigten bei Inkrafttreten der Standstill-Klauseln bis zur Vollendung des 16. Lebensjahres weder für die Einreise noch für den Aufenthalt gemäß § 2 Abs. 2 DVAuslG[206] eine Aufenthaltserlaubnis.

Das VG Darmstadt[207] schließt daraus, dass der Aufenthalt von Kindern türkischer Arbeit- **185** nehmer bis zur Vollendung des 16. Lebensjahres auf Grund des weiterhin anzuwendenden § 2 Abs. 2 DVAuslG 1990 aufenthaltserlaubnisfrei bleibt. Nur zur Begründung des rechtmäßigen Aufenthalts sei der Besitz eines gültigen Passes erforderlich. Das gelte auch für für das **Kind einer Asylbewerberin,** sofern es innerhalb von sechs Monaten nach der Geburt

---

[198] EuGH Urt. v. 7.8.2018 – C-123/17, InfAuslR 2018, 354.
[199] Schlussanträge v. 19.4.2018 – C-123/17, ECLI:EU:C:2018:267.
[200] Urt. v. 10.7.2014 – C-138/13, NVwZ 2014, 1081. Zustimmend: Thym ZAR 2014, 301 und Kurzidem ZAR 2014, 422.
[201] EuGH Urt. v. 25.2.2010 – C-562/08, Slg. 2010, I-1391 = NVwZ 2010, 629.
[202] EuGH Urt. v. 17.3.2005 – C-109/04, Slg. 2005, I-2421 = NJW 2005, 148.
[203] EuGH Urt. v. 6.6.2000 – C-281/98, Slg. 2000, I-4139 = NZA-RR 2001, 20.
[204] EuGH Urt. v. 10.7.2014 – C-138/13, NVwZ 2014, 1081.
[205] EuGH Urt. v. 12.4.2016 – C-561/14, NVwZ 2016, 833.
[206] IdF v. 12.3.1969 (BGBl. I 207).
[207] VG Darmstadt Urt. v. 18.12.2013 – 5 K 310/12.DA, EZAR NF 19 Nr. 70 = BeckRS 2014, 48731.

einen Nationalpass oder einen als Passersatz zugelassenen Kinderausweis erhalte und der türkische Vater Arbeitnehmer sei.

186 Das BVerwG[208] verneinte dennoch die Erstreckung der Standstill-Klausel auf den Kindernachzug, da entsprechend Art. 79 Abs. 1 AEUV die Verschärfung durch den zwingenden Grund des Allgemeininteresses gerechtfertigt ist, die **Wanderungsbewegungen zu kontrollieren**. Eine solche Argumentation hatte allerdings der EuGH in einer frühen Entscheidung verworfen: Eine Kontrolle der Wanderungsbewegungen von Unionsbürgern durch die Mitgliedstaaten sei zwar zulässig. Jedoch dürfe ein Verstoß gegen eine Pflicht zur Beantragung einer Aufenthaltserlaubnis nicht eine Ausweisung rechtfertigen. Letztere sei vielmehr unverhältnismäßig.[209]

187 Die Meldepflicht ist **Instrument zur Steuerung der Migrationsströme** gemäß Art. 79 Abs. 1 AEUV. Einwanderungspolitik besteht nicht in der Ablehnung jedweder Einwanderung. Nach Kenntnis von der Anwesenheit eines Drittstaatsangehörigen ist zu entscheiden, ob dieser bleiben darf und unter welchen Voraussetzungen oder ob er das Land verlassen muss.[210]

188 Wird auf dieser Grundlage die Fortgeltung der früheren Aufenthaltserlaubnisfreiheit der Kinder türkischer Staatsangehöriger bis zum 16. Lebensjahr bejaht, ist dennoch eine Einschränkung vorzunehmen. Denn das frühere Gemeinschaftsrecht in Art. 8 Abs. 2 RL 68/360/EWG und Art. 4 Abs. 2 RL 73/148/EWG enthielt die Verpflichtung zur polizeilichen Anmeldung. Art. 4 RL 68/360/EWG und Art. 4 RL 73/148/EWG räumten den Familienangehörigen der Freizügigkeitsberechtigten einen Rechtsanspruch auf Erteilung einer Aufenthaltserlaubnis ein, einschließlich der Kinder, die das 16. Lebensjahr noch nicht vollendet hatten. Wegen des Verbots der umgekehrten Diskriminierung nach Art. 59 ZP darf deshalb zwar auch den Kindern türkischer Erwerbstätiger eine Verpflichtung zur Beantragung einer Aufenthaltserlaubnis auferlegt werden. Doch hat diese Aufenthaltserlaubnis ebenso wie die frühere Aufenthaltserlaubnis der Kinder Freizügiger lediglich deklaratorischen Charakter. Sie ist nach § 4 Abs. 5 AufenthG zu erteilen und **darf nicht der Verhinderung des Kindernachzugs dienen**. Insbesondere ist eine Beschränkung dieses Aufenthalts nur zulässig, wenn sich kein erwerbstätiger Elternteil im Bundesgebiet aufhält.

189 Entsprechend ist die Entscheidung des EuGH zu verstehen, der einem im Bundesgebiet geborenen Kind, dessen Vater türkischer Arbeitnehmer ist, dessen Mutter sich jedoch ohne Aufenthaltsrecht im Bundesgebiet aufhielt, grundsätzlich ein Aufenthaltsrecht zugesteht. Eine Geburt ist kein rechtswidriges Ereignis und der durch Geburt begründete Aufenthalt kann deshalb nicht rechtswidrig sein, unbeschadet der Möglichkeit, ihn im Einzelfall zu beenden. Der EuGH wendet gegen die Auffassung des BVerwG[211] den **Grundsatz der Verhältnismäßigkeit** ein. Im konkreten Einzelfall sei nicht ersichtlich, wieso die Steuerung der Migrationsströme es erfordere, „dass die in diesem Mitgliedstaat geborenen Kinder mit Drittstaatsangehörigkeit, die sich dort von Geburt an rechtmäßig aufhalten, in den Drittstaat, dessen Staatsangehörigkeit sie haben, reisen und von diesem Drittstaat aus ein Verfahren einleiten müssen, in dem diese Voraussetzungen geprüft werden".[212]

190 Zwingende Gründe für eine neue Beschränkung des Kindernachzugs sollen vorliegen, wenn durch sie das Ziel einer **erfolgreichen Integration** erreicht werden kann. Für eine dänische Regelung, die den Kindernachzug davon abhängig machte, dass der Antrag innerhalb von zwei Jahren nach dem Zeitpunkt gestellt wurde, in dem das stammberechtigte Elternteil eine unbefristete Aufenthaltserlaubnis oder eine Erlaubnis mit Möglichkeit zum Daueraufenthalt erlangt hatte, bejahte der EuGH, dass das Ziel einer erfolgreichen Integration einen zwingenden Grund des Allgemeininteresses darstellt.[213]

---

[208] BVerwG Urt. v. 6.11.2014 – 1 C 4.14, NVwZ 2015, 373.
[209] EuGH Urt. v. 7.7.1976 – 118/75, Slg. 1976, 1185 = BeckEuRS 1976, 53654.
[210] EuGH Urt. v. 29.3.2017 – C-652/15, NVwZ 2017, 691.
[211] BVerwG Urt. v. 6.11.2014 – 1 C 4.14, NVwZ 2015, 373.
[212] EuGH Urt. v. 29.3.2017 – C-652/15, NVwZ 2017, 691.
[213] EuGH Urt. v. 12.4.2016 – C-561/14, NVwZ 2016, 833.

Der EuGH äußerte aber Zweifel an der Geeignetheit der Maßnahme im konkreten Fall. **191**
Es sei bei einer solchen Beschränkung die konkrete persönliche Situation des Kinds und
seiner Verbindungen zum Mitgliedstaat zu berücksichtigen. Eine **Einzelfallprüfung** sei
erforderlich, um eine Verwaltungspraxis der systematischen Ablehnung zu vermeiden.[214]

f) Weitere Begünstigungen durch Standstill. aa) Mindestehebestandszeit. Nach § 19 **192**
Abs. 1 S. 1 AuslG 1990[215] hatten nachgezogene Drittstaatsangehörige seit 1.6.2000 ein
eigenständiges Aufenthaltsrecht, wenn sie wenigstens zwei Jahre im Bundesgebiet mit dem
Stammberechtigten in ehelicher Lebensgemeinschaft zusammengelebt hatten. 2011 erfolgte
die Verlängerung der **Mindestehebestandszeit** auf drei Jahre.[216] Sie stellt eine Verschärfung
der Bedingungen für den Zutritt zum Arbeitsmarkt und den Erhalt erlangter Beschäftigungs-
rechte dar und unterfällt deshalb der Standstill-Klausel des Art. 13 ARB 1/80.[217] Zu Gunsten
der Familienangehörigen türkischer Arbeitnehmer ist deshalb die zweijährige Mindest-
bestandszeit weiter anzuwenden.[218]

Dasselbe gilt für die Rechte nach Art. 41 Abs. 1 ZP. Danach ist die zweijährige Mindes- **193**
tehebestandszeit anzuwenden, wenn der türkische Ehegatte eine **selbständige Erwerbstätigkeit** aufnehmen möchte oder aufgenommen hat.[219]

Auch die **türkischen Familienangehörigen Deutscher** – oder Stammberechtigter an- **194**
derer Nationalitäten – können sich für die Fortsetzung einer unselbständigen Erwerbstätigkeit auf die Standstill-Klausel berufen. Denn mit Aufnahme einer Beschäftigung ist die
Eigenschaft als Arbeitnehmer iSd Art. 13 ARB 1/80 zu bejahen. Da in der Auslegung des
EuGH auch der erstmalige Zutritt zum Arbeitsmarkt geschützt ist,[220] genügt auch der Wille
zur Aufnahme einer Beschäftigung.

Die Verlängerung der Mindestehebestandszeit ist weiter an Art. 41 Abs. 1 ZP zu messen. **195**
Sie **erschwert die Niederlassung** und unterliegt deshalb ebenfalls der Standstill-Klausel.
Voraussetzung ist hier, dass eine selbständige Erwerbstätigkeit aufgenommen wurde oder
aufgenommen werden soll.

bb) Aufenthaltsgebühren. Gebühren für die Erteilung von Aufenthaltstiteln sind **196**
Bestandteil der Arbeits- bzw. Berufsausübungsbedingungen. Sie beinträchtigen die Niederlassung und die Ausübung und Fortsetzung einer unselbständigen Erwerbstätigkeit und sind
als solche ebenfalls an den Standstill-Klauseln zu messen. Zwar verbieten die Standstill-
Klauseln nicht jede neue Maßnahme und sind wegen des Verbots der umgekehrten Diskriminierung Verschärfungen zulässig, die in gleicher Weise Unionsbürger betreffen. Solche
Verschärfungen dürfen im Verhältnis zu Unionsbürgern nicht unverhältnismäßig sein.[221]

Der EuGH misst **Gebührenerhöhungen** sowohl an den Standstill-Klauseln als auch an **197**
den Diskriminierungsverboten der Art. 9 AssAbk und Art. 10 ARB 1/80.[222] Werden
Gebühren der Inflation angepasst, liegt darin keine neue Erschwernis. Vielmehr bleibt die
tatsächliche Belastung dabei im Wesentlichen gleich. Eine Verwaltungsgebühr in Höhe von
40 EUR für die Verlängerung einer Aufenthaltserlaubnis für wenigstens ein Jahr im Jahr
2010 entsprach inflationsbereinigt annähernd einer Verwaltungsgebühr im Jahr 1977 von
40 DM = 20,45 EUR. Da drittstaatsangehörige Familienangehörige von Unionsbürgern
für eine Aufenthaltskarte gemäß § 5 Abs. 6 S. 2 FreizügG/EU höchstens eine Gebühr in
Höhe von 28,80 EUR entrichten müssen, würden türkische Staatsangehörige mit einer
Gebühr in Höhe von 40 EUR unverhältnismäßig stärker belastet werden. Die Erhöhung

---

[214] EuGH Urt. v. 12.4.2016 – C-561/14, NVwZ 2016, 833.
[215] Gesetz zur Änderung des Ausländergesetzes v. 25.5.2000 (BGBl. I 742).
[216] Gesetz zur Bekämpfung der Zwangsheirat und zum besseren Schutz der Opfer von Zwangsheirat sowie zur Änderung weiterer aufenthalts- und asylrechtlicher Vorschriften vom 23.6.2011 (BGBl. I 1266).
[217] EuGH Urt. v. 9.12.2010 – C-300/09 und C-301/09, Slg. 2010, I-12845 = NVwZ 2011, 349.
[218] OVG Berlin-Brandenburg Urt. v. 15.4.2014 – OVG 11 S 26.14, BeckRS 2014, 50880.
[219] Zweifelnd OVG Greifswald Beschl. v. 13.1.2012 – 2 M 201/11, NVwZ-RR 2012, 662.
[220] EuGH Urt. v. 7.11.2013 – C-225/12, NVwZ-RR 2014, 11.
[221] EuGH Urt. v. 29.4.2010 – C-92/07, Slg. 2010, I-3683 = BeckRS 2010, 90522.
[222] EuGH Urt. v. 29.4.2010 – C-92/07, Slg. 2010, I-3683 = BeckRS 2010, 90522.

§ 12　　　　　5. Kapitel. Freizügigkeit in der Europäischen Union

einer Gebühr von 85 EUR im Jahr 2007 auf 135 EUR im Jahr 2011 für die Erteilung einer Daueraufenthaltserlaubnis/EU verstieß ebenfalls gegen die Standstill-Klauseln.[223] Heute trägt § 52a AufenthV diesen Anforderungen Rechnung.

198　Auch sind türkische Staatsangehörige wegen der Standstill-Klauseln von Gebühren für die Ausstellung von **Fiktionsbescheinigungen** befreit (§ 52a Abs. 3 Nr. 2 AufenthV), da 1980 solche Gebühren nicht erhoben wurden und die Fiktionsbescheinigungen auch den Zutritt zum Arbeitsmarkt regeln.

199　cc) **Visagebühren.** Für Dienstleistungen, die nicht gemäß Art. 41 Abs. 1 ZP visumsfrei zulässig bleiben, dürfen Visa verlangt und damit **Visagebühren** erhoben werden. Da diese Gebühren die Erbringung von Dienstleistungen beeinträchtigen, unterfallen sie der Standstill-Klausel des Art. 41 Abs. 1 ZP. Voraussetzung ist hier die Absicht der (aktiven) Erbringung einer Dienstleistung.

200　dd) **Fahrerlaubnisse.** Der **Besitz einer Fahrerlaubnis** verändert die Handlungsmöglichkeiten auf dem Arbeitsmarkt erheblich und kann auch für die Entscheidung zur Niederlassung ausschlaggebend sein. Eine erneute Prüfung für die Umschreibung der Fahrerlaubnis eines Unionsbürgers darf nicht verlangt werden, wenn sie eine in einem anderen Mitgliedstaat abgelegte Prüfung für die Fahrzeugklassen, die der Betreffende führen möchte, nur unnötig wiederholen würde.[224]

201　Die Möglichkeit der **Umschreibung von Fahrerlaubnissen** unterfällt deshalb den Standstill-Klauseln. Es genügt allerdings nicht, darauf zu verweisen, dass die Türkei weder der EU noch dem EWR angehöre.[225] Diese Betrachtung lässt außer Betracht, dass Fahrerlaubnisse wegen ihrer Bedeutung für die Ausübung einer Erwerbstätigkeit arbeitsmarktbezogen sind und zugleich den Diskriminierungsverboten der Art. 9 AssAbk, Art. 37 ZP und Art. 10 ARB 1/80 unterfallen. Diese Merkmale rechtfertigen eine Unterscheidung von anderen Drittstaatsangehörigen.

202　Andererseits erfordert die **Verkehrssicherheit** ein ausreichendes Maß an Harmonisierung der Regeln über die Voraussetzungen der Erteilung einer Fahrerlaubnis. Deshalb durfte vor Durchführung der RL 91/439/EWG verlangt werden, dass Fahrerlaubnisse von Unionsbürgern unbeschadet europarechtlicher Diskriminierungsverbote im Aufnahmemitgliedstaat umgetauscht werden.[226] Die damit zulässige Überprüfung der Gleichwertigkeit kann auch von türkischen Staatsangehörigen verlangt werden und damit die erneute Ablegung einer Fahrprüfung

203　Gemäß § 29 Abs. 1 S. 4 FeV darf der Inhaber einer ausländischen Fahrerlaubnis nach Umzug ins Bundesgebiet noch sechs Monate im Umfang der Berechtigung Kraffahrzeuge führen. Diese Frist betrug früher gemäß § 4 IntKfzV bis 29.10.2008 12 Monate. Eine Rechtfertigung für die **Verkürzung dieser Frist**, die gemäß § 28 FeV für Unionsbürger nicht gilt, ist nicht ersichtlich. Das Unfallrisiko wird durch die längere Frist nicht wesentlich erhöht.

3. Schranken der Standstill-Wirkung

204　a) **Ausweisung nach Altrecht?** Die Stillhalteverpflichtungen erfassen auch das Verwaltungsverfahrensrecht. Der Schutz indiviueller Rechte in den Bereichen und Beschäftigung erfordert die **Erstreckung unionsrechtlicher Verfahrensgarantien** auf die Rechte nach Art. 6 f. ARB 1/80. Aus diesem Grund war die Erstreckung des Grundsatzes in Art. 9 Abs. 1 RL 64/221/EWG, wonach bei nicht voll überprüfbaren Ausweisungsverfügung außer in dringenden Fällen eine unabhängige Stelle am Verwaltungsverfahren zu beteiligen ist, auf türkische Staatsangehörige zu erstrecken.[227]

---

[223] BVerwG Urt. v. 19.3.2013 – 1 C 12.12, BVerwGE 146, 117 = EZAR NF 24 Nr. 15.
[224] EuGH Urt. v. 28.11.1978 – 16/78, Slg. 1978, 2293 = NJW 1989, 485.
[225] So aber VG Köln Beschl. v. 20.12.2011 – 11 K 4026/10.
[226] EuGH Urt. v. 29.2.1996 – C-193/94, Slg. 1996, I-929 = EuZW 1996, 318.
[227] EuGH Urt. v. 2.6.2005 – C-136/03, Slg. 2005, I-4759 = NVwZ 2006, 72.

205 Es wurde die Auffassung vertreten, die Neufassung der §§ 53 bis 56 AufenthG[228] mit dem Übergang zu einem System der gebundenen, vom Gericht vollständig überprüfbaren Entscheidung verstoße gegen die Standstill-Klauseln. Da die Verwaltung nunmehr zum Handeln verpflichtet sei und nicht mehr über einen Ermessensspielraum verfüge, liege eine Verschärfung zu Lasten der Betroffenen vor. So stelle der **Übergang zur Vollprüfung** für sich eine Verschlechterung dar.[229]

206 Doch liegt in der intensiveren Kontrolle des Verwaltungshandelns durch eine **Vollprüfung** in der Neufassung der §§ 53 bis 56 AufenthG **keine Verschärfung** zu Lasten der Betroffenen. Einen Rechtsanspruch auf ein unrichtiges Ergebnis kann es nicht geben. Deshalb führt auch die Erwägung weiter, es sei ein günstigeres Ergebnis im Falle der Entscheidung nach altem Recht möglich und dann im Einzelfall die Stillhalte-Klauseln anzuwenden.[230] Vielmehr kann für die Frage der Zulässigkeit des Systemwechsels nicht isoliert das Ergebnis aus der Sicht der Betroffenen betrachtet werden, zumal es sowohl bei gebundener wie Ermessensentscheidung folgenlos bleibt, wenn die Ausländerbehörde von einer Ausweisung absieht.

207 Tatsächlich stellt der Übergang weg von einer Ausweisung im Ermessenswege hin zu einer zwar gebundenen, dafür aber anhand des Maßstabes der Verhältnismäßigkeit zu überprüfenden Entscheidung keine Verschärfung dar. Vielmehr handelt es sich um eine Verbesserung, wie schon der Wegfall der zu Lasten der Betroffenen wirkenden zwingenden und regelhaften **Ausweisung** zeigt. Dabei stellt insbesondere § 53 Abs. 3 AufenthG klar, dass die Anforderungen des Assoziationsrechts zu beachten sind: Generalpräventiv begründete Ausweisungen sind in diesem Rahmen unzulässig. Eine individuelle Gefahrenprognose nach den aktuellen Verhältnissen ist erforderlich.

208 Eine Ausweisung setzt voraus, dass ein Grundinteresse der Gesellschaft berührt ist. Im Vergleich zu den Ausweisungsregelungen der Ausländergesetze seit 1965 und dem Aufenthaltsgesetz aF hat sich das neue Ausweisungsrecht wesentlich verändert. Von einer in Bezug auf die Interessen des Ausländers weitgehend auf bloßen Verwaltungsvorgaben beruhenden Ermessensentscheidung des AuslG 1965 hat es sich ebenso gelöst wie von schematisierenden und insoweit bindenden gesetzlichen Vorgaben des AuslG 1990 und des AufenthG aF. Diese Vorgaben standen einer **umfassenden Abwägung der konkreten Umstände des Einzelfalls** entsprechend deren Gewicht entgegen. Schematisierungen dieser Art und Wirkung waren auch der Anlass für die Gerichte, das bisherige Recht aus Gründen der Verhältnismäßigkeit, teilweise entgegen seinem Wortlaut, auszulegen und anzuwenden. Während eine Ausweisung im Ermessenswege gemäß § 114 S. 1 VwGO gerichtlich nur eingeschränkt überprüfbar war, verlangt das neue Recht eine vollumfassende gerichtliche Überprüfung. Das durch die neuen Regelungen aufgestellte Prüfprogramm gewährleistet eine umfassende Berücksichtigung der den jeweiligen Einzelfall prägenden Umstände und verbessert damit die Rechtsposition der vom Assoziationsrecht Begünstigten.[231]

209 Weder Unions- noch Assoziationsrecht gebieten eine Ermessensentscheidung, sondern (nur) eine **offene Güter- und Interessenabwägung**. Im Gegenteil erlaubte Art. 9 Abs. 1 RL 64/221/EWG den Verzicht auf ein Vorverfahren, sofern den Gerichten eine Vollprüfung aufgegeben war.[232] Damit wertete schon das frühere Unionsrecht eine gerichtliche Vollprüfung als ein für die Betroffenen günstigeres Verfahren. Es ließ einen Übergang von der Ermessensprüfung zur Vollprüfung zu, während eine Änderung in umgekehrter Richtung eine zusätzliche Verfahrenssicherung in Form der Beteiligung einer unabhängigen Stelle erforderte.

210 Bei Ausweisungen aus Gründen der inneren Sicherheit ordnet nunmehr § 56 Abs. 1 S. 1 und Abs. 2 AufenthG kraft Gesetzes geltende Überwachungsmaßnahmen an, die – in

---
[228] Gesetz zur Neubestimmung des Bleiberechts und der Aufenthaltsbeendigung v. 27.7.2015 (BGBl. I 1386).
[229] *Oberhäuser* in NK-AuslR ARB 1/80 Art. 13 Rn. 22.
[230] So *Welte* InfAuslR 2015, 426 (429, Fn. 23).
[231] BVerwG Urt. v. 22.2.2017 – 1 C 3.16, BeckRS 2017, 107747.
[232] EuGH Urt. v. 2.6.2005 – C-136/03, Slg. 2005, I-4759 = NVwZ 2006, 72.

Abweichung zur früheren Rechtslage – nicht mehr die sofortige Vollziehbarkeit der Ausweisung voraussetzen. Die darin liegende **Verschärfung** erscheint als zulässig. Gegenüber Unionsbürgern sind gemäß Art. 28 Abs. 3 RL 2004/38/EG auch noch nach einem zehnjährigen Inlandsaufenthalt Ausweisungen aus Gründen der Sicherheit des Staats zulässig, wobei Art. 14 Abs. 1 ARB 1/80 diesen weitreichenden Schutz nicht einräumt.[233] Auch die Stillhalteverpflichtung kann Assoziationsberechtigen gemäß Art. 59 ZP keine weitergehenden Rechte als Unionsbürgern verschaffen.[234] Darf die Rechtsstellung vollständig entzogen werden, so ist nach Feststellung der Voraussetzungen des Rechtsverlustes eine verfahrensrechtliche Verschlechterung der Rechtsposition zulässig.

211   b) **Verfahrensrechtlicher Standstill.** Klärungsbedürftig sind die Folgen der aufschiebenden Wirkung eines Widerspruchs gegen eine aufenthaltsbeendende Verfügung nach Standstill-Grundsätzen. Zwar bedeutet die Stillhalteverpflichtung nicht, dass jede Facette des Verwaltungsverfahrens und des Prozessrechts einer Änderung entzogen wäre. Die Mitgliedstaaten verfügen über einen Gestaltungsspielraum, der durch den **Grundsatz der Effektivität und der Äquivalenz** begrenzt wird.[235]

212   Gemäß § 84 Abs. 2 AufenthG bleiben Drittstaatsangehörige bei Erlass einer aufenthaltsbeendenden Verfügung auch dann ausreisepflichtig, wenn sie Rechtsmittel einlegen. 1980 war die Rechtslage noch günstiger. Die Standstill-Klauseln gebieten nicht die Anwendung des früheren entgegengesetzten Rechts.[236] Das folgt einerseits aus der Verfahrensautonomie der Mitgliedstaaten und andererseits aus dem Umstand, dass das bei Inkrafttreten der Standstill-Klauseln geltende Unionsrecht ebenfalls keine automatische aufschiebende Wirkung von Rechtsmitteln vorsah.[237] Zweifelhaft ist allerdings das Recht der Ausländerbehörden zum Einbehalt des Passes. Immerhin soll das Verfahrensrecht der Sicherung der Verwirklichung des materiellen Rechts dienen und kann ein Einbehalt des Passes für diese Verwirklichung schädlich sein.[238]

213   Der EuGH verlangt für die Wirksamkeit des gerichtlichen Schutzes der individuellen Rechte in den Bereichen Beschäftigung und Aufenthalt nach Assoziationsrecht die Zuerkennung der **Verfahrensgarantien,** die durch das Gemeinschaftsrecht gewährleistet sind.[239] Die verfahrensrechtlichen Regelungen dienen der Sicherung der Verwirklichung des materiellen Rechts.[240] Dem ist zu entnehmen, dass jede Einschränkung des Rechts der Überprüfung im Einzelfall bedarf. Der Eintritt des Suspensiveffekts führt daher in Übereinstimmung mit § 80 Abs. 1 VwGO dazu, dass aus der bloß wirksamen, aber nicht vollziehbaren Ausweisung keine negativen Folgerungen für den assoziationsberechtigten Ausländer abgeleitet werden dürfen.[241]

214   Das gleiche gilt, wenn ein Gericht die aufschiebende Wirkung eines Widerspruchs wiederhergestellt hat. Auch in diesem Fall ist die Ausländerbehörde verpflichtet, dem Antragsteller eine **Fiktionsbescheinigung** zu erteilen.[242]

215   Aufschiebende Wirkung löst bereits jeder Antrag türkischer Staatsangehöriger auf Erteilung einer Aufenthaltserlaubnis aus, ohne dass es auf die Modalitäten ihrer Einreise ankäme. Denn nach dem bei Inkrafttreten der Standstill-Klauseln geltenden § 21 Abs. 3 S. 1 AuslG

---

[233] EuGH Urt. v. 9.12.2011 – C-371/08, Slg. 2011, I-12735 = NVwZ 2012, 422.
[234] EuGH Urt. v. 18.7.2007 – C-325/05, Slg. 2007, I-6495 = NVwZ 2007, 1393.
[235] VGH Mannheim Urt. v. 13.1.2016 – 11 S 889/15, DVBl. 2016, 387.
[236] OVG Hamburg Beschl. v. 13.6.2019 – 4 Bs 110/19, InfAuslR 2019, 321 mwN.; aA ders., Beschl. v. 17.3.2014 – 4 Bs 297/13, InfAuslR 2014, 219; VG Sigmaringen Beschl. v. 1.9.2010 – 8 K 456/10, InfAuslR 2010, 424 = BeckRS 2010, 56740.
[237] Vgl. EuGH Urt. v. 5.3.1980 – Rs 98/79, Slg. 1980, 691 = NJW 1980, 2630.
[238] EuGH Urt. v. 7.6.2007 – C-50/06, Slg. 2007, I-4383 = InfAuslR 2007, 266; vgl. den von VGH Mannheim, Beschl. v. 16.11.2010 – 11 S 2328/10, NVwZ-RR 2011, 51 entschiedenen Fall eines grenzüberschreitend tätigen Kraftfahrers, dem der Verlust des Arbeitsplatzes drohte.
[239] EuGH Urt. v. 2.6.2005 – C-136/03, Slg. 2005, I-4759 = NVwZ 2006, 72.
[240] EuGH Urt. v. 7.6.2007 – C-50/06, Slg. 2007, I-4383 = BeckRS 2007, 70386.
[241] VGH Mannheim Beschl. v. 16.11.2010 – 11 S 2328/10, NVwZ-RR 2011, 172.
[242] OVG Hamburg Beschl. v. 17.3.2014 – 4 Bs 297/13, InfAuslR 2014, 219 = EZAR NR 94 Nr. 10.

1965 galt der Aufenthalt bis zur Entscheidung der Ausländerbehörde in jedem Fall als erlaubt. Auch musste ein Antrag auf Verlängerung einer Aufenthaltserlaubnis zur Erlangung der **Fiktionswirkung** nicht vor Ablauf der Gültigkeit des vorherigen Aufenthaltstitels gestellt werden.[243]

c) Aufenthaltsverfestigung. Einen Anspruch auf eine Aufenthaltsverfestigung, etwa in Form der Niederlassungserlaubnis, kennt der ARB 1/80 für türkische Arbeitnehmer nicht, da sie **mit dauerhaftem Verlassen** des Arbeitsmarkts diese Rechtsposition selbst dann verlieren, wenn sie im Aufnahme-Mitgliedstaat verbleiben wollen.[244] **216**

Günstiger ist die Rechtsposition der Familienangehörigen türkischer Arbeitnehmer. Sie haben zwar keinen Anspruch auf die Erteilung einer Niederlassungserlaubnis, etwa auf Grund der Standstill-Klauseln, ohne die Sicherung des Lebensunterhalts und ausreichende Sprachkenntnisse nachweisen zu müssen. Die Standstill-Klauseln sind schon deshalb nicht hilfreich, weil schon das bei Inkrafttreten des ZP geltende Recht neben der Sicherung des Lebensunterhalts in Nr. 4 Abs. 1b AuslVwG zu § 7 AuslG 1965 voraussetzte, dass sich der Ausländer auf einfache Art in deutscher Sprache verständlich machen konnten.[245] Diese früheren Kriterien wurden durch § 9 Abs. 2 S. 1 Nr. 7 und 8 AufenthG verschärft, von den Übergangsfällen in § 104 Abs. 2 AufenthG abgesehen, und heute wird für die Erlangung einer Niederlassungserlaubnis insbesondere der Nachweis des Sprachniveaus B 1 verlangt. **217**

Das BVerwG verneint eine Anwendbarkeit der Stillhalteklausel des Art. 13 ARB 1/80 auf die nachträgliche Verschärfung der Voraussetzungen für die Erteilung eines Daueraufenthaltsrechts, da dies den Zugang zum Arbeitsmarkt wegen des unmittelbar aus Art. 7 ARB 1/80 fließenden Zugangsrechts nicht beeinträchtige.[246] Doch für die Suche nach einem Arbeitsplatz ist ein **Nachweis eines dauerhaften Aufenthaltsrechts** günstig. Darüber hinaus wird für Aufnahme und Ausübung einer selbständigen Erwerbstätigkeit durch die neuen Anforderungen in § 9 AufenthG in die Rechte nach Art. 41 Abs. 1 ZP eingegriffen, da häufig unternehmerische Entscheidungen die Aufnahme von Darlehen erfordern und der Besitz eines Titels über ein Daueraufenthaltsrecht für Banken ein wichtiges Kriterium bei der Darlehensbewilligung ist. **218**

Aus dem dauerhaften Aufenthaltsrecht, das Art. 7 S. 1 ARB 1/80 verleiht, hat das BVerwG die Schlussfolgerung gezogen, dass dieses Daueraufenthaltsrecht formell mit einer fünfjährigen Gültigkeit zu bescheinigen ist. Eine wenigstens fünfjährige Gültigkeit eines als **Erlaubnis zum Daueraufenthalt** bezeichneten Aufenthaltstitels leitet es aus einer Analogie zu Art. 8 Abs. 2 S. 2 RL 2003/109/EG her.[247] Es hätte insoweit allerdings auch die Analogie zu dem bei Inkrafttreten der Standstill-Klauseln in Kraft befindlichen Art. 6 Abs. 1 lit. b RL 68/360/EWG gezogen werden können. Der damit durch Rechtsprechung geschaffene Aufenthaltstitel ist letztlich einer Niederlassungserlaubnis gleichwertig. **219**

VI. Rechtsverlust und Ausweisungsschutz

1. Rechtsverlust

Einen besonderen Ausweisungsschutz genießen lediglich türkische Arbeitnehmer und ihre Familienangehörigen. **Selbständige** sind nicht geschützt, da sich eine Privilegierung nur über die Stillhaltepflicht des Art. 41 Abs. 1 ZP ergibt, wobei diese Rechtsstellung nur in **220**

---

[243] VG Aachen Beschl. v. 20.12.2011 – 8 L 127/11, NVwZ-RR 2012, 373.
[244] EuGH Urt. v. 6.6.1995 – C-434/93, Slg. 1995, I-1475 = NVwZ 1995, 1093.
[245] Verfehlt ist es demgegenüber, wenn VG Münster Urt. v. 21.7.2014 – 8 K 2769/13, InfAuslR 2014, 415 mAnm *Gutmann* = BeckRS 2014,54360 eine neue Beschränkung mit der Begründung verneint, das Spracherfordernis in § 9 Abs. 2 S. 1 Nr. 7 AufenthG tangiere nicht das Recht, Aufenthalt und Wohnung zu nehmen.
[246] BVerwG Urt. v. 28.4.2015 – 1 C 21.14, BVerwGE 152, 76 = NVwZ 2015, 1448 mAnm *Gutmann*.
[247] BVerwG Urt. v. 22.5.2012 – 1 C 6.11, BVerwGE 143, 150 = NVwZ 2013, 75.

den Schranken des damaligen Rechts geschützt ist. Eine Berufung auf den unionsrechtlichen ordre public scheidet aus.

221 **Verlassen** Arbeitnehmer **dauerhaft den Arbeitsmarkt,** verlieren sie das nach Art. 6 ARB 1/80 begründete Aufenthaltsrecht. Da Art. 6 ARB 1/80 ein Aufenthaltsrecht nur zum Zweck der Erwerbstätigkeit verschafft, geht das Aufenthaltsrecht auch dann unter, wenn ein türkischer Arbeitnehmer auf Grund eines Arbeitsunfalls dauerhaft erwerbsunfähig wurde.[248]

222 Auch **dauerhafte Arbeitslosigkeit** kann deshalb zum Verlust des Aufenthaltsrechts führen. Türkischen Staatsangehörigen wird gemäß Art. 59 ZP keine günstiger Rechtsstellung als Unionsbürgern verliehen. Unionsbürgern verschafft Arbeitsuche etwa sechs Monate lang ein Aufenthaltsrecht. Nach Ablauf dieses Zeitraums können sie zur Ausreise verpflichtet werden, außer es besteht noch eine konkrete Aussicht auf einen Arbeitsplatz.[249] Für das Aufenthaltsrecht nach Art. 6 ARB 1/80 gilt dieselben und keine günstigeren Voraussetzungen.

223 Für das Aufenthaltsrecht nach beiden Varianten des Art. 7 ARB 1/80 gilt diese Schranke nicht, da diese Aufenthaltsrechte **nicht beschäftigungsbezogen** sind.[250]

2. Auslandsaufenthalte

224 Der freie Zugang zum Arbeitsmarkt bleibt bei kurzen Auslandsaufenthalten erhalten. Das gilt nicht nur für **Urlaubsreisen** während bestehenden Arbeitsverhältnisses, sondern auch für vorübergehende Unterbrechungen der Beschäftigung, während derer die Familie in der Türkei besucht wird. Kriterium des EuGH ist, ob der Auslandsaufenthalt die Eingliederung in den Arbeitsmarkt gefährdet.[251]

225 Ist das Aufenthaltsrecht zum Vollrecht erstarkt, sind seit Inkrafttreten der Unionsbürger-RL die in der Daueraufenthalts-RL festgelegten Grundsätze entsprechend anzuwenden.[252] Danach ist für Auslandsaufenthalte die in Art. 9 RL 2003/109/EG festgelegte **Höchstdauer von 12 Monaten** heranzuziehen, ohne dass nach den Gründen zu fragen ist.

226 Formales Kriterium ist, ob der Betroffene das Hoheitsgebiet für einen nicht unerheblichen Zeitraum **ohne berechtigte Gründe verlassen** hat.[253] Ersteres kann nicht von einem subjektiven Standpunkt aus beurteilt werden, sondern hängt davon ab, ob die Gründe für die Abwesenheit von Deutschland bei objektiver Würdigung eher anzuerkennen oder eher zu missbilligen sind.[254] Einen zu missbilligenden Grund sah das BVerwG in der Ausreise in der Absicht, Straftaten zu begehen.[255] Dagegen spricht, dass auch mit diesem Kriterium eine Subjektivierung einhergeht und auf die Motivation abgestellt wird statt ausschließlich auf ein objektives Geschehen.

227 Andererseits kann die Verbüßung von **Untersuchungshaft mit nachfolgendem Freispruch** nicht das Erlöschen des assoziationsrechtlichen Aufenthaltsanspruchs bewirken. Das Recht kann nichts Unmögliches verlangen.[256]

228 Weiter darf der Auslandsaufenthalt für einen „**nicht unerheblichen Zeitraum**" nicht überschritten werden. Dieses Merkmal ist unscharf. In der Diskussion wurde die Auffassung vertreten, es könne ein Zeitraum von sechs Monaten bis zu zwei Jahren sein; für letztere Auffassung wurde insbesondere eine Analogie zur Zweijahresfrist in dem für Unionsbürger geltenden Art. 16 Abs. 4 RL 2004/38/EG gezogen.[257]

---

[248] EuGH Urt. v. 6.6.1995 – C-434/93, Slg. 1995, I-1475 = NVwZ 1995, 1093.
[249] EuGH Urt. v. 26.2.1991 – C-292/89, Slg. I-1991, 745 = EuZW 1991, 351.
[250] EuGH Urt. V. 25.9.2008 – C-453/07, Slg. 2008, I-7299 = NVwZ 2008, 1337.
[251] EuGH Urt. v. 10.1.2006 – C-230/03, Slg. 2006, I-157 = NVwZ 2006, 315.
[252] EuGH Urt. v. 8.12.2011 – C-371/08, Slg. 2011, I-12735 = NVwZ 2012, 422.
[253] EuGH Urt. v. 4.2.2010 – C-14/09, Slg. 2010, I-931 = NVwZ 2010, 367.
[254] VG Darmstadt Beschl. v. 12.11.2010 – 5 L 1411/10.DA, EzAR-NF 19 Nr. 50.
[255] BVerwG Urt. v. 30.4.2009 – 1 C 6.08, BVerwGE 134, 27 = NVwZ 2009, 1162; der Kläger war in der Türkei wegen terroristischer Aktivitäten für den sog. Kalifatstaat zu einer mehrjährigen Freiheitsstrafe verurteilt worden.
[256] Instruktiv als Fall höherer Gewalt die Sache des türkischen Staatsangehörigen Kurnaz: VG Bremen Urt. v. 30.11.2005 – 4 K 1013/05, InfAuslR 2006, 198 = BeckRS 2010, 55161.
[257] Zur Diskussion VG Darmstadt Beschl. v. 12.11.2010 – 5 L 1411/10.DA, EzAR-NF 19 Nr. 50.

Das BVerwG[258] knüpft demgegenüber an den Verweis des EuGH[259] auf die Richtlinie   229
zum Daueraufenthalt an und verweist anderseits auf Art. 9 RL 2003/109/EG, sieht darin
aber keine abschließende Regelung. Vielmehr sei entscheidungserheblich, ob ein türkischer
Staatsangehöriger das Bundesgebiet für einen nicht unerheblichen Zeitraum ohne berechtigte Gründe verlassen und seinen Lebensmittelpunkt aus Deutschland wegverlagert habe.
Die **Zwölfmonatsfrist** in der Richtlinie sei nicht abschließend, doch komme ihr eine
gewichtige Indizwirkung zu.

Gegen diese Auffassung lässt sich **einwenden,** dass der EuGH den Ausweisungsschutz   230
der Richtlinie für die geschriebene Schranke des Art. 14 Abs. 1 ARB 1/80 heranzieht und
die Zwölfmonatsfrist deshalb nicht nur als Anhaltspunkt, sondern als feste Konkretisierung
auf die ungeschriebene assoziationsrechtliche Schranke der dauerhaften Ausreise zu erstrecken ist.

Ein Auslandsaufenthalt als **entsandter Arbeitnehmer** für einen inländische Arbeitgeber   231
erhält das assoziationsrechtliche Aufenthaltsrecht. Im Falle der Entsendung ins Ausland
bleibt der Arbeitnehmer gemäß § 4 SGB IV sozialrechtlich Inländer und damit das Arbeitsverhältnis objektiv an das Inland gebunden. Voraussetzung ist, dass die Entsendung infolge
der Eigenart der Beschäftigung oder vertraglich im Voraus zeitlich begrenzt ist. Das gebietet
die assoziationsrechtliche Zuordnung des Arbeitsverhältnisses zum Inland und damit den
Erhalt des Aufenthaltsrechts. Nach Art. 6 des deutsch-türkischen Abkommens über Soziale
Sicherheit gilt das auch für den Fall einer vorübergehenden Entsendung in die Türkei.

3. Aufenthaltsbeendigung

Assoziationsrechtliche Ansprüche können gemäß Art. 14 Abs. 1 ARB 1/80 nur vorbehalt-   232
lich der Beschränkungen geltend gemacht werden, „die aus Gründen der öffentlichen
Ordnung, Sicherheit und Gesundheit gerechtfertigt sind". Die Klausel stimmt mit Art. 45
Abs. 3 AEUV und dessen Rechtsvorgängern überein. Die Rechte nach Art. 6 ff. ARB 1/
80 werden nicht unbegrenzt gewährt, sondern finden ihre Grenzen in **Grundinteressen
der Gesellschaft.** Die Schranke wiederholt weiter die Schranke des Art. 9 ARB 2/76.

Bis zum Inkrafttreten der Unionsbürger-RL bejahte der EuGH die **Übereinstimmung**   233
dieser Schranke mit der im Freizügigkeitsrecht geregelten Schranke des ordre public.[260] Das
war nicht nur wegen des übereinstimmenden Wortlauts des ordre public-Vorbehalts,
sondern schon deshalb geboten, weil türkische Staatsangehörige gemäß Art. 59 ZP keinen
höheren aufenthaltsrechtlichen Schutz erlangen können als Unionsbürger. Art. 14 Abs. 1
ARB 1/80 hat deshalb lediglich klarstellenden, deklaratorischen Charakter.

Mit Inkrafttreten der Unionsbürger-RL änderte der EuGH seine Rechtsprechung. Er   234
verneint eine Erstreckung der nach Aufenthaltsdauer und Schwere der Beeinträchtigung
differenzierenden Regelung in Art. 28 RL 2004/38/EG auf den assoziationsrechtlichen
Status. Die in der neuen Richtlinie vertiefte Rechtsstellung von Unionsbürgern **erstreckt
sich nicht auf Assoziationstürken.** Stattdessen sei Art. 14 Abs. 1 ARB 1/80 in Übereinstimmung mit Art. 12 RL 2003/109/EG als unionsrechtlichem Bezugsrahmen auszulegen.[261]

Diese Begründung ist nicht überzeugend, doch löst sie unversehens das Problem der   235
Bestimmung der Schranken des Art. 12 RL 2003/109/EG, indem auf frühere Rechtsprechung zu Art. 14 Abs. 1 ARB 1/80 zurückgegriffen werden kann. Sie hat weiter den
Vorteil, dass die **Differenzierung** zwischen den verschiedenen Formen des ordre public
vereinfacht wird. Doch gebietet der Grundsatz der Verhältnismäßigkeit in der konkreten
Rechtsanwendung, analog den Stufen des Art. 28 RL 2004/38/EG die einzelnen Sachverhalte nach der Dauer des Inlandsaufenthalts, dem Grad der Integration und der Schwere
der vom Ausländer ausgehenden Gefahr zu differenzieren.

---

[258] BVerwG Urt. v. 25.5.2015 – 1 C 19.14, BVerwGE 151, 377 = NVwZ 2015, 1617.
[259] EuGH Urt. v. 8.12.2011 – C-317/08, Slg. 2011, I-12735 = NVwZ 2012, 422.
[260] EuGH Urt. v. 10.2.2000 – C-340/97, Slg. 2000, I-957 = NVwZ 2000, 1029.
[261] EuGH Urt. v. 8.12.2011 – C-317/08, Slg. 2011, I-12735 = NVwZ 2012, 422.

236 Art. 14 Abs. 1 ARB 1/80 schließt aus, dass eine Ausweisung automatisch auf Grund einer strafrechtlichen Verurteilung oder zum Zweck der **Generalprävention** verfügt werden darf. Vielmehr ist in jedem Einzelfall zu prüfen, ob das individuelle Verhalten der betroffenen Person eine gegenwärtige, hinreichend schwere Gefahr für ein Grundinteresse der Gesellschaft darstellt. Dabei müssen der Grundsatz der Verhältnismäßigkeit und die Grundrechte des Betroffenen, insbesondere aus Art. 7 GRCh bzw. Art. 8 EMRK gewahrt werden.[262]

237 Es müssen die **gegenwärtigen Verhältnisse** geprüft werden. Wegen einer in der Vergangenheit liegenden, bewältigten Gefahr ist eine Ausweisung unzulässig. Deshalb müssen die Gerichte bei der Prüfung der Rechtmäßigkeit einer Behördenentscheidung die Entwicklung nach der letzten Behördenentscheidung prüfen.[263] Zu berücksichtigen sind die Dauer des Aufenthalts der betreffenden Person im Hoheitsgebiet dieses Staates, ihr Alter, die Folgen einer Ausweisung für die betreffende Person und ihre Familienangehörigen sowie ihre Bindungen zum Aufenthaltsstaat oder fehlende Bindungen zum Herkunftsstaat.[264] Dabei ist die Ausnahme der öffentlichen Ordnung eng auszulegen.[265]

238 Die Verbüßung von Haft führt nur dann zum Verlust nach Art. 6 ARB 1/80 bereits erlangter Rechte, wenn der Betroffene nach Haftentlassung nicht innerhalb eines angemessenen Zeitraums nach Freilassung eine neue unselbständige Beschäftigung findet.[266] Erst recht soll eine vom Strafrichter **zur Bewährung ausgesetzte Freiheitsstrafe** der sozialen Wiedereingliederung des Verurteilten dienen, insbesondere durch Ausübung eines Berufs. Es wäre widersprüchlich, wenn die Aussetzung einer Freiheitsstrafe zur Bewährung den Verurteilten vom nationalen Arbeitsmarkt ausschließen würde.[267]

239 Der **Ausweisungsschutz von Selbständigen** beurteilt sich nach anderen Grundsätzen. Da sie ihr Aufenthaltsrecht gegebenfalls aus der Standstill-Klausel des Art. 41 Abs. 1 ZP herleiten können, ist auch die Schranke des Rechts auf der Grundlage der Standstill-Klausel zu beurteilen. Es ist das frühere und heutige Recht zu vergleichen; die günstigere Regelung greift Platz. Die Standstill-Klausel erhält das Recht und verbessert es nicht. Die heute bestehenden Voraussetzungen für den Zugang zur selbständigen Erwerbstätigkeit dürfen für türkische Selbständige nicht verschärft werden.[268]

VII. Völkerrechtliche Verpflichtungen

1. Deutsch-Türkisches Niederlassungsabkommen – NAK

240 Nach Art. 14 Abs. 2 ARB 1/80 berührt der Beschluss die Rechte und Pflichten nicht, die sich aus den einzelstaatlichen Rechtsvorschriften oder zweiseitigen Abkommen zwischen der Türkei und den EU-Mitgliedstaaten ergeben, soweit sie für ihre Staatsangehörigen keine günstigeren Regelungen vorsehen. Die Regelung entspricht Art. 351 AEUV, wonach von den Mitgliedstaaten vorgemeinschaftlich abgeschlossene Abkommen fortgelten. Sie ermöglicht **Vertragstreue.** Türkische Staatsangehörige können sich auf günstigere Bedingungen älterer bi- und multilateraler Abkommen berufen.

241 Zu prüfen sind deshalb die Rechte nach dem Niederlassungsabkommen zwischen dem Deutschen Reich und der Türkischen Republik vom 12.1.1927 (NAK).[269] Art. 2 NAK gewährt ein Recht auf Einreise und Aufenthalt unter Beachtung der Gesetze und vorbehaltlich der Einwanderungsbestimmungen. Aus der innerstaatlichen Rechtslage bei Abschluss des Abkommens und insbesondere dem Vorbehalt der Einwanderung folgert das BVerwG, dass

---

[262] EuGH Urt. v. 8.12.2011 – C-317/08, Slg. 2011, I-12735 = NVwZ 2012, 422.
[263] EuGH Urt. v. 11.11.2004 – C-467/02, Slg. 2004, I-10895 = NVwZ 2005, 198.
[264] EuGH Urt. v. 8.12.2011 – C-317/08, Slg. 2011, I-12735 = NVwZ 2012, 422.
[265] EuGH Urt. v. 22.12.2010 – C-303/08, Slg. 2010, I-13445 = NVwZ 2011, 483.
[266] EuGH Urt. v. 7.7.2005 – C-383/03, Slg. 2005, I-6237 = EZAR NF 19 Nr. 14.
[267] EuGH Urt. v. 10.2.2000 – C-340/97, Slg. 2000, I-957 = NVwZ 2000, 1029.
[268] EuGH Urt. v. 11.5.2000 – C-37/98, Slg. 2000, I-2927 = NVwZ 2000, Beil. Nr. 12, 139.
[269] RGBl. II 76 und 454, BGBl. 1952 II 608.

sich aus dem Abkommen kein Recht auf Aufenthalt mit dem Ziel ergebe, auf unbestimmte Zeit zu bleiben.[270] Vielmehr seien die Ausländerbehörden berechtigt, durch Versagung oder Nichtverlängerung einer Aufenthaltsgenehmigung **Einwanderungen** entgegenzutreten.[271]

Auch Art. 4 NAK mit dem Recht, unter Beobachtung der Landesgesetze und Verordnungen jede Art von Industrie und Handel zu betreiben und jede Erwerbstätigkeit und jeden Beruf auszuüben, sei bedeutungslos, da Art. 2 NAK Vorrang genieße.[272] Die Regelung schränke das nach nationalem Recht für die Erteilung der Aufenthaltserlaubnis bestehende **Ermessen der Ausländerbehörde** nicht ein. Allerdings sei die Aufnahme einer selbständigen Erwerbstätigkeit zu gestatten, wenn sich der Ausländer tatsächlich ins Wirtschaftsleben eingliedern könne.[273] 242

Als besonderen Schutz erlaubte Art. 7 NAK **Ausweisungen als Einzelmaßnahmen**, die unter Bedingungen durchgeführt werden sollen, die den Anforderungen der Hygiene und Menschlichkeit entsprechen.[274] Mit diesen geringen Voraussetzungen bleibt das deutsch-türkische Niederlassungsabkommen hinter dem aufenthaltsrechtlichen Schutz zurück, den die Art. 6 ff. ARB 1/80 verschaffen.[275] 243

2. Europäisches Fürsorgeabkommen – EFA

Einschränkungen der Befugnis zur Beendigung eines Aufenthalts enthält Art. 6 EFA,[276] wonach türkische Staatsangehörige nicht allein aus dem **Grunde der Hilfsbedürftigkeit** „rückgeschafft" werden dürfen. Ausgenommen sind gemäß Art. 7 EFA Personen, die weniger als fünf Jahren im Inland leben, wobei sich die Zeit dieses Mindestaufenthalts auf zehn Jahre verlängert, wenn sie erstmals nach Vollendung des 55. Lebensjahrs einreisen. Die Ablehnung einer Verlängerung der Aufenthaltserlaubnis wegen bevorstehender Sozialhilfebedürftigkeit soll indes zulässig sein.[277] 244

Fürsorgeleistungen dürfen gemäß Art. 11 EFA nicht versagt werden, weil die Verlängerung einer Aufenthaltserlaubnis lediglich infolge einer Nachlässigkeit des Beteiligten unterblieben ist. Es dürfen deshalb auch Jobcenter nicht wegen **verspäteter Anträge** auf Verlängerung der Aufenthaltserlaubnis Leistungen gemäß SGB II verweigern.[278] Sobald Rechte nach Art. 6 oder 7 ARB 1/80 entstanden sind, bedarf es des Rückgriffs auf diese Norm nicht mehr.[279] 245

3. Deutsch-türkischer Handelsvertrag

Art. 8 des **Handelsvertrags** zwischen dem Deutschen Reich und der Türkischen Republik[280] war bislang nicht Gegenstand der Rechtsprechung.[281] Nach Art. 8 des deutsch-türkischen Handelsvertrags sollen türkische Kaufleute, Fabrikanten und andere Gewerbetreibende das Recht haben, persönlich oder durch für Sie tätige Handlungsreisende in Deutschland bei Kaufleuten oder Erzeugern oder in öffentlichen Verkaufsstellen Einkäufe zu machen. Sie können auch Bestellungen für inländische Gewerbebetriebe aufnehmen. Voraussetzung ist lediglich, dass sie eine in der Türkei **nach einem Muster ausgestellte** 246

---

[270] BVerwG Urt. v. 20.8.1970 – I C 55.69, BVerwGE 36, 45 = BeckRS 1970, 30441142.
[271] BVerwG Urt. v. 22.2.1995 – 1 C 11.94, BVerwGE 98, 31 = NVwZ 1995, 1113.
[272] BVerwG Urt. v. 22.2.1995 – 1 C 11.94, BVerwGE 98, 31 = NVwZ 1995, 1113.
[273] BVerwG Urt. v. 9.5.1986 – 1 C 39.83, BVerwGE 74, 165 = NJW 1986, 3037.
[274] BVerwG Urt. v. 11.6.1975 – I C 8.71, BVerwGE 48, 299 = NJW 1975, 2155.
[275] *Meyer* NVwZ 1984, 763
[276] Gesetz v. 15.5.1956 (BGBl. II 563).
[277] BVerwG Urt. v. 5.5.1982, 1 C 86.78, Buchholz 402.24 AuslG § 2 Nr. 33 = BeckRS 1982, 31268694.
[278] Vgl. LSG Stuttgart Beschl. v. 31.7.2017 – L 7 SO 2557/17 ER-B, info also 2017, 225.
[279] Vgl. LSG Essen Beschl. v. 29.2.2008 – L 19 B 4/08 AS ER, BeckRS 2009, 51648.
[280] RGBl. 1930 II 1026, BGBl. 1952 II 608; wiedergegeben bei *Gutmann* InfAuslR 2015, 325.
[281] Zuletzt bestand für BVerwG Urt. v. 19.2.2015 – 1 C 9.14, NVwZ 2015, 827 Gelegenheit bei Erörterung der Bedeutung der Verwaltungsschrift Nr. 15 AuslGVwV zu § 2 AuslG, wonach es unter dem AuslG 1990 nicht als Erwerbstätigkeit angesehen werden sollte, wenn im Ausland wohnhafte Ausländer inländische Geschäftsbetriebe aufsuchten und Waren oder Dienstleistungen anboten.

Legitimationskarte mit sich führen. Sie sind dabei nicht befugt, Verkaufsgespräche für andere als in der Legitimationskarte bezeichneten Kaufleute und Gewerbetreibenden abzuschließen. Die Regelung gilt nicht für Hausierer oder das Aufsuchen von Personen, die weder ein Gewerbe noch einen Handel ausüben.

247 Nach Auffassung des Auswärtigen Amts[282] ist der Handelsvertrag weithin obsolet. Diese Aussage trifft für die dort vorgesehenen Begünstigungen für einzelne Warengruppen zu; hier hat insbesondere die **Zollunion** (ARB 1/95)[283] neue Bedingungen geschaffen.

248 Hinsichtlich der Handelsreisenden hätte der ARB 1/95 die Rechte nach Art. 8 des deutsch-türkischen Handelsvertrags als Lex posterior abgelöst, wenn er ein Reiserecht für **türkische Handlungsreisende** regeln würde. Immerhin gehören zum Handel mit Waren auch Verkaufsgespräche. Ein Warenverkehr ohne Einsatz von Personal ist nicht denkbar. Bis 1980 waren Handelsreisen visumsfrei möglich. Art. 23 ZP enthält mit dem Verbot neuer Beschränkungen des Warenverkehrs aber keine Neuregelung, sondern nur eine Standstill-Klausel. Die Vorschrift bedarf keiner Umsetzung; sie ist einfach und klar und deshalb unmittelbar anwendbar.

249 Warenaustausch bedarf nach Erwgr. 2 und 3 der RL 86/653/EG des Einsatzes von Verkäufern, sei es in eigener Sache, sei es als Handelsvertreter. Personaleinsatz zum Verkauf im Warenverkehr unterfällt deshalb dem **Warenverkehr.**[284] Die Einführung des Visumszwangs für türkische Handelsreisende war danach eine neue Beschränkung des Warenvertriebs und verstößt insoweit zugleich gegen Art. 23 ZP.

250 Das Auswärtige Amt vermisst im deutsch-türkischen Handelsabkommen Begriffe wie „Aufenthalt", „Einreise", „Visum" oder „Sichtvermerk" und will deshalb ein aus dem Abkommen abgeleitetes Reiserecht türkischer Handelsreisender verneinen.[285] Doch wird den Warenproduzenten und anderen Gewerbetreibenden das Recht zugestanden, Vertragspartner im Bundesgebiet aufzusuchen. **Denknotwendig** schließt das ein Recht auf Einreise und vorübergehenden Aufenthalt im Bundesgebiet ein.

4. Europäisches Niederlassungsabkommen

251 Bei Verabschiedung enthielt das Europäische Niederlassungsabkommen (ENA)[286] für die Mitte des 20. Jahrhunderts gewichtige **Schutzbestimmungen** für Migranten. Nach Art. 2 ENA soll die Einreise erleichtert werden. Die Vorschrift verlangt Ermessensausübung und war und ist damit wenig bedeutsam. Gebundene Ansprüche räumt sie nicht ein.[287]

252 Art. 3 ENA regelt die **Ausweisung** und gibt einen Anspruch auf rechtliches Gehör im Verwaltungsverfahren. Nach über zehnjährigem Aufenthalt ist eine Ausweisung nur noch aus besonders schwerwiegenden Gründen zulässig. Der geringe Schutz, den diese Regelung nach der Rechtsprechung hatte, verdeutlicht die Annahme der Vereinbarkeit mit altrechtlichen Regelausweisungen.[288]

253 Art. 12 ENA räumt nach fünfjähriger ununterbrochener Erwerbstätigkeit oder nach zehnjährigem ununterbrochenem Inlandsaufenthalt oder mit Erteilung einer Erlaubnis zum dauerhaften Aufenthalt das Recht zur **Ausübung jeder Erwerbstätigkeit** wie jeder Deutsche ein. Die heute im AufenthG gewährten Rechte auf Zugang zur selbständigen Erwerbstätigkeit haben in der Regel geringere Schranken. Ihr Erhalt ist über die Standstill-Klauseln gewährleistet. Deshalb ist das ENA heute nicht mehr praxisrelevant.[289]

---

[282] InfAuslR 2015, 326.
[283] ABl. 2008 L 202, 50.
[284] EuGH Urt. v. 26.5.2005 – C-20/03, Slg. 2005, I-4133 = NJW 2005, 2977.
[285] InfAuslR 2015, 326.
[286] BGBl 1965 II 997/1099.
[287] BVerwG Urt. v. 22.2.1995 – 1 C 11.94, BVerwGE 98, 31 = NJW 1995, 1113.
[288] BVerwG Beschl. v. 29.9.1993 – 1 B 62.93, InfAuslR 1994, 45 = BeckRS 1993, 31230358.
[289] *Heldmann*, Ausländergesetz, 2. Aufl. 1993, § 2 Rn 12.

B. Sonstige Assoziationsabkommen

I. Allgemeines

Die EU wird durch Art. 217 AEUV zum Abschluss von Assoziationsabkommen ermächtigt. Diese Abkommen sind durch **gegenseitige Rechte und Pflichten,** gemeinsame Vorgehen und besondere Verfahren gekennzeichnet. Sie bedürfen gemäß Art. 218 Abs. 6 lit. a (i) der Zustimmung des Europäischen Parlaments. 254

Keine Assoziationsabkommen sind Vereinbarungen innerhalb der WTO, deren Inhalt nur ausnahmsweise der Beurteilung durch den EuGH unterliegt.[290] Das gilt insbesondere für das General Agreements on Trade in Service **(GATS)** mit seinen Verpflichtungen zur Meistbegünstigung, Transparenz und Liberalisierung.[291] Das GATS enthält die Befugnis der Vertragsstaaten, die Gewährung von Rechten von der Gegenseitigkeit abhängig zu machen. Es handelt sich deshalb um völkerrechtliche Verpflichtungen, die nicht unmittelbar anwendbar sind.[292] 255

Auch **CETA,**[293] das Freihandelsabkommen mit Kanada, ist gemäß seinen Art. 8.31, 29.17 völkerrechtlicher Natur. Die in Art. 10 CETA aufgeführten Reise- und Aufenthaltsrechte nehmen wegen des Ausschlusses der Europäischen Gerichtsbarkeit – Investoren können das Schiedsgericht anrufen. Insbesondere hindert Art. 8.31 CETA das dort berufene Schiedsgericht an der Auslegung von Vorschriften des Primär- und Sekundärrechts der Union.[294] 256

Assoziationsabkommen werden in der Regel als **gemischte Abkommen** geschlossen. Ein gemischtes Abkommen liegt vor, wenn – wie im Falle sogenannter Portfolioinvestitionen oder außerordentlicher Schiedsgerichte – die Union für Teilbereiche des Abkommens nicht zuständig ist.[295] Auch das Assoziationsabkommen mit der Türkei wurde als gemischtes Abkommen geschlossen. Nicht von der Kompetenz der EWG umfasst waren damals die wirtschaftliche Förderung der Türkei und die Einräumung von Aufenthaltsrechten an türkische Staatsangehörige. 257

Assoziierungsabkommen enthalten in der Regel im Bereich der Niederlassungsfreiheit und/oder Dienstleistungsfreiheit eine Inländergleichbehandlungs- und/oder **Meistbegünstigungsklausel.** Seit 1995 beinhalten sie sogenannte Menschenrechts- oder Demokratieklauseln, die der EU die Möglichkeit geben, bei eklatanten Menschenrechtsverletzungen oder der Aussetzung demokratischer Prozesse das Abkommen zu suspendieren.[296] 258

Die Abkommen sind sehr unterschiedlich ausgestaltet. Ihnen gemeinsam ist, dass sie über reine Handelsbeziehungen hinausgehen und einen **institutionellen Rahmen** in Form von Assoziationsräten bieten. Diese sind paritätisch besetzt, wobei die Repräsentation der EU im Assoziationsrat von Abkommen zu Abkommen variiert. Da Beschlüsse nur einstimmig gefällt werden, müssen sich die EU und ihre Mitgliedstaaten im Vorfeld einigen.[297] 259

Assoziationsabkommen stellen **primäres Assoziationsrecht** dar. Bei einem Konflikt zwischen völkerrechtlichen Verpflichtungen prüft der EuGH die Gegenseitigkeit der Ver- 260

---

[290] EuGH Urt. v. 1.3.2005 – C-377/02, Slg. 2005, I-1465 = EuZW 2005, 214.
[291] Zu GATS *Tiedje/Nowrot* ZAR 2007, 213; zu WTO, GATS, dem Pariser Übereinkommen über internationale Ausstellungen und weiteren zwischenstaatlichen Vereinbarungen *Offer* in Offer/Mävers BeschV § 29 Rn 17 ff.
[292] EuGH Urt. v. 7.6.2007 – C-335/05, Slg. 2007, I-4307 = IStR 2007, 474.
[293] ABl. 2017 L 11, 23 ff.
[294] EuGH Gutachten 1/17 v. 30.4.2019, NVwZ 2019, 868.
[295] EuGH Gutachten 2/15 v. 16.5.2017, EWS 2017, 152 zum Abkommen mit Singapur.
[296] *Schmalenbach* in Arnauld, EnzEuR, Bd. 10, § 6 Rn. 13; das kann auch in der Form erfolgen, dass die Aufnahme eines Menschenrechtsdialogs vereinbart wird wie im Abkommen über Politischen Dialog und Zusammenarbeit mit Kuba (ABl. 2016 L 337, 1), insbes. Art. 5. Wenn in Titel III des Abkommens von „Förderung der Migration" gesprochen wird, verdeutlicht Art. 34 Abs. 2 lit. b des Abkommens das EU-Interesse an einer Rückübernahme kubanischer Staatsangehöriger.
[297] *Schmalenbach* in Arnauld, EnzEuR, Bd. 10, § 6 Rn. 19.

pflichtungen der Vertragsparteien. So hat er für das WTO-Übereinkommen wegen dessen Sinn und Zweck eine unmittelbare Anwendbarkeit verneint, um ein Ungleichgewicht bei der Anwendung des Abkommens zu vermeiden.[298]

261 Demgegenüber sind die Verpflichtungen aus Assoziationsabkommen von Gegenseitigkeit geprägt. Diese Verpflichtungen müssen den Anforderungen des Primärrechts entsprechen und sind oberhalb des EU-Sekundärrechts anzusiedeln.[299] Sie gehen Richtlinien und Verordnungen der EU vor. Bei einem Widerspruch zwischen der völkerrechtlichen Verpflichtung und EU-Sekundärrecht hat die **Verpflichtung aus einem Assoziationsabkommen Vorrang**.[300] Damit wird Vertragstreue gesichert. Die EU ist nicht berechtigt, sich unter Berufung auf internes Recht aus völkerrechtlich verbindlichen Vereinbarungen zu lösen.

262 Assoziationsabkommen werden nach ihrer Zielsetzung unterschieden. Sie werden als Freihandels-, Entwicklungs-, Nachbarschafts- oder Beitrittsassoziierung bezeichnet.[301] Ihre Bandbreite reicht von der Schaffung enger Handelsbeziehung bis zur Vorbereitung des Beitritts zur EU.[302] Die **Typisierung** kann nur ein grober Anhaltspunkt für den Inhalt der Abkommen darstellen und ersetzt nicht die notwendige Einordnung und Auslegung im Einzelfall.

263 Nicht maßgeblich für die hier vorgenommene Einordnung ist die **formale Bezeichnung** des Abkommens. Das Abkommen mit den Andenstaaten wird als „Handelsabkommen" bezeichnet. In seinem Art. 12 wurde die Errichtung eines Handelsausschusses vereinbart[303] und in Art. 26 des CETA-Abkommens mit Kanada ein Gemischter CETA-Ausschuss,[304] die beide nur einstimmig entscheiden können. Das Abkommen mit den Andenstaaten ist im Unterschied zu CETA wegen der Möglichkeit verbindlicher Festlegungen im Handelsausschuss gemäß Art. 14 Abs. 2 als Assoziationsabkommen anzusehen.

II. Unmittelbare Anwendbarkeit und Visumszwang

264 Assoziationsabkommen sind ein **integraler Bestandteil** des Unionsrechts. Ihre Anwendung unterliegt deshalb der Rechtskontrolle durch den EuGH.[305] Unmittelbar anwendbar sind ihre Bestimmungen nur, soweit diese klar und eindeutig und ohne Bedingungen Einzelpersonen Rechte verleihen.[306]

265 Dabei darf weder aus einem Visumszwang geschlossen werden, dass die unmittelbare Anwendbarkeit zu verneinen sei, noch umgekehrt aus der unmittelbaren Anwendbarkeit geschlossen werden, dass Verstöße gegen einen Visumszwang rechtlich unerheblich wären. Im Gegenteil können assoziationsrechtliche Reise- und Niederlassungsrechte einer **präventiven Einreisekontrolle** durch die Verpflichtung zur Einholung eines Visums vor der Einreise unterworfen sein.

266 Insoweit unterscheiden sich assoziationsrechtliche Ansprüche von den Freizügigkeitsrechten der Unionsbürger und ihrer Familienangehörigen. Der Anspruch auf Freizügigkeit ist primärrechtlich begründet und kann deshalb unter **Verletzung eines Visumszwangs** verwirklicht werden. Eine Aufenthaltskarte darf dem nachzugsberechtigten Familienange-

---

[298] EuGH Urt. v. 4.2.2016 – C-659/13, C-34/14, RIW 2016, 820 = BeckRS 2016, 80226.
[299] *Schmalenbach* in Arnauld, EnzEuR, Bd. 10, § 6 Rn. 24.
[300] *Marwedel*, Die Stabilisierungs- und Assoziierungsabkommen der EU mit den Staaten des Westlichen Balkans, 2012, 28.
[301] *Schmalenbach* in Arnauld, EnzEuR, Bd. 10, § 6 Rn. 26 ff.
[302] *Marwedel*, Die Stabilisierungs- und Assoziierungsabkommen der EU mit den Staaten des Westlichen Balkans, 2012, 28.
[303] ABl. 2012 L 354, 3 ff.; Beitrittsprotokoll zum Beitritt Ecuadors, ABl. 2016 L 356, 3 ff.
[304] ABl. 2017 L 11, 23 ff.; Anordnung der vorläufigen Anwendbarkeit ABl. 2017 L 238, 9. Eine solche vorläufige Anwendung vor der erforderlichen Zustimmung der Parlamente erscheint verfassungsrechtlich mehr als problematisch. Das Einstimmigkeitserfordernis ergibt sich aus Art. 26 Abs. 3 Nr. 3 des Abkommens.
[305] StRspr seit EuGH Urt. v. 30.9.1987 – 12/86, Slg. 1987, 3719 = NJW 1988, 1442 = NVwZ 1988, 235.
[306] StRspr seit EuGH Urt. v. 27.9.1988 – 204/86, Slg. 1988, 5323 = BeckEuRS 1988, 142160; Urt. v. 20.9.1990 – C-192/89, Slg. 1990, I-3461 = NVwZ 1991, 255.

hörigen eines Unionsbürgers nicht aus dem Grunde verweigert werden, dass er ohne erforderliches Visum eingereist ist.[307] Das beruht darauf, dass im europäischen Freizügigkeitsregime die Unterscheidung zwischen selbständigen und unselbständigen Erwerbstätigkeiten von untergeordneter Bedeutung ist.

Für die Europaabkommen führte der EuGH in der Rechtssache *Jany*[308] aus, dass „eine Regelung der **vorherigen Kontrolle** nicht entgegensteh(t), nach der die Erteilung einer Einreise- und Aufenthaltserlaubnis durch die Zuwanderungsbehörden voraussetzt, dass der Antragsteller nachweist, dass er wirklich die Absicht hat, eine selbständige Tätigkeit aufzunehmen, ohne gleichzeitig eine unselbständige Beschäftigung auszuüben". Der EuGH hat damit klargestellt, dass ein Visumserfordernis der unmittelbaren Anwendbarkeit einer assoziationsrechtlichen Begünstigung nicht zwingend entgegensteht. **267**

Aus den Rechten, die türkische Staatsangehörige auf Grund der Standstill-Klauseln der Art. 41 Abs. 1 ZP und Art. 13 ARB 1/80 haben können, **kann nicht hergeleitet werden, dass die Angehörigen anderer assoziierter Staaten in ähnlicher Weise begünstigt wären.** Die Vorschriften über die Niederlassung von Assoziationstürken haben einen anderen Inhalt. Zwar können sich teilweise auch türkische Staatsangehörige ohne vorherige Visa in einem anderen Mitgliedstaat niederlassen. Doch bestehen solche Ansprüche nicht im Rahmen von Niederlassungsrechten, sondern lediglich auf Grund von Standstill-Klauseln und setzen dabei früher durch den Mitgliedstaat eingeräumte Rechte voraus. Niederlassungsrechte sind nicht unmittelbar eingeräumt, sondern nur mittelbar aus den Verschlechterungsverboten. Der innere Grund folgt dort aus dem Abkommensziel, die Freizügigkeit für türkische Staatsangehörige herzustellen.[309] Diese Rechtsprechung kann daher auf andere Assoziationsabkommen nicht übertragen werden. **268**

Eingeräumte Aufenthaltsrechte stehen stets unter dem Vorbehalt des ordre public.[310] Selbst ohne ausdrückliche Einschränkung würde das daraus folgen, dass die Aufenthaltsrechte Assoziierter nicht weiter gehen können als diejenigen Freizügigkeitsberechtigter, die ja nicht unbeschränkt eingeräumt sind, sondern unter dem primärrechtlichen Vorbehalt des ordre public stehen. **269**

III. Aufenthaltsrechtliche Regelungsgegenstände

1. Niederlassungsfreiheit

a) Beschränkungen. Ein Recht zur Niederlassung wird nicht in allen Assoziationsabkommen eingeräumt. So benannt zwar Art. 55 des Abkommens mit Chile[311] die **Verbesserung der Bedingungen für die Niederlassung** als Vertragsziel. Darüber hinaus wird gemäß Art. 132 lediglich in den in Anhang X aufgeführten Sektoren „hinsichtlich der Niederlassung eine Behandlung, die nicht weniger günstig ist als die Behandlung, die sie ihren eigenen juristischen und natürlichen Personen" gewährt. Durch diesen Anspruch auf **Inländerbehandlung** werden Aufenthaltsrechte nur in dem Rahmen gewährt, den der nationale Gesetzgeber bestimmt. Die Entscheidung über Einreise und Aufenthalt verbleibt damit in der Kompetenz der EU-Mitgliedstaaten. Die Regelung vermittelt kein Recht auf Einreise und Aufenthalt. **270**

Dieselbe Unbestimmtheit weist die in Art. 29 des Europa-Mittelmeer-Abkommens mit Israel erklärte **Absicht der Liberalisierung** des Niederlassungsrechts. Dabei wird noch nicht einmal Inländergleichbehandlung zugesichert.[312] **271**

---
[307] EuGH Urt. v. 14.4.2005, C-157/03, Slg. 2005, I-2911 = BeckRS 2005, 70268.
[308] EuGH Urt. v. 20.11.2001 – C-268/99, Slg. 2001, I-8615 = NVwZ 2002, 57.
[309] EuGH Urt. v. 20.9.2007, C-16/05, Slg. 2007, I-7415 = NVwZ 2008, 61.
[310] So zB Art. 203 des Assoziationsabkommens mit Zentralamerika, ABl. 2012 L 346, 3 ff.
[311] ABl. 2002 L 352, 3 ff.
[312] ABl. 2000 L 147, 3; während die EU gegenüber anderen Staaten Niederlassungsrechte nur zurückhaltend einräumt, mag die Zurückhaltung gegenüber einer Liberalisierung bei diesem Abkommen bei Israel liegen, das die Einwanderung auf Juden beschränken möchte.

272 Ähnlich zurückhaltend wird in Art. 31 des Europa-Mittelmeer-Abkommens mit Marokko[313] und in Art. 31 des Europa-Mittelmeer-Abkommens mit Tunesien[314] vereinbart, durch den Assoziationsrat für die Herstellung der Niederlassungsfreiheit **Empfehlungen** an die Mitgliedstaaten auszusprechen. Diese Formulierung ist vage und nicht unmittelbar anwendbar.

273 **b) Schlüsselpersonal.** In einigen Abkommen werden Unternehmen für ihr Führungspersonal Rechte zu Einreise und Aufenthalt eingeräumt. So wird in Art. 33 Abs. 3 des Europa-Mittelmeer-Akommens mit Algerien[315] **Führungskräften** die Einreise zur Gründung einer Gesellschaft im Inland gestattet, wenn die Gesellschaft keine weiteren Vertreter, Büros, Zweigniederlassungen oder Tochtergesellschaften hat. Diese Personen dürfen nicht im Direktverkauf beschäftigt sein oder Dienstleistungen erbringen. Die Muttergesellschaft selbst muss ihren Hauptgeschäftssitz in Algerien haben.

274 **Schlüsselpersonal** darf nach demselben Abkommen „im Einklang mit den im Aufnahmestaat geltenden Rechtsvorschriften" beschäftigt werden. Es müssen unternehmensintern versetzte Personen sein, die seit mindestens 12 Monaten beschäftigte Personen sind.

275 Soweit Assoziationsabkommen eine Niederlassung und ein Aufenthaltsrecht ermöglichen, werden diese Recht nie unbeschränkt eingeräumt. Vielmehr stehen diese Rechte regelmäßig **unter unterschiedlichen Vorbehalten und Schranken.** In früheren Abkommen wie in Anhang 3 des Partnerschaftsabkommens mit Russland[316] sind diese Vorbehalte weniger detailliert als in späteren Abkommen etwa mit den Staaten Zentralamerikas. Dort ist in Art. 163 das Recht zur Niederlassung auf einige wenige einzeln aufgezählte Bereiche beschränkt.[317]

276 Inhalt der eingeräumten Niederlassungsrechte ist das Recht von Unternehmensgesellschaften, in der EU **Tochtergesellschaften** zu begründen und von dort aus einen Geschäftsbetrieb zu entfalten. Dabei muss die im assoziierten Staat tätige Gesellschaft die beherrschende Muttergesellschaft sein. Eine inländische Gesellschaft kann sich nicht dadurch legitimieren, dass sie im assoziierten Staat eine Zweigstelle begründet.[318] Insoweit gelten dieselben Grundsätze wie für von Drittstaatsangehörigen in einem Mitgliedstaat gegründete Gesellschaften. Auch diese nehmen an der Freizügigkeit nur teil und vermitteln ein Aufenthaltsrecht für ihre Mitarbeiter, sofern sie im Staat ihres Hauptgeschäftssitzes echte wirtschaftliche Tätigkeit entfalten.[319]

277 Begünstigt wird häufig der Einsatz von Schlüsselpersonal in den Zweigniederlassungen bzw. Tochtergesellschaften. Dieses **„gesellschaftsintern versetzte Personal"** muss zur Meidung von Umgehungsversuchen regelmäßig wenigstens ein Jahr lang zuvor unternehmensintern im anderen Land eingesetzt gewesen sein. Häufig, aber nicht immer wird der Einsatz dieses Personals zeitlich begrenzt.

278 Unter den Oberbegriff des in Schlüsselpositionen beschäftigten Personals fallen **Führungskräfte** mit Befugnissen wie der Leitung einer Niederlassung oder Überwachung und Kontrolle der Arbeit anderen aufsichtsführenden Personals oder der persönlichen Befugnis

---

[313] ABl. 2000 L 70, 2 ff.
[314] ABl. 1998 L 97, 2 ff.
[315] ABl. 2005 L 265, 2 ff.
[316] ABl. 1997 L 327, inbes. 37.
[317] ABl. 2012 L 346, 3 ff.
[318] VGH Mannheim Beschl. v. 17.3.2008 – 11 S 2353/07, NVwZ-RR 2008, 646 zu Art. 23 des Partnerschaftsabkommens mit Aserbaidschan, ABl. 1999 L 246, 3 ff.
[319] VGH Kassel Beschl. v. 4.2.2014 – 7 B 39/14, NVwZ-RR 2014, 698. Nicht nachvollziehbar ist die Kritik von *Hofmann* in NK-AuslR EU-Abkommen Rn. 26 Fn. 18, der von „abschreckendem Beispiel der Missachtung europäischen Rechts" spricht. *Hofmann* übergeht die fehlende Verpflichtung zur Einholung einer Vorabentscheidung im Verfahren des vorläufigen Rechtsschutzes. Darüber hinaus setzt die europarechtliche Freizügigkeit eine tatsächliche wirtschaftliche Tätigkeit voraus (EuGH Urt. v. 5.5.2011 – C-434/09, Slg. 2011, I-3375 = NVwZ 2011, 867). Rechtsmissbrauch begründet keine Rechte (EuGH Urt. v. 5.6.1997 – C-285/95, Slg. 1997, I-3069 = NVwZ 1998, 50).

zur Einstellung und Entlassung oder zu sonstigen Personalentscheidungen. Es kann sich um Personal mit ungewöhnlichen Fachkenntnissen handeln.

Von **Führungspersonal** ist indes nicht auszugehen, wenn über 50 Gesellschafter einer GmbH jeweils nur gemeinsam mit der als Mitgesellschafterin in die oHG eingetretenen GmbH vertretungs- und geschäftsführungsbefugt sind. Ihre Stellung entspricht dann nicht der einer Führungskraft, sondern der eines abhängig Beschäftigten.[320] 279

Es liegt **keine leitende Tätigkeit** vor, wenn der Sohn des Geschäftsinhabers das Unternehmen erst kennenlernen will, um in das Geschäft hinzuwachsen und es eventuell später zu übernehmen.[321] 280

c) **Gleichbehandlungsgebote und Meistbegünstigung.** Einige Abkommen enthalten die Verpflichtung, Niederlassungen gleich zu behandeln wie inländische Unternehmen oder **Meistbegünstigung** zu gewähren. Solche Regelungen betreffen nicht den Personaleinsatz, sondern haben Folgen für den Umfang der erlaubten Tätigkeiten. Sie erfassen Fragen wie die gewerberechtliche Zulässigkeit, den Ausschluss von Beihilfen, Kreditvergaben, die Unternehmensbesteuerung oder den Zugang zum Gericht.[322] Aufenthaltsrechtliche Folgerungen im Sinne impliziter Aufenthaltrechte sind daraus nicht zu entnehmen. Die entgegengesetzte Aufffassung[323] verkennt, dass Aufenthaltsrechte in den Abkommen stets gesondert geregelt sind. 281

Wenn Art. 30 des Europa-Mittelmeer-Abkommens mit Jordanien[324] (oder entsprechend Art. 8.9 des Abkommens mit Japan über eine Wirtschaftspartnerschaft[325]) den Tochtergesellschaften jordanischer Gesellschaften oder Zweigniederlassungen **hinsichtlich deren Geschäftstätigkeit** eine Behandlung einräumt, die nicht weniger günstig ist, als sie gleichartigen Gesellschaften aus der EU oder einem Drittland gewährt werden, ist einerseits die unmittelbare Anwendbarkeit zu bejahen.[326] Das gilt auch, soweit die Meistbegünstigung Dienstleistungen und Dienstleistern eines Drittlandes im Rahmen eines zukünftigen Abkommens eingeräumt wird.[327] 282

Soweit andererseits in Art. 32 des Europa-Mittelmeer-Abkommens mit Tunesien[328] die Verpflichtungen gemäß dem GATS zur gegenseitigen Einräumung der Meistbegünstigung in den Dienstleistungssektoren bekräftigt werden, liegt darin die Anerkennung einer Verpflichtung, die entsprechend dem **völkerrechtlichen Charakter** des in Bezug genommenen GATS[329] nicht unmittelbar anwendbar ist. 283

d) **Stillhalteklauseln.** Einige Abkommen, zB Art. 34 Abs. 1 des Partnerschafts- und Kooperationsabkommens mit Russland, enthalten die Verpflichtung, **nach besten Kräften Maßnahmen zu vermeiden,** die die Bedingungen für die Niederlassung und die Geschäftstätigkeit der Gesellschaften der anderen Vertragspartei einschränkender gestalten, als sie am Tag vor der Unterzeichnung des Abkommens sind. 284

Die Klausel unterscheidet sich gegenüber den Standstill-Klauseln im Abkommen mit der Türkei doppelt: Einerseits ist eine Rücknahme von Verbesserungen auf den Stand bei Abschluss des Abkommens zulässig. Andererseits wird in Art. 34 Abs. 2 ein **zwischenstaatliches Konsultationsverfahren** für den Fall einer Verletzung der Standstill-Klausel vorgesehen. Das spricht gegen eine unmittelbare Anwendbarkeit der Regelung. 285

---

[320] Vgl. den vom SächsOVG Beschl. v. 2.6.1995 – 3 S 390/94, NVwZ-RR 174 zu § 9 AEVO iVm § 5 Abs. 2 BetrVG entschiedenen Sachverhalt.
[321] VG Berlin Beschl. v. 27.11.2009 – 29 V 77.08, BeckRS 2010, 49317.
[322] *Marvedel*, Die Stabilisierungs- und Assoziierungsabkommen der EU mit den Staaten des Westlichen Balkans, 219 f.
[323] *Weiß*, Die Personenverkehrsfreiheiten von Staatsangehörigen assoziierter Staaten in der EU, 1998, 41 f.
[324] ABl. 2002 L 129, 3 ff.
[325] ABl. 2018 L 330, 3 ff..
[326] *Weiß*, Die Personenverkehrsfreiheiten von Staatsangehörigen assoziierter Staaten in der EU, 1998, 55.
[327] Art. 7.8 des Freihandelsabkommens mit Korea, ABl. 2011 L 127, 6 ff.
[328] ABl. 1998 L 97, 2 ff.
[329] EuGH Urt. v. 7.6.2007 – C-335/05, Slg. 2007, I-4307 = IStR 2007, 474.

286 **e) Dienstleistungen.** Auch die Erbringung von Dienstleistungen durch eigenes Personal ist nur dann von einem dieser Abkommen erfasst, wenn sie ausdrücklich geregelt ist. Eine stillschweigend verliehene Kompetenz als Annex zum Recht, Dienstleistungen zu erbringen, ist im Hinblick auf die stets **fragmentarischen Regelungen** in den Abkommen nicht anzunehmen.

287 **f) Bereichsausnahmen.** Stets werden eingeräumte Rechte nicht für alle **Bereiche des Wirtschaftslebens** eingeräumt. Vielmehr bleiben Bereiche wie diejenigen der staatlichen Daseinsfürsorge regelmäßig ausgeklammert. Selbst für das im Rahmen der Europäischen Nachbarschaftspolitik abgeschlossene neue Abkommen mit der Ukraine[330] wird Niederlassungs- und Dienstleistungsfreiheit zunächst nur für Finanzdienstleistungen, elektronische Kommunikationsdienstleistungen, Post- und Kurierdienst und internationale Transportdienstleistungen eingeräumt und setzt noch eine Rechtsangleichung voraus.

2. Einzelne Länder

288 **a) Andenstaaten.** Ziel des Handelsübereinkommens mit den **Andenstaaten** Kolumbien, Peru und Ecuador ist insbesondere der wechselseitige zollfreie Import von Waren. Aufenthaltsrechtliche Bestimmungen finden sich in Art. 107 ff. des ursprünglich nur mit Kolumbien und Peru abgeschlossenen Abkommens. Diesem ist später Ecuador beigetreten. Mit dessen Beitritt verbunden waren umfangreiche Vertragsänderungen.

289 Nach seinem Art. 4 lit. d bezweckt das Handelsübereinkommen die Schaffung eines Umfelds, das einem Anstieg der Investitionsströme und insbesondere der Verbesserung der Niederlassungsbedingungen zwischen den Vertragsparteien, auf Grundlage des Grundsatzes der Nichtdiskriminierung, zuträglich ist. Der Assoziationsrat wird ohne sachliche Änderung als „**Handelsausschuss**" bezeichnet; Beschlüsse können nur einstimmig gefasst werden.

290 Die Investoren dürfen in ihren Niederlassungen ihr Personal aus dem Herkunftsstaat einsetzen, wenn dieses Schlüsselpositionen besetzt. Dieses **Schlüsselpersonal** muss gemäß Art. 123 für die Errichtung oder die angemessene Kontrolle, Verwaltung und den ordnungsgemäßen Betrieb einer Niederlassung verantwortlich sein. Unternehmensintern versetzte Personen müssen gemäß Art. 124 Abs. 1 mindestens ein Jahr in der Muttergesellschaft beschäftigt gewesen sein.

291 Weiter begünstigt sind **Geschäftsreisende,** die für die Errichtung einer Niederlassung zuständig sind. Weiter dürfen Praktikanten mit Hochschulabschluss eingesetzt werden.

292 Die Einreise und der vorübergehende Aufenthalt von Personal in Schlüsselpositionen sind im Falle von **unternehmensintern versetzten Personen** auf höchstens drei Jahre begrenzt, im Falle von Geschäftsreisenden[331] auf höchstens 90 Tage je Zwölfmonatszeitraum und im Falle von Praktikanten mit Abschluss auf höchstens ein Jahr.

293 Die Vertragsparteien bemühen sich gemäß Art. 128 Abs. 1 des Abkommens mit Kolumbien und Peru für aufgezählte Bereiche, die Einreise und den vorübergehenden Aufenthalt von **zu Geschäftszwecken einreisenden** Kurzbesuchern zu erleichtern. Die Dauer der Kurzbesuche wird in Art. 128 Abs. 2 für die Dauer von höchstens 90 Tagen je Zwölfmonatszeitraum begrenzt. Der erste Satzteil stellt die Bedingung der Genehmigung der Kurzreise auf und legitimiert das Visumsverfahren. Da die Regelungen ansonsten eindeutig, klar und bedingungsfrei sind, sind sie unmittelbar anwendbar und kann aus ihnen ein gebundener Anspruch hergeleitet werden.

---

[330] ABl. 2014 L 161, 3 ff.
[331] Art. 123 des Abkommens: „Geschäftsreisende sind natürliche Personen in Führungspositionen, die für die Errichtung einer Niederlassung zuständig sind. Geschäftsreisende tätigen keine Direktgeschäfte mit der breiten Öffentlichkeit und erhalten keine Vergütung aus einer Quelle innerhalb der aufgesuchten Vertragspartei."

b) Assoziationsabkommen mit Zentralamerika. Vergleichbar wird im Abkommen mit 294
den **zentralamerikanischen Staaten** Honduras, Nicaragua, Panama, Costa Rica, El Salvador sowie Guatemala das Recht zur Niederlassung allen Unternehmen für in Art. 166 iVm Anhang X Abschnitt A aufgezählte Sektoren zuerkannt.[332] Darunter fallen zB die Herstellung von Nahrungs- und Futtermitteln, Getränkeherstellung oder Tabakverarbeitung.

Personal in Schlüsselpositionen wird in Art. 124 die vorübergehende Einreise und 295
der vorübergehende Aufenthalt erlaubt. Es müssen entweder für die Errichtung einer Niederlassung zuständige Geschäftsreisende sein oder unternehmensintern versetzte Personen. Letztere müssen gemäß Art. 173 vor der Entsendung in einen Mitgliedstaat schon mindestens ein Jahr im Unternehmen beschäftigt sein. Der Aufenthalt des Schlüsselpersonals ist für einen Zeitraum von bis zu drei Jahren zu erlauben.

Praktikanten mit Hochschulabschluss wird die vorübergehende Einreise und der 296
vorübergehende Aufenthalt für einen Zeitraum von bis zu einem Jahr erlaubt. Begünstigt sind weiter Geschäftsreisende, begrenzt auf einen Zeitraum von bis zu neunzig Tagen je Zwölfmonatszeitraum.

Auch hier kann die **unmittelbare Anwendbarkeit** der Regelungen wegen der genauen 297
Bestimmbarkeit der Rechte, also ihrer Eindeutigkeit, Klarheit und Unbedingtheit bejaht werden.

c) Postsowjetische Staaten. aa) Russland. Nach dem Zerfall der UdSSR wurden mit 298
den Nachfolgestaaten Abkommen geschlossen, die in weiten Bereichen übereinstimmen. Geregelt werden Geschäftsbedingungen, Investitionen, Regeln über die Arbeitsbedingungen, die Niederlassung und den Dienstleistungsverkehr. Das wohl wichtigte Abkommen ist das Partnerschafts- und Kooperationsabkommen mit Russland.[333] In seinem Art. 28 wird als Bedingung für die Niederlassung und Geschäftstätigkeit von Tochtergesellschaften russischer Unternehmen **Meistbegünstigung** zugesichert.

Der zulässige Einsatz von in **Schlüsselpositionen** beschäftigtem Personal in Tochterge- 299
sellschaften, Zweigniederlassungen oder Joint-ventures wird durch Art. 32 auf russische Staatsangehörige beschränkt.

Art. 34 enthält als **Standstill-Klausel** die Verpflichtung „nach besten Kräften (zu bemü- 300
hen), Maßnahmen zu vermeiden, die die Bedingungen für die Niederlassung und die Geschäftstätigkeit der Gesellschaften der anderen Vertragspartei einschränkender gestalten, als sie am Tag vor der Unterzeichnung dieses Abkommens sind." Die Formulierung eines Bemühens nach besten Kräften beinhaltet eine bloße Absichtserklärung. Die Bestimmung ist deshalb nicht unmittelbar anwendbar.[334] Sie war so offen gestaltet, dass sie selbst die Boykottmaßnahmen nach der Einnahme der Krim durch Russland nicht ausschloss.

In einzelnen Sektoren des Dienstleistungsverkehrs gilt gemäß Art. 36 ebenfalls der Grund- 301
satz der **Meistbegünstigung.** Die Sektoren sind in Anhang 5 des Einkommens aufgelistet und umfassen Bereiche wie Dienstleistungen von Ingenieurbüros, Werbung, Markt- und Meinungsforschung, Telekommunikation.

In diesen Bereichen besteht ein **Visumsanspruch:** Nach Art. 37 ist die vorübergehende 302
Einreise natürlicher Personen zu erlauben, die Vertreter von Gesellschaften sind und um vorübergehende Einreise zwecks Aushandlung oder Abschluss von Aufträgen über die grenzüberschreitende Erbringung von Dienstleistungen für diese Gesellschaft ersuchen. Diese Vertreter dürfen nicht im Direktverkauf beschäftigt sein oder selbst Dienstleistungen erbringen.

bb) Ukraine. In Art. 19 Abs. 2 des Assoziierungsabkommens mit der Ukraine[335] bemühen 303
sich die Vertragsparteien, die **Mobilität** der Bürger zu erhöhen. Dieses etwas eigenartige Ziel (Mobilität als zweckfreier Begriff statt etwa Vermehrung des Wohlstands, Verbesserung der sozialen Sicherheit) ist unklar und verleiht keine unmittelbar anwendbaren Rechte.

---
[332] ABl. 2012 L 346, 3 ff.
[333] ABl. 1997 L 327, 3 ff.
[334] *Weiß*, Die Personenverkehrsfreiheiten von Staatsangehörigen assoziierter Staaten in der EU, 50.
[335] ABl. 2014 L 161, 3 ff.

304 Auch die Bekräftigung der nur völkerrechtlichen Rechte und Pflichten aus dem **WTO-Übereinkommen** und Vereinbarung, schrittweise gegenseitig Liberalisierung der Niederlassung und des Dienstleistungshandels sowie für die Zusammenarbeit auf dem Gebiet des elktronischen Geschäftsverkehrs in Art. 85 sind bloße Zielsetzungen. Der Vorbehalt der Gegenseitigkeit schließt die unmittelbare Anwendbarkeit aus.

305 Für die Gründung und Geschäftstätigkeit von Tochtergesellschaften, Zweigniederlassungen und Repräsentanzen von juristischen Personen wird ukrainischen Unternehmen in Art. 88 Abs. 2 **Inländergleichbehandlung und Meistbegünstigung** eingeräumt.

306 **Ausgenommen** von der Marktöffnung sind in Anhang 5 des Abkommens zB Wirtschaftstätigkeiten, die als die Bereitstellung öffentlicher Versorgungsleistungen auf nationaler oder örtlicher Ebene angesehen werden.

307 Juristische Personen, Tochtergesellschaften und Zweigniederlassungen dürfen gemäß Art. 98 Personal in **Schlüsselpositionen** beschäftigen. Einreise und der vorübergehende Aufenthalt gelten für den jeweiligen Beschäftigungszeitraum und werden auf einen Zeitraum von höchstens drei Jahren begrenzt. Für ukrainische Unternehmen tätige Praktikanten mit Abschluss dürfen sich bis zu einem Jahr vorübergehend im Inland aufhalten. Auch hier ist die ukrainische Staatsangehörigkeit Voraussetzung.

308 **Geschäftsreisende** haben bis zu 90 Tagen je Zwölfmonatszeitraum das Recht auf Einreise und vorübergehenden Aufenthalt. Derselbe Zeitraum wird Verkäufern von Unternehmensdienstleistungen zugestanden.

309 In der Ukraine niedergelassene **Freiberufler,** die in den Gebieten Rechtsberatung, Dienstleistungen von Architekten, Städteplanern und Landschaftsarchitekten, (integrierte) Ingenieurdienstleistungen, Computerdienstleistungen, Managementberatung und verwandte Dienstleistungen und Übersetzungsdienstleistungen tätig sind, wird in Art. 102 die vorübergehende Erbringung von Dienstleistungen gestattet. Ein Dienstleistungsvertrag darf höchstens eine Laufzeit von 12 Monaten haben. Die Freiberufler müssen über sechs Jahre Berufserfahrung verfügen. Weiter muss ein Hochschulabschluss oder ein Befähigungsnachweis über eine gleichwertige Befähigung vorgelegt werden. Die Einreise wird für einen Zeitraum höchstens sechs Monaten je Zwölfmonatszeitraum, weiter begrenzt durch die Laufzeit des Vertrags gestattet.

310 cc) **Andere postsowjetische Staaten.** Das Abkommen mit Moldawien[336] bleibt mit seinen Art. 202 ff. hinter dem Abkommen mit der Ukraine zurück, lässt aber ebenfalls in den vereinbarten Bereichen den Einsatz von **Schlüsselpersonal** zu und enthält Reiserechte für Freiberufler. Dasselbe gilt für die Art. 88 ff. des Abkommens mit Georgien.[337]

311 Im Abkommen mit Tadschikistan[338] wird tadschikischen Gesellschaften **Meistbegünstigung** eingeräumt. In Schlüsselpositionen dürfen gemäß Art. 25 im Inland tadschikische Staatsangehörige ohne zeitliche Beschränkung beschäftigt werden. Damit übereinstimmende Regelungen finden sich in den Abkommen mit Armenien,[339] Aserbaidschan,[340] Kasachstan,[341] Kirgisien,[342] und Usbekistan.[343]

312 Ein Assoziationsabkommen mit **Weißrussland** ist ausgehandelt; doch stimmte das Europaparlament wegen der politischen Entwicklung in Weißrussland nicht zu.

313 d) **Staaten des Westlichen Balkan.** Einheitlich als „**Stabilisierungs- und Assoziierungsabkommen**" (SAA) werden die mit den Staaten des Westlichen Balkan: Albanien,[344]

---

[336] ABl. 2014 L 260, 4 ff.
[337] ABl. 2014 L 261, 4.
[338] ABl. 2009 L 350, 3 ff.
[339] ABl. 1999 L 239, 3 ff.
[340] ABl. 1999 L 246, 3 ff.
[341] ABl. 1999 L 196, 3 ff.
[342] ABl. 1999 L 196, 48 ff.
[343] ABl. 1999 L 229, 3 ff.
[344] ABl. 2009 L 107, 166 ff.

Bosnien,[345] Mazedonien,[346] Montenegro,[347] Kosovo[348] und Serbien[349] geschlossenen Vereinbarungen bezeichnet. Sie enthalten jeweils das Recht zur Gründung von Zweigniederlassungen und Tochtergesellschaften, verbunden mit dem Anspruch auf Inländergleichbehandlung und Meistbegünstigung.

Die Begründung einer **Zweigniederlassung** wird Gesellschaften aus den SAA-Staaten grundsätzlich für gewerbliche, kaufmännische, freiberufliche und handwerkliche Tätigkeiten erlaubt.[350] Beschränkungen aus aufsichtsrechtlichen Gründen bestehen hinsichtlich Finanzdienstleistungen[351] und der Bereiche des Luft- und Binnenschiffsverkehrs sowie des Seekabotageverkehrs.[352] 314

Die Modalitäten bzw. Prüfung der **Niederlassung von Einzelpersonen** ist den jeweiligen Stabilitäts- und Assoziationsräten nach Ablauf festgesetzter Übergangsfristen übertragen.[353] Im Abkommen mit dem Kosovo fehlt eine solche Bestimmung. Entsprechende Beschlüsse haben die Stabilitäts- und Assoziationsräte bislang nicht gefasst. Soweit die Übergangsfristen abgelaufen sind, ist jedoch nicht von einer automatischen Erstreckung des Rechts zur Niederlassung auf Einzelpersonen auszugehen. Die Regelungen entsprechen Art. 36 ZP, wonach die Freizügigkeit türkischer Arbeitnehmer nach einer Übergangsfrist schrittweise hergestellt werden sollte und der Assoziationsrat EWG-Türkei die erforderlichen Regeln festlegen sollte. Für Art. 36 ZP hatte der EuGH eine unmittelbare Anwendbarkeit verneint.[354] Da der Stabilitäts- und Assoziationsrat eine gesonderte Entscheidung treffen soll und dabei wiederum die Niederlassung von Privatpersonen auch nur schrittweise ermöglichen kann, kann das Recht Einzelner nicht genau bestimmt werden und sind auch die Übergangsfristen in den SAA-Abkommen nicht self-executing.[355] 315

Der Einsatz von **Schlüsselpersonal** als gesellschaftsintern versetztes Personal ist jeweils gestattet. Zeitliche Obergrenzen für die Dauer der Beschäftigung des Schlüsselpersonals in einem Mitgliedstaat sind nicht festgelegt. 316

Die Einreise zum Zwecke der Erbringung von **Dienstleistungen** soll schrittweise gestattet werden.[356] Weder die zeitliche Abfolge der einzelnen Schritte noch deren Inhalt sind festgelegt. Die Regelungen sind nicht unmittelbar anwendbar.[357] 317

Von den in den SAA enthaltenen binnenmarktrelevanten Vorschriften sind daher im Bereich der Dienstleistungserbringung die wenigstens Vergünstigungen eingeräumt.[358] Doch enthalten die Regelungen mit dem Verbot, die Bedingungen für die Erbringung von Dienstleistungen durch Gesellschaften oder Staatsangehörige der SAA-Staaten „im Vergleich zu der am Tag vor dem Zeitpunkt des Inkrafttretens dieses Abkommens bestehenden Lage 318

---

[345] ABl. 2015 L 164, 3.
[346] ABl. 2004 L 84, 13 ff.
[347] ABl. 2010 L 108, 354 ff.
[348] ABl. 2016 L 71, 3 ff.
[349] ABl. 2013 L 278, 16 ff.
[350] Albanien: Art. 49 lit. f, Bosnien: Art. 50 lit. f, Kosovo Art. 50 Nr. 6, Mazedonien: Art. 47 lit. f, Montenegro Art. 52 lit. f; Serbien Art. 52 lit f.
[351] Albanien: Art. 51 Abs. 2, 53; Bosnien: Art. 52, 54; Kosovo: Art. 52 Abs. 2, 54; Mazedonien: Art. 49 Abs. 2, 51; Montenegro: Art. 54, 56; Serbien: Art. 54, 56.
[352] Albanien: Art. 52; Bosnien: Art. 53; Kosovo: Art. 60; Mazedonien: Art. 50; Montenegro: Art. 55; Serbien: Art. 55.
[353] Albanien: Art. 50 Abs. 4; Bosnien: Art. 51 Abs. 4; Mazedonien: Art. 48 Abs. 4; Montenegro: Art. 53 Abs. 4; Serbien: Art. 53 Abs. 4;
[354] EuGH Urt. v. 30.9.1987 – 12/86, Slg. 1987, 3179 = NJW 1988, 1442.
[355] Zum gleichen Ergebnis kommt *Marwedel*, Die Stabilisierungs- und Assoziierungsabkommen der EU mit den Staaten des Westlichen Balkans, 225.
[356] Albanien: Art. 57; Bosnien: Art. 57; Kosovo: Art. 57; Mazedonien: Art. 55; Montenegro: Art. 59; Serbien Art. 59.
[357] *Marwedel*, Die Stabilisierungs- und Assoziierungsabkommen der EU mit den Staaten des Westlichen Balkans, 236 f.
[358] *Marwedel*, Die Stabilisierungs- und Assoziierungsabkommen der EU mit den Staaten des Westlichen Balkans, 235.

erheblich verschärfen",³⁵⁹ von keiner Bedingung abhängige und klare **Standstill-Klauseln**.³⁶⁰

319 Beschränkungen der Standstill-Wirkung sind dennoch möglich, setzen aber voraus, dass von der anderen Vertragspartei eingeführte Maßnahmen zu einer erheblich verschärften Lage für die Erbringung von Dienstleistungen führen. Weiter wird die **Aufnahme von Konsultationen** vorausgesetzt. Auf diesem Weg werden die Stabilitäts- und Assoziationsräte ermächtigt, einvernehmlich die Standstill-Wirkung zu beschränken.

320 e) **AKP-Staaten.** In Art. 13 Abs. 4 des Abkommens von Cotonou wird den AKP-Staaten zugesagt, Fragen der Einwanderung in einem **intensiven Dialog** zu behandeln. Die Formulierung entbehrt jeglicher Verbindlichkeit und appelliert lediglich an den politischen Willen.

321 Niederlassungs- und Dienstleistungsregelungen werden gemäß Anhang II Art. 13 ohne Diskriminierung der Staatsangehörigen, Gesellschaften und Unternehmen zugesagt. Kann ein AKP-Staat die Zusicherung nicht einhalten, sind auch die EU-Mitgliedstaaten nicht an die Verpflichtung gebunden. Dieses **Diskriminierungsverbot** kann unmittelbar angewandt werden. Aufenthaltsrechtliche Bedeutung hat es nicht.

322 f) **Fernöstliche Staaten.** Erlaubt wird nach Art. 8.25 iVm Anhang 8-B III Nr. 6 des Wirtschaftspartnerschaftsabkommens mit **Japan** die Einreise japanischer Geschäftsreisender für bis zu 90 Tage in sechs Monaten. Über entsprechende Anträge auf Visa und Verlängerung von Aufenthaltserlaubnissen ist innerhalb von 90 Tagen zu entscheiden.³⁶¹ Es besteht Anspruch auf Gestattung des Familiennachzugs.³⁶²

323 In Art. 7.18 des Freihandelsabkommens mit **Korea** werden die vorübergehende Einreise und der vorübergehende Aufenthalt von Personal in Schlüsselpositionen und Praktikanten mit Abschluss im Fall von unternehmensintern versetzten Personen auf einen Zeitraum von drei Jahren, im Fall von Geschäftsreisenden auf 90 Tage je Zwölfmonatszeitraum und im Fall von Praktikanten mit Abschluss auf ein Jahr begrenzt.³⁶³

3. Touristische Reisen

324 Art. 3 des Abkommens mit den Vereinigten Emiraten über die **Befreiung von der Visumspflicht** ermöglicht visumsfreie Einreisen für Kurzaufenthalte von bis zu 90 Tagen in einem Zeitraum von 180 Tagen. Ausgenommen sind Dienstleisterbringer und Arbeitnehmer.³⁶⁴ Art. 1 des Abkommens mit Kolumbien über die Befreiung von der Visumspflicht hat denselben Inhalt.³⁶⁵ Das gilt ebenfalls einige weitere Abkommen wie das Visumsabkommen mit Trinidad und Tobago.³⁶⁶ Art. 1 des Visumsabkommens mit Brasilien ermöglicht die kalendarisch einfacher zu berechnende visumsfreie Einreise für drei Monate in einem Sechsmonatszeitraum.³⁶⁷ Auch diese Regelungen sind einfach und klar und ohne Bedingungen und deshalb unmittelbar anwendbar.

4. Rechte von Arbeitnehmern

325 a) **Arbeitsrechtliche Diskriminierungsverbote. aa) Allgemeiner Rechtsgrundsatz. Arbeitsrechtliche Diskriminierungsverbote** finden sich in einer Reihe von EU-Abkommen. Nicht alle erscheinen als unmittelbar anwendbar.

---

[359] Albanien: Art. 58; Bosnien: Art. 58; Kosovo: Art. 59; Mazedonien: Art. 56; Montenegro: Art. 60; Serbien: Art. 60.
[360] *Marwedel*, Die Stabilisierungs- und Assoziierungsabkommen der EU mit den Staaten des Westlichen Balkans, 245.
[361] Anhang 8-B III Nr. 3 des Wirtschaftspartnerschaftsabkommens.
[362] Anhang 8-B III Nr. 6a des Wirtschaftspartnerschaftsabkommens.
[363] ABl. 2011 L 127, 6 ff.
[364] ABl. 2015 L 1253, 2; vgl. insbes. die Gemeinsame Erklärung zur Auslegung von Art. 3 Abs. 2.
[365] ABl. 2015 L 333, 3.
[366] ABl. 2015 L 173, 66.
[367] ABl. 2012 L 255, 4 ff.

Mit dem Anspruch auf gleichen Lohn für gleiche Arbeit wird den Anforderungen des **326** modernen **Völkerrechts** entsprochen. Dieser Grundsatz gehört in seinem Art. 23 AEMR zum Kern der Allgemeinen Erklärung der Menschenrechte. Das Diskriminierungsverbot findet sich auch in Art. 7 des Internationalen Pakts über wirtschaftliche, soziale und kulturelle Rechte, Art. 5 lit. e der Rassendiskriminierungskonvention und Art. 11 des Übereinkommens zur Beseitigung jeder Diskriminierung der Frau. Im Rahmen der Internationalen Arbeitsorganisation (ILO) wurden im Übereinkommen Nr. 111 ein allgemeines Diskriminierungsverbot in Beschäftigung und Beruf und im Übereinkommen Nr. 100 eine Regelung über Lohngleichheit festgelegt. Einen Anspruch auf angemessene und gerechte Arbeitsbedingungen und gleiches und gerechtes Entgelt bestätigen die Art. 2 ff. EUSozCh. Auch der Eigentumsschutz nach Art. 14 EMRK kann dazu beitragen, soziale Rechte zu erhalten.[368]

Das allgemeine Grundrecht der Gleichheit der Menschen ist für den EuGH ein **Bestandteil der allgemeinen Rechtsgrundsätze,** deren Einhaltung er zu wahren hat.[369] **327**

Eine marktbezogene Betrachtung sieht demgegenüber Sinn und Zweck der arbeitsrechtlichen Diskriminierungsverbote im Ausländerrecht darin, **Lohndumping** und Extra-Ausbeutung von Arbeitskräften zu verhindern. Diesem Gedanken entspricht es, trotz eines Anspruchs auf gleiche Entlohnung den Zugang zum Arbeitsmarkt ungleich zu gestalten. **328**

Diskriminierungen am Arbeitsplatz und schon bei Einstellung wirkt die Antidiskriminierungs-Richtlinie entgegen. Darunter zählt insbesondere das Verbot der Diskriminierung wegen der ethnischen Herkunft gemäß Art. 2 RL 2000/43/EG. Danach reichen öffentliche Äußerungen, durch die ein Arbeitgeber kundtut, dass er im Rahmen seiner Einstellungspolitik keine Arbeitnehmer einer bestimmten ethnischen Herkunft oder Rasse beschäftigen werde, aus, um eine Vermutung iSd Art. 8 Abs. 1 RL 2000/43/EG zur Anwendung des Gleichbehandlungsgrundsatzes ohne Unterschied der Rasse oder der ethnischen Herkunft für das Vorliegen einer unmittelbar diskriminierenden Einstellungspolitik zu begründen. Es obliegt dann diesem Arbeitgeber zu beweisen, dass keine Verletzung des Gleichbehandlungsgrundsatzes vorgelegen hat. Er kann dies dadurch tun, dass er nachweist, dass die tatsächliche **Einstellungspraxis** des Unternehmens diesen Äußerungen nicht entspricht.[370] **329**

Schon vor Inkrafttreten der Antidiskriminierungs-RL hatte der EuGH Art. 48 EWG-Vertrag (dh heute Art. 45 AEUV) entnommen, dass bei der Entscheidung über eine **Einstellung in den öffentlichen Dienst** die Berücksichtigung früherer Berufstätigkeit der Bewerber innerhalb einer öffentlichen Verwaltung nicht danach unterscheiden darf, ob diese nur im Inland ausgeübt wurde. Vielmehr sind auch Tätigkeiten im öffentlichen Dienst eines anderen Mitgliedstaats in gleicher Weise zu berücksichtigen.[371] **330**

Nach der Einstellung gebietet § 75 BetrVG den Umgang mit allen Beschäftigten nach Recht und Billigkeit und verbietet jede Benachteiligung aus Gründen der Rasse oder wegen der ethnischen Herkunft, Abstammung oder sonstigen Herkunft, Nationalität, Religion ua. Damit trägt das deutsche Recht den Diskriminierungsverboten der Abkommen weitgehend Rechnung und geht durch die Erstreckung auf alle Arbeitnehmer deutlich darüber hinaus. **331**

Eine Ausprägung des Anspruchs auf gleiche Arbeitsbedingungen findet sich in Art. 6 Abs. 1 RL 2009/52/EG, wonach auch **bei illegaler Beschäftigung** ein Anspruch auf den tariflichen bzw. allgemein üblichen Lohn besteht. Die Behörden sollen dabei die Betroffenen bei der Durchsetzung ihrer Ansprüche unterstützen (umgesetzt in § 98a AufenthG). **332**

Die in verschiedenen EU-Abkommen enthaltenen Diskriminierungsverbote wurden in umfangreicher Rechtsprechung ausjudiziert. Insbesondere sollen arbeitsrechtliche Diskriminierungsverbote auch eine **aufenthaltsrechtliche Dimension** enthalten. Diese Diskriminierungsverbote sind zumindest teilweise unmittelbar anwendbar. **333**

---

[368] EGMR Urt. v. 6.9.1996 – 36/1995/545/631, InfAuslR 1997, 1 = NLMR 1996, 135.
[369] Urt. v. 15.6.1978 – 149/77, Defrenne III, Slg. 1978, 1365 = NJW 1978, 2445.
[370] EuGH Urt. v. 10.7.2008, Slg. 2008, I-5187 = NJW 2008, 2767; vgl. BAG Urt. v. 17.8.2010 – 9 AZR 839/08, NJW 2011, 550.
[371] EuGH Urt. 23.2.1994 – C-419/92, Slg. 1994, I-505 = NVwZ 1994, 989.

334 Der in Art. 37 ZP aufgestellte und in Art. 10 Abs. 1 ARB 1/80 enthaltene Anspruch **türkischer Arbeitnehmer** auf gleiche Arbeitsbedingungen ist eindeutig und klar und bedingungslos formuliert und entsprechend unmittelbar anwendbar. Soweit Art. 10 ARB 1/80 nicht veröffentlicht ist, wirkt er jedenfalls gegenüber öffentlich-rechtlichen Arbeitgebern.[372]

335 Da der ARB 1/80 nicht veröffentlicht wurde und deshalb nicht gegenüber Dritten geltend gemacht werden kann, behilft sich der EuGH mit dem Verweis auf die identische Zielrichtung und zählt beide Normen nebeneinander auf.[373] Für den entschiedenen Sachverhalt eines Fußballspielers, der Gleichbehandlung mit Spielern aus der EU und damit das Recht zu einem Einsatz ohne Anrechnung auf eine **Ausländerklausel** verlangte, musste das Diskriminierungsverbot drittwirkend sein. Wäre das Diskriminierungsverbot nur durch den nicht veröffentlichten Art. 10 ARB 1/80 geschaffen, könnten private Dritte nicht daran gebunden sein.

336 **bb) Europa-Mittelmeer-Abkommen.** Übereinstimmend wird in Art. 67 des Europa-Mittelmeer-Abkommens mit **Algerien**[374] und Art. 64 des Europa-Mittelmeer-Abkommens mit **Marokko**[375] bzw. **Tunesien**[376] den in einem Mitgliedstaat beschäftigten Arbeitnehmern aus den Maghreb-Staaten eine „Behandlung (gewährt), die hinsichtlich der Arbeits-, Entlohnungs- und Kündigungsbedingungen keine auf der Staatsangehörigkeit beruhende Benachteiligung gegenüber Inländern bewirkt". Zugleich wird festgestellt, dass dieser Anspruch für alle Arbeitnehmer gilt, die dazu berechtigt sind, eine befristete nichtselbständige Erwerbstätigkeit auszuüben. Damit wird das Erfordernis der Rechtmäßigkeit der Beschäftigung nach nationalem Recht umschrieben. Auch dieser Anspruch ist eindeutig, klar und nicht von einer Bedingung abhängig und deshalb unmittelbar anwendbar.[377]

337 In den anderen Europa-Mittelmeer-Abkommen mit **Ägypten, Israel, Jordanien oder dem Libanon** finden sich keine entsprechenden Festlegungen. In Art. 62 des Europa-Mittelmeer-Abkommens mit Ägypten[378] wird die Bedeutung der fairen Behandlung der legal beschäftigten Arbeitnehmer bestätigt und die Absicht zu Gesprächen über Arbeitsbedingungen und Sozialleistungen geäußert. Ansprüche lassen sich daraus nicht herleiten.

338 In Art. 64 des Abkommens mit dem **Libanon**[379] und Art. 80 des Abkommens mit **Jordanien**[380] wird ähnlich unverbindlich ein regelmäßiger Dialog über mögliche Fortschritte im Bereich der Freizügigkeit der Arbeitnehmer und der Gleichbehandlung und der sozialen Integration von libanesischen Staatsangehörigen in der EU vereinbart.

339 Art. 64 des EU-Mittelmeer-Abkommens mit **Israel**[381] enthält zwar ein Diskriminierungsverbot bezüglich der Sozialversicherung, aber nicht hinsichtlich der Arbeitsbedingungen. Das Kooperationsabkommen mit Syrien enthält überhaupt keine Vorschriften über Arbeitnehmer.[382]

340 **cc) Postsowjetische Staaten.** Im Partnerschafts- und Kooperationsabkommen mit **Russland** wurde vereinbart, dass die EU und die Mitgliedstaaten „vorbehaltlich der in den Mitgliedstaaten geltenden Rechtsvorschriften, Bedingungen und Verfahren" sicherstellen,

---

[372] BAG Urt. v. 22.3.2000 – 7 AZR 226/98, BAGE 94, 111 = NZA 2000, 831.
[373] EuGH Urt. v. 25.7.2008 – C-152/08, Slg. 2008, I-6291 = SpuRT 2009, 61; ebenso schon Urt. v. 26.10.2006 – C-4/05, Slg. 2006, I-10279 = NVwZ 2007, 187.
[374] ABl. 2005 L 265, 2 ff.
[375] ABl. 2000 L 70, 2 ff.
[376] ABl. 1998 L 97, 2 ff.
[377] EuGH Urt. v. 14.12.2006 – C-97/05, Slg. 2006, I-11917 = NVwZ 2007, 430; ebenso für die Vorgängervorschrift in Art. 40 des Kooperationsabkommens mit Marokko Urt. v. 2.3.1999 – C-416/96, Slg. 1999, I-1209 = NVwZ 1999, 1095.
[378] ABl. 2004 L 304.
[379] ABl. 2006 L 143. Das Abkommen mit Jordanien enthält unmittelbar anwendbare Regelungen des Kapitalverkehrs: EuGH Urt. v. 24.11.2016 – C-464/14, SECIL, IstR 2017, 118.
[380] ABl. 2005 L 129.
[381] ABl. 2000 L 147.
[382] ABl. 1978 L 269.

dass in der EU rechtmäßig beschäftigten russischen Arbeitnehmern „eine Behandlung gewährt wird, die hinsichtlich der Arbeitsbedingungen, der Entlohnung oder der Entlassung keine auf der Staatsangehörigkeit beruhende Benachteiligung gegenüber den eigenen Staatsangehörigen bewirkt."[383] Der formulierte Vorbehalt ermächtigt die Mitgliedstaaten nicht zum Verstoß gegen die Verpflichtung aus dem Abkommen und schließt deshalb die unmittelbare Wirkung des Diskriminierungsverbots nicht aus. Ein solcher Ausschluss folgt auch nicht aus der Zielsetzung der „schrittweisen Integration zwischen Russland und einem größeren Raum der Zusammenarbeit in Europa". Vielmehr ist die Bestimmung klar und präzise und bedarf zur Wirkung keines weiteren Rechtsakts. Sie ist deshalb unmittelbar anwendbar.[384]

Diese Rechtsprechung ist auf das unter dem gleichen Vorbehalt stehende Diskriminierungsverbot in Art. 17 des Assoziationsabkommens mit der **Ukraine**[385] zu erstrecken. Auch dieses Diskriminierungsverbot ist deshalb unmittelbar anwendbar. Das in Art. 473 des Abkommens enthaltene Diskriminierungsverbot ist demgegenüber allgemeiner Natur und schließt die Anwendung von Art. 17 nicht aus. 341

Nach Art. 23 des Abkommens mit **Moldawien** „bemühen" sich die Mitgliedstaaten, eine Behandlung zu gewähren, die hinsichtlich der Arbeitsbedingungen, der Entlohnung oder der Entlassung keine auf der Staatsangehörigkeit beruhende Benachteiligung gegenüber den eigenen Staatsangehörigen bewirkt.[386] Entsprechende Regelungen finden sich in Art. 20 des Abkommens mit **Aserbaidschan**,[387] Art. 20 des Abkommens des Abkommens mit **Armenien**,[388] Art. 20 des Abkommens mit **Georgien**,[389] Art. 19 des Abkommens mit **Kirgisien**,[390] Art. 19 des Abkommens mit **Kasachstan**,[391] Art. 17 des Abkommens mit **Tadschikistan**[392] und in Art. 19 des Abkommens mit **Usbekistan**.[393] Die Verpflichtung zu einem Bemühen ist sehr vage formuliert und lässt nicht an eine unmittelbare Anwendbarkeit denken.[394] Andererseits stellt das Diskriminierungsverbot eine Konkretisierung des allgemeinen Gleichheitssatzes dar und könnte die Bemühungsverpflichtung einer unmittelbaren Anwendbarkeit nicht entgegenstehen. 342

dd) Staaten des Westlichen Balkan. Auch in den Abkommen mit den Balkanstaaten finden sich arbeitsrechtliche Diskriminierungsverbote. So wird in Art. 46 Abs. 1 des SAA mit **Albanien** zugesichert, dass legal beschäftigten albanischen Arbeitnehmern „vorbehaltlich der in den einzelnen Mitgliedstaaten geltenden Bedingungen und Modalitäten … eine Behandlung gewährt (wird), die hinsichtlich der Arbeits-, Entlohnungs- und Kündigungsbedingungen keine auf der Staatsangehörigkeit beruhende Diskriminierung gegenüber den Staatsangehörigen des betreffenden Mitgliedstaats bewirkt".[395] Auch hier beinhaltet der „Vorbehalt" entsprechend dem EuGH-Urteil *Simutenkov*[396] keine Einschränkung der unmittelbaren Anwendbarkeit des Diskriminierungsverbots. 343

Dasselbe gilt für Art. 47 Abs. 1 lit. a des SAA **mit Bosnien-Herzegowina**,[397] Art. 44 Abs. 1 des SAA mit **Mazedonien**,[398] Art. 49 Abs. 1 lit a des SAA mit **Montenegro**[399] und 344

---

[383] ABl. 1997 L 327, 7.
[384] EuGH Urt. v. 12.4.2005 – C-265/03, Slg. 2005, I-2579 = SpuRt 2005, 155.
[385] ABl. 2014 L 161, 3 ff.
[386] ABl. 1998 L 181, 3 ff.
[387] ABl. 1999 L 246, 3 ff.
[388] ABl. 1999 L 239, 3 ff.
[389] ABl. 1999 L 205, 3.
[390] ABl. 1999 L 196, 48.
[391] ABl. 1999 L 196, 3.
[392] ABl. 2009 L 350, 3.
[393] ABl. 1999 L 229, 3.
[394] *Weiß*, Die Personenverkehrsfreiheiten von Staatsangehörigen assoziierter Staaten in der EU, 1998, 99.
[395] ABl. 2009 L 107, 166.
[396] EuGH Urt. v. 12.4.2005 – C-265/03, Slg. 2005, I-2579 = SpuRT 2005, 155.
[397] ABl. 2015 L 164, 2.
[398] ABl. 2004 L 84, 13.
[399] ABl. 2010 L 108, 3.

Art. 49 Abs. 1 lit. a des SAA mit **Serbien**.[400] Lediglich das SAA mit dem **Kosovo**[401] enthält keine vergleichbare Regelung.[402]

345 ee) **AKP-Staaten.** In Art. 13 Abs. 3 des **Abkommens von Contonou** wird „den Arbeitnehmern aus AKP-Staaten, die legal in ihrem Hoheitsgebiet beschäftigt sind, eine Behandlung (gewährt), die hinsichtlich der Arbeits-, Entlohnungs- und Kündigungsbedingungen keine auf der Staatsangehörigkeit beruhende Diskriminierung gegenüber ihren eigenen Staatsangehörigen bewirkt". Die Formulierung stimmt nahezu wörtlich mit Art. 10 ARB 1/80 überein[403] und ist entsprechend unmittelbar anwendbar.

346 Das Cotonou-Abkommen war bislang nicht Gegenstand der Rechtsprechung des EuGH. Im Jahr 1977, vor Entfaltung der Rechtsprechung zum ARB 1/80 und den mit den Maghreb-Staaten vereinbarten Diskriminierungsverboten, hatte der EuGH in einem Verfahren das Diskriminierungsverbot in der Vorgängervorschrift des Art. 63 des **Abkommens von Lomé** auszulegen: „Hinsichtlich der Niederlassungs- und Dienstleistungsregelung wenden die AKP-Staaten einerseits und die Mitgliedstaaten andererseits gegenüber Staatsangehörigen und Gesellschaften der Mitgliedstaaten bzw. Staatsangehörigen und Gesellschaften der AKP-Staaten keine diskriminierende Behandlung an …" Der madagassische Staatsangehörige Razanatsimba hatte nach dem Jurastudium in Lille das Eignungszeugnis zur Ausübung des Anwaltsberufs erworben, wurde jedoch nicht zur Anwaltschaft zugelassen. Der EuGH behauptete, die Regelung bezwecke nicht, die Gleichbehandlung zwischen Angehörigen eines AKP-Staates und denen eines Mitgliedstaats der EWG sicherzustellen. Deshalb hätten die Staatsangehörigen dieser Staaten nicht das Recht, sich im Hoheitsgebiet eines Mitgliedstaats der EWG niederzulassen, ohne dass hierfür eine bestimmte Staatsangehörigkeit zur Bedingung gemacht werden dürfte, soweit es sich um die Ausübung von Berufen handele, die das Recht dieses Staates seinen eigenen Staatsangehörigen vorbehalte.[404]

347 Im Rückblick erscheint diese Entscheidung als erster wenig überzeugender Schritt in die Klärung der assoziationsrechtlichen Diskriminierungsverbote. Denn das Urteil entleerte das Diskriminierungsverbot im Abkommen von Lomé seiner Relevanz. Überzeugender wäre eine **Unterscheidung zwischen dem Diskriminierungsverbot als Berufszugangs- und Ausübungsverbot einerseits und Aufenthaltsrechten** andererseits gewesen, wobei sich letztere nicht aus dem Diskriminierungsverbot herleiten lassen.

348 Jedenfalls kann die vom EuGH gemachte Einschränkung auf Grund des Vertragszwecks in Art. 13 Abs. 3 des Abkommens von Cotonou nicht hineingelesen werden. Die **fehlende Beitrittsperspektive** rechtfertigt ebenso wenig wie im Abkommen mit Russland eine restriktive Lesart des arbeitsrechtlichen Diskriminierungsverbots.[405] Vielmehr spricht die Gleichartigkeit mit den Abkommen mit den Maghrebstaaten für die damit übereinstimmende unmittelbare Anwendbarkeit des Abkommens.

349 Eine **Einschränkung von Bleiberechten** enthält die Verpflichtung in Art. 13 Abs. 4 des Abkommens von Cotonou, bei Ausbildung in einem Mitgliedstaat dafür zu sorgen, „dass diese Maßnahme auf die berufliche Integration der AKP-Staatsangehörigen in ihre Herkunftsländer ausgerichtet ist". Diese Verpflichtung soll den Herkunftsstaaten im Interesse ihrer wirtschaftlichen Entwicklung Fachkräfte erhalten. Danach dürfte Ausländern aus AKP-Staaten, die in Deutschland studiert haben, nach Studienabschluss keine Aufenthaltserlaubnisse als Fachkräfte erteilt werden. Auf ihrem Hintergrund ist auch die Einschränkung der Anwerbung von Arbeitskräften durch § 38 BeschV zu verstehen.

---

[400] ABl. 2013 L 278, 16.
[401] ABl. 2016 L 71, 3.
[402] Ebenso: *Marwedel*, Die Stabilisierungs- und Assoziierungsabkommen mit den Staaten des Westlichen Balkans, 2012, 157 ff.
[403] *Hofmann* in NK-AuslR ARB 1/80 Art. 10 Rn. 9.
[404] EuGH Urt. v. 24.11.1977 – 65/77, Slg. 1977, 2229.
[405] *Tams* EuR 2005, 777.

ff) Europäische Mikrostaaten. In Deutschland praktisch wenig bedeutsam ist die Rechts- 350
stellung der Staatsangehörigen der innerhalb der EU liegenden Drittstaaten. Diese sind
faktisch Schengenstaaten; die Grenzen zu ihnen haben den Charakter von Binnengrenzen
innerhalb der EU. Der **Vatikan** hat zwar mit einigen Mitgliedstaaten Konkordate geschlossen, jedoch mit der EU mit der Ausnahme einer Währungsvereinbarung[406] keine Vereinbarung getroffen.[407] Auch **Monaco** hat mit der EU keine aufenthaltsrechtlich bedeutsamen
Vereinbarungen getroffen, wird aber in der RL 2913/92/EG als Teil des gemeinsamen
Markts behandelt. Auf anderen Gebieten liegende Benachteiligungen sind zulässig.[408]

Andorra hat ein Kooperationsabkommen mit der EU geschlossen, nach dessen Art. 5 351
die Vertragsparteien bezüglich der Arbeitsbedingungen, des Arbeitsentgelts und der Kündigung jede Diskriminierung aufgrund der Staatsangehörigkeit von Arbeitskräften mit der
Staatsangehörigkeit der jeweils anderen Vertragspartei vermeiden, die sich rechtmäßig in
ihrem Gebiet aufhalten.[409] Die Vorschrift ist klar und unbedingt und damit unmittelbar
anwendbar. Ein Diskriminierungsverbot hinsichtlich der Arbeits- und Entlohnungsbedin-
gungen wurde weiter in Art. 20 des Abkommens über eine Zusammenarbeit und eine
Zollunion mit **San Marino** vereinbart.[410] Diese Bestimmungen sind klar und unbedingt
und damit unmittelbar anwendbar.

b) Gebührenrecht. Folgen haben die Diskriminierungsverbote bei der Bemessung aus- 352
länderrechtlicher Gebühren. Für die Erteilung bzw. Verlängerung einer Aufenthaltserlaubnis sind gemäß Art. 41 AufenthV als Gebühren 100 EUR und für die Verlängerung
96 EUR bzw. 93 EUR zu zahlen. Eine Niederlassungserlaubnis schlägt gemäß § 44 Nr. 3
AufenthG im Regelfall mit 113 EUR zu Buche. Eine fünfköpfige ausländische Familie
wird dadurch spürbar belastet; untere Einkommensgruppen erfahren dadurch eine steuer-
gleiche wirtschaftliche Sonderlast. Für den EuGH stellen (zu) hohe Gebühren eine **Son-
derbelastung für Arbeitnehmer** dar und verstoßen damit gegen das arbeitsrechtliche
Verbot ungleicher Behandlung. Entschieden wurde diese Frage für die Diskriminierungsverbote in Art. 9 AssAbk und Art. 10 Abs. 1 ARB 1/80.[411] Diese Auffassung ist auf alle
unmittelbar anwendbaren arbeitsrechtlichen Diskriminierungsverbote in EU-Abkommen
zu erstrecken.[412]

c) Arbeitsrechtliche Folgen. aa) Direkte und indirekte Diskriminierung. Die ar- 353
beitsrechtlichen Diskriminierungsverbote setzen den Anspruch auf **gleichen Lohn für
gleiche Arbeit** durch. Die Verbote bzw. Gleichbehandlungsgebote erfassen auch mittelbare Diskriminierungen, die nur scheinbar neutral sind. Davon ist auszugehen, „wenn dem
Anschein nach neutrale Vorschriften, Kriterien oder Verfahren Personen, die einer Rasse
oder ethnischen Gruppe angehören, in besonderer Weise benachteiligen können, es sei
denn, die betreffenden Vorschriften, Kriterien oder Verfahren sind durch ein rechtmäßiges
Ziel sachlich gerechtfertigt, und die Mittel sind zur Erreichung dieses Ziels angemessen und
erforderlich."[413]

Für den Nachweis einer Benachteiligung hat der EuGH bei Beurteilung einer mittelbaren 354
Benachteiligung von Frauen in Teilzeitbeschäftigung **statistische Methoden** zugelassen.[414]
Eine möglicherweise unzulässige mittelbare Diskriminierung sah der EuGH, als eine Tren-

---
[406] ABl. 2010 C 28, 13.
[407] Vgl. auch *Renner* ZAR 2005, 282.
[408] Für ein diskriminierendes Verlangen nach Prozesssicherheit bejaht von EuGH, Urt. v. 7.4.2011 – C-291/09, Slg. 2011, I-2685 = EuZW 2011, 429.
[409] ABl. 2005 L 135, 14 ff. Besonders reizvoll ist der andorranische Staatsaufbau mit dem französischen Staatspräsidenten als Oberhaupt gemeinsam mit dem Bischoff von Urgell; dazu *Maresceau* in *Dashwood/Maresceau*, Law and Practice of EU External Relations, 2008, 274 f.
[410] ABl. 2002 L 84, 43 ff.
[411] EuGH Urt. v. 29.4.2010 – C-92/07, Slg. 2010, I-3683 = BeckRS 2010, 90522.
[412] *Reinhardt/Gutmann* InfAuslR 2017, 177.
[413] EuGH Urt. v. 16.7.2015 – C-83/14, InfAuslR 2015, 407 = BeckRS 2015, 80950.
[414] EuGH Urt. v. 22.11.2012, NZA 2012, 1425.

nungsentschädigung geringer war, weil der Wohnsitz des Arbeitnehmers bei Abschluss des Arbeitsvertrags im Ausland lag. Er verlangte einen Gesamtvergleich.[415]

355 **bb) Arbeitseinsatz.** Der Einsatz von Berufssportlern führte dazu, dass der Anspruch auf gleichen Arbeitseinsatz in der Rechtsprechung geklärt werden musste. Bis 1995 durften ausländische Sportler einschließlich derer aus den Mitgliedstaaten in den meisten Sportarten nur bis zu festen Obergrenzen eingesetzt werden. Die durch die **Ausländerklauseln** herbeigeführten gegenüber Inländern geringeren Einsatzmöglichkeiten benachteiligten sie wirtschaftlich. Geklagt hatte ein belgischer Fußballspieler, der zu einem französischen Verein wechseln wollte. Der EuGH sah in der Tätigkeit eines Fußballspielers unabhängig von der Höhe seiner Bezahlung eine weisungsgebundene und deshalb unselbständige Arbeitnehmertätigkeit. Er betonte das Verbot, Arbeitnehmer aus der EU wegen ihrer Nationalität zu benachteiligen. Da die Teilnahme an Fußballwettkämpfen Ziel von Berufsspielern ist, beschränkt eine Regel diese Teilnahme ungerechtfertigt, die anknüpfend an die Nationalität die Beschäftigungsmöglichkeit des betroffenen Spielers beschränkt.[416]

356 Diese Rechtsprechung übertrug der EuGH auf die gleichartige Tätigkeit eines **Handballspielers** aus der Slowakei, der sich gegen die Begrenzung seiner Einsatzmöglichkeit auf Grund seiner Nationalität wehrte. Der EuGH legte das im Europaabkommen mit der Slowakei vereinbarte Diskriminierungsverbot übereinstimmend mit dem europarechtlichen Verbot aus und missbilligte die Ausländerklausel des Deutschen Handballbunds.[417]

357 Diese Rechtsprechung wurde gemäß Art. 37 ZP und Art. 10 Abs. 1 ARB 1/80 auf **türkische** Fußballspieler erstreckt.[418] Ebenso wurde zu Gunsten eines **russischen Fußballspielers** gemäß Art. 23 Abs. 1 des Partnerschafts- und Kooperationsvertrags mit Russland entschieden.[419]

358 **cc) Gleiche Entlohnung.** Eine belgische Staatsangehörige, die als sogenannte Ortskraft bei der Deutschen Botschaft in Algier beschäftigt war und schon vor ihrer Einstellung dort wohnte, wehrte sich erfolgreich dagegen, dass ihre Entlohnung sich gemäß § 33 GAD an der Ortsüblichkeit orientierte und danach schlechter war als diejenige deutscher Ortskräfte. Für letztere schreibt § 32 GAD die **Anwendung (deutscher) Tarifverträge** vor. Der EuGH[420] sah darin einen Verstoß gegen das Verbot der Benachteiligung von Arbeitnehmern aus der EU.

359 Heute lassen § 73c AufenthG und Art. 43 VO 810/2009/EG (EU-Visakodex) die Zusammenarbeit mit **externen Dienstleistungserbringern** im Verfahren zur Beantragung von Visa zu. Dadurch werden die entsprechenden Mitarbeiter nicht mehr direkt von den Auslandsvertretungen beschäftigt. Die Dienstleister ihrerseits sind nicht an das europarechtliche Diskriminierungsverbot gebundene Verwaltungshelfer und können deshalb ihre Mitarbeiter unabhängig von ihrer Staatsangehörigkeit ortsüblich entlohnen.

360 Der Anspruch auf gleiche Entlohnung verlangt im öffentlichen Dienst, dass die einkommenserhöhende **Anrechnung von Beschäftigungszeiten** im öffentlichen Dienst auf gleichartige Beschäftigungszeiten in einem anderen Mitgliedstaat zu erstrecken sind. So erlangte eine griechische Fachärztin mit Vorbeschäftigung im öffentlichen Dienst Griechenlands, die in einem deutschen Krankenhaus beschäftigt war, eine Höhergruppierung.[421]

361 Der Anspruch auf gleiche Entlohnung erfasst den **Nettolohn.** Dieser Grundsatz wird im öffentlichen Dienst durchbrochen, wenn Ausländer im Referendariat Anwärterbezüge als

---

[415] EuGH Urt. v. 12.2.1974 – 152/73, Slg. 1974, 153 = BeckRS 2004, 71762; nachfolgend: BAG Urt. v. 6.7.1974 – 4 AZR 240/72, BAGE 26, 214 = NJW 1974, 2197.
[416] EuGH Urt. v. 15.12.1995 – C-415/93, Slg. 1995, I-4921 = NJW 1996, 505.
[417] EuGH Urt. v. 8.5.2003 – C-438/00, Slg. 2003, I-4135 = NZA 2003, 845.
[418] EuGH Urt. v. 25.7.2008 – C-152/08, Slg. 2008, I-6291 = SpuRt 2009, 61.
[419] EuGH Urt. v. 12.4.2005 – C-265/03, Slg. 2005, I-2579 = SpuRt 2005, 155.
[420] EuGH Urt. v. 30.4.1996 – C-214/94, Slg. 1996, I-2253 = NZA 1996, 971; vgl. BAG Urt. v. 8.8.1996 – 6 AZR 771/93, BAGE 84, 11 = NJW 1997, 2195.
[421] EuGH Urt. v. 15.1.1998 – C-15/96, Slg. 1998, I-47 = NZA 1998, 205;

Bruttolohn in derselben Höhe erhalten wie deutsche Beamte. Dennoch billigte das OVG Münster[422] auf Klage einer türkischen, deutsch-verheirateten Rechtsreferendarin diese Ungleichbehandlung, da für die unterschiedliche Behandlung sachliche Gründe vorlägen. Die Klägerin sei keine Arbeitnehmerin gewesen und hoheitliche Aufgaben hätten nicht übertragen werden dürfen. Art. 10 ARB 1/80 sei nicht verletzt, da die Anwärterbezüge kein Arbeitsentgelt seien. Diese Einordnung ist unzutreffend, da das Referendariat der Vorbereitung auf den praktischen Beruf dient und die Referendare nach Weisung ihrer Ausbilder einen Beitrag zu deren Tätigkeit leisten[423] müssen. Im Ergebnis muss deshalb der Dienstherr den ausländischen Referendar so stellen, als wäre eine Nettolohnabrede[424] getroffen.

dd) Sprachkenntnisse. Nach früherer Auffassung der deutschen Gerichte sollte die Tätigkeit als **Fremdsprachenlektor** an einer Hochschule gem § 57b HRG aF zeitlich befristet werden können. Dadurch könne aktualitätsbezogener Unterricht gewährleistet werden.[425] Auch eine Befristungsdauer von insgesamt etwas weniger als vier Jahren sei zulässig.[426] Noch 1996 hielt das BVerfG[427] an dieser Rechtsprechung fest. Die Regelung sei geeignet und erforderlich, um aktualitätsbezogenen Unterricht zu erreichen, und sie sei verhältnismäßig. 362

Damit widersprach das BVerfG ausdrücklich der entgegengesetzten Beurteilung durch den EuGH. Dieser verneinte schon 1989, dass die **Sicherung eines aktualitätsbezogenen Unterrichts** eine Befristung der Arbeitsverträge von Lektoren rechtfertige. Die Gefahr, dass der Lektor den Kontakt mit der Muttersprache verliert, sei angesichts der Intensivierung des kulturellen Austauschs und der Kommunikationserleichterungen gering; außerdem hätten die Universitäten jedenfalls die Möglichkeit, den Stand der Kenntnisse der Lektoren zu überprüfen.[428] Eine nur auf diesen Grund abstellende Befristung stelle eine mittelbare Diskriminierung dar, da Fremdsprachenlektoren ganz überwiegend ausländische Staatsangehörige seien.[429] 363

Entgegengesetzt unterwarf sich das BAG der Rechtsprechung des EuGH und konstatierte, dass es keine gesicherten **wissenschaftlichen Erkenntnisse** für die unbewiesene These gebe, dass der Aktualitätsbezug des Unterrichts eines Fremdsprachenlektors bei einem längeren Aufenthalt in Deutschland nicht mehr gewährleistet sei.[430] 364

Die Auseinandersetzungen um die Befristung der Arbeitsverträge derjenigen **Mitarbeiter an Hochschulen,** die mit Fremdsprachen und ihrer Vermittlung befasst sind, halten bis heute an. Heute lässt § 1 Abs. 1 S. 1, § 2 Abs. 1 WissZeitVG die Befristung der Arbeitsverträge von wissenschaftlichem Personal an Einrichtungen des Bildungswesens (mit Ausnahme der HochschullehrerInnen) zu, wenn die befristete Beschäftigung zur Förderung der eigenen wissenschaftlichen Qualifizierung erfolgt. Das BAG billigte die Befristung der Beschäftigung einer Diplom-Romanistin, deren Stelle zu 25% für die wissenschaftlichen Weiterqualifikation und Befähigung zur wissenschaftlicher Arbeit in französicher Literatur und Kulturwissenschaft bestimmt war.[431] So wird weiterhin versucht, die Rechtsprechung des EuGH zu umgehen. 365

ee) Wehrdienst. Derzeit gilt die **Wehrpflicht** für Deutsche gemäß § 2 WPflG nur im Spannungs- oder Verteidigungsfall. Während des Grundwehrdienstes oder der Einberufung zu einer Wehrübung ruht das Arbeitsverhältnis gemäß § 1 Abs. 1 ArbPlSchG. Der Arbeitnehmer genießt gemäß § 2 ArbPlSchG besonderen Kündigungsschutz. Die Einberufung ist, Kleinbetriebe ausgenommen, kein wichtiger Grund zur Kündigung. 366

---

[422] OVG Münster Urt. v. 10.8.1995 – 6 A 195/94, NVwZ-RR 1996, 472.
[423] EuGH Urt. v. 17.3.2005 – C-109/04, Slg. 2005, I-2421 = NJW 2005, 1481.
[424] Zu diesem Begriff BAG Urt. v. 26.8.2009 – 5 AZR 616/08, BFH/NV 2010, 160.
[425] BAG Urt. v. 19.8.1981 – 7 AZR 280/79, BAGE 36, 179 = BeckRS 1998, 151300.
[426] BAG Urt. v. 21.12.1983 – 7 AZR 312/82, BeckRS 1987, 30722938.
[427] BVerfG Beschl. v. 24.4.1996 – 1 BvR 712/86, BVerfGE 94,268 = NJW 1997, 513.
[428] EuGH Urt. v. 30.5.1989 – 33/88, Slg. 1989, 1591 = NVwZ 1990, 851.
[429] EuGH Urt. v. 20.10.1993 – C-272/92, Slg. 1993, I-5185 = NVwZ 1994, 365.
[430] BAG Urt. v. 15.3.1995 – 7 AZR 737/94, BAGE 79, 275 = NZA 1995, 1169.
[431] BAG Urt. v. 20.4.2016 – 7 AZR 657/14, NJW 2016, 3546.

367 § 16 ArbPlSchG erstreckt diesen Schutz auf die **Vertragsparteien der Europäischen Sozialcharta**. Voraussetzung für die Inanspruchnahme der Kündigungsschutzes nach dem ArbPlSchG ist gemäß § 16 Abs. 6 ArbPlSchG der rechtmäßige Aufenthalt des Wanderarbeitnehmers in Deutschland und die Einziehung zum Wehrdienst zur Erfüllung der im Heimatstaat bestehenden Wehrpflicht. Der Stand der Ratifizierungen kann auf der Homepage des Europarats eingesehen werden.[432] Ratifiziert haben die ESC – außer den meisten Mitgliedstaaten der Europäischen Union – Albanien, Andorra, Armenien, Aserbaidschan, Bosnien und Herzegowina, Georgien, Mazedonien, Moldawien, Norwegen, Russland, Serbien, Türkei und die Ukraine.

368 Ursprünglich sollte das ArbPlSchG nur für Deutsche gelten. Doch der EuGH bejahte die Verpflichtung zur Erweiterung dieses Schutzes auf die Arbeitnehmer aus anderen Mitgliedstaaten nach dem europarechtlichen **Gleichbehandlungsgrundsatz**.[433]

369 Das BAG[434] folgte dieser Auffassung. Es weigerte sich jedoch, das ArbPlSchG auf türkische Arbeitnehmer anzuwenden. Insoweit sei eine Gleichstellung türkischer Staatsbürger auch durch die bisher zwischen der EG und der Türkei abgeschlossenen Assoziierungsabkommen nicht erzielt worden. Türkischen Arbeitnehmern komme auf Grund **unverschuldeter Pflichtenkollision** zwischen Arbeits- und Wehrpflicht lediglich nach Treu und Glauben ein befristetes Leistungsverweigerungsrecht der Arbeitserbringung und deshalb ein Anspruch auf unbezahlten Urlaub für die Ableistung des verkürzten türkischen Wehrdienstes zu.[435] Diese Verkürzung können sich im Ausland lebende türkische Staatsangehörige heute erkaufen.

370 Tritt der Drittstaatsangehörige jedoch trotz Möglichkeit der Verkürzung den ungekürzten Wehrdienst an, soll eine ordentliche Kündigung sozial gerechtfertigt sein, wenn der wehrdienstbedingte Ausfall zu einer erheblichen Beeinträchtigung der **betrieblichen Interessen** führt und nicht durch zumutbare personelle oder organisatorische Maßnahmen zu überbrücken ist.[436]

371 Art. 37 ZP AssAbk oder Art. 10 ARB 1/80 wurden damals nicht angesprochen. Die vom BAG verlangte Interessenabwägung der persönlichen Interessen des türkischen Arbeitnehmers, durch Ableistung des Wehrdienstes nicht in Konflikt mit seinem Staat zu geraten, mit den Interessen des Arbeitgebers ist verfehlt, wenn eine gerade diesen Konflikt regelnde Norm, nämlich § 1 Abs. 1 ArbPlSchG vorhanden ist. Der Schutz ist auf alle unmittelbar **anwendbaren assoziationsrechtlichen Diskriminierungsverbote** zu erstrecken.

372 ff) **Titelführung**. Die Bedeutung des Zugangs zur Hochschulbildung, akademischer Abschlüsse und akademischer Grade war Veranlassung für das „Übereinkommen über die Anerkennung von Qualifikationen im Hochschulbereich in der europäischen Region" vom 11.4.1997. Dieses Übereinkommen erleichtert die Anerkennung ausländischer Abschlüsse, ua durch eine Beweislastumkehr. Die sogenannte **Lissabon-Konvention** ist heute auch von Deutschland ratifiziert.[437]

373 Danach wird eine in einem Vertragsstaat erteilte Hochschulzugangsberechtigung in allen Vertragsstaaten anerkannt, sofern nicht ein wesentlicher Unterschied besteht zwischen den allgemeinen Zugangsvoraussetzungen in den beiden betroffenen Vertragsstaaten. Dasselbe gilt für die Anerkennung erbrachter Studienleistungen. Schließlich werden in einem Vertragsstaat **vergebene Hochschulabschlüsse** in allen Vertragsstaaten anerkannt.

---

[432] https://www.coe.int/de/web/conventions/full-list/-/conventions/treaty/163/signatures?p_auth=0qpNEoYJ.
[433] EuGH Urt. v. 15.10.1969 – 15/69, Slg. 1969, 363 = AP EWG-Vertrag Nr. 2.
[434] Urt. v. 5.12.1969 – 5 AZR 215/68, BAGE 22, 232 = NJW 1970, 1014.
[435] Urt. v. 22.12.1982 – 2 AZR 282/82, BAGE 41, 229 = NJW 1983, 2782; Urt. v. 7.9.1983 – 7 AZR 433/82, BAGE 43, 263 = NJW 1984, 575; Urt. v. 30.7.1986 – 8 AZR 475/84, BAGE 52, 305 = NJW 1987, 602.
[436] BAG Urt. v. 20.5.1988 – 2 AZR 682/87, BAGE 59, 32 = NZA 1989, 464.
[437] BGBl. 2007 II 712.

Die **Lissabon-Konvention** wurde nicht nur von europäischen Staaten ratifiziert, sondern 374
auch von weit entfernten Staaten wie Australien und Neuseeland.[438] Sie wurde andererseits
noch nicht von allen Mitgliedstaaten der EU ratifiziert.

Die Anerkennung ausländischer Hochschulabschlüsse war schon vor Inkrafttreten der 375
Lissabon-Konvention Gegenstand eines Vorabentscheidungsverfahrens. Herr Kraus hatte
nach der erfolgreich bestandenen ersten juristischen Staatsprüfung in Edinburg den akademischen Grad eines LL.M erworben. Er legte die Urkunde vor, war aber nicht bereit, einen
Antrag auf Anerkennung zu stellen. Der EuGH ging von der **Bedeutung der Titelführung**
für die Berufsausübung aus. Er hatte keine Einwände gegen ein Antragserfordernis. Doch
dürfe das Genehmigungsverfahren nur bezwecken, zu überprüfen, ob der aufgrund eines
Postgraduiertenstudiums erworbene akademische Grad ordnungsgemäß verliehen worden
ist, das Verfahren müsse leicht zugänglich sein und dürfe nicht von der Zahlung überhöhter
Verwaltungsgebühren abhängen.[439]

Diese Erwägungen sind wegen der **Berufsbezogenheit** auf die assoziationsrechtlichen 376
Diskriminierungsverbote zu erstrecken. Arbeitnehmer mit Hochschulabschlüssen aus Drittstaaten können sich auf diese Grundsätze berufen, sofern in einem mit dem Herkunftsstaat
abgeschlossenen Abkommen ein unmittelbar anwendbares arbeitsrechtliches Diskriminierungsverbot vereinbart ist.

gg) Steuerrecht. Unternehmen bezahlen ihre Mitarbeiter mit Bruttolöhnen und zahlen 377
doch die um Sozialversicherungsbeiträge und Einkommensteuer gekürzten Beiträge aus.
Der in Assoziationsabkommen enthaltene Anspruch auf gleiches Arbeitsentgelt erstreckt
sich auf die **steuerrechtliche Behandlung des Einkommens.**

Ausländische Arbeitnehmer, die im Inland weder einen Wohnsitz noch ihren gewöhnli- 378
chen Aufenthalt haben, unterfallen gem § 1 Abs. EStG der **beschränkten Steuerpflicht.**
Ihre inländischen Einkünfte werden besteuert. Hat der ausländische Arbeitnehmer vor
Jahresende das Bundesgebiet verlassen, ist die Durchführung einer Veranlagung zur Einkommensteuer nicht mehr möglich und gilt die Einkommensteuer mit Abzug vom Arbeitslohn
gemäß § 50 Abs. 2 S. 1 EStG als abgegolten.[440]

Lebt der **Ehegatte im Ausland,** ist eine gemeinsame Veranlagung nicht zulässig. Dazu 379
stellte der EuGH fest, dass solche Regelungen im praktischen Ergebnis hauptsächlich fremde
Staatsangehörige treffen. „Der Grundsatz der Gleichbehandlung wäre seiner Wirksamkeit
beraubt, wenn er durch derart diskriminierende nationale Vorschriften beeinträchtigt werden könnte".[441] Auf Grund der Entscheidung des EuGH wurde mit § 1a EStG eine Ausnahme für Unionsbürger und EWR-Angehörige geschaffen. Diese können die Veranlagung, auch als gemeinsame, auch beantragen, wenn sie grenzüberschreitend tätig sind oder
vor Ende des Kalenderjahres ausgereist sind.

Die Rechtsprechung hat bislang eine Erstreckung dieser Rechtsprechung auf assoziati- 380
onsrechtliche Diskriminierungsverbote abgelehnt. Dazu wurde auf Klage türkischer Staatsangehöriger, die die gemeinsame Veranlagung mit ihren in der Türkei wohnenden Ehegatten beantragten, behauptet, Art. 37 AssAbk habe lediglich **Programmcharakter** und sei
nicht unmittelbar anwendbar. Art. 10 ARB 1/80 wurde noch nicht einmal geprüft.[442] Seitdem der EuGH entgegengesetzt entschieden hat,[443] haben sich die Finanzgerichte nicht
mehr mit dieser Fragestellung auseinandergesetzt.

---

[438] Der Stand der Ratifikationen kann der Homepage des Europarats entnommen werden: https://www.coe.int/en/web/conventions/full-list/-/conventions/treaty/165/signatures.
[439] EuGH Urt. v. 31.3.1993 – C-19/92, Slg. 1993, I-1663 = NVwZ 1993, 661.
[440] BFH Beschl. v. 4.5.1993 – I B 39/93, BFH/NV 1993, 727 = Mössner 9316556.
[441] EuGH Urt. v. 8.5.1990 – C-175/88, Slg. 1990, I-1779 = NJW 1991, 1406; vgl. *Kaefer* DStR 1991, 671.
[442] FG München Urt. v. 30.9.1999 – 1 K 3801/97, BeckRS 1998, 30838941; FG Hamburg Urt. v. 9.12.1999 – II 236/98, BeckRS 1999, 15673.
[443] EuGH Urt. v. 25.7.2008 – C-152/08, Slg. 2008, I-6291 = SpuRt 2009, 61.

381 d) Diskrimierungsverbot und Aufenthaltsrecht. Nach Auffassung des EuGH enthielt Art. 41 Abs. 1 des Kooperationsabkommens zwischen der EWG und Marokko ein auf die Ausübung der konkret ausgeübten Beschäftigung beschränktes Aufenthaltsrecht.[444] Das Recht auf tatsächliche Ausübung einer Beschäftigung, das durch eine von einer Aufenthaltserlaubnis getrennt erteilte Arbeitserlaubnis eingeräumt wurde, dürfe durch **Nichtverlängerung der Aufenthaltserlaubnis** nur wegen eines berechtigten Interesses des Staates, insbesondere unter den Voraussetzungen des gemeinschaftsrechtlichen ordre public entzogen werden. Begründet wird dies damit, dass andernfalls ein Entzug eines Arbeitsplatzes ausschließlich aus wirtschaftlichen Gründen erfolgen könne und dies eine ungleiche Arbeitsbedingung darstelle. Art. 37 ZP AssAbk ist eine mit Art. 41 Abs. 1 des Kooperationsabkommens EWG-Marokko vergleichbare Vorschrift.

382 Der Aufnahmemitgliedstaat darf dann, wenn er dem Wanderarbeitnehmer ursprünglich in Bezug auf die Ausübung einer Beschäftigung **weitergehende Rechte** als in Bezug auf den Aufenthalt verliehen hatte, die Situation dieses Arbeitnehmers nicht aus Gründen in Frage stellen, die nicht dem Schutz eines berechtigten Interesses des Staates, wie der öffentlichen Ordnung, Sicherheit und Gesundheit dienen.[445]

383 In Anbetracht der Grundsätze des Vertrauensschutzes und der Rechtssicherheit soll das erst recht gelten, wenn der Aufnahmemitgliedstaat die Aufenthaltserlaubnis nachträglich befristet. In dieser Rechtsprechung genießt die **(altrechtliche) Arbeitserlaubnis** aufenthaltsrechtlich gegenüber einer Aufenthaltserlaubnis Vorrang.[446] Ein tunesischer Staatsangehöriger darf im Mitgliedstaat einen Aufenthalt fortsetzen, wenn er die ordnungsgemäße Genehmigung erhalten hat, eine Berufstätigkeit für eine die Dauer seiner Aufenthaltserlaubnis übersteigende Zeit auszuüben. Der Besitz einer unbefristeten Arbeitsgenehmigung verschafft danach für die Dauer des Bestands des Arbeitsverhältnisses einen Anspruch auf Verlängerung der Aufenthaltserlaubnis.

384 Entsprechend behauptet der EuGH,[447] ein tunesischer Staatsangehöriger könne sich auf das Diskriminierungsverbot des Art. 64 Abs. 1 des Europa-Mittelmeer-Abkommens berufen, um eine Maßnahme anzufechten, mit der sein Aufenthaltsrecht befristet wird. Eine freie rückwirkende **Rücknahme ex tunc** einer Aufenthaltserlaubnis eines ordnungsgemäß beschäftigten türkischen Arbeitnehmers, der unter der Geltung des AuslG 1990 im Besitz einer Arbeitsgenehmigung gewesen war, sei unzulässig.[448]

385 Anders als bei türkischen Arbeitnehmern wird eine **Befristung** des Aufenthalts von Arbeitnehmern grundsätzlich als möglich angesehen, da keine mit Art. 10 ARB 1/80 vergleichbare Regelung besteht. Soweit das Diskriminierungsverbot reicht, muss es jedoch nach dem EuGH praktische Wirksamkeit entfalten.[449]

386 Folgt man dieser Auslegung des EuGH, so behalten vor Erlass des Zuwanderungsgesetzes den Ehegatten Deutscher erteilte **Arbeitsberechtigungen** ihre aufenthaltsrechtliche Bedeutung und werden durch die gesetzgeberische Entscheidung, seit 1.1.2005 Aufenthalts- und Arbeitserlaubnis zusammenzufassen, nicht in dieser Wirkung berührt.[450] Denn ebenso wenig wie eine Verwaltungsbehörde darf der Gesetzgeber in ein gemeinschaftsrechtlich garantiertes Recht eingreifen.

387 Gegen die Auffassung des EuGH bestehen **gewichtige Einwände.** Ein solcher Vorrang einer von der Aufenthaltserlaubnis getrennt erteilten Arbeitsgenehmigung hätte Arbeitnehmern, die im Besitz einer Arbeitsberechtigung gemäß § 286 Abs. 3 SGB III aF sind, ein unbefristetes Beschäftigungsrecht bei ihrem Arbeitgeber verschafft. Dasselbe Ergebnis wür-

---

[444] EuGH Urt. v. 2.3.1999 – C-416/96, Slg. 1999, I-1209 = NVwZ 1999, 1097.
[445] EuGH Urt. v. 2.3.1999 – C-416/96, Slg. 1999, I-1209 = NVwZ 1999, 1097.
[446] EuGH Urt. v. 14.12.2006 – C-97/05, Slg. 2006, I-11917 = NVwZ 2007, 430.
[447] EuGH Urt. v. 14.12.2006 – C-97/05, Slg. 2006, I-11917 = NVwZ 2007, 430.
[448] EuGH Urt. v. 14.12.2006 – C-97/05, Slg. 2006, I-11917 = NVwZ 2007, 430, aA zuvor BVerwG Urt. v. 8.12.2009 – 1 C 16.08, BVerwGE 135, 334 = NVwZ 2010, 1101.
[449] EuGH Urt. v. 14.12.2006 – C-97/05, Slg. 2006, I-11917 = NVwZ 2007, 430.
[450] EuGH Urt. v. 8.11.2012 – C-268/11, NVwZ 2012, 1617.

de bei früher arbeitserlaubnisfreien Tätigkeiten ergeben, denn ein solcher Aufenthalt muss nach der Regel a maiore ad minus erst recht arbeitsrechtlich gesichert sein. Das umgekehrte Ergebnis würde ohne Überzeugungskraft einem willkürlich vom nationalen Gesetzgeber gebildeten Teil der Arbeitnehmer die Aufenthaltsverfestigung vorenthalten. Der eine aufenthaltsrechtliche Bedeutung verneinenden Auffassung des BVerwG[451] ist deshalb gegen den EuGH im Ergebnis zu folgen.

e) Familienangehörige. Lediglich die Assoziationsratsbeschlüsse mit der Türkei vermitteln Aufenthaltsrechte. In den Abkommen mit den SAA-Staaten, werden zwar die Rechte von Arbeitnehmern erwähnt. Doch wird Freizügigkeit für Arbeitnehmer nur zu einem **ungewissen Zeitpunkt** in Aussicht gestellt und soll nicht unmittelbar verwirklicht werden.[452] Gegenüber dem Kosovo wird eine Freizügigkeit nicht in Aussicht gestellt. 388

Zugang zum Arbeitsmarkt haben die Ehegatten und Kinder von legal beschäftigten Arbeitnehmern aus den SAA-Staaten Albanien, Bosnien, Mazedonien, Montenegro und Serbien. Diese Familienangehörigen müssen ihrerseits hier einen **legalen Wohnsitz** haben.[453] Der Anspruch auf Zugang zum Arbeitsmarkt ist eindeutig, klar und bedingungsfrei eingeräumt. Die Voraussetzung des legalen Wohnsitzes ist eine bare Selbstverständlichkeit, da aus illegalem Aufenthalt keine Rechte erwachsen können. Die Regelungen sind deshalb unmittelbar anwendbar. 389

Zur Bestimmung der Begriffe liegt eine Übertragung der Rechtsprechung des EuGH zu den Familienangehörigen gemäß Art. 7 ARB 1/80 nahe. *Marwedel*[454] verneint diese Übertragung, da der ARB 1/80 den Nachzug von Ehegatten und Kindern regele. Das trifft indes gerade nicht zu. Art. 7, 9 und 13 ARB 1/80 verlangen jeweils einen ordnungsgemäßen Aufenthalt der begünstigten Familienangehörigen und setzen die Genehmigung des Familiennachzugs voraus. Darüber hinaus spricht die übereinstimmende Zielsetzung der Abkommen in der Heranführung der Vertragspartner an die EU und Vorbereitung eines Beitritts für die **Übereinstimmung der Begriffe.** 390

Weiter sieht *Marwedel*[455] die Bezugnahme auf Art. 4 RL 2003/86/EG als sachgemäß an. Da jedoch die begünstigten Personen nach dem ARB 1/80 und nach der Richtlinie zum Familiennachzug **übereinstimmend zu bestimmen** sind, ist diese Unterscheidung verfehlt. 391

Nach dem Wortlaut sind Ehegatten und Kinder begünstigt, wenn sie im Mitgliedstaat einen legalen Wohnsitz haben. Ein Zusammenleben mit dem Stammberechtigten wird nicht verlangt. Es ist zweifelhaft, ob ein Zusammenleben Voraussetzung des Zutrittsrechts zum Arbeitsmarkt ist, wofür eine Heranziehung der RL 2003/86/EG sprechen würde.[456] Entscheidend ist hier, dass die Regelung zwar einen legalen Aufenthalt voraussetzt, aber nicht einer Aufenthaltsbeendigung unter den Voraussetzungen des nationalen Rechts entgegensteht. Das Recht auf Betreten des Arbeitsmarkts hängt deshalb nicht von einem **Zusamenleben mit dem Stammberechtigten** ab. 392

5. Sozialrechtliche Diskriminierungsverbote

Während das Arbeitsrecht zur Vermeidung von **Lohndumping** durch das Verbot der Diskriminierung wegen der Eigenschaft als Ausländer geprägt ist, finden sich im Sozialrecht der EU-Mitgliedstaaten Regelungen, die nach dem Willen des Gesetzgebers Ausländer 393

---

[451] BVerwG Urt. v. 1.7.2003 – 1 C 18.02, NVwZ 2004, 241.
[452] Albanien: Art. 47; Bosnien: Art. 48; Mazedonien: Art. 45; Montenegro: Art. 50; Serbien: Art. 50.
[453] Albanien: Art. 46 Abs. 1; Bosnien: Art. 47 Abs. 1; Mazedonien: Art. 44 Abs. 1; Montenegro: Art. 49 Abs. 1; Serbien: Art. 49 Abs. 1.
[454] *Marwedel*, Die Stabilisierungs- und Assoziierungsabkommen der EU mit den Staaten des Westlichen Balkans, 2012, 188 ff.
[455] *Marwedel*, Die Stabilisierungs- und Assoziierungsabkommen der EU mit den Staaten des Westlichen Balkans, 2012, 192.
[456] *Marwedel*, Die Stabilisierungs- und Assoziierungsabkommen der EU mit den Staaten des Westlichen Balkans, 2012, 192.

benachteiligen. Dieser Absicht stehen teilweise Regelungen im Assoziationsrecht entgegen. Sie können hier nur kursorisch abgehandelt werden.

394 Art. 3 ARB 3/80 sieht die sozialrechtliche Gleichbehandlung türkischer Arbeitnehmer in verschiedenen Bereichen vor, ua bei **Familienleistungen.** Das veranlasste den EuGH, der Ehefrau eines türkischen Studenten, der studienbegleitend arbeitete und dadurch in der Unfallversicherung versichert war, einen Anspruch auf Kindergeld als Familienleistung zuzuerkennen.[457]

395 Art. 6 Abs. 1 UAbs. 1 ARB 3/80 enthält das Verbot, **Geldleistungen bei Erwerbsunfähigkeit,** Alter, nach Arbeitsunfällen oder wegen Berufskrankheiten oder für Hinterbliebene zu kürzen oder zu versagen, weil der Begünstigte in der Türkei wohnt. Auch dieser Vorschrift hat der EuGH die unmittelbare Anwendbarkeit zuerkannt und damit eine niederländische Regelung für unanwendbar erklärt.[458]

396 Einen Anspruch auf **gleiche Förderung** vermittelt den Kindern türkischer Arbeitnehmer Art. 9 ARB 1/80. Das Gleichbehandlungsgebot erstreckt sich auf Studienaufenthalt im Ausland einschließlich der Türkei. Es vermittelt so auch einen Anspruch auf BAföG.[459] Entsprechend besteht auch ein gleichberechtigter Anspruch auf Förderungsleistungen nach dem AFBG.[460]

397 Unmittelbar anwendbare Diskriminierungsverbote enthalten auch die Europa-Mittelmeer-Abkommen mit den Maghreb-Staaten. In insoweit übereinstimmenden Bestimmungen wird Arbeitnehmern aus Algerien,[461] Marokko[462] und Tunesien[463] auf dem **Gebiet der sozialen Sicherheit** eine nicht diskriminierende Regelung zugesichert. Nach den Abkommen soll der jeweilige Assoziationsrat Bestimmungen zur Gewährleistung dieses Grundsatzes erlassen. Trotz dieses Vorbehalts bejahte der EuGH die unmittelbare Anwendbarkeit dieser Diskriminierungsverbote.[464]

398 So erlangte die Ehefrau eines algerischen Rentners einen Anspruch auf eine **Beihilfe** für Behinderte.[465] Der Witwe eines algerischen Arbeitnehmers durfte eine Zusatzbeihilfe wegen ihrer Staatsangehörigkeit nicht versagt werden.[466] Die Witwe eines marokkanischen Arbeitnehmers erlangte in Belgien eine Einkommensgarantie für ältere Menschen.[467] Ebenfalls die Witwe eines marokkanischen Arbeitnehmers erlangte in den Niederlanden eine rentenrechtliche Vergünstigung, die ihr wegen ihrer Staatsangehörigkeit vorenthalten worden war.[468] Die Tochter eines marokkanischen Rentners erlangte einen Anspruch auf Überbrückungsgeld für junge Arbeitsuchende in Belgien.[469] Ein marokkanischer Rentner erlangte für einen seinen Arbeitnehmerstatus begründenden Dienst in den französischen Streitkräften von 1949 bis 1964 eine Invalidenrente. Dabei verwies der EuGH[470] auch auf die Besitzstand erhaltende Rechtsprechung des EGMR.[471]

399 Andererseits können **Doppelstaater** und ihre Familienangehörigen von sozialen Begünstigungen ausgeschlossen sein. Eine unzulässige Diskriminierung wurde indes bei Dop-

---

[457] EuGH Urt. v. 4.5.1999 – C-262/96, Slg. 1999, I-2685 = BeckRS 2004, 75795.
[458] EuGH Urt. v. 26.5.2011 – C-485/07, Slg. 2011, I-4499 = BeckRS 2011, 576955.
[459] EuGH Urt. v. 7.7.2005 – C-374/03, Slg. 2005, I-6199 = NVwZ-RR 2005, 854.
[460] VG Sigmaringen Urt. v. 24.11.2005 – 2 K 2303/03, InfAuslR 2006, 315 = BeckRS 2009, 31252.
[461] ABl. 2005 L 265, 2 ff., Art. 68.
[462] ABl. 2000 L 70, 2 ff., Art. 65.
[463] ABl. 1998 L 97, 2 ff., Art. 65.
[464] EuGH Beschl. v. 13.6.2006 – C-336/05, Slg. 2006, I-5223 = BeckEuRS 2006, 428712 mwN.
[465] EuGH Urt. v. 15.1.1998 – C-113/97, Slg. 1998, I-183 = BeckRS 2004, 74157.
[466] EuGH Urt. v. 5.4.1995 – C-103/94, Slg. 1995, I-719 = BeckRS 2004, 74053.
[467] EuGH Urt. v. 17.4.2007 – C-276/06, Slg. 1997, I-2851 = BeckRS 2008, 70165.
[468] EuGH Urt. v. 3.10.1996 – C-126/95, Slg. 1996, I-4807 = BeckRS 1996, 212542 zur Vorgängerregelung in Art. 41 Abs. 1 des Kooperationsabkommens EWG-Marokko.
[469] EuGH Urt. v. 31.1.1991 – C-18/90, Slg. 1991, I-199 = BeckRS 2004, 74724 zur Vorgängerregelung in Art. 41 Abs. 1 des Kooperationsabkommens EWG-Marokko.
[470] EuGH Beschl. v. 13.6.2006 – C-336/05, Slg. 2006, I-5223 = BeckEuRS 2006, 428712.
[471] EGMR Urt. v. 16.9.1996 – 39/1995/545/631, ECHR 1996-IV, 1129 = InfAuslR 1997, 1 = LSK 1997, 280249.

pelstaatern mit der Staatsangehörigkeit auch des assoziierten Staates verneint.[472] Es würde zu einer zweifachen ungerechtfertigten Ungleichbehandlung führen, wenn die Angehörigen eines Mitgliedstaats, die dessen Staatsangehörigkeit erworben haben, nachdem sie dort als Ausländer aufgenommen worden waren, und die bisherige Staatsangehörigkeit behalten haben, Begünstigungen erlangen könnten, die Inländern mit nur der Staatsangehörigkeit des Aufnahmemitgliedstaats nicht zustehen.[473]

Die Verweigerung von **Kindergeld** für Arbeitnehmer im unbezahlten Urlaub aus dem Grund, dass ihre Kinder im EU-Ausland leben, verstößt gegen den Anspruch auf gleiches Arbeitsentgelt.[474] Dennoch soll die Verweigerung von ungekürztem Kindergeld für in der Türkei lebende Kinder türkischer Arbeitnehmer nicht gegen Art. 37 ZP verstoßen.[475]

400

---

[472] EuGH Urt. v. 11.11.1999 – C-179/98, Slg. 1999, I-7955 = LSK 2000, 310649 = InfAuslR 2000, 56 mAnm *Rittstieg/Gutmann*.
[473] EuGH Urt. v. 14.1.2015 – C-171/13, InfAuslR 2015, 154 = BeckEuRS 2013, 730208.
[474] EuGH Urt. v. 12.6.1997 – C-266/95, Slg. 1997, I-3279 = BeckRS 2004, 75829 zu Art. 48 Abs. 2 EG = Art. 45 Abs. 2 AEUV.
[475] BFH Urt. v. 15.7.2010 – III R 6/08, BFHE 230, 545 = DStRE 2011, 157; Beschl. v. 11.12.2012 – III B 108/12, BFH/NV 2013, 538 = LSK 2013, 180200.

6. Kapitel. Arbeitsmigration

§ 13 Einführung

A. Globalisierung und internationales Personalmanagement

Spätestens seit Beginn der 1990er Jahre lässt sich im Zuge der allgemeinen Globalisierung auch die Entwicklung eines globalisierten Arbeitsmarktes ausmachen. Ausländer erscheinen nicht nur als Saisonarbeiter während der Erntezeit oder als Gastarbeiter im Rahmen von wenigen bilateralen Abkommen, sondern zunehmend auch als gern gesehene, international mobile **Fachkräfte** oder Spezialisten, die innerhalb von Konzernen ortsflexibel eingesetzt werden. Dabei spielt die „Migrationsindustrie", die sich aus internationalen Personalvermittlern, Umzugs- und Global Mobility Dienstleistern, Personalmanagern in Unternehmen sowie aus auf Erwerbsmigration spezialisierten Rechtsanwälten zusammensetzt, eine bedeutende Rolle.[1] Nicht nur das Zuwanderungsrecht vieler Länder, sondern auch die moderne Betriebswirtschaft finden mit dem **internationalen Personalmanagement** Antworten auf die sich dabei stellenden neuen Fragenkomplexe. In dieser Hinsicht muss die Qualität des deutschen Arbeitsmigrationsrechts zunehmend auch aus internationaler Perspektive betrachtet werden, da es als wirtschaftlicher Standortfaktor in einem Wettbewerb mit den **Migrationssystemen** anderer Länder steht.

Neben diesem weltweiten Trend einer sich **globalisierenden Personalarbeit** werden sich aber auch Experten, Politiker und Bevölkerung im Inland zunehmend bewusst, dass Deutschland schon allein aus demografischen Gründen auf die Einwanderung von **Fachkräften** angewiesen ist. In der Folge wurde das deutsche Recht der Arbeitsmigration sukzessive ergänzt und verbessert. Auch wenn die Zahlen der Erwerbsmigranten im Vergleich zu den derzeitigen Flüchtlingszahlen (noch) gering erscheinen, positioniert sich Deutschland seit einigen Jahren konsequent als **Einwanderungsland.**

So wurden im Jahr 2015 von der Agentur für Arbeit 50.414 Zustimmungen zur Beschäftigung an Personen erteilt, die nicht als Flüchtlinge nach Deutschland gekommen sind.[2] Darüber hinaus wurden noch 10.976 Blaue Karten EU ohne Zustimmung der Bundesagentur für Arbeit erteilt, sowie eine Anzahl von Niederlassungserlaubnissen und Aufenthaltserlaubnissen. Insgesamt erhielten 68.738 Personen einen Aufenthaltstitel zur Ausübung einer qualifizierten oder hochqualifizierten Tätigkeit bzw. zur Suche eines entsprechenden Arbeitsplatzes.[3] Zwar scheint dies angesichts des Zustroms von nahezu einer Million Flüchtlingen im Vergleichszeitraum keine entscheidende Größe zu sein. Wenn man allerdings die Zahl in Relation zu der durchschnittlichen Asylmigration beispielsweise der Jahre 2005 bis 2010 setzt, die laut Asylstatistik durchschnittlich nur 48.595 Asylerstanträge pro Jahr zählt, verändert sich das Bild.[4]

Das Recht der Arbeitsmigration konzentrierte sich in den vergangenen Jahren nahezu ausschließlich auf die Migration von **Fach- und Führungskräften,** die zum Zweck der Erwerbstätigkeit nach Deutschland kamen oder zu diesem Zweck hier blieben sowie auf vereinzelte Berufe, in denen ein Mangel an ausreichend beruflich qualifizierten Kräften im Inland festgestellt wurde. Da jedoch in den vergangenen Jahren die Arbeitgeber vermehrt auch einen Mangel an beruflich gebildeten Fachkräften beklagten, hat das Fachkräftee-

---
[1] *Castles/de Haas/Miller,* The Age of Migration, 2013, 235.
[2] Insgesamt verzeichnete die Agentur für Arbeit im Jahr 2015 105.996 Zustimmungen (Quelle: Arbeitsmarkt in Zahlen, Berichtsjahr 2015).
[3] *BAMF,* Wanderungsmonitoring: Erwerbsmigration nach Deutschland, Jahresbericht 2015, 6.
[4] *BAMF,* Aktuelle Zahlen zu Asyl, April 2016.

inwanderungsrecht zum 1.3.2020 hin zusätzliche Möglichkeiten geschaffen, in allen Berufen beruflich gebildete Drittausländer anzuwerben und bei festgestellter Gleichwertigkeit der Ausbildungsnachweise zu beschäftigen. Darüber hinaus wurden auch Kategorien geschaffen, die eine Beschäftigung im Inland während der Ableistung von Nachqualifizierungsmaßnahmen ermöglichen. Auch ein erleichterter Zugang direkt in Ausbildungsverhältnisse in Deutschland wurde geschaffen.

5 Mit dem Rechtsgebiet befasst sind seitens des Staates auf lokaler Ebene die Ordnungsbehörden (Ausländerbehörden), die im Ausland befindlichen Auslandsvertretungen in Zusammenarbeit mit der neu gegründeten Bundesbehörde für Auswärtige Angelegenheiten sowie zum Schutz des Arbeitsmarktes die Bundesagentur für Arbeit und schließlich eine Anzahl von Anerkennungsbehörden für ausländische Bildungsabschlüsse und die hier richtungweisende Servicestelle Anerkennung bei der Bundesagentur für Arbeit. Neben den ausländischen Antragstellern und ihren Familien treten aber auch die von der Entscheidung der Behörden ebenso direkt betroffenen Unternehmen sowie die ihnen zuarbeitenden Dienstleister (Rechtsanwälte, Steuerberater, Personaldienstleister, Serviceagenturen) als **Akteure** auf. In den Unternehmen agieren die Personalabteilungen in Abstimmung mit den internen und externen Recruitern sowie den Fachbereichen im Inland und den zuständigen Ansprechpartnern in den ausländischen Tochtergesellschaften und deren lokalen Visumagenturen. Alle Akteure bringen unterschiedliche Rechtsverständnisse und Vorkenntnisse sowie teilweise unterschiedliche kulturelle Prägungen mit.

6 Um einen reibungslosen und rechtssicheren Ablauf einer Beschäftigung in Deutschland zu gewährleisten, sind interne Prozesse, die die jeweils unterschiedlichen Perspektiven und kulturellen Bedürfnisse der Akteure berücksichtigen, von zentraler Bedeutung. „Arbeitsvisa" als conditio sine qua non für den Einsatz ausländischer Arbeitskräfte sind heute oftmals ein Zulieferungsprodukt in der Logistikkette multinationaler Unternehmen, die für die Fertigungsprozesse ebenso wichtig sind wie Rohstoffe. Entsprechend legen Unternehmen Wert auf effiziente und berechenbare **Zuwanderungssysteme**,[5] die die mit dem globalen Einsatz von Personal verbundenen Kosten kalkulierbar und langfristig auch skalierbar machen. Dabei stehen diese berechtigten Interessen der Unternehmen in einem Spannungsverhältnis mit den Interessen des Staates auf Schutz des heimischen Arbeitsmarktes gegen schädliche Einflüsse und möglichst kostengünstige Integration der Zuwandernden in die inländische Bevölkerung sowie die Interessen der Zuwandernden auf eine „lohnende" Migrationserfahrung und Schutz gegen Ausbeutung und illegale Beschäftigung. Vor diesem Hintergrund ist das Rechtsgebiet der Arbeitsmigration zu verstehen.

B. Entwicklung des deutschen Arbeitsmigrationsrechts

7 Das derzeitige Erwerbsmigrationsrecht geht zurück auf die Neugestaltung, die das Ausländerrecht im Jahr 2005 durch das Zuwanderungsgesetz erfahren hat, die Änderungen durch die Neugestaltung der BeschV 2013 sowie die Implementierung des Fachkräfteeinwanderungsgesetzes 2020. Während sich Deutschland bis 2005 als Staat verstanden hatte, der Ausländer bestenfalls zeitlich begrenzt als Gastarbeiter zur Begegnung eines partiellen Arbeitskräftemangels aufnehmen wollte, änderte sich mit Einführung des neuen AufenthG, dessen Entwicklung auf den Ergebnissen der Zuwanderungskommission aufbaute, das Selbstverständnis der Bundesrepublik hin zu einem **Einwanderungsland**.[6] Zwar blieb der seit 1973 bestehende Anwerbestopp[7] in Grundzügen bestehen, sodass Ausländern eine Erwerbstätigkeit im Prinzip weiterhin untersagt war. Dennoch sah das neue Recht über die

---

[5] *Fragomen*, The GFMD Business Mechanism's Position Parer and Recommendations for Presentation at the 9th GFMD Forum, December 2016, 22.

[6] *Süssmuth* in „Zuwanderung gestalten, Integration fördern – Bericht der Unabhängigen Kommission „Zuwanderung", Juli 2001, 1.

[7] *Breidenbach* in KHM ZuwanderungsR-HdB § 4 Rn. 221.

Struktur aus AufenthG in Verbindung mit einzelnen Kategorien in der neuen BeschV bereits einzelne Öffnungen des Verbotes für qualifizierte Zuwanderer und Investoren vor. Das Konzept des **„One-Stop-Governments"** wurde eingeführt, nach dem Ausländer nur noch die Konsulate bzw. Ausländerbehörden als Ansprechpartner haben sollten. Die Beteiligung der Arbeitsverwaltung findet seitdem in einem internen Verfahren statt. Entsprechend stiegen die Zahlen im Bereich Erwerbsmigration an.

Die europarechtlichen Konzepte zur Mobilität und Zuwanderung von Forschern, Studenten und Hochqualifizierten verändern das deutsche Zuwanderungsrecht in der Folge nachhaltig. So wurde unter anderem zum 1.8.2012 die **RL 2009/50/EG** in Deutschland umgesetzt und in § 19a AufenthG der neue Aufenthaltstitel der **Blauen Karte EU** eingeführt. Nachdem die Beantragungen der **Blauen Karte EU** anfangs nur schleppend vorankamen, wurde zum 1.7.2013 die BeschV systematisch neu gefasst und die Zuwanderung von Hochschulabsolventen konsequent um den neuen Aufenthaltstitel der **Blauen Karte EU** herum geordnet – mit dem Resultat, dass mehr als 80 % der in der EU vergebenen Blauen Karten zwischenzeitlich aus Deutschland stammen. Neben den Regelungen zur Blauen Karte EU wurde auch erstmals die Möglichkeit der Zuwanderung für Fachkräfte mit einem beruflichen Abschluss geschaffen. Schließlich findet sich auch eine Durchbrechung des **„One-Stop-Governments",** indem für die Arbeitgeber ein eigenständiges **Vorabgenehmigungsverfahren** geschaffen wird, um die Verfahren zu beschleunigen. Konsequenterweise hat die OECD Deutschland bereits 2013 bescheinigt, zu den Ländern mit den wenigsten Hemmnissen für eine Zuwanderung von Hochqualifizierten zu gehören.[8]

Weitere Änderungen bezogen sich in den Folgejahren beispielsweise auf die Zulassung von Geflüchteten zum Arbeitsmarkt und die probeweise Schaffung einer speziellen Zuwanderungskategorie für Antragsteller aus den **Westbalkanstaaten** in der Absicht, dem Migrationsdruck über die Balkanroute mit einem Verfahren zu begegnen. Darauf folgte die Umsetzung der **RL 2014/66/EU** zum 1.8.2017 über die Bedingungen für die Einreise und den Aufenthalt von Drittstaatsangehörigen im Rahmen eines unternehmensinternen Transfers **(ICT-RL)**. Diese schaffte einen neuen Aufenthaltstitel für konzern- bzw. unternehmensinterne Entsendungen aus einem Drittstaat in eine EU-Niederlassung bzw. Konzerngesellschaft. Vor dem Hintergrund der negativen Auswirkungen der Flüchtlingskrise auf die Effizienz der Verwaltung ebenso wie dem signifikant ansteigenden Fachkräftemangel hat die große Koalition der 19. Wahlperiode des Bundestages im Koalitionsvertrag schließlich die Umsetzung eines Fachkräfteeinwanderungsgesetzes beschlossen. Das Artikelgesetz, dessen Ziel es sein soll, „die Bedarfe des Wirtschaftsstandortes Deutschland und die Fachkräftesicherung durch eine gezielte und gesteuerte Zuwanderung von Fachkräften aus Drittstaaten zu flankieren und so einen Beitrag zu einem nachhaltigen gesellschaftlichen Wohlstand zu leisten[9]", hat zum 1.3.2020 das bestehende Erwerbsmigrationsrecht auf die Fachkräfteeinwanderung hin ausgerichtet, neue Zuwanderungsmöglichkeiten für beruflich gebildete Fachkräfte geschaffen, die administrative Aufgabenverteilung zwischen den beteiligten Behörden geordnet und ein beschleunigtes Fachkräfteverfahren eingeführt.

C. Verschiedene Zuwanderungskonzepte

Die Frage nach der optimalen Ausgestaltung des Zuwanderungsrechts bleibt trotz der immer wieder vorgenommenen Änderungen und Nachbesserungen weiterhin aktuell. Dies ist nicht ungewöhnlich, da auch in etablierten Zuwanderungsländern wie Kanada, Australien oder den USA die Regelungen zur Migration regelmäßig überarbeitet und den Bedürfnissen des Arbeitsmarktes ebenso angepasst werden, wie den regierenden politischen Ausrichtungen. Entsprechend gehen auch in Deutschland bei den verschiedenen Parteien die Vorstel-

---

[8] *OECD*, 2013, 15; *Kolb*, From Brakeman to Booster: Policy change in Germany's EU Labour Migration Policy, International Migration IOM 2017.
[9] Gesetzentwurf der Bundesregierung zum Fachkräfteeinwanderungsgesetz, Kabinettsfassung, 1.

lungen von einem optimalen Zuwanderungsrecht weit auseinander und reichen von einem Punktemodell nach kanadischem Vorbild mit unterschiedlich großzügigen Regelungen[10] bis hin zu einer zahlenmäßigen Begrenzung der humanitären Zuwanderung bei strikt nachfrageorientierter Neugestaltung der Erwerbsmigration[11] in einem Fachkräftezuwanderungsgesetz. Das Problem des zahlenmäßigen Ungleichgewichtes zwischen der ökonomisch erwünschten und demografisch notwendigen[12] Fachkräftezuwanderung einerseits und der integrationspolitisch schwierig zu bewältigenden humanitären Migration andererseits lassen sich allerdings durch eine Änderung des Erwerbsmigrationsrechts allein nicht lösen.[13]

I. Zuwanderungsmodelle im Vergleich: Angebot versus Nachfrage

11 Grundsätzlich sind bei der Gestaltung von Zuwanderungsrechten zwei verschiedene Konzepte zu unterscheiden: Das in Deutschland traditionell übliche **nachfrageorientierte Zuwanderungsrecht (Bedarfszuwanderung)** fordert in § 18 Abs. 2 Nr. 1 AufenthG für die Erteilung eines Aufenthaltstitels zur Erwerbsmigration das Vorliegen eines konkreten Arbeitsplatzangebots. Dem gegenüber stehen **angebotsorientierte Modelle (Potentialzuwanderung),** die im angelsächsischen Raum, insbesondere in den klassischen Einwanderungsländern (beispielsweise USA, Kanada oder Australien) vorherrschen.[14] Bei diesen erfolgt die Zuwanderung entsprechend dem Vorliegen besonderer Qualifikationsmerkmale (Sprachkenntnisse, Ausbildung, Berufserfahrung, Alter, Familienstand, Investitionsvermögen, ethnische Zugehörigkeit, Nationalität, oÄ), für die in der inländischen Bevölkerungszusammensetzung ein Bedarf ermittelt wurde. Beide Methoden sind trotz der unterschiedlichen Ansätze um eine möglichst passgenaue Integration in Arbeitsmarkt und Gesellschaft bemüht. Aus diesem Grund sehen die Zuwanderungsmodelle der genannten Staaten heute **Hybridversionen** vor, die sich in der Praxis mehr und mehr angleichen.[15] So kennt das deutsche Recht eine **Potentialzuwanderung** in § 20 AufenthG für Fachkräfte und in den Systemen von Kanada oder Australien erhalten Zuwanderer mit einem Sponsor (= Arbeitgeber) die Höchstpunktzahl für eine erleichterte Einreise.

II. Zuwanderungsmodelle im Vergleich: kumulative Punkte versus lineare Rechtsfolge

12 In der politischen Diskussion wird häufiger angeregt, das dem deutschen Verwaltungsrecht entsprechende lineare System aus Tatbestand und Rechtsfolge durch ein kumulativ wirkendes **Punktesystem** zu ersetzen. Statt wie bisher die Kombination aus Ausbildung (zB vergleichbarer Hochschulabschluss) mit einem entsprechenden Arbeitsplatz zu marktüblichen Bedingungen (zB Mindestgehalt für Blaue Karte) zugrunde zu legen, könnten in einem Punktesystem Hochschulabschluss, Arbeitsvertrag, Deutschkenntnisse auf unterschiedlichen Stufen (A1 bis C2), Sprachkenntnisse allgemein, Lebensalter, Berufserfahrung und Familienstand, Geschlecht, Nationalität, verfügbares Kapital und andere Merkmale modular kombiniert werden. Allerdings muss sichergestellt sein, dass die entsprechenden Module nur in den gewünschten Kombinationen die **Zuwanderung** ermöglichen. Ob dies als System einfacher und transparenter sein wird, darf hinterfragt werden. Entsprechend gibt es im kanadischen System eine Anzahl flankierender Regelungen, durch die das dortige Punktesystem wieder komplexer gestaltet ist.[16]

---

[10] Zum Vorschlag der SPD: *Offer* ZAR 2017, 29 sowie *Lehner/Kolb* ZRP 2017, 34, zum Vorschlag von Bündnis 90/Die Grünen: *Kolb/Lehner* ZAR 2017, 270.
[11] CSU Wahlprogramm 2017, 17.
[12] *BDA*, Positionspapier „Zuwanderungspraxis verbessern", September 2015.
[13] So auch *Thym* ZAR 2017, 299.
[14] *Dörig* NVwZ 2016, 1034.
[15] *Kolb/Klausmann* ZAR 2013, 239 f.
[16] *Thym* ZAR 2017, 300.

Jedenfalls aber besteht bei einer Umstellung des Zuwanderungsrechts auf ein dem deutschen Verwaltungsrecht bisher fremdes System das Risiko eines erhöhten **administrativen Aufwandes** sowie – ähnlich wie es für die USA kritisiert wurde – eine stärkere Korruptionsanfälligkeit.[17] Schließlich ist auch zu beachten, dass das deutsche Zuwanderungsrecht heute in weiten Bereichen auf **europarechtlichen Vorgaben** fußt, die nicht oder nur sehr schwer in ein Punktesystem zu übersetzen wären.

Unabhängig von der gewählten Technik bleibt es zudem bei der rein praktischen Problematik, dass der jeweilige Lebenssachverhalt subsumiert werden muss. Ob eine Schulimmatrikulation mit Angabe des Geburtsjahres als Geburtsurkunde für den Familiennachzug akzeptiert werden kann, ob ein inoffizieller Notenauszug (Transcript) als Hochschulzeugnis ausreicht und ob der im Arbeitsvertrag angegebene Lohn tatsächlich gezahlt wird, ist systemneutral in jedem Fall zu klären. Da die Lebenssachverhalte im Ausländerrecht im wahrsten Sinne des Wortes „fremd" und von globaler Vielfältigkeit sind, erscheint das Rechtsgebiet häufig zu Unrecht als intransparent und komplex. Ein simples Migrationsrecht ist aus der Natur der Sache heraus also ebenso eine Mär wie eine Steuererklärung im Bierdeckelformat.[18]

III. Änderungen und Neuerungen durch das Fachkräfteeinwanderungsgesetz

Das Fachkräfteeinwanderungsgesetz[19] wurde als Artikelgesetz Mitte 2019 verabschiedet und bestimmt in seinem Art. 54 das Inkrafttreten für den 1.3.2020. Durch die im Gesetz angelegte Verzögerung der Umsetzung von ca. sechs Monaten sollte den Behörden die notwendige Zeit für den im Gesetz angelegten administrativen Umbau gegeben werden[20].

1. Grundsätze

Durch das Fachkräfteeinwanderungsgesetz wurde an der bestehenden Struktur des Ausländerbeschäftigungsrechts keine Änderung vorgenommen. Nach wie vor ist das Fachkräfteeinwanderungsrecht Teil des allgemeinen Ausländerrechts und im Abschnitt 4 des AufenthG geregelt. Die in § 4 AufenthG geregelte Anzahl und Art der möglichen Aufenthaltstitel bleibt unverändert. Neben der Aufenthaltserlaubnis bieten sich für die Zuwanderung zu Beschäftigungszwecken auch die europarechtlich begründeten Aufenthaltstitel der Blauen Karte EU und der ICT Karte an. Das BMAS hat über eine Rechtsverordnung, die Beschäftigungsverordnung die Möglichkeit, durch Eröffnung bestimmter, an Tatbestände geknüpfter Kategorien die Zuwanderung in den Arbeitsmarkt mit oder ohne Beteiligung der Bundesagentur für Arbeit passgenau zu ermöglichen. Ebenso wurde an den zwei Grundsätzen der Erwerbsmigration in Deutschland festgehalten: Für die Zuwanderung muss im Regelfalle eine Vergleichbarkeit der ausländischen Qualifikation mit der eines deutschen beruflichen oder akademischen Abschlusses gegeben sein, und die Zuwanderung ist an ein konkretes Arbeitsplatzangebot gebunden.

Dennoch hat das Fachkräfteeinwanderungsgesetz einige markante Änderungen bewirkt. So wurde die ausländische Fachkraft tatbestandlich definiert und in den Mittelpunkt des Fachkräfteeinwanderungsrechts gestellt. Das bis dato bestehende Beschäftigungsverbot mit Erlaubnisvorbehalt wurde umgekehrt und in eine Erlaubnis mit Verbotsvorbehalt abgewandelt. Ebenso wurde die Vorrangprüfung als regelmäßige Tatbestandsvoraussetzung für die Zuwanderung zu Erwerbszwecken abgeschafft und nur noch für Fälle beibehalten, in denen sie als Instrument zum Schutz des regionalen Arbeitsmarktes oder in einzelnen Zuwanderungsszenarien sinnvoll erscheint. Schließlich wurde mit dem beschleunigten Fachkräfteverfahren in § 81a AufenthG ein gesondertes Zuwanderungsverfahren für Fach-

---

[17] *Thym* ZAR 2017, 300.
[18] *Thym* ZAR 2017, 300.
[19] BGBl 2019 I 1307.
[20] Gesetzentwurf der Bundesregierung zum Fachkräfteeinwanderungsgesetz, Kabinettsfassung, 149.

kräfte begründet und damit die administrative Trennung von humanitärer Migration und Fachkräftezuwanderung vollzogen. Hierzu sind die Bundesländer aufgefordert, zentrale Ausländerbehörden zu schaffen, die sich gezielt dem Verfahren der Zuwanderung von Fachkräften widmen sollen. Leider haben bis zum Redaktionsschluss dieser Veröffentlichung nur drei Bundesländer[21] die Schaffung zentraler Ausländerbehörden angekündigt.

2. Weiterer Ausbau der Blauen Karte EU

18 Für die Zukunft zu erwarten ist darüber hinaus noch die Überarbeitung der Regelungen der Blauen Karte EU. Der Vorschlag der Kommission[22] über eine neue Ausgestaltung und Aufwertung der bestehenden Regelungen zur Blauen Karte EU befindet sich zur Zeit noch in der Trilogue-Phase. Im Vergleich zu den bestehenden Regelungen zur deutschen Blauen Karte EU sieht er eine Anzahl an wichtigen und vielversprechenden Änderungen vor: Die Verkürzung des Aufenthalts im Ersterteilungsstaat vor Eintritt der langfristigen Mobilität von 18 auf 12 Monate, eine kurzfristige Mobilität für maximal 90 Tage analog zu den Regelungen der ICT-Karte, die Schaffung eines vereinfachten Verfahrens für die beabsichtigte Beschäftigung bei registrierten Arbeitgebern („fast track for trusted employers") sowie die Erlaubnis zur auch selbständigen Tätigkeit. Darüber hinaus soll die Dauer der Erteilungsverfahren von 90 Tagen auf 60 Tage verkürzt und der Zugang auch für qualifizierte Fachkräfte eröffnet werden, die im Wege der humanitären Migration nach Europa gekommen sind (sogenannter Spurwechsel). Schließlich sollen die Staaten verpflichtet werden, den Zugang zur Blauen Karte EU auch Fachkräften mit fünfjähriger einschlägiger Berufserfahrung zu eröffnen. Die hiermit einhergehende Frage der Anerkennung beruflicher Erfahrung, die in der Vergangenheit hinsichtlich der nationalen Vorschriften bei der Erwerbsmigration immer wieder zum Hemmschuh wurde, wird also auf europäischer Ebene thematisiert werden.

§ 14 Unionsrecht

A. Primäres EU-Recht

I. Unionsbürgerschaft

1 EU Bürger gelten im Erwerbsmigrationsrecht nicht als Ausländer.
2 Der europarechtliche Grundsatz der **Arbeitnehmerfreizügigkeit,** der in Art. 45 des Vertrags über die Arbeitsweise der Europäischen Union verankert und durch die **RL 2004/38/EG** konkretisiert ist, wird durch § 1 Abs. 2 AufenthG in das nationale Recht umgesetzt. Dieser schließt EU Bürger und die sie begleitenden oder zu ihnen nachziehenden[1] Familienangehörigen unabhängig von deren Nationalität vom Anwendungsbereich des AufenthG aus und verweist sie auf die Regelungen des **FreizügG**. Dies bedeutet ua, dass drittstaatenangehörige Familienangehörige eines EU Bürgers keine Deutschkenntnisse vor der Einreise nachweisen müssen. In dem Urteil „Metock ua"[2] hat der EuGH zudem entschieden, dass **drittstaatsangehörige Familienangehörige** von Unionsbürgern aufgrund der Richtlinie das Recht auf den Aufenthalt bei ihren Familienangehörigen in der EU ableiten können. Dabei ist dieses Recht unabhängig davon, ob sich der Drittstaatsangehörige bereits in einem EU-Mitgliedstaat rechtmäßig aufhält oder ob die Eheschließung mit dem Unionsbürger vor oder nach der Zuwanderung in die EU erfolgt ist.

---

[21] Nordrhein-Westfalen, Schleswig-Holstein und Berlin.
[22] COM(2016) 378 final.
[1] Zu den Anforderungen an „begleiten" oder „nachziehen": AVV FreizügG/EU § 3 Ziff. 3.1.1.
[2] EUGH Urt. v. 25.7.2008 – C-127/08, EuZW 2008, 577.

Das **FreizügG**, das die Regelungen des Unionsrechtes und insbesondere der Freizügig- 3
keits-RL 2004/38/EG in nationales Recht übersetzt, ist in den Bereichen nur **deklaratorisch**[3], in denen das Recht auf allgemeine Freizügigkeit unmittelbar aus den Verträgen folgt. Die allgemeine Freizügigkeit beinhaltet die wirtschaftsbezogenen Personenverkehrsfreiheiten nach Art. 45 AEUV **(Arbeitnehmerfreizügigkeit)** und Art. 56 AEUV **(Dienstleistungsfreiheit)**.[4] Unionsbürger, die als Arbeitnehmer oder Selbständige erwerbstätig sind, können sich also über § 2 Abs. 2 Nr. 1 bzw. 2 FreizügG auf ihr Freizügigkeitsrecht direkt berufen.

In der Praxis schwierig gestaltet sich gelegentlich die Zuwanderung von **Unionsbürger-** 4
familien, bei denen eben gerade nicht der Unionsbürger, sondern der drittstaatenangehörige Ehepartner erwerbstätig ist. Hier lässt das Unionsrecht eine Lücke, die unter Rückgriff auf die unionsrechtlich bestehende Freizügigkeit in den ersten drei Monaten und auf das deutsche Unterhaltsrecht zwischen Ehegatten zu schließen ist: Gemäß § 2 Abs. 5 FreizügG ist für Unionsbürger und ihre Familienangehörigen für die Einreise und einen Aufenthalt von bis zu drei Monaten der Besitz eines Reisepasses ausreichend.[5] Familienangehörige, die aufgrund ihrer Nationalität visumpflichtig sind, benötigen lediglich zum Überschreiten der Schengengrenzen, nicht aber für den Aufenthalt ein Visum.

Bereits in diesen ersten Monaten sind sowohl der Unionsbürger als auch der Familien- 5
angehörige mit Drittstaatennationalität aufgrund der unionsrechtlichen **Arbeitnehmerfreizügigkeit** und dem **Diskriminierungsverbot**[6] zur Aufnahme einer Erwerbstätigkeit berechtigt. Sobald aber der Ehegatte einer Erwerbstätigkeit nachgeht, die geeignet ist, den Lebensunterhalt der Familie zu sichern, erfüllt der Unionsbürger aufgrund des Anspruchs auf Ehegattenunterhalt nach § 1360 BGB den Tatbestand des § 4 FreizügG auf ausreichende **Existenzmittel**[7], sodass auch der längerfristige Verbleib in Deutschland vom Freizügigkeitsrecht abgedeckt ist.

II. Dienstleistungsfreiheit

Eine weitere Grundfreiheit des europäischen Rechts ist die Freiheit des Waren- und Dienst- 6
leistungsverkehrs, Art. 56 ff. AEUV. Aus dieser Grundfreiheit hat der EuGH bereits 1994 im Urteil **Raymond Vander Elst** gegen Office des Migrations Internationales (OMI) abgeleitet, dass die Mitgliedstaaten nicht berechtigt sind, die **Entsendung von Drittstaatenangehörigen,** die in einem Mitgliedstaat ordnungsgemäß und dauerhaft beschäftigt sind, zur Erbringung einer Dienstleistung in einem anderen Mitgliedstaat von der Einholung einer Arbeitserlaubnis in diesem zweiten Mitgliedstaat abhängig zu machen. Das Gericht hat in dieser wie in einer Anzahl nachfolgender Entscheidungen[8] festgehalten, dass Diskriminierungen und Beschränkungen aufgrund der Staatsangehörigkeit des dienstleistenden Arbeitnehmers unzulässig sind, die die Ausübung der **Dienstleistungsfreiheit** behindern. Diese Rechtsprechung hat in § 21 BeschV Eingang in das nationale Erwerbsmigrationsrecht gefunden.

---

[3] *Tewocht* in BeckOK AuslR FreizügG/EU § 2 Rn. 9.
[4] EuGH Urt. v. 26.11.2002 – C-100/01, NVwZ 2003, 67 Rn. 27.
[5] *Tewocht* in BeckOK AuslR FreizügG/EU § 3 Rn. 7.
[6] RL 2004/38/EG Erwgr. 20.
[7] Als ausreichende Existenzmittel gelten auch die Mittel von Familienangehörigen, auf die der freizügigkeitsberechtigte Unionsangehörige zurückgreifen kann, EuGH Urt. v. 19.10.2004 – C-200/02, EuR 2005, 658 Rn. 29.
[8] EuGH Urt. v. 9.8.1994 – Rs. C-43/93, BeckRS 2004, 77206; Beschl. v. 15.11.2004 – Rs. C-244/04, BeckRS 2004, 153582; Urt. v. 21.9.2006 – Rs. C-168/04, EuZW 2007, 89 und Urt. v. 7.10.2010 – Rs. C-515/08, NZA 2010, 1404.

B. Sekundäres EU-Recht

7 Als sekundäres EU Recht werden Richtlinien und Urteile des EuGH verstanden. Diese sind zumeist in das nationale Recht umgesetzt bzw. befinden sich im Prozess einer Umsetzung. Ein Rückgriff auf die jeweiligen Richtlinien bzw. Entscheidungen des EuGH kann jedoch in Einzelfällen notwendig sein, wenn die Umsetzung unvollständig erfolgt ist oder Fragen offen bleiben. Im Ausländerbeschäftigungsrecht umgesetzt sind insbesondere die RL 2009/50/EG (**Hochqualifizierten-RL**, → § 15 Rn. 22), RL 2005/71/EG (**Forscher-RL**, → § 15 Rn. 24), RL 2014/66/EU (**ICT-RL**, → § 15 Rn. 55) und RL 2016/801/EU (**REST-RL**, → § 15 Rn. 29) sowie die EuGH-Urteile C-43/93 (**Vander Elst**), C-168/04 (Kommission v. Austria), C-244/04 (Kommission v. Germany).

C. BREXIT

8 Durch den geregelten Austritt des Vereinigten Königreiches Großbritannien aus der EU zum 1.2.2020 stellt sich die Frage, wie britische Staatsbürger zu behandeln sind, die bis zum Austrittsdatum auf Basis des Freizügigkeitsrechtes in Deutschland ansässig und erwerbstätig waren. Da das Austrittsabkommen eine Übergangsphase bis zum 31.12.2020 vorsieht, in der das vereinigte Königreich weiterhin wie ein Mitgliedstaat behandelt wird, können sich britische Staatsbürger bis Ende 2020 weiterhin auf ihr Freizügigkeitsrecht berufen. Die Verhandlungen zwischen den Staaten der EU und dem Vereinigten Königreich über die Behandlung der jeweiligen Staatsbürger nach diesem Datum haben begonnen. Es wird erwartet, dass britische Staatsbürger aufenthaltsrechtlich den Staatsbürgern anderer „Best-Friends" Nationen wie zB USA, Kanada, Australien, Japan, Südkorea, Israel oder Neuseeland gleichgestellt werden.

§ 15 Nationales Erwerbsmigrationsrecht

Übersicht

	Rn.
A. Beschäftigung	2
I. Prüfungsmaßstab der Bundesagentur für Arbeit	4
1. Vergleichbarkeitsprüfung	8
2. Vorrangprüfung	10
II. Kategorienbasiertes Beschäftigungsrecht	11
1. Lokale Beschäftigungen	12
a) Fachkräfte mit Berufsausbildung	14
b) Fachkräfte mit akademischer Ausbildung	18
c) Forscher und Entwickler	24
d) Sonstige Beschäftigte nach BeschV	42
2. Entsendungen	53
a) ICT	55
b) Personalaustausch und Auslandsprojekte	73
3. Sonstige Beschäftigte: Beschäftigung bestimmter Staatsangehöriger	81
a) Einleitung	81
b) Besondere Erteilungsvoraussetzungen	87
B. Nichtbeschäftigungsfiktion	88
I. Einführung	88
II. Befreiungstatbestände	93
1. Geschäftsreise im engeren Sinn	93
2. Innerbetriebliche Weiterbildung im Konzern	96
3. Werklieferungsverträge-Software- und Maschineninstallation	99

	Rn.
C. Verfahrensbesonderheit: Das beschleunigte Fachkräfteverfahren	105
I. Einführung	105
II. Verfahrensablauf	107
1. Antragstellung	107
2. Zuständigkeit	108
3. Kontrahierungspflicht	112
4. Verbindliche Vereinbarung	113
5. Vereinbarungsinhalt	114
6. Aufgaben der Ausländerbehörde	117
7. Fristen	118
8. Gebühr	119

Wie im vorausgegangenen Kapitel beschrieben (→ § 5 Rn. 142), gewährt das deutsche **1** Aufenthaltsrecht Ausländern im Zusammenhang mit dem Zweck der Erwerbstätigkeit das Recht, sich langfristig im Inland aufzuhalten. Dabei erfolgt die Zulassung zum Arbeitsmarkt im Inland im Rahmen von **Kategorien,** die beispielsweise auf die Nationalität und Ausbildung des Bewerbers, die Art der Tätigkeit oder die Beschäftigungsbedingungen abstellen. Grundsätzlich wird unterschieden zwischen **abhängiger Beschäftigung** und **selbständiger Tätigkeit** (→ § 5 Rn. 173).

A. Beschäftigung

Bei der Beschäftigung sind die Sachverhalte nach Unterscheidungsmerkmalen in Anleh- **2** nung an die Anknüpfungspunkte der jeweiligen Kategorien des Ausländerbeschäftigungsrechts zu gliedern. So wird unterschieden zwischen einem Beschäftigungsverhältnis mit einem Arbeitgeber im Inland **(lokale Beschäftigung)** und einer **Entsendung** aus einem ausländischen Arbeitsverhältnis heraus, zwischen unbefristeter und vorübergehender Beschäftigung sowie entsprechend der Qualifikationen der Zuwandernden. Seitens der zu erlangenden Aufenthaltstitel zielen die jeweiligen Kategorien auf die Blaue Karte EU, die ICT-Karte, die Aufenthaltserlaubnis, die Niederlassungserlaubnis, einen Daueraufenthalt EU oder auch nur ein nationales Visum bei zeitlich befristeten Einsätzen.

Grundsätzlich gilt, dass ein Aufenthaltstitel zum Zwecke der Erwerbstätigkeit nur dann **3** gewährt werden kann, wenn die Bundesagentur für Arbeit zugestimmt hat oder aber durch Verordnung bestimmt ist, dass eine Zustimmung nicht erforderlich ist, § 18 Abs. 2 Nr. 2 AufenthG. Die **Zustimmung durch die Bundesagentur für Arbeit** ist daher der gesetzliche Regelfall. Dennoch sind eine Anzahl von Beschäftigungsarten nach der BeschV **zustimmungsfrei.** Vorrangig handelt es sich dabei um Beschäftigungen, die eine spezielle persönliche Eignung voraussetzen und bei denen angenommen wird, dass die Ausländer keines besonderen Schutzes bei der Vereinbarung ihrer Arbeitsbedingungen benötigen (ua Führungskräfte wie beispielsweise Organe einer Kapitalgesellschaft, wissenschaftliches Personal von Hochschulen oder aus religiösen Gründen Beschäftigte), sodass auch auf die **Vergleichbarkeitsprüfung** (→ A Rn. 7) verzichtet werden kann.

I. Prüfungsmaßstab der Bundesagentur für Arbeit

Die Zustimmung kann nach den Vorgaben der BeschV erfolgen, wenn der Antragsteller mit **4** der angestrebten Beschäftigung die Tatbestände einer der vorhandenen Kategorien erfüllt, die Beschäftigung nicht zu ungünstigeren Arbeitsbedingungen als bei vergleichbaren inländischen Arbeitnehmern erfolgt und kein Versagungsgrund aus § 40 AufenthG vorliegt. Zwar ist diese Regelung als Ermessensentscheidung ausgestaltet, durch die Einführung des Fachkräfteeinwanderungsgesetzes wurde jedoch das Erfordernis, dass die Beschäftigung keine nachteiligen Auswirkungen auf den Arbeitsmarkt haben dürfe in § 39 Abs. 2 Nr. 1 lit. a AufenthG ersatzlos gestrichen. Somit bleibt als gesetzgeberisch gewollter Bewertungsmaßstab für die Ermessensentscheidung der Bundesagentur für Arbeit lediglich der in § 18 AufenthG gefasste Grundsatz der Fachkräfteeinwanderung, nach dem sich diese an den Erfordernissen des Wirtschafts- und Wissenschaftsstandortes Deutschland unter Berücksichtigung der Verhältnisse auf dem Arbeitsmarkt auszurichten hat, wobei die Möglichkeiten der Beschäftigung ausländischer Fachkräfte der Sicherung der Fachkräftebasis und der Stärkung der sozialen Sicherungssysteme dienen sollen. Hierin verbirgt sich nicht weniger als eine Umkehrung der gesetzlichen Vorzeichen. Während bislang die Zuwanderung zur Beschäftigung nur dann zu erlauben war, wenn sie keine nachteiligen Auswirkungen auf den Arbeitsmarkt hatte, geht der Gesetzgeber nun davon aus, dass die Beschäftigung grundsätzlich erlaubt ist (§ 4a Abs. 1 AufenthG) und positive Auswirkungen haben wird, weil sie der Sicherung der Fachkräftebasis dient.

5   Ablehnende Entscheidungen müssen also in Zukunft daran gemessen werden, ob ausreichend dargelegt ist, dass die Zuwanderung nicht zur Sicherung der Fachkräftebasis beiträgt. Letztlich kann eine Zuwanderung also abgesehen von den in § 40 genannten Versagungsgründen nur noch damit begründet werden, dass der antragstellende Ausländer nicht über die notwendigen Kenntnisse und Fähigkeiten als Fachkraft verfügt. Die Prüfung, ob ein solcher Versagungsgrund vorliegt obliegt schließlich allein der Bundesagentur für Arbeit.[1] Im Rahmen der Prüfung hat die Bundesagentur stets die Vergleichbarkeit der Arbeitsbedingungen **(Vergleichbarkeitsprüfung)** individuell zu prüfen und sicherzustellen, dass es sich bei der beabsichtigten Erwerbstätigkeit nicht um ein **Leiharbeitsverhältnis** handelt, § 40 Abs. 1 Nr. 2 AufenthG. Eine Versagung ist zudem möglich, wenn der antragstellende Ausländer oder sein zukünftiger Arbeitgeber innerhalb der letzten fünf Jahre wegen unerlaubter Ausländerbeschäftigung mit einem Bußgeld oder einer Strafe belegt worden sind, wenn der Arbeitgeber insolvenzbedroht ist, Steuern oder Sozialversicherungsabgaben nicht ordnungsgemäß abgeführt wurden, der Arbeitgeber keine Tätigkeit am Markt nachweisen kann oder die Präsenz des Ausländers missbräuchlich dazu verwendet werden soll, Verhandlungen der Tarifparteien zu beeinflussen.

6   Bei einigen Kategorien erfolgt durch die Agentur für Arbeit zudem noch eine Überprüfung, ob es in der Region bereits ausreichend verfügbare deutsche Arbeitnehmer oder ihnen gleichgestellte ausländische Arbeitnehmer gibt **(Vorrangprüfung).**

7   Die Bundesagentur für Arbeit kann ihre **Zustimmung** auf eine bestimmte Dauer, eine bestimmte berufliche Tätigkeit, einen bestimmten Arbeitgeber, Betrieb oder Bezirk **beschränken**, § 34 BeschV. Die Zustimmung erfolgt im Regelfall bundesweit, soll aber von der Bundesagentur für Arbeit grundsätzlich auf eine bestimmte berufliche Tätigkeit bei einem bestimmten Arbeitgeber beschränkt werden.[2] Die Zustimmung der Bundesagentur für Arbeit stellt nach herrschender Meinung jedoch keinen **Verwaltungsakt** dar, so dass die in ihr ausgesprochenen Beschränkungen gegenüber dem Ausländer bzw. seinem Arbeitgeber mangels **Außenwirkung** regelmäßig unbeachtlich sind.[3] Es kommt also allein auf den erteilten Aufenthaltstitel und die darin enthaltene **Nebenbestimmung** an. Entsprechend sind die Beschränkungen von der ausstellenden Behörde bei der Ausstellung des Aufenthaltstitels zu übernehmen, § 18 Abs. 2 S. 2 AufenthG. Soweit dies unterbleibt, ist der erteilte Aufenthaltstitel daher in der Zulassung zur Erwerbstätigkeit unbegrenzt.

1. Vergleichbarkeitsprüfung

8   In den Fällen, in denen es bei dem Zustimmungserfordernis der Agentur für Arbeit bleibt, prüft diese nach § 39 Abs. 2 im Rahmen der **Vergleichbarkeitsprüfung,** dass der auslän-

---

[1] VG Stuttgart Beschl. v. 15.4.2009 – 5 K 4098/08, BeckRS 2009, 34556; BVerwG Urteil vom 19.11.2019 – 1 C 41.18, BeckRS 2019, 37708 Rn. 35.
[2] BA, Fachliche Weisung BeschV § 34, Stand 13.6.2016, Ziff. 34.01.
[3] BA, Fachliche Weisung 201708002, Stand 1.8.2017, Anl. 1, 27; AVV AufenthG Ziff. 18.2.5.; *Sußmann* in Bergmann/Dienelt AufenthG § 39 Rn. 2; *Stiegeler* in NK-AuslR AufenthG § 39 Rn. 32; *Stiegeler* in Marx AufenthaltsR § 4 Rn. 13; Urteil vom 19.11.2019, 1 C 41.18, Rn. 16ff; aA mit ausführlicher Begründung: *Offer* in Offer/Mävers BeschV § 36 Rn. 9 ff.

dische Arbeitnehmer nicht zu ungünstigeren Arbeitsbedingungen als vergleichbare deutsche Arbeitnehmer beschäftigt werden soll. Geschützte **Rechtsgüter** sind sowohl der **Wettbewerb,** der gegen Verzerrung durch Niedriglöhne zu schützen ist,[4] als auch der **Arbeitsmarkt,** auf dem eine Verdrängung bevorrechtigter Arbeitsuchender durch preiswertere ausländische Arbeitskräfte verhindert werden soll, sowie der antragstellende Ausländer selbst, der vor **ausbeuterischer Beschäftigung** zu schützen ist.[5]

Zu prüfen sind alle **Arbeitsbedingungen,** vor allem aber die **Lohnhöhe,** die sich 9 gegebenenfalls an den Tariflöhnen, zumindest aber an dem durchschnittlichen Gehalt vergleichbarer deutscher Arbeitnehmer in der Region bemessen muss. Aufgrund der Zielrichtung des Schutzes des Arbeitsmarktes ist dabei grundsätzlich auf das vom Arbeitgeber zu entrichtende Bruttogehalt abzustellen. Eine Ausnahme hierzu sollte im Einzelfall bei arbeitsmarktneutralen Entsendungen im Rahmen des Personalaustausches angebracht sein, wenn aufgrund der steuerrechtlichen Gestaltung des Einsatzes eine **Lohnsteuerpflicht** in Deutschland und damit ein deutscher Bruttolohn nicht besteht.[6] Ob und wieweit zudem bei Entsendungen die neben dem Gehalt im Heimatland vom Arbeitgeber zusätzlich gezahlten Lohnbestandteile – zB Unterkunftskosten, Verpflegungspauschale, Tagespauschalge, Ablöse, Per Diem, Fahrtkostenerstattung, etc – für die Feststellung der Vergleichbarkeit heranzuziehen sind, ist eine komplexe Fragestellung[7], die bisher noch nicht als abschließend geklärt gelten kann. Wenn die Vergleichbarkeit zu Arbeitsbedingungen deutscher Arbeitnehmer nicht vorliegt, darf die Bundesagentur für Arbeit keine Zustimmung für die Erteilung einer Aufenthaltserlaubnis zur Ausübung einer Beschäftigung erteilen, da das Zustimmungsermessen dann tatbestandlich nicht eröffnet ist.[8]

2. Vorrangprüfung

In § 39 Abs. 1 S. 1 und 2 AufenthG ist die **Vorrangprüfung** definiert, die vor der 10 Einführung des Fachkräfteeinwanderungsgesetzes noch als Regelfall gesetzlich vorgeschrieben war. Sie findet nunmehr nur noch bei Zuwanderungskategorien statt, deren Tatbestand neben dem Vorhandensein eines Arbeitsplatzangebotes lediglich eine bestimmte privilegierte Nationalität des Bewerbers vorschreibt, § 26 Abs. 1 und 2 BeschV. **Bevorrechtigte Arbeitnehmer** sind sowohl Deutsche, als auch EU/EFTA-Bürger sowie bereits auf dem deutschen Arbeitsmarkt verfügbare Drittausländer. Dabei erstreckt sich die Prüfung nicht nur auf die arbeitssuchend gemeldeten Personen, sondern auch auf erwerbsfähige Bezieher von SGB II-Leistungen.[9] Geeignete bevorrechtigte Arbeitnehmer in angemessener Anzahl stehen zur Verfügung, wenn ihre Zahl auf dem regional in Betracht kommenden Arbeitsmarkt das Angebot an offenen Stellen um ein Mehrfaches übersteigt.[10] Auch hier kann aber im Ausnahmefall trotz des Vorhandenseins von bevorrechtigten Arbeitnehmern einem bestimmten ausländischen Antragsteller die Zustimmung erteilt werden, wenn besondere, objektiv und sachlich gerechtfertigte Anforderungen an die Stelle bestehen, die in der Art der Tätigkeit und dem konkreten Geschäftsinteresse des Arbeitgebers liegen. Eine Behauptung, dass die Stelle besondere Sprachkenntnisse erfordert, reicht hierzu jedoch nicht aus.[11]

II. Kategorienbasiertes Beschäftigungsrecht

Das deutsche Erwerbsmigrationsrecht ist grundsätzlich kategorienbasiert. Durch die Umset- 11 zung europäischen Rechtes und die Zentralisierung auf den Begriff der Fachkraft mit

---

[4] BA, Fachliche Weisung 201708002, Stand 1.8.2017, Anl. 1, 31.
[5] *Breidenbach* in BeckOK AuslR AufenthG § 39 Rn. 12.
[6] AA ohne Begründung: BA, Fachliche Weisung 201708002, Stand 1.8.2017, Anl. 1, 32.
[7] Zum Entgeltbegriff in § 39 AufenthG: *Offer*, ZAR 2019, 147 ff.
[8] VG München Urt. v. 4.5.2012 – M 24 K 11.4303, BeckRS 2012, 53315.
[9] *Stiegeler* in NK-AuslR AufenthG § 39 Rn. 13.
[10] *Stiegeler* in NK-AuslR AufenthG § 39 Rn. 14.
[11] BA, Fachliche Weisung 201708002, Stand 1.8.2017, Anl. 1, 30.

Einführung des Fachkräfteeinwanderungsgesetzes, ergibt sich nun eine Unterteilung in Schwerpunktkategorien und Unterkategorien. Als Schwerpunktkategorien mögen jeweils mit eigener **Anspruchsgrundlage** die Zuwanderungsoptionen im Rahmen der Migration als **beruflich gebildete Fachkraft** (§ 18a AufenthG), **akademisch gebildete Fachkraft** (§ 18b AufenthG), **Forscher** (§ 18d AufenthG), **unternehmensintern transferierter Arbeitnehmer** (§ 19 AufenthG) oder für einen **sonstigen Beschäftigungszweck einschl. der Beschäftigung als Beamter** (§ 19c AufenthG) gelten. Letztere eröffnet über den Verweis in die BeschV den Weg zu einer Anzahl von Unterkategorien, die die Zuwanderung von Personen in spezielle Beschäftigungsverhältnisse ermöglichen, für die das Vorliegen des Qualifikationsstandards für Fachkräfte nicht relevant sind.

Exemplarisch sind nachfolgend neben den genannten Hauptkategorien auch die in der Praxis wichtigsten Kategorien der BeschV dargestellt. Für die Übrigen wird auf die Kommentarliteratur verwiesen.

1. Lokale Beschäftigungen

12 Bei der Klassifizierung von Beschäftigungsverhältnissen für eine Tätigkeit in Deutschland wird unterschieden zwischen solchen bei einem in Deutschland ansässigen Arbeitgeber (sogenannten **lokalen Beschäftigungen**) und denen bei einem im Ausland ansässigen Arbeitgeber **(Entsendungen).**

13 Die Zustimmung der Bundesagentur für Arbeit zur Beschäftigung als Fachkraft im Rahmen von § 18a oder b AufenthG setzt nach § 39 Abs. 2 Nr. 3 AufenthG ein lokales Beschäftigungsverhältnis mit einem **Arbeitgeber im Inland** voraus. Eine vergleichbare Bestimmung lässt sich für die anderen Zuwanderungskategorien nicht finden, so dass im Umkehrschluss angenommen werden muss, dass diese damit grundsätzlich auch für Entsendungssachverhalte geeignet sind. Ein im Ausland **ruhend gestellter Arbeitsvertrag** steht dem Verständnis des in Deutschland geschlossenen Beschäftigungsverhältnisses als „lokalem" Arbeitsvertrag jedenfalls nicht entgegen.[12]

14 **a) Fachkräfte mit Berufsausbildung. aa) Einleitung.** Während bis zur Implementierung des Fachkräfteeinwanderungsgesetzes es nur in bestimmten Engpassberufen möglich war, Fachkräfte mit einer Berufsausbildung gezielt nach Deutschland zu holen, ist dies nunmehr für alle Tätigkeiten möglich, für die eine qualifizierte Berufsausbildung befähigt.

15 **bb) Besondere Erteilungsvoraussetzungen.** Für die Zuwanderung erforderlich sind nach dieser Kategorie ein verbindliches inländisches Arbeitsplatzangebot für eine qualifizierte Beschäftigung, für die eine vorliegende inländische oder eine mit dieser gleichwertige, ausländische qualifizierte berufliche Qualifikation befähigt. Die **qualifizierte Beschäftigung** ist dadurch gekennzeichnet, dass für ihrer Ausübung die in einer qualifizierten Ausbildung erworbenen Kenntnisse, Fähigkeiten und Fertigkeiten erforderlich sind, § 2 Abs. 12b AufenthG. Als **qualifizierte berufliche Qualifikation** ist nach § 2 Abs. 12b AufenthG eine Berufsausbildung in einem staatlich anerkannten oder vergleichbar geregelten Ausbildungsberuf zu verstehen, für den nach bundes- oder landesrechtlichen Vorschriften eine mindestens zweijährige Ausbildungsdauer festgelegt ist. Die Feststellung der Gleichwertigkeit erfolgt durch die hierzu zuständigen Anerkennungsstellen und auf Basis der bundes- oder landesrechtlichen Ausbildungs- und Anerkennungsvorschriften. Staatlich anerkannte oder vergleichbar geregelte Ausbildungsberufe sind alle anerkannten Aus- und Fortbildungsabschlüsse nach BBiG und HwO sowie vergleichbare bundes- oder landesrechtlich geregelte Berufsabschlüsse oder diesen Berufsabschlüssen entsprechende Qualifikationen.[13] Hierzu zählen auch **schulische Ausbildungen** mit praktischen Anteilen, die

---

[12] Hinweise des Bundesministeriums des Innern zu den Regelungen zur Blauen Karte EU nach § 19a Aufenthaltsgesetz und zur Aufenthaltserlaubnis zur Arbeitsplatzsuche nach § 18c Aufenthaltsgesetz, Stand April 2015, Abschnitt C Nr. 9 s. 3.
[13] *BA*, Weisung 201606018 v. 20.6.2016, Ziff. 6.01.

beispielsweise zu einem Abschluss in einem reglementierten Beruf führen, sowie schulische Ausbildungen an **Berufsfachschulen** und ihnen gleichgestellte Schulen. Bei der Bewertung der ausreichenden Ausbildungsdauer ist stets auf die generell vorgesehen Dauer der Ausbildung und nicht auf gegebenenfalls individuell abweichende Ausbildungszeiten abzustellen.[14] Problematisch ist in diesem Verfahren häufig der **Nachweis der ausländischen Qualifizierung,** da ein mit Deutschland vergleichbares Berufsausbildungssystem in anderen Ländern oft nicht vorhanden ist.

Über Möglichkeiten einer **Anerkennung** der ausländischen Berufsausbildung bietet die Webseite https://www.anerkennung-in-deutschland.de aktuelle Informationen. Zu beachten ist insbesondere, dass die Regelungen zur Berufsqualifikation in Deutschland teilweise Bundes-[15], aber eben auch teilweise Länderkompetenz sind. Entsprechend muss sich der ausländische Bewerber zuerst darüber informieren, ob die Anerkennung nach dem Anerkennungsgesetz des Bundes oder dem eines Bundeslandes zu erfolgen hat. Der IT-basierte **Anerkennungsfinder** auf der genannten, mehrsprachigen Webseite hilft bei der Orientierung. Ein Antrag auf Anerkennung kann bereits aus dem Ausland heraus gestellt werden, es ist weder ein Aufenthalt in noch ein Aufenthaltstitel für Deutschland zur Durchführung eines Anerkennungsverfahrens vonnöten. Ausbildung und Beschäftigung müssen in einem Verhältnis zueinander stehen, ein völlig fachfremder Arbeitseinsatz einer Fachkraft ist nicht möglich, die Betätigung in verwandten Berufen dagegen schon[16]. 16

Darüber hinausgehende Erteilungsvoraussetzungen, insbesondere das Vorliegen von **Sprachkenntnissen** sind grundsätzlich nicht erforderlich. Es obliegt grundsätzlich der Bewertung des Arbeitgebers, festzustellen, ob für die Tätigkeit zu der die Ausbildung befähigt, Sprachkenntnisse vonnöten sind[17]. 17

b) Fachkräfte mit akademischer Ausbildung. aa) Einleitung. § 18b AufenthG beinhaltet die Erteilungsgrundlage sowohl für den nationalen Aufenthaltstitel in Abs. 1 als auch für die Blaue Karte EU in Abs. 2. Deutschland hat mit Wirkung zum 1.8.2012 die **Hochqualifizierten-RL** der EU[18] in nationales Recht umgesetzt. Seitdem haben hochqualifizierte Zuwanderer die Möglichkeit, bei Erfüllung der Erteilungsvoraussetzungen eine **Blaue Karte EU** zum Zwecke der Beschäftigung in Deutschland zu erhalten. Daneben besteht auch die Möglichkeit, eine Aufenthaltserlaubnis zu erlangen, wenn die besonderen Erteilungsvoraussetzungen für die Blaue Karte EU nicht vorliegen. Über die Vorschrift in § 18b Abs. 2 AufenthG können Absolventen ausländischer Hochschulen besonders schnell und einfach nach Deutschland zuwandern. Voraussetzung hierfür ist neben dem Hochschulabschluss lediglich ein **Arbeitsplatzangebot** in einer **qualifikationsangemessenen Beschäftigung** mit einer entsprechenden Gehaltshöhe. Die Blaue Karte EU bietet aber neben dem schnellen und unkomplizierten Anwendungsbereich weitere Vorteile: Sie wird anders als die Aufenthaltserlaubnis nicht schon bei einer Abwesenheit von sechs Monaten, sondern erst nach 12 Monaten ungültig, § 51 Abs. 10 AufenthG. Auch wird bei Familienangehörigen von Inhabern der Blauen Karte EU auf die sonst oft erforderlichen Sprachkenntnisse der Stufe A1 vor der Einreise ebenso verzichtet wie auf die Mindestaufenthaltsdauer des Stammberechtigten, § 30 Abs. 1 Nr. 3 lit. b und Abs. 2 S. 2 Nr. 5. AufenthG. 18

bb) Besondere Erteilungsvoraussetzungen. Absolventen ausländischer Hochschulen haben einen **Rechtsanspruch** auf die Erteilung einer Blauen Karte EU, wenn ihr ausländischer Hochschulabschluss anerkannt oder mit einem deutschen Hochschulabschluss 19

---

14 *Lutz* in Offer-Mävers BeschV § 6 Rn. 3; *BA*, Weisung 201606018 v. 20.6.2016, Ziff. 6.01.
15 Ca. 600 Berufe unterfallen der Anerkennung über das Bundesanerkennungsgesetz.
16 Anwendungshinweise des Bundesministeriums des Inneren, für Bau und Heimat zum Fachkräfteeinwanderungsgesetz vom 30.1.2020, Ziffer 18a.1.2.
17 Anwendungshinweise des Bundesministeriums des Inneren, für Bau und Heimat zum Fachkräfteeinwanderungsgesetz vom 30.1.2020, Ziffer 18a.0.3.
18 RL 2009/50/EG des Rates v. 25.5.2009 über die Bedingungen für die Einreise und den Aufenthalt von Drittstaatsangehörigen zur Ausübung einer hochqualifizierten Beschäftigung, ABl. L 155, 17.

vergleichbar ist und sie im Rahmen einer qualifikationsangemessenen Beschäftigung ein Gehalt oberhalb der jeweiligen Gehaltsschwellen verdienen. Die **Anerkennung eines ausländischen Hochschulabschlusses** wird von der Zentralstelle für ausländisches Bildungswesen (ZAB) im Sekretariat der Kultusministerkonferenz nach Maßgabe des Übereinkommens über die Anerkennung von Qualifikationen im Hochschulbereich in der europäischen Region (sogenannte Lissabon-Konvention) vom 11.4.1997 vorgenommen. Die **Vergleichbarkeit** kann durch einen Abgleich des Hochschulabschlusses mit der von der Kultusministerkonferenz unterhaltenen Datenbank ausländischer Bildungsabschlüsse ANABIN festgestellt werden.[19]

20 Ist für den Hochschulabschluss „entspricht" oder „gleichwertig" angegeben und die Hochschule mit „H+" bewertet, so gilt der Abschluss als vergleichbar. Bei der Bewertung der Hochschule mit „H+/-", sind die ergänzenden Hinweise im Kommentarfeld zu beachten. Dabei bleibt die von ANABIN ebenfalls erfasste Kategorie des Abschlusstyps leider für eine erleichterte Feststellung der Vergleichbarkeit ungenutzt.

21 Soweit mit der Beschäftigung die Gehaltsgrenzen für die Erteilung einer Blauen Karte EU nicht erreicht werden, oder der Hochschulabschluss zwar zur Beschäftigung befähigt, diese aber nicht im engeren Verständnis qualifikationsangemessen ist, kann einer akademischen Fachkraft mit Zustimmung der Bundesagentur für Arbeit eine **Aufenthaltserlaubnis** nach § 18b Abs. 1 AufenthG erteilt werden.

22 Die **RL 2009/50/EG** fordert für die Erteilung der Blauen Karte EU eine **hochqualifizierte Beschäftigung**. Diese liegt bereits mit Beschäftigung einer Person vor, die die erforderliche, angemessene und spezifische Fachkompetenz besitzt, die durch einen höheren beruflichen Bildungsabschluss nachgewiesen ist, Art 2 lit. b RL 2009/50/EG. Der deutsche Gesetzgeber hat das Merkmal der hochqualifizierten Beschäftigung bei der Umsetzung in nationales Recht in den unbestimmten Rechtsbegriff der **qualifikationsangemessenen Beschäftigung** übersetzt. Dieser unbestimmte Rechtsbegriff ist in vollem Umfang einer verwaltungsgerichtlichen Prüfung unterstellt[20] und darf nicht eng ausgelegt werden. Er ist richtlinienkonform so zu verstehen, dass eine qualifikationsangemessene Beschäftigung immer dann angenommen werden kann, wenn – unabhängig von der Fachrichtung der Hochschulausbildung – die Tätigkeit üblicherweise einen akademischen Abschluss voraussetzt und die mit der Hochschulausbildung erworbenen Kenntnisse zumindest teilweise oder mittelbar benötigt werden.[21]

23 Bei der Bewertung der Qualifikationsangemessenheit des Arbeitsplatzes ist ua darauf abzustellen, welche beruflichen Tätigkeiten üblicherweise im Anschluss an einen entsprechenden Hochschulabschluss aufgenommen bzw. angestrebt werden. Hierbei sind die jeweilige konjunkturelle Lage und die individuellen Qualifikationen (Note, Rangliste, fachlicher Schwerpunkt etc) zu beachten.[22] Denn die Beschäftigungsverordnung dient der „Sicherung der Fachkräftebasis" und soll daher gut ausgebildeten ausländischen Arbeitnehmern die Zuwanderung zur Ausübung einer Beschäftigung in der Bundesrepublik Deutschland erleichtern.[23] Maßgeblich bei der Bewertung ist in erster Linie die Stellenbeschreibung des Arbeitgebers, die aber einer **Plausibilitätskontrolle** unterliegt.[24] Deshalb ist die bloße Bezeichnung einer Tätigkeit oder Position im Arbeitsvertrag ohne weitere Stellenbeschreibung nicht ausreichend.[25]

---

[19] Hinweise des Bundesministeriums des Innern zu den Regelungen zur Blauen Karte EU nach § 19a Aufenthaltsgesetz und zur Aufenthaltserlaubnis zur Arbeitsplatzsuche nach § 18c Aufenthaltsgesetz, 5 ff.
[20] *Offer/Ewald* in Offer/Mävers BeschV § 2 Rn. 27.
[21] *Offer/Ewald* in Offer/Mävers BeschV § 2 Rn. 27; Hinweise des Bundesministeriums des Innern zu wesentlichen Änderungen durch das Gesetz zur Umsetzung der Hochqualifizierten-Richtlinie, Stand 2012, 14.
[22] *Kluth* in KHM ZuwanderungsR-HdB § 4 Rn. 432–437.
[23] OVG Bautzen Beschl. v. 29.4.2016 – 3 B 53/16, BeckRS 45645; BT-Drs. 182/13, 1.
[24] OVG Bautzen Beschl. v. 29.4.2016 – 3 B 53/16, BeckRS 45645; *Samel* in Bergmann/Dienelt AufenthG § 16 Rn. 35.
[25] VG Leipzig Beschl. v. 30.12.2016 – 3 L 401/15, BeckRS 2016, 124050.

c) **Forscher und Entwickler. aa) Einleitung.** Die EU hat bereits mit der ersten **For-** 24
scher-RL vom 12.10.2005[26] ein gesondertes aufenthaltsrechtliches Zulassungsverfahren für
Forscher und Wissenschaftler angestrengt, das ausländischen Forschern einen **Rechts-**
anspruch auf die Erteilung eines Aufenthaltstitels innerhalb einer kalkulierbaren Zeit
einräumt. Die Umsetzung der Richtlinie erfolgte in Deutschland 2007 mit Aufnahme des
§ 20 AufenthG (Erteilung eines Aufenthaltstitels an Forscher) und der §§ 38a bis f AufenthV (Anerkennungsverfahren für Forschungseinrichtungen).

Zielsetzung der Bestrebungen der EU ist die Schaffung von **einheitlichen Rahmenbe-** 25
dingungen für die Zuwanderung von Forschern aus Drittstaaten zur Steigerung der Wettbewerbsfähigkeit des Wirtschaftsraums Europa.[27] Mit der **REST-RL**[28] wurden die Vorschriften 2016 ergänzt und neu gefasst und 2017 in Deutschland in den §§ 20 bis 20c
AufenthG umgesetzt. Durch die Änderungen im Rahmen des Fachkräfteeinwanderungsgesetzes finden sich die Regelungen für Forscher ab dem 1.3.2020 in den §§ 18d bis f
AufenthG.

Bei der Zulassung von Forschern aus Drittstaaten im Rahmen der §§ 20 ff. AufenthG ist 26
den **Forschungseinrichtungen** eine besondere Rolle zugewiesen. Anders als bei anderen
Zuwanderungskategorien in der Erwerbsmigration prüfen bei der Erteilung eines Aufenthaltstitels im Rahmen der §§ 18d bis f AufenthG weder die Bundesagentur für Arbeit noch
die Ausländerbehörden die Qualifikationen des Antragstellers. Vielmehr obliegt es allein
der **Forschungseinrichtung,** darüber zu entscheiden, ob der Drittstaatsangehörige für das
Forschungsvorhaben geeignet ist. Im Gegenzug muss sich die Forschungseinrichtung
schriftlich den Behörden gegenüber verpflichten, alle Kosten zu tragen, die öffentlichen
Stellen bis zu sechs Monate nach Abschluss des Forschungsvorhabens zur Abschiebung
sowie zur Deckung des Lebensunterhaltes des Forschers während eines unerlaubten Aufenthaltes in der Europäischen Union entstehen **(Kostenübernahmeerklärung).** Von
dieser Verpflichtung kann nur dann abgesehen werden, wenn die Tätigkeit der Forschungseinrichtung überwiegend aus öffentlichen Mitteln finanziert wird.

In der Vergangenheit haben sich nur sehr wenige private Unternehmen als Forschungs- 27
einrichtung registrieren lassen. Hierbei spielt sicher eine große Rolle, dass die mit einer
Kostenübernahmeerklärung einhergehenden unbezifferbaren Verbindlichkeiten für Unternehmen der Privatwirtschaft nicht leicht zu **bilanzieren** sind. Auch die in Deutschland
großzügig vorhandenen Zuwanderungsregelungen zur Beschäftigung von qualifizierten
Fachkräften als Spezialisten, über die Blaue Karte EU oder im Rahmen von Praktika oder
innerbetriebliche Fortbildungen haben entsprechend kaum Anwendungsraum für § 18d
AufenthG außerhalb des staatlich finanzierten Wissenschaftsbetriebes gelassen.[29]

Nach Art. 2 lit. d RL (EU) 206/801 ist ein Drittstaatsangehöriger dann ein **Forscher,** 28
wenn er über einen geeigneten Hochschulabschluss, der den Zugang zu Doktoratspro-
grammen ermöglicht, verfügt und von einer Forschungseinrichtung ausgewählt wird, um
ein **Forschungsprojekt,** für das normalerweise der genannte Abschluss erforderlich ist,
durchzuführen. Man beachte hierbei die entscheidende Funktion, die der Forschungseinrichtung im Verfahren zukommt. **Forschung** ist in § 38a AufenthV definiert als „jede
systematisch betriebene, schöpferische und rechtlich zulässige Tätigkeit, die den Zweck
verfolgt, den Wissensstand zu erweitern, einschließlich der Erkenntnisse über den Menschen, die Kultur und die Gesellschaft, oder solches Wissen einzusetzen, um neue Anwendungsmöglichkeiten zu finden".

---

[26] RL 2005/71/EG v. 12.12.2005 über ein besonderes Zulassungsverfahren für Drittstaatsangehörige zum Zwecke der wissenschaftlichen Forschung, ABl. L 289, 15.
[27] RL 2005/71/EG Erwgr. 1 und 3.
[28] RL 2016/801 v. 11.5.2016 über die Bedingungen für die Einreise und den Aufenthalt von Drittstaats-angehörigen zu Forschungs- oder Studienzwecken, zur Absolvierung eines Praktikums, zur Teilnahme an einem Freiwilligendienst, Schüleraustauschprogramm oder Bildungsvorhaben und zur Ausübung einer Au-pair Tätigkeit, ABl. L 132, 21.
[29] So auch: *Beirat für Forschungsmigration,* Jahresgutachten 2015, 10.

§ 15

29 Eine **Forschungseinrichtung** ist nach Art. 3 Nr. 10 RL (EU) 2016/801 jede öffentliche oder private Einrichtung, die Forschung betreibt. Entsprechend fließend sind die Grenzen zu einem Arbeitsprojekt im Rahmen eines Werkvertragsverhältnisses – man denke beispielsweise an Softwareentwicklung[30], Maschinenbau oder andere Industriezweige, in denen Ingenieursleistungen Anwendungsmöglichkeiten für die Produkte von Unternehmen finden. Bei vielen akademischen Berufen gehört zudem das Veröffentlichen von Fachartikeln zur Karrierepflege. Auch manch ein Trainee entscheidet sich erst im Laufe eines betrieblichen Talentförderprogramms zur Promotion. Alle diese Tätigkeiten nun in den Anwendungsbereich des § 18d bis f AufenthG zu reduzieren und von den Unternehmen die Abgabe von Kostenübernahmeerklärungen zu verlangen, würde dem Ziel der Union, die Anzahl drittstaatsangehöriger Forscher in Europa zu erhöhen, einen Bärendienst erweisen.

30 bb) **Besondere Erteilungsvoraussetzungen.** Ein Drittstaatsangehöriger hat einen **Anspruch** auf Erteilung einer Aufenthaltserlaubnis nach § 18d Abs. 1 AufenthG, wenn zwischen ihm und einer aufnehmenden **Forschungseinrichtung** eine wirksame[31] **Aufnahmevereinbarung** oder ein entsprechender Vertrag geschlossen worden ist und das **Forschungsvorhaben** entweder überwiegend aus öffentlichen Mitteln finanziert, im öffentlichen Interesse oder aber durch eine **Kostenübernahmeerklärung** der Forschungseinrichtung abgesichert ist. Zwingend erforderlich für die Anwendung von § 18d AufenthG ist daher das Vorliegen einer Aufnahmevereinbarung bzw. eines inhaltsgleichen Vertrages zwischen Antragsteller und Forschungseinrichtung.

31 Als **Forschungseinrichtung** gilt dabei jede öffentliche oder private Einrichtung, die **Forschung** betreibt, also systematisch betriebene, schöpferische und rechtlich zulässige Tätigkeiten, die den Zweck verfolgen, den Wissensstand zu erweitern, einschließlich der Erkenntnisse über den Menschen, die Kultur und die Gesellschaft, oder solches Wissen einzusetzen, um neue Anwendungsmöglichkeiten zu finden, § 38a AufenthV. Zum **Nachweis** der Eigenschaft als Forschungseinrichtung können beispielsweise Satzungen, Gesellschaftsverträge, bereits erarbeitete Forschungsergebnisse, Patente, Patentanmeldungen, wissenschaftliche Veröffentlichungen, Teilnahme oder Ausrichtungen von Fachtagungen oder wissenschaftliche Ehrungen herangezogen werden.[32] Nach § 38a Abs. 4a AufenthV gelten staatliche oder staatlich anerkannte Hochschulen sowie überwiegend aus öffentlichen Mitteln finanzierte Forschungseinrichtungen nunmehr kraft Gesetz als anerkannte **Forschungseinrichtungen**.

32 Für private Forschungseinrichtungen bieten §§ 38a bis 38f AufenthV zudem die Möglichkeit, sich beim BAMF anerkennen zu lassen. Während nach alter Rechtslage bis August 2017 die Anerkennung eine Voraussetzung für die Anwendung von § 18d AufenthG war, bietet sie jetzt lediglich den Vorteil eines beschleunigten Verfahrens, bzw. dem einmaligen und im Nachgang dann gültigen Nachweis der Qualifikation als Forschungseinrichtung. Für eine **Anerkennung als Forschungseinrichtung** ist ein Antrag beim BAMF nach § 38a AufenthV mit folgenden Angaben zu stellen: (1) Name, Anschrift und Rechtsform; (2) Vorname und Name der gesetzlichen Vertreter der Forschungseinrichtung; (3) Anschriften der Forschungsstätten, in denen der ausländische Forscher tätig sein soll; (4) ein Abdruck der Satzung bzw. des Gesellschaftsvertrages, des Stiftungsgeschäfts, eines anderen Rechtsgeschäfts oder der Rechtsnormen, aus denen sich Zweck und Gegenstand der Tätigkeit der Forschungseinrichtung ergeben, sowie (5) Angaben zur Tätigkeit der Forschungseinrichtung, aus denen sich ergibt, dass diese im Inland Forschung betreibt.

---

[30] Zur Anwendung von § 20 AufenthG auf IT-Fachkräfte: *BAMF*, 10 Jahre Beirat für Forschungsmigration, 10.
[31] Vgl. § 38f Abs. 2 AufenthV.
[32] Anwendungshinweise des Bundesministeriums des Innern zu Gesetz und Verordnung zur Umsetzung aufenthaltsrechtlicher Richtlinien der Europäischen Union zur Arbeitsmigration, M3–12201/2#14, Stand 14.7.2017, Ziff. 2.1.3.2.

Soweit die Forschungstätigkeit nicht überwiegend aus öffentlichen Mitteln finanziert 33 wird, kann die Anerkennung von dem **Nachweis entsprechender finanzieller Leistungsfähigkeit** abhängig gemacht werden, § 38a Abs. 3 AufenthV. Die Anerkennung soll auf mindestens fünf Jahre befristet werden. Eine anerkannte Forschungseinrichtung ist nach § 38a Abs. 5 AufenthV verpflichtet, das BAMF unverzüglich über Änderungen der im Anerkennungsverfahren nachgewiesenen Informationen und der Beendigung der Forschung anzuzeigen. § 38b AufenthV legt die Voraussetzungen für die Aufhebung einer Anerkennung fest. § 38c AufenthV regelt die **Mitteilungspflichten** anerkannter Forschungseinrichtungen gegenüber den Ausländerbehörden.

Die **Aufnahmevereinbarung**[33] ist gekennzeichnet durch eine genaue Bezeichnung des 34 Forschungsvorhabens inklusive des veranschlagten Zeitrahmens, die vertragliche Verpflichtung des Forschers, das Forschungsvorhaben durchzuführen und im Gegenzug dazu die Verpflichtung der Forschungseinrichtung, den Drittstaatsangehörigen aufzunehmen und die Forschung so zu ermöglichen. Im Falle eines **Beschäftigungsverhältnisses** erfordert sie zudem eine Beschreibung des Umfangs der Tätigkeit, Angaben zu Gehalt, Urlaub, Arbeitszeit und Sozialabgaben ebenso wie Angaben über eine eventuell beabsichtigte Mobilität innerhalb Europas.

Die den Aufenthaltstitel erteilenden Behörden haben das Vorliegen der **Aufnahmever-** 35 **einbarung,** nicht aber die Richtigkeit der gemachten Angaben oder die Schlüssigkeit von Forschungsvorhaben oder die Geeignetheit der Qualifikationen des Forschers zu prüfen.[34] Allerdings müssen sie feststellen, ob das Forschungsvorhaben überwiegend aus öffentlichen Mitteln finanziert, im öffentlichen Interesse oder durch eine **Kostenübernahmeerklärung** abgesichert ist.

Die **Kostenübernahmeerklärung** umfasst alle Kosten, die öffentlichen Stellen bis zu 36 sechs Monate nach der Beendigung der Aufnahmevereinbarung entstehen für den **Lebensunterhalt** des Ausländers während eines unerlaubten Aufenthalts in einem Mitgliedstaat der Europäischen Union und eine **Abschiebung** des Ausländers. Die Kostenübernahmeerklärung kann entweder für jeden einzelnen Antragsteller bei der zuständigen Ausländerbehörde oder aber für alle aufzunehmenden Forscher zusammen beim BAMF abgegeben werden. Auf die **Kostenübernahmeerklärung** kann dann verzichtet werden, wenn an dem Forschungsvorhaben ein besonderes **öffentliches Interesse** besteht. Ein solches soll sich bereits dann ergeben können, wenn eine langjährig etablierte Forschungseinrichtung den Antrag stellt, bei der aufgrund der Erfahrung ein Missbrauch der Vorschrift ausgeschlossen werden kann.[35]

Die Erteilung eines Aufenthaltstitels nach § 18d AufenthG kann in den in § 19f Auf- 37 enthG genannten Fällen abgelehnt werden. Dabei handelt es sich um **Missbrauchstatbestände** bzw. **Insolvenz- oder insolvenzähnliche Tatbestände.**

Der Aufenthaltstitel als Forscher iSv § 18d AufenthG berechtigt den Inhaber zur Aus- 38 übung einer **innereuropäischen Mobilität** im Rahmen der Vorschriften der Richtlinie. § 18e und f AufenthG regeln den grenzüberschreitenden Aufenthalt von Forschern, die über einen entsprechenden Aufenthaltstitel eines anderen Mitgliedstaates zum Zweck der Forschung verfügen. Hier wird, wie auch bei anderen EU-Richtlinien üblich, zwischen **kurzfristiger** und **langfristiger Mobilität** differenziert: Für einen Aufenthalt von bis zu 180 Tagen in 360 Tagen hat der deutsche Gesetzgeber ein **Mitteilungsverfahren** für die Ausübung der **kurzfristigen Mobilität** in § 18e AufenthG vorgesehen. Die Mitteilung muss ebenso wie bei der Mobilität im Rahmen der ICT-RL beim BAMF abgegeben werden. Hierbei sind der entsprechende Aufenthaltstitel des anderen EU-Mitgliedstaats, ein gültiger Reisepass oder Passersatz, die Aufnahmevereinbarung oder ein entsprechender Vertrag mit der aufnehmenden Einrichtung im Inland sowie der Nachweis über den gesicherten Lebensunterhalt nachzuweisen.

---
[33] AVwV AufenthG Ziff. 20.1.1.
[34] AVwV AufenthG Ziff. 20.1.2.
[35] *Kluth* in Kluth/Hund/Maßen Zuwanderungsrecht § 4 Rn. 467; *Kluth* in BeckOK AuslR AufenthG § 20 Rn. 18.

39 Das BAMF leitet die Mitteilung an die zuständige Ausländerbehörde weiter, die innerhalb einer Frist von 30 Tagen ab Eingang beim BAMF der Mobilität des ausländischen Forschers nach § 19f Abs. 5 AufenthG widersprechen kann. Eine **Ablehnung** nach dieser Frist kann nur noch bei Ausweisungsinteresse erfolgen, § 19f Abs. 5 S. 3. Wenn keine Ablehnung erfolgt ist, darf der Ausländer mit seinem Aufenthaltstitel aus dem anderen Mitgliedsstaat nach Deutschland einreisen und Forschung betreiben. Forscher, deren Aufenthalt in Deutschland für länger als 180 Tage geplant ist, können einen Aufenthaltstitel als mobile Forscher nach § 18f AufenthG beantragen. Bei einem Antrag, der mindestens 30 Tage vor Beginn des Aufenthalts im Bundesgebiet gestellt wurde, gelten Aufenthalt und Erwerbstätigkeit des Ausländers für bis zu 180 Tage innerhalb eines Zeitraums von 360 Tagen als erlaubt, wenn der Aufenthaltstitel des anderen EU-Mitgliedstaats weiterhin gültig ist, § 18f Abs. 2 AufenthG.

40 Zu beachten ist hierbei, dass die **RL 2016/801 EU** für **Großbritannien, Irland** und **Dänemark** keine Anwendung findet.

41 Im Anschluss an die Forschungstätigkeit haben Forscher die Möglichkeit, bis zu neun Monate nach einer **qualifikationsangemessenen Beschäftigung** zu suchen, § 20 Abs. 3 Nr. 2 AufenthG. Während dieses Zeitraums berechtigt der Aufenthaltstitel zur Ausübung einer Erwerbstätigkeit.

42 d) Sonstige Beschäftigte nach BeschV. aa) Führungskräfte. (1) Einleitung. Im Zusammenspiel zwischen § 19c AufenthG und § 3 BeschVO können ausländische **Führungskräfte,** die im Inland auf Ebene der **Geschäftsführung** tätig sein sollen, zustimmungsfrei und ohne Vorrangprüfung eine Aufenthaltserlaubnis erhalten. Dabei stellt die Norm allein auf die gesellschaftsrechtliche Stellung des Ausländers als Inhaber von **Generalvollmacht** oder **Prokura** bzw. Mitglied eines **Organs** einer juristischen Person oder zur **Geschäftsführung und Vertretung** berufener Gesellschafter einer Personengesamtheit ab. Zielrichtung der Norm ist es, das Funktionieren der am Wirtschaftsleben in Deutschland teilnehmenden juristischen Personen sicherzustellen. Mit dieser klar **gesellschaftsrechtlichen Ausrichtung** nimmt § 3 BeschV in der Systematik der Zuwanderungskategorien eine Sonderstellung ein. Auf die arbeits- oder sozialversicherungsrechtliche Stellung als unselbständig Beschäftigter kommt es anders als bei § 4 BeschV hier nicht an. Vielmehr fordert das Gesetz ausschließlich den Nachweis der gesellschaftsrechtlich geprägten Stellung als Führungskraft.

43 Problematisch gestaltet sich in der Praxis die **Abgrenzung zur selbständigen Tätigkeit** nach § 21 AufenthG. Leider wird oftmals in Verkennung der gesellschaftsrechtlichen Grundlagen die Vollrechtsfähigkeit[36] der juristischen Person oder die Sonderstellung des Geschäftsführers als Organ[37] negiert und die Gesellschaftergeschäftsführer auf den beschwerlicheren Weg der Zuwanderung nach § 21 AufenthG verwiesen.

44 (2) Besondere Erteilungsvoraussetzungen. Ausländern, die ausweislich des **Handelsregistereintrages** bzw. **Arbeitsvertrages** als leitende Angestellte über **Generalvollmacht** oder **Prokura** verfügen oder Mitglied eines **Organs** einer juristischen Person sind, das zur gesetzlichen Vertretung berechtigt ist, kann ebenso zustimmungsfrei ein Aufenthaltstitel erteilt werden wie **vertretungsberechtigten** Gesellschaftern einer OHG oder anderen Personengesamtheit.

45 Inhaber von Generalvollmacht oder Prokura müssen neben dem Nachweis der ihnen erteilten Vertretungsmacht belegen, dass sie leitende Angestellte sind. Leitende Angestellte nehmen **unternehmerische Teilaufgaben** wahr[38] und stehen mit der Art ihrer Tätigkeit und der Bedeutung ihrer Funktion der Unternehmensleitung nahe[39]. Dies ist regelmäßig

---

[36] *Schmitz* in SBS VwVfG § 11 Rn. 14.
[37] So VG Augsburg Beschl. v. 11.5.2012 – 6 S 12.561, BeckRS 2012, 52350; unter Verkennung GmbH-rechtlicher Grundlagen: VG Augsburg Urt. v. 22.5.2012 – Au 1 K 11.1408, BeckRS 2012, 54598.
[38] Koch in Erfurter Kommentar zum Arbeitsrecht, BetrVG § 5 Rn. 17.
[39] BAG Beschl. v. 29.1.1980 – 1 ABR 45/79, NJW 1980, 2724.

der Fall, wenn sie im Innenverhältnis zur selbständigen Entlassung von im Unternehmen oder Betrieb beschäftigten Arbeitnehmern berechtigt sind oder sonstige Aufgaben im Wesentlichen **frei von Weisungen** wahrnehmen, die für den Bestand oder die Entwicklung des Unternehmens oder Betriebes von Bedeutung sind. Diese können wirtschaftlicher, organisatorischer, kaufmännischer oder technischer Art sein. Es kommt bei der Bewertung dabei allein auf die Frage an, ob es dem Ausländer **rechtlich möglich** ist, in diesen Bereichen die empfangen Vertretungsbefugnisse nach außen wahrzunehmen und eigene unternehmerische Initiative zu entfalten.[40]

Sollten also Generalvollmacht oder Prokura im Innenverhältnis derart begrenzt sein, dass im Ergebnis die Funktion der Führungskraft nicht ausgeübt werden kann, mag das als Indiz für ein nur vertragliches Konstrukt zur Umgehung arbeitserlaubnisrechtlicher Vorschriften gelten. Letztlich entscheidend sind ungeachtet der vertraglichen Gestaltung die tatsächlichen Verhältnisse.[41] Im Zweifelsfall kann bei der Bestimmung, ob es sich bei der ausländischen Person um einen leitenden Angestellten handelt, auf § 5 Abs. 4 BetrVG zurückgegriffen werden. **46**

Über die Vertretungsmacht hinausgehende besondere Erfahrungen und Kenntnisse sind dagegen weder für die Inhaber von Generalvollmacht oder Prokura noch für die Mitglieder vertretungsberechtigter Organe bzw. die vertretungsberechtigten Gesellschafter erforderlich. Denn es ist ausschließlich der unternehmerischen Einschätzung des Betriebsinhabers vorbehalten, zu entscheiden, ob der Ausländer die erforderlichen **Kenntnisse und Qualifikationen** für die Vertretung des Unternehmens nach außen mitbringt.[42] So ist es auch nicht unumgänglich, die im geschäftlichen und bürokratischen Umfeld des Betriebes übliche oder vorgeschriebene **Amtssprache** in dem Maße zu beherrschen, wie es den betrieblichen Erfordernissen und der gesellschaftlichen Rechtsmacht entspricht und wie die wirtschaftliche Gesamtverordnung für den Betrieb und dessen ökonomische sowie rechtliche Repräsentanz nach außen es erfordern. Denn das Fehlen hinreichender deutscher Sprachkenntnisse hindert den Ausländer nicht, die ihm rechtlich zustehenden Entscheidungsbefugnisse selbständig und eigenverantwortlich wahrzunehmen, da er sich der Dienste eines Dolmetschers bedienen kann.[43] **47**

bb) Spezialisten. (1) Einleitung. Für leitende Angestellte unterhalb der Ebene der Geschäftsführung und **Unternehmensspezialisten** sieht § 19c AufenthG iVM § 4 BeschV die Möglichkeit vor, dass einer lokalen Beschäftigung von der Bundesagentur für Arbeit zugestimmt werden kann. **48**

(2) Besondere Erteilungsvoraussetzungen. Der Begriff des **Unternehmensspezialisten** in § 4 BeschV wird von der Bundesagentur für Arbeit deckungsgleich mit dem in § 19 Abs. 2 S. 4 AufenthG (ehemals 10a BeschV) verwendet.[44] Letzterer entstammt den völkerrechtlichen Verpflichtungen der EU im Rahmen der Vereinbarungen zu GATS Mode 4. Darin sind Spezialisten definiert als Personen, die im Dienstleistungssektor über besonderes **Fachwissen** verfügen. Dieses **Fachwissen** ist das Wissen der Person, das für Dienstleistung, Forschung, Technik oder Management des Unternehmens von essentieller Bedeutung ist. Dabei qualifiziert auch die **Zugehörigkeit zu einem anerkannten Berufsstand** bereits als Fachwissen.[45] Anhaltspunkte für die hohe Qualifikation bzw. das erforderliche **49**

---

[40] BAG Beschl. v. 23.1.1986 – 6 ABR 22/82, NZA 1986, 487.
[41] *Mävers* in Offer/Mävers BeschV § 3 Rn. 6.
[42] VG Saarlouis Beschl. v. 10.8.2017 – 6 L 692/17, BeckRS 2017, 120753.
[43] Zutreffend VG Saarlouis Beschl. v. 10.8.2017 – 6 L 692/17, BeckRS 2017, 120753; aA VG Düsseldorf Urt. v. 28.7.2016 – 24 K 1872/16, BeckRS 2016, 53097; ebenso VG München Urt. v. 2.8.2010 – M 23 K 10.2872, BeckRS 2010, 36132.
[44] *BA*, Weisung 201606018 v. 20.6.2016, Ziff. 4.02; aA *Mastmann* in Offer/Mävers BeschV § 4 Rn. 7 mit Hinweis auf die begrenzte Anwendbarkeit der Regelungen des GATS auf Entsendungskonstellationen im Konzernverbund.
[45] GATS/SC/31, Länderliste EU 7–9.

Fachwissen können sich sowohl aus der beruflichen Biografie des Bewerbers als auch aus dem angebotenen Arbeitsentgelt ergeben.[46]

50 Allerdings kann nicht pauschal davon ausgegangen werden, dass ein ausländischer Bewerber regelmäßig ein Gehalt erhalten muss, das über dem vergleichbarer deutscher Arbeitnehmer auf der Position liegt, nur um als Spezialist gelten zu können. Denn andernfalls würde der in § 39 AufenthG festgelegte Maßstab für die **Vergleichbarkeitsprüfung** verändert und damit der Vorrang des Gesetzes unterlaufen. Vielmehr ist darauf abzustellen, ob die ausgeschriebene Stelle an sich beispielsweise einer entsprechenden Tarifstufe angehört oder ein besonderes Fachwissen verlangt, wobei dieses eben auch darin bestehen kann, dass der Inhaber der Stelle zu einem anerkannten Berufsstand (zB Arzt, Ingenieur etc) gehört. Auch ist in diesem Zusammenhang zu beachten, dass gerade bei Spezialisten oftmals **variable Gehaltsbestandteile** wie Boni, Unternehmensanteile oder Sondervergütungen in der Praxis üblich sind.[47]

51 Anders als § 3 BeschV, der den Begriff der leitenden Angestellten gesellschaftsrechtlich über den ihnen erteilten Vollmachten (Generalvollmacht / Prokura) bzw. der organschaftlichen Vertretungsberechtigung definiert, ist der leitende Angestellte in § 4 BeschV aus dem Blickwinkel des Arbeitsrechtes heraus zu verstehen. Es handelt sich hier also um Arbeitnehmer, deren **Leitungsaufgaben** ohne gesellschaftsrechtliche Grundlage allein auf Vereinbarung im **Arbeitsvertrag** oder **betriebliche Übung** beruhen oder sich aus der Stellung im Unternehmen ergeben.[48] Es sind Personen, die anders als „normale" Arbeitnehmer dem Unternehmen bzw. der Geschäftsführung des Unternehmens in einem gewissen Umfang näher stehen als der übrigen Belegschaft.[49]

52 Anders als bei dem organschaftlich hervorgehobenen Vertretungsberechtigten aus § 3 BeschV ist aber eine Zustimmung und damit Prüfung der **Vergleichbarkeit** der Arbeitsbedingungen erforderlich, da trotz der Leitungsfunktion bzw. der Spezialkenntnisse ein Machtgefälle zwischen Arbeitgeber und Ausländer bestehen bleibt.

2. Entsendungen

53 Die nachfolgend erläuterten Kategorien sind davon gekennzeichnet, dass sie sich vorrangig oder ausschließlich auf Entsendungstatbestände beziehen. Der Entsendungsbegriff ist allerdings in der Verwendung unscharf, da er sich nicht originär aus dem Ausländerbeschäftigungsrecht ergibt. Vielmehr findet er sich sowohl im Sozialversicherungsrecht als auch im Steuer- und Arbeitsrecht, was die Abgrenzung im Einzelfall erschweren kann. Nicht jede Konstellation, bei der sozialversicherungsrechtlich gegebenenfalls aufgrund der Dauer oÄ eine Entsendung verneint wird, stellt ausländerbeschäftigungsrechtlich eine lokale Beschäftigung dar. Die Bundesagentur für Arbeit definiert den Begriff daher ausländerbeschäftigungsrechtlich:[50]

54 „Bei **Entsendungen** begeben sich im Ausland beschäftigte Arbeitnehmer/innen auf **Weisung** ihres Arbeitgebers ins Bundesgebiet, um hier zu arbeiten. Entsendungen sind von vornherein **zeitlich befristet.** Wesentlich für eine Entsendung ist die Aufrechterhaltung des **Beschäftigungsverhältnisses im Ausland** unter Fortbestand der vertraglichen Hauptpflichten, insbesondere die Erbringung der Arbeitsleistung für den Arbeitgeber im Heimatland und Entlohnung durch den entsendenden Betrieb im Heimatland. Dabei kann sich die Möglichkeit einer Entsendung bereits aus dem originären ausländischen Arbeitsvertrag ergeben, ohne dass es einer zusätzlichen Vereinbarung bedarf. Die Entsendung kann aber auch auf einer zusätzlichen **Entsendungsvereinbarung** zum weiterbestehenden ausländischen Arbeitsvertrag beruhen."

---

[46] *BA,* Weisung 201606018 v. 20.6.2016, Ziff. 4.02.
[47] *Mastmann* in Offer/Mävers BeschV § 4 Rn. 9.
[48] *Mastmann* in Offer/Mävers BeschV § 4 Rn. 3.
[49] *Richardi* BetrVG § 5 Rn. 190.
[50] *BA,* Weisung 201606018 v. 20.6.2016, Ziff. 10.01.

a) ICT. aa) Einleitung. Die Regelungen zur ICT-Karte basieren auf der **RL 2014/66/** **55** **EU** vom 15.5.2014, die mit Wirkung zum 1.8.2017 in nationales Recht umgesetzt wurde. Sie setzt die völkerrechtlichen Verpflichtungen der EU im Rahmen des **GATS Mode 4**[51] um und erweitert diese auf Angehörige von Staaten, die nicht der WHO angehören bzw. Tätigkeiten außerhalb des Dienstleistungssektors. Bis zur Umsetzung der Richtlinie erfolgte die Entsendung auf Basis der GATS-Verpflichtungen nach § 29 Abs. 5 BeschV.[52] Dieser Anwendungsbereich des § 29 Abs. 5 BeschV ist durch die Umsetzung der ICT-RL aufgrund von Art. 2 Abs. 1 RL 2014/66/EU weggefallen. Nachdem die Bundesagentur für Arbeit während einer Übergangsphase noch weiterhin Anträge nach § 29 Abs. 5 BeschV bearbeitet hat, hat die *EU Commission Contact Group Legal Migration* im Treffen am 7.11.2017 klargestellt, dass Mitgliedsstaaten nicht berechtigt sind, nationale Zulassungsregelungen für die Personen zu schaffen oder zu unterhalten, die dem Anwendungsbereich der Richtlinie unterfallen.[53]

In **Abgrenzung** zu den Vorschriften zur ICT-Karte ist also stets zu prüfen, ob es sich bei **56** dem vorliegenden Tatbestand um einen Fall handelt, der entweder von der in der Richtlinie vorliegenden Interpretation des GATS Mode 4 Schedules nicht umfasst ist[54] oder aber bei dem beispielsweise aufgrund des **persönlichen Anwendungsbereiches** neben den Vorschriften zur ICT-Karte nationale Bestimmungen bestehen bleiben dürfen. Zu denken ist beispielsweise an Drittstaatsangehörige, die aus einem EU-Land nach Deutschland entsandt werden sollen, deren Aufenthalte jeweils weniger als 90 Tage umfassen oder aber auch Drittstaatsangehörige, die bspw. aus der Schweiz nach Deutschland entsandt werden sollen. Auch Personen, bei denen die geforderte **Vorbeschäftigungszeit** nicht gegeben ist, fallen aus dem Anwendungsbereich der Richtlinie, sodass ihre Zuwanderungsanträge im Rahmen bestehender nationaler Vorschriften zu bewerten sind.

Der Ansicht der *EU Commission Contact Group Legal Migration,* dass es aufgrund von Art. 2 **57** Abs. 1 iVm Art. 4 Abs. 2 RL 2014/66/EU nun innerhalb der EU grundsätzlich keine konzerninternen Entsendungen von mehr als drei Jahren mehr geben kann, da alle diesbezüglichen nationalen Vorschriften verdrängt würden,[55] kann angesichts der in Erwgr. 4 erklärten Ansicht, dass „flexible zuwanderungspolitische Maßnahmen vor dem Hintergrund der großen demografischen Herausforderungen, die sich der Union in der Zukunft stellen und die in der Folge mit einer steigenden **Nachfrage nach Arbeitskräften** einhergehen werden, längerfristig einen wichtigen Beitrag zur Wirtschaftsentwicklung und Wirtschaftsleistung darstellen werden", nicht gefolgt werden. Schließlich zielt die Richtlinie darauf, unternehmensinterne Transfers zu erleichtern, um multinationalen Konzernen die optimale Nutzung ihrer Humanressourcen zu ermöglichen.[56] Entsprechend stellt Erwgr. 9 dann auch fest: „Diese Richtlinie sollte nicht das Recht der Mitgliedsstaaten berühren, für Beschäftigungszwecke andere Erlaubnisse auszustellen als Aufenthaltstitel für unternehmensintern transferierte Arbeitnehmer, falls ein Drittstaatsangehöriger nicht in den Anwendungsbereich dieser Richtlinie fällt." Demnach muss es den Mitgliedsstaaten möglich sein, zwar nicht die zur Mobilität berechtigende ICT-Karte für mehr als drei Jahre auszustellen, wohl aber Entsendungen von Führungskräften, Spezialisten und Trainees nach nationalem Recht günstiger zu regeln, um auch die Personen für ihren Arbeitsmarkt zu gewinnen, die die Anforderungen der ICT-Karte nicht erfüllen oder den zeitlichen Begrenzungen nicht unterliegen sollen.[57]

Die Richtlinie und deren Umsetzung zielen darauf, es der Wirtschaft zu erleichtern, **58** Arbeitnehmer, insbesondere **Führungskräfte, Spezialisten** und **Trainees** aus Drittstaaten

---

[51] GATS/SC/31.
[52] *Offer* in Offer/Mävers BeschV § 29 Rn. 19, 22–25.
[53] *EU Commission Contact Group Legal Migration,* Mig-Dir-106, 4.
[54] *Klaus* in BeckOK AuslR AufenthG § 19b, Rn. 60.1.
[55] *EU Commission Contact Group Legal Migration,* Mig-Dir-106, 4.
[56] RL 2014/66/EU Erwgr. 6.
[57] So auch *Klaus* ZAR 2017, 264; *ders.* in Beck-OK AuslR AufenthG § 19b Rn. 56.

an mehreren Standorten ihres Unternehmens in Europa einzusetzen.[58] Die in der Richtlinie angelegten **Mobilitätsregeln** (→ Rn. 96) sind also ein wichtiger Bestandteil der ICT-Karte.

59   Im Rahmen der ICT-Regelungen können Mitarbeiter, die seit mindestens sechs Monaten in einem ausländischen Unternehmens- oder Konzernbetrieb beschäftigt sind, für den Zeitraum von 90 Tagen bis zu drei Jahren (**Spezialisten** und **Führungskräfte**) bzw. einem Jahr (**Trainees**) in eine deutsche Betriebsstätte zum Zweck der Beschäftigung entsandt werden. Von dort aus ist sowohl die **kurzfristige Mobilität** (bis zu 90 Tage) als auch die **langfristige Mobilität** (mehr als 90 Tage) in einen zweiten bzw. weitere EU-Staaten möglich.

60   Ein Mitarbeiter kann auch **mehrfach** als ICT entsandt werden, allerdings müssen zwischen zwei Einsätzen in Deutschland[59] jeweils sechs Monate **Karenzzeit** liegen, wenn die Höchstdauer von drei Jahren pro Einsatz erreicht ist. Die ICT-Karte ist zwingend **aus dem Ausland heraus**[60] bei dem Staat zu beantragen, in dem der Mitarbeiter den längsten Zeitraum verbringen wird.[61] Andere EU Staaten sehen vergleichbare Regelungen vor, wobei die erforderlichen **Vorbeschäftigungszeiten** sowie die zwischen zwei ICT-Entsendungen liegenden **Karenzzeiten** aufgrund der von der Richtlinie gewährten Spielräume für die Umsetzung abweichen können.

61   Zu beachten ist hierbei, dass die **RL 2014/66 EU** für **Großbritannien, Irland** und **Dänemark** keine Anwendung findet.

62   **bb) Besondere Erteilungsvoraussetzungen.** Von dem **persönlichen Anwendungsbereich** der Richtlinie umfasst sind drittstaatenangehörige **Führungskräfte, Spezialisten** und **Trainees** mit einer **Vorbeschäftigungszeit** von mehr als sechs Monaten im Konzern oder Unternehmen.

63   Als **Führungskräfte** definiert § 19 Abs. 2 S. 2 AufenthG eine Person, die in einer Schlüsselposition beschäftigt die aufnehmende Niederlassung leitet. Hierzu steht sie hauptsächlich unter der allgemeinen Aufsicht des Leitungsorgans oder der Anteilseigner oder gleichwertiger Personen oder erhält von ihnen allgemeine Weisungen. Diese Position schließt die Leitung der aufnehmenden Niederlassung oder einer Abteilung oder Unterabteilung der aufnehmenden Niederlassung, die Überwachung und Kontrolle der Arbeit des sonstigen Aufsicht führenden Personals und der Fach- und Führungskräfte sowie die Befugnis zur Empfehlung einer Anstellung, Entlassung oder sonstigen personellen Maßnahme ein.

64   Die *EU Commission Contact Group Legal Migration* hat dazu ausgeführt, dass der Begriff der **Führungskraft** vorrangig EU-rechtlich zu verstehen ist und Personen in einer „Senior Management Position" bezeichnet, die im Unternehmen andere anleiten, steuern oder kontrollieren[62] und in das tägliche Geschäft der Unternehmensleitung eingebunden sind. Personen, die dagegen nur Überwachungsfunktionen wahrnehmen, ohne in das Tagesgeschäft der Unternehmensführung eingebunden zu sein, sind nicht als Führungskräfte zu bewerten.[63] Erforderlich ist in jedem Fall eine **arbeitsvertragliche Beziehung** zwischen der Führungskraft und dem ausländischen Unternehmens- bzw. Konzernteil. Auch **Anteilsinhaber,** die neben der Stellung als Inhaber eine **arbeitsvertragliche Vereinbarung** getroffen haben, unterfallen der Begrifflichkeit der angestellten Führungskraft im Rahmen der Richtlinie.[64]

65   **Spezialisten** dagegen sind nach § 19 Abs. 2 S. 4 AufenthG gekennzeichnet durch unerlässliche Spezialkenntnisse über die Tätigkeitsbereiche, die Verfahren oder die Ver-

---

[58] MdB *Nina Warken*, Protokoll der Rede im Bundestag, 18. Wahlperiode – 221. Sitzung TOP 32.
[59] *EU Commission Contact Group Legal Migration*, Mig-Dir-106, 19.
[60] *EU Commission Contact Group Legal Migration*, Mig-Dir-106, 5.
[61] *EU Commission Contact Group Legal Migration*, Mig-Dir-106, 17.
[62] Anwendungshinweise des Bundesministeriums des Innern zu Gesetz und Verordnung zur Umsetzung aufenthaltsrechtlicher Richtlinien der Europäischen Union zur Arbeitsmigration, Stand 14.7.2017, Ziff. 1.0.4.1.2.
[63] *EU Commission Contact Group Legal Migration*, Mig-Dir-106, 7, Antwort Nr. 3.
[64] *EU Commission Contact Group Legal Migration*, Mig-Dir-106, 5.

waltung der aufnehmenden Niederlassung, sowie durch ein **hohes Qualifikationsniveau** und **angemessene Berufserfahrung**. Da die ICT-RL ja der Umsetzung der EU-Verpflichtungen im Rahmen von GATS Mode 4 dient, sollten die Termini immer auch mit Blick hierauf verstanden werden. Unter **Spezialist** versteht man in diesem Zusammenhang Personen, die über ein spezielles **Fachwissen** verfügen, das für die Dienstleistung, Forschung, Technik oder das Management des entsendenden Unternehmens von essentieller Bedeutung ist. Bei der Beurteilung dieses Fachwissens ist abzustellen auf das unternehmensinterne Fachwissen, aber ebenso darauf, ob der Antragsteller ein hohes **Qualifizierungslevel** für eine bestimmte Tätigkeit oder Branche hat, das spezifisches technisches Wissen voraussetzt (als solches wird auch die **Zugehörigkeit zu einem anerkannten Berufsstand** gewertet).[65] Eine über die Vorbeschäftigungszeit von maximal 12 Monaten (GATS) hinausgehende **Berufserfahrung** ist nicht erforderlich.

Als **Trainee** ist in § 19 Abs. 3 S. 2 AufenthG eine ausländische Person mit **Hochschulabschluss** definiert, die ein bezahltes **Traineeprogramm** absolviert, das der beruflichen Entwicklung oder der Fortbildung in Bezug auf Geschäftstechniken oder -methoden dient. Auch Trainees müssen vor Erhalt der ICT-Karte seit mehr als sechs Monaten im Konzern bzw. Unternehmen vorbeschäftigt sein.

Die Nutzung der Vorschriften zur ICT-Karte ist nur für **grenzüberschreitende Entsendungen** innerhalb eines **Unternehmens** oder **Konzerns** anwendbar. Der europarechtlich fundierte **Konzernbegriff** entspricht hierbei im wesentlichen § 18 AktG. Dabei geht die *EU Commission Contact Group Legal Migration* von einem weiten Unternehmensbegriff aus, der auch international tätige Nichtregierungsorganisationen, Genossenschaften und gemeinnützige Unternehmungen einschließt.[66] Nicht erfasst sind dagegen Sachverhalte, bei denen ein ausländischer Mitarbeiter bei einem Unternehmen im Inland für eine Tätigkeit bei einer unselbständigen Niederlassung im Ausland beschäftigt war und nun zu dem Beschäftigungsbetrieb im Inland abgeordnet wird.[67]

Die Erteilung einer ICT-Karte setzt die Zustimmung der Bundesagentur für Arbeit und damit eine Vergleichbarkeitsprüfung (→ Rn. 8) voraus. Diese kann ua verweigert werden, wenn das Unternehmen hauptsächlich zu dem Zweck gegründet oder unterhalten wird, die Einreise von ICT-Transfers zu erleichtern, § 40 Abs. 3 Nr. 7 AufenthG. Indizien hierfür sind beispielsweise keine eigenständige Geschäftstätigkeit und ein entsprechendes Verhältnis von regulären Mitarbeitern zu ICT-Mitarbeitern.[68]

Neben der Eigenschaft als Führungskraft, Spezialist oder Trainee muss zudem nach Ansicht sowohl der Bundesagentur für Arbeit[69], des Bundesministeriums des Inneren[70] als auch der *EU Commission Contact Group Legal Migration*[71] ein **Entsendetatbestand** gegeben sein. Es sei der Definition des Intra-Corporate-Transfer immanent, dass der Ausländer arbeitsvertraglich vor und während des Einsatzes in Europa an die im Ausland ansässige Gesellschaft gebunden bleibe.[72] Auch die Gestaltung mit einem aktiven Vertrag im EU-Mitgliedstaat und einem **ruhend gestellten Vertrag** im Ausland sei im Rahmen des ICT-Status nicht zulässig.[73] Allerdings setzt Schedule 31 nicht das Weiterbestehen eines ausländischen Vertrages voraus, sondern definiert den ICT allgemein als Person, die „**temporarily transferred**" ist zu der Niederlassung oder Konzerngesellschaft im Mitgliedstaat. Angesichts der üblichen unterschiedlichen vertraglichen Gestaltungsmöglichkeiten eines solchen

---

[65] *Offer* in Offer/Mävers BeschV § 29 Rn. 22.
[66] *EU Commission Contact Group Legal Migration*, Mig-Dir-106, 8.
[67] *EU Commission Contact Group Legal Migration*, Mig-Dir-106, 6.
[68] *EU Commission Contact Group Legal Migration*, Mig-Dir-106, 13.
[69] BA, Fachliche Weisung 201708002, Stand 1.8.2017, Anl. 2, 2.
[70] Anwendungshinweise des Bundesministeriums des Innern zu Gesetz und Verordnung zur Umsetzung aufenthaltsrechtlicher Richtlinien der Europäischen Union zur Arbeitsmigration, Stand 14.7.2017, Ziff. 1.0.5.3.
[71] *EU Commission Contact Group Legal Migration*, Mig-Dir-106, 6.
[72] *EU Commission Contact Group Legal Migration*, Mig-Dir-106, 6.
[73] *EU Commission Contact Group Legal Migration*, Mig-Dir-106, 6.

Einsatzes verbleibt also gegebenenfalls ein Anwendungsbereich des § 29 Abs. 5 BeschV für Szenarien, bei denen die Vertragsgestaltung den engen Vorgaben der ICT-RL nicht gerecht wird.

70 cc) **Mobilitätsschema.** Personen, die in einem anderen EU-Mitgliedstaat eine ICT-Karte erhalten haben, können mit dieser im Rahmen der **kurzfristigen Mobilität** für bis zu 90 Tage nach Deutschland einreisen und hier im Rahmen eines **unternehmensinternen Transfers** tätig sein, § 19a AufenthG. Das zum Zweck der Einreise erteilte nationale Visum dagegen gewährleistet die ICT-Mobilitätsrechte nicht.[74] Deutschland hat von der in der Richtlinie vorgegebenen Möglichkeit Gebrauch gemacht, den kurzfristigen Einsatz eines ICTlers aus einem anderen Mitgliedstaat von der rechtzeitigen **Abgabe einer Meldung** bei dem Bundesamt für Migration und Flüchtlinge abhängig zu machen (**Notifizierungsverfahren**).[75] Wenn die beteiligten Behörden die Absicht, die kurzfristige Migration auszuüben, nicht innerhalb von 20 Tagen ablehnen, ist der Inhaber der ICT-Karte berechtigt, nach Deutschland einzureisen und hier tätig zu werden.

71 Die Ausländerbehörden lehnen den Antrag ab, wenn das dem Ausländer zu zahlende **Arbeitsentgelt** geringer ist als das vergleichbarer deutscher Arbeitnehmer, der Ausländer keine gültigen **Passpapiere** hat, die ICT-Karte aus dem Mitgliedstaat nicht gültig ist oder keine **Konzernverbindung** zwischen dem entsendenden und dem aufnehmenden Unternehmen besteht. Der Antrag ist ebenso abzulehnen, wenn die vorzulegenden Unterlagen betrügerisch erworben wurden oder der Antragsteller bereits die **Höchstzeit** eines Einsatzes im Rahmen der ICT-Regelungen erreicht hat. Eine Ablehnung aus **Sicherheitsgründen** ist selbstverständlich ebenfalls möglich.

72 Wenn der Einsatz des Ausländers in Deutschland mehr als 90 Tage andauern soll, kann nach § 19b AufenthG eine **Mobiler-ICT-Karte** beantragt werden. Die **Mobiler-ICT-Karte** ist ein eigenständiger Aufenthaltstitel, für dessen Ausstellung eine Zustimmung der Bundesagentur für Arbeit vorliegen muss. Wird der Antrag auf Erteilung dieses Titels mindestens 20 Tage vor der geplanten Einreise in das Bundesgebiet eingereicht, kann auf Basis des noch gültigen ICT-Aufenthaltstitels aus dem anderen Mitgliedstaat bis zur Entscheidung der Ausländerbehörde und maximal für 90 Tage in 180 Tagen der gewünschte Transfer zu der deutschen Konzerngesellschaft erfolgen, § 19b Abs. 3 AufenthG.

73 b) **Personalaustausch und Auslandsprojekte. aa) Einleitung.** Während § 19 AufenthG die EU-Verpflichtungen im Rahmen des GATS (→ Rn. 55) in nationales Recht umsetzt, stellt der in § 19c AufenthG iVm § 10 BeschV geregelte konzerninterne Personalaustausch das nationale Pendant für Entsendungen innerhalb einer Unternehmensgruppe dar. Die Anwendungsbereiche der beiden Regelungen haben zwar einige Überschneidungen, differieren aber beispielsweise bei der Frage der Vorbeschäftigung oder der arbeitsvertraglichen Gestaltung. Während die ICT-Karte eine Vorbeschäftigung des Antragstellers im Konzern oder Unternehmen von mindestens sechs Monaten voraussetzt, können im **Personalaustausch** auch neu eingestellte Kräfte nach Deutschland entsandt werden. Darüber hinaus ist die Kategorie des Personalaustausches offen für unterschiedliche arbeitsvertragliche Gestaltungen (lokale Beschäftigung mit ruhendem Auslandsvertrag oder Entsendung). Entsprechend wird der Personalaustausch von der international sehr aktiven deutschen Wirtschaft rege genutzt. So wurden vor Einführung der ICT-Karte in 2015 nach Angaben der Bundesagentur für Arbeit 9.111 und im Jahr 2018 immerhin 7.968 Zustimmungen nach § 10 BeschV erteilt,[76] davon wohl die ganz überwiegende Mehrheit im Personalaustausch.

74 Die Regelung ermöglicht es transnational agierenden Unternehmen und Unternehmensgruppen, qualifizierte Mitarbeiter aus dem Ausland vorübergehend in Deutschland

---

[74] *EU Commission Contact Group Legal Migration*, Mig-Dir-106, 17.
[75] Keine Benachrichtigungen sind erforderlich für die Ausübung der kurzfristigen Mobilität in: Bulgarien, Tschechei, Ungarn, Lettland. Vorerst keine Benachrichtigungen verlangen Estland, Italien, Österreich, Portugal und Schweden, *EU Commission Contact Group Legal Migration*, Mig-Dir-106, 40.
[76] Statistik der *BA*, Berichtsjahr 2016 und 2018 und vorherige, Ziff. 5.

einzusetzen. Eine Sonderform stellt dabei die Beschäftigung zur **Vorbereitung von Auslandsprojekten** in § 10 Abs. 2 BeschV dar. Diese Norm ermöglicht es den im Ausland beschäftigten und in einem Auslandsprojekt involvierten Mitarbeitern eines international tätigen Unternehmens oder Konzerns, in Deutschland zur Projektvorbereitung tätig zu werden und soll die **Exportfähigkeit Deutschlands** unterstützen.

bb) Besondere Erteilungsvoraussetzungen – Personalaustausch. Mit Zustimmung 75 der Agentur kann ausländischen Personen mit einem **Hochschulabschluss** oder einer vergleichbaren Qualifikation, die innerhalb eines international tätigen Unternehmens oder Konzerns im Rahmen eines **Personalaustausches** nach Deutschland **vorübergehend entsandt** werden, ein Aufenthaltstitel erteilt werden. Da es sich hierbei nicht um die Zuwanderung einer Fachkraft nach § 18 AufenthG handelt, sondern um die von sonstigen Beschäftigten nach § 19c AufenthG, stellt das Gesetz keine besonderen Anforderungen an die Qualität des Hochschulabschlusses. Es ist daher ausreichend, wenn die den Abschluss verliehene Institution als Hochschule anerkannt ist. Zum Beleg hierzu kann auf die Datenbank ANABIN der Kultusministerkonferenz zurückgegriffen werden.

Vorliegen muss weiterhin ein **international agierendes Unternehmen,** bei dem ein 76 Arbeitnehmer vom ausländischen Standort in den inländischen Unternehmensteil entsandt wird. Bei dieser Konstellation ist es erforderlich, dass sowohl der ausländische als auch der inländische Unternehmensteil zur selben gesellschaftsrechtlichen Struktur gehören, es sich also um unselbständige Niederlassungen eines Unternehmens handelt. Alternativ ist auch eine Entsendung innerhalb eines Konzerns möglich. Der Begriff des **Konzerns** ergibt sich aus § 18 AktG. Um dem Erfordernis einer Entsendung im Rahmen eines Personalaustausches Rechnung zu tragen, muss für den nach Deutschland kommenden ausländischen Mitarbeiter ein bislang im deutschen Unternehmens- oder Konzernteil beschäftigter Arbeitnehmer für eine in etwa vergleichbare Zeit in das Ausland entsandt werden. Der Nachweis über die **Personalaustauschaktivitäten** erfolgt über Listen, die der Bundesagentur für Arbeit von dem inländischen Arbeitgeber jährlich zur Verfügung zu stellen sind.

Da der Einsatz in Deutschland nur vorübergehend sein soll, erlaubt § 10 BeschV die 77 Zustimmung für einen Zeitraum von maximal drei Jahren. Eine mehrfache Teilnahme am Personalaustausch ist möglich, wenn eine **Karenzzeit** zwischen den Einsätzen eingehalten wird. Die Bundesagentur für Arbeit spricht von einem zeitlich angemessenen Auslandsaufenthalt von mindestens sechs Monaten.[77] Bei Beantragung der Zustimmung zum Personalaustausch werden von der Bundesagentur für Arbeit gesonderte Formulare verwendet, um den Prozess zu beschleunigen.

Aufgrund der zeitlichen Befristung des Personalaustausches, der oftmals auch für kurze 78 Arbeitseinsätze von weniger als 180 Tagen verwendet wird, stellt sich bei Vorliegen einer **Nettolohnvereinbarung** zwischen Arbeitgeber und Arbeitnehmer gelegentlich das Problem, dass in Deutschland keine Lohnsteuerpflicht entsteht. Die von den Behörden geforderte Angabe eines **Bruttogehaltes** für die Berechnung der Vergleichbarkeit ist in diesen Fällen nur schwer möglich,[78] da rein faktisch ein deutsches Brutto nicht vorhanden ist. Hier wäre es sinnvoll, wenn die Bundesagentur für Arbeit angesichts der Arbeitsmarktneutralität des Personalaustausches für die Vergleichbarkeitsprüfung auf den Nettolohn abstellen würde.[79]

cc) Besondere Erteilungsvoraussetzungen – Auslandsprojekte. Im Ausland ord- 79 nungsgemäß beschäftigte Arbeitnehmer eines international tätigen Unternehmens oder Konzerns können in einer inländischen Betriebsstätte beschäftigt werden, wenn dies zur **Vorbereitung eines Auslandsprojektes** unabdingbar erforderlich ist. Darüber hinaus ist die Zustimmung auch dann möglich, wenn der ausländische Beschäftigungsbetrieb und das

---

[77] *BA*, Weisung 201606018 v. 20.6.2016, Ziff. 10.00.
[78] *Mastmann* in Offer/Mävers BeschV § 10 Rn. 4.
[79] *Offer* ZAR 2019, 147, 148.

aufnehmende Unternehmen in Deutschland nicht zur selben **Unternehmensgruppe** gehören, aber der Einsatz der ausländischen Fachkräfte im Vertrag mit dem inländischen Auftragnehmer zwischen den Parteien vereinbart wurde oder der Auftragnehmer keine eigene Zweigstelle oder einen Betrieb im Ausland hat, § 10 Abs. 2 BeschV.

80   Als Auslandsprojekt gelten **Neuentwicklungen mit Projektcharakter**,[80] also Geschäftstätigkeiten, die der Entwicklung neuer Produkte, Produktteile oder Dienstleistungen sowie deren Anpassung zum **Erschließen neuer ausländischer Märkte** dienen. Nicht erfasst von der Definition sind dagegen Standortverlagerungen vom Inland ins Ausland.[81] Als notwendige **Vorbereitungshandlungen** kommen sowohl die Konzeption, Planung und Entwicklung der Produkte sowie der Herstellungsanlagen als auch Modellfertigungen und deren Überprüfung sowie Einarbeitung und Schulung von ausländischen (Produktions-) Mitarbeitern in Betracht. Der ausländische Arbeitnehmer muss über eine mit deutschen Facharbeitern vergleichbare **Qualifikation** und zudem über besondere, vor allem **projektspezifische Spezialkenntnisse** verfügen.

3. Sonstige Beschäftigte: Beschäftigung bestimmter Staatsangehöriger

81   a) **Einleitung.** Bereits mit § 9 der Anwerbestoppausnahmeverordnung vom 17.9.1998 gab es die Möglichkeit für **Angehörige bestimmter Nationen,** mit Zustimmung der Bundesagentur für Arbeit eine Beschäftigung in Deutschland aufzunehmen, wenn sich für die beabsichtigte Stelle kein bevorrechtigter Bewerber auf dem inländischen Arbeitsmarkt finden ließ **(Vorrangprüfung).** Begründet wurde dies einerseits damit, dass aus den in der Vorschrift genannten Ländern **Andorra, Australien, Israel, Japan, Kanada, Monaco, Neuseeland, San Marion** und **USA** aufgrund der geografischen Lage, wirtschaftlichen Entwicklung oder der Größe keine hohen Zuwanderungszahlen nach Deutschland zu erwarten seien. Eine Rolle spielten allerdings auch die guten wirtschaftlichen oder politischen Beziehungen.

82   Mit Einführung des Zuwanderungsgesetzes 2005 wurde die Vorschrift als § 34 in die BeschV aufgenommen, durch die Konsolidierung 2013 als § 26 BeschV an anderer Stelle neu gefasst und die Liste der Länder um die **Republik Korea** ergänzt. Ebenfalls wurde in der Neufassung klargestellt, dass eine Zustimmung nach Abs. 1 auch für Einsätze in Deutschland im Rahmen einer **Entsendung** – also der Beschäftigung für einen Arbeitgeber im Ausland – möglich ist. Tatsächlich erfüllt die Vorschrift in der Praxis die Funktion einer **Auffangklausel,** mit der Staatsangehörige bestimmter, in der Regel wirtschaftspolitisch aktiver Nationen wie USA, Kanada, Australien, Japan und Südkorea flexibel für verschiedenste Einsatzzwecke in Deutschland legal beschäftigt werden können.

83   Die Staatsangehörigen von Australien, Israel, Japan, Kanada, der Republik Korea, Neuseeland und der USA sind zudem berechtigt, den Antrag auf Erteilung eines zur Beschäftigung geeigneten Aufenthaltstitels nach Einreise im Inland zu stellen, § 41 AufenthV.

84   Als Reaktion auf die Flüchtlingskrise und den Druck der illegalen Migration aus dem **Westbalkan** hat der Gesetzgeber mit dem Asylverfahrensbeschleunigungsgesetz zum 28.10.2015 § 26 BeschV probeweise bis Ende 2020 um einen zweiten Absatz ergänzt. Dieser ermöglicht es der Bundesagentur für Arbeit, einer Beschäftigung von Staatsangehörigen aus **Albanien, Bosnien und Herzegowina, Kosovo, Mazedonien, Montenegro** und **Serbien,** auf Basis einer einfachen **Vorrangprüfung** zuzustimmen.

85   Im Gegensatz zu den Personen, die von der Regelung in Abs. 1 profitieren, müssen die Zuwandernden aus den **Westbalkanstaaten** den Antrag zwingend bei der zuständigen deutschen **Auslandsvertretung in ihrem Herkunftsstaat** stellen. Eine Zustimmung darf nicht erteilt werden, wenn der Antragsteller innerhalb von 24 Monaten vor Antragstellung Leistungen nach dem Asylbewerberleistungsgesetz bezogen hat. Eine Ausnahme hierzu bestand für Antragsteller, die in der Zeit vom 1.1. bis 24.10.2015 einen Asylantrag gestellt

---

[80] *BA,* Weisung 201606018 v. 20.6.2016, Ziff. 10.03.
[81] *Mastmann* in Offer/Mävers BeschV § 10 Rn. 19.

haben, sich am 24.10.2015 gestattet, mit einer Duldung oder als Ausreisepflichtige im Bundesgebiet aufgehalten haben und unverzüglich ausgereist sind.

Die Vorschrift zielt darauf ab, die beträchtlichen illegalen Migrationsströme durch das Angebot zu legaler Migration auszutrocknen bzw. umzulenken. Tatsächlich nahm die Zahl der illegal nach Deutschland einreisenden Migranten aus diesen Staaten erheblich ab, während § 26 Abs. 2 BeschV innerhalb der zur Erwerbsmigration berechtigenden Vorschriften zahlenmäßig deutlich in Führung ging. Im Jahr 2016 wurden 42.546 der insgesamt von der Bundesagentur für Arbeit erteilten 215.045 Zustimmungen mit § 26 Abs. 2 BeschV begründet, im Jahr 2018 waren es 46.118 von insgesamt 269.584 Zustimmungen[82]. Dem standen jedoch „nur" 21.078 Visumerteilungen von den deutschen Auslandsvertretungen auf dem Westbalkan[83] gegenüber, da die Auslandsvertretungen auf dem Westbalkan bislang nicht in der Lage waren, allen Interessenten einen Visumtermin anzubieten.[84] Eine Verlängerung des Programms in unveränderter Form wird aufgrund der hohen Antragszahlen bei der Bundesagentur für Arbeit, denen weniger als 50 % erteilte Visa gegenüberstehen, einem nachgewiesenen Missbrauch in 7,35 % der überprüften Fälle,[85] die zu einer Beschäftigung geführt hatten und der aktuellen Entwicklung der Flüchtlingszahlen auf der Balkanroute kontrovers diskutiert. Wirtschaft und Handwerk drängen allerdings unter Verweis auf den Personalmangel auf eine Fortsetzung der Regelung.[86] 86

b) Besondere Erteilungsvoraussetzungen. Neben dem Nachweis der Nationalität muss für die Zustimmung nach § 26 BeschV ein **Arbeitsplatzangebot** vorliegen, für das die von der Bundesagentur für Arbeit vorzunehmende **Vorrangprüfung** (→ Rn. 6) keinen vergleichbar geeigneten Bewerber auf dem inländischen Arbeitsmarkt finden konnte. Natürlich müssen auch hierbei die angebotenen Arbeitsbedingungen denen vergleichbarer deutscher Arbeitnehmer entsprechen. 87

B. Nichtbeschäftigungsfiktion

I. Einführung

Ausgehend von dem Grundsatz, dass eine ausländische Person in Deutschland nur einer Beschäftigung nachgehen darf, wenn sie über einen entsprechenden Aufenthaltstitel verfügt, definiert § 30 BeschV bestimmte Tätigkeiten, die aufenthaltsrechtlich nicht als Beschäftigung gelten. 88

Ausländische Personen, die den in § 30 BeschV aufgezählten Tätigkeiten während eines nur begrenzten Zeitraums nachgehen, benötigen daher keinen die Beschäftigung gestattenden Aufenthaltstitel. Die sogenannte **„Nichtbeschäftigungsfiktion"**[87] ist die Grundlage für alle Arten von **Geschäftsreisen,** für die ein einfaches Schengenvisum ohne Nebenbestimmung bzw. die Inanspruchnahme der visumfreien Einreise (→ § 5 Rn. 7) ausreicht. Trotz des großen Anwendungsbereichs kommt es in der Praxis aber immer wieder zu großen Rechtsunsicherheiten, die angesichts der erheblichen strafrechtlichen Risiken im Zusammenhang mit der **Abgrenzung zur unerlaubten Ausländerbeschäftigung** (→ § 22 Rn. 58 ff.), rechtspolitisch bedenklich sind. Umso mehr, als die einladenden Unternehmen aufgrund der **Prüfpflicht** in § 4a Abs. 5 AufenthG auch dann haften, wenn der Antragsteller den Zweck der Reise der deutschen Auslandsvertretung offengelegt hat 89

---

[82] Statistik der *BA*, Berichtsjahr 2018, Ziff. 5
[83] Antwort auf die Kleine Anfrage „Arbeitsvisa aus dem Westbalkan" BT-Drs. 19/7732 in BT-Drs. 19/8229.
[84] https://www.spiegel.de/politik/deutschland/westbalkan-regelung-deutsche-botschaften-mit-visaanfragen-ueberfordert-a-1257542.html(Abrufdatum 3.2.2020).
[85] https://www.spiegel.de/politik/deutschland/westbalkan-regelung-deutsche-botschaften-mit-visaanfragen-ueberfordert-a-1257542.html (Abrufdatum 3.2.2020).
[86] https://www.handwerk.com/auslaufende-westbalkan-regelung-bremsklotz-fuer-den-bau (Abrufdatum 3.2.2020).
[87] *Werner* in Offer/Mävers BeschV § 30 Rn. 2.

und diese fälschlicherweise ein Schengenvisum ohne Erlaubnis der Beschäftigung ausgestellt hat.

90 Rechtstechnisch verweist § 30 BeschV auf eine Reihe von verschiedenen Tatbeständen, die bei längeren Aufenthalten als Beschäftigung gelten, für kurze Anwesenheiten in Deutschland aber arbeitsmarktneutral und daher aus dem **Anwendungsbereich des Beschäftigungsverbots** herausgenommen sind. Dies sind: Tätigkeiten als vertretungsberechtigte Organe bzw. Führungskräfte eines in Deutschland ansässigen Unternehmens (§ 3 BeschV), Wissenschaftliches Personal von Hochschulen (§ 5 BeschV), Teilnehmer an Freiwilligendiensten und aus religiösen oder karitativen Gründen Beschäftigte (§ 14 BeschV), Praktikanten und Teilnehmer an schulischen oder universitären Austauschprogrammen (§ 15 BeschV), Geschäftsreisende im engeren Sinne (§ 16 BeschV, → Rn. 111), Teilnehmer an konzerninternen Weiterbildungsmaßnahmen (§ 17 BeschV, → Rn. 114), Journalisten (§ 18 BeschV), Personen, die eine im Ausland für einen deutschen Kunden gefertigte Maschine oder Softwareapplikation montieren, warten oder in die Bedienung einweisen (§ 19 Abs. 1 BeschV, → Rn. 117), Beschäftigte im internationalen Straßen- und Schienenverkehr (§ 20 BeschV), Schausteller, Sportler, Fotomodelle, Schauspieler, Reiseleiter und Dolmetscher, die typischerweise für kurzzeitige Termine in das Inland reisen (§ 22 BeschV), Teilnehmer an internationalen Sportveranstaltungen (§ 23 BeschV), Beschäftigte im grenzüberschreitenden Verkehr (§§ 23 bis 26 AufenthV), Personen, die in diplomatischen Vertretungen arbeiten, aber keinen Status als Diplomat haben (§ 27 AufenthV), Schweizer Staatsbürger (§ 28 AufenthV) sowie Personen, die in Rettungsfällen Hilfe leisten (§ 29 AufenthV).

91 Abgesehen von den klaren **Zeiträumen** (maximal 90 Tage in sechs bzw. zwölf Monaten) kennzeichnet den Aufenthalt nach § 30 BeschV aber auch, dass die in den jeweiligen **Rechtsgrundverweisungen** benannten Normen inhaltliche Anwendung finden.

92 Sachverhalte, die sich nicht unter eine der genannten Normen, sondern eine andere, nicht der Privilegierung des § 30 BeschV unterfallende Tätigkeit subsumieren lassen, können nicht Gegenstand einer **erlaubnisfreien Geschäftsreise** sein. Tätigkeiten, die über den in § 30 BeschV privilegierten Bereich **inhaltlich** hinausgehen, stellen daher unabhängig von der Zeitdauer des Aufenthalts eine unerlaubte Beschäftigung dar. Dementsprechend wichtig ist die klare Abgrenzung der erlaubten von den unerlaubten Tätigkeiten.

II. Befreiungstatbestände

1. Geschäftsreise im engeren Sinn

93 Die **klassische Geschäftsreise** ist in § 16 BeschV definiert und erlaubt es einer ausländischen Person, die ihren **gewöhnlichen Aufenthalt im Ausland** beibehält, im Inland **Besprechungen** und **Verhandlungen** zu führen, **Vertragsangebote** zu erstellen, **Verträge** zu verhandeln und abzuschließen, die Durchführung eines Vertrages zu überwachen, ein **Unternehmen** zu gründen, zu überwachen oder zu steuern.

94 Abgrenzungsprobleme ergeben sich immer wieder bei Personen in **Dienstleistungsberufen,** deren Kerngeschäft das Führen von Besprechungen und Verhandlungen bzw. der An- oder Verkauf von Waren ist. Eine Geschäftsreise unterscheidet sich von der erlaubnispflichtigen Beschäftigung darin, dass der Geschäftsreisende Beziehungen anbahnt, nicht aber eine Dienstleistung erbringt.[88] Es liegt dann eine Erwerbstätigkeit vor, wenn die Tätigkeit über die bloße Durchführung geschäftlicher Besprechungen und das Unterbreiten von Angeboten als Anbahnung von Geschäften hinausgeht, weil sie bereits die **Erbringung der vereinbarten Dienstleistung** beinhaltet.[89] Eine Geschäftsreise kann ebenfalls nicht angenommen werden, wenn die Reisetätigkeit und die in Deutschland vorgenommenen

---

[88] GATS/SC/31, 10.
[89] BVerwG Urt. v. 19.2.2015 – 1 C 9.14, NVwZ 2015, 827 Rn. 21.

Handlungen zum **Kernbestandteil des Berufsbildes** zählen und durch die Tätigkeit in Deutschland bereits die Leistung erbracht wird.[90] Auch ist die Geschäftsreise abzulehnen, wenn die Tätigkeit von einer anderen Privilegierung erfasst wäre, sie deren Kriterien aber nicht vollständig erfüllt (beispielsweise Installation einer Softwarekomponente, die den Anforderungen von § 19 Abs. 1 BeschV nicht entspricht).

Demnach unterfallen der Nichtbeschäftigungsfiktion **nicht:** Erbringung von Beratungsdienstleistungen beispielsweise im Softwarebereich bzw. Erarbeitung technischer Spezifikationen für ein Softwareprojekt[91], Knowledge-Transfer zum Zwecke der Standortverlagerung (Ausnahme: Konzerninterne Trainings, → Rn. 94), Tätigkeit als Vertriebshändler mit Bezirk in Deutschland oder Consultingdienstleistungen als Unternehmensberater[92]. 95

2. Innerbetriebliche Weiterbildung im Konzern

Ebenfalls von der **Nichtbeschäftigungsfiktion** umfasst und von großer praktischer Bedeutung ist die **innerbetriebliche Weiterbildung** von im Ausland beschäftigten Fachkräften im inländischen Unternehmensteil oder einer inländischen Konzerngesellschaft, § 17 BeschV. 96

Zwar darf das Training aus praktischen ebenso wie theoretischen Anteilen bestehen, es muss aber stets darauf ausgerichtet sein, dass der **Erfahrungsgewinn des ausländischen Mitarbeiters** im Vordergrund steht.[93] Anwendung findet die Vorschrift üblicherweise im Rahmen der Einarbeitung neuer Konzernmitarbeiter, der Vorbereitung von Standortverlagerungen oder der Eröffnung neuer Konzernabteilungen im Ausland. Problematisch ist hierbei die Abgrenzung zu § 10 Abs. 2 BeschV (Vorbereitung von Auslandsprojekten), der gerade nicht der Privilegierung des § 30 BeschV unterfällt. Im Ergebnis wird bei der **Abgrenzung** darauf abzustellen sein, ob der Einsatz in Deutschland der Ausbildung des ausländischen Mitarbeiters oder der Erarbeitung von Projektergebnissen dienen soll. Zu beachten ist bei der Anwendung des § 17 BeschV, dass nur Personen erfasst sind, die im Ausland bei der Konzerngesellschaft bzw. bei dem ausländischen Unternehmensteil regulär beschäftigt sind. Selbständige Dienstleister oder „Free-Lancer" können sich auf die Vorschrift ebenso wenig berufen wie Mitarbeiter eines Joint-Venture Unternehmens, mit dem keine ausreichende Konzernverbindung durch Mehrheitsbeteiligung besteht. 97

Die **Fortbildung** muss zwingend **innerbetrieblich,** dh vom Einsatzbetrieb, durchgeführt werden und auf dem Betriebsgelände bzw. dem Betrieb zuzuordnenden Räumlichkeiten stattfinden. Eine Fortbildung beispielsweise bei einem Kunden oder Zulieferer ist dagegen nicht von der Vorschrift umfasst. Die Regelung deckt sowohl die Anwesenheit als Trainee als auch die als Trainer oder Lehrer ab.[94] 98

3. Werklieferungsverträge-Software- und Maschineninstallation

Von der **Nichtbeschäftigungsfiktion** erfasst sind auch die Einsätze von Personen, die für ihren ausländischen Arbeitgeber gewerblichen Zwecken dienende **Maschinen, Anlagen** und **Programme der elektronischen Datenverarbeitung,** die bei dem Arbeitgeber bestellt worden sind, aufstellen, montieren oder warten, reparieren oder in die Bedienung einweisen, § 19 Abs. 1 BeschV. 99

Problematisch sind in der Praxis oftmals Fälle, bei denen ein **Konzernunternehmen** die Maschine, Anlage oder das EDV-Programm fertigt, ein anderes aber die Installation oder Implementierung betreut. Derartige **Arbeitsaufteilungen** sind bei modernen Holding- 100

---

[90] *Offer* in Offer/Mävers BeschV § 16 Rn. 10.
[91] BVerwG Urt. v. 19.2.2015 – 1 C 9.14, NVwZ 2015, 827.
[92] *Offer* in Offer/Mävers BeschV § 16 Rn. 11.
[93] *Offer* in Offer/Mävers BeschV § 17 Rn. 4.
[94] *BA*, Weisung 201606018 v. 20.6.2016, BeschV § 17.

strukturen und in internationalen Konzernen keine Seltenheit. Richtigerweise ist die Vorschrift daher so auszulegen, dass eine **Konzernverbindung** zwischen dem Arbeitgeber des Mitarbeiters und dem Herstellungsbetrieb ausreichend ist.[95]

101 Als **Maschinen** im Sinne dieser Vorschrift gelten nur **komplett eigenständig funktionierende Einheiten**, nicht aber Maschinen-Bauteile, die lediglich zur Komplettierung einer Maschine dienen.[96] Ähnliches gilt für den Begriff der **Anlage**. Auch hier will die Bundesagentur für Arbeit nur solche Einrichtungen, die eine selbständige, **in sich geschlossene, verwendungsfertige technische Einheit** darstellen von der Vorschrift umfasst sehen.[97] Auch Teil-Anlagen sind gegebenenfalls als Anlage zu verstehen, wenn sie im Rahmen einer internationalen Arbeitsteilung bei der Erstellung von **Großanlagen** im Ausland hergestellt wurden. Dies gilt aber nur dann, wenn der Wert der Teil-Anlage den Aufwand für die Montage in Deutschland erheblich übersteigt.

102 Wichtig ist, dass der **Bezug der Anlage** und nicht die **Arbeitsleistung** durch die ausländischen Monteure im Vordergrund steht. Hierfür ist es erforderlich, dass der Wert der Teil-Anlage im Wesentlichen im Ausland entstanden ist und die kalkulierten Personalkosten für die Montage in Deutschland nicht mehr als 15 % des vereinbarten Lieferwertes betragen. Schließlich muss es sich bei der Teil-Anlage um eine **Einzel-Anfertigung** handeln, da Serienprodukte in der Regel keine Teil-Anlagen darstellen.[98]

103 Ähnlich verhält sich die Abgrenzung zwischen der **Arbeitsleistung des Personals** und der von § 19 Abs. 1 BeschV erfassten Lieferung einer **Softwareapplikation.** Ohne einen zur Erwerbstätigkeit berechtigenden Aufenthaltstitel dürfen nur **eigenständige Komplettlösungen** installiert und gewartet werden. Für die Installation oder Inlandsfertigung **unselbständiger Zusatzmodule** bereits bestehender Programme oder anderweitig auf sie aufsetzende Lösungen[99] darf die genehmigungsfreie Geschäftsreise nicht benutzt werden, da dabei der Dienstleistungscharakter bzw. der **kostengünstige Einsatz von ausländischem Fremdpersonal** im Vordergrund steht. In der Praxis ist die Unterscheidung für viele IT-Dienstleister relevant, deren Geschäftsmodell darin besteht, auf dem Markt modular verfügbare Unternehmensanwendungen beim Kunden durch zur Verfügung gestellte IT-Spezialisten individuell anzupassen. Diese Form der **Dienstleistung,** die vertraglich oftmals Elemente der **Arbeitnehmerüberlassung** aufweist, ist aufgrund der Begriffsbestimmung, die die Bundesagentur für Arbeit richtigerweise getroffen hat, von der Nichtbeschäftigungsfiktion nicht umfasst.

104 In jedem Fall erfordert der Eintritt der Nichtbeschäftigungsfiktion im Rahmen des § 19 Abs. 1 BeschV eine **Anzeige** an die Bundesagentur für Arbeit, die **vor der Einreise** zu erfolgen hat. Das hierzu erforderliche Formblatt der Anzeige über die Montage/Demontage maschineller Anlagen/EDV-Programme ist auf den Webseiten[100] der Bundesagentur für Arbeit erhältlich.

C. Verfahrensbesonderheit: Das beschleunigte Fachkräfteverfahren

I. Einführung

105 Durch das Fachkräfteeinwanderungsgesetz wurde erstmals ein spezielles Verwaltungsverfahren exklusiv für die Einwanderung von Fachkräften vom Gesetzgeber geschaffen. Kostenpflichtige Beschleunigungsverfahren kennen auch andere Einwanderungsländer, so bei-

---

[95] *Mävers* in Offer/Mävers BeschV § 19 Rn. 13.
[96] BA, Weisung 201606018 v. 20.6.2016, Ziff. 19.02.
[97] BA, Weisung 201606018 v. 20.6.2016, Ziff. 19.02.
[98] BA, Weisung 201606018 v. 20.6.2016, Ziff. 19.02.
[99] BA, Weisung 201606018 v. 20.6.2016, Ziff. 19.02.
[100] https://www3.arbeitsagentur.de/web/wcm/idc/groups/public/documents/webdatei/mdaw/mdq0/~edisp/l6019022dstbai456616.pdf?_ba.sid=L6019022DSTBAI456619.

spielsweise die USA[101], Australien[102], Kanada[103], aber auch EU Staaten wie die Niederlande[104]. Die Ausgestaltung des deutschen beschleunigten Verfahrens orientiert sich an einem Modell, das die Niederlande vor einigen Jahren eingeführt hat. Dabei zielt das Verfahren auf die Entlastung der Auslandsvertretungen, Reduzierung von Reibungsverlusten zwischen den beteiligten Behörden und Steigerung an Rechtssicherheit[105]. Tatsächlich hat gerade der Anstieg der Antragszahlen zu einer Überforderung der beteiligten Behörden geführt und die Notwendigkeit einer Restrukturierung der Verfahren verdeutlicht. So hatten die deutschen Auslandsvertretungen im Zeitraum zwischen 2014 bei 207.894 erteilten nationalen Visa[106] und 2018[107] mit 300.945 erteilten Visa einen Zuwachs von fast 45 % in nur vier Jahren zu verzeichnen. Die Einführung des beschleunigten Verfahrens korreliert mit der Aufforderung des Gesetzgebers an die Bundesländer, zentrale Ausländerbehörden nach § 71 Abs. 1 S. 3 AufenthG für die Befassung im beschleunigten Verfahren zu schaffen[108].

Im beschleunigten Verfahren kommt der Ausländerbehörde die Funktion einer **Koordinierungsstelle** zu, da sie als Kontaktstelle zwischen dem Arbeitgeber, der Bundesagentur für Arbeit (bei Zustimmungspflicht), der Anerkennungsstelle (bei Notwendigkeit der Anerkennung ausländischer Bildungsabschlüsse) und der Auslandsvertretung fungiert. Zudem obliegt ihr die Beratung des Arbeitgebers, der Abschluss einer Vereinbarung über den Ablauf des Verfahrens und die Erteilung einer **Vorabzustimmung** bei Entscheidungsreife. Durch die Vorabzustimmung wird im beschleunigten Fachkräfteverfahren ein Großteil der Prüfung von Sach- und Rechtslage – anders als im regulären Verfahren bei der diese Prüfung der Auslandsvertretung obliegt – zur Ausländerbehörde verlagert.

II. Verfahrensablauf

1. Antragstellung

Das beschleunigte Fachkräfteverfahren wird nach § 81a Abs. 1 AufenthG von der ausländischen Fachkraft, vertreten durch den zukünftigen Arbeitgeber, beantragt. Die Beantragung und Durchführung des beschleunigten Fachkräfteverfahrens durch den **Arbeitgeber in Vollmacht** für die Fachkraft ist als Tätigkeit in fremden konkreten Angelegenheiten zu qualifizieren, die immer auch eine rechtliche Prüfung des Einzelfalls erfordert. § 81a Abs. 1 AufenthG ist hier als Berechtigungsnorm iSv § 3 RDG zu verstehen. Sollte es sich bei dem Arbeitgeber um ein KMU handeln, ist ausweislich der Gesetzesbegründung auch eine Unterbevollmächtigung an eine Kammer möglich, da der Gesetzgeber davon ausgeht, dass die Vertretung im beschleunigten Fachkräfteverfahren in den satzungsgemäßen Aufgabenbereich der beruflichen Interessenvereinigung fällt. Die explizite Erwähnung der berufsständischen Vereinigungen in der Gesetzesbegründung macht deutlich, dass der Gesetzgeber die Vertretung im beschleunigten Verfahren als **Rechtsdienstleistung** qualifiziert.[109] Zum Zwecke der Durchführung schließen der Arbeitgeber und die zuständige Ausländerbehörde eine Vereinbarung ab, § 81a Abs. 2 AufenthG, deren Inhalt sich an den Vorgaben

---

[101] Premium Processing Service, https://www.uscis.gov/forms/how-do-i-use-premium-processing-service (Abrufdatum 3.2.2020).
[102] Accredited Sponsor Scheme, https://immi.homeaffairs.gov.au/visas/employing-and- sponsoring-someone/sponsoring-workers/becoming-a-sponsor/accredited-sponsor (Abrufdatum 3.2.2020).
[103] Global Skills Strategy, https://www.canada.ca/en/immigration-refugees-citizenship/servi- ces/work-canada/hire-foreign-worker/temporary/global-skills-strategy.html (Abrufdatum 3.2.2020).
[104] IND Recognized Sponsors for Knowledge Workers, https://business.gov.nl/coming-to- the-netherlands/information-for-employers/procedures-for-recognised-sponsors/ (Abrufdatum 3.2.2020).
[105] Kabinettsfassung Entwurf Fachkräfteeinwanderungsgesetz, 131.
[106] BT-Drs. 18/4765, 36.
[107] Auswärtiges Amt Juli 2019.
[108] Kabinettsfassung Entwurf Fachkräfteeinwanderungsgesetz, 131.
[109] Zur Frage der Vertretungsberechtigung Dritter im ausländerrechtlichen Verfahren siehe auch: *Krenzler* BB 2018, 3023; *Remmertz*, BRAK Mitteilungen 2019, 219; *Wolf/Klaus* ANA-ZAR 2019, 16 (17).

des Gesetzes orientiert. Das Bundesministerium des Inneren für Bau und Heimat stellt als Anlage zu den Anweisungshinweisen Muster für die dem Arbeitgeber von der Fachkraft zu erteilenden Vollmacht und der mit der Ausländerbehörde zu schließenden Vereinbarung zur Verfügung.

2. Zuständigkeit

108 Die **sachliche Zuständigkeit** der jeweiligen Ausländerbehörde bemisst sich nach § 81a Abs. 1 AufenthG an dem **Beschäftigungszweck,** zu dem die ausländische Fachkraft einreisen will. Das dort normierte spezielle Zuwanderungsverfahren dient vorrangig der Beschleunigung der Einreise von Fachkräften, also Personen, die aufgrund ihres Bildungsniveaus und der Absicht, für Arbeitgeber im Inland tätig zu werden, für die Sicherung der Fachkräftebasis und die Entwicklung des Wirtschaftsstandortes Deutschland von besonderer Bedeutung sind. Aus diesem Grunde steht es grundsätzlich nur Fachkräften offen, die im Rahmen der §§ 16a (Berufsausbildung/berufliche Weiterbildung), 16d (Maßnahmen zur Anerkennung einer ausländischen Berufsqualifikation), 18a (Fachkraft mit Berufsausbildung), 18b (Fachkraft mit akademischer Ausbildung) oder 18c Abs. 3 (hochqualifizierte Fachkraft) einen Antrag auf Erteilung eines Aufenthaltstitels stellen wollen.

109 Eine Ausweitung der sachlichen Zuständigkeit ist über § 81a Abs 5 AufenthG möglich, der eine Anwendung des Verfahrens für **sonstige qualifizierte Beschäftigte** eröffnet. Als solche sind nach den Anwendungshinweisen des Bundesministeriums des Inneren, für Bau und Heimat sowohl Forscher, Führungskräfte nach § 3 BeschV, Wissenschaftler oder Lehrkräfte nach § 5 BeschV, befristete praktische Tätigkeiten im Kontext einer Anerkennung gemäß § 8 Abs. 3 BeschV, IT-Spezialisten mit berufspraktischen Kenntnissen, § 6 BeschV sowie die Beschäftigung nach § 19c AufenthG im Einzelfall mit begründetem öffentlichen Interesse oder als Beamter[110]. Da eine qualifizierte Beschäftigung nach § 2 Abs. 12b AufenthG jedoch immer dann vorliegt, wenn zur Ausübung der Beschäftigung Fertigkeiten, Kenntnisse und Fähigkeiten erforderlich sind, die in einem Studium oder einer qualifizierten Berufsausbildung erworben wurden, ist aus dem Gesetzestext heraus nicht ersichtlich, warum der Personalaustausch nach § 10 Abs. 1 Nr. 1 BeschV oder auch die Beschäftigung bestimmter Staatsangehöriger nach § 26 BeschV beim Vorliegen entsprechender Qualifikationen keine Anwendung finden soll. Eine lokale Beschäftigung ist anders als in § 39 Abs. 2 Nr. 3 AufenthG für die Anwendung des beschleunigten Verfahrens nicht als Tatbestandsvoraussetzung gesetzlich normiert und sollte daher auch seitens der Behörden nicht verlangt werden.[111]

110 Die sachliche Zuständigkeit erstreckt sich nach § 81a Abs. 4 auch auf den **Familiennachzug** des Ehegatten und minderjähriger lediger Kinder soweit deren Visumanträge im zeitlichen Zusammenhang gestellt werden. Als zeitlicher Zusammenhang ist hier noch von einer Antragstellung innerhalb von 6 Monaten nach dem Antrag des Hauptantragstellers auszugehen, damit ggf. die begleitenden minderjährigen Kinder des Hauptantragstellers ihr Schuljahr im Ausland beenden können.

111 Die örtliche Zuständigkeit ergibt sich in den Regionen, in denen keine zentrale Ausländerbehörde nach § 71 Abs. 1 S. 5 AufenthG zuständig ist, aus § 31a Abs. 4 AufenthV an dem Ort der Betriebsstätte, in der die ausländische Fachkraft eingesetzt werden soll. Bei einem überregionalen Einsatz ist die Ausländerbehörde zuständig, an dem die **Betriebsstätte** gelegen ist, die den Einsatz der Fachkraft leitet.[112]

---

[110] Anwendungshinweise des Bundesministeriums des Inneren, für Bau und Heimat zum Fachkräfteeinwanderungsgesetz vom 30.1.2020, Ziffer 81a.1.3
[111] AA ohne Begründung: Anwendungshinweise des Bundesministeriums des Inneren, für Bau und Heimat zum Fachkräfteeinwanderungsgesetz vom 30.1.2020, Ziffer 81a. 1.4.1.
[112] Anwendungshinweise des Bundesministeriums des Inneren, für Bau und Heimat zum Fachkräfteeinwanderungsgesetz vom 30.1.2020, Ziffer 81a.1.2.

3. Kontrahierungspflicht

Beim Vorliegen der örtlichen und sachlichen Zuständigkeit ist die Ausländerbehörde verpflichtet, dem Antrag auf Durchführung des beschleunigten Verfahrens zu entsprechen und die vom Gesetz vorgesehene Vereinbarung abzuschließen.[113]

112

4. Verbindliche Vereinbarung

Die abzuschließende Vereinbarung muss die vom Gesetz in § 81a Abs. 2 AufenthG vorgegebenen zwingenden **Kernelemente** enthalten (→ Rn. 114). Mit § 81a Abs. 2 Nr. 8 AufenthG hat der Gesetzgeber die Parteien insbesondere verpflichtet, auch die Folgen bei Nichteinhaltung der getroffenen Vereinbarung zu definieren. Aus dieser Rechtspflicht heraus sind die Parteien gehalten, nicht nur ein unverbindliches Beratungsprotokoll zu erstellen, sondern vielmehr eine **verbindliche Vereinbarung** über den Ablauf des Zuwanderungsverfahrens für die ausländische Fachkraft zu treffen. Leider enthalten die Anwendungshinweise keine Vorschläge dazu, was die Parteien für den Fall vereinbaren könnten, dass die beteiligten Behörden sich nicht an die vereinbarten Abläufe oder Erledigungsfristen halten.[114] Dies ist bedauerlich, da damit seitens der Exekutive die Frage nach dem anwendbaren **Rechtsmittel** bei einer Schlecht- oder Nichtleistung der Behörde bzw. dem Versäumen der gesetzlich vorgegebenen Fristen (→ Rn. 118) unbeantwortet bleibt und damit das beschleunigte Fachkräfteverfahren für die ausländische Fachkraft und den Arbeitgeber als kostenpflichtiges Verfahren ohne adäquaten Rechtsschutz unattraktiv zu werden droht. Dies entspricht nicht der Intention des Gesetzgebers, der durch die verbindliche Vereinbarung der Verfahrenskoordination durch die Ausländerbehörden mehr **Verfahrenstransparenz** und ein hohes Maß an **Rechtssicherheit** erreichen wollte.[115] Im Gesetzgebungsverfahren wurde vom Forschungsinstitut der Bundesagentur für Arbeit sogar erläutert, dass das beschleunigte Fachkräfteverfahren in der vorgeschlagenen Ausgestaltung einen **Rechtsanspruch** auf zügige Bearbeitung der Anträge beinhalte.[116] Ein Rechtsanspruch ohne Rechtsmittel ist jedoch eines Rechtsstaates ebenso wenig würdig wie ein kostenpflichtiges Verfahren zur Schaffung einer Vereinbarung, die entsprechend der gesetzgeberischen Intention zwar Folgen bei Nichteinhaltung definieren soll, aber nach Ansicht der Exekutive keine inhaltliche Verbindlichkeit bietet.

113

5. Vereinbarungsinhalt

§ 81a Abs. 2 AufenthG bestimmt zwingend als Kernelemente der Vereinbarung (i) die Aufnahme der Kontaktdaten der ausländischen Fachkraft, des Arbeitgebers und der dortigen Ansprechperson sowie der beteiligten Ausländerbehörde, (ii) die Bevollmächtigung des Arbeitgebers (→ Rn. 117) und der Ausländerbehörde durch die Fachkraft, (iii) eine Verpflichtung des Arbeitgebers, auf die Mitwirkungspflichten des Ausländers nach § 82 Abs. 1 S. 1 AufenthG hinzuwirken, (iv) eine Beschreibung der vorzulegenden Nachweise und (v) der Abläufe einschließlich der Beteiligten weiterer Behörden und der Erledigungsfristen, (vi) die Vorverlagerung der Verpflichtung des Arbeitgebers nach § 4a Abs. 5 S. 3 Nr. 3 AufenthG, damit diese bereits im Antragsverfahren vor Antritt der Beschäftigung greift, sowie (vii) die Folgen der Nichteinhaltung der Vereinbarung (→ Rn. 113).

114

Durch die in der Vereinbarung verbindlich vorzunehmende **Ablaufbeschreibung** und die Bezeichnung der vorzulegenden Dokumente und Nachweise soll das Verfahren ein

115

---

[113] Anwendungshinweise des Bundesministeriums des Inneren, für Bau und Heimat zum Fachkräfteeinwanderungsgesetz vom 30.1.2020, Ziffer 81a.1.1.
[114] Anwendungshinweise des Bundesministeriums des Inneren, für Bau und Heimat zum Fachkräfteeinwanderungsgesetz vom 30.1.2020, Ziffer 81a.2.8.
[115] Kabinettsfassung Entwurf Fachkräfteeinwanderungsgesetz, 131; *Hammer/Klaus* ZAR 2019, 137 (144).
[116] *IAB* Stellungnahme zur Anhörung des FEG im Ausschuss für Inneres und Heimat des Deutschen Bundestages am 3. Juni 2019, 16.

hohes Maß an Rechtssicherheit bieten[117]. Wenn eine Steigerung der Rechtssicherheit ausweislich der Gesetzesbegründung das erklärte Ziel des beschleunigten Verfahrens ist, sollte die Ausländerbehörde verpflichtet sein, die Vorabzustimmung zu erteilen, sobald die Antragsteller die in der Vereinbarung definierten **Nachweise** in der vereinbarten Qualität erbracht haben. Spätere Nachforderungen – wie sie aus dem herkömmlichen Verfahren zum Ärger der Arbeitgeber gegenwärtig nicht unüblich sind – können im beschleunigten Verfahren daher nur dann zulässig sein, wenn die Notwendigkeit der Vorlage zum Zeitpunkt des Vereinbarungsabschlusses nicht absehbar war, sich also zwischenzeitlich eine unerwartete Veränderung des Sachverhaltes ergeben hat. Dies wäre möglich, soweit man die Vereinbarung als Vergleichsvertrag versteht, mit dem sich Behörde und Arbeitgeber bei verständiger Würdigung der individuellen Zuwanderungsoptionen darauf verständigen, welche Nachweise zu erbringen sind. Durch die begrenzte Lockerung des strikten Prinzips der Gesetzmäßigkeit der Verwaltung im Rahmen eines Vergleiches nach § 55 VwVfG[118] könnten auf spätere Nachforderungen entsprechend verzichtet werden und die Behörde dennoch in der Lage sein, die Vorabzustimmung zu erteilen. Da die Vorabzustimmung vom Gesetzgeber nicht als Verwaltungsakt, sondern als nicht einklagbares **Verwaltungsinternum**[119] ausgestaltet worden ist[120], ist es umso wichtiger, dass die Parteien nach § 81a Abs. 2 Nr. 8 AufenthG die Folgen bei Nichteinhaltung der Vereinbarung so fassen, dass das Verfahren an dieser Stelle nicht leerläuft. Tatsächlich erscheint es als Missgriff, dass sich der Gesetzgeber bei der Vorabzustimmung nach § 81a Abs. 3 Nr. 6 AufenthG gegen das Instrument eines Verwaltungsaktes entschieden hat[121]. Damit wurde eine rechtlich kaum zu fassende Chimäre im Fachkräfteeinwanderungsrecht geschaffen, deren Existenz sich wohl nur damit erklären lässt, dass Arbeitgeber daran gehindert werden sollen, Rechtsmittel gegen die Entscheidungen der Behörden einzulegen.

116 § 81a Abs. 2 Nr. 7 AufenthG sieht vor, dass die Vereinbarung die **Mitwirkungspflicht** des Arbeitgebers nach § 4a Abs. 5 S. 3 Nr. 3 AufenthG enthält. Der Verweis auf diese Stelle ist ungeschickt formuliert, da dort Arbeitgebern eine Meldepflicht auferlegt wird, für den Fall, dass die Beschäftigung, für die ein Aufenthaltstitel erteilt wurde, vorzeitig beendet wird. Bei dem vorliegenden beschleunigten Fachkräfteverfahren ist oftmals noch kein Beschäftigungsverhältnis zustande gekommen, da allein ein Arbeitsplatzangebot zu diesem Stadium ausreichend ist. Zudem erscheint hier problematisch, dass die Vereinbarung zwischen der ausländischen Fachkraft und der Ausländerbehörde[122] den Arbeitgeber als Dritten verpflichten soll. Zumindest dieses Problem kann durch die schriftliche Zustimmung des Arbeitgebers nach § 58 VwVfG gelöst werden – jedoch nur, soweit man die Vereinbarung als **öffentlich-rechtlichen Vertrag**[123] betrachtet.

6. Aufgaben der Ausländerbehörde

117 Im Rahmen des beschleunigten Verfahrens ist es Aufgabe der zuständigen Ausländerbehörde, (i) den Arbeitgeber zum Verfahren und den einzureichenden Nachweisen zu beraten,

---
[117] Kabinettsfassung Entwurf Fachkräfteeinwanderungsgesetz, 131.
[118] *Spieth* in BeckOK VwVfG § 55 Rn. 2 ff.
[119] Da das kostenpflichtige beschleunigte Fachkräfteverfahren nicht in den Erlass eines Verwaltungsaktes mündet, stellt sich die Frage, ob es überhaupt als Verwaltungsverfahren zu qualifizieren ist, vgl. *Hammer/Klaus* ZAR 2019, 137 (145).
[120] Kabinettsfassung Entwurf Fachkräfteeinwanderungsgesetz, 131.
[121] Ähnlich *Hammer/Klaus* ZAR 2019, 137 (143), die von einer Vereinbarung sui generis außerhalb eines Verwaltungsverfahrens ausgehen.
[122] Diese sind ausweislich der Anwendungshinweise als Vertragsparteien zu verstehen, Anwendungshinweise des Bundesministeriums des Inneren, für Bau und Heimat zum Fachkräfteeinwanderungsgesetz vom 30.1.2020, Ziffer 81a.2.0.; aA *Klaus* NJOZ 2019, 753 (755).
[123] Für die Annahme eines öffentlich-rechtlichen Vertrages: *Mastmann-Offer* BB 2019, 2937 (2938); Entwurfsfassung der Anwendungshinweise des Bundesministeriums des Innern, für Bau und Heimat zum Fachkräfteeinwanderungsgesetz, Stand 1.11.2019, Ziffer 81a.2.0; Dagegen: *Hammer/Klaus* ZAR 2019, 137 (146); Offengelassen: Anwendungshinweise des Bundesministeriums des Innern, für Bau und Heimat zum Fachkräfteeinwanderungsgesetz, Stand 30.1.2020, Ziffer 81a.2.0.

(ii) etwaig erforderliche Verfahren zur Anerkennung ausländischer Bildungsabschlüsse einzuleiten, (iii) Eingangs- und Vollständigkeitsbestätigungen der zuständigen Stellen an den Arbeitgeber weiterzuleiten, (iv) ggf. die Zustimmung der Bundesagentur für Arbeit zur Beschäftigung einzuholen, (v) die zuständige Auslandsvertretung über die bevorstehende Visumantragstellung zu informieren und (vi) beim Vorliegen der erforderlichen Voraussetzungen der Visumerteilung vorab zuzustimmen.

7. Fristen

Ein besonderer Vorteil des beschleunigten Fachkräfteverfahrens ist es, dass die beteiligten **118** Behörden durch Gesetz an die Einhaltung bestimmter Fristen gebunden sind. So verkürzt sich die Zustimmungsfrist der Bundesagentur für Arbeit nach § 35 Abs. 4 BeschV auf eine Woche, die Fristen für die Anerkennung in den Ausbildungs- und Prüfungsverordnungen von bundesgesetzlich geregelten Berufen verkürzen sich auf zwei Monate, die Auslandsvertretungen vergeben gemäß § 31a AufenthV einen Termin zur Visumantragstellung innerhalb von drei Wochen und bescheiden den Antrag in weiteren drei Wochen. Offen bleibt jedoch, welche Rechtsmittel den Antragstellern zur Verfügung stehen, wenn die beteiligten Behörden die im Gesetz genannten Fristen nicht einhalten und ob ein Rechtsanspruch (→ Rn. 113) auf fristgerechte Bescheidung auch dann zu **Amtshaftungsansprüchen** gegen die Behörden führen könnte, wenn die Ausländerbehörde in der Vereinbarung[124] ihrerseits jedwede Haftung für die Einhaltung der gesetzlich vorgegebenen Fristen ausgeschlossen hat.

8. Gebühr

Die Gebühr für das beschleunigte Fachkräfteverfahren beträgt nach § 47 Abs. 1 Nr. 15 **119** AufenthV 411 EUR. Diese kann weder bei Rücknahme des Antrags noch bei Versagung der beantragten öffentlichen Leistung zurückerstattet werden, § 69 Abs. 7 S. 4 AufenthG.[125] Allerdings sollte es den Parteien beim Abschluss der Vereinbarung möglich sein, für den Fall der Nichteinhaltung der Vereinbarung durch die beteiligten Behörden das Absehen von der Gebühr – und damit de facto eine Rückerstattung – nach § 53 Abs. 2 AufenthG vorzusehen.

---

[124] Anwendungshinweise des Bundesministeriums des Innern, für Bau und Heimat zum Fachkräfteeinwanderungsgesetz, Ziffer 81a.2.6.2.5.
[125] Anwendungshinweise des Bundesministeriums des Innern, für Bau und Heimat zum Fachkräfteeinwanderungsgesetz, Ziffer 81a.1.5.2.

7. Kapitel. Asyl- und Asylverfahrensrecht

§ 16 Grundlagen und Grundbegriffe des Asylrechts

Übersicht

	Rn.
A. Entwicklung des Asylrechts	1
B. Formen der Schutzgewährung	11
C. Grundbegriffe des Asylrechts	16

A. Entwicklung des Asylrechts

Das Asylrecht moderner Prägung hat sich im 20. Jahrhundert entwickelt. Das Rechtsinstitut des „Asyl" ist jedoch älter. Der Begriff stammt aus dem Griechischen, **„Asylia"** oder **„Asylos"** bedeutet Zufluchtsstätte. Dort war das „Sylan", also das gewaltsame Wegbringen einer Person verboten. Damit war im Altertum überwiegend, aber nicht ausschließlich, die Zuflucht an einen Ort gemeint, in dem der Flüchtling den **Schutz der Götter** genoss (Tempel, Kirche, Kloster).[1] An diesem heiligen Ort endete die menschliche Herrschaft und damit das Recht weltlicher Herrscher, einen Flüchtling festzunehmen. Das sakrale Asyl wurde jedoch schon in der Antike durch ein **politisches Asyl** ergänzt. Letzteres stellte in den griechischen Stadtstaaten (Polis) die Verleihung eines Schutzprivilegs an bestimmte ausländische Personen dar, das dann nicht auf das Gelände eines Heiligtums beschränkt war.[2] Es sind bereits aus dem 4. Jahrhundert vor unserer Zeitrechnung mehrere Fälle bekannt, in denen die Athener eine Gruppe von Flüchtlingen oder sogar eine gesamte auswärtige Bürgerschaft in ihre Polis aufgenommen haben.[3]

Unter dem Einfluss des Christentums beanspruchte die Kirche für sich das Recht auf Gewährung von **Kirchenasyl**. Als kirchliches Privileg fand das Kirchenasyl Eingang in etliche frühmittelalterliche Rechtssammlungen Europas. Der Codex Justinianus aus dem 6. Jahrhundert behandelte den Bruch des Kirchenasyls als „crimen majestatis".[4] Ausgeschlossen vom asylrechtlichen Schutz waren jedoch Mörder, Ehebrecher, Frauenräuber und Häretiker. Noch 1917 sah der Kodex der katholischen Kirche das Recht der Kirchgemeinden vor, einen in ihre Obhut Geflohenen nur dann an die Staatsmacht auszuliefern, wenn der verantwortliche Geistliche dem zustimmte.[5] Erst im Codex Iuris Canonici von 1983 ist das Kirchenasyl nicht mehr mit aufgenommen worden, was indes nicht von allen Kirchenvertretern dahin verstanden wird, dass die Kirche dieses Recht aufgegeben hat.[6]

Im staatlichen Bereich standen sich über Jahrhunderte das Prinzip der **Personalhoheit** und das der **Territorialhoheit** gegenüber. Floh ein Bürger oder Untertan in die Machtsphäre eines anderen Staates oder Herrschers, sprach das Prinzip der Personalhoheit für dessen Auslieferung, darüber zu entscheiden war nach dem Prinzip der Territorialhoheit aber Sache des Herrschers, der im Zufluchtsstaat das Sagen hatte. So sieht es das Völkerrecht bis heute für das Rechtsinstitut der (strafrechtlichen) **Auslieferung** vor. Die griechischen

---
[1] *Dreher*, Das antike Asyl, 2003, 3; zur historischen Entwicklung des Asylrechts vgl. auch *Tiedemann*, Flüchtlingsrecht, Kapitel 1.
[2] *Dreher*, Das antike Asyl, 2003, 9 f.; *Derlien*, Asyl – Die religiöse und rechtliche Begründung der Flucht zu sakralen Orten in der griechisch-römischen Antike, 2003, 121 ff.
[3] *Dreher*, Das antike Asyl, 2003, 74.
[4] Codex Justinianus, Buch 1 Titel 12 Kap. 3; näher dazu Siems in *Dreher*, Das antike Asyl, 2003, 267.
[5] Codex Juris Canonici von 1917, Canon 1179.
[6] Dazu *Deutsche Bischofskonferenz*, Handreichung zu aktuellen Fragen des Kirchenasyls, August 2015.

Stadtstaaten schlossen bereits miteinander Verträge zur Regelung der Rechte und Pflichten ihrer Bürger im Ausland.[7] Dabei verständigten sie sich über die Auslieferung flüchtiger Straftäter. Von der Auslieferung waren politische Straftäter ausdrücklich ausgenommen. Das verdeutlicht zugleich die in der historischen Entwicklung enge Verbindung von Auslieferung und Asyl, die auch für die Schaffung des Asylrechts nach dem GG prägend war. Das Recht eines Staates, Asyl zu gewähren, war bis zu Beginn des 20. Jahrhunderts jedoch ausschließlich Ausdruck des **staatlichen Souveränitätsanspruchs** (Territorialhoheit) und kein subjektives Recht des Flüchtlings. Trotzdem fanden auf diesem Weg eine beachtliche Zahl von Flüchtlingen eine neue Heimat, und zwar insbesondere Flüchtlinge aus religiösen Gründen (zB 200.000 Hugenotten im 17. Jahrhundert, viele davon in Deutschland), aber auch solche aus politischen Gründen (zB Anführer der bürgerlichen Revolution, die nach deren Scheitern 1848/49 in die Schweiz geflohen waren).

4 Eine **Verrechtlichung der Asylgewährung** mit Begründung einer subjektiven Rechtsstellung für den Flüchtling erfolgte jedoch erst im **20. Jahrhundert**. 1905 schuf **Großbritannien** ein erstes Ausländergesetz, das den Grundsatz verankerte, solche Flüchtlinge nicht zurückzuweisen, die aus religiösen oder politischen Gründen verfolgt werden oder denen aus solchen Gründen Strafverfolgung droht.[8] Diese Regelung beschränkte sich erstmals nicht auf die Verfolgung wegen einer Straftat, sondern stellte dieser andere Formen der Verfolgung aus religiösen und politischen Gründen gleich. Ähnliche Regelungen wurden 1907 in den **Vereinigten Staaten** und 1918 in der neu gegründeten **Sowjetunion** geschaffen, dort sogar in Art. 21 des Grundgesetzes der Russischen Sozialistischen Föderativen Sowjetrepublik vom 10.7.1918.[9] Die Regelungen wurden teilweise aber schon einige Jahre später wieder aufgehoben.

5 Den entscheidenden Schub erfuhr das Asylrecht durch die massenhaften Fluchtbewegungen infolge des **1. und 2. Weltkrieges**. 1915 erfolgte der Völkermord an den Armeniern durch das Osmanische Reich, vor dem viele nach Europa flohen. In Russland löste 1917 die Oktoberrevolution die Flucht von etwa einer Million Menschen aus. 1920 wurde der Völkerbund als Vorläufer der UNO gegründet. Dieser schuf das Amt eines **Hochkommissars für Flüchtlinge,** das Fridjof Nansen ausfüllte. Zunächst bestand seine Hauptaufgabe besteht darin, die Flüchtlinge mit Identitätspapieren auszustatten **(Nansen-Pass).** Dann widmete er sich aber auch der schwierigen Aufgabe, die Flüchtlinge dauerhaft in seinerzeit wenig aufnahmebereiten Staaten anzusiedeln. Am 28.10.1933 unterzeichneten acht Staaten die „Konvention über den internationalen Status der Flüchtlinge", die für Flüchtlinge aus bestimmten Staaten das Verbot der Zurückweisung in ihren Herkunftsstaat vorsah **(Verbot des Refoulement).** 1946 errichtete die im Jahr zuvor gegründete UNO die „**International Refugee Organization**" (IRO) als UN-Agentur, die sich um die Wiederansiedlung von Flüchtlingen infolge des 2. Weltkrieges kümmerte. Deren Aufgaben gingen auf den 1950 gegründeten UN-Hochkommissar für Flüchtlinge (UNHCR) über.

6 In frühen Entwürfen zur **Allgemeinen Erklärung der Menschenrechte** war das subjektive Recht eines Flüchtlings vorgesehen, „Asyl zu suchen und zu bekommen". Die am 10.12.1948 beschlossene Fassung normiert nur noch das „Recht, in anderen Ländern Zuflucht vor Verfolgung zu suchen und zu genießen", nicht mehr aber zu „bekommen". Im **Internationalen Pakt über bürgerliche und politische Rechte** von 1966 wird das Asylrecht nicht erwähnt. 1951 entwarf eine von der UN-Generalversammlung einberufene Konferenz die „Konvention betreffend den Status der Flüchtlinge" **(Genfer Flüchtlingskonvention),** die mittlerweile von 148 Staaten ratifiziert worden ist. Sie gewährt dem Flüchtling subjektive Rechte, insbesondere verbietet sie seine Zurückweisung in den Verfolgerstaat. Auf nationaler Ebene wurde in **Art. 16 Abs. 2 des Grundgesetzes vom 23.5.1949** ein **Grundrecht auf Asyl** als vorbehaltloses Grundrecht verankert, durch die Grundgesetz-

---

[7] Vgl. *Tiedemann*, Flüchtlingsrecht, Kap. 1 Rn. 6.
[8] Aliens Act vom 11.8.1905, Art. 1 Abs. 3; Nationalarchiv des Vereinigten Königreichs.
[9] http://www.verfassungen.net/rus/rsfsr18-index.htm.

§ 16 Grundlagen und Grundbegriffe des Asylrechts	§ 16

änderung von 1993 gilt das Grundrecht allerdings nicht mehr für Ausländer, die aus sicheren Herkunfts- oder Drittstaaten nach Deutschland einreisen (Art. 16a Abs. 2 und 3 GG).

Im nationalen Recht erlies die Bundesregierung nach Beitritt zur Genfer Flüchtlingskonvention am 6.1.1953 die **Verordnung über die Anerkennung und Verteilung von ausländischen Flüchtlingen**.[10] Danach waren Ausländer als Flüchtlinge anzuerkennen, wenn sie die Voraussetzungen des Art. 1 Genfer Flüchtlingskonvention erfüllten. Die Verordnung wurde durch das **Ausländergesetz vom 28.4.1965** (AuslG) abgelöst, das in §§ 28 ff. AuslG eigene Regelungen zum materiellen Asylrecht und zum Asylverfahren enthielt.[11] Hier wurde der Kreis der Berechtigten über die Konventionsflüchtlinge hinaus auf sonstige Ausländer erstreckt, die „politisch Verfolgte" nach Art. 16 Abs. 2 GG sind. Zugleich wurde das **„Bundesamt für die Anerkennung ausländischer Flüchtlinge"** (heute: Bundesamt für Migration und Flüchtlinge) gegründet und mit der Durchführung der Asylverfahren betraut. Vor dem Hintergrund gestiegener Zahlen von Asylantragstellern wurden die Regelungen über das Asylverfahren aus dem AuslG herausgelöst und 1982 in einem eigenständigen **Asylverfahrensgesetz** (AsylVfG) verankert.[12] Die materiellen Anerkennungsvoraussetzungen blieben jedoch bis 2004 im AuslG und bis 2013 in dem es ablösenden Aufenthaltsgesetz (§ 60 Abs. 1 AufenthG). Seit 1.12.2013 sind die materiellen und verfahrensrechtlichen Regelungen des Asylrechts weitgehend einheitlich im **Asylgesetz** (AsylG) geregelt, das jedoch bis Oktober 2015 noch den alten Titel AsylVfG trug.[13] Dieses setzt die Vorgaben der Anerkennungs-RL 2011/95/EU und der Asylverfahrens-RL 2013/32/EU um und regelt neben den **Anerkennungsvoraussetzungen für Flüchtlinge** auch die der **subsidiär Schutzberechtigten**, worunter insbesondere Kriegsflüchtlinge fallen. Um diesen Personenkreis wurde der **internationale Schutz** durch das Unionsrecht erweitert. 7

Das Asylrecht ist seit der Jahrtausendwende stark **unionsrechtlich geprägt**. Die Europäische Union hat mit dem Vertrag von Amsterdam von 1997[14] die Asylpolitik aus dem einzelstaatlichen Kompetenzbereich auf die Gemeinschaftsebene verlagert. Die neuen Kompetenznormen ermöglichten erste Schritte zur Schaffung eines **Gemeinsamen Europäischen Asylsystems**. So wurde 2003 eine Richtlinie über Mindestnormen für die Aufnahme von Asylbewerbern erlassen (Aufnahme-RL), 2004 eine Richtlinie mit den Kriterien für die Flüchtlingsanerkennung (Anerkennungs-RL) und 2005 eine Richtlinie zum Asylverfahren (Asylverfahrens-RL 2005).[15] Eine Vollregelung erfolgte 2003 für die Bestimmung des für das Asylverfahren zuständigen Mitgliedstaats in Gestalt der Dublin-Verordnung. 8

Mit dem Inkrafttreten des Vertrags von Lissabon im Dezember 2009 begann die **zweite Phase des Gemeinsamen Europäischen Asylsystems**. Gegründet auf Art. 78 Abs. 2 AEUV soll nun ein höherer Grad der Angleichung der Rechtsvorschriften erreicht werden mit dem Ziel der Schaffung eines in der gesamten Union gültigen einheitlichen Asylstatus. Auf dieser Grundlage wurden in den Jahren 2011 bis 2013 die oben genannten drei Richtlinien zum Asylrecht[16] und die Dublin-Verordnung[17] neu gefasst. Die Richtlinien kommen in weiten Bereichen einer Vollregelung gleich. Daher war die Entscheidung des nationalen Gesetzgebers folgerichtig, die Regelungen des Asylgesetzes seit dem 1.12.2013 weitgehend wörtlich jedenfalls mit der Anerkennungs-RL zu fassen. Die Richtlinien sind zudem zur **Auslegung des nationalen Rechts** heranzuziehen; bei nicht im Wege der unionsrechtskonformen Auslegung lösbaren Konflikten muss das nationale Recht hinter 9

---

[10] BGBl. I 3.
[11] BGBl. I 353.
[12] Gesetz über das Asylverfahren v. 16.7.1982, BGBl. I 946.
[13] Änderung des AsylVfG v. 28.8.2013, BGBl. I 3474; AsylG idF v. 20.10.2015, BGBl. I 1722.
[14] Vertrag von Amsterdam v. 2.10.1997, BGBl. II 1998, 386.
[15] Dörig/Langenfeld NJW 2016, 1 (3).
[16] RL 2011/95/EU v. 13.12.2011 (Neufassung der Anerkennungs-RL), ABl. 2011 L 337, 9; RL 2013/32/EU v. 26.6.2013 (Neufassung der Asylverfahrens-RL), ABl. 2013 L 180, 60; RL 2013/33/EU v. 26.6.2013 (Neufassung der Richtlinie zu Aufnahmebedingungen), ABl. 2013 L 180, 96.
[17] VO (EU) 604/2013 v. 26.6.2013, ABl. 2013 L 180, 31.

dem Unionsrecht zurückstehen. Bei der Auslegung des Unionsrechts kommt der Rechtsprechung des EuGH große Bedeutung zu.

10   Das Asylrecht wird neben dem Unionsrecht stark durch die **Rechtsprechung des EGMR zur EMRK,** insbesondere zu Art. 3 EMRK geprägt. Zwar gewährt die EMRK kein Asylrecht, sie schützt aber vor **menschenrechtswidriger Behandlung und Bestrafung.** Das umfasst nach der Rechtsprechung des EGMR den Schutz vor Abschiebung in einen Staat, in dem dem betroffenen Ausländer derartige Gefahren drohen. Denn durch die Abschiebung ermöglicht der abschiebende Staat die verbotene Rechtsverletzung, auch wenn sie außerhalb des Vertragsgebiets der EMRK geschieht; er wirkt insofern an ihr mit. Eine gegen Art. 3 EMRK verstoßende Behandlung kann dem Ausländer in seinem Herkunftsstaat drohen, aber auch in einem anderen EU-Mitgliedstaat, etwa dadurch, dass er in Aufnahmelagern unter menschenunwürdigen Umständen untergebracht oder mangels hinreichender Sicherung seiner Existenz der Verelendung ausgesetzt wird.

B. Formen der Schutzgewährung

11   Ein Asylsuchender kann in Gestalt unterschiedlicher Rechtsinstitute Schutz vor den ihm drohenden Gefahren finden. Diese sind:
(1) Anerkennung als Asylberechtigter nach Art. 16a Abs. 2 GG
(2) Zuerkennung der Flüchtlingseigenschaft iSd Unionsrechts (§ 3 AsylG)
(3) Zuerkennung subsidiären Schutzes iSd Unionsrechts (§ 4 AsylG)
(4) Feststellung von Abschiebungsverboten (§ 60 Abs. 5 und 7 AufenthG, Art. 3 EMRK).

In dieser gestuften Reihenfolge werden die vier Formen der Schutzgewährung auch bei der Prüfung eines Asylantrags durch das Bundesamt und die Gerichte geprüft.

12   Zentrale Bedeutung kommt der **Zuerkennung der Flüchtlingseigenschaft** zu. Sie ist die völkerrechtlich anerkannte, weltweit verbreitete Schutzform nach der GFK und auch die primäre Schutzform nach dem Unionsrecht. Sie schützt vor Verfolgung durch bestimmte ausgrenzende Handlungen im Staat der eigenen Staatsangehörigkeit („politische Verfolgung"). Dass die Flüchtlingseigenschaft in Deutschland erst an zweiter Stelle geprüft wird, hat historische Gründe. Denn der Asylberechtigte genoss in der Vergangenheit – anders als heute – weitergehende Rechte als ein GFK-Flüchtling.

13   Dem Flüchtling iSd Völkerrechts gleichgestellt ist das rein nationale Rechtsinstitut des **Asylberechtigten,** das aus Art. 16a Abs. 2 GG abgeleitet wird. Denn nach § 2 AsylG genießen Asylberechtigte in Deutschland die Rechtsstellung eines GFK-Flüchtlings. Ihr Schutz geht nicht über den eines Flüchtlings iSd Völker- und Unionsrechts hinaus. Allerdings sind die Voraussetzungen für die Schutzgewährung enger. Denn als Asylberechtigter kann nicht anerkannt werden, wer aus einem Mitgliedstaat der EU oder einem anderen sicheren Drittstaat einreist (Art. 16a Abs. 2 GG). Zudem werden nur staatliche Verfolgungshandlungen berücksichtigt, nicht auch Handlungen privater Akteure wie im Völker- und Unionsrecht (vgl. Art. 6 lit. c Anerkennungs-RL). Verfassungsrechtliches Asyl genießen daher in Deutschland nur ein bis zwei Prozent der Schutzberechtigten.

14   Das Rechtsinstitut des **subsidiär Schutzberechtigten** wurde durch die Anerkennungs-RL von 2004 eingeführt. Die Union erkannte das Bedürfnis an einem ergänzenden Schutz zum Flüchtlingsschutz, der nur ausgrenzende Verfolgung aus abschließend aufgeführten Gründen erfasst. Nachrangig zum Flüchtlingsschutz (daher „subsidiär") werden nun insbesondere Kriegs- und Bürgerkriegsflüchtlinge geschützt, denen ein ernsthafter Schaden im Herkunftsland droht, ohne dass sie individuell verfolgt werden. Die Rechtsstellung des Flüchtlings und die des subsidiär Schutzberechtigten sind **unterschiedliche Formen des internationalen Schutzes** (Art. 2 lit. a Anerkennungs-RL). Allerdings bleibt die Rechtsstellung des subsidiär Schutzberechtigten in einigen Bereichen hinter der des Flüchtlings zurück, etwa bei der Dauer der zu erteilenden Aufenthaltserlaubnis oder beim Familiennachzug.

Keinen internationalen Schutz gewähren die **Abschiebungsverbote nach § 60 Abs. 5** 15
und 7 AufenthG. Vielmehr handelt es sich um nationale Abschiebungsverbote, auch soweit sie auf die EMRK verweisen. § 60 Abs. 5 AufenthG gewährt Schutz vor Abschiebung in einen Staat, wenn eine solche Abschiebung nach der EMRK unzulässig ist, insbesondere wegen drohender Gefahren nach Art. 3 EMRK. Nach § 60 Abs. 7 AufenthG soll Abschiebungsschutz gewährt werden, wenn für den Ausländer im Zielstaat der Abschiebung eine erhebliche Gefahr für Leib, Leben oder Freiheit besteht, insbesondere weil er dort Hunger und Verelendung ausgesetzt wäre oder einer erheblichen Gefahr für seine Gesundheit. Die Rechtsstellung der Ausländer, zu deren Gunsten ein Abschiebungsverbot festgestellt wurde, ist ungünstiger als die der Flüchtlinge und subsidiär Schutzberechtigten, zB hinsichtlich der Dauer der ihnen zu erteilenden Aufenthaltserlaubnis nach § 25 Abs. 3 AufenthG. Der **Abschiebungsschutz nach Art. 3 EMRK** ist jedoch ein **absolut geschütztes Recht** und darf – anders als die anderen Rechtsstellungen – nicht wegen Erfüllung bestimmter Ausschlusstatbestände (vgl. § 3 Abs. 2 und 4, § 4 Abs. 2 AsylG, § 60 Abs. 8 und 9 AufenthG) versagt werden.

C. Grundbegriffe des Asylrechts

Ein **Asylgesuch** liegt vor, wenn ein Ausländer gegenüber der Grenzbehörde (§ 18 AsylG), 16
Ausländerbehörde oder Polizei (§ 19 AsylG) schriftlich, mündlich oder auf anderem Wege den Willen äußert, Schutz vor Verfolgung (§ 3 AsylG) oder einem ernsthaften Schaden (§ 4 AsylG) zu suchen. Er erhält eine Bescheinigung über die Meldung als Asylsuchender (§ 63a AsylG) und eine **Aufenthaltsgestattung** (§ 55 AsylG). Das Asylgesuch ist materiell, aber nicht formell ein Asylantrag iSv § 13 AsylG.

Ein **Asylantrag** im förmlichen Sinne setzt eine schriftliche Asylantragstellung bei einer 17
Außenstelle des Bundesamts für Migration und Flüchtlinge voraus (§ 14 AsylG). Die Asylantragstellung erstreckt sich auch auf minderjährige ledige Kinder des Antragstellers, die sich zu diesem Zeitpunkt in Deutschland aufhalten, es sei denn sie sind freizügigkeitsberechtigt oder besitzen bereits einen Aufenthaltstitel (§ 14a AsylG). Der Asylsuchende wird dann als **Asylantragsteller** oder **Asylbewerber** bezeichnet (und nicht als „Asylant", wie umgangssprachlich immer noch anzutreffen).

Ein **Asylberechtigter** ist ein Ausländer, der im Verfahren nach §§ 12 ff. AsylG als asyl- 18
berechtigt iSv Art. 16a GG anerkannt worden ist. Diese Rechtsstellung erhalten nur eine kleine Zahl der anerkannten Schutzberechtigten, denn sie setzt voraus, dass der Ausländer nicht aus einem EU-Mitgliedstaat oder einen sicheren Drittstaat nach Deutschland eingereist ist (Art. 16a Abs. 2 GG), was selten der Fall ist. Ein Asylberechtigter genießt in Deutschland die Rechtsstellung eines Flüchtlings iSd GFK (§ 2 Abs. 1 AsylG).

Die Asylantragstellern zu gewährenden staatlichen Leistungen sind im **Asylbewerber-** 19
leistungsgesetz geregelt. Sie dienen der Deckung des notwendigen Lebensbedarfs (§ 3 AsylbLG) und sind niedriger als Leistungen nach SGB XII (Sozialhilfe). Sie umfassen Ernährung, Unterkunft, Heizung, Kleidung, Gesundheitspflege sowie gewisse Güter des Haushaltsbedarfs. Gewährt werden auch Leistungen zur Deckung des notwendigen persönlichen Bedarfs des täglichen Lebens. Die Leistungsgewährung erfolgt bei Unterbringung in einer Aufnahmeeinrichtung grundsätzlich in Gestalt von Sachleistungen (§ 3 Abs. 2 AsylbLG). Bei einer (Anschluss)Unterbringung außerhalb einer Aufnahmeeinrichtung sind hingegen vorrangig Geldleistungen zu gewähren (§ 3 Abs. 3 AsylbLG). Weitere Leistungen werden bei Krankheit, Schwangerschaft und Geburt gewährt, allerdings in eingeschränktem Umfang (§ 4 AsylbLG). Sonstige Leistungen können gewährt werden, wenn dies im Einzelfall geboten ist (§ 6 AsylbLG).

Ausländer, denen internationaler Schutz zuerkannt wurde oder die als Asylberechtigte 20
anerkannt wurden, erhalten eine **Aufenthaltserlaubnis** aus humanitären Gründen (§ 25 Abs. 1 und 2 AufenthG). Ihre Dauer beträgt für Flüchtlinge und Asylberechtigte zunächst

drei Jahre (§ 26 Abs. 1 S. 2 AufenthG), für subsidiär Schutzberechtigte zunächst ein Jahr (§ 26 Abs. 1 S. 3 AufenthG). Ausländer, denen Abschiebungsschutz zuerkannt wurde, sollen eine Aufenthaltserlaubnis von mindestens einjähriger Dauer erhalten (§ 26 Abs. 1 S. 4 AufenthG). Sie wird nicht erteilt, wenn Ausschlussgründe vorliegen (→ Rn. 23); dies berührt aber nicht das Abschiebungsverbot selbst.

21 Asylsuchende sind berechtigt und grundsätzlich auch verpflichtet, in einer ihnen zugewiesenen **Aufnahmeeinrichtung** des Bundeslandes zu wohnen, das für ihre Aufnahme unter Berücksichtigung einer Verteilungsquote zuständig ist (§ 47 AsylG). Der Einrichtung ist eine Außenstelle des Bundesamtes für Migration und Flüchtlinge zugeordnet, die dann die Asylanträge der dort wohnenden Ausländer bearbeitet, die Antragsteller anhört und über ihre Anträge entscheidet.

22 Die **Ausländerbehörde** und die **Polizei** sind für die Entscheidung über den Asylantrag nicht zuständig, sie leiten diesen vielmehr an das Bundesamt für Migration und Flüchtlinge weiter (§ 19 AsylG). Außerdem haben sie den Ausländer erkennungsdienstlich zu behandeln. Die Ausländerbehörde ist nach Zuerkennung von asylrechtlichem Schutz oder Abschiebungsschutz für die Erteilung der Aufenthaltserlaubnis zuständig (§ 25 AufenthG).

23 Ein **Ausschluss** von der Flüchtlingsstellung erfolgt, wenn der Ausländer ein Kriegsverbrechen begangen hat, ein vergleichbar schweres völkerrechtlich geächtetes Verbrechen oder eine schwere nichtpolitische Straftat. Er kann auch dann nicht als Flüchtling anerkannt werden, wenn er den Zielen oder Grundsätzen der Vereinten Nationen zuwidergehandelt hat, etwa durch Mitwirkung an Akten des Terrorismus (§ 3 Abs. 2 AsylG). Die Flüchtlingseigenschaft wird auch dann nicht zuerkannt, wenn der Ausländer aus schwerwiegenden Gründen eine Gefahr für die Sicherheit Deutschlands oder eine Gefahr für die Allgemeinheit darstellt (§ 3 Abs. 4 AsylG).

24 Das **Bundesamt für Migration und Flüchtlinge** (BAMF, § 5 AsylG) hört in seinen über die Bundesländer verteilten Außenstellen die Asylantragsteller zu ihren persönlichen Verhältnissen, ihren Fluchtwegen und zu den Fluchtgründen in der Regel persönlich an. Anschließend entscheidet es über die Asylanträge. Dazu gehört auch die Entscheidung darüber, ob Deutschland nach den Regeln der Dublin-Verordnung für die Bescheidung des Asylantrags international zuständig ist. Seine Zuständigkeit erstreckt sich auch auf Folge- und Zweitanträge. Lehnt es den Asylantrag als unzulässig oder unbegründet ab und gewährt es auch keinen Abschiebungsschutz, erlässt das Bundesamt zugleich eine Abschiebungsandrohung (§§ 34, 35 AsylG) oder Abschiebungsanordnung (§ 34a AsylG). Es entscheidet auch über eine mögliche Rücknahme oder einen Widerruf des gewährten Schutzes (§ 73 f. AsylG).

25 Die **Dublin III-Verordnung der EU** von 2013[18] regelt, welcher EU-Mitgliedstaat für die Prüfung und Bescheidung eines Asylantrags zuständig ist. Denn der Asylbewerber hat kein Recht, sich einen Mitgliedstaat seiner Wahl auszusuchen. Ohne Vorliegen besonderer Umstände ist der Mitgliedstaat zuständig, in dem der Asylbewerber erstmals das Territorium der EU betreten hat (Art. 13 Abs. 1 Dublin III-VO). Hinzu kommen Zuständigkeiten im Rahmen der Familienzusammenführung und bei in Deutschland lebenden minderjährigen Flüchtlingen (Art. 8 ff. Dublin III-VO). Hat der Asylbewerber seinen Antrag in einem anderen Mitgliedstaat gestellt, darf ihn dieser in den zuständigen Mitgliedstaat überstellen. Hiervon ist nur dann eine Ausnahme zu machen, wenn das Anerkennungsverfahren oder die Aufnahmebedingungen im zuständigen Staat systemische Schwachstellen aufweisen, die die Gefahr einer unmenschlichen oder entwürdigenden Behandlung iSd Art. 4 GRCh begründen (Art. 3 Abs. 2 Dublin III-VO).

26 Eine **Duldung** wird erteilt, wenn der Ausländer kein Aufenthaltsrecht besitzt, seine Abschiebung aber aus tatsächlichen oder rechtlichen Gründen nicht möglich ist (§ 60a AufenthG). Das ist etwa der Fall, wenn derzeit keine Flugverbindung in den Zielstaat der Abschiebung besteht oder der Aufenthalt des Ausländers aus Rechtsgründen nicht beendigt werden kann, weil er die Personensorge für sein derzeit noch minderjähriges Kind wahr-

---

[18] VO (EU) 604/2013 v. 26.6.2013, ABl. 2013 L 180, 31.

nimmt. Eine besondere Form der Duldung ist seit 2019 die „Duldung für Personen mit ungeklärter Identität" (§ 60b AufenthG). Die Duldung ist keine Aufenthaltserlaubnis, durch ihre Erteilung wird der Aufenthalt des Ausländers nicht rechtmäßig. Durch sie wird lediglich der Vollzug aufenthaltsbeendender Maßnahmen vorübergehend ausgesetzt.

Eurodac ist das Europäische Fingerabdruck-Identifizierungssystem. Es wurde 2003 in Betrieb genommen und beruht heute auf der Eurodac-Verordnung von 2013.[19] Es dient der Identifizierung von Asylbewerbern und illegal eingereisten Personen, um die Bestimmung des nach der Dublin III-Verordnung zuständigen Mitgliedstaats zu erleichtern. Die Erfassung der Fingerabdrücke erfolgt in Deutschland im Rahmen der erkennungsdienstlichen Behandlung von Asylsuchenden durch die Grenzbehörde, die Polizei, die Aufnahmeeinrichtung, das Bundesamt oder die Ausländerbehörde (§ 16 Abs. 2 AsylG). **27**

Das **European Asylum Support Office** (EASO) ist eine im Jahr 2010 errichtete EU-Einrichtung, die die Mitgliedstaaten bei der Umsetzung des Gemeinsamen Europäischen Asylsystems unterstützt.[20] Sie ist weisungsunabhängig von der EU-Kommission und erstellt Herkunftsländerinformationen (Country of Origin Information – COI), die für die nationalen Behörden und Gerichte von Bedeutung sind. Außerdem wirkt sie an der Fortbildung der nationalen Entscheider mit und leistet logistische Unterstützung insbesondere in den italienischen und griechischen Hotspots. Unter inhaltlicher Federführung von Richtern und Richtervereinigungen erstellt EASO auch Fortbildungsmaterialien für die Gerichte in den Mitgliedstaaten, denen hohe Bedeutung für die Rechtsvereinheitlichung zukommt. **28**

Die **Anerkennungs-RL** von 2011[21] legt für die Mitgliedstaaten verbindlich die Voraussetzungen für die Anerkennung von Flüchtlingen und subsidiär Schutzberechtigten fest sowie die ihnen zu gewährende Rechtsstellung. Den Mitgliedstaaten verbleiben insoweit nur geringe Handlungsspielräume, ua bei der Beschränkung der Anerkennung im Fall der Möglichkeit zur Erlangung landesinternen Schutzes (Art. 8 Anerkennungs-RL) und im Fall der nachträglichen Schaffung von Verfolgungsgründen im Zufluchtsstaat (Art. 5 Abs. 3 Anerkennungs-RL). Die Richtlinie ist hinsichtlich der Anerkennungsvoraussetzungen nahezu wörtlich im deutschen AsylG umgesetzt worden. Hinsichtlich der Rechtsstellung der Flüchtlinge hat das BVerwG Bedarf für eine Korrektur des nationalen Rechts (unionsrechtskonforme Auslegung) bei der Ausweisung eines anerkannten Flüchtlings gesehen.[22] Insoweit geht die Richtlinie dem nationalen Gesetz vor. **29**

Die **Asylverfahrens-RL** von 2013[23] macht Vorgaben für die Durchführung der nationalen Asylverfahren und will diese weitgehend vereinheitlichen. Sie gilt für alle Anträge auf internationalen Schutz, die im Hoheitsgebiet der Mitgliedstaaten gestellt werden, auch an deren Grenze, in deren Hoheitsgewässern oder in deren Transitzonen (Art. 3 Abs. 1 Asylverfahrens-RL). Sie gilt hingegen nicht für Ersuchen um diplomatisches oder territoriales Asyl in Vertretungen der Mitgliedstaaten. Sie regelt den Zugang zum Verfahren, die Anhörungspflicht, Belehrungs- und Beistandspflichten. Sie gestattet den Mitgliedstaaten aber auch, Schutzanträge ua dann als unzulässig abzulehnen, wenn der Asylbewerber bereits internationalen Schutz in einem anderen Mitgliedstaat erhalten hat oder er Verbindungen zu einem sicheren Drittstaat hat, der ihn auch wieder aufnehmen würde (Art. 33 Abs. 2 Asylverfahrens-RL). **30**

Der Ehegatte oder Lebenspartner eines Asylberechtigten erhält **Familienasyl**, ohne eine eigene Verfolgungsgefahr darlegen zu müssen, wenn die Anerkennung des Asylberechtigten unanfechtbar ist, die Ehe oder Partnerschaft schon im Herkunftsland bestanden hat und der Asylantrag im zeitlichen Zusammenhang mit der Einreise gestellt worden ist (§ 26 AsylG). Dies gilt entsprechend für die Ehegatten oder Lebenspartner von anerkannten Flüchtlingen **31**

---

[19] VO (EU) 603/2013 v. 26.6.2013, ABl. 2013 L 180, 1.
[20] VO (EU) 439/2010 v. 19.5.2010 zur Einrichtung eines Europäischen Unterstützungsbüros für Asylfragen, ABl. 2010 L 132, 11.
[21] RL 2011/95/EU v. 13.12.2011, ABl. 2011 L 337, 9.
[22] BVerwG Urt. v. 22.2.2017 – 1 C 3.16, BeckRS 2017, 107747 Rn. 26.
[23] RL 2013/32/EU v. 26.6.2013, ABl. 2013 L 180, 60.

und subsidiär Schutzberechtigten (§ 26 Abs. 5 AsylG). Auch minderjährige Kinder des Stammberechtigten erhalten unter den Voraussetzungen des § 26 Abs. 2 AsylG dessen Rechtsstellung.

32 Ein Ausländer ist **Flüchtling** iSd nationalen und internationalen Flüchtlingsrechts, wenn er sich aus begründeter Furcht vor Verfolgung wegen seiner Rasse, Religion, Nationalität, politischen Überzeugung oder Zugehörigkeit zu einer bestimmten sozialen Gruppe außerhalb des Landes seiner Staatsangehörigkeit aufhält und in seinem Heimatstaat keinen Schutz findet (§ 3 Abs. 1 AsylG, Art. 1 A GFK).

33 Gestützt auf Art. 78 Abs. 2 AEUV entwickelt die EU ein **Gemeinsames Europäisches Asylsystem.** Auf dieser Grundlage wurden seit 2003 mehrere Richtlinien zum Asylrecht und die Dublin-Verordnung erlassen. Die Richtlinien regeln insbesondere die Aufnahmebedingungen für Asylbewerber (RL 2003/9/EG vom 27.1.2003), die Anerkennung von Schutzberechtigten (Anerkennungs-RL 2011/95/EU vom 13.12.2011) und das Asylverfahren (Asylverfahrens-RL 2013/32/EU vom 26.6.2013). Die Kommission strebt seit 2016 eine Vollharmonisierung durch Überführung der Richtlinien in Verordnungen an.

34 Die **Genfer Flüchtlingskonvention** (GFK) wurde 1951 verabschiedet. Sie ist die Grundlage des internationalen Flüchtlingsrechts, der EuGH spricht vom Eckpfeiler („cornerstone") des Flüchtlingsrechts. Ihr Anwendungsbereich wurde durch das New Yorker Protokoll von 1967 auf Flüchtlinge aus der ganzen Welt erweitert. Mittlerweile haben 149 Staaten die Konvention unterzeichnet, die meisten auch die Erweiterung von 1967 (nicht aber zB die Türkei). Die GFK definiert, wer Flüchtling ist, wer davon ausgeschlossen ist, wann die Flüchtlingseigenschaft endet und welche Rechte einem Flüchtling im Aufnahmemitgliedstaat zustehen.

35 Das **Grundrecht auf Asyl** ist in Art. 16a GG geregelt. Danach genießen politisch Verfolgte Asylrecht (Abs. 1). Das Grundrecht hat keinen Gesetzesvorbehalt, wird aber verfassungsunmittelbar eingeschränkt. Denn nach Abs. 2 kann sich ein Ausländer nicht auf das Grundrecht berufen, wenn er aus einem EU-Mitgliedstaat oder einen sicheren Drittstaat nach Deutschland eingereist ist. Das ist in der Regel der Fall, da Deutschland von sicheren Staaten umgeben ist. Ferner können nach Abs. 3 durch Gesetz sichere Herkunftsstaaten bestimmt werden, bei denen vermutet wird, dass der Ausländer nicht verfolgt wird. Als solche sicheren Herkunftsstaaten wurden bisher die Mitgliedstaaten der EU, die Balkanstaaten, Ghana und Senegal bestimmt.

36 Die **Grundrechte-Charta der EU** gewährleistet in Art. 18 GRCh das Recht auf Asyl nach Maßgabe der GFK und der EU-Verträge. Zudem enthält Art. 19 Abs. 2 GRCh das Verbot der Abschiebung, Ausweisung oder Auslieferung in einen Staat, in dem dem Betroffenen die Todesstrafe oder eine Art. 4 GRCh widersprechende Behandlung oder Bestrafung droht.

37 **Internationaler Schutz** ist ein Rechtsbegriff des Unionsrechts. Er umfasst nach der Anerkennungs-RL den Schutz durch Zuerkennung der Flüchtlingseigenschaft wie durch Zuerkennung des subsidiären Schutzstatus (Art. 2 lit. a Anerkennungs-RL). Mit jedem Asylantrag wird internationaler Schutz in Gestalt beider Schutzformen begehrt (§ 13 Abs. 2 AsylG), wobei das Bundesamt zunächst die Voraussetzungen der Flüchtlingsanerkennung zu prüfen hat und nur im Fall der Verneinung die Voraussetzungen des subsidiären Schutzes. Auch die Dublin III-Verordnung geht davon aus, dass der Asylantrag auf internationalen Schutz in beiden vorgenannten Ausprägungen gerichtet ist (Art. 2 lit. b, Art. 3 Abs. 1 Dublin III-VO).

38 Die Zuerkennung internationalen Schutzes erfolgt nicht, wenn der Ausländer Schutz in einem bestimmten Gebiet seines Heimatstaates finden kann. Eine solche Zufluchtsmöglichkeit bezeichnet das Gesetz als **internen Schutz** (§§ 3e, 4 Abs. 3 AsylG). Vor Einführung dieses unionsrechtlichen Begriffs (Art. 8 Anerkennungs-RL) verwendete die Rechtsprechung den Begriff der internen Fluchtalternative. Die Möglichkeit zur Erlangung internen Schutzes steht der Zuerkennung internationalen Schutzes dann entgegen, wenn dem Ausländer in einem Teil seines Herkunftslandes keine schutzbegründenden Gefahren dro-

hen oder er dort Schutz vor den Gefahren findet. Außerdem muss feststehen, dass er sicher und legal in diesen Landesteil reisen kann, dort aufgenommen wird und es muss vernünftigerweise erwartet werden können, dass er sich dort niederlässt.

Im so genannten **Relocation**-Verfahren werden Asylsuchende aus EU-Mitgliedsstaaten 39 mit besonders stark beanspruchten Asylsystemen – wie derzeit Griechenland und Italien – in andere Mitgliedsstaaten umverteilt und durchlaufen dort das Asylverfahren. Damit soll eine gerechte Verteilung der Asylsuchenden innerhalb Europas erreicht werden.

Schutzsuchende, die an ihrem bisherigen Zufluchtsort nicht dauerhaft bleiben können 40 (zB in Aufnahmelagern im Nahen Osten), können im Wege des **Resettlement** in Deutschland aufgenommen werden. Eine völkerrechtliche Verpflichtung hierzu besteht jedoch nicht. Die international seit vielen Jahren praktizierte Verfahrensweise des Resettlement hat 2015 eine Normierung in § 23 Abs. 4 AufenthG gefunden. Danach kann das BAMF ausgewählten Schutzsuchenden eine Aufnahmezusage erteilen. Diese erhalten dann ein nationales Visum (§ 6 Abs. 3 AufenthG) und nach erfolgter Einreise eine Aufenthaltserlaubnis (§ 7 Abs. 1 AufenthG) oder eine Niederlassungserlaubnis (§ 9 AufenthG).[24]

Asylanträge von Ausländern, die aus **sicheren Herkunftsstaaten** stammen, sind als of- 41 fensichtlich unbegründet abzulehnen, es sei denn, die von dem Ausländer angegebenen Tatsachen oder Beweismittel begründen die Annahme, dass ihm abweichend von der allgemeinen Lage im Herkunftsstaat Verfolgung oder ein ernsthafter Schaden droht (§ 29a AsylG). Als solche sicheren Herkunftsstaaten wurden bisher die Mitgliedsstaaten der EU, die Balkanstaaten, Ghana und Senegal bestimmt. Zu einer solchen Regelung ermächtigt die EU-Asylverfahrens-RL von 2013 (Art. 32 Abs. 2, Art. 36 Asylverfahrens-RL). Asylanträge von Ausländern, die aus einem **sicheren Drittstaat** (außerhalb der EU) eingereist sind und von diesem wieder aufgenommen werden können, sind als unzulässig abzulehnen (§ 29 Abs. 1 Nr. 3 AsylG).[25] Auch hierzu ermächtigt die EU-Asylverfahrens-RL von 2013 (Art. 33 Abs. 2 lit. c Asylverfahrens-RL). Als sichere Drittstaaten hat der Gesetzgeber bisher nur Norwegen und die Schweiz bestimmt.

Ein Ausländer ist **subsidiär Schutzberechtigter,** wenn er stichhaltige Gründe für die 42 Annahme vorgebracht hat, dass ihm in seinem Herkunftsland ein ernsthafter Schaden droht. Als ernsthafter Schaden gilt (1) die Verhängung oder Vollstreckung der Todesstrafe, (2) Folter oder unmenschliche oder erniedrigende Behandlung oder Bestrafung oder (3) eine ernsthafte individuelle Bedrohung des Lebens oder der Unversehrtheit einer Zivilperson infolge willkürlicher Gewalt im Rahmen eines internationalen oder innerstaatlichen bewaffneten Konflikts (§ 4 Abs. 1 AsylG, Art. 2 lit. f, Art. 15 Anerkennungs-RL).

Der **UNHCR** ist der UN Hochkommissar für Flüchtlinge. Ihm obliegt es, die Durch- 43 führung der internationalen Abkommen zum Schutz der Flüchtlinge, insbesondere der GFK, zu überwachen und Maßnahmen zur Lösung der Flüchtlingsprobleme zu koordinieren (Präambel und Art. 35 GFK). Der Sitz seiner Behörde ist in Genf. Der UNHCR verabschiedet Richtlinien zur Auslegung der GFK und Einschätzungen zur Verfolgungslage in bestimmten Herkunftsländern, die die Behörden und Gerichte in ihre Erwägungen einbeziehen sollten. Er kann sich in zahlreichen Staaten auch an Gerichtsverfahren beteiligen, in Deutschland hingegen nur nach Zulassung im Einzelfall.

Der internationale Schutz endet insbesondere durch **Widerruf** oder **Rücknahme**. Die 44 Zuerkennung der Flüchtlingseigenschaft ist zurückzunehmen, wenn sie auf Grund unrichtiger Angaben oder infolge Verschweigens wesentlicher Tatsachen erteilt worden ist und der Ausländer auch aus anderen Gründen nicht anerkannt werden könnte (§ 73 Abs. 2 AsylG). Die Rücknahme der Zuerkennung subsidiären Schutzes ergibt sich aus § 73b Abs. 3 AsylG. Praktisch bedeutsamer ist der **Widerruf** des internationalen Schutzes wegen Wegfalls der schutzbegründenden Umstände im Herkunftsland (§ 73 Abs. 1, § 73b Abs. 1 AsylG). Der Widerruf hat dann zu erfolgen, wenn die Veränderung der der Anerkennung

---

[24] Vgl. *Tometten* ZAR 2015, 299.
[25] Beachte hierzu BVerwG Beschl. v. 23.3.2017 – 1 C 17.16, BeckRS 2017, 107747 Rn. 12–14.

zugrunde liegenden Umstände erheblich und nicht nur vorübergehend ist. Es muss feststehen, dass die Faktoren, die die Furcht des Schutzsuchenden vor Verfolgung oder einem ernsthaften Schaden begründeten und zu seiner Anerkennung führten, beseitigt sind und diese Beseitigung als dauerhaft angesehen werden kann.

§ 17 Völkerrecht

Übersicht

	Rn.
A. Genfer Flüchtlingskonvention	2
B. Europäische Menschenrechtskonvention	17
I. Art. 3 EMRK	21
II. Art. 4 des 4. Zusatzprotokolls	31
III. Art. 13 EMRK	34

1 Das moderne Asylrecht beruht maßgeblich auf völkerrechtlichen Verträgen. Dies sind in erster Linie die Genfer Flüchtlingskonvention vom 28.7.1951 (GFK)[1] und die Europäischen Menschenrechtskonvention vom 4.11.1950 (EMRK)[2].

A. Genfer Flüchtlingskonvention

2 Die Genfer Flüchtlingskonvention wurde am 28.7.1951 verabschiedet. Sie ist die **Grundlage des internationalen Flüchtlingsrechts.** Mittlerweile haben 149 Staaten die Konvention unterzeichnet. Ihr Anwendungsbereich war zunächst auf Flüchtlinge beschränkt, die sich infolge von Ereignissen außer Landes befanden, die vor dem 1.1.1951 eingetreten waren. Ihre Anwendung durfte weiter auf solche Flüchtlinge beschränkt werden, die aus einem europäischen Land geflohen waren. Dieser **zeitliche und geografische Vorbehalt** wurde durch das Protokoll vom 31.1.1969 aufgehoben.[3] Allerdings stand es Vertragsstaaten, die der GFK bis zu diesem Zeitpunkt beigetreten waren, frei, die Konvention weiter nur auf Flüchtlinge iSd ursprünglichen Fassung anzuwenden. Hiervon macht – neben drei weiteren Staaten – die Türkei Gebrauch, die zwar den zeitlichen Vorbehalt aufgehoben hat, an dem von ihr bei Beitritt im Jahr 1961 erklärten geografischen Vorbehalt aber festhält. Aufgrund der Zustimmung des Deutschen Bundestages erlangte die Konvention in Deutschland Gesetzeskraft und hat damit den Rang eines nationalen Gesetzes.[4]

3 Zur **Auslegung der GFK**[5] ist insbesondere das vom Amt des Hohen Flüchtlingskommissars UNHCR erstellte „Handbuch über Verfahren und Kriterien zur Feststellung der Flüchtlingseigenschaft" heranzuziehen.[6] Auch gibt es erläuternde Richtlinien des UNHCR[7] und eigenständige Kommentare zur GFK.[8] Eine wichtige Bedeutung bei der Auslegung der GFK nach den Regeln des Art. 32 Wiener Vertragsrechtskonvention[9] kommt den **Entstehungsmaterialien** zu („Travaux Preparatoires"), die sowohl gedruckt zugänglich[10] als auch vom

---

[1] BGBl. 1953 II 560.
[2] EMRK idF. v. 22.10.2010, BGBl. II 1198.
[3] BGBl. 1969 II 1293.
[4] § 2 S. 2 Zustimmungsgesetz v. 1.9.1953, BGBl. II 559.
[5] Maßgeblich hierfür sind die englische und französische Fassung.
[6] *UNHCR*, Handbuch über Verfahren und Kriterien zur Feststellung der Flüchtlingseigenschaft, 1979.
[7] *UNHCR* Handbuch über Verfahren und Richtlinien zur Feststellung der Flüchtlingseigenschaft, 2011; neuere Richtlinien sind über das Internet zugänglich.
[8] Vgl. etwa *Zimmermann*, The 1951 Convention relating to the Status of Refugees, 2011.
[9] *Wieber* Übereinkommen über das Recht der Verträge v. 23.5.1969, BGBl. 1985 II 927.
[10] *Takkenberg/Tahbaz*, The Collected Travaux Preparatoires of the 1951 Geneva Convention relating to the Status of Refugees, vols I-III, 1988.

UNHCR elektronisch verfügbar gemacht worden sind[11]. Aus diesen ergibt sich, dass damals viele der Erstunterzeichnerstaaten als Folge des 2. Weltkrieges mit großen Flüchtlingszahlen auf ihrem Territorium konfrontiert waren und weiteren Zustrom ua aus Staaten des Ostblocks befürchteten. Diese Erstunterzeichnerstaaten stimmten der Konvention nur zu, weil sie das Gebot der internationalen Zusammenarbeit zur Grundlage hat (Erwgr. 4 der Präambel) und die Staaten dies als Gebot der Lastenteilung verstanden.[12]

Die GFK ist nicht nur international von großer Bedeutung. Sie bildet zudem eine **4 wesentliche Grundlage** für die unionsrechtliche Normierung des Asylrechts, insbesondere für die Anerkennungs-RL. Die Regelungen des **Gemeinsamen Europäischen Asylsystems** müssen nach Art. 78 Abs. 1 AEUV mit der GFK in Einklang stehen. Damit wird die GFK primärrechtlich zum Maßstab gemacht, die das Sekundärrecht zu beachten hat. Die Anerkennungs-RL (Erwgr. 4) und ihr folgend der EuGH[13] sehen in der GFK einen wesentlichen Bestandteil („cornerstone") des internationalen Rechtsrahmens für den Schutz der Flüchtlinge. Mehrere Erwägungsgründe (ua Erwgr. 22 bis 24, 29) und Normen der Richtlinie (zB Art. 5 Abs. 3, Art. 9 Abs. 1, Art. 20 Abs. 1, Art. 25 Anerkennungs-RL) nehmen auf die GFK Bezug.

So bestimmt § 28 Abs. 2 AsylG, dass in einem asylrechtlichen Folgeverfahren die Flücht- **5** lingseigenschaft in der Regel nicht zuerkannt werden kann, wenn der Asylantrag auf Umstände gestützt wird, die der Antragsteller nach Ablehnung seines Erstantrags selbst geschaffen hat (zB regimekritische Veröffentlichung im Internet nach Ablehnung eines auf geschlechtsspezifische Verfolgung gestützten Erstantrags). Eine solche Beschränkung für die Geltendmachung selbstgeschaffener Nachfluchtgründe ist unionsrechtlich im Rahmen der Vorgaben von Art. 5 Abs. 3 Anerkennungs-RL zulässig. Art. 5 Abs. 3 Anerkennungs-RL aber sagt, dass die Mitgliedstaaten entsprechendes „unbeschadet der Genfer Flüchtlingskonvention" regeln können. Es bedarf also einer **Heranziehung und Auslegung der GFK, um die Schranken für die Zurückweisung von Nachfluchtgründen zu bestimmen.** Das BVerwG hat die Möglichkeit der Versagung des Flüchtlingsanerkennung damit begründet, dass die GFK keinen Anspruch auf einen bestimmten rechtlichen Status gewährt, sondern nach Art. 33 Abs. 1 GFK lediglich Abschiebungsschutz für die Dauer der Bedrohung.[14] Das Verbot des Refoulement wird aber auch durch Zuerkennung subsidiären Schutzes oder eines Abschiebungsverbots nach Art. 3 EMRK gewahrt. Ohne Heranziehung und Auslegung der GFK ist diese Rechtsfrage nicht zu beantworten. Auch der EuGH zieht in vergleichbaren Fällen die GFK zur Auslegung des Unionsrechts heran.[15]

Auch wenn keine ausdrückliche Bezugnahme auf eine GFK-Norm vorliegt, bauen be- **6** stimmte Normen der Anerkennungs-RL erkennbar auf Regelungen der GFK auf, die insoweit **zur Auslegung heranzuziehen** sind. Dies gilt etwa für die Anerkennungs-, Ausschluss- und Widerrufsgründe aber auch für den Inhalt des zu gewährenden Schutzes. Das gilt hingegen nicht für die Regelungen zum subsidiären Schutz, den die GFK nicht erfasst. Zudem ist zu beachten, dass das Unionsrecht einen eigenständigen Rechtskreis bildet, für den vorrangig andere Rechtsquellen maßgeblich sind. Das Unionsrecht folgt daher eigenen Auslegungsregeln, dabei können aber völkerrechtliche Verträge wie die GFK die Auslegung zu bestimmten Fragen leiten.[16] Der EuGH hat zudem deutlich gemacht, dass er für die Auslegung der vom Unionsrecht in Bezug genommenen Regeln der GFK zuständig ist. Der Sache nach ist sicherzustellen, dass die Bestimmungen der Anerkennungs-RL im Einklang mit den Vorgaben von Art. 78 Abs. 1 AEUV und Art. 18 der GR-Charta

---

11 http://www.refworld.org/type,LEGHIST,CPSRSP,,,,0.html.
12 So etwa der *Vertreter Italiens* in der Bevollmächtigtenkonferenz am 3.7.1951, A/CONF.2/SR.3, S. 5 f.
13 EuGH Urt. v. 2.12.2014 – C 148/13 bis C 150/13, NVwZ 2015, 132 Rn. 45.
14 BVerwG Urt. v. 18.12.2008 – 10 C 27.07, NVwZ 2009, 730 Rn. 19.
15 EuGH Urt. v. 17.6.2010 – C-31/09, BeckRS 2010, 51621 Rn. 48 ff.; Urt. v. 19.12.2012 – C-364/11, NVwZ-RR 2013, 160 Rn. 47 ff.
16 Der EuGH-Präsident *Lenaerts* spricht von „useful guidance", siehe: *Lenaerts* and *Gutierrez-Fons*, To say what the law of the EU is: Methods of Interpretation and the European Court of Justice, EUI Working Papers AEL 2013/9, 48.

in einer Art und Weise ausgelegt werden, dass das durch die Vorschriften der GFK garantierte Schutzniveau nicht missachtet wird.[17] Soweit konkrete vom Unionsrecht in Bezug genommene GFK-Normen auszulegen sind, richtet sich die Auslegung der GFK-Norm selbst freilich nach den Regeln der Wiener Vertragsrechtskonvention (Art. 31 ff. WVRK). Auch die Internationale Asylrichtervereinigung erkennt in ihrem in Zusammenarbeit mit EASO erstellten Grundsatzpapier zum „Gemeinsamen Europäischen Asylsystem" die wichtige, wenn auch begrenzte Rolle der GFK bei der Auslegung des Unionsrechts an.[18]

7 Noch in einer weiteren Hinsicht ist die GFK von Bedeutung: Das Unionsrecht regelt die meisten, aber nicht alle Fragen des Flüchtlingsrechts. Nicht vom Unionsrecht erfasst ist etwa die begrenzte **Straflosigkeit der Flüchtlinge** nach Art. 31 GFK. Der Rückgriff auf diese Vorschrift ist zur Auslegung nationaler Strafrechtsnormen erforderlich, Unionsrecht hilft insoweit nicht weiter, der EuGH sieht sich für die originäre Auslegung der GFK nicht zuständig.[19] Auch was den Anspruch auf einen **Reiseausweis** anbetrifft, wenden die Gerichte zutreffend die einschlägige Vorschrift des Art. 28 GFK an, da es keine weitere nationale Norm gibt, die die bestehenden unionsrechtlichen Vorgaben (Art. 25 Abs. 1 Anerkennungs-RL) hierzu umsetzt.[20]

8 Die Genfer Flüchtlingskonvention definiert in Art. 1 A GFK den **Begriff des Flüchtlings**. Ein Flüchtling ist danach eine Person, die „aus der begründeten *Furcht vor Verfolgung wegen ihrer Rasse, Religion, Nationalität, Zugehörigkeit zu einer bestimmten sozialen Gruppe oder wegen ihrer politischen Überzeugung* sich außerhalb des Landes befindet, dessen Staatsangehörigkeit sie besitzt, und den Schutz dieses Landes nicht in Anspruch nehmen kann oder wegen dieser Befürchtungen nicht in Anspruch nehmen will; oder die sich als *Staatenlose* infolge solcher Ereignisse außerhalb des Landes befindet, in welchem sie ihren gewöhnlichen Aufenthalt hatte, und nicht dorthin zurückkehren kann oder wegen der erwähnten Befürchtungen nicht dorthin zurückkehren will."

9 Die **Flüchtlingseigenschaft endet** nach Art. 1 C Nr. 5 GFK, wenn die Person „nach Wegfall der Umstände, aufgrund derer sie als Flüchtling anerkannt worden ist, es nicht mehr ablehnen kann, den Schutz des Landes in Anspruch zu nehmen, dessen Staatsangehörigkeit sie besitzt." Die Konvention vermittelt also nur einen zeitlich begrenzten Schutz, der automatisch endet, wenn der Flüchtling wieder den Schutz des Staats seiner Staatsangehörigkeit in Anspruch nehmen kann. Nach Unionsrecht und nationalem Recht endet der Schutz hingegen nicht automatisch wie nach der GFK, vielmehr bedarf es hierfür eines formalen Widerrufsaktes.

10 **Bestimmte Personen** sind nach Art. 1 F GFK von der Zuerkennung der Flüchtlingseigenschaft **ausgeschlossen**, nämlich wenn für sie „aus schwerwiegenden Gründen die Annahme gerechtfertigt ist,
a) dass sie ein Verbrechen gegen den Frieden, ein Kriegsverbrechen oder ein Verbrechen gegen die Menschlichkeit iSd internationalen Vertragswerke begangen haben, die ausgearbeitet worden sind, um Bestimmungen bezüglich dieser Verbrechen zu treffen;
b) dass sie ein schweres nichtpolitisches Verbrechen außerhalb des Aufnahmelandes begangen haben, bevor sie dort als Flüchtling aufgenommen wurden;
c) dass sie sich Handlungen zuschulden kommen ließen, die den Zielen und Grundsätzen der Vereinten Nationen zuwiderlaufen."

11 Die GFK gewährt kein Recht auf Zugang zu einem bestimmten Staat und zu einem dort durchzuführenden Asylverfahren. Sie gewährt aber Schutz vor Zurückweisung in einen Verfolgerstaat. Das sogenannte **Verbot des Refoulement** ist in Art. 33 GFK geregelt. Danach darf keiner der vertragschließenden Staaten „einen Flüchtling auf irgendeine Weise *über*

---

[17] EuGH Urt. v. 14.5.2019 – C 391/16, C 77/17 und C 78/17, BeckRS 2019, 8404 Rn. 72 ff. (78).
[18] *EASO*, Richterliche Analyse – Einführung in das gemeinsame europäische Asylsystem, 2016, 65 ff.; vgl. auch *Bank* IJRL 2015, 213 (215 ff.).
[19] EuGH Urt. v. 17.7.2014 – C–481/13, NVwZ 2014, 1302 Rn. 17 ff.
[20] Vgl. OVG Bautzen Urt. v. 19.1.2017 – 3 A 77/16, DVBl. 2017, 977.

die Grenzen von Gebieten ausweisen oder zurückweisen, in denen sein Leben oder seine Freiheit wegen seiner Rasse, Religion, Staatsangehörigkeit, seiner Zugehörigkeit zu einer bestimmten sozialen Gruppe oder wegen seiner politischen Überzeugung bedroht sein würde". Das umfasst auch das **Verbot der Kettenabschiebung,** dh die Abschiebung in einen Staat, in dem die Gefahr der Verbringung des Ausländers in einen Verfolgerstaat besteht.

Dass die Konvention – wie auch die auf ihr aufbauenden unionsrechtlichen und nationalen Regelungen – **kein Recht auf Zugang zu einem bestimmten Zufluchtsstaat** gewähren, folgt schon daraus, dass die fluchtbedingte Einreise ohne Visum als unrechtmäßig angesehen wird, selbst wenn Leben oder Freiheit des Flüchtlings bedroht sind (Art. 31 GFK).[21] Außerdem setzt die Flüchtlingseigenschaft nach Art. 1 A GFK voraus, dass sich der Ausländer bereits außerhalb seines Herkunftslandes befindet, er kann also nicht schon vom Herkunftsland aus Ansprüche geltend machen, um seine Einreise durchzusetzen. Schließlich erlegt die Konvention den Staaten Verpflichtungen nur gegenüber „den in ihrem Gebiet befindlichen Flüchtlingen" auf (zB in Art. 4 GFK), nicht aber gegenüber Flüchtlingen außerhalb ihres Territoriums. Dies entsprach im Übrigen auch dem Verständnis der Verfasser der Konvention. Diese brachte etwa der Vertreter des Vereinigten Königreichs in der Bevollmächtigtenkonferenz in Genf am 13.7.1951 zum Ausdruck. Er betonte, die Konvention befasse sich nicht mit der Zulassung von Flüchtlingen in Zufluchtsländer, sondern gewähre lediglich Schutz vor Zurückweisung in einen Verfolgerstaat.[22] 12

Allerdings greift die Verpflichtung, niemanden in den Verfolgerstaat zurückzuschicken, auch schon bei **Stellung eines Asylantrags an der Grenze.** Denn schon mit der Zurückweisung an der Grenze übt der Staat Hoheitsgewalt aus. Und selbst wenn beim Asylsuchenden an der Grenze noch nicht feststeht, ob er die Voraussetzungen für die Anerkennung als Flüchtling erfüllt, kann dies jedenfalls nicht ausgeschlossen werden. Insofern entfaltet das Refoulement-Verbot verfahrensrechtliche Schutzwirkung auch zugunsten eines nur potentiellen Flüchtlings.[23] Dies gilt nicht für Asylanträge in Botschaften, in denen der Ausländer noch nicht der Hoheitsgewalt des ausländischen Staates unterliegt.[24] 13

Die GFK gewährt zahlreiche **Ansprüche für anerkannte Flüchtlinge,** zB auf Ausstellung von Reiseausweisen (Art. 28 GFK), auf weitgehende Gleichbehandlung mit Ausländern im Allgemeinen, etwa auf Zugang zu selbständiger oder unselbständiger Arbeit (Art. 17, 18 GFK), Wohnung (Art. 21 GFK), Bildung (Art. 22 GFK), Freizügigkeit (Art. 26 GFK), Bildung von Vereinigungen (Art. 15 GFK), oder Gleichbehandlung mit den eigenen Staatsangehörigen, etwa bei Fürsorgegewährung (Art. 23 GFK), Arbeitsrecht (Art. 24 GFK), Steuern (Art. 29 GFK), Zugang zu Gerichten (Art. 16 GFK). Keine Regelungen trifft die GFK über die Gewährung von Aufenthaltserlaubnissen. Diese richten sich vielmehr nach dem Personalstatut ihres Zufluchtsstaates (Art. 12 GFK). 14

Während des Asylverfahrens können vorläufige Maßnahmen getroffen werden, die im Interesse der Sicherheit des Staates notwendig sind (Art. 9 GFK). 15

Die Genfer Flüchtlingskonvention ist in der nationalen Rechtsauslegung wie ein **nationales Gesetz** zu berücksichtigen, dabei ist der Grundsatz der **völkerrechtsfreundlichen Auslegung** zu beachten. 16

B. Europäische Menschenrechtskonvention

Die Europäische Menschenrechtskonvention (EMRK) ist ein **regionaler Menschenrechtsvertrag.** Sie wurde am 4.11.1950 unterzeichnet und trat nach Ratifikation in zehn Staaten – darunter Deutschland – am 3.9.1953 in Kraft.[25] Der Konvention sind mittlerweile 17

---

[21] *Hailbronner AsylR/AuslRecht,* 411 Rn. 1278; *Hathaway/Foster* Refugee Status Law 27.
[22] Protokoll der Conference of the Plenipotentiaries vom 13.7.1951, A/CONF.2/SR.19, 18.
[23] *Dörig* jM 2015, 196 (197).
[24] *Hathaway/Foster* Refugee Status Law 23 ff.
[25] EMRK idF v. 22.10.2010, BGBl. II 1198.

47 Staaten beigetreten. Dazu gehören alle EU-Mitgliedstaaten, aber ua auch Russland, die Türkei und die Ukraine. Sie ist ein multilateraler völkerrechtlicher Vertrag, dem in den einzelnen Mitgliedstaaten ein unterschiedlicher Rang eingeräumt wird. In Österreich kommt ihr Verfassungsrang zu, in Deutschland die Rechtsqualität eines einfachen Gesetzes (Art. 59 Abs. 2 GG), in zahlreichen Mitgliedstaaten eine Stellung im Rang zwischen einfachem Gesetz und Verfassung (zB Frankreich, Schweiz und Spanien).[26] Das BVerfG hat wiederholt den Charakter der EMRK als **einfaches Bundesgesetz** betont, ihr zugleich aber eine besondere Stellung bei der Auslegung der nationalen Grundrechte beigemessen.[27] Danach dienen der Konventionstext und die Rechtsprechung des EGMR auf der Ebene des Verfassungsrechts als Auslegungshilfen für die Bestimmung von Inhalt und Reichweite von Grundrechten und rechtsstaatlichen Grundsätzen des GG.

18 Auch bei der Auslegung des einfachen Rechts ist der Grundsatz der **völkerrechtsfreundlichen Auslegung** zu beachten, der die **Berücksichtigung,** nicht aber schematische Befolgung, der **Rechtsprechung des EGMR** umfasst.[28] Danach ist die EMRK von den Fachgerichten – wie jeder völkerrechtliche Vertrag – als unmittelbar anwendbares Bundesrecht zu beachten und bei der Auslegung der innerstaatlichen Gesetze zu berücksichtigen. Soweit im Rahmen geltender methodischer Standards Auslegungs- und Abwägungsspielräume eröffnet sind, sind deutsche Gerichte verpflichtet, der konventionsgemäßen Auslegung den Vorzug zu geben. Sie müssen sich mit dem Text der EMRK und der hierzu ergangenen Rechtsprechung des EGMR auseinandersetzen. Andererseits dürfen sie diese in ihre Entscheidungen aber auch nicht schematisch übernehmen, falls im Einzelfall ein Verstoß gegen höherrangiges Recht (etwa die Grundrechte des Grundgesetzes) in Betracht kommt.

19 Die Konvention selbst enthält nur einen **Kernbestand an Grundrechten.** Sie wird durch zahlreiche, nach ihrer Verabschiedung vereinbarte Zusatzprotokolle ergänzt, für die aber jeder Mitgliedstaat neu entscheiden kann, ob er auch der jeweiligen Erweiterung des Grundrechtsschutzes zustimmt. Derzeit gibt es **16 Zusatzprotokolle,** die letzten beiden datieren von 2013. Die EMRK schützt das Leben (Art. 2 EMRK), verbietet Folter und unmenschliche Behandlung (Art. 3 EMRK), Sklaverei (Art. 4 EMRK), unrechtmäßige Freiheitsentziehung (Art. 5 EMRK) und schützt weiter ua das Privat- und Familienleben (Art. 8 EMRK) und die Gewissens- und Religionsfreiheit (Art. 9 EMRK). Verletzungen der durch die EMRK geschützten Rechte können im Verfahren der Individual- oder Staatenbeschwerde beim **Europäischen Gerichtshof für Menschenrechte (EGMR)** in Straßburg geltend gemacht werden, im Fall der Individualbeschwerde erst nach Erschöpfung des innerstaatlichen Rechtswegs.

20 Die Europäische Menschenrechtskonvention und ihre Zusatzprotokolle garantieren kein Recht auf Aufenthalt und **kein Asylrecht** und enthalten auch keine Regeln über die Anerkennung oder den Schutz von Flüchtlingen. Sie gewährt ein **Recht auf Einreise** nach Art. 3 Abs. 2 des 4. Zusatzprotokolls **nur den Angehörigen des Staates,** in den die Einreise stattfindet.[29] Die Konvention **verbietet aber die Auslieferung und Abschiebung** von Ausländern in Staaten, in denen ihnen Folter oder unmenschliche oder erniedrigende Behandlung oder Bestrafung droht (Art. 3 EMRK). Außerdem gewährt sie diesem Personenkreis Zugang zu einer wirksamen Beschwerde, nicht notwendigerweise an ein Gericht (Art. 13 EMRK). Außerdem schützt Art. 4 des 4. Protokolls zur EMRK vor „Kollektivausweisungen ausländischer Personen."[30] Die Rechtsprechung des EGMR befasst sich in einer Vielzahl von Entscheidungen mit der Frage, ob die Ausweisung oder Abschiebung von Asylsuchenden oder Flüchtlingen mit der Konvention vereinbar ist.

---

[26] *Grabenwarter/Pabel,* Europäische Menschenrechtskovention, 6. Aufl. 2016, 15 ff.
[27] BVerfG Urt. v. 4.5.2011 – 2 BvR 2333/08 ua, BVerfGE 128, 326 Rn. 86 = JuS 2011, 854.
[28] BVerfG Urt. v. 4.5.2011 – 2 BvR 2333/08 ua, BVerfGE 128, 326 Rn. 94 = JuS 2011, 854.
[29] *Hoppe* in Karpenstein/Mayer, EMRK, 2. Aufl. 2015, ZP IV Art. 3 Rn. 4; *Eichenhofer* ZAR 2013, 135 (137).
[30] BGBl. 2010 II 1220.

I. Art. 3 EMRK

Richtungsweisend für den Schutz gegen Auslieferung und Abschiebung war das Urteil des **21** EGMR von 7.7.1989 betreffend die **Auslieferung** des deutschen Staatsangehörigen *Jens Soering*, dem in den USA die Todesstrafe und insbesondere das unmenschliche Todeszellensyndrom aufgrund der langen Unsicherheit über den Zeitpunkt der Vollstreckung drohte.[31] In diesem Urteil hat der EGMR die Verantwortlichkeit eines Vertragsstaats nicht nur für Verletzungshandlungen auf seinem eigenen Territorium bejaht, sondern für den Fall einer im Zielstaat der Auslieferung drohenden Verletzung von Art. 3 EMRK auch auf den Auslieferungsakt erstreckt. Denn mit der Auslieferung wirkt der EMRK-Vertragsstaat an der Verletzungshandlung mit, reicht dem Folterer die Hand zu dessen menschenrechtswidrigen Handeln. Diese Rechtsprechung wurde in der Folgezeit auf die **Abschiebung von Ausländern** einschließlich abgelehnter Asylbewerber, übertragen.[32]

Die Abschiebung eines Ausländers widerspricht Art. 3 EMRK, wenn für ihn im Zielstaat **22** der Abschiebung ein **ernsthaftes Risiko** (real risk) besteht, einer Art. 3 EMRK widersprechenden Behandlung ausgesetzt zu sein.[33] Die drohende Rechtsgutverletzung muss ein Mindestmaß an Schwere erreichen, um unter Art. 3 EMRK zu fallen. Erfasst werden auch menschenrechtswidrige Maßnahmen, die von Personen oder Gruppen von Personen ausgeht, die nicht Vertreter des Staates sind. Bei Gefährdung durch **nichtstaatliche Akteure** muss aber bewiesen werden, dass die Gefahr wirklich besteht und die Behörden des Bestimmungslandes die Gefahr nicht durch angemessenen Schutz beseitigen können.[34] Der Wahrscheinlichkeitsmaßstab des „real risk" ist kein anderer als im Flüchtlingsrecht. Bei Erfüllung der Voraussetzungen des Art. 3 EMRK ordnet **§ 60 Abs. 5 AufenthG** die Gewährung nationalen Abschiebungsschutzes an. Das gilt auch bei Gefährdung durch nichtstaatliche Akteure.[35]

Die Gefahr einer Art. 3 EMRK widersprechenden Behandlung kann eine **allgemeine** **23** **Gefahr** (zB Bürgerkrieg) oder eine dem abzuschiebenden Ausländer **individuell drohende Gefahr** (zB infolge persönlicher Krankheit, → Rn. 27) sein oder eine Kombination von beiden. Der EGMR hat entschieden, dass eine **allgemeine Situation der Gewalt** nur in „äußerst extremen Fällen" intensiv genug wäre, eine Gefahr iSv Art. 3 EMRK zu begründen.[36] Er hat dies im Jahr 2011 aber für die Situation in der somalischen Hauptstadt Mogadischu bejaht. Der Gerichtshof berücksichtigt dabei die rücksichtslose Bombardierung und die militärischen Angriffe durch alle Konfliktparteien, die inakzeptable Zahl ziviler Opfer, die erhebliche Zahl innerhalb der Stadt und der aus ihr vertriebenen Personen sowie die Art des Konflikts, der unberechenbar und weit verbreitet ist.[37] Anders hat er die Lage in Mogadischu für die Jahre 2013 und 2015 beurteilt und keine derartige Extremgefahr mehr bejaht.[38] Entsprechend hat er Anfang 2016 und erneut Anfang 2020 für Afghanistan entschieden.[39]

Abschiebungsschutz nach Art. 3 EMRK wird nicht gewährt, wenn eine **innerstaatliche** **24** **Fluchtalternative** besteht. Diese setzt allerdings – weitgehend übereinstimmend mit Art. 8 Anerkennungs-RL – voraus, dass der Ausländer die Möglichkeit hat, in das gefahrfreie Gebiet zu reisen, dort aufgenommen zu werden und sich dort niederzulassen.[40] Bei der Eignung eines gefahrfreien Gebiets zur dortigen Niederlassung muss berücksichtigt werden, ob der Ausländer in die Lage versetzt wird, seine elementaren Bedürfnisse zu befriedigen,

---

[31] EGMR Urt. v. 7.7.1989 – 14038/88, NJW 1990, 2183 Rn. 85 ff.
[32] EGMR (GK) Urt. v. 28.2.2008 – 37201/06, NVwZ 2008, 1330 Rn. 125.
[33] EGMR Urt. v. 28.6.2011 – 8319/07, NVwZ 2012, 681 Rn. 214.
[34] EGMR Urt. v. 28.6.2011 – 8319/07, NVwZ 2012, 681 Rn. 213.
[35] BVerwG Urt. v. 13.6.2013 – 10 C 13.12, BVerwGE 147, 8 Rn. 25 = NVwZ 2013, 1489.
[36] EGMR Urt. v. 28.6.2011 – 8319/07, NVwZ 2012, 681 Rn. 218; Urt. v. 20.6.2017 – 41282/16, BeckRS 2017, 123577 Rn. 70.
[37] EGMR Urt. v. 28.6.2011 – 8319/07, NVwZ 2012, 681 Rn. 248.
[38] EGMR Urt. v. 10.9.2015 – 4601/14, NVwZ 2016, 1785 Rn. 62 ff.
[39] EGMR Urt. v. 12.1.2016 – 13442/08, NVwZ 2017, 293; Urt. v. 25.2.2020 – 68377/17, Rn. 105 f.
[40] EGMR Urt. v. 28.6.2011 – 8319/07, NVwZ 2012, 681 Rn. 266.

wie Nahrung, Hygiene und Unterkunft, weiter seine Verletzbarkeit für Misshandlungen und seine Aussicht auf eine Verbesserung seiner Lage in angemessener Zeit.[41] Für die Lager im somalischen Afgooye Corridor und in den Dadaab Camps hat der EGMR für das Jahr 2011 eine inländische Fluchtalternative verneint, insbesondere aufgrund deren Überfüllung mit mehreren hunderttausend Flüchtlingen, der Zwangsrekrutierung männlicher Flüchtlinge durch Milizen und des hohen Grades an sexueller Gewalt.

25 Eine Art. 3 EMRK widersprechende Behandlung kann dem Ausländer auch in einem anderen **Vertragsstaat der EMRK** drohen. Dies hat der EGMR aufgrund der von ihm seit Jahren praktizierten weiten Auslegung von Art. 3 EMRK auch für Überstellungen von Asylbewerbern im Rahmen des **Dublin-Verfahrens** angenommen, wenn diese in Zielstaaten wie etwa Griechenland oder Italien unzureichend untergebracht und versorgt werden, teilweise auch inhaftiert werden.[42] Ein Verstoß gegen Art. 3 EMRK sieht der Gerichtshof auch darin, dass das Asylverfahren in dem Zielland der Überstellung Mängel aufweist, die die **Gefahr der Kettenabschiebung** in einen Verfolgerstaat begründen.[43]

26 Im Jahr 2012 entschied der EGMR, dass eine konventionsrechtliche Verantwortlichkeit eines EMRK-Mitgliedstaats (hier: Italien) für die Zurückweisung von Flüchtlingen schon dann besteht, wenn **Bootsflüchtlinge im Mittelmeer** von der Küstenwache des Mitgliedstaats auch außerhalb seiner Hoheitsgewässer aufgegriffen werden.[44] Der EGMR geht davon aus, dass der italienische Staat mit der Verbringung der Bootsflüchtlinge nach Libyen Hoheitsgewalt iSv Art. 1 EMRK ausgeübt hat. Er stützt dies darauf, dass die italienische Besatzung ausschließlich aus Soldaten bestand und die Flüchtlinge rechtlich und tatsächlich unter der kontinuierlichen und ausschließlichen Kontrolle italienischer Behörden standen.[45] Da in Libyen die Gefahr bestand, dass die Flüchtlinge einer realen Gefahr iSv Art. 3 EMRK ausgesetzt waren, hätte Italien sie nicht dorthin verbringen dürfen. Außerdem drohte ihnen dort die Gefahr der Kettenabschiebung in ihr Herkunftsland. Ob Hoheitsgewalt in diesem Sinne auch schon durch die Aufnahme durch ein ziviles Rettungsschiff ausgeübt wird, das unter der Flagge eines EMRK-Mitgliedstaats fährt, ist zweifelhaft.[46] Der EGMR hat jedoch nicht entschieden, dass die Bootsflüchtlinge nach Europa verbracht werden müssten. Es geht vielmehr darum, dass sie nicht einer Gefahr iSv Art. 3 EMRK ausgesetzt werden, was in sicheren Zonen oder Ländern Nordafrikas ebenfalls gewährleistet wäre, sofern solche bestehen.[47]

27 In außergewöhnlichen Fällen kann auch eine im Zielstaat nicht behandelbare **schwere Krankheit** ein Abschiebungsverbot nach Art. 3 EMRK begründen. Das beruht dann nicht auf einer allgemeinen Gefahr in dem betreffenden Land (zB Bürgerkrieg in Syrien), sondern auf einer dem abzuschiebenden Ausländer **individuell drohenden Gefahr**. Der EGMR hat die Berufung auf ein derartiges Abschiebungsverbot durch das Urteil in der Sache *Paposhvili* von Ende 2016 etwas erweitert.[48] Bis zu dieser Entscheidung war der Gerichtshof sehr zurückhaltend in der Zuerkennung krankheitsbedingter Abschiebungsverbote. Er erkannte grundsätzlich nur menschengemachte Gefahren im Rahmen von Art. 3 EMRK an, etwa Gesundheitsgefahren infolge Bürgerkriegs, unzureichende Haftbedingungen oder andere Umstände, für die die Behörden des Landes verantwortlich gemacht werden können. Jetzt weitet er es unter „außergewöhnlichen Umständen" auch auf Gesundheitsgefahren aus, die in der allgemeinen unzureichenden medizinischen Versorgungslage im Land herrühren und für den weder direkt noch indirekt die Behörden des Landes verantwortlich gemacht werden können. Bei Gesundheitsgefahren reicht der Schutz nach Art. 3 EMRK

---

41 EGMR Urt. v. 28.6.2011, 8319/07, NVwZ 2012, 681 Rn. 283 und 285 ff.
42 EGMR Urt. v. 21.1.2011 – 30696/09, NVwZ 2011, 413 Rn. 221 ff., 235 ff.; Urt. v. 4.11.2014 – 29217/12, NVwZ 2015, 127 Rn. 105 ff.
43 EGMR Urt. v. 21.1.2011 – 30696/09, NVwZ 2011, 413 Rn. 286 ff.
44 EGMR Urt. v. 23.2.2012 – 27765/09, NVwZ 2012, 809 Rn. 76 ff.
45 EGMR Urt. v. 23.2.2012 – 27765/09, NVwZ 2012, 809 Rn. 81.
46 Vgl. dazu auch EGMR Urt. v. 29.3.2010 – 3.394/03, BeckRS 2010, 30532 Rn. 64 ff.
47 Ebenso *Hailbronner AsylR/AuslR* 413 Rn. 1279.
48 EGMR Urt. v.13.10.2016 (GK) – 41738/10, NVwZ 2017, 1187 – Paposhvili.

daher weiter als nach Art. 15 lit. b Anerkennungs-RL, der einen Anspruch auf den subsidiären Schutzstatus begründet und einen verantwortlichen Verursacher für die Gesundheitsgefahr verlangt.[49]

Voraussetzung ist, dass die Abschiebung einer schwer kranken Person durch die fehlende Möglichkeit der Behandlung ihrer Krankheit im Zielstaat „einer **ernsten,** raschen und unwiederbringlichen **Verschlechterung** ihres Gesundheitszustandes ausgesetzt" würde, die „zu **intensivem Leiden** oder einer **erheblichen Verkürzung der Lebenserwartung** führt".[50] Dies bejaht der EGMR für einen schwerkranken Krebspatienten, der zum Überleben eine Stammzellentransplantation benötigte, die er im Zielstaat Georgien nicht erhalten konnte. Er verstarb dann auch während des Beschwerdeverfahrens vor dem EGMR. Der Gerichtshof betont jedoch, dass Maßstab hierfür nicht das Versorgungsniveau im ausweisenden Staat ist. Aus Art. 3 EMRK könne kein Recht abgeleitet werden, eine bestimmte Behandlung im Zielstaat zu erhalten, die für die übrige Bevölkerung nicht verfügbar sei.[51] 28

Die mit der Entscheidung über Asylanträge befassten Behörden und Gerichte müssen auch Tatsachen berücksichtigen, die erst während des Verfahrens Bedeutung erlangen, zB die **nachträgliche Konversion** eines sich zunächst erfolglos auf politische Gründe stützenden Asylbewerbers.[52] Es hat eine **ex nunc-Prüfung** zu erfolgen, die alle relevanten Umstände bis zum Zeitpunkt der Abschiebung einbezieht. Das nationale Verfahrensrecht muss dies berücksichtigen.[53] In Deutschland geschieht dies im Asylverfahren durch Abstellen auf die Tatsachenlage im Zeitpunkt der letzten mündlichen Verhandlung und durch die Möglichkeit, Asylfolgeanträge zu stellen. Im Ausweisungsrecht besteht die Möglichkeit, ein Wiederaufgreifen des Verfahrens zu beantragen und die Wirkungen einer Ausweisung nachträglich auf null zu befristen. 29

Art. 3 EMRK begründet ein **absolutes Recht** auf Schutz vor Abschiebung, auch wenn der betroffene Ausländer eine **schwere Straftat** begangen hat, ein erhebliches **Sicherheitsrisiko** darstellt, etwa weil von ihm die Gefahr terroristischer Anschläge ausgeht.[54] Der von Art. 3 EMRK gewährte Schutz ist daher umfassender als der nach Art. 32, 33 GFK.[55] Ist ein Asylsuchender von der Zuerkennung der Flüchtlingseigenschaft nach der GFK und vom subsidiären Schutzstatus nach der Anerkennungs-RL wegen schwerer Straftaten oder wegen Terrorismusgefahr ausgeschlossen, genießt er im Fall ihm drohender Gefahren iSv Art. 3 EMRK **jedenfalls Abschiebungsschutz** nach dieser Vorschrift. Ihm darf in Deutschland zwar die Erteilung einer Aufenthaltserlaubnis verweigert werden (§ 25 Abs. 3 S. 3 AufenthG), er darf aber nicht abgeschoben werden (§ 60 Abs. 5 AufenthG). Der Schutz nach Art. 3 EMRK ist also durch den unionsrechtlichen Schutz nicht obsolet geworden. 30

II. Art. 4 des 4. Zusatzprotokolls

Nach Art. 4 des 4. Zusatzprotokolls sind „**Kollektivausweisungen**" von Ausländern unzulässig. Die Vorschrift will sicherstellen, dass Ausweisungsentscheidungen nicht ohne angemessene und objektive Prüfung der besonderen Lage jedes betroffenen Ausländers erfolgen, sondern sich pauschal auf eine Gruppengesamtheit beziehen. So wurde im Jahr 2002 eine unzulässige Kollektivausweisung darin gesehen, dass Belgien gleichgerichtete Ausweisungsverfügungen gegen eine ganze Gruppe slowakischer **Roma-Familien** gerichtet hatte, und zwar unter dem gleichen Datum mit dem gleichen Wortlaut, ohne ihre Asylverfahren 31

---

[49] Zur Abgrenzung vgl. EuGH Urt. v.18.12.2014 – C-542/13, NVwZ-RR 2015, 158 Rn. 39–41.
[50] EGMR Urt. v.13.12.2016 – 41738/10, Rn. 183 – Paposhvili/Belgien; Urt. v. 1.10.2019 – 57467/15, BeckRS 2019, 22996 Rn. 43 ff. – Savran/Dänemark.
[51] EGMR Urt. v.13.12.2016 – 41738/10, NVwZ 2017, 1187 Rn. 189.
[52] EGMR Urt. v. 23.3.2016 – 43611/11, Rn. 157 f.
[53] EGMR Urt. v. 23.6.2008 – 1638/03, InfAuslR 2008, 333 Rn. 93; vgl. dazu auch *Kraft* NVwZ 2014, 969 (973).
[54] EGMR Urt. v. 15.11.1996 – 70/1995/576/662, NVwZ 1997, 1093 Rn. 97 ff.; Urt. v. 28.2.2008 – 37201/06, NVwZ 2008, 1330 Rn. 137 ff.
[55] So ausdrücklich EGMR Urt. v. 28.2.2008 – 37201/06, NVwZ 2008, 1330 Rn. 138.

abzuwarten und ihnen Gelegenheit zum Vorbringen individueller Gründe zu geben, die ihrer Ausweisung entgegenstehen könnten.[56] Entsprechend entschied der EGMR im Fall der Ausweisung von **Georgiern** aus Russland zur Zeit des Georgienkrieges zwischen Ende September 2006 und Januar 2007 allein aufgrund ihrer Staatsangehörigkeit.[57]

32 Eine unzulässige Kollektivausweisung sah der Gerichtshof im Jahr 2012 auch in der Verbringung von **Bootsflüchtlingen** nach Libyen durch die italienische Küstenwache ohne individuelle Prüfung ihrer Schutzbegehren.[58] Anders hat er im Fall von zwei afrikanischen Flüchtlingen entschieden, die in einer Gruppe von mehreren Hundert von Marokko aus die Grenzbefestigung zur **spanischen Enklave Melilla** überwinden wollten. Dabei wurden einige zuvor angehalten, andere überwanden nur den äußeren Zaun, einige jedoch (darunter die beiden Kläger) konnten auch über den inneren Zaun klettern und auf spanisches Territorium gelangen. Dort wurden sie sogleich ohne Prüfung ihrer Identität und ihrer individuellen Fluchtgründe von der Guardia Civil nach Marokko zurückgewiesen.[59] Der EGMR hat seine Entscheidung maßgeblich darauf gestützt, dass eine unzulässige Kollektivausweisung deshalb nicht vorliegt, weil die Kläger die Möglichkeit einer legalen Einreise an den offiziellen Grenzübergängen von Marokko nach Melilla nicht genutzt haben.[60]

33 Keine unzulässige Kollektivausweisung hat der EGMR Ende 2016 auch im Fall von drei aus Italien ausgewiesenen **Tunesiern** gesehen, die als Bootsflüchtlinge nach Italien gekommen waren.[61] Sie erhielten zwar gleichlautende Anordnungen zur Verweigerung der Einreise, von entsprechenden Maßnahmen war zudem eine große Zahl tunesischer Migranten betroffen. Sie hatten aber zehn Tage lang Zeit, ihr **Anliegen vorzutragen,** und wurden vor ihrer Abschiebung auch vom tunesischen Konsul empfangen. Im Ergebnis misst die Große Kammer der weitgehend einheitlichen Gestaltung der Ausweisungsverfügungen keine maßgebliche Bedeutung zu.

III. Art. 13 EMRK

34 Ein Asylsuchender hat nach Art. 13 EMRK das Recht, gegen eine für ihn nachteilige Entscheidung eine **wirksame Beschwerde** bei einer innerstaatlichen Instanz zu erheben, die nicht notwendigerweise ein Gericht zu sein braucht. Die Ansprüche nach Art. 6 EMRK, die einen Zugang zu einem unabhängigen Gericht und weitere Garantien für ein faires Verfahren gewähren, gelten für Asylsuchende nicht. Denn Art. 6 EMRK ist auf zivilrechtliche und strafrechtliche Verfahren beschränkt, ausländer- und asylrechtliche Streitigkeiten fallen nicht darunter.[62] Art. 6 EMRK ist lex specialis zu Art. 13 EMRK.[63] Das Recht auf eine wirksame Beschwerde ist ein **akzessorisches Recht,** dh es kann nur in Verbindung mit einer materiellen Garantie der EMRK oder eines Zusatzprotokolls gerügt werden.

35 Die Beschwerdeinstanz kann ein Gericht, eine Verwaltungsbehörde, eine Regierungsstelle oder ein parlamentarisches Organ sein. Es muss sich aber um eine **unabhängige und unparteiische Instanz** handeln.[64] Art. 13 EMRK schreibt den Vertragsstaaten nicht vor, wie die Beschwerde konkret ausgestaltet sein muss. Sie muss aber rechtlich und tatsächlich „wirksam" sein, indem sie entweder die gerügte Verletzung verhindert oder aber eine angemessene Entschädigung für eine bereits eingetretene Verletzung bereitstellt. Auch darf

---

56 EGMR Urt. v. 5.2.2002, 51564/99, Slg. 2002-I Nr. 59 Rn. 62.
57 EGMR Urt. v. 3.7.2014 – 13255/07, NVwZ 2015, 569.
58 EGMR Urt. v. 23.2.2012 – 27765/09, NVwZ 2012, 809 Rn. 183 ff.
59 EGMR Urt. v. 13.2.2020 (GK) – 8675/15 und 8697/15, BeckRS 2020, 1169 Rn. 24.
60 EGMR Urt. v. 13.2.2020 (GK) – 8675/15 und 8697/15, BeckRS 2020, 1169 Rn. 231 f.
61 EGMR Urt. v.15.12.2016 (GK) – 16483/12, Rn. 247 ff.
62 EGMR Urt. v. 17.5.2011 – 43408/08, NVwZ 2012, 686 Rn. 83; Zulässigkeitsentscheidung v. 24.5.2015, 37074/13, EuGRZ 2015, 464 Rn. 40.
63 EGMR Urt. v. 10.1.2012 – 22251/07, NVwZ 2013, 418 – G. R./Niederlande.
64 EGMR Urt. v. 25.3.1983 – 5947/72, EuGRZ 1984, 147 Rn. 113 ff.; Urt. v. 12.5.2000, 35394/97, Rn. 44 ff.

die Beschwerde nicht durch Handlungen oder Unterlassungen staatlicher Einrichtungen behindert werden.[65]

Der EGMR hat im Jahr 2012 das im französischen Recht vorgesehene **asylrechtliche** 36 **Schnellverfahren,** bei dem einem sudanesischen Asylantragsteller zur Vorbereitung seiner Beschwerde gegen die ablehnende Behördenentscheidung nur 48 Stunden zur Verfügung standen, auch bei Anerkennung des Bedarfs an raschen Entscheidungen unter den konkreten Umständen des Falles als Verstoß gegen Art. 13 EMRK gewertet.[66] Auch die **Rückführung von Bootsflüchtlingen** nach Libyen durch die italienische Küstenwache im Jahr 2011 stellte für den EGMR nicht nur eine Verletzung von Art. 3 EMRK und Art. 4 des 4. Zusatzprotokolls dar, sondern auch eine Verletzung von Art. 13 EMRK. Denn für die Bootsflüchtlinge bestand auf dem Schiff keine wirksame Möglichkeit, die Rückführungsentscheidung durch eine unabhängige Stelle überprüfen zu lassen.[67] Die Mängel des Asylverfahrens, wie sie der EGMR im Jahr 2011 für das damalige **griechische Asylsystem** feststellte, verletzten Asylantragsteller bei Überstellung nach den Regeln des Dublin-Verfahrens auch in ihrem Beschwerderecht nach Art. 13 EMRK, weil sie damals keinen wirksamen Rechtsbehelf einlegen konnten.[68]

§ 18 Unionsrecht

Übersicht

	Rn.
A. EU-Politik im Asylbereich	1
I. Entstehung und Entwicklung einer (gemeinsamen) europäischen Asylpolitik	1
II. Die sekundären Rechtsinstrumente der europäischen Asylpolitik	7
III. Gesetzentwürfe zur Reform des Gemeinsamen Europäischen Asylsystems (GEAS)	20
B. Dublin-Verordnung	23
I. Dublin III-Verordnung	30
1. Historische Entwicklung	30
2. Aufbau des Dublin-Systems	35
3. Territorialer Anwendungsbereich	40
4. Sachlicher Anwendungsbereich	45
II. Ablauf des Dublin-Verfahrens	51
1. Beginn des Dublin-Verfahrens	51
2. Recht auf Information und persönliches Gespräch	54
a) Recht auf Information	55
b) Persönliches Gespräch	57
III. Zuständigkeitsbestimmung	64
1. Kriterienkatalog und maßgeblicher Zeitpunkt	64
2. Zuständigkeitskriterien der Dublin-Verordnung	71
3. Erlöschen der Zuständigkeit gemäß Art. 19 Dublin-Verordnung	74
IV. Kriterien zu Wahrung der Familieneinheit	81
1. Verfahrensgarantien für Minderjährige	86
2. Familienangehörige	107
V. Kriterien aufgrund der Verantwortlichkeit für Einreise und Aufenthalt	112
1. Aufenthaltstitel und Visum	112
2. „Illegale" Einreise und illegaler Aufenthalt	122
3. Visafreie Einreise und Antrag im Transitbereich eines internationalen Flughafens	132

---

[65] *Grabenwarter/Pabel,* Europäische Menschenrechtskovention, 6. Aufl. 2016, 585 Rn. 197.
[66] EGMR Urt. v. 2.2.2012 – 9152/09.
[67] EGMR Urt. v. 23.2.2012 – 27765/09, NVwZ 2012, 809 Rn. 187 ff.
[68] EGMR Urt. v. 21.1.2011 – 30696/09, NVwZ 2011, 413 Rn. 321.

	Rn.
VI. Ausnahmen von der Anwendung der Kriterien	134
1. Abhängige Personen	140
2. Überstellungsverbote nach Art. 4 GRCh	157
3. Selbsteintrittsrecht	182
4. Humanitäre Klausel	196
VII. Verfahrensablauf	214
1. Aufnahme- und Wiederaufnahmeverfahren	214
2. Antragsfristen und Zuständigkeitsübergang	221
3. Antwortfristen und mögliche Konsequenzen	233
VIII. Verpflichtungen der Asylsuchenden	244
1. (Keine) Verpflichtung, einen Antrag in einem bestimmten Staat zu stellen	244
2. Die Verpflichtung der Mitgliedstaaten, Fingerabdrücke abzunehmen	249
3. Mitwirkung bei der Zuständigkeitsbestimmung im Rahmen des persönlichen Gesprächs	256
4. Die Verpflichtung der Überstellungsentscheidung nachzukommen	261
IX. Bescheid, Zustellung und Überstellung	267
1. Bescheid	267
2. Zustellung	276
3. Überstellung	284
4. Überstellungsfrist	293
X. Rechtsschutz nach der Dublin III-Verordnung	319
1. Formeller Umfang des Beschwerderechts	321
2. Aufschiebende Wirkung	329
3. Zugang zu rechtlicher Beratung und sprachlicher Hilfe	335
4. Materieller Prüfumfang und Vorlage beim EuGH	340

A. EU-Politik im Asylbereich

I. Entstehung und Entwicklung einer (gemeinsamen) europäischen Asylpolitik

1 Die Europäisierung des Asylrechts geht auf den 1997 verabschiedeten **Vertrag von Amsterdam**[1] zurück, auch wenn es zuvor bereits Bemühungen außerhalb der Strukturen der europäischen Gemeinschaft gegeben hatte.[2] Der bereits im Jahre 1993 verabschiedete **Maastrichter Vertrag** sah noch keine eigenständige EU-Kompetenz vor, sondern regelte nur die zwischenstaatliche Zusammenarbeit der Mitgliedstaaten. Im Rahmen des Maastrichter Vertrages kamen den EU-Mitgliedstaaten in der Praxis eine besondere Geltung zu, da diese die dominierenden Akteure in der frühzeitigen Entwicklung der Asylpolitik der EU waren, wobei die europäische Kommission eine untergeordnete Rolle spielte. Außerdem war der EuGH nicht zuständig für Asylmaßnahmen. Mit den Änderungen nach Amsterdam verlagerte sich die Asylpolitik aus dem einzelstaatlichen Kompetenzbereich auf die Gemeinschafts- bzw. später Unionsebene.[3] Die Staats- und Regierungschefs der EU sind im Oktober 1999 im finnischen Tampere zusammengekommen, um sich auf ein Arbeitsprogramm für die Entwicklung des Raums der Freiheit, der Sicherheit und des Rechts zu einigen, das sie bei der Annahme des Vertrags von Amsterdam beschlossen hatten.[4] Der Raum der Freiheit, der Sicherheit und des Rechts folgte den durch den

---

[1] Vertrag von Amsterdam von 2.10.1997, BGBl. 1998 II 386.
[2] *Guild*, The Impetus to Harmonise: Asylum Policy in the European Union, in: Nicholson/Twomey, Refugee Rights and Realities: Evolving International Concepts and Regimes, 1999, 313; *Boccardi*, Europe and Refugees: Towards an EU Asylum Policy, 2002.
[3] S. oben *Dörig* → § 16 Rn. 1.
[4] Zur Entstehungsgeschichte des gemeinsamen europäischen Asylsystems siehe: *EASO/IARLJ*, Introduction to the CEAS, 2016, verfügbar unter: https://www.easo.europa.eu/training-quality/courts-and-tribunals.

Vertrag von Maastricht geschaffenen Säulen der Justiz und inneren Angelegenheiten und umfasste damit auch das Asylrecht. Seitdem kann die Rede von einer gemeinsamen europäischen Asylpolitik sein.

Art. 73(k)[5] des Amsterdamer Vertrags legte fest, dass der Rat innerhalb von fünf Jahren nach seinem Inkrafttreten eine Reihe von Maßnahmen im Asylbereich beschließt, nämlich Kriterien und Verfahren zur Bestimmung des Mitgliedstaats, der für die Prüfung eines Asylantrags zuständig ist, sowie Mindestnormen für die Aufnahme von Flüchtlingen, die Definition des Begriffs „Flüchtling" und für das Asylverfahren. Darüber hinaus wurden in Art. 73(k) Mindestnormen für die Gewährung vorübergehenden Schutzes für Vertriebene und Personen, die anderweitig internationalen Schutz benötigen, sowie für die Förderung eines ausgewogenen Verhältnisses zwischen den Mitgliedstaaten (sogenannte Lasten- bzw. Verantwortungsteilungsmaßnahmen) gefordert. Außerdem bekräftigt diese Norm erneut die Verpflichtung der EU, ihre Asylpolitik im Einklang mit der Genfer Konvention und anderen einschlägigen Verträgen weiterzuentwickeln. 2

Der Kerngedanke aller Bestrebungen nach einem gemeinsamen Asylsystem auf europäischer Ebene ist der Versuch, eine EU-weite **Harmonisierung des Schutzes** (iSv Anerkennung)- und der Aufnahmestandards EU-weit zu erwirken. Letztere sollen sicherstellen, dass Asylbewerber in der gesamten EU unter den gleichen Bedingungen internationalen Schutz genießen. Um dieses Leitziel zu erreichen, wurden seit 2003 mehrere Rechtsakte erlassen. 2003 wurden die Dublin II-Verordnung[6] und die Aufnahmerichtlinie[7] verabschiedet. Im nächsten Jahr wurde die Anerkennungsrichtlinie[8] (auch als Qualifikationsrichtlinie bekannt) angenommen. Im Jahr 2005 folgte die Asylverfahrensrichtlinie[9]. 3

Das Inkrafttreten den **Lissaboner Vertrages** im Dezember 2009 führte zu einer weiteren Angleichung dieser Vorschriften. Denn der AEUV stellt einen Paradigmenwechsel dar, da Mindeststandards festgelegt wurden, die nicht unterschritten werden durften, sowie gemeinsame Standards, die einzuhalten oder zu erreichen waren.[10] Folglich wurden die drei soeben erwähnten Richtlinien sowie die Dublin Verordnung in wesentlichen Punkten neu gefasst.[11] Danach liegt die primäre Rechtsgrundlage im Asylbereich nun im Art. 78 Abs. 2 AEUV, welcher der EU neue Zuständigkeiten überträgt. Abgesehen vom neuen Prinzip der Solidarität und dem Grundsatz der fairen Verteilung der Verantwortung in der europäischen Asylpolitik, war die EU nun berechtigt, Maßnahmen zu ergreifen, um einen europaweit gültigen einheitlichen Asylstatus zu schaffen, ein gemeinsames System des temporären Schutzes zu errichten, allgemein anwendbare Regelungen der Gewährung und des Entzugs von Asyl und subsidiärem Schutz zu erstellen und vergleichbare Aufnahmestandards festzulegen. 4

Dem besagten **Prinzip der Solidarität** bzw. dem Grundsatz der fairen Verteilung der Verantwortung in der europäischen Asylpolitik kommt in letzter Zeit eine neue und eventuell sogar unvorhergesehene Wichtigkeit zu. Das Fehlen von Solidaritätselementen verstetigt und verschärft die Disbalancen im europäischen Asylsystem, vor allem hinsichtlich des sogenannten Dublin-Verteilungssystems. Das Prinzip steht im Mittelpunkt von drei vor 4a

---

[5] Art. 63 der konsolidierten Fassung des Vertrags zur Gründung der Europäischen Gemeinschaft (EGV), ABl. C 321 E, 37 v. 29.12.2006.
[6] VO 343/2003/EG v. 18.2.2003.
[7] RL 2003/9/EG v. 27.1.2003.
[8] RL 2003/59/EC v. 15.7.2003.
[9] RL 2005/85/EC v. 1.12.2005.
[10] S. etwa dazu: *Kommission*, Gemeinsame Normen für Asylverfahren, Arbeitsdokument v. 3.3.1999, SEK (1999) 271 final; *Costello/Hanocx*, The Recast Asylum Procedures Directive 2013/32/EU: Caught between the Stereotypes of the Abusive Asylum Seeker and the Vulnerable Refugee, in: Chetail/De Bruycker/Maiani, Reforming the Common European Asylum System: The New European Refugee Law, 2015, 382.
[11] RL 2011/95/EU v. 13.12.2011 (Neufassung der Anerkennungs-Richtlinie), ABl. 2011 L 337, 9; RL 2013/32/EU v. 26.6.2013 (Neufassung der Asylverfahrensrichtlinie), ABl. 2013 L 180, 60; RL 2013/33/EU v. 26.6.2013 (Neufassung der Richtlinie zu Aufnahmebedingungen), ABl. 2013 L 180, 96.

Kurzem vom EuGH entschiedenen Verfahren.[12] Im Dezember 2017 erhob die Kommission Klage wegen Nichterfüllung von Verpflichtungen gegen drei Mitgliedstaaten: Polen (Rs. C-715/17), Ungarn (Rs. C-718/17) und die Tschechische Republik (Rs. C-719/17). In diesen parallelen Verfahren behauptet die Kommission, dass die drei Mitgliedstaaten gegen ihre Verpflichtungen aus Art. 5 Abs. 2 der Relocation-Entscheidungen verstoßen hätten. Folglich hätten sie auch gegen ihre Verpflichtungen aus Art. 5 Abs. 4 bis 11 derselben Entscheidungen verstoßen, wonach sie Italien und Griechenland durch die Aufnahme von Schutzsuchenden und die Prüfung ihrer Anträge zu unterstützen hätten. Polen und Ungarn stützten sich in ihren Anträgen auf Art. 72 AEUV, der die Aufrechterhaltung von Recht und Ordnung und den Schutz der inneren Sicherheit als mögliche Gründe für eine Abweichung von den sonst geltenden asylrechtlichen Vorschriften unter Umständen vorsieht. In seinem Urteil vom 2.2.2020 gab der EuGH den Vertragsverletzungsklagen der Kommission gegen diese drei Mitgliedstaaten statt. Der EuGH kam zu dem Schluss, dass die drei Mitgliedstaaten gegen eine Entscheidung des Rates verstoßen haben, nach der 120.000 Personen, die internationalen Schutz beantragt hatten, aus Griechenland und Italien obligatorisch in die anderen Mitgliedstaaten der Europäischen Union umzusiedeln gewesen wären.[13] Das Gericht sprach sich für eine enge Auslegung von Art. 72 AEUV aus. Nach dem EuGH verleiht dieser Artikel den Mitgliedstaaten nicht die Befugnis, von den Bestimmungen des Rechts der Europäischen Union abzuweichen, nur weil sie sich auf die mit der Aufrechterhaltung der öffentlichen Ordnung und dem Schutz der inneren Sicherheit verbundenen Interessen berufen. Vielmehr verlangt das europäische Flüchtlingsrecht den Nachweis, dass die Inanspruchnahme dieser Ausnahmeregelung für die Wahrnehmung ihrer Zuständigkeiten in den Bereichen der inneren Sicherheit bzw. der öffentlichen Ordnung tatsächlich erforderlich ist.[14]

5   Des Weiteren hat der Vertrag von Lissabon die GRCh rechtsverbindlich gemacht. Art. 6 Abs. 1 EUV sieht vor, dass die GRCh den gleichen rechtlichen Rang wie die Verträge besitzt. Die im Jahr 2000 verabschiedete Charta enthält verschiedene bürgerliche, politische, wirtschaftliche und soziale Rechte. In **Art. 18 GRCh** wird das Asylrecht nach Maßgabe des Genfer Abkommens vom 28.7.1951 und des Protokolls vom 31.1.1967 über die Rechtsstellung der Flüchtlinge garantiert. Dies bedeutet, dass alle sekundären Rechtsvorschriften der EU, einschließlich der EU-Richtlinien und -Verordnungen über Asyl, den Bestimmungen des Genfer Abkommens und des Protokolls von 1967 entsprechen müssen. Diese Bestimmung gilt für „alle Personen, die in den Anwendungsbereich des Unionsrechts fallen, deren völkerrechtliche Schutzbegründung durch das internationale Menschenrecht, einschließlich der Flüchtlingskonvention und der Europäischen Menschenrechtskonvention, begründet ist"[15]. Die Charta führt dazu, dass es nun ein subjektives und durchsetzbares Recht von Einzelpersonen auf Asyl nach dem Unionsrecht gibt. Es ließe sich demnach schlussfolgern, dass der verbindliche Charakter der GRCh zu einer Stärkung der Rechte von Asylbewerbern in der EU führt, jedoch blieb eine solche Änderung in der Rechtsprechung des EuGH mit einigen bezeichnenden Ausnahmen bisher weitestgehend aus, obwohl der EuGH sich immer wieder in seinen Entscheidungen auf die GRCh bezieht.[16]

6   Zuletzt haben die Änderungen im Vertrag von Lissabon jedoch insgesamt die **Rolle des EuGH** in Verfahren mit einem Bezug zum Asylrecht gestärkt. Wo früher Themen aus dem Raum der Justiz, der Freiheit und der Sicherheit als nicht justiziabel galten, wurde die einst

---

[12] Rechtssachen C-715/17, C-718/17 und C-719/17.
[13] Beschluss des Rates (EU) 2015/1601 vom 22. September 2015 zur Einführung von vorläufigen Maßnahmen im Bereich des internationalen Schutzes zugunsten von Italien und Griechenland, OJ L 248, 80–94.
[14] EuGH Urt. v. 2.4.2020 – C-715/17, C-718/17 und C-719/17, BeckRS 2020, 4825 Rn. 145–147.
[15] *Gil-Bazo*, The Charter of Fundamental Rights of the European Union and the Right to be Granted Asylum in the Union's Law, Refugee Survey Quarterly 27, 2008, 33 – eigene Übersetzung.
[16] ZB Art. 4 GRCh wurde in EuGH Urt. v. 21.12.2011 – C-411/10 und C-493/10, NVwZ 2012, 417 thematisiert.

begrenzte Zuständigkeit des EuGH durch den Vertrag von Lissabon auf alle Fragen aus dem Raum der Freiheit, der Sicherheit und des Rechts, einschließlich Fragen des gemeinsamen europäischen Asylrechts, ausgeweitet. Diese Entwicklung führte zu einer deutlichen Zunahme der Asylfälle, meistens im Wege eines Vorabentscheidungsverfahrens gemäß Art. 267 AEUV, die vor dem EuGH verhandelt werden. Somit hat der EuGH immer wieder die Gelegenheit, diesen hochsensiblen Bereich zu gestalten. Die neuere Rechtsprechung des EuGH zeigt gewisse Tendenzen zum Schutz der individuellen Grundrechte in Asylfällen.[17]

II. Die sekundären Rechtsinstrumente der europäischen Asylpolitik

Wie bereits erwähnt bestehen die meisten Rechtsvorschriften im Asylbereich derzeit in Gestalt von Richtlinien, die einer Umsetzung ins nationale Recht bedürfen. Zuerst werden allerdings die zwei relevantesten Verordnungen erläutert, danach die Richtlinien in der Reihenfolge ihrer Wichtigkeit für den Rechtspraktiker, bevor dann einige weitere Instrumente der Vollständigkeit halber aufgeführt werden. 7

Die **Dublin III-Verordnung**[18] regelt, welcher Staat[19] für die Prüfung eines Asylantrags zuständig ist.[20] Kernpunkt dieser Verordnung ist der Gedanke, dass ein Antrag auf internationalen Schutz von einem einzigen zuständigen Staat geprüft werden soll. Kapitel III der Verordnung legt eine Reihe von Kriterien für die Festlegung dieser Zuständigkeit innerhalb einer festgelegten Normenhierarchie fest. Grundsätzlich gilt die Regel gemäß Art. 13 Abs. 1 Dublin III-VO, dass der Mitgliedstaat zuständig ist, in dem der Asylbewerber erstmals das Territorium der EU betreten hat. Gleichwohl sieht die Verordnung Abweichungen von dieser Regel vor, in Fällen, die die Einheit der Familie betreffen, zB wenn der Antragsteller ein unbegleiteter Minderjähriger ist, der ein Familienmitglied im anderen Mitgliedstaat hat und eine Familienzusammenführung dem Wohl des Minderjährigen dient.[21] Es gibt jedoch keine Bestimmung in der Verordnung, die einen Mitgliedstaat an der Prüfung eines Asylantrags hindert, auch wenn er nicht formell für dessen Bearbeitung verantwortlich ist (vgl. sogenannte Souveränitätsklausel).[22] 8

Das Dublin-System wird häufig für die jetzigen Schwierigkeiten in der europäischen Asylpolitik verantwortlich gemacht, denn es erhöhe den Druck auf die Regionen an den Außengrenzen der EU (vorwiegend Italien und Griechenland) und störe das Leben derjenigen, die nach Europa fliehen, um Schutz zu finden.[23] Diese Regelungen wurden jedoch geschaffen, um wiederholte Asylanträge an diversen Standorten (sogenanntes ‚forum shopping') zu vermeiden. Sie basieren auf dem Gedanken, dass Schutzstandards in der gesamten EU gleichwertig sind. Da dies aber noch nicht der Fall ist, führte das Dublin-System bei Überstellung in bestimmte Staaten (zB Griechenland) dazu, dass Menschenrechte von Asylsuchenden verletzt worden sind, der Zugang zum Schutz de facto verwehrt worden ist oder der besonderen Schutzwürdigkeit von Asylbewerbern mit besonderen Bedürfnissen nicht Rechnung getragen wurde. Folglich musste eine Ausnahme von den Zuordnungsregeln für den Fall gemacht werden, in dem das Anerkennungsverfahren oder die Aufnahmebedingungen im zuständigen Staat systematische 9

---

[17] *Hatzopoulos*, Casual but Smart: The Court's New Clothes in the Area of Freedom, Security and Justice (AFSJ) after the Treaty of Lisbon, in: Monar, The Institutional Dimension of the European Union's Area of Freedom, Security and Justice, 2010, 153.
[18] VO (EU) 604/2013, ABl. 2013 L 180, 31.
[19] Der Begriff Mitgliedstaat wird hier bewusst nicht verwendet, da das Dublin System für einige nicht-EU Staaten Anwendung findet: Island, Liechtenstein, Norwegen und die Schweiz.
[20] *Dörig/Langenfeld* NJW 2016, 1.
[21] Art. 8 VO (EU) 604/2013, ABl. 2013 L 180, 31.
[22] Art. 17 Abs. 1 VO (EU) 604/2013, ABl. 2013 L 180, 31; EuGH Urt. v. 6.11.2012 – C-245/11, NVwZ-RR 2013, 69; s. auch *Morgades-Gil* International Journal of Refugee Law 27, 2015, 433.
[23] *UNHCR/ECRE*, The Dublin Regulation, verfügbar unter http://www.unhcr.org/4a9d13d59.pdf.

Schwachstellen aufweisen, die die Gefahr einer unmenschlichen oder entwürdigen Behandlung nach Art. 4 GRCh begründen.[24]

10 Die Umsetzung des Dublin-Systems stützt sich in erheblichem Maße auf die **Eurodac-Verordnung**[25]. Bei Eurodac handelt es sich um eine Datenbank mit Fingerabdrücken von Asylbewerbern, mit deren Hilfe festgestellt werden kann, ob (und in welchem EU-Mitgliedstaat) ein Asylbewerber bereits einen Asylantrag gestellt hat. Die Verordnung ist seit Januar 2003 in Kraft und wurde mehrfach angepasst, zuletzt 2013. Die laufenden Verhandlungen zur Neufassung dieser Verordnung gelten als wenig problematisch, allerdings besteht noch Uneinigkeit über den Zugang der Strafverfolgungsbehörden zum Eurodac-System, Fristen für die Datenspeicherung und besondere Bestimmungen über Minderjährige.[26]

11 Die **Anerkennungsrichtlinie**[27] ist das zentrale Instrument des gemeinsamen europäischen Asylsystems. Sie legt verbindliche Voraussetzungen für die Anerkennung von Drittstaatsangehörigen oder Staatenlosen als Personen mit Anspruch auf internationalen Schutz fest, für einen einheitlichen Status für Flüchtlinge oder für Personen, die Anspruch auf subsidiären Schutz haben, sowie für den Inhalt des zu gewährenden Schutzes.[28] Die Richtlinie stützt sich in vieler Hinsicht auf die Genfer Flüchtlingskonvention, weicht jedoch in bestimmten Punkten auch von ihr ab. Grundsätzlich sieht das europäische Recht zwei Schutzformen vor: den Schutz als Flüchtling iSd GFK[29] und den subsidiären Schutz, der nur Personen gewährt wird, die nicht für den Flüchtlingsstatus in Betracht kommen, jedoch in ihrem Herkunftsland ernsthaften Schaden erleiden würden.[30] Weitere inbesondere humanitäre Schutzformen, bei denen eine Person ein Bleiberecht nach der GRCh oder der EMRK erlangen kann, sind nicht ausgeschlossen. Sie stellen jedoch keinen internationalen Schutz dar. Die Richtlinie sieht vor, dass auch von nichtstaatlichen Akteuren Verfolgung ausgehen kann, wenn sie den Staat oder einen wesentlichen Teile des Staatsgebiets beherrschen.[31] Darüber hinaus nennt Art. 9 Abs. 2 der Anerkennungsrichtlinie eine Reihe von beispielhaften Handlungen, die als Verfolgung gelten können. Diese weisen darauf hin, dass dieser Begriff weiter auszulegen ist, als dies in den bestehenden nationalen Gesetzgebungen vor Einführung der Richtlinie allgemein der Fall war.[32]

12 Die **Asylverfahrensrichtlinie** von 2013[33] fordert bestimmte grundlegende Verfahrensgarantien wie das Recht auf eine persönliche Anhörung, das Recht Informationen zu erhalten und mit dem UNHCR zu kommunizieren, das Recht auf einen Rechtsanwalt und das Recht Klage zu erheben. Darüber hinaus werden in der Richtlinie auch einige wichtige Begriffe kodifiziert, wie zB „sicheres Herkunftsland" und „sicherer Drittstaat." Die geographische Reichweite der Richtlinie erstreckt sich auf das Hoheitsgebiet der Mitgliedstaaten, einschließlich an der Grenze, sowie auf die territorialen Gewässer und die Transitzonen eines Staates, nicht jedoch auf Ersuchen um diplomatisches oder territoriales Asyl in Vertretungen der Mitgliedstaaten. Die Neufassung von 2013 sieht die Bestimmung einer ‚Asylbehörde' mit entsprechend qualifiziertem Personal vor. Aktuelle Informationsquellen über relevante Herkunftsländer müssen zugänglich sein. Jeder Antrag auf interna-

---

[24] EuGH Urt. v. 21.12.2011 – C-411/10 und C-493/10, NVwZ 2012, 417; EGMR Urt. v. 21.1.2011 – 30696/09.
[25] VO (EU) 603/2013 v. 26.6.2013, ABl. 2013 L 180, 1.
[26] *Präsidentschaft des Rates der EU*, Note „Reform of the Common European Asylum System and Resettlement" v. 6.10.2017, 12802/17.
[27] RL 2011/95/EU v. 13.12.2011, ABl. 2011 L 337, 9.
[28] Art. 1 RL 2011/95/EU.
[29] Art. 2 (d) RL 2011/95/EU.
[30] Art. 15 RL 2011/95/EU.
[31] Art. 6 RL 2011/95/EU.
[32] *Kaunert/Léonard*, The European Union Asylum Policy after the Treaty of Lisbon and the Stockholm Programme: Towards Supranational Governance in a Common Area of Protection?, Refugee Survey Quarterly 31, 2012, 1; s. auch *Storey* International Journal of Refugee Law 20, 2008, 1.
[33] RL 2013/32/EU v. 26.6.2013, ABl. L 180, 60.

tionalen Schutz muss ‚einzeln' objektiv und unparteiisch geprüft und entschieden werden.'[34] Beschlüsse müssen schriftlich ergehen und begründet werden und auch eine effektive Anfechtung der ablehnenden Entscheidung muss gewährleistet werden.[35] Trotz heftiger Kritik an dieser Richtlinie in ihrer ursprünglichen und neugefassten Form haben die darin festgelegten Verfahrensstandards einige EU-Mitgliedstaaten dazu veranlasst, ihre Rechtssysteme zugunsten des Schutzes von Asylbewerbern zu verbessern.[36]

Die **Aufnahmerichtlinie** von 2013[37] hat als Ziel die Errichtung von Normen für die Aufnahme von Asylantragstellern zur Gewährleistung eines menschenwürdigen Lebens und vergleichbarer Lebensbedingungen in allen Mitgliedstaaten. Ein wichtiges Ziel der Richtlinie ist es, vergleichbare Standards zu schaffen, um Sekundärmigration zu unterbinden, die durch Sogfaktoren wie vermeintlich bessere Bedingungen in anderen Mitgliedstaaten ausgelöst wird. Die Richtlinie enthält Bestimmungen, denen ein weites Verständnis des Aufnahmebegriffes zugrunde liegt und die ua den Zugang zur Gesundheitsfürsorge und Bildung, Aufenthalts- und Freizügigkeitsrechte, Beschäftigungsmöglichkeiten sowie materielle Bedingungen bei der Aufnahme in Einrichtungen umfassen. Von besonderer Bedeutung sind die Vorschriften über die Inhaftierung von Antragstellern. Asylantragsteller dürfen grundsätzlich nicht inhaftiert werden. Es bedarf einer individuellen Beurteilung der Verhältnismäßigkeit der vorgeschlagenen Inhaftierung sowie die Feststellung, dass es keine wirksame Alternative gibt. Art. 8 Abs. 3 der Aufnahmerichtlinie nennt Beispiele von Situationen, in denen eine Verhaftung zulässig ist. Dazu zählt etwa die Notwendigkeit, die Identität oder Staatsangehörigkeit des Antragstellers festzustellen, Beweise zu sichern, auf die sich sein Schutzbegehren stützt und die ohne Haft unter Umständen nicht zu erhalten wären, insbesondere wenn eine Fluchtgefahr beim Antragsteller besteht, und wenn dies aus Gründen der nationalen Sicherheit oder der öffentlichen Ordnung erforderlich ist. In jedem Fall müssen die Haftgründe im nationalen Recht verankert sein.

Der Vollständigkeit halber ist es notwendig, eine Reihe weiterer sekundärer Rechtsinstrumente zu erwähnen, die mit dem Asylrecht und Asylverfahren zusammenhängen. Durch die **EASO-Verordnung**[38] wird eine europäische Einrichtung mit dem Zweck errichtet, die Asylsysteme der Mitgliedstaaten zu unterstützen, die operative Zusammenarbeit zwischen den Mitgliedstaaten zu fördern sowie als unabhängiges Kompetenzzentrum für Asylfragen zu fungieren. Die von EASO ausgeübten Tätigkeiten lassen sich in drei Themenbereiche eingliedern: erstens, die Bereitstellung von Informationen, Statistiken und Daten zu der aktuellen Lage innerhalb der EU sowie die Erstellung von Herkunftsländerinformationen mit einer europäischen Perspektive; zweitens, die Entwicklung und Durchführung von Fortbildungsmaßnahmen für nationale Entscheider sowie die Erstellung von Fortbildungsmaterialien für die Gerichte der Mitgliedstaaten gemeinsam mit führenden Richtern und Richtervereinigungen; und drittens die praktische Unterstützung von Mitgliedstaaten.

Diese dritte Kategorie bezieht sich insbesondere auf die Unterstützung in den Mitgliedstaaten, die unter besonderem Druck stehen. Ein Großteil dieser Arbeit wird in den sogenannten Hotspots in Griechenland und Italien verrichtet. Anfangs bestand diese Arbeit aus der Implementierung des sogenannten Relocation-Programms.[39] Dieses Programm war der erste Versuch einer gesamteuropäischen Verteilung von Schutzsuchenden aus Ländern mit hohen Anerkennungsraten. Mit der EU-Türkei-Vereinbarung vom März

---

[34] Art. 10 Abs. 3 lit. a RL 2013/32/EU.
[35] Art. 46 Abs. 3 RL 2013/32/EU sieht eine volle ex nunc Prüfung der Entscheidung vor. S. auch EuGH Urt. v. 17.12.2015 – C-239/14, NVwZ 2016, 452.
[36] *Ackers* European Journal of Migration and Law 7, 2005, 1.
[37] RL 2013/33/EU v. 26.6.2013, ABl. L 180, 96.
[38] VO (EU) 439/2010 v. 19.5.2010, ABl. 2010 L 132, 11.
[39] Damit hat sich der Autor während seines Aufenthaltes auf der Insel Lesbos im Frühjahr 2016 hauptsächlich beschäftigt.

§ 18   7. Kapitel. Asyl- und Asylverfahrensrecht

2016 hat sich der Charakter des Programms grundlegend verändert und EASO hat eine wesentliche vielseitigere Rolle in den Hotspots eingenommen. Die Aufgaben dort reichen von der Organisation von Übersetzungsdienstleistungen über die Bereitstellung von Büroräumen in Form von Containern bis hin zu anderen logistischen Dienstleistungen.

15a Diese de facto Erweiterung der Kompetenzen dieser Behörde ist keineswegs unumstritten und sie führte auf Grund von Beschwerden einer deutschen Menschenrechtsschutzorganisation zu einer Untersuchung durch die Europäische Ombudsfrau.[40] EASO wurde im Rahmen dieser Beschwerden vorgeworfen, außerhalb seines Mandats nach EU-Recht gehandelt zu haben, indem es effektiv über die Zulässigkeit von Anträgen auf internationalen Schutz entschieden, die von Migranten im Rahmen der von ihm in den „Hotspots" auf den griechischen Inseln durchgeführten „Zulässigkeitsinterviews" gestellt werden. Darüber hinaus hat man EASO die Nichteinhaltung der eigenen Leitlinien bei der Durchführung solcher Interviews vorgeworfen sowie ein Verstoß gegen die Bestimmungen über „das Recht auf Anhörung" in der GRCh.[41] Nach einer ersten Untersuchung hat die Ombudsfrau von weiteren Untersuchungsmaßnahmen abgesehen. Nichtsdestotrotz wäre eine gefestigtere rechtliche Grundlage der Aktivitäten der EASO dringend notwendig und somit wird die relevante EASO-Errichtungsverordnung derzeit reformiert, sodass die Behörde demnächst erweiterte Kompetenzen erhält und zu einer vollständigen europäischen Asylagentur weiterentwickelt wird[42]. Unter anderem soll die Agentur mit dem neuen Verteilungsmechanismus im Rahmen des reformierten Dublin-Systems betraut und die Verantwortung für einen Evaluationsmechanismus übertragen werden, der die Einhaltung der Asylnormen durch die Mitgliedstaaten überwacht[43].

16 Die relevante EASO-Errichtungsverordnung wird derzeit reformiert, sodass die Behörde demnächst erweiterte Kompetenzen erhalten und zu einer vollständigen europäischen Asylagentur weiterentwickelt werden soll.[44] Unter anderem soll die Agentur mit dem neuen Verteilungsmechanismus im Rahmen des reformierten Dublin-Systems betraut und ihr soll die Verantwortung für einen Evaluationsmechanismus übertragen werden, der die Einhaltung der Asylnormen durch die Mitgliedstaaten überwacht.[45]

17 Eine weitere Richtlinie dient der **Rückführung** illegal aufhältiger Drittstaatsangehöriger.[46] Sie erfasst im Asylkontext die Asylantragssteller, die bereits einen negativen Bescheid erhalten haben oder einen Bescheid, der das Bleiberecht aufgrund internationalen Schutzes beendet. Die Richtlinie findet während der Antragsprüfung keine Anwendung und wird erst dann relevant, wenn das Asylverfahren vollständig beendet ist.

18 Die Richtlinie betreffend die **Rechtsstellung der langfristig aufenthaltsberechtigten Drittstaatsangehörigen**[47] dient der Eingliederung von Drittstaatsangehörigen, die sich während eines bestimmten Mindestzeitraums rechtmäßig im Hoheitsgebiet der EU aufhalten (→ § 4 Rn. 37).

---

[40] *Europäische Ombudsfrau* Entsch. v. 5.7.2018 – 735/2017/MDC.
[41] Art. 41 GRCh.
[42] Vorschlag für eine Verordnung des Europäischen Parlaments und des Rates über die Asylagentur der Europäischen Union und zur Aufhebung der Verordnung (EU) Nr. 439/2010 v. 4.5.2016, COM (2016) 271 final; siehe auch Geänderter Vorschlag v. 12.9.2018, COM(2018) 633 final.
[43] Mitteilung der Kommission an das Europäische Parlament und den Rat, Reformierung des gemeinsamen europäischen Asylsystems und Erleichterung legaler Wege nach Europa v. 6.4.2016, COM (2016) 197 final, 12 ff.
[44] Vorschlag für eine Verordnung des Europäischen Parlaments und des Rates über die Asylagentur der Europäischen Union und zur Aufhebung der Verordnung (EU) 439/2010 v. 4.5.2016, COM (2016) 271 final.
[45] Mitteilung der Kommission an das Europäische Parlament und den Rat, Reformierung des gemeinsamen europäischen Asylsystems und Erleichterung legaler Wege nach Europa v. 6.4.2016, COM(2016) 197 final, 12 ff.
[46] RL 2008/155/EU v. 16.12.2008, ABl. 2008 L 348, 98.
[47] RL 2003/109/EG v. 25.11.2003, ABl. 2004 L 16, 44 sowie RL 2011/51/EU v. 11.5.2011, ABl. 2011 L 132, 1.

Die sogenannte **Massenzustrom-Richtlinie**[48] bietet einen Mechanismus einer EU-weit 19
koordinierten Aufnahme einer großen Zahl von Flüchtlingen jenseits des individuellen
Asylverfahrens und jenseits des Dublin-Systems und wird vom Rat der EU koordiniert. Sie
ist als Sondermaßnahme zu verstehen, um Vertriebenen aus Nicht-EU-Ländern, die nicht
in ihr Herkunftsland zurückkehren können, sofortigen und vorübergehenden Schutz zu gewähren.
Dies gilt insbesondere dann, wenn die Gefahr besteht, dass das reguläre Asylsystem
mit der Last eines Massenzustroms zu kämpfen hat, der sich negativ auf die Bearbeitung
von Anträgen auswirken könnte. Trotz des massiven Drucks auf das europäische Asylsystem
in der Vergangenheit, zuletzt im Sommer 2015, wurde von dieser Richtlinie noch nie Gebrauch
gemacht.

III. Gesetzentwürfe zur Reform des Gemeinsamen Europäischen Asylsystems (GEAS)

Um der uneinheitlichen Anwendung des GEAS und den Problemen des Dublin-Systems 20
zu begegnen, hat die EU-Kommission im Jahr 2016 eine Reform des GEAS vorgeschlagen.[49]
Die Kommission bemängelt eine Reihe von strukturellen Schwächen und Mängeln
im bestehenden Asylsystem, die vorwiegend im Laufe der beispiellosen massiven Ankunft
von Migranten im Sommer von 2015 offengelegt wurden. Zu den in diesem Bericht
vorgeschlagenen Reformmaßnahmen gehört eine Umwandlung der Asylverfahrensrichtlinie
und der Anerkennungsrichtlinie in Verordnungen, um einheitliche Anerkennungs-
und Verfahrensregeln innerhalb der Union zu gewährleisten, die über die bisherige Harmonisierung
hinausgehen. Eine Neufassung der Dublin-Verordnung soll eine verbesserte Verteilung
von Antragstellern ermöglichen. Die Aufnahmerichtlinie soll angepasst werden
und das Europäische Unterstützungsbüro für Asylfragen (EASO)[50] soll in eine mit erweiterten
Befugnissen ausgestattete EU-Asylagentur umgewandelt werden. Zu den vorgeschlagenen
Reformen gehört die Verpflichtung, zunächst zu prüfen, ob Asylsuchende Schutz
außerhalb der EU finden könnten. Einige EU-Länder haben sich bereits gegen einige der
Reformen ausgesprochen, insbesondere gegen die Verpflichtung zur Aufnahme von Flüchtlingen
aus anderen Mitgliedstaaten.[51] Obwohl die Dringlichkeit dieser Reformbemühungen
immer wieder von den Mitgliedstaaten betont worden ist, ist es aus den bereits genannten
Gründen wenig verwunderlich, dass noch keine Einigung über die neuen Maßnahmen
erzielt werden konnte.

Der Vorschlag für eine neue **Dublin-Verordnung**[52] zielt ua darauf ab, eine Lösung für 21
diejenigen Mitgliedstaaten zu bieten, deren Asylsystem durch erhöhtes Asylbewerberaufkommen
unter besonderen Druck geraten. Der Verordnungsentwurf sieht ein Umverteilungssystem
in Situationen vor, wenn 150 % einer noch zu bestimmenden Zuständigkeitsquote
erreicht ist. Darüber hinaus wird die Definition des Familienbegriffs modifiziert. Der
Vorschlag für eine neue **Asylverfahrensverordnung**[53] sieht ein deutlich strafferes Verfahren
vor mit verkürzten Fristen mit dem Ziel, alle Entscheidungen innerhalb von sechs
Monaten zu treffen. Zeitgleich sind Fristverlängerungen bei komplexen Fällen vorgesehen.
Die vorgeschlagene Anerkennungsverordnung[54] zielt auf eine Vereinheitlichung von Anerkennungsquoten
durch einen einheitlicheren Schutz ab. Ein wesentliches Ziel hierbei ist
es auch, die Sekundärmigration zu verhindern. Das soll ua dadurch erfolgen, dass die
fünfjährige Wartefrist zur Erlangung der Rechtsstellung eines langfristig Aufenthaltsberech-

---

[48] RL 2001/55/EG v 20.7.29001, ABl. 2001 L 212, 12.
[49] Mitteilung der Kommission an das Europäische Parlament und den Rat „Reformierung des gemeinsamen europäischen Asylsystems und Erleichterung legaler Wege nach Europa" v. 6.4.2016, COM(2016) 197 final, 12 ff.
[50] S. *Dörig* → § 10 Rn. 28.
[51] EuGH Urt. v. 6.9.2017 – C-643/15 und C-647/15, NVwZ 2018, 391.
[52] COM(2016) 270 v. 4.5.2016.
[53] COM(2016) 467 v. 13.7.2016.
[54] COM(2016) 466 v. 13.7.2016.

tigten immer wieder neu zu laufen beginnt, wenn ein anerkannter Schutzberechtigter in einem Mitgliedstaat angetroffen wird, in dem er über kein Aufenthaltsrecht verfügt.[55]

22   Im Oktober 2017 legte die estnische Ratspräsidentschaft dar, welches die Hauptprobleme bei der Umsetzung der Vorschläge seien.[56] In Bezug auf alle Gesetzesentwürfe herrschen immer noch Unstimmigkeiten zwischen den Institutionen der EU sowie unter einzelnen Mitgliedstaaten. Der Bericht betont die Komplexität der Verhandlungen. Bezüglich der wichtigen Anerkennungsrichtlinie drehen sich die Diskussionen hauptsächlich um eine Angleichung von Status und Dauer der Aufenthaltsgenehmigungen, Alternativen zum internen Schutz und dessen Anwendung, Statusüberprüfungen für Flüchtlinge und Personen mit subsidiärem Schutzstatus, die Möglichkeit für einen Schutzberechtigten, nach Entzug des Status drei Monate lang vor Beendigung des Aufenthalts im Hoheitsgebiet des Mitgliedstaats zu verbleiben. Bei der Verfahrensrichtlinie ist das Konzept der sicheren Drittstaaten ein großer Stolperstein. Es konnten bislang einige Fortschritte zur Vollendung der reformierten Legislativmaßnahmen erzielt werde. Es ist dennoch nicht abzusehen, ob und wann eine Einigung erzielt wird. Die finnische Ratspräsidentschaft hat in der zweiten Jahreshälfte von 2019 auch das Thema Migration bzw. Asyl an prominente Stelle gesetzt. Dabei wurde der (freiwilligen) Rückkehr und anschließenden Reintegration der Rückkehrenden eine besondere Bedeutung beigemessen.[57] Aus dem neusten Bericht der Kommission zu diesem Thema geht hervor, dass zu fünf der sieben Vorschläge echte Fortschritte in Richtung einer vorläufigen Einigung erzielt werden konnten. Allerdings verweist der Bericht auf die Position einer Mehrheit der Mitgliedstaaten, die auf einem Paket-Konzept besteht, sodass parallel Fortschritte zu den wichtigsten Elementen der Dublin-Verordnung und der Asylverfahrensverordnung erzielt werden müssen.[58] Eine weitere Europäisierung des Asylrechts mit einem zentralisierten Verteilungssystem scheint unter den jetzigen Bedingungen zunehmend unwahrscheinlicher. Doch gerade diese wird schon seit geraumer Zeit von diesem und mehreren anderen Autoren befürwortet.[59] Die Lösung wird insbesondere in einer Vollharmonisierung des Flüchtlingsrechts auf europäischer Ebene gesehen. Dazu gehört die Übertragung der ausschließlichen Zuständigkeit für die Asylanerkennung auf Verfahrenszentren an den EU-Außengrenzen („Hot Spots"), die in Abkehr von der bisherigen Praxis nicht vom Sitzland, sondern von einer EU-Agentur betrieben werden.[60]

B. Dublin-Verordnung

23   Das System der Bestimmung des für die Prüfung eines in einem Mitgliedstaat gestellten Asylantrags zuständigen Mitgliedstaats (im Folgenden: **Dublin-System**)[61] kommt zur Anwendung, sobald ein Asylantrag in einem „Dublin-Staat"[62] gestellt wurde.

24   Das Dublin-System besteht aus **drei Rechtsakten:** aus der Dublin-Verordnung[63], aus der Eurodac-Verordnung[64] und aus der Dublin-Durchführungsverordnung.[65] Ziel ist es, die

---

[55] vgl. auch *Gachowetz/Schmidt/Simma/Urban*, Asyl- und Fremdenrecht, 2017, 2 ff.
[56] *Präsidentschaft des Rates der EU*, Vermerk „Reform des Gemeinsamen Europäischen Asylsystems und Neuansiedlung" v. 6.10.2017, 12802/17.
[57] Verfügbar unter: https://eu2019.fi/de/hintergrunde/migrationssteuerung.
[58] *Kommission*, Mitteilung der Kommission an das Europäische Parlament, den Europäischen Rat und den Rat v. 16.10.2019, Fortschrittsbericht über die Umsetzung der Europäischen Migrationsagenda, COM (2019) 481 final.
[59] *Dörig/Langenfeld* NJW 2016, 1.
[60] *Dörig/Langenfeld* NJW 2016, 1.
[61] EuGH Urt. v. 7.6.2016 – C-63/15, NVwZ 2016, 1157 Rn. 45, so auch Art. 1 Dublin III-VO.
[62] „Dublin-Staaten" sind die 27 EU-Staaten, das Vereinigte Königreich und die vier assoziierten Staaten Island, Liechtenstein, Norwegen und Schweiz.
[63] Sog. Dublin III-Verordnung: VO (EU) 604/2013, ABl. 2013 L 180, 31.
[64] Eurodac-Verordnung: VO (EU) 603/2013, ABl. 2013 L 180, 1.
[65] Dublin-Durchführungsverordnung: VO (EG) 1560/2003 (ABl. 2001 L 222, 3) idF der Durchführungsverordnung der Kommission (EU) 118/2014 (ABl. 2014 L 39, 1).

Zuständigkeit eines Staates möglichst rasch und klar festzulegen und die materielle Prüfung aller gestellten Asylanträge zu gewährleisten.

Dadurch sollen unklare Zuständigkeiten und die Entstehung von „refugees in orbit" (korrekt wären diese wohl als „asylum seekers in orbit" zu bezeichnen), für die sich kein Land als zuständig ansieht, verhindert und eine zügige Bestimmung des zuständigen Dublin-Staates ermöglicht werden.

Die Zuständigkeitsbestimmung ist kein Selbstzweck, sondern sie ist im **Kontext** der Schaffung des Gemeinsamen Europäischen Asylsystems **(GEAS)** zu sehen, dessen Einführung mit der Vorgabe der „unbedingten Achtung des Rechts auf Asyl" verbunden war.[66]

Die sich daraus ergebende Funktion der Normen des Dublin-Systems ist in den Erwgr. 4 und 5 präzisiert. Der EuGH hat betont, dass die Effizienz des Dublin-Systems vom effektiven Zugang zum Verfahren und von der **raschen Zuständigkeitsbestimmung** abhängt.[67] Daher können die Geschwindigkeit und die Effizienz der Zuständigkeitsbestimmung als wichtigster Fokus der Dublin-Verordnung bezeichnet werden.

Trotzdem dürfen die **grundrechtlichen Garantien** nicht der Effizienz untergeordnet werden. Für den Rechtsschutz hat der EuGH beispielsweise schon früh betont, dass „davon auszugehen [ist], dass der Gemeinschaftsgesetzgeber nicht die Absicht hatte, dem Erfordernis der zügigen Bearbeitung der Asylanträge den gerichtlichen Schutz zu opfern."[68]

Der „Zugang zum Asylverfahren" ist als Zugang zu den Verfahren nach der Asylverfahrens-RL[69] zu verstehen. Art. 3 Abs. 3 Dublin-Verordnung ermöglicht dabei auch, „einen Antragsteller nach Maßgabe der Bestimmungen und Schutzgarantien der Richtlinie 2013/32/EU in einen sicheren Drittstaat zurück- oder auszuweisen." Im Urteil *Mirza* hat der EuGH klargestellt, dass Art. 3 Abs. 3 Dublin-Verordnung unabhängig davon angewendet werden kann, ob die Zuständigkeitsbestimmung bereits abgeschlossen ist oder nicht.[70]

I. Dublin III-Verordnung

1. Historische Entwicklung

Aus dem Ziel „eines Raumes ohne Binnengrenzen", das bereits 1987 durch Art. 13 EEA in Art. 8a EWG-Vertrag aufgenommen wurde, ergaben sich auch mitgliedstaatliche Bemühungen zu einer **Koordination im Bereich der Asylverfahren.** Alle (damals 12) EG-Staaten schlossen am 15.6.1990 in Dublin das „Übereinkommen über die Bestimmung des zuständigen Staates für die Prüfung eines in einem Mitgliedstaat der Europäischen Gemeinschaften gestellten Asylantrags" („Dubliner Übereinkommen"), das am 1.9.1997 in Kraft trat.[71]

Im Jahr 2001 legte die EU-Kommission einen Entwurf[72] für die sogenannte Dublin II-Verordnung[73] vor, die am 1.9.2003 in Kraft trat.

---

[66] Vgl. *Europäischer Rat,* Tampere 15. und 16.10.1999 – Schlussfolgerungen des Vorsitzes, Rn. 13.
[67] Vgl. EuGH Urt. v. 7.6.2016 – C-63/15, NVwZ 2016, 1157 Rn. 42 und Urt. v. 16.2.2017 – C-578/16 PPU, NVwZ 2017, 691 Rn. 57. Vgl. dazu schon zur Dublin II-Verordnung: EuGH Urt. v. 10.12.2013 – C-394/12, NVwZ 2014, Rn. 59, sowie im Hinblick auf „unangemessen lange" Dublin-Verfahren: EuGH Urt. v. 14.11.2013 – C-4/11, NVwZ 2014, 129 Rn. 35 und Urt. v. 21.12.2011 – C-411/10 und C-493/10, NVwZ 2012, 417 Rn. 108.
[68] Vgl. schon zur früheren Dublin-Verordnung: EuGH Urt. v. 19.1.2009 – C-19/08, NVwZ 2009, 639 Rn. 48. Im Urt. v. 7.6.2016 – C-63/15, NVwZ 2016, 1157 Rn. 57, hielt der EuGH fest: „Diese Feststellung gilt erst recht im Hinblick auf die [neue Dublin-Verordnung], weil der Unionsgesetzgeber die Verfahrensgarantien, die Asylbewerbern im Rahmen des Dublin-Systems gewährt werden, mit dieser Verordnung erheblich weiterentwickelt hat."
[69] Asylverfahrens-RL 2013/32/EU, ABl. 2013 L 180, 60.
[70] EuGH Urt. v. 17.3.2016 – C-695/15 PPU, NVwZ 2016, 753 Rn. 42.
[71] Vgl. die Mitteilung über den Abschluss des Übereinkommens in ABl. 1997 C 254, 1.
[72] KOM (2001) 447 endg., ABl. 2001 C 304 E, 192. Vgl. zum Entstehungsprozess unter anderem *Filzwieser/Sprung* Dublin III-VO 9 ff. und *Hruschka/Maiani* in Hailbronner/Thym EU Immigration Law Dublin III-Verordnung Art. 1 Rn. 1 ff.
[73] Sog. Dublin II-Verordnung: VO (EG) Nr. 343/2003.

32 Im Wesentlichen basierend auf einer Evaluation[74] legte die Kommission im Dezember 2008 einen Vorschlag für eine Neufassung der Dublin-Verordnung[75] vor. Der Gesetzgebungsprozess zog sich über mehrere Jahre hin, sodass erst im Juni 2013 die revidierte Dublin-Verordnung verabschiedet werden konnte. Diese hatte – wie schon die Dublin-Verordnung aus dem Jahr 2003 – zum Ziel, die Effizienz des Verfahrens zu erhöhen und höhere Schutzstandards hinsichtlich der Rechte von Asylsuchenden im Dublin-Verfahren einzuführen.[76] Die revidierte Dublin-Verordnung trat am 1.1.2014 in Kraft.[77]

33 Im Mai 2016 legte die Kommission einen kontrovers diskutierten Vorschlag für eine Neufassung der Dublin-Verordnung („Dublin IV")[78] vor.[79] Zu dieser hat das Europäische Parlament im November 2017 einen Bericht verabschiedet, der auch das Verhandlungsmandat für das Parlament enthält.[80] Im Arbeitsprogramm der neuen EU-Kommission ist ein neuer Pakt zu Migration und Asyl vorgesehen, der die Reform des Asylsystems als eines des zentralen Ziele der Arbeit enthalten soll,[81] so dass fraglich ist inwieweit, der Neufassungsvorschlag überhaupt weiter verhandelt wird.

34 Die revidierte **Dublin-Verordnung** ist damit aktuell (seit 1.1.2014) die Grundlage für die Bestimmung der Zuständigkeit für die Prüfung eines gestellten Asylantrags. Die teilweise enge Verbindung der Normen der Dublin-Verordnung mit anderen Rechtsakten und Rechtssystemen kommt unter anderem in den Erwägungsgründen zum Ausdruck.

2. Aufbau des Dublin-Systems

35 Bei der Anwendung des Dublin-Systems sind neben der Dublin-Verordnung die Eurodac-Verordnung und die Dublin-Durchführungsverordnung zentral, die in jedem Dublin-Verfahren direkt zur Anwendung kommen. Informationsaustausch, Datenverarbeitung und Datenschutz im Dublin-System müssen (seit Mai 2018) den Europäischen Datenschutzstandards der neuen Datenschutz-Grundverordnung[82] entsprechen. Die Dublin-Verordnung erwähnt in dieser Hinsicht noch die Datenschutz-RL 95/46/EG.[83]

36 Nach dem Wortlaut der Dublin-Verordnung ist die Aufnahme-RL[84] auch während des Dublin-Verfahrens anwendbar und die Asylverfahrens-RL sollte „zusätzlich" zu den Verfahrensregeln und Verfahrensrechte der Dublin-Verordnung Anwendung finden. Beide Richtlinien gelten nicht uneingeschränkt für das Dublin-Verfahren, sondern „vorbehaltlich" der Beschränkungen, die durch die Dublin-Verordnung vorgegeben sind.

37 Im Bereich der Haftregeln sind Art. 9 bis 11 Aufnahme-RL über Art. 28 Abs. 4 Dublin-Verordnung in die Verordnung integriert worden.[85] In grundrechtlicher Hinsicht müssen die Haftentscheidungen mit Art. 4, 6[86] und 7 GRCh sowie mit der durch die Recht-

---

[74] KOM (2007) 299 endg. und SEK (2007) 742.
[75] KOM(2008) 820 endg.
[76] Vgl. dazu *Hruschka* ERA Forum 15, 469.
[77] Eine Entsprechungstabelle in Annex II zur Dublin-VO ermöglicht den schnellen Zugriff auf die alte Rechtslage, was insofern wichtig ist, als viele der Grundsatzurteile des EuGH und des BVerwG auf die Rechtslage und die Normen der früheren Dublin-VO beziehen.
[78] Dublin IV-Vorschlag: COM (2016) 270 endg.
[79] S. dazu bspw. *Hruschka* ERA Forum 17, 521.
[80] *Europäisches Parlament*, Bericht v. 6.11.2017, COM(2016)0270 – C8–0173/2016 – 2016/0133(COD). Der Bericht enthält 214 Änderungsvorschläge und wurde im Plenum am 16.11.2017 mit großer Mehrheit als Verhandlungsposition des Parlaments angenommen.
[81] *Europäische Kommission*, Arbeitsprogramm v. 29.1.2020, COM(2020) 37 final, 9.
[82] Die VO (EU) 2016/679 (Datenschutz-Grundverordnung – ABl. 2016 L 119, 1) wurde im April 2016 verabschiedet und gilt seit dem 25.5.2018.
[83] Datenschutz-RL 95/46/EG (ABl. 1995 L 281, 31). Die Datenschutz-RL ist gemäß Art. 94 Abs. 1 DS-GVO mWv 25.5.2018 aufgehoben.
[84] Aufnahme-RL 2013/33/EU (ABl. 2013 L 180, 96).
[85] Vgl. zu dieser Wirkung der Verweisung in Art. 28 Abs. 4 Dublin III-VO: *Hruschka* in Breitenmoser/Gless/Lagodny, Schengen und Dublin in der Praxis – aktuelle Fragen, 2015, 341.
[86] Vgl. zur Anwendbarkeit von Art. 6 GRCh: EuGH Urt. v. 15.3.2017 – C-528/15, NVwZ 2017, 777 Rn. 36 f. sowie Urt. v. 13.9.2017 – C-60/16, BeckRS 124216 Rn. 43–49.

sprechung des EGMR geprägten Auslegung der diesen Artikeln entsprechenden Art. 3, 5[87] und 8[88] EMRK in Einklang stehen.

Allgemein muss, im Hinblick auf den **Grundrechtsschutz,** die Anwendung der 38 Dublin-Verordnung – als Mindeststandard – in voller Konformität mit der EU-Grundrechtecharta erfolgen. Dies wird insbesondere durch die Formulierung von Erwgr. 39 deutlich: „Diese Verordnung steht im Einklang mit den Grundrechten und Grundsätzen, die insbesondere mit der Charta der Grundrechte der Europäischen Union anerkannt wurden. Diese Verordnung zielt insbesondere darauf ab, sowohl die uneingeschränkte Wahrung des in Artikel 18 der Charta verankerten Rechts auf Asyl als auch die in ihren Art. 1, 4, 7, 24 und 47 anerkannten Rechte zu gewährleisten. Diese Verordnung sollte daher in diesem Sinne angewandt werden." Somit weist Erwgr. 39 auf die wichtigsten Artikel der Grundrechtecharta hin, die in Dublin-Verfahren besonders zu beachten sind.

Einige EuGH-Entscheidungen verweisen ebenfalls auf die **Bedeutung der Grundrech-** 39 **techarta** generell und auf die spezifische Relevanz dieser Bestimmungen für Dublin-Verfahren.[89]

3. Territorialer Anwendungsbereich

Alle EU-Mitgliedstaaten, das Vereinigte Königreich, sowie die vier assoziierten Staaten, 40 Island, Liechtenstein, Norwegen und Schweiz sind an die Dublin-Verordnung gebunden. Das Vereinigte Königreich wendet gemäß Art. 127 des Brexit-Abkommens[90] EU-Recht bis zum 31.12.2020 weiter an, dies gilt auch für die Dublin-Verordnung. Die **vier assoziierten Staaten** nehmen aufgrund von Assoziierungsabkommen am Dublin-System teil.[91]

Dasselbe gilt auch für die drei Staaten, die eine besondere Stellung hinsichtlich der Maß- 41 nahmen unter Titel V des dritten Teils AEUV haben, nämlich Dänemark, Irland und das Vereinigte Königreich.

Irland und das Vereinigte Königreich haben gemäß Art. 3 des Protokoll Nr. 21[92] be- 42 schlossen, am System teilzunehmen.[93] Das mögliche Ende der Zusammenarbeit bei der Zuständigkeitsbestimmung mit Großbritannien nach dem 31.12.2020 hat keine Vorwirkungen für die Anwendung der Dublin-Verordnung.[94]

---

[87] Vgl. dazu EuGH Urt. v. 15.3.2017 – C-528/15, NVwZ 2017, 777 Rn. 37–39.
[88] Zur Verletzung von Art. 8 EMRK durch eine Haftanordnung mit der Eltern von ihren minderjährigen Kindern getrennt wurden: Bundesgericht (Schweiz) Urt. v. 26.4.2017 – 2C_1052/2016 und 2C_1053/2016, E. 4.
[89] Vgl. bspw. EuGH Urt. v. 7.6.2016 – C-63/15, NVwZ 2016, 1157 Rn. 32, 37; Urt. v. 15.3.2017 – C-528/15, NVwZ 2017, 777 Rn. 36 f.; Urt. v. 13.9.2017 – C-60/16, NVwZ 2018, 46 Rn. 43–49 und Urt. v. 16.2.2017 – C-578/16 PPU, ZAR 2017, 172 Rn. 65–69.
[90] Abkommen über den Austritt des Vereinigten Königreichs Großbritannien und Nordirland aus der Europäischen Union und der Europäischen Atomgemeinschaft, ABl. 2019 C 384 I, 1 v. 12.11.2019.
[91] Die Assoziierung Islands und Norwegens an das Dublin-System erfolgte bereits durch ein Übereinkommen v. 19.1.2001 (ABl. 2001 L 93, 40). Diese Kooperation wurde formal mit einem Protokoll zu diesem Übereinkommen v. 29.6.2005 in den Geltungsbereich des EU-Rechts überführt und somit die Anwendung der damaligen Dublin-VO vertraglich festgelegt. Die Anbindung der Schweiz erfolgte durch ein Abkommen v. 26.10.2004 (ABl. 2008 L 53, 5), das in der Schweiz generell als Dublin-Assoziierungsabkommen (DAA) bezeichnet wird und die staatsvertraglichen Beziehungen zwischen der Schweiz und allen EU-Staaten (außer Dänemark) regelt. Diesem Abkommen ist Liechtenstein durch ein Protokoll im Jahr 2008 beigetreten (ABl. 2009 L 161, 8). Die assoziierten Staaten haben zudem Abkommen untereinander (und mit Dänemark) abgeschlossen.
[92] Protokoll (Nr. 21) über die Position des Vereinigten Königreichs und Irlands hinsichtlich des Raums der Freiheit, der Sicherheit und des Rechts in den Anhängen des AEUV. Dieses Protokoll gilt gemäß Art. 127 des Brexit-Abkommens (ABl. 2019 C 384 I, 1) für die Übergangszeit bis zum 31.12.2020 im Wesentlichen weiter.
[93] Vgl. Erwgr. 41 der Dublin-VO.
[94] Vgl. EuGH Urt. v. 23.1.2019 – C-661/17, NVwZ 2019, 297 Rn. 53 ff.

§ 18 7. Kapitel. Asyl- und Asylverfahrensrecht

43   Dänemark beteiligt sich gemäß Protokoll Nr. 22[95] grundsätzlich nicht an der Anwendung des GEAS. Die Assoziierung Dänemarks an den Dublin-Raum erfolgte daher durch ein separates Abkommen der EU mit Dänemark vom 13.3.2005, welches noch unter der Geltung der früheren Dublin-Verordnung abgeschlossen wurde. Dänemark hat in der Folge mit den assoziierten Staaten eigene Abkommen geschlossen, mit denen die Anwendung des Dublin-Systems zwischen Dänemark und diesen Staaten sichergestellt wird. **Dänemark** hatte bei der Ausarbeitung der Dublin-Verordnung beschlossen, sich nicht an der Anwendung zu beteiligen,[96] hat aber im Dezember 2013 entschieden, die revidierte Dublin-Verordnung dennoch anzuwenden.[97]

44   Es gilt der Anwendungsbereich von Art. 355 AEUV. Zudem findet gemäß Art. 43 Dublin-Verordnung diese nur für das europäische Hoheitsgebiet Frankreichs Anwendung. Vom norwegischen Hoheitsgebiet ist Spitzbergen nicht im territorialen Anwendungsbereich der Verordnung.[98]

4. Sachlicher Anwendungsbereich

45   Art. 3 Abs. 1 Dublin-Verordnung sieht vor, dass die Mitgliedstaaten jeden Antrag auf internationalen Schutz prüfen. Ein **Antrag auf internationalen Schutz** iSd Art. 2 lit. b Dublin-Verordnung zieht gemäß Art. 20 Abs. 1 Dublin-Verordnung eine Prüfung der Zuständigkeit nach sich. Für die weitere Prüfung sind die europarechtlichen Regeln des GEAS für Asylverfahren anwendbar, soweit die Dublin-Staaten daran gebunden sind.[99]

46   Ein Zurückgreifen auf andere rechtliche Regeln wie Rückübernahmeabkommen oder andere bilaterale Vereinbarungen ist bei Anwendbarkeit des Dublin-Systems nicht erlaubt.[100] Auch eine direkte Zurückweisung an einer Binnengrenze ist mit der Dublin-Verordnung nicht vereinbar, da ein Dublin-Verfahren durchgeführt werden muss, mit dem der zuständige Staat bestimmt wird. Dies gilt auch dann, wenn Binnengrenzkontrollen vorübergehend rechtmäßig wiedereingeführt worden sind.[101] Vor einer Zustimmung darf keine Überstellungsentscheidung getroffen werden.[102] Daher sind die mit Griechenland und Spanien abgeschlossenen Verwaltungsabkommen vom August 2018 nur dann rechtmäßig, wenn sich deren Anwendung im Rahmen des Regelwerks der Dublin-Verordnung bewegt.[103] Das VG München ist in seinen Eilbeschlüssen in diesem Kontext von der Anwendbarkeit der Dublin-Verordnung ausgegangen.[104]

---

[95] Protokoll (Nr. 22) über die Position Dänemarks hinsichtlich des Raums der Freiheit, der Sicherheit und des Rechts in den Anhängen des AEUV.
[96] Vgl. Erwgr. 42 der Dublin-VO.
[97] Dänemark hat am 26.12.2013 ein Gesetz zur Änderung des Ausländerrechts beschlossen, um die Anwendung der revidierten Dublin-VO zu ermöglichen: LOV nr 1619 af 26/12/2013: Lov om ændring af udlændingeloven. Das Gesetz trat am 1.1.2014 in Kraft.
[98] Vgl. Art. 13 Abs. 2 des Assoziierungsabkommens mit Island und Norwegen.
[99] Neben den vier assoziierten Staaten (Island, Liechtenstein, Norwegen und Schweiz), sind – wie oben erwähnt – auch Dänemark, Irland und das Vereinigte Königreich nicht bzw. nicht vollständig an diese Regeln gebunden. Für alle 32 Staaten gilt aber die Dublin-VO uneingeschränkt.
[100] Vgl. EuGH Urt. v. 21.12.2011 – C-411/10 und C-493/10, NVwZ 2012, 417 Rn. 116 ff.
[101] Vgl. EuGH Urt. v. 19.3.2019 – C-444/17, NVwZ 2019, 947, in dem der EuGH klarstellt, dass an der auch an einer rechtmäßig kontrollierten Binnengrenze nicht dieselben Verfahren wie an der Außengrenze durchgeführt werden können.
[102] Vgl. EuGH Urt. v. 31.5.2018 – C 647/16, NJW 2018, 2855 Rn. 74.
[103] Vgl. *Hruschka*, Grenzkonstruktionen und Raumdimensionen, 2019, 213 f.; s. auch Empfehlung (EU) 2017/2338 der Kommission vom 16.11.2017 für ein gemeinsames „Rückkehr-Handbuch", das von den zuständigen Behörden der Mitgliedstaaten bei der Durchführung rückkehrbezogener Aufgaben heranzuziehen ist (ABl. L 339, 83, 95), in dem klargestellt wird, dass die Fiktion der Nicht-Einreise an der Binnengrenze nicht gilt.
[104] Vgl. bspw. VG München Beschl. v. 8.8.2019 – M 18 E 19.32238, NVwZ-RR 2020, 77; Beschl. v. 17.7.2019 – M 11 S 19.50722 und M 11 S 19.50759, NVwZ 2020, 174; Beschl. v. 9.5.2019 – M S E 19.50027, NVwZ 2020, 129.

Wird der Antrag auf internationalen Schutz wirksam zurückgezogen, bevor die Zuständigkeitsbestimmung beendet ist, kann die Verordnung nicht angewendet werden.[105] Wird allerdings ein erneuter Antrag in einem anderen Dublin-Staat gestellt, löst der zurückgezogene Antrag generell eine Übernahmeverpflichtung des Staates, in dem der zurückgezogene Antrag gestellt wurde, aus. Dies gilt sowohl, wenn der Antrag während der materiellen Prüfung zurückgezogen wurde (Art. 18 Abs. 1 lit. c Dublin-Verordnung), als auch, wenn der Antrag noch während der Zuständigkeitsprüfung zurückgezogen wurde (Art. 20 Abs. 5 Dublin-Verordnung). 47

Ebenfalls nicht anwendbar ist die Dublin-Verordnung, wenn die Person internationalen Schutz in einem Mitgliedstaat erhalten hat.[106] In diesen Fällen ist ein in Deutschland gestellter Asylantrag gemäß § 29 Abs. 1 Nr. 2 AsylG unzulässig, wenn der internationale Schutz von einem EU-Mitgliedstaat gewährt wurde. Besteht ein Überstellungsverbot in den schutzgewährenden Staat, muss das Asylverfahren allerdings in Deutschland wieder eröffnet werden können.[107] 48

§ 29 Abs. 1 Nr. 2 gilt nicht für den Schutz, der von assoziierten Staaten gewährt wurde. Hier wäre folglich zu differenzieren: Wurde Schutz von einem sicheren Drittstaat gemäß Anlage I zu § 26a AsylG gewährt (Norwegen oder Schweiz) und ist dieser Staat aufnahmebereit, ist der Antrag gemäß § 29 Abs. 1 Nr. 3 AsylG unzulässig. 49

Bei Schutzgewährung in Island oder Liechtenstein käme § 29 Abs. 1 Nr. 4 AsylG in Betracht, da es sich bei diesen Staaten um sonstige Drittstaaten gemäß § 27 AsylG handelt. Auch hier ist Aufnahmebereitschaft Voraussetzung für die Unzulässigkeit des Asylantrags. 50

II. Ablauf des Dublin-Verfahrens

1. Beginn des Dublin-Verfahrens

Gemäß Art. 20 Abs. 1 Dublin-Verordnung beginnt das Dublin-Verfahren „sobald in einem Mitgliedstaat erstmals ein Antrag auf internationalen Schutz gestellt wird." Dies ist gemäß Art. 20 Abs. 2 Dublin-Verordnung dann der Fall, „wenn den zuständigen Behörden des betreffenden Mitgliedstaats ein vom Antragsteller eingereichtes Formblatt oder ein behördliches Protokoll zugegangen ist." 51

Der EuGH hat im Fall *Mengesteab* klargestellt, dass es für den Beginn des Dublin-Verfahren **nicht auf die förmliche Asylantragstellung** gemäß § 14 AsylG ankommt.[108] Vielmehr ist entscheidend, ob die Voraussetzungen von Art. 20 Abs. 2 Dublin-Verordnung erfüllt sind. Dies wird, so hat der EuGH klargestellt, regelmäßig bereits kurz nach der Gesuchstellung iSv § 13 AsylG der Fall sein.[109] Damit reicht es für den Beginn des Dublin-Verfahrens aus, dass dem BAMF ein Schriftstück zugeht „das von einer Behörde erstellt wurde und bescheinigt, dass ein Drittstaatsangehöriger um internationalen Schutz ersucht hat, und, gegebenenfalls, wenn ihr nur die wichtigsten in einem solchen Schriftstück enthaltenen Informationen, nicht aber das Schriftstück oder eine Kopie davon, zugegangen sind."[110] 52

Die Frage des Beginns des Verfahrens hat erhebliche Auswirkungen auf die Fristen (→ Rn. 221 ff.). 53

---

[105] Vgl. EuGH Urt. v. 3.5.2012 – C-620/10, NVwZ 2012, 814.
[106] Vgl. Art. 23 Abs. 1 iVm Art. 18 Abs. 1 lit. b bis d Dublin-VO, nach denen nur noch nicht entschiedene oder negativ entschiedene Anträge die Zuständigkeit eines anderen Staates nach den Regeln der Dublin-VO auslösen können, s. dazu: EuGH Beschl. v. 5.4.2017 – C-36/17, NVwZ 2017, 1610 Rn. 41.
[107] EuGH Beschl. v. 13.11.2019 – C-540/17 und C-541/17, BeckRS 2019, 28304, basierend auf EuGH Urt. v. 19.3.2019 – C-297/17, C-318/17, C-319/17, C-438/17, NVwZ 2019, 785.
[108] EuGH Urt. v. 26.7.2017 – C-670/16, NVwZ 2017, 1601 Rn. 99 ff.
[109] EuGH Urt. v. 26.7.2017 – C-670/16, NVwZ 2017, 1601 Rn. 75 ff.
[110] EuGH Urt. v. 26.7.2017 – C-670/16, NVwZ 2017, 1601 Rn. 103.

2. Recht auf Information und persönliches Gespräch

54 Art. 4 und 5 Dublin-Verordnung regeln das Recht auf Information und das persönliche Gespräch, das in Dublin-Verfahren im Regelfall geführt werden muss. Gemäß Erwgr. 18 soll dadurch die Zuständigkeitsbestimmung erleichtert werden. Entsprechende Bestimmungen waren in der sogenannten Dublin II-Verordnung noch nicht enthalten. Sie stehen in engem Zusammenhang mit der **Wahrung der Verteidigungsrechte**[111] und dem **Recht auf gute Verwaltung**[112]. Beides sind tragende Grundsätze des EU-Rechts, in denen jeweils auch das Recht auf Anhörung enthalten ist.[113] Der EuGH hat betont, dass Art. 4 und 5 Dublin-Verordnung zu den Rechten und Mechanismen gehören, „die die Beteiligung des Asylbewerbers am Verfahren zur Bestimmung des zuständigen Mitgliedstaats gewährleisten".[114]

55 a) **Recht auf Information.** Das in Art. 4 Dublin-Verordnung enthaltene Recht auf Information ist eine zentrale Voraussetzung für ein faires Verfahren. Die zuständigen Behörden sind gehalten, den antragstellenden Personen bestimmte Informationen zur Verfügung zu stellen. Der Inhalt der Informationen ist in Art. 4 Abs. 1 Dublin-Verordnung geregelt und umfasst eine Informationsverpflichtung zu den Zielen der Verordnung (lit. a), zu Kriterien und Ablauf des Verfahrens (lit. b), zum persönlichen Gespräch und den Angaben zur Familiensituation (lit. c), zum möglichen Rechtsbehelf gegen eine Dublin-Entscheidung (lit. d), zum Datenaustausch zwischen den Mitgliedstaaten (lit. e) und zum Datenschutz inklusive des Auskunftsrechts hinsichtlich der Datenweitergabe (lit. f). Es muss auch die Information darüber enthalten sein, „dass ein in einem Mitgliedstaat gestellter Antrag auf internationalen Schutz dazu führen kann, dass dieser Mitgliedstaat nach dieser Verordnung zuständig wird, selbst wenn diese Zuständigkeit nicht auf derartigen Kriterien beruht."[115]

56 Der EuGH hat die zentrale Rolle der Informationsverpflichtung für die Beteiligung der antragstellenden Person am Verfahren in den Urteilen *Ghezelbash* und *Fathi* besonders betont.[116] Zur schriftlichen Information in einer Sprache, „die der Antragsteller versteht oder von der vernünftigerweise angenommen werden darf, dass der Antragsteller sie versteht", sollen gemäß Art. 4 Abs. 2 Dublin-Verordnung die von der Kommission zu diesem Zweck entwickelten Merkblätter verwendet werden.[117]

57 b) **Persönliches Gespräch.** In enger Verbindung zum Recht auf Information steht die in Art. 5 Dublin-Verordnung vorgesehene Verpflichtung des die Zuständigkeit prüfenden Staates, ein persönliches Gespräch mit der antragstellenden Person durchzuführen („Dublin-Gespräch"). Gemäß Art. 5 Abs. 1 Dublin-Verordnung hat das persönliche Gespräch zwei Hauptziele: Einerseits soll es durch zusätzliche Informationsgewinnung dazu beitragen, „das Verfahren zur Bestimmung des zuständigen Mitgliedstaats zu erleichtern" und andererseits hat es den Zweck „das richtige Verständnis der dem Antragsteller gemäß Artikel 4 bereitgestellten Informationen [zu] ermöglichen."

---

[111] Die Notwendigkeit zur Wahrung der Verteidigungsrechte ist in Art. 47 und 48 GRCh verankert, vgl. unter anderem: EuGH Urt. v. 22.11.2012 – C-277/11, NVwZ 2013, 59 Rn. 81 und EuGH Urt. v. 5.11.2014 – C-166/13, NVwZ-RR 2014, 978 Rn. 43 sowie die dort zitierten Entscheidungen.
[112] Vgl. Art. 41 Abs. 2 GRCh. Das Recht auf gute Verwaltung ist nach dem Wortlaut von Art. 41 Abs. 1 GRCh auf Institutionen und Organe der EU beschränkt. Trotzdem hat der EuGH dieses Recht als Teil seiner Argumentation für eine Verpflichtung zur umfassenden Wahrung des Rechts auf Anhörung durch die Mitgliedstaaten verwendet, vgl. EuGH Urt. v. 22.11.2012 – C-277/11, NVwZ 2013, 59 Rn. 82 f., und EuGH Urt. v. 5.11.2014 – C-166/13, NVwZ-RR 2014, 978 Rn. 44 f.
[113] Vgl. EuGH Urt. v. 5.11.2014 – C-166/13, NVwZ-RR 2014, 978 Rn. 42, 43 und 46.
[114] Vgl. EuGH Urt. v. 7.6.2016 – C-63/15, NVwZ 2016, 1157 Rn. 46.
[115] Vgl. EuGH Urt. v. 4.10.2018 – C-56/17, NVwZ 2019, 634 Rn. 52.
[116] Vgl. EuGH Urt. v. 7.6.2016 – C-63/15, NVwZ 2016, 1157 Rn. 46 f. und EuGH Urt. v. 4.10.2018 – C-56/17, NVwZ 2019, 634 Rn. 48 und 52.
[117] Vgl. auch Art. 4 Abs. 3 Dublin-VO und die Anh. X und XI der VO (EU) 118/2014.

Durch den Fokus auf das Dublin-Verfahren und die Information der antragsstellenden 58
Person unterscheidet sich das persönliche Gespräch fundamental von einer persönlichen
Anhörung zum Inhalt des Antrags gemäß § 25 AsylG, deren Zweck in Art. 14 Asylverfahrens-RL definiert ist.[118]

Von der **Verpflichtung, ein persönliches Gespräch** durchzuführen, gibt es gemäß 59
Art. 5 Abs. 2 Dublin-Verordnung nur zwei Ausnahmen: Auf das Gespräch kann dann verzichtet werden, wenn „der Antragsteller flüchtig ist" oder wenn er „nachdem er die in Artikel 4 genannten Informationen erhalten hat, bereits die sachdienlichen Angaben gemacht hat, sodass der zuständige Mitgliedstaat auf andere Weise bestimmt werden kann."

Art. 5 Abs. 3 bis 5 Dublin-Verordnung enthalten weitere Regelungen zur Durchführung 60
des Gesprächs. Dieses muss „zeitnah geführt" werden, jedenfalls aber vor einer möglichen Überstellungsentscheidung (Abs. 3). Es ist in einer Sprache zu führen, in der sich die antragstellende Person „verständigen kann". Dazu sind „erforderlichenfalls" Dolmetschende beizuziehen (Abs. 4). Das Gespräch muss von einer „qualifizierten Person" und unter Bedingungen, die eine angemessene Vertraulichkeit gewährleisten, geführt werden (Abs. 5).

Der das Gespräch durchführende Mitgliedstaat ist gemäß Art. 5 Abs. 6 Dublin-Verordnung verpflichtet, eine „schriftliche Zusammenfassung" des Gesprächs zu erstellen, die zumindest dessen Hauptpunkte enthält und zu der „der Antragsteller und/oder der ihn vertretende Rechtsbeistand oder sonstiger Berater" zeitnah Zugang erhält. 61

Der EuGH hat im Urteil *Ghezelbash* den Zweck des Gesprächs wie folgt skizziert: „Art. 5 62
Abs. 1, 3 und 6 [Dublin-Verordnung sehen] vor, dass der Mitgliedstaat, der den zuständigen Mitgliedstaat ermittelt, zeitnah und in jedem Fall, bevor über die Überstellung des Antragstellers in den zuständigen Mitgliedstaat entschieden wird, ein persönliches Gespräch mit dem Antragsteller führt, dessen schriftliche Zusammenfassung dem Antragsteller oder dem ihn vertretenden Rechtsbeistand oder sonstigen Berater zugänglich zu machen ist. Nach Abs. 2 dieses Artikels darf auf dieses Gespräch verzichtet werden, wenn der Antragsteller bereits die sachdienlichen Angaben gemacht hat, um den zuständigen Mitgliedstaat bestimmen zu können, wobei der betreffende Mitgliedstaat in diesem Fall dem Antragsteller Gelegenheit gibt, alle weiteren sachdienlichen Informationen beizubringen, die für die ordnungsgemäße Bestimmung des zuständigen Mitgliedstaats von Bedeutung sind, bevor eine Überstellungsentscheidung ergeht."[119]

Neben der Verbindung zum Recht auf Information besteht auch eine Verbindung zum 63
Recht auf einen wirksamen Rechtsbehelf gemäß Art. 27 Dublin-Verordnung.[120] In Übereinstimmung mit den tragenden Grundsätzen des EU-Rechts gibt das in Art. 5 Dublin-Verordnung enthaltene Recht auf Anhörung der antragstellenden Person die Möglichkeit „sachdienlich und wirksam ihren Standpunkt vorzutragen".[121]

---

[118] In der deutschen Fassung ist dieser Unterschied schon durch die unterschiedliche Übersetzung des Titels der beiden Normen verdeutlicht („Persönliches Gespräch" und „Persönliche Anhörung"). In der englischen Fassung hingegen gibt es keinen solchen Unterschied in der Überschrift, da jeweils der Begriff „personal interview" verwendet wird.
[119] EuGH Urt. v. 7.6.2016 – C-63/15, NVwZ 2016, 1157 Rn. 48.
[120] EuGH Urt. v. 7.6.2016 – C-63/15, NVwZ 2016, 1157 Rn. 53.
[121] Vgl. dazu EuGH Urt. v. 5.11.2014 – C-166/13, NVwZ-RR 2014, 978 Rn. 46: „Das Recht auf Anhörung garantiert jeder Person die Möglichkeit, im Verwaltungsverfahren, bevor ihr gegenüber eine für ihre Interessen nachteilige Entscheidung erlassen wird, sachdienlich und wirksam ihren Standpunkt vorzutragen", s. auch EuGH Urt. v. 22.11.2012 – C-277/11, NVwZ 2013, 59 Rn. 87.

III. Zuständigkeitsbestimmung

1. Kriterienkatalog und maßgeblicher Zeitpunkt

64 Art. 8 bis 15 Dublin-Verordnung enthalten die Kriterien, nach denen die Zuständigkeitsprüfung erfolgt. Zusätzlich ist bei der Zuständigkeitsbestimmung Art. 16 Dublin-Verordnung zu beachten, der für den Regelfall anordnet, dass antragstellende Personen mit sich rechtmäßig aufhaltenden Elternteilen, Kindern oder Geschwistern zusammengeführt bzw. von diesen nicht getrennt werden sollen, wenn diese auf Unterstützung angewiesen sind.

65 Dies gilt auch, wenn die sich rechtmäßig aufhaltenden Personen auf die Unterstützung der asylsuchenden Person angewiesen sind.[122] Darüber hinaus beinhaltet Art. 17 Dublin-Verordnung die uneingeschränkte[123] Möglichkeit, einen gestellten Antrag in Abweichung von den Kriterien selbst zu prüfen (Abs. 1), oder aus humanitären Gründen die Prüfung des internationalen Schutzes zu übernehmen (Abs. 2).

66 Art. 7 Abs. 2 Dublin-Verordnung legt fest, dass bei der Zuständigkeitsbestimmung von der Situation auszugehen ist, die bei der ersten Antragstellung im Dublin-Raum bestand („**Sachverhaltsversteinerungsprinzip**"[124]).

67 Das BAMF und die zuständigen Gerichte müssen dabei alle vorliegenden Beweise und Indizien für die Zuständigkeit prüfen und auch das Vorbringen der asylsuchenden Personen berücksichtigen[125] und diesen eine Stellungnahme ermöglichen (vgl. Art. 4 und 5 Dublin-Verordnung). Ein Übernahmeersuchen ist nach der Prüfung der Zuständigkeit und der Entscheidung über die Ausübung des Selbsteintrittsrechts an den für zuständig gehaltenen Staat zu stellen (→ Rn. 221 ff.).

68 Art. 7 Abs. 1 Dublin-Verordnung legt fest, dass die Prüfung der Kriterien in der Reihenfolge erfolgt, in der sie im Kapitel III genannt sind. Liegt ein Zuständigkeitstatbestand vor, kann ein in einem der folgenden Artikel genanntes Kriterium die Zuständigkeit nicht begründen.

69 Die Kriterien teilen sich auf in Kriterien, die den Schutz der Einheit der Familie bezwecken (Art. 8 bis 11 Dublin-Verordnung), und in Kriterien, die aufgrund der Verantwortlichkeit für mitgliedstaatliche „Handlungen im Bereich der Einreise und des Aufenthalts von Drittstaatsangehörigen" die Zuständigkeit zuweisen (Art. 12 bis 15 Dublin-Verordnung).[126] Die Familienkriterien sind also vorrangig zu prüfen.

70 Daneben gibt es eine Verpflichtung, voneinander abhängige Personen (im Regelfall) zusammenzuführen bzw. nicht zu trennen (Art. 16 Dublin-Verordnung) und die uneingeschränkte Möglichkeit das Asylverfahren insbesondere aus humanitären Gründen durchzuführen oder zu übernehmen (Selbsteintrittsrecht und humanitäre Klausel gemäß Art. 17 Dublin-Verordnung).

2. Zuständigkeitskriterien der Dublin-Verordnung

71 Die Dublin-Verordnung enthält verschiedene Zuständigkeitskriterien, die (numerisch aufsteigend) in einer festen Reihenfolge geprüft werden (Art. 7 Abs. 1):

1) *Kriterien zum Schutz der Familieneinheit*

a. Unbegleitete Minderjährige – Kindeswohlprüfung (Art. 8)

b. Als schutzberechtigt anerkannte Familienangehörige in einem Mitgliedstaat (Art. 9)

---

[122] EuGH Urt. v. 6.11.2012 – C-245/11, NVwZ-RR 2013, 69 Rn. 32 ff.
[123] Vgl. dazu EuGH Urt. v. 26.7.2017 – C-646/16, NVwZ 2017, 1357 Rn. 100.
[124] Vgl. zu dieser in der Schweiz gebräuchlichen Begrifflichkeit, die die Funktionsweise des Systems gut beschreibt *Hruschka/Maiani* ZAR 2014, 69 (70).
[125] Vgl. dazu insbes. EuGH Urt. v. 7.6.2016 – C-63/15, NVwZ 2016, 1157 Rn. 53 und Urt. v. 7.6.2016 – C-155/15, NVwZ 2016, 1155 Rn. 26.
[126] S. dazu den Kommissionsvorschlag zur sog. Dublin II-VO, KOM (2001) 447 endg., Begründung Punkt 3.1.

> c. Asylsuchende Familienangehörige im erstinstanzlichen Verfahren in einem Mitgliedstaat (Art. 10)
> d. Familienverfahren bei Familienmitgliedern die gleichzeitig in verschiedene Mitgliedstaaten einreisen (Art. 11)
> 2) *Verantwortlichkeit für Einreise oder Aufenthalt*
> e. Erteilung eines Aufenthaltstitels (Art. 12 Abs. 1)
> f. Erteilung eines Visums (Art. 12 Abs. 2)
> g. Irreguläre Einreise (Art. 13 Abs. 1)
> h. Illegaler Aufenthalt (Art. 13 Abs. 2)
> i. Legale (visumfreie) Einreise (Art. 14)
> j. Antrag im Transitbereich eines internationalen Flughafens (Art. 15)
> Anmerkung: Art. 9–11 sind nur bei Zustimmung der Beteiligten anwendbar

Lässt sich in einem Dublin-Verfahren nach einem gestellten Asylantrag aus rechtlichen oder tatsächlichen Gründen nicht feststellen, welcher Staat zuständig ist, kommt Art. 3 Abs. 2 S. 1 Dublin-Verordnung zur Anwendung. Dieser regelt die Situation, wenn „sich anhand der Kriterien dieser Verordnung der zuständige Mitgliedstaat nicht bestimmen" lässt. In einem solchen Fall „ist der erste Mitgliedstaat, in dem der Antrag auf internationalen Schutz gestellt wurde, für dessen Prüfung zuständig." Dadurch wird vermieden, dass es zu unklaren Ergebnissen bei der Zuständigkeitsbestimmung kommen kann, da **immer ein zuständiger Mitgliedstaat ermittelt werden kann,** beziehungsweise die Zuständigkeit für die Prüfung des Asylantrags übernimmt. In der Praxis ist die Situation, in der kein (anderer) zuständiger Staat auf der Grundlage der Kriterien ermittelt werden kann, die weit überwiegende Fallkonstellation.

In der Regel muss keine Prüfung der Kriterien erfolgen, wenn die Person bereits einen Asylantrag in einem anderen Dublin-Staat gestellt hat.[127] Wenn ein Staat bereits den Asylantrag geprüft und eine negative Entscheidung getroffen hat, ist dieser Staat gemäß Art. 18 Abs. 1 lit. d Dublin-Verordnung für die Ausreise der asylsuchenden Person zuständig (und auch für die Prüfung etwaiger Folgeanträge).[128] Hat der andere Staat bereits internationalen Schutz gewährt, ist die Dublin-Verordnung – wie oben dargelegt (→ Rn. 48) – nicht anwendbar.

3. Erlöschen der Zuständigkeit gemäß Art. 19 Dublin-Verordnung

Art. 19 Dublin-Verordnung enthält drei Situationen, in denen die Zuständigkeit des nach den Kriterien zuständigen Staates erlischt und dieser somit auch nicht mehr für die Durchführung des Asylverfahrens zuständig ist.

Die Zuständigkeit erlischt gemäß Art. 19 Abs. 1 Dublin-Verordnung, wenn ein Staat einen Aufenthaltstitel iSd Art. 2 lit. l Dublin-Verordnung ausstellt. Dieser Staat wird dann auch für die Behandlung des Asylantrags zuständig. Dadurch kann es in Ausnahmesituationen sogar zu einer unbeabsichtigten Zuständigkeitskonflikten kommen, wenn die Person während eines laufenden Asylverfahrens in einen Staat weiterwandert, der dann die Anfragefrist versäumt.[129]

---

[127] EuGH, Urt. v. 2.4.2019 – C-582/17 und C-583/17, NVwZ 2019, 870; vgl. dazu auch die Besprechung von *Vogt/Nestler* NVwZ 2019, 859.
[128] Wie in solchen Fällen zu verfahren ist, wenn ein Überstellungsverbot besteht oder die Entscheidung, keinen Schutz zu gewähren, europarechtsrechtswidrig war, ist umstritten.
[129] Vgl. zu dieser Konsequenz im (Ausnahme-)Fall des Zusammentreffens von Asylverfahren und Verfahren nach dem Europäischen Haftbefehl: EuGH Urt. v. 5.7.2018 – C-213/17, NVwZ 2018, 1385, s. dazu *Hruschka/Progin-Theuerkauf*, SJER 2018/2019, 128 ff.

76 Zudem erlischt die Relevanz eines vorher gestellten Asylantrags gemäß Art. 19 Abs. 2 und Abs. 3 Dublin-Verordnung, wenn die asylsuchende Person mehr als drei Monate aus dem Hoheitsgebiet der Mitgliedstaaten abwesend ist oder aufgrund einer Rückkehrentscheidung des zuständigen Staates ausreist oder abgeschoben wird.

77 Mit einer Klage kann auch die richtige Anwendung der **Erlöschenstatbestände** gerügt werden. Es kann also eine Überprüfung verlangt werden, ob die Zuständigkeit eines bestimmten Mitgliedstaates gemäß Art. 19 Dublin-Verordnung erloschen ist.[130]

78 Dabei kommt es nicht darauf an, ob der Staat, dessen Zuständigkeit erloschen ist, einer Dublin-Übernahme zugestimmt hat, vielmehr ist objektiv zu überprüfen, ob die Voraussetzungen für das Erlöschen vorliegen.[131]

79 Damit ist es auch nicht notwendig, dass der zuständige Staat das Vorliegen eines Erlöschenstatbestandes nach Art. 19 Abs. 2 oder 3 Dublin-Verordnung „nachweisen kann."

80 Vielmehr hat der Gerichtshof klargestellt, dass ein mit der Sache befasstes Gericht sich vergewissern muss, dass die Dublin-Entscheidung „nach einer **fehlerfreien Durchführung des in der Verordnung vorgesehenen Verfahrens zur Bestimmung des zuständigen Mitgliedstaats** ergangen ist" und dass es dabei auch „das Vorbringen eines Asylbewerbers prüfen" kann, um festzustellen, ob die Entscheidung rechtmäßig war.[132]

IV. Kriterien zu Wahrung der Familieneinheit

81 Die Reihenfolge der Kriterien in Kombination mit der Rechtsprechung des EuGH zur Zuständigkeitsbestimmung bei unbegleiteten Minderjährigen[133], hat unter anderem zur Folge, dass Art. 8 Dublin-Verordnung für diese Gruppe eine quasi abschließende Regelung enthält.

82 Gemäß Art. 7 Abs. 3 Dublin-Verordnung besteht eine Pflicht zur Prüfung „aller vorgelegten Indizien" hinsichtlich der **Anwendbarkeit der Familienkriterien** jedenfalls dann, wenn diese rechtzeitig vorgelegt wurden, dh bevor die Zuständigkeitsbestimmung abgeschlossen wurde und solange noch keine erste Sachentscheidung getroffen wurde.

83 Diese Verpflichtung zur Prüfung aller vorgelegten Indizien hat der EuGH inzwischen für alle Zuständigkeitskriterien und auch für die Erlöschenstatbestände als Standard für die gerichtliche Entscheidungspraxis zu den Zuständigkeitskriterien festgelegt.[134]

84 Darüber hinaus kann und sollte gemäß Erwgr. 14 Dublin-Verordnung die Familieneinheit bei der Anwendung der Verordnung vorrangig berücksichtigt werden. Damit ist auch angeordnet, dass bei der Anwendung der Ermessensklauseln (Art. 17 Dublin-Verordnung) die Familieneinheit eine leitende Überlegung sein muss. Dies entspricht auch dem ursprünglich vorgesehenen Normzweck.[135]

85 Insgesamt ist die Ausarbeitung der Familien-Kriterien nicht vollständig gelungen, da durch die unterschiedlichen Voraussetzungen in den einzelnen Normen der Familienbegriff variiert. Diese Inkonsistenzen sind im Sinne einer menschenrechtsfreundlichen Auslegung der Kriterien zu lösen. Im Zweifelsfall sollte vom Selbsteintrittsrecht Gebrauch gemacht werden.[136]

---

[130] Vgl. zu Art. 19 Abs. 2 Dublin-VO: EuGH Urt. v. 7.6.2016 – C-155/15, NVwZ 2016, 1155 Rn. 27.
[131] Vgl. EuGH Urt. v. 7.6.2016 – C-155/15, NVwZ 2016, 1155 Rn. 17 und 24.
[132] Vgl. EuGH Urt. v. 7.6.2016 – C-155/15, NVwZ 2016, 1155 Rn. 26.
[133] Vgl. EuGH Urt. v. 6.6.2013 – C-648/11, NVwZ-RR 2013, 735.
[134] Vgl. insbes. EuGH Urt. v. 7.6.2016 – C-63/15, NVwZ 2016, 1157 Rn. 61 (zu Art. 12 Abs. 2 Dublin-VO) und EuGH Urt. v. 7.6.2016 – C-155/15, NVwZ 2016, 1155 Rn. 26 (zu Art. 19 Abs. 2 UAbs. 2 Dublin-VO).
[135] Vgl. KOM (2001) 447 endg.
[136] So schon KOM (2001) 447 endg., Begründung, zu Artikel 16: „Die sogenannte humanitäre Klausel dient vor allem dazu, eine Trennung von Familienangehörigen, die sich aus einer buchstabengetreuen Anwendung der Zuständigkeitskriterien ergeben kann, zu verhindern oder rückgängig zu machen." Vgl. dazu auch *Hruschka/Maiani* ZAR 2014, 69.

1. Verfahrensgarantien für Minderjährige

Art. 6 Abs. 1 Dublin-Verordnung regelt, dass, wenn die antragstellende Person minderjährig ist, das Kindeswohl eine vorrangige Erwägung in allen in der Dublin-Verordnung vorgesehenen Verfahren ist. Der EuGH hat mit Blick auf Dublin-Verfahren von Minderjährigen betont, dass „Art. 24 Abs. 2 der Charta in Verbindung mit ihrem Art. 51 Abs. 1 zur Folge [hat], dass bei jeder Entscheidung, die die Mitgliedstaaten [in Dublin-Verfahren nach dem Minderjährigen-Kriterium erlassen], das Wohl des Kindes ebenfalls eine vorrangige Erwägung sein muss."[137] 86

Die **Pflicht zur Erwägung des Kindeswohls** enthält dabei auch das Recht auf Information und das Recht der Minderjährigen gehört zu werden.[138] Gemäß Art. 6 Abs. 3 lit. a bis d Dublin-Verordnung müssen bei der Kindeswohlprüfung insbesondere die Möglichkeiten einer Familienzusammenführung, das Wohlergehen und die soziale Entwicklung, Sicherheitserwägungen sowie die Sichtweise der minderjährigen Person besonders in den Blick genommen werden. 87

Diese Faktoren sind daher für Behörden und Gerichte als Orientierung für die Entscheidungsfindung besonders bedeutsam, wenn über eine mögliche Überstellung eines Kindes zu entscheiden ist. Diese Faktoren waren auch im Fall der achtköpfigen Familie *Tarakhel* für den EGMR ausschlaggebend dafür festzuhalten, dass eine Verletzung von Art. 3 EMRK vorliegen würde, wenn die Familie ohne den vorherigen Erhalt schriftlicher, individueller Garantien hinsichtlich der kindgerechten Aufnahme und der Familieneinheit von der Schweiz nach Italien überstellt würde.[139] 88

Die in der Verordnung enthaltenen Garantien für minderjährige Personen beziehen sich grundsätzlich auf alle minderjährigen Personen und damit gemäß Art. 2 lit. i Dublin-Verordnung auf alle Personen unter achtzehn Jahre. 89

Besondere Garantien sind zudem für unbegleitete Minderjährige vorgesehen, so müssen die Mitgliedstaaten etwa gemäß Art. 6 Abs. 2 Dublin-Verordnung dafür sorgen, dass unbegleitete Minderjährige in allen Verfahren nach der Dublin-Verordnung von einer fachkundigen und qualifizierten Person vertreten werden. 90

Dieser Person muss **Zugang zur Akte** gewährt werden. Daneben enthält Art. 6 Abs. 4 Dublin-Verordnung die Verpflichtung nach Familienangehörigen von unbegleiteten Familienangehörigen zu suchen, dazu leitet der Mitgliedstaat „so bald wie möglich geeignete Schritte[ein], um die Familienangehörigen, Geschwister oder Verwandte des unbegleiteten Minderjährigen im Hoheitsgebiet der Mitgliedstaaten zu ermitteln, wobei er das Wohl des Kindes schützt."[140] 91

Die Zuständigkeitsbestimmung bei unbegleiteten Minderjährigen erfolgt nach Art. 8 Dublin-Verordnung, der die Kriterien enthält, nach denen der zuständige Mitgliedstaat zu bestimmen ist. Unbegleitet gemäß Art. 2 lit. j Dublin-Verordnung ist ein „Minderjährige[r], der ohne Begleitung eines für ihn nach dem Recht oder nach den Gepflogenheiten des betreffenden Mitgliedstaats verantwortlichen Erwachsenen in das Hoheitsgebiet der Mitgliedstaaten einreist, solange er sich nicht tatsächlich in der Obhut eines solchen Erwachsenen befindet." 92

---

[137] Vgl. EuGH Urt. v. 6.6.2013 – C-648/11, NVwZ-RR 2013, 735 Rn. 59.
[138] Neben der Erwähnung des Kindeswohls in Art. 6 Abs. 1 Dublin-VO ergibt sich dies aus Art. 6 Abs. 3 lit. d Dublin-VO, nach dem „den Ansichten des Minderjährigen entsprechend seinem Alter und seiner Reife" „gebührend" Rechnung zu tragen ist.
[139] Vgl. EGMR Urt. v. 4.11.2014 – 29217/12, NVwZ 2015, 127 Rn. 122: Wenn die Familie „[was] to be returned to Italy without the Swiss authorities having first obtained individual guarantees from the Italian authorities that the applicants would be taken charge of in a manner adapted to the age of the children and that the family would be kept together."
[140] Zur Erleichterung des Informationsaustausches zur Suche nach Familienangehörigen hat die EU-Kommission – wie in Art. 6 Abs. 5 Dublin III-VO vorgesehen – ein Standardformblatt entwickelt, das in Annex VIII der Durchführungsverordnung der Kommission von 2014 enthalten ist. Vgl. zur Pflicht des unverzüglichen Handelns bei der Suche nach Familienangehörigen auch, EuGH Urt. v. 26.7.2017 – C-670/16, NVwZ 2017, 1601 Rn. 87.

§ 18   7. Kapitel. Asyl- und Asylverfahrensrecht

93 Die Bestimmung der potentiellen Zuständigkeit eines anderen Staates erfolgt gemäß Art. 8 Abs. 1 bis 3 Dublin-Verordnung. Gemäß Art. 8 Abs. 1 S. 1 Dublin-Verordnung ist der Mitgliedstaat, „in dem sich ein Familienangehöriger oder eines der Geschwister des unbegleiteten Minderjährigen rechtmäßig aufhält, sofern es dem Wohl des Minderjährigen dient", zuständig. Die „Familienangehörigen" sind in Art. 2 lit. g Dublin-Verordnung definiert und nur dann für die Zuständigkeitsbestimmung heranzuziehen, wenn die Familie bereits im Herkunftsland bestanden hat.

94 Art. 8 Abs. 1 S. 2 Dublin-Verordnung regelt den Sonderfall der Anwendung des Kriteriums auf eine verheiratete unbegleitete minderjährige Person im Dublin-Verfahren, deren Ehegatte sich nicht rechtmäßig im Hoheitsgebiet der Mitgliedstaaten aufhält. Zuständig ist in diesem Fall der Mitgliedstaat, „in dem sich der Vater, die Mutter, oder ein anderer Erwachsener – der entweder nach dem Recht oder nach den Gepflogenheiten des Mitgliedstaats für den Minderjährigen zuständig ist – oder sich eines seiner Geschwister aufhält."

95 Gemäß Art. 8 Abs. 2 Dublin-Verordnung ist zudem zu prüfen, ob die minderjährige Person einen „Verwandten hat, der sich rechtmäßig in einem anderen Mitgliedstaat aufhält." Als „Verwandte" gelten nach Art. 2 lit. h Dublin-Verordnung Großeltern, volljährige Onkel und volljährige Tanten. Ist dies der Fall und „wurde anhand einer Einzelfallprüfung festgestellt, dass der Verwandte für den Antragsteller sorgen kann", so wird dieser Mitgliedstaat zuständig und führt die minderjährige Person mit ihren Verwandten zusammen, „sofern dies **dem Wohl des Minderjährigen entspricht.**"

96 Ergibt sich aus der Prüfung der Kriterien nach Art. 8 Abs. 1 und 2 Dublin-Verordnung mehr als ein möglicher zuständiger Mitgliedstaat, wird gemäß Art. 8 Abs. 3 Dublin-Verordnung „der zuständige Mitgliedstaat danach bestimmt, was dem Wohl des unbegleiteten Minderjährigen dient."

97 Hat die Suche nach Familienangehörigen, Geschwistern und Verwandten keinen Erfolg, ist gemäß Art. 8 Abs. 4 Dublin-Verordnung der Staat zuständig, in dem der Antrag auf internationalen Schutz gestellt wurde, sofern dies dem Wohl des Kindes dient.

98 Liegen Anträge in mehreren Mitgliedstaaten vor, ist gemäß der Rechtsprechung des EuGH – quasi abweichend von Art. 7 Abs. 2 Dublin-Verordnung – auf das letzte Asylgesuch abzustellen.[141]

99 Ob auch für das zu Grunde zu legende Alter der Person, das letzte Asylgesuch einschlägig ist, hat das Bundesverwaltungsgericht bisher offen gelassen. Es hat aber klargestellt, dass die Person jedenfalls dann wegen Art. 7 Abs. 2 Dublin-Verordnung als minderjährig zu behandeln ist, wenn sie im Zeitpunkt der letzten Antragstellung minderjährig war und dass eine abweichende Alterseinschätzung eines anderen Staates keine Bindungswirkung entfaltet.[142] Kindeswohlüberlegungen sprechen dafür, auf den ersten Antrag abzustellen.[143]

100 Gemäß einer Erklärung des Rates, des Europäischen Parlaments und der Kommission, die in die Dublin III-Verordnung aufgenommen wurde, ersuchten Rat und Parlament die Kommission eine Revision von Art. 8 Abs. 4 Dublin-Verordnung im Lichte des Urteils *M. A. und andere* aus dem Jahr 2013 vorzuschlagen.[144] Der Entwurf liegt vor,[145] die Debatte dazu ist allerdings zum Erliegen gekommen.[146]

101 Durch die fehlende klare Regelung zur Zuständigkeit für unbegleitete Minderjährige ist bisher noch offen, wie rechtlich vorzugehen ist, wenn hinsichtlich einer unbegleiteten minderjährigen Person, bereits eine ablehnende (materielle) Asylentscheidung in einem anderen als dem Aufenthaltsmitgliedstaat ergangen ist. Strittig ist insbesondere, ob überhaupt

---

[141] Vgl. EuGH Urt. v. 6.6.2013 – C-648/11, NVwZ-RR 2013, 735 Rn. 66.
[142] BVerwG Urt. v. 16.11.2015 – 1 C 4/15, NVwZ 2016, 157 Rn. 17.
[143] Vgl. zum Antragszeitpunkt bei Familienzusammenführungen EuGH Urt. v. 12.4.2018 – C-550/16.
[144] ABl. 2013 L 180, 59.
[145] KOM (2014), 382 endg. Der Entwurf schlägt eine grundsätzliche Zuständigkeit des Aufenthaltsstaates der unbegleiteten minderjährigen Person vor.
[146] Im Dublin IV-Vorschlag hat die Kommission einen anderen Vorschlag gemacht: Grundsätzlich soll der Staat des ersten Asylantrags für unbegleitete minderjährige Personen zuständig sein (Art. 10 des Vorschlags).

noch Überstellungen von unbegleiteten Minderjährigen rechtmäßig sein können und welche Fallkonstellationen rechtlich möglicherweise unterschiedlich zu behandeln wären.[147]

Das Bundesverwaltungsgericht hat in Umsetzung der Rechtsprechung des EuGH klargestellt, dass der Verweis des EuGH auf die Asylverfahrens-RL 2005 (aF) für Fälle, in denen der Antrag bereits in einem anderen Mitgliedstaat abgelehnt wurde, nicht bedeutet, dass dieser Umstand einer Zuständigkeit Deutschlands entgegenstehen würde.[148] Vielmehr verweise der EuGH nur auf die Möglichkeit des Mitgliedstaats, in dem der letzte (weitere) Asylantrag gestellt wurde, den Antrag aus anderen Gründen als unzulässig abzulehnen. **102**

Einer Zuständigkeit aufgrund dieser Auslegung von Art. 8 Abs. 4 Dublin-Verordnung steht auch eine **Wiederaufnahmezusage eines anderen Staates** nicht entgegen. Eine solche Zusage **kann** in der Situation, in der keine Familienangehörigen, Geschwister oder Verwandten sich in einem anderen Mitgliedstaat befinden, **die Zuständigkeit nicht begründen**.[149] **103**

Neben Art. 8 Dublin-Verordnung können in Fällen von unbegleiteten minderjährigen asylsuchenden Personen auch Art. 16 oder 17 Dublin-Verordnung einschlägig sein, wenn die minderjährige Person von einer anderen Person abhängig ist, oder sich aus familiären oder humanitären eine anderweitige Zuständigkeitsbestimmung ergibt, die dem Kindeswohl besser entspricht.[150] Dies kann beispielsweise der Fall sein, wenn eine enge Bezugsperson des Kindes nach der Antragstellung zum Vormund bestellt wird. **104**

Aus der besonderen Schutzbedürftigkeit von Kindern können sich auch generell Überstellungsverbote ergeben, selbst wenn die Kinder begleitet sind.[151] Eine zwingende Beachtung des Kindeswohls unterhalb der Schwelle eines Überstellungsverbots schreibt die Dublin-Verordnung allerdings nach der Rechtsprechung des EuGH nicht vor.[152] In diesem Kontext hat der EuGH auch klargestellt, dass bei begleiteten Minderjährigen als Grundprämisse davon ausgegangen werden darf, dass die gemeinsame Behandlung des Antrags mit dem Antrag der Eltern oder eines Elternteils dem Kinderwohl dient. Nur wenn dies nachweislich nicht dem Wohl des Kindes dient, ist die Situation des Kindes unabhängig von der Situation der Eltern zu beurteilen.[153] **105**

Der besondere Schutz für unbegleitete Minderjährige, der sich in der in § 42a SGB VIII vorgesehenen vorläufigen Inobhutnahme[154] spiegelt, ist auch bei der Anwendung der Dublin-Verordnung zu beachten. Minderjährige sind gemäß § 12 AsylG im asylrechtlichen Verfahren nicht selbständig handlungsfähig.[155] **106**

2. Familienangehörige

Hat eine asylsuchende Person Familienangehörige iSd Art. 2 lit. g Dublin-Verordnung in einem anderen Dublin-Staat, denen dort bereits internationaler Schutz (Flüchtlingseigenschaft oder subsidiärer Schutz) zuerkannt wurde, so ist der schutzzuerkennende Staat gemäß **107**

---

[147] In dieser Hinsicht ist das einschlägige EuGH-Urteil nicht klar, da es nicht weiter ausführt, wie mit der Anwesenheit der betroffenen Minderjährigen umzugehen ist, vgl. EuGH Urt. v. 6.6.2013 – C-648/11, NVwZ-RR 2013, 735 Rn. 63 f. Vgl. dazu auch: BVerwG Urt. v. 16.11.2015 – 1 C 4/15, NVwZ 2016, 157 Rn. 15 ff.
[148] BVerwG NVwZ 2016, 157 Rn. 19 f.
[149] Vgl. dazu BVerwG NVwZ 2016, 157 Rn. 21 f.
[150] Vgl. dazu bspw. *Göbel-Zimmermann/Masuch/Hruschka* in Huber AufenthG § 60 Rn. 32.
[151] Vgl. dazu insbes. BVerfG Beschl. v. 17.9.2014 – 2 BvR 939/14, NVwZ 2014, 1511 und Beschl. v. 17.4.2015 – 2 BvR 602/15, NVwZ 2015, 810.
[152] Vgl. EuGH, Urt. v. 23.1.2019 – C-661/17, NVwZ 2019, 297 Rn. 71.
[153] Vgl. EuGH Urt. v. 23.1.2019 – C-661/17 NVwZ 2019, 297 Rn. 87 f.; s. dazu auch die Besprechung von *Hruschka* NVwZ 2019, 301.
[154] § 42a SGB VIII wurde mit dem Gesetz zur Verbesserung der Unterbringung, Versorgung und Betreuung ausländischer Kinder und Jugendlicher v. 28.10.2015 (BGBl. 2015 I 1802) eingeführt.
[155] Bis zur Änderung von § 12 AsylG durch das Asylverfahrensbeschleunigungsgesetz v. 20.10.2015 (BGBl. 2015 I 1722) waren sechzehn- und siebzehnjährige Kinder unter bestimmten Voraussetzungen selbständig handlungsfähig und konnten somit Verfahrenshandlungen vornehmen. Dies ist nicht mehr möglich, vielmehr muss die gesetzliche Vertretung alle Verfahrenshandlungen vornehmen.

Art. 9 Dublin-Verordnung für das Asylverfahren zuständig. Dieser Zuständigkeitsgrund ist unabhängig vom Vorbestehen der Familieneigenschaft im Herkunftsstaat.

108 Gemäß Art. 10 Dublin-Verordnung ist der Staat für das Asylgesuch zuständig, in dem sich asylsuchende Familienangehörige aufhalten, wenn deren Verfahren noch erstinstanzlich anhängig ist und die Familie bereits im Herkunftsland bestanden hat.

109 Die Zuständigkeit gemäß Art. 9 und 10 Dublin-Verordnung ist von der schriftlichen Geltendmachung durch die betroffenen Personen abhängig. Diese müssen entsprechend informiert werden (Art. 4 Dublin-Verordnung).

110 Können Art. 9 oder 10 Dublin-Verordnung beispielsweise wegen des Sachverhaltsversteinerungsprinzips des Art. 7 Abs. 2 Dublin-Verordnung oder der Familiengründung nach Verlassen des Herkunftslandes nicht angewendet werden, kommt eine Verpflichtung zum Selbsteintritt gemäß Art. 17 Dublin-Verordnung in Frage, insbesondere wenn eine Verletzung von Art. 8 EMRK bzw. Art. 6 GG droht.[156]

111 Mit Art. 11 Dublin-Verordnung wird der Sondersituation Rechnung getragen, wenn verschiedene Familienangehörige „in demselben Mitgliedstaat gleichzeitig oder in so großer zeitlicher Nähe" Anträge auf internationalen Schutz stellen, dass das Dublin-Verfahren und die Prüfung der Anträge für die betroffenen Personen gemeinsam erfolgen können.[157] Zuständig ist der Mitgliedstaat, welcher für den größeren Teil der Familie zuständig ist. Sind die Teile der Familie gleich groß, ist der Staat zuständig, der für das älteste Familienmitglied zuständig ist.

V. Kriterien aufgrund der Verantwortlichkeit für Einreise und Aufenthalt

1. Aufenthaltstitel und Visum

112 Gemäß Art. 12 Abs. 1 Dublin-Verordnung ist der Staat, der einen Aufenthaltstitel gemäß Art. 2 lit. l Dublin-Verordnung erteilt hat, für die Prüfung des Asylgesuchs zuständig, sofern die Person das Hoheitsgebiet der Mitgliedstaaten nicht zwischenzeitlich verlassen hat.

113 Stellen die Behörden nach der Einreichung eines Asylantrags einen solchen **Aufenthaltstitel** aus, wird der ausstellende Staat gemäß Art. 19 Abs. 1 Dublin-Verordnung zum zuständigen Staat. Der Begriff des Aufenthaltstitels nach der Dublin-Verordnung ist nach dem Willen des Verordnungsgebers[158] weit zu verstehen.

114 Er umfasst definitionsgemäß „jede von den Behörden eines Mitgliedstaats erteilte Erlaubnis, mit der der Aufenthalt eines Drittstaatsangehörigen oder Staatenlosen im Hoheitsgebiet dieses Mitgliedstaats gestattet wird", und somit jeden – auch nur vorrübergehenden – Aufenthalt, aus dem sich die Rechtmäßigkeit der Anwesenheit auf dem Hoheitsgebiet eines Staates ergibt. **Ausgenommen** sind lediglich **vorläufige Anwesenheitserlaubnisse** (wie der Ankunftsnachweis und die Aufenthaltsgestattung gemäß § 55 AsylG), die für die Laufzeit des Dublin-, des (materiellen)Asyl- oder eines anderen aufenthaltsrechtlichen Verfahrens ausgestellt werden.

115 So ist beispielsweise auch die völkerrechtlich gemäß Art. 13 EMK verpflichtende Gewährung einer Erholungs- und Bedenkzeit für Opfer von Menschenhandel[159] eine Anwesenheitsberechtigung iSd Definition von Art. 2 lit. l Dublin-Verordnung. Dies bedeutet, dass bei erkannten, potentiellen Menschenhandelsopfern in aller Regel der Aufenthaltsstaat, der die Identifizierung durchführt, auch für die Prüfung des Asylantrags zuständig wird.[160]

---

[156] Vgl. dazu bspw. VG München Urt. v. 13.10.2016 – M 7 K 15.50730, BeckRS 2016, 54304.
[157] Vgl. dazu bspw. VG München Urt. v. 1.3.2016 – 12 K 14.50285, BeckRS 2016, 44774 und Urt. v. 15.7.2015 – M 1 K 15.50362, BeckRS 2015, 51764.
[158] KOM (2001) 447 endg., 10.
[159] Die Erholungs- und Bedenkzeit ist gemäß Art. 10 Abs. 2 EMK mit einem Verbot, die Person vom Hoheitsgebiet zu „entfernen" verbunden. Die Gewährung einer „Bedenkzeit" für potentielle Menschenhandelsopfer ist auch in Art. 6 Abs. 1 RL 2004/81/EG vorgesehen. Sie steht gemäß Art. 6 Abs. 2 RL 2004/81/EG der Vollstreckung etwaiger Rückführungsentscheidungen entgegen.
[160] Vgl. dazu etwa *Frei*, Menschenhandel und Asyl, 582 und *Frei/Hruschka*, in O'Sullivan/Stevens, Fortresses and Fairness – States, the Law and Access to Refugee Protection, 2017, 271.

Der EuGH hat mit der oben (→ Rn. 86 ff.) näher dargestellten Rechtsprechung zu 116
unbegleiteten Kindern einen ähnlichen Effekt hervorgerufen, auch wenn die Kindeswohlprüfung dort nicht explizit als zuständigkeitsbegründend, sondern als regelmäßig gegen eine
Überstellung sprechend gekennzeichnet wird.

Art. 12 Abs. 2 Dublin-Verordnung regelt – wenn kein Aufenthaltstitel vorliegt – die 117
Zuständigkeit des Staates, der ein **Visum** ausgestellt hat. Liegen mehrere Aufenthaltstitel
oder Visa vor, ist grundsätzlich jeweils die längste Gültigkeitsdauer entscheidend, bei
gleicher Gültigkeitsdauer das letzte Ablaufdatum (Art. 12 Abs. 3 Dublin-Verordnung).

Keine Visumserteilung liegt im Durchwinken von Personen über eine Außengrenze, da 118
alleine „die Gestattung der Einreise in das Hoheitsgebiet eines Mitgliedstaats, die von den
Behörden des betreffenden Mitgliedstaats unter Umständen lediglich geduldet wird, kein
„Visum" iSv Art. 12 der Dublin-Verordnung iVm deren Art. 2 lit. m darstellt." Vielmehr
ist eine förmliche Erteilung einer Einreiseerlaubnis notwendig, damit ein „Visum" iSd
Art. 12 Abs. 2 Dublin-Verordnung vorliegt.[161]

Art. 12 Abs. 4 Dublin-Verordnung regelt die mögliche Zuständigkeitsbegründung auch 119
nach Ablauf des Aufenthaltstitels (für zwei Jahre) oder des Visums (für sechs Monate), es sei
denn, die asylsuchende Person hat den Dublin-Raum zwischenzeitlich verlassen. Nach
Ablauf dieser Fristen ist der Staat zuständig, in dem der Asylantrag gestellt wurde.

Ob ein Visum wirksam erteilt wurde und ob dieses noch für die Zuständigkeitsbestim- 120
mung herangezogen werden kann, weil es für die Einreise tatsächlich ursächlich war, kann
und muss von der zuständigen Behörde und von einem mit der Sache befassten Gericht
umfassend überprüft werden, um die korrekte Anwendung des Kriteriums zu garantieren.

Eine fehlerhafte Anwendung des Kriteriums kann von der asylsuchenden Person gericht- 121
lich geltend gemacht werden.[162]

2. „Illegale" Einreise und illegaler Aufenthalt

Anders als nach der landläufigen Meinung über Dublin-Verfahren ist, nur wenn keines der 122
vorhergehend geschilderten Kriterien einschlägig ist, derjenige Staat für die Prüfung des
Asylgesuchs zuständig, dessen Außengrenze[163] die asylsuchende Person aus einem Drittstaat
kommend „illegal überschritten hat." **„Illegales Überschreiten"** bedeutet dabei, dass beim
Grenzübertritt, die „grundsätzlich geforderten Einreisevoraussetzungen" nicht eingehalten
wurden.

Rechtlich hat der EuGH klargestellt, dass eine „illegale Einreise" auch dann vorliegt, 123
wenn „ein Drittstaatsangehöriger, der die in einem Mitgliedstaat grundsätzlich geforderten
Einreisevoraussetzungen nicht erfüllt, dem aber die Einreise in dessen Hoheitsgebiet gestattet wird, damit er in einen anderen Mitgliedstaat weiterreisen und dort einen Antrag auf
internationalen Schutz stellen kann, die Grenze des erstgenannten Mitgliedstaats iSv Art. 13
Abs. 1 Dublin-Verordnung „illegal überschritten" hat, unabhängig davon, ob das Überschreiten der Grenze geduldet, unter Verletzung der einschlägigen Vorschriften gestattet
oder aus humanitären Gründen unter Abweichung von den für Drittstaatsangehörige
grundsätzlich geltenden Einreisevoraussetzungen gestattet wird."[164]

Fraglich ist, ob ein illegaler Grenzübertritt vorliegt, wenn die Person im Zuge einer 124
Seenotrettung an einen sicheren Ort in einem Dublin-Staat an Land gebracht wird.[165] Eine
Weiterreise über eine Binnengrenze stellt kein „illegales Überschreiten" iSd Dublin-Ver-

---

[161] Vgl. EuGH Urt. v. 26.7.2017 – C-646/16, NVwZ 2017, 1357 Rn. 42 ff.
[162] Vgl. dazu EuGH Urt. v. 26.7.2017 – C-646/16, NVwZ 2017, 1357 Rn. 42 ff. sowie Urt. v. 7.6.2016 – C-63/15, NVwZ 2016, 1157 Rn. 61.
[163] Außengrenzen sind im Schengener Grenzkodex (Art. 2 Nr. 2 SGK) definiert als „die Landgrenzen der Mitgliedstaaten, einschließlich der Fluss- und Binnenseegrenzen, und der Seegrenzen und der Flughäfen sowie der Flussschifffahrts-, See- und Binnenseehäfen, soweit sie nicht Binnengrenzen sind."
[164] Vgl. EuGH Urt. v. 26.7.2017 – C-646/16, NVwZ 2017, 1357 Rn. 92.
[165] Vgl. dazu die Schlussanträge der Generalanwältin *Sharpston* zum Fall Mengesteab vom 20.6.2017, Rn. 44 ff.

ordnung dar, da gemäß Art. 13 Abs. 1 Dublin-Verordnung **nur die Grenzübertritte über eine Außengrenze** zuständigkeitsbegründend sein können.

125 Welcher Grenzübertritt bei einer Weiterreise mit Aus- und Wiedereinreise aus dem Hoheitsgebiet der Dublin-Staaten (insbesondere auf der Route Türkei, Griechenland, Mazedonien, Serbien, Ungarn/Kroatien) innerhalb von drei Monaten[166] zuständigkeitsbegründend wirkt, ist seit den Entscheidungen des EuGH in den Fällen *Jafari* und *A. S.* dahingehend geklärt, dass die letzte Einreise in das Hoheitsgebiet ausschlaggebend für die Zuständigkeitsbestimmung ist.[167]

126 Hat einer der Staaten in einer solchen Konstellation der Mehrfacheinreise der Zuständigkeitsübernahme zugestimmt, wird dieser zuständig.[168] Allerdings ist die korrekte Anwendung auch dieses Zuständigkeitskriteriums gerichtlich voll überprüfbar und die asylsuchende Person kann sich „im Rahmen eines Rechtsbehelfs gegen eine ihr gegenüber ergangene Überstellungsentscheidung darauf berufen, dass das in Art. 13 Abs. 1 der Verordnung aufgestellte Zuständigkeitskriterium des illegalen Überschreitens der Grenze eines Mitgliedstaats falsch angewandt worden sei."[169]

127 Die Zuständigkeit wegen „illegaler" Einreise über eine Außengrenze endet zwölf Monate nach der Einreise, wenn die asylsuchende Person innerhalb dieser zwölf Monate keinen Asylantrag stellt, scheidet Art. 13 Abs. 1 Dublin-Verordnung als Zuständigkeitskriterium aus.

128 Wird allerdings innerhalb der ersten zwölf Monate ein solcher Antrag gestellt und die Zwölfmonatsfrist läuft während des Dublin-Verfahrens ab, führt dies nicht zum Erlöschen der Zuständigkeit, da nach Art. 7 Abs. 2 Dublin-Verordnung die Situation zugrunde zu legen ist, „die zu dem Zeitpunkt gegeben ist, zu dem der Antragsteller seinen Antrag auf internationalen Schutz zum ersten Mal in einem Mitgliedstaat stellt." Ein späterer Fristablauf wird also bei der Zuständigkeitsbestimmung nicht berücksichtigt.[170]

129 In der Praxis ist Art. 13 Abs. 1 Dublin-Verordnung das Zuständigkeitskriterium, das am häufigsten zur Anwendung kommt. Insgesamt spielt aber der Ort des gestellten Asylantrags in aller Regel die entscheidende Rolle für die Zuständigkeitsbestimmung.[171]

130 Ist Art. 13 Abs. 1 Dublin-Verordnung nicht oder nicht mehr einschlägig, kann gemäß Art. 13 Abs. 2 Dublin-Verordnung der Staat zuständig sein, in dem sich die asylsuchende Person für mehr als fünf Monate **illegal aufgehalten** hat.

131 Liegen mehrere solche Zeiträume in unterschiedlichen Mitgliedstaaten vor, ist der letzte Fünfmonatszeitraum entscheidend für die Bestimmung der Zuständigkeit. Dieses Zuständigkeitskriterium spielt eine untergeordnete Rolle, da der Nachweis der Zeiträume illegaler Aufenthalte in der Praxis naturgemäß schwierig ist.

---

[166] Verlässt die Person das Hoheitsgebiet der Mitgliedstaaten für mehr als drei Monate, beginnt die Zuständigkeitsbestimmung neu, vgl. Art. 19 Abs. 2 Dublin III-VO.
[167] Diese Frage wurde dem EuGH bereits im Fall *Abdullahi* als zweite Frage vorgelegt. Er hatte diese aber angesichts der Antwort auf die erste Frage aber nicht beantwortet, vgl. EuGH Urt. v. 10.12.2013 – C-394/12, ZAR 2014, 199 Rn. 63. In EuGH Urt. v. 26.7.2017 – C-490/16, BeckRS 2017, 119735 Rn. 36 ff. und EuGH Urt. v. 26.7.2017 – C-646/16, NVwZ 2017, 1357 Rn. 91 hat der Gerichtshof in beiden Fällen trotz der ersten Einreise über die Türkei nach Griechenland angenommen, dass Kroatien der zuständige Staat ist und dies damit begründet, die Regelungen dienten „zur Bestimmung des zuständigen Mitgliedstaats unter Berücksichtigung seiner Rolle dabei, dass sich der Drittstaatsangehörige im Hoheitsgebiet der Mitgliedstaaten befindet."
[168] EuGH Urt. v. 10.12.2013 – C-394/12, ZAR 2014, 199 Rn. 62.
[169] EuGH Urt. v. 26.7.2017 – C-490/16, BeckRS 2017, 119735 Rn. 35.
[170] Vgl. dazu EuGH Urt. v. 26.7.2017 – C-490/16, BeckRS 2017, 119735 Rn. 45 ff.
[171] Wenn die Person bereits einen Asylantrag gestellt hat, sind die Kriterien in der Regel nicht mehr zu prüfen, vgl. EuGH Urt. v. 2.4.2019 – C-582/17 und 583/17, NVwZ 2019, 870.

3. Visafreie Einreise und Antrag im Transitbereich eines internationalen Flughafens

Die Verordnung sieht zudem die visafreie Einreise (Art. 14 Dublin-Verordnung) und das Asylgesuch im Transitbereich eines internationalen Flughafens (Art. 15 Dublin-Verordnung) als zuständigkeitsbegründend vor. 132

Diese Kriterien sind in der Praxis kaum relevant, wohl auch weil meist bereits eines der anderen (vorrangig zu prüfenden) Kriterien einschlägig ist. Im Fall *Jafari* hat der EuGH klargestellt, dass bei einer **Einreise durch „Durchwinken" keine legale visumsfreie Einreise** iSv Art. 14 Dublin-Verordnung vorliegt.[172] 133

VI. Ausnahmen von der Anwendung der Kriterien

Die möglichen Ausnahmen von der strikten Anwendung der Zuständigkeitskriterien sind in Art. 3 Abs. 2 S. 2 sowie in Kapitel IV der Dublin-Verordnung geregelt. Diese Bestimmungen nehmen Situationen in den Blick, in denen die Zuständigkeitsbestimmung nach den Kriterien ein unerwünschtes Ergebnis ergibt und daher aus grundrechtlichen oder humanitären Gründen einer Korrektur bedarf. 134

Eine **Abweichung im Regelfall** ist gemäß Art. 16 Dublin-Verordnung bei voneinander abhängigen Familienangehörigen und Verwandten vorgesehen. 135

Liegt auf Grund systemischer Schwachstellen die **Gefahr einer Verletzung von Art. 4 GRCh** vor, besteht gemäß Art. 3 Abs. 2 S. 2 Dublin-Verordnung ein Verbot der Überstellung in den zunächst zuständigen Staat und die Kriterien müssen weiter geprüft werden. Abweichungsmöglichkeiten, die weitgehend im Ermessen der Mitgliedstaaten stehen, sieht Art. 17 Dublin-Verordnung vor. 136

Dabei enthält Art. 17 Abs. 1 Dublin-Verordnung, die unbeschränkte **Möglichkeit für die Mitgliedstaaten,** von dem mittels der Kriterien ermittelten Ergebnis des Zuständigkeitsbestimmungsverfahrens **abzuweichen** und die Zuständigkeit für das Asylverfahren an sich zu ziehen („Selbsteintrittsrecht"), während Art. 17 Abs. 2 Dublin III-Verordnung eine Aufnahmemöglichkeit aus humanitären Gründen („humanitäre Klausel") vorsieht. Diese vier Ausnahmen werden im Folgenden dargestellt. 137

Rechtlich bestehen zwei weitere Möglichkeiten, warum das mittels der Kriterien zunächst gefundene Ergebnis nicht zur Zuständigkeit des ermittelten Staates führt. Dies sind die Erlöschenstatbestände des Art. 19 Dublin-Verordnung und der Zuständigkeitsübergang wegen Fristablaufs. Diese Situationen stellen aber keine Ausnahmen von der Anwendung der Kriterien dar, sondern sind verfahrensrechtliche Sonderbestimmungen, sie sind daher an anderer Stelle (→ Rn. 74 ff., 221 ff. und 299 ff.) ebenfalls in diesem Kapitel dargestellt. 138

In diesem Kontext ist auch nochmals zu betonen, dass die weitaus häufigste Situation der Zuständigkeitsbestimmung im Dublin-Verfahren in Art. 3 Abs. 2 S. 1 Dublin-Verordnung enthalten ist. In der Praxis wird regelmäßig der Staat zuständig sein, in dem der erste Asylantrag gestellt wurde. Aus systematischen Gründen werden die sich aus Art. 4 GRCh ergebenden Überstellungsverbote zusammen behandelt (→ Rn. 157 ff.), auch wenn Sie nach der Verordnung unterschiedliche Rechtsfolgen haben. 139

1. Abhängige Personen

Art. 16 Abs. 1 Dublin-Verordnung enthält eine im Detail schwierig auszulegende Bestimmung, nach der im Regelfall Asylsuchende sowie deren Eltern, Kinder und Geschwister einen Anspruch auf Nicht-Trennung oder Zusammenführung haben, wenn sie **auf Unterstützung angewiesen** sind. 140

Voraussetzung für die Anwendung der Norm ist, dass die familiäre Bindung bereits im Heimatland bestanden hat und „die betroffenen Personen ihren Wunsch schriftlich kund- 141

---

[172] EuGH Urt. v. 26.7.2017 – C-646/16, NVwZ 2017, 1357 Rn. 82 ff.

getan haben." Die Norm zählt als Szenarien Unterstützungsbedarf „wegen Schwangerschaft, eines neugeborenen Kindes, schwerer Krankheit, ernsthafter Behinderung oder hohen Alters" auf.

142 Nach dem Wortlaut kommt es nicht darauf an, ob die abhängige Person „der Antragsteller" ist oder „sein Kind, eines seiner Geschwister oder ein Elternteil." Voraussetzung ist allerdings, dass Letztere sich rechtmäßig in einem Mitgliedstaat aufhalten. Diese Präzisierung der früheren Regelung des Art. 15 Abs. 2 Dublin II-Verordnung geht auf das Urteil des EuGH im Fall *K* zurück, in dem die unterstützende Person die asylsuchende Schwiegermutter war.[173]

143 Art. 16 Abs. 1 Dublin-Verordnung erfasst nur einen eingeschränkten Personenkreis (Kind, Geschwister, Eltern). Insbesondere umfasst er die Konstellation des Falls *K*[174] nicht mehr, und auch eine Abhängigkeit zwischen Ehepartnern ist vom Wortlaut der Norm nicht erfasst.

144 Aus dem Gesamtkontext der Neuregelung lässt sich aber sagen, dass solche Fälle zwingend über das Selbsteintrittsrecht zu lösen wären, da mit der Neufassung der Verordnung ein Anheben und kein Absinken der Schutzstandards beabsichtigt war.[175] Zudem wäre durch die völkerrechtliche **Verpflichtung zum Schutz des Privat- und Familienlebens** in einem solchen Fall der Ermessensspielraum wohl auf Null reduziert.

145 Der EuGH hat klargestellt, dass „die Verpflichtung, „im Regelfall" den Asylbewerber und den „anderen" Familienangehörigen iSv Art. 15 Abs. 2 [Dublin II-Verordnung] nicht zu trennen, so zu verstehen [ist], dass ein Mitgliedstaat von dieser Verpflichtung, die betroffenen Personen nicht zu trennen, nur abweichen darf, wenn eine solche Abweichung aufgrund des Vorliegens einer Ausnahmesituation gerechtfertigt ist."[176] Damit hat der EuGH auch klargestellt, dass eine **Handlungsverpflichtung** besteht, wenn keine Ausnahmesituation besteht.

146 Durch diese Handlungsverpflichtung wird Art. 16 Abs. 1 Dublin-Verordnung zu einem **Quasi-Kriterium,** da bei Vorliegen einer vom Wortlaut erfassten Situation die Familieneinheit hergestellt werden muss. Art. 16 Abs. 2 Dublin-Verordnung legt das Vorgehen und die Zuständigkeit fest, wenn die antragstellende Person und das Kind, der Elternteil oder die Geschwister sich in unterschiedlichen Mitgliedstaaten aufhalten.

147 In diesem Fall wird der Mitgliedstaat zuständig, in dem sich Kind, Elternteil oder Geschwister aufhalten. Sollte eine Überstellung der antragstellenden Person aus gesundheitlichen Gründen längerfristig nicht möglich sein, wird der Aufenthaltsstaat zuständig. Allerdings kann dieser gemäß Art. 16 Abs. 2 S. 3 Dublin-Verordnung in einer solchen Situation nicht verpflichtet werden, Kind, Geschwister oder Elternteil „in sein Hoheitsgebiet zu verbringen." Diese Aufnahme ist aber ohne Weiteres rechtlich möglich und sollte, wenn die anderen Voraussetzungen der Norm inklusive der schriftlichen Bestätigung der zusammenzuführenden Personen vorliegen, ermöglicht werden.

148 Art. 16 Abs. 3 und 4 Dublin-Verordnung enthalten die Ermächtigung für die Kommission, zur Umsetzung von Art. 16 Dublin-Verordnung delegierte Rechtsakte zu erlassen und den entsprechenden Informationsaustausch zu regeln.

149 Das Vorgehen, wenn eine Konstellation von Art. 16 Dublin-Verordnung vorliegt, ist in Art. 11 Abs. 6 Dublin-Durchführungsverordnung festgelegt. Für den Informationsaustausch zwischen den Mitgliedstaaten ist das in Anhang VII der Kommissionsdurchführungsverordnung enthaltene Standardformular zu verwenden.

150 In der Praxis sind solche Situationen der Abhängigkeit selten. Entsprechend gibt es auch kaum Rechtsprechung zur Anwendung von Art. 16 Dublin-Verordnung. Das VG Düsseldorf hat die Anwendbarkeit verneint, wenn beide asylsuchend sind, da der Aufenthalt im

---

[173] Vgl. EuGH Urt. v. 6.11.2012 – C-245/11, NVwZ-RR 2013, 69 Rn. 32 ff.
[174] Vgl. zu den Fakten des Falles: EuGH Urt. v. 6.11.2012 – C-245/11, NVwZ-RR 2013, 69 Rn. 17.
[175] Vgl. dazu *Maiani* in Breitenmoser/Gless/Lagodny, Schengen und Dublin in der Praxis – aktuelle Fragen, 2015, 299.
[176] Vgl. EuGH Urt. v. 6.11.2012 – C-245/11, NVwZ-RR 2013, 69 Rn. 46.

Asylverfahren nicht rechtmäßig iSd Norm sei.[177] Eine solche Auslegung dürfte klar dem Normzweck widersprechen und es entsteht auch ein Wertungswiderspruch zu Art. 10 Dublin-Verordnung, der gerade bei Familienkonstellationen, in denen beide asylsuchend sind, die Familienzusammenführung ermöglicht.

Den Normzweck verkannt hat auch das VG München, das befunden hat, dass die Trennung eines Onkels von seinem minderjährigen Neffen, mit der er zusammen gereist ist, dadurch gerechtfertigt sei, dass kein Abhängigkeitsverhältnis bestehe und eine Hilfsbedürftigkeit aufgrund der Versorgung des Neffen durch das Jugendamt nicht vorliege.[178] Hier hätte eine Zuständigkeitsbestimmung nach dem Kindeswohl vorgenommen werden und jedenfalls geprüft werden müssen, ob eine Betreuung des minderjährigen Neffen durch den Onkel diesem nicht besser entspricht. **151**

Grundsätzlich geht – wie oben (→ Rn. 69 ff.) dargelegt – die Wahrung der Familieneinheit in Dublin-Verfahren der Zuständigkeitsbestimmung aus den anderen Kriterien vor. Dies ist auch und gerade bei der Auslegung von Art. 16 Dublin-Verordnung zu berücksichtigen. **152**

Ungeklärt ist, welches Verhältnis zwischen Ermittlungspflichten und Substantiierung im Anwendungsbereich von Art. 16 Dublin-Verordnung besteht. Das VG Ansbach hat den Vortrag, die Person „scheine auf Unterstützung angewiesen zu sein" nicht ausreichen lassen, um das Vorliegen der Voraussetzungen von Art. 16 Dublin-Verordnung vertieft zu prüfen.[179] **153**

Das BVerfG hat das **Angewiesensein auf Unterstützung** seitens neugeborener Kinder unter Verweis auf Art. 16 Abs. 1 Dublin-Verordnung zusammen mit Art. 2 Abs. 1 S. 1 und Art. 6 Abs. 1 GG als Begründung für die Notwendigkeit zur Einholung individueller Garantien bei einer Überstellung (nach Italien) herangezogen und damit eine Ermittlungspflicht angenommen.[180] **154**

Ähnliche Überlegungen drängen sich in den anderen genannten Situationen von besonderer Hilfebedürftigkeit auf, die in Art. 21 Aufnahme-RL – neben der Minderjährigkeit – beispielhaft aufgezählt werden; dh bei „Behinderten, älteren Menschen, Schwangeren, Alleinerziehenden mit minderjährigen Kindern, Opfern des Menschenhandels, Personen mit schweren körperlichen Erkrankungen, Personen mit psychischen Störungen und Personen, die Folter, Vergewaltigung oder sonstige schwere Formen psychischer, physischer oder sexueller Gewalt erlitten haben, wie zB Opfer der Verstümmelung weiblicher Genitalien." **155**

In diesen Fällen ist, wenn keine Situation des Art. 16 Dublin-Verordnung vorliegt, jedenfalls zu prüfen, ob ein **Überstellungsverbot oder** ein Anlass für die Anwendung der **Ermessensklausel** des Art. 17 Dublin-Verordnung besteht. **156**

2. Überstellungsverbote nach Art. 4 GRCh

Nach der ständigen Rechtsprechung des EuGH müssen Sekundärrechtsakte – also auch die Dublin III-Verordnung – unter **Beachtung der Grundrechte,** die sich aus der Grundrechtecharta ergeben, ausgelegt und angewendet werden. „Das in Art. 4 der Charta aufgestellte Verbot unmenschlicher oder erniedrigender Strafe oder Behandlung ist dabei von fundamentaler Bedeutung, denn es hat absoluten Charakter, da es eng mit der Achtung der Würde des Menschen verbunden ist, auf die sich Art. 1 der Charta bezieht."[181] **157**

Die menschenrechtlichen Überstellungsverbote nach Art. 4 GRCh sind folglich auch in Dublin-Verfahren vollumfänglich einzuhalten. Wenn die reale Gefahr einer Verletzung von Art. 4 GRCh besteht, darf daher generell nicht überstellt werden. Für die Beurteilung, **158**

---

[177] VG Düsseldorf Beschl. v. 8.4.2015 – 13 L 914/15.A, BeckRS 2015, 44349.
[178] VG München Beschl. v. 30.3.2015 – M 12 S 15.50022, BeckRS 2015, 44690.
[179] VG Ansbach Beschl. v. 5.3.2015 – AN 14 S 15.50026, BeckRS 2015, 42525.
[180] Vgl. BVerfG Beschl. v. 17.9.2014 – 2 BvR 939/14, NVwZ 2014, 1511.
[181] EuGH Urt. v. 16.2.2017 – C-578/16 PPU, ZAR 2017, 172 Rn. 59 unter Verweis auf Urt. v. 5.4.2016 – C-404/15 und C-659/15 PPU, NStZ 2016, 542 Rn. 85 f.

wann ein solcher Fall gegeben ist, ist die Rechtsprechung des EGMR zu Art. 3 EMRK zu berücksichtigen, da Art. 4 GRCh und Art. 3 EMRK die gleiche Bedeutung und Tragweite haben.[182]

159 Ein Überstellungsverbot liegt daher neben der in Art. 3 Abs. 2 S. 2 Dublin III-Verordnung festgehaltenen Situation, dass im zuständigen Mitgliedstaat „das Asylverfahren und die Aufnahmebedingungen für Antragsteller in diesem Mitgliedstaat systemische Schwachstellen aufweisen," auch vor, wenn ein **individuelles Überstellungsverbot** besteht.[183]

160 Ein Überstellungsverbot besteht, wenn es wesentliche Gründe für die Annahme gibt, dass bei einer Überstellung eine Gefahr einer unmenschlichen oder erniedrigenden Behandlung iSd Art. 4 GRCh besteht. Die Prüfung muss dabei alle Umstände umfassen, die nach einer Überstellung in den zuständigen Staat für die betroffene Person relevant sind. Dies kann auch die Situation nach einer möglichen Anerkennung umfassen.[184] Dies gilt ebenso für Personen, denen in dem Zielstaat bereits Schutz gewährt wurde, die also nicht unter die Dublin-Verordnung fallen. Der EuGH hat den Gleichlauf der Prüfung der jeweiligen Überstellungsentscheidung im März 2019 in den Fällen *Jawo* und *Ibrahim u. a.* ausdrücklich betont.[185]

161 Es sind verschiedene Situationen denkbar, in denen ein Überstellungsverbot festgestellt werden muss.[186] Bestehen durch Berichte belegte **„systemische Mängel"**,[187] ist der überstellende Staat von Amts wegen verpflichtet, diese zu beachten und entsprechend zu berücksichtigen, ohne dass die asylsuchende Person etwas darlegen muss. Bestehen nur für bestimmte Teilbereiche solche Mängel, muss die asylsuchende Person darlegen, dass sie von dem Mangel betroffen ist. Bestehen keine solchen Mängel, ist für die Feststellung von Überstellungsverboten, die Schwelle des „arguable claim" nach der Rechtsprechung des EGMR heranzuziehen.[188]

162 Die Gefahr einer Verletzung von Art. 4 GRCh muss umfassend und individuell geprüft werden. Dabei sind sowohl **direktes als auch indirektes Refoulement** („Kettenabschiebung") verboten.[189] Die Gefahr kann sich auch durch die Überstellung selbst ergeben.[190]

163 Im Urteil *C. K. ua* hat der EuGH festgehalten, dass auch die **gesundheitliche Situation** bei der Prüfung des Überstellungsverbots relevant sein kann und „die Überstellung eines eine besonders schwere psychische oder physische Beeinträchtigung aufweisenden Asylbewerbers, wenn mit ihr die tatsächliche und erwiesene Gefahr einer wesentlichen und unumkehrbaren Verschlechterung seines Gesundheitszustands verbunden wäre, eine unmenschliche und erniedrigende Behandlung" iSv Art. 4 GRCh darstellen kann.[191]

164 In der deutschen Rechtsprechung dürfte dieser Standard im Wesentlichen dem Standard entsprechen, der für gesundheitsbedingte Abschiebungshindernisse gemäß § 60 Abs. 7 AufenthG entwickelt wurde.[192] Bei der Prüfung des Bestehens eines Überstellungsverbots aus medizinischen Gründen in Dublin-Verfahren sind daher dieselben Maßstäbe anzulegen.

165 Nach der Rechtsprechung des EGMR zu Dublin-Fällen kann der **fehlende Zugang zu einem Asylverfahren** die Gefahr einer Verletzung von Art. 4 GRCh/Art. 3 EMRK hervorrufen. Im Fall *M. S. S.* hat der EGMR eine Verletzung von Art. 13 iVm Art. 3

---

[182] Vgl. dazu EuGH Urt. v. 16.2.2017 – C-578/16 PPU, ZAR 2017, 172 Rn. 67 f.
[183] EuGH Urt. v. 16.2.2017 – C-578/16 PPU, ZAR 2017, 172 Rn. 90 ff.
[184] Vgl. dazu EuGH Urt. v. 19.3.2019 – C-163/17, NVwZ 2019, 712.
[185] Vgl. EuGH Urt. v. 19.3.2019 – C-163/17, NVwZ 2019, 712 und EuGH Urt. 19.3.2019 – Urt. v. 19.3.2019 – C-297/17, C-318/17, C-319/17 und C-438/17, NVwZ 2019, 785.
[186] Vgl. zum Ganzen auch Bank/Hruschka ZAR 2012, 182.
[187] Vgl. zum Begriff der systemischen Mängel: Lübbe ZAR 2014, 105.
[188] Vgl. EGMR Urt. v. 21.1.2011 – 30696/09, NVwZ 2011, 413 und Urt. v. 4.11.2014 – 29217/12, NVwZ 2015, 127. Grundsätzlich dazu: Hruschka/Motz Asyl 1/2014, 3.
[189] Beide Aspekte beleuchtet bspw. der EGMR in seinem Urt. v. 21.1.2011 – 30696/09, NVwZ 2011, 413.
[190] EuGH Urt. v. 16.2.2017 – C-578/16 PPU, ZAR 2017, 172 = BeckRS 2017, 105080 Rn. 96.
[191] Vgl. EuGH Urt. v. 16.2.2017 – C-578/16 PPU, ZAR 2017, 172 Rn. 74 und der Verweis auf die Rechtsprechung des EGMR, insbes. auf EGMR Urt. v. 13.12.2016 – 41738/10, NVwZ 2017, 1187.
[192] Vgl. zur Beachtung dieser Standards bspw. VGH Mannheim Beschl. v. 22.2.2017 – 11 S 447/17, NVwZ 2017, 1227 Rn. 3 ff.

EMRK durch Griechenland festgestellt, weil dort kein Zugang zu einem fairen und effizienten Asylverfahren bestand.[193]

Der EGMR hat in seinem Urteil konstatiert, dass „die **Existenzbedingungen** des [Beschwerdeführers], verbunden mit der langen Ungewissheit, in der er verblieb, und das ohne jede Aussicht auf Verbesserung seiner Lage", eine Verletzung von Art. 3 EMRK darstellen. Der Gerichtshof stellte dabei insbesondere auf die Mittellosigkeit und die Unmöglichkeit, die Grundbedürfnisse zu befriedigen, ab. Daneben führte er die (nicht eingehaltenen) Verpflichtungen Griechenlands aus der Aufnahme-RL und die generell besondere Verletzlichkeit von Asylsuchenden als Begründung dafür an, dass die bei einer Überstellung drohende Armut und Bedürftigkeit des Beschwerdeführers nicht mit der Menschenwürde vereinbar sind und dass die griechischen Behörden „wegen ihrer Untätigkeit verantwortlich für die Lebensbedingungen" seien.[194] In den Entscheidungen *Jawo* und *Ibrahim u. a.* hat der EuGH diesen Maßstab in Übereinstimmung mit der Rechtsprechung des EGMR dahingehend präzisiert, dass sich die betroffene Person bei Rückkehr „aufgrund seiner besonderen Verletzbarkeit unabhängig von seinem Willen und seinen persönlichen Entscheidungen in einer Situation extremer materieller Not" befinden müsse, damit allein aufgrund der Lebensbedingungen ein Überstellungsverbot besteht.[195] Dies muss in einer umfassenden Einzelfallprüfung festgestellt werden.[196]

Die Lebensbedingungen spielten auch im Fall *Tarakhel* eine entscheidende Rolle. In diesem Urteil hat der EGMR festgehalten, dass die Schweizer Behörden, die eine Dublin-Überstellung durchführen wollten, gehalten gewesen wären, von den italienischen Behörden spezifische **individuelle Garantien** einzuholen, um eine Verletzung von Art. 3 EMRK durch die Überstellung einer achtköpfigen Familie zu vermeiden.[197]

Der EGMR stützte seine Entscheidung auf die Erkenntnislage zu den Standards im italienischen Aufnahmesystem für Asylsuchende, in dem die Möglichkeit bestehe, „dass eine erhebliche Zahl von Asylbewerbern keine Unterkunft findet oder in überbelegten Einrichtungen auf engstem Raum oder sogar in gesundheitsschädlichen oder gewalttätigen Verhältnissen untergebracht wird." Daraus resultiere eine Verpflichtung der Schweizer Behörden, eine Zusicherung einzuholen, „dass die [Beschwerdeführenden] bei Ankunft in Italien in Einrichtungen und unter Bedingungen untergebracht werden, die dem Alter der Kinder entsprechen, und dass die Familieneinheit erhalten bleibt."[198] Ohne eine solche Zusicherung sei die Überstellungsentscheidung nicht rechtmäßig, da ein Überstellungsverbot bestehe, das maßgeblich an Kindeswohlüberlegungen anknüpft. Das **Kindeswohl** kann generell ein Grund für ein Überstellungsverbot sein.[199]

Individuelle Zusicherungen werden in der deutschen Rechtsprechung teilweise auch in anderen Fallkonstellationen als Voraussetzung für die Rechtmäßigkeit einer Überstellung

---

[193] EGMR Urt. v. 21.1.2011 – 30696/09, NVwZ 2011, 413 Rn. 286 ff.
[194] EGMR Urt. v. 21.1.2011 – 30696/09, NVwZ 2011, 413 Rn. 250 ff.
[195] Vgl. EuGH Urt. v. 19.3.2019 – C-163/17, NVwZ 2019, 712 Rn. 90 ff. und EuGH Urt. 19.3.2019 – C-297/17, C-318/17, C-319/17 und C-438/17, NVwZ 2019, 785 Rn. 88 ff. Dieser Maßstab stellt entgegen der Ansicht des VGH Baden-Württemberg (Beschl. v. 27.5.2019 – A 4 S 1329/19, EZAR NF 65 Nr. 76) keine Praxisverschärfung durch den EuGH dar, vgl. BVerfG Beschl. 7.10.2019 – 2 BvR 721/19, BeckRS 2019, 24570 Rn. 20 ff.
[196] Vgl. EuGH Urt. v. 19.3.2019 – C-163/17, NVwZ 2019, 712 Rn. 90 ff. und EuGH Urt. 19.3.2019 – C-297/17, C-318/17, C-319/17 und C-438/17, NVwZ 2019, 785 Rn. 88 ff. sowie VGH Baden-Württemberg Urt. v. 29.7.2019 – A 4 S 749/19, NVwZ 2020, 173. Eine generalisierte Einschätzung der Zustände (hier: in Griechenland) seitens der EU-Kommission reicht für die Annahme der Abwesenheit von systemischen Mängeln und individuellen Überstellungsverboten jedenfalls nicht aus, vgl. BVerfG Beschl. v. 31.7.2018 – 2 BvR 714/18, NVwZ-RR 2019, 209, Rn. 25.
[197] EGMR Urt. v. 4.11.2014 – 29217/12, NVwZ 2015, 127.
[198] EGMR Urt. v. 4.11.2014 – 29217/12, NVwZ 2015, 127 Rn. 120. Die deutsche Rechtsprechung verlangt daran anknüpfend regelmäßig solche Zusicherungen bei Überstellungen nach Italien.
[199] Vgl. BVerfG Beschl. v. 17.9.2014 – 2 BvR 732/14, BeckRS 2014, 56943 Rn. 15 f. bestätigt bspw. durch BVerfG Beschl. v. 10.10.2019 – 2 BvR 1380/19, 20 ff. So ist auch die Differenzierung des EuGH (Urt. v. 23.1.2019 – C-661/17, NVwZ 2019, 297) zu verstehen: Ein Überstellungsverbot ist immer zu beachten unterhalb dieser Schwelle steht der Selbsteintritt im Ermessen der Mitgliedstaaten, → Rn. 189.

vorausgesetzt. So hat beispielsweise das VG Augsburg im Fall einer schwer erkrankten Person, die nach Spanien überstellt werden sollte, das BAMF per Beweisbeschluss verpflichtet, eine Zusicherung vorzulegen und der Klage – mangels entsprechender Vorlage der Zusicherung – stattgegeben.[200] Auch der EuGH hat im Fall schwerer gesundheitlicher Probleme eine Verpflichtung des überstellenden Staates angenommen, im Rahmen der in Art. 8 Dublin-Durchführungsverordnung vorgesehenen Zusammenarbeit sicherzustellen, „dass der betreffende Asylbewerber während und nach der Überstellung eine medizinische Versorgung erhält."[201]

170 Entsprechende Zusicherungen können aber nicht ausreichen, wenn im zuständigen Staat systemische Schwachstellen iSd Art. 3 Abs. 2 S. 2 Dublin III-Verordnung bestehen. Wann solche systemischen Schwachstellen bestehen, ist in der Rechtsprechung sehr umstritten. Aktuell werden systemische Mängel für Bulgarien, Griechenland und Ungarn von vielen Gerichten angenommen, während die Rechtsprechung zu Italien sehr uneinheitlich ist.[202] Bei Überstellungen nach Ungarn ist auch nach der Praxis des BAMF in jedem Fall eine individuelle Zusicherung erforderlich.[203]

171 Weitere Situationen, in denen der EGMR eine Verletzung von Art. 3 EMRK angenommen hat, sind **Haftbedingungen,** die die Menschenwürde verletzen. Zum Beispiel für den Fall, dass die Unterbringung oder Haft „in beengtem Raum, ohne die Möglichkeit der Bewegung, ohne Freizeitbereich, mit schmutzigen Matratzen und ohne freien Zugang zu Toiletten" verbunden ist.[204] Auch eine „dreimonatige Haft eines Asylbewerbers in der Erwartung des Vollzugs einer Verwaltungsanordnung in einem Polizeigebäude ohne Freizeitaktivitäten und angemessene Mahlzeiten" stellt eine Verletzung von Art. 3 EMRK dar.[205] Der EGMR hat im Fall *Khlaifia ua* generelle Standards zur Unterbringung von asylsuchenden und migrierenden Personen erarbeitet.[206]

172 In Dublin-Verfahren wird dies insbesondere dann relevant, wenn eine Inhaftierung von Asylsuchenden durch den zuständigen Staat bei Rücküberstellung droht, was unter anderem der Fall ist, wenn systematische Inhaftierungen durch glaubwürdige Berichte von Nichtregierungsorganisationen oder internationalen Organisationen belegt sind.[207]

173 Im Fall *M. S. S.* hat der EGMR aus der Kombination von systematischer Inhaftierung und unmenschlichen Haftbedingungen, die durch entsprechende Berichte belegt waren, eine Verletzung von Art. 3 EMRK abgeleitet,[208] die durch die Überstellung „in voller Kenntnis der dortigen Haft- und Lebensbedingungen" sich auch als Verletzung von Art. 3 EMRK durch die überstellenden belgischen Behörden erwiesen hat.[209]

174 Bisher nicht umfassend geklärt ist, welche Verletzungen **der Standards des GEAS** eine für das Dublin-Verfahren relevante Verletzung von Art. 4 GRCh darstellen kann. Die Frage, ob eine Überstellung unzulässig ist, wenn die asylsuchende Person „für den Fall einer Zuerkennung eines internationalen Schutzstatus dort im Hinblick auf die dann zu erwartenden Lebensumstände einem ernsthaften Risiko ausgesetzt wäre, eine Behandlung iSd Art. 4 GRCh zu erfahren", hat der EuGH bejaht.[210]

175 In der Vergangenheit waren der Prüfungsmaßstab und der mögliche Effekt des Prinzips des gegenseitigen Vertrauens in der Rechtsprechung der Mitgliedstaaten umstritten.[211] Die

---

[200] VG Augsburg Urt. v. 2.8.2017 – Au 7 K 15.50006, BeckRS 2017, 128531.
[201] EuGH Urt. v. 16.2.2017 – C-578/16 PPU, ZAR 2017, 172 Rn. 80.
[202] Vgl. die in der Rechtsprechungsdatenbank beck-online verfügbaren Entscheidungen.
[203] Vgl. dazu bspw. auch OVG NRW Beschl. v. 8.12.2017 – 11A 585/17.A, BeckRS 2017, 141684.
[204] EGMR Urt. v. 11.6.2009 – 53541/07, Rn. 51.
[205] EGMR Urt. v. 26.11.2009 – 8256/07, Rn. 38 ff.
[206] EGMR Urt. v. 15.12.2016 – 16483/12, Rn. 158 ff, s. auch Urt. v. 14.3.2017 – 47287/15 (weitergeleitet an die Große Kammer am 18.9.2017).
[207] Vgl. EGMR Urt. v. 21.1.2011 – 30696/09, NVwZ 2011, 413 Rn. 226.
[208] Vgl. EGMR Urt. v. 21.1.2011 – 30696/09, NVwZ 2011, 413 Rn. 226 ff.
[209] Vgl. EGMR Urt. v. 21.1.2011 – 30696/09, NVwZ 2011, 413 Rn. 365 ff.
[210] Vgl. EuGH Urt. v. 19.3.2019 – C-163/17, NVwZ 2019, 712 Rn. 90 ff.
[211] Vgl. zu diesen Unterschieden bspw. BVerwG Beschl. v. 19.3.2014 – 10 B 6/14, NVwZ 2014, 1039; UK Supreme Court Urt. v. 19.2.2014 – [2014] UKSC 12; VerfGH (Österreich) Urt. v. 16.6.2014 – U2543/2013 und BVerwG (Schweiz) Urt. v. 16.8.2011, BVGE 2011/35.

Rechtsprechung des EuGH aus den Jahren 2016 und 2017 hat diesbezüglich Klärung gebracht und herausgearbeitet, dass das Prinzip des gegenseitigen Vertrauens an der absoluten Natur des Schutzes, der sich aus Art. 4 GRCh/Art. 3 EMRK ergibt, nichts zu ändern vermag.[212]

Nach dieser im Urteil *C. K. ua* erfolgten Klarstellung war die überwiegende deutsche Rechtsprechung, die unter Berufung auf das EuGH-Urteil im Fall *Abdullahi* ein Überstellungsverbot nur bei Vorliegen systemischer Schwachstellen angenommen hat[213], zu korrigieren. Das BVerwG hat im Kontext einer solchen Prüfung bei anerkannten Flüchtlingen klargestellt, dass in solchen Fällen derselbe Maßstab anzulegen ist, wie bei § 60 Abs. 5 AufenthG iVm Art. 3 EMRK[214], womit aufgrund des gleichen Prüfungsumfangs der Normen auch die vollumfängliche Beachtung der sich aus Art. 4 GRCh ergebenden Verpflichtungen aus rechtlicher Sicht gewährleistet ist. Das BVerwG betont, dass „das für eine unmenschliche oder erniedrigende Behandlung iSd Art. 3 EMRK erforderliche Mindestmaß an Schwere" erreicht sein muss. Dieser Maßstab ist einer „weitergehenden abstrakten Konkretisierung … nicht zugänglich. Vielmehr bedarf es insoweit der Würdigung aller Umstände des Einzelfalls."[215] **176**

Die Frage, ob systemische Schwachstellen im nach den Kriterien zuständigen Staat gegeben sind oder (lediglich) ein individuelles Überstellungsverbot besteht, ist allerdings weiterhin eine relevante rechtliche Frage, da die sich ergebende Rechtfolge unterschiedlich klar ist. Zudem ergeben sich **unterschiedliche Maßstäbe** bei der Prüfung, da bei Bestehen belegter systemischer Mängel die individuelle Prüfung der möglichen Verletzung von Art. 4 GRCh entfällt. **177**

Bestehen systemische Schwachstellen, setzt der die Zuständigkeit prüfende Mitgliedstaat gemäß Art. 3 Abs. 2 S. 2 Dublin III-Verordnung „die Prüfung der in Kapitel III vorgesehenen Kriterien fort, um festzustellen, ob ein anderer Mitgliedstaat als zuständig bestimmt werden kann."[216] **178**

Dieser Standard ist allerdings in der Verordnung nur für das Bestehen systemischer Schwachstellen festgelegt. Es ist aber nicht ausgeschlossen, dass die Mitgliedstaaten bei Vorliegen **zielstaatsbezogener individueller Überstellungsverbote** ebenfalls diesen Weg wählen, da die weitere Prüfung der Kriterien in der Rechtsprechung des EuGH zur sog. Dublin II-Verordnung nicht speziell auf systemische Mängel beschränkt war.[217] **179**

In Fällen, in denen **inlandsbezogene Gründe** vorliegen, muss wohl ein anderer Weg gewählt werden, da eine Überstellung auch in jeden anderen Staat dieselben Risiken bergen würde. Dieses mögliche Vorgehen hat der EuGH in der Entscheidung *C. K. ua* angedeutet: Der Mitgliedstaat könnte in diesen Fällen verpflichtet sein, das Selbsteintrittsrecht nach Art. 17 Abs. 1 Dublin III-Verordnung auszuüben. Der Gerichtshof hat eine Verpflichtung in „einer Situation wie der des Ausgangsverfahrens" – wohl aufgrund der fehlenden Abklärungen zur möglichen „kurzfristigen Verbesserung" oder einer möglichen Verschlechterung des Gesundheitszustandes durch die Aussetzung des Verfahrens – abgelehnt, aber nicht generell ausgeschlossen.[218] **180**

Wenn keine Überstellung in einen anderen Mitgliedstaat erfolgen kann, wird gemäß Art. 3 Abs. 2 S. 3 Dublin-Verordnung „der die Zuständigkeit prüfende Mitgliedstaat der zuständige Mitgliedstaat." Damit ist auch in diesen Fällen gesichert, dass immer ein zuständiger Staat gefunden wird. **181**

---

[212] Vgl. EuGH Urt. v. 16.2.2017 – C-578/16 PPU, ZAR 2017, 172 Rn. 58 ff.
[213] Vgl. statt aller: BVerwG Beschl. v. 19.3.2014 – 10 B 6/14, NVwZ 2014, 1039.
[214] Vgl. dazu im Fall einer in Bulgarien anerkannten syrischen Familie BVerwG Beschl. v. 8.8.2018 – 1 B 25/18, NVwZ 2019, 61.
[215] Vgl. BVerwG Beschl. v. 8.8.2018 – 1 B 25/18, NVwZ 2019, 61 Tenor.
[216] Die Bestimmung wurde beruhend auf der Entscheidung EuGH Urt. v. 21.12.2011 – C-411/10 und C-493/10 (NVwZ 2012, 417 Rn. 107) in die revidierte Dublin-Verordnung neu aufgenommen.
[217] S. EuGH Urt. v. 21.12.2011 – C-411/10 und C-493/10, NVwZ 2012, 417 Rn. 107.
[218] EuGH Urt. v. 16.2.2017 – C-578/16 PPU, ZAR 2017, 172 Rn. 88 unter Verweis auf Urt. v. 30.5.2013 – C-528/11, NVwZ-RR 2013, 660 Rn. 37.

3. Selbsteintrittsrecht

182 Neben Situationen, in denen ein Überstellungsverbot besteht, hat jeder Mitgliedstaat gemäß Art. 17 Abs. 1 Dublin-Verordnung die Möglichkeit, jeden Asylantrag, der bei ihm gestellt wird, selbst zu prüfen (sogenanntes Selbsteintrittsrecht).

183 Erwgr. 17 verdeutlicht das grundsätzlich **weite Ermessen,** das den Staaten bei der Anwendung des Selbsteintrittsrechts zur Verfügung steht. Schon aus der Formulierung lässt sich keine Beschränkung erkennen, vielmehr sollen die Mitgliedstaaten die Möglichkeit haben, einen bei ihnen „gestellten Antrag auf internationalen Schutz zu prüfen, auch wenn sie für eine solche Prüfung nach den in dieser Verordnung festgelegten verbindlichen Zuständigkeitskriterien nicht zuständig sind."

184 Das Selbsteintrittsrecht besteht bereits seit Einführung des Dublin-Systems.[219] Seine Anwendung stellt **Durchführung des Unionsrechts** iSd Art. 51 Abs. 1 GRCh dar, sodass die GRCh zu beachten ist.[220]

185 Seit dem Urteil des EuGH im Fall *Jafari* ist geklärt, dass der teilweise behauptete Ausnahmecharakter der Vorschrift, der die Anwendung auf spezielle Einzelfälle beschränken soll, rechtlich nicht haltbar ist. Der EuGH hat diesbezüglich klargestellt, dass das Selbsteintrittsrecht „einseitig oder in Abstimmung mit dem betreffenden Mitgliedstaat" ausgeübt werden kann und es gerade auch in Massenfluchtsituationen ausgeübt werden darf.[221]

186 Das Argument, das Selbsteintrittsrecht dürfe nicht in einer Vielzahl von Fällen eingesetzt werden, da diese Vorgehensweise die Grundregel der Bestimmung der Zuständigkeit anhand der Kriterien des Kapitel III quasi außer Kraft setze und damit das „effet utile"-Prinzip verletze, ist nach der genannten Entscheidung nicht mehr haltbar.[222] Der EuGH hat die **Anwendung in Massenfluchtsituationen** sogar explizit befürwortet, da „im Geist der Solidarität, der im Einklang mit Art. 80 AEUV der Dublin III-Verordnung zugrunde liegt," dadurch „die Aufnahme einer außergewöhnlich hohen Zahl internationalen Schutz begehrender Drittstaatsangehöriger durch einen Mitgliedstaat erleichtert werden" kann.[223]

187 Folge des Selbsteintritts ist die Verpflichtung, den **Antrag auf internationalen Schutz umfassend zu prüfen.** Wenn eine Person nicht überstellt werden kann und unklar ist, ob eine Person schon Schutz in einem anderen Staat erhalten hat, besteht eine Abklärungspflicht hinsichtlich des Status des Asylverfahrens durch ein Informationsersuchen.[224]

188 Die Frage, ob im anderen Staat bereits Schutz gewährt wurde, hat keine Auswirkungen auf die Pflicht zur umfassenden Prüfung des Asylantrags, da diese sich aus Art. 18 GRC ergibt und dem zuständigen Staat unabhängig von der Verfahrenssituation im anderen Staat obliegt.[225] Dies ergibt sich auch aus dem Wortlaut von Art. 17 Abs. 1 Dublin-Verordnung, nach dem ein Mitgliedstaat „beschließen" kann, den „Antrag auf internationalen Schutz zu prüfen." Der Umfang dieser Prüfung ist gemäß Art. 3 Abs. 1 Dublin-Verordnung umfassend zu verstehen und beinhaltet die Prüfung des Schutzbedarfs durch den zuständigen Mitgliedstaat. Dies gilt auch, wenn ein Staat durch Selbsteintritt zuständig wird.

189 Der EuGH hat allerdings bisher noch nicht abschließend geklärt, ob das Selbsteintrittsrecht in eine **einklagbare Selbsteintrittspflicht** übergehen kann. Bisher hat der Gerichtshof lediglich festgestellt, dass eine Selbsteintrittspflicht bestehen kann, wenn „eine Situation, in der die Grundrechte des Asylbewerbers verletzt werden, durch ein unangemessen langes Verfahren zur Bestimmung des zuständigen Mitgliedstaats verschlimmert wird."[226]

---

[219] S. Art. 29 Abs. 4 SDÜ; Art. 3 Abs. 4 Dubliner Übereinkommen und Art. 3 Abs. 2 Dublin II-VO.
[220] Vgl. EuGH Urt. v. 21.12.2011 – C-411/10 und C-493/10, NVwZ 2012, 417 Rn. 69; Urt. v. 16.2.2017 – C-578/16 PPU, NVwZ 2017, 691 Rn. 54 und Urt. v. 23.1.2019 – C-661/17, NVwZ 2019, 297 Rn. 64.
[221] Vgl. EuGH Urt. v. 26.7.2017 – C-646/16, NVwZ 2017, 1357 Rn. 100.
[222] Vgl. zu dieser Ansicht statt aller: *Filzwieser/Sprung* Dublin III-VO Dublin III-VO Art. 17, K.2.
[223] EuGH Urt. v. 26.7.2017 – C-646/16, NVwZ 2017, 1357 Rn. 100.
[224] Vgl. dazu BVerwG Urt. v. 21.11.2017 – 1 C 39.16, ZAR 2018, 171.
[225] Vgl. EuGH Beschl. v. 13.11.2019 – C-540/17 und C-541/17, BeckRS 2019, 28304.
[226] EuGH Urt. v. 21.12.2011 – C-411/10 und C-493/10, NVwZ 2012, 417 Rn. 108; so auch EuGH Urt. v. 14.11.2013 – C-4/11, NVwZ 2014, 129 Rn. 35. Das BVerwG sah bei einer Verfahrensdauer des Dublin-

Eine zwingende Beachtung des Kindeswohls im Rahmen der Prüfung, ob das Selbsteintrittsrecht ausgeübt wird, besteht nach der Rechtsprechung des EuGH nicht.[227]

Auch im Fall *C. K. ua* hat der EuGH in einer Situation wie der des Verfahrens keine Verpflichtung zum Selbsteintritt positiv festgestellt.[228] Trotzdem kann wohl aus der Formulierung des EuGH – wie oben (→ Rn. 163 f.) dargelegt – für den Fall einer drohenden Verschlechterung des Gesundheitszustandes eine Selbsteintrittspflicht gefolgert werden. **190**

Auf nationaler Ebene ist diese Frage weniger umstritten. Die Gerichte bejahen unter bestimmten Umständen eine Selbsteintrittspflicht, insbesondere wenn zwingende humanitäre Gründe dafür sprechen.[229] Viele Obergerichte in verschiedenen Mitgliedstaaten gehen ebenfalls von einer einklagbaren Selbsteintrittspflicht aus.[230] Diese Sicht wird allerdings vom Irish High Court nicht geteilt, der Art. 17 Dublin-Verordnung als eine Norm mit weitem Ermessen, das keinen Bedingungen und Richtlinien unterliegt, ansieht.[231] An diesem Beispiel zeigt sich besonders deutlich, dass die Begriffe „Ermessen" und „discretion" im europäischen Rechtsraum nicht deckungsgleich sind. Der EuGH wird sich daher wohl irgendwann der Frage widmen müssen, wie der **europarechtliche Begriff des „Ermessens"** gemäß Art. 17 Abs. 1 Dublin-Verordnung auszulegen ist. **191**

Der Selbsteintritt steht aber jedenfalls weitestgehend im Ermessen des Mitgliedstaates und eine Klage gegen die Nichtausübung des Selbsteintrittsrechts kann nur erfolgreich sein, wenn das Ermessen fehlerhaft gebraucht wurde oder eine **Ermessensreduzierung auf Null** vorliegt.[232] **192**

In der Praxis wird regelmäßig angenommen, dass aus dem Bestehen systemischer Mängel eine Selbsteintrittspflicht des prüfenden Staates folgt. Ist belegt, dass die Situation in einem Mitgliedstaat nicht vollständig in Einklang mit den menschenrechtlichen Verpflichtungen ist, bestehen aber keine systemischen Mängel „wie in Griechenland", sind von den Behörden und Gerichten vertiefte Abklärungen zur Situation im jeweiligen Staat vorzunehmen.[233] **193**

Die Selbsteintrittspflicht kann sich zudem im Einzelfall – wie dargelegt – aus medizinischen oder familiären Gründen ergeben. Nehmen die Gerichte eine Verpflichtung zum Selbsteintritt im Einzelfall an, besteht häufig eine Kombination mehrerer Faktoren.[234] **194**

Es existiert eine breite Palette von Entscheidungen zu Einzelfällen hinsichtlich des Selbsteintrittsrechts. In dieser ist generell und auch hinsichtlich spezifischer Länder keine einheitliche Linie der Verwaltungsgerichte festzustellen, wann eine Selbsteintrittspflicht besteht.[235] Offen ist die Frage, ob eine Selbsteintrittspflicht besteht, wenn „keine realistische Möglichkeit" besteht, dass die betreffende Person „innerhalb von sechs Monate nach Rechtskraft" überstellt werden kann.[236] **195**

Verfahrens von über 2 Jahren (7.11.2016 bis 9.1.2019) keine unangemessen lange Verfahrensdauer (BVerwG Urt. v. 9.1.2019 – 1 C 26/18, BeckRS 2019, 403 Rn. 18), was dem Zweck der schnellen Zuständigkeitsbestimmung wohl nicht entspricht.

[227] Vgl. EuGH Urt. v. 23.1.2019 – C-661/17, NVwZ 2019, 297 Rn. 71. Zu beachten sind allerdings Überstellungsverbote, die sich aus Kindeswohlerwägungen ergeben, vgl. Rn. 168.
[228] EuGH Urt. v. 16.2.2017 – C-578/16 PPU, ZAR 2017, 172 Rn. 88.
[229] Vgl. bspw. statt vieler: OVG Lüneburg Urt. v. 4.7.2012 – 2 LB 163/10, BeckRS 2012, 54873.
[230] Vgl. bspw. VerfGH (Österreich) Urt. v. 16.6.2014 – U2543/2013 und BVerwG (Schweiz) Urt. v. 13.3.2015 – BVGE 2015/9.
[231] Vgl. High Court (Irland) Urt. v. 26.7.2017 – [2017] IEHC 490.
[232] Vgl. bspw. VGH München Urt. v. 3.12.2015 – 13a B 15.50124, BeckRS 2016, 43629.
[233] Vgl. zur Vermutung der Sicherheit des Drittstaates insgesamt *Maiani/Hruschka* Asyl 2011/1, 11.
[234] Vgl. die dem Beschluss des VGH München (Beschl. v. 12.10.2015 – 11 ZB 15.50092, BeckRS 2015, 54521) zugrundeliegende, regelmäßig vorkommende Kombination aus familiärer Bindung und behandlungsbedürftiger Krankheit.
[235] Vgl. dazu insgesamt in der Rechtsprechungsdatenbank von beck-online verzeichneten Entscheidungen zum Selbsteintrittsrecht.
[236] Vgl. dazu die Frage eher verneinend BVerwG Beschl. v. 10.4.2017 – 1 B 11.17, BeckRS 2017, 110063.

4. Humanitäre Klausel

196 Die humanitäre Klausel des Art. 17 Abs. 2 Dublin-Verordnung unterscheidet sich vom Selbsteintrittsrecht sowohl vom Ziel der Bestimmung her als auch von der Vorgehensweise. Nach ihrem Wortlaut, dient die humanitäre Klausel dazu, „aus humanitären Gründen, die sich insbesondere aus dem **familiären oder kulturellen Kontext** ergeben, Personen jeder verwandtschaftlichen Beziehung" in einem Mitgliedstaat zusammenzuführen, der nicht nach den Kriterien von Art. 8 bis 11 oder 16 Art. 1 Dublin-Verordnung für die Antragsprüfung zuständig ist.

197 Die Anwendung der humanitären Klausel ist abhängig von **drei Bedingungen:**

1) Der die Zuständigkeit prüfende oder der zuständige Staat ersucht „bevor eine Erstentscheidung in der Sache ergangen ist" einen anderen Mitgliedstaat um Übernahme;
2) die betreffenden Personen stimmen diesem Vorgehen schriftlich zu; und
3) der angefragte Staat stimmt der Übernahme zu.

198 Das Aufnahmegesuch muss alle relevanten Fakten und Unterlagen enthalten, damit der ersuchte Staat das Gesuch prüfen kann.

199 Der ersuchte Staat ist verpflichtet, innerhalb von zwei Monaten zu antworten und eine Ablehnung zu begründen. Allerdings hat ein Schweigen auf das Ersuchen in diesem Fall keine Zustimmungsfiktion zur Folge, sodass der ersuchte Staat nur bei einer expliziten Zustimmung zuständig wird.

200 Humanitäre Gründe des Art. 17 Abs. 2 Dublin-Verordnung können sich auch während des laufenden Dublin-Verfahrens oder nach einer bereits ergangenen Zuständigkeitsentscheidung ergeben. Diese können ohne Weiteres durch Stellen eines entsprechenden Übernahmeersuchens an den anderen Mitgliedstaat noch in das Verfahren einfließen, solange noch keine erste Entscheidung in der Sache ergangen ist. Auch die asylsuchende Person kann ein solches Übernahmeersuchen anregen.

201 In diesem Kontext muss nochmals betont werden, dass das Selbsteintrittsrecht und die humanitäre Klausel ursprünglich in die Verordnung aufgenommen wurden,[237] um es insbesondere zu ermöglichen, „die uneingeschränkte Achtung des Grundsatzes der Einheit der Familie und des Wohl des Kindes zu gewährleisten." Diese stellen gemäß der Erwgr. 13 bis 16 der Verordnung eine „vorrangige Erwägung" der Mitgliedstaaten dar. In der Evaluation der Dublin II-Verordnung hat die EU-Kommission die „negativen Auswirkungen" auf den Familiennachzug durch die Zurückhaltung der Mitgliedstaaten bei der Anwendung der humanitären Klausel kritisiert.[238]

202 Die humanitäre Klausel ist also keine Bestimmung, die auf eng auszulegende Ausnahmefälle beschränkt ist, sondern soll dem Ziel der **möglichst umfassenden Wahrung der Rechte aus Art. 7 GRCh** dienen. Sobald feststeht, dass eine intendierte Maßnahme sich negativ auf das Familienleben auswirken kann, sind Art. 8 EMRK und Art. 7 GRCh berührt.[239] In einem solchen Fall sind die Behörden verpflichtet:

1) Die Auswirkungen der Maßnahme auf das Familienleben eingehend zu prüfen und bei der Entscheidung zu berücksichtigen, und
2) eine Interessenabwägung vorzunehmen und einen gerechten Ausgleich zwischen dem Interesse der betreffenden Personen an der Wahrung oder Wiederherstellung der Familieneinheit und den allgemeinen öffentlichen Interessen, die der intendierten Maßnahme zugrunde liegen, zu finden.[240]

203 Im Hinblick auf den **Schutz des Familienlebens** und unabhängig von den Verpflichtungen, die sich aus Art. 8 EMRK und Art. 7 GRCh ergeben, hat der EuGH im Urteil *K*

---

[237] Vgl. die Begründungen in KOM (2001) 447 endg. zu Art. 3 und Art. 16 des Entwurfs.
[238] KOM (2007) 299 endg., 6.
[239] Vgl. bspw. EGMR Urt. v. 29.7.2010 – 24404/05, Rn. 61–63.
[240] Vgl. bspw. EGMR Urt. v. 7.5.2013 – 67429/10, Rn. 72–74 (Pflicht zur Prüfung) und Urt. v. 29.7.2010 – 24404/05, Rn. 7 (Pflicht einen gerechten Ausgleich zu finden).

festgehalten, dass Art. 15 Abs. 2 Dublin II-Verordnung (aus dem sich Art. 16 Dublin-Verordnung entwickelt hat) eine Verpflichtung, „im Regelfall" die asylsuchende Person und „andere" Familienangehörige iSv Art. 15 Abs. 2 Dublin II-Verordnung nicht zu trennen, enthält.[241]

Dies kann auch in Fällen relevant sein, in denen ein Abhängigkeitsverhältnis besteht, das nicht in den Anwendungsbereich von Art. 16 Dublin-Verordnung fällt, da die humanitäre Klausel, „es den Mitgliedstaaten ermöglichen soll, von den Kriterien für die Aufteilung der Zuständigkeit zwischen ihnen abzuweichen, um die Zusammenführung von Familienmitgliedern zu erleichtern, sofern dies aus humanitären Gründen erforderlich ist."[242] Für **Abhängigkeitssituationen** hat der EuGH klargestellt, dass „ein Mitgliedstaat von dieser Verpflichtung, die betroffenen Personen nicht zu trennen, nur abweichen darf, wenn eine solche Abweichung aufgrund des Vorliegens einer Ausnahmesituation gerechtfertigt ist."[243] 204

Zu anderen Situationen, in denen humanitäre Gründe bestehen, hat der EuGH bisher noch kein Urteil gefällt. Es folgt aber aus dem Urteil *K*, dass die Mitgliedstaaten bei Vorliegen humanitärer Gründe verpflichtet sind, die Familienmitglieder möglichst rasch zusammenzuführen.[244] Daher kann es in bestimmten Situationen auch notwendig sein, bei Vorliegen humanitärer Gründe auf ein formales Übernahmeersuchen zu verzichten, wenn „ein solches Erfordernis rein formalen Charakter" hätte.[245] 205

Wenn es die Sicherung des Rechts auf Familieneinheit erleichtert, kann es auch geboten sein, dass der Staat, in dem die Zusammenführung stattfinden soll, eine Anfrage an den nach den Kriterien zuständigen Staat stellt, insbesondere wenn dieser Staat überlastet ist.[246] 206

Der EuGH hat bisher noch keine umfassende Klärung oder Auslegung der Umstände vorgenommen, unter denen die „humanitäre Klausel" anzuwenden ist. Auch eine Aussage darüber, inwieweit sich asylsuchende Personen auf die humanitäre Klausel bei einer Klage berufen können, ist bisher nicht erfolgt. 207

In letzterem Fall ist auch unklar, worauf die Klage gerichtet sein könnte. Es sind verschiedene Szenarien denkbar. Einerseits ist eine Klage gegen die Ablehnung, ein Ersuchen an einen nicht-zuständigen Staat zu stellen, denkbar, andererseits könnte Klage gegen die Ablehnung der Übernahme durch den ersuchten Staat gerichtet sein. 208

Hier treten aber verschiedene verfahrensrechtliche und praktische Probleme zu Tage, da der ersuchte Staat zur Übernahme wohl nur unter sehr engen Voraussetzungen verpflichtet ist und die Anwendung von Art. 17 Abs. 2 Dublin-Verordnung grundsätzlich im Ermessen der Mitgliedstaaten liegt. 209

Zudem ist die Klage gegen den ablehnenden Bescheid des anfragenden Mitgliedstaates zu richten. Dieser hat aber ausweislich des Wortlauts gar keine Möglichkeit, den ersuchten Staat zu einer Zustimmung zu verpflichten. Die tatsächliche Anwendung der humanitären Klausel lässt sich damit wohl im Klagewege im anfragenden Mitgliedstaat nicht erreichen. 210

In diesem Kontext ergibt sich die Frage, ob im ersuchten Staat eine Zustimmung erreicht werden kann, wenn dieser die Übernahme ablehnt. Ist die Bundesrepublik Deutschland angefragt worden und hat sie die Übernahme abgelehnt, ist es jedenfalls nach dem nationalen Verfahrensrecht denkbar, dass im Wege einer Verpflichtungsklage gegebenenfalls verbunden mit einer einstweiligen Anordnung nach § 123 Abs. 1 VwGO die Zustimmung erreicht werden kann. 211

Dies könnte insbesondere der Fall sein, wenn ein **Verstoß gegen Art. 7 GRCh**/Art. 6 GG/Art. 8 EMRK droht. Denkbar wäre ein solcher Rechtsverstoß, der zwingend die Anwendung der humanitären Klausel nach sich zieht, in Fällen, in denen ein Abhängigkeitsverhältnis vorliegt, die Personen aber nicht die Voraussetzungen von Art. 16 Dublin- 212

---

[241] EuGH Urt. v. 6.11.2012 – C-245/11, NVwZ-RR 2013, 69 Rn. 46.
[242] EuGH Urt. v. 6.11.2012 – C-245/11, NVwZ-RR 2013, 69 Rn. 40.
[243] EuGH Urt. v. 6.11.2012 – C-245/11, NVwZ-RR 2013, 69 Rn. 46.
[244] EuGH Urt. v. 6.11.2012 – C-245/11, NVwZ-RR 2013, 69 Rn. 48–53.
[245] EuGH Urt. v. 6.11.2012 – C-245/11, NVwZ-RR 2013, 69 Rn. 51.
[246] So in einem Griechenland-Fall das BVerwG (Schweiz) Urt. v. 9.10.2013 – D-3349/2013.

Verordnung erfüllen oder wenn die Familienzusammenführung am **Sachverhaltsversteinerungsprinzip** des Art. 7 Abs. 2 Dublin-Verordnung scheitert.

213 Ein weiterer Anwendungsfall wären Verfahren, in denen die Voraussetzungen der Art. 8 bis 11 Dublin-Verordnung vorlagen, die Zuständigkeit für einen Teil der Familie aber aufgrund des **Fristablaufs** der Anfrage- oder der Überstellungsfrist auf einen anderen Staat übergegangen ist.

VII. Verfahrensablauf

1. Aufnahme- und Wiederaufnahmeverfahren

214 Gemäß Art. 20 Abs. 1 Dublin-Verordnung wird das Dublin-Verfahren eingeleitet, sobald eine Person erstmals einen Antrag auf internationalen Schutz[247] stellt. **Ohne anhängigen Asylantrag** in einem der Dublin-Staaten findet **kein Dublin-Verfahren** statt. Die entsprechenden Vorschriften setzen „das Vorliegen eines Asylantrags voraus, den der zuständige Mitgliedstaat prüfen muss, zu prüfen im Begriff ist oder bereits [negativ] beschieden hat".[248] Zudem kann die Rücknahme eines früheren Asylantrags in der Ausnahmekonstellation des Art. 24 Dublin-Verordnung (Dublin-Verfahren ohne Asylantrag im Aufnahmestaat) zu einem Dublin-Verfahren führen. Eine Rücknahme ist bei Geltendmachung zielstaatsbezogener Gefahren, die geeignet sind, einen Anspruch auf internationalen Schutz zu begründen, nicht möglich, da andernfalls die Dublin-Regeln umgangen werden könnten.[249] Im Falle der Gewährung internationalen Schutzes ist die Dublin-Verordnung nicht anwendbar.[250]

215 Aus rechtlicher Sicht ist auch ein Dublin-Verfahren durchzuführen, wenn kein anderer Mitgliedstaat als zuständig in Frage kommt. Es hat quasi eine Vorprüfung der Zuständigkeit stattzufinden, die aber nicht in eine separate ausdrückliche Zuständigkeitsentscheidung münden muss, wenn die eigene Zuständigkeit zu Recht angenommen wird. Vielmehr kann direkt zur inhaltlichen Prüfung im nationalen Asylverfahren übergegangen werden.[251] Ist diese eingeleitet, ist ein Zurückkommen auf die Zuständigkeitsentscheidung in aller Regel nicht möglich, es sei denn es bestehen zwingende humanitäre oder familiäre Gründe für eine Korrektur der Zuständigkeitsentscheidung.

216 Die Dublin III-Verordnung unterscheidet bei den Verfahrensarten, wenn zwei Staaten beteiligt sind, zwischen Aufnahmeverfahren (geregelt in Art. 21 und 22 Dublin-Verordnung) und Wiederaufnahmeverfahren (Art. 23 bis 25 Dublin-Verordnung).

217 Ein **Aufnahmeverfahren** ist dann durchzuführen, wenn der im Aufenthaltsstaat gestellte Antrag auf internationalen Schutz der erste Asylantrag iSv Art. 3 Abs. 1 S. 1 iVm Art. 20 Abs. 1 Dublin-Verordnung ist. Dies ist der Fall, wenn die asylsuchende Person in keinem anderen Staat einen für die Zuständigkeitsbestimmung relevanten Asylantrag gestellt hat und ein anderer Staat aber trotzdem für die Durchführung des Asylverfahrens zuständig ist. Denkbar sind dabei folgende Konstellationen: Zuständigkeit nach den Kriterien des Kapitels III oder Aufnahme nach Kapitel IV, namentlich Art. 16 oder 17 Abs. 2 Dublin-Verordnung. Der zuständige Staat ist gemäß Art. 18 Abs. 1 lit. a Dublin-Verordnung verpflichtet, die asylsuchende Person aufzunehmen und den Antrag auf internationalen Schutz zu prüfen.

218 Ein **Wiederaufnahmeverfahren** läuft folglich immer dann, wenn die asylsuchende Person in einem anderen Staat als dem aktuellen Aufenthaltsstaat einen für die Zuständigkeitsbestimmung relevanten Antrag auf internationalen Schutz gestellt hat.

---

[247] Gemäß Art. 2 lit. b Dublin-VO ist ein Antrag auf internationalen Schutz ein Antrag iSd Art. 2 lit. h QRL.
[248] EuGH Urt. v. 3.5.2012 – C-620/10, NVwZ 2012, 814 Rn. 45.
[249] Vgl. BVerwG Urt. v. 26.2.2019 – 1 C 30.17, EZAR NF 65 Nr. 75.
[250] Vgl. EuGH Beschl. v. 5.4.2017 – C-36/17 NVwZ 2017, 1610 Rn. 41.
[251] Vgl. EuGH Urt. v. 4.10.2018 – C-56/17, NVwZ 2019, 634 Rn. 39 ff.

Ein Wiederaufnahmeverfahren findet statt, wenn eine der Situationen gegeben ist, die 219
gemäß Art. 18 Abs. 1 Dublin-Verordnung eine Übernahmeverpflichtung auslösen. Dies ist
der Fall, wenn:
- Der Asylantrag noch anhängig ist (lit. b),
- zurückgezogen (lit. c und Art. 20 Abs. 5 Dublin-Verordnung)
- oder abgelehnt (lit. d) wurde.

Ein vor Ankunft in Deutschland in einem anderen Staat gestellter Antrag auf interna- 220
tionalen Schutz ist unter bestimmten Umständen nicht (mehr) für die Zuständigkeitsbestimmung relevant, nämlich wenn einer der in Art. 19 Dublin-Verordnung genannten
Umstände ein Erlöschen der Zuständigkeit bewirkt (→ Rn. 74 ff.). In diesen Fällen erlöschen die Pflichten des Staates, bei dem der erste Antrag gestellt wurde, und bei erneuter
Antragstellung beginnt ein neues Dublin-Verfahren, bei dem der erste Antrag keine
Berücksichtigung bei der Zuständigkeitsbestimmung findet. Für die Zuständigkeitsbestimmung ist dann – in Einklang mit Art. 7 Abs. 2 Dublin-Verordnung – auf den Zeitpunkt des
ersten (noch) relevanten Antrags abzustellen.

2. Antragsfristen und Zuständigkeitsübergang

Gemäß Art. 21 Abs. 1 Dublin-Verordnung muss der Aufenthaltsstaat im **Aufnahmever-** 221
fahren innerhalb von drei Monaten ab Antragstellung dem für zuständig gehaltenen Staat
das Übernahmeersuchen unterbreiten. Bei Vorliegen von Daten aus dem Eurodac-System,
die eine illegale Einreise über die Außengrenze belegen, ist das Ersuchen innerhalb von
zwei Monaten ab Zugang der Treffermeldung an den anderen Staat zu stellen.

Wird das Ersuchen nicht innerhalb dieser Fristen gestellt, geht die Zuständigkeit für die 222
Prüfung des Asylantrags automatisch über. „Der Mitgliedstaat, in dem der Antrag auf
internationalen Schutz gestellt wurde, [ist] für die Prüfung des Antrags zuständig" (Art. 21
Abs. 1 S. 3 Dublin-Verordnung) und muss gemäß Art. 18 Abs. 2 S. 1 Dublin-Verordnung
den Antrag prüfen.

Er kann **nach Ablauf dieser Frist kein wirksames Übernahmeersuchen** mehr stellen 223
bzw. keine wirksame Überstellungsentscheidung mehr treffen.[252] Selbst wenn der angefragte
Staat ausdrücklich aufnahmebereit wäre, kann dies nach dem EuGH „nicht ausschlaggebend
sein."[253] Daraus folgt, dass auch ein Schweigen des angefragten Staates (→ Rn. 235 ff.)
keinen Zuständigkeitsübergang mehr bewirken kann, da kein wirksames Aufnahmeersuchen
vorliegt.

Der Fristablauf ist **von Amts wegen** zu beachten. Er kann von der asylsuchenden Person 224
im Klageverfahren einer Überstellungsentscheidung entgegengehalten werden.[254] Aus dem
Ziel der raschen Zuständigkeitsbestimmung ergibt sich, dass auch ein Anspruch der asylsuchenden Person auf Durchführung des Asylverfahrens durch den Zuständigkeitsübergang
entsteht.

Überlappen die Dreimonats-Frist und die Zwei-Monatsfrist, geht die Zuständigkeit zu 225
dem Zeitpunkt über, zu dem die erste Frist abläuft, da beide Fristen **Höchstfristen** sind.
Daraus folgt, dass ein Aufnahmegesuch „zwingend unter Beachtung der in Art. 21 Abs. 1
der Verordnung genannten Fristen unterbreitet werden muss." Die Überschneidung der
Fristen kann „die Anwendung einer zusätzlichen, zu ihr hinzukommenden Frist" nicht
rechtfertigen.[255]

Im **Wiederaufnahmeverfahren** gelten gemäß Art. 23 Abs. 2 Dublin-Verordnung für 226
das Übernahmeersuchen gleich lange Fristen wie im Aufnahmeverfahren. Liegen keine

---

[252] Vgl. EuGH Urt. v. 26.7.2017 – C-670/16, NVwZ 2017, 1601 Rn. 52 f.
[253] Vgl. EuGH Urt. v. 26.7.2017 – C-670/16, NVwZ 2017, 1601 Rn. 59. Anders die früher überwiegende
deutsche Rechtsprechung, die schon zur sog. Dublin II-VO entwickelt wurde, vgl. nur BVerwG Urt.
v. 27.10.2015 – 1 C 32/14, NVwZ 2016, 154. Vgl. zum Ganzen *Hruschka* ZAR 2018, 281.
[254] Vgl. EuGH Urt. v. 26.7.2017 – C-670/16, NVwZ 2017, 1601 Rn. 60.
[255] Vgl. EuGH Urt. v. 26.7.2017 – C-670/16, NVwZ 2017, 1601 Rn. 67 und 72.

Eurodac-Daten vor, ist das Ersuchen spätestens drei Monate nach Einreichung des Antrags auf internationalen Schutz zu stellen. Für den Regelfall, dass beim Abgleich der Daten mit der Eurodac-Datenbank eine Treffermeldung erfolgt, die die Antragstellung in einem anderen Staat beinhaltet, ist das Übernahmeersuchen innerhalb von zwei Monaten nach **Zugang der Treffermeldung** zu stellen.

227 Gemäß Art. 23 Abs. 3 Dublin-Verordnung hat auch im Wiederaufnahmeverfahren das Versäumen der Frist den Zuständigkeitsübergang zur Folge. Wird das Ersuchen nicht rechtzeitig gestellt, „so ist der Mitgliedstaat für die Prüfung des Antrags auf internationalen Schutz zuständig, in dem der neue Antrag gestellt wurde." Die Rechtsprechung im Fall *Mengesteab* ist auch für Wiederaufnahmeverfahren einschlägig.[256]

228 Der **Zuständigkeitsübergang erfolgt** also ebenfalls **automatisch** und ein Übernahmeersuchen kann nach Ablauf nicht mehr wirksam unterbreitet werden. Dies ergibt sich unter anderem auch daraus, dass der EuGH klargestellt hat, dass die festen Fristen für die Unterbreitung von Übernahmeersuchen dem Ziel der „zügigen Bearbeitung der Anträge auf internationalen Schutz" dienen.[257]

229 Art. 24 Dublin-Verordnung regelt den Fall, in dem im Aufenthaltsstaat kein Antrag auf internationalen Schutz gestellt wurde. Dies steht der Einleitung eines Wiederaufnahmeverfahrens nicht im Weg, so lange ein relevanter Antrag in einem anderen Staat gestellt wurde. In diesen Fällen beträgt die Frist gemäß Art. 24 Abs. 2 Dublin-Verordnung wiederum zwei Monate ab Eurodac-Treffer, wenn Eurodac-Daten vorliegen, und andernfalls drei Monate ab dem Zeitpunkt, in dem der Mitgliedstaat festgestellt hat, dass ein anderer Staat zuständig sein könnte. Der Fristablauf führt gemäß Art. 24 Abs. 3 Dublin-Verordnung zur Verpflichtung, die (bisher nicht erfolgte) neue Asylantragstellung zu ermöglichen.[258] Dieser Asylantrag ist – als **neuer Antrag** – umfassend nach den Regeln des GEAS zu prüfen.

230 Ungeklärt ist bisher, welche Pflichten sich aus einem Zuständigkeitsübergang im Wiederaufnahmeverfahren ergeben, wenn der Antrag auf internationalen Schutz im ersten Staat schon abgelehnt wurde, bevor die Zuständigkeit durch Fristablauf auf den Staat des neuen Asylantrags übergegangen ist. Durch die Fristversäumnis des Staates, in dem der neue Antrag gestellt wurde, wird der frühere Antrag quasi für die Zuständigkeitsbestimmung wirkungslos und es ist auf den neuen Antrag als Referenzpunkt für die Zuständigkeitsbestimmung abzustellen.

231 Auch der Wortlaut von Art. 23 Abs. 3 Dublin-Verordnung („ist für die Prüfung des Antrags auf internationalen Schutz zuständig") deutet auf eine umfassende Prüfungsverpflichtung hin.

232 Diese Folge ist auch aus dem Grund sachgerecht, dass sonst aufgrund der **Überlappung der Anwendungsbereiche der Rückführungs-RL und der Asylrechtsakte** des GEAS schwierige rechtliche Probleme im Hinblick auf die zu treffende Rückkehrentscheidung entstehen würden. Dieses Ergebnis wird durch die Regelung des Art. 24 Abs. 2 Dublin-Verordnung bestätigt, der den Mitgliedstaaten eine Wahlmöglichkeit zwischen Rückführungs-RL und Dublin-Verfahren gibt. Eine einmal getroffene Wahl kann dann aber nicht mehr rückgängig gemacht werden.

3. Antwortfristen und mögliche Konsequenzen

233 In Aufnahmeverfahren beträgt die **Antwortfrist** generell zwei Monate gemäß Art. 22 Abs. 1 Dublin-Verordnung, um dem ersuchten Mitgliedstaat die Möglichkeit zu geben, seine Zuständigkeit zu prüfen. Die Prüfung erfolgt aufgrund der in Art. 22 Abs. 3 Dublin III-Verordnung genannten Beweismittel und Indizien.

234 In Fällen, in denen der Asylantrag in Deutschland erst im Zuge eines Einreiseverweigerungs- oder Rückkehrverfahrens gestellt wurde, kann gemäß Art. 22 Abs. 6 Dublin-Ver-

---

[256] Vgl. EuGH Urt. v. 5.7.2018 – C- 213/17, NVwZ 2018, 1385 Rn. 35.
[257] Vgl. EuGH Urt. v. 26.7.2017 – C-670/16, NVwZ 2017, 1601 Rn. 73.
[258] Vgl. zu Art. 24 Dublin-VO EuGH Urt. v. 25.1.2018 – C 360/16, NVwZ 2018, 560.

ordnung der angefragte Staat um eine **dringliche Antwort unter Fristsetzung** (Mindestfrist: eine Woche) ersucht werden. In diesen Fällen richtet sich die Antwortfrist nach dieser Frist, es ist aber spätestens innerhalb eines Monats zu antworten.

Läuft die Antwortfrist ab, ohne dass eine Antwort erfolgt ist, wird gemäß Art. 22 Abs. 7 Dublin-Verordnung der ersuchte Staat für das Asylverfahren zuständig. In den dringlich gemachten Verfahren erfolgt der Zuständigkeitsübergang nach einem Monat. 235

In Wiederaufnahmeverfahren beträgt die Antwortfrist einen Monat. Diese verkürzt sich auf zwei Wochen, wenn Daten aus dem Eurodac-System vorliegen. Der unbenutzte Fristablauf hat gemäß Art. 25 Abs. 2 Dublin-Verordnung den Zuständigkeitsübergang auf den ersuchten Staat zur Folge. 236

Die **Zustimmung wird** in diesen Fällen **fingiert,** es ist nach dem Wortlaut der Verordnung „davon auszugehen", dass dem Aufnahme- oder Wiederaufnahmegesuch vom ersuchten Staat „stattgegeben wird." 237

Der Zuständigkeitsübergang erfolgt am Tag des Fristablaufs. Im Falle einer ausdrücklichen Zustimmung vor Fristablauf erfolgt der Zuständigkeitsübergang am Tag der zustimmenden Antwort. Eine formale Antwort („vorläufige Ablehnung") hat keine Auswirkungen auf die Antwortfrist, da diese zwingend ist und eine Prüfung innerhalb der Frist erfordert.[259] 238

Bei einer ablehnenden Antwort wird der angefragte Staat auch dann nicht zuständig, wenn er nach den Kriterien eindeutig zuständig wäre. Das Dublin-System kennt keinen Mechanismus, mit dem ein Staat zu einer Zustimmung verpflichtet werden könnte. Eine ablehnende Antwort ist gemäß Art. 5 Abs. 1 Dublin-Durchführungsverordnung umfassend zu begründen.[260] 239

Ist der ersuchende Mitgliedstaat der Überzeugung, dass die Ablehnung auf einem Irrtum beruhte, kann er innerhalb von drei Wochen ein **Remonstrationsverfahren** gemäß Art. 5 Abs. 2 Dublin-Durchführungsverordnung einleiten und um nochmalige Überprüfung bitten. Der ersuchte Staat ist gehalten, innerhalb von zwei Wochen zu antworten. Antwortet der Staat nicht, ist das Zuständigkeitsbestimmungsverfahren „endgültig abgeschlossen" und der ersuchende Staat ist für die Durchführung des Asylverfahrens zuständig.[261] 240

In diesem Fall bewirkt ein Schweigen also keinen Zuständigkeitswechsel, vielmehr ist eine **explizite Zustimmung** notwendig. Stimmt der ersuchte Staat im Remonstrationsverfahren der Übernahme zu, hat dies gemäß Art. 5 Abs. 2 Dublin-Durchführungsverordnung keine Auswirkungen auf die Überstellungsfrist. Deren Beginn berechnet sich nicht nach dieser zweiten Antwort, sondern nach der ersten (negativen) Antwort.[262] 241

Der nach diesem Verfahren als zuständig bestimmte Staat ist für die Durchführung des Asylverfahrens und auch für den weiteren Aufenthalt zuständig. Bei einer Schutzgewährung kann ein Freizügigkeitsrecht frühestens nach fünf Jahren erworben werden.[263] 242

Bei einer Ablehnung des Asylgesuchs ist der Staat erst dann von seinen **Verpflichtungen, die sich aus der Zuständigkeitsbestimmung ergeben,** befreit, wenn er die Ausreise der Person bewirkt oder die Person für mehr als drei Monate das Hoheitsgebiet der Mitgliedstaaten verlässt (vgl. → Rn. 76 ff. zu Art. 19 Abs. 2 und 3 Dublin-Verordnung). 243

---

[259] Im Fall *X und X* (EuGH Urt. v. 13.11.2018 – C-47/17 und C-48/17, NVwZ-RR 2018, 121) hat der EuGH die Konsequenzen einer solchen formalen Antwort allerdings offen gelassen und lediglich betont, dass eine solche eine Pflichtverletzung ist, ohne auszuführen, ob diese einen Zuständigkeitsübergang wegen Nicht-Antwort gem. Art. 22 Abs. 7 Dublin-VO bewirkt oder ob auch eine solche Antwort als ablehnende Antwort anzusehen ist. Der Kontext der Entscheidung spricht eher für einen Zuständigkeitsübergang auf den ersuchten Staat, wenn dieser die Überprüfung nicht rechtzeitig vornimmt.
[260] Auch diese Begründungspflicht ist nicht durchsetzbar, ihr wird aber in der Praxis meist nachgekommen.
[261] Vgl. EuGH Urt. v. 13.11.2018 – C-47/17 und C-48/17, NVwZ-RR 2019, 121 Tenor.
[262] Vgl. EuGH Urt. v. 13.11.2018 – C-47/17 und C-48/17, NVwZ-RR 2019, 121 Rn. 74 ff. sowie zum Remonstrationsverfahren generell *Hruschka* Asyl 2017/1, 10.
[263] RL 2011/51/EU ABl. 2011 L 132, 1.

VIII. Verpflichtungen der Asylsuchenden

1. (Keine) Verpflichtung, einen Antrag in einem bestimmten Staat zu stellen

244 Nach der Dublin-Verordnung gibt es keine Verpflichtung der asylsuchenden Person, ihren Antrag im Staat der ersten Einreise oder generell in einem bestimmten Staat zu stellen. Die Dublin-Verordnung regelt lediglich, dass das Dublin-Verfahren in dem Moment beginnt, in dem ein Asylantrag iSv Art. 2 lit. h Anerkennungs-RL und in Einklang mit Art. 20 Abs. 1 und 2 Dublin-Verordnung gestellt wurde oder als gestellt gilt.[264]

245 Es kann daher zu der Situation kommen, dass eine Person von den Behörden eines Mitgliedstaats aufgegriffen wird, bei diesen aber keinen Asylantrag stellt, da sie die Absicht hat, internationalen Schutz in einem anderen Dublin-Staat zu beantragen. In einer solchen Situation sind die aufgreifenden Behörden gehalten, den **migrationsrechtlichen Status der Person zu überprüfen,** also eine Abfrage zu tätigen, ob die Person beispielsweise bereits einen Antrag auf internationalen Schutz gestellt hat oder ein anderweitiges Aufenthaltsrecht besitzt.

246 Wenn die Person noch keinen Antrag gestellt hat, kann die Absichtserklärung, Schutz in einem anderen Mitgliedstaat suchen zu wollen, nicht als Asylantrag iSv Art. 20 Dublin-Verordnung angesehen werden und löst damit auch kein Dublin-Verfahren aus.

247 Es wäre aber daran zu denken, dass ein Asylgesuch iSv Art. 6 Abs. 1 Asylverfahrens-RL vorliegt. Aus einer europäischen Perspektive muss jedes Schutzersuchen, das geäußert wird, dazu führen, dass die **Person die Gelegenheit erhält, einen Asylantrag zu stellen.** Nur so kann vermieden werden, dass eine „in orbit" Situation entsteht, deren Verhinderung eines der Hauptziele der Einführung der Dublin-Verordnung war.[265]

248 Daraus lässt sich zusätzlich der Schluss ziehen, dass die Mitgliedstaaten auch in einer solchen Situation verpflichtet sind, die Person über ihre persönliche Situation und die Funktionsweise des Dublin-Systems **zu informieren,** sowie ihr die Möglichkeit zu geben, einen Antrag auf internationalen Schutz zu stellen.

2. Die Verpflichtung der Mitgliedstaaten, Fingerabdrücke abzunehmen

249 Gemäß Art. 1 Abs. 1 VO (EU) 603/2013 (Eurodac-Verordnung) dient diese dazu, die Zuständigkeitsbestimmung zu unterstützen und die Anwendung der Dublin-Verordnung zu erleichtern. Die nach Art. 9 (bei Antragstellung) und Art. 14 (bei Aufgriff im Zuge einer irregulären Einreise über eine Außengrenze, wenn die Person nicht zurückgewiesen wird) VO (EU) 603/2013 bestehende Verpflichtung der Mitgliedstaaten, jeder Person, die mindestens 14 Jahre alt ist, „unverzüglich" die Fingerabdrücke abzunehmen, ist seit der Einführung des Eurodac-Systems heftig diskutiert worden.

250 Nach dem Wortlaut der Bestimmungen liegt die Verpflichtung bei den Mitgliedstaaten. Weder aus dem Wortlaut der Eurodac-Verordnung noch aus der Dublin-Verordnung oder anderen Rechtsakten ergibt sich eine damit korrespondierende Verpflichtung der asylsuchenden Person, Fingerabdrücke abzugeben.

251 Das Bundesverwaltungsgericht hatte unter Geltung der alten Fassung der Asylverfahrens-RL mittels einer extensiven Auslegung der generellen Mitwirkungspflicht aus der Generalklausel von Art. 11 Abs. 1 Asylverfahrens-RL 2005 die Möglichkeit der Mitgliedstaaten hergeleitet, die asylsuchende Person zur Duldung der Fingerabdrucksabnahme zu verpflichten, um das Dublin-Verfahren durchführen zu können.[266]

252 Gibt die Person keine verwertbaren Fingerabdrücke ab, kann dies nach dieser Rechtsprechung zu einer Verfahrenseinstellung wegen Nichtbetreibens gemäß §§ 32, 33 AsylG füh-

---
[264] Vgl. EuGH Urt. v. 26.7.2017 – C-670/16, NVwZ 2017, 1601 Rn. 75–103.
[265] Vgl. KOM (2001) 447 endg., 2.1. sowie die Begründungen zu Art. 19 und 20 des Vorschlags.
[266] BVerwG Urt. v. 5.9.2013 – 10 C 1.13, NVwZ 2014, 158 Rn. 23.

ren. Bei Anhaltspunkten für Manipulationen bestehe ein berechtigter Anlass für eine Betreibensaufforderung.[267]

Zur weiteren Begründung führte das Bundesverwaltungsgericht an, dass sich aus Art. 23 Abs. 4 lit. n Asylverfahrens-RL 2005 eine Verpflichtung zur Abgabe von Fingerabdrücken ergebe, die nicht nur zu einer vorrangigen oder beschleunigten Durchführung des Verfahrens führen könne, sondern auch die Einstellung des Verfahrens rechtfertige, wenn dadurch das Dublin-Verfahren nicht ermöglicht würde.[268] Mit diesem Ergebnis des Bundesverwaltungsgerichts wird es ermöglicht, dass eine Person nach Asylantragstellung ohne Sachprüfung im Hoheitsgebiet der Mitgliedstaaten verbleibt. 253

Art. 31 Abs. 8 lit. j Asylverfahrens-RL klärt die Vorgehensweise in einer solchen Situation nunmehr in eine andere Richtung: **Verhindert eine asylsuchende Person die ordnungsgemäße Durchführung des Dublin-Verfahrens,** können die Mitgliedstaaten festlegen, dass ein beschleunigtes Asylverfahren nach Kapitel II oder ein Verfahren nach Art. 43 Asylverfahrens-RL durchgeführt wird. 254

In diesen Fällen muss also trotz der Nichtmitwirkung der Person eine **Sachentscheidung** ergehen, diese kann dann aber im beschleunigten Verfahren ergehen und wird häufig zu einer Ablehnung des Asylantrags führen, wenn der Schutzbedarf nicht festgestellt werden kann.[269] Ein Rückgriff auf Art. 28 Asylverfahrens-RL, der die europarechtlichen Grundlage für das Verfahren bei stillschweigender Rücknahme oder Nichtbetreibens ist, ist nach dem Wortlaut von Art. 31 Abs. 8 lit. j Asylverfahrens-RL für das Dublin-Verfahren ausgeschlossen. Für eine Einstellung des Verfahrens nach §§ 32 oder 33 AsylG wegen Manipulationen bei der Fingerabdruckabnahme ist mit dieser Regelung kein Raum mehr. 255

3. Mitwirkung bei der Zuständigkeitsbestimmung im Rahmen des persönlichen Gesprächs

Gemäß Art. 5 Dublin-Verordnung ist der Inhalt des persönlichen Gesprächs („**Dublin-Gespräch**") dadurch definiert, das es der Informationsgewinnung für die Zuständigkeitsbestimmung dient. Im Fall *Ghezelbash* hat der EuGH betont, dass das „Dublin-Gespräch" für die asylsuchende Person eine Möglichkeit darstellt, zu diesem Prozess relevante Informationen beizutragen. 256

Der Gerichtshof stellt klar, dass der „Unionsgesetzgeber sich dafür entschieden hat, die Asylbewerber an diesem Verfahren zu beteiligen, indem er die Mitgliedstaaten dazu verpflichtete, die Asylbewerber über die Zuständigkeitskriterien zu unterrichten, ihnen Gelegenheit zur Mitteilung der Informationen zu geben, die die fehlerfreie Anwendung dieser Kriterien erlauben." Die Behörden sind verpflichtet, solche Informationen bei der Zuständigkeitsbestimmung zu berücksichtigen.[270] 257

Eine **generelle Mitwirkungsverpflichtung** bei diesem Verfahren kann den asylsuchenden Personen von den Mitgliedstaaten nach Art. 13 Abs. 1 Asylverfahrens-RL auferlegt werden, wenn „diese Verpflichtungen für die Bearbeitung des Antrags erforderlich sind." Die in Art. 13 Abs. 2 Asylverfahrens-RL beispielhaft genannten Verpflichtungen passen aber nicht auf das Dublin-Verfahren. Es besteht somit keine explizite Verpflichtung für die asylsuchende Person, alle für die Zuständigkeitsbestimmung relevanten Informationen im Rahmen der Mitwirkungspflicht zum Verfahren beizutragen. 258

Anders als im materiellen Asylverfahren besteht für die Zuständigkeitsbestimmung eben gerade **keine Pflicht zur gemeinsamen Erstellung des relevanten Sachverhalts,** wie dies für das materielle Asylverfahren generell von Rechtsprechung und Lehre angenommen wird.[271] Eine solche Verpflichtung im rein administrativen Zuständigkeitsbestimmungsver- 259

---

[267] BVerwG NVwZ 2014, 158 Rn. 14 ff. (zu §§ 32 und 33 AsylVfG in der damals geltenden Fassung).
[268] BVerwG NVwZ 2014, 158 Rn. 27.
[269] S. bspw. Raad van State (Niederlande) Urt. v. 7.9.2012 – 201104630/1/V1.
[270] EuGH Urt. v. 7.6.2016 – C-63/15, NVwZ 2016, 1157 Rn. 51 und 55.
[271] Vgl. dazu bspw. *Hathaway/Foster* Refugee Status Law 118 ff.

fahren würde das Dublin-Verfahren auf eine Stufe mit der Bestimmung des individuellen Schutzbedarfs stellen und einer **„raschen Zuständigkeitsbestimmung"** möglicherweise entgegenstehen.

260 Für die Feststellung der Zuständigkeit gilt demnach der verwaltungsrechtliche Grundsatz der Amtsermittlung, der lediglich durch die Möglichkeit der Asylsuchenden ergänzt wird, im Rahmen des Zuständigkeitsbestimmungsverfahrens relevante Informationen zu liefern.

4. Die Verpflichtung der Überstellungsentscheidung nachzukommen

261 Das Prinzip, dass einer rechtstaatlich zustande gekommenen Entscheidung nachzukommen ist, besteht auch in Dublin-Verfahren. Damit ist eine asylsuchende Person grundsätzlich verpflichtet, einer Überstellungsentscheidung nachzukommen, wenn diese rechtskräftig geworden und rechtmäßig bekannt gegeben worden ist.

262 Die Dublin-Verordnung enthält **keine explizite Verpflichtung** der antragstellenden Personen, präsent zu sein oder sich den Behörden nach einer Überstellungsentscheidung zur Verfügung zu halten, damit die Überstellung durchgeführt werden kann.

263 Trotzdem oder gerade deswegen steht den Mitgliedstaaten gemäß Art. 28 Dublin-Verordnung die Möglichkeit zur Verfügung, „Haft zur Sicherung der Überstellung" anzuordnen. Die Voraussetzungen für die Haft sind in Art. 28 Abs. 2 Dublin-Verordnung festgelegt (→ § 5 Rn. 855 ff.).[272]

264 Diese ist allerdings nur als **letztes Mittel** erlaubt und daher müssen vorab Alternativen zur **Haft** geprüft werden, wie zum Beispiel Meldepflichten oder Beschränkungen der Bewegungsfreiheit. Zudem ist eine innerstaatliche gesetzliche Basis notwendig, damit die mit der Haft verbundenen Einschränkungen des Rechts auf Bewegungsfreiheit den Vorgaben von Art. 6 GRCh entsprechen.[273]

265 Wurde die asylsuchende Person nicht über das genaue Datum und den Zeitpunkt der Überstellung informiert, gibt es keine rechtliche Grundlage, sie zu einer Anwesenheit und Verfügbarkeit zu verpflichten. Die Annahme einer Verpflichtung, während der Überstellungsphase generell verfügbar zu sein, wäre ein Eingriff in die gemäß Art. 2 des 4. Zusatzprotokolls der EMRK geschützte Bewegungsfreiheit und in das Recht auf Freiheit aus Art. 6 GRCh. Dieser Eingriff müsste **im Einzelfall gerechtfertigt und verhältnismäßig sein.**

266 Generell müssen Zwangsmaßnahmen des überstellenden Staates immer verhältnismäßig sein und dieser Staat ist gemäß Art. 29 Abs. 1 Dublin-Verordnung verpflichtet, sicherzustellen, dass die Überstellung „in humaner Weise und unter uneingeschränkter Wahrung der Grundrechte und der Menschenwürde durchgeführt" wird.

IX. Bescheid, Zustellung und Überstellung

1. Bescheid

267 Kommt das BAMF nach der Prüfung der Zuständigkeit zum Ergebnis, dass ein anderer Staat zuständig ist, und hat dieser der Aufnahme oder Wiederaufnahme zugestimmt (implizit durch Fristablauf oder explizit durch entsprechende Erklärung), ist der Antrag gemäß § 29a Abs. 1 Nr. 1 AsylG unzulässig. Der Bescheid ist mit einer **Abschiebungsanordnung** gemäß § 34a Abs. 1 AsylG zu verbinden und wird erlassen, sobald feststeht, dass die Überstellung durchgeführt werden kann.[274]

268 Jeder Dublin-Bescheid besteht aus zwei Komponenten: Einer **Zuständigkeitsentscheidung** und einer **Überstellungsentscheidung.** Beide Komponenten müssen rechtmäßig sein, damit der Bescheid insgesamt rechtmäßig ist. Rechtmäßigkeitsvoraussetzung für die

---

[272] Vgl. zur Dublin-Haft insbes. die Rechtsprechung des BGH zur Dublin-Haft sowie EuGH Urt. v. 15.3.2017 – C-528/15, NVwZ 2017, 777 und Urt. v. 13.9.2017 – C-60/16, NVwZ 2018, 46.
[273] EuGH Urt. v. 15.3.2017 – C-528/15, NVwZ 2017, 777 Rn. 36.
[274] Vgl. dazu BVerwG Urt. v. 17.9.2015 – 1 C 27/14, NVwZ 2016, 71 und Urt. v. 17.9.2015 – 1 C 26/14, NVwZ 2016, 67.

Zuständigkeitsentscheidung ist, dass der nach den Kriterien zuständige Staat zugestimmt hat.[275]

Für die Rechtmäßigkeit der Überstellungsentscheidung ist erforderlich, dass diese durchgeführt werden kann (§ 34a Abs. 1 AsylG). Das bedeutet, sie muss tatsächlich durchgeführt werden können und es darf **kein Überstellungsverbot** bestehen, das einen Selbsteintritt erforderlich machen würde. 269

Auf der Grenze zwischen diesen beiden unterschiedlichen Komponenten befinden sich Überstellungsverbote wegen systemischer Schwachstellen, da diese eine weitere Prüfung der Kriterien vorsehen, wenn die Überstellung in den ursprünglich nach den Kriterien zuständigen Staat wegen der drohenden Verletzung von Art. 4 GRCh ausscheidet. 270

Im Zuge der Überstellungsentscheidung prüft das BAMF auch, ob es das **Selbsteintrittsrecht** ausübt. Besteht eine Selbsteintrittspflicht, darf kein Dublin-Bescheid erlassen werden. Die Rechtmäßigkeit der Überstellung muss im Bescheidzeitpunkt feststehen, damit der Erlass einer Abschiebungsanordnung gemäß § 34a Abs. 1 AsylG rechtmäßig ist. 271

Das BVerfG hat im Hinblick auf die *Tarakhel*-Entscheidung des EGMR in verschiedenen Entscheidungen festgehalten, dass im Hinblick auf „die verfassungs- und konventionsrechtlichen Anforderungen an die Überstellung von Familien mit Kleinstkindern vor einer Überstellung eine konkrete und einzelfallbezogene Zusicherung der italienischen Behörden einzuholen ist, dass die Familie in Italien eine gesicherte Unterkunft für alle Familienmitglieder erhalten werde."[276] 272

Ohne diese **individuelle Garantie** seitens Italiens steht iSd § 34a Abs. 1 AsylG nicht fest, dass die Überstellung durchgeführt werden kann. Der Bescheid darf also vor dem Vorliegen der Garantie nicht ergehen. Das Schweizer Bundesverwaltungsgericht hat diesbezüglich festgehalten, dass eine solche Garantie „eine materielle völkerrechtliche **Zulässigkeitsvoraussetzung** der Überstellung" darstellt und damit im Bescheidzeitpunkt vorliegen muss.[277] 273

Davon zu unterscheiden sind **Vollzugsmodalitäten**, die erst im Vollzugszeitpunkt vom BAMF eingehalten werden müssen und deren Einhaltung dem BAMF bzw. der zuständigen Ausländerbehörde obliegt, wie beispielsweise die Mitgabe einer ausreichenden Menge eines bestimmten Medikaments. Unklar ist in diesen Fällen, wie eine Rechtsverletzung, die durch Nichteinhaltung einer Vollzugsmodalität entsteht, geltend gemacht werden kann. 274

Liegen die genannten Voraussetzungen vor, ergeht ein Dublin-Bescheid. Dieser ist gemäß § 34a Abs. 1 AsylG zu erlassen, „sobald feststeht, dass sie [die Überstellung] durchgeführt werden kann." Im Regelfall ist der Bescheid mit der Entscheidung verknüpft, den Antrag auf internationalen Schutz nicht zu prüfen (vgl. Art. 26 Abs. 1 Dublin III-Verordnung). In diesen Fällen wird der **Antrag** auf internationalen Schutz gemäß § 29 Abs. 1 AsylG **als unzulässig abgelehnt** und der Person gemäß § 31 Abs. 6 AsylG mitgeteilt, welcher andere Staat für die Durchführung des Asylverfahrens zuständig ist. Wurde der Antrag nur in einem anderen Dublin-Staat gestellt oder vor der Entscheidung des BAMF zurückgenommen, ergeht gemäß § 34a Abs. 1 S. 2 AsylG nur die Überstellungsentscheidung als Abschiebungsanordnung. 275

2. Zustellung

Art. 26 Dublin-Verordnung enthält die Modalitäten der Zustellung der Entscheidung. Wie das Recht auf Information (Art. 4 Dublin-Verordnung), das persönliche Gespräch (Art. 5 276

---

[275] Die Zustimmung eines nichtzuständigen Staates kann nach Art. 27 Abs. 3 Dublin-VO, der ein umfassendes Rechtsmittel vorsieht, auch mit einer Klage angefochten werden. S. dazu die Rechtsprechung des EuGH seit den Entscheidungen *Ghezelbash* und *Karim*. Ein Bescheid darf nicht vor Zustimmung des angefragten Staates erlassen werden. Dies gilt auch für Überstellungen vor der Feststellung der Zuständigkeit, vgl. EuGH Urt. v. 31.5.2018 – C-647/16, Rn. 74. Daher sind auch Rückweisungen an der Grenze, die auf der Vermutung der Zuständigkeit eines anderen Staates beruhen, mit den Vorgaben des Dublin-Systems nicht vereinbar.
[276] Vgl. bspw. die in BVerfG Beschl. v. 22.7.2015 – 2 BvR 746/15, NVwZ 2015, 1286 zitierten Beschlüsse.
[277] Vgl. BVerwG (Schweiz) Urt. v. 12.3.2015 – BVGE 2015/4, E. 4.3.

Dublin-Verordnung) sowie das weiter unten besprochene Recht auf eine wirksame Beschwerde (Art. 27 Dublin-Verordnung) wurde Art. 26 Dublin-Verordnung in die Neufassung der Verordnung aufgenommen, um die Rechte von Asylsuchenden in Dublin-Verfahren besser zur Geltung zu bringen.[278]

277 Im Kommissionsvorschlag wird betont, dass Abschnitt VI, der die Art. 26 und 27 Dublin-Verordnung enthält, zum Ziel hat, das Recht auf einen wirksamen Rechtsbehelf in Einklang mit den völker- und europarechtlichen Standards zu gewährleisten.[279] Die **Modalitäten der Zustellung** der Überstellungsentscheidung an die betroffene Person sind ein zentrales Element des Rechts auf einen wirksamen Rechtsbehelf und sind aus dem Recht auf Verteidigung und aus dem Recht auf gute Verwaltung abgeleitet.

278 Art. 26 Abs. 1 S. 2 Dublin-Verordnung bestimmt: wenn die betroffene Person „durch einen Rechtsbeistand oder anderen Berater vertreten [ist], so können die Mitgliedstaaten sich dafür entscheiden, die Entscheidung diesem **Rechtsbeistand oder Berater** anstelle der betreffenden Person zuzustellen und die Entscheidung gegebenenfalls der betroffenen Person mitzuteilen." Von dieser Möglichkeit hat der deutsche Gesetzgeber nicht Gebrauch gemacht, vielmehr bestimmt § 31 Abs. 1 S. 5 AsylG, dass die Dublin-Entscheidung „dem Ausländer selbst zuzustellen" ist. Die Zustellung kann gemäß § 31 Abs. 1 S. 6 AsylG auch durch die für die Abschiebung oder für die Durchführung der Abschiebung zuständige Behörde erfolgen.

279 Der Rechtsvertretung oder einem Empfangsberechtigten „soll" lediglich ein Abdruck zugeleitet werden (§ 31 Abs. 1 S. 7 AsylG). Diese Bestimmung ist umstritten,[280] spätestens mit der Schaffung von Art. 26 und 27 Dublin-Verordnung ist klargestellt, dass die Einlegung eines Rechtsbehelfs vor der Überstellung praktisch möglich sein muss.

280 Die Entscheidung muss gemäß Art. 26 Abs. 2 Dublin-Verordnung **Informationen über verfügbare Rechtsbehelfe,** inklusive der Möglichkeit aufschiebende Wirkung zu beantragen, enthalten, wenn dies nach dem nationalen Recht erforderlich ist. Die entsprechenden Fristen für die Rechtsbehelfe und die Überstellung müssen angegeben werden.

281 Des Weiteren muss die Entscheidung „erforderlichenfalls Angaben über den Ort und den Zeitpunkt, an dem oder zu dem sich die betreffende Person zu melden hat, wenn diese Person sich auf eigene Initiative in den zuständigen Mitgliedstaat begibt", enthalten und der überstellende Staat muss sicherstellen, dass die betroffene Person spätestens mit der Entscheidung über **Rechtsberatungsmöglichkeiten** informiert wird.

282 Falls die Person nicht vertreten ist, müssen die wesentlichen Teile der Entscheidung – inklusive der Rechtsbehelfsbelehrung und der Fristen – gemäß Art. 26 Abs. 3 Dublin-Verordnung für die asylsuchende Person in eine Sprache übersetzt werden, „die sie versteht oder bei der vernünftigerweise angenommen werden kann, dass sie sie versteht."[281]

283 Eine Überstellung ohne vorherige Zustellung der Entscheidung und ohne eine Möglichkeit, sich noch vor der Überstellung rechtlich beraten zu lassen, verstößt gegen Wortlaut und Zweck von Art. 26 Dublin-Verordnung. § 34a Abs. 2 AsylG sichert diese Möglichkeiten zum Teil, in dem er insbesondere bestimmt, dass bei rechtzeitiger Beantragung der aufschiebenden Wirkung eine Überstellung vor der gerichtlichen Entscheidung nicht zulässig ist.

3. Überstellung

284 Gemäß Art. 7 Abs. 1 Dublin-Durchführungsverordnung kann die **Überstellung auf drei Arten erfolgen:** Auf eigene Initiative (lit. a), durch eine kontrollierte Ausreise (lit. b) oder in Begleitung (lit. c). Bei der Zustellung der Entscheidung soll der Person angegeben werden, wo sie sich zu melden hat, wenn sie auf eigene Initiative ausreist. Zudem ist in

---

[278] Vgl. zum Ganzen: *Hruschka* ERA Forum 15, 369.
[279] KOM (2008) 820 endg., 12.
[280] Vgl. dazu schon *Hruschka* in Beilage zum Asylmagazin 2008, 1.
[281] Dieser Sprachstandard findet sich in vielen Rechtsakten des GEAS, so bspw. in Art. 12 und 25 RL 2013/32/EU, in Art. 5, 9 und 10 RL 2013/33/EU, in Art. 22 RL 2011/95/EU und in Art. 29 VO (EU) 603/2013.

Erwgr. 24 festgehalten, dass die Mitgliedstaaten, sich „für Überstellungen auf freiwilliger Basis einsetzen" sollten. Dieser Variante ist somit nach der rechtlichen Konstruktion des Dublin-Systems der Vorzug zu geben.

Dies entspricht auch dem aus dem **Verhältnismäßigkeitsgrundsatz** fließenden allgemeinen verwaltungsrechtlichen Prinzip, dass einer Person die Möglichkeit gegeben werden muss, einer Anordnung der Behörde freiwillig Folge zu leisten, bevor eine Zwangsmaßnahme ergriffen wird, es sei denn es liegen besondere Bedingungen vor, die den sofortigen Vollzug rechtfertigen. In der Dublin-Praxis werden allerdings Überstellungen auf eigene Initiative nur selten angewandt.[282] 285

Dies resultiert daraus, dass die Staaten die **Modalitäten der Überstellung** gemäß Art. 7 Abs. 2 iVm Art. 8 Dublin-Durchführungsverordnung gemeinsam festlegen. In der Praxis besteht zwischen den Staaten Einigkeit, dass eine Überstellung auf eigene Initiative nur in Ausnahmefällen in Frage kommt. Es ist eine nicht abschließend geklärte Frage, in welchem Verhältnis die drei Möglichkeiten der Überstellung zueinander stehen. 286

Nach der Rechtsprechung des Bundesverwaltungsgerichts hat der überstellende Staat grundsätzlich ein Wahlrecht, ob er eine freiwillige Ausreise ermöglicht oder Zwangsmittel einsetzt.[283] Das Bundesverwaltungsgericht stellt darauf ab, dass eine Überstellung „auf Initiative des Asylbewerbers" gemäß Art. 7 Abs. 1 lit. a Dublin-Verordnung im Regelfall nicht geeignet sei, „einen Asylbewerber fristgerecht in die Obhut der Behörden im zuständigen Mitgliedstaat zu bringen." Es sei Sache der zuständigen Ausländerbehörde, beim Vollzug der Abschiebung/Überstellung den Grundsatz der Verhältnismäßigkeit zu wahren und in geeigneten Fällen „ausnahmsweise" eine freiwillige Ausreise zu ermöglichen.[284] 287

Geeignet sei dies beispielsweise „in Fällen der von ihm [dem Asylbewerber] gewünschten Familienzusammenführung in dem anderen Mitgliedstaat. Die Initiative hierzu muss jedoch vom Asylbewerber ausgehen und er muss sich vorbehaltlich einer entgegenstehenden Regelung grundsätzlich auch die finanziellen Mittel für die Ausreise beschaffen." Diese Voraussetzungen müssten im konkreten Einzelfall geprüft werden, bevor die „freiwillige Ausreise" ermöglicht werde.[285] 288

Durch diese Vorgehensweise wird das **Regel-Ausnahmeverhältnis** zwischen freiwilliger Befolgung und Verwaltungszwang umgekehrt. Richtigerweise müsste der Person zunächst eine Ausreise auf freiwilliger Basis ohne Verletzung der Ein- und Durchreisebestimmungen der anderen Dublin-Staaten ermöglicht werden, da generell ein **Vorrang der Freiwilligkeit** besteht.[286] 289

Um dies zu ermöglichen, sieht Art. 7 Abs. 2 Dublin-Durchführungsverordnung die Ausstellung eines Laissez-passer[287] für die asylsuchende Person vor, um die Überstellung zu erleichtern. Gleichzeitig verpflichtet Art. 8 Abs. 1 Dublin-Durchführungsverordnung den zuständigen Staat, die „rasche Überstellung zu ermöglichen und dafür Sorge zu tragen, dass dessen Einreise nicht behindert wird." 290

Da auch eine Ausreise in den zuständigen Staat „auf Initiative des Asylbewerbers" gemäß Art. 7 Abs. 1 lit. a Dublin-Verordnung eine „Überstellung" darstellt, ist der überstellende Staat gemäß Art. 30 Abs. 3 Dublin-Verordnung verpflichtet, die Kosten für die Ausreise zu übernehmen. 291

Eine Überstellung „auf Initiative des Asylbewerbers" stellt nach der Rechtsprechung keine Abschiebung iSd nationalen Rechts dar, sodass sie auch kein Einreise- und Aufenthaltsverbot nach § 11 AufenthG bewirkt.[288] 292

---

[282] Vgl. SEC(2007) 742 v. 6.6.2007, 31.
[283] BVerwG Urt. v. 17.9.2015 – 1 C 27/14, NVwZ 2016, 71 und Urt. v. 17.9.2015 – 1 C 26/14, NVwZ 2016, 67.
[284] BVerwG Urt. v. 17.9.2015 – 1 C 26/14, NVwZ 2016, 67 Rn. 24.
[285] BVerwG Urt. v. 17.9.2015 – 1 C 26/14, NVwZ 2016, 67 Rn. 24.
[286] Vgl. dazu *Westphal* in Huber AufenthG § 57 Rn. 16.
[287] Das Muster für dieses Laissez-passer findet sich in Anhang IV Durchführungsverordnung der Kommission.
[288] BVerwG Urt. v. 17.9.2015 – 1 C 26/14, NVwZ 2016, 67 Rn. 27.

4. Überstellungsfrist

293 Art. 29 Abs. 1 Dublin-Verordnung regelt, dass die Frist für die Überstellung **sechs Monate** beträgt. Sie kann auf bis zu ein Jahr verlängert werden, wenn sich die asylsuchende Person in Strafhaft befindet, und auf **höchstens 18 Monate,** wenn die Person flüchtig ist.

294 Gemäß Art. 9 Abs. 2 Dublin-Durchführungsverordnung setzt die Inanspruchnahme der Fristverlängerung voraus, dass der um Übernahme ersuchte Mitgliedstaat vor Ablauf der regulären Frist von sechs Monaten über die zur Fristverlängerung führenden Umstände unterrichtet wird.

295 Wann eine Person „**flüchtig**" iSv Art. 29 Abs. 1 Dublin III-Verordnung ist, ist in der Rechtsprechung umstritten und hängt von den Umständen des Einzelfalles ab. Jedenfalls, wenn die Person sich über einen längeren Zeitraum nicht in der zugewiesenen Unterkunft aufgehalten hat und ihr Aufenthaltsort auch sonst nicht bekannt ist, ist die Person „flüchtig" im Sinne der Bestimmung.[289] Erforderlich ist darüber hinaus, dass die Person die Gründe, aus denen sie nicht auffindbar ist, zu vertreten hat und sich „vorsätzlich und unentschuldigt seiner Abschiebung entzieht."[290] Die behördliche Feststellung, dass eine Person „flüchtig" ist, ist voll gerichtlich überprüfbar.[291]

296 Fraglich ist in der Praxis daher vor allem die Frage, unter welchen Umständen die Behörden annehmen dürfen, dass die Person flüchtig ist. Der VGH Mannheim hatte zu diesem Komplex dem EuGH verschiedene Fragen zur Vorabentscheidung vorgelegt.[292] Der EuGH hat in der Entscheidung *Jawo* im März 2019 einige dieser Fragen geklärt und festgehalten, „dass ein Antragsteller „flüchtig ist" im Sinne dieser Bestimmung, wenn er sich den für die Durchführung seiner Überstellung zuständigen nationalen Behörden gezielt entzieht, um die Überstellung zu vereiteln. Dies kann angenommen werden, wenn die Überstellung nicht durchgeführt werden kann, weil der Antragsteller die ihm zugewiesene Wohnung verlassen hat, ohne die zuständigen nationalen Behörden über seine Abwesenheit zu informieren, sofern er über die ihm insoweit obliegenden Pflichten unterrichtet wurde, was das vorlegende Gericht zu prüfen hat. Der Antragsteller behält die Möglichkeit, nachzuweisen, dass er diesen Behörden seine Abwesenheit aus stichhaltigen Gründen nicht mitgeteilt hat, und nicht in der Absicht, sich den Behörden zu entziehen."[293]

297 Ob die Person „flüchtig" ist, wenn sich die Person im sogenannten offenen **Kirchenasyl** befindet, ist in Praxis und Rechtsprechung teilweise umstritten. Die herrschende Meinung tendiert in die Richtung des VG München, das überzeugend argumentiert, dass in diesen Fällen kein „in der Sphäre des Kl. liegendes Hindernis für den Vollzug der Rücküberstellung, wie im Fall der Flucht", gegeben ist.[294] Wortlaut und Sprachgebrauch sowie die tatsächliche Möglichkeit des Staates zu handeln, da er zur Achtung des Kirchenasyls nicht verpflichtet ist, sprechen dafür, dass eine Person, im sogenannten offenen Kirchenasyl, nicht „flüchtig" iSd Art. 29 Abs. 1 Dublin-Verordnung ist.[295]

298 In der Praxis informiert das BAMF die Behörden des zuständigen Staates nach den Regeln der Dublin-Durchführungsverordnung, dass die Person flüchtig ist und teilt den neuen Ablauf der Überstellungsfrist mit. Dieser wird auf das Ende des Zeitraums von 18 Monaten gesetzt, den die Verordnung „höchstens" vorsieht. Die gerichtliche Praxis sieht

---

[289] Vgl. bspw. VG Greifswald Urt. v. 15.11.2017 – 3 A 2051/16 As HGW, BeckRS 2017, 123600 Rn. 21.
[290] VGH München Beschl. v. 29.4.2016 – 11 ZB 16.50024, BeckRS 2016, 45993.
[291] Vgl. EuGH Urt. v. 19.3.2019 – C-163/17, NVwZ 2019, 712 Rn. 65 ff.
[292] VGH Mannheim Beschl. v. 15.3.2017 – A 11 S 2151/16, NVwZ-RR 2017, 890.
[293] Vgl. EuGH Urt. v. 19.3.2019 – C-163/17, NVwZ 2019, 712 Rn 50 ff.
[294] VG München Urt. v. 9.1.2017 – M 1 K 16.50375, NVwZ 2017, 983.
[295] So inzwischen auch BayVGH Beschl. v. 16.5.2018 – 20 ZB 18.50011, BeckRS 2018, 11877 und VGH Baden-Württemberg Urt. v. 29.7.2019 – A 4 S 749/19, NVwZ 2020, 173 Rn. 81. Letzterer nimmt in solchen Fällen allerdings die Möglichkeit einer nachträglichen behördlichen Aussetzung gem. § 80 Abs. 4 VwGO an, die mit der Dublin-Verordnung wohl nicht in Einklang steht, vgl. näher → Rn. 311 und 314.

hierin kein Problem, sondern heißt die sofortige Verlängerung auf 18 Monate gegen den Wortlaut der Bestimmung regelmäßig gut.[296]

Läuft die Frist ab, ohne dass die Person überstellt wurde, ist gemäß Art. 29 Abs. 2 Dublin-Verordnung „der zuständige Mitgliedstaat nicht mehr zur Aufnahme oder Wiederaufnahme der betreffenden Person verpflichtet und die Zuständigkeit geht auf den ersuchenden Mitgliedstaat über." 299

Der EuGH hat in der Entscheidung im Fall *Shiri* klargestellt, dass der Ablauf der Überstellungsfrist bewirkt, dass „die Zuständigkeit von Rechts wegen auf den ersuchenden Mitgliedstaat übergeht, sofern die Überstellung nicht innerhalb der in Art. 29 Abs. 1 und 2 dieser Verordnung festgelegten sechsmonatigen Frist durchgeführt wird, ohne dass es erforderlich ist, dass der zuständige Mitgliedstaat die Verpflichtung zur Aufnahme oder Wiederaufnahme der betreffenden Person ablehnt."[297] 300

Die im Wesentlichen auf die Frage der Wiederaufnahmebereitschaft des ersuchten Staates abstellende frühere deutsche Rechtsprechung zum Zuständigkeitsübergang ist damit nicht mehr einschlägig.[298] 301

Die Frage, ob der **Fristablauf** in den Fällen der vorrangig anzuwendenden **Familienkriterien** einen Zuständigkeitsübergang auslöst, ist bisher ungeklärt. Es wäre mit den Zielen der Verordnung wohl nur schwer vereinbar, wenn der Fristablauf eine dauerhafte Familientrennung zur Folge hätte. Sind Kinder beteiligt, läge auch ein Widerspruch zur Rechtsprechung des EGMR im Fall *Tarakhel* vor.[299] 302

In einer dieser Frage vorgelagerten Rechtsfrage hat das VG Wiesbaden einen Anordnungsanspruch nach § 123 Abs. 1 VwGO hinsichtlich der Frage bejaht und das BAMF/die Bundesrepublik Deutschland verpflichtet, auf eine rechtzeitige Überstellung von Familienangehörigen von Griechenland nach Deutschland hinzuwirken, um einen Zuständigkeitsübergang durch Ablauf der Überstellungsfrist zu vermeiden.[300] 303

Die Frist beginnt mit gemäß Art. 29 Abs. 1 Dublin-Verordnung mit der Annahme des Aufnahme- oder Wiederaufnahmegesuchs durch einen anderen Mitgliedstaat zu laufen. Es ist also auf den Zeitpunkt der tatsächlichen oder der fingierten **Zustimmung des ersuchten Staates** abzustellen und nicht auf das Datum des Bescheids. Die Nicht-Vollziehbarkeit während des Laufs der Klagefrist hat keine Auswirkung auf die Berechnung der Überstellungsfrist. 304

Wird ein Rechtsbehelf eingelegt, läuft die Überstellungsfrist erst ab der „endgültigen Entscheidung", wenn dieser aufschiebende Wirkung iSd Art. 27 Abs. 3 Dublin-Verordnung hat. In Deutschland hat eine Klage gegen einen Dublin-Bescheid gemäß § 75 Abs. 1 AsylG keine automatische aufschiebende Wirkung, diese muss gemäß § 80 Abs. 5 VwGO beantragt werden. 305

Der Klage kommt also nur dann aufschiebende Wirkung zu, wenn diese gemäß § 80 Abs. 5 VwGO gewährt wird. Das bedeutet nach dem klaren Wortlaut der Bestimmung, dass die Überstellungsfrist ab der Zustimmung des angefragten Staates läuft, wenn durch das prüfende Gericht keine aufschiebende Wirkung gewährt wird.[301] 306

Das Bundesverwaltungsgericht legt den **Begriff der „aufschiebenden Wirkung"** allerdings aufgrund der Besonderheiten des deutschen Eilrechtsschutzverfahrens, das sehr lange dauern kann, anders aus und folgert aus dem gesetzlich bestehenden Abschiebungs- 307

---

[296] Vgl. bspw. VGH Baden-Württemberg Urt. v. 29.7.2019 – A 4 S 749/19, NVwZ 2020, 173 Rn. 91, aA *Hruschka* ZAR 2018, 281 und bspw. aA VG Trier Urt. v. 16.11.2018 – 1 K 12434/17.TR, BeckRS 2018, 34484.
[297] EuGH Urt. v. 25.10.2017 – C-201/16, BeckRS 2017, 128907 Rn. 34.
[298] Das BVerwG (NVwZ 2016 1495 Rn. 20) hatte die Frage wegen der feststehenden fehlenden Wiederaufnahmebereitschaft Ungarns offen gelassen.
[299] Vgl. EGMR Urt. v. 4.11.2012 – 29217/12, NVwZ 2015, 127. In dem Urteil hatte der EGMR festgehalten, dass eine Trennung der Familie (in Italien) gegen Art. 3 EMRK verstoßen würde.
[300] VG Wiesbaden Beschl. v. 15.9.2017 – 6 L 4438/17.WI. A, BeckRS 2017, 129873.
[301] Vgl. dazu bspw. zur vergleichbaren Rechtslage in der Schweiz: BVerwG (Schweiz) Urt. v. 19.11.2014 – BVGE 2014/31, E. 6.7.

verbot gemäß § 34a Abs. 2 S. 2 AsylG, dass bereits durch die rechtzeitige Einreichung des Antrags gemäß § 80 Abs. 5 VwGO die aufschiebende Wirkung eintritt.[302]

308 Das Bundesverwaltungsgericht begründet diese Rechtsauffassung mit einem Verweis auf die Rechtsprechung des EuGH im Fall *Petrosian*,[303] aus der laut seiner Interpretation klar hervorgeht, dass dem überstellenden „Mitgliedstaat in Fällen der Inanspruchnahme von Rechtsschutz stets die volle Überstellungsfrist zur Vorbereitung und Durchführung zur Verfügung stehen muss."[304] Diese Auffassung widerspricht allerdings dem eindeutigen Wortlaut von Art. 27 Abs. 3 lit. c Dublin-Verordnung, der einen Unterschied zwischen der Anordnung der aufschiebenden Wirkung und dem gesetzlichen Überstellungsverbot macht.

309 Die Rechtsauffassung des BVerwG verschiebt die Folgen der Einlegung eines Rechtsbehelfs einseitig auf die betroffenen Personen, da sich der Fristbeginn auch bei Ablehnung der Gewährung der aufschiebenden Wirkung in vielen Fällen wesentlich nach hinten verschiebt. Angesichts der Vielzahl der Verfristungen wegen Nicht-Einhaltung der Überstellungsfrist kann daher eine verantwortlich handelnde Rechtsvertretung im Normalfall nicht oder nur im Ausnahmefall zur Beantragung der aufschiebenden Wirkung in Dublin-Verfahren raten. Dies verkürzt in der Praxis die **Wirksamkeit des Rechtsbehelfs.**

310 Angesichts der unterschiedlichen Rechtsauffassungen zu dieser Frage wäre es wohl sachgerecht gewesen, die Frage der Wirkung einer ablehnenden Eilrechtsschutzentscheidung auf den Fristbeginn dem EuGH zur Klärung vorzulegen. [305]

311 Wird die aufschiebende Wirkung gewährt, **verschiebt sich der Beginn der Überstellungsfrist** unstreitig auf den Zeitpunkt der endgültigen Entscheidung über den Rechtsbehelf. Dieser Prozess bis zur endgültigen Entscheidung umfasst das gesamte Verfahren inklusive einer möglichen Vorlage an den EuGH. Nach Auffassung des BVerwG verschiebt sich der Fristbeginn auch bei einer behördlichen Aussetzung der Vollziehung während des laufenden Gerichtsverfahrens.[306] Diese Ansicht, die sich auf Art. 27 Abs. 4 Dublin-Verordnung stützt, steht mit den europarechtlichen Vorgaben wohl nicht in Einklang, da sich Art. 27 Abs. 4 Dublin-Verordnung nach Wortlaut und Zweck nur auf den Zeitpunkt des Erlasses der behördlichen Dublin-Entscheidung bezieht und die Behörden somit nach ihrer Entscheidung die Aussetzung nur dann verfügen dürfen, wenn sie auf ihre ursprüngliche Entscheidung zurückkommen, nicht aber um den Beginn der Überstellungsfrist zu beeinflussen. Eine Verlängerung der Überstellungsfrist durch behördliches Umgehen der Dublin-Vorgaben hat der EuGH auch in anderen Konstellationen für rechtswidrig erklärt.[307]

312 Die Frist für die Überstellung bei einer gerichtlichen Entscheidung richtet sich nach dem Tag der Entscheidung und nicht nach deren Zustellung.[308]

313 Ob eine Aufhebung der aufschiebenden Wirkung während des Klageverfahrens die Überstellungsfrist sofort in Lauf setzen würde, ist ungeklärt. Der Wortlaut der Bestimmung spricht eher dagegen.

314 Eine Weiterverfolgung des Rechtsschutzbegehrens an den EGMR kann nur dann eine „aufschiebende Wirkung" darstellen, wenn dies im nationalen Recht vorgesehen ist, da Art. 27 Abs. 3 Dublin-Verordnung klar auf das nationale Recht abstellt. Wie mit der Anordnung einer vorsorglichen Maßnahme nach Art. 39 der Verfahrensordnung des Gerichtshofs

---

[302] BVerwG Urt. v. 26.5.2016 – 1 C 15/15, NVwZ 2016, 1185 Rn. 11.
[303] EuGH Urt. v. 29.1.2009 – C-19/08, BeckRS 2009, 70111.
[304] BVerwG Urt. v. 26.5.2016 – 1 C 15/15, NVwZ 2016, 1185 Rn. 11.
[305] Die Position des BVerwG wird im deutschsprachigen Raum von den jeweiligen Obergerichten nicht geteilt, vgl. Verwaltungsgerichtshof (Österreich) Entsch. v. 14.12.2017 – Ra 2015/20/0231-16 und BVerwG (Schweiz) Urt. v. 19.11.2014 – E-3971/2013.
[306] Vgl. BVerwG Urt. v. 8.1.2019 – 1 C 16/18, NVwZ 2019, 304 und Urt. v. 9.1.2019 – 1 C 26.18, BeckRS 2019, 403.
[307] Vgl. (zu Antwortfristen und Fristen in Remonstrationsverfahren) EuGH Urt. v. 13.11.2018 – C-47/17 und C-48/17, NVwZ-RR 2018, 121.
[308] Vgl. dazu überzeugend: BVerwG (Schweiz) Urt. v. 8.6.2015 – BVGE 2015/19, E. 5.2.

umzugehen ist, ist ungeklärt. Im Fall *Tarakhel* hatte dieses Verfahren praktisch ebenfalls Auswirkungen auf den Beginn der Überstellungsfrist.[309] Im deutschen Recht besteht dieselbe Frage, wenn eine Verfassungsbeschwerde eingelegt wird.[310] Die Lösung des BVerwG, das zur Sicherung des wirksamen Rechtschutzes in solchen Fällen die Möglichkeit einer behördlichen Aussetzung der Vollziehung der Abschiebungsanordnung (die auch eine Verschiebung des Beginns der Überstellungsfrist bewirken soll) gem. § 80 Abs. 4 VwGO als eröffnet ansieht, widerspricht dem Wortlaut der Dublin-Verordnung (vgl. → Rn. 311).

Auf den **Ablauf der Überstellungsfrist** kann sich die asylsuchende Person berufen. Der EuGH hat klargestellt, dass eine Überstellung nach Ablauf nicht mehr durchgeführt werden darf und die Behörden verpflichtet sind, „von Amts wegen die erforderlichen Maßnahmen zu ergreifen, um die Zuständigkeit des erstgenannten Mitgliedstaats anzuerkennen und unverzüglich mit der Prüfung des von dieser Person gestellten Antrags auf internationalen Schutz zu beginnen."[311] **315**

Kommt die Behörde dieser Verpflichtung nicht nach, „muss der Antragsteller über einen **wirksamen und schnellen Rechtsbehelf** verfügen können, der es ihm ermöglicht, sich auf den nach dem Erlass der Überstellungsentscheidung eingetretenen Ablauf der in Art. 29 Abs. 1 und 2 der Verordnung festgelegten sechsmonatigen Frist zu berufen."[312] **316**

Die Möglichkeit, einen Antrag gemäß § 80 Abs. 7 VwGO zu stellen, dürfte diese Anforderungen des EuGH erfüllen, da er wie vom Gerichtshof gefordert, ermöglicht, „sich im Rahmen eines Rechtsbehelfs gegen die [dem Antragsteller] gegenüber ergangene Überstellungsentscheidung auf nach dem Erlass dieser Entscheidung eingetretene Umstände zu berufen."[313] **317**

Das Bundesverwaltungsgericht hat klargestellt, dass ein erfolgreicher Antrag gemäß § 80 Abs. 7 VwGO nach Ablauf der Überstellungsfrist den Fristbeginn für die Überstellung nicht hinausschiebt.[314] **318**

X. Rechtsschutz nach der Dublin III-Verordnung

Das Recht auf eine wirksame Beschwerde ist in Art. 47 GRCh abgesichert. Art. 27 Abs. 1 Dublin-Verordnung stellt klar, dass eine Person, die einem Dublin-Verfahren unterliegt, „Recht auf ein wirksames Rechtsmittel gegen eine Überstellungsentscheidung in Form einer auf Sach- und Rechtsfragen gerichteten Überprüfung durch ein Gericht" hat. Der Inhalt von Art. 27 Dublin-Verordnung orientiert sich an den Vorgaben der Rechtsprechung von EGMR und EuGH zum wirksamen Rechtsbehelf generell und zu Dublin-Verfahren im Speziellen.[315] **319**

Im deutschen Recht ist die **Anfechtungsklage die allein statthafte Klageart.** Eine Verpflichtung auf Zuerkennung der Flüchtlingseigenschaft kommt in einem Dublin-Klageverfahren nicht in Frage, da diese Frage erst relevant wird, wenn die Zuständigkeitsfrage geklärt ist. Die Trennung von Zuständigkeitsbestimmungsverfahren und materiellem Verfahren darf nicht durch eine Verpflichtungsklage umgangen werden.[316] Ist oder wird Deutschland zuständig, ist das BAMF verpflichtet, ein Asylverfahren durchzuführen, in dem die Frage der Schutzbedürftigkeit Gegenstand des Verfahrens ist. **320**

---

[309] Das zuständige Schweizer Staatsekretariat für Migration (SEM) hat die Frist für die Überstellung abhängig vom Tag des Urteils des EGMR (4.11.2014) berechnet.
[310] Vgl. BVerwG Urt. v. 8.1.2019 – 1 C 16/18, NVwZ 2019, 304 und Urt. v. 9.1.2019 – 1 C 26.18, BeckRS 2019, 403.
[311] EuGH Urt. v. 25.10.2017 – C-201/16, BeckRS 2017, 128907 Rn. 43.
[312] EuGH Urt. v. 25.10.2017 – C-201/16, BeckRS 2017, 128907 Rn. 44.
[313] EuGH Urt. v. 25.10.2017 – C-201/16, BeckRS 2017, 128907 Rn. 45.
[314] BVerwG Urt. v. 27.4.2016 – 1 C 24/15, NVwZ 2016, 1495, Rn. 17.
[315] Vgl. dazu insbesondere die Griechenland-Entscheidungen des EGMR Urt. v. 21.1.2011 – 30696/09, NVwZ 2011, 413 und des EuGH Urt. v. 21.12.2011 – C-411/10 und C-493/10, NVwZ 2012, 417.
[316] BVerwG Urt. v. 27.10.2015 – 1 C 32/14, NVwZ 2016, 154 Rn. 13 f.

§ 18 7. Kapitel. Asyl- und Asylverfahrensrecht

1. Formeller Umfang des Beschwerderechts

321 Zum Umfang des Beschwerderechts ist in Erwgr. 19 der Dublin-Verordnung klargestellt, dass „im Einklang insbesondere mit Artikel 47 der Charta der Grundrechte der Europäischen Union" der wirksame Schutz der Rechte der betroffenen Personen durch Rechtsgarantien und einen wirksamen Rechtsbehelf abgesichert werden soll. Dieser Rechtsbehelf umfasst „sowohl die Prüfung der Anwendung dieser Verordnung als auch die Prüfung der Rechts- und Sachlage in dem Mitgliedstaat, in den der Antragsteller überstellt wird."

322 Wie der EuGH in der Rechtsprechung in verschiedenen Entscheidungen in den Jahren 2016 und 2017 verdeutlicht hat,[317] unterliegt der Umfang der Klagebefugnis nach Art. 27 Dublin-Verordnung iVm Erwgr. 19 keinen Beschränkungen in Hinblick auf ihren Umfang.[318]

323 Gemäß Art. 27 Abs. 2 Dublin-Verordnung sind die Staaten verpflichtet, eine „angemessene Frist" vorzusehen, „in der die betreffende Person ihr **Recht auf einen wirksamen Rechtsbehelf** nach Absatz 1 wahrnehmen kann." Diese Vorgaben, mit denen das Recht auf eine wirksame Beschwerde abgesichert wird, sind direkt und damit vorrangig anzuwenden, da sie direkt im Verordnungstext enthalten sind.

324 Sollte ein Staat aus Gründen besserer administrativer Abläufe beschließen, diese Vorgaben bei Überstellungen nicht einzuhalten, wie dies auch in Deutschland immer wieder diskutiert und teilweise auch praktiziert wird, liegt eine Rechtsverletzung vor, die dazu führen muss, dass die erfolgte Überstellung so behandelt wird, als habe sie nicht stattgefunden.[319]

325 Art. 27 Dublin-Verordnung spiegelt die Standards, die der EGMR zum Recht auf eine wirksame Beschwerde entwickelt hat[320], wider und verbindet diese mit den teilweise weiterreichenden Gewährleistungen, die sich aus Art. 47 GRCh ergeben. Deren Umfang ist aber für den Asylbereich noch nicht abschließend geklärt. Jedenfalls ist aber klar, dass Art. 47 GRCh den Zweck hat, den Schutz zu gewähren, den Art. 6 und Art. 13 EMRK bieten.[321]

326 Aus Erwgr. 19 und Art. 27 Dublin-Verordnung folgt, dass ein prüfendes Gericht die Sach- und Rechtslage überprüfen muss, allerdings ergibt sich aus dem Wortlaut nicht direkt, dass es sich um eine ex nunc Prüfung handeln muss. Auch im Fall *Jafari* bezog sich der EuGH darauf, dass eine Überstellung nicht vorgenommen werden dürfe, „wenn im zuständigen Mitgliedstaat infolge der Ankunft einer außergewöhnlich hohen Zahl internationalen Schutz begehrender Drittstaatsangehöriger" diese „mit der tatsächlichen Gefahr verbunden ist, eine unmenschliche oder erniedrigende Behandlung iSv Art. 4 der Charta zu erleiden."[322]

327 Der Gerichtshof erläutert dabei aber nicht, auf welchen **Zeitpunkt für die Beurteilung der Gefährdungssituation** abzustellen ist. Es spricht aber zumindest bei der Anwendung

---

[317] Vgl. insbes. EuGH Urt. v. 7.6.2016 – C-63/15, NVwZ 2016, 1157; Urt. v. 7.6.2016 – C-155/15, NVwZ 2016, 1155 Rn. 19–27; Urt. v. 16.2.2017 – C-578/16 PPU, ZAR 2017, 172 Rn. 75, Urt. v. 26.7.2017 – C-670/16, NVwZ 2017, 1601 und Urt. v. 25.10.2017 – C-201/16, NVwZ 2018, 43.
[318] Die Frage des Zugangs zu einem Rechtsbehelf ist dabei zu unterscheiden von der Frage der Erfolgsaussichten. Dies hat insbes. der EGMR im Hinblick auf eine Verletzung von Art. 3 iVm Art. 13 EMRK immer wieder betont. S. bspw. EGMR Urt. v. 15.12.2016 – 16483/12, Rn. 268: „The 'effectiveness' of a 'remedy' within the meaning of Art. 13 ECHR does not depend on the certainty of a favourable outcome for the applicant."
[319] Vgl. *Hruschka/Maiani* in Hailbronner/Thym EU Immigration Law Dublin-VO Art. 27 Rn. 3.
[320] Vgl. insbes. die Rechtsprechung des EGMR zur Wirksamkeit des Rechtsbehelfs „in Recht und Praxis" seit EGMR Urt. v. 5.2.2002 – 51564/99 und Urt. v. 26.7.2007 – 25389/05, Rn. 53; sowie die verfahrensrechtlichen Standards, die der EGMR im Urt. v. 2.2.2012 – 9152/09 und früher im Urt. v. 11.7.2000 – 40035/98 entwickelt hat.
[321] Vgl. die Erläuterungen zur GRCh (Abl. 2007 C 303, 17) zu Art. 47.
[322] EuGH Urt. v. 26.7.2017 – C-646/16, NVwZ 2017, 1357 Rn. 101. Die Frage ist insbesondere bei lang andauernden Gerichtsverfahren relevant.

von Art. 3 Abs. 2 S. 2 Dublin III-Verordnung, der bei einem aufgrund „systemischer Schwachstellen" vorliegenden Überstellungsverbot die Prüfung der weiteren Kriterien vorsieht, dafür, auf den Antragszeitpunkt abzustellen.

Ein sich später ergebendes Überstellungsverbot wäre (zusätzlich) bei der Frage zu **328** prüfen, ob die Überstellung konkret durchgeführt werden kann. In der Gerichtspraxis spielt diese Frage selten direkt eine Rolle. In einem Fall, in dem es um solche „systemische Schwachstellen" ging, hat das Oberste Verwaltungsgericht der Tschechischen Republik aus Art. 4 und 19 GRCh abgeleitet, dass eine umfassende, ex nunc Prüfung erfolgen muss.[323]

2. Aufschiebende Wirkung

Art. 27 Abs. 3 Dublin-Verordnung sieht drei mögliche Modelle für die Gewährleistung der **329** notwendigen **automatischen aufschiebenden Wirkung**[324] vor. Das in Deutschland bestehende Modell für Rechtsschutz gegen Dublin-Bescheide folgt der Variante der lit. c von Art. 27 Abs. 3 Dublin-Verordnung. Dieser regelt, dass „die betreffende Person die Möglichkeit [hat], bei einem Gericht innerhalb einer angemessenen Frist eine Aussetzung der Durchführung der Überstellungsentscheidung bis zum Abschluss des Rechtsbehelfs oder der Überprüfung zu beantragen."

Die praktische Ausgestaltung des Rechtsbehelfs muss sich daher an den Vorgaben von **330** Art. 27 Abs. 3 lit. c Dublin-Verordnung orientieren, im Zweifelsfall kann auf diesen direkt zurückgegriffen werden.

§ 34a Abs. 2 AsylG sieht vor, dass bei einer Klage gegen den Dublin-Bescheid der Antrag **331** auf Anordnung der aufschiebenden Wirkung nach § 80 Abs. 5 VwGO innerhalb von einer Woche zu stellen ist und dass eine Überstellung bei „rechtzeitiger Antragstellung" vor der gerichtlichen Entscheidung „nicht zulässig ist." Das bedeutet, dass die Abschiebungsanordnung entweder bis zur gerichtlichen Entscheidung, jedenfalls aber bis zum Ablauf der Antragsfrist von einer Woche nicht vollzogen werden darf.[325]

Dies entspricht vom Wortlaut her den Vorgaben von Art. 27 Abs. 3 lit. c Dublin-Ver- **332** ordnung, der vorsieht, dass die Überstellung erst nach einer gerichtlichen „Entscheidung" erfolgen kann, wenn ein Antrag gestellt wurde. Fraglich ist, ob bzw. unter welchen Voraussetzungen eine negative Eilentscheidung ausreicht, um als „Entscheidung" im Sinne der Dublin-Verordnung zu gelten.[326] Vor dem Vollzug der Überstellung ist daher immer die gerichtliche Entscheidung über den Aussetzungsantrag abzuwarten. Daraus hat das BVerwG den Schluss gezogen, dass bereits durch die Antragstellung die „aufschiebende Wirkung" eintritt, und sich der Fristbeginn für die Überstellungsfrist auf den Zeitpunkt der gerichtlichen Entscheidung verschiebt.[327]

Wird in einem Verfahren nach § 29 Abs. 1 Nr. 2 AsylG (Schutzgewährung durch einen **333** anderen EU-Staat) oder § 29 Abs. 1 Nr. 4 AsylG (aufnahmebereiter Drittstaat), die aufschiebende Wirkung gewährt, wird gem. § 37 AsylG, die Entscheidung des BAMF und die damit verbundene Abschiebungsandrohung unwirksam. Das Bundesamt ist in einem solchen Fall gehalten, seine Entscheidung erneut zu überprüfen und muss – wenn es weiterhin vom

---

[323] Vgl. Oberstes Verwaltungsgericht (Tschechische Republik) Urt. v. 12.9.2016 – 5 Azs 195/2016-22, MO/Innenministerium (verfügbar in tschechischer Sprache unter: www.nssoud.cz).
[324] So die Terminologie des EGMR Urt. v. 26.4.2007 – 25389/05.
[325] S. bspw. BVerwG Urt. v. 9.8.2016 – 1 C 6/16, NVwZ 2016, 1492 Rn. 15.
[326] Grundsätzlich ist wohl nur eine endgültige Klärung der Zuständigkeit per gerichtlicher Entscheidung gemeint, da sonst der Fall eintreten kann, dass der unzuständige Staat, in den überstellt wurde, die inhaltliche Prüfung des Asylantrags beginnt, bevor die Zuständigkeit abschließend geklärt ist. Dies widerspricht der Grundidee der Dublin-Verordnung, die nur in Ausnahmekonstellationen durchbrochen werden sollte (vgl. zum Zusammentreffen des Dublin-Verfahrens mit einem Europäischen Haftbefehl: EuGH Urt. v. 5.7.2018 – C- 213/17, NVwZ 2018, 1385). Jedenfalls ist eine entsprechende Prüfungstiefe im Eilverfahren notwendig, um den Vorgaben von Art. 47 GRCh zu entsprechen.
[327] Vgl. BVerwG Beschl. v. 27.4.2016 – 1 C 22.15, EZAR NF 65 Nr. 35 (Begründung zum Vorlagebeschluss in der Rechtssache *Hasan*, EuGH C-360/16), vgl. dazu auch → Rn. 307 ff.

Vorliegen der Voraussetzungen für eine Unzulässigkeitsentscheidung ausgeht – eine neue Entscheidung treffen und mit einer erneuten Abschiebungsandrohung verbinden.[328]

334 Wurde die aufschiebende Wirkung ursprünglich vom Verwaltungsgericht angeordnet, die Klage aber dann abgewiesen, endet die aufschiebende Wirkung gemäß § 80b Abs. 1 VwGO drei Monate nach Ablauf der Begründungsfrist für den Antrag auf Zulassung der Berufung.[329]

3. Zugang zu rechtlicher Beratung und sprachlicher Hilfe

335 Gemäß Art. 27 Abs. 5 Dublin-Verordnung stellen die Mitgliedstaaten sicher, „dass die betreffende Person rechtliche Beratung und – wenn nötig – sprachliche Hilfe in Anspruch nehmen kann." Der Zugang zu rechtlicher Beratung und sprachlicher Hilfe ist ein **zentrales Element der Wirksamkeit eines Rechtsbehelfs,** da nur so das Recht auf Anhörung, durch das die betreffende Person die Möglichkeit erhält, „sachdienlich und wirksam ihren Standpunkt vorzutragen",[330] umfänglich abgesichert ist. Nach dem Wortlaut von Art. 27 Abs. 5 Dublin-Verordnung ist der Zugang verbindlich sicherzustellen.

336 Darüber hinaus müssen die Mitgliedstaaten gemäß Art. 27 Abs. 6 Dublin-Verordnung sicherstellen, „dass die rechtliche Beratung auf Antrag unentgeltlich gewährt wird, wenn die betreffende Person die Kosten nicht selbst tragen kann." Allerdings haben die Mitgliedstaaten hinsichtlich der Kosten und Gebühren eine **Einschränkungsmöglichkeit** dahingehend, dass sie vorsehen können, dass Personen im Dublin-Verfahren „keine günstigere Behandlung zuteil wird, als sie den eigenen Staatsangehörigen in Fragen der rechtlichen Beratung im Allgemeinen gewährt wird."

337 Art. 27 Abs. 6 Dublin-Verordnung sieht zudem vor, dass die Verfahren hinsichtlich des Zugangs im nationalen Recht festgelegt werden und dass die rechtliche Beratung „zumindest die Vorbereitung der erforderlichen Verfahrensdokumente und die Vertretung vor Gerichten" umfasst. Der Kreis der Personen, die Beratung und Rechtsvertretung bereitstellen, kann im nationalen Recht beschränkt werden, und dieses kann auch vorsehen, den Anspruch nicht zu gewähren, wenn „die zuständige Behörde oder ein Gericht dem Rechtsbehelf oder der Überprüfung keine greifbaren Erfolgsaussichten einräumt." Allerdings muss in jedem Fall sichergestellt sein, „dass die rechtliche Beratung und Vertretung nicht willkürlich eingeschränkt werden und der wirksame Zugang des Antragstellers zu den Gerichten nicht beeinträchtigt wird."

338 Bei einer allgemeinen Einschränkung, wie sie auch im deutschen Recht existiert, ist allerdings nach den Umständen des Einzelfalles zu entscheiden und sicherzustellen, dass das Recht auf Zugang zu den Gerichten **nicht in seinem Wesensgehalt beeinträchtigt** ist.[331] Dazu gehört auch, dass eine nicht-gerichtliche Entscheidung „keine unentgeltliche rechtliche Beratung und Vertretung zu gewähren" von einem Gericht überprüfbar sein muss.

339 Mit diesen wenigen Einschränkungsmöglichkeiten geht der Zugang zu unentgeltlicher Beratung und Rechtsvertretung gemäß Art. 27 Abs. 5 und 6 Dublin-Verordnung in einem gewissen Maße über den nach Art. 20 und 21 Asylverfahrens-RL zu gewährenden Zugang hinaus. Das deutsche Recht macht in dieser Hinsicht keine Unterschiede.

---

[328] Vgl. BVerwG Urt. v. 15.1.2019 – 1 C 15/18, NVwZ 2019, 794. Zur Vermeidung einer „Endlosschleife" stellt § 80 Abs. 4 VwGO das entsprechende Instrumentarium bereit (vgl. zu den Handlungsmöglichkeiten des BAMF in solchen Fällen → Rn. 45 ff.). Eine solche „Endlosschleife" würde auch Art. 47 GRCh verletzen und müsste im Einzelfall gerichtlich beendet werden, vgl. zu einer ähnlichen Konstellation bei der Statusaberkennung EuGH Urt. v. 29.7.2019 – C-556/17, NVwZ-RR 2019, 926.

[329] BVerwG Urt. v. 9.8.2016 – 1 C 6/16, NVwZ 2016, 1492 Rn. 15 ff. Dies führt dazu, dass auch die Überstellungsfrist erst ab dem Zeitpunkt zu laufen beginnt, ab dem die aufschiebende Wirkung gemäß § 80b Abs. 1 VwGO endet.

[330] Vgl. EuGH Urt. v. 22.11.2012 – C-277/11, NVwZ 2013, 59 Rn. 87. S. auch Urt. v. 22.11.2012 – C-277/11 Rn. 31.

[331] Vgl. dazu unter Verweis auf die Rechtsprechung des EGMR: EuGH Urt. v. 22.12.2010 – C-279/09, EuZW 2011, 137 insbes. Rn. 47.

4. Materieller Prüfumfang und Vorlage beim EuGH

Wie dargelegt hat sich der Prüfungsumfang in materieller Hinsicht mit der revidierten Dublin-Verordnung erheblich verändert. Seit der Entscheidung *Ghezelbash* betont der EuGH konsequent, dass ein die Sache prüfendes Gericht verpflichtet ist, die **korrekte und fehlerfreie Anwendung der Dublin-Verordnung** zu überprüfen.[332] 340

Dies gilt nach der Rechtsprechung für die Zuständigkeitskriterien genauso, wie für die Erlöschenstatbestände und die Einhaltung der Vorschriften zu den Fristen. 341

Zudem muss ein mit der Sache befasstes Gericht das Vorliegen von Refoulement-Verboten individuell prüfen und die **Einhaltung der völkerrechtlichen und grundrechtlichen Vorgaben** überprüfen. 342

Auch die Einhaltung der verfahrensrechtlichen Vorschriften muss gesichert werden. In diesen Fällen ist nicht von vornherein ein Fall des § 46 VwVfG gegeben.[333] Die Frage, wie eine (gerichtliche) Anhörung ausgestaltet sein muss, um wirksamen Rechtschutz zu vermitteln, liegt dem EuGH gerade zur Klärung vor.[334] Die Entscheidung kann für die Frage, wie das behördliche und das gerichtliche Verfahren (insbesondere das persönliche Gespräch) unter der Dublin-Verordnung auszugestalten sind, ebenfalls Rückwirkungen haben. 343

Der gemäß Art. 27 Abs. 1 iVm Erwgr. 19 Dublin-Verordnung vorgesehene Rechtsbehelf ist daher umfassend zu verstehen. 344

Das mit der Dublin-Entscheidung befasste Gericht muss allerdings die umfassende Einhaltung der Vorgaben der Anerkennungs-RL durch den zuständigen Mitgliedstaat nicht überprüfen, da lediglich bei einem individuelle bestehenden Überstellungsverbot oder bei systemischen Mängeln eine Pflicht zur Nichtüberstellung besteht.[335] Die Einhaltung anderer Standards, die diese Schwelle nicht überschreiten, muss im jeweiligen Mitgliedstaat geltend gemacht werden.[336] 345

Inwieweit bei einer Dublin-Entscheidung nicht nur mögliche Verletzungen von Art. 4 GRCh zu überprüfen sind, sondern allgemein die Einhaltung der in den Rechtsakten des GEAS enthaltenen Standards Prüfungsgegenstand sein können oder müssen, ist ebenfalls ungeklärt. Im Zweifelsfall wären solche und weitere Fragen dem EuGH zur Klärung vorzulegen. Dazu ist das letztinstanzliche Gericht verpflichtet, alle anderen Gerichte sind gemäß Art. 267 AEUV dazu berechtigt. 346

Diese **Vorlagepflicht** betrifft grundsätzlich **nicht** die **Asyl-Eilverfahren**, sodass in diesen Fällen auch der Anspruch auf den gesetzlichen Richter durch eine Nichtvorlage nicht verletzt ist. Allerdings kann das den Eilantrag prüfende Gericht, wenn sich im Hauptsacheverfahren wahrscheinlich europarechtlich relevante Zweifelsfragen stellen, „weder – ohne Weiteres – ernstliche Zweifel an der Rechtmäßigkeit verneinen, noch kann die offensichtliche Rechtmäßigkeit des Verwaltungsakts bejaht werden."[337] 347

In solchen Fällen, in denen es auf europarechtliche Zweifelsfragen möglicherweise ankommt, überwiegt das Suspensivinteresse allerdings nach der Rechtsprechung des BVerfG nur, wenn „wenn besondere, in [der zu überstellenden Person] liegende Gründe die Rücküberstellung in einen anderen Mitgliedstaat unzumutbar erscheinen lassen."[338] 348

Wenn die grundsätzlich zu klärende Rechtsfrage in der Kammer nicht einheitlich beurteilt wird, muss vor einer Vorlage an den EuGH die Frage gemäß § 76 Abs. 4 S. 2 AsylG zuerst auf die Kammer übertragen werden. Geschieht dies nicht, ist dies mit Art. 101 Abs. 1 S. 2 GG nicht vereinbar.[339] 349

---

[332] Vgl. EuGH Urt. v. 7.6.2016 – C-63/15, NVwZ 2016, 1157 Rn. 54.
[333] BVerfG Beschl. v. 17.1.2017 – 2 BvR 2013/16, NVwZ 2017, 470 Rn. 20.
[334] Vgl. EuGH Rechtssache *Tompa* – C-564/18.
[335] Vgl. EuGH Urt. v. 19.3.2019 – C-163/17, NVwZ 2019, 712.
[336] Vgl. zum Anspruch auf Anerkennung als Flüchtling EuGH Urt. 19.3.2019 – C-297/17, C-318/17, C-319/17 und C-438/17, NVwZ 2019, 785 Rn. 96 ff.
[337] BVerfG Beschl. v. 17.1.2017 – 2 BvR 2013/16, NVwZ 2017, 470 Rn. 18.
[338] BVerfG Beschl. v. 17.1.2017 – 2 BvR 2013/16, NVwZ 2017, 470 Rn. 17 ff.
[339] BVerfG Beschl. v. 17.1.2017 – 2 BvR 2013/16, NVwZ 2017, 470 Rn. 23.

§ 19 Nationales Asyl- und Asylverfahrensrecht

Übersicht

	Rn.
A. Verfassungsrechtliche Grundlagen	2
B. Das Asylgesetz und das Aufenthaltsgesetz	10
I. Materielles Asylrecht	11
1. Die Asylberechtigung	12
a) Voraussetzungen	14
b) Einschränkungen	23
c) Rechtsstellung des Asylberechtigten	30
2. Die Flüchtlingseigenschaft	31
a) Voraussetzungen	33
b) Rechtsstellung des Flüchtlings	221
3. Der subsidiäre Schutz	222
a) Voraussetzungen	224
b) Rechtsstellung des subsidiär Schutzberechtigten	278
4. Nationale Abschiebungsverbote	280
a) § 60 Abs. 2 AufenthG	282
b) § 60 Abs. 5 AufenthG	283
c) § 60 Abs. 7 AufenthG	292
d) Rechtsstellung	306
5. Widerruf und Rücknahme der erworbenen Rechtsstellung	307
a) Widerruf von Asyl- und Flüchtlingsanerkennung	308
b) Widerruf der anderen Rechtsstellungen	320
c) Rücknahme der Rechtsstellungen	321
II. Asylverfahrensrecht	325
1. Behördliches Asylverfahren	325
a) Grundlagen des behördlichen Asylverfahrens	325
b) Die Stellung des Asylantrags	345
c) Aufenthaltsrechtliche Folgen der Asylantragstellung	365
d) Das behördliche Erkenntnisverfahren	381
e) Regelungen über die Verfahrensdauer und Verfahrensbeschleunigung	418
f) Pflichten des Antragstellers im Asylverfahren	423
g) Rücknahme des Asylantrags und Verzicht (§ 14a Abs. 3 AsylG)	446
h) Die Rücknahmefiktion bei Nichtbetreiben des Verfahrens (§ 33 AsylG)	452
i) Unzulässige Asylanträge (§ 29 AsylG)	472
j) Die Entscheidung des Bundesamts über zulässige Asylanträge	506
k) Der Bundesamtsbescheid	522
l) Das Verfahren bei Widerruf und Rücknahme	538
m) Das Folgeverfahren (§ 71 AsylG)	553
n) Das Flughafenverfahren (§ 18a AsylG)	566
o) Besondere Verfahrensgarantien für unbegleitete minderjährige Flüchtlinge	575
2. Gerichtliches Verfahren	584
a) Einführung	584
b) Das erstinstanzliche Klageverfahren	587
c) Berufungsverfahren	707
d) Eilrechtsschutz im Asylprozess	732
III. Rechtsstellung der Asylantragsteller	749
1. Einleitung	749
a) Übersicht	749
b) Die jüngsten Gesetzesänderungen	752
c) Bleibeperspektive und soziale Rechte für Asylsuchende	753
2. Gestatteter Aufenthalt in der Bundesrepublik	756

	Rn.
3. Wohnen und Mobilität	761
4. Soziale Leistungen	766
a) Grundlagen	766
b) Leistungen während der Wohnpflicht in der Aufnahmeeinrichtung	767
c) Leistungen bei Antragstellern in Gemeinschafts- oder privater Unterkunft	768
d) „Analogleistungen" nach Ablauf von 18 Monaten	769
e) Leistungskürzungen für Asylantragsteller (§ 1a Abs. 4 und 5 AsylbLG)	771
f) Medizinische Leistungen	774
5. Erwerbstätigkeit, Berufsausbildung, Studium und andere Lebenssituationen	775

In den vorausgegangenen Abschnitten wurden die völkerrechtlichen und unionsrechtlichen Regelungen des Asylrechts näher dargestellt. Wenn im Folgenden das „nationale" Recht erläutert wird, ist das dahin zu verstehen, dass es sich um die Rechtsvorschriften in den deutschen Gesetzes und Verordnungen handelt. Dabei muss jedoch bewusst bleiben, dass es sich bei den nationalen Rechtsvorschriften zu einem erheblichen Teil um solche handelt, die **unionsrechtliche Vorgaben** umsetzen. Bei der Auslegung der nationalen Vorschriften sind daher immer auch die dahinter stehende Richtlinie und ihre Auslegung iSd Unionsrechts zu berücksichtigen. Unionsrecht geht bei den asylrechtlichen Anerkennungs- und Ausschlussgründen selbst nationalem Verfassungsrecht vor, wie der EuGH entschieden hat.[1] Ungeachtet des Vorrangs des Unionsrechts sind aber auch die verfassungsrechtlichen Grundlagen des Asylrechts für das **Gesamtverständnis der nationalen Regelungen** von Bedeutung. Ihnen widmet sich daher der folgende Abschnitt. 1

A. Verfassungsrechtliche Grundlagen

Das **Grundgesetz vom 23.5.1949** normierte erstmals in der deutschen Verfassungsgeschichte ein Grundrecht auf Asyl. Bei der Normierung orientierte sich der Parlamentarische Rat zunächst an den Landesverfassungen von Hessen, Bayern und Rheinland-Pfalz. Diese hatten ein solches Grundrecht bereits eingeführt als Reaktion auf die politische Verfolgung durch den Nationalsozialismus und das Schicksal der vergeblich im Ausland davor Schutzsuchenden.[2] Zum anderen lagen den Ratsmitgliedern auch der Entwurf der Allgemeinen Erklärung der Menschenrechte der Vereinten Nationen vom Juni 1948 und deren abschließende Fassung vom 10.12.1948 (MRE) vor.[3] Allerdings ist in den Beratungsprotokollen zum Asylgrundrecht keine Bezugnahme der Ratsmitglieder auf die MRE dokumentiert. Der **erste Entwurf für einen GG-Artikel,** den der Abgeordneten Bergsträsser (SPD) im September 1948 in den Ausschuss für Grundsatzfragen des Parlamentarischen Rates einbrachte, lautete: „Fremde genießen den Schutz vor Auslieferung und Ausweisung, wenn sie … verfolgt werden …".[4] Die Formulierung macht – wie die genannten Landesverfassungen – den engen Zusammenhang zwischen dem strafrechtlichen Auslieferungsschutz und dem asylrechtlichen Ausweisungsschutz deutlich. Sie schränkt den Auslieferungsschutz jedoch auf Ausländer ein, berücksichtigt also nicht den Schutzbedarf Deutscher. 2

Die endgültige Fassung erhielt der Artikel (abgesehen von geringfügigen Änderungen) im Oktober 1948 auf der Grundlage des Vorschlags eines Redaktionskomitees, dem die Ab- 3

---

[1] EuGH Urt. v. 9.11.2010 – C-57/09 und C-101/09, NVwZ 2011, 285 Rn. 115; BVerwG Urt. v. 7.7.2011 – 10 C 26.10, NVwZ 2011, 1450 Rn. 32.
[2] *Gärditz* in Maunz/Dürig GG Art. 16a Rn. 6
[3] Vgl. hierzu *Kreuzberg/Wahrendorf,* Grundrecht auf Asyl, 2. Aufl. 1992, 7 ff.
[4] *Kreuzberg/Wahrendorf,* Grundrecht auf Asyl, 2. Aufl. 1992, 26.

geordneten von Mangoldt (CDU), Bergsträsser (SPD) und Zinn (SPD) angehörten.[5] Danach lautete Art. 16 Abs. 2 GG in der **Fassung von 1949 bis 1993:** „Kein Deutscher darf an das Ausland ausgeliefert werden. **Politisch Verfolgte genießen Asylrecht.**" Auch diese Fassung lässt noch den Zusammenhang von strafrechtlichem Auslieferungsschutz und asylrechtlichem Schutz erkennen, das Asylrecht wird jedoch in einem eigenständigen S. 2 normiert. Zugleich fällt dessen teilweise Übereinstimmung mit Art. 14 Abs. 1 MRE auf, der lautet: „Jeder hat das Recht, in anderen Ländern vor Verfolgung Asyl zu suchen und zu genießen."[6] In den Beratungen im Hauptausschuss des Parlamentarischen Rates im Januar 1949 lehnten die Abgeordneten eine Einschränkung des Asylrechts auf solche Ausländer ab, die wegen ihres Eintretens für „Freiheit, Demokratie, soziale Gerechtigkeit oder den Weltfrieden verfolgt" werden. Die Abgeordneten erwähnten in diesem Zusammenhang Frankreich, dass nach dem 2. Weltkrieg sowohl deutsche Antifaschisten als auch russische Zaristen aufgenommen habe, obwohl letztere „die Anhänger einer Blutsherrschaft der Unterdrückung des russischen Volkes" gewesen seien.[7]

4   Die Analyse der Gesetzgebungsmaterialien zeigt, dass das Asylrecht im Grundgesetz **primär** mit dem Ziel verankert wurde, **individuell Verfolgte** vor einer (strafrechtlichen) Auslieferung oder sonstigen Überstellung an den Verfolgerstaat zu schützen. Das macht der enge Regelungszusammenhang des Asylrechts mit der rein individuell begründeten strafrechtlichen Auslieferung deutlich.[8] Andererseits hatten die Abgeordneten aber auch Gruppen von politisch Verfolgten im Blick, wie die Diskussion um die nach Frankreich geflohenen deutschen Antifaschisten und russischen Zaristen verdeutlicht.

5   Das Grundrecht auf Asyl gewährt **kein Recht auf Einreise.** Der Asylanspruch entsteht erst, wenn der Verfolgte das Staatsgebiet der Bundesrepublik Deutschland erreicht. Asylrechtlicher Schutz kann nicht schon vom Verfolgerland aus beantragt werden.[9] Inhaltlich verschafft das Asylrecht in seinem Kernbereich dem Verfolgten einen status negativus in Gestalt des Anspruchs auf Schutz vor Verfolgung durch das Verbot der Zurückweisung des Zufluchtsuchenden an der Grenze und der Zurückschiebung in den Verfolgerstaat.[10] Die Entstehung des Asylanspruchs setzt demnach eine tatsächliche Zufluchtnahme des Verfolgten im Schutzstaat voraus, sodass der Flüchtling zumindest dessen Grenzen erreicht haben muss. Entsprechendes gilt für das **Völker- und Unionsrecht.** Weder die GFK (→ § 17 Rn. 12) noch Unionsrecht gewähren einen Anspruch auf Zugang zum Gebiet eines bestimmten Staates. Vielmehr wird ein Asylverfahren nach Art. 3 Asylverfahrens-RL 2013/32/EU nur eröffnet, wenn ein **Antrag im Hoheitsgebiet** eines Mitgliedstaats – einschließlich an der Grenze, in den Hoheitsgewässern oder in den Transitzonen – gestellt wird, nicht hingegen bei Anträgen in den Botschaften oder Konsulaten, die sich in den Herkunftsstaaten befinden.

6   Das Grundrecht auf Asyl wurde ohne Gesetzesvorbehalt normiert. Ihm wurden jedoch durch die **Grundgesetznovelle von 1993** interne Schranken gezogen. Aufgrund sprunghaft angestiegener Asylbewerberzahlen – insbesondere infolge des Balkankrieges – entschloss sich der verfassungsändernde Gesetzgeber zu einer umfassenden Änderung der Grundrechtsgarantie. Die bisherige Norm wurde in einen eigenständigen Art. 16a GG überführt. Im Anschluss an die in Abs. 1 unverändert übernommene Fassung des Grundrechts wurden in Abs. 2 und 3 inhaltliche Beschränkungen und in Abs. 4 eine verfahrensmäßige Beschränkung eingeführt. Abs. 5 enthält eine Öffnungsklausel für völkerrechtliche Vereinbarungen über Zuständigkeitsregeln für die Prüfung von Asylanträgen. Nach Art. 16a Abs. 2 GG kann

---

[5] JöR 1 (1951) 166; *Kreuzberg/Wahrendorf,* Grundrecht auf Asyl, 2. Aufl. 1992, 37.
[6] UN Doc. A/RES/217 A (III) v. 10.12.1948.
[7] So der Abgeordnete *Wagner* (SPD) in der 44. Sitzung des Hauptausschusses des Parlamentarischen Rats vom 19.1.1949, Protokollsammlung S. 583.
[8] Den Zusammenhang betont auch BVerfG Beschl. v. 10.7.1989, BVerfGE 80, 315 (336 f.) = BeckRS 1989, 110352.
[9] BVerwG Urt. v. 26.6.1984 – 9 C 196.83, NJW 1984, 2782.
[10] *Marx* AsylG § 2 Rn. 4.

sich ein Ausländer auf das Asylgrundrecht nicht berufen, wenn er aus einem Mitgliedstaat der EU oder aus einem anderen **sicheren Drittstaat** nach Deutschland eingereist ist. Da Deutschland ausschließlich von solchen Staaten umgeben ist, kommt seitdem die Zuerkennung des grundrechtlichen Asyls im Wesentlichen nur noch für mit dem Flugzeug Eingereiste in Betracht. Das sind weniger als 2 % der Antragsteller. Art. 16a Abs. 3 GG ermächtigt zur gesetzlichen Bestimmung **sicherer Herkunftsstaaten,** bei denen vermutet wird, dass keine Verfolgung stattfindet. Bisher wurden die Mitgliedstaaten der EU sowie sechs Balkanstaaten, Senegal und Ghana als solche bestimmt.[11]

Das **BVerfG** hat die verfassungsrechtliche Neukonzeption des Asylrechts in Art. 16a GG **7** in seinen **Urteilen vom 14.5.1996** als verfassungsrechtlich unbedenklich bestätigt.[12] Es hebt hervor, dass das Grundrecht auf Asyl zur Disposition des verfassungsändernden Gesetzgebers steht, da es nicht der Ewigkeitsgarantie nach Art. 79 Abs. 3 GG unterfällt und somit auch gänzlich aufgehoben werden könnte.[13] Dessen ungeachtet blieb durch die Änderung die Gewährleistung des Grundrechts auf Asyl unberührt, es erfolgte keine Herabstufung des Grundrechts zu einer institutionellen Garantie. Das BVerfG erkennt an, dass asylrechtlicher Schutz durch das **Zusammenwirken sicherer Staaten** gewährt werden kann und nicht allein durch einen einzelnen. Die Bestimmung sicherer Herkunfts- und Drittstaaten erfolgt – anders als in nahezu allen anderen Staaten – nicht durch die Verwaltung, sondern durch den Gesetzgeber selbst auf der Grundlage der verfassungsrechtlichen Vorgaben (Konzept der normativen Vergewisserung).[14]

Wichtig bei der Auslegung des Art. 16a GG und der hierzu ergangenen Rechtsprechung **8** ist die Beachtung der sich aus **Unionsrecht ergebenden Vorgaben.** Nach der Rechtsprechung des EuGH darf die Glaubwürdigkeit des durch die Anerkennungs-RL 2011/95/EU vorgesehenen Schutzsystems nicht durch Gewährung einer mit der Flüchtlingsstellung verwechselbaren nationalen Rechtsstellung beeinträchtigt werden.[15] Das wäre dann der Fall, wenn die Zuerkennung der Asylberechtigung nach Art. 16a GG von erleichterten Voraussetzungen abhängig gemacht würde als die Zuerkennung der Flüchtlingseigenschaft nach Unionsrecht. Der EuGH hat dies für die Gründe für den Ausschluss von der Flüchtlingseigenschaft entschieden, die nach nationalem Recht (einschließlich Verfassungsrecht) nicht strenger sein dürfen als nach Unionsrecht. Das Urteil ist aber verallgemeinerungsfähig und hat Konsequenzen auch für die Anerkennungsvoraussetzungen. Denn nach Art. 3 Anerkennungs-RL dürfen günstigere Normen für die Zuerkennung der Flüchtlingseigenschaft generell nur dann beibehalten werden, wenn der nationale Schutz aus anderen Gründen gewährt wird als der Flüchtlingsschutz nach der Richtlinie, wie etwa ein Schutz aus familiären oder humanitären Ermessensgründen.[16] Das trifft für das Asylrecht nach Art. 16a GG nicht zu, denn ein Asylberechtigter genießt die Rechtstellung eines Flüchtlings und nicht lediglich eine solche aus familiären oder humanitären Ermessensgründen.[17] Das hat zur Folge, dass die **Anerkennungsvoraussetzungen** für einen Asylberechtigten **nicht niedriger** sein dürfen als für einen Flüchtling und die **Ausschlussgründe nicht strenger** sein dürfen als nach dem Unionsrecht.

Zur Beachtung der unionsrechtlichen Vorgaben bedarf es keiner **Änderung von 9 Art. 16a GG,** auch nicht nach der angestrebten Überführung der Anerkennungs-RL in eine EU-Anerkennungsverordnung. Eine solche könnte etwa in der Übernahme der Formulierung aus Art. 18 GRCh liegen. Eine solche Änderung ist aber nicht erforderlich, denn der Vorrang des Unionsrechts führt nur zu einer **partiellen Überlagerung des**

---

[11] § 29a Abs. 2 mit Annex II zu § 29a AsylG.
[12] BVerfG Urt. v. 14.5.1996 – 2 BvR 1938, 2315/93, NVwZ 1996, 700; 2 BvR 1507, 1508/93, NVwZ 1996, 691; 2 BvR 1516/93, NVwZ 1996, 678.
[13] BVerfG Urt. v. 14.5.1996 – 2 BvR 1938, 2315/93, NVwZ 1996, 700.
[14] Zur rechtsvergleichenden Betrachtung *Niehaus* ZAR 2017, 555 (559).
[15] EuGH Urt. v. 9.11.2010 – C-57/09 und C-101/09, NVwZ 2011, 285 Rn. 118 f.
[16] EuGH Urt. v. 9.11.2010 – C-57/09 und C-101/09, NVwZ 2011, 285 Rn. 118.
[17] So ausdrücklich BVerwG Urt. v. 7.7.2011 – 10 C 26.10, NVwZ 2011, 1450 Rn. 31 f. in Anwendung der Rechtsprechung des EuGH in dessen Urt. v. 9.11.2010.

nationalen Rechts – hier: des Art. 16a GG –, hebt dieses aber nicht auf. Es ist nicht ausgeschlossen, dass sich EU-Normen ändern oder Deutschland die EU verlässt; dann könnte Art. 16a GG wieder seine uneingeschränkte Wirkung entfalten. In der Wissenschaft wird vereinzelt die Auffassung vertreten, das grundgesetzliche Asyl und der internationale Flüchtlingsschutz stellten im Gemeinsamen Europäischen Asylsystem „redundante Doppelgewährleistungen" dar. Dem sei durch eine einheitliche Auslegung beider Rechtsinstitute nach den Regelungen des Unionsrechts zu begegnen.[18] Dem ist nicht zu folgen. Zwar bietet dieser Ansatz große praktische Vorteile für den Rechtsanwender, er entspricht aber nicht dem Willen des verfassungsändernden Gesetzgebers von 1993, der sich **gegen eine Bindung an den Verfolgungsbegriff nach der GFK** entschieden hat.[19] Es muss dem Gesetzgeber vorbehalten bleiben, den Kreis der Grundrechtsberechtigten enger zu ziehen als den Kreis der völker- oder unionsrechtlich Geschützten. Im Fall einer Kollision mit dem Unionsrecht ist das Grundrecht auf Asyl daher **unionsrechtskonform auszulegen**[20] oder es wird im Fall einer nicht durch richtlinienkonforme Auslegung oder Rechtsfortbildung behebbaren Kollision **durch das Unionsrecht verdrängt**.[21]

B. Das Asylgesetz und das Aufenthaltsgesetz

10 Das materielle und formelle Asylrecht sind in Deutschland seit 2015 im **Asylgesetz** geregelt. Einige wenige Regelungen sind im **Aufenthaltsgesetz** verblieben, insbesondere die Bestimmungen zu nationalen Abschiebungsverboten in § 60 AufenthG. Außerdem regelt das Aufenthaltsgesetz die aufenthaltsrechtliche Stellung der Schutzberechtigten. Das materielle Asylrecht ist weitgehend durch die Anerkennungs-RL 2011/95/EU geprägt, und zwar in inhaltlicher Hinsicht wie auch hinsichtlich der tatbestandlichen Formulierungen. Auch das Verfahrensrecht ist an **unionsrechtliche Vorgaben** gebunden, die sich inbesondere aus der Asylverfahrens-RL 2013/32/EU ergeben. Diese Richtlinie lässt dem nationalen Gesetzgeber aber bisher noch einen weiteren Umsetzungsspielraum als die Anerkennungsrichtlinien. Die **EU-Kommission** plant eine Vollregelung des materiellen und formellen Asylrechts durch Erlass einer Anerkennungsverordnung und einer Verfahrensverordnung.[22] Falls diese Verordnungen verabschiedet werden und in Kraft treten, werden die nationalen Vorschriften des AsylG weitgehend überflüssig, die Rechtslage ergibt sich dann – wie bei der Dublin-Verordnung – unmittelbar aus dem Verordnungstext.

I. Materielles Asylrecht

11 Im Folgenden werden die unterschiedlichen **Schutzformen des materiellen Asylrechts** dargestellt. Das betrifft die Rechtsstellungen als Asylberechtigter, Flüchtling, subsidiär Schutzberechtigter und Begünstigter von nationalen Abschiebungsverboten. Dabei werden zunächst die Voraussetzungen für die Zuerkennung der einzelnen Rechtsstellungen und anschließend der Inhalt des sich daraus ergebenden Schutzes dargestellt.

1. Die Asylberechtigung

12 Die Anerkennung als Asylberechtigter richtet sich allein nach nationalem Recht. Die Voraussetzungen für die Gewährung dieses Rechtsstatus ergeben sich allein aus Art. 16a GG und der hierzu ergangenen Rechtsprechung. § 2 AsylG regelt die Gleichstellung von Asylberechtigten mit Flüchtlingen iSd GFK. Nach § 13 Abs. 2 AsylG wird mit jedem Asyl-

---

[18] *Wittreck* in Dreier, 3. Aufl. 2013, GG Art. 16a Rn. 257.
[19] So auch *Hailbronner* AuslR GG Art. 16a Rn. 62, Stand 2003.
[20] So auch *Jarass* in Jarass/Pieroth, 15. Aufl. 2018, GG Art. 16a Rn. 4.
[21] BVerwG Urt. v. 7.7.2011 – 10 C 26.10, NVwZ 2011, 1450 Rn. 33.
[22] Vorschlag für eine AnerkennungsVO v. 13.7.2016 – COM(2016) 466 final; Vorschlag für eine AsylverfahrensVO v. 13.7.2016 – COM(2016) 467 final.

antrag die Anerkennung als Asylberechtigter sowie internationaler Schutz (Flüchtlingsschutz und subsidiärer Schutz) beantragt. Allerdings kann der Ausländer den Asylantrag auf die Zuerkennung internationalen Schutzes beschränken, was in aller Regel deshalb geschieht, weil die Antragsteller aus einem Mitgliedstaat der EU oder einem anderen sicheren Drittstaat iSv Art. 16a Abs. 2 GG eingereist sind.

Im Folgenden werden die Voraussetzungen der Asylberechtigung, die zu beachtenden Einschränkungen und die mit der Zuerkennung verbundene Rechtsstellung dargestellt. 13

a) Voraussetzungen. aa) Schwerwiegende Rechtsverletzung. Asylerheblich ist eine 14 Rechtsverletzung nur, wenn sie sich als ausgrenzende Verfolgung darstellt. Rechtsgutverletzungen haben das für eine Verfolgung iSd Art. 16a GG erforderliche Gewicht generell dann, wenn sie einen **Eingriff in Leib, Leben und physische Freiheit** darstellen. Für Eingriffe in andere Freiheitsrechte oder Schutzgüter gilt entsprechendes, wenn sie nach ihrer Intensität und Schwere die Menschenwürde verletzen. Der **Schutz der Menschenwürde** ist damit das entscheidende Kriterium zur Abgrenzung von Verfolgung iSd Art. 16a GG von sonstigen Nachteilen.[23]

bb) Verfolgungsgründe. Die Anerkennung als Asylberechtigter setzt voraus, dass der 15 Antragsteller ein „politisch Verfolgter" iSv Art. 16a Abs. 1 GG ist. Der Schutz vor politischer Verfolgung iSv Art. 16a Abs. 1 GG ist nicht auf einen der fünf Verfolgungsgründe nach Art. 1 A GFK in dem Sinne beschränkt, dass er sich nur auf die Verfolgung wegen der „politischen Überzeugung" bezieht. Vielmehr bedeutet **politische Verfolgung** im verfassungsrechtlichen Sinne die Ausgrenzung des Betroffenen aus der übergreifenden staatlichen Friedensordnung unter staatlich verantworteter Schaffung einer für den Ausländer ausweglosen Lage. Sie kann auch an seine religiöse Grundüberzeugung oder andere „für ihn unverfügbare Merkmale" anknüpfen, die „sein Anderssein prägen".[24] Das erfasst nach der Rechtsprechung des BVerwG alle fünf Verfolgungsgründe nach Art. 1 A GFK, also Rasse, Religion, Nationalität, Zugehörigkeit zu einer bestimmten sozialen Gruppe und die politische Überzeugung.[25]

Die **Ahnung von Straftaten** ist grundsätzlich keine politische Verfolgung. Das Asyl- 16 grundrecht gewährt keinen Schutz vor drohenden (auch massiven) Verfolgungsmaßnahmen, die keinen politischen Charakter haben, sondern etwa der Terrorismusbekämpfung dienen. Auch eine nicht asylerhebliche Strafverfolgung kann allerdings in politische Verfolgung umschlagen, wenn objektive Umstände darauf schließen lassen, dass der Betroffene wegen eines asylerheblichen Merkmals eine härtere als die sonst übliche Behandlung erleidet (sogenannter **Politmalus**).[26]

cc) Gezielte Rechtsverletzung. Asylerheblich sind nur solche Maßnahmen, die dem 17 Betroffenen **gezielt Rechtsverletzungen zufügen**. Daran fehlt es bei Nachteilen, die jemand aufgrund der allgemeinen Zustände in seinem Heimatstaat zu erleiden hat, wie **Hunger, Naturkatastrophen,** aber auch bei den allgemeinen Auswirkungen von **Bürgerkriegen und Kriegen.**[27] Das Asylrecht soll hingegen nicht jedem, der in seiner Heimat in materieller Not leben muss, die Möglichkeit eröffnen, seine Lebenssituation durch Flucht zu verbessern. Das **spezifische Ziel der Rechtsverletzung** muss dabei sein, dem Betroffenen gerade wegen eines der fünf asylerheblichen Merkmale Nachteile zuzufügen, ihn also wegen seiner Rasse, Religion, Nationalität, Zugehörigkeit zu einer bestimmten sozialen Gruppe und die politische Überzeugung zu treffen. Dies ist anhand des inhaltlichen

---

[23] BVerwG Urt. v. 25.10.1988 – 9 C 37.88, NVwZ 1989, 477 = BVerwGE 80, 321 (324).
[24] BVerfG Beschl. v. 1.7.1987 – 2 BvR 478, 962/86, NVwZ 1988, 237 = BVerfGE 76, 143 (158); Beschl. v. 10.7.1989 – 2 BvR 502/86, 1000/86, 961/86, BVerfGE 80, 315 (333) = BeckRS 1989, 110352.
[25] BVerwG Urt. v. 7.10.1975 – 1 C 46.69, NJW 1976, 490 = BVerwGE 49, 202 (204).
[26] BVerfG Beschl. v. 10.7.1989 – 2 BvR 502/86, 1000/86, 961/86, BVerfGE 80, 315 (336 ff.) = BeckRS 1989, 110352; Kammerbeschl. v. 4.12.2012 – 2 BvR 2954/09, NVwZ 2013, 500 Rn. 24.
[27] BVerfG Beschl. v. 10.7.1989 – 2 BvR 502/86, 1000/86, 961/86, BVerfGE 80, 315 (335) = BeckRS 1989, 110352.

Charakters nach der erkennbaren Gerichtetheit der Maßnahme zu beurteilen, nicht nach den subjektiven Gründen oder Motiven, die den Verfolgenden dabei leiten.[28]

18 dd) Gruppenverfolgung. Eine asylrelevante Verfolgungsmaßnahme muss nicht notwendigerweise gegen eine Einzelperson gerichtet sein, sondern kann sich auch als **Gruppenverfolgung** darstellen, wenn eine Personenmehrheit durch gemeinsame Merkmale wie Rasse, Religion oder politische Überzeugung miteinander verbunden ist (zB der Genozid an den Armeniern durch die Türkei Anfang des 20. Jahrhunderts).[29] Eine Gruppenverfolgung setzt jedoch eine bestimmte **Verfolgungsdichte** voraus: Gruppenmitglieder müssen Rechtsgutsbeeinträchtigungen erfahren, aus deren Intensität und Häufigkeit jedes einzelne Gruppenmitglied die begründete Furcht herleiten kann, selbst jederzeit ein Opfer der Verfolgungsmaßnahmen zu werden.[30]

19 ee) Staatliche Verfolgung. Voraussetzung für die Anerkennung als Asylberechtigter ist das Vorliegen einer **staatlichen,** quasi-staatlichen oder dem Staat zurechenbaren **Verfolgung,** der Verfolgungsbegriff ist insoweit enger als beim völker- und unionsrechtlichen Flüchtlingsbegriff.[31] Insbesondere sind dem Staat solche **staatsähnlichen Organisationen** gleichgestellt, die den Staat verdrängt haben oder denen dieser das Feld überlassen hat und die ihn daher insoweit ersetzen. Insbesondere die faktische Einheit von Staat und Staatspartei oder von Staat und Staatsreligion kann es rechtfertigen, dem Staat Verfolgungsmaßnahmen von Angehörigen der Staatspartei oder der Staatsreligion gegenüber Personen zuzurechnen, die einer anderen politischen Überzeugung zuneigen oder anderen Glaubens sind.[32] Die Frage, ob in einer Bürgerkriegssituation nach dem Fortfall der bisherigen Staatsgewalt von einer Bürgerkriegspartei politische Verfolgung ausgehen kann, beurteilt sich maßgeblich danach, ob diese zumindest in einem Kernterritorium staatsähnliche **Herrschaftsstrukturen von gewisser Stabilität** errichtet hat.[33]

20 ff) Kausalität. Die Flucht muss auf der Verfolgungsmaßnahme beruhen. Es bedarf somit eines **Kausalzusammenhangs Verfolgung – Flucht – Asyl.**[34] Dieser kann auch bei Nachfluchttatbeständen in Betracht kommen (sur place-Fluchtgründe). Dabei ist zwischen **objektiven und subjektiven** (selbstgeschaffenen) **Nachfluchtgründen** zu unterscheiden. Objektive Nachfluchttatbestände sind solche, die durch Vorgänge oder Ereignisse im Heimatland unabhängig von der Person des Asylbewerbers ausgelöst werden, zB ein die Verfolgung begründender Regimewechsel. Hier liefe es Sinn und Zweck der Asylgewährleistung zuwider, die Asylanerkennung zu versagen. Denn die Verfolgungssituation ist ohne eigenes Zutun des Betroffenen entstanden. Es ist ihm nicht zumutbar, zunächst in das Verfolgerland zurückzukehren, um dann der ihm widerfahrenden Verfolgung zu entfliehen. Selbstgeschaffene Nachfluchttatbestände führen hingegen in der Regel nur dann zur Asylberechtigung, wenn sie sich als Ausdruck und Fortführung einer schon während des Aufenthalts im Heimatstaat vorhandenen und erkennbar betätigten festen Überzeugung darstellen, mithin als notwendige Konsequenz einer dauernden, die eigene Identität prägenden und nach außen kundgegebenen Lebenshaltung erscheinen.[35]

---

[28] BVerfG Beschl. v. 10.7.1989 – 2 BvR 502/86, 1000/86, 961/86, BVerfGE 80, 315 (335) = BeckRS 1989, 110352.
[29] BVerfG Beschl. v. 2.7.1980 – 1 BvR 147/80, 1 BvR 181/80, 1 BvR 182/80, BVerfGE 54, 341 (358 f.) = NJW 1980, 2641.
[30] BVerwG Urt. v. 19.4.1994 – 9 C 462.93, NVwZ 1994, 1121 (1122).
[31] BVerfG Beschl. v. 10.7.1989 – 2 BvR 502/86, 1000/86, 961/86, BVerfGE 80, 315 (334) = BeckRS 1989, 110352.
[32] BVerfG Beschl. v. 2.7.1980 – 1 BvR 147/80, 1 BvR 181/80, 1 BvR 182/80, BVerfGE 54, 341 (358) = NJW 1980, 2641.
[33] BVerfG Kammerbeschl. v. 10.8.2000 – 2 BvR 260/98, 2 BvR 1353/98, NVwZ 2000, 1165 (1166).
[34] BVerfG Beschl. v. 26.11.1986 – 2 BvR 1058/85, BVerfGE 74, 51 (64) = NVwZ 1987, 311.
[35] BVerfG Beschl. v. 26.11.1986 – 2 BvR 1058/85, BVerfGE 74, 51 (65 f.) = NVwZ 1987, 311.

gg) Wahrscheinlichkeit der Verfolgung. Der **Wahrscheinlichkeitsmaßstab**, der der 21
Verfolgungsprognose zugrunde zu legen ist, unterscheidet sich danach, ob der Asylbewerber
verfolgt oder unverfolgt ausgereist ist. War er schon vor seiner Ausreise von Verfolgung bedroht, kommt ihm ein herabgestufter Wahrscheinlichkeitsmaßstab zugute. Danach muss er
vor erneuter Verfolgung **hinreichend sicher** sein. Hat er seine Heimat hingegen unverfolgt verlassen, kann sein Asylbegehren nur Erfolg haben, wenn ihm Verfolgung mit **beachtlicher Wahrscheinlichkeit** droht.[36] Bei objektiven Nachfluchtgründen kann ihm die
Rückkehr nur zugemutet werden, wenn er vor Verfolgung hinreichend sicher ist. Diese
unterschiedlichen Prognosemaßstäbe gelten für die Anerkennung als Flüchtling und subsidiär Schutzberechtigter nicht; hier gilt einheitlich der Maßstab der beachtlichen Wahrscheinlichkeit, dem vorverfolgten Asylbewerber kommt jedoch eine Beweiserleichterung
zugute.[37]

hh) Inländische Fluchtalternative. Wegen der Subsidiarität des asylrechtlichen Schutzes 22
kann ihn ein Ausländer nicht in Anspruch nehmen, wenn ihm eine **inländische Fluchtalternative** offen steht. Eine solche besteht in anderen Landesteilen des Heimatstaates, wenn
der Betroffene dort nicht in eine ausweglose Lage gerät. Das setzt voraus, dass er in den in
Betracht kommenden Gebieten vor politischer Verfolgung hinreichend sicher ist und ihm
dort auch keine anderen Nachteile und Gefahren drohen, die nach ihrer Intensität und
Schwere einer asylerheblichen Rechtsgutsbeeinträchtigung gleichkommen, sofern diese
existentielle Gefährdung am Herkunftsort so nicht bestünde.[38]

b) Einschränkungen. aa) Einreise aus sicherem Drittstaat. Eine erste Einschränkung 23
erfährt das Asylgrundrecht durch Art. 16a Abs. 2 GG. Danach kann sich ein Ausländer auf
das Asylgrundrecht nicht berufen, wenn er aus einem Mitgliedstaat der EU oder aus einem
anderen **sicheren Drittstaat** nach Deutschland eingereist ist. Mit dieser durch den 1993
eingeführten Beschränkung reagierte der verfassungsändernde Gesetzgeber auf die hohen
Flüchtlingszahlen, die Deutschland infolge der Balkankriege zu verzeichnen hatte. Dem
Ausländer steht kein Asylrecht zu, weil er sich während seiner Reise irgendwann in einem
sicheren Staat befunden hat und dort Schutz nach den Bestimmungen der GFK hätte finden
können.[39] Art. 16a Abs. 2 GG nimmt dem Ausländer die Möglichkeit, das Land, in dem er
um Schutz nachsuchen will, frei zu wählen. Der Ausschluss vom Asylgrundrecht ist nicht
davon abhängig, ob der Ausländer in den Drittstaat zurückgeführt werden kann. Droht ihm
im Drittstaat oder im Herkunftsstaat Verfolgung, ist dem durch Gewährung von Flüchtlingsschutz, subsidiärem Schutz oder nationalem Abschiebungsschutz zu begegnen.[40] Der
Ausländer muss nicht unmittelbar aus dem sicheren Drittstaat nach Deutschland eingereist
sein, vielmehr genügt, dass er sich während der Reise irgendwann in einem sicheren Drittstaat aufgehalten hat.

Die Regelung wird einfachgesetzlich durch **§ 26a AsylG** umgesetzt. Dort wird auch auf 24
Anlage I zu § 26a AsylG verwiesen, in der Norwegen und die Schweiz zu sicheren
Drittstaaten erklärt werden, die zu den Mitgliedstaaten der EU hinzutreten, die bereits von
Verfassungs wegen als sicher eingestuft sind. Der Begriff der sicheren Drittstaaten in
Art. 16a Abs. 2 GG ist von dem gleichlautenden unionsrechtlichen Begriff zu unterscheiden, da sichere Drittstaaten iSd Unionsrechts nur Staaten außerhalb der EU sind, nicht aber
deren Mitgliedstaaten.[41]

bb) Sicherer Herkunftsstaat. Eine zweite Einschränkung erfährt das Asylgrundrecht 25
durch Art. 16a Abs. 3 GG. Danach können durch Gesetz **sichere Herkunftsstaaten** be-

---

[36] BVerwG Urt. v. 25.9.1984 – 9 C 17.84, BVerwGE 70, 169 (170).
[37] BVerfG Urt. v. 14.5.1996 – 2 BvR 1938, 2315/93, BVerfGE 94, 49 (94) = NJW 1996, 1665.
[38] BVerfG Beschl. v. 10.7.1989 – 2 BvR 502/86, 1000/86, 961/86, BVerfGE 80, 315 (343 f.) = BeckRS 1989, 110352.
[39] BVerfG Urt. v. 14.5.1996 – 2 BvR 1938, 2315/93, BVerfGE 94, 49 (94) = NJW 1996, 1665.
[40] BVerfG Urt. v. 14.5.1996 – 2 BvR 1938, 2315/93, BVerfGE 94, 49 (95 ff.) = NJW 1996, 1665.
[41] BVerwG Urt. v. 1.6.2017 – 1 C 9.17, Rn. 17.

stimmt werden, für die gesetzlich vermutet wird, dass dort weder politische Verfolgung noch unmenschliche oder erniedrigende Bestrafung oder Behandlung stattfindet. Die gesetzliche Vermutung kann der Ausländer durch Vortrag geeigneter Tatsachen für seine Person entkräften. Bisher wurden die Mitgliedstaaten der EU sowie sechs Balkanstaaten, Senegal und Ghana zu sicheren Herkunftsstaaten bestimmt (§ 29a Abs. 2 AsylG mit Annex II zu § 29a AsylG). Der Asylantrag ist in diesen Fällen grundsätzlich als offensichtlich unbegründet abzulehnen, mit den sich aus Art. 16a Abs. 4 GG ergebenden Folgen für das vorläufige Rechtsschutzverfahren.

26   Die Regelung zu den sicheren Herkunftsstaaten führt zu einer **Verfahrensbeschleunigung.** Das Bundesamt und die Verwaltungsgerichte werden von einer umfassenden Prüfung der zielstaatsbezogenen Verfolgungslage in jedem Einzelfall entlastet. Der Gesetzgeber beurteilt die asylerheblichen Verhältnisse im Herkunftsstaat abstrakt-generell und für die Verwaltung und die Gerichte bindend, von dem seltenen Fall einer Verfassungswidrigkeit der Länderbestimmung abgesehen.[42] Das Bundesamt und die Verwaltungsgerichte prüfen, ob die **gesetzliche Vermutung im Einzelfall widerlegt** ist, zB wegen der Verfolgung eines Homosexuellen im Senegal bei ansonsten gewährleisteter Verfolgungsfreiheit.[43]

27   § 30a AsylG sieht zudem ein **beschleunigtes Verfahren** ua für Staatsangehörige aus sicheren Herkunftsstaaten vor. Macht das Bundesamt von dieser Regelung Gebrauch, so entscheidet es innerhalb einer Woche ab Stellung des Asylantrags. Der Antragsteller ist dann verpflichtet, in einer besonderen Aufnahmeeinrichtung zu wohnen (→ Rn. 421 ff.).[44]

28   **cc) Ausschluss.** Ein Ausländer ist von der Asylberechtigung **ausgeschlossen,** wenn die Voraussetzungen des § 60 Abs. 8 S. 1 AufenthG vorliegen, er demnach aus schwerwiegenden Gründen als eine **Gefahr für die Sicherheit** der Bundesrepublik Deutschland anzusehen ist oder eine **Gefahr für die Allgemeinheit** bedeutet, weil er wegen eines Verbrechens oder besonders schweren Vergehens rechtskräftig zu einer Freiheitsstrafe von mindestens drei Jahren verurteilt worden ist.[45] Erforderlich ist dafür die Prognose, dass der Ausländer die die Sicherheit des Staates oder seiner Bevölkerung gefährdende Betätigung in Zukunft mit hoher Wahrscheinlichkeit fortsetzen wird.[46] Diese Beschränkung des an sich vorbehaltlos gewährten Asylgrundrechts ist verfassungsgemäß, weil sie durch den gleichrangigen Verfassungswert der Sicherheit des Staates als verfasster Friedens- und Ordnungsmacht und die von ihm zu gewährleistende Sicherheit seiner Bevölkerung geboten ist und damit eine verfassungsimmanente Schranke des Asylrechts darstellt. Ein Ausschluss ist auch gerechtfertigt, wenn der Ausländer von Deutschland aus terroristische Aktivitäten entfaltet (sogenannter **Terrorismusvorbehalt**).[47]

29   Ein Problem ergab sich für das nationale Recht dadurch, dass die weitergehenden **Ausschlussgründe der Anerkennungs-RL,** die Art. 1 F GFK entsprechen, auf das Asylgrundrecht nicht angewendet wurden.[48] Dabei handelt es sich um Unwürdigkeitsgründe, die auch erfüllt sind, wenn vom Ausländer aktuell keine Gefahr mehr ausgeht. Hier hat der EuGH auf eine Vorlage des BVerwG entschieden, dass es dem Unionsrecht widerspricht, wenn das nationale Recht Bestimmungen beibehält, die einem Ausländer eine dem Flüchtlingsstatus ähnliche Rechtsstellung gewähren, obwohl sie einen Ausschlussgrund nach der Anerkennungs-RL erfüllt (→ Rn. 162 ff.).[49] Daher sind die Ausschlussgründe des Unions-

---

[42] BVerfG Urt. v. 14.5.1996 – 2 BvR 1938, 2315/93, BVerfGE 94, 49 (133 f.) = NJW 1996, 1665.
[43] VG München Beschl. v. 4.8.2016 – M 11 S 16.30613; dazu auch *Niehaus* ZRP 2017, 555.
[44] § 47 Abs. 1a AsylG.
[45] BVerwG Beschl. v. 14.10.2008, 10 C 48.07, BVerwGE 132, 79 Rn. 39 mwN.
[46] BVerwG Urt. v. 30.3.1999, 9 C 31.98, BVerwGE 109, 1 (3 ff., 8) = NVwZ 1999, 1346; Urt. v. 1.11.2005 – 1 C 21.04, BVerwGE 124, 276 (278, 289) = NVwZ 2006, 707.
[47] BVerfG Beschl. v. 20.12.1989 – 2 BvR 958/86, BVerfGE 81, 142 (152); BVerwG; Urt. v. 31.3.2011 – 10 C 2.10, NVwZ 2011, 1456 Rn. 46.
[48] Nachweise in BVerwG Beschl. v. 14.10.2008 – 10 C 48.07, BVerwGE 132, 79 Rn. 39.
[49] EuGH Urt. v. 9.11.2010 – C-57/09 und C-101/09, NVwZ 2011, 285 Rn. 115.

rechts, wie sie für Flüchtlinge in § 3 Abs. 2 AsylG normiert sind, und die zu ihrer Auslegung ergehende Rechtsprechung **auch auf Asylberechtigte anzuwenden.**[50]

c) Rechtsstellung des Asylberechtigten. Der Asylberechtigte genießt Schutz vor Abschiebung (§ 60 Abs. 1 S. 2 AufenthG), Zurückschiebung (§ 57 Abs. 3 AufenthG) und Auslieferung (§ 6 Abs. 2 IRG[51]) in einen Verfolgerstaat.[52]. Mit der Anerkennung erwirbt er den Anspruch auf eine Aufenthaltserlaubnis (§ 25 Abs. 1 S. 1 AufenthG), die zunächst für drei Jahre erteilt wird (§ 26 Abs. 1 S. 2 AufenthG). Sie berechtigt zur Ausübung einer Erwerbstätigkeit (§ 25 Abs. 1 S. 4 AufenthG). Es besteht Anspruch auf Familiennachzug nach § 29 Abs. 2 AufenthG. Nach erfolgter Einreise können Familienangehörige Familienasyl nach § 26 AsylG beantragen. Asylberechtigte besitzen in Deutschland die Rechtsstellung nach der GFK (§ 2 Abs. 1 AsylG). Das gewährt ihnen neben erhöhtem Ausweisungs- und Zurückweisungsschutz (§ 53 Abs. 3 AufenthG, Art. 32, 33 GFK) Religionsfreiheit (Art. 4 GFK), Zugang zu Leistungen der sozialen Sicherung, Bildungseinrichtungen und im Arbeitsrecht unter Gleichstellung mit Deutschen (Art. 22, 23 und 24 GFK), Teilnahme an einem Integrationskurs (§ 44 Abs. 1 Nr. 1 AufenthG) sowie Anspruch auf Ausstellung eines Reiseausweises, Gewährung von Freizügigkeit wie anderen Drittstaatsangehörigen und erleichterte Einbürgerung (Art. 26, 28 und 34 GFK). Sie haben das Recht auf politische Betätigung unter den in § 47 AufenthG formulierten Voraussetzungen. Bereits nach drei Jahren rechtmäßigen Aufenthalts können Asylberechtigte einen Anspruch auf Erteilung einer Niederlassungserlaubnis nach Maßgabe des § 26 Abs. 3 S. 1 und 3 AufenthG erwerben.

2. Die Flüchtlingseigenschaft

Die Rechtsstellung als Flüchtling wird **völkerrechtlich** durch die **GFK** garantiert. Die Konvention ist auch die Grundlage des modernen Flüchtlingsrechts (→ § 17 Rn. 2). Art. 1 A GFK erkennt dem die Flüchtlingseigenschaft zu, der sein Heimatland aus der begründeten Furcht vor Verfolgung wegen ihrer Rasse, Religion, Nationalität, Zugehörigkeit zu einer bestimmten sozialen Gruppe oder wegen ihrer politischen Überzeugung verlassen hat. Auf dieser Flüchtlingsdefinition der GFK baut die **Anerkennungs-RL 2011/95/EU** auf, präzisiert die einzelnen Elemente des Flüchtlingsbegriffs jedoch in erheblichem Umfang und klärt damit Streitfragen, die bei der Auslegung der GFK aufgetreten waren (zB Voraussetzungen einer Verfolgungshandlung, Anerkennung nichtstaatlicher Verfolgung, Voraussetzungen der Verweisung auf landesinternen Schutz). Der deutsche Gesetzgeber hat die unionsrechtlichen Vorgaben im August 2007 umgesetzt.[53] Zunächst verwies der damalige § 60 Abs. 1 S. 5 AufenthG unmittelbar auf Art. 4 Abs. 4 und Art. 7 bis 10 Anerkennungs-RL. Seit Dezember 2013 regelt das AsylG die unionsrechtlichen Vorgaben in eigenen Vorschriften (§§ 3 aff., 4 AsylG).[54] Die Normen sind überwiegend wortgleich aus der Anerkennungs-RL übernommen worden. Soweit Auslegungsfragen entstehen, sollten jeweils die entsprechende Vorschrift der Richtlinie, die Gesetzgebungsmaterialien, die hierzu ergangene Rechtsprechung und Kommentierung herangezogen werden.[55] Soweit geboten wird darauf auch in der folgenden Kommentierung jeweils an bereiter Stelle hingewiesen.

Im Folgenden werden die Voraussetzungen für die Zuerkennung der Flüchtlingseigenschaft, die zu beachtenden Einschränkungen und die mit der Zuerkennung verbundene

---

[50] BVerwG Urt. v. 7.7.2011 – 10 C 26.10, NVwZ 2011, 1450 Rn. 33; OVG Münster Urt. v. 2.7.2013 – 8 A 5118/05.A, Rn. 55 ff.
[51] Gesetz über die internationale Rechtshilfe in Strafsachen, BGBl. 1994 I 1537.
[52] BVerfG Beschl. v. 4.2.1959 – 1 BvR 193/57, BVerfGE 9, 174 (184).
[53] Richtlinienumsetzungsgesetz v. 19.8.2007, BGBl. I 1970.
[54] Gesetz zur Umsetzung der RL 2011/95/EU v. 28.8.2013, BGBl. I 3474.
[55] Eine Kommentierung zur EU-Anerkennungsrichtlinie bieten *Hailbronner/Thym* EU Immigration Law sowie *Marx*, Handbuch zum Flüchtlingsschutz, 2. Aufl. 2012.

Rechtsstellung dargestellt. Dabei ist zu beachten, dass die Eigenschaft als „Flüchtling" von der **Erfüllung der nachstehenden materiellen Voraussetzungen** abhängt, nicht hingegen von der förmlichen Zuerkennung der „Flüchtlingseigenschaft" iSv § 3 Abs. 4 AsylG, Art. 2 lit. e iVm Art. 13 Anerkennungs-RL.[56]

33 a) Voraussetzungen. Die Zuerkennung der Flüchtlingseigenschaft ist von folgenden Voraussetzungen abhängig:
- Ausländer außerhalb des Staats der eigenen Staatsangehörigkeit iSv § 3 Abs. 2 AsylG (→ Rn. 34),
- Verfolgungshandlung iSv § 3a AsylG – auch nach § 28 AsylG (→ Rn. 35 ff.),
- Verfolgungsgrund iSv § 3b AsylG (→ Rn. 72 ff.),
- geeigneter Verfolgungsakteur iSv § 3c AsylG (→ Rn. 99 ff.),
- beachtliche Wahrscheinlichkeit der Verfolgung/begründete Furcht vor Verfolgung iSv § 3 AsylG (→ Rn. 108 ff.),
- Fehlen eines geeigneten Schutzakteurs iSv § 3d AsylG (→ Rn. 118 ff.),
- Fehlen von internem Schutz iSv § 3e AsylG (→ Rn. 134 ff.),
- Fehlen von Ausschlussgründen (→ Rn. 156 ff.).

34 aa) Ausländer außerhalb des Staats der eigenen Staatsangehörigkeit. Die Flüchtlingseigenschaft kann nur einem Ausländer zuerkannt werden, der sich außerhalb des Staats seiner eigenen Staatsangehörigkeit befindet oder – im Fall der Staatenlosigkeit – außerhalb des Staats, in dem er seinen vorherigen gewöhnlichen Aufenthalt hatte (§ 3 Abs. 1 Nr. 2 AsylG). Das bedeutet den **Ausschluss des Botschaftsasyls,** weil der betreffende Ausländer sich dann noch im Heimatstaat befindet. Nach der Anerkennungs-RL darf die Flüchtlingseigenschaft zudem nur **Drittstaatsangehörigen** zuerkannt werden, nicht aber Unionsbürgern (Art. 2 lit. Anerkennungs-RL). Das ist auch im nationalen Recht zu beachten. Ein **Staatenloser** hatte seinen **vorherigen gewöhnlichen Aufenthalt** in dem Staat, in dem er zuletzt seinen Lebensmittelpunkt gefunden hat.[57] Er muss dort länger als nur vorübergehend verweilt haben, ohne dass die zuständigen Behörden aufenthaltsbeendende Maßnahmen gegen ihn eingeleitet haben. In der Regel wird der Aufenthalt länger als ein Jahr gedauert haben. Der Aufenthalt muss jedoch nicht rechtmäßig gewesen sein.[58] Hat ein Staatenloser im Lauf seines Lebens in mehr als einem Staat nicht nur vorübergehend gelebt, so ist für die Beurteilung der Verfolgungsgefahr grundsätzlich auf das Land seines letzten gewöhnlichen Aufenthalts abzustellen.[59]

35 bb) Verfolgungshandlung. Dem Ausländer muss eine Verfolgungshandlung drohen. Art. 9 Anerkennungs-RL und ihm folgend § 3a AsylG definieren, welche Handlungen staatlicher oder privater Akteure verfolgungserheblich sind. Insofern sind die Regelungen deutlich präziser als die GFK, die nur von Verfolgung spricht, diese aber nicht näher definiert, sondern nur die fünf von ihr anerkannte Verfolgungsgründe nennt. Erfasst werden mit gewissen Einschränkungen auch Verfolgungshandlungen, die dem Ausländer erst nach erfolgter Flucht drohen (§ 28 AsylG). Zwischen der Verfolgungshandlung und einem anerkannten Verfolgungsgrund muss eine Verknüpfung bestehen (§ 3a Abs. 3 AsylG).

36 (1) Verletzung grundlegender Menschenrechte. Nach § 3a AsylG stellt an erster Stelle eine schwerwiegende Verletzung der **grundlegenden Menschenrechte** eine Verfolgungshandlung dar. Dabei definiert der Gesetzgeber, was er unter den „grundlegenden Men-

---

[56] EuGH Urt. v. 14.5.2019 – C-391/16, C-77/17 und C-78/17, Rn. 92.
[57] BVerwG Urt. v. 26.2.2009 – 10 C 50.07, BVerwGE 133, 203 Rn. 31 ff.; Urt. v. 25.4.2019 – 1 C 28.18, NVwZ 2019, 1360 Rn. 14; Beschl. v. 14.5.2019 – 1 C 5.18, BeckRS 2019, 16488 Rn. 45 ff.
[58] BVerwG Beschl. v. 14.5.2019 – 1 C 5.18, BeckRS 2019, 16488 Rn. 45 ff.; vgl. auch die Auslegung des Begriffs im Staatsangehörigkeitsrecht durch BVerwG Urt. v. 26.4.2016 – 1 C 9.15, BVerwGE 155, 47 Rn. 13 ff.
[59] BVerwG Urt. v. 26.2.2009 – 10 C 50.07, NVwZ-RR 2010, 252 Rn. 36.

schenrechten" versteht, nämlich insbesondere die Rechte der EMRK, von denen nach deren Art. 15 Abs. 2 EMRK keine Abweichung zulässig ist. Das bezieht sich auf das Verbot der Tötung (außer infolge rechtmäßiger Kriegshandlungen – Art. 2 EMRK), das Verbot der Folter sowie unmenschlicher und erniedrigender Behandlung und Bestrafung (Art. 3 EMRK), das Verbot der Sklaverei und Leibeigenschaft (Art. 4 Abs. 1 EMRK) sowie auf das Verbot der Bestrafung ohne Gesetz (Art. 7 EMRK).

Aus dem Gesetzeswortlaut „insbesondere" wird deutlich, dass auch weitere drohende 37 Menschenrechtsverletzungen eine geeignete Verfolgungshandlung darstellen können. Sie muss allerdings in ihrer Schwere der Verletzung eines der im Gesetz genannten grundlegenden Menschenrechte gleichkommen. Dazu zählt der **Entzug der Freiheit** (zB durch Inhaftierung – Art. 5 EMRK), denn die Freiheit ist neben dem Leben das durch das Verbot der Zurückweisung in Art. 33 GFK geschützte und damit besonders geschützte Rechtsgut. Weiter hat das BVerwG den **Entzug der Staatsangehörigkeit** als Verfolgungshandlung anerkannt, weil sie den Betreffenden seiner wesentlichen staatsbürgerlichen Rechte beraubt und ihn so aus der übergreifenden Friedensordnung der staatlichen Einheit ausgrenzt.[60]

EuGH und BVerwG erkennen unter bestimmten Voraussetzungen auch Eingriffe in die 38 **Religionsfreiheit** (Art. 9 EMRK) als Verfolgungshandlungen an. Der **EuGH** sieht in seinem Urteil zur muslimischen Glaubensrichtung der Ahmadiyya die Religionsfreiheit als ein grundlegendes Menschenrecht an, das eines der Fundamente einer demokratischen Gesellschaft darstellt. Ein Eingriff in das Recht auf Religionsfreiheit kann so gravierend sein, dass er einem der in Art. 15 Abs. 2 EMRK genannten Fälle gleichgesetzt werden kann.[61] Dafür ist nicht entscheidend, ob ein Eingriff in den Kernbereich des inneren Bekenntnisses („forum internum") oder in die religiöse Betätigung in der Öffentlichkeit („forum externum") droht. Maßgeblich ist vielmehr, ob der **Eingriff objektiv und subjektiv schwerwiegend** ist.

Die **objektive Schwere** bemisst sich nach der Art der Repressionen, denen der 39 Betroffene ausgesetzt ist (Folter, langjährige Inhaftierung oder nur Einschränkung beim Feiertagsgebet). Die **subjektive Schwere** bemisst sich danach, ob die konkrete Einschränkung eine Ausprägung der Religionsfreiheit betrifft, die für den individuellen Glaubensangehörigen zur Wahrung seiner religiösen Identität besonders wichtig ist.[62] So wirkt zB das Verbot des Missionierens auf einen Glaubensangehörigen mit innerer Verpflichtung hierzu (zB Zeuge Jehovas) schwerer als bei einem Glaubensangehörigen, der nicht missionieren, sondern nur seinen Glauben für sich und im Rahmen seiner Religionsgemeinschaft bekennen will. Darauf stellen das **BVerwG**[63] und der **UK Court of Appeal**[64] sowie der **EGMR**[65] in ihrer fallbezogenen Rechtsprechung ab. Von Gläubigen kann nicht verlangt werden, dass sie zur Vermeidung von Verfolgung auf für sie zentrale Glaubensbetätigungen verzichten.

Eine Verfolgungshandlung kann nach der Rechtsprechung des EuGH auch in einer 40 schwerwiegenden Verletzung der **sexuellen Selbstbestimmung** liegen, die durch Art. 8 EMRK geschützt wird. So hat er in seinem Urteil zur Bestrafung von Homosexuellen in drei afrikanischen Ländern hervorgehoben, dass nicht jede Verletzung der sexuellen Selbstbestimmung eine Verfolgungshandlung darstellt. Denn Art. 8 EMRK gehört nicht zu den in Art. 15 Abs. 2 EMRK besonders geschützten Grundrechten.[66] Daher erreicht das bloße Bestehen von Rechtsvorschriften, nach denen homosexuelle Handlungen unter Strafe ge-

---

[60] BVerwG Urt. v. 26.2.2009 – 10 C 50.07, NVwZ-RR 2010, 252 Rn. 16 ff.
[61] EuGH Urt. v. 5.9.2012 – C-71/11 und C-99/11, NVwZ 2012, 1612 Rn. 57.
[62] EuGH Urt. v. 5.9.2012 – C-71/11 und C-99/11, NVwZ 2012, 1612 Rn. 70; hierzu näher BVerwG Urt. v. 20.2.2013 – 10 C 23.12, NVwZ 2013, 936 Rn. 28 ff.
[63] BVerwG Urt. v. 20.2.2013 – 10 C 23.12, NVwZ 2013, 936 Rn. 28 ff.
[64] UK Court of Appeal Urt. v. 12.10.2017 – [2017] EWCA Civ 1539, Rn. 40 ff. – AS (Iran).
[65] EGMR Urt. v. 19.12.2017 – 60.342/16, Rn. 43 ff. – A./Schweiz; Urt. v. 5.11.2019 – 32.218/17, Rn. 49 ff. – A. A./Schweiz.
[66] EuGH Urt. v. 7.11.2013 – C-199/12 bis C-201/12, NVwZ 2014, 132 Rn. 54.

stellt sind, nicht die notwendige Eingriffsschwere, um als Verfolgungshandlung gewertet werden zu können. Erforderlich ist vielmehr, dass die angedrohte **Freiheitsstrafe tatsächlich verhängt wird**. Das hat das OVG Münster für Homosexuelle in Guinea verneint und der VGH Mannheim für Gambia.[67] Es gibt aber auch mehrere erstinstanzlicher Gerichtsentscheidungen, die das Risiko der Strafverfolgung ua in bestimmten Ländern Afrikas bejahen.[68]

41 Wie für die Religionsfreiheit betont der EuGH auch für die sexuelle Selbstbestimmung, dass von dem von Gefahren Betroffenen nicht verlangt werden kann, zur **Vermeidung einer Verfolgung diskret zu leben** und beim Ausleben seiner sexuellen Ausrichtung Zurückhaltung zu üben.[69] Das kann jedenfalls nicht für einen längeren Zeitraum verlangt werden. Für einen Zeitraum von wenigen Monaten, der für die Beantragung eines Visums erforderlich ist, hält dies der EGMR hingegen für zumutbar.[70] Auch bei befürchteten Eingriffen in die sexuelle Selbstbestimmung obliegt es dem Antragsteller, die gefahrbegründeten Tatsachen substantiiert darzulegen.[71]

42 Allgemein können Eingriffe in ein Grundrecht entweder aufgrund der Schwere eines Einzelaktes oder auf Grund der Wiederholung mehrerer weniger schwerwiegender Einzelakte eine **hinreichend gewichtige Verletzungshandlung** iSv § 3a Abs. 1 Nr. 1 AsylG darstellen. Während die „Art" der Handlung ein qualitatives Kriterium beschreibt, enthält der Begriff der „Wiederholung" eine quantitative Dimension.

43 Außerdem muss es sich nach der Rechtsprechung des BVerwG um gezielte Rechtsverletzungen handeln, dh einen **gezielten Eingriff** in ein geschütztes Rechtsgut.[72] Für ein solches Verständnis des Begriffs der Verfolgungshandlung spricht ua die Begründung der EU-Kommission zu ihrem Vorschlag für eine Richtlinie des Rates vom 12.9.2001, in der es heißt, dass als Verfolgung „ausschließlich Handlungen gelten, die absichtlich, fortdauernd oder systematisch ausgeführt werden und so gravierend sind, dass eine Rückkehr ins Herkunftsland ausgeschlossen ist."[73] Das BVerwG hat deshalb in der Verweigerung der Registrierung einer russischen Staatsangehörigen tschetschenischer Volkszugehörigkeit in Moskau keinen Eingriff in ihr Leben oder ihre Gesundheit angesehen, weil Ziel der Maßnahme die Verhinderung ihrer Niederlassung in Moskau war und nicht die daraus resultierende Verweigerung einer bestimmten nur in Moskau zur Verfügung stehenden medizinischen Behandlung.[74] Etwas anderes kann nach der Rechtsprechung des BVerwG allerdings dann gelten, wenn derartigen Verweigerungen ein systematisches staatliches Verfolgungsprogramm zugrunde liegt, das eine Vorenthaltung von allgemein zur Verfügung stehender medizinischer Versorgung für eine bestimmte Bevölkerungsgruppe und damit auch entsprechende Gefahren für Leben und Gesundheit dieser Gruppe bezweckt oder zumindest billigend in Kauf nimmt. Aber auch ohne staatliches Verfolgungsprogramm steht ein **bewusstes Unterlassen** dem zielgerichteten Handeln gleich, wenn dem Staat Ressourcen (zB im Gesundheitswesen) zur Verfügung stehen, er sie aber selektiv einer bestimmten Bevölkerungsgruppe (zB Tschetschenen) in Kenntnis der gravierenden Folgen im konkreten Einzelfall verweigert.[75] Denn darin liegt ebenfalls ein zielgerichtetes Handeln. Anders zu beurteilen ist jedoch die Verweigerung der Registrierung unter Diskriminierung einer

---

67 OVG Münster Beschl. v. 5.1.2016 – 11 A 324/14.A, Rn. 20; VGH Mannheim Urt. v. 26.10.2016 – A 9 S 908/13, Rn. 50 f.
68 So etwa VG Berlin Urt. v. 13.11.2015 – 34 K 55.12 A – für Uganda; VG Aachen Urt. v. 18.3.2014 – 2 K 1589/10.A – für Nigeria.
69 EuGH Urt. v. 7.11.2013 – C-199/12 bis C-201/12, NVwZ 2014, 132 Rn. 75.
70 EGMR Urt. v. 26.6.2014 – 71398/12, Rn. 88.
71 EuGH Urt. v. 2.12.2014 – C-148/13 bis C-150/13, NVwZ 2015, 132 Rn. 48 ff.; Urt. v. 25.1.2018 – C-473/16, NVwZ 2018, 643 Rn. 27 ff.
72 BVerwG Urt. v. 19.1.2009 – 10 C 52.07, BVerwGE 133, 55 Rn. 22; Urt. v. 19.4.2018 – 1 C 29.17 – BVerwGE 162, 44 Rn. 13.
73 KOM (2001) 510 endgültig, S. 22.
74 BVerwG Urt. v. 19.1.2009 – 10 C 52.07, NVwZ 2009, 982 Rn. 24.
75 Hierzu näher *Lübbe* ZAR 2011, 164 (166); zustimmend *Keßler* in NK-AuslR AsylG § 3a Rn. 7.

Bevölkerungsgruppe, die zwar mittelbar einen eingeschränkten Zugang zur Gesundheitsversorgung zur Folge hat, darauf aber nicht gerichtet ist.

(2) Kumulation von Verletzungshandlungen. Eine Verfolgungshandlung kann aber **44** nicht nur in der Verletzung eines einzelnen Menschenrechts liegen, sei es durch eine gravierende Eingriffshandlung oder die Wiederholung gleichartiger Handlungen, wie das § 3a Abs. 1 Nr. 1 AsylG verlangt. Sie kann auch in einer **Kumulation unterschiedlicher Maßnahmen** bestehen, die aus der Verletzung unterschiedlicher Menschenrechtsverletzungen sowie unterschiedlicher sonstiger Diskriminierungen bestehen (§ 3a Abs. 1 Nr. 2 AsylG), wie sie beispielhaft in § 3a Abs. 2 AsylG aufgeführt sind. Die Kumulationsregelung wurde in Art. 9 Anerkennungs-RL auf Wunsch des **UNHCR** und von NGO's eingefügt und bietet für Anwälte die Möglichkeit, ein Anerkennungsbegehren auf Umstände zu stützen, die über eine einzelne schwere Menschenrechtsgefährdung hinausgehen. Der UNHCR hat bereits in seinem Handbuch von 1979 für die Berücksichtigung eines Bündels unterschiedlicher diskriminierender Maßnahmen plädiert, die für sich genommen nicht den Tatbestand der Verfolgung erfüllen.[76] Solche Diskriminierungen können den Zugang zu Bildungs- oder Gesundheitseinrichtungen betreffen, aber auch existenzielle berufliche oder wirtschaftliche Einschränkungen fallen darunter. Die einzelnen Eingriffshandlungen müssen für sich genommen nicht die Qualität einer Menschenrechtsverletzung aufweisen.

Bei der Anwendung der Kumulationsregelung durch Behörden und Gerichte ist jedoch **45** Vorsicht geboten. Denn nach § 3a Abs. 1 Nr. 2 AsylG muss die dem Betroffenen drohende Rechtsgutverletzung so gravierend sein, dass er davon in ähnlicher Weise betroffen ist wie durch eine schwerwiegende Menschenrechtsverletzung iSv Nr. 1. Dieses vom Richtliniengeber eingefügte Korrektiv verlangt also eine **Vergleichsbetrachtung**. Stellt das Gericht keine derartige Vergleichsbetrachtung an, liegt darin ein Verstoß gegen Bundesrecht.[77] Auf der Grundlage einer solchen Vergleichsbetrachtung kommt der VGH Mannheim zu dem Ergebnis, dass die vielfältigen Diskriminierungen von **Christen und christlichen Konvertiten in Pakistan** unter Berücksichtigung der staatlichen Ansätze einer Antidiskriminierungspolitik einschließlich festgestellter Übergriffe auf Leib und Leben keiner schwerwiegende Menschenrechtsverletzung iSv § 3a Abs. 1 Nr. 1 AsylG entsprechen.[78] Der Österreichische Verwaltungsgerichtshof kommt zu dem Ergebnis, dass die **Summe der Eingriffe der Taliban** in die Lebensbedingungen der afghanischen Frauen in ihrer Gesamtheit, vor allem aufgrund der systematischen Behinderung ihrer medizinischen Versorgung, eine Eingriffsintensität aufweist, die dem Schweregrad einer Verfolgungshandlung entspricht.[79]

Der französische Nationale Asylgericht sah im Fall einer **Nigerianerin,** die **Opfer eines** **46** **Prostitutionsrings** geworden war, die unterschiedlichen Repressalien und Bedrohungen sowie die Stigmatisierung und Ächtung, denen sie im Falle einer Rückkehr in ihr Heimatland ausgesetzt wäre, als eine Kumulierung von Handlungen an, die insgesamt eine Verfolgung darstellen.[80] Das VG Würzburg sieht in Einschränkungen bei der religiösen Betätigung von **Hindus in Afghanistan** in Kumulation mit der Gefahr von Überfällen und Beschränkungen beim Zugang zu Bildung den notwendigen Schweregrad erreicht.[81] Für die Gruppe der **Roma in Serbien** hat das VG Darmstadt hingegen die vorhandenen Diskriminierungen als nicht so gravierend bewertet, dass sie schwerwiegenden Menschenrechtsverletzungen iSv § 3a Abs. 1 Nr. 1 AsylG gleichgestellt werden können.[82]

---

[76] *UNHCR,* Handbuch über Verfahren und Kriterien zur Feststellung der Flüchtlingseigenschaft, 1979, Anm. 53.
[77] BVerwG Urt. v. 20.2.2013 – 10 C 23.12, BVerwGE 146, 67 Rn. 37.
[78] VGH Mannheim Urt. v. 27.8.2014 – A 11 S 1128/14, Rn. 47 und 53.
[79] Österreichischer Verwaltungsgerichtshof Urt. v. 16.4.2002 – 99/20/0483, Rn. 5.
[80] Französisches Nationales Asylgericht Urt. v. 24.3.2015 – Nr. 10012810 – Mlle EF.
[81] VG Würzburg Urt. v. 18.7.2016 – W 2 K 15.30591, Rn. 35 f.
[82] VG Darmstadt Urt. v. 19.1.2015 – 1 K 1667/12.DA.A, Rn. 57 ff.

47 Bei der Prüfung einer Verfolgungshandlung iSv § 3a AsylG sind zunächst **alle in Betracht kommenden Eingriffshandlungen in den Blick zu nehmen,** und zwar Menschenrechtsverletzungen wie sonstige schwerwiegende Repressalien, Diskriminierungen, Nachteile und Beeinträchtigungen. Zunächst ist zu prüfen, ob die Verletzung eines grundlegenden Menschenrechts iSv § 3a Abs. 1 Nr. 1 AsylG vorliegt. Ist das nicht der Fall, ist weiter zu prüfen, ob die Summe der nach Nr. 2 zu berücksichtigenden Eingriffe zu einer ähnlich schweren Rechtsverletzung beim Betroffenen führt wie eine schwerwiegende Verletzung der grundlegenden Menschenrechte iSv Nr. 1. Ohne eine **fallbezogene Konkretisierung des Maßstabs** für eine schwerwiegende Verletzung grundlegender Menschenrechte gemäß Nr. 1 kann die bewertende Beurteilung nach Nr. 2, ob der einzelne Asylbewerber unterschiedlichen Maßnahmen in einer so gravierenden Kumulation ausgesetzt ist, dass seine Betroffenheit mit der in Nr. 1 vergleichbar ist, nicht gelingen.[83]

48 (3) Regelbeispiele. § 3a Abs. 2 AsylG enthält einen **nicht abschließenden Katalog von Regelbeispielen,** welche Akte als Verfolgungshandlungen qualifiziert werden können. Der Katalog reicht von allgemeinen (physische oder psychische Gewalt, diskriminierende staatliche Maßnahmen) zu besonderen Akten (Verweigerung des Militärdienstes). Die Regelbeispiele stellen **nicht per se eine Verfolgungshandlung** dar. Vielmehr kann die Anwendung physischer Gewalt iSv Nr. 1 eine legitime Polizeigewalt darstellen, etwa um das Leben eines Opfers zu retten. Handlungen, die an die Geschlechtszugehörigkeit iSv Nr. 6 anknüpfen, können dazu dienen, die Situation von Frauen zu verbessern, aber auch gegen ihre legitimen Rechte gerichtet sein. Sinn und Zweck der Regelbeispiele ist es, eine umfassende Prüfung aller in Betracht kommenden Verfolgungshandlungen zu unterstützen.

49 Als **physische oder psychische Gewalt (Nr. 1)** kommen eine Vielzahl von Handlungen in Betracht. Sie erhalten dann Verfolgungscharakter, wenn sie in diskriminierender Weise angewendet werden oder gegen das Gebot der Verhältnismäßigkeit verstoßen, sie eine hinreichend schwere Rechtsgutverletzung iSv § 3a Abs. 1 Nr. 1 AsylG bewirken und mit einem Verfolgungsgrund iSv § 3b AsylG verknüpft sind. Die Schwere der Rechtsgutverletzung muss jedoch nicht von einem Einzelakt herrühren, sondern kann auch auf einer Summe wiederholter Eingriffe von jeweils geringerer Intensität beruhen.

50 Besonders hervorgehoben wird in Nr. 1 die **sexuelle Gewalt,** um zu verdeutlichen, dass auch sie eine Verfolgungsmaßnahme darstellen kann. Es gibt vielfältige Formen sexueller Gewalt, Vergewaltigung ist nur eine davon.[84] Unter sexueller Gewalt ist jede gewaltsam ausgeführte, versuchte oder unter Gewaltanwendung angedrohte Handlung sexueller Natur zu verstehen, die dem Opfer körperlichen, seelischen oder emotionalen Schaden zufügt oder zufügen kann.[85] Darunter fällt etwa die Zwangsbeschneidung von Frauen.[86] Eine **Vergewaltigung** (als eine besondere Form sexueller Gewalt) liegt dann vor, wenn der Widerstand des Opfers durch Gewalt, Androhung von Gewalt oder anderen Zwangsmaßnahmen gebrochen wird und der Täter in den Körper des Opfers eindringt.[87] Der EGMR hat Vergewaltigung unter bestimmten Bedingungen als Folter iSv Art. 3 EMRK gewertet (begangen im Gefängnis durch Staatsbedienstete über einen Zeitraum von drei Tagen).[88]

51 Sexuelle Gewalt ist eine schwere Verletzung des **humanitären Völkerrechts,** wenn sie in einem bewaffneten Konflikt ausgeübt wird. Art. 27 des Genfer Abkommens über den Schutz

---

[83] BVerwG Urt. v. 20.2.2013 – 10 C 23.12, BVerwGE 146, 67 Rn. 37.
[84] *UNHCR,* Sexuelle und geschlechtsspezifische Gewalt gegen Flüchtlinge, Richtlinien zur Vorbeugung und Reaktion, 2003, 18 ff.
[85] *UNHCR,* Sexuelle und geschlechtsspezifische Gewalt gegen Flüchtlinge, Richtlinien zur Vorbeugung und Reaktion, 2003, 18.
[86] So die Begründung des Kommissionsvorschlags zur Anerkennungsrichtlinie KOM(2001) 510, 17 zu dem vorgeschlagenen Art. 7d.
[87] Vgl. die Definition durch das UN International Criminal Tribunal for Rwanda Urt. v. 2.9.1998 – ICTR-96-4-T, Rn. 598; *UNHCR,* Sexuelle und geschlechtsspezifische Gewalt gegen Flüchtlinge, Richtlinien zur Vorbeugung und Reaktion, 2003, 24; § 177 StGB.
[88] EGMR Urt. v. 25.9.1997 – 57/1996/676/866, Rn. 86.

von Zivilpersonen in Kriegszeiten vom 12.8.1949[89] schützt Frauen vor jedem Angriff auf ihre Ehre und namentlich vor Vergewaltigung, Nötigung zur Prostitution und jeder „unzüchtigen Handlung". Art. 7 des Statuts des Internationalen Strafgerichtshofs[90] sieht Vergewaltigung, sexuelle Sklaverei, Nötigung zur Prostitution, erzwungene Schwangerschaft, Zwangssterilisation oder jede andere Form sexueller Gewalt von vergleichbarer Schwere als **Verbrechen gegen die Menschlichkeit** an, wenn sie im Rahmen eines ausgedehnten oder systematischen Angriffs gegen die Zivilbevölkerung und in Kenntnis des Angriffs begangen wird. Im internationalen bewaffneten Konflikt stellen diese Akte nach Art. 8 des Statuts Kriegsverbrechen dar.

Für die in **Nr. 2** aufgeführten **gesetzlichen, administrativen, polizeilichen oder justiziellen Maßnahmen** kommt es auf deren diskriminierenden Charakter an. Ob die Maßnahmen diskriminierend sind, hängt davon ab, wie sie in der Praxis angewendet werden.[91] Allgemeine Maßnahmen zur Gewährleistung der öffentlichen Ordnung, nationalen Sicherheit oder Gesundheit der Bevölkerung stellen in der Regel keine Verfolgung dar, sofern die völkerrechtlich verankerten Bedingungen für eine rechtmäßige Einschränkung der Menschenrechtsverpflichtungen oder eine Abweichung davon erfüllt sind.[92] Nach dem Handbuch des UNHCR führt nicht jede Ungleichbehandlung zu einer verfolgungsrelevanten Diskriminierung. Das soll nur dann der Fall sein, wenn die Diskriminierungsmaßnahmen die betroffene Person **in hohem Maße benachteiligen**, zB eine ernstliche Einschränkung des Rechts darstellen, ihren Lebensunterhalt zu verdienen oder Zugang zu den normalerweise verfügbaren Bildungseinrichtungen zu erhalten.[93] Jedoch müssen die diskriminierenden Maßnahmen den Betroffenen in ihrer Gesamtheit in ähnlich schwerwiegender Weise betreffen wie eine schwerwiegende Verletzung seiner grundlegenden Menschrechte iSv § 3a Abs. 1 Nr. 1 AsylG (→ Rn. 45).

Von großer praktischer Bedeutung ist das in **Nr. 3** beschriebene Regelbeispiel der **unverhältnismäßigen oder diskriminierenden Strafverfolgung oder Bestrafung**. Aus der Regelung folgt, dass Strafverfolgung und Bestrafung nur unter besonderen Voraussetzungen eine asylrelevante Verfolgung darstellen können. Als solche werden in der Begründung des Kommissionsvorschlags zur gleichlautenden Regelung in der Anerkennungs-RL genannt, dass der Herkunftsstaat bei der Strafverfolgung oder Urteilsfindung diskriminierend vorgeht, dass er diskriminierende oder unmenschliche Strafen verhängt. Entsprechendes gilt, wenn seine Rechtsvorschriften die Wahrnehmung fundamentaler internationaler Menschenrechte kriminalisieren oder Einzelpersonen zu Handlungen zwingen, die gegen Grundnormen des Völkerrechts verstoßen.[94] Die einschlägigen menschenrechtlichen Normen sind in der GRCh, der EMRK und im Internationalen Pakt über bürgerliche und politische Rechte zu finden.[95] So ist etwa eine Freiheitsstrafe, mit der homosexuelle Handlungen bedroht sind und die im Herkunftsland tatsächlich verhängt wird, als unverhältnismäßige oder diskriminierende Bestrafung zu werten.[96]

Eine zulässige Strafverfolgung kann nach der Rechtsprechung des BVerfG und BVerwG in eine asylerhebliche Verfolgung umschlagen, wenn objektive Umstände darauf schließen lassen, dass der Betroffene wegen eines asylerheblichen Merkmals eine härtere als die sonst übliche Behandlung erleidet (sogenannter **Politmalus**).[97] So können körperliche Misshandlungen im Polizeigewahrsam bei entsprechender Schwere eine flüchtlingsrechtlich relevante

---

[89] BGBl. 1954 II 781.
[90] BGBl. 2000 II 1393.
[91] EuGH Urt. v. 7.11.2013 – C-199/12 bis C-201/12, NVwZ 2014, 132 Rn. 20.
[92] EuGH Urt. v. 5.9.2012 – C-71/11 und C-99/11, NVwZ 2012, 1612 Rn. 60; KOM(2001) 510, 22.
[93] *UNHCR* Handbuch Rn. 54 f.
[94] KOM(2001) 510, 22.
[95] *UNHCR* Handbuch Rn. 60.
[96] EuGH Urt. v. 7.11.2013 – C-199/12 bis C-201/12, NVwZ 2014, 132 Rn. 56 f.
[97] BVerfG Beschl. v. 10.7.1989 – 2 BvR 502/86, 2 BvR 1000/86, 2 BvR 961/86, BVerfGE 80, 315 (336 ff.) = BeckRS 1989, 110352; Kammerbeschl. v. 4.12.2012 – 2 BvR 2954/09, NVwZ 2013, 500 Rn. 24; BVerwG Urt. v. 19.4.2018 – 1 C 29.17, Rn. 22.

Strafverfolgung darstellen.⁹⁸ Das österreichische BVerwG hat hingegen einen Politmalus im Fall eines Afghanen verneint, der der schiitischen Minderheit der Hazara angehörte und dem wegen Grabschändung durch die Graböffnung auf der Suche nach Grabbeigaben Bestrafung – möglicherweise auch in Form der Amputation des Armes – drohte.⁹⁹ Allerdings wurde dem Betroffenen subsidiärer Schutz gewährt. Der österreichische Verwaltungsgerichtshof fordert für die Beurteilung der **Asylrelevanz einer staatlichen Strafverfolgung** die Feststellung, aufgrund welchen als erwiesen angenommenen tatsächlichen Verhaltens das ausländische Strafgericht von der Erfüllung welcher Straftatbestände (einschließlich ihrer Strafdrohung) ausging und welche Sanktion dafür jeweils verhängt wurde. Erst diese Feststellung bildet die Grundlage für die Beurteilung, ob den verhängten Sanktionen für die verwirklichten Straftatbestände jede Verhältnismäßigkeit fehlte.¹⁰⁰

55   Eine **Verweigerung gerichtlichen Rechtsschutzes** nach **Nr. 4** kann eine Verfolgungshandlung darstellen, wenn sie eine unverhältnismäßige oder diskriminierende Bestrafung zur Folge hat. Dem Regelbeispiel kommt nur begrenzte praktische Bedeutung zu. Jedoch kann die Verweigerung von gerichtlichem Rechtsschutz ein zusätzliches Indiz für eine diskriminierende Behandlung darstellen. Der EGMR sieht im Risiko einer flagranten Verweigerung des gerichtlichen Rechtsschutzes nach Art. 6 EMRK einen Grund für ein Auslieferungsverbot in diesen Staat.¹⁰¹

56   Strafverfolgung oder Bestrafung wegen **Verweigerung des Militärdienstes** kann unter den Voraussetzungen der **Nr. 5** eine Verfolgungshandlung darstellen. Voraussetzung dafür ist, dass der verweigerte Militärdienst Verbrechen oder Handlungen in einem Konflikt umfassen würde, die unter die Ausschlussklauseln des § 3 Abs. 2 AsylG fallen. Die Voraussetzungen dieses Regelbeispiels hat der EuGH in einem Urteil von 2015 näher konkretisiert.¹⁰² Der Gerichtshof hebt zunächst hervor, dass die Regelung unabhängig vom Rang des Soldaten gilt und auch auf Personen Anwendung findet, die nicht zu den Kampftruppen gehören, sondern zB einer logistischen oder unterstützenden Einheit zugeteilt sind wie der Kläger als Wartungstechniker für Hubschrauber. Allerdings muss der Betroffene mit hinreichender Plausibilität darlegen, dass seine Einheit mit hoher Wahrscheinlichkeit Kriegsverbrechen begehen wird oder bereits begangen hat. Weiterhin muss die Dienstverweigerung das einzige Mittel darstellen, der Beteiligung an den behaupteten Kriegsverbrechen zu entgehen. Das ist nicht der Fall, wenn dem betroffenen Soldaten ein Verfahren zur legalen Verweigerung des Militärdienstes zur Verfügung steht, er dieses aber nicht nutzt.

57   Der EuGH verlangt für die Annahme einer Unverhältnismäßigkeit der Strafverfolgung und Bestrafung, die dem Betroffenen aufgrund seiner Verweigerung des Militärdienstes droht, dass diese über das hinausgeht, was erforderlich ist, damit der betreffende Staat sein **legitimes Recht auf Unterhaltung einer Streitkraft** ausüben kann. Im Fall des klagenden US-Wartungstechnikers ergaben sich für den EuGH aus den Akten keine Gründe, dass es nicht gerechtfertigt wäre, strafrechtliche Sanktionen gegen Militärangehörige zu verhängen, die sich ihrem Dienst entziehen wollen.¹⁰³ In Anwendung der EuGH-Kriterien ist das **VG München** zu dem Ergebnis gekommen, dass die Desertion des Klägers nicht das letzte Mittel darstellte, um nicht an der Begehung von ihm befürchteter Kriegsverbrechen beteiligt zu werden. Es hat seine Klage auf Zuerkennung der Flüchtlingseigenschaft daher abgewiesen.¹⁰⁴

58   **Nr. 6** erfasst Handlungen, die an die **Geschlechtszugehörigkeit** anknüpfen oder gegen **Kinder** gerichtet sind. Der Begriff „Geschlecht" in seiner sozialen Bedeutung (**„gender"**)

---

[98] BVerwG Urt. v. 10.1.1995 – 9 C 276.94, NVwZ 1996, 86; OVG Lüneburg Urt. v.31.5.2016 – 11 LB 53/15, InfAuslR 2016, 450 (452).
[99] BVerwG Österreich Urt. v. 16.6.2015 – W227 1431133-1/23E.
[100] VGH Österreich Urt. v. 20.12.2016 – Ra 2016/01/0126, Rn. 22.
[101] EGMR Urt. v.17.1.2012 – 8139/09, NVwZ 2013, 487 Rn. 258 ff.
[102] EuGH Urt. v. 26.2.2015 – C 472/13, NVwZ 2015, 575.
[103] EuGH Urt. v. 26.2.2015 – C 472/13, NVwZ 2015, 575 Rn. 51.
[104] VG München Urt. v. 17.11.2016 – M 25 K 15.31291.

bezeichnet die Beziehungen zwischen Frauen und Männern auf der Grundlage gesellschaftlich oder kulturell üblicher oder definierter Identitäten, Rechtsstellungen, Rollen und Aufgaben, die dem einen oder anderen Geschlecht zugewiesen sind, während „Geschlecht" im biologischen Sinn (**„sex"**) unterschiedliche biologische Merkmale bezeichnet.[105] Geschlechtsspezifische Verfolgungsgründe können sowohl von Frauen als auch von Männern geltend gemacht werden, doch werden solche Anträge meist von Frauen gestellt. Eine ähnliche Definition findet sich in den nicht bindenden Yogyakarta-Prinzipien, die von einer Gruppe von Menschenrechtsexperten im Jahr 2007 verabschiedet wurden.[106] Der UNHCR nennt als Formen geschlechtsspezifischer Gewalt beispielhaft die Anwerbung von Frauen oder Minderjährigen durch Nötigung oder Täuschung für die Zwecke der **Zwangsprostitution** oder der **sexuellen Ausbeutung**.[107] Weiter fallen unter das Regelbeispiel ua sexueller Missbrauch, Vergewaltigung, Genitalverstümmelung[108], Zwangsheirat[109], Zwangsabtreibung und häusliche Gewalt[110].[111]

Gegen Kinder gerichtete Handlungen erfassen insbesondere die sexuelle Ausbeutung 59 und den Missbrauch von Kindern, Kinderhandel, Zwangsrekrutierung als Kindersoldaten, Zwangsheirat und schwere Diskriminierung von Kindern, die außerhalb von strikten Regeln über die Familienplanung geboren wurden.[112] Bei der Feststellung des Verfolgungscharakters einer gegen ein Kind gerichteten Handlung ist es unerlässlich, die Standards der **Kinderrechtskonvention** von 1989 (KRK)[113] zu analysieren. Kinder haben Anspruch auf eine ganze Reihe von in der KRK festgeschriebenen kinderspezifischen Rechten, die ihrem jungen Alter und ihrer Abhängigkeit Rechnung tragen und die Grundvoraussetzung für ihren Schutz, ihre Entwicklung und ihr Überleben bilden. Zu diesen Rechten zählen unter anderem folgende: das Recht, nicht von ihren Eltern getrennt zu werden (Art. 9 KRK); Schutz vor jeder Form von körperlicher oder geistiger Gewaltanwendung, Misshandlung, Vernachlässigung und Ausbeutung (Art. 19 KRK); Schutz vor überlieferten Bräuchen, die für die Gesundheit der Kinder schädlich sind (Art. 24 KRK); das Recht auf einen der Entwicklung des Kindes angemessenen Lebensstandard (Art. 27 KRK); Schutz vor Festnahme oder Freiheitsentziehung außer als letztes Mittel (Art. 37 KRK); und Schutz vor Einziehung Minderjähriger zu den Streitkräften (Art. 38 KRK). Die KRK anerkennt ferner das Recht von Flüchtlingskindern und Asyl suchenden Kindern auf angemessenen Schutz und humanitäre Hilfe bei der Wahrnehmung der in der KRK und anderen internationalen Übereinkünften über Menschenrechte oder humanitäre Fragen verankerten und auf sie anwendbaren Rechte (Art. 22 KRK). Es gibt zwei **Fakultativprotokolle** zur KRK von 2001, die die Zwangsrekrutierung von Kindern unter 18 Jahren als Soldaten in einem bewaffneten Konflikt (Protokoll I) und den Kinderhandel, die Kinderprostitution und die Kinderpornographie (Protokoll II) verbieten.[114]

(4) Nachfluchttatbestände. Nach § 28 Abs. 1a AsylG kann die begründete Furcht vor 60 Verfolgung auch auf Ereignissen beruhen, die eingetreten sind, nachdem der Ausländer das Herkunftsland verlassen hat, insbesondere auch auf einem Verhalten des Ausländers, das Ausdruck und Fortsetzung einer bereits im Herkunftsland bestehenden Überzeugung oder

---

[105] *UNHCR,* Richtlinien zum Internationalen Schutz Nr. 1 – Geschlechtsspezifische Verfolgung, 2002, Rn. 3.
[106] *International Commission of Jurists,* Yogyakarta Principles – Principles on the Application of International Human Rights Law in relation to Sexual Orientation and Gender Identity, 2007.
[107] *UNHCR,* Richtlinien zum Internationalen Schutz Nr. 1 – Geschlechtsspezifische Verfolgung 2002 Rn. 3.
[108] VG Kassel Urt. v. 21.7.2016 – 1 K 1953/15.KS. A.
[109] VGH München Urt. v. 17.3.2016 – 13a B 15.30241.
[110] OVG Münster Urt. v. 14.2.2014 – 1 A 1139/13.A.
[111] Eine Gesamtübersicht gibt *BAMF,* Geschlechtsspezifische Verfolgung in ausgewählten Herkunftsländern, 2010.
[112] *UNHCR,* Richtlinien zum Internationalen Schutz Nr. 8 – Asylanträge von Kindern, 2009, Rn. 12.
[113] BGBl. 1992 II 21.
[114] UN Doc. A/RES/54/263 v. 16.3.2001.

Ausrichtung ist. Dies entspricht der in Art. 5 Anerkennungs-RL getroffenen Regelung zu **Nachfluchtgründen** (Sur-Place-Flüchtlingen). Sie erfasst insbesondere Personen, die sich außerhalb ihres Heimatlandes aus Gründen aufhalten, die nicht auf einer Verfolgungsgefahr beruhen, zB Diplomaten, ausländische Studenten, Berufstätige oder sich aus privaten Gründen im Ausland aufhaltende Personen.[115] Eine Einschränkung gilt für Folgeanträge des betroffenen Personenkreises (§ 28 Abs. 2 AsylG).

61 Die Regelung erfasst objektive wie subjektive Nachfluchtgründe. **Objektive Gründe** sind Verfolgungsgefahren, die aufgrund von Veränderungen im Herkunftsland des Ausländers eingetreten sind (zB aufgrund eines Militärputsches), auf die er selbst keinen Einfluss hatte.[116] **Subjektive Gründe** sind solche, die der Ausländer selbst geschaffen hat. Darunter fallen insbesondere eine exilpolitische Betätigung, ein Religionswechsel (Konversion), regimekritische Äußerungen in den Medien, eventuell auch schon eine Asylantragstellung als solche.[117]

62 Bei den anzuerkennenden subjektiven Gründen hebt § 28 Abs. 1a AsylG diejenigen hervor, die auf einem Verhalten des Ausländers beruhen, das **Ausdruck und Fortsetzung** einer bereits im Herkunftsland bestehenden **Überzeugung oder Ausrichtung** ist. Mit dieser Art. 5 Nr. 2 Anerkennungs-RL entsprechenden Regelung wollte der Richtliniengeber dem Missbrauch des Asylrechts durch Schaffung von Nachfluchtgründen begegnen, wie sich aus der Begründung der Kommission ergibt. Ein **Missbrauch** ist danach zu bejahen, wenn der Betreffende seit Verlassen des Herkunftslandes nur deshalb mit bestimmten Aktivitäten begonnen hat, weil er die erforderlichen Voraussetzungen für die Zuerkennung eines internationalen Schutzstatus schaffen wollte.[118] Allerdings führt das Vorliegen eines solchen Missbrauchstatbestandes **nicht zum Ausschluss** von der Flüchtlingsanerkennung, sondern nur zur Berücksichtigung bei der Prüfung der Verfolgungsgefahr (Art. 4 Abs. 3 lit. d Anerkennungs-RL). Dabei knüpft der Richtliniengeber an die britische Rechtsprechung an, wonach die Behörden des Herkunftsstaats unter Umständen danach differenzieren, ob ein Antragsteller lediglich **opportunistisch** oder aus Überzeugung gehandelt hat, und dass bei einem lediglich opportunistisch Handelnden eine Verfolgungsgefahr verneint werden kann, weil dieser nur seinen Vorteil sucht, aber kein wahrer Regimegegner oder Konvertit ist.[119]

63 Auch das **BVerwG** geht davon aus, dass selbstgeschaffene Nachfluchtgründe im **asylrechtlichen Erstverfahren** „uneingeschränkt" zu berücksichtigen sind.[120] Zu der Berücksichtigung eines missbräuchlichen Verhaltens bei der Würdigung der Verfolgungsgefahr im Sinne der britischen Rechtsprechung hat sich das BVerwG bisher nicht geäußert.[121]

64 Mit der in § 28 Abs. 2 AsylG hat der deutsche Gesetzgeber aber – in Ausübung der den Mitgliedstaaten in Art. 5 Abs. 3 Anerkennungs-RL eingeräumten Regelungsoption – festgelegt, dass einem Ausländer **in einem Folgeverfahren** in der Regel die Flüchtlingseigenschaft nicht zuerkannt werden darf, wenn der Folgeantrag auf Umstände gestützt ist, die der Ausländer nach Rücknahme oder unanfechtbarer Ablehnung eines früheren Asylantrags selbst geschaffen hat. Der Gesetzgeber hat mit der – im Einzelfall widerlegbaren – Regelvermutung des § 28 Abs. 2 AsylG die Berufung auf Nachfluchttatbestände, die nach negativem Abschluss eines Asylverfahrens von dem Betreffenden selbst geschaffen werden, unter Missbrauchsverdacht gestellt.[122] Die für das Verständnis der Vorschrift entscheidende **zeitliche Zäsur** liegt hier also – anders als beim Grundrecht auf Asyl – nicht in der Ausreise, sondern im erfolglosen Abschluss eines Asylverfahrens. Bei allen vom Ausländer

---

[115] UNHCR Handbuch Rn. 95.
[116] Hailbronner AuslR AsylG § 28 Rn. 6 ff.
[117] Hailbronner AuslR AsylG § 28 Rn. 12 ff.
[118] KOM(2001) 510, 18.
[119] Court of Appeal for England and Wales Urt. v. 15.4.2008 – [2008] EWCA Civ 360, Rn. 13; Dörig in Hailbronner/Thym EU Immigration Law 1145.
[120] BVerwG Urt. v. 18.12.2008 – 10 C 27.07, BVerwGE 133, 31 Rn. 14; Urt. v. 24.9.2009 – 10 C 25.08, BVerwGE 135, 49 Rn. 20.
[121] Vgl. aber VG Freiburg Urt. v. 7.4.2014 – A 6 K 860/12, Rn. 16 und 31.
[122] BVerwG Urt. v. 18.12.2008 – 10 C 27.07, BVerwGE 133, 31 Rn. 14.

nach diesem Zeitpunkt geschaffenen Nachfluchttatbeständen wird regelmäßig ein Missbrauch der Inanspruchnahme des Flüchtlingsschutzes vermutet. § 28 Abs. 2 AsylG **verlagert die Substantiierungs- und die objektive Beweislast** auf den Ausländer, der die gesetzliche Vermutung widerlegen muss, um in den Genuss der Flüchtlingsanerkennung zu gelangen.[123]

Der **Kontinuität** einer nach außen betätigten politischen Überzeugung kann Indizwirkung zukommen, ohne jedoch allein zur **Widerlegung der Vermutung** auszureichen. Bleibt das Betätigungsprofil des Betroffenen nach Abschluss des Erstverfahrens unverändert, liegt die Annahme eines missbräuchlichen Verhaltens eher fern. Wird der Asylbewerber jedoch nach einem erfolglosen Asylverfahren erstmals exilpolitisch aktiv oder intensiviert er seine bisherigen Aktivitäten, muss er dafür **gute Gründe** anführen, um den Verdacht eines Missbrauchs auszuräumen.[124] Dazu hat der Tatrichter die Persönlichkeit des Asylbewerbers und dessen Motive für seine erstmalig aufgenommenen oder intensivierten Aktivitäten vor dem Hintergrund seines bisherigen Vorbringens und seines Vorfluchtschicksals einer Gesamtwürdigung zu unterziehen. Bei glaubwürdiger nachträglicher Konversion zum Christentum können solche guten Gründe vorliegen.[125] 65

Die Missbrauchsvermutung des § 28 Abs. 2 AsylG gilt nach der Rechtsprechung des BVerwG auch für **Ausländer, die als Jugendliche eingereist sind** und sich in einem Folgeverfahren auf neue exilpolitische Aktivitäten berufen. Die für das Asylgrundrecht geltende Sonderregelung für Jugendliche in § 28 Abs. 1 S. 2 AsylG findet auf Flüchtlinge keine Anwendung. Die Regelvermutung des § 28 Abs. 2 AsylG gilt also auch in Fällen, in denen sich der Ausländer alters- und entwicklungsbedingt im Herkunftsland noch keine feste Überzeugung bilden konnte, diesen Entwicklungsstand aber vor Abschluss des vorangegangenen Asylverfahrens erreicht hat.[126] Denn auch hier bildet wieder der erfolglose Abschluss des vorangegangenen Asylverfahrens die entscheidende zeitliche Zäsur. In dem vom BVerwG entschiedenen Fall war der Kläger bei Abschluss seines ersten Folgeverfahrens bereits volljährig und damit in der Lage, sich eine feste politische Überzeugung zu bilden. Dies zeigte sich auch daran, dass er sich schon damals – wenngleich eher in untergeordneter Weise – politisch betätigt hat.[127] 66

Die in § 28 Abs. 2 AsylG getroffene Regelung ist auch mit der **GFK vereinbar.** Dies ist nach Art. 5 Abs. 3 Anerkennungs-RL Voraussetzung für die Nutzung der eröffneten Regelungsoption. Die Genfer Flüchtlingskonvention gewährt dem Flüchtling in Art. 33 Abs. 1 GFK aber nur Schutz vor Zurückweisung in den Verfolgerstaat für die Dauer der Bedrohung, aber keinen bestimmten Status. Vor einer derartigen Zurückweisung wird der Ausländer aber sowohl durch die nicht ausgeschlossene Zuerkennung von subsidiärem Schutz nach § 4 AsylG und von Abschiebungsschutz nach § 60 Abs. 2 oder Abs 5 AufenthG hinreichend geschützt.[128] Das entspricht auch der Rechtslage in der Schweiz, die Asylbewerber generell ausschließt, die Nachfluchtgründe selbst geschaffen haben,[129] ebenso wie in Australien und Neuseeland, wo manipulative Sur-Place-Bewerber wegen **Fehlens von „good faith"** ausgeschlossen werden.[130] Abschiebungsschutz nach Art. 3 EMRK wird bei gefahrbringenden exilpolitischen Aktivitäten sur place auch durch den **EGMR** gewährt.[131] 67

---

[123] BVerwG Urt. v. 24.9.2009 – 10 C 25.08, BVerwGE 135, 49 Rn. 21.
[124] BVerwG Urt. v. 18.12.2008 – 10 C 27.07, BVerwGE 133, 31 Rn. 16.
[125] VG Greifswald Urt. v. 13.7.2016 – 3 A 367/16 As HGW, Rn. 54; VG Gelsenkirchen Urt. v. 10.7.2014 – 5a K 6097/12.A, Rn. 69.
[126] BVerwG Urt. v. 24.9.2009 – 10 C 25.08, BVerwGE 135, 49 Rn. 22.
[127] BVerwG Urt. v. 24.9.2009 – 10 C 25.08, BVerwGE 135, 49 Rn. 24.
[128] BVerwG Urt. v. 18.12.2008 – 10 C 27.07, BVerwGE 133, 31 Rn. 19.
[129] Art. 54 Schweizer Asylgesetz, Stand Oktober 2016; ähnlich aber weniger strikt § 3 Abs. 2 S. 2 Österreichisches Asylgesetz, Stand August 2017.
[130] *Hathaway/Foster* Refugee Status Law 85.
[131] EGMR Urt. v. 30.5.2017 – 23378/15, Newsletter Menschenrechte 2017, 215 Rn. 51 ff.; Urt. v. 29.3.2016 – 43611/11, Rn. 123 und 144; Urt. v. 7.1.2014 – 58802/12, Rn. 38–43; Urt. v. 15.5.2012 – 52077/10, Rn. 62–71.

68 **(5) Zusammenhang von Verfolgungshandlungen und -gründen.** Nach § 3a Abs. 3 AsylG muss zwischen einer Verfolgungshandlung und einem oder mehreren Verfolgungsgründen eine **Verbindung bestehen**. Das bedeutet, dass die Verfolgungshandlung oder das Fehlen vor Schutz vor solchen Handlungen auf einem Verfolgungsgrund iSv § 3b AsylG beruhen muss. Daher reicht es für die Zuerkennung der Flüchtlingseigenschaft nicht aus, dass männlichen syrischen Bürgerkriegsflüchtlingen im Fall ihrer Rückkehr wegen **Wehrdienstentziehung** menschenrechtswidrige Behandlung iSv § 3a Abs. 1 Nr. 1 AsylG droht. In Abgrenzung zum subsidiären Schutz ist vielmehr erforderlich, dass diese Behandlung aus einem der in § 3b AsylG normierten Verfolgungsgründe erfolgt.[132] Ob dieser kausale Zusammenhang im Fall der syrischen Wehrdienstentzieher besteht, ist in der nationalen Rechtsprechung umstritten. Erforderlich wäre, dass den Rückkehrern eine menschenrechtswidrige Behandlung nicht allein wegen des ordnungsrechtlichen Verstoßes gegen Wehrdienstvorschriften droht, sondern wegen einer ihnen zugeschriebenen oppositionellen Einstellung.[133] Das wird von der Mehrheit der Oberverwaltungsgerichte mittlerweile verneint.[134] Da grundsätzlich der Schutzsuchende die (materielle) Beweislast für das Vorliegen einer Verfolgungshandlung und deren Verknüpfung mit Verfolgungsgründen trifft, geht ein non liquet hinsichtlich der Zuschreibung einer oppositionellen Einstellung zu seinen Lasten.[135]

69 Zu beachten ist in diesem Zusammenhang die gefestigte Rechtsprechung des BVerwG, wonach die an eine Wehrdienstentziehung geknüpften Sanktionen, selbst wenn sie von totalitären Staaten ausgehen, nur dann eine flüchtlingsrechtlich erhebliche Verfolgung darstellen, wenn sie nicht nur der Ahndung eines Verstoßes gegen eine **allgemeine staatsbürgerliche Pflicht** dienen, sondern darüber hinaus den Betroffenen auch wegen seiner Religion, seiner politischen Überzeugung oder eines sonstigen asylerheblichen Merkmals treffen sollen. Auch für andere Fallgestaltungen wird eine flüchtlingsrechtlich relevante Verfolgung dann verneint, wenn die verhängte Sanktion an eine alle Staatsbürger gleichermaßen treffende Pflicht anknüpft.[136] So hat das BVerwG die **Ausbürgerung** eines türkischen Staatsangehörigen, der der Aufforderung zur Ableistung des Wehrdienstes nicht nachgekommen war, als nicht asylerheblich gewertet.[137] Diese Rechtsprechung hat das BVerwG in einer Entscheidung bestätigt und konkretisiert, in der es um eine Ausbürgerung aufgrund der fehlenden Registrierung in einer ehemaligen Sowjetrepublik ging. Auch hier wurde hervorgehoben, dass eine ordnungsrechtliche Sanktion für die Verletzung einer alle Staatsbürger gleichermaßen treffenden Pflicht nicht als flüchtlingsrechtlich relevante Verfolgung angesehen werden kann.[138]

70 Der Zusammenhang muss nicht notwendigerweise zwischen einem Verfolgungsgrund und einer (positiven) Verfolgungshandlung bestehen, vielmehr kann auch ein **Unterlassen der Schutzgewährung** auf einem Verfolgungsgrund beruhen. Diese Erweiterung des Flüchtlingsschutzes wurde in die Anerkennungs-RL von 2011 neu aufgenommen. Die Kommis-

---

[132] BVerwG Urt. v. 3.7.2019 – 1 C 31.18, BeckRS 2019, 19691 Rn. 14 ff.
[133] Hierzu BVerwG Beschl. v. 24.4.2017 – 1 B 22.17, NVwZ 2017, 1204 Rn. 14; BVerwG Urt. v. 19.4.2018 – 1 C 29.17, Rn. 22.
[134] Bejahend nur: VGH Kassel Urt. v. 21.12.2018 – 3 A 2267/18.A; OVG Weimar Urt. v. 15.6.2018 – 3 KO 155/18, BeckRS 2018, 39853; ansonsten verneinend: VGH München Urt. v. 12.4.2019 – 21 B 18.32459, BeckRS 2019, 12018; VGH Mannheim Urt. v. 23.10.2018 – A 3 S 791/18, BeckRS 2018, 27342 und Urt. v. 27.3.2019 – A 4 S 335/19, BeckRS 2019, 5265; OVG Hamburg Urt. v. 29.5.2019 – 1 Bf 284/17.A, BeckRS 2019, 16202; OVG Münster Urt. v. 12.11.2019 – 14 A 847/18.A, BeckRS 2019, 35452; OVG Lüneburg Beschl. v. 2.7.2019 – 2 LB 402/19, BeckRS 2019, 13578; OVG Bremen Urt. v. 24.1.2018 – 2 LB 194/17, BeckRS 2018, 3050; OVG Koblenz Urt. v. 12.4.2018 – 1 A 10988/16, BeckRS 2018, 8337; OVG Schleswig Urt. v. 16.8.2019 – 5 LB 36/19, BeckRS 2019, 19106; OVG Berlin Urt. v. 21.3.2018 – 3 B 23.17, BeckRS 2018, 11510; OVG Saarlouis Beschl. v. 18.5.2017 – 2 A 176/17, BeckRS 2017, 111207.
[135] BVerwG Urt. v. 3.7.2019 – 1 C 31.18, BeckRS 2019, 19691 Rn. 27.
[136] BVerwG Beschl. v. 24.4.2017 – 1 B 22.17, NVwZ 2017, 1204 Rn. 14; Urt. v. 19.4.2018 – 1 C 29.17, NVwZ 2018, 1408 Rn. 22.
[137] BVerwG Urt. v. 24.10.1995 – 9 C 3.95, NVwZ-RR 1996, 602.
[138] BVerwG Urt. v. 26.2.2009 – 10 C 50.07, NVwZ-RR 2010, 252 Rn. 24.

sion hat die Erweiterung damit begründet,[139] dass in vielen Fällen, in denen die Verfolgung von nichtstaatlichen Akteuren wie Milizen, Clans, kriminellen Netzen, lokalen Gemeinschaften oder Familien ausgeht, sie nicht aus einem Verfolgungsgrund iSd GFK begangen wird, sondern etwa aus kriminellen Beweggründen oder um persönlich Rache zu üben. In solchen Fällen kommt es häufig vor, dass der Staat nicht in der Lage oder nicht willens ist, dem Betreffenden **aus einem der von der GFK anerkannten Gründe** (zB Religion, Geschlecht, Rasse) Schutz zu gewähren. Um etwaige Schutzdefizite zu beseitigen, sieht Art. 9 Abs. 3 Anerkennungs-RL jetzt vor, dass das Erfordernis eines Zusammenhangs zwischen der Verfolgung und den Verfolgungsgründen auch dann erfüllt ist, wenn ein Zusammenhang zwischen der Verfolgung und fehlendem Schutz vor einer solchen Verfolgung besteht. Es kann aber auch darin bestehen, dass es am staatlichen Schutz wegen des Zusammenbruchs staatlicher Strukturen fehlt, aber die Verfolgungshandlung privater Akteure aus einem in § 3b AsylG genannten Grund erfolgt.[140]

Für die Verknüpfung iSv § 3a Abs. 3 AsylG reicht es aus, dass der **GFK-Grund mitbestimmend** war für die Begehung der Verfolgungshandlung oder die Unterlassung von Schutz. Es ist nicht erforderlich, dass der alleinige Grund war.[141] Die den Ausländer in seinen Rechten verletzende Handlung oder Unterlassung muss zwar zielgerichtet sein, ausreichend für die Verknüpfung mit einem Verfolgungsgrund ist jedoch, dass die **zielgerichtete Handlung objektiv diese Tendenz** hatte. Ob eine in dieser Weise spezifische Zielrichtung vorliegt, die Verfolgung mithin „wegen" eines der in § 3b AsylG genannten Merkmale erfolgt, ist anhand ihres inhaltlichen Charakters nach der erkennbaren Gerichtetheit der Maßnahme selbst zu beurteilen, nicht nach den subjektiven Gründen oder Motiven, die den Verfolgenden dabei leiten.[142]

cc) Verfolgungsgründe. Das Flüchtlingsrecht gewährt Schutz vor der Verletzung fundamentaler Rechte in diskriminierender Weise, wenn dem Betroffenen kein Schutz hiergegen im Staat seiner Staatsangehörigkeit gewährt wird. Es ist gerade dieses **diskriminierende Element,** das den Flüchtlingsschutz vom subsidiären Schutz unterscheidet. Der subsidiär Schutzberechtigte wird auch – und das ist der häufigste Anwendungsfall – vor willkürlicher Gewalt („indiscriminate violence") geschützt, zB als Betroffener vom Bürgerkrieg in seinem Land (§ 4 Abs. 1 Nr. 3 AsylG). Das diskriminierende Element, auf das das Flüchtlingsrecht reagiert, wird in den Verfolgungsgründen des § 3b AsylG deutlich, die wortgleich Art. 1 A Nr. 2 GFK nachgebildet sind. Schutz vor einem Grundrechtseingriff nach § 3a AsylG wird einem Ausländer nur gewährt, wenn er wegen seiner Rasse, Religion, Nationalität, politischen Überzeugung oder Zugehörigkeit zu einer bestimmten sozialen Gruppe erfolgt (§ 3 Abs. 1 Nr. 1 AsylG).

Das Flüchtlingsrecht, wie es der GFK, den Unionsrecht und dem deutschen AsylG zugrunde liegt, schützt **nicht vor Naturkatastrophen und ökonomischer Not,** auch nicht – abweichend von der afrikanischen OAU-Konvention und der südamerikanischen Cartagena-Deklaration – vor **Krieg** und schwerwiegenden Störungen der öffentlichen Ordnung. Das schließt nicht aus, dass in solchen Situationen allgemeiner Gefahr bestimmten Personen oder Gruppen aus einem der in der GFK genannten Gründen **diskriminiert werden.** Es kommt vielmehr nicht selten vor, dass bestimmten nationalen Minderheiten bei einer Naturkatastrophe kein Schutz gewährt wird, der der Mehrheitsbevölkerung zuteil kommt. Auch im Krieg und Bürgerkrieg können bestimmte politische, ethnische oder religiöse Minderheiten das **bevorzugte Ziel von Übergriffen** einer Konfliktpartei sein. Entsprechendes gilt für sexuelle Gewalt gegenüber Frauen als Teil einer Kriegsstrategie.[143] Dann kann die Gewährung von Flüchtlingsschutz geboten sein.

---

[139] KOM(2009) 551, 8.
[140] *Hailbronner* AuslR AsylG § 3a Rn. 40.
[141] BVerwG Urt. v. 19.4.2018 – 1 C 29.17, NVwZ 2018, 1408 Rn. 13.
[142] BVerwG Urt. v. 21.4.2009 – BVerwG 10 C 11.08, NVwZ 2009, 1237 Rn. 13.
[143] *UNHCR*, Richtlinien zum internationalen Schutz Nr. 12: Anerkennung der Flüchtlingseigenschaft im Zusammenhang mit bewaffneten Konflikten und Gewalt, Dezember 2016.

74 Die Gewährung von Flüchtlingsschutz geht jedoch nicht so weit, dass **alle Bewohner eines Staates** in deren Genuss kommen können mit der Begründung, jede Konfliktpartei verfolge die andere aus einem bestimmten, sie von der Gesamtgesellschaft abgrenzenden und damit diskriminierenden Grund. Dann erfüllten im Konflikt zwischen Schiiten und Sunniten alle Muslime des betreffenden Landes die Flüchtlingseigenschaft. Flüchtlingsschutz ist hingegen strukturell Minderheitenschutz, der andere Staaten zur Schutzgewährung für schutzlose Einzelpersonen oder Minderheitsgruppen anstelle des Herkunftsstaates verpflichtet, nicht aber zur Aufnahme der Gesamtbevölkerung konfliktbelasteter Länder. Entscheidend für die Abgrenzung von Flüchtlingsschutz und subsidiärem Schutz ist, ob die Kriegsgefahr oder die ethnische oder religiöse Ausgrenzung der **Bedrohung des Ausländers das Gepräge** gibt. Das Flüchtlingsrecht beschränkt seinen Schutz auf Verfolgungsakte, die zentrale Normen des Nicht-Diskriminierungsrechts verletzten.[144]

75 Die fünf anerkannten Verfolgungsgründe der GFK, die **abschließend** formuliert sind, bezeichnen nach der Rechtsprechung des Supreme Court von Großbritannien Merkmale, die so eng mit der Identität oder den Menschenrechten des betroffenen Individuums verbunden sind, dass er sie nicht ändern kann oder dies von ihm nicht erwartet werden kann.[145] Es ist unerheblich, ob die Verfolgung aus einem der anerkannten Gründe oder einer **Kombination von** zwei oder mehreren von ihnen erfolgt. Die **Verfolgungsgründe** werden sich zudem häufig überschneiden.[146]

76 Es kommt nach § 3b Abs. 2 AsylG nicht darauf an, ob der von einem Grundrechtseingriff betroffene Ausländer tatsächlich die rassischen, religiösen, ethnischen, politischen Merkmale aufweist oder einer bestimmten diskriminierten sozialen Gruppe angehört, es genügt vielmehr, dass ihm diese Merkmale vom Verfolgungsakteur zugeschrieben werden. Die Gefahr, der er ausgesetzt ist, ist dieselbe und das ist ausschlaggebend für seinen Schutzbedarf.

77 § 3b Abs. 2 AsylG erläutert in Umsetzung von Art. 10 Abs. 1 Anerkennungs-RL beispielhaft und nicht abschließend, was unter den einzelnen Verfolgungsgründen zu verstehen ist.

78 (1) Rasse. Der Begriff der Rasse umfasst nach § 3b Abs. 1 **Nr. 1** AsylG insbesondere die Aspekte Hautfarbe, Herkunft und Zugehörigkeit zu einer bestimmten ethnischen Gruppe. Er ist weit zu interpretieren und erfasst alle Arten ethnischer Gruppen. Das Internationale Übereinkommen zur Beseitigung jeder Form von Rassendiskriminierung vom 7.3.1966 definiert in Art. 1 als „**Rassendiskriminierung**" jede diskriminierende Behandlung, die auf der Rasse, der Hautfarbe, der Abstammung, dem nationalen Ursprung oder dem Volkstum beruht.[147] In Betracht kommen Volksgruppen wie die Kurden in der Türkei und in Syrien, die Rohingyas in Myanmar[148] oder etwa die Hazara in Afghanistan[149].

79 (2) Religion. Eine **Verfolgung wegen der Religion** kann sich nach § 3b Abs. 1 **Nr. 2** AsylG auf theistische, nichttheistische und atheistische Glaubensüberzeugungen beziehen. Erfasst wird auch die Teilnahme oder Nichtteilnahme an religiösen Riten im privaten oder öffentlichen Bereich, allein oder in Gemeinschaft mit anderen, sonstige religiöse Betätigungen oder Meinungsäußerungen und Verhaltensweisen Einzelner oder einer Gemeinschaft, die sich auf eine religiöse Überzeugung stützen oder nach dieser vorgeschrieben sind.[150]

80 Es ist zu unterscheiden zwischen einem Eingriff in die Religionsfreiheit als Verfolgungshandlung iSv § 3a Abs. 1 AsylG (→ Rn. 38) und **Eingriffen in andere Rechtsgüter,** die

---

[144] *Hathaway/Foster* Law Refugee Status 391.
[145] UK Supreme Court Urt. v. 25.7.2012 – [2012] UKSC 38, Rn. 25.
[146] *UNHCR* Handbuch Rn. 66 f.
[147] BGBl. 1969 II 961.
[148] VG Düsseldorf Urt. v. 7.11.2018 – 5 K 3252/18.A (bejahend).
[149] VGH München Urt. v. 3.7.2012 – 13a B 11.30064 (verneinend); VG Cottbus Urt. v. 1.8.2017 – 5 K 1488/16.A (verneinend).
[150] EuGH Urt. v. 4.10.2018 – C-56/17 – Rn. 8 f. – Fathi.

den Ausländer **wegen seiner Religion** iSv iSv § 3b Abs. 1 Nr. 2 AsylG treffen. Religiöse Verfolgung kann sich demnach in unterschiedlichen Rechtsgutverletzungen ausdrücken. Häufig werden dem Angehörigen einer Minderheitenreligion in totalitären Staaten Eingriffe in seine **Freiheit oder körperliche Integrität** wegen seiner Religion drohen. Die Anerkennung von Eingriffen (allein) in die Religionsfreiheit in der Rechtsprechung des BVerwG bewirkt insofern eine Erweiterung des Flüchtlingsschutzes.[151] Sie schützt auch den strenggläubigen Ahmadi, der nicht unmittelbar von Bestrafung bedroht ist, sondern nur dann, wenn er sich für eine verbotene Form der Religionsausübung entscheidet. Diese Erweiterung des Flüchtlingsschutzes schließt die Anerkennung religiöser Verfolgung durch Eingriffe in Leib, Leben und Freiheit keineswegs aus.[152] Droht dem vom muslimischen Glauben abgefallenen Konvertiten im Iran aber unmittelbar die Todesstrafe, ist nicht nur die Religionsfreiheit, sondern gleichzeitig auch das Leben des Betroffenen bedroht. In beiden vorgenannten Fällen droht den Gläubigen flüchtlingsrechtlich bedeutsame Ausgrenzung wegen der Religion iSv § 3b Abs. 1 Nr. 2 AsylG.

Eine Verfolgung wegen der Religion liegt nicht nur vor, wenn der Eingriff auf den Bereich des inneren Bekenntnisses (**„forum internum"**) abzielt. Vielmehr wird auch die religiöse Betätigung in der Öffentlichkeit (**„forum externum"**) erfasst. Von Gläubigen darf nach der Rechtsprechung des EuGH nicht verlangt werden, dass sie zur Vermeidung von Verfolgung auf für sie zentrale Glaubensbetätigungen **verzichten.**[153] Daher kann schon der unter dem Druck der Verfolgungsgefahr erzwungene Verzicht auf die Glaubensbetätigung die Qualität einer Verfolgung erreichen. Ob ein solcher Verzicht ein schwerwiegender Grundrechtseingriff ist, hängt von **objektiven und subjektiven Faktoren** ab. Der objektive Faktor ist, wie gravierend die Konsequenzen einer Praktizierung der verbotenen Glaubensbetätigung sind. Subjektiv wiegt der Verzicht schwer, wenn die konkrete Glaubenspraxis für den Betroffenen ein zentrales Element seiner religiösen Identität bildet und in diesem Sinne für ihn unverzichtbar ist.[154] **81**

Bei der gerichtlichen **Überprüfung der religiösen Identität** eines Asylbewerbers muss der Betroffene dem Gericht seinen Glaubensinhalt und seine persönliche Glaubenspraxis nachvollziehbar darlegen und das Gericht davon überzeugen. Nach dem EuGH-Urteil in der Sache „Fathi" obliegt es dem Asylantragsteller, sein Vorbringen zu seiner religiösen Verfolgung – einschließlich eines Religionswechsels – hinreichend zu substantiieren.[155] Soweit für die Aussagen Unterlagen oder sonstige Beweise fehlen, können diese nur berücksichtigt werden, wenn die Voraussetzungen von Art. 4 Abs. 5 lit. a bis e Anerkennungs-RL erfüllt sind. Zu diesen Voraussetzungen gehören unter anderem die Tatsache, dass festgestellt wurde, dass die Aussagen des Antragstellers kohärent und plausibel sind und zu den für seinen Fall relevanten, verfügbaren besonderen und allgemeinen Informationen nicht in Widerspruch stehen, sowie der Umstand, dass die generelle Glaubwürdigkeit des Antragstellers festgestellt worden ist. Das Gericht wird seine Überzeugungsbildung weniger auf abgefragte Glaubensinhalte gründen, sondern darauf, wie anschaulich und detailreich der Asylbewerber erläutert, wie er zu seinem Glauben gefunden hat, wie er sich anderen mitgeteilt hat und welche Glaubensinhalte für ihn und sein Leben von besonderer Bedeutung sind. Für diese Form der Glaubwürdigkeitsprüfung wurden von der Internationalen Asylrichtervereinigung (IARLJ) Hinweise gegeben, in die Erfahrungen aus unterschiedlichen Mitgliedstaaten der EU eingeflossen sind.[156] **82**

Die Verwaltungsgerichte sind bei der Beurteilung, ob die Befolgung einer gefahrträchtigen religiösen Praxis zur Wahrung seiner religiösen Identität eines Asylsuchenden besonders wichtig ist, nicht an die **Beurteilung von kirchlichen Amtsträgern** gebunden. Vielmehr **83**

---

[151] BVerwG Urt. v. 20.2.2013 – 10 C 23.12, NVwZ 2013, 936 Rn. 26 ff.
[152] Das verkennt *Gerdsmeier* ZAR 2016, 8.
[153] EuGH Urt. v. 5.9.2012 – C-71/11 und C-99/11, NVwZ 2012, 1612 Rn. 80.
[154] BVerwG Urt. v. 20.2.2013 – 10 C 23.12, NVwZ 2013, 936 Rn. 30.
[155] EuGH Urt. v. 4.10.2018 – C-56/17, NVwZ 2019, 634 Rn. 84 ff. – Fathi.
[156] *Berlit/Dörig* ZAR 2016, 281 (284 ff.).

haben sie in eigener Verantwortung zu überprüfen, ob einem Glaubensübertritt des Betroffenen eine ernsthafte und nachhaltige Glaubensentscheidung zugrunde liegt.[157] Auch der EGMR sieht es bei einer erfolgten Konversion als behördliche und gerichtliche Aufgabe an festzustellen, ob der Glaubenswechsel aufrichtig war und ein gewisses Maß an Überzeugung, Festigkeit, Ernsthaftigkeit und Bedeutung erreicht hatte.[158] So wurde die Abkehr eines Moslems von seiner Religion hin zum Atheismus als glaubhaft eingestuft und als verfolgungsbegründend in Pakistan gewertet.[159]

84 **(3) Nationalität.** Der **Begriff der Nationalität** iSv § 3b Abs. 1 Nr. 3 AsylG beschränkt sich nicht auf die Staatsangehörigkeit oder das Fehlen einer solchen, sondern bezeichnet insbesondere auch die Zugehörigkeit zu einer Gruppe, die durch ihre kulturelle, ethnische oder sprachliche Identität, gemeinsame geografische oder politische Herkunft oder ihre Verwandtschaft mit der Bevölkerung eines anderen Staates bestimmt wird.

85 Verfolgungshandlungen, die an die Zugehörigkeit zu einer bestimmten Volksgruppe anknüpfen, können mit einer rassischen, religiösen oder politischen Verfolgung zusammentreffen. Viele der von Kolonialmächten gebildeten **Staaten** bestehen **aus unterschiedlichen Ethnien,** die häufig auch unterschiedliche Religionen praktizieren und sich politisch gesondert organisieren. Führt dies zu Konflikten, knüpfen Verfolgungshandlungen oft an mehrere Merkmale des § 3b Abs. 1 AsylG an.[160]

86 Das BVerwG hat eine **Ausbürgerung** als verfolgungsbegründend angesehen, wenn sie wegen der Volkszugehörigkeit des Betroffenen erfolgt.[161] Dafür gab es Anhaltspunkte in Aserbaidschan, das armenische **Volkszugehörige** seit 1998 bei fehlender Registrierung im Ausland in der Frage des Staatsangehörigkeitsverlusts anders behandelte als aserische Volkszugehörige. Anders ist die Rechtslage zu beurteilen, wenn die Ausbürgerung lediglich die Verletzung einer alle Staatsbürger **gleichermaßen treffenden Pflicht** sanktioniert. So wurde etwa die Ausbürgerung eines türkischen Staatsangehörigen, der der Aufforderung zur **Ableistung des Wehrdienstes** nicht nachgekommen war, als nicht asylerheblich gewertet.[162] Denn die Ausbürgerung war auf eine Vorschrift des türkischen Staatsangehörigkeitsgesetzes gestützt, wonach denjenigen die türkische Staatsangehörigkeit aberkannt werden kann, die sich im Ausland aufhalten und ohne triftigen Grund drei Monate lang der amtlichen Einberufung zur Ableistung des Militärdienstes nicht nachkommen. Diese Rechtsprechung ist vom BVerwG in einer Entscheidung bestätigt worden, die die Defacto-Ausbürgerung einer Kubanerin nach **Überschreiten der genehmigten Aufenthaltsfrist** im Ausland betraf.[163] In der Einreiseverweigerung der kubanischen Behörden wurde keine Verfolgung gesehen, weil die Behandlung unerlaubt im Ausland verbliebener Kubaner als Emigranten generell nur an den Umstand der Überschreitung der Rückkehrfrist anknüpfte und darum alle Personen traf, die nicht nach Kuba zurückkehren wollten, ohne dass danach unterschieden wurde, ob dem persönliche, familiäre, wirtschaftliche oder aber politische Motive zugrunde lagen.

87 **(4) Bestimmte soziale Gruppe.** Verfolgungscharakter kann eine Rechtsgutverletzung auch dadurch erlangen, dass sie wegen der Zugehörigkeit des Opfers zu einer bestimmten sozialen Gruppe iSv § 3b Abs. 1 Nr. 4 AsylG erfolgt. Dieser Verfolgungsgrund ist der am wenigsten präzise. Der UNHCR berichtet von der Praxis vieler Unterzeichnerstaaten der GFK, als eine solche Gruppe Frauen, Familien, Stämme, Berufsgruppen und Homosexuelle

---

[157] BVerwG Beschl. v. 25.8.2015 – 1 B 40.15, NVwZ 2015, 1678 Rn. 9 ff.; OVG Münster Beschl. v. 17.5.2017 – 13 A 995/17.A.
[158] EGMR Urt. v. 23.3.2016 (GK) – 43611/11, Newsletter Menschenrechte 2016, 105 Rn. 144; Urt. v. 5.11.2019 – 32218/17, Rn. 49 – A. A./Schweiz.
[159] VG Münster Urt. v. 26.7.2017 – 7 K 5896/16.A.
[160] *UNHCR* Handbuch Anm. 74 f.; *Hathaway/Foster* Refugee Status Law 398; *Goodwin-Gill/McAdam*, The Refugee in International Law, 73.
[161] BVerwG Urt. v. 26.2.2009 – 10 C 50.07, NVwZ-RR 2010, 252.
[162] BVerwG Urt. v. 24.10.1995 – 9 C 3.95, NVwZ-RR 1996, 602.
[163] BVerwG Beschl. v. 7.12.1999 – 9 B 474.99.

anzusehen.¹⁶⁴ Die **weite Formulierung** dieses Verfolgungsgrundes darf nicht dazu verführen, diese Kategorie als Sammelbecken für alle Personen zu verstehen, die Verfolgung befürchten.

Die Anerkennungsrichtlinie (Art. 10 Abs. 1 lit. d Anerkennungs-RL) und § 3b AsylG **88** verlangen **kumulativ zwei Voraussetzungen** für die Anerkennung einer bestimmten sozialen Gruppe und gehen damit über die Empfehlungen des UNHCR hinaus. Es müssen geschützte Merkmale (protected characteristics) vorliegen **und** die Mitglieder der Gruppe müssen gesellschaftlich als andersartig betrachtet werden (social perception). Genauer formuliert: Eine Gruppe gilt insbesondere dann als eine bestimmte soziale Gruppe, wenn die Mitglieder dieser Gruppe **angeborene Merkmale** oder einen **gemeinsamen Hintergrund** miteinander teilen, der nicht verändert gemein haben, oder Merkmale oder eine Glaubensüberzeugung teilen, die so bedeutsam für die Identität oder das Gewissen sind, dass der Betreffende nicht gezwungen werden sollte, auf sie zu verzichten. Außerdem muss die Gruppe in dem betreffenden Land eine deutlich abgegrenzte Identität dadurch haben, dass sie von der sie umgebenden Gesellschaft **als andersartig betrachtet** wird.¹⁶⁵

§ 3b Abs. 1 Nr. 4 AsylG präzisiert den Verfolgungsgrund weiter durch die Aussage, dass **89** darunter auch eine Gruppe fallen kann, die sich auf das gemeinsame Merkmal der **sexuellen Orientierung** gründet oder allein an das Geschlecht oder die geschlechtliche Identität anknüpft. Die erste Präzisierung dieses Verfolgungsgrunds durch den **EuGH** betrifft auch diesen Aspekt. Er hatte die Frage zu beantworten, ob gesetzliche Vorschriften in drei afrikanischen Staaten, die homosexuelle Handlungen unter Strafe stellen, die von einjähriger bis zu lebenslanger Freiheitsstrafe reichen, Verletzungshandlungen darstellen, die wegen der Zugehörigkeit zu einer bestimmten sozialen Gruppe erfolgen. Der EuGH hat den Verfolgungsgrund bejaht.¹⁶⁶ Er hat dies damit begründet, dass das Bestehen strafrechtlicher Bestimmungen, die spezifisch **Homosexuelle** betreffen, diese Personen als eine abgegrenzte Gruppe charakterisiert, die von der sie umgebenden Gesellschaft als andersartig betrachtet wird.

Zu beachten ist, dass nach § 3b Abs. 1 Nr. 4 AsylG Handlungen, die **nach deutschem 90 Recht als strafbar** gelten, nicht unter den Verfolgungsgrund fallen, zB sexueller Missbrauch von Jugendlichen (§ 182 StGB). Das hat auch der EuGH in seinem Homosexuellen-Urteil vom 7.11.2013 bestätigt.¹⁶⁷

Bei der Überprüfung der Glaubwürdigkeit eines Asylbewerbers, der sich auf seine **91** Identität als Homosexueller beruft, dürfen die Asylbehörden und Gerichte den Betroffenen nach der Rechtsprechung des EuGH zwar zu seiner sexuellen Ausrichtung befragen, die **Fragen** dürfen aber nicht seine **Intimsphäre** und sein **Persönlichkeitsrecht** iSv Art. 7 GRCh verletzen, indem sie sich auf Einzelheiten seiner sexuellen Praktiken beziehen. Auch dürfen in aller Regel keine **Tests zum Nachweis** der Homosexualität oder Videoaufnahmen intimer Handlungen verwertet werden.¹⁶⁸ Für diese Form der Glaubwürdigkeitsprüfung wurden von der Internationalen Asylrichtervereinigung (IARLJ) Hinweise gegeben, in die Erfahrungen aus unterschiedlichen Mitgliedstaaten der EU eingeflossen sind.¹⁶⁹

Frauen können als bestimmte soziale Gruppe angesehen werden, wenn sie von Zwangs- **92** verheiratung betroffen sind.¹⁷⁰ Entsprechendes gilt für Heiratsverbote, Frauenhandel, Genitalverstümmelung und erzwungene Schwangerschaftsabbrüche.¹⁷¹ Mehrere Gerichte haben

---

[164] *UNHCR*, Richtlinien zum internationalen Schutz Nr. 2: Zugehörigkeit zu einer bestimmten sozialen Gruppe, Mai 2002, Rn. 1.
[165] So jetzt auch BVerwG Urt. v. 19.4.2018 – 1 C 29.17, Rn. 29.
[166] EuGH Urt. v. 7.11.2013 – C-199/12 bis C-201/12, NVwZ 2014, 132 Rn. 48.
[167] EuGH Urt. v. 7.11.2013 – C-199/12 bis C-201/12, NVwZ 2014, 132 Rn. 66.
[168] EuGH Urt. v. 2.12.2014 – C-148/13 bis C-150/13, NVwZ 2015, 132 Rn. 64 f.; Urt. v. 25.1.2018 – C-473/16, NVwZ 2018, 643 Rn. 27 ff.
[169] *Berlit/Dörig* ZAR 2016, 281 (332 ff.).
[170] VG Lüneburg Urt. v. 4.4.2017 – 3 A 93/16; VG Gießen Urt. v. 2.9.2019 – 1 K 7171/17.GI.A; nur subsidiären Schutz gewährt VG Karlsruhe Urt. v. 19.7.2019 – A 10 K 15283/17.
[171] Vgl. die Übersicht bei *Marx* AsylG § 3b Rn. 32 ff.

eine „soziale Gruppe" auch bei afghanischen Frauen bejaht, die infolge eines längeren Aufenthalts in Europa in einem solchen Maße westlich geprägt sind, dass ihnen bei einer Rückkehr nach Afghanistan die dortigen Verhaltensweisen und Traditionen nicht mehr zugemutet werden können.[172] Die von der chinesischen Ein-Kind-Politik nachteilig betroffenen Eltern und Kinder können als eine soziale Gruppe angesehen, auch wenn nicht alle Mitglieder tatsächlich verfolgt werden.[173]

93 **(5) Politische Überzeugung.** Der Schutz vor Verfolgung wegen einer **oppositionellen politischen Überzeugung** war einer der zentralen Gründe für die Entwicklung des Flüchtlingsrechts im frühen 20. Jahrhundert. So verbot das erste Ausländergesetz von Großbritannien aus dem Jahr 1905 grundsätzlich die Zurückweisung von Flüchtlingen, die aus religiösen oder politischen Gründen verfolgt werden oder denen aus solchen Gründen Strafverfolgung droht (→ § 16 Rn. 4). Auch das Grundgesetz von 1949 gewährt **„politisch Verfolgten"** Asylrecht. Der europäische Richtliniengeber hat in Art. 10 Abs. 1 lit. e Anerkennungs-RL den Verfolgungsgrund näher präzisiert.

94 Nach dem mit der Anerkennungs-RL übereinstimmenden Wortlaut des § 3b Abs. 1 Nr. 5 AsylG fällt das **„Vertreten"** einer Meinung, Grundhaltung oder Überzeugung unter den Verfolgungsgrund. Erfasst wird also nicht schon das Haben einer bestimmten Meinung, sondern diese muss nach außen artikuliert werden. Allerdings muss das Vertreten der Meinung nicht in eine politische Aktivität münden. Das wird im letzten Satz von Nr. 5 deutlich, wonach es unerheblich ist, ob der Asylbewerber auf Grund seiner **Meinung, Grundhaltung oder Überzeugung** tätig geworden ist. Erfasst wird nicht nur das Vertreten einer Meinung, sondern auch einer Grundhaltung oder Überzeugung. Damit sollte der Verfolgungsgrund weiter gefasst werden. Die Erweiterung ist erst während der Verhandlungen zur Anerkennungs-RL eingefügt worden (opinion, thought or belief).[174]

95 Das Vertreten einer politischen Überzeugung, die von der Regierungslinie abweicht, ist für sich genommen noch kein Verfolgungsgrund. Ein Asylbewerber muss daraus eine berechtigte Furcht vor Verfolgung ableiten können. Das setzt voraus, dass der Betreffende eine Meinung vertritt, die von den Machthabern im Staat **nicht toleriert wird** und die ihnen **zur Kenntnis gekommen** ist oder die sie dem Antragsteller nach § 3b Abs. 2 AsylG zuschreiben.[175] Die politische Einstellung eines Politikers, Lehrers oder Autors wird wahrscheinlich eher offenkundig sein als die einer Person in einer weniger exponierten Stellung.

96 Der Supreme Court des Vereinigten Königreichs hebt hervor, dass das Recht auf Gedanken- und Meinungsfreiheit sowohl Personen schützt, die eine bestimmte Meinung haben und diese äußern, als auch Individuen, die sich einer **Meinungsäußerung** zu einer bestimmten Frage **enthalten** wollen.[176] Deshalb kann eine Person, die keine bestimmte politische Meinung vertritt, eine begründete Furcht vor Verfolgung haben, wenn sie nicht die repressiven Machthaber in ihrem Heimatland Zimbabwe unterstützt, obwohl von ihr erwartet wird, **Loyalität zu bekunden,** um Verfolgung zu vermeiden. Da die Freiheit der Meinungsäußerung ein zentrales Menschenrecht ist, muss denjenigen ein hinreichendes Maß an Toleranz entgegengebracht werden, die ihre Meinung friedfertig bekunden. Daher darf Flüchtlingsschutz nicht deshalb verweigert werden, weil der Betreffende die **Verfolgung hätte vermeiden können,** indem er auf die Meinungsäußerung verzichtet oder Loyalität entgegen seiner Überzeugung bekundet.[177]

---

[172] OVG Lüneburg Urt. v. 21.9.2015 – 9 LB 20/14, InfAuslR 2016, 25; VGH Österreich Urt. v. 22.3.2017 – Ra 2016/18/0388, Rn. 8.
[173] VG Freiburg Urt. v. 12.3.2014 – A 6 K 730/12, Asylmagazin 2014, 196 (Mutter); VGH Mannheim Urt. v. 14.9.2016 – A 11 S 1125/16, Asylmagazin 2016, 376 (Kind); Irish High Court, Urt. v. 10.12.2014 – S.J.L. [2014] IEHC 608, Rn. 23 ff. (Eltern).
[174] *Council of the EU*, Doc. 12620/02 v. 23.10.2002, 15 (engl.).
[175] *UNHCR* Handbuch Rn. 80.
[176] UK Supreme Court Urt. v. 25.7.2012 – [2012] UKSC 38, Rn. 39, 55.
[177] UK Supreme Court Urt. v. 25.7.2012 – [2012] UKSC 38, Rn. 26; *Hathaway/Foster* Refugee Status Law 408.

Wenn eine Straftat aus einer politischen Motivation heraus begangen wird und die zu 97
erwartende Strafe im Einklang mit den Gesetzen des betreffenden Landes steht, stellt dies
keine asylerhebliche Verfolgung dar.[178] Je nach den Umständen kann aber die Verfolgung
wegen einer Straftat auch nur ein Vorwand sein, um den Täter für seine politische Überzeugung oder dafür, dass er diese zum Ausdruck gebracht hat, zu bestrafen. Aktuelle Beispiele dafür liefert die türkische und russische Strafjustiz. Ein in der Rechtsprechung
anerkannter Grund für die Annahme einer Verfolgung ist die Verhängung eines „Politmalus" im Rahmen der Strafverfolgung. Dieser kann sich ua aus der Höhe der verhängten
Strafe oder der Behandlung während der Untersuchungshaft ergeben.[179] Auch kann eine
Strafvorschrift auf die Unterdrückung politischer Äußerungen gerichtet sein, auch dann ist
der Verfolgungsgrund des § 3b Abs. 1 Nr. 5 AsylG erfüllt.[180]

In der Rechtsprechung umstritten ist, ob die an eine Wehrdienstentziehung anknüpfende 98
zu erwartende Behandlung durch den syrischen Staat lediglich die Verfolgung kriminellen
Unrechts darstellt, sondern auch der Ahndung einer (vermeintlich) oppositionellen Überzeugung dient.[181] Die Annahme einer Verfolgung wegen der politischen Überzeugung
wurde für irakische Staatsangehörige unter dem Diktatur *Saddam Hussein* allein aufgrund
ihrer Ausreise und Asylantragstellung im Ausland bejaht, für syrische unter *Bashar al-Assad*
jedoch überwiegend verneint.[182]

dd) Geeigneter Verfolgungsakteur iSv § 3c AsylG. Die mit Art. 6 Anerkennungs-RL 99
übereinstimmende Regelung nennt drei mögliche Akteure, von denen Verfolgung ausgehen kann: den Staat, staatsähnliche Organisationen und nichtstaatliche Akteure. Bis zur
Verabschiedung der Anerkennungsrichtlinie im Jahr 2004 bestanden divergierende nationale Regelungen in den EU-Mitgliedstaaten, wer ein geeigneter Verfolgungsakteur sein kann.
Deutschland und Frankreich folgten der **„Zurechnungstheorie"**, die Mehrzahl der anderen Mitgliedstaaten der **„Schutztheorie."** Nach der Zurechnungstheorie musste die Verfolgung vom Staat ausgehen oder ihm zumindest zurechenbar sein. Nach der Schutztheorie
kam es allein darauf an, ob eine Person verfolgt wurde, wenn der Staat nicht willens oder in
der Lage ist, Schutz dagegen zu bieten. Die unterschiedlichen Ansätze wirkten sich insbesondere in den immer häufiger auftretenden Fällen eines **Zusammenbruchs staatlicher Strukturen** (failed states) aus. Die Rechtsprechung in Deutschland und Frankreich
gewährte Verfolgten in diesen Situationen keine Anerkennung als Flüchtling,[183] die anderen
taten dies.[184]

Aus der Begründung des **Kommissionsvorschlags zur Anerkennungsrichtlinie**[185] 100
ergibt sich, dass es unerheblich ist, von wem die Verfolgung ausgeht. Zu prüfen ist, ob der
Antragsteller im Herkunftsland wirksamen Schutz vor Verfolgung erlangen kann. Geht die
Verfolgung vom Staat aus, ist die entsprechende Furcht begründet, weil es de facto im
Herkunftsland keine Möglichkeit gibt, um Schutz nachzusuchen. Geht die Verfolgung von
nichtstaatlichen Kräften aus, ist die Furcht nur dann begründet, wenn der Staat nicht willens
oder effektiv nicht in der Lage ist, Schutz vor einer solchen Gefahr zu bieten.

Deutschland hat die Anerkennungsrichtlinie in dieser Frage bereits 2005 durch Änderung 101
des damaligen § 60 Abs. 1 AufenthG umgesetzt. Heute findet sich die Regelung in § 3c
AsylG. Das **BVerwG** hat dann sehr schnell entschieden, dass nunmehr eine Gesamtschau

---

[178] *UNHCR* Handbuch Rn. 84.
[179] *Marx* AsylG § 3b Rn. 70 ff.; dazu auch BVerwG Urt. v. 19.4.2018 – 1 C 29.17, NVwZ 2018, 140 Rn. 22.
[180] *Hailbronner/AuslR* AsylG § 3b Rn. 47.
[181] Bejahend: VGH München Urt. v. 14.2.2017, VGH 21 B 17.30073; VGH Mannheim Urt. v. 2.5.2017 – A 11 S 562/17, VGH Kassel Urt. v. 6.6.2017 – 3 A 3040/16.A; verneinend: OVG Münster Urt. v. 4.5.2017 – 14 A 2023/16.A; OVG Koblenz Urt. v. 16.12.2016 – 1 A 10922/16; OVG Saarland Urt. v. 18.5.2017 – 2 A 176/17.
[182] Vgl. → Rn. 68.
[183] BVerwG Urt. v. 2.8.1983 – 9 C 818.81, BVerwGE 67, 317 (318).
[184] UK House of Lords Urt. v. 19.12.2000 – [1999] 3 W. L. R. 1274 (1289).
[185] KOM(2001) 510, 19.

aller asylrelevanten Bedrohungen einer Person oder Gruppe zu vorzunehmen ist, die Bedrohungen durch private Akteure einschließt. Dabei sind **alle nichtstaatlichen Akteure** ohne weitere Einschränkung zu erfassen, auch **Einzelpersonen,** sofern von ihnen Verfolgungshandlungen iSv § 3a AsylG ausgehen.[186] Die Berücksichtigung von Verfolgung, die nicht vom Staat ausgeht oder diesem zurechenbar ist, gilt allerdings nicht für das grundgesetzliche Asyl nach Art. 16a GG (→ Rn. 19).

102 Der EuGH hat entschieden, dass Art. 6 Anerkennungs-RL eine Liste der Akteure enthält, von denen Verfolgung ausgehen kann, was dafür spricht, dass solche Schäden durch das Verhalten eines Dritten verursacht werden müssen und dass sie demnach nicht bloß die Folge einer allgemeinen Mangelsituation im Herkunftsland (zB Armut, Folgen von Naturkatastrophen, Unzulänglichkeiten des Gesundheitssystems) sein können.[187]

103 **(1) Staat.** Der Staat wurde traditionell als der zentrale Verfolgungsakteur angesehen. Die staatliche Verfolgungspolitik kann von zentralen Staatsorganen umgesetzt werden – der Exekutive, Gesetzgebung und Justiz – oder durch **staatliche Vollzugsorgane** wie Polizeibeamte, Behördenmitarbeiter, Soldaten oder jede andere Person, die rechtlich oder tatsächlich öffentliche Gewalt ausübt. Die Vergewaltigung einer Frau durch Soldaten oder Polizisten kann als staatliche Verfolgung angesehen werden, selbst wenn der oder die Akteur(e) in Verletzung ihrer Pflichten handeln. Ein solcher **„Amtswalterexzess"** ist dem Staat zuzurechnen, wenn er keine geeigneten Maßnahmen zur Verhinderung solcher Taten ergreift.[188]

104 Im Zusammenhang mit Chinas Ein-Kind-Politik haben die Gerichte anerkannt, dass auch ohne ausdrückliche Unterstützung erzwungener Sterilisierung und Abtreibung durch die Zentralregierung kein Zweifel daran besteht, dass sie diese Maßnahmen stillschweigend billigt.[189] Eine trennscharfe **Unterscheidung** zwischen staatlicher **Tolerierung** privater Verfolgung und seiner **Unfähigkeit zum Schutz** vor privater Verfolgung braucht nicht gezogen werden. Allerdings besteht im Fall der Zurechnung einer Handlung zum Staat keine Notwendigkeit aufzuzeigen, dass die in Nr. 1 und 2 des § 3c AsylG genannten Akteure nicht in der Lage oder nicht willens sind, Schutz vor Verfolgung zu bieten.[190]

105 **(2) Staatsähnliche Organisationen.** Nach Nr. 2 kann Verfolgung auch von Parteien oder Organisationen ausgehen, die den Staat oder einen wesentlichen Teil des Staatsgebiets beherrschen. Hierunter fallen ua Handlungen von Staatsparteien, die de facto die Staatsgewalt ausüben, auch wenn es formal ein Mehrparteiensystem gibt, die Oppositionsparteien aber tatsächlich keinen Einfluss haben. Parteien oder Organisationen iSv Nr. 2 sind von nichtstaatlichen Akteuren iSv Nr. 3 zu unterscheiden. In § 3d Abs. 1 AsylG sind sie nämlich als Schutzakteure anerkannt und werden insoweit wie der Staat behandelt. Sie müssen aber die Kriterien des § 3d Abs. 2 AsylG erfüllen. Das bedeutet, sie müssen in der Lage sein, geeignete Schritte einzuleiten, um die Verfolgung zu verhindern, zB durch Praktizierung eines Rechtssystems zur Ermittlung und Ahndung von Handlungen, die eine Verfolgung darstellen. Nach § 3d Abs. 2 AsylG muss dieser Schutz wirksam und nicht nur von vorübergehender Art sein.

106 Die staatsähnlichen Organisationen iSv Nr. 2 müssen zudem den Staat oder einen wesentlichen **Teil des Staatsgebiets beherrschen.** Das bedeutet, dass Rebellengruppen oder kriminelle Organisationen nicht unter Nr. 2 fallen, wenn sie sie nur eine **temporäre oder instabile Herrschaft** ausüben. Die Voraussetzungen erfüllten hingegen nach Auffassung des französischen Nationalen Asylgerichts im Jahr 2013 die Rebellen in der Provinz Kunduz im Norden Afghanistans.[191] Der spanische Oberste Gerichtshof erkannte im Jahr

---

[186] BVerwG Urt. v. 18.7.2006 – 1 C 15.05, NVwZ 2006, 1420 Rn. 23.
[187] EuGH Urt. v. 18.12.2014 – C-542/13, NVwZ-RR 2015, 158 Rn. 35.
[188] BVerfG Beschl. v. 10.7.1989 – 2 BvR 502/86, NVwZ 1990, 151; VGH Mannheim Urt. v. 7.3.2013 – A 9 S 1872/12, Rn. 119; VG Stuttgart Urt. v. 11.12.2015 – A 11 K 1904/15, Rn. 25.
[189] *Hathaway/Foster* Refugee Status Law 298 mwN.
[190] *Hailbronner* AuslR AsylG § 3c Rn. 8.
[191] Französisches Nationales Asylgericht Urt. v. 12.3.2013 – Nr. 12025577 C.

2009 die FARC-Rebellen in Kolumbien als eine Partei oder Organisation an, die einen wesentlichen Teil des Staatsgebiets Kolumbiens beherrschte.[192] Im Zeitraum zwischen 2014 und Anfang 2016 konnte auch der sogenannte Islamische Staat im Irak und in Syrien (ISIS) als geeigneter Verfolgungsakteur gelten, da er Teile des irakischen und des syrischen Hoheitsgebietes im Wesentlichen beherrschte.[193]

(3) Nichtstaatliche Akteure. Verfolgung kann nach § 3c Nr. 3 AsylG auch von nichtstaatlichen Akteuren ausgehen, wenn der Staat, die staatsähnlichen Organisationen einschließlich internationaler Organisationen nicht in der Lage sind, Schutz vor Verfolgung zu bieten. Hierzu können ua gerechnet werden: **Guerillakämpfer, Terroristen,** örtliche Gemeinschaften und **Stämme, Kriminelle,** Familienmitglieder und Mitglieder politischer Parteien und Bewegungen.[194] Auch **ein Einzelner** kann Verfolgungsakteur sein.[195] Auch die gegenüber bestimmten Minderheiten ablehnende **Mehrheitsbevölkerung** kann Akteur rassistisch begründeter Übergriffe sein, gegen die der Staat keinen hinreichenden Schutz bietet (zB Übergriffe auf Roma in Serbien).[196] In der gerichtlichen Praxis wird von Antragstellern aus Balkanstaaten häufig die Gefahr durch kriminelle Übergriffe oder durch Blutrache verfeindeter Familien vorgetragen. Das Vorbringen bleibt jedoch in aller Regel ohne Erfolg, weil die dortigen Staaten Schutz vor derartigen Übergriffen gewähren.[197] Es gab eine Kontroverse zwischen den EU-Mitgliedstaaten, ob die Unfähigkeit oder der mangelnde Wille zur Schutzgewährung voraussetzt, dass überhaupt eine schutzfähige Staatsgewalt vorhanden ist.[198] § 3c letzter Hs. AsylG regelt die Kontroverse dahin – einer UNHCR-Empfehlung[199] folgend –, dass das **Fehlen einer staatlichen Herrschaftsmacht** der Anerkennung eines privaten Verfolgungsakteurs nicht entgegensteht.

ee) Beachtliche Wahrscheinlichkeit der Verfolgung/ begründete Furcht vor Verfolgung iSv § 3 AsylG. Von großer praktischer Bedeutung für die Zuerkennung der Flüchtlingseigenschaft ist die Frage, welcher Maßstab anzulegen ist, damit die Furcht des Ausländers vor Verfolgung als begründet anzusehen ist. Denn die **begründete Furcht** vor Verfolgung ist nach § 3 Abs. 1 Nr. 1 AsylG hierfür das maßgebliche Kriterium. Der deutsche Gesetzgeber folgt damit Art. 1 Nr. 1 GFK und Art. 2 lit. Anerkennungs-RL. Das Merkmal der „begründeten Furcht vor Verfolgung" enthält ein **subjektives und ein objektives Merkmal.** Die „Furcht" ist ein subjektives Element und bezieht sich auf die Person, die Flüchtlingsschutz beantragt. Die individuelle Furcht muss sich jedoch auf objektive Tatsachen stützen können, um als „begründet" anerkannt zu werden.

Für das BVerwG ist die Furcht des Ausländers begründet, wenn ihm in seinem Heimatland eine in § 3a AsylG bezeichnete Gefahr tatsächlich, dh mit **beachtlicher Wahrscheinlichkeit** droht.[200] Dieser Maßstab entspricht dem vom EGMR[201] und vom UK Supreme Court verwandten Maßstab des „realen Risikos" (**real risk**). Auch der UK Supreme Court beschreibt den Maßstab des „real risk" mit beachtlicher Wahrscheinlichkeit (reasonable degree of likelihood).[202] Der Wahrscheinlichkeitsmaßstab für die Zuerkennung der Flücht-

---

[192] Spanischer Oberster Gerichtshof Urt. v. 16.2.2009 – 6894/2005, S. 10.
[193] offengelassen vom VG Gelsenkirchen Urt. v. 8.3.2017 – 15a K 5929/16.A, Rn. 68. Einen Überblick über geeignete private Verfolgungsakteure gibt die Richterliche Analyse von EASO/IARLJ, Voraussetzungen für die Zuerkennung internationalen Schutzes, 2016, 109 Tabelle 15.
[194] Vgl. die Übersicht in KOM(2010) 314, 6.
[195] BVerwG Urt. v. 18.7.2006 – 1 C 15.05, NVwZ 2006, 1420 Rn. 23.
[196] VG Stuttgart Urt. v. 25.4.2017 – 11 K 6541/16, InfAuslR 2017, 358 ff.
[197] OVG Münster Beschl. v. 25.4.2017 – 11 A 88/17.A; für Blutrache wird zT ein unzureichender Schutz bejaht: VG Braunschweig Urt. v. 5.6.2015 – 6 A 159/15; VG Magdeburg Urt. v. 22.9.2015 – 3 A 179/14 MD.
[198] *Battjes*, European Asylum Law and International Law, 245 Rn. 313.
[199] *UNHCR*, Annotated Comments on the EC Council Directive 2004/83/EC, Januar 2005, 18.
[200] BVerwG Urt. v. 4.7.2019 – 1 C 31.18, BeckRS 2019, 19691 Rn. 16; Urt. v. 19.4.2018 – 1 C 29.17, NVwZ 2018, 1408 Rn. 14.
[201] EGMR Urt. v. 28.2.2008 (GK) – 37201/06, NVwZ 2008, 1330 Rn. 125 ff.; Urt. v. 23.2.2012 (GK) – 27765/09, NVwZ 2012, 809 Rn. 114.
[202] UK Supreme Court Urt. v. 25.7.2012 – [2012] UKSC 38, Rn. 55.

lingseigenschaft und für die Gewährung subsidiären Schutzes unterscheidet sich nicht.[203] Der Wahrscheinlichkeitsmaßstab setzt nach der Rechtsprechung des BVerwG voraus, dass bei einer **zusammenfassenden Würdigung** des zur Prüfung gestellten Lebenssachverhalts die für eine Verfolgung sprechenden Umstände ein **größeres Gewicht** besitzen und deshalb gegenüber den dagegen sprechenden Tatsachen überwiegen. Dabei ist eine **„qualifizierende" Betrachtungsweise** im Sinne einer Gewichtung und Abwägung aller festgestellten Umstände und ihrer Bedeutung anzulegen.[204] Es kommt darauf an, ob in Anbetracht dieser Umstände bei einem vernünftig denkenden, besonnenen Menschen in der Lage des Betroffenen Furcht vor Verfolgung hervorgerufen werden kann.

110 Eine **Wahrscheinlichkeit von mehr als 50 %** ist nicht erforderlich.[205] Die geforderte Wahrscheinlichkeit hängt auch von der Qualität des bedrohten Rechtsguts ab. Wenn der Schutz des Lebens oder der Schutz vor Folter auf dem Spiel stehen, ist ein geringerer Grad an Wahrscheinlichkeit erforderlich, als wenn es um **Rechtsgüter** weniger **hohen Ranges** geht.[206] In Diskussionen auf internationaler Ebene wird von Richtern und Wissenschaftlern aus angloamerikanischen Ländern ein Prozentsatz von jedenfalls 10 % verlangt.[207] Das BVerwG hat jedenfalls eine Wahrscheinlichkeit von 1 zu 800 nicht ausreichen lassen.[208]

111 Eine zahlenmäßige Einschätzung des Risikos ist nur im Fall der **Gruppenverfolgung** von Bedeutung. Diese unterscheidet sich von der Betrachtung eines individuellen Verfolgungsrisikos (**anlassgeprägte Einzelverfolgung**) dadurch, dass der Ausländer zu einer verfolgten Gruppe von Menschen gehört, mit der er sich in einer nach Ort, Zeit und Wiederholungsträchtigkeit vergleichbaren Lage befindet (**Gefahr der Gruppenverfolgung**).[209] Gruppenverfolgung kann etwa für religiöse oder ethnische Minderheiten bestehen. Die Annahme einer alle Gruppenmitglieder erfassenden gruppengerichteten Verfolgung setzt entweder ein (staatliches) Verfolgungsprogramms voraus[210] oder eine bestimmte **„Verfolgungsdichte"**, welche die Regelvermutung eigener Verfolgung rechtfertigt.[211] Hierfür ist die Gefahr einer so großen Vielzahl von Eingriffshandlungen in flüchtlingsrechtlich geschützte Rechtsgüter erforderlich, dass es sich dabei nicht mehr nur um vereinzelt bleibende individuelle Übergriffe oder um eine Vielzahl einzelner Übergriffe handelt. Die Verfolgungshandlungen müssen vielmehr im Verfolgungszeitraum und Verfolgungsgebiet **auf alle** sich dort aufhaltenden **Gruppenmitglieder** zielen und sich in quantitativer und qualitativer Hinsicht so ausweiten, wiederholen und um sich greifen, dass daraus für jeden Gruppenangehörigen nicht nur die Möglichkeit, sondern ohne weiteres die **aktuelle Gefahr eigener Betroffenheit** entsteht. Auch der EGMR erkennt eine Beweiserleichterung im Fall der Gruppenverfolgung an.[212]

112 Voraussetzung für die Annahme einer Gruppenverfolgung ist ferner, dass die festgestellten Verfolgungsmaßnahmen die von ihnen Betroffenen gerade in **Anknüpfung an asylerhebliche Merkmale** treffen. Ob eine in dieser Weise spezifische Zielrichtung vorliegt, die Verfolgung mithin „wegen" eines der in § 3b AsylG genannten Merkmale erfolgt, ist anhand ihres inhaltlichen Charakters nach der erkennbaren Gerichtetheit der Maßnahme selbst zu beurteilen, nicht nach den subjektiven Gründen oder Motiven, die den Verfolgenden dabei leiten.[213]

---

[203] BVerwG Urt. v. 17.11.2011 – 10 C 13.10, NVwZ 2012, 454 Rn. 20.
[204] BVerwG Urt. v. 20.2.2013 – 10 C 23.12, BVerwGE 146, 67 Rn. 32; Urt. v. 19.4.2018 – 1 C 29.17, NVwZ 2018, 1408 Rn. 14.
[205] BVerwG Urt. v. 5.11.1991 – 9 C 118.90, BVerwGE 89, 162 (169), NVwZ 1992, 582.
[206] Dazu näher *Berlit* ZAR 2017, 110.
[207] Konferenz der Internationalen Asylrichtervereinigung in Götheborg 2013.
[208] BVerwG Urt. v. 17.11.2011 – 10 C 13.10, NVwZ 2012, 454 Rn. 22; dazu jetzt Vorlage des VGH Mannheim an den EuGH mit Beschl. v. 29.11.2019 – 11 S 2374/19, BeckRS 2019, 31472.
[209] BVerwG Urt. v. 21.4.2009 – BVerwG 10 C 11.08, NVwZ 2009, 1237 Rn. 13 ff.
[210] BVerwG Urt. v. 5.7.1994 – 9 C 158.94, BVerwGE 96, 200 (204) = NVwZ 1995, 175.
[211] BVerwG Urt. v. 18.7.2006 – 1 C 15.05, NVwZ 2006, 1420 Rn. 20.
[212] EGMR Urt. v. 23.8.2016 (GK) – 59.166/12, Rn. 103 ff.
[213] BVerwG Urt. v. 21.4.2009 – BVerwG 10 C 11.08, NVwZ 2009, 1237 Rn. 13.

Art. 4 Abs. 4 Anerkennungs-RL enthält eine **Beweiserleichterung** für Asylantragsteller, die bereits verfolgt waren oder von Verfolgung unmittelbar bedroht waren (**Vorverfolgung**). Es gilt hingegen – abweichend vom grundgesetzlichen Asyl – kein abgesenkter Beweismaßstab (hinreichende Sicherheit). Wer bereits Verfolgung erlitten hat, für den streitet die tatsächliche Vermutung, dass sich frühere Handlungen und Bedrohungen bei einer Rückkehr in das Herkunftsland wiederholen werden. Die Vorschrift misst nach der Rechtsprechung des **EuGH** und des **BVerwG** den in der Vergangenheit liegenden Umständen Beweiskraft für ihre Wiederholung in der Zukunft bei.[214] Dadurch wird der Vorverfolgte von der Notwendigkeit entlastet, stichhaltige Gründe dafür darzulegen, dass sich die verfolgungsbegründenden bzw. schadensstiftenden Umstände bei Rückkehr in sein Herkunftsland erneut realisieren werden. 113

Ähnliche **Beweismaßstäbe** wendet der **EGMR** an, indem er der Existenz früherer Misshandlungen besondere Bedeutung beimisst.[215] Er betont diesbezüglich, dass das Vorliegen solcher Misshandlungen einen soliden Hinweis auf ein reales zukünftiges Risiko liefert, dass ein Ausländer Behandlungen erleiden könnte, die Art. 3 EMRK widersprechen, wenn er einen allgemein stimmigen und glaubhaften Tatsachenbericht abgegeben hat, der mit den Informationen übereinstimmt, die aus verlässlichen und objektiven Quellen über die allgemeine Situation im betroffenen Land stammen. 114

Nach der Rechtsprechung des EuGH greift die Beweiserleichterung dann, wenn frühere Verfolgungshandlungen vorliegen und diese Handlungen und Bedrohungen eine **Verknüpfung mit dem Verfolgungsgrund** aufweisen, den der Betreffende nunmehr für seinen Antrag auf Schutz geltend macht (vgl. § 3b AsylG – Rasse, Religion etc).[216] Es ist also zu prüfen, ob der Ausländer schon einmal wegen des gleichen Grundes verfolgt worden ist. Fehlt dieser Zusammenhang, greift die Beweiserleichterung nicht.[217] Es reicht also nicht aus, dass der Ausländer in der Vergangenheit gefoltert worden ist und auch jetzt wieder Folter befürchtet. Es muss vielmehr der gleiche Verfolgungsgrund vorliegen. In diesem Fall ist es unschädlich, wenn der Asylsuchende in der Vergangenheit wegen seiner Religion vom Staat verfolgt wurde, ihm jetzt aber (aus dem gleichen Grund) Verfolgung von nichtstaatlichen Akteuren droht. 115

Die **Vermutung**, dass sich die Verfolgung wiederholt, kann aber **widerlegt** werden. Hierfür ist erforderlich, dass **stichhaltige Gründe** die Wiederholungsträchtigkeit solcher Verfolgung entkräften. Diese Beurteilung obliegt tatrichterlicher Würdigung im Rahmen freier Beweiswürdigung.[218] Solche stichhaltigen Gründe können ein **Regimewechsel** sein. Das Bundesamt für Migration und Flüchtlinge muss bezogen auf den konkreten Einzelfall darlegen, warum sich eine Verfolgung aus dem gleichen Grund nicht wiederholen wird. Der Französische Asylgerichtshof ist unter Anwendung dieser Grundsätze zu dem Ergebnis gekommen, dass ein koptischer Christ, der wegen seiner Religion überfallen, entführt und seines Eigentums beraubt wurde, nunmehr in der Lage sein sollte, effektiven Schutz durch den ägyptischen Staat in Anspruch zu nehmen.[219] 116

Art. 4 Abs. 5 Anerkennungs-RL enthält eine **Beweiserleichterung** für den Fall, dass dem Antragsteller fluchtbedingt Unterlagen oder sonstige Beweise fehlen, aber festgestellt wurde, dass seine Angaben kohärent und plausibel sind und weitere in der Norm formulierte Voraussetzungen erfüllt sind.[220] Diese Vorschrift bewirkt keine Umkehr der Beweislast (**„benefit of the doubt"**), wovon für den Flüchtlingsschutz allgemein allerdings 117

---
[214] EuGH Urt. v. 2.3.2010 – C-175/08 ua, NVwZ 2010, 505 Rn. 92 ff.; BVerwG Urt. v. 19.4.2018 – 1 C 19.17, NVwZ 2018, 1408 Rn. 15.
[215] EGMR Urt. v. 13.10.2016 – 11.981/15, Newsletter Menschenrechte 2016, 440 Rn. 63.
[216] EuGH Urt. v. 2.3.2010 – C-175/08 ua, NVwZ 2010, 505 Rn. 94.
[217] BVerwG Urt. v. 24.1.2011 – 10 C 3.10, NVwZ 2011, 944 Rn. 18.
[218] BVerwG Urt. v. 27.4.2010 – 10 C 5.09, NVwZ 2011, 51 Rn. 23; Urt. v. 19.4.2018 – 1 C 19.17, Rn. 15.
[219] Court Nationale du Droit d'Asile Urt. v. 9.3.2010 – 9013376.
[220] EuGH Urt. v. 4.10.2018 – C-56/17, BeckEuRS 2017, 509451 Rn. 86 f. – Fathi.; Urt. v. 25.1.2018 – C-473/16, NVwZ 2018, 643 Rn. 68.

EGMR[221], UNHCR[222] und einige EU-Mitgliedstaaten ausgehen. Der Rat der EU hat den Kommissionsvorschlag zurückgewiesen, in der Richtlinie den Grundsatz des „benefit of the doubt" zu verankern. Konsequenterweise lehnen auch die Gerichte in Großbritannien eine solche Beweislastumkehr im Rahmen von Art. 4 Abs. 5 Anerkennungs-RL ab.[223]

118 **ff) Fehlen eines geeigneten Schutzakteurs iSv § 3d AsylG.** Die auf Art. 7 Anerkennungs-RL beruhende Norm ist Ausdruck des Prinzips der **Subsidiarität** des internationalen Flüchtlingsschutzes. Ein fremder Staat ist nur dann zur Schutzgewährung verpflichtet, wenn der Asylsuchende den gebotenen Schutz nicht im Staat seiner Staatsangehörigkeit finden kann. § 3d Abs. 1 AsylG nennt als geeignete Schutzakteure den Staat und die staatsähnlichen Organisationen, die auch als Verfolgungsakteure nach § 3c Nr. 2 AsyG aufgeführt sind. Nicht als Schutzakteure aufgeführt sind nichtstaatliche Akteure iSv § 3c Nr. 3 AsylG, sofern sie nicht als staatsähnliche Organisation eingestuft werden können.

119 **(1) Staat oder staatsähnliche Organisation.** Primärer Schutzakteur ist der **Staat**. Seine Aufgabe ist es, die auf seinem Gebiet lebenden Menschen gegen Übergriffe durch Dritte zu schützen. Umstritten war im Verfahren der Erarbeitung der EU-Anerkennungsrichtlinie, ob auch **nichtstaatliche Parteien und Organisationen** einschließlich internationaler Organisationen als Schutzakteur anerkannt werden sollen. UNHCR hat sich dagegen gewandt und damit argumentiert, dass solche Organisationen nur in beschränktem Umfang öffentliche Gewalt ausüben, und das auch nur zeitlich begrenzt.[224] Außerdem seien sie nicht Partei von völkerrechtlichen Verträgen zum Schutz der Menschenrechte. Nach dieser Ansicht ist es unrealistisch, dass internationale Organisationen – wie gesetzlich gefordert – den Staat oder einen wesentlichen Teil des Staatsgebiets beherrschen und die Bewohner in der gleichen Weise schützen können wie ein Staat.[225]

120 Der **Richtliniengeber** ist bei Schaffung von Art. 7 Anerkennungs-RL diesen Einwänden nicht gefolgt, hat vielmehr der Erkenntnis Rechnung getragen, dass aufgrund innerstaatlicher Konflikte und des Zerfalls staatlicher Strukturen in zunehmendem Umfang internationale Organisationen staatsähnliche Funktionen wahrnehmen. Im Übrigen kommt es im Interesse einer Schutzgewährung allein darauf an, **wie wirksam der Verfolgungsschutz** ist, sei es durch den Staat oder durch nichtstaatliche Organisationen.

121 Schutz durch nichtstaatliche Organisationen kann gewährt werden, wenn die Organisationen den Staat – etwa im Rahmen einer friedensstiftenden oder friedenserhaltenden **UN-Mission** – vollständig ersetzen oder indem sie die einheimische Staatsgewalt unterstützen und somit jeder Akteur für sein Territorium oder die Akteure in Zusammenarbeit miteinander in der Lage sind, Schutz zu gewähren. Als Beispiel für eine **temporäre Ersetzung der Staatsgewalt** kann das Kosovo dienen, in dem KFOR und UNMIK durch den Sicherheitsrat der Vereinten Nationen im Jahr 1999 mit der zeitweiligen Ausübung der Staatsgewalt in dem Land beauftragt worden sind.[226] Auch der EuGH erkennt an, dass es Art. 7 Abs. 1 Anerkennungs-RL zulässt, den Schutz vor Verfolgung durch internationale Organisationen, auch mittels der Präsenz multinationaler Truppen im Staatsgebiet des Drittlands, sicherzustellen.[227]

122 Streitig ist, ob ein **Clan** oder eine andere nationale **de-facto Autorität** ein geeigneter Schutzakteur sein können. In Teilen des Schrifttums wird insoweit eine restriktive Auffassung vertreten. Teilweise wird ausschließlich der Staat als Schutzakteur anerkannt.[228]

---

[221] EGMR Urt. v. 9.3.2010 – 41827/07, Rn. 50; Urt. v. 20.12.2011 – 48839/09, Rn. 52; Urt. v. 18.11.2014 – 52589/13, Rn. 55.
[222] *UNHCR* Handbuch Rn. 203 ff.
[223] UK Upper Tribunal Urt. v. 10.12.2014 – [2014] UKUT 552 (IAC) Rn. 85.
[224] *UNHCR*, Comments on the European Commission's proposal (COM(2009)551), Juli 2010, 5.
[225] *Hathaway/Foster* Refugee Status Law 292.
[226] *Zimmermann/Mahler* in Zimmermann The 1951 Convention 459 Rn. 669; UK Court of Appeal Urt. v. 24.5.2001 – [2001] EWCA Civ 782, Rn. 9.
[227] EuGH Urt. v. 2.3.2010 und C-175/08 – C-179/08, NVwZ 2010, 505 Rn. 75.
[228] *Hathaway/Foster* Refugee Status Law 289 ff.

Teilweise wird verlangt, dass die de-facto Autorität einen wesentlichen Teil des Staatsgebiets beherrscht und wirksame Verwaltungsstrukturen zur sozialen Versorgung, Beilegung von Streitigkeiten und Schutz von Menschenrechten gebildet hat.[229] Nach den **UNHCR-Richtlinien** können Clans und Stämme keinen effektiven und dauerhaften Schutz bieten, es sei denn sie sind die anerkannte Autorität in einer Region.[230] Andere Stimmen des Schrifttums und Gerichte (Kanada, Vereinigtes Königreich) vertreten die Auffassung, dass Clans und nicht anerkannte de-facto Autoritäten wie etwa „Somaliland" und „Puntland" in Somalia als Schutzakteure anzuerkennen sind.[231]

Der **EGMR** sieht **Clans in Somalia** als **geeignete Schutzakteure** gegen menschenrechtswidrige Behandlung iSv Art. 3 EMRK an:[232] Ferner kann die **Familie** vorhandene fragile staatliche Strukturen in einer Weise unterstützen, dass das Zusammenwirken staatlichen und familiären Schutzes als hinreichend wirksam anzusehen ist.[233] Diese Rechtsprechung trägt dem Umstand Rechnung, dass Clan-Strukturen eine **längere Tradition** in zahlreichen afrikanischen, arabischen und asiatischen Ländern haben als die von den Kolonialmächten errichteten staatlichen Strukturen, die den örtlichen Stammesstrukturen oft ohne Rücksicht auf tief verwurzelte Traditionen übergestülpt wurden. Allerdings müssen diese nichtstaatlichen Strukturen stabil und in der Lage sein, den gebotenen Schutz vor Verfolgung zu gewähren. 123

(2) Schutzbereitschaft des Staates. Die Schutzakteure müssen nach § 3d Abs. 1 letzter Hs. AsylG **willens und in der Lage sein,** den gebotenen Schutz zu bieten. Der EGMR hat in einem Urteil von 2016 die Schutzfähigkeit des irakischen Staats als stark vermindert angesehen, sodass er gegenüber Bürgern, die zu besonders gefährdeten Gruppen gehörten, etwa weil sie von Al-Kaida wegen Kollaboration mit den US-Truppen bedroht wurden, den notwendigen Schutz nicht gewähren konnte.[234] 124

Welchen Charakter der Schutz haben muss, wird in **§ 3d Abs. 2 AsylG** beschrieben. Danach muss der Schutz **wirksam** und darf **nicht nur vorübergehend** sein. Generell ist der Schutz gewährleistet, wenn die Schutzakteure geeignete Schritte einleiten, um die Verfolgung zu verhindern, beispielsweise durch wirksame Rechtsvorschriften zur Ermittlung und Ahndung von Verfolgungshandlungen. Außerdem muss der Ausländer **Zugang zu dem Schutz** haben. 125

Für diese Nachprüfung haben die zuständigen Behörden nach der Rechtsprechung des EuGH insbesondere die Funktionsweise der Institutionen, Behörden und Sicherheitskräfte einerseits und aller Gruppen oder Einheiten des Drittlands, die durch ihr Tun oder Unterlassen für Verfolgungshandlungen gegen die den Flüchtlingsstatus genießende Person im Fall ihrer Rückkehr in dieses Land ursächlich werden können, andererseits zu beurteilen. Dabei können die zuständigen Behörden insbesondere die Rechts- und Verwaltungsvorschriften des Herkunftslands berücksichtigen und deren Anwendung sowie den Umfang, in dem in diesem Land die Achtung der grundlegenden Menschenrechte gewährleistet ist.[235] 126

(3) Wirksamkeit des Schutzes. Der Schutz ist **wirksam,** wenn im Herkunftsland des Asylsuchenden strafrechtliche Vorschriften bestehen, die gewaltsame Übergriffe von Verfolgern unter Strafe stellen und eine hinreichende Bereitschaft der Schutzakteure besteht („reasonable willingness"), diese Gesetz durchzusetzen, wobei ein lückenloser Schutz nicht 127

---
[229] *Marx* AsylG § 3d Rn. 17.
[230] *UNHCR,* Richtlinien zum internationalen Schutz: Interne Flucht- oder Neuansiedlungsalternative, 23.7.2003, Rn. 17.
[231] Nachweise bei *Dörig* in Hailbronner/Thym EU Immigration Law 1154 f.
[232] EGMR Urt. v. 11.1.2007 – 1948/04, Rn. 139; vgl. dazu auch *EASO/IARLJ,* Voraussetzungen für die Zuerkennung internationalen Schutzes, 2016, 111 f.
[233] EGMR Urt. v. 10.9.2015 – 4601/14, Rn. 73 („male protection network"); Urt. v. 7.6.2016 – 7211/06, Rn. 57 (Genitalverstümmelung).
[234] EGMR Urt. v. 23.8.2016 (GK) – 59.166/12, Rn. 121.
[235] EuGH Urt. v. 2.3.2010 – C-175/08 und C-179/08, NVwZ 2010, 505 Rn. 71.

verlangt wird. Dieser **„due-diligence test"** wurde vom obersten Gerichtshof des Vereinigten Königreichs in seinem berühmten Horvath-Urteil entwickelt.[236] Diese Voraussetzung sah der Gerichtshof im Fall des slowakischen Staates als erfüllt an, der die dortigen Roma gegen Übergriffe von Skinheads schützte, obwohl die Polizei nicht in allen Fällen ordnungsgemäß ermittelte.[237] In eine ähnliche Richtung geht die Rechtsprechung des **BVerwG** zum asylrechtlichen Schutz, wonach der Staat seinen Bürgern **keinen lückenlosen** und schlechthin vollkommenen **Schutz vor Übergriffen** durch nichtstaatliche Stellen oder Einzelpersonen gewährleisten kann.[238] Etwas anderes gilt aber jedenfalls dann, wenn der Staat zur Verhinderung solcher Übergriffe **prinzipiell und auf gewisse Dauer** außerstande ist, weil er – sei es für das ganze Staatsgebiet, sei es für einzelne Regionen – das Gesetz des Handelns an andere Kräfte verloren hat und seine staatlichen Sicherheits- und Ordnungsvorstellungen insoweit nicht mehr durchzusetzen vermag. Sachgerecht erscheint, den Schutzbedarf auch am generell gewährten **Schutz in dem betreffenden Land** zu orientieren und auf das erforderliche Schutzniveau nicht westeuropäische Standards zu übertragen.

128   Das **BVerwG** hat in einem Urteil von 2011, das den Widerruf der Flüchtlingsanerkennung betraf, den **Schutz der irakischen Regierung vor Verfolgung** nach dem Sturz des Diktators Saddam Hussein als hinreichend wirksam für Asylantragsteller angesehen, die zuvor allein wegen ihres Asylantrags im Ausland mit Verfolgung zu rechnen hatten.[239] Denn wenn feststeht, dass die Betroffenen wegen der Asylantragstellung von keiner Seite im Irak mehr Verfolgung zu befürchten haben, umfasst dies zugleich die Feststellung, dass mit der neuen irakischen Regierung ein staatlicher Schutzakteur iSd Art. 7 Anerkennungs-RL vorhanden ist, der die bisherigen staatlichen Sanktionen und Übergriffe aufgrund der Asylantragstellung abgeschafft hat und damit ausreichende geeignete Schritte eingeleitet hat, um die befürchtete Verfolgung dauerhaft zu verhindern. Dabei ist die Frage, ob ein Akteur iSv Art. 7 Anerkennungs-RL ausreichend Schutz bietet, **jeweils bezogen auf die vom Kläger befürchtete Verfolgung** zu beurteilen.[240]

129   Das **britische Asylberufungsgericht** hat in einem Urteil von 2015 ausgeführt, dass bei der Gefahr von Ehrenmorden ein breites Spektrum staatlicher Schutzmaßnahmen als wirksam angesehen werden kann, etwa ein wirksames **Zeugenschutzmodell,** die Sicherung der Wohnung, ein verbesserter Polizeischutz, einfache Warn- und Sicherheitshinweise für die betroffene Person, die Ausstellung eines Waffenscheins oder als letztes Mittel die Ausstattung mit einer Tarnidentität und die Bereitstellung der geeigneten finanziellen und logistischen Unterstützung.[241]

130   Die **Europäische Kommission** hat eine Reihe von Faktoren aufgeführt, die von den Gerichten der Mitgliedstaaten bei der Prüfung der Frage, ob ein wirksamer Schutz gewährleistet ist, berücksichtigt werden sollten.[242] Die Aufzählung der Kommission beschränkt sich auf Überlegungen zum Tätigwerden oder zur Untätigkeit des Staates, jedoch kann die Wirksamkeit des Schutzes auch durch **zivilgesellschaftliche Akteure** beeinflusst werden (→ Rn. 123). Diese können unter bestimmten Umständen durch ihre Schutzfunktionen dafür sorgen, dass weniger oder kein Bedarf an staatlichem Schutz besteht.[243]

131   **(4) Dauerhaftigkeit des Schutzes.** § 3d Abs. 2 AsylG verlangt, dass der Schutz nicht nur vorübergehend sein darf. Der **EuGH** verlangt im Zusammenhang mit dem Widerruf der Flüchtlingseigenschaft, dass die Faktoren, die die Furcht des Flüchtlings vor Verfolgung

---

[236] UK House of Lords Urt. v. 6.7.2000 – [2000] UKHL 37.
[237] Näher dazu *Dörig* in Hailbronner/Thym EU Immigration Law 1155 f. Rn. 11; kritisch hierzu *Hathaway/ Foster* Refugee Status Law 308 ff.
[238] BVerwG Urt. v. 2.8.1983 – 9 C 818.81, BVerwGE 67, 317 (320), NVwZ 1983, 744.
[239] BVerwG Urt. v. 24.2.2011 – 10 C 3.10, NVwZ 2011, 944 Rn. 12.
[240] BVerwG Urt. v. 24.2.2011 – 10 C 7.10, NVwZ 2011, 944 Rn. 13.
[241] Britisches Asylberufungsgericht UKUT Urt. v. 29.5.2015 – [2015] UKUT 00432 (IAC), Rn. 17.
[242] KOM(2001) 510, 19 f.
[243] So zutreffend *EASO/IARLJ,* Voraussetzungen für die Zuerkennung internationalen Schutzes, 2016, 129.

begründeten, als **dauerhaft beseitigt** angesehen werden können.²⁴⁴ Auch das **BVerwG** legt diesen Maßstab an und bejahte die Kriterien im konkreten Fall, weil die Entmachtung des Diktators *Saddam Hussein* und seines Regimes als „unumkehrbar", eine Rückkehr des Baath-Regimes als „ausgeschlossen" anzusehen war.²⁴⁵ Strengere Kriterien sind anzulegen, wenn es sich nicht um einen **Regimewechsel** handelt, sondern – wie im Fall von Algerien – **Veränderungen innerhalb eines fortbestehenden Regimes** zu beurteilen sind. Eine Garantie der Kontinuität veränderter politischer Verhältnisse auf unabsehbare Zeit kann indes nicht verlangt werden.²⁴⁶

Eine rechtsvergleichende Studie über die Rechtsprechungspraxis in unterschiedlichen EU-Mitgliedstaaten zeigt, dass in einigen Staaten auch eine **kürzere Schutzgewährung** als ausreichend angesehen wird.²⁴⁷ Das britische Asylberufungsgericht kommt in einem in der Literatur kritisierten Urteil zu dem Ergebnis, dass hinreichender **Schutz vor häuslicher Gewalt** auch durch Aufnahme in Frauenhäuser gewährt werden kann.²⁴⁸ 132

(5) Zugang zum Schutz. § 3d Abs. 2 letzter Hs. AsylG verlangt, dass der Ausländer **Zugang** zu einem wirksamen und nicht nur vorübergehenden Schutz hat. Es genügt nicht, dass er in der Vergangenheit einen solchen Zugang hatte.²⁴⁹ Auch der EuGH verlangt, dass der Betroffene im Fall des Erlöschens seiner Flüchtlingseigenschaft Zugang zu entsprechendem Schutz haben wird.²⁵⁰ Dabei muss ein **diskriminierendes Verhalten der Behörden** in einem bestimmten Land zB gegenüber Frauen oder ethnischen Minderheiten berücksichtigt werden. Nach einem Beschluss des **OVG Münster** kann nicht davon ausgegangen werden, dass der kosovarische Staat grundsätzlich nicht willens und in der Lage ist, Frauen, die häusliche und sexuelle Gewalt erlitten haben oder hiervon bedroht sind, Schutz zu bieten.²⁵¹ Dabei verkennt das OVG nicht, dass nach seinen Erkenntnissen häusliche Misshandlungen und sexuelle Gewalt gegenüber Frauen im Kosovo nach wie vor weit verbreitet sein dürften und die staatliche Schutzgewährleistung aus verschiedenen Gründen Defizite aufweisen mag. Die generelle Schutzwilligkeit und Schutzfähigkeit des kosovarischen Staates werde dadurch aber nicht in Zweifel gezogen. Ähnlich hat 2017 auch der EGMR entschieden.²⁵² Für Afghanistan kommt das VG Gelsenkirchen zum gegenteiligen Ergebnis.²⁵³ 133

gg) Fehlen von internem Schutz iSv § 3e AsylG. § 3e AsylG entspricht Art. 8 Anerkennungs-RL. Die Regelung ist Ausdruck des Grundsatzes der **Subsidiarität des internationalen Flüchtlingsschutzes,** der erst dann gewährt werden muss, wenn der Betroffene nicht durch den eigenen Staat geschützt wird.²⁵⁴ Das Erfordernis von fehlendem landesinternen Schutz wird vom UNHCR auf der Grundlage der **GFK** wie vom EGMR in Auslegung des **Art. 3 EMRK** anerkannt. Präzise Konturen hat es aber erst durch die Normierung in Art. Anerkennungs-RL erhalten. Als Begriffe werden synonym verwandt die „interne Fluchtalternative" und der „interne Schutz". 134

(1) Völkerrechtlicher Rahmen. UNHCR erkennt in seinem Handbuch an, dass sich die Furcht vor Verfolgung nicht immer auf das gesamte Territorium des Landes erstreckt, dessen Staatsangehörigkeit der Flüchtling besitzt.²⁵⁵ Bei Konflikten zwischen verschiedenen 135

---

²⁴⁴ EuGH Urt. v. 2.3.2010 – C-175/08 und C-179/08, NVwZ 2010, 505 Rn. 73.
²⁴⁵ BVerwG Urt. v. 24.2.2011 – 10 C 3.10, NVwZ 2011, 944 Rn. 20.
²⁴⁶ BVerwG Urt. v. 1.6.2011 – 10 C 25.10, NVwZ 2011, 1463 Rn. 24.
²⁴⁷ *ECRE*, Actors of protection and the application of the internal flight alternative, 2014, 45.
²⁴⁸ UK Upper Tribunal Urt. v. 14.7.2010 – [2010] UKUT 216 (IAC) Rn. 267; ablehnend *Hathaway*.
²⁴⁹ *Battjes*, European Asylum Law and International Law, 247 Rn. 315.
²⁵⁰ EuGH Urt. v. 2.3.2010 – C-175/08 – C-179/08, NVwZ 2010, 505 Rn. 70.
²⁵¹ OVG Münster Beschl. v. 28.2.2017 – 13 A 2087/16.A; ähnlich VGH Mannheim Urt. v. 30.11.2006 – A 6 S 674/05 – für den Zugang einer ethnischen Minderheit zum Schutz im Kosovo.
²⁵² EGMR Urt. v. 7.12.2017 – 34.999/16 – D. L./Österreich.
²⁵³ VG Gelsenkirchen Urt. v. 7.8.2014 – 5a K 2573/13.A.
²⁵⁴ So die Kommissionsbegründung in KOM(2001) 510 21; dazu auch BVerwG Beschl. v. 18.12.2019 – 1 C 2.19, BeckRS 2019, 37866 Rn. 21 ff.
²⁵⁵ *UNHCR* Handbuch Rn. 91.

Volksgruppen, im Bürgerkrieg oder bei schweren Unruhen kann es vorkommen, dass sich die Verfolgung einer bestimmten ethnischen, politischen oder religiösen Gruppe auf einen **Teil des Landes beschränkt.** Dann kann unter bestimmten in § 3e AsylG normierten Voraussetzungen vom Ausländer erwartet werden, in dem verfolgungsfreien Teil seines Heimatlandes Zuflucht zu suchen und sich dort niederzulassen.

136 Auch der **EGMR** wendet das Konzept der internen Schutzalternative an, wenn er die Begründetheit eines Abschiebungsverbots nach Art. 3 EMRK prüft. Zugleich verlangt er die Erfüllung bestimmter **Voraussetzungen,** damit von einer solchen Schutzalternative ausgegangen werden kann: Das Gebiet der Fluchtalternative muss sicher in dem Sinne sein, dass dem Ausländer dort keine Gefahr einer Art. 3 EMRK widersprechenden Behandlung droht. Weiter muss der Ausländer sicher in das Gebiet reisen können, dort aufgenommen werden und sich niederlassen können.[256] In seinem **Salah Sheekh-Urteil** von 2007, das einen Asylantragsteller aus Somalia betraf, hat der EGMR entschieden, dass Regionen wie Somaliland und Puntland bei der Bestimmung einer internen Fluchtalternative als verhältnismäßig sichere Gebiete angesehen werden können.[257] Der Gerichtshof sah die Möglichkeit, sich dort niederzulassen, aber nur für Personen, die aus jenen Regionen stammten und dort Unterstützung durch ihren Clan erwarten können.

137 Im **Sufi und Elmi-Urteil** von 2011 kam der EGMR zu dem Ergebnis, dass jeder somalische Rückkehrer, der gezwungen ist, Zuflucht in einem Camp für inländische Flüchtlinge zu nehmen, dem Risiko einer Art. 3 EMRK widersprechenden Behandlung ausgesetzt wäre wegen der dort herrschenden unerträglichen humanitären Verhältnisse.[258] Demgegenüber entschied der **Gerichtshof im Jahr 2014,** dass Schweden einen Asylsuchenden in den Irak zurückführen kann, weil dort eine inländische Schutzalternative bestand.[259] Zwar sah der EGMR für einige Teile des Iraks die Gefahr, dass der Betroffene dem Risiko einer Art. 3 EMRK widersprechenden Behandlung durch al-Qaida ausgesetzt wäre. Er bejahte aber eine **Fluchtalternative im kurdischen Nordirak,** wohin es Direktflüge gab. Dort gab es seinerzeit keine nennenswerte al-Qaida-Präsenz. Außerdem konnten die kurdischen Provinzen als verhältnismäßig sichere Gebiete angesehen werden, in denen viele Binnenflüchtlinge aufgenommen worden waren. Der EGMR wies weiter darauf hin, dass der Beschwerdeführer dort im Fall seiner Niederlassung Zugang zu Arbeit und sozialer Unterstützung finden könne.

138 **(2) Voraussetzungen für internen Schutz.** Um internen Schutz iSv § 3e AsylG bejahen zu können, müssen drei Voraussetzungen erfüllt sein: **Erstens** muss der Asylsuchende in dem betreffenden Gebiet vor Verfolgung sicher sein. **Zweitens** muss er in der Lage sein, sicher und legal in diesen Landesteil zu reisen und dort aufgenommen werden. **Drittens** muss von ihm vernünftigerweise erwartet werden können, dass er sich dort niederlässt. Diese Voraussetzungen stimmen mit denen des EGMR weitgehend überein, wurden zum Teil in Anlehnung an dessen Rechtsprechung formuliert.[260] Diese Voraussetzungen müssen zu dem Zeitpunkt vorliegen, in dem die behördliche oder gerichtliche Entscheidung getroffen wird, nicht hingegen zu dem Zeitpunkt, in dem der Asylantragsteller sein Heimatland verlassen hat.[261]

139 Bevor die Voraussetzungen des § 3e AsylG geprüft werden können, ist zunächst das **Gebiet der Schutzalternative zu bestimmen.** Wenn ein Asylbewerber in ein Gebiet seines Heimatlandes zurückgeschickt werden soll, in dem er zuvor nicht gelebt hat, ist dies nur unter den Voraussetzungen des § 3e AsylG zulässig. Das BVerwG ist der Auffassung entgegengetreten, die Voraussetzungen des internen Schutzes müssten dann nicht erfüllt sein, wenn der Asylbewerber in seine Herkunftsregion wegen der dort bestehenden Gefah-

---

[256] EGMR Urt. v. 11.1.2007 – 1948/04, Rn. 141 ff.; Urt. v. 28.6.2011 – 8319/07 und 11449/07, NVwZ 2012, 681 Rn. 266; Urt. v. 3.4.2014 – 68519/10, Rn. 68.
[257] EGMR Urt. v. 11.1.2007 – 1948/04, Rn. 139 ff.
[258] EGMR Urt. v. 28.6.2011 – 8319/07 und 11449/07, NVwZ 2012, 681 Rn. 292.
[259] EGMR Urt. v. 3.4.2014 – 68519/10, Rn. 68–75.
[260] KOM(2009) 551, 8.
[261] BVerwG Urt. v. 19.1.2009 – 10 C 52.07, NVwZ 2009, 982 Rn. 29.

renlage gar nicht zurückgeführt werden könne und wolle.²⁶² Der VGH Mannheim wollte allein auf die Gefahrenlage im Zielort Kabul abstellen, weil der Kläger dorthin zurückgeflogen werden konnte, ohne zu berücksichtigen, dass er aus einer Unruheprovinz stammte und daher zu prüfen, ob von ihm nach § 3e AsylG vernünftigerweise erwartet werden konnte, sich in Kabul niederzulassen.

Bei der Bestimmung des Gebiets der inländischen Fluchtalternative kann ein Abweichen **140** von der Herkunftsregion als Ausgangspunkt der Untersuchung nicht damit begründet werden, dass der Ausländer infolge eines bewaffneten Konflikts den personalen **Bezug zu seiner Herkunftsregion verloren** habe, etwa weil Familienangehörige getötet worden sind oder diese Gebiete ebenfalls verlassen haben. Auch soweit die nachlassende subjektive Bindung zur Herkunftsregion durch Umstände begründet worden ist, die mittelbare Folgen des bewaffneten Konflikts sind (zB Beeinträchtigung der sozialen und wirtschaftlichen Infrastruktur, nachhaltige Verschlechterung der Versorgungslage), und es mangels Existenzgrundlage und Zukunftsperspektive eine nachvollziehbare Haltung ist, nicht in die **Herkunftsregion** zurückkehren zu wollen, behält diese für die **schutzrechtliche Betrachtung** grundsätzlich ihre Relevanz. Allerdings ist jedenfalls dann nicht (mehr) auf die Herkunftsregion abzustellen, wenn sich der Ausländer schon vor der Ausreise und unabhängig von den fluchtauslösenden Umständen **von dieser gelöst** und in einem anderen Landesteil mit dem Ziel niedergelassen hatte, dort auf unabsehbare Zeit zu leben.²⁶³ Durch eine solche freiwillige Ablösung verliert die Herkunftsregion ihre Bedeutung als Ordnungs- und Zurechnungsmerkmal und es ist insoweit auf den Landesteil abzustellen, in dem der Asylbewerber zuletzt gelebt hat.

(a) Sicherheit vor Verfolgung. Zunächst muss der Asylbewerber im Gebiet der Schutz- **141** alternative vor Verfolgung sicher sein. Das kann nach § 3e Abs. 1 Nr. 1 AsylG durch zwei Alternativen gewährleistet sein: durch das Fehlen einer Verfolgungsgefahr oder durch einen wirksamen Zugang zu Verfolgungsschutz.

Geht die **Verfolgungsgefahr vom Staat** aus, ist von einer landesweiten Bedrohung **142** auszugehen, es sei denn das Risiko geht von einer Verwaltungseinheit aus, deren Wirkungsbereich auf ein bestimmtes geographisches Gebiet beschränkt ist, oder die staatliche Herrschaftsgewalt selbst ist auf bestimmte Landesteile beschränkt. Letzteres war im Irak in den letzten Jahren der Herrschaft von *Saddam Hussein* der Fall, der die Kontrolle über die kurdischen Provinzen im Nordirak verloren hatte.²⁶⁴ Im Fall der Verfolgung **durch nichtstaatliche Akteure** gibt es keine Vermutung, dass sich ihr Einfluss auf das gesamte Staatsgebiet erstreckt. Wenn sich die ursprüngliche Verfolgungsgefahr nicht auf das Gebiet der Fluchtalternative erstreckt hat, muss weiter ermittelt werden, ob der Asylsuchende dort nicht anderen Verfolgungsrisiken ausgesetzt ist und nicht die Gefahr besteht, dass er in das Verfolgungsgebiet zurückgewiesen wird. Droht ihm im Gebiet der Fluchtalternative ein ernsthafter Schaden iSv § 4 AsylG, liegt zwar keine Gefahr asylerheblicher Verfolgung vor, dem Asylsuchenden kann dort aber eine Niederlassung nicht zugemutet werden.²⁶⁵

Besteht auch im Gebiet der Schutzalternative eine Verfolgungsgefahr, muss der Asylbe- **143** werber dort **Zugang zum Schutz vor Verfolgung** haben. Das bedeutet, ein geeigneter Schutzakteur muss dort wirksamen und nicht nur von vorübergehenden Schutz gewähren (→ Rn. 118 ff.). Die Voraussetzungen für den Zugang zum Schutz entsprechen ebenfalls den in § 3d AsylG formulierten Anforderungen (→ Rn. 133). Danach müssen die Fähigkeit und die hinreichende Bereitschaft der Schutzakteure vorhanden sein, einer Person wie dem Asylbewerber Schutz vor Verfolgung zu gewähren (due diligence-Test).²⁶⁶ Der Betroffene

---

²⁶² BVerwG Urt. v. 31.1.2013 – 10 C 15.12, NVwZ 2013, 1167 Rn. 14.
²⁶³ BVerwG Urt. v. 31.1.2013 – 10 C 15.12, NVwZ 2013, 1167 Rn. 14.
²⁶⁴ BVerwG Urt. v. 8.12.1998 – 9 C 17.98, NVwZ 1999, 544.
²⁶⁵ *UNHCR*, Richtlinien zum internationalen Schutz: Interne Flucht- oder Neuansiedlungsalternative, 23.7.2003, Rn. 20.
²⁶⁶ *Eaton* IJRL 24 (2012), 765 (772).

kann dabei keinen lückenlosen Schutz verlangen, der dort vorhandene Schutzakteur muss aber geeignete Schritte eingeleitet haben (reasonable steps), um Verfolgung zu verhindern. Dabei ist ein mögliches diskriminierendes Verhalten des Akteurs gegenüber Frauen oder bestimmten ethnischen oder religiösen Gruppen zu berücksichtigen (→ Rn. 127 ff.).

144 **(b) Sichere Reise und Zugang zum Gebiet des internen Schutzes.** Dieses Tatbestandsmerkmal wurde durch die Anerkennungsrichtlinie 2011 in Art. 8 Anerkennungs-RL neu eingeführt, um den Anforderungen des Salah Sheek-Urteils des EGMR Rechnung zu tragen.[267] Der EGMR hat für **Somalia** entschieden, dass ein Rückkehrer nicht sicher in die verfolgungsärmeren Regionen reisen kann, weil er Gebiete durchqueren muss, die von der al-Shabaab-Miliz kontrolliert werden.[268] Weiter ist er zu dem Ergebnis gekommen, dass die Machthaber in den drei eher sicheren Regionen nur solchen Somaliern den Zugang ermöglichen, die von dort stammen oder Clan-Verbindungen in die Region haben.[269] Für den **Nordirak** kam der Gerichtshof im Jahr 2014 hingegen zu dem Ergebnis, dass man dorthin sicher reisen kann und Zugang erhält, weil es Direktflüge in die Region gab und alle Iraker – unabhängig von ihrer Ethnie oder Religion – freien Zugang zu den drei Provinzen des Nordirak hatten.[270]

145 Für den **UNHCR** muss das Gebiet des internen Schutzes ohne Hindernisse erreichbar sein, die zu überwinden nicht zumutbar sind. So sei dem Asylbewerber nicht zumutbar, auf dem Weg in das Gebiet seine **persönliche Sicherheit** aufs Spiel zu setzen, zB wegen Minenfeldern, Kampfhandlungen, Verlagerung von Kriegsfronten, Banditen-Unwesen oder sonstigen Übergriffen oder Ausbeutung.[271] Auch könne von ihm nicht verlangt werden, das **ursprüngliche Verfolgungsgebiet zu durchqueren,** um in das vorgeschlagene Schutzgebiet zu gelangen. Auch die Nutzung eines **Flughafens** kann aus Sicht des UNHCR die Sicherheit des Zugangs in Frage stellen, insbesondere dort, wo die Verfolgung vom Staat ausgeht oder der Urheber der Verfolgung ein nichtstaatlicher Akteur ist, der den Flughafen kontrolliert.[272]

146 Das **BVerwG** verlangt eine auf verlässliche Tatsachenfeststellungen gestützte Prognose tatsächlicher Erreichbarkeit. Für die Prüfung der sicheren Erreichbarkeit der Schutzalternative sind nicht nur die Möglichkeiten bei zwangsweiser Abschiebung, sondern auch **Varianten des Reisewegs bei freiwilliger Ausreise** in das Herkunftsland zu berücksichtigen.[273] Angesichts der humanitären Intention des Asylrechts muss der Weg **ohne erhebliche Gefährdungen** zum Schutzgebiet führen. Die Mitwirkung des Betroffenen bei der **Beschaffung von Transitvisa** ist diesem hingegen grundsätzlich zumutbar. Asylrechtlich unbeachtlich ist eine nur vorübergehende Nichterreichbarkeit der sicheren Gebiete, etwa infolge unterbrochener Verkehrsverbindungen oder typischerweise behebbarer Schwierigkeiten bei der Beschaffung von Reisepapieren und Transitvisa. Die britische Rechtsprechung verlangt, dass der Asylsuchende das sichere Gebiet ohne unzumutbare Erschwernisse erreichen kann.[274]

147 **(c) Zumutbarkeit der Niederlassung.** Vom Asylsuchenden muss erwartet werden können, dass er sich in dem sicheren Landesteil niederlässt. Die Erwartung knüpft an **objektive und subjektive Umstände** an. Die objektive Zumutbarkeit der Niederlassung knüpft an Umstände an wie (1) Sicherheit der Region (über den Umstand der Verfolgungsfreiheit hinaus), (2) Möglichkeit der (wirtschaftlichen) Existenzsicherung, (3) Zugang zur Gesund-

---

[267] KOM(2009) 551, 8.
[268] EGMR Urt. v. 28.6.2011 – 8319/07 und 11449/07, NVwZ 2012, 681 Rn. 277 – Sufi und Elmi/Vereinigtes Königreich.
[269] EGMR Urt. v. 28.6.2011 – 8319/07 und 11449/07, NVwZ 2012, 681 Rn. 267.
[270] EGMR Urt. v. 3.4.2014 – 68519/10, Rn. 70 und 72.
[271] *UNHCR*, Richtlinien zum internationalen Schutz: Interne Flucht- oder Neuansiedlungsalternative, 23.7.2003, Rn. 10.
[272] *UNHCR*, Richtlinien zum internationalen Schutz: Interne Flucht- oder Neuansiedlungsalternative, 23.7.2003, Rn. 11.
[273] BVerwG Urt. v. 29.5.2008 – 10 C 11.07, NVwZ 2008, 1246 Rn. 19.
[274] House of Lords Urt. v. 15.2.2006 – [2006] UKHL 5 Rn. 47.

heitsversorgung und (4) Sicherung der grundlegenden Menschenrechte. Dabei bedeutet Niederlassung ein dauerhafter Aufenthalt. Ob die Niederlassung „vernünftigerweise" erwartet werden kann, ist an dem Maßstab des Verhaltens einer vernünftigen Person in der Lage des Asylantragstellers zu beurteilen. Die subjektive Zumutbarkeit verlangt die Prüfung der individuellen Umstände des Asylsuchenden, insbesondere individuelle gefahrerhöhende Umstände.

Was von einem Asylsuchenden vernünftigerweise erwartet werden kann, richtet sich 148 nicht nach den **Standards** im Land der Zuflucht, sondern **im Herkunftsland**. Wie die britische Rechtsprechung betont, wäre es unangemessen, wenn sich ein Asylsuchender aus einem Herkunftsland, das durch Armut, Mangelwirtschaft, niedrige Sozialleistungen und unzureichendem Schutz der Menschenrechte geprägt ist, bei der Zumutbarkeit einer Schutzalternative auf die Beachtung der Standards hochentwickelter Länder berufen könnte.[275] Eine andere Beurteilung ist dann geboten, wenn die mangelnde Beachtung der Menschenrechte eine Bedrohung des Lebens oder die Gefahr eines ernsthaften Schadens des Asylsuchenden darstellt. Das **BVerwG** hat sich auf die britische Rechtsprechung bezogen und ausgeführt, dass oberhalb der Schwelle des Existenzminimums die nach § 3e Abs. 2 AsylG zu berücksichtigenden **allgemeinen Gegebenheiten des Herkunftslandes** auch den Zumutbarkeitsmaßstab prägen.[276]

Zu den (erhöhten) **subjektiven Zumutbarkeitskriterien** gibt es einen bunten Strauß 149 an Rechtsprechung in den EU-Mitgliedstaaten.[277] So hat der Belgische Asylgerichtshof einem Asylbewerber aus Georgien mit signifikanten **psychopathologischen Problemen** die generell geeignete Schutzalternative in der von Russland unterstützten separatistischen Region Südossetien subjektiv nicht zugemutet. Von einem norwegischen Gericht wurde einem Somalier nicht zugemutet, auf die Region Puntland verwiesen zu werden, weil er keinem dortigen **Mehrheitsclan** angehört und daher seinen Lebensunterhalt dort nicht sichern kann. Im Vereinigten Königreich wurde einer **traumatisierten Frau** aus Uganda nicht zugemutet, sich in der Hauptstadt Kampala niederzulassen. Beim **unbegleiteten Minderjährigen** muss dessen angemessene Betreuung im Gebiet der Fluchtalternative sichergestellt sein. Individuelle Umstände führen jedoch nicht in jedem Fall zum Ausschluss des internen Schutzes. So hat der **EGMR** die kurdischen Provinzen des Nordirak als **zumutbare Fluchtalternative** auch für Frauen in höherem Lebensalter angesehen sowie für kranke Menschen, Angehörige der christlichen Minderheit und für Personen, die nur geringe wirtschaftliche und soziale Verbindungen zum Nordirak hatten.[278]

Im Einzelnen gilt Folgendes:

(aa) Sicherheit der Region

Dem Asylsuchenden ist die Niederlassung in einer anderen Region seines Heimatlandes 150 nur zumutbar, wenn diese Region über die Verfolgungsfreiheit hinaus **sicher** ist. Droht ihm dort hingegen ein **ernsthafter Schaden** iSv § 4 AsylG, scheidet das Gebiet als Schutzalternative aus.

(bb) Möglichkeit der (wirtschaftlichen) Existenzsicherung

Dem Asylbewerber muss es weiterhin möglich sein, im Zufluchtgebiet seine **wirt-** 151 **schaftliche Existenz zu sichern**. Dieser Zumutbarkeitsmaßstab geht nach der Rechtsprechung des BVerwG über das Fehlen einer im Rahmen des § 60 Abs. 7 S. 1 AufenthG beachtlichen existenziellen Notlage hinaus.[279] Welche weiteren darüber hinausgehenden wirtschaftlichen und **sozialen Standards** erfüllt sein müssen, hat das BVerwG bisher offen gelassen. Nach den vom BVerwG entwickelten Grundsätzen bietet ein verfolgungssicherer Ort erwerbsfähigen Personen das wirtschaftliche Existenzminimum in aller Regel dann, wenn sie dort, sei es durch eigene, notfalls auch wenig attraktive und ihrer Vorbildung nicht

---

[275] House of Lords Urt. v. 15.2.2006 – [2006] UKHL 5 Rn. 19.
[276] BVerwG Urt. v. 29.5.2008 – 10 C 11.07, NVwZ 2008, 1246 Rn. 35.
[277] dazu *IARLJ-EASO,* Qualifikation for International Protection 2016, 79 f.
[278] EGMR Urt. v. 27.6.2013 – 50859/10, Rn. 68 ff.; Urt. v. 27.6.2013 – 71680/10.
[279] BVerwG Urt. v. 31.1.2013 – 10 C 15, 12, NVwZ 2013, 1167 Rn. 20.

entsprechende Arbeit, die grundsätzlich zumutbar ist, oder durch Zuwendungen von dritter Seite jedenfalls nach Überwindung von Anfangsschwierigkeiten das zu ihrem Lebensunterhalt Notwendige erlangen können.[280]

152 Zu den danach **zumutbaren Arbeiten** gehören auch Tätigkeiten, für die es keine Nachfrage auf dem allgemeinen Arbeitsmarkt gibt, die nicht überkommenen Berufsbildern entsprechen, etwa weil sie keinerlei besondere Fähigkeiten erfordern, und die nur zeitweise, etwa zur Deckung eines kurzfristigen Bedarfs, beispielsweise in der Landwirtschaft oder auf dem Bausektor, ausgeübt werden können.[281] **Nicht zumutbar** ist hingegen eine **gesetzlich verbotene Erwerbstätigkeit,** zB im Drogenanbau oder -handel. Der Österreichische Verwaltungsgerichtshof hält es für zumutbar, dass sich unqualifizierte, aber gesunde Menschen (aus Pakistan) ihren Lebensunterhalt durch Gelegenheitsjobs (auch als Lagerarbeiter, LKW-Beifahrer, Tellerwäscher oder Abfallsammler) sichern.[282]

(cc) Zugang zur Gesundheitsversorgung

153 Der Asylbewerber muss Zugang zu einer Basisversorgung gegen Krankheit erhalten. Das Niveau der zu gewährenden Gesundheitsversorgung orientiert sich aber an den Standards des Herkunftslandes.[283]

(dd) Sicherung der grundlegenden Menschenrechte

154 Für den Asylsuchenden müssen im Gebiet der Schutzalternative die grundlegenden Menschenrechte gesichert sein. Wie weit der menschenrechtliche Schutz zu gehen hat, ist umstritten. Das **UK House of Lords** hat als nationales Höchstgericht im Jahr 2006 entschieden, dass sich die Zumutbarkeit einer Schutzalternative nicht danach bestimmt, ob der Asylbewerber dort die grundlegenden bürgerlichen, politischen und sozio-ökonomischen Menschenrechte wahrnehmen kann.[284] Dem wird in der Literatur die Auffassung entgegengestellt, ein Betroffener müsse im Schutzgebiet über **alle Rechte nach Art. 2 bis 34 GFK** verfügen können. Denn versage ihm die Verweisung auf die Schutzalternative den Flüchtlingsschutz mit diesen Rechten, dann sei auch eine Schutzalternative nur bei Gewährung des gleichen Standards zumutbar.[285] Sachgerecht erscheint ein vermittelnder Ansatz, wie er auch vom **UNHCR** vertreten wird.[286] Danach ist eine Schutzalternative nicht schon deshalb unzumutbar, weil dort einzelne bürgerliche, politische oder sozioökonomische Menschenrechte nicht garantiert sind. Es kommt für den UNHCR vielmehr darauf an, ob die verweigerten oder nicht geschützten Rechte für die Person „von lebenswichtiger Bedeutung" sind und die Verweigerung dieser Rechte der Person so großen Schaden zufügt, dass das Gebiet als unzumutbare Alternative zu betrachten ist. Übersetzt in die **europäische Grundrechteordnung** bedeutet dies, dass der Kern der Menschenrechte gewährleistet sein muss, sodass ein **menschenwürdiges** Leben möglich ist (Art. 1 GRCh).

155 **(3) Beweislast.** Der Asylbewerber trägt die materielle Darlegungs- und Beweislast dafür, dass seine Verfolgungsfurcht objektiv begründet ist. Dazu gehören die Umstände, aus denen sich eine Verfolgungsgefahr ergibt. Hat er dies dargelegt, liegt die **Darlegungslast beim Staat,** dass es trotz genereller Verfolgungsgefahr eine **interne Schutzregion** für den Asylsuchenden gibt. Nach der Rechtsprechung des BVerwG bedarf es verlässlicher Tatsachenfeststellungen zur Prognose tatsächlicher Erreichbarkeit als auch zur Bewertung einer realistisch eröffneten Reisemöglichkeit.[287] Nur im Falle einer **weitgehend gesicherten Prognose** sowie einer die konkreten persönlichen Umstände des Betroffenen angemessen berück-

---

[280] BVerwG Urt. v. 1.2.2007 – 1 C 24.06, NVwZ 2007, 590 Rn. 11.
[281] BVerwG Urt. v. 1.2.2007 – 1 C 24.06, NVwZ 2007, 590 Rn. 11.
[282] Österreichischer Verwaltungsgerichtshof Urt. v. 31.10.2012 – E9 429488 – 1/2012 12.
[283] UK House of Lords Urt. v. 15.2.2006 – [2006] UKHL 5 Rn. 21.
[284] UK House of Lords Urt. v. 15.2.2006 – [2006] UKHL 5 Rn. 45.
[285] *Hathaway/Foster* Refugee Status Law 357.
[286] *UNHCR,* Richtlinien zum internationalen Schutz: Interne Flucht- oder Neuansiedlungsalternative, 23.7.2003, Rn. 11.
[287] BVerwG Urt. v. 29.5.2008 – 10 C 11.07, NVwZ 2008, 1246 Rn. 22.

sichtigenden Zumutbarkeitsbewertung ist es mit Blick auf die Subsidiarität des Asylrechts gerechtfertigt, dem Antragsteller den asylrechtlichen Schutz in Deutschland zu versagen. Allerdings trägt der **Antragsteller** die Darlegungs- und materielle Beweislast für **persönliche gefahrerhöhende Umstände** (Krankheit, Minderjährigkeit etc), die eine generell geeignete Schutzalternative in seinem individuellen Fall als ungeeignet erscheinen lassen.

hh) Fehlen von Ausschlussgründen. Einem Ausländer wird die Flüchtlingseigenschaft 156 nicht zuerkannt, wenn Ausschlussgründe iSv § 3 Abs. 2 AsylG vorliegen (zB Begehung eines Kriegsverbrechens im Herkunftsstaat), er bereits den Schutz der UNRWA genießt (§ 3 Abs. 3 AsylG), in einem anderen Staat bereits als GFK-Flüchtling anerkannt ist (§ 60 Abs. 1 S. 2 und 3 AufenthG) oder er eine Gefahr für die Sicherheit Deutschlands oder für die Allgemeinheit darstellt (§ 3 Abs. 4 AsylG). Grund für den Ausschluss ist in zwei Fällen das **Fehlen eines Schutzbedarfs,** in einem Fall die **Unwürdigkeit** des Ausländers und in einem weiteren Fall die **Gefährlichkeit** des Ausländers für den Aufnahmestaat.

(1) Fehlen eines Schutzbedarfs. Der deutsche Gesetzgeber gewährt Ausländern den 157 flüchtlingsrechtlichen Abschiebungsschutz in den Verfolgerstaat, wenn sie von einem anderen Staat – nicht beschränkt auf EU-Mitgliedstaaten – **als Flüchtling nach der GFK anerkannt** worden sind (§ 60 Abs. 1 S. 2 AufenthG). Verfügt ein Ausländer bereits über einen solchen ihm **im Ausland verliehenen Schutzstatus,** wird in Deutschland kein weiteres Asylverfahren mehr durchgeführt (§ 60 Abs. 1 S. 3 AufenthG). Denn dann sieht der Gesetzgeber keinen Bedarf für den Schutz durch einen weiteren GFK-Staat. Zu einer solch großzügigen Anerkennung ausländischer Anerkennungsentscheidungen war der deutsche Gesetzgeber weder völkerrechtlich noch unionsrechtlich verpflichtet. Er hat aber von der Möglichkeit Gebrauch gemacht, durch eine nationale Regelung den Anerkennungsentscheidungen anderer Staaten in begrenztem Umfang Rechtswirkungen auch im eigenen Land beizumessen.[288] Dementsprechend ist das Bundesamt bei Vorliegen einer ausländischen Anerkennungsentscheidung zur (erneuten) Zuerkennung der Flüchtlingseigenschaft in Deutschland weder verpflichtet noch berechtigt. Ein gleichwohl gestellter Antrag ist unzulässig.

Auf Vorlage des BVerwG hat der EuGH entschieden, dass ein EU-Mitgliedstaat einen 158 Antrag auf Zuerkennung der Flüchtlingseigenschaft – abgesehen von bestimmten Ausnahmetatbeständen – als unzulässig abzulehnen darf, wenn dem Antragsteller in einem anderen Mitgliedstaat bereits internationaler Schutz gewährt worden ist.[289] Eine Ausnahme liegt dann vor, wenn die **Lebensbedingungen für Schutzberechtigte** im Erstanerkennungsstaat Art. 4 GRCh verletzen. Dies ist nur dann der Fall, wenn sich der Antragsteller in diesem Staat aufgrund seiner besonderen Verletzbarkeit unabhängig von seinem Willen und seinen persönlichen Entscheidungen in einer Situation extremer materieller Not befände. Eine solche Situation liegt dann vor, wenn der Betroffene für längere Zeit seine elementarsten Bedürfnisse nicht befriedigen kann, insbesondere eine Unterkunft zu finden, sich zu ernähren und zu waschen (Fehlen von „Bett, Brot, Seife").[290] Es reicht hingegen nicht, dass den Schutzberechtigten in dem betreffenden Staat in tatsächlicher Hinsicht die Rechte nach Art. 20 ff. Anerkennungs-RL nicht gewährt werden.

Ein weiterer Fall fehlenden Schutzbedarfs ist die bereits erfolgte oder jedenfalls mögliche 159 Unterschutzstellung durch eine Einrichtung der Vereinten Nationen (§ 3 Abs. 3 AsylG). Das betrifft insbesondere **palästinensische Flüchtlinge,** die den Schutz der „United Nations Relief and Works Agency for Palestine Refugees in the Near Est" **(UNRWA)** genießen oder jedenfalls in Anspruch nehmen können.[291] Der Begriff „Palästinaflüchtling" ist für die Zwecke der UNRWA in deren „Konsolidierten Anweisungen" (CERI – letzte Fassung von 2009) definiert.[292]

---

[288] BVerwG Urt. v. 17.6.2014 – 10 C 7.13, NVwZ 2014, 1460 Rn. 29.
[289] EuGH Urt. v. 19.3.2019 – C 297/17 u. a., NVwZ 2019, 785 Rn. 101 – Ibrahim.
[290] So VGH Mannheim Urt. v. 29.7.2019 – A 4 S 749/19 – Rn. 40.
[291] EuGH Urt. v. 17.6.2010 – C-31/09, NVwZ 2010, 1211 Rn. 44 ff.
[292] Consolidated Eligibility and Registration Instructions – CERI, 2009.

160 Der Schutzbedarf eines palästinensischen Flüchtlings entsteht jedoch dann, wenn er den UNRWA-Schutz aus von ihm nicht zu vertretenden Gründen verloren hat. Die bloße Abwesenheit des Flüchtlings vom Einsatzgebiet der UNRWA oder die freiwillige Entscheidung, das Gebiet zu verlassen, können nach einem Urteil des **EuGH** nicht als Wegfall des Beistands eingestuft werden.[293] Ist der Fortzug des Flüchtlings aus dem Nahen Osten jedoch durch Zwänge begründet, die **von seinem Willen unabhängig** sind, kann ein erneuter Schutzbedarf bestehen. Das wurde für einen bei UNRWA registrierten syrischen Palästinenser wegen der Bürgerkriegsgefahr in Syrien bejaht.[294] Das belgische Nationale Asylgericht hat einen Palästinenser als Flüchtling anerkannt, weil ihm die Rückkehr in den Gazastreifen im Jahr 2017 weder möglich noch zuzumuten sei.[295]

161 Demnach haben die Mitgliedstaaten zu untersuchen, ob ein Palästinenser gezwungen war, das Einsatzgebiet von UNRWA zu verlassen, was dann der Fall ist, wenn er sich in einer sehr **unsicheren persönlichen Lage** befand und es der UNRWA unmöglich war, ihm in diesem Gebiet Lebensverhältnisse zu gewährleisten, die mit der dieser Organisation obliegenden Aufgabe im Einklang stehen. Ist der Schutz aus Gründen entfallen, die der Ausländer nicht zu vertreten hat, ist er auf einen entsprechenden Antrag hin **ipso factu als Flüchtling anzuerkennen,** es sei denn es liegen Ausschlussgründe vor (Unwürdigkeit, Gefahr für den Aufnahmestaat).[296] Entgegen dem VGH Mannheim ist es nicht erforderlich, zusätzlich noch die allgemeinen Voraussetzungen für die Flüchtlingsanerkennung nach § 3 Abs. 1 AsylG zu prüfen.[297] Alerdings kann das Anerkennungsbegehren unzulässig sein, wenn der Antragsteller vor seiner Ausreise nach Europa **in einem anderen UNRWA-Staat Aufnahme gefunden** hat und von diesem auch wieder aufgenommen würde.[298] Die Flüchtlingseigenschaft des Betroffenen ist zu widerrufen, wenn er – nach Wegfall der Umstände, aufgrund deren er als Flüchtling anerkannt worden ist – in der Lage ist, in das Einsatzgebiet des UNRWA zurückzukehren, in dem er seinen gewöhnlichen Aufenthalt hatte.[299] Ob insoweit allein auf das jeweilige **Operationsgebiet** (Gazastreifen, Jordanien, Libanon, Syrien, Westjordanland) abzustellen ist, in dem ein staatenloser Palästinenser bei Verlassen des Mandatsgebietes des UNRWA seinen tatsächlichen Aufenthalt hatte oder auch auf weitere dem Mandatsgebiet des UNRWA angehörende Operationsgebiete, ist Gegenstand eines derzeit noch anhängigen Verfahrens beim EuGH.[300]

162 **(2) Unwürdigkeit des Flüchtlings.** Ein Ausländer ist auch dann von der Zuerkennung der Flüchtlingseigenschaft ausgeschlossen, wenn er der **Rechtsstellung eines Flüchtlings unwürdig** ist. Die drei Unwürdigkeitsgründe sind in § 3 Abs. 2 AsylG normiert. Sie entsprechen den in Art. 1 F GFK und in Art. 12 Abs. 2 Anerkennungs-RL normierten drei Gründen.

163 Ein **Ausschluss** von der Flüchtlingsstellung wegen Unwürdigkeit erfolgt, (1) wenn der Ausländer ein Kriegsverbrechen oder ein vergleichbar schweres völkerrechtlich geächtetes Verbrechen verübt hat, (2) eine schwere nichtpolitische Straftat außerhalb des Aufnahmelands begangen hat, oder (3) den Zielen oder Grundsätzen der Vereinten Nationen zuwidergehandelt hat, etwa durch Mitwirkung an Akten des Terrorismus.

164 Nach dem **EuGH** wurden die Ausschlussgründe geschaffen, um von der Flüchtlingsanerkennung Personen auszuschließen, die des Flüchtlingsschutzes **unwürdig** sind, und zu verhindern, dass diese Anerkennung den Urhebern bestimmter schwerwiegender Straftaten ermöglicht, sich einer **strafrechtlichen Verantwortung zu entziehen.**[301] Auf dieses

---

[293] EuGH Urt. v. 19.12.2012 – C-364/11, NVwZ-RR 2013, 160 Rn. 55 ff.
[294] VGH Mannheim Urt. v. 26.6.2017 – A 11 S 664/17, BeckRS 2017, 117727 Rn. 25 ff.
[295] Belgisches Nationales Asylgericht (CALL) Beschl. v. 31.7.2017 – Nr. 190 280.
[296] EuGH Urt. v. 19.12.2012 – C-364/11, NVwZ-RR 2013, 160 Rn. 81; Urt. v. 25.7.2018 – C-585/16, BeckRS 2018, 16229 Rn. 85 ff. – Alheto.
[297] VGH Mannheim Urt. v. 26.6.2017 – A 11 S 664/17, BeckRS 2017, 117727 Rn. 24.
[298] EuGH Urt. v. 25.7.2018 – C-585/16, BeckRS 2018, 16229 Rn. 131 ff. – Alheto.
[299] EuGH Urt. v. 19.12.2012 – C-364/11, NVwZ-RR 2013, 160 Rn. 77.
[300] BVerwG Beschl. v. 14.5.2019 – 1 C 5.18, BeckRS 2019, 16488.
[301] EuGH Urt. v. 9.11.2010 – C-57/09 und C-101/09, NVwZ 2011, 285 Rn. 104.

Regelungsziel stellt auch das BVerwG ab, wenn es ausführt, der Ausschluss sei dazu gedacht, den Status eines **„bona fide"-Flüchtlings** nicht **in Misskredit zu bringen**.[302]

Die Vorstellung einer Begrenzung des Asyls findet sich bereits bei *Hugo Grotius*.[303] **165** Danach genießt Asyl nur, wer unter **„unverdienter Verfolgung"** leidet; der Schutz bleibt jedoch denjenigen vorenthalten, die Unrecht gegen andere oder gegen die menschliche Gesellschaft verübt haben. Dieser Gedanke hat in den – sich voneinander nicht substanziell unterscheidenden – Ausschlussregelungen der Art. 1 F GFK, Art. 12 Abs. 2 Anerkennungs-RL und § 3 Abs. 2 AsylG seinen Niederschlag gefunden.

Aus den **Travaux Preparatoires zur GFK** ergibt sich, dass sich die dort konzipierten **166** Ausschlussgründe auf zwei Regelungen zurückführen lassen: In den Beratungen der Regierungsvertreter wurde auf die Constitution of the International Refugee Organization (IRO) vom 15.12.1946 zurückgegriffen, die den Flüchtlingsbegriff auf **„bona fide refugees"** beschränkte und davon ua **„war criminals"** ausnahm.[304] Die IRO war die Vorläuferorganisation des UNHCR. Die zweite Anleihe wurde bei Art. 14 Abs. 2 der Allgemeinen Erklärung der Menschenrechte vom 10.12.1948 genommen, demzufolge das Asylrecht nicht in Anspruch genommen werden kann im Falle einer Strafverfolgung, die tatsächlich auf Grund von **Verbrechen nichtpolitischer Art** oder auf Grund von Handlungen erfolgt, die gegen die **Ziele und Grundsätze der Vereinten Nationen** verstoßen.

Unter Zugrundelegung dieses Zwecks der Ausschlussgründe ist es nach dem EuGH nicht **167** erforderlich, dass von dem betreffenden Ausländer eine gegenwärtige **Gefahr für den Aufnahmemitgliedstaat** ausgeht.[305] Weiter hat der EuGH entschieden, dass der Ausschluss von der Anerkennung als Flüchtling keine auf den Einzelfall bezogene **Verhältnismäßigkeitsprüfung** voraussetzt. Vielmehr müssen die zuständigen Behörden und Gerichte bereits auf der Tatbestandsseite der Ausschlussgründe die Schwere der begangenen Handlungen und das Maß der individuellen Verantwortung der betreffenden Person berücksichtigen, sodass eine zusätzliche Verhältnismäßigkeitsprüfung (etwa wegen der Dauer der zwischen der Straftat und der Anerkennungsentscheidung verstrichenen Zeit und/oder der glaubhaften Abkehr des Ausländers von seinem früheren Handeln) ausscheidet.[306]

Im Folgenden werden die drei Ausschlusstatbestände des § 3 Abs. 2 AsylG erläutert: (a) **168** die völkerrechtliche geächteten Verbrechen, (b) die schweren nichtpolitischen Straftaten und (c) das Handeln gegen die Ziele oder Grundsätze der Vereinten Nationen. Es muss **aus schwerwiegenden Gründen** die Annahme gerechtfertigt sein, dass einer der Ausschlusstatbestände vorliegt. Ein Beweisstandard, wie er etwa im Strafrecht verlangt wird, ist hierfür nicht erforderlich. Vielmehr ergibt sich aus der Qualifizierung als „schwerwiegend", dass die **Anhaltspunkte** für die Begehung der in § 3 Abs. 2 AsylVfG genannten Verbrechen **von erheblichem Gewicht** sein müssen. Schwerwiegend sind die Gründe in der Regel dann, wenn **klare und glaubhafte Indizien** für die Begehung derartiger Verbrechen vorliegen.[307]

(a) Völkerrechtlich geächtete Verbrechen. Nach § 3 Abs. 2 S. 1 Nr. 1 AsylG ist ein **169** Ausländer von der Zuerkennung der Flüchtlingseigenschaft ausgeschlossen, wenn er ein **Kriegsverbrechen** oder ein vergleichbar schweres völkerrechtlich geächtetes Verbrechen begangen hat. Die Regelung entspricht Art. 1 F lit. a GFK und Art. 12 Abs. 2 lit. a Anerkennungs-RL.

Bei **Ausarbeitung des Art. 1 F lit. a GFK** in den Jahren 1950/51 bestand Einigkeit **170** unter den Vertretern der beteiligten Staaten darüber, dass Kriegsverbrecher vom Schutz der Konvention ausgeschlossen sein sollten. Bejaht wurde auch die Frage, ob eine Regelung

---

[302] BVerwG Urt. v. 24.11.2009 – 10 C 24.08, NVwZ 2010, 979 Rn. 41.
[303] *Grotius*, De iure belli ac pacis, 1625, L. II, Cap. XXI, § 5
[304] *Takkenberg/Tahbaz*, The Collected Travaux Preparatoires of the 1951 Geneva Convention relating to the Status of Refugees, Vol. III, 429 ff., 494 ff.
[305] EuGH Urt. v. 9.11.2010 – C-57/09 und C-101/09, NVwZ 2011, 285 Rn. 105.
[306] EuGH Urt. v. 9.11.2010 – C-57/09 und C-101/09, NVwZ 2011, 285 Rn. 109.
[307] BVerwG Urt. v. 31.3.2011 – 10 C 2.10, NVwZ 2011, 1456 Rn. 26.

nach Aburteilung der Kriegsverbrecher des Zweiten Weltkriegs noch notwendig sei.[308] Vorgesehen war zunächst eine explizite Bezugnahme auf Art. 6 der Charter des Internationalen Militärtribunals vom 8.8.1945 (nachfolgend: **Londoner Charta**), in dem Verbrechen gegen den Frieden, Kriegsverbrechen und Verbrechen gegen die Menschlichkeit definiert worden waren. Der Verweis auf die Londoner Charta wurde auf Betreiben Deutschlands während der Beratung der Konferenz der Bevollmächtigten in Art. 1 F lit. a GFK durch eine allgemeine Verweisung auf **internationale völkerstrafrechtliche Vertragswerke** ersetzt. Daraus folgt, dass sich die flüchtlingsrechtliche Regelung des § 3 Abs. 2 S. 1 Nr. 1 AsylG inhaltlich an das Völkerstrafrecht anlehnt. Das bedeutet auch, dass die allgemeinen Verbrechensmerkmale einschließlich der subjektiven Merkmale (Vorsatz, Fahrlässigkeit) erfüllt sein müssen.[309] Aus Wortlaut und Entstehungsgeschichte der Vorschrift wird zugleich ein dynamischer Ansatz ersichtlich, mit dem der Gesetzgeber die **Fortentwicklung des Völkerstrafrechts** als Sanktion für Pflichtverletzungen des Humanitären Völkerrechts berücksichtigt wissen will.[310]

171 Das zentrale „internationale Vertragswerk" des Völkerstrafrechts, auf das hier der Sache nach verwiesen wird, ist gegenwärtig in erster Linie das **Römische Statut des Internationalen Strafgerichtshofs** vom 17.7.1998 (IStGH-Statut)[311]. Darin manifestiert sich der aktuelle Stand der völkerstrafrechtlichen Entwicklung bei Verstößen gegen das Humanitäre Völkerrecht.

(aa) Verbrechen gegen den Frieden

172 Verbrechen gegen den Frieden werden im IStGH-Statut (auch „Römisches Statut") als „Verbrechen der **Aggression**" bezeichnet. Dieser Verbrechenstypus wurde erst nachträglich im Jahr 2010 in das Statut aufgenommen und wird dort in Art. 8 bis IStGH-Statut definiert.[312] Die Eigenart der Artikelbezeichnung beruht auf der Kategorisierung des Völkerstrafrechts und nicht auf einem Schreibfehler des Herausgebers. Der Tatbestand erfasst **Angriffshandlungen eines Staates gegen einen anderen Staat** unter Anwendung von Waffengewalt, die gegen die Souveränität des angegriffenen Staates, dessen territoriale Unversehrtheit oder politische Unabhängigkeit gerichtet oder sonst mit der Charta der Vereinten Nationen unvereinbar sind. In Art. 8 bis IStGH-Statut werden auch konkret Handlungen bezeichnet, die als solche Angriffshandlungen anzusehen sind (zB Invasion, Bombardierung oder Beschießung des Hoheitsgebiets, Blockade der Häfen oder Küsten des anderen Staates).

173 Solche Handlungen werden vom „Verbrechen der Aggression" erfasst, wenn sie ihrer Art, ihrer Schwere und ihrem Umfang nach eine offenkundige Verletzung der Charta der Vereinten Nationen darstellen. Ein Verbrechen der Aggression nach dem Römischen Statut kann also nur im Rahmen eines **internationalen bewaffneten Konflikts** begangen werden und erfordert das Tätigwerden eines Staates; eine **Einzelperson** kann ein solches Verbrechen nicht begehen.[313] Darüber hinaus beschränkt Artikel 8bis Abs. 1 des Statuts den Anwendungsbereich dieses Verbrechens auf „eine Person, die tatsächlich in der Lage ist, das politische oder militärische Handeln eines Staates zu **kontrollieren oder zu lenken**".

174 Der Anwendungsbereich der Vorschrift als Ausschlussgrund im Flüchtlingsrecht wird eng begrenzt bleiben. Allerdings wurde er in **Belgien** im Jahr 2002 von der ständigen Kommission für Flüchtlingsangelegenheiten gegen einen somalischen Antragsteller angewandt, der nachweislich in die Planung und Führung eines internationalen bewaffneten **Konflikts mit Äthiopien** beteiligt war.[314]

---

[308] Nähere Nachweise hierzu in den Travaux Preparatoires finden sich in BVerwG Urt. v. 24.11.2009 – 10 C 24.08, NVwZ 2010, 979 Rn. 26.
[309] *Kraft* in Hailbronner/Thym EU Immigration Law 1209 Rn. 34.
[310] *Zimmermann* DVBl. 2006, 1478 (1481 ff.).
[311] BGBl. 2000 II 1394.
[312] BGBl. 2013 II 146.
[313] *EASO Ausschluss*, Art. 12 und Art. 17 der Anerkennungsrichtlinie, 2016, 24.
[314] *EASO Ausschluss*, Art. 12 und Art. 17 der Anerkennungsrichtlinie, 2016, 24.

(bb) Kriegsverbrechen

Kriegsverbrechen sind schwerwiegende Verletzungen des Humanitären Völkerrechts, die 175
unmittelbar durch internationales Recht pönalisiert werden. Mit Blick auf den Ausschluss
von der Flüchtlingseigenschaft sind die Definitionen von Kriegsverbrechen in Art. 8 Abs. 2
IStGH-Statut zu finden, das wiederum die Definitionen aus den vier Genfer Konventionen
von 1949 und deren Zusatzprotokollen von 1977 sowie anderen einschlägigen Vertragswerken und dem internationalen Gewohnheitsrecht widerspiegelt.

Kriegsverbrechen können nur im Rahmen eines bewaffneten Konflikts begangen werden. 176
In Art. 8 Abs. 2 IStGH-Statut werden Kriegsverbrechen unterschiedlich definiert danach,
ob es sich um Taten im internationalen (lit. a und b) oder im innerstaatlichen (lit. c bis f)
bewaffneten Konflikt handelt. Lit. a stellt für den **internationalen bewaffneten Konflikt**
ab auf schwere Verletzungen der vier Genfer Konventionen über den Schutz der Opfer
bewaffneter Konflikte vom 12.8.1949 zur Verbesserung des Loses der Verwundeten und
Kranken der Streitkräfte im Felde (1. Konvention)[315] sowie der Verwundeten, Kranken und
Schiffbrüchigen der Streitkräfte zur See (2. Konvention)[316], der Behandlung von Kriegsgefangenen (3. Konvention)[317] und zum Schutze von Zivilpersonen in Kriegszeiten (4. Konvention).[318] Zudem zählt er Tathandlungen gegen die davon geschützten Personen und
Güter auf. Lit. b benennt andere schwere Verstöße gegen die Gesetze und Gebräuche, die
innerhalb des feststehenden Rahmens des Völkerrechts im internationalen bewaffneten Konflikt anwendbar sind.

Demgegenüber knüpft lit. c für den **innerstaatlichen bewaffneten Konflikt** an schwere 177
Verstöße gegen den gemeinsamen Art. 3 der vier Genfer Konventionen vom 12.8.1949 an.
Er stellt ua Angriffe auf Leib und Leben hinsichtlich der Personen unter Strafe, die **nicht
unmittelbar an den Feindseligkeiten teilnehmen,** einschließlich der Angehörigen der
Streitkräfte, welche die Waffen gestreckt haben, und der Personen, die durch Krankheit,
Verwundung, Gefangennahme oder eine andere Ursache außer Gefecht befindlich sind. Lit.
e erfasst andere schwere Verstöße gegen die innerhalb des feststehenden Rahmens des Völkerrechts anwendbaren Gesetze und Gebräuche im innerstaatlichen bewaffneten Konflikt.

Art. 8 Abs. 2 lit. d und f IStGH-Statut grenzen innerstaatliche bewaffnete Konflikte ab 178
gegenüber Fällen **innerer Unruhen und Spannungen** wie Tumulten, vereinzelt auftretenden Gewalttaten oder anderen ähnlichen Handlungen. Lit. f setzt zudem voraus, dass
zwischen staatlichen Behörden und organisierten bewaffneten Gruppen oder zwischen solchen Gruppen ein lang anhaltender bewaffneter Konflikt besteht. Diese Regelungen markieren die untere **völkerrechtliche Relevanzschwelle** für einen innerstaatlichen bewaffneten Konflikt. Verlangt wird ein gewisses Maß an Intensität und Dauerhaftigkeit des
Konflikts, um den Eingriff in die Souveränität des betroffenen Staates zu rechtfertigen.[319]

Damit eine Handlung ein „Kriegsverbrechen" darstellt, reicht es nicht aus, dass sie zu 179
Zeiten eines bewaffneten Konflikts erfolgte; vielmehr muss auch ein **funktionaler Zusammenhang** zwischen der Handlung und dem bewaffneten Konflikt bestehen. Das bedeutet,
dass die Handlung in „engem" oder „offensichtlichem" Zusammenhang mit dem bewaffneten Konflikt gestanden haben muss, oder dass der bewaffnete Konflikt „für die Fähigkeit
des Täters, das Verbrechen zu begehen, für seine Entscheidung zur Tatbegehung, für die Art
und Weise der Begehung oder für den Zweck der Tat von wesentlicher Bedeutung sein
muss".[320]

Kriegsverbrechen können nicht nur von Angehörigen der Streitkräfte, sondern auch von 180
Zivilpersonen begangen werden, sofern ein ausreichender Zusammenhang mit dem be-

---

[315] BGBl. 1954 II 783.
[316] BGBl. 1954 II 813.
[317] BGBl. 1954 II 838.
[318] BGBl. 1954 II 917, ber. 1956 II 1586.
[319] *Werle/Jeßberger*, Völkerstrafrecht, 4. Aufl. 2016, Rn. 1148 ff.; BVerwG Urt. v. 24.6.2008 – 10 C 43.07, NVwZ 2008, 1241 Rn. 22.
[320] IStGH Jugoslawien (Berufungskammer) Urt. v. 12.6.2002 – IT-96-23 und IT-96-23/1-A, Rn. 58.

waffneten Konflikt besteht.[321] Um als Kriegsverbrechen eingestuft zu werden, müssen die fraglichen Handlungen gegen geschützte Personen oder Objekte gerichtet sein. Einen geschützten Status haben Zivilpersonen, medizinisches Personal oder Seelsorger, die nicht unmittelbar an den Feindseligkeiten teilnehmen, aber auch Personen, die unter bestimmten Umständen zu einer der **Konfliktparteien** gehören, wenn sie beispielsweise vom Feind gefangen genommen wurden oder aus anderen Gründen außer Gefecht befindlich sind, oder wenn sie auf eine Art und Weise angegriffen werden, die nach den geltenden Regeln der Kriegsführung verboten ist.[322] So sieht beispielsweise das Verbot der **Zwangsverpflichtung von Kindern** in Art. 4 Abs. 3 des Zusatzprotokolls II zu den Genfer Abkommen von 1949 für Kinder in nicht internationalen bewaffneten Konflikten besonderen Schutz vor. Darüber hinaus ist die Eingliederung von Kindern unter 15 Jahren gemäß Art. 8 IStGH-Statut ein Kriegsverbrechen.[323]

181 Viele Kriegsverbrechen knüpfen als **Verletzungsdelikte** an Tod, Verwundung, Zerstörung oder unrechtmäßiger Aneignung von Eigentum an. Bei einigen Kriegsverbrechen reicht es hingegen aus, wenn die Handlung geschützte Personen oder Objekte **gefährdet**. Dies trifft beispielsweise auf Angriffe gegen die Zivilbevölkerung zu, selbst wenn bei dem Angriff gar keine Zivilpersonen zu Schaden kommen. Handlungen können auch als Kriegsverbrechen eingestuft werden, wenn sie gegen wichtige Werte gerichtet sind, auch wenn Personen oder Objekte physisch dadurch nicht direkt gefährdet werden.[324]

182 Zu den **subjektiven Tatbestandsmerkmalen,** die für die Begehung von Kriegsverbrechen erforderlich sind, gehören das Wissen um die tatsächlichen Umstände, die einen bewaffneten Konflikt konstituieren, sowie das Wissen um den geschützten Status der angegriffenen Person bzw. des angegriffenen Objekts. Den Definitionen mancher Kriegsverbrechen zufolge muss auch der Vorsatz vorliegen, eine Zivilbevölkerung oder ein besonders geschütztes Objekt anzugreifen. Eine Orientierungshilfe bezüglich der objektiven und subjektiven Tatbestandsmerkmale, die der Definition von Kriegsverbrechen im IStGH-Statut zufolge vorhanden sein müssen, finden sich in einer von der Versammlung der Vertragsstaaten des IStGH im Jahr 2010 verabschiedeten Erläuterung zu den „**Verbrechenselementen**" (elements of crime).[325]

183 Das **BVerwG** hat den Ausschlussgrund verwirklicht gesehen im Fall des in Deutschland lebenden **Präsidenten** einer ruandischen **Rebellengruppe** (FDRL), die im **Ostkongo** für die Ausplünderung der Bevölkerung, das Niederbrennen von Dörfern, Erschießungen von Frauen und Kindern, Entführungen, Massenvergewaltigungen und Verstümmelungen als Mittel der Kriegsführung sowie die Rekrutierung von Kindersoldaten verantwortlich war.[326] Dabei konnte offenbleiben, ob es sich um einen internationalen oder innerkongolesischen bewaffneten Konflikt gehandelt hat. In beiden Fällen waren die Voraussetzungen für ein Kriegsverbrechen nach den Normen des IStGH-Statut erfüllt. Die **Verantwortlichkeit des Klägers** für die von der FDLR begangenen Verbrechen hat das Gericht aus dessen Stellung als Präsident der Organisation und dem damit verbundenen Einfluss auf die Handlungen ihrer Kämpfer abgeleitet.

184 In einem anderen Fall hat ein Tschetschene den Ausschlussgrund der Begehung eines Kriegsverbrechens nach Art. 8 Abs. 2 lit. e Nr. 9 IStGH-Statut durch die „**meuchlerische Tötung**" von zwei russischen **Soldaten** erfüllt.[327] Der britische **Supreme Court** hat einen **Angriff auf ISAF-Truppen** nicht als Kriegsverbrechen eingestuft, sondern als Handlung,

---

[321] *EASO Ausschluss,* Art. 12 und Art. 17 der Anerkennungsrichtlinie, 2016, 26.
[322] BVerwG Urt. v. 16.2.2010 – 10 C 7.09, NVwZ 2010, 974 Rn. 30 f.
[323] Französisches Asylgericht Urt. v. 29.4.2013 – 12018386.
[324] *EASO Ausschluss,* Art. 12 und Art. 17 der Anerkennungsrichtlinie, 2016, 26.
[325] Versammlung der Vertragsstaaten des Status des IStGH, Elements of Crime, Official Records of the Review Conference of the Rome Statute of the International Criminal Court, Kampala, 31.5. bis 11.6.2010, Veröffentlichung des Internationalen Strafgerichtshofs, RC/11 zu Art. 8.
[326] BVerwG Urt. v. 31.3.2011 – 10 C 2.10, NVwZ 2011, 1456 Rn. 27 ff.
[327] OVG Magdeburg Urt. v. 26.7.2012 – 2 L 68/10, NVwZ-RR 2012, 984 Rn. 116 ff.; BVerwG Urt. v. 16.2.2010 – 10 C 7.09, NVwZ 2010, 974 Rn. 26 ff.

die den Zielen und Grundsätzen der Vereinten Nationen zuwiderläuft (Ausschlussgrund nach § 3 Abs. 2 S. 1 Nr. 3 AsylG).³²⁸

(cc) Verbrechen gegen die Menschlichkeit
Verbrechen gegen die Menschlichkeit werden in Art. 7 Abs. 1 IStGH-Statut durch **Einzeltaten** definiert, wie vorsätzliche Tötung, Versklavung, Folter oder Verfolgung, die im Rahmen eines ausgedehnten oder systematischen **Angriffs gegen die Zivilbevölkerung** und in Kenntnis des Angriffs begangen werden. Dazu zählen auch der **Völkermord** und das Verbrechen der Apartheid. 185

In der internationalen Rechtsprechung der Strafgerichte wird „ausgedehnt" definiert 186 als „massive, häufige, groß angelegte Aktion, die kollektiv mit großer Ernsthaftigkeit durchgeführt wird und sich direkt gegen zahlreiche Opfer richtet".³²⁹ „**Systematisch**" bezeichnet Handlungen, die sich beschreiben lassen als „sorgfältig organisierte Aktion, die einem wiederkehrenden Muster auf der Grundlage einer gemeinsamen Strategie folgt, und für die erhebliche öffentliche oder private Ressourcen bereitstehen", „organisierter Charakter der Gewalttaten und Unwahrscheinlichkeit ihres zufälligen Auftretens" oder „Verbrechensmuster im Sinne einer nicht zufälligen und regelmäßigen Wiederholung ähnlichen kriminellen Verhaltens".³³⁰

Zur **Art der Handlungen** heißt es in Art. 7 Abs. 1 IStGH-Statut, sie müssten „**ausgedehnt**" oder (nicht und) „**systematisch**" sein. Gemäß Art. 7 Abs. 2 lit. a IStGH-Statut bedeutet dies „eine Verhaltensweise, die mit der mehrfachen Begehung der in Absatz 1 genannten Handlungen gegen eine Zivilbevölkerung verbunden ist, in Ausführung oder **zur Unterstützung der Politik eines Staates oder einer Organisation,** die einen solchen Angriff zum Ziel hat". Die Tat muss sich also in einen **funktionalen Gesamtzusammenhang** einfügen, damit ein Verbrechen gegen die Menschlichkeit vorliegt; verklammernd wirkt dabei das finale „Politikelement".³³¹ Das bedeutet nicht, dass eine Person eine Tat mehrfach begangen haben muss. Auch eine Einzeltat kann ein Verbrechen gegen die Menschlichkeit sein, wenn sie Bestandteil eines kohärenten Systems ist oder einer Serie systematischer und wiederholter Taten. 187

Das BVerwG hat den Ausschlussgrund verwirklicht gesehen im Fall des in Deutschland 188 lebenden **Präsidenten** einer ruandischen **Rebellengruppe** (FDRL), und zwar zusätzlich zum Tatbestand des Kriegsverbrechens. Die FDRL war im **Ostkongo** für die Ausplünderung der Bevölkerung, das Niederbrennen von Dörfern, Erschießungen von Frauen und Kindern, Entführungen, Massenvergewaltigungen und Verstümmelungen als Mittel der Kriegsführung sowie die Rekrutierung von Kindersoldaten verantwortlich.³³²

(b) Schwere nichtpolitische Straftat. Nach § 3 Abs. 2 S. 1 Nr. 2 AsylG ist ein Ausländer von der Zuerkennung der Flüchtlingseigenschaft ausgeschlossen, wenn er eine **schwere nichtpolitische Straftat** außerhalb Deutschlands begangen hat. Die Regelung entspricht Art. 1 F lit. b GFK und Art. 12 Abs. 2 lit. b Anerkennungs-RL. 189

(aa) Schwere Straftat. Der Ausschlussgrund beruht auf einer unionsrechtlichen Vorgabe, 190 die sich wiederum aus dem völkerrechtlichen Regelungswerk der GFK ableitet. Daher darf der Begriff der „Straftat" nicht allein nach nationalem Recht definiert werden. Es muss sich vielmehr **nach internationalen Standards** um eine (schwere) Straftat handeln.³³³ Als schwere Straftat gilt nach der Rechtsprechung des BVerwG ein **Kapitalverbrechen** oder eine sonstige Straftat, die in den **meisten Rechtsordnungen** als besonders schwerwiegend qualifiziert ist und entsprechend strafrechtlich verfolgt wird.³³⁴

---

³²⁸ UK Supreme Court Urt. v. 21.11.2012 – [2012] UKSC 54, Rn. 68.
³²⁹ IStGH Ruanda (Strafkammer) Urt. v. 2.9.1998 – ICT R-96-4-T, Rn. 580.
³³⁰ IStGH Jugoslawien (Berufungskammer) Urt. v. 12.6.2002 – IT-96-23 und IT-96-23/1-A Rn. 93 f.
³³¹ BVerwG Urt. v. 24.11.2009 – 10 C 24.08, NVwZ 2010, 979 Rn. 39.
³³² BVerwG Urt. v. 31.3.2011 – 10 C 2.10, NVwZ 2011, 1456 Rn. 26 ff.
³³³ *EASO Ausschluss,* Art. 12 und Art. 17 der Anerkennungsrichtlinie, 2016, 30.
³³⁴ BVerwG Urt. v. 24.11.2009 – 10 C 24.08, NVwZ 2010, 979 Rn. 41.

191 Nach Einschätzung eines für EASO tätig gewordenen Gremiums von Richtern aus unterschiedlichen EU-Mitgliedstaaten können bei der Einschätzung der **Schwere einer Straftat** insbesondere folgende **Kriterien** herangezogen werden:[335]
– die Art der Tat: Hier geht es unter anderem um das Ausmaß an Gewalt, die Vorgehensweise, den eventuellen Einsatz einer tödlichen Waffe usw;
– die Bestrafung: Hier könnte auf die Höchststrafe abgehoben werden, die bei einer Verurteilung zu erwarten wäre, oder auf die Länge der Strafe, die tatsächlich verhängt wurde;
– der tatsächliche Schaden: Hier muss der tatsächliche Schaden beurteilt werden, der entweder der Person/dem Opfer oder an der Sache entsteht;
– die Form des Verfahrens, mit dem die Straftat geahndet wird: Bei diesem Kriterium müssen die anzuwendenden Verfahrensnormen betrachtet werden, zB die Frage, ob die Tat als Vergehen oder als Straftat gilt.

192 **Beispiele schwerer Straftaten** sind unter anderem Mord, Mordversuch, Vergewaltigung, bewaffneter Raub, Folter, gefährliche Körperverletzung, Menschenhandel, Entführung, schwere Brandstiftung, Drogenhandel und Verschwörung zum Zweck der Förderung terroristischer Gewalt. Auch schwere Wirtschaftsverbrechen mit erheblichen Verlusten (zB Unterschlagung) können als schwere Straftaten gewertet werden.[336]

193 **(bb) Nichtpolitische Straftat.** Die Straftat darf keinen politischen Charakter haben. Auszugehen ist zunächst vom Motiv des Täters sein. Eine Tat ist dann nichtpolitisch, wenn sie überwiegend aus **persönlichen Beweggründen** oder aus Gewinnstreben begangen worden ist. Besteht keine eindeutige Verbindung zwischen dem Verbrechen und dem angeblichen politischen Ziel, überwiegen nichtpolitische Beweggründe und kennzeichnen die Tat damit als nichtpolitisch.[337] Aber auch politisch motivierte Straftaten fallen unter den Ausschlussgrund, wenn sie eine **grausame Handlung** darstellen (§ 3 Abs. 2 S. 1 Nr. 2 AsylG).

194 Eine Straftat wird dann als nichtpolitisch gewertet, wenn das Verbrechen **außer Verhältnis** zu dem damit verfolgten politischen Ziel steht. Das hat die Rechtsprechung für die **Tötung** und **Verwundung** von Soldaten abseits des Kampfgeschehens im Tschetschenien-Konflikt und für die **Geiselnahme** eines Offiziers bejaht, die zum Zweck der Freipressung des Bruders des Asylbewerbers aus der Gefangenschaft begangen wurde.[338]

195 Als nichtpolitische Straftaten werten der **EuGH** und die nationale Rechtsprechung **terroristische Taten,** die durch ihre Gewalt gegenüber der Zivilbevölkerung gekennzeichnet sind.[339] Zugleich erfüllen terroristische Taten häufig zugleich den Ausschlussgrund des § 3 Abs. 2 S. 1 Nr. 3 AsylG.

196 Der Ausschlussgrund der Beteiligung an einer schweren **nichtpolitischen Straftat** infolge verantwortlicher Mitwirkung in einer terroristischen Vereinigung spielt in der Praxis häufig bei Aktivitäten türkischer Staatsangehöriger zugunsten der verbotenen Kurdenpartei **PKK** eine Rolle. Die PKK wird aufgrund der Aufnahme in die EU-Terrorliste und der Begehung von Gewalttaten gegenüber der Zivilbevölkerung als eine terroristische Organisation eingestuft.[340] Für die Erfüllung des Ausschlusstatbestandes ist weiter erforderlich, dass der Asylbewerber die PKK **in einem Zeitraum** in relevanter Weise unterstützt hat, in der diese terroristische Straftaten begangen hat und der Asylbewerber hierzu einen **verant-**

---
[335] *EASO Ausschluss,* Art. 12 und Art. 17 der Anerkennungsrichtlinie, 2016, 31.
[336] Einen Überblick über die Rechtsprechung in verschiedenen Ländern bietet: *Rikhof,* The Criminal Refugee, 2012, 310 f.; vgl. auch *EASO Ausschluss,* Art. 12 und Art. 17 der Anerkennungsrichtlinie, 2016, 32.
[337] BVerwG Urt. v. 16.2.2010 – 10 C 7.09, NVwZ 2010, 974 Rn. 48.
[338] OVG Magdeburg Urt. v. 26.7.2012 – 2 L 68/10, NVwZ-RR 2012, 984 Rn. 144 ff. im Anschluss an BVerwG Urt. v. 16.2.2010 – 10 C 7.09, NVwZ 2010, 974 Rn. 44 ff.
[339] EuGH Urt. v. 9.11.2010 – C-57/09 und C-101/09, NVwZ 2011, 285 Rn. 81; Urt. v. 24.6.2015 – C-373/13, InfAuslR 2015, 357 Rn. 84.
[340] BVerwG Urt. v. 7.7.2011- 10 C 26.10, NVwZ 2011, 1450 Rn. 36 unter Hinweis auf die Feststellungen des Berufungsgerichts.

wortlichen Beitrag geleistet hat.[341] Das braucht nicht eine Verantwortlichkeit aufgrund einer so hochrangigen Stellung wie der Zugehörigkeit zum 40-köpfigen Führungsgremium der PKK zu sein.[342] Zur Ermittlung der individuellen Verantwortung eines Asylantragstellers bedarf es einer genauen Würdigung seiner gesamten Aktivitäten für die PKK, etwa als **Kämpfer** oder als **Funktionär** bei der Wahrnehmung politischer, logistischer und finanzieller Aufgaben. Dabei ist seine Stellung innerhalb der Organisation zu berücksichtigen.[343]

Strafrechtlich verantwortlich in diesem Sinne ist regelmäßig (erst) derjenige, der einen **197** wesentlichen logistischen, organisatorischen oder auch unmittelbar ideologischen, dh zu terroristischen Taten aufrufenden Beitrag zur Durchführung entsprechender Verbrechen im Bewusstsein von deren Erleichterung erbringt.[344] Das Sprühen von Parolen der Organisation oder das **Verteilen von Flugblättern** reicht für eine Beteiligung am strafbaren Handeln der PKK nicht aus.[345]

Das **OVG Münster** hat in einem vom BVerwG zurückverwiesenen Verfahren betreffend **198** ein Mitglied der linksterroristischen türkischen Organisation DHKP/C die Grundsätze des EuGH und des BVerwG angewandt und ist in einem ausführlich begründeten Urteil zu dem Ergebnis gekommen, dass kein Ausschlussgrund vorliegt.[346] Dagegen sprach die **untergeordnete Stellung** des Betroffenen innerhalb der terroristischen Organisation. Zudem fehlte es an Anhaltspunkten für seine **unmittelbare Beteiligung** an bestimmten von der Organisation begangenen Gewalttakten. Die Tätigkeit des Klägers beschränkte sich auf allgemeine Propaganda, den **Transport** von Waren und das Führen von Guerilla-Kämpfern zu vorgegebenen Orten.

Für die **Beteiligung** an einer schweren nichtpolitischen Straftat richtet sich die Zurech- **199** nung grundsätzlich zunächst nach **nationalen strafrechtlichen Maßstäben.** Denn für die Voraussetzungen von Täterschaft und Teilnahme als auch Rechtfertigungs- und Entschuldigungsgründe liegen außerhalb von Verbrechen nach dem IStGH-Statut keine einheitlichen internationalen Kriterien vor.[347] Erfasst wird mithin sowohl der **Täter** als auch der **Anstifter.** Auch der in sonstiger Weise Beteiligte ist für eine schwere nichtpolitische Straftat verantwortlich, wenn er eine strafrechtlich relevante **Beihilfe** iSd § 27 StGB begangen hat.[348] Allerdings muss auch im Fall der Beihilfe der Tatbeitrag nach seinem Gewicht dem einer schweren nichtpolitischen Straftat im Sinne dieser Vorschrift entsprechen.

(cc) Außerhalb Deutschlands begangen. Die Straftat muss außerhalb Deutschlands **200** begangen worden sein. Das sichert die Abgrenzung dieses Ausschlussgrundes, der sich auf die Unwürdigkeit des Ausländers stützt, von der gefahrenabhängigen Regelung des § 60 Abs. 8 AufenthG, § 3 Abs. 4 AsylG.

(c) Handeln gegen Ziele der Vereinten Nationen. Von wachsender Bedeutung ist der **201** Ausschlussgrund des Zuwiderhandelns gegen Ziele und Grundsätze der Vereinten Nationen (§ 3 Abs. 2 S. 1 Nr. 3 AsylG). Dieser Ausschlussgrund kann neben den beiden anderen vorliegen, denn auch Kriegsverbrechen und bestimmte nichtpolitische Straftaten erfüllen typischerweise diesen Ausschlusstatbestand. Kennzeichnend für ihn ist seine **internationale Dimension.**

Die für den Ausschlussgrund nach § 3 Abs. 2 Nr. 3 AsylG maßgeblichen **Ziele und** **202** **Grundsätze der Vereinten Nationen** werden in der **Präambel** und in den **Art. 1 und 2**

---

[341] BVerwG Urt. v. 7.7.2011- 10 C 26.10, NVwZ 2011, 1450 Rn. 36.
[342] OVG Münster Urt. v. 2.7.2013 – 8 A 5118/05.A, BeckRS 2013, 55099 im Anschluss an BVerwG Urt. v. 7.7.2011- 10 C 26.10, NVwZ 2011, 1450 Rn. 36.
[343] BVerwG Urt. v. 4.9.2012 – 10 C 13.11, NVwZ-RR 2013, 431 Rn. 30.
[344] OVG Münster Urt. v. 2.7.2013 – 8 A 2632/06.A, Rn. 149.
[345] BVerwG Urt. v. 19.11.2013 – 10 C 26.12, NVwZ-RR 2014, 283 Rn. 15.
[346] OVG Münster Urt. v. 2.7.2013 – 8 A 2632/06.A, Rn. 201 ff.
[347] Vgl. die Länderberichte in: *Sieber/Cornils*, Nationales Strafrecht in rechtsvergleichender Darstellung, Teilband 4 Tatbeteiligung, 2010; *Eser/Fletcher*, Rechtfertigung und Entschuldigung – Rechtsvergleichende Perspektiven, Bd. I 1987 und Bd. II 1988.
[348] BVerwG Urt. v. 4.9.2012 – 10 C 13.11, NVwZ-RR 2013, 431 Rn. 24 und 31.

der **Charta** der Vereinten Nationen (UN-Charta) dargelegt.[349] Dies wird im Text von Art. 12 Abs. 2 lit. c Anerkennungs-RL ausdrücklich so präzisiert. In der Präambel wie in Art. 1 UN-Charta wird das Ziel formuliert, den **Weltfrieden** und die **internationale Sicherheit** zu wahren. Kapitel VII der Charta (Art. 39 bis 51) regelt die zu ergreifenden Maßnahmen bei Bedrohung oder Bruch des Friedens und bei Angriffshandlungen. Nach Art. 39 der Charta obliegt dem Sicherheitsrat die Feststellung, ob eine Bedrohung oder ein Bruch des Friedens oder eine Angriffshandlung vorliegt. Nach der Rechtsprechung des EuGH ist dem Umstand besondere Bedeutung beizumessen, dass der Sicherheitsrat, indem er **Resolutionen** aufgrund von Kapitel VII der Charta beschließt, nach Art. 24 der Charta die Hauptverantwortung wahrnimmt, die ihm zur weltweiten Wahrung des Friedens und der Sicherheit übertragen ist. Das schließt die Befugnis des Sicherheitsrats ein zu bestimmen, was eine Bedrohung für den Weltfrieden und die internationale Sicherheit darstellt.[350]

203 (aa) **Kriegsverbrecher.** Das **BVerwG** hat die Erfüllung des Ausschlusstatbestandes für den Präsidenten einer im Ostkongo wirkenden Rebellengruppe als naheliegend angesehen, die dort zum maßgeblichen Zeitpunkt Kriegsverbrechen begangen hat.[351] In der Begründung hat sich das Gericht maßgeblich auf konkrete **Resolutionen des UN-Sicherheitsrats** von 2003 gestützt. In diesen hat der Sicherheitsrat im bewaffneten Konflikt in der DR Kongo eine Bedrohung des Weltfriedens gesehen und sein Handeln ausdrücklich auf Kapitel VII der Charta gestützt. Dabei hat er auf das Andauern von Feindseligkeiten im Osten des Landes Bezug genommen und auf die damit einhergehenden schweren Verletzungen der Menschenrechte und des humanitären Völkerrechts. Der Sicherheitsrat hatte zudem ein Waffenembargo zur Verhinderung der weiteren Einfuhr von Rüstungsgütern und sonstigem Wehrmaterial in die DR Kongo verhängt. Bei Existenz derartiger Resolutionen steht fest, dass die bewaffneten Auseinandersetzungen in der DR Kongo, an denen die FDLR beteiligt ist, eine Störung des Weltfriedens darstellen, **ohne dass die nationalen Gerichte insoweit zu einer Überprüfung ermächtigt sind.** Aufgrund der Resolution des UN-Sicherheitsrates steht weiter fest, dass die Störung des Weltfriedens jedenfalls auch durch die in der Resolution näher bezeichneten Gräueltaten und Verletzungen des humanitären Völkerrechts wie auch die Einfuhr von Waffen in das Konfliktgebiet erfolgt. Diese Störungshandlungen laufen damit den Zielen und Grundsätzen der Vereinten Nationen zuwider.

204 Neben der Erfüllung des objektiven Tatbestands nach § 3 Abs. 2 Nr. 3 AsylG muss der die Flüchtlingsanerkennung beantragende Ausländer auch für das UN-widrige Handeln verantwortlich sein. Die Verantwortlichkeit setzt nicht voraus, dass der Ausländer eine Machtposition in einem Mitgliedstaat der Vereinten Nationen oder zumindest in einer staatsähnlichen Organisation innehat oder innehatte.[352] Für das den Weltfrieden störende Handeln der Rebellengruppe trägt der Kläger des vom **BVerwG** entschiedenen Falles als deren Präsident, der maßgeblichen Einfluss auf das Verhalten seiner Kämpfer hat, die persönliche Verantwortung.[353]

205 (bb) **Unterstützer des Terrorismus.** Hauptanwendungsfall des Ausschlussgrundes nach § 3 Abs. 2 Nr. 3 AsylG ist die Unterstützung des Terrorismus. Im **Erwgr. 31 Anerkennungs-RL** werden terroristische Handlungen dem Anwendungsbereich dieses Ausschlussgrundes ausdrücklich zugeordnet. Danach ergibt sich aus den Resolutionen der Vereinten Nationen zu Antiterrormaßnahmen, dass die „Handlungen, Methoden und Praktiken des

---

[349] EuGH Urt. v. 9.11.2010 – C-57/09 und C-101/09, NVwZ 2011, 285 Rn. 82.
[350] EuGH Urt. v. 31.1.2017 – C-573/14, NVwZ 2017, 457 Rn. 45; Urt. v. 3.9.2008 – C-402/05 P und C-415/05 P, EuR 2009, 80 Rn. 294.
[351] BVerwG Urt. v. 31.3.2011 – 10 C 2.10, NVwZ 2011, 1456 Rn. 34 ff.
[352] BVerwG Urt. v. 7.7.2011 – 10 C 26.10, NVwZ 2011, 1450 Rn. 27 f.; EuGH Urt. v 9.11.2010 – C-57/09 und C-101/09, NVwZ 2011, 285 Rn. 96 ff.; noch offen gelassen von BVerwG Urt. v. 31.3.2011 – 10 C 2.10, NVwZ 2011, 1456 Rn. 37 ff.
[353] BVerwG Urt. v. 31.3.2011 – 10 C 2.10, NVwZ 2011, 1456 Rn. 41.

Terrorismus im Widerspruch zu den Zielen und Grundsätzen der **Vereinten Nationen** stehen" und dass die „wissentliche **Finanzierung und Planung** terroristischer Handlungen sowie die **Anstiftung** dazu ebenfalls im Widerspruch zu den Zielen und Grundsätzen der Vereinten Nationen stehen". Auch der **EuGH** stellt in seinem Urteil von 2010 fest, dass nach den Resolutionen 1373(2001) und 1377(2001) des UN-Sicherheitsrates Handlungen des internationalen Terrorismus unabhängig von der Beteiligung eines Staates den Zielen und Grundsätzen der Vereinten Nationen zuwiderlaufen.[354]

Zwar gibt es keine weltweit anerkannte **Terrorismus-Definition.** Jedoch ist in der Rechtsprechung des **BVerwG** in den Grundsätzen geklärt, unter welchen Voraussetzungen die – völkerrechtlich geächtete – Verfolgung politischer Ziele mit terroristischen Mitteln anzunehmen ist.[355] Von zentraler Bedeutung ist die innerhalb der Vertragsstaaten der EU erzielte Übereinstimmung zum Terrorismusbegriff im **Gemeinsamen Standpunkt des Rates der EG** vom 27.12.2001 über die Anwendung besonderer Maßnahmen zur Bekämpfung des Terrorismus.[356] Nach Art. 1 Abs. 3 des Gemeinsamen Standpunkts sind terroristische Handlungen bestimmte katalogmäßig aufgeführte vorsätzliche Handlungen, die durch ihre Art oder durch ihren Kontext ein Land oder eine internationale Organisation ernsthaft schädigen können und im innerstaatlichen Recht als Straftat definiert sind, wenn sie mit dem Ziel begangen werden, (a) die **Bevölkerung** auf schwerwiegende Weise **einzuschüchtern** oder (b) eine **Regierung** oder eine internationale Organisation unberechtigterweise zu einem Tun oder Unterlassen zu **zwingen** oder (c) die politischen, verfassungsrechtlichen, wirtschaftlichen oder sozialen Grundstrukturen eines Landes oder einer internationalen Organisation ernsthaft zu **destabilisieren** oder zu zerstören. **206**

Diese für die EU-Mitgliedstaaten wichtige Definition steht im Einklang mit dem allerdings für das Strafrecht entwickelten und allgemeiner gefassten **völkerrechtlichen Begriff** eines Verbrechens des **internationalen Terrorismus,** wie er sich in der Entscheidung des **UN-Sondertribunals** für den Libanon vom 16.2.2011 findet und dort unter Auswertung der Rechtslage in 20 Ländern ermittelt worden ist.[357] Eine völkerrechtlich geächtete Verfolgung politischer Ziele mit terroristischen Mitteln liegt nach der Rechtsprechung des **BVerwG** jedenfalls dann vor, wenn politische Ziele unter **Einsatz gemeingefährlicher Waffen** oder durch **Angriffe auf das Leben Unbeteiligter** verfolgt werden.[358] **207**

Für den britischen **Supreme Court** bedeutet **Terrorismus** im Kern die Begehung, Organisation, Anstiftung oder Androhung schwerer Gewalttaten gegen Personen oder Objekte mit dem Ziel, eine Bevölkerung einzuschüchtern oder eine Regierung oder internationale Organisation zu nötigen, in einer bestimmten Weise zu handeln oder nicht zu handeln.[359] **208**

Die Tatsache, dass eine Organisation auf der **EU-Terrorliste** erfasst ist, hat nach der Rechtsprechung des **EuGH** zwar **Indizwirkung,** hat aber **nicht automatisch** zur Folge, dass ein Mitglied dieser Organisation von der Anerkennung als Flüchtling auszuschließen ist.[360] Vielmehr ist erforderlich, dass der betreffenden Person ein Teil der **Verantwortung** für Handlungen, die von der fraglichen Organisation im Zeitraum der Mitgliedschaft der Person in dieser Organisation begangen wurden, **zugerechnet** werden kann. Der Ausschlussgrund des § 3 Abs. 2 S. 1 Nr. 3 AsylG setzt nicht notwendig die Begehung einer **strafbaren Handlung** voraus.[361] Der Ausschlussgrund kann auch von Personen verwirklicht werden, die keine Machtposition in einem Staat oder in einer staatsähnlichen Organisation innehaben.[362] **209**

---

[354] EuGH Urt. v. 9.11.2010 – C-57/09 und C-101/09, NVwZ 2011, 285 Rn. 83.
[355] BVerwG Urt. v. 25.10.2011 – 1 C 13.10, NVwZ 2012, 701 Rn. 19.
[356] 2001/931/GASP, ABl EG 2001 L 344, 93.
[357] Special Tribunal for Lebanon, Interlocutary Decision on the Applicable Law – STL-11-01/I, Rn. 85.
[358] BVerwG Urt. v. 25.10.2011 – 1 C 13.10, NVwZ 2012, 701 Rn. 19; Urt. v. 22.8.2017 – 1 A 2.17, BeckRS 2017, 128737.
[359] UK Supreme Court Urt. v. 21.11.2012 – [2012] UKSC 54 Rn. 39.
[360] EuGH Urt. v. 9.11.2010 – C-57/09 und C-101/09, NVwZ 2011, 285 Rn. 88 und 90.
[361] BVerwG Urt. v. 7.7.2011 – 10 C 26.10, NVwZ 2011, 1450 Rn. 39.
[362] BVerwG Urt. v. 19.11.2013 – 10 C 26.12, NVwZ-RR 2014, 283 Rn. 12.

210 Der **EuGH** hat klargestellt, dass nicht nur „Akte des internationalen Terrorismus", sondern auch „die Finanzierung, Planung und Vorbereitung sowie jegliche andere Form der **Unterstützung** von Akten des internationalen Terrorismus" im Widerspruch zu den Zielen und Grundsätzen der Charta der Vereinten Nationen stehen.[363] Folglich ist die Anwendung des in § 3 Abs. 2 S. 1 Nr. 3 AsylG vorgesehenen Ausschlusses nicht auf diejenigen zu beschränken, die tatsächlich terroristische Handlungen begehen, sondern kann sich auch auf Personen erstrecken, die die **Anwerbung, Organisation, Beförderung oder Ausrüstung** von Personen vornehmen, die in einen Staat reisen, der nicht der Staat ihrer Ansässigkeit oder Staatsangehörigkeit ist, um insbesondere terroristische Handlungen zu begehen, zu planen oder vorzubereiten.

211 Die **individuelle Verantwortung** des Ausländers ist nach dem EuGH anhand **objektiver** und **subjektiver Kriterien** zu beurteilen. Hierfür ist insbesondere die Rolle zu prüfen, die die betreffende Person bei der Verwirklichung der fraglichen Handlungen tatsächlich gespielt hat, ihre **Position** innerhalb dieser Organisation, den Grad der **Kenntnis,** die sie von deren Handlungen hatte oder haben musste, die etwaigen Pressionen, denen sie ausgesetzt war, sowie andere Faktoren, die geeignet waren, ihr Verhalten zu beeinflussen.[364]

212 Auch das **BVerwG** hebt hervor, dass sich Unterstützungshandlungen nach Nr. 3 **nicht spezifisch auf einzelne terroristische Aktionen** beziehen müssen. Für sie gelten andere Maßstäbe als für die Beteiligung an einer schweren nichtpolitischen Straftat gemäß Nr. 2, die eine Zurechnung nach strafrechtlichen Kriterien (Anstiftung oder Beihilfe) verlangt. Demzufolge können auch rein logistische, propagandistische und ideologische Unterstützungshandlungen von hinreichendem Gewicht den Ausschlussgrund der Nr. 3 erfüllen.[365] Das BVerwG hat darauf hingewiesen, dass andernfalls reine **Schreibtischtäter** und Propagandisten Flüchtlingsschutz erhielten, obwohl ihr ideologisch-propagandistischer Beitrag zu terroristischen Taten bei der gebotenen wertenden Betrachtung mit Blick auf den Normzweck des § 3 Abs. 2 AsylG, **asylunwürdige Personen** vom Status des „bona fide refugee" fernzuhalten, keinesfalls minder gewichtig als der von unmittelbar Tatbeteiligten erscheint.[366]

213 Das BVerwG hat daher für den **Leiter einer PKK-Kulturschule** den Ausschlusstatbestand unter dem Gesichtspunkt seiner persönlichen Verantwortlichkeit als gerechtfertigt angesehen. Dieser war in einem von der PKK beherrschten Lager im Nordirak an herausgehobener Stelle für die **Propaganda** und die **ideologische Schulung** der PKK verantwortlich. Zudem ist er im kurdischen Fernsehen als Musiker in Propagandasendungen für die PKK aufgetreten und hat deren bewaffneten Kampf gefeiert und besungen. Diese Aktivitäten für die PKK hat das BVerwG als hinreichend gewichtig für den Ausschluss von der Flüchtlingsanerkennung angesehen. Dabei hat es auf die hohe Bedeutung von Musik, Tanz und Brauchtum als Ausdruck kultureller Identität unter kurdischen Volkszugehörigen und des bewussten Einsatzes dieser Mittel zur Werbung für die PKK und **Förderung ihres inneren Zusammenhalts** hingewiesen.[367]

214 **(3) Gefahr für die Allgemeinheit.** Ein Asylsuchender ist auch dann von der Zuerkennung der Flüchtlingseigenschaft ausgeschlossen, wenn er eine **Gefahr für die Sicherheit** der Bundesrepublik Deutschland oder eine **Gefahr für die Allgemeinheit** darstellt (§ 3 Abs. 4 AsylG, § 60 Abs. 8 AufenthG). Dieser Ausschlusstatbestand unterscheidet sich von den in § 3 Abs. 2 AsylG normierten Tatbeständen der Unwürdigkeit dadurch, dass er sich nicht auf Tatbestände bezieht, die ihre negativen Wirkungen außerhalb Deutschlands entfaltet haben, sondern die deutsche Aufnahmegesellschaft vor Gefahren schützen soll, die vom Ausländer ausgehen.

---

[363] EuGH Urt. v. 31.1.2017 – C-573/14, NVwZ 2017, 457 Rn. 46 und 69.
[364] EuGH Urt. v 9.11.2010 – C-57/09 und C-101/09, NVwZ 2011, 285 Rn. 96 f.
[365] BVerwG Urt. v. 19.11.2013 – 10 C 26.12, NVwZ-RR 2014, 283 Rn. 15.
[366] BVerwG Urt. v. 19.11.2013 – 10 C 26.12, NVwZ-RR 2014, 283 Rn. 16.
[367] BVerwG Urt. v. 19.11.2013 – 10 C 26.12, NVwZ-RR 2014, 283 Rn. 17.

Der Ausschlussgrund gliedert sich in **zwei Tatbestände,** der eine stellt einen zwingenden Ausschlussgrund dar (§ 60 Abs. 8 S. 1 AufenthG), der zweite einen fakultativen (§ 60 Abs. 8 S. 3 AufenthG). Der dritte in § 60 Abs. 8 AufenthG geregelte Ausschlusstatbestand ist der oben bereits erörterte der Unwürdigkeit nach § 3 Abs. 2 AsylG. 215

Der **erste Ausschlussgrund** ist erfüllt, wenn der Ausländer aus schwerwiegenden Gründen eine **Gefahr für die Sicherheit** der Bundesrepublik Deutschland oder eine Gefahr für die **Allgemeinheit** bedeutet. Das ist der Fall, wenn er wegen eines Verbrechens oder besonders schweren Vergehens rechtskräftig zu einer **Freiheitsstrafe** von mindestens drei Jahren verurteilt worden ist. Damit macht der Gesetzgeber von der Ermächtigung des **Art. 14 Abs. 4 und Abs. 5 Anerkennungs-RL** Gebrauch, wonach bei Erfüllung der oben genannten Tatbestandsmerkmale keine Zuerkennung der Flüchtlingseigenschaft erfolgen muss. Die Ausschlusstatbestände entsprechen zudem den **Ausnahmen vom Refoulement-Verbot** nach Art. 33 Nr. 2 GFK. Dem Schutzsuchenden, bei dem Verfolgungsgefahr im Heimatstaat besteht, wird die Flüchtlingseigenschaft versagt, ihm steht aber **nationaler Abschiebungsschutz** nach § 60 Abs. 5 AufenthG zu, wenn ihm im Fall der Abschiebung eine Gefahr iSv Art. 3 EMRK droht (→ Rn. 284). 216

Beim Tatbestandsmerkmal der verhängten Freiheitsstrafe von mindestens drei Jahren kommt es nicht auf die abstrakte Strafdrohung, sondern auf die **konkret verhängte Freiheitsstrafe** an. Denn die Mindeststrafenregelung soll nach **BVerwG** sicherstellen, dass der Entzug des Asyl- und Flüchtlingsstatus nur gegenüber besonders gefährlichen Tätern in Betracht kommt.[368] Nur sie bedeuten eine Gefahr für die Allgemeinheit, die gegenüber dem Ziel des Flüchtlingsschutzes im Ausnahmefall überwiegen kann, nicht aber solche Täter, die sich zwar eines mit hoher Strafdrohung bewehrten Vergehens oder Verbrechens schuldig gemacht haben, dabei aber im unteren oder mittleren Bereich der Strafbarkeit geblieben sind, sodass sie eine Freiheitsstrafe von weniger als drei Jahren verwirkt haben. Ist ein Flüchtling rechtskräftig zu einer mindestens dreijährigen (Einzel-)Freiheitsstrafe verurteilt worden, ist unter Berücksichtigung aller Umstände des Einzelfalles **weiter zu prüfen,** ob diese Verurteilung die Annahme rechtfertigt, dass er tatsächlich eine Gefahr für die Allgemeinheit iSd § 60 Abs. 8 S. 1 AufenthG darstellt. 217

Die rechtskräftige Verurteilung zu einer Freiheitsstrafe von mindestens drei Jahren führt nur dann zum Ausschluss, wenn im Einzelfall eine **konkrete Wiederholungsgefahr** festgestellt wird. Dies ist der Fall, wenn in Zukunft neue vergleichbare Straftaten des Ausländers ernsthaft drohen. Bei dieser Prognose sind die besonderen Umstände des Einzelfalls zu berücksichtigen, insbesondere die Höhe der verhängten Strafe, die Schwere der konkreten Straftat, die Umstände ihrer Begehung und das Gewicht des bei einem Rückfall bedrohten Rechtsguts, aber auch die Persönlichkeit des Täters und seine Entwicklung und Lebensumstände bis zum maßgeblichen Entscheidungszeitpunkt. Dabei ist die der gesetzlichen Regelung zugrundeliegende Wertung zu beachten, dass Straftaten, die so schwerwiegend sind, dass sie zu einer Freiheitsstrafe von mindestens drei Jahren geführt haben, typischerweise mit einer hohen Wiederholungsgefahr verknüpft sind.[369] 218

Zur Erfüllung des Ausschlusstatbestands reicht nicht aus, dass ein Täter nur deshalb zu einer mindestens dreijährigen Freiheitsstrafe verurteilt worden ist, weil mehrere von ihm begangene Taten geringeren oder mittleren Gewichts im Rahmen eines einzigen Strafverfahrens oder – wenn eine frühere Strafe noch nicht vollstreckt ist – im Wege der nachträglichen **Gesamtstrafenbildung** abgeurteilt worden sind.[370] Die gegenteilige Auslegung des § 60 Abs. 8 S. 1 AufenthG würde dazu führen, dass die von rein verfahrenspraktischen Aspekten, nicht aber von der Gefährlichkeit des Täters abhängige Frage, ob eine Straftat in einem Strafverfahren für sich genommen oder zusammen mit anderen Straftaten abgeurteilt wird, 219

---

[368] BVerwG Urt. v. 31.1.2013 – 10 C 17.12, NVwZ-RR 2013, 571 Rn. 13.
[369] BVerwG Beschl. v. 12.10.2009 – 10 B 17.09, Rn. 4; dazu auch VG Stade Urt. v. 19.6.2014 – 1 A 1646/12, BeckRS 2014, 53143.
[370] BVerwG Urt. v. 31.1.2013 – 10 C 17.12, NVwZ-RR 2013, 571 Rn. 16.

ausschlaggebend dafür werden könnte, ob der Täter die Voraussetzungen für einen Widerruf seines Asyl- oder Flüchtlingsstatus erfüllt oder nicht.

220 Der **zweite Ausschlusstatbestand** (§ 60 Abs. 8 S. 3 AufenthG) wurde als Konsequenz der massenhaften Übergriffe von Ausländern auf Frauen in der Sylvesternacht in Köln mit dem Gesetz zur erleichterten Ausweisung von straffälligen Ausländern und zum erweiterten Ausschluss der Flüchtlingsanerkennung bei straffälligen Asylbewerbern vom 11.3.2016 eingeführt.[371] Nach der umstrittenen Regelung soll bereits eine strafrechtliche Verurteilung von einem Jahr wegen einer Straftat gegen bestimmte Rechtsgüter und bei bestimmten Begehungsweisen einen Ausschluss von der Flüchtlingseigenschaft rechtfertigen.[372]

221 **b) Rechtsstellung des Flüchtlings.** Ein Flüchtling genießt Schutz vor Abschiebung (§ 60 Abs. 1 S. 1 AufenthG), Zurückschiebung (§ 57 Abs. 3 AufenthG) und Auslieferung (§ 6 Abs. 2 IRG[373]) in einen Verfolgerstaat. Er darf auch nicht in einen Staat abgeschoben werden, in dem die Gefahr der Kettenabschiebung in den Verfolgerstaat besteht.[374] Mit der Anerkennung erwirbt er den Anspruch auf eine Aufenthaltserlaubnis (§ 25 Abs. 2 S. 1 AufenthG), die zunächst für drei Jahre erteilt wird (§ 26 Abs. 1 S. 2 AufenthG). Sie berechtigt zur Ausübung einer Erwerbstätigkeit (§ 25 Abs. 1 S. 4 AufenthG). Es besteht Anspruch auf Familiennachzug nach § 29 Abs. 2 AufenthG. Nach erfolgter Einreise können Familienangehörige internationalen Schutz für Familienangehörige nach § 26 Abs. 5 AsylG beantragen. Flüchtlinge genießen einen erhöhten Ausweisungs- und Zurückweisungsschutz (§ 53 Abs. 3 AufenthG, Art. 32, 33 GFK), Religionsfreiheit (Art. 4 GFK), Zugang zu Leistungen der sozialen Sicherung[375], Bildungseinrichtungen und im Arbeitsrecht unter Gleichstellung mit Deutschen (Art. 22, 23 und 24 GFK), Teilnahme an einem Integrationskurs (§ 44 Abs. 1 Nr. 1 AufenthG) sowie Anspruch auf Ausstellung eines Reiseausweises, Gewährung von Freizügigkeit wie anderen Drittstaatsangehörigen und erleichterte Einbürgerung (Art. 26, 28 und 34 GFK). Sie haben das Recht auf politische Betätigung unter den in § 47 AufenthG formulierten Voraussetzungen. Bereits nach drei Jahren rechtmäßigen Aufenthalts können Flüchtlinge einen Anspruch auf Erteilung einer Niederlassungserlaubnis nach Maßgabe des § 26 Abs. 3 S. 1 und 3 AufenthG erwerben.

221a Auch wenn ein Schutzsuchender von der Rechtsstellung als Flüchtling ausgeschlossen ist (etwa nach § 3 Abs. 2 AsylG, Art. 12 Abs. 2 EU-Anerkennungs-RL), darf er nicht in einen Staat abgeschoben werden, in dem ihm Gefahren iSv Art. 4 GR-Charta drohen. Ist ihm die Zuerkennung zu versagen, weil er eine Gefahr für den Aufnahmestaat darstellt (§ 3 Abs. 4 AsylG, Art. 14 Abs. 4 EU-Anerkennungs-RL), müssen ihm wesentliche Rechte nach der GFK verbleiben, solange er sich hier aufhält (Art. 14 Abs. 6 EU-Anerkennungs-RL), wenn er materiell weiterhin die Flüchtlingseigenschaft besitzt.[376]

3. Der subsidiäre Schutz

222 Der Flüchtlingsschutz wird entsprechend den Vorgaben der Anerkennungs-RL durch einen Status des subsidiären Schutzes ergänzt. Dieser ergänzt den flüchtlingsrechtlichen Primärschutz als weitere Form des **„internationalen Schutzes"** (§ 1 Abs. 1 Nr. 2 AsylG). Der subsidiäre Schutz ist in in Art. 2 lit. f und Art. 15 Anerkennungs-RL geregelt und im nationalen Recht in § 4 AsylG. Der Status ist gegenüber der Flüchtlingsanerkennung „**subsidiär**", erfasst also nur Schutzbedürftige, die nicht die Voraussetzungen der Flüchtlingsanerkennung erfüllen. Mit diesem Schutzstatus werden zB **Kriegs- und Bürgerkriegsflüchtlinge** erfasst. Diese sind nicht – wie ein Flüchtling – individuell aufgrund bestimmter Merkmale in ihrem Heimatstaat ausgegrenzt, sondern suchen ganz überwiegend Schutz vor

---

[371] BGBl. I 394.
[372] *Thym* NVwZ 2016, 409 (414 f.).
[373] Gesetz über die internationale Rechtshilfe in Strafsachen, BGBl. 1994 I 1537.
[374] EGMR Urt. v. 21.11.2019 (GK) – 47.287/15, Rn. 134 – Ilias u. Ahmed/Ungarn.
[375] Dazu *Bergmann/Dienelt* AsylG § 3 Rn. 15 ff.
[376] EuGH Urt. v. 14.5.2019 – C–391/16 u. a., NVwZ 2019, 1189 mit Anm. Marx.

Gefahren, die jedermann dort treffen können. Nach dem EuGH soll durch die Gewährung subsidiären Schutzes die in der GFK festgelegte Schutzregelung für Flüchtlinge dadurch zu ergänzen sein, dass weitere Personen bestimmt werden, die internationalen Schutz benötigen, und ihnen ein angemessener Status verliehen wird.[377] Da der Status subsidiär ist, haben Behörden und Gerichte bei jedem Schutzbegehren nach § 13 AsylG vorrangig die Zuerkennung der Flüchtlingseigenschaft zu prüfen und nur im Falle ihrer Verneinung die Zuerkennung von subsidiärem Schutz.

223 § 4 Abs. 1 AsylG formuliert die Voraussetzungen für die Anerkennung als subsidiär Schutzberechtigter, Abs. 2 normiert die Ausschlussgründe und Abs. 3 ordnet die entsprechende Anwendung der §§ 3c bis 3e AsylG an, also die Regeln über Verfolgungsakteure, Schutzakteure und den internen Schutz. Im Folgenden werden die Voraussetzungen für die Zuerkennung subsidiären Schutzes, die zu beachtenden Einschränkungen und die mit der Zuerkennung verbundene Rechtsstellung dargestellt.

224 **a) Voraussetzungen.** Die Zuerkennung des subsidiären Schutzstatus ist von folgenden Voraussetzungen abhängig:
– Ausländer iSv § 4 Abs. 1 AsylG (→ Rn. 225),
– Gefahr eines ernsthaften Schadens iSv § 4 Abs. 1 und 3 AsylG (→ Rn. 226 ff.),
– geeigneter Schadensverursacher iSv §§ 3c, 4 Abs. 3 AsylG (→ Rn. 269),
– tatsächliche Gefahr eines ernsthaften Schadens (→ Rn. 270 ff.),
– Fehlen eines geeigneten Schutzakteurs iSv §§ 3d, 4 Abs. 3 AsylG (→ Rn. 273),
– Fehlen von internem Schutz iSv §§ 3e, 4 Abs. 3 AsylG (→ Rn. 274),
– Fehlen von Ausschlussgründen iSv § 4 Abs. 2 AsylG (→ Rn. 275 ff.).

225 **aa) Ausländer.** Der Antragsteller muss nach § 4 Abs. 1 AsylG Ausländer sein. Der Begriff ist nicht näher eingegrenzt wie für die Zuerkennung der Flüchtlingseigenschaft. In der Sache werden aber auch nur Ausländer erfasst, denen im **Staat ihrer Staatsangehörigkeit** oder – bei Staatenlosen – im **Staat ihres letzten gewöhnlichen Aufenthalts** ein ernsthafter Schaden droht. § 4 Abs. 1 AsylG spricht insoweit für beide Ausländergruppen – unpräzise – vom „Herkunftsland". Art. 2 lit. f Anerkennungs-RL benutzt hingegen die Begriffe „Herkunftsland" bezogen auf Staatsbürger und „Land des letzten gewöhnlichen Aufenthalts" für Staatenlose. Die Kombination der beiden Begriffe in der Richtlinie und die Anlehnung an die Systematik der GFK sprechen für einen identischen Ausländerbegriff beim Flüchtlingsschutz wie beim subsidiären Schutz.[378]

226 **bb) Gefahr eines ernsthaften Schadens.** Der Gefahr der „Verfolgung" im Flüchtlingsrecht entspricht die Gefahr eines **„ernsthaften Schadens"** beim subsidiären Schutz. Dieser wird in § 4 Abs. 1 AsylG in Übereinstimmung mit Art. 15 Anerkennungs-RL wie folgt definiert:
1. die Verhängung oder Vollstreckung der Todesstrafe,
2. Folter oder unmenschliche oder erniedrigende Behandlung oder Bestrafung oder
3. eine ernsthafte individuelle Bedrohung des Lebens oder der Unversehrtheit einer Zivilperson infolge willkürlicher Gewalt im Rahmen eines internationalen oder innerstaatlichen bewaffneten Konflikts.

227 Die **drei Tatbestände des ernsthaften Schadens** sind abschließend. Allerdings können mehrere Tatbestände gleichzeitig erfüllt sein.[379] Allerdings ist zu beachten, dass für den EuGH die in den Tatbeständen der Nr. 1 und 2 definierten Schäden einen klaren **Individualisierungsgrad** voraussetzen, während der „Bürgerkriegs-Tatbestand" der Nr. 3 **Schäden allgemeinerer Art** erfasst, auch wenn sie sich individuell konkretisieren müssen.[380]

---
[377] EuGH Urt. v. 30.1.2014 – C–285/12, NVwZ 2014, 573 Rn. 33.
[378] So auch *Hailbronner* AuslR AsylG § 4 Rn. 6.
[379] *EASO/IARLJ*, Voraussetzungen für die Zuerkennung internationalen Schutzes, 2016, 193 ff.
[380] EuGH Urt. v. 17.2.2009 – C- 465/07, NVwZ 2009, 705 Rn. 33 und 38.

Deshalb werden Schäden im Rahmen von **bewaffneten Konflikten** im Folgenden im Abschnitt (cc) behandelt, auch wenn sie vom EGMR unter Art. 3 EMRK erörtert werden. Abschnitt (bb) behandelt dann vorrangig die individuellen Schäden durch **unmenschliche oder erniedrigende Behandlung** oder Bestrafung sowie solche Schäden allgemeinerer Art, die nicht Folgen eines bewaffneten Konflikts sind. Alle drei Tatbestände können auch durch Entwicklungen erfüllt werden, nachdem der Asylbewerber sein **Herkunftsland verlassen** hat (§ 28 Abs. 1a AsylG).

228 **(1) Verhängung oder Vollstreckung der Todesstrafe.** Nach § 4 Abs. 1 S. 2 Nr. 1 AsylG erfüllt nicht nur die Gefahr der **Vollstreckung** der Todesstrafe zur Tatbestandserfüllung für den subsidiären Schutz, sondern schon die Gefahr ihrer **Verhängung**. Unter den Begriff der „Todesstrafe" fallen alle auf Grund der Strafrechtsordnung eines anderen Staates oder staatsähnlichen Herrschaftsordnung in einem gerichtlichen Verfahren verhängten Todesstrafen. Auf gezielte Tötungen durch nichtstaatliche Gruppierungen oder extralegale **Hinrichtungen** ist § 4 AsylG **nicht** anwendbar.[381] Die Vorschrift knüpft an das **völkerrechtliche Verbot der Todesstrafe** in den Protokollen Nr. 6 und Nr. 13 zur EMRK an, die Deutschland ratifiziert hat. In Protokoll Nr. 6 wird die Verhängung und Vollstreckung der Todesstrafe in Friedenszeiten verboten. Durch Protokoll Nr. 13 wird die Todesstrafe generell abgeschafft. Auch nach der Rechtsprechung des EGMR darf ein Ausländer nicht in einen Staat abgeschoben werden, in dem ihm der Vollzug der Todesstrafe droht. Allerdings ist die Rechtsprechung des **EGMR** insoweit zurückhaltender als die Regelungen in den Protokollen Nr. 6 und 13, als sie sich bisher nicht allein auf die Verhängung der Todesstrafe bezogen, sondern auch die Gefahr ihrer Vollstreckung verlangt, meist verbunden mit den Hinweis auf das psychische Leiden, dem der Betroffene dadurch ausgesetzt wird.[382] Auch **Art. 19 Abs. 2 GRCh** verbietet die Abschiebung in einen Staat, in dem die Todesstrafe droht.

229 Die Gefahr der Todesstrafe ist erst dann beachtlich, wenn **konkrete Anhaltspunkte** dafür bestehen, dass der Betroffene im Fall der Abschiebung davon bedroht ist. Das ist dann nicht der Fall, wenn die Todesstrafe nur für **terroristische Inlandstaten** verhängt wird, der Betroffene sich aber allein im Ausland terroristisch betätigt hat oder für sein Verhalten nur Strafen unterhalb der Todesstrafe verhängt werden.[383] Die Gefahr droht nicht schon dann, wenn der Ausländer eine mit der Todesstrafe bedrohte Tat begangen hat. Gerade bei Auslandsstraftaten kommt es darauf an, ob der Herkunftsstaat hiervon **Kenntnis** erlangt hat oder mit einer solchen Kenntniserlangung zu rechnen ist. Hier müssen eine öffentliche Berichterstattung über die Tat wie auch das Wirken ausländischer Geheimdienste in Deutschland gewürdigt werden. Hat der Ausländer noch längere Zeit nach einer im Herkunftsland begangenen Tat dort gelebt, ohne dass die Tat bekannt geworden ist, muss er Gründe vortragen, warum ihm nun Strafverfolgung droht. In diesem Rahmen obliegt es dem Bundesamt für Migration und Flüchtlinge, bei der Gefahrenprognose die **Straf- und Vollstreckungspraxis** im Herkunftsstaat zu berücksichtigen.

230 Die Gefahr der Verhängung und Vollstreckung der Todesstrafe kann unter von der Rechtsprechung näher bezeichneten Voraussetzungen durch eine **Zusicherung** ausgeschlossen oder vermindert werden. Hierzu hat der **EGMR Kriterien** im Zusammenhang mit der Gefahr einer Art. 3 EMRK widersprechenden Behandlung entwickelt.[384] Danach sind Zusicherungen grundsätzlich ein wichtiger Gesichtspunkt, der berücksichtigt werden muss. Sie reichen aber allein nicht aus, angemessen gegen die Gefahr von Misshandlungen zu schützen. Es muss vielmehr geprüft werden, ob sie in der Praxis eine ausreichende Garantie für

---

[381] *Marx* AsylG § 4 Rn. 11 f.
[382] EGMR Urt. v. 7.7.1989 – 1/1989/161/217, NJW 1990, 2183 Rn. 100 ff.; Urt. v. 2.3.2010 – 61498/08, Newsletter Menschenrechte 2010, 84 Rn. 144.
[383] BVerwG Beschl. v. 21.3.2017 – 1 VR 1.17, NVwZ 2017, 1057 Rn. 39 f.; Beschl. v. 30.8.2017 – 1 VR 8.17, Rn. 53.
[384] EGMR Urt. v. 17.1.2012 – 8139/09, NVwZ 2013, 487 Rn. 187 ff.; vgl. auch Urt. v. 4.11.2014 – 29217/12, NVwZ 2015, 127 Rn. 120 ff.

den Schutz des Betroffenen bieten. Zunächst ist festzustellen, **welches Gewicht** die Zusagen haben, und dann, ob sie unter Berücksichtigung der Praxis in dem Bestimmungsland **verlässlich** sind. Insbesondere kommt es darauf an, ob die Zusagen genau oder allgemein und vage sind. Weiter ist von Bedeutung, wer die Zusagen gegeben hat (Regierung des Staates oder Regionalbehörde) und ob diese Person das Bestimmungsland verpflichten kann. Wichtig ist auch, welche **Erfahrungen** es hinsichtlich der Verlässlichkeit solcher Zusagen gibt und ob ihre Einhaltung auf diplomatischem Wege oder durch andere Organisationen objektiv überprüft werden kann. Ähnliche Anforderungen stellen das BVerfG[385], die mit Auslieferungsverfahren befassten Gerichte[386] und das BVerwG[387].

(2) Folter oder unmenschliche Behandlung. Nach § 4 Abs. 1 S. 2 Nr. 2 AsylG stellen 231 auch Folter oder unmenschliche oder erniedrigende Behandlung oder Bestrafung einen ernsthaften Schaden dar. Die entsprechende Regelung in Art. 15 lit. b d Anerkennungs-RL übernimmt den Wortlaut von Art. 3 EMRK nahezu unverändert und orientiert sich an dem darin gewährtem Schutz. Für die Auslegung der Vorschrift ist daher die Rechtsprechung des EGMR zu berücksichtigen.[388] Zudem gewährt auch Art. 19 Abs. 2 GRCh Abschiebungsschutz im Umfang von Art. 3 EMRK. Nach Art. 52 Abs. 3 GRCh haben die EU-Grundrechte die gleiche Bedeutung und Reichweite wie die entsprechenden EMRK-Grundrechte.

Allerdings gewährt Art. 15 lit. b Anerkennungs-RL nach dem **EuGH** dann keinen 232 Schutz, wenn der drohende Schaden nicht **von Menschen verursacht** worden ist (zB durch Krieg), sondern durch die **allgemeinen Mangelerscheinungen** des Herkunftslandes hervorgerufen wird, etwa hinsichtlich der Behandlung von Krankheiten.[389] Der Umstand, dass ein an einer schweren Krankheit leidender Drittstaatsangehöriger nach Art. 3 EMRK in der Auslegung des EGMR in bestimmten Ausnahmefällen nicht in ein Land abgeschoben werden darf, in dem keine angemessene Behandlung vorhanden ist,[390] bedeutet deswegen nicht, dass es ihm erlaubt werden muss, sich auf der Grundlage des subsidiären Schutzes nach der Anerkennungs-RL in einem EU-Mitgliedstaat aufzuhalten. Ein ernsthafter Schaden iSv § 4 Abs. 1 S. 2 Nr. 2 AsylG liegt in einem solchen Fall daher nur vor, wenn dem Betroffenen eine angemessene Behandlung seiner Krankheit absichtlich verweigert würde.[391] Im Übrigen ist zu beachten, dass Gefahren, die sich aus einem bewaffneten Konflikt ergeben, nicht von Nr. 2, sondern von Nr. 3 der Norm erfasst werden, auch wenn sie der EGMR unter Art. 3 EMRK subsumiert.[392]

Die Gefahr der Folter und unmenschlichen oder erniedrigenden Behandlung oder Bestrafung muss zwar im Herkunftsstaat bestehen. Den **abschiebenden Staat** trifft insoweit aber eine **Mitverantwortung** an den zu befürchtenden Folgen, weil er den Ausländer in diesen Staat abschiebt, obwohl konkrete Anhaltspunkte dafür vorliegen, dass er einer solchen konventionswidrigen Behandlung ausgesetzt wäre. Das bezieht sich auch auf die Abschiebung in einen **Vertragsstaat der EMRK**. Dort können zwar die Konventionsrechte geltend gemacht werden, dem Betroffenen droht aber bei einer Art. 3 EMRK widersprechenden Behandlung ein irreparabler Schaden, bis das Konventionsrecht eingeklagt ist.[393]

---

[385] BVerfG Beschl. v. 24.7.2017 – 2 BvR 1487/17, NVwZ 2017, 1526 Rn. 47 ff.
[386] BVerfG Beschl. v. 17.5.2017 – 2 BvR 893/17, NStZ-RR 2017, 226 Rn. 30; OLG Karlsruhe Beschl. v. 29.6.2017 – Ausl 301 AR 101/17, Rn. 10 f.
[387] BVerwG Beschl. v. 21.3.2017 – 1 VR 1.17, NVwZ 2017, 1057 Rn. 39 f.; Beschl. v. 30.8.2017 – 1 VR 8.17, Rn. 57.
[388] EuGH Urt. v. 17.2.2009 – C- 465/07, NVwZ 2009, 705 Rn. 28.
[389] EuGH Urt. v. 18.12.2014 – C- 542/13, NVwZ-RR 2015, 158 Rn. 40 f.
[390] EGMR Urt. v. 13.12.2016 – 41738/10, NVwZ 2017, 1187.
[391] EuGH Urt. v. 18.12.2014 – C- 542/13, NVwZ-RR 2015, 158 Rn. 40 f.
[392] Die Differenzierung ist angelegt im Urteil des EuGH Urt. v. 17.2.2009 – C- 465/07, NVwZ 2009, 705 Rn. 28–33.
[393] BVerwG Urt. v. 7.12.2004 – 1 C 14.04, NVwZ 2005, 704 Rn. 18 ff.; Urt. v. 27.4.2010 – 10 C 5.09, NVwZ 2011, 51 Rn. 25.

234 Der subsidiäre Schutz nach § 4 Abs. 1 S. 2 Nr. 2 AsylG geht über das Abschiebungsverbot nach Art. 3 EMRK, Art. 19 Abs. 2 GRCh hinaus. Denn er gewährt dem Ausländer einen **gesicherten Aufenthalt** mit einer **Rechtsstellung,** die nahe an die eines Flüchtlings heranreicht. Das höhere Schutzniveau korrespondiert allerdings auch mit Einschränkungen. Der Schutzstatus ist zu versagen, wenn **Ausschlussgründe** iSv § 4 Abs. 2 AsylG vorliegen. Der Kriegsverbrecher und der Unterstützer des Terrorismus erhalten **Abschiebungsschutz** nach Art. 3 EMRK, § 60 Abs. 5 AufenthG, wenn ihnen im Herkunftsland Folter oder unmenschliche oder erniedrigende Behandlung droht, sie werden dann aber nur geduldet und genießen keine flüchtlingsähnliche Rechtsstellung.

235 Im Folgenden werden die **einzelnen Tatbestände** des § 4 Abs. 1 S. 2 Nr. 2 AsylG näher erläutert. Bei ihnen handelt es sich aber nicht notwendigerweise um Alternativen. Die Folter ist die schwerwiegendste Form der unmenschlichen Behandlung, umfasst sie also. Eine Bestrafung kann zugleich unmenschlich und erniedrigend sein. Trotzdem ist die **Abgrenzung** wichtig, zumal allein für die erniedrigende Behandlung kein Vorsatz erforderlich ist.

236 (a) Folter. Folter ist eine absichtliche unmenschliche oder erniedrigende Behandlung, die **sehr ernstes und grausames Leiden** hervorruft.[394] Für die Bestimmung des Folterbegriffs kann auf Art. 1 der **UN-Anti-Folterkonvention** zurückgegriffen werden.[395] Danach ist Folter jede Handlung, durch die einer Person vorsätzlich große körperliche oder seelische Schmerzen oder Leiden zugefügt werden. Als **Beispiele** nennt die Konvention die Leidenszufügung, um eine Aussage oder ein Geständnis zu erlangen, um den Betroffenen für eine begangene Tat zu bestrafen oder um sie oder einen Dritten einzuschüchtern oder zu nötigen. Sie muss von einem Angehörigen des öffentlichen Dienstes oder einer anderen in amtlicher Eigenschaft handelnden Person begangen werden oder auf deren Veranlassung oder mit deren Einverständnis. Der Begriff der Folter umfasst jedoch nicht Schmerzen oder Leiden, die sich lediglich aus gesetzlich zulässigen Sanktionen ergeben.

237 Auch ohne unmittelbaren Eingriff in die physische Integrität kann Folter ausgeübt werden, etwa durch **Drohung** mit entsprechenden Handlungen, wie das der EGMR im Fall des deutschen Kindesmörders Gäfgen bejaht hat.[396] Der EGMR hat Folter bejaht im Fall von Befragungsmethoden der **CIA,** die mit **Waterboarding,** Zwangsrasur und Entkleidung, Behandlung mit Lärm, Licht, Kälte, Isolation und Schlafentzug bis zu 72 Studen verbunden waren.[397] Auch bestimmte **Polizeimaßnahmen** während des **G8-Gipfels** in Genua 2011 wurden als Folter qualifiziert, so ein systematisches anlassloses Schlagen mit der Folge multipler Knochenbrüche als absichtlicher Racheakt für die Gewalt von anderen Demonstranten.[398]

238 (b) Unmenschliche oder erniedrigende Behandlung. Ein ernsthafter Schaden kann auch in einer unmenschlichen oder erniedrigenden Behandlung liegen, die von einem Verfolgungsakteur iSv § 3c AsylG ausgeht (Argument aus § 4 Abs. 3 S. 1 AsylG). Unmenschlich ist eine Behandlung, wenn sie vorsätzlich schwere körperliche oder seelische Leiden verursacht.[399] Außerdem muss sie ein Element der **Menschenwürdeverletzung** aufweisen, um als „unmenschlich" qualifiziert zu werden.[400] Insoweit weist die unmenschliche Behandlung eine Parallele zur flüchtlingsrechtlichen Verfolgungshandlung auf, die durch die Verletzung grundlegender Menschenrechte charakterisiert wird (§ 3a AsylG). Wann eine staatliche Maßnahme ein **Ausmaß und eine Intensität** erreicht, dass sie als **unmenschliche Behandlung** zu qualifizieren ist, hängt von den Umständen des Einzel-

---

[394] EGMR Urt. v. 13.12.2012 – 39630/09, NVwZ 2013, 631 Rn. 205, 211.
[395] Übereinkommen gegen Folter und andere grausame, unmenschliche oder erniedrigende Behandlung oder Strafe v. 10.12.1984, BGBl. 1990 II 246.
[396] EGMR Urt. v. 1.6.2010 – 22978/05, NJW 2010, 3145 Rn. 108.
[397] EGMR Urt. v. 24.7.2014 – 28761/11, NVwZ 2015, 955 Rn. 515 f.; Urt. v. 24.7.2014 – 7511/13, Rn. 506 ff.
[398] EGMR Urt. v. 7.4.2015 – 6884/11, NVwZ-RR 2016, 735 Rn. 177 ff.
[399] EGMR Urt. v. 21.1.2011 – 30696/09, NVwZ 2011, 413 Rn. 220.
[400] *Hailbronner* AuslR AsylG § 4 Rn. 21.

falls ab, insbesondere von der Dauer, den physischen und psychischen Folgen und in bestimmten Fällen vom Geschlecht, dem Alter und dem Gesundheitszustand des Betroffenen.[401] Eine unmenschliche Handlung setzt **Vorsatz** voraus.[402]

Eine Behandlung ist **erniedrigend,** wenn sie eine Person demütigt oder erniedrigt, es an Achtung für ihre Menschenwürde fehlen lässt oder sie herabsetzt oder in ihr Gefühle der Angst, Beklemmung oder Unterlegenheit erweckt, die geeignet ist, den moralischen oder körperlichen Widerstand zu brechen. Anders als bei der unmenschlichen Behandlung ist **kein Vorsatz** erforderlich, die Erniedrigung muss also nicht gewollt sein.[403] Beispiele einer erniedrigenden Behandlung sind die Durchführung einer **körperlichen Züchtigung** als gerichtliche Strafe, weil hierbei nicht das körperliche Leiden, sondern die Demütigung im Vordergrund steht.[404] Entsprechendes gilt für die Disziplinarmaßnahme gegenüber einem 19-jährigen Wehrdienstleistenden, sich nach zwei Fluchtversuchen **nackt vor anderen Soldaten** auf dem Exerzierplatz aufzustellen.[405] 239

Nach der Rechtsprechung des EGMR wird vom Ausländer die Darlegung ernsthafter Gründe für das Vorliegen einer ihm **konkret drohenden Gefahr** verlangt, er trägt hierfür die **materielle Beweislast.**[406] Dabei kann es sich um eine spezifisch **individuelle Gefahr** handeln (zB private Blutrache[407], Zwangsheirat[408] oder staatliche Körperstrafe, Steinigung[409]) oder um eine **allgemeine Gefahr,** die sich aber durch bestimmte Umstände individualisiert (Überbelegung von Haftzellen). Nicht ausreichend für den subsidiären Schutz ist zudem eine Gefahr, die von den allgemeinen Lebensbedingungen im Herkunftsland ausgeht, sofern sie nicht von Menschen verursacht wurden, zB durch einen Bürgerkrieg. Nicht erfasst werden daher die Folgen von Armut, Unterernährung, Klimakatastrophen und mangelhafter Gesundheitsversorgung.[410] 240

Von erheblicher praktischer Bedeutung ist die Rechtsprechung des EGMR zur Behandlung während einer **Polizei- oder Strafhaft.** Der Staat ist verpflichtet, einen Mindeststandard an Haftbedingungen einzuhalten. Der Vollzug einer Freiheitsstrafe muss unter Bedingungen erfolgen, die die **Menschenwürde des Häftlings** nicht beeinträchtigen.[411] Die Haft darf nicht zu einer wesentlichen Beeinträchtigung der Gesundheit führen. Der EGMR bewertet die Gesamtheit der Haftbedingungen und deren kumulative Auswirkungen. Eine **Überbelegung von Haftzellen** kann bereits für sich zu einer Verletzung von Art. 3 EMRK führen. Das hat zu zahlreichen Verurteilungen von Russland und anderen osteuropäischen Ländern geführt.[412] Im Übrigen berücksichtigt der EGMR neben der Anzahl der Inhaftierten pro Zelle die Möglichkeiten zur Bewegung und zur Benutzung der Sanitäranlagen unter Beachtung der Intimsphäre, die Belüftungszustände, den Zugang zu Tageslicht und warmem Wasser, die Beheizungssituation und die Beachtung der Hygienevorschriften sowie die Dauer der Haft unter den gegebenen Umständen.[413] Verletzen die Haftbedingungen die Menschenwürde des Häftlings, liegt eine erniedrigende Behandlung des Häftlings vor, die **keinen Vorsatz erfordert.**[414] Der Staat kann sich daher seiner 241

---

[401] *Grabenwarter/Pabel* EMRK § 20 Rn. 43.
[402] EGMR Urt. v. 21.1.2011 – 30696/09, NVwZ 2011, 413 Rn. 220.
[403] EGMR Urt. v. 21.1.2011 – 30696/09, NVwZ 2011, 413 Rn. 220.
[404] EGMR Urt. v. 25.4.1978 – 5856/72, Rn. 30 ff.; Urt. v. 22.6.2006 – 24245/03.
[405] EGMR Urt. v. 12.3.2015 – 31305/09, Rn. 78.
[406] EGMR Urt. v. 28.6.2011 – 8319/07 und 11449/07, NVwZ 2012, 681 Rn. 214.
[407] EGMR Urt. v. 7.12.2017 – 34.999/16, Rn. 63 ff.; VG Bayreuth Urt. v. 19.7.2017 – B 4 K 16.31426, BeckRS 2017, 122685 Rn. 17 f.; VG Bremen Urt. v. 11.8.2016 – 5 K 1170/16, BeckRS 2016, 50078 Rn. 20 ff.
[408] VGH München Urt.v 17.3.2016 – 13a B 15.30241, NVwZ 2016, 1271.
[409] EGMR Urt. v. 11.7.2000 – 40035/98, InfAuslR 2001, 57 Rn. 41 f.
[410] EuGH Urt. v. 18.12.2014 – C-542/13, NVwZ-RR 2015, 158 Rn. 40 f.
[411] EGMR Urt. v. 26.10.2000 – 30210/96, NJW 2001, 2694 Rn. 94; Urt. v. 15.7.2002 – 47095/99, NVwZ 2005, 303 Rn. 94.
[412] EGMR Urt. v. 15.7.2002 – 47095/99, NVwZ 2005, 303; Urt. v. 30.4.2013 – 49872/11, NJW 2014, 283; verurteilt wurde aber auch Frankreich durch Urt. v. 30.1.2020 – 9.671/15, NLMR 2020, 17.
[413] *Grabenwarter/Pabel* EMRK § 20 Rn. 62.
[414] EGMR Urt. v. 15.7.2002 – 47095/99, NVwZ 2005, 303 Rn. 101.

242 Verantwortung für diese Zustände nicht mit der Argumentation entziehen, ihm stünden keine hinreichenden finanziellen Mittel oder Gebäude zur Sicherung des menschenrechtlichen Mindeststandards in der Haft zur Verfügung. Der EuGH[415] und das BVerfG[416] legen ähnliche Maßstäbe zugunde.

242 Eine Gefahr der unmenschlichen Behandlung kann auch in einer **Abschiebung** nach den Regeln der **Dublin-Verordnung** liegen. Dies ist etwa dann der Fall, wenn in einem Zielstaat der Abschiebung generell **menschenunwürdige Zustände in den Aufnahmeeinrichtungen** oder aufgrund des Fehlens jeglicher materiellen Unterstützung bestehen. Das wurde für die Jahre 2010 bis 2017 für Griechenland bejaht,[417] für Italien und bestimmte osteuropäische Länder jedenfalls bezogen auf bestimmte typisierende Einzelfälle. So wird für die Abschiebung von Familien mit Kleinkindern nach Italien etwa die Zusicherung ihrer angemessenen Unterbringung verlangt.[418] In einer neuen Kammerentscheidung verlangt der EGMR jedoch die Überwindung einer hohen Hürde insbesondere dann, wenn der abschiebende Staat nicht für die Aufnahmebedingungen im Zielstaat verantwortlich ist, was regelmäßig der Fall ist.[419] Eine unmenschliche Behandlung kann auch anerkannten Flüchtlingen oder subsidiär Schutzberechtigten in bestimmten EU-Mitgliedstaaten drohen, wenn diesen die **notwendigen existenzsichernden Maßnahmen** verweigert werden.[420]

243 Der **EGMR** hat in einem Urteil von 2012 eine unmenschliche Behandlung von **Bootsflüchtlingen,** die auf hoher See aufgegriffen wurden, darin gesehen, dass sie von der Küstenwache eines EU-Mitgliedstaats nach Libyen zurückgebracht werden.[421] Denn ihnen drohte in Libyen eine Art. 3 EMRK widersprechende Behandlung, weil zu erwarten war, dass sie dort systematisch festgenommen und unter **unmenschlichen Bedingungen festgehalten** werden. Italien war hierfür verantwortlich, weil die Bootsflüchtlinge auf dem Schiff der italienischen Küstenwache staatlicher Hoheitsgewalt iSv Art. 1 EMRK unterlagen. Die Aufnahmebedingungen im Zielstaat Libyen bestanden in Misshandlungen, schlechten hygienischen Verhältnissen und dem Fehlen angemessener ärztlicher Versorgung. Zudem waren die Betroffenen stets in der Gefahr, in ihr **Herkunftsland zurückgeführt** zu werden, ohne Prüfung ob sie dort verfolgt werden. Zudem waren illegale Zuwanderer in der libyschen Gesellschaft für fremdenfeindliche und rassistische Angriffe besonders anfällig.

244 Nach der Rechtsprechung des EGMR kann eine unmenschliche Behandlung in der Abschiebung einer Person liegen, die unter einer **schweren Krankheit** leidet, die im Zielstaat der Abschiebung nicht angemessen behandelt werden kann oder der Betroffene keinen Zugang zu einer solchen Behandlung hat. Die Abschiebungshindernisse wurden in einem Urteil von 2016 deutlich präzisiert.[422] Auf diese Rechtsprechung wird im Kapitel über nationale Abschiebungsverbote (→ Rn. 285 ff., 294) eingegangen, denn derartige Verstöße gegen Art. 3 EMRK begründen nach der Rechtsprechung des **EuGH** keinen Anspruch auf subsidiären Schutz nach Art. 15 lit. b Anerkennungs-RL[423] und erfüllen damit auch nicht den Tatbestand des § 4 AsylG. Denn Art. 15 lit. b Anerkennungs-RL gewährt dann keinen subsidiären Schutz, wenn der drohende Schaden im Zielstaat nicht **von Menschen verursacht** worden ist, sondern durch die **allgemeinen Mangelerscheinungen** des Herkunftslandes hervorgerufen wird, etwa hinsichtlich der Behandlung von Krankheiten.

245 Der Umstand, dass ein an einer schweren Krankheit leidender Drittstaatsangehöriger nach Art. 3 EMRK in der Auslegung des EGMR in bestimmten Ausnahmefällen nicht in

---

[415] EuGH Urt. v. 25.7.2018 – C-220/18, NJW 2018, 3161; Urt. v. 15.10.2019 – C-128/18, BeckRS 2019, 24468.
[416] BVerfG Beschl. v. 18.8.2017 – 2 BvR 424/17, NJW 2018, 686 Rn. 35.
[417] EGMR Urt. v. 21.1.2011 – 30696/09, NVwZ 2011, 413 Rn. 230 ff. und 254 ff.
[418] EGMR Urt. v. 4.11.2014 – 29217/12, Rn. 120.
[419] EGMR Urt. v. 14.3.2017 – 64724/10, Rn. 43.
[420] BVerwG Beschl. v. 23.3.2017 – 1 C 17.16, BVerwGE 158, 271 Rn. 33 ff.; Beschl. v. 2.8.2017 – 1 C 2.17, BeckRS 2017, 124532 Rn. 21 f.
[421] EGMR Urt. v. 23.2.2012 – 27765/09, NVwZ 2012, 809 Rn. 122 ff.
[422] EGMR Urt. v. 13.12.2016 – 41738/10, NVwZ 2017, 1187.
[423] EuGH Urt. v. 18.12.2014 – C- 542/13, NVwZ-RR 2015, 158 Rn. 40 f.

ein Land abgeschoben werden darf, in dem keine angemessene Behandlung vorhanden ist,[424] bedeutet deswegen nicht, dass es ihm erlaubt werden muss, sich auf der Grundlage des subsidiären Schutzes nach der Anerkennungs-RL in einem EU-Mitgliedstaat aufzuhalten. Ein ernsthafter Schaden iSv § 4 Abs. 1 S. 2 Nr. 2 AsylG liegt in einem solchen Fall daher nur vor, wenn dem Betroffenen eine angemessene Behandlung seiner Krankheit **im Zielstaat absichtlich verweigert** würde.[425] Es reicht nicht, dass der abschiebende Staat weiß, welche schweren Folgen die Verbringung des Kranken in den Herkunftsstaat hat, und insoweit vorsätzlich handelt.[426] Die Krankheit kann in derartigen Fällen ein **Abschiebungsverbot nach § 60 Abs. 5 oder 7 AufenthG** begründen, aber keinen subsidiären Schutz. Anders gilt es nach der Rechtsprechung des EuGH allerdings dann, wenn den Aufnahmestaat eine besondere Pflicht zur angemessenen Behandlung einer Krankheit trifft, weil er diese durch vorangegangene Folter verursacht hat.[427]

(c) Unmenschliche oder erniedrigende Bestrafung. Eine **Bestrafung** ist dann als 246 unmenschlich oder erniedrigend anzusehen, wenn die mit ihr verbundenen Leiden über das in rechtmäßigen Bestrafungsmethoden enthaltene, unausweichliche Leidens- oder Erniedrigungselement hinausgehen. Danach können zB bestimmte Strafarten des **islamischen Rechts** (zB im Iran, Nigeria, Saudi Arabien, Sudan oder Jemen – etwa Körperstrafen, Amputation von Körperteilen)[428] als unmenschliche Strafen angesehen werden. Eine **lebenslange Freiheitsstrafe** kann unmenschlich sein, wenn der Betroffene keine Chance auf eine Entlassung und die Möglichkeit einer Überprüfung hat.[429]

(3) Gefahren im bewaffneten Konflikt. Von besonderer Bedeutung für den subsidiären 247 Schutz ist die bei Schaffung der Anerkennungs-RL heiß umkämpfte und kontrovers diskutierte sowie mehrfach eingeschränkte Fassung der Vorschrift, die vor Gefahren im bewaffneten Konflikt schützen soll. Im **Kommissionsvorschlag von 2001** sollte der Tatbestand Folgendes erfassen: „eine Bedrohung des Lebens, der Sicherheit oder der Freiheit infolge willkürlicher Gewalt aufgrund eines bewaffneten Konflikts oder infolge systematischer oder allgemeiner Menschenrechtsverletzungen."[430] Er sollte den Personenkreis erfassen, der Regelungsgegenstand der bis heute nie angewandten EU-Richtlinie im Fall eines **Massenzustroms von Vertriebenen** aus dem Jahr 2001 ist.[431] Seine weite Fassung entsprach dem Anliegen vieler Nichtregierungsorganisationen. Die Mitgliedstaaten – voran Deutschland – befürchteten jedoch eine Ausweitung ihrer Aufnahmeverpflichtung und setzten im Lauf der Verhandlungen **zahlreiche Einschränkungen** des ursprünglichen Tatbestandes durch. Er wurde **eingeschränkt auf den bewaffneten Konflikt,** die Bedrohung muss nun „**ernsthaft**" und „**individuell**" sein. Ferner wurde ein **Erwägungsgrund** zur Richtlinie aufgenommen, wonach Gefahren, denen die Bevölkerung oder eine Bevölkerungsgruppe eines Landes allgemein ausgesetzt sind, für sich genommen normalerweise keine individuelle Bedrohung darstellen, die als ernsthafter Schaden zu beurteilen wäre.[432] Dies alles ist bei der Auslegung des § 4 Abs. 1 S. 2 Nr. 3 AsylG zu beachten, der Art. 15 lit. c Anerkennungs-RL umsetzt.

Folgende Tatbestandsvoraussetzungen müssen erfüllt sein:

(a) Bewaffneter Konflikt. Prägend für den hier zu erläuternden Tatbestand ist das Vor- 248 liegen eines bewaffneten Konflikts. Dabei kann es sich um einen innerstaatlichen oder einen internationalen handeln. Bis zu einer **EuGH-Entscheidung im Jahr 2014** war streitig, ob

---

[424] EGMR Urt. v. 13.12.2016 – 41738/10, NVwZ 2017, 1187.
[425] EuGH Urt. v. 18.12.2014 – C- 542/13, NVwZ-RR 2015, 158 Rn. 40 f.
[426] So auch *IARLJ/EASO*, Qualifikation for International Protection 2016, 109 f.
[427] EuGH Urt. v. 24.4.2018 – C-353/16, NVwZ 2018, Rn. 58.
[428] VGH Mannheim Urt. v. 10.5.1995 – A 13 S 1796/93, Rn. 36, 44, 51.
[429] EGMR Urt. v. 9.7.2013 – 66069/09, NJOZ 2014, 1582 Rn. 110, 119 ff.
[430] KOM(2001) 510, 55.
[431] RL 2001/55/EG v. 20.7.2001, ABl. L 212, 12.
[432] Erwgr. 35 zur nunmehr geltenden RL 2011/95/EU.

der Begriff nach völkerrechtlichen Regeln in Übereinstimmung mit den vier Genfer Konventionen zum humanitären Völkerrecht auszulegen ist[433] oder eigenständig.[434] Der EuGH hat sich für eine **autonome Auslegung** des Begriffs entschieden, die sich am Zweck des subsidiären Schutzes orientiert.[435] Danach ist vom Vorliegen eines **innerstaatlichen bewaffneten Konflikts** auszugehen, wenn die regulären **Streitkräfte** eines Staates auf eine oder mehrere **bewaffnete Gruppen** treffen oder wenn zwei oder mehrere bewaffnete Gruppen aufeinandertreffen. Der Konflikt muss dabei nicht als bewaffneter Konflikt iSd humanitären Völkerrechts eingestuft werden können.[436] Auch muss die **Intensität** der bewaffneten Auseinandersetzungen, der **Organisationsgrad** der vorhandenen bewaffneten Streitkräfte und die **Dauer** des Konflikts nicht an den Regeln des humanitären Völkerrechts gemessen werden. Sie ist vielmehr eigenständig nach dem im betreffenden Gebiet herrschenden **Grad an Gewalt** zu beurteilen.

249   Die Definition ist einfach, eröffnet damit einen **weiten Anwendungsbereich,** denn es ist nur erforderlich, dass „die regulären Streitkräfte eines Staates auf eine oder mehrere bewaffnete Gruppierungen treffen" oder „zwei oder mehrere bewaffnete Gruppen aufeinandertreffen". Die bezweckte Begrenzung des Anwendungsbereichs der Vorschrift erfolgt also nicht über dieses Tatbestandsmerkmal, sondern über das Merkmal der individuellen Bedrohung. Sie kann auch bewaffnete Konflikte umfassen, die die Folge der **Drogenkriege** in einigen lateinamerikanischen Ländern sind.[437] Noch offen ist, ob auch bloße **„innere Unruhen und Spannungen"** darunter fallen, zB Mafia-Auseinandersetzungen in Italien, vereinzelte IS-Attacken in Ländern Nordafrikas. Nach dem humanitären Völkerrecht erreichen diese Tatbestände ausdrücklich noch nicht das Niveau eines „bewaffneten Konflikts".[438]

250   Ein innerstaatlicher bewaffneter Konflikt iSv § 4 Abs. 1 S. 2 Nr. 3 AsylG muss sich **nicht auf das gesamte Staatsgebiet** erstrecken.[439] Es reicht aus, wenn ein solcher Konflikt in einem Teil des Staatsgebiets besteht. Das ergibt sich schon daraus, dass für den subsidiären Schutz die Regeln über den internen Schutz nach § 3e AsylG entsprechend gelten (§ 4 Abs. 3 S. 1 AsylG). Ein aus seinem Herkunftsstaat Geflohener kann auf eine landesinterne Schutzalternative verwiesen werden, wenn diese außerhalb des Gebietes eines innerstaatlichen bewaffneten Konflikt liegt. Damit wird anerkannt, dass sich ein innerstaatlicher Konflikt nicht auf das gesamte Staatsgebiet erstrecken muss.

251   **(b) Willkürliche Gewalt.** Das Tatbestandsmerkmal der willkürlichen Gewalt ist aus sich heraus nicht verständlich, seine Bedeutung erschließt sich aber aus Sinn und Zweck der Regelung und aus anderen Sprachfassungen der Anerkennungs-RL. Mit dem „Bürgerkriegs-Paragraphen" des Art. 15 lit. c Anerkennungs-RL wollte man nämlich solche Gewaltakte erfassen, die nicht unter den Verfolgungsbegriff iSd Flüchtlingsrechts fallen. Kennzeichnet das Flüchtlingsrecht die **Ausgrenzung und Diskriminierung** einer Person wegen ihrer Rasse, Nationalität, Religion, politischen Überzeugung oder Zugehörigkeit zu einer bestimmten sozialen Gruppe, soll Art. 15 lit. c gerade solche Gewaltakte erfassen, die die Menschen an einem bestimmten Ort **wahllos,** dh ohne Ansehung ihrer individuellen Charakteristika treffen. Deshalb spricht die englische Sprachfassung von „indiscriminate violence" **(nichtdiskriminierender Gewalt)** und die französische Fassung von „violence aveugle" **(blinder Gewalt).**

252   Charakteristisch für willkürliche Gewalt ist, dass sie **nicht zielgerichtet** ist. Gewaltkriminalität, die auf die Tötung bestimmter Personen oder Aneignung von Eigentum zielt,

---

[433] So das BVerwG Urt. v. 28.6.2008 – 10 C 43.07, NVwZ 2008, 1241 Rn. 19 ff. und mehrere weitere nationale Höchst- und Instanzgerichte.
[434] So der UK Court of Appeal Urt. v. 24.6.2009 – [2009] EWCA Civ. 620, Rn. 35.
[435] EuGH Urt. v. 30.1.2014 – C-285/12, NVwZ 2014, 573 Rn. 35.
[436] Dazu näher BVerwG Urt. v. 28.6.2008 – 10 C 43.07, NVwZ 2008, 1241 Rn. 19 ff.
[437] *EASO,* Artikel 15 Buchstabe c der Anerkennungsrichtlinie, 2014, 17.
[438] Art. 1 Zusatzprotokoll II BGBl. 1990 II 1637.
[439] BVerwG Urt. v. 24.6.2008 – 10 C 43.07, NVwZ 2008, 1241 Rn. 25.

fällt daher nicht darunter. Geeignete Formen willkürlicher Gewalt sind hingegen Bombenexplosionen an **belebten Plätzen** wie Märkten oder Orten, an denen religiöse Prozessionen oder Versammlungen stattfinden. Es kommt nicht darauf an, ob die Gewaltakte die Regeln des humanitären Völkerrechts verletzten, weil der in der Anerkennungs-RL verwendete Begriff der Gewalt weit gefasst ist.[440] Erfasst werden aber **auch Gewaltakte,** die zwar **spezifische Ziele** haben (Polizeistation, Diplomatenhotel), jedoch unvermeidlich auch Zivilpersonen treffen, die sich zufällig am Ort des Geschehens aufhalten. Als Mittel dienen etwa Bomben, die außer dem Ziel noch andere Personen treffen können, oder Schießereien, die ein zwar geringeres, aber dennoch vorhandenes Risiko von Kollateralschäden herbeiführen.[441] Als Akte willkürlicher Gewalt kommen weiter in Betracht: Luftangriffe, Guerrilla-Angriffe, Heckenschützen, Todesschwadronen, Anschläge auf öffentlichen Plätzen, Belagerung, Einsatz selbstgebauter Sprengkörper.[442]

Die Gefahr des ernsthaften Schadens muss „**infolge**" willkürlicher Gewalt drohen. Das erfordert einen **Kausalzusammenhang**. Schäden aufgrund krimineller Gewalt erfüllen den Kausalzusammenhang grundsätzlich nicht. Etwas anderes gilt dann, wenn infolge des bewaffneten Konflikts der Staat Recht und Ordnung nicht mehr gewährleisten kann, sodass Anarchie und Kriminalität herrschen, die den in § 4 Abs. 1 S. 2 Nr. 3 AsylG erwähnten ernsthaften Schaden verursachen.[443] Außerdem kann eine spezifisch gegen den Betroffenen gerichtete kriminelle Gewalt der Taliban als Rache für seine Desertion aus ihrem Ausbildungslager als Gefahr unmenschlicher Behandlung subsidiären Schutz nach § 4 Abs. 1 S. 2 Nr. 2 AsylG begründen. Für subsidiären Schutz aufgrund eines bewaffneten Konflikts nach Nr. 3 muss ein ausreichender Kausalzusammenhang zwischen der Gewalt und dem Konflikt bestehen, doch muss willkürliche Gewalt gegen Zivilpersonen nicht unbedingt unmittelbar von den am Konflikt beteiligten Kombattanten ausgehen.[444] Auch der französische Conseil d'Etat[445] sowie der niederländische Raad van State[446] vertreten die Auffassung, dass indirekte Auswirkungen von Konflikten berücksichtigt werden sollten. 253

(c) Zivilperson. Schutz nach § 4 Abs. 1 S. 2 Nr. 3 AsylG genießen nur Zivilpersonen. Ausgeschlossen sind hingegen **Kombattanten** des schutzbegründenden bewaffneten Konflikts. Das erfasst Soldaten der staatlichen Armee wie bewaffnete Kämpfer auf Seiten von Rebellengruppen. Probleme wirft das Tatbestandsmerkmal dadurch auf, dass ein Ausländer, der in Deutschland einen Asylantrag stellt, zu diesem Zeitpunkt nicht in jedem Fall noch als Kämpfer auf Seiten einer der Konfliktparteien angesehen werden kann. Denn er hat sich dem Kampf ja **durch Flucht entzogen.** Trotzdem wird der Kombattant so lange nicht als „Zivilperson" iSv § 4 Abs. 1 S. 2 Nr. 3 AsylG behandelt, wie er sich nicht eindeutig davon losgesagt hat, denn würde er nach Rückführung in sein Herkunftsland wieder an den Kampfhandlungen teilnehmen, liefe das Sinn und Zweck des subsidiären Schutzes zuwider, der nur Zivilpersonen zugutekommen soll. Auch der UNHCR verlangt, dass sich der ehemalige Kombattant „tatsächlich und auf Dauer **von militärischen Aktivitäten zurückgezogen** hat".[447] So entschied der französische Asylgerichtshof, dass ein ehemaliger Soldat, der aus der afghanischen Armee ausgeschieden ist, als Zivilperson betrachtet werden kann.[448] Im Übrigen gilt, dass ein Antragsteller, der **mit Gewalt** als Soldat oder Kämpfer angeworben wurde, dadurch nicht seinen Status als Zivilperson verliert. 254

---

[440] BVerwG Urt. v. 27.4.2010 – 10 C 4.09, NVwZ 2011, 56 Rn. 34.
[441] Upper Tribunal, Immigration and Asylum Chamber (UK), Urt. v.13.11.2012 – [2012] UKUT 00409 (IAC), Rn. 42.
[442] *EASO,* Artikel 15 Buchstabe c der Anerkennungsrichtlinie, 2014, 18 f.
[443] VGH Mannheim Urt. v. 6.3.2012 – A 11 S 3070/11, Rn. 30; *Marx* AsylG § 4 Rn. 51.
[444] *EASO,* Artikel 15 Buchstabe c der Anerkennungsrichtlinie, 2014, 20 unter Hinweis auf britische Rechtsprechung.
[445] Conseil d'État (Frankreich) Urt. v. 3.7.2009 – Nr. 320295.
[446] Raad van State (Niederlande) Urt. v. 7.7.2008 – 200802709/1.
[447] *UNHCR,* Statement on Subsidiary Protection Under the EC Qualification Directive for People Threatened by Indiscriminate Violence, Januar 2008, 7.
[448] CNDA (Frankreich) Urt. v. 24.1.2013 – 12018368.

255 (d) **Ernsthafte individuelle Bedrohung.** § 4 Abs. 1 S. 2 Nr. 3 AsylG verlangt weiter, dass das **Leben oder die Unversehrtheit** einer Zivilperson bedroht sein müssen. Dieses Begriffspaar wird im humanitären Völkerrecht in der für den innerstaatlichen bewaffneten Konflikt geschaffenen Regelung des II. Zusatzprotokolls zu den Genfer Abkommen zum humanitären Völkerrecht (Art. 4 Abs. 2 lit. a) näher beschrieben.[449] Erfasst sind danach „Angriffe auf das Leben, die Gesundheit und das körperliche oder geistige Wohlbefinden von Personen, insbesondere vorsätzliche Tötung und grausame Behandlung wie Folter, Verstümmelung oder jede Art von körperlicher Züchtigung". Auch wenn nach dem EuGH die Regelungen des humanitären Völkerrechts und des subsidiären Schutzes unterschiedlichen Zwecken dienen, ergibt sich aus der zitierten Vorschrift des II. Zusatzprotokolls doch eine eher weite Auslegung des Merkmals „Unversehrtheit", das **physische wie psychische Schäden** umfasst.[450]

256 Das Leben und die Unversehrtheit müssen zudem ernsthaft und individuell bedroht sein. Diese Merkmale lassen sich am besten gemeinsam konkretisieren. Das Merkmal der **„ernsthaften"** Bedrohung verlangt, dass sie ein qualifiziertes Gewicht hat, nicht jede marginale Bedrohung ist ernsthaft. Das Merkmal der **„individuellen"** Bedrohung verlangt, dass der ernsthafte Schaden dem Asylsuchenden aufgrund bestimmter **persönlicher Charakteristika** droht (zB Polizist, Journalist am Konfliktort, Arzt im Rettungswesen, ziviler Mitarbeiter der Besatzungsmacht) oder sich eine **allgemeine Gefahr** (zB Bürgerkrieg) aufgrund ihrer Intensität auch in der Person des Asylsuchenden **konkretisiert.** Um für eine Allgemeingefahr die notwendige individuelle Konkretisierung zu erreichen, bedarf es der Bestimmung einer besonders hohen **Gefahrendichte.** Hierbei lässt sich nicht streng dogmatisch zwischen dem Gefahrenmaßstab der beachtlichen Wahrscheinlichkeit (real risk) und der Individualisierung der Gefahr unterscheiden.

257 Nach der Rechtsprechung des **EuGH** gewährt die hier auszulegende Vorschrift Schutz vor einem **Schaden allgemeinerer Art,** der sich auf Personen ungeachtet ihrer persönlichen Situation erstrecken kann.[451] In diesem Zusammenhang ist das Adjektiv **„individuell"** dahin zu verstehen, dass es sich auf schädigende Eingriffe bezieht, die sich gegen Zivilpersonen ungeachtet ihrer Identität richten, wenn der den bestehenden bewaffneten Konflikt kennzeichnende Grad willkürlicher Gewalt ein so **hohes Niveau** erreicht, dass eine Zivilperson bei Rückkehr in das betreffende Land **allein durch ihre dortige Anwesenheit** Gefahr liefe, einer ernsthaften Bedrohung iSd Art. 15 lit. c Anerkennungs-RL ausgesetzt zu sein.

258 Der EuGH führt aber zugleich aus, dass eine individuelle Bedrohung nur im Fall einer **„außergewöhnlichen Situation"** auch bei Fehlen gefahrerhöhender persönlicher Charakteristika angenommen werden kann, nämlich dann wenn die Bedrohung durch einen **besonders hohen Gefahrengrad** gekennzeichnet ist.[452] Eine solche Situation habe **„Ausnahmecharakter".** In Diskussionen auf internationaler Ebene wird von Richtern und Wissenschaftlern aus angloamerikanischen Ländern ein Prozentsatz von jedenfalls 10% verlangt. Das BVerwG hat jedenfalls eine Wahrscheinlichkeit von 1 zu 800 nicht ausreichen lassen.[453]

259 Der Grad willkürlicher Gewalt muss umso geringer sein wird, je mehr der Schutzsuchende aufgrund von persönlichen Umständen spezifisch betroffen ist (wie zB als Behinderter, der nicht schnell fliehen kann, als Polizist, Journalist, Taxifahrer, Arzt, Rettungssanitäter, aber auch als Kollaborateur der Besatzungsmacht, Deserteur, Angehöriger eines Minderheitenclans[454]). Insofern gilt ein **„gleitender Maßstab",** nach dem die Intensität der allgemeinen Gewalt umso höher sein muss, je weniger gefahrerhöhende Charakteristika der Schutzsuchende aufweist.[455]

---

[449] BGBl. 1990 II 1550, BGBl. 1990 II 1637.
[450] *EASO,* Artikel 15 Buchstabe c der Anerkennungsrichtlinie, 2014, 25 f.
[451] EuGH Urt. v. 17.2.2009 – C-465/07, NVwZ 2009, 705 Rn. 33 ff.
[452] EuGH Urt. v. 17.2.2009 – C-465/07, NVwZ 2009, 705 Rn. 37 f.
[453] BVerwG Urt. v. 17.11.2011 – 10 C 13.10, NVwZ 2012, 454 Rn. 22.
[454] VGH München Urt. v. 7.4.2016 – 20 B 14.30101, InfAuslR 2016, 356 Rn. 28 ff.
[455] *EASO,* Artikel 15 Buchstabe c der Anerkennungsrichtlinie, 2014, 27 f.

Ganz ähnliche Voraussetzungen verlangt der EGMR, damit eine **allgemeine Gefahr** die 260
Schwelle des Art. 3 EMRK überschreitet. Auch nach Art. 3 EMRK ist eine **Konkretisierung** der allgemeinen Gefahr in Bezug auf den einzelnen Ausländer erforderlich. Diese kann sich etwa daraus ergeben, dass ein Haftbefehl gegen ihn vorliegt oder ihn die Taliban zur Zwangsrekrutierung vorgesehen haben. Allerdings kann sich die notwendige Konkretisierung der Gefahr auch aus einer Verbindung von allgemeiner Gefahr (Bürgerkrieg) und persönlichen gefahrerhöhenden Elementen (Dolmetscher für internationale Truppen) ergeben. In „**äußerst extremen Fällen**" kann auch eine **allgemeine Gefahrensituation** ausreichen, wenn sie so intensiv ist, dass jeder aufgrund seiner bloßen Anwesenheit im Krisengebiet davon betroffen ist.[456]

Der EGMR hat eine solche **Extremgefahr** im Jahr 2011 für die **somalische Haupt-** 261
stadt Mogadischu bejaht.[457] Bei der **Feststellung der Größe der Gefahr** hat er die rücksichtslose Bombardierung und die militärischen Angriffe durch alle Konfliktparteien, die Zahl ziviler Opfer, die erhebliche Zahl der vertriebenen Personen und die Art des Konflikts berücksichtigt, der unberechenbar und weit verbreitet war. Für die Jahre 2013 und 2015 ist er zum gegenteiligen Ergebnis gekommen.[458] Dabei hat er zusätzlich zu den vorgenannten Kriterien berücksichtigt: Erstens, ob die Konfliktparteien Kampfmethoden und Taktiken anwenden, welche die Gefahr ziviler Opfer erhöhen oder direkt auf zivile Opfer abzielen; zweitens, ob solche Methoden oder Taktiken unter den Konfliktparteien weit verbreitet sind; drittens, ob die Kämpfe lokalisiert oder weit verbreitet sind und schließlich die Zahl der durch die Kämpfe getöteten, verletzten und vertriebenen Zivilisten.[459]

In Bezug auf **Afghanistan** hat der EGMR für die Jahre 2013, 2016 und 2020 eine Ex- 262
tremgefahr ebenfalls verneint.[460] Entsprechend hat er für **Nigeria** keine allgemeine Gefahr der **Genitalverstümmelung** junger Mädchen gesehen, die dann erforderliche Beurteilung der individuellen Verhältnisse führte im konkreten Fall zur Ablehnung der Voraussetzungen des Art. 3 EMRK.[461]

Der Verwaltungsgerichtshof Österreichs verneint eine Extremgefahr im Jahr 2017 für 263
den **Irak,** auch eine hinreichend große Gefahr für Schiiten in Bagdad, gegen die sich Terroranschläge des dortigen IS richten.[462] Hingegen bejaht das Schweizer Bundesverwaltungsgericht eine solche Gefahr auch für zurückkehrende junge afghanische **Männer in Kabul,** wenn sie im Jahr 2017 dort über kein soziales Netzwerk verfügen.[463]

Nach der Rechtsprechung des **BVerwG** zum subsidiären Schutz ist bei Fehlen von 264
gefahrerhöhenden Charakteristika eine **wertende Gesamtbetrachtung** der allgemeinen Gefahrenlage im Herkunftsland erforderlich.[464] Die individuelle Betroffenheit des Schutzsuchenden setzt eine Feststellung zur **Gefahrendichte** voraus, die jedenfalls auch eine annäherungsweise **quantitative Ermittlung** des Tötungs- und Verletzungsrisikos umfasst. Erst auf der Grundlage der quantitativen Ermittlung der Gesamtzahl der in dem betreffenden Gebiet lebenden Zivilpersonen einerseits und der Akte willkürlicher Gewalt andererseits, die von den Konfliktparteien gegen Leib oder Leben von Zivilpersonen in diesem Gebiet verübt werden, ist eine wertende Gesamtbetrachtung zur individuellen Betroffenheit des Ausländers möglich, wenn für ihn keine individuellen gefahrerhöhenden Umstände festgestellt worden sind. Zu dieser wertenden Betrachtung gehört auch die Würdigung der medizinischen Versorgungslage in dem jeweiligen Gebiet, von deren Qualität und

---

[456] EGMR Urt. v. 28.6.2011 – 8319/07 und 11449/07, NVwZ 2012, 681 Rn. 218.
[457] EGMR Urt. v. 28.6.2011 – 8319/07 und 11449/07, NVwZ 2012, 681 Rn. 248.
[458] EGMR Urt. v. 5.9.2013 – 886/11 Rn. 91; Urt. v. 10.9.2015 – 4601/14, NVwZ 2016, 1785 Rn. 65.
[459] EGMR Urt. v. 10.9.2015 – 4601/14, NVwZ 2016, 1785 Rn. 65.
[460] EGMR Urt. v. 9.4.2013 – 70073/10 Rn. 92 f.; Urt. v. 12.1.2016 – 13442/08, NVwZ 2017, 293 Rn. 59; Urt. v. 25.2.2020 – 68377/17 Rn. 105 f.
[461] EGMR Urt. v. 17.5.2011 – 43408/08 Rn. 75 ff.
[462] VGH Österreich Urt. v. 21.2.2017 – Ra 2016/18/0137, Rn. 19 ff.
[463] Schweizer BVerwG Urt. v. 13.10.2017 – D-5800/2016.
[464] BVerwG Urt. v. 13.2.2014 – 10 C 6.13, NVwZ-RR 2014, 487 Rn. 24.

Erreichbarkeit die Schwere eingetretener körperlicher Verletzungen mit Blick auf die den Opfern dauerhaft verbleibenden Verletzungsfolgen abhängen kann.[465] Der VGH Mannheim hat den EuGH 2019 um weitere Klärung zur Frage der Gefahrendichte ersucht.[466]

265 Bezugspunkt für die Gefahrenprognose ist die **Herkunftsregion** des Ausländers, in die er typischerweise zurückkehren wird.[467] Die Feststellung der Herkunftsregion ist insbesondere bei regional begrenzten Konflikten im Herkunftsland von Bedeutung und bei solchen, die in unterschiedlichen Regionen eine voneinander abweichende Gefahrendichte aufweisen. Ein **Abweichen von der Herkunftsregion** kann nicht damit begründet werden, dass der Ausländer infolge eines bewaffneten Konflikts den personalen Bezug zu seiner Herkunftsregion verloren hat, etwa weil Familienangehörige getötet worden sind oder diese Gebiete ebenfalls verlassen haben. Gerade wenn die nachlassende subjektive Bindung zur Herkunftsregion durch Umstände begründet worden ist, die mittelbare Folgen des bewaffneten Konflikts sind (zB Beeinträchtigung der sozialen und wirtschaftlichen Infrastruktur, nachhaltige Verschlechterung der Versorgungslage), und es mangels Existenzgrundlage und Zukunftsperspektive eine nachvollziehbare Haltung ist, nicht in die Herkunftsregion zurückkehren zu wollen, behält diese für die schutzrechtliche Betrachtung grundsätzlich ihre Relevanz. Allerdings ist jedenfalls dann nicht (mehr) auf die Herkunftsregion abzustellen, wenn sich der Ausländer schon vor der Ausreise und unabhängig von den fluchtauslösenden Umständen **von dieser gelöst** und in einem anderen Landesteil mit dem Ziel niedergelassen hatte, dort auf unabsehbare Zeit zu leben. Durch eine solche **freiwillige Ablösung** verliert die Herkunftsregion ihre Bedeutung als Ordnungs- und Zurechnungsmerkmal und scheidet damit als Anknüpfungspunkt für die Gefahrenprognose bei § 4 Abs. 1 S. 2 Nr. 3 AsylG aus. Auf eine andere Region kann er nur unter den Voraussetzungen einer **internen Schutzalternative** (§§ 3e, 4 Abs. 3 S. 1 AsylG) verwiesen werden.

266 Die Feststellung, dass die Voraussetzungen für subsidiären Schutz in einem bewaffneten Konflikt erfüllt sind, schließt nicht aus, dass der Schutzsuchende aufgrund spezifischer Merkmale zugleich die **Flüchtlingseigenschaft** erfüllt. Zwar geht der **UNHCR** in seinem Handbuch davon aus, dass „Personen, die auf Grund bewaffneter internationaler oder nationaler Auseinandersetzungen gezwungen wurden, ihr Heimatland zu verlassen, normalerweise nicht als Flüchtlinge nach dem Abkommen von 1951 und dem Protokoll von 1967" gelten[468] In seiner Richtlinie zum internationalen Schutz Nr. 12 vom Dezember 2016 entwickelt er seine Aussage aber dahin fort, dass die Flüchtlingsstellung durch die zusätzliche Erfüllung der Verfolgungsgründe nach der GFK zuzuerkennen sein kann.[469] So kann der bewaffnete Konflikt seine Ursachen in **ethnischen, religiösen oder politischen Differenzen** haben. Zudem stellen etwa sexuelle und **geschlechtsspezifische Gewalt,** einschließlich Vergewaltigung, Menschenhandel und sexueller Sklaverei, übliche Arten der Verfolgung im Rahmen von bewaffneten Konflikten und Gewalt dar, können aber zugleich den Flüchtlingsstatus begründen.

267 **(4) Nachfluchttatbestände.** Nach § 28 Abs. 1a AsylG kann die Gefahr, einen ernsthaften Schaden zu erleiden, auch auf Ereignissen beruhen, die eingetreten sind, nachdem der Ausländer das Herkunftsland verlassen hat, insbesondere auch auf einem Verhalten des Ausländers, das Ausdruck und Fortsetzung einer bereits im Herkunftsland bestehenden Überzeugung oder Ausrichtung ist. Dies entspricht der in Art. 5 Anerkennungs-RL getroffenen Regelung zu **Nachfluchtgründen** (Sur-Place-Schutzsuchende). Sie erfasst insbesondere Personen, die sich außerhalb ihres Heimatlandes aus Gründen aufhalten, die nicht auf der Furcht vor einem ernsthaftem Schaden oder einer Verfolgungsgefahr beruhen, zB Diplomaten, ausländische Studenten, Berufstätige oder sich aus privaten Gründen im Ausland auf-

---
[465] BVerwG Urt. v. 17.11.2011 – 10 C 13.10, NVwZ 2012, 454 Rn. 23.
[466] VGH Mannheim, Beschl. v. 9.12.2019 – A 11 S 2374/19, A 11 S 2375/19, BeckRS 2019, 31472.
[467] BVerwG Urt. v. 31.1.2013 – 10 C 15.12, NVwZ 2013, 1167 Rn. 14.
[468] *UNHCR* Handbuch Rn. 164.
[469] *UNHCR*, Richtlinien zum internationalen Schutz Nr. 12, 2016, Rn. 10.

haltende Personen.[470] Die für Flüchtlinge geltende **Einschränkung für Folgeanträge** des betroffenen Personenkreises (§ 28 Abs. 2 AsylG) erfasst subsidiär Schutzberechtigte **nicht**.

In der deutschen und auch in der EGMR-Rechtsprechung finden sich wenige Fälle, in denen über subsidiären Schutz in Sur-Place-Fällen gestritten wurde. Die Fälle des EGMR bewegen sich zwar im Rechtsrahmen des Art. 3 EMRK, betreffen der Sache nach aber Fälle, in denen es um flüchtlingsrechtlich relevante Verfolgung ging.[471] Bedeutung erlangt die Berücksichtigung von Nachfluchtgründen dort, wo diese für die Flüchtlingsanerkennung nach § 28 Abs. 2 AsylG unberücksichtigt bleiben, weil sie erst im Folgeantragsverfahren vorgetragen werden. So war es etwa in einem vom BVerwG entschiedenen Fall, in dem der Kläger bei Abschluss seines ersten Folgeverfahrens bereits volljährig und damit in der Lage war, sich eine feste politische Überzeugung zu bilden.[472] Der damit greifende Ausschluss der neuen Gründe für das flüchtlingsrechtliche Folgeverfahren steht einer Berücksichtigung bei der Gewährung subsidiären Schutzes nicht entgegen. 268

cc) Geeigneter Schadensverursacher iSv §§ 3c, 4 Abs. 3 AsylG. Der ernsthafte Schaden muss von einem **geeigneten Akteur** verursacht worden sein. Hierfür gelten gemäß § 4 Abs. 3 S. 1 AsylG die Regeln des § 3c AsylG entsprechend. Verursacher können daher sein: (1) der Staat, (2) Parteien und Organisationen, die den Staat oder einen wesentlichen Teil des Staatsgebiets beherrschen und (3) nichtstaatliche Akteure unter den in § 3c AsylG genannten Voraussetzungen. Für die nähere Bestimmung der Akteure gelten die gleichen Regeln wie beim Flüchtlingsschutz (→ Rn. 99 ff.). Es ist lediglich auf den Schutz vor ernsthaftem Schaden anstelle des Schutzes vor Verfolgung abzustellen. 269

dd) Tatsächliche Gefahr eines ernsthaften Schadens („real risk"). Die Gefahr eines ernsthaften Schadens muss dem Asylbewerber mit **beachtlicher Wahrscheinlichkeit** drohen. Dieser Gefahrenmaßstab entspricht dem des EGMR, der dort als reales Risiko („real risk") bezeichnet wird. Er unterscheidet sich nicht vom **Maßstab im Flüchtlingsrecht**.[473] Insoweit wird auf die dortigen Ausführungen verwiesen (→ Rn. 108 ff.). 270

Zur **Präzisierung des Gefahrenrisikos** im Fall allgemeiner Gewalt im Herkunftsstaat hat das **BVerwG** ausgeführt, dass das Risiko, in der irakischen Provinz Ninive verletzt oder getötet zu werden, das für das gesamte Jahr 2009 ungefähr 1:800 betrug, weit von der Schwelle der beachtlichen Wahrscheinlichkeit entfernt ist.[474] Auch im Bereich des subsidiären Schutzes ist eine **„qualifizierende" Betrachtungsweise** im Sinne einer Gewichtung und Abwägung aller festgestellten Umstände und ihrer Bedeutung vorzunehmen. Es kommt darauf an, ob in Anbetracht dieser Umstände bei einem vernünftig denkenden, besonnenen Menschen in der Lage des Betroffenen Furcht vor Verfolgung hervorgerufen werden kann.[475] Eine Wahrscheinlichkeit von mehr als **50 Prozent ist nicht erforderlich**.[476] Die geforderte Wahrscheinlichkeit hängt auch von der Qualität des bedrohten Rechtsguts ab. Wenn der Schutz des Lebens oder der Schutz vor Folter auf dem Spiel stehen, ist ein geringerer Grad an Wahrscheinlichkeit erforderlich, als wenn es um Rechtsgüter weniger hohen Ranges geht. Auch hier wird von Richtern aus angloamerikanischen Ländern ein Prozentsatz von mindestens **10 Prozent** als Orientierungsgröße genannt.[477] 271

---

[470] UNHCR Handbuch Rn. 95.
[471] EGMR Urt. v. 30.5.2017 – 23378/15, Newsletter Menschenrechte 2017, 215 Rn. 51 ff.; Urt. v. 29.3.2016 – 43611/11, Rn. 123 und 144; Urt. v. 7.1.2014 – 58802/12, Rn. 38–43; Urt. v. 15.5.2012 – 52077/10, Rn. 62–71.
[472] BVerwG Urt. v. 24.9.2009 – 10 C 25.08, NVwZ 2010, 383 Rn. 24.
[473] BVerwG Urt. v. 17.11.2011 – 10 C 13.10, NVwZ 2012, 454 Rn. 20.
[474] BVerwG Urt. v. 17.11.2011 – 10 C 13.10, NVwZ 2012, 454 Rn. 22 f.; dazu jetzt EuGH-Vorlage des VGH Mannheim Beschl. v. 19.12.2019 – 11 S 2374/19, BeckRS 2019, 31742.
[475] Dazu *Berlit* ZAR 2017, 110.
[476] *Göbel-Zimmermann/Eichhorn/Beichel-Benedetti*, Asyl- und Flüchtlingsrecht, 2017, Rn. 255 unterliegen einer Fehlinterpretation der Rspr. des BVerwG zu § 4 AsylG, wenn sie meinen, danach sei eine Wahrscheinlichkeit von mehr als 50 % erforderlich.
[477] Konferenz der Internationalen Asylrichtervereinigung in Götheborg 2013.

272 Auch für den subsidiären Schutz gilt im Übrigen die **Beweiserleichterung** des Art. 4 Abs. 4 Anerkennungs-RL, wenn er bereits einen ernsthaften Schaden erlitten hat oder von einem solchen Schaden unmittelbar bedroht war, wie er ihn jetzt wieder befürchtet.[478] Beim Flüchtlingsschutz knüpft der EuGH die Beweiserleichterung daran, ob der gleiche Verfolgungsgrund vorliegt. Im Bereich des subsidiären Schutzes wird nicht auf bestimmte Gründe abgestellt, die zu einem ernsthaften Schaden führen. Auch hier wird man jedoch – wenn auch in einem weiteren Sinne – eine **Gleichartigkeit** des in der Vergangenheit erlittenen und des jetzt drohenden Schadens verlangen müssen, zB **Gefahren von Seiten des gleichen Akteurs.**

273 **ee) Fehlen eines geeigneten Schutzakteurs iSv §§ 3d, 4 Abs. 3 AsylG.** Ein fremder Staat ist nur dann zur Gewährung von subsidiärem Schutz verpflichtet, wenn der Ausländer den gebotenen Schutz nicht im Staat seiner Staatsangehörigkeit finden kann. § 3d Abs. 1 AsylG nennt als geeignete Schutzakteure den Staat und die staatsähnlichen Organisationen, die auch als Verfolgungsakteure nach § 3c Nr. 2 AsylG aufgeführt sind. Nicht als Schutzakteure aufgeführt sind nichtstaatliche Akteure iSv § 3c Nr. 3 AsylG, sofern sie nicht als staatsähnliche Organisation eingestuft werden können. Diese Vorschrift findet gemäß § 4 Abs. 3 AsylG entsprechende Anwendung für die Gewährung von subsidiärem Schutz. Für die nähere Bestimmung der Akteure gelten die gleichen Regeln wie beim Flüchtlingsschutz (→ Rn. 118 ff.). Es ist lediglich auf den Schutz vor ernsthaftem Schaden anstelle des Schutzes vor Verfolgung abzustellen. Auch hier muss der Schutz vor einem ernsthaften Schaden wirksam und darf nicht nur vorübergehend sein (§ 3d Abs. 2 AsylG).

274 **ff) Fehlen von internem Schutz iSv §§ 3e, 4 Abs. 3 AsylG.** Subsidiärer Schutz wird nur dann gewährt, wenn dem Ausländer keine inländische Schutzalternative zur Verfügung steht (§§ 3e, 4 Abs. 3 AsylG). Diese setzt voraus, dass dem Ausländer in einem Teil seines Herkunftsstaats kein ernsthafter Schaden droht, er sicher und legal in diesen Landesteil reisen kann, dort aufgenommen wird und von ihm vernünftigerweise erwartet werden kann, dass er sich dort niederlässt.[479] Für die Ausfüllung dieser Tatbestandsmerkmale gelten die gleichen Maßstäbe wie bei der Zuerkennung der Flüchtlingseigenschaft (→ Rn. 134 ff.).

275 **gg) Fehlen von Ausschlussgründen iSv § 4 Abs. 2 AsylG.** Die Ausschlussgründe für die Gewährung von subsidiärem Schutz sind in § 4 Abs. 2 AsylG aufgeführt. Sie entsprechen weitgehend denen im Flüchtlingsrecht (→ Rn. 156 ff.). Allerdings genügt für den Ausschluss nach § 4 Abs. 2 S. 1 Nr. 2 AsylG, dass der Betroffene eine „schwere Straftat" begangen hat. Die weiteren eine Straftat qualifizierenden Merkmale, die den Ausschluss von der Flüchtlingseigenschaft rechtfertigen (§ 3 Abs. 2 S. 1 Nr. 2 AsylG), brauchen nicht erfüllt zu sein. Das hebt auch der EuGH hervor, verlangt aber auch hier eine vollständige Prüfung sämtlicher Umstände des Einzelfalls, was dem automatischen Ausschluss aufgrund vorgegebener Merkmale (wie einer bestimmten Strafandrohung) entgegensteht.[480]

276 Auf Vorlage des BVerwG hat der EuGH entschieden, dass ein EU-Mitgliedstaat einen Antrag auf internationalen Schutz – abgesehen von bestimmten Ausnahmetatbeständen – als unzulässig abzulehnen darf, wenn dem Antragsteller in einem anderen Mitgliedstaat bereits subsidiärer Schutz gewährt worden ist.[481] Eine Ausnahme liegt dann vor, wenn die **Lebensbedingungen für Schutzberechtigte** im Erstanerkennungsstaat Art. 4 GRCh verletzen. Dies ist nur dann der Fall, wenn sich der Antragsteller in diesem Staat aufgrund seiner besonderen Verletzbarkeit unabhängig von seinem Willen und seinen persönlichen Entscheidungen in einer Situation extremer materieller Not befände. Eine Ausnahme liegt nicht vor, wenn die Schutzberechtigten in dem betreffenden Staat in tatsächlicher Hinsicht nicht die Rechte nach Art. 20 ff. Anerkennungs-RL gewährt werden.

---

[478] EuGH Urt. v. 17.2.2009 – C-465/07, NVwZ 2009, 705 Rn. 40 wendet Art. 4 Abs. 4 an, der Inhalt der hierzu getroffenen Aussage bleibt aber unklar.
[479] Hierzu etwa BVerwG Urt. v. 31.1.2013 – 10 C 15,12, NVwZ 2013, 1167 Rn. 20.
[480] EuGH Urt. v. 13.9.2018 – C-369/17, ZAR 2019, 35 Rn. 49, 55 – Shajin Ahmed.
[481] EuGH Urt. v. 19.3.2019 – C 297/17 u. a., NVwZ 2019, 785 Rn. 101 – Ibrahim; dazu → Rn. 158.

Kein Bedarf an der Gewährung subsidiären Schutzes besteht nach hier vertretener Auf- 277
fassung auch für **palästinensische Flüchtlinge,** die den Schutz der UNRWA genießen
oder in Anspruch nehmen können (Rechtsgedanke § 3 Abs. 3 AsylG), es sei denn es droht
ihnen im Herkunftsland ein ernsthafter Schaden.[482]

b) Rechtsstellung des subsidiär Schutzberechtigten. Ein subsidiär Schutzberechtigter 278
genießt **Schutz vor Abschiebung** (§ 60 Abs. 2 S. 1 AufenthG) und Zurückschiebung
(§ 57 Abs. 3 AufenthG) in einen Staat, in dem ihm ein ernsthafter Schaden droht. Eine
Auslieferung ist nur unter Beachtung der Auslieferungsverbote des IRG[483] zulässig, bei
Gefahr der Verhängung der Todesstrafe nur dann, wenn der ersuchende Staat zusichert, dass
die Todesstrafe nicht verhängt oder nicht vollstreckt wird (§ 8 IRG). Mit der Anerkennung
erwirbt er den Anspruch auf eine **Aufenthaltserlaubnis** (§ 25 Abs. 2 S. 1 AufenthG), die
zunächst für ein Jahre erteilt wird, bei Verlängerung für weitere zwei Jahre (§ 26 Abs. 1 S. 3
AufenthG). Sie berechtigt zur Ausübung einer **Erwerbstätigkeit** (§ 25 Abs. 1 S. 4, § 25
Abs. 2 S. 2 AufenthG). Es besteht grundsätzlich Anspruch auf **Familiennachzug** nach
§ 29 Abs. 2 AufenthG, dieser ist allerdings an besondere Voraussetzungen geknüpft und auf
1 000 Visa pro Monat beschränkt (§ 36a Abs. 2 S. 2 AufenthG).

Nach erfolgter Einreise können Familienangehörige internationalen Schutz für Familien- 279
angehörige nach § 26 Abs. 5 AsylG beantragen. Subsidiär Schutzberechtigte genießen einen
erhöhten Ausweisungs- und Zurückweisungsschutz (§ 53 Abs. 3b AufenthG), erhalten
Zugang zu Bildung, medizinischer Versorgung, Wohnraum und **Integrationsmaßnahmen** (Art. 27, 30, 32 und 34 Anerkennungs-RL), Leistungen der sozialen Sicherung (mit
Beschränkungsmöglichkeit – Art. 29 Abs. 2 Anerkennungs-RL), sowie Anspruch auf Ausstellung eines Reiseausweises (Art. 25 Abs. 2 Anerkennungs-RL) und Gewährung von
Freizügigkeit wie andere Drittstaatsangehörige (Art. 33 Anerkennungs-RL). Sie haben das
Recht auf politische Betätigung unter den in § 47 AufenthG formulierten Voraussetzungen.
Nach fünf Jahren rechtmäßigen Aufenthalts kann ihnen eine **Niederlassungserlaubnis**
nach § 26 Abs. 4 AufenthG erteilt werden.

4. Nationale Abschiebungsverbote

Nationale Abschiebungsverbote ergänzen den internationalen Schutz, wie er für Flücht- 280
linge und subsidiär Schutzberechtigte gewährt wird. Während sich die Regelungen zum
internationalen Schutz nahezu vollständig im AsylG finden, sind die Abschiebungsverbote
in **§ 60 Abs. 2 bis 7 AufenthG** verankert: Sie sind nationale Abschiebungsverbote auch,
soweit sie sich aus der EMRK ergeben, denn die EMRK hat in Deutschland den Rang
eines nationalen Gesetzes.[484] Sie gewähren einerseits einen **Mindestschutz** für Ausländer,
denen Verfolgung oder ernsthafter Schaden droht, bei denen jedoch **Ausschlussgründe**
der Gewährung von Flüchtlingsschutz und subsidiärem Schutz entgegentehen, nämlich
Schutz vor Abschiebung oder Auslieferung nach § 60 Abs. 2 bis 5 AufenthG. Das folgt aus
§ 60 Abs. 9 S. 2 AufenthG.

Ferner gewähren die nationalen Abschiebungsverbote **originären Abschiebungs-** 281
schutz in Fällen schwerer Krankheit und sonstigen erheblichen Gefahren für Leib, Leben
oder Freiheit (§ 60 Abs. 5 und 7 AufenthG). Kein asylrechtlich relevantes Abschiebungsverbot begründen **familiäre und persönliche Bindungen** an den Aufenthaltsstaat iSv
Art. 8 EMRK, diese sind vielmehr erst auf der nachgelagerten Ebene ausländerrechtlicher
Maßnahmen zu berücksichtigen.

a) § 60 Abs. 2 AufenthG. Nach § 60 Abs. 2 AufenthG darf ein Ausländer nicht in einen 282
Staat abgeschoben werden, in dem ihm ein ernsthafter Schaden iSv § 4 Abs. 1 AsylG droht.
Dieses Abschiebungsverbot gilt auch bei Verwirklichung von Ausschlussgründen (§ 60

---

[482] VG Düsseldorf Urt. v. 25.4.2013 – 21 K 4431/11.A, BeckRS 2014, 58233 Rn. 67 ff.
[483] Gesetz über die internationale Rechtshilfe in Strafsachen BGBl. 1994 I 1537.
[484] BVerfG Urt. v. 4.5.2011 – 2 BvR 2365/09, NJW 2011, 1931 Rn. 87.

Abs. 9 S. 2 AufenthG). Droht einem Ausländer also die Verhängung oder Vollstreckung der Todesstrafe, Folter oder eine andere Art. 3 EMRK widersprechende Behandlung oder Bestrafung, oder die Bedrohung seines Lebens oder seiner Unversehrtheit in einem bewaffneten Konflikt, genießt er Abschiebungsschutz nach § 60 Abs. 2 AufenthG. Droht ihm im Fall der Abschiebung die **Todesstrafe,** ist diese nach § 60 Abs. 3 AufenthG nur zulässig, wenn der ersuchende Staat zusichert, dass die Todesstrafe nicht verhängt oder nicht vollstreckt werden wird (§ 8 IRG).[485] Droht ihm die Verhängung einer lebenslangen Freiheitsstrafe, muss für ihn die vorhersehbare Möglichkeit der Verkürzung unter bestimmten Bedingungen nach Absolvierung einer bestimmten Strafzeit bestehen.[486]

283 b) **§ 60 Abs. 5 AufenthG.** Nach § 60 Abs. 5 AufenthG darf ein Ausländer nicht abgeschoben werden, wenn sich ein Abschiebungsverbot aus der EMRK ergibt. Abschiebungsverbote ergeben sich insbesondere aus **Art. 3 EMRK,** aus **anderen EMRK-Normen** (zB Art. 6 EMRK) nur im Falle einer flagranter Rechtsverletzung. Für die Gefahrenprognose gilt der Maßstab der beachtlichen Wahrscheinlichkeit („real risk").

284 Das Abschiebungsverbot wegen Verletzung von **Art. 3 EMRK** ist zunächst von Bedeutung in den Fällen, in denen die Voraussetzungen für die Gewährung subsidiären Schutzes nach § 4 Abs. 1 S. 2 Nr. 2 AsylG vorliegen, der Ausländer hiervon aber nach § 4 Abs. 2 AsylG ausgeschlossen ist. Auf die Erläuterung der Voraussetzungen des § 4 Abs. 1 S. 2 Nr. 2 AsylG kann hier verwiesen werden (→ Rn. 224 ff.).

285 Ein **originärer Anwendungsfall** für das Abschiebungsverbot nach Art. 3 EMRK liegt bei **schweren Krankheiten** vor. Diese können nach der neueren Rechtsprechung des **EGMR**[487] der Abschiebung eines Ausländers entgegenstehen, ohne zugleich subsidiären Schutz nach § 4 Abs. 1 S. 2 Nr. 2 AsylG zu begründen. Denn der EuGH hat insoweit strengere Voraussetzungen für die Zuerkennung subsidiären Schutzes formuliert, wonach Fälle von Krankheit nicht erfasst werden (→ Rn. 232). Ein ernsthafter Schaden nach § 4 Abs. 1 S. 2 Nr. 2 AsylG liegt in einem solchen Fall für den **EuGH** nur vor, wenn dem Betroffenen eine angemessene Behandlung seiner Krankheit **absichtlich verweigert** würde.[488]

286 Das Abschiebungsverbot in Fällen einer schweren Krankheit leitet der EGMR aus der negativen Verpflichtung des Staates ab, niemanden der Gefahr von nach Art. 3 EMRK verbotenen Misshandlungen auszusetzen. Daraus folgt, dass die **Folgen einer Abschiebung** für den Betroffenen durch einen Vergleich seines Gesundheitszustands vor der Abschiebung mit dem, den er nach Abschiebung in das Bestimmungsland haben würde, beurteilt werden müssen. Dabei müssen die Behörden und Gerichte des ausweisenden Staates prüfen, ob die im Bestimmungsland allgemein vorhandene medizinische Versorgung in der Praxis ausreichend und angemessen ist, die Krankheit des Betroffenen zu behandeln. Der **Vergleichsmaßstab** ist nicht das Niveau der medizinischen Versorgung im ausweisenden Staat; es geht nicht darum, ob die medizinische Versorgung im Bestimmungsland gleichwertig oder schlechter ist als das Gesundheitssystem im Ausweisestaat. Art. 3 EMRK garantiert auch kein Recht, im Bestimmungsland eine besondere Behandlung zu erhalten, die der Bevölkerung nicht zur Verfügung steht.[489]

287 Eine Krankheit kann aber nur in **besonderen Ausnahmefällen** ein Abschiebungsverbot nach Art. 3 EMRK begründen. Das sind nach dem EGMR Fälle, in denen eine **schwerkranke Person** ausgewiesen werden soll und ernsthafte Gründe für die Annahme bestehen, dass sie, wenngleich keine unmittelbare Gefahr für ihr Leben besteht, wegen des Fehlens angemessener Behandlung im Aufnahmeland oder weil sie dazu keinen Zugang hat, der Gefahr ausgesetzt wird, dass sich ihr **Gesundheitszustand schwerwiegend, schnell und**

---

[485] Vgl. *Bergmann/Dienelt* AufenthG § 60 Rn. 42 f.
[486] BVerwG Beschl. v. 26.3.2018 – 1 VR 1.18, NVwZ 2018, 1395 Rn. 19; EGMR Entsch. v. 4.9.2018 – 17675/18, NVwZ 2019, 1585 – Saidani.
[487] EGMR Urt. v. 13.12.2016 – 41738/10, NVwZ 2017, 1187; Urt. v. 1.10.2019 – 57.467/15 – Savran/Dänemark.
[488] EuGH Urt. v. 18.12.2014 – C-542/13, NVwZ-RR 2015, 158 Rn. 40 f.
[489] EGMR Urt. v. 13.12.2016 – 41738/10, NVwZ 2017, 1187 Rn. 188.

irreversibel verschlechtert mit der Folge **intensiven Leids** oder einer **erheblichen Herabsetzung der Lebenserwartung**.[490] Ein solcher Ausnahmefall lag in dem vom EGMR entschiedenen Fall vor. Der Ausländer litt unter einer **sehr schweren Krebserkrankung**, einer chronischen lymphatischen Leukämie, sie war lebensgefährlich. Würde sie durch die Abschiebung unterbrochen, war seine **Lebenserwartung** nach ärztlichem Attest **weniger als sechs Monate**. Die notwendige Behandlung war im Zielstaat nicht verfügbar. Der Betroffene ist im Verlauf des Gerichtsverfahrens tatsächlich an der Krankheit verstorben, bevor es zur Abschiebung kam. Als ähnlich schwerwiegend sah der EGMR den Fall eines unter paranoider Schizophrenie leidenden Ausländers an, der in Dänemark in einer geschlossenen Einrichtung für geistig Schwerbehinderte untergebracht war und bei dem nicht gesichert war, dass er die notwendige Behandlung im Zielstaat Türkei würde erlangen können.[491]

Im Fall von Krankheiten, die nicht die hohe Schwelle des Art. 3 EMRK erreichen, kommt ein Abschiebungsverbot nach **§ 60 Abs. 7 AufenthG** in Betracht. **288**

Kein Abschiebungsverbot nach § 60 Abs. 5 AufenthG iVm Art. 3 EMRK begründen **289** krankheitsbedingte Umstände, die dem Abschiebungsvorgang als solchem entgegenstehen (zB **Reiseunfähigkeit** infolge Krankheit). Dies sind nämlich keine zielstaatsbezogenen Abschiebungsverbote. Jedoch verstößt nach der Rechtsprechung des EuGH eine **Überstellung nach der Dublin III-Verordnung** (→ § 12 Rn. 157 ff.) dem in Art. 4 GRCh verankerten Verbot der unmenschlichen und erniedrigenden Behandlung, wenn sich durch den Überstellungsvorgang selbst eine vorhandene besonders ernste Krankheit wesentlich und unumkehrbar verschlechtern würde.[492] Diese Rechtsprechung zum Dublin-Überstellungsverbot begründet bei Vorliegen der dort aufgestellten Voraussetzungen aber eine Verpflichtung zur Aussetzung der Abschiebung nach § 60a Abs. 2 AufenthG und ist auch bei der Auslegung von § 60a Abs. 2c AufenthG zu beachten.

Ein Abschiebungsverbot nach § 60 Abs. 5 AufenthG kann sich auch aus einer drohenden **290 flagranten Verletzung von Art. 6 EMRK** ergeben. Eine solche flagrante Rechtsverletzung liegt vor, wenn das gerichtliche Verfahren im Zielstaat der Abschiebung offensichtlich Art. 6 EMRK oder den darin enthaltenen Grundsätzen widerspricht.[493] Als solche kommen in Betracht: **Verurteilung in Abwesenheit** ohne Möglichkeit späterer neuer Verhandlung über den Tatvorwurf, ein nur summarisches Verfahren unter völliger **Missachtung der Rechte der Verteidigung, Haft ohne Zugang** zu einem unabhängigen und unparteilichen Gericht zur Prüfung der Rechtmäßigkeit der Haft, absichtliche und systematische **Verweigerung des Zugangs zu einem Anwalt**, insbesondere für eine in einem fremden Land inhaftierte Person und **Verwertung von Beweisen, die durch Folter** erlangt worden sind.[494]

Ein Abschiebungsverbot wegen einer drohenden flagranten Verletzung von Art. 6 **291** EMRK kommt bei einer Abschiebung in einen anderen **Vertragsstaat der EMRK** nur in Betracht, wenn dem Ausländer nach seiner Abschiebung schwere und irreparable Misshandlungen drohen und effektiver Rechtsschutz – auch durch den EGMR – nicht oder nicht rechtzeitig zu erreichen ist. Nach der Rechtsprechung des **BVerwG** ist dies bei Verstößen gegen Verfahrensgarantien, die in aller Regel korrigierbar sind, allenfalls in **atypischen Ausnahmefällen** vorstellbar. Für die **Türkei** gingen die Gerichte im Jahr 2005 davon aus, dass für den abzuschiebenden Ausländer **effektiver Rechtsschutz** gegen die Verwertung von durch Folter erwirkten Beweismitteln **erreichbar** war.[495]

c) § 60 Abs. 7 AufenthG. Nach § 60 Abs. 7 S. 1 AufenthG soll von der Abschiebung **292** eines Ausländers abgesehen werden, wenn für ihn dort eine erhebliche **Gefahr für Leib, Leben oder Freiheit** besteht. Eine Gesundheitsgefahr kann nur bei lebensbedrohlichen

---

[490] EGMR Urt. v. 13.12.2016 – 41738/10, NVwZ 2017, 1187 Rn. 183; dazu UK Court of Appel Urt. v. 30.1.2018 – [2018] EWCA Civ 64, Rn. 37 ff.
[491] EGMR Urt. v. 1.10.2019 – 57.467/15 – Savran/Dänemark.
[492] EuGH Urt. v. 16.2.2017 – C-578/16 PPU, NVwZ 2017, 691 Rn. 73 f.
[493] EGMR Urt. v. 17.1.2012 – 8139/09, NVwZ 2013, 487 Rn. 259.
[494] EGMR Urt. v. 17.1.2012 – 8139/09, NVwZ 2013, 487 Rn. 259 und 267.
[495] BVerwG Urt. v. 7.12.2004 – 1 C 14.04, NVwZ 2005, 704 (706).

oder schwerwiegenden Erkrankungen berücksichtigt werden, die sich durch die Abschiebung wesentlich verschlechtern würden (§ 60 Abs. 7 S. 2 AufenthG). **Gefahren, denen die Bevölkerung allgemein ausgesetzt** ist, sind bei Anordnungen der obersten Landesbehörde über die Aussetzung der Abschiebung zu berücksichtigen (§ 60 Abs. 7 S. 5, § 60a AufenthG). Stellt eine allgemeine Gefahrenlage eine **Extremgefahr** für Leib, Leben oder Freiheit dar, gebieten es die **Grundrechte** aus Art. 1 Abs. 1 und Art. 2 Abs. 2 S. 1 GG, dem betroffenen Ausländer trotz einer fehlenden politischen Leitentscheidung nach § 60a Abs. 1 S. 1 AufenthG im Wege **verfassungskonformer Auslegung** Abschiebungsschutz nach § 60 Abs. 7 S. 1 AufenthG zu gewähren.[496] Es gilt der Gefahrenmaßstab der beachtlichen Wahrscheinlichkeit ("real risk").

293 Die Vorschrift erfasst Gefahren für Leib, Leben und Freiheit. Die Begriffe „**Leib**" und „**Leben**" weisen auf existenzielle Gefahren hin wie etwa eine Beeinträchtigung der körperlichen Unversehrtheit durch **Misshandlung, Verelendung, Verhungern** und Gefahren für den Gesundheitszustand. „**Freiheit**" ist die Bewegungsfreiheit einer Person, die durch **Inhaftierung** oder **Entführung** bedroht sein kann.

294 Von besonderer praktischer Bedeutung bei den Individualgefahren sind die **Gesundheitsgefahren**. Hier wird von der Rechtsprechung und nunmehr auch vom Gesetzgeber (§ 60 Abs. 1 S. 2 AufenthG) die Erfüllung **hoher Anforderungen** verlangt. Sie entsprechen der Sache nach den Anforderungen des EGMR für eine nach Art. 3 EMRK zu berücksichtigende Gesundheitsgefahr.[497] Nach BVerwG wird verlangt, dass sich die vorhandene Erkrankung des Ausländers aufgrund zielstaatsbezogener Umstände nach seiner Abschiebung in einer Weise verschlimmert, die zu einer **erheblichen und konkreten Gefahr für Leib oder Leben** führt, dh dass eine **wesentliche Verschlimmerung** der Erkrankung **alsbald nach der Rückkehr** des Ausländers droht.[498] Insofern werden bei Erfüllung der Voraussetzungen des § 60 Abs. 7 S. 1 oder 2 AufenthG in der Regel auch die Voraussetzungen des § 60 Abs. 5 AufenthG iVm Art. 3 EMRK vorliegen.

295 Folgende schwere Erkrankungen **erfüllen** nach der Rechtsprechung die **Voraussetzungen** des § 60 Abs. 7 S. 1 AufenthG:
– Weichteilsarkom (Senegal)[499]
– unheilbarer Lymphdrüsenkrebs (Nigeria)[500]
– schwerer Darmkrebs (China)[501]

296 Folgende Erkrankungen **erfüllten** nach der Rechtsprechung die Voraussetzungen des § 60 Abs. 7 S. 1 AufenthG **nicht**:
– HIV (Äthiopien)[502], (Kamerun)[503]
– Diabetes Mellitus (Aserbaidschan)[504], (Nordirak)[505], (Iran)[506]
– Hepatitis-B (Afghanistan)[507], (Senegal)[508]
– Krebserkrankung (Albanien)[509], Hautkrebs (Russland)[510]

---

[496] BVerwG Urt. v. 29.6.2010 – 10 C 10.09, NVwZ 2011, 48 Rn. 14 f.
[497] EGMR Urt. v. 13.12.2016 – 41738/10, NVwZ 2017, 1187.
[498] BVerwG Urt. v. 17.10.2006 -1 C 18.05, NVwZ 2007, 712 Rn. 15; Beschl. v. 12.7.2016 – 1 B 84.16, BeckRS 2016, 50014 Rn. 4.
[499] VG München Beschl. v. 26.7.2016 – M 10 S 16.30811, BeckRS 2016, 52470.
[500] VG Trier Beschl. v. 2.10.2008 – 5 L 660/08.TR, BeckRS 2008, 40221.
[501] VG Ansbach Urt. v. 8.5.2012 – AN 14 K 11.30385, BeckRS 2012, 51776.
[502] VG Ansbach Beschl. v. 22.8.2017 – AN 3 S 17.34887, BeckRS 2017, 122200.
[503] VG Trier Urt. v. 24.2.2011 – 5 K 841/10.TR.
[504] VG Lüneburg Urt. v. 1.6.2017 – 2 A 10/15, BeckRS 2017, 114748; anders noch VG Ansbach Urt. v. 23.7.2014 – AN 4 K 14.30202.
[505] VG Berlin Urt. v. 4.5.2017 – 22 K 219.17 A, BeckRS 2017, 115357.
[506] VG Stuttgart Urt. v. 14.10.2016 – A 11 K 698/16, BeckRS 2016, 54539.
[507] VG Augsburg Urt. v. 17.7.2017 – Au 5 K 17.31362, BeckRS 2017, 122636.
[508] VG München Urt. v. 20.12.2016 – M 2 K 16.30949, BeckRS 2016, 117007.
[509] VG Düsseldorf Beschl. v. 1.12.2016 – 17 L 3785/16.A, BeckRS 2016, 113463.
[510] VG München Urt. v. 12.7.2016 – M 16 K 15.31611, BeckRS 2016, 49609.

Einige Gerichte haben **länderbezogene Listen** darüber erstellt, welche Krankheiten 297
dort behandelbar sind und welche Personengruppen (kostenfreien) Zugang zu dieser Behandlung haben.[511]

In der Praxis werden häufig psychische Erkrankungen geltend gemacht. Die Erheblich- 298
keit von **posttraumatischen Belastungsstörungen** (PTBS) ist nach folgenden **Kriterien**
zu prüfen:[512]
- Hat ein traumatisierendes Ereignis stattgefunden? (festzustellen vom Gericht)
- Liegt eine PTBS iSd. ICD-10[513] vor? Welchen Schweregrad hat sie?
- Besteht die Gefahr einer Retraumatisierung im Heimatland?
- Ist die Erkrankung im Heimatland behandelbar?
- Ist die Behandlung für den Kläger zugänglich?
- Bei Würdigung der vorstehenden Punkte: Liegt eine lebensbedrohliche oder schwerwiegende Erkrankung vor, die sich durch die Abschiebung wesentlich verschlechtern würde?

Nur eine **schwerwiegende PTBS** kann ein Abschiebungsverbot begründen. Zudem ist 299
diese Krankheit **in vielen Ländern der Welt behandelbar.** Selbst in Somalia gibt es nach
einem vom **EGMR** zitierten Bericht des schwedischen Migration Board Zufluchtszentren
für Frauen, in denen diese Zugang zu medizinischer und psychosozialer Betreuung erhalten.[514] Ferner muss sich ein Ausländer grundsätzlich auf den **medizinischen Standard
seines Heimatlandes** verweisen lassen, auch wenn dieser westeuropäischem Niveau nicht
entspricht (§ 60 Abs. 7 S. 3 AufenthG).[515]

Einen Ausnahmefall, in dem bei einer PTBS die Voraussetzungen für ein Abschiebungs- 300
verbot erfüllt waren, hat das OVG Bautzen im Jahr 2011 im **Fall** einer aus dem **Kosovo
stammenden Frau** als erfüllt angesehen, die zur Minderheit der Roma gehört.[516] Sie
wurde stark traumatisiert, als ihr jüngstes Kind in einem Massaker gegen Roma vor ihren
Augen getötet wurde. Die Ärzte stellten eine **schwere PTBS** fest (49 von 51 möglichen
Punkten nach **ICD-10**). Ihre PTBS konnte damals im Kosovo noch nicht adäquat behandelt
werden. Dort gab es vielmehr nur eine Basis-Behandlung psychischer Krankheiten und der
Zugang zu einer solchen Behandlung war für Angehörige der Minderheit der Roma
schwierig.

Das **BVerwG** hat im Jahr 2007 die Voraussetzungen genannt, die zur **Substantiierung** 301
eines Sachverständigenbeweisantrags erforderlich sind, der das Vorliegen einer behandlungsbedürftigen posttraumatischen Belastungsstörung zum Gegenstand hat.[517] Dazu gehört
angesichts der Unschärfen des Krankheitsbildes sowie seiner vielfältigen Symptome regelmäßig die Vorlage eines gewissen Mindestanforderungen genügenden fachärztlichen Attests.
Aus diesem muss sich nachvollziehbar ergeben, auf welcher Grundlage der Facharzt seine
Diagnose gestellt hat und wie sich die Krankheit im konkreten Fall darstellt. Dazu gehören
etwa Angaben darüber, seit wann und wie häufig sich der Patient in ärztlicher Behandlung
befunden hat und ob die von ihm geschilderten Beschwerden durch die erhobenen Befunde
bestätigt werden. Des Weiteren sollte das Attest Aufschluss über die Schwere der Krankheit,
deren Behandlungsbedürftigkeit sowie den bisherigen Behandlungsverlauf (Medikation und
Therapie) geben. Wird das Vorliegen einer PTBS auf traumatisierende Erlebnisse im Heimatland gestützt und werden die Symptome erst längere Zeit nach der Ausreise aus dem
Heimatland vorgetragen, so ist in der Regel auch eine Begründung dafür erforderlich,
warum die Erkrankung nicht früher geltend gemacht worden ist.

---

511 VG Oldenburg Gerichtsbescheid v. 19.9.2017 – 7 A 6230/17.
512 BVerwG Beschl. v. 17.8.2011 – 10 B 13.11, Rn. 3; Urt. v. 11.9.2007 – 10 C 8.07, NVwZ 2008, 330 Rn. 15 ff.; Beschl. v. 24.5.2006 – 1 B 118.05, NVwZ 2007, 345 Rn. 3 f.
513 International Classification of Diseases, World Health Organisation, ICD-10, 10. Revision 2016.
514 EGMR Urt. v. 10.9.2015 – 4601/14, NVwZ 2016, 1785 Rn. 30.
515 EGMR Urt. v. 13.12.2016 – 41738/10, NVwZ 2017, 1187 Rn. 188; OVG Lüneburg Urt. v. 18.5.2010 – 11 LB 186/08, BeckRS 2010, 50644 Rn. 37.
516 OVG Bautzen Urt. v. 25.1.2011 – A 4 A 596/08, BeckRS 2011, 49444.
517 BVerwG Urt. v. 11.9.2007 – 10 C 8.07, NVwZ 2008, 330 Rn. 15 f.

302　Die vom BVerwG entwickelten Anforderungen an ärztliche Stellungnahmen sind jetzt im Wesentlichen übereinstimmend in **§ 60a Abs. 2c S. 3 AufenthG** normiert. Ein an den Forschungskriterien F 43.1 des **ICD-10** (International Classification of Diseases, World Health Organisation, Stand: 2016) orientiertes Gutachten ist im Fall der hinreichenden Substantiierung von der **Behörde oder vom Gericht einzuholen,** seine Vorlage wird aber nicht schon vom Abschiebungsschutz begehrenden Ausländer verlangt.

303　Die ärztlichen Atteste, auf die ein Ausländer sich als der Abschiebung entgegenstehend beruft, sind der Behörde **unverzüglich vorzulegen** (§ 60a Abs. 2d AufenthG). Damit soll einem Sammeln von Attesten „auf Vorrat", die dann erst am Tag der Abschiebung vorgelegt werden, entgegengewirkt werden.[518] Nach VG Saarlouis gilt diese Regelung jedoch nur zum Nachweis von Erkrankungen bei **inlandsbezogenen Abschiebungshindernissen**[519], nicht hingegen für zielstaatsbezogene Abschiebungsverbote nach § 60 Abs. 7 AufenthG. Zudem wird die Auffassung vertreten, die Vorschrift betreffe nur das Verwaltungsverfahren, nicht das gerichtliche.[520]

304　Die Feststellung eines behaupteten traumatisierenden Ereignisses ist Gegenstand der **gerichtlichen Sachverhaltswürdigung** und unterliegt der freien Beweiswürdigung nach § 108 Abs. 1 S. 1 VwGO.[521] Der Grundsatz der freien Beweiswürdigung umfasst dabei sowohl die Würdigung des Vorbringens der Partei im Verwaltungs- und Gerichtsverfahren einschließlich der Beweisdurchführung als auch die Wertung und Bewertung vorliegender **ärztlicher Atteste** sowie die Überprüfung der darin getroffenen Feststellungen und Schlussfolgerungen auf ihre Schlüssigkeit und Nachvollziehbarkeit. Der **Sachverständige** begutachtet demgegenüber lediglich als **„Gehilfe"** des Richters einen grundsätzlich vom Gericht festzustellenden (Mindest-)Sachverhalt aufgrund seiner besonderen Sachkunde auf einem Fachgebiet. Die Feststellung der Wahrheit von Angaben des Asylbewerbers oder der Glaubhaftigkeit einzelner Tatsachenbehauptungen unterliegt als solche nicht dem Sachverständigenbeweis.[522]

305　In Einzelfällen kann es geboten sein, die **Übergabe** eines kranken Ausländers **an medizinisch hinreichend qualifiziertes Personal** im Zielstaat der Abschiebung sicherzustellen.[523]

306　d) **Rechtsstellung.** Liegt ein Abschiebungsverbot vor, soll dem Ausländer eine **Aufenthaltserlaubnis** erteilt werden (§ 25 Abs. 3 S. 1 AufenthG). Sie wird nicht erteilt, wenn **Ausschlussgründe** vorliegen, die mit denen des subsidiären Schutzes und Flüchtlingsschutzes übereinstimmen (§ 25 Abs. 3 S. 3 AufenthG). In letztgenanntem Fall bleibt der Ausländer im Land, erhält jedoch nur eine **Duldung.** Die Aufenthaltserlaubnis wird für mindestens ein Jahr erteilt (§ 26 Abs. 1 S. 4 AufenthG). Sie darf nicht verlängert werden, wenn das Ausreisehindernis entfallen ist (§ 26 Abs. 2 AufenthG). Ein **Familiennachzug** ist nur aus völkerrechtlichen oder humanitären Gründen oder zur Wahrung der Interessen der Bundesrepublik Deutschland zulässig (§ 29 Abs. 3 S. 1 AufenthG). Die Aufnahme einer **Erwerbstätigkeit** bedarf der Entscheidung im Einzelfall, ist nicht generell gestattet.

5. Widerruf und Rücknahme der erworbenen Rechtstellung

307　Die Asylberechtigung, die Zuerkennung der Flüchtlingseigenschaft und des subsidiären Schutzes sowie die Feststellung von Abschiebungsverboten nach § 60 Abs. 5 oder 7 Auf-

---

[518] Gesetzesbegründung BT-Drs. 18/7538, 19.
[519] VG Saarlouis Urt. v. 13.3.2017 – 5 L 283/17, Asylmagazin 2017, 192; aA OVG Magdeburg Beschl. v. 28.9.2017 – 2 L 85/17.
[520] *Funke-Kaiser* in GK- AufenthG § 60a Rn. 117.6.
[521] VG München Beschl. v. 15.2.2017 –9 ZB 14.30433, NVwZ 2017, 1227 Rn. 13; BVerwG Beschl. v. 22.2.2005 – 1 B 10.05, BeckRS 2005, 26351 Rn. 2 ff.
[522] BVerwG Beschl. v. 22.2.2005 – 1 B 10.05, BeckRS 2005, 26351.
[523] VGH Mannheim Beschl. v. 22.2.2017 – 11 S 447/17, NVwZ 2017, 1229; OVG Lüneburg Beschl. v. 7.6.2017 – 13 ME 107/17; BVerfG Kammerbeschl. v. 17.9.2014 – 2 BvR 939/14, NVwZ 2014, 1511 Rn. 14.

enthG sind zu **widerrufen,** wenn die Voraussetzungen für sie nicht mehr vorliegen (§§ 73 Abs. 1, 73b und 73c AsylG). Das kann sowohl auf dem Wegfall der verfolgungsbegründenden Umstände beruhen als auch auf dem nachträglichen Entstehen von Ausschlussgründen.[524] Sie sind **zurückzunehmen,** wenn sie aufgrund unrichtiger Angaben oder infolge Verschweigens wesentlicher Tatsachen erteilt worden ist und die Rechtsstellung auch nicht aus anderen Gründen zu erteilen ist (§ 73 Abs. 2, § 73b Abs. 3, § 73c Abs. 1 AsylG).

a) Widerruf von Asyl- und Flüchtlingsanerkennung. Das Asyl und der Flüchtlingsschutz sind **Schutz auf Zeit.** Der Grund für die Schutzgewährung durch einen Drittstaat entfällt, wenn der Heimatstaat wieder Schutz bietet. Art. 1 C Nr. 5 GFK lässt die Flüchtlingsstellung automatisch entfallen, wenn die Umstände für ihre Zuerkennung entfallen sind. Art. 14 Abs. 1 iVm Art. 11 Abs. 1 Anerkennungs-RL sehen ein **förmliches Aberkennungsverfahren** bei Wegfall der Umstände vor, das in Deutschland als **Widerruf** ausgestaltet ist (§ 73 Abs. 1 AsylG). 308

Nach § 73 Abs. 2a AsylG muss das Bundesamt spätestens nach Ablauf von drei Jahren seit der Anerkennung prüfen, ob die Voraussetzungen für einen Widerruf vorliegen. Das BVerwG hat dem **EuGH** Fragen zur näheren Bestimmung des Tatbestandsmerkmals des **Wegfalls der Umstände** vorgelegt, die dieser mit Urteil von 2010 beantwortet hat.[525] Danach erlischt die Flüchtlingseigenschaft, wenn in Anbetracht einer **erheblichen und nicht nur vorübergehenden Veränderung** der Umstände in dem fraglichen Drittland diejenigen Umstände, aufgrund deren der Betreffende als Flüchtling anerkannt worden war, weggefallen sind und er auch nicht aus anderen Gründen Furcht vor Verfolgung haben muss. 309

Für die Beurteilung einer Veränderung der Umstände müssen sich die zuständigen Behörden nach dem **EuGH** im Hinblick auf die individuelle Lage des Flüchtlings vergewissern, dass der oder die nach § 3d AsylG in Betracht kommenden Akteure, die Schutz bieten können, geeignete Schritte eingeleitet haben, um die Verfolgung zu verhindern.[526] Das bedeutet, dass diese Akteure insbesondere über **wirksame Rechtsvorschriften** zur Ermittlung, Strafverfolgung und Ahndung von Handlungen, die eine Verfolgung darstellen, verfügen und dass der betreffende Staatsangehörige im Fall des Erlöschens seiner Flüchtlingseigenschaft **Zugang zu diesem Schutz** hat. 310

Ob die Umstände weggefallen sind, die zur Anerkennung geführt haben, ist nach dem EuGH in Bezug auf den zur Anerkennung führenden **Verfolgungsgrund** iSv § 3b AsylG zu prüfen.[527] Besteht der Verfolgungsgrund fort, und stützt er sich nur auf geänderte Tatsachen (zB Auftreten eines neuen Verfolgungsakteurs), liegt keine wesentliche Änderung vor, die den Widerruf rechtfertigt. 311

Nach dem **BVerwG** muss sich in der vergleichenden Betrachtung der Umstände im Zeitpunkt der Flüchtlingsanerkennung und der für den Widerruf maßgeblichen Sachlage durch **neue Tatsachen** eine **signifikant und entscheidungserheblich veränderte Grundlage** für die Verfolgungsprognose ergeben. Die Neubeurteilung einer im Kern unveränderten Sachlage reicht nicht aus, denn reiner Zeitablauf bewirkt für sich genommen keine Sachlagenänderung.[528] Zudem müssen die der Flüchtlingsanerkennung zugrunde liegenden Umstände **dauerhaft** beseitigt sein. Die erforderliche dauerhafte Veränderung verlangt vom Anerkennungsstaat den Nachweis, dass sich die Veränderung der Umstände als **stabil** erweist, dh dass der Wegfall der verfolgungsbegründenden Faktoren **auf absehbare Zeit** anhält. Das BVerwG hat in einem Fall, in dem ein verfolgendes Regime gestürzt worden ist (Irak), entschieden, dass eine Veränderung in der Regel nur dann als dauerhaft angesehen werden kann, wenn im Herkunftsland ein Staat oder ein sonstiger Schutzakteur 312

---

[524] Zum nachträglichen Entstehen von Ausschlussgründen vgl. BVerwG Urt. v. 31.3.2011 – 10 C 2.10, NVwZ 2011, 1456 Rn. 20 ff.
[525] EuGH Urt. v. 2.3.2010 – C-175/08 ua, NVwZ 2010, 505 Rn. 73.
[526] EuGH Urt. v. 2.3.2010 – C-175/08 ua, NVwZ 2010, 505 Rn. 70.
[527] EuGH Urt. v. 2.3.2010 – C-175/08 ua, NVwZ 2010, 505 Rn. 98 f.
[528] BVerwG Urt. v. 1.6.2011 – 10 C 25.10, NVwZ 2011, 1463 Rn. 20.

vorhanden ist, der geeignete Schritte eingeleitet hat, um die der Anerkennung zugrunde liegende Verfolgung zu verhindern.[529]

313 Der Widerruf der Flüchtlingseigenschaft ist zudem nur gerechtfertigt, wenn dem Betroffenen im Herkunftsstaat **nachhaltiger Schutz** geboten wird, damit er nicht (erneut) mit **beachtlicher Wahrscheinlichkeit** Verfolgungsmaßnahmen ausgesetzt wird. Die Wahrscheinlichkeitsbeurteilung, ob der Wegfall dauerhaft ist, erfordert eine „**qualifizierende**" **Betrachtungsweise** iSd Gewichtung und Abwägung aller festgestellten Umstände und ihrer Bedeutung aus der Sicht eines vernünftig denkenden, besonnenen Menschen in der Lage des Betroffenen unter Einbeziehung der Schwere des befürchteten Eingriffs und trägt damit dem Gesichtspunkt der Zumutbarkeit Rechnung.[530]

314 Das **BVerwG** hält eine differenzierte Wahrscheinlichkeitsbetrachtung geboten, die in den Blick nimmt, ob ein grundlegender Regimewechsel eingetreten ist (wie im Irak nach dem Sturz von Saddam Hussein) oder es sich um Veränderungen innerhalb eines fortbestehenden Regimes handelt (wie im Fall von Algerien). Es bejahte die Dauerhaftigkeit der Veränderungen im Irak, weil die Entmachtung des Diktators Saddam Hussein und seines Regimes als „unumkehrbar", eine Rückkehr des Baath-Regimes als „ausgeschlossen" anzusehen war.[531] Strengere Kriterien sind anzulegen, wenn es sich nicht um einen **Regimewechsel** handelt, sondern – wie im Fall von Algerien – **Veränderungen innerhalb eines fortbestehenden Regimes** zu beurteilen sind. Eine Garantie der Kontinuität veränderter politischer Verhältnisse auf unabsehbare Zeit kann indes nicht verlangt werden.[532]

315 Zu den wesentlichen Faktoren zählen **Veränderungen innerhalb der Regierung,** einschließlich der Sicherheitsbehörden, und Veränderungen der **Rechtsordnung, Amnestien** und **Wahlen**.[533] Eine großangelegte freiwillige Rückkehr von Flüchtlingen kann ein Indikator für maßgebliche Veränderungen sein, es sei denn, die Rückkehr früherer Flüchtlinge führt zu neuen Spannungen. Wenn eine früher verfolgte Bevölkerungsgruppe ihren **eigenen Staat gründet,** dessen Existenz seitens der gegnerischen Fraktion nicht länger bedroht wird, kann die Veränderung schneller als nicht nur vorübergehend betrachtet werden als in Fällen, in denen ein Friedensprozess zwischen ehemals verfeindeten Gruppen innerhalb eines ungeteilten Staates stattfindet. Vorstellbar sind Fälle, in denen die Verfolgung schlichtweg abebbt und in denen das Vergehen eines relativ langen Zeitraums ohne besondere Vorkommnisse im Verfolgerstaat in Verbindung mit anderen Faktoren für sich betrachtet von wesentlicher Bedeutung sein kann.

316 Der VGH Mannheim hat die **Veränderung der Verhältnisse in Angola** in der Zeit von 2001 bis 2015 aufgrund des 2002 geschlossenen **Waffenstillstandsabkommens** der Rebellenorganisation UNITA mit der MPLA-Regierung als so nachhaltig und dauerhaft bewertet, dass der Widerruf der Flüchtlingsanerkennung eines ehemaligen UNITA-Aktivisten nach 15 Jahren, der sich zudem seit Längerem nicht mehr exilpolitisch engagiert, als gerechtfertigt angesehen wurde.[534]

317 Es kann auch persönliche Entscheidungen geben, die zum Wegfall der verfolgungsbegründenden Umstände führen, etwa wenn der Flüchtling seine Mitwirkung an einer politischen Partei aufgibt oder eine neue Religion annimmt.[535]

318 Ein **rechtskräftiges Gerichtsurteil,** das zu einer Flüchtlingsanerkennung geführt hat, steht dem Widerruf nicht entgegen, wenn nach dem für das Urteil relevanten Zeitpunkt neue erhebliche Tatsachen eingetreten sind, die sich so wesentlich von den früher maßgeblichen Umständen unterscheiden, dass auch unter Berücksichtigung des Zwecks der

---

[529] BVerwG Urt. v. 24.2.2011 – 10 C 3.10, NVwZ 2011, 944 Rn. 17.
[530] BVerwG Urt. v. 1.6.2011 – 10 C 25.10, NVwZ 2011, 1463 Rn. 24.
[531] BVerwG Urt. v. 24.2.2011 – 10 C 3.10, NVwZ 2011, 944 Rn. 20.
[532] BVerwG Urt. v. 1.6.2011 – 10 C 25.10, NVwZ 2011, 1463 Rn. 24; VGH Mannheim Urt. v. 29.1.2015 – A 9 S 314/12, Rn. 40 ff.
[533] *EASO*, Beendigung des internationalen Schutzes, 2016, 38 mit Nachweisen aus der Rechtsprechung mehrerer EU-Mitgliedstaaten.
[534] VGH Mannheim Urt. v. 19.11.2015 – A 12 S 1999/14, Asylmagazin 2016, 119 Rn. 34 ff.
[535] *EASO*, Beendigung des internationalen Schutzes, 2016, 38 mwN.

Rechtskraft eine erneute Sachentscheidung durch die Verwaltung oder ein Gericht gerechtfertigt ist.[536] Dabei kommt es nicht darauf an, ob die Zuerkennung der Flüchtlingseigenschaft rechtmäßig oder rechtswidrig war, weil Anknüpfungspunkt für den Widerruf eine **Veränderung der tatsächlichen Situation**, nicht aber die rechtliche Bewertung der ursprünglichen Zuerkennung des Flüchtlingsstatus ist. Ob eine relevante Veränderung in dem vorerwähnten Sinn stattgefunden hat, bestimmt sich nach den in dem rechtskräftigen **Verpflichtungsurteil zu Grunde gelegten Tatsachen,** denen die Lage im Zeitpunkt der letzten tatrichterlichen Entscheidung über den Widerruf entgegenzustellen ist.

Ein Widerruf darf dann nicht erfolgen, wenn zwar der ursprüngliche Verfolgungsgrund 319 (§ 3b AsylG) weggefallen ist, aber **neue Verfolgungsgründe** vorliegen, die die Zuerkennung der Flüchtlingseigenschaft rechtfertigen. Hierbei ist nach EuGH ein **unterschiedlicher Beweismaßstab** abhängig davon anzulegen, ob diese Verfolgungsgründe schon bei Zuerkennung des Flüchtlingsschutzes vorlagen, aber nicht gebraucht wurden, weil ein anderer Grund ausreichte. So war für die Anerkennung von Irakern unter *Saddam Hussein* ausreichend, dass sie einen Asylantrag im Ausland gestellt hatten. Haben sie damals aber zusätzlich schon ihre Zugehörigkeit zu einer verfolgten religiösen Minderheit geltend gemacht (anderer Verfolgungsgrund), so kommt ihnen nach Wegfall des Anerkennungsgrundes der Asylantragstellung die Beweiserleichterung des **Art. 4 Abs. 4 Anerkennungs-RL** zugute, weil der Grund schon bei Verlassen des Heimatlandes bestand. Anderes gilt, wenn der neue Verfolgungsgrund erst nach Ausreise entstanden ist.[537]

b) Widerruf der anderen Rechtsstellungen. Auch die Zuerkennung des subsidiären 320 Schutzes sowie die Feststellung von Abschiebungsverboten nach § 60 Abs. 5 oder 7 AufenthG sind zu widerrufen, wenn die Voraussetzungen für sie nicht mehr vorliegen (§ 73b und § 73c AsylG). Die **Maßstäbe** hierfür sind die gleichen wie beim Widerruf der Flüchtlingseigenschaft.[538]

c) Rücknahme der Rechtsstellungen. Die Asylberechtigung, die Zuerkennung der 321 Flüchtlingseigenschaft und des subsidiären Schutzes sowie die Feststellung von Abschiebungsverboten nach § 60 Abs. 5 oder 7 AufenthG sind zurückzunehmen, wenn sie auf Grund **unrichtiger Angaben** oder infolge **Verschweigens wesentlicher Tatsachen** erteilt worden sind und die Rechtsstellung auch aus anderen Gründen nicht zuerkannt werden könnte (§ 73 Abs. 2, § 73b Abs. 3, § 73c Abs. 1 AsylG). Beispiele hierfür finden sich in einer von EASO erstellten Übersicht über die Rechtslage und die Rechtsprechung in den EU-Mitgliedstaaten.[539] Eine Rücknahme der internationalen Schutzberechtigung ist nach EuGH auch dann geboten, wenn sie aufgrund eines Behördenirrtums gewährt wurde (z. B. Irrtum über Staatsangehörigkeit), also ohne Täuschung des Antragstellers.[540]

Eine Rücknahme ist unter bestimmten Voraussetzungen auch möglich, wenn die Ver- 322 leihung der Rechtsstellung auf einem **rechtskräftigen Urteil** beruht. Zwar schließt die Rechtskraft eines zur Zuerkennung verpflichtenden Urteils die Rücknahme des zuerkannten Status grundsätzlich aus, wenn das Urteil einer Korrektur im Wege der Restitutionsklage (§ 153 VwGO, § 580 ZPO) nicht mehr zugänglich ist. In Ausnahmefällen kann die Rücknahme nach **BVerwG** aber dann geboten sein, wenn das zu Grunde liegende Urteil unrichtig ist, wenn die Unrichtigkeit den von dem Urteil Begünstigten bekannt ist und wenn besondere Umstände hinzutreten, die die Ausnutzung des Urteils als **sittenwidrig** erscheinen lassen.[541] Solche Umstände hat das BVerwG bei der auf einem Urteil beruhen-

---

[536] BVerwG Urt. v. 19.11.2013 – 10 C 27.12, NVwZ 2014, 664 Rn. 11.
[537] EuGH Urt. v. 2.3.2010 – C-175/08 ua, NVwZ 2010, 505 Rn. 96 ff.
[538] Zum Widerruf eines Abschiebungsverbots vgl. OVG Münster Urt. v. 3.3.2016 – 13 A 1828/09.A, BeckRS 2016, 43586; VG Augsburg Urt. v. 15.5.2017 – Au 5 K 17.31212, BeckRS 2017, 117340; zu beiden Rechtsstellungen vgl. VG Berlin Urt. v. 24.11.2016 – 36 K 50.15 A, BeckRS 2016, 117499.
[539] *EASO*, Beendigung des internationalen Schutzes, 2016, 52 ff.
[540] EuGH Urt. v. 23.5.2019 – C-720/17 Rn. 65 – Bilali – entschieden für den subsidiären Schutzstatus, Argumentation ist aber übertragbar auf Flüchtlingsstellung.
[541] BVerwG Urt. v. 19.11.2013 – 10 C 27.12, NVwZ 2014, 664 Rn. 19 f.

den Flüchtlingsanerkennung bejaht, weil das Gericht über den **Kern des Verfolgungsschicksals gezielt getäuscht** wurde, insbesondere über die Identität und die Staatsangehörigkeit der Asylbewerber sowie die Akteure, von denen Verfolgung droht.

323 Der mit fehlerhaften Annahmen zur **Staatsangehörigkeit** einer Person begründete Widerruf einer Asylanerkennung kann in eine Rücknahme der Asylanerkennung infolge unrichtiger Angaben oder infolge des Verschweigens wesentlicher Tatsachen **umgedeutet** werden.[542] In einem solchen Fall einer Täuschungshandlung kann die Rechtskraft durch behördliche Ermessensentscheidung durchbrochen werden, die sich an den Maßstäben des § 51 VwVfG orientiert.

324 **§§ 48, 49 VwVfG** gelten ergänzend neben dem spezielleren § 73 AsylG, soweit dieser Raum dafür lässt.[543]

II. Asylverfahrensrecht

1. Behördliches Asylverfahren

325 **a) Grundlagen des behördlichen Asylverfahrens. aa) Gegenstand und Rechtsquellen.** In dem behördlichen Asylverfahren wird über den **Asylantrag eines Ausländers** entschieden. Das Asylverfahren ist somit ein **Erkenntnisverfahren** und wird hierzu durch Regelungen über Ermittlungspflichten der Behörde (§ 24 Abs. 1 AsylG) einerseits und Mitwirkungsrechte und Darlegungspflichten des Antragstellers andererseits bestimmt (ua §§ 15, 25 AsylG). Die Entscheidung ergeht in einem Bescheid, der formellen Erfordernissen zu genügen hat (§ 31 AsylG).

326 Auch die Verfahren über die **Rücknahme** oder den **Widerruf** einer früher getroffenen Statusentscheidung oder über einen **Folgeantrag** sind Asylverfahren. Allerdings gelten hier Sonderregeln nach § 73 Abs. 3a, 4 und 5 AsylG (bei Widerruf und Rücknahme) bzw. § 71 AsylG (bei einem Folgeverfahren).

327 Tritt der Verlust des Status durch **Erlöschen** (§ 72 AsylG) ein, was allerdings überhaupt nur im Falle einer Asylgewährung oder des Flüchtlingsschutzes geschehen kann, ist ein Verfahren gerade nicht erforderlich,[544] weil es dazu keiner behördlichen Entscheidung bedarf. Erhebt der Ausländer Einwände gegen das Erlöschen, wird er seine Gründe in einem Rechtsstreit mit der Ausländerbehörde über die Herausgabe des Flüchtlingspasses (§ 72 Abs. 2 AsylG) oder den Widerruf des Aufenthaltstitels vorbringen.

327a Der **Anwendungsbereich für das Erlöschen einer Flüchtlingseigenschaft** ist inzwischen aber sehr stark eingeschränkt, da **Art. 45 Asylverfahrens-RL**, der das Verfahren der Aberkennung eines Schutzes regelt, ein **Erlöschen von Rechts wegen nur in zwei Fällen** vorsieht, nämlich wenn der Anerkannte eindeutig auf seinen Schutzstatus verzichtet oder er die Staatsangehörigkeit des Schutz gewährenden Mitgliedstaates annimmt (Art. 45 Abs. 5 Asylverfahrens-RL). Das Bundesamt weist seit 2019 auf diesen Umstand auch in seiner Dienstanweisung hin.[545] § 72 Abs. 1 AsylG ist somit in der derzeit veröffentlichten Fassung teilweise unionsrechtswidrig.

328 Das Verfahren über einen **Zweitantrag** (§ 71a AsylG) ist auch ein Asylverfahren, hat aber die Besonderheit, dass der Umstand, dass es sich um einen Zweitantrag handelt, in den allermeisten Fällen erst im Laufe des Verfahrens zu Tage tritt. In der Praxis wird es daher wie ein Erstantragsverfahren geführt. Dem Betroffenen ist, wenn er nicht angehört wird (§ 71a Abs. 2 AsylG), in jedem Fall aber eine schriftliche Stellungnahme zu ermöglichen.[546]

329 Das Asylverfahren ist seit 1982 gesetzlich besonders geregelt, nämlich in dem **AsylG** (bzw. dem Asylverfahrensgesetz, wie es damals noch hieß). Heranzuziehen ist auch die

---

[542] BVerwG Beschl. v. 29.4.2013 – 10 B 40.12, InfAuslR 2013, 314 Rn. 4.
[543] BVerwG Urt. v. 19.9.2000 – 9 C 12.00, NVwZ 2001, 335.
[544] Kritisch hierzu: Marx AsylG § 72 Rn. 40 f.
[545] DA-Asyl v. 21.2.2019 zu § 72 AsylG.
[546] Der Verweis in § 29 Abs. 2 S. 2 AsylG über die obligatorische schriftliche Stellungnahme richtet sich nur auf das Folgeverfahren (nämlich § 71 Abs. 3 AsylG), muss aber sinngemäß auch für den Zweitantrag gelten (so Heusch in BeckOK AuslR AsylG § 29 Rn. 90).

Asylverfahrens-RL 2013/32/EU, die seit Ablauf der Umsetzungsfrist am 20.7.2015 nach den allgemeinen Grundsätzen unmittelbare Geltung hat. Subsidiär gilt auch das VwVfG des Bundes. Wegen der in einem Asylverfahren betroffenen Rechtsgüter sind die einzelnen Verfahrensregeln aber auch immer im **Lichte der Grundrechte** zu interpretieren. Diese müssen, so hat es das BVerfG in seiner Entscheidung, die heute mit dem Stichwort „Grundrechtsschutz durch Verfahren" etikettiert ist,[547] „dem Grundrecht des asylsuchenden Verfolgten zur Geltung (zu) verhelfen".[548] In Betracht kommen hier nicht nur die Grundrechte nach dem Grundgesetz, sondern auch der Art. 3 EMRK oder Art. 4 GRCh.

Das sogenannte **Migrationspaket 2019 (vom 7.6.2019),**[549] in dem der Gesetzgeber ein Reihe asyl- und aufenthaltsrechtlicher Vorschriften novellierte, betraf den Kern des Asylverfahrens nur am Rande, nämlich bei den Widerrufsverfahren (→ Rn. 538 ff.); wesentliche Neuerungen ergaben sich aber im Bereich der sozialen Rechte von Asylantragstellern (→ Rn. 749 ff.) und durch die neu angeordnete verlängerte Wohnpflicht in der Erstaufnahmeeinrichtung (→ Rn. 356 ff). 329a

bb) Inhalt des Asylantrags. Mit einem **Asylantrag** (definiert in § 13 Abs. 1 AsylG) begehrt der Ausländer „Schutz vor politischer Verfolgung" (das ist der **Antrag auf Asyl** iSd Art. 16a Abs. 1 GG) und „den Schutz vor Abschiebung oder einer sonstigen Rückführung in einen Staat …, in dem ihm eine Verfolgung iSd § 3 Abs. 1 oder ein ernsthafter Schaden iSd § 4 Absatz 1 droht." Letzteres ist der Antrag auf internationalen Schutz mit seinen beiden Elementen **Flüchtlingsschutz (§ 3 AsylG)** und **subsidiärer Schutz (§ 4 AsylG).** 330

Dass der subsidiäre Schutz nun auch Gegenstand des Asylantrags ist, war von der Anerkennungs-RL vorgezeichnet und wurde durch das Umsetzungsgesetz von 2013 in das deutsche Asylrecht übernommen.[550] Für den Ausländer hat dies die wichtige Folge, dass er **den subsidiären Schutz nicht mehr isoliert** (also vom Flüchtlingsschutzantrag abgelöst) **beantragen kann**[551] und dass er folglich die Formvorschriften für die Asylantragstellung beachten muss, auch wenn er nur eine Feststellung nach § 4 AsylG begehrt.[552] Damit ergibt sich für den Schutzsuchenden, dass er zwar seinen **Asylantrag beschränkt** stellen kann, ihm steht dabei aber nur die Möglichkeit offen, auf die Asylanerkennung (Art. 16a GG) zu verzichten und den Antrag nur auf die Feststellung des Internationalen Schutzes (§ 1 Abs. 1 Nr. 2 AsylG) zu beschränken. Eine weitere wichtige Konsequenz ist, dass der Antragsteller mit diesem Antrag eine Zuständigkeitsprüfung nach der Dublin-Verordnung auslöst,[553] auch wenn er nur Gründe für einen ernsthaften Schaden iSd § 4 AsylG vortragen will. 331

Auch eine **Beschränkung des Antrags auf die nationalen Abschiebungsverbote** (§ 60 Abs. 5 und 7 AufehG) ist statthaft, hierbei handelt es sich aber dann **nicht mehr** um einen Asylantrag iSd § 13 Abs. 1 AsylG, sodass die Vorschriften zu Verfahren und Rechtsstellung im Asylverfahren hier nicht gelten. S. dazu auch → Rn. 342 ff. 332

cc) Bleiberecht und Einreise an der Grenze im Zusammenhang mit dem Asylantrag. Für den Antragsteller besteht die Bedeutung des Asylantrags und des Asylverfahrens aber nicht nur darin, die Feststellung eines Schutzstatus oder eines Abschiebungsverbots zu 333

---
[547] *Grimm* NJW 1985, 865.
[548] BVerfG Beschl. v. 25.2.1981 – 1 BvR 413, 768, 820/80, NJW 1981, 1436 (1437).
[549] Informationsverbund Asyl und Migration, Neuregelungen durch das Migrationspaket, Beilage zum Asylmagazin 8–9/2019, 2.
[550] Gesetz zur Umsetzung der RL 2011/95/EU v. 28.8.2013.
[551] Im gerichtlichen Verfahren ist ein Klageantrag, der sich auf die Zuerkennung des subsidiären Schutzes beschränkt, indes statthaft. Das ergibt sich daraus, dass dieser Teil im Gerichtsverfahren einen eigenen Streitgegenstand bildet (→ Rn. 599).
[552] Das bedeutet gegebenenfalls das Erfordernis der persönlichen Antragstellung (§ 14 Abs. 1 AsylG) mit der bundesweiten Verteilung und einer Wohnpflicht in einer Erstaufnahmeeinrichtung. Auch ein Folgeantrag, der sich auf Gründe des subsidiären Schutzes stützt, hat als neuer Antrag auf internationalen Schutz den Anforderungen des § 71 Abs. 2 AsylG zu genügen.
[553] Die Dublin-Verordnung bezieht sich hier auch auf die Definition des Schutzantrages in der Anerkennungs-RL (Art. 2b Dublin III-VO).

erreichen. Von großer Bedeutung ist auch, dass sowohl Asylantrag und Asylgesuch[554] (nicht aber der Folgeantrag)[555] unmittelbar zu einem **gestatteten Aufenthalt** führen (§ 55 Abs. 1 S. 1 und 3 AsylG), der auch mit einem bestimmten Bezug von **Leistungen nach dem AsylbLG** verbunden ist. Diese Privilegierung des Asylsuchenden gilt auch bei einem Asylgesuch an der Grenze.

334 Der Asylantrag führt somit dazu, dass selbst ein zunächst ausreisepflichtiger Ausländer – sogar in der Situation der drohenden Abschiebung[556] – in einen Status gelangen kann, der ihm zwar keinen Aufenthaltstitel verschafft, aber ein zur Durchführung des Asylverfahrens „**zweckgebundenes Aufenthaltsrecht**"[557],.

335 Eine Einschränkung gilt allerdings für die **Asylantragstellung** in der **Situation der drohenden oder angeordneten Abschiebungshaft,** hier steht der Asylantrag nach § 14 Abs. 3 S. 1 AsylG der Anordnung oder Aufrechterhaltung der Haft bis zur Entscheidung über den Asylantrag grundsätzlich nicht entgegen. Davon nicht betroffen ist allerdings das Verbot, die Abschiebung vor der Entscheidung des Bundesamtes zu vollziehen.[558]

336 Die Regelung zur Abschiebungshaft trotz Asylantrags gilt nicht für die Sicherungshaft nach § 62 Abs. 3 Nr. 1 AufenthG, wenn der Ausländer sich nach einer illegalen Einreise noch nicht länger als einen Monat im Bundesgebiet aufgehalten hat. Zudem ist das Bundesamt vom Gesetz zu einer **zügigen Prüfung des Antrags veranlasst,** denn § 14 Abs. 3 S. 3 AsylG ordnet das Ende der Abschiebungshaft für den Fall an, dass die Entscheidung nicht innerhalb von vier Wochen zugestellt wird. Letzteres gilt nach § 14 Abs. 3 S. 3 AsylG allerdings nicht, wenn ein Dublin-Verfahren zur Übernahme des Ausländers begonnen hat. Im Falle einer Entscheidung über den Asylantrag wird die Abschiebungshaft nur dann fortgesetzt, wenn der Antrag innerhalb der Vierwochenfrist als „unzulässig" nach § 29 Abs. 1 Nr. 4 AsylG oder als „offensichtlich unbegründet" nach § 30 AsylG abgelehnt worden ist.

337 Die **Einreise von Asylsuchenden an der Landesgrenze** ist in den Jahren 2015 und 2016 Gegenstand einer auch politischen Diskussion gewesen.[559] Grundsätzlich gilt, dass der Ausländer von der **Grenzbehörde** an die nächstgelegene Aufnahmeeinrichtung weiterzuleiten ist. Nach dem Wortlaut des § 18 Abs. 2 AsylG ist dem Ausländer aber trotz des Asylgesuchs die **Einreise zu verweigern,** wenn er aus einem sicheren Drittstaat (iSd § 26a AsylG) einreist oder Anhaltspunkte dafür vorliegen, dass in seinem Fall ein Aufnahme- oder Wiederaufnahmeverfahren nach der Dublin-Verordnung eingeleitet wird. Im Kontext der Einreise von Geflüchteten über die österreichisch-bayerische Grenze im Herbst 2015 wurden in der Literatur Zweifel an der Rechtmäßigkeit eines Verzichts auf das in § 18 AsylG niedergelegte Zurückweisungsrecht geübt.[560] Das wurde mit dem Umstand begründet, dass Österreich, wie jeder an die Bundesrepublik angrenzende Staat, ein sicherer Drittstaat sei,[561] oder dass hier jedenfalls Anhaltspunkte für eine Zuständigkeit eines anderen Dublin-Mitgliedstaates vorlägen.[562] Gegen diese Begründung ist aber mit Recht einzuwenden, dass das

---

[554] Zur Unterscheidung → Rn. 350.
[555] Dazu → Rn. 553 ff.
[556] Der Gesetzgeber hat der Möglichkeit eines Missbrauchs allerdings dadurch Rechnung getragen, dass unbegründete Asylanträge im Angesicht einer drohenden Abschiebung gestellt werden, mit der Folge der sofortigen Vollziehung als „offensichtlich unbegründet" bewertet werden können, wenn die in § 30 Abs. 3 Nr. 4 AsylG genannten Voraussetzungen erfüllt sind.
[557] *Marx* AsylG § 55 Rn. 8.
[558] *Bergmann* in Bergmann/Dienelt AsylG § 14 Rn. 27.
[559] *Di Fabio,* Migrationskrise als föderales Verfassungsproblem, 113, http://www.bayern.de/wp-content/uploads/2016/01/Gutachten_Bay_DiFabio_formatiert.pdf; *Thym,* Der Rechtsstaat und die deutsche Staatsgrenze, http://verfassungsblog.de/der-rechtsstaat-und-die-deutsche-staatsgrenze/; *Bast,* Dem Freistaat zum Gefallen: über Udo Di Fabios Gutachten zur staatsrechtlichen Beurteilung der Flüchtlingskrise, http://verfassungsblog.de/dem-freistaat-zum-gefallen-ueber-udo-di-fabios-gutachten-zur-staatsrechtlichen-beurteilung-der-fluechtlingskrise/; *Peukert/Hillgruber/Foerste/Putzke* ZAR 2016, 131 ff. Zuletzt *Farahat/Markard* JZ 2017, 1088 ff.
[560] *Di Fabio,* Migrationskrise als Föderales Verfassungsproblem, 113.
[561] *Di Fabio,* Migrationskrise als Föderales Verfassungsproblem, 93.
[562] *Haderlein* in BeckOK AuslR AsylG § 18 Rn. 22.

auf „koordinierte Zurückweisung" gerichtete Dublin-System die auf einseitige Lastenabwälzung ausgerichtete Drittstaatenregelung des Grundgesetzes verdrängt.[563] Das gilt auch gegenüber dem deutschen Grenzregime des § 18 AsylG, sodass die in der Norm genannten „Anhaltspunkte" für eine anderweitige Zuständigkeit nicht ausreichen, vielmehr muss diese Zuständigkeit in einem Dublin-Verfahren erst formgerecht festgestellt werden.[564] In der Konsequenz verdrängt das Dublin-Recht die Anwendung des § 18 AsylG, damit ist auch an einer deutschen Landgrenze die Einreise zu gewähren, um mögliche Anhaltspunkte für eine anderweitige Zuständigkeit in einem Dublin-Verfahren zu prüfen.

338 Um die Einreise auf dem **Luftweg von Asylantragstellern** aus sicheren Herkunftsstaaten und solche ohne einen Reisepass zu kontrollieren, wurde das sogenannte **Flughafen- (oder besser Flughafenasylverfahren)**[565] nach § 18a AsylG eingeführt. Sofern einreisewillige Asylsuchende unter den Anwendungsbereich der Norm fallen und an der Grenzkontrolle am Flughafen um Asyl nachsuchen, wird ihr Asylverfahren im Flughafentransit noch vor der Gewährung der eigentlichen Einreise geführt. Diesen Personen wird die Einreise in das Bundesgebiet nur gestattet, wenn über ihren Asylantrag nicht in bestimmter Frist oder nur im Sinne einer einfachen Ablehnung entschieden wird. Dazu → Rn. 566 ff.

339 **dd) Das Bundesamt für Migration und Flüchtlinge als zuständige Behörde.** Zuständige Behörde für die Entscheidung über Asylanträge ist das **Bundesamt für Migration und Flüchtlinge** (§ 5 Abs. 1 S. 1 AsylG). Dieses unterhält neben seiner Zentrale in Nürnberg zahlreiche Außenstellen in den Ländern, die in der Regel bei den Aufnahmeeinrichtungen angesiedelt sind (§ 5 Abs. 3 AsylG).[566]

340 Das Bundesamt ist im Asylverfahren auf die bloße **Statusentscheidung** beschränkt. Dass sich diese Entscheidung aufenthaltsrechtlich auswirkt, gewährleistet § 6 S. 1 AsylG, der die Verbindlichkeit der Bundesamtsentscheidung für andere Angelegenheiten anordnet. Es ist sodann die Aufgabe der Ausländerbehörden, die aufenthaltsrechtlichen Folgen aus der Statusentscheidung (zB Erteilung der Aufenthaltstitel, Durchführung der Abschiebung uA) herbeizuführen. Diese Arbeitsteilung verfolgt ersichtlich das Ziel, mit dem Bundesamt eine spezialisierte Behörde bereitzustellen, die neben dem Vorteil einer einheitlichen Entscheidungspraxis wesentlich den Vorzug besonderer **Fachkenntnisse hinsichtlich der Verhältnisse in den Herkunftsländern** mitbringt. Diese Anforderungen ergeben sich ausdrücklich aus Art. 4 Asylverfahrens-RL. Zu nennen ist hier nicht nur die Verpflichtung, besonders geschultes Personal (etwa für die Anhörung von unbegleiteten Minderjährigen oder Traumatisierten) bereitzustellen, sondern namentlich auch das Schulungsangebot des Europäischen Unterstützungsbüros für Asylfragen (EASO) wahrzunehmen.

341 **ee) Das Entscheidungsprogramm bei einem Asylantrag.** Der Asylantrag (§ 13 Abs. 1 AsylG) richtet sich, sofern er nicht beschränkt gestellt wurde, auf die Prüfung der Asylberechtigung und den internationalen Schutz (§ 1 Abs. 1 Nr. 2 AsylG). Zu dem Prüfungsumfang des Bundesamtes gehört auch die Zulässigkeitsprüfung, insbesondere die **Durchführung des Dublin-Verfahrens,** für das das Bundesamt auch gegenüber den ausländischen Dublin-Einheiten der zuständige Ansprechpartner ist. Das **Entscheidungsprogramm** des Bundesamtes geht jedoch über diesen Asylantrag hinaus, da immer dann, wenn der Antrag als unzulässig ablehnt wird oder es sonst nicht zu einer für den Betroffenen positiven Entscheidung über den Asylantrag kommt, auch die nationalen Abschiebungsverbote zu prüfen sind (§ 31 Abs. 3 AsylG). Schließlich ist das Bundesamt auch für den Erlass von **Abschiebungsandrohung** oder **Abschiebungsanordnung** zuständig, falls keine der Feststellungen

---

[563] Thym, Der Rechtsstaat und die deusche Staatsgrenze; Dörig DRiZ 2016, 14 (17).
[564] Bast, Dem Freistaat zu Gefallen: über Udo di Fabros Gutachten zur staatsrechtlichen Beurteilung der Flüchtlingskrise, Nr. 2.
[565] Hocks in Johlen, Münchener Prozessformularbuch Verwaltungsrecht, Bd. 7, 7. Aufl. 2018, Kap. II.3. Rn. 2.
[566] Derzeit sind es mehr als 60 solcher Außenstellen und Ankunftszentren, die in den Ländern bestehen, vgl. https://www.bamf.de/DE/Behoerde/Aufbau/Standorte/standorte-node.html (abgerufen im Januar 2020).

für den Antragsteller positiv ausfällt und er auch keinen Aufenthaltstitel besitzt (§ 34 Abs. 1, § 34a Abs. 1 AsylG). In diesem Fall trifft das Bundesamt auch die Entscheidungen über die **Befristung** des **Einreise- und Aufenthaltsverbots** nach § 11 Abs. 2 bzw. 7 AufenthG.

342 **ff) Die Besonderheiten bei isolierten Anträgen auf die Feststellung von nationalen Abschiebungsverboten (§ 60 Abs. 5 und 7 AufenthG).** Die Ausländerbehörde (und nicht das Bundesamt) ist allerdings dann zuständig, wenn der Ausländer seinen Antrag **allein auf die Feststellung nationaler Abschiebungsverbote** (§ 60 Abs. 5 und 7 AufenthG) richtet. Hier folgt aus dem Antragsbegriff in § 13 Abs. 1 AsylG, dass dieser beschränkte Antrag kein Asylantrag ist und hierzu die Ausländerbehörde und nicht das Bundesamt zur Entscheidung berufen ist. Freilich ist das Bundesamt wegen seiner Sachkenntnis nach § 72 Abs. 2 AufenthG durch die Ausländerbehörde zu beteiligen. Diese Zuständigkeit der Ausländerbehörde gilt jedoch dann nicht, wenn bereits eine Bundesamtsentscheidung aus einem früheren Asylverfahren über die nationalen Abschiebungsverbote vorliegt. Der erneute Antrag auf Feststellung der Abschiebungsverbote ist in diesem Fall als Wiederaufgreifensantrag an das Bundesamt zu richten.

343 Da mit einem auf die Abschiebungsverbote beschränkten Antrag kein Asylantrag iSd § 13 Abs. 1 AsylG vorliegt, kommt der Antragsteller **nicht** in den Genuss der Aufenthaltsgestattung nach § 55 AsylG. Der Antragsteller ist daher gezwungen, sein vorläufiges Bleiberecht durch einen Antrag auf Aussetzung der Abschiebung bei der Ausländerbehörde – möglicherweise in einem Eilrechtsschutzverfahren – geltend zu machen. Die Praxis greift trotz dieses Nachteils zu beschränkten Anträgen, um nachteilige Folgen einer Asylantragstellung (etwa wegen der Aufnahme eines Dublin-Verfahrens) zu vermeiden.

344 Hier ist allerdings zu beachten, dass die Beschränkung des Antrags **nicht allein eine Frage der formalen Bezeichnung** ist. Richtet sich der Sachvortrag des Schutzsuchenden inhaltlich auf einen Sachverhalt, der zur Gewährung internationalen Schutzes führt, kann der Antragsteller es nicht durch eine entsprechend beschränkte Antragstellung erreichen, dass das Verfahren, ohne ein Asylverfahren zu sein, nur auf die Feststellung der Abschiebungsverbote nach § 60 Abs. 5 und 7 AufenthG gerichtet wird.[567] Ein solcher Antrag ist vielmehr als Asylantrag iSv § 13 Abs. 1 AsylG werten – nicht zuletzt, um auf diese Weise eine Umgehung der Zuständigkeitsbestimmung nach der Dublin III-Verordnung zu verhindern. Die Ausländerbehörde wird die Bearbeitung eines solchen Antrags ablehnen und den Antragsteller an das Bundesamt zur weiteren Durchführung des Asylverfahrens verweisen.

345 **b) Die Stellung des Asylantrags. aa) Handlungsfähigkeit und Stellvertretung.** Die **Handlungsfähigkeit,** also die Fähigkeit, einen rechtsgültigen Antrag zu stellen oder diesen zurückzunehmen, setzt nach § 12 Abs. 1 AsylG die Volljährigkeit voraus. Es gelten hier auch die Einschränkungen in der Geschäftsfähigkeit nach dem BGB. Die Volljährigkeit ist, das stellt § 12 Abs. 2 AsylG klar, für die **Zwecke der Handlungsfähigkeit im Asylverfahren nach dem deutschen Maßstab des BGB** zu bestimmen. Sie liegt damit bei 18 Jahren, unabhängig von der Geschäftsfähigkeit nach den Regeln des Herkunftslandes. Dass der Ausländer nach den Regeln des Internationalen Privatrechts im Hinblick auf seine Fähigkeit, Rechtsgeschäfte nach dem bürgerlichen Recht vorzunehmen, nach seinem Heimatrecht zu beurteilen ist (Art. 7 Abs. 1 EGBGB), hat für die Handlungsfähigkeit im Asylverfahren keine Auswirkung.

346 Das **Mindestalter für die Handlungsfähigkeit** ist erst im Oktober 2015 durch das Asylpaket 1[568] auf 18 Jahre hochgesetzt worden. Es lag bis dahin bei 16 Jahren, was zu Kritik geführt hatte, die nicht nur mit dem Kindeswohl argumentiert hat, sondern auch auf die UN-Kinderschutzkonvention verwies.[569] Letztlich hat die klare Regelung in der Asylverfahrens-RL den Ausschlag gegeben, das Alter entsprechend anzuheben.

---

[567] BVerwG Urt. v. 26.2.2019 – 1 C 30.17, BeckRS 2019, 4489 Rn. 21.
[568] Asylverfahrensbeschleunigungsgesetz, v. 20.10.2015, BGBl. 2015 I 1722 ff.
[569] *Löhr* ZAR 2010, 378 (379).

Der Ausländer stellt seinen Asylantrag selbst, die allgemeinen Regeln über die **Stell-** 347
vertretung sind anwendbar, welche durch das Erfordernis der persönlichen Antragstellung
im Falle des § 14 Abs. 1 AsylG allerdings stark eingeschränkt sind. Soweit der Asylantrag
schriftlich gestellt werden kann, ist die Stellvertretung (auch durch einen Rechtsanwalt)
möglich, gleiches gilt für die **Rücknahme des Asylantrags,** über deren Form das Asylgesetz keine besonderen Regeln aufstellt.

Eine wichtige Regelung betrifft die **minderjährigen Kinder eines Asylantragstellers.** 348
Für diese wird (nach § 14a Abs. 1 AsylG), ohne dass es eines gesonderten Asylantrags bedarf, ebenfalls ein Asylverfahren durchgeführt, sofern ein Elternteil sich noch in einem
Asylverfahren befindet. Damit steht die **Antragstellung für Kinder nicht mehr zur
Disposition der Eltern.** Die Eltern können lediglich den Verzicht auf die Durchführung
des Asylverfahrens erklären (§ 14 Abs. 3 AsylG), falls sie ein Asylverfahren für ihr Kind
nicht wollen. In diesem Fall hat ein späterer Asylantrag des Kindes aber dann den Charakter
eines Folgeantrags. Mit diesem Automatismus soll unterbunden werden, dass Eltern die Anträge für ihre Kinder verzögert stellen, um so zusätzliche Aufenthaltszeiten zu gewinnen.
Solange das Asylverfahren eines Kindes nämlich nicht negativ abgeschlossen ist, werden
auch die übrigen abgelehnten Familienmitglieder in der Regel nicht abgeschoben, sondern
nach § 43 Abs. 3 AsylG geduldet. § 14a AsylG setzt allerdings voraus, dass die Eltern sich
im Asylverfahren befinden. In der Praxis kann dies zu Irritationen führen, weil anwaltlich
vertretene Asylantragsteller nicht damit rechnen, dass das Bundesamt sich korrekterweise
wegen der nachgeborenen Kinder direkt an sie wendet und nicht an ihren Anwalt, der für
diese Kinder zu diesem Zeitpunkt regelmäßig keine Vollmacht hat. Es empfiehlt sich, Mandanten darauf hinzuweisen, die Geburt eines Kindes im laufenden Verfahren auch an den
Anwalt mitzuteilen. Minderjährige Kinder, die erst nach Abschluss des Verfahrens ihrer Eltern einreisen oder geboren werden, können den Asylantrag wieder in eigener Disposition
(bzw. der ihres gesetzlichen Vertreters) stellen.

bb) Modalitäten der Antragstellung: persönlich oder schriftlich (§ 14 Abs. 1 und 2 349
AsylG). Die Besonderheit des Asylantrags nach dem deutschen AsylG besteht darin, dass
der Gesetzgeber zwei Wege der Antragstellung vorgezeichnet hat, die **Antragstellung
durch persönliche Vorsprache in der zuständigen Außenstelle (§ 14 Abs. 1 AsylG)
und ausnahmsweise die schriftliche Antragstellung bei der Behördenzentrale in
Nürnberg (§ 14 Abs. 2 AsylG)** für Personen, die von der persönlichen Vorsprache und der
bundesweiten Verteilung befreit sind. Seinen Grund hat dies darin, dass der Gesetzgeber –
soweit möglich – den Asylantrag mit dem **Verteilungsverfahren** auf die Bundesländer verzahnt hat. Sofern Asylbewerber – und das ist die Mehrheit – unter das Regime der persönlichen Antragstellung (§ 14 Abs. 1 AsylG) – und die damit verbundene bundesweite
Verteilung (§ 46 AsylG) – fallen, findet die eigentliche Stellung des Asylantrags unter
persönlicher Vorsprache des Asylbewerbers erst bei derjenigen Außenstelle des Bundesamtes
statt, die nach dem ersten Behördenkontakt als für die Entgegennahme des Asylantrags **zuständige Außenstelle** ermittelt worden ist.

cc) Ablauf der persönlichen Antragstellung (§ 14 Abs. 1 AsylG), Wohnpflicht und 350
Verteilung. Das Verfahren bei der persönlichen Antragstellung mit ihren beiden Schritten
führt zur **Unterscheidung zwischen Asylgesuch und Asylantrag.** Denn da die Verteilung auf die Bundesländer vor der Ermittlung der für die Antragstellung zuständigen
Außenstelle erfolgt, ist für den Asylsuchenden mindestens ein Behördenkontakt erforderlich, bevor er bei einer weiteren Vorsprache seinen Asylantrag stellen kann.

Das Gesetz nennt diesen ersten Behördenkontakt, der bei einer Grenz-, Polizei, oder 351
Ausländerbehörde oder auch einer Außenstelle des Bundesamtes erfolgt, „Asylgesuch"
bzw. spricht davon, dass der Ausländer „**um Asyl nachsucht**". Das Asylgesuch ist der
zum Ausdruck gebrachte **Wunsch des Ausländers, in der Bundesrepublik Schutz zu
suchen.** Das Asylgesuch ist formfrei, es kann somit auch mündlich oder sogar stillschwei-

§ 19   7. Kapitel. Asyl- und Asylverfahrensrecht

gend erfolgen. Da es auch nicht höchstpersönlich anzubringen ist wie der Asylantrag, kann das Asylgesuch auch schriftlich durch einen Bevollmächtigten geäußert werden.

352   Für den Betroffenen zeigt sich das in zwei Schritte geteilte Verfahren an zwei verschiedenen Dokumenten, mit denen er jeweils seinen Status nachweist, nämlich in dem **Ankunftsnachweis** (§ 63a Abs. 1 AsylG, nach dem Asylgesuch) und der **Aufenthaltsgestattung** (§ 63 Abs. 1 AsylG, nach der Antragstellung). Der Ankunftsnachweis bzw. die Bescheinigung über die Meldung als Asylsuchender („BÜMA"), wie das Dokument zuvor hieß,[570] wurde als Übergangsdokument erforderlich, weil in den Jahren 2015 und 2016 zwischen dem Asylgesuch und dem Termin zur Antragstellung bei der Außenstelle durchaus mehrere Monate liegen konnten.

353   Das Gesetz nennt zunächst drei Stellen, an denen das **Asylgesuch entgegengenommen** wird: die Grenzbehörde an der Landgrenze (§ 18 AsylG), die Ausländer- und Polizeibehörde (§ 19 AsylG). Von dort wird der Asylsuchende an die nächstgelegene Erstaufnahmeeinrichtung weitergeleitet (§ 20 AsylG). Meldet der Asylsuchende sich dann dort, wird nach § 46 AsylG geprüft, ob er nach den Kriterien der Verteilung verbleiben kann. Die gleiche Prüfung erfolgt, wenn der Asylsuchende sich aus eigenem Entschluss direkt bei einer Aufnahmeeinrichtung meldet. Ergibt die Prüfung die Zuständigkeit einer anderen Aufnahmeeinrichtung, erlässt die Aufnahmeeinrichtung eine Weiterleitungs- und Meldeanordnung[571] nach § 22 AsylG. Der Asylsuchende hat sich zu der zuständigen Aufnahmeeinrichtung zu begeben. Er hat dann an dem ihm genannten Termin den **Asylantrag bei der Außenstelle des Bundesamtes**, die dieser Aufnahmeeinrichtung zugeordnet ist, zu stellen (§ 23 Abs. 1 AsylG).

354   Für die **Verteilung auf die Bundesländer** ist die **Aufnahmequote** entscheidend, die sich nach dem sogenannten Königsteiner Schlüssel nach § 45 Abs. 1 AsylG berechnet.[572] Bei der Verteilung sind aber auch sachliche Gründe zu berücksichtigen, wie etwa der Umstand, ob an der betreffenden Außenstelle die Asylanträge eines bestimmten Herkunftslandes bearbeitet werden (§ 46 Abs. 1 AsylG). Das länderübergreifende Verfahren wird mithilfe des **IT-Systems „EASY"** (Erstverteilung der Asylbegehrenden)[573] durchgeführt. Die Verteilung folgt dem Prinzip der Lastenteilung und dem Grundsatz, dass der **Asylbewerber keinen Anspruch** darauf hat, sich „in einem bestimmten Land oder an einem bestimmten Ort aufzuhalten" (§ 55 Abs. 1 S. 2 AsylG).

355   Ob und wie gegen die **Weiterleitungsentscheidung** nach § 22 AsylG mit einem **Rechtsmittel** vorgegangen werden kann, ist umstritten.[574] Im Hinblick auf die Prämisse, dass dem Asylsuchenden ohnehin kein Recht auf einen bestimmten Ort zugebilligt wird, lässt sich das mit guten Gründen bestreiten.[575] Allenfalls dann, wenn die Familieneinheit betroffen ist, könnten sich Rechtspositionen ergeben, die aber auch im späteren Verteilungsverfahren berücksichtigungsfähig sind. Wegen der Schnelligkeit, mit der die Verteilung abläuft, ist die praktische Bedeutung dieser Frage aber sicherlich gering.[576] Hinzu kommt, dass die Asylbegehrenden selten in diesem Stadium anwaltlich vertreten sind.

356   Die dem Asylsuchenden zugewiesene Aufnahmeeinrichtung ist aber nicht nur von Bedeutung, weil dies klarstellt, welche Außenstelle des Bundesamtes für die Annahme des Asylantrags zuständig ist, sie ist auch der Ort, an dem der Asylsuchende **wohnpflichtig** wird. Der Gesetzgeber hat diese Zeit der Wohnpflicht 2019 im Zuge einer Diskussion über die Einführung sogenannter **Ankerzentren** deutlich verlängert.[577] Der neu gefasste § 47 Abs. 1

---

[570] Der Ankunftsnachweis wurde durch das Datenaustauschverbesserungsgesetz v. 2.2.2016 eingeführt. Er ist auch eine „Bescheinigung über die Meldung als Asylsuchender" („BÜMA").
[571] *Bender/Bethke* in NK-AuslR AsylG § 46 Rn. 8.
[572] Dieser Verteilungsschlüssel berücksichtigt die Steuereinnahmen und die Bevölkerungszahl der Bundesländer und setzt diese in ein Verhältnis. Er wird jährlich von dem Büro der Gemeinsamen Wissenschaftskonferenz ermittelt: http://www.gwk-bonn.de/fileadmin/Papers/koenigsteiner-schluessel-2010bis2016.pdf.
[573] https://www.bamf.de/DE/Service/Left/Glossary/_function/glossar.html?lv2=1504436.
[574] *Bender/Bethke* in NK-AuslR AsylG § 46 Rn. 11.
[575] *Bergmann* in Bergmann/Dienelt AsylG § 46 Rn. 7 ff.
[576] *Bender/Bethke* in NK-AuslR AsylG § 46 Rn. 11.
[577] Zweites Gesetz zur besseren Durchsetzung der Ausreisepflicht v. 15.8.2019 (BGBl. I 1294).

AsylG verordnet nunmehr eine Wohnpflicht, die bis zum positiven Abschluss des Asylverfahrens oder der Ausreise beziehungsweise der Abschiebung des Ausländers gilt. Diese **verlängerte Zeit der Wohnpflicht** ist aber auf 18 Monate gedeckelt und endet dann, sofern keiner der Sonderfälle des § 47 Abs. 1 S. 3 Nr. 1 bis 4 AsylG vorliegt. Das sind Fälle der mangelnden Mitwirkung im Asylverfahren oder der Identitätstäuschung – auch nach Eintritt der Ausreisepflicht. Sofern in einer untergebrachten Familie minderjährige Kinder sind, endet die Wohnpflicht für die ganze Familie (einschließlich erwachsener Geschwister) nach bereits sechs Monaten, das gilt allerdings nicht, wenn die Wohnpflicht wegen mangelnder Mitwirkung oder Täuschung verlängert wird. Erst nach Ablauf dieser Wohnpflicht kommt es zu der weiteren **landesinternen Verteilung** in die Kommunen (§ 50 AsylG). Dort erfolgt die Unterbringung dann in Gemeinschaftsunterkünften oder Privatwohnungen.

Bereits seit Oktober 2015[578] gilt die Einschränkung, dass **Asylsuchende aus sicheren** 357 **Herkunftsstaaten** iSd § 29a AsylG **nicht** mehr **landesintern verteilt** werden, sondern in den Aufnahmeeinrichtungen verbleiben und dort wohnpflichtig sind. Von dieser Regelung versprach sich der Gesetzgeber bei Personen ohne „flüchtlingsrechtlich relevanten Schutzbedarf" eine Beschleunigung des Asylverfahrens sowie eine „raschere Beendigung des Aufenthalts".[579] Mit der jüngsten Neuregelung zur Verweildauer in der Aufnahmeeinrichtung hat der Gesetzgeber für diese Personengruppe aber eine Erleichterung herbeigeführt. Sofern es in einer Familie von Personen aus sicheren Herkunftsstaaten minderjährige Kinder gibt, werden auch diese Familien nach sechs Monaten aus der Wohnpflicht entlassen (§ 47 Abs. 1a S. 2 AsylG).

Mit der Wohnpflicht in einer Aaufnahmeeinrichtung verbindet der Gesetzgeber drei 357a wichtige Einschränkungen, die das Leben eines Asylantragstellers betreffen: Wohnpflichtige sind unabhängig von ihrer Voraufenthaltszeit in ihrer Mobilität, nämlich räumlich auf den Bezirk der Ausländerbehörde, beschränkt (§ 59a Abs. 1 S. 2 AsylG), von der Erwerbstätigkeit grundsätzlich ausgeschlossen (§ 61 Abs. 1 S. 1 AsylG) und, was den notwendigen Bedarf anbetrifft, nur zum Bezug von Sachleistungen berechtigt (§ 3 Abs. 2 S. 1 AsylbLG). Von Vertretern der Flüchtlingshilfe wurde die zeitliche Ausweitung der Wohnpflicht aber nicht nur wegen dieser Folgen kritisiert, sondern auch weil diese besondere Unterbringung befürchten lasse, dass der Zugang zur Rechtsberatung, die Kontaktaufnahme mit der Zivilgesellschaft und die Integration insgesamt leiden könnten.[580]

Der Gesetzgeber hat auf den Hinweis, dass eine Rechtsberatung im Falle dezentraler 357b Unterbringung möglicherweise nicht mehr leicht erreichbar sei, reagiert und mit dem neuen § 12a AsylG ein **zweistufiges – teilweise staatliches – Angebot der Rechtsberatung** eröffnet. Die erste Stufe beinhaltet eine vom Bundesamt selbst durchgeführte allgemeine Beratung in Gruppengesprächen über Verfahrensablauf und Rückkehrmöglichkeiten. Auf der zweiten Stufe sollen Einzelgespräche angeboten werden und dabei auch die Wohlfahrtsverbände als Beratende einbezogen werden. Dass es eine staatliche und zugleich „unabhängige" Beratung, wie von § 12a AsylG verlangt, hilfreich sein könne, wurde von Seiten der Flüchtlingshilfe allerdings bezweifelt.[581] Da die Beratung in diesem Format nicht in die Tiefe gehen können wird und auch keine Vertretung umfasst, kann der Asylsuchende eine nachhaltige Hilfe darin vermutlich nicht finden. Das Recht des Asylantragstellers, in jeder Verfahrenslage einen Rechtsanwalt zu beauftragen, wird dadurch nicht betroffen, aber auch nicht überflüssig.

Die in § 47 AsylG begründete lange Wohnpflicht findet – außer in vorgenannten Situa- 357c tionen – ein vorzeitiges Ende in den Fällen der §§ 48 bis 50 AsylG. Im Einzelfall kann die Anerkennung des Asylsuchenden, die Erteilung einer Aufenthaltserlaubnis oder auch die Aussicht, dass eine Abschiebung nicht mehr absehbar durchführbar ist, zu einem Ende der Wohnpflicht führen. Besonders herauszustellen ist daneben aber auch § 48 Nr. 1 AsylG,

---

[578] Durch das Asylverfahrensbeschleunigungsgesetz v. 25.10.2015.
[579] Entwurf eines Asylverfahrensbeschleunigungsgesetzes v. 29.9.2015 (BT-Drs. 18/6185, 34).
[580] *Judith*, Beilage zum Asylmagazin 8–9/2019, 73.
[581] *Judith*, Beilage zum Asylmagazin 8–9/2019, 73 (75).

wonach die Wohnpflicht dann endet, wenn der Ausländer verpflichtet wird, „an einem anderen Ort …Wohnung zu nehmen." Das ist das **Einfallstor für eine Regelung der Landesverwaltung,** der es auch nach neuer Rechtslage unbenommen ist, Zuweisungsentscheidungen in früher gewohnter Weise zu treffen und die Asylsuchenden so bereits vor dem Ablauf der in § 47 AsylG genannten Frist in die Kommunen zu verteilen.

357d Da Art. 15 Aufnahme-RL von den Mitgliedstaaten den Zugang von Asylbewerbern zur **Erwerbstätigkeit spätestens nach neun Monaten** verlangt, solange das Asylverfahren bei der ersten Instanz noch nicht abgeschlossen ist oder ein Rechtsbehelfsverfahren gegen eine Ablehnung in der ersten Instanz aufschiebende Wirkung hat, musste der Gesetzgeber bei der Verlängerung der Wohnpflicht eine Ausnahme von dem grundsätzlichen Erwerbsverbot während der Dauer der Wohnpflicht machen. Diese Ausnahmen finden sich heute in § 61 Abs. 1 S. 2 AsylG (→ Rn. 775).

358 Gegen die **landesinterne Verteilungsentscheidung,** auch „Zuweisung" genannt, ist ein Rechtsbehelf ausdrücklich vorgesehen. Er hat nach § 75 Abs. 1 AsylG aber keine aufschiebende Wirkung. Die Zuweisungsentscheidung, das bestimmt § 50 Abs. 5 AsylG, ist auch bei einem anwaltlich vertretenen Antragsteller an diesen selbst zuzustellen, dem Bevollmächtigten soll nur ein Abdruck der Entscheidung zugeleitet werden. Diese Art der Zustellung erinnert an die Zustellung der Entscheidungen im Dublin-Verfahren (→ § 31 Abs. 1 S. 5 AsylG).

359 dd) **Ausnahmefall: Die schriftliche Antragstellung (§ 14 Abs. 2 AsylG).** Ob ein potentieller Antragsteller ausnahmsweise von der persönlichen Vorsprache zur Antragstellung und damit dem Verteilungsverfahren befreit ist, hängt von § 14 Abs. 2 AsylG ab. Aus der Aufzählung in § 14 Abs. 2 AsylG ist ersichtlich, dass das **Privileg der schriftlichen Antragstellung** solchen Personen vorbehalten ist, die über einen längerfristigen Aufenthaltstitel verfügen, oder die so ortsabhängig sind, dass bei ihnen eine Verteilung wenig sinnvoll ist oder schließlich, wie im Falle des § 14 Abs. 2 Nr. 3 AsylG, gegen das Kindeswohl verstoßen würde.

360 Nach § 14 Abs. 2 Nr. 1 AsylG sind alle Personen von der Verteilung befreit und dürfen den Asylantrag schriftlich stellen, die bei Antragstellung einen Aufenthaltstitel mit einer **Gesamtgeltungsdauer von mehr als sechs Monaten** besitzen. Diese Bedingung ist erfüllt, wenn der Antragsteller über einen Titel verfügt, der mindestens sechs Monate und einen Tag gültig ist. Die Vorschrift begünstigt auch die Inhaber von Visa oder diejenigen, die eine Fiktionsbescheinigung nach § 81 Abs. 4 AufenthG besitzen,[582] solange die erforderliche Gesamtgeltungsdauer vorliegt. Mit dem Ausdruck „Gesamtgeltungsdauer" macht das Gesetz deutlich, dass der Titel bei Antragstellung nicht noch mehr als sechs Monate gültig sein muss oder dass der Ausländer sich bereits mehr als sechs Monate im Inland befunden haben muss. Es genügt, dass er vor Antragstellung insgesamt einen Titel mit dieser Mindestgeltungsdauer hatte. Allerdings darf der Titel am Tag der Antragstellung noch nicht erloschen sein. Diese Vorschrift korrespondiert mit § 55 Abs. 2 S. 1 Alt. 2 AsylG. Danach bleiben Aufenthaltstitel von mehr als sechs Monaten Geltungsdauer trotz Asylantrag bestehen, während alle anderen Titel, die nur bis einschließlich sechs Monate gültig sind, durch die Asylantragstellung erlöschen.

361 Dass Ausländer, die sich in **Haft, öffentlichem Gewahrsam oder in einer stationären Klinikbehandlung oÄ** befinden, nicht verteilt werden (§ 14 Abs. 2 Nr. 2 AsylG), liegt auf der Hand. Herauszuheben ist die hier ebenfalls genannte Jugendhilfeeinrichtung. Da es dort nicht auf Minderjährigkeit ankommt, können auch noch junge Volljährige, die sich über dieses Datum hinaus in Jugendhilfemaßnahmen befinden, in den Genuss der schriftlichen Antragstellung kommen.

362 **Minderjährige** dürfen ihren Asylantrag schriftlich stellen, wenn der gesetzliche Vertreter nicht in einer Aufnahmeeinrichtung zu wohnen verpflichtet ist (§ 14 Abs. 2 Nr. 3 AsylG).

---

[582] *Bruns* in NK-AuslR AsylG § 14 Rn. 4.

Das betrifft aber nur die Kinder und Jugendlichen, die erst nach Abschluss des elterlichen Asylverfahrens einreisen oder geboren werden; sonst ist § 14a AsylG anzuwenden.

Diese Vorschrift ist bedeutsam für **unbegleitete minderjährige Ausländer**. Sie stellen 363 den Asylantrag **schriftlich** und werden nicht nach § 46 AsylG verteilt. Hierbei können sie sich auf zwei Gründe berufen, nämlich die Unterbringung in der Jugendhilfe, aber auch darauf, dass den gesetzlichen Vertreter (meistens der Amtsvormund, aber auch Pflegeeltern) regelmäßig keine Wohnpflicht trifft. Unbegleitete Minderjährige sind damit aus der Verteilung nach dem § 46 AsylG herausgenommen. Seit Inkrafttreten des Gesetzes zur Verbesserung der Unterbringung, Versorgung und Betreuung ausländischer Kinder und Jugendlicher (vom 28.10.2015) werden unbegleitete Minderjährige – unter Wahrung des Kindeswohls – **nach einer vorläufigen Inobhutnahme** durch das Jugendamt des Aufgriffsorts entsprechend der Regeln des **§ 42b SGB VIII verteilt**.

Weitere Formerfordernisse über die Schriftform hinaus ergeben sich aus § 14 Abs. 2 AsylG 364 nicht. Der Antragsteller ist insofern auch **nicht an einen bestimmten Antragswortlaut** gebunden, seinem Anschreiben an die Zentrale des Bundesamtes in Nürnberg muss aber durch Auslegung zu ermitteln sein, dass er den in § 13 Abs. 1 AsylG bezeichneten Schutz beschränkt oder unbeschränkt in Anspruch nehmen will. Sofern dieser schriftliche Antrag bei einer Außenstelle eingeht, ist diese zur unverzüglichen Weiterleitung an die Zentrale in Nürnberg verpflichtet. Das Verfahren selbst wird dann von der Zentrale an eine von ihr bestimmte regionale Außenstelle des Bundesamtes abgegeben (§ 14 Abs. 2 S. 2 und 3 AsylG).

c) Aufenthaltsrechtliche Folgen der Asylantragstellung. aa) Der gestattete Aufent- 365 **halt.** Mit dem Asylgesuch und der Aushändigung des Ankunftsnachweises, im Falle der schriftlichen Antragstellung mit Stellung des Asylantrags, beginnt der **gestattete Aufenthalt (§ 55 Abs. 1 AsylG)**. Diese zum Zweck der Durchführung des Asylverfahrens gewährte Gestattung, die auch als Vorwirkung des verfassungsrechtlichen und unionsrechtlichen Asylgrundrechts[583] gesehen wird, stellt keinen Aufenthaltstitel dar (so auch Art. 9 Abs. 1 S. 2 Asylverfahrens-RL).

Für Antragsteller, die noch vor dem 6.8.2016 (Inkrafttreten des Integrationsgesetzes) oder 366 vor Einführung des Ankunftsnachweises eingereist sind, ergeben sich **Übergangsregeln aus § 87c AsylG**. Eine früher erworbene Aufenthaltsgestattung gilt danach grundsätzlich weiter, sofern sie nicht zwischenzeitlich nach § 67 AsylG erloschen ist.[584] Nach alter Rechtslage (bis zum 6.8.2016) trat der gestattete Aufenthalt bereits mit der Äußerung des Asylgesuchs ein. Sofern die Einreise allerdings über einen sicheren Drittstaat (§ 26a AsylG) erfolgte, hing die Gestattungswirkung von dem Asylantrag ab (§ 55 Abs. 1 AsylG aF). Im Hinblick auf die damals langen Wartezeiten für die Asylantragstellung wurde kritisch angemerkt, dass damit für die über die Landesgrenze Eingereisten die Gewährung von sozialen Rechten von Umständen abhing, auf die der Asylsuchende selbst keinen Einfluss hatte.[585] Sofern diese Personen erst sehr spät zur formellen Asylantragstellung geladen worden sind, können sie sich heute auf die Übergangsregelung in § 87c Abs. 2 AsylG berufen, da ihr Aufenthalt ab dem Zeitpunkt der nachgewiesenen Aufnahme in die Erstaufnahmeeinrichtung, spätestens aber seit dem 5.2.2016 als gestattet gilt. Weil der Ankunftsnachweis auch nach seiner Einführung im Februar 2016 nicht allen Asylsuchenden sofort ausgestellt werden konnte, setzt § 87c Abs. 4 AsylG den Beginn des gestatteten Aufenthalts auf den Zeitpunkt zwei Wochen nach Asylgesuch.

Der Asylantragsteller erhält nach der formellen Antragstellung – und zwar innerhalb von 367 drei Arbeitstagen – eine **Bescheinigung über die Aufenthaltsgestattung**. Diese Auf-

---

[583] *Marx* AsylG § 55 Rn. 10.
[584] Die Ermittlung des Beginns des gestatteten Aufenthalts ist für die Berechnung der Voraufenthaltszeiten auch noch später von Belang, nicht nur im Falle der Anerkennung (§ 55 Abs. 3 AsylG), sondern, wie etwa § 32 Abs. 2 Nr. 5 BeschV zeigt, bei der Frage der Arbeitserlaubnispflicht, die nach einem vierjährigen gestatteten Voraufenthalt gänzlich entfällt.
[585] Kleine Anfrage der Abgeordneten *Ulla Jelpke* ua und der Fraktion DIE LINKE, 17.2.2016, BT-Drs. 18/7606.

enthaltsgestattung wird, solange der Ausländer in einer Erstaufnahme zu wohnen verpflichtet ist, vom Bundesamt ausgestellt, spätere Verlängerungen der Aufenthaltsgestattung erfolgen dann durch die zuständige Ausländerbehörde (§ 63 Abs. 3 AsylG). In diese Aufenthaltsgestattung mit einem Lichtbild, für die es einen amtlichen Vordruck gibt, werden neben den persönlichen Angaben des Ausländers auch die räumlichen Beschränkungen eingetragen und Angaben über das Recht zur Erwerbstätigkeit gemacht. Soweit die Personalien nicht nachgewiesen sind, wird der Vermerk in die Aufenthaltsgestattung aufgenommen: „Personalien beruhen auf den persönlichen Angaben des Inhabers" (zu den Folgen dieses Vermerks → Rn. 780a).

368 Mit dieser Aufenthaltsgestattung genügt der Ausländer seiner **Passpflicht** (§ 64 Abs. 1 AsylG), er ist daher nicht wegen Passlosigkeit strafbar (§ 95 Abs. 1 Nr. 1 AufenthG). Grenzübertritte sind mit der Aufenthaltsgestattung aber nicht möglich (§ 64 Abs. 2 AsylG). Der Asylsuchende, der nicht im Besitze eines Passes ist, muss sich während des Asylverfahrens auch nicht um einen Pass bemühen, ist allerdings nach § 15 Abs. 2 Nr. 6 AsylG verpflichtet, an der Beschaffung eines Identitätspapiers mitzuwirken. Bei der Frage, was als Identitätspapier anzuerkennen ist, darf kein Formalismus walten, alle Urkunden – ob mit oder ohne Lichtbild – können eine solche Funktion erfüllen, zB Geburtsurkunden, ID-Karten, Wehrpässe, Führerscheine, amtliche Zeugnisse (von Schule oder Universität) und anderes.

369 Da der Aufenthalt nur zur **Durchführung eines Asylverfahrens** gestattet ist, **endet** er spätestens mit der **Bestandskraft der Bundesamtsentscheidung** (§ 67 Abs. 1 Nr. 1 AsylG), früher aber immer dann, wenn eine Abschiebungsandrohung (§ 67 Abs. 1 Nr. 4 AsylG) oder Abschiebungsanordnung des Bundesamts (§ 67 Abs. 1 Nr. 5 AsylG) vollziehbar geworden ist. Nach der Asylverfahrens-RL ergibt sich ein Bleiberecht des Antragstellers nur bis zur Entscheidung im erstinstanzlichen Asylverfahren, womit das Behördenverfahren bei der Asylbehörde gemeint ist (Art. 9 Abs. 1 Asylverfahrens-RL). Die bundesgesetzliche Regelung geht insoweit darüber hinaus, da der Asylantragsteller auch während eines Rechtmittelverfahrens weiter seinen gestatteten Aufenthalt im Bundesgebiet genießen kann, solange seine Klage nach dem Gesetz **aufschiebende Wirkung**[586] hat **oder das Gericht die aufschiebende Wirkung anordnet.**[587]

370 **bb) Auswirkungen der Asylantragstellung auf bestehende Aufenthaltstitel.** Während die Asylantragstellung zu einem gestatteten Aufenthalt führt, beseitigt sie bestimmte bestehende Aufenthaltstitel – und schließt den Antragsteller, wie in → Rn. 373 ff. beschrieben, von bestimmten weiteren Aufenthaltstiteln aus. Das stellt den potentiellen Asylantragsteller vor Abwägungsfragen, die der Gesetzgeber durchaus gewollt hat.

371 Mit Asylantragstellung **erlöschen alle Aufenthaltstitel mit einer Gesamtgeltungsdauer von bis zu sechs Monaten** (§ 55 Abs. 2 AsylG). Auch die Befreiung von einem Aufenthaltstitel und die Fiktionswirkungen nach § 81 Abs. 3 AufenthG erlöschen. Die Fiktionswirkung nach § 81 Abs. 4 AufenthG fällt nur dann weg, wenn der Aufenthaltstitel, dessen Verlängerung beantragt worden ist, zuvor noch keine sechs Monate gültig war.

372 Darüber hinaus erlöschen bestimmte Aufenthaltstitel – und zwar unabhängig von ihrer Geltungsdauer –, die einen humanitären Grund haben. Nach § 51 Abs. 1 Nr. 8 AufenthG erlöschen mit der Asylantragstellung alle **Aufenthalte nach den §§ 22, 23 und 25 Abs. 3 bis 5 AufenthG**.

373 **cc) Titelerteilungssperre während des Asylverfahrens (§ 10 Abs. 1 und 2 AufenthG).** Der Asylantrag führt zu einer **Sperre** bei der **Neuerteilung von Aufenthaltstiteln** (§ 10 Abs. 1 AufenthG), diese Sperre gilt bis zum „bestandskräftigen Abschluss" des Asylverfahrens. Eine Titelerteilung ist nur ausnahmsweise zulässig, wenn die oberste Landesbehörde zustimmt oder der Ausländer einen **„gesetzlichen Anspruch"** auf Erteilung hat.

---

[586] Das ist die sog. „einfache Ablehnung" (Ausreisefrist von 30 Tagen), §§ 38 Abs. 1 und 75 Abs. 1 AsylG.
[587] Zum Eilrechtsschutz unten → Rn. 732 ff.

Nach der Rechtsprechung des BVerwG muss dieser Anspruch strikt sein, um die Titelerteilungssperre zu durchbrechen, und sich unmittelbar dem Gesetz entnehmen lassen. Das ist bei einer Ermessensentscheidung nicht der Fall, auch wenn das Ermessen auf „null" reduziert ist (**„Ermessensreduzierung auf Null"**).[588] 374

Auch eine **„Soll-Regelung"**, wie sie sich in § 25 Abs. 3 AufenthG findet, **führt** nach dem BVerwG **nicht zur Durchbrechung des § 10 AufenthG**, weil die Ausländerbehörde hinsichtlich der Ausnahmefälle, die das Abweichen von der Soll-Vorschrift erlauben, nicht in abschließender Weise durch den Gesetzgeber determiniert ist.[589] Diese Entscheidung ist praktisch von Bedeutung, weil ein Asylsuchender, der nach der Feststellung eines Abschiebungsverbots iSd § 60 Abs. 5 und 7 AufenthG eine **Klage auf eine Statusverbesserung** führt, in dieser Zeit noch keinen Aufenthaltstitel nach § 25 Abs. 3 AufentG erlangen kann.[590] 375

Die Aufenthalte für **Studium** (§ 16b AufenthG), das **studienbezogene Praktikum EU** (§ 16e AufenthG), den **europäischen Freiwilligendienst** (§ 19e AufenthG) und für die **Forschung** (§ 18d AufenthG) sind seit dem Inkrafttreten des Gesetzes zur Umsetzung aufenthaltsrechtlicher Richtlinien der Europäischen Union zur Arbeitsmigration[591] als Anspruchsregelungen konzipiert, so wie bereits früher schon der Aufenthalt für hochqualifizierte Arbeitnehmer nach § 18b Abs. 2 AufenthG (**„Blaue Karte"**). Allerdings werden Asylsuchende in allen diesen Fällen **ausdrücklich vom Zugang ausgeschlossen** (§ 19f Abs. 1 AufenthG), so dass sie aus dem Umstand, dass diese Aufenthalte mit einem Anspruch verbunden sind, keinen Vorteil ziehen können. 376

Die Titelerteilungssperre gilt nicht für die **Verlängerung** eines nach der Einreise erteilten Aufenthaltstitels. Hier sind nur die für die Verlängerung des jeweiligen Aufenthaltstitels erforderlichen Voraussetzungen zu erfüllen (§ 10 Abs. 2 AsylG). 377

dd) Titelerteilungssperre nach Ablehnung oder Rücknahme des Asylantrages (§ 10 Abs. 3 AufenthG). Nach **Ablehnung oder Rücknahme des Asylantrages** dürfen dem Ausländer – außer im Falle eines Anspruchs – Aufenthaltstitel nur **nach dem 5. Abschnitt des AufenthG („humanitäre Aufenthalte")** erteilt werden (§ 10 Abs. 3 S. 1 und 3 AufenthG). Das sind – neben dem Falle eines Anspruchs – die Aufenthaltstitel nach §§ 23, 23a, 24, 25 Abs. 3 bis 5, §§ 25a und 25b AufenthG. Hinzu kommt der Aufenthalt nach § 19d AufenthG (Aufenthaltserlaubnis für qualifizierte Geduldete), denn dieser ist nach dessen Abs. 3 ausdrücklich zugelassen. Damit ist § 19d AufenthG derzeit der einzige Aufenthalt, der einem abgelehnten Asylantragsteller aus dem Bereich der Aufenthalte zur Erwerbstätigkeit offen steht. 378

Noch weiter eingeschränkt ist der Zugang zu einem Aufenthaltstitel, wenn der Ausländer mit seinem Asylantrag vom Bundesamt als **„offensichtlich unbegründet"** nach Anwendung des **§ 30 Abs. 3 Nr. 1 bis 6 AsylG** abgelehnt worden ist. Diesen Personen darf – abgesehen von den **Fällen eines Anspruchs**[592] und dem **Fall des § 25 Abs. 3 AufenthG** (genannt in § 10 Abs. 3 S. 3 AufenthG) vor der Ausreise **überhaupt kein Aufenthaltstitel** erteilt werden. Hier gelten allerdings nur die Fälle der Offensichtlichkeitsablehnung nach § 30 Abs. 3 Nr. 1 bis 6 AsylG, was auch so in dem Bescheid des Bundesamtes zum Ausdruck kommen muss. Die Ablehnung eines Antragstellers aus den sicheren Herkunftsstaaten als „offensichtlich unbegründet" (§ 29a AsylG) ist davon nicht umfasst (falls nicht das Bundesamt seine Ablehnung auf die in § 30 Abs. 3 Nr. 1 bis 6 AsylG genannten Gründe 379

---
[588] BVerwG Urt. v. 16.12.2008 – 1 C 37.07, NVwZ 2009, 789 Rn. 21.
[589] BVerwG Urt. v. 17.12.2015 – 1 C 31.14, NVwZ 2016, 458 Rn. 21.
[590] Denn mit dem Weiterbetreiben der Klage ist das Asylverfahren noch nicht „bestandskräftig abgeschlossen", so das BVerwG (Urt. v. 17.12.2015 – 1 C 31.14, NVwZ 2016, 458 Rn. 12).
[591] Gesetz vom 12.5.2017, in Kraft getreten am 1.8.2017.
[592] Hier verwendet das Gesetz im Unterschied zu Abs. 1 eine andere Formulierung und verzichtet auf den Zusatz „gesetzlich". Daraus lässt sich das Argument entnehmen, dass auch die Fälle der Ermessensreduzierung auf Null, vor allem dann, wenn gemeinschaftsrechtliche Vorgaben beteiligt sind, zu einer Überwindung dieser Sperre führen (so *Müller* in NK-AuslR AufenthG § 10 Rn. 28).

stützt). Dieser Personenkreis unterliegt aber wegen § 11 Abs. 7 AufenthG, soweit angeordnet, einer weitergehenden Erteilungssperre. Auch Kinder, deren Asylantragstellung nach § 14a AsylG fingiert worden ist (und bei der sie bzw. deren Eltern daher keine Entscheidungsmöglichkeit hatten), unterfallen aus guten Gründen nicht der Sperre nach § 10 Abs. 3 AufenthG, auch wenn sie in diesem Sinne als „offensichtlich unbegründet" abgelehnt worden sind.[593]

380   Ausnahmen zugunsten des nach § 30 Abs. 3 Nr. 1 bis 6 AsylG abgelehnten Asylantragstellers finden sich aber in **§ 23a Abs. 1 AufenthG** (bei einer Aufenthaltsgewährung in Härtefällen), **§ 25a Abs. 4 AufenthG** (für das Bleiberecht bei gut integrierten Jugendlichen und Heranwachsenden) und in **§ 25b Abs. 5 AufenthG** (für das allgemeine Bleiberecht bei nachhaltiger Integration). Eine weitere gesetzliche Ausnahme, die aber noch nicht zur Anwendung gekommen sein dürfte, ergibt sich aus **§ 19d Abs. 1a AufenthG**. Diese Norm versieht alle Personen, die im Zuge der Ausbildungsduldung (§ 60c AufenthG) einen Berufsabschluss erlangt haben, mit einem Anspruch auf den Aufenthaltstitel nach § 19d AufenthG für die Erwerbstätigkeit auf dem Gebiet der Ausbildung.

381   **d) Das behördliche Erkenntnisverfahren. aa) Darlegungslast des Antragstellers und Amtsermittlungsgrundsatz.** Das asylrechtliche Erkenntnisverfahren ist von einer antagonistisch anmutenden Pflichtenkonstruktion geprägt: Die **Darlegungslast des Asylantragstellers** (§ 25 Abs. 1 AsylG) trifft auf den **Amtsermittlungsgrundsatz des Bundesamtes** (§ 24 Abs. 1 AsylG). Beide Pflichten begrenzen einander, sodass dieses Spannungsverhältnis dahin aufzulösen ist, dass die Darlegungslast sich auf die persönlichen Umstände und Erlebnisse des Antragstellers in seinem Lebensbereich bezieht, der Amtsermittlungsgrundsatz der Behörde dann an dem Vortrag des Antragstellers ansetzt und ihn in die allgemeinen Verhältnisse im Herkunftsland einordnet.[594] Diese Grenzziehung ist auch sinnvoll, weil das Bundesamt die persönlichen Verhältnisse nicht kennen kann, der Asylsuchende aber umgekehrt wegen seiner – möglicherweise beschränkten – Perspektive nicht notwendig zutreffende und differenzierte Aussagen etwa über die Verfolgungspraxis, das politische System oder andere wesentliche allgemeine Umstände in seinem Herkunftsland machen kann.

382   Die Darlegungslast begründet damit bei dem Asylsuchenden die Obliegenheit, die Gründe aus seiner „persönlichen Sphäre"[595] für seine Verfolgungsfurcht (oder seine Furcht vor einem erheblichen Schaden) widerspruchsfrei und erlebnisorientiert vorzutragen. Diese Darlegungslast erfordert es, eine **vollständige, schlüssige** sowie mit **zeitlichen und örtlichen Angaben** versehene **Schilderung** abzugeben.[596] Dazu gehört auch die Angabe von Tatsachen, die einer Abschiebung nach den Regeln des nationalen Abschiebeschutzes entgegenstehen (§ 25 Abs. 2 AsylG).

383   Diese Darlegungslast hat innere Grenzen, wenn es um die **Vorlage von Beweismitteln** geht. Hier gilt die Konzession der „typischen Beweisnot" des Asylsuchenden, der als „Zeuge in eigener Sache" nur sich selbst als Beweismittel hat.[597] In der Anerkennungs-RL ist diesem Umstand in der Weise Rechnung getragen, dass der Asylsuchende von der **Vorlage von Unterlagen oder Nachweisen dispensiert** ist, wenn er seiner persönlichen Begründungspflicht offenkundig nachkommt, das Fehlen von solchen Unterlagen, Urkunden oder anderen Informationen erklären kann und sonst die Kriterien für einen glaubhaften Vortrag erfüllt sind und der Antragsteller als glaubwürdige Auskunftsperson angesehen werden kann (Art. 4 Abs. 5 Anerkennungs-RL). Dieser Dispens gilt sachgerechter Weise allerdings nur für die mit dem Herkunftsland in Verbindung stehenden Tatsachen.

384   Dieser Dispens gilt daher nicht, wenn der Antragsteller Nachweise über eine direkte Einreise auf dem Luftwege unter Umgehung der sicheren Drittstaaten nicht vorlegen kann

---
[593] *Dienelt* in Bergmann/Dienelt AufenthG § 10 Rn. 34.
[594] *Marx* AufenthaltsR § 9 Rn. 94.
[595] *Bergmann* in Bergmann/Dienelt AsylG § 25 Rn. 4.
[596] *Marx* AufenthaltsR § 9 Rn. 94.
[597] *Marx* AufenthaltsR § 9 Rn. 94.

(zB Flugschein, Boarding Pass ua). Hier ist für die Entscheidung, ob der Antragsteller sich auf das Asylgrundrecht berufen kann, Überzeugungsgewissheit hinsichtlich der Einreise auf dem Luftweg erforderlich.[598]

Der Amtsermittlungsgrundsatz verpflichtet das Bundesamt zur **Ermittlung der flüchtlingsrechtlichen Lage,** wie sie sich aus dem vom Antragsteller geschilderten Sachverhalt ergibt. Auch das folgt aus der Anerkennungs-RL, die die Asylbehörde auf die Prüfung der relevanten fallbezogenen Tatsachen verpflichtet, wobei sie die „maßgeblichen Angaben" des Antragstellers, insbesondere zu der Frage seiner Verfolgungsgefahr, sowie zu seinen individuellen, persönlichen und familiären Umständen zu berücksichtigen hat (Art. 4 Abs. 3 Anerkennungs-RL). Allgemeine Prüfungen genügen nicht, sie müssen sich konkret auf die mögliche Lebenswelt des Antragstellers beziehen. Soweit aus der Schilderung die „nicht entfernt liegende Möglichkeit" der Rückkehrgefährdung folgt, hat das Bundesamt dies auch zu ermitteln.[599] 385

Daraus folgt dann auch, dass die asylrechtliche Prüfung nicht bei der vom Antragsteller geäußerten Befürchtung stehen bleiben darf. Die Prüfung muss somit auch Gründe für eine Rückkehrgefährdung in die Prüfung einbeziehen, die der Antragsteller **selbst nicht als Grund** seiner Befürchtung geschildert hat, die sich aber aus den Umständen des Falles ergeben. 386

Strenger sind die Anforderungen an die Darlegungslast, wenn der Antragsteller gegen die Abschiebung eine **gegenwärtige Erkrankung** einwendet. Hier trifft ihn die Pflicht, diese substantiiert und unter Vorlage ärztlicher (gegebenenfalls fachärztlicher) Bescheinigungen darzulegen. Insbesondere **bei komplexen Krankheitsbildern** mit unscharfer Symptomatik, wie einer **posttraumatischen Belastungsstörung** (PTBS), genügt der Antragsteller nach der Rechtsprechung des BVerwG seiner Darlegungspflicht nur, wenn das fachärztliche Attest substantiiert Aussagen macht über die Grundlage der Diagnose, den Behandlungsverlauf und andere wesentliche Gesichtspunkte der Erkrankung.[600] Der Gesetzgeber hat diese Anforderungen inzwischen in § 60 Abs. 7 S. 2 AufenthG aufgenommen. Die Amtsermittlungspflicht setzt aber sodann wieder ein, wenn die Frage der Behandlungsmöglichkeit einer vom Antragsteller substantiiert dargelegten Erkrankung im Herkunftsland aufgeworfen wird. 387

Eine weitere Grenze der Amtsermittlungspflicht kann sich aus der **Präklusionsregel in § 25 Abs. 3 AsylG** ergeben. Danach darf weiteres Vorbringen nach dem Anhörungstermin unberücksichtigt bleiben, sodass weitere Ermittlungspflichten des Bundesamtes nicht ausgelöst werden. Allerdings setzt die Präklusion eine nicht nur unerhebliche Verzögerung voraus, was angesichts der gegenwärtigen durchschnittlichen Verfahrensdauer und eines oft mehrere Monate umfassenden Zeitraums zwischen Anhörung und Entscheidung unwahrscheinlich ist. Die Behörde muss über die Zurückweisung des Vorbringens nach Ermessen entscheiden,[601] wobei auch das Gewicht der nachgetragenen Gründe und die Gründe für die Verspätung zu berücksichtigen sind. Für Gründe, die sich erst nach dem Anhörungstermin ergeben haben, gilt § 25 Abs. 3 AsylG nicht. 388

Die Präklusionsregel des § 25 Abs. 3 AsylG gilt zunächst nur für das behördliche Verfahren und nicht für das gerichtliche Hauptsacheverfahren. In einem Eilverfahren kann das Gericht aber Vorbringen, das im Verwaltungsverfahren wegen § 25 Abs. 3 AsylG unberücksichtigt geblieben ist, ebenfalls unberücksichtigt lassen (§ 36 Abs. 4 S. 2 AsylG).[602] 389

bb) Widerlegungsvortrag im Verfahren nach § 29a AsylG (Antragsteller aus sicheren Herkunftsstaaten). Antragsteller **aus sicheren Herkunftsstaaten,** das sind die in der Anlage II zu § 29a AsylG genannten acht Staaten,[603] müssen in ihren Asylverfahren die 390

---
598 *Bergmann* in Bergmann-Dienelt GG Art. 16a Rn. 102.
599 *Marx* AufenthaltsR § 9 Rn. 94.
600 BVerwG Urt. v. 11.9.2007 – 10 C 8/07, NVwZ 2008, 330 (330 f.).
601 *Fränkel* in NK-AuslR AsylG § 25 Rn. 16; *Bergmann* in Dienelt/Bergmann AsylG § 25 Rn. 10.
602 Dazu und zu den Ausnahmen dieser Präklusion im Eilverfahren → Rn. 613 ff., 733.
603 Die Absicht des Gesetzgebers, drei weitere Staaten, nämlich Marokko, Tunesien und Algerien in diese Liste mitaufzunehmen, ist 2017 an der erforderlichen Zustimmung des Bundesrates gescheitert.

gesetzliche Vermutung der Verfolgungssicherheit widerlegen. Damit bürdet ihnen das Gesetz eine **erhöhte Darlegungslast** auf.[604] Diese Darlegungslast bezieht sich auf persönliche Umstände, denn angesichts einer im Herkunftsland bestehenden – und hier vermuteten – Verfolgungssicherheit können in der Regel nur individuelle Gründe diese Vermutung erschüttern. Folglich muss der Antragsteller „Tatsachen und Beweismittel angeben", die dazu in der Lage sind, die Annahme zu begründen, dass „ihm abweichend von der allgemeinen Lage im Herkunftsstaat" Verfolgung oder Schäden nach § 4 AsylG drohen (§ 29a Abs. 1 AsylG).

391 **cc) Die Anhörung zu den Verfolgungsgründen – Ladung und Beteiligte.** Die Anhörung ist das Herzstück des Asylverfahrens,[605] hier wird dem Antragsteller die Gelegenheit gegeben, seine Verfolgungsfurcht zusammenhängend darzulegen. Die Anhörung ist nicht öffentlich (§ 25 Abs. 6 S. 1 AsylG), für sie gilt der Grundsatz der Vertraulichkeit (Art. 15 Abs. 2 Asylverfahrens-RL).

392 An der Anhörung nehmen der **Mitarbeiter des Bundesamtes,** der **Antragsteller** und in der Regel ein **Dolmetscher** teil.[606] Der Asylsuchende kann zur Kontrolle der Übersetzung einen Dolmetscher seiner Wahl auf eigene Kosten hinzuziehen (§ 17 Abs. 2 AsylG). Aus Sinn und Zweck der Hinzuziehung eines solchen privaten Dolmetschers folgt aber auch, dass dieser in der Anhörung das Wort hat, wenn Zweifel an der Richtigkeit einer Übersetzung bestehen.

393 **Begleitete minderjährige Antragsteller** werden vom Bundesamt in der Regel selbst nicht angehört, hierzu genügt die Anhörung der Eltern.[607] Sofern begleitete Minderjährige eigene Schutzgründe geltend machen, die über die der Eltern hinausgehen, werden sie, wenn Alter und Reifegrad dies erlauben, angehört. Den Eltern ist die Teilnahme gestattet. Sofern wegen der Gefährdung des Minderjährigen eine Anhörung ohne Elternteil in Erwägung gezogen wird, verlangt die Dienstanweisung des Bundesamtes die Mitwirkung des Jugendamtes.[608] Das dürfte aber jedenfalls dann nicht genügen, wenn die Eltern diesem Verfahren nicht zustimmen; hier wäre ein Verfahrenspfleger durch das Familiengericht zu bestellen, der den Minderjährigen in die Anhörung begleitet.

394 Im Falle von **unbegleiteten Minderjährigen** erfolgt die Anhörung in Anwesenheit des **Vormunds** (Art. 25 Abs. 1 lit. a Asylverfahrens-RL), der diese Teilnahme aber auch an einen Betreuer des Jugendlichen delegieren kann. Auch ein Rechtsanwalt kann den Vormund in der Anhörung vertreten. Das Bundesamt wartet in der Regel die Bestellung des Vormunds ab, bevor die Ladung zur Anhörung ergeht.

395 Dieses Vorgehen muss auch nach der neuen Rechtslage gelten, wenn das **Jugendamt** im Zuge der vorläufigen Inobhutnahme „unverzüglich" **den Asylantrag zu stellen hat** (§ 42 Abs. 2 S. 5 SGB VIII) und es so sehr frühzeitig zu einer Anhörung kommen kann. Art. 25 Abs. 1 lit. a Asylverfahrens-RL verlangt eine qualifizierte Vertretung des unbegleiteten Minderjährigen, die von einem übergangsweise zuständigen Amtsvertreter möglicherweise nicht erbracht werden kann. Hier wäre der Anhörungstermin bis zur Bestellung des Vormunds zurückzustellen.

396 **Unbegleitete minderjährige Antragsteller** werden erst ab einem Alter von 14 Jahren vom Bundesamt angehört, der Vormund kann dann ersatzweise eine schriftliche Stellungnahme für den Minderjährigen abgeben oder auf eine ausnahmsweise Anhörung drängen.[609]

397 Auch der **Prozessbevollmächtigte,** der in jeder Lage des Asylverfahrens von einem Antragsteller beauftragt werden kann, nimmt, sofern das von ihm gewünscht ist, an der

---

[604] *Bergmann* in Bergmann/Dienelt AsylG § 29a Rn. 11.
[605] *Marx* AufenthaltsR § 9 Rn. 91.
[606] Dritten Personen aus dem Bereich des Bundesamtes ist die Teilnahme im Rahmen des § 25 Abs. 6 S. 2 AsylG gestattet.
[607] DA-Asyl, Stand 212.2019, Dienstanweisung Asylverfahren Anhörung, Nr. 6.
[608] DA-Asyl, Stand 212.2019, Dienstanweisung Asylverfahren Anhörung, Nr. 6.
[609] DA-Asyl, Stand 21.2.2019, Dienstanweisung Unbegleitete Minderjährige (UM), C.

Anhörung teil (§ 25 Abs. 4 AsylG, § 14 Abs. 1 VwVfG, sowie Art. 23 Abs. 3 Asylverfahrens-RL).

Eine in der Praxis häufig angesprochene Frage ist die nach der **Teilnahmemöglichkeit** 398 von **nichtanwaltlichen Begleitern** des Asylsuchenden an der Anhörung, etwa ehrenamtlichen Unterstützern, Mitgliedern eines „Arbeitskreises Asyl", Studierenden einer Refugee Law Clinic,[610] aber auch Bekannten oder Freunden des Antragstellers. Der ehemalige Betreuer oder Vormund nach Eintritt der Volljährigkeit eines unbegleiteten Asylsuchenden gehört auch in diese Gruppe. Die Antwort ergibt sich aus § 14 Abs. 4 S. 1 VwVfG. Hier gilt, dass der Antragsteller sich in dem Asylverfahren eines **Beistandes** bedienen kann, der in seiner Funktion auch das Wort für die andere Person ergreifen darf (§ 14 Abs. 4 S. 2 VwVfG). Die Grenze, die hier durch das **Rechtsdienstleistungsgesetz (RDG)** gezogen ist (§ 14 Abs. 5 AsylVfG), dürfte bei einer Anhörungsbegleitung selten überschritten sein. Eine an der Aufklärung des Sachverhaltes orientierte Begleitung in einer Anhörung stellt auch bei der Wahrnehmung eines Fragerechts oder der Möglichkeit von ergänzenden Hinweisen zum Sachverhalt keine Tätigkeit dar, die „eine rechtliche Prüfung des Einzelfalles erfordert" (§ 2 RDG).

Im Zweifelsfall kann der Begleiter sich wegen seiner Teilnahme auch auf die **Dienst-** 399 **anweisung** des Bundesamtes beziehen. Die Anwesenheit von „Begleitern", wie es dort heißt, ist ausdrücklich gestattet. Der Begleiter wird zugelassen, wenn der Asylsuchende ein entsprechendes Einverständnis zu Protokoll gibt und der Begleiter sich bei Erscheinen amtlich ausweisen kann.[611]

Das Gesetz sieht eine **Ladung zur Anhörung** immer in den Fällen vor, in denen der 400 Antragsteller nicht mehr in der Erstaufnahmeeinrichtung wohnpflichtig ist und folglich dezentral untergebracht ist. Befindet sich der Antragsteller noch in der Erstaufnahmeeinrichtung und soll die Anhörung in unmittelbarem zeitlichem Zusammenhang (das Gesetz definiert diesen Zeitraum mit bis zu einer Woche nach der Antragstellung, § 25 Abs. 4 S. 3 AsylG) erfolgen, was in den heutigen Tagen die Regel ist, wird nicht förmlich geladen. Allerdings ist der Bevollmächtigte zu informieren.

Um die **Beteiligung des Rechtsanwalts zu gewährleisten,** hat es sich in der Praxis 401 bewährt, dem Antragsteller zur persönlichen Antragstellung ein Schreiben des Bevollmächtigten mitzugeben, mit dem die Vertretung gegenüber dem Bundesamt und der Wunsch nach Teilnahme an der Anhörung zum Ausdruck gebracht wird. In den meisten Fällen nimmt das Bundesamt den Kontakt auf, um den Anhörungstermin mitzuteilen, wenn es ihn nicht sogar mit dem Bevollmächtigten abspricht. Auf begründete **Verlegungsanträge eines Rechtsanwalts** wird in der Regel Rücksicht genommen,[612] auch sonst kann der Termin bei dem Vortrag erheblicher Gründe verlegt werden. Angesichts des Anspruchs auf eine anwaltliche Begleitung ist die Ablehnung eines Verlegungsantrags wegen einer Terminkollision des Rechtsanwalts nur in Ausnahmefällen gerechtfertigt.

Befindet sich der Antragsteller nicht mehr in der Erstaufnahmeeinrichtung und hat sich 402 der Rechtsanwalt mit Vollmacht zur Akte gemeldet, wird die Ladung ohnehin ihm zugestellt. Auch hier ist es Praxis des Bundesamtes, den Rechtsanwalt in die Terminplanung einzubeziehen, wenn der Wunsch geäußert worden ist, die Anhörung zu begleiten.

dd) Der Ablauf der Anhörung. Die **Herrschaft über den Ablauf der Anhörung** liegt 403 bei dem Bundesamtsmitarbeiter. Ob er in der Sache nur als **Anhörer** fungiert oder später auch als **Einzelentscheider** den Bescheid erstellt, ist zum Zeitpunkt der Anhörung oft nicht bekannt. Das Bundesamt strebt zwar die Identität von Anhörer und Entscheider an,[613] organisatorische Umstände lassen dies aber offensichtlich nicht im gewünschten Umfang zu. Das Gesetz ist in dieser Frage offen, im Einzelfall wirkt sich diese Aufgabenteilung im

---
[610] Hilb/v. Felde KritJ 2016, 220 ff.
[611] DA-Asyl, Stand 21.2.2019, Dienstanweisung Asylverfahren Anhörung, Nr. 7.
[612] DA-Asyl, Stand 21.2.2019, Dienstanweisung Asylverfahren Anhörung, Nr. 4.
[613] DA-Asyl, Stand 21.2.2019, Dienstanweisung Asylverfahren Anhörung, Nr. 8.

Entscheidungsprozess, insbesondere bei der Aussagewürdigung, aus.[614] Der Anhörer fertigt auch die **Niederschrift** über die Anhörung.

404   Aus den Garantien, die für das Asylverfahren von **unbegleiteten Minderjährigen** gelten, folgt, dass die Anhörungsperson ein **besonders geschulter Sonderbeauftragter** sein muss, wenn dieser Personenkreis angehört wird (das verlangt ausdrücklich Art. 25 Abs. 3 lit. a Asylverfahrens-RL).

405   Auf Wunsch des Antragstellers kann auch ein Anhörer eines bestimmten Geschlechts bestimmt werden. Auch besonders schutzbedürftige Antragsteller haben den Anspruch, von hierzu geschulten Fachkräften angehört zu werden (Art. 15 Abs. 3 lit. a Asylverfahrens-RL).

406   Das Bundesamt führt in der Regel **zwei Anhörungen** durch, eine erste zur Zulässigkeit des Asylantrages nach § 29 Abs. 1 Nr. 1 bis 4 AsylG und Art. 5 Dublin III-Verordnung und die allgemeine Anhörung nach § 25 AsylG.

407   Die **Anhörung zur Zulässigkeit** enthält die Mitteilung der im EURODAC-System nachgewiesenen Fingerabdrücke, zu deren Existenz sich der Antragsteller äußern kann. Diese Anhörung ist auch eine Dublin-Anhörung, wie sie in Art. 5 Abs. 1 Dublin III-Verordnung vorgesehen ist. Im weiteren Zentrum dieser Anhörung stehen humanitäre Gründe (Krankheiten, Traumatisierungen, Familientrennung während der Reise ua), die sich auf die Zulässigkeitsentscheidung auswirken können. Wenn ein Voraufenthalt in einem Transitstaat bekannt ist, kommt es insbesondere zu der Frage nach den Gründen, die gegen eine Überstellung in diesen anderen Staat bestehen. Die Fragen zu den Lebensbedingungen in einem Transitstaat sind zuletzt auch deswegen erforderlich geworden, weil das Bundesamt bei einer negativen Entscheidung über die Zulässigkeit des Asylantrags eine Aussage zu möglicherweise bestehenden Abschiebungsverboten nach § 60 Abs. 5 und 7 AufenthG hinsichtlich des Staates der Überstellung zu machen hat (§ 31 Abs. 3 S. 1 AsylG).

408   Die Anhörung nach § 25 AsylG zu den Verfolgungsgründen hat für sich drei Teile. Der erste Teil beschäftigt sich im Rahmen eines **Katalogs von Fragen** mit den Personalien, familiären und wirtschaftlichen Verhältnissen des Antragstellers, seiner Ausbildung und seines Reiseweges von seiner letzten offiziellen Anschrift im Herkunftsland bis zur Einreise in die Bundesrepublik.

409   Der zweite Teil der Anhörung widmet sich der vom Antragsteller darzulegenden Umstände **nach § 25 Abs. 1 und 2 AsylG**. Der Asylantragsteller, der mit dieser Passage seiner Darlegungspflicht genügen soll, hat das Recht, seine Gründe vollständig – also auch zusammenhängend – vorzubringen (Art. 16 S. 1 Asylverfahrens-RL). Dazu wird er aufgefordert, die Tatsachen vorzutragen, die seine Verfolgungsfurcht oder die Gefahr eines ihm drohenden Schadens begründen. Er wird auch gebeten, die Tatsachen und Umstände anzugeben, die ein Abschiebungsverbot begründen können. Der Anhörer soll hier den Erzählfluss zunächst nicht durch Fragen stören,[615] seine Rückfragen dienen in diesem Abschnitt allein der Vermeidung von Missverständnissen.

410   Erst nach Abschluss dieser Passage wird der Anhörer Rückfragen stellen, die den Sachverhalt weiter aufklären sollen. Da das Ziel der Anhörung darauf zielt, ein glaubhaftes Geschehen festzustellen, werden diese Fragen sich sehr konkret – und durchaus kritisch – auf die Umstände des berichteten Geschehens beziehen. Die Fürsorgepflicht gegenüber dem Antragsteller gebietet es allerdings,[616] vom Anhörer alle vermuteten Missverständnisse, Widersprüche und Unklarheiten offen anzusprechen, um so dem Asylsuchenden die Möglichkeit zu geben, diese aufzuklären.

411   Der dritte Teil der Anhörung richtet sich auf die berücksichtigungsfähigen Umstände für eine Entscheidung zu einem **Einreise- und Aufenthaltsverbot** nach § 11 AufenthG. Dieser Teil der Anhörung ergibt sich daraus, dass das Bundesamt diese Befristungsentschei-

---
[614] Dazu unten → Rn. 415.
[615] *Marx* AufenthaltsR § 9 Rn. 99.
[616] *Marx* AufenthaltsR § 9 Rn. 99.

dung treffen muss und dem Antragsteller hierzu rechtliches Gehör zu geben hat. In diesem Abschnitt wird vor allem nach Familienmitgliedern im Bundesgebiet gefragt.[617]

Über die Anhörung wird eine **Niederschrift** gefertigt (§ 25 Abs. 7 AsylG), die nach dem Gesetz die wesentlichen Aussagen des Antragstellers festhalten muss. Die Regelung in Art. 17 Asylverfahrens-RL geht darüber hinaus, indem sie eine „ausführliche und objektive Niederschrift" oder ein Wortprotokoll verlangt. Ein solches Wortprotokoll gibt es im derzeitigen Asylverfahren nicht, der Betroffene kann aber in Einzelfällen eine wörtliche Protokollierung verlangen.[618] Dem Asylsuchenden ist die Gelegenheit zu geben, sich zu Übersetzungsfehlern oder missverständlichen Formulierungen in der Niederschrift zu äußern und diese aufzuklären (Art. 17 Abs. 3 Asylverfahrens-RL). Die Praxis löst diesen Anspruch damit ein, dass die meist digital aufgenommene Protokollierung dem Betroffenen noch in der Anhörung ausgedruckt und vom Dolmetscher rückübersetzt wird. 412

Im Hinblick auf die **Aufgabenteilung** zwischen **Anhörer und Entscheider** verlangt die Dienstanweisung des Bundesamtes für die Abfassung der Niederschrift, den Sachverhalt so ausführlich zu dokumentieren, dass ein **Dritter** damit **„ohne weitere Sachverhaltsermittlung"** eine Entscheidung treffen kann. Dazu gehören auch die Umstände, die zur Beurteilung der Glaubhaftigkeit erheblich sind. Diese müssen „in der Anhörungsniederschrift erkennbar" sein.[619] 413

Auch im Falle einer sehr ausführlichen Protokollierung bleibt immer noch das Risiko, dass der Sachverhalt von einem Entscheider, der die Anhörung selbst nicht durchgeführt hat, missverständlich gedeutet wird. Das gilt nicht nur wegen des fehlenden persönlichen Eindrucks, sondern vor allem für die Auswahl der Fragen, auf die ein Entscheider nachträglich keinen Einfluss mehr hat. Dass in solchen Fällen eine **weitere Anhörung** stattfindet, um offen gebliebene Fragen aufzuklären oder Missverständnisse zu beseitigen, kommt in der Praxis des Bundesamtes allerdings selten vor, wäre aber die zwingende Folge. 414

ee) Die Kriterien für die Glaubhaftigkeit der gemachten Aussagen. In Art. 4 Abs. 5 Asylverfahrens-RL werden Kriterien für die Ermittlung eines glaubhaften Vortrages genannt, nämlich dass die Aussagen „kohärent und plausibel" sein sollen und „zu den relevanten Informationen nicht in Widerspruch stehen" dürfen. Ähnliches ergibt sich aus § 30 Abs. 3 Nr. 1 AsylG, wenn dort – freilich mit umgekehrten Vorzeichen im Zusammenhang mit einer Offensichtlichkeitswertung – von „unsubstantiiertem", „widersprüchlichem" oder „nicht den Tatsachen" entsprechendem Vorbringen die Rede ist. Das Bundesamt wendet alle diese drei Kriterien bei der Prüfung der Glaubhaftigkeit in seinen Bescheiden an. 415

ff) Einflussnahme des Rechtsanwalts oder eines Begleiters auf die Anhörung. Dem Rechtsanwalt ist bei Teilnahme in der Anhörung das Wort für Fragen an den Antragsteller und zu Ausführungen zu erteilen. Auch der nichtanwaltliche Begleiter hat nach der hier vertretenen Auffassung das Recht, durch Fragen oder Anmerkungen zum Anhörungsverlauf Widersprüche und Missverständnisse aufzuklären. 416

Aufgabe eines Anwalts ist es neben der Aufklärung von Widersprüchen auch, die **zutreffende rechtliche Beurteilung des drohenden Verfolgungsgeschehens** zu befördern, etwa indem er mit seinen Fragen einen noch nicht klar konturierten Verfolgungsgrund herausarbeitet. Auch die Prüfung des Protokolls fällt in den Aufgabenbereich eines Rechtsanwalts. 417

e) Regelungen über die Verfahrensdauer und Verfahrensbeschleunigung. aa) Verfahrensdauer und Recht des Antragstellers auf baldige Entscheidung. Aus der Asylverfahrens-RL ergibt sich eine Bearbeitungszeit für einen Asylantrag von sechs Monaten 418

---

[617] Der Betroffene, der gerade seine Gründe geschildert hat, warum er überhaupt nicht mehr in seinen Herkunftsstaat zurückkehren kann, kann die unvermittelte Frage nach solchen Befristungsgründen allerdings oft nicht einordnen.
[618] Marx AufenthaltsR § 9 Rn. 98.
[619] DA-Asyl, Stand 21.2.2019, Dienstanweisung Asylverfahren Anhörung, Nr. 9.

(Art. 31 Abs. 3 Asylverfahrens-RL). Diese Frist kann allerdings aus besonderen Gründen, etwa auch wegen der ausnahmsweise großen Zahl von Antragstellern, verlängert werden. Ein berechtigter Grund zur Verlängerung der Bearbeitungsfrist liegt auch dann vor, wenn Verfahren wegen der zeitweise unübersichtlichen Situation in dem Herkunftsland zum Zwecke der Beschaffung neuer Länderinformationen unterbrochen werden.

419 Das AsylG räumt dem Antragsteller in § 24 Abs. 4 AsylG sechs Monate nach Antragstellung ein Auskunftsrecht über den voraussichtlichen Abschluss des Verfahrens ein. Nach herrschender Rechtsprechung war es bis Mitte 2017 allerdings wegen der hohen Antragszahlen gerechtfertigt, wenn das Bundesamt hierzu keine klaren Abschlusstermine benennen konnte.[620]

420 In der Zwischenzeit ist die Bearbeitungszeit zurückgegangen, das gilt besonders für Asylanträge die erst 2017 und später gestellt worden sind. Das ist dann auch bei der Bewertung der Erfolgsaussichten einer gerichtlichen Untätigkeitsklage zu beachten.

421 **bb) Das beschleunigte Verfahren nach § 30a AsylG.** Das **beschleunigte Verfahren nach § 30a AsylG,** das der Gesetzgeber mit dem Asylpaket 2 im März 2016 eingeführt hat,[621] wird vom Bundesamt nur an einzelnen, wenigen Standorten angewandt.

422 Ziel des Gesetzgebers war es, für bestimmte Personen- oder Fallgruppen ein besonderes und nur auf eine Woche Dauer angelegtes Asylverfahren zu schaffen. Die betroffenen Personen sollten nach dem Konzept des Gesetzes während dieses Verfahrens in gesonderten Aufnahmeeinrichtungen wohnpflichtig sein und einer räumlichen Beschränkung unterliegen. Diese Beschränkung hatte für den Gesetzgeber ein so hohes Gewicht, dass ein Verstoß nach § 33 Abs. 2 Nr. 3 AsylG zu der Vermutung des Nichtbetreibens des Verfahrens führen sollte.

423 **f) Pflichten des Antragstellers im Asylverfahren. aa) Grundsatz.** Den Asylsuchenden treffen eine Reihe von **Mitwirkungspflichten,** die sich nach der Verfahrensphase, ihrem Regelungsziel und nicht zuletzt anhand ihrer Sanktionen unterscheiden. Sie richten sich auf die **Mitwirkung bei der Antragstellung** in ihren verschiedenen Schritten und darauf, für die Behörden erreichbar zu sein. In § 15 Abs. 2 AsylG werden wesentliche **Mitteilungs- und Herausgabepflichten** genannt, die auch die **Mitwirkung an der Beschaffung von Identitätspapieren** und die **Duldung der körperlichen Durchsuchung** erfassen. Seit Juli 2017 gehört hierzu auch die Pflicht, dem Bundesamt **Datenträger** zum Zwecke der Auswertung auszuhändigen. Schließlich gibt es auch die Pflicht, die **erkennungsdienstliche Behandlung (ED-Behandlung, § 16 AsylG)** zum Zwecke der Identitätsklärung zu **dulden** (§ 15 Abs. 2 Nr. 7 AsylG).

424 Einen eigenen Bereich machen die Obliegenheiten im **asylrechtlichen Erkenntnisverfahren** aus. Der Asylsuchende hat in der Regel in einer Anhörung die Tatsachen selbst vorzutragen, die seinen Asylantrag und eine positive Entscheidung über Abschiebungsverbote begründen (§ 25 Abs. 1 AsylG), wird in dieser Obliegenheit aber teilweise durch den Amtsermittlungsgrundsatz entlastet (→ Rn. 381).

425 Im Hinblick auf die Erreichbarkeit für die Behörde stellt § 10 AsylG ein eigenes Zustellungsregime für Schriftstücke auf. Der Asylsuchenden hat Vorkehrungen zu treffen, dass ihn **Schriftstücke von Behörden und Gerichten** erreichen. Dazu trifft § 10 Abs. 4 AsylG besondere Regelungen über den Zugang von Schriftstücken in der Erstaufnahmeeinrichtung, der Asylsuchende hat danach sicherzustellen, dass ihm Schriftstücke während der Postausgabe in der Einrichtung ausgehändigt werden können. Für das gesamte Verfahren (auch später während eines Gerichtsverfahrens) gilt, dass der Asylsuchende jeden Wechsel der Adresse den Behörden und Gerichten mitzuteilen hat, da er sonst sogar eine erfolglose Zustellung gegen sich gelten lassen muss.

426 Diesen Mitwirkungspflichten korrespondieren **Belehrungspflichten des Bundesamtes,** die nach Art. 12 Abs. 1 lit. a Asylverfahrens-RL in einer Sprache erfolgen müssen,

---
[620] *Schönenbroicher* in BeckOK AuslR AsylG § 24 Rn. 13.
[621] Gesetz zur Einführung beschleunigter Asylverfahren v. 11.3.2016.

die die Asylantragsteller „verstehen oder von der vernünftigerweise angenommen werden darf, dass sie sie verstehen". Hinzu kommt, dass für bestimmte Belehrungen, wie etwa die bei der Einstellung des Verfahrens mangels Mitwirkung (§ 33 Abs. 4 AsylG), eine Empfangsbestätigung durch den Antragsteller erforderlich ist.

Das Asylgesetz kennt **verschiedene Sanktionen** der Verletzung von Mitwirkungspflichten: In Betracht kommt neben der **zwangsweisen Durchsetzung** (etwa bei der erkennungsdienstlichen Behandlung) zunächst die **Rücknahmefiktion** nach § 33 AsylG. In diesem Falle wird das Verfahren eingestellt, weil aus den in der Norm genannten Mitwirkungsverstößen eine Rücknahme des Asylantrags geschlossen wird. Ferner gibt es die **Zustellungsfiktion** für Schriftstücke, die der Asylsuchende gegen sich gelten lassen muss, wenn er wegen eines Verstoßes gegen § 10 AsylG das Schriftstück nicht erhalten hat. Eine weitere Sanktion ist die **Leistungskürzung** nach § 1 Abs. 5 AsylbLG, die an die dort genannten Mitwirkungsverstöße anknüpft. Verstöße gegen Obliegenheiten im asylrechtlichen Erkenntnisverfahren können sich dahin auswirken, dass **verspäteter Vortrag unberücksichtigt bleibt** (§ 25 Abs. 3 und § 36 Abs. 4 S. 2 AsylG) **oder** dass **nach Aktenlage** entschieden wird (§ 25 Abs. 5[622] oder § 73 Abs. 4 AsylG). Schließlich darf das Bundesamt unbegründete Asylanträge (also Asylanträge, die es ohnehin für unbegründet hält) in bestimmten Fällen mangelnder Mitwirkung mit den besonderen Folgen (→ Rn. 513 ff.) **als „offensichtlich unbegründet"** ablehnen (§ 30 Abs. 3 Nr. 2 oder 5 AsylG). 427

Diese Sanktionsnormen überschneiden sich mitunter hinsichtlich ihrer Tatbestände, sodass aus einem Verstoß verschiedene Sanktionen folgen und auch verhängt werden können. Diese Sanktionenkonkurrenz ist für den Antragsteller indessen misslich und im Übrigen auch rechtlich nicht abschließend geklärt.[623] 428

bb) Pflichten im Zusammenhang mit der formalen Asylantragstellung. Ein Asylsuchender, der **illegal eingereist** ist, hat sich **unverzüglich** bei einer Aufnahmeeinrichtung zu melden oder bei einer Ausländer- oder Polizeibehörde **um Asyl nachzusuchen** (§ 13 Abs. 3 AsylG). Tut er dies nicht, kann ein unbegründeter Asylantrag nach § 30 Abs. 3 Nr. 5 AsylG als offensichtlich unbegründet abgelehnt werden, sofern seine Mitwirkungsverletzung „gröblich" war. Im Übrigen verhindert ein Asylantrag nach der illegalen Einreise auch nicht die Abschiebungshaft, wenn er nicht binnen eines Monats nach der Einreise gestellt wird (§ 14 Abs. 3 Nr. 4 AsylG). 429

Der Asylsuchende hat nach der Äußerung seines Asylgesuchs der **Weiterleitung an die nächste Aufnahmeeinrichtung** unverzüglich oder jedenfalls bis zu einem von der Behörde genannten Termin **zu folgen** (§ 20 Abs. 1 AsylG). Kommt er dem nicht nach, wird entsprechend nach § 33 AsylG verfahren (Rücknahmefiktion). Eine direkte Anwendung des § 33 AsylG war hier ausgeschlossen, weil es zum Zeitpunkt der Weiterleitung noch keinen Asylantrag gibt. Gleiches gilt für die dann erforderliche Meldung bei der **zuständigen Aufnahmeeinrichtung** (§ 22 Abs. 3 AsylG), auch hier führt die Nichtbefolgung der Weiterleitungsanordnung entsprechend § 33 AsylG zur Rücknahmefiktion. Eine weitere Sanktion, die erst 2019 eingeführt wurde, ist die Leistungskürzung, falls der Asylantrag nach dem Asylgesuch nicht unverzüglich gestellt wird (§ 1a Abs. 5 Nr. 1 AsylbLG). 430

Schließlich muss der Asylsuchende den gewährten **Termin zur förmlichen Asylantragstellung** wahrnehmen (§ 23 Abs. 1 AsylG). Tut er das nicht, kommt § 33 AsylG (Rücknahmefiktion) in entsprechender Weise zur Anwendung. Im Übrigen können ihm von der Sozialbehörde auch Leistungen nach dem AsylbLG auf den Mindestbedarf iSd § 1 Abs. 2 S. 2 AsylbLG gekürzt werden, der dann auch als Sachleistung erbracht werden darf (§ 1 Abs. 5 Nr. 4 AsylbLG). Sobald der Antragsteller das Verfahren entsprechend § 33 Abs. 5 AsylG erfolgreich wieder aufnimmt, stehen dem Antragsteller auch die ungekürzten Leistungen wieder zu. 431

---

[622] Inwiefern § 25 Abs. 5 AsylG nach der Neuregelung des § 33 AsylG noch Geltung hat, siehe → Rn. 445 Fn. 611.
[623] Vgl. *Wittmann* Asylmagazin 2016, 328 (332 ff.).

432 **cc) Pflichten im Zusammenhang mit der Aufklärung des Sachverhalts, der Identität und des Reisewegs.** Der Asylsuchende – und zwar höchstpersönlich – muss an der Aufklärung des Sachverhalts mitwirken (§ 15 Abs. 1 AsylG), diese Pflicht wird auch durch eine Rücknahme des Antrags nicht beseitigt (§ 15 Abs. 5 AsylG). Dabei hat der Gesetzgeber wesentlich die Identität, Nationalität und den Reiseweg des Antragstellers im Auge. Das ergibt sich aus dem Katalog der Pflichten in § 15 Abs. 2 AsylG. Demnach hat der Asylsuchende dem Bundesamt und anderen Behörden nach Aufforderung mündlich oder schriftlich „erforderliche Angaben" zu machen (Nr. 1), sie über erhaltene Aufenthaltstitel zu unterrichten (Nr. 2), auf Anordnung bei den Behörden persönlich zu erscheinen (Nr. 3), den Behörden Reisepass oder Passersatz zu überlassen (Nr. 4) und sonst erforderliche Unterlagen in seinem Besitz auszuhändigen (Nr. 5). Im Falle eines Nichtbesitzes eines Passes tritt die Pflicht zur Beschaffung von Identitätspapieren (→ Rn. 433 f.) ein (Nr. 6), im Übrigen gilt die Pflicht, erkennungsdienstliche Maßnahmen zu dulden (Nr. 7).

433 Die erforderlichen Unterlagen iSd Nr. 5 sind in § 15 Abs. 3 AsylG aufgezählt. Nach dieser Vorschrift erfasst dies alle Dokumente, die neben einem Pass, zur Feststellung der Identität und Staatsangehörigkeit oder der Feststellung des Reiseweges dienlich sind und die sich **in dem Besitz** des Asylsuchenden befinden (erst § 15 Abs. 2 Nr. 6 AsylG geht über die Herausgabe der im Besitz befindlichen Dokumente hinaus und verlangt deren Beschaffung). Damit kommen neben **Personenstands- und Taufurkunden, Schul- und Arbeitszeugnissen** ua auch Flugscheine, Grenzübertrittspapiere, Tickets, Hotelbelege ua in Frage. Nach § 15 Abs. 4 AsylG trifft den Antragsteller die Pflicht, eine Durchsuchung der mitgeführten Sachen in den Amtsräumen der Behörde nach solchen Dokumenten zu erdulden.

434 Bei der Pflicht zur Mitwirkung an der Identitätsklärung bei **passlosen** Asylantragstellern spart das Gesetz die **Beantragung eines Reisepasses** bei der konsularischen Vertretung des Herkunftsstaates aus guten Gründen aus. Die Kontaktaufnahme mit den Behörden des Herkunftsstaats ist dem potentiell Verfolgten in diesem Stadium des Verfahrens nicht zumutbar,[624] im Übrigen kann eine solche Kontaktaufnahme das Asylvorbringen als unplausibel erscheinen lassen.[625] Gleichwohl ist die Reichweite der Verpflichtung im Einzelfall zu ermitteln. Die genannte Einschränkung gilt nicht für die Kontaktaufnahme mit Verwandten und anderen Angehörigen oder einem Vertrauensanwalt im Heimat- oder Transitland, um von dort Unterlagen beizubringen. Der Antragsteller hat insgesamt geeignete und zumutbare Anstrengungen zu unternehmen.

435 Die Mitwirkung an der Identitätsklärung während des Asylverfahrens hatte zuletzt im Zusammenhang mit der **Genehmigung der Erwerbstätigkeit** Bedeutung gewonnen, was aber angesichts des neuen Wortlauts des § 61 Abs. 1 S. 2 AsylG („ist zu erlauben") so nicht mehr zur Bedingung gemacht werden dürfte (→ Rn. 775). Eine besondere Bedeutung hat die Identitätsklärung für Asylantragsteller aber jetzt wegen der neu eingeführten Regelungen zur Ausbildungs-[626] und Beschäftigungsduldung.[627] Hier gehört es neuerdings zu den Erteilungsvoraussetzungen, dass die Identität innerhalb bestimmter Fristen nach dem Tag der Einreise – also meist schon während des Asylverfahrens – geklärt ist (bzw. alle erforderlichen und zumutbaren Schritte unternommen worden sind).

436 Zur Aufklärung seiner Identität und Staatsangehörigkeit trifft den passlosen Asylsuchenden neuerdings auch die Pflicht, **Datenträger** herauszugeben. Nach § 15 Abs. 2 Nr. 6 AsylG gilt die Herausgabepflicht nicht nur für mitgeführte Datenträger, sondern für alle Datenträger, die **im Besitz des Antragstellers sind** und die für die Feststellung von Identität und Staatsangehörigkeit von Bedeutung sein können. Damit wird auch die zwangs-

---

[624] *Bergmann* in Bergmann/Dienelt AsylG § 15 Rn. 11.
[625] BVerwG Urt. v. 20.10.1987 – 9 C 277.86, NVwZ 1988, 160 (161).
[626] Früher im § 60a Abs. 2 AufenthG aF geregelt und seit dem 1.1.2020 als § 60c AufenthG eigenständig geregelt mit einer Obliegenheit zur Identitätsklärung nach § 60c Abs. 2 Nr. 3 AufenthG.
[627] Als neues Institut seit 1.1.2020 in § 60d AufenthG geregelt, die Obliegenheit zur Identitätsklärung findet sich dort in Abs. 1 Nr. 1.

weise Herausgabe möglich. Diese durch das Gesetz zur besseren Durchsetzung der Ausreisepflicht (vom 20.7.2017) eingefügte Regelung ist allerdings nur zum genannten Zwecke der Feststellung von Identität und Staatsangehörigkeit zulässig, und das auch nur, wenn andere mildere Mittel nicht zum Ziel führen (§ 15a AsylG). Außerdem darf die Auswertung nur von einer Person vorgenommen werden, die die Befähigung zum Richteramt hat.[628] Mit Datenträgern sind Smartphones[629] und Speicherkarten (Simcards) gemeint, nicht aber die Daten, die in einer Cloud oder einem Emailpostfach gespeichert sind, denn hier fehlt es an einem herauszugebenden körperlichen Gegenstand. Die Pflicht zur Herausgabe des Datenträgers umfasst dann auch das Zurverfügungstellen der Zugangsdaten (§ 48 Abs. 3a S. 3 AufenthG).

Der besondere Stellenwert der Pflicht zur Identitätsklärung bei Passlosigkeit ergibt sich nunmehr auch daraus, dass der Gesetzgeber den Fall, dass das Bundesamt diese Pflichtverletzung feststellt, zu einer Leistungskürzung führen lässt (§ 1 Abs. 5 S. 1 Nr. 4 AsylbLG). **436a**

Die **Auswertung der Datenträger** darf, auch wenn sie im Ausnahmefall zulässig ist, nur zu dem angegebenen Zweck erfolgen. Es dürfen etwa die verwendeten Sprachen, Verbindungsdaten hinsichtlich des mutmaßlichen Herkunftslandes oder der Name, unter dem der Besitzer eines Smartphones auftritt, ermittelt werden, da dies der Feststellung von Identität und Staatsangehörigkeit dient. Ermittlungen zu Reisewegen oder zur Prüfung der Plausibilität von Schutzgründen sind nicht zulässig.[630] **437**

Die obligatorische **ED-Behandlung** ist das zentrale Element der Identitätsklärung. Sie besteht aus der Anfertigung von Lichtbildern und der Abnahme der Fingerabdrücke aller zehn Finger (§ 16 Abs. 1 AsylG). Hinzu kann die Sprachanalyse zur Bestimmung des Herkunftsstaates und der Herkunftsregion kommen (§ 16 Abs. 1 S. 3 bis 5 AsylG). Aus der Duldungspflicht wird entnommen, dass die erkennungsdienstliche Behandlung auch **mit Zwang** durchgeführt werden kann.[631] Hiergegen ist Rechtsschutz im Klagewege statthaft, wegen der Eilbedürftigkeit ist zudem ein Eilantrag erforderlich.[632] Im Falle der Nichtmitwirkung drohen dem Asylsuchenden Leistungskürzungen (§ 1 Abs. 5 S. 1 Nr. 5 AsylbLG, § 15 Abs. 2 Nr. 7 AsylG). **438**

Die Pflicht zur Duldung der Abnahme von Fingerabdrücken bezieht sich hierbei aber nicht darauf, verwertbare **Fingerabdrücke** abzugeben. Sie „umfasst aber" nach BVerwG „die Verpflichtung des Asylbewerbers, im Vorfeld einer geplanten Fingerabdrucknahme alle Verhaltensweisen zu unterlassen, die die Auswertbarkeit seiner Fingerabdrücke beeinträchtigen oder vereiteln könnten."[633] Die bloße Unverwertbarkeit der Fingerabdrücke indiziert diese Manipulation indessen nicht, wenn andere Gründe für die Unverwertbarkeit plausibel vorgetragen sind. Die entsprechende Mitwirkung bei der Abgabe von Fingerabdrücken kann auch nach dem neuen Recht sanktioniert werden, denn nach der herrschenden Auffassung ist dies unter § 33 Abs. 2 Nr. 1 Alt. 1 AsylG zu subsumieren.[634] **439**

Für die Durchführung der Sprachanalyse ist zu beachten, dass die Tonaufzeichnungen nicht aus der Anhörung zu den Verfolgungsgründen stammen dürfen (§ 16 Abs. 1 S. 3 AsylG). Das wäre aber auch nicht iSd Untersuchungserfolges, weil im Hinblick auf die Vergleichbarkeit mit anderen Sprachproben vorgegebene Sätze zu sprechen sind. **440**

Stellt die Mitwirkungsverletzung einen Verstoß gegen § 15 Abs. 2 Nr. 1 AsylG dar, weil der Asylsuchende einer Aufforderung zur Vorlage einer **wesentlichen Information** nicht folgt, führt dies nach § 33 AsylG zur Rücknahmefiktion. **441**

---

[628] Das ergibt sich aus dem Verweis auf § 48 Abs. 3a S. 4 AufenthG (§ 15a Abs. 2 S. 2 AsylG).
[629] *Sieweke* in BeckOK AuslR AsylG § 15 Rn. 7a.
[630] *Hörich/Tewocht* NVwZ 2017, 1153 (1158).
[631] *Bergmann* in Bergmann/Dienelt AsylG § 16 Rn. 7; *Sieweke* in BeckOK AuslR AsylG § 16 Rn. 5.
[632] *Marx* AsylG § 16 Rn. 21.
[633] BVerwG Urt. v. 5.9.2013 – 10 C 1.13; NVwZ 2014, 158 (159).
[634] *Heusch* in BeckOK AuslR AsylG § 33 Rn. 17; aA *Marx* AsylG § 33 Rn. 10, mit dem Argument einer fehlenden Rechtsgrundlage im Unionsrecht.

442 Besteht die Mitwirkungsverletzung in dem **Unterlassen, einen vorhandenen Reisepass** oder Passersatz **vorzulegen,** tritt die Leistungskürzung nach § 1a Abs. 5 Nr. 2 AsylbLG ein. Es kann hier auch eine Offensichtlichkeitswertung ergehen, wenn der Asylantrag unbegründet ist (§ 30 Abs. 3 Nr. 5 AsylG). Diese Sanktion erfolgt auch, wenn der Asylsuchende in seinem Besitz befindliche **erforderliche Unterlagen** entsprechend § 15 Abs. 2 Nr. 5 AsylG „unter gröblicher" Verletzung der Mitwirkungspflichten nicht vorgelegt hat. Dienen diese erforderlichen – aber nicht vorgelegten – Unterlagen der Identitätsklärung, tritt wiederum eine Leistungskürzung nach § 1a Abs. 5 S. 1 Nr. 3 AsylbLG ein.

443 Schließlich kann die **Weigerung, Angaben zu Identität oder Staatsangehörigkeit** zu machen, zur Ablehnung eines unbegründeten Asylantrag als „offensichtlich unbegründet" führen (§ 30 Abs. 3 Nr. 2 Alt 2 AsylG) und eine Leistungskürzung (§ 1a Abs. 5 S. 1 Nr. 7 AsylbLG) nach sich ziehen.

444 **dd) Pflichten im Zusammenhang mit der Wahrnehmung von behördlichen Terminen.** Der Asylsuchende ist nach § 15 Abs. 2 Nr. 3 AsylG verpflichtet, gesetzlichen oder persönlichen Anordnungen zur Vorsprache zu folgen. Verletzt er diese Pflicht „gröblich", kann sein unbegründeter Asylantrag als „offensichtlich unbegründet" abgelehnt werden (§ 30 Abs. 3 Nr. 5 AsylG).

445 Die wichtigste Vorsprache ist – neben der oben erwähnten Asylantragstellung – die Vorsprache zur Anhörung zu den Verfolgungsgründen (§ 25 AsylG). Leistet er hier nicht Folge, obwohl er geladen worden ist, kommt es zur Rücknahmefiktion (§ 33 Abs. 2 Nr. 1 Alt. 2 AsylG). In Betracht kommt bei einer „gröblichen" Pflichtverletzung auch die Ablehnung des unbegründeten Asylantrags als „offensichtlich unbegründet" (§ 30 Abs. 3 Nr. 5 AsylG).[635]

446 **g) Rücknahme des Asylantrags und Verzicht (§ 14a Abs. 3 AsylG). aa) Das Verfahren bei Rücknahme.** Form und Zeithorizont der Rücknahme eines Asylantrags sind gesetzlich nicht näher geregelt. Die Rücknahme ist formfrei, sie kann damit auch mündlich erklärt werden, muss aber gegenüber dem Bundesamt erfolgen. Es entspricht allgemeinem Verwaltungsrecht, dass die Rücknahme des Antrages **bis zur Bestandskraft** des Bescheides, also auch noch nach Erlass der Entscheidung, möglich ist.[636] War der Bescheid bereits erlassen, aber noch nicht bestandskräftig, wird die Behördenentscheidung gegenstandslos.

447 Das Gesetz gibt in § 32 AsylG dem Bundesamt auf, in einem Falle der Rücknahme einen **Feststellungsbescheid über die Einstellung des Asylverfahrens** zu erlassen und die nationalen Abschiebungsverbote zu prüfen. Sofern diese Prüfung negativ ausfällt und ein Aufenthaltstitel nicht besteht, erlässt das Bundesamt eine Abschiebungsandrohung, die Ausreisefrist beträgt eine Woche (§ 38 Abs. 2 AsylG). Sofern der Antragsteller erklärt, freiwillig auszureisen, kann die Ausreisefrist auf drei Monate verlängert werden (§ 38 Abs. 3 AsylG).

448 **bb) Strategische Gründe für eine Antragsrücknahme.** Trotz der Folgen, die eine Rücknahme oder die nachträgliche Beschränkung des Asylantrags hat, wird dieses **Vorgehen in der anwaltlichen Beratung** diskutiert, um bestimmte nachteilige Folgen der Asylantragstellung zu verhindern. In Betracht kommen hier zwei Folgen, die Aufnahme eines Dublin-Verfahrens und die Verhinderung der Titelerteilungssperre bei bestimmten Offensichtlichkeitsentscheidungen (§ 10 Abs. 3 S. 3 AufenthG).[637]

---

[635] Dieses Nebeneinander von Sanktionen ist allerdings nicht schlüssig, wird das Verfahren durch die gesetzliche Fiktion zur Einstellung gebracht, erscheint es unplausibel, dass das Bundesamt dann eine Ablehnungsentscheidung mit einer Offensichtlichkeitswertung erlassen kann. Dazu *Wittmann* Asylmagazin 2016, 328 (333).

[636] BVerwG Urt. v. 16.12.2008 – 1 C 37.07, NVwZ 2009, 789 Rn. 19.

[637] Dem früher hier zu nennenden dritten Grund, durch die Rücknahme eines Asylantrags einer Person aus einem sicheren Herkunftsstaat der Antragsablehnung zu entgehen, um so das Erwerbsverbot zu verhindern, ist durch die Neufassung des § 60 Abs. 6 Nr. 3 AufenthG (seit 1.1.2020) der Boden entzogen. Auch eine Rücknahme führt jetzt zu einem Erwerbsverbot.

Sofern ein Antragsteller in anderen **Dublin-Mitgliedstaaten noch keinen Asylantrag** 449
gestellt hat, führt die Rücknahme seines beim Bundesamt gestellten Asylantrags – oder die
nachträgliche Beschränkung auf die Abschiebungsverbote nach § 60 Abs. 5 und 7 AufenthG (allerdings nur im Einklang mit dem Sachvortrag → Rn. 344) – auch noch während
des Aufnahmeverfahrens – dazu, dass dieses Dublin-Verfahren nicht mehr fortgesetzt
wird.[638] Die Zuständigkeit des anderen Staates tritt nicht ein, eine Überstellung droht nicht
mehr. Das gilt allerdings nur für eine Rücknahme **noch vor der Zustimmung des
ersuchten Staates,** hier kann der Antragsteller sich auf eine EuGH-Entscheidung berufen.[639] Eine spätere Rücknahme wirkt sich nach der überwiegenden Ansicht nicht mehr
auf das Zuständigkeitsverfahren aus.[640]

Auch im Hinblick auf die Verhinderung der besonderen Titelerteilungssperre wegen 450
§ 10 Abs. 3 S. 3 AufenthG kann die Rücknahme für den Antragsteller hilfreich sein, allerdings nur bis zum Erlass des Bescheides mit der entsprechenden Offensichtlichkeitswertung. Nach Erlass des Bescheids bleibt die Sperrwirkung trotz Rücknahme bestehen.[641]

Bei **Antragstellern aus sicheren Herkunftsstaaten (§ 29a AsylG)** greift ein Erwerbs- 451
verbot, das auch den Zeitraum einer Duldung nach abgeschlossenem Verfahren betrifft –
und seit Inkrafttreten des neuen § 60a Abs. 6 Nr. 3 AufenthG zum 1.1.2020 unabhängig
von einer Rücknahme des Asylantrags ist. Eine Ausnahme gilt hier nur noch für unbegleitete minderjährige Flüchtlinge, soweit die Rücknahme oder Verzicht auf den Asylantrag
im Interesse des Kindeswohls erfolgt (§ 60a Abs. 6 Nr. 3 S. 2 AufenthG).

h) Die Rücknahmefiktion bei Nichtbetreiben des Verfahrens (§ 33 AsylG). 452
aa) Aufbau des § 33 AsylG. Die Rücknahmefiktion bei Nichtbetreiben des Verfahrens
ist in dieser Form 2016 durch das sogenannte Asylpaket 2[642] eingeführt worden und hat die
Betreibensaufforderung mit Fristsetzung, die damals zur Einstellung des Asylverfahrens
führte, abgeschafft. Die **Rücknahme** wird nun bei Verwirklichung bestimmter Tatbestände
in § 33 AsylG (oder dann, wenn das Gesetz an anderer Stelle auf den § 33 AsylG entsprechend verweist[643]), **gesetzlich fingiert.** Die Einstellung des Verfahrens tritt somit
ohne das Zutun des Bundesamtes von Gesetzes wegen ein.[644] Der Bescheid des
Bundesamtes, in dem das Verfahren nach § 33 Abs. 5 S. 1 AsylG eingestellt wird, hat in
diesem Punkt keinen Regelungsgehalt.[645] Das gilt allerdings nicht für den Teil, in dem –
freilich nach Aktenlage (§ 32 S. 2 AsylG) – über das Vorliegen der Abschiebungsverbote
nach § 60 Abs. 5 und 7 AufenthG entschieden wird. Bedeutung hat der Bescheid aber für
die Rechtsklarheit, außerdem setzt er den maßgeblichen Zeitpunkt für den Lauf der Neunmonatsfrist nach § 33 Abs. 5 S. 6 AsylG fest.[646]

Die Einstellung nach § 33 AsylG darf allerdings nur dann ergehen, wenn der Asyl- 453
suchende zuvor über **diese Rechtsfolge mit Empfangsbekenntnis belehrt** worden ist
(§ 33 Abs. 4 AsylG). Dabei genügt es nicht, allgemein auf die nachteiligen Folgen der
mangelnden Mitwirkung hinzuweisen, erforderlich ist der Hinweis auf die drohende Einstellung des Verfahrens als Folge der konkreten mangelnden Mitwirkung. Ein Einstellungsbescheid des Bundesamtes, der **ohne eine solche Belehrung** erfolgt, ist **rechtswidrig**.[647]

---

[638] Es ist hier allerdings zu beachten, dass ein beschränkter Antrag, der sich inhaltlich als Schutzbegehren gegen drohende Verfolgung oder die Gefahren des § 4 AsylG darstellt, wahrscheinlich weiterhin als Asylantrag gewertet wird, sodass dies ohne Effekt auf die Beendigung des Dublin-Verfahrens ist, → Rn. 344.
[639] EuGH Urt. v. 3.5.2012 – C-620/12, NVwZ 2012, 817 (818).
[640] OVG Schleswig Beschl. v. 26.6.2015 – 2 LA 44/15, NVwZ-RR 2016, 116; aA VG Hamburg Urt. v. 17.3.2014 – 8 A 445/14, BeckRS 2014, 50025; *Schröder* NK-AuslR AsylG § 32 Rn. 7.
[641] BVerwG Urt. v. 16.12.2008 – 1 C 37.07, NVwZ 2009, 789 Rn. 18.
[642] Gesetz zur Einführung beschleunigter Asylverfahren v. 11.3.2016.
[643] Das ist der Fall in § 20 Abs. 1, § 22 Abs. 3 und § 23 Abs. 2 AsylG.
[644] *Marx* AsylG § 33 Rn. 8.
[645] *Marx* AsylG § 33 Rn. 6.
[646] *Heusch* in BeckOK AuslR AsylG § 33 Rn. 11.
[647] *Marx* AsylG § 33 Rn. 24; *Heusch* in BeckOK AuslR AsylG § 33 Rn. 9.

454 Gegen die drohende Rücknahmefiktion nach § 33 AsylG kann der Antragsteller aber Wege einschlagen, die es früher im Falle der Einstellung nach einer Betreibensaufforderung nicht gab. Der Betroffene kann zunächst – noch vor Erlass des Bescheides (oder auch unmittelbar nach Erlass)[648] – mit dem „unverzüglichen" **Nachweis des fehlenden Verschuldens** der drohenden Einstellung entgegentreten. Das Verfahren ist dann fortzuführen (§ 33 Abs. 2 S. 2 und 3 AsylG). Mit dieser schnellen Reaktion – die nicht mit dem gerichtlichen Rechtsschutz gegen den Einstellungsbescheid zu verwechseln ist – kann der Ausländer die Vermutung entkräften, ihm sei an dem Asylverfahren nicht mehr gelegen. Im Hinblick darauf, dass der Rücknahmefiktion die Vermutung zugrundeliegt, der Asylsuchende habe das Interesse an seinem Verfahren verloren,[649] dürfte das Gesamtgeschehen auch aus diesem Blickwinkel zu betrachten sein. Für die Frage also, ob der Ausländer durch seine fehlende Mitwirkung das Desinteresse an seinem Verfahren zum Ausdruck gebracht hat, wäre auch diese unverzügliche Rückmeldung des Asylsuchenden mit zu berücksichtigen. Die Hürden für eine Exkulpation sollten hiernach nicht allzu hoch gehängt werden.[650]

455 Zugunsten des Betroffenen enthält die Regelung in Abs. 5 eine weitere Möglichkeit, das Verfahren fortzusetzen. Diese Regelung, die im sonstigen Asylverfahrensrecht keine Entsprechung hat, beruht auf einer Vorgabe durch Art. 28 Abs. 2 Asylverfahrens-RL: Der Asylsuchende kann das Verfahren nach der Einstellung **innerhalb einer Frist von neun Monaten** unbeschadet von einer Präklusionswirkung **wieder aufrufen**. Damit ist dieser Antrag auf Wiederaufnahme kein Folgeantrag. Dazu genügt die persönliche Vorsprache beim Bundesamt. Allerdings gewährt das Gesetz diese Vergünstigung nur einmal.

456 Schließlich kann der gerichtliche Rechtsschutz in Anspruch genommen werden. Gegen den Einstellungsbescheid kann die **Anfechtungsklage** erhoben werden, sie ist mangels einer anderweitigen gesetzlichen Anordnung **innerhalb von zwei Wochen** zu erheben, hat aber, weil auch hier eine Regelung fehlt, aufgrund der allgemeinen Grundsätze **keine aufschiebende Wirkung**. Da der Gesetzgeber es unterlassen hat, wegen des Eilverfahrens weitere Bestimmungen zu erlassen,[651] ist der erforderliche Eilantrag auch **nicht fristgebunden**[652] und führt mangels einer besonderen Regelung oder Verweisung auf § 36 Abs. 4 S. 8 AsylG auch nicht zu einem vorläufigen Verbot der Abschiebung vor der Entscheidung des Gerichts.[653]

457 Trifft das Gericht in einem Eilverfahren die Entscheidung, die aufschiebende Wirkung nach § 80 Abs. 5 VwGO anzuordnen, spricht dann viel für eine **analoge Anwendung des § 37 Abs. 1 AsylG**.[654] Wegen des berechtigten Interesses des Antragstellers, das Verfahren zeitnah fortzusetzen, wird die stattgebende Entscheidung des Gerichts im Eilrechtsschutz ausnahmsweise auch zu der Unwirksamkeit der Einstellungsentscheidung führen müssen, wenn nicht das Bundesamt ohnehin abhilft und den Einstellungsbescheid aufhebt.

458 Diese Wege stehen dem Betroffenen nach- oder nebeneinander offen, insbesondere dann, wenn das Bundesamt sich auf eine unverzügliche Rückmeldung nicht positiv einlässt. Das Nebeneinander von gerichtlichem Rechtsschutz und Wiederaufnahme nach Abs. 5 hat zu der Frage Anlass gegeben, ob für Klage und Eilantrag immer auch ein **Rechtsschutzbedürfnis** besteht, wenn die Frist für die erste Wiederaufnahme noch offen ist. Vor dem Hintergrund, dass der Betroffene aber eine weitere Wiederaufnahmechance verliert, wenn

---

[648] *Heusch* in BeckOK AuslR AsylG § 33 Rn. 25.
[649] *Bergmann* in Bergmann/Dienelt AsylG § 33Rn. N2.
[650] AA *Heusch* in BeckOK AuslR AsylG § 33 Rn. 23 f. Nach dieser Ansicht gelten die allgemeinen Maßstäbe zur Bestimmung des Verschuldens (insbes. § 276 Abs. 2 BGB).
[651] Es gibt im Kontext des Einstellungsbescheides auch keinen allgemeinen Verweis auf § 36 AsylG. Der Verweis in § 33 Abs. 6 AsylG bezieht sich indessen nicht auf den Rechtsschutz gegen die Einstellung selbst.
[652] *Wittmann* Asylmagzin 2016, 328 (330).
[653] Der Betroffene hat bei Gericht auf eine vorläufige Regelung zu drängen. Dies ist umso wichtiger, als hier nach der asylrechtlichen Kompetenzverteilung nicht das am Eilverfahren beteiligte Bundesamt, sondern die über die Verfahrensschritte zumeist nicht informierte Ausländerbehörde die Abschiebungsandrohung vollzieht.
[654] So *Marx* AsylG § 33 Rn. 36.

er sich auch im Falle einer unberechtigten Einstellung auf den Wiederaufnahmeversuch einlässt, geht die herrschende Meinung von einem berechtigten Interesse an der Wahrnehmung des Rechtsweges aus.[655]

bb) Nichtbetreiben des Verfahrens. Die Rücknahmefiktion setzt das **Nichtbetreiben** **459** **des Verfahrens** voraus (§ 33 Abs. 1 AsylG). Dazu enthält § 33 Abs. 2 AsylG drei Vermutungstatbestände. Außerdem wird die Rücknahme fingiert, wenn der Ausländer in seinen Herkunftsstaat zurückgereist ist (§ 33 Abs. 4 AsylG). Auch die unzureichende Mitwirkung im Zusammenhang mit Weiterleitung und nicht rechtzeitiger Meldung zur Asylantragstellung führt zu einer – allerdings nur – entsprechenden Anwendung des § 33 AsylG (§ 20 Abs. 1, § 22 Abs. 3 und § 23 Abs. 2 AsylG).

Ob es neben diesen drei Vermutungstatbeständen weitere Fälle des Nichtbetreibens gibt, **460** die über die in Abs. 2 genannten Beispiele hinausgehen, und die damit direkt von § 33 Abs. 1 AsylG erfasst wären, ist indessen umstritten,[656] dürfte aber in der Praxis keine große Bedeutung haben. Sofern es um wesentliche Mitwirkungsbeiträge aus dem Katalog des § 15 Abs. 2 AsylG geht, werden Verstöße bereits unter den Fall der Nichtmitwirkung zur Vorlage wesentlicher Informationen (§ 33 Abs. 2 Alt. 1 AsylG) subsumiert.[657]

Damit erfasst **§ 33 Abs. 2 Nr. 1 Alt. 1 AsylG** alle Fälle wesentlicher Angaben, die nach **461** Aufforderung nicht gemacht werden. Die Aufforderung kann auch in einer persönlichen Ladung zur Vorsprache beim Bundesamt bestehen. Wesentliche Voraussetzung ist allerdings die Belehrung, die im Hinblick auf Mitwirkungspflicht und Sanktion zu erfolgen hat. Der Anwendungsbereich des Abs. 2 Nr. 1 Alt. 1 erstreckt sich auf die Vorlage von vorhandenen Urkunden und Unterlagen nach § 15 Abs. 2 AsylG und somit bei Nichtbesitz eines Passes auch auf die Herausgabe von Datenträgern.

Auch die **Nichtmitwirkung an der erkennungsdienstlichen Behandlung** nach ent- **462** sprechender Aufforderung kann die Vermutung des Nichtbetreibens auslösen. Im Hinblick auf die Rechtsprechung des BVerwG zu der Pflicht des Asylbewerbers, Manipulationen seiner Fingerkuppen zu unterlassen, können solche Fälle der Manipulation zur Einstellung des Verfahrens führen (→ Rn. 439 ff.).

Die Mitwirkung an der **Anhörung** ist ein so wesentlicher Teil des Asylverfahrens, dass **463** **§ 33 Abs. 2 Nr. 1 Alt. 2 AsylG** ein Nichterscheinen trotz Ladung zum Anlass nimmt, das Nichtbetreiben zu vermuten.

Hierbei ist aber zu beachten, dass der Gesetzgeber bereits vor der Novellierung des § 33 **464** AsylG in § 25 Abs. 5 AsylG Regelungen über das Nichterscheinen zur Anhörung getroffen hat, deren Weitergeltung fraglich ist.[658] Der Gesetzgeber hat in § 25 Abs. 5 S. 4 AsylG ausdrücklich angeordnet, dass der § 33 AsylG nicht durch diese früheren Regelungen eingeschränkt sei. Das kann nicht ohne Folgen bleiben. § 25 Abs. 5 AsylG räumt dem Bundesamt bei Asylsuchenden, die nicht mehr der Wohnpflicht unterliegen, die Möglichkeit ein, nach dem unentschuldigten Nichterscheinen unter Fristsetzung von einem Monat zur schriftlichen Begründung des Asylantrags aufzufordern und dann nach Aktenlage in der Sache zu entscheiden. Nimmt man die Rücknahmefiktion ernst, kann es für das Bundesamt aber hier kein Wahlrecht mehr geben, weil das Verfahren mit der Fiktion der Rücknahme sein Ende gefunden hat und damit für ein schriftliches Anhörungsverfahren oder eine Entscheidung nach Aktenlage kein Platz mehr ist. Diese Kollision ist mit Blick auf den Gesetzgeberwillen dahin zu lösen, den **§ 25 Abs. 5 AsylG nicht mehr anzuwenden**.[659] Diese Auslegung deckt auch die Interessen des Betroffenen, da eine Einstellung mit

---

[655] BVerfG Beschl. v. 20.6.2016 – 2 BvR 1385/16, BeckRS 2016, 49618, Rn. 8; *Heusch* in BeckOK AuslR AsylG § 33 Rn. 40; *Bergmann* in Bergmann/Dienelt AsylG § 33 Rn. N10.
[656] Für eine weitere Anwendung: *Bergmann* in Bergmann/Dienelt AsylG § 33 AsylG Rn. N4, und die Gesetzesbegründung (BT-Drs. 18/7538, 11); aA Marx AsylG § 33 Rn. 8 mit Verweis auf das Unionsrecht.
[657] *Bergmann* in Bergmann/Dienelt AsylG § 33 Rn. N4.
[658] *Funke-Kaiser* in GK-AsylG § 33 Rn. 53.
[659] *Funke-Kaiser* in GK-AsylG § 33 Rn. 53.

Wiederaufnahmemöglichkeit für ihn in der Regel günstiger ist als eine Entscheidung in der Sache, die aufgrund der Aktenlage ergeht.

465 Sofern der Asylsuchende für die Behörde nicht mehr erreichbar ist, was sich daran zeigt, dass Schriftstücke als unzustellbar an das Bundesamt zurückgehen, liegt auch ein Fall des **Untertauchens** vor, der nach **§ 33 Abs. 2 Nr. 2 AsylG** eine Vermutung des Nichtbetreibens begründet.

466 Das in **§ 33 Abs. 2 Nr. 3 AsylG** genannte beschleunigte Verfahren **nach § 30a AsylG** wird derzeit vom Bundesamt nur lokal beschränkt angewandt.

467 Die **Rückreise in den Herkunftsstaat** führt nach § 33 Abs. 3 AsylG zu einer Rücknahmefiktion. Der Betroffene kann gegen diese Folge berechtigte Gründe für eine Rückreise einwenden (zB eine sittliche Pflicht oder dringende humanitäre Gründe). Danach kann auch eine unfreiwillige Rückreise (etwa im Rahmen einer Abschiebung) diese Fiktion nicht begründen.[660]

468 cc) **Der Wiederaufnahmeantrag nach § 33 Abs. 5 AsylG.** Der Asylsuchende kann innerhalb einer Frist von neun Monaten, die mit der Zustellung des Einstellungsbescheides beginnt, das Verfahren wieder aufnehmen. Tut er dies erstmalig und innerhalb der Frist, hat dieser Antrag nicht den Charakter eines Folgeantrags, sondern führt zur Fortsetzung des Verfahrens an der Stelle, an der vorher die Einstellung erfolgte (§ 33 Abs. 5 S. 5 AsylG). Das Bundesamt hebt den ursprünglichen Bescheid auf.

469 Dieser Antrag ist **persönlich bei der Außenstelle** des Bundesamtes zu stellen, die der Aufnahmeeinrichtung zugeordnet ist, in der der Asylsuchende wohnpflichtig war (§ 33 Abs. 5 S. 3 AsylG). Was in den Fällen geschieht, in denen der Ausländer zuvor nicht wohnpflichtig war oder die frühere Außenstelle nicht mehr besteht, ergibt sich aus der Norm nicht. Hier kann aber auf die Vorschriften **zum Folgeantrag (§ 71 Abs. 2 S. 3 AsylG) entsprechend verwiesen werden.** Der Ausländer kann den Wiederaufnahmeantrag danach schriftlich bei der Zentrale des Bundesamtes stellen, wenn die Außenstelle, die früher zuständig war, nicht mehr besteht, oder wenn der Ausländer früher schon nicht wohnpflichtig war. Das sind dann die Fälle von unbegleiteten Minderjährigen, auch wenn sie inzwischen volljährig geworden und nicht mehr in einer Jugendhilfeeinrichtung untergebracht sind. Im Übrigen werden auch alle Personen, die ihren Asylantrag nach § 14 Abs. 2 Nr. 2 AsylG schriftlich stellen dürfen, weil sie gegenwärtig in Haft, im Krankenhaus oder in einer Jugendhilfeeinrichtung untergebracht sind, privilegiert. Gleiches gilt, wenn der Antragsteller nachweislich an der persönlichen Antragstellung verhindert ist (§ 71 Abs. 2 S. 2 AsylG).

470 Nimmt das Bundesamt das Verfahren nicht als besonderes Wiederaufnahmeverfahren auf, weil etwa die Frist von neun Monaten überschritten worden ist oder es sich nicht mehr um den ersten Antrag in diesem Sinne handelt, dann lehnt das Bundesamt den Wiederaufnahmeantrag ab und bearbeitet den Antrag als Folgeantrag iSd § 71 AsylG. Gegen diese Entscheidung ist die Klage statthaft. Auch der Eilantrag ist hier gesetzlich geregelt (§ 33 Abs. 6 AsylG). Der gesetzliche Verweis auf § 36 AsylG führt sodann dazu, dass Eilantrag – und mit dieser Folge – auch die Klage binnen Wochenfrist zu erheben sind. Diese Regelung ist insofern erstaunlich, weil der Gesetzgeber sie beim Rechtsbehelf gegen die praktisch sehr viel bedeutsamere Einstellungsverfügung unterlassen hat.

471 Der Antragsteller kann im Falle einer unverschuldeten Säumnis den Antrag auf Wiedereinsetzung nach § 32 VwVfG stellen.

472 i) **Unzulässige Asylanträge (§ 29 AsylG). aa) Die Neuregelung in § 29 AsylG.** Mit dem **Integrationsgesetz 2016** hat der Gesetzgeber **alle Fälle von unzulässigen Asylanträgen** in einer Norm zusammenfassend geregelt. Der „unbeachtliche" Asylantrag des § 29 AsylG aF wurde abgeschafft und auch Folge- und Zweitanträge (sofern sie mangels eines Wiederaufnahmegrundes abgelehnt werden) wurden in diese neue Norm einbezogen. Gleiches gilt für die Asylanträge von Personen, für die aufgrund der Dublin-Verordnung ein

---

[660] *Heusch* in BeckOK AuslR AsylG § 33 Rn. 28.

anderer Staat zuständig ist, oder denen in einem anderen EU-Staat bereits der internationale Schutz zuerkannt worden ist. Alle diese Anträge fallen nun unter den neuen § 29 AsylG.[661]

473 Das Bundesamt tritt in diesen Fällen **nicht** mehr **in die Sachprüfung** über den Asylantrag ein. Bedeutsam ist aber die Regelung des § 31 Abs. 3 S. 1 AsylG, die das Bundesamt in allen diesen Fällen zu einer inhaltlichen Entscheidung über das **Vorliegen von Abschiebungsverboten** nach § 60 Abs. 5 und 7 AufenthG verpflichtet. Für den Betroffenen ist diese Regelung gegenüber der früheren Rechtslage günstiger, weil er sich auch dann, wenn er mit seinen Einwänden gegen die Unzulässigkeit scheitert (etwa bei der Frage, ob der europäische Zielstaat einer Abschiebung bestimmte Standards unterschreitet oder nicht), auf individuelle Gründe berufen kann, die dennoch eine Abschiebung verbieten.

474 Mit dieser Neuregelung, die das **behördliche Asylverfahren aufgewertet** hat und dem Bundesamt nunmehr eine „**mehrstufige Prüfung**" vorgibt,[662] ändert sich auch der **Rechtsschutz** gegen die ablehnende Entscheidung. Dieser ist nun im Wege der Anfechtungsklage zu suchen, um im Falle der Stattgabe dem Bundesamt die inhaltliche Prüfung zu übertragen.[663] Davon unbetroffen ist jedoch die Möglichkeit, eine Verpflichtungsklage (als Haupt- oder Hilfsantrag) auf den Ausspruch der nationalen Abschiebungsverbote zu richten. Damit wird dann aber nicht die Unzulässigkeit des Asylantrags angefochten, sondern das Ergebnis der von § 31 Abs. 3 S. 1 AsylG vorgegebenen Prüfung.

475 § 29 AsylG beinhaltet **fünf Fallgruppen,** deren erste vier Sachverhalte regeln, bei denen sich die Unzulässigkeit des Asylantrags aus einer **Berührung des Asylsuchenden mit einem Drittstaat** ergibt. Die Unzulässigkeitsentscheidung wird in diesen Fällen folglich mit einer Abschiebung in diesen Drittstaat verbunden (falls Abschiebungsverbote nicht vorliegen). Die Fallgruppe des § 29 Abs. 1 Nr. 3 AsylG ist indessen wenig bedeutsam, sodass sie hier keine eigene Darstellung erfordert.[664] Die fünfte Gruppe, der Zweit- und Folgeantrag, führen bei einer Ablehnung wegen Unzulässigkeit zu einer Abschiebung in den Herkunftsstaat. Allerdings ergibt sich die Unzulässigkeit eines Zweitantrages ebenfalls aus einer Drittstaatsberührung, nämlich in diesem Fall wegen eines dort erfolglos abgeschlossenen Asylverfahrens.

476 Der Folgeantrag, der wegen Fehlens von Wiederaufnahmegründen als unzulässig abgelehnt wird, ist der einzige der Fälle des § 29 AsylG, der nicht mit einer Berührung des Asylsuchenden mit einem anderen Staat in Verbindung steht.

477 **bb) Unzulässigkeit wegen einer anderweitigen Zuständigkeit nach der Dublin-Verordnung (§ 29 Abs. 1 Nr. 1 AsylG).** Asylanträge, für die ein anderer Mitgliedstaat nach der Dublin-Verordnung zuständig ist, sind unzulässig. § 29 Abs. 1 Nr. 1 AsylG löst damit den früheren § 27a AsylG aF ab. § 29 Abs. 1 Nr. 1a AsylG ist folglich die Nahtstelle zwischen der Dublin III-Verordnung und dem deutschen Asylverfahren. § 29 Abs. 1 Nr. 1 lit. b bezieht sich auf die alte Dublin II-Verordnung, kann sich aber, sofern der Gesetzgeber die Verweisung nicht aktualisiert, auch auf eine neue Dublin-IV-Verordnung beziehen.

478 Die Zuständigkeit eines anderen Staates ergibt sich nicht aus den Zuständigkeitskriterien (etwa in Art. 8 ff. Dublin II-Verordnung), sondern erst aus dem **Ergebnis des Aufnahme- bzw. Wiederaufnahmeverfahrens** (Art. 20 ff. Dublin III-Verordnung); und auch nach diesem Verfahren kann sich die Zuständigkeit noch ändern, weil etwa die Überstellungsfrist abgelaufen ist.[665] Das liegt daran, dass das Dublin-System als konstruktives Übernahmesystem konzipiert ist, in dem jede Verweigerung der Zuständigkeit konstruktiv mit der verbindlichen Bestimmung des tatsächlich zuständigen Staates verbunden wird, in den der Schutzsuchende zur Durchführung seines Verfahrens dann auch verbracht wird.

---

[661] Dazu im Einzelnen: *Bethke/Hocks* Asylmagazin 2016, 336.
[662] BVerwG Urt. v. 14.12.2016 – 1 C 4.16, ZAR 2017, 236 Rn. 18.
[663] BVerwG Urt. v. 14.12.2016 – 1 C 4.16, ZAR 2017, 236 Rn. 20.
[664] Dabei geht es um die Personen, die in einem sicheren Drittstaat (§ 26a AsylG) außerhalb der EU sicher waren. Das können dann Ausländer sein, die vorher in der Schweiz oder in Norwegen waren.
[665] Ausführlich zu dem Dublin-Verfahren → § 18 Rn. 23 ff.

479 Trotz der Zuständigkeit eines anderen Staates hat das Bundesamt mit dem Erlass des „Dublin-Bescheides" über die **Abschiebungsverbote** zu befinden (§ 31 Abs. 1 S. 1 AsylG). Damit können die individuellen Gefahren einer Dublin-Überstellung in diesen Staat für einen Antragsteller berücksichtigt werden, auch wenn der grundsätzliche Einwand gegen die Sicherheit in dem Staat (zB wegen „systemischer Mängel") nicht durchgreift (zu diesem Komplex → § 18 Rn. 136, 158 ff., 170, 177 ff.).

480 Der Bescheid ist in diesem Fall immer dem Antragsteller zuzustellen, auch wenn dieser von einem Rechtsanwalt vertreten wird (§ 31 Abs. 1 S. 2 AsylG). Der Bescheid hat den Staat zu benennen, der für das Asylverfahren zuständig ist (§ 31 Abs. 6 AsylG).

481 Mit der Neuregelung hat der Gesetzgeber dem Bundesamt außerdem die Möglichkeit eröffnet, außer auf die **Abschiebungsanordnung** (§ 34a Abs. 1 S. 1 AsylG) alternativ auf die **Abschiebungsandrohung** (§ 34a Abs. 1 S. 4 AsylG) in den Mitgliedstaat zurückzugreifen. Hierzu ist das Bundesamt unionsrechtlich aber nicht verpflichtet.[666] Dem Betroffenen kann im Einvernehmen mit der zuständigen Ausländerbehörde eine „Überstellung ohne Verwaltungszwang" ermöglicht werden, wenn die entsprechende Mitwirkung des Betroffenen gesichert ist. In diesem Fall führt die Abschiebung auch nicht zu den Sanktionen des § 11 Abs. 1 AufenthG.[667]

482 Das Bundesamt macht von der **Möglichkeit der Abschiebungsandrohung** (statt der Abschiebungsanordnung) dann Gebrauch, wenn es den Vorteil sucht, von der Prüfung bestimmter Voraussetzungen entlastet zu werden: Bei der Abschiebungsanordnung wäre das Bundesamt für die Prüfung der **inlandsbezogenen Vollstreckungshindernisse** zuständig, außerdem müssten alle gesetzlichen Voraussetzungen für die Abschiebung am Tag des Erlasses vorliegen.[668] Bei der Abschiebungsandrohung wird diese Prüfung auf die Ausländerbehörde verlagert. Außerdem ist das Zeitregime dann nicht so streng, wenn etwa eine Zusicherung des aufnehmenden Staates zur kindgerechten Unterbringung verlangt ist, genügt es, wenn dann diese Zusicherung erst später bei der Durchführung der Abschiebung vorliegt.

483 **cc) Unzulässigkeit wegen anderweitiger Gewährung internationalen Schutzes in der EU (§ 29 Abs. 1 Nr. 2 AsylG).** Unzulässig sind Asylanträge auch, wenn der Asylsuchende bereits in einem **anderen Staat der EU den internationalen Schutz** erhalten hat.[669] Die Gewährung des subsidiären Schutzes reicht dazu aus.[670]

484 Weil die Schutzgewährung in einem anderen EU-Staat den Antragsteller von einer Sachprüfung in der Bundesrepublik ausschließt, muss **diese Bedingung für das Bundesamt sicher feststehen.** Das muss nach der Rechtsprechung des BVerwG vom Bundesamt oder dem Verwaltungsgericht ermittelt werden.[671] Meistens wird dies in einem Dublin-Verfahren bekannt, etwa wenn der angefragte Staat die Übernahme wegen der Schutzerteilung ablehnt, weil es sich dann nicht mehr um einen Dublin-Fall handelt.

485 Eine sichere Quelle ist auch die Inaugenscheinnahme des **Flüchtlingspasses, Aufenthaltstitels oder Anerkennungsbescheides.** Bloße Aussagen des Antragstellers über erhaltene Aufenthaltstitel sind weniger zuverlässig, weil die Praxis der Ausstellung von Aufenthaltserlaubnissen für international Schutzberechtigte innerhalb der EU unterschiedlich ist und ausgeschlossen werden muss, dass nur ein humanitärer Aufenthalt erteilt worden ist.

---

[666] BVerwG Urt. v. 17.9.2015 – 1 C 26.14, NVwZ 2016, 67.
[667] BVerwG Urt. v. 17.9.2015 – 1 C 26.14, NVwZ 2016, 67 Rn. 23 ff.
[668] BVerfG Beschl. v. 17.9.2014, BeckRS 2014, 56447 Rn. 9.
[669] Das gilt nach *Günther* in BeckOK AuslR AsylG § 29 Rn. 76, nicht für einen Antrag auf Familienflüchtlingsschutz (hier mit dem Verweis auf VG Düsseldorf Beschl. v. 5.9.2016 – 22 L 2882/16, BeckRS 2016, 51855.
[670] Asylsuchende, die ihren Antrag vor dem Ablauf der Umsetzungsfrist der Verfahrensrichtlinie (am 20.7.2015) gestellt haben, können der Ablehnung wegen Unzulässigkeit entgehen, wenn sie in dem anderen EU-Staat nur den subsidiären Schutz – nicht den Flüchtlingsstatus – erhalten haben. Ein Antrag auf die „Aufstockung" auf den Flüchtlingsschutz ist dann nicht unzulässig; BVerwG Beschl. v. 23.10.2015 – 1 B 41.15, NVwZ 2015, 1779 (1780).
[671] BVerwG Urt. v. 21.11.2017 – 1 C 39.16, BeckRS 2017, 139297.

Von der Dauer eines erteilten Aufenthaltstitels kann nur auf einen Schutzstatus schließen, wer die Praxis des entsprechenden Mitgliedstaates kennt.

Für das Bundesamt kommt auch eine Anfrage an den Mitgliedstaat über den Ausgang eines Schutzersuchens in Betracht, etwa nach Art. 34 Abs. 1 lit. b und Abs. 2 lit. g Dublin III-Verordnung („Info-Request"). [672] 486

Wie bei der Frage, ob ein Dublin-Staat die Bedingungen für die Durchführung eines Asylverfahrens erfüllt (Stichwort „systemische Mängel"), ist auch im Kontext des § 29 Abs. 1 Nr. 2 AsylG zu diskutieren, ob sich hier mögliche **Defizite** bei der Gewährung von Wohnraum, Sozialhilfe, Arbeitsmarktzugang und medizinischer Versorgung mit der Folge auswirken, dass die Unzulässigkeitsentscheidung ausnahmsweise nicht ergeht, sondern **der Staat der neuerlichen Antragstellung auch in die Schutzprüfung eintreten und eine neuerliche Anerkennung aussprechen muss.** Maßgeblich ist hier Art. 33 Abs. 2 lit. a Asylverfahrens-RL, der dahin zu verstehen ist, dass ein Unzulässigkeitsurteil hier nicht mehr gerechtfertigt ist, wenn die Person, die in dem anderen Staat internationalen Schutz innehat, dort der ernsthaften Gefahr unterliegt, in ihren Rechten aus Art. 4 GRCh verletzt zu werden. [673] Droht diese Grundrechtsverletzung, hat demnach der Staat der neuerlichen Antragstellung, also der Staat der Sekundärmigration, das Asylverfahren mit einer Prüfung der Schutzgründe inhaltlich fortzusetzen. 487

Eine Grundrechtsverletzung ist nach der jüngsten Rechtsprechung des EuGH dann ernsthaft drohend, wenn es in diesem anderen Staat „systemische allgemeine oder aber bestimmte Personengruppen betreffende **Schwachstellen**" gibt, die … eine **„hohe Schwelle der Erheblichkeit"** erreichen,[674] was dann der Fall wäre, wenn die **Gleichgültigkeit der Behörden** eines Mitgliedstaats zur Folge hätte, dass eine „vollständig von öffentlicher Unterstützung abhängige Person sich unabhängig von ihrem Willen und ihren persönlichen Entscheidungen in einer **Situation extremer materieller Not** befände, die es ihr nicht erlaubte, **ihre elementarsten Bedürfnisse zu befriedigen,** wie insbesondere, sich zu ernähren, sich zu waschen und eine Unterkunft zu finden, und die ihre physische oder psychische Gesundheit beeinträchtigte oder sie in einen Zustand der Verelendung versetzte, der mit der Menschenwürde unvereinbar wäre."[675] 488

In Literatur und nationaler Rechtsprechung[676] wird darüber diskutiert, ob mit der Entscheidung des EuGH eine Anhebung der Erheblichkeitsschwelle[677] verbunden ist oder lediglich eine Präzisierung[678], der Voraussetzungen vorgenommen wurde. Die **Unterscheidung zwischen gesunden und arbeitsfähigen** Antragstellern auf der einen und solchen, die **vulnerabel und schutzbedürftig** sind, auf der anderen Seite,[679] wird auch in der Entscheidung des EuGH vollzogen.[680] Der EuGH, der hier ausdrücklich nicht über einen vulnerablen Antragsteller zu entscheiden hatte, führt abschließend aus, dass die Überlegungen des Gerichts dann zu einer anderen Betrachtung führen könnten, wenn der Antragsteller „aufgrund seiner besonderen Verletzlichkeit"[681] in eine wie vom Gericht beschriebene Notlage kommt. 488a

Da das Bundesamt auch bei § 29 Abs. 1 Nr. 2 AsylG die nationalen Abschiebungsverbote mit Blick auf den europäischen Zielstaat der Abschiebung zu prüfen hat, können auch **individuell begründete Argumente** gegen die Sicherheit im Staat der Schutzgewährung 489

---

[672] BVerwG Urt. v. 21.11.2017 – 1 C 39.16, BeckRS 2017, 139297.
[673] EuGH Beschl. v. 13.11.2019 – C-540/17 und C-541/17, NVwZ 2020, 137 Rn. 35; bereits zuvor EuGH Urt. v. 19.3.2019 – C–297/17, NVwZ 2019, 785 Rn. 87 – Ibrahim.
[674] EuGH Urt. v. 19.3.2019 – C 297/17, NVwZ 2019, 785 Rn. 88 f. – Ibrahim.
[675] EuGH Urt. v. 19.3.2019 – C 297/17, NVwZ 2019, 785 Rn. 90 – Ibrahim.
[676] VGH Mannheim Beschl. v. 27.5.2019 – A 4 S 1329/19, BeckRS 2019, 11243.
[677] Günther in BeckOK AuslR AsylG § 29 Rn. 23
[678] Stahmann ANA-ZAR 2019, 30 (31).
[679] So EGMR Urt. v. 4.11.2014 – 29217/12, NVwZ 2015, 127 – „Tarakhel".
[680] Das wird auch von VGH Mannheim Beschl. v. 27.5.2019 – A 4 S 1329/19, BeckRS 2019, 11243 in Ls. 3 betont.
[681] EuGH Urt. v. 19.3.2019 – C 297/17, NVwZ 2019, 785 Rn. 93 – Ibrahim.

vorgebracht werden, auch wenn das Bundesamt oder ein Verwaltungsgericht die hohe Schwelle der Erheblichkeit einer Rechtsverletzung nicht als überschritten ansieht. Wird die drohende Rechtsverletzung allerdings für erheblich erachtet, dürfen Bundesamt oder Gericht die neuerliche Prüfung des Asylantrags nicht mit dem Verweis auf die nationalen Abschiebungsverbote und die nicht mehr drohende Abschiebung verweigern.[682]

490   Ein in einem anderen Staat anerkannter Flüchtling kommt nach der Feststellung der Abschiebungsverbote durch das Bundesamt zwar nicht zu einem neuerlichen Flüchtlingsstatus, im Rahmen des Europäischen Übereinkommens über den Übergang der Verantwortung für Flüchtlinge vom 16.10.1980 (**„Straßburger Übereinkommen"**) geht aber langfristig die Verantwortung für die Erteilung des Flüchtlingspasses ua in die deutsche Hand.

491   Im Hinblick auf die Schutzfeststellung, die über den Antragsteller im Hinblick auf seine Gefährdung im Herkunftsland getroffen worden ist, spricht das Bundesamt in seinem Bescheid zu § 29 Abs. 2 Nr. 2 AsylG auch aus, dass die **Abschiebung in den Herkunftsstaat verboten** ist (das ergibt sich aus § 60 Abs. 1 S. 2 und Abs. 2 AufenthG).

492   Werden auch die nationalen Abschiebungsverbote nicht festgestellt, kann das Bundesamt eine Abschiebungsandrohung nach § 36 Abs. 1 AsylG erlassen, die sofort vollziehbar ist. Bei vulnerablen Antragstellern und bestimmten Zielstaaten, bei denen das Bundesamt die Gefahr sieht, dass ein Verwaltungsgericht die Abschiebung mit Blick auf etwaige Grundrechtsverletzungen vorläufig aussetzen könnte, greift das Bundesamt in jüngerer Zeit allerdings vermehrt zu der Praxis, den Vollzug der Abschiebungsandrohung im Bescheid nach § 80 Abs. 4 VwGO vorläufig auszusetzen.[683] Der Grund für diese Vorgehensweise ist, den für das Bundesamt **negativen Effekt des § 37 Abs. 1 AsylG zu vermeiden:** Nach § 37 Abs. 1 AsylG wird die gesamte Bundesamtsentscheidung unwirksam, wenn ein Eilrechtsschutzantrag im Zusammenhang mit dem § 29 Abs. 1 Nr. 2 AsylG bei Gericht Erfolg hat.

493   **dd) Unzulässigkeit wegen anderweitiger Gewährung von Sicherheit in einem sonstigen Staat (§ 29 Abs. 1 Nr. 4 AsylG).** Asylsuchende, die vor ihrer Einreise in die Bundesrepublik in einem sonstigen Staat sicher waren und dort weiterhin Sicherheit finden, fallen unter die Regelung des § 29 Abs. 1 Nr. 4 AsylG. Als **sonstiger sicherer Staat** gelten alle Staaten mit Ausnahme der EU-Staaten, sicheren Drittstaaten iSd § 26a AsylG und des Herkunftsstaates. Als weitere Voraussetzung kommt hinzu, dass dieser sonstige Drittstaat **bereit** sein muss, den Antragsteller wiederaufzunehmen.

494   Die Gewährung von Sicherheit bezieht sich hier nicht auf einen bestimmten flüchtlingsrechtlichen Status, der sonstige Staat muss beispielsweise nicht die Genfer Konvention ratifiziert haben.[684] Entscheidend ist die Erfüllung des Non-Refoulement, also dass keine Abschiebung in den Verfolgerstaat droht, und dass ferner Schutz vor den Gefahren nach Art. 3 EMRK besteht. Auch eine drohende Verelendung durch ein Leben am Rande des Existenzminimums kann die Annahme der Sicherheit ausschließen.[685]

495   Schwierigkeiten in der Praxis bereitet die Frage nach der Übernahmebereitschaft des sonstigen Staates, insbesondere auch vor dem Hintergrund des Zeithorizonts. Da die Übernahmebereitschaft einerseits vor der Bundesamtsentscheidung feststehen muss und andererseits auch das Beschleunigungsgebot mit der Sechsmonatsfrist nach Art. 31 Abs. 3 Asylverfahrens-RL gilt, wäre ein langwieriges Übernahmeverfahren vorzeitig abzubrechen.[686] Das schränkt die Zahl der Praxisfälle ebenfalls ein.

496   Das Bundesamt hat auch hier die Abschiebungsverbote bezogen auf den sonstigen Staat zu prüfen (§ 31 Abs. 3 S. 1 AsylG). Sofern es eine Flüchtlingsanerkennung in dem sons-

---

[682] EuGH Beschl. v. 13.11.2019 – C-540/17 und C-541/17, BeckRS 2019, 28304 Rn. 40.
[683] Damit folgt es der Rechtsprechung des BVerwG, das diesen Weg vorgezeichnet hat, um die aufschiebende Wirkung der Klage herbeizuführen, BVerwG Urt. v. 15.1.2019 – 1 C 15.18, NVwZ 2019, 794 Rn. 3.
[684] *Fränkel* in NK-AuslR AsylG § 27 Rn. 8.
[685] *Fränkel* in NK-AuslR AsylG § 27 Rn. 11.
[686] *Funke-Kaiser* in GK-AsylG § 29 Rn. 16.

tigen Staat gibt, hat das Bundesamt auch auszusprechen, dass eine Abschiebung in den Herkunftsstaat verboten ist (§ 60 Abs. 1 S. 2 AufenthG).

ee) Unzulässigkeit wegen fehlender Wiederaufnahmegründe bei einem Folgeantrag (§ 29 Abs. 1 Nr. 5 Alt. 1 AsylG). Seit der Novellierung des § 29 AsylG werden auch Folgeanträge, die mangels entsprechender Wiederaufnahmegründe **nicht zu einer Wiederaufnahme des Verfahrens** führen, als „unzulässig" abgelehnt.[687] Der größte Unterschied für die Praxis ist, dass der Rechtsschutz wegen der Aufwertung der behördlichen Zulässigkeitsprüfung nun im Wege der Anfechtungsklage zu suchen ist, die im Erfolgsfall zu einer Fortsetzung der behördlichen Prüfung führt.[688]

Auch hier ist das Bundesamt zu einer Prüfung der Abschiebungsverbote verpflichtet, die sich wegen des Zielstaates der Abschiebung auf den Herkunftsstaat beziehen. Aus der ausdrücklichen gesetzlichen Anweisung in § 31 Abs. 3 S. 1 AsylG ist zu schließen, dass das Bundesamt diese Prüfung nicht mit dem Hinweis auf die frühere, bestandskräftig gewordene Feststellung zu den Abschiebungsverboten und das Fehlen von Wiederaufnahmegründen ablehnen kann.[689]

Die Prüfung der Wiederaufnahmegründe erfolgt gemäß der Verweisung des § 71 Abs. 1 AsylG nach den allgemeinen Regeln in § 51 Abs. 3 VwVfG. Hier wurde allerdings mit dem Ablauf der Umsetzungsfrist im Juli 2015 für die Asylverfahrens-RL die Frage aufgeworfen, ob diese Dreimonatsfrist des § 51 Abs. 3 VwVfG auf asylrechtliche Folgeanträge weiter Anwendung finden kann. Es ist nämlich zu konstatieren, dass in Art. 40 Asylverfahrens-RL, insbesondere in dem dortigen Abs. 4, kein Hinweis auf eine Verfristung mehr erkennbar ist, die es in der früheren Fassung noch gab.[690]

Die Abschiebung darf ungeachtet der mit dem Bescheid verbundenen Abschiebungsandrohung erst dann vollzogen werden, wenn das Bundesamt der Ausländerbehörde die Mitteilung nach § 71 Abs. 5 S. 2 AsylG gemacht hat, nämlich der Ausländerbehörde mitgeteilt hat, dass Wiederaufnahmegründe nicht vorliegen.[691]

ff) Unzulässigkeit wegen fehlender Wiederaufnahmegründe bei einem Zweitantrag (§ 29 Abs. 1 Nr. 5 Alt. 2 AsylG). Ein Zweitantrag (§ 71a AsylG) liegt vor, wenn ein Antragsteller bereits in einem anderen Dublin-Mitgliedstaat ein Asylverfahren angestrengt hatte und dieses dort „erfolglos abgeschlossen" (§ 71a Abs. 1 AsylG) wurde. Sofern Deutschland für die Sachprüfung international zuständig ist und der Antragsteller dann keine Wiederaufnahmegründe (§ 51 VwVfG) vorweisen kann, tritt das Bundesamt – wie bei einem nationalen Folgeantrag – nicht mehr in die Sachprüfung ein, sondern lehnt den Asylantrag als unzulässig ab und verbindet diese Entscheidung mit einer Abschiebungsandrohung ins Herkunftsland.

Bei einem unzulässigen Zweitantrag sind vom Bundesamt die Abschiebungsverbote nach § 60 Abs. 5 und 7 AufenthG im Hinblick auf das Herkunftsland, den Staat der Abschiebung, zu prüfen.

Die Entscheidung des Bundesamtes setzt voraus, dass die Bundesrepublik für das Asylverfahren zuständig geworden ist. Wegen der Asylantragstellung im anderen Dublin-Staat kann sich diese Zuständigkeit aus einem vorangegangenen Dublin-Verfahren ergeben haben (zB wegen der Familieneinheit oder Selbsteintritt). In vielen Fällen wird das Bundesamt aber auch für Zweitanträge zuständig, weil das Dublin-Verfahren erst gar nicht oder verfristet eingeleitet worden ist oder weil die Überstellungsfrist abgelaufen ist.

---

[687] Der Tenor einer ablehnenden Entscheidung lautete vormals „Der Antrag auf Wiederaufnahme … wird abgelehnt" oder „Das Verfahren wird nicht wieder aufgenommen".
[688] Anstelle des früher verwendeten Klageantrags auf Verpflichtung zur Schutzgewährung (sog. „Durchentscheiden"), → Rn. 474.
[689] *Bethke/Hocks* Asylmagazin 2016, 336 (345).
[690] So *Funke-Kaiser* in GK-AsylG § 71 Rn. 283 ff.; *Marx* AsylG, § 71 Rn. 317; *Müller* in NK-AuslR AsylG § 71 Rn. 39.
[691] *Heusch* in BeckOK AuslR AsylG § 29 Rn. 84.

504 Der negative Abschluss des Asylverfahrens im anderen Staat muss feststehen, das Bundesamt trifft hierzu nach der herrschenden Meinung[692] eine Ermittlungs- und Nachweispflicht. Bei einer formalen Ablehnung des früheren Asylantrags liegt dies auf der Hand. Zuletzt problematischer waren die Fälle einer **Antragsrücknahme im anderen Staat** oder die **Einstellung wegen Nichtbetreibens** des Verfahrens.

505 Hierbei kommt es darauf an, ob der Antragsteller in diesem anderen Staat noch eine von der Präklusionswirkung unbeschadete **Möglichkeit der Wiederaufnahme** hatte.[693] Ist dies der Fall, liegt ein Zweitantrag nicht vor, das Bundesamt muss in die Prüfung des Asylantrags eintreten. Im Falle einer **Rücknahme des Asylantrags** im anderen Staat wäre nur dann nicht von einem Zweitantrag auszugehen, wenn der Antragsteller nach dem nationalen Asylrecht des anderen Staates weiterhin unbeschränkt von einer Präklusion mit seinen Verfolgungsgründen Zugang zum Verfahren hätte.[694]

506 **j) Die Entscheidung des Bundesamts über zulässige Asylanträge. aa) Der Gegenstand der Bundesamtsentscheidung.** Wenn der Asylantrag zulässig ist und weder zurückgenommen noch von den Eltern ein Verzicht erklärt worden ist – und auch keine Einstellung des Verfahrens wegen der fingierten Rücknahme infolge Nichtbetreibens (§ 33 AsylG) erfolgt ist, hat das Bundesamt „ausdrücklich festzustellen", ob dem Antragsteller der Flüchtlingsstatus oder der subsidiäre Schutz zuerkannt und ob der Antragsteller, soweit er das beantragt hat, als Asylberechtigter anerkannt wird. (§ 31 Abs. 2 AsylG). In der Formulierung „Flüchtlingsstatus oder subsidiärer Schutz" kommt zum Ausdruck, dass diese Feststellungen nicht zugleich vorliegen können. Das entspricht dem Verhältnis der Subsidiarität. Kommt es zu einer Flüchtlingsanerkennung, findet die Prüfung des subsidiären Schutzes nicht mehr statt.

507 Wenn der internationale Schutz oder die Asylberechtigung bejaht werden, sieht das Bundesamt von Feststellungen zu den nationalen Abschiebungsverboten ab (§ 31 Abs. 3 S. 2 AsylG).

508 Aus § 24 Abs. 2 und § 31 Abs. 2 AsylG folgt dann aber auch, dass das Bundesamt in den Fällen der inhaltlichen Ablehnung des Asylantrags immer noch ergänzend die nationalen Abschiebungsverbote zu prüfen hat, auch wenn das vom Antragsteller nicht beantragt worden war.

509 **bb) Die stattgebende Entscheidung.** Die stattgebende Entscheidung kann es in verschiedenen Stufen geben, von der Zuerkennung von Asyl und Flüchtlingsschutz bis hin zum Ausspruch von Abschiebungsverboten bei sonst gänzlicher Ablehnung des Asylantrags. Der Bescheid enthält in allen diesen Fällen keine Abschiebungsandrohung. Auch die stattgebende Entscheidung ist zu begründen, die Begründung fällt in der Praxis allerdings oft sehr knapp aus und verweist nur allgemein auf die aktenkundige Bedrohung.

510 Wegen der **Beschränkung des Bundesamtes** auf die bloße **Statusentscheidung** hat sich der Ausländer nach der Anerkennung wegen seiner Aufenthaltserlaubnis an die Ausländerbehörde zu wenden. Die Ausländerbehörde erhält vom Bundesamt über den Ausgang des Asylverfahrens eine sogenannte „Bestandskraftmitteilung".

511 Mit der Zustellung des Anerkennungsbescheides erhält derjenige, dem Asyl oder internationaler Schutz zuerkannt worden ist, eine **„antragsunabhängige" Aufenthaltserlaubnis,** die schon vor dem Antrag bei der Ausländerbehörde Geltung entfacht (§ 25 Abs. 1 S. 3 AufenthG, auf den auch Abs. 2 S. 2 verweist). Der Ausländer erhält von der Ausländerbehörde bei der ersten Vorsprache zumeist eine Fiktionsbescheinigung, die diesen Aufenthalt bescheinigt, bis der elektronische Aufenthaltstitel erteilt ist. Damit besitzt er auch eine Aufenthaltserlaubnis, um das Familiennachzugsverfahren zu beginnen.[695] Ob er

---

[692] *Heusch* in BeckOK AuslR AsylG § 29 Rn. 84.
[693] BVerwG Urt. v. 14.12.2016 – 1 C 4.16, ZAR 2017, 236 (238).
[694] Allgemein gegen die Anwendung des Zweitantrags auf Fälle einer Antragsrücknahme im Transitstaat: VG München Beschl. v. 26.1.2017 – M 23 S 16.34372, BeckRS 2017, 102491, Rn. 12. Eine solche Öffnung für die Fortsetzung des zunächst zurückgenommenen Antrags spricht Art. 18 Abs. 2 Dublin III-VO aus.
[695] Die entsprechenden Vorschriften zum Familiennachzug zu Schutzberechtigten verlangen den Besitz eines Aufenthaltstitels (zB § 29 Abs. 2, § 36 Abs. 1 AufenthG).

mit dieser Fiktionsbescheinigung – und unterstellt, dass der Ausländer noch seinen Nationalpass besitzt – eine Wiedereinreise erlaubt ist,[696] ist umstritten. Im Hinblick auf den klaren Wortlaut in § 25 Abs. 1 S. 3 AufenthG („gilt der Aufenthalt als erlaubt") sollte die Wiedereinreise aber gewährt werden können.

cc) Die einfache Ablehnung. Mit der einfachen Ablehnung ist der Fall des § 38 Abs. 1 AsylG gemeint, der in der Systematik des Gesetzes als „sonstiger Fall" der Ablehnung geführt wird – im Unterschied zu den im Gesetz ausdrücklich geregelten Fällen, wie der Ablehnung als unzulässig oder derjenigen als „offensichtlich unbegründet" (§ 30 AsylG). Sonstige Fälle der Ablehnung haben das Charakteristikum, dass eine Klage aufschiebende Wirkung (§ 78 Abs. 1 AsylG) hat, die Klagefrist beträgt zwei Wochen (§ 74 Abs. 1 AsylG). Die Ausreisefrist beträgt 30 Tage nach Bekanntgabe des Bescheides bzw. nach unanfechtbarem Abschluss des Asylverfahrens, was sich aus § 38 Abs. 1 AsylG ergibt. 512

dd) Die Ablehnung als „offensichtlich unbegründet" (§ 30 AsylG). Die Ablehnung des Asylantrags als „offensichtlich unbegründet" führt zu einer deutlichen Verschlechterung der Aufenthaltschancen des Betroffenen während seines weiteren Verfahrens, da die Ausreisefrist eine Woche beträgt, die Klage gegen diese Entscheidung **keine aufschiebende Wirkung** hat und ein Rechtsmittel im Eilverfahren die Abschiebung nur dann auszusetzen vermag, wenn „ernstliche Zweifel" an der Rechtmäßigkeit der Maßnahme bestehen (Art. 16a Abs. 4 S. 1 GG, § 36 Abs. 4 S. 1 AsylG). 513

Außerdem hat die Offensichtlichkeitsablehnung, sofern sie auf **§ 30 Abs. 3 Nr. 1 bis 6 AsylG** gestützt ist und vom Gericht nicht korrigiert worden ist, eine **Titelerteilungssperre** nach § 10 Abs. 3 S. 2 AufenthG zur Folge, solange der Antragsteller im Bundesgebiet verbleibt. 514

Da die Prüfung des subsidiären Schutzes vom Asylantrag umfasst ist (§ 13 Abs. 1 AsylG), muss sich die Offensichtlichkeitswertung des Bundesamtes auch auf diesen Teil des Schutzbegehrens beziehen, sollen die oben genannten Folgen (sofortige Vollziehbarkeit und Titelerteilungssperre) eintreten.[697] 515

Das Gesetz kennt **drei Fälle** von „offensichtlich unbegründeten" Asylanträgen, zunächst den Fall des § 30 Abs. 1 AsylG (mit zwei Beispielen in Abs. 2), der gegeben ist, wenn die **Schutzvoraussetzungen** „offensichtlich nicht vorliegen" (Abs. 1), insbesondere weil der Antrag nur aus wirtschaftlichen Gründen oder zur Vermeidung einer allgemeinen Notsituation gestellt worden ist (Abs. 2). Der Asylantrag muss hier aus sich heraus offensichtlich unbegründet sein. In der Bundesamtspraxis wird diese Offensichtlichkeit damit umschrieben, dass „nach Feststellung des Sachverhalts an der Unbegründetheit des Asylantrags *kein vernünftiger Zweifel mehr besteht*", „*der Asylantrag „eindeutig aussichtslos ist*" oder sich seine *„Ablehnung geradezu aufdrängt."*[698] 516

Darüber hinaus gibt es Fälle eines einfach unbegründeten Asylantrags, die durch das Hinzutreten weiterer Umstände „**als offensichtlich unbegründet** abzulehnen" sind. Der Gesetzgeber sanktioniert damit die missbräuchliche Asylantragstellung, unzulässige Versuche der Einwirkung auf das Verfahren und gröbliche Verletzung von Mitwirkungspflichten. Das sind die Fälle des § 30 Abs. 3 AsylG, die mit Ausnahme des Falles der Nr. 7 zu der Sanktion der Titelerteilungssperre nach § 10 Abs. 3 S. 2 AufenthG führen. Für das Bundesamt kommt es somit zu einer zweistufigen Prüfung, erst muss die Unbegründetheit des Asylantrags feststehen, erst dann sind die Tatbestände des Abs. 3 Nr. 1 bis 7 zu prüfen.[699] 517

In der Praxis ist hier der Fall des **§ 30 Abs. 3 Nr. 1 AsylG** am häufigsten, wenn das Vorbringen „in wesentlichen Punkten nicht substantiiert", „in sich widersprüchlich" oder „den Tatsachen" nicht entsprechend ist. Allerdings muss sich dieser Vorhalt auch auf we- 518

---

[696] *Funke-Kaiser* in GK-AufenthG § 81 Rn. 67.
[697] *Funke-Kaiser* in GK-AsylG § 30 Rn. 11.
[698] *Bergmann* in Bergmann/Dienelt AsylG § 30 Rn. 3.
[699] *Marx* AsylG § 30 Rn. 43.

sentliche Teile des Vortrags beziehen. Das wäre nicht der Fall, wenn nur der Reiseweg oder die allgemeinen persönlichen Lebensumstände des Antragstellers, nicht aber der Kern des Geschehens, unter dem Mangel von Widersprüchlichkeit oder fehlender Substanz leidet.[700] Das Bundesamt muss aber auch seiner Verpflichtung zur Aufklärung nachkommen und insbesondere dem Antragsteller gegenüber Vorhalte gemacht haben, in denen auf Widersprüche und Schilderungslücken hingewiesen worden ist. Das kann in den Fällen, in denen die Person des Anhörers nicht mit der des Entscheiders identisch war, im Einzelfall bis zur Aufhebung der Offensichtlichkeitswertung führen, wenn die Entscheidung sich etwa auf Widersprüche stützt, die in der Anhörung unbeanstandet geblieben sind, die aber erst durch den Entscheider aufgeworfen werden.[701] Im Übrigen ist auch auf den Bildungsstand des Antragstellers und mögliche Verständigungsfehler bei der Bewertung einzugehen.[702]

519 Das Bundesamt trifft angesichts der besonderen Folgen bei beiden Offensichtlichkeitsentscheidungen eine besondere **Begründungspflicht.** Die Auseinandersetzung des Bundesamtes mit dem Vorbringen muss detailliert sein und, wenn mehrere Aspekte für ein Schutzersuchen im Raum stehen, bei allen diesen Aspekten deren offensichtliche Unbegründetheit darlegen.[703]

520 Schließlich – und drittens – gibt es die Asylanträge der Antragsteller **aus sicheren Herkunftsstaaten,** die nach § 29a AsylG „als offensichtlich unbegründet abzulehnen sind". Diese Entscheidung ergeht, solange der Antragsteller mit seinem Vortrag die Nichtverfolgungsvermutung nicht erschüttern kann.[704]

521 Für **unbegleitete minderjährige Flüchtlinge** gilt nach Art. 25 Abs. 6 lit. a Asylverfahrens-RL, dass über ihre Anträge keine sofort vollziehbaren Entscheidungen wegen mangelnder Mitwirkung oder falscher Angaben ergehen dürfen. Sie dürfen demnach nicht als offensichtlich unbegründet abgelehnt werden. Diese Ausnahme gilt allerdings nicht, wenn die Minderjährigen aus sicheren Herkunftsstaaten sind und sie deswegen mit ihrem Asylantrag als „offensichtlich unbegründet" abgelehnt werden.

522 **k) Der Bundesamtsbescheid. aa) Form und Inhalt.** Der Bundesamtsbescheid ergeht **schriftlich.** Bei Antragstellern, die keinen rechtsanwaltlichen Beistand haben, sind Tenor der Entscheidung und Rechtsbehelfsbelehrung in einer **Sprache** beizufügen, von der erwartet werden kann, dass der Antragsteller diese versteht. Ein Unterlassen der Übersetzung führt aber nicht zur Nichtigkeit des Bescheides; wirken sich sprachliche Missverständnisse allerdings auf die rechtzeitige Klageerhebung aus, kann darin ein Grund für einen Wiedereinsetzungsantrag liegen.[705]

523 Mit einem Anerkennungsbescheid ist auch eine **Belehrung** über die hieraus folgenden Rechte vorzunehmen, die ebenfalls in einer für den Ausländer verständlichen Sprache erfolgt.

524 Der Bescheid enthält die **Entscheidung über den Asylantrag,** diese reicht von der Feststellung eines eingestellten Verfahrens, über die Unzulässigkeit des Asylantrags bis hin zur inhaltlichen Entscheidung über den Asylantrag im Falle von zulässigen Asylanträgen. Soweit es dabei weder zu einer Asylanerkennung oder der Zuerkennung des internationalen Schutzes kommt, hat der Bescheid auch Aussagen über das Vorliegen von nationalen Abschiebungsverboten zum Inhalt.

525 Der Bescheid ist **zu begründen.** Diese muss sich auf den konkreten Fall beziehen. Das können auch Textbausteine sein, sofern der Fallbezug erkennbar ist.[706] Sofern das Bundesamt im ersten Teil des Bescheides eine kurze Wiedergabe der vorgetragenen Gründe vor-

---

[700] *Marx* AsylG § 30 Rn. 47.
[701] So etwa VG Darmstadt Beschl. v. 22.2.2017 – 4 L 668/17.DA.A; VG Würzburg Beschl. v. 15.2.2017 – W 3 S 17.30446, beide unveröffentlicht.
[702] *Bergmann* in Bergmann/Dienelt AsylG § 30 Rn. 12.
[703] *Marx* AsylG § 30 Rn. 15 und 32 f.
[704] *Fränkel* in NK-AuslR AsylG § 29a Rn. 13.
[705] *Bergmann* in Bergmann/Dienelt AsylG § 31 Rn. 8.
[706] *Bergmann* in Bergmann/Dienelt AsylG § 31 Rn. 6.

nimmt, können damit auch spätere Textbausteine ihren Bezug finden. Für eine Offensichtlichkeitsentscheidung gilt eine erhöhte Begründungspflicht.[707]

bb) Die Abschiebungsandrohung und -anordnung. Das Bundesamt erlässt eine **Abschiebungsandrohung,** wenn es weder zu einer Schutzgewährung noch der Feststellung der nationalen Abschiebungsverbote gelangt und der Ausländer nicht aus anderen Gründen im Besitz eines Aufenthaltstitels ist (§ 34 Abs. 1 AsylG). Auch von der Abschiebungsandrohung ist bei rechtsanwaltlich nicht vertretenen Antragstellern eine Übersetzung beizufügen. 526

Aus § 34 AsylG folgt damit, dass das Bundesamt **keine inlandsbezogenen Abschiebungsverbote** und auch **keine Duldungsgründe** nach § 60a ff. AufenthG prüfen muss. Darunter fallen dann etwa auch die Einwände gegen eine Abschiebung, die sich aus familiären Beziehungen des abgelehnten Asylsuchenden im Inland ergeben. 527

Das Gesetz hat zwei Szenarien, was die **Länge der Ausreisefrist** betrifft. In den Fällen der sonstigen Ablehnung sind es 30 Tage (§ 38 Abs. 1 AsylG), in den gesetzlich besonders geregelten Fällen beträgt die Ausreisefrist eine Woche. Im Falle des § 38 Abs. 1 AsylG hat dann auch **die Klage aufschiebende Wirkung.** 528

Den besonderen Fall der **Abschiebungsanordnung** (§ 34a AsylG) – hier findet keine Fristsetzung statt – gibt es nach der Neuregelung durch das Integrationsgesetz nur bei Bescheiden nach § 29 Abs. 1 Nr. 1 AsylG (also bei „Dublin-Fällen") und in den seltenen Fällen einer Abschiebung nach § 29 Abs. 1 Nr. 3 AsylG.[708] Das Bundesamt hat bei Erlass der Abschiebungsanordnung auch inlandsbezogene Duldungsgründe zu prüfen,[709] nimmt insoweit also auch die Rolle der Ausländerbehörde ein. Letzteres ist der Grund, weshalb das Bundesamt auch von der Möglichkeit Gebrauch macht, anstelle der Anordnung eine Abschiebungsandrohung zu erlassen, weil es dann bestimmte den Vollzug betreffende Gründe nicht prüfen muss, zB die Zusicherung über die kindgerechte Aufnahme einer Familie im Zielstaat (§ 34a Abs. 1 S. 4 AsylG).[710] 529

cc) Befristungsentscheidung über das Einreise- und Aufenthaltsverbot. Dem Bundesamt obliegt es, mit der Abschiebungsandrohung oder -anordnung die Entscheidung über die **Befristung eines Einreise- und Aufenthaltsverbots** entsprechend § 11 Abs. 2 AufenthG für den Fall der Abschiebung auszusprechen. 530

Daneben kann das Bundesamt ein von der Durchführung der Abschiebung **unabhängiges Einreise- und Aufenthaltsverbot verhängen,** das mit der Bestandskraft des Asylbescheides wirksam wird (§ 11 Abs. 7 AufenthG). Diese Möglichkeit steht dem Bundesamt aber nur in zwei Fällen zu: Bei der Ablehnung eines Asylantrags nach § 29a AsylG (bei Personen aus sicheren Herkunftsstaaten) sowie dann, wenn ein Folgeantrag wiederholt nicht zur Durchführung des Verfahrens geführt hat (§ 11 Abs. 7 S. 1 AufenthG). Ob und mit welcher Frist das Bundesamt sich in diesem Falle für ein Einreise- und Aufenthaltsverbot entschließt, steht in seinem Ermessen. Es kann hierzu ebenso individuelle wie auch generalpräventive Erwägungen anstellen.[711] 531

dd) Die Zustellung des Bundesamtsbescheides. Für die Wirksamkeit des Bundesamtsbescheides ist dessen **Zustellung** erforderlich (§ 43 Abs. 1 VwVfG), zugleich setzt der Zeitpunkt der Zustellung die Klagefrist in Lauf. Im Falle einer Anerkennung ist die Zustellung des Bescheides ebenfalls bedeutsam, weil sie die für den „privilegierten Familiennachzug" geltende Dreimonatsfrist nach § 29 Abs. 2 Nr. 1 AufenthG auslöst. 532

---

[707] *Marx* AsylG § 30 Rn. 32 f.
[708] Das kann dann nur Personen betreffen, die in Norwegen oder der Schweiz bereits sicher waren. Für Ausländer, die in einem anderen EU-Staat anerkannt sind, sieht jetzt § 36 Abs. 1 AsylG die Abschiebungsandrohung vor.
[709] BVerfG Beschl. v. 17.9.2014 – 2 BvR 1795/14, BeckRS 2014, 56447 Rn. 9.
[710] In diesem Fall handelt es sich um einen sonstigen ablehnenden Bescheid, Klage hat aufschiebende Wirkung und die Ausreisefrist beträgt 30 Tage (§ 38 Abs. 1 AsylG).
[711] *Maor* in BeckOK AuslR AufenthG § 11 Rn. 52.

533 Auch für das Asylverfahren gelten die allgemeinen Regeln nach dem VwZG, die aber durch zwei Sonderfälle einer **Zustellungsfiktion** überlagert werden. Diese Sonderregeln gelten allerdings nur für diejenigen Verfahren, die durch einen Antrag des Ausländers in Gang gesetzt werden, daher nicht für ein Widerrufs- oder Rücknahmeverfahren.[712] Grundlegend ist die Obliegenheit des Asylantragstellers, Vorsorge dafür zu treffen, dass ihn Schriftstücke des Bundesamtes, der Ausländerbehörde und des Gerichts erreichen (§ 10 Abs. 1 Hs. 1 AsylG).

534 Der Asylantragsteller ist während des Verfahrens verpflichtet, den genannten Stellen jeden Anschriftenwechsel unverzüglich mitzuteilen. Kommt er dem nicht nach, muss er Zustellungen an die **alte Anschrift gegen sich gelten lassen** (§ 10 Abs. 2 AsylG). Das gilt auch, wenn die letzte – also mittlerweile falsche – Anschrift von einer öffentlichen Stelle an das Bundesamt, die Ausländerbehörde oder ein Gericht mitgeteilt worden ist. Diese Regelung unterliegt allerdings der Einschränkung, dass kein Bevollmächtigter bestellt worden ist oder Zustellungen an diesen gescheitert sind. Außerdem muss der Ausländer über seine Mitteilungspflicht und deren Folgen belehrt worden sein.

535 Umstritten ist der Fall, wenn das Bundesamt an die letzte vom Ausländer mitgeteilte – aber inzwischen nicht mehr aktuelle – Anschrift zustellt, die korrekte Anschrift aber aufgrund einer anderweitigen Mitteilung aktenkundig gewesen ist.[713] In diesem Fall spricht der Grundsatz von Treu und Glauben gegen den Eintritt der Zustellungsfiktion.[714]

536 Für die Zustellung in einer **Aufnahmeeinrichtung** (das sind nur die Einrichtungen nach § 44 AsylG, nicht dezentrale Gemeinschaftsunterkünfte) gilt die besondere Zustellungsfiktion nach § 10 Abs. 4 AsylG. Die Zustellung gilt mit dem dritten Tag nach der Übergabe des Schriftstücks an die Aufnahmeeinrichtung als bewirkt.

537 ee) **Zustellung an den Bevollmächtigten.** Von dem Grundsatz, dass die Bescheide an den rechtsanwaltlichen Bevollmächtigten zuzustellen sind (§ 7 Abs. 1 S. 2 VwZG), macht § 31 Abs. 1 S. 7 AsylG eine Ausnahme: Bescheide nach § 29 Abs. 1 Nr. 1 AsylG („Dublin-Fälle") und die seltenen Entscheidungen nach § 29 Abs. 1 Nr. 3 AsylG werden direkt dem Asylantragsteller zugestellt, auch wenn er anwaltlich vertreten ist. Der Rechtsanwalt erhält in diesem Falle nur eine Abschrift.

538 l) Das Verfahren bei Widerruf und Rücknahme. aa) Widerruf von Asylberechtigung und Flüchtlingseigenschaft. Das Bundesamt hat die Asylberechtigung und die Flüchtlingseigenschaft unverzüglich zu **widerrufen,** wenn **deren Voraussetzungen** nicht mehr vorliegen (§ 73 Abs. 1 AsylG). Ob das der Fall ist, richtet sich nach dem materiellen Recht. Hierbei ist gegebenenfalls auch die Rechtskraft eines Verpflichtungsurteils zu beachten, wenn sich der Wegfall der Voraussetzungen auf einen Zeitpunkt beziehen soll, der noch vor der Entscheidung des Verwaltungsgerichts lag.[715] Falls der Widerruf zu einer Statusbeendigung führt, ist das Bundesamt verpflichtet, den subsidiären Schutz und gegebenenfalls, wenn der subsidiäre Schutz nicht ausgesprochen wird, auch die nationalen Abschiebungsverbote zu prüfen (§ 73 Abs. 3 AsylG).

539 Das Widerrufsverfahren beginnt, wenn das Bundesamt von den **Widerrufsgründen Kenntnis** erhält – sei es aufgrund eigenen Wissens, sei es, weil eine andere Behörde es darüber unterrichtet: Spätestens aber drei Jahre nach Unanfechtbarkeit der Anerkennung (§ 73 Abs. 2a AsylG) leitet das Bundesamt ein Verfahren ein (→ Rn. 541). Ein praktisch wichtiger Anlass, der eine Widerrufsprüfung in Gang setzt, ist der Antrag eines Familienangehörigen auf **Familienschutz nach § 26 AsylG.** Hier gehört der Umstand, dass die Statusfeststellung des Stammberechtigten nicht zurückzunehmen oder zu widerrufen ist, nämlich zum Tatbestand. Auch andere Anträge des Ausländers zur **Aufenthaltsverfestigung** können ein Prüfverfahren auslösen, sei es, wenn ein Antrag auf weiteren Familien-

---

[712] AA *Bergmann* in Bergmann/Dienelt AsylG § 73 Rn. 30.
[713] *Bruns* in NK-AuslR AsylG § 10 Rn. 29.
[714] AA VG Augsburg Beschl. v. 12.6.2007 – Au 2 S 07.30077, BeckRS 2007, 34789.
[715] *Marx* AsylG § 73 Rn. 6.

nachzug gestellt wird, oder die Niederlassungserlaubnis oder die Einbürgerung beantragt wird.

Der Grund für den Widerruf kann in der veränderten politischen Lage seine Ursache haben, oft liegen die Widerrufsgründe aber in der Person des Berechtigten. Dann sind es oft die Mitteilungen der Ausländerbehörden (etwa über Reisen in das Herkunftsland) oder Auskünfte der Staatsanwaltschaft über Verurteilungen[716], die den Anstoß für das Verfahren geben. 540

Die Regelüberprüfung des Bundesamts erfolgt **drei Jahre nach der begünstigenden Entscheidung** und beinhaltet auch die Pflicht, die Ausländerbehörde binnen eines weiteren Monats darüber zu informieren, wenn es die Voraussetzungen für einen Widerruf als gegeben ansieht (§ 73 Abs. 2a AsylG). Wegen der hohen Antragszahlen in den Jahren 2015 und 2016 hat der Gesetzgeber die Frist für die Regelüberprüfung solcher Anerkennungen verlängert und angeordnet, dass die Anerkennungen aus dem Jahr 2015 bis Ende 2019, die aus dem Jahr 2016 bis Ende 2020 und Anerkennungen aus dem Jahr 2017 bis Ende des Jahres 2021 geprüft werden (§ 73 Abs. 7 S. 1 AsylG). 541

Wenn das Bundesamt das Widerrufsverfahren **nicht unverzüglich** einleitet, ist das für das Verfahren unschädlich, denn diese Regelung dient der Beschleunigung des Verfahrens, soll aber keine individuellen Rechte entfalten.[717] 542

Weniger einhellig fällt die Antwort auf die Frage aus, wie mit einer **Überschreitung der Dreijahresfrist** umzugehen ist. Nach der herrschenden Ansicht wirkt diese sich ebenfalls nicht aus.[718] Nach anderer Ansicht kann der Widerruf dann nur noch im Ermessenswege erfolgen.[719] 543

Neu geregelt wurde 2019 das Verhältnis zwischen Bundesamtsmitteilung über den beabsichtigten Widerruf und die **Erteilung einer Niederlassungserlaubnis nach § 26 Abs. 3 AufenthG:** Bei den Flüchtlingsanerkennungen, die in den Jahren **2015 bis 2017** unanfechtbar geworden sind, darf die Ausländerbehörde eine Niederlassungserlaubnis erst erteilen, wenn das BAMF mitgeteilt hat, dass die Voraussetzungen für eine Rücknahme oder einen Widerruf nicht vorliegen (§ 26 Abs. 3 S. 1 Nr. 2 sowie S. 3 Nr. 2 AufenthG). Diese Regelung gilt aber nur für die Niederlassungserlaubnisse nach § 26 Abs. 3 AufenthG, nicht für die anderen Fälle der Niederlassungserlaubnis. Dort wirkt sich auch ein laufendes Verfahren nicht aus (§ 8 AufenthG, §§ 6, 42 AsylG und im Umkehrschluss auch aus § 72 Abs. 2c AsylG, der die Verbindlichkeit asylrechtlicher Anerkennung nur für die Zwecke der Einbürgerung suspendiert, wenn ein Widerrufsverfahren geführt wird). 544

bb) Widerruf von subsidiärem Schutz und der Feststellung von nationalen Abschiebungsverboten. In §§ 73b und 73c AsylG ist auch der Widerruf anderer Schutzfeststellungen niedergelegt. Hier wird ebenfalls an die Kenntnis der Widerrufsgründe angeknüpft, die das Bundesamt zu einem Widerruf veranlasst. Hier wird zum Teil auf § 73 AsylG verwiesen, eine obligatorische Prüfung drei Jahre nach Erlass gibt es hier allerdings nicht. 545

cc) Rücknahme einer positiven Statusfeststellung. Das Bundesamt hat die **Anerkennung zurückzunehmen,** wenn diese aufgrund unrichtiger Angaben oder des Verschweigens von wesentlichen Tatsachen erfolgt ist und nicht andere Gründe die frühere Entscheidung rechtfertigen. Im Hinblick auf die unrichtigen Angaben eines Antragstellers kommt es hier aber nur auf deren objektives Vorliegen an, nicht auf eine bestimmte Absicht. Ein Verschulden oder eine Täuschungsabsicht sind für die Rücknahme nicht erforderlich.[720] 546

Ein **entgegenstehendes rechtskräftiges Urteil** ist auch hier grundsätzlich zu beachten. Im Gegensatz zum Widerruf liegen die Gründe für eine Rücknahme in den meisten Fällen bereits zum Zeitpunkt der gerichtlichen Entscheidung objektiv vor. Sofern das Urteil selbst 547

---

[716] Etwa wegen eines nachträglich eingetretenen Ausschlussgrundes nach § 60 Abs. 8 AufenthG.
[717] *Hocks/Leuschner* in NK-AuslR § 73 Rn. 25.
[718] BVerwG Urt. v. 5.6.2012 – 10 C 4.11, ZAR 2013, 36 (37).
[719] *Hocks/Leuschner* in NK-AuslR AsylG § 73 Rn. 37.
[720] *Fleuß* in BeckOK AuslR AsylG § 73 Rn. 31.

nicht im Wege der Wiederaufnahme aufgehoben worden ist, sperrt die Rechtskraft grundsätzlich auch die Rücknahme.[721] Eine Ausnahme hiervon nimmt aber das BVerwG dann an, wenn das Urteil unrichtig ist, der Begünstigte dieses weiß und das Ausnutzen des Urteils als sittenwidrig erscheint.[722]

548 dd) **Das Verfahren bei Widerruf und Rücknahme.** Vor der beabsichtigten Entscheidung des Bundesamtes über einen Widerruf oder eine Rücknahme ist dem Betroffenen schriftlich Mitteilung zu machen, wobei ihm die **Gelegenheit zur Stellungnahme** zu geben ist. Das Bundesamt kann dem Betroffenen hierzu eine **Frist von einem Monat** setzen mit dem Hinweis, nach Fristablauf nach Aktenlage zu entscheiden. Diese Verfahrensweise ist allerdings nur rechtens, wenn das Bundesamt in diesem Sinne belehrt hat.[723]

548a Im November 2018 wurde mit dem § 73 Abs. 3a AsylG ein **Vorprüfungsverfahren** eingeführt, das wesentlich das Ziel hatte, Mitwirkungspflichten, die es für Personen mit einem abgeschlossenen Asylverfahren bis dahin nicht gab, aufzustellen. Sobald das Bundesamt diese Vorprüfung einleitet, ohne dass es dazu einen Grund angeben müsste,[724] ergeben sich die Pflichten aus § 15 Abs. 2 Nr. 1 und 4 bis 7 AsylG. Das sind im Einzelnen die Pflichten, Angaben auf Anforderung zu machen, Pässe und relevante Dokumente aus dem Besitz herauszugeben, Identitätspapiere zu beschaffen und erkennungsdienstliche Maßnahmen zu dulden.

548b Das Gesetz knüpft in § 73 Abs. 3a AsylG zwei mögliche Sanktionen an die Pflichtverletzungen, zum einen die zwangsweise Erfüllung nach den Grundsätzen des Verwaltungszwangs, zum anderen die Option, nach Aktenlage zu entscheiden. Das kann für den Betroffenen dann unter Umständen die empfindliche Folge haben, dass der Status entzogen wird, weil das Bundesamt nun auf einer anderen Erkenntnisgrundlage über die Identität des Antragstellers entscheidet und von einer nicht mehr bestehenden Verfolgungsgefahr ausgehen könnte.

549 Das Recht zur Stellungnahme verlangt, dass das **Bundesamt die Gründe** für den beabsichtigten Widerruf konkret benennt, damit eine inhaltliche Auseinandersetzung überhaupt stattfinden kann.[725] Eine Anhörung ist nicht erforderlich.[726]

550 Führt die Prüfung dazu, den Widerruf bzw. die Rücknahme zu erklären, **hebt** das Bundesamt die **Statusentscheidung bzw. die getroffenen Feststellungen auf** und entscheidet gegebenenfalls über das Vorliegen der Voraussetzungen für die nationalen Abschiebeverbote (§ 73 Abs. 3 S. 1 AsylG).

551 Für die Form des Bescheides gelten die Vorschriften des § 31 AsylG, der Bescheid ergeht schriftlich und enthält eine schriftliche Begründung. Ob für die Zustellung § 10 AsylG heranzuziehen ist, ist umstritten.[727] Da § 10 AsylG im Kontext des § 73 AsylG nicht erwähnt ist und sich auch die Interessenlage anders darstellt als in einem von dem Betroffenen eingeleiteten Antragsverfahren, hat sich die Zustellung aber nach der hier vertretenen Auffassung nach den allgemeinen Regeln des VwZG zu richten.[728]

551a Der Rechtsschutz gegen die Widerrufs- oder Rücknahmeentscheidung erfolgt im Wege einer Anfechtungsklage, als Hilfsantrag kann das Begehren vorgebracht werden, das Bundesamt zur Gewährung des subsidiären Schutzes oder der Feststellung von Abschiebungs-

---

[721] BVerwG Urt. v. 19.11.2013 – 10 C 27.12, NVwZ 2014, 664 Rn. 19.
[722] BVerwG Urt. v. 19.11.2013 – 10 C 27.12, NVwZ 2014, 664 Rn. 20 ff.
[723] *Marx* AsylG § 73 Rn. 111.
[724] Zumeist betrifft dies Fälle von Personen, die in den Jahren 2015 bis Frühjahr 2016 im schriftlichen Verfahren anerkannt worden sind, ohne dass man damals Identität und Staatsangehörigkeit genauer geprüft hätte. Abgesehen von diesen Fällen ist eine anlasslose Aufnahme des Widerrufsverfahrens aber problematisch, etwa wenn das Bundesamt, wie vereinzelt berichtet, Personen, die es wegen einer religiösen Konversion anerkannt hat, nach einiger Zeit auffordert, Nachweise über die fortgesetzte Teilnahme an den Veranstaltungen der Kirchengemeinde vorzulegen.
[725] *Hocks/Leuschner* in NK-AuslR AsylG § 73 Rn. 48.
[726] *Marx* AsylG § 73 Rn. 111.
[727] Für eine Anwendung: *Bergmann* in Bergmann/Dienelt AsylG § 10 Rn. 30.
[728] *Hocks/Leuschner* in NK-AuslR AsylG § 73 Rn. 49; *Marx* AsylG § 73 Rn. 114.

verboten zu verpflichten. Die Klage hat in den meisten Fällen aufschiebende Wirkung, diese hat sie nicht, wenn strafgerichtliche Verurteilungen zur Aberkennung des Schutzes führen sollen (§ 75 Abs. 2 S. 1 Nr. 1 und 2 AsylG) oder dann, wenn das Bundesamt den Sofortvollzug nach § 80 Abs. 2 Nr. 4 VwGO angeordnet hat, worauf § 75 Abs. 2 S. 3 AsylG ausdrücklich hinweist.

Kommt das Bundesamt (etwa nach Eingang der Stellungnahme) zu dem Ergebnis, das Widerrufsverfahren oder Rücknahmeverfahren nicht mehr fortzusetzen, wird das Verfahren an dieser Stelle beendet. Der Betroffene ist, wenn er zur Stellungnahme aufgefordert worden war, darüber zu informieren. Eine förmliche Einstellung des Verfahrens ist nicht erforderlich.[729] **552**

m) Das Folgeverfahren (§ 71 AsylG). aa) Grundlage. Der Folgeantrag ist ein erneuter Asylantrag nach Rücknahme oder unanfechtbarer Ablehnung eines früheren Asylantrags. Auch der Antrag eines Kindes nach früherem Verzicht (§ 14a AsylG) ist ein Folgeantrag. Keinen Folgeantrag, sondern einen Neuantrag stellt der Antrag auf Feststellung des subsidiären Schutzes oder der Abschiebungsverbote dar, wenn er sich auf einen Zielstaat bezieht, der bis dahin nicht abschiebschutzrechtlich geprüft worden war.[730] **553**

Wegen des Entgegenstehens einer bestandskräftigen Entscheidung führt der Folgeantrag nur dann in die erneute Sachprüfung, wenn dem Bundesamt ausreichende **Wiederaufgreifensgründe nach § 51 Abs. 3 VwVfG** mitgeteilt werden. **554**

Das Folgeverfahren ist damit ein **zweistufiges Verfahren**. Die Prüfung, ob das Verfahren wieder aufgenommen wird, findet im Rahmen der Zulässigkeitsprüfung statt. Scheitert der Antragsteller hier, wird sein Folgeantrag nach dem seit August 2016 geltenden § 29 Abs. 1 Nr. 5 Alt. 1 AsylG als unzulässig abgelehnt. Der zutreffende Klageantrag gegen diese Entscheidung ist der Anfechtungsantrag. **555**

bb) Die Antragstellung. Der Folgeantrag ist persönlich bei der Außenstelle des Bundesamtes zu stellen, die der früheren Aufnahmeeinrichtung zugeordnet ist. Soweit es diese nicht mehr gibt oder der Antragsteller damals nicht wohnpflichtig war, ist der Folgeantrag schriftlich bei der Zentrale des Bundesamtes zu stellen (§ 71 Abs. 2 AsylG). Bemerkenswert ist, dass eine regelmäßige schriftliche Stellung des Folgeantrags sonst nur in dem Falle des § 14 Abs. 2 Nr. 2 AsylG (also Inhaftierung, Unterbringung in Krankenhaus oder in einer Jugendhilfemaßnahme ua) möglich ist. Personen, die eine mehr als sechs Monate gültige Aufenthaltserlaubnis besitzen, und sich mit ihrem Folgeantrag in ihrem Status verbessern möchten, sind von dem Privileg einer schriftlichen Antragstellung hier ausgeschlossen,[731] sofern sie nicht ausnahmsweise „nachweislich am persönlichen Erscheinen" gehindert (§ 71 Abs. 2 S. 3 AsylG) sind. **556**

cc) Wiederaufnahmegründe. Die Wiederaufnahmegründe sind dem § 51 Abs. 1 bis 3 VwVfG zu entnehmen (hierauf verweist § 71 Abs. 3 S. 1 AsylG). Die Wiederaufnahmegründe sind die Änderung der Sach- oder Rechtslage, das Vorliegen neuer Beweismittel oder das Bestehen eines Wiederaufnahmegrundes nach § 580 ZPO. **557**

Für die Frage nach der Änderung der **Sach- und Rechtslage** kommen alle zwischenzeitlichen Veränderungen in Betracht, die zu einer anderen Entscheidung in der Sache führen können, weil sie das Herkunftsland oder die Person des Antragstellers betreffen. Umstritten ist, ob auch eine Änderung der Rechtsprechung zu einer Änderung der Rechtslage in diesem Sinne führt.[732] **558**

Auch neue Beweismittel sind geeignet, einen Folgeantrag zu begründen. Hier ist vom Antragsteller jedoch zu erklären, weshalb sie nicht schon im Erstverfahren haben bei- **559**

---

[729] *Hocks/Leuschner* in NK-AuslR AsylG § 73 Rn. 50.
[730] BVerwG Urt. v. 29.9.2011 – 10 C 23.10, NVwZ 2012, 244.
[731] Bei einem Erstantrag könnten sie sich auf § 14 Abs. 2 Nr. 1 AsylG berufen und somit ihren Antrag schriftlich stellen.
[732] Im Falle der Rechtsprechung des BVerfG allerdings bejaht, Müller NK-AuslR AsylG § 71 Rn. 30.

gebracht werden können. Neue zweckentsprechende Beweismittel lösen beim Bundesamt die Pflicht aus, diesen in einem Verfahren nachzugehen. Der pauschale Hinweis, an der Sachlage habe sich nichts geändert, genügt nicht, wenn etwa eine gutachterliche Auskunft sich konkret und aktuell mit den prospektiven Lebensbedingungen in einem Staat der Abschiebung bezieht. Die Pflicht zur Neubefassung ist umso bedeutsamer, je höher der Stellenwert des betroffenen Rechtsguts ist.[733]

560 § 51 VwVfG spricht von einer **Dreimonatsfrist,** sie beginnt mit der Kenntnis der Wiederaufgreifensgründe. In dieser Zeit wäre dann der Folgeantrag unter persönlicher Vorsprache zu stellen. Zu berücksichtigen ist allerdings Art. 40 Asylverfahrens-RL, dort findet sich, insbesondere in dem dortigen Abs. 4, kein Hinweis auf eine Verfristung. Das führt zu der Annahme, dass es die Dreimonatsfrist bei dem asylrechtlichen Wiederaufnahmeantrag nicht mehr gibt.[734] Anderenfalls gilt, dass jeder einzelne relevante Grund des Wiederaufgreifens rechtzeitig iSd Frist vorzubringen ist, das gilt dann auch für alle weiteren Gründe, die während des laufenden Behörden- oder Gerichtsverfahrens eintreten.[735]

561 **dd) Aufenthaltsstatus während des Folgeverfahrens.** Der Ausländer ist nach der Stellung eines Folgeantrags bis zur Entscheidung über die Wiederaufnahme zu dulden, was sich aus § 71 Abs. 5 S. 2 AsylG ergibt. Das Bundesamt hat der Ausländerbehörde mitzuteilen, dass die Abschiebung vorläufig, bis zur Entscheidung über die Wiederaufgreifensgründe, nicht durchgeführt werden darf. Erst wenn das Bundesamt der Ausländerbehörde mitteilt, dass es bezüglich des Folgeantrages nicht in die Sachprüfung eintritt, sondern den Antrag mangels ausreichender Wiederaufnahmegründe als unzulässig ablehnt, darf die Abschiebung erfolgen. In diesem Moment wird für den Antragsteller Eilrechtsschutz erforderlich.[736] Der Anspruch auf eine Duldung ergibt sich aber nicht, wenn eine Abschiebung in einen sicheren Drittstaat (§ 26a AsylG) im Raum steht. Hier führt auch der Folgeantrag nicht zu einer Aussetzung der Abschiebung (§ 71 Abs. 2 S. 2 AsylG), der Ausländer hat daher im Wege des Eilrechtsschutzes den vorläufigen Schutz vor der Vollstreckung der Ausreisepflicht zu suchen.

562 Der Folgeantrag führt bis zu der Entscheidung des Bundesamtes, das Verfahren wieder aufzunehmen, **nicht** an sich zu einer **Entlassung aus der Abschiebungshaft** (§ 71 Abs. 8 AsylG).

563 **ee) Das Verfahren.** Im Folgeverfahren hat der Antragsteller seine Wiederaufnahmegründe anzugeben, er kann hier zu einer schriftlichen Erklärung aufgefordert werden (§ 71 Abs. 3 AsylG). Eine Anhörung ist nicht zwingend vorgeschrieben.

564 Eine frühere räumliche Beschränkung gilt weiter. Die Regeln über das beschleunigte Verfahren (§ 30a AsylG), das derzeit vom Bundesamt allerdings nur vereinzelt angewendet wird, beziehen Folgeantragsteller ausdrücklich mit ein (§ 30a Abs. 1 Nr. 4 AsylG). Im Falle der flächendeckenden Einführung solcher Verfahren hätten Folgeantragsteller in bestimmte Aufnahmeeinrichtungen umzuziehen, in denen sie dann bis zur Durchführung der aufenthaltsbeendenden Maßnahmen wohnpflichtig blieben.

565 Wird ein wiederholter Folgeantrag (also mindestens der zweite Folgeantrag)[737] abgelehnt, kann das Bundesamt ein Einreise- und Aufenthaltsverbot gegen den Ausländer nach § 11 Abs. 7 AufenthG verhängen.

---

[733] BVerfG Beschl. v. 21.6.2016 – 2 BvR 273/16, NVwZ 2016, 1242 (1243).
[734] So *Funke-Kaiser* in GK-AsylG § 71 Rn. 283 ff.; Marx AsylG § 71 Rn. 317; *Müller* in NK-AuslR AsylG § 71 Rn. 39.
[735] BVerwG Beschl. v. 31.1.2011 – 10 B 26.10, BeckRS 2011, 48982.
[736] Wie dieser Eilrechtsschutz zu suchen ist, hängt von dem Tenor des Bundesamtsbescheides ab: Verbindet das Bundesamt die Ablehnung nach § 29 Abs. 1 Nr. 5 AsylG mit einer Abschiebungsandrohung, ist ein Antrag nach § 80 Abs. 5 VwGO zu stellen; erlässt das Bundesamt keine neuerliche Abschiebungsandrohung, sondern bezieht sich auf diejenige aus dem Ursprungsverfahren, müsste ein Antrag nach §°123 VwGO gestellt werden mit dem sinngemäßen Inhalt, das Bundesamt dahin zu verpflichten, an die Ausländerbehörde mitzuteilen, dass die Abschiebung vorläufig, bis zum Abschluss des gerichtlichen Verfahrens, zu unterbleiben hat.
[737] *Maor* in BeckOK AuslR AufenthG § 11 Rn. 50.

n) Das Flughafenverfahren (§ 18a AsylG). aa) Anwendungsbereich und Funktion. 566
Das Flughafenverfahren nach § 18a AsylG findet bei Personen statt, die über den Luftweg einreisen und bei einem Grenzposten um Asyl nachsuchen. Die Besonderheit besteht hier darin, dass das **Asylverfahren vor der Entscheidung über die Einreise** stattfindet. Dieses Verfahren, das unter dem Gebot einer besonderen Beschleunigung steht und die **kürzeste Rechtsmittelfrist im gesamten Asylrecht** aufweist (drei Tage für den Eilantrag gegen die Einreiseverweigerung), ist verfassungsgemäß.[738]

Das Flughafenverfahren betrifft nur Antragsteller aus den **sicheren Herkunftsstaaten** 567 (§ 29a AsylG) und solche Antragsteller anderer Herkunftsstaaten, die sich **an der Grenze nicht mit einem gültigen Pass ausweisen** (§ 18a Abs. 1 AsylG). Ein fehlendes oder gefälschtes Visum ist hier unschädlich. Es kommt nicht darauf an, den gültigen Pass zu besitzen, sondern ihn bei der Einreise auch tatsächlich vorzuweisen.

Da das Verfahren vor der Einreise mit einer Unterbringung im Transitbereich verbunden 568 ist, ergibt sich als weitere Voraussetzung, dass eine **angemessene Unterbringung** auf dem Flughafengelände möglich ist.[739] Der Aufenthalt im Transit ist für die betroffenen Personen mit einer Freiheitseinschränkung verbunden. Sie sind außer im Hinblick auf eine Ausreise in ihrer Fortbewegungsfreiheit beschränkt, solange ihnen die Einreise nicht gestattet wird. Nach einem dreißigtägigen Aufenthalt im Transit ist nach § 15 Abs. 6 AufenthG eine **richterliche Anordnung zur Fortsetzung des Transitaufenthaltes** erforderlich. Ergeht diese richterliche Anordnung nicht, sind die betroffenen Personen in das Inland zu entlassen, ihr Asylverfahren wird dort fortgesetzt.

Für die Frage der Einreise ist § 13 Abs. 2 AufenthG bedeutsam, denn ein Ausländer, der 569 die Grenze vor der Entscheidung über die Einreise passiert, gilt nicht als eingereist, solange er der tatsächlichen polizeilichen Kontrolle unterliegt. Diese **Fiktion der Nichteinreise** gilt daher nicht nur für eine außerhalb des Flughafenterminals gelegene bewachte Unterbringung, sondern auch noch dann, wenn der Ausländer etwa unter steter polizeilicher Überwachung eine längere Zeit in einer Klinik verbringt.

Der besondere Grund dafür, an der Nichteinreise festzuhalten, liegt wesentlich darin, den 570 Vorteil für eine Rückführung des Betroffenen nach den **Regeln des ICAO-Abkommens** (Convention on International Civil Aviation), dort Annex 9,[740] zu erlangen. Dieses luftrechtliche Abkommen verpflichtet die Fluggesellschaften, Personen, die sie ohne die erforderlichen Einreisedokumente transportiert haben, an den Abflugort zurückzuverbringen. Der Vorteil für die Grenzbehörden liegt dann darin, dass eine aufwändige Passbeschaffung bei der diplomatischen Vertretung des Herkunftslandes unterbleiben kann.[741]

bb) Der Ablauf des Flughafenverfahrens. Das Verfahren nach § 18a AsylG steht unter 571 dem **Gebot äußerster Beschleunigung**. Der Asylantrag ist unverzüglich zu stellen und dem Bundesamt ist die Frist gesetzt, binnen von zwei Tagen nach Antragstellung zu entscheiden. Kann das Bundesamt in dieser Frist nicht zu einer Entscheidung gelangen, teilt es dies der Bundespolizei mit, die dann die Einreise des Antragstellers gewährt (§ 18a Abs. 6 AsylG). Das Verfahren findet sodann im Inland statt, der Betroffene wird an die zuständige Aufnahmeeinrichtung weitergeleitet.

Kommt das Bundesamt während der Prüfung in den zwei Tagen zu der Entscheidung, 572 den Asylantrag als **offensichtlich unbegründet abzulehnen,** wobei das Gesetz hier keinen Unterschied macht, auf welcher Grundlage die Offensichtlichkeitswertung ergeht, werden gegenüber dem Antragsteller zwei Bescheide eröffnet: Die Ablehnungsentscheidung des Bundesamtes (§ 18a Abs. 2 AsylG) und die **Einreiseverweigerung** der Bundes-

---

[738] BVerfG Urt. v. 14.5.1996 – 2 BvR 1516/93, NVwZ 1996, 678 ff.
[739] Ein Flughafenverfahren findet in der Bundesrepublik derzeit nur an den internationalen Flughäfen in Berlin-Schönefeld, Düsseldorf, Frankfurt/Main, Hamburg und München statt. Denn nur dort bestehen derzeit entsprechende Unterbringungsmöglichkeiten im Transitbereich.
[740] https://www.forschungsinformationssystem.de/servlet/is/153938/.
[741] *Hocks* in Johlen, Münchner Prozessformularbuch VerwR, Bd. 7, Kap. H. II.3. Anm. 2.

polizei (§ 18a Abs. 3 AsylG). Bei der Entscheidung über die Einreiseverweigerung hat die Bundespolizei kein eigenes Ermessen. Sie verweigert die Einreise, wenn das Bundesamt eine Offensichtlichkeitsentscheidung getroffen hat.[742]

573 Die Einreiseverweigerung ist sofort vollziehbar, hiergegen kann der Betroffene im Wege des Eilrechtsschutzes[743] **innerhalb einer Frist von drei Tagen** vorgehen. Vor dem Hintergrund dieser sehr kurzen Rechtsmittelfrist und dem Umstand, dass der Antragsteller im Transitbereich abgeschlossen ist und somit auch bei der Hinzuziehung eines Bevollmächtigten Einschränkungen unterliegt, hat das BVerfG in seiner Entscheidung über die Verfassungsmäßigkeit des Flughafenverfahrens festgestellt, dass hier zur Wahrung des effektiven Rechtsschutzes eine kostenlose **asylrechtskundige Beratung** bereits am Tage der Bescheideröffnung zu gewähren ist.[744] Eine solche Beratung wird seitdem an den betroffenen Flughäfen organisiert.

574 Wird die Einreiseverweigerung durch das Verwaltungsgericht bestätigt, leitet die Bundespolizei die Maßnahmen zum Vollzug der Einreiseverweigerung, dh zur Zurückschiebung, ein. Dazu gehören gegebenenfalls auch die Maßnahmen zur Beschaffung von Heimreisedokumenten. Befindet sich der Antragsteller dann schon **30 Tage im Transitbereich,** hat der Amtsrichter die Fortsetzung des Aufenthaltes im Transit anzuordnen. Für diese Entscheidung ist dann ua maßgeblich, ob **die Ausreise innerhalb der Anordnungsdauer zu erwarten** ist (§ 15 Abs. 6 S. 4 AufenthG). Wenn sich das Scheitern der Passbeschaffung abzeichnet, kann das einer weiteren Anordnung aus Gründen der Verhältnismäßigkeit im Wege stehen. Dann ist die Einreise des Betroffenen zu gewähren. Das Asylverfahren wird im Inland fortgesetzt.

575 **o) Besondere Verfahrensgarantien für unbegleitete minderjährige Flüchtlinge. aa) Begriff des unbegleiteten Minderjährigen.** Der Begriff des „unbegleiteten Minderjährigen" ist in Art. 2 lit. l Anerkennungs-RL definiert; es handelt sich danach um einen **Drittstaatsangehörigen unter 18 Jahren,** der „ohne Begleitung eines für ihn nach dem Gesetz oder der Praxis des betreffenden Mitgliedstaats **verantwortlichen Erwachsenen** in das Hoheitsgebiet eines Mitgliedstaats einreist". Entscheidend ist auch hier, dass die Frage nach der Verantwortlichkeit nach den inländischen familienrechtlichen Regeln zu bestimmen ist. Auch der Minderjährige, der nach gemeinsamer Einreise von den verantwortlichen Erwachsenen zurückgelassen wird, ist als unbegleitet zu betrachten.

576 **bb) Verteilung und Asylantrag.** Unbegleitete minderjährige Ausländer **unterliegen nicht der Verteilung nach § 47 AsylG,** weil sie ihren Asylantrag schriftlich stellen dürfen (§ 14 Abs. 2 Nr. 3 AsylG). Sie werden auch nicht in einer Aufnahmeeinrichtung gemeinsam mit Erwachsenen untergebracht, sondern sind nach § 42 Abs. 1 Nr. 3 SGB VIII in Obhut zu nehmen. Diese Inobhutnahme ist zumeist aber nur eine vorläufige, weil auch die unbegleiteten Minderjährigen seit Inkrafttreten der Neuregelung[745] am 1.11.2015 nach § 42a SGB VIII bundesweit verteilt werden. Diese Verteilung hat allerdings sowohl das Kindeswohl als auch Kontakte zu seinen Geschwistern und anderen Jugendlichen zu beachten, die etwa mit dem Minderjährigen gemeinsam gereist sind. Das Verteilungsverfahren (§ 42b SGB VIII) steht unter dem Gebot der Beschleunigung und endet mit der Übergabe des Minderjährigen an das zuständige Zuweisungsjugendamt und der Bestellung eines Vormunds am endgültigen Ort des Aufenthalts. Die Verteilung richtet sich nach der

---

[742] Davon ist allerding unberührt, dass die Bundespolizei dann oder später unter der Berücksichtigung von inlandsbezogenen Gründen eine Einreise gewähren bzw. die Einreiseverweigerung aussetzen kann; *Bruns* in NK-AuslR AsylG § 18a Rn. 22.

[743] Der Eilantrag richtet sich als Antrag auf eine einstweilige Anordnung (§ 123 VwGO) mit dem Ziel, die Einreise zu gewähren. Der Antrag ist gegen die Bundesrepublik, vertreten durch die Bundespolizeidirektion, zu richten. Entscheidend für den Erfolg dieses Antrages ist, ob die Offensichtlichkeitswertung des Bundesamtes erschüttert werden kann.

[744] BVerfG Urt. v. 14.5.1996 – 2 BvR 1516/93, NVwZ 1996, 678 (683).

[745] Gesetz zur Verbesserung der Unterbringung, Versorgung und Betreuung ausländischer Kinder und Jugendlicher v. 28.10.2015.

Aufnahmequote in § 42c SGB VIII, die ebenfalls dem „Königsteiner Schlüssel" entspricht.

Im Rahmen der vorläufigen Inobhutnahme findet auch die **Altersfeststellung** statt 577
(§ 42f SGB VIII), sie ist seit dem 1.11.2015 gesetzlich geregelt und erfolgt mittels Einsichtnahme in die **Ausweispapiere** und hilfsweise durch eine **qualifizierte Inaugenscheinnahme.** Ausweispapiere, die von Transitstaaten erstellt sind, unterliegen aber Zweifeln, insbesondere wenn nicht feststeht, auf welcher Grundlage hier Altersangaben festgeschrieben worden sind. Die qualifizierte Inaugenscheinnahme erstreckt sich auf alle zur Verfügung stehenden Erkenntnisquellen, den persönlichen Eindruck von Reife und Alter, die Konsistenz der angegebenen biographischen Daten, mitgeführte Zeugnisse und Dokumente bis hin zu den Aussagen mitreisender Geschwister. Bleiben auch hier Zweifel, ist zugunsten der Minderjährigkeit zu entscheiden.[746]

Ein **ärztliches Altersfeststellungsverfahren** kann von Amts wegen oder auch vom 578
Betroffenen auf Antrag durchgeführt werden. Klage und Widerspruch gegen die Altersfeststellung haben keine aufschiebende Wirkung (§ 42f Abs. 3 SGB VIII).

Der unbegleitete Minderjährige stellt seinen **Asylantrag schriftlich** durch seinen Vor- 579
mund. In der Praxis geschieht dies meist längere Zeit nach der Inobhutnahme, was nicht nur daran liegt, dass der Vormund erst nach Übergabe des Minderjährigen an das Zuweisungsjugendamt bestellt wird, sondern auch daran, dass ein Asylantrag für unbegleitete Minderjährige wegen des § 58 Abs. 1a AufenthG aufenthaltsrechtlich nicht erforderlich ist. Durch die Änderung des § 42 Abs. 2 SGB VIII im Juli 2017 hat der Gesetzgeber aber zum Ausdruck gebracht, dass er schon vom Jugendamt der Inobhutnahme eine „unverzügliche" Stellung des Asylantrags erwartet. Diese Erwartung steht allerdings unter der Bedingung des Kindeswohls. Das Jugendamt hat hier zu berücksichtigen, dass der Asylantrag nicht für jeden Fall die richtige Lösung für das Problem der Aufenthaltssicherung ist.

cc) Vertretung des unbegleiteten Minderjährigen im Asylverfahren. Der unbeglei- 580
tete Minderjährige ist asylrechtlich nicht handlungsfähig (§ 12 AsylG) und bedarf eines gesetzlichen Vertreters, dem Vormund. Im Unionsrecht gibt es weitergehende Vorschriften, die von dem **Vertreter bestimmte Fachkenntnisse** verlangen. Zu erwähnen sind Art. 6 Abs. 2 Dublin III-Verordnung, Art. 24 Abs. 1 Aufnahme-RL und vor allem Art. 25 Abs. 1a Asylverfahrens-RL. Hier wird die Notwendigkeit der Fachkenntnisse bei dem Vertreter ausdrücklich damit begründet, den Unbegleiteten bei der Wahrnehmung seiner Rechte zu unterstützen.

Einzelne Amtsgerichte haben in der Weise auf diese Vorgabe reagiert, dass ein **asyl-** 581
rechtskundiger Rechtsanwalt als Ergänzungspfleger oder Mitvormund mit dem Wirkungskreis „Aufenthalt und Asyl" für den unbegleiteten Minderjährigen bestellt wurde. Diese beiden Lösungswege haben aber vom Bundesgerichtshof eine Absage erfahren.[747] Wenn hier von erforderlichen Fachkenntnissen die Rede sei, so genüge es für den Vormund, einen Rechtsanwalt als Dritten (mit den Mitteln des Mündels oder gesetzlicher Beratungshilfe) zu beauftragen, eine Bestellung des Rechtsanwalts zum Ergänzungspfleger oder Mitvormund durch das Familiengericht sei rechtlich unzulässig.

dd) Verfahrensgarantien. Der unbegleitete Minderjährige hat aufgrund seiner Schutz- 582
bedürftigkeit verschiedene Sonderrechte. Sie reichen von Privilegien bei der **Bestimmung des zuständigen Staates** nach der Dublin III-Verordnung, nämlich der Zuständigkeit des letzten Ortes der Antragstellung auch bei mehreren Anträgen (im Zuge der Rechtsprechung des EuGH vom 6.6.2013)[748] über besondere Verfahrensrechte bei der **Anhörung durch einen Sonderbeauftragten,** den Anspruch auf eine Vertretung mit besonderen Fachkenntnissen bis hin zu dem Privileg, dass bestimmte Maßnahmen gegen ihn nicht getroffen

---

[746] VG München Beschl. v. 18.5.2016 – M 18 E 16.797; BeckRS 2016, 50176.
[747] BGH Beschl. v. 13.9.2017 – XII ZB 497/16, NJW 2017, 3520 f. (betreffend den Mitvormund); Beschl. v. 29.5.2013 – XII ZB 530/11, NJW 2013, 3095 ff. (betreffend das Modell des Ergänzungspflegers).
[748] EuGH Urt. v. 6.6.2013 – C648/11, NVwZ-RR 2013, 735 ff.

werden können: Der unbegleitete Minderjährige darf **nicht als „offensichtlich unbegründet abgelehnt** werden[749] und sein Verfahren nicht in einem Flughafentransit geführt werden (Art. 25 Abs. 6a iVm Art. 31 Abs. 8 Asylverfahrens-RL. Sofern der Vertreter selbst keine juristische Ausbildung hat, haben die unbegleiteten Minderjährigen in einem Gerichtsverfahren, das ihrer Statusfeststellung dient, **Anspruch auf Prozesskostenhilfe,** ohne dass es auf die Erfolgsaussichten ankommt (Art. 25 Abs. 6 lit. d Asylverfahrens-RL).

583 ee) Soziale Rechte des unbegleiteten Minderjährigen. Unbegleitete Minderjährige haben Anspruch auf **Leistungen der Jugendhilfe nach dem SGB VIII** (anstatt nach AsylbLG), sie werden nicht in den Aufnahmeeinrichtungen untergebracht, sondern jugendgerecht meistens in Wohngruppen. Auch unbegleitete Minderjährige aus sicheren Herkunftsstaaten erfahren hier keine andere Behandlung und empfangen die Leistungen nach dem SGB VIII.

2. Gerichtliches Verfahren

584 a) Einführung. Der aslyrechtliche Prozess ist ein **Verwaltungsprozess,** der nach den Regeln der VwGO geführt wird. Die Vorschriften der §§ 74 bis 83c AsylG enthalten aber zahlreiche vom allgemeinen Verwaltungsprozessrecht abweichende Regelungen, zB kürzere Rechtsbehelfsfristen und die Beschränkung auf drei Zulassungsgründe (§ 78 Abs. 3 AsylG) anstelle der fünf Zulassungsgründe des § 124 Abs. 2 VwGO. Dies hat etwa zur Folge, dass mit dem Hinweis auf Fehler bei der Rechtsanwendung wie im allgemeinen Verwaltungsprozess, also die Rüge der ernstlichen Zweifel an der Richtigkeit des Urteils (§ 124 Abs. 2 Nr. 1 VwGO) der Weg zum Berufungsverfahren nicht eröffnet werden kann. Auch können nicht allgemein Verfahrensfehler wie nach § 124 Abs. 2 Nr. 5 VwGO, wie zB die *Aufklärungsrüge* (§ 86 Abs. 1 VwGO), sondern nur absolute Revisionsgründe (§ 78 Abs. 3 Nr. 3 AsylG iVm § 138 VwGO) geltend gemacht werden. Viele der prozessualen Besonderheiten, die seit 1982 im Asylprozess entwickelt wurden, wurden allerdings auch im allgemeinen Verwaltungsprozessrecht übernommen. So wurde zB die Betreibensaufforderung zuerst im Asylprozessrecht entwickelt (§ 33 AsylVfG 1982) und später durch die VwGO (§ 92 VwGO) übernommen. Bereits 1982 wurde der Einzelrichter eingeführt (§ 31 AsylVfG 1982) und später auch in der VwGO (§ 6 VwGO). Einen obligatorischen Einzelrichter im Eilrechtsschutzverfahren wie im Asylprozess (§ 76 Abs. 4 AsylG) kennt die VwGO nicht und wurde im Asylprozessrecht auch erst später eingeführt. Die Berufungszulassung gab es bis 1982 nicht und wurde zuerst im Asylprozess (§ 32 AsylVfG 1982) eingeführt. Eine qualifizierte Klageabweisung mit der Folge des sofortigen Eintritts der Rechtskraft des Urteils wie im Asylprozess (§ 32 Abs. 6 AsylVfG 1982, § 78 Abs. 1 AsylG) kennt das Verwaltungsprozessrecht nicht.

585 Der Asylprozess wird grundsätzlich wie ein allgemeiner Verwaltungsprozess geführt. Wie dort nach § 80 Abs. 1 VwGO hat die Klage grundsätzlich aufschiebende Wirkung (§ 75 Abs. 1 S. 1 in Verb. mit 38, §§ 73, 73b und 73cAsylG). Allerdings ist der Asylprozess durch eine Vielzahl von Eilrechtsschutzverfahren (§ 18a Abs. 4, § 34a Abs. 2, § 36 Abs. 3 und § 71 Abs. 4 und 5 AsylG) geprägt. Die entsprechenden Bestimmungen verweisen aber durchgängig auf § 80 Abs. 5 VwGO (§ 18a Abs. 4 S. 1, § 34a S. 1, § 36 Abs. 3 S. 1, § 71 Abs. 4 AsylG). Allerdings ist anders als im allgemeinen Verwaltungsprozess (§§ 146 ff. VwGO) im Eilrechtsschutzverfahren die Beschwerde nicht zugelassen (§ 80 AsylG). Das Berufungsverfahren wird grundsätzlich nach Maßgabe von §§ 124 bis 130b VwGO durchgeführt. Allerdings kann anders als im allgemeinen Verwaltungsprozess (§ 124a Abs. 1 VwGO) das Verwaltungsgericht nicht von sich aus die Berufung zulassen. Sie kann vielmehr nur durch das Berufungsgericht eröffnet werden (§ 78 Abs. 5 S. 1 AsylG). §§ 124 ff. VwGO gelten auch für das Berufungsverfahren. Ebenso sind §§ 132 ff. VwGO auch im asylprozessualen Revisionsverfahren anwendbar, dh das asylrechtliche Revisionsverfahren ist ein Verfahren nach der VwGO. Es kann sowohl durch das Berufungsgericht wie auch auf Beschwerde durch das BVerwG zugelassen werden (§ 132 Abs. 1 VwGO).

---

[749] Die Ausnahme sind unbegleitete Minderjährige aus sicheren Herkunftsstaaten.

Das erstinstanzliche Verfahren wird auch im *Unionsrecht* geregelt (Art. 46 Asylverfahrens- 586
RL). Da insoweit in den Mitgliedstaaten sehr unterschiedliche Traditionen vorherrschen, beschränkt es sich anders als beim Verwaltungsverfahren (Art. 4 bis 45 Asylvefahrens-RL) auf eher grundsätzliche Regelungen, die den Mitgliedstaaten einen weiten Gestaltungsspielraum lassen. Allerdings ist die Dreitagesfrist in § 18a Abs. 4 S. 1 AsylG für den Eilrechtsschutz im Flughafenverfahren mit der Pflicht zur Festlegung angemessener Fristen für das Einlegen eines wirksamen Rechtsbehelfs (Art. 46 Abs. 4 Asylverfahrens-RL) nicht vereinbar. Ein Berufungsverfahren schreibt das Unionsrecht nicht vor. Das Recht auf einen wirksamen Rechtsbehelf ist primärrechtlich in Art. 47 GRCh geregelt.

b) Das erstinstanzliche Klageverfahren. aa) Formelle Voraussetzungen. (1) Kla- 587
gefrist (74 Abs. 1 AsylG). Abweichend von der im allgemeinen Verwaltungsprozessrecht geregelten Klagefrist von einem Monat für Anfechtungs- und Verpflichtungsklagen (§ 74 VwGO), ist nach § 74 Abs. 1 Hs. 1 AsylG die Klage gegen alle Entscheidungen nach diesem Gesetz innerhalb von **zwei Wochen** nach Zustellung der behördlichen Entscheidung zu erheben (s. aber → Rn. 588). Die Klagefrist beginnt grundsätzlich mit der Zustellung an den Bevollmächtigten zu laufen,[750] es sei denn, das Gesetz ordnet die **persönliche Zustellung an den Asylantragsteller** an, wie im Dublin- (§ 31 Abs. 1 S. 5 AsylG) oder Zuweisungsverfahren (§ 50 Abs. 5 S. 1 AsylG). Dies wird in der anwaltlichen Praxis häufig übersehen und der Fristlauf im Eilrechtsschutzverfahren ab Zustellung an den Verfahrensbevollmächtigten berechnet. In Eilrechtsschutzverfahren kann dies wegen der sehr kurzen Rechtsbehelfsfristen für den Betroffenen gravierende Folgen haben: Die verkürzte zweiwöchige Klagefrist gilt für alle Rechtsstreitigkeiten nach dem AsylG, seien sie verfahrens-, aufenthaltsrechtlicher Art oder Verteilungsstreitigkeiten. Da nach **§ 11 AsylG gegen alle Maßnahmen und Entscheidungen nach dem AsylG der Widerspruch** ausgeschlossen ist, muss gegen sämtliche Behördenentscheidungen nach dem AsylG binnen zwei Wochen nach Zustellung unmittelbar Klage beim zuständigen Verwaltungsgericht in der vorgeschriebenen Form erhoben werden.

Ist **Eilrechtsschutz binnen Wochenfrist,** wie bei **offensichtlich unbegründeten** 588
Asylanträgen oder bei der **Abschiebungsanordnung** nach § 34a Abs. 1 AsylG **(Dublin-Verfahren),** zu beantragen, beträgt die Klagefrist **eine Woche**. Nach § 74 Abs. 1 Hs. 2 iVm § 34a Abs. 2 S. 1 und 3, § 36 Abs. 3 S. 1 und 10 und § 71 Abs. 4 iVm § 36 Abs. 3 AsylG fallen in asylrechtlichen Eilrechtsschutzverfahren grundsätzlich Klage- und Antragsfrist zusammen. Die verkürzte Klagefrist ist in **sechs Konstellationen** zu beachten: bei der **Verfahrenseinstellung** (§ 33 Abs. 6 AsylG), bei **offensichtlich unbegründeten Asylbegehren** (§§ 29a, 30 AsylG), bei der **Abschiebungsanordnung** (§ 34a Abs. 2 S. 1 AsylG) im **Dublin-Verfahren,** beim **Folgeantrag,** sofern nach § 71 Abs. 4 Hs. 1 AsylG eine Abschiebungsandrohung erlassen wird, beim **Zweitantrag** (§ 71a Abs. 4 AsylG) und beim **Einreise- und Aufenthaltsverbot** (§ 36 Abs. 3 S. 10 AsylG). Von der Verkürzung der Klagefrist unberührt bleibt die maßgebliche Begründungsfrist nach § 74 Abs. 2 S. 1 AsylG auch in diesen Fällen. Angesichts der gesetzgeberischen Vorgaben für die zeitliche Gestaltung des einstweiligen Rechtsschutzverfahrens, insbesondere der richterlichen Entscheidungsfristen (§ 36 Abs. 3 S. 5 ff. AsylG), kann eine Ausschöpfung der Begründungsfrist von einem Monat jedoch einschneidende Folgen haben.

Für Klagen gegen das Einreise- und Aufenthaltsverbot des § 11 Abs. 7 AufenthG bzw. 589
gegen die Versagung der Aufhebung (§ 11 Abs. 2 AufenthG) oder dessen Verkürzung (§ 11 Abs. 4 AufenthG) verweist § 83c AsylG auf die Regelungen des 8. Abschnitts des AsylG (über das Gerichtsverfahren) und auf § 75 Nr. 12 AufenthG. In § 75 Nr. 12 AufenthG wird geregelt, dass das Bundesamt für die Befristung eines Einreise- und Aufenthaltsverbots nach § 11 Abs. 2 AufenthG im Fall einer Abschiebungsandrohung oder -anordnung sowie für die Anordnung und Befristung eines Einreise- und Aufenthaltsverbots nach § 11 Abs. 7 Auf-

---

[750] BFH Urt. v. 17.4.1998 – VI R 107/97, NVwZ-RR 1998, 528.

enthG zuständig ist. Da das Bundesamt nur den in Fällen des § 29a AsylG und bei bestandskräftig wiederholter Zurückweisung eines Folge- oder Zweitantrags ein Ein- und Aufenthaltsverbot anordnen darf (§ 11 Abs. 7 AufenthG) und dies mit den übrigen in diesem Zusammenhang zu treffenden Entscheidungen verbindet, ist zur weiteren Sicherstellung des Verbleiberechts stets Eilrechtsschutz zu beantragen und deshalb auch stets die einwöchige Klagefrist des § 74 Abs. Hs. 2 AsylG maßgebend. Eilrechtsschutz gegen ein Einreise- und Aufenthaltsverbot ist auch zu beantragen und damit auch hiergegen Klage innerhalb einer Woche zu erheben, wenn dieses im Zusammenhang mit einer Abschiebungsandrohung nach §§ 34 und 35 AsylG ergeht, also bei einem offensichtlich unbegründeten Asylantrag (§ 30 AsylG) oder einem unzulässigen Asylantrag nach § 29 Abs. 1 Nr. 2 und 4 AsylG (§ 75 Nr. 12 AufenthG). Hier ist aber ohnehin Eilrechtsschutz gegen die Behördenentscheidung zu beantragen. Der unzulässige Antrag nach § 29 Abs. 1 Nr. 4 AsylG ist in der Verwaltungspraxis ohne Bedeutung, weil der hier zugrundeliegende „sonstige Drittstaat" (§ 27 AsylG) nur Bedeutung für die Asylanerkennung hat.[751] Regelmäßig ordnet das Bundesamt im ablehnenden Statusbescheid eine Befristung des Einreise- und Aufenthaltsverbotes an, obwohl dieses noch gar nicht erlassen wurde und ihm, da es sich hier nicht um einen Fall des § 11 Abs. 7 AufenthG handelt, für dessen Erlass auch die Kompetenz fehlt. In diesem Fall ist kein Eilrechtsschutz zu beantragen, sodass es bei der zweiwöchigen Klagefrist bleibt.

590   Im **Flughafenverfahren** ist zwar innerhalb von drei Tagen Eilrechtsschutz zu beantragen (§ 18a Abs. 4 S. 1 AsylG). Da aber § 74 Abs. 1 Hs. 2 AsylG diese Regelung nicht einbezieht, gilt für die Klageerhebung die Zweiwochenfrist.[752] Im Übrigen dürfte die Dreitagesfrist mit Art. 46 Abs. 4 Asylverfahrens-RL unvereinbar sein, da nur angemessene Fristen festgelegt werden dürfen.

591   Wird zwar Eilrechtsschutz innerhalb der Wochenfrist beantragt, Klage jedoch erst nach Ablauf dieser Frist erhoben, ist der Eilrechtsschutzantrag als unzulässig zurückzuweisen. Anders als im normalen Verwaltungsstreitverfahren, in dem der einstweilige Antrag jederzeit wiederholt werden kann, sofern die Anfechtungsklage fristgemäß erhoben worden ist, folgt aus der Fristgebundenheit des Eilrechtsschutzantrags das **Verbot der Wiederholung.**[753] Da bei Versäumung der Klagefrist die Klage unzulässig ist, andererseits das Eilrechtsschutzverfahren im Asylverfahrensrecht seine Eigenart als Mittel des einstweiligen Rechtsschutzes, das in Abhängigkeit zum Hauptsacheverfahren steht, nicht verliert, teilt es die prozessuale Entwicklung des Anfechtungsprozesses.

592   **(2) Klageerhebung.** Die Klage ist beim örtlich zuständigen Verwaltungsgericht (§ 52 Nr. 2 S. 3 VwGO) innerhalb der **ein-** oder **zweiwöchigen Klagefrist** (§ 74 Abs. 1 AsylG) schriftlich zu erheben (§ 81 Abs. 1 S. 1 VwGO). Die Monatsfrist des § 74 VwGO findet keine Anwendung. Ist der Eilrechtsschutzantrag innerhalb einer Woche wie in den Fällen, in denen der Asylantrag als offensichtlich unbegründet abgelehnt (§§ 29a, 30 AsylG), das Verfahren nach § 33 AsylG eingestellt oder im Dublin-Verfahren eine Abschiebungsanordnung nach § 34a Abs. 1 AsylG erlassen worden ist, zu stellen, ist auch die Klage **innerhalb einer Woche** zu erheben (§ 74 Abs. 1 Hs. 2 AsylG). Insoweit sind aber zwei Besonderheiten zu beachten. Im **Flughafenverfahren** ist der Eilrechtsschutzantrag innerhalb von drei Tagen zu stellen (§ 18a Abs. 4 S. 1 AsylG). Da aber § 74 Abs. 1 Hs. 2 AsylG nicht auf § 18a Abs. 4 S. 1 AsylG verweist, beträgt hier die Klagefrist nach § 74 Abs. 1 Hs. 1 AsylG zwei Wochen. Im **Folgeantragsverfahren** findet § 36 AsylG Anwendung, wenn das Bundesamt erneut eine Abschiebungsandrohung nach § 34 Abs. 1 AsylG erlassen hat (§ 71 Abs. 4 AsylG). Im Regelfall ist dies jedoch nicht der Fall, weil das Bundesamt nach § 71 Abs. 5 AsylG vorgeht. In diesem Fall kann Eilrechtsschutz nach § 123 VwGO erlangt werden. Dies ist seit kurzem aber umstritten. Hier ist anders als in den vorstehenden Verfahren der Eilrechtsschutz nicht innerhalb einer Woche zu stellen, sondern kann jeder-

---

[751] BVerwG Urt. v. 4.9.2012 – 10 C 13.11, BVerwGE 144, 127 Rn. 15.
[752] *Hailbronner* AuslR AsylG § 74 Rn. 42; *Funke-Kaiser* in GK-AsylVfG § 74 Rn. 4.
[753] VGH BW, Beschl. v. 12.3.1985 – A 13 S 165/85, DÖV 1986, 296.

zeit geltend gemacht werden. Er wird sogar als unzulässig zurückgewiesen, wenn kein Anordnungsgrund glaubhaft gemacht werden kann, er also voreilig geltend gemacht wird. Nur im Flughafenverfahren kann der Eilrechtsschutzantrag auch bei der Bundespolizei gestellt werden. In allen anderen Eilrechtsschutzverfahren muss er unmittelbar beim örtlich zuständigen Verwaltungsgericht eingereicht werden. Aber auch im Flughafenverfahren muss die Klage unmittelbar beim Verwaltungsgericht erhoben werden, weil § 18a Abs. 4 S. 2 AsylG nur auf den Eilrechtsschutzantrag verweist. Die **elektronische Klageerhebung** ist nur zulässig, wenn der elektronische Rechtsverkehr für das entsprechende Gericht und für die entsprechende Art von Verfahren durch Rechtsverordnung zugelassen worden ist (§ 55a Abs. 1 S. 1 VwGO). Andernfalls ist die elektronische Klageerhebung unzulässig. Andernfalls ist die elektronische Klageerhebung unzulässig. Ab dem 1.1.2022 ist die elektronische Klageerhebung zwingend (vgl. § 55d VwGO – noch nicht in Kraft). Die Bundesländer können die Pflicht auch durch Rechtsverordnung einführen.

Die Klage kann auch **zur Niederschrift des Urkundsbeamten** erhoben werden (§ 81 **593** Abs. 1 S. 2 VwGO). Das ist häufig der Fall, weil die Rechtsanwältinnen und Rechtsanwälte aufgrund der Dichte der ablehnenden Entscheidungen des Bundesamtes zumeist überlastet sind und deshalb kaum kurzfristig einen Termin vergeben können. Der Urkundsbeamte hat den anwaltlich nicht vertretenen Kläger sachgerecht zu belehren und insbesondere auch auf die Notwendigkeit **mehrerer Klageanträge** sowie gegebenenfalls auf die Erforderlichkeit der Stellung eines **Eilrechtsschutzantrags** hinzuweisen. Die schriftliche Klage ist in **deutscher Sprache** abzufassen (§ 55 VwGO, § 184 GVG). Das gilt auch für den der deutschen Sprache nicht mächtigen Asylsuchenden.[754]

Die Klage muss den Kläger, den Beklagten und den Gegenstand des Klagebegehrens **594** bezeichnen (§ 82 Abs. 1 S. 1 VwGO). Sie soll nach Maßgabe der jeweiligen Klageart einen **bestimmten Antrag** enthalten (§ 82 Abs. 1 S. 2 VwGO). Genügt die Klage diesem Erfordernis nicht, kann der Vorsitzende oder Berichterstatter dem Kläger für die Ergänzung eine Frist mit ausschließender Wirkung setzen (§ 82 Abs. 2 S. 1 VwGO). Es genügt, wenn das Ziel des Klagebegehrens aus der Tatsache der Einlegung des Rechtsmittels allein oder in Verbindung mit den während der Rechtsmittelfrist abgegebenen Erklärungen erkennbar ist.[755] Im Asylprozess genügt es daher regelmäßig, dass sich nach dem gegebenenfalls sachdienlich durch Auslegung (§ 86 Abs. 3, § 88 VwGO) zu ermittelnden Sinn des Klagebegehrens ergibt, dass der Kläger die Aufhebung des Bescheides und die umfassende Gewährung der im Verwaltungsverfahren geltend gemachten Ansprüche begehrt. Nur wenn das Begehren widersprüchlich ist, muss der Vorsitzende oder Berichterstatter den Kläger zur Klarstellung seines Begehrens auffordern. Erfolgt dies nicht innerhalb der gesetzten Frist, ist die Klage unzulässig.[756]

Folgt aus den Klageanträgen und den innerhalb der Rechtsmittelfrist eingereichten Un- **595** terlagen (beigefügter angefochtener Bescheid) hinreichend deutlich das mit dem Klageantrag verfolgte Ziel, dürfen erst in der mündlichen Verhandlung gestellte Anträge nicht als Klageänderungen behandelt werden, sondern sind diese auch nach Ablauf der Rechtsmittelfrist noch als zulässige Erweiterungen der Klage zu behandeln.[757] Dass die präzise Bezeichnung der einzelnen Ansprüche nicht Voraussetzung für eine ordnungsgemäße Klageerhebung ist, folgt aus § 82 Abs. 1 S. 2, Abs. 2 VwGO, wonach die Klage nur einen bestimmten Antrag enthalten „soll".[758] In dem Antrag auf Zuerkennung der Flüchtlingseigenschaft (§ 3 Abs. 4 Hs. 1 AsylG) ist bei sachdienlicher Auslegung das Begehren auf

---

[754] BVerwG Beschl. v. 5.2.1990 – 9 B 506/89, NJW 1990, 3103; aA BayVGH Urt. v. 20.2.1975 – Nr. 149 VIII 7-3, NJW 1976, 1048; FG Saarland Urt. v. 30.9.1988 – 2 K 174/87, NJW 1989, 3112; s. hierzu auch *Ebner* DVBl. 1971, 341; *Vogler* NJW 1985, 1764.
[755] BVerwG Urt. v. 12.7.1979 – BVerwG 5 C 35.78, BVerwGE 58, 299 (300 f.), unter Hinweis auf BVerwG Beschl. v. 3.10.1961 – BVerwG VI B 23.61, BVerwGE 13, 94 (95).
[756] BFH Urt. v. 8.7.1998 – BFH I R 23/97, NVwZ-RR 1999, 815.
[757] BFH Urt. v. 7.10.1997 – BFH VIII R 7–8/96, NVwZ-RR 1998, 408.
[758] SchlHOVG Urt. v. 17.9.1991 – 2 L 103/96, NVwZ 1992, 385.

Verpflichtung der Beklagten auf Gewährung dieses Schutzes enthalten. Beantragt der Kläger die uneingeschränkte Aufhebung des Bescheids des Bundesamtes, jedoch schriftsätzlich lediglich die Verpflichtung auf Asylanerkennung und erst in der mündlichen Verhandlung die Verpflichtung auf Zuerkennung internationalen Schutzes und auf Feststellung von Abschiebungsverboten (§ 60 Abs. 5 und 7 AufenthG), ist die Klage in Ansehung der späteren Anträge nicht als verfristet anzusehen.[759] Diese Rechtsprechung hat das BVerfG bekräftigt und darauf hingewiesen, dass dem Verwaltungsgericht nach § 88 VwGO die Aufgabe auferlegt wird, das Rechtsschutzziel des Beteiligten zu ermitteln. Die Bestimmung stelle zugleich klar, dass es auf das wirkliche Begehren des Beteiligten ankomme, nicht aber auf die Fassung der Anträge. In diesem Rahmen müsse eine ausdrücklich gewählte Klageart auch umgedeutet werden. Nach § 86 Abs. 3 VwGO habe das Gericht darauf hinzuwirken, dass Unklarheiten bei Anträgen und tatsächlichen Angaben beseitigt würden.[760]

596 Nur wenn der Kläger sein Begehren ausdrücklich auf die Zuerkennung der Flüchtlingseigenschaft oder auf den subsidiären Schutz oder auf die Feststellung von Abschiebungsverboten beschränkt, darf das Verwaltungsgericht über das Begehren nicht hinausgehen (§ 88 VwGO). Bei einer offenen, nicht auf einzelne Anspruchsgrundlagen verweisenden Formulierung, die aber eine uneingeschränkte Aufhebung des Bescheides und eine dem korrespondierende Formulierung auf Zuerkennung der Flüchtlingseigenschaft enthält, kann das Begehren sachdienlich ausgelegt werden. Gegebenenfalls ist der Kläger nach § 82 Abs. 2 S. 1 VwGO zur Erläuterung aufzufordern. Da im Asylprozess die Klage ohnehin innerhalb der Monatsfrist des § 74 Abs. 2 S. 1 AsylG zu begründen ist, wird sich eine prozessleitende Verfügung (§ 87b Abs. 2 VwGO) zumeist erübrigen. Vielmehr kann regelmäßig aus der Klagebegründung hinreichend konkret der Inhalt des Klagebegehrens ermittelt werden. Abweichend von § 82 Abs. 1 S. 3 VwGO ordnet § 74 Abs. 2 S. 1 AsylG nämlich an, dass die Klage innerhalb einer bestimmten Frist zu begründen ist.

597 **(3) Klagearten im Asylprozess.** Lehnt das Bundesamt den nach § 13 Abs. 1 AsylG gestellten Antrag auf Asylanerkennung und Gewährung internationalen Schutzes ab, ist Verpflichtungsklage zu erheben.[761] Diese richtet sich gegen die Bundesrepublik Deutschland, endvertreten durch den Präsidenten des Bundesamtes bzw. den Leiter der zuständigen Außenstelle des Bundesamtes. Mit dem Klageantrag wird die Bundesrepublik Deutschland verpflichtet, den Kläger als Asylberechtigten anzuerkennen und ihm die Flüchtlingseigenschaft sowie den subsidiären Schutz zuzuerkennen. Der auf Asylanerkennung zielende Antrag enthält – bei uneingeschränkter Verpflichtung – immanent den auf Feststellung von Abschiebungsverboten nach § 60 Abs. 5 und 7 AufenthG zielenden Klageantrag.[762] Gegen die Ablehnung der abgeleiteten Statusberechtigung (§ 26 AsylG) ist ebenfalls Verpflichtungsklage auf Gewährung dieses Status zu erheben.

598 Da die Zuerkennung der Flüchtlingseigenschaft nicht von einer Asylanerkennung abhängig ist,[763] sind beide Anspruchsgrundlagen prozessual selbständig und damit isoliert voneinander durchsetzbar. Die Anerkennung als Asylberechtigter begründet wegen § 60 Abs. 1 S. 2 AufenthG den Abschiebungsschutz nach § 60 Abs. 1 S. 1 AufenthG.[764] Wird die Flüchtlingseigenschaft zuerkannt, jedoch nicht die Asylberechtigung und hiergegen Klage erhoben, wird die Zuerkennung der Flüchtlingseigenschaft bestandskräftig. Der Kläger befindet sich während des Asylprozesses in keiner anderen verfahrensrechtlichen Situation wie zu Beginn des Verwaltungsverfahrens. Er kann von vornherein entsprechend seiner Verfügungsbefugnis seinen Antrag auf die Zuerkennung der Flüchtlingseigenschaft gegenständlich beschränken (§ 13 Abs. 2 S. 2 AsylG) und bis zur Sachentscheidung jederzeit den

---

[759] OVG Hamburg Beschl. v. 13.1.1988 – Bf VI 141/97, NVwZ-Beil. 1998, 44 (45) = AuAS 1998, 115.
[760] BVerfG Beschl. v. 29.10.2015 – 2 BvR 1493/11, NVwZ 2016, 238 Rn. 37 ff.
[761] BVerfG Beschl. v. 2.7.1980 – 1 BvR 147, 181, 182/80, BVerfGE 54, 341 (360), InfAuslR 1980, 338; BVerwG NVwZ 1982, 630.
[762] OVG Hamburg Beschl. v. 13.1.1998 – Bf VI 141/97, NVwZ-Beil. 1998, 44 (45) = AuAS 1998, 115.
[763] BVerwG Urt. v. 10.5.1994 – BVerwG 9 C 501.93, BVerwGE 96, 24 (27) = EZAR 631 Nr. 29.
[764] OVG NRW Beschl. v. 6.12.2007 – 15 A 2394/07.A, EZAR NF 98 Nr. 24.

auf die Asylberechtigung gerichteten Antrag zurücknehmen, sodass das Bundesamt allein noch eine Entscheidung nach § 3 Abs. 4 Hs. 1 iVm Abs. 1 AsylG zu treffen hat (§ 31 Abs. 2 S. 2 AsylG). Derartige Klageanträge sind heute aber wegen der rechtlichen Gleichstellung der Flüchtlinge mit den Asylberechtigten eher selten.

Der subsidiäre Schutz (§ 4 Abs. 1 S. 1 AsylG) ist zwar nachrangig gegenüber der Zuerkennung der Flüchtlingseigenschaft (§ 31 Abs. 2 S. 1 AsylG), bildet andererseits aber einen eigenständigen, vorrangig vor den verbleibenden nationalen Abschiebungsverboten des § 60 Abs. 5 und 7 AufenthG zu prüfenden Streitgegenstand.[765] Bei den Tatbeständen des § 4 Abs. 1 S. 2 AsylG handelt es sich um einen einheitlichen, in sich nicht weiter teilbaren Streitgegenstand.[766] Unionsrecht steht einer nationalen Regelung nicht entgegen, wonach über den subsidiären Schutzstatus erst dann zu entscheiden ist, wenn der Antrag auf Zuerkennung der Flüchtlingseigenschaft zurückgewiesen wurde.[767] Begehrt der Antragsteller subsidiären Schutz und steht ihm zugleich ein nachrangiges nationales Abschiebungsverbot zu, muss er sich nicht auf dieses verweisen lassen.[768] Auch wenn ihm aufgrund des nachrangigen Abschiebungsverbots ein Aufenthaltstitel nach § 25 Abs. 3 AufenthG erteilt wurde, hat er weiterhin Anspruch auf Gewährung subsidiären Schutzes.[769] Das gilt selbst dann, wenn der Kläger über ein nationales Abschiebungsverbot in den Besitz einer Niederlassungserlaubnis nach § 26 Abs. 4 AufenthG gelangt ist.[770] 599

Auch wenn der Kläger kein bestimmtes Rangverhältnis kenntlich macht, muss das Gericht – entsprechend der typischen Interessenlage des Schutzsuchenden – den Klageantrag dahin auslegen, dass primär über den subsidiären Schutz entschieden wird.[771] Nach gefestigter Rechtsprechung stehen die einzelnen Ansprüche nach dem erkennbaren Regelungszweck des AsylG und des AufenthG in einem bestimmten Rangverhältnis in dem Sinne, dass Schutz vor geltend gemachten Gefahren im Herkunftsland vorrangig auf der jeweils den umfassenderen Schutz vermittelnden Stufe zu gewähren ist.[772] Die nationalen Abschiebungsverbote bleiben unbeschieden, wenn subsidiärer Schutz durchgreift. 600

Gegen die Verneinung von Abschiebungsverboten ist Verpflichtungsklage mit dem Inhalt zu erheben, die Bundesrepublik Deutschland zu verpflichten, festzustellen, dass Abschiebungsverbote nach § 60 Abs. 5 und 7 AufenthG in der Person des Klägers im Blick auf den betreffenden Zielstaat – regelmäßig das Herkunftsland – vorliegen. Wegen der **Zielstaatsbezogenheit** der Abschiebungsverbote ist anders als bei der Asylberechtigung und dem internationalen Schutz der betreffende Zielstaat zu bezeichnen. In den Fällen, in denen kein Asylantrag gestellt wird, ist die Ausländerbehörde für die Feststellung von Abschiebungsverboten nach § 60 Abs. 5 und 7 AufenthG zuständig. Sie ist zur Einschaltung des Bundesamtes verpflichtet (§ 72 Abs. 2 AufenthG). Für einen Antrag auf Verpflichtung der Ausländerbehörde, die Voraussetzungen des § 60 Abs. 5 und 7 AufenthG förmlich festzustellen (§ 72 Abs. 2 AufenthG), fehlt aber das Rechtsschutzbedürf- 601

---

[765] BVerwG Urt. v. 14.7.2009 – BVerwG 10 C 9.08, BVerwGE 134, 188, Rn. 9 = InfAuslR 2010, 404; Urt. v. 24.6.2008 – BVerwG 10 C 43.07, BVerwGE 131, 198 Rn. 11 ff.; Urt. v. 27.4.2010, BVerwG 10 C 4.09, BVerwGE 136, 360 Rn. 16 f. = NVwZ 2010, 196; Urt. v. 29.6.2010 – BVerwG 10 C 10.09, BVerwGE 137, 226, Rn. 7 f. = InfAuslR 2010, 249.
[766] BVerwG Urt. v. 8.9.2011 – BVerwG 10 C 14.90, BVerwGE 140, 319 Rn. 10 = NVwZ 2012, 240; HessVGH Urt. v. 28.1.2009 – 6 A 1867/07.A, EZAR NF 66 Nr. 1, 4 f.; *Hoppe* ZAR 2010, 164 (169).
[767] EuGH Urt. v. 8.5.2014 – C-604/12, NVwZ-RR 2014, 621.
[768] VG Düsseldorf Urt. v. 18.2.2011 – 13 K 7656/09, NVwZ-RR 2011, 707.
[769] BVerwG Urt. v. 27.4.2012 – BVerwG 10 C 4.09, BVerwGE 136, 360 Rn. 17 f. = InfAuslR 2010, 404.
[770] BVerwG Urt. v. 7.11.2011 – BVerwG 10 C 13.10, NVwZ 2012, 454 Rn. 12.
[771] BVerwG Urt. v. 29.6.2010 – BVerwG 10 C 10.09, BVerwGE 137, 226 Rn. 10 = InfAuslR 2010, 249; HessVGH Urt. v. 28.1.2009 – 6 A 1867/07.A, EZAR NF 66 Nr. 1, 4 f.
[772] BVerwG Urt. v. 15.4.1997 – BVerwG 9 C 19.96, BVerwGE 104, 260 (262) = InfAuslR 1997, 420, 421; Urt. v. 20.2.2001 – BVerwG 9 C 20.00, BVerwGE 114, 16 (27); Urt. v. 18.9.2001 – BVerwG 1 C 4.01, BVerwGE 115, 111 (117) = NVwZ 2002, 343; Urt. v. 4.12.2001 – BVerwG 1 C 11.01, BVerwGE 115, 267 (272) = NVwZ 2002, 85; Urt. v. 26.6.2002 – BVerwG 1 C 17.01, BVerwGE 116, 326 (328 f.) = NVwZ 2003, 356 = InfAuslR 2003, 74; Beschl. v. 24.5.2000 – BVerwG 9 B 144.00; Urt. v. 10.7.2003 – BVerwG 1 C 21.02, InfAuslR 2004, 43 (44); VGH BW Urt. v. 25.1.2000 – VGH BW 8 A 2221/96.A, AuAS 2000, 190 (191).

nis, wenn zuvor kein förmliches Asylbegehren beim Bundesamt geltend gemacht worden ist (s. auch § 24 Abs. 2AsylG).[773] Grundsätzlich darf sich das Verwaltungsgericht nach Durchführung eines Asylverfahrens in einem gegen das Bundesamt gerichteten Verfahren nicht der Prüfung entziehen, ob Abschiebungsverbote vorliegen. Dies gilt jedenfalls dann, wenn das Bundesamt darüber entschieden hat und es im gerichtlichen Verfahren hierauf ankommt.[774] Auch in Fällen, in denen wenig oder keine Aussicht besteht, den Betroffenen in absehbarer Zeit abschieben zu können, ist das Bundesamt ermächtigt und regelmäßig auch gehalten, eine Feststellung zu § 60 Abs. 5 und 7 AufenthG zu treffen und diesem damit eine gerichtliche Überprüfung einer derartigen Feststellung zu eröffnen.[775] Wegen § 25 Abs. 3 S. 1 AufenthG besteht hierauf ein für das spätere aufenthaltsrechtliche Verfahren bedeutsamer Anspruch.[776]

602 Während über den weitergehenden Schutz nur einheitlich entschieden werden kann, ist über die Abschiebungsverbote im Blick auf die einzelnen in Betracht kommenden Zielstaaten jeweils gesondert und gegebenenfalls mit unterschiedlichem Ergebnis zu entscheiden.[777] Das Verwaltungsgericht ist durch Antrag zu zwingen, ein Verpflichtungsurteil auszusprechen. Hebt das Bundesamt zwar die Abschiebungsandrohung auf, weigert es sich jedoch, die Feststellung zu treffen, dass ein Abschiebungsverbot besteht, ist der entsprechende Feststellungsanspruch mit der Verpflichtungsklage zu verfolgen. Der Klageantrag braucht lediglich den Normenzusammenhang des § 60 Abs. 5 und 7 AufenthG als solchen zu benennen. Es ist weder empfehlenswert, noch werden die Gerichte durch § 88 VwGO daran gehindert, einen auf einzelne Absätze zielenden Antrag auf andere Regelungen des § 60 Abs. 5 und 7 AufenthG zu erstrecken. Deshalb ist das Verwaltungsgericht im Fall eines auf umfassenden verwaltungsgerichtlichen Rechtsschutzes gerichteten Klageantrags daran gehindert, lediglich eine Teilprüfung eines einzelnen Rechtsgrundes innerhalb des Prüfungsprogramms des § 60 Abs. 5 und 7 AufenthG vorzunehmen.[778] Auch bei den Absätzen 5 und 7 von § 60 AufenthG handelt es sich um einen einheitlichen, in sich nicht weiter teilbaren Streitgegenstand.[779] Zwischen beiden Abschiebungsverboten kann nicht von vornherein eine wasserdichte Scheidewand errichtet werden. Das Verwaltungsgericht hat hingegen ebenso wie das Bundesamt im Urteil das jeweils infrage kommende Abschiebungsverbot des § 60 Abs. 5 oder 7 AufenthG anzugeben.[780] Auch nach der gesetzlichen Einführung **krankheitsbedingter Abschiebungsverbote** in § 60 Abs. 7 S. 2 bis S. 5 AufenthG ist an dieser Rechtsprechung festzuhalten. Der Verpflichtungsantrag auf Feststellung von Abschiebungsverboten ist hilfsweise zu stellen, wenn mit der Verpflichtungsklage zugleich die Asylberechtigung und die Zuerkennung internationalen Schutzes begehrt werden. Diese Ansprüche sowie der Anspruch auf Feststellung von Abschiebungsverboten bilden entweder eigenständige oder jedenfalls rechtlich abtrennbare Streitgegenstände und stehen in einem bestimmten Rangverhältnis in dem Sinne, dass Schutz vor geltend gemachten Gefahren im Heimatstaat vorrangig auf der jeweils den umfassenderen Schutz vermittelnden Stufe zu gewähren ist. Dies hat zur Folge, dass ein Hilfsantrag, über den die Vorinstanz nicht zu entscheiden brauchte, weil sie dem Hauptantrag entsprochen hat, durch das Rechtsmittel des Beklagten gegen seine Verurteilung nach dem Hauptantrag ebenfalls und automatisch in der Rechtsmittelinstanz anfällt.[781]

---

[773] VG Darmstadt Beschl. v. 10.5.2004 – 5 G 1027/04(3), AuAS 2004, 256.
[774] BVerwG Urt. v. 10.7.2003 – BVerwG 9 C 21.02, BVerwGE 118, 308 (311) = NVwZ 2004, 352.
[775] BVerwG Urt. v. 2.8.2007 – BVerwG 10 C 13.07, AuAS 2008, 8 (10).
[776] BVerwG Urt. v. 2.8.2007 – BVerwG 10 C 13.07, AuAS 2008, 8 (10).
[777] BVerwG Urt. v. 2.8.2007 – BVerwG 10 C 13.07, AuAS 2008, 8 (9).
[778] BVerwG Beschl. v. 24.3.2000 – BVerwG 9 B 144.00; BayVGH Urt. v. 28.9.2001 – 15 B 99.32079, NVwZ-Beil. 2002, 60.
[779] BVerwG Urt. v. 8.9.2011 – BVerwG 10n C 14.10, BVerwGE 140, 319 Rn. 16 = NVwZ 2012, 240.
[780] AA HessVGH Beschl. v. 13.6.1996 – 13 UZ 3193/95, NVwZ-Beil. 1996, 84, (85); bekräftigt HessVGH Beschl. v. 25.6.1997 – 13 UZ 1724/97.A, AuAS 1997, 215 (216).
[781] BVerwG Urt. v. 15.4.1997 – BVerwG 9 C 19.96, BVerwGE 104, 260 (262) = InfAuslR 1997, 420 = NVwZ 1997, 1132.

(4) Bezeichnung des Klägers. Tritt der Kläger im Asylverfahren unter einem **falschen** 603
Namen auf, wird der Bescheid auch dann wirksam zugestellt, wenn er an den Kläger unter seinen falschen Namen gerichtet wird. Voraussetzung für eine wirksame Bekanntgabe nach § 43 Abs. 1 S. 1 VwVfG ist lediglich, dass der Kläger als Adressat wirklich existiert unabhängig davon, dass er unter falschen Namen aufgetreten ist. Dies berührt seine tatsächliche Identität, auf die es allein ankommt, nicht.[782] Dementsprechend kann der Kläger unter dem Namen, den er dem Bundesamt angegeben hat und unter dem der Bescheid an ihn zugestellt worden ist, Klage erheben. Eine ganz andere Frage betrifft wegen des Risikos der qualifizierten Klageabweisung (§ 78 Abs. 1 AsylG, s. auch § 30 Abs. 3 Nr. 2 AsylG) die Notwendigkeit, zur Durchsetzung des Klageanspruchs die **Identitätstäuschung** im Rahmen der Klagebegründung offenzulegen und die hierfür maßgeblichen Gründe plausibel und überzeugend darzulegen.

(5) Bezeichnung der ladungsfähigen Adresse des Klägers. Zur ordnungsgemäßen Kla- 604
geerhebung und zur Bezeichnung des Klägers gehört grundsätzlich die Angabe der ladungsfähigen Adresse des Klägers, dh der **Adresse, unter der er tatsächlich zu erreichen** ist. Unterbleibt die Angabe der ladungsfähigen Adresse im Klagerubrum, darf die Klage aber nicht ohne Weiteres als unzulässig abgewiesen werden, sondern ist der Kläger nach § 87b Abs. 2 iVm § 82 Abs. 2 VwGO unter Fristsetzung zur Bezeichnung der ladungsfähigen Adresse aufzufordern.[783] Die Angabe, der Kläger sei über seinen Prozessbevollmächtigten jederzeit erreichbar, genügt dem Erfordernis grundsätzlich nicht.[784] Die Pflicht zur Angabe der Wohnungsanschrift entfällt nur dann, wenn ihre Erfüllung unmöglich oder unzumutbar ist. Die maßgebenden Gründe für eine Ausnahme von der Verpflichtung zur Angabe einer ladungsfähigen Anschrift, etwa nur schwer zu beseitigende Probleme bei der Beschaffung der für die Angabe der Anschrift erforderlichen Informationen, sind dem Gericht innerhalb der Ausschlussfrist des § 82 Abs. 2 S. 2 VwGO mitzuteilen.[785] Insbesondere die **Abschiebung des Klägers im Flughafenverfahren** oder auch in Verfahren etwa nach der VO (EU) 604/2013 **(Dublin-Verfahren)** rechtfertigt als solche keine Zweifel am Fortbestand des Rechtsschutzinteresses.[786] In diesen Fällen darf das Verwaltungsgericht wegen der durch die Abschiebung bedingten Kommunikationsprobleme zwischen dem Kläger und seinem Bevollmächtigten keine unzumutbaren oder unerfüllbaren Anforderungen an die Bezeichnung der ladungsfähigen Adresse des Klägers aufstellen. Insbesondere liegen in derartigen Fällen grundsätzlich nicht die Voraussetzungen für den Erlass einer **Betreibensaufforderung** nach § 81 AsylG vor.

Zweifel am Fortbestand des Rechtsschutzinteresses können daraus folgen, dass der Kläger 605
das Bundesgebiet verlassen hat.[787] Grundsätzlich beseitigt das endgültige Verlassen des Bundesgebiets jedoch nicht das Rechtsschutzbedürfnis.[788] In der Ausreise des Klägers nach wirksamer Asylantragstellung und Klageerhebung in ein anderes Land kann jedenfalls dann nicht die Aufgabe des ernsthaften subjektiven Interesses an einer gerichtlichen Entscheidung über die begehrte Statusberechtigung gesehen werden, wenn er die Klage ordnungs-

---

[782] BayVGH Urt. v. 12.8.1996 – 24 BA 94.31838, EZAR 210 Nr. 12.
[783] OVG NRW Beschl. v. 6.3.1996 – E 944/95, NVwZ-RR 1997, 390; BayVGH Beschl. v. 28.4.2003 – 24 ZB 02.3108, AuAS 2003, 164 (165).
[784] BayVGH Beschl. v. 28.4.2003 – 24 ZB 02.3108, AuAS 2003, 164, 165; NdsOVG Beschl. v. 6.12.2002 – 2 ME 215/02, NVwZ-Beil. 2003, 37; vgl. auch OVG NRW Beschl. v. 1.2.2002 – 21 A 1550/01.A, AuAS 2002, 92; ThürOVG Beschl. v. 2.7.1999 – ZEWO 1154/98, InfAuslR 2000, 19 (20); VGH BW Urt. v. 11.12.1997 – A 12 S 3426/95, AuAS 1998, 119 (120).
[785] BayVGH Beschl. v. 28.4.2003 – 24 ZB 02.3108, AuAS 2003, 164 (165).
[786] VGH BW Beschl. v. 5.2.2009 – 11 S 18/09, NVwZ-RR 2009, 503 (504); VG Stuttgart Urt. v. 3.11.2008 – A 11 K 6178/07, InfAuslR 2009, 175.
[787] BVerwG Urt. v. 23.4.1985 – BVerwG 9 C 7.85, InfAuslR 1985, 278; BVerwG Beschl. v. 31.1.2014 – BVerwG 10 B 5.14 – Buchholz 402.25 AsylVfG § 33b Nr. 10; BVerwG Urt. v. 15.1.1991 – BVerwG 9 C 96.89, NVwZ-RR 1991, 443.
[788] HessVGH Urt. v. 27.2.1990 – 10 TH 559/90, InfAuslR 1990, 291, unter Bezugnahme auf BVerwG Urt. v. 17.1.1989 – BVerwG 9 C 44.87, BVerwGE 81, 164 = NVwZ 1989, 673.

gemäß weiter betreibt, seine ladungsfähige Adresse im Ausland mitteilt und unter Nennung nachvollziehbarer Gründe ausdrücklich sein fortbestehendes Interesse an Erlangung eines Verpflichtungsurteils bekundet und jederzeit in die Bundesrepublik zurückkehren könnte. Solange die dem gerichtlichen Urteil eigenen Wirkungen rechtlich möglich und auch nur mithilfe des Gerichts, eben durch richterliche Entscheidung, erreichbar sind, kann ein objektives Interesse am Ergehen dieser Entscheidung grundsätzlich nicht verneint werden.[789]

606   Die Rückkehr in den Staat, in dem **Verfolgung droht,** muss nicht ohne Weiteres den Wegfall des Interesses an der Fortführung des Rechtsstreites indizieren. Es sind Fälle denkbar, in denen ein Flüchtling in sein Herkunftsland reist, um Verwandten oder Freunden bei der Flucht zu helfen. Erst im Fall der Rückkehr und dauerhaften Niederlassung entfällt die Flüchtlingseigenschaft.[790] Der Wegfall des Rechtsschutzinteresses kann allenfalls dann unterstellt werden, wenn der Kläger den von ihm gewählten Zufluchtsstaat freiwillig und nicht nur vorübergehend verlässt[791] (s. auch § 33 Abs. 3, § 72 Abs. 1a AsylG).

607   **bb) Begründung der Klage (§ 74 Abs. 2 S. 1 AsylG). (1) Funktion der Begründungsfrist.** Nach § 74 Abs. 2 S. 1 AsylG sind die zur Begründung dienenden Tatsachen und Beweismittel binnen einer **Frist von einem Monat** nach Zustellung der Entscheidung anzugeben. Klage- und Begründungsfrist beginnen einheitlich zu laufen. Während die Klagefrist nach Ablauf von zwei Wochen (§ 74 Abs. 1 Hs. 1 AsylG) oder einer Woche (§ 74 Abs. 1 Hs. 2 AsylG) nach Zustellung endet (→ Rn. 592), läuft die Begründungsfrist nach Ablauf eines Monats nach Zustellung einheitlich für alle Klagen – auch für die im Zusammenhang mit einem Eilrechtsschutzantrag nach § 34a Abs. 2 S. 1, § 36 Abs. 3 S. 1 und S. 10, § 71 Abs. 4 AsylG erhobene Klage – ab (§ 74 Abs. 2 S. 1 AsylG). § 74 Abs. 2 S. 1 AsylG begründet **keine Pflicht** des Klägers zu einer in jeder Hinsicht **erschöpfenden Klagebegründung,** sondern kennzeichnet lediglich die Grenze der richterlichen Pflicht zur Berücksichtigung des Tatsachenvortrags. **Erläuterungen, Ergänzungen und Vertiefungen** eines innerhalb der Klagebegründungsfrist substanziierten Tatsachenvortrags sind deshalb grundsätzlich bis zur mündlichen Verhandlung zulässig.[792] Das Vorbringen neuer Tatsachen und Beweismittel bleibt unberührt (§ 74 Abs. 2 S. 4 AsylG). Zeitlicher Anknüpfungszeitpunkt hierfür ist das Fristende nach § 74 Abs. 2 S. 1 AsylG, also der Ablauf der Monatsfrist. Tatsachen und Beweismittel, die nach dieser Frist bekannt werden, können nachträglich vorgebracht werden und unterliegen keiner besonderen Fristbestimmung. Mit Beweismitteln sind in erster Linie vorhandene Urkunden und Zeugen gemeint, die nur der Kläger selbst bezeichnen kann. Es genügt insoweit ihre „Angabe", dh Vorlage der Urkunde oder Benennung des Zeugen. Die Präzisierung des Beweisthemas wie auch die Angabe der ladungsfähigen Anschrift des benannten Zeugen können nachgereicht werden. Vielfach wird der Kläger auch erst nach Ablauf der Begründungsfrist Kenntnis von vorhandenen Zeugen erlangen. § 74 Abs. 2 S. 3 AsylG ist wegen deren prozesshaften Charakters insbesondere für **exilpolitische Aktivitäten** von Bedeutung.

608   **(2) Anforderungen an die Begründungspflicht.** Anknüpfend an die Rechtsprechung zur Darlegungslast in Asylverfahren wird zwischen **persönlichen Mitwirkungspflichten** einerseits sowie den aus dem Untersuchungsgrundsatz (§ 86 Abs. 1 VwGO) folgenden gerichtlichen Verpflichtungen andererseits differenziert: Der Asylsuchende beruft sich regelmäßig auf Umstände, die in seinem persönlichen Lebensbereich liegen und daher nur von ihm selbst vorgetragen werden können. Auch die Beweismittel, die diese Umstände belegen können (insbesondere Zeugen und Urkunden), kann vielfach nur der Kläger selbst

---

[789] BVerwG Urt. v. 17.1.1989 – BVerwG 9 C 44.87, BVerwGE 81, 164 (166) = NVwZ 1989, 673.
[790] BVerwG Urt. v. 2.12.1991 – BVerwG 9 C 126.90, BVerwGE 89, 231 (237) = NVwZ 1992, 679; *Marx* AsylG § 72 Rn. 19 ff.
[791] HessVGH Urt. v. 13.11.1986 – 100 E 108/83.
[792] VGH BW Beschl. v. 6.3.1995 – A 13 S 3791/94, EZAR 631 Nr. 37; *Müller* in NK-AuslR AsylG § 74 Rn. 27.

benennen. Kommt er seiner hieraus folgenden Mitwirkungspflicht nicht oder nur unzureichend nach, führt dies zu erheblichen Verfahrensverzögerungen. Dem trägt die Begründungsfrist Rechnung.

Innerhalb der Begründungsfrist sind sämtliche den **individuellen Lebensbereich** des 609 Klägers betreffenden Tatsachen anzugeben.[793] Der Umfang der fristgebundenen Begründungsfrist wird durch die den Kläger treffende Darlegungspflicht bestimmt: Dieser braucht nur in Bezug auf die in seine eigene Sphäre fallenden Ereignisse und persönlichen Erlebnisse eine in sich stimmige und widerspruchsfreie Schilderung zu geben, die geeignet ist, seinen Anspruch lückenlos zu tragen (**uneingeschränkte Darlegungslast**).[794] Es ist daher insbesondere eine konkrete und detaillierte Auseinandersetzung im Einzelnen mit den im angefochtenen Bescheid erhobenen Bedenken gegen die Glaubhaftigkeit der individualbezogenen Sachangaben erforderlich. Diese sind nach Möglichkeit erschöpfend auszuräumen.

Ausführungen zur **allgemeinen Situation im Herkunftsland** bleiben jederzeit mög- 610 lich. Dies trifft auch auf die zur Aufklärung dienenden Beweismittel zu. Das Gericht ist ohnehin gehalten, von Amts wegen jede mögliche Aufklärung des Sachverhalts bis zur Grenze der Zumutbarkeit zu versuchen, sofern dies für die Entscheidung des Verwaltungsstreitverfahrens von Bedeutung ist (§ 86 Abs. 1 VwGO).[795] Hinsichtlich der allgemeinen Umstände sind die eigenen Kenntnisse und Erfahrungen des Klägers häufig auf einen engeren Lebenskreis begrenzt. Sie liegen zudem stets einige Zeit zurück. Seine Mitwirkungspflicht würde überdehnt, wollte man insofern einen Tatsachenvortrag verlangen, der seinen Anspruch lückenlos zu tragen vermöchte und schlüssig zu sein hätte. Insofern besteht Anlass zu weiteren Ermittlungen, wenn aus den vorgetragenen Tatsachen – ihre Wahrheit unterstellt – die nicht entfernt liegende Möglichkeit folgt, dass Verfolgung droht (**eingeschränkte Darlegungslast**).[796]

Häufig werden Glaubhaftigkeitsbedenken auch aus Erkenntnissen zur allgemeinen Situati- 611 on im Herkunftsland abgeleitet. Es genügt, wenn der Kläger substanziiert den Hergang der Ereignisse, wie er ihn erlebt hat, darlegt. Bei einem schlüssigen Sachvorbringen kann nicht ohne Weiteres ausgenommen werden, dass die vom Bundesamt verwerteten eher allgemein gehaltenen Erkenntnisquellen die ihr beigemessene Aussagekraft haben. Erforderlichenfalls ist von Amts wegen (§ 86 Abs. 1 VwGO) in Anknüpfung an den Sachvortrag weiter aufzuklären oder kann zu diesem Zweck vom Kläger ein Beweisantrag gestellt werden. Dieser kann im Einzelnen – so wie er in der mündlichen Verhandlung formell gestellt werden muss (§ 86 Abs. 2 VwGO) – bereits in der Klagebegründung schriftlich formuliert werden. Es handelt sich aber lediglich um eine **Beweisanregung** (→ Rn. 659). Der Kläger muss lediglich die Tatsachen benennen, die dem Gericht Anlass geben sollen, die zur Bewertung seines individuellen Sachvortrags erforderlichen allgemeinen Zustände und Verhältnisse im Herkunftsland näher aufzuklären. Rechtsausführungen sind jederzeit möglich. Das Gericht hat über das Klagebegehren nach seiner eigenen Rechtsauffassung zu entscheiden. Rechtsausführungen des Klägers zu materiellen und prozessualen Fragen haben daher lediglich anregende Funktion bzw. bereiten das Rechtsgespräch in der mündlichen Verhandlung (§ 104 Abs. 1 VwGO) vor. Ausführungen zu allgemeinen, die Situation im Herkunftsland betreffenden Rechtsfragen unterliegen der eingeschränkten Begründungspflicht.

Die Frage, ob der Kläger im Fall der Rückkehr Verfolgung zu befürchten haben wird, ist 612 in aller Regel eine Frage der **Glaubhaftigkeit seiner Sachangaben**. Der Art der Ein-

---

[793] *Hailbronner* AuslR AsylG Rn. 45; *Funke-Kaiser* in GK-AsylVfG § 74 Rn. 68; *Segger* in BeckOK AuslR AsylG § 74 Rn. 20; *Müller* in NK-AuslR AsylG § 74 Rn. 26; *Heusch/Haderlein/Schönenbroicher*, Das neue Asylrecht, 2016, Rn. 305.
[794] BVerwG Beschl. v. 18.10.1983 – BVerwG 9 C 473.87, EZAR 630 Nr. 8; Urt. v. 18.10.1983 – BVerwG 9 C 864.80, InfAuslR 1984, 129.
[795] BVerfG Beschl. v. 18.1.1990 – 2 BvR 760/88, InfAuslR 1990, 161; BVerwG Urt. v. 8.2.1983 – BVerwG 9 C 598.82, DÖV 1983, 647; Beschl. v. 8.5.1984 – BVerwG 9 C 141.83, InfAuslR 1984, 292.
[796] BVerwG Urt. v. 23.11.1982 – BVerwG 9 C 74.81, InfAuslR 1983, 76; Urt. v. 8.7.1992 – BVerwG 9 C 355.82, DÖV 1983, 207; Urt. v. 8.2.1983 – BVerwG 9 C 218.81, BayVBl. 1983, 507; *Heusch/Haderlein/Schönenbroicher*, Das neue Asylrecht, 2016, Rn. 313.

lassung des Klägers, seiner Persönlichkeit, insbesondere seiner Glaubwürdigkeit, kommen bei der Würdigung und Prüfung der Tatsache, ob er gute Gründe zur Gewissheit des Gerichts dargetan hat, eine überragende Bedeutung zu.[797] Erst durch ein Gespräch zwischen Gericht und Kläger kann sichergestellt werden, dass die Stichhaltigkeit der Asylbegründung überprüft und etwaigen Unstimmigkeiten oder Widersprüchen des Sachvorbringens durch gezielte Rückfragen auf der Stelle nachgegangen wird. Der Test auf die Glaubhaftigkeit der Sachangaben kann letztlich erst in der mündlichen Verhandlung im Rahmen der **informatorischen Befragung** des Klägers durchgeführt werden. Die schriftliche Klagebegründung fasst die hierfür maßgeblichen Gesichtspunkte lediglich zusammen und bereitet die richterliche Glaubhaftigkeitsprüfung vor. Eine gerichtliche Verfahrensweise, wonach wegen unterbliebenen oder unzureichenden Sachvorbringens jegliche Fragen zum individuellen Verfolgungsvorbringen unterbleiben, ist daher unzulässig. Der Kläger ist aber gehalten, zur Vermeidung der Präklusion innerhalb der Begründungsfrist konkrete Gegenvorstellungen zu erheben.[798]

613 **(3) Fakultative Präklusion (§ 74 Abs. 2 S. 2 AsylG iVm § 87b Abs. 3 VwGO).** Nach § 74 Abs. 2 S. 2 AsylG gilt § 87b Abs. 3 VwGO im Asylstreitverfahren entsprechend. Damit findet die fakultative Präklusionsvorschrift des allgemeinen Verwaltungsprozessrechts Anwendung. Diese hat aber wegen der für den säumigen Kläger einschneidenden Folgen **strengen Ausnahmecharakter**.[799] Dieser ist nur dann gewahrt, wenn der Kläger ausreichend Gelegenheit hatte, sich in den ihm wichtigen Punkten zur Sache zu äußern, dies aber aus von ihr zu vertretenden Gründen versäumt hat.[800] Die Vereinbarkeit prozessualer Sanktionen mit dem Anspruch auf rechtliches Gehör hängt nicht nur davon ab, ob die zugrunde liegenden Präklusionsnormen selbst richtig angewandt oder ausgelegt wurden. Von wesentlicher Bedeutung ist vielmehr auch die Handhabung des Verfahrens durch das Gericht.[801]

614 Eine Präklusion verletzt Art. 103 Abs. 1 GG, wenn eine **unzulängliche richterliche Verfahrensleitung** die Verzögerung **mitverursacht** hatte.[802] Verfassungsrechtlich unzulässig ist ferner die missbräuchliche Anwendung einer Präklusionsvorschrift, sofern die erkennbar unzureichende Terminvorbereitung die Zurückweisung als missbräuchlich erscheinen lässt.[803] Diese Beispiele lassen erkennen, dass die Grundsätze der rechtsstaatlichen Verfahrensgestaltung bei der Anwendung von Präklusionsvorschriften strikt zu beachten sind. Maßgebend für die Unzulässigkeit der Zurückweisung verspäteten Sachvorbringens ist also stets die Frage, ob die Verspätung oder zumindest die unterlassene Entschuldigung auch auf gerichtlichem Fehlverhalten beruht. Erschwerend kann hinzutreten, dass dieses Fehlverhalten in einer Vernachlässigung der richterlichen Fürsorgepflicht liegt.[804] Die fakultative Präklusion findet keine Anwendung, wenn es mit geringem Aufwand möglich ist, den Sachverhalt auch ohne Mitwirkung der Beteiligten zu ermitteln (§ 87 Abs. 3 S. 3 VwGO). Eine insoweit ganz allgemein gehaltene, nicht auf bestimmte Vorgänge eingegrenzte und zwischen den Präklusionstatbeständen des § 87b Abs. 1 S. 1 und Abs. 2 VwGO auch nicht differenzierende Aufforderung gibt objektiv keine hinreichende Veranlassung für die Benennung von (weiteren) Beweismitteln. Deshalb kann diese die Ablehnung eines nach

---

[797] BVerwG Urt. v. 27.9.1962 – BVerwG 1 C 45.60, DVBl. 1963, 145.
[798] NdsOVG Urt. v. 22.6.2004 – 2 L 6129/96, InfAuslR 2004, 454 (455).
[799] BVerfG Beschl. v. 9.2.1982 – 1 BvR 1379/80, BVerfGE 60, 1 (6); Urt. v. 30.1.1985 – 1 BvR 876/84, BVerfGE 69, 145 (149); Urt. v. 5.5.1987 – 1 BvR 1120/88, BVerfGE 75, 302 (312); Beschl. v. 28.11.1988 – 1 BvR 1120/88, NJW 1989, 706.
[800] BVerfG Beschl. v. 14.4.1987 – 1 BvR 162/84, BVerfGE 69, 145 (149); Beschl. v. 7.10.1980 – 1 BvR 240/79, NJW 1981, 271 (273).
[801] BVerfG Beschl. v. 14.4.1987 – 1 BvR 162/84, BVerfGE 75, 183 (190).
[802] BVerfG, Beschl. 22.5.1979 – 1 BvR 1077/77, BVerfGE 51, 188 (192); Beschl. v. 9.2.1982 – 1 BvR 1379/80, BVerfGE 60, 1 (6); Beschl. v. 12.4.1987 – 1 BvR 162/84, BVerfGE 75, 183 (190); Beschl. v. 27.1.1995 – 1 BvR 1430/94, NJW 1995, 1417.
[803] BVerfG Beschl. v. 14.4.1987 – 1 BvR 162/84, BVerfGE 75, 183 (190).
[804] BVerfG Beschl. v. 14.4.1987 – 1 BvR 162/84, BVerfGE 75, 183 (190 f.).

Fristablauf gestellten Beweisantrags als „verspätet" nicht rechtfertigen und verletzt den Anspruch der Beteiligten auf Gewährung rechtlichen Gehörs.[805]

Ferner setzt die Anwendung einer Präklusion **Verschulden** voraus (§ 87b Abs. 3 S. 1 Nr. 2 VwGO). Ob der Kläger die Verspätung genügend entschuldigt hat, ist zwar nicht unmittelbar nach denselben Grundsätzen zu beantworten, die auch für die Wiedereinsetzung nach § 60 VwGO maßgebend sind. Für die Frage, ob die Verspätung des Vorbringens genügend entschuldigt ist, können jedoch die Wiedereinsetzungsgründe gemäß § 60 Abs. 1 VwGO, insbesondere die zum Organisationsverschuldens des Rechtsanwalts, entsprechend herangezogen werden.[806] **615**

Die Voraussetzungen für die Präklusion nach § 87b Abs. 3 S. 1 VwGO müssen **kumulativ** vorliegen, dh alle drei Voraussetzungen müssen zusammen erfüllt sein.[807] Daher tritt keine Präklusion ein, wenn das Gericht bei rechtzeitigem Vortrag auch nicht schneller entschieden hätte. In Anbetracht der nach wie vor erheblichen Bearbeitungszeiten der Gerichte wird daher in aller Regel die Zulassung des verspäteten Sachvorbringens keine verfahrensverzögernde Wirkung haben. Überdies darf die Verzögerung nicht unerheblich sein. **Geringfügige Fristüberschreitungen** bleiben außer Betracht. In der Gerichtspraxis wird daher grundsätzlich anerkannt, dass erst nach **Akteneinsichtnahme** die Klage begründet werden kann, und es wird hierzu eine Begründungsfrist beginnend nach Aktenübersendung gesetzt. Eine Klagebegründung ohne Aktenkenntnis darf nicht verlangt werden. Regelmäßig wird daher erst mit der Übersendung der Akten die auf einen Monat befristete Begründungsfrist in Lauf gesetzt. § 74 Abs. 2 S. 2 AsylG iVm § 87b Abs. 3 VwGO ist deshalb praxisfremd und wird in Reinkultur auch nicht angewandt. **616**

Die Gerichte behelfen sich vielmehr häufig mit prozessleitenden Anordnungen nach § 87b Abs. 2 VwGO insbesondere zur Vorbereitung auf die mündliche Verhandlung in den Fällen, in denen erst geraume Zeit nach Ablauf der Klagebegründungsfrist Termin zur mündlichen Verhandlung bestimmt wird. Die Zulässigkeit von Anordnungen nach § 87b Abs. 2 VwGO neben § 87b Abs. 3 VwGO wird allgemein anerkannt.[808] Die Fristsetzung muss vom Vorsitzenden, dem Berichterstatter oder dem Einzelrichter verfügt und unterzeichnet werden. Wegen der erheblichen Tragweite einer solchen Verfügung bedarf es der ordnungsgemäßen Unterzeichnung und Zustellung.[809] **617**

Hinsichtlich der **prozessualen Folgen** steht es im **Ermessen** des Gerichts (§ 87b Abs. 3 S. 1 VwGO), ob es verspätet vorgetragene Tatsachen und Beweismittel zurückweist. Die Ausübung des Ermessens muss – wie das Vorliegen aller Voraussetzungen für eine Präklusion – ohne Weiteres erkennbar oder nachvollziehbar gemacht werden.[810] In der Beschlussbegründung sind die für die Zurückweisung im Einzelnen maßgeblichen Gründe konkret darzulegen.[811] Zwar kann sich die Begründung schon aus der Darlegung ergeben, dass die Voraussetzungen für eine Zurückweisung nach § 87b Abs. 3 VwGO vorliegen. Die Anforderungen an eine ausreichende Begründung können aber nicht generell festgelegt werden, sondern sind von den konkreten Einzelfallumständen abhängig. Mit dem Gewicht der Präklusionsfolgen steigt regelmäßig der Begründungsbedarf.[812] **618**

Die **Zurückweisung** verspäteten Vorbringens ist **nicht selbständig angreifbar**. Es handelt sich um eine vorbereitende Maßnahme. Die Fehlerhaftigkeit der Zurückweisung kann lediglich im Zusammenhang mit dem Zulassungsantrag (§ 78 Abs. 4 AsylG) – etwa als Gehörsverletzung – geltend gemacht werden. Wird die Berufung zugelassen, kann die Zulassung des verspäteten Sachvortrags im Berufungsverfahren beantragt werden (§ 79 **619**

---
[805] HessVGH Beschl. v. 7.10.2005 – 2 UZ 1598, AuAS 2005, 273 (275).
[806] BVerwG Beschl. v. 6.4.2000 – BVerwG 9 B 50.00, NVwZ 2000, 1042 (1043 f.).
[807] VGH BW Beschl. v. 6.3.1995 – A 13 S 3791/94, EZAR 631 Nr. 37 = NVwZ-Beil. 1995, 44; NdsOVG Urt. v. 22.6.2004 – 2 L 6129/96, InfAuslR 2004, 454 (455).
[808] AA VGH BW Beschl. v. 6.3.1995 – A 13 S 3791/94, EZAR 631 Nr. 37, S. 3.
[809] BVerwG Beschl. v. 4.3.1993 – BVerwG 8 B 186.92, NJW 1994, 746 = NVwZ 1994, 482 (Ls.).
[810] BVerwG Beschl. v. 6.4.2000 – BVerwG 9 B 50.00, NVwZ 2000, 1042 (1043).
[811] BVerwG Beschl. v. 6.4.2000 – BVerwG 9 B 50.00, NVwZ 2000, 1042 (1043).
[812] BVerwG Beschl. v. 6.4.2000 – BVerwG 9 B 50.00, NVwZ 2000, 1042 (1043).

Abs. 1 AsylG iVm § 128a VwGO). Ebenso wie nach § 87b Abs. 3 S. 3 VwGO gilt auch für das Berufungsverfahren, dass der verspätete Sachvortrag zuzulassen ist, wenn es mit geringem Aufwand möglich ist, den Sachverhalt auch ohne Mitwirkung der Beteiligten zu ermitteln (§ 128a Abs. 1 S. 4 VwGO). Die vom Verwaltungsgericht angeordnete Präklusion wirkt gemäß § 128a VwGO auch für das Berufungsverfahren und nach § 141 iVm § 128a VwGO auch für das Revisionsverfahren.

620 **cc) Mündliche Verhandlung (§§ 101 bis 106 VwGO). (1) Funktion der mündlichen Verhandlung.** Nachdem die Klage erhoben und begründet worden ist, sind bis zur mündlichen Verhandlung regelmäßig keine weiteren prozessualen Mitwirkungspflichten zu erfüllen, es sei denn, das Gericht erlässt zur Aufklärung bestimmter Fragen eine prozessleitende Verfügung (§ 87b Abs. 2 VwGO, s. auch → Rn. 619) und unter Umständen sogar eine Betreibungsaufforderung nach § 81 AsylG (→ Rn. 701) oder dem Kläger sind neue Tatsachen oder Beweismittel bekannt geworden. Die mündliche Verhandlung stellt ein Mittel zur Verwirklichung des rechtlichen Gehörs im Prozess dar. Dementsprechend kommt der Teilnahme der Beteiligten an der mündlichen Verhandlung besondere Bedeutung zu.[813] Auch wenn Art. 103 Abs. 1 GG nicht ausnahmslos die Durchführung einer mündlichen Verhandlung erfordert,[814] begründet der Anspruch auf rechtliches Gehör für den Fall, dass eine mündliche Verhandlung stattfindet, das Recht der Beteiligten auf Äußerung in dieser.[815] Die gerichtliche Entscheidung ist grundsätzlich das Ergebnis eines diskursiven Prozesses zwischen Gericht und Beteiligten im Rahmen der mündlichen Verhandlung. Dieses erfüllt den Zweck, die Ergebnisrichtigkeit der gerichtlichen Entscheidung zu fördern.[816] Sie ist deshalb auch zwingend durchzuführen (§ 101 Abs. 1 VwGO). Auf ihre Durchführung kann aber mit Einverständnis der Beteiligten verzichtet werden (§ 101 Abs. 2 VwGO). Wegen der Bedeutung der Glaubhaftmachung der individuellen Sachangaben des Klägers und damit der Erforderlichkeit seiner informatorischen Befragung in der mündlichen Verhandlung wird auf diese im Asylprozess zu Recht kaum verzichtet.

621 Unvereinbar mit diesen Grundsätzen ist die Ansicht, es stehe im gerichtlichen Ermessen, ob das persönliche Erscheinen der Beteiligten angeordnet werde.[817] Ist das **persönliche Erscheinen** angeordnet worden, geht es im Verfahren um existenzielle Fragen oder bedeutet die Nichtteilnahme eine unbillige Härte, ist dem sich im Ausland aufhaltenden Beteiligten eine Betretenserlaubnis (§ 11 Abs. 8 AufenthG) zu erteilen.[818] Im Asylprozess geht es stets um für den Beteiligten existenzielle Fragen. Beteiligte im Asylprozess sind der Asylsuchende und das Bundesamt. Letzteres tritt so gut wie nie in der mündlichen Verhandlung auf.

622 Vom Schutzbereich des Prozessgrundrechts des Art. 103 Abs. 1 GG umfasst ist auch der Anspruch, sich durch einen Prozessbevollmächtigten vertreten zu lassen.[819] Auch in Anbetracht des Amtsermittlungsgrundsatzes und des Umstandes, dass das Gericht das Recht zu kennen hat, darf das Recht der Beteiligten, sich mit ihren eigenen Vorstellungen über die anzustellenden Ermittlungen und über die zu beantwortenden Fragen zu Wort zu melden, nicht beschnitten werden.[820] Eine insoweit verständige und sachgerechte Prozessführung wird in vielen Asylverfahren ohne anwaltliche Hilfe kaum gesichert werden können. Auch wenn die allgemeinen Verhältnisse im Herkunftsland des Asylsuchenden zu würdigen sind,[821]

---

[813] BVerwG Urt. v. 16.12.1999 – BVerwG 4 C N 9.98, BVerwGE 110, 203 (206).
[814] S. hierzu VerfG Bbg Beschl. v. 20.2.2015, NVwZ-RR 2015, 526.
[815] BVerwG Urt. v. 9.12.2010 – BVerwG 10 C 13.09, NVwZ 1989, 857 (858).
[816] BVerwG Urt. v. 29.10.1991 – Nr. 22/1990/213/275, InfAuslR 2011, 170 (171), mit Verweis auf EGMR Urt. v. 29.10.1991 – Nr. 22/1990/213/275, NJW 1992, 1813.
[817] OVG MV Beschl. v. 4.6.2010 – 2 O 35.10, NVwZ-RR 2011, 127 (128).
[818] ThürOVG Beschl. v. 2.12.2014 – 3 EO 757.14, EZAR NF 45 Nr. 20 = ZAR 2015, 196.
[819] BVerwG Urt. v. 11.4.1989 – BVerwG 9 C 55.88, NVwZ 1989, 857 (858).
[820] BVerfG Beschl. v. 19.1.1994 – 2 BvR 2003/93, NVwZ-Beil. 1994, 17 (18); BVerwG Urt. v. 26.8.1976 – BVerwG 5 C 46.75, BVerwGE 51, 111 (113).
[821] BVerfG Beschl. v. 19.1.1994 – 2 BvR 2003/93, NVwZ-Beil. 1994, 17 (18).

§ 19 Nationales Asyl- und Asylverfahrensrecht § 19

ist die Vertretung durch den Prozessbevollmächtigten erforderlich, da dieser etwa die Aussagekraft beigezogener Erkenntnisquellen zu prüfen hat und gegebenenfalls Sachverständigenbeweis (→ Rn. 690 ff.) beantragen kann. Es ist daher das gute Recht aller Verfahrensbeteiligten, sich der Hilfe eines Prozessbevollmächtigten zu bedienen. Dem korrespondiert die Pflicht des Gerichts, wenn Termin zur mündlichen Verhandlung bestimmt worden ist, zur Wahrung des rechtlichen Gehörs auf die Verhinderung des Prozessbevollmächtigten Rücksicht zu nehmen[822] und den Termin auf Antrag zu vertagen.

(2) Ladung zur mündlichen Verhandlung (§ 102 VwGO). Die Beteiligten sind mit 623 einer **Ladungsfrist** von mindestens zwei Wochen zu laden. In dringenden Fällen kann der Vorsitzende bzw. der Einzelrichter die Frist abkürzen (§ 102 Abs. 1 VwGO). Ist das persönliche Erscheinen des Klägers nicht angeordnet worden, genügt das Gericht den Vorschriften über die ordnungsgemäße Ladung des Asylsuchenden, wenn es diesen über seinen Verfahrensbevollmächtigten auf die mündliche Verhandlung hinweist. Ladungen dürfen solange an den Verfahrensbevollmächtigten gerichtet werden, bis das Gericht in wirksamer Weise von der **Mandatsniederlegung** in Kenntnis gesetzt worden ist. Es darf sich in diesem Fall darauf verlassen, dass der Bevollmächtigte den Kläger über den Termin verständigt.[823] Im Falle eines **Anwaltswechsels** ist das Gericht grundsätzlich nicht gehalten, einen Beteiligten erneut über seinen neuen Bevollmächtigten zu laden, wenn bereits eine ordnungsgemäße Ladung an einen früheren Bevollmächtigten zugestellt worden ist (§ 173 VwGO iVm § 84 ZPO).[824]

Wird dem Verwaltungsgericht jedoch angezeigt, dass die Beauftragung zur Prozessvertretung hinsichtlich des früheren Verfahrensbevollmächtigten im Innenverhältnis beendet ist, findet § 84 ZPO keine Anwendung. In der Bestellung eines neuen Prozessbevollmächtigten ist zugleich der Widerruf der Beauftragung eines früheren Bevollmächtigten dann zu sehen, wenn darin verlautbart wird, dass der neue Bevollmächtigte anstelle des früheren bestellt worden ist.[825] Sobald dem Gericht die Bestellung eines Bevollmächtigten angezeigt ist, das Gericht folglich Kenntnis von der Bevollmächtigung hat,[826] kann es Zustellungen zB von Ladungen und Mitteilungen gemäß § 67 Abs. 6 S. 5 VwGO wirksam nur noch an diesen richten. Hieraus folgt, dass bei mehreren Bevollmächtigten die Zustellung der Ladung zur mündlichen Verhandlung an einen von ihnen genügt (§ 173 VwGO iVm § 84 ZPO). In der Bestellung eines neuen Prozessbevollmächtigten ist zugleich der Widerruf der Beauftragung eines früheren Bevollmächtigten dann zu sehen, wenn darin verlautbart wird, dass der neue Bevollmächtigte anstelle des früheren bestellt werden ist.[827] Wirksam bleiben zwar Zustellungen, die vom Gericht an den Vertretenen bewirkt worden sind, bevor dieser ihm die Bevollmächtigung angezeigt hat. Unwirksam sind Zustellungen an den Vertretenen dagegen, sobald dem Gericht die Bevollmächtigung mitgeteilt worden ist. Entscheidet das Gericht nach mündlicher Verhandlung, obwohl die Ladung entgegen § 67 Abs. 6 S. 5 VwGO nicht dem Bevollmächtigten, sondern lediglich dem Vertretenen zugestellt worden ist, kann darin jedenfalls dann, wenn der Bevollmächtigte in der Verhandlung nicht anwesend ist, eine Verletzung des Anspruchs der Verfahrensbeteiligten auf Gewährleistung rechtlichen Gehörs liegen.[828]

---

[822] BVerwG Urt. v. 11.4.1989 – BVerwG 9 C 55.88, NVwZ 1989, 857 (859).
[823] NdsOVG Beschl. v. 23.1.2002 – 1 LA 4173/01, AuAS 2002, 103.
[824] OVG Hamburg Beschl. v. 11.11.2014 – 4 Bf 270/13.Z, AnwBl 2015, 349.
[825] BGH Beschl. v. 8.3.2004 – II ZB 21/03, NJOZ 2004, 1185, mit Hinweis auf BGH Beschl. v. 21.5.1980 – IV b ZB 567/80, NJW 1980, 2309; BSG Beschl. v. 7.12.2000 – B 8 KN 11/00 U B, NJW 2001, 1598.
[826] BVerwG Beschl. v. 21.9.1992 – BVerwG 9 B 188.92, Buchholz 310 VwGO § 67 Nr. 75 = BeckRS 1992, 31246498.
[827] BGH Beschl. v. 8.3.2004 – II ZB 21/03, NJOZ 2004, 1185, mit Hinweis auf BGH Beschl. v. 21.5.1980 – IV b ZB 567/80, NJW 1980, 2309; BSG Beschl. v. 7.12.2000 – B 8 KN 11/00 U B, NJW 2001, 1598.
[828] *Schenk* in SSB, Verwaltungsgerichtsordnung, 37. EL Juli 2019, VwGO § 67 Rn. 102.

625 Ist das **persönliche Erscheinen** angeordnet worden, ist diesem gemäß § 173 VwGO iVm § 141 Abs. 2 S. 2 ZPO auch dann die Ladung selbst mitzuteilen, wenn ein Prozessbevollmächtigter bestellt worden ist.[829] Hat das Gericht das persönliche Erscheinen des Klägers angeordnet, diesem aber die Ladung nicht zugestellt, ist die Berufung auf die Versagung des rechtlichen Gehörs nicht deshalb versagt, weil ihm auch der Bevollmächtigte keine Mitteilung über den bevorstehenden Termin zur mündlichen Verhandlung gemacht hat. Wird das persönliche Erscheinen eines Beteiligten durch das Gericht angeordnet, darf der Bevollmächtigte grundsätzlich darauf vertrauen, dass das Verwaltungsgericht der ihm auferlegten Verpflichtung nachkommt, den Beteiligten von Amts wegen über den Termin zu benachrichtigen. Für den Bevollmächtigten besteht mithin keine Veranlassung, ein etwaiges Versäumnis des Gerichts einzukalkulieren und seinem Mandanten seinerseits Mitteilung von dem Termin zur mündlichen Verhandlung zu machen, um sicherzustellen, dass dieser an der Verhandlung teilnehmen kann.[830]

626 Das Verwaltungsgericht verletzt auch dann den Anspruch des Asylklägers auf rechtliches Gehör, wenn es eine mündliche Verhandlung trotz Ausbleiben des anwaltlich nicht vertretenen Klägers durchführt, ohne diesen gemäß § 102 Abs. 2 VwGO bei der Ladung darauf hingewiesen zu haben, dass bei seinem Ausbleiben auch ohne ihn verhandelt und entschieden werden kann.[831] Ordnet es andererseits trotz der überragenden Bedeutung der mündlichen Verhandlung das persönliche Erscheinen des Asylsuchenden nicht an, muss dieser **nicht** damit rechnen, dass es an die Tatsache seines Nichterscheinens für ihn nachteilige Folgen knüpfen wird.[832] Deshalb dürfen in den Entscheidungsgründen keine negativen Schlüsse auf die Glaubhaftigkeit der Angaben allein aus dem Umstand des Nichterscheinens des Klägers hergeleitet werden. Ist mithin entweder das Gericht bei der Ladung selbst nicht von der Notwendigkeit des persönlichen Erscheinens ausgegangen oder hat es eine anderslautende Einschätzung nicht in genügender Weise zum Ausdruck gebracht, ist beim Erkennen weiteren Aufklärungsbedarfs die gebotene Verfahrensweise die **Vertagung des Termins** verbunden mit der Anordnung des persönlichen Erscheinens des Asylsuchenden.[833]

627 Einen Antrag „auf **Wiedereinsetzung in den Termin zur mündlichen Verhandlung**" kennt das Prozessrecht nicht. Wählt der Verfahrensbevollmächtigte nach Zustellung des Urteils diesen von der Prozessordnung nicht vorgesehenen Weg anstelle des Zulassungsantrags nach § 78 Abs. 4 S. 1 AsylG, wird der Antrag auf Wiedereinsetzung wie auch der verspätet gestellte Zulassungsantrag zurückgewiesen.[834] Verschulden des Bevollmächtigten wird den Vertretenen zugerechnet.[835] Wird indes nach dem Schluss der mündlichen Verhandlung und vor der Zustellung nach § 116 Abs. 2 Hs. 1 VwGO ein **Wiedereröffnungsantrag** gestellt, hat das Verwaltungsgericht hierüber vor der Urteilsabfassung zu entscheiden und im Urteil die Gründe darzulegen, die für eine Zurückweisung des Antrags sprechen.

628 (3) **Verzicht auf mündliche Verhandlung (§ 101 Abs. 2 VwGO). (a) Erforderlichkeit der Verzichtserklärung.** Die Beteiligten können durch eine Prozesserklärung auf die Durchführung der mündlichen Verhandlung nach § 101 Abs. 2 VwGO verzichten. § 128 Abs. 2 S. 3 ZPO, wonach das Gericht nur innerhalb von drei Monaten nach Erklärung der Zustimmung der Parteien ohne mündliche Verhandlung entscheiden kann, ist im Verwaltungsprozess nicht gemäß § 173 VwGO anwendbar.[836] Es stellt einen Verstoß gegen

---

[829] HessVGH Beschl. v. 31.1.1997 – 13 UZ 3552/96.A, NVwZ-RR 1998, 404 (405) = AuAS 1997, 69 (70).
[830] HessVGH Beschl. v. 31.1.1997 – 13 UZ 3552/96.A, NVwZ-RR 1998, 404 (405) = AuAS 1997, 69; s. aber HessVGH Beschl. v. 15.1.1997 – 10 UZ 2085/96.A, NVwZ-RR 1998, 404 = AuAS 997, 140.
[831] BVerwG Beschl. v. 20.1.1995 – BVerwG 6 B 56/94, NVwZ-RR 1995, 549.
[832] BVerfG Beschl. v. 21.6.1994 – 2 BvR 368/94, NVwZ-Beil. 1994, 50 (51).
[833] BVerfG Beschl. v. 21.6.1994 – 2 BvR 368/94, NVwZ-Beil. 1994, 50 (51).
[834] HessVGH Beschl. v. 5.3.1999 – 3 UZ 4704 /98.A, NVwZ-RR 1999, 539.
[835] HessVGH Beschl. v. 5.3.1999 – 3 UZ 4704 /98.A, NVwZ-RR 1999, 539.
[836] BVerwG Beschl. v. 29.12.1995 – BVerwG 9 B 199.95, NVwZ-Beil. 1996, 26; Beschl. v. 14.2.2003 – BVerwG 4 B 11.03, NVwZ-RR 2003, 460 (461).

den Grundsatz des rechtlichen Gehörs dar, wenn das Verwaltungsgericht ohne wirksames Einverständnis der Beteiligten auf die Durchführung einer mündlichen Verhandlung verzichtet hat.[837] Die Verzichtserklärung stellt eine grundsätzlich **unwiderrufliche Prozesshandlung** dar.[838] Nimmt der Beteiligte eine ausnahmsweise gegebene Möglichkeit des Widerrufs nicht wahr, kann er sich auf die Verletzung des rechtlichen Gehörs nicht berufen.[839] Verzichtet ein Beteiligter auf Durchführung der mündlichen Verhandlung, bleibt das Verwaltungsgericht auch in diesem Fall zur Wahrung des Anspruchs des Klägers auf rechtlichen Gehörs verpflichtet und darf nur solche Tatsachen und Beweisergebnisse – einschließlich Presseberichte und Behördenauskünfte – verwerten, die von einem Beteiligten oder vom Gericht im Einzelnen zum Gegenstand des Verfahrens gemacht worden sind.[840] Die Einführung einer inhaltsgleichen Auskunft wird indes für unschädlich angesehen.[841] Angesichts der Bedeutung der mündlichen Verhandlung und insbesondere der informatorischen Befragung des Klägers wird im Asylprozess kaum eine Verzichtserklärung abgegeben, es sei denn, der Berichterstatter, Einzelrichter oder Vorsitzende weist unter Hinweis auf eine gefestigte Rechtsprechung der Kammer darauf hin, dass diese auch auf den Kläger Anwendung finden werde. Wird eine mündliche Verhandlung durchgeführt und in dieser eine Beweisaufnahme angeordnet, kann auf die Durchführung einer weiteren mündlichen Verhandlung verzichtet werden. Geht diese aber zuungunsten des Klägers aus, ist die Verzichtserklärung verbraucht und erneut zu laden.

(b) Verbrauch der Verzichtserklärung. Der Verzicht auf Durchführung der mündlichen 629
Verhandlung bezieht sich seinem Inhalt nach lediglich auf die nächste Entscheidung des Gerichts, zB auch prozessleitende Verfügungen nach § 87b Abs. 2 VwGO, und wird – sofern dies kein abschließendes Urteil ist – durch diese verbraucht. Es verletzt deshalb den Anspruch des Klägers auf rechtliches Gehör, wenn nach der Verzichtserklärung ein **Beweisbeschluss** ergeht, den Beteiligten durch **Auflagenbeschluss** die Beantwortung konkreter, seine individuellen Verfolgungsgründe betreffende Fragen oder sonstwie eine **Stellungnahme abgefordert** wird, **Akten** zu Beweiszwecken **beigezogen**, im Erörterungstermin neue Erkenntnismittel eingeführt werden,[842] die **Einholung eines Sachverständigengutachtens** (→ Rn. 690 ff.) einen für den Kläger ungünstigen Ausgang des Verfahrens zur Folge haben kann,[843] eine die Endentscheidung wesentlich **vorbereitende Entscheidung** erlassen[844] oder mündliche Verhandlung anberaumt wird,[845] das Verwaltungsgericht aber gleichwohl ohne mündliche Verhandlung nach § 101 Abs. 2 VwGO entscheidet. Soll anschließend ohne mündliche Verhandlung entschieden werden, bedarf es einer erneuten Verzichtserklärung.[846] Ebenso wird der Verzicht auf mündliche Verhandlung mit der Übertragung des Rechtsstreits auf den Einzelrichter verbraucht.[847]

(c) Nachträgliches Vorbringen. Die Beteiligten können auch nach Abgabe der Ver- 630
zichtserklärung weitere Prozesserklärungen abgeben und Ausführungen zur Sache machen. Stellen sie nachträglich einen **Beweisantrag,** kann dieser unter Hinweis auf die Verzichtserklärung zurückgewiesen werden. Die nachträglichen Erklärungen sind bis zum

---

[837] BVerwG Beschl. v. 17.10.1997 – BVerwG 4 B 161.97, NVwZ-RR 1998, 525; Beschl. v. 26.2.2003 – BVerwG 8 C 1.02, NVwZ 2003, 1129 (1130); Beschl. v. 27.8.2003 – BVerwG 6 B 32.03, NVwZ-RR 2004, 77; Urt. v. 15.9.2008 – BVerwG 1 C 12.08, BeckRS 2008, 39703; OVG NRW Beschl. v. 9.11.1998 – 1 A 2531/98.A, AuAS 1999, 4.
[838] BVerwG Beschl. v. 29.12.1995 – BVerwG 9 B 199.95, NVwZ-Beil. 1996, 26.
[839] BayVGH Beschl. v. 12.10.2000 – 19 ZB 0031971, NVwZ-Beil. 2001, 29 (29 f.).
[840] VGH BW Beschl. v. 28.6.1996 – A 12 S 3288/95, AuAS 1996, 251.
[841] BayVGH Beschl. v. 12.10.2000 – 19 ZB 0031971, NVwZ-Beil. 2001, 29.
[842] BVerwG Urt. v. 24.5.1984 – BVerwG 3 C 49.83, NVwZ 1984, 645; Beschl. v. 29.12.1995 – BVerwG 9 B 199.95, NVwZ-Beil. 1996, 26; *Ortlofff/Riese* in SSB VwGO § 101 Rn. 11.
[843] NdsOVG Beschl. v. 16.12.2003 – 13 LA 355/03, NVwZ-RR 2004, 390.
[844] BFH Beschl. v. 5.7.1995 – X R 39/93, NVwZ-RR 1996, 178.
[845] BFH Beschl. v. 10.3.2011 – VII B 147/10, NVwZ-RR 2011, 462.
[846] BVerwG Urt. v. 28.10.1965 – BVerwG 8 C 1.65, BVerwGE 22, 271 (272).
[847] BFH Beschl. v. 5.7.1995 – X R 39/93, NVwZ-RR 1996, 178.

Zeitpunkt des Wirksamwerdens der im schriftlichen Verfahren ergangenen Entscheidung zu berücksichtigen. Gegebenenfalls ist von Amts wegen das Verfahren fortzusetzen und der Sachverhalt weiter aufzuklären. Wirksam wird eine im schriftlichen Verfahren ergangene Entscheidung erst dann, wenn sie endgültig aus dem Verfügungsbereich des Gerichts hinausgelangt ist, sodass eine Zurückholung in den Spruchkörper oder durch den Einzelrichter, etwa zum Zwecke einer Änderung oder auch einer Ergänzung im Hinblick auf eine noch in den Verfügungsbereich der Geschäftsstelle gelangte Stellungnahme der Beteiligten tatsächlich nicht mehr möglich ist.[848] Erst mit der Anordnung der Zustellung an die Verfahrensbeteiligten durch die Geschäftsstelle erlangt die Entscheidung rechtliche Wirksamkeit.[849] Demgegenüber wird das Urteil bei der an die Stelle der Verkündung tretenden Zustellung eines auf mündliche Verhandlung ergangenen Urteils mit der dokumentierten Übergabe des Urteilstenors an die Geschäftsstelle wirksam und für das Gericht bindend.[850]

631 **(4) Sachbericht.** Die mündliche Verhandlung bildet den Mittelpunkt des Verwaltungsprozesses. Das Urteil kann nur auf seiner Grundlage ergehen (§ 108 Abs. 1 S. 1 VwGO). Daher ist allen Beteiligten unabhängig davon, ob sie die Möglichkeit zur schriftsätzlichen Vorbereitung genutzt haben oder nicht, Gelegenheit zu geben, den Verhandlungstermin zum Zwecke der Darlegung ihrer Standpunkte wahrzunehmen. Sie müssen die Möglichkeit erhalten, sich durch den Vortrag des wesentlichen Akteninhaltes nach § 103 Abs. 2 VwGO (Sachbericht) und die anschließende Erörterung der Sache davon zu überzeugen, dass ihr Begehren vom Gericht richtig aufgefasst worden ist, sowie in den Stand versetzt werden, zu Rechtsausführungen der übrigen Beteiligten und gegebenenfalls zu den im Rechtsgespräch (§ 104 Abs. 1 VwGO) geäußerten Rechtsansichten des Gerichts Stellung zu nehmen.[851] Daher hat das Stattfinden einer mündlichen Verhandlung einen Rechtswert in sich.[852]

632 Der Vortrag des wesentlichen Akteninhalts in einem zur mündlichen Verhandlung anberaumten Termin wird nach § 103 Abs. 2 VwGO nicht lediglich zur Information der Beteiligten, sondern auch zur Unterrichtung der Mitglieder des Gerichts, insbesondere der ehrenamtlichen Richter, vorgeschrieben, damit diese sich ihre Überzeugung aus dem Gesamtergebnis des Verfahrens bilden können.[853] Der Einzelrichter ist im Asylprozess jedoch der Regelfall (§ 76 Abs. 1 AsylG). Er entscheidet ohne ehrenamtliche Richter. Es handelt sich gemäß § 295 ZPO (§ 173 VwGO) um eine Vorschrift, deren Verletzung bei Verzicht der Beteiligten nicht gerügt werden kann.[854] In aller Regel wird im Asylprozess auf den Vortrag des Sachberichts verzichtet, um unmittelbar die informatorische Befragung des Klägers zu erreichen.

633 **(5) Sachverhaltsaufklärung in der mündliche Verhandlung (§ 86 Abs. 1 VwGO).** Nach § 86 Abs. 1 VwGO erforscht das Gericht den Sachverhalt von Amts wegen und ist verpflichtet, alle vernünftigerweise zu Gebote stehenden Aufklärungsmöglichkeiten bis zur Grenze der Zumutbarkeit aufzuklären.[855] Es ist dabei weder an das Vorbringen noch an die Beweisanträge der Beteiligten gebunden (§ 86 Abs. 1 VwGO), jedoch hat es entscheidungserheblichen Beweisanträgen nachzugehen (→ Rn. 656). Der Aufklärung dient zunächst die Einführung der Erkenntnismittel (→ Rn. 690 ff.). Durch deren Konkretisierung werden die für den konkreten Rechtsstreit maßgebenden tatsächlichen Entscheidungsgrundlagen geschaffen. Die eingeführten Erkenntnisse selbst beleuchten jedoch lediglich

---

[848] VGH BW Beschl. v. 12.3.1999 – A 14 S 1361/97, AuAS 1999, 127.
[849] VGH BW Beschl. v. 12.3.1999 – A 14 S 1361/97, AuAS 1999, 199 (200).
[850] VGH BW Beschl. v. 12.3.1999 – A 14 S 1361/97, AuAS 1999, 199 (200).
[851] BVerwG Urt. v. 11.4.1989 – BVerwG 9 C 55.88, NVwZ 1989, 857 (859).
[852] BVerwG Urt. v. 27.2.1992 – BVerwG 4 C 42.89, NJW 1992, 2042.
[853] BVerfG Beschl. v. 22.9.1983 – 2 BvR 1475/83, NJW 1984, 559.
[854] BVerfG Beschl. v. 22.9.1983 – 2 BvR 1475/83, NJW 1984, 559.
[855] BVerwG Urt. v. 28.7.2011 – BVerwG 2 C 28.10, BVerwGE 140, 199 Rn. 24.

den allgemeinen politischen, rechtlichen und sozialen Hintergrund im Herkunftsland des Klägers. Ob dessen Furcht vor individueller Verfolgung im gemessen an den vorgebrachten indiduellen Sachangaben des Klägeres begründet ist, darüber enthalten die Erkenntnismittel im Allgemeinen keine konkreten Aussagen. Daher steht im Asylprozess die **informatorische Befragung** des Klägers zu seinen Gründen im Mittelpunkt des Verfahrens (→ Rn. 636, 649 ff.). Die Würdigung, ob die Angaben glaubhaft sind, bedarf zunächst seiner sorgfältigen Befragung. Dabei können die eingeführten und auf das Verfahren konkretisierten Erkenntnisse **indizielle Schlüsse** auf den Wahrheitsgehalt der Angaben zulassen. Im Zweifel ist jedoch weiter Beweis zu erheben. Dem Gericht ist bereits aufgrund der Aktenlage das Vorbringen des Klägers bekannt. Regelmäßig ist dieses unter Auseinandersetzung mit den behördlichen Einwänden im angefochtenen Bescheid schriftsätzlich ergänzt oder vertieft worden. Erst in der mündlichen Verhandlung kann sich das Verwaltungsgericht davon überzeugen, ob die Angaben des Asylsuchenden glaubhaft sind oder ob die behördlichen Einwände hiergegen durchgreifen.

Dazu wird von den Verwaltungsgerichten regelmäßig der Kläger umfassend zu seinen **634** Asylgründen informatorisch befragt. Hierbei sind ihm gerichtliche Bedenken und die behördlichen Einwände vorzuhalten, sodass er diese in der Befragung ausräumen kann. Nach Abschluss der informatorischen Befragung ist gegebenenfalls Zeugenbeweis oder auf andere Weise Beweis zu erheben. Ist die Beweisaufnahme abgeschlossen, wird im Sach- und Rechtsgespräch (§ 103 Abs. 1 VwGO) erörtert, ob die eingeführten Erkenntnismittel zur Feststellung des entscheidungserheblichen Sachverhalts ausreichen oder ob weiterer Aufklärungsbedarf besteht. Das Verwaltungsgericht kann auch bereits vor der mündlichen Verhandlung von sich aus Beweis etwa durch Einholung einer Sachverständigenauskunft erheben. In aller Regel wird aber zunächst die mündliche Verhandlung durchgeführt, um vor einer möglichen Beweiserhebung zu prüfen, ob entscheidungserhebliche Tatsachen ungeklärt sind. Dies sind sie nur, wenn den Angaben des Asylsuchenden zu den wesentlichen Sachkomplexen Glauben geschenkt wird. Dann bedarf es auch keiner Beweiserhebung. Dies verdeutlicht den zentralen prozessualen Stellenwert der informatorischen Befragung des Asylsuchenden. Das Verwaltungsgericht hat die **Verhandlungsleitung.** Zur Aufklärung tragen auch der Kläger und sein Prozessbevollmächtigter bei, weil die gerichtliche Aufklärungspflicht ihre Grenze in der Darlegungslast des Asylsuchenden findet.

Während § 96 Abs. 1 S. 1 VwGO das gerichtliche Ermessen bei der Auswahl zwischen **635** mehreren verfügbaren Beweismitteln sowie bei der Art und Weise der Beweisaufnahme einschränkt, regelt § 86 Abs. 1 VwGO die Erforderlichkeit und Intensität der Beweisaufnahme. Das Gericht muss dabei alle Aufklärungsbemühungen unternehmen, auf die die Beteiligten – insbesondere durch begründete Beweisanträge – hinwirken oder die sich hiervon unabhängig aufdrängen.[856] Die gerichtliche Aufklärung ist nicht auf die in § 96 Abs. 1 S. 2 VwGO genannten Beweismittel beschränkt. Zur Aufklärung können vielmehr alle Erkenntnismittel herangezogen werden, die das Gericht nach seinem Ermessen für tauglich hält. Weder aus dem Verwaltungsprozessrecht noch aus allgemeinen Verfahrensgrundsätzen folgt eine Beschränkung der gerichtlichen Aufklärungstätigkeit auf einen Kanon zugelassener Hilfsmittel.[857] Mittel der Sachaufklärung ist zunächst die informatorische Befragung des Asylsuchenden. Diese hat die Funktion, die für die Entscheidung maßgebenden individuellen Prognosetatsachen sachgerecht zu erarbeiten. Dazu werden auch die Behördenakten beigezogen. Zur Erarbeitung allgemeiner Prognosetatsachen kommen insbesondere **Auskünfte, Gutachten** und **sonstige Schriftstücke,** die in anderen Verfahren entstanden sind, in Betracht. Daneben ist die Heranziehung anderer Informationsträger wie etwa Bücher, Reiseberichte, Pressemeldungen, private Stellungnahmen und gutachtliche Äußerungen sachverständiger Stellen üblich. Es handelt sich bei diesen Unterlagen um

---
[856] BVerwG Urt. v. 28.7.2011 – BVerwG 2 C 28.10, BVerwGE 140, 199 Rn. 24.
[857] *Renner* ZAR 1985, 62 (67); *Böhm* NVwZ 1996, 427 (431); s. auch *Dahm* ZAR 2002, 348 (351).

Hilfsmittel der gerichtlichen Amtsaufklärung. Mit diesen soll eine Ergänzung und Klärung des Sachvortrags der Beteiligten erreicht werden, jedoch ist mit dieser Amtsaufklärung noch keine Beweisaufnahme verbunden.[858]

636 Der Sachverhaltsaufklärung in der mündlichen Verhandlung dient insbesondere die **informatorische Befragung** des Klägers. Erachtet der Richter Angaben zu einzelnen Sachkomplexen als vage, muss er in der mündlichen Verhandlung durch **gezielte Nachfragen** erkennen lassen, dass er die entsprechenden Aussagen für unzureichend hält.[859] Im Blick auf die **gerichtliche Ermittlungstiefe** entspricht es gefestigter Rechtsprechung des BVerfG, dass einem tatsächlichen oder vermeintlichen Widerspruch im Sachvortrag des Klägers durch dessen gezielte Befragung im Einzelnen nachzugehen ist.[860] Unterlässt der Richter dies und stützt er sich im Urteil auf Ungereimtheiten, Widersprüche und Unzulänglichkeiten, die er dem Asylsuchenden in der mündlichen Verhandlung nicht **vorgehalten** hat, fehlt für die tatrichterlichen Feststellungen eine verfassungsrechtlich tragfähige Grundlage und kann der Kläge im nachfolgenden Berufungszulassungsantragsverfahren (§ 78 Abs. 4 AsylG) die **Gehörsrüge** (§ 78 Abs. 3 Nr. 3 AsylG in Verb. mit § 138 Nr. 3 VwGO) erheben. Hat der Kläger im Wesentlichen gleichbleibende und konkrete Angaben etwa zum Verlauf seiner Inhaftierung (zur Dauer und zum Ort der Unterbringung, zum Ziel der Verhöre, durch Hinweis auf verhörende Personen und wiederholte Folterungen) gemacht, darf das Gericht diese Angaben nur dann als „vage" bewerten, wenn es durch gezielte Nachfragen diesen Tatsachenkomplex aufgeklärt und zu erkennen gegeben hat, dass es die entsprechenden Angaben für unzureichend hält.[861] Die Äußerungen des Klägers vor dem Bundesamt sind „im Lichte der Fragestellung" zu beurteilen.[862]

637 **(6) Niederschrift über die mündliche Verhandlung (§ 105 VwGO iVm § 160 Abs. 1 Nr. 5 ZPO).** Die Beachtung der für die mündliche Verhandlung vorgeschriebenen Förmlichkeiten kann nur durch das Protokoll bewiesen werden (§ 105 VwGO iVm § 165 S. 1 ZPO). Es ist umstritten, ob die Angaben des Klägers bei seiner informatorischen Befragung zum Zwecke der Sachverhaltsaufklärung protokolliert werden müssen.[863] So werden in Baden-Württemberg entsprechend einer jahrzehntelangen Praxis von **allen** Verwaltungsgerichten Angaben von Asylsuchenden in der mündlichen Verhandlung nicht protokolliert. Verfahrensbevollmächtigte, die im Hinblick auf eine angestrebte Gehörsrüge hiermit nicht einverstanden sind, bleibt nur der prossezuale Antrag auf **Parteivernehmung** (§ 98 VwGO iVm §§ 444 bis 449 ZPO; s. auch → Rn. 652)), die bei derartiger Verfahrensgestaltung als subsidiäres Beweismittel[864] zwingend zuzulassen ist. Gegen die Verweigerung der Protokollierung wird eingewandt, dass die Protokollierung aufgrund einer analogen Anwendung des § 160 Abs. 3 Nr. 4 ZPO erforderlich ist.[865] Dies sei wegen des Zwecks des Protokolls und der Bedeutung der Angaben zu den individuellen Tatsachen für den Erfolg der Klage geboten. Dadurch soll der **tatsächliche Entscheidungsstoff** gesichert und eine Nachprüfung des Urteils durch das Rechtsmittelgericht ermöglicht werden. Es stelle keine geeignete Verfahrensweise dar, der Protokollierung unterliegende Angaben statt im Protokoll im Tatbestand des Urteils oder getrennt von der rechtlichen Würdigung

---

[858] *Renner* ZAR 1985, 62 (68 f.).
[859] BVerfG Beschl. v. 20.6.1990 – 2 BvR 1727/89n, InfAuslR 1991, 85 (88); Beschl. v. 30.7.1996 – 2 BvR 394/95, NVwZ-Beil. 1997, 11 (13).
[860] BVerfG Beschl. v. 22.7.1996 – 2 BvR 1416/94, AuAS 1996, 245 (246), mwHw.
[861] BVerfG Beschl. v. 30.7.1996 – 2 BvR 394/95, NVwZ-Beil. 1997, 11 (13) = EZAR 631 Nr. 43.
[862] BVerfG Beschl. v. 20.6.1990 – 2 BvR 1727/89, InfAuslR 1991, 85 (88).
[863] Dagegen OVG NRW Beschl. v. 20.4.1995 – 4 A 4913/94.A, NVwZ-Beil. 1995, 59; dafür OVG Sachsen Beschl. v. 30.1.2001 – A 4 B 489/00, NVwZ-Beil. 2001, 103.
[864] BVerfG (Kammer), Beschl. v. 29.1.1991 – 2 BvR 1384/90 – InfAuslR 1991, 171 (174) = BeckRS 1991, 6909; BVerfG (Kammer), Beschl. V. 26.5.1994 -2 BvR 1183/92, NVwZ-Beil. 1994, 50 (51). BVerwG Urt. v. 30.8.1982 – BVerwG 9 C 1.81, DÖV 1983, 247; *Laumen*, in Baumgärtel/Laumen/Prütting, Handbuch der Beweislast, 3. Aufl. 2016, 598.
[865] OVG Sachsen Beschl. v. 30.1.2001 – A 4 B 489/00, NVwZ-Beil. 2001, 103.

in den Entscheidungsgründen festzuhalten.⁸⁶⁶ Die Gegenmeinung sieht das Gericht nicht daran gehindert, auch solche Erklärungen des Klägers seiner Entscheidung zugrunde zu legen, die nicht protokolliert worden sind. Das gelte jedenfalls für Ausführungen, die ein Beteiligter zum Zwecke der Begründung seines Klageantrags mache. Insoweit genüge der Hinweis im Protokoll, dass die Sach- und Rechtslage erörtert worden sei (§ 104 Abs. 1 VwGO).

Die Verpflichtung zur Aufnahme **mindestens des wesentlichen Inhalts der Angaben** **638** **des Klägers zu den individuellen Asylgründen** hängt nicht davon ab, ob er hierzu förmlich als Partei oder formlos angehört wurde. Für den Beweiswert dieser Angaben ist es ohne Bedeutung, in welchem prozessualen Rahmen sie gemacht werden. Die Vorkehrungen der §§ 162 f. ZPO, die die Richtigkeit des Protokolls gewährleisten sollen, müssen deshalb auch für Angaben in einer formlosen Anhörung gelten.⁸⁶⁷

Zu den zumutbaren Maßnahmen, sich im erstinstanzlichen Verfahren ausreichend recht- **639** liches Gehör zu verschaffen, kann der **Antrag auf Protokollberichtigung** nach § 105 VwGO iVm § 164 ZPO gehören. **Anträge auf Protokollergänzung** sind nur bis zum Schluss der mündlichen Verhandlung zulässig. Dagegen ist ein Berichtigungsantrag jederzeit zulässig. Ein nach Abschluss der Verhandlung gestellter Ergänzungsantrag ist in einen Berichtigungsantrag umzudeuten.⁸⁶⁸ Entsprechend dem Sicherungszweck des Protokolls im Blick auf Angaben des Klägers zu den individuellen Asylgründen kann nach Zustellung des Verhandlungsniederschrift, wenn bestimmte Unrichtigkeiten, Auslassungen oder andere Fehler entdeckt werden, Antrag auf Protokollberichtigung gemäß § 164 Abs. 1 ZPO gestellt werden, sofern es sich um „**wesentliche Vorgänge**" handelt.⁸⁶⁹ Die Beschwerde gegen die Antragsablehnung⁸⁷⁰ dürfte im Asylprozess im Blick auf § 80 AsylG wohl nicht zulässig sein.

(7) Einführung von Erkenntnismitteln. (a) Funktion von Erkenntnismitteln im **640** **Asylprozess.** Im Asylprozess wird auf der Grundlage von Prognosetatsachen entschieden. Daher sind die tatsächlichen Grundlagen der Prognoseentscheidung offenzulegen⁸⁷¹ und ist das Gericht deshalb im Blick auf die Einführung von Erkenntnismitteln **vorleistungspflichtig**. Dies ist insbesondere für die Zulässigkeit des Sachverständigenbeweises (→ Rn. 690 ff.) von Bedeutung. Die Rüge der Verletzung des Gehörsanspruchs ist daher weder davon abhängig, dass der Bevollmächtigte das Gericht an die Übersendung der Erkenntnismittelliste erinnert hat noch ob die Übersendung versehentlich unterblieben ist. Denn auf ein gerichtliches Verschulden kommt es nicht an.⁸⁷² Dementsprechend verwenden die Verwaltungsgerichte regelmäßig zur Beurteilung der allgemeinen Verhältnisse im Herkunftsland des Asylsuchenden eine Vielzahl von Erkenntnisquellen.

Wegen der Vielzahl von Ungewissheiten über die rechtserhebliche Situation im Her- **641** kunftsland des Klägers erfordert die Verfolgungsprognose eine sachgerechte, der jeweiligen Materie angemessene und methodisch einwandfreie Erarbeitung ihrer tatsächlichen Grundlagen.⁸⁷³ Von einer solchermaßen erarbeiteten Prognosebasis kann nur die Rede sein, wenn die tatrichterlichen Ermittlungen einen hinreichenden Grad an Verlässlichkeit aufweisen und auch dem Umfang nach zureichend sind. Dies setzt eine vollständige Ausschöpfung aller verfügbaren Erkenntnisquellen voraus.⁸⁷⁴

---

⁸⁶⁶ OVG Sachsen Beschl. v. 30.1.2001 – A 4 B 489/00, NVwZ-Beil. 2001, 103; aA OVG NRW Beschl. v. 20.4.1995 – 4 A 4913/94.A, NVwZ-Beil. 1995, 59; *Heusch/Haderlein/Schönenbroicher*, Das neue Asylrecht, 2016, Rn. 327.
⁸⁶⁷ OVG Sachsen Beschl. v. 30.1.2001 – A 4 B 489/00, NVwZ-Beil. 2001, 103.
⁸⁶⁸ BVerwG Beschl. v. 10.3.2011 – BVerwG 9 A 8.10, NVwZ-RR 2011, 383.
⁸⁶⁹ BVerwG Beschl. v. 10.3.2011 – BVerwG 9 A 8.10, NVwZ-RR 2011, 383 (384).
⁸⁷⁰ BayVGH Beschl. v. 9.2.2000 – 12 C 99.1576, NVwZ-RR 2000, 843.
⁸⁷¹ BVerwG Beschl. v. 27.4.2000 – BVerwG 9 B 153.00, NVwZ-Beil. 2000, 99 (100) = InfAuslR 2000, 412.
⁸⁷² VGH BW Beschl. v. 28.1.1996 – A 12 S 3288/95, AuAS 1996, 251 (252).
⁸⁷³ BVerwG Urt. v. 20.11.1990 – BVerwG 9 C 72.90, BVerwGE 87, 141 (150) = NVwZ 1991, 384.
⁸⁷⁴ BVerwG Urt. v. 20.11.1990 – BVerwG 9 C 72.90, BVerwGE 87, 141 (150).

642 **(b) Rechtliches Gehör zur Einführung von Erkenntnismitteln.** Bezüglich der zur Aufklärung der tatsächlichen Entscheidungsgrundlagen zu verwertenden Erkenntnisquellen ist den Beteiligten rechtliches Gehör zu gewähren. Erst für die aus diesen Erkenntnisquellen gewonnenen rechtlichen Schlussfolgerungen entfällt die Notwendigkeit der Gewährung rechtlichen Gehörs.[875] Zwar ist die Prognoseprüfung ein Vorgang freier Beweiswürdigung. Der Prognoseprüfung selbst geht aber die Sammlung und Sichtung der tatsächlichen Grundlagen der Sachentscheidung **abtrennbar** voraus.[876] Diesen Erkenntnisprozess der Sammlung und Sichtung der tatsächlichen Entscheidungsgrundlagen können die Beteiligten mit dem Sachverständigenbeweis (→ Rn. 690 ff.) beeinflussen. Hier schützt das **„Spekulationsverbot"**[877] die Beteiligten vor einem leichtfertigen Umgang des Gerichts mit Erfahrungssätzen.

643 **Rechtliche Schlussfolgerungen** und Rechtsausführungen in anderen und eigenen gerichtlichen Entscheidungen unterliegen nicht den besonderen Anforderungen des § 108 Abs. 2 VwGO.[878] Wird eine Verwertung **tatsächlicher Feststellungen** aus **anderen Gerichtsentscheidungen** in Betracht gezogen, sind diese jedoch ordnungsgemäß in das Verfahren einzuführen.[879] Hiergegen verstößt ein Gericht, wenn es anstelle einer eigenen Beweiserhebung auf Entscheidungen mit umfangreichen tatsächlichen Feststellungen verweist, ohne die Entscheidung den Beteiligten so mitzuteilen, dass sie sich dazu hätten äußern können.[880] Führt es indes selbst eine umfangreiche Beweisaufnahme durch und nimmt es auf die in anderen Gerichtsentscheidungen getroffenen tatsächlichen Feststellungen ersichtlich nicht zum Zwecke der Verwertung dieser Feststellungen, sondern lediglich zur Bekräftigung eigener Feststellungen Bezug, unterliegt dies nicht den Anforderungen des § 108 Abs. 2 VwGO.[881] Feststellungen, die das Gericht in eigenen früheren Verfahren getroffen hat, unterliegen aber nicht anders als andere tatsächliche Feststellungen dem Gebot rechtlichen Gehörs.[882] Es genügt nicht, dass derartige Erkenntnisquellen den Beteiligten anderweitig bekannt sind. Dadurch werden sie ohne entsprechenden Hinweis durch das Gericht nicht zum Gegenstand des Verfahrens.[883]

644 In der Rechtsprechung wird für die ordnungsgemäße Einführung der Erkenntnisse die Übersendung der **Erkenntnismittelliste** als solche für ausreichend erachtet.[884] Das Gericht genügt den prozessualen Anforderungen, wenn dort die Erkenntnisse so präzise bezeichnet werden, dass sie von den Beteiligten unschwer aufgefunden werden können. Dies ist bei einer Bezeichnung nach Autor, Geschäftszeichen, Datum, Adressat und wenigstens zum Teil Dokumentennummer der Fall, verbunden mit dem Hinweis, dass die Erkenntnisse in der Gerichtsbibliothek während der Dienststunden eingesehen werden können. Ob die

---

[875] BVerwG Urt. v. 8.5.1984 – BVerwG 9 C 208.83, InfAuslR 1984, 275; BVerwG Beschl. v. 28.6.1990 – BVerwG 9 B 15.990, NVwZ-RR 1990, 652.
[876] BVerfG Beschl. v. 18.2.1993 – 2 BvR 1896/92, InfAuslR 1993, 146.
[877] *Rothkegel* NVwZ 1992, 313, 314, mit Bezugnahme auf BVerwG Urt. v. 20.11.1990 – BVerwG 9 C 72.90, BVerwGE 87, 141, 150 = NVwZ 1991, 384.
[878] VerfGH Berlin Beschl. v. 29.8.2001 – 56 A/01, 56/01, InfAuslR 2002, 151, 152.
[879] BVerwG Urt. v. 8.5.1984 – BVerwG 9 C 208.83, InfAuslR 1984, 275; VerfGH Berlin Beschl. v. 29.8.2001 – 56 A/01, 56/01, InfAuslR 2002, 151 (152); OVG NRW, NVwZ-Beil. 2001, 53; HessVGH Beschl. v. 27.7.2000 – 2 ZU 2691/98.A, AuAS 2000, 189 (190); NdsOVG Beschl. v. 8.7.2014 – 13 LA 16/14, InfAuslR 2014, 458 = AuAS 2014, 174.
[880] HessVGH Beschl. v. 27.7.2000 – 12 ZU 2691/98.A, AuAS 2000, 189 (190); NdsOVG Urt. v. 2.8.2004 – LA 342/03, AuAS 2004, 271 (272); aA OVG MV Beschl. v. 15.6.2004 – 2 L 77/04, AuAS 2004, 272.
[881] BVerwG Beschl. v. 12.7.1985 – BVerwG 9 CB 104.84, InfAuslR 1986, 78.
[882] BVerfG Beschl. v. 6.7.1993 – BvR 514/93, AuAS 1993, 249; BVerwG Urt. v. 8.2.1983 – BVerwG 9 C 847.82, InfAuslR 1983, 184; Urt. v. 18.10.1983 – 9 C 1036.82, InfAuslR 1984, 20; Urt. v. 1.10.1985 – 9 C 20.85, InfAuslR 1986, 56 = DÖV 1986, 612; BerlVerfGH Beschl. v. 29.8.2001 – 56 A/01, 56/01, InfAuslR 2002, 151 (152).
[883] BVerwG Urt. v. 1.10.1985 – 9 C 20.85, InfAuslR 1986, 56.
[884] BVerwG Urt. v. 9.10.1987 – BVerwG 9 B 359/87, AuAS 1996, 263 f.; OVG NRW Beschl. v. 4.6.1998 – 1 A 2269/98.A, NVwZ-Beil, 1999, 2; HessVGH Beschl. v. 17.9.1999 – 10 UZ 2329/96.A, AuAS 2000, 33 (34); aA NdsOVG Beschl. v. 30.5.1996 – 12 L 2401/96, NVwZ-Beil. 1996, 67; HessVGH Beschl. v. 24.2.1994 – 12 UZ 2865/93, InfAuslR 1994, 245; Beschl. v. 1.3.2004 – 6 ZU 2532/02.A, InfAuslR 2004, 262 (263); krit. hierzu *Marx* ZAR 2002, 400 (405 ff.).

Erkenntnisse darüber hinaus thematisch untergliedert oder mit einem Stichwort versehen werden müssen, hängt von deren Umfang ab. Je größer die Zahl der Erkenntnisse ist, umso mehr ist eine **thematische Untergliederung** oder nähere Bezeichnung mit Stichworten erforderlich.

Zwar übersenden die Gerichte teilweise die einzuführenden Erkenntnisquellen an die Beteiligten. Es besteht jedoch **kein Anspruch auf vorherige Zusendung der Beweismittel**.[885] Der Grundsatz rechtlichen Gehörs verpflichtet das Gericht nicht, den Beteiligten Erkenntnisquellen zu verschaffen, die für den Ausgang des Verfahrens von Bedeutung sein könnten. Art. 103 Abs. 1 GG verbietet ihm lediglich, seinem Urteil Erkenntnisquellen zugrunde zu legen, die es nicht ordnungsgemäß in das Verfahren eingeführt hat.[886] Auch das Akteneinsichtsrecht (§ 100 Abs. 2 S. 1 VwGO) vermittelt keinen Übersendungsanspruch, da Erkenntnismittel zu den allgemeinen Verhältnissen im Herkunftsland des Klägers keine Aktenbestandteile sind.[887] Da für die Einführung der Erkenntnisquellen **Freiheit der Formenwahl** besteht, wird es grundsätzlich für prozessual zulässig erachtet, Erkenntnismittel in der Weise in das Verfahren einzuführen, dass die vom Gericht geführte Erkenntnismittelliste auf einer allgemein zugänglichen, den Beteiligten mitgeteilten **Internetseite** veröffentlicht wird und denjenigen, die nicht über einen Internetzugang verfügen bzw. diesen nicht nutzen wollen, die Liste auf Anforderung gesondert zugeleitet und gleichzeitig angegeben wird, dass und wie die darin aufgeführten Erkenntnismittel beim Gericht eingesehen werden können.[888] 645

(c) Konkretisierungsgebot. Mit der bloßen Übersendung der Erkenntnismittelliste sind die dort bezeichneten Erkenntnisse noch nicht ordnungsgemäß eingeführt worden. Zwischen der Übersendung der Erkenntnismittelliste und dem konkreten Verfahren muss ein spezifischer prozessualer Bezug hergestellt werden.[889] Das gilt nicht nur, wenn den Beteiligten in periodischen Abständen aktualisierte Erkenntnismittellisten zugesandt werden, sondern auch dann, wenn diese bereits als Anlage der Eingangsverfügung oder Ladungsanordnung beigefügt war. Im Rahmen der Erörterung der Sach- und Rechtslage sind die Erkenntnismittel zu bezeichnen, die das Verwaltungsgericht zu verwerten gedenkt. Nur so kann die **diskurssichernde Funktion des Prozessrechts** gewährleistet werden. Der prozessuale Bezug der Erkenntnismittel zum Prozess kann durch den **gerichtlichen Hinweis** hergestellt werden, dass im anhängigen Verfahren eine Verwertung der bezeichneten Erkenntnisse in Betracht kommt.[890] Widerspricht der Kläger ausweislich der Sitzungsniederschrift der bloßen Bezugnahme auf die Erkenntnisliste, fehlt es an einer ordnungsgemäßen Einführung der Erkenntnisse.[891] Zur Ausschöpfung der zumutbaren prozessualen Möglichkeiten gehört es andererseits, dass die Beteiligten sich in der mündlichen Verhandlung danach erkundigen, ob die ihnen mitgeteilten Auskünfte und anderen Erkenntnisse auch Gegenstand der Entscheidungsfindung sein sollen.[892] Sie sind verpflichtet, das Verwaltungsgericht in der mündlichen Verhandlung aufzufordern, die Erkenntnismittel im Einzelnen zu bezeichnen, die es zu verwerten beabsichtigt, wenn sie Gehörsrüge im Zulassungsberufungsverfahren stellen wollen.[893] 646

---

[885] VGH BW Urt. v. 10.10.1980 – 1 S 463/80, ESVGH 31, 74.
[886] OVG Hamburg Beschl. v. 5.5.1993 – OVG Bs V 182/92, AuAS 1993, 199.
[887] OVG NRW Beschl. v. 20.3.1997 – 14 A 990/97.A, NVwZ-Beil. 1997, 81.
[888] NdsOVG Beschl. v. 26.10.2004 – 8 LA 146/04, NVwZ 2005, 605.
[889] VGH BW Beschl. v. 13.7.1999 – A 14 S 1655/98, InfAuslR 2000, 34 (35) = NVwZ-Beil. 1999, 107.
[890] NdsOVG Beschl. v. 30.5.1996 – 12 L 2401/96, NVwZ-Beil. 1996, 67; ähnl. HessVGH Beschl. v. 24.2.1994 – 12 UZ 2865/92, InfAuslR 1994, 245.
[891] BVerfG Beschl. v. 30.4.1996 – 2 BvR 1671/95, AuAS 1996, 249; OVG NRW Beschl. v. 2.1.1997 – 13 A 5120/96.A, AuAS 1997, 143 (144).
[892] BVerwG Urt. v. 29.12.1983 – BVerwG 9 C 68.83, InfAuslR 1984, 89 (90); OVG Hamburg Beschl. v. 15.7.1993 – Bs VII 93/93; ThürOVG Beschl. v. 2.9.1998 – 3 ZO 78/97, InfAuslR 1998, 519 (520); OVG NRW Beschl. v. 5.10.2000 – 14 A 4529/99.A, AuAS 2001, 83 (84); HessVGH Beschl. v. 12.3.1999 – 6 UZ 2100/97.A, NVwZ-Beil. 1999, 90; s. auch BVerwG Beschl. v. 8.5.1984 – BVerwG 9 C 208.83, EZAR 610 Nr. 25.
[893] OVG NRW Beschl. v. 5.12.2000 – 14 A 4529/99.A, AuAS 2001, 83 (84).

647 **(d) Prozessuale Sonderfunktion der amtlichen Auskünfte.** Eine prominente prozessuale Funktion haben amtliche Auskünfte im Asylprozess. Auch wenn ihr Inhalt in einer gutachterlichen Äußerung besteht, wie es regelmäßig der Fall ist, stellen amtliche Auskünfte nach § 99 Abs. 1 S. 1 VwGO iVm § 273 Abs. 2 Nr. 2, § 358a Nr. 1 ZPO **zulässige sowie selbständige Beweismittel** dar, die **ohne förmliches Beweisverfahren** im Wege des **Freibeweises** vom Gericht verwertet werden können.[894] In einem anderen Verfahren eingeholte amtliche Auskünfte können hingegen im Wege des Urkundenbeweises – auch ohne Zustimmung der Beteiligten – herangezogen und gewürdigt werden.[895] Während im Allgemeinen im Gutachten grundsätzlich benutzte Erkenntnisquellen und getroffene Feststellungen präzise anzugeben sind, brauchen amtliche Auskünfte grundsätzlich die ihnen zugrunde liegenden Informationsquellen nicht zu bezeichnen und sind auch ohne diesbezügliche Angaben verwertbar.[896] Ist der Inhalt einer amtlichen Auskunft durch eine offizielle Anfrage der zuständigen deutschen Botschaft über das Außenministerium des Herkunftslandes bei den dortigen zuständigen Behörden zustande gekommen und verweigert diese Angaben dazu, wie es die ihm mitgeteilten Erkenntnisse gewonnen hat, ist es für das Gericht nicht möglich, geltend gemachte Einwände gegen die Genauigkeit oder den Wahrheitsgehalt von Auskünften zu widerlegen.[897]

648 Das Auswärtige Amt versieht seine **Lageberichte** mit dem Vermerk „**VS – Nur für den Dienstgebrauch**". Dieser Vermerk begründet **kein Beweisverwertungsverbot**.[898] Derartige Verbote untersagen die Berücksichtigung bestimmter Beweisergebnisse und Sachverhalte im Rahmen der Beweiswürdigung und Urteilsfindung. Nach der Anweisung für Verschlusssachen für Bundesbehörden bestimmt indes die herausgebende Stelle selbst, wie andere Behörden und Dienststellen mit den mit einem derartigen Vermerk versehenen Vorgängen umzugehen haben.[899] Das Auswärtige Amt sieht keinen Widerspruch zwischen dem Gebot, über Verschlusssachen grundsätzlich Verschwiegenheit zu wahren, und der Einführung der Lageberichte in Asylverfahren und ihrer Behandlung in öffentlicher Sitzung. Hieraus wird der Schluss gezogen, dass nach der Bestimmung des Auswärtigen Amtes seine Auskünfte und Lageberichte in Asylverfahren als Erkenntnismittel in das Verfahren eingeführt und den Verfahrensbeteiligten zur Wahrung des rechtlichen Gehörs zur Kenntnis gebracht werden und diese in ihren Inhalt auch Einsicht nehmen dürfen.[900]

649 **(8) Befragung des Klägers in der mündlichen Verhandlung (§ 104 Abs. 1 VwGO). (a) Informatorische Anhörung.** Im Asylprozess kommt den persönlichen Angaben des Klägers zu seinen Asylgründen bei der Überprüfung des Verwaltungsbescheids eine besondere Bedeutung zu. Will das Verwaltungsgericht sich – unabhängig von der Verwaltung – ein eigenes Urteil von der Glaubhaftigkeit der Angaben und der darauf beruhenden Glaubwürdigkeit des Klägers machen, bedarf es der persönlichen Befragung. Demgemäß wird in der Praxis in aller Regel das **persönliche Erscheinen des Klägers** zur mündlichen Verhandlung angeordnet und er im Rahmen der informatorischen Befragung umfassend zu seinen Asylgründen angehört. Der Umfang der Erörterung (§ 104 Abs. 1 VwGO) ist an der jeweiligen konkreten Sachlage auszurichten und schließt ein, dass der Vorsitzende, Einzelrichter oder Berichterstatter die Erörterung auf Schwerpunkte be-

---

[894] BVerwG Urt. v. 22.1.1985 – BVerwG 9 C 52.83, DVBl. 1985, 577 = BayVBl. 1985, 60 = InfAuslR 1985, 147; BVerwG Urt. v. 31.7.1985 – BVerwG 9 B 71.85, InfAuslR 1986, 74; s. auch BVerfG Beschl. v. 18.1.1990 – 2 BvR 760/88, InfAuslR 1990, 161; Beschl. v. 27.10.1995 – 2 BvR 384/95, EZAR 622 Nr. 26.
[895] BVerwG Urt. v. 31.7.1985 – BVerwG 9 B 71.85, InfAuslR 1986, 74; Urt. v. 22.8.1989 – BVerwG 9 B 207.89, InfAuslR 1989, 351; VGH BW Beschl. v. 20.3.2001 – 12 TJ 2847/00, EZAR 613 Nr. 35.
[896] BVerwG Urt. v. 22.1.1985 – BVerwG 9 C 52.83, DVBl. 1985, 577; Urt. v. 31.7.1985 – BVerwG 9 B 71.85, InfAuslR 1986, 74.
[897] VG Schleswig Urt. v. 27.4.2004 – 14 A 140/02, NVwZ-RR 2005, 360.
[898] VGH BW Beschl. v. 26.8.1998 – A 13 S 2624/97; NdsOVG Beschl. v. 6.8.1977 – 13 L 2500/97; aA VG Regensburg Urt. v. 30.7.1996 – RO 6 K 95.30521; *Becker/Bruns* InfAuslR 1977, 119 (123).
[899] VGH BW Beschl. v. 26.8.1998 – A 13 S 2624/97.
[900] VGH BW Beschl. v. 26.8.1998 – A 13 S 2624/97.

schränken darf.⁹⁰¹ Regelmäßig hören die Gerichte den Kläger im Rahmen der informatorischen Befragung aber umfassend zu den Asylgründen an. Die Beschränkung auf wesentliche Schwerpunkte ist eher die Ausnahme und auch nicht sachgerecht, weil die Glaubhaftmachung der einzelnen Angaben die Ermittlung des gesamten Sachverhalts voraussetzt, um die Sachangaben zu einzelnen Sachkomplexen kontextabhängig sachgerecht würdigen zu können. Auch dann, wenn das persönliche Erscheinen nicht angeordnet wird, kann das rechtliche Gehör verletzt werden, wenn der Kläger vom Gericht nicht ordnungsgemäß geladen worden ist.⁹⁰² Andererseits gibt es keinen Erfahrungssatz, dass anwaltlich vertretene Asylsuchende, die einer nicht mit der Anordnung des persönlichen Erscheinens verbundenen Ladung zu einem Termin nicht Folge leisten, an ihrem Verfahren nicht interessiert seien, was den Schluss auf ihre mangelnde Verfolgungsfurcht zulasse.⁹⁰³

Der Sachvortrag ist unvertretbar, soweit es um individuelle Ereignisse und Erlebnisse **650** geht. Hierfür stehen andere Beweismittel nicht zur Verfügung. Folgerichtig darf die Klage nicht mit der Begründung abgewiesen werden, dass neben der Einlassung des Asylsuchenden keine Beweismittel verfügbar seien.⁹⁰⁴ Im Regelfall hat das Gericht den Kläger daher als Partei zu vernehmen (→ Rn. 652). Aber auch wenn – wie üblich – von einer förmlichen Beweisaufnahme abgesehen wird, kommt der Anhörung beweisrechtliche Bedeutung mit der Folge zu, dass bei fehlerhafter Durchführung der Anhörung eine Gehörsverletzung vorliegt. Will das Gericht, wie im Regelfall, mit der Anhörung des Klägers eine objektiv beweisbare Tatsache aufklären, führt es auch ohne förmlichen Beschluss eine Beweisaufnahme durch.⁹⁰⁵ Maßgebend ist, dass die Anhörung des Klägers über die bloße Information des Gerichtes hinaus der Klärung einer beweisbedürftigen Tatsache dient und das Ergebnis der Anhörung letztlich wie das Ergebnis einer förmlichen Beweisaufnahme bewertet werden kann.⁹⁰⁶

In der gerichtlichen Ermittlungspraxis sind **drei unterschiedliche Verhandlungsmus-** **651** **ter** festzustellen: Überwiegend wird der gesamte Verfolgungskomplex im Rahmen der informatorischen Befragung durch Befragung des Klägers zu sämtlichen Asylgründen aufgeklärt. Dies ist die verlässlichste Methode der Sachverhaltsaufklärung, die vor dem Hintergrund der häufig unzulänglichen behördlichen Sachaufklärung auch geboten ist. Die vollständige Befragung vermittelt den gebotenen Gesamtzusammenhang der Verfolgungserlebnisse (→ Rn. 649) und ist regelmäßig zur Feststellung der für das Gesamtergebnis des Verfahrens erforderlichen Tatsachen (§ 108 Abs. 1 S. 1 VwGO) geeignet. Andererseits beschränken teilweise Gerichte ihre Ermittlungstätigkeit jedoch auf die Behandlung einiger **ausgewählter Tatsachenkomplexe.** Wird der Gesamtzusammenhang, in den diese Teilkomplexe eingebettet sind, dadurch nicht zerrissen oder verzerrt und den Beteiligten Gelegenheit gegeben, erläuternde und ergänzende Angaben zu machen sowie Fragen zu diesen und auch zu den vom Verwaltungsgericht nicht zum Gegenstand der informatorischen Befragung gemachten anderen Teilaspekten der Verfolgungserlebnisse zu stellen, können gegen diese Methode kaum Bedenken erhoben werden. Vereinzelt lassen Gerichte aber überhaupt keine Fragen zu, weil ihrer Meinung nach der Sachvortrag im Verwaltungsverfahren eine ausreichende Tatsachengrundlage für die richterliche Überzeugungsbildung darstellt. Dem Rechtsanwalt, der bestimmte Tatsachenkomplexe durch konkrete einzelne Fragen aufklären will, wird deshalb abverlangt, sich diese jeweils zuvor vom Gericht geneh-

---

⁹⁰¹ BVerwG Beschl. v. 4.7.2013 – BVerwG 9 A 7.13, NVwZ 2013, 1549.
⁹⁰² NdsOVG Beschl. v. 23.1.2002 – 1 LA 4173/01, AuAS 2002, 103.
⁹⁰³ BVerfG Beschl. v. 29.1.1991 – 2 BvR 1348/90, InfAuslR 1991, 171 (174); zur Beweiswürdigung beim Nichterscheinen des Asylsuchenden s. auch BVerwG Beschl. v. 8.5.1984 – BVerwG 9 C 1036.82, InfAuslR 1984, 20; Beschl. v. 10.12.1985 – BVerwG 9 B 84.84, InfAuslR 1986, 117; Urt. v. 11.4.1989 – BVerwG 9 C 55.88, NVwZ 1989, 857.
⁹⁰⁴ BVerwG Urt. v. 16.4.1985 – BVerwG 9 C 109.84, BVerwGE 71, 180 (182) = NVwZ 1985, 685 = InfAuslR 1985, 244; Urt. v. 16.4.1985 – 9 C 109/84, AuslR 1985, 244 = BayVBl. 1985, 567; Urt. v. 16.4.1985 – BVerwG 9 C 106.84; Urt. v. 12.11.1985 – 9 C 27.85, EZAR 630 Nr. 23.
⁹⁰⁵ HessVGH Beschl. v. 18.10.1985 – 10 TI 1853/85.
⁹⁰⁶ BayVGH Beschl. v. 16.2.1990 – Nr. 19 C 89.31600.

migen zu lassen. In solchen Verfahrensgestaltungen wird der Verfahrensbevollmächtigte regelmäßig den prozessualen Anrag auf Parteivernehmung stellen (→ Rn. 652).

652 **(b) Parteivernehmung (§§ 444 bis 449 ZPO).** Nach § 105 VwGO iVm § 160 Abs. 3 Nr. 4 ZPO ist die Aussage einer Partei nur dann im Protokoll festzuhalten, wenn sie als solche vernommen worden ist. In der Gerichtspraxis wird jedoch überwiegend lediglich eine informatorische Befragung des Klägers durchgeführt. Wird die Protokollierung entscheidungserheblicher Angaben nicht ausdrücklich beantragt, muss sie nicht schriftlich festgehalten werden. Dies erschwert die Darlegung der Gehörsrüge und dem Berufungsgericht die Nachprüfung. Da nach § 98 VwGO die Vorschriften über die Parteivernehmung gemäß §§ 444 bis 449 ZPO keine entsprechende Anwendung finden, ist die Frage, ob und in welchem Umfang eine Parteivernehmung im Verwaltungsprozess stattzufinden[907] hat, nach allgemeinen, sich aus § 86 Abs. 1 VwGO ergebenden Grundsätzen zu beantworten. Danach kommt eine Parteivernehmung regelmäßig nur als **subsidiäres Beweismittel** in Betracht. Sie dient als **letztes Hilfsmittel zur Sachverhaltsaufklärung,** wenn trotz Ausschöpfung aller anderen Beweismittel noch Zweifel bleiben.[908] Die VwGO schließt sie andererseits nicht aus (§ 96 Abs. 1 S. 2 VwGO). Die Parteivernehmung ist geboten, wenn für entscheidungserhebliche Umstände andere Erkenntnisquellen nicht zur Verfügung stehen oder das aus ihnen gewonnene Beweisergebnis unlösbare Widersprüche aufweist oder Anlass zu Zweifeln bietet.[909] Auch das BVerfG weist stillschweigend mit der Begründung, Asylsuchende seien „typischerweise in Beweisnot" und als „Zeuge in eigener Sache" zumeist das einzige Beweismittel,[910] auf die Parteivernehmung hin. In der Gerichtspraxis ist jedoch lediglich die informatorische Befragung des Klägers (§ 103 Abs. 3, § 104 Abs. 1 VwGO; → Rn. 636) üblich.[911]

653 **(9) Fragerecht des Prozessbevollmächtigten.** Das verfassungsrechtlich gewährleistete Recht auf Gehör verpflichtet das Gericht, dem Bevollmächtigten des Klägers zu ermöglichen, durch Befragung des Klägers an der Aufklärung des Sachverhalts mitzuwirken. Dies kann dadurch erfolgen, dass nach Abschluss der gerichtlichen Befragung dem Bevollmächtigten Gelegenheit gegeben wird, den Kläger zum Gesamtstoff des Verfahrens zu befragen. Sinnvoller und prozessökonomischer ist es jedoch, wenn die einzelnen Sachkomplexe nacheinander abgehandelt werden und dem Bevollmächtigten jeweils nach Abschluss der gerichtlichen Befragung zu den einzelnen Sachkomplexen Gelegenheit gegeben wird, Fragen und Vorhalte an den Asylsuchenden zu richten. Die VwGO enthält zum Fragerecht des Prozessbevollmächtigten keine Regelungen. Streng genommen handelt es sich aber nicht um ein Recht des Verfahrensbevollmächtigten, sondern um das Recht des Klägers, dass seinem anwesenden Verfahrensbevollmächtigten Gelegenheit gegeben wird, durch Fragen an die Prozessbeteiligten, Zeugen oder informatorisch angehörte dritte Personen zu stellen. Das Recht im Rahmen der Erörterung der Sach- und Rechtslage auch Fragen an den Richter zu stellen, folgt aus dem Gesetz (§ 104 Abs. 1 VwGO). Ebenso wie im Beweisrecht, bei dem die Praxis zusätzlich zu den Vorschriften der ZPO auf die entsprechenden Bestimmungen der StPO zurückgreift,[912] sind für das Fragerecht im Verwaltungsprozess die Regelungen der §§ 240 ff. StPO ergänzend zugrunde zu legen. Danach hat der Anwalt zwar kein Recht, die Fragen in dem Zeitpunkt zu stellen, in dem er sie

---

[907] *Leipold* in Stein/Jonas ZPO § 284 Rn. 79.
[908] BVerwG Urt. v. 30.8.1982 – BVerwG 9 C 1.81, DÖV 1983, 247; *Laumen,* in Baumgärtel/Laumen/Prütting, Handbuch der Beweislast, 3. Aufl. 2016, 598.
[909] BVerwG Urt. v. 30.8.1982 – BVerwG 9 C 1.81, DÖV 1983, 247.
[910] BVerfG Urt. v. 14.5.1996 – 2 BvR 1516/93, BVerfGE 94, 166 (200 f.) = NVwZ 1996, 200; BVerwG Urt. v. 29.11.1977 – BVerwG 1 C 33.71, BVerwGE 55, 82 (86) = NJW 1978, 2463; BVerfG Beschl. v. 29.1.1991 – 2 BvR 1384/90, InfAuslR 1991, 171 (174); BVerfG Beschl. v. 26.5.1994 – 2 BvR 1183/92, NVwZ-Beil. 1994, 50 (51).
[911] S. auch BVerfG Beschl. v. 29.1.1991 – 2 BvR 1348/90, InfAuslR 1991, 171 (174).
[912] BVerfG Urt. v. 18.1.1990 – 2 BvR 760/88, InfAuslR 1990, 161; BVerwG Beschl. v. 18.2.1983 – BVerwG 9 B 3597.82, DÖV 1983, 647; Beschl. v. 9.5.1983 – BVerwG 9 B 10466.81, DVBl. 1983, 1001.

stellen will. Vielmehr bestimmt § 103 Abs. 1 VwGO ebenso wie § 238 Abs. 1 StPO, dass die Leitung der Verhandlung durch den Vorsitzenden erfolgt. Das Fragerecht des Prozessbevollmächtigten (§ 240 StPO) berechtigt ihn nicht, in jedem beliebigen Zeitpunkt und Zusammenhang Fragen an den Kläger oder Zeugen zu stellen. Vielmehr ist es Aufgabe des Gerichts, den Zeitpunkt zu bestimmen, in dem er sein Fragerecht ausüben darf.[913] Bei der Gestattung von Fragen ist dieses an keine bestimmte Reihenfolge gebunden.[914] Hat das Gericht dem Anwalt aber das Fragerecht eingeräumt, darf es ihm nicht mehr ohne sachlichen Grund entzogen werden. Der Anwalt kann das Fragerecht nur dann sinnvoll und effektiv ausüben, wenn er Gelegenheit erhält, alle zulässigen Fragen im Zusammenhang zu stellen. Solange der Bevollmächtigte, dem vom Gericht das Fragerecht eingeräumt wurde, dieses sach- und prozessordnungsgemäß ausübt, darf es diesen nicht ohne sachlichen Grund unterbrechen.[915] Auch wenn das Gericht bereits eine bestimmte Frage an den Kläger gestellt hat, muss es dem Anwalt ermöglichen, durch Vorhalt bestimmter – aus dem bisherigen Sachvorbringen sich ergebender – Umstände die Frage erneut zu stellen, um so den tatsächlichen Geschehensablauf eines Tatsachenkomplexes zu erfragen. Es ist das Recht des Anwalts, bereits gemachte Aussagen durch Vorhalte zu überprüfen,[916] insbesondere wenn Fragen hierzu vom Gericht unterlassen wurden.

654 Um einer **Zurückweisung seiner Frage** vorzubeugen, muss der Bevollmächtigte Vorhalte zwar im Einzelnen konkretisieren. Das bedeutet jedoch nicht, dass er sich jede der zu stellenden Fragen jeweils zuvor vom Gericht genehmigen lassen müsste. Ob eine Frage sachdienlich ist, kann das Gericht erst beantworten, wenn es die Antwort gehört hat.[917] Die Äußerung zur Sache kann nicht auf jeweils einzelne voneinander isolierte Teilabschnitte des komplexen Gesamtgeschehens reduziert werden. Vielmehr kann das Fragerecht nur sinnvoll und effektiv gehandhabt werden, wenn alle sachdienlichen Fragen im Gesamtzusammenhang gestellt werden können. Das Recht der Beteiligten, sich mit ihren eigenen Vorstellungen über die anzustellenden Fragen und über die zu beantwortenden Fragen zu Wort zu melden, darf nicht beschnitten werden.[918] Eine insoweit verständige und sachgerechte Prozessführung wird deshalb in vielen Fällen ohne anwaltliche Hilfe gar nicht zu bewältigen sein.[919] Im Übrigen bleibt es dem Verfahrensbevollmächtigten in derartigen prozessualen Konfliktsituationen unbenommen, den Antrag auf Parteivernehmung (→ Rn. 652) zu stellen.

655 Das Gericht hat nur das Recht, ungeeignete oder nicht zur Sache gehörende Fragen **zurückzuweisen** (§ 240 Abs. 2 StPO). Ungeeignet sind Fragen, die in tatsächlicher Hinsicht nichts zur Wahrheitsfindung beitragen können oder aus rechtlichen Gründen nicht gestellt werden dürfen. Nicht zur Sache gehören Fragen, die sich weder unmittelbar noch mittelbar auf den Gegenstand der Untersuchung beziehen. Ob eine Frage nicht zur Sache gehört, beurteilt sich jedoch nicht nach dem für die Ablehnung von Beweisanträgen nach § 244 Abs. 3 S. 2 StPO geltenden Maßstab der Entscheidungserheblichkeit.[920] Vielmehr muss es dem Anwalt unbenommen bleiben, das Erinnerungsbild des Klägers oder Zeugen durch alle hierfür geeigneten, für die Wahrheitsfindung bedeutsamen Fragen zu ermitteln.[921] Eine Frage ist immer dann unerlässlich, wenn sie zur Wahrheitsfindung notwendig ist.[922] Die unbegründete Wiederholung bereits beantworteter Fragen kann zwar zurückgewiesen werden. Es gehört jedoch zu den täglichen Erfahrungen der Gerichte, dass bereits

---

[913] BGH Urt. v. 2.5.1961 – 5 StR 579/60, BGHSt 16, 67 (70).
[914] BGH Urt. v. 8.10.1968 – 5 StR 462/68, NJW 1969, 437 (438).
[915] OLG Hamm, Urt. v. 14.1.1993 – 1 Ws 727/92, StV 1993, 462.
[916] BGH Urt. v. 25.11.1980 – 5 StR 356/80, NStZ 1981, 71.
[917] BGH Urt. v. 15.11.1983 – 5 StR 657/83, NStZ 1984, 133 (134).
[918] BVerfG Urt. v. 19.1.1994 – 2 BvR 2003/93, NVwZ-Beil. 1994, 17 (18).
[919] BVerfG Urt. v. 19.1.1994 – 2 BvR 2003/93, NVwZ-Beil. 1994, 17 (18).
[920] BGH Urt. v. 8.10.1981 – 3 StR 449, 450/81, NStZ 1982, 158 (159); Beschl. v. 27.9.1983 – 1 StR 569/83, NStZ 1984, 133; Urt. v. 20.11.1984 – 5 StR 648/84, NStZ 1985, 183 (184).
[921] BGH Urt. v. 8.10.1981 – 3 StR 449, 450/81, NStZ 1982, 158 (159).
[922] BGH Urt. v. 29.9.1959 – 1 StR 375/59, BGHSt 13, 252 (254).

gemachte Aussagen nach Vorhalt bestimmter Umstände eingeschränkt und berichtigt werden.[923] Stellt der Anwalt **einzelne unzulässige Fragen,** rechtfertigt dies nicht ohne Weiteres die Entziehung des Fragerechts. Werden im Verlaufe einer langen Befragung neben vielen zulässigen auch zahlreiche unzulässige Fragen gestellt, ist die Entziehung des Fragerechts nur zulässig, wenn die Art der Fragestellungen darauf schließen lässt, dass der Fragesteller keine zulässigen Fragen mehr hat und er zuvor vom Gericht **gewarnt** worden ist.[924] Die Entziehung des Fragerechts gilt stets nur für bestimmte Abschnitte der Befragung.[925]

656 **(10) Beweisantrag. (a) Funktion des Beweisantrags im Asylprozess.** Art. 103 Abs. 1 GG gebietet in Verbindung mit den einfachgesetzlichen Prozessgrundsätzen die Berücksichtigung erheblicher Beweisanträge.[926] In der zu Unrecht erfolgten Zurückweisung eines Beweisantrags ist ein Verfahrensfehler iSv § 138 Nr. 3 VwGO zu sehen.[927] Ein Beweisantrag ist entsprechend den zivilprozessualen Grundsätzen die im Prozess abgegebene Willenserklärung der Beteiligten, das Gericht möge über eine bestimmte Tatsache **(Beweisthema)** mit einem bestimmten **Beweismittel** Beweis erheben.[928] Aber nur der prozessual ordnungsgemäß gestellte Beweisantrag führt zur **Bescheidungspflicht** nach § 86 Abs. 2 VwGO.

657 Nach § 96 Abs. 1 S. 1 VwGO unterliegt das Verfahren der Beweisaufnahme dem **Grundsatz der Unmittelbarkeit.**[929] Danach erhebt das Gericht Beweis in der mündlichen Verhandlung. Der Grundsatz verbietet es, dass das Gericht seine Überzeugung vom Bestehen oder Nichtbestehen wesentlicher Tatsachen aus mittelbaren Erkenntnismöglichkeiten (Erkenntnisquellen) gewinnt, obwohl unmittelbare zur Verfügung stehen, die eindeutige und gesicherte Erkenntnisse bieten und deren Erhebung dem Gericht zumutbar ist.[930] § 96 Abs. 1 S. 1 VwGO regelt Art und Weise der Sachaufklärung und erfordert zunächst, dass der Richter, der einen Rechtsstreit entscheidet, regelmäßig auch die Beweisaufnahme durchführt, um seine Entscheidung auf den unmittelbaren Eindruck der Beweisaufnahme stützen zu können **(formelle Unmittelbarkeit der Beweisaufnahme).** Nach ihrem Sinn lassen sich aber auch Maßstäbe für die Auswahl zwischen mehreren zur Verfügung stehenden Beweismitteln entnehmen **(materielle Unmittelbarkeit der Beweisaufnahme).** § 96 Abs. 1 S. 2 VwGO nennt als zulässige Beweismittel die **Inaugenscheinnahme,** den **Zeugen- und Sachverständigenbeweis,** die **Parteivernehmung** sowie den **Urkundenbeweis.** Im Asylprozess hat insbesondere der Sachverständigen-, Zeugen- und Urkundenbeweis Bedeutung. Darüber hinaus kommen grundsätzlich sämtliche Erkenntnismittel in Betracht, die geeignet und entscheidungserheblich sein können. Für das Verfahren der Beweisaufnahme gelten die Vorschriften der §§ 358 bis 444, 450 bis 494 ZPO (§ 98 VwGO).

658 Wird dem Beweisantrag – wenn auch in modifizierter Form – stattgegeben, ergeht ein **Beweisbeschluss** im Rahmen der Beweisaufnahme nach § 96 VwGO.[931] Erfordert die

---

[923] BGH Urt. v. 22.4.1952 – 1 StR 96/52, BGHSt 2, 284 (289); Urt. v. 25.11.1980 – 5 StR 356/80, NStZ 1981, 71.
[924] OLG Karlsruhe Beschl. v. 20.10.1977 – 3 Ss 314/77, NJW 1978, 436 (437).
[925] BGH Beschl. v. 13.2.1973 – VII ZR 112/71, MDR 1973, 371 (372).
[926] BVerfG Beschl. v. 20.4.1982 – 1 BvR 1242/81, BVerfGE 60, 247 (249); Beschl. v. 20.4.1982 – 1 BvR 1429/81, BVerfGE 60, 250 (252); Beschl. v. 29.11.1983 – 1 BvR 1313/82, BVerfGE 65, 305 (307); BayVerfGH Urt. v. 12.11.1976 – 21-VI-76, NJW 1977, 243; Urt. v. 13.3.1981 – 93-VI-78, BayVBl. 1981, 529.
[927] BVerfG Urt. v. 13.3.1993 – 2 BvR 1988/92, InfAuslR 1993, 229 (300); Beschl. v. 5.9.1991 – 2 BvR 1085/90, InfAuslR 1992, 29 (31); Beschl. v. 8.5.1991 – 2 BvR 1245, InfAuslR 1992, 63.
[928] *Schmitt* DVBl. 1964, 465 f.; *Leipold* in Stein/Jonas ZPO § 284 Rn. 31; *Eisenberg*, Beweisrecht der StPO, 138; *Dahm* ZAR 2000, 227 (229).
[929] BVerwG Urt. v. 31.7.1985 – BVerwG 9 B 71.85, DVBl. 1984, 571; Urt. v. 31.7.1985 – BVerwG 9 B 71.85, InfAuslR 1986, 74; Urt. v. 28.7.2011 – BVerwG 2 C 28.10, BVerwGE 140, 199 (203 f.); s. hierzu auch *Weth* JuS 1991, 35.
[930] BFH Urt. v. 12.6.1991 – III R 106/87, NJW 1991, 3055; BSG Urt. v. 26.10.1989 – 6 Rka 4/89, NJW 1990, 1558; OLG Düsseldorf Beschl. v. 13.2.1991 – 5 Ss 36/91, NJW 1991, 2781 (2782).
[931] *Jacob* VBlBW 1997, 41 (45).

Beweisaufnahme ein besonderes Verfahren, ist die Anordnung durch Gerichtsbeschluss erforderlich (§ 98 VwGO iVm §§ 358, 358a ZPO). Nur in den durch §§ 358, 358a ZPO bestimmten Fällen sowie gemäß § 450 ZPO bei der Parteivernehmung ist ein besonderer Beweisbeschluss notwendig. In allen anderen Fällen ist die Klarstellung durch das Gericht ausreichend, dass etwa eine Anhörung oder Inaugenscheinnahme nicht lediglich informatorisch, sondern als Beweisaufnahme erfolgt. Insbesondere der Urkundenbeweis findet ohne förmliche Beweisaufnahme durch schlichte Einsichtnahme in die Urkunde statt.[932] Der Beweisbeschluss ist nur **prozessleitende Verfügung.** Weder die formlose noch die förmliche Anordnung enthalten eine Entscheidung über die Erheblichkeit von Tatsachen oder eine Regelung der Beweislast.[933]

(b) Formelle Anforderungen an den Beweisantrag. Nur der in der mündlichen Verhandlung gestellte Beweisantrag löst die gerichtliche Verpflichtung aus (§ 86 Abs. 2 VwGO). Ein vorher **schriftsätzlich gestellter Beweisantrag** ist in der Verhandlung förmlich zu wiederholen und zu Protokoll zu erklären, es sei denn, das Gericht erhebt bereits nach § 86 Abs. 1 VwGO von Amts wegen Beweis. Wird der Beweisantrag in der Verhandlung nicht gestellt, verlieren die Beteiligten für die Zulassungsberufung (§ 78 Abs. 3 Nr. 3 AsylG iVm § 138 Nr. 3 VwGO) grundsätzlich ihr Rügerecht.[934] Setzt sich das Gericht in der Urteilsbegründung aber mit dem schriftsätzlich angekündigten Beweisantrag auseinander, bleibt das Rügerecht erhalten.[935] Ein nicht in der mündlichen Verhandlung gestellter Beweisantrag kann prozessual als **Beweisanregung** behandelt werden und deren fehlende Berücksichtigung unter bestimmten Umständen das rechtliche Gehör verletzen. Hat das Gericht, nachdem der Beteiligte den Beweisantrag gestellt hat, (weitere) Ermittlungen durchgeführt und ihr Ergebnis den Beteiligten mitgeteilt, wird der Beweisantrag so behandelt, als werde er nicht mehr aufrechterhalten, wenn der Beweisführer, ohne seinen Antrag ausdrücklich zu wiederholen, mit der Entscheidung ohne mündliche Verhandlung einverstanden ist.[936] Soll durch **Gerichtsbescheid** (§ 84 VwGO) entschieden werden, löst der schriftsätzlich angekündigte Beweisantrag keine Bescheidungspflicht aus, weil der Beweisführer die mündliche Verhandlung beantragen kann (§ 84 Abs. 2 Nr. 4 VwGO), dh der Antrag auf Durchführung der mündlichen Verhandlung geht der Gehörsrüge vor.[937] Das rechtliche Gehör wird aber verletzt, wenn unter diesen Voraussetzungen die Klage durch Urteil im schriftlichen Verfahren abgewiesen wird.[938] Wird der Beweisantrag jedoch erst nach der Anhörung (§ 84 Abs. 1 S. 2 VwGO) gestellt, folgt aus dem Grundsatz rechtlichen Gehörs für die Beweisanträge, über die auch in der mündlichen Verhandlung zu entscheiden wäre, die gerichtliche Verpflichtung zur erneuten Anhörung nach § 84 Abs. 1 S. 2 VwGO oder zur schriftlichen Mitteilung, dass dem Beweisantrag nicht nachgegangen wird.

Stellt der Beteiligte **nach Abschluss der mündlichen Verhandlung** einen Beweisantrag, kann dies Anlass geben, die mündliche Verhandlung nach § 104 Abs. 3 S. 2 VwGO wieder zu eröffnen, da dieser nur in der mündlichen Verhandlung förmlich gestellt werden kann. Da die Wiedereröffnung im gerichtlichen Ermessen liegt, wird nur eine Änderung der Sach- oder Beweislage, die eine frühere Antragstellung verhindert hat, von Bedeutung sein.[939] Unter diesen Voraussetzungen besteht jedoch eine gerichtliche Verpflichtung, zur Wahrung rechtlichen Gehörs die mündliche Verhandlung zur Stellung des Beweisantrags wieder zu eröffnen, wenn nicht ohnehin von Amts wegen iSd gestellten Beweisantrags Beweis erhoben wird.

---

[932] BVerwG Urt. v. 15.2.1984 – BVerwG 9 CB 149.83, DVBl. 1984, 571.
[933] *Leipold* in Stein/Jonas ZPO § 284 Rn. 49.
[934] BVerwG Urt. 21.11.1989 – BVerwG 9 C 53.89, InfAuslR 1990, 99 (100).
[935] BVerwG Urt. 21.11.1989 – BVerwG 9 C 53.89, InfAuslR 1990, 99 (100).
[936] BSG Urt. v. 28.5.1997 – 9 BV 194/96, NVwZ-RR 1998, 144.
[937] HessVGH Beschl. v. 4.8.2000 – 12 UZ 2595/00, NVwZ-RR 2001, 207.
[938] VGH BW Urt. v. 19.1.2006 – A 5 S 51/06, AuAS 2006, 142.
[939] *Jacob* VBlBW 1997, 41 (43).

661 Umstritten ist, ob nur der **protokollierte Beweisantrag** die gerichtliche Bescheidungspflicht begründet.[940] Nach § 105 VwGO iVm § 160 Abs. 3 Nr. 2 ZPO begründet allein das Protokoll die volle Beweiskraft des ordnungsgemäß gestellten Beweisantrags. Daher ist die Protokollierung des Beweisantrags erforderlich.[941] Ebenso wie schriftsätzlich gestellte Beweisanträge in der mündlichen Verhandlung förmlich zu stellen sind, müssen Beweisanträge, die zwar bereits einmal formell gestellt worden sind, denen aber durch eine Beweisaufnahme nachgegangen wurde, **erneut gestellt** werden, wenn der Beweisführer der Ansicht ist, dass mit der Beweisaufnahme nicht oder nicht im vollen Umfang dem Beweisantrag nachgegangen wurde. Auch in diesem Fall wird der ursprünglich gestellte Beweisantrag gewissermaßen als „**verbraucht**" angesehen.[942] Sofern – wie im Regelfall – das Gericht in solchen Fällen davon ausgehen kann, der Beweisführer werde sich mit der vorangegangenen Beweiserhebung zufrieden geben, muss dieser einer solchen Annahme ausdrücklich entgegentreten, will er nicht am Einwand einer „schlüssigen Antragsrücknahme" scheitern.[943]

662 (c) **Unbedingte Antragstellung.** Es gehört grundsätzlich zur Ausschöpfung der zu Gebote stehenden prozessualen Möglichkeiten, dass der Beweisantrag unbedingt gestellt wird.[944] Der lediglich **hilfsweise** oder **vorsorglich gestellte Beweisantrag** braucht nicht entschieden zu werden (§ 86 Abs. 2 VwGO). Er stellt der Sache nach im Regelfall lediglich eine **bloße Anregung** an das Gericht dar, den Sachverhalt nach § 86 Abs. 1 VwGO weiter aufzuklären.[945] Bei einem hilfsweise gestellten Antrag gibt der Beteiligte zu erkennen, dass sein Beweisantrag nicht vorweg, sondern erst dann geprüft werden soll, wenn die Sache selbst zur Entscheidung ansteht.[946] Hilfsweise gestellten Beweisanträgen werden **Eventualbeweisanträge,** die an eine ungewisse Sachlage oder an die gerichtliche Auffassung zu einzelnen Fragen anknüpfen, prozessual gleichgestellt. Es handelt sich hierbei etwa um einen Beweisantrag für den Fall, dass das Gericht eine vorgelegte Urkunde für unecht, einen Zeugen für unglaubwürdig oder die eingeführten Erkenntnismittel nicht für ausreichend erachtet. Ebenso wie ein sonstiger bedingter Beweisantrag – etwa ein Beweisantrag für den Fall, dass ein anderer Beweisantrag abgelehnt wird – löst ein Eventualantrag im Verwaltungsprozess grundsätzlich keine gerichtliche Bescheidungspflicht aus. In all diesen Fällen will der Beteiligte Vorfragen, von deren Klärung der Ausgang des Verfahrens abhängig ist, nicht ausdrücklich vor der Sachentscheidung durch Beweisaufnahme klären lassen, weil er darauf hofft, dass es auf diese Vorfragen möglicherweise nicht ankommt. Das Prozessrecht erlegt ihm jedoch für die daraus folgende prozessuale Ungewissheit das volle Risiko auf, dh er begibt sich deshalb wichtiger prozessualer Möglichkeiten, wenn er den Antrag nicht unbedingt stellt und verliert deshalb sein Rügerecht für die Berufungszulassung.[947]

663 Gegen diese in der herrschenden Ansicht zum Ausdruck kommende Rigidität wird eingewandt, dass für den Beweisführer mit der bloßen hilfsweisen Antragstellung der prozessuale Nachteil verbunden ist, dass er in der mündlichen Verhandlung nicht mehr auf die anfecht-

---

[940] Zum Meinungsstand *Jacob* VBlBW 1997, 41 (42).
[941] BVerwG Beschl. v. 28.5.1965 – BVerwG 7 C 125.63, BVerwGE 21, 184 (185); Beschl. v. 28.12.2011 – BVerwG 9 B 53.11, NVwZ 2012, 512 (513); Jacob VBlBW 1997, 41 (42).
[942] *Batsdorf* StV 1995, 310 (319); *Jacob* VBlBW 1997, 41 (42).
[943] *Batsdorf* StV 1995, 310 (319).
[944] HessVGH Beschl. v. 7.2.2001 – 6 UZ 695/99.A, AuAS 2001, 203; Beschl. v. 22.7.1999 – 12 ZU 3232/97.A; Beschl. v. 17.1.2003 – 3 UZ 484/01.A, AuAS 2003, 69 (71); OVG Brandenburg Beschl. v. 28.10.2000 – 2 A 369/02, AuAS 2004, 58 (60); SchlHOVG Beschl. v. 3.9.2003 – 3 LA 87/03, AuAS 2003, 236 = AuAS 2004, 9; aA VGH BW Beschl. v. 29.7.2004 – A 8 S 945/04; Urt. v. 20.10.2006 – A 9 S 1157/06, InfAuslR 2007, 132 = NVwZ-RR 2007, 202; *Dahm* ZAR 2002, 227 (229); *Redeker* AnwBl. 2005, 518 (519).
[945] SchlHOVG Beschl. v. 3.9.2003 – 3 LA 87/03, AuAS 2003, 236 = AuAS 2004, 9.
[946] BVerwG Urt. v. 26.6.1968 – BVerwG 5 C 111.67, MDR 1969, 419; BGH Urt. v. 6.12.1989 – 2 StR 309/89, StV 1990, 149; s. hierzu *Schlothauer* StV 1988, 542; *Basdorf* StV 1995, 310 (315); *Dahm* ZAR 2002, 227 (22).
[947] HessVGH Beschl. v. 7.2.2001 – 6 UZ 695/99.A, AuAS 2001, 203; Beschl. v. 22.7.1999 – 12 ZU 3232/97.A; Beschl. v. 17.1.2003 – 3 UZ 484/01.A, AuAS 2003, 69 (71); SchlHOVG Beschl. v. 3.9.2003 – 3 LA 87/03, AuAS 2003, 236 = AuAS 2004, 9; aA VGH BW Beschl. v. 29.7.2004 – A 8 S 945/04.

bare Beweisablehnung reagieren kann. Er verzichtet damit aber allein auf die prozessualen Vorteile, die § 86 Abs. 2 VwGO ihm bietet, um einen unzulänglichen Beweisantrag nachzubessern, nicht aber zugleich auf das prozessuale Recht, die im Urteil erfolgte Ablehnung des Beweisantrags mit der Begründung zu rügen, dass sie im Prozessrecht keine Stütze findet.[948] Der Beteiligte nimmt sich auch die Möglichkeit, durch konkrete Gegenvorstellung (→ Rn. 729) auf die aus seiner Sicht prozessordnungswidrige Beweisablehnung zu reagieren, wodurch die Erfolgsaussicht der späteren, auf den hilfsweise gestellten Beweisantrag bezogenen Gehörsrüge geschmälert werden kann. Dagegen wird hierdurch nicht die Möglichkeit versperrt, dass das Gericht bei der Behandlung eines derartigen Antrags das rechtliche Gehör verletzt, etwa weil es diesen rechtsirrig mit der Begründung ablehnt, der angebotene Beweis reiche zur Widerlegung des Fehlens einer Verfolgungsgefahr nicht aus.[949]

Der in der Nichtberücksichtigung liegende Gehörsverstoß kann zwar grundsätzlich nur **664** dann gerügt werden, wenn die Beteiligten darauf drängen, dass die Ablehnung des Beweisantrags in der Verhandlung vor Erlass des Urteils begründet wird.[950] Berücksichtigt das Gericht jedoch im hilfsweise gestellten Beweisantrag zum Ausdruck kommendes entscheidungserhebliches Vorbringen nicht, beruht das Urteil auf der Verletzung des rechtlichen Gehörs, wenn es diesem nicht nachgeht.[951] Der Sache nach wird hier nicht eine fehlerhafte Aufklärung, sondern die Nichtberücksichtigung eines erheblichen Vortrags und entsprechender Beweisangebote gerügt. Der Beteiligte wird auch dann in seinem Gehörsanspruch verletzt, wenn das Gericht aus prozessökonomischen Gründen die hilfsweise Antragstellung **anregt** und zusichert, es werde – sofern es im Rahmen der Beratung zur Auffassung gelangen sollte, dass der geltend gemachte Klageanspruch nicht durchgreift – den Beweisantrag behandeln, dies aber unterlässt.[952] Eine derartige Anregung ist gegebenenfalls antragsgemäß zu protokollieren.

Nicht um eine hilfsweise Antragstellung handelt es sich, wenn der Beteiligte in der mündlichen **665** Verhandlung nach Stellung des Beweisantrags und nach Sitzungsunterbrechung, die zur Beratung über den Beweisantrag erfolgte, erklärt, er verzichte auf die Fortsetzung der mündlichen Verhandlung. Dadurch entfällt weder die bereits ausgelöste Bescheidungspflicht des § 86 Abs. 2 VwGO noch folgt daraus, dass der Antrag als Hilfsbeweisantrag behandelt werden kann. Ein Beteiligter, der nach Stellung eines unbedingten Beweisantrags auf die Durchführung der mündlichen Verhandlung verzichtet, begibt sich zwar seines Rechts auf Vorabentscheidung. Dies betrifft allerdings nur solche Beweisanträge, die als lediglich schriftsätzlich gestellte Anträge das Stadium einer mündlichen Verhandlung überhaupt nicht erreichen.

(d) Inhaltliche Anforderungen an den Beweisantrag. Nur ein hinreichend substanzi- **666** ierter Beweisantrag löst die Bescheidungspflicht (§ 86 Abs. 2 VwGO) aus.[953] Die gerichtliche Verpflichtung, den Sachverhalt aufzuklären, findet ihre Grenze dort, wo das Klagevorbringen keinen tatsächlichen Anhaltspunkt zu weiterer Sachaufklärung bietet.[954] Im Beweisantrag muss daher im Einzelnen dargelegt werden, **welche rechtlich erheblichen Beweistatsachen** von dem angeführten **Beweismittel zu erwarten sind,** um das Gericht in die Lage zu versetzen, die Tauglichkeit des Beweismittels zu beurteilen. Er muss für bestimmte Tatsachen bestimmte Beweismittel benennen und diese zu jeder Tatsache beson-

---

[948] SächsOVG Beschl. v. 25.5.2005 – 3 B 16/02.A, NVwZ-RR 2006, 741 = AuAS 2006, 129, 130, mit Hinweis auf BVerwG Beschl. v. 27.3.2000 – BVerwG 9 B 518.99, InfAuslR 2000, 412; VGH BW Beschl. v. 14.1.1997 – a 13 S 2325/96, NVwZ-Beil. 1997, 67; OVG NRW Beschl. v. 24.1.2005 – 8 A 159/05.A, AuAS 2005, 93.
[949] VGH BW Beschl. v. 27.12.1993 – A 16 S 2147/93, AuAS 1994, 56 (57 f.); *Jacob* VBlBW 1997, 41, 44 f.
[950] BVerwG Urt. v. 6.12.1988 – BVerwG 9 C 40.87, NVwZ 1989, 555.
[951] BVerwG Beschl. v. 21.7.2010 – BVerwG 10 B 41.09.
[952] SächsOVG Beschl. v. 26.5.2005 – 3 B 16/02.A, NVwZ-RR 2006, 741 = AuAS 2006, 129 (130 f.).
[953] BVerfG Beschl. v. 8.5.1991 – 2 BvR 1245/84, InfAuslR 1992, 63 (65); Beschl. v. 20.6.1990 – 2 BvR 1727/89, InfAuslR 1991, 85 (87); BVerwG Beschl. v. 26.10.1989 – BVerwG 9 B 405.89, InfAuslR 1990, 38 (39); BGH Urt. v. 23.4.1991 – X ZR 77/89, NJW 1991, 2707 (2709); VGH BW Beschl. v. 17.6.1998 – A 14 S 1178/98, AuAS 1998, 189; s. auch *Dahm* ZAR 2002, 227 (231); *Redeker* AnwBl. 2005, 518 (519).
[954] BVerwG Urt. v. 3.8.1990 – BVerwG 9 B 45.90, InfAuslR 1990, 38 (39).

ders bezeichnen. Der Antrag muss erkennen lassen, auf welche der vorangestellten Behauptungen er sich bezieht. Im Asylprozess muss daher der Beweisantrag durch Angabe **konkreter und individualisierbarer Beweistatsachen** auf den Kläger bezogen sein. Ein Gehörsverstoß liegt daher nicht vor, wenn das Gericht den Beweisantrag deshalb ablehnt, weil das Beweisthema nicht hinreichend konkretisiert und der Antrag auch im Übrigen nicht hinreichend substanziiert worden ist.[955] Die **Unwahrscheinlichkeit** einer behaupteten und unter Beweis gestellten Tatsache rechtfertigt es andererseits nicht, die erstrebte Beweisaufnahme abzulehnen.[956] Solche Anträge lösen jedoch für sich allein keine Pflicht des Gerichts zur Beweiserhebung aus. Vielmehr hat der Beweisführer entsprechend seiner Mitwirkungspflicht von sich aus eine lückenlose Darstellung der Tatsachen anzugeben, die seine geltend gemachten Ansprüche stützen sollen. Ergibt die rechtliche Würdigung, dass dieser Tatsachenvortrag – als wahr unterstellt – diese nicht zu begründen vermögen, ist die Klage bereits unschlüssig und scheidet ein Eintreten des Gerichts in weitere Ermittlungen von vornherein aus.[957]

667 Der Beweisführer ist gehalten, eine **gewisse Möglichkeit** aufzuzeigen, dass die unter Beweis gestellten Tatsachen zutreffen können.[958] Für den Asylprozess bedeutet dies, dass zwar **für das Endurteil** ein **individueller Tatsachenvortrag unter Berücksichtigung der strengen Darlegungslast** glaubhaft zu machen ist, **nicht jedoch für den Beweisantritt**. Insoweit kann der Asylsuchende Hinweise, Erläuterungen, Vermutungen und weitere Hilfestellungen geben. Da ihm im Blick auf die **allgemeine Tatsachenbasis** der Verfolgungsprognose nur eine **eingeschränkte Darlegungslast** obliegt (→ Rn. 610), darf der Beweisantrag, der auf die Aufklärung der allgemeinen tatsächlichen Prognosetatsachen zielt, die sich möglicherweise als Folge des individuellen Vorbringens ergeben, daher nicht als Beweisermittlungsantrag verworfen werden. Es ist Aufgabe des Gerichts, die tatsächlichen Entscheidungsgrundlagen sachgerecht, der jeweiligen Materie angemessen und methodisch einwandfrei zu erarbeiten.[959] Die im Asylverfahren verwendeten unterschiedlichen Darlegungslasten und Beweisanforderungen sind beim Beweisantrag daher sorgfältig zu unterscheiden: Der Kläger ist für individuelle Prognosetatsachen uneingeschränkt darlegungspflichtig, hat aber für allgemeine Prognosetatsachen lediglich Tatsachen und Umstände anzugeben, dass Verfolgung möglich ist.

668 Ein typischer Fehler in der Gerichtspraxis ist die Ablehnung des Beweisantrags als unzulässig, weil das **Klagevorbringen insgesamt unglaubhaft** sei. Das Gericht darf den prozessual ordnungsgemäß gestellten Beweisantrag aber nicht allein deshalb ablehnen, weil ihm das Klagevorbringen als nicht hinreichend substanziiert erscheint.[960] Ausgeschlossen ist insbesondere, dass sich das Gericht für die Annahme nicht ausreichender Substanziierung von Verfolgung mit bloßen Zweifeln an der Glaubhaftigkeit der Sachangaben des Asylsuchenden begnügt. Solchen Zweifeln ist vielmehr grundsätzlich durch Beweiserhebung nachzugehen. Eine Ausnahme ist allenfalls bei **Unschlüssigkeit gerade der unter Beweis gestellten Tatsachenfrage** zu machen.[961] Hat der Kläger die aus seiner Sicht maßgeblichen Tatsachen und Umstände schlüssig vorgetragen und sind diese auch grundsätzlich geeignet, die geltend gemachten Ansprüche zu tragen, verbleiben aber **Zweifel an der Glaubhaftigkeit** der Angaben, ist dem hinreichend konkretisierten Beweisantrag stattzugeben, wenn er gerade zur Aufklärung dieser Zweifel in sachdienlicher Weise beitragen

---

[955] BVerwG Urt. v. 8.2.1983 – BVerwG 9 C 598.82, MDR 1983, 869 (870) = InfAuslR 1983, 185; BVerwG Urt. v. 16.10.1984 – BVerwG 9 C 558.82, InfAuslR 1985, 80.
[956] BVerwG Urt. v. 8.2.1983 – BVerwG 9 C 598.82, InfAuslR 1983, 185.
[957] BVerwG Urt. v. 24.3.1987 – BVerwG 9 C 47.85, BVerwGE 77, 150 (156) = NVwZ 1988, 812.
[958] BGH Urt. v. 3.8.1966 – 2 StR 242/66, BGHSt 21, 118 (125).
[959] BVerwG Urt. v. 20.11.1990 – BVerwG 9 C 74/90, NVwZ 1991, 383 (384).
[960] BVerfG Beschl. v. 27.2.1990 – 2 BvR 186/89, InfAuslR 1990, 199 (202); VGH BW Beschl. v. 17.6.1998 – A 14 S 1178/98, AuAS 1998, 189; BVerwG Urt. v. 3.8.1990 – BVerwG 9 B 45.90, InfAuslR 1990, 38 (39 f.).
[961] BVerfG Beschl. v. 27.2.1990 – 2 BvR 186/89, InfAuslR 1990, 199; s. aber BVerfG Beschl. v. 4.7.1994 – 2 BvR 184/94, InfAuslR 1994, 370 (372).

kann. Das Gericht braucht nur dann nicht in die beantragte Beweiserhebung einzutreten, wenn es der Beteiligte an der Schilderung eines zusammenhängenden und in sich stimmigen, im Wesentlichen widerspruchsfreien Sachvortrags fehlen lässt und deshalb das Klagevorbringen seinem Inhalt nach keinen Anlass gibt, einer hieraus abgeleiteten Verfolgungsgefahr näher nachzugehen.[962] Dieses muss jedoch in wesentlichen Punkten unzutreffend oder in nicht auflösbarer Weise widersprüchlich sein.[963] Werden Bedenken gegen die Glaubhaftigkeit der Angaben des Klägers aus Umständen hergeleitet, die nicht das eigentliche Verfolgungserlebnis betreffen und kann das Gericht nicht ohne die angebotene Beweisaufnahme davon ausgehen, dass die festgestellten Widersprüche unauflöslich sind, ist aber Beweis zu erheben.[964] Der Umstand allein, dass es nach dem bisherigen Sachvorbringen davon überzeugt ist, dieses sei unglaubhaft, trägt die Beweisablehnung nicht. Denn der Beweisantrag ist substanziiert und dessen Ablehnung verletzt das Verbot der **Beweisantizipation**.[965] Auch die Rechtsprechung des BVerfG kennzeichnet eine signifikant zurückhaltende Tendenz in dieser Frage.

(e) Unzulässigkeit des Ausforschungsbeweises. Das Gericht muss nicht in eine beantragte Beweiserhebung eintreten, wenn in Wahrheit kein Beweisantrag, sondern ein Ausforschungsbeweisantrag gestellt wird. Dieser Antrag wird allgemein als **Sonderfall des unsubstanziierten Beweisantrags** behandelt.[966] Davon kann aber nur die Rede sein, wenn unter lediglich formalem Beweisantritt Behauptungen aufgestellt werden, für deren Wahrheitsgehalt **nicht wenigstens eine gewisse Wahrscheinlichkeit** spricht oder wenn **willkürliche, aus der Luft gegriffene Behauptungen**, für die tatsächliche Grundlagen ganz fehlen, gemacht werden.[967] Es muss sich also um Behauptungen handeln, die **aufs Geratewohl** gemacht, gleichsam „ins Blaue" aufgestellt werden, mit anderen Worten, aus der Luft gegriffen sind und sich deshalb als Rechtsmissbrauch darstellen. Ob es sich jeweils nur um die willkürliche Äußerung einer Vermutung oder aber um die bestimmte Behauptung von Tatsachen handelt, ist nicht allein vom Wortlaut und damit der äußeren Form des Antrags, sondern nach seinem durch Auslegung unter Berücksichtigung aller wesentlichen Umstände zu ermittelnden Sinn abhängig.[968] Das Behaupten **vermuteter** Tatsachen rechtfertigt nicht die Überzeugung, dass die Beweisaufnahme erfolglos sein wird.[969] Dem Beweisführer ist es insbesondere nicht verwehrt, auch solche Tatsachen unter Beweis zu stellen, die er lediglich für **möglich** hält.[970] Ein bloßer Beweisermittlungsantrag liegt auch nicht bereits dann vor, wenn sich der Antrag nicht auf konkrete, den Kläger selbst betreffende Prognosetatsachen bezieht, sondern unter substanziierter Angabe konkreter Referenzfälle eine Gefährdung abgeschobener Asylsuchender darlegt.[971] Der Einwand des

669

---

[962] BVerwG Beschl. v. 26.10.1989 – BVerwG 9 B 405.89, NVwZ-RR 1990, 379 = InfAuslR 1990, 38; ebenso OVG NRW Beschl. v. 14.10.1997 – 25 A 1384/97.A; VGH BW Beschl. v. 17.6.1998 – A 14 S 1178/98; aA VGH BW Beschl. v. 4.3.1998 – 11 S 3169/97, AuAS 1998, 184.
[963] VGH BW Beschl. v. 27.12.1993 – A 16 S 2147/93, AuAS 1994, 56; VGH BW Beschl. v. 17.6.1998 – A 14 S 1178/98, AuAS 1998, 189.
[964] VGH BW Beschl. v. 27.12.1993 – A 16 S 2147/93, AuAS 1994, 56.
[965] VGH BW Beschl. v. 17.6.1998 – A 14 S 1178/98, AuAS 1998, 189 (190).
[966] BVerwG Beschl. v. 5.10.1990 – BVerwG 4 B 249.89, NVwZ-RR 1991, 118 (123); Beschl. v. 30.8.1995 – BVerwG 9 B 397.95, InfAuslR 1996, 28 (29); SächsOVG Urt. v. 26.5.2005 – 3 B 16/02.A, NVwZ-RR 2006, 741.
[967] BVerfG Beschl. v. 18.6.1993 – 2 BvR 1815/92, NVwZ 1994, 60; BGH Urt. v. 4.7.1989 – VI ZR 309/88, NJW 1989, 2947 (2948); Urt. v. 23.4.1991 – X ZR 77/89, NJW 1991, 2707 (2709); VGH BW Beschl. v. 14.1.1997 – A 13 S 2325/96, EZAR 610 Nr. 34; SächsOVG Urt. v. 26.5.2005 – 3 B 16.02.A, NVwZ-RR 2006, 741 = AuAS 2006, 129; *Jacob* VBlBW 1997, 41 (44); *Berlit* in GK-AsylVfG § 78 Rn. 366.
[968] BGH Urt. v. 14.5.1987 – 4 StR 49/87, NJW 1987, 2384 (2385); *Schmitt* DVBl. 1964, 465 (467).
[969] BGH Urt. v. 3.8.1966 – 2 StR 242/66, BGHSt 21, 118 (125).
[970] BGH Urt. v. 3.8.1966 – 2 StR 242/66, BGHSt 21, 118 (125); Urt. v. 14.5.1987 – 4 StR 49/87, NJW 1987, 2384 (2385).
[971] VGH BW Beschl. v. 14.1.1997 – a 13 S 2325/96, NVwZ-Beil. 1997, 67; *Berlit* in GK-AsylVfG § 78 Rn. 367; s. auch SächsOVG Urt. v. 26.5.2005 – 3 B 16/02.A, NVwZ-RR 2006, 741 = AuAS 2006, 129.

Ausforschungsbeweises bleibt daher auf die Fälle begrenzt, in denen der Beweisantrag darauf abzielt, sich mithilfe willkürlicher Behauptungen Beweistatsachen oder Beweismittel durch Nachforschungen erst zu beschaffen, um sie anschließend zum Gegenstand einer Beweiserhebung zu machen.[972]

670 Neben dem Ausforschungsantrag ist auch der **Beweisermittlungsantrag** unzulässig. Regelmäßig werden Ausforschungs- und Ermittlungsantrag nicht unterschieden, sondern beide Begriffe synonym verwendet[973] und besteht zwischen beiden Formen der Beweisbeantragung kein Unterschied: Während Beweisermittlungsanträge den Zweck verfolgen, die eigentlichen Beweisanträge vorzubereiten, dh Tatsachen, von denen der Beweisführer keine Kenntnis hat, in das Verfahren einzuführen,[974] werden Ausforschungsanträge ebenfalls dadurch gekennzeichnet, dass sie die Beweistatsachen erst beschaffen sollen.[975] Das BVerwG differenziert dementsprechend auch nicht zwischen Beweisermittlungs- und Beweisausforschungsanträgen.[976] Auch wenn der Beweisermittlungsantrag nicht die gerichtliche Bescheidungspflicht auslöst, kann der Gehörsanspruch aber deshalb verletzt werden, weil sich dem Gericht aus diesem Anlass eine Beweiserhebung **hätte aufdrängen müssen**.[977] Die damit angesprochene **Aufklärungsrüge** kann aber im Asylprozess nur unter strengen Voraussetzungen den Weg in das Berufungsverfahren eröffnen.

671 Ein Beweisermittlungsantrag liegt nicht vor, wenn bestimmte Tatsachenbehauptungen aufgestellt werden.[978] Beweisanträge zur Aufklärung der **allgemeinen Verhältnisse im Herkunftsland** können nicht ohne Weiteres als Beweisermittlungsantrag zurückgewiesen werden. Für die Darlegung allgemeiner Tatsachen wird nicht ein lückenloser, schlüssiger Tatsachenvortrag gefordert. Damit zu weiteren Ermittlungen Anlass besteht, muss der Tatsachenvortrag lediglich die **nicht entfernt liegende Möglichkeit** aufzeigen, dass Verfolgung drohen kann.[979] Der Grad der gewissen Wahrscheinlichkeit, der an die Tatsachenbehauptungen für den Beweisantrag zu stellen ist, wird damit durch den **Umfang der Darlegungslast** bestimmt und darf beim Beweisantritt nicht zu hoch angesetzt werden. Es genügt, wenn substanziiert beachtliche Gründe für das Vorliegen der Beweistatsache benannt werden, ohne diese aber als sicher zu behaupten.[980]

672 (f) **Beweisablehnungsgründe.** Der prozessual ordnungsgemäß gestellte und hinreichend konkretisierte Beweisantrag darf nur nach Maßgabe der auch im Asylprozess anzuwendenden entsprechenden Vorschriften der ZPO sowie der ergänzend heranzuziehenden Regelung des § 244 StPO abgelehnt werden.[981] Die Ablehnung erfordert nach § 86 Abs. 2 VwGO einen zu begründenden „Gerichtsbeschluss". Ausnahmen hiervon sind nicht zugelassen.[982] Die Verkündung bedarf der **Protokollierung** (§ 160 Abs. 3 Nr. 7 ZPO). Die Beteiligten müssen

---

[972] BVerwG Beschl. v. 5.10.1990 – BVerwG 4 B 249.89, NVwZ-RR 1991, 118 (123); BGH Urt. v. 12.7.1984 – VII ZR 123/83, NJW 1984, 2888 (2889); *Schmitt* DVBl. 1964, 465 (467); *Deibel* InfAuslR 1984, 114 (117).
[973] BVerwG Beschl. v. 5.10.1990 – BVerwG 4 B 249.89, NVwZ-RR 1991, 118 (123); VGH BW Beschl. v. 14.1.1997 – a 13 S 2325/96, AuAS 1997, 127 (128) = NVwZ-Beil. 1997, 67; *Leipold* in Stein/Jonas ZPO § 284 Rn. 40; *Schmitt* DVBl. 1964, 465 (466 f.).
[974] BVerfG Urt. v. 31.3.1987 – 2 BvM 2/86, BVerwGE 75, 1 (6).
[975] BGH Urt. v. 12.7.1984 – VII ZR 123/83, NJW 1984, 2888 (2889).
[976] BVerwG Beschl. v. 5.10.1990 – BVerwG 4 B 249.89, NVwZ-RR 1991, 118, (23).
[977] BGH Urt. v. 14.5.1987 – 4 StR 49/87, NJW 1987, 2384 (2385).
[978] BGH Urt. v. 15.12.1982 – 5 StR 712/81, StV 1982, 155.
[979] BVerwG Beschl. v. 24.11.1983 – BVerwG 9 C 251.81, InfAuslR 1982, 156; Urt. v. 23.11.1983 – BVerwG 9 C 47.81, InfAuslR 1983, 76; Beschl. v. 8.5.1984 – BVerwG 9 C 208.83, DÖV 1983, 207; Urt. v. 18.9.1989 – BVerwG 9 B 308.89, InfAuslR 1984, 129; Urt. v. 18.9.1989 – BVerwG 9 B 308.89, InfAuslR 1989, 350; VGH BW Beschl. v. 14.1.1997 – A 13 S 2325/96, AuAS 1997, 127 (128).
[980] *Berlit* in GK-AsylVfG § 78 Rn. 366.
[981] BVerfG Urt. v. 18.1.1990 – 2 BvR 760/88, InfAuslR 1990, 161; BVerwG Beschl. v. 18.2.1993 – BVerwG 9 B 3597.82, DÖV 1983, 647; Beschl. v. 9.5.1983 – BVerwG 9 B 10466.81, DVBl. 1983, 1001, BayVGH Beschl. v. 11.8.1989 – Nr. 19 CZ 89.30977 und 89.30803; HessVGH Beschl. v. 19.11.1987 – 12 TE 2368/87, InfAuslR 1987, 130.
[982] *Jacob* VBlBW 1997, 41 (45).

sich auf die Antragsablehnung einstellen und zur Beseitigung der Gehörsverletzung im Rahmen der **Gegenvorstellung** (→ Rn. 729) Prozesserklärungen abgeben und gegebenenfalls neue, korrigierte Beweisanträge stellen können. Der Beschluss darf nicht „gleichzeitig mit dem Urteil" getroffen werden, vielmehr muss er noch während der mündlichen Verhandlung vor Erlass der Sachentscheidung ergehen und begründet werden.[983] Unbenommen bleibt dem Beweisführer das Recht, durch Beweisanträge auf die Klärung des Sachverhalts hinzuwirken. Hingegen dürften keine Bedenken dagegen sprechen, dass das Gericht über eine Vielzahl von Beweisanträgen, die im Rahmen der mündlichen Verhandlung gestellt werden, vor deren Schluss gemeinsam entscheidet.[984] Der Beweisführer kann vom Gericht jedoch nicht gezwungen werden, alle Anträge gleichzeitig zu stellen. Denn er kann zunächst vernünftiger Weise damit rechnen, dass seinem Antrag stattgegeben wird. Wird dieser aber abgelehnt, gehört es zu seinen prozessualen Pflichten, im Rahmen der Ausschöpfung weiterer prozessualer Möglichkeiten, gegebenenfalls einen oder weitere Beweisanträge zu stellen.

Die Begründungspflicht nach § 86 Abs. 2 VwGO zwingt das Gericht, besonders sorgfältig zu prüfen, ob die Ablehnung des Beweisantrags gerechtfertigt ist und dient der Sicherung und Effektivität des Rechts der Beteiligten, Beweisanträge zu stellen. Sie sichert damit die Wahrung des rechtlichen Gehörs. Das Protokoll muss zu Nachweiszwecken den Beschlusstenor mit Begründung enthalten. Lediglich der Hinweis, dass die Ablehnung mündlich begründet worden sei, aber nicht in welcher Weise, versperrt dem Berufungsgericht die inhaltliche Überprüfung.[985] Gegebenenfalls muss der Beteiligte einen entsprechenden Antrag auf Berichtigung oder Ergänzung des Protokolls stellen.[986] Soweit es für zulässig angesehen wird, die Ablehnungsgründe in der mündlichen Verhandlung mündlich mitzuteilen,[987] ersetzt dies nicht die Protokollierung. Andererseits entspricht die zusätzliche mündliche Erörterung der Ablehnungsgründe der prozessualen Pflicht des Gerichts (§ 104 Abs. 1 VwGO) sowie dem Anspruch des Beweisführeres auf Gewährung rechtlichen Gehörs. Erst die verständliche Begründung versetzt die Beteiligten in die Lage, ihr weiteres Prozessverhalten auf die durch die Ablehnung des Beweisantrags entstandene Prozesssituation einzustellen. Auch die im Einzelnen vorgebrachten Einwände im Rahmen der Gegenvorstellung sind im Protokoll festzuhalten. Denn der Beteiligte muss bei der Gehörsrüge unter Bezugnahme auf das Protokoll in der Lage sein, darzulegen, dass und mit welchen Gründen er im Einzelnen nach Beweisablehnung seine prozessualen Möglichkeiten ausgeschöpft hat. Das Gericht muss sich an der die Ablehnung tragenden Begründung im Rechtsmittelverfahren festhalten lassen. Aus diesem Grund ist die Begründung als „wesentlicher Vorgang" (§ 160 Abs. 2 ZPO) in das Protokoll aufzunehmen.[988]

Ein formell und inhaltlich nach den Prozessgrundsätzen zulässiger Beweisantrag darf nur abgelehnt werden, wenn das angebotene Beweismittel schlechterdings **untauglich** ist, es nach der insoweit **maßgebenden Rechtsansicht des Verwaltungsgerichts** auf die Beweistatsache **nicht ankommt** oder sie als **wahr unterstellt** wird.[989] Zwar sind diese **enumerativen Ablehnungsgründe** insbesondere im Zusammenhang mit dem Zeugenbeweis entwickelt worden. Sie werden aber auch mit Blick auf die anderen Beweismittel angewandt.[990] Das rechtliche Gehör wird verletzt, wenn wegen Fehlens der genannten Voraussetzungen ein Beweisantrag nicht abgelehnt werden darf, das Gericht den ohne Weiteres erkennbaren Sinn des Beweisantrags nicht erkennt oder die gegebene Begründung hierfür

---

[983] *Jacob* VBlBW 1997, 41 (45); *Schmitt* DVBl. 1964, 465 (469).
[984] *Jacob* VBlBW 1997, 41 (45).
[985] *Jacob* VBlBW 1997, 41 (45); *Schmitt* DVBl. 1964, 465 (469).
[986] BVerwG Urt. v. 25.5.1965 – BVerwG 2 C 81.62, BVerwGE 21, 174 (175).
[987] BayVGH Beschl. v. 11.8.1989 – Nr. 19 CZ 89.30977 und 89.30803.
[988] OVG NRW Beschl. v. 20.4.1995 – 4 A 4913/94.A, NVwZ-Beil. 1995, 59 (60); *Jacob* VBlBW 1997, 41 (45).
[989] BVerwG Beschl. v. 18.2.1983 – BVerwG 9 B 3597.82, InfAuslR 1983, 185 = DÖV 1983, 647; Beschl. v. 8.4.1994 – BVerwG 9 B 71.94, EZAR 610 Nr. 32.
[990] BVerwG Beschl. v. 12.7.1983 – BVerwG 9 B 3888.81, InfAuslR 1983, 253; BVerfG Beschl. v. 18.1.1990 – 2 BvR 760/88, InfAuslR 1990, 161; Beschl. v. 27.2.1990 – 2 BvR 187/98, InfAuslR 1990, 199.

§ 19 7. Kapitel. Asyl- und Asylverfahrensrecht

nach Ansicht des Verwaltungsgerichts offenkundig unrichtig oder unhaltbar ist.[991] Im Ergebnis können die unterschiedlichen Beweisablehnungsgründe in **zwei Kategorien** eingeteilt werden: Entweder kommt es auf die Beweistatsache nicht an oder sie wird als wahr unterstellt. In beiden Fällen wird die Beweisaufnahme abgelehnt, weil das Beweisthema entscheidungsunerheblich ist. Ferner kann der Antrag abgelehnt werden, weil das angebotene Beweismittel nach Ansicht des Verwaltungsgerichts zur Aufklärung des Sachverhalts **untauglich** ist.

675 (aa) **Entscheidungsunerheblichkeit der Beweistatsache.** Das Gericht kann den Beweisantrag ablehnen, wenn es **nach seiner materiell-rechtlichen Auffassung** auf die unter Beweis gestellte Tatsache **nicht ankommt.**[992] Die Frage der entscheidungserheblichen Beweistatsache beurteilt sich dabei selbst dann nach der materiell-rechtlichen Ansicht des Gerichts, wenn diese Ansicht rechtlich bedenklich erscheinen sollte.[993] Der Beweisantrag, der auf die Feststellung einer unerheblichen Tatsache zielt, kann also abgelehnt werden, ohne dass darin eine unzulässige Vorwegnahme eines erst zu erhebenden Beweises[994] zu sehen wäre. Das Gericht muss aber die Bedeutungslosigkeit der Beweistatsache, sofern sie nicht offenkundig ist, dartun.[995]

676 (bb) **Sachlich unrichtige Beweisablehnung.** Der Anspruch auf rechtliches Gehör schützt nicht vor einer sachlich unrichtigen Ablehnung eines Beweisantrags,[996] Dies ist kein selbständiger Ablehnungsgrund. Vielmehr wird der Antrag aus Gründen der **Beweiswürdigung,** auch wenn diese im Einzelfall unzutreffend sein sollte, abgelehnt. **Fehler bei der Tatsachenfeststellung und die Beweiswürdigung** können nicht mit der Gehörsrüge angegriffen werden, sondern nur die „verfahrensfehlerhafte", mithin die Art und Weise der Erkenntnisgewinnung, die im Prozessrecht „keine Stütze mehr findet".[997] Das Recht auf Gehör wird nicht verletzt, wenn das Gericht sich nicht mit jedem Vorbringen des Beteiligten auseinandersetzt,[998] weil dieses keinen Schutz gegen Entscheidungen gewährt, die den Vortrag des Klägers aus Gründen des formellen oder materiellen Rechts ganz oder teilweise außer Betracht lassen.[999] Entscheidungserhebliches Vorbringen ist aber stets zu berücksichtigen und hierauf beruhenden Beweisanträgen ist nachzugehen. Wird mit deren Ablehnung entscheidungserhebliches Vorbringen übergangen, ist diese nicht nur sachlich unrichtig, sondern verletzt darüber hinaus auch den Anspruch der Beteiligten auf rechtliches Gehör.[1000]

677 Zwar kann mit der Behauptung, die richterlichen Tatsachenfeststellungen seien falsch oder der Richter habe einem tatsächlichen Umstand nicht die richtige Bedeutung für weitere tatsächliche oder rechtliche Folgerungen beigemessen, grundsätzlich kein Gehörs-

---

[991] VGH BW Beschl. v. 14.1.1997 – A 13 S 2325/96, AuAS 1997, 127 (128).
[992] BVerfG Beschl. v. 16.7.1997 – 2 BvR 570/96, NVwZ-Beil. 1998, 1 (2); BVerwG Urt. v. 8.2.1983 – BVerwG 9 C 598.82, InfAuslR 1983, 185 = DÖV 1983, 647; Beschl. v. 21.6.1979 – 1 B 213.79, EZAR 610 Nr. 3; OVG Hamburg Beschl. v. 5.5.1993 – OVG Bs V 182/92, AuAS 1993, 199 (200); VGH BW Beschl. v. 16.3.1990 – A 14 S 28/89, EZAR 633 Nr. 15; VGH BW Beschl. v. 27.12.1993 – A 16 S 2147/93, AuAS 1994, 56 (57); *Jacob* VBlBW 1997, 41 (46); *Schmitt* DVBl. 1964, 465 (467); *Dahm* ZAR 2002, 348 (349).
[993] BVerwG Beschl. v. 25.5.1981 – BVerwG 9 B 83.80; VGH BW Beschl. v. 13.12.1990 – A 14 S 408/89.
[994] S. aber BVerwG Beschl. v. 17.4.1998 – BVerwG 9 B 308.98, NVwZ-Beil. 1998, 57; VGH BW Beschl. v. 27.12.1993 – A 16 S 2147/93, AuAS 1994, 56 (57).
[995] *Leipold* in Stein/Jonas ZPO § 284 Rn. 74.
[996] BVerwG Urt. v. 7.10.1987 – BVerwG 9 CB 20.87, NJW 1988, 722 (723); HessVGH Beschl. v. 3.3.1997 – 12 UZ 4835/96, HessVGRspr. 1997, 649 (652) = AuAS 1997, 163 = DVBl. 1997, 918 [nur Ls.]; VGH BW Beschl. v. 31.5.1994 – 14 S 461/94, VBlBW 1995, 152 (153); Beschl. v. 6.8.1997 – A 12 S 213/97; Beschl. v. 17.6.1998 – A 14 S 1178/98, NVwZ-Beil. 1998, 110; OVG RhPf Beschl. v. 15.8.1995 – 11 A 11801/94; HessVGH Beschl. v. 13.11.1996 – 10 UZ 1785/96.A; Beschl. v. 28.8.2006 – 4 ZU 2390/05.A, AuAS 2006, 249 (250); *Dahm* NVwZ 2000, 1385.
[997] OVG Hamburg Beschl. v. 13.1.1998 – Bf VI 141/97, NVwZ-Beil. 1998, 44 (45) = AuAS 1998, 115.
[998] BVerwG Beschl. v. 23.10.2008 – BVerwG 2 B 114.07, BeckRS 2008, 40565.
[999] BVerwG Beschl. v. 3.7.1969 – 3 C 108.65.
[1000] BVerwG Beschl. v. 29.6.2001 – BVerwG 1 B 131.00, InfAuslR 2001, 466 (470); VGH BW Beschl. v. 17.6.1998 – A 14 S 1178/98, NVwZ-Beil. 1998, 110; Beschl. v. 11.11.1993 – 11 A 11795/93.OVG; s. auch HessVGH Beschl. v. 25.9.2001 – 12 ZU 2284/01.A, EZAR 633 Nr. 41.

verstoß geltend gemacht werden.¹⁰⁰¹ Damit wird aber lediglich die Kompetenz zur Feststellung der Entscheidungserheblichkeit dem Fachgericht zugewiesen. Wertet dieses anders als der Beteiligte sein Vorbringen nicht als entscheidungserheblich, wird aber sein Anspruch auf rechtliches Gehör nicht verletzt. Der Einwand der lediglich sachlich unrichtigen Ablehnung des Beweisantrags stellt damit lediglich einen Unterfall der entscheidungsunerheblichen Beweistatsache dar.

(cc) **Wahrunterstellung der Beweistatsache.** Die Wahrunterstellung wird im Verwaltungsprozessrecht abweichend vom Strafprozess behandelt. Hierbei unterstellt das Gericht die unter Beweis gestellte Tatsache als wahr. Auch im vom Untersuchungsgrundsatz beherrschten Verwaltungsprozess kann von einer Beweiserhebung unter dem Gesichtspunkt der Wahrunterstellung abgesehen werden, wenn das Gericht zugunsten eines Beteiligten den von diesem behaupteten Sachvortrag **ohne jede inhaltliche Einschränkung** als richtig annimmt, die unter Beweis gestellte Tatsache also in ihrem mit dem Parteivorbringen gemeinten Sinne so behandelt, als wäre sie nachgewiesen.¹⁰⁰² Abweichend hiervon darf das Gericht nach § 244 Abs. 3 S. 2 StPO bei einer der Entlastung des Angeklagten dienenden entscheidungserheblichen Tatsache, die es durch eine Beweisaufnahme (in dem nach den konkreten Umständen gebotenen Umfang) für nicht widerlegbar erachtet und von der es aufgrund der sonstigen Beweislage **(non liquet)** nach dem Grundsatz im Zweifel für den Angeklagten bei der Beweiswürdigung ausgehen müsste, von der Wahrunterstellung Gebrauch machen.¹⁰⁰³ **678**

Wird im Verwaltungsprozess der Beweisantrag wegen Wahrunterstellung abgelehnt, handelt es sich regelmäßig um Tatsachen, deren Wahrunterstellung **am Ergebnis des Rechtsstreits nichts ändert.** Es wird also wegen der **Unerheblichkeit der Beweistatsache** auf die Beweisaufnahme verzichtet. Diese wird durch die Wahrunterstellung experimentell erwiesen.¹⁰⁰⁴ Eine Wahrunterstellung einer entscheidungserheblichen Tatsache – also die eigentliche Wahrunterstellung – kommt hingegen im Verwaltungsprozess regelmäßig nicht in Betracht.¹⁰⁰⁵ Da es hinsichtlich der Entscheidungserheblichkeit auf die Rechtsansicht des Gerichts ankommt, wird bei einer Ablehnung wegen Wahrunterstellung die rechtliche Tendenz des Gerichts deutlich, sodass der Beweisführer sein weiteres prozessuales Verhalten hierauf einstellen kann. **679**

Das Gericht hat jedoch die **Bindungswirkung der Wahrunterstellung** zu beachten: Lehnt es etwa den Beweisantrag, mit dem ein Teilelement des Verfolgungstatbestands unter Beweis gestellt werden soll, mit der Begründung ab, das unter Beweis gestellte Teilelement könne als wahr unterstellt werden, stellt es jedoch im Urteil fest, dieses sei nicht glaubhaft gemacht, weil das Vorbringen in dem als wahr unterstellten Gesichtspunkt durch Widersprüche und Steigerungen gekennzeichnet und damit unglaubhaft sei, entzieht es der Beweisantragsablehnung nachträglich die Grundlage.¹⁰⁰⁶ Es wählt damit im Ergebnis für die **680**

---

¹⁰⁰¹ BVerfG Beschl. v. 19.7.1967 – 2 BvR 639/66, BVerfGE 22, 267 (273).
¹⁰⁰² BVerwG Beschl. v. 24.3.1987 – BVerwG 9 C 47.85, BVerwGE 77, 150 (155) = InfAuslR 1987, 223 = NVwZ 1988, 812; Beschl. v. 8.2.2000 – BVerwG 9 B 4.00, Buchholz 402.25 AsylVfG § 1 Nr. 66 und Nr. 122; Urt. v. 6.12.1988 – 9 C 91.87, EZAR 630 Nr. 27; BVerfG Beschl. v. 12.3.1999 – 2 BvR 206/98, NVwZ-Beil. 1999, 51 (52); offengelassen Beschl. v. 17.1.1991 – 2 BvR 1243/90, EZAR 224 Nr. 22; Beschl. v. 22.11.1996 – 2 BvR 1753/96, AuAS 1997, 6 (7); VerfGH Berlin Beschl. v. 29.8.2001 – 56 A/01, 56/01, InfAuslR 2002, 151 (152).
¹⁰⁰³ BVerwG Beschl. v. 24.3.1987 – BVerwG 9 C 47.85, BVerwGE 77, 150 (156) = InfAuslR 1987, 223 = NVwZ 1988, 812; *Basdorf* StV 1995, 310 (319).
¹⁰⁰⁴ BVerwG Beschl. v. 24.3.1987 – BVerwG 9 C 47.85, BVerwGE 77, 150 (157) = InfAuslR 1987, 223 = NVwZ 1988, 812; Beschl. v. 6.12.1988 – BVerwG 9 C 91.87, InfAuslR 1989, 135 (136); in diesem Sinne auch VGH BW Beschl. v. 27.12.1993 – A 16 2147/93, AuAS 1994, 56 (57).
¹⁰⁰⁵ BVerfG Beschl. v. 12.3.1999 – 2 BvR 206/98, NVwZ-Beil. 1999, 51 (52); BVerwG Beschl. v. 24.3.1987 – BVerwG 9 C 47.85, BVerwGE 77, 150 (156 f.) = InfAuslR 1987, 223 = NVwZ 1988, 812; BVerwG Urt. v. 6.12.1988 – 9 C 91.87, EZAR 630 Nr. 27; *Jacob* VBlBW 1997, 41 (46); aA HessVGH Beschl. v. 19.11.1987 – 12 TE 2368/87, InfAuslR 1987, 130 (131); *Schmitt* DVBl. 1964, 465 (468); *Ventzke* InfAuslR 1987, 132; *Dahm* ZAR 2002, 348 (350).
¹⁰⁰⁶ BVerfG Beschl. v. 22.11.1996 – 2 BvR 1753/96, AuAS 1997, 6 (7); Beschl. v. 12.3.1999 – 2 BvR 206/98, NVwZ-Beil. 1999, 51 (52); ThürOVG Beschl. v. 18.9.1996 – 3 ZO 487/96, AuAS 1997, 7.

Ablehnung eine Begründung, die im Prozessrecht nicht vorgesehen ist, nämlich eine Wahrunterstellung ohne Bindungswirkung für das Gericht. Die darin zum Ausdruck kommende **fehlende Berücksichtigung eines entscheidungserheblichen Beweisangebots** verletzt Art. 103 Abs. 1 GG.[1007] Ebenso liegt es, wenn das Gericht den Beweisantrag auf Zeugenvernehmung mit der Begründung ablehnt, dass der Inhalt einer von dem Zeugen vorgelegten eidesstattlichen Erklärung, wonach dem Beweisführer im Herkunftsland Verfolgung droht, als wahr unterstellt, in den Entscheidungsgründen auf den Inhalt dieser Erklärung indes mit keinem Wort eingeht.[1008] Wird der hilfsweise gestellte Antrag abgelehnt, weil die bezeichnete Beweistatsache als wahr unterstellt wird, muss das Vorbringen dem Urteil auch tatsächlich ohne jede Einschränkung zugrunde gelegt werden. Verstößt ein Gericht hiergegen, verletzt es die durch Art. 103 Abs. 1 GG gewährleistete Verpflichtung, das klägerische Vorbringen, wie es in der hilfsweisen Beweisanregung zum Ausdruck kommt, zu berücksichtigen.[1009] Die Bindungswirkung bezieht sich aber nur auf den **tatsächlichen Gegenstand der Wahrunterstellung, nicht** aber auf weitere **wertende Folgerungen,** die das Gericht aufgrund der als wahr unterstellten Tatsache zieht. Das Recht auf rechtliches Gehör sichert keine bestimmte rechtliche oder tatsächliche Wertung der als wahr unterstellten Tatsache.[1010]

681 (dd) **Bereits erwiesene Beweistatsache.** Ein Beweisantrag kann abgelehnt werden, wenn die Beweistatsache bereits erwiesen ist.[1011] Es darf aber nicht der endgültigen Beweiswürdigung vorgegriffen werden. Daher ist die Ablehnung der beantragten Beweisaufnahme nur zulässig, wenn es bei der Entscheidung über den Beweisantrag ausgeschlossen erscheint, dass nach Abschluss der gesamten Beweisaufnahme doch noch Zweifel an der unter Beweis gestellten Tatsache entstehen.[1012] Es ist regelmäßig unzulässig, dass das Gericht dem Beweismittel von vornherein jede Entscheidungserheblichkeit mit der Begründung abspricht, es sei bereits vom Gegenteil der unter Beweis gestellten Tatsache überzeugt[1013] oder das angebotene Beweismittel könnte keine gesicherten Erkenntnisse zur Beweisfrage liefern.[1014] Mit einer derartigen Begründung wird das **Verbot der Beweisantizipation** verletzt.

682 Es müssen eindeutige Anhaltspunkte dafür bestehen, dass zulässigerweise vom bereits erbrachten und **unerschütterlichen Beweis des Gegenteils** ausgegangen werden darf.[1015] Das Gericht darf den Antrag hingegen nicht mit der Begründung ablehnen, es sei vom Gegenteil der unter Beweis gestellten Tatsache bereits überzeugt, die Beweisbehauptung sei unwahrscheinlich, durch das Ergebnis der bisherigen Feststellungen oder Beweiserhebungen widerlegt oder der Beweis werde voraussichtlich nicht gelingen oder nichts Sachdienliches ergeben. Damit wird in Wahrheit das Ergebnis der Beweiswürdigung vorweggenommen.[1016] Die Führung des Gegenbeweises gegen die als bewiesen angesehene Tatsache muss stets zugelassen werden.[1017] Wird die unter Beweis gestellte Tatsache als erwiesen behandelt, ist

---

[1007] BVerfG Beschl. v. 22.11.1996 – 2 BvR 1753/96, AuAS 1997, 6 (7); Beschl. v. 12.3.1999 – 2 BvR 206/98, NVwZ-Beil. 1999, 51 (52).
[1008] HessVGH Beschl. v. 8.5.1995 – 13 ZU 1997/94, NVwZ-Beil. 1995, 72.
[1009] VGH BW Beschl. v. 5.12.2011 – A 9 S 2939/11, AuAS 2012, 45 (47).
[1010] HessVGH Beschl. v. 26.1.2001 – 11 ZU 3816/00.A.
[1011] BVerfG Urt. v. 9.11.1988 – 2 BvR 388/88, InfAuslR 1989, 63 (65); HessVGH Beschl. v. 20.7.1993 – 11 UE 2285/98, AuAS 1993, 201 (202); Beschl. v. 11.8.1995 – 13 ZU 3537/94, NVwZ-RR 1996, 128; *Dahm* ZAR 2002, 348 (349); *Leipold* in Stein/Jonas ZPO § 284 Rn. 77; *Schmitt* DVBl. 1964, 465 (467); *Jacob* VBlBW 1997, 41 (47 f.).
[1012] *Leipold* in Stein/Jonas ZPO § 284 Rn. 77.
[1013] BVerfG Beschl. v. 12.3.1999 – 2 BvR 206/98, NVwZ-Beil. 1999, 51 (52); BVerwG Beschl. v. 8.4.1994 – BVerwG 9 B 71.94, EZAR 610 Nr. 32; HessVGH Beschl. v. 25.11.1992 – 1 S 2427/92, AuAS 1993, 200 (201); VGH BW Beschl. v. 13.12.1994 – A 13 S 2638/94, AuAS 1995, 56; VGH BW Beschl. v. 17.6.1998 – A 14 S 1178/98, AuAS 1998, 189 (190).
[1014] BVerwG Beschl. v. 17.4.1998 – 9 B 308/98, NVwZ-Beil. 1998, 57.
[1015] BVerfG Beschl. v. 8.5.1991 – 2 BvR 1245/94, InfAuslR 1992, 63 (65).
[1016] *Schmitt* DVBl. 1964, 465 (467); *Leipold* in Stein/Jonas ZPO § 284 Rn. 78.
[1017] BGH Urt. v. 17.2.1970 – III ZR 139/67, NJW 1970, 946 (950).

diese damit für das Urteil **bindend**.¹⁰¹⁸ Das Gericht darf sich im Urteil zu ihr nicht in Widerspruch setzen. Vielmehr hat es die Tatsache in ihrer vollen, aus Sinn und Zweck sich ergebenden Bedeutung unverändert als erwiesen zu behandeln und darf sie nicht in unzulässiger Weise einengen. Maßgebend ist nicht der Wortlaut des Antrags, sondern dessen Sinn und Zweck, wie er sich aus dem gesamten Sachvorbringen des Beweisführers ergibt.¹⁰¹⁹

Das Gegenteil der bereits bewiesenen Tatsache betrifft den Fall der **bereits widerlegten** **683** **Beweistatsache**. Rechtsprechung und Schrifttum behandeln diesen Fall hingegen darüber hinaus auch unter dem Gesichtspunkt der **Offenkundigkeit der Beweistatsachen** nach § 244 Abs. 4 S. 2 Hs. 1 StPO.¹⁰²⁰ Das Problem der bereits bewiesenen wie auch der bereits anderweitig belegten oder widerlegten Beweistatsache hat im Asylprozess beim **Sachverständigenbeweis** (→ Rn. 690 ff.) vorrangige Bedeutung. Die Ablehnung des Beweisantrags kommt nur dann in Betracht, wenn das vorliegende Erkenntnismaterial bei kritischer Würdigung bereits eine **abschließende und zuverlässige Bewertung** der erheblichen Umstände ermöglicht.¹⁰²¹ Nur eine **klare, auf mehrere Erkenntnisquellen** gestützte Auskunftslage rechtfertigt die Annahme, durch vorliegende Erkenntnisquellen sei das Gegenteil der behaupteten Tatsache bereits erwiesen. Das ist aber nicht mehr zulässig, wenn durch aktuelle Berichte das bisher von den Erkenntnisquellen vermittelte Bild in Zweifel gezogen wird.¹⁰²² Im Asylprozess zu bewertende mögliche Veränderungen der politischen und sonstigen relevanten Verhältnisse im Herkunftsland erfordern eine zurückhaltende Anwendung dieses Ablehnungsgrundes.

(ee) Untauglichkeit des Beweismittels. Ein Beweisantrag kann abgelehnt werden, wenn **684** sich die Zwecklosigkeit des Beweises aus der völligen Ungeeignetheit des Beweismittels ergibt.¹⁰²³ In der Praxis werden Untauglichkeit und völlige Ungeeignetheit des Beweismittels häufig gleichgesetzt. Unter dem prozessualen Gesichtspunkt der Untauglichkeit darf nur unter eng begrenzten Umständen in **besonders gelagerten Ausnahmefällen** von einer Beweiserhebung abgesehen werden, etwa dann, wenn ein Gegenbeweis durch den Zeugen deshalb ausgeschlossen ist, weil dessen Beweiskraft in jedem Fall schwächer wäre. So verhält es sich, wenn der Zeuge zum eigenen Lebensbereich des Klägers aussagen soll, zu dem dieser selbst keine hinreichenden Angaben gemacht hat.¹⁰²⁴

Untauglichkeit setzt voraus, dass eine Beweisaufnahme zur Sachaufklärung ungeeignet **685** ist. Daher ist zwischen **unmittelbarem** und **mittelbarem (indirektem) Beweis (Indizienbeweis)**¹⁰²⁵ zu unterscheiden. Der unmittelbare Beweis hat tatsächliche Behauptungen zum Gegenstand, die unmittelbar und direkt ein gesetzliches Tatbestandsmerkmal als vorhanden ergeben sollen. Beweistatsachen sind solche, die im Fall ihres Beweises geeignet sind, auf die richterliche Überzeugungsbildung Einfluss zu nehmen, also solche, die für die zur Prozessentscheidung maßgebenden Rechtssätze innerhalb der Prozessanträge unmittelbar oder als Indizien (mittelbar erhebliche Tatsachen) oder für solche Rechtsfragen Bedeutung haben, auf die der Beweisführer sich berufen kann.¹⁰²⁶ Dagegen bezieht der Indizienbeweis sich auf tatbestandsfremde Tatsachen, die erst durch ihr Zusammenwirken mit anderen Tatsachen den Schluss auf das Vorliegen des Tatbestandsmerkmals selbst rechtfertigen.

[1018] BGH Urt. v. 18.10.1988 – 1 StR 410/88, NStZ 1989, 83.
[1019] BGH Urt. v. 18.10.1988 – 1 StR 410/88, NStZ 1989, 83.
[1020] HessVGH Beschl. v. 25.11.1992 – 1 S 2427/92, AuAS 1993, 200 (202); *Jacob* VBlBW 1997, 41 (48); *Schmitt* DVBl. 1964, 465 (467).
[1021] HessVGH Beschl. v. 20.7.1993, NVwZ-RR 1996, 128, unter Hinweis auf HessVGH Beschl. v. 25.11.1992 – 1 S 2427/92, AuAS 1993, 200 (202); s. hierzu auch BVerfG Urt. v. 8.5.1991 – 2 BvR 1245/84, InfAuslR 1992, 63 (65).
[1022] HessVGH Beschl. v. 25.11.1992 – 1 S 2427/92, AuAS 1993, 200 (202).
[1023] BGH Urt. v. 14.6.1960 – 1 StR 73/60, BGHSt 14, 339 (342); Urt. v. 24.1.1973 – 2 StR 550/72, MDR 1973, 372; *Schmitt* DVBl. 1964, 465 (468); *Jacob* VBlBW 1997, 41 (46); *Dahm* ZAR 2002, 348 (352 f.).
[1024] BVerwG Urt. v. 8.2.1983 – BVerwG 9 C 598.82, InfAuslR 1983, 185 (186).
[1025] S. hierzu *Laumen* in Baumgärtel/Laumen/Prütting, Handbuch der Beweislast, 3. Aufl. 2016, 507 f.
[1026] *Leipold* in Stein/Jonas ZPO § 284 Rn. 73; *Schmitt* DVBl. 1964, 465 (467).

Hilfstatsachen – zumeist Indiz, Indizientatsachen oder **Anzeichen** genannt – sind Tatsachen, aus denen auf andere erhebliche Tatsachen geschlossen wird.[1027] Ein **Indizienbeweis** ist überzeugungskräftig, wenn andere Schlüsse aus den Indiztatsachen ernstlich nicht in Betracht kommen. Wesentlich ist damit **nicht** die eigentliche Indiztatsache, sondern der daran **anknüpfende Denkprozess,** kraft dessen auf das Vorhandensein der rechtserheblichen weiteren Tatsachen geschlossen wird.[1028] Hieraus folgt, dass im Beweisantrag neben der Angabe der Beweistatsachen zu deren Konkretisierung auch gewisse Schlussfolgerungen dargelegt werden dürfen.

686 Der auf Indizien gestützter Beweis ist nur zulässig, wenn unmittelbarer Beweis nicht möglich erscheint. Er wird jedoch abgelehnt, wenn die unter Beweis gestellte Hilfstatsache, auch wenn man deren Richtigkeit unterstellt, weder allein noch in Verbindung mit weiteren Indizien und mit dem sonstigen Sachverhalt einen hinreichend sicheren Schluss auf die zu beweisende Haupttatsache zulässt. Darin ist keine vorweggenommene Beweiswürdigung zu sehen, weil es sich ausschließlich um eine logische Schlussfolgerung handelt, die durch eine Beweisaufnahme nicht mehr verändert werden kann.[1029] **Vor der Beweiserhebung** darf also die **Schlüssigkeit des angetretenen Indizienbeweises** geprüft werden.[1030] Weil der Richter beim Indizienbeweis freier gestellt ist als bei sonstigen Beweisanträgen, hat er insbesondere vor der Beweiserhebung zu prüfen, ob es möglich erscheint, dass die Gesamtheit aller vorgetragenen Indizien – ihre Richtigkeit unterstellt – ihn von der Wahrheit der Haupttatsache überzeugen würde. Wie er beim unmittelbaren Beweis prüft, ob die behauptete Tatsache entscheidungserheblich ist, muss er bei einem Indiz dessen tatsächliche, **denkgesetzliche Erheblichkeit** überprüfen, also seine Bedeutung für die weitere Schlussfolgerung auf die Haupttatsache.[1031] Aber auch beim Indizienbeweis ist die Beweisablehnung mit der Begründung, das Gericht sehe das Gegenteil der behaupteten Tatsache bereits als erwiesen an, unzulässig.

687 Bei der Ablehnung eines Beweisantrags wegen Ungeeignetheit des Beweismittels ist **Zurückhaltung geboten,** da andernfalls die Gefahr besteht, dass ein noch nicht erhobener Beweis vorweg gewürdigt wird.[1032] Die Beweiserhebung darf nicht durch Vermutungen über das, was die Beweisaufnahme ergeben könnte, ersetzt werden. Daher darf ein Beweisantrag **nicht** schon allein deshalb zurückgewiesen werden, weil die aufgestellte Behauptung **unwahrscheinlich** ist oder die beantragte Beweisaufnahme aller Wahrscheinlichkeit nach erfolglos bleiben werde. Eine derartige Würdigung eines noch nicht erhobenen Beweises verletzt das Verbot der Beweisantizipation.[1033] Vielmehr ist die Ablehnung nur zulässig, wenn es vollkommen ausgeschlossen erscheint, dass die Beweisaufnahme irgendetwas Sachdienliches für die Bildung der richterlichen Überzeugung ergeben würde.

688 Im Asylprozess zielen Beweisanträge häufig auf entscheidungserhebliche Indiztatsachen.[1034] Beim Zeugenbeweis kann etwa der Aussage des Zeugen über die Festnahme und körperliche Misshandlung des Asylsuchenden indizielle Bedeutung zuerkannt werden, wenn sie seine insoweit glaubhaften Angaben selbst zu bestätigen geeignet ist.[1035] Die Ablehnung des Zeugen mit der Begründung, die Zeugenaussage sei ungeeignet, weil der Zeuge zum Grund der Festnahme und damit zur Anknüpfung an Verfolgungsgründe keine Aussage ma-

---

[1027] BGH Urt. v. 17.2.1970 – III ZR 139/67, NJW 1970, 946 (950).
[1028] BGH Urt. v. 17.2.1970 – III ZR 139/67, NJW 1970, 946 (950); s. hierzu auch *Nack* NJW 1983, 1035 (1036).
[1029] *Laumen* in Baumgärtel/Laumen/Prütting, Handbuch der Beweislast, 3. Aufl. 2016, 508.
[1030] BGH Urt. v. 29.6.1982 – VI ZR 206/80, NJW 1982, 2447 (2448); *Leipold* in Stein/Jonas ZPO § 284 Rn. 74; *Laumen* in Baumgärtel/Laumen/Prütting, Handbuch der Beweislast, 3. Aufl. 2016, 508.
[1031] BGH Urt. v. 17.2.1970 – III ZR 139/67, NJW 1970, 946 (950); Urt. v. 29.6.1982 – VI ZR 206/80, NJW 1982, 2447 (2448).
[1032] BVerfG Beschl. v. 28.2.1992 – 2 BvR 1179/91, NJW 1993, 254 (255); *Leipold* in Stein/Jonas ZPO § 284 Rn. 67; *Jacob* VBlBW 1997, 41 (46).
[1033] *Leipold* in Stein/Jonas ZPO § 284 Rn. 67; *Schmitt* DVBl. 1964, 465 (468); *Jacob* VBlBW 1997, 41 (46); *Dahm* ZAR 2002, 348 (351).
[1034] *Ventzke* InfAuslR 1987, 132.
[1035] BVerwG Beschl. v. 8.2.1983 – BVerwG 9 C 598.82, InfAuslR 1983, 185 (186).

chen könne,[1036] ist prozessual unzulässig. In Verbindung mit der Aussage des Asylsuchenden selbst kann zumindest die Möglichkeit nicht ausgeschlossen werden, dass diese einen hinreichend sicheren Schluss auf die zu beweisende Haupttatsache, die Anknpfung von Verfolgungsgründen an die Verfolgungshandlung gegen den Asylsuchenden, zulässt. Ob die Verfolgung auch an Verfolgungsgründe anknüpft, muss nicht Gegenstand der Zeugenaussage sein. Die prozessrechtlich korrekte Ablehnung des Beweisantrags wegen einer gegenteiligen Gewissheit aufgrund bereits gewonnener Beweise setzt voraus, dass von einem „**völligen Unwert des angebotenen weiteren Beweismittels**" auszugehen ist.[1037] Wegen von vornherein unterstellter Unglaubwürdigkeit des Zeugen darf die Beweiserhebung nicht abgelehnt werden, denn hierüber kann erst nach der Beweisaufnahme entschieden werden. Auch wenn besondere Tatsachen feststehen, aufgrund deren von vornherein Zweifel gegen die Glaubwürdigkeit – etwa persönliche Beziehungen des Zeugen zum Asylsuchenden oder zum Beweisgegenstand – sprechen, ist Beweis zu erheben.[1038] Die vorherige informatorische Zeugenbefragung[1039] ist unzulässig. Die Bedeutung von Umständen, aus denen Zweifel an der Glaubwürdigkeit des Zeugen bestehen, ist im Rahmen der Beweisaufnahme aufzuklären. Diese kann daher erst nach der Beweisaufnahme beurteilt werden.[1040]

(ff) Unerreichbarkeit des Beweismittels. Ein Beweisantrag kann wegen Unerreichbarkeit des Beweismittels abgelehnt werden. Die Unerreichbarkeit eines Beweismittels ist anzunehmen, wenn alle seiner Bedeutung und seinem Wert entsprechenden Bemühungen des Gerichts, es beizubringen, erfolglos geblieben sind und keine begründete Aussicht besteht, es in absehbarer Zeit herbeizuschaffen.[1041] Die Zwecklosigkeit der beantragten Beweisaufnahme wegen Unerreichbarkeit des Beweismittels ist insbesondere beim Zeugen- und Urkundenbeweis von Bedeutung. Ein Zeuge ist unerreichbar, wenn seine Heranziehung zur Aussage daran scheitert, dass entweder seine Person oder sein Aufenthalt unbekannt und nicht zu ermitteln ist.[1042] Dass der Beweisführer in der mündlichen Verhandlung nicht die ladungsfähige Adresse des Zeugen angeben kann, rechtfertigt die Ablehnung des Beweisantrags nicht, wenn er konkrete Angaben darüber macht, wie die ladungsfähige Adresse des Zeugen ermittelt werden kann. Ist er ernstlich um die Gestellung des Zeugen bemüht, muss ihm gegebenenfalls durch Terminverlegung Gelegenheit hierzu gegeben werden. Fremdsprachige Urkunden sind im Asylprozess nicht unerreichbar. Das Verwaltungsgericht hat entweder von Amts wegen eine Übersetzung einzuholen oder dem Beweisführer entsprechende Auflagen zu machen.

689

(g) Sachverständigenbeweis (§ 96 Abs. 1 S. 2 VwGO iVm §§ 402 bis 411 ZPO). Aufgabe des Sachverständigen auch im Asylprozess ist es, dem Gericht besondere Erfahrungssätze und Kenntnisse des jeweiligen Fachgebietes zu vermitteln und aufgrund von besonderen Erfahrungssätzen oder Fachkenntnissen Schlussfolgerungen aus einem feststehenden Sachverhalt zu ziehen.[1043] Die **Vermittlung von Fachwissen** zur Beurteilung rechtserheblicher Tatsachen ist typische Sachverständigenaufgabe.[1044] Im Asylprozess kommt dem Sachverständigenbeweis für die Sachaufklärung eine zentrale Funktion zu. Es ist **typischerweise Aufgabe des Sachverständigen,** zur Vorbereitung der richterlichen Gefahren-

690

[1036] So VGH BW Beschl. v. 27.12.1993 – A 16 S 2147/93, AuAS 1994, 56 (57).
[1037] BVerfG Beschl. v. 12.3.1999 – 2 BvR 206/98, NVwZ-Beil. 1999, 51 (52).
[1038] *Leipold* in Stein/Jonas ZPO § 280 Rn. 70.
[1039] *Schmitt* DVBl. 1964, 465 (468).
[1040] *Leipold* in Stein/Jonas ZPO § 284 Rn. 70.
[1041] BGH Urt. v. 2.8.1989 – 2 StR 723/88, NJW 1990, 398 (399); s. auch Urt. v. 18.1.1984 – 2 StR 360/83, NStZ 1984, 329 (330).
[1042] *Leipold* in Stein/Jonas ZPO § 284 Rn. 65.
[1043] HessVGH Beschl. v. 17.1.1996 – 10 UZ 3881/95, AuAS 1996, 141 = InfAuslR 1996, 186; OVG NRW Beschl. v. 18.7.2007 – 8 A 1075/06, AuAS 2007, 236; *Balzer*, Beweisaufnahme und Beweiswürdigung im Zivilprozess, 199; *Eisenberg*, Beweisrecht der StPO, 1500 ff.; *Gusy* NuR 1987, 156 (158); *Broß* ZZP 1989, 413.
[1044] BGH Urt. v. 18.3.1993 – IX ZR 198/92, NJW 1993, 1796 (1797).

prognose sachverständige Wertungen vorzunehmen und gegebenenfalls auch subjektive Einschätzungen aufgrund von besonderer Sachkunde abzugeben.[1045] Die **Feststellung des Sachverhalts,** den der Sachverständige seinem Gutachten zugrunde zu legen hat, ist grundsätzlich Aufgabe des Gerichts, wenn es dabei auf die Sachkunde des Gutachters nicht ankommt.[1046] Der Sachverständige bekundet nicht eigene Wahrnehmungen, sondern teilt seine Einschätzung vergangener, gegenwärtiger und zukünftiger Entwicklungen im Herkunftsland des Klägers aufgrund einer zusammenfassenden Analyse und Bewertung ihm bekannt gewordener Tatsachen mit.[1047] Hingegen bekundet der **sachverständige Zeuge** sein Wissen von bestimmten Tatsachen oder Zuständen, zu deren Wahrnehmung eine besondere Sachkunde erforderlich war und die er nur kraft dieser besonderen Sachkunde ohne Zusammenhang mit einem gerichtlichen Gutachtenauftrag wahrgenommen hat. Der sachverständige Zeuge ist **unersetzbar,** da er (nur) von ihm selbst wahrgenommene Tatsachen bekundet, während ein Sachverständiger gegen einen anderen **ausgetauscht** werden kann.[1048]

691 Das Gericht kann den Antrag auf Einholung eines Gutachtens ablehnen, wenn es die Beweisfrage aus **eigener Sachkunde** beantworten kann.[1049] Lehnt es den Beweisantrag mit dieser Begründung ab, muss es im Ablehnungsbeschluss oder jedenfalls in der Sachentscheidung begründen, woher es seine eigene Sachkunde hat.[1050] Wie konkret dieser Nachweis zu führen ist, ist von den jeweiligen Umständen des Einzelfalls, insbesondere von den jeweils in tatsächlicher Hinsicht in dem Verfahren in Streit stehenden Einzelfragen abhängig. Schöpft es seine besondere Sachkunde aus eingeführten oder beigezogenen Erkenntnismitteln, muss der Verweis hierauf dem Einwand standhalten können, dass in diesen Erkenntnismitteln keine, ungenügende oder widersprüchliche Aussagen zur Bewertung der aufgeworfenen Tatsachenfragen enthalten sind.[1051]

692 Hat das Gericht im konkreten Verfahren bereits ein Gutachten nach Maßgabe der §§ 402 ff. ZPO eingeholt, steht die **Einholung eines weiteren Gutachtens** gemäß § 412 ff. ZPO im gerichtlichen Ermessen. Lediglich dann, wenn sich – sei es aufgrund dargelegter fallbezogener und konkretisierter Zweifel durch die Beteiligten, sei es in sonstiger Weise – die Überzeugung aufdrängen muss, dass die Grundvoraussetzungen für die Verwertbarkeit von Gutachten im Allgemeinen oder nach den besonderen Verhältnissen des konkreten Falles nicht gegeben sind, ist das gerichtliche **Ermessen verdichtet.**[1052] Dies ist der Fall, wenn sich die (weitere) Beweiserhebung wegen fehlender Verwertbarkeit der vorhandenen Auskünfte hinsichtlich der bisher gegebenen Voraussetzungen, wegen **erkennbarer Mängel vorliegender Beweisergebnisse, wegen unzutreffender tatsächlicher Grundlagen oder wegen unlösbarer Widersprüche oder Zweifel an der Sachkunde oder Unparteilichkeit des Gutachters** aufdrängt. Das Gleiche gilt, wenn es

---

[1045] BVerwG Urt. v. 27.3.2000 – BVerwG 9 B 518/99, NVwZ-Beil. 2000, 99 (100) = InfAuslR 2000, 412.
[1046] BVerwG Beschl. v. 6.2.1985 – BVerwG 8 C 15.84, BVerwGE 71, 38 = NJW 1986, 2268; HessVGH Beschl. v. 17.1.1996 – 10 ZU 3881/95, NVwZ-Beil. 1996, 43 = InfAuslR 1996, 186; OVG NRW Beschl. v. 18.7.2007 – 8 A 1075/06, AuAS 2007, 236; Beschl. v. 18.7.2007 – 8 A 1075/06, NVwZ-RR 2008, 214 (215).
[1047] BVerwG Urt. v. 27.3.2000 – BVerwG 9 B 518/99, NVwZ-Beil. 2000, 99 (100) = InfAuslR 2000, 412.
[1048] BVerwG Urt. v. 27.3.2000 – BVerwG 9 B 518/99, NVwZ-Beil. 2000, 99 (100) = InfAuslR 2000, 412; HessVGH Beschl. v. 17.1.1996 – 10 UZ 3881/95, NVwZ-Beil. 1996, 43; OVG NRW Beschl. v. 18.7.2007 – 8 A 1075/06, AuAS 2007, 236 (237); *Schuhmann* in Stein-Jonas ZPO Vor § 373 Rn. 17; s. zur Abgrenzung zwischen sachverständigen Zeugen auch BGH Beschl. v. 13.11.1981 – 3 StR 376/81, StV 1982, 102 (103); s. auch VGH BW Beschl. v. 13.12.1994 – A 13 S 2638/94, InfAuslR 1995, 84 (85) = NVwZ-Beil. 995, 27 = EZAR 631 Nr. 36.
[1049] BVerwG Beschl. v. 11.2.1999 – BVerwG 9 B 381.98, InfAuslR 1999, 365 = NVwZ-Beil. 1999, 89, BVerwG Beschl. v. 19.9.2001 – BVerwG 1 B 158.01, AuAS 2001, 263 (264).
[1050] BVerwG Beschl. v. 27.3.2013 – BVerwG 10 B 34.12, NVwZ-RR 2013, 620 (621); BVerwG Beschl. v. 11.6.1996 – BVerwG B 141.96; VGH BW Beschl. v. 10.9.1995 – A 12 S 2328/95, InfAuslR 1996, 10 (12); OVG Brandenburg Beschl. v. 28.3.2002 – 4 A 783/01.AZ, AuAS 2002, 154 (155).
[1051] BVerwG Beschl. v. 11.2.1999 – BVerwG 9 B 381.98, InfAuslR 1999, 365 = NVwZ-Beil. 1999, 89, BVerwG Beschl. v. 18.7.2001 – BVerwG 1 B 118.01, NVwZ-Beil. 2003, 41 (42).
[1052] BVerwG Beschl. v. 15.10.1985 – BVerwG 9 C 3.85, EZAR 630 Nr. 22.

sich um eine **besonders schwierige Fachfrage** handelt, die ein spezielles, bisher noch nicht eingesetztes Fachwissen erfordert.[1053] Ferner verdichtet sich das Ermessen, wenn das vorliegende Gutachten von **unzutreffenden tatsächlichen Voraussetzungen** ausgeht oder der neue Sachverständige über Forschungsmittel verfügt, die denen eines früheren Gutachters überlegen sind.[1054]

(h) Beweisantrag auf Einholung eines fachärztlichen Gutachtens. Für den Nachweis einer **psychischen Erkrankung** ist zwischen einem **Gutachten,** das auf einem ausdrücklichen gerichtlichen oder behördlichen Gutachtenauftrag beruht, und einem auf Bitten des Klägers erstellten **ärztlichen Attest,** einer **ärztlichen Stellungnahme** oder einem **Privatgutachten** zu unterscheiden. Die Funktion der Stellungnahme besteht darin, die Behauptung des Beweisführers über seine psychische Erkrankung zu stützen. Sie muss deshalb je nach Verfahrensgestaltung nach Möglichkeit in nachvollziehbarer Weise Aussagen zu den Darlegungsstörungen **(asylrechtlicher Erkenntnisprozess)** oder zum Charakter wie auch zur Ursache der psychischen Erkrankung, zum Umfang der Behandlungsbedürftigkeit sowie auch zu den Folgen enthalten, die im Fall des Abbruchs der Behandlung eintreten können **(Feststellung von Abschiebungsverboten).** Umstritten ist, ob nur Fachärzte oder auch Psychotherapeuten die Stellungnahme für den Beweisantrag verfassen dürfen. Das BVerwG hatte zunächst festgestellt, „regelmäßig" sei die Vorlage eines fachärztlichen Attests für den Beweisantritt erforderlich.[1055] Später hat es eher beiläufig erwähnt, ein nicht von einem Facharzt erstelltes Privatgutachten entspreche nicht den von ihm aufgestellten prozessualen Anforderungen.[1056] Gegen diese Rechtsprechung ist einzuwenden, dass hier bereits an den Beweisantritt Anforderungen gestellt werden, die an sich erst das einzuholende Gutachen erfüllen muss. Wer sich allerdings im Prozess nicht an dieser Rechtsprechung orientiert, riskiert die Ablehnung des Beweisantrags. Es empfiehlt sich daher, dass bei einer Erstellung der Stellungnahme durch einen Psychotherapeuten zugleich begleitend ein Facharzt einbezogen wird, der diese prüft und sich durch seine Unterschrift zu eigen macht.

693

Werden konkrete Anhaltspunkte vorgebracht oder ist sonst erkennbar, dass eine Beeinflussung des Aussageverhaltens durch erlittene Traumatisierung jedenfalls **ernsthaft möglich** erscheint, muss sich das Gericht mit diesen im Urteil auseinandersetzen und nachvollziehbar darlegen, weshalb es sich in der Lage sieht, ohne Zuhilfenahme eines Sachverständigen die Glaubhaftigkeit der Aussagen und die Glaubwürdigkeit des Klägers insgesamt zu beurteilen. Für medizinische – posttraumatologische und psychotherapeutische – Fachfragen gibt es keine eigene, nicht durch entsprechende medizinische Sachverständigengutachten vermittelte Sachkunde des Richters.[1057] Insbesondere hat er keine eigene medizinische Sachkunde für die Beurteilung der Fragen, ob Foltermaßnahmen zwingend bleibende Schäden hinterlassen und ob solche bleibenden Schäden beim Kläger entstanden sind.[1058] Daher verletzt er den Anspruch auf Gewährleistung rechtlichen Gehörs, wenn er

694

[1053] BVerwG Beschl. v. 16.8.1995 – BVerwG 1 B 104.95, InfAuslR 1995, 405 (406); *Jacob* VBlBW 1997, 41 (47).
[1054] OVG NRW Beschl. v. 18.5.1994 – 25 A 3240/91.A, NVwZ-RR 1996, 127; HessVGH Beschl. v. 13.11.1996 – 10 UZ 1785/96.A.
[1055] BVerwG Beschl. v. 11.9.2007 – BVerwG 10 C 8.07, BVerwGE 129, 251 Rn. 15 = InfAuslR 2008, 142, 143 = NVwZ 2008, 330 142 (143).
[1056] BVerwG Beschl. v. 26.7.2012 – BVerwG 10 B 21.12; so auch BayVGH Beschl. v. 27.7.2010 – 11 ZB 10.30187; aA OVG NRW Beschl. v. 19.12.2008 – 8 A 3053/08.A, InfAuslR 2009, 173 (174) = AuAS 2009, 82 (83); offen gelassen VGH BW Beschl. v. 25.1.2011 – A 9 S 2774/10, InfAuslR 2011, 261 (262).
[1057] BVerfG Beschl. v. 29.4.2009 – 2 BvR 78/08, NVwZ 2009, 1035 (1036); BVerwG Beschl. v. 27.3.2007 – BVerwG 1 B 271.06, InfAuslR 2006, 485 (486); *Jacob* Asylmagazin 2010, 51 (54); aA OVG NRW Beschl. v. 27.7.2007 – 13 A 2745/04.A, NVwZ-RR 2005, 358 = AuAS 2005, 80; Beschl. v. 27.7.2007 – 13 A 2745/04.A, InfAuslR 2007, 408.
[1058] BVerfG Beschl. v. 29.4.2009 – 2 BvR 78/08, NVwZ 2009, 1035 (1036).

die Beweiserhebung ablehnt und dabei seine eigene Sachkunde für die Beurteilung der Beweistatsache nicht darlegen kann.

695 **(i) Zeugenbeweis (§ 96 Abs. 1 S. 2 VwGO, §§ 373 bis 401 ZPO).** Zulässig ist der Zeugenbeweis nur über **Tatsachen,** dh die dem verhandelten Einzelfall angehörigen nach Zeit und Raum bestimmten Geschehnisse und Zustände der Außenwelt (**äußere Tatsachen**) wie des menschlichen Seelenlebens (**innere Tatsachen**), deren Subsumtion unter die Tatbestandsmerkmale der Rechtssätze die eigentliche richterliche Aufgabe darstellt.[1059] Im Asylprozess kommt der Zeugenbeweis in erster Linie über äußere Tatsachen in Betracht. Die vom Zeugen aus den Tatsachen gezogenen und von ihm ausgesagten Schlussfolgerungen als solche bilden keinen Teil der Zeugenaussage. Die Angabe solcher Schlussfolgerungen genügt daher nicht als Beweisantritt.[1060] Zwar kann der Beweisantrag unter Hinweis auf die **mangelnde Glaubhaftigkeit der Angaben** des Klägers wegen Entscheidungsunerheblichkeit abgelehnt werden. Für die Annahme der nicht ausreichenden Substanziierung reichen aber bloße Zweifel an der Glaubwürdigkeit des Beweisführers nicht aus. Diesen ist grundsätzlich durch eine Beweiserhebung nachzugehen.[1061] Hat dieser zumindest dem Grunde nach einen Sachverhalt vorgetragen, der nicht von vornherein als unerheblich bewertet werden kann, darf das Gericht, auch wenn es die Schilderung nicht für ausreichend erachtet, nicht von der weiteren Aufklärung auch hinsichtlich der beantragten Beweiserhebung unter Verweis auf eine Verletzung der Mitwirkungspflichten des Beteiligten absehen.[1062] Widersprüchliche oder unglaubhafte Angaben des Klägers befreien nicht von der Pflicht zur Zeugenvernehmung, wenn der angetretene Beweis ersichtlich gerade dazu dient, Bedenken gegen die Richtigkeit der Darlegungen auszuräumen.[1063]

696 Ein Zeuge kann grundsätzlich nur **eigene Wahrnehmungen** bekunden. Soll aus der Wahrnehmung des Zeugen auf ein bestimmtes weiteres Geschehen geschlossen werden, ist nicht dieses weitere Geschehen, sondern nur die Wahrnehmung des Zeugen tauglicher Gegenstand des Zeugenbeweises. Die Schlüsse aus den Wahrnehmungen zieht das Gericht. Bei einfachen Sachverhalten, etwa wenn Wahrnehmungen über ein unmittelbares tatbestanderhebliches Geschehen bekundet werden sollen, genügt es, wenn als Beweisthema das Geschehen selbst genannt wird, obwohl Gegenstand des Zeugenbeweises nur sein kann, was der Zeuge wahrgenommen hat. Geht es um Sachverhalte, die eine Folgerung voraussetzen, ist nicht dessen Ergebnis Gegenstand der Beweisbehauptung, sondern nur die der Folgerung zugrunde liegende Wahrnehmung. Daher ist für den Beweisantrag die Angabe dessen unverzichtbar, was der Zeuge im Kern bekunden soll.[1064] Schlechthin untauglich ist der auf die Vernehmung eines Zeugen zielende Antrag im **Herkunftsland des Asylsuchenden.**[1065] Es kann aber für den Fall, dass die Ausreise eines im Bundesgebiet lebenden Zeugen bevorsteht, beantragt werden, diesen im Rahmen des **Beweissicherungsverfahrens** zu vernehmen (§ 173 VwGO iVm §§ 485 f. ZPO).[1066] Die Vernehmung eines **in einem dritten Staat lebenden Zeugen** kann nicht ohne Weiteres abgelehnt werden.[1067] Ist der im Drittstaat lebende Zeuge während der mündlichen Verhandlung als **Präsenz-**

[1059] *Leipold* in Stein/Jonas ZPO § 284 Rn. 9.
[1060] *Schuhmann* in Stein/Jonas ZPO Vor § 373 Rn. 17.
[1061] BVerfG Beschl. v. 27.2.1990 – 2 BvR 186/89, InfAuslR 1990, 199, 200.
[1062] BVerfG Beschl. v. 26.5.1994 – 2 BvR 1183/92, NVwZ-Beil. 1994, 50 (51).
[1063] BVerwG Urt. v. 8.2.1983 – BVerwG 9 C 598.82, InfAuslR 1983, 185 (187).
[1064] BVerwG Urt. v. 18.10.2012 – BVerwG 8 B 18.12, NVwZ-RR 2013, 125 (126).
[1065] BVerwG Beschl. v. 9.5.1983 – BVerwG 9 B 10466.81, DVBl. 1983, 1001 = InfAuslR 1983, 253; Beschl. v. 15.2.1984 – BVerwG 9 CB 149.83, DVBl. 1984, 571; Beschl. v. 30.9.1988 – BVerwG 9 CB 47.88, NJW 1989, 678 = NVwZ 1989, 353; Beschl. v. 14.2.1985 – BVerwG 9 B 26.85; so auch OVG NRW Beschl. v. 12.1.1996 – 25 A 7626/95.A, AuAS 1996, 167; OVG MV Beschl. v. 16.8.2000 – 2 L 40/99, NVwZ-Beil. 2001, 30 = AuAS 2001, 33; OVG NRW Beschl. v. 28.3.2013 – 13 A 412/12.A, AuAS 2013, 141; *Deibel* InfAuslR 1984, 114 (119); *Jacob* VBlBW 1997, 41 (47).
[1066] *Deibel* InfAuslR 1984, 114 (119).
[1067] BayVGH Beschl. v. 11.8.1989 – 19 CZ 89.30977 und 89.30803; *Jacob* VBlBW 1997, 41 (46).

zeuge zugegen, ist dieser zu vernehmen. Ist dies nicht der Fall, ist der Zeuge **im Wege des Rechtshilfeersuchens** zu vernehmen.

Die Vernehmung eines **Zeugen vom Hörensagen** begegnet im Verwaltungs- ebenso- **697** wenig wie im Strafprozess durchgreifenden Bedenken.[1068] Dessen Angaben allein genügen regelmäßig aber nicht, wenn sie **nicht durch andere, wichtige Gesichtspunkte bestätigt** werden. Der Zeuge vom Hörensagen ist Zeuge, da er über eigene Wahrnehmungen berichtet. Allerdings gibt er nur Äußerungen Dritter wieder, die nicht selbst Beweisgegenstand sind, sondern nur ein Indiz (→ Rn. 685).[1069] Für den Asylprozess kann dieses „mittelbare" Beweismittel etwa dann in Betracht kommen, wenn der „Zeuge vom Hörensagen" entscheidungserhebliche Tatsachen, zB Inhaftierungen oder Verurteilungen von Gesinnungsgenossen oder von unmittelbaren Kontaktpersonen im Herkunftsstaat des Klägers erfahren hat und präzise Angaben über die Art und Weise seiner Informationsgewinnung machen kann. Dabei muss er die Gewährsleute nicht namentlich benennen, wenn er diese dadurch persönlich gefährden würde.

(j) Urkundenbeweis (§ 96 Abs. 1 S. 2 VwGO; §§ 415 bis 444 ZPO). Der Urkunden- **698** beweis ist im Asylprozess übliches Beweismittel und findet ohne förmliche Beweisaufnahme durch **schlichte Einsichtnahme in die Urkunde** statt.[1070] Ob durch die Urkunde nachgewiesen wird, dass ihr Verfasser sie wirklich geschrieben hat (**äußere** oder **formelle Beweiskraft**), wird in §§ 416, 440 ZPO (§ 98 VwGO) geregelt. Ob hingegen die in einem Brief niedergelegte Erklärung falsch oder richtig ist (**innere** oder **materielle Beweiskraft**), ist jeweils im Einzelfall vom Gericht nach seiner aus dem Gesamtergebnis des Verfahrens gewonnenen freien richterlichen Überzeugung zu beurteilen.[1071] Insbesondere **amtliche Auskünfte**, aber auch andere **Erkenntnisquellen aus anderen Verfahren** werden im Wege des Urkundenbeweises beigezogen und verwertet. Auch die Vorlage von **Privaturkunden** (zB Briefe von Verwandten, Bekannten und des Rechtsanwalts des Klägers im Herkunftsland) ist zulässig.[1072] Besondere Probleme bereiten die Vorlage von Kopien von Urkunden, die nach den Behauptungen des Klägers von Behörden im Heimatstaat ausgestellt sind und die behauptete Tatsache strafrechtlicher Ermittlungen (zB **polizeiliche, staatsanwaltschaftliche und gerichtliche Ladungsschreiben, Fahndungs- und Haftbefehle** etc) belegen sollen. Die Gerichte prüfen die Echtheit derartiger Urkunden besonders genau. Regelmäßig werden Briefe von Verwandten in der gerichtlichen Praxis als **„Gefälligkeitsschreiben"** oder als ungeeignete Beweismittel bewertet. Begründet wird dies pauschal damit, es verstehe „sich von selbst, dass Briefen von Verwandten oder auch Freunden des Asylbewerbers von vornherein nur eine untergeordnete Bedeutung beigemessen werden" könne. Sie könnten daher nur Berücksichtigung finden, wenn es gelte, eine bereits als glaubhaft gemacht beurteilte Darstellung des Asylsuchenden noch zusätzlich zu belegen.[1073]

Das Gericht ist nicht von sich aus verpflichtet, auf **Zweifel an der Echtheit** einer **699** vorgelegten Urkunde hinzuweisen[1074] und kann die Klage in diesem Fall wegen gefälschter Beweismittel mit der Folge des sofortigen Eintritts der Unanfechtbarkeit als offensichtlich unbegründet abweisen (§ 78 Abs. 1 AsylG).[1075] Die Vorlage einer „gefälschten Ge-

---

[1068] BVerwG Beschl. v. 20.7.1998 – BVerwG 9 B 10.98, NVwZ-RR 1999, 208 = AuAS 1999, 271; VGH BW Beschl. v. 2.5.1984 – 10 S 1739/82, NJW 1984, 2429 (2430); HessVGH Beschl. v. 8.4.1999 – 9 UZ 177/98.A, InfAuslR 2000, 128 (129) = NVwZ-Beil. 2000, 49; *Eisenberg*, Beweisrecht der StPO, 1027 ff.; *Laumen* in Baumgärtel/Laumen/Prütting, Handbuch der Beweislast, 3. Aufl. 2016, 515.
[1069] *Laumen* in Baumgärtel/Laumen/Prütting, Handbuch der Beweislast, 3. Aufl. 2016, 516.
[1070] BVerwG Beschl. v. 15.2.1984 – BVerwG 9 CB 149.83, DVBl. 1984, 571.
[1071] BVerwG Beschl. v. 15.2.1984 – BVerwG 9 CB 149.83, DVBl. 1984, 571.
[1072] BVerwG Beschl. v. 15.2.1984 – BVerwG 9 CB 149.83, DVBl. 1984, 571; Beschl. v. 13.8.2013 – BVerwG 1 B 426.02 – Buchholz 402.25 AsylVfG § 27 Nr. 1.
[1073] OVG RhPf Beschl. v. 6.7.1988 – 13 A 103/87; *Ritter* NVwZ 1986, 29.
[1074] OVG NRW Beschl. v. 26.11.1996 – 13 A 5126/96.A, InfAuslR 1997, 270 = AuAS 1997, 83; aA OVG Hamburg Beschl. v. 2.2.1993 – OVG Bs V 204/92, AuAS 1993, 81 (82).
[1075] BVerfG Beschl. v. 12.7.1983 – 1 BvR 1470/82, BVerfGE 65, 76 (97) = EZAR 630 Nr. 4 = InfAuslR 1984, 58; Beschl. v. 27.2.1990 – 2 BvRR 186/89, InfAuslR 1990, 199; Beschl. v. 17.1.1991 – 2 BvR

richtsladung" deutet aber nicht zwingend auf unzutreffende Sachangaben des Klägers hin.[1076] Auch wenn das Gericht ein Beweismittel für gefälscht oder als Gefälligkeitsschreiben ansieht, trägt dies die Klageabweisung dann nicht, wenn sich dieses nur auf einen Teil der je selbständig zu beurteilenden mehreren Verfolgungsgefahren bezieht.[1077] Vorgelegte **Urkunden zur Staatsangehörigkeit und Identität** (zB Tazkira, Shenasnameh, Nüfus) sind auf Antrag stets auf ihre Echtheit hin zu überprüfen.[1078] Die Frage der Staatsangehörigkeit ist im Asylprozess stets entscheidungserheblich.[1079] Zur Prüfung, ob der vorgelegte Nationalpass echt ist, dürfte dem Gericht regelmäßig die erforderliche Sachkunde fehlen.[1080] Es ist grundsätzlich unzulässig, **allein aus Indizien,** wie zB dem Hintergrund der vorgetragenen Asylgründe, dem klägerischen Verhalten im Prozess sowie inhaltlichen Ungereimtheiten auf die Fälschung einer vorgelegten Urkunde zu schließen. Derartige Indizien sind keine hinreichend tragfähige Grundlage für die erforderliche richterliche Überzeugungsbildung, die selbst durch eine unmittelbare sachverständige Begutachtung der ausländischen Urkunde auf ihre Echtheit hin nicht erschüttert werden könnte.[1081] Die **Hinweise auf Fälschungsmerkmale in den amtlichen Lageberichten** sind mithin **bloße Indizien,** welche die Führung des Gegenbeweises nicht ausschließen. Gegenbeweis kann etwa dadurch geführt werden, dass zur Substanziierung des **Antrags auf Echtheitsprüfung** ein Gutachten zur Echtheit der vorgelegten Urkunde als Privatgutachten vorgelegt wird. Folgen aus diesem sach- und einzelfallbezogen konkrete Anhaltspunkte, die Zweifel an der Sachkunde des Auswärtigen Amtes begründen oder weist die zu begutachtende Urkunde spezifische, in den allgemeinen Hinweisen nicht berücksichtigte Merkmale auf, ist Beweis zu erheben. Den Beweisantrag auf Überprüfung der Echtheit einer **ausländischen Urkunde** kann das Gericht zwar mangels Entscheidungserheblichkeit oder mangels Substanziierung hinsichtlich des Inhalts der Urkunde rechtsfehlerfrei zurückweisen.[1082] Unberührt hiervon bleibt freilich seine Obliegenheit, dies in schlüssiger Form darzulegen.[1083]

700 **(11) Klageanträge.** In aller Regel werden die Klageanträge zum Abschluss der mündlichen Verhandlung gestellt. Sie können aber auch unmittelbar zu deren Beginn gestellt werden. Zwar werden die Anträge zumeist bereits in der Klageschrift formuliert (§ 82 Abs. 1 S. 1 VwGO). Sie sind aber in der mündlichen Verhandlung förmlich zu Protokoll zu stellen (§ 103 Abs. 3 VwGO). Schwerpunkt der mündlichen Verhandlung ist die informatorische Befragung des Klägers und gegebenenfalls der Beweisantrag.

701 **(12) Betreibensaufforderung (§ 81 AsylG).** Wird die Klage nicht nur nicht fristgemäß begründet, sondern über längere Zeit überhaupt nicht, kann eine Betreibensaufforderung nach § 81 AsylG angeordnet werden. Zweifel am Fortbestand des Rechtsschutzinteresses können aus einer Vernachlässigung prozessualer Mitwirkungspflichten abgeleitet werden.[1084] Hält das Gericht zB die Klagebegründung nicht für ausreichend, kann es den Kläger zur Abgabe weiterer Erklärungen unter Fristsetzung auffordern (§ 87b Abs. 2 VwGO). Erst wenn eine solche prozessleitende sanktionslose Verfügung unbeachtet geblieben ist, darf eine Verletzung verfahrensrechtlicher Mitwirkungspflichten und können darauf

---

1243/90, InfAuslR 1991, 133; Beschl. v. 7.12.1992 – 2 BvR 612/92, InfAuslR 1993 105; s. auch § 30 Abs. 3 Nr. 1 AsylG.
[1076] NdsOVG Beschl. v. 6.11.1998 – 12 L 3962/98, Asylmagazin 1999, 29.
[1077] BVerfG Beschl. v. 9.8.1994 – 2 BvR 2831/93, AuAS 1994, 222.
[1078] VGH BW Beschl. v. 5.12.1994 – A 13 S 3435/94, EZAR 631 Nr. 35 = NVwZ 1995, 816.
[1079] BVerwG Beschl. v. 24.4.1990 – BVerwG 9 C 4.89, InfAuslR 1990, 238.
[1080] VGH BW Beschl. v. 5.12.1994 – A 13 S 3435/94, NVwZ 1995, 816 (818) = EZAR 631 Nr. 35.
[1081] BVerfG Beschl. v. 19.7.1990 – 2 BvR 2005/89, InfAuslR 1991, 89 (93).
[1082] BVerwG Beschl. v. 9.2.1996 – BVerwG 9 B 418.95, NJW 1996, 1553.
[1083] BVerwG Beschl. v. 9.2.1996 – BVerwG 9 B 418.95, NJW 1996, 1553.
[1084] BVerfG Beschl. v. 15.1.1991 – BVerwG 9 C 96.89, NVwZ-RR 1991, 443; BVerwG Beschl. v. 11.4.1989 – BVerwG 9 C 60.88, BayVBl. 1986, 503; BVerfG Beschl. v. 17.9.2012 – 1 BvR 2254/11, NVwZ 2013, 136 (138); OVG RhPf Beschl. v. 23.1.1998 – 10 A 11564/97.OVG, NVwZ-Beil. 1998, 60; VGH BW Beschl. v. 5.2.2009 – 11 S 18/09, AuAS 2009, 91 (92).

beruhende Zweifel am Fortbestand des Rechtsschutzinteresses unterstellt werden.[1085] Ein Untertauchen des Klägers kann den Wegfall des Rechtsschutzbedürfnisses indizieren.[1086] Soll an das Verhalten des Klägers während des Verfahrens die weitreichende Folge einer Klageabweisung als unzulässig geknüpft werden, ohne diesen zuvor auf Zweifel am fortbestehenden Rechtsschutzinteresse hinzuweisen und ihm Gelegenheit zu geben, diese auszuräumen, müssen konkrete Anhaltspunkte den sicheren Schluss zulassen, dass diesem an einer Sachentscheidung des Gerichts in Wahrheit nicht mehr gelegen ist.[1087] Hieraus folgt, dass ein „Untertauchen" des Klägers lediglich ein Indiz auf den Wegfall des Rechtsschutzinteresses sein kann.[1088] Erst bei einem beharrlichen Verschweigen des Aufenthaltsortes und damit einer groben Verletzung der Mitwirkungspflichten kann das Rechtsschutzinteresse verneint werden.[1089] Das Gericht hat daher den Verfahrensbevollmächtigten zunächst aufzufordern (§ 82 Abs. 2 S. 1 VwGO), die ladungsfähige Adresse des Klägers mitzuteilen.[1090] Erst nach mehreren fruchtlosen Aufforderungen und ohne dass zureichende Gründe für die Unmöglichkeit oder Unzumutbarkeit bezeichnet werden, die ladungsfähige Adresse des Klägers mitzuteilen, kann die Klage als unzulässig abgewiesen werden.[1091] Im Eilrechtsschutzverfahren kann daher dem untergetauchten Antragsteller kein Rechtsschutz gewährt werden: Wird er unter der angegebenen Adresse nicht angetroffen und ist aufgrund hinreichender Indizien der Schluss gerechtfertigt, dass er sich dort nicht mehr tatsächlich aufhält, wird ihm – unter der Voraussetzung, dass der Verfahrensbevollmächtigte wiederholt ergebnislos zur Angabe der aktuellen Wohnschrift aufgefordert wurde – ein Rechtsschutzinteresse am Antrag auf Abschiebungsschutz abgesprochen, dh der Anordnungsgrund ist nicht glaubhaft gemacht.[1092]

Die Betreibensaufforderung muss **substanziiert** und insbesondere **inhaltlich bestimmt** 702 sein und darf sich nicht auf das bloße Verlangen beschränken, das Verfahren zu betreiben.[1093] Auch darf die Aufforderung **nicht** die Anforderungen an die Mitwirkung und Förderung des Prozesses durch den Kläger **überspannen**.[1094] Er kann den Eintritt der

---

[1085] BVerwG Beschl. v. 13.8.2013 – BVerwG 1 B 426.02, Buchholz 402.25 AsylVfG § 33 Nr. 8; OVG NRW Beschl. v. 28.4.2005 – 13 A 346/05.A, AuAS 2005, 151 (152).
[1086] BVerwG Beschl. v. 6.8.1996 – BVerwG 9 C 169.95, BVerwGE 101, 323 (327 f.) = NVwZ 1997, 1136; HessVGH Beschl. v. 18.8.2000 – 12 UE 420/97.A, AuAS 2000, 211, 212; VGH BW Beschl. v. 11.12.1997 – A 12 S 3426/95, AuAS 1998, 119 (120); ThürOVG Beschl. v. 2.7.1999 – 3 ZEO 1154/98, InfAuslR 2000, 19 (20); OVG NRW Beschl. v. 17.1.2005 – 18 B 2527/04, NVwZ-RR 2005, 508; *Seeger* in BeckOK AuslR AsylG § 74 Rn. 17; s. auch BVerfG Beschl. v. 31.8.1999 – 2 BvR 1523/99, EZAR 622 Nr. 37; VG München Urt. v. 30.9.2016 – M 7 K 15.50721, AuAS 2016, 273 (274).
[1087] BVerfG Beschl. v. 27.10.1998 – 2 BvR 2662/95, EZAR 630 Nr. 37 = InfAuslR 1999, 43 = NVwZ-Beil. 1999, 17.
[1088] BVerfG Beschl. v. 27.10.1998 – 2 BvR 2662/95, EZAR 630 Nr. 37 = InfAuslR 1999, 43 = NVwZ-Beil. 1999, 17; BVerwG Beschl. v. 6.8.1996 – BVerwG 9 C 169.95, BVerwGE 101, 323 (327 f.) = InfAuslR 1996, 418 = NVwZ 1997, 1136; HessVGH Beschl. v. 18.8.2000 – 12 UE 420/97.A, AuAS 2000, 211, 212; VGH BW Beschl. v. 11.12.1997 – A 12 S 3426/95, AuAS 1998, 119 (120); ThürOVG Beschl. v. 2.7.1999 – 3 ZEO 1154/98, InfAuslR 2000, 19 (20); VGH BW Beschl. v. 11.12.1997 – A 12 S 3426/95, AuAS 1998, 119 (120) = NVwZ-Beil. 1998, 72 (Ls.); OVG NRW Beschl. v. 17.1.2005 – 18 B 2527/04; s. auch *Marx* AsylG § 81 Rn. 13 ff.
[1089] HessVGH Beschl. v. 22.10.1987 – 10 UE 3116/86, HessVGRspr. 1988, 41; Beschl. v. 5.10.1987 – 12 TH 1934/87, HessVGRspr. 1988, 47; Beschl. v. 18.8.2000 – 12 UE 420/97.A, AuAS 2000, 211, mit zahlreichen Hinweisen; VGH BW Beschl. v. 11.12.1997 – A 12 S 3426/95, AuAS 1998, 119 (120); s. auch BVerfG Beschl. v. 14.12.1995 – 2 BvR 2552/95, AuAS 1996, 31, zum Kirchenasyl.
[1090] NdsOVG Beschl. v. 6.12.2002 – 2 ME 215/02, NVwZ-Beil. 2003, 37; VG München Urt. v. 30.9.2016 – M 7 K 15.50721, AuAS 2016, 273 (274).
[1091] HessVGH Beschl. v. 22.10.1987 – 10 UE 3116/86, HessVGRspr. 1988, 41; Beschl. v. 5.10.1987 – 12 TH 1934/87, HessVGRspr. 1988, 47; Beschl. v. 18.8.2000 – 12 UE 420/97.A, AuAS 2000, 211; VGH BW Beschl. v. 11.12.1997 – A 12 S 3426/95, AuAS 1998, 119 (120).
[1092] ThürOVG Beschl. v. 2.7.1999 – 3 ZEO 1154/98, EZAR 620 Nr. 9; OVG RhPf Beschl. v. 14.5.2007 – 6 A 11494/06, NVwZ-RR 2007, 508; OVG Sachsen Beschl. v. 3.12.2009 – 3 B 301/08, NVwZ-RR 2010, 500.
[1093] BVerwG Beschl. v. 18.9.2002 – BVerwG 1 B 103.02, NVwZ-Beil. 2003, 17 = AuAS 2003, 43.
[1094] BVerfG Beschl. v. 7.8.1984 – 2 BvR 187/84, NVwZ 1985, 33; Beschl. v. 15.8.1984 – 2 BvR 357/84, BayVBl. 1984, 658.

gesetzlichen Fiktion nur abwenden, wenn er innerhalb der Monatsfrist das Verfahren betreibt. Leistet er der Betreibensaufforderung keine oder nur unzulängliche Folge, werden dadurch die gerichtlichen Zweifel endgültig bestätigt. Die Klage gilt in diesem Fall als zurückgenommen (§ 81 S. 1 AsylG). Generell gilt, dass innerhalb der Frist substanziiert darzulegen ist, dass und warum ein Rechtsschutzbedürfnis trotz Zweifeln am Fortbestehen, aus denen sich der Aufforderungsanlass ergeben hat, nicht entfallen ist.[1095] Der Kläger hat innerhalb der Frist sämtliche seiner Meinung nach seine Ansprüche stützenden Tatsachen und Beweismittel substanziiert, widerspruchsfrei und erschöpfend vorzutragen bzw. zu bezeichnen. Im Rahmen der Darlegungslast ist weder Glaubhaftmachung der Gründe für die Versäumnis gefordert noch setzt die Abwehr der Fiktionswirkung voraus, dass der Sachvortrag die geltend gemachten Ansprüche lückenlos tragen muss. Die Erfüllung der Darlegungslast nach § 81 S. 1 AsylG soll dem Gericht die Prüfung des Fortbestandes des Rechtsschutzinteresses, nicht aber zugleich auch die Beurteilung der Begründetheit der Klage ermöglichen.

703 Nach Ablauf der in der Betreibensaufforderung bestimmten Frist kann der Kläger **Antrag auf Fortsetzung des Verfahrens** stellen. Dieser ist nicht fristgebunden.[1096] Der Einstellungsbeschluss ist lediglich deklaratorischer Natur, begründet also keine eigenständige Beschwer. Eine prozessuale Pflicht, mit dem Fortsetzungsantrag zugleich die ursprünglichen Klageanträge zu stellen, besteht nicht und erscheint auch entbehrlich. Das Verfahren ist fortzusetzen und über die Beendigung des Verfahrens aufgrund mündlicher Verhandlung durch Urteil zu entscheiden.[1097] Zuvor ist zu prüfen, ob die Voraussetzungen der fiktiven Klagerücknahme vorliegen. Gegen das Urteil kann ein Antrag nach § 78 Abs. 4 S. 1 AsylG gestellt werden. Verneint das Gericht auf Antrag des Klägers, dass die Voraussetzungen des § 81 S. 1 AsylG vorliegen, entscheidet es durch Zwischenurteil über die Zulässigkeit der Klage (§ 109 VwGO) oder nach Verhandlung der Sache im Rahmen des Endurteils über die Wirksamkeit der Rücknahme. Zulässig ist aber auch eine Entscheidung durch unselbständiges Zwischenurteil (§ 173 VwGO iVm § 303 ZPO).

704 **(13) Klagerücknahme.** Als Prozesserklärung ist die Klagerücknahme grundsätzlich **bedingungsfeindlich, unwiderruflich** und **unanfechtbar.**[1098] Geht der Widerruf der Klagerücknahme vorher oder gleichzeitig mit der Klagerücknahme beim Gericht ein, wird die prozessbeendende Erklärung nicht wirksam.[1099] Das Prozessrecht enthält für Prozesshandlungen keine den §§ 119 ff. BGB entsprechende Vorschriften. Eine analoge Anwendung der für privatrechtliche Willenserklärungen geltenden Anfechtungsregeln ist unzulässig, weil das Prozessrecht die Verfahrenslage weitgehend vor Unsicherheiten schützen will und deshalb einen Widerruf von Prozesshandlungen – namentlich solcher, die sich maßgeblich auf die Beendigung des Verfahrens auswirken – nur in Ausnahmefällen

---

[1095] BVerfG Beschl. v. 19.5.1993 – 2 BvR 1972/92, NVwZ 1994, 62 = AuAS 1993, 196; BVerwG Beschl. v. 23.4.1985 – 9 C 7.85, InfAuslR 1985, 278; OVG MV Beschl. v. 30.9.2004 – 4 K 20/03, NVwZ-RR 2005, 596.
[1096] *Funke-Kaiser* in GK-AsylVfG § 81 Rn. 43.
[1097] BVerfG Beschl. v. 24.2.2000 – 2 BvR 1295/98, InfAuslR 2000, 261 (262); BVerwG Beschl. v. 13.8.2013 – BVerwG 1 B 426.02, Buchholz 402.25 AsylVfG § 33 Nr. 2; Beschl. v. 20.1.1984 – BVerwG 9 B 689.81, NVwZ 1984, 450; OVG NRW Beschl. v. 12.4.1985 – 19 B 20175/85, InfAuslR 1985, 2816.
[1098] BVerwG Beschl. v. 21.3.1979 – BVerwG 6 C 10.78, BVerwGE 57, 342 (346) = NJW 1980, 135, mwHw.; Beschl. v. 9.1.1985 – BVerwG 6 B 222.84, NVwZ 1985, 196 (197); Urt. v. 6.12.1996 – BVerwG 8 C 33.95, NVwZ 1997, 1210 (1211); Urt. v. 6.12.1996 – 8 C 41/95, NVwZ 1997, 2897); BGH Urt. v. 27.5.1981 – Ivb ZR 589/80, NJW 1981, 2193 (2194); Beschl. v. 7.12.1976 – X ZB 24/75, DB 1977, 628; Urt. v. 11.7.1991 – IX ZR 180/90, NJW 1991, 2839; BFH Beschl. v. 8.7.1969 – II R 108/66, NJW 1970, 631 (632); BSG Beschl. v. 21.7.1972 – 6 Rka 31/68, NJW 1972, 2280; OLG München Beschl. v. 5.3.1982 – 13 UF 635/81, FamRZ 1982, 510; ThürOVG Beschl. v. 24.11.2000 – 3 ZKO 530/00, AuAS 2001, 91 (92) = NVwZ-RR 2001, 491; NdsOVG Beschl. v. 3.6.2010 – 5 LB 110/10, NVwZ-RR 2010, 862; NdsOVG Beschl. v. 4.1.2016 – 2 LA 230/15, NVwZ-RR 2016, 597; VG Wiesbaden Beschl. v. 2.3.1995 – IX/1 E 476/91, HessVGRspr. 1995, 48; *Mayer* MDR 1985, 373 (374), str.; zur Einwilligungsfiktion bei Klagerücknahme s. *Schifferdecker* NVwZ 2003, 925.
[1099] BGH Beschl. v. 7.12.1976 – X ZB 24/75, DB 1977, 628; *Müller* in NK-AuslR AsylG § 74 Rn. 42.

zulässt.¹¹⁰⁰ Erweist sich nachträglich, dass die für die Klagerücknahme ursächlichen Voraussetzungen nicht vorlagen, etwa weil Heiratspläne gescheitert sind, der asylunabhängige Aufenthaltstitel verweigert wird oder die geplante Ausreise scheitert, bleibt die Klagerücknahme wirksam. Ein **Motivirrtum** rechtfertigt grundsätzlich nicht die Anfechtung einer prozessbeendenden Erklärung.¹¹⁰¹ Beruht die Abgabe einer prozessbeendenden Erklärung hingegen auf einem Irrtum, der durch eine objektiv unrichtige richterliche Belehrung über die Rechtslage herbeigeführt wurde, darf der Beteiligte hieran nicht festgehalten werden.¹¹⁰² Die Klagerücknahme kann auch auf einem entschuldbaren und prozessual beachtlichen Irrtum beruhen, etwa weil dem Verfahrensbevollmächtigten bei der Angabe des Aktenzeichens im Rahmen der Klagerücknahme ein Versehen unterlaufen ist. In diesem Fall kann die prozessbeendende Erklärung wegen **Erklärungsirrtums** angefochten werden.¹¹⁰³ Nach der Gegenmeinung sind allein der Erklärungswille und das Bewusstsein, überhaupt eine prozessual erhebliche Erklärung abzugeben, maßgebend.¹¹⁰⁴ Das gelte nur dann nicht, wenn die Klagerücknahme auf einer irrtümlich erteilten gerichtlichen Anregung oder auf einem offensichtlichen Versehen des Rechtsanwalts beruht.¹¹⁰⁵

Eine Anfechtungsmöglichkeit besteht aber dann, wenn die Klagerücknahme durch eine **705** strafbare Handlung herbeigeführt wurde.¹¹⁰⁶ Auch wenn die Ausländerbehörde die Klagerücknahme veranlasst und hierbei ihre Belehrungspflicht (§ 25 VwVfG) verletzt hat, fehlt der Rücknahme das erforderliche Erklärungsbewusstsein und der -wille und ist sie deshalb unwirksam.¹¹⁰⁷ Der Widerruf der Rücknahmeerklärung ist auch dann zulässig, wenn ein Wiederaufnahmegrund iSv §§ 580 ff. ZPO vorliegt.¹¹⁰⁸ Bei **rechtlich teilbaren Klagegegenständen** ist auch eine teilweise Klagerücknahme zulässig. Diese liegt auch vor, wenn sie nicht ausdrücklich erfolgt, sondern sich der auf die Rücknahme der Klage gerichtete Erklärungswille den zugrunde liegenden Schriftsätzen durch Auslegung entnehmen lässt.¹¹⁰⁹ Ein Urteil, das unbeabsichtigt einen Teil des Streitgegenstandes unbeschieden lässt, ist fehlerhaft. Es ist ein **Urteilsergänzungsverfahren** (§ 120 VwGO) durchzuführen.¹¹¹⁰ Im Asylprozess kommt als teilweise Klagerücknahme die auf Asylanerkennung gerichtete Klage unter gleichzeitiger Aufrechterhaltung der auf die Zuerkennung der Flüchtlingseigenschaft gerichteten Klage oder die Rücknahme des auf die Asylberechtigung und Zuerkennung der Flüchtlingseigenschaft zielenden Antrags unter Aufrechterhaltung der auf die Gewährung subsidiären Schutzes gerichteten Klage oder die Rücknahme der auf die Asylberechtigung und internationalen Schutzes zielenden Klage unter Aufrechterhaltung der auf die Feststellung von Abschiebungsverboten nach § 60 Abs. 5 und 7 AufenthG gerichteten Klage in Betracht.

Nach Antragstellung in der mündlichen Verhandlung bedarf die Rücknahmeerklärung **706** der **Einwilligung des Prozessgegners** (§ 92 Abs. 1 S. 2 VwGO). Das Verfahren ist aber

---

[1100] BGH Beschl. v. 27.5.1981 – Ivb ZR 589/80, NJW 1981, 2193 (2194); Beschl. v. 26.11.1980 – Ivb ZR 592/80, NJW 1981, 576 (577); BVerwG Beschl. v. 21.3.1979 – BVerwG 6 C 10.78, BVerwGE 57, 342, 347.
[1101] BFH Beschl. v. 8.7.1969 – II R 108/66, NJW 1970, 631 (632).
[1102] BGH Beschl. v. 26.11.1980 – Ivb ZR 592/80, NJW 1981, 576 (577); aA NdsOVG Beschl. v. 4.1.2016 – 2 LA 230/15, NVwZ-RR 2016, 597 (598); OLG Hamm Beschl. v. 14.6.1976 – 2 Ws 131/76, NJW 1976, 1952.
[1103] ThürOVG Beschl. v. 24.11.2000 – 3 ZKO 530/00, AuAS 2001, 91 (92) = NVwZ-RR 2001, 411; VG Wiesbaden Beschl. v. 2.3.1995 – IX/1 E 476/91, HessVGRspr. 1995, 48; aA HessVGH Beschl. v. 6.11.1985 – 10 TE 474/85, NJW 1987, 601; BSG Urt. v. 21.7.1972 – 6 Rka 31/68, NJW 1972, 2280.
[1104] BSG Urt. v. 21.7.1972 – 6 Rka 31/68, NJW 1972, 2280.
[1105] HessVGH Beschl. v. 6.11.1985 – 10 TE 474/85, NJW 1987, 601.
[1106] BVerwG Beschl. v. 21.3.1979 – BVerwG C 10.78, BVerwGE 57, 342 (346).
[1107] VG Berlin Beschl. v. 30.3.1998, VG 35 A 3394.97; *Müller* in NK-AuslR AsylG § 74 Rn. 42.
[1108] BVerwG Beschl. v. 9.1.1985 – BVerwG 6 B 222.84, BVerwGE 57, 343 (346) = NVwZ 1985, 196 (197); BGH Urt. v. 8.7.1960 – IV ZB 201/60, BGHZ 33, 73 (76); HessVGH Beschl. v. 6.11.1985 – 10 TE 474/85, NJW 1987, 601 (602).
[1109] BFH Urt. v. 1.10.1999 – V II R 32/98, NVwZ-RR 2000, 334.
[1110] OVG NRW Beschl. v. 7.11.2007 – 1A 4015/06.A, AuAS 2007, 45 (46), mit Hinweis auf BVerwG Urt. v. 22.3.1994 – BVerwG 9 C 529.93, BVerwGE 95, 269.

im Zeitpunkt der wirksamen Erklärung der Rücknahme beendet. Die Einwilligung wirkt auf den Zeitpunkt zurück, in dem die Rücknahme wirksam erklärt wurde.[1111] Wird die Einwilligung verweigert, nimmt diese der Klagerücknahme jede Wirkung. Eine wirkungslose Prozesshandlung braucht nicht widerrufen zu werden.[1112] Aufgrund der Klagerücknahme gilt die erhobene Klage nicht als anhängig geworden (§ 173 VwGO iVm § 269 Abs. 3 S. 1 ZPO). Der angefochtene Bescheid wird bestandskräftig.[1113] Das nach Rücknahme erlassene Urteil ist nichtig. Der von der Existenz ausgehende Rechtsschein ist im Rechtsmittelverfahren zu beseitigen.[1114] Entsteht nachträglich Streit über die Wirksamkeit der Klagerücknahme, ist darüber auf Antrag durch Urteil zu entscheiden.[1115]

707 c) **Berufungsverfahren. aa) Zulassungsberufung. (1) Berufungszulassungsverfahren (§ 78 Abs. 4 und 5 AsylG). (a) Berufungszulassungsantrag.** Die Berufung findet nur statt, wenn sie auf Antrag vom Berufungsgericht zugelassen wird (§ 78 Abs. 2 S. 1 AsylG). Das Verwaltungsgericht selbst kann die Berufung nicht zulassen (§ 78 Abs. 4 S. 1 AsylG). Der Antrag ist **innerhalb eines Monats** nach Zustellung des Urteils bei diesem zu stellen. Durch richterliche Verfügung kann diese Frist nicht verlängert werden.[1116] Die Frist beginnt nicht zu laufen, wenn die **Rechtsmittelbelehrung unrichtig** ist,[1117] zB wenn ausgeführt wird, dass Berufung – statt Zulassung der Berufung – zu beantragen ist. Stellt indes bei zutreffender Belehrung der Rechtsanwalt statt des Zulassungsantrags den Antrag auf Berufung, wird das Verschulden an der Fristversäumnis dem Kläger zugerechnet.[1118] Eine Rechtsbehelfsbelehrung, die nicht auf die Möglichkeit, den Rechtsbehelf mittels elektronischen Dokuments einzulegen, hinweist, ist weder unrichtig noch irreführend.[1119] Eine auf einer vom Bundesamt **unrichtig übersetzten Rechtsbehelfsbelehrung** beruhende Fristversäumnis hat der Kläger nicht zu vertreten. Die deutsche Fassung der Belehrung hat keine Verbindlichkeit.[1120] Das Rechtsmittel ist aber verfristet, wenn der Antragsteller sich an der unzutreffenden Rechtsmittelbelehrung orientiert, die dort angegebene Fristen jedoch nicht einhält.[1121] Dagegen beginnt bei unrichtiger Belehrung zwar die Frist zu laufen. Es ist jedoch **Wiedereinsetzung** zu gewähren.

708 Der fehlende Hinweis auf **Anwaltszwang** setzt die Rechtsmittelfrist nicht in Gang,[1122] es sei denn, das Gericht kann dieses Erfordernis bei allen Beteiligten als bekannt voraussetzen.[1123] Enthält die Rechtsmittelbelehrung einen Hinweis auf den qualifizierten Vertretungszwang, muss dieser vollständig sein und insbesondere den Hinweis enthalten, dass bereits bei Einlegung des Zulassungsantrags Vertretungszwang besteht.[1124] Bei nicht ver-

---

[1111] NdsOVG Beschl. v. 3.6.2010 – 5 LB 110/10, NVwZ-RR 2010, 862.
[1112] *Mayer* MDR 1985, 373 (374).
[1113] NdsOVG Beschl. v. 10.8.1988 – 21 OVG B 423/88, NVwZ-RR 1989, 276.
[1114] ThürOVG Beschl. v. 24.11.2000 – 3 ZKO 530/00, AuAS 2001, 91 (92) = NVwZ-RR 2001, 411.
[1115] BVerwG Urt. v. 6.12.1996 – BVerwG 8 C 41.95, NJW 1997, 2897 (2898); OVG NRW Beschl. v. 7.11.1996 – 19 A 5125/96, NVwZ-RR 1998, 271 (272).
[1116] BVerwG Beschl. v. 14.4.1989 – BVerwG 4 C 52.87, NJW 1990, 1313.
[1117] BVerwG Beschl. v. 22.12.1999 – BVerwG 6 B 88/99, NVwZ-RR 2000, 325; HessVGH Beschl. v. 17.1.1983 – X TE 26/82, EZAR 633 Nr. 5; OVG NRW Beschl. v. 11.2.1998 – 25 E 960/97, NVwZ-RR 1998, 595; Beschl. v. 3.11.2004 – 13 A 3937/04.A, InfAuslR 2005, 123; OVG NRW Beschl. v. 17.5.2004 – 2 L 120/03, NVwZ-RR 2005, 578 (579); VG Darmstadt Beschl. v. 23.11.1999 – 5 G 2093/ 99.A (3), NVwZ 2000, 591; s. auch VGH MV Beschl. v. 8.9.2004 – 1 O 280/04, NVwZ-RR 2006, 77.
[1118] BVerwG Beschl. v. 5.7.1994 – BVerwG 9 C 158.94, DVBl. 1994, 1409; HessVGH Beschl. v. 9.1.2004 – 9 UZ 3444/03, NVwZ-RR 2004, 386; BayVGH Beschl. v. 4.6.1997 – 3 C 97.1147, NVwZ-RR 1998, 207; Beschl. v. 23.1.2003 – 20 ZB 02.1325, NVwZ-RR 2003, 531; OVG MV NVwZ 1998, 201.
[1119] OVG Bremen Beschl. v. 8.8.2012 – 2 A 53/12, NVwZ-RR 2012, 950 (951).
[1120] VG Stuttgart Beschl. v. 17.5.2011 – A 4 K 634/ 11, InfAuslR 2011, 311 (312) = AuAS 2011, 176.
[1121] OVG NRW Beschl. v. 3.11.2004 – 13 A 3937/04.A, InfAuslR 2005, 123.
[1122] OVG NRW Beschl. v. 11.2.1998 – 25 E 960/97, NVwZ-RR 1998, 595; VGH BW Beschl. v. 25.1.2002 – 7 S 240/02, NVwZ-RR 2002, 466; aA BayVGH Beschl. v. 6.3.1998 – 22 A 97.40040, NVwZ-RR 1998, 594.
[1123] BVerwG Beschl. v. 5.6.1988 – BVerwG 4 BN 20.98, NVwZ-RR 1998, 783.
[1124] BayVGH Beschl. v. 13.5.2002 – 11 CE 02.569, NVwZ-RR 2002, 794; Beschl. v. 14.10.2002 – 8 C 02.1574, NVwZ-RR 2003, 314.

schuldeter Fristversäumnis kann **Wiedereinsetzung** beantragt werden.[1125] Bei **offenbarer Unrichtigkeit** wird die Rechtsbehelfsbelehrung durch eine zutreffende ersetzt.[1126] In diesem Fall beginnt die Frist erst mit **Zustellung der berichtigten Rechtsmittelbelehrung** zu laufen. Gegebenenfalls muss der Rechtsmittelführer seine Rechtsmittel ändern und die Begründung an die veränderte prozessuale Situation anpassen.

Innerhalb der Begründungsfrist sind die **Zulassungsgründe darzulegen** (§ 78 Abs. 4 S. 4 AsylG; → Rn. 713 ff.).[1127] Es kann zunächst der Antrag beim Verwaltungsgericht gestellt und dieser innerhalb der Monatsfrist anschließend mit einem weiteren oder mehreren weiteren Schriftsätzen begründet werden. Maßgebend ist allein, dass innerhalb der Monatsfrist der Antrag gestellt, das angefochtene Urteil bezeichnet und der Zulassungsgrund dargelegt wird. Ist der Antrag fristgemäß und rechtswirksam beim Verwaltungsgericht gestellt, können die zur Fristwahrung ergänzenden Begründungen auch unmittelbar beim Berufungsgericht eingereicht werden. Der Zulassungsgrund muss innerhalb der Frist dem Grunde nach in einer den gesetzlichen Anforderungen genügenden Weise dargelegt werden. **Ergänzendes Vorbringen** nach Fristablauf wird dadurch nicht ausgeschlossen.[1128] Hingegen ist ein Nachschieben des oder eines weiteren Zulassungsgrundes nach Fristablauf **unzulässig** (s. aber → Rn. 711).[1129] 709

Über den Antrag entscheidet das Berufungsgericht durch Beschluss, der keiner Begründung bedarf (§ 78 Abs. 5 S. 1 AsylG). Eine mündliche Verhandlung findet nicht statt (§ 101 Abs. 3, § 125 Abs. 1 VwGO). Mit der Zurückweisung des Antrags wird das angefochtene Urteil unmittelbar rechtskräftig (§ 78 Abs. 5 S. 2 AsylG). Wird der Antrag jedoch rechtsirrtümlich in der Annahme zurückgewiesen, er sei nicht begründet worden, ist der Beschluss wegen Verletzung des Anspruchs auf Gewährleistung rechtlichen Gehörs im Wege der Selbstkontrolle aufzuheben.[1130] Der zurückweisende Beschluss bedarf zu seiner Wirksamkeit nach § 173 VwGO iVm § 329 Abs. 2 ZPO lediglich der formlosen Mitteilung an die Beteiligten und wird mit dem gerichtsinternen Vorgang der Herausgabe aus dem Gericht an die Post wirksam.[1131] Er kann nicht mit der „weiteren Beschwerde" an das BVerwG angefochten werden. Eine Beschwerde an das BVerwG ist nur in den besonderen Fällen des § 152 VwGO gegeben. Ebenso wenig kann hiergegen Gegenvorstellung erhoben werden.[1132] Wird dem Antrag stattgegeben, wird das Antrags- kraft Gesetzes als Berufungsverfahren fortgesetzt (§ 78 Abs. 5 S. 3 Hs. 1 AsylG). 710

(b) Darlegungsanforderungen. Der Zulassungsgrund ist genau zu bezeichnen. Nach der Rechtsprechung muss der Antragsteller unmissverständlich und zweifelsfrei kundtun, welcher Zulassungsgrund in Betracht kommt.[1133] Verfassungsrechtlich sei das Berufungsgericht nicht gehalten, den Ausführungen der Antragsschrift von sich aus einen denkbaren Zulassungsgrund zuzuordnen. Dies müsse insbesondere dann gelten, wenn mehrere Zulassungsgründe in Betracht kämen[1134] Dagegen ist nach der Rechtsprechung des BVerfG das 711

[1125] BVerwG Beschl. v. 2.3.1992 – BVerwG 9 B 256.91, NJW 1992, 2780 = NVwZ 1992, 1088; NVwZ 1998, 170; OVG NRW Beschl. v. 26.10.2001 – 18 B 1472/00, NVwZ-RR 2001, 484.
[1126] VGH BW Urt. v. 4.12.2003 – 2 S 2669/02, NVwZ-RR 2004, 293 (294); BayVGH Beschl. v. 6.12.2004 – 1 C 03.2374, NVwZ-RR 2006, 582 (583).
[1127] HessVGH Beschl. v. 10.12.1992 – 13 UZ 2020/92, EZAR 633 Nr. 20 = NVwZ 1993, 803.
[1128] BVerwG Beschl. v. 23.7.1997 – BVerwG 9 B 552.97, NVwZ 1997, 1209; Marx AsylG § 78 Rn. 221.
[1129] NdsOVG Beschl. v. 28.10.2008 – 6 A D 2/08, NVwZ-RR 2009, 360.
[1130] BVerwG Beschl. v. 13.12.1993 – BVerwG 9 B 501.93, NJW 1994, 674 = NVwZ 1994, 482 (nur Ls.), für die Revision.
[1131] VG Freiburg Beschl. v. 23.10.1998 – A 2 K 12231/98, NVwZ-Beil. 1999, 61 (62).
[1132] OVG Brandenburg Beschl. v. 5.10.2000 – 4 A 168/00.A, NVwZ 2001, 451.
[1133] HessVGH Beschl. v. 4.4.1997 – 12 TZ 1079/97, EZAR 625 Nr. 1 = JMBl. Hessen 1997, 768; Beschl. v. 17.1.1982 – X TE 29/82, EZAR 633 Nr. 5; OVG NRW Beschl. v. 15.11.1982 – 18 B 20044/82, EZAR 633 Nr. 1 Beschl. v. 24.1.1997 – 8 B 334/97; OVG RhPf Beschl. v. 7.3.1997 – 10 B 10670/97.OVG, AuAS 1997, 93 (94), zum Zulassungsantrag nach § 124a Abs. 1 VwGO: *Seibert* DVBl. 1997, 932; *Atzler* NVwZ 2001, 410; *Stelkens* NVwZ 2000, 155 (159).
[1134] RhPfOVG Beschl. v. 7.3.1997 – 10 B 10670/97.OVG, AuAS 1997, 93 (94); HessVGH Beschl. v. 17.1.1982 – X TE 29/82, EZAR 633 Nr. 5; OVG NRW Beschl. v. 15.11.1982 – 18 B 20044/82, EZAR 633 Nr. 1.

Berufungsgericht verpflichtet, den Zulassungsantrag angemessen zu würdigen und durch **sachgerechte Auslegung** selbständig zu ermitteln, welche Zulassungsgründe der Sache nach geltend gemacht werden und welche Einwände welchen Zulassungsgründen zuzuordnen sind. Erst dann, wenn aus einer nicht auf einzelne Zulassungsgründe zugeschnittenen Begründung auch durch Auslegung nicht eindeutig ermittelt werden kann, auf welchen Zulassungsgrund der Antrag gestützt wird, stellt dessen Zurückweisung keine unzumutbare Erschwerung des Zugangs zur Berufung dar.[1135] Die Begründung muss eine **Sichtung und rechtliche Durchdringung des Streitstoffs und ein Mindestmaß der Geordnetheit des Vortrags** erkennen lassen. Dabei verlangt Darlegen – im allgemeinem Sprachgebrauch iSv „erläutern" und „erklären" – ein **Mindestmaß an Klarheit, Verständlichkeit und Übersichtlichkeit der Ausführungen.**[1136]

712 Der Antrag muss deutlich machen, auf welchen **Klagegegenstand er** sich bezieht. Andernfalls besteht die Gefahr, dass die nicht ausdrücklich angegriffenen Entscheidungen über geltend gemachte Ansprüche in Rechtskraft erwachsen. **Im Zweifel** hat das Berufungsgericht jedoch davon auszugehen, dass der Zulassungsantrag sich auf die Gesamtheit der Streitgegenstände bezieht, es sei denn, der Antragsteller beschränkt den Antrag ausdrücklich auf einen bestimmten Klagegegenstand oder die Beschränkung folgt aus der Natur des geltend gemachten Zulassungsgrundes. Insbesondere bei der Grundsatz- und Divergenzberufung kann eine derartige Beschränkung in Betracht kommen. Hingegen dürfte ein geltend gemachter Verfahrensfehler sich in aller Regel auf alle Klagegegenstände beziehen. Ist das Urteil auf **mehrere selbständig tragende Gründe** gestützt, wird die Berufung nur zugelassen, wenn im Zulassungsantrag hinsichtlich jedes dieser Gründe ein Zulassungsgrund geltend gemacht wird und dieser auch besteht.[1137] Ist aber die mehrfache Begründung im angefochtenen Urteil nicht kumulativ, sondern alternativ, genügt es für einen erfolgreichen Zulassungsantrag, wenn für eine der beiden Gründe ein Zulassungsgrund geltend gemacht wird.[1138] Die Berufung kann auch dann zugelassen werden, wenn ein Zulassungsgrund nur hinsichtlich einer Begründung vorliegt, diese jedoch eine Rechtskraftwirkung entfaltet, die über jene der anderen Begründungen hinausreicht und damit den Antragsteller belastet.[1139] Werden während des Zulassungsantragsverfahrens **Erledigungserklärungen** abgegeben, wird das Verfahren entsprechend § 92 Abs. 3 S. 1 VwGO eingestellt und entsprechend § 269 Abs. 3 S. 1 ZPO die Unwirksamkeit der erstinstanzlichen Entscheidung festgestellt.[1140]

713 (2) Zulassungsgründe (§ 78 Abs. 3 AsylG). Der vorgegebene Umfang des Beitrags erlaubt nur eine kursorische Behandlung der Grundsatz- und Divergenzrüge. Von den Revisionsgründen des § 138 VwGO wird nur die Gehörsrüge erörtert.

714 (a) **Grundsatzberufung (§ 78 Abs. 3 Nr. 1 AsylG).** Die Grundsatzrüge setzt voraus, dass eine bislang höchstrichterlich oder obergerichtlich nicht geklärte Frage aufgeworfen wird, die von verallgemeinerungsfähiger Bedeutung und entscheidungserheblich ist, also über den zu entscheidenden Fall hinausgeht und im Interesse der **Einheitlichkeit der Rechtsprechung** oder der Fortentwicklung des Rechts berufungsgerichtlicher Klärung zugänglich ist und dieser Klärung auch bedarf. Es sind also die **konkrete Grundsatzfrage,** deren **Klärungsbedürftigkeit** und **Entscheidungserheblichkeit** zu bezeichnen.

[1135] BVerfG Beschl. v. 20.12.2010 – 1 BvR 2011/10, NVwZ 2011, 546 (548).
[1136] BVerwG Beschl. v. 23.11.1994 – 9 B 362.95, EZAR 634 Nr. 2.
[1137] BVerwG Beschl. v. 13.6.1977 – BVerwG IV B 13.77, BVerwGE 54, 99 (100 f.); Beschl. v. 10.6.1992 – BVerwG 9 B 176.91; OVG NRW Beschl. v. 5.11.1991 – 22 A 3120/91 A, EZAR 633 Nr. 18 zu § 32 II Nr. 2 AsylVfG 1982; OVG LSA Beschl. v. 30.9.1998 – A 2 52/96, NVwZ-Beil. 1999, 57; OVG MV Beschl. v. 11.4.2000 – 2 L 5/00, NVwZ-Beil. 2000, 93; BayVGH Beschl. v. 30.10.2003 – 1 ZB 01.1961, NVwZ-RR 2004, 391; aA HessVGH Beschl. v. 12.6.1995 – 12 UZ 1178/95, EZAR 631 Nr. 39, 5; HessVGH Beschl. v. 31.7.1997 – 12 UZ 1609/97.A, NVwZ-RR 1998, 203 (204).
[1138] NdsOVG Beschl. v. 2.12.2003 – 2 LA 382/03, AuAS 2004, 45 (46).
[1139] BVerwG Beschl. v. 20.12.2016 – BVerwG 3 B 38.16, NVwZ-RR 2017, 266.
[1140] NdsOVG Beschl. v. 11.6.2007 – 7 LA 10/07, NVwZ-RR 2007, 826.

Die Grundsatzberufung erstreckt sich auch auf ungeklärte **Tatsachenfragen**.[1141] Das prozessuale Problem besteht hierbei aber darin, eine präzise Grenzlinie zwischen der tatsächlichen Grundsatzfrage einerseits und der nicht rügefähigen auf den konkreten Einzelfall bezogenen Rechtsanwendung (**Einzelfallwürdigung**) andererseits zu ziehen. Bei der Bezeichnung des Klärungsbedarfs ist zu bedenken, dass eine Antragszurückweisung mangels Klärungsbedarfs nur dann gerechtfertigt ist, wenn eine grundsätzliche Frage **zweifelsfrei** beantwortet werden kann und **nicht** bereits dann, wenn bestimmte mit dieser im Zusammenhang stehende Tatsachen **offenkundig** sind.[1142] Vereinzelt wird die Berufung nicht zugelassen, wenn die für klärungsbedürftig erachtete Rechtsfrage bereits im Rahmen des Zulassungsverfahrens behandelt werden kann und es nicht ersichtlich ist, dass sich für die Beantwortung dieser Rechtsfrage im Berufungsverfahren neue Erkenntnisse ergeben könnten.[1143] Dadurch wird jedoch der Zugang zur Berufung in einer unzumutbaren, aus Sachgründen nicht gerechtfertigten Weise erschwert und Art. 19 Abs. 4 GG verletzt.[1144] Das Zulassungsantragsverfahren hat nicht die Aufgabe, das Berufungsverfahren vorwegzunehmen. An die Begründung des Zulassungsantrags dürfen deshalb nicht dieselben Anforderungen gestellt werden wie an die spätere Berufungsbegründung.[1145] Das Erfordernis der Klärungserwartung hat bei der Grundsatzberufung eine ähnliche Funktion wie das Beruhenserfordernis bei der Divergenzberufung. Eine Klärung der Rechtsfrage ist insbesondere dann nicht zu erwarten, wenn sie lediglich in einer **Hilfsbegründung** des angefochtenen Urteils erörtert worden ist, die Hauptbegründung dagegen die Zulassung nicht rechtfertigt, weil sie mit der höchstrichterlichen Rechtsprechung übereinstimmt.[1146]

Eine **nachträgliche Klärung** der zunächst klärungsbedürftigen Frage führt nicht ohne Weiteres zur Unbegründetheit des Zulassungsantrags, **verengt** vielmehr die Prüfungsreichweite auf die Frage, ob sich das angefochtene Urteil in dem von einem Gericht höherer Instanz nachträglich gesteckten Rahmen hält.[1147] Bei Rechtssätzen wird die ursprünglich als klärungsbedürftig angesehene Frage als geklärt angesehen, wenn diese durch das BVerwG entschieden worden ist. Unstrittig ist auch, dass jedenfalls eine Entscheidung des BVerfG einer rechtlichen wie tatsächlichen Frage jeden weiteren Klärungsbedarf unter ansonsten gleichbleibenden Verhältnissen nimmt.[1148] Hat das zuständige Berufungsgericht eine Frage tatsächlicher Art grundsätzlich geklärt, können neuere tatsächliche Entwicklungen sowie neue, in der Grundsatzentscheidung nicht berücksichtigte Erkenntnisquellen **erneuten Klärungsbedarf** anzeigen und damit eine erneute Überprüfung der bereits entschiedenen Grundsatzfrage nahelegen. Es ist jedoch unter Benennung genügender Anhaltspunkte und Erkenntnisquellen darzulegen, dass bedeutsame, bisher vom Berufungsgericht nicht berücksichtigte Aspekte einer Klärung zugeführt werden können.[1149]

Im umgekehrten Fall der **nachträglichen Divergenz** wird die in zulässiger Form erhobene Grundsatzrüge auch ohne Erfüllung der Bezeichnungsanforderungen wegen Divergenz zugelassen, wenn der Zulassungsantrag ursprünglich wegen grundsätzlicher Bedeutung gerechtfertigt war, dieser Zulassungsgrund aber nachträglich durch eine divergierende Entscheidung des BVerwG oder des zuständigen Berufungsgerichts entfallen

715

716

[1141] BVerwG Beschl. v. 31.7.1984 – BVerwG 9 C 46.84, BVerwGE 70, 24 = NVwZ 1985, 159 = InfAuslR 1985, 119.
[1142] BVerfG Beschl. v. 5.10.1995 – 2 BvR 825/95, NVwZ-Beil. 1996, 10.
[1143] HessVGH Beschl. v. 30.5.1997 – 12 UZ 4900/96.A, EZAR 633 Nr. 30.
[1144] BVerfG Beschl. v. 12.5.2008 – 2 BvR 378, InfAuslR 2008, 263 nicht abgedruckt; *Marx* AsylG Vor § 78 Rn. 249.
[1145] BVerfG Urt. v. 23.6.2000 – 1 BvR 830/00, NVwZ 2000, 1163 (1164).
[1146] *Pietzner* in Schoch VwVO § 132 Rn. 53.
[1147] *Höllein* ZAR 1989, 109 (110).
[1148] Vgl. BVerwG Beschl. v. 19.5.1987 – BVerwG 9 C 184.86, BVerwGE 77, 258 (260 f.) = EZAR 200 Nr. 19 = NVwZ 1987, 228 = InfAuslR 1987, 228.
[1149] HessVGH Beschl. v. 6.2.1997 – 13 UZ 1895/95; HessVGH Beschl. v. 14.4.1997 – 13 UZ 459/96.A; Beschl. v. 21.3.1996 – 9 A 6474/95.A; Beschl. v. 21.3.1996 – 9 A 5490/95.A; OVG NRW Beschl. v. 21.3.1996 – 9 A 317/96.A.

ist.[1150] Hat die aufgeworfene Frage aber weder für die streitige Entscheidung noch für künftige Entscheidungen der Instanzgerichte in **„Altfällen"** Bedeutung, kann im Rechtsmittelverfahren die aufgezeigte Divergenz nicht berichtigt und damit auch der ihretwegen geforderte Beitrag zur Rechtseinheit nicht geleistet werden.[1151] Ebenso wie „nachgewachsene" entscheidungserhebliche Tatsachen Zweifel an der Richtigkeit des angefochtenen Urteils begründen oder zerstreuen können, können auch während des Zulassungsverfahrens eingetretene **Rechtsänderungen** dessen Richtigkeit in Frage stellen oder bestätigen.[1152] Diese auf den Zulassungsgrund des § 124 Abs. 2 Nr. 1 VwGO bezogene Begründung wird auch auf die Grundsatzrüge angewendet[1153] und gilt deshalb auch für die Divergenzrüge.

717 Die Grundsatzfrage muss **entscheidungserheblich** sein. Die grundsätzliche Bedeutung einer Rechts- oder Tatsachenfrage eröffnet deshalb nur dann den Weg zur Berufung, wenn die Frage, so wie sie im Antrag aufgeworfen wird, für das angefochtene Urteil entscheidungserheblich war. Es muss jedoch nicht von vornherein zu allen möglichen eventuell entscheidungserheblichen Fragen unabhängig davon Stellung genommen werden, ob sie nach der Urteilsbegründung von Bedeutung waren.[1154] Stellt das Berufungsgericht auf eine vom Verwaltungsgericht nicht herangezogene Begründung ab und will es deshalb die Entscheidungserheblichkeit der aufgeworfenen Frage verneinen, darf es den Antrag nur dann zurückweisen, wenn die alternative Begründung auf der Hand liegt und nicht selbst auf einen Zulassungsgrund führt, indem sie etwa ihrerseits grundsätzlich klärungsbedürftige Fragen aufwirft.[1155] Es begründet auch eine **Gehörsverletzung,** wenn das Berufungsgericht vor seiner Entscheidung dem Rechtsmittelführer keine Gelegenheit zur Stellungnahme zu der in Aussicht genommenen alternativen Begründung gewährt.[1156]

718 Grundsätzlich zielt die Grundsatzrüge aus Anlass des konkreten Einzelfalls auf die grundsätzliche Klärung verallgemeinerungsfähiger Fragen, deren Bedeutung für die Wahrung der Einheitlichkeit der Rechtsprechung sowie der Rechtsfortbildung nicht davon abhängig ist, ob im Einzelfall das **Sachvorbringen glaubhaft** ist. Hat der Einzelfall **Auslöserfunktion** für die Prüfung und Klärung genereller Fragen, kann es unter dem Gesichtspunkt der Entscheidungserheblichkeit derartiger Fragen nicht entscheidend auf die Art und Weise des Sachvorbringens im Einzelfall ankommen. Jedenfalls kann nicht mit dem pauschalen Hinweis auf die Unglaubhaftigkeit der Angaben des Antragstellers die Entscheidungserheblich-

---

[1150] BVerfG Urt. v. 26.1.1993 – 2 BvR 1059/92, NVwZ 1993, 465 (466); Beschl. v. 7.5.1998 – 2 BvR 2125/97, InfAuslR 1999, 36; Beschl. v. 21.1.2000 – 2 BvR 2125/97, InfAuslR 2000, 308 (310) = NVwZ-Beil. 2000, 34 = EZAR 633 Nr. 38; HessVGH Beschl. v. 12.3.1998 – 13 UZ 3003/97, NVwZ-Beil. 1998, 111 L; Beschl. v. 11.3.1997 – 13 UZ 1941/96.A; VGH BW Beschl. v. 13.12.1994 – A 13 S 2638/94, InfAuslR 1995, 84; Beschl. v. 26.4.2004 – A 2 S 172/02, AuAS 2004, 176; Beschl. v. 12.2.1993 – A 16 S 2244/92; BayVGH Beschl. v. 21.5.1993 – 6 CZ 92.30906; OVG NRW Beschl. v. 26.11.1996 – 25 A 794/96; ThürOVG Beschl. v. 30.7.1997 – 3 ZO 209/96; so auch *Berlit* in GK-AsylVfG § 78 Rn. 186; s. auch *Günther* DVBl. 1998, 678.
[1151] VGH BW Beschl. v. 26.4.2004 – A 2 S 172/02, AuAS 2004, 176 (177), mit Hinweis auf BVerwG Beschl. v. 23.4.1996 – BVerwG 11 B 96.95, NVwZ 1996, 1010.
[1152] VGH BW Beschl. v. 6.3.2003 – 8 S 393/03, NVwZ-RR 2003, 607; OVG NRW Beschl. v. 12.1.1998 – 10 A 4078/97, NVwZ 1998, 754; HessVGH Beschl. NVwZ 2000, 85; OVG RhPf NVwZ 1998, 302; OVG RhPf Beschl. v. 16.2.1998 – 2 A 11966/97, NVwZ 1998, 1094 (1095); OVG Hamburg Beschl. v. 17.2.1998 – Bs VI 105/97, NVwZ 1998, 863; aA VGH BW Beschl. v. 15.7.1997 – 1 S 1640/97, NVwZ 1998, 199; BayVGH Beschl. v. 28.9.2000 – 1 ZB 00.2488, NVwZ-RR 2001, 117; HessVGH Beschl. v. 23.4.2001 – 8 UZ 3098/00, NVwZ-RR 2002, 235; OVG NRW Beschl. v. 5.11.1999 – 15 A 2923/99, NVwZ 2000, 334; s. auch BayVGH Beschl. v. 13.8.2003 – 14 A 3337/01, NVwZ-RR 2004, 78.
[1153] OVG NRW Beschl. v. 12.1.1998 – 10 A 4078/97, NVwZ 1998, 754.
[1154] BVerfG Beschl. v. 16.5.2007 – 2 BvR 1782/04, mit Hinweis auf Beschl. v. 15.8.1994 – 2 BvR 719/93, InfAuslR 1995, 15 (17); Beschl. v. 2.3.2006 – 2 BvR 767/02, NVwZ 2006, 683 (684); Urt. v. 23.2.2007 – 1 BvR 2368/06, DVBl. 2007, 497 (498); Urt. v. 23.6.2000 – 1 BvR 839/00, NVwZ 2000, 1163 (1164); BVerwG Beschl. v. 10.3.2004 – 7 AV 4/03, NVwZ-RR 2004, 542 (543).
[1155] BVerfG Beschl. v. 16.5.2007 – 2 BvR 1782/04, mit Hinweis auf OVG Berlin Beschl. v. 18.9.1998 – 8 N 45/98, NVwZ 1998, 1318 (1319).
[1156] BVerfG Beschl. v. 16.5.2007 – 2 BvR 1782/04; Beschl. v. 2.3.2006 – 2 BvR 767/02, NVwZ 2006, 683 (684), mit Verweis auf BVerwG Beschl. v. 13.11.2003 – 5 C 41/03, NVwZ-RR 2004, 542 (543); Urt. v. 23.6.2000 – 1 BvR 839/00, NVwZ 2000, 1163 (1164).

keit der aufgeworfenen Frage verneint werden. Vielmehr muss gerade das Sachvorbringen, das Auslöser für diese Frage ist, vom Verwaltungsgericht als unglaubhaft bewertet worden sein.[1157]

(b) Divergenzberufung (§ 78 Abs. 3 Nr. 2 AsylG). Nach § 78 Abs. 3 Nr. 2 AsylG ist die Berufung zuzulassen, wenn das Urteil des Verwaltungsgerichtes von einer Entscheidung des Oberverwaltungsgerichtes, des BVerwG, des Gemeinsamen Senates der Obersten Gerichtshöfe des Bundes oder des BVerfG abweicht und auf dieser Abweichung beruht. Die Divergenzrüge dient der **Wahrung** bzw. **Sicherung der Einheitlichkeit der Rechtsprechung** in der Auslegung bestimmter Rechtsvorschriften. Die mit ihr eröffnete Möglichkeit bildet nur einen Unterfall der Grundsatzrüge.[1158] Nicht Einzelfallgerechtigkeit, sondern die Verhinderung der Entwicklung unterschiedlicher Rechtsgrundsätze im Instanzenzug ist demnach das Ziel der Eröffnung der Berufung. Die Divergenz- unterscheidet sich von der Grundsatzrüge nur dadurch, dass bei ersterer bereits eine Grundsatzrechtsprechung existiert, die Zulassung wegen grundsätzlicher Bedeutung also nicht mehr erfolgen kann und die Gefährdung der Rechtseinheit nur durch das spezielle Instrument der Divergenzzulassung abzuwehren ist, erforderlichenfalls in jedem Fall der Abweichung.[1159] Weil der Anwendungsbereich der Divergenz enger ist und sie grundsätzlich **nicht der Fortentwicklung des Rechts** dient, also **nicht in die Zukunft gerichtet** ist, sondern nur die Abwehr divergierender Entscheidungen von Rechtsgrundsätzen zum Ziel hat, ist sie die **schwächste Form der Rüge.**

Die Abweichung muss grundsätzlicher Art sein. Das ist nur der Fall, wenn im angefochtenen Urteil ein Grundsatz rechtlicher oder tatsächlicher Art aufgestellt wird, der in Widerspruch zu einem Grundsatz steht, den ein divergenzfähiges Gericht aufgestellt hat.[1160] Zunächst ist daher die Bezeichnung des maßgeblichen abstrakten Grundsatzes rechtlicher oder tatsächlicher Art im angefochtenen Urteil und sodann die Darlegung erforderlich, dass der von einem divergenzfähigen Gericht aufgestellte Grundsatz die Entscheidung trägt. Anschließend ist darzulegen, dass im angefochtenen Urteil ein diesem Grundsatz widersprechender Grundsatz aufgestellt wird. Daran schließt sich die Darlegung an, dass eine objektive Divergenz vorliegt und das angefochtene Urteil auf der Divergenz beruht. Grundlage für die Rüge können nur die schriftlichen Entscheidungsgründe, nicht aber die mündlich mitgeteilten Gründe bilden.[1161] Die Ausführungen in der Antragsschrift dürfen sich nicht in der bloßen Wiedergabe eigener tatsächlicher und rechtlicher Feststellungen des Verwaltungsgerichts erschöpfen, ohne herauszuarbeiten, dass in diesen ein bestimmter, das angefochtene Urteil tragender abstrakter Grundsatz zum Ausdruck kommt. Die Darlegung muss so präzise sein, dass das Berufungsgericht die sich gegenüberstehenden abstrakten Grundsätze ohne weiteren Interpretationsaufwand erkennen und darüber hinaus den Ausführungen des Antrags ohne Weiteres zu entnehmen vermag, aus welchen näheren Gründen das Verwaltungsgericht mit dem von ihm aufgestellten Grundsatz von der Rechtsprechung eines divergenzfähigen Gerichts abgewichen ist.[1162] Die Divergenzberufung kann in Konsequenz der Ausweitung der Grundsatzberufung auf Tatsachenfragen auch auf tatsächliche Fragen grundsätzlicher Natur gestützt werden.[1163]

Zu den **divergenzfähigen Gerichten** gehören das zuständige OVG, das BVerwG, der Gemeinsame Senat der Obersten Gerichtshöfe des Bundes und das BVerfG. In Betracht kommt eine Divergenz in Ansehung aller Senate des zuständigen Berufungsgerichtes wie auch des BVerwG, und zwar unabhängig davon, ob diese für Asylrecht zuständig sind. Die

---

[1157] *Marx* AsylG § 78 Rn. 63 f.
[1158] HessVGH Beschl. v. 26.6.1998 – 6 UZ 592/98.A, EZAR 633 Nr. 36.
[1159] HessVGH Beschl. v. 26.6.1998 – 6 UZ 592/98.A, EZAR 633 Nr. 36.
[1160] BVerwG Beschl. v. 19.10.1983 – BVerwG 1 B 134.83, InfAuslR 1984, 13 (14).
[1161] VGH BW Beschl. v. 2.11.1998 – A 12 S 644/98, NVwZ 1999, 669 = AuAS 1999, 95 (96).
[1162] HessVGH Beschl. v. 14.1.1998 – 13 UZ 4132/97.A, NVwZ 1998, 303 (304).
[1163] BVerwG Beschl. v. 31.7.1984 – 9 C 46.84, BVerwGE 70, 24 (26) = EZAR 633 Nr. 9 = NVwZ 1985, 199 = InfAuslR 1985, 119.

Divergenz kann auch auf die Abweichung von einer Kammerentscheidung des BVerfG gestützt werden.[1164] Die Abweichung des angefochtenen Urteils von einer Entscheidung des OVG/VGH eines anderen Bundeslandes rechtfertigt die Zulassung der Berufung nicht.[1165] Liegt aber divergierende Rechtsprechung anderer Oberverwaltungsgerichte zu Rechts- wie Tatsachenfragen vor, kann die Zulassung der Berufung wegen grundsätzlicher Bedeutung in Betracht kommen.[1166] Steht die angefochtene Entscheidung in Übereinstimmung mit der Rechtsprechung des übergeordneten Berufungsgerichts, weicht dieses aber in einer entscheidungserheblichen Frage von der Rechtsprechung des BVerwG ab, kann die Divergenzrüge erhoben werden. Die Grundsatzrüge wird hingegen in einem derartigen Fall für unzulässig angesehen.[1167] Dem kann nicht gefolgt werden. Besteht zwischen dem zuständigen Berufungsgericht und dem Revisionsgericht Divergenz in einer entscheidungserheblichen Frage, besteht stets Klärungsbedarf. Die Abweichung des angefochtenen Urteils in einer entscheidungserheblichen Frage von einer Entscheidung des BGH ist kein Zulassungsgrund.[1168] Weder im Hinblick auf Art. 3 Abs. 1 GG noch mit Blick auf Art. 101 Abs. 1 S. 2 GG ist eine Rechtsmittelzulassung wegen Divergenz zu einem **fachfremden** obersten Bundesgericht, erst recht nicht in der Berufungsinstanz, verfassungsrechtlich geboten. Ergibt sich im Blick auf fachfremde Revisionsgerichte, wie etwa BGH, BSG, BAG, BFH, eine Abweichung, kann aber eine Grundsatzrüge in Betracht kommen. Insbesondere formelle prozessuale oder verfahrensrechtliche Fragen, wie etwa Rechtsprobleme der Zustellung, der Wiedereinsetzung und des Prozesskostenhilferechts, können hier Grundsatzfragen aufwerfen. Die Zulassung der Berufung wegen einer Divergenz zur Rechtsprechung des EGMR scheidet von vornherein aus.[1169] Das gilt auch für die Divergenz zu einer Entscheidung des EuGH. Hierfür ist das Vorabentscheidungsersuchen (Art. 267 AEUV) vorgesehen.

722 Ein **divergierender Grundsatz** ist nicht aufgezeigt, wenn der Antragsteller sich lediglich auf die ständige Rechtsprechung eines divergenzfähigen Gerichts zu einer bestimmten Frage beruft und dabei als Beispiele bestimmte Entscheidungen anführt.[1170] Die divergierende Entscheidung ist grundsätzlich mit Datum und Aktenzeichen zu bezeichnen. Das Unterlassen der genauen obergerichtlichen Entscheidung – mit Datum und Aktenzeichen – ist jedoch unschädlich, wenn sich aus dem angefochtenen Urteil mit hinreichender Deutlichkeit die divergierende Entscheidung ergibt.[1171] Die **Form** der divergierenden Entscheidung ist **unerheblich**.[1172] Sie kann auch in Form eines Beschlusses (vgl. § 130a VwGO) ergangen und muss auch nicht in allgemein zugänglichen juristischen Fachzeitschriften oder amtlichen Sammlungen veröffentlicht worden sein. Auf ein lediglich als **Pressemitteilung** bekanntes Urteil kann die Rüge aber nicht gestützt werden.[1173] Das BVerfG erachtet es aber für eine ähnliche Verfahrenskonstellation für zulässig, dass der Antragsteller innerhalb der

---

[1164] AA HessVGH Beschl. v. 28.2.1994 – 12 UZ 2554/93, EZAR 633 Nr. 23 = NVwZ-RR 1995, 56; VGH BW Beschl. v. 13.12.1994 – A 13 S 2638/94, InfAuslR 1995, 84 (85) = NVwZ-Beil. 1995, 27; aA BVerwG Beschl. v. 1.12.2000 – BVerwG 9 B 492.00; HessVGH Beschl. v. 17.1.1996 – 10 UZ 3881/95, NVwZ-Beil. 1996 43 (44) = InfAuslR 1996, 186, 141; ebenso Berlit in GK-AsylVfG § 78 Rn. 195; wohl auch HessVGH Beschl. v. 27.2.1995 – 12 UZ 381/94, Prüfung einer Divergenz von BVerfG Beschl. v. 3.4.1992 – 2 BvR 1837/91, InfAuslR 1993, 176.
[1165] OVG Bremen Beschl. v. 5.1.1983 – OVG 2 B 136/82, InfAuslR 1983, 86; SchlHOVG Beschl. v. 7.6.1991 – 4 L 186/91, NVwZ 1992, 200; OVG NRW Beschl. v. 29.3.2004 – 11 A 1123/03.A, AuAS 2004, 115 (117); NdsOVG Beschl. v. 24.5.1996 – 13 L 2957/96; so auch Höllein ZAR 1989, 109 (110); Berlit in GK-AsylVfG § 78 Rn. 199 ff.; s. auch BVerfG Beschl. v. 31.3.1994 – 2 BvR 211/94, NVwZ-Beil. 1994, 27.
[1166] ThürOVG Beschl. v. 17.6.1997 – 3 ZKO 217/97, NVwZ 1998, 194.
[1167] Berlit in GK-AsylVfG § 78 Rn. 201.
[1168] BVerfG Beschl. v. 20.2.1985 – 2 BvR 128/85, DVBl. 1985, 566 = NJW 1986, 658 (nur Ls.).
[1169] Vgl. BVerwG Beschl. v. 26.2.1997 – BVerwG 1 B 5.97, für § 132 Abs. 2 Nr. 2 VwGO.
[1170] HessVGH Beschl. v. 21.3.2000 – 12 UZ 4014/99.A, EZAR 633 Nr. 39.
[1171] HessVGH Beschl. v. 21.7.1993 – 10 UZ 868/93, NVwZ-RR 1994, 237 (238) = AuAS 1993, 261.
[1172] NdsOVG Beschl. v. 1.10.1993 – 8 L 2546/93.
[1173] HessVGH Beschl. v. 14.1.1998 – 13 UZ 4132/97.A, NVwZ 1998, 303 (304); NdsOVG Beschl. v. 10.8.1994 – 8 L 4793/94.

Rechtsmittelfrist das zuständige Gericht darauf hinweist, dass ohne Kenntnis der divergenzfähigen Entscheidung die Rüge nicht in der erforderlichen Weise begründet werden kann und er sich diese Entscheidung nicht habe beschaffen können.[1174]

Die abweichende Grundsatzentscheidung muss **verbindlich** getroffen, dh es muss über eine Rechts- oder Tatsachenfrage sachlich entschieden worden sein.[1175] Hieran fehlt es häufig in Entscheidungen über den vorläufigen Rechtsschutz, über die Bewilligung von Prozesskostenhilfe sowie bei **obiter dicta** oder bloßen Hinweisen auf die weitere Sachbehandlung.[1176] Bei einem für die Rechtsentwicklung bedeutsamen obiter dictum oder Hinweis kann aber die Zulassung der Grundsatzberufung in Frage kommen.[1177] Umstritten ist, ob ein die Berufung oder Revision zulassender Beschluss eine divergenzfähige Entscheidung darstellt.[1178] Grundsätzlich kann eine Divergenz nur zu einem Grundsatz in einer **abschließenden Sachentscheidung** bestehen, sodass Entscheidungen, mit denen Rechtsmittel zugelassen werden, nicht in Betracht kommen. Nicht divergenzfähig sind darüber hinaus Ausführungen in einem Vorlagebeschluss an das BVerfG oder den EuGH oder nicht das Urteil tragende Hilfserwägungen. Zur Berufungszulassung führt nur eine Abweichung von einer **noch aktuellen Rechtsprechung.** Daher greift die Divergenzrüge nicht durch, wenn der divergierende Grundsatz inzwischen ausdrücklich oder stillschweigend aufgegeben wurde, er also **nachträglich als überholt** anzusehen ist.[1179] Ebenso wenig kommt eine Berufungszulassung in Betracht, wenn das von dem Rechtsmittelführer bezeichnete divergierende Urteil des übergeordneten Berufungsgerichts im Revisionsverfahren aufgehoben worden ist.[1180] Insbesondere bei **Tatsachensätzen** entfällt die Divergenz, wenn sich seit der obergerichtlichen Entscheidung, in der ein bestimmter Grundsatz aufgestellt wurde, die tatsächlichen Verhältnisse **nicht nur unwesentlich geändert** haben und das Verwaltungsgericht seine abweichende Bewertung der Verfolgungssituation unter Bezeichnung der neu herangezogenen Erkenntnismittel auf diese Veränderungen ausdrücklich stützt.[1181]

Der Antragsteller hat darzulegen, dass das angefochtene Urteil bei **objektiver Betrachtung** von dem bezeichneten abstrakten Grundsatz eines divergenzfähigen Gerichts abweicht[1182] und dieser sich **unmittelbar** aus dem angefochtenen Urteil ergibt. Eine weitere Sachaufklärung darf also nicht erforderlich sein. In dem Antrag sind deshalb die bezeichnete obergerichtliche oder höchstrichterliche Rechtsprechung und die Rechtsprechung in dem angegriffenen Urteil nebeneinanderzustellen und anschließend konkret aufzuzeigen, welche Frage das Verwaltungsgericht abweichend von der obergerichtlichen oder höchstrichterlichen Rechtsprechung entschieden hat. Die Fälle, in denen das Verwaltungsgericht ausdrücklich und bewusst von einem abstrakten Grundsatz abweicht, sind selten. Der abstrakte Grundsatz muss im angefochtenen Urteil aber nicht ausdrücklich ausgesprochen sein.[1183] Diesem muss aber erkennbar eine Ansicht zugrunde liegen, die dem aufgestellten Grundsatz widerspricht.[1184] Eine Divergenz im rechtlichen Bereich kann nicht festgestellt

---

[1174] BVerfG Urt. v. 3.10.1989 – 1 BvR 1245/88, BVerfGE 81, 22 (27 f.) = NVwZ 1990, 551 (552).
[1175] NdsOVG Beschl. v. 1.10.1993 – 8 L 2546/93.
[1176] OVG Berlin Beschl. v. 17.9.1997 – 8 N 28/97, NVwZ 1998, 200 (201); OVG NRW Beschl. v. 29.3.2004 – 11 A 1223/03.A, AuAS 2004, 115 (117); *Pietzner* in Schoch VwGO § 132 Rn. 81.
[1177] *Berlit* in GK-AsylVfG § 78 Rn. 163; aA *Pietzner* in Schoch VwGO § 132 Rn. 81, für das Revisionsrecht.
[1178] Dafür HessVGH Beschl. v. 21.3.2000 – 12 UZ 4014/99.A, EZAR 633 Nr. 39; dagegen Beschl. v. 15.6.1999 – 10 UZ 1052/99.A, InfAuslR 1999, 480 (481); OVG NRW Beschl. v. 27.3.2000 – 21 A 590/99.A.
[1179] NdsOVG Beschl. v. 1.10.1993 – 8 L 2546/93; HessVGH Beschl. v. 19.7.2000 – 5 UZ 2128/96.A, AuAS 2000, 251 (252); OVG NRW Beschl. v. 1.7.1999 – 14 A 4481/94.A.
[1180] HessVGH Beschl. v. 12.3.1998 – 13 UZ 3003/97.A, NVwZ-Beil. 1998, 111.
[1181] HessVGH Beschl. v. 19.7.2000 – 5 UZ 2128/96.A, AuAS 2000, 251 (252).
[1182] BVerfG Beschl. v. 13.3.1993 – 2 BvR 1988/92, InfAuslR 1993, 229 (235) = InfAuslR 1993, 300 (303); HessVGH Beschl. v. 10.12.1992 – 11 C 92.33203, EZAR 630 Nr. 30.
[1183] VGH BW Beschl. v. 19.6.1996 – A 16 S 8/96.
[1184] HessVGH Beschl. v. 14.10.1987 – 12 TE 1770/84 – ESVGH 38, 236 = EZAR 633 Nr. 13; Beschl. v. 20.10.1987 – 12 TE 1385/86, ESVGH 38, 238; Beschl. v. 10.12.1992 – 11 C 92.33202, EZAR 633 Nr. 30; Beschl. v. 13.6.1986 – 10 TE 862/86; Beschl. v. 4.11.1987 – 12 TE 3435/86; Beschl. v. 19.1.1999 – 12 UZ 4189/98.A, AuAS 1999, 113 (114).

werden, wenn das Verwaltungsgericht gegen den aufgestellten Rechtssatz dadurch verstößt, dass es diesen stillschweigend übergeht oder übersieht, den Sachverhalt nicht im erforderlichen Umfang aufklärt, eine rechtlich gebotene Prüfung unterlässt oder den Sachverhalt fehlerhaft würdigt[1185] und damit Rechtsgrundsätze unzutreffend auslegt oder anwendet.[1186]

725 Das angefochtene Urteil muss in den tragenden Entscheidungsgründen auf einer abweichenden Ansicht **beruhen**, es muss **mindestens die Möglichkeit** bestehen, dass das Verwaltungsgericht auch ohne den gerügten Rechtsverstoß zu einem anderen Ergebnis gekommen wäre, dh zu einer dem Rechtsmittelführer sachlich günstigeren Entscheidung hätte gelangen können.[1187] Hat indes der Einzelfall lediglich **Auslöserfunktion** für die Prüfung und Klärung genereller Fragen, kann es auch bei der Divergenzrüge nicht entscheidend auf die Art und Weise des Sachvorbringens im Einzelfall ankommen. Vielmehr muss gerade das Sachvorbringen, das Auslöser für diese Frage ist, vom Verwaltungsgericht als unglaubhaft bewertet worden sein. Besteht die naheliegende Möglichkeit, dass das Berufungsgericht die angefochtene Entscheidung aus anderen Gründen als das Verwaltungsgericht bestätigt, ist die Divergenzfrage unter Umständen nicht entscheidungserheblich. Zur ordnungsgemäßen Darlegung der Divergenz muss sich der Antrag in einem derartigen Fall deshalb mit der Frage auseinandersetzen und schlüssig dartun, dass auch das Berufungsgericht die bezeichnete Entscheidung, von der abgewichen worden sein soll, im künftigen Berufungsverfahren seiner Entscheidung wird zugrunde legen müssen.[1188] Es ist aber nicht die Aufgabe des Berufungsgerichts im Zulassungsverfahren, unabhängig von den es insoweit bindenden Feststellungen des Verwaltungsgerichts über diese hinwegzugehen und dem angefochtenen Urteil einen Inhalt zu geben, den es nicht hat. Hier besteht stets die Möglichkeit einer günstigeren Entscheidung.[1189]

726 (c) **Gehörsrüge nach § 78 Abs. 3 Nr. 3 AsylG iVm § 138 Nr. 3 VwG.** Die Rüge der Verletzung rechtlichen Gehörs muss hinreichend deutlich zum Ausdruck bringen, durch welche gerichtlichen Verfahrensweisen im Einzelnen der Gehörsanspruch des Antragstellers verletzt worden ist. Einer ausdrücklichen Benennung der Vorschriften des Art. 103 Abs. 1 GG und § 138 Nr. 3 VwGO bedarf es unter diesen Umständen nicht.[1190] Die Voraussetzungen der Gehörsrüge sind im Lichte des verfassungsrechtlichen Grundsatzes des Gehörs nach Art. 103 Abs. 1 GG und seinem einfachgesetzlichen Ausdruck in § 108 Abs. 1 und 2 VwGO zu bestimmen. Danach hat das Verwaltungsgericht tatsächliches und rechtliches Sachvorbringen der Beteiligten zwar zur Kenntnis zu nehmen, in Erwägung zu ziehen und in seiner Entscheidung zu verarbeiten. Es ist jedoch nicht gehalten, sich mit jedem Vorbringen in den Entscheidungsgründen ausdrücklich zu befassen.[1191] Ein Verstoß gegen Art. 103 Abs. 1 GG ist deshalb erst dann anzunehmen, wenn **besondere Umstände**

[1185] BVerwG Beschl. v. 10.7.1995 – BVerwG 9 B 18.95, InfAuslR 1996, 29 (30); HessVGH Beschl. v. 14.10.1987 – 12 TE 1770/84, ZAR 633 Nr. 13; Beschl. v. 13.6.1986 – 10 TE 862/86, NJW 1986, 3042; Beschl. v. 10.12.1992 – 11 C 92.33203, EZAR 633 Nr. 30; VGH BW Beschl. v. 19.6.1996 – A 16 S 8/96; wohl auch BVerfG Beschl. v. 7.11.1994 – 2 BvR 1375/94, InfAuslR 1995, 126 (129) = NVwZ-Beil. 1995, 9.
[1186] HessVGH Beschl. v. 12.6.1995 – 12 UZ 1178/95, EZAR 631 Nr. 39; Beschl. v. 4.11.1994 – 12 U Z1548/94; Beschl. v. 27.5.1995 – 12 UZ 381/94; Beschl. v. 14.1.1997 – 10 UZ 3236/94.A.
[1187] BVerfG Beschl. v. 12.11.1998 – 2 BvR 1838/98, NVwZ-Beil. 1999, 11; Beschl. v. 1.10.1987 – 2 BvR 1434/86, BVerwGE 77, 65 (68); BVerwG Beschl. v. 10.6.1992 – BVerwG 9 B 176.91; HessVGH Beschl. v. 14.1.1998 – 13 UZ 4132/97.A, NVwZ 1998, 303 (305); Beschl. v. 21.3.1996 – 9 A 6474/95.A; OVG NRW Beschl. v. 21.3.1996 – 9 A 317/96.A; *Pietzner* in Schoch VwGO § 132 Rn. 78; *Berlit* in GK-AsylVfG § 78 Rn. 203.
[1188] *Kummer,* Die Nichtzulassungsbeschwerde, 2. Aufl. 2010, Rn. 168.
[1189] BVerfG Beschl. v. 1.10.1998 – 2 BvR 1328/96, NVwZ-Beil. 1999, 10.
[1190] HessVGH Beschl. v. 24.2.1994 – 12 UZ 2865/93, InfAuslR 1994, 245 (246) = AuAS 1994, 166.
[1191] BVerfG Beschl. v. 3.12.1961 – 2 BvR 4/61, BVerfGE 13, 132 (149); Beschl. v. 5.10.1976 – 2 BvR 558/75, BVerfGE 42, 364 (368); Beschl. v. 1.2.1978 – 1 BvR 426/77, BVerfGE 47, 182 (187); Urt. v. 3.4.1979 – 1 BvR 733/78, BVerfGE 51, 126 (129); BVerwG Beschl. v. 1.10.1993 – BVerwG 6 P 7.91, NVwZ-RR 1994, 298; HessVGH Beschl. v. 24.2.1994 – 12 UZ 2865/93, InfAuslR 1994, 245 = AuAS 1994, 166.

deutlich ergeben, dass im Einzelfall das wesentliche Vorbringen eines Beteiligten entweder überhaupt nicht zur Kenntnis genommen oder doch bei der Entscheidung ersichtlich nicht erwogen worden ist.[1192] Grundsätzlich geht das BVerfG aber davon aus, dass die Gerichte das von ihnen entgegengenommene Parteivorbringen zur Kenntnis genommen und in Erwägung gezogen haben.[1193] Die Feststellung, wann im Einzelnen davon ausgegangen werden kann, dass das Verwaltungsgericht in prozessordnungswidriger Weise Sachvorbringen nicht zur Kenntnis genommen hat, ist deshalb im Einzelfall häufig schwierig zu treffen.[1194] Geht es jedoch auf den **wesentlichen Kern des Tatsachenvortrags** des Klägers zu einer Frage, die für das Verfahren von **zentraler Bedeutung** ist, in den Entscheidungsgründen nicht ein, lässt dies auf die Nichtberücksichtigung des Vortrags schließen, sofern er nicht nach dem **Rechtsstandpunkt des Gerichts** unerheblich oder aber offensichtlich unsubstanziiert ist.[1195]

Aus der fehlenden Erörterung von Teilen des Vorbringens muss mithin der Schluss gezogen werden können, dass diese nicht erwogen worden sind. Dies ist der Fall, wenn Tatsachen oder Tatsachenkomplexe übergangen werden, deren **Entscheidungserheblichkeit sich aufdrängt**.[1196] Beim **abgelehnten Beweisantrag** ist aufzuzeigen, dass der Beweisantrag gestellt wurde, was insbesondere die Mitteilung der aufgestellten Beweisbehauptung (Beweisthema) und des für diese angebotenen Beweismittels erfordert. Zudem ist darzulegen, dass das Beweisthema nach der Auffassung des Verwaltungsgerichts entscheidungserheblich und das angebotene Beweismittel zur Klärung der unter Beweis gestellten Tatsachenbehauptung tauglich gewesen ist. Schließlich ist in Auseinandersetzung mit den Entscheidungsgründen darzulegen, dass die Ablehnung im Prozessrecht keine Stütze findet.[1197] Im Zulassungsantrag muss insbesondere deutlich werden, dass nicht lediglich eine **inhaltlich unrichtige Tatsachenfeststellung und Beweiswürdigung** dargelegt wird, die zwar ernstliche Zweifel an der Richtigkeit des Urteils begründen können, auf die aber anders als nach § 124 Abs. 2 Nr. 1 VwGO nach § 78 Abs. 3 AsylG der Antrag nicht gestützt werden kann. Das Recht auf Gehör gibt dem Beteiligten grundsätzlich keine verfahrensrechtliche Handhabe gegen eine **unzureichende Verwertung** des festgestellten Tatsachenmaterials. Daher kann anders als beim Zulassungsgrund der „ernstlichen Zweifel", mit dem Fehler in der Sachverhalts- und Beweiswürdigung, also dem materiellem Recht zuzuordnende Fehler, geltend gemacht werden können, derartige Urteilsmängel im Asylprozess nicht gerügt werden,[1198] Ein Fehler bei der Sachverhalts- und Beweiswürdigung betrifft ebenso wie die unrichtige Gesetzesauslegung den **inneren Vorgang der richterlichen Rechtsfindung,** nicht den **äußeren Verfahrensgang**.[1199]

Die Gehörsrüge setzt nicht stets voraus, dass in der mündlichen Verhandlung ein Beweisantrag gestellt wurde. Vielmehr kann sie auch auf die **Verletzung der Vorhaltepflicht** gestützt werden. Bei Unstimmigkeiten und Widersprüchen im klägerischen Sachvortrag besteht zwar grundsätzlich keine Verpflichtung des Gerichts, von sich aus Nachforschungen

---

[1192] BVerfG Beschl. v. 2.12.1969 – 2 BvR 320/69, BVerfGE 27, 248 (251 f.); Beschl. v. 1.2.1978 – 1 BvR 426/77, BVerfGE 47, 182 (187 f.); Urt. v. 3.4.1979 – 1 BvR 733/78, BVerfGE 51, 126 (129); Beschl. v. 22.11.1983 – 2 BvR 399/81, BVerfGE 65, 293 (295 f.); Beschl. v. 8.10.1985 – 1 BvR 33/83, BVerfGE 70, 288 (293); Beschl. v. 19.5.1992 – 1 BvR 986/91, BVerfGE 86, 133 (145 f.).
[1193] BVerfG Beschl. v. 10.6.1975 – 2 BvR 1086/74, BVerfGE 40, 101 (104 f.); Beschl. v. 1.2.1978 – 1 BvR 426/77, BVerfGE 47, 182 (187); Beschl. v. 19.5.1992 – 1 BvR 986/91, BVerfGE 86, 133 (146); Beschl. v. 16.7.1997 – 2 BvR 570/96, NVwZ-Beil. 1998, 1 (2).
[1194] BVerfG Beschl. v. 5.10.1976 – 2 BvR 558/75, BVerfGE 42, 364 (368).
[1195] BVerfG Beschl. v. 19.5.1992 – 1 BvR 986/91, BVerfGE 86, 133 (146); Beschl. v. 5.10.1976 – 2 BvR 558/75, NVwZ-Beil. 1998, 1 (2).
[1196] BVerwG Beschl. v. 1.10.1993 – BVerwG 6 B 7.91, NVwZ-RR 1994, 298.
[1197] HessVGH Beschl. v. 10.7.2007 – 7 UZ 422/07, AuAS 2008, 59.
[1198] BVerwG Beschl. v. 2.11.1995 – BVerwG 9 B 710.94, NVwZ-RR 1996, 359 = EZAR 634 Nr. 1; BVerfG Beschl. v. 4.4.1991 – 2 BvR 1497/90, InfAuslR 1991, 262 (263); zur verfassungsrechtlichen Überprüfung der fachgerichtlichen Feststellungen zu Glaubhaftigkeitszweifeln s. BVerfG Beschl. v. 12.10.2000 – 2 BvR 941/99, NVwZ-Beil. 2001, 17.
[1199] BVerwG Beschl. v. 2.11.1995 – BVerwG 9 B 710.94, NVwZ-RR 1996, 359.

durch weitere Fragen anzustellen und begründet dementsprechend die Tatsache, dass in der mündlichen Verhandlung nicht ausdrücklich auf bestimmte tatsächliche Gesichtspunkte eingegangen wurde, die in der Entscheidung maßgeblich verwertet werden, noch keine Gehörsverletzung. Ob das Gericht bedenken muss, dass der Kläger Unstimmigkeiten und Zweifel ausräumen kann, ist vom bisherigen Sachvorbringen abhängig. Hat er im bisherigen Verfahren und auch im Rahmen der informatorischen Befragung die wesentlichen Tatsachenkomplexe in sich stimmig und widerspruchsfrei vorgetragen, zwingt die **gerichtliche Fürsorgepflicht** dazu, ihn darauf hinzuweisen, dass aus Sicht des Gerichts entscheidungserhebliche Tatsachenkomplexe noch offen sind und der Aufklärung durch ihn bedürfen. Anders verhält es sich, wenn es nur zu bestimmten einzelnen Sachverhaltspunkten ermittelt. In diesem Fall darf der Kläger darauf schließen, dass es entscheidungserheblich nur auf diese Tatsachen ankommt. Schließt es unter diesen Voraussetzungen im Rahmen der freien Beweiswürdigung aufgrund von als entscheidungserheblich eingeschätzten Tatsachenangaben, die nicht Gegenstand der Befragung waren, auf die fehlende Glaubhaftigkeit der Tatsachen insgesamt, verletzt es das rechtliche Gehör.[1200] Dieses wird ferner verletzt, wenn es den Kläger **mit einer Beweiswürdigung überrascht,** mit der dieser nach dem bisherigen Verfahrensverlauf nicht zu rechnen brauchte. Auch wenn es etwa in den Entscheidungsgründen die vom Kläger in der mündlichen Verhandlung geschilderten **Foltererlebnisse** als unglaubhaft bewertet, ohne in dieser seine Zweifel an dem Sachvortrag zu äußern, verletzt es den Anspruch des Klägers auf rechtliches Gehör.[1201]

729 Die Gehörsrüge setzt voraus, dass im erstinstanzlichen Verfahren die nach Lage der Sache **gegebenen prozessualen Möglichkeiten ausgeschöpft** wurden, um sich das rechtliche Gehör zu verschaffen.[1202] Die entsprechenden Anforderungen dürfen jedoch **nicht überspannt** werden.[1203] Insbesondere kommt hier dem **Beweisantrag** eine besondere Bedeutung zu. Aus der Gehörsrüge muss deutlich werden, dass dieser ordnungsgemäß gestellt wurde. Dies erfordert die Mitteilung der jeweils aufgestellten Beweisbehauptung (Beweisthema) und des für sie jeweils angebotenen Beweismittels, ferner die Darlegung der Entscheidungserheblichkeit des Beweisthemas aus der rechtlichen Sicht des Verwaltungsgerichts und die Tauglichkeit des Beweisthemas (→ Rn. 666). Schließlich muss in Auseinandersetzung mit dem von diesem in der mündlichen Verhandlung oder in den Urteilsgründen angegebenen Gründen für die Beweisablehnung dargelegt werden, dass die Ablehnung des Beweisantrags prozessual nicht ordnungsgemäß war.[1204] Soweit die Berufung trotz dargelegten Gehörsverstoßes mit der Begründung nicht zugelassen wird, der Gehörsverstoß beziehe sich nicht auf andere das Urteil tragende Feststellungen,[1205] wird verkannt, dass die Auswirkungen eines Gehörsverstoßes auf die einzelnen gerichtlichen Feststellungen jedenfalls nicht jeweils mit der gebotenen Präzision im Zulassungsverfahren identifiziert werden können. Schließlich muss grundsätzlich dargelegt worden sein, dass in der mündlichen Verhandlung **Gegenvorstellung** erhoben wurde. Andererseits wird dieser Ansicht entgegengehalten, dass die Annahme einer solchen generellen Rügeobliegenheit – außerhalb im Einzelfall gegebener Korrekturmöglichkeiten gerichtlicher Pannen, Irrtümer oder Missverständnisse bei Ablehnung eines Beweisantrages – eine unzumutbare, aus Sachgründen

---

[1200] OVG Brandenburg Beschl. v. 9.4.1999 – 2 A 158/97.A, EZAR 631 Nr. 50, 3 = DÖV 2000, 300.
[1201] OVG Hamburg Beschl. v. 28.6.1993 – OVG Bs 54/93, AuAS 1993, 223.
[1202] BVerfG Beschl. v. 10.2.1987 – 2 BvR 314/86, BVerfGE 74, 220 (225); Beschl. v. 02.05 1995 – 2 BvR 611/95, NVwZ-Beil. 1995, 57; Beschl. v. 29.12.1983 – BVerwG 9 C 68.83, InfAuslR 1984, 89 (90); Beschl. v. 16.10.1984 – BVerwG 9 C 67.83, EZAR 610 Nr. 25; BVerwG Beschl. v. 3.7.1992 – BVerwG 8 C 58/90, NJW 1992, 3185 (3186); Beschl. v. 9.12.1994 – BVerwG 6 B 32.94, NJW 1995, 799 (780); OVG Hamburg Beschl. v. 15.2.1993 – OVG Bs V 6/93, AuAS 1993, 80; ThürOVG Beschl. v. 18.9.1996 – 3 ZO 397/95, EZAR 633 Nr. 28; HessVGH Beschl. v. 13.1.1994 – 12 UZ 2930/93, EZAR 633 Nr. 22; aA OVG NRW Beschl. v. 13.7.1983 – 19 B 20827/83, InfAuslR 1984, 22 (23); NdsOVG Beschl. v. 30.5.1996 – 12 L 2401/96, NVwZ-Beil. 1996, 67 (69); VGH BW Beschl. v. 28.6.1996 – A 12 S 3288/95, AuAS 1996, 251 (252).
[1203] BVerfG Beschl. v. 2.5.1995 – 2 BvR 611/95, NVwZ-Beil. 1995, 57.
[1204] HessVGH Beschl. v. 10.7.2007 – 7 UZ 422/07, AuAS 2008, 59.
[1205] NdsOVG Beschl. v. 5.9.2007 – 7 LA 42/07, NVwZ-RR 2008, 142.

nicht mehr zu rechtfertigende Erschwernis für die Beschreitung des eröffneten Rechtsweges (Art. 19 Abs. 4 GG) darstelle.[1206]

Zwar wird die Gehörsrüge den absoluten Revisionsgründen zugeordnet, sodass an sich keine besonderen Ausführungen zum **Beruhenserfordernis** erforderlich sind. Die herrschende Ansicht legt für den Asylprozess bei der Gehörsrüge jedoch die zu § 132 Abs. 2 Nr. 3 VwGO entwickelten Darlegungsanforderungen zugrunde. Allerdings ist es in den Fällen, in denen bereits mit der Bezeichnung der Gehörsverletzung dargelegt wird, dass durch die gerichtliche Verfahrensweise das Sachvorbringen abgeschnitten wurde, nicht möglich, hypothetische Tatsachen vorzutragen, um die Möglichkeit einer anderweitigen Entscheidung darzutun. Konnte sich der Rechtsmittelführer zu dem Prozessstoff insgesamt, also dem Gesamtergebnis des Verfahrens iSv § 108 Abs. 1 S. 1 VwGO nicht äußern, weil das Gericht prozessordnungswidrig ohne **mündliche Verhandlung** entschieden hat oder wenn diese zwar durchgeführt wurde, es die Teilnahme des Klägers an ihr oder dessen Äußerung in ihr aber gänzlich verhindert hat, so wurde hierdurch die Möglichkeit, zur Sache vorzutragen, unmöglich gemacht. Eine eingeschränkte Darlegungslast kann sich auch daraus ergeben, dass dem Beteiligten in rechtswidriger Weise bis zum Ablauf der Rechtsmittelfrist die begehrte **Akteneinsicht** nach § 100 VwGO verweigert worden ist.[1207] Beim abgelehnten Beweisantrag ist mit der Bezeichnung der Tatsachen, die zur Substanziierung des Beweisthemas vorgetragen worden sind, zugleich auch die Basis für die erforderliche Hypothese dargelegt. In all diesen Fällen bedarf es zur Geltendmachung des Gehörsverstoßes nicht der Darlegung etwaigen weiteren Vorbringens bei ordnungsgemäßer Verfahrensweise des Gerichts. Denn der Verfahrensverstoß beruht ja gerade auf der Nichtberücksichtigung entscheidungserheblichen Vorbringens.[1208] Wird eine in der mündlichen Verhandlung prozessordnungswidrig begründete Ablehnung eines Beweisantrags in den schriftlichen Entscheidungsgründen durch eine prozessordnungsgemäße Begründung ersetzt, ist aber eine Gehörsrüge nur schlüssig erhoben, wenn der Rechtsmittelführer darlegt, wie er sich auf die ihm erst durch das Urteil bekannt gewordenen prozessordnungsgemäßen Ablehnungsgründe erklärt hätte, wäre sein in der mündlichen Verhandlung gestellter Beweisantrag vorab mit der im Urteil gegebenen Begründung abgelehnt worden.[1209]

bb) Berufungsverfahren (§ 79 AsylG, §§ 125 bis 130b VwGO). Wird die Berufung zugelassen, bedarf es keiner besonderen Einlegung einer Berufung (§ 78 Abs. 5 S. 3 Hs. 2 AsylG). Es ist aber der erforderliche Antrag – also Antrag auf Aufhebung des verwaltungsgerichtlichen Urteils unter gleichzeitiger Verpflichtung der Bundesrepublik Deutschland zum Erlass des begehrten Statusbescheides und auf Feststellung von Abschiebungsverboten – innerhalb der einmonatigen Begründungsfrist zu stellen. Die einmonatige Begründungsfrist (§ 124a Abs. 3 S. 1 VwGO) ist zu beachten.[1210] Sie kann auf Antrag verlängert werden. Die Verlängerung ist auch ohne Unterschrift des Vorsitzenden wirksam.[1211] Dies gilt nicht, wenn im Zeitpunkt des Verlängerungsantrags die Frist bereits abgelaufen war.[1212] Will das Berufungsgericht die Berufung auf den geltend gemachten Zulassungsgrund oder einen von mehreren geltend gemachten Klagegegenständen einschränken, muss es dies hinreichend deutlich machen. Es ist an seine Zulassungsentscheidung gebunden und nicht befugt, nach Zulassung der Berufung durch weiteren Beschluss die Berufung nicht zuzulassen.[1213] Ist für das Antragsverfahren Prozesskostenhilfe bewilligt worden, braucht für das Berufungsverfahren

---

[1206] VerfGH Berlin Beschl. v. 19.12.2006 – VerfGH 45/06, AuAS 2007, 47; SächsOVG Beschl. v. 26.5.2005 – 3 B 16/02.A, NVwZ-RR 2006, 741 = AuAS 2006, 129 (130 f.).
[1207] OVG NRW Beschl. v. 7.11.2006 – 1 A 4015/06.A, AuAS 2007, 45 (46).
[1208] HessVGH Beschl. v. 13.1.1994 – 12 UZ 2330/93, EZAR 633 Nr. 22, S. 9; VGH BW Beschl. v. 14.1.1997 – A 13 S 2325/96, EZAR 610 Nr. 34.
[1209] OVG NRW Beschl. v. 25.4.2002 – 8 A 1530/02.A, AuAS 2002, 212 (213).
[1210] BVerwG Beschl. v. 30.6.1998 – BVerwG 9 C 6.98, BVerwGE 107, 117 (118 f.).
[1211] BGH Urt. v. 6.4.2017 – III ZR 368/16, AnwBl 2017, 786.
[1212] BGH Urt. v. 29.3.2017 – XII ZB 576/16, AnwBl 2017, 785, mwH.
[1213] BVerwG Beschl. v. 27.5.1988 – BVerwG 9 CB 19.88, NVwZ 1989, 249 (250).

nicht erneut Antrag auf deren Bewilligung gestellt werden.[1214] Wegen der im Vergleich zum Revisionsverfahren anders gearteten Funktion des Berufungsverfahrens findet § 137 Abs. 3 VwGO weder unmittelbar noch mittelbar auf das Berufungsverfahren Anwendung. Das Berufungsgericht prüft den Streitfall im gleichen Umfang wie das Verwaltungsgericht innerhalb des Berufungsantrags (§ 128 S. 1 VwGO) und berücksichtigt auch neu vorgebrachte Tatsachen und Beweismittel (§ 128 S. 2 VwGO).[1215] Es darf die Sache nicht an das Verwaltungsgericht zurückverweisen (§ 79 Abs. 2 AsylG).[1216]

732 **d) Eilrechtsschutz im Asylprozess.** Bedeutung hat der Eilrechtsschutz im Asylprozess insbesondere bei der Abschiebungsanordnung nach § 34a Abs. 1 AsylG **(Dublin-Verfahren)**, der Ablehnung eines Asylantrags als **unzulässig** (§ 29 AsylG), **offensichtlich unbegründet** (§§ 30, 29a AsylG) sowie der Weigerung, ein weiteres Verfahren **(Folgeantrag)** durchzuführen (§ 71 AsylG). Der Eilrechtsschutz nach § 33 AsylG wird hier nicht behandelt. Hier kann der Kläger ohnehin bis zum Ablauf von neun Monaten nach Erlass der Einstellungsverfügung den Wiederaufnahmeantrag nach § 33 Abs. 5 S. 2 AsylG stellen, sodass das Asylverfahren fortgesetzt wird und die Aufenthaltsgestattung weiterhin Geltung hat. Die anfangs strittige Frage, ob deshalb ein Rechtsschutzbedürfnis für den Eilrechtsschutzantrag besteht, hat das BVerfG bejaht.[1217] In allen asylrechtlichen Eilrechtsschutzverfahren ist die Beschwerde ausgeschlossen (§ 80 AsylG).

733 **aa) Eilrechtsschutz im Dublin-Verfahren (§ 34a Abs. 2 AsylG).** Wird der Asylantragsteller an den zuständigen Mitgliedstaat verwiesen, erlässt das Bundesamt die **Abschiebungsanordnung** nach § 34a Abs. 1 AsylG. Hiergegen kann er beim zuständigen Verwaltungsgericht **innerhalb einer Woche** nach Bekanntgabe **Klage** und **Anordnung der aufschiebenden Wirkung** nach § 80 Abs. 5 VwGO beantragen (§ 34a Abs. 2 S. 1 AsylG). Der Antrag bewirkt nach § 34a Abs. 2 S. 2 AsylG ein **gesetzliches Vollstreckungshindernis**. Wird die Wochenfrist versäumt, kann **Antrag auf Wiedereinsetzung** gestellt werden. Da Prüfungsgegenstand allein die Abschiebungsanordnung ist, kann grundsätzlich nur die **isolierte Anfechtungsklage** erhoben werden.[1218] § 34a Abs. 2 S. 2 AsylG dürfte nicht unmittelbar Anwendung finden, analog § 80 Abs. 5 VwGO kann aber beantragt werden festzustellen, dass die Klage gegen die Abschiebungsanordnung Suspensiveffekt hat.[1219] Die Frist beginnt nicht mit Zustellung an den Verfahrensbevollmächtigten, sondern bereits mit der an den Antragsteller (§ 31 Abs. 1 S. 5 AsylG) zu laufen. § 36 Abs. 3 und 4 AsylG finden keine Anwendung, sodass weder die dort geregelten gerichtlichen Entscheidungsfristen noch die Präklusionsregelungen noch die Anforderungen an die gerichtliche Prüfung und Entscheidung anwendbar sind. Vielmehr ist über den Antrag nach § 80 Abs. 5 VwGO nach allgemeinen verwaltungsprozessualen Grundsätzen und nicht nach Maßgabe des Begriffs ernstlicher Zweifel zu entscheiden.[1220] Wurde die aufschiebende Wirkung der Klage angeordnet, kann im Berufungsverfahren nach deren Ablauf deren Fortdauer gemäß § 80b Abs. 2 VwGO beantragt werden.[1221]

[1214] BVerwG Beschl. v. 29.11.1994 – BVerwG 11 Kst1.94, NVwZ-RR 1995 (545), zum revisionsrechtlichen Beschwerde- und anschließenden Revisionsverfahren.
[1215] BVerwG Beschl. v. 31.7.1984 – BVerwG 9 C 46.84, BVerwGE 70, 24 (25).
[1216] BVerwG Beschl. v. 7.2.1997 – BVerwG 9 C 11.96, DVBl. 1997, 907 (908); *Marx* AsylG § 79 Rn. 16 ff.
[1217] BVerfG Beschl. v. 20.7.2016 – 2 BvR 1385/16 juris Rn. 8; so auch VG Augsburg Urt. v. 17.3.2017 – Au 3 K 6.32041, AuAS 2017, 118 (119); VG München Beschl. v. 21.3.2017 – M 21 S 17.30204, AuAS 2017, 116 (117); *Heusch* in BeckOK AuslR AsylG § 33 Rn. 40.
[1218] BVerwG Beschl. v. 27.10.2015 – BVerwG 1 C 32.14, 1 C 34.14, BVerwGE 153, 162 (165) = NVwZ 2016, 154 (155) = InfAuslR 2016, 64; OVG LSA Urt. v. 2.10.2013 – 3 L 643/12; OVG NRW, 7.3.2014 – 1 A 21/21.A, AuAS 2014, 118; HessVGH Beschl. v. 17.11.2015 – 4 A 2117/14.Z.A, *Heusch/Haderlein/Schönbroicher*, Das neue Asylrecht, 2016, Rn. 283, 299.
[1219] *Marx* AsylG § 34a Rn. 24, die Kommentarliteratur behandelt diese Frage nicht.
[1220] VG Braunschweig Beschl. v. 28.10.2013 – 7 B 185/13, InfAuslR 2014, 35; VG Lüneburg Beschl. v. 25.10.2013 – 4 B 57/13, InfAuslR 2014, 36; VG Hannover Beschl. v. 22.11.2013 – 1 B 7403/13; VG Minden Beschl. v. 19.11.2013 – 10 L 705/13.A, BeckRS 2014, 55989.
[1221] BVerwG Beschl. v. 9.8.2016 – BVerwG 1 C 6.16, BVerwGE 156, 9 Rn. 18 = NVwZ 2016, 1492.

Grundsätzlich kann nur die Nichtberücksichtigung **verwandtschaftlicher Beziehun-** 734
gen (Art. 9 bis 12 VO (EU) 604/2013) oder der Abhängigkeit des Antragstellers von der
Betreuung hier lebender Verwandter iSd Art. 16 Abs. 1 VO (EU) 604/2013 geltend gemacht werden. Ebenso kann sich ein **unbegleiteter Minderjähriger** (Art. 8 VO (EU)
604/2013) gegen seine Abschiebung in den zuständigen Mitgliedstaat wehren.[1222] Umstritten ist, ob eine Berufung auf das **Selbsteintrittsrecht** (Art. 17 Abs. 1 VO (EU) 604/2013)
zulässig ist. Eine drittschützende Wirkung der Nichtbeachtung abstrakter Zuständigkeitskriterien (Art. 12 bis 15 VO (EU) 604/2013 wird verneint. Dies gilt nicht, wenn im
zuständigen Mitgliedstaat **systemische Mängel** im Asylverfahren oder bei den Aufnahmebedingungen bestehen.[1223] Die Beschränkung auf derartige Mängel hindert aber im konkreten Einzelfall im Eilrechtsschutzverfahren nicht, gegen die Überstellung einen „besonders ernsten Gesundheitszustand" geltend zu machen.[1224] Der EuGH hat darüber hinaus
hervorgehoben, dass die in Art. 3 Abs. 2 UAbs. 2 VO (EU) 603/2013 bezeichneten
systemischen Schwachstellen es generell nicht ausschließen, im Einzelfall drohende tatsächliche Gefahren iSv Art. 3 EMRK bei der Überstellung zu berücksichtigen und sich hierauf
im Eilrechtsschutzverfahren zu berufen.[1225]

Darüber hinaus kann sich der Antragsteller darauf berufen, dass er nicht über seine 735
Rechte und Pflichten im Rahmen des persönlichen Gesprächs zutreffend belehrt worden
ist.[1226] Die Rechtsprechung hat unter Berufung auf *Abdullahi* jahrelang bestritten, dass der
Ablauf der Ersuchens- und Überstellungsfrist im Eilrechtsschutzverfahren geltend
gemacht werden kann,[1227] allerdings eine Berufung auf die Zuständigkeit des um Schutz
ersuchten Mitgliedstaates zugelassen, wenn die (Wieder-)Aufnahmebereitschaft des ersuchten Mitgliedstaates nicht positiv feststeht.[1228] Der EuGH hat entschieden, dass ein Antragsteller sich im Eilrechtsschutzverfahren auch dann auf den Ablauf der Ersuchensfrist berufen
kann, wenn der zuständige Mitgliedstaat ihn aufnehmen will.[1229] Der EuGH hat diese
Grundsätze am Beispiel der Ersuchensfrist entwickelt. Kurz darauf hat er entschieden, dass
sie auch auf die Überstellungsfrist Anwendung finden.[1230] Schließlich kann er im Eilrechtsverfahren bereits vor der Abschiebungsanordnung bestehende wie auch nachträglich eintretende **inlandsbezogene Vollstreckungshemmnisse** geltend machen.[1231] Die Über-

---

[1222] EuGH Urt. v. 6.6.2013 – C-648/11, NVwZ-RR 2013, 735 Rn. 35.
[1223] EuGH Urt. v. 21.12.2011 – C-411/10, C-493/10, NVwZ 2012, 417 Rn. 99 ff.; EuGH Urt. v. 14.11.2013 – Rs. C-4/11, Rn. 30; *Hailbronner/Thym* NVwZ 2012, 406; *Marx* NVwZ 2012, 409.
[1224] EuGH Urt. v. 16.2.2017 – C-578/16, NVwZ 2017, 691 Rn. 59, 65, 68, mit Bezugnahme auf EGMR Urt. v. 13.12.2016, InfAuslR 2017, 108 = EZAR NF 65 Nr. 8.
[1225] EuGH Urt. v. 16.2.2017 – C-578/16, NVwZ 2017, 691 Rn. 92.
[1226] EuGH Urt. v. 7.6.2016 – C-63/15, NVwZ 2016, 1157 Rn. 51; Urt. v. 7.6.2016 – C-155/15, NVwZ 2016, 1155 Rn. 22; BVerfG Beschl. v. 17.1.2017 – 2 BvR 2013/16, InfAuslR 2017, 207 Rn. 20; so bereits *Marx* NVwZ 2014, 198 (199).
[1227] BVerwG Beschl. v. 27.10.2015 – BVerwG 1 C 32.14, 1 C 33,14, 1 C 34,14, BVerwGE 153, 162) = NVwZ 2016, 15; Beschl. v. 9.8.2016 – BVerwG 1 C 6.16, BVerwGE 156, 9 (18) Rn. 22 = NVwZ 2016, 1492; VGH BW Urt. v. 26.2.2014 – A 3 S 698/13; HessVGH Beschl. v. 25.8.2014 – 2 A 976/14.A, AuAS 2014, 247, 248; NdsOVG Beschl. v. 9.10.2015 – 8 LA 146/15, InfAuslR 2016, 35 (36); VG Stuttgart Urt. v. 28.2.2014 – A 12 K 383/14, BeckRS 2014, 48881; *Thym* NVwZ 2013, 130 (131).
[1228] BVerwG Beschl. v. 9.8.2016 – BVerwG 1 C 6.16, BVerwGE 156, 9 Rn. 23 = NVwZ 2016, 1492 Rn. 23; Urt. v. 27.4.2016 – BVerwG 1 C 24.15, NVwZ 2016, 1495 Rn. 20.
[1229] EuGH Urt. v. 26.7.2017 – Rs. C-670/16, NVwZ 2017, 1601 Rn. 49.
[1230] EuGH Urt. v. 25.10.2017 – Rs. C 201/16, NVwZ 2018, 43 Rn. 40, 43, 46 – Shiri.
[1231] BVerfG Beschl. v. 17.9.2014 – 2 BvR 991/14, InfAuslR 2014, 449 (450); OVG MV Beschl. v. 29.11.2004 – 2 M 299/04; OVG Hamburg Beschl. v. 3.12.2010 – 4 Bs 223/10; VGH BW Beschl. v. 31.5.2011 – A 11 S 1523/11, InfAuslR 2011, 310 (311); NdsOVG Beschl. v. 2.5.2012 – 13 MC 22/12, Asylmagazin 2012, 254 (255); VG Düsseldorf Beschl. v. 30.10.2007 – 21 K 3831/07.A; VG Weimar Beschl. v. 11.12.2009 – 7 E 20173/09 We; VG Trier Beschl. v. 5.3.2013 – 5 L 971/11.TR; VG Düsseldorf Beschl. v. 4.4.2013 – 27 L 2497/12.A; VG Weimar Beschl. v. 11.12.2009 – 7 E 20173/09 We; aA VG Hamburg Beschl. v. 2.3.2010 – 15 AE 44/10; VG Düsseldorf Beschl. v. 12.5.2010 – 13 L 761/10; VG Trier Beschl. v. 30.7.2013 – 1 L 891/13.TR; s. auch BVerfG Beschl. v. 22.2.2017 – 2 BvR 392/17, InfAuslR 2017, 187 (188), allgemeinen zu den Risiken, welche bei der Abschiebung gesundheitsgefährdeter Personen zu beachten sind.

stellung darf dann nur vollzogen werden, wenn feststeht, dass nach Ankunft im Zielstaat die medizinische Versorgung gesichert ist.[1232]

736 bb) **Eilrechtsschutz bei qualifizierter Antragsablehnung nach §§ 29a, 30 AsylG.**
Lehnt das Bundesamt den Asylantrag als offensichtlich unbegründet (§ 30 Abs. 1 bis 3 AsylG) oder deshalb ab, weil der Antragsteller aus einem sicheren Herkunftsland kommt und er die gegen ihn sprechende Regelvermutung – wie zumeist – nicht widerlegen konnte (§ 29a AsylG), erlässt es eine **Abschiebungsandrohung** nach § 34 Abs. 1 AsylG in Verbindung mit einer Ausreisefrist von einer Woche (§ 36 Abs. 1 AsylG). Hiergegen kann der Antragsteller beim zuständigen Verwaltungsgericht zwecks Sicherstellung seines Aufenthaltsrechts für das weitere Verfahren Klage erheben und Antrag auf Anordnung der aufschiebenden Wirkung nach § 80 Abs. 5 VwGO innerhalb einer Woche stellen (§ 36 Abs. 3 S. 1 AsylG). Bei rechtzeitiger Antragstellung wird die Abschiebung bis zum rechtskräftigen Abschluss des Eilrechtsschutzverfahrens ausgesetzt (§ 36 Abs. 3 S. 8 AsylG). Wird die Frist versäumt, wird die Abschiebungsandrohung vollziehbar. Die Klageanträge sind wie im normalen Verfahren zu stellen. Gegenstand des Eilrechtsschutzes ist die Abschiebungsandrohung nach § 34 Abs. 1 AsylG. Anknüpfungspunkt der richterlichen Prüfung und Entscheidung im Eilrechtsschutzverfahren ist aber die Frage, ob das Bundesamt zu Recht den Antrag als offensichtlich unbegründet abgelehnt hat.[1233] Für den Fall der schuldhaften Fristversäumnis kann kein Eilrechtsschutz nach § 80 Abs. 5 VwO beantragt werden. Es bleibt bei nachträglich bekannt werdenden Umständen nur der Weg, Eilrechtsschutz über § 123 VwGO gegen die Ausländerbehörde beim hierfür zuständigen Gericht zu beantragen.[1234] Bei schuldloser Fristversäumnis kann hingegen hinsichtlich Klage und Eilrechtsschutz Wiedereinsetzung beantragt werden. Das Gericht darf nicht offenlassen, ob der gestellte Wiedereinsetzungsantrag voraussichtlich Erfolg haben wird.[1235] Bis zur Entscheidung über den Wiedereinsetzungsantrag besteht eine Rechtsschutzlücke. Jedenfalls ist der Eilrechtsschutz nach § 123 VwGO mit dem Antrag auf Gewährung der Stillhaltezusage zu stellen, damit bis zur Entscheidung über den Wiedereinsetzungsantrag wirksamer Rechtsschutz sichergestellt ist.

737 Nur bei Richtigkeit des Offensichtlichkeitsurteils überwiegt das Interesse an der Abschiebung vor unanfechtbarer Antragsablehnung das individuelle Verbleibsinteresse.[1236] Daher ist die Einschätzung des Bundesamtes, dass der geltend gemachte Anspruch offensichtlich nicht besteht, zum Gegenstand der Prüfung zu machen.[1237] Nach Art. 16a Abs. 4 S. 1 GG, § 36 Abs. 4 S. 1 AsylG darf die Abschiebung nur ausgesetzt werden, wenn „ernstliche Zweifel" an der Rechtmäßigkeit des angefochtenen Verwaltungsakts bestehen. Die dem zugrunde liegende Abwägung zwischen Individual- und Gemeinwohlbelangen erfolgt unter Bedingungen, unter denen bereits eine **„hohe Gewissheit"** besteht, dass mit der Zurückweisung des Asylantrags ein materieller Anspruch nicht verletzt wird. Maßgeblich ist nicht ein – wie auch immer zu qualifizierender – innerer Zustand des Zweifelns, dessen Intensität nicht messbar ist. Es kommt vielmehr auf das Gewicht der Faktoren an, die Anlass zu Zweifeln geben. „Ernstliche Zweifel" liegen damit dann vor, wenn erhebliche Gründe dafür sprechen, dass die Maßnahme einer rechtlichen Prüfung wahrscheinlich nicht standhält.[1238]

738 Bezugspunkt der Wahrscheinlichkeitsprognose ist nicht der Erfolg in der Hauptsache wie im Rahmen des § 80 Abs. 4 S. 3 VwGO. Allein die Sperrwirkung der Offensichtlichkeit

---

[1232] VGH BW Beschl. v. 22.2.2017 – 11 S 447/17, InfAuslR 2017, 189 (190).
[1233] BVerfG Beschl. v. 14.5.1996 – 2 BvR 1516/93, BVerfGE 94, 166 (193 f.) = NVwZ 1996, 678; s. auch BVerfG Beschl. v. 2.5.1984 – 2 BvR 1413/83, BVerfGE 67, 43 (61) = InfAuslR 1984, 215.
[1234] BayVGH Beschl. v. 9.5.1994 – 24 CE 93.32801, NVwZ-Beil. 1994, 67 = AuAS 1994, 204; VG Gießen Beschl. v. 17.5.1993 – 7 G 1136/92, AuAS 1993, 228; *Funke-Kaiser* in GK-AsylVfG § 36 Rn. 22; aA OVG Hamburg Beschl. v. 21.1.1993 – OVG Bs V 211/90, AuAS 1993, 70 (71).
[1235] BayVGH Beschl. v. 9.5.1994 – 24 CE 93.32801, NVwZ-Beil. 1994, 67 = AuAS 1994, 204.
[1236] BVerfG Beschl. v. 2.5.1984 – 2 BvR 1413/83, BVerfGE 67, 43 (61) = NJW 1984, 2028.
[1237] BVerfG Beschl. v. 14.5.1996 – 2 BvR 1516/93, BVerfGE 94, 166 (192) = NVwZ 1996, 678.
[1238] BVerfG Beschl. v. 14.5.1996 – 2 BvR 1516/93, BVerfGE 94, 166 (190, 194) = NVwZ 1996, 678.

§ 19 Nationales Asyl- und Asylverfahrensrecht § 19

ist Gegenstand des Eilrechtsschutzverfahrens. Bei der Ablehnung des Antrags nach § 30 Abs. 3 AsylG ist die gerichtliche Prüfung im Eilrechtsschutzverfahren allein auf die Frage beschränkt, ob die alternativ wirkenden gesetzlichen Tatbestandsmerkmale zutreffend bejaht worden sind.[1239] **Verfahrensverstöße** begründen ernstliche Zweifel an der Rechtmäßigkeit der Behördenentscheidung.[1240] Auch nach früherem Recht waren Verfahrensfehler zu beachten, sodass deshalb das Offensichtlichkeitsurteil nicht gerechtfertigt sein konnte. Zwar ist das Gericht grundsätzlich auf das schriftliche Verfahren (§ 36 Abs. 3 S. 4 Hs. 1 AsylG) beschränkt. Ein Fehler des Bundesamtes bei der Sachverhaltsermittlung und Beweiswürdigung kann jedoch Anlass sein, den Antragsteller im Eilrechtsschutzverfahren im Rahmen eines **Erörterungstermins** (§ 87 Abs. 1 S. 1 Nr. 1 VwGO) persönlich anzuhören.[1241]

Im Eilrechtsschutzverfahren ist auch zu prüfen, ob das Bundesamt zu Recht das Vorliegen 739 von Abschiebungsverboten nach § 60 Abs. 5 und 7 AufenthG verneint hat. Zwar kann dies den gesetzlichen Regelungen in § 36 AsylG nicht unmittelbar entnommen werden. Andererseits verweist § 36 Abs. 4 S. 3 AsylG auf die Präklusionsvorschrift des § 25 Abs. 3 AsylG, die sich auch auf die Abschiebungsverbote des § 60 Abs. 5 und 7 AufenthG bezieht. Auch aus dem Gesamtzusammenhang der Regelungen des § 36 Abs. 3 und 4 mit denen des § 37 AsylG folgt die Erheblichkeit von Abschiebungsverboten im Eilrechtsschutzverfahren. Dementsprechend prüfen die Gerichte im Allgemeinen im Eilrechtsschutzverfahren, ob das Bundesamt fehlerfrei das Bestehen von Abschiebungsverboten nach § 60 Abs. 5 und 7 AufenthG verneint hat. Art. 16a Abs. 4 S. 1 GG und § 36 Abs. 4 S. 1 AsylG beziehen den Begriff der „ernstlichen Zweifel" auch auf die Abschiebungsandrohung und damit auch auf die Feststellung zu § 60 Abs. 5 und 7 AufenthG.[1242] Andererseits ist die Rechtmäßigkeit der Abschiebungsandrohung unabhängig von der Feststellung des Verwaltungsgerichts, dass ein Abschiebungsverbot besteht (§ 59 Abs. 3 S. 3 AufenthG).

Das Verwaltungsgericht darf die Rechtmäßigkeit der Abschiebungsanordnung nicht 740 bestätigen, ohne diese zuvor selbst geprüft zu haben.[1243] Die Prüfung erstreckt sich auch auf die Zielstaatsangabe in der Abschiebungsandrohung. Verneint das Bundesamt das Vorliegen von Abschiebungsverboten (§ 60 Abs. 5 und 7 AufenthG), wird es insbesondere die Abschiebung in den Herkunftsstaat anordnen. Bejaht das Verwaltungsgericht nach summarischer Prüfung deren Vorliegen, ist die Abschiebungsandrohung „insoweit" rechtswidrig, als in ihr der Staat, in den nicht abgeschoben werden darf, nicht bezeichnet ist (§ 59 Abs. 3 S. 2 AufenthG). Die Abschiebung wird daher ausgesetzt. Fraglich ist, ob dadurch die Abschiebungsandrohung nach § 37 Abs. 1 S. 1 AsylG insgesamt unwirksam wird. Dagegen könnte sprechen, dass nach § 37 Abs. 3 AsylG die Regelungen des § 37 Abs. 1 und 2 AsylG nicht gelten, wenn aufgrund der gerichtlichen Entscheidung die Abschiebung in einen der in der Abschiebungsandrohung bezeichneten Staaten vollziehbar wird. Der enge Zusammenhang zwischen Abschiebungsandrohung und Zielstaatsangabe macht jedoch regelmäßig eine erneute Abschiebungsandrohung erforderlich. Dies spricht eher dafür, dass in dem Fall, in dem die Abschiebung nur deshalb ausgesetzt wird, weil nach summarischer Prüfung Abschiebungsverbote bestehen, die Abschiebungsandrohung nach § 37 Abs. 1 S. 1 unwirksam wird.

Inzwischen hat der EuGH eine weitreichende Entscheidung getroffen, die von der 740a Rechtsprechung in diesem Zusammenhang stillschweigend übergangen wird: Zunächst hat

---

[1239] *Giesler/Wasser,* Das neue Asylrecht, 1999, 52.
[1240] BVerfG Beschl. v. 14.5.1996 – 2 BvR 1516/93, BVerfGE 94, 166 (206) = NVwZ 1996, 678; so zum alten Recht OVG Hamburg Beschl. v. 1.12.1983 – Bs V 245/83, EZAR 226 Nr. 5; Beschl. v. 9.11.1989 – Bs IV 429/89, InfAuslR 1990, 252; OVG Saarland Beschl. v. 9.2.1983 – 3 W 2046/82, InfAuslR 1983, 79.
[1241] BVerfG Beschl. v. 14.5.1996 – 2 BvR 1516/93, BVerfGE 94, 166 (206) = NVwZ 1996, 678; Beschl. v. 2.5.1984 – 2 BvR 1413/83, BVerfGE 67, 43, 62 = InfAuslR 1984, 215.
[1242] *Rennert* DVBl. 1994, 717 (722); zur Ermittlungstiefe in Ansehung der Abschiebungsverbote im Eilrechtsschutzverfahren, s. BVerfG Beschl. v. 17.5.1996 – 2 BvR 528/96, BayVBl. 1997, 177 (178).
[1243] OVG Saarland Beschl. v. 15.4.2015 – 2 A 343/14, NVwZ-RR 2015, 678.

der **EuGH** die lange umstrittene Frage, ob die Rückführungs-RL 2008/115/EG auch im Asylverfahren Anwendung findet, bejaht.[1244] In der Rechtsprechung wird aus der Entscheidung *Gnandi* der Schluss gezogen, dass die deutsche Ausgestaltung des Eilrechtsschutzverfahrens gegen die Abschiebungsandrohung im Falle der qualifizierten Asylablehnung nicht in jeder Hinsicht unionsrechtskonform sei. Daher müsse die Abschiebungsandrohung so gestaltet werden, dass dem Betroffenen nach negativem Ausgang des Eilrechtsschutzverfahrens noch eine Frist zur freiwilligen Ausreise gewährt werde. Sie dürfe ihn **nicht** bereits zu Beginn und auch nicht während des Eilrechtsschutzverfahrens faktisch unter **Abschiebungsdruck** setzen. Aus dem in Art. 47 GRCh gewährleisteten Grundrecht auf einen *wirksamen Rechtsbehelf* folge die Verpflichtung, alle Rechtswirkungen der Rückkehrentscheidung sowohl während der Frist für die Einlegung des Rechtsbehelfs wie auch für den Fall, dass er eingeleitet werde, bis zur unanfechtbaren Entscheidung aufzusetzen.[1245] Die Rechtsprechung schließt sich darüber hinaus der Rechtsansicht des EuGH[1246] an, dass die in Art. 7 Rückführungs-RL vorgesehene Frist für die Ausreise nicht zu laufen beginnt, solange der Antragsteller ein Bleiberecht hat.[1247] Damit nicht vereinbar ist die bisherige Verwaltungspraxis, die davon ausgeht, dass die Ausreisefrist mit der Bekanntgabe der Abschiebungsandrohung zu laufen beginnt.[1248]

740b Die Rechtsprechung bleibt unterhalb der Anforderungen, die der EuGH an **Rechtsbehelfe gegen eine Rückkehrentscheidung** aufgestellt hat. Zwar setzt sie sich mit den Konsequenzen der Entscheidung *Gnandi* hinsichtlich des Eilrechtsschutzverfahrens auseinander. Teilweise werden jedoch die entscheidenden Randnummern 54 bis 56 zum Eintritt des automatischen Suspensiveffekt der Klage übergangen.[1249] Aus der Feststellung, dass die Abschiebungsandrohung eine Rückkehrentscheidung im Sinne von Art. 3 Nr. 4, Art. 6 Rückführungs-RL ist,[1250] zieht der Gerichtshof folgende Konsequenz: Wenn ein Mitgliedstaat entscheidet, einen Drittstaatsangehörigen, der einen Antrag auf Gewährung internationalen Schutzes gestellt hat, in ein Land abzuschieben, bei dem ernsthafte Gründe dafür bestehen, dass tatsächlich die Gefahr einer Art. 18 GRCh iVm Art. 33 GFK oder Art. 19 Abs. 2 GRCh widersprechenden Behandlung besteht, erfordert Art. 47 GRCh, dass der Antragsteller über ein Recht auf einen wirksamen Rechtsbehelf mit *automatisch begründeter aufschiebender Wirkung kraft Gesetzes* gegen die Vollstreckung der Rückkehrentscheidung verfügt.[1251] Diese Konsequenz hatte er schon früher in *Tall* gezogen.[1252] Ausdrücklich stellt der Gerichtshof klar, es sei zulässig, dass nach nationalem Recht ein Rechtsbehelf gegen eine ablehnende Asylentscheidung, die nicht mit einer Rückkehrentscheidung verbunden wird, keinen automatischen Suspensiveffekt begründet. Hingegen müsse ein Rechtsbehelf gegen eine Rückkehrentscheidung kraft Gesetzes aufschiebende Wirkung entfalten, damit gegenüber dem Betroffenen die Einhaltung des Refoulementverbotes und die aus Art. 47 GRCh folgenden Anforderungen gewährleistet seien.[1253] Der Gerichtshof

---

[1244] EuGH Urt. v. 19.6.2018 – Rs C-181/16, NVwZ 2018, 1625 (1627) = EZAR NF 95 Nr. 60 Rn. 51– Gnandi; so bereits EuGH Urt. v. 17.12.2015 – Rs C-239/14, NVwZ-RR 2016, 452 Rn. 57 – Tall; so auch BVerwG Urt. v. 21.8.2018 – 1 C 21.17, NVwZ 2019, 483 im Anschluss an Gnandi.
[1245] VG Aachen Beschl. v. 15.1.2019 – 3 L 1715/18.A, BeckRS 2019, 337.
[1246] EuGH Urt. v. 19.6.2018 – Rs C-181/16, NVwZ 2018, 1625 (1627) = EZAR NF 95 Nr. 60 Rn. 51 – Gnandi.
[1247] VGH BW Beschl. v. 18.12.2018 – 11 S 2125/18, BeckRS 2018, 34101 Rn. 14; VG Aachen Beschl. v. 15.1.2019 – 3 L 1715/18.A, BeckRS 2019, 337.
[1248] S. auch VG Aachen Beschl. v. 15.1.2019 – 3 L 1715/18.A, BeckRS 2019, 337.
[1249] VGH BW Beschl. v. 18.12.2018 – 11 S 2125/18, BeckRS 2018, 34101 Rn. 21 ff.; VG Aachen Beschl. v. 15.1.2019 – 3 L 1715/18.A, BeckRS 2019, 337.
[1250] EuGH Urt. v. 17.12.2015 – Rs C-239/14, NVwZ 2016, 452 Rn. 51 = EZAR NF 95 Nr. 60 – Gnandi.
[1251] EuGH Urt. v. 19.6.2018 – Rs C-181/16, NVwZ 2018, 1625 Rn. 43, 47 ff. = EZAR NF 95 Nr. 60 – Gnandi, mit Verweis auf EuGH Urt. v. 18.12.2014 – Rs C-562/13, NVwZ-RR 2015, 155 Rn. 52 – Abdida; EuGH Urt. v. 17.12.2015 – Rs C-239/14, NVwZ 2016, 452 Rn. 54, 57 – Tall.
[1252] EuGH Urt. v. 17.12.2015 – Rs C-239/14, NVwZ 2016, 452 Rn. 57 – Tall.
[1253] EuGH Urt. v. 17.12.2015 – Rs C-239/14, NVwZ 2016, 452 Rn. 57 f. – Tall; EuGH Urt. v. 19.6.2018 – Rs. C-181/16, NVwZ 2018, 1625 Rn. 58 = EZAR NF 95 Nr. 60 – Gnandi.

unterscheidet also präzise zwischen einer ablehnenden Asylentscheidung ohne Erlass einer Rückkehrentscheidung und zwischen einer Asylentscheidung, die mit einer Rückkehrentscheidung verbunden wird. Im ersten Fall braucht dem Rechtsbehelf kein automatischer Suspensiveffekt zukommen, hingegen besteht dieses Erfordernis im zweiten Fall.[1254] Dies führt dazu, dass die einwöchige Ausreisefrist erst nach unanfechtbarem Abschluss des Hauptsacheverfahrens zu laufen beginnt und erneut angekündigt werden muss. § 37 Abs. 2 AsylG ist überflüssig. Nach deutschem Asylverfahrensrecht hat die Klage gegen die Abschiebungsandrohung im Fall einer Antragsablehnung als offensichtlich unbegründet oder offensichtlich unzulässig nach §§ 29a und 30 AsylG keinen Suspensiveffekt, wie aus dem Regelungszusammenhang von §§ 29a, 30, 36 Abs. 1 und Abs. 3 und 75 Abs. 1 AsylG folgt. Das deutsche Recht ist also entsprechend dem Grundsatz der **richtlinienkonformen Auslegung** innerstaatlichen Rechts anzuwenden, so dass die Klage gegen eine qualifizierte Ablehnung des Asylantrags **kraft Gesetzes Suspensiveffekt** entfaltet.[1255] § 75 Abs. 1 AsylG stimmt hiermit nicht überein.

cc) Eilrechtsschutz im Folgeantragsverfahren (§ 71 Abs. 4 und 5 AsylG). Beim Eilrechtsschutz im Folgeantragsverfahren ist danach zu unterscheiden, ob das Bundesamt – wie in der überwiegenden Mehrzahl der Fälle – keine erneute Abschiebungsandrohung im Zusammenhang mit der Entscheidung, kein weiteres Verfahren durchzuführen, erlassen hat. In diesem Fall entfällt die bis zur Behördenentscheidung über die Zulässigkeit des Folgeantrags bestehende Vollzugshemmung nach § 71 Abs. 5 S. 2 AsylG und kann Eilrechtsschutz nach § 123 VwGO erlangt werden. Hat es hingegen eine erneute Abschiebungsandrohung erlassen, richtet sich der Eilrechtsschutz nach § 80 Abs. 5 VwGO (§ 71 iVm § 36 Abs. 3 und 4 AsylG). 741

(1) Keine erneute Abschiebungsandrohung. Mit der Entscheidung, kein weiteres Verfahren durchzuführen, wird das **Vollzugshemmnis** des § 71 Abs. 5 S. 2 AsylG beseitigt und die im vorangegangenen Asylverfahren erlassene **Abschiebungsandrohung erneut vollziehbar.** Ihre rechtliche Wirksamkeit bleibt auch dann erhalten, wenn der Antragsteller zwischenzeitlich das Bundesgebiet verlassen hat.[1256] Nach § 71 Abs. 5 S. 2 Hs. 1 AsylG darf die Abschiebung erst nach der Mitteilung des Bundesamtes an die Vollzugsbehörde, dass kein weiteres Verfahren durchgeführt wird, vollzogen werden. Dem **verwaltungsinternen Mitwirkungsakt** kommt keine Außenwirkung zu.[1257] Dieser knüpft zwar an eine bereits früher vollziehbar gewordene Ausreisepflicht an, die von dem Folgeantrag unberührt bleibt.[1258] Jedoch untersagt § 71 Abs. 5 S. 2 Hs. 1 AsylG während der Zulässigkeitsprüfung des Bundesamtes den zwangsweisen Vollzug der Ausreiseverpflichtung. Gibt das Verwaltungsgericht dem Antrag statt, aktualisiert sich das gesetzliche Vollstreckungshemmnis des § 71 Abs. 5 S. 2 Hs. 1 AsylG erneut. Während des anhängigen Eilrechtsschutzverfahrens gebietet Art. 19 Abs. 4 GG, dem Antragsteller ausreichend Gelegenheit und Zeit zu geben, um Eilrechtsschutz nachzusuchen.[1259] Dieser ist in Anknüpfung an die Funktion der ver- 742

[1254] So auch VG Arnsberg Beschl. v. 17.12.2018 – 3 L 1935/18.A, BeckRS 2018, 32632; *Wittkopp* ZAR 2018, 325 (330); *Hruschka* Asylmagazin 2018, 290 (291).
[1255] Anders VG Berlin Beschl. v. 3.11.2018 – 31 L 682.18 A, BeckRS 2018, 31828; VG Stuttgart Beschl. v. 11.12.2018 – A 2 K 10728/18, BeckRS 2018, 37559; *Wittkopp* ZAR 2018, 325 (330); *Wittmann* ZAR 2019, 46 (48), der sich aber insoweit ambivalent mit deutlicher Kritik am EuGH äußert, dem er die Verletzung des Grundsatzes des judicial self restraint vorwirft.
[1256] VGH BW Beschl. v. 19.9.2001 – 11 S 2099/01, AuAS 2002, 104 (105).
[1257] VG Frankfurt am Main Beschl. v. 14.5.1996 – 6 G 1092/96(2), AuAS 1996, 142; VG Freiburg Beschl. v. 7.12.1993 – A 1 K 13897/93, NVwZ 1995, 197; VG Köln Beschl. v. 15.6.1994 – 23 L 367/94.A, EZAR 224 Nr. 25; VG Münster Beschl. v. 30.3.1993 – 3 L 88/93.A, AuAS 1993, 143; VG Sigmaringen Beschl. v. 30.10.1995 – A 7 K 10777/95, NVwZ-Beil. 1996, 30; *Bell/von Nieding* ZAR 1995, 119 (124); *Schütze* VBlBW 1995, 346 (348).
[1258] *Bell/von Nieding* ZAR 1995, 119 (124).
[1259] VG Stuttgart Beschl. v. 12.6.2003 – A 4 K 11624/03, InfAuslR 2003, 359 (360) = NVwZ-Beil. 2003, 112. Gegebenenfalls ist vorbeugender Rechtsschutz gegen die Ausländerbehörde gem. § 123 VwGO zu beantragen (HessVGH Beschl. v. 5.9.1983 – 10 TH 541/83, InfAuslR 1983, 330 =

waltungsinterner Mitteilung im Wege der einstweiligen Anordnung nach § 123 VwGO **gegen das Bundesamt** zu richten.

742a Aufgrund der neueren Rechtsprechung des BVerwG[1260] herrscht in der Praxis derzeit aber Unsicherheit, ob diese Konsequenzen für den Eilrechtsschutz hat. Die überwiegende Mehrheit hält an der früheren Rechtsprechung fest, wonach der Eilrechtsschutz auf die Verhinderung der Vollziehung der Abschiebungsandrohung aus dem vorangegangenen Verfahren zielt und sich deshalb nach § 123 VwGO richtet.[1261] Dagegen wird eingewandt, dass Eilrechtsschutz nach § 80 Abs. 5 VwGO zu beantragen sei, weil ein Erfolg des Antrags zur Nichtvollziehbarkeit bzw. Wirksamkeitshemmung führe, so dass der Antragsteller im Ergebnis so gestellt sei, als sei über seinen Folgeantrag noch nicht entschieden worden.[1262] Der Gegenmeinung ist der Vorzug zu geben. Denn wenn in der Hauptsache Anfechtungsklage zu erheben ist, kann nicht eine Form des Eilrechtsschutzes gewählt werden, die im prozessualen Sachzusammenhang mit einer Verpflichtungsklage steht. Wenn der Eilrechtsschutz nach § 80 Abs. 5 VwGO gewählt wird, empfiehlt es sich aber, hilfsweise Eilrechtsschutz nach § 123 VwGO entsprechend den bisherigen Grundsätzen der Rechtsprechung zu stellen. Hinsichtlich der Antragstellung nach § 80 Abs. 5 VwGO sind aber noch viele Rechtsfragen ungeklärt.

742b Die **Anfechtungsklage** ist binnen **zwei Wochen** zu erheben (§ 74 Abs. 1 Hs. 1 AsylG). Da § 71 Abs. 5 AsylG anders als § 71 Abs. 4 AsylG nicht auf § 36 AsylG verweist, findet die Wochenfrist des § 74 Abs. 1 Hs. 2 iVm § 36 Abs. 3 S. 1 AsylG keine Anwendung. Besondere Fristvorschriften für den Eilrechtsschutzantrag bestehen nicht. Bei der Mehrheitsmeinung hat die **Mitteilungsverpflichtung** des Bundesamtes gegenüber der Ausländerbehörde nach § 71 Abs. 5 S. 2 Hs. 1 AsylG maßgebende Bedeutung für das Eilrechtsschutzverfahren nach § 123 VwGO. Diese ist für das Verwaltungsverfahren zwingend und begründet eine gesetzliche Aussetzung der Abschiebung (§ 71 Abs. 5 S. 2 Hs. 1 AsylG). Der begehrte Eilrechtsschutz zielt auf den Fortbestand des gesetzlichen Abschiebungshindernisses nach § 71 Abs. 5 S. 2 Hs. 1 AsylG. Er ist gegen die Bundesrepublik mit dem Ziel zu verfolgen, das Bundesamt zu verpflichten, der Ausländerbehörde mitzuteilen, dass aufgrund des eingeleiteten Asylverfahrens das gesetzliche Abschiebungshindernis nach § 71 Abs. 5 S. 2 Hs. 1 AsylG der Vollziehung entgegensteht.[1263] Der Antrag zielt auf den

---

InfAuslR 1986, 234; Beschl. v. 4.1.1988 – 10 TG 3365/87, ESVGH 38, 118 = EZAR 224 Nr. 17; OVG Bremen Beschl. v. 1.2.1984 – OVG 2 B 2/84, InfAuslR 1984, 247; OVG LSA Beschl. v. 2.3.2011 – 2 M 28/11, AuAS 2011, 114 (115); aA OVG NRW Beschl. v. 11.2.1985 – 19 B 20003/85, analoge Anwendung von § 80 Abs. 5 VwGO).

[1260] BVerwG Urt. v. 14.12.2016 – BVerwG 1 C 4.16, BVerwGE 157, 18 (22 f.) Rn. 16 = InfAuslR 2017, 163.

[1261] HessVGH Beschl. v. 13.9.2018 – 3 B 1712/18.A, NVwZ-RR 2019, 342 Rn. 5 ff.; Beschl. v. 13.9.2018 – 3 B 1712/18.A, NVwZ-RR 2019, 342; VG Augsburg Beschl. v. 14.3.2017 – Au 5 E 17.31264, BeckRS 2017, 105048; VG Bayreuth Beschl. v. 11.7.2017 – B 6 E 17.32344, BeckRS 2017, 122690; VG München Beschl. v. 14.12.2017 – M 6 E 17.49487, BeckRS 2017, 137445; VG Regensburg Beschl. v. 19.6.2018 – RO 2 E 18.31617, BeckRS 2018, 12786; VG Regensburg, Beschl. v. 8.8.2018 – RN 14 S 18.31949, BeckRS 2018, 19477; VG Arnsberg, Beschl. v. 18.5.2018 – 7 L 737/18.A, BeckRS 2018, 9823; VG Ansbach Beschl. v. 11.10.2018 – AN 3 E 18.31175, BeckRS 2018, 26046; VG Würzburg Beschl. v. 19.6.2017 – W 1 S 17.32522, BeckRS 2017, 126442; VG Berlin Beschl. v. 17.9.2018 – 6 L 302.18 A, BeckRS 2018, 46543; VG Berlin Beschl. v. 28.8.2018 – 3 L 398.18 A, BeckRS 2018, 46554; VG Saarlouis Beschl. v. 20.8.2018 – 6 L 1012/18, BeckRS 2018, 19335.

[1262] VG München Beschl. v. 8.5.2017 – M 2 E 17.37375, BeckRS 2017, 116939; VG München Beschl. v. 23.3.2017 – M 2 S 17.34212, BeckRS 2017, 117139; VG Gelsenkirchen Beschl. v. 21.12.2018 – 9a L 2160/18.A, BeckRS 2018, 35984; VG Münster, Beschl. v. 24.11.2017 – 3 L 1944/17.A, BeckRS 2016, 128307; VG Bremen Beschl. v. 30.1.2018 – 1 V 3723/17, BeckRS 2018, 1089; VG Magdeburg Beschl. v. 12.3.2018 – 3 B 68/18, BeckRS 2018, 13159; VG Berlin Beschl. v. 28.6.2018 – VG 23 L 256.18 A, BeckRS 2018, 13960; VG Würzburg Beschl. v. 10.10.2017 – W 8 E 17.33482, BeckRS 2017, 129693; VG Augsburg Beschl. v. 28.2.2018 – Au 6 E 18.30245, BeckRS 2018, 5398; *Müller* in Oberhäuser MigR § 22 Rn. 49.

[1263] Vgl. zB OVG Berlin Beschl. v. 28.1.1994 – OVG 5 S 383.93; VG Darmstadt Beschl. v. 21.10.1994 – 5 G 33408/94.A (3), NVwZ-Beil. 1995, 31; VG Freiburg Beschl. v. 7.12.1993 – A 1 K 13897/93, NVwZ 1995, 197; VG Sigmaringen Beschl. v. 30.10.1995 – A 7 K 10777/95, NVwZ-Beil. 1996, 30; s. auch BVerfG (K) Beschl. v. 16.3.1999 – 2 BvR 2131/95, NVwZ-Beil. 1999, 49 (50 f.) = EZAR 632 Nr. 31 = InfAuslR 1999, 256.

Widerruf der Mitteilung an die Vollzugsbehörde bzw. auf die **Unterlassung oder Rückgängigmachung der Mitteilung.**[1264] Gegen die Vollzugsbehörde bleibt stets Eilrechtsschutz möglich, da dieser die tatsächliche Durchführung der Abschiebung obliegt und sie daher den Zeitpunkt der Abschiebung bestimmt. Es muss aber ein **Anordnungsgrund** glaubhaft gemacht werden. Daran fehlt es, wenn ohnehin tatsächliche Abschiebungshindernisse nach § 60a Abs. 2 S. 1 AufenthG vorliegen. Eilrechtsschutz nach § 123 VwGO gegen die Ausländerbehörde kann aber dann beantragt werden, wenn bereits während der Zulässigkeitsprüfung konkret ein Vollzug der Abschiebungsandrohung zu besorgen ist.[1265] Derartige Fallkonstellationen sind heute nicht mehr üblich.

Mit dem Eilrechtsschutzantrag gegen das Bundesamt ist ein Antrag auf Einholung einer **Stillhaltezusage** (Art. 13 Rückführungs-RL) mit dem Inhalt an das Verwaltungsgericht zu richten, die zuständige Außenstelle des Bundesamtes zu verpflichten, der vollziehenden Behörde mitzuteilen, dass das Verwaltungsgericht im Blick auf den anhängigen Eilrechtsschutzantrag davon ausgeht, dass bis zur Entscheidung im Eilrechtsschutzverfahren der Vollzug der Abschiebungsandrohung ausgesetzt wird. Antragsgegner ist nicht der Rechtsträger der Ausländerbehörde, sondern die Bundesrepublik Deutschland, vertreten durch die zuständige Außenstelle des Bundesamtes. Kompliziert sind die Fälle, in denen nicht die zuständige Ausländerbehörde, sondern die zentrale Ausländerbehörde im Regierungspräsidium oder in der Bezirksregierung Vollzugsbehörde ist. In diesem Fall richtet sich der Antrag an das Bundesamt dahin, der Bezirksregierung bzw. dem Regierungspräsidium mitzuteilen, dass ein Asylverfahren anhängig ist und dieser Behörde aufzugeben, der zuständigen Ausländerbehörde mitzuteilen, dass ein Asylverfahren anhängig ist.[1266] Es ist also ein **dreistufiger Antrag** zu stellen. **Fristbestimmungen** sind **nicht** zu beachten. Jedoch folgt aus der Natur der Sache, dass zur Verhinderung der Abschiebung **möglichst unverzüglich** Eilrechtsschutz zu beantragen ist. Wird das Bundesamt zum Widerruf der Mitteilung verpflichtet, sind Vollzugs- und Ausländerbehörde gemäß § 71 Abs. 5 S. 2 Hs. 1 AsylG hieran gebunden. 743

(2) Erlass einer erneuten Abschiebungsandrohung (§ 71 Abs. 4 AsylG). Wird die Entscheidung, kein weiteres Verfahren einzuleiten, mit einer erneuten Abschiebungsandrohung verbunden, ist nach § 71 Abs. 4 Hs. 1 AsylG Eilrechtsschutz nach § 36 Abs. 3 und 4 AsylG zu beantragen. Dies gilt auch dann, wenn ungeachtet einer noch vollziehbaren Abschiebungsandrohung aus anderen Verfahren eine erneute Abschiebungsandrohung erlassen wird. Dem Erlass einer erneuen Abschiebungsandrohung voran ging eine **erneute Sachprüfung,** die mit einem neuen Verwaltungsakt verbunden wird, der im vollen Umfang den Rechtsschutz eröffnet.[1267] In beiden Fällen gehen von der früheren Abschiebungsandrohung keine rechtlichen Wirkungen mehr aus. Auf diese darf die Ausländerbehörde 744

[1264] BVerfG Beschl. v. 16.3.1999 – 2 BvR 2131/95, InfAuslR 1999, 256 (259) = NVwZ-Beil. 1999, 49; OVG Hamburg Beschl. v. 14.8.2000 – 4 Bs 48/00.A, EZAR 632 Nr. 34 = AuAS 2001, 10 = NVwZ-Beil. 2001, 9 (Ls.); OVG NRW Beschl. v. 9.2.2000 – 18 B 1141/99, AuAS 2000, 107 (108) = EZAR 632 Nr. 33; ThürOVG Beschl. v. 16.7.1999 – 3 EO 510/99, EZAR 632 Nr. 32 = AuAS 2000, 38; VGH BW Beschl. v. 13.9.2000 – 11 S 988/00, NVwZ-Beil., 2001, 8 = AuAS 2000, 238 = EZAR 632 Nr. 35; OVG Berlin Beschl. v. 28.1.1994 – OVG 8 S 383.93; VG Darmstadt Beschl. v. 21.10.1994 – 5 G 33408/94.A, NVwZ-Beil. 1995, 31 = JMBl. Hessen 1995, 38; Beschl. v. 21.5.1997 – 5 G 30437/97.A, EZAR 632 Nr. 29; VG Freiburg Beschl. v. 7.12.1993 – A 1 K 13897/93, NVwZ 1995, 197; VG Sigmaringen Beschl. v. 30.10.1995 – A 7 K 10777/95, NVwZ-Beil. 1996, 30; VG Berlin Beschl. v. 4.8.1995 – VG 33 X 222/95; VG Frankfurt am Main Beschl. v. 10.1.1996 – 10 G 32237/96.A[2]; VG Münster Beschl. v. 8.11.1994 – 1 L 1305/94.A; VG Würzburg Beschl. v. 27.10.1993 – 7 S 93.32916, EZAR 632 Nr. 17; aA VG Frankfurt am Main Beschl. v. 25.7.1995 – 3 G 40296/95.A, AuAS 1995, 190; Beschl. v. 14.5.1996 – 6 G 1092/96, AuAS 1996, 142; VG Freiburg Beschl. v. 22.11.1994 – A 4 K 13481/94, NVwZ-RR 1995, 354; VG Kassel Beschl. v. 6.1.1995 – 5 G 5325/94.A, NVwZ-Beil. 1995, 30; VG Köln Beschl. v. 15.6.1994 – 6 G 1092/96, EZAR 224 Nr. 25; VG Aachen Beschl. v. 8.3.1995 – 7 L 119/95.A; offengelassen: VG Osnabrück Beschl. v. 11.4.1994 – 6 B 179/94, NVwZ-Beil. 1994, 61.
[1265] *Hailbronner* AuslR AsylG § 71 Rn. 112.
[1266] S. hierzu im Einzelnen *Marx* AsylG § 71 Rn. 118 ff.
[1267] BVerwG Beschl. v. 24.8.1961 – BVerwG II C 165.59, BVerwGE 13, 99 (101).

sich daher nicht berufen. Vielmehr hat sie das Vollstreckungshemmnis (§ 71 Abs. 4 iVm § 36 Abs. 3 S. 8 AsylG) zu beachten. Der Antrag auf Anordnung der aufschiebenden Wirkung der Klage gegen die Abschiebungsandrohung nach § 80 Abs. 5 VwGO wie auch die Klage selbst[1268] sind **innerhalb einer Woche** zu stellen bzw. zu erheben (§ 71 Abs. 4 iVm § 36 Abs. 3 S. 1, § 74 Abs. 1 Hs. 2 AsylG).

745 Wird die Durchführung eines weiteren Verfahrens ohne Erlass einer Abschiebungsandrohung versagt, erweckt die Rechtsmittelbelehrung aber den Eindruck, der Antrag auf Anordnung des aufschiebenden Wirkung der Klage müsse binnen Wochenfrist gestellt werden, ist ein in diesem Sinne gestellter Rechtsschutzantrag unzulässig, wenn eindeutig die Voraussetzungen nach § 71 Abs. 5 S. 1 AsylG erfüllt sind. Lediglich die Kostenfolge trifft das Bundesamt.[1269] Durch unrichtige Rechtsmittelbelehrung wird ein unrichtiges Rechtsmittel nicht zulässig.[1270] § 80 AsylG ist aber nicht anwendbar. Vielmehr läuft die Jahresfrist des § 58 Abs. 2 VwGO für den richtigen Rechtsbehelf. Da der Vollzug droht, kann gleichwohl unverzüglich Eilrechtsschutz nach § 123 VwGO beantragt werden. Ist zulässigerweise Antrag auf Anordnung des Suspeniveffekts der Klage nach § 80 Abs. 5 VwGO gestellt worden, ist auf Antrag die richterliche Fristsetzung (§ 36 Abs. 3 S. 5 ff. AsylG) so zu bestimmen, dass **Einsicht in die Akten** des Verfahrens ermöglicht werden kann.[1271] Gegenstand des Eilrechtsschutzes ist zwar die Abschiebungsandrohung. Es findet aber ein inhaltlicher Prüfungsdurchgriff auf die materiellen Ansprüche statt.

746 (3) **Prüfungsumfang im Eilrechtsschutzverfahren nach § 71 Abs. 4 und 5 AsylG.** Für den Eilrechtsschutz nach § 71 Abs. 4 wie nach Abs. 5 AsylG sind die Beschränkungen nach Art. 16a Abs. 4 S. 1 GG zu berücksichtigen. Die aufschiebende Wirkung der Anfechtungsklage bzw. die Aussetzung der Abschiebung kann daher nur angeordnet werden, wenn „**ernstliche Zweifel**" an der Rechtmäßigkeit des angegriffenen Verwaltungsakts dahin bestehen, dass die Voraussetzungen des § 71 Abs. 1 S. 1 AsylG iVm § 51 Abs. 1 bis 3 VwVfG nicht vorliegen.[1272] Der Suspensiveffekt der Klage ist daher anzuordnen, wenn ihr Erfolg wie Misserfolg gleichermaßen wahrscheinlich ist. Dagegen muss im normalen Eilrechtsschutzverfahren die gerichtliche Entscheidung unter Bedingungen erfolgen, unter denen bereits eine „hohe Gewissheit" besteht, dass mit der Zurückweisung des Antrags ein materieller Anspruch nicht verletzt wird. Lediglich „geringe Zweifel" reichen hierfür nicht aus. „Ernstliche Zweifel" liegen vielmehr vor, wenn erhebliche Gründe dafür sprechen, dass die Maßnahme einer rechtlichen Prüfung wahrscheinlich nicht standhält.[1273] Umstritten sind die Folgen bei Stattgabe des Eilrechtsschutzantrags. Einerseits wird vertreten, das Verfahren sei entsprechend § 37 Abs. 1 S. 2 AsylG fortzuführen.[1274] Dagegen wird eingewandt, der Gesetzgeber habe in bewusster und erkennbarer Abkehr von der früheren Rechtslage den Folgeantrag nicht in das System der unbeachtlichen Asylanträge[1275] eingeordnet und damit davon abgesehen, diesen in § 37 Abs. 1 AsylG einzubeziehen. Die auf einer rechts-

---

[1268] BVerwG Beschl. v. 3.4.2001 – BVerwG 9 C 22.00, BVerwGE 114, 122 (126) = NVwZ-Beil. 2001, 113, (114).
[1269] VG Darmstadt Beschl. v. 18.4.1996 – 5 G 30533/96.A, NVwZ-Beil. 1996, 55.
[1270] BVerwG Beschl. v. 21.11.1968 – BVerwG I DB 26.68, BVerwGE 33, 209 (211).
[1271] BVerfG Beschl. v. 5.2.2003 – 2 BvR 153/02.
[1272] BVerfG Beschl. v. 16.3.1999 – 2 BvR 2131/95, InfAuslR 1999, 256 (259) = NVwZ-Beil. 1999, 49; OVG Hamburg Beschl. v. 14.8.2000 – 4 Bs 48/00.A, EZAR 632 Nr. 34 = AuAS 2001, 10 = NVwZ-Beil. 2001, 9 (Ls.); VGH BW Beschl. v. 11.11.1996 – A 16 S 2681/96, VBlBW 1997, 111 (112); VG Darmstadt Beschl. v. 21.5.1997 – 5 G 30437/97.A (3), EZAR 632 Nr. 29; *Hailbronner* AuslR AsylG § 71 Rn. 105.
[1273] BVerfG Beschl. v. 14.5.1996 – 2 BvR 1516/93, BVerfGE 94, 166 (190, 193 f.) = NVwZ 1996, 678.
[1274] BayVGH Beschl. v. 10.10.1994 – 11 BA 94.32023, EZAR 212 Nr. 9 = NVwZ-RR 1995, 608; Beschl. v. 11.4.1994 – 11 AA 94.30783, EZAR 630 Nr. 32; VG Schleswig Beschl. v. 8.9.1994 – 5 B 129/94; aA VGH BW Beschl. v. 11.11.1996 – A 16 S 2681/96, VBlBW 1997, 111, 112; *Scherer* VBlBW 1995, 175, 176; *Harms* VBlBW 1995, 264 (266); offengelassen BVerwG Urt. v. 10.2.1998 – BVerwG 9 C 28.97, BVerwGE 106, 171 (173 ff.) = NVwZ 1998, 681; *Hailbronner* AuslR AsylG § 71 Rn. 113.
[1275] Das geltende Recht kennt keine unbeachtlichen, sondern nur noch unzulässige Asylanträge (§ 29 AsylG).

§ 19 Nationales Asyl- und Asylverfahrensrecht § 19

widrigen Verneinung der Voraussetzungen des § 51 Abs. 1 bis 3 VwVfG beruhende Abschiebungsandrohung werde daher erst mit der Stattgabe der Anfechtungsklage aufgehoben.[1276] Für den Fall des erfolgreichen Antrags nach § 80 Abs. 5 VwGO wendet das BVerwG § 37 Abs. 2 AsylG an.[1277] Man wird für den Fall der Stattgabe des Eilrechtsschutzantrags daher sowohl im Rahmen des § 71 Abs. 4 wie auch des § 71 Abs. 5 AsylG aus gesetzessystematischen und -teleologischen Gründen von einer analogen Anwendung des § 37 Abs. 2 AsylG auszugehen haben, sodass in diesem Fall die Ausreisefrist einen Monat nach dem unanfechtbaren Abschluss des Asylverfahrens endet.

(4) Eilrechtsschutz im Wiederaufgreifensverfahren (§ 51 Abs. 5 VwVfG). In den 747 Fällen, in denen der Antrag auf Wiederaufgreifen nach § 51 Abs. 5 VwVfG abgelehnt wird, ist § 71 Abs. 5 S. 2 Hs. 1 AsylG nicht anwendbar. Vielmehr findet § 51 VwVfG unmittelbare Anwendung (§ 1 Abs. 1 Nr. 1 VwVfG). Erst die Entscheidung über die Aufhebung der im Rahmen des Asylverfahrens getroffenen negativen Feststellung zu § 60 Abs. 5 und 7 AufenthG ist eine Entscheidung nach dem AsylG. Dies folgt im Umkehrschluss aus § 73 Abs. 3 AsylG. Darf die positive Entscheidung über Abschiebungsverbote (§ 60 Abs. 5 und 7 AufenthG) nur vom Bundesamt abgeändert werden, gilt dies auch für die negative Entscheidung. In der Praxis wird daher Eilrechtsschutz gegen das Bundesamt gewährt.[1278] Danach ist dieses analog § 71 Abs. 5 S. 2 Hs. 1 AsylG im Wege der einstweiligen Anordnung nach § 123 VwGO zu verpflichten, der zuständigen zentralen Ausländerbehörde (Bezirksregierung, Regierungspräsidium) oder örtlich zuständigen Ausländerbehörde mitzuteilen, dass Abschiebungsverbote nach § 60 Abs. 5 und 7 AufenthG geprüft werden und deshalb eine Abschiebung bis zum Abschluss des Verfahrens nicht vollzogen werden darf. Darüber hinaus ist eine **Stillhaltezusage** (Art. 13 Rückführungs-RL, → Rn. 743) zu beantragen. Die entsprechende Empfehlung kann das Verwaltungsgericht aber nur an das Bundesamt mit dem Inhalt richten, diese an die zuständige Vollzugsbehörde zu übermitteln. Sollte die Ausländerbehörde während des anhängigen Verfahrens oder auch nach der Anordnung der einstweiligen Anordnung die Abschiebung durchführen wollen, ist Eilrechtsschutz nach § 123 VwGO unmittelbar gegen die örtlich zuständige Ausländerbehörde zu beantragen.

Erlässt das Bundesamt im Zusammenhang mit der Verweigerung der Durchführung eines 748 neuen, auf die isolierte Feststellung von Abschiebungsverboten nach § 60 Abs. 5 und 7 AufenthG gerichteten Verfahrens zugleich eine Abschiebungsandrohung, ist Eilrechtsschutz nach § 80 Abs. 5 VwGO gegen das Bundesamt zu beantragen. Bejaht das Verwaltungsgericht im Prozess keine Verpflichtung zum Wiederaufgreifen, sondern lediglich einen Anspruch auf ermessensfehlerfreie Entscheidung des Bundesamtes, ist es nicht verpflichtet, gleichsam auf Vorrat abschließend darüber zu befinden, ob die frühere unanfechtbare Sachentscheidung zu § 60 Abs. 5 und 7 AufenthG rechtswidrig war oder nachträglich rechtswidrig geworden ist.[1279] Andererseits ist es nicht gehindert, einen Anspruch auf fehlerfreie Ermessensentscheidung über das Wiederaufgreifen mit der Begründung zu verneinen, dass bereits im Zeitpunkt der gerichtlichen Entscheidung feststehe, dass ein wieder aufgegriffenes Verfahren erfolglos bleiben müsse.[1280] Erfolgreich ist ein Vorgehen nach § 51 Abs. 5 VwVfG nur bei einer **Ermessensreduktion.** In der Verwaltungspraxis haben derartige Anträge überwiegend nur dann Erfolg, wenn ein zielstaatsbezogenes Abschiebungsverbot

---

[1276] Harms VBlBW 1995, 264 (267).
[1277] BVerwG Beschl. v. 3.4.2001 – BVerwG 9 C 22.00, BVerwGE 114, 122 (127 f.) = NVwZ-Beil. 2001, 113.
[1278] NdsOVG Beschl. v. 1.11.2004 – 8 ME 254/04, AuAS 2005, 58 (59); OVG NRW Urt. v. 17.2.2004 – 18 B 326/04, AuAS 2004, 155 (156); HessVGH Beschl. v. 14.12.2006 – 8 Q 2642/06.A, EZAR 98 Nr. 17; OVG Hamburg Beschl. v. 12.1.2011 – 4 Bs 284/10, AuAS 2011, 117; VG Stuttgart Beschl. v. 6.6.2003 – A 4 K 11310/03, NVwZ-Beil. 2003, 95.
[1279] OVG NRW Beschl. v. 26.2.2002 – 8 A 2664/00.A, AuAS 2002, 142 (143).
[1280] OVG NRW Beschl. v. 26.2.2002 – 8 A 2664/00.A, AuAS 2002, 142 (143). Liegt ein Abschiebungsverbot nach § 60 Abs. 7 AufenthG vor, ist das Ermessen im Rahmen des § 51 Abs. 5 VwVfG auf null reduziert (VG Stuttgart Urt. v. 3.11.2008 – 11 K 6178/07, InfAuslR 2009, 175 = NVwZ-RR 2009, 353 (Ls.), gegen BVerwG Urt. v. 17.10.2006 – BVerwG 1 C 18.05, BVerwGE 127, 33 = NVwZ 2007, 712).

wegen einer **ernsthaften Krankheit** (§ 60 Abs. 7 S. 3 AufenthG) glaubhaft gemacht werden kann.

III. Rechtsstellung der Asylantragsteller

1. Einleitung

749 **a) Übersicht.** Der **vorläufige gestattete Aufenthalt** ist das wesentliche Recht des Asylsuchenden während des Verfahrens.[1281] Er löst das Schutzversprechen gegenüber dem Verfolgten insoweit vorläufig ein, als dieser bis zur Entscheidung über den Asylantrag – und gegebenenfalls auch noch im Klageverfahren – nicht mit der Rückführung in den Herkunfts- oder Drittstaat konfrontiert wird.

750 Die Rechtsstellung des Asylsuchenden erstreckt sich aber nicht nur auf die Aufenthaltsgestattung. Sie umfasst **Leistungen zur Sicherung der Existenz.** Diese Rechte ergeben sich aus dem Asylbewerberleistungsgesetz (AsylbLG), das wegen der Leistungshöhe nach einem bestimmten längeren Aufenthalt auf das SGB XII verweist („Analogleistungen"). Für die soziale Sicherung von Asylantragstellern war eine Entscheidung des **BVerfG aus dem Jahr 2012** bedeutsam,[1282] die noch immer hinsichtlich dreier Aussagen von Bedeutung ist: Sozialleistungssätze für Asylbewerber sind sach- und realitätsgerecht nach dem Bedarf zu ermitteln und müssen neben dem physischen auch das **soziokulturelle Existenzminimum** berücksichtigen – diese Vorgaben kannte man bereits aus der Entscheidung des BVerfG zu den Regelleistungen des SGB II („Hartz IV");[1283] zweitens gilt, dass der Anspruch auf eine menschenwürdige Existenz nicht von der Dauer des Aufenthalts im Bundesgebiet abhängig ist, und drittens können migrationspolitische Gründe, etwa die Ausbildung von Negativanreizen zur Abwendung von Wanderungsbewegungen, kein Unterschreiten dieses Existenzminimums rechtfertigen. Dem Gesetzgeber war in der Folge dieser Entscheidung aufgegeben, das AsylbLG an die allgemeinen Regeln im Fürsorgerecht anzupassen, was er schließlich getan hat.[1284] Bereits nach der Entscheidung des BVerfG galten für Asylbewerber und andere, die dem AsylbLG unterliegen, höhere Regelsätze. Illustrativ ist der Unterschied bei den Sätzen für den persönlichen Bedarf eines alleinstehenden Erwachsenen, der nach der früheren Fassung des AsylbLG noch bei ca. 40 EUR pro Monat lag und nach der Korrektur in der heute geltenden Fassung mit monatlich 136 EUR bemessen ist.

751 Zur Rechtsstellung des Asylantragstellers gehört neben dem Leistungsbezug (einschließlich der medizinischen Versorgung und der Unterbringung) auch noch die Mobilität im Bundesgebiet und der Zugang zu Arbeit und Ausbildung. Im Zuge der Zuwanderung vieler studierfähiger junger Menschen ist auch die Frage verstärkt gestellt worden, ob und unter welchen Bedingungen Asylsuchende ein Studium aufnehmen können.

752 **b) Die jüngsten Gesetzesänderungen.** Die sozialen Rechte von Asylantragstellern sind zuletzt auch mehrfach Gegenstand von Gesetzesänderungen geworden. Die Zielsetzungen erscheinen dabei uneinheitlich. Sie reichen von Liberalisierungen des Arbeitsmarktzugangs (2014 und 2016)[1285] und der weitgehenden Abschaffung der räumlichen Beschränkung (der sogenannten „Residenzpflicht") im Jahr 2014[1286] bis zur Einführung einer erweiterten Wohnpflicht für Antragsteller aus den sicheren Herkunftsstaaten (§ 29a AsylG), fakultativen Leistungskürzungen bei der Verletzung von Mitwirkungspflichten und bei Antragstellern, deren Asylantrag mutmaßlich unzulässig ist. Diese Regelungen entstammen vornehmlich

---

[1281] Zum Asylgesuch an der Grenze und dem Recht auf Einreise → Rn. 337.
[1282] BVerfG Urt. v. 18.7.2012 – 1 BvL 10/10, 1 BvL 2/11, BeckRS 9998, 63394.
[1283] BVerfG Urt. v. 9.2.2010 – 1 BvL 1/09 ua, NJW 2010, 505 ff.
[1284] Gesetz zur Änderung des Asylbewerberleistungsgesetzes und des Sozialgerichtsgesetzes v. 10.12.2014.
[1285] Die Absenkung der Sperrzeit für die Aufnahme einer Erwerbstätigkeit auf heute drei Monate nach Asylgesuch (zuvor waren es neun) und Erleichterungen bei der Vorrangprüfung durch das Integrationsgesetz 2016.
[1286] Durch das Gesetz zur Verbesserung der Rechtsstellung von asylsuchenden und geduldeten Ausländern vom 23.12.2014.

der gesetzgeberischen Aktivität im unmittelbaren Anschluss an die sogenannte Flüchtlingskrise 2015 (Asylpaket 1 und Asylpaket 2). Im Migrationspaket 2019[1287] wurden diese Ansätze weitergeführt, so fanden sich Regelungen zur deutlichen Verlängerung der Wohnpflicht in den Aufnahmeeinrichtungen (Ankerzentrum) mit den damit verbunden Einschränkungen sozialer Rechte sowie weitere Leistungskürzungen im Bereich des AsylbLG. Zu erwähnen ist, dass der Gesetzgeber mit der Behandlung ausreisepflichtiger Asylantragsteller, die in einem anderen Staat der EU internationalen Schutz genießen (Personen also, die dem Unzulässigkeitsverdikt nach § 29 Abs. 1 Nr. 2 AsylG unterfallen) erstmals zu einem **vollständigen Leistungsausschluss** greift (§ 1 Abs. 4 S. 1 AsylbLG), der nur kurzfristige und einmalige Überbrückungsleistungen zulässt.

c) Bleibeperspektive und soziale Rechte für Asylsuchende. Auch mit den **Sonderregeln für Personen aus sicheren Herkunftsstaaten** (§ 29a AsylG) hat der Gesetzgeber Neuland betreten, indem er mit dem Asylpaket 1 aus dem Oktober 2015 die Gewährung sozialer Rechte im Verfahren erstmals vom Herkunftsstaat des Antragstellers – und somit indirekt von den Schutzaussichten – abhängig machte.[1288] Für die Personen aus sicheren Herkunftsstaaten gilt seitdem, dass sie, wenn sie ihren Asylantrag nach dem 31.8.2015 gestellt haben, von jeder Erwerbstätigkeit (und einer Berufsausbildung) ausgeschlossen sind (§ 61 Abs. 2 S. 4 AsylG). Sie werden seitdem auch nicht mehr landesintern verteilt, sondern verbleiben in den Aufnahmeeinrichtungen. Sofern es minderjährige Kinder in einer Familie gibt, endet diese besondere Wohnpflicht aber bereits nach sechs Monaten (§ 47 Abs. 1a S. 2 AsylG). Im Zuge der Neuregelungen 2019 hat der Gesetzgeber das Erwerbsverbot für Geduldete Personen aus den sicheren Herkunftsstaaten ebenfalls dahin ausgeweitet, dass sowohl die Asylantragstellung als auch der Verzicht auf einen Asylantrag zu einem Erwerbsverbot in der Duldung führt (§ 60a Abs. 6 Nr. 3 AufenthG).[1289] Wegen der Wohnpflicht unterliegen Personen aus sicheren Herkunftsstaaten einer eingeschränkten Mobilität im Bundesgebiet; für sie ist auch das beschleunigte Verfahren nach § 30a AsylG vorgesehen, das bislang vom Bundesamt allerdings nicht durchgängig durchgeführt wird (→ Rn. 421 f.). 753

Auf der anderen Seite hat der Gesetzgeber in § 44 Abs. 4 S. 2 Nr. 1 AufenthG Personen, „bei denen ein **rechtmäßiger und dauerhafter Aufenthalt zu erwarten** ist", den Zugang zu Integrationskursen bereits während des Asylverfahrens ermöglicht. Auch hier ist das Kriterium neu. Allerdings wird zur Ermittlung dieser Bleibeperspektive das Verfolgungsschicksal nicht individuell geprüft, was auch zu einer Überforderung des Bundesamtes führen würde. Eingelöst wird die Begünstigung damit, dass das Bundesamt pauschal zwei Herkunftsländer nennt[1290] und die Antragsteller aus diesen Staaten bereits während des Asylverfahrens zum **Integrationskurs** zulässt. In dieser Weise begünstigt werden nun aber auch arbeitsmarktnahe Gestattete ohne Rücksicht auf ihre Bleibeperspektive, wenn sie vor dem 1.8.2019 eingereist sind und sich seit mindestens drei Monaten gestattet in Deutschland aufhalten. Arbeitsmarktnah bedeutet hier, dass es sich um erwerbstätige, arbeitsuchende, ausbildungsuchende oder Personen handelt, die wegen einer Kinderbetreuung einem Erwerb nicht nachgehen. Personen, die einem Erwerbsverbot unterliegen, sind nicht arbeitsmarktnah.[1291] 754

[1287] Informationsverbund Asyl und Migration, Neuregelungen durch das Migrationspaket, Beilage zum Asylmagazin 8–9/2019, 2.
[1288] Dazu *Voigt* Asylmagazin 2016,245.
[1289] Ausgenommen sind in dieser Norm allerdings unbegleitete minderjährige Ausländer, wenn das Kindeswohl zur Stellung oder aber der Nichtstellung eines Asylantrags geführt hat.
[1290] Es handelt sich um die Herkunftsstaaten Eritrea und Syrien. Diese Regelung gilt seit dem 1.8.2019 (https://www.bamf.de/DE/Themen/Integration/ZugewanderteTeilnehmende/AsylbewerberGeduldete/asylbewerbergeduldete.html). Außerdem darf auch kein Anhaltspunkt für die Unzulässigkeit des Asylantrags (zB wegen einer anderweitigen Zuständigkeit nach der Dublin-Verordnung) vorliegen, s. http://www.bamf.de/DE/Willkommen/DeutschLernen/IntegrationskurseAsylbewerber/integrationskurseasylbewerber-node.html.
[1291] https://www.bmas.de/SharedDocs/Downloads/DE/Thema-Arbeitsmarkt/faktenpapier-migrationspaket.pdf?__blob=publicationFile&v=1.

755 Das Kriterium der **Bleibeperspektive** hat inzwischen aber auch weitere Bereiche der Gewährung sozialer Rechte erfasst. Zu nennen sind neben dem Integrationskurszugang die Arbeitsförderung (§ 131 SGB III) und die Förderung einer beruflichen Ausbildung (§ 132 Abs. 1 SGB III) für Asylsuchende, wenn bei ihnen ein rechtmäßiger und dauerhafter Aufenthalt zu erwarten ist, sowie der Bundesfreiwilligendienst mit Flüchtlingsbezug (§ 18 Abs. 1 BFDG). Das Argument wird mittlerweile auch in anderen Bereichen der Gewährung sozialer Rechte verwendet,[1292] etwa von Ausländerbehörden bei Ermessensentscheidungen über die Erlaubnis von Arbeits- oder Ausbildungsverhältnissen.[1293]

2. Gestatteter Aufenthalt in der Bundesrepublik

756 Dem Asylantragsteller ist der **Aufenthalt zum Zwecke der Durchführung des Verfahrens gestattet.** Das ergibt sich für den Antragsteller als Vorwirkung des Asylgrundrechts (→ Rn. 365). Es endet folglich, wenn eine Abschiebungsandrohung oder Abschiebungsanordnung des Bundesamtes vollziehbar geworden ist oder spätestens dann, wenn die Entscheidung des Bundesamtes unanfechtbar ist (§ 67 Abs. 1 AsylG). Ob und wann das der Fall ist, hängt von der materiellen Beurteilung des Schutzgesuchs ab. Im Falle einer ablehnenden Entscheidung des Bundesamts kommt es für die Fortsetzung des gestatteten Aufenthalts darauf an, ob ein Rechtsbehelf eingelegt wird und ob dieser eine aufschiebende Wirkung hat.

757 Aus dem Zweck, den Aufenthalt für die Durchführung des Asylverfahrens zu gestatten, ergibt sich, dass dem Antragsteller die **Wiedereinreise** in das Bundesgebiet grundsätzlich nicht erlaubt ist. Ausnahmen können sich aus besonderen humanitären Gründen ergeben, bedürfen aber der Mitwirkung der Ausländerbehörden. Einen besonderen Anwendungsfall machen hier die sogenannten Schülersammellisten aus, die Pass und Visum für gemeinsame Klassenreisen von Drittstaatsangehörigen im Gebiet der EU ersetzen und damit auch die Wiedereinreise ermöglichen (§ 1 Abs. 5 AufenthV).

758 Der gestattete Aufenthalt des Asylsuchenden ist **gegen die Ausweisung** besonders **geschützt.** Der Asylantragsteller kann während des laufenden Asylverfahrens nur unter der Bedingung ausgewiesen werden, dass sein Asylantrag oder der Antrag auf internationalen Schutz unanfechtbar abgelehnt wird (§ 53 Abs. 4 AufenthG). Die Ausweisung wird hinfällig, wenn es zu einer späteren Anerkennung kommt. Allerdings darf eine bedingungslose Ausweisung unter den besonderen Voraussetzungen, wie sie in § 53 Abs. 3 AufenthG definiert sind, schon während des Verfahrens erfolgen. Dann muss von dem Antragsteller eine besondere qualifizierte Gefahr ausgehen. Darauf schließlich kommt es aber nicht an, wenn eine Abschiebungsandrohung gegen ihn vollziehbar ist (§ 53 Abs. 4 S. 2 Nr. 2 AufenthG).

759 Ein Asylantragsteller darf während seines Verfahrens nur unter bestimmten Voraussetzungen an einen Drittstaat **ausgeliefert werden;** eine Auslieferung ist allerdings aufgrund eines Europäischen Haftbefehls, an einen anderen Staat der EU oder an ein internationales Strafgericht möglich. Die Auslieferung an einen Drittstaat (außerhalb der EU) ist nur erlaubt, wenn die ausliefernde Behörde die Überzeugung gewonnen hat, dass „keine unmittelbare oder mittelbare Zurückweisung" des Betreffenden in seinen Herkunftsstaat erfolgt (Art. 9 Abs 3 Asylverfahrens-RL).

760 Ersucht der **Herkunftsstaat um die Auslieferung** seines Staatsangehörigen, der in der Bundesrepublik einen Asylantrag gestellt hat, werden die vom Antragsteller erhobenen Gründe gegen die Auslieferung nicht (mehr) in dem Asylverfahren, sondern in dem Auslieferungsverfahren nach dem Gesetz über die internationale Rechtshilfe in Strafsachen (IRG) geprüft, das in § 6 IRG auf die GFK verweist und auch eine besondere Ausliefe-

---

[1292] Mit Recht kritisch hierzu: *Voigt* Asylmagazin 2016, 245 (246 ff.).
[1293] Diese Vorgehensweise ist nach der Neufassung des § 61 Abs. 1 S. 2 AsylG aber nur in der Zeit der ersten neun Monate des gestatteten Aufenthalts zulässig, da sich ab dieser Wartezeit ein Anspruch auf Erteilung der Erlaubnis zur Erwerbstätigkeit ergibt (→ Rn. 775).

rungsausnahme bei politischen Delikten enthält. Das IRG geht dem Asylverfahren vor (§ 60 Abs. 4 AufenthG). Eine Auslieferung darf, sofern der Betroffene sein Einverständnis nicht erklärt hat, erst nach der Entscheidung des zuständigen Gerichts erfolgen, das ist im Auslieferungsverfahren das Oberlandesgericht (§ 23 IRG) und nicht ein Verwaltungsgericht. Der Vorrang des Auslieferungsrechts zeigt sich auch in § 6 S. 2 AsylG, der besagt, dass asylrechtliche Entscheidungen für die Auslieferung keine Verbindlichkeit besitzen.[1294]

3. Wohnen und Mobilität

761 Für Asylantragsteller, die ihren Asylantrag nach § 14 Abs. 1 AsylG durch persönliche Vorsprache bei einer Außenstelle zu stellen haben, besteht eine **Wohnpflicht in der zugewiesenen Aufnahmeeinrichtung,** die sich seit dem Inkrafttreten des neuen § 47 Abs. 1 AsylG **deutlich länger** erweist als zuvor (→ Rn. 356). Danach findet die landesinterne Verteilung statt (§ 50 AsylG). Antragsteller, die ihren Antrag schriftlich stellen durften (§ 14 Abs. 2 AsylG), werden nicht verteilt und auch nicht in einerAufnahmeeinrichtung wohnpflichtig. Sie verbleiben dort, wo sie bei Asylantragstellung wohnhaft waren.

762 Diese Verteilung in die Kommunen erfolgt jedoch nicht bei Antragstellern aus den **sicheren Herkunftsstaaten (§ 29a AsylG),** diese verbleiben während des gesamten Verfahrens in der Aufnahmeeinrichtung – mit der Ausnahme von Familien mit minderjährigen Kindern (→ Rn. 357).

763 Aus der Wohnpflicht folgt auch immer die Einschränkung der Mobilität. Der Ausländer ist in seiner **Bewegungsfreiheit auf den Bezirk der Ausländerbehörde beschränkt,** in dem die Aufnahmeeinrichtung sich befindet (§ 56 Abs. 1 AsylG). Nach § 57 AsylG kann das Bundesamt das Verlassen des Bezirks im Einzelfall bei dem Vorliegen von zwingenden Gründen erlauben. Das Gesetz nennt hier die Besuche bei einem Bevollmächtigten und Organisationen der Flüchtlingshilfe. Zwingende Gründe können sich aber auch aus familiären Beziehungen oder der Ausübung der Religion ergeben. Verstöße gegen die räumliche Beschränkung können als Ordnungswidrigkeit oder im Wiederholungsfall auch als Straftat verfolgt werden (§§ 85 und 86 AsylG).

764 Für die Zeit nach der Entlassung aus den Aufnahmeeinrichtungen sieht § 53 AsylG die Regelunterbringung in Gemeinschaftsunterkünften vor. Für den Antragsteller bedeutet das aber, dass er auch eine private Wohnung nehmen kann, wenn insbesondere auch andere berücksichtigungsfähige (zB familiäre oder medizinische) Gründe für eine private Unterbringung sprechen.[1295]

765 Nach dem Ende der Wohnpflicht in der Aufnahmeeinrichtung (die allerdings jetzt viel länger angesetzt ist) richtet sich die Mobilität des Antragstellers im Bundesgebiet nach § 59a AsylG: Ist sein Aufenthalt dann bereits **seit drei Monaten** gestattet, unterliegt er **nicht mehr der räumlichen Beschränkung.** Er kann dann ohne Einschränkungen innerhalb der Bundesrepublik reisen. Diese wesentliche Verbesserung ihrer Lebenssituation verdanken Asylsuchende der Gesetzesänderung von 2014 (→ Rn. 752). Die Beschränkung kann jedoch von der Ausländerbehörde nach § 59b AsylG in den dort genannten Fällen wieder angeordnet werden (zB bei strafrechtlicher Verurteilung oder einem Verdacht auf die Beteiligung an einem Delikt nach dem Betäubungsmittelgesetz).

4. Soziale Leistungen

766 **a) Grundlagen.** Die Rechte auf soziale Leistungen für Asylantragsteller ergeben sich aus § 3 AsylbLG und richten sich danach, ob der Betreffende noch in einer Aufnahmeeinrichtung lebt und seit wann er sich gestattet im Bundesgebiet befindet. Im Übrigen unterscheidet das AsylbLG, so wie auch andere Fürsorgeregelungen, zwischen dem persönlichen und dem notwendigen Bedarf sowie den Leistungen für Wohnung, Heizung und Hausrat. Einen

---

[1294] *Hocks* in NK-AuslR AsylG § 6 Rn 19.
[1295] *Keßler* in NK-AuslR AsylG § 53 Rn. 11.

besonderen Bereich machen die Leistungen bei Krankheit, Schwangerschaft und Geburt aus, die in § 4 AsylbLG geregelt sind. Mittlerweile spielt aber auch der Gesichtspunkt der Leistungskürzung eine Rolle. In § 1 Abs. 4 und § 1a AslbLG finden sich diese Leistungskürzungen.

767 **b) Leistungen während der Wohnpflicht in der Aufnahmeeinrichtung.** Der Asylsuchende, der in einer Aufnahmeeinrichtung (§ 44 Abs. 1 AsylG) wohnpflichtig ist, erhält Leistungen des notwendigen Bedarfs (Unterkunft, Ernährung, Bekleidung, Gesundheitspflege ua) als Sachleistung, ersatzweise als Wertgutschein oder sonst unbar oder als Leihgabe (§ 3 Abs. 2 S. 1 ff. AsylbLG). Auch die Leistungen für den persönlichen Bedarf sollen nach dem Wortlaut des Gesetzes in Sachleistungen oder Wertgutscheinen erbracht werden (zB in Form von Fahrscheinen, Telefonkarten, Internetguthaben[1296] ua) (§ 3 Abs. 2 S. 4 f. AsylbLG). In der Praxis geschieht dies aber nicht einheitlich. Sofern dieser Teil vollständig als Barleistung erbracht wird, ist der Betrag für den persönlichen Bedarf (das „Taschengeld") bei einem erwachsenen Antragsteller mit 136 EUR im Monat festgelegt (§ 3a Abs. 1 Nr. 2 lit. b AsylbLG). Der persönliche Bedarf für Kinder und Jugendliche ist ebenfalls in § 3a Abs. 1 AsylG geregelt.

768 **c) Leistungen bei Antragstellern in Gemeinschafts- oder privater Unterkunft.** Antragsteller, die nicht oder nicht mehr wohnpflichtig sind, erhalten für ihren notwendigen Bedarf vorrangig keine Sachleistungen mehr (§ 3 Abs. 3 AsylbLG), sondern Geldbeträge, wie sie in § 3a Abs. 2 AsylbLG festgelegt sind. Neu ist seit Inkrafttreten der Regelungen aus dem Migrationspaket 2019, dass der „Bedarf für Unterkunft, Heizung und Hausrat sowie für Wohnungsinstandhaltung und Haushaltsenergie ... soweit notwendig und angemessen, gesondert als Geld- oder Sachleistung erbracht" wird. (§ 3 Abs. 3 S. 3 AsylbLG) Der übrige notwendige Bedarf (Ernährung, Kleidung, Gesundheits- und Körperpflege ua) wird (mit Ausnahme der Bedarfe für Unterkunft, Heizung, Hausrat, Wohnungsinstandhaltung und Haushaltsenergie) bei einem Alleinstehenden, der in einer Wohnung (oder privaten Unterkunft) lebt, mit 194 EUR veranschlagt (§ 3a Abs. 2 Nr. 1 AsylbLG). Hinzu kommt der persönliche Bedarf in Höhe von 150 EUR (§ 3a Abs. 1 Nr. 1 AsylbLG). Neu ist auch, dass bei der Unterbringung Alleinstehender in einer gemeinschaftlichen Unterkunft Leistungen auf der Grundlage der Bedarfsstufe 2 erbracht werden, so dass diese Personen wie eine gemeinsam haushaltende Gemeinschaft betrachtet werden. (§ 3a Abs. 2 Nr. 2 lit. b AsylbLG).

769 **d) „Analogleistungen" nach Ablauf von 18 Monaten.** Mit dem Beginn eines gestatteten Aufenthalts von 19 Monaten erwirbt der Antragsteller, sofern er seinen Aufenthalt nicht rechtsmissbräuchlich beeinflusst hat,[1297] das Recht (§ 2 Abs. 1 AsylbLG) auf Leistungen entsprechend den Vorschriften des SGB XII (Sozialhilfe). Es handelt sich um eine Rechtsfolgenverweisung,[1298] die Leistungen werden, weil sie „entsprechend" der Regelungen des Sozialhilferechts erfolgen, in der Beratungsliteratur als „Analogleistungen" bezeichnet.[1299] Für den Antragsteller bringt dies höhere Leistungssätze mit sich. Bei einem Alleinstehenden liegt der Regelbedarf dann bei monatlich 432 EUR (Anlage zu § 28 SGB XII), hinzu kommt auch hier der Bedarf für Unterkunft, Heizung und Hausrat.

770 Ob gegen den Asylsuchenden während des Bezuges der „Analogleistungen" auch das Subsidiaritätsprinzip nach § 22 Abs. 1 SGB XII eingewendet werden kann, sodass der Leistungsbezug mit der Aufnahme einer nach dem BAföG dem Grunde nach förderungsfähigen Ausbildung endet, war lange problematisch, ist aber vom Gesetzgeber 2019 gelöst worden. **Studierende Asylantragsteller,** die wegen ihres nur gestatteten Aufenthalts zum

---

[1296] *Frings/Domke,* Asylarbeit, 2017, 250.
[1297] Ein solcher Missbrauch kann in einem laufenden Asylverfahren bei vorsätzlicher Täuschung über die Identität gegeben sein (*Korff* in BeckOK SozR AsylbLG § 2 Rn. 9).
[1298] *Korff* in BeckOK SozR AsylbLG § 2 Rn. 17.
[1299] *Frings/Domke,* Asylarbeit, 2017, 88.

Bezug von Leistungen nach dem BAföG nicht berechtigt (§ 8 Abs. 2 BAföG) sind, können sich nun auf den neuen § 2 Abs. 1 S. 3 AsylbLG berufen. Damit können sie Leistungen nunmehr als Zuschuss oder Darlehen beziehen und ihr Studium auch nach dem Wechsel in die Analogleistungen fortsetzen.[1300]

e) Leistungskürzungen für Asylantragsteller (§ 1a Abs. 4 und 5 AsylbLG). Der Gesetzgeber hat für Personen Leistungskürzungen eingeführt, die in der Bundesrepublik einen Asylantrag gestellt haben, obwohl sie bereits den internationalen Schutz in einem anderen Staat der EU erhalten haben oder wenn für sie aufgrund der Dublin-Verordnung ein anderer Mitgliedstaat zuständig ist (§ 1a Abs. 4 AsylbLG). 771

Auch die **Verletzung bestimmter Mitwirkungspflichten** (§ 1a Abs. 5 AsylbLG) führt zu einer Kürzung der Leistung. Das setzt aber voraus, dass der Asylsuchende die mangelnde Mitwirkung zu vertreten hat und dass die Leistung wieder in vollem Umfang fortgesetzt geleistet wird, wenn der Asylbewerber die unterlassene Mitwirkungshandlung nachgeholt hat (§ 1a Abs. 5 AsylbLG). 772

Die Kürzung besteht darin, dass der **Anspruch** der Asylsuchenden **reduziert** ist auf „Leistungen zur Deckung ihres Bedarfs an Ernährung und Unterkunft einschließlich Heizung sowie Körper- und Gesundheitspflege" (§ 1a Abs. 1 S. 2 AsylbLG). Diese Kürzung darf nur für einen Zeitraum von sechs Monaten erfolgen (§ 14 AsylbLG). Eine neuerliche Kürzung ist rechtlich zulässig, setzt aber voraus, dass die Verletzungshandlung noch andauert und auch noch korrigierbar ist.[1301] Nach dieser Betrachtungsweise kann dem Asylsuchenden, der etwa wegen einer anderweitigen Anerkennung in der EU nur noch vermindert leistungsberechtigt geworden ist, dieser Umstand nicht noch über eine weitere Periode von sechs Monaten vorgehalten werden. 773

Im Jahr 2019 hat der Gesetzgeber für die Personengruppe derer, die in einem **Staat der EU den Status als international Schutzberechtigte** inne haben und die gleichwohl in der Bundesrepublik einen – unzulässigen – Asylantrag stellen (§ 29 Abs. 1 Nr. 2 AsylG), **Leistungskürzungen auf zwei Stufen** eingeführt. Nach § 1a Abs. 4 S. 2 Nr. 1 AsylbLG erhalten diese Personen während des noch laufenden Verfahrens – bis das Bundesamt zu der Unzulässigkeitsentscheidung gelangt – nur gekürzte Leistungen (→ Rn. 773). Nach Erlass der Abschiebungsandrohung, die sich an die Unzulässigkeitswertung anschließt, ändert sich das Bild: Die betreffenden Personen haben keinen Anspruch mehr nach dem AsylbLG – mit der Ausnahme bestimmter einmaliger Übergangsleistungen –, sofern der anderweitige Schutz fortbesteht und sie vollziehbar ausreisepflichtig sind (§ 1 S. 4 AsylbLG). Aufgrund der Verweisung in diesem Abschnitt ergibt aber der Fall, dass solche Personen, die sich in der gleichen Situation befinden, aber **im Besitz einer Duldung nach §°60a AufenthG sind, nicht von diesem Leistungsausschluss betroffen** sind (da sie nicht unter die Nr. 5, sondern unter die Nr. 4 des § 1 Abs. 1 AsylbLG fallen). In der Praxis wäre dem rechtsuchenden Antragsteller daher zu empfehlen, bei der Ausländerbehörde auf die Ausgabe einer Duldung zu dringen, da sich dadurch der sozialrechtliche Status deutlich verbessert. 773a

f) Medizinische Leistungen. Asylsuchende erhalten die Kostenerstattung für medizinische Leistungen vom Sozialamt. Für die Zeit der ersten 18 Monate des gestatteten Aufenthalts gilt hier eine Einschränkung, indem Leistungen nur zur Akutbehandlung und bei Schmerzzuständen gewährt werden (§ 4 Abs. 1 AsylbLG). Mit dem Wechsel in die „Analogleistungen" erwirbt der Asylsuchende den Anspruch auf ungekürzte Leistungen nach dem Leistungsbild der gesetzlichen Krankenversicherung (§ 2 AsylbLG iVm § 48 SGB XII). Diese Leistungen werden aber weiter vom Sozialamt erbracht.[1302] 774

[1300] Während des Bezuges von AsylbLG (vor dem Wechsel in die Analogleistung) war die Aufnahme eines Studiums schon immer unschädlich, weil es im AsylbLG keine dem § 22 SGB XII vergleichbare Regelung der Subsidiarität gibt; s. dazu auch das Schreiben des Bundesministeriums für Arbeit und Soziales v. 26.2.2016.
[1301] *Korff* in BeckOK SozR AsylbLG § 14 Rn. 3.
[1302] *Frings/Domke*, Asylarbeit, 2017, 289.

5. Erwerbstätigkeit, Berufsausbildung, Studium und andere Lebenssituationen

775 Für Asylsuchende aus den sicheren Herkunftsstaaten (bei Asylantragstellung nach dem 31.8.2015, siehe § 61 Abs. 2 S. 3 AsylG), und Antragsteller, die noch keine drei Monate gestattet im Bundesgebiet sind (§ 61 Abs. 2 S. 1 AsylG), gilt ein Erwerbsverbot. Da die Wohnpflicht im Zuge der Neuregelung nun deutlich länger angelegt ist, gilt der frühere Grundsatz, dass die Wohnpflicht in der Aufnahmeeinrichtung die Erwerbstätigkeit immer ausschließt, heute nicht mehr durchgängig. Seinen Grund hat dies in Art. 15 EU-Aufnahme-RL. In § 61 Abs. 1 S. 2 AsylG ist Personen, die der Wohnpflicht unterliegen, geregelt, dass sie einen Anspruch auf Erteilung einer Erlaubnis zur Erwerbstätigkeit unter den Voraussetzungen des § 61 Abs. 1 S. 1 AsylG haben, nämlich wenn das Asylverfahren nach neun Monaten nicht unanfechtbar abgeschlossen ist, die Bundesagentur für Arbeit zugestimmt hat, der Antragsteller nicht wegen der Herkunft aus einem sicheren Herkunftsstaat von der Erwerbstätigkeit ausgeschlossen ist und der Asylantrag nicht als „offensichtlich unbegründet" oder als unzulässig" abgelehnt wurde (es sei denn, das Verwaltungsgericht hat die aufschiebende Wirkung angeordnet).

776 Die Prüfung der Erlaubnis umfasst grundsätzlich auch die **Zustimmung der Arbeitsagentur** (§ 32 Abs. 1 BeschV), die nach § 39 Abs. 2 AufenthG prüft, ob das konkret angestrebte Arbeitsverhältnis den allgemeinen Lohnbedingungen entspricht. Die Vorrangprüfung (§ 39 Abs. 2 S. 1 Nr. 1 lit. b AufenthG), also die Frage, ob für den Arbeitsplatz bevorrechtigte deutsche oder auch ausländische Arbeitnehmer zur Verfügung stehen, entfällt seit August 2019 (§ 32 Abs. 3 BeschV iVm § 32 Abs. 4 BeschV). Eine Vorrangprüfung im Zusammenhang mit der Erteilung einer Arbeitserlaubnis an Asylsuchende findet daher nicht mehr statt.

777 Der Wegfall der Vorrangprüfung bedeutet, dass Asylsuchende auch eine „Leiharbeit" nach § 1 ArbeitnehmerüberlassungsG ausüben dürfen. Das im übrigen Arbeitserlaubnisrecht geltende Zustimmungsverbot für Leiharbeit (§ 40 Abs. 1 Nr. 2 AufenthG) gilt, wie der Verweis in § 32 Abs. 1 S. 2 BeschV zeigt, nicht für Asylsuchende und Geduldete.

778 Die Aufnahme einer **Berufsausbildung** in einem staatlich anerkannten oder vergleichbar geregelten Ausbildungsberuf ist nicht von der Zustimmung der Arbeitsagentur abhängig (§ 32 Abs. 2 Nr. 2 BeschV). Hier ist lediglich die Zustimmung der Ausländerbehörde erforderlich.

779 Damit hat sich aber die Situation aller Asylsuchender verbessert, sofern sie sich mehr als neun Monate im Asylverfahren befinden, weil ihnen nun ein Anspruch zusteht, der Ermessensüberlegungen, um etwa die Bleibeperspektive oder Fehlen von Identitätsnachweisen als Kriterien in die Entscheidung einzustellen. Der Überlegung, dass der Gesetzgeber bei rein wörtlicher Auslegung in § 61 Abs. 1 S. 2 AsylG den Anspruch nur den Personen gewährt, die sich wohnpflichtig in einer Aufnahmeeinrichtung befinden, nicht aber jenen, die bereits in die Kommunen verteilt sind, kann mit dem Argument entgegengetreten werden, dass es keinen sachlichen Grund für eine Schlechterstellung dieser zweiten Gruppe von Asylantragstellern gibt.[1303] Es gilt somit, dass alle Asylsuchende, deren Verfahren nach neun Monaten nicht abgeschlossen ist, einen Anspruch auf Zugang zur Erwerbstätigkeit haben können (sofern sie nicht unter die Ausschlussregelungen des § 61 Abs. 1 S. 2 AsylG fallen.[1304]

780 Das **Studium an den Universitäten** steht grundsätzlich auch Asylsuchenden offen. Ein Studium stellt auch keine genehmigungsbedürftige Erwerbstätigkeit dar. Gleichwohl kann die Studienaufnahme wegen der mit der längeren Wohnpflicht verbundenen eingeschränkten Mobilität problematisch werden. Bei Antragstellern aus den sicheren Herkunftsstaaten war dies schon zuvor der Fall. 2016 hat das Bundesministerium für Bildung und Forschung ein Maßnahmepaket mit einem Volumen von 100 Millionen EUR auf den Weg gebracht,

---

[1303] Bayerisches Staatsministerium des Innern, für Sport und Integration, 10.12.2019, 61.2 AsylG. Vollzug des Ausländerrechts; Beschäftigung und Berufsausbildung von Asylbewerbern und Geduldeten, 2.2.3.1
[1304] Anwendungshinweise des BMI v. 20.12.2019, 61.2 AsylG.

um Studierwilligen mit einer Flüchtlingsbiographie den Zugang zum Studium zu ermöglichen.[1305] Dieses Projekt stößt jedoch nicht wegen etwaiger asylrechtlicher oder hochschulrechtlicher Regelungen an Grenzen, sondern wesentlich wegen der besonderen Spracherfordernisse für die Immatrikulation und des erforderlichen Nachweises der (ausländischen) Hochschulzugangsberechtigung.[1306]

Zum Teil bestehen für einen Asylsuchenden Einschränkungen in seinem Leben, die sich nicht eigentlich aus den ausländerrechtlichen Vorschriften ergeben, aber mit dem Umstand zusammenhängen, dass diese Personengruppe häufig keinen Pass besitzt und in die **Aufenthaltsgestattung der Vermerk** eingetragen ist: „**Personalien beruhen auf den Angaben des Inhabers**". Dies kann Folgen dahin haben, dass Kinder eines Asylantragstellers mit ungeklärter Identität keine Geburtsurkunde erhalten, sondern nur den **Auszug aus dem Geburtenregister**, in den wieder der Zusatz der ungeklärten Identität der Eltern aufgenommen ist (§ 35 Abs. 1 S. 1 PStV). Einschränkungen können sich etwa bei der Erwerbstätigkeit ergeben, wenn eine **Tätigkeit auf einem internationalen Flughafen** aufgenommen werden soll, auf dem § 7 Abs. 3 Nr. 1 des Luftsicherheitsgesetzes (LuftSiG) – und damit das Erfordernis einer geklärten Identität – gilt. In der Praxis ebenso bedeutsam sind mögliche Restriktionen bei einem Antrag auf einen Führerschein oder die Zulassung eines Kraftfahrzeugs (→ Rn. 780c). 780a

Um diese Restriktionen zu verhindern, kann bei der Ausländerbehörde beantragt werden, diesen Vermerk über die Ungeklärtheit der Identität aus dem Ausweisdokument zu tilgen, was durch Nachweise zur Identität geschehen müsste (siehe dazu → Rn. 388). Soweit es um Urkunden des Standesamtes geht, wäre dort der Nachweis zu erbringen und gegebenenfalls der Rechtsschutz nach § 49 PStG zu suchen. 780b

Für die **Erteilung eines Führerscheins** ist auf die Rechtsprechung des BVerwG[1307] zu verweisen, danach kann auch ein Dokument mit dem Vermerk, dass die Personalien auf Angaben des Inhabers beruhen, einen **amtlichen Nachweis** im Sinne des § 21 der Verordnung über die Zulassung von Personen im Straßenverkehr (Fahrerlaubnis-Verordnung -FeV) begründen, **soweit nicht anderweitig Zweifel an der Identität der Person bestehen**. Weniger einhellig stellt sich die Praxis bei den **Kfz-Zulassungsstellen** dar. Doch auch hier müsste der gleiche Maßstab zur Anwendung kommen. Für die Zwecke der zivilrechtlichen Halterhaftung ist es überdies ausreichend, wenn die Identität des Halters relativ feststeht („relative Identität"),[1308] das heißt wenn über diese Person andere Angaben bekannt sind, die keinen Anlass für einen Widerspruch erkennen lassen, so dass diese Person für die Zwecke der Geltendmachung von Schadensersatzansprüchen identifiziert werden kann. 780c

---

[1305] https://www.bmbf.de/de/fluechtlinge-durch-bildung-integrieren.html.
[1306] Bei der Frage nach der Anerkennung von ausländischen Zeugnissen oder wenn Zeugnisse fluchtbedingt überhaupt nicht vorliegen, helfen die Vorgaben der Kultusministerkonferenz (http://www.kmk.org/fileadmin/Dateien/veroeffentlichungen_beschluesse/2015/2015_12_03-Hochschulzugang-ohne-Nachweis-der-Hochschulzugangsberechtigung.pdf) und die Auskünfte der akademischen Auslandsämter (International Offices) der Universitäten weiter.
[1307] BVerwG Urt. v. 8.9.2016 – 3 C 16/15, NJW 2017, 1046.
[1308] Der Ausdruck gesicherte „relative Identität" soll umschreiben, dass eine Person auf kohärente biographische und erkennungsdienstlich gewonnene Daten verweisen kann, die nahelegen, dass es sich in den verschiedenen Lebensabschnitten jeweils um die identische Person handelt, ohne dass sie den Nachweis erbringen kann, wie ihre Personalien vor der Einreise in die Bundesrepublik lauteten.

8. Kapitel. Spätaussiedler

§ 20 Recht der Spätaussiedler

Übersicht

	Rn.
A. Grundlagen	1
I. Begriffsklärung	1
II. Historische Entwicklung	6
1. 1945 bis 1952	7
2. 1953 bis 1968	8
3. 1969 bis 1986	9
4. 1987 bis 1992	10
5. 1993 bis 2012	12
6. 2013 – heute	14
B. Der Erwerb des Spätaussiedlerstatus	15
I. Deutsche Volkszugehörigkeit	22
1. Abstammung von einem Deutschen	23
2. Bekenntnis zum deutschen Volkstum	28
a) Nationalitätenerklärung	30
b) Bekenntnissurrogat	32
c) Bekenntnis auf andere Weise	34
d) Bekenntnisfiktion	39
3. Bestätigung des Bekenntnisses	40
II. Einreise im Wege des Aufnahmeverfahrens	45
1. Verlassen des Aussiedlungsgebiets	46
2. Im Wege des Aufnahmeverfahrens	47
a) Verfahren vom Aussiedlungsgebiet aus	48
b) Ausnahme in Härtefällen	49
c) Folgeantrag	56
III. Begründung des ständigen Aufenthalts in Deutschland	57
IV. Fehlen von Ausschlussgründen	58
C. Die Aufnahme von Familienangehörigen durch Einbeziehung	59
I. Einbeziehungsantrag des Spätaussiedlers	63
II. Ehegatte des Spätaussiedlers	64
III. Abkömmling des Spätaussiedlers	65
IV. Im Aussiedlungsgebiet leben	67
V. Gemeinsame Aussiedlung	68
VI. Nachträgliche Einbeziehung, wenn im Aussiedlungsgebiet verblieben	69
VII. Nachträgliche Einbeziehung im Härtefall	71
VIII. Grundkenntnisse der deutschen Sprache	72
IX. Fehlen eines Ausschlussgrundes	76
D. Die Bescheinigung der Spätaussiedlereigenschaft	77
E. Rechtsstellung des Spätaussiedlers und seiner Angehörigen	84
F. Rechtsschutz	88

A. Grundlagen

I. Begriffsklärung

„**Spätaussiedler**" sind deutsche Volkszugehörige (mit ausländischer Staatsangehörigkeit), **1** die die Republiken der ehemaligen Sowjetunion nach dem 31.12.1992 im Wege eines besonderen Aufnahmeverfahrens verlassen haben und in die Bundesrepublik Deutschland eingewandert sind. Ihr Rechtsstatus ist im Gesetz über die Angelegenheiten der Vertriebenen und Flüchtlinge (Bundesvertriebenengesetz – § 4 BVFG) geregelt.[1]

2 Der Rechtsbegriff des Spätaussiedlers wurde erst durch eine Änderung des BVFG zum Jahresbeginn 1993 eingeführt. Er verdeutlicht, dass es sich um einen „Spät"-Begünstigten des **Vertriebenenrechts** handelt. Deutsche Volkszugehörige, die als Folge des 2. Weltkriegs ihre Siedlungsgebiete im Osten Europas verlassen mussten – sei es durch Flucht oder Vertreibung –, wurden mit ihrer Aufnahme in der Bundesrepublik Deutschland nicht nur automatisch **deutsche Staatsangehörige** (Art. 116 Abs. 1 GG). Sie kamen vielmehr auch in den Genuss von **Eingliederungshilfen**, zB bei der Zuteilung von Wohnraum, von Land an Bauern, Lizenzen als Gewerbetreibende sowie die bevorzugte Vermittlung von Lehrstellen und Arbeitsplätzen, wie das im Einzelnen im BVFG von 1953 geregelt war.[2] Dies war erforderlich, da 12 Millionen Deutsche ihre Heimat in Osteuropa verloren hatten und in den geschrumpften westdeutschen Staat integriert werden mussten, in dem sie keine Wohnung, kein Eigentum und keine Arbeit hatten.

3 Das BVFG von 1953 kannte noch nicht den Begriff des Spätaussiedlers, sondern den des „**Vertriebenen**" (weitgehend identisch mit „**Heimatvertriebenen**"[3]) und des „**Aussiedlers**". Unter den Begriff des „Vertriebenen" fallen alle deutschen Volkszugehörigen, die ihren Wohnsitz (vornehmlich in Osteuropa) „im Zusammenhang mit den Ereignissen des zweiten Weltkrieges infolge Vertreibung, insbesondere durch **Ausweisung oder Flucht**", verloren haben (§ 1 Abs. 1 BVFG). Es wird insoweit also nicht unterschieden, ob der Betroffene aus seiner Heimat unter dem Druck der Kriegsereignisse geflohen ist oder von dort ausgewiesen wurde. Beide Personengruppen sind Vertriebene iSd BVFG. Demgegenüber trennt Art. 116 Abs. 1 GG zwischen den Kategorien des „Vertriebenen" und des „Flüchtlings", knüpft daran aber einheitlich die Rechtsfolge, dass diese mit Aufnahme im Bundesgebiet **deutsche Staatsangehörige** sind. Den Begriff des „Aussiedlers" kennt das GG nicht, er stellt eine einfachgesetzliche Erweiterung dar. Als Vertriebener gilt auch, wer als Ehegatte eines Vertriebenen den ständigen Aufenthalt im Vertreibungsgebiet verloren hat (§ 1 Abs. 3 BVFG).

4 Als Vertriebener iSv § 1 BVFG wird auch der „**Aussiedler**" behandelt (§ 1 Abs. 2 Nr. 3 BVFG). Darunter fällt ein deutscher Volkszugehöriger, der das Vertreibungsgebiet **nach Abschluss der allgemeinen Vertreibungsmaßnahmen**, aber vor dem 1.7.1990 oder danach im Wege des Aufnahmeverfahrens vor dem 1.1.993 verlassen hat. Das **Vertreibungsgebiet** umfasst die ehemals unter fremder Verwaltung stehenden deutschen Ostgebiete, Danzig, Estland, Lettland, Litauen, die ehemalige Sowjetunion, Polen, die Tschechoslowakei, Ungarn, Rumänien, Bulgarien, Jugoslawien, Albanien und China (§ 1 Abs. 2 Nr. 3 BVFG). Diese Personengruppe war nicht unmittelbar, wohl aber **mittelbar durch die Vertreibungsmaßnahmen** betroffen, weil sie ihre nationale Identität aufgrund der Vertreibung der meisten anderen Deutschen nur schwer wahren konnten und häufig auch staatlichen Repressalien ausgesetzt waren.[4]

5 Ein „**Spätaussiedler**" ist ein Aussiedler, dem auch nach dem **1.1.1993** noch eine privilegierte Rechtsstellung eingeräumt wird, weil insoweit Kriegsfolgen noch als fortwirkend anerkannt werden. Entsprechende „Spät"-Folgen werden nicht mehr für alle deutschen Volkszugehörigen in den ehemaligen Vertreibungsgebieten anerkannt, also etwa nicht mehr bei einem Wohnsitz in den EU-Staaten Polen, Tschechien, Ungarn, Rumänien und

---

[1] Bundesvertriebenengesetz v. 10.8.2007, BGBl. I 1902, zuletzt geändert durch Art. 10 Gesetz v. 20.11.2015, BGBl. I 2010.
[2] BVFG v. 19.5.1953, BGBl. I 201; vgl. dazu die Kommentierung von *Werber/Bode-Ehrenforth*, Bundesvertriebenengesetz, 1954.
[3] Die Heimatvertriebenen (§ 2 BVFG) hatten ihren Wohnsitz im Vertreibungsgebiet, als Vertriebener wurde darüber hinaus auch ein deutscher Volkszugehöriger erfasst, der seinen Wohnsitz während des Krieges nach Übersee verlagert hat und dort seinen Wohnsitz durch Vertreibung verloren hat. vgl. *Werber/Bode-Ehrenforth*, Bundesvertriebenengesetz, 1954, § 2 Anm. 4.
[4] *Werber/Bode-Ehrenforth*, Bundesvertriebenengesetz, 1954, § 1 Anm. 13.

Bulgarien, wohl aber bei einem Wohnsitz in den Republiken der ehemaligen Sowjetunion (§ 4 Abs. 1 BVFG – „Russlanddeutsche"). Er muss allerdings im Wege eines vom Ausland aus durchzuführenden Aufnahmeverfahrens nach Deutschland einreisen (§§ 26 ff. BVFG). Ehegatten und Abkömmlinge des Spätaussiedlers können in das Aufnahmeverfahren einbezogen werden.

II. Historische Entwicklung

Als unmittelbare Folge des 2. Weltkriegs flohen 12 bis 14 Millionen Deutsche aus ihren **6** Siedlungsgebieten östlich der Oder in die vier Besatzungszonen Deutschlands.[5] In den darauf folgenden 70 Jahren kamen weitere 4,5 Millionen Aussiedler und Spätaussiedler nach Deutschland.[6] Die Migration dieser Bevölkerungsgruppe aus Osteuropa nach Deutschland als Folge oder Spätfolge des 2. Weltkriegs lässt sich in sechs Phasen unterteilen:

1. 1945 bis 1952

Die Flucht von 12 bis 14 Millionen Deutschen aus ihren Siedlungsgebieten östlich der **7** Oder als Folge des 2. Weltkriegs war eine der größten Migrationsbewegungen der Neuzeit auf europäischem Boden (→ Einleitung Rn. 9). Das Grundgesetz erkannte die Flüchtlinge als deutsche Staatsangehörige an (Art. 116 Abs. 1 GG). Im Jahr 1949 bildeten sie **16 % der westdeutschen Bevölkerung,** waren aber ungleichmäßig auf die Bundesländer verteilt.[7] So bildeten sie in Bayern 21 % der Bevölkerung, in Niedersachsen 26 % und in Schleswig-Holstein 33 %, während in Rheinland-Pfalz (zuvor französische Zone) fast gar keine Vertriebenen lebten. Daher wurden (freiwillige) Umsiedlungsprogramme durchgeführt, um die **wirtschaftliche Integration** zu erleichtern. Bis 1961 stieg der Anteil der Flüchtlinge und Vertriebenen auf 21,5 % der Bevölkerung der Bundesrepublik an.[8] In den Ländern der DDR war der Anteil der Vertriebenen an der Bevölkerung noch höher als in der Bundesrepublik. Er bewegte sich zwischen 44 % in Mecklenburg-Vorpommern und 17 % in Sachsen.[9] 1952 wurde in der Bundesrepublik ein **Lastenausgleichsgesetz** erlassen, auf dessen Grundlage Vertriebene ua eine Entschädigung für erlittene Vermögensschäden erlangten. 1953 trat ein **Fremdrentengesetz** in Kraft, das die im Vertreibungsgebiet geleisteten Rentenbeiträge für Rentenansprüche in der Bundesrepublik anerkannte. Im gleichen Jahr wurde das **BVFG** verabschiedet, das die Rechtsstellung der Vertriebenen umfassend regelte.

2. 1953 bis 1968

Die zweite Phase der Migration bildeten **Nachzügler der Flucht und Nachkriegsver- 8 treibung** der deutschen Bevölkerung aus Ostmittel-, Südost- und Osteuropa, die ab den frühen 1950er Jahren im Rahmen von humanitärer Familienzusammenführung in die Bundesrepublik übersiedeln durften. Das waren sogenannte „Aussiedler" (§ 1 Abs. 2 Nr. 3 BVFG). Die Aussiedler im Zeitraum von 1953 bis Ende der 1960er Jahre gehörten überwiegend der Generation an, die Krieg, Flucht und Vertreibung noch erlebt hatte und von deren Folgen unmittelbar betroffen war (Erlebnisgeneration). Der Großteil der Aussiedler in jener Phase – sie kamen vor allem aus Polen – fand Aufnahme in der Bundesrepublik (über 500.000).[10]

---
[5] *MacGregor,* Deutschland – Erinnerungen einer Nation, 2015, 519.
[6] Bundesamt für Migration und Flüchtlinge, Spätaussiedler in Deutschland, 2013, 31 f.
[7] Beer, Flucht und Vertreibung der Deutschen, 2011, 99 ff; *Werber/Bode-Ehrenforth,* Bundesvertriebenengesetz, 1954, 63.
[8] Beer, Flucht und Vertreibung der Deutschen, 2011, 101.
[9] Beer, Flucht und Vertreibung der Deutschen, 2011, 99 f.
[10] *Bundesamt für Migration und Flüchtlinge,* Spätaussiedler in Deutschland, 2013, 7; Tätigkeitsbericht des Aussiedlerbeauftragten 2016, BT-Drs. 18/11600, 3.

3. 1969 bis 1986

9 Die dritte Phase war durch einen **Generationenwechsel** gekennzeichnet: Viele der Personen, die sich nun um eine Aussiedlung bemühten, waren nach dem Krieg geboren und konnten nur mittelbar als Betroffene der Vertreibung eingestuft werden. Zudem erfasste das BVFG seinerzeit nach seinem Wortlaut nur Personen, die bei Beginn der allgemeinen Vertreibungsmaßnahmen schon gelebt haben.[11] Die Rechtspraxis, maßgeblich geprägt durch die Rechtsprechung des BVerwG, bezog jedoch auch diese neue Generation von Aussiedlern in das BVFG ein.[12] Das war folgerichtig, denn schon Art. 116 Abs. 1 GG erfasst auch die Abkömmlinge. Die sozialliberale Bundesregierung setzte sich im Rahmen ihrer neuen Ostpolitik sowie des KSZE-Prozesses mit Erfolg für die **erleichterte Ausreise** von Deutschstämmigen aus den Ostblockstaaten ein. Der Aussiedlerzustrom in diesem Zeitraum war nicht stetig, brachte aber im Schnitt über 40.000 Personen pro Jahr in die Bundesrepublik. Die **Ausreisepraxis** der Herkunftsländer (mit Ausnahme Jugoslawiens) war während dieser Phase grundsätzlich noch **restriktiv** und erlaubte Aussiedlung nur in – zu unterschiedlichen Zeiten mehr oder weniger zahlreichen – Ausnahmefällen.

4. 1987 bis 1992

10 Die vierte Phase des Aussiedlerzuzugs unterschied sich von den vorherigen durch den grundlegenden **Wandel der Ausreisepraxis** der Herkunftsländer. Da die Ostblockstaaten die Ausreise fast vollständig liberalisierten und die Bundesrepublik ihrerseits noch keine Einreisebeschränkungen eingeführt hatte, erfolgte die Zuwanderung in dieser Phase weitgehend ungesteuert. Das Ergebnis war ein sprunghafter Anstieg der Aussiedlerzahlen, unter anderem befördert durch die „Sogwirkung" der **Massenausreise** aus bestimmten Regionen, den fortschreitenden wirtschaftlichen Zusammenbruch der Herkunftsländer und generell unsichere Zukunftsperspektiven.

11 In diesem sechs-Jahres-Zeitraum kamen bis Ende 1991 mit ca. **1,5 Millionen Personen** aus Polen, der Sowjetunion und Rumänien mehr Aussiedler nach Deutschland als in den vorausgegangenen 35 Jahren zusammen. Die Bundesrepublik reagierte mit einer **Verschärfung des Einreiseregimes,** und zwar 1990 durch das Aussiedleraufnahmegesetz.[13] Dieses schuf ein besonderes Aufnahmeverfahren für Aussiedler, die ihre Anerkennung von da an vom Heimatland aus in einem besonderen **Aufnahmeverfahren** betreiben mussten (§§ 26 f. BVFG).[14] Es führte im Zusammenhang mit der begrenzen Verwaltungskapazität des Bundesverwaltungsamts und der zuständigen Länderbehörden zu einer faktischen **Kontingentierung** von etwa 220.000 Zuwanderern pro Jahr. In den beiden Jahren zuvor lag die Zahl jeweils höher als 370.000.[15]

5. 1993 bis 2012

12 Die fünfte Phase ist geprägt durch die grundlegenden Neuregelungen des BVFG durch das **Kriegsfolgenbereinigungsgesetz** (KfbG) vom 21. Dezember 1992.[16] Dieses Gesetz schuf erstmals eine Rechtsgrundlage für die Einbeziehung von Personen in das BVFG, die nach Ende der Vertreibungsmaßnahmen geboren sind, indem es in § 4 BVFG die Kategorie des „**Spätaussiedlers**" einfügte. Allerdings muss der Betreffende vor dem 1.1.1993 geboren sein. Darin lag eine „Bereinigung" der Kriegsfolgen insofern, als die Begünstigung von Nachkommen der vom 2. Weltkrieg betroffenen Deutschstämmigen in Osteuropa mit einem **Stichtag** versehen wurde. Außerdem beschränkt das Gesetz die Begünstigten des

---

[11] Vgl. BT-Drs. 12/3212 23 zu § 6 BFVG.
[12] BVerwG Urt. v. 10.11.1976 – VIII C 92.75, BVerwGE 51, 298 = BeckRS 1976, 105791.
[13] BGBl. I 1247.
[14] *Alexy* NVwZ 1993, 1171 (1173).
[15] *Bundesamt für Migration und Flüchtlinge,* Spätaussiedler in Deutschland, 2013, 31 f..
[16] BGBl. I 2094.

§ 4 BVFG auf bestimmte Herkunftsgebiete, nämlich die Regionen der ehemaligen Sowjetunion. Der Grund hierfür liegt darin, dass die Deutschstämmigen in der Sowjetunion deutlich länger unter Benachteiligung wegen ihrer Volkszugehörigkeit zu leiden hatten als diejenigen, die etwa in Polen, Ungarn oder Rumänien gelebt hatten.[17] Das KfbG hat sich wegen der **fortdauernden historischen Verantwortung** gegen Vorstöße – etwa der SPD-Bundestagsfraktion[18] – zur Schließung des vertriebenenrechtlichen Migrationspfades entschieden.[19]

Das Gesetz hält ferner an dem bereits 1990 eingeführten **Aufnahmeverfahren** fest, das vom Ausland aus zu betreiben ist (§§ 26 f. BVFG). Ferner führte es eine **Kontingentierung** ein, wonach grundsätzlich pro Jahr nicht mehr Aufnahmebescheide erteilt werden dürfen, als Aussiedler im Durchschnitt der Jahre 1991 und 1992 zugezogen sind (§ 27 Abs. 3 BVFG aF – vgl. jetzt § 27 Abs. 4 BVFG). Die Neuregelung führte zunächst (1993 – 1995) zu einer Verstetigung des Zuzugs bei etwa 220.000 Personen pro Jahr. Danach ergab sich jedoch – auch infolge 1996 neu eingeführter Sprachtests – ein **Rückgang der Spätaussiedlerzahlen** auf zunächst etwa 100.000 pro Jahr und ab 2006 zu einem noch deutlicheren Rückgang auf weniger als 10.000 pro Jahr.[20]

6. 2013 – heute

Die sechste Phase der Zuwanderung von Spätaussiedlern wurde durch das Zehnte Gesetz zur Änderung des Bundesvertriebenengesetzes eingeleitet, das im September 2013 in Kraft getreten ist.[21] Die neuere Gesetzgebung ist – in Abkehr von derjenigen der fünften Phase – durch eine **Liberalisierung** bei bestimmten Zuzugsvoraussetzungen gekennzeichnet. Der Gesetzgeber wollte dem Umstand Rechnung tragen, dass die Aussiedlung nach Deutschland für viele Spätaussiedlerfamilien auch eine Trennung von zurückbleibenden **Angehörigen** mit sich gebracht hatte.[22] Das betraf sowohl Familienmitglieder, die zunächst nicht aussiedeln wollten, etwa weil der Ehepartner hierzu nicht bereit war, sowie solche, die nicht aussiedeln konnten, zB weil sie die hierfür erforderlichen sprachlichen Hürden nicht schafften. Die Gesetzesnovelle ermöglichte die **nachträgliche Einbeziehung von Abkömmlingen und Ehegatten** in das Aufnahmeverfahren (§ 27 Abs. 2 BVFG) und erleichterte zugleich die Voraussetzungen für deren **Bekenntnis zum deutschen Volkstum** und zum Nachweis deutscher **Sprachkenntnisse** (§ 6 Abs. 2 BVFG).[23] Die Zuzugszahlen beschränken sich derzeit auf jährlich etwa 6.000 bis 7.000 Personen.[24]

B. Der Erwerb des Spätaussiedlerstatus

Im Folgenden wird zunächst der Erwerb des Spätaussiedlerstatus erläutert (→ Rn. 16 ff.) und anschließend die Einbeziehung von Familienangehörigen (→ Rn. 59 ff.).

Der Erwerb des **Spätaussiedlerstatus** setzt voraus, dass der Betroffene deutscher Volkszugehöriger ist (§ 6 BVFG), seinen Wohnsitz in den Republiken der ehemaligen Sowjetunion hatte (§ 4 Abs. 1 BVFG), von dort nach dem 31.12.1992 im Wege des Aufnahmeverfahrens nach Deutschland eingereist ist und dort innerhalb von sechs Monaten seinen ständigen Aufenthalt genommen hat (§ 4 Abs. 1, §§ 26 bis 29 BVFG). Erfüllt er diese

---

[17] *Alexy* NVwZ 1993, 1171 f.
[18] Änderungsantrag der SPD-Fraktion zum Entwurf eines Gesetzes zur Bereinigung von Kriegsfolgengesetzen, BT-Drs. 12/3618, 5.
[19] *Alexy* NVwZ 1993, 1171 f.; Gesetzentwurf des Bundesregierung für ein Gesetz zur Bereinigung von Kriegsfolgengesetzen, BT-Drs. 12/3212, 19 f.; Bericht und Beschlussempfehlung des Innenausschusses, BT-Drs. 12/3597.
[20] *Bundesamt für Migration und Flüchtlinge*, Spätaussiedler in Deutschland, 2013, 32 f.
[21] BGBl. I 3554.
[22] Beschlussempfehlung und Bericht des Innenausschusses, BT-Drs. 17/13937, 5 ff.
[23] *Herzog* ZAR 2014, 400.
[24] Tätigkeitsbericht des Aussiedlerbeauftragten 2019, 8; Jahresstatistik 2018 des Bundesverwaltungsamtes.

§ 20

Voraussetzungen und liegt kein Ausschlusstatbestand vor (§ 5 BVFG), wird ihm die Spätaussiedlereigenschaft bescheinigt (§ 15 BVFG). Die Bescheinigung hat lediglich deklaratorische Bedeutung. An sie knüpfen aber die Vergünstigungen des Staatsangehörigkeits-, Fremdrenten- und Förderungsrechts nach § 7 BVFG an. Abkömmlinge und Ehegatten können in den Aufnahmebescheid des Spätaussiedlers einbezogen werden (§ 15 Abs. 2, § 27 Abs. 2 BVFG).

17 Der Status (die Eigenschaft) als Spätaussiedler entsteht mit der Aufnahme in das Bundesgebiet, wenn die Tatbestandsvoraussetzungen der §§ 4, 6 BVFG erfüllt sind.[25] § 4 Abs. 1 BVFG bestimmt die Entstehung des Status auch in zeitlicher Hinsicht. Es hängt demnach von der **Rechtslage im Zeitpunkt von Einreise und Aufenthaltnahme** in Deutschland ab, ob eine Person mit ihrer Einreise nach Deutschland Spätaussiedler geworden ist. Eine danach erfolgte Rechtsänderung, wie zuletzt die erleichterten Voraussetzungen für den Erwerb des Spätaussiedlerstatus durch die Gesetzesnovelle von 2013, hat auf die Entstehung des Spätaussiedlerstatus keine Auswirkungen mehr. Die **Übergangsvorschrift** des § 100 a Abs. 1 BVFG aF, die diesen Grundsatz modifiziert, ist mit Wirkung vom 12.11.2015 ersatzlos aufgehoben worden und deshalb einer weiteren Anwendung nicht mehr zugänglich.[26]

18 Für die Bestimmung der Spätaussiedlereigenschaft ist grundsätzlich die **Rechtslage** maßgeblich, die zum **Zeitpunkt der Aufnahme des Spätaussiedlers** (beim Familienangehörigen im Falle seiner Aufnahme) im Bundesgebiet galt.[27] Das bedeutet für den Rechtsanwender, dass er in gewissem Umfang **rechtshistorisch** arbeiten muss, dh die bei Aufnahme des Betroffenen in Deutschland maßgebliche Fassung des BVFG einschließlich der hierzu ergangenen Rechtsprechung herausfinden und seiner Entscheidung zugrunde legen muss.[28]

19 Das **Spätaussiedlerverfahren** gliedert sich in **zwei Teile:** das Aufnahmeverfahren (§§ 26 f. BVFG) und das Bescheinigungsverfahren (§ 15 BVFG). Zunächst hat der Aussiedlungswillige im Herkunftsland ein **Aufnahmeverfahren** einzuleiten. In diesem wird (vorläufig) geprüft, ob der Antragsteller die Voraussetzungen einer Spätaussiedlers oder eines Familienangehörigen desselben erfüllt. Nach positivem Verfahrensabschluss werden ein **Aufnahmebescheid** und dann ein **Visum** nach § 6 Abs. 3 AufenthG zur Einreise nach Deutschland erteilt. Nach Ankunft in Deutschland werden die Spätaussiedler und die in ihren Aufnahmebescheid einbezogenen Familienangehörigen im Aufnahmelager Friedland vom Bundesverwaltungsamt (§ 28 BVFG) registriert und einem Bundesland zugewiesen (§ 8 BVFG). Gleichzeitig wird das **Bescheinigungsverfahren** eingeleitet, im dem abschließend über den Spätaussiedlerstatus entschieden wird (§ 15 BVFG).

20 Im Folgenden werden die Voraussetzungen für den Erwerb des Spätaussiedlerstatus nach der heute nahezu allein noch **relevanten Vorschrift** des § 4 Abs. 1 Nr. 3 BVFG erläutert. Daneben gibt es einzelne Fälle des Statuserwerbs nach § 4 Abs. 1 Nr. 2 und des § 4 Abs. 2 BVFG, die hier aus Platzgründen unkommentiert bleiben.

21 Für den zentralen und näher erläuterten Erwerb der Spätaussiedlereigenschaft nach § 4 Abs. 1 Nr. 3 BVFG ist die erste Voraussetzung die deutsche Volkszugehörigkeit des Betroffenen, die in § 6 Abs. 2 BVFG näher definiert wird.

I. Deutsche Volkszugehörigkeit

22 Wer nach dem 31.12.1923 geboren worden ist, ist deutscher Volkszugehöriger, wenn er
1. von einem deutschen Staatsangehörigen oder deutschen Volkszugehörigen **abstammt**,
2. sich in seiner Heimat zum deutschen Volkstum **bekannt hat** und 3. dieses Bekenntnis

---

[25] BVerwG Urt. v. 12.3.2002 – 5 C 45.01, NVwZ-RR 2003, 65; Urt. v. 28.5.2015 – 1 C 24.14, NVwZ-RR 2015, 753 Rn. 20; Urt. v. 25.10.2017 – 1 C 21.16, NVwZ-RR 2018, 204 Rn. 32.
[26] BVerwG Urt. v. 25.10.2017 – 1 C 21.16, NVwZ-RR 2018, 204 Rn. 33.
[27] BVerwG Urt. v. 16.7.2015 – 1 C 29.14, NVwZ-RR 2015, 953 Rn. 38; Urt. v. 25.10.2017 – 1 C 21.16, BeckRS 2017, 135220 Rn. 19.
[28] Vgl. hierzu beispielhaft BVerwG Urt. v. 16.7.2015 – 1 C 29.14, NVwZ-RR 2015, 953 Rn. 38 ff.

im zeitlichen Zusammenhang mit der Ausreise durch einfache Kenntnisse der deutschen Sprache **bestätigt** wird. Das sind die Voraussetzungen nach § 6 Abs. 2 BVFG in seiner aktuellen Fassung. Die danach geforderten Bekenntnis- und Bestätigungsmerkmale haben sich im Verlauf der zahlreichen Änderungen in der Gesetzgebungsgeschichte des BVFG mehrmals verändert.

1. Abstammung von einem Deutschen

Ein Spätaussiedler muss von einem deutschen Staatsangehörigen oder deutschen Volkszuge- 23 hörigen abstammen. Es genügt, wenn **ein Eltern- Großeltern- oder (selten) Urgroßelternteil** deutscher Staatsangehöriger oder Volkszugehöriger ist.[29] Es müssen nicht beide Eltern, Großeltern oder Urgroßeltern zur deutschen Volksgruppe gehört haben. Um die Voraussetzungen des § 4 Abs. 1 Nr. 3 BVFG zu erfüllen, muss der Vorfahre aber vor den Stichtagen des § 4 Abs. 1 Nr. 1 oder 2 BVFG geboren sein.

Der vom Gesetz verwandte Begriff der **deutschen Volkszugehörigkeit** hat keinen 24 ethnischen oder gar völkisch-rassischen Bedeutungsgehalt, sondern bezeichnet die Zugehörigkeit zur deutschen **Sprach- und Kulturgemeinschaft**.[30] Zur Feststellung der deutschen **Volkszugehörigkeit der Vorfahren** kann im Einzelfall auf die Vorschrift des § 6 Abs. 1 BVFG zurückzugreifen sein. Danach ist deutscher Volkszugehöriger, wer sich in seiner Heimat zum deutschen Volkstum bekannt hat, sofern dieses Bekenntnis durch bestimmte Merkmale wie Abstammung, Sprache, Erziehung und Kultur bestätigt wird. Dafür reicht nicht schon aus, dass der Betroffene in der Zeit des Nationalsozialismus Deutscher infolge einer Sammeleinbürgerung geworden ist.[31] Das Vorliegen eines Bekenntnisses muss in solchen Fällen im Einzelfall nachgewiesen werden.[32]

Noch nicht höchstrichterlich entschieden ist, ob sich die Abstammung auf **leibliche** 25 **Nachfahren** beschränkt oder auch auf **Stief-, Adoptiv- oder Pflegekinder** erstreckt. Die Einbeziehung von nicht leiblichen Nachfahren wird von der hM unter Hinweis darauf verneint, dass die Abstammung nach allgemeinem Sprachgebrauch und nach den Vorschriften des BGB (§§ 1591, 1600a BGB) die biologische Herkunft meint.[33] So regelt es auch die Allgemeine Verwaltungsvorschrift zum Bundesvertriebenengesetz von 2016 (BVFG-VwV Nr. 2.1 zu § 6).[34]

Das **BVerwG** hat in einem Urteil vom 27.9.2016 für die Einbeziehung eines Familien- 26 angehörigen in den Aufnahmebescheid nach § 27 Abs. 2 S. 3 BVFG **auch Adoptivkinder als „Abkömmlinge"** eingestuft.[35] Es hat dies ua daraus hergeleitet, dass auch rechtlich begründete Kindschaftsverhältnisse, wie sie durch die Adoption Minderjähriger entstehen, am besonderen Schutz der staatlichen Ordnung nach Art. 6 Abs. 1 GG teilnehmen. Die Regelung des § 27 Abs. 2 BVFG zielt darauf ab, dauerhafte Familientrennungen zu vermeiden. Minderjährig adoptierte Kinder sind den leiblichen Kindern nicht nur rechtlich gleichgestellt, sondern es bestehen bei der Adoptivfamilie regelmäßig auch tatsächlich die gleichen familiären Bindungen wie bei den nicht durch Adoption begründeten Familien. Daher hält das BVerwG bei der Einbeziehung von Familienangehörigen eine Gleichbehandlung von Adoptivkindern mit den leiblichen Kindern für geboten.

Noch nicht vom BVerwG entschieden ist die Frage, ob diese Rechtsprechung auf den 27 **Abstammungsbegriff** des § 6 BVFG übertragen werden kann. Dagegen könnte man anführen, dass sich die Abstammung auf die **personale Nachfolge von einem Deutschen**

---

[29] BVerwG Urt. v. 25.1.2008 – 5 C 8.07, BVerwGE 130, 197 Rn. 14; Urt. v. 16.7.2015 – 1 C 29.14, NVwZ-RR 2015, 953 Rn. 38.
[30] *Peters* in Huber, Handbuch des Ausländer- und Asylrechts, Band I, Stand Mai 2005, Rn. 12.
[31] BVerwG Urt. v. 8.11.1994 – 9 C 472.93, BeckRS 1994, 31252122.
[32] BVFG-VwV Nr. 2.1 zu § 6.
[33] *Von Schenckendorff*, Vertriebenen- und Flüchtlingsrecht, Loseblatt, BVFG § 6 Rn. 119; *Herzog/Westphal*, Bundesvertriebenengesetz, 2. Aufl. 2014, BVFG § 6 Rn. 4.
[34] GMBl. 2016, 118.
[35] BVerwG Urt. v. 27.9.2016 – 1 C 17.15, NVwZ-RR 2017, 162 Rn. 13.

bezieht, während der Abkömmlingsbegriff des § 27 Abs. 2 BVFG die **familienrechtliche Erstreckung** der aussiedlerrechtlichen Vergünstigungen regelt. Die Einbeziehung als Familienangehöriger hat zudem weniger weitreichende Folgen als die originäre Zuerkennung der Spätaussiedlereigenschaft (zB im Rentenrecht). Auch steht nur sie unter dem Schutz des Art. 6 Abs. 1 GG, worauf das BVerwG in seiner Entscheidung maßgeblich abstellt. Andererseits halten Stimmen in der Literatur diese Auslegung des Abstammungsbegriffs mit Recht für unbefriedigend, weil die in die Familie faktisch einbezogenen Adoptivkinder in aller Regel der deutschen Minderheit zugerechnet worden sind und damit in der Regel ein gleiches Schicksal wie leibliche Kinder erlitten haben.[36] Im Ergebnis dürften daher die besseren Gründe dafür sprechen, die Adoptivkindern deutscher Volkszugehöriger als vertriebenenrechtlich privilegiert, weil **von § 6 Abs. 2 BVFG erfasst** anzusehen.

2. Bekenntnis zum deutschen Volkstum

28 Der Betroffene muss sich des Weiteren im Aussiedlungsgebiet zum deutschen Volkstum bekannt haben. Hierfür muss er vom Lebensalter her die Reife besessen haben, ein solches Bekenntnis abzugeben. Die **Bekenntnisreife** kann auch vor Eintritt der Volljährigkeit vorliegen.[37] Hiervon kann in der Regel bei Minderjährigen ab 16 Jahren ausgegangen werden, wenn sie nach dem Recht des Herkunftsstaates die Fähigkeit zur Abgabe einer Nationalitätenerklärung besitzen.[38] Vor Eintritt der Bekenntnisreife wird ein Antragsteller bei Abgabe des Bekenntnisses durch den Erziehungsberechtigten vertreten. Das Bekenntnis kann nach BVerwG bei gemischt-nationalen Eltern auch ein Elternteil allein abgeben, sofern es sich um den die Familie prägenden Elternteil und um einen deutschen Volkszugehörigen handelt.[39]

29 Das Bekenntnis muss (nach dem seit September 2013 geltenden Recht) kein durchgehendes sein.[40] Demgegenüber wurde bis zum Inkrafttreten des 10. BVFG-Änd. ein Bekenntnis „nur" zum deutschen Volkstum verlangt. Nach geltendem Recht ist ein früherer Verzicht auf ein Bekenntnis zum deutschen Volkstum unschädlich, genauso wie frühere abweichende Bekenntnisse („Gegenbekenntnisse") – etwa zur russischen Nationalität. Es reicht aus, dass das (ausschließliche) **Bekenntnis** zum deutschen Volkstum **unmittelbar vor der Ausreise** aus dem Aussiedlungsgebiet vorliegt. Das Bekenntnis kann in vier verschiedenen Formen abgegeben werden:

30 **a) Nationalitätenerklärung.** Das Bekenntnis zum deutschen Volkstum erfolgte in der ehemaligen Sowjetunion, deren Staatsvolk sich aus unterschiedlichen Ethnien zusammensetzte, im Allgemeinen durch eine Nationalitätenerklärung, in der Regel anlässlich der **Ausstellung des ersten (Inlands-)Passes.** Von einem Wahlrecht bei volkstumsverschiedenen Eltern kann auf Grund der Behördenpraxis ungeachtet der Tatsache ausgegangen werden, dass die sowjetische Passverordnung vom 21.10.1953 kein ausdrückliches Wahlrecht vorsah.[41] Ausdrückliche Erklärungen können aber auch bei der Eintragung von Veränderungen im **Personenstand** abgegeben werden, zB bei Geburt, Einschulung, Heirat, Militärdienst, Einstellung in den öffentlichen Dienst).[42]

31 Da das Bekenntnis zum deutschen Volkstum durch Nationalitätenerklärung **bis zum Verlassen der Aussiedlungsgebiete** erfolgen kann, kann der Antragsteller von einem früheren abweichenden Bekenntnis durch eine Nationalitätenerklärung zugunsten des

---

[36] *Herzog/Westphal*, Bundesvertriebenengesetz, 2. Aufl. 2014, BVFG § 6 Rn. 4.
[37] BVerwG Urt. v. 31.1.1989 – 9 C 78.87, NJW 1989, 1875.
[38] BVerwG Urt. v. 29.8.1995 – 9 C 391.94, NVwZ-RR 1996, 232; BVerwG Urt. v. 13.11.2003 – 5 C 41.03, BeckRS 2004, 21675; BVFG-VwV Nr. 2.2.1 zu § 6.
[39] BVerwG Urt. v. 23.11.2004 – 5 C 49.03, NVwZ-RR 2005, 509 Rn. 17 ff.
[40] Gesetzesbegründung in BT-Drs. 17/13937, 5 zu Nr. 1 lit. a; *Herzog/Westphal*, Bundesvertriebenengesetz, 2. Aufl. 2014, BVFG § 6 Rn. 11.
[41] BVerwG Urt. v. 17.6.1997 – 9 C 10.96, NVwZ-RR 1998, 266.
[42] BT-Drs. 17/13937 v. 12.6.2013, 5 zu Nr. 1 lit. a; BVerwG Urt. v. 28.5.2015 – 1 C 24.14, NVwZ-RR 2015, 753 Rn. 25 betreffend anspruchsschädliche Erklärungen zugunsten der russischen Nationalität.

deutschen Volkstums abrücken (BVFG-VwV Nr. 2.2.3 zu § 6). Seit der Gesetzesänderung von 2013 besteht insofern eine Erleichterung, denn bis dahin wurde ein **Bekenntnis „nur" zum deutschen Volkstum** verlangt.

b) Bekenntnissurrogat. Nach § 6 Abs. 2 S. 1 BVFG ist deutscher Volkszugehöriger 32 auch, wer nach dem Recht des Herkunftsstaats **zur deutschen Nationalität gehört** hat. Nimmt man allein den Wortlaut dieser Tatbestandsvariante, könnte man durch sie allein schon das Tatbestandsmerkmal der deutschen Volkszugehörigkeit als erfüllt ansehen – und zwar ohne Notwendigkeit eines Bekenntnisses und ohne Bestätigung dieses Bekenntnisses. Indes wertet die einhellige Kommentierung diese Tatbestandsvariante als ein bloßes **„Bekenntnissurrogat"**.[43]

Das bedeutet, dass das Bekenntnis zum deutschen Volkstum immer erforderlich ist, es in 33 der Regel durch Abgabe einer entsprechenden Nationalitätenerklärung erfolgt, es der Abgabe einer solchen Erklärung aber nicht bedarf, wenn der Betreffende ohne eigenes Zutun nach dem Recht seines Herkunftslandes zur deutschen Nationalität gehört. Die staatliche Zurechnung ist das „Surrogat" für die persönliche Nationalitätenerklärung. Allerdings ist bei einem später abgegebenem abweichendem Bekenntnis letzteres maßgebend (BVFG-VwV Nr. 2.2.4 zu § 6). Auch beim Bekenntnissurrogat bedarf es noch der Bestätigung durch Nachweis von einfachen Kenntnissen der deutschen Sprache im Zusammenhang mit der Ausreise.

c) Bekenntnis auf andere Weise. Das Bekenntnis „auf andere Weise" kann insbesondere 34 durch den **Nachweis ausreichender deutscher Sprachkenntnisse** entsprechend dem Niveau B1 des Gemeinsamen Europäischen Referenzrahmens für Sprachen oder durch den Nachweis familiär vermittelter Deutschkenntnisse erbracht werden. Ausreichende deutsche Sprachkenntnisse sind durch den Verweis auf das **Niveau B1** des Gemeinsamen Europäischen Referenzrahmens für Sprachen klar definiert. Sie können durch den erfolgreichen Abschluss eines entsprechenden Kurses beim Goethe-Institut erbracht werden, der auch Lese- und Schreibfertigkeiten umfasst.[44] Das Bundesverwaltungsamt verlangt die Vorlage eines vollständigen Zertifikats B1 mit den vier Modulen **Lesen, Hören, Schreiben und Sprechen**.

Anders als beim Nachweis ausreichender deutscher Sprachkenntnisse findet sich im 35 Gesetz keine Definition dafür, was **familiär vermittelte Deutschkenntnisse** sind. Insoweit kann aber auf das frühere Bestätigungsmerkmal des § 6 Abs. 2 S. 2 BVFG aF („familiäre Vermittlung der deutschen Sprache") zurückgegriffen werden. Der Gesetzgeber hat bewusst eine vergleichbare Formulierung gewählt.[45] Die familiär vermittelten deutschen Sprachkenntnisse müssen innerhalb der eigenen Familie durch die Vermittlung von Eltern, Großeltern oder anderen Verwandten erworben worden sein.[46] Erforderlich ist ein kausaler Zusammenhang zwischen familiärer Vermittlung und der Sprachfähigkeit, wobei die familiäre Vermittlung allerdings nicht der alleinige Grund sein muss. Die Sprachfähigkeit darf auch mit auf der Vermittlung durch Freunde und Bekannte beruhen oder in Sprachkursen aufgefrischt worden sein. B1-Niveau ist hier nicht erforderlich. Die Verwendung eines russlanddeutschen Dialekts ist regelmäßig ein Indiz für eine familiäre Vermittlung.[47]

Die durch das 10. BVFG-ÄndG im Jahr 2013 neu eingeführte Möglichkeit, den Nach- 36 weis deutscher Sprachkenntnisse auch ohne familiäre Vermittlung erbringen zu können, sollte gegenüber der bisherigen Rechtslage eine Erleichterung für „die **jüngere Generation** der Spätaussiedlerbewerber" bewirken, die diesen Nachweis allerdings auf **B1-Niveau**

---

[43] BVFG-VwV vom Nr. 2.2.4 zu § 6; *Herzog/Westphal*, Bundesvertriebenengesetz, 2. Aufl. 2014, BVFG § 6 Rn. 9.
[44] Vgl. etwa die Praxis der Sprachtests auf der Grundlage von § 2 Abs. 11 AufenthG, § 17 Abs. 1 IntV.
[45] BT-Drs. 17/13937 v. 12.6.2013, 6 zu Nr. 1 lit. b; *Herzog/Westphal*, Bundesvertriebenengesetz, 2. Aufl. 2014, BVFG § 6 Rn. 8.
[46] BVerwG Urt. v. 14.11.2002 – 5 C 29.01, NVwZ-RR 2003, 529 Rn. 14 ff.
[47] BVerwG Urt. v. 4.9.2003 – 5 C 33.02, BVerwGE 119, 6 (9) = BeckRS 2004, 20792.

erbringen müssen.[48] Gleichzeitig sollte gerade Angehörigen der **älteren Generation** die Möglichkeit offenbleiben, ihre Zugehörigkeit zur deutschen Volksgruppe dadurch zu belegen, dass sie die familiäre Vermittlung ihrer Deutschkenntnisse nachweisen, ohne dass diese B1-Niveau erreichen müssen.

37 Das ohne Nachweis familiärer Vermittlung zu erbringende B1-Niveau entspricht im **Aufenthaltsrecht** den Sprachanforderungen, die ein nicht privilegierter Ausländer zur Erlangung einer Niederlassungserlaubnis (§ 9 AufenthG) nachweisen muss, während für den Nachzug von Ehepartnern A 1-Niveau genügt (§ 30 Abs. 1 Nr. 2 AufenthG).

38 Der Nachweis ausreichender deutscher Sprachkenntnisse ist die häufigste, aber **nicht die einzige** Möglichkeit des Bekenntnisses auf andere Weise („insbesondere"). Ein solches ist auch dann anzunehmen, wenn eine Person auf Grund ihres wahrnehmbaren Verhaltens im Herkunftsgebiet und über das familiäre Umfeld hinaus der deutschen Nationalität zugeordnet wird (BVFG-VwV Nr. 2.2.5 zu § 6). Es muss in einer Weise nach außen hervorgetreten sein, zB in der Lebensführung oder in **gesellschaftlichen, sozialen oder kulturellen Aktivitäten,** dass es der Nationalitätenerklärung nahe kommt. Dies kann beispielsweise durch Verlautbarungen gegenüber staatlichen Stellen oder die Mitwirkung in volksdeutschen Verbänden zum Ausdruck kommen, wenn diese nach Gewicht, Aussagekraft und Nachweisbarkeit einer Nationalitätenerklärung gegenüber Behörden entsprechen.[49]

39 **d) Bekenntnisfiktion.** Nach § 6 Abs. 2 S. 4 BVFG wird ein Bekenntnis zum deutschen Volkstum unterstellt, wenn es unterblieben ist, weil es mit **Gefahr für Leib und Leben** oder schwerwiegenden beruflichen oder wirtschaftlichen Nachteilen verbunden war, jedoch auf Grund der Gesamtumstände der Wille des Betroffenen außer Zweifel steht, der deutschen Volksgruppe und keiner anderen anzugehören. Die **Bekenntnisfiktion** ersetzt das Bekenntnis zum deutschen Volkstum nur, wenn oder solange die Nationalitätenpolitik gegenüber der deutschen Minderheit im maßgeblichen Aussiedlungsgebiet dafür ursächlich war, dass ein derartiges Bekenntnis des Antragstellers unterblieben ist. Die Wirkung der Fiktion ist daher auf den Zeitraum beschränkt, in dem die für die Fiktion maßgebende Gefährdungslage besteht, sodass ein deutsches Volkstumsbekenntnis alsbald nach Ende der Gefährdungslage erforderlich ist.[50] Die Vorschrift hat heute keine wesentliche Bedeutung mehr, da eine entsprechende Gefährdungslage in den Nachfolgestaaten der Sowjetunion nicht mehr besteht.

3. Bestätigung des Bekenntnisses

40 Das Bekenntnis zum deutschen Volkstum muss bestätigt werden durch den Nachweis der Fähigkeit, zum **Zeitpunkt der verwaltungsbehördlichen Entscheidung** über den Aufnahmeantrag zumindest ein einfaches Gespräch auf Deutsch führen zu können (§ 6 Abs. 2 S. 3 BVFG – entspricht dem **Niveau A1** des Gemeinsamen Europäischen Referenzrahmens für Sprachen). In Fällen einer Aufnahme nach Übersiedlung aufgrund einer besonderen Härte gemäß § 27 Abs. 1 S. 2 BVFG ist für den Bestätigungsnachweis der Zeitpunkt der Begründung des ständigen Aufenthaltes in der Bundesrepublik Deutschland maßgeblich. Die Feststellung der Fähigkeit zu einem **einfachen Gespräch auf Deutsch** soll durch eine Anhörung des Antragstellers im Aufnahmeverfahren erfolgen, in der Regel durch die deutsche Auslandsvertretung im Herkunftsland. Die **Anforderungen** sind **niedriger** als diejenigen für das Bekenntnis „auf andere Weise", wenn es durch deutsche Sprachkenntnisse nachgewiesen wird (B1-Niveau oder familiär vermittelte Deutschkenntnisse, → Rn. 34 ff.).

41 Dem Bestätigungserfordernis kommt dann keine **praktische Bedeutung** zu, wenn – in der Regel erst kurz vor der Aussiedlung – ausreichende deutsche Sprachkenntnisse entsprechend dem Niveau B1 des Gemeinsamen Europäischen Referenzrahmens für Sprachen

---

[48] BT-Drs. 17/13937, 6 zu Nr. 1 lit. b.
[49] BVerwG Urt. v. 13.11.2003 – 5 C 41.03; Urt. v. 16.7.2015 – 1 C 29.14, NVwZ-RR 2015, 953 Rn. 46.
[50] BVerwG Urt. v. 13.11.2003 – 5 C 14.03, NVwZ-RR 2004, 537; Urt. v. 21.10.2004 – 5 C 13.04, NVwZ-RR 2005, 210.

nachgewiesen wurden. In diesen Fällen ist die Voraussetzung der Fähigkeit, ein einfaches Gespräch in deutscher Sprache führen zu können, durch den Nachweis entsprechender Sprachkenntnisse auf B1-Niveau erbracht und eine erneute Prüfung von einfacheren Sprachkenntnissen nicht angezeigt.[51] Entsprechendes gilt, wenn der Nachweis familiär vermittelter Deutschkenntnisse erbracht worden ist.

Bedeutung hat das Bestätigungserfordernis aber in den Fällen des Nationalitäteneintrags und der Bekenntnisfiktion: In diesen Fällen ist nicht sichergestellt, dass der Betreffende die Fähigkeit besitzt, ein einfaches Gespräch in deutscher Sprache zu führen. In diesen Fällen kann der Antragsteller das Vorliegen des Bestätigungsmerkmals durch Vorlage des **Moduls Sprechen des Zertifikats B1** nachweisen oder an einem **Sprachtest bei einer deutschen Auslandsvertretung** teilnehmen. Da dieser Sprachtest nicht normiert ist, verzichtet das Bundesverwaltungsamt auf eine Klassifizierung der sprachlichen Anforderungen entsprechend dem europäischen Referenzrahmen für Sprachen. Zertifikate auf dem Niveau A1 oder A2 werden vom Bundesverwaltungsamt derzeit als Bestätigungsmerkmal nicht anerkannt. Ob diese Praxis, beim Bestätigungsmerkmal höhere Anforderungen als A1-Niveau zu verlangen, mit den gesetzlichen Vorgaben vereinbar ist, ist höchstrichterlich noch nicht entschieden. 42

Nach der zum Bestätigungserfordernis vor Inkrafttreten des 10. BVFG-ÄndG ergangenen Rechtsprechung des **BVerwG** setzt das Gespräch als mündliche, dialogische Interaktion die Fähigkeit des Hörverstehens und die des mündlichen Ausdrucks voraus.[52] Für die Fähigkeit, ein **einfaches Gespräch auf Deutsch** zu führen, muss sich der Antragsteller über einfache Lebenssachverhalte aus dem familiären Bereich (zB Kindheit, Schule, Sitten und Gebräuche), über alltägliche Situationen und Bedürfnisse (Wohnverhältnisse, Einkauf, Freizeit, Reisen, Wetter uÄ) oder die Ausübung eines Berufs oder einer Beschäftigung – ohne dass es dabei auf exakte Fachbegriffe ankäme – unterhalten können. Erforderlich ist zum einen die Fähigkeit zu einem sprachlichen Austausch über die oben genannten Sachverhalte in grundsätzlich ganzen Sätzen, wobei **begrenzter Wortschatz** und **einfacher Satzbau** genügen und Fehler in Satzbau, Wortwahl und Aussprache nicht schädlich sind, wenn sie nach Art oder Zahl dem richtigen Verstehen nicht entgegenstehen. 43

Auf die Bestätigung des Bekenntnisses durch den Nachweis der Fähigkeit, ein einfaches Gespräch auf Deutsch zu führen, wird verzichtet, wenn der Aufnahmebewerber diese Fähigkeit wegen einer körperlichen, geistigen oder seelischen **Krankheit** oder wegen einer **Behinderung** iSd § 2 Abs. 1 S. 1 SGB IX nicht besitzt (§ 6 Abs. 2 S. 3 Hs. 2 BVFG). Die durch das 10. BVFG-ÄndG aufgenommene Ausnahme im Fall einer Behinderung iSd § 2 Abs. 1 S. 1 SGB IX ist von nicht unerheblicher Bedeutung.[53] Denn der Tatbestand liegt schon dann vor, wenn ein Mensch eine körperliche, seelische, geistige oder Sinnesbeeinträchtigungen hat, die mit hoher Wahrscheinlichkeit länger als sechs Monate von dem für das Lebensalter typischen Zustand abweicht und die Teilhabe am Leben in der Gesellschaft hindern kann. 44

II. Einreise im Wege des Aufnahmeverfahrens

Die Rechtsstellung als Spätaussiedler erwirbt der deutsche Volkszugehörige (abgesehen von den heute nicht mehr oder nur noch selten relevanten Voraussetzungen des § 4 Abs. 1 Nr. 1 und 2 BVFG) nur, wenn er seit seiner Geburt, die vor dem 1.1.1993 liegen muss, seinen Wohnsitz in den Republiken der ehemaligen Sowjetunion hatte und diese nach dem 31.12.1992 (von Härtefällen abgesehen) im Wege des Aufnahmeverfahrens verlassen hat (§ 4 Abs. 1 Nr. 3 BVFG). Wer vor dem 1.1.1993 ausgereist ist, kann nicht Spätaussiedler nach § 4 BVFG, sondern allenfalls Vertriebener oder Aussiedler nach § 1 Abs. 2 Nr. 3 BVFG sein. 45

---

[51] So auch *Herzog/Westphal*, Bundesvertriebenengesetz, 2. Aufl. 2014, BVFG § 6 Rn. 12.
[52] BVerwG Urt. v. 4.9.2003 – 5 C 33/02, BVerwGE 119, 6 (10) = BeckRS 2004, 20792.
[53] Vgl. *Herzog* ZAR 2014, 400 (401).

1. Verlassen des Aussiedlungsgebiets

46 Das Aussiedlungsgebiet wird **verlassen,** wenn der dortige Wohnsitz iSd §§ 7 bis 11 BGB aufgegeben wurde. Neben dem Willen, den Wohnsitz aufzugeben, ist ein tatsächlicher Wohnsitzwechsel erforderlich.[54] Der Wille kann auch während eines zunächst nur vorübergehend geplanten Entfernens aus den Aussiedlungsgebieten gebildet werden. Von einem Verlassen kann in der Regel nach der Registrierung des Betroffenen durch das Bundesverwaltungsamt (§ 8 Abs. 1 S. 4 BVFG) ausgegangen werden (BVFG-VwV Nr. 1.5 zu § 4).

2. Im Wege des Aufnahmeverfahrens

47 Der deutsche Volkszugehörige hat seine Heimat **im Wege des Aufnahmeverfahrens** verlassen, wenn ihm ein Aufnahmebescheid nach § 27 Abs. 1 S. 1 BVFG erteilt oder er als Familienangehöriger in das Aufnahmeverfahren eines nahen Verwandten nach § 27 Abs. 2 BVFG einbezogen wurde. In **beiden Fällen** hat er das Aufnahmeverfahren durchlaufen, dem mit seiner (vorläufigen) Prüfung der Spätaussiedlereigenschaft vorrangig eine **Lenkungs- und Ordnungsfunktion** zukommt.[55] Dieser Zweck ist erfüllt, wenn es erfolgreich durchlaufen wurde, gleichgültig, ob dies bezogen auf die Eigenschaft als Spätaussiedler oder auf die Eigenschaft als Ehegatte oder Abkömmling eines Spätaussiedlers erfolgt ist.[56]

48 **a) Verfahren vom Aussiedlungsgebiet aus.** Grundsätzlich ist das Aufnahmeverfahren vom Aussiedlungsgebiet aus zu betreiben. Denn nach § 27 Abs. 1 S. 1 BVFG wird der Aufnahmebescheid Personen erteilt, die dort ihren Wohnsitz haben. Nach **endgültigem Abschluss des Aussiedlungsvorgangs** ist eine Aufnahme nicht mehr möglich – auch nicht im Wege des Wiederaufgreifens des Verfahrens, da das Aufnahmeverfahren einen temporalen Bezug zum Aussiedlungsvorgang hat.[57] Die vorläufige Prüfung im Aufnahmeverfahren hindert nicht eine spätere Korrektur im Bescheinigungsverfahren nach § 15 Abs. 1 BVFG.[58]

49 **b) Ausnahme in Härtefällen.** Ausnahmsweise kann Personen, die ohne Aufnahmebescheid ausgereist sind, dieser auch noch nach Niederlassung in Deutschland erteilt werden, wenn die Versagung eine **besondere Härte** bedeuten würde und die sonstigen Erteilungsvoraussetzungen vorliegen (§ 27 Abs. 1 S. 2 BVFG). Bei dem Tatbestandsmerkmal „besondere Härte" handelt es sich um einen gerichtlich voll überprüfbaren unbestimmten Rechtsbegriff. Eine besondere Härte ist anzunehmen, wenn die Beachtung der Regelungen des Aufnahmeverfahrens zu einem Ergebnis führen würde, das mit Rücksicht auf den Gesetzeszweck auf Grund besonderer Umstände **in hohem Maße unbillig** wäre. Der Bescheid ist dann nachträglich bezogen auf den Zeitpunkt des Entstehens des Härtegrundes zu erteilen.[59]

50 Eine besondere Härte kann sich nicht nur aus der individuellen Situation des Einzelnen, sondern auch aus einer dramatischen Veränderung der **kollektiven Lage** der Betroffenen in bestimmten Aussiedlungsgebieten ergeben. Dies kann zB bei einem **Bürgerkrieg** im Land des bisherigen Aufenthalts angenommen werden, bei dem vom Betroffenen nicht verlangt werden kann, zum Zweck des Betreibens des Aufnahmeverfahrens in das Konfliktgebiet zurückzukehren.[60]

51 Ein **individueller Härtegrund** liegt vor, wenn es zum Schutz von Ehe und Familie iSv **Art. 6 Abs. 1 GG** unzumutbar ist, den Abschluss des Aufnahmeverfahrens im Aussiedlungsgebiet abzuwarten oder eine Rückreise dorthin zu verlangen.[61] Das hat das BVerwG

---

[54] BVerwG Urt. v. 18.11.1999 – 5 C 8.99, NVwZ-RR 2000, 644.
[55] BVerwG Urt. v. 25.10.2017 – 1 C 21.16, NVwZ-RR 2018, 204 Rn. 30; BVerwG Urt. v. 19.4.1994 – 9 C 20.93, NVwZ 1994, 1107.
[56] BVerwG Urt. v. 16.7.2015 – 1 C 29.14, NVwZ-RR 2015, 953 Rn. 23.
[57] BVerwG Urt. v. 25.10.2017 – 1 C 21.16, NVwZ-RR 2018, 204 Rn. 30.
[58] BVerwG Urt. v. 12.7.2001 – 5 C 30.00, BVerwGE 115, 10 (14) = BeckRS 2001, 30193113.
[59] BVerwG Urt. v. 20.11.2018 – 1 C 5.17, NVwZ-RR 2019, 340 Rn. 11; BVerwG Urt. v. 18.11.1999 – 5 C 3.99, NVwZ-RR 2000, 465.
[60] BVerwG Urt. v. 18.11.1999 – 5 C 3.99, NVwZ-RR 2000, 465.
[61] BVerwG Urt. v. 20.11.2018 – 1 C 5.17, NVwZ-RR 2019, 340 Rn. 17.

in einem Fall bejaht, in dem der **Ehegatte der Aussiedlerin Deutscher** war, die Ehe bei Verlassen des Aussiedlungsgebiets durch die deutschstämmige Ehefrau schon bestand und die Eheleute bei Notwendigkeit einer Rückkehr der Ehefrau nach Russland zur Durchführung des Aufnahmeverfahrens gezwungen gewesen wären, für nicht absehbare Zeit auf eine Begründung des Mittelpunkts ihres gemeinsamen ehelichen Lebens in Deutschland zu verzichten.[62]

Eine besondere Härte ist in den folgenden **Fällen verneint** worden: bei bloßen Vermögensgefährdungen oder -schäden,[63] bei Einberufung zum Militärdienst im Aussiedlungsgebiet[64], bei politischer Verfolgung ohne Bezug zur deutschen Volkszugehörigkeit,[65] bei einem langjährigen Aufenthalt in Deutschland.[66] **52**

Der Antrag auf nachträgliche Erteilung eines Härtefall-Aufnahmebescheides muss in einem hinreichenden **zeitlichen Zusammenhang mit der Ausreise** erfolgen.[67] Denn nach § 26 BVFG können nur Personen einen Aufnahmebescheid erhalten, die bereits beim Verlassen der Aussiedlungsgebiete Spätaussiedler sein wollen. Dieser Spätaussiedlerwille ist zwingende Tatbestandsvoraussetzung für den Erhalt des Aufnahmebescheids. Der Wille kann aber nur durch einen entsprechenden Antrag auf Aufnahme als Spätaussiedler nach außen hin betätigt werden. Die Auffassung, dass der Spätaussiedlerwille gleichsam „nur im Herzen getragen" werden müsse, vor der Aufnahmebehörde aber über Jahre hinweg geheim gehalten werden dürfe, verkennt die Bedeutung des behördlichen Aufnahmeverfahrens. Das gilt auch für Personen, die bereits im Zeitpunkt der Übersiedlung als deutsche Staatsangehörige anerkannt gewesen sind und daher einen grundrechtlich gesicherten Anspruch auf visumfreie Einreise und dauernden Aufenthalt im Bundesgebiet hatten.[68] **53**

Liegen **Härtefallgründe** vor, die es ausnahmsweise unzumutbar erscheinen lassen, das Aufnahmeverfahren vom Aussiedlungsgebiet aus zu betreiben, befreit § 27 Abs. 1 S. 2 BVFG vom Erfordernis der Antragstellung im Herkunftsstaat. Die Vorschrift entbindet aber nicht von den „sonstigen Voraussetzungen" des Aufnahmeverfahrens, sodass der Spätaussiedlerwille in gleicher Weise **im zeitlichen Zusammenhang** mit dem Verlassen des Aussiedlungsgebietes nicht nur vorliegen, sondern auch gegenüber der Aufnahmebehörde **betätigt werden muss.** Ist ein solcher Zusammenhang nicht gegeben, stellt dies ein gewichtiges Indiz gegen das Vorliegen eines Aussiedlungswillens zum Zeitpunkt der Ausreise dar.[69] Zudem kann in längerem Abstand zur Ausreise nicht mehr festgestellt werden, ob die dann nachgewiesenen **Deutschkenntnisse schon bei der Aussiedlung** vorhanden waren, wie das § 4 Abs. 1, § 6 Abs. 2 BVFG verlangen. Nach einem zu § 15 BVFG ergangenen Urteil des BVerwG geht der erforderliche zeitliche Zusammenhang zwischen dem Aussiedlungsvorgang und der Antragstellung regelmäßig mit **Ablauf eines Jahres,** jedenfalls aber mit **Ablauf von zwei Jahren** verloren.[70] **54**

Das Erfordernis der zeitnahen Betätigung des Spätaussiedlerwillens hat aktuell **große praktische Bedeutung** für Personen, die im Wege der Eheschließung oder des sonstigen Familiennachzugs aus den Aussiedlungsgebieten nach Deutschland eingereist sind und kurz vor dem Rentenalter feststellen, dass ihnen ihre Beitragszeiten im Herkunftsland nur dann auf die **deutsche Rente** angerechnet werden, wenn sie Spätaussiedlerstatus besitzen (§§ 1, 15 ff. Fremdrentengesetz). Dafür ist es dann aber typischerweise mangels zeitnaher Betätigung des Spätaussiedlerwillens zu spät. **55**

---

[62] BVerwG Urt. v. 18.11.1999 – 5 C 4.99, NVwZ-RR 2000, 467.
[63] OVG Münster Urt. v. 20.6.1996 – 2 A 1379/95, BeckRS 1996, 13832.
[64] OVG Münster Urt. v. 24.10.1996 – 22 A 3415/94, BeckRS 1996, 121630.
[65] OVG Münster Urt. v. 11.2.1995 – 2 A 641/93.
[66] OVG Münster Urt. v. 18.8.1997 – 2 A 4920/94.
[67] BVerwG Urt. v. 13.12.2012 – 5 C 23.11, BVerwGE 145, 248 Rn. 14 = BeckRS 2013, 46729; Urt. v. 6.11.2014 – 1 C 12.14, NVwZ-RR 2015, 273 Rn. 16.
[68] BVerwG Urt. v. 6.11.2014 – 1 C 12.14, NVwZ-RR 2015, 273 Rn. 14.
[69] BVerwG Urt. v. 13.12.2012 – 5 C 23.11, BVerwGE 145, 248 Rn. 15 = BeckRS 2013, 46729.
[70] BVerwG Urt. v. 25.10.2017 – 1 C 21.16, NVwZ-RR 2018, 204 Rn. 26.

56 **c) Folgeantrag.** Ist ein Härtefallantrag nach § 27 Abs. 1 S. 2 BVFG abgelehnt worden, hat der Betroffene die Möglichkeit, ins Aussiedlungsgebiet zurückzukehren und von dort aus das reguläre Aufnahmeverfahren nach § 27 Abs. 1 S. 1 BVFG zu betreiben. Für diesen Fall fingiert § 27 Abs. 1 S. 3 BVFG, dass sein **Wohnsitz** im Aussiedlungsgebiet **fortbestanden** hat. Denn das ist Voraussetzung, um im Wege des Folgeantrags den Spätaussiedlerstatus nach § 4 Abs. 1 BVFG zuerkannt zu bekommen. Noch nicht entschieden ist die Frage, ob der Wohnsitz nur dann als fortbestehend gilt, wenn der Antragsteller in engem zeitlichem Zusammenhang mit der Ablehnung des Härtefallantrags in das Aussiedlungsgebiet zurückgekehrt ist.

III. Begründung des ständigen Aufenthalts in Deutschland

57 Der Spätaussiedler muss innerhalb von sechs Monaten nach der Aussiedlung seinen ständigen Aufenthalt in Deutschland genommen haben (§ 4 Abs. 1 BVFG). **Ständiger Aufenthalt** wird nur begründet, wenn der Wille zum dauerhaften Aufenthalt in der Bundesrepublik Deutschland besteht. Die Registrierung eines Spätaussiedlers in der Erstaufnahmeeinrichtung in Friedland und seine Verteilung auf ein Land im Verteilverfahren nach § 8 Abs. 1 S. 2 BVFG sind ein Indiz für diesen Willen (BVFG-VwV Nr. 1.6 zu § 4).

IV. Fehlen von Ausschlussgründen

58 Der Spätaussiedlerstatus entsteht nicht, wenn Ausschlussgründe iSv § 5 BVFG vorliegen. Die Ausschlusstatbestände des § 5 BVFG unterscheiden sich nach ihrem Charakter. Bei den Tatbeständen nach Nr. 1 handelt es sich um **Unwürdigkeitsgründe,** sie sind teilweise vergleichbar den Unwürdigkeitstatbeständen, die dem Erwerb der Flüchtlingseigenschaft nach § 3 Abs. 2 AsylG entgegenstehen. Die Ausschlussgründe der Nr. 2 rechtfertigen sich unter dem Gesichtspunkt, dass bei dem erfassten Personenkreis nicht davon ausgegangen werden kann, dass er aufgrund eines **Kriegsfolgenschicksals** auswandert, sei es dass er Funktionen im kommunistischen Herrschaftssystem ausgeübt hat, sei es dass er wegen drohender strafrechtlicher Verfolgung ausgereist ist.[71]

C. Die Aufnahme von Familienangehörigen durch Einbeziehung

59 Die Ausreise von Familienangehörigen des Spätaussiedlers erfolgte bis zum Jahresende 1992 nach speziellen Regeln des **Familiennachzugs** (§ 94 BVFG aF). Seit Inkrafttreten des **Kriegsfolgenbeseitigungsgesetzes** zum 1.1.1993 werden sie hingegen in das **Aufnahmeverfahren** des Spätaussiedlers **einbezogen**. Entsprechende Regelungen finden sich in § 15 Abs. 2 BVFG und § 27 Abs. 2 BVFG. Dabei spielt es keine Rolle, ob die Familienangehörigen selbst deutsche Volkszugehörige sind oder nicht. Sinn und Zweck der Einbeziehung von Familienangehörigen ist es, dem Spätaussiedler die Entscheidung zur Aussiedlung zu erleichtern, indem er nicht vor die Wahl gestellt wird, entweder auszusiedeln und damit die Aufrechterhaltung seiner Familie zu gefährden, oder auf die Aussiedlung zu verzichten.[72]

60 Durch das **10. BVFG-ÄndG von 2013** wurde die Einbeziehung von Familienangehörigen **erheblich erleichtert**, da hierfür weder eine besondere Härte noch ein zeitlicher Zusammenhang mit der Ausreise des Stammberechtigten mehr erforderlich ist. Nur durch die Entkoppelung des Nachzugs der einbezogenen Ehepartner und Abkömmlinge von der Ausreise des Spätaussiedlers hielt es der Gesetzgeber für gewährleistet, dass es in Zukunft noch zu **Familienzusammenführungen** in nennenswertem Umfang kommen kann.[73]

---

[71] Gesetzesbegründung der Bundesregierung, BT-Drs. 14/1636 v. 17.9.1999, 175 zu Art. 9 Nr. 1 Haushaltssanierungsgesetz.
[72] BVerwG Urt. v. 27.9.2016 – 1 C 19/15, NVwZ-RR 2017, 164 Rn. 17.
[73] BT-Drs. 17/13937 v. 12.6.2013, 6 f. zu § 27 Abs. 2 S. 3 BVFG.

§ 27 Abs. 2 S. 3 BVFG lässt daher die nachträgliche Einbeziehung unabhängig vom Nachweis eines Härtefalls und **ohne zeitliche Einschränkungen** zu. Die nachträgliche Einbeziehung ist so zu einer weiteren Option geworden, die neben die Möglichkeit der Einbeziehung zum Zwecke der gemeinsamen Aussiedlung nach § 27 Abs. 2 S. 1 BVFG getreten ist. Zudem ist durch das 10. BVFG-ÄndG die Pflicht zum Sprachnachweis für Minderjährige und Kranke entfallen (§ 27 Abs. 2 S. 1 und S. 5 BVFG).

Durch die erfolgreiche Einbeziehung des Familienangehörigen in das Aufnahmeverfahren erwirbt dieser nicht nur das Recht zur **Einreise** nach Deutschland. Vielmehr erfährt er eine Privilegierung gegenüber nachziehenden Familienangehörigen iSd AufenthG ua dadurch, dass er mit Begründung des Aufenthalts im Bundesgebiet den **Status eines Deutschen** nach Art. 116 Abs. 1 GG erwirbt (§ 4 Abs. 3 S. 2 BVFG) sowie mit Erteilung der Bescheinigung nach § 15 Abs. 2 BVFG die deutsche Staatsangehörigkeit und die **Leistungsrechte** nach § 7 Abs. 2 S. 1 BVFG. 61

Für die wirksame aussiedlerrechtliche Aufnahme eines Familienangehörigen durch Einbeziehung müssen die folgenden näher beschriebenen **Voraussetzungen** des § 27 Abs. 2 BVFG **zum Zeitpunkt der Aussiedlung** der einbezogenen Person erfüllt sein: 62

I. Einbeziehungsantrag des Spätaussiedlers

Nach § 27 Abs. 2 S. 1 BVFG kann nur der **Spätaussiedler selbst** („Bezugsperson") den Einbeziehungsantrag stellen. Das ist konsequent, da die Einbeziehung dem Schutz des Spätaussiedlers dient. Die Bezugsperson muss den Einbeziehungsantrag **vor Verlassen des Aussiedlungsgebietes** gestellt haben.[74] Andernfalls kommt nur noch eine nachträgliche Einbeziehung nach § 27 Abs. 2 S. 3 BVFG oder nach § 27 Abs. 1 S. 2 BVFG in Betracht. 63

II. Ehegatte des Spätaussiedlers

Der Familienangehörige muss (Abkömmling oder) **Ehegatte** des Spätaussiedlers sein. Die Ehe mit dem einzubeziehenden Ehegatten muss seit mindestens drei Jahren bestehen (§ 27 Abs. 2 S. 1 Hs. 2 BVFG). Der maßgebliche Zeitpunkt für die Berechnung der **Dreijahresfrist** ist der Zeitpunkt der Entscheidung des Bundesverwaltungsamtes über den Aufnahmeantrag, nicht der Zeitpunkt der Antragstellung.[75] 64

III. Abkömmling des Spätaussiedlers

Abkömmlinge iSd § 27 Abs. 2 S. 3 BVFG sind nicht nur die **Kinder** der Bezugsperson (Abkömmlinge ersten Grades), sondern auch die den Kindern nachfolgenden Abkömmlinge (zB **Enkel und Urenkel**). Dies folgt nicht nur aus dem Wortlaut der Bestimmung, sondern auch aus dem allgemeinen Sprachgebrauch im Familien- und Eherecht. Auch Sinn und Zweck des § 27 Abs. 2 BVFG, den Spätaussiedler nicht vor die Wahl zwischen dem Zusammenleben mit seiner Familie oder dem Aufenthalt in Deutschland zu stellen und dauerhafte Familientrennungen zu vermeiden, sprechen gegen eine Beschränkung des Einbeziehungsanspruchs auf die Kinder des Spätaussiedlers.[76] 65

Das **BVerwG** hat entschieden, dass auch **Adoptivkinder** unter den Begriff des Abkömmlings iSd § 27 Abs. 2 BVFG fallen.[77] Im Hinblick auf den Zweck der vertriebenenrechtlichen Regelung, dauerhafte Familientrennungen zu vermeiden, ist eine Gleichbehandlung von Adoptivkindern mit den leiblichen Kindern geboten. Allerdings können **nach der Aussiedlung des Spätaussiedlers adoptierte Kinder** nicht nachträglich nach § 27 Abs. 2 S. 3 BVFG in dessen Aufnahmebescheid einbezogen werden. 66

---

[74] BVerwG Urt. v. 12.4.2001 – 5 C 19.00, DVBl. 2001, 1527.
[75] *Herzog/Westphal*, Bundesvertriebenengesetz, 2. Aufl. 2014, BVFG § 27 Rn. 12; aA *von Schenckendorff*, Vertriebenen- und Flüchtlingsrecht, Loseblatt, BVFG § 27 Rn. 3a: Zeitpunkt der Aussiedlung.
[76] BVerwG Urt. v. 27.9.2016 – 1 C 17.15, NVwZ-RR 2017, 162 Rn. 12.
[77] BVerwG Urt. v. 27.9.2016 – 1 C 17.15, NVwZ-RR 2017, 162 Rn. 13.

IV. Im Aussiedlungsgebiet leben

67 Dier Abkömmling oder Ehegatte des Spätaussiedlers können nach § 27 Abs. 2 S. 1 BVFG nur einbezogen werden, wenn sie **im Aussiedlungsgebiet leben**. Sie müssen dort ihren Wohnsitz haben oder ihren gewöhnlichen Aufenthalt.[78]

V. Gemeinsame Aussiedlung

68 Die Einbeziehung nach § 27 Abs. 2 S. 1 BVFG muss zum Zweck der **gemeinsamen Aussiedlung** erfolgen. Das ist nicht der Fall, wenn die Aussiedlung des Familienangehörigen nicht mehr im zeitlichen Zusammenhang mit der des Spätaussiedlers erfolgt, sondern Jahre später.

VI. Nachträgliche Einbeziehung, wenn im Aussiedlungsgebiet verblieben

69 Allerdings ist nach § 27 Abs. 2 S. 3 BVFG auch eine nachträgliche Einbeziehung nach erfolgter Aussiedlung der Bezugsperson möglich, wenn der Familienangehörige **im Aussiedlungsgebiet verblieben** ist. Diese mit der Gesetzesnovelle von 2013 eingeführte Erleichterung des Familiennachzugs verzichtet auf jegliche zeitliche Begrenzung und auf jeden zeitlichen Zusammenhang mit der Aussiedlung des Spätaussiedlers.

70 Allerdings ist nach der Rechtsprechung des BVerwG nur derjenige Familienangehörige im Aussiedlungsgebiet verblieben, der seinen Wohnsitz seit der Aussiedlung der Bezugsperson **ununterbrochen im Aussiedlungsgebiet** hatte.[79] Das ist nicht der Fall, wenn der Angehörige nach der Ausreise des Spätaussiedlers seinen **Wohnsitz** für eine gewisse Zeit **nach Deutschland oder in einen anderen Staat verlagert** hatte und danach wieder ins Aussiedlungsgebiet zurückkehrt ist. Vielmehr steht der nachträglichen Einbeziehung insoweit jeglicher über einen Besuchsaufenthalt hinausgehender Aufenthalt des Familiengehörigen im Bundesgebiet oder ein vergleichbar kurzer Aufenthalt in einem Drittstaat entgegen.[80] Ziel der gesetzlichen Regelung ist die Beseitigung von Familientrennungen, die durch die Aussiedlung des Spätaussiedlers eintreten. Dieser Schutzzweck wird aber nur durch die Einbeziehung von Angehörigen erfüllt, die sich bei der Aussiedlung der Bezugsperson zusammen mit dieser im Aussiedlungsgebiet aufhielten und bei denen es durch die Aussiedlung der Bezugsperson zu einer Trennung der Familie gekommen ist.

VII. Nachträgliche Einbeziehung im Härtefall

71 Eine nachträgliche Einbeziehung ist jedoch auch ohne ununterbrochenen Verbleib des Familienangehörigen im Aussiedlungsgebiet möglich. Dazu muss ein Härtefall iSv § 27 Abs. 1 S. 2 BVFG vorliegen („kann die Eintragung nach Abs. 2 Satz 1 nachgeholt werden"). Maßgeblicher Zeitpunkt für das Vorliegen einer besonderen Härte ist aus Gründen des materiellen Rechts der Zeitpunkt der Einreise des Familienangehörigen nach Deutschland.[81] Zudem kann die Einbeziehung wegen eines **Härtefalls** nach § 27 Abs. 1 S. 2 BVFG nicht wie die Einbeziehung nach § 27 Abs. 2 S. 3 BVFG zeitlich unbegrenzt erfolgen. Denn sie dient dem **Zweck der gemeinsamen Aussiedlung** mit dem Spätaussiedler. Davon kann jedenfalls dann keine Rede mehr sein, wenn die Einbeziehung erst nach vollständigem Abschluss der Aussiedlung der Bezugsperson und ohne jeden erkennbaren zeitlichen Zusammenhang mit dieser beantragt wird.[82]

---

[78] *Herzog/Westphal*, Bundesvertriebenengesetz, 2. Aufl. 2014, BVFG § 27 Rn. 14.
[79] BVerwG Urt. v. 27.9.2016 – 1 C 19.15, NVwZ-RR 2017, 164 Rn. 12 ff.; BVerwG Urt. v. 15.1.2019 -1 C 29.18, NVwZ-RR 2019, 484 Rn. 11 ff.
[80] BVerwG Urt. v. 11.9.2019 – 1 C 30.18, BeckRS 2019, 27002 Rn. 14 ff.
[81] BVerwG Urt. v. 20.2.2019 – 1 C 14.18, NVwZ-RR 2019, 620 Rn. 17.
[82] BVerwG Urt. v. 27.9.2016 – 1 C 19.15, NVwZ-RR 2017, 164 Rn. 31.

VIII. Grundkenntnisse der deutschen Sprache

Ehegatten und volljährige Abkömmlinge müssen „Grundkenntnisse der deutschen Sprache" **72** besitzen (§ 27 Abs. 2 S. 1 Hs. 2 BVFG). Davon ist auszugehen, wenn die deutsche Sprache in Wort und Schrift als Anfänger so beherrscht wird, dass alltägliche Ausdrücke und einfache Sätze, die auf die Befriedigung konkreter Bedürfnisse zielen, verstanden und verwendet werden. Grundkenntnisse liegen vor, wenn ein **Sprachniveau der Stufe A1** des Gemeinsamen europäischen Referenzrahmens erreicht ist (BVFG-VwV Nr. 2.1 zu § 27).

Grundkenntnisse der deutschen Sprache können im Aufnahmeverfahren durch Vorlage **73** eines Zeugnisses über das Bestehen der Prüfung „Start Deutsch 1" des Goethe-Instituts e. V. nachgewiesen werden. Eine spezifische Form des Nachweises sieht das Gesetz nicht ausdrücklich vor. Das OVG Münster hält die Vorlage eines Zertifikats etwa des Goethe-Instituts über die erfolgreiche **Ablegung des Tests** mindestens auf der Stufe A1 für erforderlich.[83] Nach den VwV kann der Nachweis aber auch im Rahmen einer **Anhörung** (§ 28 Abs. 1 VwVfG) unter Verwendung von „Start Deutsch 1", dem sogenannten Sprachstandstest, erbracht werden (BVFG-VwV Nr. 2.2 zu § 27).

Die Sprachkenntnisse müssen auch bei der nachträglichen Einbeziehung wegen eines **74** **Härtefalls** nach § 27 Abs. 1 S. 2 BVFG schon bei der Einreise des Familienangehörigen vorgelegen haben.[84]

Ein Ehegatte oder volljähriger Abkömmling wird ohne Nachweis von Grundkenntnissen **75** der deutschen Sprache in das Aufnahmeverfahren einbezogen, wenn er wegen einer körperlichen, geistigen oder seelischen **Krankheit** oder wegen einer **Behinderung** iSd § 2 Abs. 1 S. 1 SGB IX derartige Kenntnisse nicht besitzen kann (§ 27 Abs. 2 S. 5 BVFG).

IX. Fehlen eines Ausschlussgrundes

Auch in der Person des einbezogenen Familienangehörigen darf **kein Ausschlussgrund** **76** iSv § 5 BVFG vorliegen.

D. Die Bescheinigung der Spätaussiedlereigenschaft

Das Rechtsinstitut der **Bescheinigung** wurde 1993 durch das Kriegsfolgenbereinigungs- **77** gesetz eingeführt und löste den bis Ende 1992 erteilten **„Vertriebenenausweis"** ab.[85] Das Bescheinigungsverfahren stellt den zweiten Schritt im mehrstufigen Verfahren der vertriebenenrechtlichen Aufnahme von Spätaussiedlern und ihren aufnahmeberechtigten Familienangehörigen dar.[86]

Im Rahmen des Aufnahmeverfahrens nach §§ 26 f. BVFG wird nur vorläufig – und in **78** der Regel unter Einschaltung der zuständigen deutschen Auslandsvertretung in den Nachfolgestaaten der Sowjetunion – geprüft, ob der Spätaussiedler oder der in das Aufnahmeverfahren einbezogene Familienangehörige die Voraussetzungen für den von ihm erstrebten aussiedlerrechtlichen Status erfüllt. Die **endgültige Prüfung** erfolgt nach Aufnahme des Antragstellers in Deutschland durch das Bundesverwaltungsamt im **Bescheinigungsverfahren** nach § 15 BVFG. Dabei wird das Gespräch zum Nachweis der deutschen Sprachkenntnisse nicht erneut geführt (§ 15 Abs. 1 S. 2 BVFG). Im Fall des positiven Ausgangs der Überprüfung stellt das Bundesverwaltungsamt dem Betroffenen eine Bescheinigung nach § 15 Abs. 1 BVFG zum Nachweis seiner Spätaussiedlereigenschaft aus und dem Familienangehörigen eine Bescheinigung nach § 15 Abs. 2 BVFG zum Nachweis seines

---

[83] OVG Münster Urt. v. 23.6.2016 – 11 A 2206/14, BeckRS 2016, 48672 Rn. 50.
[84] BVerwG Urt. v. 25.2.2018 – 1 C 36.16, NVwZ-RR 2018, 541 Rn. 14 ff.
[85] zu den Gründen vgl. *von Schenckendorff*, Vertriebenen- und Flüchtlingsrecht, Loseblatt, BVFG § 15 Rn. 2.
[86] *Herzog/Westphal*, Bundesvertriebenengesetz, 2. Aufl. 2014, BVFG § 15 Rn. 1.

§ 20　　　　　　　　　　　　　　　　　　　　　　　　　　8. Kapitel. Spätaussiedler

Deutschen-Status nach Art. 116 Abs. 1 GG und seiner Leistungsberechtigung nach § 7 Abs. 2 S. 1 BVFG.

79　Die Entscheidung über die Ausstellung der **Bescheinigung** ist für Staatsangehörigkeitsbehörden und alle Behörden und Stellen **verbindlich,** die für die Gewährung von Rechten oder Vergünstigungen an Spätaussiedler und deren Angehörige nach dem BVFG oder einem anderen Gesetz zuständig sind (§ 15 Abs. 1 S. 4 BVFG).

80　Die Prüfung der Voraussetzungen für den Spätaussiedlerstatus und den Status eines einbezogenen Familienangehörigen erfolgt – im Aufnahme- wie im Bescheinigungsverfahren – auf der Grundlage der **Rechtslage bei Aufnahme** des Betroffenen in das Bundesgebiet. Die vom BVerwG hervorgehobene Fixierung des Zeitpunktes, nach dem sich entscheidet, ob eine Person Spätaussiedler geworden ist, auf den Zeitpunkt der Aufenthaltsbegründung in Deutschland,[87] gilt gleichermaßen für den Familienangehörigen. Allerdings kann die Bescheinigung zeitlich unbefristet beantragt werden, der Antrag muss – anders als im Aufnahmeverfahren – nicht im zeitlichen Zusammenhang mit der Ausreise gestellt werden.[88]

81　Die **Höherstufung** einer als Familienangehörige aufgenommenen Person zum Spätaussiedler iSv § 4 Abs. 1 BVFG ist noch **im Bescheinigungsverfahren** möglich. Allerdings muss der Betroffene ein Aufnahmeverfahren durchgeführt haben, etwa als einbezogener Familienangehöriger, ein Aufnahmebescheid aus eigenem Recht ist nicht erforderlich.[89] Zudem darf die Erteilung eines Aufnahmebescheids als Spätaussiedler nicht bestands- oder rechtskräftig abgelehnt worden sein (§ 15 Abs. 2 S. 2 BVFG).

82　Die Bescheinigung nach § 15 Abs. 1 oder 2 BVFG kann gemäß § 15 Abs. 4 BVFG bei Täuschung etc zurückgenommen werden. Die **Rücknahme** nach § 15 Abs. 1 BVFG richtet sich ausschließlich nach § 48 Abs. 1 iVm Abs. 3 VwVfG. § 48 Abs. 2 VwVfG findet erst bei etwa nachfolgenden Entscheidungen über die Rücknahme von Leistungsbescheiden Anwendung, die auf der Grundlage der Statusentscheidung erlassen wurden.[90] Die Rücknahme der Entscheidung nach § 15 Abs. 1 BVFG berührt nicht den Erwerb der deutschen **Staatsangehörigkeit** gemäß § 7 StAG durch einen bereits zuvor erteilten und nicht aufgehobenen Bescheid über die Erteilung einer Angehörigenbescheinigung nach § 15 Abs. 2 BVFG.

83　Nach § 15 Abs. 4 S. 5 BVFG ist ein **Widerruf** der Bescheinigung unzulässig. Die Regelung ist damit lex specialis gegenüber § 49 VwVfG.

E. Rechtsstellung des Spätaussiedlers und seiner Angehörigen

84　Ein Spätaussiedler und die in seinen Aufnahmebescheid einbezogenen Familienangehörigen erwerben mit der Ausstellung der Bescheinigung nach § 15 Abs. 1 oder Abs. 2 BVFG die **deutsche Staatsangehörigkeit** (§ 7 StAG). Sie haben Anspruch auf kostenlose Teilnahme an **Integrationskursen** (§ 9 Abs. 1 BVFG). § 7 Abs. 2 BVFG regelt, welche Vergünstigungen des BVFG neben den Spätaussiedlern auch deren in das Aufnahmeverfahren einbezogenen Familienangehörigen zugutekommen.

85　Spätaussiedler können eine **Überbrückungshilfe** sowie einen Ausgleich für die Kosten der Aussiedlung erhalten (§ 9 Abs. 2 BVFG). Ihnen und ihren Familienangehörigen werden in den Aussiedlungsgebieten abgelegte Prüfungen und erworbene **Befähigungsnachweise** anerkannt, wenn sie den deutschen gleichwertig sind (§ 10 BVFG). Sie erhalten für die Dauer von drei Monaten **Leistungen bei Krankheit** (§ 11 BVFG). Die Leistungen sind zeitlich begrenzt, da sie als Starthilfe zur Eingliederung in das Beschäftigungssystem

---

[87] BVerwG Urt. v. 16.7.2015 – 1 C 29.14, NVwZ-RR 2015, 953 Rn. 38; BVerwG Urt. v. 10.10.2018 – 1 C 26.17, BeckRS 2018, 27519 Rn. 24.
[88] BVerwG Beschl. v. 5.2.2018 – 1 B 132.17, NVwZ-RR 2018, 453 Rn. 7 ff.
[89] BVerwG Urt. v. 16.7.2015 – 1 C 29.14, NVwZ-RR 2015, 953 Rn. 34 mit Anm. *Fricke* jurisPR-BVerwG 19/2015 Anm. 1 F.
[90] BVerwG Urt. v. 28.5.2015 – 1 C 24.14, NVwZ-RR 2015, 753.

und in das System der sozialen Sicherung in der Bundesrepublik Deutschland gedacht sind. Ferner erhalten Spätaussiedler (nicht deren Angehörige) Vergünstigungen bei der Begründung einer **selbständigen Erwerbstätigkeit** (§ 14 Abs. 1 BVFG). Sie sind zehn Jahre lang bei der Vergabe öffentlicher Aufträge bevorzugt zu berücksichtigen, soweit Unionsrecht dem nicht entgegen steht (§ 14 Abs. 2 BVFG).

Ein entscheidender Vorteil der Spätaussiedler gegenüber den Familienangehörigen ist, dass ihre Beiträge zu einem nichtdeutschen Träger der gesetzlichen **Rentenversicherung** und Beschäftigungszeiten in den Herkunftsländern in der deutschen Rentenversicherung berücksichtigt werden (§§ 15 und 16 **Fremdrentengesetz** – FRG) – fast so, als hätten sie diese in Deutschland zurückgelegt.[91] Ehegatten und Abkömmlinge von Spätaussiedlern werden gemäß § 1 FRG von dessen Vergünstigungen nicht erfasst. Daher resultieren zahlreiche Klagen auf nachträgliche **Höherstufung** vom Status des Familienangehörigen zu dem des Spätaussiedlers nach § 4 Abs. 1 BVFG.[92] 86

§ 94 BVFG ermöglicht die **Anpassung der Familiennamen und der Vornamen** der Spätaussiedler und ihrer Familienangehörigen, die Deutsche iSd Art. 116 Abs. 1 GG sind, an den deutschen Sprachgebrauch. Die Erklärung kann gegenüber dem Bundesverwaltungsamt oder dem Standesamt erfolgen. Es handelt sich um eine Sonderregelung zum **Namensänderungsgesetz** und zum **Personenstandsgesetz.** Das Namensänderungsgesetz ermöglicht nur eine Änderung durch Ermessensentscheidung der Behörde (§ 1 NamÄndG). Im Unterschied hierzu begründet § 94 BVFG einen entsprechenden Rechtsanspruch. Durch das Führen von in Deutschland geläufigen Namen (zB Helene Fischer statt Jelena Petrowna Fischer) soll die **Integration** erleichtert werden. 87

F. Rechtsschutz

Will ein Antragsteller im Klageweg die **Erteilung eines Aufnahmebescheids** nach § 27 Abs. 1 BVFG oder einer **Spätaussiedlerbescheinigung** nach § 15 Abs. 1 BVFG erreichen, muss er **Verpflichtungsklage** erheben. Vor Klageerhebung ist ein Widerspruchsverfahren durchzuführen (§§ 68 ff. VwGO), wobei für den Erlass des Widerspruchsbescheids gemäß § 73 Abs. 1 S. 1 Nr. 2 VwGO das Bundesverwaltungsamt selbst zuständig ist. 88

Eine Klage auf Einbeziehung eines **Familienangehörigen** in den Aufnahmebescheid der Bezugsperson nach § 27 Abs. 2 BVFG kann **nur die Bezugsperson** erheben, nicht der Familienangehörige selbst. Der Familienangehörige kann hingegen nach erfolgter Einbeziehung selbst Klage auf Erteilung einer Bescheinigung nach § 15 Abs. 2 BVFG erheben. 89

Gegen einen **Rücknahmebescheid** nach § 15 Abs. 4 BVFG ist die **Anfechtungsklage** die statthafte Klageart. Auch insoweit ist die Durchführung eines Widerspruchsverfahrens erforderlich. 90

Eine **einstweilige Anordnung** auf **vorläufige Erteilung eines Aufnahmebescheides** nach § 123 VwGO wird wenig erfolgversprechend sein, weil dem Antragsteller in der Regel ein Abwarten der Entscheidung in der Hauptsache zugemutet werden kann.[93] Das Gesetz verfolgt das Ziel, dass das Aufnahmeverfahren vom Ausland aus betrieben wird; dem widerspräche es, würde man eine „vorläufige" Aufnahme als Spätaussiedler im einstweiligen Anordnungsverfahren zulassen. Gegen die Erteilung eines „vorläufigen" Aufnahmebescheides spricht auch das grundsätzliche Verbot der Vorwegnahme der Hauptsache im einstweiligen Rechtsschutzverfahren. 91

Wie beim Aufnahmebescheid verspricht auch bei der **Bescheinigung nach § 15 BVFG** ein **Antrag nach § 123 VwGO** wenig Erfolg, weil dem Antragsteller in der Regel ein Abwarten der Entscheidung in der Hauptsache zuzumuten ist. Mit der Bescheinigung wird 92

---
[91] Dazu näher *Herzog/Westphal*, Bundesvertriebenengesetz, 2. Aufl. 2014, BVFG § 13.
[92] Vgl. etwa BVerwG Urt. v. 25.10.2017 – 1 C 21.16, NVwZ-RR 2018, 204.
[93] So auch *Peters* in Huber, Handbuch des Ausländer- und Asylrechts, Band I, Stand Mai 2005, Rn. 103.

der Status als Spätaussiedler nur deklaratorisch festgestellt, an einer vorläufigen Feststellung besteht aber in der Regel kein schützenswertes Interesse.[94] Bestimmte Eingliederungsleistungen (§§ 9 ff. BVFG), die auf Grund der Spätaussiedlereigenschaft gewährt werden, können schon vor der Erteilung der Bescheinigung nach § 15 BVFG in Anspruch genommen werden. Zudem besteht die Möglichkeit, im einstweiligen Rechtsschutzverfahren eine befristete Leistungsgewährung zu erlangen.

93 Gegen aufenthaltsbeendende Maßnahmen wegen Ablehnung eines vertriebenenrechtlich begründeten Bleiberechts – eventuell unter Verweis auf das Erfordernis der Einholung eines Visums vom Herkunftsland aus – kann der Betroffene **Aussetzung der Abschiebung** nach § 123 VwGO beantragen. Umgekehrt kann er vom Herkunftsland aus eine (allerdings selten erfolgversprechende) einstweilige Anordnung mit dem Ziel beantragen, ihm vorläufig die **Einreise in das Bundesgebiet** zu gewähren, wenn dies zur Abwendung wesentlicher Nachteile oder aus anderen Gründen dringend notwendig erscheint und er deshalb nicht die Zeit bis zur Erteilung des **Visums** abwarten kann, das er zum Zweck des Nachzugs zum Spätaussiedler beantragt hat (→ § 5 Rn. 50).

---

[94] Vgl. *Peters* in Huber, Handbuch des Ausländer- und Asylrechts, Band I, Stand Mai 2005, Rn. 104.

9. Kapitel. Integrationsrecht

§ 21 Grundlagen

Übersicht

	Rn.
A. Zum Begriff Integration	6
B. Foren der Integrationspolitik	21
C. Integrationsrechtliche Vorgaben auf der Ebene der EU	26
D. Differenzierung nach Status – ein Blick auf ausgewählte Zahlen	37
I. Unbefristete Aufenthaltstitel bzw. Aufenthaltsrechte	38
II. Aufenthaltserlaubnisse, Aufenthaltsgestattungen und Duldungen	43
1. Aufenthaltserlaubnisse	45
2. Aufenthaltsgestattungen	50
3. Duldungen	53

Eingangs sollen der Begriff **Integration** kurz aus sozialwissenschaftlicher Perspektive beleuchtet (→ Rn. 6 ff.) und einige wichtige Foren der Integrationspolitik vorgestellt werden (→ Rn. 21 ff.). Daran anschließend wird die Einbettung des Integrationsbegriffs im Unions- und nationalen Aufenthaltsrecht skizziert (→ Rn. 26 ff.). Selten sind rechtliche Regelungen, die ausdrücklich die **Integration von Unionsbürgerinnen** und -bürgern sowie ihrer Familien, die von ihrem Freizügigkeitsrecht Gebrauch gemacht haben, als Ziel in den Blick nehmen. Das EU-Freizügigkeitsrecht führt als Grundrecht zu einer sehr weitgehenden Gleichstellung dieser Personengruppen mit den eigenen Staatsangehörigen eines Mitgliedstaates der EU, mitunter sogar zu rechtlichen Besserstellungen (sog. **Inländerdiskriminierung** → § 1 Rn. 14 und → 11 Rn. 63). Dieses Thema soll im folgenden Beitrag nicht vertieft werden. 1

Für **Drittstaatsangehörige** hingegen stellt sich Integration rechtlich vor allem als **Statuswandel** dar, also als Übergang von einem befristeten zu einem unbefristeten Aufenthaltstitel. Mit einem Statuswandel geht regelmäßig eine Verbesserung der rechtlichen Positionen im Rahmen des erlaubten Aufenthalts einher. Neuere rechtliche Entwicklungen beziehen darüber hinaus auch Aufenthaltsgestattungen für die Durchführung eines Asylverfahrens und Duldungen in integrationspolitischen Überlegungen ein (→ § 22 Rn. 17 ff., 34 und § 25 Rn. 6). Hier sind aus aufenthaltsrechtlicher Perspektive neben § 25 Abs. 5 AufenthG, den stichtagsunabhängigen Bleiberechtsregelungen nach den §§ 25a und 25b AufenthG auch die mit dem Gesetz über Duldung bei Ausbildung und Beschäftigung eingeführten besonderen Duldungen nach den §§ 60c und 60d AufenthG zu nennen, die – anders als die Duldung nach § 60a Abs. 2 Satz 1 AufenthG – komplexe individuelle Erteilungsvoraussetzungen vorsehen, bei deren Vorliegen grundsätzlich eine Beendigung des Aufenthalts ausgeschlossen ist (→ § 10 Rn. 361 ff. und 365 ff.).[1] Integrationspolitische Maßnahmen werden damit bereits in aufenthaltsrechtlichen Konstellationen relevant, in denen noch nicht abschließend über den weiteren (rechtmäßigen) Aufenthalt im Bundesgebiet entschieden oder der Aufenthalt nicht (mehr) rechtmäßig ist (→ § 25 Rn. 26 ff., 66). Eingangs sollen deshalb auch die amtlichen Zahlen und die grobe Verteilung der ausländischen Personen auf die verschiedenen Aufenthaltszwecke beleuchtet werden. Dadurch wird klarer, welche Gruppen aktuell durch gezielte integrationspolitische Maßnahmen in den Blick zu nehmen sein könnten (→ Rn. 37 ff.). 2

Die Chancen auf einen Statuswandel in Richtung eines **unbefristeten Aufenthaltstitels** hängen für Drittstaatsangehörige nach dem AufenthG rechtlich regelmäßig davon ab, dass 3

---

[1] BGBl. 2019 I 1021 ff.

eine gewisse Aufenthaltsdauer im Bundesgebiet zurückgelegt wurde. Ferner sind grundsätzlich der Lebensunterhalt eigenständig, dh vor allem ohne Inanspruchnahme steuerfinanzierter Sozialleistungen (§ 2 Abs. 3 S. 1 Nr. 2 AufenthG), zu sichern und bestimmte Kenntnisse der deutschen Sprache nachzuweisen. Schließlich darf von dem Drittstaatsangehörigen auch keine Gefährdung der öffentlichen Sicherheit und Ordnung ausgehen.

4 Um Integrationsprozesse zu befördern, setzt das AufenthG unterschiedliche Steuerungsinstrumente wie **Anreiz- und Sanktionsmaßnahmen** ein, zB Ansprüche auf bzw. die Verpflichtung zur Teilnahme an Integrationskursen (→ § 22 Rn. 10 ff. und 20), die Wohnsitzregelung (→ § 23 Rn. 7 ff.) sowie differenzierte Bestimmungen hinsichtlich der Erlangung eines unbefristeten Aufenthaltstitels (→ § 24 Rn. 10), die eingewanderten Erwerbstätigen, aber auch Personen mit humanitärem Aufenthalt offenstehen und teilweise auch unionsrechtliche Vorgaben umsetzen (→ § 24 Rn. 63 ff.). Gezielte staatliche Steuerung durch Recht bedeutet – grob gesagt –, dass ein tatsächlicher Zustand umfassend beschrieben wird, ein Ziel benannt und begründet wird und schließlich gesetzliche Maßnahmen vorgeschlagen werden, mit denen dieses Ziel – ohne erhebliche unerwünschte oder gar unverhältnismäßige Nebeneffekte – erreicht werden soll. In den letzten Jahren geht es – neben dem politischen Streit um die zutreffende Beschreibung des Ist-Zustands bzw. um die Notwendigkeit gesetzlicher Änderungen – immer öfter um die rechtliche Zulässigkeit vorgeschlagener Änderungen, dh letztlich um die Beachtung von Verfassungs- und Europarecht.[2] Dass man ausdrücklich zunehmend an den Grenzen des „Noch-Zulässigen" diskutiert und gesetzlich beschließt, erschwert nicht nur den politischen bzw. öffentlichen Diskurs über die gesetzlichen Vorschläge. Es erhöht darüber hinaus zum einen die Spannungen im System der Gewaltenteilung und setzt zum anderen „die Politik" unter einen erhöhten Nachweiszwang hinsichtlich der Erfolge bzw. der angestrebten Wirkungen der beschlossenen gesetzlichen Regelungen. Ergebnis ist damit ein kaum noch zur Ruhe kommendes – ohnehin von vielen Entwicklungen in anderen Staaten und von den Entwicklungen auf der Ebene der Europäischen Union abhängiges – nationales Migrationsrecht.

5 Im Sozial- und Familienleistungsrecht sowie im Asylbewerberleistungsgesetz werden – oftmals anknüpfend an die aufenthaltsrechtlichen Entscheidungen – **gesellschaftliche Teilhabemöglichkeiten** eröffnet oder versperrt. Anhand der sog Ausländerklauseln für Drittstaatsangehörige, die jüngst in einigen Bereichen erhebliche Veränderungen erfahren haben, sollen diese Mechanismen überblicksartig beleuchtet werden (→ § 25 Rn. 1 ff. und 58 ff.).

A. Zum Begriff Integration

6 „**Integration**" ist nach wie vor der zentrale Begriff in den Debatten um die Herausbildung und die politische wie rechtliche Anerkennung einwanderungsgesellschaftlicher Realitäten in Europa. Unter Integration wurde zumeist die zunehmende Einfügung eingewanderter Personen und gegebenenfalls ihrer Familienangehörigen in den „gesellschaftlichen" – insbesondere in den ökonomischen und rechtlichen – Rahmen des Einwanderungslandes verstanden.[3] Diese Anpassungsleistung der Einwandernden wurde wiederum lange Zeit als eine Voraussetzung für mögliche Verbesserungen ihres ausländerrechtlichen Rechtsstatus angesehen (Statuswandel). Umstritten war in der Integrationspolitik stets, welche Erwartungen an Einwandernde einschließlich ihrer Familien gestellt werden sollen und gestellt werden dürfen.

7 Insbesondere die Sozialwissenschaften und im Anschluss daran die Politik unterschieden mitunter begrifflich zwischen Integration und **Assimilation**.[4] Der Begriff der Assimilation

---

[2] Es seien hier – nur als Beispiele – die Bereiche Abschiebungshaft, Vorprüfungs- bzw. Asylgrenzverfahren sowie sozialrechtliche Leistungseinschränkungen und -ausschlüsse für Unionsbürgerinnen bzw. -bürger wie auch für Drittstaatsangehörige genannt.
[3] Für viele andere *Oberndörfer* in Bade, Das Manifest der 60. Deutschland und die Einwanderung, 1994, 141 f.
[4] In den Sozialwissenschaften wurden zusätzlich die Begriffe Assimilation und Akkulturation oft synonym verwendet, wobei Assimilation als weitgehende Form der Akkulturation verstanden wurde. Über den

wurde in der Folge zunehmend als politischer Kampfbegriff verwendet. Assimilationsdebatten in Deutschland fokussierten dabei gleichermaßen auf ausgebliebene oder zu langsame Anpassungsleistungen der eingewanderten Personen sowie auf ein mutmaßlich klar gefasstes Assimilationsziel. Das Konzept offenbarte erhebliche Schwächen wegen der ihm zugrundeliegenden Annahmen: Das Ziel, dass einwandernde Personen ihre sozialen Prägungen im Zuge des Einwanderungsprozesses weitgehend hinter sich lassen müssten, erwies sich empirisch als abwegig und weltfremd. Ebenso verfehlt war die Vorstellung einer uniformen, homogenen sich nur langsam wandelnden „aufnehmenden Gesellschaft", die sich dauerhaft auf bestimmte verbindliche Ziele und den erfolgversprechenden Weg dorthin einigen könnte.

Der Begriff Integration etablierte sich auch deshalb als weniger ideologisch aufgeladenes **8** Konzept, das einerseits die allgemeine Achtung von Demokratie und Grund- bzw. Menschenrechten zum Ausgangspunkt wählte, andererseits zugleich die freiheitsverbürgende Dimension der Grundrechte für die einwandernden Personen und ihre Familien nicht überging, sondern aufnahm. Die rechtlichen Regelungen und Maßnahmen zur Förderung der Integration können vorrangig die einwandernden einzelnen Personen in den Blick nehmen oder zusätzlich gleichrangig Erwartungen an die Gesellschaft und ihre Institutionen in ihrer Gesamtheit formulieren. Das deutsche Recht betont derzeit vor allem den erstgenannten Weg, wenn es beim Ehegattennachzug in § 30 Abs. 1 S. 1 Nr. 2 AufenthG bereits vor der Einreise in das Bundesgebiet den Nachweis verlangt, sich zumindest auf einfache Art in deutscher Sprache verständigen zu können (Niveau A1 GER) oder regelmäßig die Sicherung des Lebensunterhalts einschließlich eines ausreichenden Krankenversicherungsschutzes ohne Inanspruchnahme öffentlicher Mittel als allgemeine Erteilungsvoraussetzung für Aufenthaltstitel definiert (§ 2 Abs. 3 iVm § 5 Abs. 1 Nr. 1 AufenthG).

Auch nach der Einreise werden im AufenthG stärker Anforderungen an eingewanderte **9** Personen formuliert, die Integration als zu erreichendes Ziel vorgeben. Das deutsche Recht formuliert gegenüber den Einwandernden im Grunde Voraussetzungen, die darauf abzielen, den Weg „in die Mitte der Gesellschaft" deutlich zu verkürzen. Der Integrationsbegriff des Aufenthaltsgesetzes unterstellt tendenziell zu überwindende **Heterogenität, Differenz und Defizite der Einwandernden.** Diese Annahme trifft in der Praxis natürlich nicht immer zu. Nicht bei jeder einwandernden bzw. ausländischen Person lässt sich ein „Integrationsbedarf" feststellen. Diese Grundausrichtung steht einer Öffnung Deutschlands in Richtung einer pragmatischen Fachkräfteeinwanderung weiterhin im Wege.[5]

Nimmt man das AufenthG zum Ausgangspunkt, lassen sich folgende drei Sätze formulieren: **10**
1. Integration ist ohne Rechtssicherheit des Aufenthalts nicht erreicht.
2. Ein rechtmäßiger Aufenthalt ist damit grundsätzlich zugleich erstes Indiz für erfolgte Integration[6] und – deutlich wichtiger – Instrument, um diese weiter zu befördern.

Bereich der Menschen mit Behinderung setzt sich zunehmend der Begriff der Inklusion durch, der ebenfalls auf verbesserte Teilhabechancen zielt.
[5] Vgl. insoweit die in § 18 Abs. 2 Nr. 5 AufenthG mit dem Fachkräfteeinwanderungsgesetz 2019 eingeführte Gehaltsmindestgrenze für Fachkräfte, die nach Vollendung des 45. Lebensjahres für Fachkräfte mindestens 55 Prozent der jährlichen Beitragsbemessungsgrenze in der allgemeinen Rentenversicherung entsprechen soll, wenn bei der Ersterteilung keine angemessene Altersversorgung nachgewiesen wird. Wer auch angesichts erheblicher Fachkräfteengpässe die wirtschaftlichen und insbesondere die sozialversicherungsrechtlichen Effekte der Einwanderung drittstaatsangehöriger Fachkräfte nicht höher bewertet als die Gefahr, dass die einwandernden Fachkräfte im Rentenalter der steuerfinanzierten Sozialhilfe anheimfallen, dem drohen im internationalen Wettbewerb um die besten Köpfe Probleme. Gleiches gilt für die Befürchtung, über ein Visumverfahren zugelassene und eingewanderte Fachkräfte könnten sofort nach ihrer Einreise oder im Falle von Arbeitslosigkeit einen Asylantrag stellen, um einer Aufenthaltsbeendigung zu entgehen.
[6] Als Ausnahme kann systematisch hier die Erteilung einer humanitären Aufenthaltserlaubnis nach einer Schutzzuerkennung in einem (kurzen) Asylverfahren oder die Aufnahme aus dem Ausland über entsprechende Programme (§ 23 Abs. 1 oder 2 AufenthG) bzw. über Resettlement (§ 23 Abs. 4 AufenthG) angesehen werden. Sie erfolgt völlig unabhängig vom Nachweis erfolgter Integrationsbemühungen oder -schritte, sondern allein, weil konkret Verfolgung oder andere schwere Gefährdungen im Ausland drohen.

3. Tatsächliche gesellschaftliche Integrationsprozesse setzen einen rechtmäßigen Aufenthalt aber nicht voraus.

Die integrationspolitische Debatte in Deutschland bewegt sich nicht selten im Spannungsfeld dieser eigentlich auch einzeln jeweils gut vertretbaren Sätze. In der rechtlichen und politischen Arena werden die drei Positionen unterschiedlich gewichtet, teilweise zurückgewiesen oder im Ganzen verworfen.

11 In Deutschland steht die Vorstellung einer zügigen Integration des einzelnen Individuums in die „aufnehmende Gesellschaft" im Vordergrund und weniger anzupassende bzw. zu verändernde gesellschaftliche bzw. institutionelle Rahmenbedingungen in sich dynamisch verändernden modernen Gesellschaften. Bei dem Begriff Integration geht es insoweit um ein „Ziel und einen Prozess, der auf das Ziel gerichtet ist."[7] Integrationspolitik muss aber über die Annäherung oder gar Herstellung formaler rechtlicher Gleichheit von Einwandernden und Staatsangehörigen des Aufnahmelandes hinausgehen, auch wenn eine weitgehende **rechtliche Gleichstellung** eine wichtige Voraussetzung für verbesserte Teilhabechancen ist.

12 Grundsätzlich ist die Integration von Drittstaatsangehörigen mit der Erteilung einer (unbefristeten) **Niederlassungserlaubnis** oder einer **Erlaubnis zum Daueraufenthalt-EU** aufenthaltsrechtlich abgeschlossen. Der nächste weitergehende Schritt für Drittstaatsangehörige wäre die **Einbürgerung.** Dauert es lange, bis ein unbefristeter Aufenthaltstitel tatsächlich erteilt wird, bleiben Zugänge zu bestimmten Teilhaberechten in dieser Zeit versperrt. Gerade dies führt auf individueller Ebene zu Verzögerungen von Integrationsprozessen, auch weil die tatsächliche rechtliche Ungleichbehandlung und die ausbleibende Aufenthaltsverfestigung eben nicht als aufenthaltsrechtlicher Anreiz verstanden werden kann, eigene Integrationsbemühungen zu verstärken. Sie wird stattdessen in der Praxis oft als gesellschaftliche Ausgrenzung wahrgenommen, die mitunter über Einwanderergenerationen hinweg in Erinnerung bleiben.

13 Tatsächlich fortbestehende Probleme geraten aber auch aus dem Blick, wenn die Erteilung des unbefristeten Aufenthaltstitels – wenig republikanisch – als „aufenthaltsrechtliche Krönung" des erfolgten Integrationsprozesses missverstanden wird. Einwandernde, die über ausreichende Kenntnisse der deutschen Sprache auf dem **Niveau B1 GER** verfügen und ihren Lebensunterhalt durch Erwerbstätigkeit eigenständig sichern, geraten natürlich auch weiterhin im Alltag in Situationen, in denen Ungleichbehandlungen offensichtlich sind. Gleiches gilt selbst für Eingebürgerte.

14 Eine Integrationspolitik, die rechtlich allein auf der Ebene der Einwandernden ansetzt, die vor allem die Angleichung formaler Status erreichen will und sich dabei in der Bereitstellung mehr oder weniger tauglicher **Hilfe- oder auch Sanktionsangeboten** erschöpft, wird das Ziel gesellschaftlicher Integration oft verfehlen. Sie wird sich vornehmlich um die Feststellung fortbestehender Integrationsdefizite und die für die Steuerzahlerinnen und -zahler entstehenden Kosten der Integrationspolitik drehen. Eine **umfassende Integrationspolitik** muss deshalb ergänzend auch darauf zielen, Unterschiede aufzuheben, die formale rechtliche Gleichstellung nicht ohne weiteres zu kompensieren vermag.[8] Eine solche umfassende Integrationspolitik wird auch die aufnehmende Gesellschaft adressieren und insbesondere deutlich stärker Maßnahmen der Antidiskriminierungspolitik umfassen müssen.

15 Umfassende gesellschaftliche Integration wird befördert, wenn auch die aufnehmende Gesellschaft erkennbar bereit ist, nicht nur vereinzelt ihre Verfahren und Überzeugungen kritisch zu hinterfragen und ggf. zu verändern. Sie beginnt zB, wenn in Betrieben[9] und öffentlichen Stellen Beförderungs- oder Einstellungsverfahren auf mittelbar oder unmittelbar wirkende **Diskriminierungsmechanismen** hin untersucht werden, dem Wert von

---

[7] So auch *Gusy/Müller* ZAR 2013, 269. Ebenso wird deutlich, dass auch einwandernde deutsche Staatsangehörige Integrationsbedarfe haben können (vgl. § 4 Abs. 1 S. 1 Nr. 2 IntV).
[8] *Gusy/Müller* ZAR 2013, 269 (271).
[9] Vgl. zB § 75 BetriebsVerfG und § 67 Abs. 1 PersVertretG.

Vielfalt für die Beschäftigten Bedeutung beigemessen wird oder etwa der Frage nachgegangen wird, warum bestimmte Betriebe oder gar staatliche Stellen von Migrantinnen und Migranten kaum als potenzielle Arbeitgeber wahrgenommen werden.[10] Umfassende Integrationspolitik bedeutet auch, den Zugang zu Regelungen zur **Anerkennung ausländischer Berufsabschlüsse** oder zu **Regelungen zur Berufsausübung** nicht mehr entscheidend an die Staatsangehörigkeit oder den Ausbildungsstaat des Betroffenen zu knüpfen.[11] Sie reicht bis zu Änderungen bei der Auslegung einzelner Verfassungsnormen oder zu ergänzenden Umformulierungen in der bundesdeutschen Erinnerungskultur.[12] Erst wenn solche Prozesse öffentlich als notwendig thematisiert werden, werden eingewanderte Personen, seien sie Unionsbürgerinnen bzw. -bürger oder seien sie Drittstaatsangehörige, eine Gesellschaft als offene bzw. moderne Einwanderungsgesellschaft wahrnehmen und sich mit ihr stärker identifizieren.[13]

Vor diesem Hintergrund ist es nicht verwunderlich, dass nicht mehr nur vereinzelt auch der Begriff der Integration, insbesondere in den Sozialwissenschaften und in der Politik, kritisch hinterfragt wird. Begriffe wie „**Teilhabe**", „**Partizipation**" „**Rechts- und Chancengleichheit**" oder „**Antidiskriminierung**" erscheinen Vielen richtungsweisender und programmatisch klarer. Diese Begriffe würden den empirisch beobachtbaren Ausdifferenzierungen in modernen westlich-geprägten Gesellschaften, aber auch innerhalb der Gruppe der **Personen mit Migrationshintergrund** (PmM) besser gerecht.[14] **16**

Die zentrale rechtliche Unterscheidung „Ausländer versus eigener Staatsangehöriger" wurde vor diesem Hintergrund zunehmend ergänzt. Die Einführung, Verwendung und Fortentwicklung der empirischen Kategorie PmM durch die Sozialwissenschaften haben die Wahrnehmung in der Einwanderungsgesellschaft Deutschland hinsichtlich bestehender Diskriminierungsmechanismen geschärft und neue Perspektiven für eine angemessenere Debatte eröffnet. Laut der Definition des **Mikrozensus** hat eine Person Migrationshintergrund, wenn sie selbst oder mindestens ein Elternteil nicht mit deutscher Staatsangehörigkeit geboren ist. Zu den PmM gehören im Einzelnen nunmehr alle Ausländerinnen bzw. Ausländer, (Spät-)Aussiedlerinnen bzw. -aussiedler und Eingebürgerten sowie Personen, die die deutsche Staatsangehörigkeit durch Adoption durch einen deutschen Elternteil erhalten haben. Ebenso dazu gehören Personen, die zwar mit deutscher Staatsangehörigkeit geboren sind, bei denen aber mindestens ein Elternteil Ausländerinnen bzw. Ausländer, (Spät-)Aussiedlerinnen bzw. -aussiedler, eingebürgert oder deutsch durch Adoption ist. **17**

Für die Zwecke der Zeitreihenanalyse wird zwischen einem Migrationshintergrund im engeren und einem solchen im weiteren Sinne unterschieden. PmM im engeren Sinne sind in allen Jahren als solche identifizierbar. Zu den PmM im weiteren Sinne gehören zusätzlich Personen mit nicht durchgehend bestimmbarem Migrationsstatus. Diese Personen konnten bisher ausschließlich aufgrund der Zusatzfragen in den Mikrozensus 2005, 2009 und 2013 **17a**

---

[10] Vgl. 11. Bericht der *Beauftragten der Bundesregierung für Migration, Flüchtlinge und Integration*, 2016, Kap. II.3.5.
[11] Vgl. 8. Bericht der *Beauftragten der Bundesregierung für Migration, Flüchtlinge und Integration*, 2010, Kap. II.3.
[12] Vgl. zu Ersterem nur zB zu Art. 3 GG *Britz* ZAR 2014, 56 f. oder die Debatten zu Art. 4 GG im Zusammenhang mit Frauen bzw. Mädchen, die ein Kopftuch tragen sowie zu Letzterem zB https://www.stiftung-evz.de/handlungsfelder/auseinandersetzung-mit-der-geschichte/mue.html oder http://www.bpb.de/geschichte/zeitgeschichte/geschichte-und-erinnerung/39851/erinnern-unter-migranten?p=all.
[13] Vgl. etwa Diskriminierung in Deutschland, Dritter Gemeinsamer Bericht der *Antidiskriminierungsstelle des Bundes* und der in ihrem Zuständigkeitsbereich betroffenen *Beauftragten der Bundesregierung und des Deutschen Bundestages*, 2017, 367 ff. Dort werden die Diskriminierungsmechanismen in der öffentlichen Arbeitsvermittlung auch gegenüber Migrantinnen und Migranten analysiert.
[14] Vgl. für die Sozialwissenschaften nur als Beispiel: *Foroutan/Canan/Arnold/Schwarze/Beigang/Kalkum*, Deutschland postmigrantisch I, Gesellschaft, Religion, Identität. Erste Ergebnisse, 2014. Für die Politik bereits im Titel unzweideutig: 11. Bericht der *Beauftragten der Bundesregierung für Migration, Flüchtlinge und Integration* – Teilhabe, Chancengleichheit und Rechtsentwicklungen in der Einwanderungsgesellschaft Deutschland, 2016. Konzeptionell noch deutlich weiter gehend für den Bereich der Kunst vgl. *Langhoff*, Die Tageszeitung (Berlin-Teil) v. 24.10.2019, 24.

als solche bestimmt werden. Ab 2017 liegen jährlich Informationen zu PmM im weiteren Sinne vor.[15]

18   Zu analytischen Zwecken wird die Kategorie PmM aktuell auch weiter ausdifferenziert. Um empirisch gestützte Hinweise für gegebenenfalls notwendige Rechtsänderungen oder andere integrationspolitische Maßnahmen zu entwickeln, wird es oft sinnvoll sein, zwischen PmM „mit eigener Migrationserfahrung" und „ohne eigene Migrationserfahrung" zu unterscheiden und dabei zusätzlich ggf. auch nach der Aufenthaltsdauer im Bundesgebiet und dem Lebensalter zu differenzieren.

19   Ende 2018 besaßen rund 19,6 Millionen der in Deutschland lebenden Menschen einen Migrationshintergrund im engeren Sinne,[16] davon blickten rund 13,5 Millionen Menschen auf eine **eigene Migrationserfahrung** zurück. Rund 5,1 Millionen davon waren Deutsche und rund 8,4 Millionen Ausländerinnen bzw. Ausländer. Von den rund 6,2 Millionen **PmM ohne eigene Migrationserfahrung** waren 4,6 Millionen Menschen deutsche Staatsangehörige und 1,5 Millionen Menschen Ausländerinnen bzw. Ausländer. Die Zahlen machen deutlich: Der Migrationshintergrund allein bleibt – wie die Kategorie Ausländerin bzw. Ausländer – selbstverständlich kein hinreichendes Kriterium, um bestimmte soziale Lagen zB hinsichtlich Wohlstand, Bildung oder der Position auf dem Arbeits- oder Ausbildungsmarkt erklären zu können.[17] Die Kategorie Migrationshintergrund wird also ergänzend zu Kategorien eingesetzt, die statistisch schon immer erfasst wurden (Ausländerinnen bzw. Ausländer, Asylbewerberinnen bzw. -bewerber, Vertriebene, Aussiedlerinnen bzw. Aussiedler, Spätaussiedlerinnen bzw. -aussiedler, Eingebürgerte). Wie bei jeder wissenschaftlich verwendeten Kategorie ist stets zu prüfen, ob die Kategorie die denkbaren Ursachen einer festgestellten Differenz tatsächlich erfasst und erklärt oder ob sie nur die messbare Differenz abbildet.[18]

20   Die Kategorie PmM wird teilweise von Betroffenen zurückgewiesen, weil auch sie stigmatisiere. Die Loslösung der Kategorie von ihrem Zweck, nämlich der präziseren Beschreibung sozialer Phänomene, die ihren Grund auch in einer erfolgten Wanderung, gegebenenfalls auch der Eltern, haben könnten, sollte nicht erfolgen. Wer den sehr umfassenden Begriff PmM unreflektiert gebraucht, statt klar zu machen, welches Phänomen mit der Kategorie besser erklärt werden soll, braucht sich in einer Gesellschaft mit jahrzehntelanger erheblicher Einwanderung über Kritik oder Nachfragen nicht zu wundern.

B. Foren der Integrationspolitik

21   Integrationsrecht bzw. -politik vollzieht sich nicht allein über die Anwendung des Freizügigkeitsgesetzes/EU, des Aufenthaltsgesetzes und des Asylgesetzes. Auch andere angrenzende Rechtsgebiete zB des Sozialrechts beeinflussen die tatsächlichen Teilhabechancen von Einwandernden. Dem entspricht institutionell, dass in den letzten Jahren – neben den nach wie vor bestimmenden Innenressorts – Institutionen an Gewicht gewinnen, die eigenständig integrationspolitische Ziele formulieren und verfolgen.

---

[15] Vgl. die Definition in Statistisches Bundesamt Fachserie 1 Reihe 2.2, 2018, 19. Als Ausländerin bzw. Ausländer gelten Personen ohne deutsche Staatsangehörigkeit. Deutsche Staatsangehörige mit einer weiteren Staatsangehörigkeit (Doppelstaater) werden in den Statistiken grundsätzlich als Deutsche erfasst.

[16] Alle Zahlen gerundet und der Veröffentlichung des Statistischen Bundesamts, Fachserie 1 Bevölkerung und Erwerbstätigkeit, Reihe 2.2 Bevölkerung mit Migrationshintergrund – Ergebnisse des Mikrozensus 2018, 2019, 35 zu entnehmen. Als Ausländerinnen und Ausländer lebten zu diesem Zeitpunkt nur rund 10 Millionen Menschen in Deutschland.

[17] Rechtsänderungen wie die Reform des Staatsangehörigkeitsgesetzes im Jahr 2000 haben mit der Einführung des ius soli ua auch dazu geführt, dass viele in Deutschland geborene Säuglinge ausländischer Eltern die deutsche Staatsangehörigkeit auf die Welt kamen und sie über die Kategorie Migrationshintergrund jedenfalls potenziell als Personen, die besondere Integrationsbedarfe geltend machen könnten, „im Blick behalten" werden konnten.

[18] Letzteres ist etwa der Fall, wenn zB die Anteile von rauchenden Personen mit und ohne Migrationshintergrund gegenübergestellt werden uÄ.

Es geht hier weniger um das **Amt der Beauftragten der Bundesregierung für** 22
Migration, Flüchtlinge und Integration, das bereits vor Jahrzehnten begonnen hat, als „Vertreterin" im eigentlichen Wortsinne die Anliegen von Ausländerinnen und Ausländern zu befördern und zwischenzeitlich fast zu sämtlichen Feldern der Migrationspolitik arbeitet. Das Amt stützt sich in seiner Tätigkeit auf den bewusst weit gefassten gesetzlichen Auftrag in den §§ 92 bis 94 und § 87 Abs. 3 S. 1 AufenthG. Neben der Berichtspflicht gegenüber dem Deutschen Bundestag nach § 94 Abs. 2 AufenthG und der vorgesehenen frühzeitigen Einbeziehung des Amtes in alle Migrantinnen und Migranten betreffenden Vorhaben der Bundesregierung (§ 94 Abs. 1 AufenthG) treibt die Beauftragte die Vernetzung und den Austausch der Institutionen voran, die sich auf Bundesebene, in den Ländern und Kommunen um Integrationspolitik bemühen. Die jährlich stattfindende Bundeskonferenz der Bundesintegrationsbeauftragten, aber auch die Treffen auf Einladung der Integrationsbeauftragten der Länder sind insoweit wichtige Orte des fachlichen Austausches. Koordiniert durch die Beauftragte für Migration, Flüchtlinge und Integration erarbeitet die Bundesregierung in der 19. Legislaturperiode einen Nationalen Aktionsplan Integration. Er soll bestehende Integrationsangebote bündeln, ergänzen, weiterentwickeln und steuern, mit dem Ziel, die Integration im Land nach dem Grundsatz „Fordern und Fördern" zu stärken. Der Aktionsplan soll auf alle Einwanderergruppen, einschließlich derjenigen zielen, die schon lange im Bundesgebiet leben. Er umfasst die aktuellen Herausforderungen der Integration und des gesellschaftlichen Zusammenhalts in Deutschland. Der Nationale Aktionsplan Integration orientiert sich an fünf Phasen der Ein- bzw. Zuwanderung und des Zusammenlebens. Unter Einbeziehung der Länder, Kommunen, nichtstaatlicher Akteure, insbesondere Migrantenorganisationen, werden Handlungsfelder und konkrete Maßnahmen erarbeitet, um die Integration insgesamt voranzutreiben. Ziel der ebenfalls in der 19. Legislaturperiode eingerichteten Fachkommission der Bundesregierung zur Integrationsfähigkeit ist es, die wirtschaftlichen, arbeitsmarktpolitischen, gesellschaftlichen und demografischen Rahmenbedingungen für Integration zu beschreiben und Vorschläge für Standards zu machen, wie diese verbessert werden können.

Im Jahr 2006 wurde ferner die Fachkonferenz der für **Integration zuständigen Minis-** 23
terinnen und Minister und Senatorinnen und Senatoren der Länder gegründet
(IntMK). Die institutionelle Anbindung der jeweiligen Fachminister in den Ländern variiert erheblich. Gleichwohl ist erkennbar, dass der Blick auf migrations- und integrationspolitische Fragestellungen geweitet wurde, die bisher vor allem von der IMK aber auch von der ASMK oder der KMK bearbeitet wurden.

In vier Bundesländern, nämlich in Berlin (2010), in Nordrhein-Westfalen (2012), in 24
Baden-Württemberg (2015) sowie in Bayern (2016), wurden in den letzten Jahren Integrationsgesetze verabschiedet. Die **Integrationsgesetze der Länder** sollen im Rahmen dieses Beitrags nicht umfassend dargestellt werden, belegen aber – trotz teilweise erheblicher Unterschiede in ihrer Ausrichtung[19] –, dass es in einigen Ländern für notwendig erachtet wird, Verwaltungen und freie Träger sowie Initiativen dichter zu vernetzen und dadurch auch Teilhabe- und Mitwirkungsmöglichkeiten zu verbessern.[20] Es ist durchaus umstritten, inwieweit eine gesetzliche Grundlage notwendig ist, um integrationspolitische Verbesserungen in einem Bundesland voranzutreiben.

Gleichwohl senden Gesetze natürlich auch Signale an Verwaltungen, politisch Verant- 25
wortliche und die Gesellschaft aus, die dazu dienen können, dass sich diese zB mit Fragen der interkulturellen Öffnung von Verwaltungen und Betrieben befassen oder Landesverwaltungen das Erreichen beschlossener **Integrationsziele** nachweisen bzw. das Verfehlen

---

[19] Im Freistaat Bayern stellte der Bayerische Verfassungsgerichtshof fest, dass Teile des Landesgesetzes verfassungswidrig seien (BayVerfGH Entsch. v. 3.12.2019 – Vf. 6-VIII-17 u. Vf. 7-VIII-17, BeckRS 2019, 33112), vgl. https://www.sueddeutsche.de/bayern/bayern-integrationsgesetz-csu-verfassungswidrig-1.4707498.
[20] *SVR-Forschungsbereich,* Papiertiger oder Meilensteine? Die Integrationsgesetze der Bundesländer im Vergleich, 2017, Fn. 2 zur Abgrenzung zum Integrationsgesetz des Bundes (BGBl. 2016 I 1939 ff.).

§ 21

erklären müssen. Unbestritten dürfte jedoch sein, dass es für Änderungen bei Regelungen zu Feiertagen in Deutschland[21] oder im Bereich der Bestattungen[22] gesetzlicher Schritte im Landesrecht bedarf.

C. Integrationsrechtliche Vorgaben auf der Ebene der EU

26 Die schwache rechtliche Konturierung des Integrationsbegriffes leistet seinem ausufernden Gebrauch in den oft polarisierten politischen Debatten Vorschub. Auf der Ebene des Unionsrechts machen hinsichtlich der Unionsbürgerinnen und -bürger und ihrer Familienangehörigen Art. 9 AEUV und Art. 18 bis 25 AEUV zentrale Vorgaben, die auf eine weitgehende rechtliche Gleichstellung zielen. Die EU-Freizügigkeit ist ein Grundrecht. Das Ziel einer weitgehenden rechtlichen Gleichstellung mit den eigenen Staatsangehörigen des Mitgliedstaats, in dem sich gewanderte Unionsbürgerinnen und -bürger aufhalten, und die eingeführte **Unionsbürgerschaft** bestimmen damit die verbleibenden Spielräume in den Mitgliedstaaten. Die nationalen Handlungsspielräume sind insoweit gering und werden durch die Rechtsprechung des EuGH und die Tätigkeit des unionsrechtlichen Gesetzgebers tendenziell enger.[23]

27 Im Unterschied zu Drittstaatsangehörigen haben Unionsbürgerinnen und -bürger und ihre Familienangehörigen innerhalb der EU das Recht auf genehmigungsfreie Einreise und Aufenthalt, und sie genießen zB besonderen Ausweisungsschutz. Der Zugriff klassischer migrationsrechtlicher Steuerungsinstrumente schwächt sich damit deutlich ab oder ist sogar gänzlich untersagt. Diese Entwicklungen betrafen auf Grund der Binnenmarktlogik zuerst nur Arbeitnehmerinnen und -nehmer, erfassen zunehmend aber auch wirtschaftlich inaktive Unionsbürgerinnen und -bürger wie Rentnerinnen und Rentner sowie Studierende. Die Mitgliedstaaten dürfen Integrationsangebote ausarbeiten und zur Verfügung stellen. Zwingende, auf eine verbesserte Integration gerichtete Maßnahmen einschließlich denkbarer Sanktionen dürfen hinsichtlich Unionsbürgerinnen und -bürger aber nur festgelegt werden, wenn sie auch für eigene Staatsangehörige des Mitgliedstaates gelten.

28 Hinsichtlich der Drittstaatsangehörigen hingegen besteht beim **„Raum der Freiheit, der Sicherheit und des Rechts"** nach Art. 79 Abs. 4 AEUV auf EU-Ebene ausdrücklich keine integrationsrechtliche Zuständigkeit:

„(4) Das Europäische Parlament und der Rat können gemäß dem ordentlichen Gesetzgebungsverfahren unter Ausschluss jeglicher Harmonisierung der Rechtsvorschriften der Mitgliedstaaten Maßnahmen festlegen, mit denen die Bemühungen der Mitgliedstaaten um die Integration der sich rechtmäßig in ihrem Hoheitsgebiet aufhaltenden Drittstaatsangehörigen gefördert und unterstützt werden."

29 Die Mitgliedstaaten gestalten ihre jeweilige nationale Integrationspolitik gegenüber Drittstaatsangehörigen also in eigener Verantwortung. Eine Harmonisierung der Integrationspolitiken ist unionsrechtlich nicht vorgesehen. Diese grundsätzliche Festlegung im **Primärrecht** kann gleichwohl nicht überdecken, dass die bestehenden unionsrechtlichen Vorgaben in den Bereichen Einwanderung und Asyl in den Art. 77 bis 80 AEUV integrationsrechtlich und -politisch nicht neutral bleiben konnten. Mit den im AEUV vorgesehenen Rechtsetzungsvorschlägen der Kommission wurde und wird europäische Integrationspolitik für Drittstaatsangehörige gemacht (oder unterlassen).

---

[21] Vgl. zB § 2 Berliner Gesetz über Sonn- und Feiertage, GVBl. 1954, 615, in der Fassung des Partizipations- und Integrationsgesetzes des Landes Berlin (PartIntG) v. 15.12.2010, GVBl. 2010, 560.

[22] Vgl. zB § 18 Abs. 2 Berliner Gesetz über das Leichen- und Bestattungswesen (Bestattungsgesetz), GVBl. 1973, 1830, in der Fassung des Partizipations- und Integrationsgesetzes des Landes Berlin (PartIntG) v. 15.12.2010, GVBl. 2010, 560.

[23] Gleichwohl kann die politische Auseinandersetzung um diese engen Spielräume scharf sein. So waren etwa die Regelungen zu den Übergangsfristen bei den Beschränkungen zur Arbeitnehmerfreizügigkeit für Staatsangehörige der EU-Beitrittsstaaten in vielen Mitgliedstaaten über Jahre hinweg ein innenpolitisches Streitthema.

Die integrationspolitische Grundausrichtung hinsichtlich Drittstaatsangehörigen schien **30** bereits in einigen der Schlussfolgerungen des **Europäischen Rates von Tampere** vom 15./16.10.1999 auf:

> „4. (...) Desgleichen ist ein gemeinsames Konzept auszuarbeiten, um die Integration jener Drittstaatsangehörigen, die rechtmäßig ihren Wohnsitz in der Union haben, in unsere Gesellschaft zu gewährleisten. (...)
> 18. Die Europäische Union muss eine gerechte Behandlung von Drittstaatsangehörigen sicherstellen, die sich im Hoheitsgebiet ihrer Mitgliedstaaten rechtmäßig aufhalten. Eine energischere Integrationspolitik sollte darauf ausgerichtet sein, ihnen vergleichbare Rechte und Pflichten wie EU-Bürgern zuzuerkennen. Zu den Zielen sollten auch die Förderung der Nichtdiskriminierung im wirtschaftlichen, sozialen und kulturellen Leben und die Entwicklung von Maßnahmen zur Bekämpfung von Rassismus und Fremdenfeindlichkeit gehören.
> 19. Ausgehend von der Mitteilung der Kommission über einen Aktionsplan gegen Rassismus fordert der Europäische Rat, dass die Bekämpfung von Rassismus und Fremdenfeindlichkeit verstärkt wird. Die Mitgliedstaaten werden auf die besten Praktiken und Erfahrungen zurückgreifen. Die Zusammenarbeit mit der Europäischen Stelle zur Beobachtung von Rassismus und Fremdenfeindlichkeit und dem Europarat wird weiter verstärkt. Darüber hinaus wird die Kommission ersucht, so bald wie möglich Vorschläge zur Durchführung des Artikels 13 des EG-Vertrags betreffend die Bekämpfung von Rassismus und Fremdenfeindlichkeit vorzulegen. Für die Bekämpfung von Diskriminierungen im allgemeineren Sinne werden die Mitgliedstaaten aufgefordert, einzelstaatliche Programme auszuarbeiten. (...)
> 21. Die Rechtsstellung von Drittstaatsangehörigen sollte der Rechtsstellung der Staatsangehörigen der Mitgliedstaaten angenähert werden. Einer Person, die sich während eines noch zu bestimmenden Zeitraums in einem Mitgliedstaat rechtmäßig aufgehalten hat und einen langfristigen Aufenthaltstitel besitzt, sollte in diesem Mitgliedstaat eine Reihe einheitlicher Rechte gewährt werden, die sich so nahe wie möglich an diejenigen der EU-Bürger anlehnen; zB das Recht auf Wohnsitznahme, das Recht auf Bildung und das Recht auf Ausübung einer nichtselbständigen oder selbständigen Arbeit sowie der Grundsatz der Nichtdiskriminierung gegenüber den Bürgern des Wohnsitzstaates. Der Europäische Rat billigt das Ziel, dass Drittstaatsangehörigen, die auf Dauer rechtmäßig ansässig sind, die Möglichkeit geboten wird, die Staatsangehörigkeit des Mitgliedstaats zu erwerben, in dem sie ansässig sind. (...)"

Die Perspektive einer weitgehenden Gleichstellung mit den Staatsangehörigen der Mit- **31** gliedstaaten sollte auch auf Drittstaatangehörige erstreckt werden. Zugleich wurden darüber hinaus integrationspolitische Ziele in den Blick genommen. Beides lässt sich etwa in der Daueraufenthalts-RL in ihrer 2003 geänderten Fassung, in der Familienzusammenführungs-RL 2003/86/EG oder im Kap. VII Anerkennungs-RL nachweisen. Eine rechtliche Gleichstellung mit den Staatsangehörigen des Mitgliedstaates ist in Art. 11 Daueraufenthalts-RL festgelegt. Sie betrifft den Zugang zu Erwerbstätigkeit, Beschäftigungs- und Arbeitsbedingungen, die allg. und berufliche Bildung, die soziale Sicherheit, Sozialhilfe und Sozialschutz, steuerliche Vergünstigungen, den Zugang zu Waren und Dienstleistungen, die Vereinigungsfreiheit und den freien Zugang zum Hoheitsgebiet. In Art. 5 Daueraufenthalts-RL wurde zusätzlich vorgesehen, dass die Sicherung des Lebensunterhalts einschließlich Krankenversicherung und die Erfüllung von Integrationsmaßnahmen, soweit sie im nationalen Recht vorgesehen sind, nachzuweisen sind.

Art. 7 Abs. 1 und 2 S. 1 Familienzusammenführungs-RL geht einen ähnlichen Weg, **32** wobei „Integrationsmaßnahmen" gemäß dem nationalen Recht auch vor der Einreise auferlegt werden können. Für international Schutzberechtigte nehmen Art. 26, 27 Abs. 1, 28 Abs. 1, 29 Abs. 1 und Art. 30 Anerkennungs-RL die Gleichstellungsperspektive auf. Art. 33 Anerkennungs-RL sieht schließlich vor, dass die Mitgliedstaaten den Zugang zu Integrationsprogrammen, die den besonderen Bedürfnissen international Schutzberechtigter Rechnung tragen, ermöglichen oder die Voraussetzungen für einen solchen Zugang schaffen.

Angesichts der aktuell hitzigen politischen Debatten darf man sich von rechtlichen Klar- **33** stellungen und Definitionen hinsichtlich des Begriffs Integration wohl keine erhebliche

Zunahme an Rationalität und Zivilität in der politischen Debatte erhoffen. Gleichwohl können Standpunkte und rechtliche Rahmenbedingungen klarer vertreten werden, wenn verdeutlicht wird, wie Integration durch überwundene, bestehende oder geplante rechtliche Regelungen oder durch andere politische Vorgaben befördert oder auch erschwert wird. Dies ist Aufgabe einer integrationsrechtlichen Analyse, die neben den nationalen Regelungen immer die unionsrechtliche Ebene im Blick behalten muss. Realistisch dürfte es sein, dem Recht zwar eine erhebliche, weil steuernde Funktion bei Integrationsprozessen in modernen Gesellschaften zuzuschreiben. Dabei sollte allerdings nicht übersehen werden, dass Integrationsprozesse auch auf anderen Feldern vorbereitet, begonnen und durchlaufen werden.

34 Gerade diese Einsicht beginnt sich erst langsam in den Bereichen hoheitlichen Handelns der traditionell für das Ausländer- und Flüchtlingsrecht zuständigen Innenverwaltungen durchzusetzen. Dies gilt einerseits hinsichtlich der zunehmenden Berücksichtigung und Einbeziehung sog gesellschaftlicher Akteure, also von Fachverbänden der Migrationspolitik, Gewerkschaften, Arbeitgeberverbänden, **Migrantenorganisationen** (MO), „**Neuen Deutschen Organisationen", Religionsgemeinschaften** sowie anderen Initiativen. Dies gilt andererseits aber auch hinsichtlich anderer, an das AufenthG angrenzender Sachgebiete wie zB der Arbeitsverwaltung, der Sozial- und Gesundheits-, der Kinder- und Jugendhilfe- und Schulverwaltungen oder der Kammern.

35 Integrationsrecht wird im Folgenden so verstanden, dass von ihm – neben den auf bessere Teilhabechancen gerichteten aufenthalts-, staatsangehörigkeits- und asylrechtlichen Regelungen – auch rechtliche Bestimmungen tangiert werden, die anderen Sachgebieten (→ § 25 Rn. 3 ff.) zuzuordnen sind. Auch diese sind – jedenfalls punktuell – auf ihre tatsächlichen und möglichen Wirkungen hin in die integrationsrechtliche und -politische Analyse einzubeziehen.

36 Umfassende und empirisch gestützte Analysen und Bewertungen der integrations- oder teilhabepolitischen Maßnahmen bleiben damit oft den sozialwissenschaftlichen Disziplinen vorbehalten. Gerade sie haben – mitunter rückblickend – versucht herauszuarbeiten, wie bestimmte rechtliche und politische Entscheidungen zustande gekommen sind. Herausgearbeitet wurde ua, welche Akteure mit welchen Zielvorgaben in einem als Bundesstaat organisierten Gemeinwesen, das auf Bundesebene relevante Politikfelder der Integrationspolitik auf unterschiedliche Bundesressorts aufteilt, integrationspolitischen Einfluss nehmen. Es waren oft mehrere Bundesressorts, die Integrationspolitik mitgestaltet haben oder dies eben versäumten.[24]

D. Differenzierung nach Status – ein Blick auf ausgewählte Zahlen

37 Aufenthaltssicherheit lässt sich empirisch in aufenthaltsrechtlichen Kategorien erfassen:[25] In Deutschland lebten laut **AZR** zum 31.3.2019 rund 11 Millionen Ausländerinnen und Ausländer, darunter rund 4,8 Millionen Unionsbürgerinnen bzw. -bürger und EWR-Staatsangehörige, für die besondere gezielte integrationspolitische Maßnahme kaum existieren sowie rund 6,2 Millionen Drittstaatsangehörige.

---

[24] *Schönwälder* in Oltmer, Migration steuern und verwalten, 2003, 123 ff. *Schönwälder* betont, das auch ihre Analyse bereits einen verengten Blickwinkel wählt, weil sie die Ebene der Länder, der Kommunen und ihrer Spitzenverbände sowie wichtige gesellschaftliche Interessenvertreter nicht systematisch einbezieht, ebd. 125. Zum rechtswissenschaftlichen Ansatz vgl. *Bast*, Aufenthaltsrecht und Migrationssteuerung, 2011 und *Thym*, Migrationsverwaltungsrecht, 2010.
[25] Vgl. hierzu umfassender den 12. Bericht der *Beauftragten der Bundesregierung für Migration, Flüchtlinge und Integration*, 2019, Kap. III (einschl. Tabellenanhang, Tabellen 5–10), das den Stand zum 31.12.2018 wiedergibt sowie die Antwort der BReg., BT-Drs. 19/8258 v. 12.3.2019, auf die Kleine Anfrage der Abgeordneten *Jelpke, Hahn, Akbulut* ua, BT-Drs. 19/7334.

I. Unbefristete Aufenthaltstitel bzw. Aufenthaltsrechte

Von den 6,2 Millionen Drittstaatsangehörigen haben rund 2,5 Millionen einen unbefristeten Aufenthaltstitel bzw. ein **unbefristetes Aufenthaltsrecht**. Türkische Staatsangehörige bilden mit rund 1,5 Millionen Personen seit Jahren die größte Gruppe der Drittstaatsangehörigen. Mit Blick auf die zurückgelegten Aufenthaltszeiten im Bundesgebiet ist davon auszugehen, dass ein sehr hoher Anteil dieser türkischen Staatsangehörigen – unabhängig von den Regelungen zur **Niederlassungserlaubnis** oder zur **Erlaubnis zu Daueraufenthalt-EU** im AufenthG – über ein langfristiges Aufenthaltsrecht verfügt, weil die Personen erwerbstätig und/oder Familienangehörige von assoziationsberechtigten türkischen Staatsangehörigen sind.[26]

38

Auch der Anteil der unbefristeten nationalen Aufenthaltstitel nach dem AufenthG steigt in der Gruppe der türkischen Staatsangehörigen über die letzten Jahre kontinuierlich an. Hierbei dürfte bei jüngeren Personen § 35 AufenthG eine erhebliche Rolle spielen. Soweit ältere türkische Staatsangehörige eine Niederlassungserlaubnis nach § 9 AufenthG oder einer Erlaubnis zum Daueraufenthalt-EU nach § 9a AufenthG erhalten, ist dies gerade mit Blick auf die potenziellen aufenthaltsrechtlichen Folgen, die aus einem Renteneintritt bei niedrigen Rentenansprüchen oder einer Erwerbsunfähigkeit resultieren können, integrationspolitisch zu begrüßen.

39

In der Gruppe der Drittstaatsangehörigen insgesamt teilen sich die Niederlassungserlaubnisse zum Stichtag 31.12.2018 nach Aufenthaltszwecken gerundet in folgende Hauptgruppen auf:

40

- 40 % (1 Million Personen) mit einer Niederlassungserlaubnis nach § 9 AufenthG,[27]
- 19 % (473.000 Personen) mit einer Niederlassungserlaubnis nach § 28 Abs. 2 AufenthG,
- 19 % (468.000 Personen) mit einer Niederlassungserlaubnis nach § 35 AufenthG,
- 3 % (69.000 Personen) mit einer Niederlassungserlaubnis nach § 23 Abs. 2 AufenthG,
- 3 % (80.000 Personen) mit einer Niederlassungserlaubnis nach § 26 Abs. 3 AufenthG,
- 5 % (112.000 Personen) mit einer Niederlassungserlaubnis nach § 26 Abs. 4 AufenthG.

Die Zahlen spiegeln das Einwanderungsgeschehen der letzten Jahrzehnte in Deutschland wider, das den bestehenden aufenthaltsrechtlichen Rahmen maßgeblich beeinflusst hat und sich auch nach dem Zugang der großen Zahl von Schutzsuchenden bzw. international Schutzberechtigten in den Jahren 2014 bis 2016 nur graduell etwas verändern dürfte, wenn die aufenthaltsgesetzlichen Verfestigungsregelungen für diese Gruppe keine zu hohen Hürden aufrichten (→ § 24 Rn. 66 ff.).

41

Der unbefristete Aufenthalt von Drittstaatsangehörigen wurde bisher maßgeblich über vier Wege erlangt: Neben den zu deutschen Staatsangehörigen nachziehenden Ehegatten (§ 28 Abs. 2 AufenthG) erhielten größtenteils diejenigen eine Niederlassungserlaubnis, die im Bundesgebiet über eine längere Zeit einer Erwerbstätigkeit nachgehen (§ 9 Abs. 2 AufenthG), deren hier aufgewachsene oder nachgezogene Ehegatten (§ 9 Abs. 3 AufenthG) und die Kinder, die aus diesen Verbindungen hervorgingen, die hier eine Schule besuchen oder eine Ausbildung absolvieren (§ 35 AufenthG). Damit ist noch nicht festgestellt, dass die geltenden Regelungen zum Übergang in einen unbefristeten Aufenthaltstitel aus integrationspolitischer Perspektive überzeugend ausgestaltet sind. Dieser Frage soll durch einen Blick auf die Entwicklungen im Bereich der befristeten Aufenthaltstitel nachgegangen werden.

42

---

[26] Art. 6 Abs. 1 ARB 1/80 und/oder Art. 7 ARB 1/80, viele der Betroffenen lassen sich das Daueraufenthaltsrecht jedoch nicht nach § 5 Abs. 4 AufenthG bescheinigen.
[27] Nur rund 0,5 % (rund 12.000 Personen) besitzen eine Erlaubnis zum Daueraufenthalt-EU, obwohl diese – jedenfalls teilweise – eine weitergehende Rechtsstellung verleiht als die nationale Niederlassungserlaubnis. Dies betrifft etwa die Weiterwanderungsmöglichkeit in andere EU-Mitgliedstaaten, den Ausweisungsschutz und die Möglichkeit, sich längere Zeit im Ausland aufzuhalten, ohne dass der Titel erlischt (§ 51 Abs. 9 Nr. 3 AufenthG). Die Niederlassungserlaubnis auf der Grundlage einer Blauen Karte EU (§ 19a Abs. 6 S. 1 oder 3 AufenthG) besitzen 1,2 % (rund 30.000 Personen) aller Personen mit einem nationalen unbefristeten Aufenthaltstitel.

II. Aufenthaltserlaubnisse, Aufenthaltsgestattungen und Duldungen

43 Im Bereich der **befristeten Aufenthaltstitel** ist die Dynamik der Entwicklungen der Jahre seit 2015 größer als bei den unbefristeten Aufenthaltstiteln, jedenfalls soweit der humanitäre Aufenthalt betroffen ist.

44 Zum 31.12.2018 besaßen rund 2,4 Millionen der drittstaatsangehörigen Personen **Aufenthaltserlaubnisse** und rund 545.000 Millionen Personen wurden unter der Rubrik „Sonstige" geführt, darunter Personen mit einer Aufenthaltsgestattung zur Durchführung eines Asylverfahrens (296.000) oder einer Duldung (181.000) oder Personen, die von der Verpflichtung befreit waren, einen Aufenthaltstitel zu besitzen (68.000).[28]

1. Aufenthaltserlaubnisse

45 Nach Aufenthaltszwecken differenziert teilten sich die befristeten nationalen Aufenthaltstitel Ende 2018, also mit Beginn des außergewöhnlich hohen Zugangs von Schutzsuchenden, grob wie folgt auf:
– 33 % (800.000 Personen) stützen den befristeten Aufenthalt auf familiäre Gründe,
– 18 % (441.000 Personen) sind zur Ausbildung oder zur Erwerbstätigkeit im Bundesgebiet,
– 44 % (1 Million Personen) besitzen eine Aufenthaltserlaubnis aus humanitären Gründen.

46 Integrationsrechtlich und -politisch zu bewerten sind die vorliegenden Daten zu den Aufenthaltszeiten der Personen mit befristeten nationalen Aufenthaltstiteln differenziert nach Aufenthaltszwecken. Dabei lässt sich feststellen, dass im Bereich der **Familienzusammenführung** immerhin rund 26 % der Personen zehn Jahre oder länger im Bundesgebiet lebten. Bei den Personen, die aus Gründen der **Ausbildung oder Erwerbstätigkeit** eine Aufenthaltserlaubnis besitzen, betrug der Anteil hingegen (erwartungsgemäß) nur rund 8 % und beim Aufenthalt aus **humanitären Gründen** lag er bei rund 9 %, was auf den hohen Zugang von international Schutzberechtigten in den letzten fünf Jahren zurückzuführen ist. Für eine Aufenthaltszeit von fünf oder mehr Jahren ergeben sich gerundet folgende Zahlen: rund 45 % familiäre Gründe, 28 % Ausbildung bzw. Erwerbstätigkeit und rund 19 % humanitäre Gründe.[29] Auch wenn einschränkend anzumerken ist, dass – gerade bei den humanitären Aufenthaltserlaubnissen – die tatsächliche Aufenthaltsdauer im Bundesgebiet oft länger als die Dauer des Besitzes einer Aufenthaltserlaubnis ist, hatte damit bereits Ende des Jahres 2018 ein beträchtliches Potenzial von Personen die zeitlichen Grenzen deutlich überschritten, die die unterschiedlichen Aufenthaltserlaubnisse von der Niederlassungserlaubnis bzw. der Erlaubnis zum Daueraufenthalt-EU trennen.

47 Aufgrund des hohen Zugangs von größtenteils schutzbedürftigen Drittstaatsangehörigen in den Jahren 2015 bis Juni 2017 sind in kurzer Zeit erhebliche Verschiebungen eingetreten, die sich, wegen erheblichen Registrierungsproblemen in den Jahren 2015 und 2016 sowie der Ungleichzeitigkeit von Asylantragstellung und Entscheidung des BAMF, oft überjährig auswirkten.

48 Rückblickend lässt sich zusammenfassen, dass in den Jahren 2015 bis zum ersten Halbjahr 2019 beim BAMF insgesamt rund 1,7 Millionen Asylanträge gestellt worden sind. Im gleichen Zeitraum wurde in rund 1 Million Fälle bereits vom BAMF rechtlicher Schutz zugesprochen.[30]

---

[28] Letztere Teilgruppe umfasste zum Stichtag 12.3.2019 rund 57.000 Personen, die sich seit mehr als sechs Jahren im Bundesgebiet aufhielten, und ist deshalb zahlenmäßig zu vernachlässigen. Gewisse Differenzen bei der Addition der Zahlen von Personen mit einem unbefristeten Aufenthaltsrecht, mit befristeten Aufenthaltstiteln und Sonstigen zu der Gesamtzahl der Drittstaatsangehörigen ergeben sich zB aus Gruppen, die im AZR als „vollziehbar ausreisepflichtige Personen ohne Duldung" oder als „Antrag auf Aufenthaltstitel gestellt" registriert werden bzw. werden können uä.

[29] Vgl. 12. Bericht der *Beauftragten der Bundesregierung für Migration, Flüchtlinge und Integration*, 2019, Tabellenhang, Tab. 6–8.

[30] Vgl. die Geschäftsstatistiken des BAMF für diese Jahre.

Der Anteil der Aufenthaltserlaubnisse aus humanitären Gründen ist vor diesem Hintergrund erwartungsgemäß deutlich angestiegen. Die Gruppe der Personen mit humanitären Aufenthaltserlaubnissen im Bundesgebiet ist Ende des Jahres 2018 zahlen- und anteilsmäßig klar die größte Teilgruppe im Bereich der befristeten Aufenthaltserlaubnisse. Sie wird mit Blick auf die große Zahl der noch nicht abgeschlossenen Asylverfahren absehbar noch größer werden. Die rechtspolitische Debatte der letzten Jahre thematisierte deshalb – wenig überraschend – zunehmend auch die Fragen der aufenthaltsrechtlichen Verfestigung im Bereich des befristeten humanitären Aufenthalts (→ § 24 Rn. 66 ff.). 49

2. Aufenthaltsgestattungen

Trotz der außerordentlich starken **Steigerungen der Entscheidungszahlen im BAMF** in den letzten Jahren – oder auch mitunter deshalb – sind die Zahl der Asylbewerberinnen und -bewerber und damit die Belastung des BAMF weiterhin hoch. 50

Zwar gibt das BAMF bei den Asylbewerberinnen und -bewerbern zum 30.6.2019 die Zahl von rund 52.000 anhängigen Asylverfahren an. „Anhängig" bedeutet insoweit jedoch, dass das BAMF noch keine Anhörung durchgeführt bzw. keinen Bescheid erlassen hat. Zu dieser Zahl müssen noch die vom BAMF vollständig abgelehnten Asylanträge hinzugezählt werden, gegen die Klage erhoben wurde. Auch in diesen Fällen ist das Asylverfahren noch nicht beendet. Zum 31.3.2019 waren insoweit noch 299.389 Verfahren bei den Verwaltungsgerichten als anhängig registriert. Die Bundesregierung gab die Zahl der Personen mit einer **Aufenthaltsgestattung** zum Stichtag 31.3.2019 mit 296.060 Personen an.[31] 51

Diese Zahl beinhaltet auch Fälle, in denen das BAMF das Vorliegen von **Abschiebungsverboten** festgestellt hat und die Betroffenen mit ihrer Klage eine Asylberechtigung oder die Zuerkennung internationalen Schutzes erreichen wollen.[32] In diesen Fallkonstellationen bleibt das BAMF belastet, die Verwaltungsgerichtsbarkeit wird belastet und die Betroffenen verbleiben im Status einer/eines Asylbewerberin bzw. -bewerbers, bis das Asylverfahren rechtskräftig abgeschlossen ist, obwohl bereits zum Zeitpunkt der Klageerhebung klar ist, dass die Erteilung einer Aufenthaltserlaubnis nach § 25 Abs. 3 AufenthG nach Abschluss des gerichtlichen Verfahrens regelmäßig erfolgen muss. Jedenfalls aus integrationspolitischer Perspektive stellt sich damit oft die Frage, ob in Fällen, in denen etwa keine Fragen der Familienzusammenführung im Raum stehen, die Betroffenen das Asylverfahren beenden sollten und sich die Aufenthaltserlaubnis nach § 25 Abs. 3 AufenthG erteilen lassen. 52

3. Duldungen

Die Zahl der geduldeten Personen, neben den Personen mit einer Aufenthaltsgestattung die zweite große Gruppe in der Rubrik „Sonstige", ist nach wie vor – auch integrationspolitisch – erheblich. Sie wird zum Stichtag 31.12.2018 mit rund 181.000 Personen angegeben.[33] Hiervon halten sich rund 32.000 Personen mehr als acht Jahre und immerhin rund 45.000 mehr als sechs Jahre im Bundesgebiet auf. Im Bereich der geduldeten Personen liegt allerdings lediglich ein Potenzial für die Erteilung befristeter humanitärer Aufenthaltserlaubnisse, insbesondere nach den §§ 25a, 25b und 25 Abs. 5 AufenthG (→ § 25 Rn. 79 ff.). 53

---

[31] Vgl. *BAMF*, Aktuelle Zahlen, Ausgabe Juni 2019, 13 und die Antwort der BReg., BT-Drs. 19/8258 v. 12.3.2019, auf die Kleine Anfrage der Abgeordneten *Jelpke, Hahn, Akbulut ua*, BT-Drs. 19/7334.

[32] § 25 Abs. 3 AufenthG normiert einen Soll- oder Regelanspruch und keinen strikten Anspruch iSd Rspr. des BVerwG, vgl. zB Urt. v. 10.12.2014 – 1 C 15.14, BeckRS 2015, 41164. Dies führt iVm § 10 Abs. 1 AufenthG dazu, dass die Betroffenen in diesen Fällen weiter nur eine Aufenthaltsgestattung besitzen und im Falle ihrer Hilfsbedürftigkeit weiter nach dem AsylbLG leistungsberechtigt bleiben. Selbst wenn subsidiärer Schutz zuerkannt worden ist und eine Aufenthaltserlaubnis nach § 25 Abs. 2 S. 1 2. Alt. AufenthG erteilt wird, wird nicht selten auf Anerkennung als Asylberechtigter bzw. als GFK-Flüchtling geklagt (sog. up-grade-Klagen). Dies trifft weiterhin auf eine erhebliche Zahl von Fällen zu.

[33] Vgl. 12. Bericht der *Beauftragten der Bundesregierung für Migration, Flüchtlinge und Integration*, 2019, Tabellenanhang, Tab. 10.

§ 22 Integration durch Erwerb von Kenntnissen der deutschen Sprache und weitere Integrationsangebote

Übersicht

	Rn.
A. Integrationsförderung auf Bundesebene vor dem Zuwanderungsgesetz	1
B. Grundstruktur des Integrationskurssystems des Aufenthaltsgesetzes (§ 43 AufenthG)	10
C. Teilnahmeberechtigung, Zulassung im Rahmen verfügbarer Kursplätze und Anspruchsausschluss (§ 44 AufenthG)	15
D. Teilnahmeverpflichtung (§ 44a AufenthG)	20
I. Anwendungsbereich und zuständige Behörden	20
II. Sanktionen bei Verstoß gegen die Teilnahmeverpflichtung	25
E. Integrationsprogramm (§ 45 AufenthG)	31
F. Berufsbezogene Deutschsprachförderung (§ 45a AufenthG)	33
G. Aktuelle Entwicklungen und einige Herausforderungen im Bereich der Integrationskurse	35

A. Integrationsförderung auf Bundesebene vor dem Zuwanderungsgesetz

1 Das Zuwanderungsgesetz und damit auch das neue AufenthG legten Deutschland nicht nur am Vorabend der europäischen Harmonisierung des Einwanderungs- und Asylrechts rechtlich weitgehend fest. Das AufenthG versuchte auch Lösungswege zu entwickeln, die die bis dahin nicht ausreichende staatliche Integrationsförderung für ausländische Personen überwinden sollten.

2 Die Integrationsangebote des Bundes waren lange Zeit auf die Arbeitsmigrantinnen und -migranten und ihre Familien gerichtet. Die Politik reagierte weder in den 1980er noch in den 1990er Jahren auf die sich ändernde Zusammensetzung der Einwandernden. Im damaligen BMA wurden die gesellschaftlichen Gruppen, insbesondere die freien Wohlfahrtsverbände, Kirchen und Gewerkschaften über Arbeitskreise politisch eingebunden. Die dort diskutierten Themen nahmen regelmäßig den Arbeitnehmerstatus zum Ausgangspunkt und zielten darauf, erkennbaren Ungleichbehandlungen am Arbeitsmarkt oder im Bildungs- und Ausbildungssystem zu begegnen. Angeknüpft wurde immer wieder an die Ausländersozialarbeit aus der Phase der Anwerbung ausländischer Arbeitnehmerinnen und -nehmer.

3 Diese Herangehensweise unterschied sich ganz erheblich von den Integrationsbemühungen des Bundes im Bereich der **Aussiedlerinnen und Aussiedler,** danach der **Spätaussiedlerinnen und -aussiedler.** Diese staatlichen Anstrengungen hinsichtlich der „Eingliederung" hatten ihren rechtlichen Ausgangspunkt in der deutschen Staatsangehörigkeit der Aussiedlerinnen und Aussiedler. Deren teilweise ausländischen Familienangehörigen wurden grundsätzlich in die sozialstaatlichen Bemühungen und Angebote einbezogen. Mit der politisch gewollten Einschränkung des Zuzugs auch dieser Gruppe von einwandernden Personen näherten sich die Programme für Spätaussiedlerinnen und -aussiedler Schritt für Schritt jedoch den Bemühungen hinsichtlich anderer Gruppen von Migrantinnen und -migranten an.

4 Die Integrationsförderung des Bundes wurde damals für ihre praxisferne und starre Orientierung an rechtlichen Status kritisiert, die bis heute (→ Rn. 15, 17) in den integrationspolitischen Auseinandersetzungen eine Rolle spielt. Es wurde gefordert, früher und stärker die erkennbaren Integrationsbedarfe von Frauen, Jugendlichen und Heranwachsenden, aber auch von Geduldeten in den Blick zu nehmen und nicht erst tätig zu werden, wenn der entsprechende Aufenthaltstitel erteilt wurde. Die Gruppe der geduldeten Personen war nicht zuletzt auf Grund der engen Auslegung des **verfassungsrechtlichen**

Begriffes des politischen Verfolgten nach Art. 16 Abs. 2 S. 2 GG bzw. später Art. 16a Abs. 1 GG, der Flüchtlingsdefinition in Art. 1 A Nr. 2 GFK und schließlich auch des Art. 3 EMRK durch das BVerwG relevant.[1] Ferner ging es damals aber auch noch darum, GFK-Flüchtlinge an den immerhin bestehenden Integrationsangeboten für Asylberechtigte und Kontingentflüchtlinge teilhaben zu lassen.

Im Bereich des damaligen BMA wurden, neben Mitteln für den **Sprachverband Deutsch e. V.**, Mittel über das SGB III bereitgestellt, die entweder die Kurskosten abdeckten oder aber als sogenannte Eingliederungshilfe den Unterhalt während einer Kursteilnahme absicherten. Auch die Fördermaßnahmen des BMFSFJ und des BMBF nahmen lange Zeit lediglich junge Spätaussiedlerinnen und -aussiedler, Asylberechtigte und Kontingentflüchtlinge in den Blick. Hier wurden Maßnahmen in den Bereichen Schule, Berufsausbildung und Hochschule gefördert. Im Zuständigkeitsbereich des BMI wurden damals netzwerk- und gemeinwesenorientierte Projekte gefördert, die zunehmend nicht nur die Spätaussiedlerinnen und -aussiedler erfassten. 5

Die Bemühungen um ein **Gesamtsprachkonzept** Anfang der 2000er Jahre auf Bundesebene zielten dann endlich auf eine weitergehende Gleichbehandlung der unterschiedlichen Ausländergruppen mit Spätaussiedlerinnen und -aussiedlern. Das neue System sollte sich stärker an den vergleichbaren Integrationsbedarfen orientieren und nur in den ersten drei Jahren nach der Einreise greifen. Gerade die fehlende Einbeziehung von bereits seit längerer Zeit in Deutschland lebenden Ausländerinnen und Ausländern, denen etwa durch Kindererziehungsphasen der Erwerb deutscher Sprachkenntnisse nicht sofort möglich war, wurde damit von fachlicher Seite weiter kritisiert. 6

Die neuen Angebote zielten auf Spätaussiedlerinnen und -aussiedler sowie auf Ausländerinnen und Ausländer, deren Aufenthalt auf Dauer angelegt war. Darüber hinaus wurden Angebote für junge Einwanderer bis zu einem Alter von 27 Jahren eingeführt, die ausbildungs- und berufsbezogenen Unterricht zum Erwerb der deutschen Sprache vorsahen und sozialpädagogische Betreuung ermöglichten. Schließlich wurden auch Spätaussiedlerinnen und -aussiedler gefördert, die trotz der erfolgten Förderung keine Beschäftigung gefunden hatten. 7

Das Gesamtsprachkonzept wurde auf sonstige Familienangehörige von Spätaussiedlerinnen und -aussiedlern erstreckt, auch wenn sie nicht gleichzeitig eingereist waren. Berücksichtigt wurden auch GFK-Flüchtlinge und Drittstaater, die nicht aus Anwerbestaaten kamen, jedoch voraussichtlich einen dauerhaften Aufenthalt in Deutschland begründet hatten. 8

Das Gesamtsprachkonzept kam über eine Pilotphase, die im Jahr 2002 begann, nicht hinaus. Das neue AufenthG und das dort etablierte Integrationskurskonzept, das auf den Erwerb ausreichender Kenntnisse der deutschen Sprache abzielt, führte zu einer Konzentration der vorhandenen Bundesmittel im Zuständigkeitsbereich des BMI, weil eine zentral gesteuerte Erstförderung eingeführt werden sollte.[2] Natürlich wurden die übrigen zielgruppenspezifischen integrationsfördernden Angebote damit nicht aus den zuständigen Bundesressorts herausgelöst. Gerade sie richteten sich auch an Migrantinnen und Migranten, die sich bereits länger im Bundesgebiet aufhielten. 9

B. Grundstruktur des Integrationskurssystems des Aufenthaltsgesetzes (§ 43 AufenthG)

In den §§ 43 bis 45 AufenthG werden die Bundesleistungen im Themenfeld Integration geregelt. Ausgestaltet wird die Förderung des Erwerbs deutscher Sprachkenntnisse in der 10

---

[1] BVerwG Urt. v. 4.11.1997 – 9 C 34.96 (Afghanistan) und Urt. v. 15.4.1997 – 9 C 38.96, NVwZ 1997, 1127; Urt. v. 15.4.1997 – 9 C 15.96, NVwZ 1997, 1131 sowie Urt. v. 22.3.1994 – 9 C 443.93, NVwZ 1994, 1112 (Somalia).
[2] 6. Bericht der *Beauftragten der Bundesregierung für Migration, Flüchtlinge und Integration*, 2005, Kap. V.4.4.

Regel durch **Integrationskurse**, der **Migrationsberatung für Erwachsene (MBE)** und **Jugendliche (JMD)** sowie die **berufsbezogenen Sprachkurse**.

11   Ziel des Förderns und Forderns im Rahmen der Integrationskurse des Bundes ist die Integration von rechtmäßig auf Dauer im Bundesgebiet lebenden Ausländerinnen und Ausländern in das wirtschaftliche, kulturelle und gesellschaftliche Leben der Bundesrepublik Deutschland (§ 43 Abs. 1 AufenthG). Der Integrationskurs ist als „Grundangebot" konzipiert (§ 43 Abs. 2 S. 1 AufenthG), das die deutsche Sprache, die Rechtsordnung, die Kultur und Geschichte Deutschlands vermitteln soll. Integration in diesem Sinne ist erreicht, wenn in den Angelegenheiten des täglichen Lebens ein selbständiges und nicht auf Hilfen durch Dritte angewiesenes Handeln möglich wird. Der allgemeine Integrationskurs besteht grundsätzlich aus zwei Elementen: dem Basis- und Aufbausprachkurs (600 Unterrichtsstunden) sowie dem Orientierungskurs (nunmehr 100 Unterrichtsstunden).[3]

12   Der **Basis- und Aufbausprachkurs** nach Abs. 3 S. 1 ist bestanden, wenn nach Ablegen des seit 1.7.2009 skalierten Sprachtests „Deutsch-Test für Zuwanderer" im mündlichen und im schriftlichen Teil ausreichende Kenntnisse der deutschen Sprache auf dem Niveau B1 GER nachgewiesen werden (§ 17 Abs. 1 und 2 IntV). Das BAMF bescheinigt die erfolgreiche Teilnahme in diesem Fall mit dem **„Zertifikat Integrationskurs"**. Wird das Niveau B1 GER nicht erreicht, wird ggf. das **Sprachniveau A2 GER** bescheinigt, dass im Rahmen des Deutsch-Tests ebenfalls abgeprüft wird.

13   Der **Orientierungskurs** schließt an den Sprachkurs an. In seinem Rahmen werden Alltagswissen und Kenntnisse der Rechtsordnung vermittelt, wobei insbesondere die Werte des demokratischen Staatswesens und die Prinzipien Rechtsstaatlichkeit, Gleichberechtigung, Toleranz und Religionsfreiheit im Zentrum stehen (§ 3 Abs. 1 Nr. 2 IntV). Der Orientierungskurs wird mit dem skalierten Test **„Leben in Deutschland"** abgeschlossen.

14   Der Integrationskurs wird bundesweit vom BAMF koordiniert und durchgeführt, das hierzu private und öffentliche Träger beauftragen darf (§ 43 Abs. 3 S. 2 AufenthG). Für den Integrationskurs werden Kosten in angemessenem Umfang erhoben, wobei die Leistungsfähigkeit der Betroffenen zu berücksichtigen ist. Der **Kostenbeitrag** beträgt 50% des geltenden Kostenerstattungssatzes nach § 20 Abs. 6 IntV und damit derzeit 1,95 EUR pro Unterrichtseinheit. Nach § 9 Abs. 2 S. 1 IntV sind Personen, die Leistungen nach dem SGB II, Hilfen zum Lebensunterhalt nach dem SGB XII oder Leistungen nach dem AsylbLG beziehen, auf Antrag von der Entrichtung des Kostenbeitrags zu befreien. Für Spätaussiedlerinnen bzw. -aussiedler und ihre Familienangehörigen besteht keine Kostenbeitragspflicht (§ 4 Abs. 1 S. 1 Nr. 2 iVm § 9 Abs. 5 IntV), unabhängig von ihrem Einkommen.[4] Teilnahmeberechtigte, für die die Entrichtung des Kostenbeitrags eine unzumutbare Härte darstellen würde, können hiervon durch das BAMF befreit werden (§ 9 Abs. 2 S. 2 AufenthG). Teilnahmeberechtigten, die innerhalb von zwei Jahren nach Ausstellung der Teilnahmeberechtigung die erfolgreiche Teilnahme nach § 17 Abs. 2 IntV nachweisen, kann 50% ihres Kostenbeitrags erstattet werden (§ 9 Abs. 6 IntV).[5] Die Teilnahme am Abschlusstest ist kostenlos, ggf. auch in Fällen der Wiederholung (§ 17 Abs. 3 IntV).

C. Teilnahmeberechtigung, Zulassung im Rahmen verfügbarer Kursplätze und Anspruchsausschluss (§ 44 AufenthG)

15   Für bestimmte Gruppen von sich im Bundesgebiet dauerhaft aufhaltenden Drittstaatsangehörigen besteht nach § 44 Abs. 1 S. 1 AufenthG ein **Anspruch auf einmalige Teilnahme an einem Integrationskurs**. Von der Anspruchsregelung erfasst sind Personen

---

[3] Es bestehen auch Möglichkeiten, an Intensivkursen im Umfang von 430 Stunden oder an zielgruppenspezifischen Kursen im Umfang von 1000 Stunden teilzunehmen. Insoweit wird aber seitens der Träger und der Betroffenen von Schwierigkeiten beim Zustandekommen solcher Kurse berichtet.
[4] Diese sind insoweit besser gestellt, als freizügigkeitsberechtigte Unionsbürgerinnen und -bürger.
[5] Ein allgemeiner Integrationskurs im Umfang insgesamt 700 Stunden kostet also 1.365 EUR.

mit Aufenthaltserlaubnissen nach den §§ 18a bis 18d, 19c, 21, 28 bis 30, 32, 36, 36a, 25 Abs. 1, 2, 4a S. 3, 25b, 38a AufenthG oder mit Aufenthaltstiteln nach § 23 Abs. 2 oder 4 AufenthG. Ein Teilnahmeanspruch besteht auch für Spätaussiedlerinnen und -aussiedler sowie für ihre Familienangehörigen (§ 4 Abs. 1 Nr. 2 IntV). Insoweit stellt sich die Frage, ob es, wie Nr. 44.4 AVwV-AufenthG vorsieht, mit Blick auf Art. 18 AEUV unionsrechtlich ausreicht, Unionsbürgerinnen und -bürger sowie ihre Familienangehörigen – aber auch Staatsangehörigen der EWR-Staaten sowie Staatsangehörigen der Schweiz – im Wege einer Ermessensentscheidung nur **im Rahmen verfügbarer Kursplätze** zum Integrationskurs zuzulassen. Es besteht jedenfalls bei Arbeitnehmerinnen und Arbeitnehmern ein Spannungsverhältnis zu Art. 7 Abs. 2 Freizügigkeits-VO.[6]

16 Die Teilnahme am Integrationskurs soll zeitnah nach der Erteilung des entsprechenden Aufenthaltstitels erfolgen. Deshalb erlischt der Teilnahmeanspruch nunmehr grundsätzlich ein Jahr nachdem der anspruchsbegründende Aufenthaltstitel erteilt wurde, oder mit Wegfall des Aufenthaltstitels (§ 44 Abs. 2 S. 1 AufenthG). S. 2 der Regelung ermöglicht es den Anspruchsberechtigten, nicht selbst zu vertretende Gründe darzulegen, die ihrer fristgemäßen Anmeldung zur Kursteilnahme entgegenstanden, um den Anspruch auf Teilnahme zu behalten. Ist die Ein-Jahresfrist überschritten, kann eine Teilnahme gleichwohl im Rahmen verfügbarer Kursplätze ermöglicht werden (§ 44 Abs. 4 S. 1 AufenthG).

17 Jenseits des Rechtsanspruchs können ebenfalls im Rahmen verfügbarer Kursplätze, die nicht von Teilnameberechtigten nach § 44 Abs. 1 AufenthG oder nach § 44a AufenthG zur Teilnahme verpflichteten Personen benötigt werden, deutsche Staatsangehörige zugelassen werden, die nicht über ausreichende Kenntnisse der deutschen Sprache verfügen und in besonderer Weise integrationsbedürftig sind. Eine solche Zulassungsmöglichkeit besteht seit kurzem auch für

– Personen, die eine Aufenthaltsgestattung zur Durchführung eines Asylverfahrens besitzen und bei denen ein rechtmäßiger und dauerhafter Aufenthalt zu erwarten ist,
– Personen, die eine Duldung nach § 60a Abs. 2 S. 3 AufenthG oder
– Personen, die eine Aufenthaltserlaubnis nach § 25 Abs. 5 AufenthG besitzen (§ 44 Abs. 4 S. 2 AufenthG).

17a Eine rechtlich problematische Ausdifferenzierung wurde bei Asylbewerberinnen und -bewerbern vorgenommen. Diese war insbesondere eine integrationsrechtliche bzw. -politische Antwort auf die vielen langen Asylverfahren und die hohen Schutzquoten bei bestimmten Herkunftsstaaten in den Jahren 2014 bis 2016 und teilweise auch danach. Mit § 44 Abs. 4 S. 2 Nr. 1 lit. a AufenthG wird weiterhin maßgeblich an den zu erwartenden „**rechtmäßigen und dauerhaften Aufenthalt**" angeknüpft (**sogenannte gute Bleibeperspektive**). Eine Überlegung, die in einem erheblichen Spannungsverhältnis zu den grundsätzlichen Festlegungen steht, die zB im Ausländersozialrecht das System des AsylbLG begründen (→ § 25 Rn. 26 ff.). Die sogenannte gute Bleibeperspektive für Asylbewerberinnen und -bewerber hat keine weiteren gesetzlichen Festlegungen erfahren, außer der, dass nie ein rechtmäßiger und dauerhafter Aufenthalt nach § 44 Abs. 4 S. 2 Alt. 2 Nr. 1 AufenthG erwartet werden kann, wenn der Betroffene die Staatsangehörigkeit eines sicheren Herkunftsstaats nach § 29a AsylG besitzt (§ 44 Abs. 4 S. 3 AufenthG oder zB § 39a S. 2 SGB III). Damit stehen Fragen der Bestimmtheit der rechtlichen Regelung im Raum. Eine sogenannte gute Bleibeperspektive bedeutet in der Praxis – soweit sich diese vollständig überblicken lässt – bisher, dass nur dann ein rechtmäßiger und dauerhafter Aufenthalt zu erwarten ist, wenn nach der Entscheidungspraxis des BAMF zu einem bestimmten Herkunftsstaat über einen Zeitraum von sechs Monaten hinweg eine **Schutzquote** von über 50% hinsichtlich der behördlichen Entscheidungen über die Asylberechtigung, die

---

[6] Anzumerken ist jedoch, dass aus der Praxis keine Problemanzeigen kommen. Dies dürfte daran liegen, dass das BAMF Unionsbürgerinnen und -bürger bei den verfügbaren bzw. offenen Kursplätzen im Rahmen von § 44 Abs. 4 AufenthG iVm § 5 Abs. 4 IntV priorisiert. Die Problematik scheint also allein rechtlich von Relevanz zu sein.

Zuerkennung internationalen Schutzes nach der Anerkennungs-RL und nationaler Abschiebungsverbote nach § 60 Abs. 5 oder 7 AufenthG errechnet wird. Die Berechnung erfolgt nach Angaben des BAMF zweimal im Kalenderjahr. In ihrem Rahmen wird die sogenannte **nicht bereinigte Schutzquote** errechnet, dh sonstige Verfahrenserledigungen, insbesondere sogenannte Dublin-Verfahren, werden in die Gesamtzahl der zugrunde zu legenden BAMF-Entscheidungen einbezogen, obwohl bei den sonstigen Verfahrenserledigungen keine Aussagen zur materiellen Schutzzuerkennung, sondern nur zur Zulässigkeit des Asylantrags getroffen werden. Ebenfalls nicht berücksichtigt werden bei der Berechnung Entscheidungen der Verwaltungsgerichte, die ablehnende BAMF-Bescheide ganz oder teilweise korrigieren. Auch Herkunftsstaaten mit eher geringen Entscheidungszahlen werden offenbar nicht berücksichtigt, auch wenn die Schutzquote bei ihnen über 50 % liegt. Die Auslegung der sogenannten guten Bleibeperspektive ergibt damit ein rein statistisch basiertes Konstrukt, das Teilhabechancen eröffnet oder versperrt und dabei alle herkunftsstaatsunabhängigen individuellen Merkmale ausblendet. Es ist weder relevant, in welchem Alter die oder der Betroffene ist, noch wie sich ihre oder seine familiäre Situation konkret darstellt oder entwickelt, wie lange bspw. das Asylverfahren bereits andauert oder ob im Bundesgebiet eine Schul- oder Berufsausbildung erfolgt ist oder begonnen werden soll.

17b Ferner wurde bei Asylbewerberinnen und -bewerbern, die nicht aus einem sicheren Herkunftsstaat nach § 29a AsylG stammen und vor dem 1.8.2019 in das Bundesgebiet eingereist sind, mit dem Ausländerbeschäftigungsförderungsgesetz in § 44 Abs. 4 S. 2 Nr. 1 lit. b AufenthG eine Sonderregelung eingeführt. Soweit sie bei der Agentur für Arbeit ausbildungsuchend, arbeitsuchend oder arbeitslos gemeldet sind oder beschäftigt sind oder in einer Berufsausbildung sind oder über bestimmte Maßnahmen nach dem SGB III gefördert werden, können auch sie im Rahmen zur Verfügung stehender Kursplätze zu einem Integrationskurs zugelassen werden. Gleiches gilt für Personen, bei denen die Voraussetzungen nach § 11 Abs. 4 S. 2 und 3 SGB XII vorliegen, sie also Kinder erziehen, die das dritte Lebensjahr noch nicht vollendet haben und sie deshalb oftmals nicht bei der Agentur für Arbeit gemeldet sind. Für Asylbewerberinnen und -bewerber, die nach dem 1.8.2019 eingereist sind, ist eine Zulassung zu einem Integrationskurs, wenn keine sogenannte gute Bleibeperspektive vorliegt, auch im Rahmen zur Verfügung stehender Kursplätze nach § 44 Abs. 4 S. 2 AufenthG weiterhin ausgeschlossen. Dies wird integrationspolitisch mit Blick auf Herkunftsstaaten wie Somalia, Afghanistan oder den Irak, die teilweise gerade im Falle einer Einbeziehung der gerichtlichen Entscheidungspraxis hohe Schutzquoten (ggf. auch nur für bestimmte Teil-Flüchtlingsgruppen) aufweisen, sicherlich weiter erörtert werden.

18 § 44 Abs. 4 S. 3 AufenthG schließt alle Asylbewerberinnen und -bewerber aus sicheren Herkunftsstaaten nach § 29a AsylG gesetzlich von der Teilnahmemöglichkeit aus. Bei ihnen kann nicht von einem rechtmäßigen und dauerhaften Aufenthalt ausgegangen werden. Der gesetzliche Ausschluss gilt vom Wortlaut der Vorschrift auch in Fällen, in denen ein Gericht einem Antrag nach § 80 Abs. 5 VwGO gegen die Ablehnung des Asylantrags als offensichtlich unbegründet entspricht oder vom BAMF das Vorliegen eines Abschiebungsverbots nach § 60 Abs. 5 oder 7 AufenthG festgestellt wurde und der Betroffene auf die Zuerkennung internationalen Schutzes klagt und damit das Asylverfahren noch nicht beendet ist. Dieser weitgehende und starre Ausschluss erscheint unverhältnismäßig, jedenfalls in den Fällen, in denen die gerichtlichen Entscheidungen dann erst deutlich später ergehen.

19 Nicht anspruchsberechtigt sind nach § 44 Abs. 3 S. 1 AufenthG auch Kinder, Jugendliche und junge Erwachsene, die zur Schule gehen oder eine schulische Ausbildung aufnehmen, Personen mit **geringem Integrationsbedarf**[7] oder wenn ausreichende Kenntnisse der deutschen Sprache nachgewiesen sind. Die Berechtigung zur Teilnahme an einem Orientierungskurs bleibt in diesen Fällen jedoch unberührt (§ 44 Abs. 3 S. 2 AufenthG). Gerade bei Kindern und Jugendlichen, die hier die Schule besucht oder eine Ausbildung absolviert haben, führt der Anspruchsausschluss bei den Integrationskursen auch dazu, dass

---

[7] Vgl. hierzu § 4 Abs. 2 IntV.

sie nicht von der staatsangehörigkeitsrechtlichen Privilegierung nach § 10 Abs. 3 S. 1 StAG Gebrauch machen können. Sie müssen acht Jahre rechtmäßigen gewöhnlichen Aufenthalt im Bundesgebiet nachweisen und nicht nur sieben, weil die Norm weiterhin an die Bescheinigung durch das BAMF anknüpft.

D. Teilnahmeverpflichtung (§ 44a AufenthG)

I. Anwendungsbereich und zuständige Behörden

§ 44a AufenthG betont die zentrale Bedeutung des Erwerbs von Kenntnissen der deutschen Sprache dadurch, dass Ausländerinnen und Ausländer, die sich bereits längere Zeit im Bundesgebiet aufhalten, zur Teilnahme an einem Integrationskurs verpflichtet werden können.

- § 44a Abs. 1 S. 1 Nr. 1 lit. a AufenthG nimmt die **Ausländerbehörden** in die Pflicht, dafür zu sorgen, dass die Kenntnisse der deutschen Sprache verbessert werden, wenn eine teilnahmeberechtigte Person nach § 44 AufenthG sich nicht zumindest auf einfache Art in deutscher Sprache (Niveau A1 GER) verständigen kann.
- § 44a Abs. 1 S. 7 AufenthG stellt es darüber hinaus in das Ermessen der **Ausländerbehörden,** Asylberechtigte und international Schutzberechtigte, die sich nur auf einfache Art in deutscher Sprache verständigen können, zur Kursteilnahme zu verpflichten.
- § 44a Abs. 1 S. 1 Nr. 1 lit. b AufenthG legt fest, dass die **Ausländerbehörden** Teilnahmeberechtigte, die zum Zeitpunkt der Erteilung eines Aufenthaltstitels nach den § 23 Abs. 2, § 28 Abs. 1 S. 1 Nr. 1, § 30 oder § 36a Abs. 1 S. 1 Alt. 1 AufenthG nicht über ausreichende deutsche Sprachkenntnisse verfügen (Niveau B1 GER), zur Teilnahme verpflichten.

Auch Personen, die in besonderer Weise integrationsbedürftig sind, werden von der Ausländerbehörde zur Teilnahme aufgefordert (§ 44a Abs. 1 S. 1 Nr. 3 AufenthG). In **besonderer Weise integrationsbedürftig** ist insbesondere eine Person nach § 4 Abs. 3 IntV, die die Personensorge für ein in Deutschland lebendes minderjähriges Kind inne hat, über keine Kenntnisse der deutschen Sprache auf dem Niveau B1 GER verfügt und es ihr deshalb bisher nicht gelungen ist, sich ohne staatliche Hilfe in das wirtschaftliche, kulturelle und gesellschaftliche Leben in Deutschland zu integrieren. Der Bezug von Leistungen nach dem SGB II kann nur ein Indiz für eine besondere Integrationsbedürftigkeit sein. Er ist allerdings bereits Anknüpfungspunkt in § 44a Abs. 1 S. 1 Nr. 2 AufenthG. Ein Leistungsbezug nach dem SGB XII setzt fehlende Erwerbsfähigkeit voraus, die jedenfalls das Ziel des Integrationskurses nach § 43 Abs. 1 AufenthG, eine Integration in das wirtschaftliche Leben zu befördern, ausscheiden lässt. Gerade bei älteren Menschen oder auch bei Rentnerinnen bzw. Rentnern, die nur ergänzend Leistungen nach dem SGB XII beziehen, scheidet eine Verpflichtung zum Integrationskurs damit aus. **Unionsbürgerinnen und -bürger** können – wie deutsche Staatsangehörige aus anderen Gründen – nicht zur Teilnahme an einem Integrationskurs verpflichtet werden, weil das Fortbestehen des EU-Freizügigkeitsrechts nicht von einer erfolgreichen Teilnahme an einem Integrationskurs abhängig ist.[8]

Im Falle eines Bezugs von Leistungen nach dem SGB II sprechen die **Träger der Grundsicherung** nach § 44a Abs. 1 S. 1 Nr. 2 AufenthG die Verpflichtung zur Teilnahme an dem Integrationskurs aus, wenn dies in einer Eingliederungsvereinbarung nach dem SGB II vorgesehen ist. Der Träger der Grundsicherung für Arbeitsuchende soll der Verpflichtung der Ausländerbehörde nach § 44a Abs. 1 Nr. 1 und 3 AufenthG im Rahmen der Eingliederungsvereinbarung nach § 15 SGB II auch folgen, wenn Leistungen nach dem SGB II bezogen werden. Andernfalls muss er die Ausländerbehörde darüber informie-

---

[8] Vgl. Antwort der BReg. auf Frage 14 BT-Drs. 18/7199 v. 6.1.2016 auf die Kleine Anfrage der Abgeordneten Volker Beck (Köln) ua BT-Drs.18/7117, ua auch hierzu *Sußmann/Röcker* in Bergman/Dienelt AufenthG § 44a Rn. 3.

ren. Dann ist die Verpflichtung durch die Ausländerbehörde zu widerrufen. Auch im Falle einer bestehenden Erwerbstätigkeit ist die Verpflichtung zu widerrufen, wenn auch die Teilnahme an einem Teilzeitkurs unzumutbar ist (§ 44a Abs. 1 S. 4 bis 6 AufenthG).

23   Nach § 44a Abs. 1 S. 1 Nr. 4 AufenthG fordern die **zuständigen Leistungsbehörden** die in § 44 Abs. 4 Nr. 1 bis 3 AufenthG genannten Personen zur Teilnahme an einem Integrationskurs auf, wenn diese Leistungen nach dem AsylbLG beziehen.

24   Nach § 44a Abs. 1a AufenthG erlischt die Teilnahmeverpflichtung nach § 44a Abs. 1 S. 1 Nr. 1 AufenthG, außer durch Rücknahme oder Widerruf, nur, wenn die Teilnahme am Integrationskurs ordnungsgemäß erfolgt ist. Mit § 44a Abs. 2 und 2a AufenthG werden Ausnahmen von der Teilnahmeverpflichtung normiert. Diese betreffen zum einen Personen, die im Bundesgebiet eine Ausbildung absolvieren oder vergleichbare Bildungsangebote wahrnehmen und Personen, denen die Kursteilnahme auf Dauer unmöglich oder unzumutbar ist. Personen, die eine Aufenthaltserlaubnis nach § 38a AufenthG besitzen und bereits in einem anderen Mitgliedstaat der EU zur Erlangung ihrer Rechtsstellung als Daueraufenthaltsberechtigter an Integrationsmaßnahmen teilgenommen haben, werden von der Verpflichtung zur Teilnahme am Orientierungskurs ausgenommen.

II. Sanktionen bei Verstoß gegen die Teilnahmeverpflichtung

25   § 8 Abs. 3 AufenthG etabliert ein abgestuftes aufenthaltsrechtliches Sanktionssystem, wenn der Pflicht zur **ordnungsgemäßen Teilnahme** nicht nachgekommen und damit das Ziel der Integrationskurse nicht erreicht wird. Dies ist bei der Entscheidung über die Verlängerung der Aufenthaltserlaubnis zu berücksichtigen.

26   Das aufenthaltsrechtliche Sanktionssystem unterscheidet zwischen Fällen, in denen kein Anspruch (Abs. 3 S. 3) auf Verlängerung der Aufenthaltserlaubnis besteht und Fällen, in denen ein solcher Anspruch besteht (Abs. 3 S. 4). Bei ersteren soll die Verlängerung abgelehnt werden, wenn die Verletzung der Verpflichtung als wiederholt und gröblich zu werten ist. In Fällen eines Anspruchs nur nach diesem Gesetz kann die Verlängerung abgelehnt werden, es sei denn, es wird nachgewiesen, dass eine Integration in das gesellschaftliche und soziale Leben anderweitig erfolgt ist. Bei der Entscheidung im Einzelfall sind stets Verhältnismäßigkeitserwägungen anzustellen (§ 8 Abs. 3 S. 5 AufenthG). § 8 Abs. 3 S. 6 AufenthG legt fest, dass eine Verlängerung während oder nach einer Teilnahmeverpflichtung auf höchstens ein Jahr befristet werden soll.

27   Bei Personen mit einer Aufenthaltserlaubnis nach § 25 Abs. 1, 2 oder 3 AufenthG stehen Art. 24 Anerkennungs-RL sowie § 25 Abs. 3 iVm § 26 Abs. 1 S. 4 AufenthG den skizzierten aufenthaltsrechtlichen Sanktionen entgegen (§ 8 Abs. 4 AufenthG).[9] Gleiches dürfte auf Grund des Verschlechterungsverbotes für türkische Arbeitnehmerinnen und Arbeitnehmer und ihre Familien gelten, wenn deren Aufenthaltserlaubnis nur für eine Geltungsdauer von höchstens einem Jahr verlängert werden sollte (§ 8 Abs. 3 S. 6 AufenthG).[10]

28   § 44a Abs. 3 AufenthG legt die Informationspflichten der Ausländerbehörde zu den möglichen aufenthalts- und staatsangehörigkeitsrechtlichen Konsequenzen einer Nichtteilnahme fest und gibt den Ausländerbehörden weitere Instrumente an die Hand, um die zur Teilnahme verpflichteten Personen dazu zu bewegen, tatsächlich an dem Integrationskurs teilzunehmen. Insoweit werden **Mittel des Verwaltungszwangs** oder die Erhebung der Kursgebühren durch Gebührenbescheid erwähnt.

29   Die Anwendung des dichten Geflechts von aufenthaltsrechtlichen Sanktionsregelungen hat bisher zu wenig Niederschlag in der Rechtsprechung geführt. Auch aus der Anwendungspraxis wird nur selten von Problemfällen berichtet. Dem entspricht die Beobachtung

---

[9] Die Erteilungssperren in § 25 Abs. 3 S. 2 und 3 AufenthG dürften als abschließende Spezialregelungen zu werten sein, auch wenn die Regelung nach Änderungen ihres Anwendungsbereichs auf Anpassungen überprüft werden müsste.

[10] Art. 6 Abs. 1 ARB 1/80 und EuGH Urt. v. 8.11.2012 – C-268/11, NVwZ 2012, 16171 zu den anderen Sanktionsmöglichkeiten Nr. 44a.3.3 AVwV-AufenthG.

aus der Praxis, dass die Teilnahme an einem Integrationskurs in aller Regel von den Betroffenen angestrebt wird. Das begrenzte und oft zu schwach ausdifferenzierte Kursangebot trägt wohl mit dazu bei, dass zwischen den Betroffenen und den Ausländerbehörden wenig gestritten werden muss.

Der Verstoß gegen eine Teilnahmepflicht, die in einer Eingliederungsvereinbarung festgelegt wurde, führt nach den §§ 15, 31 Abs. 1 S. 1 Nr. 1 und § 31a SGB II zu einer Kürzung der Leistungen um 30 %, bei wiederholten Verletzungen kann auch darüber hinaus gekürzt werden. Auch für nach § 44a Abs. 1 S. 1 Nr. 4 AufenthG zur Teilnahme Verpflichtete sind leistungsrechtliche Sanktionen in § 5b Abs. 2 AsylbLG geregelt.[11] 30

E. Integrationsprogramm (§ 45 AufenthG)

Die Vorschrift begründet die Zuständigkeit des Bundes für die Finanzierung der MBE und JMD. Sie lässt darüber hinaus die bundesweit seit Jahrzehnten stattfindenden Bemühungen unterschiedlichster staatlicher und gesellschaftlicher Akteure um eine Förderung der Integration aufscheinen, die bereits vor der Einigung über das Zuwanderungsgesetz 2004 existierten und die durch die erfolgte gesetzliche Festschreibung eines begrenzten bundesfinanzierten Integrationskurssystems im AufenthG natürlich nicht obsolet wurden. Bisher ist ein konzises **Integrationsprogramm nach § 45 AufenthG** von BMI nicht entwickelt. Selbst der Auftrag der Zusammenstellung bestehender Angebote harrt seiner Erfüllung. 31

Die Bundesregierung hat vielmehr ab 2006 über mehrere Integrationsgipfel, die Ausarbeitung eines Nationalen Integrationsplans (NIP 2007) sowie von sogenannten **Indikatorenberichten** (ab 2009) und des **Nationalen Aktionsplans Integration** (NAP-I 2018) nicht nur eine Bestandsaufnahme bestehender Integrationsangebote und -probleme vorangetrieben. Sie hat auch versucht, für die Zukunft relevante Felder der Integrationspolitik stärker auszuleuchten und insoweit zu erreichende Ziele festzulegen. Die Einbeziehung aller Bundesressorts sowie von Ländern, Kommunen und gesellschaftlichen Gruppen in diesen Prozess war nicht immer konfliktfrei.[12] 32

F. Berufsbezogene Deutschsprachförderung (§ 45a AufenthG)

Die Maßnahmen der **berufsbezogenen Deutschsprachförderung** bauen systematisch regelmäßig auf die Integrationskurse auf. Sie werden vom BAMF – vergleichbar dem Integrationskurssystem nach § 43 AufenthG – administriert. Tatsächlich füllen sie mitunter Lücken, wenn kein ausreichendes Angebot von Integrationskursen besteht. Auch bei den berufsbezogenen Sprachkursen besteht eine Teilnahmeverpflichtung, wenn Personen Leistungen nach dem SGB II beziehen und die Teilnahme im Rahmen einer Eingliederungsvereinbarung nach § 15 SGB II vorgesehen wurde. Das Sanktionssystem richtet sich nach den Regelungen des SGB II.[13] 33

Von der Fördermöglichkeit werden, trotz ihrer fehlenden Leistungsberechtigung nach dem SGB II, Asylbewerberinnen bzw. -bewerber erfasst, bei denen ein dauerhafter und rechtmäßiger Aufenthalt zu erwarten ist (sogenannte gute Bleibeperspektive nach § 45a Abs. 2 S. 3 Nr. 1 AufenthG). Darüber hinaus bildet § 45a Abs. 2 S. 3 Nr. 2 AufenthG für die anderen Asylbewerberinnen und -bewerber die Regelung zu Integrationskursen in § 44 Abs. 4 S. 2 Nr. 1 AufenthG ab (→ Rn. 17a, 17b). Ausdrücklich gesetzlich ausgeschlossen werden hingegen auch hier Asylbewerberinnen bzw. -bewerber aus sicheren Herkunfts- 34

---

[11] Dass diese sozialrechtlichen Sanktionen Änderungen erfahren müssen, ergibt sich aus der Entscheidung des BVerfG Urt. 5.11.2019 – 1 BvL 7/16, NJW 2019, 3703 zum Sanktionssystem nach dem SGB II.
[12] Letztlich ließ sich selbst das demonstrative Fernbleiben einiger türkischer Migrantenverbände vom 3. Integrationsgipfel als Indiz für gelungene Integration in Deutschland verstehen, die nun eben auch eigenständige und unabhängige Entscheidungen der Verbände der Eingewanderten umfasst.
[13] Vgl. BVerfG Urt. 5.11.2019 – 1 BvL 7/16, NJW 2019, 3703 zu dem Sanktionssystem nach dem SGB II.

staaten nach § 29a AsylG (§ 45a Abs. 2 S. 4 AufenthG). Bei geduldeten Personen hingegen sind die rechtlichen Regelungen in diesem Bereich großzügiger als bei den Integrationskursen. Neben den geduldeten Personen mit einer Ermessensduldung nach § 60a Abs. 2 S. 3 AufenthG können nach § 4 Abs. 1 S. 2 Nr. 2 DeuFöV auch andere geduldete Personen, die bereits sechs Monate geduldet werden, zur berufsbezogenen Deutschsprachförderung zugelassen werden, wenn sie nach § 4 Abs. 1 S. 1 Nr. 1 DeuFöV „arbeitsmarktnah" sind. § 13 Abs. 2 Nr. 2 DeuFöV erstreckt für diese Personengruppe auch den Zugang zu Spezialberufssprachkursen unterhalb des Sprachniveaus B1 GER.

G. Aktuelle Entwicklungen und einige Herausforderungen im Bereich der Integrationskurse

35 Der Bericht des BAMF zur **Integrationskursstatistik** für das erste Halbjahr 2019[14] kann als Grundlage dienen, einen kurzen Eindruck zu der Wirksamkeit und vor allem zu den bestehenden Herausforderungen des Integrationskurssystems zu vermitteln. Für das erste Halbjahr 2019 ergibt sich bei rund 116.000 Teilnahmeberechtigungen für neue Kursteilnehmende folgendes Bild:
– 38% waren neuzugewanderte Personen (§ 4 Abs. 1 S. 1 Nr. 1 IntV), die zum ganz überwiegenden Teil (insges. 33%) zur Teilnahme verpflichtet wurden (§ 44a Abs. 1 S. 1 Nr. 1 AufenthG).
– 1,6% waren Spätaussiedlerinnen und -aussiedler (§ 4 Abs. 1 S. 1 Nr. 2 IntV).
– 36,9% waren bereits länger hier in Deutschland lebende ausländische Personen, die zur Teilnahme zugelassen worden sind (§ 4 Abs. 1 S. 1 Nr. 3 IntV).
– 17,7% bezogen Leistungen nach dem SGB II und wurden vom Träger der Grundsicherung zur Teilnahme verpflichtet (§ 4 Abs. 1 S. 1 Nr. 4 IntV).
– 0,5% waren Personen, die von der Ausländerbehörde verpflichtet wurden und schon lange in Deutschland lebten (§ 4 Abs. 1 S. 1 Nr. 5 IntV).
– 5,4% waren nach § 4 Abs. 1 S. 1 Nr. 6 IntV verpflichtet worden, gehörten also zu dem Kreis von Asylbewerberinnen und -bewerber, geduldeten Personen oder Personen mit einer Aufenthaltserlaubnis nach § 25 Abs. 5 AufenthG, die Leistungen nach dem AsylbLG bezogen und von den zuständigen Landesbehörden zur Teilnahme aufgefordert worden waren.

Hinzu kommen rund 44.000 Personen, die den Kurs wiederholen. Der Anteil der verpflichteten Kursteilnehmenden an allen Kursteilnehmenden sinkt nach 2018 erneut und liegt im ersten Halbjahr 2019 nun bei 59%.

36 Die Schere zwischen der Zahl der ausgestellten Teilnahmeberechtigungen und der schließlich am DTZ teilnehmenden Personen, die den DTZ dann auch erfolgreich absolvieren, ist nicht geschlossen. Von den im ersten Halbjahr 2019 rund 108.000 am DTZ teilnehmenden Personen erreichten 48,7% das Niveau B1 GER und 33,1% das Niveau A2 GER, darunter 25,8% bzw. 41,4% Wiederholungsteilnehmende. Seit 2016 (69,9%) sinkt der Anteil derjenigen, die das Niveau B1 GER erreichen, während – jedenfalls seit 2017 – der Anteil, der das Niveau A2 GER erreicht, relativ stabil bleibt. Das liegt wohl an einem insgesamt nicht ausreichenden bzw. verbesserungsfähigen Kursangebot, an dessen mangelnden Differenzierungen nach Zielgruppen und – damit jedenfalls teilweise zusammenhängend – an der Zahl der Kursabbrüche. Unabhängig von der Möglichkeit, den DTZ zu wiederholen, wird deutlich, dass das regelmäßig für die Verfestigung in die unbefristeten Aufenthaltstitel nach den §§ 9 bzw. 9a AufenthG sowie § 26 Abs. 4 AufenthG erforderliche Niveau hinsichtlich der Kenntnisse der deutschen Sprache B1 GER nur von knapp jedem zweiten DTZ-Teilnehmenden erreicht wird. Dieser grobe Befund wirft integrationsrechtliche und -politische Fragen auf und verdeutlicht, dass es auch aufenthaltsgesetzli-

---

[14] Abfragestand v. 1.10.2019, abrufbar unter www.bamf.de.

che Verfestigungsmöglichkeiten geben muss, die nicht den Nachweis des Niveau B1 GER zur Voraussetzung haben (→ § 24 Rn. 74). Gleichwohl spricht einiges dafür, dass mit Blick auf die Herkunftsstaaten eines großen Teils der Teilnehmenden die Voraussetzungen für eine aufenthaltsrechtliche Verfestigung – hinreichende Kenntnisse der deutschen Sprache, dh auf Niveau A2 GER – erfüllt werden.

Aber auch unabhängig von dem sehr hohen Zugang international Schutzberechtigter in den Jahren 2014 bis 2016 scheint es vordringlich, das Integrationskurssystem fortzuentwickeln.[15] Nicht nur mit Blick auf den zielgenaueren Einsatz der erheblichen aufgewendeten finanziellen Mittel und der besseren Berücksichtigung besonderer Bedarfe, sondern auch hinsichtlich der Frage, wann ein Kursbesuch differenziert nach Zielgruppen rechtlich als erfolgreich gelten soll. Die Möglichkeiten, einen unbefristeten Aufenthaltstitel zu erhalten, dürfen nicht zu stark vom Alter, vom Familienstand oder von den nach Deutschland mitgebrachten Bildungsbiografien abhängen. Zu überlegen wäre darüber hinaus zB auch, inwieweit die Kurse immer das Ziel des Erreichens des Niveaus B1 GER haben müssen. Auch ein Ausbau berufsbegleitender Angebote zusammen mit Arbeitgebern sollte stärker erwogen werden. 37

§ 23 Integrationsförderung durch Zuweisung des Wohnortes

Übersicht

	Rn.
A. Wohnsitzauflage und Wohnsitzregelung (§§ 12 und 12a AufenthG)	1
B. Die Wohnsitzregelung nach § 12a AufenthG	7
I. Grundstruktur (insbesondere Abs. 1 und 1a)	7
II. „Bestimmter Ort" (Abs. 2 und 3)	11
III. „Zuzugssperre" (Abs. 4)	13
IV. Voraussetzungen bzw. Verfahren für die Aufhebung (Abs. 5), Familiennachzug (Abs. 6), Rückwirkung auf Altfälle (Abs. 7) und Verhältnis zur Wohnsitzauflage (Abs. 10)	15
V. Rechtsschutz und Verfahrensregelungen (Abs. 8 und 9)	18
C. Fazit	19

A. Wohnsitzauflage und Wohnsitzregelung (§§ 12 und 12a AufenthG)

Vorläufer der **Wohnsitzregelung** nach § 12a AufenthG waren die **Wohnsitzauflagen** nach § 12 Abs. 2 S. 2 AufenthG und das **Wohnortzuweisungsgesetz**. Während letzteres die Wohnortzuweisung für Spätaussiedlerinnen und -aussiedler zeitlich befristet vornahm, wurden die Wohnsitzauflagen nach § 12 Abs. 2 AufenthG regelmäßig im Falle des Bezugs von Sozialleistungen nach dem ehemaligen BSHG bzw. seit 2005 nach dem SGB II, SGB XII oder dem AsylbLG unbefristet erlassen. 1

Die Wohnsitzauflagen trafen regelmäßig Personen, deren rechtmäßiger befristeter Aufenthalt nach Kap. 2 Abschnitt 5 AufenthG erlaubt war.[1] Sie dienten jedoch – anders als die im Jahr 2016 eingeführte Wohnsitzregelung nach § 12a AufenthG – nicht der Überwindung individueller integrationspolitischer Hemmnisse, sondern stellten im Wesentlichen einen ausländerrechtlichen Steuerungsversuch zur gleichmäßigen Verteilung der Sozialhilfelasten dar. Die Praxis hat ihren Ursprung in Zeiten, in denen die Sozialhilfeleistungen 2

---

[15] Vgl. insoweit die Ergebnisse in der Studie des BAMF-Forschungszentrums von 2019, Evaluation der Integrationskurse, abrufbar unter: https://www.bamf.de/SharedDocs/Meldungen/DE/2019/20190917-interview-zwischenbericht-evik.html?nn=282388.
[1] Nr. 12.2.5.2.2 und 12.2.5.2.3 AVwV-AufenthG.

§ 23

— anders als die heutigen Leistungen nach dem SGB II — noch ganz weitgehend von den Kommunen getragen wurden.[2]

3   Das BVerwG hat 2008 hinsichtlich GFK-Flüchtlingen entschieden, dass solche Wohnsitzauflagen nicht mit Art. 23 GFK zur **öffentlichen Fürsorge** und Art. 26 GFK zur **Freizügigkeit** vereinbar sind.[3] Die Verhängung von Wohnsitzauflagen gegenüber **GFK-Flüchtlingen** könne nur auf enge, migrationspolitisch nachvollziehbar zu rechtfertigende Voraussetzungen gestützt werden. In der Praxis führten diese Festlegungen in den Ländern zu einer Beendigung der Praxis der Verhängung von Wohnsitzauflagen gegenüber Sozialhilfeleistungen beziehenden Asylberechtigten, GFK-Flüchtlingen und ihren Familien.[4] Im Anschluss daran hat das BVerwG im Fall eines jüdischen Zuwanderers mit humanitärem Aufenthaltstitel entschieden, dass der Bezug von Leistungen nach dem SGB XII allein keine ausreichende Rechtfertigung für die Verhängung einer Wohnsitzauflage sei, sondern zusätzlich eine Verhältnismäßigkeitsüberprüfung zu erfolgen habe.[5]

4   Hinsichtlich Personen, denen subsidiärer Schutz nach den Anerkennungs-RL 2004/83/EG bzw. 2011/95/EU zuerkannt worden war und die Sozialleistungen bezogen, legte das BVerwG die Frage der Zulässigkeit von Wohnsitzauflagen dem EuGH in einem **Vorabentscheidungsersuchen** vor.[6] Da hinsichtlich **subsidiär Geschützten** keine besondere völkerrechtliche Verpflichtung besteht, war die deutsche Praxis der Verhängung von Wohnsitzauflagen allein an Art. 29 Anerkennungs-RL (Sozialhilfe) und Art. 33 Anerkennungs-RL (Freizügigkeit) zu messen.

5   Der EuGH ist auf der Grundlage der Prüfung der geltenden unionsrechtlichen Regelungen letztlich weitgehend zu dem gleichen Ergebnis gelangt wie das BVerwG im Jahr 2008 hinsichtlich der GFK-Flüchtlinge.[7] Die Praxis der Verhängung von Wohnsitzauflagen gegenüber subsidiär Geschützten war nicht mit Art. 29 und 33 Anerkennungs-RL vereinbar, weil sie nur eine angemessene Verteilung der mit der Gewährung dieser Leistungen verbundenen Lasten auf deren jeweilige Träger erreichen wollte.[8] Der EuGH betonte jedoch in Rn. 64 auch, Art. 33 Anerkennungs-RL sei dahin auszulegen,

„dass er einer Wohnsitzauflage nicht entgegensteht, die wie die in den Ausgangsverfahren in Rede stehenden einer Person mit subsidiärem Schutzstatus im Fall des Bezugs bestimmter Sozialleistungen mit dem Ziel erteilt wird, die Integration von Drittstaatsangehörigen in den Mitgliedstaat, der diesen Schutz gewährt hat, zu erleichtern — während die anwendbare nationale Regelung nicht vorsieht, dass eine solche Maßnahme Drittstaatsangehörigen auferlegt wird, die sich aus anderen als humanitären, politischen oder völkerrechtlichen Gründen rechtmäßig im Hoheitsgebiet des betreffenden Mitgliedstaats aufhalten und die genannten Leistungen beziehen —, sofern sich die Personen mit subsidiärem Schutzstatus nicht in einer Situation befinden, die im Hinblick auf das genannte Ziel mit der Situation von Drittstaatsangehörigen, die sich aus anderen als humanitären, politischen oder völkerrechtlichen Gründen rechtmäßig im Hoheitsgebiet des betreffenden Mitgliedstaats aufhalten, objektiv vergleichbar ist; dies zu prüfen ist Sache des vorlegenden Gerichts."

6   Vor dem Hintergrund der skizzierten Entwicklungen in der Rechtsprechung und der in Deutschland in den Jahren 2014 bis 2016 außergewöhnlich stark ansteigenden Zahlen von Asylbewerberinnen und -bewerbern, denen zu einem erheblichen Teil internationaler Schutz zuzuerkennen oder für die das Vorliegen von Abschiebungsverboten festzustellen

---

[2] Die landesinternen Erstattungsregelungen zwischen den Ländern und ihren Kommunen, die für die Unterbringung in Gemeinschaftsunterkünften oder Wohnungen zuständig sind, sind damals wie heute uneinheitlich und damit, gerade in Zeiten eines hohen Zugangs von Personen, die sozialhilfeberechtigt sind, der oft wenig beachtete Hintergrund für die Nöte der Kommunen in den unterschiedlichen Ländern. Zur zweckgebundenen Bundesbeteiligung an den Ausgaben für die Leistungen für Unterkunft und Heizung nach § 22 Abs. 1 vgl. auch § 46 Abs. 5–11 SGB II.
[3] BVerwG Urt. v. 15.1.2008 – 1 C 17/07, NVwZ 2008, 796.
[4] Erkennbar zurückhaltend bereits den Nrn. 12.2.5.2.3 AVwV-AufenthG.
[5] BVerwG Urt. v. 15.1.2013 – 1 C 7/12, BeckRS 2013, 48417.
[6] BVerwG Beschl. v. 19.8.2014 – 1 C 3/14, BeckRS 2014, 56483.
[7] EuGH Urt. v. 1.3.2016 – C-443/14 und 441/14, NVwZ 2016, 445.
[8] EuGH Urt. v. 1.3.2016 – C-443/14 und 441/14, NVwZ 2016, 445 Rn. 56.

war,[9] wurde mit dem Integrationsgesetz von 2016 die Wohnsitzregelung nach § 12a AufenthG eingeführt.[10] Die Zugangszahlen der Asylbewerberinnen und -bewerber waren in dieser Zeit so hoch, dass die Aufenthaltszeiten in den **Aufnahmeeinrichtungen** nach § 47 AsylG tatsächlich extrem kurz waren. Es wurde sehr schnell auf die Kommunen verteilt, um Ankunftskapazitäten bereitzuhalten. Die Grundkonzeption des Aufnahmesystems nach dem AsylG konnte unter diesen Bedingungen kaum aufrechterhalten werden. Es war vorübergehend oft nicht möglich, während des Aufenthalts in den Aufnahmeeinrichtungen erste Schritte für das Asylverfahren einzuleiten. Die Verteilung auf die Kommunen erfolgte oftmals kaum gesteuert, sondern nach vorhandenen bzw. verfügbaren Unterbringungskapazitäten, was zu ungleichen Belastungen und zu teilweise schwierigen Vermittlungsproblemen vor Ort führte.

B. Die Wohnsitzregelung nach § 12a AufenthG

I. Grundstruktur (insbesondere Abs. 1 und 1a)

Die im August 2016 in Kraft getretene – zunächst bis zum 6.8.2019 befristet mit dem Gesetz 7
zur Entfristung des Integrationsgesetzes dann aber unbefristet[11] geltende – Wohnsitzregelung nach § 12a AufenthG soll der nachhaltigen Integration in die Lebensverhältnisse der Bundesrepublik Deutschland dienen. Sie erfasst nach Abs. 1 S. 1 bei der erstmaligen Erteilung der Aufenthaltserlaubnis für drei Jahre nur bestimmte humanitäre Aufenthaltserlaubnisse, nämlich **Asylberechtigte** nach Art. 16a GG, **GFK-Flüchtlinge** nach § 3 Abs. 1 AsylG, **subsidiär Schutzberechtigte** nach § 4 Abs. 1 AsylG und **Personen, denen Aufenthaltserlaubnisse nach den §§ 22, 23 oder 25 Abs. 3 AufenthG erteilt wurden** (→ Rn. 10) und nach Abs. 1 S. 2 davon nur diejenigen Personen, die Sozialleistungen nach dem SGB II in einer bestimmten Höhe beziehen. § 12a Abs. 1 AufenthG legt allein die **Wohnsitznahme für ein (Bundes-)Land** fest, § 12a Abs. 2–4 AufenthG regeln hingegen die **landesinternen** Verteilungsmöglichkeiten (→ Rn. 11–14). Bei einem Beschäftigungsumfang von mindestens 15 Stunden wöchentlich liegt die Einkommensgrenze, die durch eine sozialversicherungspflichtige Beschäftigung überschritten werden muss, um nicht (oder nicht mehr) von der Wohnsitzregelung erfasst zu werden, bei 745 EUR pro Monat. Damit gilt der monatliche durchschnittliche Bedarf nach den §§ 20 und 22 SGB II für eine Einzelperson als gedeckt. Der Begriff „Bedarf" deutet darauf hin, dass der Betrag als Nettoeinkommen zu verstehen ist.[12] Die gewählte Einkommenshöhe betrifft Beschäftigungsverhältnisse von einem Umfang, die Arbeitgeberinnen bzw. -geber nicht selten durch zwei Minijobs abdecken. Schließlich stehen auch die Aufnahme oder die Absolvierung einer Berufsausbildung sowie ein Studien- oder Ausbildungsverhältnisses der Wohnsitzregelung nach § 12a AufenthG entgegen. Zu diesen Gründen zählen nach der Gesetzesbegründung des Gesetzes zur Entfristung des Integrationsgesetzes[13] auch berufsorientierende oder berufsvorbereitende Maßnahmen, die dem Übergang in eine entsprechende betriebliche Ausbildung dienen sowie studienvorbereitende Maßnahmen, dh studienvorbereitende Sprach-

---

9   Die Gesamtschutzquoten in den Jahren 2014 bis 6/2017 lagen nach den Entscheidungen des BAMF, deren Zahl ebenfalls stark anstieg, bei 31,5 %, 49,8 %, 62,4 % und 44,7 %. Bereinigt um sonstige Verfahrenserledigungen, insbes. um sog. Dublin-Bescheide, ergaben sich für den gleichen Zeitraum bereinigte Gesamtschutzquoten von 48,5 %, 60,6 %, 71,4 % und 51,1 %. Im Jahr 2018 lagen die Schutzquoten nicht bereinigt bei 35 % und bereinigt bei 50 %, für das Jahr 2019 nicht bereinigt bei 39,3 % und bereinigt bei bereits 56,4 %.
10 Vgl. Art. 5 Abs. 3, BGBl. 2016 I 1939 ff.
11 Vgl. Art. 8 Abs. 5, BGBl. 2016 I 1948 sowie Gesetz zur Entfristung des Integrationsgesetzes, BGBl. 2019 I 915, dort insbes. Art. 1 Nr. 3 und Art. 2.
12 Die Gesetzesmaterialien geben zur Frage Brutto- oder Nettoeinkommen keine Auskunft. Die Länderpraxis ist insoweit uneinheitlich.
13 Vgl. BT-Drs. 19/8692, 9.

kurse oder der Besuch eines Studienkollegs. Ebenfalls erfasst sind Maßnahmen zur Anerkennung ausländischer Berufsqualifikationen.

8   Mit dem Gesetz zur Entfristung des Integrationsgesetzes wurden in § 12a Abs. 1 S. 2 AufenthG ferner klarstellende Ergänzungen eingefügt. Wenn ein Verwandtschaftsverhältnis besteht – etwa wenn die Ausländerin bzw. der Ausländer die Tante bzw. der Onkel des minderjährigen Kindes ist – und mit dem Kind in familiärer Lebensgemeinschaft gewohnt wird, sollen aus Gründen des Kindeswohls neben der Kernfamilie auch fluchtbedingte familiäre Lebensgemeinschaften zwischen Verwandten geschützt werden. Der neue S. 4 regelt insbesondere Probleme bei tatsächlich nur kurzen Beschäftigungsverhältnissen, die aus Sicht des Gesetzgebers, wenn sie innerhalb von drei Monaten (wieder) entfallen, keine dauerhafte integrationsfördernde Wirkung im Sinne der Wohnsitzregelung entfalten. Auch diese nur kurzen Beschäftigungen führten bisher zu einer dauerhafte Befreiung von der Verpflichtung zur Wohnsitznahme. Die Dauer der Wohnsitznahme am vorangegangenen Wohnort ist in solchen Fällen nun auf die dreijährige Frist nach Abs. 1 S. 1 am neuen Wohnort anzurechnen. Die Dreimonatsfrist beginnt mit der Aufnahme der sozialversicherungspflichtigen Beschäftigung, der Berufsausbildung oder des Studien- oder Ausbildungsverhältnisses.

9   Die Wohnsitzregelung greift – insbesondere gerade auch nach lange dauernden Asylverfahren – tief in das Leben von Personen mit in Abs. 1 S. 1 bestimmten humanitären Aufenthaltserlaubnissen ein. Die Wohnsitzregelung gilt nach § 12a Abs. 1 S. 1 AufenthG höchstens für eine Dauer von drei Jahren. Sie darf nur bei der erstmaligen Erteilung der Aufenthaltserlaubnis verfügt werden, wobei Abs. 1 S. 3 nunmehr festlegt, dass bei einer Verletzung der Verpflichtung zur Wohnsitznahme eine Verlängerung um den entsprechenden Zeitraum erfolgen kann. Die Wohnsitzaufnahme wird nach Abs. 1 auf das Land des gewöhnlichen Aufenthalts beschränkt, in das der Betroffene im Rahmen des Asylverfahrens oder bei der Aufnahme zugewiesen wurde. Sie wird durch eine Änderung in § 36 SGB II ergänzt. Abweichend von § 36 Abs. 1 SGB II sieht § 36 Abs. 2 SGB II vor, dass für leistungsberechtigte Personen, die von der Wohnsitzregelung nach § 12a Abs. 1 bis 4 AufenthG erfasst werden, der Träger örtlich zuständig ist, in dessen Gebiet sich der Betroffene aufzuhalten hat. Die neue leistungsrechtliche Regelung kann zu rechtlichen Streitfragen führen, da in der Praxis zahlreiche Konstellationen denkbar sind, bei denen nicht nur die neuen aufenthaltsrechtlichen Festlegungen, sondern weitere bestehende sozialrechtliche Regelungen zu beachten sind, zB § 2 Abs. 3 SGB X, § 7 Abs. 4a SGB II oder § 43 SGB I. Die Einfügung des neuen Abs. 1a regelt nun auch die Geltung und die (Rest-)Geltungsdauer der Wohnsitzregelung nach § 12a AufenthG für volljährig gewordene Personen, die nach den Regelungen des SGB VIII verteilt bzw. zugewiesen worden sind. Die Wohnsitzregelung erwächst dann in dem Land, in das der Betreffende verteilt oder zugewiesen wurde. Die nach der Schutzzuerkennung bzw. – in den übrigen Fällen – die ab der erstmaligen Erteilung des Aufenthaltstitels zurückgelegte Zeit als Minderjähriger ist auf die Frist nach Abs. 1 S. 1 anzurechnen.

10   Vom Anwendungsbereich des § 12a AufenthG nicht erfasst werden Personen mit humanitären Aufenthaltserlaubnissen nach den §§ 23a, 24, 25 Abs. 4, 4a, 4b und 5 AufenthG sowie nach den §§ 25a und 25b AufenthG. Dies lässt sich mit den typischen aufenthaltsrechtlichen Biografien der meisten der betroffenen Personen bzw. mit den Zwecken der Aufenthaltserlaubnisse (§ 25 Abs. 4a und 4b AufenthG) sowie bei der Aufenthaltserlaubnis nach § 24 AufenthG mit der spezialgesetzlichen Regelung (§ 24 Abs. 5 S. 2 AufenthG) begründen. Die Möglichkeit der Verhängung einer Wohnsitzauflage nach § 12 Abs. 2 S. 2 AufenthG, die regelmäßig im Falle von Sozialhilfebezug verfügt wird, bleibt davon unberührt.

II. „Bestimmter Ort" (Abs. 2 und 3)

11   Über die Wohnsitznahme in einem Land hinaus können die Betroffenen nach § 12a Abs. 2 AufenthG in den sechs Monaten nach der Anerkennung oder Aufnahme, wenn sie noch in

einer Aufnahmeeinrichtung oder in einer anderen vorübergehenden Unterkunft wohnen, durch Verwaltungsakt auf die Wohnsitznahme an einem bestimmten Ort im Land **(landesintern)** verpflichtet werden, wenn sie dadurch angemessenen Wohnraum erhalten und die Wohnsitznahme einer nachhaltigen Integration in die Lebensverhältnisse nicht entgegensteht. Die Sechsmonatsfrist nach Abs. 2 kann einmal um weitere sechs Monate verlängert werden. Die Regelung des Abs. 2 steht in einem gewissen Spannungsverhältnis zu der oben zitierten Rechtsprechung des EuGH, weil das wichtige Ziel, im Vergleich zu einer Unterbringung in Aufnahmeeinrichtungen oder vorübergehenden Unterkünften angemessenen Wohnraum bereitzustellen, gleichrangig neben dem Ziel steht, durch die Zuweisung an den bestimmten Ort, die Integration nicht zu erschweren. Deshalb sollten Behörden bei Entscheidungen nach Abs. 2 die in Abs. 1 S. 2 vorgenommen gesetzlichen Wertungen sämtlich in ihren Entscheidungen berücksichtigen und ggf. ein Verpflichtung nach Abs. 2 zur Wohnsitznahme enger befristen, dh die Frist nach Abs. 1 S. 1 nicht voll ausschöpfen, um eine getroffene Entscheidung ggf. einer zeitnahen Überprüfung zugänglich zu machen.

Im Übrigen – also auch in Fällen, in denen keine Unterbringung in Aufnahmeeinrichtungen oder vorübergehenden Unterkünften gegeben ist – legt der im Vergleich zu § 12a Abs. 2 AufenthG enger gefasste § 12a Abs. 3 S. 1 AufenthG fest, dass innerhalb eines Landes die Verpflichtung zur Wohnsitznahme an einen bestimmten Ort innerhalb von sechs Monaten nach der Anerkennung oder der erstmaligen Erteilung der Aufenthaltserlaubnis erfolgen kann, um die Versorgung mit angemessenem Wohnraum, den Erwerb hinreichender mündlicher Deutschkenntnisse auf dem Niveau A2 GER und die Aufnahme einer Erwerbstätigkeit zu erleichtern. Mit dem im Jahr 2019 neu eingefügten S. 2 wird klargestellt, dass besondere örtliche, die Integration fördernde Umstände berücksichtigt werden. Als ein Beispiel hierfür nennt der Gesetzgeber im Gesetzestext die Verfügbarkeit von Bildungs- und Betreuungsangeboten für minderjährige Kinder und Jugendliche. 12

III. „Zuzugssperre" (Abs. 4)

§ 12a Abs. 4 AufenthG sieht – unter zwingender Berücksichtigung der Ausbildungs- und Arbeitsmarksituation – in den Fällen des Abs. 1 S. 1 die Möglichkeit einer örtlichen **Zuzugssperre** in einem Land vor **(sogenannte negative Wohnsitzregelung),** wenn dadurch soziale und gesellschaftliche Ausgrenzung der Betroffenen vermieden wird. Die Regelung kann grundsätzlich nur in Ländern Anwendung finden, die nicht zur Wohnsitznahme nach den Abs. 2 oder 3 AufenthG verpflichten. Sie nennt keine weiteren Kriterien, die eine Anordnung bzw. ein Erlass zwingend zu berücksichtigen hat. Die zuständige Behörde des Landes soll im Rahmen einer Prognoseentscheidung „insbesondere" prüfen, ob zu erwarten ist, dass **„der Ausländer Deutsch dort nicht als wesentliche Verkehrssprache nutzen wird."**[14] 13

Die Formulierung könnte – gerade in Zeiten einer Zunahme rechtspopulistischer Strömungen – falsch verstanden werden. Es ist davon auszugehen, dass die anordnende Ver- 14

---

[14] Im Land Niedersachsen wurde im Oktober 2017 befristet von dieser Möglichkeit zuerst für die Stadt Salzgitter Gebrauch gemacht; später auch für die Städte Delmenhorst und Wilhelmshaven. Die Situation in Salzgitter war offenbar davon geprägt, dass über eine gewisse Zeit hinweg ein erheblicher Wohnungsleerstand gegeben war und weder die Integrationsinfrastruktur (Integrationskurse, Schulen und Kindertagesstätten) der Stadt noch der regionale Arbeitsmarkt die zuziehenden international Schutzberechtigten absorbieren konnten (vgl. Die Welt v. 23.10.2017, Überforderte Stadt, S. 8). Belastbare und nachvollziehbare Kriterien für die Notwendigkeit des Erlasses der Wohnsitzregelung, wie etwa das Verhältnis der Zahl der Integrationskursplätze zur Zahl der Teilnahmeberechtigten, die durchschnittlichen Wartefristen bis zur tatsächlichen Teilnahme, die Anzahl nicht minderjähriger oder nicht lediglich aufstockender Bezieher von Leistungen nach dem SGB II oder der Zahl noch zur Verfügung stehender Wohnungen, wurden vom Land nicht systematisch herangezogen. Klar war jedoch, dass die faktisch langen Wartezeiten zur Teilnahme an einem Integrationskurs die Vermittelbarkeit der Betroffenen auf dem regionalen Arbeitsmarkt für die Jobcenter erschwerte (vgl. LMI Nds. Erlass v. 9.10.2017, Az. 14.11–12230/ 1–8 (§ 12a), mit Anlage). Im Land Rheinland-Pfalz wurde für die Stadt Pirmasens eine Zuzugssperre verhängt, im Land Brandenburg für die Stadt Cottbus.

waltung ihre Entscheidung auf eine aussagekräftige, nachvollziehbare und belastbare Datengrundlage stützen muss. Neben der ggf. möglichen Überprüfung des Einzelfalls, in deren Rahmen das individuelle Vorbringen zu berücksichtigen ist, ist jedenfalls mit Blick auf die Dauer der getroffenen Anordnung insbesondere zu beachten, dass bestimmte Integrationsangebote (Integrationskurse, Beratung durch die Jobcenter uÄ) grundsätzlich bundesweit verfügbar sein müssen. Schwerwiegende Engpässe bei relevanten Integrationsangeboten dürften damit regional – jedenfalls auf Dauer – eigentlich nicht entstehen. Festzuhalten bleibt aber auch: So unbestimmt die Regelung der „Zuzugssperre" ist, sie greift – auch weil sie wohl nur in Ausnahmefällen tragfähig für alle von § 12a Abs. 1 S. 1 AufenthG erfassten Personen begründet werden kann – regelmäßig weniger tief in das Leben der Betroffenen ein als die Regelung nach § 12a Abs. 2 und 3 AufenthG.

IV. Voraussetzungen bzw. Verfahren für die Aufhebung (Abs. 5), Familiennachzug (Abs. 6), Rückwirkung auf Altfälle (Abs. 7) und Verhältnis zur Wohnsitzauflage (Abs. 10)

15 Auf Antrag ist nach § 12a Abs. 5 AufenthG die Verpflichtung oder Zuweisung zur Wohnsitznahme nach den Abs. 1–4 aufzuheben, wenn die Voraussetzungen für deren Verhängung nach Abs. 1 S. 1 nicht mehr vorliegen, Familienangehörige im Sinne von Abs. 1 S. 2 an einem anderen Ort leben oder zur Vermeidung einer individuellen Härte. Nur in letzterem Fall ist die Verpflichtung zur Wohnsitznahme für den neuen Zuweisungsort nach Abs. 3 oder 4 längstens bis zum Ablauf der Frist nach Abs. 1 S. 1 zu verfügen. Die Behörde darf hierbei nicht schematisch vorgehen, sondern muss die vorgebrachten Gründe, die eine Härte begründen, auch bei ihrer Fristfestlegung berücksichtigen und nachvollziehbar bewerten. Als neuer Abs. 5 S. 2 ist nunmehr auch eine Regelung eingefügt worden, die – wie in Abs. 1 S. 4 – die Fortwirkung der Verpflichtung zur Wohnsitznahme an dem Wohnsitz in dem neuen Land des Aufenthalts in den Fällen nach S. 1 Nr. 1 lit. a ermöglicht, wenn die Aufhebungsgründe innerhalb von drei Monaten entfallen. Da die Wohnsitzverpflichtung nach § 12a Abs. 1 S. 1 AufenthG unter den Voraussetzungen des § 12a Abs. 1 S. 2 AufenthG qua Gesetz erlischt, bezieht sich das ebenfalls neu in § 72 Abs. 3a AufenthG verankerte Beteiligungsverfahren für die Ausländerbehörden auf Aufhebungen nach § 12a Abs. 5 AufenthG. Mit dieser neuen Regelung wird klargestellt, dass sich Bedenken der Ausländerbehörde am Zuzugsort nur auf das Vorliegen der Gründe nach Abs. 5 beziehen können. Die Ausländerbehörde am Zuzugsort kann die Aufhebung ablehnen, wenn nach erfolgter Prüfung die Voraussetzungen für die Aufhebung nicht vorliegen. Eine Ablehnung ist hingegen nicht bereits dann möglich, wenn aus Sicht der Ausländerbehörde am Zuzugsort alternative Beschäftigungs- oder Qualifizierungsmöglichkeiten an einem anderen Ort bestehen oder Wohnraum- oder Betreuungsangebote am Zuzugsort nur beschränkt verfügbar sind. Anträge zur Vermeidung einer Härte nach § 12a Abs. 5 S. 1 Nr. 2 AufenthG sollen von der für die Bearbeitung des Antrags zuständigen Ausländerbehörde sowie der Ausländerbehörde am Zuzugsort mit besonderer Priorität bearbeitet werden; dies soll insbesondere dann gelten, wenn die zügige Aufhebung einer Wohnsitzverpflichtung zum Schutz vor Gewalt, insbesondere häuslicher oder geschlechtsspezifischer Gewalt, erforderlich ist. Gerade letztere Fallkonstellationen stellen etwa die Träger von Frauenhäusern in der Praxis oft vor finanzielle und fachliche Probleme, wenn Opfer von häuslicher Gewalt bei ihnen Zuflucht und Schutz suchen und die Kostenübernahme mit dem ehemaligen Aufenthaltsort nicht unverzüglich geklärt werden kann.[15] § 72 Abs. 3a S. 3 und 4 AufenthG legt fest, dass die Zustimmung als erteilt gilt, wenn die Ausländerbehörde am Zuzugsort vier Wochen nach Zugang des Ersuchens nicht widerspricht und die Erfüllung melderechtlicher Verpflichtungen keine örtliche Zuständigkeit der Ausländerbehörde begründet.

---

[15] Vgl. die Stellungnahme des Paritätischen abrufbar unter http://infothek.paritaet.org/pid/fachinfos.nsf/0/f5e0b38d80f4c23bc12583d900488662/$FILE/StN%20Entfristung%20Int.Gesetz_final%20110419.pdf.

In Abs. 6 der Regelung wird das Verfahren für nachziehende Familienmitglieder geregelt. Die Frist für den nachziehenden Familienangehörigen bestimmt sich, soweit nichts anderes angeordnet wurde, nach der Restgeltungsdauer der Beschränkung nach Abs. 1 S. 1 der „stammberechtigten" Person. Damit wird die Wirkung der Wohnsitzregelung nach § 12a AufenthG auch auf Personen erstreckt, die einen Aufenthaltstitel nach Abschn. 6 AufenthG besitzen. Abs. 7 führte eine umstrittene Rückwirkung der neuen Wohnsitzregelung für alle die Fälle ein, die zwischen dem 1.1.2016 und dem Inkrafttreten der Regelung eine Schutzzuerkennung oder die entsprechenden Aufenthaltserlaubnisse erhalten haben. Die Regelung in Abs. 7 erfasste viele Personen inklusive Familien, die bereits Wohnungen in anderen Ländern bezogen oder dort teilweise geringfügig Beschäftigungen aufgenommen hatten. Sie war im Übrigen von den Jobcentern, die die erfolgte Neuregelung des § 36 Abs. 2 SGB II auszulegen hatten und den Ausländerbehörden, schwer zu administrieren.[16] Dies führte nach relativ kurzer Zeit zu einer großzügigen Auslegung von § 12a Abs. 5 S. 1 Nr. 2 lit. c AufenthG, die erneute Umzüge an den ehemaligen Wohnort weitgehend ausschloss.[17] **16**

Eine wohnsitzbeschränkende Auflage kann grundsätzlich auch aus in § 12a AufenthG nicht angeführten Gründen erteilt werden. Ein neu angefügter § 12a Abs. 10 AufenthG stellt – für die Rechtsanwendung wenig konkret – klar, dass die Verhängung wohnsitzbeschränkender Auflagen nach § 12 Abs. 2 S. 2 AufenthG in besonders begründeten Einzel- bzw. Ausnahmefällen unberührt bleibt. Dem Verhältnismäßigkeitsgrundsatz und der Rechtsprechung des EuGH müssten dabei jedoch in allen Fällen Rechnung getragen werden. Stets sei eine besondere Begründung erforderlich. **17**

V. Rechtsschutz und Verfahrensregelungen (Abs. 8 und 9)

Abs. 8 regelt den Rechtsschutz. Widerspruch und Klage gegen Verpflichtungen nach den Abs. 2 bis 4 haben keine aufschiebende Wirkung. Zudem werden die Länder mit Abs. 9 ermächtigt, durch Rechtsverordnung bestimmte Organisations- und Verfahrensfragen zu regeln. **18**

C. Fazit

Die Komplexität und Unübersichtlichkeit der gesamten Regelung nach § 12a AufenthG ist Ergebnis des extrem hohen tatsächlichen Zugangs von international Schutzberechtigten in den Jahren 2014 bis 2016 und der unterschiedlichen Interessen der Länder. Unterschiedliche Interessen von Stadtstaaten, von Ländern mit und ohne leerstehenden Wohnraum oder von prosperierenden und ärmeren Kommunen trugen insgesamt dazu bei, dass das Regelungsgeflecht teilweise konturlos wurde. **19**

---

[16] LSG NRW Beschl. v. 12.12.2016 – L 7 AS 2184/16 B ER, BeckRS 2017, 104706 und SG Duisburg Beschl. v. 17.11.2016 – S 33 AS 4713/16 ER, BeckRS 2016, 114761.
[17] Unter http://www.fluechtlingsinfo-berlin.de/fr/pdf/Bund-Laender-Wohnsitz_Rueckwirkung.pdf ist ein offenbar offizielles Dokument mit folgendem Wortlaut eingestellt: „Umsetzung der Wohnsitzregelung des § 12a AufenthG in Bezug auf Personen, die zwischen dem 1. Januar 2016 und dem 6. August 2016 iSv § 12a Abs. 1 S. 1 AufenthG als Schutzberechtigte anerkannt wurden oder denen in diesem Zeitraum ein Aufenthaltstitel nach §§ 22, 23 oder 25 Abs. 3 AufenthG erteilt wurde. Im Nachgang der Bund-Länder-Besprechung zur Umsetzung der Wohnsitzregelung nach § 12a AufenthG am 13. September 2016 stimmen die Länder darin überein, dass ein Härtefall gemäß § 12a Abs. 5 Nr. 2c) AufenthG angenommen wird, wenn eine der Pflicht zur Wohnsitznahme im Land der Erstzuweisung im Asylverfahren nach § 12a Abs. 1 S. 1 AufenthG iVm. § 12a Abs. 7 AufenthG unterliegende Person zwischen dem 1.1.2016 und 6.8.2016 (Inkrafttreten des Integrationsgesetzes) im Vertrauen auf den Fortbestand des in dieser Zeit geltenden Rechtszustands rechtmäßig ihren gewöhnlichen Aufenthalt in ein anderes Bundesland verlagert hat; es wird vermutet, dass durch einen Rückumzug eine bereits begonnene Integration unterbrochen würde. Die betroffene Person unterliegt einer neuen Wohnsitzverpflichtung in dem Bundesland, in dem sie ihren Wohnsitz begründet hat. Der Bund erhebt gegen diese Vorgehensweise keine Bedenken."

20 Die Notwendigkeit des erfolgten erheblichen Eingriffs in die Freizügigkeit von international Schutzberechtigten und anderen Personen mit bestimmten humanitären Aufenthaltserlaubnissen wurde unterstellt, ohne die Geeignetheit der Regelung mit Blick auf ihr Ziel, also die Förderung der Chancen nachhaltiger Integration in die Lebensverhältnisse der Bundesrepublik Deutschland, fachlich umfassend und überzeugend belegen zu können. Insofern war es richtig, dass die Ausgangsregelung gesetzlich bis zum 6.8.2019 befristet worden war und dann entfallen sollte. Das war der politische Kompromiss, der staatliche Handlungsfähigkeit herstellte bzw. sicherte, die gefundene Regelung aber als „Regelung bis auf Weiteres" kennzeichnete.

21 Eine umfassende Evaluation der Ausgangsregelung wurde vor der gesetzlichen Ergänzung und Entfristung der Regelung nicht durchgeführt. Dies hat seinen Grund wohl auch in den außergewöhnlich langen Verhandlungen zur Regierungsbildung in der 19. Legislaturperiode sowie dem danach sehr nahen gesetzlichen Aufhebungstermin für die Regelung des § 12a AufenthG. Die Evaluation hätte Argumente für die Fortführung der aufwendigen Wohnsitzregelung liefern müssen.[18] Dabei hätten zumindest das Verhältnis der aufenthaltsgesetzlichen Regelung zu den gesetzlichen Zielen nach dem SGB II überzeugender bestimmt (Festlegung des Wohnsitzes versus geforderter Mobilität bei der Stellensuche auf dem bundesweiten Arbeitsmarkt),[19] die aus integrationspolitischer und auch rechtlicher Perspektive oft unterschiedlichen Situationen von international Schutzberechtigten mit sehr langen[20] und mit kurzen Asylverfahrensdauern bewertet, die Wirksamkeit der gesetzlichen Ausnahmeregelungen beurteilt und die Frage der Höhe der Einkommensgrenzen thematisiert werden müssen, die zu einer Nichtverhängung bzw. Aufhebung der Verpflichtung der Wohnsitznahme führen. Ferner wären integrationspolitische und -rechtliche Alternativen in eine solche Analyse einzubeziehen gewesen, die die tatsächlich oft unterschiedlichen Situationen beim zügigen Erwerb deutscher Sprachkenntnisse, beim freien Wohnraum und beim Zugang zu Beschäftigungsmöglichkeiten nachvollziehbarer gewichten bzw. zum Ausgleich bringen. Schließlich bleiben auch noch offene unionsrechtliche Fragen zu erörtern.[21]

22 In Zeiten eines geringeren Zugangs von Asylbewerberinnen und -bewerbern, immer noch langer Asylverfahren und insbesondere fortbestehender erheblicher Disparitäten auf

---

[18] Vgl. zu den nicht vorliegenden Information auch die BT-Drs. 19/1608, 3 ff., anders teilweise im Land NRW, vgl. den Bericht der Landesregierung zum dort geltenden Recht https://www.landtag.nrw.de/portal/WWW/dokumentenarchiv/Dokument/MMV17-2314.pdf.

[19] Vgl. insoweit ebenfalls erkennbar zurückhaltend IAB 8/2019 Zum Gesetzentwurf der Bundesregierung zur Entfristung des Integrationsgesetzes *Brücker/Jaschke/Gundacker* Stellungnahme des IAB zur Anhörung im Ausschuss für Inneres und Heimat des Deutschen Bundestages am 3.6.2019 abrufbar unter: http://doku.iab.de/stellungnahme/2019/sn0819.pdf.

[20] In diesen Fällen bestehen bereits – mit anderen gesetzlichen Begründungen – Verpflichtungen zur Wohnsitznahme (§ 60 Abs. 2 AsylG) und räumliche Beschränkungen des Aufenthalts (§ 56 AsylG) sowie andere Beschränkungen von Teilhaberechten (vgl. zB §§ 1a, 3 und 3a AsylbLG).

[21] Hierzu gehört auch die folgende Annahme des BVerwG in Rn. 32 seines Vorlagebeschlusses vom 19.8.2014, die hinsichtlich Art. 33 Anerkennungs-RL zu prüfen wäre: „Der Aufenthalt zum Zweck der Erwerbstätigkeit oder zum Zweck der Ausbildung unterliegt deshalb anderen Voraussetzungen und Beschränkungen als der Aufenthalt aus völkerrechtlichen, humanitären oder politischen Gründen. Insbesondere hinsichtlich des Erfordernisses, dass die Erteilung eines Aufenthaltstitels in der Regel voraussetzt, dass der Lebensunterhalt gesichert ist, dh ohne Inanspruchnahme öffentlicher Mittel bestritten werden kann (§ 5 Abs. 1 Nr. 1 iVm § 2 Abs. 3 Satz 1 und 2 AufenthG), werden Ausländer aus der zuletzt genannten Gruppe im Aufenthaltsgesetz privilegiert. So ist gemäß § 5 Abs. 3 Satz 1 AufenthG ua bei anerkannten Flüchtlingen und subsidiär Schutzberechtigten von dem Erfordernis der Lebensunterhaltssicherung abzusehen. Das macht deutlich, warum die Allgemeine Verwaltungsvorschrift für die Auferlegung von Wohnsitzbeschränkungen wegen des Bezugs von Leistungen der sozialen Sicherung aus Sicht des vorlegenden Gerichts ohne Rechtsverstoß auf Drittstaatsangehörige mit einem Aufenthaltstitel aus völkerrechtlichen, humanitären oder politischen Gründen abstellt und nicht auf alle Drittstaatsangehörigen ungeachtet des Zwecks ihres Aufenthalts. Denn bei den übrigen Drittstaatsangehörigen geht der Gesetzgeber prinzipiell davon aus, dass diese ihren Lebensunterhalt selbst sichern, sodass kein Anlass für eine entsprechende Regelung in der Allgemeinen Verwaltungsvorschrift bestand." Es trifft jedenfalls für einige Aufenthaltserlaubnisse nach Kap. 2 Abschn. 6 AufenthG (vgl. §§ 28 Abs. 1 S. 2 und 3, 29 Abs. 2 S. 2 oder § 31 Abs. 4 S. 1 AufenthG) nicht zu, dass der Gesetzgeber prinzipiell davon ausgeht, dass die betroffenen Personen ihren Lebensunterhalt mit der Erteilung des Titels selbst sichern müssen.

dem gesamtdeutschen Arbeitsmarkt sind die Gründe, die für die Wohnsitzregelung in der gegenwärtigen Gestalt sprechen, nicht stärker geworden. Gerade auch, wenn ein erheblicher Teil der ehemaligen Asylbewerberinnen und -bewerber, dem internationaler Schutz zuerkannt oder das Vorliegen von Abschiebungsverboten bescheinigt wird, bereits während seines Asylverfahrens Integrationskurse begonnen oder absolviert und auch oft Beschäftigungen aufgenommen hat.

Schließlich bedarf auch die Praxis der regelmäßigen Verhängung von Wohnsitzauflagen nach § 12 Abs. 2 S. 2 AufenthG gegenüber sozialhilfebeziehende Personen mit humanitären Aufenthaltserlaubnissen, die nicht in den Anwendungsbereich der Regelung nach § 12a AufenthG fallen, Korrekturen. Eine ausnahmslose und unbefristete Verpflichtung zur Wohnsitznahme an einem bestimmten Ort dürfte, gerade in Fällen des Bezugs von Leistungen nach dem SGB XII beispielsweise durch ältere und/oder erwerbsunfähige Personen, unverhältnismäßig sein. **23**

§ 24 Integration durch Gewährung von Daueraufenthaltsrechten und die gesetzlichen Bleiberechtsregelungen

Übersicht

	Rn.
A. Regelungen zur Erteilung der Niederlassungserlaubnis nach § 9 AufenthG	1
I. Systematische Abgrenzung	1
II. Übergangsvorschriften hinsichtlich des AuslG 1990 nach Kapitel 10 AufenthG	5
III. Niederlassungserlaubnis nach § 9 AufenthG	10
1. Besitz einer Aufenthaltserlaubnis seit fünf Jahren: Anrechenbare Zeiten und Anrechnungsregelungen (Abs. 2 S. 1 Nr. 1 und Abs. 4)	12
a) Anrechenbare Zeiten	12
b) Anrechnungsregelungen	13
2. Sicherung des Lebensunterhalts (Abs. 2 S. 1 Nr. 2 und S. 6)	17
3. Altersvorsorge (Abs. 2 S. 1 Nr. 3 und Abs. 3 S. 1 bis 3)	26
4. Kein Entgegenstehen von Gründen der öffentlichen Sicherheit und Ordnung oder von Gefahren (Abs. 2 S. 1 Nr. 4)	30
5. Beschäftigungserlaubnis (Abs. 2 S. 1 Nr. 5 und Abs. 3 S. 1 und 3)	33
6. Erlaubnisse zur Berufsausübung soweit erforderlich (Abs. 2 S. 1 Nr. 6 und Abs. 3 S. 1 und 3)	35
7. Nachweis ausreichender Kenntnisse der deutsche Sprache und Abweichungsregelungen (Abs. 2 S. 1 Nr. 7 und S. 2 bis 5)	38
8. Grundkenntnisse der Rechts- und Gesellschaftsordnung und der Lebensverhältnisse im Bundesgebiet (Abs. 2 S. 1 Nr. 8 und S. 2 bis 5)	41
9. Ausreichender Wohnraum (Abs. 2 S. 1 Nr. 9)	42
10. Erlöschensregelungen (§ 51 AufenthG)	43
B. Erlaubnis zum Daueraufenthalt-EU nach § 9a AufenthG	44
I. Ausgeschlossene Formen des rechtmäßigen Aufenthalts (Abs. 3)	48
II. Anrechenbare Zeiten und Anrechnungsregelungen (Abs. 2 S. Nr. 1 und § 9b AufenthG)	50
III. Lebensunterhaltssicherung (Abs. 2 S. 1 Nr. 2 und § 9c AufenthG)	55
IV. Weitgehende Parallelitäten zwischen der Erlaubnis zum Daueraufenthalt-EU nach § 9a Abs. 2 AufenthG und der Niederlassungserlaubnis nach § 9 Abs. 2 AufenthG	57
V. Erlöschensregelungen (§ 51 Abs. 9 AufenthG)	58
C. Humanitäre Niederlassungserlaubnis nach § 26 Abs. 3 AufenthG	63
I. Völker- und unionsrechtlicher Rahmen – dauerhafte Lösung für Flüchtlinge	63

	Rn.
II. Verfestigungsregelung im AufenthG	66
1. Fünf-Jahresregelung (S. 1 und 2)	74
2. Drei-Jahresregelung (S. 3 und 4)	76
D. Humanitäre Niederlassungserlaubnis nach § 26 Abs. 4 AufenthG	77
E. Regelungen zum Übergang eines geduldeten Aufenthalts in einen rechtmäßigen humanitären Aufenthalt	79
F. Fazit	82

A. Regelungen zur Erteilung der Niederlassungserlaubnis nach § 9 AufenthG

I. Systematische Abgrenzung

1 Die **Niederlassungserlaubnis** ist der unbefristete nationale Aufenthaltstitel im AufenthG.[1] Sie berechtigt zur Erwerbstätigkeit, also zur Aufnahme einer abhängigen Beschäftigung und zur selbständigen Tätigkeit. Mit dem Fachkräfteeinwanderungsgesetz[2] wurde allein auf Grund der Umstellung des Systems des AufenthG hinsichtlich des Zugangs zur Erwerbstätigkeit in § 4a AufenthG aus § 9 Abs. 1 S. 2 AufenthG die Berechtigung zur Erwerbstätigkeit gestrichen. Die Niederlassungserlaubnis darf nur durch Nebenbestimmungen beschränkt werden, soweit dies gesetzlich ausdrücklich vorgesehen ist (vgl. § 23 Abs. 2 S. 4 und § 9 Abs. 1 S. 3 iVm § 47 AufenthG). Wenn keine spezialgesetzlichen Regelungen getroffen werden, die als zwingende Erteilungsvoraussetzungen formuliert sind, sind die Regelerteilungsvoraussetzungen nach § 5 AufenthG zu beachten.

2 Erteilt wird die Niederlassungserlaubnis auf Grund eines Rechtsanspruchs (§ 9 Abs. 2, § 18c Abs. 1 und 2, § 19c Abs. 4 S. 3, § 23 Abs. 2 S. 3, § 26 Abs. 3, § 35 Abs. 1 und § 38 Abs. 1 S. 1 Nr. 1 AufenthG), eines Regelanspruchs (§ 28 Abs. 2 AufenthG) oder nach Ermessen (§§ 18c Abs. 3, 21 Abs. 4 S. 2 und § 26 Abs. 4 iVm § 35 AufenthG).

3 Die Erteilung setzt regelmäßig einen längeren Aufenthalt im Bundesgebiet mit einer Aufenthaltserlaubnis voraus. Ausnahmen bestehen nach § 18c AufenthG für hochqualifizierte Personen, nach § 23 Abs. 2 S. 3 AufenthG für aus dem Ausland aufgenommene Personen und für ehemalige Deutsche nach § 38 Abs. 1 S. 1 Nr. 1 AufenthG, die bereits auch unmittelbar nach der Einreise eine Niederlassungserlaubnis erhalten können. Im Vergleich zur Rechtslage nach dem AuslG 1990 sind nahezu alle Aufenthaltserlaubnisse nach dem AufenthG für eine Verfestigung in die Niederlassungserlaubnis offen. Ausnahme bestehen insoweit nur noch auf Grund von § 8 Abs. 2 AufenthG sowie zB bei Aufenthaltstiteln für vorübergehende Beschäftigungen nach den §§ 11 und 12 BeschV oder während Aufenthalten zu Studien- und Ausbildungszwecken, während Sprachkursen und während Verfahren zur Anerkennung ausländischer Berufsqualifikationen bzw. zur Arbeitsplatzsuche für Fachkräfte (vgl. § 16b Abs. 4 S. 2, § 16f Abs. 3 S. 3, § 17 Abs. 3 S. 3, § 16d Abs. 6 S. 2 und § 20 Abs. 4 S. 4 AufenthG).

4 Das nachträgliche Entfallen einzelner Erteilungsvoraussetzungen führt nicht dazu, dass eine Niederlassungserlaubnis aufenthaltsrechtlich herabgestuft werden darf. Die Niederlassungserlaubnis kann jedoch durch **Rücknahme** (§ 51 Abs. 1 Nr. 3 AufenthG) oder durch eine **Ausweisung** erlöschen (§ 51 Abs. 1 Nr. 5 AufenthG). Ferner erlischt sie auch nach § 51 Abs. 1 Nr. 4 AufenthG, wenn sie im Wege des Ermessens nach § 52 Abs. 1 AufenthG widerrufen wurde oder auf Grund eines längeren nicht nur vorübergehenden oder zuvor nicht von der Ausländerbehörde genehmigten Auslandsaufenthalts (§ 51 Abs. 1 Nr. 6 oder 7 sowie Abs. 2 bis 4 AufenthG). Der Besitz einer Niederlassungserlaubnis ist keine Voraussetzung für eine **Einbürgerung** (vgl. § 10 StAG).

---

[1] Zur Erlaubnis zum Daueraufenthalt-EU (→ Rn. 44 ff.).
[2] BGBl. 2019 I 1307, dort Art. 1 Nr. 8.

II. Übergangsvorschriften hinsichtlich des AuslG 1990 nach Kapitel 10 AufenthG

Die **aufenthaltsrechtliche Verfestigung** ist integrationsrechtlich wie -politisch von zentraler Bedeutung.[3] Mit dem Inkrafttreten des ZuwG wurden unter Hinweis auf das neue im AufenthG niedergelegte Integrationskurssystem (→ § 22 Rn. 10 ff.) zentrale Voraussetzungen für den Übergang von einem befristeten in einen unbefristeten Aufenthaltstitel teilweise erheblich geändert. Während es für die Erteilung der unbefristeten Aufenthaltserlaubnis nach § 24 Abs. 1 Nr. 4 AuslG 1990 und der Aufenthaltsberechtigung nach § 27 Abs. 2 Nr. 5 AuslG 1990 noch ausgereicht hatte, sich auf einfache Art in deutscher Sprache mündlich verständigen zu können, fordert § 9 Abs. 2 S. 1 Nr. 5 und 6 AufenthG den Nachweis ausreichender Kenntnisse der deutschen Sprache sowie von Grundkenntnissen der Rechts- und Gesellschaftsordnung und der Lebensverhältnisse im Bundesgebiet. 5

Die geringeren Anforderungen an die Kenntnisse der deutschen Sprache im AuslG 1990 entsprachen dem damals fehlenden bundesweiten Angebot von Deutschkursen (→ § 22 Rn. 1). Vor diesem Hintergrund war es rechts- und integrationspolitisch vernünftig, im AufenthG Übergangsregelungen zu verankern, die darauf zielten, mögliche Härten beim Übergang vom alten AuslG 1990 zum neuen AufenthG zu mildern. 6

§ 101 Abs. 1 AufenthG legt zuerst fest, dass die unter dem alten Recht erteilten Aufenthaltsberechtigungen und unbefristeten Aufenthaltserlaubnisse entsprechend dem ihrer Erteilung zugrundeliegenden Aufenthaltszweck als Niederlassungserlaubnisse nach neuem Recht fortgalten. § 102 Abs. 2 AufenthG regelt die Anrechenbarkeit von Zeiten des Besitzes einer Aufenthaltsbefugnis oder Duldung nach altem Recht auf die Erteilung der Niederlassungserlaubnis nach § 26 Abs. 4 AufenthG. § 104 Abs. 1 AufenthG normiert, dass bis zum 1.1.2005 gestellte Anträge auf Erteilung einer Aufenthaltsberechtigung oder eine unbefristete Aufenthaltserlaubnis weiter nach dem alten Recht zu entscheiden sind. § 104 Abs. 2 AufenthG schreibt die geringeren Anforderung an die Kenntnisse der deutschen Sprache auch für die Erteilung der Niederlassungserlaubnis oder Erlaubnis zum Daueraufenthalt-EU nach neuem Recht fort, wenn die Personen vor dem 1.1.2005 im Besitz einer Aufenthaltserlaubnis oder einer Aufenthaltsbefugnis waren. In diesen Fällen fanden auch § 9 Abs. 2 S. Nr. 3 und 8 AufenthG keine Anwendung. 7

§ 104 Abs. 7 AufenthG schließlich schaffte die Möglichkeit, Ehegatten, später auch Lebenspartnern, und minderjährigen Kindern einer Ausländerin bzw. eines Ausländers, die eine Aufenthaltsbefugnis für Familienangehörige nach § 31 Abs. 1 AuslG 1990 oder eine Aufenthaltserlaubnis nach § 35 Abs. 2 AuslG 1990 besessen hatten, eine Niederlassungserlaubnis nach § 26 Abs. 4 AufenthG zu erteilen, wenn die Erteilungsvoraussetzungen der Regelungen des alten Rechts weiterhin erfüllt waren. 8

Diese **Übergangsregelungen** veranschaulichen den System- bzw. Perspektivwechsel, der mit Inkrafttreten des Zuwanderungsgesetzes bzw. des AufenthG 2005 erfolgte. Die neu geschaffene bundesweite Angebotsstruktur bei den Integrationskursen nach den §§ 43 ff. AufenthG veränderte den Regelungsrahmen bei der Aufenthaltsverfestigung tiefgreifend. 15 Jahre nach Inkrafttreten des AufenthG verlieren die Übergangsregelungen allerdings zunehmend an praktischer Bedeutung. 9

III. Niederlassungserlaubnis nach § 9 AufenthG

Die Niederlassungserlaubnis nach § 9 AufenthG ist die zentrale nationale Regelung zur Aufenthaltsverfestigung im AufenthG. Auf die Erteilung besteht ein Rechtsanspruch, wenn die Erteilungsvoraussetzungen vorliegen. Die zwingenden Erteilungsvoraussetzungen (§ 9 Abs. 2 S. 1 AufenthG) und die Abweichungsregelungen (§ 9 Abs. 2 S. 2 bis 6 AufenthG) werden – ganz oder teilweise in den anderen Regelungen zur Aufenthaltsverfestigung etwa nach § 9a Abs. 2 S. 2, § 26 Abs. 3 S. 1 Nr. 5, S. 2, S. 3 Nr. 5, S. 4 und S. 6, § 26 Abs. 4 10

---

[3] Vgl. *Franz* in Klee, Gastarbeiter. Analysen und Berichte, 1972, 36–58 (42).

S. 1 und 2 sowie § 38 Abs. 1 S. 1 Nr. 1 AufenthG – in Bezug genommen. Die Abweichungen beziehen sich insbesondere auf den notwendigen Besitz bzw. die notwendigen Besitzzeiten einer Aufenthaltserlaubnis vor Erteilung der Niederlassungserlaubnis, auf Anrechnungsregelungen, auf den Umfang der Sicherung des Lebensunterhalts sowie auf das Niveau der nachzuweisenden Kenntnisse der deutschen Sprache.

11 Jenseits ihrer grundsätzlichen Funktionen im Gefüge des AufenthG und der Rechte, die mit dem Besitz einer Niederlassungserlaubnis einhergehen, sind inbesondere die Erteilungsvoraussetzungen nach § 9 Abs. 2 sowie die Abs. 3 und 4 AufenthG in den Blick zu nehmen. Die Erteilung einer Niederlassungserlaubnis kann auch für die Vergangenheit erfolgen, wenn hierfür ein schutzwürdiges Interesse besteht, also Verbesserungen beim Rechtsstatus des Betroffenen (zB beim Ausweisungsschutz) oder seiner Familienangehörigen (zB ius soli-Erwerb der Staatsangehörigkeit des Kindes) die Folge wären.[4]

1. Besitz einer Aufenthaltserlaubnis seit fünf Jahren: Anrechenbare Zeiten und Anrechnungsregelungen (Abs. 2 S. 1 Nr. 1 und Abs. 4)

12 **a) Anrechenbare Zeiten.** Der **ununterbrochene Besitz einer Aufenthaltserlaubnis seit fünf Jahren** ist Voraussetzung für die Erteilung der Niederlassungserlaubnis nach § 9 AufenthG. Bei Fragen der Anrechenbarkeit von Zeiten eines rechtmäßigen Aufenthalts hat – jenseits der speziellen Anrechnungsregelungen – § 85 AufenthG eine wichtige Funktion. Er normiert, dass Unterbrechungen der Rechtmäßigkeit des Aufenthalts von bis zu einem Jahr außer Betracht bleiben können. Darüber hinaus ermöglichen die § 6 Abs. 3 S. 3, §§ 38, 81 Abs. 1 bis 4 und § 84 Abs. 2 S. 3 AufenthG, § 55 Abs. 3 AsylG, § 11 Abs. 3 FreizügG/EU[5] die Anrechnung von Zeiten auf die geforderte Fünfjahresfrist.

13 **b) Anrechnungsregelungen.** § 9 Abs. 4 AufenthG ermöglicht in Nr. 1 und Nr. 2 die Anrechnung von Aufenthaltszeiten bei Auslandsaufenthalten.

14 In § 9 Abs. 4 Nr. 1 AufenthG wird die Anrechenbarkeit der Besitzzeiten einer Aufenthaltserlaubnis oder einer Niederlassungserlaubnis ermöglicht, wenn diese erloschen ist und der Betroffene bei seiner Ausreise im Besitz einer Niederlassungserlaubnis war. Die teilweise strikten **Erlöschensregelungen** zu nationalen Aufenthaltstiteln in § 51 Abs. 1 Nr. 1 und 7 AufenthG führen in der Praxis, neben tatsächlichen Schwierigkeiten bei einer erneuten Einreise in das Bundesgebiet, immer wieder zu erheblichen Statusverlusten. Deshalb ist es sinnvoll, eine Regelung bereitzustellen, die im Falle des erneuten Vorliegens der Erteilungsvoraussetzungen für eine Aufenthaltserlaubnis eine erneute zügige Aufenthaltsverfestigung in die Niederlassungserlaubnis befördert. Die Zeiten des Aufenthalts im Ausland, die zum Erlöschen der Aufenthaltstitel führten, werden jedoch nicht angerechnet. Die Regelung bestimmt darüber hinaus eine maximale Anrechnungszeit von Auslandsaufenthalten von vier Jahren.

15 In § 9 Abs. 4 Nr. 2 AufenthG wird ferner klargestellt, dass für jeden Auslandsaufenthalt, der nicht zum Erlöschen geführt hat, höchstens sechs Monate angerechnet werden dürfen. Diese Regelung ist unverständlich eng gefasst und entspricht – wie teilweise die Erlöschensregelungen in § 51 Abs. 1 Nr. 7 Alt. 1 AufenthG – den Mobilitätsanforderungen in einer immer enger zusammenwachsenden Welt nicht mehr. Sie passt auch nicht zu den im Vergleich zum AuslG 1990 erhöhten Anforderungen bei der Erteilung der Niederlassungserlaubnis. Wer die Voraussetzungen nach § 9 Abs. 2 S. 1 Nr. 2 bis 9 AufenthG erfüllt und eine Aufenthaltserlaubnis besitzt, dem sollten fehlende Zeiten, die durch nach § 51 Abs. 1 Nr. 7 Alt. 2 AufenthG genehmigte Auslandsaufenthalte entstanden sind, nicht entgegengehalten werden. Unverständlich ist auch, warum ein längerer Auslandsaufenthalt nur bis zu sechs Monaten Anrechnung finden kann, mehrere kürzere Aufenthalte aber anzurechnen sind, auch wenn sie zusammengerechnet mehr als sechs Monate ergeben.[6]

---

[4] Marx AufenthR Rn. 157.
[5] Umfassend und klar Müller in NK-AuslR AufenthG § 9 Rn. 8.
[6] Müller in NK-AuslR AufenthG Rn. 30 f.

In § 9 Abs. 4 Nr. 3 AufenthG wird die hälftige Anrechenbarkeit von rechtmäßigen 16
Aufenthaltszeiten im Bundesgebiet zum Zweck des Studium oder der Berufsausbildung
geregelt. Auch diese Regelung ist mit Blick auf die oben erwähnten hohen Erteilungsvoraussetzungen für die Niederlassungserlaubnis unnötig streng.

2. Sicherung des Lebensunterhalts (Abs. 2 S. 1 Nr. 2 und S. 6)

Die **Sicherung des Lebensunterhalts** in § 9 Abs. 2 S. 1 Nr. 2 AufenthG ist nicht – wie 17
in § 2 Abs. 3 iVm § 5 Abs. 1 Nr. 1 AufenthG (→ § 5 Rn. 56 ff.) – als Regelerteilungsvoraussetzung formuliert, sondern als zwingende Erteilungsvoraussetzung der Niederlassungserlaubnis nach § 9 AufenthG. Von ihr darf nur nach den Regelungen in § 9 Abs. 2
S. 6 AufenthG abgewichen werden.

Die Feststellung, ob der Lebensunterhalt gesichert ist, erfolgt nach Prüfung der Voraus- 18
setzungen, die in § 2 Abs. 3 AufenthG festgelegt sind und hier nur kurz zusammengefasst
werden sollen. Die Sicherung des Lebensunterhalts muss nicht durch Erwerbstätigkeit oder
eigenes Einkommen oder Vermögen erfolgen. Auch Dritte können zu Sicherung des Lebensunterhalts beitragen.

Ein Betroffener sichert seinen Lebensunterhalt, wenn er ihn einschließlich ausreichenden 19
Krankenversicherungsschutzes voraussichtlich **ohne Inanspruchnahme öffentlicher Mittel** nach § 2 Abs. 3 S. 1 AufenthG bestreiten wird. Es kommt nicht darauf an, ob die öffentlichen Mittel tatsächlich bezogen werden, sondern darauf, ob ein Anspruch auf Leistungsgewährung besteht. § 2 Abs. 3 S. 2 AufenthG nimmt das Kindergeld, den Kinderzuschlag, Erziehungs- und Elterngeld, die Ausbildungsförderung nach dem SGB III, dem
BAföG und dem AFBG sowie Leistungen, die auf Beitragsleistungen beruhen (zB Renten-
versicherungsleistungen oder ALG I) oder gewährt werden, um den Aufenthalt im Bundesgebiet zu ermöglichen (Stipendien) sowie Leistungen nach dem Unterhaltsvorschussgesetz
von den **sogenannten schädlichen öffentlichen Mitteln** aus.

Nicht ausgenommen ist das **Wohngeld**.[7] Der Bezug von Wohngeld ist allerdings nur 20
dann schädlich, wenn er notwendig ist, um den Bezug von Leistungen nach dem SGB II
zur Sicherung des Lebensunterhalts abzuwenden. Ist der Lebensunterhalt bereits anderweitig gesichert, ist der zusätzliche Wohngeldbezug unschädlich.

Das BVerwG[8] hat für Sachverhalte, die nicht der Familienzusammenführungs-RL unter- 21
fallen, festgestellt, dass die in § 11b Abs. 1 Nr. 5 und Abs. 3 SGB II normierten pauschalierten Beträge und der Freibetrag für Erwerbstätigkeit (Werbungskostenpauschale) zu
Lasten der ausländischen Person zu berücksichtigen sind. Der EuGH hat für den Anwendungsbereich der Familienzusammenführungs-RL entschieden,[9] dass der Begriff der „Sozialhilfeleistungen des Mitgliedstaats" ein autonomer Begriff des Unionsrechts ist, der
nicht anhand von Begriffen des nationalen Rechts ausgelegt werden kann. Daraus folgt,
dass der Freibetrag für Erwerbstätigkeit, der in erster Linie aus arbeitsmarkt- bzw. beschäfti-
gungspolitischen Gründen gewährt wird und eine Anreizfunktion zur Aufnahme bzw.
Beibehaltung einer Erwerbstätigkeit haben soll, im Anwendungsbereich der Familienzusammenführungs-RL bei der Bemessung des Unterhaltsbedarfs nicht zu Lasten der nachzugswilligen Personen angerechnet werden darf. Hinsichtlich der **Werbungskostenpauschale** ergibt sich aus der Entscheidung des EuGH, dass die Ausländerin bzw. der Ausländer gegebenenfalls einen geringeren Bedarf als die gesetzlich veranschlagten 100 EUR
geltend machen und nachweisen kann.[10] Die Lebensunterhaltssicherung bei der Aufent-

---

[7] Nr. 2.3.1.3 AVwV-AufenthG. Es kann grundsätzlich zwischen einer Transferleistung und dem Wohngeld
gewählt werden. Das Wahlrecht ist allerdings eingeschränkt, wenn durch Einkommen und Wohngeld der
Bedarf auch ohne eine Transferleistung gedeckt ist. In diesen Fällen ist die Gewährung von Wohngeld
vorrangig (§ 7 Abs. 1 S. 2 WoGG), zu diesen Konstellationen etwa OVG Nds. Beschl. v. 20.3.2012 – 8
LC 277/10, BeckRS 2012, 48843.
[8] BVerwG Urt. v. 16.11.2010 – 1 C 21.09, NVwZ 2011, 829 und Beschl. v. 16.8.2011 – 1 C 4.10.
[9] EuGH Urt. v. 4.3.2010 – C-578/08, NVwZ 2010, 697 Rn. 45 – Chakroun.
[10] BVerwG Urt. v. 16.11.2010 – 1 C 21.09, NVwZ 2011, 829.

haltsverfestigung nach § 9 AufenthG ist damit nach der Rechtsprechung des BVerwG strenger als bei der Familienzusammenführung.

22 Insbesondere mit Blick auf nur für vorübergehende Zeiträume zu gewährende öffentliche Mittel wie Eltern- oder Erziehungsgeld und in Fällen befristeter Arbeitsverträge wird von der Ausländerbehörde zusätzlich eine Prognose für erforderlich gehalten. Es soll verhindert werden, dass eine Niederlassungserlaubnis „voreilig" erteilt wird.[11] Dies überzeugt jedenfalls dann nicht, wenn die konkrete Erwerbsbiografie bis zum Antrag auf Erteilung einer Niederlassungserlaubnis keine Ungewöhnlichkeiten aufweist. Gerade mit Blick auf die mögliche Gewährung von Familienleistungen, zB für weitere Kinder, sind solche Prognosen für Ausländerbehörden oft auch alles andere als einfach. Ferner darf der allgemein feststellbare Anstieg bei den Zahlen befristeter Beschäftigungsverhältnisse bei ausländischen Personen, die eine Niederlassungserlaubnis beantragen, nicht zum Nachteil gereichen.

23 Das BVerwG hat die Lebensunterhaltssicherung ferner auf die **Bedarfsgemeinschaft** erstreckt, dh eine Aufenthaltsverfestigung in die Niederlassungserlaubnis wird dann versagt, wenn die Lebensunterhaltssicherung aus eigener Kraft nicht ausreicht und die zusammenlebende Kernfamilie deshalb etwa auf die Gewährung von Leistungen nach dem SGB II angewiesen ist. Sind Familien mit einer Aufenthaltserlaubnis auf Sozialleistungen angewiesen, drohe – so das BVerwG – aus der Aufenthaltsverfestigung eine Perpetuierung der Inanspruchnahme von Sozialleistungen. Zugleich entfalle der aufenthaltsrechtliche Anreiz für die übrigen Mitglieder einer Bedarfsgemeinschaft, eine eigene Erwerbstätigkeit aufzunehmen und dadurch die öffentlichen Kassen zu entlasten. All dies entspräche nicht dem Willen des Gesetzgebers.

24 Die angeführte Begründung des BVerwG für die Auslegung des Begriffs Lebensunterhaltssicherung nach § 9 AufenthG wirft die Frage auf, wie dieser Begriff in § 9a Abs. 2 S. 1 Nr. 2 AufenthG, also bei der Erlaubnis zum Daueraufenthalt-EU, auszulegen ist (→ Rn. 55). Hinsichtlich der Aufenthaltsverfestigung erscheint es – gerade in Fällen sehr langer Inlandsaufenthalte – allgemein fraglich, ob es überzeugt, die Erteilung eines unbefristeten Aufenthaltstitels mit der Begründung zu versagen, nach den Maßstäben der nationalen Sozialhilfe betrage der „Gesamtbedarf der Familie des Klägers 1.660,92 EUR. Damit verfehlt der Kläger diesen Bedarfsbetrag um etwa 165 EUR im Monat". Gerade wenn zugleich zutreffend betont wird, es gehe nicht um die Beendigung des Aufenthalts, sondern allein um die Frage, ob der Kläger seinen Aufenthalt im Bundesgebiet – und damit um die Fortsetzung seiner familiären Lebensgemeinschaft – auf einen befristeten Aufenthaltstitel oder eine auf Dauer angelegte Niederlassungserlaubnis (bzw. dann eine Erlaubnis zum Daueraufenthalt-EU) stützen könne.

25 Es spricht viel dafür, dass die Rechtsprechung des BVerwG die Wirkungen der „aufenthaltsrechtlichen Anreize" über- und die der bestehenden sozialrechtlichen Sanktionsmöglichkeiten gegenüber erwerbsfähigen Leistungsbeziehenden, die keine Beschäftigung aufnehmen wollen, unterschätzt. Auf der Strecke bleibt dabei die integrationspolitisch eigentlich erwünschte Verfestigung in einen unbefristeten Aufenthaltstitel von erwerbstätigen Personen insbesondere mit humanitärer Aufenthaltserlaubnis, die lange im Bundesgebiet leben. Sie würde ihnen auch rechtlich ein klares Signal und eine klare Perspektive im Sinne eines umfassenden Verständnisses von Integration eröffnen (→ § 21 Rn. 15).

3. Altersvorsorge (Abs. 2 S. 1 Nr. 3 und Abs. 3 S. 1 bis 3)

26 Die Regelung verlangt den Nachweis von mindestens 60 Monaten, in denen **Pflichtbeiträge oder freiwillige Beiträge zur gesetzlichen Rentenversicherung** geleistet wurden. Die Beträge sind von der Ausländerin bzw. dem Ausländer zu leisten. Aufwendungen, die geleistet wurden, um einen vergleichbaren Anspruch bei anderen Versicherungs- und Versorgungseinrichtungen oder Versicherungsunternehmen zu erhalten, stehen dem gleich. Ausfallzeiten auf Grund von Kinderbetreuung oder häuslicher Pflege sind entsprechend anzurechnen.

---

[11] BVerwG Urt. v. 16.11.2010 – 1 C 21.09, NVwZ 2011, 829 Rn. 15 und Nr. 2.3.3 AVwV-AufenthG.

Die Anforderungen sind damit im Vergleich zum alten Recht nach dem AuslG 1990 und 27
zur Einbürgerung (vgl. §§ 8 und 10 StAG) angehoben worden. Auch deshalb sind Ausnahmeregelungen für Ehegatten und Lebenspartnerinnen und -partner (Abs. 3 S. 1) und
für Personen wichtig, die eine Ausbildung durchlaufen, die zu einem anerkannten schulischen oder beruflichen Bildungsabschluss bzw. zu einem Hochschulabschluss führen
(Abs. 3 S. 2). Die Regelung für Ehegattinnen bzw. -gatten und Lebenspartnerinnen und
-partner gilt für Fälle des § 26 Abs. 4 AufenthG entsprechend. Für die „Ausbildungsfälle"
von Heranwachsenden gilt zudem die Spezialregelung in § 35 AufenthG.

Bei türkischen Staatsangehörigen ist mit Blick auf die Regelungen im AuslG 1990 zu 28
prüfen, ob die Voraussetzungen für die Anwendung der Stand-Still-Regelungen des Assoziationsrechts zur Anwendung kommen müssen (Art. 13 ARB 1/80, → § 12 Rn. 148).

Schließlich sind natürlich stets die Ausnahmeregelungen nach den § 9 Abs. 2 S. 6 und 29
§ 104 Abs. 2 S. 2 AufenthG zu beachten.

4. Kein Entgegenstehen von Gründen der öffentlichen Sicherheit und Ordnung oder von Gefahren (Abs. 2 S. 1 Nr. 4)

Die Regelung entspricht nunmehr § 9a Abs. 2 S. 1 Nr. 5 AufenthG, der die unionsrecht- 30
lichen Vorgaben des Art. 6 Daueraufenthalts-RL umgesetzt hat. Die Auslegung des Begriffs
„Gründe der öffentlichen Sicherheit und Ordnung" wird somit künftig stärker
unionsrechtlichen Einflüssen unterliegen. Der Gleichlauf mit § 9 AufenthG ist auch in § 9a
Abs. 1 S. 3 AufenthG angelegt.

Damit ist – insbesondere auch nach der später erfolgten Neufassung der ausweisungsrecht- 31
lichen Regelungen in den §§ 53 ff. AufenthG (→ § 7 Rn. 7 ff.) – klar, dass auch bei der
nationalen Niederlassungserlaubnis nach § 9 AufenthG im Falle von Ausweisungsentscheidungen eine alle Umstände des Einzelfalls vorzunehmende Abwägung stattzufinden hat, die
der vollen gerichtlichen Kontrolle unterliegt. Es darf damit nicht mehr nur starr auf strafrechtliche Verurteilungen abgestellt werden.[12] Daran ändert auch die Nichtnennung der
Niederlassungserlaubnis in § 53 Abs. 3 AufenthG nichts. Die Ausweisungsgründe dürfen
der Erteilung „nicht entgegenstehen", das Vorliegen von Ausweisungsgründen reicht also
nicht bereits aus, um die Erteilung der Niederlassungserlaubnis zu versagen.[13]

Erwgr. 8 Daueraufenthalts-RL legt zudem nahe, dass nicht jeder, insbesondere nur ge- 32
ringfügige strafrechtliche Verstoß, die Anwendung des Ausschlussgrundes erzwingt.[14] Die
Erteilung einer Niederlassungserlaubnis setzt nach Abs. 2 S. 1 Nr. 1 den fünfjährigen Besitz
einer Aufenthaltserlaubnis voraus. Deshalb bedarf es ohnehin stets einer Prüfung, ob der
Ausweisungsgrund nach der Erteilung bzw. der Verlängerung der Aufenthaltserlaubnis im
Zeitpunkt der Entscheidung über die Erteilung der Niederlassungserlaubnis verbraucht ist.[15]

5. Beschäftigungserlaubnis (Abs. 2 S. 1 Nr. 5 und Abs. 3 S. 1 und 3)

Die Streichung der Berechtigung zur Erwerbstätigkeit in § 9 Abs. 1 S. 2 AufenthG führt zu 33
keiner rechtlichen Änderung (→ Rn. 1). Der Nachweis des Vorliegens der Voraussetzung
des § 4 Abs. 3 S. 1 AufenthG war durch die in den letzten Jahren erfolgten Änderungen im
AufenthG (zB § 27 Abs. 5 AufenthG a. F.) und in der BeschV (zB § 31 BeschV) bereits
deutlich erleichtert worden. Nunmehr sind die insoweit nur systematisch neuen Regelungen § 4a Abs. 1 AufenthG zu beachten.

§ 9 Abs. 3 S. 1 AufenthG lässt es bei Ehegatten und ehelichen Lebensgemeinschaften 34
ausreichen, wenn Abs. 2 S. 1 Nr. 5 durch einen Ehegatten erfüllt wird. Dies gilt nach
Abs. 3 S. 3 auch für die Fälle des § 26 Abs. 4 AufenthG.

---
[12] So auch VGH BW Urt. v. 22.7.2009 – 11 S 2289/08, BeckRS 2009, 38006 und Hinweis auf die Gesetzesbegründung.
[13] So auch VGH BW Urt. v. 22.7.2009 – 11 S 2289/08 BeckRS 2009, 38006 mwN.
[14] *Marx* AufenthR Rn. 197.
[15] So auch OVG NRW Beschl. v. 18.6.2014 – 17 E 1136/13.

6. Erlaubnisse zur Berufsausübung soweit erforderlich (Abs. 2 S. 1 Nr. 6 und Abs. 3 S. 1 und 3)

35 Bei einem Selbständigen oder abhängig Beschäftigten ist gegebenenfalls der Nachweis der für die **Berufsausübung notwendigen dauerhaften Erlaubnis** erforderlich. Die spielt insbesondere bei Heilberufen sowie bei Rechtsanwältinnen und -anwälten eine Rolle.[16] Die grundsätzliche Möglichkeit für Drittstaatsangehörige, etwa sich als Arzt in Deutschland zu approbieren und damit dauerhaft und selbständig diesen Beruf ausüben zu dürfen, ist beispielsweise erst mit dem Gesetz zur Verbesserung der Feststellung und Anerkennung im Ausland erworbener Berufsqualifikationen des Bundes geschaffen worden.[17] Drittstaatsangehörige Ärztinnen und Ärzte mussten bis dahin als abhängig Beschäftigte arbeiten oder sich einbürgern lassen, auch wenn sie ihren Hochschulabschluss in Deutschland erworben hatten.

36 Hinsichtlich Berufsausübungsnachweisen ist § 9a Abs. 2 AufenthG weniger voraussetzungsvoll ausgestaltet. Mit Blick auf die ohnehin bestehenden Erteilungsvoraussetzungen der Lebensunterhaltssicherung und des fünfjährigen Besitzes einer Aufenthaltserlaubnis erscheint dies gut vertretbar.

37 § 9 Abs. 3 S. 1 AufenthG lässt es bei Ehegatten und ehelichen Lebensgemeinschaften ausreichen, wenn die Voraussetzung Abs. 2 S. 1 Nr. 6 durch einen Ehegatten erfüllt wird. Dies gilt wiederum nach Abs. 3 S. 3 auch für die Fälle des § 26 Abs. 4 AufenthG.

7. Nachweis ausreichender Kenntnisse der deutsche Sprache und Abweichungsregelungen (Abs. 2 S. 1 Nr. 7 und S. 2 bis 5)

38 § 2 Abs. 11 AufenthG legt fest, dass ausreichende **Kenntnisse der deutschen Sprache dem Niveau B1 GER** entsprechen. Dieses im Vergleich zum AuslG 1990 angehobene Niveau ist Erteilungsvoraussetzung für die Niederlassungserlaubnis nach § 9 AufenthG und wird durch die Vorlage des Zertifikats DTZ nachgewiesen, das mit dem erfolgreichen Abschluss eines Integrationskurses erworben werden kann (§ 9 Abs. 2 S. 2 AufenthG und → § 22 Rn. 12). Das geforderte Niveau der Kenntnisse der deutschen Sprache für die Erteilung der Niederlassungserlaubnis entspricht damit dem der Anspruchseinbürgerung (§ 10 Abs. 1 S. 1 Nr. 6 StAG).

39 Personen, die die Voraussetzung wegen einer körperlichen, geistigen oder seelischen Krankheit oder Behinderung nicht erfüllen können (§ 9 Abs. 2 S. 3 AufenthG), sind von der Nachweispflicht gänzlich befreit. Gleiches gilt für diejenigen, die weder bei der erstmaligen Erteilung der Aufenthaltserlaubnis einen Anspruch auf Teilnahme an einem Integrationskurs hatten (§ 44 Abs. 1 Nr. 1 AufenthG) noch bisher zur Teilnahme verpflichtet waren (§ 44a Abs. 2 Nr. 3 AufenthG), wenn sie sich auf einfache Art mündlich in deutscher Sprache verständigen können (§ 9 Abs. 2 S. 5 AufenthG). Im Übrigen kann zur Vermeidung einer Härte von dem Nachweis abgesehen werden (§ 9 Abs. 2 S. 4 AufenthG). Diese kann beispielsweise angenommen werden bei kranken oder behinderten Personen, wenn die Erfüllung der Voraussetzung dadurch wesentlich erschwert würde, bei der Einreise das 50. Lebensjahr vollendet war oder die Teilnahme an einem Integrationskurs wegen der Pflegebedürftigkeit von Angehörigen auf Dauer unmöglich oder unzumutbar ist.[18]

40 Wenn die Verpflichtung zur Teilnahme etwa auf Grund § 44a Abs. 1 S. 6 AufenthG neben der Erwerbstätigkeit als unzumutbar angesehen wurde oder wenn die Person nach § 44 Abs. 3 S. 1 Nr. 1 und 2 AufenthG keinen Teilnahmeanspruch hat und keinen kostenpflichtigen Integrationskurs besuchen will, ist sie auf alternative Nachweismöglichkeiten verwiesen. Hierzu gehören nach der AVwV-AufenthG in der Regel jedenfalls der vierjährige erfolgreiche Besuch einer deutschsprachigen Klasse (mit Versetzung in die nächst höhere Klasse), ein Hauptschulabschluss oder ein gleichwertiger Schulabschluss, die Ver-

---

[16] Nr. 9.2.1.6.1 AVwV-AufenthG.
[17] BGBl. 2011 I 2515 und 9. Bericht der *Beauftragten der Bundesregierung für Migration, Flüchtlinge und Integration*, 2012, Kap VI. I.
[18] Nr. 9.2.2.2 AVwV-AufenthG.

setzung in die zehnte Klasse einer weiterführenden deutschsprachigen Schule sowie der Abschluss an einer deutschen Hochschule oder einer deutschen Berufsausbildung. Der Nachweis ausreichender Kenntnisse der deutschen Sprache kann aber auch durch ein Gespräch bei der Ausländerbehörde erbracht werden.[19]

8. Grundkenntnisse der Rechts- und Gesellschaftsordnung und der Lebensverhältnisse im Bundesgebiet (Abs. 2 S. 1 Nr. 8 und S. 2 bis 5)

Mit dem erfolgreichen Abschluss eines Integrationskurses wird das Vorliegen der Voraussetzungen nachgewiesen (§ 9 Abs. 2 S. 2 AufenthG und → § 22 Rn. 12). Die Befreiungsregelungen nach Abs. 2 S. 3 bis 5 gelten auch hinsichtlich Abs. 2 S. 1 Nr. 8. Der Nachweis wird auch mit einem deutschen Hauptschulabschluss oder einem höherwertigen deutschen Schulabschluss erbracht. 41

9. Ausreichender Wohnraum (Abs. 2 S. 1 Nr. 9)

Die Anforderung an **ausreichenden Wohnraum** richten sich nach § 2 Abs. 4 AufenthG. Maßstab ist insoweit die Beschaffenheit und die tatsächliche Belegung der Wohnung. Es dürfen keine Anforderungen gestellt werden, die den Standard der in der Region angebotenen Sozialwohnungen übersteigen.[20] 42

10. Erlöschensregelungen (§ 51 AufenthG)

Neben den allgemeinen Erlöschensregelungen in § 51 Abs. 1 AufenthG sind hinsichtlich der Niederlassungserlaubnis insbesondere die § 51 Abs. 2 bis 4 und 7 AufenthG von Bedeutung. Sie sichern im Falle von Auslandsaufenthalten den rechtmäßigen Aufenthalt im Bundesgebiet – auch von anerkannten GFK-Flüchtlingen – ab. Soweit die Regelung in § 51 Abs. 1 Nr. 7 Alt 2. AufenthG bekannt ist und von den Ausländerbehörden sachgerecht angewendet wird, dürfte es in der Praxis eigentlich nicht zu einem ungewollten Erlöschen einer Niederlassungserlaubnis durch eine Auslandsaufenthalt kommen. Eine Verlängerung der geltenden gesetzlichen Maximalfrist für eine Ausreise von sechs Monaten in § 51 Abs. 1 Nr. 7 Alt. 1 AufenthG sollte gleichwohl erwogen werden. § 51 Abs. 10 S. 2 AufenthG verlängert die Frist nach Abs. 1 Nr. 7 Alt. 2 für Inhaberinnen bzw. Inhaber einer Niederlassungserlaubnis mit einem 15-jährigen rechtmäßigen Aufenthalt im Bundesgebiet und für den mit ihnen in ehelicher Lebensgemeinschaft lebenden Ehegatten, wenn sie bzw. er eine Niederlassungserlaubnis besitzt und das 60. Lebensjahr vollendet hat. Die bisherige Voraufenthaltszeit im Bundesgebiet ist bei den Ehegatten nicht von Bedeutung. Hiermit wird insbesondere aus dem Erwerbsleben ausgeschiedenen Ausländerinnen bzw. Ausländern mehr Spielraum für Auslandsaufenthalte eingeräumt, was zu begrüßen ist. 43

B. Erlaubnis zum Daueraufenthalt-EU nach § 9a AufenthG

Die **Erlaubnis zum Daueraufenthalt-EU** nach den §§ 9a bis 9c AufenthG ist ein weiterer unbefristeter Aufenthaltstitel, der zur Ausübung einer Erwerbstätigkeit berechtigt. Ihm dürfen, außer in den gesetzlich ausdrücklich vorgesehenen Fällen – hier § 47 AufenthG –, wie der Niederlassungserlaubnis nach § 9 AufenthG keine Nebenbestimmungen beigefügt werden. 44

Die §§ 9a bis 9c AufenthG setzen die Daueraufenthalts-RL in der durch die Änderungs-RL von 2011 geänderten Fassung um.[21] Letztere hat insbesondere international Schutz- 45

---
[19] Nr. 9.1.2.7 AVwV-AufenthG.
[20] Nr. 2.4.1 AVwV-AufenthG.
[21] Sog. Änderungs-RL, ABl. 2011 L 132, 1. Zu vor dem 28.8.2007 erteilten Aufenthaltstiteln mit dem Vermerk „Daueraufenthalt-EG" vgl. § 101 Abs. 3 AufenthG.

berechtigte in den Anwendungsbereich der Richtlinie aufgenommen. Wesentlicher Unterschied zu den nationalen unbefristeten Aufenthaltstiteln im AufenthG ist aber, dass die Erlaubnis zum Daueraufenthalt-EU **Mobilitätsrechte für Drittstaatsangehörige zwischen den EU-Mitgliedstaaten** einräumt (Art. 14 Daueraufenthalts-RL). Die Mobilitätsrechte – die sogenannte **kleine Freizügigkeit** – sind im deutschen Recht durch die §§ 38a und 51 Abs. 9 AufenthG umgesetzt. Dieser Schritt entspricht weitgehend Nr. 21 der Schlussfolgerungen des Europäischen Rates von Tampere aus dem Jahr 1999 (→ § 21 Rn. 30). Die Mitgliedstaaten Dänemark, Irland und das Vereinigte Königreich sind der Richtlinie nicht beigetreten.

46 § 9a Abs. 1 S. 3 AufenthG legt hinsichtlich der Folgerechte, die aus der auf Antrag zu erteilenden Erlaubnis zum Daueraufenthalt-EU resultieren, fest, dass der Aufenthaltstitel nach § 9a AufenthG (vgl. § 4 Abs. 1 S. 2 Nr. 4 AufenthG) der Niederlassungserlaubnis nach § 9 AufenthG gleichgestellt ist, soweit das AufenthG nichts anderes regelt.

47 Art. 11 Daueraufenthalts-RL regelt die Gleichbehandlungserfordernisse gegenüber eigenen Staatsangehörigen. Sie umfassen die Gebiete, die auch in anderen Sekundärrechtsakten aufgenommen wurden. Gewisse Lücken bei der Umsetzung dürften hinsichtlich Abs. 3 lit. a beim Zugang zu unselbständiger Erwerbstätigkeit bestehen. Hier verwehrt Deutschland Drittstaatsangehörigen nach wie vor regelmäßig den Zugang zum Beamtenstatus, obwohl ein Beamter im unionsrechtlichen Sinn eine Arbeitnehmerin bzw. ein Arbeitnehmer ist und die eigenen Staatsangehörigen nach dem Unionsrecht vorbehaltenen Ausnahmen eng auszulegen sind.[22] Deutschland hat ferner bei der Sozialhilfe nicht von der ohnehin kaum verständlichen unionsrechtlichen Einschränkungsmöglichkeit auf Kernleistungen nach Abs. 4 Gebrauch gemacht. Insoweit dürften in Deutschland auch verfassungsrechtliche Hürden bestehen.

I. Ausgeschlossene Formen des rechtmäßigen Aufenthalts (Abs. 3)

48 § 9a Abs. 3 AufenthG schließt bestimmte Formen des rechtmäßigen Aufenthalts bei der Erteilung der Erlaubnis zum Daueraufenthalt aus. Das heißt entsprechend Art. 3 Abs. 2 Daueraufenthalts-RL ist ein Übergang aus diesen rechtmäßigen Aufenthalten in den Aufenthaltstitel nach § 9a AufenthG nicht möglich, auch wenn mitunter die Aufenthaltszeiten solcher rechtmäßigen Aufenthalte auf die Fünfjahresfrist nach § 9a Abs. 2 S. 1 Nr. 1 AufenthG angerechnet werden können (→ Rn. 50, 52).

49 Nicht möglich ist der unmittelbare Übergang in die Erlaubnis zum Daueraufenthalt-EU
– für Drittstaatsangehörige, die **auf Grund internationaler oder nationaler Rechtsvorschriften oder Praktiken Schutz in Deutschland oder in einem anderen Mitgliedstaat beantragt oder erhalten haben** und nicht als international Schutzberechtigter anerkannt sind, Ausnahme ist insoweit die Aufenthaltserlaubnis § 23 Abs. 2 AufenthG;
– für Drittstaatsangehörige, die in einem **Mitgliedstaat internationalen Schutz** oder in Deutschland **vorübergehenden Schutz nach § 24 AufenthG beantragt haben;**
– für Drittstaatsangehörige, die in einem anderen EU-Mitgliedstaat eine Rechtsstellung besitzen, die der in § 1 Abs. Nr. 2 AufenthG beschriebenen entspricht, also **Diplomatenstatus** innehatten;
– für Drittstaatsangehörige mit einer **Aufenthaltserlaubnis zu Studien- oder Berufsausbildungs- bzw. Weiterbildungszwecken;**
– für **Drittstaatsangehörige, die sich ausschließlich zu einem sonstigen, seiner Natur nach vorübergehenden Zweck,** wie etwa als Au-pair oder Saisonarbeitnehmerin bzw. -nehmer, als von Dienstleistungserbringerinnen bzw. -erbringer im Rahmen der grenzüberschreitenden Erbringung von Dienstleistungen entsendete Arbeitnehmerinnen bzw. -nehmer oder als Erbringerin bzw. Erbringer grenzüberschreitender Dienstleistungen im Bundesgebiet aufhalten oder deren Aufenthaltsgenehmigung förmlich begrenzt wurde (zB Spezialitätenköchinnen und -köche, Sprachlehrerinnen und -lehrer nach § 11 BeschV).

---

[22] Vgl. zB § 7 Abs. 1 Nr. 1 BBG.

II. Anrechenbare Zeiten und Anrechnungsregelungen (Abs. 2 S. 1 Nr. 1 und § 9b AufenthG)

§ 9a Abs. 2 S. 1 und 2 AufenthG überträgt im Wesentlichen die Erteilungsvoraussetzungen aus § 9 Abs. 2 AufenthG auf § 9a AufenthG. Art. 4 Abs. 1 Daueraufenthalts-RL setzt voraus, dass der Drittstaatsangehörige sich unmittelbar vor der Stellung des entsprechenden Antrags fünf Jahre lang ununterbrochen rechtmäßig im Hoheitsgebiet des Mitgliedstaats aufgehalten haben muss. § 9a Abs. 2 S. 1 Nr. 1 AufenthG darf nicht so verstanden werden, als seien nur Zeiten anrechenbar, in denen ein Titelbesitz gegeben war.[23] Ein rechtmäßiger Aufenthalt kann auch ohne Besitz eines Aufenthaltstitels gegeben sein. Dies gilt sowohl hinsichtlich Art. 6 oder 7 ARB 1/80 oder für drittstaatsangehörige Familienmitglieder von Unionsbürgerinnen und -bürgern, die sich aufgrund ihres Freizügigkeitsrechts in einem Mitgliedstaat aufhalten. 50

Hinsichtlich der **Unterbrechung der Rechtmäßigkeit des Aufenthalts** kann § 85 AufenthG keine Anwendung finden. Die abschließenden Regelungen in § 9b AufenthG zur Anrechnung der Aufenthaltszeiten gehen insoweit vor. Wann der rechtmäßige Aufenthalt unterbrochen ist, regelt die Daueraufenthalts-RL abschließend, soweit sie den Mitgliedstaaten keine Umsetzungsspielräume belässt. § 9b Abs. 1 S. 1 Nr. 1 lit. a AufenthG legt fest, dass ein Auslandsaufenthalt von sechs Monaten oder eine von der Ausländerbehörde nach § 51 Abs. 1 Nr. 7 AufenthG bestimmte längere Frist im Rahmen einer Entsendung aus beruflichen Gründen anrechenbar sind und den rechtmäßigen Aufenthalt nicht unterbrechen (Art. 4 Abs. 3 UAbs. 3 Daueraufenthalts-RL). Lit. b der Regelung setzt Art. 4 Abs. 3 UAbs. 1 Daueraufenthalts-RL um: Ein Auslandsaufenthalt von bis zu sechs aufeinander folgenden Monate kann angerechnet werden und unterbricht die Fünfjahresfrist nicht. Insgesamt können jedoch in dem Fünfjahreszeitraum maximal nur zehn Monate angerechnet werden. 51

Die übrigen Regelungen zu den Möglichkeiten der Anrechnung bzw. zur Unterbrechung sind unübersichtlich. Sie lassen sich kurz wie folgt zusammenfassen: 52
- § 9b Abs. 1 S. 1 Nr. 2 und 4 AufenthG übernimmt die Regelung aus § 9 Abs. 4 Nr. 1 und 3 AufenthG (→ Rn. 13 ff.) auch für die Erlaubnis zum Daueraufenthalt-EU (Art. 4 Abs. 2 UAbs. 2 Daueraufenthalts-RL).
- § 9b Abs. 1 S. 1 Nr. 3 AufenthG erlaubt die Anrechnung von Zeiten, in denen der Betroffene freizügigkeitsberechtigt war.
- § 9b Abs. 1 S. 1 Nr. 5 AufenthG berücksichtigt im Fall der Zuerkennung internationalen Schutzes die gesamte Dauer des Asylverfahrens vom Tag der Asylantragstellung bis zur Erteilung des entsprechenden Aufenthaltstitels.
- § 9b Abs. 2 S. 1 AufenthG trifft Anrechnungsregelungen für Inhaberinnen und Inhaber einer Blauen Karte EU, die von einem andere Mitgliedstaat erteilt wurde. Hat die oder der Betroffene sich mindestens 18 Monate in diesem Mitgliedstaat aufgehalten, wird die gesamte Zeit des Besitzes der **Blauen Karte EU** dort angerechnet. Gleiches gilt für den Aufenthalt im Bundesgebiet, wenn die oder der Betroffene sich mindestens zwei Jahre dort mit der Blauen Karte EU aufgehalten hat. S. 2 und 3 stellen klar, dass eine Anrechnung für Aufenthalte in Drittstaaten insoweit nicht möglich ist und diese Zeiten aber nur dann den Fünfjahreszeitraum unterbrechen, wenn sie 12 aufeinanderfolgende Monate überschreiten oder im Fünfjahreszeitraum mehr als mehr 18 Monate betragen. Diese Regelungen werden mit S. 4 auf die Familienangehörigen erstreckt.

Nicht angerechnet werden nach § 9b Abs. 1 S. 2 AufenthG im Übrigen Zeiten, in denen Drittstaatsangehörige eine befristete Aufenthaltserlaubnis besitzen, die bereits bei ihrer Erteilung keiner Verlängerung zugänglich ist. Dies betrifft in Deutschland zB Au-pair, Saisonarbeitnehmerinnen und -nehmer sowie Spezialitätenköche etc. Gleiches gilt, wenn Personen in einem anderen EU-Mitgliedstaat eine Rechtsstellung besitzen, die der in § 1 53

---

[23] *Müller* in NK-AuslR AufenthG § 9a Rn. 10 und § 9b Rn. 3 sowie *Dienelt* in Bergmann/Dienelt AufenthG § 9a Rn. 32 f.

Abs. 2 Nr. 2 AufenthG beschriebenen entspricht, sie also einen Diplomatenstatus innehatten (Art. 4 Abs. 2 Daueraufenthalts-RL).

54 Darüber hinaus legt § 9b Abs. 1 S. 3 AufenthG fest, dass Aufenthaltszeiten außerhalb des Bundesgebietes, die nicht zum Erlöschen des Aufenthaltstitels geführt haben, die Fünfjahresfrist nicht unterbrechen, aber eben auch nicht auf diese angerechnet werden (Art. 4 Abs. 3 UAbs. 2 Daueraufenthalts-RL). In allen übrigen Fällen wird nach S. 4 der Aufenthalt im Bundesgebiet und damit der Fünfjahreszeitraum unterbrochen.

III. Lebensunterhaltssicherung (Abs. 2 S. 1 Nr. 2 und § 9c AufenthG)

55 Die Begriffe Lebensunterhaltssicherung und feste und regelmäßige Einkünfte in den §§ 9a Abs. 2 S. 1 Nr. 2 und 9c S. 1 AufenthG entsprechen im Wesentlichen den Vorgaben der Niederlassungserlaubnis nach den §§ 9 Abs. 2 S. 1 Nr. 2 iVm 2 Abs. 3 S. 1 AufenthG (→ Rn. 17 ff.). Dabei ist, wie im Anwendungsbereich der Familienzusammenführungs-RL, der Erwerbstätigenfreibetrag nach § 11b Abs. 1 S. 1 Nr. 6 iVm Abs. 6 SGB II außer Betracht zu lassen (→ Rn. 21). Feste und regelmäßige Einkünfte sind nach Art. 5 Daueraufenthalts-RL anhand ihrer Art und Regelmäßigkeit zu beurteilen. Die Mitgliedstaaten können dabei die Höhe von **Mindestlöhnen und -renten** berücksichtigen. Der Lebensunterhalt muss für die oder den Antragstellenden und die Personen, denen sie oder er Unterhalt zu leisten hat, gesichert sein. Es reicht bei Ehegatten in ehelicher Lebensgemeinschaft aus, wenn die Erwerbstätigkeit und die hierfür erforderlichen Voraussetzungen von einem Ehegatten erfüllt werden (§ 9c S. 2 AufenthG).

56 § 9c S. 1 AufenthG legt Kriterien fest, die in der Regel zu beachten sind, wenn die Einkünfte beurteilt werden. Die steuerlichen Verpflichtungen sind zu erfüllen, die im In- oder Ausland geleisteten Beiträge oder Aufwendungen für eine Altersvorsorge müssen angemessen sein, soweit dem nicht eine körperliche, geistige oder seelische Krankheit oder Behinderung entgegenstand, und erforderlicher Krankenversicherungsschutz muss bestehen.

IV. Weitgehende Parallelitäten zwischen der Erlaubnis zum Daueraufenthalt-EU nach § 9a Abs. 2 AufenthG und der Niederlassungserlaubnis nach § 9 Abs. 2 AufenthG

57 Hinsichtlich
– des Nachweises ausreichender Kenntnisse der deutschen Sprache und der Abweichungsregelungen (§ 9a Abs. 2 S. 1 Nr. 3 und S. 2 AufenthG),
– der Grundkenntnisse der Rechts- und Gesellschaftsordnung und der Lebensverhältnisse im Bundesgebiet (§ 9a Abs. 2 S. 1 Nr. 4 und S. 2 AufenthG),
– der Gründe der öffentlichen Sicherheit und Ordnung oder der Gefahren, die einer Erteilung entgegenstehen (§ 9a Abs. 2 S. 1 Nr. 5 AufenthG) und
– des Nachweises ausreichenden Wohnraums (§ 9a Abs. 2 S. 1 Nr. 6 AufenthG) kann auf die Ausführungen zu den weitgehenden entsprechenden Regelungen in § 9 Abs. 2 AufenthG verwiesen werden (→ Rn. 42). Die unionsrechtlichen Regelungen lassen beträchtliche Abweichungen nicht erkennen.

V. Erlöschensregelungen (§ 51 Abs. 9 AufenthG)

58 Gewisse Abweichungen von den Regelungen zur Niederlassungserlaubnis (→ Rn. 43) ergeben sich hinsichtlich in § 51 Abs. 9 S. 1 AufenthG, der das **Erlöschen des Titels nach § 9a AufenthG** abschließend regelt. Ein Erlöschen durch Widerruf ist ausgeschlossen, eine Rücknahme kann nur aus den Gründen nach § 51 Abs. 9 S. 1 Nr. 1 AufenthG (Täuschung, Drohung oder Bestechung) erfolgen. Im Falle einer Ausweisung oder wenn eine Abschiebungsanordnung nach § 58a AufenthG bekannt gegeben wird, erlischt der Titel ebenfalls (S. 1 Nr. 2).

In § 51 Abs. 9 S. 1 Nr. 3 AufenthG werden **Auslandskonstellationen** behandelt, die 59
Gebiete betreffen, in denen die Rechtsstellung des langfristig Aufenthaltsberechtigten nicht
erworben werden kann. Überschreitet der Aufenthalt dort die Dauer von zwölf aufeinanderfolgenden Monaten, erlischt der Titel nach § 9a AufenthG. Bei dieser Vorschrift sind nicht
nur **Drittstaaten** in den Blick zu nehmen, sondern auch die **EU-Mitgliedstaaten,** die der
Daueraufenthalts-RL nicht beigetreten sind, also Irland, das Vereinigte Königreich und
Dänemark. Die mögliche Frist des Auslandsaufenthalts ist in diesen Konstellationen doppelt
so lang wie die für die Niederlassungserlaubnis in § 51 Abs. 1 Nr. 7 AufenthG und braucht
ab dem sechsten Monat nicht gesondert beantragt zu werden. Für ehemalige Inhaberinnen
und Inhaber einen **Blauen Karte EU** und ihre Familienangehörigen, die zuvor Aufenthaltserlaubnisse zur Familienzusammenführung besessen haben, beträgt die Frist 24 Monate.

Die Regelung in § 51 Abs. 9 S. 1 Nr. 4 AufenthG ist in Zusammenhang mit der vorangegangen Nr. 3 zu lesen und behandelt nur Fälle von Auslandsaufenthalten in EU-Mitgliedstaaten, die der Daueraufenthalts-RL beigetreten sind. Die Sechsjahresfrist ergibt sich
aus der Überlegung, dass, sollte der Erwerb der Rechtsstellung eines langfristig Daueraufenthaltsberechtigten in dem zweiten Mitgliedstaat scheitern, dem Weitergewanderten noch
ausreichend Zeit verbleiben soll, um durch Rückkehr nach Deutschland den Besitz der
Erlaubnis zum Daueraufenthalt-EU abzusichern. 60

§ 51 Abs. 9 S. 1 Nr. 5 AufenthG legt fest, dass der Titel nach § 9a AufenthG erlischt, 61
wenn die Rechtsstellung einer bzw. eines langfristig Aufenthaltsberechtigten in einem
anderen EU-Mitgliedstaat erworben wird (Art. 9 Abs. 4 Daueraufenthalts-RL).[24] Ob dies
eine Schlechterstellung gegenüber den Erlöschensgründen der Niederlassungserlaubnis
gleichkommt, ist umstritten, weil jedenfalls mit dem Erwerb der Rechtsstellung eines
langfristig Daueraufenthaltsberechtigten in einem anderen Mitgliedstaat die Voraussetzungen von § 51 Abs. 1 S. 1 Nr. 6 AufenthG erfüllt sein dürften.[25]

Mit § 51 Abs. 9 S. 2 AufenthG werden schließlich die Regelungen des § 51 Abs. 2 bis 4 62
AufenthG für wichtige Auslandskonstellationen hinsichtlich des Titels nach § 9a AufenthG
für entsprechend anwendbar erklärt. Deutschland hat damit den unionsrechtlichen Spielraum genutzt, den Art. 9 Abs. 2 und 3 Daueraufenthalts-RL bietet.

C. Humanitäre Niederlassungserlaubnis nach § 26 Abs. 3 AufenthG

I. Völker- und unionsrechtlicher Rahmen – dauerhafte Lösung für Flüchtlinge

Die völkerrechtlichen Vorgaben der GFK sehen keine konkreten Regelungen zur Erteilung 63
eines unbefristeten Aufenthaltstitels für GFK-Flüchtlinge vor. Gleichwohl lässt sich Art. 34
GFK[26] eine integrationsrechtliche Ausrichtung entnehmen, die die vertragsschließenden
Staaten verpflichtet, soweit wie möglich die **Eingliederung (assimilation)** und **Einbürgerung (naturalization)** der Flüchtlinge zu erleichtern. Der Begriff Eingliederung wird
nicht näher erläutert, dürfte aber auch aufenthaltsrechtliche Entscheidungen bzw. **Statuswandel** (→ § 21 Rn. 2) einschließen. Dafür spricht, dass die GFK die Eingliederung als
eine notwendige Vorstufe zur anzustrebenden Einbürgerung ansieht, die – neben **freiwilliger Rückkehr** in Sicherheit und Würde sowie **Resettlement** – eine der drei möglichen
Formen einer dauerhaften Lösung darstellt.[27] Hinsichtlich der Einbürgerung ist Art. 34
GFK lediglich etwas konkreter formuliert, indem beispielhaft die Höhe der Gebühren und
die Dauer der Einbürgerungsverfahren als staatliche Handlungsfelder genannt werden.
Ebenfalls sollten – selbst im Falle der Beendigung der Schutzberechtigung etwa durch einen

---

[24] BVerwG Urt. v. 19.3.2013 – 1 C 12.12, BeckRS 2013, 51301.
[25] *Hailbronner* AuslR AufenthG § 9a Rn. 5 a f.
[26] Art. 32 des UN-Übereinkommens über die Rechtsstellung der Staatenlosen enthält eine gleichlautende Formulierung.
[27] *Marx* in Zimmermann, The 1951 Convention relating to the status of refugees, Art. 34 Rn. 1, 2, 29 und 33 f.

erfolgten Widerruf[28] – bestehende rechtliche Spielräume geprüft und ggf. genutzt werden, um einen weiteren Aufenthalt im (ehemaligen) Aufnahmestaat „zu ermöglichen", wenn dies von den Betroffenen gewünscht ist.

64 Auf der Ebene des Unionsrechts wurden mit der Änderung der Daueraufenthalts-RL durch die Änderungs-RL von 2011 zumindest die bestehenden allgemeinen unionsrechtlichen Verfestigungsmöglichkeiten auch auf die international Schutzberechtigten nach der Anerkennungs-RL erstreckt (→ Rn. 45). Ferner wurden einige auf die spezifische Situation von international Schutzberechtigten zugeschnittene Regelungen in das nationale Recht aufgenommen (vgl. § 9b Abs. 1 S. 1 Nr. 5, § 58 Abs. 1b und § 91c Abs. 1a und 5a bis 5c AufenthG).

65 Im Ergebnis ist festzuhalten, dass Staaten bzw. insbesondere EU-Mitgliedstaaten aber ein erheblicher Spielraum bei der Ausgestaltung ihrer nationalen Regelungen verbleibt, um die aufenthaltsrechtliche Verfestigung von GFK-Flüchtlingen bzw. international Schutzberechtigten günstiger auszugestalten als es im Unionsrecht vorgesehen ist. Diesen Spielraum hat Deutschland, wie die folgenden Abschnitte zeigen werden, mit dem Zuwanderungsgesetz von 2005 genutzt, gerade in den letzten Jahren aber auch wieder etwas eingeschränkt.

II. Verfestigungsregelung im AufenthG

66 Bis zum Inkrafttreten des AufenthG sah § 68 Abs. 1 AsylVfG vor, dass **Asylberechtigte nach Art. 16a GG** mit ihrer unanfechtbaren Anerkennung eine unbefristete Aufenthaltserlaubnis nach § 24 AuslG 1990 erhalten sollten. Anerkannte GFK-Flüchtlinge erhielten hingegen lediglich eine befristete Aufenthaltsbefugnis nach § 30 Abs. 1 AuslG 1990. Die Aufenthaltsbefugnis hatte nach § 34 Abs. 1 AuslG 1990 eine maximale Geltungsdauer von zwei Jahren. Nach § 35 Abs. 1 AuslG 1990 richtete sich die als Ermessensregelung ausgestaltete aufenthaltsrechtliche Verfestigung für GFK-Flüchtlinge in die unbefristete Aufenthaltserlaubnis nach § 24 Abs. 1 Nr. 2 bis 6 AuslG 1990, wobei der Lebensunterhalt zu sichern und die Asylverfahrenszeiten auf die notwendige Acht-Jahresfrist anzurechnen waren.

67 Die mit dem Zuwanderungsgesetz gefundene Neuregelung zur aufenthaltsrechtlichen Verfestigung führte Asylberechtigte nach Art. 16a GG und anerkannte GFK-Flüchtlingen in § 26 Abs. 3 AufenthG zusammen. Ab 2005 galt damit für diese beiden Gruppen eine einheitliche Regelung hinsichtlich der aufenthaltsrechtlichen Verfestigung in die Niederlassungserlaubnis. Soweit die Gründe für die Schutzgewährung fortbestehen und die Betroffenen im Besitz der Aufenthaltserlaubnis nach § 25 Abs. 1 oder Abs. 2 S. 1 Alt. 1 AufenthG sind, musste die Erteilung der Niederlassungserlaubnis drei Jahre nach der Erteilung der Aufenthaltserlaubnis erfolgen, soweit das BAMF im Rahmen seiner Prüfung nach § 73 Abs. 2a S. 1 und S. 2 AsylG nicht der Ausländerbehörde mitgeteilt hat, dass die Voraussetzungen für einen Widerruf oder eine Rücknahme vorliegen.

68 Diese Prüfung muss beim BAMF spätestens drei Jahre nach Unanfechtbarkeit der begünstigenden Entscheidung des BAMF über den Asylantrag erfolgen. Wird widerrufen oder zurückgenommen, ist dies der Ausländerbehörde innerhalb eines Monats mitzuteilen, andernfalls kann die Mitteilung an die Ausländerbehörde entfallen. Der Ausländerbehörde ist zu übermitteln, welche Personen abgeleiteten Schutz nach § 26 AsylG vom Stammberechtigten erlangt hatten und ob diese vom Widerruf oder der Rücknahme betroffen sind (§ 73 Abs. 2a S. 2–4 AsylG). Die Entscheidung über den Widerruf oder die Rücknahme steht danach nur noch im Ermessen des BAMF, es sei denn, die Voraussetzungen des § 60 Abs. 8 S. 1 AufenthG oder des § 3 Abs. 2 AsylG liegen vor oder das BAMF hat nach § 60 Abs. 1 S. 3 AufenthG von der Anwendung § 60 Abs. 8 S. 1 AufenthG abgesehen (§ 73 Abs. 2a

---

[28] Nicht gemeint sind damit die Fälle, die nach Art. 1 C S. 2 GFK von der sog. Wegfall-der-Umstände-Klausel ausgenommen sind, weil sie sich auf zwingende, auf früheren Verfolgungen beruhende Gründe berufen können, die einer Rückkehr in ihren Herkunftsstaat entgegenstehen.

S. 5 AsylG). § 73 Abs. 7 AsylG sieht nunmehr seit 2019[29] für Entscheidungen des BAMF über den Widerruf oder die Rücknahme nach Abs. 2a S. 1 gestaffelte Fristverlängerungen vor, wenn die behördlichen Entscheidungen in den Jahren 2015 bis 2017 getroffen wurden. Die Mitteilungen an die Ausländerbehörden nach Abs. 2a S. 2 haben in diesen Fällen spätestens bis zum 31. Januar des jeweiligen Folgejahres zu ergehen.

69 Die gesamte Verfestigungsregelung für Asylberechtigte und GFK-Flüchtlinge nach § 26 Abs. 3 AufenthG bereitete in der Praxis eigentlich kaum Schwierigkeiten, weil der Prüfumfang bei der Erteilung der Niederlassungserlaubnis nach § 26 Abs. 3 AufenthG – anders als bei den Aufenthaltstiteln nach den §§ 9, 9a und 26 Abs. 4 AufenthG – überschaubar war. Auch waren die Zahlen der Asylberechtigten und GFK-Flüchtlinge mit einer Niederlassungserlaubnis nach § 26 Abs. 3 AufenthG relativ klein. Zum Stichtag 31.12.2015 besaßen 83.799 Personen diesen Aufenthaltstitel. Auch die Widerrufsregelung bereitete im Jahr 2015, dem Jahr vor Inkrafttreten des Integrationsgesetzes, wenige Probleme. Das BAMF hatte insgesamt nur 9.894 Widerrufsverfahren nach den §§ 73, 73b und 73c AsylG entschieden und in 9.591 Fällen (97 % der Fälle) die Asylberechtigung, den Flüchtlingsschutz, den subsidiären Schutz oder die Feststellung des Vorliegens von Abschiebungsverboten nicht widerrufen oder zurückgenommen.[30]

70 Die Regelung des § 26 Abs. 3 AufenthG entsprach in ihrer integrationsrechtlichen Grundausrichtung, die Aufenthaltsverfestigung auch im humanitären Bereich zu befördern, durchaus anderen Verfestigungsregelungen im AufenthG. Zu nennen wären hier die ebenfalls mit dem AufenthG eingeführte Verfestigungsregelung nach den § 26 Abs. 4 iVm § 35 AufenthG,[31] von der Kinder und Jugendliche mit einer humanitären Aufenthaltserlaubnis profitieren können, wenn sie eine Ausbildung durchlaufen, oder eben die Übergangsvorschriften in § 104 Abs. 2 oder 7 AufenthG (→ Rn. 7 f.). Gerade diese Regelungen sind – trotz der bestehenden Möglichkeiten der Ausländerbehörden, Ermessen auszuüben – realitätsgerecht ausgestaltet.

71 § 26 Abs. 3 AufenthG wurde mit dem **Integrationsgesetz** im Jahr 2016 vor dem Hintergrund des außergewöhnlich hohen Zugangs von Asylbewerberinnen und -bewerbern mit guten Chancen auf eine Schutzzuerkennung nach der GFK geändert.[32] Ziel der Änderung war es, die Erteilung dieser Niederlassungserlaubnis nicht mehr allein von der Dauer des Besitzes der entsprechenden Aufenthaltserlaubnis und dem Fortbestand der Verfolgungsgefahr im Herkunftsstaat des Flüchtlings abhängig zu machen. Es sollte ein neuer „Integrationsanreiz" geschaffen werden, ohne dass das Fehlen eines solchen belegt wurde. Teilweise wurde zu Beginn der Debatte vertreten, die bisherige besondere Verfestigungsregelung im humanitären Bereich gänzlich zu streichen und auch auf diese Fälle allein § 9 AufenthG anzuwenden.

72 Schließlich wurde Einigkeit darüber erzielt, dass weiterhin eine **besondere Verfestigungsregelung für Asylberechtigte und GFK-Flüchtlinge in Kap. 2 Abschnitt 5 AufenthG** erforderlich sei. Im Ergebnis wurden – teilweise modifiziert – Regelungselemente aus den § 9 Abs. 2 und § 26 Abs. 4 AufenthG in den neuen § 26 Abs. 3 AufenthG eingefügt. § 26 Abs. 3 S. 5 und 6 AufenthG stellen klar, dass für vor der Vollendung des 18. Lebensjahrs eingereiste Kinder § 35 AufenthG Anwendung finden kann und dass die Neuregelung zusätzlich auch auf **Resettlement-Flüchtlinge** nach § 23 Abs. 4 AufenthG erstreckt wird.

73 Der neue – unübersichtliche – § 26 Abs. 3 AufenthG teilt sich in zwei Regelungsblöcke: Zum einen in § 26 Abs. 3 S. 1 und 2 AufenthG. Dort wird die Möglichkeit eröffnet, jedenfalls **nach fünf Jahren** des Besitzes einer entsprechenden Aufenthaltserlaubnis eine Niederlassungserlaubnis zu erhalten. Zum anderen in § 26 Abs. 3 S. 3 bis 5 AufenthG. Dort besteht die Möglichkeit, eine Niederlassungserlaubnis **bereits nach drei Jahren** des

---

[29] BGBl. 2019 I 1294, dort Art. 3 Nr. 12.
[30] Vgl. *BAMF*, Das BAMF in Zahlen 2015, 2016, 63.
[31] Eine vergleichbare Regelung war im AuslG 1990 nicht enthalten, was zu zahlreichen Praxisproblemen geführt hatte (vgl. die §§ 24 und 26 Abs. 2 AuslG 1990).
[32] Vgl. Art. 5 Abs. 5, BGBl. 2016 I 1944.

Besitzes einer entsprechenden Aufenthaltserlaubnis zu erhalten. Insbesondere hinsichtlich des Niveaus der Kenntnisse der deutschen Sprache (S. 1 Nr. 4 und S. 3 Nr. 4) und des Umfangs der Lebensunterhaltssicherung (S. 1 Nr. 5 und S. 3 Nr. 5) stellt die Drei-Jahresregelung deutlich höhere Anforderungen als die Fünf-Jahresregelung.

1. Fünf-Jahresregelung (S. 1 und 2)

74 Die Regelung ist nach wie vor als Anspruch formuliert. S. 1 Nr. 1 legt die notwendige Dauer des Besitzes der Aufenthaltserlaubnis auf fünf Jahre fest und ermöglicht – wie § 26 Abs. 4 S. 3 AufenthG – die Anrechnung des der Erteilung der Aufenthaltserlaubnis vorangegangenen Asylverfahrens. S. 1 Nr. 2 macht – wie zuvor – den nicht erfolgten Widerruf bzw. die nicht erfolgte Rücknahme durch das BAMF zu einer Erteilungsvoraussetzung. S. 1 Nr. 3 lässt es ausreichen, dass der Lebensunterhalt – wie nach § 25b Abs. 1 S. 2 Nr. 3 Alt. 1 AufenthG[33] – überwiegend gesichert ist. S. 1 Nr. 4 legt hinreichende Kenntnisse der deutschen Sprache (Niveau A2 GER) als Sprachniveau fest und S. 1 Nr. 5 erklärt § 9 Abs. 2 S. 2 Nr. 4 (Gründe der öffentlichen Sicherheit und Ordnung etc), Nr. 6 (Erlaubnis zur Ausübung der Erwerbstätigkeit), Nr. 8 (Grundkenntnisse der Rechts- und Gesellschaftsordnung und der Lebensverhältnisse im Bundesgebiet) und Nr. 9 (ausreichender Wohnraum) AufenthG für entsprechend anwendbar.

75 In S. 2 werden auch die Festlegungen nach § 9 Abs. 2 bis 6 AufenthG, die Regelung zur Erteilung der Niederlassungserlaubnis für Ehegattinnen bzw. -gatten und Lebenspartnerinnen bzw. -partner nach § 9 Abs. 3 AufenthG und die Vorschrift zu Anrechnungszeiten nach § 9 Abs. 4 AufenthG für entsprechend anwendbar erklärt. Darüber hinaus wird mit Blick auf ältere Personen, die das 67. Lebensjahr bzw., wenn sie vor dem 1.1.1964 geboren sind, das 65. Lebensjahr vollendet haben, von der Erteilungsvoraussetzung nach S. 1 Nr. 3 (Lebensunterhaltssicherung) abgesehen.

2. Drei-Jahresregelung (S. 3 und 4)

76 Die Regelung entspricht weitgehend der Regelung nach S. 1 und 2. Sie lässt allerdings bereits drei Jahre des Besitzes der entsprechenden Aufenthaltserlaubnis ausreichen (S. 3 Nr. 1), fordert jedoch dafür den Nachweis von Kenntnissen der deutschen Sprache auf dem Niveau C1 GER (S. 3 Nr. 3) und die weit überwiegende Sicherung des Lebensunterhalts (S. 3 Nr. 4). Das sind nach einem regelmäßig kurzen Aufenthalt im Bundesgebiet sehr hohe Hürden. Der Verweis auf den erfolgreichen Abschluss des Integrationskurses (§ 9 Abs. 2 S. 2 AufenthG) als Nachweismöglichkeit wird dementsprechend obsolet. Mit Blick auf den Personenkreis, der die Regelung in Anspruch nehmen könnte, entfällt auch der Verweis auf § 9 Abs. 2 S. 3 bis 6 AufenthG (sogenannte Härtefallregelungen).

D. Humanitäre Niederlassungserlaubnis nach § 26 Abs. 4 AufenthG

77 Die aufenthaltsrechtliche Verfestigungsregelung nach § 26 Abs. 4 S. 1 bis 3 AufenthG ist als Ermessenregelung konzipiert. Ihr Anwendungsbereich erfasst grundsätzlich alle Personen mit humanitären Aufenthaltserlaubnissen („im Übrigen"), soweit die Niederlassungserlaubnis bzw. die Erlaubnis zum Daueraufenthalt-EU nicht nach den §§ 9 bzw. 9a AufenthG erteilt werden soll oder keine spezialgesetzlichen Regelungen greifen (§ 23 Abs. 2 S. 3, § 26 Abs. 3 und § 104 Abs. 2 oder 7 AufenthG). § 26 Abs. 4 AufenthG nimmt seit der Änderung durch das **Gesetz zur Neubestimmung des Bleiberechts und der Aufenthaltsbeendigung**[34] sämtliche Voraussetzungen des § 9 Abs. 2 S. 1 AufenthG in Bezug. Somit reicht nunmehr grundsätzlich ein fünfjähriger Besitz der Aufenthaltserlaubnis aus. Bis dahin sah das Recht einen siebenjährigen Besitz der Aufenthaltserlaubnis vor. Auch hier

---

[33] Vgl. hierzu zB OVG Sachsen-Anhalt Urt. v. 7.12.2016 – 2 L 18/15, BeckRS 2016, 115329 Rn. 39 ff.
[34] Vgl. BGBl. 2015 I 1386 ff., dort Art. 1 Nr. 14 lit. c.

gilt § 9 Abs. 2 S. 2 bis 6 AufenthG entsprechend. Die der Erteilung der Aufenthaltserlaubnis vorangegangenen Asylverfahrenszeiten sind anzurechnen.

Die Ermessensregelung in § 26 Abs. 4 S. 4 AufenthG verweist für Kinder, die vor **78** Vollendung des 18. Lebensjahres eingereist sind, auf die entsprechende Anwendung des § 35 AufenthG, der Abweichungen von § 9 Abs. 2 AufenthG ermöglicht. Damit ist sichergestellt, dass als Kinder eingereiste Personen mit einer humanitären Aufenthaltserlaubnis bei der Aufenthaltsverfestigung in die Niederlassungserlaubnis nicht anders behandelt werden als ihre Klassenkameradinnen und -kameraden oder ihre Kolleginnen und Kollegen in der Ausbildung, die eine Aufenthaltserlaubnis nach Kap. 2 Abschnitt 6 AufenthG zum Familiennachzug besitzen.

E. Regelungen zum Übergang eines geduldeten Aufenthalts in einen rechtmäßigen humanitären Aufenthalt

Die einzelnen sehr ausdifferenzierten Vorschriften zu den sogenannten **stichtagsunabhän-** **79** **gigen Bleiberechtsregelungen** nach den §§ 25a und 25b AufenthG werden in einem anderen Abschnitt dargelegt (→ § 5 Rn. 280 ff.). Diese Regelungen – wie auch ihrer Vorgängerregelungen in den §§ 104a und 104b AufenthG sowie zuvor die zahlreichen **Bleiberechtsregelungen der IMK** nach § 23 Abs. 1 AufenthG – passen systematisch nicht unter die Überschrift des Förderns und Forderns. Gleiches gilt auch für die neue Ausbildungsduldung nach § 60c AufenthG und die Beschäftigungsduldung nach § 60d AufenthG (→ § 10 Rn. 78 ff.). Jedenfalls bis vor kurzem wurden im Rahmen dieser Regelungen Nachweise von Integrationsfortschritten gefordert, die staatlicherseits gerade nicht befördert wurden. Der Zugang zu Integrationskursen nach dem AufenthG war für geduldete Personen lange versperrt. Auch die nur teilweise Lebensunterhaltssicherung wurde nicht selten durch eine bundesweit uneinheitliche Anwendung der Regelung zum Beschäftigungsverbot für geduldete Personen nach § 60a Abs. 6 AufenthG erschwert. Hinzu kamen die sogenannte Vorrangprüfung, die je nach Lage auf dem regionalen Arbeitsmarkt unterschiedliche Wirkungen entfaltete, und das Verbot der Leiharbeit für Geduldete. Auch Fördermaßnahmen nach dem SGB III waren lange Zeit ausgeschlossen.

In dem Maße, wie für geduldete Personen Integrationsziele definiert werden, deren **80** Erreichung, im Rahmen der staatlichen Möglichkeiten, auch gefördert wird, werden die Regelungen der §§ 25a, 25b, 60c und 60d AufenthG auch Wirkung entfalten. Dies deutet sich nicht zuletzt hinsichtlich § 25a AufenthG an, dessen zentrale Erteilungsvoraussetzung in § 25a Abs. 1 S. 1 Nr. 2 AufenthG an einen **erfolgreichen vierjährigen Schulbesuch** bzw. an einen **anerkannten Schul- oder Berufsabschluss** anknüpft.

Bereits mit dem Integrationsgesetz[35] wurde ein Anspruch auf Erteilung einer **sogenann-** **81** **ten Ausbildungsduldung** nach § 60a Abs. 2 S. 4 ff. AufenthG eingeführt. Schon sie ermöglichte perspektivisch einen Übergang von geduldeten Personen in eine Aufenthaltserlaubnis nach § 18a Abs. 1 Nr. 1 lit. a AufenthG aF (heute § 19d). Auch diese Regelung belegte sowohl durch ihre Regelungsdichte als auch durch die ihre bundesweit sehr unterschiedliche Anwendung in den Ländern, dass der Umgang mit vollziehbar ausreisepflichtigen Personen, die eine Duldung besitzen, integrationspolitisch weiterhin sehr umstritten ist.

F. Fazit

Die vom BVerwG entschiedenen Fälle zur Auslegung des zentralen Begriffes der Lebens- **82** unterhaltssicherung nach § 9 Abs. 2 S. 1 Nr. 2 AufenthG betrafen Fälle des § 26 Abs. 4 AufenthG, also die Erteilung einer humanitären Niederlassungserlaubnis (→ Rn. 63 ff.). Es lässt sich festhalten, dass in diesen Fällen das Ergebnis aus integrationspolitischer Perspektive

---

[35] BGBl. 2016 I 1944, dort Art. 5 Nr. 8.

unbefriedigend ist. Die Aufenthaltserlaubnis muss weiter erteilt, die Erteilung des unbefristeten Aufenthaltstitels aber muss versagt werden. Die entsprechende Anwendung der Regelung des § 9 Abs. 2 S. 1 Nr. 2 AufenthG auf diese humanitären Fälle sollte überdacht werden. Zum einen hat der nationale Gesetzgeber in Deutschland zu erkennen gegeben, dass der Übergang in die Niederlassungserlaubnis hinsichtlich der Erteilungsvoraussetzungen auch bei einer rechtlichen Verschärfung gegenüber Asylberechtigten und GFK-Flüchtlingen nicht zu streng ausgestaltet werden darf. Er hat gleichzeitig zusätzlich festgelegt, dass Integrationsangebote, die auf die Verbesserung der Arbeits- und Ausbildungsmarktchancen gerichtet sind, durchaus auch während des Asylverfahrens einsetzen sollten (→ § 22 Rn. 17 ff. und → § 25 Rn. 6 ff.).

83 Daneben haben mit der Einbeziehung der international Schutzberechtigten in die Daueraufenthalts-RL auf der Ebene des Unionsrechts die Gründe an Gewicht gewonnen, die für eine realitätsgerechte Ausgestaltung der Aufenthaltsverfestigungsmöglichkeiten für Personen mit humanitären Aufenthaltserlaubnissen sprechen, die ihre Einreise in die EU – anders als Personen, die aus Gründen der Erwerbstätigkeit einreisen – regelmäßig kaum vorbereiten oder planen können.

84 Die Auswirkungen der mit dem Integrationsgesetz erfolgten Änderungen in § 26 Abs. 3 AufenthG können dazu führen, dass Asylberechtigte und GFK-Flüchtlinge – trotz erheblicher Anstrengungen – für lange Zeit oder für immer lediglich eine Aufenthaltserlaubnis besitzen. Die für Asylbewerberinnen und -bewerber im Rahmen verfügbarer Kursplätze ermöglichte Teilnahme an Integrationskursen könnte dazu beitragen, dass jedenfalls diese Gruppe, die vor dem Stichtag 1.8.2019 eingereist ist, die neue Anforderung des Nachweises hinreichender Kenntnisse der deutschen Sprache erfüllen kann. Die verbesserten Chancen, bereits während des noch laufenden Asylverfahrens an Maßnahmen nach dem SGB III teilnehmen zu können oder eine Beschäftigung aufzunehmen, könnten ebenfalls ermöglichen, dass der Nachweis der geforderten überwiegenden Lebensunterhaltssicherung gelingt.

85 Trotzdem wurde die realistische **aufenthaltsrechtliche Verfestigungsmöglichkeit** (§ 26 Abs. 3 S. 1 AufenthG) zeitlich zwei Jahre nach hinten verschoben. Es erscheint nicht sichergestellt, dass die neuen anspruchsvolleren Bedingungen dann regelmäßig erfüllt werden können. Angesichts der teilweise dramatischen Fluchterfahrungen, die mit schweren physischen und psychischen Verletzungen einhergehen können, werden in zahlreichen Fällen die Härtefallregelungen nach § 9 Abs. 2 S. 3 bis 6 AufenthG Anwendung finden müssen. Zu deren Wirksamkeit liegen noch kaum Erfahrungen vor, da im Rahmen der Anwendung des § 9 AufenthG solche Fallkonstellationen erfahrungsgemäß eher selten sind und nur wenige dieser Betroffenen gegen ausländerbehördliche Ablehnungen vorgehen.[36]

86 Integrationsrechtlich und -politisch überzeugender wäre es jedenfalls gewesen, wenn die Regelung befristet und ihr zugleich eine Evaluierungsklausel beigefügt worden wäre. Eine unnötige Härte stellt auch das Fehlen einer Übergangsregelung für Fälle dar, die vor dem Inkrafttreten des Integrationsgesetzes kurz vor der Erteilung der Niederlassungserlaubnis nach § 26 Abs. 3 AufenthG aF standen. Hier hätten Aspekte des Vertrauensschutzes gegenüber Asylberechtigten und GFK-Flüchtlingen höher bewertet werden müssen. Systematisch gut vertretbar wäre es zudem, subsidiär geschützte Personen mit einer Aufenthaltserlaubnis nach § 25 Abs. 2 S. 1 Alt. 2 AufenthG in die Regelung des § 26 Abs. 3 AufenthG einzubeziehen.

87 Auswirkungen hat die Neuregelung in § 26 Abs. 3 AufenthG auf die – durch das Integrationsgesetz unveränderte – **Widerrufsregelung** nach § 52 Abs. 1 Nr. 4 AufenthG.[37]

---

[36] Zum humanitären Bereich vgl. etwa BayVGH Beschl. v. 24.2.2017 – 10 C 16.2086, BeckRS 2017, 105392, und BVerwG Beschl. v. 22.11.2016 – 1 B 117/16, BeckRS 2016, 55868. In letzterem wird weiterhin vertreten, die gesetzlichen Ausnahmen seien grundsätzlich eng auszulegen.

[37] Nach wie vor kommt es natürlich zuerst darauf an, dass ein ggf. erfolgter Widerruf oder eine Rücknahme der Asylberechtigung oder der Zuerkennung von Flüchtlingsschutz durch das BAMF auch vor Gericht Bestand hat. Das ist nur der Fall, wenn sich die Umstände im Herkunftsstaat erheblich und nicht nur

Zum einen erscheint nicht ausgeschlossen, dass mehr Asylberechtigte bzw. GFK-Flüchtlinge und ihre Familien, auch nach längerem Aufenthalt im Bundesgebiet, noch im Besitz einer Aufenthaltserlaubnis sein werden. Neben dem Alter und dem Bildungsstand der Eltern werden mit der Neuregelung das Integrationskursangebot und seine Differenzierung nach unterschiedlichen Zielgruppen sowie die Lage auf dem deutschen Arbeitsmarkt bzw. die dort bestehenden Disparitäten zu wesentlichen Faktoren für die Aufenthaltsverfestigung von Asylberechtigten und GFK-Flüchtlingen. Die länderübergreifende und landesinterne Verteilung von Asylbewerberinnen und -bewerbern iVm mit der Wohnsitzregelung nach § 12a AufenthG nach der Schutzzuerkennung können jedenfalls hinsichtlich der Arbeitsmarkt- und damit der Integrationschancen einen erheblichen Unterschied machen. Diesen Herausforderungen werden sich gerade die **Jobcenter** stärker zu stellen haben als bisher. Dem neuen Fordern muss auch ein sachkundiges und zügiges Fördern gegenüberstehen, das dort an Grenzen stoßen wird, wo der regionale Arbeitsmarkt kaum Beschäftigungschancen bereithält.

Ferner knüpft die Erteilung der Niederlassungserlaubnis nach § 26 Abs. 3 AufenthG nunmehr nicht mehr allein an die Asylberechtigung oder die erfolgte Zuerkennung von Flüchtlingsschutz nach der GFK und deren Fortgeltung an. Sie setzt regelmäßig auch den Nachweis erbrachter Integrationsleistungen voraus. Künftig stehen dann aber bei der Ausübung des Widerrufsermessens nach § 52 Abs. 1 Nr. 4 AufenthG regelmäßig beachtliche persönliche und wirtschaftliche Bindungen dem öffentlichen Interesse an einer Aufenthaltsbeendigung gegenüber.[38] Ein Widerruf einer Niederlassungserlaubnis nach § 26 Abs. 3 AufenthG wird damit wohl schwieriger zu begründen sein als er es ohnehin schon war. § 52 Abs. 1 Nr. 4 AufenthG hat eigentlich keinen Anwendungsbereich mehr. Zumal schon bisher zu prüfen war, ob – selbst nach erfolgtem Widerruf der Niederlassungserlaubnis – die Voraussetzungen des § 25 Abs. 4 S. 2 und Abs. 5 AufenthG vorliegen.

88

Die nach jahrlangen Diskussionen auf Druck der Flüchtlingsverbände und Kirchen in das AufenthG eingeführten gesetzlichen Bleiberechtsregelungen nach den §§ 25a und 25b AufenthG haben bisher noch nicht in dem von vielen erhofften Maße zur Sicherung des Aufenthalts von seit langem geduldeten Personen beigetragen. Ob dies an den gesetzlichen Regelungen selbst liegt oder die Umsetzung in den Ländern zu verbessern ist, bedarf der Prüfung.

89

§ 25 Sozial- und familienrechtliche Absicherung der Integration

Übersicht

	Rn.
A. Ausgewählte integrationsrechtliche Problemfelder im deutschen Sozialrecht	3
I. SGB III	6
1. Ausbildungsförderung nach § 56 SGB III	6
2. Beratung und Vermittlung	9
3. Zugang zu weiteren Leistungen nach dem SGB III	10
II. Ausbildungsförderung nach dem Bundesausbildungsförderungsgesetz (BAföG)	12
III. SGB VIII	14
IV. SGB IX	16
V. SGB XII	19
VI. SGB II	20

---

vorübergehend verändert haben (vgl. Art. 11 Abs. 2 Qualifikations-RL). Für subsidiär geschützte Personen vgl. Art. 16 Abs. 2 Anerkennungs-RL.

[38] Vgl. bereits zur alten Rechtslage *Bauer* in Bergmann/Dienelt AufenthG § 52 Rn. 15 und OVG NRW Beschl. v. 7.9.2010 – 18 E 819/10, BeckRS 2010, 57046.

	Rn.
B. Asylbewerberleistungsgesetz (AsylbLG)	26
I. Grundstruktur, sozialrechtliche und integrationspolitische Einordnung	26
II. Kreis der Leistungsberechtigten und Anspruchsausschluss durch Gewährung von Überbrückungsleistungen (§ 1 AsylbLG)	31
III. Grundleistungen, Leistungen bei Krankheit, Schwangerschaft und Geburt sowie sonstige Leistungen (§§ 3, 3a, 4 und 6 AsylbLG)	35
IV. Sogenannte Analogleistungen (§ 2 AsylbLG)	38
V. Möglichkeiten der Anspruchseinschränkung bei aufenthalts- bzw. asylrechtlichem Fehlverhalten	42
1. Anspruchseinschränkung nach § 1a AsylbLG	42
2. Ergänzende Bestimmungen nach § 11 AsylbLG	52
VI. Möglichkeiten der Anspruchseinschränkung im Bereich des Förderns und Forderns	54
C. Familienleistungen	58
D. Fazit	67

1 Im Folgenden sollen ausgewählte sozial- und familienleistungsrechtliche Regelungen insbesondere für Drittstaatsangehörige sowie das AsylbLG betrachtet werden. Im Fokus steht jeweils die konkrete Ausgestaltung der durch das Sozialrecht vermittelten **Teilhabechancen** im Vergleich zu deutschen Staatsangehörigen und Unionsbürgerinnen bzw. -bürgern. Die oft als **sogenannte Ausländerklauseln** bezeichneten Regelungen vermitteln einen guten ersten Eindruck zu einigen integrationspolitischen und -rechtlichen Grundentscheidungen des Einwanderungslandes Deutschland, insbesondere auch in Fallkonstellationen, in denen die betroffenen Drittstaatsangehörigen (noch) keiner den Lebensunterhalt sichernden Erwerbstätigkeit nachgehen und eine Aufenthaltsbeendigung gleichwohl nicht absehbar ist. Die sogenannten Ausländerklauseln regeln im Bereich der gesellschaftlichen Teilhabe Inklusion bzw. Exklusion, insbesondere von Drittstaatsangehörigen. Diese Grundentscheidungen des Integrationsrechts sind im Zeitverlauf – durch Gesetzesänderungen auf nationaler oder unionsrechtlicher Ebene aber auch durch die Rechtsprechung – Änderungen unterworfen, die ebenfalls nur schlaglichtartig dargestellt und analysiert werden sollen.

2 Was in diesem Rahmen nicht geleistet werden kann, ist eine umfassende Analyse der Frage, ob und wie die unterschiedlichen Leistungen und Hilfeangebote des Sozialstaates tatsächlich für Ausländerinnen bzw. Ausländern zugänglich gemacht oder von diesen nachgefragt werden. Auch der wichtigen Frage, ob – im Vergleich zu deutschen Staatsangehörigen – Ausländerinnen und Ausländer bestimmte Leistungen und Hilfsangebote seltener erhalten, kann hier nicht nachgegangen werden. Dies wäre die Aufgabe einer umfassenden sozialwissenschaftlichen Analyse.

A. Ausgewählte integrationsrechtliche Problemfelder im deutschen Sozialrecht

3 Das SGB I sieht in § 30 vor, dass seine Vorschriften – vorbehaltlich spezialgesetzlicher Regelungen (vgl. § 37 S. 1 SGB I) – nur für Personen gelten, die ihren **Wohnsitz oder gewöhnlichen Aufenthalt** in Deutschland haben. Wer erkennen lässt, dass er sich an einem Ort im Bundesgebiet nicht nur vorübergehend aufhält, begründet einen gewöhnlichen Aufenthalt. Dieser Grundsatz gilt natürlich nur insoweit, wie in über- oder zwischenstaatlichen Abkommen keine abweichenden Regelungen getroffen sind (vgl. zB § 3 Nr. 1 SGB IV).

4 Die Auslegung des Begriffs des **gewöhnlichen Aufenthalts** ist in migrationsrechtlichen Fragen oft umstritten. Umstritten war und ist zuerst, was „nicht nur vorübergehend" bedeutet. Die geltenden aufenthaltsrechtlichen Rahmenbedingungen haben einen Einfluss auf die mögliche Aufenthaltsdauer und -perspektive. Jedenfalls wenn ein **Kurzaufenthalt**, zB ein touristischer Aufenthalt, vorliegt oder der Aufenthaltstitel eine nur kurze Geltungsdauer hat und/oder er auf Grund der rechtlichen Regelungen nicht verlängert werden darf, ist damit auch immer die Frage zu beantworten, ob bereits deshalb von einem nur vorübergehenden Aufenthalt ausgegangen werden darf. Darüber hinaus war in der Vergangenheit mitunter umstritten, ob Kindererziehungszeiten nach dem SGB VI angerechnet werden dürfen,[1] wenn ein Elternteil – zumeist die Mutter – lediglich über eine nur befristete Aufenthaltsgenehmigung bzw. einen nur befristeten Aufenthaltstitel verfügte. Auch der Schutz der Familienkrankenversicherung nach dem SGB V sollte bei befristeten rechtmäßigen Aufenthalten, insbesondere bei humanitären Aufenthaltsbefugnissen, bei Aufenthaltsgestattungen zur Durchführung eines Asylverfahrens und bei Duldungen, nicht eingreifen.[2]

Entscheidend für eine Beurteilung der Frage des Vorliegens eines gewöhnlichen Aufenthalts sind dabei aber nicht nur die Aufenthaltstitel bzw. deren rechtliche Ausgestaltung, sondern auch die jeweiligen Zwecke der unterschiedlichen sozial- oder familienleistungsrechtlichen Regelungen bzw. auch deren Finanzierung. Es macht offenbar einen Unterschied in der Beurteilung, ob der Gesetzgeber steuerfinanzierte (Familienleistungen wie das Elterngeld) oder auf Beitragsleistungen beruhende Sozialleistungen (beitragsfreie Familienversicherung) regelt und welche Zwecke er mit der Gewährung der Leistungen verfolgt. Insoweit hat der Gesetzgeber Entscheidungen zu treffen, die jeweils darauf zu untersuchen sind, ob sie sozial- und damit auch integrationspolitisch vernünftig und letztlich auch verfassungsrechtlich tragfähig sind.[3] 5

I. SGB III

1. Ausbildungsförderung nach § 56 SGB III

Der über die **Berufsausbildungsbeihilfe** nach § 56 SGB III förderungsfähige Personenkreis, der eine betriebliche Berufsausbildung absolviert, war in § 59 SGB III festgelegt. Die Berufsausbildungsbeihilfe stockt gegebenenfalls die Ausbildungsvergütung auf, wenn diese den Lebensunterhalt nicht sichert. Die Regelung hatte über die letzten Jahre zahlreiche Änderungen erfahren, die integrationsrechtlich und -politisch begründet worden waren oder auf die Rechtsprechung reagiert hatten. Insbesondere **bestimmte Gruppen von Drittstaatsangehörigen** wurden dauerhaft oder mit gesetzlich befristeten Regelungen in den Kreis der förderungsberechtigten Personen aufgenommen.[4] Mit dem Ausländerbeschäftigungsförderungsgesetz[5] wurde § 59 SGB III und damit die komplizierte nach Staatsangehörigkeit, Aufenthaltsrecht bzw. -titel und Aufenthaltsdauer differenzierende **Grundnorm aufgehoben.** Die Ausländerklausel wird – stark verkürzt – in § 60 Abs. 3 SGB III angefügt und trifft lediglich noch für Asylbewerberinnen bzw. -bewerber und für geduldete Personen besondere Regelungen: 6

„§ 60 SGB III – Förderungsberechtigter Personenkreis bei Berufsausbildung

(3) Ausländerinnen und Ausländer, die eine Aufenthaltsgestattung nach dem Asylgesetz besitzen, sind während einer Berufsausbildung nicht zum Bezug von Berufsausbildungsbeihilfe berechtigt. Geduldete Ausländerinnen und Ausländer sind während einer Berufsausbildung zum Bezug von Berufsausbildungsbeihilfe berechtigt, wenn die Voraussetzungen nach Absatz 1 in Verbindung mit Absatz 2 vorliegen und sie sich seit mindestens 15 Monaten ununterbrochen erlaubt, gestattet oder geduldet im Bundesgebiet aufhalten."

---

[1] BSG Urt. v. 27.1.1994 – 5 RJ 16/93, BeckRS 1994, 30747695.
[2] SG Aachen Urt. v. 17.1.1994 – 6 Kr 212/93 und die vorgeschlagene Wartefrist von 24 Monaten in der BR-Drs. 466/94, die Aufenthaltsbefugnisse, Aufenthaltsgestattungen und Duldungen betroffen hätte.
[3] *Schlikker* in Barwig, ua, Vom Ausländer zum Bürger, Problemanzeigen im Ausländer-, Asyl- und Staatsangehörigkeitsrecht, 1994, 531–547 mwN.
[4] Vgl. BGBl. 2014 I 2475 (25. BAföGÄndG) und zu befristeten Regelungen BGBl. 2016 I 1939, dort Art. 1 Nr. 3 (§ 132 SGB III i. d. F. des Integrationsgesetzes).
[5] Vgl. BGBl. 2019 I, 1029 ff.

7 Dieser Systemwechsel bei der Berufsausbildungsbeihilfe nach dem SGB III ist ein großer Schritt, der Unionsbürgerinnen bzw. -bürger,[6] aber auch viele Drittstaatsangehörige besser stellt als bisher. § 60 Abs. 3 S. 1 SGB III formuliert zwar – nunmehr ausdrücklich – einen klaren Ausschluss von Asylbewerberinnen bzw. -bewerbern in Ausbildung von der Berufsausbildungsbeihilfe. Bereits die Gesetzesbegründung verweist allerdings darauf, dass für diese Gruppe eine Lösung im AsylbLG gefunden werden soll, was mit dem 3. Änderungsgesetz zum AsylbLG auch erreicht wurde (→ Rn. 38).[7] Die neue Regelung in § 2 Abs. 1 S. 2 Nr. 1 AsylbLG ist – im Vergleich zu den Regelungen des Integrationsgesetzes von 2016 – zudem nicht befristet und ermöglicht, dass alle Asylbewerberinnen bzw. -bewerber, Personen mit einer der in § 1 Abs. 1 Nr. 3 AsylbLG genannten humanitären Aufenthaltserlaubnisse und geduldete Personen in einer dem Grund nach förderungsfähigen betrieblichen Berufsausbildung aufstockende Leistungen nach dem AsylbLG erhalten, wenn ihr Lebensunterhalt nicht über ihr Ausbildungsentgelt gesichert ist. Bisher fielen Leistungsberechtigte nach § 2 Abs. 1 AsylbLG, wenn sie eine betriebliche Berufsausbildung absolvierten, regelmäßig unter den Leistungsausschluss nach § 22 Abs. 1 S. 1 SGB XII. § 60 Abs. 3 S. 2 SGB III behält im Übrigen die bisher geltende Wartefristregelung aus § 59 Abs. 2 SGB III im Ergebnis für die geduldeten Personen bei, die die Voraussetzungen von § 60 Abs. 1 und 2 SGB III erfüllen.

8 Die Berufsausbildungsbeihilfe ist nunmehr hinsichtlich der sogenannten Ausländerklausel klarer und integrationspolitisch überzeugender gefasst als der entsprechende § 8 BAföG. Nicht übersehen werden darf dabei allerdings, dass diese klare Lösung einerseits in Teilen zu Lasten der das AsylbLG finanzierenden Länder bzw. der Kommunen geht und zeitgleich Änderungen im AsylG und im AufenthG den erlaubten Zugang zu einer Beschäftigung bzw. betrieblichen Berufsausbildungen insgesamt erheblich erschweren können: So wurden bundesweit etwa die Höchstaufenthaltsdauer in Aufnahmeeinrichtungen nach § 47 Abs. 1 S. 1 AsylG auf 18 Monate verlängert, das Beschäftigungsverbot nach § 60a Abs. 6 S. 1 Nr. 3 AufenthG ausgeweitet und mit § 60b AufenthG die Duldung mit dem Zusatz „Personen mit ungeklärter Identität" eingeführt. Auch die Änderung in § 1 Abs. 3 S. 1 AsylbLG schiebt in bestimmten Konstellationen das Ende des Leistungsbezugs nach dem AsylbLG hinaus. Die Verlängerung des Grundleistungsbezugs von 15 auf 18 Monate in § 2 Abs. 1 S. 1 AsylbG weist in eine ähnliche Richtung (→ Rn. 38).

2. Beratung und Vermittlung

9 Die **Beratungs- und Vermittlungsangebote** im Rahmen der Arbeitsförderung nach den §§ 29 ff. und 35 ff. SGB III stehen grundsätzlich allen arbeitsuchenden Personen offen. Bereits mit der Registrierung in Deutschland als Asylbewerberin bzw. -bewerber oder auch für Personen mit einer Duldung sind die Agenturen für Arbeit vor Ort zuständig. Das Beratungsangebot kann zB mit dem Ziel genutzt werden, die mitgebrachten Qualifikationen im Hinblick auf deren Anschlussfähigkeit auf dem deutschen Arbeitsmarkt überprüfen lassen. Dies wird mit dem durch das Ausländerbeschäftigungsförderungsgesetz eingefügten § 39a SGB III, der nicht mehr befristet ist, verdeutlicht, der in S. 2 von dieser frühzeitigen Förderung allerdings – weiterhin pauschal – alle Asylbewerberinnen und -bewerber aus sicheren Herkunftsstaaten nach § 29a AsylG ausschließt, weil ein rechtmäßiger und dauerhafter Aufenthalt bei diesen nicht zu erwarten sei (→ § 22 Rn. 17a f.). Mit der Zuerken-

---

[6] Bei der 25. Novelle des BAföG war Ende 2014 noch die Chance vertan worden, auch die Regelungen zur Berufsausbildungsbeihilfe an die neuere Rechtsprechung des EuGH anzupassen, vgl. 25. Gesetz zur Änderung des BAföG v. 23.12.2014, BGBl. 2014 I 2475 ff. und EuGH Urt. v. 21.2.2013 – C-46/12, BeckEuRS 2012, 677069– L. N. Bei Beachtung des Unionsrechts hätten auch Unionsbürgerinnen und -bürger BAB erhalten müssen, wenn sie parallel zur Ausbildung gleichzeitig im unionsrechtlichen Sinne Arbeitnehmerin oder Arbeitnehmer sind. Das dürfte bei betrieblichen Ausbildungen der Fall sein (vgl. EuGH Urt. v. 17.12.2010 – C-188/00, BeckRS 2004, 74793 – Kurz). Seinerzeit wurde nur das BAföG entsprechend angepasst, § 8 Abs. 1 Nr. 3 1. Hs. BAföG

[7] Vgl. BT-Drs. 19/10053 II, 17.

nung internationalen Schutzes oder der Erteilung einer Aufenthaltserlaubnis, die nicht oder nicht mehr von § 1 Abs. 1 Nr. 3 AsylbLG erfasst wird (→ Rn. 33), geht die Zuständigkeit für die Arbeitsförderung auf das Jobcenter über, soweit eine Hilfebedürftigkeit weiter gegeben ist (§ 1 Abs. 3 S. 1 AsylbLG).

3. Zugang zu weiteren Leistungen nach dem SGB III

Im Bereich des SGB III hatte das Integrationsgesetz von 2016 befristet bis zum 31.12.2018 eine Sonderregelung zu Öffnungen für Asylbewerberinnen bzw. -bewerber und geduldete Personen beim Zugang zu bestimmten weiteren Maßnahmen festgelegt.[8] Ausbildungsbegleitende Hilfen, berufsvorbereitende Bildungsmaßnahmen, Ausbildungsgeld und die assistierte Ausbildung wurden damit für weitere Gruppen von Drittstaatsangehörigen grundsätzlich zugänglich, um deren Integration in den Ausbildungs- und Arbeitsmarkt zu befördern.

- **Ausbildungsbegleitende Hilfen** nach § 75 SGB III sind Maßnahmen für förderungsbedürftige junge Menschen, die über die Vermittlung von betriebs- und ausbildungsüblichen Inhalten hinausgehen, insbesondere müssen ausbildungsbegleitende Hilfen während einer Einstiegsqualifizierung über die Vermittlung der vom Betrieb im Rahmen der Einstiegsqualifizierung zu vermittelnden Fertigkeiten, Kenntnisse und Fähigkeiten hinausgehen.
- Förderungsbedürftige junge Menschen werden durch **berufsvorbereitende Bildungsmaßnahmen** nach § 51 SGB III gefördert, um sie auf die Aufnahme einer Berufsausbildung vorzubereiten oder, wenn die Aufnahme einer Berufsausbildung wegen in ihrer Person liegender Gründe nicht möglich ist, ihnen die berufliche Eingliederung zu erleichtern.
- Im Rahmen der **assistierten Ausbildung** nach § 130 SGB III sind lernbeeinträchtigte und sozial benachteiligte junge Menschen förderfähig, die wegen in ihrer Person liegender Gründe ohne die Förderung eine betriebliche Berufsausbildung nicht beginnen, fortsetzen oder erfolgreich beenden können. Sie werden im ebenfalls unterstützten Ausbildungsbetrieb individuell und kontinuierlich gefördert und sozialpädagogisch begleitet. Die Maßnahme kann auch eine vorgeschaltete ausbildungsvorbereitende Phase enthalten.
- **Ausbildungsgeld** nach § 122 SGB III ist eine unterhaltssichernde Leistung und wird als besondere Leistung zur Förderung der beruflichen Eingliederung behinderter Menschen gewährt, wenn kein Anspruch auf Übergangsgeld nach § 119 SGB III besteht. Die Betroffenen haben Anspruch auf Ausbildungsgeld während einer Berufsausbildung oder berufsvorbereitenden Bildungsmaßnahme einschließlich einer Grundausbildung, einer individuellen betrieblichen Qualifizierung im Rahmen der Unterstützten Beschäftigung nach § 55 SGB IX und einer Maßnahme im Eingangsverfahren oder Berufsbildungsbereich einer Werkstatt für behinderte Menschen oder eines anderen Leistungsanbieters nach § 60 SGB IX.

Mit dem Ausländerbeschäftigungsförderungsgesetz soll erreicht werden, dass weitere Leistungen und Instrumente der Förderung von Berufsausbildung und Berufsvorbereitung im SGB III Ausländerinnen bzw. Ausländern grundsätzlich offenstehen. Weiterhin wird jedoch ein abstrakter Zugang zum Arbeitsmarkt vorausgesetzt. Sofern notwendig, werden Zugangsvoraussetzungen oder -beschränkungen für Ausländerinnen bzw. Ausländer bei den einzelnen Instrumenten geregelt. Die **ausbildungsbegleitenden Hilfen nach § 75 SGB III und der ausbildungsbegleitende Teil der assistierten Ausbildung** nach § 130 SGB III sind vollständig geöffnet. Die fortbestehenden Beschränkungen für Asylbewerberinnen bzw. -bewerber wie auch für geduldete Personen lassen sich an dem neu gefassten § 52 Abs. 2 SGB III zu den berufsvorbereitenden Bildungsmaßnahmen veranschaulichen:

---

[8] Vgl. BGBl. 2016 I 1939, dort Art. 1 Abs. 3 und 4.

„§ 52 SGB III – Förderungsberechtigte junge Menschen
(2) Ausländerinnen und Ausländer sind förderungsberechtigt, wenn die Voraussetzungen nach Absatz 1 vorliegen und sie eine Erwerbstätigkeit ausüben dürfen oder ihnen eine Erwerbstätigkeit erlaubt werden kann. Zudem müssen Ausländerinnen und Ausländer, die zum Zeitpunkt der Entscheidung über die Förderberechtigung eine Aufenthaltsgestattung nach dem Asylgesetz besitzen,
1. sich seit mindestens 15 Monaten erlaubt, gestattet oder geduldet im Bundesgebiet aufhalten und
2. schulische Kenntnisse und Kenntnisse der deutschen Sprache besitzen, die einen erfolgreichen Übergang in eine Berufsausbildung erwarten lassen.
Gestattete Ausländerinnen oder Ausländer, die vor dem 1. August 2019 in das Bundesgebiet eingereist sind, müssen sich abweichend von Satz 2 Nummer 1 seit mindestens drei Monaten erlaubt, gestattet oder geduldet dort aufhalten. Für Ausländerinnen und Ausländer, die zum Zeitpunkt der Entscheidung über die Förderberechtigung eine Duldung besitzen, gilt Satz 2 mit der Maßgabe, dass abweichend von Nummer 1 ihre Abschiebung seit mindestens neun Monaten ausgesetzt ist. Für geduldete Ausländerinnen oder Ausländer, die vor dem 1. August 2019 in das Bundesgebiet eingereist sind, muss abweichend von Satz 4 ihre Abschiebung seit mindestens drei Monaten ausgesetzt sein."

Neben den besonderen Anforderungen, dass eine Beschäftigungserlaubnis erteilt werden können muss und hinreichende schulische und sprachliche Kenntnisse gegeben sein müssen, gelten für alle Asylbewerberinnen bzw. -bewerber und geduldete Personen nunmehr nur noch – zeitlich überschaubare – Wartefristen bei den **berufsvorbereitenden Bildungsmaßnahmen** nach § 51 SGB III und der **ausbildungsvorbereitenden Phase der assistierten Ausbildung** nach § 130 SGB III. Beim **Ausbildungsgeld** nach § 122 SGB III wird die Förderung von Asylbewerberinnen bzw. -bewerbern und geduldeten Personen entsprechend § 60 SGB III, also gegebenenfalls auch über das AsylbLG, sichergestellt. Ab dem 16 Monat haben die geduldeten Personen Zugang zum Ausbildungsgeld. Für sogenannte Altfälle ist im Übrigen § 448 SGB III zu beachten.[9] Allein die **außerbetriebliche Ausbildung** nach § 76 SGB III bleibt für die beiden Gruppen weiterhin nach § 76 Abs. 6 Nr. 3 SGB III verschlossen. Mit § 76 Abs. 6 SGB III wurde eine an § 7 Abs. 1 S. 2–4 SGB II angelehnte Ausländerklausel angefügt.

II. Ausbildungsförderung nach dem Bundesausbildungsförderungsgesetz (BAföG)

12 Auch der Anspruch auf Ausbildungsförderung nach dem BAföG enthält in § 8 Abs. 1 Nr. 2 bis 7 sowie Abs. 2 bis 4 BAföG eine lange und unübersichtliche Ausländerklausel. Diese entspricht ganz weitgehend der nunmehr aufgehobenen Ausländerklausel des alten § 59 SGB III (→ Rn. 6). An § 8 BAföG lässt sich rückblickend die schrittweise Durchsetzung des EU-Freizügigkeitsrechts (§ 8 Abs. 1 Nr. 2 bis 5 BAföG), die zunehmende Berücksichtigung völkerrechtlicher Vorgaben im nationalen Recht (§ 8 Abs. 1 Nr. 6 und Abs. 2 Nr. 1 BAföG) und die Entwicklung der Integrationspolitik von der sogenannten Gastarbeiteranwerbung Deutschlands (§ 8 Abs. 3 BAföG) bis zur Aufnahme von Personen mit humanitären Aufenthaltsrechten oder Abschiebungsverboten bzw. -hindernissen in Deutschland (§ 8 Abs. 2 Nr. 1 und 2 und Abs. 2a BAföG) nachzeichnen. Gerade § 8 Abs. 3 Nr. 2 BAföG verdeutlicht das spärliche integrationspolitische Konzept der sogenannten Gastarbeiteranwerbung, das für lange Zeit – über Zeiten von schweren Arbeitsmarktkrisen hinweg, die regelmäßig Migrantinnen und Migranten überproportional trafen – beschränkte Teilhabechancen insbesondere von Kindern türkischer Staatsangehöriger hinnahm, auch wenn diese mit Blick auf ihre in Deutschland durchlaufende Bildungsbiografie förderungsfähige Ausbildungen hätten aufnehmen können.

---

[9] Die Vorschrift lautet: „Für Fälle des § 132 Absatz 1 Satz 1 Nummer 2 in der bis zum 31. Juli 2019 geltenden Fassung sind abweichend von § 60 Absatz 3 und abweichend von § 132 Absatz 4 Nummer 2 in der bis zum 31. Juli 2019 geltenden Fassung § 132 in Verbindung mit § 59 in der jeweils bis zum 31. Juli 2019 geltenden Fassung anwendbar, wenn vor dem 31. Dezember 2019 die laufende Ausbildung begonnen wurde und der erste Antrag auf Berufsausbildungsbeihilfe oder Ausbildungsgeld gestellt wird und die weiteren Anspruchsvoraussetzungen zu diesem Zeitpunkt vorliegen. Für die Voraussetzung, dass bei der Ausländerin oder dem Ausländer ein rechtmäßiger und dauerhafter Aufenthalt zu erwarten ist, ist auf den Zeitpunkt der ersten Antragstellung abzustellen."

Weiterhin sind vor allem Drittstaatsangehörige von der Ausbildungsförderung nach dem 13
BAföG ausgeschlossen, die zum Zweck der Ausbildung (Kap. 2 Abschn. 3 AufenthG) oder
der Erwerbstätigkeit (Kap. 2 Abschn. 4 AufenthG) nach Deutschland eingereist sind. Sie
müssen grundsätzlich ihren Lebensunterhalt anderweitig sichern, um die Verlängerung ihrer
Aufenthaltserlaubnis zu erreichen (→ § 5 Rn. 56 ff.). Jenseits der Wartezeitregelungen in
§ 8 Abs. 2 Nr. 2 und Abs. 2b BAföG sind darüber hinaus bei den Drittstaatsangehörigen
allein Asylbewerberinnen und -bewerber mit einer Aufenthaltsgestattung dauerhaft von der
Ausbildungsförderung nach dem BAföG ausgeschlossen, selbst wenn sie die Voraussetzungen (zB durch Aufnahme eines Studiums) erfüllen. Mit dem 3. Änderungsgesetz zum
AsylbLG wurde diese Förderlücke – allerdings wie beim SGB III in der Fassung des
Ausländerbeschäftigungsförderungsgesetzes (→ Rn. 6) – **jenseits des Ausbildungsförderungsrechts** über eine Änderung in § 2 Abs. 1 S. 2 Nr. 2 und 3 AsylbLG wohl weitgehend für alle Asylbewerberinnen und -bewerber geschlossen (→ Rn. 40).

III. SGB VIII

Die sogenannte Ausländerklausel im SGB VIII ist integrationspolitisch und insbesondere 14
mit Blick auf das Wohl des Kindes nahezu vorbildlich gefasst. § 6 SGB VIII legt Folgendes
zum Geltungsbereich fest:

„§ 6 SGB VIII
(1) Leistungen nach diesem Buch werden jungen Menschen, Müttern, Vätern und Personensorgeberechtigten von Kindern und Jugendlichen gewährt, die ihren tatsächlichen Aufenthalt im Inland haben. Für die Erfüllung anderer Aufgaben gilt Satz 1 entsprechend. Umgangsberechtigte haben unabhängig von ihrem tatsächlichen Aufenthalt Anspruch auf Beratung und Unterstützung bei der Ausübung des Umgangsrechts, wenn das Kind oder der Jugendliche seinen gewöhnlichen Aufenthalt im Inland hat.
(2) Ausländer können Leistungen nach diesem Buch nur beanspruchen, wenn sie rechtmäßig oder auf Grund einer ausländerrechtlichen Duldung ihren gewöhnlichen Aufenthalt im Inland haben. Absatz 1 Satz 2 bleibt unberührt. (…)"

Weder geduldete Personen noch Personen mit einer Aufenthaltsgestattung zur Durch- 15
führung eines Asylverfahrens, die einen rechtmäßigen Aufenthalt vermittelt,[10] sind hinsichtlich des gewöhnlichen Aufenthalts von den Leistungen nach dem SGB VIII ausgeschlossen.
Die Klarheit der Regelung ist für die zuständigen Behörden, insbesondere auch bei unbegleitet eingereisten Minderjährigen, eine große Hilfe. Ein Ausschluss kann nur in Fällen
vollziehbar ausreisepflichtiger Personen ohne Duldung erfolgen (sog. Papierlose).[11]

IV. SGB IX

§ 2 Abs. 2 SGB IX bezieht Geduldete und Personen mit einer Aufenthaltsgestattung zur 16
Durchführung eines Asylverfahrens weiterhin nicht ausdrücklich in den Schwerbehindertenschutz ein. Die ist gerade mit Blick auf die Regelungen der **UN-Behindertenrechtskonvention** problematisch, die keine Unterschiede zwischen eigenen Staatsangehörigen
und Ausländerinnen bzw. Ausländern oder nach Aufenthaltsstatus vorsieht. Das BSG hat
jedoch klar gestellt, dass auf Grund des Zwecks des Schwerbehindertenrechts bei Aufenthalten, die voraussichtlich eine Dauer von sechs Monaten überschreiten, von einem Anspruch auf Schwerbehindertenschutz und Feststellung einer Behinderung nach § 2 Abs. 2
SGB IX auszugehen ist.[12]

---

[10] Vgl. zu Asylbewerberinnen bzw. -bewerber mit Aufenthaltsgestattung *Wissenschaftlicher Dienst des Deutschen Bundestags*, Leistungen und andere Aufgaben der Kinder- und Jugendhilfe v. 30.6.2016 – 9–3000-012/16, 14 f.
[11] Diese Gruppe müsste mit Blick auf die rechtlichen Rahmenbedingungen eigentlich klein sein, vgl. BVerfG Beschl. v. 6.3.2003 – 2 BvR 397/02, NVwZ 2003, 1250 mwN.
[12] BSG Urt. v. 29.4.2010 – B 9 SB 02/09 R.

17 Trotz erheblicher Kritik von Sozialverbänden hat das Gesetz zur Stärkung der Teilhabe und Selbstbestimmung von Menschen mit Behinderungen (Bundesteilhabegesetz – BTHG)[13] in seinem Art. 1 in § 100 SGB IX die alte Ermessensregelung zur Eingliederungshilfe für Ausländerinnen und Ausländer aus § 23 Abs. 1 SGB XII wortgleich übernommen. Wie im SGB XII gilt jedoch auch nach § 100 SGB IX die Einschränkung auf Ermessensleistungen nicht für die große Mehrzahl aller hier lebenden Ausländerinnen bzw. Ausländer, die im Besitz einer Niederlassungserlaubnis oder eines befristeten Aufenthaltstitels sind und sich voraussichtlich dauerhaft im Bundesgebiet aufhalten. Zudem bleiben andere Rechtsvorschriften unberührt, nach denen gegebenenfalls Leistungen der Eingliederungshilfe zu erbringen sind, etwa § 35a SGB VIII.

18 Die Regelungen in den §§ 23 Abs. 1 S. 4 SGB XII und 100 SGB IX sind nicht mehr zeitgemäß. Sie erwähnen im Bereich der unbefristeten Aufenthaltstitel weder § 9a AufenthG (→ § 24 Rn. 44) noch das assoziationsrechtliche Aufenthaltsrecht türkischer Staatsangehöriger (→ § 12 Rn. 1 ff.) oder das Aufenthaltsrecht der Unionsbürgerinnen bzw. -bürger. Konzeptionell ist die Regelung immer noch stark in der Logik des AuslG 1990 verhaftet, das mehr Aufenthaltserlaubnisse vorsah, die grundsätzlich keiner aufenthaltsrechtlichen Verfestigung zugänglich waren. Hinsichtlich des Aufenthalts zu eigentlich vorübergehenden Studienzwecken nach § 16b AufenthG hat das BVerwG zwischenzeitlich eine retrospektive Betrachtung zugelassen, um die Rechtmäßigkeit des gewöhnlichen Aufenthalts mit dem befristeten Aufenthaltstitel zu beurteilen.[14] Eine zeitgemäße Neufassung der §§ 23 SGB XII und 100 SGB IX, die sich an die Ausländerklausel des SGB VIII (→ Rn. 14) anlehnen sollte, wäre insoweit wünschenswert, um den Behörden vor Ort klare Vorgaben zu machen und unnötige bzw. kaum vermittelbare Streitfälle zu vermeiden. Ferner schließt § 100 Abs. 3 SGB IX Leistungsberechtigte nach dem AsylbLG und Personen, die in das Bundesgebiet eingereist sind, um Leistungen nach dem SGB IX zu beziehen, von der Leistungsgewährung aus. § 100 Abs. 2 SGB IX schließt auf den ersten Blick auch Leistungsberechtigte nach dem AsylbLG vom Anspruch auf Leistungen nach dem SGB IX aus. Diese haben jedoch nach der seit 1.1.2020 geltenden Neufassung des § 2 Abs. 1 S. 1 AsylbLG Anspruch nicht nur auf die Analogleistungen entsprechend dem SGB XII, sondern ebenso auch auf Leistungen entsprechend dem SGB IX. Nicht unter § 2 AsylbLG fallende Leistungsberechtigte nach dem AsylbLG können, soweit zur Sicherung der Gesundheit oder des Lebensunterhalts unabweisbar oder zur Sicherung besonderer Bedürfnisse von Kindern geboten, gegebenenfalls Eingliederungshilfeleistungen nach § 6 AsylbLG beanspruchen.

V. SGB XII

19 Zur Beurteilung der Ausländerklausel in § 23 Abs. 1 SGB XII wird auf die vorangegangenen Anmerkungen im Abschnitt zum SGB IX verwiesen (→ Rn. 16 ff.). Auch § 23 Abs. 2 und Abs. 3 S. 1 Nr. 4 SGB XII schließt Leistungsberechtigte nach dem AsylbLG und Personen, die eingereist sind, um Sozialhilfe zu beziehen, von der Leistungsgewährung nach dem SGB XII aus. Den jüngst erfolgten Änderungen für Unionsbürgerinnen und -bürgern und ihren Familienangehörigen kann in diesem Beitrag nicht nachgegangen werden.

VI. SGB II

20 Neben der komplexen neueren Diskussion zu den Möglichkeiten eines Leistungsausschlusses nach dem SGB II bzw. dem SGB XII gegenüber erwerbsfähigen Unionsbürgerinnen bzw. -bürgern und ihren Familienangehörigen, der hier nicht nachgegangen werden kann

---

[13] BGBl. 2016 I 3234.
[14] BVerwG Urt. v. 26.4.2016 – 1 C 9/15, NVwZ 2016, 1811.

(→ § 11 Rn. 70 ff.), beinhaltet § 7 Abs. 1 S. 2 Nr. 3 SGB II eine sogenannte Ausländerklausel für Drittstaatsangehörige, soweit sie nach dem AsylbLG leistungsberechtigt sind..

Personen mit Aufenthaltstiteln nach Kap. 2 Abschn. 5 AufenthG werden über eine **21** Rückausnahme (§ 7 Abs. 1 S. 3 iVm § 7 Abs. 1 S. 2 Nr. 1 SGB II) in den Kreis der Leistungsberechtigten nach dem SGB II einbezogen.

Bei Asylberechtigten, GFK-Flüchtlingen und subsidiär Geschützten besteht der Anspruch **22** nach dem SGB II (bzw. nach dem SGB XII) oft bereits, bevor die Ausländerbehörde im Anschluss an die Entscheidung des BAMF die Aufenthaltserlaubnis erteilt hat. Dies folgt zum einen für Asylberechtigte und GFK-Flüchtlinge aus § 25 Abs. 1 S. 3 und Abs. 2 S. 2 AufenthG, nach dem bis zur Erteilung der Aufenthaltserlaubnis durch die Ausländerbehörde der Aufenthalt als erlaubt gilt. Zum anderen sieht § 1 Abs. 3 S. 1 Alt. 2 AsylbLG vor, dass die Leistungsberechtigung mit Ablauf des Monats endet, in dem die Leistungsvoraussetzung entfällt (→ Rn. 33).

Art. 29 Abs. 1 Anerkennungs-RL knüpft zudem die Sozialhilfegewährung für GFK- **23** Flüchtlinge und subsidiär Geschützte an die erfolgte Schutzzuerkennung und nicht an die Erteilung des Aufenthaltstitels nach Art. 24 Abs. 1 Anerkennungs-RL. Mit der Schutzzuerkennung sollen international Schutzberechtigte sozialhilferechtlich „wie Staatsangehörigen dieses Mitgliedstaates" behandelt werden. Für Personen mit einer Aufenthaltserlaubnis nach § 25 Abs. 5 AufenthG legen § 1 Abs. 1 Nr. 3 lit. c und Abs. 3 S. 1 AsylbLG (→ Rn. 33) das Ende des Leistungsbezugs nach dem AsylbLG und damit den Beginn des Leistungsbezugs nach den Regelsystemen des SGB II bzw. SGB XII fest.[15]

Trotz fehlender vergleichbarer aufenthaltsgesetzlicher Regelungen spricht wenig dafür, **24** dass in Fällen, in denen das BAMF das Vorliegen von nationalen Abschiebungsverboten nach § 60 Abs. 5 oder 7 AufenthG und das Nichtvorliegen der Erteilungssperren nach § 25 Abs. 3 S. 2 und 3 AufenthG festgestellt hat, mit Blick auf den Beginn der Leistungsberechtigung nach dem SGB II anderes gilt als bei Asylberechtigten bzw. international Schutzberechtigten. Es sind keine sachlichen Gründe dafür erkennbar, dass gerade in jenen Fällen die Leistungsberechtigung nach dem SGB II bzw. SGB XII von der tatsächlichen Titelerteilung durch die Ausländerbehörde abhängig sein soll, auch weil diese nach § 42 S. 1 AsylG insoweit an die Feststellungen des BAMF gebunden ist und – wie bei Asylberechtigten bzw. international Schutzberechtigten – nur noch das Vorliegen der Voraussetzungen nach § 5 Abs. 4 AufenthG zu prüfen ist. Insoweit ist kaum Raum für ein Abweichen von dem – anders als § 25 Abs. 1 oder 2 AufenthG – als Soll-Regelung ausgestalteten § 25 Abs. 3 AufenthG denkbar.[16] Die Aufenthaltsgestattung erlischt im Übrigen – wie in den anderen Fällen auch – nach § 67 Abs. 1 Nr. 6 AsylG mit der Unanfechtbarkeit der Entscheidung des BAMF. Damit endet dann auch die Leistungsberechtigung nach dem

---

[15] Für die auf Grund der sog. Familienasylregelung in § 26 AsylG überschaubare Gruppe der Familienangehörigen nach Art. 2 lit. j Anerkennungs-RL von international Schutzberechtigten nach der Anerkennungs-RL, die sich ebenfalls im Schutz gewährenden Mitgliedstaat aufhalten, selbst aber keine Schutzzuerkennung erhalten oder diese gar nicht beantragt haben, sind die Festlegungen in Art. 23 Abs. 2 und 3 Anerkennungs-RL zur Wahrung des Familienverbands zu beachten. Hinsichtlich dieser Personengruppe wäre Umsetzungsbedarf im nationalen Recht zu prüfen. Das BSG hat diesen für die Sozialhilfe (Art. 29) bisher verneint, vgl. BSG Urt. v. 14.6.2018 – B 14 AS 28/17 R, NZS 2019, 271, und Urt. v. 28.5.2015 – B 7 AY 4/12 R, BeckRS 2015, 72729. Hinsichtlich etwa der Erteilung von Aufenthaltstiteln (Art. 24), des Zugangs zu Beschäftigung (Art. 26), der medizinischen Versorgung (Art. 30), des Zugangs zu Wohnraum (Art. 32), der Freizügigkeit (Art. 33) und des Zugangs zu Integrationsmaßnahmen (Art. 34) sind aufenthaltsrechtliche Situationen denkbar (etwa Personen mit Duldung oder Aufenthaltserlaubnissen nach § 25 Abs. 3 oder 5 AufenthG), bei denen nach den nationalen Regelungen der Zugang zu diesen Rechten nach der Anerkennungs-RL versperrt ist. Soweit hingegen auch die Familienangehörigen von international Schutzberechtigten zeitnah nach ihrer Einreise einen Asylantrag gestellt haben, ist die Entscheidung des EuGH Urt. v. 4.10.2018 – C-652/16, NVwZ 2019, 541 – Ahmedbekova, Ahmedbekov, zu beachten, die im Ergebnis bei der Antwort auf die sechste Frage auch das Regelungssystem des § 26 AsylG unionsrechtlich stützt.
[16] Zumal § 25 Abs. 3 S. 2 und 3 AufenthG in Art. 17 der ersten Fassung der Anerkennungs-RL v. 29.4.2004 entstammen und zu einer Zeit Eingang in das AufenthG gefunden haben, als der unionsrechtliche subsidiäre Schutz noch in § 25 Abs. 3 AufenthG und nicht in dessen Abs. 2 geregelt war.

AsylbLG.¹⁷ Eine Duldung, die die Leistungsberechtigung nach dem AsylbLG aufrechterhalten würde, kann in der Übergangsphase zwischen dem Abschluss des Asylverfahrens und der Erteilung der Aufenthaltserlaubnis in diesen Fällen jedenfalls nicht erteilt werden. Dem steht § 60a Abs. 2 S. 1 AufenthG entgegen, weil in diesem Zeitpunkt gerade nicht sicher ist, dass „keine Aufenthaltserlaubnis erteilt wird." Die fachlichen Weisungen der BA zu § 7 SGB II sind insoweit nicht überzeugend. Sie gehen davon aus, dass die Leistungsberechtigung nach dem AsylbLG fortbesteht, bis die Aufenthaltserlaubnis erteilt bzw. „bekannt gegeben" wird, was – wie zuvor dargelegt – nicht zutrifft.¹⁸ Das Risiko, dass Leistungen nach dem SGB II gewährt werden und die Ausländerbehörde dann doch – trotz des vom BAMF festgestellten Vorliegens von Abschiebungsverboten nach § 60 Abs. 5 oder 7 AufenthG – später auf Grund von § 5 Abs. 4 AufenthG die Erteilung des Aufenthaltserlaubnis nach § 25 Abs. 3 AufenthG versagt, ist überschaubar. Es erscheint klarer und überzeugender, in diesen sehr seltenen Fällen, in denen dann regelmäßig eine Duldung erteilt werden dürfte, die Leistungsgewährung nach dem SGB II mit der Erteilung der Duldung wieder zu beenden bzw. – ähnlich den Fällen des § 1 Abs. 3 S. 1 Nr. 2 AsylbLG aF – „rückabzuwickeln" (→ Rn. 33). In den übrigen Fällen, die die übergroße Mehrzahl ausmachen, sollte hingegen so verfahren werden wie bei Asylberechtigten und international Schutzberechtigten: Die positiven Feststellungen des BAMF zum Vorliegen von Abschiebungsverboten nach § 60 Abs. 5 oder 7 AufenthG sollten mit Ablauf des Monats, in dem der Bescheid über die Anerkennung bzw. Zuerkennung bekannt gegeben wurde, für den Beginn des Leistungsbezugs nach dem SGB II ausreichen.

25 Für nachziehende Familienangehörige mit Visum gilt das Gleiche. Die Anspruchsberechtigung setzt auch bei ihnen ein, bevor die Ausländerbehörde die Aufenthaltserlaubnis zum Familiennachzug erteilt hat.¹⁹

B. Asylbewerberleistungsgesetz (AsylbLG)

I. Grundstruktur, sozialrechtliche und integrationspolitische Einordnung

26 Das AsylbLG ist ein durch das AufenthG und das AsylG geprägtes Sondersozialhilferecht, dass seit 1993 die Sozialhilfe für bestimmte Gruppen sozialhilfebedürftiger Ausländerinnen und Ausländer regelt. Es ist kein Teil des Sozialgesetzbuchs und tritt für erwerbsfähige Leistungsberechtigte an die Stelle der Regelsysteme des SGB II sowie für nicht erwerbsfähige Leistungsberechtigte an die Stelle des SGB XII.

27 Der **Anwendungsbereich des AsylbLG** ist seit Inkrafttreten 1993 über Jahre hinweg vergrößert und die Dauer der Leistungsabsenkung zunächst gegenüber den Regelsystemen verlängert worden. Vom Anwendungsbereich erfasst wurden schrittweise auch sozialhilfebedürftige Personen mit humanitären Aufenthaltserlaubnissen, die aufenthaltsrechtlich einer Verfestigung zugänglich sind und in der Praxis auch oftmals längere bzw. dauerhafte Aufenthalte im Bundesgebiet bis hin zu Einbürgerungen begründen.

28 Zusätzlich wurde die Differenz zwischen der Höhe der Sozialhilfeleistungen nach den Regelsystemen des SGB II bzw. des SGB XII und der Höhe der Sozialhilfe, die nach dem AsylbLG zu leisten war, immer größer, weil Letztere über fast zwei Jahrzehnte – anders als die Leistungshöhe in den Regelsystemen – keinerlei Anpassung an die tatsächlichen Ent-

---

17 Die Klagefrist beträgt nach § 74 AsylG zwei Wochen. Damit endet die Leistungsberechtigung nach dem AsylbLG mit Ablauf des Monats, in der letzte Tag der zwei wöchigen Klagefrist nach § 74 AsylG fällt. Im Übrigen gilt bei rechtzeitiger Antragstellung auf Erteilung einer Aufenthaltserlaubnis § 81 Abs. 3 S. 1 AufenthG.
18 Vgl. die fachlichen Weisung der BA zu § 7 SGB II v. 4.4.2018, abrufbar unter: https://www.arbeitsagentur.de/datei/dok_ba015897.pdf, 28 f.
19 Bspw. LSG Nds.-Bremen Beschl. v. 19.9.2014 – L 11 AS 502/14 B ER, BeckRS 2015, 68092; SG Berlin Beschl. v. 16.7.2015 – S 175 AS 13627/15 ER, BeckRS 2016, 67867 und LSG BW Beschl. v. 24.1.2017 – L 9 AS 3548/16, BeckRS 2017, 108456.

wicklungen der Lebenshaltungskosten erfuhr. Erst 2012 führte ein Urteil des BVerfG dazu, dass der Gesetzgeber im AsylbLG überfällige Änderungen vornehmen musste. Die Menschenwürde – so das BVerfG – sei „migrationspolitisch nicht zu relativieren."[20]

Die „evident" unzureichende Höhe der Geldleistungen wurde aufgrund des Urteils erst 2015 gesetzlich angepasst und an die Lohn- und Preisentwicklung gekoppelt. Die Dauer des Bezuges der gegenüber dem SGB XII abgesenkten Leistungen wurde aufgrund des Urteils von 48 auf 15 Monate verkürzt. Der Kreis der Leistungsberechtigten nach dem AsylbLG mit humanitären Aufenthaltstiteln wurde verkleinert und das Ende des Leistungsbezugs bei Personen mit einer Aufenthaltserlaubnis nach § 25 Abs. 5 AufenthG neu geregelt. Die Vorgabe des BVerfG war, dass auch eine kurze Aufenthaltsdauer oder Aufenthaltsperspektive in Deutschland es nicht rechtfertigen kann, den Anspruch auf Gewährleistung eines menschenwürdigen Existenzminimums auf die Sicherung der physischen Existenz zu beschränken.[21] 29

Mit dem **Rechtsstellungsverbesserungsgesetz,** den **Asylpaketen I und II** sowie dem **Integrationsgesetz**[22] wurden nur kurz danach zahlreiche weitere Änderungen in das AsylbLG eingefügt, die teilweise von Fachkreisen deutlich kritisiert wurden. Die neuen Sanktionen seien anspruchsausschließend und nicht anspruchseinschränkend konzipiert und ließen zumindest teilweise keinen Raum für eine einzelfallbezogene Beurteilung. Die Leistungskürzungen könnten mitunter auch nicht durch eine Änderung des konkreten persönlichen Verhaltens beendet werden.[23] Zudem verkomplizierten die Neuregelungen teilweise die Struktur des Gesetzes und verwischten die Abgrenzung zu den Regelsystemen. Die Regelungen des AsylbLG müssen sich für Asylbewerberinnen und -bewerber auch am Unionsrecht, namentlich an der Aufnahme-RL, messen lassen. Der Gesetzgeber hat gleichwohl 2019 mit dem Dritten Gesetz zur Änderung des AsylbLG sowie dem Zweiten Gesetz zur besseren Durchsetzung der Ausreisepflicht erneut weitere – teilweise tiefgreifende – Änderungen des AsylbLG beschlossen.[24] 30

II. Kreis der Leistungsberechtigten und Anspruchsausschluss durch Gewährung von Überbrückungsleistungen (§ 1 AsylbLG)

Zum Kreis der Leistungsberechtigten nach § 1 Abs. 1 AsylbLG gehören sozialhilfebedürftige Asylbewerberinnen und -bewerber mit Ankunftsnachweis[25] oder Aufenthaltsgestattung, geduldete Personen, vollziehbar ausreispflichtige Personen ohne Duldung,[26] auch wenn die Abschiebungsandrohung nicht oder nicht mehr vollziehbar ist, deren Familienangehörige, soweit sie Mitglieder der Kernfamilie sind, Folge- und Zweitantragsteller sowie Personen mit Aufenthaltserlaubnissen nach § 23 Abs. 1 AufenthG wegen des Krieges im Heimatland 31

---

[20] BVerfG Urt. v. 18.7.2012 – 1 BvL 10/10 und 2/11, NVwZ 2012, 1024 Rn. 121 und Gesetz zur Änderung des AsylbLG und des Sozialgerichtsgesetzes v. 10.12.2014, BGBl. 2014 I 2187.
[21] BVerfG Urt. v. 18.7.2012 – 1 BvL 10/10 und 2/11, NVwZ 2012, 1024 Rn. 120.
[22] Gesetz zur Verbesserung der Rechtsstellung von asylsuchenden und geduldeten Ausländern, BGBl. 2014 I 2439, Asylverfahrensbeschleunigungsgesetz und die Verordnung zu diesem Gesetz, BGBl. 2015 I 1722, Gesetz zur Einführung beschleunigter Asylverfahren, BGBl. 2016 I 390 und Integrationsgesetz, die Verordnung zum Integrationsgesetz und die Vierte Verordnung zur Änderung der Beschäftigungsverordnung, BGBl. 2016 I 1939 ff.
[23] In Anknüpfung an das BSG Urt. v. 12.5.2017 – B 7 AY 1/16 R, BeckRS 2017, 124261, vgl. zugespitzt aber instruktiv *Voigt* Asylmagazin 2017, 436.
[24] Vgl. BGBl. 2019 I 1290 und BGBl. 2019 I 1294. Bereits mit vielen gewichtigen verfassungs- und sozialrechtlichen Fragen zu den erfolgten gesetzlichen Änderungen das LSG Nds.-Bremen, Beschl. v. 4.12.2019 – L AY 36/19 B ER.
[25] Eine Leistungsberechtigung nach dem neuen § 1 Abs. 1a AsylbLG besteht auch in den Fällen, in denen zwar bereits ein Asylgesuch vorliegt, ein Ankunftsnachweis aber noch nicht ausgestellt ist.
[26] Das können Personen sein, denen Papiere wie eine sog. Grenzübertrittsbescheinigung (GÜB) oder eine Passeinzugsbescheinigung (PEB) ausgestellt wurden. Die Leistungsberechtigung endet nicht immer mit dem Erlöschen der Aufenthaltsgestattung. Der EuGH hat mit Urt. v. 27.9.2014 – C-179/11, NVwZ 2012, 15292, festgestellt, dass die Regelungen der alten Aufnahme-RL von 2003 bis zur tatsächlichen Überstellung nach der Dublin II-Verordnung zu beachten sind.

sowie nach den §§ 24, 25 Abs. 4 S. 1 und in bestimmten Fällen auch nach § 25 Abs. 5 AufenthG. Mit dem Zweiten Gesetz zur besseren Durchsetzung der Ausreisepflicht wurde § 1 Abs. 4 AsylbLG angefügt, der den Anspruch auf Leistungen nach dem AsylbLG für vollziehbar ausreisepflichtige Personen ohne Duldung ausschließt, wenn diese bereits von bestimmten Staaten internationalen Schutz erhalten haben und dieser fortbesteht (→ Rn. 34).

32 Im Falle einer Aufenthaltserlaubnis nach § 25 Abs. 5 AufenthG endet die Leistungsberechtigung nach dem AsylbLG, wenn die Entscheidung über die Aussetzung der Abschiebung mehr als 18 Monate zurückliegt. Für die minderjährigen Kinder in der Familie, die ebenfalls eine Aufenthaltserlaubnis nach § 25 Abs. 5 AufenthG besitzen, ist in diesen Fällen § 1 Abs. 3 S. 2 AsylbLG zu beachten. Damit nehmen die Leistungsberechtigten, die im Besitz einer Aufenthaltserlaubnis nach § 25 Abs. 5 AufenthG sind, im AsylbLG eine leistungsrechtliche Sonderrolle ein, weil sie mit Ablauf einer Frist ohne Statusänderung in das SGB II bzw. in das SGB XII hineinwachsen. Ein solcher fristenbasierter Übergang zwischen den leistungsrechtlichen Systemen liegt aus integrationsrechtlicher Perspektive auch für alle anderen Leistungsberechtigten nahe, zumindest wenn sie im Besitz eines Aufenthaltserlaubnis sind, eine aufenthaltsrechtliche Verfestigungsmöglichkeit also rechtlich angelegt ist.

33 Im Übrigen endet die Leistungsberechtigung nach § 1 Abs. 3 S. 1 AsylbLG nunmehr nur noch im Fall der Ausreise oder des Wegfalls der Leistungsvoraussetzung mit Ablauf des Monats, in dem die Leistungsberechtigung entfallen ist. Diese mit dem 3. Änderungsgesetz zum AsylbLG erfolgte Neuregelung ist ein systematischer Rückschritt, weil sie die integrationspolitisch gut vertretbare sozialhilferechtliche Privilegierung von durch Gerichtsentscheidungen anerkannten Asylberechtigten nach Art. 16a GG und GFK-Flüchtlingen, auch wenn diese noch nicht unanfechtbar geworden waren, ersatzlos streicht, statt sie zumindest auch auf die subsidiär Schutzberechtigten und damit jedenfalls auf alle international Schutzberechtigten zu erstrecken.[27] Dass nunmehr auf die endgültige Bestandskraft der Entscheidung abgestellt wird, dürfte angesichts der oft lange dauernden Berufungsverfahren sowohl die Betroffenen als auch die Länder bzw. Kommunen – wohl oft über Jahre hinweg – belasten und mögliche Integrationsprozesse hinauszögern. Der Hinweis in der Gesetzesbegründung auf die erwähnten Probleme bei der Rückabwicklung von Fällen, in denen eine noch nicht unanfechtbar gewordene gerichtliche Entscheidung in einer höheren Instanz dann doch aufgehoben wird, überzeugt dem gegenüber nicht bzw. ist unausgewogen.

34 Nach § 1 Abs. 4 S. 1 AsylbLG haben Leistungsberechtigte nach § 1 Abs. 1 Nr. 5 AsylbLG – also **vollziehbar ausreisepflichtige Personen ohne Duldung** – keinen Anspruch auf Leistungen nach dem AsylbLG, wenn ihnen von einem anderen Mitgliedstaat oder von einem an einem Verteilmechanismus teilnehmenden Drittstaat im Sinne von § 1a Abs. 4 S. 1 AsylbLG internationaler Schutz gewährt worden ist und dieser Schutz fortbesteht.[28] Die erfolgte Gewährung internationalen Schutzes und sein Fortbestehen in dem anderen Staat müssen verlässlich festgestellt werden. Soweit die Betroffenen hilfebedürftig sind, werden ihnen bis zu ihrer Ausreise für nur zwei Wochen einmalig innerhalb von zwei Jahren lediglich Überbrückungsleistungen gewährt. Der Zweijahreszeitraum beginnt mit dem Erhalt der Überbrückungsleistung. Die Überbrückungsleistungen in diesen zwei Wochen sollen als Sachleistungen gewährt werden und umfassen Leistungen nach § 1a Abs. 1 sowie § 4 Abs. 1 S. 1 und Abs. 2 AsylbLG. Zur Überwindung einer besonderen Härte sind im

---

[27] Die noch im Entwurf für ein Drittes Gesetz zur Änderung des AsylbLG, BT-Drs. 18/9985 v. 12.10.2016 iVm der BR-Drs. 713/16 v. 2.12.2017, vorgesehene Gleichstellung der international Schutzberechtigten mit Asylberechtigten hinsichtlich des Endes der Leistungsberechtigung wurde nicht Gesetz. Im Vermittlungsausschuss am Ende der 18. Legislaturperiode konnte auch in diesem Punkt keine Einigung erreicht werden. Es kam auch nicht zur ausdrücklich fälligen sog. Betragsanpassung.

[28] Nicht von der Neuregelung erfasst sind sog. Dublin-Fälle, für deren Asylverfahren ein anderer Mitgliedstaat zuständig ist, weitere Hinweise zur Anwendung gibt zB das Land Rheinland-Pfalz, abrufbar unter: https://fluechtlingsrat-rlp.de/wp-content/uploads/2019/08/RS_MFFJIV-GRG_zum_AsylbLG_v_26082019.pdf.

Einzelfall andere Leistungen nach den §§ 3, 4 und 6 AsylbLG zu gewähren. Über den Zeitraum von zwei Wochen hinaus sind Leistungen zu gewähren, soweit dies im Einzelfall auf Grund besonderer Umstände zur Überwindung einer besonderen Härte und zur Deckung einer zeitlich befristeten Bedarfslage geboten ist. Neben den Überbrückungsleistungen werden nach S. 7 auf Antrag auch die angemessenen Kosten der Rückreise nach S. 9 als Darlehen übernommen, insbesondere damit – so S. 8 – gegebenenfalls Überbrückungsleistungen aus eigenen Mitteln oder mit Hilfe Dritter gedeckt werden können. Die gesamte sehr eng formulierte Neuregelung des **Abs. 4 findet keine Anwendung (mehr), wenn der vollziehbar ausreisepflichtigen Person eine Duldung erteilt wird,** weil sie dann nach § 1 Abs. 1 Nr. 4 AsylbLG leistungsberechtigt ist. Die wenigen Hinweise in der Begründung zu den Härtefallkonstellationen und insbesondere der Grundgedanke des Gesetzgebers, „typisierendend" sei davon auszugehen, dass die betreffenden Leistungsberechtigten erst vor sehr kurzer Zeit nach Deutschland eingereist seien, daher sei die Annahme gerechtfertigt, dass es „für sie im Regelfall mit keinem unverhältnismäßigen Aufwand verbunden ist, Deutschland kurzfristig wieder zu verlassen", dürfte die Anwendung der Härtefallregelungen prägen. Aus der Praxis sind zahlreiche zugespitzte Fallkonstellationen denkbar, die mit Blick auf bestehende unions- und verfassungsrechtlichen Vorgaben eine großzügige Anwendung der Härtefallregelungen unabweisbar erscheinen lassen.[29] So dürften Kinder, weil sie das Fehlverhalten nicht selbst zu vertreten haben, sowie besonders schutzbedürftige Leistungsberechtigte von den Sanktionen des § 1 Abs. 4 AsylbLG grundsätzlich auszunehmen sein.

III. Grundleistungen, Leistungen bei Krankheit, Schwangerschaft und Geburt sowie sonstige Leistungen (§§ 3, 3a, 4 und 6 AsylbLG)

Das AsylbLG gewährt Geld- und Sachleistungen für **Unterkunft, Ernährung, Kleidung, medizinische Versorgung, Hygienebedarf und Leistungen für den persönlichen Bedarf.** Bei den Grundleistungen nach § 3 AsylbLG sind nach § 3 Abs. 1 S. 1 und 2 AsylbLG der notwendige Bedarf einerseits (Wohnen, Heizung, Ernährung, Kleidung etc) und der notwendige persönliche Bedarf bzw. der sogenannte Bargeldbedarf andererseits (ÖPNV, Telefon, Freizeit etc) zu unterscheiden. Die Grundleistungen sind nunmehr grundsätzlich nach § 2 Abs. 1 S. 1 AsylbLG in den ersten 18 Monaten des Aufenthalts im Vergleich zu den Regelsätzen nach dem SGB II bzw. SGB XII abgesenkt. Gleichwohl bleibt es nach § 3a Abs. 4 und 5 AsylbLG rechtlich bei einer Orientierung der Grundleistungen an den Leistungssätzen des SGB II bzw. SGB XII, die jährlich an die Lohn- und Preisentwicklung anzupassen sind. Mit dem 3. Änderungsgesetz zum AsylbLG wurden die Regelungen zu den Grundleistungen neu strukturiert und aus Gründen der besseren Übersichtlichkeit auf zwei Paragrafen aufgeteilt. Die Grundnorm des § 3 AsylbLG regelt weiterhin Art und Umfang der durch die Grundleistungen abgedeckten Bedarfe und trifft Festlegungen zur Leistungsform und zur Art und Weise der Leistungserbringung. Die bislang in § 3 AsylbLG enthaltenen Regelungen zu den Geldleistungssätzen der Grundleistungen, einschließlich der Regelungen zu ihrer Fortschreibung und Neufestsetzung, werden aus systematischen Gründen herausgelöst und in dem neuen § 3a AsylbLG zusammengefasst. In § 3a Abs. 1 und 2 AsylbLG werden die Geldleistungssätze auf Basis der Einkommens- und Verbrauchsstichprobe 2013 und des Regelbedarfs-Ermittlungsgesetzes neu festgesetzt und zugleich die Regelbedarfsstufen für erwachsene Leistungsberechtigte neu strukturiert. Da die neuen Regelbedarfsstufen an unterschiedliche Unterbringungsformen anknüpfen, fügte sich die Neuregelung der Regelbedarfsstufen nicht mehr in die bestehende Systematik des § 3 AsylbLG, dessen Abs. 1 nur für Leistungsberechtigte in Aufnahmeeinrichtungen Anwendung findet. Diese systematischen Neuerungen, die an eine vom 1.1.2017 bis zum 30.8.2019 dauernde Phase ausgebliebener Anhebungen der Regelsätze anschließen, obwohl in dieser

35

---

[29] LSG Nds.-Bremen Beschl. v. 4.12.2019 – L AY 36/19 B ER.

Zeit hinsichtlich des SGB II bzw. SGB XII Anhebungen erfolgten, werden in der Praxis rechtliche und administrative Fragen aufwerfen, die an dieser Stelle nur angedeutet werden können:

– Bei dem pauschalierten notwendigen persönlichen Bedarf im Sinne des AsylbLG werden in § 3a Abs. 1 AsylbLG einige regelbedarfsrelevante Verbrauchsausgaben aus den Abteilungen 9 (Freizeit, Unterhaltung, Kultur), 10 (Bildung) und 12 (Dienstleistungen) bei der Neubemessung der Geldbeträge nicht mehr berücksichtigt,[30] was mit einer „abweichende(n) Bedarfslage der Leistungsberechtigten nach dem AsylbLG zu Beginn des Aufenthalts" begründet wird.
– Der neue § 3 Abs. 3 S. 3 AsylbLG regelt abweichend von dem bisher geltenden § 3 Abs. 2 S. 4 AsylbLG, dass die Bedarfe an Strom und Wohnungsinstandhaltung zukünftig – ebenso wie Hausrat – gesondert als Geld- oder Sachleistung erbracht werden. Diese Änderung setzt auf der Neufestlegung der Geldbeträge für den notwendigen Bedarf in § 3a Abs. 2 AsylbLG auf, die nunmehr unter Abzug der regelbedarfsrelevanten Verbrauchsausgaben für Strom und Wohnungsinstandhaltung bemessen und entsprechend abgesenkt werden. Durch die Ergänzung der genannten Bedarfe in dem neu gefassten § 3 Abs. 3 S. 3 AsylbLG soll sichergestellt werden, dass sie gesondert zu erbringen sind und die Kürzung der Geldbeträge somit nicht zu einer Bedarfskürzung führt. Eine Änderung bedeutet dies in der Praxis vor allem für Leistungsberechtigte, die in einer eigenen Wohnung leben. Sie müssen die Übernahme der Stromrechnungen nun beantragen, was eine Zunahme des Verwaltungsaufwands bedeuten dürfte.
– Mit dem neuen § 3a Abs. 1 Nr. 2b AsylbLG wird eine **besondere Regelbedarfsstufe** für erwachsene Leistungsberechtigte eingeführt, die in Aufnahmeeinrichtungen, Gemeinschaftsunterkünften oder vergleichbaren sonstigen Unterkünften (Sammelunterkünfte) nicht nur kurzfristig untergebracht sind. Sie werden zukünftig – wie Leistungsberechtigte in Paarhaushalten – der Regelbedarfsstufe 2 zugeordnet. Dies entspricht einer Leistungskürzung um 10 % und gilt unabhängig davon, ob die Betroffenen in der Unterkunft allein, mit einer Partnerin oder einem Partner oder mit anderen Erwachsenen oder Kindern zusammenleben. Auch alleinerziehende Personen mit Kindern werden also von der Kürzung erfasst. Mit der Begrenzung des Leistungssatzes auf das Niveau der Regelbedarfsstufe 2 soll – folgt man der Gesetzesbegründung – der besonderen Bedarfslage von Leistungsberechtigten in Sammelunterkünften Rechnung getragen werden. Es sei davon auszugehen, dass eine Gemeinschaftsunterbringung für die Bewohnerinnen und Bewohner solcher Unterkünfte Einspareffekte zur Folge hat, die denen in Paarhaushalten im Ergebnis vergleichbar seien. Diese recht kühne sozialhilferechtliche These wurde im Rahmen des Gesetzgebungsverfahrens seitens der Fachverbände scharf kritisiert und zwar nicht nur, weil parallel die Höchstaufenthaltsdauer für Aufnahmeeinrichtungen nach § 47 AsylG verlängert und die Möglichkeiten, einen solchen Aufenthalt vorzeitig zu beenden, eingeschränkt wurden. Bestritten wurde vor allem die Vergleichbarkeit der Lebenswirklichkeiten von gemeinsam wirtschaftenden Paarhaushalten und alleinstehenden Erwachsenen, die – nicht selten mit sehr unterschiedlichen Aufenthaltsperspektiven – in Einrichtungen untergebracht sind. Dem folgen bereits einige Sozialgerichte.[31]
– Ebenfalls einer anderen Regelbedarfsstufe zugeordnet werden nach § 3a Abs. 1 Nr. 3 lit. a AsylbLG junge Erwachsene zwischen 18 und 25 Jahren, die im Haushalt der Eltern oder eines Elternteils wohnen. Sie werden nicht mehr von der Regelbedarfsstufe 1, sondern nun von der Regelbedarfsstufe 3 erfasst. Das AsylbLG wird damit – auch laut der Gesetzesbegründung – stärker an die Regelungen im SGB II herangerückt. Es entfernt sich damit zugleich vom SGB XII.

---

[30] Vgl. im Einzelnen BT-Drs. 19/10052, 22.
[31] Vgl. hierzu sehr klar das SG Landshut Beschl. v. 24.10.2019 – S 11 AY 64/19 ER, BeckRS 2019, 25804; SG Hannover Beschl. v. 20.12.2019 – S 53 AY 107/19 ER und mit zahlreichen weiteren Hinweisen *Genge*, Das geänderte Asylbewerberleistungsgesetz, Beilage zum Asylmagazin 8–9/2019, 14–22 (17f).

Der Anspruch auf **medizinische bzw. zahnmedizinische Versorgung** nach § 4 36 Abs. 1 AsylbLG ist vom Wortlaut auf die Behandlung akuter Erkrankungen und Schmerzzustände beschränkt, wobei § 6 AsylbLG die Möglichkeit der Gewährung sonstiger Leistungen im Wege des Ermessens vorsieht. Insgesamt sind die Regelungen in § 4 Abs. 1 iVm § 6 AsylbLG in Übereinstimmung mit den Vorgaben des Grundgesetzes bzw. des Unionsrechts anzuwenden und ggf. auszulegen. Dies muss etwa dazu führen, dass Behandlungen auch von chronischen Erkrankungen bzw. von Erkrankungen, die im Falle einer Nichtbehandlung Verschlechterungen des Gesundheitszustandes nach sich ziehen würden, durchzuführen sind. Werdenden Müttern und Wöchnerinnen sind nach § 4 Abs. 2 AsylbLG auch in den ersten 18 Monaten ihres Aufenthalts ärztliche und pflegerische Hilfe und Betreuung, Hebammenhilfe, Arznei-, Verband- und Heilmittel zu gewähren.

Über § 6 AsylbLG soll nicht nur die Lücke geschlossen werden, die ggf. bei Anwendung 37 von § 4 AsylbLG im Bereich der Leistungsgewährung bei Krankheit entstehen könnte. Im Einzelfall ermöglicht die Regelung, insbesondere Leistungen zur Sicherung des Lebensunterhalts, zur Deckung besonderer Bedürfnisse von Kindern oder zur Erfüllung verwaltungsrechtlicher Mitwirkungspflichten zu gewähren.[32] Im Ergebnis dürfte sich die formal als Kann-Formulierung gefasste Regelung im Einzelfall bei verfassungskonformer Auslegung zu einem Anspruch verdichten. Dies dürfte für Asylbewerberinnen und -bewerber aus den zwingenden unionsrechtlichen Regelungen zB in den Art. 19 Abs. 2, Art. 23 und 25 Aufnahme-RL folgen. In die gleiche Richtung weist auch die als strikter Anspruch formulierte Regelung in § 6 Abs. 2 AsylbLG, die ihren unionsrechtlichen Ursprung in der Vorübergehenden Schutz-RL von 2001 hat.

IV. Sogenannte Analogleistungen (§ 2 AsylbLG)

Für alle Leistungsberechtigten sind nach § 2 Abs. 1 S. 1 AsylbLG abweichend von den 38 §§ 3, und 4 sowie 6 bis 7 AsylbLG das SGB XII und das SGB IX entsprechend anzuwenden **(sogenannte Analogleistungen),** wenn sie sich nunmehr seit 18 Monaten ohne wesentliche Unterbrechung im Bundesgebiet aufhalten und die Dauer des Aufenthalts nicht rechtsmissbräuchlich selbst beeinflusst haben. Die Übergangsregelung in § 15 AsylbLG stellte sicher, dass für einige sogenannte Altfälle weiter die kürzere 15-Monatsfrist galt. Inwieweit die dauerhafte und allein auf ein nicht mehr heilbares Fehlverhalten in der Vergangenheit abstellende sozialhilferechtliche Sanktion („rechtsmissbräuchlich beeinflusst **haben**") verfassungsrechtlich unbedenklich ist, ist diskussionswürdig.[33] Auch die Einschränkungen bei der gesundheitlichen Versorgung enden mit Beginn des Analogleistungsbezugs. Dann besteht Anspruch auf eine Gesundheitskarte und volle Leistungen nach der GKV (§ 264 Abs. 2 SGB V). **Entsprechende Anwendung** bedeutet, dass die Leistungsberechtigung weiterhin nach dem AsylbLG erfolgt. § 2 Abs. 1 S. 4 AsylbLG legt fest, dass die oben beschriebene Herabstufungen bei den Regelbedarfsstufen für alleinstehende und alleinerziehende Erwachsene in Aufnahmeeinrichtungen bzw. Gemeinschaftsunterkünften wie auch die für junge Erwachsene, die im Haushalt ihrer Eltern oder eines Elternteils wohnen, auch für den Analogleistungsbezug gelten. § 2 Abs. 3 AsylbLG stellt für Familien mit minderjährigen Kindern sicher, dass innerhalb der Familie im Grundsatz immer die gleichen Leistungen gewährt werden.

Schon die analoge Anwendung des SGB XII gemäß § 2 Abs. 1 AsylbLG nach 18 Mo- 39 naten Aufenthalt verdeutlicht gleichwohl, dass das AsylbLG auch für erwerbsfähige Leistungsberechtigte nicht klar auf eine Integration in den Ausbildungsmarkt – und gegebe-

---

[32] Die Kosten für den Abbruch einer Schwangerschaft von nach dem AsylbLG leistungsberechtigten Frauen werden nicht nach dem AsylbLG, sondern nach § 19 iVm § 21 Abs. 1 Schwangerschaftskonfliktgesetz übernommen.
[33] Vgl. jüngst BVerfG Urt. v. 5.11.2019 – 1 BvL 7/16, NJW 2019, 3703, zu den Sanktionen nach dem SGB II und auch mit zahlreichen Hinweisen auf die Rechtsprechung zu nicht mehr korrigierbaren aufenthaltsrechtlichem Fehlverhalten LSG Nds.-Bremen Beschl. v. 4.12.2019 – L AY 36/19 B ER.

nenfalls auch danach – in den Arbeitsmarkt zielt. Sozialhilfeleistungen nach dem AsylbLG, dem SGB XII oder auch dem SGB II haben grundsätzlich nicht die Funktion, den Lebensunterhalt während einer dem Grunde nach förderungsfähigen Berufs- oder Hochschulausbildung zu sichern. Dies ist grundsätzlich die Aufgabe des Ausbildungsförderungsrechts nach dem SGB III für betriebliche Berufsausbildungen bzw. nach dem BAföG für schulische Berufsausbildungen sowie für Hochschulausbildungen. Leistungsberechtigte nach dem AsylbLG waren deshalb regelmäßig von der Ausbildungsförderung ausgeschlossen, wenn sie keinen Anspruch auf Ausbildungsförderung nach dem SGB III oder BAföG hatten.[34] Das traf bis zur Verabschiedung des Integrationsgesetzes im August 2016 insbesondere auf alle Asylbewerberinnen bzw. -bewerber zu (**sog. Förderlücke**). Geduldete Personen[35] und Personen mit den in § 1 Abs. 1 Nr. 3 AsylbLG benannten humanitären Aufenthaltserlaubnissen hatten hingegen nach 15 Monaten Aufenthalt grundsätzlich Zugang zu Ausbildungsförderung nach dem SGB III bzw. nach dem BAföG. Mitunter war bei ihnen jedoch die Summe von Ausbildungsentgelt aus der betrieblichen Berufsausbildung und den Leistungen der Berufsausbildungsbeihilfe nach dem SGB III geringer als die Höhe der Analogleistungen nach § 2 Abs. 1 AsylbLG (**sog. Aufstockungslücke**).[36] Eine Aufstockung durch die Leistungen nach § 2 Abs. 1 AsylbLG konnte in diesen Fällen nicht erfolgen, weil der entsprechend anzuwendende § 22 SGB XII dem entgegen stand.

40 Durch die Einfügung von § 2 Abs. 1 S. 2 und 3 AsylbLG wurden nunmehr sowohl die sogenannte Förder- als auch die Aufstockungslücke auch für Beziehrinnen bzw. Bezieher von Analogleistungen nach dem AsylbLG weitgehend geschlossen.

– Alle Asylsuchende,[37] alle Personen mit den in § 1 Abs. 1 Nr. 3 AsylbLG benannten humanitären Aufenthaltserlaubnissen und alle geduldeten Personen, die nach dem AsylbLG leistungsberechtigt sind und sogenannte Analogleistungen nach § 2 Abs. 1 AsylbLG beziehen, erhalten nunmehr, wenn sie eine nach dem SGB III förderungsfähige Berufsausbildung absolvieren, weiter Leistungen nach dem AsylbLG, wenn sie trotz ihres Ausbildungsentgelts hilfebedürftig blieben. Damit ist die sogenannte **Aufstockungslücke geschlossen.**

– Bei Asylbewerberinnen bzw. -bewerber in einer nach dem BAföG förderungsfähigen Ausbildung besteht künftig ebenfalls einen Anspruch auf Leistungen nach AsylbLG. Dabei steht es künftig im pflichtgemäßen Ermessen der Behörden, ob die Leistungen als Beihilfe oder Darlehen gewährt werden.[38] Dies sollte entsprechend der Regelungen des BAföG gehandhabt werden: Förderung für schulische Ausbildungen als Zuschuss, für ein Studium anteilig als Darlehen. Durch die erfolgten gesetzlichen Änderungen wird die sogenannte **Förderlücke geschlossen.**[39]

---

[34] Für Bezieherinnen und Bezieher von Grundleistungen nach § 3 AsylbLG traf dies rechtlich nicht zu, weil eine dem § 22 SGB XII entsprechende Regelung im AsylbLG fehlt. In der Praxis ist es aber selten, dass in den ersten 15 bzw. nun 18 Monaten des Aufenthalts im Bundesgebiet bereits „Ausbildungsreife" erlangt wird.

[35] Hinsichtlich der Berufsausbildungsförderung nach dem SGB III galt und gilt dies natürlich nur für geduldete Personen, die keinem aufenthaltsgesetzlichen Beschäftigungsverbot nach § 60a Abs. 6 AufenthG unterliegen.

[36] Weder das AsylbLG noch das entsprechend anzuwendende SGB XII enthielten eine § 27 SGB II vergleichbare Regelung, die während der Ausbildung entstehende Mehrbedarfe zB bei der Unterkunft decken würde.

[37] Die bisherige Differenzierung zwischen Personen mit einer Aufenthaltsgestattung, bei denen ein rechtmäßiger und dauerhafter Aufenthalt zu erwarten ist und denen, bei denen dies nicht der Fall ist, entfällt somit für den Bereich des SGB III.

[38] Mit dieser Änderung hat der Bundesgesetzgeber eine entsprechende Praxis einiger Länder aufgenommen, die ihre bestehenden Auslegungsspielräume schon vor der Gesetzesänderung großzügig und integrationspolitisch vernünftig bei nach dem BAföG förderfähigen Ausbildungen genutzt hatten.

[39] Für die in § 8 Abs. 2 Nr. 2 und Abs. 2a BAföG genannten Gruppen von Ausländerinnen bzw. Ausländern bleibt es bei dem Anspruch auf Ausbildungsförderung nach dem BAföG nach 15 Monaten rechtmäßigem, gestattetem oder geduldetem Aufenthalt im Bundesgebiet.

§ 25 Sozial- und familienrechtliche Absicherung der Integration § 25

Die Lösung „Ausbildungsförderung über das AsylbLG" ist ein politischer Kompromiss: Er **41** zersplittert die Ausbildungsförderung für Leistungsberechtigte nach § 2 Abs. 1 AsylbLG und belastet die Länder bzw. Kommunen finanziell, überwindet aber die beschriebenen Förder- und Aufstockungslücken und verstetigt schließlich bisher nur befristet geltende Regelungen im SGB III, die Teilhabechancen vergrößern. Die Förder- und Aufstockungslücken führten – auch angesichts der oft langen Zeiten des Besitzes von Aufenthaltsgestattungen oder Duldungen und der Lage auf dem deutschen Ausbildungsmarkt – vermehrt zu integrationspolitisch kaum noch vermittelbaren Konstellationen. Vorzugswürdig und aus systematischen Erwägungen naheliegender wäre es gewesen, ebenso wie im SGB III einen Anspruch unmittelbar nach dem BAföG zu schaffen und für erwerbsfähige Hilfebedürftige die Leistungsberechtigung nach dem AsylbLG regelmäßig nach einem Aufenthalt von 18 Monaten enden zu lassen oder in § 2 Abs. 1 AsylbLG das SGB II entsprechend für anwendbar zu erklären.

V. Möglichkeiten der Anspruchseinschränkung bei aufenthalts- bzw. asylrechtlichem Fehlverhalten

1. Anspruchseinschränkung nach § 1a AsylbLG

Für bestimmte Gruppen von Leistungsberechtigten, die noch nicht nach § 2 AsylbLG **42** leistungsberechtigt sind (sog. Analogleistungen), sind nach § 1a AsylbLG Möglichkeiten der **Anspruchseinschränkung** vorgesehen. Diese sind in den letzten Jahren – zuletzt mit dem Zweiten Gesetz zur besseren Durchsetzung der Ausreisepflicht[40] – deutlich ausgeweitet worden und betreffen entweder Asylbewerberinnen bzw. -bewerber oder Geduldete bzw. vollziehbar ausreisepflichtige Personen ohne Duldung. Bei der Dauer der Anspruchseinschränkung ist stets § 14 AsylbLG zu beachten, der in Abs. 1 die Anspruchseinschränkung auf sechs Monate befristet und in Abs. 2 eine nicht näher bestimmte Verlängerungsmöglichkeit bei fortbestehender Pflichtverletzung vorsieht. Zuerst bedarf es vor jeder Anspruchseinschränkung einer konkreten Aufforderung und einer konkreten Bezeichnung der Mitwirkungshandlung. Hierfür sind dann angemessene Fristen zu setzen. § 14 AsylbLG ist nicht unproblematisch formuliert. Er könnte so gelesen werden, als ermögliche Abs. 1, eine sechs Monate dauernde sozialrechtliche Anspruchseinschränkung, auch wenn das Fehlverhalten innerhalb dieser sechs Monate korrigiert wird. Abs. 2 legt darüber hinaus allein vom Wortlaut nahe, dass sogar zeitlich unbegrenzte sozialrechtliche Anspruchseinschränkungen möglich sind. Beide Lesarten dürften zu unverhältnismäßigen Ergebnissen führen. Zuerst sind sozialrechtliche Sanktionen zu beenden, wenn das behördlich monierte individuelle Fehlverhalten nicht fortgesetzt wird. Das dürfte für die Abs. 1 und 2 gelten. Sozialrechtliche Sanktionen, die an ein vorwerfbares Verhalten anknüpfen, das durch individuelle Verhaltensänderungen des Betroffenen nicht beendet werden kann, werfen Fragen der Geeignetheit und der Verhältnismäßigkeit auf. Bei einem zeitlich zurückliegenden und individuell nicht mehr korrigierbaren Fehlverhalten kann jedenfalls eine Verlängerung der sozialrechtlichen Sanktion das gewollte Verhalten nicht erzwingen und dürfte deshalb unzulässig sein. Ob in anderen Konstellationen, also bei aktuellem und korrigierbarem Fehlverhalten – nach umfassender behördlicher Anhörung und Aufklärung des Betroffenen – eine unbefristete, immer wieder nach behördlichen Überprüfungen verlängerte sozialrechtliche Sanktion nach dem AsylbLG verfassungsrechtlich zulässig ist, ist umstritten.[41] Es ist in der Rechtsprechung offen, ob die dauerhafte Aufrechterhaltung einer sozialrechtlichen Sanktion, die über eine lange Zeit hinweg ihr Ziel nicht erreicht, verfassungsrechtlich zulässig ist.

Stehen für vollziehbar ausreispflichtige Personen nach § 1 Abs. 1 Nr. 5 AsylbLG der **43** Ausreisetermin und die Ausreisemöglichkeit fest, dh liegen die notwendigen Dokumente zur Einreise in das Zielland vor, haben sie nach dem neu gefassten § 1a Abs. 1 S. 1 AsylbLG ab dem auf den Abschiebungstermin folgenden Tag regelmäßig keinen Anspruch auf

---
[40] Vgl. BGBl. 2019 I 1294 ff., dort Art. 5.
[41] LSG Bayern Beschl. v. 21.12.2016 – L 8 AY 31/16 B ER, BeckRS 2016, 114368.

Leistungen nach den §§ 2, 3 und 6 AsylbLG, es sei denn, die Abschiebung ist aus Gründen gescheitert, die die Betroffenen nicht zu vertreten haben.[42] S. 2 stellt klar, dass andernfalls bis zur Durchführung der Abschiebung lediglich Leistungen zur Deckung ihres Bedarfs an Ernährung und Unterkunft einschließlich Heizung sowie Körper- und Gesundheitspflege zu gewähren sind. Bei Vorliegen besonderer Umstände können nach S. 3 im Einzelfall andere Leistungen im Sinne von § 3 Abs. 1 S. 1 AsylbLG gewährt werden. S. 4 normiert, dass die Leistungen regelmäßig als Sachleistungen zu gewähren sind.

44 Nach § 1a Abs. 2 AsylbLG und der hierzu ergangenen Rechtsprechung kann eine Leistungseinschränkung vorgenommen werden, wenn das prägende Einreisemotiv der Bezug von Sozialhilfe in Deutschland war.[43] Soweit andere Motive für die Einreise im Raum stehen, zB schwere Diskriminierungen im Herkunftsland oder der Zuzug zu bereits in Deutschland lebenden engen Verwandten, spricht viel dafür, dass der Sozialhilfebezug nicht ohne Weiteres als prägend angenommen werden darf. Der Umfang der Leistungseinschränkung ist nunmehr an § 1a Abs. 1 AsylbLG orientiert und nimmt nicht mehr das im Einzelfall „unabweisbar Gebotene" als Maßstab. Die gesamte Regelung hat auf Grund der Rechtsprechung in der Praxis kaum noch einen Anwendungsbereich und damit auch keine Bedeutung mehr. Auch diese sozialrechtliche Sanktion knüpft an ein vorangegangenes Verhalten, dass für den Betroffenen durch eine Verhaltensänderung nicht mehr rückgängig gemacht werden kann. Deshalb sind mit Blick auf die Dauer der Leistungseinschränkung Verhältnismäßigkeitsgesichtspunkte zu beachten, insbesondere wenn eine Aufenthaltsbeendigung scheitert (→ Rn. 42).

45 Der gekürzte Leistungsumfang nach § 1a Abs. 1 AsylbLG ist nach § 1a Abs. 3 AsylbLG auch zu gewähren, wenn aufenthaltsbeendende Maßnahmen bei geduldeten oder vollziehbar ausreisepflichtigen Personen ohne Duldung nicht vollzogen werden können, weil dies durch die Betroffenen aktuell vorwerfbar verhindert wird. Dies kann angenommen werden, wenn falsche Angaben zur Identität gemacht werden oder es an der **Mitwirkung bei der Passbeschaffung** fehlt. Dies gilt jedoch nicht, wenn in das Land aus humanitären Gründen ohnehin nicht abgeschoben würde oder Abschiebungshindernisse wie Krankheit oder Schwangerschaft vorliegen. Die Kürzungsmöglichkeit setzt mit dem auf den Tag der Vollziehbarkeit der Abschiebungsanordnung oder Abschiebungsandrohung folgenden Tag ein. Für leistungsberechtigte Familienangehörige der betroffenen Personen gilt dies nur, wenn die aufenthaltsbeendenden Maßnahmen aus von ihnen selbst zu vertretenen Gründen nicht vollzogen werden können. Minderjährigen können die Leistungen damit wohl kaum gekürzt werden. Die erfolgte Kürzung darf nur solange andauern, bis das Fehlverhalten entfällt (→ Rn. 42).

46 Mit § 1a Abs. 4 AsylbLG reagiert der Gesetzgeber auf die zunehmende **Sekundärmigration** von Drittstaatsangehörigen innerhalb der EU, die größtenteils auf die sehr ungleichen Lebensbedingungen und Integrationschancen zwischen den Mitgliedstaaten der EU, Informationsdefizite sowie auf bestehende private Bindungen zu Verwandten und Freunden zurückzuführen ist.

47 Nach S. 1 werden nur weitergewanderte Personen nach § 1 Abs. 1 Nr. 1, 1a oder 5 AsylbLG leistungsrechtlich sanktioniert, die sich abweichend von einem sogenannten **Relocationbeschluss der EU** oder **einem Verteilmechanismus, der auch Drittstaaten einbeziehen kann,** im Bundesgebiet aufhalten.[44] Auch sie erhalten nur Leistungen entsprechend § 1a Abs. 1 AsylbLG. S. 2 der Regelung erstreckt diese Leistungskürzung auch auf Personen nach § 1 Abs. 1 Nr. 1 oder 1a AsylbLG, denen in anderen Mitglied-

---

[42] Minderjährige Kinder müssen sich das Verhalten ihrer Eltern nicht zurechnen lassen und sind damit von etwaigen Kürzungen auszunehmen, die auf das Verhalten der Eltern oder eines Elternteils zurückgehen.
[43] Vgl. bereits zu § 120 BSHG BVerwG Urt. v. 4.6.1992 – 5 C 22/87, BeckRS 1992, 1985.
[44] Relocation zielt auf die zuvor politisch vereinbarte Umverteilung von Schutzsuchenden mit hohen Schutzquoten aus stark belasteten Mitgliedstaaten in andere weniger belastete Mitgliedstaaten, vgl. etwa EuGH Urt. v. 6.9.2017 – C-643/15 und C-647/15, NVwZ 2018, 391, mit dem Klagen der Slowakischen Republik und Ungarns gegen den mit Mehrheit gefassten Relocationbeschluss abgewiesen wurden.

§ 25 Sozial- und familienrechtliche Absicherung der Integration § 25

staaten oder in einem an einem Verteilmechanismus beteiligten Drittstaat bereits internationaler Schutz zuerkannt wurde oder denen aus anderen Gründen dort ein Aufenthaltsrecht gewährt wurde, wenn das entsprechende Aufenthaltsrecht dort fortbesteht. S. 3 zielt auf die Einbeziehung von vollziehbar ausreisepflichtigen Personen ohne Duldung. Die Regelungen in § 1a Abs. 4 AsylbLG dürfen nicht mit Fallkonstellationen vermengt werden, die im Rahmen der sogenannten **Dublin III-Verordnung** und der Aufnahme-RL sowie der hierzu ergangenen Rechtsprechung des EuGH[45] zu lösen sind. Die erfolgte Gewährung internationalen Schutzes oder von Aufenthaltsrechten aus anderen Gründen und ihr Fortbestehen in dem anderen Staat müssen verlässlich festgestellt werden.

Nach § 1a Abs. 5 S. 1 AsylbLG erhalten Asylbewerberinnen bzw. -bewerber und Folge- sowie Zweitantragstellende ebenfalls nur Leistungen nach § 1a Abs. 1 AsylbLG, wenn sie selbst verschuldet ihren Mitwirkungspflichten nach den §§ 13 Abs. 3 S. 3, 15 Abs. 2 Nr. 4 bis 7 AsylG nicht nachkommen, den Termin zur förmlichen Asylantragstellung beim BAMF nicht wahrgenommen haben oder über ihre Identität oder Staatsangehörigkeit täuschen oder Angaben hierzu verweigern. Mit den Ausweitungen in § 1a Abs. 5 S. 1 Nr. 3 und 4 AsylbLG wird das BAMF anstelle des Sozialamts zu einem maßgeblichen sozialhilferechtlichen Akteur. Ihm werden dem entsprechend Aufforderungs- und Hinweisverpflichtungen auferlegt. Zu beachten ist in diesen Fallkonstellationen, dass die Kürzungen nach S. 2 der Vorschrift nur solange erfolgen dürfen, bis die zumutbare Mitwirkung oder das gewünschte und mögliche Verhalten einsetzt (→ Rn. 42). Von Asylbewerberinnen bzw. -bewerbern darf jedoch nicht verlangt werden, dass sie sich bei der Auslandsvertretung ihres Herkunftsstaates um einen Nationalpass bemühen.[46] Der insoweit missverständlich formulierte § 15 Abs. 2 Nr. 6 AsylG, der mit den in § 72 Abs. 1 Nr. 1 AsylG vorgenommenen Wertungen zum Erlöschen des Flüchtlingsschutzes kaum vereinbar erscheint, darf nicht überspannt werden. Es geht im Kern allein darum, die Herausgabe eines Nationalpasses, von Urkunden oder anderen Dokumenten zu erreichen, die sich noch im Besitz der Asylbewerberinnen bzw. -bewerber befinden.

48

Ferner sind stets die unionsrechtlichen Vorgaben in Art. 20 Aufnahme-RL zu beachten. Dort werden in Abs. 1–4 für „begründete Ausnahmefälle" die zulässigen Gründe für die Einschränkung oder den Entzug von materiellen Leistungen für Asylbewerberinnen bzw. -bewerber abschließend aufgezählt sowie in Abs. 5 und 6 die zu beachtenden Verfahrensgarantien für eine Einschränkung bzw. einen Entzug festgelegt. Es wird bei der Rechtsanwendung zu beobachten bleiben, ob der nun deutlich ausgeweitete Katalog in § 1a Abs. 5 AsylbLG und dort insbesondere Nr. 3 und 4 in ein Spannungsverhältnis zu diesen Vorgaben des Unionsrechts gerät.

49

§ 1a Abs. 6 AsylbLG sieht für alle volljährige, nach § 1 Abs. 1 AsylbLG leistungsberechtigte Personen entsprechend § 1a Abs. 1 AsylbLG gekürzte Leistungen vor, wenn sie vorsätzlich oder grob fahrlässig über ihre finanzielle Situation nicht informiert oder insoweit erfolgte relevante Änderungen nicht unverzüglich mitgeteilt haben. Die Gesetzesbegründung verweist auf die unionsrechtliche Vorgabe in Art. 20 Abs. 3 Aufnahme-RL. Ferner ist auch bei dieser Leistungseinschränkung § 14 AsylbLG zu beachten (→ Rn. 42).

50

Nach § 1a Abs. 7 S. 1 AsylbLG sollen auch Asylbewerberinnen bzw. -bewerber und vollziehbar ausreisepflichtige Personen ohne Duldung, deren Asylantrag in Deutschland durch das BAMF nach § 29 Abs. 1 Nr. 1 iVm § 31 Abs. 6 AsylG als unzulässig abgelehnt wurde und deren Abschiebung nach § 34a Abs. 1 S. 1 Alt. 2 AsylG angeordnet wurde, nur noch Leistungen entsprechend § 1a Abs. 1 AsylbLG erhalten. Dies gilt auch, wenn die Entscheidung des BAMF noch nicht unanfechtbar geworden ist. S. 2 stellt jedoch klar, dass mit der Anordnung der aufschiebenden Wirkung der Klage gegen die Abschiebungsanordnung die Leistungskürzung entfallen muss. Auch hier dürfte die Praxis zu beobachten bleiben, da Art. 20 Aufnahme-RL Leistungskürzungen in solchen Konstellationen nicht vor-

51

---

[45] Vgl. EuGH Urt. v. 27.9.2012 – C 197/1, NVwZ 2012, 15292 – Cimade u. GISTI.
[46] Vgl. auch deutlich in diese Richtung weisend § 60b Abs. 2 S. 2 AufenthG.

sieht und auch die Rechtsprechung des EuGH bisher keinen Raum für solche sozialhilferechtliche Einschränkungen markiert hat.[47] Gerade in diesen Konstellationen fällt es den Betroffenen schwer, die Situation, die zu der Leistungseinschränkung geführt hat, selbst wieder zu korrigieren. Überstellungen nach der Dublin III-VO in einen anderen Mitgliedstaat sind oft zeit- bzw. kostenaufwendig und ohne Hilfe staatlicher Stellen kaum zu bewerkstelligen. Die eigenständige legale Ausreise der Betroffenen (sog. Selbst-Überstellung) in den zuständigen Mitgliedstaat ist in der Praxis selten. Verzögern sich die Abschiebung bzw. staatliche Überstellung tatsächlich doch, obwohl nach § 34a Abs. 1 S. 1 AsylG vor Erlass der Abschiebungsanordnung feststehen muss, dass die Abschiebung auch tatsächlich zeitnah durchgeführt werden kann, sollte die Leistungskürzung, die an das Vorliegen einer Abschiebungsanordnung anknüpft, überprüft werden (→ Rn. 42).

2. Ergänzende Bestimmungen nach § 11 AsylbLG

52 Soweit sich Leistungsberechtigte asyl- und aufenthaltsrechtlichen **räumlichen Beschränkungen** zuwider an anderen Orten im Bundesgebiet aufhalten, sind ihnen nach § 11 Abs. 2 S. 1 AsylbLG vom dortigen Träger der Sozialleistungen regelmäßig nur noch **Reisebeihilfen** zu gewähren, um an den zugewiesenen Ort zurückzukehren. § 11 Abs. 2 S. 2 AsylbLG stellt nun klar, dass auch der Verstoß gegen eine Wohnsitzauflage nicht dazu führt, dass Sozialleistungen an dem Ort bezogen werden können, an dem der Wohnsitzauflage zuwider ein neuer gewöhnlicher Aufenthalt begründet wird. Ein ausnahmsweise über den Reisebedarf hinausgehender unabweisbarer Bedarf liegt nach der Gesetzesbegründung vor, wenn dies wegen der Unzumutbarkeit der Rückkehr an den erlaubten Aufenthaltsort zwingend geboten ist, also bspw. wenn erwachsene Leistungsberechtigte zum Schutz vor häuslicher oder geschlechtsspezifischer Gewalt sowie anderer Gewaltformen in Frauenhäusern oder sonstigen Schutzeinrichtungen außerhalb des ihnen zugewiesenen räumlichen Aufenthaltsortes Zuflucht finden. Auch bei einer Krankheit, die etwa zu einer Reiseunfähigkeit führt, sind die erforderlichen Leistungen jedoch zu gewähren. Der Anspruch auf Krankenhilfe durch den Träger am zugewiesenen Aufenthaltsort besteht auch bei Ortsabwesenheit. Zu beachten ist hierbei schließlich auch, dass sich Asylbewerberinnen und -bewerber sowie Geduldete unter bestimmten Bedingungen bzw. zu bestimmten Zwecken außerhalb des ihnen zugewiesenen Aufenthaltsorts aufhalten dürfen (vgl. §§ 57, 58 Abs. 1 bis 5 AsylG sowie § 61 Abs. 1 AufenthG). In diesen Fällen findet die Regelung des § 11 Abs. 2 AsylbLG, wie bei Rückreiseunfähigkeit wegen einer Krankheit uÄ, keine Anwendung.

53 Eine Anspruchseinschränkung entsprechend § 1a Abs. 1 AsylbLG greift nach § 11 Abs. 2a S. 1 und S. 5 Nr. 2 AsylbLG auch für andere Leistungsberechtigte nach dem AsylbLG ein, die sich aus selbst zu vertretenden Gründen nicht umgehend in der Aufnahmeeinrichtung einfinden (§ 1 Abs. 1 Nr. 1a AsylbLG), in der ihnen der Ankunftsnachweis nach § 63a AsylG ausgestellt wird, die aus einem sicheren Drittstaat nach § 26a AsylG unerlaubt eingereist sind und als Asylsuchende noch nicht erkennungsdienstlich behandelt worden sind (§ 1 Abs. 1 Nr. 5 AsylbLG) oder die einer noch bzw. wieder bestehenden Wohnverpflichtung nicht nachgekommen sind (§ 1 Abs. 1 Nr. 7 AsylbLG).

VI. Möglichkeiten der Anspruchseinschränkung im Bereich des Förderns und Forderns

54 Neben der bekannten **gemeinnützigen zusätzlichen Arbeit** nach § 5 AsylbLG, die auf die Zeit der Verpflichtung, in Aufnahmeeinrichtung nach § 44 AsylG zu leben, beschränkt

---

[47] Vgl. EuGH Urt. v. 27.9.2012 – C 197/11, NVwZ 2012, 15292 – Cimade u. GISTI und jüngst das Vorabentscheidungsersuchen des High Court (Irland) v. 25.3.2019 – C-322/19 – K.S/MHK zu Beschränkungen des Zugangs zu einer Beschäftigung nach Art. 15 Aufnahme-RL in sog. Dublin-Fällen. Vgl. auch die Hinweise zur Anwendung der Neuregelung des Landes Rheinland-Pfalz, abrufbar unter: https://fluechtlingsrat-rlp.de/wp-content/uploads/2019/08/RS_MFFJIV-GRG_zum_AsylbLG_v_26082019.pdf.

§ 25 Sozial- und familienrechtliche Absicherung der Integration § 25

ist und die auch Leistungsberechtigte nach § 2 Abs. 1 S. AsylbLG erfassen kann, sieht der mit dem Integrationsgesetz eingeführte § 5a AsylbLG nun – befristet bis zum Ende der Laufzeit des **Arbeitsmarktprogramms Flüchtlingsintegrationsmaßnahmen (FIM)** am Jahresende 2020 – zur Aktivierung die Zuweisung in Arbeitsgelegenheiten vor. Auch die von der Bundesregierung finanzierten und von der Bundesagentur für Arbeit administrierten FIM ermöglichen Mehraufwandsentschädigungen und sehen leistungsrechtliche Sanktionen vor. FIM zielt jedoch stärker auf externe Arbeitsgelegenheiten als auf Arbeiten innerhalb der Unterkünfte. Damit und mit den Möglichkeiten einer Potenzialerfassung während der laufenden FIM sollen die Chancen auf eine schnellere Eingliederung in den Arbeitsmarkt erhöht werden.

Gerade in diesem Bereich sind also folgende Entwicklungen erkennbar: Erstens die – jedenfalls befristete – Einführung neuer Instrumente, die dem Gedanken des sogenannten Förderns und Forderns zugerechnet werden könnten, die dem AsylbLG bisher aber grundsätzlich fremd waren. Bisher ging der Gesetzgeber bis zum Abschluss des Asylverfahrens nur von einer kurzen Dauer der Leistungsberechtigung bzw. nur von einem kurzen Aufenthalt im Bundesgebiet aus. Möglichkeiten der Förderung der Arbeitsaufnahme und Sanktionsregelungen, bei einer Weigerung an solchen Maßnahmen teilzunehmen, waren vor diesem Hintergrund aus Sicht des Gesetzgebers nicht angezeigt. Zweitens wird die Öffnung jedoch nicht für alle Leistungsberechtigten vollzogen. Bestimmte Gruppen, nämlich **Asylbewerberinnen und -bewerber aus sicheren Herkunftsstaaten nach § 29a AsylG sowie vollziehbar ausreisepflichtige Personen mit und ohne Duldung,** bleiben nach § 5a Abs. 1 S. 2 AsylbLG von den Förder- bzw. Integrationsangeboten weiter ausgeschlossen. Die Höhe der Aufwandsentschädigung für die geleistete Arbeit beträgt nur noch 0,80 EUR/Stunde. Zuvor lag die Vergütung bei 1,05 EUR/Stunde. 55

§ 5b AsylbLG eröffnet den für die Durchführung des AsylbLG zuständigen Verwaltungen seit Januar 2017 die Möglichkeit, den in § 44 Abs. 4 S. 2 Nr. 1 bis 3 AufenthG genannten Personenkreis, im Rahmen zur Verfügung stehender Kursplätze zu einer Teilnahme an einem Integrationskurs zu verpflichten. 56

Nehmen Betroffene zumutbare Angebote nach den §§ 5, 5a und 5b AsylbLG nicht an, ohne ausreichende Gründe hierfür vorbringen zu können, drohen in entsprechender Anwendung von § 1a Abs. 1 AsylbLG Leistungskürzungen (§ 5 Abs. 4 S. 2, § 5a Abs. 3 und § 5b Abs. 2 S. 1 bis 3 AsylbLG). 57

C. Familienleistungen

In Deutschland gelten im **Bundeskindergeldgesetz** (BKGG) bzw. im **Einkommensteuergesetz** (EStG), im **Bundeselterngeld- und Elternzeitgesetz** (BEEG) sowie im **Unterhaltsvorschussgesetz** (UnterhVG) nahezu wortgleich sogenannte Ausländerklauseln (→ Rn. 1). Sie schlossen insbesondere bestimmte Gruppen von Drittstaatsangehörigen mit humanitären Aufenthaltserlaubnissen, die einer aufenthaltsrechtlichen Verfestigung zugänglich sind, von der Gewährung der Familienleistungen grundsätzlich bzw. dauerhaft aus. Ferner von den Familienleistungen ausgeschlossen waren nach diesen nationalen Regelungen grundsätzlich Personen, die eine Aufenthaltsgestattung oder eine Duldung besitzen, auch wenn sie erwerbstätig waren. Mit dem (zustimmungspflichtigen) **Gesetz zur weiteren steuerlichen Förderung der Elektromobilität und zur Änderung weiterer steuerlicher Vorschriften** wurden zum 1.3.2020 zahlreiche Änderungen bei den Familienleistungen für Drittstaatsangehörigen vorgenommen, die die bestehenden verfassungsrechtlichen Probleme verringert haben dürften.[48] Diese gesetzlichen Änderungen wurden gemeinsam mit den durch das (nicht zustimmungsbedürftige) **Fachkräfteeinwanderungsgesetz**[49] notwendig gewordenen familienleistungsrechtlichen Klarstellungen auf 58

---

[48] Vgl. den Gesetzentwurf BT-Drs. 19/13436 v. 23.9.2019 sowie BGBl. 2019 I 2451 ff.
[49] Vgl. BGBl. 2019 I 1307 ff.

Maier-Borst 917

den Weg gebracht.[50] Das BVerfG hatte aber bereits im Jahr 2004 die Grenzen der Ungleichbehandlung von ausländischen Familien anders gezogen als der Gesetzgeber.[51]

59 Das primärrechtliche Diskriminierungsverbot nach Art. 18 AEUV hat **für freizügigkeitsberechtigte Unionsbürgerinnen und -bürger und ihre Familienangehörigen** seinen Niederschlag in Art. 4 VO (EU) 883/2004 und in Art. 24 Abs. 1 Freizügigkeits-RL gefunden. Diese sekundärrechtlichen Diskriminierungsverbote gelten für sämtliche Bereiche des Familienleistungsrechts. Die Regelungen erfassen auch Staatsangehörige der EWR-Staaten und der Schweiz. Der EuGH hat jüngst im Fall eines arbeitslos gewordenen Unionsbürger, der von seinem Freizügigkeitsrecht Gebrauch gemacht hatte, klargestellt,[52] dass dessen Anspruch auf Gewährung der Familienleistung im Aufenthaltsstaat nicht an eine Ausübung einer Erwerbstätigkeit oder an den Bezug bestimmter Geldleistungen, die mit einer Beschäftigung zusammenhängen, geknüpft werden dürfe. Vor dem Hintergrund dieser Entscheidung wird die neu eingefügte Ausschlussregelung in § 62 Abs. 1a EStG sicherlich unionsrechtliche Fragen aufwerfen (→ § 11). Im Bereich des Kindergeldes wird aus der Praxis bei freizügigkeitsberechtigten Unionsbürgerinnen und -bürgern und ihren Familienangehörigen im Übrigen immer wieder von langen Verfahrensdauern bei den Familienkassen berichtet, bevor eine Berechtigung zum Erhalt von Kindergeld festgestellt wird.[53] Seit dem 1.1.2016 ist es für eine Berechtigung zum Erhalt von Kindergeld notwendig, die Steuer-Identifikationsnummer des Kindes vorzulegen. Für im Ausland lebende Kinder ist ein anderer geeigneter Identitätsnachweis ausreichend.[54]

60 Das Familienleistungsrecht ist auch für einige Gruppen von **nicht freizügigkeitsberechtigten Ausländerinnen und Ausländern (Drittstaatsangehörige)** aufgrund über- und zwischenstaatlicher Regelungen überwölbt. Das heißt, die einschlägige nationale Regelung beispielsweise im EStG bildet die Rechtswirklichkeit im Kindergeldrecht nicht vollständig ab. Das gilt auch für die dort formulierten Ausländerklauseln. Abschnitt 4 der Dienstanweisung zum EStG des Bundesamtes für Steuern macht dies anschaulich.[55] **Arbeitnehmerinnen und -nehmer aus Staaten, mit denen zwischenstaatliche Vereinbarungen und Abkommen über Soziale Sicherheit bestehen,** müssen die Voraussetzungen des § 62 Abs. 2 EStG nicht erfüllen, um in Deutschland kindergeldberechtigt zu sein. **Abkommensstaaten** in diesem Sinne sind Bosnien und Herzegowina, Kosovo, Marokko, Montenegro, Serbien, Türkei und Tunesien. Bei türkischen Staatsangehörigen sind weitere Regelungen, insbesondere auch der ARB 3/80 iVm mit dem Arbeitnehmerbegriff der VO (EWG) Nr. 1408/71 zu berücksichtigen, die unabhängig von dem aufenthaltsrechtlichen Status einen Anspruch auf Familienleistungen begründen können. Türkische Staatsangehörige erhalten ferner Kindergeld nach dem Vorläufigen Europäischen Abkommen über Soziale Sicherheit Kindergeld, wenn sie sechs Monate im Bundesgebiet wohnen.

61 Die Ausländerklausel im BEEG, die drittstaatsangehörige Personen mit einer humanitären Aufenthaltserlaubnis nach § 23 Abs. 1 AufenthG wegen eines Krieges in seinem Heimatland oder nach den §§ 23a, 24, 25 Abs. 3 bis 5 AufenthG von der Gewährung von dieser Familienleistung ausschloss, verstieß hinsichtlich der geforderten Integrationsnachweise gegen das Gleichbehandlungsgebot in Art. 3 GG. Zwar sei – so das BVerfG – eine Ungleichbehandlung, die an die Staatsangehörigkeit anknüpfe, nicht von vornherein gleich-

---

[50] Vgl. BVerfG Beschl. v. 7.2.2012 – 1 BvL 14/07, BVerfGE 130, 240; BVerfGE 132, 72 und BVerfGE 132, 360; hierzu prägnant *Britz* ZAR 2014, 56 und 10. Lagebericht der *Beauftragten der Bundesregierung für Migration, Flüchtlinge und Integration*, 2014, Kap. XII 4, 277 mwN.
[51] BVerfG Beschl. v. 6.7.2004 – 1 BvL 4, 5, 6/97, BVerfGE 111, 160 und Beschl. v. 6.7.2004 – 1 BvR 2515/95, BVerfGE 111, 176, danach zustimmend EGMR Urt. v. 25.10.2005 – Nr. 59140/00 und Nr. 58453/00, NVwZ 2006, 917.
[52] Vgl. EuGH Urt. v. 7.2.2019 – C-322/17, BeckRS 2019, 941– Bogatu, eher restriktiver noch das vorangegangene Vertragsverletzungsverfahren Urt. v. 14.6.2016 – C-308/14, NJW 2016, 2867.
[53] Vgl. zB Die Tageszeitung, Auf dem Dienstweg verloren, v. 23.2.2017.
[54] BGBl. 2014 I 1922.
[55] Abrufbar unter: https://www.bzst.de/DE/Behoerden/KindergeldFamilienkasse/Familienkassen_Info/familienkasseninfo.html.

heitswidrig. Sie bedürfe aber eines hinreichend begründeten Sachgrundes.[56] Die geforderten Integrationsnachweise seien zwar Indizien für eine gute Arbeitsmarktintegration und damit auch für die Chancen auf eine Aufenthaltsverfestigung. Die Nicht-Erfüllung dieser Voraussetzungen ließ aber umgekehrt nicht auf eine fehlende Bleibeperspektive schließen. Zudem diskriminierten die rechtlichen Regelungen Frauen, weil sie bereits auf Grund mutterschutzrechtlicher Vorschriften – anders als Männer – vorübergehend nicht erwerbstätig sein dürften.

Das BVerfG hat erneut auch den Aufenthaltsstatus – hier die gesetzlich bestimmten 62 humanitären Aufenthaltserlaubnisse – und deren rechtliche Verfestigungsmöglichkeiten sowie die tatsächlichen Umstände des Aufenthalts als Kriterien für seine Prüfung herangezogen. Die klare Verfestigungsperspektive in die Niederlassungserlaubnis nach § 26 Abs. 4 AufenthG (→ § 24 Rn. 77 ff.), die in der Praxis auch genutzt wird, war ein wesentlicher Grund dafür, die Ausländerklausel des BEEG für verfassungswidrig zu erklären. Die in der Ausländerklausel aufgezählten humanitären Aufenthaltserlaubnisse ließen kaum Rückschlüsse auf die zu erwartende Aufenthaltsdauer in Deutschland zu.[57]

Die Wartefrist von drei Jahren wurde vom BVerfG nicht ausdrücklich beanstandet. Sie 63 legte eine Mindestaufenthaltszeit als Gewährungsvoraussetzung für Familienleistungen fest und schloss damit – integrationspolitisch sinnwidrig – vorübergehend gerade diejenigen von der Gewährung der Familienleistungen aus, die bereits in den ersten drei Jahren ihres Aufenthalts mit den genannten humanitären Aufenthaltserlaubnissen eine Beschäftigung gefunden und aufgenommen haben. Eine denkbare rechtliche Differenzierungsmöglichkeit könnte gegebenenfalls – so das BVerfG – allein für das BEEG denkbar sein, weil dieses vom Gesetzgeber auch als Instrument der Bevölkerungsentwicklung konzipiert worden sei.[58] Gleichwohl sind strenge Prüfmaßstäbe anzulegen, weil die Staatsangehörigkeit als Differenzierungskriterium vom BVerfG bereits sehr nahe an die in Art. 3 Abs. 3 GG genannten Kriterien herangerückt wurde.

Auch wenn die ab dem 1.3.2020 geltenden familienleistungsrechtlichen Neuregelungen 64 im Gesetz zur weiteren steuerlichen Förderung der Elektromobilität und zur Änderung weiterer steuerlicher Vorschriften weiterhin alles andere als übersichtlich gefasst sind,[59] lassen sich die Grundtendenzen für die **Drittstaatsangehörigen mit humanitären Aufenthaltserlaubnissen nach § 23 Abs. 1 AufenthG wegen eines Krieges in dem Heimatland oder nach den §§ 23a, 24, 25 Abs. 3 bis 5 AufenthG** wie folgt zusammenfassen: Grundsätzlich folgt nunmehr der Anspruch auf die Gewährung von Familienleistungen der aufenthaltsrechtlichen Entscheidung zur Erteilung einer humanitären Aufenthaltserlaubnis, wenn der Betreffende im Bundesgebiet berechtigt erwerbstätig ist oder Elternzeit nach § 15 BEEG oder laufende Geldleistungen nach dem SGB III in Anspruch nimmt. Sind diese zusätzlichen Voraussetzungen nicht erfüllt, sind Familienleistungen erst nach einer Wartezeit von 15 Monaten erlaubten, gestatteten oder geduldeten Aufenthalts im Bundesgebiet zu gewähren. Ein dauerhafter Ausschluss von der Gewährung von Familienleistungen ist damit bei Personen mit humanitären Aufenthaltserlaubnissen nicht mehr möglich. § 1 Abs. 3 S. 2 BKGG stellt nun schließlich gesetzlich klar, dass minderjährige nicht freizügigkeitsberechtigte Ausländerinnen bzw. Ausländer unabhängig von einer Erwerbstätigkeit Kindergeld erhalten.

---

[56] Zuvor erkennbar skeptisch, ob das BVerfG einen solchen Prüfungsmaßstab heranziehen würde, *Schlikker* in Barwig ua, Vom Ausländer zum Bürger, Problemanzeigen im Ausländer-, Asyl- und Staatsangehörigkeitsrecht, 1994, 544 f.

[57] Anders zB die Aufenthaltsbewilligung nach § 28 AuslG 1990, die ausländischen Studierenden erteilt wurde und die – außer in den Fällen eines Anspruchs – ohne vorherige Ausreise nicht in eine Aufenthaltserlaubnis umgewandelt werden konnte.

[58] Zu dieser demografischen Funktion der Familienleistungen, insbes. des BEEG erhellend *Bujard*, Ziele der Familienpolitik, in: Bundeszentrale für politische Bildung, Dossier Familienpolitik, 2015 und http://www.bpb.de/politik/innenpolitik/familienpolitik/194572/ziele-der-familienpolitik, mwN.

[59] Dort Art. 2 und 3 (zu § 62 Abs. 2 EStG), Art. 29 und 30 (zu § 1 Abs. 3 BKGG), Art. 31 und 32 (zu § 1 Abs. 7 BEEG) und Art. 33 und 34 (zu § 1 Abs. 2a UnterhVG).

65 Für **drittstaatsangehörige Personen mit anderen Aufenthaltserlaubnissen – etwa zum Zweck der Arbeitsplatz- und Ausbildungsplatzsuche, der Ausbildung oder zu Erwerbszwecken** – sind ebenfalls teilweise neue Regelungen getroffen worden: Drittstaatsangehörige mit einer Aufenthaltserlaubnis nach § 16e AufenthG zu Ausbildungszwecken, nach § 19c Abs. 1 AufenthG zum Zweck der Beschäftigung als Au-Pair oder zum Zweck der Saisonbeschäftigung, nach § 19e AufenthG, zum Zweck der Teilnahme an einem Europäischen Freiwilligendienst oder nach § 20 Abs. 1 und 2 AufenthG zur Arbeitsplatzsuche sind bzw. bleiben von der Gewährung von Familienleistungen ausgeschlossen. Drittstaatsangehörige mit einer Aufenthaltserlaubnis nach § 16b AufenthG zum Zweck eines Studiums, nach § 16d AufenthG für Maßnahmen zur Anerkennung ausländischer Berufsqualifikationen oder nach § 20 Abs. 3 AufenthG zur Arbeitsplatzsuche sind von der Gewährung von Familienleistungen hingegen nur ausgeschlossen, wenn sie weder erwerbstätig sind noch Elternzeit nach § 15 BEEG oder laufende Geldleistungen nach dem SGB III in Anspruch nehmen. Auch hier sind die erfolgten Öffnungen des Familienleistungsrechts zu begrüßen.

66 Durch eine nationale Regelung in die Gewährung von Familienleistungen einbezogen werden nun erstmalig auch bestimmte Personen mit Duldung. Angeknüpft wurde auch hier an eine bestehende Beschäftigung. Allerdings wurden nur solche geduldete Personen in die Gewährung von Familienleistungen einbezogen, die eine sogenannte Beschäftigungsduldung nach § 60d AufenthG besitzen und damit absehbar eine humanitäre Aufenthaltserlaubnis nach § 25b AufenthG erhalten können. Es wird abzuwarten sein, inwieweit die der Neuregelung zugrunde liegenden Überlegungen auch auf andere geduldete Personen in Beschäftigungen übertragbar sind.

D. Fazit

67 Wie seit Jahrzehnten wird in den spezialgesetzlichen Regelungen im Sozialrecht um den Begriff des „gewöhnlichen Aufenthalts" gerungen. Ein einheitliches und zeitgemäßes Vorgehen hinsichtlich Drittstaatsangehöriger ist – anders als im SGB VIII und nunmehr teilweise im SGB III sowie bei den Familienleistungen – weder beim SGB XII noch beim SGB IX erkennbar.

68 Das AsylbLG hat durch die in den Jahren 2015 bis 2019 erfolgten zahlreichen Rechtsänderungen starke Veränderungen erfahren, die kein einheitliches Bild ergeben. Aufgrund der Rechtsprechung des BVerfG erfolgten Änderungen, die den Sondercharakter des Leistungsrechtes nach dem AsylbLG im Vergleich zu den Regelsystemen des SGB II und des SGB XI etwas abschwächten. So wurden bei den Grundleistungen nach § 3 AsylbLG endlich Anhebungen vorgenommen, die Dauer des Bezugs der gegenüber den Leistungen nach dem SGB XII abgesenkten Leistungen nach dem AsylbLG verkürzt und der Kreis der Leistungsberechtigten in § 1 Abs. 1 AsylbLG verkleinert.

69 Der hohe Zugang von Asylbewerberinnen bzw. -bewerbern mit guten Chancen auf Zuerkennung internationalen Schutzes oder auf Feststellung von Abschiebungsverboten in den Jahren 2014 bis 2017 führte darüber hinaus zur Einführung von Elementen des Förderns und Forderns in das AsylbLG, die als Verstärkung dieses Prozesses verstanden werden können (§§ 5a und 5b AsylbLG). Rechtspolitisch bedeutsam ist, dass einige Elemente des Förderns, wie die FIM, in ihrer Anwendung gesetzlich befristet wurden.

70 Gleichzeitig kann – insbesondere auch mit Blick auf das Jahr 2019 – nicht übersehen werden, dass auch erhebliche neue Sanktionsinstrumente Eingang in das AsylbLG gefunden haben. Hier sind die beträchtliche und sehr schematische Ausweitung der Sanktionsmöglichkeiten in § 1a AsylbLG und der Leistungsausschluss nach § 1 Abs. 4 AsylbLG zu nennen, aber auch der Ausschluss von Asylbewerberinnen bzw. -bewerbern aus sicheren Herkunftsstaaten vom Anwendungsbereich der §§ 5a und 5b AsylbLG. Gerade die neuen Leistungskürzungen in § 1a AsylbLG werfen verfassungs- und – mit Blick auf Art. 19

und 20 Aufnahme-RL – auch unionsrechtliche Fragen auf, insbesondere wenn die sozialhilferechtlichen Sanktionen an individuell nicht mehr zu änderndes Fehlverhalten in der Vergangenheit anknüpfen wie etwa in § 1a Abs. 1 und 2 oder § 2 Abs. 1 S. 1 AsylbLG.[60]

Integrationsrechtlich schwer vertretbar erscheint es insbesondere weiterhin, erwerbsfähige Personen lange oder dauerhaft in der Leistungsberechtigung nach dem AsylbLG zu belassen, dh sie weiterhin aus dem Anwendungsbereich des SGB II auszuschließen. Zumindest die erfolgte Änderung in § 1 Abs. 1 Nr. 3 lit. c AsylbLG hinsichtlich Personen, die eine Aufenthaltserlaubnis nach § 25 Abs. 5 AufenthG besitzen, sollte auch auf andere Gruppen von Leistungsberechtigten erstreckt werden. Hier wären insbesondere Asylbewerberinnen bzw. -bewerber zu nennen, bei den von einem rechtmäßigen und dauerhaften Aufenthalt ausgegangen werden kann und weitere Gruppen, die bestimmte individuelle Voraussetzungen, wie beispielsweise eine erfolgreich abgeschlossene Schulausbildung, erfüllen. Die neue Ermöglichung einer Ausbildungsförderung über das AsylbLG für Bezieherinnen bzw. Bezieher von Analogleistungen nach § 2 AsylbLG ist als politischer Kompromiss tragfähig, auch wenn sie klar eine Sonderregelung darstellt. Systematisch wird die Problematik die Fachkreise sicherlich weiter beschäftigen, auch weil zeitgleich zahlreiche Beschränkungsmöglichkeiten beim Zugang zur Beschäftigung ebenfalls Gesetz wurden, die sich auf die Gewährung der Berufsausbildungsbeihilfe nach dem SGB III auswirken können. 71

Eine einheitliche Neuformulierung der Ausländerklauseln im Familienleistungsrecht, die für Personen mit den besonderen humanitären Aufenthaltserlaubnissen die verfassungs- und unionsrechtlichen Vorgaben besser berücksichtigt, ist nunmehr erreicht. Sie folgt nun stärker der aufenthaltsgesetzlichen Entscheidung bzw. Systematik. Schon davor waren von den gesetzlichen Regelungen, die den gleichheitswidrigen Ausschluss begründeten, zahlenmäßig eher überschaubare Gruppen betroffen.[61] Darüber hinaus darf nicht übersehen werden, dass Leistungsausschlüsse in bestimmten Leistungsgesetzen oft zu Ansprüchen nach dem SGB II bzw. SGB XII oder dem AsylbLG führen. Es geht also oftmals um Verschiebungen von Leistungsverpflichtungen und damit schlicht um gleichheitswidrige Symbolpolitik. Die übrigen erfolgten Neuregelungen für drittstaatsangehörige Personen mit anderen Aufenthaltserlaubnissen, die mit dem Fachkräfteeinwanderungsgesetz neu geordnet wurden, sind ebenfalls zu begrüßen. Auch die nun erfolgte Einbeziehung von Personen mit einer sogenannten Beschäftigungsduldung nach § 60d AufenthG in die Gewährung von Familienleistungen ist ein Schritt in die richtige Richtung. 72

---

[60] Vgl. hierzu insbes. auch BVerfG Urt. 5.11.2019 – 1 BvL 7/16, NJW 2019, 3703.
[61] Beanspruchtes Kindergeld etwa wäre im Falle des gleichzeitigen Bezugs von Sozialleistungen nach § 11 SGB II oder § 82 SGB XII ohnehin auf diese anzurechnen.

10. Kapitel. Migrationsrechtliche Bezüge des Strafrechts

§ 26 Einleitung

Übersicht

	Rn.
A. Schnittmengen von Migrationsrecht und Strafrecht	1
I. Die Bereinigung der Akten um nicht mehr verwertbare Daten	4
1. Keine Daten sind gute Daten	4
2. Wie Daten in die Ausländerakten kommen	5
3. Anspruch auf Löschung oder Vernichtung von Daten	8
4. Die Aktenbereinigung um Daten aus Strafverfahren	12
II. Löschungsantrag und Erledigung	15
B. Strafvollstreckung	17
I. Das Absehen von der weiteren Strafvollstreckung	17
1. Die Abschiebung nach Vollstreckung eines Teils der Freiheitsstrafe	17
2. Abschiebung bewirkt keine endgültige Erledigung der Strafe	19
a) Nachholung der Strafvollstreckung	19
b) Belehrung des Betroffenen	21
c) Rückkehr vor Vollstreckungsverjährung	22
II. Strafaussetzung zur Bewährung nach Abschiebung	25
1. Antragstellung aus dem Ausland	25
2. Persönliche Anhörung	28
C. Strafvollzug	33
I. Vollzugsprobleme bei Migranten	33
1. Offener Vollzug und Vollzugslockerungen	33
2. Verlegung in andere JVA	34
II. Die Rolle der Ausländerbehörde in Vollzugsfragen	37
1. Das „Benehmen" der Ausländerbehörde	37
2. Anwaltliche Handlungsoptionen	38
III. Gerichtlicher Rechtsschutz	39

A. Schnittmengen von Migrationsrecht und Strafrecht

Nach § 14p Nr. 6 FAO soll der Fachanwalt für Migrationsrecht besondere Kenntnisse im 1
Bereich „migrationsrechtliche Bezüge des Strafrechts" nachweisen. Es ist durchaus begrü-
ßenswert, dass die Satzungsversammlung der BRAK die **Verschränkungen von Straf- und
Migrationsrecht** erkannt hat. Das Strafrecht kennt den Begriff „Migrationsrecht" ebenso
wenig wie die FAO für den Fachanwalt für *Strafrecht* in § 13 FAO bei dem das Migrationsrecht erwähnt. „Migrationsrecht" – insbesondere früher „Ausländerrecht" genannt – und
Strafrecht haben in der Praxis vielfältige Schnittmengen. So werden Ausweisungsentscheidungen nach dem AufenthG auf Strafurteile gestützt. Aber auch neben dem Ausweisungsrecht gibt es **vielfältige Berührungspunkte** beider Rechtsgebiete.

Strafverteidiger vertreten die Mandanteninteressen gegen den staatlichen Strafanspruch. 2
In der Regel sind Strafverteidiger nicht zugleich Experten im Migrationsrecht. Das kann
problematisch und für den ausländischen Mandanten unbefriedigend und im Ergebnis
gefährlich sein. Ein Strafverteidiger, der nicht weiß oder zumindest ahnt, welche Folgen
bereits die Einleitung eines strafrechtlichen Ermittlungsverfahrens für seinen Mandanten
haben können, wird kaum in der Lage sein, dessen Interessen sachgerecht wahrzunehmen.

3 Migranten fallen mit ihren Rechtsproblemen zu Hauf in die **Lücken zwischen den Spezialisten für Strafrecht und denjenigen für Ausländerrecht.** So fühlen sich Strafverteidiger überfordert bzw. halten sich für unzuständig, wenn Mandanten Probleme mit dem Aufenthaltsrecht haben oder bekommen. Und Migrationsrechtler übersehen nicht ohne weiteres, welche strafrechtlichen bzw. strafvollstreckungsrechtlichen Fragen zu klären sind, wenn ein nach einer strafrechtlichen Verurteilung abgeschobener Mandant eines Tages den Wunsch hat, nach Deutschland zurückzukehren. Die Betrachtung dieser Fragestellung allein unter ausländerrechtlichen Aspekten kann dazu führen, dass sich der Mandant zu seiner Überraschung plötzlich nach Wiedereinreise in deutscher Strafhaft wiederfindet. In diesem Abschnitt sollen schlaglichtartig diejenigen migrationsrechtlichen Bezüge des Strafrechts dargestellt werden, die gerade in der anwaltlichen Praxis besonders relevant sind. Vermehrt sollten Strafverteidiger und Migrationsrechtler möglichst frühzeitig **zusammenarbeiten.**

I. Die Bereinigung der Akten um nicht mehr verwertbare Daten

1. Keine Daten sind gute Daten

4 Es mag überraschen, dass bei den Schnittmengen von Straf- und Migrationsrecht zunächst die Rede ist von **nicht mehr verwertbaren Daten.** Die für den Betroffenen günstigsten Daten aus Strafverfahren sind diejenigen, die es nicht (mehr) gibt. Ähnlich wie das Internet – angeblich – nichts vergisst verhält es sich jedoch mit Daten aus Strafverfahren in Verwaltungsakten. Kopien von Strafanzeigen, Strafbefehle, Urteile und Einstellungsmitteilungen der Staatsanwaltschaft machen viele Akten dick. Die **Vernichtung** oder **Löschung** solcher Daten findet in der Praxis von Amts wegen kaum statt. Das hängt auch mit dem Beharrungsvermögen der Behörden zusammen. Kommen neue Daten herein und ist ein Aktenband bereits umfangreich, wird eben ein neuer Band II angelegt. Der erste Band wird Band I, der nächste dann Band III.

2. Wie Daten in die Ausländerakten kommen

5 Im Leben eines Migranten können sich in seiner Ausländerakte auf diese Weise vielfältige Daten zu früheren Verfehlungen ansammeln. Die Voraussetzungen für die **Übermittlung von personenbezogenen Daten durch Gerichte und Staatsanwaltschaften** durch „verfahrensübergreifende Mitteilungen" sind in den **§§ 12 bis 22 EGGVG** geregelt. Gemeint ist nach § 12 Abs. 1 EGGVG die Übermittlung personenbezogener Daten von Amts wegen an andere öffentliche Stellen für andere Zwecke als diejenigen des Strafverfahrens.

6 Es geht dabei also um **Mitteilungen, die nicht nur in dem jeweiligen Strafverfahren relevant** sind. Nach § 12 Abs. 1 S. 2 iVm § 3 Abs. 1 Nr. 1 EGGVG gehen besondere Rechtsvorschriften des Bundes oder der Länder für den Umgang mit personenbezogenen Daten denjenigen des EGGVG vor. Eine solche **Vorrangvorschrift** enthält **§ 87 Abs. 4 AufenthG.** Danach haben die Ermittlungsbehörden die zuständige Ausländerbehörde über die Einleitung und Erledigung von Strafverfahren von sich aus zu unterrichten. Zu den Ermittlungsbehörden gehört auch die Polizei.

7 Diese Unterrichtung geschieht in der Praxis teils mit Hilfe von knappen **Mitteilungen** oder **Ablichtungen einer Strafanzeige.** Manche Polizeibehörden leiten den Ausländerbehörden sogar **vollständige Kopien einer Ermittlungsakte** weiter, die sich dann jahrelang oder ewig in der Ausländerakte befinden. Strafverfolgungsbehörden kümmern sich nicht später darum, was mit diesen Daten bei der Ausländerbehörde geschieht. Dabei handelt es sich bei den Daten aus den Strafverfahren immer um **personenbezogene Daten iSd BDSG,** welche den Migranten ausländerrechtlich sehr lange „verfolgen" können. Diese personenbezogenen Daten sind für aufenthaltsrechtliche Entscheidungen wie Erteilung oder Verlängerung von Aufenthaltstiteln oder Ausweisung bedeutsam.

3. Anspruch auf Löschung oder Vernichtung von Daten

Die Löschung oder Vernichtung dieser Daten in Akten ist nur rudimentär geregelt. § 91 AufenthG enthält für Drittstaatsangehörige eine **bereichsspezifische Löschungsvorschrift,** die gemäß § 11 Abs. 1 FreizügG/EU auch für Unionsbürger gilt. In § 91 Abs. 2 AufenthG ist auch von der **Vernichtung** von Daten die Rede. Daneben können für die Vernichtung oder Löschung von Daten **landesrechtliche Datenschutzvorschriften** relevant sein. Ausländerbehörden sind **von Amts wegen** gehalten, von der Löschungsvorschrift des § 91 AufenthG Gebrauch zu machen. Das geschieht häufig nur auf Antrag des Betroffenen. Solche Anträge sollten nach Akteneinsicht – wenn die Löschungsvoraussetzungen vorliegen – für den Betroffenen gestellt und begründet werden. Finden sich in einer Akte nämlich immer noch ältere Erkenntnisse, die aus Rechtsgründen unverwertbar geworden sind, ist es für Entscheider in der Behörde oder bei Gericht psychologisch praktisch ausgeschlossen, diese unverwertbaren Informationen so auszublenden, dass sie auch unbewusst keine Rolle mehr spielen. Bedeutung hat dies besonders für alle Ermessensentscheidungen, bei welchen verschiedene Aspekte gegeneinander abgewogen werden.

Nach § 91 Abs. 1 S. 1 AufenthG sind die Daten über die Ausweisung, Zurückschiebung und die Abschiebung grundsätzlich zehn Jahre nach dem Ablauf der in § 11 Abs. 1 S. 3 AufenthG bezeichneten Frist zu löschen. Nun gibt es § 11 Abs. 1 S. 3 AufenthG schon länger nicht mehr, was der Gesetzgeber bislang übersehen hat. § 11 Abs. 1 AufenthG enthält aktuell nur einen Satz, keinen Satz 3. Der ehemalige Abs. 1 S. 3 ist jedoch in modifizierter Form § 11 Abs. 2 S. 3 AufenthG geworden, wonach die zeitliche Befristung eines Einreise- und Aufenthaltsverbotes von Amts wegen erfolgen müsse. Bei diesen Daten geht es also nicht originär um die Mitteilungen aus Strafverfahren. Daher wird die Vorschrift des § 91 Abs. 1 S. 1 AufenthG hier nicht weiter besprochen.

Wegen des strafrechtlichen Bezugspunktes ist **§ 91 Abs. 1 S. 2 AufenthG** bedeutsam. Danach sind Daten schon vor dem in S. 1 genannten Zeitpunkt zu löschen, soweit sie Erkenntnisse enthalten, die nach „anderen gesetzlichen Bestimmungen nicht mehr gegen den Ausländer verwertet werden dürfen". Ein solches **gesetzliches Verwertungsverbot** für strafrechtliche Mitteilungen und Erkenntnisse ergibt sich insbesondere aus **§ 51 BZRG.**[1] Nach dieser Vorschrift dürfen dem Betroffenen Daten über eine Straftat und eine Verurteilung im Rechtsverkehr – also bei behördlichen Verfahren jeglicher Art – nicht mehr vorgehalten werden, wenn diese getilgt oder tilgungsreif sind.

Im Verfahren gegenüber der Ausländerbehörde ist also gegebenenfalls vorzutragen, dass und warum aktenkundige Daten aus Strafverfahren nach § 51 BZRG unverwertbar geworden sind. Die **Tilgungsfristen** dafür ergeben sich aus **§ 46 BZRG.** Sie hängen sowohl vom Straftatbestand als auch von der Strafhöhe ab. Fristbeginn ist nach § 36 BZRG der Tag des ersten Strafurteils, sofern das Verfahren durch mehrere Instanzen ging.

4. Die Aktenbereinigung um Daten aus Strafverfahren

Ausländerakten bestehen (noch) weitestgehend aus Papier. Personenbezogene Daten finden sich jedoch auch elektronisch, zum Beispiel im **AZR** oder in den sogenannten **Ausländerdateien A und B.**[2] Die Vorschrift des § 91 AufenthG regelt die **Art und Weise der Bereinigung** bzw. **Löschung** der Akten und Dateien nicht ausdrücklich. Da es sich bei der Löschungsvorschrift des § 91 AufenthG um eine bereichsspezifische Maßnahme des Datenschutzes handelt,[3] gelten ergänzend das BDSG und, soweit vorhanden, ergänzend auch landesdatenschutzrechtliche Vorschriften.

Musste der Migrant eine Freiheitsstrafe verbüßen, verfolgen ihn „seine" Daten auch noch in den Justizvollzugsanstalten. Nach einer weiteren Verurteilung gehen diese älteren Daten

---
[1] So auch 91.1.2 VV-AufenthG.
[2] S. dazu §§ 62 f. AufenthV.
[3] *Winkelmann* in Bergmann/Dienelt AufenthG § 91 Rn. 2.

in die sogenannte Vollzugplanung mit ein. Auch in diese Vollzugplanung können auf diese Weise Daten, die nach § 51 BZRG rechtlich nicht mehr verwertet werden dürfen, in für den Betroffenen nachteilige Überlegungen seitens der JVA eingehen.

14   Nach § 3 Abs. 4 Nr. 5 BDSG besteht die Löschung der Daten in der **Entfernung aus der Papierakte** und Vernichtung der Unterlagen sowie der entsprechenden **Löschung in elektronischen Dateien**. Die speichernde Stelle, also die Ausländerbehörde oder die Justizvollzugsanstalt, darf nicht mehr in der Lage sein, die Daten irgendwie zur Kenntnis zu nehmen oder gar Dritten wie Gerichten zur Verfügung zu stellen.[4]

II. Löschungsantrag und Erledigung

15   Der Migrant kann in aller Regel gesetzliche Tilgungsfristen nicht berechnen und sachgerechte Löschungsanträge stellen. Hier ist sein Anwalt gefordert. Der Betroffene hat – wenn die Behörde Daten nicht von Amts wegen im erforderlichen Umfang gelöscht hat – einen **subjektiven Löschungsanspruch**.[5] Ein Löschungsantrag sollte frühzeitig gestellt werden, bevor durch den anwaltlichen Bevollmächtigten etwa eine Widerspruchsbegründung oder eine Stellungnahme im Rahmen rechtlichen Gehörs zu einer beabsichtigten negativen Verwaltungsentscheidung abgegeben wird. Die **Begründung des Löschungsantrages** sollte die Blattzahlen der zu vernichtenden Daten benennen, aber in der Formulierung soweit möglich nicht erkennen lassen, worum es dabei ging. Schließlich kann es sein, dass der anwaltliche Löschungsantrag in den Akten verbleibt und dadurch Hinweise auf unverwertbare Daten geliefert werden.

16   Nach der **Löschungsmitteilung** der Ausländerbehörde, für die es kein gesetzlich formalisiertes Verfahren gibt, empfiehlt es sich, die Verwaltungsakte ein weiteres Mal einzusehen, um zu prüfen, ob die Daten tatsächlich vollständig gelöscht worden sind. Es ist nämlich bei dickeren Akten nicht selten, dass die Behörde zu löschende Daten übersehen hat. Ist die Löschung erfolgt, kann die anwaltliche Stellungnahme sich auf den verwertbaren Teil des Verwaltungsvorganges beschränken. So wird vermieden, dass in einem anwaltlichen Schriftsatz detaillierter auf unverwertbare Daten eingegangen werden muss. Bei **begründeten Zweifeln an der zureichenden Löschung** von Daten in elektronischen Dateien durch die angeschriebene Behörde kann der Datenschutzbeauftragte des Bundeslandes um Prüfung gebeten werden. Verwaltungsbehörden wissen, dass in der Regel dann ein lästiges **Prüfungsverfahren des Datenschutzes** auf sie zukommt, welches sie auf Remonstration eines Bevollmächtigten möglichst vermeiden werden.

B. Strafvollstreckung

I. Das Absehen von der weiteren Strafvollstreckung

1. Die Abschiebung nach Vollstreckung eines Teils der Freiheitsstrafe

17   Migranten können aus der Strafhaft in ihr Heimatland abgeschoben werden. Das ist in **§ 456a StPO** geregelt. Es handelt sich um einen teilweisen Verzicht der Staatsanwaltschaft als Vollstreckungsbehörde auf die *vollständige* Vollstreckung eines Strafurteils. Der Sinn dieser Vorschrift ist umstritten. Ein wesentlicher Grund für diesen Verzicht auf vollständige Umsetzung des staatlichen Strafanspruchs soll fiskalischer Natur sein. Strafhaft ist teuer. Und wenn der Gefangene nach der Verbüßung der verhängten Strafe sowieso ausreisepflichtig ist, spart der Staat Geld, wenn die Abschiebung geraume Zeit vor dem Strafende erfolgt.[6] Nach anderer Ansicht ist der Strafvollzug zu entlasten, wenn die weitere (= vollständige) Strafvollstreckung weder unter dem Gesichtspunkt der Resozialisierung noch

---

[4] *Petri* in GK-AufenthG Vor §§ 86 ff. Rn. 73.
[5] *Winkelmann* in Bergmann/Dienelt AufenthG § 91 Rn. 2.
[6] OLG Hamm Beschl. v. 18.6.2013 – III-1 VAs 32/13, BeckRS 2013, 11173.

demjenigen der Prävention sinnvoll sei.[7] Jede im Raume stehende Abschiebung führt zugleich zu faktischen Einschränkungen der Rechte des Migranten im Strafvollzug.[8]

Bei der Abschiebung nach § 456a StPO handelt es sich um einen Fall der **Kooperation** 18 **von Ausländerbehörde und Staatsanwaltschaft.** Die Ausländerbehörde schafft die rechtlichen und tatsächlichen Voraussetzungen für eine vollziehbare Abschiebung. Die Staatsanwaltschaft gibt sodann gegenüber der Ausländerbehörde eine schriftliche Erklärung ab, zu welchem Zeitpunkt sie auf die weitere Vollstreckung eines Urteils verzichtet.[9] Ein subjektives Recht des Verurteilten auf den Vollstreckungsverzicht zu einem von ihm gewünschten Zeitpunkt wird nicht anerkannt. In den Bundesländern gibt es für die Staatsanwaltschaften dazu **Erlasse und Richtlinien,** die auch den Zeitpunkt der Anwendung des § 456a StPO regeln. Bundeseinheitlich sind diese Vorschriften nicht, da Justiz Ländersache ist.[10]

2. Abschiebung bewirkt keine endgültige Erledigung der Strafe

a) Nachholung der Strafvollstreckung. Mit dem Absehen von weiterer Strafvollstre- 19 ckung und Vollzug der Abschiebung ist der staatliche Strafanspruch jedoch nicht endgültig erledigt. Das Absehen darf auch keineswegs als Aussetzung des Strafrestes zur Bewährung missverstanden werden. Eine Entscheidung darüber, dass der Strafrest nach § 57 StGB etwa zur Bewährung ausgesetzt worden ist, liegt in dem Vorgehen nach § 456a StPO gerade nicht. Vielmehr erlässt die Staatsanwaltschaft in aller Regel gemäß § 456a Abs. 2 S. 3 StPO einen **Vollstreckungshaftbefehl.** Zugleich erfolgt die **Ausschreibung** des Verurteilten **zur Festnahme,** allerdings in der Regel lediglich national, nicht im gesamten Schengen-Raum.

Kehrt der Migrant legal oder illegal in das Bundesgebiet zurück, so kann die **Vollstre-** 20 **ckung** des Strafrestes **nachgeholt** werden, § 456a Abs. 2 StPO. Das erfolgt in der Praxis auch, und zwar je nach Vollstreckungsbehörde dann bis zum Strafende oder kurz davor. Kurz davor deshalb und dann, weil bei erneutem Absehen von der restlichen Strafvollstreckung wiederum ein Vollstreckungshaftbefehl mit Ausschreibung zur Fahndung möglich ist. Erst wenn nach § 79 StGB hinsichtlich des Strafrestes Vollstreckungsverjährung eingetreten ist, droht keine Verhaftung mehr. Die **Berechnung der Vollstreckungsverjährung** durch den Anwalt ist riskant, weil mit Blick auf §§ 79a und 79b StGB gelegentlich kompliziert. Irrt er sich und wird der Mandant bei Rückkehr in Strafhaft genommen, hat auch der Anwalt ein gewaltiges Problem. Daher empfiehlt es sich immer, mit Vollmacht des Mandanten das Vollstreckungsheft der Staatsanwaltschaft einzusehen.

b) Belehrung des Betroffenen. Die Verurteilten sind nach § 456a Abs. 2 S. 4 StPO zwar 21 ausdrücklich zu belehren. Die Belehrung wird durch die Staatsanwaltschaft zumeist auf der Grundlage des § 17 Abs. 2 S. 2 StVollstrO auf die JVA übertragen. Sie erfolgt **regelmäßig schriftlich.** Der Inhalt dieser Belehrung wird jedoch nach einer Abschiebung von den Betroffenen oft vergessen oder nicht hinreichend ernst genommen. Daher sollte auch der anwaltliche Beistand den Mandanten bei jeder Gelegenheit darauf hinweisen, was dieser im Fall **eigenmächtiger Wiedereinreise** riskiert. Denn am Ende der weiteren Strafvollstreckung steht regelhaft die **erneute Abschiebung** mit ihren weitreichenden ausländerrechtlichen Folgen.

c) Rückkehr vor Vollstreckungsverjährung. Häufig möchten Migranten nach ihrer 22 Abschiebung zurückkehren, zum Beispiel wegen hier lebender Familienangehöriger oder

---

[7] *Schmitt* in Meyer-Goßner StPO § 456a Rn. 1; *Coen* in BeckOK StPO § 456a Rn. 1.
[8] Wie zB bei dem Wunsch nach Verlegung in eine Haftanstalt am Ort der Familie, dazu BVerfG StraFo 2017, 386.
[9] Vertiefend *Jung* in Widmaier/Müller/Schlothauer, MAH Strafverteidigung, 2. Aufl. 2014, § 18 Rn. 166 – 177.
[10] Eine Zusammenfassung der Richtlinien der Bundesländer findet sich bei *Schmidt,* Verteidigung von Ausländern, 3. Aufl. 2012, Rn. 582 f.

weil sie in dem Staat ihre Passes nicht wieder Fuß fassen konnten. Um diese Rückkehr ohne zusätzlichen Schaden für den Mandanten zu ermöglichen bedarf es der engen **Zusammenarbeit von Migrationsrechtler und Strafrechtler.** Strafrechtlich geht es um die Aussetzung des noch nicht verbüßten Strafrestes zur Bewährung nach § 57 StGB. Der Migrationsrechtler kümmert sich um die Frage der Sperrfrist nach § 11 Abs. 2 AufenthG, gegebenenfalls erforderlich werdende Betretenserlaubnisse nach § 11 Abs. 8 AufenthG und darum, dass der Mandant mit dem meist erforderlichen Visum wieder einreisen kann.

23   Die **ausländerrechtliche Sperrfrist** kann deutlich kürzer sein als die sich aus §§ 79, 79a StGB ergebende Verjährungsfrist hinsichtlich der Strafvollstreckung.[11] Selbst wenn der Mandant also ausländerrechtlich wieder einreisen darf, sollte vorab geklärt sein, ob er dann die Einreise direkt in den Strafvollzug vollzieht – was ihn in der Regel unglücklich macht. Der Strafrechtler muss sich also darum bemühen, dass der **Strafrest zur Bewährung ausgesetzt** wird, bevor der Mandant wieder einreist. Es gibt jedoch auch Konstellationen, in denen das nicht möglich ist, der Migrant aber zB wegen der Sehnsucht nach dem Kontakt zu seinen Kindern die weitere Vollstreckung in Kauf nimmt.

24   Ob nach der weiteren Strafvollstreckung eine **Duldung** oder ein **Aufenthaltstitel** möglich ist, gehört wiederum zum Zuständigkeitsbereich des Migrationsrechtlers. Dieser sollte den Mandanten und dessen Strafverteidiger deutlich darauf hinweisen, dass regelmäßige und intensive Besuche insbesondere minderjähriger Kinder in der JVA im Einzelfall die erneute Abschiebung verhindern können, die Hürden dafür aber hoch sind. Viele männliche Strafgefangene lehnen aus Scham Besuche ihrer Kinder in der JVA ab. Das ist nicht nur ausländerrechtlich falsch. Kinder kommen mit dem Verhältnis zu ihrem im Gefängnis sitzenden Papa viel besser zurecht, wenn sie ihn bei Besuchen dort erleben können. Das muss den Mandanten immer wieder vermittelt werden.

II. Strafaussetzung zur Bewährung nach Abschiebung

1. Antragstellung aus dem Ausland

25   Für das **Verfahren auf Aussetzung des Strafrestes nach § 57 StGB** nach einer Abschiebung muss sich der Mandant nicht im Bundesgebiet befinden. Die Stellung eines Antrages auf Aussetzung des nach der Abschiebung noch nicht verbüßten Strafrestes zur Bewährung ist **auch aus dem Ausland** zulässig. Zuständig ist nach § 454 StPO eine Strafvollstreckungskammer. Sinn macht ein solcher Antrag in der Regel erst **längere Zeit nach der erfolgten Abschiebung.**

26   Das Verfahren kann sich bereits aus strafvollstreckungsrechtlicher Perspektive als aufwendig gestalten. In vielen Fällen ist gemäß § 454 Abs. 2 StPO die Einholung eines sogenannten **Prognosegutachtens** erforderlich. In den im Gesetz genannten Fällen schwererer Kriminalität sollen Gründe der öffentlichen Sicherheit einer vorzeitigen Entlassung des Straftäters nicht entgegenstehen dürfen. Dazu beauftragt die Strafvollstreckungskammer in der Regel einen **deutschen Sachverständigen,** der den Abgeschobenen in Deutschland begutachtet.[12] Zwingend ist das nicht, weil das Gesetz eine solche Regel nicht aufstellt. Eine **Begutachtung im Ausland,** auch durch einen ausländischen Sachverständigen, ist zulässig, wird jedoch nur in Ausnahmefällen in Betracht kommen.

27   Der Rückkehrwillige sollte sehr frühzeitig darauf hingewiesen werden, dass die Strafvollstreckungskammer **weitere Nachweise** verlangen kann, zB dass er in seinem Heimatstaat nicht erneut straffällig geworden ist und dort auch keine Ermittlungsverfahren gegen ihn anhängig sind. Auch wird gelegentlich der Nachweis verlangt, dass keine Drogen mehr konsumiert werden.

---

[11] Bei Freiheitsstrafe von mehr als 10 Jahren beträgt die Vollstreckungsverjährungsfrist 25 Jahre, bei Strafe von mehr als 5 bis 10 Jahren 20 Jahre, bei mehr als einem bis zu 5 Jahren Strafe 10 Jahre.
[12] Zwingend ist das nach dem Gesetz nicht, dazu *Jung* in Widmaier/Müller/Schlothauer, MAH Strafverteidigung, 2. Aufl. 2014, § 18 Rn. 194–199.

2. Persönliche Anhörung

Nach § 454 Abs. 1 S. 3 StPO ist der Verurteilte durch die Strafvollstreckungskammer **mündlich zu hören.** Das Gesetz sieht jedoch in § 454 Abs. 1 S. 4 StPO Ausnahmen von diesem Grundsatz vor. Das spricht dafür, dass die persönliche Anhörung nicht unbedingt zwingend ist. In aller Regel verzichtet die Strafvollstreckungskammer auch bei aus dem Ausland gestellten Anträgen auf persönliche Anhörung jedoch nicht. Dann müssen die **Voraussetzungen für eine kurzfristige Einreise nach Deutschland** geschaffen werden. Darum kümmert sich die Strafvollstreckungskammer nicht. Bei einem nicht ausreichend anwaltlich vertretenen Migranten wird durch die Strafvollstreckungskammer schlicht ein Anhörungstermin anberaumt. Erscheint er nicht, wird sein Antrag mit der Begründung verworfen, die Strafvollstreckungskammer habe sich schon keinen persönlichen Eindruck von dem Verurteilten machen können. 28

Ist eine persönliche Anhörung vor der Strafvollstreckungskammer erforderlich, muss eine **Betretenserlaubnis** gemäß § 11 Abs. 8 AufenthG erwirkt werden. Auch für diesen Kurzaufenthalt allein zum Zweck der Anhörung muss der Strafrechtler parallel dafür sorgen, dass ein gemäß § 456a Abs. 2 S. 2 StPO bestehender **Vollstreckungshaftbefehl** und die zumeist damit verbundene **Ausschreibung zur Fahndung** vorübergehend **ausgesetzt** werden. Ansonsten würde der Mandant auf der Grundlage der Betretenserlaubnis zur Anhörung vor der Strafvollstreckungskammer einreisen, jedoch bei der Einreise wegen eines vollziehbaren Vollstreckungshaftbefehls sofort in die nächstgelegene JVA verbracht werden. Dann ist das Verfahren kaum noch zu retten. 29

Auch für die **Durchführung einer Begutachtung** durch einen Sachverständigen für dessen Prognosegutachten muss der Migrationsrechtler die Voraussetzungen ebenso schaffen wie für die Anhörung vor der Strafvollstreckungskammer. Es ist mit dem Sachverständigen vorab zu klären, welchen Zeitraum dieser für die Begutachtung benötigt, damit nicht allein durch zu kurze Betretenserlaubnisse oder zu kurz gefasste Aussetzung von Vollstreckungshaftbefehl und Fahndung das Verfahren gefährdet wird. 30

Nach der Anhörung bzw. Begutachtung muss der Verurteilte dann **wieder ausreisen,** um nach erfolgreicher Aussetzung des Strafrestes zur Bewährung sodann mit Hilfe des Migrationsrechtlers die Voraussetzungen für die Rückkehr nach Deutschland zu schaffen. Das kann im Einzelfall mit noch höheren Hürden verbunden sein als die Aussetzung des Strafrestes nach § 57 StGB zur Bewährung mit Antragstellung aus dem Ausland. 31

Ehemals strafrechtlich verurteilte Migranten haben meist schon nicht die wirtschaftlichen Mittel, um die **Reisekosten** und **Anwaltsgebühren** zu finanzieren. Gebührenrechtlich entstehen bei dem Anwalt/den Anwälten drei Mandate mit Kosten für die Vertretung im Strafvollstreckungsverfahren vor der Strafvollstreckungskammer, die Vertretung gegenüber der Staatsanwaltschaft wegen der Vollstreckungsaussetzung und die Vertretung gegenüber der Ausländerbehörde. Die Verfahren sind in der Regel für die Anwälte mit sprachlichen und vielfältigen praktischen Problemen verbunden und daher aufwendig und für den Mandanten teuer. Werden die Hürden im Zusammenhang mit der Bewährungsentscheidung und der ausländerrechtlichen Lage dem im Ausland aufhältlichen Migranten von seinem Anwalt vollständig aufgezeigt, wird der Mandant oftmals nachvollziehbar mutlos und verzichtet auf seine weiteren Bemühungen. 32

C. Strafvollzug

I. Vollzugsprobleme bei Migranten

1. Offener Vollzug und Vollzugslockerungen

Sogenannter **Regelvollzug** einer Freiheitsstrafe ist nach § 10 StVollzG der **offene Vollzug.** Seit vielen Jahren wird beklagt, dass die **Praxis** von der Regelunterbringung in offenen 33

Anstalten **sehr weit entfernt** sei.[13] Neben dem gesetzlich propagierten Regelvollzug haben alle Strafgefangenen nach § 11 StVollzG einen **Anspruch auf Vollzugslockerungen,** auch Gefangene ohne deutschen Pass. Zu Vollzugslockerungen gehören Außenbeschäftigung oder Freigang sowie Ausgang. Die bundeseinheitlichen Verwaltungsvorschriften zum StVollzG schließen jedoch Gefangene, gegen die Auslieferungs- oder Abschiebungshaft angeordnet ist oder gegen die eine vollziehbare Ausweisungsverfügung besteht, vom offenen Vollzug und von Vollzugslockerungen in der Praxis vollständig aus.[14] Die VV haben zwar keine Rechtsnormqualität und binden die Gerichte nicht,[15] werden jedoch in der Praxis regelmäßig zugrunde gelegt. Besteht eine vollziehbare Ausweisungsverfügung, kann die JVA mit Zustimmung der Aufsichtsbehörde jeweils eine Ausnahme machen und den Gefangenen in den offenen Vollzug verlegen bzw. Vollzugslockerungen zulassen.

2. Verlegung in andere JVA

34 **Familiäre Kontakte** zwischen Strafgefangenen und ihren Angehörigen sind dann schwierig, wenn Haftort und Wohnort der Angehörigen weit auseinander liegen. Für den Gefangenen kann dann beantragt werden, diesen in eine heimatnahe JVA zu verlegen, auch über die Grenzen von Bundesländern hinweg. Darin läge dann eine **Abweichung vom** jeweiligen landesrechtlichen gemäß § 152 StVollzG zu errichtenden **Vollstreckungsplan.** Dieser regelt, welche JVA für die Strafvollstreckung von Urteilen örtlich zuständig ist. Ist oder wird der Betroffene ausreisepflichtig – was bei vielen verurteilten Migranten der Fall ist – verweisen die Anstalten oft darauf, dass Abweichungen von dem Strafvollstreckungsplan nur geboten seien, wenn die Eingliederung des Gefangenen nach dessen Entlassung dadurch gefördert werde.[16] Da der Gefangene ausreisepflichtig sei und abgeschoben werde, gehe es mit dem Vollzug nicht um die Förderung oder Vorbereitung der Wiedereingliederung im Bundesgebiet.

35 Eine solche Ablehnungsbegründung der JVA ist verfassungswidrig. Für das verfassungsrechtlich verankerte **Resozialisierungsziel der Strafhaft** hat der familiäre Zusammenhalt wesentliche Bedeutung: Der Staat hat die Pflicht, Ehe und Familie durch geeignete Maßnahmen zu schützen und zu fördern. Bei der Entscheidung über einen Verlegungsantrag ist dem Resozialisierungsziel – welches sich aus Art. 2 Abs. 1 iVm Art. 1 Abs. 1 GG ableitet – maßgebend Rechnung zu tragen.[17] Der familiäre Zusammenhalt ist nach der Haftentlassung unabhängig von Aufenthaltsstatus und unabhängig von dem Verbleib in Deutschland für die Resozialisierung essentiell.

36 Auch ein längerfristiges Ausweichen der JVA auf sogenannte **Besuchsüberstellungen** ist nach der Rechtsprechung des BVerfG unzureichend. Besuchsüberstellungen bedeuten für den Strafgefangenen, dass er mit sogenannten Sammeltransporten aus einer JVA in eine heimatnähere JVA verlegt, dort besucht und dann wieder zurückverlegt wird. Diese Transporte können eine erhebliche Belastung des Gefangenen darstellen. So kann sein Arbeitsplatz in der JVA durch mehrfache und wegen der Transportdauer teils längere Abwesenheit gefährdet sein. Die Verlegung ist – solange weder Sicherheitsgründe noch bessere Behandlungsmöglichkeiten entgegenstehen – sachgerechter als gelegentliche Überstellungen.[18]

II. Die Rolle der Ausländerbehörde in Vollzugsfragen

1. Das „Benehmen" der Ausländerbehörde

37 Bei den Ausnahmen für nach den VV zum StVollzG von Lockerungen regelmäßig ausgeschlossenen Migranten kommt die Ausländerbehörde mit ins Boot. Nach den VV bedarf

---

13 Für alle: *Lesting* in Feest, StVollzG, 5. Aufl. 2006, § 10 Rn. 6.
14 VV-StVollzG § 10 Nr. 1 Abs. 1b und c; VV-StVollzG § 11 Nr. 6 Abs. b und c.
15 OLG Celle Beschl. v. 18.6.1997 – 1 Ws 170/97, BeckRS 2016, 20559.
16 S. exemplarisch Art. 10 BayStVollzG.
17 BVerfG Beschl. v. 20.6.2017 – 2 BvR 245/17, FamRZ 2017, 1434.
18 BVerfG Beschl. v. 20.6.2017 – 2 BvR 245/17, FamRZ 2017, 1434.

es neben der Zustimmung der Aufsichtsbehörde der JVA – in der Regel des Justizministeriums – bei vollziehbar ausreisepflichtigen Gefangenen des „Benehmens mit der zuständigen Ausländerbehörde"[19]. Das „Benehmen" darf nicht verwechselt werden mit einer (vermeintlich erforderlichen) Zustimmung der Ausländerbehörde, erforderlich ist lediglich deren **Beteiligung durch Anhörung** vor der Entscheidung der JVA.

2. Anwaltliche Handlungsoptionen

So weit die Theorie. Der anwaltliche Vertreter des Gefangenen kann versuchen, die Ausländerbehörde zu einer **abgewogenen Stellungnahme** zu bewegen, mit viel Glück für den Gefangenen zu deren **Einverständniserklärung mit Vollzugslockerungen.** Er wird auch der JVA gegebenenfalls die ausländerrechtliche Situation zu erläutern haben, wenn der Mandant im Besitz einer Duldung ist, aber aus tatsächlichen oder rechtlichen Gründen nicht abgeschoben werden kann. Dann kann die JVA jedoch immer noch so entscheiden, wie sie es für richtig hält. Im Zweifel werden Lockerungen versagt, schon, um sich bei eventuellem Entweichen des Migranten keinen Vorwürfen ausgesetzt zu sehen. Die Praxis der JVA in Vollzugsfragen bei Migranten ist unangemessen restriktiv. 38

III. Gerichtlicher Rechtsschutz

Es gibt **kaum aktuelle obergerichtliche Entscheidungen** zu Fragen der Vollzugslockerungen von Migranten. Das deutet darauf hin, dass die Betroffenen und ihre rechtlichen Vertreter negative Entscheidungen selten überprüfen lassen. Eine solche **Mutlosigkeit** wäre **verfehlt.** Einerseits lohnt es sich, auf ältere Rechtsprechung zurückzugreifen.[20] Und andererseits lässt sich Bewegung in vermeintlich wenig Erfolg versprechende Rechtsprobleme nur hineinbringen, indem Anwälte dies immer wieder versuchen. 39

So kann bei der **Ausländerbehörde** im Vorwege zu einem **Antrag auf Vollzugslockerungen** beantragt werden, dem Migranten zu bescheinigen, dass Vollzugslockerungen ausländerbehördlich unbedenklich wären. Bei negativer Entscheidung der Ausländerbehörde kann dies verwaltungsgerichtlich ausgefochten werden.[21] Selbst bei Verbüßung einer **lebenslangen Freiheitsstrafe** eines Migranten trotz „anstehender ausländerrechtlicher Maßnahmen" kann nach der Rechtsprechung des BVerfG die Gewährung von Vollzugslockerungen in Betracht kommen.[22] 40

§ 27 Spezialgesetzliche Straftatbestände

Übersicht

	Rn.
A. Strafverfahren im Staatsangehörigkeitsrecht	2
I. Einleitung	2
II. Strafbarkeit falscher Angaben im Einbürgerungsverfahren	7
1. Falsche wesentliche Angaben	7
2. Falsche oder unterbliebene Angabe von Bagatelltaten	8
3. Einbürgerungshindernis bis zur Tilgungsreife	9
III. Falsche Angaben zum Ausweis nach § 30 StAG	10
B. Straftaten nach dem AufenthG	12
I. Einleitung	12
1. Blankettnormen	13

---

[19] Vgl. VV-StVollzG § 11 Nr. 6 Abs. 2.
[20] Beispielsweise auf OLG Frankfurt Beschl. v. 11.5.2000 – 3 Ws 393/00, NStZ-RR 2000, 350.
[21] Vgl. dazu den Fall VG Augsburg Beschl. v. 29.4.2003 – AU 6 E 03.459, BeckRS 2003, 19764.
[22] BVerfG Beschl. v. 23.5.2013 – 2 BvR 2129/11, BeckRS 2013, 53071.

	Rn.
2. Verwaltungsakzessorietät	15
3. Sabotage des Verfahrens, untergetauchter Ausländer	18
4. Vollziehbarkeit	20
5. Betroffener Personenkreis	21
6. Die Auswirkungen der Rückführungs-RL	24
7. Keine Einschränkung der Genfer Flüchtlingskonvention (§ 95 Abs. 5 AufenthG)	26
II. Verstoß gegen die Passpflicht (§ 95 Abs. 1 Nr. 1 AufenthG)	27
III. Unerlaubter Aufenthalt ohne erforderlichen Aufenthaltstitel (§ 95 Abs. 1 Nr. 2 AufenthG)	31
IV. Einreise ohne Pass (§ 95 Abs. 1 Nr. 3 AufenthG)	36
V. Verstoß gegen ein Ausreiseverbot oder gegen eine Einschränkung der politischen Betätigung (§ 95 Abs. 1 Nr. 4 AufenthG)	38
VI. Verstoß bei der Überprüfung, Feststellung und Sicherung der Identität (§ 95 Abs. 1 Nr. 5 AufenthG)	41
VII. Verstöße bei Maßnahmen zur Feststellung und Sicherung der Identität (§ 95 Abs. 1 Nr. 6 AufenthG)	43
VIII. Verstöße gegen Maßnahmen zur Überwachung von Ausländern (§ 95 Abs. 1 Nr. 6a AufenthG)	46
IX. Wiederholter Verstoß gegen Aufenthaltsbeschränkung (§ 95 Abs. 1 Nr. 7 AufenthG)	50
X. Mitgliedschaft in einer geheimen Gruppe (§ 95 Abs. 1 Nr. 8 AufenthG)	54
XI. Verstoß gegen Verbot der Erwerbstätigkeit durch Inhaber von Schengen-Visa (§ 95 Abs. 1a AufenthG)	58
XII. Verstöße gegen Einreise- oder Aufenthaltsverbot (§ 95 Abs. 2 Nr. 1 AufenthG)	61
XIII. Falschangaben zum Erschleichen eines Aufenthaltstitels oder einer Duldung (§ 95 Abs. 2 Nr. 2 AufenthG)	65
XIV. Einschleusen von Ausländern (§§ 96, 97 AufenthG)	72
C. Strafbarkeit nach dem AsylG	78
I. Verleiten zur missbräuchlichen Antragsstellung (§§ 84, 84a AsylG)	79
II. Verstöße gegen Beschränkungen (§ 85 AsylG)	82

1 Straftatbestände, die an die Staatsangehörigkeit eines Menschen anknüpfen, finden sich im StAG, AufenthG und AsylG. Regelmäßig wird dabei an einen vorwerfbaren Verstoß gegen Verwaltungsrecht angeknüpft, der nur durch einen Ausländer als Täter begangen werden kann.

A. Strafverfahren im Staatsangehörigkeitsrecht

I. Einleitung

2 **Verurteilungen in Strafverfahren** führen nach § 10 Abs. 1 S. 1 Nr. 5 StAG zu einem temporären oder endgültigen **Einbürgerungshindernis,** wenn nicht eine Ausnahme nach § 12a Abs. 1 und 2 StAG vorliegt. Danach bleiben der der Einbürgerungsentscheidung Verurteilungen zu Geldstrafe bis zu 90 Tagessätzen oder bis zu drei Monaten Freiheitsstrafe mit Bewährung (dies erst nach Ablauf der Bewährungszeit) außer Betracht. Ermessen ist insoweit nicht eröffnet. Ordnungswidrigkeiten stellen nach aktueller Rechtslage (anders als früher) kein Einbürgerungshindernis dar.

3 Im Zusammenhang mit der Stellung eines Einbürgerungsantrages wird geprüft, ob der Einbürgerungsbewerber strafrechtlich aufgefallen ist. Bereits die **Einleitung eines strafrechtlichen Ermittlungsverfahrens** führt nach § 12a Abs. 3 StAG zur **Aussetzung des Einbürgerungsverfahrens** bis zu dessen Abschluss.[1] Ein Ermessen der Einbürgerungs-

---

[1] Parallele zu § 79 Abs. 2 AufenthG für Erteilung oder Verlängerung eines Aufenthaltstitels.

§ 27 Spezialgesetzliche Straftatbestände § 27

behörde besteht insoweit nicht.² Das gilt auch für im Ausland geführte Ermittlungsverfahren und Verurteilungen, die nach § 12a Abs. 4 StAG im Einbürgerungsantrag mit anzugeben sind. Das strafrechtliche Ermittlungsverfahren ist erst abgeschlossen, wenn das Verfahren durch Urteil rechtskräftig beendet oder nach § 170 Abs. 2 StPO, den §§ 153, 153b bis 153e, 154b, 154c StPO oder den §§ 45, 47 JGG eingestellt ist.

Wurde der Einbürgerungsbewerber vom Strafgericht verurteilt, bleiben nach § 12a 4 Abs. 1 S. 1 StAG Erziehungsmaßregeln und Zuchtmittel nach dem JGG sowie **geringfügige Strafen** nach dem StGB **außer Betracht,** stehen also einer Einbürgerung nicht entgegen. Die Schwellen sind nach § 12a Abs. 1 S. 1 Nr. 2 und 3 StAG sehr niedrig: bis zu 90 Tagessätze oder bis zu drei Monate auf Bewährung, letztere jedoch erst nach Ablauf der Bewährungszeit. Mehrere Verurteilungen werden zusammengezählt.

Bei **geringfügiger Überschreitung der Summe mehrerer Strafen** kann im **Einzel-** 5 **fall nach Ermessen** der Behörde entschieden werden. Die Überschreitung der Unbeachtlichkeitsgrenze bei der Summe mehrerer Strafen um ein Drittel soll nicht mehr geringfügig sein.³ Ein Drittel des Grenzwertes von addiert 90 Tagessätzen oder drei Monaten sind 30 Tagessätze. Zwei Strafen von 70 und 50 Tagessätzen führen nach dieser Rechtsauffassung schon zu einem mindesten fünfjährigen Einbürgerungshindernis.⁴

Damit läuft die verfassungsrechtlich begründete Möglichkeit, bei lediglich geringfügiger 6 Überschreitung in der Addition von Strafen ein Einbürgerungshindernis im Ermessensweg abzulehnen, infolge der herrschenden Rechtsprechung im Bereich kurzer Freiheitsstrafen oder mehrerer geringfügiger Geldstrafen de facto **weitgehend leer.** Das Dilemma wird dadurch verstärkt, dass viele Migranten Strafbefehle nicht ausreichend ernst nehmen, weil diese ja zumeist nur zu einer schriftlichen Ahndung in Geld führen. Jeder Anwalt muss in der Beratung von Migranten in einem **Strafbefehlsverfahren** klären, ob in absehbarer Zukunft die Einbürgerung beantragt werden soll. Dann ist es angezeigt, einen Strafbefehl durch **Einspruch** anzugreifen und zumindest um eine **Einstellung nach § 153a StPO** zu kämpfen. Solche Einstellungen werden im BZR nicht vermerkt und hindern die Einbürgerung daher nicht.

II. Strafbarkeit falscher Angaben im Einbürgerungsverfahren

1. Falsche wesentliche Angaben

Nach § 42 StAG wird bestraft, wer unrichtige oder unvollständige Angaben zu **wesentli-** 7 **chen Voraussetzungen der Einbürgerung** macht oder benutzt, um für sich oder einen anderen eine **Einbürgerung zu erschleichen.** Was im Sinne des Gesetzes „wesentlich" ist, wird dort nicht definiert. Die Norm war seit ihrer erstmaligen Einfügung in das StAG umstritten.⁵ Dass falsche Angaben zur Erlangung der Einbürgerung strafbar sein können – beispielsweise über das Bestehen einer familiären Lebensgemeinschaft für einen auf § 9 StAG gestützten Einbürgerungsantrag –, ist zutreffend und allgemeine Auffassung.

2. Falsche oder unterbliebene Angabe von Bagatelltaten

Die obergerichtliche Diskussion erschöpfte sich in der Frage, ob falsche oder unvollständige 8 Angaben zu inländischen Strafverurteilungen ihrerseits strafbar sind. Die Rechtsprechung der Oberlandesgerichte bejahte dies jedenfalls überwiegend.⁶ Dem ist der BGH in einer Entscheidung auf Vorlage des OLG München nicht gefolgt. Aus dem Wortsinn und der

---

² Vgl. 12a. 3 VAH-StAG.
³ *Berlit* in GK-StAR StAG § 12a Rn. 42.1 mwN.
⁴ Die Tilgungsfrist beträgt nach § 46 BZRG mindestens 5 Jahre.
⁵ Zur Entstehungsgeschichte *Marx* in GK-StAR StAG § 42 Rn. 1–9.
⁶ OLG Nürnberg Urt. v. 20.6.2016 – 1 OLG 8 Ss 65/16, BeckRS 2016, 20646; 460; KG Urt. v. 2.12.2015 – (5) 161 Ss 231/15 (46/15), BeckRS 2016, 532; Entsch. v. 12.8.2011 – (4) 1 Ss 268/11, BeckRS 2011, 26229.

Entstehungsgeschichte der Norm erkennt der **BGH** im Jahr 2016 darauf, dass **(falsche bzw. unvollständige) Angaben zu Strafverfahren,** die im Ergebnis wegen Nichterreichens der **Bagatellgrenze in § 12a StAG** einer Einbürgerung bei wahrheitsgemäßer Beantwortung nicht entgegen gestanden hätten, **nicht strafbar** seien.[7] Denn diese können für die Entscheidung der Einbürgerungsbehörde nun einmal nicht wesentlich iSd § 42 StAG sein. Die ältere Rechtsprechung zur Frage der Strafbarkeit unrichtiger Angaben zu früheren Verurteilungen ist daher überholt.

3. Einbürgerungshindernis bis zur Tilgungsreife

9 Erhebliche strafrechtliche Verurteilungen stehen einer Einbürgerung so lange entgegen, bis **Tilgungsreife gemäß § 51 BZRG** eingetreten ist. Die Tilgungsfristen betragen häufig 15 Jahre oder mehr. Bei viele Jahre zurückliegenden Verurteilungen haben Einbürgerungsbewerber oft wenig Verständnis dafür, dass ihnen eine „alte Geschichte" noch entgegen gehalten wird. Die Einbürgerungsbehörde ist jedoch an das Bundeszentralregister und dessen Tilgungsentscheidung gebunden. Das Bundesamt für Justiz kann zwar als zuständige Behörde eine Eintragung nach **§ 49 BZRG vorzeitig tilgen,** wenn die Vollstreckung erledigt ist und das öffentliche Interesse der Anordnung nicht entgegensteht. In der Praxis werden Anträge nach § 49 BZRG auf vorzeitige Tilgung und dagegen eingelegte Rechtsmittel trotz zwischenzeitlich jahrelanger Unbescholtenheit regelmäßig abgelehnt. Anschließende Verfahren nach § 23 EGGVG vor dem zuständigen Kammergericht bleiben **regelmäßig erfolglos.**[8] Der Einbürgerungsbewerber wird in aller Regel den Eintritt der Tilgungsreife abzuwarten haben, sofern die frühere Verurteilung sich als Einbürgerungshindernis gemäß § 12a StAG erweist.

III. Falsche Angaben zum Ausweis nach § 30 StAG

10 Nach § 30 StAG kann **jedermann** die **Feststellung** beantragen, dass er **deutscher Staatsangehöriger sei,** sogenannter Staatsangehörigkeitsausweis. Kommt die zuständige Staatsangehörigkeitsbehörde zu dem Ergebnis, dies sei der Fall, ist die Feststellung nach § 30 Abs. 1 S. 2 StAG in allen Angelegenheiten verbindlich, für die das Bestehen oder Nichtbestehen der deutschen Staatsangehörigkeit rechtserheblich ist.

11 In diesem Zusammenhang etwa gemachte **falsche Angaben** sind jedenfalls **nicht nach § 42 StAG** strafbar. Bei dem Staatsangehörigkeitsausweis geht es nicht um die Erlangung der deutschen Staatsangehörigkeit als Statusänderung. Die deutsche Staatsangehörigkeit muss vielmehr bereits bestehen und wird lediglich – nach verwaltungsrechtlicher Prüfung – bescheinigt, sofern dafür ein Bedürfnis besteht.[9] Einen speziellen Straftatbestand zu § 30 StAG enthält das Gesetz nicht.

B. Straftaten nach dem AufenthG

I. Einleitung

12 Als Teil des Nebenstrafrechts enthalten die §§ 95 bis 97 AufenthG Straftatbestände und in § 98 AufenthG einen Bußgeldtatbestand, die der Durchsetzung dieses Gesetzes dienen. Unmittelbarer Schutzzweck der Strafnormen soll die **Stabilisierung der verwaltungsrechtlichen Ordnungssysteme,** insbesondere die Kontroll- und Steuerungsfunktion des ausländerrechtlichen Genehmigungsverfahrens sein.[10]

---

[7] BGH Beschl. v. 20.12.2016 – 1 StR 177/16, NJW 2017, 899.
[8] KG Beschl. v. 10.8.2015 – 4 VAs 40/15 – II B 3 – 4241 E – 61 298/14, BeckRS 2015, 19698.
[9] *Marx* in GK-StAR StAG § 42 Rn. 22.
[10] *Gericke* in MüKoStGB AufenthG § 95 Rn. 1.

1. Blankettnormen

Gesetzgebungstechnisch sind diese Strafnormen oft als **Blanketten** gestaltet, bei denen eine 13 Strafdrohung festgelegt, für Teile des Tatbestandes aber auf den Verstoß gegen eine andere Norm desselben Gesetzes verwiesen wird. Durch die hektische Tätigkeit des Gesetzgebers wurden und werden die von den Straftatbeständen in Bezug genommen gesetzliche Normen verändert, sodass regelmäßig eine genaue Prüfung der Rechtslage im Zeitpunkt der vorgeworfenen Handlung erfolgen muss. Weiter eröffnet sich die grundsätzliche Frage eines **Verstoßes gegen Art. 103 Abs. 2 GG,** denn eine Blankettstrafnorm genügt dem Bestimmtheitsgebot jedenfalls dann nicht, wenn bei Verweis auf eine Rechtsverordnung nicht allein die Konkretisierung des Straftatbestandes erfolgt, sondern die Voraussetzungen der Strafbarkeit erst durch eine Rechtsverordnung geschaffen werden.[11]

Da für die verwaltungsrechtlichen Vorfragen spezialgesetzliche Kenntnisse erforderlich 14 sind, wird häufig von einer **schwierigen Sachlage** iSd § 140 Abs. 2 StPO auszugehen sein, die die Beiordnung eines Verteidigers gebietet.[12]

2. Verwaltungsakzessorietät

Die Blankettnormen knüpfen an die Voraussetzungen ausländerrechtlicher Normen oder 15 sich daraus ergebendem Verhalten der Verwaltung an, sie sind **verwaltungsakzessorisch.** Ob ein bestimmtes Verhalten strafbar ist, hängt von der im Tatbestand in Bezug genommen verwaltungsrechtlichen Situation ab.

Da auch Verwaltungshandeln von Rechtsfehlern betroffen ist, stellt sich die Frage, ob und 16 gegebenenfalls wie weit formell oder materiell rechtswidriges Verwaltungshandeln durch Strafdrohung geschützt werden kann. Einhellig wird angenommen, dass mindestens **ein Verstoß gegen nichtige Verwaltungsakte nicht strafbar** sein kann.[13] Jedenfalls seit der Einführung des AufenthG soll nach dem BGH einer rein formellen Betrachtung für die Beurteilung strafrechtlich relevanter Verhaltensweisen der Vorzug zu geben sein,[14] auf gegebenenfalls verborgene materiell-rechtliche Mängel abzustellen, widerspreche dem Bestimmtheitsgebot aus Art. 103 Abs. 2 GG.

Aus dieser streng formellen Betrachtung wird weiter gefolgert, dass es nicht auf das 17 Vorliegen einer förmlichen behördlichen Entscheidung ankommt, sondern bereits ein **Anspruch des Ausländers auf Erlass eines Verwaltungsaktes strafbares Verhalten ausschließt.**[15] Eine Strafbarkeit könne sonst unter anderem von der nicht berechenbaren Verfahrensdauer vor den Ausländerbehörden abhängen. Dies soll wiederum dann nicht gelten, wenn Strafnormen als abstrakte Gefährdungsdelikte das Verwaltungsverfahren zur Erlangung materiell richtiger Entscheidungen schützen sollen,[16] da hier bereits Verhalten im Vorfeld einer behördlichen Entscheidung unter Strafe gestellt ist.[17]

3. Sabotage des Verfahrens, untergetauchter Ausländer

Entscheidungen zur Straflosigkeit bei einem Anspruch eines Ausländers auf Erteilung einer 18 Duldung ergingen noch zu § 92 AuslG in Sachverhaltskonstellationen, in denen der betroffene Ausländer seine Abschiebung durch **Vernichtung seiner Identitätspapiere** und **Vorlage eines gefälschten Reisepasses**[18] bzw. **Unerreichbarkeit durch Untertau-**

---
[11] BVerfG Beschl. v. 21.9.2016 – 2 BvL 1/15, NJW 2016, 3648 (3650).
[12] LG Stuttgart Beschl. v. 29.3.2912 – 5 Qs 13/12, BeckRS 2012, 12341.
[13] *Gericke* in MüKoStGB AufenthG § 95 Rn. 2.
[14] BGH Urt. v. 27.4.2005 – 2 StR 457/04, NJW 2005, 2095 (2097).
[15] BVerfG Beschl. v. 6.3.2003 – 2 BvR 397/02, NStZ 2003, 488; OLG Frankfurt a. M. Beschl. v. 14.7.2003 – 1 Ws 66/03, NStZ-RR 2003, 308 und OLG Schleswig Beschl. v. 10.8.2004 – 1 Ss 87/04, NStZ 2005, 408 jeweils noch zu § 92 Abs. 1 Nr. 1 AuslG.
[16] OLG Düsseldorf Beschl. v. 30.5.2012 – III 3 RVs 62/12, BeckRS 2012, 13768 zu § 95 Abs. 2 Nr. 2 AufenthG.
[17] *Gericke* in MüKoStGB AufenthG § 95 Rn. 101.
[18] BVerfG Beschl. v. 6.3.2003 – 2 BVR 397/02, NStZ 2003, 488.

chen[19] zu verhindern suchte. In der jüngeren Rechtsprechung zu wortgleichen Strafnormen des AufenthG wird dagegen eine Strafbarkeit angenommen, wenn der Ausländer untergetaucht ist, denn die zeitweise Aussetzung der Abschiebung setze voraus, dass sie im Falle der Verneinung von Duldungsgründen tatsächlich vollzogen werden könne, der Ausländer also erreichbar sei.[20] Dieser Argumentation steht entgegen, dass die tatsächlichen und rechtlichen Gründe, aus denen eine Abschiebung unmöglich ist, nichts mit der Erreichbarkeit eines Ausländers durch die Behörden zu tun haben.[21] Ihm wird damit lediglich in unzulässiger Ausweitung des Tatbestandes bei Strafe auferlegt, sich den Behörden zur Verfügung zu halten und die Verlängerung seiner regelmäßig befristet erteilten Duldung zu betreiben.

19 In die Betrachtung ist weiter einzustellen, dass der BGH in einer Entscheidung noch zu § 92 AuslG im Zeitpunkt der Geltung des AufenthG ausgeführt hatte, dass ein durch Drohung, Bestechung oder Kollusion erwirkter oder durch Täuschung erschlichener Aufenthaltstitel grundsätzlich formelle Wirksamkeit hätte und damit eine Strafbarkeit des Aufenthalts entfallen würde, da der Gesetzgeber auch in der ursprünglichen Fassung des AufenthG den so erlangten Titeln nicht die formelle Wirksamkeit abgesprochen habe.[22] Erst durch den mit Wirkung zum 28.8.2007 in Kraft getretenen § 95 Abs. 6 AufenthG wurde bestimmt, dass derart erlangte Aufenthaltstitel nicht zur Straflosigkeit führten.[23] Eine **Unerreichbarkeit des Ausländers** ist in § 95 Abs. 6 AufenthG nicht angesprochen worden, eine mangelnde Mitwirkung am Verfahren durch **Verbergen** steht auch nicht den in § 95 Abs. 6 AufenthG bezeichneten Handlungen gleich. Es sprechen damit gute Argumente für die Straflosigkeit des Ausländers, der lediglich nicht am Verfahren mitwirkt oder nicht erreichbar ist.

4. Vollziehbarkeit

20 Ein Verwaltungsakt muss **vollziehbar** sein, wenn ein Verstoß gegen ihn eine Strafsanktion auslösen soll. Dies ergibt sich mit dem Gesetzeswortlaut unmittelbar nur aus § 95 Abs. 1 Nr. 4 AufenthG, wird jedoch auch für vergleichbare Konstellationen so gesehen.[24] Eine gegen den noch nicht vollziehbaren Verwaltungsakt vorhandene Rechtsmittelfrist soll nicht durch den Druck einer Strafdrohung überschattet, sondern voll ausgeschöpft werden können.

5. Betroffener Personenkreis

21 Unmittelbarer Täter eines strafbaren Verstoßes gegen Verwaltungsnormen oder daraus hervorgehender Akte kann nur sein, wer dem AufenthG unterworfen ist, also der Ausländer (sogenannter **Drittstaatler**). Unionsbürger, Staatsangehörige der EWR-Staaten und Staatsangehörige der Schweiz nebst den Familienangehörigen dieser Personengruppen sind von den Strafdrohungen des AufenthG teilweise ausgenommen.[25]

22 Für die Dauer seines **Asylverfahrens** wird einem Ausländer eine Bescheinigung zur Aufenthaltsgestattung nach §§ 55, 64 AsylG erteilt. Diese fungiert als Passersatz, gestattet

---

[19] OLG Frankfurt a. M. Beschl. v. 14.7.2003 – 1 Ws 66/03, NStZ-RR 2003, 308 und OLG Schleswig Beschl. v. 10.8.2004 – 1 Ss 87/04, NStZ 2005, 408.
[20] BGH Urt. v. 6.10.2004 – 1 StR 76/04, BeckRS 2004, 11740; BGH Beschl. v. 2.9.2009 – 5 StR 266/09, NJW 2010, 248; OLG Hamburg Beschl. v. 25.1.2012 – 1 Ss 196/11, NStZ-RR 2012, 219; KG Beschl. v. 26.3.2012 – 1 Ss 393/11, NStZ-RR 2012, 347.
[21] *Lam* Asylmagazin 2011, 228; *Fahlbusch* in HK-AuslR AufenthG § 95 Rn. 49.
[22] BGH Urt. v. 27.4.2005 – 2 StR 457/04, NJW 2005, 2095 (2098).
[23] BGH Beschl. v. 24.5.2012 – 5 StR 567/11, NJW 2012, 2210; EuGH Urt. v. 10.4.2012 – C-83/12 PPU NJW 2012, 1641.
[24] Vgl. BayObLG Urt. v. 1.4.2003 – 4 St RR 15/03, BeckRS 2003, 30314159; OLG Düsseldorf Beschl. v. 29.12.1999 – 2b Ss 167/99, NStZ-RR 2000, 184.
[25] Über § 11 Abs. 1 S. 1, § 12 FreizügG/EU bzw. Art. 3 Freizüg Abk/Schweiz finden nur § 95 Abs. 1 Nr. 4, 8, Abs. 2 Nr. 2, 4, sowie § 96 und § 97 AufenthG entsprechende Anwendung.

§ 27 Spezialgesetzliche Straftatbestände   § 27

den Aufenthalt im Bundesgebiet und kann den unerlaubten Grenzübertritt legalisieren, sodass eine Strafbarkeit nach § 95 Abs. 1 Nr. 1 bis 3 AufenthG ausgeschlossen ist.

Eine Teilnahme durch Anstiftung und Beihilfe an den Delikten nach dem AufenthG ist 23 jedermann möglich.

6. Die Auswirkungen der Rückführungs-RL

Durch die sogenannte **Rückführungs-RL**[26] ist auch Deutschland verpflichtet, ein effekti- 24 ves Rückkehrverfahren für sich illegal im Bundesgebiet aufhaltende Drittstaatsangehörige vorzuhalten. Aufgrund des grundsätzlichen Anwendungsvorrangs des Unionsrechts vor dem nationalen Recht ist eine Bestrafung des Ausländers allein wegen eines illegalen Aufenthalts jedenfalls für die Dauer des Rückführungsverfahrens ausgeschlossen.[27] Raum für eine Strafbarkeit verbleibe nur bei Sabotage des Rückführungsverfahrens.[28] Entzieht sich ein Ausländer durch Untertauchen dem Verfahren, soll dies nach § 95 Abs. 1 Nr. 2 AufenthG strafbar sein.[29] Auch eine Bestrafung wegen eines Verstoßes gegen die Passpflicht soll durch die Richtlinie nicht ausgeschlossen sein, da die Strafvorschrift des § 95 Abs. 1 Nr. 1 AufenthG nicht den ordnungsgemäßen Ablauf des Rückführungsverfahrens oder die Ziele der Richtlinie beeinträchtige.[30] Die bereits zur Strafbarkeit des untergetauchten Ausländers mit Anspruch auf Duldung herangezogenen Argumente werden hier in der Rechtsprechung erneut bemüht. Wie weit durch die Richtlinie eine nationale Strafnorm ausgeschlossen ist, wird also noch uneinheitlich gesehen und wohl vom EuGH geklärt werden müssen.[31]

Nach Ansicht des BGH folgt ohne Festlegung auf eine exakte Rechtskonstruktion[32] aus 25 dem **Vorrang des Rückführungsverfahrens** jedenfalls eine **persönliche Straflosigkeit** der illegal in Deutschland Aufhältigen; für deren Schleuser liegt eine tatbestandliche und rechtswidrige Tat vor.[33]

7. Keine Einschränkung der Genfer Flüchtlingskonvention (§ 95 Abs. 5 AufenthG)

Über § 95 Abs. 5 AufenthG ist Art. 31 Abs. 1 des Abkommens über die Rechtsstellung 26 der Flüchtlinge **(Genfer Flüchtlingskonvention)** anwendbar, sodass in Fällen der unmittelbaren Einreise aus einem Verfolgerstaat und unverzüglichen Meldung gegenüber einer, nicht notwendig der zuständigen,[34] Behörde auch bei unerlaubter Einreise oder einem Einreiseverbot **keine Strafbarkeit** gegeben sein kann.[35] Die Straffreiheit erstreckt sich jedoch nach hM nicht noch auf bei der Einreise gleichzeitig verwirklichte Begleitdelikte, wie etwa Urkundenfälschung.[36]

II. Verstoß gegen die Passpflicht (§ 95 Abs. 1 Nr. 1 AufenthG)

Der Aufenthalt eines Ausländers ohne Pass oder genügenden Ausweisersatz im Bundesgebiet 27 ist gemäß § 95 Abs. 1 Nr. 1 AufenthG als Verstoß gegen § 3 Abs. 1 und AufenthG 48

---

[26] RL 2008/115/EG des Europäischen Parlaments und des Rates über gemeinsame Normen und Verfahren in den Mitgliedstaaten zur Rückführung illegal aufhältiger Drittstaatsangehöriger.
[27] EuGH Urt. v. 28.4.2011 – C 61/11 PPU, NJOZ 2012, 837; Urt. v. 6.12.2011 – C-329/11, BeckRS 2011, 81777.
[28] Hörich/Bergmann NJW 2012, 3339.
[29] OLG Hamburg Beschl. v. 25.1.2012 – 1 Ss 196/11, NStZ-RR 2012, 219; KG Beschl. v. 26.3.2012 – 1 Ss 393/11, NStZ-RR 2012, 347.
[30] OLG München Beschl. v. 21.11.2012 – 4 StR 133/12, NStZ 2013, 484.
[31] Gericke in MüKoStGB AufenthG § 95 Rn. 30.
[32] persönlicher Strafaufhebungsgrund bei Gericke in MüKoStGB AufenthG § 95 Rn. 30; Hohoff in BeckOK AuslR AufenthG § 95 Rn. 27.
[33] BGH Urt. v. 8.3.2017 – 5 StR 333/16, NJW 2017, 1624 (1625).
[34] Hohoff in BeckOK AuslR AufenthG § 95 Rn. 110.
[35] Hohoff in BeckOK AuslR AufenthG § 95 Rn. 105.
[36] OLG Bamberg, Urt. v. 24.9.2014, 3 Ss 59/13 – BeckRS 2014, 20098; OLG München Beschl. v. 29.3.2010 – 5 St RR (II) 79/10, BeckRS 2010, 08696.

Abs. 2 AufenthG strafbar. Für die Dauer seines **Asylverfahrens** genügt ein Ausländer seiner Ausweispflicht durch die Bescheinigung zur Aufenthaltsgestattung, §§ 55, 64 AsylG.

28 Ein Aufenthalt setzt eine vollendete Einreise in das Bundesgebiet voraus[37] und liegt nicht bereits bei einem Verweilen im Transitbereich eines Flughafens vor. Die Passpflicht aus § 3 AufenthG verlangt nur den Besitz des Dokuments, ein (jederzeitiges) **Mitführen ist nicht erforderlich,** aber im Hinblick auf die Bußgeldvorschrift des § 98 Abs. 2 Nr. 2a AufenthG ratsam. Da eine rechtzeitige Vorlage des Dokuments das Bußgeld entfallen lässt, wird die tatsächliche Möglichkeit zur zeitnahen Vorlage des Passes eine Strafbarkeit ausschließen.

29 Die Gültigkeit eines Passes richtet sich nach den Vorschriften des ausstellenden Staates, die Anerkennung dieses Dokument ist deutscher Hoheitsakt. Ob ein Ausländer an der Beschaffung eines Passes in zumutbarer Weise mitgewirkt hat, ist von den Strafgerichten eigenständig zu prüfen. Die Strafbarkeit der Passlosigkeit kann ausgeschlossen sein, wenn der Ausländer einen Pass nicht in angemessener Zeit oder nur unter schwierigen Umständen erhalten kann oder die Heimatbehörden die Ausstellung verweigern.[38] Aussichtslose Handlungen zu verlangen ist nicht zumutbar,[39] die Ableistung der Wehrpflicht im Herkunftsstaat soll dagegen trotz des vorbehaltlosen Grundrechts auf Kriegsdienstverweigerung aus Art. 4 Abs. 3 S. 1 GG noch zumutbar sein.[40]

30 Hat der Ausländer einen **Anspruch auf Erteilung einer als Ausweisersatz wirksamen Duldung,** kommt eine Strafbarkeit nicht in Betracht,[41] dies gilt auch, wenn der Betroffene unerreichbar ist oder ein Abschiebungshindernis selbst herbeigeführt hat, etwa durch Vernichtung seines Passes oder Mitführen gefälschter Papiere.

III. Unerlaubter Aufenthalt ohne erforderlichen Aufenthaltstitel (§ 95 Abs. 1 Nr. 2 AufenthG)

31 Bestraft wird, wer sich ohne den nach § 4 Abs. 1 S. 1 AufenthG erforderlichen Aufenthaltstitel im Bundesgebiet aufhält, vollziehbar ausreisepflichtig ist, eine ihm gewährte Frist zur Ausreise abgelaufen und dessen Abschiebung nicht ausgesetzt ist. Da § 4 Abs. 1 S. 1 AufenthG selbst wiederum pauschal auf das Recht der Europäischen Union, allgemein auf Rechtsverordnungen und das Assoziationsabkommen der EWG mit der Türkei verweist, wird die Strafvorschrift als **zu unbestimmt** kritisiert.[42] Mit Blick auf den **Vorrang der Rückführungs-RL** wird zudem kein Anwendungsbereich mehr für die Strafnorm gesehen.[43]

32 Das Merkmal der Erforderlichkeit eines Aufenthaltstitels wird dahin verstanden, dass überhaupt ein **formeller Titel** vorliegt, da es nicht auf dessen materiell-rechtliche Richtigkeit ankommt.[44] Auf den individuellen Zweck des Aufenthalts und einen möglichen Widerspruch zum erteilten Aufenthaltstitel kommt es nicht an.[45]

33 Für **Asylsuchende** ist kein Aufenthaltstitel erforderlich, § 55 AsylG gestattet ihnen für die Dauer ihres Verfahrens den Aufenthalt im Bundesgebiet. Der Kurzaufenthalt eines Positivstaatlers ist nach §§ 15 ff. AufenthV ebenfalls ohne Aufenthaltstitel möglich.

34 Wie sich aus dem Wortlaut der Strafnorm ergibt, schließt eine Aussetzung der Abschiebung die Strafbarkeit aus. **Inhaber einer Duldung** nach § 60a AufenthG unterfallen daher

---

[37] BayObLG Urt. v. 16.1.1996 – 4 St RR 280/95, BayObLGSt 1996, 8.
[38] OLG Frankfurt Beschl. v. 22.8.2012 – 1 Ss 210/12, BeckRS 2012, 20563.
[39] BVerwG Beschl. v. 15.6.2006 – 1 B 54.06, BeckRS 2006, 23900.
[40] OLG München Beschl. v. 8.6.2012 – 4 StRR 92/12, BeckRS 2012, 26015; OLG Stuttgart Beschl. v. 6.4.2010 – 4 Ss 46/10, NStZ-RR 2011, 28; OLG Celle Beschl. v. 8.9.2009 – 32 Ss 103/09, NStZ 2010, 173.
[41] BVerfG Beschl. v. 6.3.2003 – 2 BvR 397/02, NStZ 2003, 488 und OLG Frankfurt a. M. Beschl. v. 14.7.2003 – 1 Ws 66/03, NStZ-RR 2003, 308 jeweils noch zu § 92 Abs. 1 Nr. 1 AuslG.
[42] *Hörich* in Huber AufenthG Vor § 95 Rn. 42, 45.
[43] *Fahlbusch* in HK-AuslR AufenthG § 95 Rn. 54.
[44] BGH Urt. v. 27.4.2005 – 2 StR 457/04, NJW 2005, 2095 zu § 92 Abs. 1 Nr. 1 AuslG.
[45] *Hohoff* in BeckOK AuslR AufenthG § 95 Rn. 16.

nicht § 95 Abs. 1 Nr. 2 AufenthG.[46] Wie oben ausgeführt, führt auch schon ein **Anspruch auf Erteilung eines Aufenthaltstitels** oder eine Duldung zur Straflosigkeit.

§ 95 Abs. 6 AufenthG stellt als Ausnahme vom Prinzip der Verwaltungsakzessorietät klar, 35 dass durch die dort genannten Handlungen hervorgebrachte Aufenthaltstitel keinen erlaubten Aufenthalt rechtfertigen können; ein Verweigerung der Mitwirkung am Aufenthaltsverfahren ist nicht erfasst, sodass nach hier vertretener Meinung ein „Untertauchen" keinen strafbaren Aufenthalt begründen kann.

IV. Einreise ohne Pass (§ 95 Abs. 1 Nr. 3 AufenthG)

Der Wortlaut der Vorschrift stellt den Verstoß gegen ein Verbot unter Strafe: pönalisiert wird 36 eine Einreise entgegen § 14 Abs. 1 Nr. 1 oder Nr. 2 AufenthG, die ihrerseits eine unerlaubte Einreise voraussetzen. Die Vorschrift wird daher **als verfassungswidrig angesehen,**[47] zumal der Gesetzgeber bei seiner vielfachen Beschäftigung mit dem AufenthaltG diesen sprachlichen Widerspruch nicht korrigiert hat. Eine Entscheidung des BVerfG zu dieser Frage liegt noch nicht vor. Die Rechtsprechung ignoriert den Wortlaut des Gesetzes und bestraft die Einreise ohne Pass oder Aufenthaltstitel. Mit dem **Vorrang der Rückführungs-RL** wird vertreten, dass es keinen Anwendungsbereich mehr für diese Strafnorm gebe.[48]

Ein Mensch ist iSd § 13 Abs. 2 AufenthG eingereist, wenn er die Grenze überschritten 37 und die letzte Kontrollstelle hinter sich gelassen hat.[49] Asylsuchende, die regelmäßig in ihrem Verfolgerstaat keine Möglichkeit haben werden, einen zur Einreise erforderlichen Aufenthaltstitel zu erlangen und direkt von dort einreisen, verstoßen nicht gegen § 95 Abs. 1 Nr. 3 AufenthG, wenn sie Schutz nach Art. 16a Abs. 1 GG beantragen; dies gilt aufgrund der gebotenen rein formellen Betrachtung auch bei mangelnden Erfolgsaussichten des Asylantrags oder für Folgeanträge.[50] Erfolgt die unerlaubte Einreise des Asylsuchenden über einen sicheren Drittstaat, ist dies strafbar.[51]

V. Verstoß gegen ein Ausreiseverbot oder gegen eine Einschränkung der politischen Betätigung (§ 95 Abs. 1 Nr. 4 AufenthG)

Die wenig praxisrelevante Strafvorschrift fasst zwei unterschiedliche Verstöße gegen Verbote 38 der Verwaltung zusammen. Strafbar ist nur der Verstoß gegen eine vollziehbare Anordnung eines Ausreiseverbotes nach § 46 Abs. 2 S. 1 oder 2 AufenthG oder das Verbot der politischen Betätigung nach § 47 Abs. 1 S. 2 oder Abs. 2 AufenthG.

Vollendet ausgereist ist, wer das Bundesgebiet durch Überschreiten der Staatsgrenze verlassen 39 hat. Der Versuch des Ausreisens ist nicht strafbar; wer noch einen Fuß auf deutschem Boden hat, bleibt straflos. Ist der Ausländer erst einmal strafbar ausgereist, darf seine Rückkehr ins Bundesgebiet als wenig wahrscheinlich angesehen werden. Verbunden mit den Widrigkeiten einer Strafverfolgung des Ausländers im Ausland erklärt dies die mangelnde praktische Bedeutung der Strafnorm.

Die Strafvorschrift findet gemäß § 11 Abs. 1 S. 1 FreizügG/EU auf Unionsbürger nur 40 teilweise Anwendung, da diesen eine politische Betätigung im Inland nicht versagt werden kann – § 47 AufenthG ist in § 11 FreizügG/EU nicht genannt.[52]

---

[46] *Gericke* in MüKoStGB AufenthG § 95 Rn. 31.
[47] *Kretschmer,* Ausländerstrafrecht, AufenthG § 4 Rn. 117; NStZ 2013, 570 mit Verweis auf AG Tiergarten Urt. v. 15.4.2011 – 405 Ds 215/10; einschr. *Hörich* in Huber AufenthG § 95 Rn. 76, 77 mit Hinweis auf die Wirkung der Rückführungsrichtlinie.
[48] *Hörich* in Huber AufenthG § 95 Rn. 78–84.
[49] BGH Beschl. v. 1.8.2012 – 4 StR 226/12, BeckRS 2012, 17665.
[50] OLG Düsseldorf Beschl. v. 19.11.1997 – 2 Ss 326/97, StV 1998, 139 mit Verweis auf BVerfGE Beschl. v. 26.9.1978 – 1 BvR 525/77, NJW 1978, 2446 und BVerwG Urt. v. 19.5.1981 – BVerwG 1 C 169.79, BeckRS 1981 30435890.
[51] BGH Urt. v. 26.2.2015 – 4 StR 233/14, NStZ 2015, 402.
[52] *Hörich* in BeckOK AuslR AufenthG § 47 Rn. 2.

VI. Verstoß bei der Überprüfung, Feststellung und Sicherung der Identität (§ 95 Abs. 1 Nr. 5 AufenthG)

41 Nach § 95 Abs. 1 Nr. 5 AufenthG macht sich strafbar, wer seiner Verpflichtung aus § 49 Abs. 2 AufenthG vorsätzlich nicht nachkommt, also die **Fragen zu Alter, Identität und Staatsangehörigkeit** falsch, nicht oder nicht vollständig beantwortet. Antworten auf diese Fragen müssen von einer mit der Durchsetzung des AufenthG betrauten **Behörde innerhalb ihrer Zuständigkeit vollziehbar**[53] verlangt werden.[54] Fragen zum Personenstand dienen im Regelfall nicht der Identifizierung, können im Einzelfall aber unter § 49 Abs. 2 AufenthG fallen.[55] Da der Wortlaut der Strafnorm sich nur auf die dort genannten Angaben bezieht, werden vom Ausländer abgegebene Erklärungen zur Beschaffung von Heimreisedokumenten gegenüber der Vertretung eines anderen Staates nicht von einer Strafbarkeit bedroht.[56] Dass ein nach § 82 Abs. 3 S. 1 AufenthG vorgesehener Hinweis unterblieben ist, schließt die Strafbarkeit nicht aus.[57] Die vorherige Belehrung über die Pflichten aus § 49 Abs. 2 AufenthG ist kein ungeschriebenes Tatbestandsmerkmal, sondern faktisch eine Erleichterung des Nachweises vorsätzlichen Handelns.

42 Die Norm ist ausdrücklich subsidiär, sofern durch die falschen oder unvollständigen Angaben eine Strafbarkeit nach § 95 Abs. 2 Nr. 2 AufenthG vorliegt.

VII. Verstöße bei Maßnahmen zur Feststellung und Sicherung der Identität (§ 95 Abs. 1 Nr. 6 AufenthG)

43 Die Vorschrift stellt Verstöße gegen die in § 49 Abs. 10 AufenthG statuierte Pflicht, bestimmte in § 49 Abs. 1 und 3 bis 9 AufenthG aufgeführte erkennungsdienstliche Maßnahmen zu dulden, unter Strafe. Von der Strafnorm werden nur dem AufenthG unterfallende Ausländer erfasst, nach § 11 Abs. 1 FreizügG sind Unionsbürger und ihre Familienangehörigen von § 49 AufenthG ausgenommen.

44 Erforderlich ist eine **vollziehbare Anordnung** einer Maßnahme nach § 49 Abs. 1 oder 3 bis 9 AufenthG durch die dafür zuständige Behörde. Teilweise wird in Anlehnung an § 113 StGB zusätzlich die Rechtmäßigkeit der Anordnung gefordert,[58] aber unter Verweis auf die im AufenthG sonst geltende förmliche Verwaltungsakzessorietät abgelehnt.[59] Wer diese Maßnahmen erduldet, bleibt straffrei, daher kann nur eine aktive Widerstandshandlung zur Strafbarkeit führen.

45 Ein fehlender Hinweis nach § 82 Abs. 3 S. 1 AufenthG auf die Pflichten aus § 49 AufenthG schließt die Strafbarkeit nicht aus, kann aber die Nachweisbarkeit vorsätzlichen Handelns erschweren.

VIII. Verstöße gegen Maßnahmen zur Überwachung von Ausländern (§ 95 Abs. 1 Nr. 6a AufenthG)

46 Von der Strafnorm erfasst werden Ausländer, gegen die eine Abschiebungsanordnung nach § 58a AufenthG ergangen ist oder die von einer Ausweisungsverfügung betroffen sind, der die Zuschreibung einer besondere Gefährlichkeit iSd § 54 Abs. 1 Nr. 2 bis 5 AufenthG zu Grunde liegt.

47 Die Überwachungsanordnungen müssen von der **zuständigen Behörde vollziehbar** erlassen sein, wobei die in § 56 Abs. 3 und 4 AufenthG normierten Beschränkungen des

---

[53] *Hörich* in Huber AufenthG § 95 Rn. 126.
[54] *Hohoff* in BeckOK AuslR AufenthG § 95 Rn. 45.
[55] OLG Hamm Beschl. v. 22.11.2007 – 3 Ss 480/07, NStZ-RR 2008, 154.
[56] OLG Koblenz Beschl. v 1.9.2008 – 2 Ss 126/08, BeckRS 2010, 01265; *Hörich* in Huber AufenthG § 95 Rn. 114.
[57] OLG München Beschl. v. 30.6.2009 – 4St RR 7/09 BeckRS 2009, 19428.
[58] *Senge* in Erbs/Kohlhaas AufenthG § 95 Rn. 34; *Hörich* in Huber AufenthG § 95 Rn. 139.
[59] *Gericke* in MüKoStGB AufenthG § 95 Rn. 68; *Hohoff* in BeckOK AuslR AufenthG § 95 Rn. 54.

Aufenthalts und der Kommunikation über § 56 Abs. 5 S. 2 AufenthG für sofort vollziehbar erklärt wurden. Befindet sich der gefährliche Ausländer bereits in Haft, wird angenommen, dass ihm nicht mehr mit Überwachungsanordnungen begegnet werden muss. Daher ruhen gemäß § 95 Abs. 5 S. 1 AufenthG seine Verpflichtungen, sich der Überwachung zu unterwerfen, für die Dauer der Inhaftierung.

Strafbar ist nur der wiederholte, also **mindestens der zweite Verstoß** gegen **dieselbe** 48 **Überwachungsanordnung**. Die erstmalige Zuwiderhandlung kann über § 98 Abs. 3 Nr. 2, 4 und 5 AufenthG als Ordnungswidrigkeit geahndet werden. Liegt die Ahndung als Ordnungswidrigkeit bereits lange zurück, kann sie dem Ausländer nicht mehr als Erstverstoß vorgehalten werden; mit dem Rechtsgedanken des § 46 Abs. 1 BZRG ist ein Verstoß spätestens fünf Jahre nach seiner Ahndung nicht mehr vorwerfbar.[60]

Taten im Zeitraum zwischen dem **27.7.2015 und 31.12.2015** sind aufgrund einer 49 fehlerhaften Verweisung innerhalb der zu diesem Zeitpunkt geltenden Fassung des AufenthG nicht strafbar.[61]

IX. Wiederholter Verstoß gegen Aufenthaltsbeschränkung (§ 95 Abs. 1 Nr. 7 AufenthG)

Von der Strafnorm erfasst werden nur **vollziehbar ausreisepflichtige** Ausländer. Die 50 räumliche Beschränkung nach § 61 Abs. 1 AufenthG ist automatische gesetzliche Folge der vollziehbaren Ausreisepflicht – dies steht allerdings im Widerspruch zu den Regelungen der Rückführungs-RL, die Beschränkungen nur nach Anordnung im Einzelfall vorsieht.[62] Danach könnte nur der wiederholte Verstoß einer nach § 61 Abs. 1c AufenthG angeordneten Beschränkung strafbar sein.

Eine **Ahndung des Erstverstoßes als Ordnungswidrigkeit** oder eine sonstige be- 51 hördliche Reaktion darauf soll nicht erforderlich sein[63], jedenfalls länger als fünf Jahre zurückliegende Ordnungswidrigkeiten nach § 98 Abs. 3 Nr. 2b oder 4 AufenthG können nicht mehr als Erstverstoß vorgehalten werden.[64] Der Erstverstoß muss zudem nach dem Inkrafttreten des AufenthG am 1.1.2005 begangen worden sein.[65]

Über § 61 Abs. 1b AufenthG kann eine Beschränkung nach Abs. 1 entfallen, sodass im- 52 mer geprüft werden muss, ob sich der Ausländer **drei Monate ununterbrochen erlaubt, geduldet oder gestattet** im Bundesgebiet aufgehalten hat, da nur ein zweiter Verstoß gegen dieselbe Aufenthaltsbeschränkung die Strafbarkeit bedingt.[66] Entsprechendes gilt, wenn der Ausländer jedenfalls einen **Anspruch auf Erteilung einer Duldung** hatte.

Verstöße gegen Aufenthaltsbeschränkungen werden oft nach **„verdachtsunabhängigen** 53 **Identitätskontrollen"** ermittelt. Eine ohne erkennbaren Anlass allein aufgrund der Hautfarbe durchgeführte Kontrolle verstößt allerdings gegen das Diskriminierungsverbot aus Art. 3 Abs. 3 GG[67] und kann als schwerwiegender objektiv willkürlicher Verstoß auch ohne den Widerspruch des Beschuldigten[68] zu einem **Beweisverwertungsverbot** im Strafverfahren führen.[69]

---

[60] OLG Hamm Beschl. v. 18.12.2014 – 4 RVs 135/14, NStZ 2015, 528.
[61] *Hörich* in Huber AufenthG § 95 Rn. 147; *Graßhof/Tannenberger* in BeckOK AuslR AufenthG § 56 Rn. 29.
[62] *Hörich* in Huber AufenthG § 95 Rn. 169.
[63] BGH Beschl. v. 5.7.2011 – 3 StR 87/11, NJW 2011, 3174; kritisch dazu *Hörich* in Huber AufenthG § 95 Rn. 179.
[64] OLG Hamm Beschl. v. 18.12.2014 – 4 RVs 135/14, NStZ 2015, 528 zu § 95 Abs. 1 Nr. 6a AufenthG.
[65] *Hohoff* in BeckOK AuslR AufenthG § 95 Rn. 65; OLG Hamm Beschl. v. 21.1.2009 – 3 Ss 476/08, NJOZ 2009, 2636.
[66] OLG Brandenburg Beschl. v. 16.1.2009 – 1 Ss 90/08, BeckRS 2009, 04552 = NStZ 2008, 531; Beschl. v. 24.10.2007 – 1 Ss 79/07, BeckRS 2008, 04869.
[67] OVG Koblenz Beschl. v. 29.10.2012 – 7 A 10532/12.OVG.
[68] BGH Urt. v. 6.10.2016 – 2 StR 46/15, NStZ 2017, 367.
[69] BVerfG Beschl. v. 2.7.2009 – 2 BvR 225/08, NJW 2009, 3225; *Hauschild* in MüKoStPO § 105 Rn. 36; *Hegmann* in BeckOK StPO § 105 Rn. 24; *Bruns* in KK-StPO § 105 Rn. 21.

X. Mitgliedschaft in einer geheimen Gruppe (§ 95 Abs. 1 Nr. 8 AufenthG)

54 Dieser Strafnorm hat in der **Praxis keine Bedeutung,** Rechtsprechung ist dazu nicht veröffentlicht.[70]

55 Der Begriff der Vereinigung stimmt mit dem der §§ 85, 86, 129 und 129a StGB überein,[71] als ein subjektiv einheitlicher Verband aus mindestens drei Mitgliedern, die bei Unterwerfung des Willens des Einzelnen unter eine gemeinsame, organisierte Willensbildung gemeinsame Ziele verfolgen.[72] Eine Gruppe unterscheidet sich von einer Vereinigung durch den Grad der Binnenorganisation, da ein nur loser Zusammenschluss aus mindestens drei Personen mit gemeinsamem Ziel oder Zweck genügt.[73] Die überwiegende Anzahl der Mitglieder müssen Ausländer sein, deutsche Mitglieder sind unschädlich, solange sie in der Minderheit bleiben. Täter kann nur ein Ausländer sein, nicht aber ein Unionsbürger;[74] Deutsche und Unionsbürger können teilnehmen.[75]

56 Tathandlung ist das Angehören der geheimen Vereinigung, eine weitergehende Betätigung ist nicht erforderlich. Die Vereinigung oder Gruppe muss geheim gehalten werden, um ihr Verbot abzuwenden, es muss also ein Verbotsgrund aus § 14 Abs. 2 VereinsG vorliegen, der ein behördliches Einschreiten ermöglicht.[76] Eine Geheimhaltung kann auch darin liegen, dass lediglich die wahren Ziele verschleiert werden.[77]

57 Da der Strafnorm die bei anderen Organisationsdelikten übliche Regelung über ein Absehen von Strafe fehlt, wird angenommen, dass § 20 Abs. 2 VereinsG oder § 129 Abs. 6 Nr. 2 StGB analog angewendet werden können.[78]

XI. Verstoß gegen Verbot der Erwerbstätigkeit durch Inhaber von Schengen-Visa (§ 95 Abs. 1a AufenthG)

58 Inhaber eines Schengen-Visums nach § 6 Abs. 1 AufenthG sind nicht zur Aufnahme einer Erwerbstätigkeit iSd § 4 Abs. 2 AufenthG berechtigt. Bei Aufnahme einer Arbeit halten sie sich gleichwohl erlaubt im Bundesgebiet auf und unterfallen wegen der gebotenen formellen Betrachtungsweise nicht § 95 Abs. 1 Nr. 2 AufenthG;[79] § 95 Abs. 1a AufenthG soll diese Strafbarkeitslücke schließen.

59 Soweit Schengen-Visa **mit einer Erlaubnis** erteilt werden, kurzfristige Erwerbstätigkeiten auszuüben (zB für Erntehelfer, Schausteller, Au-Pair-Kräfte), ist der Tatbestand nicht erfüllt.[80] Gleiches muss gelten, wenn dem Ausländer ein **Anspruch auf Erteilung eines Aufenthaltstitels** mit Arbeitserlaubnis zusteht, da es bei der verwaltungsakzessorischen Strafbarkeit auf eine rein formelle Betrachtung ankommt.

60 Täter können nur Inhaber eines zum Zeitpunkt der Tätigkeit gültigen[81] von Deutschland erteilten[82] Schengen-Visums sein. Von § 30 BeschV erfasste Arbeitsinhalte geltend nicht als Beschäftigung iSd AufenthG und sind erlaubnisfrei möglich. Eine Beschäftigung muss tatsächlich ausgeübt werden, eine schuldrechtliche Verpflichtung durch Eingehen eines Arbeitsverhältnisses genügt nicht und ist straflose Vorbereitungshandlung.[83] Der nach § 95 Abs. 3 AufenthG **strafbare Versuch** beginnt erst mit dem unmittelbaren Ansetzen zur

---

[70] *Hörich* in Huber AufenthG § 95 Rn. 184; *Fahlbusch* in HK-AuslR AufenthG § 95 Rn. 169.
[71] *Gericke* in MüKoStGB AufenthG § 95 Rn. 83.
[72] BGH Urt. v. 11.10.1978 – 3 StR 105/78, NJW 1979, 172.
[73] VV AufenthG Nr. 95.1.8.2.
[74] *Hörich* in Huber AufenthG § 95 Rn. 185; *Fahlbusch* in HK-AuslR § 95 Rn. 170.
[75] *Hohoff* in BeckOK AuslR AufenthG § 95 Rn. 69.
[76] *Gericke* in MüKoStGB AufenthG § 95 Rn. 84; *Senge* in Erbs/Kohlhaas AufenthG § 95 Rn. 43.
[77] VV-AufenthG 95.1.8.4, abgedruckt bei *Bergmann/Dienelt* AufenthG § 95.
[78] *Hörich* in Huber AufenthG § 95 Rn. 193; *Fahlbusch* in HK-AuslR AufenthG § 95 Rn. 173.
[79] *Hohoff* in BeckOK AuslR AufenthG § 95 Rn. 76; *Hörich* in Huber AufenthG § 95 Rn. 194.
[80] *Fahlbusch* in HK-AuslR AufenthG § 95 Rn. 179.
[81] *Hörich* in Huber AufenthG § 95 Rn. 199.
[82] *Fahlbusch* in HK-AuslR AufenthG § 95 Rn. 178.
[83] *Hohoff* in BeckOK AuslR AufenthG § 95 Rn. 77; *Hörich* in Huber AufenthG § 95 Rn. 200.

Verrichtung der Tätigkeit,[84] was wenig Raum zwischen Versuch und Vollendung des Delikts lässt.

XII. Verstöße gegen Einreise- oder Aufenthaltsverbot (§ 95 Abs. 2 Nr. 1 AufenthG)

Einem einmal von einem **vollziehbaren Einreise- und Aufenthaltsverbot** nach § 11 Abs. 1, Abs. 6 S. 1 oder Abs. 7 S. 1 AufenthG betroffenen Ausländer droht bei erneuter illegaler Einreise eine im Verhältnis zu Verstößen nach § 95 Abs. 1 AufenthG verdreifachte Höchststrafe. Der Versuch ist über § 95 Abs. 3 AufenthG strafbar, auch wenn der praktischen Verfolgbarkeit des Versuchstäters durch die deutschen Staatsgrenzen ebenfalls Grenzen gesetzt sind. Im Inland befindliche Teilnehmer der versuchten Tat werden allerdings erfasst. Unionsbürger können wegen § 11 Abs. 1 S. 1 FreizügG nicht Täter, aber durchaus Teilnehmer der Tat sein. **61**

Nach § 11 Abs. 2 S. 1 AufenthG ist jedes Einreiseverbot **von Amts wegen zu befristen**; die vorherige Rechtslage verstieß gegen Unionsrecht,[85] Altfälle mit noch unbefristetem Einreiseverbot können daher keine Strafbarkeit begründen.[86] Hat der Ausländer einen **Anspruch auf Erteilung einer Duldung**[87] oder eines sonstigen zum Aufenthalt in der Bundesrepublik berechtigenden Titels, scheidet eine Strafbarkeit aus. **62**

Die **Rechtmäßigkeit der Ausweisungsverfügung** ist nach überwiegender Ansicht in Abweichung von der sonst geltenden streng formalen Verwaltungsakzessorietät Voraussetzung der Strafbarkeit.[88] Dagegen den Ausländer auf die Möglichkeiten des Rechtsschutzes gegen rechtswidriges Handeln der Verwaltung oder die Verfahren auf Erteilung eines erneuten Aufenthaltstitels zu verweisen,[89] berücksichtigt nicht, dass so Ungehorsam gegen rechtswidriges Handeln der Verwaltung strafrechtlich sanktioniert würde. **63**

Auch der EuGH geht davon aus, dass strafbare Sanktionen nur verhängt werden können, wenn ein Einreiseverbot rechtmäßig ist und mit **Art. 11 Rückführungs-RL** in Einklang steht.[90] Erst nach Durchlaufen eines Rückführungsverfahrens steht es den Mitgliedstaaten frei, die erneute illegale Einreise unter Strafe zu stellen. Ein Einreiseverbot, das ohne Beachtung der Vorgaben aus der Rückführungs-RL erteilt wurde, kann daher nicht zur Strafbarkeit führen.[91] **64**

XIII. Falschangaben zum Erschleichen eines Aufenthaltstitels oder einer Duldung (§ 95 Abs. 2 Nr. 2 AufenthG)

Die Vorschrift soll das aufenthaltsrechtliche Verfahren schützen und die Erteilung **materiell richtiger Aufenthaltstitel** gewährleisten.[92] Da eine Absicht der Tatbegehung zu Gunsten eines Dritten für die Täterschaft genügt, können sich auch Deutsche als Täter strafbar machen. Ein Anspruch auf Erteilung eines Aufenthaltstitels schließt eine Strafbarkeit nicht aus,[93] da es sich um ein abstraktes Gefährdungsdelikt handelt. **65**

Tatobjekte können nur Aufenthaltstitel nach § 4 Abs. 1 AufenthG oder Duldungen nach § 60a AufenthG sein;[94] EU-Aufenthaltskarten nach § 5 Abs. 1 FreizügG oder andere **66**

---

[84] *Gericke* in MüKoStGB AufenthG § 95 Rn. 90.
[85] EuGH Urt. v. 19.9.2013 – C-297/12, NJW 2014, 527.
[86] *Hörich* in Huber AufenthG § 95 Rn. 206.
[87] OLG Frankfurt Beschl. v. 18.5.2006 – 2 Ss 23/06, NStZ-RR 2006, 246; Beschl. v. 12.12.2008 – 3 Ss 71/09, NStZ-RR 2009, 257.
[88] *Fahlbusch* in HK-AuslR AufenthG § 95 Rn. 195; *Hohoff* in BeckOK AuslR AufenthG § 95 Rn. 84; *Winkelmann* in Bergmann/Dienelt AufenthG § 95 Rn. 107; *Senge* in Erbs/Kohlhaas AufenthG § 95 Rn. 51; *Hörich* in Huber AufenthG § 95 Rn. 215; aA *Gericke* in MüKoStGB AufenthG § 95 Rn. 94.
[89] *Gericke* in MüKoStGB AufenthG § 95 Rn. 94.
[90] EuGH Urt. v. 1.10.2015 – C 290/14, NVwZ 2015, 952.
[91] *Hörich* in Huber AufenthG § 95 Rn. 207, 208; *Winkelmann* in Bergmann/Dienelt AufenthG § 95 Rn. 107.
[92] *Hörich* in Huber AufenthG § 95 Rn. 221.
[93] OLG Karlsruhe Beschl. v. 27.1.1998 – 3 Ss 1–98, NStZ-RR 1999, 73; OLG Düsseldorf Beschl. v. 30.5.2012 – III-3 RVs 62/12, BeckRS 2012, 13768.
[94] *Hohoff* in BeckOK AuslR AufenthG § 95 Rn. 90; *Hörich* in Huber AufenthG § 95 Rn. 227.

Erlaubnisse unterfallen nicht dem Tatbestand.[95] Falsche oder unvollständige **Angaben eines Asylbewerbers** in seinem Verfahren, die zu einer Aufenthaltserlaubnis nach § 25 Abs. 1, 2 AufenthG führen sollen, sind nicht über § 95 Abs. 2 Nr. 2 AufenthG strafbar, da § 84 AsylG als die speziellere Norm vorgeht und dort nur diejenigen bestraft werden, die den Asylbewerber zu Falschangaben verleiten oder darin unterstützen.[96]

67 Da es sich um ein **abstraktes Gefährdungsdelikt**[97] handelt, ist der Tatbestand bereits mit Abgabe einer unzutreffenden oder unvollständigen Erklärung gegenüber einer nach § 71 AufenthG zuständigen Behörde erfüllt, sofern die Angaben für das Aufenthaltsverfahren nur allgemein von Bedeutung sind,[98] sie müssen sich nicht entscheidungserheblich auswirken.[99] Selbst wenn zutreffende Angaben einen Anspruch auf Erteilung eines Aufenthaltstitels gewährt hätten, entfällt die Strafbarkeit nicht.[100] Um dem **Grundsatz der Freiheit von Selbstbelastung** zu entsprechen, wird der Tatbestand dahingehend eingeschränkt, dass er nicht Zuwiderhandlungen erfasst, durch die der Ausländer lediglich eine Selbstbezichtigung wegen früherer Falschangaben vermeidet, etwa durch weiteres Verwenden früherer Alias-Personalien.[101]

68 Der Gebrauch einer durch falsche oder unvollständige Angaben erlangten Urkunde zur Täuschung setzt ein Vorzeigen des Inhalts voraus – die in der Urkunde enthaltene Erklärung muss dem Getäuschten zugänglich gemacht werden; es genügt **jede Täuschung im Rechtsverkehr,** ein spezifisch aufenthaltsrechtlicher Zusammenhang ist nicht erforderlich.[102]

69 Eine Strafbarkeit nach § 95 Abs. 2 Nr. 2 AufenthG wird oft in Zusammenhang mit „Scheinehen" und bewusst unwahren Vaterschaftsanerkennungen diskutiert. Eine **„Scheinehe"** wird aufenthaltsrechtlich nicht anerkannt,[103] die Behauptung, verheiratet zu sein, obwohl eine Scheinehe vorliegt, erfüllt den Tatbestand, der deutsche Scheinehepartner macht sich mindestens wegen Beihilfe strafbar. Andererseits genügt für die Annahme einer Ehe bereits ein Minimum an Gegenseitigkeit und Gemeinsamkeit. Ein Nebeneinander in derselben Wohnung ist nicht erforderlich,[104] sodass gegebenenfalls der strafprozesskonforme Nachweis einer solchen Beziehung scheitern kann.[105]

70 An eine bewusst unwahre, aber zivilrechtlich wirksame **Anerkennung der biologisch nicht bestehenden Vaterschaft** sind nach wohl herrschender Meinung auch die Strafgerichte gebunden,[106] sodass eine Strafbarkeit ausgeschlossen ist. Demgegenüber soll es strafbar sein, wenn mit der Vaterschaftsanerkennung der ausschließliche Zweck der Verschaffung einer deutschen Staatsangehörigkeit für das Kind oder eines Aufenthaltstitels für die Mutter verfolgt wird.[107] Eine rückwirkende Aberkennung der Vaterschaft durch Behörden verstößt gegen das Grundgesetz.[108]

---

[95] OLG Bamberg Urt. v. 19.2.2014 – 3 Ss 6/14, BeckRS 2014, 04738; *Winkelmann* in Bergmann/Dienelt AufenthG § 95 Rn. 112.
[96] LG Aachen Beschl. v. 2.4.2019 – 55 Qs 18/19; *Hörich* in Huber AufenthG § 95 Rn. 231.
[97] BGH Beschl. v. 30.5.2013 – 5 StR 130/13, NJW 2013, 2839; dagegen VG Berlin Urt. v. 24.10.2002 – 21 A 499/01, NVwZ-Beil. 2003, 25.
[98] OLG Karlsruhe Beschl. v. 29.7.2004 – 3 Ws 10/04, NStZ-RR 2004, 376; Beschl. v. 27.1.1998 – 3 Ss 1–98, NStZ-RR 1999, 73.
[99] BGH Beschl. v. 2.9.2009 – 5 StR 266/09, NJW 2010, 248.
[100] OLG Düsseldorf Beschl. v. 30.5.2012 – III-3 RVs 62/12, BeckRS 2012, 13768.
[101] LG Berlin Urt. v. 17.2.2015 – (572) 252 Js 3536/13 (139/14), BeckRS 2015, 15201.
[102] *Fahlbusch* in HK-AuslR AufenthG § 95 Rn. 237.
[103] BVerfG Beschl. v. 5.5.2003 – 2 BvR 2042/02, BeckRS 2003, 22361.
[104] OVG Hamburg Urt. v. 23.11.1990 – Bf IV 114/89, BeckRS 1990, 05410.
[105] *Fahlbusch* in Hofmann AufenthG § 95 Rn. 229; *Jung* in Widmaier/Müller/Schlothauer, MAH Strafverteidigung, 2. Aufl. 2014, § 52 Rn. 50.
[106] OLG Hamm Urt. v. 20.11.2007 – 1 Ss 58/07, NJW 2008, 1240; *Hörich* in Huber AufenthG § 95 Rn. 245; *Jung* in Widmaier/Müller/Schlothauer, MAH Strafverteidigung, 2. Aufl. 2014, § 52 Rn. 51; *Hohoff* in BeckOK AuslR AufenthG § 95 Rn. 94.
[107] LG Düsseldorf Beschl. v. 20.7.2007 – 1 Qs 51/07, NJW 2008, 388; *Gericke* in MüKoStGB AufenthG § 95 Rn. 108.
[108] BVerfG Beschl. v. 17.12.2013 – 1 BvL 6/10, NJW 2014, 1364.

§ 27 Spezialgesetzliche Straftatbestände

Als speziellere Sonderregelung konsumiert § 95 Abs. 2 Nr. 2 AufenthG den allgemeinen **71** Tatbestand der mittelbaren Falschbeurkundung nach § 271 Abs. 1, 2 StGB.[109] Gegenstände, auf die sich die Straftat bezieht, in der Regel also die hervorgebrachten Urkunden, können nach § 95 Abs. 4 AufenthG eingezogen werden.

XIV. Einschleusen von Ausländern (§§ 96, 97 AufenthG)

Die Straftatbestände erfassen verschiedene Handlungsformen des Ein- oder Ausschleusens **72** von Ausländern nach oder auch durch Deutschland.[110] Über Abs. 4 wird die Strafbarkeit auch auf Zuwiderhandlungen gegen die Einreise- und Aufenthaltsvorschriften der EU- und Schengen- Staaten erweitert, sodass **deutsches Hoheitsgebiet nicht betreten** werden muss. Die Anwendbarkeit deutschen Strafrechts auf Tathandlungen von Ausländern im Ausland gegen Einreisevorschriften der EU- und Schengen-Staaten soll sich direkt aus § 96 Abs. 4 AufenthG ergeben.[111] Ob über die §§ 3 ff. StGB zur Begründung der deutschen Strafgewalt ein legitimierender inländischer Anknüpfungspunkt erforderlich ist[112], wurde vom BGH bislang offen gelassen.

Von einem Grundtatbestand aufbauend wird die Strafdrohung durch Qualifikationen **73** erhöht, die sich in Aufbau und Begrifflichkeit an den Strafnormen und Qualifikationen von Raub, Diebstahl und dem Handel mit Betäubungsmitteln orientieren.

Jedermann kann Täter einer Schleusung sein, die in der Anstiftung oder Beihilfe zu einem **74** unerlaubten Grenzübertritt oder Aufenthalt in Deutschland in Form einer Straftat nach § 95 Abs. 1 Nr. 1, 2, 3, Abs. 1a oder Abs. 2 Nr. 1 lit. a, b oder Nr. 2 AufenthG besteht. Die Beteiligung an bestimmten Straftaten nach dem AufenthG wird damit zur Täterschaft aufgewertet und über die Versuchsstrafbarkeit aus § 96 Abs. 3 AufenthG weit vorgelagert. Auch „neutrales" Alltagsverhalten, etwa berufstypische Handlungen von **Rechtsanwälten**, können Hilfeleistung zu einem unerlaubten Aufenthalt oder einer unerlaubten Einreise darstellen,[113] wenn der Hilfeleistende um seine Förderung eines verbotenen Tuns weiß.[114]

Bezieht sich die Anstiftung oder Beihilfe auf eine **unerlaubte Einreise**[115] muss der Täter **75** einen Vorteil entweder tatsächlich erhalten oder sich jedenfalls versprechen lassen, also irgendeine Leistung materieller oder immaterieller Art erhalten, auf die er sonst keinen Anspruch hätte.[116] Auch ohne Erwartung einer Gegenleistung genügt in der Alternative des § 96 Abs. 1 Nr. 2 lit. b AufenthG ein wiederholtes, also zweites Handeln zu Gunsten jeweils eines Ausländers oder nur die einmalige Handlung für mehrere Ausländer.[117]

Bei Anstiftung oder Hilfe zu einem **unerlaubten Aufenthalt**[118] muss dem Täter ein **76** Vermögensvorteil versprochen werden oder er diesen tatsächlich erhalten, der sein Vermögen mehrt und auf den er sonst keinen Anspruch hätte.[119] Wer das Versprechen oder den Vorteil zuwendet, ist unerheblich, es muss lediglich ein kausaler und finaler Zusammenhang zwischen Vermögensvorteil und Unterstützungshandlung bestehen.[120]

---

[109] BGH Beschl. v. 2.9.2009 – 5 StR 266/09, NStZ 2010, 171.
[110] *Jung* in Widmaier/Müller/Schlothauer, MAH Strafverteidigung, 2. Aufl. 2014, § 52 Rn. 59.
[111] BGH Beschl. v. 14.8.2019 – 5 StR 228/19, BeckRS 2019, 21921 mit Verweis auf BGH Urt. v. 4.12.2018 – 1 StR 255/18, NStZ 2019, 287, in dem diese Frage allerdings nicht erörtert, sondern vorausgesetzt wurde; ähnlich auch BGH Urt. v. 14.11.2019 – 3 StR 561/18, BeckRS 2019, 33317.
[112] *Fahlbusch* in Hofmann AufenthG § 96 Rn. 82; *Hohoff* in BeckOK AuslR AufenthG § 96 Rn. 24.
[113] *Bergmann* in Huber AufenthG § 96 Rn. 3.
[114] BGH Urt. v. 18.6.2003 – 5 StR 489/02, NStZ 2004, 41; Urt. v. 1.8.2000 – 5 StR 624/99, NJW 2000, 3010; *Heine/Weißer* in Schönke/Schröder StGB § 27 Rn. 9 f.
[115] Nach § 95 Abs. 1 Nr. 3 oder Abs. 2 Nr. 1 lit.a AufenthG.
[116] *Hohoff* in BeckOK AuslR AufenthG § 96 Rn. 7, 8; *Bergmann* in Huber AufenthG § 96 Rn. 19.
[117] *Hohoff* in BeckOK AuslR AufenthG § 96 Rn. 9; *Fahlbusch* in Hofmann AufenthG § 96 Rn. 28; vgl. auch den Sachverhalt, der dem BGH Urt. v. 14.11.2019 – 3 StR 561/18, BeckRS 2019, 33317 zu Grunde liegt.
[118] Nach § 95 Abs. 1 Nr. 1, Nr. 2, Abs. 1a oder Abs. 2 Nr. 1 lit. b oder Nr. 2 AufenthG.
[119] *Hohoff* in BeckOK AuslR AufenthG § 96 Rn. 12.
[120] BGH Urt. v. 21.2.1989 – 1 StR 631/88, NJW 1989, 1435.

77 Die in § 96 Abs. 2 und § 97 Abs. 1 und 2 AufenthG beschriebenen **Qualifikationstatbestände** knüpfen an aus dem StGB bekannte Begriffe an. **Gewerbsmäßig** handelt, wer schon bei Begehung einer Tat eine auf Wiederholung gerichtete Absicht erkennen lässt[121] und sich durch die Tatbegehungen eine fortlaufende nicht unerhebliche Einnahmequelle erschließen will.[122] Eine **Bande** ist ein Zusammenschluss von mindestens drei Personen, die sich mit dem Willen verbunden haben, künftig für gewisse Dauer mehrere selbstständige, im Einzelnen noch ungewisse Straftaten zu begehen;[123] ein gemeinsames Zusammenwirken aller am Tatort ist nicht erforderlich, es genügt bereits das Handeln eines Bandenmitglieds im Rahmen der Bandenabrede.[124]

Seit dem 1.8.2018 gilt über § 96 Abs. 2 S. 2 AufenthG ein erhöhter Strafrahmen für denjenigen, dessen strafbares Handeln nach § 96 Abs. 1 Nr. 1a AufenthG einen minderjährigen, ledigen, unbegleiteten Ausländers betrifft. Eine Begleitung des Minderjährigen kann nicht durch den Schleuser selbst erfolgen, sondern soll der Personensorge ähneln.[125] Zur Bestimmung der Minderjährigkeit und des Sorgeverhältnisses wird ähnlich wie bei § 235 StGB[126] auf das internationale Privatrecht zurückgegriffen werden müssen; nach Art. 21 EGBGB unterliegen die Wirkungen des Eltern-Kind-Verhältnisses dem Recht des Staates, in dem das Kind seinen gewöhnlichen Aufenthalt hat. Mit der Neuregelung ist die Einschleusung von nach § 12 AsylG und § 80 AufenthG nicht handlungsfähigen Kindern strafbar; auf besondere Feststellungen zum Vorstellungsbild des geschleusten Minderjährigen kommt es nicht mehr an, wenn dieser unbegleitet ist.[127]

C. Strafbarkeit nach dem AsylG

78 Der strafrechtliche Schutz des Asylverfahrens ist in den §§ 84 bis 85 AsylG geregelt, § 86 AsylG enthält einen Bußgeldtatbestand. Über §§ 84, 84a AsylG sollen materiell richtige Entscheidungen nach einem Asylverfahren gewährleistet werden,[128] während § 85 AsylG die Einhaltung der dem Asylsuchenden auferlegten Verhaltenspflichten zur zügigen Durchführung des Verfahrens sicherstellen soll.[129]

I. Verleiten zur missbräuchlichen Antragsstellung (§§ 84, 84a AsylG)

79 Ähnlich wie § 96 AufenthG werden Anstiftungs- und Beihilfehandlungen zu eigentlichen Tathandlungen erhoben, deren Versuch bereits strafbar ist, § 84 Abs. 4 AsylG. Täter kann jedermann sein, straffrei bleibt nach § 84 Abs. 5 AsylG allerdings, wer die Tat zugunsten eines Angehörigen iSd § 11 Abs. 1 Nr. 1 StGB begeht. § 84 Abs. 2 AsylG nennt tatbestandsähnliche Beispiele besonders schwerer Fälle, die regelmäßig zur Anwendung eines höheren Strafrahmens führen können. Echte Qualifikationstatbestände sind in § 84 Abs. 3 und § 84a AsylG enthalten. Die Begrifflichkeiten der Regelbeispiele und Qualifikationen orientieren sich an denen des StGB.

80 Die Tat ist **abstraktes Gefährdungsdelikt,** sodass es nicht auf einen Anspruch auf Anerkennung als Asylsuchender ankommt, da bereits die Gefährdung des Verfahrens durch unzutreffende Angaben pönalisiert wird.[130] Sind die unzutreffenden Angaben gänzlich

---

[121] BGH Urt. v. 27.1.1998 – 1 StR 702/97, NStZ 1998, 305.
[122] BGH Beschl. v. 27.2.2014 – 1 StR 15/14, NStZ 2014, 271.
[123] BGH Beschl. v. 22.3.2001 – GSSt 1/00, NJW 2001, 2266.
[124] BGH Urt. v. 22.7.2015 – 2 StR 389/13, NJW 2016, 419.
[125] *Hohoff* in BeckOK AuslR AufenthG § 96 Rn. 20d
[126] BGH Urt. v. 22.1.2015 – 3 StR 410/14, NStZ 2015, 338 zu § 235 StGB.
[127] BGH Beschl. v. 24.10.2018 – 1 StR 212/18, NJW 2018, 3658 zu § 96 Abs. 2 AufenthG aF.
[128] *Hohoff* in BeckOK AuslR AsylG § 84 Überblick.
[129] *Jung* in Widmaier/Müller/Schlothauer, MAH Strafverteidigung, 2. Aufl. 2014, § 52 Rn. 78.
[130] OLG Düsseldorf Beschl. v. 30.5.2012 – III-3 RVs 62/12, BeckRS 2012, 13768 zu § 95 Abs. 2 Nr. 2 AufenthG; *Gericke* in MüKoStGB AufenthG § 95 Rn. 101.

ungeeignet, eine auch nur abstrakte Gefährdung des Verfahrens zu bewirken, soll eine Strafbarkeit ausscheiden.[131] Dies entspricht den auch zu anderen abstrakten Gefährdungsdelikten vorgebrachten Erwägungen, dass eine Strafbarkeit entfalle, wenn die Tathandlung mit Sicherheit ungefährlich war;[132] in der Rechtsprechung ist diese Frage nicht eindeutig geklärt.[133] Ausgehend von der Schutzrichtung des Tatbestandes wird man darauf abstellen müssen, dass den Angaben jedenfalls eine Bedeutung im Asylverfahren zukommen muss; dies ergibt sich aus den Mitwirkungspflichten aus § 15 AsylG.[134] Der Asylsuchende ist nicht unter Strafe verpflichtet, gegenüber den Behörden des Asylverfahrens Angaben zu allen denkbaren Fragestellungen vollständig und wahrheitsgemäß zu erklären.

Da der Tatbestand auch durch „neutrale", also berufstypische Handlungen erfüllt werden kann, kommen grundsätzlich auch **Rechtsanwälte** als Täter in Betracht. Sie unterliegen dabei nicht etwa aufgrund einer beruflichen Sonderstellung besonderen Anforderungen,[135] sondern machen sich nur dann strafbar, wenn sie sicher von den unzutreffenden Angaben wissen.[136] 81

II. Verstöße gegen Beschränkungen (§ 85 AsylG)

Die Vorschrift bestraft (wiederholte) Verstöße gegen die einem Asylsuchenden auferlegten räumlichen Beschränkungen und das Verbot der Erwerbstätigkeit. Täter kann nur der von einer **vollziehbaren Beschränkung** betroffene Asylantragsteller sein, die Teilnahme ist jedermann möglich. 82

Es wird aufgrund des geringen Unrechtsgehalts der Verstöße zwar die Sinnhaftigkeit der Strafdrohung diskutiert, die auch als bloße Ordnungswidrigkeiten sanktioniert werden könnten.[137] Jedenfalls soll es **nicht verfassungswidrig** sein, den wiederholten Verstoß gegen eine räumliche Beschränkung unter Strafe zu stellen.[138] 83

Die Vorschrift ist verwaltungsakzessorisch, der schuldhafte Verstoß gegen eine formell wirksame vollziehbare Beschränkung genügt zur Erfüllung des Tatbestandes.[139] Eine **Rechtswidrigkeit der Beschränkung** kann auf Ebene der Strafzumessung oder gegebenenfalls über eine Verfahrenseinstellung wegen geringer Schuld Berücksichtigung finden, die Zuwiderhandlung gegen eine **nichtige Beschränkung** ist nicht strafbewehrt.[140] 84

§ 28 Migrationsrechtlich relevante Vorschriften des StGB

Übersicht

	Rn.
A. Straftatbestände	1
B. Rechtfertigungs- und Entschuldigungsgründe	2
C. Rechtsfolgen von Straftaten	5
I. Keine generellen Sonderregeln bei der Strafe	5

---

[131] *Hohoff* in BeckOK AuslR AsylG § 84 Rn. 2.
[132] Zusammenfassend *Heine/Bosch* in Schönke/Schröder StGB § 306a Rn. 2.
[133] BGH Urt. v. 14.11.2013 – 3 StR 336/13, NStZ 2014, 404 zu § 306a StGB.
[134] *Schmidt-Sommerfeld* in MüKoStGB AsylG § 84 Rn. 27.
[135] *Schmidt-Sommerfeld* in MüKoStGB AsylG § 84 Rn. 14 unter Berufung auf BVerfG Beschl. v. 8.10.1974 – 2 BvR 747/73, NJW 1975, 103: staatlich gebundener Vertrauensberuf, der ihm eine auf Wahrheit und Gerechtigkeit verpflichtete amtsähnliche Stellung zuweist.
[136] *Jung* in Widmaier/Müller/Schlothauer, MAH Strafverteidigung, 2. Aufl. 2014, § 52 Rn. 74, 76; *Kudlich* in BeckOK StGB § 27 Rn. 16.
[137] *Hohoff* in BeckOK AuslR AsylG § 85 Rn. 1; *Bergmann* in Bergmann/Dienelt AsylG § 85 Rn. 2.
[138] BVerfG Beschl. v. 10.4.1997 – 2 BvL 45/92, NVwZ 1997, 1109 zu § 34 Abs. 1 Nr. 3 AsylVfG aF.
[139] *Hohoff* in BeckOK AuslR AsylG § 85 Rn. 2 mit Verweis auf BGH Urt. v. 27.4.2005 – 2 StR 457/04, NJW 2005, 2095 zu § 95 AufenthG.
[140] *Schmidt-Sommerfeld* in MüKoStGB AsylG § 85 Rn. 12; *Hohoff* in in BeckOK AuslR AsylG § 85 Rn. 4; *Fahlbusch* in HK-AuslR AsylG § 85 Rn. 11.

	Rn.
II. Einige relevante Strafzumessungskriterien	6
1. Die sogenannte Ausländereigenschaft	6
2. Ausländerrechtliche Folgen einer Verurteilung	8
3. Strafempfindlichkeit	10
III. Die Maßregeln der Unterbringung nach §§ 63, 64, 66 StGB	11
1. Die praxisrelevanten Maßregeln	11
2. Die Unterbringung in einer Entziehungsanstalt	12
a) Zunahme der Unterbringungen nach §§ 63, 64 StGB	12
b) Migranten in der Entziehungsanstalt	13
c) Zur Vollstreckungsreihenfolge nach § 67 StGB	17
d) Partieller Verstoß des § 67 StGB gegen die EMRK	24
e) Ausländerrechtliche Chancen der Unterbringung nach § 64 StGB ...	28
f) Maßregelvollzug im Ausland	32

A. Straftatbestände

1 Ausländer ist jeder, der nicht Deutscher iSd Art. 116 Abs. 1 GG ist, auch der Staatenlose.[1] Wer die deutsche und eine weitere Staatsangehörigkeit besitzt, ist strafrechtlich gesehen ausschließlich Deutscher.[2] Das StGB enthält **keine Straftatbestände, die unmittelbar und allgemein an das Merkmal „Ausländer" anknüpfen,** mithin eine erhöhte Strafbarkeit von Verhaltensweisen speziell für Ausländer begründen würden. Das wäre auch mit Art. 3 GG nicht vereinbar. In den für Ausländer, aber auch für deutsche Mittäter oder Gehilfen geltenden Vorschriften des AufenthG, des FreizügG/EU, des AsylG und gegebenenfalls anderer Vorschriften finden sich jedoch spezielle Straf- und Bußgeldtatbestände.[3]

B. Rechtfertigungs- und Entschuldigungsgründe

2 Es gibt einige Vorschriften des StGB, die bei einem strafrechtlichen Vorwurf gegen Migranten besondere Bedeutung gewinnen können. Dazu gehören die Vorschriften über den Irrtum in §§ 16 f. StGB und über Rechtfertigungsgründe wie Notwehr (§ 32 StGB) und Notstand (§ 34 StGB). Insbesondere bei (erst) kurzer Aufenthaltsdauer in der Bundesrepublik kann im Einzelfall ein **unvermeidbarer Verbotsirrtum** angenommen werden. So hat das Landgericht Mannheim vor Jahren einen pakistanischen Staatsangehörigen vom Vorwurf der unterlassenen Hilfeleistung freigesprochen, da es im pakistanischen Recht an einem entsprechenden Straftatbestand fehlt.[4]

3 Nach türkischem Zivilrecht stand die Wahl der Ehewohnung bis vor einigen Jahren ausschließlich dem Ehemann zu. Dieser beging nach türkischem Recht keine Freiheitsberaubung, wenn er die Ehefrau auch gegen ihren Willen gewaltsam in die Ehewohnung verbrachte, um die von ihr verweigerte eheliche Lebensgemeinschaft herzustellen. Bei einem solchen Vorwurf ist in Deutschland schon einmal die Eröffnung des Hauptverfahrens abgelehnt worden.[5] Heute ist eine solche Entscheidung der Strafjustiz kaum noch vorstellbar.

4 Gelegentlich kommt es zu Straftaten, für die der ausländische Täter sich auf seine Glaubensüberzeugung beruft bzw. berufen kann. Normabweichendes Verhalten kann vom **Grundrecht der Glaubensfreiheit** gedeckt sein. In der strafrechtlichen Praxis kommen solche Fälle kaum vor. Eine gewisse traurige Bekanntheit haben vor einigen Jahren die sogenannten **Ehrenmorde** erlangt.[6] Männer berufen sich darauf, ihre verletzte Ehre oder

---

[1] Eser in Schönke/Schröder StGB Vor §§ 3–9 Rn. 56.
[2] Fischer StGB § 7 Rn. 5.
[3] S. dazu → § 47 Rn. 12 ff. und → § 27 Rn. 78 ff.
[4] LG Mannheim Urt. v. 3.5.1990 – (12) 2 Ns 70/89, NJW 1990, 2212.
[5] AG Grevenbroich Beschl. v. 24.9.1982 – 5 Ds 5 Js 369/82, NJW 1983, 528.
[6] S. dazu die nach Kalenderjahren erstellte private Dokumentation auf www.ehrenmord.de.

diejenige ihrer Familie hätten sie gezwungen, andere Menschen (zumeist Angehörige) zu töten oder töten zu lassen. Der BGH hat jedoch – nach früherem Schwanken in seiner Rechtsprechung – entschieden, dass der Maßstab für die Bewertung eines Tötungsbeweggrundes allein den **Vorstellungen der Rechtsgemeinschaft der Bundesrepublik Deutschland** zu entnehmen sei. Anschauungen einer Volksgruppe, welche diese sittlichen und rechtlichen Werte nicht anerkennen, spielen in der strafrechtlichen Behandlung einer Tat seitdem keine Rolle mehr.[7]

C. Rechtsfolgen von Straftaten

I. Keine generellen Sonderregeln bei der Strafe

Grundsätzlich gilt für Migranten deutsches Strafrecht ohne Besonderheiten. Im Bereich der **Strafzumessung und der Rechtsfolgen** wie Maßregeln der Besserung und Sicherung nach §§ 63 f. StGB kommt es aber zu **beachtlichen Besonderheiten**. Die Aussetzung einer Freiheitsstrafe zur Bewährung wird von Migranten oft dahingehend verstanden, dass damit die Folgen der Straftat für sie insgesamt erledigt sind. Das ist unzutreffend, weil die Ausländerbehörde nach den Ausweisungsvorschriften jedes Strafurteil für ihre Entscheidung mit heranziehen kann. Erst Recht gilt das bei einer Freiheitsstrafe ohne Bewährung. Der Verurteilte meint, dass er damit doch nun hinreichend sanktioniert worden sei. Der Strafverteidiger sollte seinen Mandanten schon bei Mandatsaufnahme vorbereiten und diesem sehr frühzeitig anwaltliche Beratung im Hinblick auf das AufenthG empfehlen. 5

II. Einige relevante Strafzumessungskriterien

1. Die sogenannte Ausländereigenschaft

Das Merkmal, ein Angeklagter sei nicht im Besitz der deutschen Staatsangehörigkeit, wird in der Strafjustiz auch als **Ausländereigenschaft** bezeichnet. Diese Eigenschaft wird von Instanzgerichten gelegentlich **strafschärfend herangezogen**. Das ist **fehlerhaft**. Begründungen wie der Angeklagte habe durch seine Tat einen Beitrag zu Vorurteilen gegen Asylbewerber geleistet[8] oder in dem Heimatland des Angeklagten gebe es für BtM-Delikte noch höhere Strafen[9] verstoßen gegen Art. 3 Abs. 3 GG und sind daher unzulässig. Ebenso ist die strafschärfende Erwägung, der Angeklagte sei bereits „kurz nach seiner Einreise straffällig geworden"[10] oder habe „das Gastrecht missbraucht" beanstandet worden.[11] 6

Auch die strafschärfende Erwägung, ein Schwarzafrikaner sei bei der Tatbegehung davon ausgegangen, seine Identifizierung werde für Europäer nicht möglich sein, wenn er sich nach der Tat unter andere Schwarzafrikaner begebe, hat der BGH beanstandet.[12] Zwar dürfe die planmäßige Verminderung des Überführungsrisikos strafschärfend berücksichtigt werden; in der **angeborenen Hautfarbe** eines Menschen liegt jedoch **kein strafrechtlich relevanter Plan**. 7

2. Ausländerrechtliche Folgen einer Verurteilung

Nach § 46 Abs. 1 S. 2 StGB sind die Wirkungen, die von der Strafe für das künftige Leben des Täters in der Gesellschaft zu erwarten sind, bei der Bemessung der Strafe zu berücksichtigen. Schon unter Geltung des früheren Ausweisungsrechts mit dem System der Ist-, Regel- und Ermessensausweisung hat der BGH es regelmäßig abgelehnt, die ausländer- 8

---

7 Statt aller: *Schneider* in MüKoStGB § 211 Rn. 207, 208.
8 OLG Bremen Beschl. v. 4.11.1993 – Ss 80/93, BeckRS 1993, 31133467.
9 BGH Beschl. v. 15.11.1995 – 3 StR 484/95. StV 96, 205.
10 BGH Beschl. v. 22.10.2019 – 4 StR 447/19, BeckRS 2019, 28843.
11 BGH Beschl. v. 16.3.1993 – 4 StR 602/92, NJW 1993, 337.
12 BGH Beschl. v. 13.7.2000 – 4 StR 230/00, NStZ 2000, 586.

rechtlichen Folgen eines Strafurteils als bestimmenden Strafzumessungsgrund iSd § 46 StGB anzusehen.[13] Bereits 12 Tage nach Inkrafttreten des aktuellen Ausweisungsrechts zum 1.1.2016 hat der BGH unter Verweis darauf, dass nunmehr ausländerrechtlich generell eine Abwägung zwischen dem Ausweisungsinteresse nach § 54 AufenthG und dem Bleibeinteresse nach § 55 AufenthG vorzunehmen sei, seine ablehnende Haltung dazu bekräftigt.[14]

9   Die Praxis der Verwaltungsgerichte in Ausweisungsverfahren wegen Straftaten ist rigide. Strafrechtsdogmatisch ist die **Nichtberücksichtigung drohender verwaltungsrechtlicher Folgen** bei Migranten nicht begründbar. Eine drohende Ausweisung hat oft existenzvernichtende Folgen. In anderen Rechtsbereichen werden drohende, im Raum stehende Nebenfolgen einer Strafe als bestimmende Strafzumessungsgründe angesehen. Droht zB einem Rechtsanwalt wegen strafrechtlicher Verfehlungen mit einiger Sicherheit der Ausschluss aus der Rechtsanwaltschaft,[15] ist dies als bestimmender Strafzumessungsgesichtspunkt zu behandeln.[16] Warum dies bei einer drohenden Ausweisung nicht der Fall sein soll, erschließt sich nicht.[17]

3. Strafempfindlichkeit

10 Migranten können besonders strafempfindlich sein. Das gilt insbesondere im Strafvollzug, beispielsweise, wenn sich der Angeklagte trotz längeren Aufenthalts in Deutschland immer noch zwischen dem **Kulturkreis,** aus dem er stammt, und dem hiesigen hin und her gerissen fühlt und es ihm deshalb schwerer als anderen fällt, sich normgerecht zu verhalten,[18] aber auch, wenn **keine Verwandten und Bekannten** in Deutschland leben, die den Gefangenen besuchen könnten.[19] Dies ist dann bei der Bemessung der Rechtsfolgen zu berücksichtigen.

III. Die Maßregeln der Unterbringung nach §§ 63, 64, 66 StGB

1. Die praxisrelevanten Maßregeln

11 Das StGB sieht als freiheitsentziehende Maßregeln die Unterbringung in einem psychiatrischen Krankenhaus (§ 63 StGB), in einer Entziehungsanstalt (§ 64 StGB) oder in der Sicherungsverwahrung (§ 66 StGB) vor. Die Sicherungsverwahrung bleibt hier außer Betracht, da es dazu keine relevanten Sonderprobleme in Bezug auf Migranten gibt.

2. Die Unterbringung in einer Entziehungsanstalt

12 **a) Zunahme der Unterbringungen nach §§ 63, 64 StGB.** Maßregeln können bei Vorliegen der jeweiligen gesetzlichen Voraussetzungen neben oder anstelle einer Freiheitsstrafe auch gegen Migranten verhängt werden. Seit Jahren steigt die Zahl der strafrichterlich angeordneten Unterbringungen insbesondere in der Entziehungsanstalt nach § 64 StGB erheblich an.[20] Bei der Unterbringung in einer Entziehungsanstalt beträgt die Höchstfrist nach § 67d StGB zwei Jahre. Die Anordnung in der geschlossenen psychiatrischen Klinik nach § 63 StGB durch das Strafgericht erfolgt zunächst unbefristet. Für die Dauer der Unterbringungen sieht das Gesetz in § 67e StGB gerichtliche Überprüfungen vor. **Besonders praxisrelevant** ist die Unterbringung von Migranten in der Entziehungsanstalt nach **§ 64 StGB.**

---

[13] BGH Beschl. v. 12.7.1996 – 3 StR 256/96, NStZ 1996, 595.
[14] BGH Beschl. v. 12.1.2016 – 5 StR 502/15, BeckRS 2016, 14603.
[15] Der Ausschluss aus der Rechtsanwaltschaft nach § 114 BRAO ist eine Ermessensentscheidung.
[16] BGH Beschl. v. 27.8.1987 – 1 StR 412/87, NStZ 1987, 550.
[17] Vertiefend *Venzke* StV 1997, 184.
[18] BGH Beschl. v. 22.8.1996 – 4 StR 280/96, NStZ-RR 1997, 1.
[19] ZB ein südamerikanischer Drogenkurier, der in Deutschland keine weiteren Kontakte hat.
[20] *Schalast* NStZ 2017, 433 spricht von einem „Missbrauch der Entziehungsanstalt".

b) Migranten in der Entziehungsanstalt. aa) Hinreichend konkrete Heilungsaus- 13
sicht. Bei der Unterbringung in einer Entziehungsanstalt nach § 64 StGB handelt es sich um
eine Soll-Vorschrift. Zweck der Norm ist die **Heilung des Verurteilten von stoffgebun-
denen Abhängigkeiten.** Auf nicht stoffgebundene Abhängigkeiten darf § 64 StGB nicht
angewendet werden.[21] Nun setzt die Heilung – besser wären aktuelle Begriffe wie Therapie –
voraus, dass eine Kommunikation mit dem Verurteilten möglich ist. Dem trägt § 64 S. 2
StGB insofern Rechnung, als die Maßregel nur angeordnet wird, wenn eine „hinreichend
konkrete Aussicht" der Heilung oder der Reduzierung einer Rückfallgefahr besteht.

bb) Sprachschwierigkeiten als Heilungshindernis. Bei fehlender bzw. eingeschränkter 14
Kommunikationsmöglichkeit zwischen dem Verurteilten und dem therapeutischen Personal kommt es zu einem Dilemma. Einerseits soll es auch nach der Umgestaltung von § 64
StGB zur Soll-Vorschrift durch die Gesetzesnovelle vom 16.7.2007[22] im Grundsatz dabei
verbleiben, dass die Sprachunkundigkeit eines Ausländers nicht ohne Weiteres allein ein
Grund für einen Verzicht auf seine Unterbringung sein kann.[23] Auch soll es regelmäßig für
eine erfolgversprechende Maßregelanordnung genügen, wenn der Betreffende zumindest
über Grundkenntnisse der deutschen Sprache verfügt.[24] Weiter kann es bereits genügen,
dass der Verurteilte bereits einmal gezeigt hat, dass er eine fremde Sprache zügig erlernen
kann, um bei Therapiewillen auch die hinreichend konkrete Erfolgsaussicht zu bejahen.[25]
Das **Absehen von einer Maßregelanordnung** gemäß § 64 StGB bei Migranten mit Blick
auf Sprachprobleme kommt danach **nur in Ausnahmefällen** in Betracht.

cc) Sprachprobleme in der Psychiatrie. Anders liegt es bei der **Unterbringung in** 15
einem psychiatrischen Krankenhaus nach § 63 StGB. Die Vorschrift dient dem Schutz
der Allgemeinheit vor Tätern, die aufgrund ihrer psychischen Erkrankung oder Behinderung gefährlich sind.[26] Diese Maßregel wird **zwingend angeordnet,** wenn der Betroffene
im Zustand der Schuldunfähigkeit oder verminderten Schuldfähigkeit erheblich straffällig
geworden ist und von ihm die Gefahr erheblicher rechtswidriger Straftaten ausgeht und er
deshalb für die Allgemeinheit gefährlich ist. Auf eine etwa fehlende Sprachkenntnis wird
nicht abgestellt. Allerdings ist auch in der geschlossenen Psychiatrie eine Kommunikationsmöglichkeit mit dem Untergebrachten, und sei es mit Hilfe von Dolmetschern, herzustellen.

Die Staatsanwaltschaft als Vollstreckungsbehörde hat es in der Hand, bei Bestehen einer 16
vollziehbaren Ausreisepflicht auch **auf weitere Vollstreckung** einer Maßregel nach § 456a
StPO zu **verzichten,** denn das Absehen von der (weiteren) Vollstreckung eines Urteils ist
nach dem eindeutigen Wortlaut von § 456a Abs. 1 StPO auch bei der Maßregelvollstreckung zulässig.

c) Zur Vollstreckungsreihenfolge nach § 67 StGB. aa) Maßregel vor Strafe. Grund- 17
sätzlich sollen die **Maßregeln der Unterbringung** nach § 67 Abs. 1 StGB **vor einer zu
vollstreckenden Strafe** vollzogen werden. Die Dauer der Unterbringung wird in der
Regel auf eine Strafe angerechnet. Wer zB suchtkrank ist, bedarf zunächst einer Therapie.
In Abweichung von dem Grundsatz des § 67 Abs. 1 StGB kann es jedoch nach § 67 Abs. 2
StGB zu einem Vorwegvollzug eines Teils der Strafe kommen, wenn dadurch der Zweck
der Maßregel leichter erreicht wird.

Nach der Rechtslage darf einem iSd §§ 63, 64 StGB kranken Migranten die mit einer 18
Unterbringung verbundene Chance auf Heilung nicht mit dem Einwand verwehrt werden,
es gebe für ihn **keine geeignete Unterbringungseinrichtung.** Da der Gesetzgeber die

---

[21] *Fischer* StGB § 64 Rn. 2.
[22] BGBl. 2007 I 1327.
[23] BGH Urt. v. 6.7.2017 – 4 StR 124/17, BeckRS 2017, 119774 mit zahlreichen Nachweisen auch aus dem Gesetzgebungsverfahren.
[24] BGH Beschl. v. 20.6.2001 – 3 StR 209/01, NStZ-RR 2002, 7.
[25] BGH Urt. v. 6.7.2017 – 4 StR 124/17, BeckRS 2017, 119774.
[26] *Fischer* StGB § 63 Rn. 1.

Maßregelanordnung für bestimmte Konstellationen vorgesehen hat, muss der Staat gegebenenfalls auch die erforderlichen Einrichtungen schaffen.[27]

19 Der Gesetzgeber hat die Maßregel der Unterbringung in einer Entziehungsanstalt nach § 64 StGB für Straftäter attraktiv ausgestaltet. Diese sollen motiviert werden, ihre Suchterkrankung zu behandeln.[28] Bei **erfolgreichem Maßregelvollzug** kann ein Strafrest nach § 67 Abs. 5 StGB bereits zum sogenannten **Halbstrafenzeitpunkt** gemäß § 57 Abs. 1 S. 1 Nr. 2 und 3 StGB **zur Bewährung ausgesetzt** werden. Ohne Maßregelvollzug würde ein Strafrest in der Regel nach § 57 Abs. 1 Nr. 1 StGB (erst) zum Zweidrittelzeitpunkt erfolgen können. Bei unbehandelten suchtkranken Straftätern wird vielfach sogar die Strafaussetzung zur Bewährung zum Zweidrittelzeitpunkt versagt; dann könne die Aussetzung unter Berücksichtigung des Sicherheitsinteresses der Allgemeinheit iSd § 57 Abs. 1 Nr. 2 StGB nicht verantwortet werden.

20 **bb) Sonderregeln für ausreisepflichtige Migranten.** Für Migranten sieht § 67 StGB hinsichtlich der Vollstreckung von Strafe und Maßregel Sonderregelungen vor, die an deren (jeweiligen) Aufenthaltsstatus anknüpfen. Diese sind nicht leicht verständlich. Nach **§ 67 Abs. 2 S. 4 StGB** soll das Gericht bestimmen, dass bei einer vollziehbar ausreisepflichtigen verurteilten Person die **Strafe vor der Maßregel** zu vollstrecken sei, wenn zu erwarten sei, dass der Aufenthalt nach der Verbüßung der Strafe beendet werde. „Gericht" im Sinne dieser Vorschrift ist der Tatrichter, der den Migranten verurteilt, nicht etwa ein Verwaltungsrichter.

21 Der Strafrichter muss dann in die materielle ausländerrechtliche Prüfung der **vollziehbaren Ausreisepflicht** einsteigen. Er muss *selbst* zu der rechtlichen Bewertung kommen, dass der Angeklagte vollziehbar ausreisepflichtig ist, wenn von § 67 Abs. 2 S. 4 StGB Gebrauch gemacht und die Vollstreckungsreihenfolge geändert werden soll.[29] In der strafgerichtlichen Praxis scheint diese Vorschrift seit ihrer Einführung durch Gesetz vom 16.7.2007 kaum Anwendung zu finden. Dafür mag es verschiedene Gründe geben.

22 Ein Grund dafür, dass der Strafrichter die Frage einer vollziehbaren Ausreisefrist nicht prüft, mag im Gesetz selbst angelegt sein. Quält sich der Strafrichter nämlich durch das ihm fremde AufenthG, so kann seine Entscheidung nach **§ 67 Abs. 3 S. 3 StGB** alsbald **wieder zu ändern** sein, sollte sich an der Vollziehbarkeit der Ausreisepflicht des Verurteilten etwas ändern. Dann nämlich ist die Vollstreckungsreihenfolge wieder zu normalisieren mit der Maßgabe, dass die **Maßregel zu vollstrecken** ist. Auch hätte sich der Strafrichter mit der häufigen Problematik zu befassen, dass ein Verurteilter zwar vollziehbar ausreisepflichtig sein mag, aber gleichwohl nicht abgeschoben werden kann. In diesen Fällen ist § 67 Abs. 2 S. 4 StGB einschränkend dahin auszulegen, dass eine Änderung der Vollstreckungsreihenfolge nur in Betracht kommt, wenn neben der Vollziehbarkeit der Ausreisepflicht auch deren verwaltungsrechtliche Vollstreckung möglich ist. Strafverfahren mit solchen Fragestellungen zu belasten, ist gesetzgeberischer Unsinn.

23 Es liegt auf der Hand, dass für die Frage der Vollziehbarkeit der Ausreisepflicht der Migrationsrechtler gefragt ist. Dieser wird mit seinem Fachwissen versuchen, die Vollziehbarkeit der Ausreisepflicht des Betroffenen zumindest temporär zu beseitigen. Dann informiert der Migrationsrechtler gegebenenfalls den Strafverteidiger, der dann unter Vorlage der entsprechenden ausländerbehördlichen oder verwaltungsgerichtlichen Entscheidung den **Antrag stellt,** die Vollstreckungsreihenfolge nach § 67 Abs. 3 S. 3 StGB wieder zu ändern. Zuständiges Gericht für die nachträgliche Änderung ist dann nicht mehr der Tatrichter, sondern nach § 458 Abs. 1 StPO eine Strafvollstreckungskammer.

24 **d) Partieller Verstoß des § 67 StGB gegen die EMRK. aa) EGMR zur Verweigerung einer Sozialtherapie bei Sicherungsverwahrung. In Art. 5 Abs. 1 EMRK** wird das Recht jeder Person – unabhängig von ihrer Staatsangehörigkeit – auf Freiheit und

---

[27] BGH Beschl. v. 20.6.2001 – 3 StR 209/01, NStZ-RR 2002, 7.
[28] Das Gesetz spricht in § 64 S. 1 StGB von einem „*Hang*, alkoholische Getränke oder andere berauschende Mittel im Übermaß zu sich zu nehmen"; der Begriff „Sucht" wird hier untechnisch verwendet.
[29] *Jung* StV 2009, 212.

Sicherheit gewährleistet, welches nur „in gesetzlich vorgeschriebener Weise" entzogen werden darf. Zusätzlich enthält **Art. 14 EMRK** ein generelles Diskriminierungsverbot ua wegen der nationalen Herkunft. Die Regelungen in § 67 StGB zur Ablehnung der Maßregel bei ausreisepflichtigen Ausländern verstoßen gegen Art. 5 Abs. 1, Art. 14 EMRK und sind daher **rechtswidrig**.

Der EGMR hat für die wesentlich gravierendere Maßregel der Sicherungsverwahrung 25 nach § 66 StGB entschieden, dass die unter Berufung auf eine vollziehbare Ausweisungsverfügung getroffene Weigerung, einen Betroffenen in eine Sozialtherapie zu überführen und ihm mit derselben Begründung Vollzugslockerungen zu verweigern, eine **unzulässige Ungleichbehandlung** im Vergleich zu anderen Inhaftierten in einer weitgehend gleichen Situation darstelle.[30] Therapeutische Maßnahmen seien (auch) bei Sicherungsverwahrten wichtig, um diesen die Chance der Aussetzung der Sicherungsverwahrung zur Bewährung zu eröffnen. Ein Verstoß gegen Art. 5 Abs. 1, Art. 14 EMRK läge jedenfalls dann vor, wenn dem Verurteilten nicht eine andere Therapie oder andere an seine Situation angepasste Maßnahmen angeboten würden.

bb) Übertragung der Rechtsprechung des EGMR auf § 64 StGB? Für die Unter- 26 bringung des verurteilten Ausländers in einer Entziehungsanstalt gemäß § 64 StGB sollte **nichts anderes gelten.** Der ausreisepflichtige Ausländer hätte nämlich ansonsten nicht die Chance, nach einer erfolgreichen Maßregel den Strafrest bereits nach der Hälfte der erkannten Strafe zur Bewährung ausgesetzt zu bekommen. Die Änderung der Vollstreckungsreihenfolge von Strafe und Unterbringung in § 67 StGB, die allein an den aufenthaltsrechtlichen Status anknüpft, verstößt damit gegen das Diskriminierungsverbot des Art. 14 EMRK.

Nach der Rechtsprechung des BVerfG sind Urteile des EGMR innerstaatlich zu berück- 27 sichtigen, auch wenn die EMRK „nur" den Rang eines einfachen Gesetzes hat. Die Kollision des § 67 StGB mit Art. 5, 14 EMRK kann inhaltlich nur so gelöst werden, dass die Strafrichter und Strafvollstreckungskammern in jedem Einzelfall von ihrem **Ermessen** bei der Änderung der Vollstreckungsreihenfolge **zugunsten der Durchführung der Unterbringung** Gebrauch machen. Ob dann überhaupt noch Raum für eine Anwendung der Vorschriften über die Änderung der Vollstreckungsreihenfolge bei Ausreisepflicht besteht und/oder die Regelung des § 67 Abs. 2 S. 4, Abs. 3 S. 2 StGB rückgängig gemacht wird, ist letztlich eine Entscheidung des Gesetzgebers.

e) Ausländerrechtliche Chancen der Unterbringung nach § 64 StGB. aa) Prog- 28 **nosen der Strafvollstreckungskammer und Prognosegutachten.** In der erfolgreichen Absolvierung der Maßregel nach § 64 StGB liegen für Migranten auch ausländerrechtlich erhebliche Vorteile bzw. Chancen. Die für die Bewährungsaussetzung zuständige Strafvollstreckungskammer hat nämlich nach § 57 Abs. 1 Nr. 2 StGB zu prüfen, ob die Strafaussetzung „unter Berücksichtigung des Sicherheitsinteresses der Allgemeinheit verantwortet werden kann". Die Strafvollstreckungskammer hat mithin eine **Gefahrenprognose** zu treffen. Bei zeitigen Strafen von mehr als zwei Jahren wegen einer der in § 66 Abs. 3 StGB genannten Taten hat die Strafvollstreckungskammer nach § 454 Abs. 2 StPO zwingend zuvor ein Prognose-Sachverständigengutachten einzuholen. Die Aussetzung zur Bewährung erfordert im Hinblick auf die Sicherungsinteressen der Allgemeinheit auch eine auf ein Gutachten gestützte positive Prognose der Strafvollstreckungskammer. Und eine Gefahrenprognose hat auch die Ausländerbehörde im Rahmen ihrer Ausweisungsentscheidung zu treffen.

bb) Strafrechtliche Prognoseentscheidung und Ausländerrecht. Die Entscheidung 29 für eine Strafaussetzung zur Bewährung durch die Strafvollstreckungskammer hat im ausländerrechtlichen Verfahren zur Prüfung der Aufenthaltsbeendigung zwar **keine formelle**

---

[30] EGMR Urt. v. 22.3.2012 – 5123/07, NJW 2013, 2095.

Bindungswirkung. Die Ausländerbehörde stellt ihre nach §§ 53 f. AufenthG vorzunehmende Prüfung der Ausweisungsinteressen und die erforderliche Gefahrenprognose grundsätzlich eigenständig an. Aus Art. 2 Abs. 1 GG in Verbindung mit dem Verhältnismäßigkeitsgrundsatz folgt allerdings, dass neben der Anlasstat auch das Nachtatverhalten – insbesondere zB eine erfolgreiche Therapie – in die Erwägungen einzustellen sind.

30 Bei einer **positiven Bewährungsentscheidung** der Strafvollstreckungskammer lässt sich eine relevante Wiederholungsgefahr nach der Rechtsprechung des BVerfG nur dann bejahen, wenn die ausländerrechtliche Entscheidung **auf einer breiteren Tatsachengrundlage** als diejenige der Strafvollstreckungskammer getroffen wird.[31] Das komme in Betracht, wenn die Ausländerbehörde oder das Verwaltungsgericht selbst ein aktuelleres Sachverständigengutachten als dasjenige der Strafvollstreckungskammer eingeholt haben, welches aufgrund aktuellerer Beurteilung eine negative Gefahrenprognose ermögliche. Gerade wenn die Strafvollstreckungskammer ein qualifiziertes kriminalprognostisches Verfahren in Auftrag gegeben hat, welches den insoweit anerkannten fachlichen Maßstäben entspricht, wird der verurteilte Migrant sich gegen eine negative Gefahrenprognose der Ausländerbehörde ohne aktuelleres ebenfalls qualifiziertes „Gegengutachten" mit Erfolgsaussicht wehren können. Und solche Gutachten holen Ausländerbehörden bislang kaum ein.

31 In Folge der Entscheidung des BVerfG wird die Bindungswirkung an Prognosen der Strafgerichte nun von den Verwaltungsgerichten relativiert. Für die im AufenthG niedergelegten gesellschaftlichen Grundinteressen ist eine strafrechtliche Rückfallprognose wesentliches Indiz, aber nicht bindend; es sei eine eigene Prognoseentscheidung über die Wiederholungsgefahr zu treffen, daher könne sowohl auf einer anderen Tatsachengrundlage, als auch aufgrund einer anderen Würdigung eine vom Strafgericht abweichende Prognose getroffen werden.[32] Auf **vermeintliches Erfahrungswissen,** etwa über eine erhebliche Rückfallgefahr bei BtM-Tätern, wird sich die Ausländerbehörde nicht stützen können.[33] Der beim BVerfG aufgehobene VGH München wehrt sich allerdings argumentativ gegen das BVerfG,[34] unter anderem mit Hinweis darauf, die AVwV zu § 53 AufenthG nF stelle „die Prognoseindizien wesentlich differenzierter dar" als frühere VwV. Allerdings heißt es in den AVwV vor 53.3.1.4 eingangs: „Hinsichtlich der Feststellung einer Wiederholungsgefahr bei Straffälligkeit wird im Allgemeinen auf folgende Gesichtspunkte abgestellt". Es folgt dann eine Aufzählung von verschiedenen Aspekten. Ob etwas, worauf „im Allgemeinen" abgestellt werde, ohne dass dazu auch nur als Behauptung ein wissenschaftlicher Maßstab hinterlegt wäre, wirklich ein tragfähiges rechtliches Argument sein kann, wird zumindest zu hinterfragen sein.

32 **f) Maßregelvollzug im Ausland.** Der BGH hat die rechtliche Möglichkeit entdeckt, den verurteilten Ausländer zum Maßregelvollzug in sein Heimatland zu überstellen, sofern dort entsprechende Einrichtungen existieren,[35] und verweist dazu auch auf § 70 IRG, Art. 68 SDÜ. Damit könnten in Deutschland Kosten gespart werden. In der Praxis scheitern solche Überlegungen allerdings seit vielen Jahren bereits an der schleppenden bzw. nicht erfolgenden Übernahme der Strafvollstreckung deutscher Urteile durch die Heimatländer der Betroffenen. Zahlreiche völkerrechtliche Abkommen und Verträge dazu werden de facto jedenfalls außerhalb der EU nicht umgesetzt. Im Bereich des Maßregelvollzugs geht das Ganze nicht eben schneller. Daher wird der Maßregelvollzug im Ausland auch in den nächsten Jahren **in der Praxis keine erhebliche Rolle** spielen.

---

[31] BVerfG Beschl. v. 19.10.2016 – 2 BvR 1943/16, NVwZ 2017, 229.
[32] OVG Saarlouis Beschl v. 1.7.2019 – 2 B 30/19, BeckRS 2019, 14580.
[33] BVerfG Beschl. v. 19.10.2016 – 2 BvR 1943/16, NVwZ 2017, 229.
[34] BayVGH Beschl. v. 2.5.2017 – 19 CS 16.2466, BeckRS 2017, 114334.
[35] BGH Beschl. v. 10.7.2012 – 2 StR 85/12, NStZ 2012, 689.

11. Kapitel. Datenschutzrecht

§ 29 Grundlagen

Übersicht

	Rn.
A. Europarechtliche Grundlagen	1
I. Primärrecht	1
II. Verordnungen	3
1. Datenschutz-Grundverordnung (VO (EU) 2016/679)	3
a) Überblick	3
b) Rechte der betroffenen Person	7
c) Rechtsbehelfe	7c
2. Dublin III-VO	8
3. Eurodac-Verordnung	13
a) Überblick	13
b) Aufbau des Systems und Grundprinzipien	14
c) Erfassung, Übermittlung und Abgleich der Fingerabdruckdaten	16
d) Aufbewahrung und Löschung der Daten	20
e) Datenmarkierung	21
f) Verwendung der Daten für Gefahrenabwehr- und Strafverfolgungszwecke	22
g) Datenverarbeitung, Datenschutz und Haftung	24
III. Richtlinien	30
B. Verfassungsrechtliche Grundlagen	31

A. Europarechtliche Grundlagen

I. Primärrecht

Durch Art. 6 EUV wird die **Charta der Grundrechte der Europäischen Union** mit **1** den Verträgen rechtlich auf die gleiche Stufe gehoben. Es handelt sich somit um gleichrangiges Primärrecht. Art. 8 GRCh enthält Regelungen zum Schutz personenbezogener Daten. Danach hat jede Person das Recht auf Schutz der sie betreffenden personenbezogenen Daten. Diese Daten dürfen nur nach Treu und Glauben für festgelegte Zwecke und mit Einwilligung der betroffenen Person oder auf einer sonstigen gesetzlich geregelten legitimen Grundlage verarbeitet werden. Jede Person hat das Recht, Auskunft über die sie betreffenden erhobenen Daten zu erhalten und die Berichtigung der Daten zu erwirken. Es handelt sich somit um ein umfassendes **europäisches Grundrecht auf Datenschutz**.[1]

Art. 16 AEUV wiederholt zunächst das in der Charta enthalte Recht einer Person auf **2** Schutz der sie betreffenden personenbezogenen Daten. Zudem enthält er eine Normsetzungsbefugnis für den europäischen Gesetzgeber zum Erlass von Vorschriften über den Schutz natürlicher Personen bei der Verarbeitung personenbezogener Daten durch die Organe, Einrichtungen und sonstigen Stellen der Union sowie durch die Mitgliedstaaten im Rahmen der Ausübung von Tätigkeiten, die in den Anwendungsbereich des Unions-

---

[1] EuGH Urt. v. 6.10.2015 – C-362/14, NJW 2015, 3151 (3152); *Augsberg* in GSH GRCh Art. 8 Rn. 1; *Kingreen* in Calliess/Ruffert AEUV Art. 16 Rn. 2; *Schantz/Wolff*, Das neue Datenschutzrecht, 1. Aufl. 2017, Rn. 38 f.

rechts fallen, und über den freien Datenverkehr.[2] Von dieser Befugnis hat der Gesetzgeber mit der Datenschutz-Grundverordnung (DS-GVO) Gebrauch gemacht.

II. Verordnungen

1. Datenschutz-Grundverordnung (VO (EU) 2016/679)

3   a) **Überblick.** Mit der Verordnung des Europäischen Parlaments und des Rates zum Schutz natürlicher Personen bei der Verarbeitung personenbezogener Daten, zum freien Datenverkehr und zur Aufhebung der Richtlinie 95/46/EG (Datenschutz-Grundverordnung) hat der europäische Gesetzgeber erstmals für alle Mitgliedstaaten unmittelbar geltende Regelungen zum Datenschutz getroffen.[3] Die Verordnung löst die bisher geltende Datenschutz-Richtlinie ab und ist ab dem 25.5.2018 anzuwenden.

4   Die DS-GVO enthält Vorschriften zum Schutz natürlicher Personen bei der Verarbeitung personenbezogener Daten und zum freien Verkehr solcher Daten sowie zum Schutz der Grundrechte und Grundfreiheiten natürlicher Personen, insbesondere deren Recht auf Schutz personenbezogener Daten. Auch wenn die DS-GVO keine ausdrücklichen Regelungen für den Bereich der Migration enthält, gelten Ihre Bestimmung auch hier unmittelbar.

5   Art. 4 Nr. 1 DS-GVO enthält eine Definition des zentralen Begriffs der **personenbezogenen Daten,** der an die heutigen Gegebenheiten der modernen Datenverarbeitung durch automatisierte Systeme angepasst ist.[4] Eine wesentliche begriffliche Neuerung ergibt sich, da der dem deutschen Datenschutzrecht bekannte Dreiklang von Datenerhebung, -verarbeitung und -nutzung künftig durch den Begriff der **Verarbeitung** abgelöst wird. Von der Definition in Art. 4 Nr. 2 DS-GVO sind diese Formen des Umgangs mit personenbezogenen Daten künftig umfasst. Statt des bisher aus dem deutschen Datenschutzrecht bekannten Begriffs des Sperrens enthält Art. 4 Nr. 3 DS-GVO den Begriff der Einschränkung der Verarbeitung, der jedoch letztlich als Unterfall des Begriffs der Verarbeitung zu sehen ist.[5] Mit Art. 4 Nr. 14 DS-GVO ist darüber hinaus erstmals auch eine Legaldefinition der **biometrischen Daten** enthalten. Diese Definition hat für migrationsrechtliche Verfahren besondere Bedeutung, da hiermit klargestellt wird, dass zB auch **Fingerabdruckdaten** dem in Art. 9 Abs. 1 DS-GVO geregelten strengen Schutz als **besondere Kategorien personenbezogener Daten** unterfallen. Demnach ist eine Verarbeitung solcher Daten nur möglich, wenn die betroffene Person in die Verarbeitung für einen oder mehrere festgelegte Zwecke ausdrücklich eingewilligt hat, oder einer der übrigen in Art. 9 Abs. 2 DS-GVO genannten gewichtigen Gründe einschlägig ist.

6   Allgemein ist die **Rechtmäßigkeit der Datenverarbeitung** nur dann gegeben, wenn mindestens eine der in Art. 6 DS-GVO enthaltenen Bedingungen erfüllt ist. Für den Bereich des Migrationsrechts wird im Wesentlichen nur auf die in Art. 6 Abs. 1 lit. a, d und e DS-GVO genannten Bedingungen abgestellt werden können. Demnach ist eine Verarbeitung rechtmäßig, wenn der Betroffene eingewilligt hat, sie erforderlich ist, um lebenswichtige Interessen der betroffenen Person oder einer anderen natürlichen Person zu schützen, für die Wahrnehmung einer Aufgabe erforderlich ist, die im öffentlichen Interesse liegt oder in Ausübung öffentlicher Gewalt erfolgt, die dem Verantwortlichen übertragen wurde.[6] Die letztgenannten Zwecke bedürfen einer unions- oder mitgliedstaatlichen Rechtsgrundlage. An die **Freiwilligkeit der Einwilligung** stellt Art. 7 Abs. 4 DS-GVO hohe

---

[2] Zum Umfang dieser Kompetenz vgl. *Brühann* in GSH AEUV Art. 16 Rn. 60–62; *Kingreen* in Calliess/Ruffert AEUV Art. 16 Rn. 4 ff.; *Schantz/Wolff*, Das neue Datenschutzrecht, 1. Aufl. 2017, Rn. 14.
[3] Zur tatsächlichen Reichweite der mit dem Erlass beabsichtigten Vollharmonisierung vgl. *Schantz/Wolff*, Das neue Datenschutzrecht, 1. Aufl. 2017, Rn. 213.
[4] Vgl. *Ernst* in Paal/Pauly, DS-GVO/BDSG, 2. Aufl. 2018, DS-GVO Art. 4 Rn. 3.
[5] *Schild* in BeckOK DatenschutzR DS-GVO Art. 4 Rn. 29.
[6] Für eine vertiefte Erläuterung der einzelnen Tatbestände vgl. *Schantz/Wolff*, Das neue Datenschutzrecht, Rn. 707 ff.

Anforderungen. So kann insbesondere bei Behörden davon auszugehen sein, dass zwischen der betroffenen Person und dem für die Verarbeitung Verantwortlichen ein Ungleichgewicht besteht, welches die Freiwilligkeit ausschließt.[7]

b) Rechte der betroffenen Person. Darüber hinaus sieht die DS-GVO in Kapitel III zahlreiche **Rechte der betroffenen Person** vor. So bestehen weitgehende Regelungen hinsichtlich Transparenz, Informationspflichten und Auskunftsrechten sowie zur Berichtigung und Löschung von Daten. Teilweise können diese Rechte durch die Mitgliedstaaten durch eigene Rechtsakte konkretisiert bzw. modifiziert werden. Hiervon hat der deutsche Gesetzgeber mit der Neufassung des Bundesdatenschutzgesetzes Gebrauch gemacht (→ § 30 Rn. 93 ff.). 7

Die Art. 13 und 14 DS-GVO enthalten detaillierte Regelungen zu **Informationspflichten des Verantwortlichen bei der Erhebung personenbezogener Daten.** Unterschieden wird zwischen der Erhebung bei der betroffenen Person und der Erhebung auf anderem Weg, so dass auch die Informationspflichten auf die entsprechende Form der Erhebung zugeschnitten sind. Allgemein hat der Verantwortliche seine Kontaktdaten und die seines Datenschutzbeauftragten, die Zwecke der Verarbeitung und deren Rechtsgrundlage und gegebenenfalls die Empfänger oder Kategorien von Empfängern der personenbezogenen Daten zu benennen. Darüber hinaus ist die betroffene Person auch über die Dauer der Datenspeicherung oder ggf. die Kriterien für die Festlegung dieser Frist sowie die ihr zur Verfügung stehenden Rechte, einschließlich des Rechts der Beschwerde bei einer Aufsichtsbehörde, hinzuweisen. Sofern die Erhebung nicht bei der betroffenen Person selbst erfolgt, hat der Verantwortliche zudem über die Quelle der Daten zu informieren. Insbesondere letztere Information kann dazu genutzt werden die Rechtmäßigkeit einer Datenverarbeitung zu prüfen und ggf. hiergegen vorzugehen, wenn zB ein unrechtmäßiger Datenaustausch zwischen Behörden stattgefunden hat. Diese Informationen sind der betroffenen Person nach Art. 12 Abs. 1 DS-GVO in präziser, transparenter, verständlicher und leicht zugänglicher Form in einer klaren und einfachen Sprache zu übermitteln. Ob dies auch zwingend eine Übersetzung in die jeweilige Landessprache eines Ausländers erforderlich macht, lässt die Regelung der DS-GVO offen.[8] Aufgrund der Regelung des § 24 Abs. 1 AsylG, wonach ein Ausländer in einer Sprache, deren Kenntnis vernünftigerweise vorausgesetzt werden kann, über den Ablauf des Verfahrens und über seine Rechte und Pflichten im Verfahren informiert werden muss, besteht eine solche Verpflichtung wohl zumindest für das Asylverfahren. Neben den Informationspflichten durch den Verantwortlichen besteht nach Art. 15 DS-GVO ein **Auskunftsrecht der betroffenen Person.** Mittels dieses Rechts kann die betroffene Person jederzeit unabhängig von einer konkreten Datenerhebung von einem Verantwortlichen Informationen darüber erlangen, ob Daten von ihr gespeichert sind und ggf. analog zu den Informationspflichten weitergehende Informationen über Inhalt und Zweck der gespeicherten Daten und die weitergehenden Rechte. Der Umfang des in Art. 15 Abs. 3 DS-GVO enthaltenen Anspruchs auf Erhalt einer Kopie der personenbezogenen Daten ist umstritten.[9] Zumindest das Bundesamt für Migration und Flüchtlinge stellt in der Praxis aber wohl auch umfassend Aktenkopien zur Verfügung. 7a

Darüber hinaus kann die betroffene Person nach Art. 16 bis 18 DS-GVO auch **Rechte auf Berichtigung, Löschung und Einschränkung der Verarbeitung** geltend machen. Nach Art. 16 DS-GVO kann die betroffene Person von dem Verantwortlichen unverzüglich die Berichtigung sie betreffender unrichtiger personenbezogener Daten verlangen. 7b

---

[7] Vgl. Erwägungsgrund Nr. 43; *Stemmer* in BeckOK DatenschutzR DS-GVO Art. 7 Rn. 48 ff.; *Schantz/Wolff*, Das neue Datenschutzrecht, Rn. 511.
[8] Vgl. hierzu *Heckmann/Paschke* in Ehmann/Selmayr, DS-GVO Art. 12 Rn. 19; *Paal/Hennemann* in Paal/Pauly, DS-GVO/BDSG, 2. Aufl. 2018, DS-GVO Art. 12 Rn. 35.
[9] Vgl. zu den unterschiedlichen Positionen etwa *Schmidt-Wudy* in BeckOK Datenschutzrecht Art. 15 Rn. 87

Unter Berücksichtigung der Zwecke der Verarbeitung hat die betroffene Person das Recht, die Vervollständigung unvollständiger personenbezogener Daten – auch mittels einer ergänzenden Erklärung – zu verlangen. Es besteht somit nicht nur ein Anspruch auf Korrektur unrichtiger Daten, sondern auch ein Anspruch auf Ergänzung nicht vollständig erhobener Daten. Das Recht auf Löschung ergibt sich aus Art. 17 DS-GVO. Von wesentlicher Bedeutung im Zusammenhang mit der Datenverarbeitung durch öffentliche Stellen sind insbesondere die Ansprüche nach Art. 17 Abs. 1 lit. a und d. Demnach sind personenbezogene Daten dann zu löschen, wenn sie für die Zwecke, für die sie erhoben oder auf sonstige Weise verarbeitet wurden, nicht mehr notwendig sind oder wenn die Daten unrechtmäßig verarbeitet wurden. Auch wenn die Vorschrift zunächst eine Löschung durch den Verantwortlichen nur auf Antrag hin suggeriert, gelten die Vorgaben vielmehr auch ohne einen solchen. Ein Verantwortlicher hat also insbesondere die Notwendigkeit für eine (weitere) Datenverarbeitung fortlaufend zu prüfen und ggf. nicht mehr benötigte Daten zu löschen. An die Stelle der Löschung kann unter gewissen Umständen die Einschränkung der Verarbeitung nach Art. 18 DS-GVO treten. Ein wesentlicher Anwendungsbereich ist in der Voraussetzung des Art. 18 Abs. 1 lit. a DS-GVO zu sehen, wonach der Verantwortliche im Falle des Bestreitens der Richtigkeit der Daten für eine Dauer, die es ihm ermöglicht, die Richtigkeit der personenbezogenen Daten zu überprüfen, die entsprechenden Daten in der Verarbeitung einzuschränken hat. Im Zusammenhang mit der Ausübung der zuvor genannten Rechte trifft den Verantwortlichen nach Art. 19 DS-GVO die Pflicht zur Mitteilung über ggf. getroffene Maßnahmen an etwaige Empfänger der betroffenen Daten.

7c c) **Rechtsbehelfe.** Die Durchsetzung der Rechte aus der DS-GVO lässt sich auf zwei Wegen erreichen. Nach Art. 77 DS-GVO steht jeder betroffenen Person das **Recht auf kostenlose Beschwerde bei einer Aufsichtsbehörde** zu, wenn sie der Ansicht ist, dass die Verarbeitung der sie betreffenden personenbezogenen Daten gegen diese Verordnung verstößt. Die Aufsichtsbehörde hat den Gegenstand der Beschwerde nach Art. 57 Abs. 1 lit. f DS-GVO in angemessenem Umfang zu untersuchen und den Beschwerdeführer innerhalb einer angemessenen Frist über den Fortgang und das Ergebnis der Untersuchung zu unterrichten. Die Aufsichtsbehörde kann bei Verstößen von den ihr zur Verfügung stehenden Befugnissen Gebrauch machen. Zu nennen sind hier in erster Linie die Abhilfebefugnisse nach Art. 58 Abs. 2 DS-GVO. Auf diese Weise kann ein kostenloser und in der Regel relativ zeitnaher Erfolg erreicht werden. Sofern die Aufsichtsbehörde nicht oder nicht in der erwarteten Weise tätig wird, steht nach Art. 78 DS-GVO auch die Möglichkeit eines gerichtlichen Rechtsbehelfs gegen die Aufsichtsbehörde zur Verfügung (→ § 30 Rn. 83). Daneben kann nach Art. 79 DS-GVO auch der Verantwortliche oder der Auftragsverarbeiter unmittelbar mittels eines **gerichtlichen Rechtsbehelfs** in Anspruch genommen werden (zur Ausgestaltung im nationalen Recht → § 30 Rn. 100).

2. Dublin III-VO

8 Die Verordnung zur Festlegung der Kriterien und Verfahren zur Bestimmung des Mitgliedstaats, der für die Prüfung eines von einem Drittstaatsangehörigen oder Staatenlosen in einem Mitgliedstaat gestellten Antrags auf internationalen Schutz zuständig ist, soll wesentlich dem Ziel einer gemeinsamen Asylpolitik einschließlich eines Gemeinsamen Europäischen Asylsystems dienen (→ § 18 Rn. 23 ff.). Der Umsetzung dieser Ziele dienen neben dieser Verordnung auch die anderen ausländer- und asylrechtlichen Regelungen. Hierbei ist insbesondere die Eurodac-Verordnung zu nennen (→ Rn. 13 ff.), die einen wesentlichen verfahrenstechnischen Baustein zur Bestimmung des zuständigen Mitgliedstaats darstellt.

9 Sobald ein Antragsteller einen Antrag auf internationalen Schutz iSd Verordnung gestellt hat, haben ihn die zuständigen Behörden über die Anwendung dieser Verordnung und die in Art. 4 Dublin III-VO genannten Aspekte zu unterrichten. Hierunter fallen auch das Auskunftsrecht bezüglich ihn betreffender Daten sowie das Recht, eine Datenberichtigung oder Datenlöschung zu beantragen. Darüber hinaus sind ihm die Kontaktangaben der für

das Verfahren zuständigen Behörden sowie die der nationalen Datenschutzbehörden mitzuteilen.

Art. 31 Dublin III-VO gestattet den **Austausch relevanter Informationen vor Durchführung einer Überstellung** zwischen dem überstellenden Mitgliedstaat und dem zuständigen Mitgliedstaat. Es darf eine Übermittlung personenbezogener Daten der zu überstellenden Person stattfinden, soweit dies sachdienlich und relevant ist und nicht über das erforderliche Maß hinausgeht. Zweck einer solchen Datenübermittlung soll es sein, den zuständigen Behörden im zuständigen Mitgliedstaat zu ermöglichen, die betroffene Person in geeigneter Weise zu unterstützen – unter anderem die notwendige medizinische Versorgung leisten zu können. Der Datenaustausch darf nur zwischen den der Kommission benannten Behörden erfolgen. Die Verwendung der Daten ist nur für die zuvor genannten Zwecke gestattet. Eine Weiterverarbeitung ist ausgeschlossen. Zur Erleichterung des Informationsaustausches zwischen den Mitgliedstaaten soll die Kommission ein Standardformblatt festlegen.[10] An den **Austausch von Gesundheitsdaten** knüpft Art. 32 Dublin III-VO besondere Voraussetzungen. So ist eine Datenübermittlung grundsätzlich nur mit ausdrücklicher Einwilligung des Antragstellers oder seines Vertreters zulässig. Der Austausch und die Verarbeitung solcher personenbezogener Gesundheitsdaten darf nur durch Angehörige der Gesundheitsberufe erfolgen. Auch diese Daten dürfen nur für die vorgeschriebenen Zwecke verwendet und nicht weiterverarbeitet werden.

Nach Art. 34 Dublin III-VO können die dort genannten personenbezogenen Daten über den Antragsteller auf Antrag eines Mitgliedstaats **an einen anderen Mitgliedstaat übermittelt** werden, soweit sie sachdienlich und relevant sind und nicht über das erforderliche Maß hinausgehen. Zweck und Umfang der Datenübermittlung sind näher geregelt. Soweit es zur Prüfung des Antrags auf internationalen Schutz erforderlich ist, kann der zuständige Mitgliedstaat einen anderen Mitgliedstaat um Mitteilung der Gründe für die Antragstellung und die Gründe für die getroffene Entscheidung ersuchen. Hierfür bedarf der ersuchende Mitgliedstaat jedoch der ausdrücklichen Zustimmung des Antragstellers. Der Antragsteller muss zuvor wissen, wozu er seine Zustimmung erteilt. Der Informationsaustausch ist nur zwischen den der Kommission benannten Behörden und nur für die vorgesehenen Zwecke gestattet. Der Antragsteller hat ein **Auskunftsrecht** hinsichtlich der zu seiner Person erfassten Daten. Stellt er fest, dass bei der Verarbeitung dieser Daten gegen diese Verordnung oder gegen die Datenschutz-RL 95/46/EG[11] verstoßen wurde, insbesondere weil die Angaben unvollständig oder unrichtig sind, hat er das **Recht auf Berichtigung oder Löschung**. Die Weitergabe und der Erhalt der ausgetauschten Informationen ist in der Akte der betreffenden Personen und/oder in einem Register zu vermerken. Die ausgetauschten Daten dürfen nur solange aufbewahrt werden, wie dies zur Erreichung der mit dem Austausch verfolgten Ziele notwendig ist.

Die Mitgliedstaaten haben nach Art. 38 Dublin III-VO alle geeigneten Maßnahmen zu ergreifen, um die **Sicherheit der übermittelten personenbezogenen Daten** sicherzustellen und insbesondere den unrechtmäßigen oder nicht genehmigten Zugang zu verarbeiteten personenbezogenen Daten oder deren Weitergabe, Änderung oder Verlust zu verhindern. Jeder Mitgliedstaat sieht zudem eine Überwachung der Rechtmäßigkeit der Verarbeitung personenbezogener Daten durch unabhängige Kontrollstellen[12] vor. Darüber hinaus haben die Mitgliedstaaten nach Art. 39 und 40 Dublin III-VO sicherzustellen, dass die zuständigen Behörden an die Regeln der Vertraulichkeit gebunden sind und jeder Missbrauch von nach Maßgabe dieser Verordnung verarbeiteten Daten mit wirksamen, verhältnismäßigen und abschreckenden Sanktionen geahndet wird. Diese Maßgaben sind

---

[10] Hierzu hat die Kommission die DVO (EU) Nr. 118/2014 erlassen, die im Anhang zahlreiche Formblätter enthält.
[11] Mit der Datenschutz-Grundverordnung wird zugleich diese Richtlinie aufgehoben, sodass diese nach ihrem Inkrafttreten hier als Prüfungsmaßstab anzunehmen ist.
[12] Dies sind die national zuständigen Datenschutzaufsichtsbehörden. In Deutschland ist hier in erster Linie der Bundesbeauftragte für den Datenschutz und die Informationsfreiheit zu nennen.

im nationalen Recht im Wesentlichen durch die Sanktionsmöglichkeiten der DS-GVO umgesetzt.

3. Eurodac-Verordnung

13 **a) Überblick.** Die Regelungen der Eurodac-VO dienen maßgeblich der Umsetzung der Dublin III-VO zur Bestimmung des für die Bearbeitung eines Antrags auf Gewährung internationalen Schutzes zuständigen Mitgliedsstaats. Zu diesem Zweck wurde das europaweite **Fingerabdruck-Identifizierungssystem** Eurodac eingerichtet, welches die Behörden bei der Bestimmung des zuständigen Mitgliedsstaats unterstützen und allgemein die Anwendung der Dublin III-VO erleichtern soll. Voraussetzung für die Bestimmung des zuständigen Mitgliedsstaats ist zunächst, dass die Identität des Antragstellers oder einer Person, die beim illegalen Überschreiten der Außengrenzen aufgegriffen wurde, festgestellt wird und darüber hinaus gegebenenfalls Kenntnis über eine Antragstellung in einem andren Mitgliedstaat erlangt wird.[13] War Eurodac zunächst nur zu diesen Zwecken errichtet worden, sieht die Verordnung nunmehr auch den Zugang zu den dort gespeicherten Daten zum Zweck der Verhütung, Aufdeckung oder Untersuchung terroristischer oder sonstiger schwerer Straftaten vor.

14 **b) Aufbau des Systems und Grundprinzipien.** Der Aufbau des Systems ergibt sich aus Art. 3 Eurodac-VO. Demnach besteht Eurodac aus einer rechnergestützten zentralen Fingerabdruck-Datenbank (dem sogenannten Zentralsystem) sowie einer Kommunikationsinfrastruktur zwischen dem Zentralsystem und den Mitgliedstaaten. Jeder Mitgliedstaat hat eine **nationale Zugangsstelle** zu benennen. Für Deutschland wurde dem Bundeskriminalamt (BKA) diese Aufgabe übertragen. Der Betrieb des Systems ist durch Art. 4 Eurodac-VO einer Agentur[14] übertragen, die für die Überwachung, Sicherheit und die Koordination zwischen den Mitgliedstaaten und dem Betreiber verantwortlich ist.

15 Darüber hinaus haben die Mitgliedstaaten nach Art. 5 Eurodac-VO die **zur Gefahrenabwehr oder Strafverfolgung zuständigen Behörden** zu benennen, die gemäß dieser Verordnung berechtigt sind, einen Abgleich mit Eurodac-Daten zu beantragen. Hierbei muss es sich um solche Behörden handeln, die für die Verhütung, Aufdeckung oder Untersuchung von terroristischen oder sonstigen schweren Straftaten zuständig sind. Es darf sich hingegen nicht um Behörden oder Einheiten handeln, die im Bereich der nationalen Sicherheit ausschließlich nachrichtendienstlich tätig sind. Die Mitgliedstaaten führen eine Liste der benannten Behörden und eine Liste der operativen Stellen innerhalb der benannten Behörden, die berechtigt sind, den Abgleich mit Eurodac-Daten über die nationale Zugangsstelle zu beantragen. Darüber hinaus ist eine – nicht notwendigerweise organisatorisch eigenständige – unabhängige Prüfstelle einzurichten, die Anträge an die nationale Zugangsstelle zuvor überprüft.

16 **c) Erfassung, Übermittlung und Abgleich der Fingerabdruckdaten.** Nach Art. 9 Abs. 1 Eurodac-VO hat grundsätzlich eine **Erfassung und Übermittlung** der Daten aller Schutz suchenden Personen ab einem Alter von 14 Jahren spätestens innerhalb einer Frist von 72 Stunden zu erfolgen. In Deutschland werden die durch die hierfür zuständigen Behörden[15] von den Schutz suchenden Personen abgenommenen Fingerabdruckdaten zunächst an das BKA weitergeleitet. Dort werden die Fingerabdrücke dupliziert und sowohl im nationalen Fingerabdruckdatensystem „AFIS" gespeichert, als auch an die Zentraleinheit von Eurodac in Luxemburg weitergeleitet. Im Anschluss an die Übermittlung erfolgt

---
[13] Vgl. Erwgr. Nr. 4 der Verordnung.
[14] Hierbei handelt es sich um die mit der VO (EU) 1077/2011 errichtete Europäische Agentur für das Betriebsmanagement von IT-Großsystemen im Bereich Freiheit, Sicherheit und Recht (eu-LISA).
[15] Dies ist in erster Linie das Bundesamt für Migration und Flüchtlinge (näheres → § 24 Rn. 37 ff.). Eine Übersicht über die in den jeweiligen Staaten zuständigen Behörden kann über die Webseite http://www.asylumineurope.org/reports, dort bei den jeweiligen Staaten unter der Rubrik „Asylum Procedure", aufgerufen werden.

ein **Abgleich** mit den bereits im Zentralsystem gespeicherten Daten. Das Zentralsystem übermittelt einen Treffer oder ein negatives Ergebnis automatisch an den Herkunftsmitgliedstaat. Liegt ein Treffer vor, werden alle mit dem Treffer in Zusammenhang stehenden Datensätze gemäß Art. 11 Eurodac-VO gegebenenfalls zusammen mit den nach Art. 18 Abs. 1 Eurodac-VO markierten Daten übermittelt.

Nach Art. 11 Eurodac-VO werden im Zentralsystem ausschließlich folgende Daten gespeichert: Fingerabdruckdaten, Herkunftsmitgliedstaat, Ort und Zeitpunkt, zu dem der Antrag auf internationalen Schutz gestellt wurde, Geschlecht, vom Herkunftsmitgliedstaat verwendete Kennnummer, Zeitpunkt der Abnahme der Fingerabdrücke, Zeitpunkt der Übermittlung der Daten an das Zentralsystem, Benutzerkennwort, gegebenenfalls der Zeitpunkt der Ankunft der betreffenden Person nach einer erfolgreichen Überstellung, gegebenenfalls der Zeitpunkt, zu dem die betreffende Person das Hoheitsgebiet der Mitgliedstaaten verlassen hat, gegebenenfalls der Zeitpunkt, zu dem die betreffende Person das Hoheitsgebiet der Mitgliedstaaten verlassen hat oder abgeschoben wurde, gegebenenfalls der Zeitpunkt, zu dem die Prüfung des Antrags beschlossen wurde. Darüber hinaus sind Informationen zur Rechtsstellung der betroffenen Person nach Art. 10 Eurodac-VO an das Zentralsystem zu übermitteln. 17

Darüber hinaus bestehen gesonderte Vorschriften für Erfassung und Übermittlung sowie die Datenspeicherung bei Personen, die beim illegalen Überschreiten einer Außengrenze aufgegriffen werden. Der Katalog der zu speichernden Daten entspricht im Wesentlichen dem für Schutz suchende Personen. Ein Abgleich dieser Daten darf nachfolgend jedoch ausschließlich im Falle der Beantragung internationalen Schutzes oder zum Zwecke der Gefahrenabwehr oder Strafverfolgung erfolgen. 18

Zudem darf nach Art. 17 Eurodac-VO zum Zweck der Überprüfung, ob eine Person, die sich illegal in einem Mitgliedstaat aufhält, bereits zu einem früheren Zeitpunkt einen Antrag auf internationalen Schutz in einem anderen Mitgliedstaat gestellt hat, eine Übermittlung der Fingerabdruckdaten an das Zentralsystem erfolgen. Die Verwendung der Daten ist nur zu diesem Zweck gestattet. Sie werden im System nicht gespeichert. 19

d) Aufbewahrung und Löschung der Daten. Da es sich bei den im System gespeicherten Daten um sensible personenbezogene Daten handelt, hat der europäische Gesetzgeber hinsichtlich der **Speicherdauer** eine Abwägung vorgenommen. Da Schutz suchende Personen unter Umständen auch nach mehreren Jahren noch die Möglichkeit haben in einem anderen Mitgliedstaat einen Antrag auf internationalen Schutz zu stellen, schreibt Art. 12 Eurodac-VO grundsätzlich eine Frist von zehn Jahren für die Speicherung vor. Erwirbt eine betroffene Person hingegen vor Ablauf dieser Frist die Staatsangehörigkeit eines Mitgliedstaats, sind die über ihn gespeicherten Daten umgehend zu löschen. Für die Daten von Drittstaatsangehörigen oder Staatenlosen gilt abweichend hiervon nach Art. 16 Eurodac-VO eine Speicherdauer von 18 Monaten. Wird dem Drittstaatsangehörigen oder Staatenlosen zuvor ein Aufenthaltstitel erteilt, hat er das Hoheitsgebiet der Mitgliedstaaten verlassen oder hat er die Staatsbürgerschaft eines Mitgliedstaats angenommen, sind die Daten früher zu löschen. 20

e) Datenmarkierung. Wird einer Person, deren Daten im Zentralsystem gespeichert sind, internationaler Schutz gewährt, sind die einschlägigen Daten im Zentralsystem zu markieren. Die markierten Datensätze stehen dann für den Zweck der Gefahrenabwehr und Strafverfolgung nur noch für einen Zeitraum von drei Jahren zur Verfügung. Nach Ablauf dieser Frist werden die Daten bis zu deren Löschung für diesen Zweck gesperrt. Es findet somit eine Beschränkung der Verwendungsmöglichkeiten auf den ursprünglichen Zweck statt. 21

f) Verwendung der Daten für Gefahrenabwehr- und Strafverfolgungszwecke. Nach Art. 19 Eurodac-VO können die benannten Behörden und die von Europol benannte Einheit in elektronischer Form einen begründeten Antrag an die Prüfstelle übermitteln, damit diese die Fingerabdruckdaten über die nationale Zugangsstelle zum Abgleich an das 22

Zentralsystem übermittelt. Die Prüfstelle hat den Antrag dahingehend zu prüfen, ob alle Voraussetzungen für die Beantragung des Abgleichs nach Art. 20 oder 21 Eurodac-VO erfüllt sind. Wesentliche Voraussetzung für den Zugang der benannten Behörden zu Eurodac ist, dass ein vorangegangener Abgleich mit weiteren Datenbanken zur Feststellung der Identität[16] der betroffenen Person erfolglos war. Zudem muss der Abgleich im Einzelfall für die Verhütung, Aufdeckung oder Untersuchung terroristischer oder sonstiger schwerer Straftaten erforderlich sein und es müssen hinreichende Gründe für die Annahme vorliegen, dass der Abgleich wesentlich zur Verhütung, Aufdeckung oder Ermittlung einer solchen Straftat beiträgt.

23   Erst nachdem alle diese Voraussetzungen durch die Prüfstelle geprüft sind, übermittelt diese den Antrag der nationalen Zugangsstelle, die diesen zwecks Abgleich in das Zentralsystem überträgt. In dringenden Ausnahmefällen, in denen es zur Abwendung einer gegenwärtigen Gefahr, die im Zusammenhang mit terroristischen Straftaten oder mit sonstigen schweren Straftaten steht, erforderlich ist, kann die Prüfstelle die Daten unverzüglich der nationalen Zugangsstelle übermitteln und das Vorliegen der Voraussetzungen nachträglich überprüfen. Ergibt diese nachträgliche Überprüfung, dass der Zugang zu Eurodac-Daten nicht berechtigt war, löschen alle Behörden die empfangenen Daten und melden dies der Prüfstelle.

24   **g) Datenverarbeitung, Datenschutz und Haftung.** Nach Art. 23 Eurodac-VO ist der Herkunftsmitgliedsstaat verantwortlich für die **Rechtmäßigkeit der Datenverarbeitung.** Hierunter zählen insbesondere die Rechtmäßigkeit der Abnahme der Fingerabdrücke, der Übermittlung der Fingerabdruckdaten sowie sonstiger Daten, die Richtigkeit und Aktualität der Daten, die Rechtmäßigkeit der Speicherung, Aufbewahrung, Berichtigung und Löschung der Daten im Zentralsystem sowie die Rechtmäßigkeit der Verarbeitung der vom Zentralsystem übermittelten Ergebnisse. Darüber hinaus trägt er für die Sicherheit der Daten vor und bei der Übermittlung an das Zentralsystem sowie für die Sicherheit der Daten, die er vom Zentralsystem empfängt, Sorge. Die zuständige Agentur ist dafür verantwortlich, dass das Zentralsystem gemäß den Bestimmungen der Verordnung betrieben wird.

25   Alle Datenverarbeitungsvorgänge im Zentralsystem werden nach Art. 28 Eurodac-VO protokolliert. Die **Protokolldateien** haben Aufschluss zu geben über den Zweck des Zugriffs, den Tag und die Uhrzeit, die übermittelten Daten, die für eine Abfrage verwendeten Daten und die Namen der Stellen und verantwortlichen Personen, die Daten eingegeben oder abgefragt haben. Die Mitgliedstaaten haben entsprechende Maßnahmen für ihre nationalen Systeme zu ergreifen. Darüber hinaus haben sie Aufzeichnungen über das zur Dateneingabe und -abfrage befugte Personal zu führen. Die Protokolldateien bilden damit eine wesentliche Grundlage für die Kontrolle der Rechtmäßigkeit der Datenverarbeitung durch die Datenschutzaufsichtsbehörden. So können zB. unberechtigte Zugriffe über eine Auswertung der Protokolle aufgedeckt und geahndet werden.

26   Art. 29 Eurodac-VO enthält umfangreiche Regelungen zu den **Rechten der von der Datenverarbeitung betroffenen Personen.** Demnach haben die Herkunftsmitgliedstaaten insbesondere über die Identität des für die Datenverarbeitung Verantwortlichen, den mit der Verarbeitung ihrer Daten in Eurodac verfolgten Zweck, die Empfänger der Daten, die Verpflichtung zur Fingerabdruckname sowie ihr Recht, Zugang zu den sie betreffenden Daten zu erhalten und zu beantragen, dass sie betreffende unrichtige Daten korrigiert werden oder sie betreffende unrechtmäßig gesammelte Daten gelöscht werden, sowie das Recht, Informationen über die Verfahren zur Ausübung dieser Rechte, einschließlich des Rechts, die Kontaktdaten des für die Datenverarbeitung Verantwortlichen und der nationalen Kontrollbehörden zu erhalten, zu unterrichten. Zum Zweck der Unterrichtung ist ein gemeinsames Merkblatt[17] zu erstellen. Darüber hinaus enthält Art. 29 Eurodac-VO Regelungen zum **Auskunftsrecht** und zu den **Rechten auf Berichtigung und Löschung.**

---

[16] Hierzu zählen nationale Fingerabdruck-Datenbanken, automatisierte daktyloskopische Identifizierungssysteme anderer Mitgliedstaaten und das Visa-Informationssystem.
[17] Das Merkblatt ist im Anhang zur DVO (EU) 118/2014 enthalten.

Die Zuständigkeit für die Bearbeitung von entsprechenden Anträgen Betroffener liegt nach § 2 Abs. 2 Nr. 3 AsylZBV beim Bundesamt für Migration und Flüchtlinge. Betroffene Personen können darüber hinaus nach den Maßgaben der nationalen Vorschriften Beschwerde bei den zuständigen Behörden[18] oder Klage vor Gericht erheben, wenn Ihnen die begehrte Auskunft nicht erteilt wird oder ihre Rechte auf Berichtigung und Löschung missachtet werden.

Für die **Überwachung und Kontrolle** der Tätigkeiten der nationalen und europäischen 27 Behörden sind die nationalen Kontrollbehörden[19] und der Europäische Datenschutzbeauftragte zuständig. Sie überwachen die Rechtmäßigkeit der Verarbeitung personenbezogener Daten einschließlich der Übermittlung an das Zentralsystem sowie die Verarbeitung durch die Agentur. Zu diesen Zwecken arbeiten die nationalen Kontrollbehörden und der Europäische Datenschutzbeauftragte aktiv zusammen und tauschen erforderliche Informationen aus.

Nach Art. 34 Eurodac-VO (EU) haben die Mitgliedstaaten die **Datensicherheit** vor 28 und während der Übermittlung an das Zentralsystem umfassend sicherzustellen. Hierzu sind die erforderlichen Maßnahmen zu treffen, die insbesondere folgende Aspekte umfassen: Zugangskontrolle, Datenträgerkontrolle, Speicherkontrolle, Kontrolle der Dateneingabe und des Datenzugriffs, Übermittlungskontrolle, Datenerfassungskontrolle und Transportkontrolle.

Entsteht einer Person durch eine rechtswidrige Datenverarbeitung oder eine andere Ver- 29 letzung der Regelungen der Eurodac-VO ein Schaden, hat sie das Recht, vom verantwortlichen Mitgliedstaat **Schadensersatz** zu verlangen. Die Durchsetzung des Anspruchs richtet sich nach den jeweiligen nationalen Rechtsvorschriften.

III. Richtlinien

Im Rahmen des Gemeinsamen Europäischen Asylsystems (GEAS) hat der europäische 30 Gesetzgeber neben den oben beschriebenen Verordnungen auch drei Richtlinien erlassen, die den wesentlichen Rahmen für das Asylverfahren vorgeben. Es handelt sich hierbei um die sogenannte Anerkennungs-RL[20] aus dem Jahr 2011 sowie die **Asylverfahrens-RL**[21] und die **Aufnahme-RL**[22] aus dem Jahr 2013. Während die Anerkennungs-RL Normen für die Zuerkennung des Flüchtlingsstatus oder des Status als subsidiär Schutzberechtigten enthält, bestimmen die beiden anderen Richtlinien das Verfahren für die Zuerkennung und Aberkennung des internationalen Schutzes gemäß der Anerkennungs-RL bzw. enthalten Normen für die Aufnahme der Antragsteller auf internationalen Schutz. Da es sich um europäisches Rahmenrecht handelt, bedurfte es der Umsetzung in nationales Recht. Dies ist mit zahlreichen gesetzlichen Regelungen erfolgt, sodass die Vorgaben der Richtlinien im AufenthG (→ § 15 Rn. 1 ff.) und im AsylG (→ § 19 Rn. 10 ff.) zu finden sind.

B. Verfassungsrechtliche Grundlagen

Das BVerfG hat in seinem Volkszählungsurteil[23] mit der Entwicklung des **Rechts auf** 31 **informationelle Selbstbestimmung** den Datenschutz erstmals auf eine verfassungsrecht-

---

[18] In Deutschland kann eine solche Beschwerde an den Bundesbeauftragten für den Datenschutz und die Informationsfreiheit gerichtet werden.
[19] In Deutschland ist dies in erster Linie die Bundesbeauftragte für den Datenschutz und die Informationsfreiheit.
[20] RL 2011/95/EU über Normen für die Anerkennung von Drittstaatsangehörigen oder Staatenlosen als Personen mit Anspruch auf internationalen Schutz, für einen einheitlichen Status für Flüchtlinge oder für Personen mit Anrecht auf subsidiären Schutz und für den Inhalt des zu gewährenden Schutzes.
[21] RL 2013/32/EU zu gemeinsamen Verfahren für die Zuerkennung und Aberkennung des internationalen Schutzes.
[22] RL 2013/33/EU zur Festlegung von Normen für die Aufnahme von Personen, die internationalen Schutz beantragen.
[23] BVerfG Urt. v. 15.12.1983 – 1 BvR 484/83, BVerfGE 65, 1 = BeckRS 1983, 107403.

liche Grundlage gestellt. Demnach besteht ein grundrechtlich gewährleisteter Schutz gegen eine unbegrenzte Erhebung, Speicherung, Verwendung und Weitergabe von persönlichen Daten. Der Einzelne hat die Befugnis, grundsätzlich selbst über die Preisgabe und Verwendung seiner persönlichen Daten zu bestimmen.[24] Aufgrund der Herleitung aus Art. 2 Abs. 1 iVm Art. 1 Abs. 1 GG unterfallen auch Ausländer dem Schutzbereich dieses Datenschutzgrundrechts.[25] Hieraus folgt, dass sich Gesetzgebung und staatliches Handeln auch im Bereich der Migration in den durch das BVerfG aufgestellten Grenzen bewegen müssen.

32 Einschränkungen des Rechts auf informationelle Selbstbestimmung müssen im überwiegenden Allgemeininteresse hingenommen werden.[26] Diese Beschränkungen bedürfen nach Art. 2 Abs. 1 GG einer gesetzlichen Grundlage, aus der sich die Voraussetzungen und der Umfang der Beschränkungen klar und erkennbar ergeben und die damit dem rechtsstaatlichen Gebot der Normenklarheit entspricht. Ferner ist der **Grundsatz der Verhältnismäßigkeit** zu beachten. Soweit eine Nutzung von Systemen der automatischen Datenverarbeitung erfolgt, sind zudem auch **organisatorische und verfahrensrechtliche Vorkehrungen** zu treffen, welche der Gefahr einer Verletzung des Persönlichkeitsrechts entgegenwirken.[27] Ein Zwang zur Angabe personenbezogener Daten, wie dies in vielen Bereichen des Migrationsrechts der Fall ist, setzt voraus, dass der Gesetzgeber den **Verwendungszweck bereichsspezifisch und präzise bestimmt** und dass die Angaben für diesen Zweck geeignet und erforderlich sind.[28] Nicht statthaft ist eine umfassende Registrierung und Katalogisierung des Einzelnen.[29]

33 Wie auch die jüngsten Erfahrungen gezeigt haben, ist die grundsätzliche Registrierung von Ausländern aus unterschiedlichsten Gründen unerlässlich. Hierbei sind jedoch die durch das BVerfG im Volkszählungsurteil entwickelten Grundsätze auch weiterhin zu beachten. Die Erhebung, Verarbeitung und Nutzung personenbezogener Daten von Ausländern ist somit zulässig, soweit sie für die Durchführung geordneter Verfahren zwingend benötigt werden. Es bedarf jedoch klarer Regelungen hinsichtlich der **Zweckbindung** der erhobenen Daten, die es dem Betroffenen ermöglichen zu erkennen, wozu seine Daten genutzt werden, und um eine grenzenlose Weiterverarbeitung auszuschließen. Mit dem Recht auf informationelle Selbstbestimmung unvereinbar wären jedoch solche Regelungen, die eine unbegrenzte Erhebung personenbezogener Daten und deren zentrale Speicherung zur Verarbeitung und Nutzung durch eine nicht mehr eingrenzbare Anzahl von Stellen vorsähen.

§ 30 Migrations- und integrationsrechtliche Datenschutzbestimmungen

Übersicht

	Rn.
A. Aufenthaltsgesetz und -verordnung	1
I. Einführung	1
II. Erhebung personenbezogener Daten	4
III. Übermittlung personenbezogener Daten	7
IV. Speicherung und Löschung personenbezogener Daten	10
V. Ausweisrechtliche Pflichten und Auswertung von Datenträgern	12
VI. Überprüfung, Feststellung und Sicherung der Identität	18
VII. Elektronische Aufenthaltsüberwachung	22

---

[24] BVerfG Urt. v. 15.12.1983 – 1 BvR 484/83, BVerfGE 65, 1 (43) = BeckRS 1983, 107403; *Di Fabio* in Maunz/Dürig GG Art. 2 Rn. 175 ff.
[25] *Di Fabio* in Maunz/Dürig GG Art. 2 Rn. 10; Vgl. auch *Bergmann* in Bergmann/Dienelt AsylG § 7 Rn. 2.
[26] *Di Fabio* in Maunz/Dürig GG Art. 2 Rn. 181.
[27] BVerfG Urt. v. 15.12.1983 – 1 BvR 484/83, BVerfGE 65, (1) 44 = BeckRS 1983, 107403; *Di Fabio* in Maunz/Dürig GG Art. 2 Rn. 182.
[28] BVerfG Urt. v. 15.12.1983 – 1 BvR 484/83, BVerfGE 65, (1) 46 = BeckRS 1983, 107403.
[29] BVerfG Urt. v. 15.12.1983 – 1 BvR 484/83, BVerfGE 65, (1) 48 = BeckRS 1983, 107403.

	Rn.
VIII. Beteiligung der Sicherheitsbehörden	23
IX. Rechte des Betroffenen	25
B. Asylgesetz	26
I. Einführung	26
II. Erhebung personenbezogener Daten	28
III. Übermittlung personenbezogener Daten	31
IV. Löschung personenbezogener Daten	33
V. Mitwirkungspflichten des Ausländers	35
VI. Sicherung, Feststellung und Überprüfung der Identität	37
VII. Auswertung von Datenträgern	43
VIII. Rechte des Betroffenen	44
C. Ausländerzentralregistergesetz und -durchführungsverordnung	45
I. Entwicklung und Aufbau des Registers	45
II. Anlässe der Speicherung und Inhalt des Registers	48
III. Datenübermittlung	54
1. Übermittlung an das Register	54
2. Übermittlung durch die Registerbehörde	57
IV. Rechte des Betroffenen	66
1. Auskunftsrecht	66
2. Rechte auf Berichtigung, Einschränkung der Verarbeitung und Löschung	68
3. Übermittlungssperren	73
4. Datenschutzaufsicht	74
D. Datenschutzgesetze	75
I. Überblick	75
II. Abgrenzung zwischen öffentlichen Stellen des Bundes und der Länder und nicht-öffentlichen Stellen	78
III. Verarbeitung personenbezogener Daten durch öffentliche Stellen	79
IV. Datenschutzaufsichtsbehörden	81
1. Zuständigkeiten der Aufsichtsbehörden	81
2. Aufgaben der Aufsichtsbehörden	82
V. Rechtsgrundlagen der Verarbeitung personenbezogener Daten	85
1. Verarbeitung besonderer Kategorien personenbezogener Daten	85
2. Verarbeitung zu anderen Zwecken	87
3. Datenübermittlungen durch öffentliche Stellen	90
VI. Rechte der betroffenen Person	93
1. Informationspflicht bei Erhebung personenbezogener Daten	94
2. Auskunftsrecht der betroffenen Person	96
3. Recht auf Löschung	98
4. Widerspruchsrecht	99
5. Rechtsbehelfe	100

A. Aufenthaltsgesetz und -verordnung

I. Einführung

Die letzte Neufassung des **Aufenthaltsgesetzes** stammt aus dem Jahr 2008. Im Zuge der 1 Flüchtlingskrise ab dem Jahr 2015 wurde es durch zahlreiche gesetzgeberische Maßnahmen geändert. Zweck des Gesetzes ist nach § 1 Abs. 1 AufenthG die Steuerung und Begrenzung des Zuzugs von Ausländern in die Bundesrepublik Deutschland. Ausländer ist nach der Begriffsbestimmung des § 2 Abs. 1 AufenthG jeder, der nicht Deutscher iSd Art. 116 Abs. 1 des Grundgesetzes ist. Nach § 1 Abs. 2 AufenthG sind jedoch Unionsbürger und diplomatisches Personal von den Bestimmungen des Gesetzes weitgehend ausgenommen.[1] Datenschutzrechtliche Regelungen sind über zahlreiche Normen des Aufenthaltsgesetzes

---

[1] Für weitere Ausführungen vgl. *Huber* in Huber AufenthG § 1 Rn. 3 f.

verteilt. Die zentralen Normen für Verarbeitung der relevanten Daten sind jedoch in Kapitel 7 Abschnitt 4 des Gesetzes zusammengefasst.

2   Das Aufenthaltsgesetz enthält in § 99 eine weitreichende Verordnungsermächtigung, von der mit Beschluss der **Aufenthaltsverordnung** Gebrauch gemacht wurde. Diese Verordnung enthält neben konkretisierenden Regelungen zur Einreise und zum Aufenthalt im Bundesgebiet und zu Mustern für Aufenthaltstitel sowie Pass- und Ausweisersatzpapiere auch Regelungen zur Datenspeicherung der Ausländerbehörden.

3   Durch die Ausländerbehörden sind die sogenannten **Ausländerdateien** entsprechend der Vorschriften der §§ 62 ff. AufenthV als Ausländerdatei A und Ausländerdatei B zu führen. In der Ausländerdatei A sind die Daten eines Ausländers unverzüglich zu speichern, wenn die Ausländerbehörde mit dem Ausländer befasst wird oder ihr eine Mitteilung über den Ausländer zugeht. Die Daten werden in die Ausländerdatei B überführt, wenn der Ausländer verstorben, aus dem Bezirk der Ausländerbehörde fortgezogen oder die deutsche Staatsangehörigkeit erworben hat. Mit Übernahme der Daten in die Ausländerdatei B sind die Daten in der Ausländerdatei A zu löschen. Aus der Ausländerdatei B sind die Daten spätestens nach zehn Jahren nach der Übernahme zu löschen.

II. Erhebung personenbezogener Daten

4   Nach § 86 AufenthG dürfen die mit der Ausführung dieses Gesetzes betrauten Behörden zum Zweck der Ausführung dieses Gesetzes und ausländerrechtlicher Bestimmungen in anderen Gesetzen personenbezogene Daten erheben, soweit dies zur Erfüllung ihrer Aufgaben nach diesem Gesetz und nach ausländerrechtlichen Bestimmungen in anderen Gesetzen erforderlich ist.[2] Wer die mit der Ausführung betrauten Behörden sind, ergibt sich im Wesentlichen aus § 71 AufenthG. Es handelt sich demnach um die Ausländerbehörden, das Bundesamt für Migration und Flüchtlinge, die Auslandsvertretungen, die mit der polizeilichen Kontrolle des grenzüberschreitenden Verkehrs beauftragten Behörden (also die Bundespolizei), die Polizeien der Länder und die mit der Verteilung beauftragten Behörden.[3]

5   **Besondere Kategorien personenbezogener Daten** iSd Art. 9 Abs. 1 DS-GVO (also etwa Gesundheitsdaten oder Daten über politische Meinungen, religiöse oder weltanschauliche Überzeugung bzw. die rassische und ethnische Herkunft, aber auch genetische Daten oder biometrische Daten zur eindeutigen Identifizierung) dürfen nach § 86 Satz 2 AufenthG erhoben werden, soweit dies im Einzelfall zur Aufgabenerfüllung erforderlich ist. Eine solche Prüfung ist jedoch bereits aufgrund allgemeiner datenschutzrechtlicher Grundsätze vor jeder Erhebung personenbezogener Daten erforderlich. Erhöhte Anforderungen sind somit an den Schutz dieser besonders sensiblen Daten zu stellen.[4] So sind etwa die technischen und organisatorischen Maßnahmen der für die Verarbeitung Verantwortlichen entsprechend der Sensibilität der verarbeiteten Daten auszugestalten.[5]

6   Ob sich der **Grundsatz der Direkterhebung** bei der betroffenen Person zumindest indirekt auch aus der DS-GVO ergibt, ist umstritten. Es spricht jedoch vieles dafür, dass sich aus den Grundsätzen für die Verarbeitung nach Art. 5 DS-GVO ein Vorrang der Direkterhebung ergibt.[6]

---

[2] Wegen der ausländerrechtlichen Bestimmungen in anderen Gesetzen vgl. *Weichert/Stoppa* in Huber AufenthG § 86 Rn. 8; Zur Kritik wegen Unbestimmtheit der Norm vgl. *Petri* in GK-AufenthG § 86 Rn. 28.
[3] Vgl. zu den Behörden im Einzelnen *Petri* in GK-AufenthG § 86 Rn. 29 ff.
[4] Vgl. *Weichert/Stoppa* in Huber AufenthG § 86 Rn. 46; Zur generellen Kritik an dieser Regelung vgl. *Petri* in GK-AufenthG § 86 Rn. 45 ff.
[5] Vorgaben hierzu sind etwa in Art. 25 und 32 DS-GVO enthalten.
[6] Wie hier: *Schantz* in BeckOK DatenschutzR DS-GVO Art. 5 Rn. 9; wohl aA: *Knyrim* in Ehmann/Selmayr, Datenschutz-Grundverordnung, 2. Aufl. 2018, DS-GVO Art. 13 Rn. 3.

III. Übermittlung personenbezogener Daten

Nach § 87 Abs. 1 AufenthG besteht eine umfassende Verpflichtung für alle öffentlichen **7** Stellen, mit Ausnahme von Schulen sowie Bildungs- und Erziehungseinrichtungen, ihnen bekannt gewordene Umstände den mit der Ausführung dieses Gesetzes betrauten Behörden auf deren **Ersuchen** hin mitzuteilen, soweit dies für deren legitime Zwecke erforderlich ist. Somit bedarf es vor einer Übermittlung einer konkreten Anfrage einer hierzu berechtigten Behörde. Eine **Übermittlungspflicht** an die Ausländerbehörden besteht für öffentliche Stellen im Zusammenhang mit ihrer Aufgabenerfüllung nach § 87 Abs. 2 ff. AufenthG in besonderen Fällen.[7] Hierzu zählen insbesondere Erkenntnisse über einen illegalen Aufenthalt, Verstöße gegen eine räumliche Beschränkung oder die Inanspruchnahme von Sozialleistungen. Von diesen Verpflichtungen ausgenommen sind nach Abs. 3 die Beauftragte der Bundesregierung für Migration, Flüchtlinge und Integration sowie die Ausländerbeauftragten von Ländern und Kommunen, soweit die Länder dies vorsehen. Die für die Einleitung eines Straf- oder Bußgeldverfahrens zuständigen Stellen haben die Ausländerbehörden darüber hinaus nach Abs. 4 unverzüglich über die Einleitung eines Strafverfahrens sowie die Erledigung eines Straf- oder Bußgeldverfahrens zu unterrichten. Entsprechendes gilt für ein Auslieferungsverfahren.

Die zuvor beschriebenen Datenübermittlungen sollen nach § 88 Abs. 1 AufenthG unter- **8** bleiben, wenn besondere gesetzliche Verwendungsregelungen entgegenstehen. Hierunter fallen ua alle besonderen Amts- und Berufsgeheimnisse.[8] Nach Abs. 2 ist die Übermittlung personenbezogener Daten, die ein **Arzt oder vergleichbar Verpflichteter** zugänglich gemacht hat, nur im Falle einer Gefährdung der öffentlichen Gesundheit oder des Betäubungsmittelkonsums zulässig.[9] Nach kürzlich erfolgter Gesetzesänderung[10] ist nunmehr auch eine Übermittlung dieser Daten zulässig, wenn es zur Abwehr von erheblichen Gefahren für Leib und Leben des Ausländers oder von Dritten erforderlich ist. Nach Abs. 3 ist darüber hinaus eine Übermittlung von Daten, die dem Steuergeheimnis unterliegen, möglich, wenn ein Ausländer steuerrechtliche Verstöße begangen hat.

Darüber hinaus gestattet § 88a AufenthG die Verarbeitung von Daten im Zusammen- **9** hang mit Integrationsmaßnahmen.[11]

IV. Speicherung und Löschung personenbezogener Daten

Die Daten über die Ausweisung, Zurückschiebung und die Abschiebung sind nach § 91 **10** AufenthG zehn Jahre nach dem Ablauf der in § 11 Abs. 2 AufenthG bezeichneten Frist zu löschen. Sie sind vor diesem Zeitpunkt zu löschen, soweit sie Erkenntnisse enthalten, die nach anderen gesetzlichen Bestimmungen nicht mehr gegen den Ausländer verwertet werden dürfen. Mitteilungen nach § 87 Abs. 1 AufenthG, die für eine anstehende ausländerrechtliche Entscheidung unerheblich sind und voraussichtlich auch für eine spätere ausländerrechtliche Entscheidung nicht erheblich werden können, sind unverzüglich zu vernichten.

Das Aufenthaltsgesetz enthält darüber hinaus keine generellen Regelungen zur Daten- **11** löschung. Aus dem Grundsatz der Speicherbegrenzung des Art. 5 Abs. 1 lit. e DS-GVO ergibt sich jedoch, dass die Speicherdauer auf das unbedingt erforderliche Mindestmaß zu beschränken ist.[12] Darüber hinaus besteht nach Art. 17 Abs. 1 lit. a DS-GVO ein Anspruch auf Löschung, wenn personenbezogene Daten für die Zwecke, für die sie erhoben oder auf

---

[7] Zur Kritik an dieser Regelung vgl. *Petri* in GK-AufenthG § 87 Rn. 32 ff.
[8] Zu den Einzelheiten s. *Petri* in GK-AufenthG § 88 Rn. 6 ff.
[9] Zu Einzelfragen vgl. *Kluth* in BeckOK AuslR AufenthG § 88 Rn. 5 ff.
[10] Eingefügt durch das Gesetz zur besseren Durchsetzung der Ausreisepflicht v. 20.7.2017, BGBl. I 2780.
[11] Zu den Einzelheiten vgl. *Winkelmann* in Bergmann/Dienelt AufenthG § 88a Rn. 2 ff.
[12] Vgl. *Schantz* in BeckOK DatenschutzR DS-GVO Art. 5 Rn. 32; *Herbst* in Kühling/Buchner DS-GVO Art. 5 Rn. 64.

sonstige Weise verarbeitet wurden, nicht mehr notwendig sind. Die Dauer der Speicherung oder zumindest die Kriterien für die Festlegung dieser Dauer müssen sich auch den Informationen nach Art. 13 oder 14 DS-GVO entnehmen lassen (→ Rn. 94).

V. Ausweisrechtliche Pflichten und Auswertung von Datenträgern

12 Nach § 48 Abs. 3 AufenthG ist ein Ausländer verpflichtet, **an der Beschaffung eines Identitätspapiers mitzuwirken,**[13] wenn er keinen gültigen Pass oder Passersatz hat sowie alle Urkunden, sonstigen Unterlagen und Datenträger, die für die Feststellung seiner Identität und Staatsangehörigkeit und für die Feststellung und Geltendmachung einer Rückführungsmöglichkeit in einen anderen Staat von Bedeutung sein können und in deren Besitz er ist, den mit der Ausführung des Aufenthaltsgesetzes betrauten Behörden auf Verlangen vorzulegen, auszuhändigen und zu überlassen. Kommt der Ausländer dieser Verpflichtung nicht nach und bestehen tatsächliche Anhaltspunkte, dass er im Besitz solcher Unterlagen oder Datenträger ist, kann eine **Durchsuchung** seiner Person und der von ihm mitgeführten Sachen erfolgen. Hierbei handelt es sich um eine spezialgesetzliche Durchsuchungsanordnung, die durch die für die Ausführung des Aufenthaltsgesetzes zuständigen Behörden auch ohne richterliche Anordnung vorgenommen werden kann.[14]

13 Nach § 48 Abs. 3a AufenthG kann eine **Auswertung von Datenträgern** erfolgen, die der Ausländer der Behörde ausgehändigt hat, oder die im Rahmen einer Durchsuchung aufgefunden wurden. Eine solche Auswertung ist nur zulässig, soweit dies für die Feststellung der Identität und Staatsangehörigkeit des Ausländers und für die Feststellung und Geltendmachung einer Rückführungsmöglichkeit in einen anderen Staat erforderlich ist und der Zweck der Maßnahme nicht durch **mildere Mittel** erreicht werden kann. Der Zugriff auf die von einem Ausländer mitgeführten Datenträger stellt einen schwerwiegenden Eingriff in die Grundrechte des Betroffenen dar. Als mildere Mittel sind durch die Behörden vor einer Auswertung von Datenträgern daher zunächst alle weiteren Erkenntnisquellen heranzuziehen. Dies können insbesondere durch den Ausländer vorgelegte oder bei einer Durchsuchung aufgefundene Unterlagen, Erkenntnisse aus der Identitätsfeststellung, eigene Auskünfte des Ausländers oder die von anderen Behörden übermittelten Daten sein.[15]

14 Die Auswertung von Datenträgern ist darüber hinaus bereits unzulässig, wenn tatsächliche Anhaltspunkte für die Annahme vorliegen, dass durch die Auswertung allein Erkenntnisse aus dem **Kernbereich privater Lebensgestaltung**[16] erlangt würden. Diese Abgrenzung dürfte sich in der Praxis als schwierig erweisen, ist doch im Vorhinein nicht erkennbar, welche Daten auf den auszulesenden Datenträgern enthalten sind. Die auslesenden Behörden haben somit durch technische Maßnahmen sicherzustellen, dass ein Zugriff auf diese Erkenntnisse weitestgehend ausgeschlossen ist.[17] Zusätzlich bestimmt das Gesetz, dass die Auswertung der Datenträger nur von einem Bediensteten mit der Befähigung zum Richteramt erfolgen darf.[18] Werden die durch die Auswertung von Datenträgern dennoch Erkenntnisse aus dem Kernbereich privater Lebensgestaltung erlangt, dürfen diese nicht verwertet werden. Aufzeichnungen hierüber sind unverzüglich zu löschen. Die Tatsache ihrer Erlangung und Löschung ist aktenkundig zu machen. Sind die durch die Auswertung der

---

[13] Zum Gegenstand der Mitwirkungspflicht vgl. *Hörich* in BeckOK AuslR AufenthG § 48 Rn. 33 ff.
[14] *Grünewald* in GK-AufenthG § 48 Rn. 56 f.
[15] Vgl. *Möller* in NK-AuslR AufenthG § 48 Rn. 45.
[16] Zum Begriff des absolut gegen (staatliche) Eingriffe geschützten Kernbereichs privater Lebensgestaltung vgl. etwa BVerfGE 109, 313 mwN; Zur Sphärentheorie vgl. auch *Di Fabio* in Maunz/Dürig Art. 2 Rn. 158; *Möller* in NK-AuslR AufenthG § 48 Rn. 46.
[17] Dies kann insbes. durch eine sehr restriktive Konfiguration der zum Auslesen eingesetzten Hard- bzw. Software erfolgen.
[18] Zu den Anforderungen an einen entsprechenden Bediensteten und die sich ergebenden Probleme vgl. *Möller* in NK-AuslR AufenthG § 48 Rn. 49; Zur Praxistauglichkeit der Regelung vgl. *Weichert/Stoppa* in Huber AufenthG § 48 Rn. 31.

Datenträger erlangten personenbezogenen Daten für die zulässigen Zwecke nicht mehr erforderlich, sind sie unverzüglich zu löschen.[19]

Der Ausländer hat die notwendigen Zugangsdaten[20] für eine zulässige Auswertung von Datenträgern zur Verfügung zu stellen. Kommt er dieser Verpflichtung bei Endgeräten, die er für telekommunikative Zwecke eingesetzt hat, nicht nach, kommt eine **Erhebung der Zugangsdaten** durch die Behörden nach § 48a AufenthG in Betracht. Demnach darf von demjenigen, der geschäftsmäßig Telekommunikationsdienste erbringt oder daran mitwirkt, Auskunft über die Daten, mittels derer der Zugriff auf Endgeräte oder auf Speichereinrichtungen, die in diesen Endgeräten oder hiervon räumlich getrennt eingesetzt werden, geschützt wird, verlangt werden, wenn die gesetzlichen Voraussetzungen für die Nutzung der Daten vorliegen. Die zur Auskunftserteilung erforderlichen Daten sind unverzüglich zu übermitteln. Der Ausländer ist von dem Auskunftsverlangen vorher in Kenntnis zu setzen. 15

Die **Zuständigkeit** für die oben genannten Maßnahmen ergibt sich aus § 71 Abs. 4 AufenthG. Zuständig sind demnach die Ausländerbehörden, die mit der polizeilichen Kontrolle des grenzüberschreitenden Verkehrs beauftragten Behörden und die Polizeien der Länder. 16

Der Betroffene kann sich gegen die Maßnahmen mit **Widerspruch und Klage** wenden, da es sich bei der Anordnung der Auswertung um Verwaltungsakte handelt.[21] 17

VI. Überprüfung, Feststellung und Sicherung der Identität

Die mit dem Vollzug des Aufenthaltsgesetzes betrauten Behörden dürfen nach § 49 Abs. 1 AufenthG die auf einem elektronischen Speicher-und Verarbeitungsmedium eines Passes, Passersatzes oder eines Ausweisersatzes sowie eines Aufenthaltstitels oder einer Bescheinigung über die Aussetzung der Abschiebung gespeicherten biometrischen und sonstigen Daten auslesen, die benötigten biometrischen Daten beim Inhaber des Dokuments erheben und diese miteinander vergleichen. **Biometrische Daten** in diesem Sinne sind nur die Fingerabdrücke und das Lichtbild. Die gleichen Befugnisse haben darüber hinaus andere Behörden, an die Daten aus dem Ausländerzentralregister nach den §§ 15 bis 20 AZRG übermittelt werden,[22] sowie die Meldebehörden, soweit sie die Echtheit des Dokuments oder die Identität des Inhabers überprüfen dürfen. 18

Neben diesen Überprüfungsbefugnissen der Behörden ist jeder Ausländer nach § 49 Abs. 2 AufenthG auch verpflichtet, auf Verlangen die erforderlichen Angaben zu seinem Alter, seiner Identität und Staatsangehörigkeit zu machen und die von der Vertretung seines Heimatstaats geforderten Erklärungen im Rahmen der Beschaffung von Heimreisedokumenten abzugeben, soweit diese mit deutschem Recht in Einklang stehen. Soweit Zweifel über die Person, das Lebensalter oder die Staatsangehörigkeit des Ausländers bestehen, sind nach § 49 Abs. 3 AufenthG die zur **Feststellung seiner Identität, seines Lebensalters oder seiner Staatsangehörigkeit** erforderlichen Maßnahmen zu treffen. Darüber hinaus ist die Identität eines Ausländers durch erkennungsdienstliche Maßnahmen zu sichern, wenn eine Verteilung gemäß § 15a AufenthG stattfindet. Einen weitergehenden Katalog mit Fällen in denen eine Feststellung und Sicherung der Identität erfolgen soll, enthält § 49 Abs. 5 AufenthG. 19

Welches die **erforderlichen Maßnahmen** sind, ergibt sich aus § 49 Abs. 6 AufenthG. In Betracht kommen demnach das Aufnehmen von Lichtbildern, das Abnehmen von Fingerabdrücken sowie Messungen und ähnliche Maßnahmen, einschließlich körperlicher 20

---

[19] Zwar ergibt sich dies nach der Streichung von § 48 Abs. 3a S. 8 nicht mehr unmittelbar aus dem Gesetz, jedoch erfolgte die Streichung im Hinblick auf die entsprechenden vorrangigen Regelungen der DS-GVO hierzu.
[20] Die Gesetzesbegründung nennt hier exemplarisch PIN und PUK (BT-Drs. 18/4097, 48); *Hilbrans* in NK-AuslR AufenthG § 48a Rn. 2.
[21] *Möller* in NK-AuslR AufenthG § 48 Rn. 61.
[22] Die weit überwiegende Zahl dieser Behörden ist jedoch nicht zur Überprüfung der Echtheit des Dokuments oder der Identität des Inhabers berechtigt, sodass diese Regelung letztlich nur für wenige der genannten Behörden anwendbar sein dürfte.

Eingriffe, die von einem Arzt zum Zweck der Feststellung des Alters vorgenommen werden. Letztere Maßnahme ist nur zulässig, wenn kein Nachteil für die Gesundheit zu befürchten ist und die zu untersuchende Person das 14. Lebensjahr vollendet hat. Zur Feststellung der Identität sind diese Maßnahmen allerdings nur dann zulässig, wenn die Identität in anderer Weise, insbesondere durch Anfragen bei anderen Behörden nicht oder nicht rechtzeitig oder nur unter erheblichen Schwierigkeiten festgestellt werden kann. Im Falle der Beantragung eines nationalen Visums sind nach § 49 Abs. 6a AufenthG hingegen nur das Aufnehmen von Lichtbildern und das abnehmen von Fingerabdrücken gestattet. Darüber hinaus dürfen zur Bestimmung des Herkunftsstaates oder der Herkunftsregion eines Ausländers **Sprachaufnahmen** gefertigt werden, soweit der Ausländer vorher darüber in Kenntnis gesetzt wurde. Im Falle eines Aufgriffs bei unerlaubter Einreise und des Aufenthalts ohne erforderlichen Aufenthaltstitel ist die Identität eines Ausländers nach § 49 Abs. 8 und 9 AufenthG durch erkennungsdienstliche Maßnahmen zu sichern. Hierbei dürfen nur Lichtbilder und Abdrücke aller zehn Finger aufgenommen werden. Bei Ausländern unter 14 Jahren ist nur die Aufnahme eines Lichtbildes gestattet.

21 Das Bundeskriminalamt leistet nach § 89 Abs. 1 AufenthG Amtshilfe bei der Auswertung der erhobenen Daten. Die Datenübermittlungsbefugnis ergibt sich aus § 73 AufenthG. Für die Auswertung darf es auch für andere Zwecke bei ihm gespeicherte erkennungsdienstliche Daten[23] verwenden. Die erhobenen Daten hat das Bundeskriminalamt getrennt von anderen erkennungsdienstlichen Daten zu speichern. Die auf Ton- oder Datenträger aufgezeichneten Sprachproben werden bei der aufzeichnenden Behörde gespeichert.

VII. Elektronische Aufenthaltsüberwachung

22 Zur Abwehr einer erheblichen Gefahr für die innere Sicherheit oder für Leib und Leben Dritter kann ein Ausländer nach § 56a AufenthG durch richterliche Anordnung zum Tragen der zur elektronischen Überwachung seines Aufenthaltsortes erforderlichen technischen Mittel (sogenannte elektronische Fußfessel) verpflichtet werden. Die Anordnung dieser Maßnahme darf für jeweils höchstens drei Monate ergehen. Die Ausländerbehörden erheben und speichern mit Hilfe dieses technischen Mittels automatisiert Daten über den Aufenthaltsort des Ausländers. Aufgrund des massiven Eingriffs in die Grundrechte eines Ausländers sind die Anforderungen an die Verwendung sowie die Sicherung der Daten besonders hoch.

22a Zuständig für die Anordnung einer solchen Maßnahme ist das Amtsgericht, in dessen Bezirk die für die Überwachung zuständige Stelle ihren Sitz hat. Für das Verfahren gelten die Vorschriften des Gesetzes über das Verfahren in Familiensachen und in den Angelegenheiten der freiwilligen Gerichtsbarkeit entsprechend.

VIII. Beteiligung der Sicherheitsbehörden

23 Gesonderte Befugnisse zur **Datenübermittlung an die Sicherheitsbehörden und Nachrichtendienste**[24] ergeben sich aus § 73 AufenthG zum Zweck der Überprüfung auf das Vorliegen von Versagungsgründen oder sonstiger Sicherheitsbedenken.[25] Die Übermittlung an diese Behörden erfolgt über das Bundesverwaltungsamt. Welche Personengruppen und Staatsangehörigen hiervon betroffen sind, regelt das Bundesministerium des Innern im Einvernehmen mit dem Auswärtigen Amt nach § 73 Abs. 4 AufenthG durch allgemeine Verwaltungsvorschriften.[26]

---

[23] Hierbei dürfte es sich insbes. um die Daten aus der Datenbank INPOL, also dem Informationssystem der Polizei handeln.
[24] Dies sind: Bundesnachrichtendienst, Bundesamt für Verfassungsschutz, Militärischer Abschirmdienst, Bundeskriminalamt und Zollkriminalamt.
[25] Zu den Einzelheiten vgl. *Petri* in GK-AufenthG § 73 Rn. 11 ff.
[26] Zur Kritik an dieser Regelung vgl. *Petri* in GK-AufenthG § 73 Rn. 34 ff.

Die Sicherheitsbehörden teilen das **Ergebnis ihrer Überprüfung** unverzüglich dem 24
Bundesverwaltungsamt mit. Dieses stellt wiederum den für das Asylverfahren sowie für
aufenthaltsrechtliche Entscheidungen zuständigen Behörden die Informationen umgehend
zur Verfügung. Ausländerbehörden und Auslandsvertretungen sind darüber hinaus verpflichtet, den Sicherheitsbehörden unverzüglich die Gültigkeitsdauer der erteilten und verlängerten Aufenthaltstitel mitzuteilen, damit während des Gültigkeitszeitraums des Aufenthaltstitels Versagungsgründe oder sonstige Sicherheitsbedenken weitergeleitet werden können. Die Sicherheitsbehörden dürfen die ihnen übermittelten Daten speichern und nutzen, soweit dies zur Erfüllung ihrer gesetzlichen Aufgaben erforderlich ist. Die gesetzlichen Aufgaben ergeben sich insbesondere aus den für die unterschiedlichen Behörden einschlägigen Fachgesetzen.[27] Das Bundesverwaltungsamt darf die ihm in asyl- und ausländerrechtlichen Verfahren übermittelten Daten speichern, solange es für Zwecke des Sicherheitsabgleiches erforderlich ist.

IX. Rechte des Betroffenen

Das Aufenthaltsgesetz enthält keine generellen datenschutzrechtlichen Betroffenenrechte. 25
Somit gelten die allgemeinen datenschutzrechtlichen Regelungen der DS-GVO sowie des
BDSG bzw. der entsprechenden landesrechtlichen Regelungen (→ Rn. 75 ff.). Als Rechtsbehelfe bei Verletzung spezifisch datenschutzrechtlicher Vorschriften stehen die **kostenlose
Beschwerde** beim Bundesbeauftragten für den Datenschutz und die Informationsfreiheit
nach Art. 77 DS-GVO (→ Rn. 83) oder die **Klage gegen den Verantwortlichen oder
Auftragsverarbeiter** nach Art. 78 DS-GVO (→ Rn. 100) zur Verfügung.

B. Asylgesetz

I. Einführung

Das Asylgesetz ging im Jahr 2015 durch Umbenennung aus dem Asylverfahrensgesetz hervor. Es enthält neben den verfahrensrechtlichen auch die materiellrechtlichen Bestimmungen zur Schutzgewährung. 26

Das Asylgesetz enthält keinen eigenen systematischen Abschnitt für den Bereich des Datenschutzes. Neben den unter den allgemeinen Bestimmungen zu findenden §§ 7 und 8 AsylG mit Regelungen zur Erhebung und Übermittlung personenbezogener Daten sind jedoch auch weitere bereichsspezifische Regelungen zur Erhebung und Verarbeitung personenbezogener Daten im Asylverfahren enthalten. 27

II. Erhebung personenbezogener Daten

Nach § 7 Abs. 1 AsylG dürfen die mit der Ausführung dieses Gesetzes betrauten Behörden 28
zum Zwecke dessen Ausführung personenbezogene Daten erheben, soweit dies zur Erfüllung ihrer Aufgaben erforderlich ist.[28] Die mit der **Ausführung des Asylgesetzes betrauten Behörden** sind neben dem Bundesamt für Migration und Flüchtlinge und den Ausländerbehörden insbesondere die Grenzbehörden, die Polizei, die Aufnahmeeinrichtungen und die Gesundheitsbehörden.[29]

Besondere Kategorien personenbezogener Daten iSd Art. 9 Abs. 1 DS-GVO dürfen darüber hinaus nur dann erhoben werden, soweit dies im Einzelfall zur Aufgaben- 29

---

[27] So zB das BND-Gesetz, das Bundesverfassungsschutzgesetz und das Bundeskriminalamtgesetz; zu den Bedenken wegen Unverhältnismäßigkeit und Unbestimmtheit der Norm vgl. *Petri* in GK-AufenthG § 73 Rn. 47.
[28] Zu den verfassungsrechtlichen Anforderungen in diesem Kontext vgl. *Funke-Kaiser* in GK-AsylG § 7 Rn. 4 ff.
[29] Zu den Einzelheiten vgl. *Funke-Kaiser* in GK-AsylG § 7 Rn. 22.

erfüllung erforderlich ist. Zwar bedarf die Erhebung personenbezogener Daten stets einer Einzelfallprüfung, jedoch ist bei dieser Art der Daten eine besondere Prüfungsintensität zu fordern. Standardisierte Abfragen, etwa in Fragekatalogen, scheiden damit aus.[30] Zudem bedarf der Umgang mit diesen Daten besonderer Sicherheitsvorkehrungen, insbesondere in technischer und organisatorischer Hinsicht.[31]

30 Zwar sind die Daten nach § 7 Abs. 2 AsylG **grundsätzlich bei der betroffenen Person zu erheben,** jedoch gelten zahlreiche Ausnahmen von diesem Grundsatz. So kommt etwa eine Datenerhebung bei anderen öffentlichen Stellen, ausländischen Behörden und nichtöffentlichen Stellen in Betracht, wenn die Mitwirkung des Betroffenen nicht ausreicht oder einen unverhältnismäßigen Aufwand erfordern würde, die zu erfüllende Aufgabe ihrer Art nach eine Erhebung bei anderen Personen oder Stellen erforderlich macht oder es zur Überprüfung der Angaben des Betroffenen erforderlich ist. Eine Einschränkung von diesen weitreichend gefassten Ausnahmen ist lediglich in bestimmten Fällen für die Datenerhebung bei ausländischen Behörden und nichtöffentlichen Stellen vorgesehen.[32]

III. Übermittlung personenbezogener Daten

31 Korrespondierend zur oben genannten Erhebungsbefugnis, enthält § 8 Abs. 1 AsylG die Befugnis für öffentliche Stellen, **auf Ersuchen** den mit der Ausführung dieses Gesetzes betrauten Behörden ihnen bekannt gewordene Umstände mitzuteilen, soweit besondere gesetzliche Verwendungsregelungen oder überwiegende schutzwürdige Interessen des Betroffenen nicht entgegenstehen.

32 Darüber hinaus enthalten § 8 Abs. 1a ff. AsylG spezielle Übermittlungsbefugnisse für besondere Fallgestaltungen etwa im Zusammenhang mit Strafsachen, zur Durchführung einer ordnungsgemäßen Asylanhörung oder über Reisen eines Schutzberechtigten in sein Herkunftsland. Hervorzuheben sind hierbei die Regelungen des Abs. 3, wonach die nach dem Asylgesetz erhobenen Daten auch zum Zwecke der Ausführung des Aufenthaltsgesetzes, der gesundheitlichen Betreuung und Versorgung von Asylbewerbern sowie für Maßnahmen der Strafverfolgung und auf Ersuchen zur Verfolgung von Ordnungswidrigkeiten den damit betrauten öffentlichen Stellen, soweit es zur Erfüllung der in ihrer Zuständigkeit liegenden Aufgaben erforderlich ist, übermittelt und von diesen dafür verarbeitet werden dürfen. In dieser Regelung ist somit zugleich die Befugnis zur Verarbeitung der im Rahmen des Asylverfahrens erhobenen Daten für Zwecke des Aufenthaltsgesetzes enthalten. Ob eine auf diese Norm gestützte Datenübermittlung rechtmäßig wäre, kann aufgrund des nicht näher begrenzten Zwecks bezweifelt werden.[33] Die Vorschrift wurde zudem durch das Gesetz zur besseren Durchsetzung der Ausreisepflicht dahingehend ergänzt, dass nunmehr eine Übermittlung auch zur Abwehr von erheblichen Gefahren für Leib und Leben des Asylbewerbers oder von Dritten zulässig ist. Auch diese Ergänzung ist wegen ihrer Unbestimmtheit höchst problematisch. Die Zulässigkeit der Verarbeitung und Nutzung durch die empfangende Stelle richtet sich jedoch ohnehin nach dem für diese Stelle einschlägigen (Fach-)Recht. Somit ist der Anwendungsbereich zumindest in dieser Hinsicht begrenzt. Nicht benötigte Daten hat die empfangende Stelle umgehend zu löschen.[34]

IV. Löschung personenbezogener Daten

33 Eine wichtige Regelung zur Datenlöschung findet sich in § 7 Abs. 3 AsylG. Demnach sind die Asylverfahrensakten des Bundesamtes für Migration und Flüchtlinge **spätestens zehn**

---

[30] *Kluth* in BeckOK AuslR AsylG § 7 Rn. 6.
[31] Vorgaben hierzu sind etwa in Art. 25 und 32 DS-GVO enthalten.
[32] Zu den Ausnahmetatbeständen im Einzelnen vgl. etwa *Funke-Kaiser* in GK-AsylG § 7 Rn. 29 ff.
[33] Die fehlende Bestimmtheit der Norm kritisierend *Bergmann* in Bergmann/Dienelt AsylG § 8 Rn. 5.
[34] Vgl. *Hilbrans* in NK-AuslR AsylG § 8 Rn. 7.

Jahre nach unanfechtbarem Abschluss des Asylverfahrens zu vernichten sowie in den Datenverarbeitungssystemen des Bundesamtes zu löschen.[35] Somit hat das Bundesamt nach der Umstellung auf die elektronische Akte insbesondere sicherzustellen, dass alle Einträge in seinem Vorgangsbearbeitungssystems MARiS gelöscht werden. Aber auch gegebenenfalls darüber hinausgehende Datenbestände sind auf Eintragungen zu überprüfen und erforderlichenfalls zu bereinigen.

Daneben bleiben **gesonderte Fristen** zur Vernichtung und Löschung in anderen Vorschriften unberührt, gelten also auch neben der oben genannten Löschfrist. Hier sind insbesondere der Grundsatz der Speicherbegrenzung nach Art. 5 lit. e DS-GVO sowie das Recht auf Löschung nach Art. 17 Abs. 1 lit. a DS-GVO zu sehen. Diese Normen des allgemeinen Datenschutzrechts können etwa für den Fall der Einbürgerung eines Asylbewerbers innerhalb der zehnjährigen Aufbewahrungsfrist zur Anwendung kommen, da es an einer dem § 36 Abs. 2 AZRG (→ Rn. 69) vergleichbaren Löschvorschrift im Asylgesetz fehlt. Darüber hinaus kommt in bestimmten Konstellationen auch eine Einschränkung der Verarbeitung nach Art. 18 DS-GVO in Betracht (→ § 29 Rn 7b). 34

V. Mitwirkungspflichten des Ausländers

Neben die Erhebungsbefugnisse der Behörden treten die **allgemeinen Mitwirkungspflichten** eines Ausländers nach § 15 AsylG. Demnach ist ein Ausländer persönlich verpflichtet, bei der Aufklärung des Sachverhalts umfangreich mitzuwirken. Neben allgemeinen Informationspflichten treten insbesondere die Pflicht, einen Pass oder Passersatz sowie alle erforderlichen Urkunden und sonstigen Unterlagen, die sich in seinem Besitz befinden, vorzulegen, auszuhändigen und zu überlassen und die erkennungsdienstlichen Maßnahmen zu dulden. Was erforderliche Urkunden iSd Gesetzes sind, definiert § 15 Abs. 3 AsylG. Die Verwahrung und Weitergabe von Unterlagen richtet sich nach § 21 AsylG. Auf Verlangen sind dem Ausländer Abschriften der in Verwahrung genommen Unterlagen auszuhändigen. Die Unterlagen sind dem Ausländer wieder auszuhändigen, wenn sie für die weitere Durchführung des Asylverfahrens oder für aufenthaltsbeendende Maßnahmen nicht mehr benötigt werden. 35

Kommt der Ausländer seinen Mitwirkungspflichten hinsichtlich der Vorlage von Pass und Urkunden nicht nach, können die mit der Ausführung dieses Gesetzes betrauten Behörden nach § 15 Abs. 4 AsylG eine **Durchsuchung seiner Person und der von ihm mitgeführten Sachen** vornehmen. Hierbei handelt es sich um eine spezialgesetzliche Durchsuchungsbefugnis, die keiner richterlichen Anordnung bedarf und auch nicht durch gesondert herbeizurufende Behörden, wie etwa die Polizei, durchgeführt werden muss. Das Gesetz schreibt lediglich vor, dass die Durchsuchung von einer Person gleichen Geschlechts durchzuführen ist. Die Durchsuchung der Wohnung eines Ausländers bedarf hingegen der gerichtlichen Anordnung.[36] 36

VI. Sicherung, Feststellung und Überprüfung der Identität

Nach § 16 Abs. 1 AsylG ist die Identität eines Ausländers, der um Asyl nachsucht, durch **erkennungsdienstliche Maßnahmen** zu sichern. Hierzu dürfen von dem Ausländer ein Lichtbild angefertigt und die Abdrücke aller zehn Finger aufgenommen werden. Bei Kindern unter 14 Jahren dürfen nur Lichtbilder aufgenommen werden. Darüber hinaus dürfen zur Prüfung der Echtheit des Dokumentes oder der Intensität des Ausländers nach § 16 Abs. 1a AsylG die auf einem elektronischen Speichermedium eines Passes, Passersatz oder sonstigen Identitätspapiers gespeicherten biometrischen Informationen (Fingerabdrü- 37

---

[35] Eine Begründungspflicht bei Ausschöpfung der Maximalfrist verlangend Marx AsylG § 7 Rn. 20.
[36] *Bergmann* in Bergmann/Dienelt AsylG § 15 Rn. 13; Marx AsylG § 15 Rn. 26; *Funke-Kaiser* in GK-AsylG § 15 Rn. 65.

cke, Lichtbild und Irisbilder) ausgelesen, erhoben und miteinander verglichen werden. Zuständig für diese Maßnahmen sind das Bundesamt für Migration und Flüchtlinge und, sofern der Ausländer dort um Asyl nachsucht, die Grenzbehörden sowie Ausländerbehörde und Polizei.[37]

38 Bei der **Auswertung der Lichtbilder und** insbesondere der **Fingerabdruckdaten** leistet das Bundeskriminalamt nach § 16 Abs. 3 AsylG Amtshilfe. Hierzu darf es auch die von ihm zur Erfüllung seiner Aufgaben gespeicherten erkennungsdienstlichen Daten verwenden, ohne den unterstützten Behörden die Herkunft dieser Daten offenzulegen.[38] Das Bundeskriminalamt hat die Daten gemäß § 16 Abs. 4 AsylG getrennt von anderen erkennungsdienstlichen Daten zu speichern. Hierzu wurde die sogenannte Datenbank AFIS-A[39] errichtet, in welcher die erkennungsdienstlichen Daten von Ausländern getrennt von den übrigen Daten des Informationssystems der Polizei gespeichert werden. Das Bundeskriminalamt übernimmt darüber hinaus auch den Abgleich mit dem Datenbestand von **Eurodac** (→ § 29 Rn. 16). Auf der Grundlage des mit dem Gesetz zur besseren Durchsetzung der Ausreisepflicht eingefügten Abs. 3a darf das Bundeskriminalamt nunmehr die erhobenen Daten unter gewissen Voraussetzungen und unter Einhaltung bestimmter Bedingungen auch an die für die Überprüfung der Identität von Personen zuständigen öffentlichen Stellen von Drittstaaten weiterleiten.[40] Neben den bereits in der Norm enthaltenen Beschränkungen sind als weitere Voraussetzungen für eine solche Übermittlung die Vorschriften des Kapitels V der DS-GVO zu beachten.

39 Die erkennungsdienstlichen Daten dürfen darüber hinaus nach § 16 Abs. 5 AsylG auch zur Feststellung der Identität oder Zuordnung von Beweismitteln für Zwecke des Strafverfahrens oder zur Gefahrenabwehr verarbeitet und genutzt sowie zur Identifizierung unbekannter oder vermisster Personen verwendet werden.

40 Eine gesonderte Erhebungsbefugnis ergibt sich aus § 16 Abs. 1 AsylG. Zur Bestimmung des Herkunftsstaats oder der Herkunftsregion eines Ausländers kann eine **Aufzeichnung des gesprochenen Worts**[41] außerhalb der förmlichen Anhörung des Ausländers auf Ton- oder Datenträger erfolgen, sofern der Ausländer zuvor darüber in Kenntnis gesetzt wurde.[42] Die Sprachaufzeichnungen werden beim Bundesamt für Migration und Flüchtlinge aufbewahrt.

41 Die **Löschung** der durch erkennungsdienstliche Maßnahmen nach § 16 Abs. 1 AsylG erlangten Daten hat nach § 16 Abs. 6 AsylG zehn Jahre nach unanfechtbarem Abschluss des Asylverfahrens zu erfolgen.., Die nach § 16 Abs. 1a AsylG erlangten Daten sind hingegen unverzüglich nach Beendigung der Prüfung der Echtheit des Dokuments oder der Identität des Ausländers zu löschen. Bei den genannten Fristen handelt es sich grundsätzlich um eine Höchstdauer für die Speicherung. Sind die Daten bereits zu einem früheren Zeitpunkt nicht mehr erforderlich, sind sie nach den allgemeinen datenschutzrechtlichen Regelungen (→ Rn. 34) bereits früher zu löschen.[43]

42 **Gerichtlicher Rechtsschutz** gegen die Anordnung erkennungsdienstlicher Maßnahmen kann aufgrund des Vorliegens eines Verwaltungsakts im Wege der Anfechtungsklage oder im Eilrechtsschutz nach § 80 Abs. 5 VwGO geltend gemacht werden.[44]

---

[37] *Sieweke/Kluth* in BeckOK AuslR AsylG § 16 Rn. 9; Zur identischen Regelung des § 18 Abs. 5 vgl. auch *Haderlein* in BeckOK AuslR AsylG § 18 Rn. 38.
[38] *Sieweke/Kluth* in BeckOK AuslR AsylG § 16 Rn. 10.
[39] Automatisiertes Fingerabdruck-Identifizierungs-System Asyl; s. auch *Hilbrans* in NK-AuslR AsylG § 16 Rn. 8.
[40] Zu unionsrechtlichen Bedenken vgl. *Sieweke/Kluth* in BeckOK AuslR AsylG § 16 Rn. 11a.
[41] Auch der Einsatz von Software zur Sprachanalyse und einer sich daraus ergebenden Angabe zur Wahrscheinlichkeit der Herkunft aus einer bestimmten Region kann hierunter fallen; zu Gegenstand und Problemen bei der Auswertung der Sprachaufzeichnung vgl. Marx AsylG, § 16 Rn. 10.
[42] Zur Frage der Erforderlichkeit einer Sprachaufzeichnung vgl. *Hilbrans* in NK-AuslR AsylG § 16 Rn. 5.
[43] *Hilbrans* in NK-AuslR AsylG § 16 Rn. 13.
[44] Marx AsylG § 16 Rn. 21.

VII. Auswertung von Datenträgern

Mit dem Gesetz zur besseren Durchsetzung der Ausreisepflicht wurden auch im Asylgesetz 43
Regelungen zur Möglichkeit der Auswertung von Datenträgern eingefügt. Nach § 15
Abs. 6 AsylG ist der Ausländer nunmehr dazu verpflichtet, im Falle des Nichtbesitzes eines
gültigen Passes oder Passersatzes an der Beschaffung eines Identitätspapiers mitzuwirken
und auf Verlangen alle Datenträger, die für die Feststellung seiner Identität und Staatsangehörigkeit von Bedeutung sein können und in deren Besitz er ist, den mit der
Ausführung dieses Gesetzes betrauten Behörden vorzulegen, auszuhändigen und zu überlassen. Nach § 15a AsylG kann das Bundesamt für Migration und Flüchtlinge eine Auswertung von Datenträgern vornehmen, soweit dies für die Feststellung der Identität und
Staatsangehörigkeit des Ausländers erforderlich ist und der Zweck nicht durch mildere
Mittel erreicht werden kann. In der näheren Ausgestaltung des Verfahrens wird auf die
entsprechenden Regelungen des Aufenthaltsgesetzes verwiesen (→ Rn. 13). Die Regelung
begegnet erheblichen Bedenken, da mit ihr ein massiver Eingriff in die Grundrechte des
betroffenen Ausländers verbunden ist. Die auszulesenden Daten sind daher durch das
Bundesamt auf ein Minimum zu beschränken. Vor einer Verwertung der Daten müssen
darüber hinaus alle anderen dem Bundesamt zur Verfügung stehenden Mittel ausgeschöpft
sein.[45]

VIII. Rechte des Betroffenen

Das Asylgesetz enthält über die oben genannten spezifischen Bestimmungen hinaus keine 44
generellen Regelungen zur Verarbeitung personenbezogener Daten und zu den Auskunftsrechten der Betroffenen.[46] Es gelten daher die allgemeinen datenschutzrechtlichen Bestimmungen der DS-GVO sowie des BDSG und der entsprechenden landesrechtlichen Regelungen (→ Rn. 75 ff.).

C. Ausländerzentralregistergesetz und -durchführungsverordnung

I. Entwicklung und Aufbau des Registers

Von zentraler praktischer Bedeutung für den Datenaustausch zwischen den im Migrations- 45
und Integrationsbereich wirkenden Behörden ist das **Ausländerzentralregister (AZR)**.
Das AZR besteht bereits seit dem Jahr 1953.[47] Zunächst war es Teil des Büros für Aufenthaltsgenehmigungen beim Bundesminister des Innern und wurde mit der Errichtung
der Bundesstelle für Verwaltungsangelegenheiten des Bundesministers des Innern dorthin
überführt.[48] Gesetzlich erwähnt wird das AZR erstmals im Gesetz über die Errichtung des
Bundesverwaltungsamtes im Jahr 1959. Mit diesem Gesetz wurde dem Bundesverwaltungsamt die Führung des Registers übertragen.[49] Eine umfassende Rechtsgrundlage für das
Register wurde jedoch erst im Jahr 1994 mit dem Ausländerzentralregistergesetz (AZRG)
geschaffen. Der Gesetzgeber hatte auch vor dem Hintergrund des sogenannten Volkszählungsurteils des Bundesverfassungsgerichts[50] die Notwendigkeit für eine Regelung der
Verarbeitung personenbezogener Daten erkannt.

---

[45] Andere Mittel sind insbesondere auch die durch die technischen Assistenzsysteme des Bundesamtes gewonnenen Erkenntnisse.
[46] Vgl. *Bergmann* in Bergmann/Dienelt AsylG § 7 Rn. 4.
[47] So die Begründung zum Entwurf eines Gesetzes über das Ausländerzentralregister, BT-Drs. 12/6938, 16.
[48] S. BT-Drs. 02/2455, 3.
[49] Laut der Gesetzesbegründung (BT-Drs. 3/405, 4) diente das Register bereits damals entsprechend einem Übereinkommen mit den Ländern der zentralen Erfassung von im Bundesgebiet wohnhaften Ausländern und sollte den Ausländerbehörden Tatsachen, die für das Aufenthaltsrecht von Ausländern im Bundesgebiet von Bedeutung sind, mitteilen.
[50] BVerfG Urt. v. 15.12.1983 – 1 BvR 209/83, BVerfGE 65, 1 = BeckRS 1983, 107403.

46 Dem AZR kommt in erster Linie eine **Identifizierungs- und Nachweisfunktion** zu. Die behördliche Erfassung von gesetzlich festgelegten Daten von Ausländern in einer zentralen Datei ist erforderlich, um die Erfüllung einer Vielzahl öffentlicher Aufgaben zu gewährleisten. Das AZR soll die Behörden bei der Durchführung ausländer- und asylrechtlicher Vorschriften unterstützen und zu schnellen Entscheidungen in Fragen der Einreise und des Aufenthalts von Ausländern beitragen. Das AZR ermöglicht es den Behörden, durch Speicherung und Übermittlung bestimmter personenbezogener Daten die im Rahmen ihrer Aufgabenerfüllung notwendige Identifizierung von Ausländern vorzunehmen. Es weist Behörden nach, die ausländerrechtlich bedeutsame Informationen besitzen, so zB die aktenführende Ausländerbehörde.[51] Die rechtliche Grundlage für den Betrieb des Registers bildet das AZRG, dass in den vergangenen Jahren einige, teils einschneidende, Änderungen erfahren hat. Es enthält die wesentlichen Grundlagen für die Datenspeicherung in und den Datenabruf aus dem Register.

47 Das Bundesamt für Migration und Flüchtlinge führt als sogenannte **Registerbehörde** das Register und ist somit verantwortliche Stelle iSd Art. 4 Nr. 7 DS-GVO. Nach § 1 Abs. 1 S. 2 AZRG verarbeitet das Bundesverwaltungsamt die Daten im Auftrag und nach Weisung des Bundesamtes, soweit dieses die Daten nicht selbst verarbeitet. In der Praxis übernimmt daher das Bundesverwaltungsamt zahlreiche Aufgaben im Zusammenhang mit der Registerführung wie zB die Erteilung von Auskünften über die im Register gespeicherten Daten. Das AZR besteht nach § 1 Abs. 1 S. 3 AZRG aus einem **allgemeinen Datenbestand** und einer gesondert geführten **Visadatei**. Der im Rahmen des Datenaustauschverbesserungsgesetzes entstandene Begriff des **Kerndatensystems**[52] umschreibt lediglich den Ausbau des allgemeinen Datenbestandes, ohne eine neue eigenständige Unterteilung des AZR vorzunehmen.

II. Anlässe der Speicherung und Inhalt des Registers

48 Die Speicherung im allgemeinen Datenbestand des Registers ist nach § 2 Abs. 1 AZRG dann zulässig, wenn ein Ausländer seinen **Aufenthalt nicht nur vorübergehend** im Geltungsbereich des Gesetzes hat. Dies ist dann der Fall, wenn der Aufenthalt drei Monate überschreitet oder vor oder nach der Einreise der Wille zu einem Aufenthalt von über drei Monaten ersichtlich ist. Damit erfordert die Zulässigkeit einer Datenspeicherung also grundsätzlich einen Aufenthalt in deutschem Hoheitsgebiet von einer gewissen Dauer. Bereits bislang sah Abs. 2 zahlreiche **zusätzliche Speichergründe** vor. Spätestens mit dem Inkrafttreten des Datenaustauschverbesserungsgesetzes wurde die grundsätzliche Beschränkung des Abs. 1 faktisch aufgehoben. So ist nach dem neuen Abs. 1a jetzt eine Datenspeicherung auch zulässig, wenn ein Ausländer ein Asylgesuch geäußert hat, unerlaubt eingereist ist oder sich unerlaubt im Geltungsbereich des Gesetzes aufhält.

49 Im allgemeinen Datenbestand werden nach § 3 Abs. 1 AZRG insbesondere die sogenannten **Grundpersonalien** (Name, Geburtsangaben, Geschlecht und Staatsangehörigkeit) und weitere Personalien (zB abweichende Namensschreibweisen, Aliaspersonalien, Familienstand, Angaben zum Ausweispapier) gespeichert. Zu den allgemeinen Daten gehören auch ein Lichtbild und Angaben zu Anlässen und Entscheidungen zu den in § 2 AZRG genannten Anlässen. Als besonderes Datum gilt das Geschäftszeichen der Registerbehörde, die sogenannten **AZR-Nummer**. Über diese Nummer ist eine eindeutige Zuordnung einer Person zu den über sie im Register gespeicherten Daten möglich. Die AZR-Nummer besteht aus dem Tagesdatum der ersten Speicherung (im Format Jahr, Monat, Tag), einer fünfstelligen fortlaufenden Nummer und einer Prüfziffer.[53] Zwar ist aus dieser Zusammensetzung eine Ableitung auf die Person nicht direkt möglich, jedoch sind aus daten-

---

[51] So die Begründung zum Entwurf eines Gesetzes über das Ausländerzentralregister, BT-Drs. 12/6938, 16.
[52] Vgl. BT-Drs. 18/7203, 2.
[53] S. Nr. 3.2 der Allgemeinen Verwaltungsvorschrift zum Gesetz über das Ausländerzentralregister und zur Verordnung zur Durchführung des Gesetzes über das Ausländerzentralregister vom 26.10.2009.

schutzrechtlichen Gründen an die Verarbeitung dieses Datums besondere Voraussetzungen geknüpft. So darf die Nummer nach § 10 Abs. 1 AZRG grundsätzlich nur im Verkehr mit dem Register genutzt werden. Hintergrund hierfür ist die Vermeidung einer faktischen Umwandlung dieser Nummer hin zu einem eindeutigen Personenkennzeichen.[54] Diese Einschränkung wurde unter dem Einfluss des starken Zustroms Asylsuchender durch mehrere Gesetzesänderungen zunehmend aufgeweicht. Ob die jetzige Regelung noch ausreichend ist um die Bildung eines Personenkennzeichens auszuschließen, kann zumindest bezweifelt werden.

Insbesondere für Asylsuchende sehen § 3 Abs. 2 und 3 AZRG zahlreiche weitere zu speichernde Daten vor. Hierzu zählen insbesondere die Fingerabdruckdaten nebst der dazugehörigen Referenznummer, Größe und Augenfarbe sowie Angaben zu Einreise, die Durchführung gesundheitlicher Untersuchungen und Angaben zu Bildung und Sprachkenntnissen. Diese zusätzlichen Daten wurden mehrheitlich mit dem Datenaustauschverbesserungsgesetz in den Katalog der zu speichernden Daten aufgenommen. Hintergrund hierfür waren insbesondere die Probleme im Zusammenhang mit der Registrierung während der Flüchtlingskrise im Jahr 2015.[55] Darüber hinaus können nach § 3 Abs. 1 Nr. 3 iVm § 2 Abs. 2 Nr. 6 AZRG **Ausschreibungen zur Festnahme oder Aufenthaltsermittlung** und nach § 5 AZRG unter gewissen Voraussetzungen auch ein **Suchvermerk zur Feststellung des Aufenthalts** eines Ausländers im Register gespeichert werden. Solche Speichersachverhalte können erhebliche Konsequenzen nach sich ziehen, etwa durch eine Verweigerung eines Visums. Rechtschutz gegen eine unrechtmäßige Datenverarbeitung kann nach Ablehnung eines entsprechenden Berichtigungs- oder Löschungsantrags (→ § 29 Rn. 7b) bei der Behörde neben der Beschwerde bei der Aufsichtsbehörde auch durch Klage (→ Rn. 100) erreicht werden. 50

In der **Visadatei** werden nach § 28 AZRG Daten eines Ausländers gespeichert, wenn er ein Visum beantragt. Es werden nach § 29 AZRG insbesondere das Geschäftszeichen der Registerbehörde (Visadatei-Nummer), die zuständigen beteiligen Behörden, die Grundpersonalien (→ Rn. 49) und weiteren Personalien, das Lichtbild, Art, Nummer und Geltungsdauer des Visums sowie Angaben zum Verfahren gespeichert. 51

Eine detaillierte Übersicht über die im Register gespeicherten Daten liefert die Anlage zur **AZRG-Durchführungsverordnung (AZRG-DV).** Dieser lassen sich in tabellarischer Form die Bezeichnung der Daten, der betroffene Personenkreis, der Zeitpunkt der Übermittlung, die übermittelnde Stelle und die Stellen, an die Daten übermittelt/weitergegeben werden können entnehmen. 52

Grundsätzliche Einschränkungen der Zulässigkeit einer Datenspeicherung und des Inhalts sind für **Unionsbürger** vorgesehen. Hintergrund für diese Einschränkungen ist eine Entscheidung des EuGH aus dem Jahr 2008,[56] wonach ein System wie das AZR nur dann diskriminierungsfrei ist, wenn es lediglich die Daten enthält, die für die Anwendung aufenthaltsrechtlicher Vorschriften erforderlich sind und sein zentralisierter Charakter eine effizientere Anwendung dieser Vorschriften ermöglicht.[57] 53

III. Datenübermittlung

1. Übermittlung an das Register

Um einen möglichst aktuellen Datenbestand sicherstellen zu können, sind insbesondere die Ausländerbehörden, die Aufnahmeeinrichtungen sowie die Polizei- und Sicherheitsbehör- 54

---

[54] Mit der Problematik eines Personenkennzeichens hat sich das BVerfG bereits im sog. Volkszählungsurteil, Urt. v. 15.12.1983, BVerfGE 65, 1 = BeckRS 1983, 107403, auseinandergesetzt und auf die Problematik einer umfassenden Registrierung und Katalogisierung einer Person hingewiesen.
[55] Vgl. insoweit auch die Begründung zum Entwurf eines Gesetzes zur Verbesserung der Registrierung und des Datenaustausches zu aufenthalts- und asylrechtlichen Zwecken, BT-Drs. 18/7043, 1 ff.
[56] EuGH Urt. v. 16.12.2008 – C-524/06, BeckRS2008,71329 – Huber.
[57] EuGH Urt. v. 16.12.2008 – C-524/06, BeckRS 2008, 71329 Rn. 82 – Huber.

den nach § 6 AZRG zu einer unverzüglichen Übermittlung von Daten an die Registerbehörde verpflichtet. Die im Einzelnen zu übermittelnden Daten werden durch eine teils verwirrende Verweiskette in Abs. 2 benannt. Einen deutlich besseren Überblick bietet die Anlage zur AZRG-DV.

55 Nach § 4 Abs. 3 AZRG-DV erfolgt die Datenübermittlung an die Registerbehörde auf maschinell verwertbaren Datenträgern, im Wege der Direkteingabe,[58] auf dafür vorgesehenen Vordrucken oder in sonstiger Weise schriftlich. Die übermittelnden Stellen sind nach § 8 AZRG gegenüber der Registerbehörde für die Zulässigkeit der Übermittlung sowie für die Richtigkeit und Aktualität der von ihnen übermittelten Daten verantwortlich. Jede öffentliche Stelle, die Daten an die Registerbehörde übermittelt hat, ist berechtigt und verpflichtet, die von ihr übermittelten Daten auf Richtigkeit und Aktualität zu überprüfen, soweit dazu Anlass besteht.

56 Die Registerbehörde hat als speichernde Stelle nach § 9 AZRG Aufzeichnungen zu fertigen, aus denen sich die übermittelten Daten, die übermittelnde Dienststelle, die für die Übermittlung verantwortliche Person und der Übermittlungszeitpunkt ergeben müssen. Diese **Protokolldateien** dürfen jedoch nur zum Zweck der Auskunft an den Betroffenen, für die Unterrichtung über die Berichtigung, Löschung oder Sperrung von Daten und für Zwecke der Datenschutzkontrolle, der Datensicherheit und Betriebssicherheit des Systems verwendet werden.

2. Übermittlung durch die Registerbehörde

57 Aufgrund der Zwecksetzung des Registers, die mit der **Durchführung ausländer- oder asylrechtlicher Vorschriften betrauten Behörden** zu unterstützen, erhalten insbesondere die mit diesen Aufgaben betrauten Stellen Zugriff auf das Register. Dies sind in erster Linie die Ausländerbehörden. Hierneben diente das AZR aber auch immer als Informationsplattform für Polizei- und Sicherheitsbehörden. Mit dem Datenaustauschverbesserungsgesetz ist der Kreis der zum Zugriff berechtigten Stellen stark angewachsen, sodass das AZR nunmehr auch Daten für Zwecke der Integration (zB an die Bundesagentur für Arbeit) bereitstellt.

58 Die **Zulässigkeit einer Übermittlung** ist gegeben, wenn die Kenntnis der Daten zur Erfüllung der abrufenden Stellen erforderlich ist. Nach § 10 Abs. 1 AZRG ist daher bei einem Ermittlungsersuchen, welches sich nicht nur auf die Grunddaten bezieht, der Zweck anzugeben. Die Angabe zum Verwendungszweck besteht nach § 8 AZRG-DV aus einer der dort genannten Aufgabenbezeichnungen und, soweit vorhanden, dem Geschäftszeichen des Verfahrens. Die Registerbehörde hat die Übermittlung zu versagen, wenn Anhaltspunkte dafür bestehen, dass eine Kenntnis der Daten nicht erforderlich ist.

59 Grundsätzlich hat die ersuchende Behörde vor einer Datenübermittlung ein **Übermittlungsersuchen** an die Registerbehörde zu richten. Es kann nach § 8 Abs. 2 AZRG-DV auf maschinell verwertbaren Datenträgern, im Rahmen des Abrufs im automatisierten Verfahren, auf dafür vorgesehenen Vordrucken und in sonstiger Weise schriftlich oder fernmündlich erfolgen. Das Ersuchen muss zum Zwecke der Identifikation des Datensatzes entweder die AZR-Nummer oder alle verfügbaren Grundpersonalien (→ Rn. 49) des Betroffenen enthalten. Bestehen Zweifel an der Identität des Ausländers, kann ein Ersuchen auch nur mit dem Lichtbild oder mit den Fingerabdruckdaten gestellt werden. Stimmen diese Daten nicht mit den gespeicherten Daten überein, ist eine Datenübermittlung an die ersuchende Stelle unzulässig, es sei denn, Zweifel an der Identität bestehen nicht. Kann die Registerbehörde die Identität nicht eindeutig feststellen, übermittelt sie zur Identitätsprüfung und -feststellung an die ersuchende Stelle neben Hinweisen auf aktenführende Aus-

---

[58] Stellen, die zum Abruf im automatisierten Verfahren zugelassen sind, dürfen nach § 7 AZRG der Registerbehörde die von ihnen zu übermittelnden Daten im Wege der Direkteingabe mit unmittelbarer Wirkung für dessen Datenbestand übermitteln. Diese Behörden haben somit unmittelbar schreibenden Zugriff auf den Datenbestand des Registers.

länderbehörden die AZR-Nummer, die Grundpersonalien, die weiteren Personalien ähnlicher Personen mit Ausnahme der früheren Namen, die nur auf besonderes Ersuchen übermittelt werden, und die Lichtbilder. Kann die Identität nicht allein an Hand dieser Daten festgestellt werden, dürfen den Strafverfolgungsbehörden darüber hinaus weitere Daten übermittelt werden, wenn zu erwarten ist, dass deren Kenntnis die Identitätsfeststellung ermöglicht. Die ersuchende Stelle hat alle Daten, die nicht zum Betroffenen gehören, unverzüglich zu löschen und entsprechende Aufzeichnungen zu vernichten.

Eine Vielzahl der zum Zugriff auf das Register zugelassenen Behörden ist darüber hinaus **60** zum **Abruf im automatisierten Verfahren** berechtigt. Nach § 22 Abs. 1 AZRG können zu diesem Verfahren insbesondere die Ausländerbehörden, das Bundesamt für Migration und Flüchtlinge, die Polizei- und Sicherheitsbehörden, Gerichte und Sozialleistungsträger zugelassen werden. Das automatisierte Abrufverfahren darf nur eingerichtet werden, soweit es wegen der Häufigkeit der Übermittlungsersuchen oder der Eilbedürftigkeit unter Berücksichtigung der schutzwürdigen Interessen der betroffenen Person angemessen ist und die beteiligten Stellen die zur Datensicherung erforderlichen technischen und organisatorischen Maßnahmen getroffen haben. Die Verantwortung für die Zulässigkeit des einzelnen Abrufs trägt nach § 22 Abs. 3 AZRG die abrufende Stelle. Die Registerbehörde überprüft die Zulässigkeit der Abrufe durch geeignete Stichprobenverfahren[59] sowie, wenn dazu Anlass besteht. Darüber hinaus hat die abrufende Stelle ein Berechtigungskonzept vorzusehen, welches mit dem jeweiligen Datenschutzbeauftragten abzustimmen ist. Die Registerbehörde hat nach § 22 Abs. 4 AZRG sicherzustellen, dass im automatisierten Verfahren Daten nur abgerufen werden können, wenn die abrufende Stelle einen Verwendungszweck angibt, der ihr den Abruf dieser Daten erlaubt, sofern der Abruf nicht lediglich die Grunddaten zum Gegenstand hat.

Nach § 14 AZRG können an **alle öffentlichen Stellen** die sogenannten **Grunddaten** **61** übermittelt werden. Dies sind die Grundpersonalien (→ Rn. 49), Lichtbild, Hinweis auf die aktenführende Ausländerbehörde, Angaben zum Zuzug oder Fortzug, Sterbedatum und Übermittlungssperren. Eine umfassende Datenübermittlung kann hierbei insbesondere an die Ausländerbehörden und Aufnahmeeinrichtungen, das Bundesamt für Migration und Flüchtlinge und Polizei- und Sicherheitsbehörden erfolgen. Darüber hinaus sehen die **behördenspezifischen Übermittlungsvorschriften** der §§ 16 ff. AZRG einen eingeschränkten, an den jeweiligen Zuständigkeiten bemessenen Katalog an zu übermittelnden Daten vor.

Eine besondere Form der Datenübermittlung stellt die **Gruppenauskunft** dar. Nach **62** § 12 AZRG darf eine Übermittlung von Daten einer Mehrzahl von Ausländern, die in einem Übermittlungsersuchen nicht mit vollständigen Grundpersonalien (→ Rn. 49) bezeichnet sind und die auf Grund im Register gespeicherter und im Übermittlungsersuchen angegebener gemeinsamer Merkmale zu einer Gruppe gehören, nur zur Erfüllung der Aufgaben der dort näher bezeichneten Behörden erfolgen. Dies sind neben den Ausländerbehörden und dem Bundesamt für Migration und Flüchtlinge insbesondere die Polizei- und Sicherheitsbehörden. Eine Gruppenauskunft ist zudem nur dann zulässig, wenn sie im besonderen Interesse der betroffenen Person liegt oder erforderlich und angemessen ist zur Abwehr von Gefahren für die öffentliche Sicherheit oder zur Verfolgung eines Verbrechens oder einer anderen erheblichen Straftat und die Daten nicht mit unverhältnismäßigem Aufwand oder nicht rechtzeitig erlangt werden können. Das Ersuchen ist schriftlich zu stellen, zu begründen und bedarf der Zustimmung zumindest eines bestellten Vertreters in leitender Stellung. Die Registerbehörde hat die zuständige Datenschutzaufsichtsbehörde über die Erteilung einer Gruppenauskunft zu unterrichten. Nähere Ausführungen zu den Anforderungen an das Ersuchen und die Entscheidung durch die Registerbehörde enthält § 11 AZRG-DV.

Darüber hinaus sieht das AZRG Regelungen zur **Zweckbindung** und zur **Weiterüber-** **63** **mittlung** vor. Die ersuchende Stelle darf Daten zu Speicheranlässen im Zusammenhang

---

[59] Das Stichprobenverfahren befindet sich derzeit noch in der Entwicklung, s. BT-Drs. 18/12774, 6.

mit dem Verdacht der Begehung schwerer Straftaten und im Rahmen von Gruppenauskünften erlangte Daten nach § 11 Abs. 1 AZRG nur zu dem Zweck verwenden, zu der sie ihr übermittelt wurden. Im Übrigen darf sie die ihr übermittelten Daten auch für andere Zwecke verwenden, wenn sie ihr auch für diese Zwecke hätten übermittelt werden dürfen. Fingerabdruckdaten dürfen nur zur Überprüfung, Feststellung und Sicherung der Identität verwendet werden. Die ersuchende Stelle darf die ihr übermittelten Daten mit Ausnahme gesperrter Daten an eine andere öffentliche Stelle nur weiterübermitteln, wenn die Daten dieser Stelle zur Erfüllung ihrer Aufgaben und zu diesem Zweck aus dem Register unmittelbar hätten übermittelt werden dürfen und anderenfalls eine unvertretbare Verzögerung eintreten oder die Aufgabenerfüllung erheblich erschwert würde.

64 Ein gesonderter Anlass zur Datenübermittlung wird in § 21a AZRG normiert. Demnach sind Daten, die zur Sicherung, Feststellung und Überprüfung der Identität nach § 16 Abs. 1 S. 1 AsylG und § 49 AufenthG zu Personen iSd § 2 Abs. 1a AZRG erhoben wurden, zum Zweck der Durchführung von Beteiligungen und Abgleichen nach § 73 Abs. 1a des Aufenthaltsgesetzes unverzüglich an die beteiligte Organisationseinheit des Bundesverwaltungsamtes weiterzugeben. Hinter dieser Datenübermittlung verbirgt sich das mit dem Datenaustauschverbesserungsgesetz eingeführte **Datenabgleichverfahren mit den Sicherheitsbehörden.** Demnach können über das Bundesverwaltungsamt zur Feststellung von Versagungsgründen nach dem Asyl- oder Aufenthaltsgesetz oder zur Prüfung von sonstigen Sicherheitsbedenken die oben genannten Daten an den Bundesnachrichtendienst, das Bundesamt für Verfassungsschutz, den Militärischen Abschirmdienst, das Bundeskriminalamt, die Bundespolizei und das Zollkriminalamt übermittelt werden. Das Bundesverwaltungsamt fungiert hier als Schnittstelle zwischen dem Register und den Sicherheitsbehörden. Welche Personen von einer solchen Überprüfung betroffen sind, regeln allgemeine Verwaltungsvorschriften des Bundesministeriums des Innern.

65 Darüber hinaus bestehen spezielle Datenübermittlungsnormen an das Statistische Bundesamt für die statistische Aufbereitung (§ 23 AZRG), für Planungsdaten (§ 24 AZRG) und für wissenschaftliche Zwecke (§ 24a AZRG). Insbesondere für letzteren Zweck sieht das AZRG Beschränkungen für die Übermittlung und Verarbeitung vor. Ebenfalls restriktive Vorschriften bestehen für eine Übermittlung an nichtöffentliche Stellen, die humanitäre oder soziale Aufgaben wahrnehmen (§ 25 AZRG), an Behörden anderer Staaten und an über- oder zwischenstaatliche Stellen (§ 26 AZRG) und für Datenübermittlungen an sonstige nichtöffentliche Stellen (§ 27 AZRG).

IV. Rechte des Betroffenen

1. Auskunftsrecht

66 Nach § 34 AZRG erteilt die Registerbehörde der betroffenen Person auf Antrag **unentgeltlich Auskunft** über die zu seiner Person gespeicherten Daten, auch soweit sie sich auf die Herkunft dieser Daten beziehen, den Zweck der Speicherung und den Empfänger oder Kategorien von Empfängern, an die Daten weitergegeben werden. In dem Antrag müssen zumindest die Grundpersonalien (→ Rn. 49) enthalten sein. Die Registerbehörde kann das Verfahren, insbesondere die Form der Auskunftserteilung nach pflichtgemäßem Ermessen bestimmen. In der Praxis erfolgt die Antragstellung beim und die Auskunftserteilung durch das Bundesverwaltungsamt. Dieses hat entsprechende Formulare für die Antragstellung entwickelt, welche ua auf dessen Internetseite abrufbar sind.

67 Eine **Beschränkung des Auskunftsrechts** ist nach § 34 Abs. 2 AZRG dann möglich, wenn die Auskunft die ordnungsgemäße Erfüllung der Aufgaben gefährden würde, die in der Zuständigkeit der öffentlichen Stelle liegen, die die Daten an das Register übermittelt hat, die Auskunft die öffentliche Sicherheit oder Ordnung gefährden oder sonst dem Wohl des Bundes oder eines Landes Nachteile bereiten würde oder die Daten oder die Tatsache ihrer Speicherung nach einer Rechtsvorschrift oder ihrem Wesen nach, insbesondere

wegen der überwiegenden berechtigten Interessen eines Dritten, geheim gehalten werden müssen. In allen drei Varianten findet nach dem Wortlaut des Gesetzes eine **Interessenabwägung** zwischen diesen Gründen und dem Interesse des Betroffenen statt. In der Praxis dürfte das Interesse der betroffenen Person jedoch in der überwiegenden Zahl der Fälle stets zurücktreten. Dieser Befund wird insbesondere durch die nachfolgende Regelung des § 34 Abs. 3 AZRG gestützt, wonach eine Auskunftserteilung im Falle einer Speicherung durch die Sicherheitsbehörden und Staatsanwaltschaften nur mit deren Einwilligung erfolgen darf.[60] Nach § 34 Abs. 4 AZRG bedarf die Ablehnung der Auskunftserteilung gegenüber der betroffenen Person keiner Begründung, wenn damit der mit der Ablehnung verfolgte Zweck gefährdet würde. In diesen Fällen ist die Begründung jedoch zum Zweck der datenschutzrechtlichen Kontrolle zu speichern und für fünf Jahre aufzubewahren. Darüber hinaus ist die betroffene Person darauf hinzuweisen, dass sie sich an die **Bundesbeauftragte für den Datenschutz** wenden kann. Dieser ist auf Verlangen Auskunft über die Gründe für die Ablehnung zu erteilen. Die Bundesbeauftragte prüft die Zulässigkeit der Speicherung und teilt der betroffenen Person das Ergebnis mit. Diese Mitteilung darf jedoch wiederum keine Rückschlüsse auf den Erkenntnisstand der speichernden Stelle zulassen, sofern diese nicht einer weitergehenden Auskunft zugestimmt hat. Durch die Bundesbeauftragte kann somit lediglich eine Kontrolle der datenschutzrechtlichen Zulässigkeit der Speicherung eines Sachverhalts im Register erfolgen, ohne jedoch dem Betroffenen die oftmals begehrte Information zum Registerinhalt geben zu können.

2. Rechte auf Berichtigung, Einschränkung der Verarbeitung und Löschung

Nach § 35 AZRG hat die Registerbehörde die gespeicherten Daten zu **berichtigen,** wenn sie unrichtig sind. Zwar enthält diese Regelung kein explizites Recht der betroffenen Person auf Berichtigung, jedoch besteht die Verpflichtung der Registerbehörde auch bei einer Information durch die betroffene Person aufgrund der Regelung des Art. 16 DS-GVO.[61] Ist dieser somit der Meinung, die über ihn gespeicherten Daten seien fehlerhaft, muss die Registerbehörde dies prüfen und gegebenenfalls die Daten korrigieren. Stellt die Registerbehörde fest, dass im allgemeinen Datenbestand des Registers mehrere Datensätze zu einem Ausländer bestehen, hat sie diese nach § 3 Abs. 1 AZRG-DV im Einvernehmen mit den übermittelnden Stellen zu einem Datensatz zusammenzuführen. 68

Die Registerbehörde hat nach § 36 Abs. 1 AZRG Daten spätestens mit Fristablauf zu löschen. Nähere Ausführungen zu den **Löschfristen** im allgemeinen Datenbestand enthält § 18 AZRG-DV. Demnach sind die Daten eines Ausländers, der das Inland verlassen hat, spätestens zehn Jahre nach der Ausreise zu löschen. Diese generelle Löschfrist erfährt jedoch Einschränkungen. So erfolgt eine Löschung des Datensatzes eines Ausländers nach Abs. 2 erst spätestens mit Ablauf des Vierteljahres, in dem er das 90. Lebensjahr vollendet, wenn er zB als Asylberechtigter anerkannt wurde oder eine Ausweisung, Zurückschiebung oder Abschiebung gespeichert ist. Darüber hinaus erfolgt eine Löschung spätestens fünf Jahre nach dem Tod eines Ausländers. Bestimmte Daten unterliegen nach § 18 Abs. 3 AZRG-DV darüber hinaus einer kürzeren Löschfrist. Daten in der Visadatei sind nach § 19 AZRG-DV spätestens nach fünf Jahren zu löschen. Erfolgte aus Gründen der inneren Sicherheit eine Speicherung zusätzlicher Daten nach § 29 Abs. 2 AZRG, erfolgt eine Löschung spätestens nach zehn Jahren. 69

Die Registerbehörde hat die Verarbeitung personenbezogener Daten nach § 37 Abs. 1 AZRG **einzuschränken,** wenn einer der Gründe des Art. 18 DS-GVO gegeben ist, oder sie nur zu Zwecken der Datensicherung oder Datenschutzkontrolle gespeichert sind. Die 70

---
[60] Da es sich in diesen Fällen häufig um sehr sensible Sicherheitsbelange oder um Daten im Zusammenhang mit einer Strafverfolgung handelt, dürfte diese Einwilligung überwiegend versagt werden.
[61] Hierauf weist auch § 3 Abs. 1 AZRG-DV hin, indem der Registerbehörde aufgegeben wird, Hinweisen auf eine mögliche Unrichtigkeit der gespeicherten Daten nachzugehen.

entsprechenden Daten sind nach § 37 Abs. 2 AZRG mit einem Sperrvermerk zu versehen. Sie dürfen außer zur Prüfung der Richtigkeit ohne Einwilligung der betroffenen Person grundsätzlich nicht verarbeitet werden. In der Verarbeitung eingeschränkte Daten dürfen jedoch verwendet werden, soweit dies für Zwecke der Strafverfolgung erforderlich ist.

71 Die Registerbehörde hat im Fall einer Berichtigung, Löschung oder Einschränkung der Verarbeitung den Empfänger der betreffenden Daten nach § 38 Abs. 1 AZRG zu unterrichten, wenn dies zur Wahrung überwiegender schutzwürdiger Interessen der betroffenen Person erforderlich ist. Sie hat auch diejenige Stelle zu unterrichten, die ihr diese Daten übermittelt hat. Auf diese Weise kann sichergestellt werden, dass alle datenabrufenden Stellen über Änderungen am Datenbestand unterrichtet werden.

72 Erfolgt auf den Antrag des Betroffenen hin keine Berichtigung oder Löschung bzw. Einschränkung der Verarbeitung, kann dieses Verlangen gegenüber der Registerbehörde gegebenenfalls auch im **einstweiligen Rechtsschutz** durchgesetzt werden.[62] Darüber hinaus besteht die Möglichkeit der **kostenlosen Beschwerde** beim Bundesbeauftragten für den Datenschutz und die Informationsfreiheit nach Art. 77 DS-GVO (→ Rn. 83).

3. Übermittlungssperren

73 Darüber hinaus besteht nach § 4 AZRG das Recht auf Einrichtung von Übermittlungssperren. Auf Antrag des Betroffenen kann eine solche im Register gespeichert werden, wenn er glaubhaft macht, dass durch eine Datenübermittlung an nichtöffentliche Stellen, an Behörden anderer Staaten oder an zwischenstaatliche Stellen seine **schutzwürdigen Interessen** oder die einer anderen Person beeinträchtigt werden können. Nähere Ausführungen, insbesondere wann schutzwürdige Interessen vorliegen können, enthält § 7 AZRG-DV. Zudem ist eine Speicherung einer Übermittlungssperre unter gewissen Umständen auch von Amts wegen durch das Bundesamt für Migration und Flüchtlinge oder die Ausländerbehörde oder auf Veranlassung der Zeugenschutzdienststelle vorzunehmen. Zweck der Regelung ist es, die Gefährdung eines Ausländers durch eine Datenübermittlung an ausländische Stellen auszuschließen, wie sie zB bei politisch Verfolgten zu befürchten wäre. Zu beachten ist daher, dass eine Übermittlungssperre nicht für eine Datenübermittlung an inländische öffentliche Stellen in Betracht kommt.

4. Datenschutzaufsicht

74 Einen Fremdkörper in Kapitel 4 stellt § 34a AZRG dar, da er keine spezifischen Betroffenenrechte enthält, sondern die **datenschutzrechtliche Kontrolle** durch die Datenschutzaufsichtsbehörden regelt. Die Kontrolle der Durchführung des Datenschutzes liegt nach § 34a Abs. 1 AZRG bei der Bundesbeauftragten für den Datenschutz und die Informationsfreiheit. Zudem können auch die Landesbeauftragten für den Datenschutz die von den Landesbehörden in das AZR eingegebenen Datensätze kontrollieren, soweit die Länder nach § 8 Abs. 1 AZRG verantwortlich sind.

D. Datenschutzgesetze

I. Überblick

75 Sowohl der Bund als auch die Länder haben für Ihren jeweiligen Zuständigkeitsbereich eigene Datenschutzgesetze erlassen. Auf Ebene des Bundes handelt es sich um das Bundesdatenschutzgesetz. Die Länder haben für Ihren Zuständigkeitsbereich eigene landesrechtlichen Regelungen geschaffen. Aufgrund der unmittelbaren Geltung der DS-GVO beschränken sich die nationalen datenschutzrechtlichen Regelungen nunmehr im

---

[62] Vgl. hierzu den Praxishinweis bei *Hilbrans* in NK-AuslR AufenthG § 86 Rn. 17; OVG Lüneburg Beschl. v. 4.1.2012 – 11 ME 386/11, BeckRS 2012, 45538.

Wesentlichen auf die Normierung der Tätigkeit von Datenschutzbeauftragten und der Aufsichtsbehörden sowie die Ausgestaltung der durch die DS-GVO eingeräumten Spielräume.

Zu beachten ist jedoch, dass vielfach neben **Durchführungsbestimmungen für Ver-** 76 **arbeitungen nach der DS-GVO** zugleich auch **Bestimmungen zur Umsetzung der RL (EU) 2016/680** in den Datenschutzgesetzen enthalten sind. Diese Regelungen sind nicht ausschließlich in eigenständigen, klar abgegrenzten Abschnitten zu finden, sondern auch in den für beide Verarbeitungsformen geltenden allgemeinen Bestimmungen enthalten.[63] Wann eine Verarbeitung zu Zwecken gemäß Art. 1 Abs. 1 RL (EU) 2016/68 vorliegt, ergibt sich aus § 45 BDSG. Demnach muss eine Verarbeitung personenbezogener Daten durch die für die Verhütung, Ermittlung, Aufdeckung, Verfolgung oder Ahndung von Straftaten oder Ordnungswidrigkeiten zuständigen öffentlichen Stellen zum Zweck der Erfüllung dieser Aufgaben vorliegen. Nach § 45 S. 2 BDSG umfasst die Verhütung von Straftaten auch den Schutz vor und die Abwehr von Gefahren für die öffentliche Sicherheit. Die Verarbeitung personenbezogener Daten für migrations- und integrationsrechtliche Zwecke unterfällt grundsätzlich nicht dieser Definition, so dass die Datenverarbeitung in diesem Bereich im Wesentlichen nach Teil 2 des BDSG zu beurteilen ist.

Weiterhin gilt nach § 1 Abs. 2 BDSG, dass **datenschutzrechtliche Regelungen in** 77 **anderen Rechtsvorschriften des Bundes den Vorschriften des BDSG vorgehen.** Das BDSG bleibt also ein Auffanggesetz für Situationen, in denen die einschlägigen Fachgesetze keine bereichsspezifischen datenschutzrechtlichen Regelungen enthalten. Aufgrund des Vorrangs des Europarechts lediglich klarstellender Natur ist die Regelung des § 1 Abs. 5 BDSG, wonach die Vorschriften des BDSG keine Anwendung finden, soweit das Recht der Europäischen Union, im Besonderen die DS-GVO, unmittelbar gilt.

II. Abgrenzung zwischen öffentlichen Stellen des Bundes und der Länder und nicht-öffentlichen Stellen

Das BDSG unterscheidet weiterhin zwischen **öffentlichen Stellen des Bundes und der** 78 **Länder sowie nicht-öffentlichen Stellen.** Eine Definition dieser Begriffe ist in § 2 BDSG enthalten. Demnach sind öffentliche Stellen des Bundes Behörden, die Organe der Rechtspflege und andere öffentlich-rechtlich organisierte Einrichtungen des Bundes, der bundesunmittelbaren Körperschaften, der Anstalten und Stiftungen des öffentlichen Rechts sowie deren Vereinigungen ungeachtet ihrer Rechtsform. Öffentliche Stellen der Länder sind hingegen die Behörden, die Organe der Rechtspflege und andere öffentlich-rechtlich organisierte Einrichtungen eines Landes, einer Gemeinde, eines Gemeindeverbandes oder sonstiger der Aufsicht des Landes unterstehender juristischer Personen des öffentlichen Rechts sowie deren Vereinigungen ungeachtet ihrer Rechtsform. Öffentliche Stelle der Länder sind vom Anwendungsbereich des BDSG nach § 1 Abs. 1 Nr. 2 BDSG weiterhin nur dann erfasst, soweit der Datenschutz nicht durch Landesgesetz geregelt ist und soweit sie Bundesrecht ausführen. Nichtöffentliche Stellen sind natürliche und juristische Personen, Gesellschaften und andere Personenvereinigungen des privaten Rechts, soweit sie nicht unter die vorherigen Kategorien fallen. Nimmt eine nichtöffentliche Stelle hingegen hoheitliche Aufgaben der öffentlichen Verwaltung wahr, ist sie insoweit als öffentliche Stelle iSd BDSG zu betrachten.[64]

---

[63] So zB hinsichtlich der Verarbeitung personenbezogener Daten durch öffentliche Stellen in § 3 BDSG oder bei den Befugnissen der Bundesbeauftragten für den Datenschutz und die Informationsfreiheit in § 16 BDSG, wo zwischen den beiden Formen der Datenverarbeitung unterschieden wird.

[64] Hierbei handelt es sich um den klassischen Fall der Beleihung eines Privaten.. Es kommt entscheidend darauf an, dass Verwaltungstätigkeiten übertragen wurden, der der Beliehene ggf. auch mittels Verwaltungszwang durchsetzen kann.; vgl. *Ernst* in Paal/Pauly, DS-GVO/BDSG, 2. Aufl. 2018, BDSG § 2 Rn. 12; *Schild* in BeckOK Datenschutzrecht BDSG 2018 § 2 Rn. 30.

III. Verarbeitung personenbezogener Daten durch öffentliche Stellen

79 Die Regelung des § 3 BDSG ist die **Generalklausel**[65] für die Verarbeitung personenbezogener Daten durch öffentliche Stellen, indem diese für zulässig erklärt wird, wenn sie zur Erfüllung der in der Zuständigkeit des Verantwortlichen liegenden Aufgabe oder in Ausübung öffentlicher Gewalt, die dem Verantwortlichen übertragen wurde, erforderlich ist. Mit dem Begriff der Verarbeitung aus Art. 4 Nr. 2 DS-GVO werden nunmehr auch für das BDSG die bislang bekannten datenschutzrechtlichen Begrifflichkeiten der Erhebung, Verarbeitung und Nutzung unter einen Begriff zusammengefasst.

80 Die **zu erfüllenden Aufgaben** einer öffentlichen Stelle ergeben sich nicht aus dem BDSG, sondern aus dem jeweiligen Fachrecht. Der Anwendungsbereich der Alternative der Ausübung öffentlicher Gewalt dürfte mit den zu erfüllenden Aufgaben stets deckungsgleich sein.[66] Bereits aus der Gesetzesbegründung ergibt sich, dass die Regelung lediglich eine subsidiäre, allgemeine **Rechtsgrundlage für Datenverarbeitungen mit geringer Eingriffsintensität** in die Rechte der betroffenen Person darstellt.[67] Die Datenverarbeitung im Bereich des Migrations- und Integrationsrechts wird sich daher in der Regel nicht ausschließlich auf § 3 BDSG stützen lassen.

IV. Datenschutzaufsichtsbehörden

1. Zuständigkeiten der Aufsichtsbehörden

81 Die Datenschutzaufsicht ist weiterhin zwischen der **Bundesbeauftragten für den Datenschutz und die Informationsfreiheit** und den **Aufsichtsbehörden der Länder** aufgeteilt. Die Zuständigkeit der Bundesbeauftragten beschränkt sich nach § 9 Abs. 1 BDSG im Wesentlichen auf die Aufsicht über die öffentlichen Stellen des Bundes.[68] Öffentliche Stellen der Länder[69] und nicht-öffentliche Stellen[70] unterfallen weiterhin der Aufsicht durch die Aufsichtsbehörden der Länder. Entsprechende Zuständigkeitsregelungen sind in den Landesdatenschutzgesetzen bzw. für nicht-öffentliche Stellen in § 40 BDSG enthalten.

2. Aufgaben der Aufsichtsbehörden

82 Zu den wichtigsten grundlegenden Aufgaben der Aufsichtsbehörden zählt nach Art. 57 Abs. 1 lit. a DS-GVO die **Überwachung und Durchsetzung** der Anwendung der DS-GVO. Durch § 14 Abs. 1 Nr. 1 BDSG werden diese Aufgaben für die Bundesbeauftragte auf das BDSG und sonstige Vorschriften über den Datenschutz, einschließlich der zur Umsetzung der RL (EU) 2016/680 erlassenen Rechtsvorschriften, erweitert. Somit wird nochmals klargestellt, dass sich die Pflichten zur Überwachung und Durchsetzung auch auf spezialgesetzliche datenschutzrechtliche Regelungen beziehen, wie sie zB in den migrations- und integrationsrechtlichen Gesetzen enthalten sind.

83 Die für Betroffene wichtigste Aufgabe dürfte hingegen die Pflicht zur grundsätzlich **kostenlosen Befassung mit Beschwerden** darstellen. Nach Art. 57 Abs. 1 lit. f DS-GVO haben sich die Aufsichtsbehörden mit Beschwerden einer betroffenen Person nach Art. 77 DS-GVO oder Beschwerden einer Stelle, einer Organisation oder eines Verbandes

---

[65] Zur Kritik an dieser Regelung vgl. *Frenzel* in Paal/Pauly, DS-GVO/BDSG, 2. Aufl. 2018, BDSG § 3 Rn. 1 f.
[66] Vgl. *Wolff* in BeckOK DatenschutzR BDSG 2018 § 3 Rn. 21a; *Petri* in Kühling/Buchner BDSG § 3 Rn. 12.
[67] S. BT-Drs. 18/11325, 83; Vgl. auch *Petri* in Kühling/Buchner BDSG § 3 Rn. 9; *Wolff* in BeckOK DatenschutzR BDSG 2018 § 3 Rn. 16a.
[68] Im Bereich des Migrations- und Integrationsrechts sind dies insbesondere das Bundesamt für Migration und Flüchtlinge, die Bundespolizei und die Bundesagentur für Arbeit.
[69] Hierunter fallen insbesondere auch die in der Regel auf kommunaler Ebene angesiedelten Ausländerbehörden, die Asylbewerberleistungsbehörden, die Aufnahmeeinrichtungen und die Jugendämter.
[70] Hierunter fallen etwa auch die Integrationskursträger.

gemäß Art. 80 DS-GVO zu befassen, den Gegenstand der Beschwerde in angemessenem Umfang zu untersuchen und den Beschwerdeführer innerhalb einer **angemessenen Frist**[71] über den Fortgang und das Ergebnis der Untersuchung zu unterrichten, insbesondere, wenn eine weitere Untersuchung oder Koordinierung mit einer anderen Aufsichtsbehörde notwendig ist. Durch § 14 Nr. 6 BDSG wird diese Pflicht auch auf den Anwendungsbereich der RL (EU) 2016/680 ausgeweitet. War die Bearbeitung von Eingaben durch die Aufsichtsbehörden bislang nicht justiziabel, hat sich dies mit der DS-GVO geändert. Art. 78 DS-GVO räumt nunmehr jeder natürlichen oder juristischen Person das **Recht auf einen wirksamen gerichtlichen Rechtsbehelf gegen eine Aufsichtsbehörde** ein. Ist eine betroffene Person somit künftig mit der durch eine Aufsichtsbehörde getroffenen rechtsverbindlichen Entscheidung[72] nicht einverstanden, kann sie den Rechtsweg beschreiten, um eine Korrektur zu verlangen. Nach § 20 Abs. 1 BDSG ist für entsprechende Rechtsstreitigkeiten grundsätzlich der Verwaltungsrechtsweg gegeben. Eine Zuweisung an die Sozialgerichte besteht jedoch nach § 81a Abs. 1 SGB X etwa für Rechtsstreitigkeiten nach dem Asylbewerberleistungsgesetz. Örtlich zuständig ist nach § 20 Abs. 3 BDSG das Verwaltungsgericht, in dessen Bezirk die Aufsichtsbehörde ihren Sitz[73] hat. Ein Vorverfahren findet nach § 20 Abs. 6 BDSG nicht statt.

Vor dem Hintergrund der zunehmend europarechtlichen Prägung des Migrations- und Integrationsrechts und der damit auch steigenden Zahl grenzüberschreitender Fallgestaltungen ist die Pflicht der Aufsichtsbehörden, auf Anfrage jeder betroffenen Person **Informationen über die Ausübung ihrer Rechte** aufgrund der DS-GVO zur Verfügung zu stellen und gegebenenfalls hierzu auch mit anderen Aufsichtsbehörden zusammenzuarbeiten, ebenfalls als wichtige Aufgabe zu sehen. Durch § 14 Abs. 1 Nr. 5 BDSG wird diese bereits nach Art. 57 Abs. 1 lit. e DS-GVO bestehende Aufgabe auch wiederum auf den Anwendungsbereich des BDSG und andere Vorschriften über den Datenschutz, einschließlich der zur Umsetzung der RL (EU) 2016/680 erlassenen Rechtsvorschriften, erweitert. **84**

V. Rechtsgrundlagen der Verarbeitung personenbezogener Daten

1. Verarbeitung besonderer Kategorien personenbezogener Daten

Mit den Regelungen in § 22 BDSG hat der Gesetzgeber von den Möglichkeiten zur Regelung von **Ausnahmen vom grundsätzlichen Verbot der Verarbeitung besonderer Kategorien personenbezogener Daten** nach Art. 9 Abs. 1 DS-GVO Gebrauch gemacht.[74] Für den Bereich des Migrations- und Integrationsrechts kommen grundsätzlich alle der in § 22 BDSG enthaltenen Ausnahmetatbestände in Betracht. So ist etwa eine auf die Ausnahmen nach Abs. 1 gestützte Datenverarbeitung auf dem Gebiet des Asylbewerberleistungsrechts und zur Gesundheitsvorsorge denkbar. Die Anwendbarkeit der Ausnahmen nach Abs. 2 wird insbesondere bei sicherheitsrelevanten Aspekten eine Rolle spielen, also der Zusammenarbeit der am Asylverfahren beteiligten Behörden mit den Sicherheitsbehörden. **85**

Die Regelungen des § 22 Abs. 2 BDSG setzen die Forderung aus Art. 9 Abs. 2 lit. b, g und i DS-GVO um, wonach für den Fall der ausnahmsweisen Verarbeitung besonderer Kategorien personenbezogener Daten **geeignete Garantien** für die Grundrechte und die **86**

---

[71] Nach Art. 78 Abs. 2 DS-GVO hat die Aufsichtsbehörde die betroffene Person innerhalb von drei Monaten über den Stand oder das Ergebnis der Beschwerde in Kenntnis zu setzen.
[72] In Frage kommen in erster Linie Entscheidungen in Form eines Verwaltungsakts anlässlich der Ausübung von Untersuchungs-, Abhilfe- und Genehmigungsbefugnissen nach Art. 58 Abs. 1 bis 3 DS-GVO; vgl. *Bergt* in Kühling/Buchner DS-GVO Art. 78 Rn. 6, *Pötters/Werkmeister* in Gola DS-GVO Art. 78 Rn. 2; aA in Bezug auf das Erfordernis eines Verwaltungsakts *Nemitz* in Ehmann/Selmayr, Datenschutz-Grundverordnung, 2. Aufl. 2018, DS-GVO Art. 78 Rn. 6.
[73] Exemplarisch ist etwa für die Bundesbeauftragte für den Datenschutz und die Informationsfreiheit wegen des Sitzes in Bonn das Verwaltungsgericht Köln zuständig.
[74] Zur Begründung dieser Ausnahmen s. BT-Drs. 18/11325, 94 f.

Interessen der betroffenen Person bzw. angemessene und **spezifische Maßnahmen zur Wahrung der Grundrechte und Interessen der betroffenen Person** vorzusehen sind. Die in § 22 Abs. 2 BDSG enthaltenen Maßnahmen beziehen sich in erster Linie auf die Ausgestaltung der technischen Systeme zur Datenverarbeitung.

2. Verarbeitung zu anderen Zwecken

87 Durch die Regelungen der §§ 23 und 24 BDSG hat der Gesetzgeber von der in Art. 6 Abs. 4 DS-GVO vorgesehenen Möglichkeit Gebrauch gemacht, die Datenverarbeitung durch einen Verantwortlichen zu einem anderen Zweck als zu demjenigen, zu dem er sie ursprünglich erhoben hat, zu regeln.

88 Eine auf die Regelungen des § 23 Abs. 1 BDSG gestützte **Weiterverarbeitung durch öffentlichen Stellen** wird für den Bereich des Migrations- und Integrationsrechts insbesondere für den Fall der Überprüfung von Angaben der betroffenen Person (Nr. 2) und zur Abwehr erheblicher Nachteile für das Gemeinwohl oder eine Gefahr für die öffentlicher Sicherheit (Nr. 3) in Betracht kommen. Für die **Weiterverarbeitung besonderer Kategorien personenbezogener Daten durch öffentliche Stellen** ist nach § 23 Abs. 2 BDSG neben einem Kriterium des Abs. 1 auch die generelle Zulässigkeit für eine Verarbeitung solcher Daten nach Art. 9 Abs. 2 DS-GVO oder § 22 BDSG erforderlich. Ob und gegebenenfalls in welchem Umfang diese Regelungen vor dem Hintergrund der im Fachrecht vielfach enthaltenen umfangreichen Regelungen zur Datenverarbeitung eine Rolle spielen werden, bleibt abzuwarten.

89 Die **Weiterverarbeitung durch nicht-öffentliche Stellen** ist gesondert in § 24 BDSG geregelt. Besondere Bedeutung für den Bereich des Migrations- und Integrationsrechts könnte die Zulässigkeit zur Weiterverarbeitung zur Abwehr von Gefahren für die staatliche oder öffentliche Sicherheit oder zur Verfolgung von Straftaten nach § 24 Abs. 1 Nr. 1 BDSG erlangen. So ließe sich etwa die Meldung bestimmter Anhaltspunkte für die Planung von Straftaten oÄ durch nicht-öffentliche Stellen an die Sicherheitsbehörden auf diese Rechtsgrundlage stützen.[75] Die **Weiterverarbeitung besonderer Kategorien personenbezogener Daten durch nicht-öffentliche Stellen** bedarf nach § 24 Abs. 2 BDSG neben dem Vorliegen eines Kriteriums des Abs. 1 auch der generellen Zulässigkeit für eine Verarbeitung solcher Daten nach Art. 9 Abs. 2 DS-GVO oder § 22 BDSG.

3. Datenübermittlungen durch öffentliche Stellen

90 Mit § 25 BDSG besteht eine Rechtsgrundlage für die Übermittlung personenbezogener Daten durch öffentliche Stellen soweit diese zu einem anderen Zweck als zu demjenigen, zu dem die Daten erhoben wurden, erfolgt.[76]

91 Nach § 25 Abs. 1 BDSG ist eine **Datenübermittlung an öffentliche Stellen** zulässig, wenn sie zur Erfüllung der in der Zuständigkeit der übermittelnden Stelle oder der empfangenden Stelle liegenden Aufgaben erforderlich ist und die Voraussetzungen vorliegen, die eine Verarbeitung zu einem anderen Zweck nach § 23 BDSG zulassen würden. Der Anwendungsbereich dieser Norm ist also eröffnet, wenn sich der Zweck, zu dem die Daten ursprünglich erhoben wurden, zum Zeitpunkt der Datenübermittlung auf Seiten der übermittelnden und/oder der empfangenden Stelle ändert. Die empfangende Stelle darf die Daten grundsätzlich nur zu dem Zweck verarbeiten, zu dem sie ihr übermittelt wurden. Eine Abweichung von dieser Zweckbindung ist allerdings unter den Voraussetzungen des § 23 BDSG zulässig. Aufgrund der umfassenden Regelungen zur Zulässigkeit der Verarbeitung personenbezogener Daten in den Fachgesetzen wird die Zahl der Anwendungs-

---

[75] Zu Bedenken bzgl. dieser Regelung vgl. *Frenzel* in Paal/Pauly, DS-GVO/BDSG, 2. Aufl. 2018, BDSG § 24 Rn. 5 ff.

[76] Zu möglichen Unklarheiten der Formulierung und des Anwendungsbereichs im Einzelnen vgl. *Herbst* in Kühling/Buchner BDSG § 25 Rn. 6 ff.

fälle für diese Regelungen auf dem Gebiet des Migrations- und Integrationsrechts vermutlich gering sein.

Eine **Datenübermittlung an nicht-öffentliche Stellen** ist unter den Voraussetzungen 92 des § 25 Abs. 2 Nr. 1 BDSG insbesondere zulässig, soweit dies zur Erfüllung der in der Zuständigkeit der übermittelnden Stelle liegenden Aufgaben erforderlich ist und die Voraussetzungen vorliegen, die eine Verarbeitung zu einem anderen Zweck nach § 23 BDSG zulassen würden. Der Anwendungsbereich ist somit also enger gefasst als bei der Möglichkeit der Übermittlung an eine öffentliche Stelle nach § 25 Abs. 1 BDSG, da hier nur die Aufgabenerfüllung der übermittelnden Stelle eine Rolle spielt. Die Aufgabenerfüllung bzw. das Interesse an einer Datenübermittlung einer nicht-öffentlichen Stelle wird von § 25 Abs. 2 Nr. 2 BDSG erfasst. Demnach können Daten an einen Dritten übermittelt werden, wenn dieser ein berechtigtes Interesse an der Kenntnis der zu übermittelnden Daten glaubhaft darlegt und die betroffene Person kein schutzwürdiges Interesse an dem Ausschluss der Übermittlung hat. Ein denkbarer Anwendungsfall für diese Regelung könnte etwa die Unterstützung eines Ausländers durch eine Flüchtlingsorganisation sein, die von einer Behörde bestimmte Daten zu dem Unterstützten erhalten möchte. Da die Datenverarbeitung durch die Flüchtlingsorganisation selbst mutmaßlich auf der Einwilligung des Unterstützten beruht, ließe sich damit auch das nicht gegebene schutzwürdige Interesse der betroffenen Person, hier des Unterstützten, am Ausschluss der Datenübermittlung belegen.

VI. Rechte der betroffenen Person

Zwar ist Kapitel 2 in Teil 2 des BDSG mit „Rechte der betroffenen Person" überschrieben, 93 jedoch handelt es sich bei den folgenden Vorschriften genau genommen um Regelungen zur Einschränkung der nach Kapitel III der DS-GVO bestehenden Rechte. Die Möglichkeit der über die in den Vorschriften der DS-GVO bereits enthaltenen Beschränkungen dieser Rechte hinausgehende Regelung ergibt sich aus Art. 23 DS-GVO.

1. Informationspflicht bei Erhebung personenbezogener Daten

Die in § 32 BDSG enthaltenen **Ausnahmen von der Informationspflicht bei Erhe-** 94 **bung personenbezogener Daten bei der betroffenen Person** beziehen sich nur auf die erforderlichen Informationen nach Art. 13 Abs. 3 DS-GVO,[77] also **den Fall einer geplanten Zweckänderung.** Für den Bereich des Migrations- und Integrationsrechts kann insbesondere den Ausnahmen nach § 32 Abs. 1 Nr. 2, 3 und 5 BDSG Bedeutung zukommen, da sich diese auf die ordnungsgemäße Aufgabenerfüllung einer öffentlichen Stelle oder die Gefährdung der öffentlichen Sicherheit oder Ordnung beziehen. Für die nachträgliche Kontrolle der unterbliebenen Information von Bedeutung ist die Regelung des § 32 Abs. 2 S. 2 BDSG, wonach der Verantwortliche die Gründe für das Absehen von einer Information grundsätzlich zu dokumentieren hat. Für den Fall des Vorliegens eines vorübergehenden Hinderungsgrundes ist die Informationspflicht nach § 32 Abs. 3 BDSG nachzuholen.

In § 33 BDSG sind **Ausnahmen von der Informationspflicht** für den Fall enthalten, 95 dass die **personenbezogenen Daten nicht bei der betroffenen Person erhoben** wurden. Diese Tatbestände treten neben die in Art. 14 Abs. 5 DS-GVO enthaltenen allgemeinen und in § 29 BDSG zum Schutz von Geheimhaltungspflichten enthaltenen Ausnahmen. Für den Bereich des Migrations- und Integrationsrechts von Bedeutung können insbesondere die Ausnahmen nach § 33 Abs. 1 Nr. 1 und Nr. 2 lit. b BDSG werden, da sich diese auf die ordnungsgemäße Aufgabenerfüllung einer öffentlichen Stelle oder die Gefährdung der öffentlichen Sicherheit oder Ordnung beziehen. Der Verantwortliche hat die Gründe für das Absehen von einer Information nach § 33 Abs. 2 S. 2 BDSG

---

[77] Zum Umfang der erforderlichen Informationen vgl. *Bäcker* in Kühling/Buchner DS-GVO Art. 13 Rn. 71 ff.

schriftlich festzuhalten, so dass eine nachträgliche Kontrolle möglich ist. Eine Besonderheit gilt für den Fall einer Datenübermittlung öffentlicher Stellen an die Sicherheitsbehörden. Nach § 33 Abs. 3 BDSG ist die Informationserteilung nur mit Zustimmung dieser Stellen zulässig.

2. Auskunftsrecht der betroffenen Person

96 Durch die Regelungen in § 34 BDSG wird das nach Art. 15 DS-GVO bestehende **Recht auf Auskunft eingeschränkt.** Die praktisch bedeutsamste Ausnahme enthält § 34 Abs. 1 Nr. 1 BDSG. Demnach besteht das Auskunftsrecht dann nicht, wenn auch eine Informationspflicht nach § 33 Abs. 1 Nr. 1, 2 lit. b oder Abs. 3 BDSG nicht besteht. Die Einschränkung dient somit der ordnungsgemäßen Aufgabenerfüllung einer öffentlichen Stelle oder dem Schutz der öffentlichen Sicherheit oder Ordnung (→ Rn. 95). Die Gründe für die Auskunftsverweigerung sind nach § 34 Abs. 2 BDSG zu dokumentieren und die **Ablehnung gegenüber der betroffenen Person zu begründen,** soweit hierdurch nicht der Zweck der Auskunftsverweigerung gefährdet wird.

97 Wird der betroffenen Person keine Auskunft erteilt, ist sie nach § 34 Abs. 3 BDSG auf Verlangen der **Bundesbeauftragten für den Datenschutz und die Informationsfreiheit**[78] zu erteilen. Diese prüft die Rechtmäßigkeit der Auskunftsverweigerung und teilt das Ergebnis der betroffenen Person mit. Eine Überprüfung durch die Bundesbeauftragte erfolgt somit grundsätzlich nur auf Antrag hin. Die Rückmeldung an den Betroffenen darf jedoch keine Rückschlüsse auf den Erkenntnisstand des Verantwortlichen zulassen, soweit dieser nicht einer weitergehenden Auskunft zustimmt. Somit kann über den Umweg der Einschaltung der Bundesbeauftragten grundsätzlich nicht das Ziel erreicht werden, über den Inhalt der gespeicherten Daten informiert zu werden.

3. Recht auf Löschung

98 Neben den bereits in Art. 17 Abs. 3 DS-GVO vorgesehenen weiterreichenden Gründen für den Ausschluss des Rechts auf Löschung besteht dieses Recht nach § 35 Abs. 1 BDSG insbesondere auch dann nicht, wenn **im Falle einer nicht automatisierten Verarbeitung** wegen der besonderen Art der Speicherung eine **Löschung nicht oder nur mit unverhältnismäßigem Aufwand** möglich wäre und das Interesse der betroffenen Person an der Löschung gering ist. In einem solchen Fall ist die Verarbeitung hingegen nach Art. 18 DS-GVO einzuschränken. Ebenso tritt nach § 35 Abs. 2 BDSG an die Stelle der Löschung die Pflicht zur Einschränkung der Verarbeitung, solange und soweit der Verantwortliche Grund zu der Annahme hat, dass **durch die Löschung schutzwürdige Interessen der betroffenen Person beeinträchtigt** würden. In diesem Fall ist die betroffene Person grundsätzlich über die Einschränkung der Verarbeitung zu unterrichten. Schutzwürdige Interessen sollen etwa dann beeinträchtigt sein, wenn die betroffene Person die gelöschten Daten später erneut beibringen müsste, wenn Beweismittel verloren zu gehen drohen oder die übrig bleibenden Daten unvollständig oder irreführend wären.[79]

4. Widerspruchsrecht

99 Durch § 36 BDSG wird das Recht auf Widerspruch gegen die Verarbeitung personenbezogener Daten nach Art. 21 Abs. 1 DS-GVO gegenüber einer öffentlichen Stelle für die Fälle ausgeschlossen, dass an der Verarbeitung **ein die Interessen der betroffenen Person überwiegendes zwingendes öffentliches Interesse** besteht oder eine **Rechtsvorschrift zur Verarbeitung verpflichtet.** Aufgrund ihrer allgemein gehaltenen Formulierung ist die Reichweite dieser Ausschlusstatbestände sehr weitgehend. So ist etwa die Entscheidung

---

[78] Die Legaldefinition für den hier lediglich verwandten Begriff des oder der Bundesbeauftragten ergibt sich aus § 8 Abs. 1 BDSG.
[79] Vgl. *Herbst* in Kühling/Buchner BDSG § 35 Rn. 19.

über die Definition des Begriffs des zwingenden öffentlichen Interesses letztlich an den Verantwortlichen delegiert.[80] Sofern der Verantwortliche das Bestehen eines Widerspruchsrechts aufgrund von § 36 BDSG verneint, hat er die betroffene Person nach Art. 12 Abs. 4 DS-GVO unverzüglich, spätestens aber innerhalb eines Monats nach Eingang des Widerspruchs über die Gründe hierfür und die Möglichkeit, bei einer Aufsichtsbehörde Beschwerde einzulegen oder einen gerichtlichen Rechtsbehelf einzulegen, zu unterrichten.[81] Die betroffene Person kann die Entscheidung des Verantwortlichen somit einer unabhängigen Überprüfung unterziehen lassen. Die Aufsichtsbehörde kann dann gegebenenfalls gegenüber dem Verantwortlichen nach Art. 58 Abs. 2 lit. g DS-GVO die Berichtigung oder Löschung von personenbezogenen Daten oder die Einschränkung der Verarbeitung anordnen.

5. Rechtsbehelfe

Neben der bereits oben erwähnten Möglichkeit der Beschwerde bei einer Aufsichtsbehörde (→ Rn. 83) eröffnet Art. 79 DS-GVO auch die Möglichkeit der direkten Klage gegen einen Verantwortlichen oder Auftragsverarbeiter. Nach § 44 Abs. 1 BDSG besteht hinsichtlich des Klageortes ein Wahlrecht. Demnach können Klagen bei dem Gericht des Ortes erhoben werden, an dem sich eine Niederlassung des Verantwortlichen oder Auftragsverarbeiters befindet oder auch bei dem Gericht des Ortes erhoben werden, an dem die betroffene Person ihren gewöhnlichen Aufenthaltsort hat. Diese Regelung gilt jedoch nicht für Klagen gegen Behörden, die in Ausübung ihrer hoheitlichen Befugnisse tätig geworden sind. In diesen Fällen bleibt es bei der Zuständigkeit entsprechend der jeweiligen fachgerichtlichen Verfahrensordnungen[82].

100

---

[80] Vgl. *Gräber/Nolden* in Paal/Pauly, DS-GVO/BDSG, 2. Aufl. 2018, BDSG § 36 Rn. 2; Kritik wegen fehlender Spezifizierung äußernd *Herbst* in Kühling/Buchner BDSG § 36 Rn. 13.
[81] Vgl. *Herbst* in Kühling/Buchner BDSG § 36 Rn. 11.
[82] *Mundil* in BeckOK Datenschutzrecht BDSG § 44 Rn. 4

Sachverzeichnis

Die fetten Zahlen bezeichnen die Paragrafen, die mageren Zahlen die Randnummern.

Abatay u. Sahin 11 60
Abschiebekosten 10 147 ff.
– Durchsetzung **10** 156 ff.
– Kostenschuldner **10** 148 ff.
– Kostenumfang **10** 153 ff.
Abschiebung Einl. 30; **8** 21 ff.; **11** 260, 266
– Abschiebungsgrund **8** 33
– Abschiebungshindernisse **8** 51 ff.
– Abschiebungsverbote **8** 51 ff.
– Androhung **8** 41 ff., 84
– Ankündigung **8** 45 f.
– Anordnung **8** 24
– Ausreisepflicht **8** 27
– Bereitschaft zur Ausreise **8** 34
– EU-Rückführungsrichtlinie **8** 22, 37, 39, 42
– Freiheitsbeschränkungen **8** 63 ff.
– Freiheitsentziehung **8** 65
– Fristsetzung **8** 43; **11** 266
– Folgenbeseitigung **8** 102 ff.
– Haft **8** 37 ff.
– Minderjährige, unbegleitete **8** 60 ff.
– Präklusion **8** 56
– Rechtsfolgen **8** 70 ff.
– Rechtsschutz **8** 92 ff.
– Rückkehrentscheidung **8** 42
– Schriftform **8** 47
– überwachte freiwillige Ausreise **8** 26
– Überwachung der Ausreise **8** 35 ff.
– Unionsbürger **11** 260, 266
– Verhältnismäßigkeitsgrundsatz **8** 58 ff.
– Vollziehbarkeit **8** 30
– Zielstaat **8** 49
Abschiebungsandrohung Einl. 31; **8** 84; **19** 602
– Ausreisefristsetzung **8** 88
– Erledigung **8** 87
– Rechtsschutz **8** 84 ff.
– Vollzug Unionsbürger **11** 266
Abschiebungsanordnung Einl. 32; **5** 78; **8** 104 ff.
– Anhörung **8** 119 ff.
– Gefahrenbegriffe **8** 107 ff.
– Gefahrenrisiko **8** 110
– Gefährlichkeit des Ausländers **9** 5, 22
– Gefahr, besondere **8** 108
– mündliche Verhandlung **8** 125
– Rechtsbehelfsbelehrung **8** 124
– Rechtsschutz **8** 122 ff.
– Sicherheit der Bundesrepublik **8** 107 ff.
– Terrorismusabwehr **8** 109

– Verfassungskonformität **8** 105
– Vorfeldstadium **8** 113 f.
Abschiebungshaft 4 41 f.; **9**
– Ausreisepflicht **9** 41, 5
– Voraussetzungen **9** 5
Abschiebungshaft bei Asylantrag 19 335, 429, 562
Abschiebungsverbote 16 15, **8** 116; **19** 280 ff., 601, 602, 693; **21** 52
– isolierter Antrag **19** 324
– Krankheit **19** 285, 294 ff.
Absehen von Strafvollstreckung 26 17
– Kooperation Ausländerbehörde/StA **26** 18
– Nachholung der Strafvollstreckung **26** 20
– Rückkehr vor Vollstreckungsverjährung **26** 22
– Vollstreckungshaftbefehl und Ausschreibung **26** 19
Absolventen ausländischer Hochschulen 13 8; **15** 18
Abstammungserwerb
– Erwerb (deutsche Staatsangehörigkeit) **2** 4 ff.
– Spätaussiedler **2** 28
Abwesenheitszeiten 11 188 ff., 189, 224
Achtung Familienleben 11 15, 37 ff., 40, 129 ff., 149a, 150 ff.
Adoption
– Auslandsadoption **2** 14 f.
– Minderjährigenadoption **2** 12 f.
– Staatsangehörigkeitserwerb **2** 12 ff.
– Volljährigenadoption **2** 12 f.
Afghanistan 19 45 f., 78, 92, 106, 262 f.
Ägypten 12 335; **19** 116
AKP-Staaten
– Arbeitsbedingungen **12** 345
– Einschränkungen **12** 348
– Gleichbehandlung **12** 346, 347
– Niederlassung **12** 321
– unmittelbare Anwendbarkeit **12** 348
Akteneinsicht 19 616, 730
Aktive Dienstleistungsfreiheit 11 105
Aktives und passives Wahlrecht 11 28
Albanien 12 313–319, 343, 367, 389
Algerien 12 273, 274, 336
Alimanovic 11 85, 86, 87, 161
Allgemeine Leistungsklage 11 269
Allgemeininteresse
– Geeignetheit **12** 192
– Integration **12** 191
– zwingender Grund **12** 181
Allgemeiner Unterricht 11 226a
Altfallregelung 5 441–448

991

Sachverzeichnis

Fette Zahlen = Paragrafen

Amtliche Auskunft 19 647
Amtsermittlungsgrundsatz
– Einbürgerungsverfahren **3** 15
– Staatsangehörigkeitsfeststellung **3** 4
Amtshilfe 9 54
Analogieleistungen 19 769
Andorra 12 351, 367
Anerkennung (Ausländische Abschlüsse) 13
5, 8; **15** 15 f., 19, 106, 108, 117; **21** 15
Anerkennung (Forschungseinrichtung) 15
24, 32
Anerkennung der Vaterschaft 26 110
Anerkennungsgesetz 15 16
Anerkennungsverfahren 15 16
Anfechtungsklage 11 265
Anhörung 9 66
– audiovisuelle Übertragung **9** 67
– Beschwerdeverfahren **9** 69, 70
– Dolmetscher **9** 67, 70
– Kinder **9** 71
– Lebenspartner **9** 71
– Mängel und Heilung **9** 79, 80
– Umfang **9** 66
– Verfahrensbevollmächtigter **9** 68
– Zeitpunkt **9** 67
Anhörung im Asylverfahren
– Ablauf **19** 403
– Begleiter **19** 398, 399, 416
– Beteiligte **19** 391, 397
– Fragen **19** 408, 416, 417
– Glaubhaftigkeit **19** 413, 415
– Ladung **19** 391, 400
– Mindestalter **19** 396
– Niederschrift **19** 403, 412
– Verlegung **19** 401
Ankerzentren 19 356, 753
Ankunftsnachweis 19 352, 365, 366
Anlage technische 15 99–104
Anmeldebescheinigung 11 194, 201, 202
Anreiz- und Sanktionsmaßnahmen 21 4
Anrechenbare Zeiten 24 12 ff., 50
Anspruch auf Erlass eines Verwaltungsaktes und Strafbarkeit 26 57, 70, 74, 92, 99, 102, 105, 120
Anspruch auf Sozialhilfe 11 42, 81 ff.
Anspruch auf Unterhalt 11 149
Anspruchseinbürgerung 2 51 ff.
– Abwendung verfassungsfeindliche Bestrebungen **2** 73, 79
– Anrechnungsermessen **2** 65
– Aufenthalt, gewöhnlicher **2** 51, 61 ff.
– Aufenthalt, rechtmäßiger **2** 66 f.
– Aufenthalt, verfestigter **2** 83 ff.
– Aufenthaltsdauer **2** 51, 60 ff.
– Aufenthaltsdauer, Verkürzung **2** 68 f.
– Aufenthaltserlaubnis, befristete **2** 85
– Auslandsaufenthalt **2** 64
– Ausschlussgründe **2** 74 ff.

– Ausweisungsinteresse, besonders schwerwiegendes **2** 80 ff.
– Bekenntnis/Loyalitätserklärung **2** 71 ff.
– Bestrebungen, verfassungsfeindliche/extremistische **2** 72, 75 ff.
– Betreuung **2** 59
– Einbürgerungsbewerber, ältere **2** 119 ff.
– Flüchtlinge **2** 125 ff.
– Handlungsfähigkeit, staatsangehörigkeitsrechtlicher **2** 57 ff.
– Identität Einbürgerungsbewerber **2** 53 ff.
– Identität, Verwendung fremde **2** 56
– Identitätstäuschung, frühere **2** 55
– Integrationsleistungen, besondere **2** 69
– Kenntnisse, staatsbürgerliche **2** 156 ff.
– Lebensunterhaltssicherung **2** 51, 86 ff.
– Lebensverhältnisse, Einordnung in deutsche **2** 51, 158a f.
– Mehrstaatigkeit, Hinnahme von **2** 104 ff.
– Miteinbürgerung Familienangehörige **2** 159 ff.
– Sicherheitsbedenken **2** 51
– Sicherheitserfordernis/bedenken **2** 70 ff.
– Sprachanforderungen **2** 51, 150 ff.
– Staatsangehörigkeit, Verlust/Aufgabe bisherige **2** 51, 98 ff.
– staatsbürgerliche Kenntnisse **2** 51
– Unbescholtenheit, strafrechtliche **2** 130 ff.
– Unionsbürger **2** 84, 128
– Unterbrechung gewöhnlicher Aufenthalt **2** 63 ff.
– Verfassungstreue **2** 51, 71 ff.
– Vertretung, gesetzliche **2** 59
Antonissen 11 65, 75
Antrag 5 132b
– aufschiebende Wirkung **11** 265; **12** 215
– verspätet **12** 395
Anwaltswechsel 19 623
Anwaltszwang 19 708
Anwerbestopp 5 1; **7** 7; **13** 7; **15** 81
ARB 1/80
– Arbeitserlaubnis **12** 20
– Arbeitslosigkeit **12** 77
– Arbeitsunfall **12** 75
– Ausreise **12** 296, 95, 226, 230
– Einreisefreiheit **12** 172
– europarechtliche Einordnung **12** 15
– falsche Angaben **12** 55, 56, 104
– Familiennachzug **12** 162 ff.
– Fortbildung **12** 89
– gestufte Zulassung **12** 124, 125
– Kooperationspflicht **12** 16
– Kündigung des Arbeitsverhältnisses **12** 78
– parallele Anwendbarkeit **12** 14
– parlamentarische Beteiligung **12** 18
– Programmcharakter **12** 380
– religiöse Betätigung **12** 30, 31, 38
– rückwirkende Befristung **12** 43
– Scheinehe **12** 55

Magere Zahlen = Randnummern **Sachverzeichnis**

– Sprachvergleich **12** 39
– Strafhaft **12** 79–82, 127
– unmittelbare Anwendbarkeit **12** 17, 19
– verspäteter Antrag **12** 54
– Verfahrensrecht **12** 90
– Vorgängervorschrift **12** 21
– Wehrdienst **12** 85, 369–371
– Zuzugsgrund **12** 42
Arbeitgeber 13 4, 8, 11, 18; **15** 2, 5, 7, 9 ff., 17, 23, 52, 54, 76 ff., 82, 99 f., 106 ff., 113 ff.
Arbeitnehmer
– Arbeitgeberwechsel **12** 63, 65, 66
– Ausübung hoheitlicher Befugnisse **11** 58
– Auszubildende **11** 61; **12** 25
– Beendigung des Status **11** 64
– Begriff **11** 49 ff.; **12** 20, 24
– Berufsausbildung **11** 61
– Berufssportler **12** 28
– Beschäftigung in der öffentlichen Verwaltung **11** 57
– Beschäftigungsdauer **12** 61, 133
– Beschäftigungserlaubnis **12** 22
– Bevorrechtigte **12** 62; **15** 8, 10, 81
– Bewerbungsfreiheit **12** 140, 141
– Elternzeit **12** 71
– Ende der Beschäftigung **12** 23
– Entsandte **11** 60; **12** 45 ff., 231; **13** 9; **14** 6; **15** 12f, 53 ff.
– Europaabkommen **12** 60
– Familienangehörige **12** 22, 33, 43
– Geringfügige Beschäftigung **11** 52
– Grenzüberschreitender Bezug **11** 62
– Inländerdiskriminierung **11** 63
– Jahresurlaub **12** 67, 68
– Lehrkräfte **12** 45, 49 ff., 58
– Missbrauch **11** 53
– Obdachlosenzeitung **12** 35
– Praktikanten **12** 26
– Prostitution **11** 69
– Rechtswidrige Tätigkeiten **11** 68
– Rechtsverhältnis sui generis **11** 51
– Rentner **11** 59
– Schreibkräfte **12** 58
– Schwangerschaft **11** 67
– Stillhalteklauseln **12** 148–161
– Studenten **12** 27
– Studienreferendar **11** 56
– Stufenverhältnis **12** 59, 64
– Vorübergehende Unterbrechungen **11** 66
Arbeitnehmerfreizügigkeit 11 33 ff., 45 ff., 70 ff., 227; **14** 2 f., 5; **25** 8
– Arbeitsuche **11** 70 ff.
– Beendigung des Arbeitnehmerstatus **11** 64, 76
– Begründete Aussicht auf Arbeit **11** 74
– Berufsausbildung **11** 46, 61
– bestimmte Zeit **11** 49, 50
– bewerben **11** 34, 70, 74
– Dauerhaftigkeit der Tätigkeit **11** 49, 50

– Entgelt **11** 49, 50
– „entgeltliche" Ausbildungstätigkeiten **11** 61
– entsandte Arbeitnehmer **11** 60; **14** 3, 6
– frei bewegen **11** 34, 70
– gemeinschaftsrechtlicher Begriff des Arbeitnehmers **11** 48, 49, 50, 70 ff.
– geringer Umfang **11** 49, 50, 52
– geringfügige Beschäftigungsverhältnisse/Sozialleistungsbezug **11** 42, 52, 79 ff.
– Missbrauchsfälle **11** 53, 76, 78
– nach Weisung **11** 49, 50
– Praktikanten **11** 55
– Prostitution **11** 69
– Rechtsverhältnis sui generis **11** 51
– rechtswidrige Tätigkeiten **11** 68
– Rentner **11** 59
– Schwangerschaft **11** 67
– sittenwidrige Tätigkeiten **11** 68
– Sozialleistungsbezug **11** 79 ff.
– Studienreferendar **11** 56
– tatsächliche und echte Tätigkeit **11** 49, 50, 76 f.
– Teilnahme an der Ausübung hoheitlicher Befugnisse **11** 58
– Über/Unterordnungsverhältnis **11** 49, 50
– Vergütung **11** 49, 50
– vorübergehende Unterbrechungen **11** 66
– zeitlich befristete Beschäftigung **11** 52
Arbeitnehmerüberlassung 15 103
Arbeitsbedingungen 15 3 ff., 8 f., 52, 87
Arbeitsberechtigung 12 147, 386, 387
Arbeitserlaubnis 12 383
Arbeitslosigkeit
– dauerhafte **12** 84, 222, 223
– unfreiwillige **11** 66, 76, 92
– verschuldet **12** 77
– vorübergehende **11** 66, 76, 92
Arbeitsmarkt
– Hoheitsgebiet **12** 46, 47
– regulärer **12** 36, 40, 41, 48, 83
– tatsächliche Verbindung **11** 66, 77, 92
– Verlassen **12** 221
– Zutritt **12** 131
Arbeitsmigration 13 1 ff.; **14** 1 ff.; **15** 1 ff.
Arbeitsplatz
– Arbeitsplatzsuche **5** 184, 196, 213; **6** 46, 70–72, 74, 76, 227
– Arbeitsplatzangebot **15** 10, 15, 18, 87, 116
Arbeitsunfall 11 181
Arbeitsvertrag
– lokal **15** 12 f., 48, 53, 73, 109
– ruhend gestellt **15** 13, 69
Armenien 12 311, 342, 367
Ärztliches Attest 19 693
Ärztliche Stellungnahme 19 693
Aserbaidschan 12 311, 342, 367; **13** 86
Assistierte Ausbildung 25 15
Assoziation EWG/Türkei 5 352, 358

993

Sachverzeichnis

Fette Zahlen = Paragrafen

Assoziationsabkommen
– Dienstleistungen **12** 286
– Ermächtigung **12** 254, 261
– Gegenstand **12** 261, 268, 287
– Gemische Abkommen **12** 257
– Typen **12** 262, 263
– Unionsrecht **12** 264
– unmittelbare Anwendbarkeit **12** 293, 297
– Völkerrecht **12** 260
– Vorbehalte **12** 275
Assoziationsrat 12 259
Assoziationsrechtliches Aufenthaltsrecht Einl. 33
Asylantrag 9 20, 21; **16** 17; **19** 325, 472, 571
– Aufenthaltsgestattung **19** 365
– Begründung **19** 381 ff.
– Beschränkung **19** 331
– Folgeantrag **19** 326, 348, 470, 553
– Haft **9** 21
– Handlungsfähigkeit **19** 345
– Inhalt **19** 330
– Minderjährige s. *Asylverfahren*
– persönlich **19** 349, 350
– Rücknahme **19** 446
– schriftlich **19** 359
– Stellvertretung **19** 347
– Wiederaufnahmeantrag s. *Asylverfahren*
– Zweitantrag **19** 328, 501
Asylantragsteller
– Abschiebungshaft **19** 335, 429, 562
– Ausbildungsförderung **19** 755, 770 ff.
– Auslieferung **19** 759 f.
– aus sicheren Herkunftsstaaten **19** 753, 762
– Ausweisung **19** 758
– Berufsausbildung **19** 778
– Einreise **19** 757
– Erlaubnis der Erwerbstätigkeit **19** 775 ff.
– Erwerbsverbot **19** 448, 451
– gestatteter Aufenthalt **19** 749, 756 ff.
– medizinische Versorgung **19** 774
– räumliche Beschränkung **19** 763 ff.
– Rückreise in Herkunftsstaat **19** 467
– Sozialleistungen **19** 766 ff.
– Studium **19** 770, 780
Asylberechtigung 16 13, 18; **19** 12 ff.; **24** 66
– Ausschluss **19** 28
– Gruppenverfolgung **19** 18
– inländische Fluchtalternative **19** 22
– Rechtsstellung **19** 30
– Rechtsverletzung **19** 14, 17
– staatliche Verfolgung **19** 19
– Verfolgungsgründe **19** 15 ff.
– Wahrscheinlichkeit der Verfolgung **19** 21
Asylbewerberleistungsgesetz 16 19; **25** 7 ff., 11, 13, 26 ff., 72
– Analogleistungen **25** 38 ff.
– Anspruchsausschluss **25** 34
– Anspruchseinschränkung **25** 42 ff.

– Anwendungsbereich **25** 31 ff.
– Ende der Leistungsberechtigung **25** 32 f.
– Grundleistungen **25** 35 ff.
Asylgesuch 16 16; **19** 333, 351, 365, 430
– an der Grenze **19** 333
– bei Einreise aus sicherem Drittstaat **19** 337
Asylrecht 5 236–239, 301, 303; **16** 1 ff.
Asylverfahren 13 325
– Anhörung s. *Anhörung im Asylverfahren*
– Belehrungspflichten **19** 426
– Betreibensaufforderung **19** 545
– Beweismittel **19** 383, 390, 557, 559
– Beweisnot **19** 383
– Einstellung **19** 426, 447, 452
– Erwerbstätigkeit **19** 357d, 435, 775
– Führerschein **19** 780c
– Kfz-Haltereigenschaft **19** 780c
– Mitwirkungspflichten s. *Mitwirkungspflichten*
– Nichtbetreiben **19** 422, 452
– Rechtsberatung **19** 357b
– Rücknahme **19** 326, 533, 537, 546, 548
– Rücknahmefiktion **19** 427, 430, 431, 441, 445, 451 f., 454, 459, 464, 467
– unbegleitete Minderjährige s. *Unbegleitete Minderjährige*
– Widerruf **19** 326, 533, 537, 548
– Wiederaufnahme **19** 337, 455, 458, 468, 497, 505, 547, 557
– Vermerk „Personalien beruhen auf den Angaben des Inhabers" **19** 367, 780a ff.
Asylverfahrensrichtlinie (EU) 9 2; **16** 30; **18** 12, 29, 102, 253 ff.
Aufenthalt aus humanitären Gründen 5 215 –312
– Abschiebungsverbot **5** 243–250
– Aufnahme aus dem Ausland **5** 215–217
– außergewöhnliche Härte **5** 256–258
– Ausreisehindernis **5** 270–279
– Bindungswirkung **5** 237, 241, 245
– dringende humanitäre Gründe **5** 227, 251, 253
– dringende persönliche Gründe **5** 227, 251, 253
– Entwurzelung **5** 258, 275
– erhebliche öffentliche Interessen **5** 251, 254, 263, 264
– Ermessen **5** 216, 217, 221, 230, 247, 251, 255, 256, 264, 266, 268, 270, 286, 287, 307, 311
– faktischer Inländer **5** 274–275
– Flüchtlinge **5** 240–243, 301, 303, 304
– gut integrierte Jugendliche und Heranwachsende **5** 280–290
– illegal beschäftigte Arbeitnehmer **5** 266–269
– Lebensunterhalt **5** 275, 284, 286, 293, 295, 296, 299, 303, 304, 309
– Mitwirkungspflicht **5** 279, 298
– Nachhaltige Integration **5** 291–299
– Opfer von Straftaten **5** 259–265
– Rechtliche Unmöglichkeit **5** 270–279
– Subsidiär Schutzberechtigte **5** 240–243, 301

Magere Zahlen = Randnummern **Sachverzeichnis**

- Tatsächliche Unmöglichkeit **5** 270–279
- Versagung **5** 238, 276, 285, 298
- Verwurzelung **5** 258, 275
- Vorübergehender Aufenthalt **5** 232–235
- Zuerkennung internationalen Schutzes **5** 240–243
- zum vorübergehenden Schutz **5** 232–235

Aufenthalt (während Asylverfahren) *s. Aufenthaltsgestattung*

Aufenthalt bis zu drei Monaten/ über drei Monate 11 41, 71, 191, 192

Aufenthaltsdauer
- Anrechnung **12** 119, 120
- Auslandsaufenthalte **12** 117, 118

Aufenthaltserlaubnis 5 80; **11** 190 ff., 261; **19** 328, 340, 360, 370, 379, 510, 556
- Anspruchseinbürgerung **2** 85
- Asylantrag **5** 104
- Befristung **5** 81, 84; **12** 656
- deklaratorisch **12** 143
- Erlöschen nach Asylantrag **19** 371
- Titelerteilungssperre *s. Titelerteilungssperre*
- familiäre **5** 313–449
- Fiktionswirkung **5** 132h, 136
- humanitäre **5** 215–312
- Neuerteilung **5** 88
- Rechtsschutz **5** 134
- ungeregelter Zweck **5** 83
- Verlängerung **5** 88
- Zweckbezogenheit **5** 82

Aufenthaltserlaubnis Beschäftigung 13 3; **15** 2, 9, 18, 21, 30, 42

Aufenthaltsgestattung Einl. 34; **19** 352, 343, 365, 366, 367; **6** 393; **21** 50 ff.

Aufenthaltsgewährung
- Anordnung **5** 220, 221, 222, 224, 225, 230, 301
- Anordnungsbefugnis **5** 224, 225
- Bundesinnenministerium **5** 217, 219–222
- Ermessen **5** 216, 217, 221, 230
- in Härtefällen **5** 223–231
- Oberste Landesbehörde **5** 219–221

Aufenthaltskarte 11 133, 136, 193, 199, 200, 233, 250, 269

Aufenthaltsrecht der Familienangehörigen 11 143, 150 ff., 191; *s. auch Familiennachzug/ Freizügigkeit der Familienangehörigen*

Aufenthaltsrecht des die elterliche Sorge tatsächlich wahrnehmenden Elternteils 11 150 ff., 160 ff.

Aufenthaltsrecht des Kindes 11 38, 150 ff.; *s. auch Familiennachzug/ Freizügigkeit der Familienangehörigen*

Aufenthaltsrecht, unionsrechtliches 2 26

Aufenthaltstitel Einl. 35; **5** 4, 5, 12–14
- Antragsfrist **5** 132g
- auflösende Bedingung **6** 23
- Aufhebung **6** 25 f.
- Befreiung **5** 10
- Einholung **5** 132f
- Erlöschen **6** 19 ff.
- familiäre **5** 313–449
- humanitäre **5** 215–312
- Verlängerung **5** 187

Aufenthaltstitel bei Asylantrag 5 104
- Ablehnung **5** 112
- Abschiebungsverbot **5** 119
- Anspruch **5** 114
- Asylerstantrag **5** 106
- Asylfolgeantrag **5** 106
- Asylzweitantrag **5** 106
- Erlaubnis zum Daueraufenthalt-EU **5** 110
- gesetzlicher Anspruch **5** 107, 118
- Grundsatz der Nichterteilung **5** 104
- Interessen der Bundesrepublik Deutschland **5** 108
- Niederlassungserlaubnis **5** 110
- Rücknahme **5** 113
- Titelerteilungssperre **5** 105, 111, 116
- Verlängerung **5** 109

Aufenthaltsüberwachung 3022

Aufenthaltsverbot 11 210

Aufenthaltszweck 5 13, 25
- Wechsel **5** 192

AufenthG, Anwendung 11 250, 257, 258 ff.

Aufklärungsrüge 19 670

Aufnahme aus dem Ausland
- Aufnahmeerklärung **5** 217
- dringende humanitäre Gründe **5** 216
- Völkerrechtliche Gründe **5** 216
- Wahrung politischer Interessen **5** 217

Aufnahmebescheid Einl. 36

Aufnahmeeinrichtungen 16 21; **19** 337, 339, 353, 356, 357a, 362, 366, 400, 422, 426, 429, 430, 462, 583; **23** 6
- Postverteilung **19** 426, 536
- Wohnpflicht **19** 356, 357, 357a, 357b, 358, 363, 400, 422, 469, 556, 564, 752

Aufnahmerichtlinie 9 2; **18** 13, 36 f., 155, 166

Aufnahmevereinbarung 15 30, 34 ff.

Ausbildung 21 46
- der Kinder **11** 226a

Ausbildung, Ausbildungseinrichtungen 11 61, 137, 158 ff., 159

Ausbildungsbegleitende Hilfe 25 10

Ausbildungsberufe 10 80; **15** 15

Ausbildungsduldung 10 78 ff.; **21** 2; **25** 66
- Identitätsklärung **10** 88 f.
- Erlöschen **10** 91 f.

Ausbildungsgeld 25 10

Ausbildungsförderung nach dem SGB III 25 3 ff., 10 f.

Ausbildungsförderung nach dem BAföG 25 12 f.

Außergewöhnliche Härte 5 256–258, 408

Ausforschungsbeweis 19 669

995

Sachverzeichnis

Fette Zahlen = Paragrafen

Auskunftsrecht 28 11, 26; **29** 44, 66, 67, 96
Ausländer Einl. 38
Ausländer, heimatlose
– Einbürgerung **2** 186 ff.
Ausländerbehörde 19 340, 342, 351, 367, 500, 510, 533
Ausländerbeschäftigung, unerlaubte 13 6; **15** 5, 89
Ausländerbeschäftigungsrecht 15 53
Ausländerzentralregister (AZR) 21 37; **30** 18, 45
– Abruf im automatisierten Verfahren **30** 60
– allgemeiner Datenbestand **30** 47, 48, 49, 68
– AZR-Nummer **30** 49, 59
– Datenabgleich mit den Sicherheitsbehörden **30** 64
– Grunddaten **30** 61
– Grundpersonalien **30** 49, 51, 59, 61, 62, 66
– Gruppenauskunft **30** 62, 63
– Kerndatensystem **30** 47
– Protokolldateien **30** 56
– Registerbehörde **309** 47, 54–60, 62, 66, 68–71
– Speichergründe **30** 48
– Übermittlungsersuchen **30** 59, 60, 62
– Unionsbürger **30** 53
– Visadatei **30** 47, 51, 69
– Zweckbindung **30** 63
Auslandsprojekt 15 73, 79 f., 97
Auslieferung
– Asylantragsteller **19** 759 ff.
Ausnahmevisum 11 197, 204
Ausreichende Existenzmittel 11 42, 80, 81, 82 ff., 108, 109, 120, 161, 179, 195
Ausreichenden Krankenversicherungsschutz 11 108, 118, 161, 179, 195
Ausreise
– Dauer **12** 498, 500, 501
– Höchstdauer **12** 226, 228, 229
– Urlaubsreise **12** 224
Ausreisefrist 11 260; **19** 447, 512, 513, 528
Ausreisegewahrsam 9 23
– Ablauf der Ausreisefrist **9** 23
– Fristüberschreitung **9** 23
– Prognose **9** 23
– Sammelabschiebungen **9** 23
– Vollzug **9** 23
Ausreisehindernis
– rechtliches **5** 273
– tatsächliches **5** 273
– unverschuldetes **5** 279
Ausreisepflicht 6 3 ff.; **11** 249, 266
Ausscheiden aus dem Erwerbsleben 11 180
Ausschlussgründe 16 23; **19** 156 ff., 275; **5** 225, 228–230, 235, 246, 248–250, 343, 360–361, 389, 391, 400–402, 431
– Genfer Flüchtlingskonvention **17** 10
– Handeln gegen Ziele der Vereinten Nationen **19** 201 ff.

– Kriegsverbrechen **19** 169 f., 175
– schwere nichtpolitische Straftat **19** 189 ff.
– Unwürdigkeit **19** 162 ff.
– Verbrechen gegen die Menschlichkeit **19** 185 ff.
Ausschluss von SGB II-Leistungen 11 42, 82 ff., 86, 127 ff.
Aussiedler 22 2
Ausübung öffentlicher/hoheitlicher Gewalt 11 106, 107
Ausweisung Einl. 37; **6** 476, 511 ff., 514 ff.; **11** 72, 111, 210 ff.; **24** 4
– Abwägungsentscheidung **7** 40 ff.
– aktuelle Verhältnisse **12** 207
– Anfechtungsklage **11** 265
– Asylantragsteller **19** 758
– ausdrückliche Begründung des Sofortvollzugs **7** 164
– Auslandsstraftaten **7** 110
– Ausweisungsinteresse **7** 9 ff., 68 ff.; **11** 216 ff., 221 ff.; 232 ff.
– Ausweisungsinteresse, besonders schwerwiegendes **7** 72 ff.
– Ausweisungsinteresse, schwerwiegendes **7** 95 ff.
– Befristung **7** 134 ff.
– besonders geschützte Personengruppen **7** 547 ff.; **11** 244
– Betäubungsmittelkriminalität **7** 99; **11** 247
– Bewährungsstrafe **7** 21, 74, 98
– Bleibeinteresse **7** 31 ff., 111 ff.
– Boultif-Üner-Kriterien **7** 6
– Daueraufenthalt-EU **7** 64; **11** 234, 235, 244
– Ehe und Familie **7** 34, 116 ff.; **11** 208, 232
– Einheitsstrafe **7** 73
– Einzelfallentscheidung **7** 42; **11** 207 ff., 228
– Eltern-Kind-Beziehung **7** 119
– Entwicklung Ausweisungsrecht **7** 4 ff.
– Ermessen **12** 209; **11** 213, 219, 226
– faktischer Inländer **7** 30, 38, 115
– Flüchtlinge **7** 55 ff.
– freiheitlich demokratische Grundordnung **7** f.
– freiheitlich demokratische Grundordnung, Gefährdung der **7** 80 ff.
– Generalprävention **7** 24 ff., 44 ff.; **11** 207, 240
– Gesamtstrafe **7** 74, 76
– Grundinteresse **12** 208
– Hass, Aufruf zum **7** 92 ff.
– humanitärer Aufenthaltstitel **7** 122
– inlandsbezogen **7** 46
– innere Sicherheit **12** 210
– Interessenabwägung im Eilverfahren **7** 168
– Kindeswohl **7** 129; **11** 232
– Klageart **7** 154 f.
– langfristig Aufenthaltsberechtigte **7** 54
– maßgeblicher Zeitpunkt **7** 156 f.
– Meinungsfreiheit **7** 94
– Minderjähriger **7** 124 f., 128; **11** 232, 234

Magere Zahlen = Randnummern **Sachverzeichnis**

- Niederlassungsabkommen **12** 240–253
- Niederlassungserlaubnis **7** 114
- öffentliche Sicherheit **7** 11 ff.; **11** 206, 209, 232, 233, 238
- ordre public **12** 243
- Personensorge **7** 119, 127
- Prüfprogramm **7** 69 f.
- Prüfungsmaßstab im Eilverfahren **7** 165 ff.
- qualifizierte Begehungsweise **7** 77
- Rechtsschutz **7** 154 ff.
- Rechtsverstöße **7** 108 ff.
- Refoulement-Verbot **7** 68
- Rückkehrentscheidung **7** 3
- Schengener Informationssystem **7** 133
- Schengen-Visum **5** 16; **7** 105
- Schutz des Privatlebens **7** 37 f.
- Selbständige **12** 249
- serienmäßige Begehung von Eigentumsdelikten **7** 78
- Sicherheit der Bundesrepublik Deutschland, Gefährdung der **7** 80 ff.; **11** 246
- Sicherheitsbefragung **7** 102 ff.
- Sofortvollzug **7** 162
- Spezialprävention **7** 18 ff.
- Stand-Still-Klausel **7** 52; **12** 476–479, 492
- subsidiär Schutzberechtigte **7** 65, 121
- Terrorismus **7** 81 ff.; **11** 246
- Titelerteilungssperre **7** 132
- verbotener Verein, Leiter des **7** 89 f.
- Verfahrensgarantien **12** 213
- Verhältnismäßigkeit **7** 40 ff.; **11** 213, 217, 226, 228
- Verschlechterungsverbot **7** 52
- vorläufiger Rechtsschutz **7** 154 f., 161 ff.; **11** 265
- Wirksamkeit **7** 155
- Wirkungen der **7** 130 ff.; **11** 220, 229, 250
- Ziebell-Entscheidung **7** 47
- Zwangsehe **7** 101

Ausweisungsinteresse 5 67
- generalpräventiv **5** 67
- spezialpräventiv **5** 67

Ausweisungsschutz 11 72, 244
Auswertung von Datenträgern 30 12, 13, 14, 15, 43

BaföG 11 125a
Bajratari 11 122, 142a
BAMF 9 20, 56, 87
Basis und Aufbausprachkurs 22 12
Baumbast 11 158
Beauftragte der Bundesregierung für Migration, Flüchtlinge und Integration 21 22
Bedarfsgemeinschaft 24 23
Bedingung
- auflösende **5** 125; **12** 122
- unzulässige **12** 128

Beendigung des Arbeitnehmerstatus 11 64, 76
Beförderungsunternehmer 10 134
Beförderungsverbot 10 128 ff.
- Vereinbarkeit mit internationalem Recht **10** 129 f.
- Vereinbarkeit mit Verfassungsrecht **10** 131, 101
- Inhalt **10** 135 ff.

Befristete Aufenthaltstitel 15 43
Befristung eines Einreise- und Aufenthaltsverbots 19 589
Befristungsentscheidung
- durch BAMF **19** 341, 530

Beibehaltungsgenehmigung
- Rücknahme **2** 209
- Staatsangehörigkeit, Erwerb fremder **2** 205 f.

Beihilfe durch neutrales Alltagsverhalten, Rechtsanwälte 26 114, 121
Belehrungspflicht 9 75
- Benachrichtigung konsularische Vertretung **9** 77
- Kausalität der Mängel **9** 75, 76
- konsularische Rechte **9** 75
- Wiener Konsularübereinkommen **9** 75

Bernini 11 55
Berufsausbildung 5 179 f.; **11** 46, 61
- Asylantragsteller **19** 778
- Aufbaustudium **12** 138
- Begriff **12** 137
- betriebliche **5** 181
- Duldung **10** 78 ff.
- qualifizierte **5** 180, 197
- schulische **5** 182
- Studium **12** 139
- Unionsbürger **11** 46, 55, 56, 61

Berufserfahrung 15 65
Berufsfachschulen 15 15
Berufsqualifikation
- Anerkennung **5** 206 f.

Berufungsverfahren 19 707, 731
- Begründungsfrist **19** 731

Berufungszulassungsantrag 19 707
- Darlegungsanforderungen **19** 711
- Klagegegenstand **19** 712
- mehrere selbstständig tragende Gründe **19** 712

Beschäftigung
- abhängige **15** 1
- Asylbewerber **12** 42, 53
- befristete **11** 52; **12** 44
- Duldung **10** 94 ff.
- Erkrankung **11** 66, 67; **12** 73, 76
- hochqualifizierte **15** 22
- illegale **11** 68, 122, 142a; **12** 332; **7** 6; **13** 6
- lokale **13** 4, 6; **15** 2, 12f, 48, 53, 73, 109
- öffentlicher Dienst öffentlicher Dienst **11** 56, 57; **12** 57
- ordnungsgemäße **11** 68, 122; **12** 36, 40

997

Sachverzeichnis

Fette Zahlen = Paragrafen

– qualifikationsangemessen **15** 18 f., 21 ff., 41
– rechtmäßige **11** 68, 122, 142a; **12** 324, 346
– Rehabilitation **12** 37
– Umfang **12** 34
– unbefristet **15** 2
– Unterbrechung **11** 66, 76, 92; **12** 54, 59, 65–67, 74 76
– vorübergehend **15** 74 f.
– zustimmungsfrei **15** 42, 44
Beschäftigung in der öffentlichen Verwaltung 11 57, 58
Beschäftigungsduldung 10 94 ff.
– Erteilungsvoraussetzungen **10** 96 ff.
Beschäftigungsverhältnis 15 2, **11** ff., 34, 54, 116
Bescheid des BAMF 19 325, 379, 403, 415, 452, 522
– Begründung **19** 525, 551
– Bestandskraft **19** 369, 446, 531
– Form **19** 522, 551
– Inhalt **19** 379, 522
– Offensichtlichkeitsablehnung **19** 336, 379, 415, 427, 442, 443, 450, 513, 572
– Rechtsbehelfsbelehrung **19** 521
– Zustellung **19** 480, 532
– Zustellungsfiktion **19** 533
Beschleunigungsgebot 9 44
– Beugehaft **9** 45
– Dublin III-Durchführungsverordnung **9** 48
– Jahreswechsel **9** 46
– Überlastung **9** 46
– Verzögerung durch Ausländer **9** 47
– **Beschleunigtes Fachkräfteverfahren 13** 9, 18, **15** 32, 105 ff.
Beschwerde, wirksame (EMRK) 17 34 ff.
Besitzstandswahrung 11 261
Besitzzeit 5 283, 294, 303–305, 309, 310, 312, 395, 397, 398, 433
Besondere Arten personenbezogener Daten 29 5; **30** 5, 29
Besondere Härte 5 268, 349, 361, 362, 363, 377, 408; **11** 162, 166
Bestandszeit 5 357–359, 361
Betreibensaufforderung s. *Asylverfahren;* **19** 620, 701
– Fortsetzung des Verfahrens, Antrag auf **19** 703
– prozessleitende sanktionslose Verfügung **19** 701
– Rechtsschutzbedürfnis, Wegfall des **19** 701
– Untertauchen des Klägers **19** 701
Betriebliche Ausbildung 11 61; **25** 8
Betriebsstätte inländische 15 59, 79, 111
Betroffener im datenschutzrechtliche Sinn 29 5, 6, 7 ff., 10, 17, 20, 22, 26, 33; **30** 6, 13, 17, 25, 30, 44, 56, 59, 62, 66–68, 70, 71, 73, 74
Bettray 11 51
Bewaffneter Konflikt 19 247 ff.

Beweisablehnungsgründe 19 673
Beweisanregung 19 611, 659
Beweisantizipation 19 668, 681
Beweisantrag 19 656, 729
– Begründungspflicht **19** 673
– Bescheidungspflicht **19** 656
– Beweistatsache bereits erwiesen **19** 681
– Beweiswürdigung **19** 676
– fachärztliches Gutachten **19** 693
– Fehler bei der Tatsachenfeststellung **19** 676
– inhaltliche Anforderungen **19** 666
– Klagevorbringen insgesamt unglaubhaft **19** 668
– sachlich unrichtige Ablehnung **19** 676
– schriftlich gestellter **19** 659
– Unerreichbarkeit des Beweismittels **19** 689
Beweisantrag 19 661 f., 670
Beweislast 11 153, 196 ff.
Beweismittel 19 656
Beweismittel (Asylverfahren) s. *Asylverfahren*
Beweisregeln 19 113 ff.
– benefit of the doubt **19** 117
– Vorverfolgung **19** 113
Beweissicherungsverfahren 19 696
Beweistatsachen 19 666
Beweisthema 19 656
Beweisverwertungsverbot 19 648
Bezug existenzsichernder Leistungen 11 42, 52, 79, 80 ff., 108 ff., 121 ff., 151, 161, 168
Bindungen zum Herkunftsstaat 11 232
Biometrische Daten 29 5; **30** 18, 37, 41
Blaue Karte EU (Blue Card) Einl. 39; **13** 3, 8, 12; **9** 2, 13, 15–17, 19 f., 22, 37; **15** 2, 18 f., 21 f., 27; **24** 52, 59
Bleibeperspektive für Asylbewerber 25 18, 22
Bleiberechtregelung 24 79
Bogatu 11 128a
Bootsflüchtlinge 17 26
Bosnien 12 313–319, 344, 367, 389
Botschaftsasyl 19 34
Brasilien 12 324
Brey 11 9, 85, 126
Brexit 11 1, 4, 4a, 4b; **14** 8
– Austrittsabkommen **11** 4a, 4b
– Brexit-Übergangsgesetz **11** 4a
– Übergangsfrist **11** 4a
BüMa 19 352
Bundesagentur für Arbeit 19 380
– Anzeige **15** 104
– Vergleichbarkeitsprüfung **15** 3, 5, 8, 50, 68, 78
– Verwaltungsakt **15** 7
– Vorrangprüfung **15** 5, 87; **19** 777
– Zustimmung **13** 3, 16; **15** 7, 13, 21, 48, 68, 72 f., 81, 84, 86, 106, 117
– Zustimmungsbeschränkungen **15** 7
– Zustimmungsfreiheit **15** 118

Magere Zahlen = Randnummern   **Sachverzeichnis**

Bundesamt für Migration und Flüchtlinge (BAMF) 29 26; **30** 4, 28, 37, 40, 43, 47, 49, 60–62, 73; **16** 24; **19** 335, 339, 392, 403, 406, 506
– Amtsermittlungsgrundsatz **19** 381, 385
Bundesbeauftragte für den Datenschutz und die Informationsfreiheit 30 67, 74, 81, 97
Bundesinnenministerium 5 217, 219, 220–222
Bundespolizei 9 53
Bundesverwaltungsamt 30 23, 24, 39, 45, 47, 64, 66
– Staatsangehörigkeitsbehörden **3** 9

Carpenter 11 15, 130
Chavez-Vilchez 11 153
CETA 12 256, 263
Chile 12 270
China 19 104
Collins 11 49
Coman u. a. 11 15, 40, 132
Costa Rica 12 294–297
Costa/ENEL 11 25

Dänemarkehen 11 107
Dano 11 9, 85, 127, 224
Darlegungslast 19 609 f., 667
Datenschutz und Aktenbereinigung 26 4
– Anspruch auf Datenlöschung **26** 8
– bereichsspezifische Löschungsvorschrift **26** 12
– gesetzliches Verwertungsverbot aus § 51 BZRG **26** 11
– Löschung und Kontrolle **26** 15
– Übermittlung personenbezogener Daten **26** 5
Datenschutzrichtlinie 18 35
Datensicherheit 29 28; **30** 56, 60, 70
Datenübermittlung
– Einbürgerungsverfahren **3** 15, 19, 21 ff.
– Staatsangehörigkeitentscheidungsregister **3** 37
Daueraufenthalt EU 11 169 ff.; **15** 2
Daueraufenthaltsrecht 11 46, 168, 169 ff., 172 ff.; 224 ff.
Dauer des Aufenthalts 11 172, 226, 232; **5** 300–312
Deklaratorischer Natur 11 200
Denizenship 1 3
Dienstleistung 14 3, 6; **15** 49, 55, 65, 80, 94 f., 103
Dienstleistungen 11 99, 101, 103 ff.
– Balkanstaaten **12** 317, 318
Dienstleistungserbringung 11 101, 105; **15** 103
Dienstleistungsfreiheit 11 97 ff., **14** 3, 6
Diskriminierungsverbot 11 161, 254; **14** 5
– AKP-Staaten **12** 321
– Arbeitsbedingungen **12** 144, 145, 147, 325–336, 351, 352

– Aufenthaltsrecht **12** 325, 333, 381–387
– Ausbildungsförderung **12** 394
– Ausländerklausel **12** 335, 355, 356
– Doppelstaater **12** 399
– Einstellungspraxis **12** 330
– Entlohnung **12** 358, 360, 361
– Hochschulabschluss **12** 373
– Inländerdiskriminierung **11** 63
– Kindergeld **12** 394, 400
– Kündigungsschutz **12** 85, 146, 366, 367
– Lohndumping **12** 393
– Meistbegünstigungsprinzip **11** 254
– Nettolohn **12** 361, 377
– öffentlicher Dienst **12** 330, 331
– Renten **12** 395
– soziale Sicherheit **12** 397
– Standstill-Klausel **12** 168, 170, 171
– Steuerpflicht **12** 378
– Titelführung **12** 375
– Unionsbürger, Sozialleistungen **11** 76 ff., 109 ff., 161 f.
– unmittelbar anwendbar **12** 333
– Wehrdienst **12** 366–371
– wissenschaftliche Mitarbeiter **12** 365
Divergenzberufung 19 719 ff.
Divergenz, nachträgliche 19 716
Dringende humanitäre Gründe 5 227, 251, 253
Drittstaatenregelung 19 337
Drittstaatsangehörige Familienangehörige 11 150 ff., 178, 191, 197 ff., 203, 271, 272
– Bezug von Sozialleistungen **11** 151 ff.
– Existenzsicherung **11** 180
– Familiennachzug **11** 178 ff.
– sorgeberechtigter Elternteil **11** 151
– Unterhalt nicht durch Unionsbürger **11** 150
– Visum und Einreise **11** 191 ff.
– Zambrano **11** 152 ff.
– Zurückweisung **11** 204
Drittstaatsangehöriger Einl. 40
Drittstaatsangehöriger sorgeberechtigter Elternteil 11 151 ff.
Dubliner Übereinkommen 18 30
Dublin-Durchführungsverordnung 18 24, 35, 149, 240 f., 286, 290
Dublin-III-Verordnung 9 27, 33, 48; **19** 331, 338, 341, 449, 472, 582; **8** 823, 824, 828, 834, 840, 844, 845, 850, 866; **25** 56
Dublin-Verfahren 19 588, 604, 733
– Antrag auf Wiedereinsetzung **19** 733
– Ersuchens- und Überstellungsfrist **19** 735
– Familieneinheit **19** 355, 503
– gesetzliches Vollstreckungshindernis **19** 733
– inlandsbezogene Vollstreckungshemmnisse **19** 735
– Selbsteintritt **19** 503
– systemische Mängel **19** 487
– Überstellung **19** 407, 449, 478, 479, 481, 503

Sachverzeichnis

Fette Zahlen = Paragrafen

Dublin-Verordnung 16 25; **18** 8 ff., 23 ff.
- abhängige Personen **18** 70, 104, 134, 140 ff., 204
- Ablauf **18** 51 ff.
- Anfechtungsklage **18** 320
- Anspruch auf fehlerfreie Zuständigkeitsbestimmung **18** 67, 80, 82 f., 120 f., 326 f., 341
- Antrag auf internationalen Schutz **18** 46, 51 ff., 98
- assoziierte Staaten **18** 40, 49
- Aufgriffsfälle **18** 221, 229 ff.
- Aufnahmeverfahren **18** 214 ff., 217
- Aufschiebende Wirkung **18** 305 ff., 329 ff.
- Beachten der Überstellungsentscheidung **18** 261 ff., 295 ff.
- Bescheid **18** 267 ff.
- Einreise- und Aufenthaltsverbot **18** 292
- Erlöschenstatbestände **18** 74 ff., 138, 220, 342
- Familieneinheit **18** 81 ff.
- Fingerabdruckabnahme **18** 249 ff.
- Forum shopping **18** 9
- freiwillige Ausreise **18** 287 ff.
- Fristen, Antwort **18** 233 ff.
- Fristen, Berechnung **18** 225 ff., 237 f., 304 ff., 318
- Fristen, Bindungswirkung **18** 223 f., 239, 300, 315
- Fristen, Ersuchen **18** 221 ff.
- Fristen, Familienkriterien **18** 302 f.
- Garantien für Minderjährige **18** 89 ff.
- Grundrechtschutz **18** 28, 38
- Haft **18** 37, 263 f.
- Handlungsfähigkeit von Minderjährigen **18** 106
- Historische Entwicklung **18** 30 ff.
- humanitäre Klausel **18** 65, 70, 104, 137, 156, 196 ff.
- illegaler Aufenthalt **18** 130 f.
- „illegale" Einreise **18** 122 ff.
- Kindeswohl **18** 86 ff., 93, 95 ff.
- Kirchenasyl **18** 297
- Klagebefugnis, umfassend **18** 312 ff.
- Kosten der Überstellung **18** 291
- Massenfluchtsituationen **18** 186
- Mitwirkungspflichten **18** 252 ff.
- Nichtbetreiben des Verfahrens **18** 256 ff.
- Opfer von Menschenhandel **18** 115
- Opt-Out **18** 42 f.
- persönliches Gespräch **18** 54, 57 ff., 256 ff.
- rasche Zuständigkeitsbestimmung **18** 27
- Recht auf Asyl **18** 26
- Recht auf Information **18** 55 ff., 63, 87, 209
- Rechtsbehelfsbelehrung **18** 277, 279
- Rechtsbeistand **18** 278 ff., 336 f.
- Rechtsschutz **18** 319 ff.
- Reform (Dublin IV) **18** 21, 33
- Refugees in orbit **18** 24
- Remonstrationsverfahren **18** 240 ff.
- Rückübernahmeabkommen **18** 47
- sachlicher Anwendungsbereich **18** 45 ff.
- Sachverhaltsversteinerungsprinzip **18** 66, 212
- Schutz des Privat- und Familienlebens **18** 144 f., 152, 202 ff., 212 f., 272
- Selbsteintrittspflicht **18** 188 ff., 212
- Selbsteintrittsrecht **18** 65, 70, 104, 137, 156, 182 f., 271
- territorialer Anwendungsbereich **18** 40 ff.
- Überstellung **18** 283 ff.
- Überstellungsentscheidung **18** 268
- Überstellungsfrist **18** 138, 293 ff.
- Überstellungsverbote **18** 134, 136 f., 157 ff., 162, 269
- Überstellungsverbote, Aufnahmebedingungen **18** 166 ff.
- Überstellungsverbote, Gesundheitsgefahren **18** 163 f., 180
- Überstellungsverbote, Individuelle Garantien **18** 88, 154, 167 ff., 272 f.
- Überstellungsverbote, Inhaftierungsgefahr **18** 171 ff.
- Überstellungsverbote, systemische Schwachstellen **18** 161 f., 271
- Überstellungsverbote, Zugang zum Asylverfahren **18** 165 f.
- unbegleitete Minderjährige **18** 81, 86 ff., 92 ff.
- Untertauchen **18** 295 ff.
- Unzulässigkeit des Asylantrags **18** 48 ff., 102; **19** 472 ff.
- Verpflichtungen von Asylsuchenden **18** 244 ff.
- Vertretung von Minderjährigen **18** 90 f.
- Visum **18** 117 ff.
- visumsfreie Einreise **18** 134 f.
- Vollzugsmodalitäten **18** 274
- Vorlagepflicht beim EuGH **18** 347 ff.
- vorläufige Maßnahme des EGMR **18** 314
- Wiederaufnahmeverfahren **18** 214 ff., 218 f.
- Wirksamer Rechtsbehelf **18** 63, 309 ff., 316 f., 319 ff.
- Zuständigkeitsentscheidung **18** 268
- Zuständigkeitskriterien **18** 64 f., 112 ff.
- Zuständigkeitskriterien, Familieneinheit **18** 107 ff.
- Zuständigkeitskriterien, Reihenfolge **18** 71 f.
- Zustellung **18** 276 ff.
- Zustimmung der Betroffenen **18** 109, 141, 197
- Zwangsmaßnahmen **18** 266

Duldung Einl. 41; **9** 21, 35, 36; **10** 4 ff.; **16** 26; **19** 380, 423, 438, 439, 451, 527, 529
- Abschiebungsstopp **10** 7 f.
- ärztliche Bescheinigung **10** 22
- „Duldung light" **10** 66
- Eheschließung, bevorstehende **10** 31 f.
- Erkrankungen **10** 12 ff.
- Erlöschen **10** 53 ff.

Magere Zahlen = Randnummern **Sachverzeichnis**

- Ermessensduldung **10** 46 ff.
- Erwerbstätigkeit, Verbot der **10** 57 ff.
- für Personen mit ungeklärter Identität **10** 66 ff.
- Privatleben, Recht auf Achtung des **10** 36 ff.
- Suiziddrohung **10** 18
- Unmöglichkeit, rechtliche **10** 9 ff.
- Unmöglichkeit, tatsächliche **10** 42 ff.
- Vaterschaftsanerkennung **10** 49 f.
- Verfahrensduldung **10** 39
- Vermutung der Gesundheit **10** 21 ff.
- Zusicherung des Zielstaats **10** 15

Duldungsfiktion 5 132i

Durchsuchung eines Ausländers 30 12, 13, 36

Dzodzi 11 62

EASO – European Asylum Support Office 16 28

EASO-Verordnung 18 14
- Herkunftsländerinformationen **18** 14
- Hotspots **18** 14
- Reform **18** 16

EASY s. Verteilung

Ecuador 12 288–293, 324

ED-Behandlung
- Asylantragsteller **19** 423, 427, 438, 462
- im asylrechtlichen Widerrufsverfahren **19** 548a

Ehe
- eheliche Lebensgemeinschaft **5** 318, 327, 357; **11** 132
- Eheschließung **5** 347, 362, 373
- gleichgeschlechtlich **11** 15, 40, 132
- Leitbild **5** 318, 327, 357
- polygame Ehe **5** 354
- tatsächliche Verbundenheit **5** 318, 327, 357
- Scheinehe **11** 135 ff.
- wertentscheidende Grundsatznorm **5** 313–318

Ehebestandszeit 11 164, 176

Ehegatten
- gleichen Geschlechts **11** 15, 40, 132
- Solleinbürgerung **2** 175 ff.

Ehegattennachzug
- besondere Härte **5** 349, 358, 361–363
- Bestandszeit **4** 4; **5** 357, 358, 359, 361
- eheliche Lebensgemeinschaft **5** 318, 327, 357
- Eheschließung **5** 347, 362, 373
- eigenständiges Aufenthaltsrecht **5** 356–365
- eingetragene Lebenspartner **11** 132
- Koalitionsvereinbarung **4** 4 f.
- Lebensunterhalt **5** 339, 353, 364
- Missbrauch **11** 135 ff.
- Spracherfordernis **11** 143; **12** 183
- Tod des Stammberechtigten **5** 359
- unselbstständige Aufenthaltserlaubnis **5** 345–355
- Wartezeit **4** 4

Eilrechtsschutz 11 260, 265, 270, 271 ff.; **19** 591, 732

Eigenständiges Daueraufenthaltsrecht der Familienangehörigen 11 186 ff.

Einbürgerung Einl. 42; **21** 12; **24** 4, 63
- s. Ermessenseinbürgerung
- s. Solleinbürgerung
- Anspruchseinbürgerung **2** 46
- Aufenthalt, gewöhnlicher, im Ausland **2** 185
- Ausländer, heimatlose **2** 186 ff.
- Einbürgerungstest **1** 29
- Einwanderungsgesellschaft **2** 49 f.
- Einwohnerschaft **2** 50
- Einzeleinbürgerung **2** 43
- Ermessenseinbürgerung **2** 162 ff.
- Erwerb (deutsche Staatsangehörigkeit) **2** 43 ff.
- Flüchtlinge **2** 186 ff.
- Identität Einbürgerungsbewerber **2** 48
- Integrationskurs **1** 29
- Integrationsvoraussetzungen **2** 48 f.
- Lebensunterhaltssicherung **2** 48
- Mehrstaatigkeit, Hinnahme von **2** 48
- Miteinbürgerung Familienangehöriger **2** 43
- Personen, heimatlose **2** 190 f.
- Sammeleinbürgerung **1** 26; **2** 43
- Sicherheitsbedenken **2** 48
- soziale Rechte **12** 99
- Staatenlose **2** 186 ff.
- Staatsvolk **2** 50
- Stammberechtigter **12** 369, 370, 466
- Unbescholtenheit, strafrechtliche **2** 48
- Verfassungstreue **2** 48
- vorsorgliche Einbürgerung **2** 165
- Wiedereinbürgerung **2** 40 f.
- Wohlwollensgebote **2** 189
- Zeitpunkt **12** 100

Einbürgerung ehemaliger Deutscher 2 182 ff.
- Aufenthalt, gewöhnlicher, im Ausland **2** 182
- Einbürgerungsermessen **2** 184
- Generationenschnitt **2** 183
- türkische Staatsangehörigkeit, Wiedererwerb **2** 183

Einbürgerung, Rücknahme der
- Drittbetroffene **2** 217
- Fehlverhalten, qualifiziertes **2** 211
- Kausalitätstäuschung **2** 213
- Rücknahme ex tunc **2** 216
- Rücknahme rechtswidriger/erschlichener **2** 207 ff.
- Rücknahmeermessen **2** 214 ff.
- Rücknahmefrist **2** 218
- Rücknahmevoraussetzungen **2** 210 ff.
- Staatenlosigkeit **2** 215
- Täuschung/unrichtige Angaben **2** 210
- Verschweigen Sicherheitsbedenken **2** 212

Einbürgerungsbewerber, ältere 2 154
- Staatsangehörigkeit, Verlust/Aufgabe bisherige **2** 119 ff.

Einbürgerungstest 1 29

1001

Sachverzeichnis

Fette Zahlen = Paragrafen

Einbürgerungsurkunde 3 27 ff.
– Gelöbnis, feierliches **3** 29 f.
– Übergabeakt, rechtsbegründender **3** 28
Einbürgerungsverfahren 3 13 ff.
– Amtsermittlungsgrundsatz **3** 15, 20
– Aussetzung **2** 146 ff.
– Behördenbeteiligung **3** 20
– Bekenntnis/Loyalitätserklärung **3** 16
– Bevollmächtigte/Beistände **3** 16
– Beweislast, materielle **3** 14
– Datenübermittlung **3** 15, 19, 21 ff.
– Einbürgerungsantrag **3** 14
– Einbürgerungsurkunde, Aushändigung der **3** 27 ff.
– Einbürgerungszusicherung **3** 24 ff.
– Gebührenermäßigung/-Befreiung **3** 33
– Handlungsfähigkeit, ausländerrechtliche **3** 17
– Mitwirkungsobliegenheit Einbürgerungsbewerber **3** 18
– Regelanfrage Verfassungsschutz **3** 19
– Verfassungsschutzbehörden **3** 15
– Verwaltungskosten **3** 31 ff.
– Wohlwollensgebote **3** 33
Einbürgerungszusicherung 3 24 ff.
– Bindungswirkung **3** 26
– Ermessen **3** 25
– Ermessenseinbürgerung **2** 164
Eingetragene Lebenspartnerschaft 5 288, 299, 314, 326, 329, 345, 356, 373; **11** 132
Einreise (Grenzübertritt) 4 1 ff.; **5** 2, 3; **17** 12
– Einreisevisum **11** 136
– unerlaubt **5** 5, 36
Einreise- und Aufenthaltsverbot Einl. 43; **5** 18, 36, 120; **11** 249; **19** 589
– Abschiebung **8** 21 ff.
– Abschiebungsanordnung **8** 118
– Anwendungsvorrang des Unionsrechts **8** 72 ff.
– Ausweisung **7** 133 ff.
– Bedingung **5** 64
– Befristung **7** 134 ff.
– Betretenserlaubnis **7** 153
– Dublin III-VO **8** 83
– Einreisesperre **11** 249
– Einreiseverbot, konstitutives **8** 70
– Ermessensentscheidung **7** 136
– Ermessensergänzung **7** 158 f.
– grundrechtskonforme Anwendung **7** 144
– Klageantrag **7** 140
– Maßstab für die Länge der Frist **7** 141 ff.; **8** 74
– Nebenbestimmung **7** 146
– Prognoseentscheidung **7** 142
– Rechtsschutz **7** 162 ff.; **8** 98 ff.
– Rückführungsrichtlinie **7** 145; **8** 72 ff.
– Spezialprävention **7** 135
– Titelerteilungssperre **7** 132
– Verstoß **7** 152
Einreisevisum 11 136, 191, 193, 204, 271
Einstweilige Anordnung 9 60, 83; **11** 270

Einzelfallprüfung 11 85 ff., 123, 126 ff., 128, 168, 228
Einzug der Aufenthaltskarte 11 233, 250
El Salvador 12 294–297
Elterliche Sorge 11 161a ff.
Elternnachzug
– Abgeleitetes Aufenthaltsrecht wegen Ausbildung des Kindes **11** 161a
– außergewöhnliche Härte **5** 408
– Begünstigte **5** 404, 430 f.
– eigenständiges Aufenthaltsrecht **5** 409
– Erlöschen **5** 405
– Personensorge **5** 430, 431
– Stichtag **5** 405
– Unterhalt durch Drittstaater **11** 150 ff.
– Volljährigkeit **5** 405
Elternteil eines minderjährigen Kindes 11 150 ff.
Elternzeit 12 71
Empfänger von Dienstleistungen 11 46, 97
EMRK 5 258, 273–275, 319–322, 867; **17** 17 ff.
Entgelt 11 98
Entsendung 11 60; **13** 9; **14** 6; **15** 2, 9, 12 f., 53 ff., 60, 67, 73, 76, 82
Entwickler 15 24 ff.
Entwurzelung 5 258, 275
Entziehung der Abschiebung 9 11
Erbringer von Dienstleitungen 22 46, 97 ff.
Erhebung personenbezogener Daten 29 5, 31, 33; **30** 4, 5, 27, 28
– Einwilligung **29** 1, 6, 10; **30** 70
– Erhebung bei anderen Stellen **30** 6, 30
– Erhebung beim Betroffenen **30** 6, 30, 40
– Erhebung der Zugangsdaten **30** 15
Erkenntnismittel 19 635, 640
– Konkretisierung **19** 633, 645
Erkenntnismittelliste 19 644, 646
Erklärung von Rom 11 20
Erlaubnisfiktion 5 239, 283, 294, 357
Erlaubnis zum Daueraufenthalt-EU 5 103, 110; **11** 169 ff.; **24** 44 ff.
Erledigungserklärung 19 712
Erlöschen von Aufenthaltstiteln 6 19 ff.; **24** 43, 58 ff.
– Asylantrag **6** 38
– auflösende Bedingung **6** 23 f.
– Ausreise **6** 28 ff.
– Blaue Karte EU **6** 51
– Daueraufenthalt-EU **6** 52; **11** 212 ff.; **24** 58
– Ermessen **6** 53, 60
– Europäischer Haftbefehl **6** 30
– Flüchtling **6** 50
– Nichtigkeit einer Nebenbestimmung **6** 24
– Niederlassungserlaubnis **6** 41 ff.
– Passlosigkeit **6** 54
– Privilegierung **6** 39 ff.
– Rücknahme eines Aufenthaltstitels **6** 25
– Rücknahme von Schengen-Visa **6** 25

1002

Magere Zahlen = Randnummern **Sachverzeichnis**

- Sechsmonatsfrist **6** 34 f.
- subsidiär Schutzberechtigter **6** 55
- Widerruf eines Aufenthaltstitels **6** 53 ff.
- Zwangsheirat **6** 49 f.

Ermessen 6 60; **11** 213, 219, 226, 247
Ermessenseinbürgerung 2 46
- Bekenntnisanforderungen **2** 168
- Einbürgerung **2** 162 ff.
- Einbürgerungszusicherung **2** 164
- Handlungsfähigkeit **2** 166
- Inlandsaufenthalt, rechtmäßig gewöhnlicher **2** 167
- Lebensunterhaltssicherung **2** 166, 170 f.
- Mehrstaatigkeit, Hinnahme von **2** 172 ff.
- Sicherheitsgefährdung **2** 166, 169
- Solleinbürgerung **2** 162
- Sprachanforderungen **2** 168
- Staatsangehörigkeit, Verlust/Aufgabe bisherige **2** 164
- Unbescholtenheit, strafrechtliche **2** 166, 169

Ersitzung
- Behandlung als deutscher Staatsangehöriger **2** 34 ff.
- Ersitzungsfrist **2** 38 f.
- Erwerb **2** 33 ff.
- ex tunc-Erwerb **2** 39
- Rechtssicherheit **2** 33
- Vertrauensschutz **2** 33
- Vertretenmüssen **2** 36 f.

Erstreckung
- Spätaussiedler **2** 30
- Staatsangehörigkeitsverlust **2** 202, 224

Erwerb (deutsche Staatsangehörigkeit) 2 1 ff.
- Abstammungserwerb **2** 4 ff.
- Adoption **2** 12 ff.
- DDR-Staatsbürgerschaft **2** 45
- Einbürgerung **2** 43 ff.
- Erklärungserwerb **2** 44
- Erklärungsrecht Kind **2** 11
- Ersitzung **2** 33 ff.
- Erwerbsgründe **2** 3
- Findelkind **2** 10
- Geburt im Ausland **2** 5 f.
- Geburtenregister, Beurkundung **2** 5
- Geburtserwerb **2** 1 f.
- Gleichberechtigungsgrundsatz **2** 8
- Inlandsgeburt **2** 16 ff.
- ius soli-Erwerb **2** 1
- Spätaussiedler **2** 28 ff.
- Staatsangehörigkeitsverlust, rückwirkender **2** 9
- Vaterschaftsfestellung/anerkennung **2** 5
- Wiedereinbürgerung **2** 40 f.
- Zeitpunkt, maßgeblicher **2** 7

Erwerbstätigkeit 4 29 ff.; **11** 47 ff., 66, 76, 92; **21** 46
- Asylantragsteller **19** 357, 367, 380, 435 775

- Erwerbstätigeneigenschaft **11**, 47 ff., 66, 76, 92
- Selbständige **12** 314

Erwerbstätigkeit der Familienangehörigen 11 140
Erwerbsunfähige 11 181
EU-Arbeitnehmerfreizügigkeit 11 33, 34, 36 ff. 47 ff., 66, 76, 92; **14** 2 ff.
EU-Bürger 11 9 ff., 26 ff.; **14** 1 ff.
EU-Dienstleistungsfreiheit 11 97 ff.; **14** 3 ff.
Eurodac 16 27; **29** 13
- Datenabgleich **29** 15, 16, 18, 22, 23; **30** 38
- Datenerfassung und -übermittlung **29** 16, 18, 19, 22, 23, 24
- Datenmarkierung **29** 21
- nationale Zugangsstelle **29** 14, 15, 22, 23
- Protokolldateien **29** 25
- Rechte des Betroffenen **29** 26
- Rechtmäßigkeit der Verarbeitung **29** 24
- Speicherdauer **29** 20
- Zentralsystem **29** 14, 16, 17, 19, 21–25, 27, 28

Eurodac-Verordnung 18 10, 24, 35, 249 ff.
Europa 11, 3, 8, 10, 11, 18, 19, 20
- Frieden **11** 10
- Globalisierung **11** 11
- Krieg **11** 10
- Menschen **11** 11
- Stärke **11** 3
- Ungleichheit **11** 18
- Unterschiedliche Geschwindigkeiten **11** 20
- Zuwanderungsdruck **11** 19

EU-VisaVO 5 7
Eventualbeweisantrag 19 662
Existenzmittel 11 42, 79 ff., 109, 120, 121 ff., 150, 151, 161, 168, 179 ff.
- Unangemessene Inanspruchnahme der Sozialleistungen **11** 79 ff., 108 ff., 142a

Existenzminimum 11 120, 128

Fachkraft 5 196 f.; **13** 1, 17; **15** 4 f., 11, 13 f., 16, 18, 21, 27, 75, 79, 96, 105 ff., 111, 113 ff.
Fachwissen 15 49 f., 65
Factorfame Ltd. 11 94
Fahrerlaubnis 12 200 – 203
Faktischer Inländer 5 274–275
FamFG 9 836
Familiäre und wirtschaftliche Situation 11 185, 226, 232
Familie
- Achtung des Familienlebens **11** 15, 129 ff., 149 ff.
- EU-RL Familienzusammenführung **4** 34 ff.
- familiäre Lebensgemeinschaft **5** 318, 327; **11** 129 ff., 149 ff.
- grundrechtlicher Schutz **4** 3 ff.
- Leitbild **5** 318, 327
- tatsächliche Verbundenheit **5** 318
- wertentscheidende Grundsatznorm **5** 313–318

1003

Sachverzeichnis

Fette Zahlen = Paragrafen

Familienangehörige 11 38, 46, 119, 129 ff., 136 ff., 175 ff., 193, 201, 232; **14** 2, 4 f.; **15** 19
- Altersgrenze **12** 106, 132
- Anspruchseinbürgerung **2** 159 ff.
- Balkanstaaten **12** 389–392
- begleiten oder nachziehen **11** 146 ff.
- Begriff **12** 105, 109, 110, 390, 391
- Besserstellung **12** 129
- Deutscher **12** 194
- Drittstaatsangehörige **12** 108, 135, 136
- Eigenständiges Aufenthaltsrecht **12** 92, 107, 108, 111
- Familienleistungen **11** 128a
- Kinder **12** 103, 130
- Nicht leibliche Kinder **11** 149a
- Selbständiger **12** 93
- Sonstiger **11,** 149a
- Zusammenleben **12** 115, 134, 392
- Zeitwohnsitz **1** 388

Familienasyl 16 31

Familieneinheit, staatsangehörigkeitsrechtliche 2 175

Familienleistungen 11 128a; **25** 58 ff.

Familiennachzug 5 313–449; **11** 38 ff., 119 ff., 129 ff., 136 ff., 146 ff., 153 ff., 167, 175, 177 ff., 197, 204, 216
- Ausschluss **5** 337, 343, 440
- Ehebestandszeit **4** 4
- Grundsatz **5** 326 ff.
- günstige Bedingungen **12** 126
- Koalitionsvereinbarung **4** 5
- Lebensunterhalt **5** 339, 353, 364, 399, 400, 402, 403, 424, 427, 442, 443
- Rechtsstellung **11** 119
- Unionsbürger **11** 38 ff., 129 ff.
- Wartezeit **4** 4
- zu Ausländern **5** 335 ff.; **6** 178
- zu Deutschen **5** 419–438
- zu türkischen Arbeitnehmern **12** 91, 94–96, 101, 102
- zu Daueraufenthaltsberechtigten **11** 175 ff., 184 ff.

Feststellender Verwaltungsakt 11 269

Feststellungsurteil, Bindungswirkung 11 200a

Festhalterecht der Behörde 9 1, 4, 27, 28

Fiktion der Nichteinreise s. *Flughafenverfahren*

Fiktionsbescheinigung 5 132n
- Gebühren **12** 198

Findelkind
- Staatsangehörigkeitserwerb **2** 10

Fingerabdrücke
- Manipulation **19** 439
- Unverwertbarkeit **19** 439

Fingerabdruckdaten 29 5, 13, 14, 16, 17, 19, 22, 24, 26; **30** 38, 50, 59, 63,

Fluchtalternative s. *interner Schutz*

Fluchtgefahr 9 5, 6, 7, 8, 10, 13, 14, 15, 17, 23, 27, 33
- ausdrückliche Erklärung **9** 12
- Begriffsbestimmungen **9** 6
- behördlicher Zugriff **9** 19
- erhebliche Fluchtgefahr **9** 27
- fehlender Aufenthaltsort **9** 19
- frühere Entziehung **9** 11
- Gefährlichkeit des Ausländers **9** 15
- Identitätstäuschung **9** 7, 13
- Schleuser **9** 14
- sonstige Verzögerung oder Verhinderung **9** 18
- strafrechtliche Verurteilung **9** 16
- unentschuldigtes Fernbleiben **9** 8
- Verletzung der Mitwirkungspflicht **9** 848
- Wechsel des Aufenthaltsortes **9** 9

Flüchtling 19 31 ff.
- Ausbürgerung **19** 86
- Ausweisung **7** 566 ff.
- Erlöschen des Aufenthaltstitels **6** 53
- Genfer Flüchtlingskonvention **17** 8
- Gruppenverfolgung **19** 111
- Kinderrechtskonvention **19** 59
- Kumulation von Verletzungen **19** 44 ff.
- Menschenrechtsverletzung **19** 36 ff.
- Militärdienst-Verweigerung **19** 56 f.
- politische Überzeugung **19** 93 ff.
- Religionsfreiheit **19** 38, 79 ff.
- sexuelle Selbstbestimmung **19** 40, 50, 58
- soziale Gruppe **19** 87 ff.
- Strafverfolgung **19** 53 f.
- Verfolgungsgründe **19** 72 ff.
- Verfolgungshandlung **19** 35 ff.
- Wehrdienstentziehung **19** 69

Flüchtlinge
- Einbürgerung **2** 186 ff.
- Staatsangehörigkeit, Verlust/Aufgabe bisherige **2** 125 ff.

Flüchtlingseigenschaft
- Erlöschen **19** 327, 327a

Flüchtlingskonvention und Strafbarkeit 26 66

Flughafenasylverfahren 9 4

Flughafenunternehmer 10 145 ff.

Flughafenverfahren 19 338, 566, 571, 590, 592, 604
- Anwendungsbereich **19** 566
- Fiktion der Nichteinreise **19** 569
- Folgeverfahren (§ 71 AsylG) **19** 326, 553, 561, 563
- Rechtsberatung **19** 357b, 573
- Rechtsmittelfrist **19** 566, 573
- Wiederaufgreifensgründe **19** 554, 563

Förster 11 124

Folgeantrag 13 588
- Abschiebungsandrohung, erneute **19** 744
- dreistufiger Antrag **19** 743
- ernsthafte Krankheit **19** 748

Magere Zahlen = Randnummern **Sachverzeichnis**

- Sachprüfung, erneute **19** 744
- Stillhaltezusage **19** 743
- Vollzugshemmnis **19** 742
Folgeantragsverfahren 19 592, 741
Forscher 9 34–36, 38, 40–45, 49, 51–53, 55–58; **14** 7; **15** 11, 24 ff., 109
Forscherrichtlinie 14 7; **9** 34
Forschung 15 30, 34, 36–53, 55–58, 90
Forschungseinrichtung 15 24 ff.
- Anerkennungsverfahren **15** 24, 31 ff.
- Kostenübernahmeerklärung **15** 26 f., 30, 35 f.
- Mitteilungspflichten **15** 33, 38
Fortgeltungsfiktion 5 132l
- Behördliche Anordnung **5** 132m
Fortsetzungsfeststellungsantrag 9 83; **15** 912
- Feststellungsinteresse **9** 83; **15** 912
Free-Lancer 15 97
Freiberufler 12 309, 310
Freihandelsabkommen EU/UK 11 4a
Freiheitliche demokratische Grundordnung 5 78
Freiheitsentziehung 9 4
- Direktabschiebung **9** 4
- Festhalterecht der Behörde **9** 4
- Flughafengewahrsam **9** 4
Freiwillige Rückkehr 24 63
Freizügigkeit 11 6, 27–29, 38–41, 45, 46, 64, 65, 98, 191, 267; **23** 3
Freizügigkeit der Arbeitnehmer 11 6, 33, 34, 36 ff., 38, 39, 41, 45, 47 ff., 54, 70 ff., 191; **14** 2 f., 5
Freizügigkeitsrecht der Familienangehörigen 11 37, 38, 40, 46, 129 ff., 131, 150 ff., 191
Freizügigkeit Minderjähriger 11 37, 38, 40, 150 ff., 191
Freizügigkeitsgesetz 14 2 f.
Freizügigkeitsvermutung 11 38, 45, 65, 72, 189, 191, 212, 230, 260
Frontex 4 22
Führungskräfte 13 4; **15** 3, 42, 57 ff., 62 ff., 90, 109
Führungskräfte (ICT) Definition 15 63
Führungspersonal 12 273, 274
Fürsorgeabkommen
- europäisches **12** 251 – 253

Garcia-Nieto 11 85
GATS 15 49, 55, 65, 73
Gebühren
- Aufenthaltstitel **12** 197, 198, 352
- Gebührenfreiheit **11** 198
- Visa **12** 199
Gefahrenprognose im Strafrecht und Ausländerrecht 27 152
- Begutachtung im Verfahren nach § 57 StGB **27** 152
- faktische Bindungswirkung für ABH **27** 153
Gefahr für die Allgemeinheit 19 214 ff.

Gefahr für die öffentliche Ordnung 5 21, 185; **11** 233, 236, 237
Gegenvorstellung 19 663, 673, 729
Gegenwärtige Gefährdung 11 241
Gehaltsgrenzen Blaue Karte EU 15 21
Gehörsrüge 19 726
- Beruhenserfordernis **19** 730
Gehörsverstoß 19 664
Gemeinsames Europäisches Asylsystem (GEAS) 4 27 ff.; **16** 33; **18** 1 ff.
- Amsterdam-Vertrag **8** 1 f.
- Lissabon-Vertrag **18** 4 f.
- Maatstricht-Vertrag **18** 1
- Reform **18** 20 ff.
Gemeinsame Wohnung 11 177
Gemeinschaft für unbegrenzte Zeit 11 25
Gemeinschaftsrechtliche Begriff des Arbeitnehmers 11 48, 49, 50, 70 ff.
Gemeinschaftsunterkunft 19 356, 357, 536
Genehmigungsfreier Aufenthalt 5 128; **11** 28 ff., 190 ff.
- räumliche Beschränkung **5** 128
- zeitliche Beschränkung **5** 128
Generalprävention 7 24 ff.; **11** 203, 207
Generalvollmacht 15 42, 44 ff., 51
Genfer Flüchtlingskonvention 8 865; **16** 34; **17** 2 ff.; **23** 3
Geordnete Rückkehr Gesetz 9 1
Geordnete-Rückkehr-Gesetz Einl. 27; **8** 67
Georgien 12 310, 342, 367
Gerichtliche Fürsorgepflicht 19 728
Gerichtlicher Hinweis 19 646
Geringfügige Beschäftigungsverhältnisse 11 52, 79, 80 ff.
Geschäftsführer 15 43
Geschäftsreisen 15 89 f., 92 ff., 103
Geschäftsreisende 12 291–293, 295, 296, 308, 322, 323
Gesellschaften, Niederlassungsfreiheit 11 91 ff.
Gesellschafter Personengesellschaft 15 42 f.
Gesellschaftliche Teilhabemöglichkeiten 21 5
Gesetzliche Rentenversicherung 24 26
Gesundheitsdaten 29 10; **29** 5, 8, 50, 85
Gesundheitszustand 11 232
Gleichbehandlung 11 18, 27, 33, 67, 80, 82, 90, 112, 149, 251
Grenze 5 3
- Grenzkontrolle **5** 3
- Grenzübergangsstelle **5** 3
- Zurückweisung an der **5** 37
Grenzgänger 11 182
Grenzüberschreitender Bezug 11 62, 103
Grzelczyk 11 16, 125
Grundfreiheiten 11 14, 39
Grundrecht auf Asyl 16 35; **19** 2 ff.
- Entstehungsgeschichte **19** 2

1005

Sachverzeichnis

Fette Zahlen = Paragrafen

– Grundgesetznovelle 1993 **19** 6 f.
– kein Recht auf Einreise **19** 5
Grundrecht auf Gewährleistung eines menschenwürdigen Existenzminimums 11 90
Grundrechte-Charta (EU) 16 36; **18** 5, 28, 38 f., 157 ff., 174 f. 184, 263, 270, 326, 328
– Auslegung, wie EMRK **18** 136, 202, 325
Grundsatzberufung 19 714
– Altfälle **19** 716
– Entscheidungserheblichkeit der aufgeworfenen Frage **19** 717
– Grundsatzfrage nahe legen **19** 715
– nachträgliche Klärung **19** 715
– Rechtsänderungen **19** 716
Gründung und Leitung von Unternehmen 11 91
Grundsatz der Verhältnismäßigkeit 11 65, 128, 204, 207, 226
Günstigkeitsprinzip 11 144, 254 ff.
Gusa 11 93, 227
Guatemala 12 294 – 297
Gutachten 19 693
Gut integrierte Jugendliche und Heranwachsende 5 280–290

Haft 9 1
– Abschiebung **9** 1
– Ausweisung **9** 1
– Mitwirkung **9** 1
– Rücküberstellung **9** 1
– Vorbereitung **9** 1
– Zurückschiebung **9** 1
Haftantrag 9 50
– Abschiebungsandrohung **9** 56
– Amtshilfe **9** 54
– amtswegige Prüfung **5** 979
– Aushändigung **9** 65
– Ausländerakte **9** 59, 62
– Ausweisungsverfügung **9** 56
– Bundespolizei **9** 53
– Durchführbarkeit der Abschiebung **9** 7, 23, 33, 55, 57
– Einvernehmen der Staatsanwaltschaft **9** 58, 59, 60, 61, 81, 87
– Ermittlungsverfahren **9** 58, 59, 60
– gewöhnlicher Aufenthalt **9** 52
– Haftverlängerung **9** 34, 38, 82
– Mängel und Heilung **9** 80
– Rückkehrentscheidung **9** 56
– sachliche Zuständigkeit der Behörde **9** 51
– schriftliche Übersetzung **9** 65
– tatsächliche Lebensverhältnisse **9** 52
– Unterschrift **9** 63
– Zulässigkeit **9** 50
Haftaufhebungsverfahren 9 84
– Feststellungsinteresse **9** 84
Hafteinrichtung 9 41
– Bundesland **9** 41

– Minderjährige **9** 42
– Strafgefangene **9** 41
– Trennungsgebot **9** 41
Haftverlängerung 9 38
– Antrag **9** 82
– frühere Haftzeiten **9** 38
– Kausalität **9** 38
Handelsabkommen 12 247–250
Härtefallkommission
– Härtefallersuchen **5** 230
– Selbstbefassung **5** 230
Hilfstatsachen 19 685
Hochqualifizierte 9 13, 17; **13** 3, 8; **15** 18, 22, 108
Hochqualifizierten-Richtlinie 14 7; **15** 18
Hochschulabschluss 13 8; **15** 19 ff., 28, 66, 75
Hochschulabschluss Vergleichbarkeit 9 20–22; **15** 19 ff.
Hochschule 15 3, 18 ff., 31, 75, 90
Hochschule, anerkannte 15 18 ff.
Hochschulzugangsberechtigung 12 373
Hoheitliche Tätigkeiten 11 58, 106
Honduras 12 294 – 297
Humanitäre Gründe
Hybridcharakter/Hybridleistungen 11 85, 88, 89

ICAO-Abkommen 19 570
ICT 13 9, 16, 18; **14** 7; **15** 2, 38, 55 ff., 73
ICT Richtlinie 5 9; **13** 9; **14** 7; **15** 55 ff.
Identität 5 64, 65
– Ausnahme von der Regel **5** 66
Identität, Ermittlung 19 368, 423 432, 434 ff., 443
– Datenträger **19** 423, 436, 461
– ED-Behandlung **19** 423, 438
– Fingerabdrücke s. *Fingerabdrücke*
– Sprachanalyse s. *Sprachanalyse*
– Staatsangehörigkeit **19** 432, 443
Identitätsfeststellung 29 13, 22; **30** 12, 13, 18–20, 38, 39, 59
– Erkennungsdienstliche Maßnahmen **29** 19, 20, 35, 37, 42
– **Identitätsklärung 19** 368, 436a, 780 ff.
– Führerschein **19** 780c
– Kfz-Haltereigenschaft **19** 80c
– Vermerk „Personalien beruhen auf den Angaben des Inhabers" **19** 367, 780a ff.
Illegal beschäftigte Arbeitnehmer 5 266–269; **13** 6
Inanspruchnahme von Sozialleistungen 11 42, 79, 80, 81, 82 ff.
Individuelle Prüfung 11 85, 87, 88, 121, 121, 122, 126 ff.
Indizienbeweis 19 685
Informatorische Anhörung 19 649
Informatorische Befragung 19 636
Inländerdiskriminierung 11 63

Innerstaatlicher bewaffneter Konflikt 19 177
Inobhutnahme 19 363, 395, 576, 577, 579
Integration Einl. 44; **11** 232; **21** 1, 6 ff.
– Assimilation **21** 7; **24** 63
– Drittstaatsangehörige **21** 2
– Heterogenität **21** 9
– Integrationsgesetz des Bundes **24** 71; **25** 30
– Integrationsgesetze der Länder **21** 24
– Integrationsziel/ -anreize **21** 25; **24** 71
– Teilhabe **21** 16; **25** 1
– Unionsbürgerinnen und -bürger **21** 1, 26
Integrationskurs 1 29; **5** 94; **22** 12 ff., 15 ff.
– Aufenthaltsdauer, Verkürzung **2** 68
– Berücksichtigung der Verletzung der Teilnahmepflicht **5** 96
– Deutsch-Test für Zuwanderer (DTZ) **22** 36
– Feststellung der Erfüllung der Teilnahmepflicht **5** 95
– für Asylantragsteller **19** 754
– geringer Integrationsbedarf **22** 19
– Höchstbefristung der Verlängerung der Aufenthaltserlaubnis **5** 100
– in besonderer Weise integrationsbedürftig **22** 21
– Integrationskursstatistik **22** 35
– Mittel des Verwaltungszwangs **22** 28
– ordnungsgemäße Teilnahme **22** 25
– verfügbare Kursplätze **22** 15 ff.
– Versagung bei Verletzung der Teilnahmepflicht **5** 97, 101
Integrationsplan nationaler 22 32
Integrationsprognose 5 282, 293, 375, 444, 445
Interessen der Bundesrepublik Deutschland 5 69, 108
– Ausnahme von der Regel **5** 73
Internationaler bewaffneter Konflikt 19 176
Internationaler Schutz 16 37
Interner Schutz 16 38; **17** 24; **19** 134 ff., 274
Irak 19 128, 131, 137, 142, 263
Island 11 263
Israel 12 271, 337, 339
Ius sanguinis *s. Abstammungserwerb*
Ius soli-Erwerb 2 24 ff.
– Assoziationsrecht **2** 26
– Aufenthalt, gewöhnlicher **2** 21 ff.
– Aufenthalt, verfestigter, Elternteil **2** 16, 21 ff.
– Aufenthaltsrecht, Rücknahme **2** 27
– Elternteil, ausländischer **2** 20
– Erwerb (deutsche Staatsangehörigkeit) **2** 26 ff.
– Inlandsgeburt **2** 19
– türkische Staatsangehörige **2** 26
– Unionsbürger **2** 25
– Vollwertigkeit Staatsangehörigkeit **2** 18

Japan 12 282, 322
Jordanien 12 282, 337, 338
Jugendhilfe 19 361, 363, 469, 556, 583

Kadiman 11 156
Kapitalgesellschaften 11 95
Karenzzeit 15 60, 77
Kasachstan 12 311, 342
Kempf 11 57
Kenntnisse der deutschen Sprache 21
– Niveau A2 GER **22** 12
– Niveau B1 GER **21** 13; **24** 38
Kenntnisse, staatsbürgerliche
– Anspruchseinbürgerung **2** 156 ff.
– Einbürgerungstest **2** 157
Kernbereich privater Lebensgestaltung 2 14
Kernbestand der Unionsbürgerrechte 11 152, 153
Kerndatensystem 30 47
Kinder 11 37, 38, 150 ff., 161a, 177
– Eigenständiges Aufenthaltsrecht der Kinder aufgrund Ausbildung **11** 161a
Kindernachzug
– Alter **5** 375
– Anker(geschwister)kind **5** 369, 408
– Anrechenbare Besitzzeiten **5** 397
– Aufenthaltserlaubnisfreiheit **12** 188
– Ausschlussgründe **5** 400
– Besitzunterbrechung **5** 398
– Besitzzeit **5** 395
– Besondere Härte **5** 377
– eigenständiges Aufenthaltsrecht **5** 390
– Geburt **5** 379–385; **12** 189
– ledig **5** 373
– Minderjährige **5** 374
– Personensorge **5** 370, 371, 381–383
– Stiefkind **5** 372
– Stillhalte-Klausel **12** 184 – 191
– Verlängerung der Aufenthaltserlaubnis **5** 386– 391
– Volljährige **5** 399
– Zeitpunkt **5** 383
Kinder- und Jugendhilfe nach dem SGB VIII 25 14 f.
Kindeswohl 11 165, 166 ff., 232, 248; **25** 14 f.
Kind im Kleinkindalter 11 150 ff., 232
Kirgisien 12 311, 342
Kirchenasyl 16 2
Klage
– Abschiebungsverbot **19** 596
– Bevollmächtigte **19** 625
– falscher Name **19** 603
– informatorische Befragung **19** 612
– Klageantrag **19** 600
– ladungsfähige Adresse **19** 604
– subsidiärer Schutz **19** 599
– Zuerkennung der Flüchtlingseigenschaft **19** 596, 598
Klageänderung 19 595
Klageantrag 19 595
Klageanträge 19 700
Klagearten im Asylprozess 19 597

Sachverzeichnis

Fette Zahlen = Paragrafen

Klagebegründung 19 607
Klagefrist 19 587, 589, 592
Klagerücknahme 19 704
Klagerücknahme, fiktive 19 703
Kollektivausweisung 17 31 ff.
Kolumbien 12 288–293, 324
Konkrete Gefahr 11 240
Konstitutiv feststellender Verwaltungsakt 11 189, 212 ff., 214, 235
Konversion 17 29
Konzern 15 57, 59, 62, 64, 66 f., 69, 71 ff., 79, 90, 95 ff., 100**Korea 12** 325
Kosovo 12 313–320, 344, 388; **19** 121, 133
Kostenbeitrag 22 14
Kostenübernahmeerklärung 15 26 f., 30, 35 f.
Krankenversicherungsschutz 11 108 ff., 118, 179
Krankheit 17 27; **19** 285, 294 ff.
Kurzaufenthalt 5 6, 8, 31

Ladungsfrist 19 623
Lair 11 53
Lageberichte 19 648
Langfristig Aufenthaltsberechtigte 4 37; **7** 54
Langfristig Aufenthaltsberechtigten-Richtlinie 18 18
Lawrie-Blum 11 48, 49, 56, 57, 58
Lebensbedingungen für Schutzberechtigte 19 158, 276
Lebensunterhalt 5 56
– Ausnahme von der Regel **5** 63
– BAföG **5** 62
– Bedarfsgemeinschaft **5** 58
– Erwerbsbiographie **5** 57
– Familienangehörige **5** 61
– Haushaltseinkommen **5** 61
– Krankenversicherungsschutz **5** 60
– Öffentliche Mittel **5** 59
– Prognose **5** 57
Lebensunterhaltssicherung 5 56
– Anspruchseinbürgerung **2** 86 ff.
– Arbeitskraft, Einsatz der eigenen **2** 93 ff.
– Ausnahme von der Regel **5** 63
– Beeinflussbarkeit Leistungsbezug **2** 92
– Eingliederungsmaßnahme, Verweigerung **2** 94
– Erlaubnis zum Daueraufenthalt-EU **24** 55 ff.
– Erlöschen der Niederlassungserlaubnis **6** 42
– Ermessenseinbürgerung **2** 170 f.
– Grundsicherungsleistungen **2** 86 ff.
– Kündigung Arbeitsstelle **2** 96 f.
– Leistungsbezug Familienangehörige **2** 97
– Niederlassungserlaubnis **24** 17 ff., 74 ff.
– Prüfbefugnis Einberufungsbehörde **2** 86
– Sozialhilfe **2** 86 f.
– Unangemessene Inanspruchnahme Sozialleistungen **11** 108 ff., 122, 142a
– Vertretenmüssen Leistungsbezug **2** 90 ff.

Leiharbeitsverhältnis 15 5
Leistungskürzung s. *Sozialleistungen*
Leitende Angestellte 15 44 ff., 51
Leitende Tätigkeit 12 280
Levin 11 48, 51, 52, 54
Libanon 12 337, 338
Liechtenstein 11 263
Lissabon-Konvention 12 372, 374
Lounes 11 6, 8, 147a, 151
Luisi u. Carbone 11 105

Mandatsniederlegung 19 623
Mangelberuf 15 19
Marokko 12 272, 336, 381, 397
Maschineninstallation 15 99
Maßregeln der Besserung und Sicherung
– Unbescholtenheit, strafrechtliche **2** 140
Massenzustrom-Richtlinie 18 19
Mazedonien 12 313–319, 344, 367, 389
McCarthy 11 147a, 203, 236
Mehrstaatigkeit, Hinnahme von
– Anspruchseinbürgerung **2** 104 ff.
– Ermessenseinbürgerung **2** 172 ff.
– Staatsangehörigkeit, Erwerb fremder **2** 204 ff.
Meistbegünstigung 11 154, 254 ff., **12** 255, 258, 281–283, 298, 301, 305, 311, 313
Meistbegünstigungsprinzip für Unionsbürger und ihre Familienangehörigen 11 154, 254 ff.
Melderechtliche Vorschriften 11 194, 201
Metock 11 15, 130, 146, 147, 177, 203
Migration Einl. 1 ff.
– Begriff **Einl.** 1 ff.
– Historie **Einl.** 5 ff.
– Zahlen und Struktur **Einl.** 21 ff.
Migrationshintergrund Einl. 21; **21** 16 ff.
Migrantenorganisationen 21 34
Migrationspaket 2019 19 329a, 752, 768,
Mikrozensus 21 17
Minderjährige 9 42; **11** 234, 244, 248
– alterstypische Belange **9** 42
– Hafteinrichtung **9** 42
– Unterhalt **11** 149, 150 ff.
– Verhältnismäßigkeit **9** 40
– Zweifel beim Alter **9** 43
Mindestalter 5 349, 425
Mindestaufenthaltsdauer
– BAföG **11** 125a
Mindestlöhne und -renten 24 55
Missbrauchsfälle/ Missbrauchsregelung 11 53, 78, 135, 141, 216; **15** 54
Mitwirkungspflichten 5 279, 298; **25** 45; **30** 35 f.
Mitwirkungspflichten (Asylantragsteller) 19 423, 426, 461
– Adressmitteilung **19** 425
– Erreichbarkeit **19** 423, 425, 465
– Mitteilungs- und Herausgabepflichten **19** 423

Magere Zahlen = Randnummern

– Sanktionen **19** 427, 430, 431, 441, 442, 445, 452, 459, 461, 463
– Verstoß **19** 518
Mobiler-ICT-Karte 15 72
Mobilität 13 8, 18; **15** 34, 38 f., 57 ff., 70
– innereuropäisch **11** 29 ff.
– studentische **5** 198
Mobilitätsrechte für Drittstaatsangehörige 24 45
Mobilitätsregeln ICT 15 70 ff.
Moldavien 12 310, 342, 367
Monaco 12 350
Montenegro 12 313 ff., 344, 389
Mrax 11 15, 130, 203, 204
Mündliche Verhandlung 19 620
– Fragerecht des Prozessbevollmächtigten **19** 653
– persönliches Erscheinen **19** 621, 649
– Sachverhaltsaufklärung **19** 633
– Wiedereröffnungsantrag **19** 627
Mutterschaftsurlaub 11 66, 67, **12** 67, 69

Nachhaltige Integration 5 291–299
Nachhaltigkeit 11 107
Nachfluchtgründe 19 60 ff., 267 ff.
Nachträgliche Beschränkung des genehmigungsfreien Aufenthalts 5 128; **11** 206 ff.
– nachträgliche räumliche Beschränkung **5** 128
– nachträglich zeitliche Beschränkung **5** 128
– Rechtsschutz **5** 141
– Verlustfeststellung Freizügigkeitsberechtigung **11** 206 ff.
Nachträgliche zeitliche Beschränkung der Aufenthaltserlaubnis 5 85
– Beurteilungszeitpunkt **5** 85
– Ermessen **5** 87
– Rechtsschutz **5** 141
– Trennungsprinzip **5** 86
Nachweis über das Bestehen der familiären Beziehung 11 196, 201
Nationaler Aufenthaltstitel 11 225
Nationales Recht 11 173
Nationalsozialismus
– Staatsangehörigkeit(srecht) **1** 26 f.; **2** 40 ff.
Nationalistische Bestrebungen 11 17
Natürliche Personen 11 95
Nebenbestimmungen
– Auflage **5** 126
– Bedingung **5** 124
– Rechtsschutz **5** 139
Nebenbestimmung Beschäftigung 15 7, 89
Nettolohnvereinbarung 15 78
Neuansiedlung von Schutzsuchenden 5 222
Nicaragua 12 294–297
Nichtbeschäftigungsfiktion 15 88 f., 95 f., 99
Nichterwerbstätige 11 46, 108 ff., 117 ff., 227

Niederlassung/Niederlassungserlaubnis/ Niederlassungsfreiheit 11 46, 91 ff., 93, 94, 96, 261; **15** 2
Niederlassungsabkommen
– europäisches **12** 251–253
– Türkei **12** 240–243
Niederlassungserlaubnis Einl. 45; **5** 102, 110; **9** 2; **24** 1 ff., 10 ff.
– ARB 1/80 **12** 216–218, 220
– familiäre **5** 342, 364, 381, 392 ff., 399, 432 ff., 440
– humanitäre **5** 220, 303, 304, 307; **24** 63 ff.
Niederlassungsfreiheit von Gesellschaften 11 91, 96
Niederschrift über die mündliche Verhandlung 19 637
– Antrag auf Protokollberichtigung **19** 639
Ninni-Orsche 11 53, 151
Norwegen 11 263, 638; **12** 367
Notifizierungsverfahren 15 70
Nutzung personenbezogener Daten 29 5, 33; **30** 15, 32

Öffentliche Fürsorge 23 3
Öffentliche Gesundheit 11 206, 210, 233, 239
Öffentliche Ordnung 11 206, 232, 233, 236 ff.
Öffentliche Sicherheit 11 206, 323, 233, 236 ff.
Öffentliche Sicherheit und Ordnung 24 30
Öffentliche Verwaltung 11 57, 58
Online-Terminvereinbarung 5 132d
Opfer von Gewalt 11 166
Optionsregelung/pflicht Einl. 46; **1** 11, 20, 24; **2** 16 f.
– Rechtsschutz **3** 42
– Staatsangehörigkeitsverlust **2** 219 ff.
Ordre public 12 177, 234–237, 269
Organ Kapitalgesellschaft 15 3, 42 ff., 63, 90
Orientierungskurs 22 13
Ormanzabal 11 15
O u. B 11 147a

Pakistan 19 83
Palästinensische Flüchtlinge 19 159 ff.
Panama 12 294–297
Parteivernehmung 19 652
Pass 19 338, 368, 432, 567
– Beschaffung **19** 368, 423, 432, 570, 574
– Hinterlegung **19** 432, 442
– Passlosigkeit **19** 368, 434, 436
– Passpflicht **19** 368
Passive Dienstleistungsfreiheit 11 105 ff., 107
Pass oder Passersatz 11 192, 195, 201
Passpflicht 5 74
– Ausnahme von der Regel **5** 75
Personalarbeit 13 2
Personalaustausch 15 9, 73 ff., 109

1009

Sachverzeichnis

Fette Zahlen = Paragrafen

Personalausweises oder Reisepass **11** 192, 195, 201
Personalmanagement **13** 1
Persönliche Zustellung **19** 587
Persönliches Erscheinen **19** 621, 624
Personensorge **4** 7; **5** 286, 370–372, 376, 381, 382, 388, 404, 428–431
Peru **12** 288–293, 324
Positivstaater **5** 7
Potentialzuwanderung **13** 11
Präklusion **19** 613
Praktikanten **11** 55; **9** 41, 108; **15** 90
Praktikum **5** 205; **9** 37, 68
– studienvorbereitendes **5** 188
– studienbezogenes **5** 202
Präsenzzeuge **19** 697
Prefeta **11** 66, 92
Primärrecht, primäres Unionsrecht **11** 21, 22, 26, 254
Privatgutachten **19** 693
Privaturkunden **19** 698
Prognoseentscheidung **9** 31
– Abkommen **9** 34
– Aufnahmebereitschaft des Zielstaates **9** 36
– Asylfolgeantrag **9** 35, 87
– Drei-Monats-Frist **9** 31
– Dublin III-Verordnung **9** 33
– Duldung **9** 35
– Fallsammlung **9** 32
– Familien und Partner **9** 39
– Haftanordnung **9** 34
– in Verlängerungsfällen **9** 34
– konkrete Angaben **9** 32
– Minderjährige **9** 40
– PEPDAT **9** 32
– Rechtsschutz **9** 35
– Strafhaft **9** 34
– Ungewissheit **9** 35
– Untersuchungshaft **9** 34
– Verwaltungsgericht **9** 35
– Zeitpunkt **9** 34
Prokura **15** 42, 44 ff., 51
Prostituiertenschutzgesetz/Prostitution **11** 69
Protokolldateien **29** 25; **30** 56
Prüfpflicht des Arbeitgebers **15** 89
Prüfungsumfang durch Haftrichter **9** 22, 72
– Abschiebungsanordnung **9** 22
– Haftfähigkeit **9** 73
– Reisefähigkeit **9** 73
– Sachverhaltsermittlung **9** 72
– verwaltungsgerichtlicher Rechtsschutz **9** 74
Psychische Erkrankungen **19** 693
Punktesystem **13** 12 f.

Qualifikation **15** 2, 11, 15 ff., 21 ff., 26, 35, 41, 47, 49, 65, 75, 80
– Anerkennung **5** 206 f.

Raum der Freiheit, der Sicherheit und des Rechts **11**, 1 ff., 9 ff.; **21** 28
– Europäischer Rat von Tampere **21** 30
– Primärrecht **11** 21 ff., 26 ff.; **21** 29
Räumliche Beschränkung **10** 104; **25** 29
– Asylantragsteller **19** 564, 763 ff.
Recht auf Einreise und Aufenthalt **11** 45, 136
Recht auf informationelle Selbstbestimmung **28** 31, 32, 33
Rechte des Betroffenen **28** 26; **29** 25, 44, 66, 93
– Auskunft **28** 1, 7, 9, 11, 26; **29** 44, 66, 67, 96
– Berichtigung **28** 1, 7, 9, 11, 24, 26; **29** 68, 72
– Löschung **28** 7, 9, 11, 24, 26; **29** 33, 34, 44, 69, 72, 98
– Sperrung **29** 44, 70, 72
Rechtmäßiger und dauerhafter Aufenthalt **11** 169 ff.; **22** 17 ff.
Rechtsanspruch Blaue Karte EU **15** 19
Rechtsdienstleistungen **15** 107
Rechtsdienstleistungsgesetz **15** 107; **19** 398
Rechtsmissbrauch und Betrug **11** 53, 78, 135 ff., 216
Rechtsmittel **9** 912
– Beschwerde **9** 912
– Fortsetzungsfeststellungsantrag **9** 912
– Rechtsbeschwerde **9** 912
Rechtsschutz **5** 43, 133; **11** 270
– einstweilige Anordnung **5** 51
– nachträgliche zeitliche Beschränkung der Aufenthaltserlaubnis **5** 141
– nachträgliche zeitliche Beschränkung des genehmigungsfreien Aufenthalts **5** 141
– Nebenbestimmungen **5** 139
– Auflage **5** 140
– Bedingung **5** 139
– Remonstration (Gegenvorstellung) **5** 45
– Untätigkeitsklage **5** 46
– Verpflichtungsklage **5** 42
– Versagung eines Aufenthaltstitels **5** 134
– einstweiliger Rechtsschutz **5** 136
– Hauptsache **5** 135
Rechtsschutz, effektiver **4** 10 ff.
Rechtsschutzinteresse **19** 604, 605
Rechtsverhältnis sui generis **11** 51
Rechtswidrige Tätigkeiten **11** 68
Recht zum persönlichen Umgang mit dem minderjährigen Kind im Bundesgebiet **11** 162, 167
Refoulement-Verbot **17** 11
Regelerteilungsvoraussetzungen **5** 53
– Ausnahme von der Regel **5** 54, 63, 66, 68, 75
– humanitärer Aufenthalt **5** 77
Regelungen zur Berufsausübung **21** 15
– notwendige dauerhafte Erlaubnis **24** 35
Rehabilitation und Teilhabe von Menschen mit Behinderungen nach dem SGB IX **25** 16 ff.

Reichsbürger
– Staatsangehörigkeitsfeststellung **3** 2
– Staatsangehörigkeitsverlust **3** 223
Reisefreiheit
– Türken **12** 181
Reisepass 11 192, 195, 201
Religionsgemeinschaften 21 34
Relocation 16 39; **25** 47
Rentenanspruch/ Rentner 11 59, 181
Resettlement 5 222; **16** 40; **24** 63, 72
REST-Richtlinie 5 9, 177, 180 f.; **14** 7; **15** 25
Richtlinie 2005/71/EG 14 7; **15** 24
Richtlinie 2009/50/EG 14 7; **15** 18, 22
Richtlinie 2014/66/EU 14 7; **15** 55, 57, 61
Richtlinie 2016/801/EU 14 7; **15** 29, 40
Römisches Statut Internationaler Strafgerichtshof (IStGH-Statut) 19 172 ff.
Rückbeförderungspflicht 10 1025 ff.
– Inhalt **10** 1025 ff.
– Vereinbarkeit mit internationalem Recht **10** 97 f.
– Vereinbarkeit mit Verfassungsrecht **10** 100, 101
Rückführungs-Richtlinie 4 39; **6** 12; **9** 2, 15, 22, 26, 27, 41, 42, 56, 75; **18** 17, 232
Rückführungsrichtlinie und Strafbarkeit 27 64, 71, 76, 104
Rückführungstermin 5 229
Rücknahme (§ 73 AsylG) 16 44; **19** 308 ff., 326, 533, 538, 546, 548, 550; **24** 4
Rücknahmefiktion (§ 33 AsylG) *s. Asylverfahren*
Rücküberstellungshaft 9 1, 5, 27
– erhebliche Fluchtgefahr **9** 27
Rügerecht 19 662
Russland 12 275, 284, 285, 298–302, 340, 348, 357, 367

San Marino 12 351
Sachverständigenbeweis 19 301, 690
– eigener Sachkunde **19** 691
– Einholung eines weiteren Gutachtens **19** 692
Saint-Prix 11 67
Scheidung oder Aufhebung der Ehe bzw. Partnerschaft 11 134, 139, 162 ff., 164, 187
Scheinehen 11 135 ff., 217; **26** 109
Schengen Außengrenze 5 3
Schengener Grenzkodex 4 20; **9** 22
Schengen-Visum 12 132k
Schlüsselpersonal 12 273, 274, 277, 290, 295, 310, 316
Schnitzer 11 103a
Schulbesuch 5 202
– Schüleraustausch **5** 204
Schülersammelliste 19 757
Schutzakteur 19 118 ff.

Schutz des Familienlebens 11 15, 130 ff., 150 ff., 177
Schutz durch die diplomatischen und konsularischen Behörden 11 28
Schutzgewährung 19 127 ff., 273
Schutzquoten 22 17 ff.
Schwangerschaft 11 67
Schweiz 11 263
Schwerbehindertenschutz nach dem SGB IX 25 16
Schwerwiegende Gefährdung eines Grundinteresses der Gesellschaft 11 237
Schwerwiegende Gründe 11 234, 243
Sekundärmigration von Anerkannten 19 487, 488, 488a
Sekundärrecht 11 23, 24
Selbständige Tätigkeit 11 91, 93, 101, 103; **15** 1, 24, 43
– Verlust **11** 92
Selbständig niedergelassene erwerbstätige Unionsbürger 11 46, 91 ff., 101, 103
Serbien 12 313 ff., 343, 367, 389; **19** 46
SIA Garkalns 11 103a
Sichere Drittstaaten 16 41; **19** 5, 23
Sichere Herkunftsstaaten 16 41; **19** 5, 25, 338, 357, 379, 384, 390, 448, 451, 520, 531, 561, 567, 583; **22** 17b f.; **25** 55
Sicherheit der Bundesrepublik Deutschland 5 78; **11** 246
SM 11 149a
Softwareinstallation 15 29, 90, 94 f., 99, 103
Solleinbürgerung 2 46, 177
– Ehegatten/Lebenspartner Deutscher **2** 175 ff.
– Einwirkungsermessen **2** 180
– Lebensverhältnisse, Einordnung in deutsche **2** 180
– Sicherheitsgefährdung **2** 176
– Sprachanforderungen **2** 176, 180
– Staatsangehörigkeit, Verlust/Aufgabe bisherige **2** 176
– staatsbürgerliche Kenntnisse **2** 176
– Stiefkindadoption **2** 178
– Unbescholtenheit, strafrechtliche **2** 180
– Voraufenthaltszeit **2** 179
Somalia 19 122 f., 136, 144, 261
Sonstige Familienangehörige 5 326, 344, 406, 438
Sorgerechtsübertragung 11 165
Souveränitätsrecht 11 25
Soziale Sicherheit 11 31
Sozialhilfeleistungen 11 42, 79, 80, 81, 82 ff., 90, 108 ff., 121 ff., 150 ff., 161, 168; **24** 21; **25** 19, 20 ff.
Sozialhilfeträger 5 231
Sozialleistungen 5 231, 330; **6** 85, 126
– Begriff **11** 85, 126 ff.
– als Sachleistung **19** 431, 767
– Asylantragsteller **19** 766 ff.

1011

Sachverzeichnis

Fette Zahlen = Paragrafen

- Leistungskürzung bei Asylantragstellern **19** 771 f.
- Unangemessene Inanspruchnahme **11** 120 ff., 142a

Spätaussiedler Einl. 1; 20 5, 15 ff.; **22** 2, 14
- Aufnahmeverfahren **20** 45 ff.
- Bescheinigung **20** 77 ff.
- deutsche Sprachkenntnisse **20** 34 ff., 40 ff., 72 ff.
- deutsche Volkszugehörigkeit **20** 22 ff.
- Erwerb (deutsche Staatsangehörigkeit) **2** 28 ff.
- Familienangehörige **20** 59 ff.
- historische Entwicklung **20** 6 ff.
- Rechtsstellung **20** 84 ff.
- Spätaussiedlerbescheinigung **2** 28 f.
- Statusdeutsche **2** 29 ff.
- Voraussetzungen Statuserwerb **20** 15 ff.

Speicherung personenbezogener Daten 29 16, 17, 18, 20; **30** 3, 10, 38, 44, 46, 48, 49–53, 79

Spekulationsverbot 19 642

Spezialisten 15 27, 48 ff., 58 f., 62, 65, 103, 109

Spezialprävention 11 240

Spezifische Strafvollzugsprobleme 26 33
- Anhörung der Ausländerbehörde **26** 37, 40
- Besuchsüberstellungen **26** 36
- gerichtlicher Rechtsschutz **26** 39
- Verlegung des Strafgefangenen **26** 34
- Vollzugslockerungen **26** 33

Sprachanalyse 19 438, 440

Sprachanforderungen
- Anspruchseinbürgerung **2** 150 ff.
- Ausnahmen **2** 153 ff.
- Behinderung **2** 153, 155
- Ermessenseinbürgerung **2** 168
- Krankheit **2** 153, 155
- Sprach/Einbürgerungstest **2** 152
- Sprachkenntnisse, ausreichende **2** 151
- Sprachkenntnisse, nicht erforderlich **11** 143
- Sprachniveau B1 **2** 151; **22** 12

Sprachaufnahmen 30 20, 21, 40

Spracherfordernis 5 303, 304, 350 ff., 375, 399, 426, 434, 440
- Ausnahmen **5** 351, 402, 426

Sprachkenntnisse 11 143
- Fremdsprachenlektor **12** 362 – 364
- Unionsbürger **11** 143
- Unterricht **12** 363, 364

Sprachkurs 5 202

Sprachkurse berufsbezogene 22 33

Staatenlose
- Einbürgerung **2** 186 ff.

Staatenlosigkeit
- Völker(vertrags)recht **1** 17

Staatliche und anerkannte private Ausbildungseinrichtungen 11 159

Staatsangehörigkeit 1 17; **5** 64, 65; **11** 27
- Antrag auf Feststellung **3** 3

- Aufenthaltsrecht **1** 10
- Ausbürgerungsverbot **1** 10
- Auslieferungsverbot **1** 10
- Ausnahme von der Regel **5** 66
- Ausschließlichkeit **1** 3
- Begriff **1** 1 ff.
- Beständigkeit **1** 3
- Bündelungs/Ordnungsfunktion **1** 3
- DDR-Staatsbürgerschaft **1** 25
- Deutschengrundrechte **1** 8
- Differenzierungskriterium **1** 8 f.
- Diskriminierungsverbot, absolutes **1** 9
- Effektivität **1** 3
- Einigungsvertrag **1** 25
- Einreise/Aufenthalt **1** 7
- Erwerb/Verlust **1** 20, 22 f.
- Feststellung(sverfahren) **3** 1 ff.
- Funktionen **1** 1 ff.
- Garantie, institutionelle **1** 11
- Geburtsorterwerb **1** 11
- genuine link **1** 16
- Gleichberechtigung der Geschlechter **1** 18
- Grundgesetz **1** 24
- ius soli-Erwerb **1** 11, 24
- Legitimation, demokratische **1** 2
- materieller Staatsangehörigkeitsbegriff **1** 5
- Mehrstaatigkeit, Hinnahme von **1** 11, 19 f.
- Nationalsozialismus **2** 40 ff.
- Niederlassungsabkommen **1** 21
- Ordnungsfunktion **1** 6
- Persönlichkeit **1** 3
- Pflichten, staatsbürgerliche **1** 6
- Rechtsschutz(fragen) **3** 39 ff.
- Rechtsverhältnis **1** 4
- Reichsbürger **3** 1
- Rückerwerb nach Verfolgung **2** 40 ff.
- Sammeleinbürgerungen **1** 26
- Spätaussiedler **2** 28 ff.
- Staatennachfolge **1** 20
- Staatsangehörigkeitentscheidungsregister **3** 35 ff.
- Staatsangehörigkeitsgesetz **1** 24
- Staatsvolk **1** 2
- Statuslehre **1** 4
- Strukturmerkmale **1** 3
- Teilhaberechte, demokratische **1** 8, 10
- Unionsbürgerschaft **1** 12 ff.
- Unionsrecht **1** 22 f.
- Unmittelbarkeit **1** 3
- Verwaltungsakt, feststellender **3** 2
- Völker(vertrags)recht **1** 16 ff.
- Wahlrecht **1** 6
- Wehrpflicht **1** 6
- Zuordnung/Abgrenzungsfunktion **1** 1

Staatsangehörigkeit, Erwerb fremder
- Beibehaltungsgenehmigung **2** 205 f.
- Mehrstaatigkeit, Hinnahme von **2** 204 ff.
- Staatsangehörigkeitsverlust **2** 197 ff.

Magere Zahlen = Randnummern **Sachverzeichnis**

Staatsangehörigkeit, Verlust/Aufgabe bisherige 2 120 f.
– Anspruchseinbürgerung 2 98 ff.
– Aufgabe 2 102
– Bedingungen, unzumutbare 2 144 f.
– Dauer Entlassungsverfahren 2 117 f.
– Entlassung, Unzumutbarkeit der 2 112 ff.
– Entlassungsverweigerung, regelmäßige 2 109 ff.
– Entlassungsvoraussetzungen, diskriminierende 2 116
– Flüchtlinge 2 125 ff.
– Härte, besondere 2 122
– Mehrstaatigkeit, Hinnahme von 2 104 ff.
– Nachteile, erhebliche, durch Aufgabe 2 123 f.
– Unionsbürger 2 128
– Unmöglichkeit Ausscheiden 2 106 ff.
– Unmöglichkeit, faktische 2 109
– Verhältnismäßigkeit(sprüfung), unionsrechtliche 2 193a
– Verlust 2 101
– Vertretenmüssen Nichtentlassung 2 113
– Völker(vertrags)recht 2 129
– Zeitpunkt Ausscheiden 2 103
Staatsangehörigkeitsentscheidungsregister 3 35 ff.
Staatsangehörigkeitsausweis 3 6
Staatsangehörigkeitsbehörden 3 7 ff.
Staatsangehörigkeitsfeststellung
– Rechtsschutz 3 41
Staatsangehörigkeitsrecht 1 24 ff.
– Allgemeine Verwaltungsvorschrift 1 31
– Nationalsozialismus 1 26 f.
– Rechtsquellen 1 15 ff.
Staatsangehörigkeitsverlust 2 192 ff.
– s. auch Einbürgerung, Rücknahme der 2 207 ff.
– Adoption durch Ausländer 2 224
– Entlassung 2 195 f.
– Erklärung 2 129 ff.
– Genehmigung, familienrechtliche 2 196
– Optionspflicht/regelung 2 219 ff.
– Reichsbürger 2 223
– Staatsangehörigkeit, Erwerb fremder 2 197 ff.
– Streitkräfte, Dienst in fremden 2 225 ff.
– Vaterschaftsanfechtung 2 9
– Vereinigung, terroristische 2 226 ff.
– Verlust, rückwirkender 2 194
– Verlusttatbestände 2 194
– Verlustwille 2 198
– Vermeidbarkeit 2 192
– Verzicht 2 222
– Völker(vertrags)recht 2 193
– Widerruf 2 194
– Willenserklärung, staatsangehörigkeitsrechtliche 2 199 ff.
Staatsvolk
– Einbürgerung 2 50

Stand-Still-Klausel s. Stillhalteklausel
Statusdeutsche 1 5
– Spätaussiedler 2 29 ff.
– Verleihung Staatsangehörigkeit 2 31 f.
Statuswandel 21 2, 6
Stellenbeschreibung 15 23
StGB-Vorschriften und Migranten 27 125
– Ausländereigenschaft und Strafzumessung 27 130, 133, 134
– ausländerrechtliche Folgen eines Strafurteils 27 132
– Diskriminierungsverbot aus der EMRK 27 148, 150
– grds. kein Sonderstrafrecht 27 129, 128
– Maßregeln nach §§ 63, 64, 66 StGB 27 135
– Maßregelvollstreckung bei Ausreisepflichtigen 27 144, 148
– Maßregelvollzug im Ausland 27 155
– Rechtfertigungs- und Entschuldigungsgründe 27 126
– Reihenfolge Strafe und Maßregel 27 141
– Sprachprobleme 27 138, 139
Stillhalte-Klauseln 5 11, 352, 358
– Arbeitsmarkt 12 155
– Balkanstaaten 12 313–319, 343, 344
– Begünstigte 12 156, 159, 160, 194
– Dienstleistungsverkehr 12 152–154
– Diskriminierungsverbot 12 170. 171
– Ehegattennachzug 12 162–167, 169
– Kindernachzug 12 184–187
– Mindestehebestandszeit 12 192–195
– Niederlassungserlaubnis 12 216
– Russland 12 284, 285
– Stichtag 12 151, 157, 158
– unmittelbare Anwendbarkeit 12 161
– Verfahrensrecht 12 149, 150, 211, 212
– Visumszwang 12 179–181
– Zweck 12 148
Stillhaltezusage 19 747
Strafaussetzung nach Abschiebung 26 25
– Antragstellung und Begutachtung 26 26, 30
– Verfahrensvorschriften 26 29, 30
Strafhaft 12 79, 127
Strafrechtliche Verurteilungen 11 207
Straftatbestände 26 41
– Einbürgerungshindernis durch Verfahrenseinleitung 26 42
– nach dem AufenthG 26 52
– nach dem AsylG 26 118
– nach dem Staatsangehörigkeitsrecht 26 42
Straftaten
– Ausschlussgründe 5 228, 250, 400
– gegen die persönliche Freiheit 5 259
– Zurechnung der Straffälligkeit 5 446
Straßburger Übereinkommen 19 490
Studenten/Auszubildende 11 61, 108 ff., 118, 124 ff., 136
Studienreferendar 11 56

Sachverzeichnis

Fette Zahlen = Paragrafen

Studierende ausländische 11 61, 108 ff., 118, 124 ff.; **15** 14
Studium 4 33; **5** 185
– Abschluss **5** 186, 193
– Asylantragsteller **19** 770, 780 ff.
– Bewerbung **5** 201
– Dauer, angemessene **5** 193 f.
– EU Bürger **11** 61, 108 ff., 118, 124 ff.
– Mobilität **5** 198
– Sprachkurs, studienvorbereitend **5** 188
– Teilzeitstudium **5** 188
– Trennungsprinzip **5** 13
– Vollzeitstudium **5** 185
– Zulassung der Hochschule **5** 182
Subsidiärer Schutz 5 410 ff., **16** 14, 42; **19** 222 ff.; **23** 4 f; **25** 33
– ernsthafter Schaden **19** 226 ff.
– Familiennachzug **5** 410 ff.
– Folter **19** 236 ff.
– Todesstrafe **19** 228
– unmenschliche Behandlung **19** 238 ff.
– willkürliche Gewalt **19** 251
Syrien 12 339

Tadschikistan 12 311, 342
Tarola 11 66, 92
Tatsächliche, gegenwärtige und erhebliche Gefahr 11 207
Tatsächliche und dauerhafte Integration in die Wirtschaft des Mitgliedstaats 11 96
Tatsächliche und hinreichend schwere Gefährdung 11 237
Tatsächliche Verbindung zum Arbeitsmarkt 11 77
Teilnahmeberechtigung am Integrationskurs 22 15 ff.
Teilnahmeverpflichtung am Integrationskurs 22 22 ff.
Terrorismus
– Ausschlussgrund als Flüchtling **19** 205 ff.
Terroristische Gefahr 11 246
Titelerteilungssperre 19 373, 378
– Ausnahmen **19** 373, 380
– im Asylverfahren **19** 373
– nach Asylverfahren **19** 378
Tjebbes 11 27
Tochtergesellschaften 12 276, 277, 282, 298, 299, 305, 307, 313
Tod des Unionsbürgers 11 134, 139, 151, 154 ff., 187
Todesstrafe 19 228, 282
Trainees 15 29, 57, ff., 62, 66, 69, 98
Transfers unternehmensintern 15 11, 57, 68
Trennungsprinzip 5 82, 132c
Trennungszeiten der Ehegatten bzw. Lebenspartner 11 164
Trinidad und Tobago 12 324
Trojani 11 49, 51, 53

Tsiotras 11 75
Türkei
– ARB 1/80 s. dort
– ARB 2/76 **12** 6, 10, 14, 18, 155, 158, 160, 161, 167, 169, 174, 181, 232
– Beendigung des Assoziation **12** 10–13
– Charakter der Assoziation **12** 7
– Kündigungsklausel **12** 4
– politische Diskussion 5
– Rat **12** 3
– Verfolgung (Asyl) **19** 78, 196 ff., 213
– Wehrdienst **12** 85, 371
– Ziele **12** 2, 9, 10
Tunesien 12 272, 283, 336, 397
Turpeinen 11 59

Übergangsgeld 25 15
Übergangsregelung 5 243, 439–440
Übermittlung personenbezogener Daten 29 10, 11; **30** 7, 8, 31, 32, 39, 46, 49, 54–65, 73
– Ersuchen zur Übermittlung **30** 7, 31, 32, 59, 62
– Übermittlung an Sicherheitsbehörden und Nachrichtendienste **30** 23
– Übermittlungspflicht **30** 7
Übermittlungssperre 30 73
Überstellung (Dublin-VO) Einl. 48
Überwachung ausreisepflichtiger Ausländer 7 170 ff.
– Aufenthaltsbeschränkung **7** 176 f.
– Ausländerbehörde, Bezirk der **7** 177
– Einzelfallentscheidung, behördliche **7** 179 ff.
– elektronische Fußfessel **7** 198
– Gefahrenabwehr **7** 170
– innere Sicherheit **7** 193
– Kommunikationsverbot **7** 190 ff.
– Kontaktverbot **7** 190 ff.
– Maßnahmen kraft Gesetzes **7** 172 ff.
– Meldepflicht **7** 173 ff., 180 ff.
– Terrorismus **7** 190
– Wohnsitzauflage **7** 186 ff.
Ukraine 12 287, 303–309, 341, 367
Unangemessene Einwanderung in ihre Sozialsysteme 11 113, 114, 121, 122, 124 ff.
Unangemessene Inanspruchnahme von Sozialleistungen 11 110, 121 ff., 142a
Unbefristeter Aufenthaltstitel 21 3, 38
– Erlaubnis zum Daueraufenthalt EU **21** 12, 38; **24** 44 ff.
– Niederlassungserlaubnis **21** 12, 38; **24** 1 ff., 10 ff.
Unbegleitete Minderjährige 19 340, 363, 394–396, 399, 404, 469, 521, 575
– Altersfeststellung **19** 577, 578
– soziale Rechte **19** 583
– Verfahrensgarantien **19** 575
– Vertretung im Asylverfahren **219** 580 ff.

UN-Behindertenrechtskonvention 25 16
Unbescholtenheit, strafrechtliche
– Anspruchseinbürgerung **2** 130 ff.
– Ausnahmen **2** 135 ff.
– Bagatellverurteilungen **2** 135 ff.
– Bestrafungen, geringfügige **2** 135 ff.
– Ermittlung/Strafverfahren **2** 146 ff.
– Ermessenseinbürgerung **2** 169
– Erziehungs- und Zuchtmittel **2** 137
– Maßregeln der Besserung und Sicherung **2** 134, 140
– Nichtberücksichtigung, fakultative **2** 139
– Verurteilung, ausländische **2** 130, 132, 141 ff.
– Verurteilung, rechtskräftige **2** 131
– Verwertungsverbot, registerrechtliches **2** 131
Unerlaubte Einreise 9 20
– Aufenthaltstitel **9** 20
– Kausalität **9** 20, 21
– Unionsbürger und ihre Familienangehörigen **11** 138, 190 ff.
Ungleichheit der Lebensbedingungen 11 18, 114
UNHCR 16 43
Unionsbürger Einl. 49; **4** 16; **14** 2 ff.
– Anspruchseinbürgerung **2** 128
– Familien **14** 4
– ius soli-Erwerb **2** 25
– Staatsangehörigkeit, Verlust/Aufgabe bisherige **2** 128
Unionsbürgerschaft
– Doppelstaater **11** 147a
– Freizügigkeit/Teilhaberechte **1** 13; **11** 9, 26 ff. 36 ff. 44 ff.
– Inländerdiskriminierung **1** 14; **11** 63
– Sozialhilfeleistungen **1** 13; **11** 52, 79, 108 ff., 122, 142a
– Staatsangehörigkeit **1** 12 f.; **11** 147a
Unionsrecht 1 22 f.; **5** 232–235, 323–325, 350, 352, 358; **11** 1 ff., 21 ff., 36 ff.
UN-Kinderrechtskonvention 19 346
Unmöglichkeit der Ausreise
– rechtliche **5** 270–279
– tatsächliche **5** 270–279
– unverschuldete **5** 279
UNRWA 19 159 ff., 277
Untätigkeitsklage 19 420
Unterbrechungszeiten, kurzfristige Auslandsaufenthalte 11 155, 156, 188, 189, 262
Unterbrechung der Rechtmäßigkeit des Aufenthalts 24 51
Unterhalt durch den Unionsbürger und/oder den Drittstaater 11 148, 150; **14** 4
Untergetauchter Ausländer, Sabotage des Verfahrens 26 58
Unternehmen, international tätig 9 73, 75, 78, 92; **15** 67, 75 f., 96 f.
Unternehmensspezialisten 15 48 f.
Unterricht, allgemeiner 11 161a, 226a

Untersuchungshaft 12 80, 227
Unzulässige Vorwegnahme der Hauptsache 11 270
Urkundenbeweis 19 698
– Echtheitsprüfung **19** 699
Urteilsergänzungsverfahren 19 705
Usbekistan 12 311, 342

Vatikan 12 350
Vatsouras 11 77, 85
Verarbeitung personenbezogener Daten 29 5, 24; **30** 9, 32, 75, 85
– Rechtmäßigkeit der Verarbeitung **29** 6, 24, 33
Vereinigte Emirate 12 324
Verfahrenseinstellung 19 588
Verfahrensgarantien 11 210, 264
Verfahrensmängel 9 78
– Anhörung **9** 79, 80
– Belehrung **9** 75, 76
– Einvernehmen der Staatsanwaltschaft **9** 81
– Haftantrag **9** 80
– Heilung **9** 79, 80
– Schadensersatzanspruch **9** 86; **10** 1005
Verfassungsschutzbehörden
– Einbürgerungsverfahren **3** 15, 19
Verfestigung des Aufenthaltsrechts 21 3; **24** 5, 66 ff., 85
Verfolgungsakteur 19 99 ff.
– nichtstaatliche Akteure **19** 107
Vergleichbarkeitsprüfung 15 3, 5, 8, 50, 68, 78
Vergleich FreizügG/EU/AufenthG 11 255
Verhältnismäßigkeit der Haft 9 29
– Ehegatten **9** 39
– Eltern **9** 39
– Haftdauer **9** 30
– Hafteinrichtung **9** 41
– Kinder **9** 42
– milderes Mittel **9** 29
– Minderjährige **9** 42
Verhältnismäßigkeitskontrolle 11 65, 128, 204, 207, 226
Verlängerung der Aufenthaltserlaubnis 5 88, 89, 256–258, 263, 268, 291, 300–302, 311, 353, 356–365, 386–391, 401, 435, 437, 447
– Ausschluss **5** 90
– Integrationskurs **5** 94
Verlassenserlaubnis 5 129
Verlassenspflicht 5 127
Verlust der Staatsangehörigkeit 11, 27
Verlust des Freizügigkeitsrechts 11 88, 161a, 206 ff., 211 ff.
Verlustfeststellung 11 88, 128, 161a, 189, 206 ff., 212, 214 ff., 225, 232 ff., 264
– entgegen stehende Ausbildung der Kinder **11** 161a, 226a
Verpflichtungserklärung Einl. 50; **10** 1608 ff.
– Abgabe **10** 161 ff.

Sachverzeichnis

Fette Zahlen = Paragrafen

- Anfechtung **10** 172
- Auslegung **10** 177
- Rechtsnatur **10** 160
- Verhältnismäßigkeit **10** 165, 176
- Wegfall der Geschäftsgrundlage **10** 143
- Wirksamkeit **10** 165
- zeitliche Grenzen der Haftung **10** 168 ff.

Verpflichtungsklage 11 269

Verteilung
- unerlaubt eingereister Ausländer **5** 39

Verteilung Asylsuchender 19 349, 350, 355, 576
- Aufnahmequote **19** 354
- Befreiung **19** 359, 360, 363
- EASY **19** 354
- Königsteiner Schlüssel **19** 354
- landesintern s. Zuweisung
- Weiterleitung **19** 353, 355, 364, 430, 459

Vertrag von Lissabon 11 3
Vertriebene Einl. 1, 47; **20** 3
Verwaltungsakzessorietät der Strafbarkeit 26 55
Verwaltungsprozess 19 584
Verwandte des Unionsbürgers in absteigender Linie 11 149
Verwendung von gefälschten oder verfälschten Dokumenten 11 216
Verweisungen in das AufenthG 11 253
Verwurzelung 11 161a, 258, 275
Verzicht auf mündliche Verhandlung 19 628
Verzichtserklärung 19 628, 629
Visafreie Ein- und Ausreise 11 133, 136, 190, 191, 193
Visakodex 4 24; **6** 25 f.
Visum 5 15–35, 76, 79
- Antrag **5** 17
- Befreiung **5** 30
- beschränkte Gültigkeit **5** 22, 23
- Beurteilungsspielraum **5** 20, 50
- Einreisevisum **11** 138, 190 ff.
- erforderliches **5** 29
- nationales **5** 24–27
- Schengen Visum **5** 15–23
- Vander-Elst-Visum **11,** 104a
- Verfahren **5** 32

Visumsanspruch Einl. 1, 47; **20** 3
- unmittelbare Anwendbarkeit **12** 267
- Russland **12** 300

Visumspflicht 11 133, 136, 190 ff., 193, 197, 204

Visumszwang
- Türkei **12** 179–181
- unmittelbare Anwendbarkeit **12** 265, 267
- Verletzung **12** 266

Völkerrecht 5 319–322
Völkerrechtliche Gründe 5 216, 219, 341, 382

Völkervertragsrecht
- Mehrstaatigkeit, Hinnahme von **2** 129

Vollziehbare Ausreisepflicht 5 226, 251, 252, 259, 266, 270, 271

Vollziehbarkeit eines Verwaltungsaktes und Strafbarkeit 26 60, 81, 84, 87, 90, 101, 122

Vomero u. B 11 234a
Vorabgenehmigungsverfahren 13 8
Vorbeschäftigung 15 56, 60, 62
Vorhaltepflicht 19 728
Vorläufiger Rechtsschutz 11 260, 265, 270, 271 ff.
Vorrangprüfung 15 6, 10, 42, 81, 84, 87
Vorruhestandsregelung 11 181
Vorspiegelung falscher Tatsachen 11 216
Vorübergehende Abwesenheiten 11 188, 189
Vorübergehende Inanspruchnahme der Sozialsysteme 11 122, 125
Vorübergehender Schutz 5 232–235; **24** 49
- Aufnahmekapazität **5** 233
- Dauer **5** 234
- Gebot der doppelten Freiwilligkeit **5** 233
- Ratsbeschluss **5** 233
- Verteilung **5** 235

Wahrscheinlichkeit der Verfolgung/Gefahr 19 108 ff., 270 ff.
Wahrung politischer Interessen 5 217, 219, 220, 277, 341, 382
Wahrunterstellung 19 678
- Bindungswirkung **19** 680
- wertende Folgerungen **19** 680

Warenverkehr
- Abgrenzung Dienstleistungsfreiheit **11** 98
- Türkei **12** 248, 249

Wechsel des Aufenthaltsortes 9 9, 19
- Abwesenheit am Abschiebetermin **9** 11, 18
- Anzeigepflicht **9** 9
- Aufenthaltsermittlung **9** 9
- Ausreisefrist **9** 842, 9
- Hinweispflicht der Behörde **9** 9

Wegfall der Freizügigkeitsberechtigung 11 161a, 211, 224, 261
Wegfall des „Erwerbstätigenstatus" 11 76
Wegzug des Unionsbürgers 11 13, 187

Wehrdienst
- Arbeitsplatzschutzgesetz **12** 366
- Arbeitsverhältnis **12** 367, 371
- betriebliche Interessen **12** 370
- europäische Sozialcharta **12** 367
- Türkei **12** 85

Weißrussland 12 312
Weiterbildung (inner-)betriebliche 15 90, 96, 108
Werbungskostenpauschale 24 21
Werklieferungsverträge 15 99
Westbalkanklausel 15 85 f.

Magere Zahlen = Randnummern **Sachverzeichnis**

Widerruf 6 53 ff.; **16** 44; **19** 308 ff., 538 ff.; **24** 87 ff.
Widerspruch
– aufschiebende Wirkung **12** 212
Wiederaufgreifensgründe s. *Folgeverfahren*
Wiederaufleben der Freizügigkeit 11 267
Wiedereinreisesperre/Wiedereinreiseverbot 11 219, 231
Wiederkehrrecht 5 389
Wirtschaftliche Tätigkeit 11 54, 94 ff.
Wohngeld 24 20
Wohnpflicht
– Asylantragsteller (Aufnahmeeinrichtung) **19** 761, 767 ff.
Wohnraum 5 339, 340, 353, 369, 403, 408
Wohnsitz
– Begriff **12** 112–114
Wohnsitzregelung 5 132; **10** 122; **17** 1
– wesentliche Verkehrssprache **23** 13
– Wohnsitzauflage **23** 1
– Wohnsitzzuweisungsgesetz **23** 1
– Zuzugssperre **23** 13
WTO 12 255, 260, 304; **15** 49 55 65 73

Zambrano 11 152 ff.
Zeitlich befristete Beschäftigungen 11 52
Zeitpunkt der letzten mündlichen Verhandlung 11 241
Zeitraum der zulässigen Arbeitssuche 11 73 ff., 74
Zentralamerika 12 275, 294–297
Zeugenbeweis 19 695
– eigene Wahrnehmung **19** 696
Zeugen vom Hörensagen 19 697

Zhu/Chen 11 150, 151
Zilkowski 11 173, 174, 224
Zulassungsgründe 19 713
Zurückschiebung 8 4 ff.
– Androhung **8** 5
– Dublin III-Verordnung **8** 18
– räumlicher Zusammenhang **8** 12 f.
– Realakt **8** 6
– Schengen-Außengrenze **8** 4, 10
– sicherer Drittstaat **8** 19
– Übernahmeabkommen **8** 17
– unerlaubte Einreise **8** 11
– zeitlicher Zusammenhang **8** 12 f.
– Zielstaat **8** 15
Zurückweisung Einl. 51; **11** 204
Zurückweisung verspäteten Vorbringens 19 619
Zustellung 19 587
Zustellungsfiktion 19 427, 533, 535, 536
Zustimmung (Bundesagentur für Arbeit) 13 3; **15** 3f, 7 f., 13, 21, 42, 44, 52, 68, 72, 75, 77, 79, 81 ff., 106, 115 ff.
Zustimmungsfreiheit 15 3, 42, 44
Zuwanderungsmodelle 13 11 f.
Zuwanderungssysteme 13 6
Zuweisung 19 356, 358
Zweckadoption 5 328
Zweckbindung 29 33; **30** 63
Zweckehe 5 328, 358
Zweigniederlassungen 12 273, 277, 282, 299, 305, 307, 313
Zweitantrag 19 588
Zwingende Gründe der öffentlichen Sicherheit 11 209, 234, 245

1017